Plückebaum/Wendt/Ehmcke/Niemeier · Einkommensteuer

Grüne Reihe   Band 3

Einkommensteuer

Von
Abteilungsdirektor Dr. Rudolf Plückebaum †,
Abteilungsdirektor Wilhelm Wendt,
Dr. Torsten Ehmcke, Vorsitzender Richter am FG,
Regierungsdirektor Dr. Gerhard Niemeier

16. Auflage
1991

Herausgeber:
Deutsche Steuer-Gewerkschaft

efv Erich Fleischer Verlag, Achim

CIP-Titelaufnahme der Deutschen Bibliothek

Plückebaum, Rudolf:
Einkommensteuer / von Rudolf Plückebaum; Torsten Ehmcke:
Wilhelm Wendt u. Gerhard Niemeier. Hrsg.: Dt. Steuer-
Gewerkschaft.
– 16. Aufl. 1991.
– Achim: Fleischer, 1991
    (Grüne Reihe; Bd. 3)
    Bis 15. Aufl. verf. von Rudolf Plückebaum, Wilhelm Wendt u.
Torsten Ehmcke
ISBN 3-8168-1036-5
NE: Ehmcke, Torsten:; Wendt, Wilhelm:; Niemeier, Gerhard:; GT

ISBN 3-8168-1036-5

© 1991 Erich Fleischer Verlag, Achim bei Bremen.

Gesamtherstellung: Graphischer Betrieb Ernst Gieseking GmbH, Bielefeld

Vorwort zur 16. Auflage

Die Einkommensteuer steht stärker als jede andere Steuer im Brennpunkt des allgemeinen Interesses, wird doch von ihr ein weitaus größerer Personenkreis als von jeder anderen Steuer unmittelbar erfaßt. Arbeitnehmer, Gewerbetreibende, selbständig Tätige und andere Einkommensbezieher tragen mit einem empfindlichen Opfer zu dieser dem Bund, den Ländern und den Gemeinden zugute kommenden Gemeinschaftssteuer bei.

Wie bei keiner anderen Steuer wird bei der Einkommensbesteuerung schon vom System her die wirtschaftliche Leistungsfähigkeit des Steuerpflichtigen berücksichtigt, wenn auch das Maß dieser Rücksicht hinter den Vorstellungen einzelner und ganzer Gruppen zurückbleibt. So ist die Einkommensteuer vom Wesen her auf steigende Komplizierung angelegt. Ferner ist das Einkommensteuergesetz und die Vielzahl der für die Einkommensbesteuerung relevanten anderen Gesetze zur Verfolgung wirtschafts-, sozial- und gesellschaftspolitischer Ziele für geeignet befunden und zunehmend benutzt worden. Daher spiegeln sich der Wandel der Verhältnisse und der Anschauungen in besonders starkem Maße in der Entwicklung des Einkommensteuerrechts wider. Diese Dynamik macht das Einkommensteuerrecht einerseits recht vielschichtig, lebendig und aktuell. Auf der anderen Seite hat diese Dynamik aber auch dazu geführt, daß das Einkommensteuerrecht die wünschenswerte Beständigkeit nach wie vor vermissen läßt und ihm gegenüber – trotz einer Reihe einschlägiger Änderungen – der Ruf nach Vereinfachung nicht abgeklungen ist und auch in Zukunft nicht abklingen, sondern sich eher noch verstärken dürfte.

Wer es – wie die Verfasser – unternimmt, ein so vielschichtiges, lebendiges und kompliziertes Rechtsgebiet auf knappstem Raum darzustellen, muß sich, will er verständlich bleiben, auf das Wesentliche besinnen. Bei diesem Bemühen mußten sich die Verfasser hinsichtlich des Umfangs des darzustellenden Stoffs Beschränkungen auferlegen, denen zufolge grundsätzlich auch nur der geltende Rechtszustand dargestellt und auf altes Recht nur zurückgegriffen werden konnte, wenn und soweit dies unerläßlich erschien. Durch die Beschränkung auf das Wesentliche sollte und durfte nach Meinung der Verfasser andererseits aber nicht die Verbindung zur Rechtswirklichkeit, zur praktischen Arbeit abgeschnitten werden. Daher wurde die Darstellung auf viele praxisnahe Sachverhalte und Beispiele ausgedehnt.

Wie die Verkaufsentwicklung der letzten Auflagen zeigt, haben sich nicht nur die Lernenden, sondern auch die Praktiker dieses Buches bedient. Es hat nicht nur den Studenten und angehenden Angehörigen der steuerberatenden Berufe als Lehrbuch, sondern auch dem Steuerpraktiker in Finanzverwaltung und Steuerberatung als praxisbezogenes Arbeitsmittel (Handkommentar) gedient. Um allen Erwartungen gerecht zu werden, haben sich die Verfasser auch darum bemüht, ein praxisnahes Lehrbuch für den Lernenden und ein brauchbares Arbeitsmittel für den Praktiker zu schaffen.

Der Darstellung liegt das EStG 1987 (BStBl 1987 I S. 274) zugrunde. Die zahlreichen späteren Änderungen, zuletzt durch Art. 11 des Gesetzes zu dem Vertrag vom 18. 5. 1990 über die Schaffung einer Währungs-, Wirtschafts- und Sozialunion zwischen der Bundesrepublik Deutschland und der Deutschen Demokratischen Republik sind selbstverständlich berücksichtigt. Auch die Änderungen des zwischenzeitlich neugefaßten EStG (EStG 1990, BStBl 1990 I S. 1898), die im Zusammenhang mit dem Vertrag zwischen der Bundesrepublik Deutschland und der Deutschen Demokratischen Republik über die Herstellung der Einheit Deutschlands (Einigungsvertrag) erfolgt sind, haben weitgehend noch Berücksichtigung gefunden.

Neben der zwischenzeitlichen höchstrichterlichen Rechtsprechung sind auch die EStÄR 1990 eingearbeitet worden.

Bei ihrer Arbeit an der nunmehr vorliegenden 16. Auflage konnten die Verfasser zum Teil noch auf die Vorarbeiten zurückgreifen, die Herr Dr. Plückebaum bis zu seinem zu frühen Tode geleistet hat. Herr Dr. Plückebaum hat dieses Buch in vielen Jahren wesentlich mitgestaltet und geprägt. Seine Mitarbeit wird daher unvergessen bleiben.

Wendt   Dr. Ehmcke   Dr. Niemeier

Münster, im Oktober 1990

Rechtsgrundlagen:

EStG 1990	i. d. F. vom 7. September 1990 (BGBl 1990 I S. 1898), geändert durch das Gesetz zu dem Vertrag vom 31. August 1990 zwischen der Bundesrepublik Deutschland und der Deutschen Demokratischen Republik über die Herstellung der Einheit Deutschlands – Einigungsvertragsgesetz – und der Vereinbarung vom 18. September 1990 (BGBl 1990 II S. 885)
EStDV 1990	i. d. F. vom 24. Juli 1986 (BStBl 1986 I S. 399), zuletzt geändert durch Art. 4 des Vereinsförderungsgesetzes vom 18. Dezember 1989 (BStBl 1989 I S. 499)
EStR	i. d. F. der EStÄR 1990 vom 2. Juli 1990 (BStBl 1990 I Sondernummer 1/1990)

Inhaltsübersicht

1 Einführung

1.1 Entwicklung des Einkommensteuergesetzes

Die Einkommensteuer ist eine verhältnismäßig junge Steuer. Bei der Ermittlung des zu versteuernden Einkommens als Besteuerungsgrundlage der Einkommensteuer werden die Gesichtspunkte der Steuergerechtigkeit stärker als bei jeder anderen Steuer berücksichtigt. Insbesondere deswegen erfordert die Einkommensteuerveranlagung einen großen Verwaltungsaufwand und eine umfangreiche Mitwirkung des Steuerpflichtigen zur Ermittlung der Besteuerungsgrundlagen.

Mit der Währungsreform am 20. 6. 1948 wurde erstmals nach dem Krieg die Grundlage für eine Normalisierung der Einkommensbesteuerung gelegt. Das erste Gesetz zur vorläufigen Neuordnung von Steuern vom 22. 6. 1948 brachte eine erste fühlbare Entlastung durch Tarifsenkungen bei kleinen Einkommen und die Wiedereinführung bestimmter Steuervergünstigungen. Die Änderungen des EStG in den Jahren 1949 bis 1986 werden hier nicht wiederholt; sie sind in der 14. und 15. Auflage im einzelnen aufgeführt.

Das Einkommensteuergesetz 1987 ist enthalten in der Bekanntmachung vom 27. 2. 1987 (BStBl 1987 I S. 523). Dieses EStG 1987 ist seitdem geändert worden durch das

1. Steuersenkungs-Erweiterungsgesetz 1988 vom 14. 7. 1987 (BStBl 1987 I S. 523);

2. Achte Gesetz zur Änderung des Arbeitsförderungsgesetzes vom 14. 12. 1987 (BStBl 1988 I S. 6);

3. Steuerreformgesetz 1990 (StRefG 1990) vom 25. 7. 1988 (BStBl 1988 I S. 224);

4. Gesetz zur steuerlichen Begünstigung von Zuwendungen an unabhängige Wählervereinigungen vom 25. 7. 1988 (BStBl 1988 I S. 397);

5. Gesetz über Maßnahmen zur Entlastung der öffentlichen Haushalte (Haushaltsbegleitgesetz 1989) vom 20. 12. 1988 (BStBl 1989 I S. 19);

6. Gesetz zur Einordnung der Vorschriften über die Meldepflichten des Arbeitgebers in der Kranken- und Rentenversicherung sowie im Arbeitsförderungsrecht und über den Einzug des Gesamtsozialversicherungsbeitrags in das Vierte Buch Sozialgesetzbuch – Gemeinsame Vorschriften für die Sozialversicherung – vom 20. 12. 1988 (BStBl 1988 I S. 37);

7. Gesetz zur Änderung des Arbeitsförderungsgesetzes und zur Förderung eines gleitenden Übergangs älterer Arbeitnehmer in den Ruhestand vom 20. 12. 1988 (BStBl 1989 I S. 38);

8. Fünfte Gesetz zur Änderung des Parteiengesetzes und anderer Gesetze vom 22. 12. 1988 (BStBl 1989 I S. 40);

9. Gesetz zur Förderung der Einstellung der landwirtschaftlichen Erwerbstätigkeit (FELEG) vom 21. 2. 1989 (BStBl 1989 I S. 116);

10. Gesetz zur Änderung des Steuerreformgesetzes 1990 sowie zur Förderung des Mietwohnungsbaus und von Arbeitsplätzen in Privathaushalten vom 30. 6. 1989 (BStBl 1989 I S. 251);

11. Elfte Gesetz zur Änderung des Abgeordnetengesetzes und anderer Gesetze vom 18. 12. 1989 (BStBl 1989 I S. 484);

12. Gesetz zur Verbesserung und Vereinfachung der Vereinsbesteuerung (Vereinsförderungsgesetz) vom 18. 12. 1989 (BStBl 1989 I S. 499);

13. Gesetz zur Änderung des Beamtenversorgungsgesetzes und sonstiger dienst- und versorgungsrechtlicher Vorschriften (BeamtVGÄndG) vom 18. 12. 1989 (BStBl 1990 I S. 108);

14. Gesetz zur Reform der gesetzlichen Rentenversicherung (Rentenreformgesetz 1992) vom 18. 12. 1989 (BStBl 1990 I S. 113);

15. Gesetz zur Anpassung von Eingliederungsleistungen für Aussiedler und Übersiedler (Eingliederungsanpassungsgesetz) vom 22. 12. 1989 (BStBl 1990 I S. 53);

16. Gesetz zur steuerlichen Förderung des Wohnungsbaus und zur Ergänzung des Steuerreformgesetzes 1990 (Wohnungsbauförderungsgesetz – WoBauFG) vom 22. 12. 1989 (BStBl 1989 I S. 505);

17. Gesetz zur Verbesserung der Rahmenbedingungen der Finanzmärkte (Finanzmarktförderungsgesetz) vom 22. 2. 1990 (BStBl 1990 I S. 152);

18. Gesetz zum Abbau von Hemmnissen bei Investitionen in der Deutschen Demokratischen Republik einschließlich Berlin (Ost) (DDR-Investitionsgesetz-DDR-IG) vom 26. 6. 1990 (BStBl 1990 I S. 311);

19. Gesetz zu dem Vertrag vom 18. Mai 1990 über die Schaffung einer Währungs-, Wirtschafts- und Sozialunion zwischen der Bundesrepublik Deutschland und der Deutschen Demokratischen Republik vom 25. 6. 1990 (BStBl 1990 I S. 294).

Am 7. 9. 1990 ist die Neufassung des EStG 1990 unter Berücksichtigung der vorgenannten Änderungen bekanntgemacht worden (BStBl 1990 I S. 453).

Die zahlreichen Änderungen machen deutlich, daß es schwierig ist, die jeweils anzuwendende Steuernorm genau zu bestimmen, insbesondere auch deshalb, weil viele neue und geänderte Bestimmungen zu unterschiedlichen Zeitpunkten in Kraft getreten sind. Das Studium der Anwendungsvorschriften des § 52 EStG ist unabdingbare Voraussetzung für die zutreffende Anwendung des Gesetzes.

Die Bundesrepublik Deutschland und die DDR haben im Vertrag über die Schaffung einer Währungs-, Wirtschafts- und Sozialunion vom 18. 5. 1990 vereinbart, daß die DDR das Steuerrecht der Bundesrepublik übernimmt. Das

Zustimmungsgesetz, das diesen sog. Staatsvertrag als Anlage enthält, ist zum 1. 7. 1990 in Kraft getreten. Das Zustimmungsgesetz enthält auch einige Ergänzungen des Einkommensteuergesetzes. Diese Änderungen sind durch das Einigungsvertragsgesetz vom 23. 9. 1990 (BGBl 1990 II S. 885) teilweise wieder zurückgenommen worden.

1.2 Wesen der Einkommensteuer

Die Einkommensteuer ist eine **Personensteuer.** Gegenstand der Besteuerung ist das Einkommen einer natürlichen Person. Bei der Besteuerung stehen die persönlichen Verhältnisse des Stpfl. im Vordergrund. Besondere Umstände, die seine wirtschaftliche Leistungsfähigkeit beeinträchtigen (z. B. Familienstand, Alter, außergewöhnliche Belastungen), werden berücksichtigt. Für beschränkt Steuerpflichtige gilt dies mit der Einschränkung, daß die Einkommensteuer mehr nach objektsteuerartigen Grundsätzen erhoben wird.

Als Personensteuer ist die Einkommensteuer eine **nicht abzugsfähige Steuer,** d. h., sie gehört zu den Aufwendungen der Lebensführung und darf weder bei den einzelnen Einkunftsarten noch vom Gesamtbetrag der Einkünfte abgezogen werden.

Der nach dem Einkommensteuergesetz Steuerpflichtige ist auch gleichzeitig der wirtschaftliche Träger der Einkommensteuer. Die Einkommensteuer ist damit eine **direkte Steuer** (gesetzlicher Steuerschuldner und wirtschaftlicher Steuerträger sind identisch).

Die Verwaltung unterteilt die Steuern in Besitzsteuern und Verkehrsteuern. Verwaltungsmäßig rechnet die Einkommensteuer zu den **Besitzsteuern.**

Die Einkommensteuer ist eine **Veranlagungssteuer,** d. h., der einzelne Steuerpflichtige wird nach Ablauf eines Kalenderjahres mit dem Einkommen veranlagt, das er im abgelaufenen Veranlagungszeitraum erzielt hat.

Auch die **Körperschaftsteuer** ist eine Einkommensteuer. Nach dem Körperschaftsteuergesetz wird das Einkommen der Körperschaften (z. B. der juristischen Personen) besteuert.

Lohnsteuer und Kapitalertragsteuer sind lediglich besondere Erhebungsformen der Einkommensteuer.

1.3 Steuerhoheit und Verwaltung

Die Einkommensteuer ist eine **Gemeinschaftssteuer.** Das Aufkommen der Einkommensteuer steht dem Bund und den Ländern gemeinsam zu, soweit das Aufkommen der Einkommensteuer nicht nach Art. 106 Abs. 5 GG den Gemeinden zugewiesen wird. Am Aufkommen der Einkommensteuer sind der Bund und die Länder je zur Hälfte beteiligt (Art. 106 Abs. 3 GG).

Nach Art. 106 Abs. 5 GG erhalten die Gemeinden auch einen Anteil an dem Aufkommen der Einkommensteuer. Durch das Gemeindefinanzreformgesetz vom 8. 9. 1969, geändert durch Gesetz v. 27. 12. 1971 (BGBl 1972 I S. 157), wurde der Gemeindeanteil an der Einkommensteuer auf 14 v. H., ab 1. 1. 1980 auf 15 v. H. des Aufkommens der Lohnsteuer und der veranlagten Einkommensteuer festgesetzt. Der Anteil der einzelnen Gemeinde richtet sich nach dem örtlichen Aufkommen an Lohnsteuer und veranlagter Einkommensteuer.

Die **Verwaltung** der Einkommensteuer obliegt den Landesfinanzbehörden (Art. 108 Abs. 2 und 3 GG).

Für die Zuständigkeit bei der Besteuerung gelten die §§ 16 bis 29 AO und, bis zum VZ 1987, § 46 Abs. 6 EStG (§ 52 Abs. 27 EStG).

1.4 Bedeutung der Einkommensteuer

Die Einkommensteuer ist eine wichtige Einnahmequelle des Bundes und der Länder. Einen besonderen Anteil an diesen Einnahmen hat die Lohnsteuer. Seit Jahren übersteigt das Aufkommen aus der Lohnsteuer das Aufkommen aus der veranlagten Einkommensteuer und Körperschaftsteuer erheblich.

Da die Einkommensteuer mit dem Einkommen verknüpft ist, ist sie in starkem Maße konjunkturabhängig.

Die Bedeutung der Einkommensteuer erschöpft sich nicht in ihrem fiskalischen Aufkommen. Es ist ein besonderes Merkmal moderner Steuerpolitik, die Steuererhebung nicht allein als Mittel zur Erzielung öffentlicher Einnahmen anzusehen, sondern gleichzeitig auch als ein Instrument der Wirtschafts-, Sozial- und Gesellschaftspolitik. Dies gilt in besonderem Maße für die Einkommensteuer. Diese Zielsetzungen stehen mit dem Grundgesetz im Einklang (BVerfG, BVerfGE 19 S. 119). Der rasche Wiederaufbau der Wirtschaft der Bundesrepublik nach dem zweiten Weltkrieg wäre ohne diese die Investitionen, das Sparen und den Wohnungsbau fördernde Steuerpolitik nicht möglich gewesen.

1.5 Grundlagen der Einkommensbesteuerung

Die Rechtsgrundlagen für die Einkommensbesteuerung ergeben sich aus dem Einkommensteuergesetz (EStG) und der Einkommensteuer-Durchführungsverordnung (EStDV). Ergänzend gelten die Vorschriften der Abgabenordnung und des Finanzverwaltungsgesetzes, soweit das Einkommensteuerrecht keine besonderen Regelungen enthält. Einkommensteuerliche Regelungen enthalten auch andere Gesetze, z. B. das Berlinförderungsgesetz, das Außensteuergesetz, das Umwandlungssteuergesetz, Doppelbesteuerungsabkommen usw. (vgl. auch Anhänge zu den EStR).

Die Verwaltung bindende Anweisungen zur Anwendung des Gesetzes sind in den Einkommensteuer-Richtlinien (EStR) zusammengefaßt. Die EStR 1987 sind an die unter 1.1 aufgeführten Änderungsgesetze und an die Rechtsprechung des BFH angepaßt worden. Die Neufassung als EStR 1990 ist im November 1990 als Sondernummer im Bundessteuerblatt Teil I bekanntgemacht worden. Soweit in der folgenden Darstellung die EStR ohne Zusatz zitiert werden, handelt es sich um die EStR 1990. Diese Einkommensteuer-Richtlinien behandeln Zweifelsfragen und Auslegungsfragen von allgemeiner Bedeutung, um eine einheitliche Anwendung des Einkommensteuerrechts durch die Behörden der Finanzverwaltung sicherzustellen. Sie geben außerdem zur Vermeidung unbilliger Härten und aus Gründen der Verwaltungsvereinfachung Anweisungen an die Finanzämter. Ergänzt werden die Einkommensteuer-Richtlinien durch Erlasse der Länderfinanzminister und durch von den Oberfinanzdirektionen herausgegebene ESt-Karteien.

2 Steuerpflicht

Man unterscheidet zwischen persönlicher und sachlicher Steuerpflicht. Persönlich steuerpflichtig ist, wer nach den Steuergesetzen als solcher bezeichnet wird, so nach § 1 Abs. 1 EStG die natürliche Person (der Begriff „Steuerpflichtiger" in § 33 AO ist weiter). Von sachlicher Steuerpflicht spricht man, wenn ein Tatbestand verwirklicht ist, der allein oder in Verbindung mit anderen Tatbeständen nach den Steuergesetzen eine Steuerschuld entstehen läßt (vgl. auch § 38 AO).

Die Frage nach der persönlichen Steuerpflicht lautet demnach:

Wer kommt nach einem Einzelsteuergesetz persönlich für eine bestimmte Besteuerung in Betracht?

Prüft man die sachliche Steuerpflicht, muß man fragen:

Ist ein Tatbestand verwirklicht, der allein oder in Verbindung mit anderen Tatbeständen nach den Steuergesetzen eine Steuerschuld entstehen läßt?

Die Rechtsprechung des BFH spricht ferner von einer begrenzten (nicht beschränkten) subjektiven Steuerpflicht. Danach ist eine Personengesellschaft insoweit Steuersubjekt (Steuertatbestandssubjekt), als die Einheit der Gesellschafter Merkmale des Besteuerungstatbestands verwirklicht, welche den Gesellschaftern (Steuersubjekt im vollen Wortsinn) für deren Besteuerung zuzurechnen sind (BFH, BStBl 1984 II S. 751; s. dazu auch nachfolgend 2.1.1).

Das EStG verwendet das Wort „steuerpflichtig" sowohl im Sinne der persönlichen als auch im Hinblick auf die sachliche Steuerpflicht. Ob mit dem Wort die persönliche oder sachliche Steuerpflicht gemeint ist, ergibt sich aus dem Inhalt der betreffenden Vorschriften des Gesetzes.

Zwischen der persönlichen und der sachlichen Steuerpflicht steht die Frage nach der unbeschränkten oder beschränkten Steuerpflicht. Unbeschränkte Steuerpflicht bedeutet, daß ein subjektiv Steuerpflichtiger mit sämtlichen Einkünften und unter Beachtung aller die sachliche Steuerpflicht betreffenden Vorschriften zur Einkommensbesteuerung herangezogen wird. Bei beschränkter Steuerpflicht unterliegt ein subjektiv Steuerpflichtiger nur mit bestimmten im Gesetz bezeichneten inländischen Einkünften der deutschen Einkommensbesteuerung. Beschränkte Steuerpflicht besteht nur, wenn bestimmte inländische Einkünfte tatsächlich bezogen worden sind. Manche Vorschriften, die der Ermittlung des zu versteuernden Einkommens bei unbeschränkt Steuerpflichtigen dienen, gelten für beschränkt Steuerpflichtige nicht; für beschränkt Steuerpflichtige bestehen ferner besondere Vorschriften für die Steuerberechnung.

Wenngleich die Frage der unbeschränkten und beschränkten Steuerpflicht nicht unmittelbar mit der persönlichen Steuerpflicht zusammenhängt, so wird sie doch vom Einkommensteuergesetz mit dieser zusammen behandelt.

2.1 Persönliche Steuerpflicht

2.1.1 Das Steuersubjekt

Einkommensteuerpflichtig nach dem Einkommensteuergesetz sind nur die natürlichen Personen (§ 1 EStG). Eine natürliche Person ist der lebende Mensch.
Nicht unter das Einkommensteuergesetz fallen die **nicht natürlichen Personen.** Das sind insbesondere die Kapitalgesellschaften (Aktiengesellschaft, Gesellschaft mit beschränkter Haftung, Kolonialgesellschaft, bergrechtliche Gewerkschaft), Erwerbs- und Wirtschaftsgenossenschaften, sonstige juristische Personen, nichtrechtsfähige Vereine, Anstalten, Stiftungen und Zweckvermögen. Das Einkommen der nicht natürlichen Personen (§§ 1 bis 3 KStG) wird nach dem **Körperschaftsteuergesetz** besteuert.

Beispiele:
a) Eine Metallwarenfabrik wird in der Rechtsform einer Aktiengesellschaft betrieben. Die einzelnen Aktionäre erhalten jährlich ihren Gewinnanteil als Dividenden ausgeschüttet.
Das Einkommen der Aktiengesellschaft unterliegt der Körperschaftsteuer. Soweit es sich bei den Aktionären um natürliche Personen handelt, unterliegt der Dividendenzufluß auch noch bei den einzelnen Aktionären der Einkommensteuer. Die Belastung der ausgeschütteten Gewinne mit Körperschaftsteuer wird jedoch auf die Einkommensteuer der Anteilseigner angerechnet.
b) Eine natürliche Person besitzt sämtliche Geschäftsanteile einer GmbH. Es handelt sich um eine sogenannte Einmann-GmbH. Sie ist rechtlich möglich. Die Einmann-GmbH unterliegt der Körperschaftsteuer. Zuflüsse des Gesellschafters aus der GmbH unterliegen bei ihm der Einkommensteuer (Lohnsteuer, Kapitalertragsteuer). Wegen der KSt-Anrechnung s. Beispiel a).

Personengesellschaften des Handelsrechts (z. B. OHG und KG), Gesellschaften des bürgerlichen Rechts und Gemeinschaften (z. B. Erbengemeinschaften) unterliegen als solche nicht der Einkommensteuer und auch nicht der Körperschaftsteuer und sind insofern nicht Steuersubjekt. Subjektiv steuerpflichtig (im vollen Wortsinn) sind die Gesellschafter (Gemeinschafter) als natürliche Person (§ 1 EStG). Die Personengesellschaft als solche ist jedoch für die Einkommensteuer insoweit Steuersubjekt, als sie in der Einheit der Gesellschafter Merkmale eines Besteuerungstatbestands verwirklicht, welche den Gesellschaftern für deren Besteuerung zuzurechnen sind. Solche Merkmale sind insbesondere die Verwirklichung oder Nichtverwirklichung des Tatbestands einer bestimmten Einkunftsart, wenn die Gesellschafter gemeinsam einen der Einkünftetatbestände der §§ 13 bis 24 EStG erfüllen. In diesem Sinne ist eine Personengesellschaft Steuerrechtssubjekt in begrenztem Umfang (BFH, BStBl 1984 II S. 751). In Fortführung dieses Gedankens wird die Art der Einkünfte der Gesellschafter/Gemeinschafter in erster Linie durch die Tätigkeit der Gesellschafter/Gemeinschafter in ihrer gesamthänderischen Verbundenheit selbst bestimmt (BFH, BStBl 1984 II S. 751 [761 f.]). Dieser Grundsatz erfährt dann eine Modifizierung, wenn zum gesetzlichen Tatbestand der Einkunftsart Merkmale gehören, die nicht primär „im Bereich der Tätigkeit eines Steuerrechtssubjekts liegen", sondern vielmehr „in persönlichen Eigenschaften, die nur eine Person haben kann". Das gilt für die Tatbestandsmerkmale der Einkünfte aus freiberuflicher Tätigkeit. Nur wenn alle Gesellschafter/Gemeinschafter diese persönlichen Eigenschaften erfüllen, enthält das Handeln der Gesellschafter in ihrer gesamthänderischen Verbundenheit und damit das Handeln der Gesellschaft kein Element einer dem freien Beruf fremden Tätigkeit. Nur unter dieser Voraussetzung ist das Handeln der Gesellschaft/ Gemeinschaft als freiberufliche Tätigkeit anzusehen (BFH, BStBl 1985 II S. 584).

Die unmittelbare Besteuerung der Einkünfte, die von Personengesellschaften und Gemeinschaften erzielt sind, bei ihren Gesellschaftern (Gemeinschaftern) macht einen zusätzlichen Verfahrensweg, nämlich eine **gesonderte und einheitliche Feststellung der Einkünfte** nach den Grundsätzen der §§ 179, 180 AO notwendig.

Beispiel:
Zwei Brüder sind Inhaber einer im Handelsregister eingetragenen OHG. Der Gewinn der Gesellschaft wird zwar in einem selbständigen Verfahren (einheitliche und gesonderte Gewinnfeststellung) festgestellt, aber als solcher nicht selbständig besteuert. In der einheitlichen und gesonderten Gewinnfeststellung wird zugleich die Aufteilung des Gewinns auf die einzelnen Gesellschafter vorgenommen. Der einzelne Gesellschafter unterliegt mit seinem Gewinnanteil als natürliche Person der Einkommensteuer.

Wenn eine Kapitalgesellschaft oder eine sonstige Körperschaft Gesellschafter einer Personengesellschaft ist, so unterliegt ihr Anteil an den Einkünften der Gesellschaft als ein Teil ihres körperschaftsteuerlichen Einkommens der Körperschaftsteuer.

2.1.2 Beginn und Ende der Steuerpflicht

Die Steuerpflicht einer natürlichen Person beginnt mit der Vollendung der Geburt und endet mit dem Tode. Alter, Staatsangehörigkeit und Geschäftsfähigkeit sind für die Frage der Einkommensteuerpflicht unwesentlich. Die noch nicht geborene Leibesfrucht (nasciturus) ist noch nicht einkommensteuerpflichtig. Daraus folgt, daß die Einkünfte ihr frühestens mit der Geburt zufließen. Nach dem Tode eines Steuerpflichtigen weiterfließende Einkünfte sind den Erben zuzurechnen.

Beispiele:
a) Ein Hausbesitzer in Köln ist wegen Trunksucht entmündigt worden. Die Mieter zahlen die Miete an den bestellten Vormund.
Der Hausbesitzer ist einkommensteuerpflichtig. Der Vormund kassiert die Miete nicht für sich. Der Hausbesitzer hat nach wie vor die Einkünfte und nicht der Vormund, für sie nur treuhänderisch verwaltet.
b) Ein Lebensmitteleinzelhändler ist am 30. 6. gestorben. Ab 1. 7. führt sein Sohn das Geschäft als alleiniger Erbe fort.
Die Steuerpflicht des Lebensmitteleinzelhändlers erlischt mit seinem Tode. Die nach diesem Zeitpunkt erzielten Einkünfte aus dem Lebensmitteleinzelhandelsgeschäft sind dem Sohn als Erben zuzurechnen.

Bei Verschollenheit (langdauernde Abwesenheit mit unbekanntem Aufenthalt und ohne Lebensgewißheit) endet nach bürgerlichem Recht die Rechtsfähigkeit mit dem im Todeserklärungsbeschluß festgestellten Todestag; das ist der mutmaßliche Todeszeitpunkt, der häufig lange Zeit vor der Todeserklärung liegt. Steuerrechtlich gilt aber der Tag, mit dessen Ablauf der Beschluß rechtskräftig geworden ist, als Todestag (§ 49 AO).

Das Steuerrecht fingiert, daß der Verschollene erst mit der Rechtskraft der Todeserklärung verstorben ist. Es erkennt also die Rückwirkung der Todeserklärung nicht an. Es wird daher bis zur Rechtskraft der Todeserklärung der Einkommensteuerveranlagung der Tatbestand zugrunde gelegt, wie er von dem Verschollenen bzw. von seinem Vertreter in der Zeit der Verschollenheit tatsächlich gestaltet worden ist, wobei stets davon auszugehen ist, daß diese Einkünfte vom Verschollenen, nicht von seinen Erben bezogen werden (BFH, BStBl 1956 III S. 301).

Beispiel:
Ein Steuerpflichtiger, dessen Familie in Bremen wohnt, ist als Soldat seit 1945 in Rußland vermißt. Der Todeserklärungsbeschluß des zuständigen Amtsgerichts ist am 30. 5. 1981 rechtskräftig geworden. In diesem Beschluß ist als vermutlicher Todestag der 31. 12. 1945 vermerkt.
Als Todestag gilt einkommensteuerlich nach § 49 AO der 30. 5. 1981, 24 Uhr. Der Vermißte ist bis zu diesem Zeitpunkt einkommensteuerpflichtig. Er ist somit letztmalig für das Kalenderjahr 1981 mit den ihm bis zum 30. 5. 1981 zuzurechnenden Einkünften zur Einkommensteuer zu veranlagen.

Ob ein Verschollener Erbe geworden ist, richtet sich hingegen auch für die Einkommensteuer nicht nach dem Tag der Rechtskraft des Todeserklärungsbeschlusses, sondern nach dem im Todeserklärungsbeschluß festgestellten Todeszeitpunkt. § 49 AO ist also für diese Frage ohne Bedeutung (BFH, BStBl 1956 III S. 310).

Beispiel:
A, der seit Anfang 1945 als Soldat vermißt ist, wird mit Todeserklärungsbeschluß im Mai 1980 für tot erklärt. Als Todestag wird der 1. 5. 1945 festgestellt. Sein Vater, der Einkünfte aus Vermietung und Verpachtung bezog, verstirbt am 1. 3. 1980 und wird in gesetzlicher Erbfolge beerbt. Gesetzliche Erben sind die Mutter und der Bruder des A.
A können die Einkünfte nach dem Tode des Vaters nicht neben seiner Mutter und seinem Bruder zugerechnet werden, da er seinen Vater nicht überlebt hat und daher nicht Erbe geworden ist. § 49 AO gilt hier nicht.

2.1.3 Unbeschränkte und beschränkte Einkommensteuerpflicht*

Eine natürliche Person kann nach § 1 Abs. 1 bis 3 EStG unbeschränkt einkommensteuerpflichtig oder nach § 1 Abs. 4 EStG beschränkt einkommensteuerpflichtig sein.

Unbeschränkt steuerpflichtig ist, wer im Inland seinen Wohnsitz oder einen gewöhnlichen Aufenthalt hat; beschränkt steuerpflichtig ist, wer im Inland keinen Wohnsitz oder gewöhnlichen Aufenthalt hat, wenn er inländische Einkünfte i. S.

---

* Die nachfolgenden Ausführungen gelten unbeschadet des Außensteuerreformgesetzes vom 8. 9. 1972 (BStBl 1972 I S. 450), das im Rahmen dieses Buches nicht abgehandelt werden kann.

von § 49 EStG bezogen hat. Inland ist der Geltungsbereich des Einkommensteuergesetzes, also die Bundesrepublik und Berlin (West). Natürliche Personen mit Wohnsitz in der DDR oder in Berlin (Ost), die im Geltungsbereich des Einkommensteuergesetzes Einkünfte i. S. des § 49 EStG haben, sind beschränkt einkommensteuerpflichtige natürliche Personen. Entscheidend für die Frage der unbeschränkten oder beschränkten Steuerpflicht ist somit, wo ein Wohnsitz oder ein gewöhnlicher Aufenthalt besteht. Auf die Staatsangehörigkeit des Stpfl. kommt es nicht an.

Die unbeschränkte Einkommensteuerpflicht erstreckt sich auf sämtliche Einkünfte, d. h. auf Einkünfte aus dem Inland und aus dem Ausland, und zwar werden ausländische Einkünfte unbeschränkt Stpfl. auch dann zur Einkommensteuer im Inland herangezogen, wenn sie im Ausland bereits besteuert worden sind.

Beschränkt Steuerpflichtige unterliegen der Einkommensteuer nur mit ihren inländischen Einkünften, und zwar mit den im § 49 EStG aufgeführten inländischen Einkünften. Die Begriffe „beschränkt" und „unbeschränkt" beziehen sich somit insbesondere auf den Umfang der Einkommensteuerpflicht.

Beispiele:

a) Ein Steuerpflichtiger unterhält einen Wohnsitz in München und einen zweiten Wohnsitz in Luzern (Schweiz).
Der Steuerpflichtige hat seinen Wohnsitz im Inland, nämlich in München, und ist somit unbeschränkt einkommensteuerpflichtig i. S. des § 1 Abs. 1 EStG. Daß er einen zweiten Wohnsitz im Ausland unterhält, ist unwesentlich. Die Einkommensteuerpflicht besteht unabhängig davon, ob der Steuerpflichtige Einkünfte hat oder nicht.

b) Ein Steuerpflichtiger hat seinen Wohnsitz in London und hält sich andauernd (gewöhnlicher Aufenthalt) in der Bundesrepublik Deutschland auf.
Der Steuerpflichtige hat einen gewöhnlichen Aufenthalt im Inland und ist somit unbeschränkt einkommensteuerpflichtig i. S. des § 1 Abs. 1 EStG. Daß er einen Wohnsitz im Ausland hat, ist unwesentlich.

c) Ein Ausländer hat im Inland weder seinen Wohnsitz noch einen gewöhnlichen Aufenthalt und bezieht inländische Einkünfte im Sinne des § 49 EStG.
Der Ausländer ist beschränkt einkommensteuerpflichtig i. S. des § 1 Abs. 3 EStG. Bei Personen, die im Inland weder Wohnsitz noch gewöhnlichen Aufenthalt haben, hängt die persönliche Steuerpflicht davon ab, daß sie inländische Einkünfte i. S. des § 49 EStG haben (§ 1 Abs. 4 EStG). Die Einkommensteuerpflicht erstreckt sich lediglich auf die inländischen Einkünfte i. S. des § 49 EStG.

Der **Inlandsbegriff** des Einkommensteuergesetzes umfaßt den Geltungsbereich des Einkommensteuergesetzes, also die Bundesrepublik und Berlin (West). Zum Inland im Sinne des Einkommensteuerrechts gehört auch der der Bundesrepublik Deutschland zustehende Anteil am Festlandsockel, soweit es sich um die Erforschung und Ausbeutung der Naturschätze des Meeresgrundes und des Meeresuntergrundes handelt (§ 1 Abs. 1 Satz 2 EStG). Im Schiffsregister eingetragene Kauffahrteischiffe und Seeschiffe unter deutscher Flagge gehören auch dann zum Inland, wenn sie sich auf hoher See befinden (BFH, HFR 1974 S. 231). Im Ausland belegene Grundstücke des Bundes und der Länder, z. B. Konsulargebäude, gehören nicht zum Inland.

Fällt im Laufe des Veranlagungszeitraums (Kalenderjahrs) die beschränkte Steuerpflicht weg und tritt die unbeschränkte Steuerpflicht ein oder umgekehrt, so sind die Einkünfte für den Zeitraum der unbeschränkten und beschränkten Steuerpflicht getrennt zu ermitteln und für beide Zeiträume verschiedene Veranlagungen durchzuführen, und zwar eine Veranlagung nach den Grundsätzen der beschränkten Steuerpflicht und eine Veranlagung nach den Grundsätzen der unbeschränkten Steuerpflicht. Wegen weiterer Einzelheiten s. 2.3.1. Verlegt ein unbeschränkt steuerpflichtiger Deutscher seinen Wohnsitz in ein niedrig besteuerndes Gebiet, so ist nach §§ 2 und 5 Außensteuergesetz (BStBl 1972 I S. 450) zu prüfen, ob erweiterte beschränkte Steuerpflicht besteht. Auf nähere Ausführungen hierzu wird hier verzichtet (vgl. BMF, BStBl 1974 I S. 442).

Der Grundsatz, daß bei unbeschränkter Steuerpflicht die inländischen und die ausländischen Einkünfte und bei beschränkter Steuerpflicht die inländischen Einkünfte i. S. des § 49 EStG im Inland zur Einkommensteuer herangezogen werden, erfährt durch Abkommen zur **Vermeidung von Doppelbesteuerungen** erhebliche Einschränkungen. Bedeutsame Doppelbesteuerungsabkommen bestehen z. B. mit Australien, Belgien, Brasilien, Dänemark, Finnland, Frankreich, Griechenland, Großbritannien, Italien, Japan, Kanada, Niederlande, Norwegen, Österreich, Schweden, der Schweiz, Spanien und den Vereinigten Staaten von Amerika (EStR Anhang 8). Zudem sind nach § 3 Nr. 63 EStG Einkünfte der in § 49 EStG bezeichneten Art steuerfrei gestellt, wenn sie in der DDR oder Berlin (Ost) bezogen worden sind, ab VZ 1989 allerdings nur, wenn sie dort zu einer der inländischen ESt entsprechenden Steuer tatsächlich herangezogen worden sind (§ 52 Abs. 2 e EStG). Ferner wird durch § 2 a EStG der Ansatz bestimmter ausländischer Verluste bei der inländischen Besteuerung ausgeschlossen oder eingeschränkt, soweit der Ansatz nicht bereits kraft Doppelbesteuerungsabkommens unterbleibt. Schließlich sind bei der Besteuerung ausländischer Einkünfte die tariflichen Sondervorschriften des § 34 c EStG und der §§ 68 c bis e EStDV (Anrechnungsverfahren) zu beachten. Vgl. dazu Übersicht auf S. 38.

2.1.3.1 Wohnsitz

Einen Wohnsitz im Sinn der Steuergesetze hat jemand dort, wo er eine Wohnung innehat unter Umständen, die darauf schließen lassen, daß er die Wohnung beibehalten und benutzen wird (§ 8 AO; dazu BMF, BStBl 1990 I S.50).

Eine **Wohnung** setzt eingerichtete, zum Wohnen geeignete Räume voraus, die den Verhältnissen des Steuerpflichtigen angemessen sind, so daß sie ihm ein Heim bieten können. Die Frage der Wohnungsbegründung ist steuerlich (im Gegensatz zum bürgerlichen Recht, §§ 7 und 8 BGB) nur nach tatsächlichen und wirtschaftlichen Gesichtspunkten zu beurteilen (BFH, BStBl 1970 II S. 153). Maßgebend ist nur der äußere Tatbestand, auf die Absicht des Steuerpflichtigen kommt es nicht an. Die Entscheidung kann nur nach den Verhältnissen des jeweiligen Veranlagungszeitraums getroffen werden (BFH, BStBl 1964 III S. 462).

Übersicht:

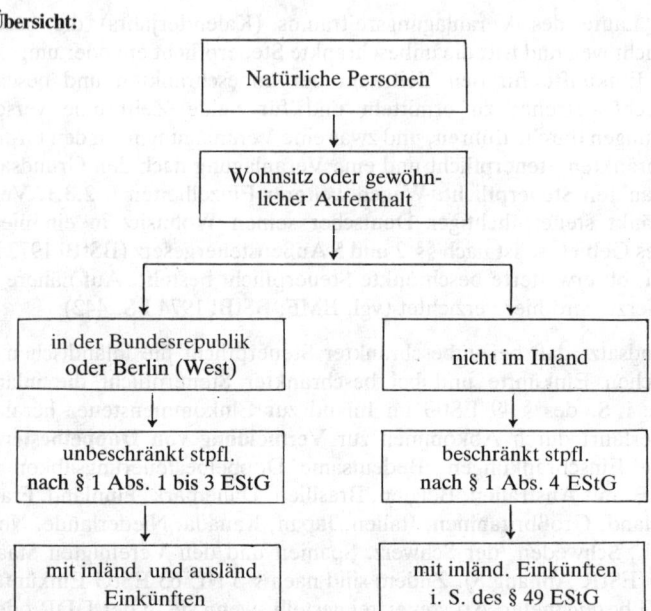

| Natürliche Personen |

Wohnsitz oder gewöhn-
licher Aufenthalt

in der Bundesrepublik oder Berlin (West)	nicht im Inland
unbeschränkt stpfl. nach § 1 Abs. 1 bis 3 EStG	beschränkt stpfl. nach § 1 Abs. 4 EStG
mit inländ. und ausländ. Einkünften	mit inländ. Einkünften i. S. des § 49 EStG

Entscheidend für das Vorliegen einer Wohnung ist die Verkehrsauffassung, für die die besonderen Umstände des Einzelfalls und die örtlichen Verhältnisse ausschlaggebend sind (BFH, BStBl 1951 III S. 176). Betriebliche oder geschäftliche Räume, Gemeinschaftslager und einfache Notunterkünfte, die nur zur vorübergehenden Unterkunft eingerichtet sind, sind keine Wohnung. Möblierte Zimmer können im Einzelfall als Wohnung anzusehen sein (RFH, RStBl 1936 S. 797). Das gilt insbesondere, wenn der Stpfl. an dem Ort, wo er das möblierte Zimmer unterhält, mit Rücksicht auf seine Berufstätigkeit wohnen muß (RFH, RStBl 1940 S. 858, RStBl 1942 S. 549).

Wesentlich für den Wohnsitzbegriff ist das **Innehaben einer Wohnung**, d. h., daß der Steuerpflichtige über eine Wohnung rechtlich oder tatsächlich verfügt, sie also insbesondere jederzeit benutzen kann (BFH, BStBl 1989 II S. 182). Die Verfügungsmacht kann auch durch Haushaltsangehörige ausgeübt werden (RFH, RStBl 1937 S. 498). Man kann daher auch eine Wohnung durch Familienangehörige innehaben, begründen oder aufrechterhalten. Eheleute haben grundsätzlich einen gemeinsamen Wohnsitz; er befindet sich dort, wo die Familie wohnt. Ob der eine oder der andere Ehegatte aus beruflichen oder persönlichen Gründen von der Wohnung mehr oder weniger häufig, ja selbst das ganze Jahr hindurch keinen Gebrauch macht, ist belanglos.

Kinder teilen dann den elterlichen Wohnsitz, wenn eine Beziehung zur elterlichen Wohnung vorhanden ist, die über die allein durch das Kindschaftsverhältnis begründete Beziehung hinausgeht und erkennen läßt, daß das Kind die elterliche Wohnung nach wie vor auch als seine Wohnung betrachtet und nicht nur besuchsweise, sondern auch sonst, z. B. bei Krankheit, in die Wohnung der Eltern zurückkehrt. Dies gilt insbesondere, wenn es sich um volljährige Kinder handelt (BFH, BStBl 1961 III S. 298).

Die Merkmale der **„Beibehaltung"** und **„Benutzung"** sind nach dem äußeren Tatbestand zu beurteilen. Es genügt, daß die Wohnung z. B. über Jahre hinweg regelmäßig zweimal zu bestimmten Zeiten über einige Wochen benutzt wird. Wer aber eine Wohnung von vornherein nur in der Absicht nimmt, sie nur vorübergehend (weniger als sechs Monate) beizubehalten und zu benutzen, begründet dort keinen Wohnsitz (BFH, BStBl 1989 II S. 956).

Ein mehrfacher Wohnsitz ist möglich, z. B., wenn ein Steuerpflichtiger neben seinem Familienwohnsitz noch einen zweiten Wohnsitz für sich allein unterhält; auch kann neben einem Wohnsitz noch an einem anderen Ort ein gewöhnlicher Aufenthalt bestehen.

Durch eine vorübergehende Unterbrechung im Innehaben einer inländischen Wohnung wird der inländische Wohnsitz nicht beendet, falls die Umstände bestehen bleiben, die auf die Beibehaltung einer solchen – wenn auch anderen – Wohnung schließen lassen (BFH, BStBl 1972 II S. 949).

Fraglich ist, ob Verschollene des letzten Weltkrieges, die nicht für tot erklärt sind, noch einen inländischen Wohnsitz (oder zumindest einen gewöhnlichen Aufenthalt im Inland, s. dazu nachfolgend) haben. Voraussetzung dafür wäre, daß der Verschollene vor Eintritt der Verschollenheit einen Wohnsitz oder gewöhnlichen Aufenthalt im Inland gehabt hat. Davon kann regelmäßig ausgegangen werden (BFH, BStBl 1978 II S. 372). Als weitere Voraussetzung müßte der Wille zur Rückkehr noch angenommen werden können. FG-Urteile haben das Vorliegen dieser Voraussetzung verneint. Die Finanzverwaltung nimmt diese Voraussetzung z. Z. noch für gegeben an.

Die Frage, ob die Tatbestandsmerkmale der Wohnsitzbegründung erfüllt sind, muß nach den Verhältnissen des jeweiligen Veranlagungszeitraums geprüft werden. Die Entwicklung der Verhältnisse in den Folgejahren bleibt unberücksichtigt (BFH, BStBl 1968 II S. 439).

Beispiele:

a) Ein deutscher Seemann, dessen Familie in Hamburg wohnt, fährt auf ausländischen Schiffen zur See und kommt nur in größeren Zeitabständen nach Hamburg zu seiner Familie zurück.

Der Seemann ist, wie seine Angehörigen, unbeschränkt steuerpflichtig. Er unterhält einen Wohnsitz in Hamburg.

b) Ein 22jähriger Student, Sohn eines Münchner Kaufmanns, studiert in London. Nach Ablauf seiner Studienzeit wird er zu seinen Eltern nach München zurückkehren.

Der Sohn bleibt für die Studiendauer unbeschränkt steuerpflichtig, weil er seinen Wohnsitz im elterlichen Haus durch das auswärtige Studium nicht aufgibt.

2.1.3.2 Gewöhnlicher Aufenthalt

Den gewöhnlichen Aufenthalt im Sinn der Steuergesetze hat jemand dort, wo er sich unter Umständen aufhält, die erkennen lassen, daß er an diesem Ort oder in diesem Gebiet nicht nur vorübergehend verweilt (§ 9 AO; dazu BMF, BStBl 1990 I S. 50).

Auf den gewöhnlichen Aufenthalt kommt es für die Begründung der unbeschränkten Steuerpflicht hilfsweise nur dann an, wenn es an einem Wohnsitz fehlt. Der gewöhnliche Aufenthalt ist ein Zustandsverhältnis, welches der Steuerpflichtige durch längeren Aufenthalt zu einem Aufenthaltsort (Land, Stadt usw.) begründet. Das Vorhandensein einer wirtschaftlichen Existenzgrundlage im Inland, die eine tägliche Anwesenheit im Inland erfordert, reicht für einen gewöhnlichen Aufenthalt nicht aus (BFH, BStBl 1984 II S. 11). So hat ein Unternehmer mit einem Wohnsitz im Ausland keinen gewöhnlichen Aufenthalt im Inland, wenn er regelmäßig von seinem Betrieb im Inland zu seiner Wohnung im Ausland zurückkehrt (BFH, BStBl 1985 II S. 331). Eine längere Abwesenheit (mehr als ein Jahr) von diesem Ort beendet in der Regel dieses Zustandsverhältnis (BFH, BStBl 1962 III S. 429). Ein nur vorübergehender Aufenthalt im Inland begründet die unbeschränkte Steuerpflicht nicht.

Beispiele:

a) Ein Deutsch-Amerikaner verbringt für vier Monate einen Urlaub in der Bundesrepublik.

b) Ein ausländischer Saisonarbeiter hält sich, ohne einen Wohnsitz im Inland zu begründen, für eine Beschäftigungsdauer von weniger als sechs Monaten in der Bundesrepublik auf.

c) Ein niederländischer Grenzgänger mit Wohnsitz in Holland übt eine nicht selbständige Tätigkeit in der Bundesrepublik aus, hält sich nur während der Arbeitszeit im Inland auf und kehrt täglich zu seinem Wohnsitz in Holland zurück.

Ein gewöhnlicher Aufenthalt im Inland ist in keinem der Fälle begründet worden.

Um Abgrenzungsschwierigkeiten zwischen einem vorübergehenden und einem gewöhnlichen (andauernden) Aufenthalt auszuschließen, bestimmt § 9 AO, daß als gewöhnlicher Aufenthalt stets und von Beginn an ein zeitlich zusammenhängender Aufenthalt von mehr als sechs Monaten Dauer anzusehen ist, wobei kurzfristige Unterbrechungen unberücksichtigt bleiben.

Beispiele:

a) Ein Praktikant aus den sog. Entwicklungsländern hält sich zur beruflichen und fachlichen Weiterbildung für ein Jahr im Bundesgebiet auf und arbeitet gegen Entgelt in verschiedenen Betrieben in der Bundesrepublik.

Der Praktikant hat im Inland einen gewöhnlichen Aufenthalt, weil der Aufenthalt länger als 6 Monate dauert. Bei ausländischen Werkstudenten bleibt aber eine vorübergehende Tätigkeit im Inland steuerfrei (Doppelbesteuerungsabkommen mit Dänemark, Frankreich, Luxemburg, den Niederlanden, Norwegen, Österreich und Schweden), wenn diese Tätigkeit der „notwendigen praktischen Ausbildung" dient.

b) Ein Steuerpflichtiger, der bis zu seiner Festnahme seinen Wohnsitz oder einen gewöhnlichen Aufenthalt in der Bundesrepublik hatte, verbüßt im Ausland eine Freiheitsstrafe.

Der Steuerpflichtige ist unbeschränkt steuerpflichtig, wenn anzunehmen ist, daß er nach der Freilassung ins Inland zurückkehren wird. Dann kann zumindest angenommen werden, daß er den „gewöhnlichen Aufenthalt" im Inland hat (vgl. RFH, RStBl 1935 S. 1219).

c) Ein Niederländer mit Wohnsitz in Holland arbeitet in der Bundesrepublik und kehrt nur zum Wochenende zu seiner Familie nach Holland zurück. Die Nächte zwischen den Arbeitstagen bleibt er im Inland.
Der Steuerpflichtige ist kein Grenzgänger, sondern unterhält einen gewöhnlichen Aufenthalt im Inland (BFH, BStBl 1965 III S. 352).

d) Ein ausländischer Arbeitnehmer (Gastarbeiter) reist in die Bundesrepublik ein, nimmt ein Dienstverhältnis bei einer Firma im Inland auf und bleibt länger als sechs Monate in der Bundesrepublik, ohne einen Wohnsitz im Inland zu begründen.
Der Gastarbeiter hat einen gewöhnlichen Aufenthalt im Inland und ist somit vom Zeitpunkt seiner Einreise an unbeschränkt steuerpflichtig.

Es ist nicht erforderlich, daß der sechsmonatige Aufenthalt in ein und dasselbe Kalenderjahr fällt.

Beispiel:
Ein Ausländer begründet ab 1. 12. dieses Jahres seinen Aufenthalt im Inland. Wenn dieser Aufenthalt über den 31. 5. des nächsten Jahres hinausgeht, ist der Ausländer ab 1. 12. dieses Jahres unbeschränkt steuerpflichtig.

Auch wenn die Sechsmonatsfrist überschritten wird, wird ein gewöhnlicher Aufenthalt nicht angenommen, wenn der Aufenthalt ausschließlich zu Besuchs-, Erholungs-, Kur- oder ähnlichen privaten (nicht geschäftlichen) Zwecken genommen wird und nicht länger als ein Jahr dauert (§ 9 Satz 3 AO). Da es auf die Absichten des Steuerpflichtigen ankommt, kann im Einzelfall auch ein tatsächlicher Aufenthalt von weniger als sechs Monaten als nicht nur vorübergehend anzusehen sein. Die ursprüngliche Absicht muß sich aber auf einen längeren Zeitraum bezogen haben (BFH, BFH/NV 1990 S. 211).

Während ein Stpfl. möglicherweise gleichzeitig mehrere Wohnsitze nebeneinander haben kann, kann er immer nur einen gewöhnlichen Aufenthalt haben (BFH, BStBl 1984 II S. 11).

2.1.3.3 Erweiterte unbeschränkte Steuerpflicht

Unbeschränkt einkommensteuerpflichtig sind nach § 1 Abs. 2 EStG auch deutsche Staatsangehörige, die keinen Wohnsitz oder gewöhnlichen Aufenthalt im Inland haben, wenn sie zu einer inländischen juristischen Person des öffentlichen Rechts in einem Dienstverhältnis stehen und dafür Arbeitslohn aus einer inländischen öffentlichen Kasse beziehen (BFH, BStBl 1988 II S. 768). Die erweiterte unbeschränkte Steuerpflicht tritt aber nur ein, wenn die Person in dem Staat ihres Wohnsitzes oder gewöhnlichen Aufenthalts nicht unbeschränkt zur Einkommensteuer herangezogen wird (z. B. Diplomaten).

Die erweiterte unbeschränkte Steuerpflicht einer Person erstreckt sich auch auf deren Angehörige i. S. des § 15 AO, die zu ihrem Haushalt gehören und die entweder die deutsche Staatsangehörigkeit besitzen oder keine Einkünfte bzw. nur Einkünfte beziehen, die ausschließlich im Inland einkommensteuerpflichtig sind.[*]

2.1.3.4 Fiktive unbeschränkte Steuerpflicht

Durch § 1 Abs. 3 EStG werden unter bestimmten Voraussetzungen (weitere) öffentlich-rechtlich Bedienstete ohne diplomatischen oder konsularischen Status, die weder Wohnsitz noch gewöhnlichen Aufenthalt im Inland haben, in die unbeschränkte Steuerpflicht einbezogen. Ihnen gleichbehandelt werden deren nicht dauernd getrennt lebende Ehegatten (also nicht auch andere Angehörige). Voraussetzung ist, daß der Bedienstete und der Ehegatte in den betreffenden VZ im Ausland nicht höhere steuerpflichtige Einnahmen als 5000 DM beziehen. Von dieser Regelung erfaßt werden sowohl die im Ausland als auch die im Inland tätigen Arbeitnehmer im öffentlichen Dienst mit Wohnsitz im Ausland. Einbezogen in diese Regelung werden auch Versorgungsempfänger, soweit dafür nicht nach einem DBA das Besteuerungsrecht dem ausländischen Staat zusteht, in dem der Stpfl. seinen Wohnsitz hat.

Durch die neue Regelung in Abs. 3 sollen eingetretene Härten vermieden werden. Da nämlich sämtliche DBA das Besteuerungsrecht für den Arbeitslohn Angehöriger des öffentlichen Dienstes dem Staat zuweisen, aus dessen Kassen er gezahlt wird (sog. Kassenklausel), werden sie also im Ausland mit ihren Dienstbezügen nicht besteuert. Sofern sie im Ausland keine weiteren Einkünfte im nennenswerten Umfang beziehen, wirkt sich also im Ausland eine familiengerechte Besteuerung nicht aus. Da sie andererseits im Inland keinen Wohnsitz haben und nach den allgemeinen Regelungen somit lediglich beschränkt steuerpflichtig sind, werden sie mithin auch im Inland nicht familiengerecht, insbesondere nicht nach dem Splitting-Verfahren besteuert. Es war mithin erforderlich, unter den genannten Voraussetzungen beide Ehegatten in die unbeschränkte ESt-Pflicht einzubeziehen und ihnen insbesondere die Anwendung des Splitting-Tarifs zu ermöglichen (s. auch Abschn. 1 Abs. 3 EStR).

Die Begrenzung der erweiterten unbeschränkten ESt-Pflicht auf Fälle, in denen der Stpfl. allein oder zusammen mit seinem Ehegatten im Ausland steuerpflichtige Einnahmen von nicht mehr als 5000 DM im VZ bezieht, war erforderlich, damit die Regelung nicht in das Besteuerungsrecht eines ausländischen Staats eingreift, so daß Fälle einer doppelten unbeschränkten ESt-Pflicht nur ausnahmsweise auftreten können.

In den Fällen der Abs. 2 und 3 werden bei Kindern, die zum Haushalt des Stpfl. gehören, entgegen der allgemeinen Regelung im § 32 Abs. 2 EStG auch solche Kinder steuerlich berücksichtigt, die lediglich beschränkt steuerpflichtig sind. Für sie kann mithin der Kinderfreibetrag gewährt werden.

Durch das Zustimmungsgesetz zum Staatsvertrag zwischen der Bundesrepublik Deutschland und der DDR werden in § 1 Abs. 3 Satz 1 EStG die Worte „im

---

[*] Für Angehörige, die nicht die deutsche Staatsangehörigkeit besitzen, gilt die Vorschrift des § 1 Abs. 2 Satz 1 EStG rückwirkend ab 1975 (§ 52 Abs. 2 EStG).

Ausland" durch die Worte „außerhalb des Inlands" ersetzt. Damit werden auch Bedienstete mit Bezügen aus inländischen öffentlichen Kassen mit Wohnsitz oder gewöhnlichem Aufenthalt in der DDR einschließlich Berlin (Ost) unter den in dieser Vorschrift genannten Voraussetzungen in die unbeschränkte Einkommensteuerpflicht einbezogen und kommen damit insbesondere in den Genuß des Splitting-Verfahrens. Außerdem ist § 3 Nr. 63 EStG anzuwenden, soweit die Bezüge in der DDR tatsächlich besteuert werden.

2.2 Sachliche Steuerpflicht, Steuerbemessungsgrundlage, Tarif

Bemessungsgrundlage für die tarifliche Einkommensteuer ist das zu versteuernde Einkommen (§ 2 Abs. 5 EStG). Die Vorschriften des § 2 EStG führen die Voraussetzungen für die Einkommensbesteuerung sowie ihr Verhältnis und ihre Reihenfolge zueinander auf. In ihnen werden auch die Schritte beschrieben, die man gehen muß, um zur festzusetzenden Einkommensteuer zu gelangen.

Gesamtbetrag der Einkünfte ist die Summe der positiven und negativen Einkünfte aus den sieben in § 2 Abs. 1 EStG aufgeführten Einkunftsarten, vermindert um den Altersentlastungsbetrag, den Ausbildungsplatz-Abzugsbetrag und die nach § 34 c Abs. 2 und 3 EStG abgezogene Steuer (§ 2 Abs. 3 EStG).

Einkommen ist der Gesamtbetrag der Einkünfte, vermindert um die Sonderausgaben und die außergewöhnlichen Belastungen (§ 2 Abs. 4 EStG).

Zu versteuerndes Einkommen in der ab dem VZ 1990 geltenden Fassung ist das Einkommen, vermindert um den Kinderfreibetrag, den Haushaltsfreibetrag und um sonstige vom Einkommen abzuziehende Beträge (§ 2 Abs. 5 EStG).

2.2.1 Begriff des zu versteuernden Einkommens

Der Gesetzgeber hat keine der bestehenden Lehrmeinungen zum Wirtschaftsbegriff des „Einkommens" übernommen, sondern einen selbständigen Einkommensbegriff geprägt, durch den das „Einkommen" in einer für die Zwecke der Besteuerung möglichst geeigneten Weise umgrenzt wird. Siehe Schaubild auf S. 44.

2.2.2 Einkunftsarten

Das Einkommensteuergesetz zählt **7 Einkunftsarten** auf, die der Einkommensteuer unterliegen (§ 2 Abs. 1 EStG). Diese sind:
1. Einkünfte aus Land- und Forstwirtschaft
2. Einkünfte aus Gewerbebetrieb
3. Einkünfte aus selbständiger Arbeit
4. Einkünfte aus nichtselbständiger Arbeit
5. Einkünfte aus Kapitalvermögen

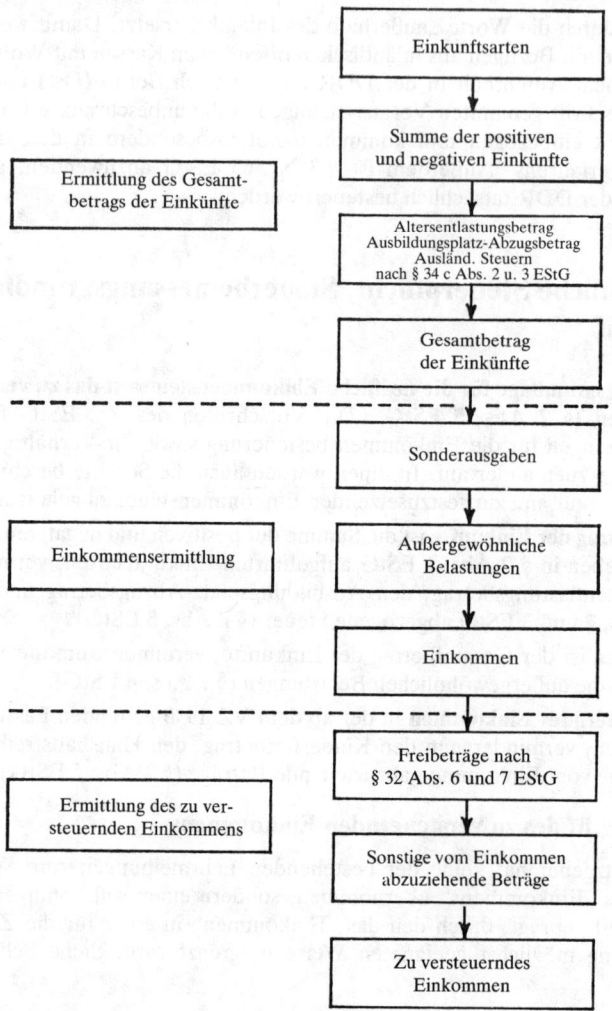

	Einkunftsarten
Ermittlung des Gesamt- betrags der Einkünfte	Summe der positiven und negativen Einkünfte
	Altersentlastungsbetrag Ausbildungsplatz-Abzugsbetrag Ausländ. Steuern nach § 34 c Abs. 2 u. 3 EStG
	Gesamtbetrag der Einkünfte
Einkommensermittlung	Sonderausgaben
	Außergewöhnliche Belastungen
	Einkommen
Ermittlung des zu ver- steuernden Einkommens	Freibeträge nach § 32 Abs. 6 und 7 EStG
	Sonstige vom Einkommen abzuziehende Beträge
	Zu versteuerndes Einkommen

6. Einkünfte aus Vermietung und Verpachtung

7. Sonstige Einkünfte im Sinn des § 22 EStG.

Im allgemeinen macht die Feststellung, in welche Einkunftsart bestimmte Erträge einzuordnen sind, keine Schwierigkeiten. Die §§ 13 bis 24 EStG bestimmen eingehend, welche Einkünfte bei den einzelnen Einkunftsarten erfaßt werden.

Die einzelnen Einkunftsarten stehen nicht alle gleichrangig nebeneinander, sondern das Gesetz begründet teilweise ein Vorrangverhältnis. Dabei können Einkünfte aus einigen Einkunftsarten (Kapitalvermögen, Vermietung und Verpachtung, sonstige Einkünfte) nur dann angenommen werden, wenn die Einkünfte nicht schon einer anderen Einkunftsart zuzurechnen sind (subsidiärer Charakter). So sind z. B. Kapitalvermögens- oder Vermietungserträge, die im Rahmen eines Gewerbebetriebs anfallen, Einkünfte aus Gewerbebetrieb.

Die Abgrenzung zwischen den verschiedenen Einkunftsarten ist von besonderer Bedeutung. Die einzelnen Einkunftsarten weisen so wesentliche Eigengesetzlichkeiten auf, daß der Umfang der Steuerpflicht dadurch weitgehend beeinflußt wird. So sind die Einkünfte der ersten drei Einkunftsarten durch Gewinnermittlung und die Einkünfte der vier letzten Einkunftsarten durch Überschuß der Einnahmen über die Werbungskosten zu errechnen. Bei den Einkunftsarten nichtselbständige Arbeit, Kapitalvermögen und wiederkehrende Bezüge i. S. des § 22 Nr. 1 EStG werden Werbungskostenpauschbeträge und bei Einnahmen aus nichtselbständiger Arbeit wird eine Vorsorgepauschale als Sonderausgabe gewährt. Bei einzelnen Einkunftsarten sind Freibeträge bzw. Freigrenzen zu beachten, z. B. bei Land- und Forstwirtschaft nach § 13 Abs. 3 EStG, bei Veräußerungsgewinnen im Sinne der §§ 14, 14 a, 16, 17 und 18 Abs. 3 EStG, bei Einkünften aus nichtselbständiger Arbeit nach § 19 Abs. 2 EStG, bei Einkünften aus Spekulationsgeschäften im Sinne des § 22 Nr. 2 EStG und bei Einkünften aus Leistungen im Sinne des § 22 Nr. 3 EStG. Auch bei der Berechnung des Altersentlastungsbetrags nach § 24 a EStG kommt es auf die richtige Einordnung der Einkünfte an. Bei bestimmten Einkünften sind Verlustausgleichsbeschränkungen zu beachten, einzelne Steuervergünstigungen, z. B. § 6 Abs. 2, § 7 e, § 10 a EStG, kommen nur bei bestimmten Einkunftsarten in Betracht. Darüber hinaus ergeben sich mit der Zuordnung zu einer bestimmten Einkunftsart ggf. noch Nebenfolgen, z. B. Lohnsteuerpflicht, Umsatzsteuerpflicht, Gewerbesteuerpflicht usw. Es ist daher verständlich, daß sich die §§ 13 bis 24 EStG eingehend damit befassen, die Merkmale der einzelnen Einkunftsarten zu bestimmen, und daß ein wesentlicher Teil der Einkommensteuer-Richtlinien dazu dient, die Merkmale für die Abgrenzung der einzelnen Einkunftsarten darzustellen.

Die Aufzählung der einzelnen Einkunftsarten im § 2 Abs. 1 EStG ist erschöpfend. Welche Vermögensmehrungen unter die sieben Einkunftsarten fallen, wird in den §§ 13 bis 24 EStG im einzelnen in dem Sinne festgelegt, daß andere Vermögensmehrungen nicht der Einkommensbesteuerung unterliegen. Auch was zu den sonstigen Einkünften des § 2 Abs. 1 Nr. 7 EStG zählt, wird in den §§ 22, 23 EStG abschließend gesagt. Daher unterliegt z. B. der Verkauf eines privaten Grundstücks nicht der Einkommensbesteuerung, wenn es sich nicht um ein Spekulationsgeschäft handelt.

2.2.3 Nicht steuerbare Zuflüsse

2.2.3.1 Gewinne und Verluste aus Liebhaberei

2.2.3.1.1 Allgemeines

Nicht jede Betätigung, die nach ihren äußeren Merkmalen unter eine der in § 2 Abs. 1 in Verbindung mit §§ 13 bis 24 EStG umschriebenen Einkunftsarten fällt, kann als einkommensteuerlich bedeutsam angesehen werden. Sofern es sich nämlich um eine „Liebhaberei" handelt, bleibt der Gewinn und der Verlust aus der Betätigung einkommensteuerlich außer Ansatz; die Liebhaberei zählt zu keiner Einkunftsart.

In seinem Beschluß vom 10. 1. 1974 (amtlich nicht veröffentlicht, siehe Heuer, FR 1975 S. 1 a. E.), mit welchem über die Aussichten einer Klage entschieden wurde, hat s der BFH bei der hier vorzunehmenden summarischen Prüfung als nicht bedenklich bezeichnet, „daß das FA bei der Frage der Liebhaberei die innerhalb der Einkunftsart Land- und Forstwirtschaft allein mit andauernden Verlusten arbeitenden Teilbetriebe der Landwirtschaft und der Jagd von der Forstwirtschaft und dem Baumschulbetrieb getrennt der Liebhaberei zugeordnet hat." Ferner hat der BFH (BStBl 1986 II S. 293) es für erwägenswert gehalten, eine als selbständigen Betriebszweig geführte verlustbringende Pferdezucht gegenüber einem gewinnträchtigen land- und forstwirtschaftlichen Betrieb getrennt als Liebhaberei zu behandeln. Demgegenüber bezieht der BFH (BStBl 1970 II S. 377) das Merkmal Liebhaberei auf den Betrieb, ohne dafür eine weitere Begründung zu geben. Bei der Untersuchung der Frage, ob eine „Schloßbesichtigung" einen Gewerbebetrieb darstellt, hat der BFH (BStBl 1980 II S. 633) ferner das Ausscheiden einzelner hoher Erhaltungsaufwendungen aus der Gewinnermittlung für unzulässig erklärt. Es müsse, so hat er in diesem Zusammenhang ausgeführt, die Tätigkeit des Stpfl. insgesamt dahingehend gewürdigt werden, ob eine gewerbliche Tätigkeit oder eine Liebhaberei vorliege.

Wollte man unter dem Gesichtspunkt der Liebhaberei nur einzelne überhöhte Aufwendungen nicht zum Abzug zulassen, den sich danach ergebenden Gewinn oder Verlust aber einkommensteuerlich erfassen, so würde das eine sachliche Änderung des Einkommensteuergesetzes bedeuten, die nur der Gesetzgeber vornehmen darf. Dies gilt natürlich nicht für solche Aufwendungen, die kraft ausdrücklicher gesetzlicher Regelung (§ 4 Abs. 5, § 12 EStG) vom Abzug ausgeschlossen sind. Als Liebhaberei kommt nur jede wirtschaftlich abgrenzbare Betätigung insgesamt in Betracht.

Die Frage, ob eine Betätigung eine Liebhaberei ist, tritt wohl am häufigsten bei Betrieben der Land- und Forstwirtschaft auf. Sie ergibt sich aber auch hin und wieder im Hinblick auf gewerbliche Betriebe, selbständige Tätigkeit und Vermietung und Verpachtung.

Nach welchen Gesichtspunkten eine einkommensteuerlich bedeutsame Tätigkeit von der Liebhaberei abzugrenzen ist, läßt sich aus dem Beschluß des GrS des BFH vom 25. 6. 1984 (BStBl 1984 II S. 751) entnehmen.

Die Rechtsprechung des BFH neigte bisher dazu, die Frage, ob ein landwirtschaftlicher Betrieb eine Liebhaberei darstellt oder zu Einkünften aus Land- und Forstwirtschaft im Sinne des Einkommensteuergesetzes führt, in erster Linie nach objektiven Gesichtspunkten zu entscheiden. Danach sollte es entscheidend darauf ankommen, ob der Betrieb nach betriebswirtschaftlichen Grundsätzen geführt wird oder nach seiner Wesensart und nach der Art seiner Bewirtschaftung auf die

Dauer gesehen nachhaltig mit Gewinnen arbeiten kann (BFH, BStBl 1968 II S. 815, 1969 II S. 340, 1980 II S. 152 und S. 718). Indessen stellten andere Entscheidungen auf die Vorstellung des Stpfl. auf seine Gewinn- oder Überschußerzielungsabsicht ab und ließen die objektiven Verhältnisse nur als Indiz oder Beweis für diese Absicht gelten (so BFH, BStBl 1981 II S. 452). Dieser Denkrichtung hat sich der GrS des BFH (a.a.O) zugewandt. Kommt es danach für die Abgrenzung zur Liebhaberei auf die Absicht der Gewinnerzielung oder der Überschußerzielung an, so müssen doch für diese innere Tatsache äußere Umstände vorliegen, aus denen auf ihr Vorhandensein geschlossen werden kann. Auf das Fehlen der Gewinnerzielungsabsicht als innere Tatsache kann nur aus objektiven Umständen und Verhältnissen geschlossen werden wie umgekehrt eine bloße Absichtserklärung für die Annahme einer Gewinnerzielungsabsicht nicht ausreicht (BFH, BStBl 1985 II S. 205). Dabei bedeutet Gewinn Betriebsvermögensmehrung als Totalgewinn, d. h. Gewinn in der Zeit von der Gründung des Betriebs bis zu seiner Veräußerung, Aufgabe oder Liquidation, und Überschuß ein Mehr an Vermögen gegenüber dem bei Beginn der Tätigkeit eingesetzten Kapital (BFH, BStBl 1988 II S. 10, 778).

Da es auf die Gewinnerzielungsabsicht ankommt, kann aus einem Totalverlust nicht zwingend auf das Fehlen der Gewinnerzielungsabsicht geschlossen werden. Dazu heißt es im Beschluß des Gr.S. wörtlich:

„Bei längeren Verlustperioden muß aus weiteren Beweisanzeichen die Feststellung möglich sein, daß der Stpfl. die verlustbringende Tätigkeit nur aus im Bereich seiner Lebensführung liegenden persönlichen Gründen oder Neigungen ausübt."

Das wirtschaftliche erfolglose Unternehmen, bei dem sich die wirtschaftlichen Bedingungen wider Erwarten negativ erweisen, wird deshalb noch nicht ohne Gewinnabsicht betrieben. Wann aber das eine oder andere vorliegt, ist eine schwierige Grenzentscheidung, die bei der Art der wirtschaftlichen Betätigungen jeweils nach unterschiedlichen Merkmalen zu beurteilen ist. Ein in einer längeren Anlaufphase dauernd mit Verlusten arbeitender Betrieb weist dann jedenfalls nicht auf eine fehlende Gewinnerzielungsabsicht hin, wenn der Steuerpflichtige aus der Erkenntnis, daß mit dem Betrieb keine Gewinne zu erzielen sind, die Konsequenz zieht, daß er die Eigenbewirtschaftung aufgibt. Dagegen kann der Nachweis fehlender Gewinnerzielungsabsicht als erbracht gelten, wenn ein Betrieb über Jahre Verluste erbringt und zudem nicht nach betriebswirtschaftlichen Grundsätzen geführt wird, so daß er nach der Art seiner Bewirtschaftung und seiner Wesenart auf die Dauer keinen Gewinn (Totalgewinn) erbringen kann (ähnlich BFH, BStBl 1985 II S. 205, 1986 II S. 289). Bei der Ermittlung der Höhe der Verluste sind die einkommensteuerrechtlichen Vorschriften maßgebend. Bei der Vermietung eines Grundstücks sind Wertsteigerungen einzubeziehen, wenn bei Bejahung der Einkünfteerzielungsabsicht nach den sonstigen Gegebenheiten Einkünfte aus Gewerbebetrieb und nicht aus Vermietung und Verpachtung vorlägen. Ob eine Gewinnrealisierung stattgefunden hat, ist unerheblich, weil es allein auf das Gewinnstreben ankommt (BFH, BStBl 1988 II S. 778). In die Totalgewinnprognose sind Veräußerungsgewinne nur im Rahmen der Gewinneinkünfte, nicht dagegen bei den Überschußeinkünften einzubeziehen. Die vom FA akzeptierte Gewinnerzielungsabsicht kann der Stpfl. nicht nachträglich ohne Grund als falsch bezeichnen, um dadurch Steuervorteile zu erlangen (BFH, BStBl 1986 II S. 68). Erscheint die Gewinnerzielungsabsicht zweifelhaft, kann das Finanzamt über mehrere Jahre vorläufige Steuerbescheide gem. § 165 AO erlassen (BFH, BStBl 1990 II S. 278).

2.2.3.1.2 Abgrenzung von Land- und Forstwirtschaft und Liebhaberei

Nachfolgend werden einige objektive Merkmale dargestellt, aus denen Rückschlüsse für die Gewinnerzielungsabsicht gezogen werden können.

Erscheint nach der Wesensart und der Art seiner Bewirtschaftung ein – wenn auch bescheidener – Gewinn des Betriebsinhabers erreichbar, dann ist ein land- und forstwirtschaftlicher Erwerbsbetrieb auch dann anzunehmen, wenn der Betrieb im übrigen nicht nach den Maßstäben der landwirtschaftlichen Betriebswirtschaftslehre rationell bewirtschaftet wird (BFH, BStBl 1969 II S. 815).

Diese Grundsätze bedeuten: Kann man nach der Größe des Betriebs, der Bodenqualität, den klimatischen Verhältnissen, der Bewässerung und ähnlichen, die Wesensart des Betriebs bestimmenden Faktoren sowie ferner nach der Anbauart, dem Einsatz von Mensch und Maschinen und anderen die Art der Bewirtschaftung bestimmenden Faktoren mit Gewinn rechnen, kommt es nicht darauf an, daß der Stpfl. auch im übrigen noch so rationell wie möglich verfährt. Er darf seinen Betrieb, auch wenn er wegen seiner Betriebsgröße bei betriebswirtschaftlicher Betrachtung von ihm selbst bewirtschaftet werden müßte, durch einen Verwalter bewirtschaften lassen, sofern auch dann noch ein positives Ergebnis erwartet werden kann.

Ergibt sich für einen langen Zeitraum, daß der Stpfl. nur nachhaltige Verluste erzielt, und kann er diese Verluste überhaupt nur wegen seiner erheblichen anderen Einkünfte, wegen seines Vermögens oder wegen erheblicher Zuschüsse von seiten nahestehender Personen verkraften, so kann demgegenüber der Einwand, er habe aber Gewinne erzielen wollen und bei theoretisch optimalen Bedingungen auch erzielen können, in aller Regel keine Bedeutung haben (BFH, BStBl 1976 II S. 485, 1983 II S. 2). Indessen muß auch in Fällen dieser Art der Schluß gerechtfertigt sein, daß der Betrieb in seiner Gesamtdauer keinen Gewinn erzielt und der Steuerpflichtige die Tätigkeit nur aus im Bereich seiner Lebensführung liegenden persönlichen Gründen und Neigungen ausübt (BFH, BStBl 1985 II S. 399). Sofern keine besonderen Verhältnisse vorliegen, sprechen dauernde Verluste während eines Zeitraumes von acht und mehr Jahren für die Annahme eines Totalverlustes (BFH, BStBl 1980 II S. 718, 1983 II S. 2). Umgekehrt können Verluste einer Anlaufzeit steuerlich nur dann den Schluß auf einen Totalverlust zulassen, wenn auf Grund der Entwicklung des Betriebs eindeutig feststeht, daß das Unternehmen, so wie es vom Stpfl. betrieben wurde, von vornherein nicht in der Lage war, nachhaltig Gewinne zu erzielen (BFH, BStBl 1982 II S. 381, 1983 II S. 2).

Für die Annahme eines forstwirtschaftlichen Betriebs ist eine Mindestgröße Grundvoraussetzung. Nach ihr muß die betriebliche Forstwirtschaft in ihrer Gesamtdauer einen Totalgewinn ermöglichen, so daß der Betrieb überhaupt mit Gewinnerzielungsabsicht geführt werden kann (BFH, BStBl 1985 II S. 549). Es ist aber nicht erforderlich, daß die Holzernte schon während der Besitzzeit des jeweiligen Eigentümers anfällt (BFH/NV 1989 S. 771).

Verlust im vorgenannten Sinne ist ein nach der Gewinnermittlung gemäß § 4 Abs. 1 oder Abs. 3 EStG ermittelter oder geschätzter Gewinn. Ermittelt der Stpfl. seinen Gewinn nach Durchschnittssätzen gemäß § 13 a EStG, sind tatsächlich erwirtschaftete Verluste nicht feststellbar mit der Folge, daß eine Liebhaberei nicht in Betracht kommt (BFH, BStBl 1986 II S. 808, 1989 II S. 234).

Steht eine Jagd mit dem Betrieb einer Land- und Forstwirtschaft, die als solche einen Erwerbsbetrieb darstellt, im Zusammenhang, so ist die Jagdausübung des betreffenden Land- und Forstwirts auch dann keine Liebhaberei, wenn sie – für sich betrachtet – nur Verluste bringen würde. Ein solcher Zusammenhang besteht nur dann, wenn das Jagdrevier des Land- und Forstwirts zumindest überwiegend aus den land- und forstwirtschaftlich genutzten Grundflächen des betreffenden Betriebs besteht (BFH, BStBl 1979 II S. 100).

2.2.3.1.3 Abgrenzung von Gewerbebetrieb und Liebhaberei

Wie bei einer Abgrenzung der Land- und Forstwirtschaft zur Liebhaberei so läßt auch bei der Abgrenzung einer gewerblichen Tätigkeit zur Liebhaberei eine längere Verlustperiode nicht ohne weiteres den Schluß zu, dem Steuerpflichtigen habe die Gewinnerzielungsabsicht gefehlt. Vielmehr muß aus weiteren Beweisanzeichen gefolgert werden können, daß der Steuerpflichtige die verlustbringende Tätigkeit aus in der Lebensführung liegenden Gründen ausübt (BFH, BStBl 1985 II S. 455). So hat der BFH (BStBl 1955 III S. 237) bereits vor der Entscheidung des Großen Senats in einem Fall, in dem eine Gesellschaft des bürgerlichen Rechts eine Radrennbahn betrieb, keine Liebhaberei angenommen, obgleich der Betrieb bislang nur Verluste erbracht hatte. Zur Begründung hat er ausgeführt, daß nach der Lebenserfahrung der öffentliche Sportbetrieb heute weithin den Charakter der Liebhaberei verloren habe und für alle Beteiligten – Berufssportler, Manager, Veranstalter und Eigentümer der Sportanlage – eine Erwerbsquelle geworden sei. Es kann mithin Gewinnerzielungsabsicht nach dem Beweis des ersten Anscheins auch anzunehmen sein, wenn es an einem Totalgewinn fehlt. Dies ist insbesondere der Fall, wenn das Ergebnis durch nicht vorhersehbare und nicht von vornherein in Kauf genommene Fehlschläge oder Fehlmaßnahmen negativ beeinflußt ist (so auch Groh, DB 1984 S. 2424). Auch bei einem Großhandelsunternehmen spricht der Beweis des ersten Anscheins dafür, daß es in der Absicht der Gewinnerzielung betrieben wird. Dieser Anscheinsbeweis gilt als entkräftet, wenn bei ständigen Verlusten vom Steuerpflichtigen nicht substantiiert Umstände dargelegt werden, die die Annahme rechtfertigen, daß die Verluste im Laufe der weiteren Entwicklung durch Gewinne ausgeglichen werden und ein positives Gesamtergebnis erzielt wird, und wenn das FA die ernsthafte Möglichkeit darlegt, daß persönliche Gründe für die Fortführung des Unternehmens bestimmend waren (BFH, BStBl 1986 II S. 289).

Umgekehrt muß der Stpfl. den Nachweis führen, daß sein Handeln nicht auf persönlichen Motiven beruht, wenn er z. B. die Vercharterung eines Motorboots in einer Art betreibt, die auf Dauer gesehen nicht geeignet ist, Gewinne abzuwerfen; denn die Benutzung eines Motorboots dient in erster Linie der Freizeitgestaltung, so daß persönliche Interessen und Neigungen eine wesentlich größere Rolle spielen als z. B. bei der Vermietung eines Gebäudes (BFH, BStBl 1988 II S. 10).

2.2.3.1.4 Sonstige Fälle

Die Frage, ob eine Liebhaberei anzunehmen ist, kann sich auch in Ausnahmefällen in Abgrenzung zu Einkünften aus selbständiger Tätgkeit, so z. B. bei einem Schriftsteller (BFH, BStBl 1985 II S. 515), einem Kunstmaler (RFH, Bd. 15 S. 290), einem Rezitator (RFH, RStBl 1929 S. 329), einer Reisejournalistin (BFH, BStBl 1980 II S. 152) oder einem freien Erfinder (BFH, BStBl 1985 II S. 424), stellen. Sie kann schließlich auch in Abgrenzung zu Einkünften aus Vermietung und Verpachtung aufkommen, wenn der Stpfl. den vermieteten Gegenstand als wertbeständige Vermögensanlage betrachtet und deshalb die nachhaltige Entstehung von Verlusten aus der Vermietung in Kauf nimmt (BFH, BStBl 1977 II S. 305) bzw. wenn – wie z. B. bei einem Ferienhaus denkbar – der den Einnahmezwecken dienende Aufwand nachhaltig die Einnahmen und ggf. den nach § 21 Abs. 2 EStG a. F. anzusetzenden Mietwert übersteigt (BFH, BStBl 1979 II S. 14 und 1980 II S. 447). Es muß also auch hier ein Überschuß an dem besteuerten Ergebnis angestrebt werden. Ist beim Mietkauf die Veräußerung des Mietobjekts nach der Verlustphase ohne Erzielung eines „Totalüberschusses" durch einen Optionsvertrag mit dem Mieter sichergestellt, dann fehlt es beim Vermieter an der Überschußerzielungsabsicht (so auch BdF, BStBl 1980 I S. 3; vgl. auch BFH, BStBl 1987 II S. 668). Die gleiche Beurteilung kann unter bestimmten Voraussetzungen gelten, wenn noch kein Optionsvertrag abgeschlossen ist (BFH, BStBl 1987 II S. 774). Von diesen Sonderfällen abgesehen, soll allerdings nach dem Urteil des BFH vom 21. 10. 1980 (BStBl 1981 II S. 452) auch bei nachhaltigem Überwiegen des Aufwands Liebhaberei bei der Einkunftsart Vermietung und Verpachtung nur in Ausnahmefällen anzunehmen sein. Sie komme im Fall der Eigennutzung praktisch nur bei Zweitwohnungen in Betracht (gilt nur für VZ, in denen die Eigennutzung noch zu Einkünften führt). Der Ansatz des Nutzungswerts wegen Eigennutzung vermindere die Verluste (BFH, BStBl 1988 II S. 778). Bei der Vermietungstätigkeit einer Personengesellschaft kann wegen der Erzielbarkeit eines Gesamtüberschusses auch die Zeit nach Beendigung der Gesellschaft einzubeziehen sein (BFH, BFH/NV 1990 S. 26).

2.2.3.2 Übergang vom Gewinnbetrieb zur Liebhaberei

Wird ein der Gewinnerzielung dienender Betrieb so gewandelt, daß er von einem bestimmten Zeitpunkt an als Liebhaberei angesehen werden muß, so liegt in dieser steuerlichen Einordnung keine Betriebsaufgabe, bei der das Betriebsvermögen unter Gewinnrealisierung in das Privatvermögen überführt wird. Dies tritt nur ein, wenn der Stpfl. selbst die Betriebsaufgabe erklärt (BFH, BStBl 1982 II S. 381, s. im einzelnen 5.4.2.2 und wegen der Frage der Gewinnrealisierung auch 4.1.4.2).

2.2.3.3 Einmalige Vermögensanfälle

Ein einmaliger Vermögensanfall insbesondere durch Schenkung, Erbschaft, Vermächtnis, Ausstattung (Aussteuer) fällt unter keine Einkunftsart des Einkommensteuergesetzes und unterliegt damit nicht der Einkommensteuer. Anders verhält es sich indessen mit den Erträgnissen dieses Vermögens. Sie zählen regelmäßig zu einer der sieben Einkunftsarten.

Beispiele:

a) A erbt von seinem Vater ein privates Mietwohngrundstück. Der Erwerb des Eigentums an dem Grundstück fällt unter keine Einkunftsart.
Der Überschuß, den A aus der Vermietung erzielt, gehört zu den Einkünften aus Vermietung und Verpachtung.

b) A wendet seiner langjährigen Haushälterin letztwillig durch Vermächtnis eine lebenslängliche Versorgungsrente zu, die sein als Alleinerbe eingesetzter Sohn B an die Haushälterin zu zahlen hat.
Der Erwerb des Rentenstammrechts (Recht, aus dem die einzelnen Rentenzahlungen fließen) ist ein einmaliger Vermögensanfall, der zu keiner Einkommensteuer führt. Die einzelnen Zahlungen unterliegen als Leibrente der Besteuerung nach § 22 EStG.

Nicht einkommensteuerpflichtig sind auch Film- und Kunstpreise, soweit die Preise nicht für eine bestimmte Leistung verliehen werden (z. B. Goethepreis; Großer Kunstpreis des Landes NW).

Ein Preis für wissenschaftliche oder künstlerische Leistungen, der von der öffentlichen Hand, von wissenschaftlichen oder künstlerischen Institutionen, Stiftungen und Kuratorien für das Lebenswerk oder das Gesamtschaffen einer Persönlichkeit verliehen wird, unterliegt demnach als einmaliger Vermögensanfall nicht der Einkommensteuer. Es wird das Gesamtschaffen eines Menschen gewürdigt, wenn eine umfassende Wertung aller Hauptwerke und aller von ihnen ausgestrahlten Wirkungen vorgenommen wird (BFH, BStBl 1964 III S. 629). Dementsprechend ist ein Preis auch dann eine steuerfreie Einnahme, wenn die Preisverleihung vor allem eine Ehrung der Persönlichkeit des Preisträgers darstellt (BFH, BStBl 1985 II S. 427).

Ein Preis gehört zu den steuerpflichtigen Einnahmen, wenn zwischen der wissenschaftlichen oder künstlerischen Leistung und dem Preis ein ursächlicher Zusammenhang besteht. Ein solcher Zusammenhang ist anzunehmen, wenn der Preisträger zur Erzielung eines Preises ein besonderes Werk geschaffen, eine besondere Leistung erbracht oder sich um den Preis beworben hat (z. B. Bundesfilmpreis für Spielfilme). Sind wissenschaftliche oder künstlerische Leistungen ohne Bezug auf ein Preisausschreiben erbracht worden, so wird ein ursächlicher Zusammenhang zwischen der Leistung und dem Preis in der Regel zu verneinen sein.

Wird die Leistung im Rahmen eines Berufs, so z. B. bei einem Architektenwettbewerb (BFH, BStBl 1975 II S. 558), oder Gewerbes erbracht, so gehört der Preis zu den beruflichen Einkünften. Liegt die Leistung außerhalb der beruflichen Tätigkeit, so ist der Preis nicht zu den Einnahmen im Sinne des § 2 Abs. 1 Nr. 3 EStG zu rechnen (BFH, BStBl 1989 II S. 650).

Ähnlich verhält es sich bei Preisen aus Preisausschreiben der gewerblichen Wirtschaft. Nur wenn diese das Entgelt für eine besondere Leistung darstellen (z. B. für den besten Werbespruch), können sie als berufliche oder gewerbliche Einnahmen oder als Leistungsentgelte nach § 22 Nr. 3 EStG zu den sonstigen Einkünften zählen. Sonst zählen sie zu keiner Einkunftsart.

Auch Gewinne aus der Teilnahme an einem Rundfunk- und Fernsehquiz fallen regelmäßig unter keine Einkunftsart. Es handelt sich in der Regel nicht um ein Tun, das Gegenstand eines entgeltlichen Vertrags ist (andernfalls lägen sonstige Einkünfte nach § 22 Nr. 3 EStG vor). Anders könnte es sein, wenn vorher ein Honorar vereinbart wäre oder wenn das Auftreten im Rahmen einer beruflichen Tätigkeit läge.

2.2.3.4 Spiel- und Wettgewinne

Einnahmen aus Glücksspiel, z. B. Lotterie-, Lotto-, Toto- und Rennwettgewinne, die außerhalb eines Betriebs anfallen, sind nicht steuerbar. Werden solche Gewinne im Rahmen eines Betriebs erzielt, z. B. bei einem Lotterieeinnehmer oder Buchmacher (RFH, RStBl 1932 S. 547), so sind sie steuerpflichtig.

Ein betrieblicher Zusammenhang muß jedoch klar und eindeutig feststellbar sein. Der BFH (BStBl 1970 II S. 411) hat z. B. die Rennwettgewinne, die ein als Gewerbetreibender tätiger Trabertrainer und Trabrennfahrer erzielte, nicht zu seinem Gewerbebetrieb gerechnet.

Dementsprechend können grundsätzlich Spieleinsätze auch nicht als Betriebsausgaben anerkannt werden, weil sie weder durch den Betrieb veranlaßt sind, noch sonst in einem wirtschaftlichen Zusammenhang mit dem Betrieb stehen, noch sonst zur Förderung des Betriebs des Steuerpflichtigen gemacht werden. Die durch den Abschluß der Spielverträge entstandenen Vertragsrechte vor der Ausspielung können auch nicht als gewillkürtes Betriebsvermögen behandelt werden (BFH, BStBl 1970 II S. 865).

2.2.4 Einkünfte

Das Gesetz bezeichnet den Reinertrag aus allen wirtschaftlichen Betätigungen, die zu derselben Einkunftsart gehören, als Einkünfte. Bei der Ermittlung der Einkünfte einer Einkunftsart muß man daher zunächst feststellen, zu welcher Einkunftsart eine bestimmte Betätigung führt (sachliche Zurechnung). Sodann erst werden die Einkünfte aller zu einer Einkunftsart gehörenden Betätigungen, und zwar getrennt von den Einkünften anderer Einkunftsarten, betragsmäßig berechnet. Da die einzelnen Einkunftsarten sehr verschieden sind, hat das Gesetz zwei unterschiedliche Arten der Einkunftsermittlung festgesetzt, nämlich

a) die Gewinnermittlung für die Einkunftsarten 1 bis 3 (Land- und Forstwirtschaft, Gewerbebetrieb, selbständige Arbeit) nach den Vorschriften der §§ 4 bis 7 g, 9 b EStG (§ 2 Abs. 2 Nr. 1 EStG);

b) die Ermittlung des Überschusses der Einnahmen über die Werbungskosten für die Einkunftsarten 4 bis 7 (nichtselbständige Arbeit, Kapitalvermögen, Vermietung und Verpachtung, sonstige Einkünfte) nach den Vorschriften der §§ 8, 9 und 9 a EStG (§ 2 Abs. 2 Nr. 2 EStG).

Die Einkünfte der Einkunftsarten 1 bis 3 bezeichnen wir als Gewinn und die Einkünfte der Einkunftsarten 4 bis 7 als Überschuß der Einnahmen über die Werbungskosten. Ergibt die Einkunftsermittlung einen negativen Betrag, so ist das Ergebnis bei allen Einkunftsarten der Verlust, wie sich aus dem Sprachgebrauch in § 10 d EStG ergibt. Verluste sind somit negative Einkünfte.

Es muß streng zwischen „Einkünften" und „Einnahmen" unterschieden werden. Bei den Einkünften handelt es sich um die Reineinkünfte (Gewinn, Überschuß der Einnahmen über die Werbungskosten, Verlust); die Einnahmen sind dagegen die „Roheinnahmen" ohne jeden Abzug.

Übersicht:

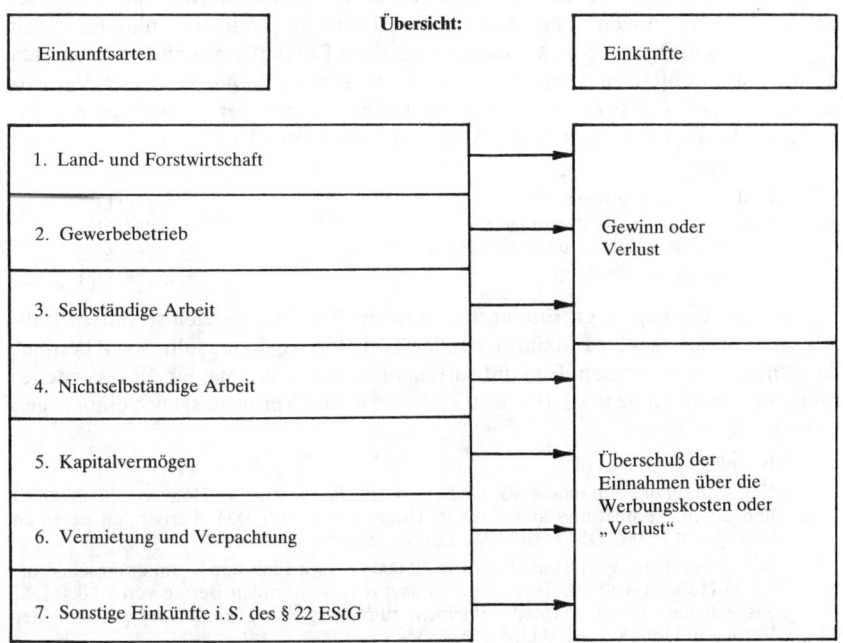

Die Einkünfte aus einer bestimmten Einkunftsart werden bei der Veranlagung zusammengefaßt und in einem Betrag ausgewiesen. Dabei müssen, wenn mehrere wirtschaftliche Betätigungen derselben Einkunftsart vorliegen, deren Ergebnisse zusammengerechnet werden, bzw. bei positiven und negativen Ergebnissen verrechnet werden.

Beispiel:

Ein Steuerpflichtiger ist Eigentümer von drei Mietwohngrundstücken. Aus zwei Häusern erzielte er in einem Kalenderjahr einen Überschuß der Einnahmen über die Werbungskosten in Höhe von je 1000 DM; aus dem dritten Haus erzielte er einen Verlust in Höhe von 500 DM.

Die Einkünfte aus Vermietung und Verpachtung betragen 1500 DM.

2.2.5 Summe der Einkünfte und Gesamtbetrag der Einkünfte

Die Summe der Einkünfte im Sinne von § 2 Abs. 3 EStG ist die Summe der Einkünfte aus Einkunftsarten, vermehrt um den nach § 10 a EStG nachzuversteuernden Betrag (vgl. 6.4.3) und vermehrt bzw. vermindert um den Verlustabzugsbetrag und Hinzurechnungsbetrag gemäß § 2 a Abs. 3 EStG.

Die Summe der Einkünfte aus Einkunftsarten stellt die für einen Veranlagungszeitraum zusammengerechneten Einkünfte der verschiedenen Einkunftsarten dar, die der Steuerpflichtige in diesem Veranlagungszeitraum bezogen hat. Summe der Einkünfte ist die Summe der positiven und negativen Einkünfte. Haben sich bei einem Steuerpflichtigen in einem Kalenderjahr neben positiven Einkünften auch negative Einkünfte ergeben, so sind die negativen Einkünfte grundsätzlich mit den positiven Einkünften zu verrechnen. Diese Verlustverrechnung wird auch Verlustausgleich genannt. Praktisch ergibt sich die Summe der Einkünfte als das rechnerische Ergebnis der in einer Veranlagung erfaßten Einkünfte.

Beispiel:

Einkünfte aus Gewerbebetrieb	+ 16 000 DM
Einkünfte aus Kapitalvermögen	+ 2 000 DM
Einkünfte aus Vermietung und Verpachtung	∕. 3 000 DM
Summe der Einkünfte	+ 15 000 DM

Überwiegen die negativen Einkünfte, so ist der Verlustausgleich so durchzuführen, daß die Summe der Einkünfte bei der Veranlagung dieses Jahres = 0 beträgt. Die unter den einzelnen Einkunftsarten nicht aufgenommenen Nachversteuerungsbeträge im Sinne des § 10 a EStG werden in den Verlustausgleich einbezogen (Abschn. 3 EStR).

Beispiel:

Ein Stpfl. erzielte in einem VZ einen gewerblichen Verlust in Höhe von 30 000 DM und einen Vermietungsüberschuß in Höhe von 12 000 DM. Ferner hat er einen Betrag von 10 000 DM nach § 10 a EStG nachzuversteuern.

Der gewerbliche Verlust in Höhe von 30 000 DM wird mit den Vermietungseinkünften in Höhe von 12 000 DM und dem nachzuversteuernden Betrag von 10 000 DM ausgeglichen. Damit verbleibt ein nicht zum Ausgleich gekommener gewerblicher Verlust in Höhe von 8000 DM.

Vor dem Verlustausgleich sind im Rahmen der Ermittlung der Einkünfte der einzelnen Einkunftsarten positive und negative Ergebnisse innerhalb der einzelnen Einkunftsarten zu verrechnen (BFH, BStBl 1975 II S. 698, 1980 II S. 406).

Beispiel:

X erzielt in einem VZ aus seinem Gewerbebetrieb in A einen Verlust von 80 000 DM und aus seinem Gewerbebetrieb in B einen Gewinn von 40 000 DM. Außerdem hat er einen Überschuß aus Vermietung und Verpachtung von 50 000 DM.

Der Verlust aus Gewerbebetrieb von 80 000 DM ist zunächst mit dem Gewinn aus Gewerbebetrieb von 40 000 DM zu verrechnen, so daß noch ein Verlust aus Gewerbebetrieb von 40 000 DM verbleibt. Dieser ist mit dem Überschuß aus Vermietung und Verpachtung von 50 000 DM auszugleichen, so daß positive Einkünfte aus Vermietung und Verpachtung von 10 000 DM verbleiben. Würde, was nicht zulässig ist, zunächst der Verlust aus Gewerbebetrieb mit dem Überschuß aus Vermietung und Verpachtung ausgeglichen, so wäre ein Gewinn aus Gewerbebetrieb von 10 000 DM anzusetzen.

An der Verlustverrechnung innerhalb einer Einkunftsart und am Verlustausgleich nimmt der steuerfreie Veräußerungsgewinn nach §§ 14, 14 a Abs. 1 bis 5, § 16 Abs. 4, § 17 Abs. 3 und § 18 Abs. 3 EStG nicht teil (so für den steuerfreien Veräußerungsgewinn nach § 16 Abs. 4 EStG, BFH, BStBl 1976 II S. 360), da die genannten Regelungen sachliche Steuerbefreiungen enthalten.

Beispiel:

A hat Einkünfte aus Vermietung und Verpachtung in Höhe von 9000 DM, einen laufenden Verlust aus Gewerbebetrieb von 7000 DM und einen nach § 16 Abs. 4 EStG steuerfreien Veräußerungsgewinn in Höhe von 20 000 DM.

Der Verlust aus Gewerbebetrieb von 7000 DM wird nicht mit dem steuerfreien Veräußerungsgewinn von 20 000 DM verrechnet. Vielmehr findet ein Ausgleich dieses Verlustes mit den positiven Einkünften aus Vermietung und Verpachtung von 9000 DM statt, so daß die Summe der Einkünfte 2000 DM zuzüglich 20 000 DM steuerfreie Einkünfte beträgt.

Der Verlustausgleich kann nicht nur von dem Steuerpflichtigen in Anspruch genommen werden, der den Verlust erlitten hat. Auch der Erbe kann den vom Erblasser mangels positiver Einkünfte nicht ausgeschöpften Verlustausgleich bei seiner Einkommensteuerveranlagung für das Jahr des Erbfalls geltend machen (BFH, BStBl 1972 II S. 621).

Beispiel:

E hat im Jahre 01 bis zu seinem Tode am 31. 5. einen Verlust aus Gewerbebetrieb in Höhe von 35 000 DM erlitten. Andere Einkünfte hat er nicht bezogen. E wird von S beerbt. S hat in demselben Jahr Einkünfte aus nichtselbständiger Arbeit von 25 000 DM. Er kann diese positiven Einkünfte mit den ererbten negativen Einkünften bis zur Höhe von 25 000 DM ausgleichen (BFH, BStBl 1962 III S. 386). Dies gilt nur, soweit nicht der Erblasser den Verlust wie eine Sonderausgabe für das Vorjahr abzuziehen hat. Der weder vom Erblasser durch Verlustrücktrag noch vom Erben durch Verlustausgleich verbrauchte Verlust ist für den Erben nach § 10 d EStG abzugsfähig (vgl. unter 6.5).

Nicht alle Verluste, die sich bei einem Steuerpflichtigen ergeben haben, sind verrechnungs- bzw. ausgleichsfähig. Diese Einschränkung begründet sich zum Teil aus der Art der Verluste, aber auch aus bestimmten Vorschriften des Einkommensteuergesetzes. Hierzu rechnen:

a) Verluste bei den in § 49 EStG bezeichneten Einkünften, die in der DDR und in Berlin (Ost) erzielt wurden (§ 3 Nr. 63 EStG);

b) Verluste aus Ertragsquellen, die unter keine Einkunftsart fallen, z. B. aus Liebhaberei und Ausgaben, die mit steuerfreien Einnahmen in unmittelbarem Zusammenhang stehen (§ 3 c EStG);

c) Verluste aus Häusern, die nach § 21 a EStG nicht berücksichtigt werden können;

d) Verluste aus Einkünften, die nach zwischenstaatlichen Vereinbarungen bei der Besteuerung im Inland außer Betracht bleiben (BFH, BStBl 1970 II S. 569). Jedoch wird in § 2 a Abs. 3 EStG eine Berücksichtigung der Verluste ausländischer Betriebsstätten in beschränktem Umfang für den Fall zugelassen, daß mit dem Belegenheitsstaat ein Doppelbesteuerungsabkommen besteht (s. 2.2.10).

e) Verluste, für die die gesetzlichen Verlustausgleichsbeschränkungen des § 2 a Abs. 1, § 22 Nr. 3, § 23 Abs. 4, § 50 Abs. 2 EStG gelten; dabei fallen Verluste aus der Veräußerung einer wesentlichen Beteiligung gemäß § 17 EStG, wenn das Veräußerungsgeschäft gleichzeitig ein Spekulationsgeschäft i. S. von § 23 EStG ist, unter die Verlustausgleichsbeschränkung des § 23 Abs. 4 EStG (BFH, BStBl 1974 II S. 706);

f) Verluste aus gewerblicher Tierzucht.

Nach § 15 Abs. 4 EStG dürfen Verluste aus gewerblicher Tierzucht oder gewerblicher Tierhaltung nicht mit anderen Einkünften aus Gewerbebetrieb oder mit anderen Einkunftsarten ausgeglichen werden. Gewerbliche Tierzucht oder Tierhaltung in diesem Sinne ist eine solche, bei der nach § 13 EStG keine Futtergrundlage zur Verfügung steht (BFH, BStBl 1983 II S. 36). Verluste sind sämtliche Verluste und nicht etwa nur sog. Buchverluste aus Abschreibungen (BFH, BStBl 1981 II S. 359). Hingegen können Gewinne und Verluste aus gewerblicher Tierzucht oder gewerblicher Tierhaltung in mehreren selbständigen Betrieben im Jahr der Entstehung miteinander bis zum Betrag von 0 DM verrechnet werden.

Bei einem gemischten Betrieb ist eine Verrechnung von Verlusten aus gewerblicher Tierzucht oder gewerblicher Tierhaltung regelmäßig mit einem durch eine andere Tätigkeit in demselben Betrieb erzielten Gewinn ausgeschlossen. Eine Ausnahme gilt nur, wenn z. B. ein Hotelbetrieb nur für den eigenen Bedarf eine Hühnerfarm betreibt. Der auf die gewerbliche Tierzucht oder gewerbliche Tierhaltung entfallende Verlust, der nicht verrechnet werden darf, ist in solchen Fällen notfalls durch Schätzung zu ermitteln (siehe auch wegen weiterer Einzelheiten Abschn. 138 c EStR).

g) Verluste bei beschränkt haftenden Personengesellschaften und ihnen gleichgestellten Personen (s. dazu 5.3).

Vom Verlustausgleich zu trennen ist der **Verlustabzug** (§ 10 d EStG), welcher vorsieht, daß bei einer Veranlagung nicht zum Ausgleich gekommene Verluste im

Wege des Verlustrücktrags bzw. Verlustvortrags wie Sonderausgaben vom Gesamtbetrag der Einkünfte abgezogen werden (vgl. 6.5).

Von der Summe der Einkünfte werden noch der Altersentlastungsbetrag, der Ausbildungsplatz-Abzugsbetrag (§§ 24 a und 24 b EStG) und die nach § 34 c Abs. 2 und 3 EStG abgezogene Steuer auf ausländische Einkünfte abgezogen. Der Abzug des Altersentlastungsbetrags an dieser Stelle ist erforderlich, weil er systematisch bei den Einkünften als eine Entlastung bestimmter Alterseinkünfte angesiedelt ist, sich aber nicht auf eine Einkunftsart bezieht. Das Ergebnis stellt den Gesamtbetrag der Einkünfte dar (§ 2 Abs. 3 EStG).

Beispiel:

A hat einen Gewinn aus Gewerbebetrieb von 80 000 DM und einen Verlust aus Vermietung und Verpachtung von 20 000 DM. A hat vor dem Beginn des Veranlagungszeitraums das 64. Lebensjahr vollendet.

Gewinn aus Gewerbebetrieb	80 000 DM
Verlust aus Vermietung und Verpachtung	./. 20 000 DM
Summe der Einkünfte	60 000 DM
Altersentlastungsbetrag	
(40 v. H. von 60 000 DM, höchstens 3720 DM)	3 720 DM
Gesamtbetrag der Einkünfte	56 280 DM

Der Wortlaut des § 2 Abs. 3 EStG enthält aber nicht für alle Fälle eine vollständige Inhaltsbestimmung des Gesamtbetrags der Einkünfte. Nach § 13 Abs. 3 EStG werden die Einkünfte aus Land- und Forstwirtschaft bei der Ermittlung des Gesamtbetrags der Einkünfte nur berücksichtigt, soweit sie bestimmte Freibeträge übersteigen. Die Freibeträge sind nach dem Altersentlastungsbetrag und dem Ausbildungsplatz-Abzugsbetrag von der Summe der Einkünfte abzuziehen (Abschn. 3 EStR und Abschn. 2 LStR).

2.2.6 Einkommen

Werden vom Gesamtbetrag der Einkünfte die Sonderausgaben und die außergewöhnlichen Belastungen abgesetzt, so ergibt sich nach dem Wortlaut des § 2 Abs. 4 EStG das Einkommen. Sonderausgaben sind bestimmte vom Gesetzgeber abschließend aufgezählte Ausgaben, wenn sie weder Betriebsausgaben noch Werbungskosten sind (§§ 10 bis 10 f EStG). Auch die außergewöhnlichen Belastungen fallen im privaten, nicht zur Einkunftssphäre zählenden Bereich an. Sie sind in den §§ 33 bis 33 c EStG geregelt. § 2 Abs. 4 EStG gibt den Inhalt des Einkommensbegriffs nicht vollständig wieder.

2.2.7 Zu versteuerndes Einkommen

Das zu versteuernde Einkommen ist der Betrag, der als Bemessungsgrundlage für die tarifliche Einkommensteuer dient (§ 2 Abs. 5 EStG). Zum zu versteuernden Einkommen gelangt man, wenn man vom Einkommen den Haushaltsfreibetrag (§ 32 Abs. 7 EStG), den Kinderfreibetrag (§ 32 Abs. 6 EStG) und sonstige vom Einkommen abzuziehende Beträge (z. B. freibleibender Betrag nach § 46 Abs. 3

EStG, § 70 EStDV) **abzieht.** Was im einzelnen die sonstigen vom Einkommen abzuziehenden Beträge sind, wird bei den einzelnen Bestimmungen an späterer Stelle erwähnt (s. den vollständigen Überblick unter 8.4).

2.2.8 Tarifliche Einkommensteuer

Die tarifliche Einkommensteuer ergibt sich durch die Anwendung der Steuertabellen (Grundtabelle und Splittingtabelle) unter Beachtung von tariflichen Sonderbestimmungen auf den zu versteuernden Einkommensbetrag (§ 2 Abs. 5 EStG).

2.2.9 Festzusetzende Einkommensteuer

Vermindert man die tarifliche Einkommensteuer um die Steuerermäßigungen, so ergibt sich die festzusetzende Einkommensteuer. Eine Steuerermäßigung ist z. B. die Steuerermäßigung bei der Belastung von Einkünften mit Erbschaftsteuer nach § 35 EStG. Steuerermäßigungen sind somit keine tariflichen Bestimmungen. Eine Zusammenstellung der Steuerermäßigungen ist in Abschn. 4 Abs. 1 EStR enthalten.

2.2.10 Negative Einkünfte im Ausland und in der DDR

2.2.10.1 Allgemeines

Durch § 2 a Abs. 1 EStG wird das Prinzip der Besteuerung des Welteinkommens (s. 2.1.3) teilweise durchbrochen, indem bestimmte Auslandsverluste nicht mit anderen Einkünften ausgeglichen werden dürfen. Damit wird verhindert, daß zu Lasten des inländischen Steueraufkommens volkswirtschaftlich nicht sinnvolle oder nicht erwünschte Verwendungszwecke verfolgt werden, z. B. Beteiligungen an Touristikvorhaben, Plantagen oder Tierfarmen.

Soweit nach einem DBA die in § 2 a Abs. 1 Nr. 1 bis 4 EStG genannten Einkünfte durch Anwendung der Freistellungsmethode unberücksichtigt bleiben, besteht die Funktion des § 2 a Abs. 1 EStG nur darin, den negativen Progressionsvorbehalt einzuschränken (Abschn. 185 Abs. 2 EStR). Dagegen verhindert § 2 a Abs. 1 EStG die Verlustverrechnung, wenn in einem DBA die Anrechnungsmethode vorgesehen ist hinsichtlich der in § 2 a Abs. 1 aufgeführten Einkünfte oder wenn mit dem ausländischen Staat überhaupt kein DBA besteht.

Eine dem Zweck des § 2 a Abs. 1 EStG entgegengesetzte Zielsetzung liegt § 2 AIG zugrunde. Nach dieser Bestimmung können Verluste aus ausländischen Betriebsstätten, die durch ein DBA von der deutschen Besteuerung freigestellt sind, unter bestimmten Voraussetzungen unter dem Vorbehalt späterer Nachversteuerung bei der Ermittlung des Gesamtbetrags der Einkünfte abgezogen werden. In weiteren Vorschriften des AIG ist außerdem die Bildung von Rücklagen bei Auslandsinvestitionen zugelassen worden. Das StRefG 1990 hat diese Vergünstigungen im Interesse eines Subventionsabbaus aufgehoben. Allerdings ist die Verlustberücksichtigung des § 2 AIG erhalten geblieben, indem der Text als Absätze 3 und 4 des § 2 a in das EStG übernommen wurde. Für Verluste ab 1990 kann deshalb § 2 a Abs. 3 und 4 EStG in Betracht kommen (§ 52 Abs. 2 a EStG).

§ 2 a Abs. 1 EStG schließt den Verlustausgleich und -abzug grundsätzlich für ausländische Einkünfte aus bei

a) einer land- und forstwirtschaftlichen Betriebsstätte,

b) einer gewerblichen Betriebsstätte,

c) einer stillen Beteiligung,

d) Vermietung und Verpachtung.

Der Verlustausgleich/-abzug ist jedoch weiterhin möglich, wenn die negativen Einkünfte aus einer gewerblichen Betriebsstätte im Ausland stammen, die ausschließlich oder fast ausschließlich die Herstellung oder Lieferung von Waren (außer Waffen), die Gewinnung von Bodenschätzen sowie die Bewirkung gewerblicher Leistungen zum Gegenstand hat, soweit diese nicht in der Errichtung oder dem Betrieb von Anlagen, die dem Fremdenverkehr dienen, oder in der Vermietung oder der Verpachtung von Wirtschaftsgütern einschließlich der Überlassung von Rechten, Plänen, Mustern, Verfahren, Erfahrungen und Kenntnissen bestehen.

Im übrigen können die ausländischen Verluste nur noch mit ausländischen Überschüssen der jeweils selben Art aus demselben Staat ausgeglichen werden. Die Verluste können zur Verrechnung mit diesen Einkünften bis zu 7 Jahre vorgetragen werden. Ein Verlustabzug nach den Regeln des § 10 d EStG, insbesondere ein Verlustrücktrag, ist nicht möglich.

Durch § 4 des DDR-Investitionsgesetzes vom 26. 6. 1990 sind dem § 2 a EStG die Absätze 5 und 6 angefügt worden. Damit werden die Regelungen der Absätze 1, 3 und 4 auch auf negative Einkünfte aus einer gewerblichen Betriebsstätte in der DDR einschließlich Berlin (Ost) übertragen. Die Bestimmung des § 2 a Abs. 1 Nr. 2 EStG ist dabei aber nicht anzuwenden, wenn die negativen Einkünfte aus einer Betriebsstätte stammen, die ausschließlich oder fast ausschließlich die folgenden Tätigkeiten in der DDR einschließlich Berlin (Ost) zum Gegenstand hat: die Herstellung oder Lieferung einschließlich Ausfuhr von Waren, außer Waffen anderer Art als Sport- und Jagdwaffen, die Gewinnung von Bodenschätzen oder die Bewirkung anderer gewerblicher Leistungen oder das Halten einer Beteiligung von mindestens einem Viertel am Nennkapital einer Kapitalgesellschaft mit Sitz und Geschäftsleitung in der DDR einschließlich Berlin (Ost), die ausschließlich oder fast ausschließlich die vorgenannten Tätigkeiten in der DDR einschließlich Berlin (Ost) zum Gegenstand hat.

§ 2 a Abs. 3 EStG gilt sinngemäß für negative Einkünfte aus Vermietung und Verpachtung, die in der DDR einschließlich Berlin (Ost) bezogen werden, oder aus land- und forstwirtschaftlicher oder freiberuflicher Tätigkeit, die in einer Betriebsstätte in der DDR einschließlich Berlin (Ost) ausgeübt wird (vgl. auch 3).

2.2.10.2 Einzelfragen

§ 2 a Abs. 1 EStG betrifft lediglich den Ausschluß von bestimmten ausländischen Verlusten vom Verlustabzug. Die entsprechenden positiven Einkünfte werden hingegen nach wie vor in die inländische Besteuerung nach dem Welteinkommensprinzip einbezogen.

Warum § 2 a EStG von „negativen Einkünften" statt von „Verlusten" spricht, ist nicht ersichtlich. Verluste sind nach der Rechtssprache des EStG nicht nur negative Einkünfte im betrieblichen Bereich, sondern auch im Rahmen der nicht betrieblichen Einkünfte, wie in § 10 d EStG deutlich wird. Ob es sich um Verluste handelt, die vom Ausschluß nach § 2 a Abs. 1 EStG betroffen sind, richtet sich danach, welcher Einkunftsart die betreffenden Einkünfte ihrer Natur nach zuzurechnen sind, nicht welcher Einkunftsart sie gemäß der Subsidiaritätsklauseln (§ 20 Abs. 3, § 21 Abs. 3 EStG) oder nach § 8 Abs. 2 KStG zugerechnet werden.

Beispiel:
Die gewerblich tätige X-OHG ist Eigentümer eines Mietwohngrundstücks in Madrid. Nach dem DBA Spanien ist hinsichtlich der Einkünfte aus diesem Grundstück lediglich die Anrechnung der spanischen ESt vereinbart.
Obwohl die Einkünfte aus diesem Grundstück gemäß § 21 Abs. 3 EStG zu den Einkünften aus Gewerbebetrieb zählen, sind sie im Sinne von § 2 a Abs. 1 EStG als Einkünfte aus V.u.V. zu verstehen.

Die unter § 2 a EStG fallenden ausländischen Verluste dürfen grundsätzlich auch nicht mit positiven ausländischen Einkünften ausgeglichen werden. Der Ausgleich ist jedoch zulässig „mit ausländischen Einkünften jeweils derselben Art aus demselben Staat". „Derselben Art" bedeutet, daß es sich um Einkünfte handelt, die unter dieselbe Katalognummer des § 2 a Abs. 1 EStG fallen. Auch der Verlustvortrag, der zeitlich auf die sieben Veranlagungszeiträume beschränkt ist, die dem Jahr der Entstehung folgen, ist nur möglich mit positiven Einkünften derselben Katalognummer aus demselben Land.

Gem. § 2 a Abs. 3 EStG (bis VZ 1989: § 2 AIG) ist ein Verlust, der sich nach den Vorschriften des EStG bei Einkünften ergibt, die ein unbeschränkt Stpfl. in einer ausländischen Betriebsstätte erzielt und die nach einem DBA von der Einkommensteuer zu befreien wären, bei der Ermittlung des Gesamtbetrags der Einkünfte abzuziehen. Der abgezogene Betrag ist jedoch in späteren VZ dem Gesamtbetrag der Einkünfte wieder hinzuzurechnen, wenn sich aus der ausländischen Betriebsstätte positive Einkünfte ergeben (vgl. BFH, BStBl 1989 II S. 541). Besteht in dem ausländischen Staat nicht die Verlustabzugsmöglichkeit, unterbleibt die Nachversteuerung bei der deutschen Einkommensteuer. Dadurch wird eine Gleichstellung mit Betriebsstättenverlusten in ausländischen Staaten erreicht, mit denen kein DBA besteht, weil dort die Anrechnungsmöglichkeit des § 34 c besteht.

Die Anwendung des § 2 a Abs. 3 EStG ist nach dessen Wortlaut beschränkt auf die gewerbliche Tätigkeit (§ 2 a Abs. 3 Satz 1 EStG). Verluste aus Vermietung und Verpachtung, selbständiger Arbeit und Land- und Forstwirtschaft sind nicht begünstigt. Die Anwendung des § 2 a Abs. 3 EStG setzt einen Antrag des Stpfl.

voraus. Wegen der späteren Hinzurechnung gem. § 2 a Abs. 3 Satz 3 EStG kann es günstiger sein, zugunsten der Anwendung des § 32 b EStG auf einen Antrag zu verzichten. Künftige Gewinne werden dann nicht nachversteuert, sondern nur im Rahmen des positiven Progressionsvorbehalts berücksichtigt.

2.3 Zeitliche Voraussetzung

2.3.1 Zeiträume

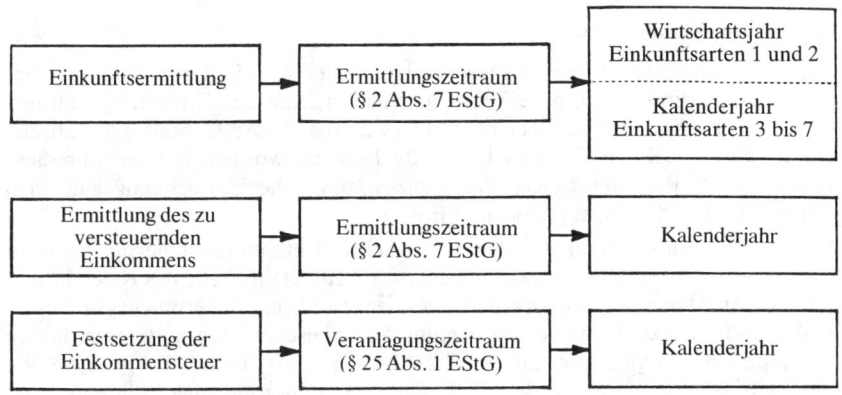

2.3.1.1 Veranlagungszeitraum

Die Veranlagung ist das Verfahren, in dem die Einkommensteuer festgesetzt wird. Nach § 25 Abs. 1 EStG wird die Einkommensteuer nach Ablauf des Kalenderjahres nach dem Einkommen veranlagt, das der Steuerpflichtige in diesem Veranlagungszeitraum bezogen hat. Der Veranlagungszeitraum ist also das Kalenderjahr. Hat die Steuerpflicht nicht während des vollen Veranlagungszeitraums bestanden, so wird das während der Dauer der Steuerpflicht bezogene Einkommen zugrunde gelegt. In diesem Fall kann die Veranlagung bei Wegfall der Steuerpflicht sofort vorgenommen werden (§ 25 Abs. 2 EStG).

Beispiel:
Ein unbeschränkt Steuerpflichtiger ist am 30. 7. dieses Jahres verstorben. Er erzielte bis zu diesem Zeitpunkt steuerpflichtige Einkünfte aus Gewerbebetrieb.
Mit dem Tode des Steuerpflichtigen endet seine Steuerpflicht (§ 1 EStG). Für die Zeit vom 1. 1. bis 30. 7. sind seine Einkünfte zu ermitteln. Das während der Dauer der Steuerpflicht bezogene Einkommen bildet die Grundlage für die Veranlagung. Die Veranlagung kann sofort nach Wegfall der Steuerpflicht vorgenommen werden (§ 25 Abs. 2 Satz 2 EStG). Bei der Berechnung der Steuer ist die Einkommensteuer-Jahrestabelle anzuwenden. Eine Umrechnung des zu versteuernden Einkommensbetrages auf einen Jahresbetrag erfolgt nicht (§ 2 Abs. 7 EStG).

Auch in den Fällen der vorbeschriebenen Art ist das Kalenderjahr der Veranlagungszeitraum, nur der Ermittlungszeitraum ist abgekürzt.

Besteht die unbeschränkte oder beschränkte Einkommensteuerpflicht nicht jeweils während des ganzen Kalenderjahres, so müssen für den Zeitraum der beschränkten und der unbeschränkten Steuerpflicht gesonderte Veranlagungen durchgeführt werden, weil für beide Arten der Steuerpflicht unterschiedliche Grundsätze gelten (RFH, RStBl 1937 S. 1008). Die gesonderte Veranlagung beider Zeiträume bedeutet jedoch nicht, daß auch zwei Veranlagungszeiträume vorliegen. Eine solche Auffassung würde § 25 Abs. 1 EStG widersprechen, wonach das Kalenderjahr der Veranlagungszeitraum ist (BFH, BStBl 1972 II S. 877).

2.3.1.2 Ermittlungszeitraum

Die Einkommensteuer ist eine Jahressteuer. Daher sind die Grundlagen für ihre Festsetzung grundsätzlich für ein Kalenderjahr zu ermitteln. Ermittlungszeitraum ist daher grundsätzlich das Kalenderjahr (§ 2 Abs. 7 EStG). Sind nur während eines Teils des Kalenderjahres Einkünfte bezogen worden, so sind nur diese Einkünfte als Besteuerungsgrundlage anzusetzen; eine Umrechnung auf einen Jahresbetrag erfolgt nicht (Abschn. 4 EStR).

Besteht die unbeschränkte oder beschränkte Einkommensteuerpflicht nicht jeweils während des ganzen Kalenderjahres, so tritt an die Stelle des Kalenderjahres als Ermittlungszeitraum der Zeitraum der jeweiligen Steuerpflicht. In diesem Fall sind die Einkünfte für den Zeitraum der unbeschränkten und beschränkten Steuerpflicht getrennt zu ermitteln (§ 2 Abs. 7 EStG; Abschn. 4 Abs. 3 EStR). Dies gilt insbesondere für den Fall, daß der Steuerpflichtige während eines Kalenderjahres von der unbeschränkten zur beschränkten Steuerpflicht oder umgekehrt wechselt. Die beschränkte Steuerpflicht fällt aber auch fort, wenn der Steuerpflichtige keine inländischen Einkünfte i. S. von § 49 EStG mehr bezieht (§ 1 Abs. 3 EStG). Eine Umrechnung auf das Kalenderjahr (Jahresbetrag) wird nicht vorgenommen.

Bei der getrennten Ermittlung erfolgt die Abgrenzung bei den Überschußeinkünften (§ 2 Abs. 1 Nr. 4 bis 7 EStG) und bei der Gewinnermittlung nach § 4 Abs. 3 EStG unter Beachtung der Zufluß- und Abflußtatbestände des § 11 EStG (RFH, RStBl 1940 S. 355); bei der Gewinnermittlung nach § 4 Abs. 1 und § 5 EStG, insbesondere auch bei Gewinnanteilen eines Mitunternehmers i. S. von § 15 Abs. 1 Nr. 2 EStG, ist der Gewinn nach geeigneten Maßstäben (z. B. Umsatz- oder Zeitanteil) aufzuteilen, wenn für den Zeitpunkt des Wechsels der Steuerpflicht kein besonderer Abschluß gemacht worden ist.

2.3.2 Wirtschaftsjahr

Bei Land- und Forstwirten und bei Gewerbetreibenden ist der Gewinn nach dem Wirtschaftsjahr zu ermitteln (§ 4 a Abs. 1 EStG). Wirtschaftsjahr ist nicht stets auch das Kalenderjahr. Weicht das Wirtschaftsjahr vom Kalenderjahr als Zeitraum für die Ermittlung der Besteuerungsgrundlagen (§ 2 Abs. 7 EStG) ab, so macht das Regelungen darüber erforderlich, wie der Gewinn dem Kalenderjahr zuzurechnen ist.

Das Wirtschaftsjahr ist der Zeitraum, für den ein Steuerpflichtiger regelmäßig seinen Gewinn ermittelt. Das Wirtschaftsjahr umfaßt grundsätzlich einen Zeitraum von 12 Monaten; ausnahmsweise kann es kürzer sein (Rumpfwirtschaftsjahr), wenn ein Betrieb eröffnet, erworben, aufgegeben und veräußert wird oder ein Steuerpflichtiger von regelmäßigen Abschlüssen auf einen bestimmten Tag zu regelmäßigen Abschlüssen auf einen anderen bestimmten Tag übergeht und dieser Übergang steuerlich zulässig ist (§ 8 b EStDV). Ein Betrieb ist im Sinne von § 8 b EStDV dann veräußert oder aufgegeben, wenn alle wesentlichen Wirtschaftsgüter, die wegen dieser ihrer Wesentlichkeit dem Betrieb das Gepräge geben, veräußert oder in das Privatvermögen überführt werden. Werden nur einzelne wesentliche Wirtschaftsgüter veräußert oder in das Privatvermögen übernommen, während andere wesentliche Teile in einem anderen Betrieb desselben Steuerpflichtigen weiterverwendet werden, dann liegt nur eine Betriebsaufgabe vor, wenn der andere Betrieb von völlig anderer Art ist. Veräußert hingegen ein Landwirt den gesamten bisher seinem Betrieb dienenden Grund und Boden, nimmt er aber alles lebende und tote Inventar auf ein neu gekauftes landwirtschaftliches Gelände mit, so liegt keine die Bildung eines Rumpfwirtschaftsjahres rechtfertigende Betriebsaufgabe vor (BFH, BStBl 1971 II S. 485). § 8 b EStDV beschreibt die Möglichkeit der Bildung eines Rumpfwirtschaftsjahres nicht abschließend. Ein Rumpfwirtschaftsjahr ist auch zu bilden, wenn ein land- und forstwirtschaftlicher Betrieb im Wege vorweggenommener Erbfolge unentgeltlich auf einen Familienangehörigen übertragen wird (BFH, BStBl 1980 II S. 8). Ein handelsrechtlich mögliches Rumpfgeschäftsjahr ist ein auch einkommensteuerlich zulässiges Rumpfwirtschaftsjahr, sofern das Steuerrecht nicht etwas anderes bestimmt (BFH, BStBl 1974 II S. 692).

Das Wirtschaftsjahr deckt sich bei Gewerbetreibenden in der Regel mit dem Kalenderjahr (Wirtschaftsjahr = Kalenderjahr). Das Wirtschaftsjahr kann aber vom Kalenderjahr abweichen (abweichendes Wirtschaftsjahr). Wann dies möglich ist, ergibt sich aus § 4 a Abs. 1 Nr. 2 und 3 EStG.

Das Wirtschaftsjahr darf einen Zeitraum von 12 Monaten nicht überschreiten; andernfalls ist die Buchführung nicht ordnungsgemäß (BFH, BStBl 1979 II S. 303).

Land- und Forstwirte im Sinne des § 13 EStG haben stets ein abweichendes Wirtschaftsjahr (§ 4 a Abs. 1 Nr. 1 EStG).

Das abweichende Wirtschaftsjahr der Land- und Forstwirte umfaßt grundsätzlich den Zeitraum vom 1. 7. bis zum 30. 6. Für bestimmte Betriebsarten land- und forstwirtschaftlicher Betätigung sind andere Abschlußzeitpunkte bestimmt (§ 8 c Abs. 1 EStDV). So ist das Wirtschaftsjahr im Sinne des § 4 a Abs. 1 Nr. 1 EStG bei

a) Betrieben mit einem Futterbauanteil von 80 v. H. und mehr der Fläche der landwirtschaftlichen Nutzung der Zeitraum vom 1. Mai bis 30. April,

b) reiner Forstwirtschaft der Zeitraum vom 1. Oktober bis 30. September.

Ein solcher Betrieb liegt auch dann vor, wenn daneben in geringem Umfang noch eine andere land- oder forstwirtschaftliche Nutzung vorhanden ist (Abschn. 25 a Abs. 3 Satz 2 EStR).

Gartenbaubetriebe, Baumschulbetriebe und reine Forstbetriebe können auch das Kalenderjahr als Wirtschaftsjahr bestimmen (§ 8 c Abs. 2 EStDV; BFH, BStBl 1988 II S. 269).

Die Verpflichtung, nach einem abweichenden Wirtschaftsjahr den Gewinn aus Land- und Forstwirtschaft zu ermitteln, besteht für buchführende und auch für nichtbuchführende Land- und Forstwirte. Wird der Gewinn nicht ermittelt, sondern geschätzt, so muß er ebenfalls für das abweichende Wirtschaftsjahr geschätzt werden (§ 8 c Abs. 3 EStDV).

Ist ein land- oder forstwirtschaftlicher Betrieb verpachtet und sind die Einkünfte aus der Verpachtung als Einkünfte aus Land- und Forstwirtschaft zu behandeln, so ist für die Ermittlung des Gewinns weiterhin das nach § 4 a Abs. 1 Nr. 1 EStG oder § 8 c EStDV in Betracht kommende abweichende Wirtschaftsjahr maßgebend (BFH, BStBl 1965 III S. 286).

Gewerbetreibende, deren Firma im Handelsregister eingetragen ist, können ihren Gewinn nach einem abweichenden Wirtschaftsjahr ermitteln (§ 4 a Abs. 1 Nr. 2 EStG).
Wird der Gewinn in einem solchen Fall geschätzt, so ist die Schätzung nach dem abweichenden Wirtschaftsjahr vorzunehmen (Abschn. 25 a Abs. 1 Satz 8 EStR). Abschlußzeitpunkt kann jeder beliebige Zeitpunkt sein, er muß aber als regelmäßiger Abschlußzeitpunkt beibehalten werden; ein willkürlicher Wechsel ist nicht möglich. Zu beachten ist, daß die Umstellung eines Wirtschaftsjahres, das mit dem Kalenderjahr übereinstimmt, auf einen vom Kalenderjahr abweichenden Zeitraum und von einem abweichenden Wirtschaftsjahr auf ein anderes abweichendes Wirtschaftsjahr das Einvernehmen mit dem Finanzamt voraussetzt (§ 4 a Abs. 1 Nr. 2 Satz 2 EStG; § 8 b Nr. 2 EStDV). Einvernehmen bedeutet Zustimmung des Finanzamts zur Umstellung des Wirtschaftsjahres. Über einen Antrag auf Umstellung des Wirtschaftsjahres wird entweder im Veranlagungsverfahren oder bei einem außerhalb des Veranlagungsverfahrens gestellten Antrag durch besonderen Bescheid entschieden. Die Entscheidung durch besonderen Bescheid ist im Beschwerdeverfahren (§§ 349, 350 AO) anfechtbar (BFH, BStBl 1963 III S. 142, Abschn. 25 a Abs. 2 Satz 8 EStR).

Bei der Umstellung darf nur ein Rumpfwirtschaftsjahr entstehen (BFH, BStBl 1969 II S. 33).

Nicht im Handelsregister eingetragene Gewerbetreibende können nur unter den Voraussetzungen des § 4 a Abs. 1 Nr. 3 EStG ein abweichendes Wirtschaftsjahr haben.

Buchführende Gewerbetreibende, die gleichzeitig buchführende Land- und Forstwirte sind, können mit Zustimmung des Finanzamts das für den land- und forstwirtschaftlichen Betrieb maßgebende Wirtschaftsjahr auch als Wirtschaftsjahr für den Gewerbebetrieb bestimmen. Voraussetzung ist aber, daß sie für den Gewerbebetrieb Bücher führen und für diesen Zeitraum regelmäßige Abschlüsse machen. Diese Vorschrift dient der Vereinfachung.

Buchführende Land- und Forstwirte im Sinne dieser Vorschrift sind Land- und Forstwirte, die auf Grund einer gesetzlichen Verpflichtung oder freiwillig Bücher führen und regelmäßige Abschlüsse machen.

2.3.3 Umstellung des Wirtschaftsjahres

Einer Zustimmung des Finanzamts nach § 4 a Abs. 1 Nr. 2 EStG bedarf es nur, wenn die Umstellung des Wirtschaftsjahres im Rahmen eines bestehenden Gewerbebetriebes stattfindet. Sie ist nicht erforderlich, wenn ein Gewerbetreibender sein abweichendes Wirtschaftsjahr auf das Kalenderjahr umstellen will.

Von einer „Umstellung" des Wirtschaftsjahres kann man nicht sprechen, wenn jemand einen Betrieb neu eröffnet. Auch wenn ein Kaufmann sein Handelsgeschäft an einen anderen veräußert, der bisher an dem Unternehmen noch nicht gesellschaftsrechtlich beteiligt war, kann sich eine Bindung des Erwerbers an das Wirtschaftsjahr des Veräußerers nicht ergeben. Der Erwerber kann daher frei bestimmen, welcher Zeitraum sein Wirtschaftsjahr sein soll. Das soll nach dem Urteil des BFH vom 11. 10. 1966 (BStBl 1967 III S. 86) auch gelten, wenn der bisherige Unternehmer das Geschäft unentgeltlich im Wege der vorweggenommenen Erbfolge auf einen anderen überträgt und daher nach § 7 Abs. 1 EStDV der Erwerber an die Buchwerte des Veräußerers gebunden ist. Dagegen wird nach dem Urteil des BFH vom 22. 8. 1968 (BStBl 1969 II S. 34) im Fall des unentgeltlichen Übergangs des Betriebs durch Erbfolge eine Fortführung des Betriebs des Erblassers durch den Erben angenommen, so daß der Erbe für die Umstellung des Wirtschaftsjahres der Zustimmung des Finanzamts bedarf. Diese unterschiedliche Beurteilung der unentgeltlichen Betriebsübertragung unter Lebenden und durch Erbfolge ist nicht gerechtfertigt. Richtig dürfte es sein, in beiden Fällen eine Fortführung des Betriebs durch den Erwerber anzunehmen mit der Folge, daß die Umstellung zustimmungsbedürftig ist. Eine zustimmungsbedürftige Umstellung des Wirtschaftsjahres ist es ferner, wenn bei einer aus zwei Personen bestehenden OHG oder bei einer anderen Gesellschaft, bei der die Gesellschafter als Mitunternehmer anzusehen sind (§ 15 Abs. 1 Nr. 2 EStG), nach dem Ausscheiden eines Gesellschafters der verbleibende Gesellschafter das Unternehmen allein fortführt und das bisherige Wirtschaftsjahr der Gesellschaft ändert (BFH, BStBl 1967 III S. 86).

Das gleiche gilt, wenn ein Einzelunternehmer im Laufe des Wirtschaftsjahres durch Aufnahme eines Gesellschafters eine Personengesellschaft gründet und aus diesem Anlaß das Wirtschaftsjahr des Einzelunternehmers auf einen abweichenden Zeitraum umgestellt wird. Voraussetzung ist jedoch, daß das Einzelunternehmen lediglich in anderer Rechtsform fortgeführt wird (BFH, BStBl 1967 III S. 753), insbesondere daß die Personengesellschaft die Buchwerte des Einzelunternehmens fortführt oder der bisherige Einzelunternehmer an der Personengesellschaft maßgeblich beteiligt ist (BFH, BStBl 1970 II S. 37). Eine zustimmungsbedürftige Umstellung liegt dagegen nicht vor, wenn mehrere Betriebe in eine neugegründete Personengesellschaft eingebracht werden oder mehrere getrennt geführte Betriebe eines Steuerpflichtigen zu einem Betrieb zusammengefaßt werden und die Personengesellschaft oder der Steuerpflichtige das abweichende Wirtschaftsjahr eines Betriebs fortführt. Das gleiche gilt, wenn ein Steuerpflichtiger, der Inhaber eines Betriebs ist, einen weiteren Betrieb erwirbt und für diesen Betrieb ein anderes Wirtschaftsjahr als der Rechtsvorgänger wählt. Schließlich ist keine Umstellung eines Wirtschaftsjahres anzunehmen, wenn eine im Wege der Betriebsaufspaltung entstandene Betriebsgesellschaft ein vom Kalenderjahr abweichendes Wirtschaftsjahr wählt, weil Besitz- und Betriebsgesellschaft selbständige Unternehmen darstellen, die selbständig zu bilanzieren haben (BFH, BStBl 1980 II S. 94).

Durch die Mitwirkung des Finanzamts sollen in erster Linie Mißbräuche verhindert werden, z. B. in der Form, daß ein Stpfl. willkürlich den Bilanzstichtag wechselt, um dadurch steuerliche Vorteile zu gewinnen (BFH, BStBl 1981 II S. 50).

Die Zustimmung wird das Finanzamt nur dann erteilen, wenn der Steuerpflichtige gewichtige in der Organisation des Betriebs gelegene Gründe (nach BFH, BStBl 1970 II S. 86 „vernünftige betriebswirtschaftliche Gründe") für die Umstellung des Wirtschaftsjahres anführen kann. Daß die angeführten Gründe die Umstellung als „betriebsnotwendig" darstellen, ist hingegen nicht erforderlich (BFH, BStBl 1974 II S. 238). Die Erreichung einer „Steuerpause" oder die Ermöglichung eines Verlustrücktrags ist kein betrieblicher Grund, der die Zustimmung des Finanzamts zur Umstellung des Wirtschaftsjahres rechtfertigt (BFH, BStBl 1965 III S. 287, 1981 II S. 50, 1983 II S. 672). Auch eine branchenübliche Erschwernis in der Warenbestandsaufnahme zum bisherigen Abschlußzeitpunkt gegenüber einem anderen Abschlußzeitpunkt reicht in der Regel allein nicht aus (BFH, BStBl 1967 III S. 111).

Will ein Pächter sein Wirtschaftsjahr auf das vom Kalenderjahr abweichende Pachtjahr umstellen, weil dieses in mehrfacher Beziehung für die Abrechnung mit dem Verpächter maßgebend ist, so ist die Zustimmung im allgemeinen zu erteilen (BFH, BStBl 1970 II S. 85).

Ist ein Gewerbebetrieb verpachtet und sind die Einkünfte aus der Verpachtung als Einkünfte aus Gewerbebetrieb auszuweisen (Ländererlasse in BStBl 1965 II S. 4 ff.), so kann der Verpächter ein abweichendes Wirtschaftsjahr beibehalten, wenn weiterhin die Voraussetzungen des § 4 a Abs. 1 Nr. 2 oder Nr. 3 Satz 2 EStG erfüllt sind (Abschn. 25 a Abs. 4 EStR).

2.3.4 Folgen eines abweichenden Wirtschaftsjahres

Da die Grundlagen für die Festsetzung der Einkommensteuer für ein Kalenderjahr zu ermitteln sind, muß gesetzlich geregelt werden, in welchem Kalenderjahr der für ein abweichendes Wirtschaftsjahr ermittelte Gewinn zu berücksichtigen ist. In einfacher Weise erfolgt die Aufteilung bei **Land- und Forstwirten,** und zwar wird der für das abweichende Wirtschaftsjahr ermittelte Gewinn entsprechend dem zeitlichen Anteil auf die zugehörigen Kalenderjahre verteilt (§ 4 a Abs. 2 Nr. 1 EStG).

Beispiel:
Ein Landwirt erzielt für das Wirtschaftsjahr 1. 7. 01 bis 30. 6. 02 einen Gewinn von 12 000 DM und für das Wirtschaftsjahr 1. 7. 02 bis 30. 6. 03 einen Gewinn von 18 000 DM. Abschlußzeitpunkt ist der 30. 6.

Bei der Veranlagung für das Kalenderjahr 02 wird ein Gewinn von 15 000 DM als Einkünfte aus Land- und Forstwirtschaft angesetzt.

½ von 12 000 DM	=	6 000 DM
½ von 18 000 DM	=	9 000 DM
		15 000 DM

Eine entsprechende Aufteilung der Gewinne der einzelnen Wirtschaftsjahre muß auch bei den Landwirten, deren Gewinn nach Durchschnittssätzen gemäß § 13 a EStG ermittelt wird, und den Schätzungslandwirten erfolgen. Bei der Aufteilung sind Veräußerungsgewinne im Sinne des § 14 EStG auszuscheiden und dem Gewinn des Kalenderjahres hinzuzurechnen, in dem sie entstanden sind.

Bei **Gewerbetreibenden** gilt hingegen der Gewinn des Wirtschaftsjahres einschließlich der Veräußerungsgewinne im Sinne des § 16 EStG als in dem Kalenderjahr bezogen, in dem das Wirtschaftsjahr endet.

Beispiel:
Ein im Handelsregister eingetragener Gewerbetreibender hat ein abweichendes Wirtschaftsjahr und macht seinen Abschluß jeweils zum 31. 3. In dem Wirtschaftsjahr vom 1. 4. 01 bis 31. 3. 02 hat er einen Gewinn von 24 000 DM erzielt.

Bei der Einkommensteuerveranlagung für das Kalenderjahr 02 wird bei den Einkünften aus Gewerbebetrieb ein Gewinn von 24 000 DM angesetzt. Der Steuerpflichtige wird so behandelt, als ob der Gewinn des abweichenden Wirtschaftsjahres 01/02 im Kalenderjahr 02 bezogen worden wäre.

Durch diese für Gewerbetreibende getroffene Regelung tritt eine Verlagerung der Besteuerung ein, die auch einen Grund dafür abgibt, daß ein Wechsel des Abschlußzeitpunkts grundsätzlich nur im Einvernehmen mit dem Finanzamt erfolgen darf. Ein weiterer Grund ist, daß durch die Bildung eines Rumpfwirtschaftsjahres das Einkommen so gering werden kann, daß es nur mit einem erheblich niedrigeren Steuersatz besteuert wird oder ganz steuerfrei bleibt.

Die Auswirkungen, die sich aus dieser Regelung ergeben, werden an Beispielen verdeutlicht.

Beispiele:

a) A eröffnet am 1. 4. 01 einen im Handelsregister eingetragenen Gewerbebetrieb und wählt als regelmäßigen Abschlußzeitpunkt den 31. 3.

Der im ersten Wirtschaftsjahr erzielte Gewinn kommt erst bei der Veranlagung des Steuerpflichtigen für das Kalenderjahr 02 zum Ansatz. Es dürfen daher die Einkommensteuervorauszahlungen für das Kalenderjahr der Eröffnung des Gewerbebetriebs den gewerblichen Gewinn noch nicht berücksichtigen. Wenn der Steuerpflichtige nur Einkünfte aus diesem Gewerbebetrieb hat, können Vorauszahlungen erst ab 1. Vierteljahr 02 gefordert werden.

b) Der Gewerbetreibende B hat bisher seinen Gewinn nach dem Kalenderjahr ermittelt. Er stellt im Einvernehmen mit dem Finanzamt sein Wirtschaftsjahr um und schließt nunmehr am 31. 1., erstmalig am 31. 1. 05, ab.

Für das Kalenderjahr 05 ist zur Einkommensteuerveranlagung nur der Gewinn des Rumpfwirtschaftsjahres vom 1. 1. bis 31. 1. 05, also nur das Gewinnergebnis eines Monats, zu erfassen. Der Gewinn des nachfolgenden Wirtschaftsjahres gilt als im Kalenderjahr 06 bezogen.

c) Der Gewerbetreibende C hatte ein abweichendes Wirtschaftsjahr mit Abschlußzeitpunkt 31. 3. Im Kalenderjahr 05 stellt er sein Wirtschaftsjahr auf das Kalenderjahr um.

Für das Kalenderjahr 05 sind bei der Einkommensteuerveranlagung anzusetzen:

aa) der Gewinn des Wirtschaftsjahres vom 1. 4. 04 bis 31. 3. 05,

bb) der Gewinn des Rumpfwirtschaftsjahres vom 1. 4. bis 31. 12. 05,

insgesamt also ein Gewinnergebnis aus 21 Monaten.

Stellt ein Stpfl. sein Wirtschaftsjahr vom Kalenderjahr auf einen abweichenden Zeitraum um, obwohl er steuerlich mangels Eintragung im Handelsregister oder, weil die Zustimmung des Finanzamts fehlt, nicht dazu berechtigt ist, so ist der Gewinn steuerlich nach wie vor nach dem Kalenderjahr zu ermitteln. Obwohl nun für den Schluß des Kalenderjahres keine Bilanzen aufgestellt werden, ist die Buchführung des Stpfl. ordnungsmäßig, wenn er nur handelsrechtlich zur Umstellung des Wirtschaftsjahres befugt war und die nach Handelsrecht geforderten Abschlüsse aufstellt (BFH, BStBl 1953 III S. 117 und 1969 II S. 337).

2.4 Zurechnung von Einkünften

2.4.1 Allgemeines

Nach § 25 Abs. 1 EStG wird die Einkommensteuer nach dem (zu versteuernden) Einkommen veranlagt, das der Steuerpflichtige im Veranlagungszeitraum bezogen hat. Hat die Steuerpflicht nicht während des vollen Veranlagungszeitraums bestanden, so wird der Veranlagung nach § 25 Abs. 2 EStG das während der Dauer der Steuerpflicht bezogene (zu versteuernde) Einkommen zugrunde gelegt.

Zur Ermittlung der Bemessungsgrundlage der Einkommensteuer muß das zu versteuernde Einkommen danach nicht nur einem bestimmten Kalenderjahr, sondern auch einem bestimmten Steuerpflichtigen zugerechnet werden. **Neben der rein zeitlichen Zurechnung ist somit in jedem Falle auch eine persönliche Zurechnung des zu versteuernden Einkommens erforderlich.**

Gegenstand der persönlichen Zurechnung kann trotz des Wortlauts der Vorschrift des § 25 EStG allerdings nicht das zu versteuernde Einkommen als solches sein. Die Frage der Zurechnung kann und muß vielmehr auch insoweit für die verschiedenen Bestandteile des zu versteuernden Einkommens getrennt gestellt und beantwortet werden. Der persönlichen Zurechnung der Einkünfte kommt dabei naturgemäß besondere Bedeutung zu.

2.4.2 Die persönliche Zurechnung von Einkünften

Als Hauptbestandteile des Einkommens sind auch die verschiedenen Einkünfte demjenigen zuzurechnen, der sie im Sinne des § 25 EStG bezogen bzw. – wie es in § 2 Abs. 1 EStG nunmehr heißt – erzielt hat. Die Frage, wem die zu einer bestimmten Einkunftsart zählenden Erträge steuerlich als Einkünfte zuzurechnen sind, muß nach objektiven Merkmalen entschieden werden. Daß einer natürlichen Person tatsächlich bestimmte Erträge aus der wirtschaftlichen Nutzung von Tätigkeiten und Vermögen zufließen, reicht daher keinesfalls aus, um ihr diese Erträge steuerlich zuzurechnen, sie damit als Bezieher dieser Einkünfte zu behandeln (BFH, BStBl 1976 II S. 643).

Beispiel:
Der Steuerpflichtige A hat seinem Sohn B im November 01 20 v. H. seines Arbeitslohnes für den Monat Dezember 01 unentgeltlich abgetreten. Der abgetretene Betrag ist daher durch den Arbeitgeber des A unmittelbar an B gezahlt worden. Auch der dem B tatsächlich zugeflossene Teil des Arbeitslohnes ist steuerlich A zuzurechnen. B ist durch den bloßen Zufluß dieses Betrages nicht zum Bezieher von Einkünften aus nichtselbständiger Arbeit geworden.

Die Abtretung einer Forderung, die aus der Verwirklichung des Tatbestands der Einkunftserzielung durch einen Dritten herrührt, bewirkt also nicht, daß dieser Tatbestand nunmehr vom Abtretungsempfänger verwirklicht wurde (BFH, BStBl 1969 II S. 188, 1985 II S. 330).

Bezieher bestimmter Einkünfte kann grundsätzlich nur sein, wer in seiner Person die Tatbestandsmerkmale der jeweiligen Einkunftsart erfüllt (BFH, GrS, BStBl 1983 II S. 272). Schließen sich mehrere Personen zusammen, um in Form einer Personengesellschaft Einkünfte zu erzielen, so müssen die Gesellschafter in ihrer gesamthänderischen Verbundenheit den Tatbestand der Einkunftsart verwirklichen (BFH, GrS, BStBl 1984 II S. 751; BFH, BStBl 1986 II S. 792).

Da die Tatbestandsmerkmale der einzelnen Einkunftsarten recht verschieden sind, kann damit auch die Frage nach dem Bezieher von Einkünften nicht allgemein entschieden werden. Die Entscheidung dieser Frage kann in bestimmten Fällen recht schwierig sein, weil über die maßgebenden Tatbestandsmerkmale der verschiedenen Einkunftsarten durchaus unterschiedliche Auffassungen bestehen können.

Keine besonderen Schwierigkeiten macht die Zurechnung der **Einkünfte aus nichtselbständiger Arbeit** i. S. des § 19 EStG. Diese Einkünfte sind nach § 2

Abs. 1 LStDV ausnahmslos dem Arbeitnehmer zuzurechnen. Der Begriff des Arbeitnehmers ist in § 1 Abs. 1 und 2 LStDV eindeutig bestimmt. Arbeitnehmer ist danach in erster Linie, wer einer anderen Person seine Arbeitskraft schuldet und in der Betätigung seines geschäftlichen Willens unter der Leitung des Arbeitgebers steht oder im geschäftlichen Organismus des Arbeitgebers dessen Weisungen zu folgen verpflichtet ist. Wem der Arbeitslohn zufließt, ist daher für die Zurechnung der Einkünfte aus nichtselbständiger Arbeit ohne Bedeutung. Die Einkünfte aus nichtselbständiger Arbeit sind daher grundsätzlich selbst dann dem Arbeitnehmer zuzurechnen, wenn die Lohnforderungen nach bürgerlichem Recht von vornherein nicht oder nicht in vollem Umfange in seiner Person entstehen (vgl. dazu z. B. BFH, BStBl 1959 III S. 263 und BStBl 1951 III S. 73).

Die **Einkünfte aus Gewerbebetrieb** sind, wie sich aus § 15 Abs. 1 EStG ergibt, dem Unternehmer bzw. den Unternehmern zuzurechnen. Unternehmer ist nach der insoweit auch einkommensteuerlich bedeutsamen Vorschrift des § 5 Abs. 1 Satz 2 GewStG derjenige, für dessen Rechnung das Gewerbe betrieben wird. Daß der Unternehmer in seinem Betrieb selbst tätig wird, daß er also das Gewerbe selbst betreibt, ist danach nicht erforderlich. Der Unternehmer braucht nicht notwendig mit dem eingetragenen Firmeninhaber oder mit der Person, die nach außen hin als verantwortlicher Inhaber hervortritt, identisch zu sein. Für die Beurteilung, ob jemand Unternehmer ist, ist insoweit nicht sein Auftreten nach außen, sondern seine Stellung im Innenverhältnis entscheidend. Auch wer als Kommanditist oder als atypischer stiller Gesellschafter an einem Unternehmen beteiligt ist, ist daher steuerlich grundsätzlich selbst dann als (Mit-)Unternehmer zu behandeln, wenn er in keiner Weise an der Geschäftsführung beteiligt ist. Mitunternehmer ist, wer Mitunternehmerinitiativen entfalten kann und Mitunternehmerrisiko trägt (BFH, BStBl 1989 II S. 877). Bei einem Treuhandverhältnis, dessen Gegenstand die Mitgliedschaft in einer Personengesellschaft ist, müssen die die Mitunternehmerstellung kennzeichnenden Merkmale in der Person des Treugebers vorliegen, damit dieser einkommensteuerrechtlich als Zurechnungssubjekt für Anteile am Gewinn und Verlust der Personengesellschaft angesehen werden kann (BFH, BStBl 1989 II S. 722, 724). Wem der Nießbrauch an einem Gewerbebetrieb bestellt ist, wird dementsprechend steuerlich im allgemeinen auch dann als Unternehmer anzusehen sein, wenn der Betrieb nicht in seinem Namen betrieben wird, er die Ausübung des Nießbrauchs einem Dritten überlassen hat und er sich auf das Ziehen der ihm zustehenden Nutzungen beschränkt (BFH, BStBl 1980 II S. 432). Für die Frage, wer steuerlich als Unternehmer zu behandeln ist, kommt es grundsätzlich auch nicht auf die bürgerlich-rechtlichen Eigentumsverhältnisse bei den zum Betriebsvermögen gehörenden Wirtschaftsgütern an. Auch der Pächter eines Gewerbebetriebs wird daher im allgemeinen der Unternehmer des von ihm geführten Betriebs sein. Hingegen kommt der Nießbrauch am Gewinnstammrecht eines Anteils an einer Personengesellschaft seinem zivilrechtlichen und wirtschaftlichen Gehalt nach einer Vorausabtretung der künftigen Gewinnansprüche des Gesellschafters so nahe, daß er einkommensteuerlich als Vorausabtretung zu beurteilen ist. Bezieher der Einkünfte aus Gewerbebetrieb i. S. von § 15 EStG bleibt mithin in diesem Fall der Nießbrauchbesteller auch hinsichtlich des dem Nießbraucher zustehenden Gewinnanteils (BFH, BStBl 1976 II S. 592).

Die **Einkünfte aus Land- und Forstwirtschaft** sind ebenso wie die Einkünfte aus Gewerbebetrieb demjenigen zuzurechnen, für dessen Rechnung ein land- und forstwirtschaftlicher Betrieb bewirtschaftet wird, der damit das unternehmerische Risiko zu tragen hat. Das kann nach der Auffassung des BFH in der Regel nur derjenige sein, dem die Nutzung des Grund und Bodens auch rechtlich zusteht, dem damit die Früchte des Grund und Bodens gehören und der sie verwerten darf (BFH, BStBl 1989 II S. 504). Unternehmer eines land- und forstwirtschaftlichen Betriebs ist daher in aller Regel der Eigentümer eines land- und forstwirtschaftlichen Vermögens, sofern er nicht aufgrund auch steuerlich anzuerkennender Rechtsbeziehungen (z. B. aufgrund eines Pachtvertrags oder eines Betriebsüberlassungsvertrags) die Nutzungen aus diesem Vermögen einem anderen überlassen muß oder die Nutzungen aus diesem Vermögen aufgrund besonderer Rechtsbeziehungen (z. B. aufgrund eines Nießbrauchs) bei einem anderen anfallen. Im übrigen gelten die für die Beurteilung der Unternehmereigenschaft im gewerblichen Bereich maßgebenden Grundsätze insoweit entsprechend.

Wie bei den Einkünften aus Gewerbebetrieb oder bei den Einkünften aus Land- und Forstwirtschaft wird auch bei der Zurechnung der **Einkünfte aus selbständiger Arbeit** darauf abzustellen sein, für wessen Rechnung die jeweilige Tätigkeit ausgeübt wird. In seinem Gutachten zur Frage der einkommensteuerlichen Wirkung des Güterstands der allgemeinen Gütergemeinschaft zwischen Ehegatten hat der BFH zwar ausgeführt, daß die Einkünfte aus einer freien Berufstätigkeit grundsätzlich dem Berufsträger selbst zuzurechnen seien, weil bei diesen Einkünften die persönliche Arbeitsleistung des Berufsträgers im Vordergrund stehe (BStBl 1959 III S. 263). In einer anderen Entscheidung (BStBl 1964 III S. 206) hat der BFH jedoch im Fall eines Ordensangehörigen, der ein wissenschaftliches Werk geschrieben hatte, ausgeführt, daß die Honorare nicht von dem Autor, sondern von dem Orden zu versteuern seien. In dieser Entscheidung ist der BFH zutreffend allgemein davon ausgegangen, daß im Fall einer nach bürgerlichem Recht zulässigen Übertragung eines Urheberrechts die Einkünfte aus dessen Verwertung grundsätzlich dem Erwerber zuzurechnen seien.

Bei den **Einkünften aus Kapitalvermögen** kommt es für die persönliche Zurechnung grundsätzlich darauf an, wer Kapital in der in § 20 EStG bezeichneten Art zur Erzielung von Einnahmen i. S. dieser Vorschrift einsetzt (BFH, BStBl 1977 II S. 115, BStBl 1986 II S. 404, sowie BMF, BStBl 1983 I S. 508)* oder wem als Nachfolger in dem Rechtsverhältnis, das der Überlassung des Kapitals zur Nutzung zugrunde liegt, die Einnahmen aus Kapitalvermögen zivilrechtlich gebühren (BFH, BStBl 1989 II S. 521).

---

* Siehe dazu die Übergangsregelung in BStBl 1981 I S. 335, 1982 I S. 217.

Beispiele:

a) Der Notar X hat auf einem Notar-Ander-Konto den Kaufpreis aus einem von ihm beurkundeten Grundstückskaufvertrag verzinslich angelegt. Er soll nach Übergang des Eigentums an dem Grundstück auf den Käufer an den Verkäufer ausgehändigt werden.

Zwar ist der Notar Gläubiger der Kapitalforderung. Er ist es aber nur als Treuhänder. Daher ist die Forderung nach § 39 Abs. 2 Nr. 1 AO dem Treugeber zuzurechnen. Als Treugeber kommen sowohl der Käufer als auch der Verkäufer in Betracht. Dies richtet sich nach den getroffenen Vereinbarungen. Der Treugeber ist Bezieher der Einkünfte aus Kapitalvermögen (BFH, BStBl 1986 II S. 404).

b) A hat von seinem Vater ein unverzinsliches Darlehen in Höhe von 30 000 DM erhalten und diesen Betrag zum Erwerb von Bundesanleihen verwandt.

Die Zinseinnahmen aus den Bundesanleihen sind A steuerrechtlich zuzurechnen, weil er die ihm darlehensweise überlassenen 30 000 DM zur Erzielung von Zinseinnahmen angelegt hat.

c) B hat von seinem Vater u. a. auch 100 BMW-Aktien geerbt, die dieser vor 10 Jahren erworben hatte.

Die Dividenden aus diesen Aktien sind dem B als dem bürgerlich-rechtlichen Inhaber zuzurechnen, obwohl er die Papiere nicht selbst erworben hat und die entsprechenden Beträge nicht von ihm angelegt worden sind.

Nachfolger in dem Rechtsverhältnis, das der Überlassung des Kapitals zur Nutzung zugrunde liegt, ist auch der Pensionsnehmer, auf den im Wege eines sog. echten Pensionsgeschäfts Wertpapiere entgeltlich übertragen worden sind (BFH, GrS, BStBl 1983 II S. 272 – dazu BMF, BStBl 1984 I S. 394). Von solchen Pensionsgeschäften spricht man, wenn ein Pensionsgeber Wertpapiere auf Zeit gegen Entgelt auf den Pensionsnehmer bürgerlich-rechtlich überträgt und gleichzeitig die entgeltliche Rückübertragung nach dem Zeitablauf vereinbart wird. Sind Wertpapiere jedoch dem Pensionsnehmer nur zu Sicherungszwecken übertragen worden, sind sie steuerrechtlich nicht ihm, sondern dem Sicherungsgeber zuzurechnen. Demzufolge bezieht in diesem Fall auch nicht der Sicherungsnehmer, sondern der Sicherungsgeber die Erträge als Einkünfte (BFH, BStBl 1984 II S. 217).

Einkünfte aus Vermietung und Verpachtung sind steuerlich grundsätzlich demjenigen zuzurechnen, der Vermögenswerte der in § 21 Abs. 1 Nr. 1 bis 3 EStG bezeichneten Art zur Erzielung von Einnahmen nutzt (BFH, BStBl 1986 II S. 792).

Beispiele:

a) A hat ein Zimmer der von ihm gemieteten Wohnung für 100 DM monatlich an B vermietet.

Die von B gezahlten Beträge sind dem A als Vermieter des dem B überlassenen Raums zuzurechnen.

b) C hat von seinem Vater u. a. ein von diesem für die Dauer von 20 Jahren fest an D verpachtetes Grundstück geerbt.

Die Einnahmen aus der Verpachtung dieses Grundstücks sind dem C zuzurechnen, weil er anstelle seines Vaters gemäß § 577 BGB in den Mietvertrag eingetreten ist.

Steht die Berechtigung zur Nutzung von Vermögenswerten der in den §§ 20 und 21 EStG bezeichneten Art bürgerlich-rechtlich ausnahmsweise nicht dem bürgerlichen oder wirtschaftlichen Eigentümer oder Inhaber dieser Vermögenswerte, sondern einer anderen Person (z. B. dem **Nießbraucher** oder **schuldrechtlich Nutzungsberechtigten**) zu, so kommt es für die Frage, wer als Einkunftsbezieher anzusehen ist, darauf an, wer die vorbezeichneten Vermögensgegenstände durch Handlungen, die den Tatbestand der Einkunftserzielung erfüllen, rechtlich und wirtschaftlich nutzt (BFH, BStBl 1981 II S. 295, 297 und 299, 1983 II S. 502, 606, 1984 II S. 366, 1986 II S. 605; BdF, BStBl 1984 I S. 561, wegen weiterer Einzelheiten der sehr schwierigen Frage siehe auch Plückebaum, FR 1981 S. 181, 1984 S. 496, Scholz, FR 1983 S. 573).

Für die Frage, wer als **Bezieher bestimmter Einkünfte** anzusehen ist, kommt es grundsätzlich nicht darauf an, wer zur Verfügung über diese Einkünfte berechtigt ist. Im Fall des Konkurses sind daher dem Gemeinschuldner auch die Einkünfte steuerlich zuzurechnen, über die ihm die Verfügungsbefugnis entzogen ist.

Ganz allgemein gilt für die Zurechnung der Einkünfte der Grundsatz, daß die tatsächlichen Verhältnisse nach ihrem wirtschaftlichen Inhalt Grundlage der Besteuerung bleiben müssen. Scheingeschäfte und andere Scheinhandlungen sind steuerlich unbeachtlich (§ 41 Abs. 2 AO). Auch kann durch Mißbrauch von Formen und Gestaltungsmöglichkeiten des bürgerlichen Rechts die Steuerpflicht nicht umgangen oder gemindert werden (§ 42 AO).

Sofern hinsichtlich einer bestimmten wirtschaftlichen Betätigung mehrere Personen die Tatbestandsmerkmale einer bestimmten Einkunftsart erfüllen, entsteht die weitere Frage, in welchem Umfang die Einkünfte aus dieser Betätigung den einzelnen Berechtigten zuzurechnen sind. Für die Zurechnung bei den einzelnen Berechtigten ist insoweit grundsätzlich darauf abzustellen, in welchem Umfang ihnen die erzielten Einkünfte aufgrund der getroffenen Vereinbarungen oder der tatsächlichen Handhabung tatsächlich zufließen. Etwas anderes gilt nur, wenn und soweit in den getroffenen Vereinbarungen oder der tatsächlichen Handhabung eine Einkommensverwendung, z. B. in Form von Zuwendungen i. S. des § 12 Nr. 2 EStG, liegt (vgl. z. B. BFH, BStBl 1978 II S. 674). Von besonderer praktischer Bedeutung ist insoweit die Frage der steuerlichen Gewinnverteilung bei Mitunternehmergemeinschaften. Dies gilt insbesondere für die Frage, ob und inwieweit die von einer Familienpersonengesellschaft vorgenommene Gewinnverteilung steuerlich anzuerkennen ist (vgl. dazu Abschn. 138 a Abs. 2 EStR und 5.2.3.3).

Einer Verteilung auf die einzelnen Beteiligten bedarf es jedoch u. U. nicht bei Einkünften, die bei fortgesetzter Gütergemeinschaft in das Gesamtgut fallen. Diese Einkünfte gelten nach der Ausnahmevorschrift des § 28 EStG als Einkünfte des überlebenden Ehegatten, wenn dieser unbeschränkt steuerpflichtig ist. Die Beteiligung der Abkömmlinge am Gesamtgut der fortgesetzten Gütergemeinschaft ist allerdings auch in diesem Falle steuerlich anzuerkennen (BFH, BStBl 1966 III S. 305).

3 Steuerfreie Einnahmen

Auch Einnahmen, die begrifflich unter eine der in § 2 Abs. 1 EStG aufgezählten sieben Einkunftsarten fallen, können durch besondere Bestimmung der sachlichen Einkommensteuerpflicht entzogen werden. Von dieser Möglichkeit hat der Gesetzgeber aus wirtschaftspolitischen, sozialpolitischen und verschiedenen anderen Gründen in verschiedenen Vorschriften des EStG – insbesondere in den §§ 3, 3 a und 3 b EStG – und durch entsprechende Vorschriften in anderen Gesetzen weitgehend Gebrauch gemacht.

Eine umfangreiche, unsystematische Aufzählung der unterschiedlichen sachlichen Steuerbefreiungen enthält § 3 EStG. Auf diese Aufzählung und die dazu ergangenen Anweisungen in den Abschn. 6 und 7 EStR und den Abschn. 4 bis 29 LStR wird hingewiesen. Von erheblicher praktischer Bedeutung sind die Regelungen über Zuwendungen an Arbeitnehmer (vgl. auch 5.8.3) sowie die steuerfreien Leistungen, die dem Progressionsvorbehalt des § 32 b Abs. 1 EStG unterliegen.

Bedeutsam ist ferner die Steuerfreiheit für Aufwandsentschädigungen für nebenberufliche Tätigkeiten als Übungsleiter, Ausbilder, Erzieher oder für eine vergleichbare nebenberufliche Tätigkeit (§ 3 Nr. 26 EStG). Die Bestimmung ist z. B. auch anwendbar auf Mitglieder des Prüfungsausschusses für Steuerberater (BFH, BStBl 1988 II S. 890). Durch das Vereinsförderungsgesetz ist die Bestimmung ab VZ 1990 erweitert worden auf die nebenberufliche Pflege alter, kranker oder behinderter Menschen.

Neu eingefügt mit Wirkung ab VZ 1989 (§ 52 Abs. 2 b EStG) ist § 3 Nr. 27 EStG, durch den der Grundfreibetrag der Produktionsaufgaberente und das Ausgleichsgeld nach § 9 FELEG bis 36 000 DM steuerfrei gestellt werden (Abschn. 6 Nr. 17 EStR). Durch den ebenfalls mit Wirkung ab VZ 1989 (§ 52 Abs. 2 c EStG) neu gefaßten § 3 Nr. 28 EStG werden bestimmte Beträge nach dem Altersteilzeitgesetz steuerfrei gestellt.

Hingewiesen sei ferner wegen des steuerfreien Sanierungsgewinns auf die zusammenfassende Darstellung der Voraussetzungen des § 3 Nr. 66 EStG in BFH, BStBl 1984 II S. 472, 1985 II S. 501 und 504, sowie Abschn. 6 Nr. 27 EStR.

Nach § 3 Nr. 63 EStG sind Einkünfte der in § 49 EStG bezeichneten Art steuerfrei, wenn sie in der DDR bezogen und dort zu einer der inländischen Einkommensteuer entsprechenden Steuer tatsächlich herangezogen werden. Das ist bei Einkünften aus Gewerbebetrieb der Fall, wenn in der DDR eine Betriebsstätte unterhalten wird oder ein ständiger Vertreter bestellt ist (§§ 12, 13 AO). Bei der nichtselbständigen Arbeit ist die Voraussetzung des § 3 Nr. 63 EStG nach der Rechtsprechung des BFH (BStBl 1983 II S. 224) bereits erfüllt, wenn die Tätigkeit nur wenige Tage ausgeübt wird.

Die Regelung des § 3 Nr. 63 EStG ist ein Ersatz dafür, daß zwischen der Bundesrepublik Deutschland und der DDR kein Doppelbesteuerungsabkommen existiert. Im Gegensatz zu der Regelung des § 2 a Abs. 3 und 4 EStG können Verluste nicht berücksichtigt werden. Zur Förderung der Investitionen in der DDR auch schon vor der Vereinigung ist das Gesetz zum Abbau von Hemmnissen bei Investitionen in der Deutschen Demokratischen Republik (DDR-Investitionsgesetz – DDR-IG) vom 26. 6. 1990 (BStBl I S. 311) ergangen. Nach dem Vorbild des früheren Auslandsinvestitionsgesetzes enthält es eine Regelung für eine steuerfreie Rücklage bei Überführung bestimmter Wirtschaftsgüter in eine Kapitalgesellschaft auf dem Gebiet der DDR sowie für Verluste einer Tochtergesellschaft in der DDR; schließlich ermöglicht der durch das DDR-IG eingefügte neue Absatz 5 des § 2 a EStG die Berücksichtigung von Verlusten aus DDR-Betriebsstätten bei der Besteuerung in der Bundesrepublik und schafft damit die nach § 3 Nr. 63 EStG nicht mögliche Verlustverrechnung (vgl. 2.2.10.1).

Durch das Zustimmungsgesetz zum Staatsvertrag zwischen der Bundesrepublik Deutschland und der DDR wird § 3 Nr. 63 EStG klarstellend so gefaßt, daß im Inland nur der Teil der Einkünfte einkommensteuerfrei gestellt wird, der in der DDR einschließlich Berlin (Ost) bezogen und dort besteuert wird, und daß die Vorschrift nur bei unbeschränkt Einkommensteuerpflichtigen anzuwenden ist.

Außerdem ist § 3 um die Nr. 69 ergänzt worden, durch die Bürgern aus der DDR nach einem Umzug in die Bundesrepublik die Steuerfreiheit bestimmter Leistungen aus der DDR gewährleistet wird.

Wegen der nach anderen Gesetzen steuerfreien Einnahmen sei hier auf Abschn. 8 EStR verwiesen.

In § 3 a EStG sind zur Förderung des Kapitalmarkts die Zinsen bestimmter Wertpapiere von der sachlichen Einkommensteuerpflicht befreit worden. Die begünstigten Wertpapiere sind in § 3 a EStG erschöpfend aufgezählt. Auf diese Aufzählung sei hier ebenfalls verwiesen. Die Steuerfreiheit steht auch dem Pensionsnehmer zu, auf den durch ein sog. echtes Pensionsgeschäft (s. dazu 2.4.2) Wertpapiere der in § 3 a genannten Art entgeltlich übertragen worden sind (BFH, GrS, BStBl 1983 II S. 272).

Wenn vorstehend auch, insoweit dem Gesetzeswortlaut folgend, lediglich von Einnahmen gesprochen worden ist, so darf daraus doch keineswegs gefolgert werden, daß nach den §§ 3 und 3 a EStG lediglich solche Einnahmen steuerfrei sein sollen, die dem Steuerpflichtigen im Rahmen einer der Einkunftsarten des § 2 Abs. 3 Nrn. 4 bis 7 EStG zufließen. Der Begriff „Einnahmen" ist insoweit nicht in dem engeren Sinne des § 8 Abs. 1 EStG zu verstehen. Die in den §§ 3 und 3 a EStG aufgezählten Bezüge sind vielmehr auch insoweit steuerfrei, als sie im Rahmen einer der Einkunftsarten des § 2 Abs. 1 Nrn. 1 bis 3 EStG anfallen.

Die Vorschrift des § 3 b EStG zur Steuerfreiheit bestimmter Zuschläge zum Arbeitslohn ist durch das StRefG 1990 neu gefaßt worden. Nach bisherigem Recht war der Umfang der Steuerfreiheit unterschiedlich, je nachdem, ob und in welcher Höhe die Zuschläge gesetzlich oder tariflich geregelt waren. In der Neufassung wird die Steuerfreiheit einheitlich geregelt und begrenzt (ausführliche Erläuterungen auch zur Übergangsregelung gem. § 52 Abs. 3 EStG in Abschn. 30 LStR

1990). Hinsichtlich der Zuschläge für Nachtarbeit ist § 3 b EStG durch das WoBauFG vom 22. 12. 1989 bereits wieder geändert worden (BStBl 1989 I S. 505).

Die nach den verschiedenen Bestimmungen steuerfreien Einnahmen sind nicht nur als solche steuerfrei zu lassen. Sie bleiben darüber hinaus auch dann außer Betracht, wenn bei der Veranlagung des Steuerpflichtigen bestimmte Einkunfts- oder Einkommensgrenzen von Bedeutung sind.

Soweit Ausgaben mit steuerfreien Einnahmen in unmittelbarem wirtschaftlichem Zusammenhang stehen, dürfen diese, wie nunmehr auch in § 3 c EStG klargestellt ist, nicht als Betriebsausgaben oder Werbungskosten abgezogen werden. Die danach nicht abzugsfähigen Ausgaben verlieren dadurch jedoch keineswegs ihren Charakter als Betriebsausgaben oder Werbungskosten. Wenn bei einer Veranlagung bestimmte Einkunfts- oder Einkommensgrenzen zu beachten sind, haben auch die nach § 3 c nicht abzugsfähigen Ausgaben außer Betracht zu bleiben.

4 Einkunftsermittlung

4.1 Gewinnermittlung[1]

Die Gewinnermittlungsvorschriften des Einkommensteuergesetzes lassen sich nach ihrem Inhalt in zwei Gruppen einteilen: Zu der ersten Gruppe zählen diejenigen Vorschriften, die sich mit den Gewinnermittlungsarten, dem Gewinnbegriff und den Formen der Gewinnermittlung befassen (insbesondere §§ 4, 5, 6 b und 6 c EStG). Sie regeln, bei welcher Art von Einkünften, bei denen der Gewinn als das Ergebnis dieser Einkunftsart der Besteuerung zugrunde zu legen ist, die verschiedenen Arten der Gewinnermittlung in Betracht kommen, was unter Gewinn im einzelnen zu verstehen ist und in welchen Formen und auf welchem Wege der Gewinn nach den einzelnen Gewinnermittlungsarten gefunden wird. Zu der zweiten Gruppe zählen die Bewertungsvorschriften im weiteren Sinne (insbesondere §§ 6, 7 bis 7 g und 9 b EStG). Sie befassen sich insbesondere mit der Frage, mit welchen Werten die Gegenstände des Betriebsvermögens während ihrer Zugehörigkeit zum Betriebsvermögen anzusetzen sind. Die Bewertungsvorschriften im weiteren Sinne werden herkömmlicherweise unterteilt in die Bewertungsvorschriften im engeren Sinne (§§ 6, 9 b EStG) und in die Vorschriften über die Absetzung für Abnutzung und Abschreibungen (§§ 7 bis 7 k EStG). § 6 a EStG (Pensionsrückstellungen) ist sowohl eine Bilanzierungs- wie auch eine Bewertungsvorschrift. Dieser Aufteilung folgt die nachfolgende Darstellung.

4.1.1 Gewinnermittlungsarten

Einkünfte aus Land- und Forstwirtschaft, aus Gewerbebetrieb und aus selbständiger Arbeit sind der Gewinn. Das Einkommensteuergesetz sieht folgende Arten der Gewinnermittlung vor:

a) Betriebsvermögensvergleich nach § 4 Abs. 1 EStG für Land- und Forstwirte und selbständig Tätige i. S. des § 18 EStG;

b) Betriebsvermögensvergleich nach § 5 EStG für Gewerbetreibende;

c) Überschuß der Betriebseinnahmen über die Betriebsausgaben nach § 4 Abs. 3 EStG für Land- und Forstwirte, Gewerbetreibende und selbständig Tätige i. S. des § 18 EStG;

d) Gewinnermittlung nach Durchschnittssätzen für Land- und Forstwirte, die nicht zur Buchführung oder Gewinnermittlung nach § 4 Abs. 3 EStG verpflichtet sind und im übrigen die Voraussetzungen des § 13 a Abs. 1 EStG erfüllen, gemäß § 13 a Abs. 3 bis 8 EStG.

---

1 Der Abschnitt „Gewinnermittlung" des Einkommensteuerbandes beschränkt sich auf die rechtliche Darstellung der Gewinnermittlungsvorschriften. Für das Studium der „Buchführung und Bilanz" wird auf Band 10 der Grünen Reihe verwiesen.

Die unter gewissen Voraussetzungen vorzunehmende Schätzung des Gewinns nach § 162 AO ist keine zusätzliche Gewinnermittlungsart. Das Ergebnis der Schätzung kann nur ein Gewinn i. S. der §§ 4 oder 5 EStG sein, und zwar bei zur Buchführung verpflichteten oder freiwillig Bücher führenden Gewerbetreibenden ein Gewinn i. S. des § 5 EStG, in allen anderen Fällen ein Gewinn i. S. des § 4 Abs. 1 oder Abs. 3 EStG.

Was diese Gewinnermittlungsarten beinhalten und unter welchen Voraussetzungen die genannten Personenkreise die Gewinnermittlung nach dieser oder jener Gewinnermittlungsart vorzunehmen haben oder vornehmen dürfen, wird bei der Darstellung der einzelnen Gewinnermittlungsarten abgehandelt.

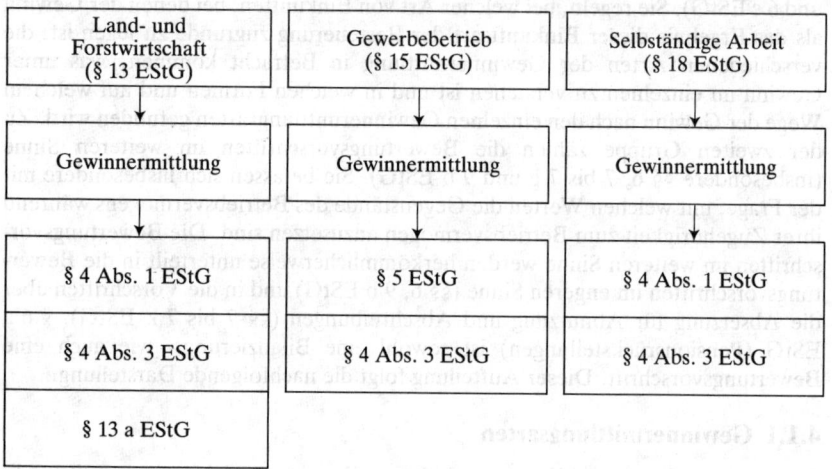

4.1.2 Betriebsvermögensvergleich

4.1.2.1 Allgemeines

Die wichtigste und genaueste Gewinnermittlungsart ist der Betriebsvermögensvergleich (Bestandsvergleich). Das Gesetz sagt in § 4 Abs. 1 Satz 1 EStG zum Gewinnbegriff:

Gewinn ist der Unterschiedsbetrag zwischen dem Betriebsvermögen am Schluß des Wirtschaftsjahres und dem Betriebsvermögen am Schluß des vorangegangenen Wirtschaftsjahres, vermehrt um den Wert der Entnahmen und vermindert um den Wert der Einlagen.

> **Beispiel:**
> Das Betriebsvermögen eines Gewerbebetriebes beträgt ausweislich der Bilanz zum 31. 12. 01 = 120 000 DM und der Bilanz zum 31. 12. 02 = 190 000 DM. Im Wirtschaftsjahr 01 haben sich keine Entnahmen oder Einlagen ergeben.
> Die Vermögensvermehrung von (190 000 DM ∕ 120 000 DM) = 70 000 DM ist der Gewinn des Jahres 02.

Die rechnerische Gegenüberstellung zweier Betriebsvermögen, wie sie in dem vorgenannten Gewinnbegriff gefordert wird, setzt voraus, daß das Betriebsvermögen zu Beginn der Tätigkeit und zum Schluß jeden Wirtschaftsjahres durch Bestandsaufnahme (Inventur) mengenmäßig festgestellt, bewertet und übersichtlich dargestellt wird. Diese Darstellung, also das Verzeichnis der einzelnen positiven und negativen Wirtschaftsgüter des Betriebs nach Art, Menge und Wert, nennt man Inventar (s. auch § 240 Abs. 1 und 2 HGB). Das Inventar ist die Grundlage der Bilanz. Darunter versteht man „einen das Verhältnis des Vermögens und der Schulden darstellenden Abschluß" (§ 242 Abs. 1 HGB) oder kürzer eine Vermögensübersicht (§ 4 Abs. 2 EStG).

Das Ergebnis des Vergleichs zweier Betriebsvermögen, der Unterschiedsbetrag, der positiv oder negativ sein kann, ist im allgemeinen noch nicht der Gewinn oder Verlust. Sind dem Betriebsvermögen aus dem Privatvermögen des Unternehmers Wirtschaftsgüter zugeführt worden (Einlagen) oder sind aus dem Betriebsvermögen Wirtschaftsgüter aus nichtbetrieblichen Gründen abgezogen worden (Entnahmen), so darf die dadurch herbeigeführte Vermögensmehrung oder -minderung den Gewinn (Verlust) nicht beeinflussen, da sie nicht ein Ergebnis des Betriebs sind.

Haben Entnahmen und (oder) Einlagen stattgefunden, so muß der Unterschiedsbetrag für die richtige Feststellung des Gewinns (Verlusts) um die entsprechenden Beträge korrigiert werden.

Beispiel:
Das Betriebsvermögen eines Gewerbetreibenden beträgt ausweislich der Bilanz zum 31. 12. 01 = 120 000 DM und der Bilanz zum 31. 12. 02 = 190 000 DM. Im abgelaufenen Kalenderjahr 02 betrugen die Entnahmen = 40 000 DM, die Einlagen 2000 DM.

Zur Feststellung des Gewinns des Jahres 02 müssen dem Unterschiedsbetrag zwischen dem Betriebsvermögen am Ende des Jahres 02 und am Ende des vorausgegangenen Jahres die Entnahmen zugerechnet, die Einlagen müssen von ihm abgerechnet werden.

Betriebsvermögen zum 31. 12. 02	190 000 DM
Betriebsvermögen zum 31. 12. 01	120 000 DM
Unterschied	+ 70 000 DM
Entnahmen	+ 40 000 DM
	+ 110 000 DM
Einlagen	⊿ 2 000 DM
Gewinn	+ 108 000 DM

4.1.2.2 Arten des Betriebsvermögensvergleichs

Das Einkommensteuergesetz sieht zwei verschiedene Arten des Betriebsvermögensvergleichs vor, und zwar den Betriebsvermögensvergleich nach § 4 Abs. 1 EStG und den Betriebsvermögensvergleich nach § 5 Abs. 1 Satz 1 EStG. Da es sich in beiden Fällen um einen Betriebsvermögensvergleich handelt, haben beide Arten der Gewinnermittlung als Grundlage den Gewinnbegriff des § 4 Abs. 1 EStG.

Nach § 5 Abs. 1 Satz 1 EStG ist für den Schluß des Wirtschaftsjahres das Betriebsvermögen anzusetzen, das nach den handelsrechtlichen Grundsätzen ordnungsmäßiger Buchführung auszuweisen ist. Solche Grundsätze sind insbesondere in den handelsrechtlichen Vorschriften der §§ 238 bis 261 HGB, die für alle Kaufleute gelten, und den §§ 264 bis 283 sowie §§ 336 bis 339 HGB, die ergänzende Vorschriften für Kapitalgesellschaften (insbesondere für die AG und GmbH) bzw. Genossenschaften enthalten, zu finden. Nach § 238 Abs. 1 HGB ist jeder Kaufmann verpflichtet, Bücher zu führen und in diesen seine Handelsgeschäfte und die Lage seines Vermögens nach den Grundsätzen ordnungsmäßiger Buchführung ersichtlich zu machen. Er hat gemäß § 242 Abs. 1 HGB zu Beginn seines Handelsgewerbes und für den Schluß jeden Geschäftsjahres einen das Verhältnis seines Vermögens und seiner Schulden darstellenden Abschluß (Eröffnungsbilanz und Bilanz) aufzustellen. Die Bilanz, die mit der Gewinn- und Verlustrechnung den Jahresabschluß bildet (§ 242 Abs. 3 HGB), ist ebenfalls nach den Grundsätzen ordnungsmäßiger Buchführung aufzustellen (§ 243 Abs. 1 HGB). Dies gilt auch für die Eröffnungsbilanz.

§ 5 Abs. 1 Satz 1 EStG drückt den Grundsatz der Maßgeblichkeit der Handelsbilanz für die Steuerbilanz aus. Danach sind die handelsrechtlichen Grundsätze ordnungsmäßiger Buchführung für die Steuerbilanz verbindlich, soweit nicht steuerliche Vorschriften und Grundsätze etwas anderes besagen. Mit dieser kurzen Formel ist eine sehr schwierige Frage umrissen. Um festzustellen, wie weit der Grundsatz der Maßgeblichkeit der Handelsbilanz für die Steuerbilanz reicht, muß man zunächst erkennen, was im einzelnen handelsrechtliche Grundsätze ordnungsmäßiger Buchführung sind. Nicht alle der in handelsrechtlichen Vorschriften getroffenen Regelungen stellen handelsrechtliche Grundsätze ordnungsmäßiger Buchführung dar, die für alle Kaufleute Geltung haben. Ein Teil dieser Vorschriften sind Spezialregelungen nur für Gruppen von Kaufleuten (sog. rechtsform- und größenunabhängige Grundsätze ordnungsmäßiger Buchführung). Andere handelsrechtliche Grundsätze ordnungsmäßiger Buchführung sind gesetzlich nicht geregelt, sondern ergeben sich aus dem Handelsbrauch. Sodann muß man prüfen, ob der Grundsatz der Maßgeblichkeit nicht durch steuerliche Vorschriften und Grundsätze eingeschränkt ist (vgl. auch 4.1.2.5).

Während nach § 5 Abs. 1 Satz 1 EStG die handelsrechtlichen Grundsätze ordnungsmäßiger Buchführung ausnahmslos zu beachten sind, soweit nicht steuerrechtliche Vorbehalte gelten, finden nach § 141 Abs. 1 Satz 2 AO die §§ 238, 240 bis 242 Abs. 1 HGB sowie die §§ 243 bis 256 HGB nur sinngemäß Anwendung, soweit sich aus den Steuergesetzen nichts anderes ergibt.

Nicht verwiesen wird in § 141 Abs. 1 Satz 2 AO insbesondere auf § 242 Abs. 2 und 3 HGB, die für Kaufleute die Aufstellung einer Gewinn- und Verlustrechnung vorschreiben. Sie setzt eine doppelte Buchführung voraus. Damit genügt für die Gewinnermittlung nach § 4 Abs. 1 EStG – anders als die nach § 5 EStG – eine einfache Buchführung. Zudem braucht sich nach § 141 Abs. 1 AO bei Land- und Forstwirten die Bestandsaufnahme nicht auf das stehende Holz zu erstrecken. Land- und Forstwirte sind jedoch nach § 142 AO verpflichtet, zusätzlich ein

Anbauverzeichnis zu führen. Ferner besteht (nur) für Land- und Forstwirte die Möglichkeit, Umlaufvermögen gemäß § 6 Abs. 1 Nr. 2 Satz 4 EStG mit dem höheren Teilwert anzusetzen. Wegen der Besonderheiten der Buchführung in land- und forstwirtschaftlichen Betrieben s. BdF in BStBl 1981 I S. 878. Insgesamt sind indessen auch bei der Gewinnermittlung nach § 4 Abs. 1 EStG die „allgemeinen Regeln der kaufmännischen Buchführung" zu befolgen (BFH, BStBl 1966 III S. 496).

Von den genannten Besonderheiten abgesehen unterscheidet sich die Gewinnermittlung nach § 4 Abs. 1 EStG von der des § 5 EStG im wesentlichen nur in folgenden Punkten:

1. Bei der Gewinnermittlung nach § 4 Abs. 1 EStG sind die handelsrechtlichen Bilanzierungsvorschriften nur sinngemäß zu beachten (§ 141 Abs. 1 Satz 2 AO). Im allgemeinen ist der Steuerpflichtige nur an die einkommensteuerlichen Bewertungsvorschriften, nicht auch an die handelsrechtlichen Bewertungsvorschriften gebunden; bei der Gewinnermittlung nach § 5 EStG sind auch die Bewertungsvorschriften des Handelsrechts zu beachten, soweit das Steuerrecht keine andere Bewertung vorschreibt.

Der Grundsatz der Maßgeblichkeit der Handelsbilanz für die Steuerbilanz ist durch den steuerlichen Bewertungsvorbehalt des § 5 Abs. 6 EStG eingeschränkt. Dieser besagt, daß die Bewertungsvorschriften in §§ 6, 6 a und 7 EStG den handelsrechtlichen Bewertungsvorschriften vorgehen. Für die Bewertung in der Steuerbilanz sind die handelsrechtlichen Bewertungsvorschriften mithin nur insoweit zu beachten, als die genannten einkommensteuerlichen Vorschriften keine abweichenden Regelungen enthalten. Zwar gilt dieser Satz auch für die Gewinnermittlung nach § 4 Abs. 1 EStG. Er wirkt sich aber bei den beiden Arten des Bestandsvergleichs verschieden aus. So sind nach § 253 Abs. 3 HGB die Wirtschaftsgüter des Umlaufvermögens zu den Anschaffungs- oder Herstellungskosten (§ 253 Abs. 1 HGB) nur anzusetzen, soweit sich nicht ein niedrigerer Wert aus dem Börsen- oder Marktpreis am Abschlußstichtag ergibt. Die Abschreibung auf den niedrigeren Börsen- oder Marktpreis ist für alle Steuerpflichtigen, die ihren Gewinn nach § 5 EStG ermitteln, auch für die Steuerbilanz zwingend, da die steuerrechtlichen Vorschriften dem nicht entgegenstehen. Anderes gilt für den Nichtkaufmann, der den Gewinn nach § 4 Abs. 1 EStG ermittelt und für den die genannten Bewertungsvorschriften des HGB nur sinngemäß anzuwenden sind (§ 141 Abs. 1 Satz 2 AO). Das nur für Kaufleute geltende strenge Niederstwertprinzip paßt nicht für Nichtkaufleute.

Beispiel:
Ein Steuerpflichtiger hat einen Warenposten zu den Anschaffungskosten von 1000 DM erworben. Am Ende des Wirtschaftsjahres ist der Marktpreis so gesunken, daß der gleiche Warenposten für nur 900 DM (Teilwert) zu erhalten ist.

Ermittelt der Steuerpflichtige seinen Gewinn nach § 5 EStG, muß er den Warenposten mit dem niedrigeren Marktpreis in der Bilanz ansetzen. Hingegen könnte ein Steuerpflichtiger, der den Gewinn nach § 4 Abs. 1 EStG ermittelt, die Ware mit den

Anschaffungskosten von 1000 DM oder mit dem Teilwert von 900 DM bilanzieren (§ 6 Abs. 1 Nr. 2 EStG) oder auch einen Wert zwischen den Anschaffungskosten und dem Teilwert bilden.

2. Die ihren Gewinn nach § 5 EStG ermittelnden Gewerbetreibenden haben gegenüber den Landwirten und selbständig Tätigen, die den Gewinn nach § 4 Abs. 1 EStG ermitteln, weitergehende Möglichkeiten, gewillkürtes Betriebsvermögen zu bilden.

Ein bilanzierender Steuerpflichtiger darf Wirtschaftsgüter, die weder notwendiges Betriebsvermögen noch notwendiges Privatvermögen sind, als (gewillkürtes) Betriebsvermögen behandeln, wenn sie dem Betrieb zu dienen bestimmt und geeignet sind. Dem Gewerbetreibenden ist dabei eine weitergehende Gestaltungsmöglichkeit eingeräumt. Das gilt insbesondere hinsichtlich von Wertpapieren, Beteiligungen und Grundstücken (s. 4.1.2.4.7). Diese unterschiedlichen Möglichkeiten sind in der Verschiedenartigkeit der Einkunftsarten begründet.

Im übrigen gelten für die Gewinnermittlung nach § 4 Abs. 1 EStG und die Gewinnermittlung nach § 5 EStG gleiche Grundsätze. So sind auch bei der Gewinnermittlung nach § 5 EStG die Vorschriften über die Entnahmen und die Einlagen (§ 4 Abs. 1 EStG), über die Zulässigkeit der Bilanzänderung (§ 4 Abs. 2 EStG), über die Betriebsausgaben (§ 4 Abs. 4 bis 6 EStG), über die Bewertung (§§ 6, 6 a EStG) und über die Absetzung für Abnutzung oder Substanzverringerung (§ 7 EStG) zu befolgen (§ 5 Abs. 6 EStG). Umgekehrt gelten die Bilanzierungsvorschriften des § 5 Abs. 1 bis 5 EStG auch für die Gewinnermittlung nach § 4 Abs. 1 EStG (vgl. BFH, BStBl 1980 II S. 146 und 244, 1981 II S. 398). Dies gilt u. E. auch für die Vorschrift des § 5 Abs. 1 Satz 2 EStG, in der nunmehr der umgekehrte Maßgeblichkeitsgrundsatz seine Verankerung gefunden hat.

4.1.2.3 Personenkreis

Die Gewinnermittlung nach § 5 EStG ist von allen **Gewerbetreibenden** vorzunehmen, die aufgrund gesetzlicher Vorschriften verpflichtet sind, Bücher zu führen und regelmäßige Abschlüsse zu machen, oder dies freiwillig tun.

Ob ein Steuerpflichtiger einkommensteuerlich als Gewerbetreibender anzusehen ist, ist nach § 15 EStG zu beurteilen (s. dazu 5.2.1.1 und 5.2.1.3).

Gesetzliche Vorschriften i. S. des § 5 Abs. 1 Satz 1 EStG sind insbesondere die handelsrechtlichen Buchführungsvorschriften (§§ 238 ff. HGB), die der Steuerpflichtige nach § 140 AO auch für steuerliche Zwecke zu beachten hat (sog. abgeleitete steuerliche Buchführungs- und Aufzeichnungspflicht).

Darüber hinaus sind gemäß § 141 Abs. 1 AO alle sonstigen Gewerbetreibenden zur Führung von Büchern verpflichtet, die nach den Feststellungen des Finanzamts für den einzelnen Betrieb entweder

a) einen Gesamtumsatz von mehr als 500 000 DM oder

b) ein Betriebsvermögen von mehr als 125 000 DM oder

c) einen Gewinn aus Gewerbebetrieb von mehr als 36 000 DM im Wirtschaftsjahr gehabt haben.[2]

Werden für einen buchführungspflichtigen Gewerbebetrieb keine Bücher geführt oder ist die Buchführung nicht ordnungsmäßig, so ist der Gewinn nach § 5 EStG zu schätzen. Das gilt auch, wenn die freiwillige Buchführung nach § 5 EStG nicht ordnungsmäßig ist. Lediglich dann, wenn sie nicht buchführungspflichtig sind, freiwillig keine Bücher führen und nicht festgestellt werden kann, daß sie die Gewinnermittlung nach § 4 Abs. 3 EStG gewählt haben, ist der Gewinn nach § 4 Abs. 1 EStG zu schätzen. Ist für den Betrieb zulässigerweise die Gewinnermittlung nach § 4 Abs. 3 EStG gewählt worden, so ist auch eine Gewinnschätzung nach § 4 Abs. 3 EStG durchzuführen (Abschn. 12 Abs. 2 EStR, BFH, BStBl 1981 II S. 301, 1984 II S. 504).

Land- und Forstwirte (§ 13 EStG) sind nach § 141 Abs. 1 AO dann zur Buchführung und damit zur Gewinnermittlung nach § 4 Abs. 1 EStG verpflichtet, wenn sie nach den Feststellungen des Finanzamts für den einzelnen Betrieb entweder

a) einen Gesamtumsatz von mehr als 360 000 DM oder

b) eine selbstbewirtschaftete land- und forstwirtschaftliche Fläche mit einem Wirtschaftswert von mehr als 40 000 DM oder

c) einen Gewinn aus Land- und Forstwirtschaft von mehr als 36 000 DM im Kalenderjahr gehabt haben.[2]

Bei der Feststellung der zu b) genannten Voraussetzung ist nicht erforderlich, daß die selbstbewirtschaftete Fläche im Eigentum des Land- und Forstwirts steht.

Die Buchführungspflicht des § 141 AO ist vom Beginn des Wirtschaftsjahres an zu erfüllen, das auf die Bekanntgabe der Mitteilung folgt, durch die die Finanzbehörde auf den Beginn dieser Verpflichtung hingewiesen hat. Sie endet mit dem Ablauf des Wirtschaftsjahres, das auf das Wirtschaftsjahr folgt, in dem die Finanzbehörde feststellt, daß die Voraussetzungen dafür nicht mehr vorliegen (§ 141 Abs. 2 AO). Diese Feststellung der Finanzbehörde ist für den Wegfall der Buchführungspflicht auch dann Voraussetzung, wenn die gesetzlichen Grenzen für die Buchführungspflicht angehoben werden (BFH, BStBl 1984 II S. 782).

Die Buchführungspflicht geht auf denjenigen über, der den Betrieb im ganzen zur Bewirtschaftung als Eigentümer oder Nutzungsberechtigter übernimmt. Eines Hinweises nach § 141 Abs. 2 AO auf den Beginn der Buchführungspflicht bedarf es nicht (§ 141 Abs. 3 AO).

Land- und Forstwirte können auch nach § 140 AO i. V. m. §§ 238 ff. HGB zur Buchführung verpflichtet sein, wenn ihr Unternehmen (ausnahmsweise) gemäß § 3 HGB im Handelsregister eingetragen ist.

Land- und Forstwirte, deren Gewinn an sich nach den Vorschriften des § 13 a Abs. 3 bis 8 EStG nach Durchschnittssätzen zu ermitteln ist, haben ihren Gewinn

---

2 Erhöhte Absetzungen und Sonderabschreibungen sind bei Prüfung der Frage, ob diese Buchführungsgrenze überschritten worden ist, nicht zu berücksichtigen (§ 7 a Abs. 6 EStG).

für vier aufeinanderfolgende Wirtschaftsjahre nach § 4 Abs. 1 EStG zu ermitteln, wenn sie nach § 13 a Abs. 2 EStG rechtzeitig den Antrag gestellt haben, den freiwillig nach § 4 Abs. 1 EStG ermittelten Gewinn der Besteuerung zugrunde zu legen (vgl. dazu auch Abschn. 127 Abs. 3 EStR sowie die Ausführungen zu 4.1.5.2).

Angehörige der freien Berufe und sonstige selbständig Tätige i. S. des § 18 EStG sind weder nach § 140 noch nach § 141 AO zur Buchführung verpflichtet.

Der Gewinn dieses Personenkreises wird nur dann nach § 4 Abs. 1 ermittelt, wenn sie freiwillig Bücher führen und regelmäßige Abschlüsse machen.

Das Recht und die Pflicht zur Gewinnermittlung durch Vermögensvergleich endet mit der Betriebsveräußerung oder Betriebsaufgabe. Zwar können nach diesem Zeitpunkt noch Betriebsausgaben und -einnahmen anfallen. Die darauf beruhenden Einkünfte sind jedoch in sinngemäßer Anwendung der Einnahmen-Überschußrechnung gemäß § 4 Abs. 3 EStG zu ermitteln (BFH, BStBl 1978 II S. 430).

4.1.2.4 Betriebsvermögen; Abgrenzung zwischen Betriebsvermögen und Privatvermögen

4.1.2.4.1 Zur Bedeutung der Abgrenzung

Ob ein Wirtschaftsgut zum Betriebsvermögen oder Privatvermögen gehört, hat zunächst einmal für die Abgrenzung zwischen den verschiedenen Einkunftsarten Bedeutung.

Beispiel:
Ein Fabrikant ist Eigentümer eines Mietwohngrundstücks. Wird es von seinen Arbeitnehmern bewohnt und gehört es deshalb zu seinem Betriebsvermögen, dann stellen die Mieteinnahmen Betriebseinnahmen und die Hausaufwendungen Betriebsausgaben dar. Gehört das Haus zu seinem Privatvermögen, so fallen Einnahmen und Ausgaben unter die Einkunftsart Vermietung und Verpachtung.

Einnahmen aus einem Wirtschaftsgut, das zum Betriebsvermögen gehört, sind also grundsätzlich Betriebseinnahmen. Entsprechend gehören alle Aufwendungen, die mit dem betreffenden Wirtschaftsgut in wirtschaftlichem Zusammenhang stehen, zu den Betriebsausgaben. Nutzt ein Steuerpflichtiger ein Wirtschaftsgut des Betriebsvermögens zum Teil privat, so stellt die Nutzung eine Entnahme dar (BFH, BStBl 1961 III S. 183).

Beispiele:
a) A benutzt seinen zum Betriebsvermögen gehörenden Pkw zu 25 v. H. privat. Fahrten zwischen Wohnung und Betrieb werden mit diesem Wagen nicht unternommen.
Sämtliche mit dem Pkw zusammenhängenden Aufwendungen einschließlich der Absetzung für Abnutzung sind zunächst Betriebsausgaben. Der Wert der privaten Nutzung stellt eine Privatentnahme dar. Dieser Wert wird ermittelt durch eine anteilige Aufteilung der gesamten Aufwendungen im Verhältnis der privaten zur betrieblichen Nutzung (BFH, BStBl 1953 III S. 337 und 1955 III S. 205).
b) Ein Großhandelskaufmann unterhält in seinem ganz zum Betriebsvermögen gehörenden Gebäude seine private Wohnung.

Sämtliche Aufwendungen, die mit dem Betriebsgrundstück in wirtschaftlichem Zusammenhang stehen, sind zunächst Betriebsausgaben. Der Wert der privaten Nutzung stellt eine Privatentnahme dar. (Nach Abschn. 14 Abs. 6 EStR ist der Mietwert der eigengenutzten Wohnung in Fällen dieser Art als Betriebseinnahme zu behandeln. Bilanzsteuerrechtlich zutreffender ist aber die Bezeichnung „Entnahme". – Die Möglichkeit, den zu eigenen Wohnzwecken genutzten Grundstücksteil als Betriebsvermögen zu führen, entfällt mit dem Fortfall der Nutzungswertbesteuerung, s. 4.1.2.4.8).

Gehört ein Wirtschaftsgut zum Privatvermögen und nutzt es der Steuerpflichtige teilweise auch betrieblich, so ist der der betrieblichen Nutzung entsprechende Teil der Gesamtaufwendungen Betriebsausgabe (BFH, BStBl 1961 III S. 308 – die zutreffendere Auffassung, es handele sich hier um eine Nutzungseinlage, hat sich noch nicht durchgesetzt).

Beispiel:
Ein praktischer Arzt hat sich eine zum Privatvermögen gehörende Waschmaschine angeschafft, die er zu ⅓ für das Waschen seiner Praxiswäsche, im übrigen aber privat nutzt. Die Aufwendungen für die Waschmaschine, z. B. für Reparaturen, sowie die Absetzung für Abnutzung stellen zu ⅓ Betriebsausgaben dar.

Entsprechend sind Aufwendungen für Grundstücksteile, die eigenbetrieblich genutzt werden, aber wegen ihrer untergeordneten Bedeutung nicht als Betriebsvermögen behandelt werden, Betriebsausgaben (Abschn. 14 Abs. 6 EStR).

Die Frage der Zugehörigkeit von Wirtschaftsgütern zum Betriebsvermögen oder Privatvermögen ist einkommensteuerlich insbesondere deshalb von Bedeutung, weil nur die Wirtschaftsgüter des Betriebsvermögens in den Bestandsvergleich (Vergleich des Vermögens am Bilanzstichtag mit dem Vermögen am vorhergehenden Bilanzstichtag) einbezogen werden. Die Zugehörigkeit zum Betriebsvermögen wirkt sich z. B. bei der Veräußerung eines Wirtschaftsguts aus.

Beispiel:
A veräußert sein Mietwohngrundstück. Ein dabei erzielter Gewinn oder Verlust wird einkommensteuerlich grundsätzlich nur dann berücksichtigt, wenn das Grundstück zum Betriebsvermögen gehört. Stellt es hingegen Privatvermögen dar, bleibt ein Gewinn oder Verlust einkommensteuerlich außer Ansatz, sofern es sich nicht ausnahmsweise um ein Spekulationsgeschäft im Sinne von § 23 EStG handelt.

Dieser Behandlung entspricht es, daß Werteinbußen nur bei Wirtschaftsgütern des Betriebsvermögens durch Teilwertabschreibungen nach § 6 EStG bei der Gewinnermittlung nach § 4 Abs. 1 oder § 5 EStG steuerlich berücksichtigt werden können.

Beispiel:
A hat Anteile in Höhe von 25 v. H. des Stammkapitals der X-GmbH für 100 000 DM erworben. Wegen des schlechten Geschäftsgangs der GmbH sind diese Anteile nach 3 Jahren nur noch 20 000 DM wert. Nur wenn die Anteile zum Betriebsvermögen des A gehören, kann er sie nach § 6 Abs. 1 Nr. 2 EStG zu Lasten des Gewinns auf den niedrigeren Teilwert abschreiben. Zählen sie zum Privatvermögen, so kann der Wertverlust steuerlich nicht berücksichtigt werden.

Zusammenfassend ist zu sagen: **Die Entscheidung über die Zugehörigkeit von Wirtschaftsgütern zum Betriebs- oder Privatvermögen hat zwei miteinander verknüpfte Bedeutungen. Sie ist erstens entscheidend für die Abgrenzung der** verschiedenen Einkunftsarten. Sie ist zweitens ausschlaggebend für die Übertragung des Gewinn- und Verlustrisikos auf einen bestimmten Betrieb derart, daß der Betrieb das Risiko auch mit steuerlicher Auswirkung trägt.

4.1.2.4.2 Wirtschaftsgüter

Betriebsvermögen ist die Summe aller Wirtschaftsgüter und Verrechnungsposten, die zum Betriebsvermögen zählen. Wirtschaftsgüter können einen positiven Wert (z. B. ein Grundstück) oder einen negativen Wert (z. B. Schulden) haben. Die Verrechnungsposten (Posten der Rechnungsabgrenzungen, zu aktivierende Zölle und Verbrauchsteuern sowie Umsatzsteuer auf Anzahlungen) sind als solche keine Wirtschaftsgüter. Jedoch sind sie in die Bilanz aufzunehmen (§ 5 Abs. 4 EStG, § 247 Abs. 1 HGB).

Der Wert des Betriebsvermögens wird durch das Eigenkapital ausgedrückt. Es kann, je nachdem, ob die Summe der positiven oder negativen Wirtschaftsgüter und Verrechnungsposten überwiegt, negativ oder positiv sein. Nach dem Urteil des BFH (BStBl 1978 II S. 386) kann das Betriebsvermögen neben den bewertbaren aktivierungsfähigen Wirtschaftsgütern auch Gegenstände umfassen, die sich ihrer Natur nach einer Bewertung entziehen und deshalb nicht bilanzierungsfähig sind (so auch BFH, BStBl 1979 II S. 99, für den selbstgeschaffenen Firmenwert). Darüber hinaus besitzen der selbstgeschaffene Firmenwert und andere selbstgeschaffene immaterielle Wirtschaftsgüter auch Betriebsvermögenseigenschaft, dürfen allerdings nach § 5 Abs. 1 Satz 1 EStG bzw. nach § 5 Abs. 2 EStG nicht bilanziert werden (s. dazu auch BFH, BStBl 1979 II S. 369).

Der Begriff des Wirtschaftsguts ist im Einkommensteuergesetz nicht definiert. Er ist nach wirtschaftlichen Grundsätzen zu bestimmen und weit zu fassen (BFH, BStBl 1984 II S. 554). Der Begriff des Wirtschaftsguts ist für alle Einkunftsarten gleich, wie sich aus der gleichmäßigen Verwendung des Begriffs in §§ 4 ff. sowie 7 ff. und § 23 Abs. 1 bis 3 EStG ergibt (BFH, BStBl 1974 II S. 132). Unter den Begriff des Wirtschaftsguts fallen Sachen (z. B. Grundstücke, Maschinen, Ware), Rechte und Verpflichtungen (z. B. Forderungen, Schulden, Mietverträge, Brennrechte), tatsächliche Zustände sowie konkrete Möglichkeiten und Vorteile für den Betrieb (z. B. Firmenwert, ungeschützte Erfindungen, Know-how), deren Erlangung der Kaufmann sich etwas kosten läßt und die nach der Verkehrsauffassung einer besonderen Bewertung zugänglich sind (BFH, BStBl 1969 II S. 291). Ein Wirtschaftsgut ist jedes nach der Verkehrsanschauung im Wirtschaftsleben selbständig bewertbare Gut, das in seiner Einzelheit von Bedeutung und bei einer Veräußerung greifbar ist (BFH, BStBl 1974 II S. 337, 1975 II S. 511). Ob und inwieweit der steuerrechtliche Begriff des Wirtschaftsguts, den der Gesetzgeber bewußt nicht in das HGB übernommen hat, mit dem handelsrechtlichen Begriff des Vermögensgegenstands (§§ 240, 242 Abs. 1 HGB) identisch ist, ist eine nach wie vor umstrittene Frage (vgl. dazu Beisse, BB 1980 S. 637). Während der BFH (vgl. BStBl 1979 II S. 262) zunächst der Meinung war, der steuerrechtliche Begriff des Wirtschaftsguts gehe jedenfalls nicht weiter als der handelsrechtliche Begriff des Vermögensgegenstands, ist er nunmehr der Auffassung, daß der in § 4 Abs. 1

EStG verwendete Begriff des Wirtschaftsguts dem handelsrechtlichen Begriff des Vermögensgegenstands entspricht (vgl. GrS, BStBl 1988 II S. 348). Dem kann insoweit zugestimmt werden, als nach dem Grundsatz der Maßgeblichkeit der Handelsbilanz für die Steuerbilanz zunächst aus den handelsrechtlichen Grundsätzen ordnungsmäßiger Buchführung abgeleitet werden muß, was unter einem bilanzierbaren Wirtschaftsgut im Sinne des Einkommensteuerrechts zu verstehen ist. Anders als der handelsrechtliche Begriff des Vermögensgegenstandes setzt der steuerrechtliche Begriff des Wirtschaftsguts jedoch nicht die konkrete Bilanzierbarkeit voraus (BFH, BStBl 1969 II S. 291, 1988 II S. 502). Auch aus Gründen der Gleichmäßigkeit der Besteuerung kann der steuerrechtliche Begriff des Wirtschaftsguts daher nicht schematisch aus dem handelsrechtlichen Begriff des Vermögensgegenstandes abgeleitet werden. Im übrigen ist es entgegen der Auffassung des BFH (GrS, BStBl 1988 II S. 348) auch gerechtfertigt, abweichend vom handelsrechtlichen Begriff des Vermögensgegenstandes nicht nur von dem steuerrechtlichen Begriff des bilanzierungsfähigen Wirtschaftsguts, sondern auch von dem steuerrechtlichen Begriff des entnahme- und einlagefähigen Wirtschaftsguts zu sprechen (vgl. dazu auch Plückebaum in Kirchhof /Söhn, EStG, § 4 Rdnrn. B 311, 312). Darüber hinaus erzwingen gelegentlich steuerrechtliche Gewinnermittlungsgrundsätze eine vom Handelsrecht abweichende Definition des Wirtschaftsgutstatbestands. So ist die Beteiligung an einer Personengesellschaft handelsrechtlich ein einheitlicher selbständiger Vermögensgegenstand (§ 266 Abs. 2 A III Nr. 3 HGB). Da aber nach § 15 Abs. 1 Nr. 2, § 16 Abs. 1 Nr. 2 EStG Gewinne und Verluste aus dieser Beteiligung unmittelbar den Gesellschaftern zugerechnet werden, kommt der Beteiligung selbst für die Gewinnermittlung des Betriebs, zu dessen Betriebsvermögen sie rechnet, keine eigenständige Bedeutung zu. Sie wird daher dort nicht als Wirtschaftsgut ausgewiesen (BFH, BStBl 1976 II S. 73; ständige Rechtsprechung, zuletzt BFH, BStBl 1986 II S. 333). Mit derselben Betrachtung ist bei der entgeltlichen Übertragung eines Anteils an einer Personengesellschaft (auf alle oder einen bisherigen Gesellschafter oder einen neu eintretenden Gesellschafter) steuerrechtlich Gegenstand der Veräußerung und des Erwerbs nicht wie nach Handelsrecht die Beteiligung als solche, sondern die Anteile des Ausscheidenden an den einzelnen Wirtschaftsgütern des Gesellschaftsvermögens. Dies folgt aus § 16 Abs. 2 EStG (BFH, BStBl 1978 II S. 369). Nach dem Maßgeblichkeitsgrundsatz ist indessen der Wirtschaftsgutstatbestand mit dem des Vermögensgegenstands identisch, wenn die vorgenannten steuerrechtlichen Besonderheiten keine Abweichung gebieten.

Immaterielle Wirtschaftsgüter sind nur solche Werte, die nicht zu den körperlichen Wirtschaftsgütern gehören. Zu ihnen zählen insbesondere bestimmte absolute Rechte wie Patente, Gebrauchsmuster- und Warenzeichenrechte, Urheber- und Verlagsrechte, ferner auch bestimmte relative Rechte wie Lizenzen und ähnliche Nutzungsrechte, Belieferungsverträge und Wettbewerbsabsprachen. Schließlich gehören auch dazu Werte ohne Rechtscharakter wie Geheimverfahren, Know-how, Firmenwert und andere tatsächliche Zustände, Möglichkeiten und Vorteile für den Betrieb, deren Erwerb der Kaufmann sich etwas kosten läßt und die nach der Verkehrsauffassung einer besonderen Bewertung zugänglich sind (vgl. auch § 266 Abs. 2 HGB). Vom Geschäfts- oder Firmenwert sind die immateriellen Einzelwirtschaftsgüter zu unterscheiden. Geschäftswertbildende Faktoren wie eine eingespielte Gruppe erfahrener Fachleute, der Standort, die Organisation oder der gute Ruf und der Kundenstamm eines Unternehmens entziehen sich allerdings als Elemente des Geschäftswerts der selbständigen Bewertung und sind deshalb keine immateriellen Einzelwirtschaftsgüter (BFH, BStBl 1982 II S. 189, 1986 II S. 176; Abschn. 31 a Abs. 1 EStR). Bei den immateriellen Wirtschaftsgütern unterscheidet man wie auch bei den materiellen Wirtschaftsgütern zwischen den abnutzbaren und nichtabnutzbaren Gütern. Zu den nicht abnutzbaren immateriellen Wirtschaftsgütern rechnet z. B. die Grunddienstbarkeit; der Geschäfts- oder Firmenwert und der Praxiswert (soweit letzterer bisher ausnahmsweise als nicht abnutzbar galt) indessen nur noch in Wirtschaftsjahren, die vor dem 1. 1. 1987 beginnen (4.3.2). Ein zeitlich unbegrenztes Wettbewerbsverbot, das jedoch mit dem Tode des Verpflichteten erlischt, ist ebenso wie ein zeitlich befristetes Wettbewerbsverbot ein abschreibungsfähiges immaterielles Wirtschaftsgut (BFH, BStBl 1979 II S. 369 – wegen weiterer Einzelheiten s. 4.1.2.5.2).

Im Einkommensteuerrecht wird bisweilen der Begriff „bewegliche" und „unbewegliche" Wirtschaftsgüter gebraucht. Bewegliche und unbewegliche Wirtschaftsgüter können nur körperliche Gegenstände, also niemals immaterielle Wirtschaftsgüter sein (BFH, BStBl 1964 III S. 575).

Bei der Beschreibung der einzelnen Merkmale des Wirtschaftsguts muß man zunächst zwischen dem bilanzierbaren und dem entnahme- bzw. einlagefähigen Wirtschaftsgut unterscheiden. Hinsichtlich des bilanzierbaren Wirtschaftsguts muß darüber hinaus unterschieden werden, ob es sich um ein abstrakt bilanzierbares oder um ein konkret bilanzierbares Wirtschaftsgut handelt.

Allgemein gilt, daß der Begriff des Wirtschaftsguts weit zu fassen und für seine Bestimmung nicht so sehr auf bürgerlich-rechtliche, sondern auf wirtschaftliche Merkmale abzustellen ist (BFH, BStBl 1970 II S. 383, ständige Rechtsprechung, zuletzt BFH, BStBl 1984 II S. 554). Unter dieser Prämisse sind vom BFH bisher als Wirtschaftsgüter angesehen worden:

1. Gegenstände (Sachen und nichtkörperliche Gegenstände) im Sinne des bürgerlichen Rechts und

2. tatsächliche Zustände sowie konkrete Möglichkeiten und Vorteile, wenn

    a) sie derart sind, daß der Steuerpflichtige sich deren Erlangung etwas kosten läßt,

    b) sie nach der Verkehrsauffassung einer besonderen Bewertung zugänglich sind,

    c) sie einen besonderen Nutzen für mehrere Jahre erbringen

(BFH, BStBl 1969 II S. 292, BStBl 1970 II S. 178, BStBl 1975 II S. 56 und 510, BStBl 1976 II S. 450).

Bei dem Merkmal zu a) ist es nicht erforderlich, daß der Steuerpflichtige tatsächlich etwas aufgewendet hat. Auch unentgeltlich erlangte Güter können Wirtschaftsgüter sein. Nach der Rechtsprechung des BFH muß es sich aber um ein Gut handeln, für das üblicherweise etwas aufgewendet wird, das sich als einmaliger, vom laufenden klar abgrenzbarer Aufwand darstellt (BFH, BStBl 1970 II S. 178, BStBl 1975 II S. 56, BStBl 1976 II S. 382).

Bei dem Merkmal zu c) muß es sich nach der Rechtsprechung des BFH um einen Vorteil handeln, der sich nicht im Jahr der Entstehung verflüchtigt (BFH, BStBl 1975 II S. 56, BStBl 1977 II S. 380).

Die Forderung, daß es sich bei den Aufwendungen um einen einmaligen, klar abgrenzbaren Aufwand handelt und daß sich der Nutzen über einen Zeitraum von mehr als einem Jahr erstreckt, ist auf die **Bilanzierbarkeit des Wirtschaftsguts** abgestellt. Für den Begriff des entnahme- und einlagefähigen Wirtschaftsguts genügt es, daß das Gut einen **objektiv feststellbaren wirtschaftlichen Vorteil** darstellt, für den man im Wirtschaftsleben etwas aufzuwenden pflegt, und daß es als ein nach der Verkehrsanschauung im Wirtschaftsleben selbständig bewertbares Gut erscheint (Vorlagebeschluß des BFH v. 20. 8. 1986 I R 41/82, BStBl 1987 II S. 64). Für die selbständige Bewertbarkeit hat die Rechtsprechung wiederum einzelne Merkmale aufgestellt. Von diesen zielen einige Elemente nur auf die Bilanzierbarkeit eines Wirtschaftsguts ab.

Ob es sich um ein selbständig bewertbares Gut handelt, entscheidet sich nicht nach bürgerlichem Recht, sondern nach wirtschaftlicher Betrachtung, wie sie in handelsrechtlichen Bilanzierungsgrundsätzen (§ 5 Abs. 1 EStG) bzw. in der Verkehrsauffassung zum Ausdruck kommt (BFH, BStBl 1984 II S. 554). Die selbständige Bewertbarkeit (Merkmal b)) setzt nach der Rechtsprechung des BFH voraus, daß das Gut sowohl in seiner Einzelheit von Bedeutung als auch bei einer Veräußerung greifbar, nicht aber daß es selbständig nutzbar ist (BFH, BStBl 1975 II S. 511, BStBl 1974 II S. 337, BStBl 1979 II S. 298).

Greifbar bei der Veräußerung ist ein Gut, für das ein Erwerber des ganzen Unternehmens im Rahmen des Gesamtkaufpreises ein besonderes Entgelt ansetzen würde (BFH, BStBl 1975 II S. 809, BStBl 1976 II S. 202). Da dieser Gedanke dem Teilwertbegriff des § 6 Abs. 1 Nr. 2 Satz 3 EStG entspricht und der Teilwert nur für Wirtschaftsgüter in Betracht kommt, die in der Bilanz anzusetzen sind (§ 6 Abs. 1 Einleitungssatz EStG), hat dieses Teilmerkmal nur für die Frage der Bilanzierbarkeit Bedeutung.

In seiner Einzelheit von Bedeutung ist ein Gut, das **realisierbar** und **individualisierbar** ist. Das vom BFH zusätzlich geforderte Merkmal der hinreichenden **Konkretisierung** ist allenfalls ein Merkmal der Aktivierbarkeit. Die vom BFH für die Konkretisierung einer Nutzung oder Nutzungsbefugnis aufgestellte Voraussetzung, daß diese auf einer gesicherten Rechtsposition beruht (BFH, BStBl 1978 II S. 386, BStBl 1979 II S. 399 und S. 401, BStBl 1980 II S. 244; BFH, BStBl 1981 II S. 68), kennzeichnet nur die Aktivierbarkeit und nicht die Wirtschaftsguteigenschaft als solche. Ferner kann der selbstgeschaffene Firmenwert ein (wenn auch nicht aktivierbares) Wirtschaftsgut sein, das nach Auffassung des BFH (BStBl 1987 II S. 705) in den Betrieb eingelegt werden kann.

Das für den Wirtschaftsgutsbegriff zu Recht aufgestellte Merkmal der **Realisier-barkeit** greift auf das handelsrechtliche Realisationsprinzip zurück. In dieser Form paßt es nicht für Wirtschaftsgüter, wenn nicht deren Aktivierbarkeit, wohl aber ihre Einlagefähigkeit zu prüfen ist. Allgemein müßte zutreffender für die selbständige Bewertbarkeit gefordert werden, daß die Güter einen einwandfrei **feststellbaren individuellen Wert** haben, was insbesondere auch durch die Realisierbarkeit im Sinne des Realisationsprinzips erwiesen ist. Ausfluß des **Realisationsprinzips** sind zunächst die Grundsätze zur Bilanzierung schwebender Geschäfte (4.1.2.5.6). Danach dürfen diese Geschäfte im allgemeinen nicht in der Buchführung ausgewiesen werden (BFH, BStBl 1984 II S. 344). Davon abgesehen kommt es für die Aktivierbarkeit eines Forderungsrechts als Wirtschaftsgut allgemein nicht darauf an, ob es fällig oder einklagbar ist, sondern ob ein wirtschaftlich ausnutzbarer Vermögensvorteil vorliegt, der als realisierbarer Vermögensvorteil angesehen werden kann (BFH, BStBl 1984 II S. 723). Grund-sätzlich muß zwar ein Forderungsrecht zivilrechtlich enststanden sein. Es genügt indessen auch, daß die für seine Entstehung wesentlichen wirtschaftlichen Ursachen im abgelaufenen Geschäftsjahr gesetzt sind und der Kaufmann mit der zivilrechtlichen Entstehung fest rechnen kann (BFH, BStBl 1984 II S. 554, unter Hinweis auf BFH, BStBl 1979 II S. 262, 1978 II S. 370). Für die Frage, wann Realisierbarkeit vorliegt, kommt es im übrigen auf die Verhältnisse des Einzelfalls an. So ist ein vom Schuldner bestrittener Schadensersatzanspruch u. U. auch nach seiner rechtlichen Entstehung noch nicht realisierbar (Vorsichtsprinzip), sondern erst nach Vorliegen eines obsiegenden rechtskräftigen Urteils oder eines Ver-gleichsangebots des Schuldners (BFH, BStBl 1974 II S. 90). Demgegenüber hat der BFH den Provisionsanspruch eines Handelsvertreters unabhängig von seiner bürgerlich-rechtlichen Entstehung dann als Wirtschaftsgut angesehen, wenn der Geschäftsherr das von dem Handelsvertreter vermittelte Warengeschäft ausge-führt hat (BFH, BStBl 1963 III S. 257) oder wenn bei Lebensversicherungsverträ-gen die Versicherung beginnt (BFH, BStBl 1972 II S. 274), weil von diesen Zeitpunkten an der Provisionsanspruch nicht mehr mit Risiken behaftet ist.

Ebenso sind aufgrund tatsächlicher langjähriger Übung alljährlich fest erwartete Umsatzprämien bereits dann als Wirtschaftsgüter angesehen worden, wenn ein Rechtsanspruch darauf noch nicht bestand (BFH, BStBl 1978 II S. 370). Die Tatsache, daß eine Forderung erst durch Erfüllung einer Abrechnungsverpflich-tung fällig wird, bewirkt nicht, daß die Forderung nicht bereits vor der Erfüllung der Abrechnungsverpflichtung realisiert ist oder daß Forderung und Verpflichtung zu einem Wirtschaftsgut verschmelzen (BFH, BStBl 1986 II S. 788). Für die Bilanzierung von Schulden, insbesondere von ungewissen Verbindlichkeiten, spielt die Frage der Realisierung in Gestalt des handelsrechtlichen Imparitätsprin-zips eine besondere Rolle (s. u. a. BFH, BStBl 1971 II S. 391).

Wenn auch die **Individualisierbarkeit** für die Frage der Aktivierungsfähigkeit eines Wirtschaftsguts ein besonderes Gewicht besitzt, so ist sie doch auch

Merkmal der Wirtschaftsguteigenschaft schlechthin, weil ohne Individualisierung eine selbständige Bewertbarkeit nicht denkbar ist. Für eine Individualisierbarkeit kommt es nicht auf die zivilrechtliche Selbständigkeit und auf die Einzelveräußerbarkeit, wohl aber auf die Verkehrsanschauung und den Nutzungs- und Funktionszusammenhang an.

Kein Merkmal des Wirtschaftsgutsbegriffs ist die **Einzelveräußerbarkeit;** es genügt die Übertragbarkeit mit dem Betrieb (BFH, BStBl 1984 II S. 825, 1982 II S. 695). So sind das Recht auf die Firma, der Geschäftswert, das Warenzeichenrecht, Belieferungsrechte, die nur mit dem Unternehmen übertragbar sind, Wirtschaftsgüter (BFH, BStBl 1976 II S. 13). Dabei ist unter Übertragbarkeit nicht notwendig auch die zivilrechtliche Übertragbarkeit zu verstehen; es genügt eine **Übertragbarkeit im wirtschaftlichen Sinne,** z. B. durch Überlassung zur Ausübung oder durch Übertragung „dem Werte nach" (BFH, BStBl 1984 II S. 825), so sind vertraglich oder gesetzlich nicht abtretbare Rechte (§§ 399, 413, 1059 BGB) selbständige Wirtschaftsgüter (BFH, BStBl 1984 II S. 825). Auch kann ein bürgerlich-rechtlich unselbständiger Gebäudeteil, über den zivilrechtlich nicht besonders verfügt werden kann, ein selbständiges Wirtschaftsgut sein. Für die Übertragbarkeit im wirtschaftlichen Sinne reicht es aus, daß der dem realen Anteil am Gesamtgebäude entsprechende ideelle Grundstücks- und Gebäudeteil zivilrechtlich übertragen und das Nutzungsverhältnis eindeutig und verbindlich für die Beteiligten geregelt werden kann (BFH, BStBl 1982 II S. 695).

Für die Frage, ob ein Wert als Wirtschaftsgut **individualisierbar** ist, kommt es auf die **Verkehrsauffassung** an. So hat der BFH bei der Herstellung von Zucker gewonnene Trockenschnitzel als Wirtschaftsgüter betrachtet, weil sie „Gegenstände mit eigener Marktgängigkeit" darstellen (BFH, BStBl 1976 II S. 202). In dieselbe Richtung weist die Entscheidung, nach der das Bierbelieferungsrecht einer Brauerei gegenüber einer Gastwirtschaft als Wirtschaftsgut anzusehen ist, weil es ein selbständiges Recht sei (§ 241 BGB) und mit dem Betrieb veräußert werden könne (§ 398 BGB – BFH, BStBl 1976 II S. 13). Die mit dem Eigentum an Grundstücken verbundenen Rechte (insbesondere Grunddienstbarkeit, Reallast, Jagdrecht) sind, wenngleich wesentliche Bestandteile der Grundstücke, nach der Verkehrsanschauung gegenüber den Grundstücken individualisierbar und damit selbständige Wirtschaftsgüter (BFH, BStBl 1974 II S. 767). Demgegenüber versteht man nach der Verkehrsauffassung unter Grund und Boden als land- und forstwirtschaftliches Betriebsvermögen den land- und forstwirtschaftlich nutzbaren, d. h. den kultivierten Grund und Boden. Daher ist bei Grünland die Grasnarbe und bei Ackerland die Ackerkrume – anders als der stehende Wald – kein besonderes Wirtschaftsgut, sondern Teil des Wirtschaftsguts Grund und Boden (BFH, BStBl 1984 II S. 424). Bodenschätze (z. B. Kies, Sand oder Mineralvorkommen) sind als wesentliche Bestandteile des Grund und Bodens, solange sie dort nur ruhen, keine besonderen Wirtschaftsgüter. Sie werden nach der Verkehrsanschauung besondere Wirtschaftsgüter dann, wenn mit ihrer Erschließung begonnen oder mit ihrem Abbau zu rechnen ist (BFH, BStBl 1977 II S. 825, 1978 II S. 343, 1983 II S. 203). Nach rechtlichen Gesichtspunkten, die insoweit die Verkehrsauffassung prägen, ist ein (geschütztes) Patent ein von der ungeschützten Erfindung zu unterscheidendes besonderes Wirtschaftsgut. Denn unter Patent werden die Rechte aus dem Patent verstanden, die einen bestimmten gesetzlichen Inhalt haben. Da die Rechte aus dem Patent in den einzelnen Staaten meist unterschiedlich sind, sind die in verschiedenen Staaten erteilten Patente besondere Wirtschaftsgüter (BFH, BStBl 1976 II S. 666).

Der **Nutzungs- und Funktionszusammenhang**, der neben der Verkehrsanschauung als Kriterium der Individualisierung genannt wird, ist im Grunde nur ein spezieller Gesichtspunkt der Verkehrsanschauung (BFH, BStBl 1975 II S. 510). Er hätte auch z. B. zur Begründung der Wirtschaftsguteigenschaft der Bodenschätze benutzt werden können. So hat der BFH die Hohlräume, die durch Aussohlung von Mineralien im Boden geschaffen werden, als gegenüber dem Grund und Boden besondere Wirtschaftsgüter betrachtet, „weil sie in einem anderen Nutzungs- und Funktionszusammenhang stehen als die landwirtschaftlich genutzte Oberfläche des Grund und Bodens" (BFH, BStBl 1983 II S. 203).

Wenngleich **Gebäude** grundsätzlich einheitliche Wirtschaftsgüter darstellen, so können doch Gebäudeteile dann selbständige Wirtschaftsgüter sein, wenn sie alle Merkmale dafür erfüllen (s. dazu im einzelnen unter 4.1.2.4.8. Stichwort „Grundstücke als verschiedene Wirtschaftsgüter", und 4.3.2).

Die konkrete Bilanzierbarkeit ist kein Merkmal dafür, ob ein Vermögensgegenstand als bilanzierungsfähiges (abstrakt bilanzierbares) Wirtschaftsgut anzusehen ist oder nicht (BFH, BStBl 1979 II S. 298). Von der Frage, ob ein bestimmtes Wirtschaftsgut vorhanden ist und zum Betriebsvermögen gehört, muß daher die andere Frage unterschieden werden, ob für dieses Wirtschaftsgut in der Bilanz ein Wert anzusetzen ist.

> **Beispiel:**
> A nutzt in seinem Unternehmen ein selbstgeschaffenes Patent. Das Patent darf nach § 5 Abs. 2 EStG nicht bilanziert werden. Wenn A das Patent veräußert, ist das Entgelt eine Betriebseinnahme, weil es zum Betriebsvermögen gehörte. Würde das Patent nicht zum Betriebsvermögen gehören, könnte der Erlös aus der Veräußerung nicht als Betriebseinnahme erfaßt werden (BFH, BStBl 1974 II S. 767). Aus demselben Grunde ist das Patent auch als entnahmefähiges Wirtschaftsgut anzusehen und daher als entnommen zu behandeln, wenn A es z. B. seinem Sohn B schenkt. Allerdings wäre das Patent dann wohl nicht mit dem Teilwert (§ 6 Abs. 1 Nr. 4 EStG) anzusetzen, sondern mit den Selbstkosten zu bewerten (vgl. dazu die Ausführungen zur Bewertung von Einlagen unter 4.1.2.7).

4.1.2.4.3 Beziehung der Wirtschaftsgüter zum Betriebsinhaber

Ob ein Wirtschaftsgut zum Betriebsvermögen oder Privatvermögen gehört, ist eine Frage, die in der Praxis stets nur im Hinblick auf das Betriebsvermögen oder Privatvermögen eines bestimmten Steuerpflichtigen zu beantworten ist. Bevor man also untersucht, ob ein Wirtschaftsgut nach seinen besonderen Beziehungen zum betrieblichen oder privaten Bereich zum Betriebsvermögen oder Privatvermögen gehört, muß man klären, ob das Wirtschaftsgut überhaupt dem betreffenden Steuerpflichtigen steuerlich zuzurechnen ist.

Beispiel:

Der Fabrikant A hat für seinen Betrieb eine elektronische Datenverarbeitungsanlage von dem Hersteller der Anlage gemietet. Bevor man prüft, ob die Anlage wegen ihrer Beziehung zum Betrieb des A zu dessen Betriebsvermögen gehört, muß untersucht werden, ob die Anlage überhaupt dem A steuerlich persönlich zuzurechnen ist. Verneint man die persönliche Zurechnung, dann kann das Wirtschaftsgut weder zum Betriebsvermögen noch Privatvermögen dieses Steuerpflichtigen gerechnet werden.

Wirtschaftsgüter sind steuerlich dem Eigentümer zuzurechnen (§ 39 Abs. 1 AO). Eigentümer i. S. von § 39 Abs. 1 AO ist zunächst der zivilrechtliche Eigentümer. Da Eigentum zivilrechtlich jedoch nur an Sachen (= körperliche Gegenstände, § 90 BGB) bestehen kann, kann unter „Eigentümer" bei Rechten nur die zivilrechtliche Rechtsinhaberschaft verstanden werden. Schließlich zählen zu den immateriellen Wirtschaftsgütern auch tatsächliche Zustände, die keine Rechte sind (vgl. 4.1.2.5.2). Eigentümer im Sinne von § 39 Abs. 1 AO kann hinsichtlich dieser immateriellen Wirtschaftsgüter nur derjenige sein, der über sie eine solche tatsächliche Herrschaft ausübt, daß er im Regelfall auf die Dauer ihrer gewöhnlichen Nutzung andere von der Einwirkung auf sie wirtschaftlich ausschließen kann (hinsichtlich der Wirtschaftsgüter, die weder Sachen noch Rechte sind, deckt sich der Begriff „Eigentümer" i. S. von § 39 Abs. 1 AO im sachlichen Inhalt mit dem Begriff des wirtschaftlichen Eigentums i. S. von § 39 Abs. 2 AO – dazu nachfolgend).

Nach § 39 Abs. 2 Nr. 1 AO ist ein Wirtschaftsgut einem anderen als dem zivilrechtlichen Eigentümer steuerlich zuzurechnen, wenn er die tatsächliche Herrschaft über ein Wirtschaftsgut in der Weise ausübt, daß er den Eigentümer im Regelfall für die Dauer der tatsächlichen Nutzung von der Einwirkung auf das Wirtschaftsgut ausschließen kann. Ob sich der Maßgeblichkeitsgrundsatz des § 5 Abs. 1 Satz 1 EStG auch auf die Frage der persönlichen Zurechnung von Wirtschaftsgütern erstreckt und dementsprechend für die steuerrechtliche Gewinnermittlung die Zurechnungsgrundsätze des Handelsrechts den steuerrechtlichen Zurechnungsregelungen in § 39 AO vorgehen, ist im Schrifttum nach wie vor umstritten. Nach unserer Auffassung ist in erster Linie nach den einkommensteuerrechtlichen Gewinnermittlungsgrundsätzen zu entscheiden, ob ein Wirtschaftsgut einem Unternehmer zuzurechnen ist. Nach diesen einkommensteuerrechtlichen Grundsätzen richtet sich auch, ob für die Zurechnung von Wirtschaftsgütern die Grundsätze ordnungsmäßiger Buchführung oder § 39 AO heranzuziehen sind. Eine solche Überlegung wird allerdings nur in einigen besonderen Fällen erforderlich, weil sich die Regelung in § 39 AO in den Hauptanwendungsfällen mit den handelsrechtlichen Grundsätzen ordnungsmäßiger Buchführung deckt.

Wirtschaftsgüter sind grundsätzlich auch handelsrechtlich nach den Merkmalen des in § 39 Abs. 2 AO definierten allgemeinen Begriffs des wirtschaftlichen Eigentums dem Unternehmer zuzurechnen, sofern der wirtschaftliche Eigentümer ein anderer als der zivilrechtliche Eigentümer ist. Die häufigsten Fälle dieser Art sind bei der Veräußerung von Wirtschaftsgütern anzutreffen. Geht in diesen Fällen am Ende eines Wirtschaftsjahres das wirtschaftliche Eigentum vor dem bürgerlich-rechtlichen Eigentum über, kann das Wirtschaftsgut bereits im abgelaufenen Wirtschaftsjahr dem Erwerber zuzurechnen sein, obwohl das zivilrechtliche Eigentum erst im neuen Wirtschaftsjahr übergeht (BFH, BStBl 1973 II S. 209, 1988 II S. 832).

Beispiel:
Mit notariellem Kaufvertrag vom 1. 12. dieses Jahres verpflichtet sich A, das Eigentum an einem Grundstück auf B gegen Zahlung eines bestimmten Kaufpreises zu übertragen. Gleichzeitig einigen sich die Parteien über den Eigentumsübergang, und A bewilligt und B beantragt die Umschreibung des Grundbuchs. Nach dem Vertrag soll ferner der Besitz an dem Grundstück am 10. 12. dieses Jahres auf B übergehen. Der Kaufpreis ist zur Hälfte am 10. 12. dieses Jahres und zur anderen Hälfte eine Woche nach Eintragung des B im Grundbuch fällig. B wird am 1. 2. des nächsten Jahres als Eigentümer im Grundbuch eingetragen.

Obwohl B erst im nächsten Jahr, und zwar mit der Eintragung im Grundbuch zivilrechtlicher Eigentümer wird, ist ihm bereits in diesem Jahr das Grundstück als wirtschaftlicher Eigentümer zuzurechnen. Denn A hat alles, wozu er verpflichtet war, getan, um B das zivilrechtliche Eigentum zu verschaffen.

Das wirtschaftliche Eigentum an einem Grundstück geht auch in der Regel bei einem wegen Formmangels nichtigen Grundstückskaufvertrag auf den Erwerber über, wenn der Veräußerer bis auf die zivilrechtliche Eigentumsübertragung seine Leistungen voll erbracht hat, der Erwerber die Leistungen abgenommen hat und die ihm obliegenden Leistungen erbracht, insbesondere den Kaufpreis gezahlt hat und nach den Umständen nicht damit zu rechnen ist, daß sich einer der Vertragspartner später auf die Nichtigkeit des Vertrags berufen wird (BFH, BStBl 1974 II S. 202; die Entscheidung ist bedeutsam für wegen Formmangels nichtige Kaufanwartschaftsverträge über Kaufeigenheime).

Im Umlegungsverfahren geht das wirtschaftliche Eigentum in der Regel nicht vor dem rechtlichen Eigentum über. Dies geschieht im Zeitpunkt der Bekanntmachung des Umlegungsplans (§§ 71 und 72 BBauG).

Schwierig ist die Frage, wem bei Leasingverträgen das wirtschaftliche Eigentum an den Leasinggegenständen zuzurechnen ist. Hier sei nur auf die Urteile des BFH (BStBl 1970 II S. 264, BStBl 1971 II S. 133 und 302, 1982 II S. 696, 1984 II S. 825) und die Schreiben des BdF (BStBl 1971 I S. 264, 1972 I S. 188, 1983 I S. 431, 1987 I S. 440) hingewiesen.

Der Pächter oder Nießbraucher eines Grundstücks ist regelmäßig nicht bereits wirtschaftlicher Eigentümer. Werden aber Grundstücke im Wege der vorweggenommenen Erbfolge übertragen und nutzt der Übertragende aufgrund eines unentgeltlichen auf Lebenszeit vorbehaltenen Nießbrauchs das übereignete Grundstück im gleichen Maße, gegen Entzug gleich gesichert und auf die gleiche Weise wie zuvor, so ist der Nießbraucher wirtschaftlicher Eigentümer des nießbrauchsbelasteten Grundstücks (BFH, BStBl 1977 II S. 629, 1978 II S. 303).

Ausnahmsweise soll nach der Rechtsprechung des BFH ein Wirtschaftsgut einer Person zuzurechnen sein, die weder rechtlicher noch wirtschaftlicher Eigentümer dieses Wirtschaftsguts ist. So sollen Betriebsvorrichtungen, die ein Mieter oder Pächter in das gemietete oder gepachtete Gebäude einbaut und die dadurch zu wesentlichen Bestandteilen des Grundstücks werden, dem Betriebsvermögen des Mieters oder Pächters zuzurechnen sein, auch wenn dieser nicht wirtschaftlicher Eigentümer der Betriebsvorrichtungen ist. Ferner sollen durch Umbauten und Einbauten des Mieters geschaffene Gebäudebestandteile, sofern diese ausnahmsweise selbständige Wirtschaftsgüter darstellen, auch dann beim Mieter zu aktivieren sein, wenn der Mieter weder zivilrechtlich noch wirtschaftlich als Eigentümer der Um- und Einbauten anzusehen ist (BFH, BStBl 1975 II S. 443). Entsprechend soll dann auch jedes vom Pächter oder sonstigen Nutzungsberechtigten auf einem fremden Grundstück errichtete Gebäude (Gebäude auf fremdem Grund und Boden) diesem „wie ein körperliches Wirtschaftsgut" zuzurechnen sein (BFH, BStBl 1979 II S. 399 und 507). Die von der Regel des § 39 Abs. 2 AO abweichende Zuordnung soll sich aus § 266 Abs. 2 Aktivseite A II Nr. 1 bis 3 HGB ergeben und ein Grundsatz ordnungsmäßiger Buchführung sein, der auch steuerlich zu beachten ist (vgl. auch BFH, BStBl 1982 II S. 693).

Einige wichtige Fälle des wirtschaftlichen Eigentums hat § 39 Abs. 2 Nr. 1 AO ausdrücklich aufgeführt. Danach sind bei Treuhandverhältnissen die Wirtschaftsgüter dem Treugeber, bei Sicherungseigentum dem Sicherungsgeber und beim Eigenbesitz dem Eigenbesitzer (der das Wirtschaftsgut, wie ihm gehörig, besitzt) zuzurechnen.

Beispiel:
Ein Fabrikant hat Forderungen aus Lieferungen gegen seine Abnehmer an seine Bank zur Sicherung eines Kredits abgetreten. Inhaber der Forderungen und damit bürgerlich-rechtlich Berechtigter ist die Bank geworden. Da aber die Bank über die Forderungen nur im Sicherungsfall verfügen darf und im übrigen den Forderungsbetrag bei Bezahlung dem Fabrikanten gutschreiben muß, ist dieser als wirtschaftlicher Eigentümer anzusehen. Ihm sind die Forderungen steuerlich nach wie vor zuzurechnen.

Bei den vorgenannten in § 39 AO Abs. 2 Nr. 1 AO ausdrücklich geregelten Fällen besteht nur beim unberechtigten Eigenbesitz eine abweichende handelsrechtliche Zuordnungsregel. Die Zuordnung eines Wirtschaftsguts beim Eigenbesitzer erfolgt nach § 39 Abs. 2 Nr. 1 AO auch dann, wenn er unberechtigter Eigenbesitzer (z. B. Dieb) ist. Nach den handelsrechtlichen Grundsätzen ordnungsmäßiger Buchführung darf ihm indessen das Wirtschaftsgut nicht zugerechnet werden. Bei dieser Divergenz ist nach einkommensteuerrechtlichen Gewinnermittlungsgrundsätzen zu entscheiden, wem das Wirtschaftsgut zuzurechnen ist. Sind nach diesen Grundsätzen Einnahmen, die mit dem betreffenden Wirtschaftsgut im Zusammenhang stehen, Betriebseinnahmen und die durch sie veranlaßten Aufwendungen Betriebsausgaben, so muß das Wirtschaftsgut selbst in den Betriebsvermögensvergleich einbezogen werden.

Beispiel:
Ein Autohändler stiehlt Autos, setzt sie instand, verändert sie und veräußert sie. Hier gehören seine Aufwendungen zu den Betriebsausgaben und der Veräußerungserlös zu den Betriebseinnahmen, auch wenn sein Handeln gegen ein gesetzliches Verbot oder gegen die guten Sitten verstößt (§ 40 AO). Daher muß auch das gestohlene Auto selbst in den Betriebsvermögensvergleich einbezogen werden.

Wirtschaftsgüter, die mehreren Personen bürgerlich-rechtlich anteilig zur gesamten Hand gehören, sind einem einzelnen Berechtigten steuerlich zuzurechnen, soweit eine getrennte Zurechnung für die Besteuerung erforderlich ist (§ 39 Abs. 2 Nr. 2 AO). Etwas anderes gilt nur, wenn der Mitberechtigte als wirtschaftlicher Eigentümer des ganzen Wirtschaftsguts angesehen werden könnte.

Beispiel:
A betreibt seinen Baustoffgroßhandel auf einem Grundstück, das ihm und seiner Schwester in ungeteilter Erbengemeinschaft zu je 50 v. H. zur gesamten Hand gehört. Die Schwester ist an dem Unternehmen nicht beteiligt. Das Grundstück kann nur mit der Hälfte dem A als Betriebsvermögen zugerechnet werden.

Auch diese Regel ist nach einkommensteuerlichen Gewinnermittlungsgrundsätzen nicht immer zu beachten (s. z. B. 4.1.2.6.4 letzter Absatz).

4.1.2.4.4 Die verschiedenen Vermögensarten

Man unterscheidet gemeinhin zwischen notwendigem Betriebsvermögen, notwendigem Privatvermögen und gewillkürtem Betriebsvermögen. Die Anschauungen darüber, unter welchen Voraussetzungen ein Wirtschaftsgut einer der genannten Vermögensarten zuzurechnen ist, haben sich wiederholt gewandelt. Man muß daher besondere Vorsicht walten lassen, wenn man auf Entscheidungen des RFH oder ältere Urteile des BFH zurückgreift.

Wirtschaftsgüter gehören entweder ganz zum Betriebsvermögen oder ganz zum Privatvermögen. So ist der positive oder negative Saldo eines Kontokorrentkontos, über das ein Stpfl. seinen betrieblichen Geldverkehr, aber auch private Zahlungen abwickelt, grundsätzlich ganz dem Betriebsvermögen gemäß § 4 Abs. 1, § 5 EStG zuzurechnen. Nur wenn bei wirtschaftlicher Betrachtung klar erkennbar ist, daß außergewöhnliche Aufwendungen zu privaten Zwecken (z. B. Bau eines privaten Wohnhauses) den Schuldsaldo erhöht haben, gilt dies nicht. Hier ist eine klar erkennbar dem Privatvermögen zuzurechnende Schuld lediglich über das Kontokorrent abgerechnet worden (BFH, BStBl 1983 II S. 725; dieser Grundsatz gilt nicht für die Gewinnermittlung nach § 4 Abs. 3 EStG, da Geldposten hier nicht zum Betriebsvermögen rechnen – BFH, BStBl 1983 II S. 721, 723).

Notwendiges Betriebsvermögen haben auch Steuerpflichtige, die ihren Gewinn nach § 4 Abs. 3 EStG ermitteln, wenngleich es bei ihrer Gewinnermittlung nicht in einer Bilanz ausgewiesen werden kann. Ob sie auch gewillkürtes Betriebsvermögen bilden können, ist umstritten (4.1.2.4.6); unstreitig können sie aber unter den Voraussetzungen des § 4 Abs. 1 EStG Wirtschaftsgüter als gewillkürtes Betriebsvermögen fortführen.

Die in verschiedenen gesetzlichen Vorschriften getroffene Unterscheidung zwischen **Anlagevermögen und Umlaufvermögen** kommt nur für Betriebsvermögen in Betracht. Anlagevermögen kann sowohl notwendiges wie gewillkürtes Betriebsvermögen sein. Gleiches gilt für Umlaufvermögen. **Die handelsrechtliche Abgrenzung** des Anlagevermögens und Umlaufvermögens **ist auch für die**

steuerliche Gewinnermittlung maßgeblich (BFH, BStBl 1972 II S. 744, 1973 II S. 148).

Zum **Anlagevermögen** gehören alle Wirtschaftsgüter, die dem Betrieb dauernd zu dienen bestimmt sind (§ 247 Abs. 2 HGB), z. B. Fabrikgebäude, Maschinen und maschinelle Anlagen, Betriebs- und Geschäftsausstattungen, Werkzeuge, Patente, Verlagsrechte, Beteiligungen usw. Dies gilt auch für Wirtschaftsgüter, die im Betrieb einem Verbrauch ihrer Substanz unterliegen (BFH, BStBl 1977 II S. 825).

Zum **Umlaufvermögen** gehören die Wirtschaftsgüter, die nicht bestimmt sind, dauernd dem Geschäftsbetrieb zu dienen, die – positiv ausgedrückt – in einem einmaligen Akt veräußert oder verbraucht werden sollen (BFH, BStBl 1988 II S. 502). Das sind insbesondere Wirtschaftsgüter, deren Zweck im Verbrauch oder der Weiterveräußerung liegt (BFH, BStBl 1977 II S. 825 – z. B. Roh-, Hilfs- und Betriebsstoffe, Halbfertigwaren und Fertigerzeugnisse, Waren, Forderungen aufgrund von Warenlieferungen, Bankguthaben, Kassenbestand usw.). Die Abgrenzung des Anlagevermögens vom Umlaufvermögen ist nicht immer einfach, weil für die Abgrenzung die vom Steuerpflichtigen getroffene Zweckbestimmung maßgebend ist. Es kommt darauf an, welchem Zweck das Unternehmen das Wirtschaftsgut widmet, wobei der Unternehmer die fertigen Erzeugnisse oder Waren, die er dem Vorratsvermögen zuordnen will, zur sofortigen Lieferung auf eintreffende Bestellungen hin bereithalten muß (BFH, BStBl 1977 II S. 825). So gehört z. B. der Kraftfahrzeugpark eines Fuhrunternehmers zu seinem Anlagevermögen, während die auf Vorrat zum Verkauf bereitgehaltenen Kraftfahrzeuge eines Kraftfahrzeughändlers zu seinem Umlaufvermögen gehören. Vorführwagen, die nach relativ kurzer Zeit veräußert zu werden pflegen, hat der BFH (BStBl 1982 II S. 344) zum Anlagevermögen gerechnet. Er hat dabei dem zeitlichen Gesichtspunkt keine Bedeutung beigemessen, sondern allein darauf abgestellt, daß die Vorführwagen dazu bestimmt sind, das Verkaufsprogramm vorzustellen. Hier wird der BFH dem Merkmal „dauernd" nicht hinreichend gerecht (s. aber BMF, BStBl 1982 I S. 589). Gehört ein Wirtschaftsgut zum Anlagevermögen, so reicht allein der Entschluß des Unternehmers, es zu verbrauchen oder zu veräußern in der Regel nicht aus, um es dem Umlaufvermögen zuzuordnen. Dies gilt vor allem, wenn es trotz des Entschlusses weiter wie bisher genutzt wird. Zu dem Entschluß müssen noch Maßnahmen treten, die die anderweitige Widmung eindeutig erkennen lassen (BFH, BStBl 1959 III S. 423). Im allgemeinen wird ein Wirtschaftsgut aus dem Anlage- in das Umlaufvermögen dadurch überführt, daß es dem bisherigen Wirkungskreis entzogen wird, um es, wenn es verkauft werden soll, zum Verkauf herzurichten oder einem Händler zu übergeben (BFH, BStBl 1972 II S. 528). Die Parzellierung des zum Anlagevermögen gehörenden Grund und Bodens führt nicht dazu, daß der Grund und Boden Umlaufvermögen wird, wenn der Grund und Boden bis zur Veräußerung wie bisher genutzt wird (vgl. auch Abschn. 32 Abs. 2 EStR). Gleiches gilt für die in Veräußerungsabsicht vorgenommene Aufteilung eines bebauten Grundstücks in Eigentumswohnungen, sofern bis zur Veräußerung die bisherige Nutzung nicht geändert wird (so auch

BMF, BStBl 1979 I S. 639; anders im letztgenannten Fall BFH, BStBl 1975 II S. 352).

Die Abgrenzung des Anlagevermögens vom Umlaufvermögen ist von erheblicher steuerlicher Bedeutung, insbesondere für die Bewertung der Wirtschaftsgüter nach der Vorschrift des § 6 EStG und für die Inanspruchnahme bestimmter Steuervergünstigungen, z. B. nach §§ 6 b, 6 c EStG, §§ 75, 80, 81 EStDV.

4.1.2.4.5 Notwendiges Betriebsvermögen

Wirtschaftsgüter des notwendigen Betriebsvermögens gehören auch dann zum Betriebsvermögen, wenn der Steuerpflichtige sie nicht durch Ausweis in der Buchführung und Bilanz in das Betriebsvermögen aufgenommen hat (BFH, BStBl 1974 II S. 734 und 1978 II S. 191).

In der Rechtsprechung des BFH sind Wirtschaftsgüter unter zwei verschiedenen Gesichtspunkten als notwendiges Betriebsvermögen bezeichnet worden.

Notwendiges Betriebsvermögen ist Betriebsvermögen kraft seiner betrieblichen Funktion. Für die Zugehörigkeit eines Wirtschaftsguts zum notwendigen Betriebsvermögen kommt es auf einen Zuordnungswillen des Steuerpflichtigen nicht an. Ein Wirtschaftsgut wird mit der Übernahme dieser Funktion Betriebsvermögen und bleibt es, solange es diese Funktion innehat. **Notwendiges Betriebsvermögen sind kraft ihrer Funktion Wirtschaftsgüter, die dem Betrieb in dem Sinne dienen, daß sie objektiv erkennbar zum unmittelbaren Einsatz im Betrieb selbst bestimmt sind** (BFH, BStBl 1976 II S. 179 und 617, 1977 II S. 315 und 287, 1978 II S. 53, 1980 II S. 40 und 633, 1982 II S. 250).

Das sind Wirtschaftsgüter, die unmittelbar für betriebliche Zwecke tatsächlich genutzt werden, aber auch diejenigen betrieblich noch nicht genutzten Wirtschaftsgüter, die objektiv erkennbar zum unmittelbaren Einsatz für einen betrieblichen Zweck bestimmt sind (Woerner, StbJb 1974/75 S. 321; ders. StbJb 1978/79 S. 200).

Die Art, die Natur oder das Wesen eines Wirtschaftsguts ist kein selbständiges Merkmal für notwendiges Betriebsvermögen, wohl aber ein Indiz für oder gegen das Bestehen einer notwendiges Betriebsvermögen kennzeichnenden betrieblichen Funktion eines Wirtschaftsguts (BFH, BStBl 1980 II S. 439, 1982 II S. 250, 345, 1985 II S. 517).

Wirtschaftsgüter dienen unmittelbar betrieblichen Zwecken, wenn sie einen Hauptzweck (z. B. Herstellung, Vertrieb, Handel, Tätigkeit der Katalogberufe des § 18 Abs. 1; Erzeugung und Absatz land- und forstwirtschaftlicher Erzeugnisse), einem Nebenzweck (Erzeugung und Vertrieb von Neben- oder Abfallprodukten) oder Hilfszweck (z. B. Ausbildung, Fortbildung, soziale Betreuung der Arbeitnehmer) dienen. Ein Belegschaftsheim, das der sozialen Betreuung der Arbeitnehmer dient, dient damit unmittelbar betrieblichen Zwecken (BFH, BStBl 1976 II S. 179).

Ein Wirtschaftsgut dient unmittelbar einem betrieblichen Zweck, wenn der final/funktionale Zweck des Wirtschaftsguts mit einem oder mehreren betrieblichen Zwecken identisch ist und diese Deckungsgleichheit nicht durch ein (weiteres) Bindeglied vermittelt wird. Das trifft nicht zu für Grundstücke oder Wertpapiere, die als Sicherheit für einen betrieblichen Kredit verpfändet (Grundschuld, Hypothek) sind (BFH, BStBl 1964 III S. 502, 1966 III S. 350, 1973 II S. 628), wohl aber für Wirtschaftsgüter, die von dem Gesellschafter eines Kreditunternehmens diesem zur Erweiterung des haftenden Eigenkapitals zur Verfügung gestellt sind (BFH, BStBl 1960 III S. 139). Eine bevorstehende unmittelbare betriebliche Nutzung, die von einem ungewissen künftigen Ereignis abhängt oder die eine von mehreren Verwendungsmöglichkeiten darstellt, ist noch kein unmittelbares Dienen (BFH, BStBl 1981 II S. 618).

Die Bestimmung des Wirtschaftsguts zum unmittelbaren betrieblichen Einsatz muß objektiv erkennbar sein. Die Beschaffenheit des Wirtschaftsguts kann objektiv für und gegen einen unmittelbaren betrieblichen Einsatz sprechen (BFH, BStBl 1976 II S. 179, 1978 II S. 330, 1980 II S. 439, 1985 II S. 517).

Wird ein Wirtschaftsgut teils unmittelbar betrieblich und teils privat bzw. in einer Weise genutzt, daß es gewillkürtes Betriebsvermögen sein kann, dann dient das Wirtschaftsgut nicht ausschließlich unmittelbar betrieblichen Zwecken. Ein gemischt genutztes Wirtschaftsgut ist stets nur ganz dem Betriebsvermögen oder Privatvermögen zuzurechnen (Unteilbarkeitsgrundsatz; BFH, BStBl 1959 III S. 466, 1961 III S. 97, 1964 III S. 455, 1970 II S. 317).

Die hiergegen vorgebrachten, mit dem Veranlagungsprinzip begründeten Argumente (Wassermeyer, VDStjG 1980 S. 313; Merten, FR 1979 S. 365) überzeugen nicht. Nicht das Veranlagungsprinzip, sondern das final/funktionale Prinzip des Dienens entscheidet über die Zugehörigkeit eines Wirtschaftsguts zum Betriebsvermögen. Ferner ergibt sich aus dem Einleitungssatz des § 6 Abs. 1 EStG, daß steuerrechtlich Wirtschaftsgüter eine Bilanzierungs- und Bewertungseinheit bilden.

Bewegliche Wirtschaftsgüter, deren unmittelbare betriebliche Nutzung mehr als 50 v. H. ausmacht, sind notwendiges Betriebsvermögen (BFH, BStBl 1964 III S. 455). Andere Wirtschaftsgüter zählen nur dann zum notwendigen Betriebsvermögen, wenn ihre private Nutzung nicht von ganz untergeordneter Bedeutung ist (BFH, BStBl 1967 III S. 572, 1973 II S. 477, 1974 II S. 488, 1976 II S. 179 betr. räumlich nicht getrennte gemischte Gebäudenutzung). Dies gilt auch für Darlehnsforderungen und Darlehnsverbindlichkeiten mit Doppelfunktion, d. h., wenn die Darlehnsaufnahme oder Darlehnshingabe sowohl auf betrieblichen wie privaten Gründen beruht (BFH, BStBl 1966 III S. 583, 1968 II S. 289 betr. Darlehnsforderung; anders BFH, BStBl 1975 II S. 573; ferner BFH, BStBl 1985 II S. 619 betr. Darlehnsverbindlichkeit). Wird ein Patent teils unmittelbar betrieblich und teils in einer Weise genutzt, daß es bei dieser Nutzung gewillkürtes Betriebsvermögen sein könnte (so u. U. bei Nutzung durch Lizenzvergabe), so ist es bei dieser Doppelfunktion (nicht notwendiges) Privatvermögen, wenn die Nutzung durch Lizenzvergabe nicht von ganz untergeordneter Bedeutung ist und es nicht in das Betriebsvermögen eingelegt wird (BFH, BStBl 1970 II S. 317). Der Unteilbarkeitsgrundsatz erfährt dann eine Ausnahme, wenn ein Wirtschaftsgut zwei Betrieben desselben Steuerpflichtigen (z. B. Gewerbebetrieb und Land- und Forstwirtschaft) dient. Hier wird das Wirtschaftsgut jedem Betrieb nach Maßgabe der Nutzung zugerechnet.

Eine Definition des notwendigen Betriebsvermögens kann man kaum ohne Blick auf die rechtsdogmatische Bedeutung des notwendigen Betriebsvermögens im Einkommensteuerrecht finden. Diese Bedeutung ist u. a. darin zu sehen, daß notwendiges Betriebsvermögen eine so enge Bindung an den Betrieb hat, daß man, solange diese Bindung fortbesteht, diese Wirtschaftsgüter nicht entnehmen kann (BFH, BStBl 1974 II S. 736, 1977 II S. 315). Gerade dadurch unterscheidet sich notwendiges von gewillkürtem Betriebsvermögen. Woerner (StbJb 1974/75 S. 321) spricht deshalb – wie wir meinen, allerdings etwas unscharf – von funktionsbedingtem (= notwendigem) und buchaktbedingtem (= gewillkürtem) Betriebsvermögen. Die auf Zweckbestimmung beruhende enge Bindung kann sich nun primär bereits aus der Natur des Wirtschaftsguts ergeben (die Zweckbestimmung ist dem Wirtschaftsgut immanent) oder aber aus dessen tatsächlichem Einsatz bzw. aus der objektiv erkennbaren Einsatzintention des Unternehmers (im BFH-Urteil, BStBl 1983 II S. 715, kommt diese Denkweise zum Ausdruck: „Bei der Feststellung des Verwendungszwecks spielt . . . auch der objektive Charakter eines Wirtschaftsguts eine Rolle.").

Bei dieser Betrachtung **gehören zum notwendigen Betriebsvermögen zunächst alle Wirtschaftsgüter, die ihrer Art (Natur) nach eine so enge Bindung zum Betrieb haben, daß diese nicht oder nur ausnahmsweise gelöst werden kann. Zum notwendigen Betriebsvermögen gehören aber auch Wirtschaftsgüter, die dem Betrieb objektiv in einer solchen Weise unmittelbar dienen oder zu dienen bestimmt sind, daß man die darauf beruhende Beziehung des Wirtschaftsguts zum Betrieb nur lösen kann, wenn man die wirtschaftliche Funktion (Zweckbestimmung) des Wirtschaftsguts entscheidend verändert.**

Beispiele:

a) Der Unternehmer A hat für den Bau seines Betriebsgebäudes ein Darlehn aufgenommen. Die Darlehnsschuld ist ihrer Art nach notwendiges Betriebsvermögen, da die Darlehnsvaluta zur Herstellung eines betrieblichen Gegenstands gedient hat (BFH, BStBl 1968 II S. 177). Sie ist mit dem Betrieb so eng verbunden, daß sie nicht von ihm gelöst werden kann (BFH, BStBl 1966 III S. 542).

Ebenso würde es zu beurteilen sein, wenn A für den unmittelbaren Zweck seines Betriebs ein Wirtschaftsgut angeschafft und zu diesem Zwecke eine Schuld aufgenommen hätte. Der Vorgang könnte nicht in eine private Anschaffung einschließlich der Schuldaufnahme einerseits und in eine Einlage des angeschafften Wirtschaftsguts andererseits zerlegt werden.

b) Der Kaufmann B hat gegen C eine Forderung aus Warenlieferung von 20 000 DM. Als C zahlungsunfähig geworden ist, schreibt er sie zu Lasten des Gewinns auf 1 DM ab. Als sich die wirtschaftlichen Verhältnisse des C zu bessern beginnen, will B die Forderung entnehmen, um sie später privat einzuziehen. Das ist jedoch nicht möglich. Die Warenforderung ist ihrer Art nach notwendiges Betriebsvermögen, deren Beziehungen zum Betrieb des B nicht nur unter diesen Umständen, sondern grundsätzlich nicht gelöst werden kann.

c) Der Kaufmann X will aus seinem Betrieb einen Warenposten, der seit der Anschaffung im Wert stark gestiegen ist, entnehmen, um ihn demnächst privat zu verkaufen. Das ist nicht zulässig. Ware gehört ihrer Art nach zum notwendigen Betriebsvermögen und kann grundsätzlich nicht zum Zwecke eines privaten Verkaufs entnommen werden. Jedoch ist es möglich, einzelne Waren zum eigenen privaten Gebrauch oder Verbrauch zu entnehmen.

In den vorerwähnten Beispielen handelt es sich um Wirtschaftsgüter, die ihrer Art nach eine solche Beziehung zum Betrieb haben, daß sie nicht oder nur ausnahmsweise von ihm gelöst werden können. Das gilt in der Regel für alle Forderungen; sie können in dieser Hinsicht nicht losgelöst von ihrem Entstehungsgrund betrachtet werden. Beruht ihre Entstehung auf einem Vorgang, der notwendig in den betrieblichen Bereich fällt, z. B. der Anspruch auf Erstattung überbezahlter USt oder GewSt, so gehört auch die Forderung selbst und die Abwicklung notwendig in diesen Bereich. Eine Darlehnsforderung zählt zum notwendigen Betriebsvermögen, wenn die Gewährung des Darlehns auf einem Vorgang beruht, der in den betrieblichen Bereich fällt (BFH, BStBl 1974 II S. 734, 1978 II S. 53 und 1980 II S. 571). Ähnliches gilt auch für Schulden. So ist eine Darlehnsverbindlichkeit, die dadurch entsteht, daß ein Gewerbetreibender Kreditmittel zur Erhöhung seines bilanzmäßig ausgewiesenen Geldbestandes aufnimmt, ihrem Charakter nach notwendiges Betriebsvermögen, weil ihre Entstehung ein betrieblicher Vorgang ist (BFH, BStBl 1973 II S. 136). Dies gilt jedenfalls bei der Gewinnermittlung durch Bestandsvergleich. Ob dies auch für die Gewinnermittlung nach § 4 Abs. 3 EStG gilt, ist zweifelhaft (BFH, BStBl 1988 II S. 725). Ein Überziehungskredit auf einem betrieblichen Kontokorrentkonto ist bei Gewinnermittlung durch Bestandsvergleich selbst dann in voller Höhe eine betriebliche Schuld, wenn die den Kreditbedarf auslösende Entnahme der Deckung des üblichen Lebensbedarfs des Stpfl. diente. Dies gilt auch für entsprechend veranlaßte Kreditaufnahmen durch ein besonderes Einzeldarlehn des Unternehmers (BFH, BStBl 1983 II S. 725, 1984 II S. 706). Eine Privatschuld, die von vornherein als Betriebsschuld gebucht ist, kann, wenn entsprechend hohe entnahmefähige Barmittel im Betrieb vorhanden sind, in eine Betriebsschuld umgewandelt werden. Für diesen Fall kann unterstellt werden, daß der betreffende Steuerpflichtige den Betrieb mit fremden Mitteln und den privaten Bereich mit eigenen Mitteln finanziert, wenn dies für ihn günstiger ist (BFH, BStBl 1985 II S. 510; 619). Dies gilt nicht für den Fall, daß eine Privatschuld zunächst als solche gebucht, später aber als Betriebsschuld behandelt wird. Der Ausweis als Privatschuld kann nicht mit Wirkung für die Vergangenheit beseitigt werden (BHF, BStBl 1986 II S. 255). Die FinVerw wendet diese Rechtsprechung des BFH mit der nicht überzeugenden Begründung nicht an, es könne nicht vom Willen des Stpfl. abhängen, ob eine Schuld Betriebsschuld oder Privatschuld sei (BMH, BStBl 1987 I S. 508). Notwendiges Betriebsvermögen nach ihrem Entstehungsgrund ist auch die Warenschuld; sie kann nicht entnommen werden. Schulden, die mit Wirtschaftsgütern des Betriebsvermögens im Zusammenhang stehen, können aber entnommen werden, wenn die betreffenden Wirtschaftsgüter ins Privatvermögen überführt werden können und auch tatsächlich überführt werden (BFH, BStBl 1966 III S. 542). Der Zusammenhang von Betriebsschulden mit dem betrieblichen Bereich wird gelöst, soweit ein Stpfl. bei Veräußerung oder Aufgabe seines Betriebs nicht sämtliche vorhandenen aktiven Werte zur Berichtigung der Betriebsschulden einsetzt (vgl. auch BFH, BStBl 1985 II S. 323). Soweit ein Schuldenausgleich durch Verwertung aktiver Wirtschaftsgüter unterblieben ist, sind die verbliebenen Verbindlichkeiten nicht (mehr) durch die frühere betriebliche Tätigkeit veranlaßt und daher Privatvermögen (BFH, BStBl 1981 II S. 463; s. dazu auch BFH, BStBl 1981 II S. 460, 461, 462, 1982 II S. 321). Zu den Wirtschaftsgütern, die ihrer Art nach zum notwendigen Betriebsvermögen gehören, können auch solche des Anlagevermögens zählen. So kann z. B. ein Bagger, eine Maschine oder ein Lkw selbst nicht bei der Betriebsaufgabe ins Privatvermögen mit dem Ziel überführt werden, ihn alsbald zu verkaufen (BFH, BStBl 1967 III S. 70 und 1957 III S. 209). Anders würde es sein, wenn sie nach Einstellung der eigenen gewerblichen Tätigkeit durch Vermietung an Dritte genutzt werden sollen.

Der BFH hat in seinem Urteil vom 11. 11. 1987 (BStBl 1988 II S. 424) den Begriff des Betriebsvermögens – anders als mit dem vorbeschriebenen Gesichtspunkt des final/funktionalen Zusammenhangs – nach dem Veranlassungsprinzip definiert. Danach rechnen zum Betriebsvermögen alle Wirtschaftsgüter, die betrieblich veranlaßt angeschafft, hergestellt oder in den Betrieb eingelegt werden. Eine betriebliche Veranlassung liege vor, wenn ein objektiver wirtschaftlicher oder tatsächlicher Zusammenhang mit dem Betrieb besteht. Dieser betriebliche Zusammenhang werde unabhängig von der tatsächlichen oder beabsichtigten Nutzung dadurch hergestellt, daß der Anschaffungsvorgang als solcher betrieblich veranlaßt ist. Ein solcher Zusammenhang bestehe bei allen Vermögenszuflüssen, die auf einem betrieblichen Vorgang beruhen, so daß ein Vermögensgegenstand, den ein Unternehmer als Entgelt für eine betriebliche Leistung statt Geld erhält, auch dann Betriebsvermögen wird, wenn eine betriebliche Verwendung weder vorgesehen noch möglich ist. Daher werde ein Grundstück, das ein Unternehmer in der Zwangsversteigerung zur Rettung des durch ein Grundpfandrecht gesicherten Werts einer betrieblichen Forderung erwirbt, unabhängig von dessen weiterer Verwendung notwendiges Betriebsvermögen, wenn der Unternehmer dazu wirtschaftlich gezwungen war. U. E. muß man für die Beurteilung von Fällen der vorerwähnten Art keine andere als die final/funktionale Betrachtung bemühen. Abgesehen davon, daß der BFH auch in der vorerwähnten Entscheidung neben dem Veranlassungsprinzip das final/funktionale Prinzip gelten läßt, kommt man mit dem letztgenannten zu demselben Ergebnis. Denn der Erwerb des Grundstücks „dient" der Rettung der betrieblichen Forderung (so der Leitsatz); er dient damit – jedenfalls im Zeitpunkt des Erwerbs – unmittelbar betrieblichen Zwecken und ist zu diesem Zeitpunkt auch nach dem final/funktionalen Begriff notwendiges Betriebsvermögen. Von diesem Gesichtspunkt abgesehen, umschreibt das Veranlassungsprinzip nur die Betriebsvermögenseigenschaft zum Zeitpunkt der Herstellung bzw. des Zugangs eines Wirtschaftsguts zum Betriebsvermögen, nicht aber den der späteren Verwendung oder Nutzung.

Nicht zu den Wirtschaftsgütern, die bereits wegen der sich aus ihrer Art vorgegebenen Beziehung notwendiges Betriebsvermögen sind, gehört z. B. der Personenkraftwagen.

Beispiele:

a) Ein Arzt nutzt seinen Pkw zu 55 v. H. betrieblich und zu 45 v. H. privat. Der Pkw rechnet nur deswegen zum notwendigen Betriebsvermögen, weil er unmittelbar und überwiegend in einer Weise dem Betrieb dient, daß man die darauf beruhende Beziehung zum Betrieb nur lösen kann, wenn man die wirtschaftliche Funktion des Pkw entscheidend veränderte. Das wäre z. B. der Fall, wenn der Pkw nachhaltig nur noch zu 30 v. H. betrieblich genutzt würde oder wenn der Arzt den Wagen seiner Frau zu Privatfahrten ganz überließe und für sich einen neuen Wagen anschaffte.

b) A betreibt eine Bäckerei und Konditorei sowie ein Café. Er verpachtet das Cafégrundstück, das von den übrigen Betriebsgrundstücken getrennt liegt, nebst Inventar an B, der die vorhandene Ware käuflich übernimmt. B verpflichtet sich gegenüber A, alle Back- und Konditorwaren für das Café von A zu beziehen. Wegen dieser Verpflichtung dient das Cafégrundstück auch nach der Verpachtung dem Betrieb des A in einer solchen Weise, daß es notwendiges Betriebsvermögen bleibt. Nur wenn diese Verpflichtung aufgehoben würde und B seine Ware anderswo bezöge, wäre die wirtschaftliche Funktion des Grundstücks so verändert, daß A das Grundstück ins Privatvermögen überführen könnte (BFH, BStBl 1967 III S. 724).

In den beiden vorgenannten Beispielen gehören die Wirtschaftsgüter deswegen zum notwendigen Betriebsvermögen, weil sie objektiv dem Betrieb in einer solchen Weise dienen, daß man die darauf beruhende Beziehung zum Betrieb nur lösen kann, wenn man die wirtschaftliche Funktion des Wirtschaftsguts entscheidend verändert. Unter diesem Gesichtspunkt gehören Wirtschaftsgüter auch dann zum notwendigen Betriebsvermögen, wenn sie auch losgelöst vom Betrieb ihren eigenen besonderen Wert haben (so z. B. die Kulturgüter eines „Schloßbesichtigungsbetriebs", BFH, BStBl 1980 II S. 633).[3]

Schließlich gibt es Wirtschaftsgüter, bei denen eine tatsächliche Vermutung dafür spricht, daß sie aus betrieblichem Anlaß erworben wurden und damit zum notwendigen Betriebsvermögen gehören. Dies gilt z. B. für die Beteiligung eines Landwirts an einer landwirtschaftlichen Verwertungs- und Absatzgenossenschaft (BFH, BStBl 1980 II S. 439 – nicht aber auch für den Anteil an einer Weidegenossenschaft, der nur notwendiges Betriebsvermögen ist, wenn der Landwirt die Mitgliedsrechte tatsächlich für seinen Betrieb in Anpruch nimmt – BFH, BStBl 1982 II S. 250). Eine umgekehrte Vermutung greift dann Platz, wenn erkennbar ist, daß das Wirtschaftsgut für den Betrieb nur Verlust bringt. In diesem Fall kann es an der objektiven Eignung fehlen, den Betrieb zu fördern (BFH, BStBl 1980 II S. 571).

Einen Sonderfall bildet die Wohnung eines Land- und Forstwirts. Wenngleich das Wohnen grundsätzlich zur Privatsphäre des Stpfl. gehört, zählt die Wohnung eines Land- und Forstwirts dann zum land- und forstwirtschaftlichen Betriebsvermögen, wenn sie dazu bestimmt ist, dauernd dem Betrieb der Land- und Forstwirtschaft

---

3 Wegen der Zugehörigkeit von Ausstellungsstücken zum Betriebsvermögen hat die Finanzverwaltung eine Übergangsregelung erlassen, z. B. Verfügung der OFD Düsseldorf vom 22. 1. 1986 – S 2134 A – St 116; StLex 3, 5–6, 1111.

zu dienen und deshalb mit dem Betrieb eine wirtschaftliche Einheit bildet. Dies wird, entsprechend einer Auslegung des § 13 Abs. 2 Nr. 2 EStG für den Regelfall vermutet (BFH, BStBl 1980 II S. 323, 1982 II S. 536, 1983 II S. 636, 1985 II S. 401). Diese Vermutung hat der BFH als widerlegt betrachtet im Fall eines Nebenerwerbslandwirts ohne Viehbestand (BStBl 1980 II S. 323), eines Forstwirts mit kleinem Forstareal (BStBl 1982 II S. 536) und eines reinen Blumengärtners (BStBl 1985 II S. 401). Die vorgenannte Regelung entfällt gemäß § 52 Abs. 15 EStG schrittweise vom VZ 1987 bis VZ 1998 (4.1.2.4.8).

4.1.2.4.6 Gewillkürtes Betriebsvermögen

Wirtschaftsgüter gehören zum gewillkürten Betriebsvermögen, wenn sie objektiv erkennbar geeignet sind, dem Betrieb mittelbar zu dienen, und wenn sie dem Betrieb gewidmet sind (BFH, BStBl 1968 II S. 522, BStBl 1975 II S. 582, BStBl 1980 II S. 40, BStBl 1983 II S. 106 und 215 betr. die final/funktionale Beziehung; BFH, BStBl 1964 III S. 552, BStBl 1977 II S. 150, BStBl 1982 II S. 461, BStBl 1984 II S. 294 betr. die Widmung). Der BFH hat die Aufnahme von Wirtschaftsgütern in das gewillkürte Betriebsvermögen davon abhängig gemacht, daß der Steuerpflichtige den Gewinn durch Bestandsvergleich ermittelt (BFH, BStBl 1972 II S. 936 und 663, BStBl 1983 II S. 448, BStBl 1985 II S. 517). Auch wenn ein Steuerpflichtiger seinen Gewinn nicht mehr durch Bestandsvergleich ermittelt, soll nach Auffassung des BFH ein Wirtschaftsgut des gewillkürten Betriebsvermögens weiterhin Betriebsvermögen bleiben können (BFH, BStBl 1972 II S. 936); es soll ferner bei einer Nutzungsänderung, derzufolge es die Eigenschaft notwendigen Betriebsvermögens verliert, aber die Eigenschaft gewillkürten Betriebsvermögens annimmt, Betriebsvermögen bleiben, auch wenn der Gewinn nicht durch Bestandsvergleich ermittelt wird (BFH, BStBl 1983 II S. 448, BStBl 1986 II S. 666). Die Auffassung, daß nur Steuerpflichtige mit Gewinnermittlung durch Bestandsvergleich gewillkürtes Betriebsvermögen bilden können, überzeugt nicht (Wassermeyer, VDStjG 1980 S. 315; Söffing, StbJb 1980/81 S. 451; Merten, FR 1979 S. 365). Es gibt keinen überzeugenden Grund dafür, den aus dem allgemeinen Betriebs- und Betriebsvermögensbegriff sich ergebenden Grundsatz eines einheitlichen Verständnisses des Betriebsvermögens für alle Gewinneinkunftsarten zu durchbrechen.

An dieser Definition des gewillkürten Betriebsvermögens ist folgendes bemerkenswert:

Nicht nur Gewerbetreibende, sondern auch Land- und Forstwirte und selbständig Tätige, die ihren Gewinn durch Vermögensvergleich ermitteln, können gewillkürtes Betriebsvermögen bilden. Damit ist die Rechtsprechung des RFH (RStBl 1934 S. 404 und 1936 S. 530), nach der es nur den im Handelsregister eingetragenen Kaufleuten gestattet war, Wirtschaftsgüter zum gewillkürten Betriebsvermögen zu machen, aufgegeben worden (BFH, BStBl 1960 II S. 484 und 485). Dieser geänderten Auffassung zufolge konnten die genannten Stpfl. bereits vor 1960 gewillkürtes Betriebsvermögen bilden (BFH, BStBl 1984 II S. 294). Gleichzeitig ist aber der Kreis der Wirtschaftsgüter, die nach Auffassung des RFH gewillkürtes

Betriebsvermögen sein konnten, eingeschränkt worden. Während nach dem RFH der Kaufmann grundsätzlich alle Wirtschaftsgüter, die nicht notwendiges Betriebsvermögen oder notwendiges Privatvermögen waren, gewillkürtes Betriebsvermögen behandeln konnte, kommen nach dem BFH als gewillkürtes Betriebsvermögen grundsätzlich nur solche nicht zum notwendigen Betriebsvermögen oder Privatvermögen gehörende Wirtschaftsgüter in Betracht, die objektiv geeignet und bestimmt sind, dem Betrieb zu dienen. Die Rechtsprechung des BFH (so z. B. BFH, BStBl 1973 II S. 289) hat gelegentlich die Bildung gewillkürten Betriebsvermögens noch von der weiteren Voraussetzung abhängig gemacht, daß das Wirtschaftsgut in einem gewissen objektiven Zusammenhang mit dem Betrieb steht. Da es jedoch entscheidend auf die Funktion des Wirtschaftsguts ankommt (s. dazu auch die Ausführungen zum Begriff notwendigen Betriebsvermögens und Privatvermögens) und das vorgenannte Merkmal auch nicht zur besseren Abgrenzung beiträgt, sollte darauf verzichtet werden (der BFH läßt in BStBl 1975 II S. 582 die Frage dahingestellt).

Wirtschaftsgüter des gewillkürten Betriebsvermögens werden also dadurch charakterisiert, daß sie bestimmt und geeignet sind, dem Betrieb zu dienen (BFH, BStBl 1975 II S. 582, 1981 II S. 610).

Die Funktion, die ein Wirtschaftsgut des gewillkürten Betriebsvermögens besitzen muß, besteht also – wie beim notwendigen Betriebsvermögen – darin, daß es dem Betrieb dient. Indessen dient gewillkürtes Betriebsvermögen einem Zweck des Betriebs nicht unmittelbar (dann notwendiges Betriebsvermögen), sondern nur mittelbar. Die Bestimmung zu dienen kennzeichnet nicht nur den gegenwärtigen, sondern auch den künftigen Einsatz. Die „Eignung" zum Dienen, die sich nicht nur aus der Eigenheit des Wirtschaftsguts, sondern auch des Betriebs ergibt, zeigt an, ob ein Wirtschaftsgut die Funktion des gewillkürten Betriebsvermögens übernehmen kann.

Allgemein kann gesagt werden, daß die Beziehung, die ein Wirtschaftsgut des gewillkürten Betriebsvermögens zum Betrieb haben muß, nicht so eng und stark zu sein braucht wie diejenige, die den Wirtschaftsgütern des notwendigen Betriebsvermögens eigen ist.

Beispiel:
Ein Arzt nutzt seinen Pkw zu 60 v. H. für betriebliche und zu 40 v. H. für private Fahrten. Der Pkw ist notwendiges Betriebsvermögen, weil er überwiegend und unmittelbar eigenbetrieblichen Zwecken dient. Der Arzt kann den Pkw nur ins Privatvermögen überführen, wenn er seine Funktion entscheidend ändert und damit die starke Bindung an den Betrieb löst. Das wäre der Fall, wenn er den Wagen nachhaltig nur noch zu 30 v. H. betrieblich nutzte. Die durch die betriebliche Nutzung zu 30 v. H. geschaffene Beziehung reichte jedoch aus, daß der Pkw gewillkürtes Betriebsvermögen sein könnte (BFH, BStBl 1955 III S. 205; nach Abschn. 14 a Abs. 1 EStR sollen bereits 10 v. H. ausreichen, s. dazu unten). Bei dieser Sachlage könnte er ihn aber auch ins Privatvermögen überführen. Eine Änderung der Nutzung wäre dafür nicht Voraussetzung.

Wie das Beispiel zeigt, ist die Beziehung eines Wirtschaftsguts des notwendigen Betriebsvermögens zum Betrieb so stark, daß die Bindung an den Betrieb nur gelöst werden kann, wenn zuvor die Funktion des Wirtschaftsguts entscheidend verändert wird. Bei einem Wirtschaftsgut des gewillkürten Betriebsvermögens ist das nicht der Fall (BFH, BStBl 1985 II S. 395, 1986 II S. 516).

Wie eng die Beziehung eines Wirtschaftsguts zum Betrieb des Steuerpflichtigen sein muß, damit es gewillkürtes Betriebsvermögen sein kann, kann nur von Fall zu Fall unter Berücksichtigung der Eigenart des Wirtschaftsguts und des Betriebs beurteilt werden. Kaufleute können den Umfang ihres Geschäftskreises grundsätzlich frei bestimmen. Bei ihnen sind die Grenzen weiter zu ziehen als z. B. bei Land- und Forstwirten und den Angehörigen der freien Berufe, deren wirtschaftlicher Bereich durch die Eigenart ihres Berufs meist enger ist (BFH, BStBl 1981 II S. 564, 1982 II S. 526, 1985 II S. 517, 1988 II S. 440). Aber auch der wirtschaftliche Charakter der einzelnen Arten der freien Berufe ist unterschiedlich; manche nähern sich stark den Gewerbetreibenden (BFH, BStBl 1960 III S. 484). Mindesterfordernis ist, daß das Wirtschaftsgut den Betrieb durch Einnahmen in Form von Vermögenserträgnissen zu fördern bestimmt ist (BFH, BStBl 1985 II S. 395, 1986 II S. 607).

Bargeld oder Bankguthaben können grundsätzlich gewillkürtes Betriebsvermögen sein, weil sie einerseits geeignet sind, dem Betrieb zu dienen, andererseits auch jederzeit privat verwendet werden können (BFH, BStBl 1970 II S. 205, BStBl 1983 II S. 725, BStBl 1985 II S. 619). Das gilt auch für risikofreie, leicht liquidierbare Wertpapiere (BFH, BStBl 1964 III S. 574, BStBl 1973 II S. 289, BStBl 1975 II S. 582), und zwar auch bei Land- und Forstwirten und Freiberuflern, sofern sie bei diesen nicht nach der Art der Verwaltung und dem Umfang des Bestands zu einer selbständigen Erwerbsquelle geworden sind (BFH, BStBl 1964 III S. 574, BStBl 1973 II S. 289; Abschn. 14 a Abs. 3 EStR). Ferner können der Höhe nach bestimmte und sichere Forderungen die Funktion von gewillkürtem Betriebsvermögen innehaben, sofern sie nicht notwendiges Betriebsvermögen oder notwendiges Privatvermögen sind (BFH, BStBl 1965 III S. 377).

Wirtschaftsgüter, die durch Fruchtziehung (Vermietung, Lizenzvergabe) genutzt werden, können gewillkürtes Betriebsvermögen sein.

Bodenschätze (Sand, Kies, Gestein und sonstige Mineralien), die durch Ausbeute für den eigenen Gewerbebetrieb (z. B. Steinbruchunternehmen, Zementwerk) oder für die eigene Land- und Forstwirtschaft (z. B. beim Bau einer Forststraße) genutzt werden, sind notwendiges Betriebsvermögen (BFH, BStBl 1979 II S. 624, BStBl 1983 II S. 106). Anderenfalls sind sie, jedenfalls bei Land- und Forstwirten, nicht geeignet, dem Betrieb zu dienen und daher notwendiges Privatvermögen (BFH, BStBl 1982 II S. 526, BStBl 1983 II S. 106).

Ein Grundstück, das zu Wohnzwecken oder zu gewerblichen Zwecken an einen Dritten vermietet ist, kann im allgemeinen nur als gewillkürtes Betriebsvermögen behandelt werden, wenn es dem Betrieb zu dienen bzw. ihm zu fördern bestimmt und geeignet ist (Abschn. 14 Abs. 4 EStR; Beispiele dazu in BFH, BStBl 1981 II S. 618; wegen der Ausnahmen s. jedoch unter 4.1.2.4.5 und 4.1.2.6.3). Ein Grundstück, das objektiv geeignet ist, dem Betrieb zu dienen, ist gewillkürtes

Betriebsvermögen, wenn es der Eigentümer subjektiv dazu bestimmt, dem Betrieb z. B. als Vorratsgelände (oder auch Vorratsgebäude) zu dienen (BFH, BStBl 1981 II S. 731).

Bilanzierende Gewerbetreibende können demgegenüber in der Regel Grundstücke, die nicht notwendiges Privatvermögen sind (z. B. Mietwohngrundstücke), stets als gewillkürtes Betriebsvermögen behandeln, es sei denn, daß dadurch das Gesamtbild der gewerblichen Tätigkeit so verändert wird, daß es den Charakter der Vermögensnutzung im nicht gewerblichen Bereich erhält (BFH, BStBl 1965 III S. 377; Abschn. 14 Abs. 4 EStR). Hier hat sich die Rechtsprechung des BFH wieder dem Zustand genähert, der unter der Rechtsprechung des RFH galt. Brachland eines Land- und Forstwirts gehört zu dessen gewillkürtem Betriebsvermögen (BFH, BStBl 1986 II S. 516). Ein Land- und Forstwirt, der ein bisher land- und forstwirtschaftlich genutztes Grundstück bebaut und das Gebäude vermietet, kann den Grund und Boden und das Gebäude nur dann als gewillkürtes Betriebsvermögen führen, wenn sie dem Betrieb zu dienen bzw. ihn zu fördern bestimmt und geeignet sind (s. dazu BFH, BStBl 1982 II S. 526). Die FinVerw (Abschn. 14 Abs. 4 EStR) nimmt diese Voraussetzungen in den beschriebenen Fällen grundsätzlich als gegeben an. Diese partielle Gleichstellung des Gewerbetreibenden und der Land- und Forstwirte halten wir für berechtigt. Dagegen können Land- und Forstwirte Mietwohn- und Geschäftshäuser, die auf zugekauftem, bisher nicht zum Betriebsvermögen gehörendem Grund und Boden errichtet oder einschließlich Grund und Boden erworben werden, regelmäßig nicht als Betriebsvermögen behandeln (so auch Abschn. 14 Abs. 4 EStR). Ein von einem freiberuflich tätigen Ingenieur zur künftigen Betriebserweiterung erworbenes Grundstück kann gewillkürtes Betriebsvermögen sein (BFH, BStBl 1981 II S. 618).

Auch ein unbebautes Grundstück, das ein Gewerbetreibender von einem Kunden an Erfüllungs Statt erworben hat, als dieser in wirtschaftliche Schwierigkeiten geraten war, kann wie Geld und Wertpapiere Gegenstand der Vermögensanlage und damit gewillkürtes Betriebsvermögen sein (BFH, BStBl 1975 II S. 582). Dient der Erwerb eines Grundstücks in der Zwangsversteigerung der Rettung einer betrieblichen Forderung, so wird das Grundstück auch dann im Erwerbszeitpunkt notwendiges Betriebsvermögen, wenn es nicht zum Einsatz im Betrieb bestimmt ist (BFH, BStBl 1988 II S. 424; s. auch 4.1.2.4.5).

Anteile eines Freiberuflers an einer GmbH können dann nicht zum freiberuflichen Betriebsvermögen rechnen, wenn der Betrieb der GmbH der freiberuflichen Tätigkeit wesensfremd ist (BFH, BStBl 1981 II S. 564, 1985 II S. 517). Geldgeschäfte eines Angehörigen eines freien Berufs können nur ausnahmsweise als gewillkürtes Betriebsvermögen behandelt werden (BFH, BStBl 1985 II S. 517 mit Beispielen aus der Rechtssprechung des BFH). Während bei Gewerbetreibenden auch Finanzanlagen zu gewillkürtem Betriebsvermögen gemacht werden können, ist die Eingehung von Geldgeschäften zur dauerhaften oder spekulativen Vermögensanlage der Ausübung eines freien Berufs wesensfremd und kann nicht zu gewillkürtem Betriebsvermögen führen (BFH, BStBl 1986 II S. 607 betr. Feingold, das nicht zur Verwendung in einer zahnärztlichen Praxis bestimmt und geeignet ist; anders die in einer Röntgenarztpraxis gewonnenen Silberabfälle, die zur Veräußerung bestimmt sind, BFH, BStBl 1986 II S. 907).

Patente, die durch Lizenzvergabe genutzt werden, können ausnahmsweise notwendiges Betriebsvermögen sein, wenn die Nutzung durch Lizenzvergabe der Verwertung im eigenen Betrieb sehr nahe kommt. Bei Lizenzvergabe zum Zwecke der Einnahmenerzielung können sie gewillkürtes Betriebsvermögen sein (BFH, BStBl 1970 II S. 317).

Verbindlichkeiten, die mit gewillkürtem Betriebsvermögen zusammenhängen (Aufnahme zur Finanzierung gewillkürten Betriebsvermögens), haben entgegen der herrschenden Lehre (BFH, BStBl 1966 III S. 542) die Eigenschaft gewillkürten Betriebsvermögens. Denn sie dienen wie die Wirtschaftgüter, mit denen sie zusammenhängen, dem Betrieb nur mittelbar.

Wirtschaftsgüter (insbesondere Grundstücke, Wertpapiere, Forderungen), die als Sicherheit für betriebliche Kredite dinglich belastet oder abgetreten sind, dienen nur mittelbar betrieblichen Zwecken und können gewillkürtes Betriebsvermögen sein (BFH, BStBl 1966 III S. 350, BStBl 1973 II S. 626, BStBl 1975 II S. 282), sofern sie nicht eine Doppelfunktion haben, derzufolge sie notwendiges Privatvermögen sind.

Werden Darlehnsverbindlichkeiten schenkweise gegenüber nahestehenden Personen begründet, in dem z. B. der Vater seinem Betrieb Mittel entnimmt, sie seinem Sohn schenkt und dieser sie wiederum seinem Vater für dessen betriebliche Zwecke darlehnsweise überläßt, so sollen nach Auffassung des BFH die Darlehnsverbindlichkeiten (ausnahmsweise) gewillkürtes Betriebsvermögen darstellen (BFH, BStBl 1978 II S. 618, BStBl 1985 II S. 510, BStBl 1988 II S. 603; s. auch 4.1.2.4.7). Diese Auffassung läßt sich nicht rechtfertigen. Die Darlehn haben eine zweite, und zwar private Ursache (Doppelfunktion), derzufolge sie notwendiges Privatvermögen sind.

Wirtschaftsgüter, die sowohl privaten Zwecken als auch solchen Zwecken dienen, denen zufolge sie den Charakter von gewillkürtem Betriebsvermögen haben, können grundsätzlich nur ganz Betriebsvermögen oder ganz Privatvermögen sein. Es gilt auch hier der Unteilbarkeitsgrundsatz (4.1.2.4.5). Nicht körperliche Wirtschaftsgüter (Forderungen, Verbindlichkeiten, Wertpapiere, Beteiligungen) können bei der vorgenannten gemischten Nutzung nicht gewillkürtes Betriebsvermögen werden, wenn die private Nutzung nicht von ganz untergeordneter Bedeutung ist (4.1.2.4.5). Dies gilt insbesondere für Darlehnsforderungen und Verbindlichkeiten, die aus persönlichen Gründen eingegangen worden sind (Verwandtendarlehn, 4.1.2.4.7), für Darlehn und kapitalistische Beteiligungen, die nach ihrer Beschaffenheit ungeeignet sind, dem Betrieb zu dienen (BFH, BStBl 1985 II S. 654).

Bewegliche Wirtschaftsgüter, die zu weniger als 51 v. H. unmittelbaren betrieblichen Zwecken dienen, können gewillkürtes Betriebsvermögen sein, wenn ihre betriebliche Nutzung nicht von ganz untergeordneter Bedeutung ist (BFH, BStBl

1955 III S. 205, BStBl 1964 III S. 455). Nach herrschender Auffassung soll dafür eine unmittelbare betriebliche Nutzung von 10 v. H. genügen (so auch Abschn. 14 a Abs. 1 EStR).

Im Hinblick auf eine verfassungsrechtlich gebotene Einengung der Möglichkeit zur Bildung gewillkürten Betriebsvermögens sollte eine betriebliche Nutzung von mindestens 25 v. H. als Voraussetzung für die Aufnahme ins gewillkürte Betriebsvermögen gefordert werden.

Die Möglichkeit, ein Wirtschaftsgut ins gewillkürte Betriebsvermögen aufzunehmen, scheidet dann aus, wenn durch diese Aufnahme lediglich Verluste aus dem privaten Bereich in den betrieblichen Bereich verlagert werden sollen (BFH, BStBl 1973 II S. 303, 1982 II S. 461). Wann diese Voraussetzung im Einzelfall vorliegt, kann schwierig zu beurteilen sein. Der Kaufmann wird im Zweifel seine Gründe für die Behandlung des Wirtschaftsguts als Betriebsvermögen eingehend darlegen müssen.

Beispiel:
Der Fabrikant A hat Anteile an einer gemeinnützigen WohnungsbauGmbH mit betrieblichen Mitteln für 5000 DM erworben, weil er die GmbH im Interesse der Allgemeinheit und aus wirtschaftspolitischen Erwägungen unterstützen wollte. Er hat die Anteile zu Lasten des Gewinns auf 1000 DM abgeschrieben, da der gemeine Wert der Anteile von vornherein nicht höher gewesen ist. Das ist nicht zulässig, da die Anteile nicht gewillkürtes Betriebsvermögen werden konnten. Zwar kann ein Kaufmann grundsätzlich mit Mitteln des Betriebs erworbene Anteile als gewillkürtes Betriebsvermögen behandeln. Das gilt jedoch nicht, wenn der Erwerb von vornherein ein Vorgang ist, der dem Betrieb nicht nur keinen Nutzen, sondern nur Verluste bringen kann (BFH, BStBl 1967 III S. 391).

Wirtschaftsgüter, die die Eigenschaft für gewillkürtes Betriebsvermögen erfüllen, die aber nicht zum gewillkürten Betriebsvermögen eines Betriebs gehören, sind nicht notwendiges Privatvermögen, sondern Privatvermögen, das gewillkürtes Betriebsvermögen sein könnte. Daher müßte man statt von drei exakter von vier Gruppen von Wirtschaftsgütern sprechen.

4.1.2.4.7 Privatvermögen

Aus der Charakterisierung des gewillkürten Betriebsvermögens folgt, daß zwischen notwendigem und nicht notwendigem Privatvermögen unterschieden werden muß. Nicht notwendiges Privatvermögen ist danach Vermögen, das kein notwendiges und kein gewillkürtes Betriebsvermögen ist, aber allein durch eine Zuordnung zum Betrieb (Widmung) gewillkürtes Betriebsvermögen wird, weil es sich nach seiner Funktion nicht von diesem unterscheidet. Die zum notwendigen Privatvermögen gehörenden Wirtschaftsgüter können nicht dadurch Betriebsvermögen werden, daß sie der Steuerpflichtige in den Bestandsvergleich einbezieht. Was notwendiges Privatvermögen ist, läßt sich nur in Abgrenzung zum notwendigen und gewillkürten Betriebsvermögen definieren. Danach ist notwendiges Privatvermögen jenes Vermögen, das dem Betrieb nicht dient und dazu – jedenfalls bei seiner gegenwärtigen Funktion – auch nicht geeignet wäre. Notwendiges Privatvermögen kann ohne Funktionsänderung nicht Betriebsvermögen werden.

Für die Charakterisierung des notwendigen Privatvermögens kommt es auf die Funktion, auf die Beziehung zum privaten Bereich an (BFH, BStBl 1975 II S. 582, 1980 II S. 40 und 633, 1983 II S. 215).

Ein Wirtschaftsgut ohne betriebliche Funktion gilt als ein solches, das dem privaten Bereich dient (BFH, BStBl 1985 II S. 654). Die vom BFH häufig allein als Kriterien genannte Veranlassung der Anschaffung, Herstellung oder Entstehung eines Wirtschaftsguts liefert für die funktionale Beziehung des Wirtschaftsguts zum privaten Bereich lediglich eine unterstützende oder ergänzende Indikation. Aus der Beschaffenheit (Art, Natur, Wesen) eines Wirtschaftsguts kann zu folgern sein, daß es ungeeignet ist, dem Betrieb zu dienen, was auf die Verwendung des Wirtschaftsguts im privaten Bereich hinweist (BFH, BStBl 1965 III S. 377, 1966 III S. 542, 1981 II S. 564, 1982 II S. 526, 1983 II S. 106 und 715, 1986 II S. 607). Derselbe Schluß ist gerechtfertigt, wenn ein Wirtschaftsgut voraussichtlich keinen Nutzen, sondern nur Verluste bringt (BFH, BStBl 1967 III S. 391, 1975 II S. 804, 1979 II S. 257, 1981 II S. 658, 1982 II S. 461).

Zum notwendigen Privatvermögen gehören mithin zunächst Wirtschaftsgüter, die ihrer Natur nach eine solche Beziehung zum privaten Bereich des Steuerpflichtigen haben, daß diese, auch wenn der Steuerpflichtige es wollte, grundsätzlich nicht gelöst werden kann (BFH, BStBl 1960 III S. 484).

Beispiele:

a) A hat seiner Ehefrau aus Mitteln seines Betriebs ein Darlehn zur Verfügung gestellt, das diese zum Erwerb eines Grundstücks benutzt. Das Grundstück hat sie an A vermietet, der seinen Betrieb dorthin verlegt hat. Die Darlehnsforderung an die Ehefrau stellt ihrer Art nach notwendiges Privatvermögen dar, da A das Darlehn an die Ehefrau gegeben hat, damit diese sich eine vermögensmäßige Sicherung schaffen konnte (BFH, BStBl 1966 III S. 583; ebenso BFH, BStBl 1985 II S. 619 für den Fall, daß der Ehemann selbst zunächt ein Darlehn aufnimmt, um die Valuta an die Ehefrau weiterzuleiten; hier ist die Darlehnsverbindlichkeit keine Betriebsschuld).

b) Der Unternehmer X behandelt einen Anspruch auf Einkommensteuererstattung als Betriebsvermögen. Das ist nicht zulässig. Die Einkommensteuer ist eine Personensteuer, die den Steuerpflichtigen persönlich belasten soll. Ihre Zahlung fällt in den privaten Lebensbereich (§ 12 Nr. 3 EStG), auch wenn sie mit betrieblichen Mitteln geschieht. Diese müssen zuvor entnommen werden. Da die Entstehung und Bezahlung der Einkommensteuer in den privaten Lebensbereich gehören, muß umgekehrt auch der Anspruch auf Erstattung überzahlter Einkommensteuer gegen das Finanzamt seiner Art nach notwendig dem Privatvermögen zugerechnet werden (BFH, BStBl 1966 III S. 542).

Darlehn zählen also ihrer Art nach zum Privatvermögen, wenn sie aus privaten, insbesondere familiären Gründen gegeben werden. Aus betrieblichen Mitteln eines Kaufmanns hingegebene Darlehn sind nicht ohne weiteres Betriebsvermögen (s. vorstehendes Beispiel a). Erbt ein Steuerpflichtiger einen Gewerbebetrieb und nimmt er einen Kredit auf, um die Ansprüche eines Ersatzerben zu erfüllen, so ist das Darlehn eine Privatschuld, weil der Erbvorgang ein privater Vorgang ist (BFH, BStBl 1985 II S. 510). Setzen sich jedoch Miterben über einen Nachlaß auseinander und erwirbt einer der Miterben ein zum Privatvermögen des Erblassers gehörendes Grundstück gegen Abfindung, um es in seinem Betrieb zu nutzen, dann ist die Abfindungsverbindlichkeit eine Betriebsschuld (BFH, BStBl

1987 II S. 423). Das gilt auch, soweit ein Miterbe von der Erbengemeinschaft einen Nachlaßgegenstand gegen Zahlung eines im Testament festgelegten Betrags erwirbt. Denn das unengeltliche Geschäft von Todes wegen ist mit dem Erbfall durch den Erben (die Erbengemeinschaft) abgeschlossen. Die Erbauseinandersetzung vollzieht sich nach den Regeln des Rechtsgeschäfts unter Lebenden. Ein entgeltlicher Erwerb erfolgt zumindest in Höhe der von dem Erwerber über seinen Anteil am Nachlaß hinaus eingesetzten Vermögenswerte (Ausgleichszahlungen; BFH, BStBl 1985 II S. 722). Die Zuführung von Darlehnsmitteln zum Betriebsvermögen reicht als solche nicht aus, um den für die Darlehnsschuld erforderlichen Zusammenhang mit dem Betrieb herzustellen. Vielmehr muß die Darlehnsaufnahme aus der Sicht des Verpflichteten ein betrieblicher Vorgang sein (BFH, BStBl 1974 II S. 88). Verbindlichkeiten sind ihrer Natur nach notwendiges Privatvermögen, wenn ihre Entstehung private Ursachen hat. Das gilt selbst dann, wenn zur Sicherung der Schuld ein Wirtschaftsgut des notwendigen Betriebsvermögens belastet wird. Die Eintragung einer Hypothek auf einem Betriebsgrundstück für eine zum privaten Lebensbedarf aufgenommene Schuld rechtfertigt es nicht, die Schuld als Betriebsvermögen zu behandeln (BFH, BStBl 1985 II S. 510, 619). Scheidet der Vater aus einem mit dem Sohn betriebenen Unternehmen unentgeltlich aus und wird das negative Kapitalkonto des Vaters nicht ausgeglichen, statt dessen aber eine Forderung des Sohnes gegen den Vater begründet, so ist diese Forderung notwendiges Privatvermögen, weil der unentgeltliche Betriebsübergang und damit auch die Begründung der Forderung im privaten Bereich geschieht (BFH, BStBl 1980 II S. 96). Die starke Beziehung der Forderungen und Schulden zum privaten Bereich kann in all diesen Fällen nicht gelöst werden. Wegen der Frage, ob Schulden nur entweder notwendiges Privat- oder Betriebsvermögen, niemals aber gewillkürtes Betriebsvermögen sein können (so BFH, BStBl 1968 II S. 177, 1985 II S. 619; Abschn. 14 a Abs. 4 EStR), s. auch 4.1.2.4.6.

Als begrenzte Ausnahme von diesem Grundsatz hat die Rechtsprechung des BFH zugelassen, daß schenkweise begründete Darlehnsschulden der Eltern gegenüber ihren Kindern Betriebsschulden sein können (gewillkürtes Betriebsvermögen, s. auch 4.1.2.4.6). Diese rechtssystematisch unzutreffende Entscheidung wird damit begründet, daß diese Darlehn mit den schenkweise eingeräumten Gesellschaftsbeteiligungen gleichzustellen seien und bei den Letztgenannten der private Entstehungsgrund unbeachtlich sei (BFH, BStBl 1978 II S. 618, 1985 II S. 510, 619 und 1988 II S. 603; s. zu dem Fragenkomplex Tiedke, DStR 1981 S. 464 und FR 1982 S. 342). Wie alle Verträge zwischen nahen Angehörigen werden auch solche Darlehnsverträge steuerlich nur anerkannt, wenn sie nach Inhalt und Durchführungen dem zwischen Fremden üblichen entsprechen (BFH, BStBl 1983 II S. 555) und zivilrechtlich wirksam sind (BFH, BStBl 1984 II S. 705, mit Anmerkung von Schmidt, FR 1984 S. 592). Nach dem letztgenannten Urteil des BFH sind schenkweise begründete Darlehnsverhältnisse zwischen Eltern und Kindern auch dann nicht anzuerkennen, wenn den Kindern zuvor formal entsprechende Geldbeträge zur Verfügung gestellt worden sind, von vornherein aber beabsichtigt war, die Beträge den Eltern als Darlehn wieder zurückzugewähren. In dem dem BFH-Urteil zugrundeliegenden Sachverhalt waren Schenkungs- und Darlehnsvertrag in einer Urkunde abgeschlossen. Anders soll es nach BFH (BStBl 1988 II S. 603) zu beurteilen sein, wenn Schenkungs- und Darlehnsvertrag in getrennten Urkunden abgeschlossen werden. Dieser Auffassung kann nicht gefolgt werden. Entscheidungsgrundlage in dem dortgenannten Urteil ist die Feststellung, daß die Kinder zu keiner Zeit frei in der Verfügung über die „geschenkten" Geldbeträge waren. Solange das aber der Fall ist, kann es nicht darauf ankommen, ob Schenkungs- und Darlehnsvertrag in einer oder in einer getrennten Urkunde geschlossen werden und wie lang der Zeitraum zwischen „Schenkung" und Rückgewähr als „Darlehn" ist. Aus diesen Gründen wendet die FinVerw das Urteil nicht allgemein an (BMF, BStBl 1988 I S. 210). Ferner soll nach einem weiteren Urteil des BFH (BStBl 1985 II S. 243) ein Darlehnsverhältnis in der Regel steuerlich anzuerkennen sein, wenn ein Kind in einen zwischen dem Vater und der Gesellschaft bestehenden Darlehnsvertrag eingetreten ist (wegen der Bedenken der Finanzverwaltung hiergegen, die zu einem „Nichtanwendungserlaß" geführt haben, BMF, BStBl 1985 I S. 180).

Ein einheitliches Bankguthaben kann grundsätzlich nicht zum Teil Betriebsvermögen und zum Teil Privatvermögen sein. Entsprechendes gilt grundsätzlich auch für eine Bankschuld, insbesondere Kontokorrentschuld (BFH, BStBl 1981 II S. 510, 1983 II S. 725; siehe dazu auch 4.1.2.4.4).

Nach denselben Grundsätzen wie Verbindlichkeiten sind auch dingliche Belastungen zu beurteilen. So sind Erbabfindungshypotheken, beschränkt persönliche Dienstbarkeiten oder Reallasten zur Sicherung von Versorgungsansprüchen notwendiges Privatvermögen, wenn ihre Entstehungsursache im Privatbereich liegt. Werden Vermögensgegenstände durch Erbfolge oder im Wege vorweggenommener Erbfolge übertragen und von dem Erwerber betrieblich genutzt, so ist ein mit der Übertragung (durch letztwillige Verfügung oder Rechtsgeschäft) entstehendes Nießbrauchsrecht an dem übertragenen Vermögen keine betriebliche Last. Denn der Vermögensübergang und damit die Belastung des übergehenden Vermögens vollzieht sich im privaten Bereich (BFH, BStBl 1976 II S. 378).

Zu dem seiner Art nach notwendigen Privatvermögen zählen insbesondere die Kleidung und sonstige für den persönlichen Bedarf bestimmte Sachen (z. B. eine Brille), aber auch die aus dem Abschluß von Spielverträgen entstandenen Vertragsrechte vor der Ausspielung (z. B. Lotterie-, Lotto-, Totoverträge; BFH, BStBl 1970 II S. 865).

Zum notwendigen Privatvermögen gehören ferner Wirtschaftsgüter, die dem privaten Bereich des Steuerpflichtigen in einer solchen Weise dienen, daß man die darauf beruhende Beziehung des Wirtschaftsguts zum privaten Bereich nur lösen kann, wenn man die Funktion (Zweckbestimmung) des Wirtschaftsguts entscheidend verändert. Das ist z. B. bei einem Pkw der Fall. Wird er ausschließlich privat genutzt, kann er nicht Betriebsvermögen werden. Nutzt man ihn in einem nicht untergeordneten Umfang (nach Abschn. 14 a Abs. 1 EStR genügen 10 v. H.,

u. E. müßte man 25 v. H. fordern) auch betrieblich, kann er zum Betriebsvermögen gezogen werden oder – bei überwiegender betrieblicher Nutzung – sogar notwendiges Betriebsvermögen werden. Ähnlich verhält es sich bei einem Einfamilienhaus. Solange es der Steuerpflichtige selbst benutzt, gehört es regelmäßig zum notwendigen Privatvermögen. Stellt er es aber aus betrieblichen Gründen z. B. seinem Prokuristen zur Verfügung, dann wird die Beziehung zum privaten Bereich gelöst. Entsprechende Grundsätze gelten ferner bei einem Wochenendhaus. Wird es auch Arbeitnehmern des Steuerpflichtigen zur Verfügung gestellt und/oder zeitweise vermietet, so kann es (zumindest) gewillkürtes Betriebsvermögen sein. Nur wenn feststeht, daß der Steuerpflichtige es ausschließlich für eigene Wohnzwecke verwendet und verwenden will, ist es notwendiges Privatvermögen (BFH, BStBl 1970 II S. 754). Nicht immer ist indessen das Wohnen des Stpfl. eine Sache seiner privaten Lebensführung; es kann auch überwiegend betriebsbedingt sein. Das kann z. B. für das Wohnen eines Schaustellers im Wohnwagen nahe seines Schaustellerbetriebs gelten, wenn es wegen eines reibungslosen Betriebsablaufs und aus Gründen der Betriebssicherheit geschieht. In diesem Fall kann der Wohnwagen gewillkürtes oder sogar notwendiges Betriebsvermögen sein (BFH, BStBl 1975 II S. 172 und 769). Entsprechendes gilt auch für eine Bordwohnung auf einem Frachtschiff (FG Münster, EFG 1963 S. 197; zustimmend BFH, BStBl 1975 II S. 769). Wegen der Wohnung eines Land- und Forstwirts s. 4.1.2.4.5.

Wirtschaftsgüter, die sowohl privaten als auch betrieblichen Zwecken dienen, können nur ganz Betriebsvermögen oder ganz Privatvermögen sein. Läßt sich der Anteil der Nutzung nicht leicht und einwandfrei ermitteln, gehört das Wirtschaftsgut ganz zum Privatvermögen, wenn die private Nutzung nicht von ganz untergeordneter Bedeutung ist (BFH, BStBl 1971 II S. 17, 1978 II S. 459, 1981 II S. 201). Auch wenn sich die Nutzungsanteile leicht und einwandfrei feststellen lassen, ist das ganze Wirtschaftsgut notwendiges Privatvermögen, wenn die betriebliche Nutzung von untergeordneter Bedeutung ist.

4.1.2.4.8 Besondere Fragen bei Grundstücken

Grundstücke als verschiedene Wirtschaftsgüter

Bei einem bebauten Grundstück sind Grund und Boden und aufstehendes Gebäude zwei verschiedene Wirtschaftsgüter (BFH, BStBl 1985 II S. 495).

Gebäude können ein Wirtschaftsgut, aber auch eine Mehrheit von Wirtschaftsgütern sein. Entsprechendes gilt für den Grund und Boden. Gebäudeteile, die nicht in einem einheitlichen Nutzungs- und Funktionszusammenhang mit dem übrigen Gebäude stehen, sind selbständige Wirtschaftsgüter (BFH, BStBl 1974 II S. 132). Grundsätzlich sind getrennt – d. h. ohne bautechnische Verbindung – auf einem Grundstück stehende Baulichkeiten verschiedene Wirtschaftsgüter. Das gilt auch, wenn sie einem einheitlichen Zweck dienen. Wenn jedoch das eine Gebäude zu dem anderen im Verhältnis von Haupt- und Nebengebäude steht, so daß das eine ohne das andere unvollständig erscheint, so handelt es sich um ein einheitliches Wirtschaftsgut. Dies gilt z. B. für ein auf demselben Grundstück stehendes selbstgenutztes Wohngebäude und eine freistehende Garage (BFH, BStBl 1984 II S. 196). Das Garagengebäude bildet jedoch nur dann eine wirtschaftliche Einheit mit dem Wohngebäude, wenn die Anzahl der Garagenplätze der Anzahl der vorhandenen Wohnungen entspricht (vgl. auch Abschn. 42 a Abs. 3 Nr. 3 EStR).

Wegen der Frage, ob Gebäudeteile als Betriebsvorrichtungen oder als Einbauten für vorübergehende Zwecke, als Ladeneinbauten, Schaufensteranlagen und ähnliche Einbauten sowie als sog. Mietereinbauten selbständige Wirtschaftsgüter sind, wird auf die Ausführungen zu 4.3.2 hingewiesen. Auch die unterschiedliche Nutzung von Gebäuden zu eigenen und fremden betrieblichen Zwecken, zu eigenen und fremden Wohnzwecken führt zu selbständigen Wirtschaftsgütern. Fraglich kann nur sein, wie viele verschiedene Wirtschaftsgüter durch diese Art der unterschiedlichen Nutzung denkbar sind. In Abschn. 13 b Abs. 2 EStR wird für den eigenbetrieblich genutzten, für den fremdbetrieblich genutzten, für den zu eigenen und den zu fremden Wohnzwecken genutzten Teil des Gebäudes je ein Wirtschaftsgut angenommen.

Zu dem „eigenbetrieblich genutzten Gebäudeteil" gehören zunächst einmal die in Abschn. 14 Abs. 1 EStR als notwendiges Betriebsvermögen bezeichneten „Gebäudeteile, die ausschließlich und unmittelbar für eigenbetriebliche Zwecke des Steuerpflichtigen genutzt werden". Eigenbetrieblich genutzt in diesem Sinne sind auch Gebäudeteile, die „objektiv erkennbar zum unmittelbaren Einsatz im Betrieb bestimmt sind" (so BFH, BStBl 1975 II S. 282 zur Kennzeichnung des notwendigen Betriebsvermögens). Unter eigenbetrieblich genutzten Gebäudeteilen werden darüber hinaus zutreffend alle Gebäudeteile verstanden, die den Charakter von notwendigem Betriebsvermögen haben. Dies gilt zunächst für Wohnräume, die wegen Vermietung an Arbeitnehmer notwendiges Betriebsvermögen sind (Abschn. 13 b Abs. 2 EStR), wenngleich sie begrifflich auch zu den fremden Wohnzwecken dienenden Räumen gerechnet werden können. Das gilt ferner für zu fremden betrieblichen Zwecken vermietete Gebäudeteile, die ausnahmsweise notwendiges Betriebsvermögen sind, wie z. B. die Gaststättenräume einer Brauerei, die sie verbunden mit einem Bierabnahmevertrag (Bier-Belieferungsvertrag) zum Zwecke des Biervertriebs an einen Gastwirt vermietet hat (vgl. den ähnlichen Fall in BFH, BStBl 1967 II S. 724). Es erscheint sachgerecht, möglichst alle Gebäudeteile, die den Charakter von notwendigem Betriebsvermögen haben, als unmittelbar eigenbetrieblich genutzte Gebäudeteile und damit als ein Wirtschaftsgut zu behandeln.

Der eigenbetrieblich genutzte Teil eines Gebäudes ist stets auch dann nur ein Wirtschaftsgut, wenn er verschiedenen Betrieben desselben Steuerpflichtigen dient (Abschn. 13 b Abs. 2 Satz 3 EStR).

Die zu fremden betrieblichen Zwecken genutzten Räume sind nur dann ein gegenüber dem eigenbetrieblich genutzten Teil besonderes Wirtschaftsgut, wenn sie nicht notwendiges Betriebsvermögen sind (s. vorstehend). Sie sind auch dann nur als ein Wirtschaftsgut anzusehen, wenn sie an verschiedene Personen und zu unterschiedlichen betrieblichen Zwecken überlassen werden. Betriebliche Zwecke sind alle Zwecke einer Gewinneinkunftsart gemäß § 2 Abs. 2 EStG. Abschn. 13 b Abs. 2 Satz 2 EStR rechnet darüber hinaus zutreffend die Vermietung zu hoheitlichen, zu gemeinnützigen oder zu Zwecken eines Berufsverbands zur fremdbetrieblichen Nutzung. Fremden Wohnzwecken dienende Gebäudeteile sind auch dann ein Wirtschaftsgut, wenn es sich um verschiedene Räume handelt, die an verschiedene Personen zur Nutzung überlassen sind.

Der einem der genannten Zwecke dienende Teil ist auch dann ein Wirtschaftsgut, wenn die einheitlich genutzten Teile räumlich nicht zusammenhängen, Beispiel: Das Erdgeschoß und die dritte Etage werden im eigenen Betrieb genutzt, die zweite Etage ist für fremde betriebliche Zwecke vermietet.

Räume, die (räumlich nicht getrennt) gemischt genutzt werden und deren private Nutzung nicht von ganz untergeordneter Bedeutung ist, können nicht, auch nicht teilweise, einem selbständigen Gebäudeteil zugerechnet werden, der Betriebsvermögen ist (BFH, BStBl 1965 III S. 16, 1984 II S. 110, betr. häusliches Arbeitszimmer; BFH, BStBl 1972 II S. 874, 1973 II S. 477, betr. andere Räume; BFH, BStBl 1981 II S. 201, betr. Schwimmhalle).

Wird die Nutzung eines gemischt genutzten Grundstücks, das wegen dieser unterschiedlichen Nutzung aus verschiedenen Wirtschaftsgütern besteht, in einer Weise geändert, daß der anders genutzte Teil ein anderes Wirtschaftsgut darstellt, dann kann dieser Teil je nach Lage des Falles ein selbständiges Wirtschaftsgut oder ein unselbständiger Teil eines schon vorhandenen Wirtschaftsguts werden. Wird z. B. ein bisher eigenen betrieblichen Zwecken dienender Teil zu fremden betrieblichen Zwecken vermietet, dann wird dieser Teil ein selbständiges neues Wirtschaftsgut, wenn der Steuerpflichtige bisher kein Wirtschaftsgut besaß, das durch die Nutzung zu fremden betrieblichen Zwecken charakterisiert ist. Im anderen Fall verschmilzt der Teil, dessen Nutzung sich ändert, mit dem bereits zu fremden betrieblichen Zwecken vermieteten Teil zu einem Wirtschaftsgut. Bei einer derartigen Verschmelzung kann ein bisher im Betriebsvermögen geführter unselbständiger oder selbständiger Teil ins Privatvermögen und umgekehrt ein bisher im Privatvermögen geführter Teil in das Betriebsvermögen zu überführen sein.

Die Aufteilung des Gebäudes (und damit der Anschaffungs- oder Herstellungskosten) muß grundsätzlich nach dem Verhältnis der Nutzfläche des besonders genutzten Teils zum Gesamtgebäude erfolgen, sofern dies nicht zu einem unangemessenen Ergebnis führt (Abschn. 13 b Abs. 4 Satz 2 EStR). In einem solchen Fall kann eine Aufteilung nach Raummaß (m^3) geboten erscheinen. Eine Aufteilung nach Ertragswerten scheidet aus (vgl. Sunder-Plassmann, FR 1980 S. 214).

Dienen Gebäudeteile, die keine selbständigen Wirtschaftsgüter sind, mehreren oder allen unterschiedlich genutzten selbständigen Raumteilen (z. B. Eingangshalle, Treppenhaus, Fahrstuhlanlage, Heizungskeller), dann sind diese Gebäudeteile den selbständigen Gebäudeteilen, denen sie dienen, anteilig zuzurechnen. Über den Aufteilungsmaßstab bestehen unterschiedliche Auffassungen. Der BFH – GrS (BStBl 1974 II S. 132) will „Fahrstuhl- oder Heizungsanlagen usw." den selbständigen Gebäudeteilen entsprechend ihrem Wertverhältnis zurechnen. Diese Aufteilung, die nach demselben Aufteilungsmaßstab wie bei der Aufteilung der selbständigen Raumteile erfolgt, kann zumindest unter dem Gesichtspunkt der Vereinfachung auch für unselbständige Raumteile (Eingangshalle, Treppenhaus pp.) verwendet werden. Ihr gebührt der Vorzug vor der von Söffing (NWB Fach 3, 5701 [5706]) ebenfalls aus Vereinfachungsgründen befürworteten Zurechnung nur zu dem selbständigen Gebäudeteil, dem der unselbständige Teil überwiegend dient.

Sofern es aus steuerlichen Gründen nicht erforderlich ist, bei einem Gebäude, das aus mehreren selbständigen Wirtschaftsgütern besteht, die Anschaffungs- oder Herstellungskosten auf die einzelnen Wirtschaftsgüter aufzuteilen, kann nach Abschn. 13 b Abs. 4 Satz 3 EStR auf eine Aufteilung verzichtet werden. Das bedeutet, daß ein Gebäude, welches aus mehreren Wirtschaftsgütern besteht, in diesen Fällen praktisch wie ein Wirtschaftsgut behandelt wird.

Da ein im steuerlichen Sinne selbständiger Gebäudeteil nach bürgerlichem Recht unselbständig sein kann, ist die Übertragung des Eigentums an diesem Gebäudeteil allein u. U. bürgerlich-rechtlich nicht möglich. Für die Übertragung des wirtschaftlichen Eigentums genügt es in diesen Fällen, wenn der dem realen Anteil entsprechende ideelle Anteil des Grundstücks und Gebäudes zivilrechtlich wirksam übertragen und die Nutzung des realen Gebäudes verbindlich geregelt wird (BFH, BStBl 1982 II S. 696).

Für jeden selbständigen Gebäudeteil im vorgenannten Sinne ist zu prüfen, ob es notwendiges oder gewillkürtes Betriebsvermögen oder Privatvermögen ist. Jeder Teil kann nur ganz Betriebsvermögen oder ganz Privatvermögen sein (s. auch BFH, BStBl 1981 II S. 201). Wegen der Nutzungseinheit eines Gebäudes und des zugehörigen Grund und Bodens s. nachfolgend zu Nr. 6.

Zuordnung von Grundstücken und Grundstücksteilen

Die Fragen der Zuordnung von Grundstücksteilen zum Betriebsvermögen und Privatvermögen sind ziemlich vollständig in Abschn. 14 EStR ausgeführt. Daraus ergibt sich:

1. Für die einkommensteuerliche Behandlung von Grundstücken und Grundstücksteilen als Betriebsvermögen kommt es nicht darauf an, wie ein Grundstück bei der Einheitsbewertung behandelt worden ist (Abschn. 14 Abs. 9 EStR).

2. Grundstücke oder Grundstücksteile, die ausschließlich und unmittelbar für Zwecke des eigenen Betriebs genutzt werden, gehören regelmäßig zum notwendigen Betriebsvermögen (Abschn. 14 Abs. 1 EStR). Eigenbetrieblich genutzte Teile eines Einfamilienhauses gehören nur dann zum notwendigen Betriebsvermögen, wenn ihre private Nutzung völlig in den Hintergrund tritt (BFH, BStBl 1973 II

S. 477). Wird in eine Garage, die ein unselbständiger Teil eines zum Privatvermögen gehörenden Wohngebäudes ist (s. o.), ein zum Betriebsvermögen gehörender Pkw eingestellt, führt dies nicht dazu, daß die Garage ganz oder teilweise Betriebsvermögen wird (BFH, BStBl 1984 II S. 196).

Bei Betrieben der Land- und Forstwirtschaft gehört auch die Wohnung des Steuerpflichtigen zum notwendigen Betriebsvermögen, wenn sie die bei Betrieben gleicher Art übliche Größe nicht überschreitet (§ 13 Abs. 2 Nr. 2 EStG). Das gilt auch dann, wenn der Steuerpflichtige die Wohnung aus persönlichen Gründen nicht benutzt. Zum notwendigen Betriebsvermögen zählen ferner die Altenteilerwohnungen (RFH, RStBl 1932 S. 3891; vgl. ferner BFH, BStBl 1980 II S. 323; Abschn. 14 Abs. 2 EStR). Dies gilt nicht mehr für Wohnungen eines Land- und Forstwirts, die nach dem 31. 12. 1986 angeschafft oder hergestellt werden. Sie gehören nicht mehr zum Betriebsvermögen; ihr Nutzwert wird steuerlich nicht mehr erfaßt (§ 52 Abs. 15 Satz 1 EStG). Für Wohnungen, die im VZ 1986 vom Stpfl. zu eigenen Wohnzwecken oder zu Wohnzwecken des Altenteilers genutzt werden und für die nach § 13 Abs. 2 Nr. 2 und § 13 a Abs. 3 Nr. 4 und 7 EStG der Nutzwert erfaßt wird, fällt die Betriebsvermögenseigenschaft spätestens am 31. 12. 1998 fort. Sie gelten zu diesem Zeitpunkt als entnommen (§ 52 Abs. 15 Sätze 2 und 6). Dies gilt aus Gründen des Vertrauensschutzes entsprechend, wenn die Wohnung erst nach dem 31. 12. 1986 fertiggestellt wird, der Antrag auf Baugenehmigung aber vor dem 1. 1. 1987 gestellt ist und im Jahr der Fertigstellung zu eigenen Wohnzwecken des Stpfl. oder zu Wohnzwecken des Altenteilers genutzt wird. In den vorgenannten Fällen, in denen die Wohnungen zum 31. 12. 1986 noch zum Betriebsvermögen gehören, kann der Stpfl. zudem für einen VZ ab 1987 auch unwiderruflich beantragen, daß § 13 Abs. 2 Nr. 2 und § 13 a Abs. 3 Nr. 4 und 7 EStG nicht mehr angewendet werden (§ 52 Abs. 15 Satz 4 EStG). In diesem Fall gelten die Wohnung des Stpfl. und die Altenteilerwohnung sowie der dazugehörige Grund und Boden zu dem Zeitpunkt als entnommen, bis zu dem § 13 Abs. 2 und § 13 a Abs. 3 Nr. 4 und Abs. 7 EStG letztmalig angewendet werden (§ 52 Abs. 15 Satz 6 EStG). Wie die eigengenutzte Wohnung und die Altenteilerwohnung wird auch eine Wohnung behandelt, die im VZ 1986 zu einem land- und forstwirtschaftlichen Betriebsvermögen gehört hat und einem Dritten unentgeltlich überlassen worden ist, sofern der Nutzwert dem Stpfl. zuzurechnen war (§ 52 Abs. 15 Satz 9 EStG). Indessen gilt die unentgeltlich zur Nutzung an einen Dritten überlassene Wohnung sowie der dazugehörige Grund und Boden bereits zum 31. 12. 1986 als entnommen, wenn der Nutzwert beim Nutzenden (nach § 21 Abs. 2 zweite Alternative EStG) anzusetzen war (§ 52 Abs.15 Satz 9 EStG). Der Entnahmegewinn bleibt in all diesen Fällen steuerfrei (§ 52 Abs. 15 Satz 8 EStG).

Sind neben dem Steuerpflichtigen noch andere Personen, z. B. der Ehegatte, an dem ganz oder teilweise betrieblich genutzten Grundstück beteiligt, so sind solche Grundstücke oder Grundstücksteile nur insoweit notwendiges Betriebsvermögen, als sie dem Betriebsinhaber zuzurechnen sind (BFH, BStBl 1969 II S. 233, 1978 II S. 299).

3. Eigenbetrieblich genutzte Grundstücksteile brauchen nicht als notwendiges Betriebsvermögen behandelt zu werden, wenn ihr Wert im Verhältnis zum Wert des ganzen Grundstücks von untergeordneter Bedeutung ist. Das ist in der Regel der Fall, wenn der Wert des eigenbetrieblich genutzten Grundstücksteils weder mehr als ein Fünftel des Werts des ganzen Grundstücks noch mehr als 20 000 DM beträgt. Für die Wertgrenze ist der Wert des Gebäudes und des Grund und Bodens zusammenzurechnen (BFH, BStBl 1980 II S. 5). Gehört danach ein Grundstück zu der Zeit seiner erstmaligen betrieblichen Inanspruchnahme nicht zum Betriebsvermögen, so bedeutet dies jedoch nicht, daß damit endgültig über seine Zugehörigkeit zum Betriebsvermögen oder Privatvermögen entschieden ist. Für jeden Bilanzstichtag ist vielmehr neu zu prüfen, ob der eigengenutzte Teil noch von untergeordneter Bedeutung ist. Für den Bilanzstichtag, an dem der Grundstücksteil erstmals nicht mehr von untergeordneter Bedeutung ist, muß er nach § 6 Abs. 1 Nr. 5 EStG als Einlage behandelt werden. Bei der Prüfung, ob der Wert eines Grundstücksteils mehr als ein Fünftel des Werts des ganzen Grundstücks beträgt, ist in der Regel das Verhältnis der Nutzflächen zugrunde zu legen und dabei auf das gesamte Gebäude abzustellen (Abschn. 14 Abs. 2 Satz 6 EStR). Ein Grundstücksteil ist mehr als 20 000 DM wert, wenn der Teil des gemeinen Werts des ganzen Grundstücks, der nach dem Verhältnis der Nutzflächen auf den Grundstücksteil entfällt, 20 000 DM übersteigt. Führt der Ansatz der Nutzfläche zu einem unangemessenen Wertverhältnis der verschiedenen Grundstücksteile, so ist bei ihrer Wertermittlung anstelle der Nutzfläche in der Regel der Rauminhalt zugrunde zu legen (Abschn. 14 Abs. 2 Satz 8 EStR).

Gehört ein Grundstück dem Steuerpflichtigen nur zum Teil und dient es nur zum Teil dem Betrieb des Steuerpflichtigen, so kann bei Prüfung der Frage, ob und in welchem Umfang der betrieblich genutzte Teil des Grundstücks als notwendiges Betriebsvermögen zu behandeln ist, nur auf das Verhältnis des dem Steuerpflichtigen gehörenden eigenbetrieblich genutzten Grundstücksteils zum Gesamtgrundstück abgestellt werden (Abschn. 14 Abs. 8 EStR).

Beispiel:
Ein Steuerpflichtiger ist an einer Grundstücksgemeinschaft zu 50 v. H. beteiligt. Das dieser Grundstücksgemeinschaft gehörende Grundstück hat einen gemeinen Wert von 100 000 DM und dient zu 30 v. H. dem Gewerbebetrieb des Steuerpflichtigen. Dem Steuerpflichtigen gehören somit auch von dem gewerblich genutzten Teil nur 50 v. H., das sind 15 v. H. von 100 000 DM = 15 000 DM. Der dem Steuerpflichtigen gehörende eigenbetrieblich genutzte Grundstücksteil muß demnach nicht als notwendiges Betriebsvermögen behandelt werden, da sein Wert nicht mehr als ein Fünftel des Werts des ganzen Grundstücks beträgt und auch 20 000 DM nicht übersteigt (Abschn. 14 Abs. 2 EStR Beispiel C).

Erweitert ein Miteigentümer mit Zustimmung der anderen Miteigentümer ein Gebäude im eigenen Namen und für eigene Rechnung und nutzt er den neuen Gebäudeteil ausschließlich für eigenbetriebliche Zwecke, so hat er die gesamten Herstellungskosten zu aktivieren, und zwar den auf seinen ideellen Anteil entfallenden Teil als Herstellungskosten eines Gebäudes, den übrigen Teil als Herstellungskosten eines anderen unbeweglichen Wirtschaftsguts (BFH, BStBl 1978 II S. 6, BStBl 1979 II S. 399, BStBl 1980 II S. 244 und BStBl 1981 II S. 68).

4. Grundstücke und Grundstücksteile können auch als gewillkürtes Betriebsvermögen behandelt werden, wenn im übrigen die Voraussetzungen dafür vorliegen (vgl. auch Abschn. 14 Abs. 3 EStR).

5. Erfüllt ein Grundstück mehr als zur Hälfte die Voraussetzungen für die Behandlung als Betriebsvermögen (notwendiges und gewillkürtes Betriebsvermögen), so sollen nach Abschn. 14 Abs. 4 Satz 1 EStR auch solche Grundstücksteile, bei denen für sich betrachtet die Voraussetzungen für gewillkürtes Betriebsvermögen nicht vorliegen (z. B. zu fremden Wohnzwecken oder zu fremden betrieblichen Zwecken vermietete Grundstücksteile), als Betriebsvermögen behandelt werden können. Dabei soll entgegen dem sonst herrschenden Grundsatz nicht auf die einzelnen Wirtschaftsgüter, sondern auf das Gebäude als Ganzes abzustellen sein. Ferner kann für den Fall, daß einem Betriebsinhaber nur ein Anteil an einem Grundstück zuzurechnen ist und dieser Anteil mehr als zur Hälfte die Voraussetzungen für die Behandlung als Betriebsvermögen erfüllt, der Anteil in vollem Umfang als Betriebsvermögen behandelt werden.

Diese auch vom BFH (BStBl 1976 II S. 663, 1977 II S. 315 und 1981 II S. 63) noch anerkannte Regelung halten wir mit dem Grundsatz für unvereinbar, daß ein Gebäude so viele selbständige Wirtschaftsgüter darstellt, als die einzelnen Gebäudeteile wegen ihrer unterschiedlichen Nutzung eine unterschiedliche Funktion erfüllen. Einen bis zu 49 v. H. nicht betrieblichen Zwecken dienenden Teil eines Gebäudes kann man auch nicht als Teil von untergeordneter Bedeutung aus Vereinfachungsgründen mit den restlichen 51 v. H. zusammenfassen und gleichbehandeln.

Ein zu eigenen Wohnzwecken genutzter oder zu fremden Wohnzwecken unentgeltlich überlassener Grundstücksteil kann nach Abschn. 14 Abs. 4 Satz 2 EStR nicht mehr als Betriebsvermögen behandelt werden. Dies gilt,

1. sofern der Stpfl. das Gebäude nach dem 31. 12. 1986 angeschafft oder hergestellt hat, und zwar ab VZ 1987 (da nach § 52 Abs. 21 EStG eine Nutzungswertbesteuerung nicht mehr in Betracht kommt),

2. sofern der Nutzwert der Wohnung im VZ 1986 beim Eigentümer (Betriebsinhaber) zu erfassen war, und zwar spätestens ab VZ 1999 (§ 52 Abs. 15 Sätze 2 und 10 EStG),

3. sofern der Nutzwert der Wohnung im VZ 1986 beim Eigentümer (Betriebsinhaber) anzusetzen war und der Stpfl. für einen VZ ab 1987 unwiderruflich den Wegfall der Nutzungswertbesteuerung beantragt, und zwar von dem VZ an, für den dieser Antrag gilt (§ 52 Abs. 15 Sätze 4 und 10),

4. sofern der Nutzwert der Wohnung im VZ 1986 beim Nutzenden zu erfassen war, weil dieser die Wohnung aufgrund einer gesicherten Rechtsposition nutzte, und zwar ab VZ 1987 (§ 52 Abs. 15 Sätze 9 und 10 EStG).

Die Grundstücksteile (einschließlich des dazugehörigen Grund und Bodens) gelten in Fällen der Nr. 2 zum Ende des VZ 1998, in Fällen der Nr. 3 zu dem Zeitpunkt, zu dem letztmals der Nutzwert zu erfassen ist, also frühestens zum 31. 12. 1986, und in Fällen der Nr. 4 zum 31. 12. 1986 als entnommen. Der

Entnahmegewinn bleibt steuerfrei (§ 52 Abs. 15 Sätze 6, 9, 10 EStG; s. zum Vorstehenden BMF, BStBl 1986 I S. 528).

6. Der zum eigenbetrieblich genutzten Gebäude oder Gebäudeteil zugehörige Grund und Boden gehört ebenfalls zum notwendigen Betriebsvermögen. Entsprechendes gilt für den Grund und Boden, der dem Gebäudeteil zugeordnet ist, der als gewillkürtes Betriebsvermögen oder als Privatvermögen anzusehen ist. Bei bebauten Grundstücken wird über die Zugehörigkeit des Grund und Bodens und des Gebäudes zum Betriebs- oder Privatvermögen nur einheitlich entschieden (BFH, BStBl 1977 II S. 388, 1980 II S. 740, 1985 II S. 495). Wird also z. B. auf einem Betriebsgrundstück ein Gebäude errichtet, dessen unteres Stockwerk notwendiges Betriebsvermögen darstellt, dessen oberes Stockwerk hingegen dem Privatvermögen zuzurechnen ist, so wird der dem Privatvermögensteil des Gebäudes (anteilig) zuzurechnende Grund und Boden durch Entnahme ebenfalls Privatvermögen (BFH, BStBl 1983 II S. 365). Der Grund und Boden gilt auch dann als entnommen, wenn der Verpächter eines Gewerbebetriebs dem Pächter gestattet, auf einem mitverpachteten Betriebsgrundstück ein seinen (des Pächters) eigenen Wohnzwecken dienendes Gebäude zu errichten, das Gebäude als Privatvermögen geführt wird und damit zu rechnen ist, daß der verpachtete Betrieb einschließlich des Wohngrundstücks auf den Pächter als Erben übergeht (BFH, BStBl 1987 II S. 261). Der Grundsatz der einheitlichen Zuordnung von Grund und Boden und Gebäude gilt nicht für Bauten auf fremdem Grund und Boden; wenn der Grund und Boden und das Gebäude verschiedenen Personen zuzurechnen sind. Um solche handelt es sich auch dann, wenn bei Personengesellschaften der Grund und Boden zum Sonderbetriebsvermögen eines Gesellschafters, das Gebäude hingegen zum Gesamthandsvermögen der Gesellschaft gehört (BFH, BStBl 1982 II S. 693).

7. Wegen der Behandlung von Grundstücken bei Personengesellschaften Hinweis auf den nächsten Abschnitt.

8. Wegen der Frage, ob Grundstücke oder Grundstücksteile auch weiterhin Betriebsvermögen bleiben, wenn sich ihre Beziehung zum Betrieb entscheidend ändert, s. unter 4.1.2.6.

9. Die vorgenannten Grundsätze gelten auch für das Wohnungseigentum und Teileigentum nach dem Wohnungseigentumsgesetz (BGBl 1951 I S. 175), für Gebäude auf fremdem Grund und Boden sowie für auf Grund eines Erbbaurechts errichtete Gebäude (Abschn. 14 Abs. 11 EStR).

4.1.2.4.9 Betriebsvermögen bei Personengesellschaften[4]

Nach dem Verständnis der Personengesellschaften im Einkommensteuerrecht als Mitunternehmergemeinschaft, wie es sich aus § 15 Abs. 1 Nr. 2 EStG ergibt (s. dazu 5.2.2), ist **zwischen dem Betriebsvermögen der Personengesellschaft**

---

4 Siehe zu den folgenden Ausführungen das BMF-Schreiben vom 20. 12. 1977, BStBl 1978 I S. 8, und Abschn. 14 Abs. 7 und 8 EStR.

(Gesellschaftsvermögen) und dem Sonderbetriebsvermögen der Gesellschafter zu unterscheiden.

Zum Betriebsvermögen der Gesellschaft (Gesellschaftsvermögen) gehören grundsätzlich alle Wirtschaftsgüter, die im bürgerlich-rechtlichen Gesamthandseigentum der Gesellschaft stehen. Bei bilanzierenden Personengesellschaften ist ein Wirtschaftsgut, das zivilrechtlich Gesamthandsvermögen der Personengesellschaft ist und deshalb gemäß § 246 Abs. 1 HGB in die Handelsbilanz aufzunehmen ist, wegen der Maßgeblichkeit der Handelsbilanz für die Steuerbilanz (§ 5 Abs. 1 EStG) grundsätzlich auch einkommensteuerrechtlich Betriebsvermögen der Personengesellschaft (BFH, BStBl 1975 II S. 804 und 1988 II S. 418). Das gilt uneingeschränkt jedenfalls für ein in die Bilanz einer Personengesellschaft aufgenommenes im Gesamthandsvermögen stehendes Wirtschaftsgut, wenn es zumindest die bei Einzelunternehmen geforderten Voraussetzungen für gewillkürtes Betriebsvermögen erfüllt. Wird das Wirtschaftsgut teilweise auch privat genutzt, so kommt es für die Zurechnung zum Gesellschaftsvermögen nicht darauf an, ob es möglich ist, die betriebliche von der privaten Nutzung leicht und einwandfrei zu trennen (anders bei Einzelunternehmen – BFH, BStBl 1978 II S. 353). Die vorgenannten Grundsätze gelten nicht nur für Vermögensgegenstände, sondern auch Schulden (negative Wirtschaftsgüter – BFH, BStBl 1984 II S. 706). Ein Überziehungskredit auf einem betrieblichen Kontokorrentkonto der Gesellschaft ist bei Gewinnermittlung durch Bestandsvergleich selbst dann in voller Höhe eine betriebliche Schuld, wenn die den Kreditbedarf auslösende Entnahme der Deckung des üblichen Lebensbedarfs der Gesellschaft diente. Dies gilt auch für entsprechend veranlaßte Kreditaufnahme der Gesellschaft durch ein besonderes Einzeldarlehn (BFH, BStBl 1984 II S. 706). Da es für die Zuordnung von Wirtschaftsgütern handelsrechtlich wie steuerrechtlich in erster Linie auf das wirtschaftliche Eigentum ankommt, muß der aufgestellte Grundsatz auch für das im wirtschaftlichen Eigentum der Gesellschaft stehende Vermögen gelten, sofern das wirtschaftliche Eigentum vom zivilrechtlichen Eigentum abweicht.

Von diesem Grundsatz gibt es jedoch **Ausnahmen,** die ihre rechtliche Grundlage in den einkommensteuerrechtlichen Begriffen des Betriebsvermögens und der Betriebsausgaben haben.

Erwirbt eine Personengesellschaft zum Gesamthandsvermögen ein Wirtschaftsgut, ohne daß hierfür ein im Betrieb der Personengesellschaft wurzelnder Anlaß besteht, so sind die Aufwendungen der Personengesellschaft für das Wirtschaftsgut keine Betriebsausgaben, weil sie nicht durch den Betrieb veranlaßt sind. Demgemäß wird das Wirtschaftsgut nicht Betriebsvermögen, sondern **(notwendiges) Privatvermögen der Personengesellschaft** (BFH, BStBl 1975 II S. 804, 1979 II S. 257); vgl. auch BFH, BStBl 1988 II S. 418). Ein zum Gesamthandsvermögen gehörendes Wirtschaftsgut kann nicht Betriebsvermögen sein, wenn es ausschließlich oder fast ausschließlich der privaten Lebensführung eines, mehrerer oder aller Mitunternehmer dient (BFH, BStBl 1973 II S. 705 und 1975 II S. 804, 1983 II S. 459).

Ein **betrieblicher Anlaß für den Erwerb eines Wirtschaftsguts** fehlt z. B., wenn das Wirtschaftsgut auf Grund eines nicht notwendigen betrieblichen Vorgangs erworben wird und beim Erwerb bereits erkennbar ist, daß das Wirtschaftsgut dem Betrieb nur Verluste bringt (BFH, BStBl 1967 III S. 391), wenn bereits beim Erwerb eines Grundstücks deutlich ist, daß der Erwerb ausschließlich privaten Interessen der Gesellschaft dient (BFH, BStBl 1973 II S. 705), wenn der Veräußerer des Wirtschaftsguts Gesellschafter der Personengesellschaft ist oder einem Gesellschafter nahesteht und es nach Lage des Falls als ausgeschlossen angesehen werden kann, daß die Gesellschaft das Wirtschaftsgut auch von einem Fremden erworben hätte (z. B. Erwerb einer „faulen" **Forderung**: BFH, BStBl 1975 II S. 804), wenn ein **Darlehn** ohne betrieblichen Anlaß der Gesellschaft allein im Hinblick auf die wirtschaftlichen Bedürfnisse eines Gesellschafters gewährt wurde (BFH, BStBl 1985 II S. 6) oder wenn bei **Übernahme einer Bürgschaft** durch eine KG es nach Lage des Falls als ausgeschlossen angesehen werden kann, daß die Gesellschaft die Bürgschaft auch zugunsten eines Fremden übernommen hätte (BFH, BStBl 1976 II S. 668). Da ein zum Gesamthandsvermögen gehörendes Wirtschaftsgut nicht Betriebsvermögen sein kann, wenn es (fast) ausschließlich der privaten Lebensführung der Mitunternehmer dient, kann ein zum Gesamthandsvermögen gehörendes Wirtschaftsgut, das zunächst zu Recht als Betriebsvermögen der Personengesellschaft zu behandeln war, später auch **(notwendiges) Privatvermögen der Personengesellschaft** werden, wenn es auf Dauer nur noch den privaten Zwecken der (des) Gesellschafter(s) dient (BFH, BStBl 1988 II S. 418; vgl. auch Abschn. 14 Abs. 7 EStR; s. dazu ferner 4.1.2.6.3).

Zweifelhaft ist, ob es **im Bereich des Gesellschaftsvermögens gewillkürtes Betriebsvermögen** geben kann. Die Frage wird zum Teil mit der Begründung verneint, Personengesellschaften müßten ihr ganzes Betriebsvermögen in die Handelsbilanz aufnehmen und dürften daneben nach Belieben kein Privatvermögen oder Betriebsvermögen bilden. Diese Handelsbilanz sei sodann für die Steuerbilanz maßgeblich (BFH, BStBl 1983 II S. 459; BMF, BStBl 1978 I S. 8, Tz. 8). Dem ist entgegenzuhalten, daß es für die Zugehörigkeit eines Wirtschaftsguts zum notwendigen oder gewillkürten Betriebsvermögen auf die Zweckbestimmung des Wirtschaftsguts ankommt. Diese Unterscheidung läßt sich auch im Gesamthandsvermögen durchführen. Es ist nicht einzusehen, daß ein im Gesellschaftsvermögen stehendes Wirtschaftsgut, das nur lose (z. B. durch Fremdvermietung) dem Betrieb der Personengesellschaft dient, nicht entnommen werden könnte (z. B. durch zivilrechtliche Übertragung auf alle Gesellschafter zum Bruchteilseigentum). Wie ferner die Ausführungen im vorhergehenden Absatz zeigen, gibt es auch beim Gesellschaftsvermögen einen spezifischen steuerrechtlichen Begriff des Betriebsvermögens. All das spricht dafür, auch beim Gesellschaftsvermögen zwischen notwendigem und gewillkürtem Betriebsvermögen zu unterscheiden.

Wirtschaftsgüter eines seiner Natur nach land- und forstwirtschaftlichen Betriebs, die den Gesellschaftern einer Personengesellschaft gehören, die gleichzeitig ein gewerbliches Unternehmen betreiben, haben im Hinblick auf den Gewerbebetrieb den Charakter von gewillkürtem Gesellschaftsvermögen.

Beispiel:
Die Gesellschafter der X-OHG, die den Holzhandel und ein gewerbliches Sägewerk betreiben, sind Eigentümer einer Landwirtschaft zur gesamten Hand. Sie haben die Möglichkeit, die Landwirtschaft durch entsprechende buchmäßige Behandlung in den Büchern und Bilanzen als Teil des gewerblichen Betriebs zu behandeln oder sie als Gesellschaft bürgerlichen Rechts neben dem Gewerbebetrieb zu führen (RFH, RStBl 1938 S. 107). Etwas Entsprechendes würde auch z. B. für ein Mietwohngrundstück gelten.

Aus § 15 Abs. 1 Nr. 2 EStG, wonach zu den Einkünften aus Gewerbebetrieb auch Vergütungen gehören, die der Gesellschafter von der Gesellschaft für die Überlassung von Wirtschaftsgütern bezogen hat, wird deutlich, daß **die der Gesellschaft zur Nutzung überlassenen Wirtschaftsgüter des Gesellschafters** zum Betriebsvermögen rechnen. Diese Wirtschaftsgüter rechnen zwar **nicht** zum **Gesamthandsvermögen und damit auch nicht zum Gesellschaftsvermögen, wohl aber zum Sonderbetriebsvermögen** des Gesellschafters, das mit dem Gesellschaftsvermögen eine wirtschaftliche Einheit bildet und ebenso wie das Gesellschaftsvermögen in den ertragsteuerlichen Betriebsvermögensvergleich einzubeziehen ist (BFH, BStBl 1972 II S. 928, 1975 II S. 166 und 781, 1976 II S. 98, 179 und 188). Rechtsgrundlage für diese Betrachtung ist allerdings nicht § 15 Abs. 1 Nr. 2 EStG, sondern § 4 Abs. 1 EStG in der Auslegung, wie sie der BFH (BStBl 1983 II S. 215) gefunden hat. Ein Wirtschaftsgut, das sachenrechtlich nicht Gesamthandsvermögen ist, sondern im Bruchteilseigentum aller oder einiger Gesellschafter steht, kann nicht Gesellschaftsvermögen, sondern nur Sonderbetriebsvermögen der Gesellschafter sein (BFH, BStBl 1981 II S. 430). Gehört das einer Mitunternehmerschaft zur Nutzung überlassene Wirtschaftsgut zum gewerblichen Betriebsvermögen eines Mitunternehmers, so ist es gleichwohl als dessen Sonderbetriebsvermögen in die Gewinnermittlung der Mitunternehmerschaft einzubeziehen (BFH, BStBl 1979 II S. 750). Die FinVerw hat wegen ihrer abweichenden früheren Auffassung hierzu eine Übergangsregelung getroffen (BStBl 1979 I S. 683). Sonderbetriebsvermögen des Gesellschafters können nur die Wirtschaftsgüter werden, die dem Gesellschafter zivilrechtlich oder wirtschaftlich gehören.

Beispiele:
a) A verpachtet an eine KG, an der er als Kommanditist beteiligt ist, ein dem B gehörendes Grundstück, an dem A ein Nießbrauchsrecht besitzt. Das Grundstück wird nicht Sonderbetriebsvermögen des A, weil A weder zivilrechtlicher noch wirtschaftlicher Eigentümer des Grundstücks ist (s. dazu BFH, BStBl 1972 II S. 174). (Würde A im Beispielsfall gegenüber B ein Ankaufsrecht auf künftigen Erwerb des Grundstücks haben, so gehörte dieses Recht jedenfalls nicht zum notwendigen Sonderbetriebsvermögen – BFH, BStBl 1982 II S. 10.)
b) A hält eine Beteiligung an der X-GmbH und ist Komplementär der B-OHG. Die X-GmbH vertreibt die Erzeugnisse der B-OHG im Inland. Die B-OHG ist als Kommanditistin an der C-GmbH & Co. KG beteiligt, deren Komplementär die X-GmbH ist. Die C-GmbH & Co. KG vertreibt die Erzeugnisse der B-OHG im Ausland. Die GmbH-Anteile des A können zwar dessen Sonderbetriebsvermögen

bei der B-OHG, nicht aber Sonderbetriebsvermögen der B-OHG bei der C-OHG & Co. KG sein. Wirtschaftsgüter, die Sonderbetriebsvermögen des Gesellschafters einer Personengesellschaft sind, können nicht Sonderbetriebsvermögen dieser Personengesellschaft bei einer zweiten Personengesellschaft sein, an der die erste Personengesellschaft, nicht aber ihr Gesellschafter beteiligt ist (BFH, BStBl 1986 II S. 55).

Bei einer atypischen stillen Gesellschaft (4.2.2.2 und 5.2.3.2) sind betrieblich genutzte Wirtschaftsgüter, die dem Inhaber des Handelsgeschäfts gehören, nicht als dessen Sonderbetriebsvermögen anzusehen. Zwar hat die atypische stille Gesellschaft kein Gesellschaftsvermögen; bei der atypischen stillen Gesellschaft entspricht indessen das Betriebsvermögen des Inhabers des Handelsgeschäfts dem Gesellschaftsvermögen einer Personengesellschaft mit Gesamthandsvermögen. Sonderbetriebsvermögen kann demgegenüber der atypische stille Gesellschafter haben, wenn er dem Inhaber des Handelsgeschäfts Wirtschaftsgüter zur Nutzung überläßt (BFH, BStBl 1984 II S. 820).

Grundstücke oder Grundstücksteile, die dem Betrieb einer Personengesellschaft dienen und einer Gesamthandsgemeinschaft (z. B. Erbengemeinschaft) gehören, an der auch Personen beteiligt sind, die nicht Mitunternehmer sind, gehören zum Betriebsvermögen der Personengesellschaft, soweit die Grundstücke oder Grundstücksteile nach § 39 Abs. 2 Nr. 2 AO den Gesellschaftern der Personengesellschaft zuzurechnen sind. Dient ein Grundstück dem Betrieb der Personengesellschaft nur zum Teil, so sind die den Gesellschaftern zuzurechnenden Grundstücksteile lediglich mit ihrem betrieblich genutzten Teil Betriebsvermögen. Ist dieser im Verhältnis zum Wert des ganzen Grundstücks von untergeordneter Bedeutung, so braucht dieser Teil, auch wenn im übrigen die Voraussetzungen dafür vorliegen, nicht als notwendiges Betriebsvermögen behandelt zu werden (Abschn. 14 Abs. 8 EStR). Wegen der Berechnung s. Beispiel unter 4.1.2.4.8.

Zum Sonderbetriebsvermögen eines Gesellschafters gehören ferner auch solche Wirtschaftsgüter, die der eigenen Beteiligung des Gesellschafters an der Gesellschaft zu dienen bestimmt sind (BFH, BStBl 1976 II S. 88, 179 und 188). Der BFH (BStBl 1976 II S. 88) begründet die Zugehörigkeit dieser Wirtschaftsgüter zum Sonderbetriebsvermögen damit, daß aus den Vorschriften § 15 Abs. 1 Nr. 2, § 16 Abs. 1 Nr. 2 und Abs. 2 EStG folge, daß einkommensteuerlich nicht nur der Betrieb der Personengesellschaft, sondern auch die Beteiligung des Gesellschafters (Mitunternehmers) als gewerbliche Tätigkeit zu behandeln sei. Als Beispiel von Sonderbetriebsvermögen dieser Art sind die den Kommanditisten gehörenden Anteile an der geschäftsführenden Komplementär-GmbH einer GmbH & Co. KG (BFH, BStBl 1976 II S. 188 und 1985 II S. 241) und die den Kommanditisten einer KG gehörenden Anteile an einer GmbH, die ihr Unternehmen an die KG verpachtet hat und die ebenfalls Kommanditistin der KG ist (BFH, BStBl 1976 II S. 88), zu nennen. In beiden Fällen üben die Kommanditisten ihre Gesellschaftsrechte an der GmbH selbst aus; die GmbH-Anteile sind also nicht der KG zur Nutzung überlassen. Sie sind aber bestimmt und geeignet, der KG-Beteiligung der Kommanditisten zu dienen (dies trifft nicht zu in dem Fall, in dem die GmbH

Kommanditistin der KG ist, während ihre Anteilseigner gleichzeitig Komplementäre der KG sind – BFH, BStBl 1982 II S. 751).

Auch Gebäude oder Gebäudeteile, in denen ein Gesellschafter ausschließlich für die Gesellschaft tätig wird, können Wirtschaftsgüter sein, die der Beteiligung des Gesellschafters an der Personengesellschaft dienen und damit zu seinem Sonderbetriebsvermögen zu rechnen sind (BFH, BStBl 1988 II S. 667).

Unter demselben Gesichtspunkt ist ferner ein Grundstück, das der Gesellschafter an einen Dritten vermietet, damit dieser es der Gesellschaft zur betrieblichen Nutzung überläßt, als Sonderbetriebsvermögen des Gesellschafters angesehen worden (BFH, BStBl 1981 II S. 314). Dies kann, da die Mietzahlungen an den Gesellschafter nicht von der Gesellschaft, sondern von dem Dritten geleistet wurden, nicht aus § 15 Abs. 1 Nr. 2 EStG hergeleitet werden. Indessen hat der Gesellschafter das Mietverhältnis mit dem Dritten im Interesse seiner Gesellschafterstellung und zur Stärkung seiner Beteiligung abgeschlossen. Ist aber das Mietverhältnis betrieblich veranlaßt, so ist auch das vermietete Grundstück Sonderbetriebsvermögen.

Sonderbetriebsvermögen kann grundsätzlich notwendiges und gewillkürtes Betriebsvermögen sein (BFH, BStBl 1976 II S. 180, 1977 II S. 150, 1980 II S. 40). Bei dem der Gesellschaft selbst dienenden Sonderbetriebsvermögen bedarf es zur Annahme von Sonderbetriebsvermögen keiner rechtsgeschäftlichen Überlassung der Wirtschaftsgüter an die Personengesellschaft, es genügt, daß die Wirtschaftsgüter tatsächlich der Personengesellschaft dienen (BFH, BStBl 1978 II S. 88). Indessen stellt eine Überlassung „zur Planung" oder „zur späteren Verwendung" keine Überlassung zur Nutzung i. S. des § 15 Abs. 1 Nr. 2 EStG dar (BFH, BStBl 1986 II S. 839). Ferner kommt es für die Abgrenzung zwischen notwendigem und gewillkürtem Betriebsvermögen grundsätzlich auf dieselben Merkmale an wie bei einem Einzelunternehmen, wenn man davon absieht, daß im letztgenannten Fall die Beziehungen des Wirtschaftsguts zum Einzelunternehmen, beim Sonderbetriebsvermögen der genannten Art aber zum Betrieb der Personengesellschaft bestehen müssen (BFH, BStBl 1977 II S. 150 und 388, 1983 II S. 215). So hat der BFH (BStBl 1985 II S. 654) notwendiges Sonderbetriebsvermögen angenommen, wenn das Wirtschaftsgut unmittelbar dem Betrieb der Personengesellschaft zu dienen bestimmt ist, und gewillkürtes Sonderbetriebsvermögen unter der Voraussetzung bejaht, daß das Wirtschaftsgut objektiv geeignet ist, den Betrieb der Gesellschaft zu fördern und subjektiv durch den Gesellschafter diesem Zweck gewidmet ist. Ferner hat der BFH die Voraussetzungen für notwendiges Sonderbetriebsvermögen als erfüllt betrachtet, wenn bei einer Betriebsaufspaltung (s. 5.2.1.2) die Anteile der Betriebskapitalgesellschaft den Gesellschaftern der Besitzpersonengesellschaft gehören, weil sie das Mittel sind, auf die Pächtergesellschaft, von deren wirtschaftlichen Erfolgen die Erträge der Personengesellschaft abhängen, Einfluß zu nehmen (BFH, BStBl 1973 II S. 438). Ist mithin ein Grundstück, das einem Mitunternehmer einer Personengesellschaft gehört, objektiv geeignet, dem Betrieb der Personengesellschaft zu dienen, so ist es gewillkürtes Sonderbetriebsvermögen, wenn es der Eigentümer subjektiv dazu bestimmt, dem Betrieb der Personengesellschaft (z. B. als Vorratsgelände) zu dienen (BFH, BStBl 1981 II S. 731, 1983 II S. 215).

Wirtschaftsgüter, die der Beteiligung der Gesellschafter dienen, sind notwendiges Sonderbetriebsvermögen, wenn sie unmittelbar zur Begründung und Verstärkung der Beteiligung des Gesellschafters an der Personengesellschaft eingesetzt sind. Auch bei ihnen dürfte grundsätzlich gewillkürtes Betriebsvermögen möglich sein (BFH, BStBl 1985 II S. 654). Die tatsächlichen Möglichkeiten dafür sind jedoch eng begrenzt. In den oben erwähnten Fällen der GmbH-Anteile hat der BFH zu Recht notwendiges Betriebsvermögen angenommen. Gewillkürtes Betriebsvermögen kann man nach allgemeinen Grundsätzen nur dann für zulässig halten, wenn die Beziehung des Wirtschaftsguts zum Anteil des Gesellschafters an der Personengesellschaft so gestaltet ist, daß das Wirtschaftsgut ohne Veränderung dieser Beziehung entnommen werden könnte.

Beispiel:
A hat für seine Beteiligung an der X-KG ein Darlehn aufgenommen und zur Sicherung dieses Darlehns Wertpapiere verpfändet. Die Wertpapiere dienen damit der KG-Beteiligung des A. Diese Beziehung ist jedoch nicht so stark, daß die Wertpapiere zum notwendigen Sonderbetriebsvermögen des A rechnen. Sie können zu dessen gewillkürtem Sonderbetriebsvermögen gezogen werden. Anders verhält es sich mit der Darlehnsverbindlichkeit; sie ist notwendiges Sonderbetriebsvermögen.

4.1.2.5 Aktivierungs- und Passivierungsgebote und -verbote, Bilanzierungswahlrechte

4.1.2.5.1 Allgemeines

Mit der Feststellung, daß ein Wirtschaftsgut zum Betriebsvermögen eines bestimmten Steuerpflichtigen gehört, ist noch nicht abschließend entschieden, ob es auch in die Bilanz aufzunehmen ist oder aufgenommen werden darf. Diese Frage beantworten die Aktivierungs- und Passivierungsgebote und -verbote und die Bilanzierungswahlrechte. Entsprechendes gilt auch für Rechnungsabgrenzungsposten. Mit der Bejahung der Zulässigkeit eines Rechnungsabgrenzungspostens ist noch nicht entschieden, ob dieser Posten in die Bilanz aufzunehmen ist oder aufgenommen werden darf.

Daß körperliche Wirtschaftsgüter (z. B. Grundstücke), die zum Betriebsvermögen eines Steuerpflichtigen gehören, in die Bilanz aufzunehmen sind, ist keine Frage. Der handelsrechtliche Grundsatz der Vollständigkeit (§ 246 Abs. 1 HGB) gilt hier uneingeschränkt. Zu prüfen bleibt hier nur, mit welchen Werten sie dort anzusetzen sind. Anders verhält es sich bei den immateriellen Wirtschaftsgütern und bei den Verrechnungsposten.

Die Rechnungslegungsvorschriften im dritten Buch des HGB (§§ 238 ff. HGB), insbesondere im zweiten Teil (§§ 246 ff. HGB), enthalten bestimmte Bilanzierungsverbote für immaterielle Wirtschaftsgüter und Posten der Rechnungsabgrenzung und bestimmte Bilanzierungswahlrechte. Zu prüfen ist daher, inwieweit der **Maßgeblichkeitsgrundsatz** die Beachtung der vorgenannten handelsrechtlichen Bilanzierungsregeln gebietet. Praktische Bedeutung kommt dieser Frage allerdings nur insoweit zu, als in § 5 Abs. 2 bis 5 EStG keine ausdrückliche Regelung getroffen ist.

Soweit für die Gewinnermittlung steuerrechtliche Bilanzierungswahlrechte eingeräumt sind, stellt sich die weitere Frage, ob und inwieweit diese Wahlrechte unabhängig von den Ansätzen in der Handelsbilanz ausgeübt werden können oder ob und inwieweit die Ausübung dieser Wahlrechte Rückwirkungen auf die Handelsbilanz hat.

Nach der neu eingefügten Vorschrift des § 5 Abs. 1 Satz 2 EStG, die nach § 52 Abs. 5 b EStG erstmals für nach dem 31. 12. 1989 endende Wirtschaftsjahre anzuwenden ist, sind steuerrechtliche Wahlrechte bei der Gewinnermittlung ganz allgemein in Übereinstimmung mit der handelsrechtlichen Jahresbilanz auszuüben. Damit hat der Gesetzgeber, um entstandene Rechtsunsicherheit auszuräumen, den **Grundsatz der umgekehrten Maßgeblichkeit,** der bislang nur in § 6 Abs. 3 EStG a. F. und einigen speziellen Vorschriften eine Regelung gefunden hatte, allgemein im Gesetz verankert.

Die Vorschrift des § 5 Abs. 1 Satz 2 EStG ist auf alle steuerrechtlichen Wahlrechte anzuwenden, die im Bereich der Gewinnermittlung bestehen. Ob es sich dabei um Bilanzierungswahlrechte oder Bewertungswahlrechte handelt, ist ohne Bedeutung.

Der Grundsatz der umgekehrten Maßgeblichkeit gilt nur für steuerrechtliche Wahlrechte, die auch unter Beachtung der Wirkungen des Maßgeblichkeitsgrundsatzes bestehen. Derartige Wahlrechte kommen häufiger im Bereich der Bewertungsvorschriften vor, für die nach § 5 Abs. 6 EStG der sogenannte Bewertungsvorbehalt (vgl. dazu unter 4.1.2.10.4) gilt.

4.1.2.5.2 Der Maßgeblichkeitsgrundsatz bei den Bilanzierungs-(Ansatz-)regelungen

Der Maßgeblichkeitsgrundsatz bedeutet, daß handelsrechtliche Aktivierungs- und Passivierungsgebote und -verbote steuerlich zu beachten sind. Das gilt insbesondere für den in § 246 Abs. 1 HGB normierten Grundsatz des vollständigen Ausweises (wegen der vom Vollständigkeitsgrundsatz abweichenden Aktivierungs- und Passivierungsverbote bei schwebenden Verträgen s. 4.1.2.5.7). Auch sind handelsrechtliche Bilanzierungsgrundsätze für die Frage heranzuziehen, ob überhaupt ein Wirtschaftsgut vorliegt, das die Voraussetzungen der Aktivierbarkeit erfüllt. Insoweit geht der steuerrechtliche Begriff des Wirtschaftsguts nicht weiter als der handelsrechtliche Begriff des Vermögensgegenstandes (BFH, BStBl 1979 II S. 262; s. dazu aber 4.1.2.4.2). Nach § 246 Abs. 1 HGB hat der Jahresabschluß sämtliche Vermögensgegenstände, Schulden und Rechnungsabgrenzungsposten . . . zu enthalten, soweit gesetzlich nichts anderes bestimmt ist. Immaterielle Vermögensgegenstände müssen danach grundsätzlich angesetzt werden. Jedoch gilt ein Aktivierungsverbot für immaterielle Anlagegüter, die nicht entgeltlich erworben wurden (§ 248 Abs. 1 HGB). Unter das Aktivierungsgebot des § 246 Abs. 1 HGB fallen demnach nur immaterielle Vermögensgegenstände des Umlaufvermögens (z. B. der Plan eines Architekten oder Ingenieurs, der zur Veräußerung bestimmt ist) und solche immateriellen Vermögensgegenstände des Anlagevermögens, die entgeltlich erlangt sind. Eine entsprechende Regelung findet sich für immaterielle Wirtschaftsgüter in § 5 Abs. 2 EStG. Diese ist eine gesetzliche Ausprägung des Maßgeblichkeitsgrundsatzes.

Nicht unter das Vollständigkeitsgebot des § 246 Abs. 1 HGB fällt der Geschäfts- oder Firmenwert. Wenngleich er zu den immateriellen Vermögensgegenständen des Anlagevermögens zählt (§ 266 Abs. 2 [Aktivseite] A I Nr. 2 HGB), darf er nur angesetzt werden, wenn er entgeltlich erworben wurde und auch die übrigen Voraussetzungen des § 255 Abs. 4 HGB erfüllt sind. Es besteht mithin handelsrechtlich für den selbstgeschaffenen Geschäfts- oder Firmenwert ein Aktivierungsverbot – dieses gilt nach dem Maßgeblichkeitsgrundsatz auch für das Steuerrecht – und für den entgeltlich erworbenen Geschäfts- oder Firmenwert ein Aktivierungswahlrecht. Nach der Entstehungsgeschichte der Vorschrift wird die Frage der Bilanzierung des Geschäfts- oder Firmenwerts nicht von § 5 Abs. 2 EStG geregelt (wegen des Maßgeblichkeitsgrundsatzes in diesem Falle s. u.).

Für die Steuerbilanz gelten grundsätzlich auch die handelsrechtlichen Bilanzierungsgebote und -verbote für Rückstellungen, die sich aus der Vorschrift des § 249 HGB ergeben.[5]

Hinsichtlich Rückstellungen wegen Verletzung fremder Patente ist in § 5 Abs. 3 EStG ein eigenständiges steuerrechtliches Passivierungsgebot aufgestellt. Sofern solche steuerrechtlichen Bilanzierungsgebote bestehen, gelten für die Steuerbilanz nur diese, so daß die Frage, ob sie den Grundsätzen ordnungsmäßiger Buchführung entsprechen, nicht geprüft zu werden braucht (wegen weiterer Einzelheiten zu den Rückstellungen s. 4.2.2.12).

Auch die Rückstellungen für Pensionsverpflichtungen gehören zu den Rückstellungen für ungewisse Verbindlichkeiten, für die nach § 249 Abs. 1 Satz 1 HGB eine Passivierungspflicht besteht. Für sie gilt jedoch die Sonderregelung des Art. 28 Abs. 1 Satz 1 EGHGB. Weil bis zum Bilanzrichtliniengesetz nach herrschender Meinung angenommen wurde, für Pensionsverpflichtungen bestehe handelsrechtlich nur ein Passivierungswahlrecht, braucht nach Art. 18 Abs. 1 EGHGB für laufende Pensionen oder Anwartschaften auf eine Pension aufgrund unmittelbarer Zusage eine Rückstellung nach § 249 Abs. 1 Satz 1 HGB nicht gebildet zu werden, wenn der Pensionsberechtigte den Anspruch vor dem 1. 1. 1987 erworben hat oder sich ein vor diesem Zeitpunkt erworbener Rechtsanspruch nach dem 31. 12. 1986 erhöht. Für diese ist steuerrechtlich nach § 6 a EStG ebenfalls ein Bilanzierungswahlrecht unter den dort genannten besonderen

---

5 Soweit bis zum Inkrafttreten der Vorschriften des § 249 HGB Rückstellungen für unterlassene Instandhaltung, die innerhalb von drei Monaten nachgeholt werden, steuerrechtlich als unzulässig angesehen wurden (s. dazu BFH, BStBl 1974 II S. 25, 1975 II S. 535, 1984 II S. 277), ist für die Zeit danach handelsrechtlich ein Passivierungsgebot für solche Rückstellungen vorgesehen, so daß nach dem Maßgeblichkeitsgrundsatz steuerlich entsprechende Rückstellungen gebildet werden müssen. Die zitierte Rechtsprechung des BFH wird aus diesem Grunde von der FinVerw nicht beachtet (BStBl 1984 I S. 261).

steuerrechtlichen Voraussetzungen vorgesehen. Dieses Bilanzierungswahlrecht ist nach dem unveränderten Wortlaut des § 6 a Abs. 1 EStG indessen auch für die Fälle erhalten geblieben, in denen handelsrechtlich nunmehr Passivierungspflicht besteht. Es herrscht Streit, ob auch steuerrechtlich nach dem Maßgeblichkeitsgrundsatz nunmehr die handelsrechtliche Bilanzierungspflicht gilt (Gesetzeskonkurrenz). Nach Auffassung der FinVerw gilt die handelsrechtliche Passivierungspflicht für sog. Neuzusagen nach dem Maßgeblichkeitsgrundsatz auch für die Steuerbilanz, sofern die in § 6 a Abs. 1 und 2 EStG genannten Voraussetzungen für die Bildung der Rückstellung erfüllt sind (BMF, BStBl 1987 I S. 365).

Bezüglich der Rechnungsabgrenzungsposten (s. dazu 4.1.2.5.3 bis 5) enthält § 250 Abs. 1 Satz 1 und Abs. 2 HGB deckungsgleiche Regelungen mit § 5 Abs. 4 EStG. Insoweit spielt der Maßgeblichkeitsgrundsatz keine Rolle. Hinsichtlich der Rückstellungen für als Aufwand berücksichtigte Zölle und Verbrauchsteuern (4.1.2.5.4) und als Aufwand berücksichtigte Umsatzsteuer auf Anzahlungen (4.1.2.5.5) ist handelsrechtlich ein Aktivierungswahlrecht (§ 250 Abs. 1 Satz 2 HGB), steuerrechtlich eine Aktivierungspflicht gegeben. Das gilt auch für das Damnum (s. dazu 4.1.2.5.3).

Der Maßgeblichkeitsgrundsatz erstreckt sich grundsätzlich nicht auf handelsrechtliche Bilanzierungswahlrechte. Handelsrechtliche Bilanzierungswahlrechte sind im allgemeinen steuerlich nicht maßgeblich. Positive Wirtschaftsgüter (z. B. der mit der Übertragung eines Unternehmens entgeltlich erworbene Geschäftswert) sind in der Steuerbilanz auch dann auszuweisen, wenn sie in Ausübung eines handelsrechtlichen Bilanzierungswahlrechts (z. B. § 255 Abs. 4 HGB) in die Handelsbilanz nicht eingestellt sind (BFH, BStBl 1981 II S. 184, 1982 II S. 189). Das gebieten die Grundsätze der richtigen Gewinnermittlung und der Gleichmäßigkeit der Besteuerung (BFH, BStBl 1969 II S. 291). Für negative Wirtschaftsgüter dürfen, wenn für sie handelsrechtlich ein Passivierungswahlrecht besteht, in der Steuerbilanz keine Posten angesetzt werden (BFH, BStBl 1969 II S. 291 und S. 581, 1983 II S. 375, 1986 II S. 68). Dies trifft z. B. für Rückstellungen für unterlassene Aufwendungen für Instandhaltung zu, wenn die Instandhaltung nicht im nächsten Geschäftsjahr innerhalb von 3 Monaten, sondern innerhalb des Jahres nachgeholt wird. Für diese besteht handelsrechtlich nur ein Passivierungswahlrecht (§ 249 Abs. 1 Satz 3 HGB).

Soweit handelsrechtliche Bilanzierungswahlrechte jedoch ausdrücklich steuerlich zugelassen sind (so für die Pensionsrückstellungen nach § 6 a EStG, für die nach Art. 28 Abs. 1 Satz 1 EGHGB ein Passivierungswahlrecht besteht) **oder soweit sie nicht gegen die steuerlichen Gewinnermittlungsgrundsätze verstoßen, gelten sie nach dem Maßgeblichkeitsgrundsatz auch für das Steuerrecht.** Nach § 269 Satz 1 HGB dürfen Aufwendungen für die Instandsetzung des Geschäftsbetriebs oder dessen Erweiterung, soweit sie nicht bilanzierungsfähig sind, als Bilanzierungshilfe bilanziert werden. Wie der Wortlaut zum Ausdruck bringt, handelt es sich nicht um einen Vermögensgegenstand. Da die Bilanzierungsmöglichkeit nur für Kapitalgesellschaften gilt, entspricht sie auch nicht einem allgemeinen

Grundsatz ordnungsmäßiger Buchführung. Sie hat daher für die Steuerbilanz keine Bedeutung.

Wegen der Frage der Bilanzierung des Agios, Disagios bzw. Damnums bei Verbindlichkeiten, für das nach § 247 Abs. 3 HGB ein Aktivierungswahlrecht besteht, s. unter 4.1.2.5.3.

Die Frage, inwieweit der Grundsatz der Maßgeblichkeit der Handelsbilanz für die Steuerbilanz durchgreift, ist mithin vielschichtig. Auf folgenden kurzen Nenner kann man das Ergebnis bringen: Soweit inhaltlich gleichlautende Bilanzierungsregelungen im Handels- und Steuerrecht bestehen, ist für den Maßgeblichkeitsgrundsatz kein Raum (bzw. handelt es sich um eine gesetzliche Ausprägung des Maßgeblichkeitsgrundsatzes). Sofern eigenständige steuerrechtliche Bilanzierungsregelungen ausdrücklich getroffen sind, gehen sie für die Steuerbilanz den (möglicherweise) abweichenden handelsrechtlichen Regelungen vor. Im übrigen sind handelsrechtliche Aktivierungs- und Passivierungsgebote und -verbote, die Grundsätze ordnungsmäßiger Buchführung darstellen, steuerlich zu beachten, Bilanzierungswahlrechte hingegen nicht.

4.1.2.5.3 Bilanzierung immaterieller Wirtschaftsgüter des Anlagevermögens

Immaterielle Wirtschaftsgüter des Anlagevermögens sind zu bilanzieren, wenn sie entgeltlich erworben sind. Sie dürfen nicht bilanziert werden, wenn sie nicht gegen Entgelt erworben worden sind. Wegen des Begriffs des immateriellen Wirtschaftsgutes s. unter 4.1.2.4.2. Nach Abschn. 31 a Abs. 1 EStR kommen als immaterielle Wirtschaftsgüter in Betracht: Rechte, rechtsähnliche Werte und sonstige Vorteile. Dazu zählen insbesondere Patente und Markenrechte, Urheberrechte, Verlagsrechte, Belieferungsrechte, Optionsrechte, Konzessionen, Lizenzen, ungeschützte Erfindungen, Gebrauchsmuster, Fabrikationsverfahren, Know-how und Tonträger in der Schallplattenindustrie (BFH, BStBl 1979 II S. 734). Auch die „Software" ist ein selbständig bewertungsfähiges immaterielles Wirtschaftsgut (BFH, BStBl 1980 II S. 16, 17; demgegenüber stellt BFH, BStBl 1983 II S. 647, auf die Verhältnisse des Einzelfalls ab). Software ist der außer den Maschinen erforderliche Teil eines Computersystems; sie besteht im wesentlichen aus den problemorientierten Standard- und Individual-Programmen, soweit sie der Anlage nicht schon beim Bau eingegeben worden sind. Nicht zu den immateriellen Wirtschaftsgütern zählen die Druckvorlagen eines Verlags für Zeitungen und Zeitschriften, weil sie keine in ihrer Einzelheit greifbaren Werte darstellen (BFH, BStBl 1975 II S. 808).

Zu den immateriellen Wirtschaftsgütern rechnet auch der Geschäftswert (BFH, BStBl 1982 II S. 189). Dies ergibt sich aus § 266 Abs. 2 (Aktivseite) A I Nr. 2 HGB, wo der Geschäfts- oder Firmenwert als immaterieller Vermögensgegenstand bezeichnet wird. Wegen des Begriffs und der Voraussetzungen für die Bilanzierung s. 4.2.3.2.

Während Nutzungsrechte, durch die dem Nutzungsberechtigten unentgeltlich eine gesicherte Rechtsposition eingeräumt wird, unbestritten als Wirtschaftsgüter angesehen werden (BFH, BStBl 1979 II S. 401, 1980 II S. 244, 1981 II S. 68, 1982 II S. 594, 1983 II S. 735 und 739; Abschn. 31 a Abs. 1 EStR), sollen bloße Nutzungen keine Wirtschaftsgüter sein (BFH, BStBl 1980 II S. 144, 1982 II S. 594, und BFH GrS, BStBl 1988 II 348; kritisch dazu unter 4.1.2.7).

Zu der Frage, unter welchen Voraussetzungen ein immaterielles Wirtschaftsgut entgeltlich erworben worden ist, wird in Abschn. 31 a Abs. 1 EStR ausgeführt: „Ein immaterielles Wirtschaftsgut ist entgeltlich erworben worden, wenn es durch einen Hoheitsakt oder ein Rechtsgeschäft gegen Hingabe einer bestimmten Gegenleistung übergegangen oder eingeräumt ist. Es ist nicht erforderlich, daß das Wirtschaftsgut bereits vor Abschluß des Rechtsgeschäfts bestanden hat; es kann auch erst durch den Abschluß des Rechtsgeschäfts entstehen . . .“ (kritisch dazu Brenzig, FR 1985 S. 385). Ein immaterielles Wirtschaftsgut ist nicht schon dann entgeltlich erworben, wenn im Zusammenhang mit dem Erwerb Aufwendungen entstanden sind. Es muß sich vielmehr um ein Entgelt für den abgeleiteten Erwerb des immateriellen Wirtschaftsguts handeln (BFH, BStBl 1975 II S. 443, 1985 II S. 289). Kosten für die bloße Mitbenutzung einer Einrichtung (Stromnetz, Kläranlage) führen nicht zu einem abgeleiteten Erwerb eines besonderen Vorteils für den Betrieb des Zahlenden (BFH, BStBl 1980 II S. 687, 1985 II S. 289). Entgeltlich erworben ist auch ein immaterielles Wirtschaftsgut, das durch Tausch gegen ein anderes immaterielles Wirtschaftsgut erlangt wurde (BFH, BStBl 1970 II S. 743). Die Anschaffungskosten des erworbenen Wirtschaftsguts bemessen sich nach dem gemeinen Wert des hingetauschten immateriellen Wirtschaftsguts (so z. B. für den Tausch einer Nahverkehrskonzession gegen eine Fernverkehrskonzession BFH, BStBl 1971 II S. 731). Das gilt ohne Hinsicht darauf, ob das hingetauschte immaterielle Wirtschaftsgut aktiviert worden ist oder mangels entgeltlichen Erwerbs nicht aktiviert werden durfte (BFH, BStBl 1971 II S. 237).

Beispiele:

a) Wegen steigenden Strombedarfs der angeschlossenen Unternehmer waren Störungen in einer Trafostation eingetreten. Das E-Werk errichtet daraufhin 3 neue Trafostationen, von denen eine ausschließlich zur Stromversorgung des A bestimmt ist. Es verlangt und erhält dafür von A einen verlorenen Bauzuschuß.

A erhält ein immaterielles Wirtschaftsgut „ungestörte Stromversorgung"; er zahlt dafür ein Entgelt. Dieses immaterielle Wirtschaftsgut ist zwar nicht bereits im Vermögen des E-Werks vorhanden. Hingegen entsteht dieses Wirtschaftsgut durch die Hingabe des Zuschusses, indem A nach den Umständen erwarten kann, daß ihm als Gegenleistung die gesamte Kapazität des einen Trafos zur Verfügung gestellt wird (vgl. auch BFH, BStBl 1970 II S. 35).

b) Ein Mineralölunternehmen zahlt an eine freie Tankstelle einen Zuschuß zur Verbesserung der Anlage. Der Tankstelleninhaber verpflichtet sich dafür, nur Mineralöl des zuschußgebenden Unternehmens abzunehmen.

Das Mineralölunternehmen erhält gegen Entgelt ein Belieferungsrecht. Das Belieferungsrecht ist nicht bereits im Vermögen des Zuschußempfängers vorhanden. Es wird aber dem Zuschußgeber vom Zuschußempfänger als Gegenleistung für den Zuschuß eingeräumt (so BFH, BStBl 1976 II S. 13, hinsichtlich des Zuschusses einer Brauerei an eine Gastwirtschaft zur Erlangung von Bierlieferungsrechten).

c) Der Kaufmann X, der sein Geschäft in eigenen Räumen betreibt, gibt in seiner Eigenschaft als Geschäftsinhaber (wie alle Anlieger der Straße, die dort ein Geschäft unterhalten) einen Straßenbaukostenzuschuß an die Stadt Z. Diese verpflichtet sich, die Straße, an der das Geschäft des X liegt, zur Fußgängerstraße (Einkaufsstraße) auszubauen.

X erlangt möglicherweise ein immaterielles Wirtschaftsgut „besserer Zugang zum Betrieb". Die Stadt gibt jedoch nichts Entsprechendes aus ihrem Vermögen hin. Die Straße steht als öffentliche Straße allen Fußgängern gleichermaßen zur Verfügung. Auch wird dem X aus diesem Grunde nichts von der Stadt eingeräumt. Daher ist der Zuschuß nicht ein Entgelt für den abgeleiteten Erwerb eines immateriellen Wirtschaftsguts. Der Zuschuß ist bei X auch nicht als Anschaffungs- oder Herstellungskosten des Grund und Bodens zu aktivieren, weil X den Zuschuß nicht als Grundeigentümer geleistet hat (BFH, BStBl 1984 II S. 489); Aufwendungen, die, wie im vorliegenden Fall, für die besondere Nutzung eines Grundstücks geleistet werden, zählen nicht zu den Anschaffungskosten des Grund und Bodens (BFH, BStBl 1980 II S. 687, 1983 II S. 38). Sie sind, wenn sie mit einer Einkunftsart im Zusammenhang stehen, bei der Ermittlung der betreffenden Einkünfte abzuziehen. Hingegen sind Anliegerbeiträge, z. B. solche zur nachhaltigen Verbesserung einer Ortsstraße oder zur Schaffung einer Fußgängerzone, für die der Grundstückseigentümer als solcher in Anspruch genommen wird, Anschaffungs- oder Herstellungskosten des Grund und Bodens (BFH, BStBl 1974 II S. 337, 1983 II S. 111, 1984 II S. 480).

d) Der Kaufmann A, der sein Geschäft in gemieteten Räumen betreibt, versieht den Laden mit einer neuen Schaufensteranlage, die entschädigungslos in das (zivilrechtliche und wirtschaftliche) Eigentum des Vermieters B übergeht.

A erlangt zwar ein immaterielles Wirtschaftsgut „bessere Nutzung der gemieteten Räume" gegen Entgelt. Das Recht der Nutzung hat A aber bereits aufgrund des bestehenden Mietvertrags. B verzichtet lediglich auf Mieterhöhung, da er die Aufwendungen für die Verbesserung nicht getragen hat. A hat also durch seine Aufwendungen von B weder etwas erlangt noch ist ihm etwas eingeräumt worden. (So BFH, BStBl 1975 II S. 443, hinsichtlich aller Mietereinbauten und -umbauten; der BFH hält es jedoch unter bestimmten Voraussetzungen für gegeben, daß dem Mieter der Um- oder Einbau wie ein körperliches Wirtschaftsgut zugerechnet wird.)

e) Der Geschäftsherr A zahlt an den Handelsvertreter B bei Auflösung des Handelsvertretervertrages eine Ausgleichszahlung nach § 89 b HGB in Höhe von 50 000 DM. Erwirbt er mit dieser Zahlung ein immaterielles Wirtschaftsgut?

Die Ausgleichszahlung ist ein Ausgleich für die geschäftlichen Vorteile, die der Geschäftsherr aus den Geschäftsverbindungen, die der Handelsvertreter angeknüpft hat, auch nach Beendigung des Handelsvertretervertrags noch hat. Diese Vorteile sind bereits durch die laufende Tätigkeit des Handelsvertreters entstanden. Mithin wird durch die Ausgleichszahlung kein Wirtschaftsgut entgeltlich erworben. Die Ausgleichszahlung gehört daher zu den sofort abzugsfähigen Betriebsausgaben.

f) Ein Schallplattenhersteller stellt einen Tonträger für die Herstellung von Schallplatten her. Zu diesem Zwecke zahlt er an die ausübenden Künstler einheitliche Vergütungen, durch die die Mitwirkung bei der Darbietung, die Einwilligung der Künstler zur Aufnahme der Darbietung auf Tonträger und Vervielfältigung des Tonträgers abgegolten wird.

Die Tonträger sind als immaterielle Wirtschaftsgüter hergestellt und nicht entgeltlich erworben. Die an die Künstler gezahlten Vergütungen sind auch nicht als Anschaffungskosten für „erworbene Leistungsschutzrechte" zu bilanzieren. Diese Befugnisse sind nicht selbständig bewertungsfähig und greifbar (BFH, BStBl 1979 II S. 734).

Geht ein einmal entgeltlich erworbenes immaterielles Wirtschaftsgut bei Übergang eines ganzen Betriebs gemäß § 7 Abs. 1 EStDV unentgeltlich über, so greift das Aktivierungsverbot des § 5 Abs. 2 EStG nicht ein. Der Rechtsnachfolger ist nach § 7 Abs. 1 EStDV an die Wertansätze des Rechtsvorgängers gebunden und tritt auch sonst in die Rechtsstellung des Rechtsvorgängers ein (BFH, BStBl 1959 III S. 614). Das Aktivierungsverbot des § 5 Abs. 2 EStG soll nach Abschn. 31 a Abs. 2 EStR auch dann keine Anwendung finden, wenn ein unentgeltlich erworbenes (selbstgeschaffenes) immaterielles Wirtschaftsgut in den Betrieb eingelegt wird. Hier sei vielmehr das Wirtschaftsgut nach § 6 Abs. 1 Nr. 5 EStG grundsätzlich mit dem Teilwert im Zeitpunkt der Zuführung anzusetzen. Entsprechendes gelte, wenn ein immaterielles Wirtschaftsgut des Anlagevermögens unentgeltlich aus betrieblichem Anlaß aus einem Betrieb in den Betrieb eines anderen Stpfl. übertragen werde. Hier sei das Gut nach § 7 Abs. 2 EStDV beim Erwerber mit dem gemeinen Wert anzusetzen. Auch der BFH (BStBl 1978 II S. 366, 1979 II S. 401, 1980 II S. 244 und 1983 II S. 735, 739, sowie BFH, GrS, BStBl 1988 II S. 348) hält ein unentgeltlich erlangtes obligatorisches oder dingliches Nutzungsrecht für aktivierungsfähig. Der Einlage eines Nutzungsrechts, das einen feststellbaren wirtschaftlichen Wert habe und damit die Eigenschaft eines Wirtschaftsguts besitze, stehe das Aktivierungsverbot nicht entgegen. Denn der Rechtsgrund der Einlage, daß der private und betriebliche Bereich voneinander zu trennen sind, gehe dem Aktivierungsverbot vor. Allerdings soll nach Auffassung des GrS des BFH (BStBl 1988 II S. 348) eine Einlage nur mit den Selbstkosten des Betriebsinhabers in Betracht kommen. Diese Auffassung halten wir für bedenklich. Auch bei der Einlage mit den Selbstkosten handelt es sich um Schätzwerte und damit um unsichere Werte. Die Bilanzierung solcher Werte wollte der Gesetzgeber durch § 5 Abs. 2 EStG gerade verhindern (s. auch 4.1.2.7).

Führt ein Nießbraucher aufgrund eines ihm aus außerbetrieblichen Gründen unentgeltlich vom Eigentümer eingeräumten Nießbrauchs das Unternehmen fort, dann ist er hinsichtlich der Nutzung des Unternehmens in die Rechtsstellung des Eigentümers gemäß § 7 Abs. 1 EStDV eingerückt und hat den Nießbrauch nicht in das Betriebsvermögen eingelegt, so daß er nicht bilanziert werden darf (BFH, BStBl 1981 II S. 396).

4.1.2.5.4 Bilanzierung der Posten der Rechnungsabgrenzung

Nach § 5 Abs. 4 EStG sind als Rechnungsabgrenzungsposten nur anzusetzen auf der Aktivseite Ausgaben und auf der Passivseite Einnahmen vor dem Abschlußstichtag, soweit sie Aufwand bzw. Ertrag für eine bestimmte Zeit nach dem Stichtag sind. Solche Rechnungsabgrenzungsposten nennt man transitorische Posten. Für sogenannte antizipative Posten (z. B. Miete, die der Vermieter für eine bestimmte Zeit vor dem Stichtag fordern kann, die aber erst nach dem Stichtag fällig wird, oder Miete, die der Mieter für eine bestimmte Zeit vor dem Stichtag schuldet, die er aber erst nach diesem Tag bezahlt) dürfen danach keine Rechnungsabgrenzungsposten mehr gebildet werden (so auch Abschn. 31 b Abs. 3 EStR). Bei ihnen liegen aber in der Regel echte Forderungen und Verbindlichkeiten vor, die dann als solche zu bilanzieren sind.

§ 5 Abs. 4 Satz 1 EStG enthält erstens ein Aktivierungs- und Passivierungsgebot für Ausgaben bzw. Einnahmen vor dem Bilanzstichtag, die Aufwand bzw. Ertrag für eine bestimmte Zeit nach diesem Tag darstellen, und zweitens ein Aktivierungs- und Passivierungsverbot für alle Fälle, in denen diese Voraussetzungen nicht vorliegen.

Für die Bildung von Rechnungsabgrenzungsposten kommt es danach entscheidend auf das Merkmal „Ausgaben vor dem Abschlußstichtag, die Aufwand für eine bestimmte Zeit nach diesem Tag darstellen", und auf das entsprechende Merkmal für Einnahmen an. Gemeint sind damit Einnahmen und Ausgaben für Leistungen, die sich fortlaufend in der Zeit vollziehen, während die Gegenleistung für einen bestimmten Zeitraum auf einmal entrichtet wird. Rechnungsabgrenzungsposten setzen grundsätzlich voraus, daß einer Vorleistung des einen Vertragsteils eine noch nicht erbrachte zeitbezogene Gegenleistung des anderen Vertragsteils gegenübersteht (BFH, BStBl 1983 II S. 572, 1984 II S. 552, 1988 II S. 327). Damit werden die Rechnungsabgrenzungsposten im allgemeinen auf Vorleistungen im Rahmen der auf wiederkehrende Leistungen gerichteten Rechtsverhältnisse, wie insbesondere auf Vorleistungen aus Miet- und Pachtverträgen, Darlehnsverträgen und Versicherungsverträgen beschränkt (BFH, BStBl 1970 II S. 178, 1979 II S. 625).

Beispiele:

a) A leistet am 1. 10. die Miete für das nächste halbe Jahr im voraus. Für die auf die Zeit vom 1. 1. bis 31. 3. des nächsten Jahres entfallende Miete ist ein aktiver Rechnungsabgrenzungsposten in der Bilanz zum 31. 12. zu bilden.

b) B leistet am 1. 10. die Darlehnszinsen für die nächsten 12 Monate im voraus an die Bank. Die Bank muß in der Bilanz zum 31. 12. für die auf die Zeit vom 1. 1. bis 30. 9. des nächsten Jahres entfallenden Zinsen einen passiven Rechnungsabgrenzungsposten bilden.

Die Bildung eines passiven Rechnungsabgrenzungspostens ist nicht auf Vorleistungen im Rahmen eines gegenseitigen Vertrags beschränkt, sondern kann auch bei Vorleistungen auf Grund öffentlich-rechtlicher Verpflichtungen geboten sein (BFH, BStBl 1979 II S. 625, 1984 II S. 552; Abschn. 31 b Abs. 1 EStR).

Beispiel:

X führt in seinem Betriebsvermögen festverzinsliche Wertpapiere, deren Zinsen halbjährlich nach Ablauf des Zinszeitraums fällig werden. Am Bilanzstichtag ist nur ein Teil des Zinsabrechnungszeitraums abgelaufen.

Eine Bilanzierung der Zinsen, die auf den abgelaufenen Teil des Zinsabrechnungszeitraums entfallen, ist zwar nicht als Rechnungsabgrenzungsposten (antizipativer Posten) zulässig, wohl aber als Forderung geboten. Denn die Zinsen entstehen als Vergütung für die Kapitalüberlassung fortlaufend.

Ein Merkmal der Rechnungsabgrenzungsposten ist es mithin, daß der Zahlungsvorgang vor dem Bilanzstichtag liegt. Zahlungsvorgänge sind zunächst einmal bare und unbare (Postscheck, Bank) Zahlungsvorgänge. Unter „Ausgaben" und „Einnahmen" i. S. von § 5 Abs. 4 Satz 1 EStG sind aber auch andere buchungspflichtige „Ausgaben" (insbesondere Verbindlichkeiten) und „Einnahmen" (insbesondere Forderungen) zu verstehen, sofern vertragsgemäß bis zum Ende des Wirtschaftsjahres zu leisten war (BFH, BStBl 1967 III S. 607) und nicht der Grundsatz der Nichtbilanzierung von Forderungen und Verbindlichkeiten (4.1.2.5.6) entgegensteht (BFH, BStBl 1988 II S. 327).

Bei zinslosen Darlehnsforderungen stellt der Aufwand der Unverzinslichkeit keine Ausgabe dar.

Beispiel:
A gibt seinem Arbeitnehmer B ein unverzinsliches Darlehn, dem keine bestimmte Gegenleistung des B gegenübersteht.

Nach den Grundsätzen ordnungsmäßiger Buchführung ist der Nennbetrag des Darlehns als Anschaffungskosten zu behandeln. Wegen der Unverzinslichkeit hat A das Darlehn mit dem Barwert (= abgezinster Betrag) als Teilwert zu bilanzieren. Zwar liegt dem Betrag, um den der Nennbetrag des Darlehns abgezinst wird, eine Ausgabe in Gestalt der ausgezahlten Darlehnssumme zugrunde. Diese gehört aber zu den Anschaffungskosten des Darlehns. Ausgaben, die Anschaffungskosten eines Wirtschaftsguts sind, können nicht gleichzeitig den Gegenstand eines Rechnungsabgrenzungspostens bilden (so auch BFH, BStBl 1975 II S. 875).

Der Begriff „für eine bestimmte Zeit" kann nicht als „für eine schätzbare Zeit" verstanden werden. Ein nur durch Schätzung bestimmbarer Zeitraum genügt nicht. Vielmehr muß es sich um einen kalendermäßig festgelegten oder doch berechenbaren Zeitraum handeln (BFH, BStBl 1983 II S. 132 und 572). Die Abschlußgebühr eines Bausparvertrags ist danach kein Ertrag [Aufwand] für eine bestimmte Zeit. Auch für Aufwendungen des Mieters zur Verbesserung gemieteter Räume (vgl. 4.1.2.5.2 Beispiel d) können daher grundsätzlich keine Rechnungsabgrenzungsposten gebildet werden, da nur geschätzt werden kann, auf welche Jahre sich der Nutzen dieser Aufwendungen verteilt. Hingegen soll es nach BFH, BStBl 1981 II S. 669 (zustimmend BFH, BStBl 1984 II S. 552) bei einer einmaligen Entschädigung für die Übernahme einer mit erhöhtem betrieblichen Aufwand verbundenen Unterlassungslast ausreichen, daß aus den Vereinbarungen über die Entschädigung rechnerisch ein Mindestzeitraum bestimmt werden kann, dem die Entschädigung zugeordnet werden kann (z. B. Verzicht auf ein Wassernutzungsrecht; die Entschädigung richtet sich nach den geschätzten Mehrkosten für den Fremdbezug von Strom in den nächsten 10 Jahren). U. E. ist auch ein Mindestzeitraum im Verhältnis zum vom Gesetz geforderten fixierten Zeitraum im Prinzip ein geschätzter Zeitraum. Mit dem Gesetz nicht vereinbar ist es ferner, wenn der BFH für eine Einmalvergütung, die für eine immerwährende Nutzung eines Grundstücks geleistet wird, einen passiven Rechnungsabgrenzungsposten zuläßt (BFH, BStBl 1981 II S. 643; die FinVerw wendet dieses Urteil allgemein nicht an – BStBl 1982 I S. 810 – zweifelnd auch BFH, BStBl 1973 II S. 572).

Mangels Zeitbezogenheit sollen auch Provisionen, die der Steuerpflichtige seinen Werbern für die Vermittlung von Abonnementsverträgen (z. B. für Zeitschriften, Bücher, Schallplatten) zahlt, nicht in einen aktiven Rechnungsabgrenzungsposten eingestellt werden können (vgl. auch BFH, BStBl 1970 II S. 178). U. E. ist die Bildung eines Rechnungsabgrenzungspostens bereits deshalb nicht zulässig, weil die Gegenleistung für die Provisionen in der Vermittlungtätigkeit zu sehen ist und diese sich nicht erst im nachfolgenden Wirtschaftsjahr vollzieht (so auch für Provisionen, die an Kreditvermittler gezahlt werden, BFH, BStBl 1977 II S. 380).

Hingegen sind Verwaltungs- bzw. Bearbeitungsgebühren, die ein Darlehnsnehmer im Zusammenhang mit der Aufnahme eines Bankdarlehns an ein Bankinstitut zu entrichten hat, auf die Laufzeit des Darlehns und Verwaltungsgebühren, die ein Schuldner an ein Bankinstitut für die Übernahme einer Bürgschaft zu zahlen hat, auf die Zeit, für die die Bürgschaft währt, aktiv abzugrenzen (BFH, BStBl 1978 II S. 262 – vgl. hinsichtlich der Bearbeitungsgebühren auch BMF, BStBl 1978 I S. 353).

Ist der Rückzahlungsbetrag von Verbindlichkeiten (z. B. eines Darlehns) höher als der Ausgabebetrag, so darf der Unterschiedsbetrag nach § 250 Abs. 3 HGB unter die Rechnungsabgrenzungsposten auf der Aktivseite aufgenommen werden (s. nähere Ausführungen mit Beispiel unter 4.2.4). Soweit es sich bei dem Unterschiedsbetrag um eine Bearbeitungsgebühr oder zusätzlichen Zins handelt, gilt steuerrechtlich gegenüber dem handelsrechtlichen Aktivierungswahlrecht nach § 5 Abs. 4 EStG eine Aktivierungspflicht. Der Unterschiedsbetrag (Agio, Disagio oder Damnum) ist über die Laufzeit des Darlehns aufzulösen.

Da Rechnungsabgrenzungsposten keine Wirtschaftsgüter sind, können sie auch nicht wie solche bewertet werden (keine Anwendung des § 6 EStG, insbesondere keine Teilwertabschreibung; BFH, BStBl 1970 II S. 209). Bei der Berechnung der Höhe der Rechnungsabgrenzungsposten ist allein darauf abzustellen, inwieweit die gebuchten Einnahmen und Ausgaben ein anderes Wirtschaftsjahr betreffen (BFH, BStBl 1967 III S. 607; wegen der Bilanzierung bei degressiven Mietzinsraten BFH, BStBl 1982 II S. 696).

4.1.2.5.5 Bilanzierung von Zöllen und Verbrauchsteuern

Nach § 5 Abs. 4 Satz 2 Nr. 1 EStG sind als Aufwand berücksichtigte Zölle und Verbrauchsteuern, soweit sie auf am Abschlußstichtag auszuweisende Wirtschaftsgüter des Vorratsvermögens entfallen, auf der Aktivseite anzusetzen. Es handelt sich insbesondere um die Biersteuer, Mineralölsteuer und Tabaksteuer. Sie zählen nicht zu den Herstellungskosten der Wirtschaftsgüter, auf die sie entfallen (BFH, BStBl 1976 II S. 15). Dies gilt auch für die Branntweinsteuer, die auf dem Bezug von Monopolbranntwein lastet, der vom Spirituosenhersteller erworben und weiterverarbeitet wird (BFH, BStBl 1983 II S. 559). Diese Zölle und Verbrauchsteuern entstehen bereits vor der Lieferung der betreffenden Wirtschaftsgüter, so daß vom Zeitpunkt der Entstehung an ein entsprechender Schuldposten in der Bilanz auszuweisen ist. Entfallen sie auf Wirtschaftsgüter, die in dieser Bilanz noch auszuweisen sind, so führt der Schuldposten zu einem Aufwand, ohne daß gleichzeitig bei den Wirtschaftsgütern ein Gewinn realisiert ist. Um diesen Aufwand auszugleichen, schreibt § 5 Abs. 4 Satz 2 EStG einen entsprechend hohen Aktivposten vor. Eine Aktivierung nach § 5 Abs. 4 Satz 1 EStG als Rechnungsabgrenzungsposten wäre nicht zulässig, weil es sich nicht um Aufwand „für eine bestimmte Zeit nach dem Bilanzstichtag" handelt (so auch BFH, BStBl 1976 II S. 15).

Der Aktivposten ist aufzulösen, sobald Gewinnrealisierung bei den Wirtschaftsgütern eintritt, auf die die aktiv abgegrenzten Zölle und Verbrauchsteuern entfallen.

4.1.2.5.6 Bilanzierung der Umsatzsteuer auf Anzahlungen

Nach § 13 Abs. 1 Nr. 1 Buchst. a UStG entsteht die Umsatzsteuer auf Anzahlungen mit Ablauf des Voranmeldungszeitraums, in dem die Anzahlung vereinnahmt worden ist. Dies gilt jedenfalls dann, wenn die Anzahlung 10 000 DM und mehr beträgt. Nach § 5 Abs. 4 Satz 2 Nr. 2 EStG ist die als Aufwand berücksichtigte Umsatzsteuer auf am Abschlußstichtag auszuweisende Anzahlungen auf der Aktivseite anzusetzen.

Dies bedeutet für den die Anzahlung leistenden Stpfl., daß er in Höhe der auf die Anzahlung entfallenden Umsatzsteuer, die er mit der Anzahlung entrichtet hat und die sich als Aufwand darstellt, einen Aktivposten bilden muß, der den Aufwand neutralisiert. Dies gilt, solange auch in Höhe der geleisteten Anzahlung selbst ein Aktivposten gebildet wird.

Beispiel:
Der Bauunternehmer A erhält eine Anzahlung von 20 000 DM zuzüglich 2800 DM USt auf Anzahlung. Das Bauwerk wird im Jahr der Anzahlung noch nicht fertiggestellt. Die USt wird im Jahr der Anzahlung an das FA geleistet.

Weist A auf der Passivseite als Anzahlung nur den Nettobetrag von 20 000 DM aus und passiviert er die Zahlungsverpflichtung gegenüber dem FA als USt-Schuld, dann wirkt sich die Zahlung der USt auf Anzahlung erfolgsneutral aus, weil der Vermögensabgang durch Zahlung durch den Fortfall der Verbindlichkeit ausgeglichen wird. Die Voraussetzung für die Bildung eines Aktivpostens nach § 5 Abs. 4 Nr. 2 EStG liegt nicht vor.

Wird hingegen als erhaltene Anzahlung der Bruttobetrag von 22 800 DM passiviert und wirkt sich die Zahlung der USt von 2800 DM dementsprechend als Aufwand aus, so ist nach § 5 Abs. 4 Nr. 2 EStG in Höhe der gezahlten USt ein Aktivposten zu bilden, der den Zahlungsvorgang neutralisiert.

4.1.2.5.7 Bilanzierung schwebender Verträge

Bestandteil der handelsrechtlichen Grundsätze ordnungsmäßiger Buchführung, die gemäß § 5 Abs. 1 Satz 1 EStG grundsätzlich auch für die steuerliche Gewinnermittlung gelten, ist auch das sogenannte **Realisationsprinzip,** das heute in § 252 Abs. 1 Nr. 4 HGB verankert ist. Danach dürfen Gewinne handelsrechtlich erst ausgewiesen werden, wenn sie durch den Umsatzprozeß in Erscheinung getreten sind (vgl. BFH, BStBl 1974 II S. 202 und 1989 II S. 323, 324). Dies ist der Fall, sobald der Leistungsverpflichtete die vereinbarte Leistung erbracht hat, sein Risiko also darauf reduziert hat, daß sein Vertragspartner den Anspruch mindernde Umstände geltend macht oder sich als zahlungsunfähig erweist. In diesem Fall müssen die Gewinne, die danach handelsrechtlich ausgewiesen werden können, steuerrechtlich stets ausgewiesen werden (BFH, BStBl 1969 II S. 291). Eine Ausnahme läßt der BFH insoweit nur zu, wenn und soweit der

Gleichheitssatz eine Einschränkung des Realisationsprinzips erforderlich erscheinen läßt. Die von § 17 Abs. 1 Satz 2 BetrAVG erfaßten Personen können daher nach Auffassung des BFH (vgl. BStBl 1989 II S. 323) auch die unverfallbare Anwartschaft auf eine zugesagte Pension nicht aktivieren, weil die Versorgungsbezüge von Arbeitnehmern in vergleichbaren Fällen erst mit dem Zufluß zu versteuern sind.

Von schwebenden Verträgen spricht man danach, wenn die vertragliche Leistung noch von keiner Seite, zumindest aber nicht von dem zur Sach- oder Dienstleistung Verpflichteten, voll erfüllt ist. Schwebende Verträge werden nach handelsrechtlichen Gepflogenheiten, die Grundsätze ordnungsmäßiger Buchführung darstellen, im allgemeinen nicht in der Buchführung ausgewiesen, weil davon ausgegangen wird, daß sich Leistung und Gegenleistung ausgleichen (BFH, BStBl 1956 III S. 113, 1957 III S. 27, 1958 III S. 75, 1984 II S. 344). Sind schwebende Verträge zum Teil erfüllt, so liegt ein zum Teil schwebendes Geschäft im vorgenannten Sinne vor. Ob ein gegenseitiger Vertrag am Bilanzstichtag voll oder nur teilweise erfüllt ist, richtet sich nach den für das jeweilige Rechtsgeschäft geltenden bürgerlich-rechtlichen Vorschriften (BFH, BStBl 1983 II S. 369). Aktivierungen und Passivierungen unterbleiben, solange bei schwebenden Geschäftsbeziehungen das Gleichgewicht nicht durch Vorleistungen oder Erfüllungsrückstände gestört ist (Aktivierungs- und Passivierungsverbote). Werden im Rahmen von schwebenden Verträgen Vorleistungen (z. B. eine Anzahlung auf eine vom anderen Vertragsteil erwartete Lieferung oder Provisionsvorschüsse, die ein Geschäftsherr vor der rechtlichen Entstehung des Provisionsanspruches zahlt) erbracht, so hat der Leistende den dem Wert der Vorleistung entsprechenden Betrag zu aktivieren (§ 5 Abs. 1 EStG, § 266 Abs. 2 Aktivseite A I Nr. 3 HGB – BFH, BStBl 1976 II S. 675). Damit wird die Vorleistung selbst erfolgsneutral behandelt. (Beispiel: Übernahme der Erschließungskosten durch den Erbbauberechtigten wird als vorausgezahlter Erbbauzins aktiviert – BFH, BStBl 1985 II S. 617.) Entsprechendes gilt für den Empfänger der Vorleistung. Geht sie in sein Betriebsvermögen ein, so hat er einen entsprechenden Betrag zu passivieren. Damit wird die durch die Vorleistung eingetretene Vermögensmehrung bis zur vollen Erfüllung des Vertrags auf seiten des Empfängers neutralisiert (BFH, BStBl 1973 II S. 774, 1974 II S. 25 – wegen der Frage, ob die Abschlußgebühr eines Bausparvertrags eine „Vorleistung" ist, s. BFH, BStBl 1983 II S. 132). Einen allgemeinen Grundsatz derart, daß im Rahmen von schwebenden Verträgen ganz allgemein Aufwendungen durch Aktivierung in das Jahr zu verlagern seien, in dem die Erträge zufließen, gibt es jedoch nicht. Ebenso gibt es auch keinen allgemeinen Grundsatz, daß Erträge im Wege der Passivierung in das Jahr zu verlagern seien, in denen die Aufwendungen anfallen, aus denen die Erträge zu decken sind (BFH, BStBl 1974 II S. 684).

Verbindlichkeiten aus schwebenden Geschäften werden nur passiviert, wenn in der Vergangenheit das Verhältnis von Leistung und Gegenleistung durch einen Erfüllungsrückstand gestört ist oder künftig ein Verlust droht (BFH, BStBl 1988 II S. 430; Abschn. 31 c Abs. 9 EStR; s. dazu 4.2.12.4).

4.1.2.6 Entnahmen

**Entnahmen sind nach der Definition des Gesetzes alle Wirtschaftsgüter (Barent-
nahmen, Waren, Erzeugnisse, Nutzungen und Leistungen), die der Stpfl. dem
Betrieb für sich, für seinen Haushalt oder für andere betriebsfremde Zwecke im
Laufe des Wirtschaftsjahrs entnommen hat (§ 4 Abs. 1 Satz 2 EStG).**

4.1.2.6.1 Bedeutung der Entnahme

Ein Wirtschaftsgut, das persönlich dem Betriebsinhaber zugeordnet (4.1.2.4.3)
und sachlich als notwendiges oder gewillkürtes Betriebsvermögen (4.1.2.4.5 und
4.1.2.4.7) dem Betrieb gewidmet ist, verliert diese Eigenschaft nur durch die
Auflösung des sachlichen oder persönlichen Zusammenhangs mit dem Betrieb.
Der sachliche Zusammenhang mit dem Betrieb wird bei Fortbestehung der
persönlichen Zurechnung durch Entnahme gelöst. Die persönliche Zurechnung
geht insbesondere verloren durch unentgeltliche oder entgeltliche Übertragung
des Wirtschaftsguts auf eine betriebsfremde Person, wobei die unentgeltliche
Übertragung auf einen Betriebsfremden gleichzeitig eine Entnahme darstellt
(BFH, BStBl 1985 II S. 305, 1986 II S. 666).

Die steuerrechtliche Bedeutung der Entnahme liegt zunächst darin, den Umfang
der betrieblichen Tätigkeit des Unternehmers und damit seines Betriebsvermögens zu bestimmen. Zur Erfassung ihrer vollen Bedeutung muß man zudem das
Zusammenwirken mehrerer gesetzlicher Vorschriften sehen. Nach dem Gewinnbegriff des § 4 Abs. 1 EStG, der auch für die Gewinnermittlung nach § 5 EStG
gilt, sind Entnahmen dem Unterschied der Betriebsvermögen beim Bestandsvergleich hinzuzurechnen. Die Hinzurechnung der Entnahme beim Betriebsvermögensvergleich hat zunächst zur Folge, daß sich die durch die Entnahme als
außerbetrieblichen Vorgang herbeigeführte Verminderung des Betriebsvermögens bei der Gewinnermittlung nicht auswirkt. Da die Entnahme nicht mit dem
Buchwert, sondern nach § 6 Abs. 1 Nr 4 Satz 1 EStG grundsätzlich mit dem
Teilwert zu bewerten ist, kann die Entnahme ferner auch zu einem sogenannten
Entnahmegewinn oder Entnahmeverlust führen, je nachdem, ob der Buchwert
höher oder niedriger als der Teilwert ist.

Beispiel:
A entnimmt einen Pkw, dessen letzter Buchwert 2000 DM beträgt, in sein
Privatvermögen. Ist der Teilwert des Pkw 3000 DM, so entsteht ein Entnahmegewinn
von 1000 DM. Beträgt dagegen der Teilwert nur 1000 DM, so entsteht ein
Entnahmeverlust von 1000 DM.

Die gesetzliche Regelung der Entnahme hat daher nicht nur eine Neutralisierung
des Entnahmevorgangs bei der Gewinnermittlung zum Ziele; sie hat vielmehr
auch den Sinn, stille Reserven, die im betrieblichen Bereich entstanden sind,
spätestens bei der Entnahme der betreffenden Wirtschaftsgüter als Gewinn zu
erfassen und Verluste, die im betrieblichen Bereich entstanden sind, sich aber dort
noch nicht ausgewirkt haben, bei der Entnahme noch zu berücksichtigen. Bei der
Entnahme wirkt sich der gesamte Unterschied zwischen dem Buchwert und dem
Entnahmewert auch dann auf den Gewinn aus, wenn das Wirtschaftsgut vor der

Entnahme privat genutzt und die private Nutzung als Entnahme behandelt worden ist (BFH, BStBl 1959 III S. 466; Abschn. 13 a Abs. 4 EStR). Entnahmen, die bestimmte gesellschaftspolitische Ziele verfolgen, können mit dem Buchwert angesetzt werden (also keine Gewinnauswirkung; s. im einzelnen dazu § 6 Abs. 1 Nr. 4 Sätze 2 und 4 EStG).

4.1.2.6.2 Begriff und Gegenstand der Entnahme

Entnahme ist zunächst einmal die Überführung eines Wirtschaftsguts in das private (außerbetriebliche) Vermögen, in die private Sphäre. Zur privaten Sphäre des Steuerpflichtigen rechnet sein privater Lebenskreis im weitesten Sinne, seine Familie, sein Haushalt, seine Wohnung, seine Verwandten, Freunde usw. **Entnahmen sind ferner Wertabgaben des Betriebs „für andere betriebsfremde Zwecke".** Dazu zählen auch die Fälle, in denen ein Wirtschaftsgut innerhalb des betrieblichen Bereichs von einem Betrieb oder Betriebsteil in einen anderen übergeht und dabei eine spätere einkommensteuerliche Erfassung der im Buchansatz dieses Wirtschaftsguts enthaltenen stillen Reserven nicht gewährleistet ist (BFH, GrS, BStBl 1975 II S. 168 sowie BFH, BStBl 1989 II S. 187; Abschn. 13 a Abs. 2 EStR). Was darunter zu verstehen ist, wird nachfolgend unter 4.1.2.6.4 behandelt.

Der Regelfall der Entnahme besteht darin, daß der Stpfl. Wirtschaftsgüter des Betriebsvermögens in seine private Sphäre überführt, z. B. Geld, Waren, Erzeugnisse des Betriebs, Inventar, Wertpapiere usw. Entnahmen sind daher insbesondere auch alle finanziellen Mittel des Betriebs, die zur Bezahlung persönlicher (nicht abzugsfähiger) Steuern (Einkommensteuer, Vermögensteuer) verwendet werden.

Eine Entnahme liegt aber auch vor, wenn ein im Betrieb Beschäftigter für den privaten Bereich des Stpfl. tätig wird oder wenn der Stpfl. Wirtschaftsgüter des Betriebs, z. B. einen Pkw, privat nutzt. Entsprechend unterscheiden wir Sach-, Rechts-, Leistungs- und Nutzungsentnahmen.

Es können nur Wirtschaftsgüter des Betriebs entnommen werden. Ob die eigene Arbeitskraft des Steuerpflichtigen ein Wirtschaftsgut ist, kann zweifelhaft sein. Jedenfalls stellt sie keine Wertabgabe des Betriebs dar und ist schon deshalb nicht als Entnahme anzusetzen (BFH, BStBl 1988 II S. 342). Keine Entnahme ist es daher, wenn ein Arzt seine Ehefrau oder einen Freund unentgeltlich behandelt. Verwendet er aber dabei Materialien des Betriebs, so liegt insoweit eine Entnahme vor. Der Geschäftswert ist kein entnahmefähiges Wirtschaftsgut (BFH, BStBl 1979 II S. 99), wohl aber andere immaterielle Einzelwirtschaftsgüter (z. B. der Verlagswert – BFH, BStBl 1983 II S. 113). Notwendiges Betriebsvermögen kann nicht entnommen werden, solange es die Eigenschaft des notwendigen Betriebsvermögens besitzt. Die Ausbuchung eines Wirtschaftsguts des notwendigen Betriebsvermögens hat daher steuerlich keine Wirkung. Sie wirkt auch nicht auf einen späteren Zeitpunkt fort, zu dem die Entnahme erstmals möglich gewesen wäre (BFH, BStBl 1974 II S. 736).

Beispiel:
A führt einen Pkw, den er zu 80 v. H. betrieblich nutzt, zutreffend als (notwendiges) Betriebsvermögen. Ohne daß sich an dieser Nutzung etwas geändert hätte, bucht er am 31. 12. 01 den Pkw aus dem Betriebsvermögen aus. Im Jahre 03 nutzt A den Pkw nur noch zu 30 v. H. betrieblich. Der Pkw wird damit zum gewillkürten Betriebsvermögen und könnte entnommen werden. Die für das Jahr 01 ohne Rechtswirkung gebliebene „Entnahme" wirkt aber nicht auf das Jahr 03 fort.

Keine Entnahmen sind die nach § 4 Abs. 5 EStG nichtabzugsfähigen Betriebsausgaben. Obwohl sie nicht abzugsfähig sind, bleiben sie ihrem Charakter nach Betriebsausgaben. Nicht zu den Betriebsausgaben gehören hingegen die nach § 12 EStG nichtabzugsfähigen Ausgaben. Dazu rechnet auch die Umsatzsteuer für den Eigenverbrauch und für Lieferungen und sonstige Leistungen, die Entnahmen sind (§ 12 Nr. 3 EStG).

Werden Wirtschaftsgüter des notwendigen Privatvermögens, die zu Unrecht als Betriebsvermögen bilanziert worden sind, im Wege der Bilanzberichtigung ausgebucht, so liegt darin keine Entnahme (BFH, BStBl 1972 II S. 874). Die Ausbuchung ist auch nicht wie eine Entnahme zu behandeln. Entnahme ist eine Wertabgabe aus dem Betrieb zu betriebsfremden Zwecken. Die Ausbuchung dagegen betrifft ein Wirtschaftsgut, das gar nicht zum Betriebsvermögen gehört hat und bezweckt, den Anschein der Zugehörigkeit zum Betriebsvermögen zu beseitigen. Daher kann die Ausbuchung nicht zum Teilwert (§ 6 Abs. 1 Nr. 4 EStG) erfolgen. Das auszubuchende Wirtschaftsgut kann nur mit dem Buchwert zum Zeitpunkt der Ausbuchung aus dem scheinbaren Zusammenhang mit dem Betriebsvermögen gelöst werden. Wegen weiterer Einzelheiten s. zu 4.1.2.10.2.

Keine Entnahme ist die **unentgeltliche Betriebs-, Teilbetriebs- und Anteilsveräußerung** (§ 7 Abs. 1 EStDV). Wird mithin ein Betrieb, Teilbetrieb oder ein Mitunternehmeranteil unentgeltlich, z. B. durch Schenkung oder Erbschaft, übertragen, so sind bei der Ermittlung des Gewinns des bisherigen Betriebsinhabers die Wirtschaftsgüter mit den Werten anzusetzen, die sich nach den Vorschriften über die Gewinnermittlung ergeben. Der Rechtsnachfolger ist an diese Werte gebunden. Wie die unentgeltliche Übertragung eines Betriebs keine Entnahme ist, so führt auch die unentgeltliche Überlassung eines ganzen Betriebs zur Nutzung nicht zu einer Entnahme des Nutzungsrechts. Vielmehr tritt der nutzungsberechtigte Nießbraucher hinsichtlich der Nutzung des Betriebsvermögens zur Einkunftserzielung in die Stellung des Eigentümers ein. § 7 Abs. 1 EStDV findet hier entsprechend Anwendung. Demgemäß wird der Nießbrauch auch nicht vom Nutzungsberechtigten in das Betriebsvermögen eingelegt (BFH, BStBl 1981 II S. 396).

Müssen Nachlaßgegenstände, die zu einem Betriebsvermögen gehören, zum Zwecke der **Erbteilung** oder der **Erfüllung eines Vermächtnisses** aus dem Betriebsvermögen entnommen werden, so sind sie bei der Entnahme mit dem Teilwert anzusetzen. Der Entnahmegewinn ist in einem solchen Fall dem bedachten Miterben oder Vermächtnisnehmer zuzurechnen. Zu diesem Zwecke wird abweichend vom bürgerlichen Recht für die Einkommensbesteuerung davon ausgegangen, daß der bedachte Miterbe oder Vermächtnisnehmer das betreffende

Wirtschaftsgut unmittelbar vom Erblasser, und zwar im Zeitpunkt des Erbfalls, erwirbt. Der den Betrieb weiterführende Miterbe hat das betreffende Wirtschaftsgut niemals in seinem Betriebsvermögen geführt. Der bedachte Miterbe oder Vermächtnisnehmer erhält das ihm zugewendete Wirtschaftsgut als ein solches, das „noch mit der Eigenschaft als Betriebsvermögen behaftet" ist. Deshalb ist ihm der Entnahmegewinn auch zuzurechnen, ohne daß er gleichzeitig als Mitunternehmer anzusehen ist (s. dazu im einzelnen BFH, BStBl 1969 II S. 614, 1972 II S. 114 und 1980 II S. 383). Dies gilt nicht für den Erwerb durch einen Pflichtteilsberechtigten, sofern dieser nicht ausnahmsweise wie ein Miterbe in einer Erbauseinandersetzung behandelt wird. Erhält dieser Sachwerte des Betriebsvermögens, die wertmäßig etwa seinem Pflichtteilsanspruch entsprechen, so entsteht der Entnahmegewinn bei den Erben, die den Betrieb weiterführen (BFH, BStBl 1973 II S. 317 und 1982 II S. 19).

In der schenkweisen Übereignung eines Wirtschaftsguts aus persönlichen (privaten) Gründen auf einen Dritten liegt grundsätzlich eine Entnahme. Dies gilt allerdings nur dann, wenn neben dem zivilrechtlichen Eigentum auch das wirtschaftliche Eigentum übergeht (BFH, BStBl 1983 II S. 631).

Überträgt ein Stpfl. ein zum Betriebsvermögen gehörendes Grundstück unter Vorwegnahme der Erbfolge unentgeltlich auf einen Dritten und behält er sich das Nießbrauchsrecht an diesem Grundstück vor, so wird das Grundstück mit dem vollen Teilwert dem Betriebsvermögen entnommen. Es ist nicht zulässig, den Grundstückswert vor dieser Entnahme in einen das Nießbrauchsrecht verkörpernden Nutzungswert und in einen Substanzwert aufzuspalten und nur den Substanzwert aus dem Betriebsvermögen zu entnehmen. Denn die Bestellung des Nießbrauchsrechts setzt begrifflich und zivilrechtlich die Schenkung des Grundstücks voraus. Sie vollzieht sich in der Privatsphäre, in die das Grundstück ungeschmälert durch die Schenkung gelangt ist (BFH, BStBl 1974 II S. 481, 1980 II S. 381, 1983 II S. 735, 1984 II S. 202). Diese Feststellung steht nicht im Widerspruch zu der Betrachtung, daß bei der Übertragung eines Grundstücks unter gleichzeitiger Bestellung des Nießbrauchs an dem Grundstück für den Übertragenden der Erwerber von vornherein nur das mit dem Nießbrauch belastete Eigentum an dem Grundstück erwirbt. Die Annahme, daß der Erwerber belastetes Eigentum erlange, entspricht wirtschaftlicher Betrachtung (BFH, BStBl 1982 II S. 380).

Wird das Grundstück durch den Schenker auf Grund des Nießbrauchsrechts weiterhin betrieblich genutzt, so wird das Nießbrauchsrecht als immaterielles Wirtschaftsgut in den Betrieb eingelegt. Indessen darf es u. E. dort steuerlich nicht bilanziert werden, weil es nicht gegen Entgelt erlangt ist (§ 5 Abs. 2 EStG). Die Übertragung des Eigentums an dem Grundstück ist nicht Gegenleistung für die Einräumung des Nießbrauchsrechts (BFH, BStBl 1974 II S. 481, 1982 II S. 378). Demgegenüber vertritt der BFH (BStBl 1983 II S. 735 und 739) die Auffassung, das eingelegte Nießbrauchsrecht sei mit dem Teilwert zu aktivieren. (Zur Frage der Aktivierbarkeit s. 4.1.2.5.2, zur Höhe des Teilwerts s. 4.2.6.) Anders wäre der Fall zu beurteilen, wenn der Erwerber Mitunternehmer wäre und das Grundstück vom Sonderbetriebsvermögen des Übertragenden unter Vorbehalt des Nießbrauchs in das Sonderbetriebsvermögen des Erwerbers überginge (s. dazu BFH, BStBl 1980 II S. 381, und nachfolgend unter 4.1.2.6.3 vorletzter Absatz).

In der unentgeltlichen Übertragung eines Wirtschaftsguts von einer Personengesellschaft auf ihre Gesellschafter liegt grundsätzlich eine Entnahme. Dies gilt nicht, wenn das Wirtschaftsgut zum notwendigen Sonderbetriebsvermögen der Gesellschafter rechnet oder wenn diese durch eindeutige Handlungen erkennen lassen, daß sie das Wirtschaftsgut als gewillkürtes Sonderbetriebsvermögen behandeln (BFH, BStBl 1982 II S. 751).

Eine Entnahme liegt auch vor, wenn die Personengesellschaft durch unentgeltliche Übertragung eines Wirtschaftsguts aus dem Gesellschaftsvermögen in das Privatvermögen eines Mitunternehmers eine gegenüber dem erwerbenden Mitunternehmer bestehende rechtliche Verpflichtung erfüllt (anders BFH, BStBl 1977 II S. 823; die FinVerw wendet dieses Urteil nicht an, BMF, BStBl 1978 I S. 8, Tz. 43). Keine Entnahme bzw. Einlage ist hingegen anzunehmen, wenn das Wirtschaftsgut wie zwischen Fremden aus dem Privatvermögen eines Gesellschafters in das Gesellschaftsvermögen oder umgekehrt veräußert wird (BFH, BStBl 1977 II S. 145 und 1981 II S. 84).

4.1.2.6.3 Entnahmehandlung

Die Entnahme eines Wirtschaftsguts setzt eine auf einem Willensentschluß des Steuerpflichtigen beruhende eindeutige Entnahmehandlung voraus (BFH, BStBl 1961 III S. 517, 1965 III S. 666, und GrS, BStBl 1975 II S. 168). Welchen Inhalt der Entnahmewille haben muß und ob eine ausdrückliche Entnahmehandlung, die in der Buchführung zum Ausdruck kommt, zu fordern ist, oder ob eine Entnahme auch aus den Umständen gefolgert werden kann (schlüssige Entnahmehandlung), ist nach den Gegebenheiten der verschiedenen Sachverhalte gesondert zu beurteilen. Soweit ein schlüssiges Verhalten des Stpfl. genügt, muß darin zum Ausdruck kommen, daß die Verknüpfung des Wirtschaftsguts mit dem Betrieb gelöst wird (BFH, BStBl 1972 II S. 455). **In besonders gelagerten Fällen kann auch ein Rechtsvorgang genügen, der das Wirtschaftsgut aus dem Betriebsvermögen ausscheiden läßt** (BFH, GrS, BStBl 1975 II S. 168). Es kommen hier aber nur solche nicht auf dem Gebiet der steuerrechtlichen Wertung liegende Rechtsvorgänge in Betracht, durch die auf Wirtschaftsgüter in einer Weise eingewirkt wird, daß diese ihre Zugehörigkeit zum Betriebsvermögen verlieren (BFH, BStBl 1976 II S. 246, 1984 II S. 474).

Entnahme ist eine von einem Entnahmewillen getragene Entnahmehandlung. Sie muß nach außen den Willen des Steuerpflichtigen erkennen lassen, ein Wirtschaftsgut nicht mehr für betriebliche Zwecke im betrieblichen Bereich, sondern für private Zwecke im privaten Bereich zu nutzen. Nur ein solcher auf eine bestimmte Art der Nutzung im betrieblichen oder privaten Bereich gerichteter Wille – nicht auch der Wille oder die ungefähre Vorstellung einer Gewinnverwirklichung – ist ein Entnahmewille (BFH, BStBl 1985 II S. 395; zum Unterschied auch gegenüber dem Berichtigungswillen s. 4.1.2.6.2 und nachfolgend). Eine Entnahme von zum notwendigen Betriebsvermögen gehörenden Wirtschaftsgütern durch schlüssige Entnahmehandlung erfordert eine Änderung der tatsächlichen Nutzung in der Weise, daß das Wirtschaftsgut die Eigenschaft von notwendigem Privatvermögen erlangt. Für die Entnahme von Wirtschaftsgütern des gewillkürten Betriebsvermögens genügt es, daß der Steuerpflichtige äußerlich erkennbar macht, daß das Wirtschaftsgut nicht mehr zur Erzielung betrieblicher Einkünfte eingesetzt, sondern privat verwendet werden soll. Eine Änderung der tatsächlichen Nutzung ist hier nicht erforderlich (BFH, BStBl 1985 II S. 395).

Beispiele:

a) Der Textilkaufmann A will seinen zum (gewillkürten) Betriebsvermögen gehörenden Pkw (betriebliche Nutzung zu 30 v. H.) in sein Privatvermögen überführen, ohne daß sich an der Nutzung des Pkw's etwas geändert hätte. Hierzu ist eine ausdrückliche Entnahmehandlung, die in der Buchführung (ggf. im Bestandsverzeichnis) eindeutig zum Ausdruck kommt, erforderlich. Wirtschaftsgüter, die die Voraussetzungen für die Behandlung als gewillkürtes Betriebsvermögen erfüllen, können, solange der Betrieb und die Beziehung des Wirtschaftsguts zum Betrieb fortbesteht, grundsätzlich nur durch eine entsprechende Entnahmebuchung entnommen werden.

b) B überträgt Geld von seinem betrieblichen Bankkonto auf sein privates Bankkonto. Er will das Geld auch dort als betriebliche Liquiditätsreserve bereithalten. Hier liegt bereits in der Umbuchung die eindeutige Entnahmehandlung. Liegt eine solche Entnahmehandlung vor, so kommt es bei gewillkürtem Betriebsvermögen weder auf die weiterbestehende objektive Eignung des Wirtschaftsguts, dem Betrieb zu dienen – wie sie bei Barmitteln und Bankguthaben regelmäßig gegeben ist –, noch darauf an, welche Pläne der Stpfl. mit dem Wirtschaftsgut hat. Abweichend zu dem in Beispiel a) wiedergegebenen Grundsatz bedarf es auch hier keiner Ausbuchung (Entnahmebuchung), die nur ein wesentliches Indiz für eine Entnahmehandlung ist (BFH, BStBl 1975 II S. 811).

c) Der Arzt X, der seinen Pkw bisher zu 55 v. H. betrieblich genutzt hat und ihn nunmehr nur noch zu 40 v. H. für die Zwecke seiner Praxis einsetzt, ist der Auffassung, der Pkw könne nun nicht mehr Betriebsvermögen sein. Er meint ferner, seine Bilanz sei dadurch unrichtig geworden. Er berichtigt sie dadurch, daß er den Buchwert des Pkw über Kapitalkonto ausbucht. Der Vorgang kann nicht als Entnahme, die ja grundsätzlich zu einer Gewinnrealisierung führt, verstanden werden. Geht ein Steuerpflichtiger davon aus, er könne ein Wirtschaftsgut durch Bilanzberichtigung aus dem Betriebsvermögen herauszunehmen, weil das Wirtschaftsgut nicht mehr die Voraussetzungen für die Behandlung als gewillkürtes Betriebsvermögen erfüllt, so kann darin keine gewinnrealisierende Entnahme gesehen werden, wenn der Steuerpflichtige klar zum Ausdruck bringt, daß er keine Entnahme, sondern nur eine Bilanzberichtigung wollte.

d) X stellt seinen bisher ausschließlich betrieblich genutzten Pkw seiner Ehefrau zu deren ausschließlich privater Nutzung zur Verfügung. Hier liegt die Entnahmehandlung bereits in der Zurverfügungstellung (schlüssige Entnahmehandlung). Einer weiteren Entnahmehandlung, insbesondere einer Entnahmebuchung und eines besonderen Entnahmewillens, bedarf es nicht.

e) Der Kaufmann A schenkt sein zum Betriebsvermögen gehörendes Grundstück seiner Tochter B als Voraus auf ihren Erbteil. B überläßt das Grundstück dem A zur weiteren betrieblichen Nutzung.

Sofern B nicht Mitunternehmerin am Unternehmen des A ist, wird das Grundstück durch den Rechtsakt der Schenkung entnommen. Denn Wirtschaftsgüter, die dem Unternehmer nicht zumindest als wirtschaftlichem Eigentümer zuzurechnen sind, können nicht zu dessen Betriebsvermögen gehören.

Zeitpunkt der Entnahme ist der Zeitpunkt, zu dem die Entnahmehandlung äußerlich erkennbar und damit wirksam geworden ist. Das ist, sofern die Entnahme nicht unabhängig von einer Ausbuchung erfolgt ist, grundsätzlich nicht der Bilanzstichtag, sondern frühestens der Zeitpunkt der Ausbuchung bei der Bilanzaufstellung und spätestens der Zeitpunkt, zu dem die Bilanz beim FA eingegangen ist (BFH, BStBl 1985 II S. 395). Geschieht die Entnahme durch Übertragung eines Wirtschaftsguts auf einen Dritten (Entnahme durch Schenkung), dann ist Zeitpunkt der Entnahme der Tag, an dem das Wirtschaftsgut nicht mehr dem bisherigen Eigentümer zuzurechnen ist. Das ist regelmäßig der Fall, wenn die wirtschaftliche Verfügungsmacht auf einen anderen übergeht (BFH, BStBl 1988 II S. 490).

Bei der Frage, unter welchen Voraussetzungen Grundstücke als entnommen angesehen werden können, muß man unterscheiden zwischen Fällen, in denen der Betrieb fortbesteht, und solchen, in denen der Steuerpflichtige seine eigene betriebliche Tätigkeit einstellt.

Beispiele:

a) A betreibt einen Textilgroßhandel in einem eigenen Gebäude. Im Jahre 01 stellt A seine betriebliche Tätigkeit ein und wickelt sein Geschäft ab. Seine Geschäftsräume vermietet er an einen Tabakwarengroßhändler, um künftig allein aus den Erträgnissen seines Hauses zu leben. Der Entschluß des A, seinen Gewerbebetrieb aufzugeben und das Gebäude nur noch durch Vermietung zu nutzen, stellt eine Willensentscheidung dar, das Gebäude in das Privatvermögen zu überführen. Etwas anderes könnte nur gelten, wenn A die Absicht hätte, das Gebäude demnächst in einem anderen Gewerbebetrieb zu verwenden oder im Rahmen der Betriebsaufgabe alsbald zu veräußern (BFH, BStBl 1961 III S. 517, 1984 II S. 364).

b) X betreibt die Herstellung von Fahrrädern. Im Jahre 02 stellt er seine Fabrikation ein und veräußert die Restbestände an Fertig- und Halbfertigwaren. Die Veräußerung des Maschinenparks, die Einziehung der Forderungen und die Begleichung der Schulden erstreckt sich bis zum Herbst 04. Bereits im Jahre 03 hat er das Betriebsgrundstück an Y vermietet. Nach längeren Verhandlungen verkauft er es an ihn Anfang 05. Das Grundstück ist vor seiner Veräußerung nicht als entnommen anzusehen. X konnte das Grundstück jedenfalls bis zur Beendigung der Abwicklung als Betriebsvermögen behandeln. Wollte er es vorher ins Privatvermögen überführen, dann hätte es einer eindeutigen Entnahmehandlung bedurft (BFH, BStBl 1964 III S. 406).

Wirtschaftsgüter, die zur Zeit der Aufnahme in das Betriebsvermögen zulässigerweise zum Betriebsvermögen gerechnet worden sind, bleiben bei einem fortbestehenden Betrieb bis zu einer eindeutigen Entnahmehandlung Betriebsvermögen. Eine solche Entnahmehandlung kann nur angenommen werden, wenn das Verhalten des Stpfl. einen eindeutigen Entnahmewillen erkennen läßt. Der Wille, ein Wirtschaftsgut durch Bilanzberichtigung gewinneutral aus dem Betriebsvermögen herauszunehmen, kann nicht als Wille zur gewinnrealisierenden Entnahme gedeutet werden (BFH, BStBl 1983 II S. 459).

Ein Stpfl., der seine gewerbliche Tätigkeit einstellt, kann wählen, ob er sein bisheriges Betriebsvermögen veräußern oder in sein Privatvermögen überführen will. Diese Wahl muß eindeutig und klar zum Ausdruck kommen. Geschieht dies nicht, so kann auch nach Einstellung der gewerblichen Tätigkeit das bisherige Betriebsvermögen bis zum Zeitpunkt der tatsächlichen Verwertung oder der eindeutigen Übernahme in das Privatvermögen als Betriebsvermögen angesehen werden. Etwas anderes gilt dann, wenn mit einer betrieblichen Verwertung oder einer Übernahme in das Privatvermögen in absehbarer Zeit nicht zu rechnen ist. Dann ist der Wille des Stpfl., Wirtschaftsgüter weiter als Betriebsvermögen zu behandeln, unbeachtlich (BFH, BStBl 1984 II S. 364).

Eine schlüssige Entnahmehandlung wird angenommen, wenn ein Steuerpflichtiger sein Grundstück oder einen Grundstücksteil nur noch für private Wohnzwecke nutzt oder auf einer Grundstücksfläche ein Gebäude errichtet, das nur noch privaten Zwecken dient (BFH, BStBl 1970 II S. 92, 1980 II S. 740, 1985 II S. 396, 1986 II S. 516 und 1988 II S. 418; Abschn. 14 Abs. 10 EStR. Dies gilt nicht, wenn es nach den Umständen zweifelhaft erscheint, daß die Nutzung zu Wohnzwecken von Dauer ist (BFH, BStBl 1974 II S. 240).

Die Belastung eines Betriebsgrundstücks der Ehefrau mit einem Erbbaurecht zugunsten des Ehemannes soll nach dem Urteil des BFH (BStBl 1970 II S. 419; bestätigt durch BFH, BStBl 1983 II S. 413) selbst dann keine Entnahme dar-stellen, wenn der Ehemann auf dem Grundstück ein den privaten Wohnzwecken der Eheleute dienendes Gebäude errichtet. Diese Entscheidung ist – jedenfalls bei einem langfristigen unentgeltlichen Erbbaurecht – nicht bedenkenfrei. Anders ist es, wenn das Grundstück Erträge in Form von Erbbauzinsen abwirft. Diese Grundstücksnutzung kann wie die Vermietung und Verpachtung eines Grund-stücks eine Nutzung darstellen, die keine Entnahmehandlung ist (BFH, BStBl 1988 II S. 490).

Wird ein zum Gesamthandseigentum der Gesellschafter einer Personengesell-schaft gehörendes Grundstück, das zum Betriebsvermögen der Personengesell-schaft gehört, einem Gesellschafter auf Dauer zur privaten Nutzung überlassen, so z. B., wenn es mit einem Gebäude bebaut wird, das einem, mehreren oder allen Gesellschaftern zu eigenen Wohnzwecken dienen soll, so verliert das Grundstück dadurch in der Regel die Eigenschaft als Betriebsvermögen. Denn auch das Gesamthandsvermögen der Gesellschafter einer Personengesellschaft kann nur dann Betriebsvermögen sein, wenn es wenigstens die Voraussetzungen für gewillkürtes Betriebsvermögen erfüllt. Das ist bei nicht nur vorübergehender Nutzung zu privaten Wohnzwecken durch einen Gesellschafter nicht der Fall (BFH, BStBl 1988 II S. 418; Abschn. 14 Abs. 7 EStR). Die für die Entnahme des Grundstücks erforderliche Entnahmehandlung aller Gesellschafter besteht darin, daß alle Gesellschafter der Entnahme ausdrücklich oder durch schlüssiges Handeln (Einverständnis mit der Bebauung) zustimmen (BFH, BStBl 1988 II S. 418).

Ebenso stellt die Verwendung eines dem Gesellschafter einer Personengesell-schaft allein gehörenden zum (Sonder-)Betriebsvermögen zählenden Grundstücks zu eigenen Wohnzwecken dieses Gesellschafters eine Entnahme dar (BFH v. 3. 12. 1964, HFR 1964 S. 373, siehe aber den Sonderfall in BFH, BStBl 1983 II S. 288, der auch in Abschn. 14 Abs. 8 letzter Satz EStR wiedergegeben wird). Dies wäre grundsätzlich auch anzunehmen, wenn er es einem Mitgesellschafter zu dessen Wohnzwecken überlassen würde (s. aber den Sonderfall in BFH, BStBl 1980 II S. 40). Eine Grundstücksfläche wird dem Betriebsvermögen entnommen, wenn auf ihr ein Gebäude errichtet wird, das privaten Zwecken dient (BFH, BStBl 1980 II S. 740). Das gilt auch, wenn ein im zivilrechtlichen Eigentum eines Gesellschafters stehendes unbebautes Grundstück, das als (Sonder-)Betriebsvermögen geführt wird, mit einem den privaten Wohnzwecken des Gesellschafters dienenden Gebäude bebaut wird (BFH, BStBl 1973 II S. 706). Ist das Gebäude teilweise Privatvermögen, so wird der Grund und Boden anteilig entnommen (BFH, BStBl 1983 II S. 365).

Scheidet ein Gesellschafter aus einer Personengesellschaft aus, so wird auch ein Grundstück, das dem ausscheidenden Gesellschafter gehört und der Gesellschaft zur Nutzung überlassen worden ist und weiterhin überlassen bleibt, ohne ausdrückliche Entnahmehandlung ins Privatvermögen des Ausscheidenden überführt (BFH, BStBl 1967 III S. 751; u. U. kann in diesem Fall der gesamte Vorgang als betriebsaufgabeähnlicher Akt zu werten sein – s. dazu 5.4.2.2). Das gilt auch für den Fall, in dem der Gesellschafter durch Tod ausscheidet und die Gesellschaft nach dem Gesellschaftsvertrag von den verbleibenden Gesellschaftern unter Ausschluß der Erben fortgesetzt wird. Da der Gesellschaftsanteil in einem solchen Falle den verbleibenden Gesellschaftern zuwächst, entfallen die Voraussetzungen für die Zugehörigkeit des betreffenden Wirtschaftsguts als Sonderbetriebsvermögen des bisherigen Gesellschafters. Der Vorgang stellt sich als Entnahme des verstorbenen Gesellschafters dar (Entnahme durch Rechtsvorgang; BFH, BStBl 1975 II S. 580). Überträgt ein Gesellschafter sein zum Sonderbetriebsvermögen gehörendes Wirtschaftsgut (s. unter 4.1.2.4.9) auf einen Dritten und überläßt dieser es weiterhin dem Betrieb zur Nutzung, so stellt die Übertragung nur dann keine Entnahme dar, wenn der Dritte selbst Mitunternehmer ist (BFH, BStBl 1982 II S. 693; s. dazu auch die Ausführungen im nächsten Abschnitt). Werden Mitunternehmeranteile gegen Gewährung von Gesellschaftsrechten in eine Kapitalgesellschaft eingebracht, wird bisheriges Sonderbetriebsvermögen von dem Einbringenden zurückbehalten und in sein Privatvermögen übernommen, so ist das Sonderbetriebsvermögen entnommen, und zwar mit dem gemeinen Wert nach § 16 Abs. 3 Satz 3 EStG (BFH, BStBl 1988 II S. 829).

Wirtschaftsgüter scheiden nicht bereits deshalb aus dem Betriebsvermögen aus, weil die Gewinnermittlungsart wechselt. Nach § 4 Abs. 1 EStG wird ein Wirtschaftsgut nicht dadurch entnommen, daß der Stpfl. von der Gewinnermittlung nach § 4 Abs. 1 oder § 5 EStG zur Gewinnermittlung nach § 4 Abs. 3 EStG oder nach Durchschnittssätzen gemäß § 13 a EStG übergeht. Wirtschaftsgüter des gewillkürten Betriebsvermögens gelten also nicht als durch den Wechsel der Gewinnermittlungsart entnommen. Gleiches gilt, wenn die Buchführung des

Stpfl. nicht ordnungsgemäß ist oder der Stpfl. aufhört, Bücher zu führen, und sein Gewinn demzufolge geschätzt wird. Hier fehlt es an einer für die Entnahme erforderlichen Entnahmehandlung. Wird die Nutzung eines Wirtschaftsguts so geändert, daß es nach der Nutzungsänderung nicht mehr die Voraussetzungen für notwendiges, wohl aber für gewillkürtes Betriebsvermögen erfüllt, so würde auch ohne gesetzliche Regelung die Nutzungsänderung keine Entnahme bedeuten, sofern der Gewinn durch Vollschätzung, nach § 4 Abs. 3 EStG oder nach Durchschnittssätzen gemäß § 13 a EStG ermittelt wird (BFH, BStBl 1983 II S. 448, 1986 II S. 516, 666, 711, wegen der anderslautenden Auffassungen der FinVerw und der Vertrauensschutzregelung s. BStBl 1983 I S. 383). In § 4 Abs. 1 EStG ist zudem ausdrücklich angeordnet, daß die Änderung der Nutzung eines Wirtschaftsguts, die bei der Gewinnermittlung durch Bestandsvergleich keine Entnahme darstellen würde, auch bei der Gewinnermittlung nach § 4 Abs. 3 EStG oder nach Durchschnittssätzen gemäß § 13 a EStG keine Entnahme ist.

Beispiel:

Ein nichtbuchführender Land- und Forstwirt errichtet auf einem bisher landwirtschaftlich genutzten Grundstück ein Mietwohngebäude.

Der Grund und Boden erfüllt nach der Bebauung zwar nicht mehr die Voraussetzungen für notwendiges, wohl aber für gewillkürtes Betriebsvermögen. Da der Grund und Boden und das aufstehende Gebäude hinsichtlich der Zuordnung zum Betriebsvermögen und Privatvermögen einheitlich zu behandeln sind (s. 4.1.2.4.8), wird auch das Gebäude – ohne Entnahmehandlung – als gewillkürtes Betriebsvermögen zu betrachten sein.

Überträgt ein Mitunternehmer ein Wirtschaftsgut seines Sonderbetriebsvermögens (s. unter 4.1.2.4.9) unentgeltlich auf einen Mitunternehmer, der das Wirtschaftsgut ebenfalls der Gesellschaft zur Nutzung überläßt, so liegt keine Entnahme vor. Das Wirtschaftsgut wird mit den Buchwerten fortgeführt (BFH, BStBl 1975 II S. 166, 1982 II S. 695, 1986 II S. 713). Dies gilt auch dann, wenn der Übertragende sich den Nießbrauch an dem Grundstück vorbehält. Überläßt der Nießbraucher das Grundstück dem Betrieb weiterhin zur Nutzung, stellt das Nießbrauchsrecht notwendiges Sonderbetriebsvermögen dar; das Grundstück kann – jedenfalls nach Auffassung des BFH – als gewillkürtes Sonderbetriebsvermögen geführt werden (BFH, BStBl 1986 II S. 713). Ein Aktivposten kommt für das Nießbrauchsrecht jedoch nicht in Betracht (BFH, BStBl 1980 II S. 381). Die entgeltliche Veräußerung an einen anderen Gesellschafter würde hingegen auch steuerlich wie ein Veräußerungsvorgang zu behandeln sein (Gewinn des Veräußerers; Ansatz mit den Anschaffungskosten des Erwerbers; so auch BFH, BStBl 1978 II S. 191, und BMF, BStBl 1978 I S. 8, Tz. 36 bis 38). Wird ein Wirtschaftsgut aus dem Gesellschaftsvermögen (Gesamthandsvermögen; s. dazu 4.1.2.4.9) in das Sonderbetriebsvermögen eines Gesellschafters übertragen und wird dementsprechend die Gesellschaftsbeteiligung des Erwerbers vermindert, so ist weder eine Entnahme noch eine Veräußerung anzunehmen. Entsprechendes gilt, wenn ein Wirtschaftsgut des Sonderbetriebsvermögens unter entsprechender Erhöhung der Gesellschaftsbeteiligung vom Gesellschafter in das Gesellschaftsvermögen (Gesamthandsvermögen) übertragen wird. Im erstgenannten Fall kann der erwerbende Mitunternehmer, im letztgenannten Fall die Gesellschaft das Wirtschaftsgut mit dem Buchwert, dem Teilwert oder einem Zwischenwert ansetzen. In Höhe der Differenz zwischen dem alten und dem neuen Wertansatz wird ein Gewinn beim Übertragenden realisiert. Würde hingegen das Wirtschaftsgut in den erwähnten Fällen vom Gesellschafter an die Gesellschaft oder umgekehrt verkauft, so wäre das Wirtschaftsgut steuerlich in vollem Umfang als verkauft zu behandeln (nicht nur in dem Umfang, in dem der Gesellschafter die Anteile der Mitgesellschafter erwirbt bzw. seine Alleinberechtigung an die Mitgesellschafter abgibt; BFH, BStBl 1977 II S. 415; s. zum Vorstehenden auch BMF, BStBl 1978 I S. 8, Tz. 21 bis 35).

Wegen der Frage, ob in dem Übergang eines Betriebs von der Gewinnermittlung nach § 5 EStG zur Gewinnermittlung nach § 4 Abs. 1 oder 3 EStG eine Entnahme des der Besteuerung nach § 4 EStG a.F. nicht mehr unterliegenden Grund und Bodens liegt, Hinweis auf 4.1.4.

4.1.2.6.4 Überführung von Wirtschaftsgütern von einem Betrieb in einen anderen Betrieb desselben Steuerpflichtigen; tauschähnliche Einbringungsvorgänge

Ob eine Entnahme nur bei Überführung in das private (außerbetriebliche) Vermögen des Steuerpflichtigen vorliegt oder ob in der Überführung von Wirtschaftsgütern von einem Betrieb in einen anderen Betrieb desselben Steuerpflichtigen eine Entnahme gesehen werden kann, läßt sich aus dem Gesetzeswortlaut nicht eindeutig entnehmen. Wenn das Gesetz im § 4 Abs. 1 Satz 2 EStG die Entnahme des Steuerpflichtigen „für sich und seinen Haushalt" besonders erwähnt, so bedeutet das nicht, daß die Entnahme „für andere betriebsfremde Zwecke" stets nur eine solche sein könne, bei dem Wirtschaftsgüter des Betriebsvermögens in das Privatvermögen überführt werden. Unter welchen Voraussetzungen die Überführung eines Wirtschaftsguts von einem Betrieb in einen anderen Betrieb desselben Steuerpflichtigen als ein steuerlich unbeachtlicher Vorgang innerhalb des betrieblichen Vermögensbereichs oder als Entnahme anzusehen ist, läßt sich nur unter Berücksichtigung des Gesetzeszwecks entscheiden. Dieser besteht vor allem darin, die einkommensteuerliche Erfassung der stillen Reserven zu gewährleisten.

Eine Entnahme i. S. des § 4 Abs. 1 Satz 2 EStG ist danach gegeben, wenn ein Wirtschaftsgut aus dem betrieblichen Bereich in den privaten Bereich übergeht oder wenn es innerhalb des betrieblichen Bereichs von einem Betrieb oder Betriebsteil in einen anderen übergeht und dabei eine spätere einkommensteuerliche Erfassung der in dem Buchansatz für dieses Wirtschaftsgut enthaltenen stillen Reserven nicht gewährleistet ist. Werden aber die Gewinne für den das Wirtschaftsgut abgebenden Betrieb und den das Wirtschaftsgut aufnehmenden Betrieb nach den gleichen Grundsätzen ermittelt, so ist die Erfassung der stillen Reserven in jedem Falle gewährleistet. Eine Entnahme liegt dann nicht vor (so GrS BFH, BStBl 1975 II S. 168; vgl. auch Abschn. 13 a Abs. 1 EStR). Das gilt nach Auffassung des BFH (BStBl 1972 II S. 903) selbst dann, wenn das

Wirtschaftsgut in einen Betrieb mit einer anderen Gewinnermittlungs- und Einkunftsart verbracht wird, die spätere steuerliche Erfassung der stillen Reserven aber gleichwohl gewährleistet bleibt und auch durch eine mögliche Entwicklung der Verhältnisse nicht entscheidend beeinträchtigt werden kann.

Bei dieser Betrachtung muß man zwischen folgenden Sachverhaltsgruppen unterscheiden:

1. Der das Wirtschaftsgut abgebende Betrieb und der das Wirtschaftsgut aufnehmende Betrieb gehören zu derselben Einkunftsart und ermitteln ihren Gewinn nach derselben Gewinnermittlungsart.

Beispiel:

A überführt einen Lastkraftwagen von seinem Transportunternehmen in Köln in sein Sonderbetriebsvermögen bei einer KG, die in Düsseldorf ein Bauunternehmen betreibt und an der A als Kommanditist beteiligt ist. Beide Unternehmen ermitteln den Gewinn nach § 5 EStG.

In der Überführung liegt keine Entnahme, da der Gewinn beider Unternehmen zu den Einkünften aus Gewerbebetrieb gehört und nach derselben Gewinnermittlungsart ermittelt wird. Stille Reserven können der Besteuerung grundsätzlich nicht entgehen.

Diese Grundsätze gelten auch für die Überführung von Wirtschaftsgütern des Gesamthandvermögens zwischen den Unternehmen zweier Personengesellschaften, an denen dieselben Personen in demselben Verhältnis beteiligt sind. Besteht keine Personenidentität, dann ist bei Überführungen von Wirtschaftsgütern dann keine Entnahme anzunehmen, wenn das Ergebnis bei schrittweiser Überführung nach den unter 4.1.2.6.3 dargestellten Grundsätzen erfolgsneutral möglich wäre.

Beispiel:

A und B sind Kommanditisten der X-GmbH & Co. KG (X-KG). Sie sind auch alleinige Gesellschafter der X-GmbH. Ferner sind sie Kommanditisten der Y-GmbH & Co. KG (Y-KG) und alleinige Gesellschafter der Y-GmbH. Die X-KG überträgt unentgeltlich ein Wirtschaftsgut ihres Gesamthandvermögens auf die Y-KG.

Würde man für die Frage der Entnahme auf die Personenidentität der beiden Gesellschaften abstellen, müßte man eine Entnahme bejahen, weil die X-GmbH und Y-GmbH zivilrechtlich verschiedene Personen sind.

Indessen könnte die X-KG das im Gesamthandvermögen stehende Wirtschaftsgut in das Sonderbetriebsvermögen des A und B bei der X-KG erfolgsneutral überführen. A und B könnten es sodann erfolgsneutral in ihr Sonderbetriebsvermögen bei der Y-KG überführen und schließlich ebenfalls erfolgsneutral in das Gesamthandvermögen der Y-KG übertragen. Daher ist auch der direkte Weg vom Gesamthandvermögen der X-KG zum Gesamthandvermögen der Y-KG ohne Entnahme anzuerkennen.

Gleichgültig ist auch, ob es sich um Wirtschaftsgüter des Anlagevermögens oder des Umlaufvermögens handelt, so daß auch bei ständigen Lieferungsgeschäften keine Gewinnrealisierung eintritt.

Ein Wahlrecht zwischen erfolgsneutraler Überführung und Gewinnrealisierung gibt es in den hier erörterten Fällen nicht (BFH, BStBl 1970 II S. 618). Indessen will die FinVerw nach Abschn. 13 a Abs. 1 Satz 5 EStR ein solches Wahlrecht geben, wofür ein Rechtsgrund nicht ersichtlich ist.

2. Überführung eines Wirtschaftsguts von einem landwirtschaftlichen Betrieb in ein der selbständigen Arbeit dienendes Vermögen desselben Steuerpflichtigen. Beide Betriebe ermitteln ihren Gewinn nach § 4 Abs. 1 EStG.

Beispiel:
X überführt von seinem landwirtschaftlichen Betrieb einen Pkw in seinen freiberuflichen Betrieb. Beide Betriebe ermitteln den Gewinn nach § 4 Abs. 1 EStG.

Wenn für die Entscheidung auf den Zweck der gesetzlichen Regelung abgestellt wird und man diesen allein in der steuerlichen Erfassung der stillen Reserven sieht, dann liegt in der Überführung keine Entnahme, sofern die Gewinne für den das Wirtschaftsgut abgebenden Betrieb und den das Wirtschaftsgut übernehmenden Betrieb nach den gleichen Grundsätzen ermittelt werden, so daß die Erfassung der stillen Reserven in jedem Fall erfolgt (so GrS BFH, BStBl 1975 II S. 168, und BFH, BStBl 1969 II S. 584 und 1972 II S. 903). So aber liegen die Verhältnisse in den genannten Fällen. Sieht man den Zweck der Entnahmeregelung auch in der zutreffenden Besteuerung des nicht entnommenen Gewinns (vgl. 6.4), dann müßte in den Fällen der vorliegenden Art eine Entnahme bejaht werden (so BFH, BStBl 1969 II S. 645). Diese Betrachtung erscheint jedoch nicht gerechtfertigt. Begriff und Inhalt der Entnahme sind allein aus den Gewinnermittlungsvorschriften, zu denen § 10 a EStG nicht zählt, herzuleiten.

3. Überführung eines Wirtschaftsguts von einem Gewerbebetrieb mit Gewinnermittlung nach § 5 EStG in einen land- und forstwirtschaftlichen oder freiberuflichen Betrieb mit Gewinnermittlung nach § 4 Abs. 1 EStG.

Beispiel:
A überführt ein bebautes Grundstück und einen Pkw von seinem fortgeführten Gewerbebetrieb mit Gewinnermittlung nach § 5 EStG in seinen landwirtschaftlichen Betrieb mit Gewinnermittlung nach § 4 Abs. 1 EStG.

Nach der jüngsten Rechtsprechung des BFH[6] (vgl. BStBl 1989 II S. 187) liegt keine Entnahme vor. Der BFH hat sich damit der auch in der Vorauflage vertretenen Auffassung angeschlossen, daß die Entnahmeregelung nur als eine Regelung für Zwecke der Einkommensteuer zu verstehen ist und es daher nicht darauf ankommt, ob und inwieweit auch die gewerbesteuerliche Erfassung der stillen Reserven gewährleistet ist.

Nach Abschn. 13 a Abs. 1 Satz 5 EStR ist es jedoch auch in Fällen dieser Art nicht zu beanstanden, wenn der Steuerpflichtige die Überführung eines Wirtschaftsguts als Entnahme (und Einlage) behandelt. Werden mehrere Wirtschaftsgüter überführt, so wird der Steuerpflichtige das ihm damit eingeräumte Wahlrecht für jedes einzelne Wirtschaftsgut auszuüben haben und damit auch unterschiedlich ausüben können.

4. Überführung eines Wirtschaftsguts von einem freiberuflichen Betrieb mit Gewinnermittlung nach § 4 Abs. 1 EStG in einen gewerblichen Betrieb mit Gewinnermittlung nach § 5 EStG.

---

6 Damit ist die bisherige Rechtsprechung (vgl. BFH, BStBl 1967 III S. 318, sowie Abschn. 13 a Abs. 1 Satz 3 EStR 1987) überholt.

Beispiel:

A stellt ein Patent, das zum Betriebsvermögen seines freiberuflichen Betriebs gehört, einer KG, an der er mit 70 v. H. beteiligt ist und die ihren Gewinn nach § 5 EStG ermittelt, zur Verwertung zur Verfügung. Dadurch wird das Patent in das Sonderbetriebsvermögen der KG überführt.

In der Überführung liegt keine Entnahme, weil die einkommensteuerliche Erfassung der stillen Reserven gewährleistet ist. Allerdings fordert der BFH (BStBl 1972 II S. 903) hier nicht die Fortführung der Buchwerte, sondern gestattet sie nur. Diese Abweichung von dem sonst herrschenden Grundsatz, daß nichtrealisierte Gewinne nicht ausgewiesen werden dürfen, beruht offenbar auf dem Umstand, daß durch die Überführung zu Buchwerten die stillen Reserven erst zusätzlich von der Gewerbesteuer erfaßt werden. Nach Abschn. 13 a Abs. 1 Satz 5 EStR ist es auch in diesen Fällen nicht zu beanstanden, wenn der Stpfl. die Überführung wie eine Entnahme behandelt.

5. Überführung eines Wirtschaftsguts von einem land- und forstwirtschaftlichen Betrieb mit Gewinnermittlung nach § 4 Abs. 1 EStG in einen Gewerbebetrieb mit Gewinnermittlung nach § 5 EStG.

Beispiel:

A überführt aus seiner landwirtschaftlichen Gärtnerei mit Gewinnermittlung nach § 4 Abs. 1 EStG ein bebautes Grundstück sowie gärtnerische Erzeugnisse in seinen gewerblichen Einzelhandelsbetrieb mit Gewinnermittlung nach § 5 EStG.

Mit einem solchen Fall hat sich der BFH bisher nicht befaßt. Hier wird das zu Nr. 4 Ausgeführte zu gelten haben, so auch Abschn. 13 a Abs. 1 Sätze 4 und 5 EStR).

6. Überführung eines Wirtschaftsguts von einem Gewerbebetrieb mit Gewinnermittlung nach § 5 EStG in einen Gewerbebetrieb desselben Steuerpflichtigen mit Gewinnermittlung nach § 4 Abs. 3 EStG.

Verbleibt das überführte Wirtschaftsgut zwar im Bereich derselben Einkunftsart, würden aber die stillen Reserven ohne Bejahung einer Entnahme für immer der Besteuerung entgehen, so ist stets eine Entnahme anzunehmen (so BFH, BStBl 1969 II S. 584). Durch die Überführung der Wirtschaftsgüter des notwendigen Betriebsvermögens entgehen die in ihnen ruhenden stillen Reserven weder der Besteuerung durch die Einkommensteuer noch der durch die Gewerbesteuer. Die Überführung dieser Wirtschaftsgüter stellt mithin keine Entnahme dar. Werden hingegen Wirtschaftsgüter des gewillkürten Betriebsvermögens überführt, so liegt darin eine Entnahme, wenn bei der Gewinnermittlung nach § 4 Abs. 3 EStG gewillkürtes Betriebsvermögen grundsätzlich nicht gebildet werden darf (s. auch BFH, BStBl 1976 II S. 675). Dies wird allerdings von uns nicht für richtig gehalten (4.1.2.4.6).

7. Überführung eines Wirtschaftsguts von einem inländischen Betrieb in einen ausländischen Betrieb oder in eine ausländische Betriebsstätte desselben Steuerpflichtigen.

Wird ein Wirtschaftsgut von einem inländischen Betrieb in einen ausländischen Betrieb oder in eine ausländische Betriebsstätte desselben Steuerpflichtigen überführt und besteht mit dem ausländischen Staat kein Doppelbesteuerungsabkommen, so ist die Überführung wie eine Überführung zwischen inländischen Betrieben zu beurteilen. Denn die Gewinne (nicht auch die Verluste – § 2 a EStG) des ausländischen Betriebs werden im Inland steuerlich wie Gewinne aus inländischen Betrieben erfaßt (§ 2 Abs. 1 Satz 1 EStG; vgl. aber die Steuerermäßigungs- und Tarifvorschrift des § 34 c EStG).

Wird ein Wirtschaftsgut von einem inländischen Betrieb in einen ausländischen Betrieb oder in eine ausländische Betriebsstätte überführt und besteht mit dem ausländischen Staat ein Doppelbesteuerungsabkommen, so liegt in der Überführung von Wirtschaftsgütern des Anlagevermögens nach der Rechtsprechung des BFH (vgl. BStBl 1970 II S. 175 und 1972 II S. 760) grundsätzlich eine Entnahme. Denn nach herrschender Auffassung scheiden Gewinne und Verluste aus Betrieben oder Betriebsstätten, die in Ländern belegen sind, mit denen Doppelbesteuerungsabkommen bestehen, auf Grund dieser Abkommen aus der Bemessungsgrundlage für die inländische Besteuerung aus.

Diese Rechtsprechung wird von der Finanzverwaltung jedoch nicht mehr angewandt, soweit die Überführung von Wirtschaftsgütern in eine ausländische Betriebsstätte nach dem 1. 1. 1987 erfolgt ist oder erfolgt. Nach Auffassung der Finanzverwaltung liegt eine Entnahme nicht vor, weil den Doppelbesteuerungsabkommen nicht zu entnehmen ist, daß bei der Überführung von Wirtschaftsgütern in eine von der deutschen Besteuerung freigestellte Betriebsstätte der betriebliche Bereich verlassen wird und durch die Überführung als solche Gewinne und Verluste verwirklicht werden (vgl. BMF, BStBl 1990 I S. 72).[7]

Wird das Doppelbesteuerungsabkommen mit dem Land, in dem sich die ausländische Betriebsstätte befindet, erst abgeschlossen, nachdem das Wirtschaftsgut in die ausländische Betriebsstätte überführt ist, ist keine Entnahme anzunehmen, weil der Abschluß des Abkommens keine Entnahme darstellt (BFH, BStBl 1976 II S. 246).

8. Überführung eines Wirtschaftsguts aus dem Betriebsvermögen eines Einzelunternehmers in das Sonderbetriebsvermögen desselben Steuerpflichtigen.

Es gelten die für die Überführung von Wirtschaftsgütern allgemein aufgestellten Grundsätze (vgl. die vorstehenden Nr. 1 bis 7). Es handelt sich insoweit nicht um einen tauschähnlichen Vorgang (vgl. auch BMF, BStBl 1978 I S. 8 Tz. 67).

9. Einbringung eines Wirtschaftsguts aus dem gewerblichen Einzelunternehmen eines Stpfl. in das gewerbliche Gesamthandsvermögen einer Personengesellschaft gegen Gewährung von Gesellschaftsrechten.

---

7 Zu den verschiedenen steuerlichen Fragen, die sich darüber hinaus bei der Überführung von Wirtschaftsgütern in eine von der deutschen Besteuerung freigestellte ausländische Betriebsstätte ergeben, kann und soll hier auf das BMF-Schreiben vom 12. 2. 1990 (BStBl 1990 I S. 72) verwiesen werden.

Die vorgenannte Einbringung stellt grundsätzlich als tauschähnlicher Vorgang (Hingabe eines Wirtschaftsguts und Erhalt einer gesellschaftsrechtlichen Beteiligung) eine Veräußerung dar. Die Einbringung kann aber auch als gesellschaftsrechtlicher Vorgang gesehen werden. Der Gesellschafter steht einer Personengesellschaft nicht als Fremder gegenüber; er hat am Gesellschaftsvermögen eine Mitberechtigung. Die Einbringung des Wirtschaftsguts aus einem anderen Betriebsvermögen des Gesellschafters ist also die Fortsetzung der bisherigen Sachherrschaft in Form der gesamthänderischen Berechtigung. Sie ist eine besondere Form der Überführung eines Wirtschaftsguts aus einem Betrieb in einen anderen Betrieb desselben Stpfl. In solchen Fällen liegt bei dem Herkunftsbetrieb keine gewinnrealisierende Entnahme vor, sofern die Besteuerung der stillen Reserven gewährleistet bleibt.

Wegen der vorbeschriebenen Doppelnatur des Vorgangs können nach dem Urteil des BFH, BStBl 1976 II S. 748, die Beteiligten wählen, ob sie den Buchwert des eingebrachten Wirtschaftsguts fortführen oder das Wirtschaftsgut bis zur Grenze des Teilwerts neu bewerten wollen. Das Wahlrecht wird in der Bilanz der Personengesellschaft ausgeübt. In Höhe der Differenz zwischen dem alten und dem neuen Buchwert entsteht ein Gewinn beim Überführenden (so auch BMF, BStBl 1978 I S. 8, Tz. 56 bis 63).

10. Überführung eines Wirtschaftsguts aus dem gewerblichen Gesamthandsvermögen einer Personengesellschaft in das gewerbliche Einzelunternehmen eines Gesellschafters gegen Aufgabe einer Beteiligung.

Auch hier handelt es sich um einen tauschähnlichen Vorgang (Hingabe eines Wirtschaftsguts gegen Aufgabe einer gesellschaftsrechtlichen Beteiligung), der neben dem Veräußerungscharakter auch eine gesellschaftsrechtliche Natur hat (Überführung aus der gesamthänderischen Mitberechtigung in die betriebliche Einzelberechtigung). Hier muß im Prinzip dasselbe gelten wie vorstehend zu 9.

Zu 9. und 10. Wird ein Wirtschaftsgut in einen ausländischen Betrieb oder in eine ausländische Betriebsstätte überführt und ist dieser Betrieb bzw. diese Betriebsstätte aufgrund eines bestehenden Doppelbesteuerungsabkommens von der deutschen Besteuerung freigestellt, so gelten nach unserer Auffassung die zu Nr. 8 dargestellten Grundsätze. Das von der Finanzverwaltung mit dem BMF-Schreiben vom 12. 2. 1990, BStBl 1990 I S. 72, eingeräumte Wahlrecht gilt daher unserer Ansicht nach auch in derartigen Fällen.

Veräußerungen von Wirtschaftsgütern zwischen Gesellschaftern und Gesellschaft sind, wenn sie zu Bedingungen wie zwischen Fremden erfolgen, auch steuerlich wie Veräußerungen zwischen Fremden zu behandeln, so daß abweichend von den Regelungen zu 9. und 10. bei dem Veräußerer ein Ertrag in Höhe des Unterschieds zwischen dem Buchwert und dem Veräußerungserlös entsteht und das Wirtschaftsgut in der Bilanz des Empfängerbetriebs grundsätzlich mit den Anschaffungskosten anzusetzen ist (so auch BFH, BStBl 1976 II S. 744, 1981 II S. 84, 1986 II S. 53; s. dazu ferner BFH, BStBl 1977 II S. 145).

4.1.2.6.5 Steuerfreie Veräußerung oder Entnahme und gesetzliche Entnahmetatbestände im Zusammenhang mit dem Fortfall der Nutzungswertbesteuerung

Gesetzliche Entnahmetatbestände im Zusammenhang mit dem Fortfall der Nutzungswertbesteuerung

Der Gesetzgeber hat für selbstgenutzte oder einem Dritten unentgeltlich überlassene Wohnungen, die im Veranlagungszeitraum 1986 zu einem Betriebsvermögen gehören und deren Nutzungswert im Veranlagungszeitraum 1986 zu den Einkünften aus Land- und Forstwirtschaft, Gewerbebetrieb oder selbständiger Arbeit rechnen, im Zusammenhang mit dem Fortfall der Nutzungswertbesteuerung eine Reihe gesetzlicher Entnahmetatbestände normiert (§ 52 Abs. 15 EStG). Nach dem Wortlaut des Gesetzes („gelten . . . als entnommen") kommt es für die Entnahme in diesen Fällen nur auf die Erfüllung der dort geregelten Entnahmetatbestände, nicht aber darauf an, ob die für eine Entnahme i. S. von § 4 Abs. 1 EStG allgemein geforderten Voraussetzungen (insbesondere Entnahmevorgang, Entnahmehandlung und Entnahmewille) erfüllt sind. Dies mag zwar bei bestimmten Sachverhalten der gesetzlichen Entnahme zutreffen, ist aber nicht entscheidend und bedarf keiner Prüfung.

Die gesetzlichen Entnahmetatbestände des § 52 Abs. 15 EStG setzen allgemein voraus, daß die Wohnung und der zugehörige Grund und Boden im VZ 1986 zum Betriebsvermögen eines land- und forstwirtschaftlichen oder gewerblichen Betriebs oder zu einem der selbständigen Arbeit dienenden Vermögen gehört hat und der Nutzungswert zu einer der genannten Gewinneinkünfte rechnete. Dafür muß die Wohnung zunächst vor dem 1. 1. 1987 angeschafft oder hergestellt und dem **Betriebsinhaber persönlich zuzurechnen** sein. Bei Land- und Forstwirten genügt es aus in der Entstehungsgeschichte des Gesetzes liegenden Gründen des Vertrauensschutzes, wenn der Bauantrag für die Wohnung vor dem 1. 1. 1987 gestellt und die Wohnung nach Fertigstellung zu eigenen oder zu Wohnzwecken eines Altenteilers genutzt wird und der Nutzungswert nach § 13 Abs. 3 Nr. 2, § 13 a Abs. 2 Nr. 4 und Abs. 7 EStG zu den Einkünften aus Land- und Forstwirtschaft zählt. Gewerbetreibende und selbständig Tätige müssen die Wohnung und den dazugehörigen Grund und Boden zum gewillkürten Betriebsvermögen gezogen haben. Das wurde für die Zeit vor 1987 für zulässig gehalten, wenn das Grundstück mehr als zur Hälfte die Voraussetzungen für die Behandlung als Betriebsvermögen erfüllte und der andere Teil eigenen Wohnzwecken diente oder einem Dritten unentgeltlich zur Nutzung überlassen war, diese Überlassung aber nicht auf einer gesicherten Rechtsposition beruhte, so daß der Nutzungswert dem Überlassenden nach § 21 Abs. 2 2. Alternative EStG zuzurechnen war (vgl. Abschn. 14 Abs. 4 EStR 1984).

Für die **Zurechnung des Nutzungswerts** zu einer Gewinneinkunftsart des Steuerpflichtigen reicht es aus, wenn diese Voraussetzung innerhalb eines begrenzten Zeitraums in 1986 vorgelegen hat. Die Zurechnung des Nutzungswerts einer Wohnung zu den Einkünften aus Land- und Forstwirtschaft erfolgt, wenn der

Eigentümer oder der Altenteiler die Wohnung zu eigenen Wohnzwecken nutzt (§ 13 Abs. 2 Nr. 2, § 13 a Abs. 3 Nr. 4, Abs. 7 EStG), kann aber auch bei einer Nutzungsberechtigung am ganzen Betrieb (Pächter, Nießbraucher, Berechtigter nach einem Wirtschaftsüberlassungsvertrag) in Betracht kommen (BFH, BStBl 1986 II, 528).

Bei Gewerbebetrieben und selbständig Tätigen gehört der Nutzungswert der Wohnung zu den Einkünften aus Gewerbebetrieb oder selbständiger Arbeit, wenn sie eigenen Wohnzwecken des Eigentümers und Betriebsinhabers dient und nach Abschn. 14 Abs. 4 EStR 1984 zum gewillkürten Betriebsvermögen gezogen worden ist (§ 21 Abs. 2, 3 EStG). Auch der Nutzungswert der vom Eigentümer einem Dritten unentgeltlich zur Nutzung überlassenen Wohnung ist dem Betriebsinhaber und damit den Einkünften aus Land- und Forstwirtschaft, Gewerbebetrieb oder selbständiger Arbeit zuzurechnen, wenn die unentgeltliche Überlassung nicht auf einer gesicherten Rechtsposition beruht.

Die gesetzlichen Entnahmetatbestände des § 52 Abs. 15 EStG knüpfen an den **Fortfall der Nutzungswertbesteuerung** an. Da die Nutzungswertbesteuerung frühestens mit dem 31. 12. 1986 fortgefallen ist, kommen für die vorgenannten Entnahmetatbestände nur solche Wohnungen in Betracht, die bis zu diesem Zeitpunkt angeschafft oder hergestellt sind, bei Land- und Forstwirten aber auch Wohnungen, für die der Bauantrag vor dem 1. 1. 1987 gestellt ist und die nach Fertigstellung zu eigenen Wohnzwecken oder zu Wohnzwecken eines Altenteilers genutzt werden (§ 52 Abs. 15 Satz 3 und Satz 6 EStG). Für die gesetzlichen Entnahmen gibt es drei Möglichkeiten: die Entnahme zum 31. 12. 1986 als früheste Möglichkeit, die zum 31. 12. 1998 als späteste Möglichkeit und die zum Ende eines Veranlagungszeitraums zwischen diesem und dem erstgenannten. Sofern der Steuerpflichtige das Gebäude – abgesehen von dem oben genannten Sonderfall für Land- und Forstwirte – nach dem 31. 12. 1986 angeschafft oder hergestellt hat, kann es nicht mehr als Betriebsvermögen behandelt werden, da nach § 52 Abs. 21 EStG für dieses Gebäude die Nutzungswertbesteuerung ab 1987 entfällt. Etwaige aktivierte Beträge sind, sofern ihre Fortführung als Betriebsvermögen nicht unter den allgemeinen Voraussetzungen zulässig ist, zum Teilwert als entnommen anzusehen (Entnahme durch Rechtsakt).

Gesetzliche Entnahme zum 31. 12. 1986

Nach § 52 Abs. 15 Satz 1 EStG sind § 13 Abs. 2 Nr. 2, § 13 a Abs. 3 Nr. 4 und Abs. 7 EStG, nach denen der Nutzungswert einer Wohnung zu den Einkünften aus Land- und Forstwirtschaft rechnet, grundsätzlich letztmals für den Veranlagungszeitraum 1986 anzuwenden, sofern nicht die übergangsweise Weitergeltung dieser Vorschriften bis letztmals für den Veranlagungszeitraum 1998 zugelassen ist (§ 52 Abs. 15 Sätze 2 und 3 EStG). Im Fall der Übergangsregelung kann der Steuerpflichtige beantragen, daß die Anwendung der obengenannten Vorschriften ab Veranlagungszeitraum 1987 (erstmals) entfällt (§ 52 Abs. 15 Satz 4 EStG). Für Steuerpflichtige, für die die Übergangsregelung nicht gilt oder die den Fortfall der Nutzungswertbesteuerung für den Veranlagungszeitraum 1987 beantragen, „gilt" die Wohnung und der dazugehörige Grund und Boden zum 31. 12. 1986 „als entnommen". Dies ist für Fälle, in denen der Antrag auf Fortfall der Übergangsregelung gestellt ist, in § 52 Abs. 15 Satz 6 EStG, für Fälle, in denen die Wohnung einem Dritten aufgrund einer gesicherten Rechtsposition im Veranlagungszeitraum 1986 unentgeltlich zur Nutzung überlassen ist, in § 52 Abs. 15 Satz 2 2. Halbsatz EStG ausdrücklich vorgeschrieben. Ein etwaiger Entnahmegewinn bleibt außer Ansatz (§ 52 Abs. 15 Sätze 7 und 9 EStG). Diese gesetzlich fixierte Entnahme ist unausweichlich und kann nicht durch Sachverhaltsgestaltung umgangen werden. Sie gilt entsprechend für Grundstücke, die im Veranlagungszeitraum 1986 zu einem gewerblichen oder einem der selbständigen Arbeit dienenden Betriebsvermögen gehört haben (§ 52 Abs. 15 Satz 10 EStG).

Gesetzliche Entnahme zum 31. 12. 1998

Gebäude, für die die Nutzungswertbesteuerung übergangsweise nach § 52 Abs. 15 Sätze 2 und 3 EStG vorgesehen ist, „gelten" zum 31. 12. 1998 „als entnommen", sofern nicht für einen Zeitraum vor 1998 der Fortfall der Nutzungswertbesteuerung beantragt ist (§ 52 Abs. 15 Sätze 6 und 10 EStG). Die Entnahme ist unausweichlich; sie kann nicht durch Gestaltung umgangen werden. Ein etwaiger Entnahmegewinn bleibt außer Ansatz (§ 52 Abs. 15 Sätze 6 und 10 EStG).

Gesetzliche Entnahme zum 31. 12. 1987 oder 1988 (bis 1997)

Verzichtet der Steuerpflichtige auf die übergangsweise Anwendung der Nutzungswertbesteuerung für 1987, so „gilt" die Wohnung und der dazugehörige Grund und Boden zum 31. 12. 1987 „als entnommen". Sie gilt zum 31. 12. 1988 (31. 12. 1989 ff.) als entnommen, wenn der Verzicht auf die Nutzungswertbesteuerung für die mit diesen Stichtagen endenden Veranlagungszeiträume erklärt wird (§ 52 Abs. 15 Sätze 6 und 10 EStG). Auch in diesen Fällen ist die Entnahme, wenn der Antrag auf Fortfall der Nutzungswertbesteuerung gestellt ist, unausweichlich; ein etwaiger Gewinn ist steuerfrei (§ 52 Abs. 15 Sätze 7 und 10 EStG).

Steuerfreie Entnahme bei Rechtszuständigkeitswechsel

Voraussetzung für die gesetzlichen Entnahmetatbestände ist nicht nur, daß die Wohnung zum 31. 12. 1986 grundsätzlich zum Betriebsvermögen und der Nutzungswert in 1986 zu einer der Gewinneinkunftsarten gehört hat; Voraussetzung dafür ist auch, daß die Wohnung und der dazugehörige Grund und Boden im Zeitpunkt der Entnahme zum Betriebsvermögen des Steuerpflichtigen gehört und ihm der Nutzungswert in diesem Zeitpunkt als Teil seiner Gewinneinkünfte zuzurechnen ist (Beispielsfälle, wann dies nicht der Fall ist, s. BMF, BStBl 1986 I S. 528 unter A III 3.). Nicht erforderlich ist, daß demselben Steuerpflichtigen, dem der Nutzungswert im Veranlagungszeitraum 1986 zuzurechnen war, der Nutzungswert auch im Zeitpunkt der Entnahme zugerechnet wird.

Beispiel:

A verpachtet im Jahre 1986 seinen land- und forstwirtschaftlichen Betrieb an seinen Sohn B ohne das Wohnhaus, das A weiterhin bewohnt. Im Jahre 1988 überträgt er den Hof im Wege vorweggenommener Erbfolge auf B und bewohnt weiterhin als

Altenteiler das auf den Sohn mitübertragene Haus. Im Veranlagungszeitraum 1986 ist A der Nutzungswert der Wohnung nach § 13 Abs. 2 Nr. 2 EStG zuzurechnen. Die Nutzungswertbesteuerung bleibt auch nach der Übertragung des Eigentums auf B erhalten. Indessen ist nun dem B der Nutzungswert zuzurechnen. Die steuerfreie gesetzliche Entnahme tritt bei B ein, wenn die Nutzungswertbesteuerung fortfällt.

Entnahme bei Nutzungsänderung nach Selbstnutzung

Wenn bei einem Gebäude, für das die Nutzungswertbesteuerung übergangsweise gilt, während des 12jährigen Übergangszeitraums die Nutzung so geändert wird, daß eine Nutzungswertbesteuerung nicht mehr in Betracht kommt (z. B. Nutzung zu eigenen betrieblichen Zwecken, Vermietung zu fremden Wohn- oder betrieblichen Zwecken), so führt das jedenfalls für Zeitpunkte vor dem 31. 12. 1998 nicht zu einer gesetzlichen Entnahme im Sinne von § 52 Abs. 15 EStG. § 52 Abs. 15 Satz 6 EStG setzt einen Fortfall der Nutzungswertbesteuerung durch Antrag voraus. Entnahmezeitpunkt ist dann der Zeitpunkt der letztmaligen Besteuerung des Nutzungswerts, frühestens der 31. 12. 1986. Nach dem Wortlaut des § 52 Abs. 15 Satz 6 2. Halbsatz EStG gilt die Wohnung „in den anderen Fällen zum Ende des Veranlagungszeitraums 1998" als entnommen. Nach Auffassung der FinVerw (BMF, BStBl 1986 I S. 528 zu A III 1 e) greift diese steuerfreie gesetzliche Entnahmeregelung nur Platz, wenn für das Gebäude am 31. 12. 1998 die Voraussetzungen für die Nutzungswertbesteuerung gegeben sind. Im Sinnzusammenhang mit dem ersten Satzteil des Satzes 6 ist der Wortlaut „andere Fälle" so zu verstehen, daß darunter diejenigen fallen, in denen die Nutzungswertbesteuerung nicht auf Antrag, sondern kraft Gesetzes ohne Antrag (§ 52 Abs. 21 EStG) erlischt.

Ein gesetzlicher Entnahmetatbestand im Sinne von § 52 Abs. 15 Satz 6 EStG liegt auch vor, wenn nach Änderung der Nutzung im Sinne der Nutzungswertbesteuerung während des Übergangszeitraums ein Antrag auf Fortfall der Nutzungswertbesteuerung gestellt wird, so wenn z. B. eine Wohnung, die 1987 eigenen Wohnzwecken des Steuerpflichtigen gedient hat, ab 1. 1. 1988 durch Vermietung genutzt wird und der Antrag auf Fortfall der Nutzungswertbesteuerung für 1988 gestellt wird. Da nach Änderung der Nutzung die Nutzungswertbesteuerung nicht mehr durch Antrag fortfallen kann, führt der Antrag zur gesetzlichen Entnahme zum Ende der Selbstnutzung (31. 12. 1987). Die bloße Nutzungsänderung ohne Antrag auf Fortfall der Nutzungswertbesteuerung führt nicht zur gesetzlichen Entnahme.

Unentgeltlich überlassene Wohnung

Nach § 52 Abs. 15 Satz 9 und 11 EStG ist die unentgeltlich zu Wohnzwecken überlassene Wohnung, die zu einem Betriebsvermögen gehört, der selbstgenutzten Wohnung gleichgestellt, sofern die Nutzungsüberlassung nicht auf einer gesicherten Rechtsposition beruht. Für die gesetzliche Entnahme gilt daher dasselbe wie für die selbstgenutzte Wohnung. Beruht die Nutzungsberechtigung auf einer gesicherten Rechtsposition, so daß der Nutzungswert der Wohnung dem Nutzenden zuzurechnen ist, gilt die Wohnung ohne Gewinnauswirkung zum 31. 12. 1986 als entnommen (§ 52 Abs. 15 Satz 9 2. Halbsatz).

Steuerfreie Veräußerung oder Entnahme im Zusammenhang mit dem Fortfall der Nutzungswertbesteuerung

Wegen des generellen Fortfalls der Nutzungswertbesteuerung, aber unabhängig von dessen Fortfall im konkreten Fall sieht § 52 Abs. 15 Satz 8 Nr. 1, Satz 11 EStG die sachliche Steuerbefreiung eines Veräußerungs- oder Entnahmegewinns vor, wenn eine Wohnung **nach dem 31. 12. 1986** und vor dem 1. 1. 1999 **tatsächlich** im Sinne von § 4 Abs. 1 EStG **entnommen oder veräußert** wird, sofern die Wohnung im Veranlagungszeitraum 1986 und im Veräußerungs- oder Entnahmezeitpunkt der Nutzungswertbesteuerung unterliegt und der Nutzungswert zu den Gewinneinkünften rechnet (§ 52 Abs. 15 Satz 8 i. V. mit Satz 2 EStG). Die FinVerw läßt in erweiternder Auslegung des Gesetzes auch dann Veräußerungsgewinne steuerfrei, wenn die Wohnung zuletzt ungenutzt, aber bis dahin selbstgenutzt im vorgenannten Sinne war (BMF, BStBl 1986 I S. 528 unter A III 2 a).

Nach § 52 Abs. 15 Satz 8 2. Halbsatz, Satz 11 EStG ist ferner der Entnahmegewinn bei einer **Wohnung** steuerfrei, die **vor dem 1. 1. 1987 vermietet** oder verpachtet war und daher nicht der Nutzungswertbesteuerung unterlag, wenn die Wohnung **nach dem 31. 12. 1986** und vor dem 1. 1. 1999 für eigene Wohnzwecke oder für Wohnzwecke eines Altenteilers **entnommen** wird. Mit dieser Regelung ist z. B. an Fälle gedacht, in denen ein landwirtschaftlicher Betrieb am 31. 12. 1986 (insbesondere an den künftigen Hoferben) verpachtet war und von dem Pächter später als Eigentümer übernommen wird. Mit dem Eigentumsübergang wird die Wohnung und der dazugehörige Grund und Boden durch Rechtsakt (§ 4 Abs. 1 EStG) entnommen, womit bei Abschluß des Pachtvertrags nicht zu rechnen war. Nach dem Sinn des Gesetzes sind nach Satz 8 nur Entnahmegewinne bei Wohnungen begünstigt, die am 31. 12. 1986 durch Vermietung genutzt wurden.

Für diese steuerfreie Entnahme besteht nach § 52 Abs. 15 Satz 8 2. Halbsatz EStG eine **Objektbeschränkung.** Danach gilt die Steuerfreiheit nicht, wenn andere, Wohnzwecken des Eigentümers des Betriebs oder des Altenteilers dienende Objekte, nach § 52 Abs. 15 Satz 6 oder Satz 8 Nr. 1 EStG steuerfrei entnommen sind. Die Objektbeschränkung gilt aber nicht, wenn weitere Wohnungen unter den Tatbestand des § 52 Abs. 15 Satz 8 Nr. 2 oder Satz 9 EStG fallen. So kann z. B. „eine weitere Altenteilerwohnung steuerfrei entnommen werden, wenn im Veranlagungszeitraum 1986 der Betriebseigentümer und ein Altenteiler in zum Betriebsvermögen gehörenden Wohnungen wohnten und erstmals nach dem Veranlagungszeitraum 1986 drei Generationen in getrennten Wohnungen auf dem Hofe leben" oder „eine Betriebsleiterwohnung, die nach 1986 vom Betriebseigentümer bezogen wird, steuerfrei entnommen wird, obwohl bereits zwei Altenteilerwohnungen nach § 52 Abs. 15 Satz 6 EStG steuerfrei entnommen worden sind oder noch entnommen werden können" (BMF, BStBl 1986 I S. 528 unter A III 2 b).

Auch in Fällen, in denen Grund und Boden aus einem land- und forstwirtschaftlichen Betrieb nach dem 31. 12. 1986 dadurch entnommen worden ist bzw., entnommen wird, daß auf dem Grund und Boden die Wohnung des Steuerpflichtigen oder eine Altenteilerwohnung errichtet wurde bzw. errichtet wird, bleibt der Entnahmegewinn nach § 52 Abs. 15 Satz 10 EStG außer Ansatz. Steuerpflichtige, die ihre Wohnung oder eine Altenteilerwohnung erst nach dem 31. 12. 1986 errichtet haben oder errichten, werden damit den Steuerpflichtigen gleichgestellt, die ihre Wohnung bzw. eine Altenteilerwohnung bereits vor dem 1. 1. 1987 errichtet haben und bei denen der Gewinn aus der Entnahme des dazu gehörenden Grund und Bodens nach § 52 Abs. 15 Sätze 7 und 8 EStG ebenfalls außer Ansatz bleibt.

Wann der Entnahmegewinn nach dem 31. 12. 1986 angefallen ist oder anfällt, ist ohne Bedeutung. Eine zeitliche Befristung enthält die Vorschrift des § 52 Abs. 15 Satz 10 EStG nicht. Aus systematischen Gründen hätte die in § 52 Abs. 15 Satz 10 EStG getroffene (Dauer-)Regelung daher ihren Platz besser an einer anderen Stelle außerhalb der Anwendungsvorschriften des § 52 EStG gefunden.

Die in § 52 Abs. 15 Satz 10 EStG getroffene Regelung setzt ersichtlich nur voraus, daß der Grund und Boden, der durch die Errichtung der Wohnung entnommen wird, zum Betriebsvermögen eines land- und forstwirtschaftlichen Betriebs gehört hat. Wann er in das Betriebsvermögen gelangt ist, ist daher ohne Bedeutung. Auch auf Grund und Boden, der erst nach dem 31. 12. 1986 erworben worden und dadurch in das Betriebsvermögen gelangt ist, kommt die in § 52 Abs. 15 Satz 10 EStG getroffene Regelung nach unserer Auffassung daher zur Anwendung, soweit auf diesem Grund und Boden später vom Steuerpflichtigen eine zu eigenen Wohnzwecken genutzte Wohnung oder eine Altenteilerwohnung errichtet wird. Die Vorschrift des § 52 Abs. 15 Satz 11 EStG steht diesem Ergebnis nach unserer Auffassung nicht entgegen. Wenn darin für die sinngemäße Anwendung der in § 52 Abs. 15 Satz 10 EStG getroffenen Regelung auf Grund und Boden, der zu einem gewerblichen oder einem der selbständigen Arbeit dienenden Betriebsvermögen gehört, darauf abgestellt wird, daß der Grund und Boden im VZ 1986 zu einem solchen Betriebsvermögen gehört hat, so zeigt dies, daß der Gesetzgeber in § 52 Abs. 15 Satz 10 EStG bewußt anders formuliert und daher auf diese Voraussetzung verzichtet hat.

Zur Entnahme führt die Errichtung einer Wohnung des Steuerpflichtigen bzw. einer Altenteilerwohnung nur, wenn die in § 52 Abs. 15 Satz 3 EStG getroffene Übergangsregelung nicht eingreift. Greift diese Übergangsregelung ein, so ist auch der Gewinn aus der Entnahme des Grund und Bodens nach den in § 52 Abs. 15 Sätze 6 und 7 EStG getroffenen Regelungen zu behandeln.

Die in § 52 Abs. 15 Satz 10 EStG getroffene Regelung kann von dem Steuerpflichtigen nur für **eine** zu eigenen Wohnzwecken genutzte Wohnung und nur für **eine** Altenteilerwohnung in Anspruch genommen werden. Die Anwendung dieser Regelung hängt jedoch nicht davon ab, ob der Steuerpflichtige bereits vor dem 1. 1. 1987 eine zu eigenen Wohnzwecken genutzte Wohnung bzw. eine Altenteilerwohnung errichtet hatte. Die Vorschrift des § 52 Abs. 15 Satz 10 EStG stellt im übrigen ersichtlich auf den einzelnen Steuerpflichtigen ab, der eine Wohnung für seine eigenen Wohnzwecke errichtet. Der Gesamtrechtsnachfolger eines Steuerpflichtigen, der die in § 52 Abs. 15 Satz 10 EStG getroffene Regelung in Anspruch genommen hat, ist daher von der Inanspruchnahme dieser Regelung allein aus diesem Grunde noch nicht ausgeschlossen.

Nach § 52 Abs. 15 Satz 11 EStG gilt die in Satz 10 dieser Vorschrift getroffene Regelung sinngemäß auch, wenn der Grund und Boden, der durch die Errichtung der Wohnung entnommen wird, im VZ 1986 zu einem gewerblichen oder einem der selbständigen Arbeit dienenden Betriebsvermögen gehört hat.

Veräußerungsgewinn und -verlust

Steuerrechtlich außer Ansatz in den vorgenannten Fällen bleibt nur ein etwaiger Veräußerungs- oder Entnahmegewinn, während ein etwaiger Veräußerungs- oder Entnahmeverlust wie auch sonst berücksichtigt wird. Die Steuerfreiheit bedeutet nicht etwa, daß die Entnahme praktisch zum Buchwert erfolgt. Vielmehr wird der Entnahmegewinn auch bei der gesetzlichen Entnahme nach allgemeinen Grundsätzen, also als Unterschied zwischen dem Buchwert und dem Teilwert (§ 6 Abs. 1 Nr. 4 EStG), berechnet, so daß auch Abzüge nach §§ 6 b und 6 c EStG, Abschn. 34, 35 EStR beim Buchwert berücksichtigt bleiben. Dieser Buchgewinn ist steuerfrei. Die Ermittlung des Umfangs des zur Wohnung dazugehörigen Grund und Bodens richtet sich ebenfalls nach allgemeinen Kriterien (BMF, BStBl 1986 I S. 528 unter A III 6).

Übergangsregelung bei Rechtsnachfolge

Werden nach dem 31. 12. 1986 Betriebe unentgeltlich übertragen, so ist der Rechtsnachfolger nach § 7 Abs. 1 EStDV an die Buchwerte des Rechtsvorgängers auch hinsichtlich einer selbstgenutzten Wohnung, die zum Betriebsvermögen des Rechtsvorgängers gehört, gebunden. Daraus folgt, daß die Wohnung beim Rechtsnachfolger unter die Übergangsregelung des § 52 Abs. 15 EStG fällt (so auch BMF, BStBl 1986 I S. 528 unter A II 7). Beantragt der Erwerber den Fortfall der Nutzungswertbesteuerung im Übergangszeitraum, so gelten § 52 Abs. 15 Sätze 2, 4 und 6 EStG.

4.1.2.7 Einlagen

Einlagen sind alle Wirtschaftsgüter (Bareinzahlungen und sonstige Wirtschaftsgüter), die der Stpfl. dem Betrieb im Laufe des Wirtschaftsjahrs zuführt (§ 4 Abs. 1 Satz 3 EStG).

Der Begriff der Einlage ergibt sich aus der Umkehrung des Begriffs der Entnahme. Einlagen sind demnach zunächst einmal alle Wirtschaftsgüter, die der Stpfl. dem Betrieb zu betrieblichen Zwecken aus der privaten Sphäre zuführt. Auf das Motiv der Zuführung kommt es für die Feststellung einer Einlage nicht an, sofern das zugeführte Wirtschaftsgut Betriebsvermögen werden kann. So kann eine Einlage auch dann nicht verneint werden, wenn dem Betrieb kurzfristig Mittel zugeführt werden, um die Steuerbegünstigung des nichtentnommenen Gewinns nach § 10 a EStG zu erhalten (BFH, BStBl 1970 II S. 205, 1974 II S. 68; allerdings stellt die Maßnahme eine Steuerumgehung nach § 42 AO dar, so daß die Vergünstigung aus diesem Grunde nicht gewährt wird). Ferner gelten Wirtschaftsgüter, die von einem Betrieb in einen anderen Betrieb desselben Steuerpflichtigen überführt werden, dann in den aufnehmenden Betrieb als eingelegt, wenn die Überführung bei dem abgebenden Betrieb eine Entnahme darstellt. Die Einlagen können sich bei Wirtschaftsgütern des Umlaufvermögens und des Anlagevermögens ergeben. Der Stpfl. muß aber bereits vor der Einlage Eigentümer oder aber wirtschaftlicher Eigentümer des Wirtschaftsguts gewesen sein oder dies mit der Einlage werden.

Bilanzierungsfähige Wirtschaftsgüter sind bei der Einlage grundsätzlich mit dem Teilwert zu bilanzieren (§ 6 Abs. 1 Nr. 5 EStG). Dadurch wird gewährleistet, daß außerbetriebliche Gewinne und Verluste nicht in den betrieblichen Bereich verlagert werden.

Beispiel:
A hat im Jahre 01 privat einen Bauplatz für 50 000 DM erworben. Im Jahre 09 errichtet er auf ihm ein Betriebsgebäude für sein gewerbliches Unternehmen. Der Teilwert für dieses Grundstück beträgt zu diesem Zeitpunkt 200 000 DM.

Mit diesem Betrag hat A das Grundstück zu bilanzieren. Gleichzeitig ist der Wert der Einlage in Höhe von 200 000 DM von dem Unterschied der Vermögen am 31. 12. 08 und am 31. 12. 09 abzuziehen. Diese Behandlung bewirkt folgendes: Durch den Abzug des Werts der Einlage bei der Gewinnermittlung wirkt sich die durch den außerbetrieblichen Vorgang der Einlage herbeigeführte Betriebsvermögensmehrung nicht auf den Gewinn aus. Durch die Bewertung der Einlage mit dem Teilwert wird erreicht, daß der im privaten Vermögensbereich entstandene Gewinn nicht im betrieblichen Bereich erfaßt wird. Ferner wird dadurch ermöglicht, daß sich Wertschwankungen während der Zeit der Zugehörigkeit des Grundstücks zum Betrieb auf den Gewinn auswirken können.

Wirtschaftsgüter, die notwendiges Privatvermögen sind, können nicht eingelegt werden. Wirtschaftsgüter des gewillkürten Betriebsvermögens werden regelmäßig durch eindeutige Buchung Betriebsvermögen (siehe dazu auch BFH, BStBl 1969 II S. 616, wonach eine Einlagehandlung nicht schon darin zu sehen ist, daß der Unternehmer ein vom Betriebsprüfer irrtümlich in die Buchführung aufgenommenes Wirtschaftsgut darin beläßt). Die Einlage eines Grundstücks in das Betriebsvermögen bedeutet nicht, daß damit auch Rechte, die mit dem Eigentum an dem Grundstück bürgerlich-rechtlich verbunden und Bestandteile des Grundstücks sind (z. B. Grunddienstbarkeit und Reallast, § 96 BGB), in das Betriebsvermögen übergehen. Denn sie stellen steuerrechtlich besondere Wirtschaftsgüter dar (BFH, BStBl 1974 II S. 767). Wirtschaftsgüter des notwendigen Betriebsvermögens sind bereits mit dem Zeitpunkt der Anschaffung oder Herstellung Betriebsvermögen. Eine private Anschaffung und spätere Einlage dieser Wirtschaftsgüter ist nicht möglich (BFH, BStBl 1973 II S. 136). Anders ist die Sachlage, wenn die Wirtschaftsgüter zur Zeit der Anschaffung dem Privatvermögen zugehören und durch eine spätere Änderung der Funktion notwendiges Betriebsvermögen werden (siehe das obige Beispiel). Sie werden mit der Funktionsänderung automatisch Betriebsvermögen. Entsprechendes gilt für die Gründung eines Betriebs. Die zur Gründung eines Betriebs gemachten Aufwendungen sind keine Einlagen. Einlagen können sich erst nach Geschäftseröffnung ergeben, weil begrifflich Einlagen nur solche Wirtschaftsgüter betreffen, die dem Betrieb im Laufe des Wirtschaftsjahrs zugeführt werden.

Eine Einlage ist nicht nur dadurch möglich, daß Gegenstände des Aktivvermögens in das Betriebsvermögen eingebracht werden. Da eine Einlage eine außerbetrieblich verursachte Mehrung des Betriebsvermögens ist, kann sie auch durch die Verminderung einer (dinglichen oder schuldrechtlichen) betrieblichen Verbindlichkeit geschehen. Diese Verminderung betrieblicher Verbindlichkeiten kann durch Erlaß oder Verzicht des Berechtigten aus privaten Gründen oder Tilgung mit privaten Mitteln erfolgen. Einlage ist aber auch die wirtschaftliche Umwandlung einer betrieblichen Verbindlichkeit in eine Privatschuld. Das ist z. B. der Fall, wenn ein Stpfl. die Valuta einer bisher betrieblichen Darlehensschuld aufgrund einer mit dem Darlehensgläubiger getroffenen Vereinbarung für die Anschaffung eines Gegenstandes des Privatvermögens verwendet (BFH, BStBl 1972 II S. 620).

Tatsächliche Nutzungen können zwar entnommen, sollen aber nach BFH, BStBl 1980 II S. 144, 1982 II S. 594, 1988 II S. 348, nicht einlagefähig sein, weil nur bilanzierbare Wirtschaftsgüter der Begriff der Wirtschaftsgüter i. S. von § 4 Abs. 1, § 5 EStG erfüllen und damit Gegenstand der Einlage sein können. Diese Begründung kann die unterschiedliche Behandlung der Nutzung bei Entnahme und Einlage nicht rechtfertigen. Konsequent wäre, sie wie dingliche oder obligatorische Nutzungsrechte zu behandeln. Diese sollen, soweit sie einen feststellbaren Wert haben, einlagefähig sein (so nunmehr Vorlagebeschluß des BFH, BStBl 1987 II S. 65; s. dazu auch 4.1.2.5.2). Als Wert der Einlage kommt allerdings nicht der Teilwert (§ 6 Abs. 1 Nr. 5 EStG gilt nur für bilanzierbare Wirtschaftsgüter), sondern der Wert der tatsächlichen Aufwendungen in Betracht (vgl. auch BFH, GrS, BStBl 1988 II S. 348). Es entspräche auch dem Wortlaut und der Systematik des § 4 Abs. 1 EStG sowie dem Zweck der Entnahme- und Einlageregelung, die Nutzungen und Leistungen, wenn sie einen feststellbaren Wert haben und individualisierbar sind, als entnahme- und einlagefähige Wirtschaftsgüter im Sinne des Steuerrechts (nicht auch als Vermögensgegenstände im Sinne des Handelsrechts) zu definieren (s. dazu auch Plückebaum in Kirchhof/Söhn, EStG, § 4 Abs. 1 Rdnrn. B 311, 312).

Nach § 93 AO kann das Finanzamt den Nachweis über die Herkunft der Geschäftseinlagen verlangen. Dabei hat der Stpfl. die aus den Umständen des Falles gegen ihn sprechenden Tatsachen zu widerlegen und zu entkräften bzw. an der Aufklärung des Sachverhalts bis zur Grenze des Zumutbaren mitzuwirken (BFH, BStBl 1956 III S. 75).

4.1.2.8 Rückbeziehung und Rückgängigmachung von Entnahmen und Einlagen

Entnahmen und Einlagen sind tatsächliche betriebliche Vorgänge. Sie können nicht auf einen anderen Zeitpunkt bezogen werden als auf den, zu dem sie tatsächlich geschehen sind (BFH, 1973 II S. 628, 1975 II S. 811, 1983 II S. 365). Auch können Entnahmen und Einlagen nicht durch eine Bilanzänderung auf einen Zeitpunkt vor dem Bilanzstichtag zurückbezogen werden (BFH, BStBl 1967 III S. 724). Entnahmen können nur durch Einlagen (und Einlagen nur durch Entnahmen) in ihren Auswirkungen ausgeglichen, jedoch nicht in ihren steuerrechtlichen Auswirkungen rückgängig gemacht werden (BFH, BStBl 1968 II S. 4, 1983 II S. 736). Etwas anderes würde nur dann gelten, wenn ausnahmsweise ein Geschäftsvorfall mit steuerlicher Wirkung rückgängig gemacht werden kann. Die nach früherer Rechtsprechung des BFH (BStBl 1953 III S. 359) für einen Ausnahmefall zugelassene Rückgängigmachung führte zu einer Änderung der nach § 38 AO bereits zur Entstehung gelangten Steuerschuld (BFH, BStBl 1962 III S. 255) und hat damit Billigkeitscharakter. Daher hat der BFH selbst Bedenken gegen diese Rechtsprechung erhoben (BFH, BStBl 1983 II S. 736) und sie wohl inzwischen aufgegeben (BFH, BStBl 1985 II S. 55).

Bei einer Fernbuchhaltung kann aus der buchmäßigen Behandlung eines Wirtschaftsguts, das gewillkürtes Betriebsvermögen sein kann, nicht ohne weiteres auf den Willen des Steuerpflichtigen über die Zurechnung des Wirtschaftsguts zum Betriebsvermögen oder Privatvermögen geschlossen werden. Bucht beispielsweise eine Buchstelle neu angeschaffte Wirtschaftsgüter selbständig als gewillkürtes Betriebsvermögen ein, weil eine Entschließung des Steuerpflichtigen wegen dessen Abwesenheit objektiv nicht herbeigeführt werden kann, und veranlaßt der Steuerpflichtige sobald wie möglich, daß diese Buchung rückgängig gemacht wird, so liegt keine Einlage und Entnahme vor, sondern nur die Richtigstellung eines falschen Buchungsvorgangs (BFH, BStBl 1968 II S. 522). Entsprechendes würde gelten, wenn die Buchstelle die Wirtschaftsgüter nicht in das Betriebsvermögen aufgenommen, sondern die dafür aufgewendeten betrieblichen Mittel als Entnahme gebucht hätte. Ist einer Zuführung von Wirtschaftsgütern zum Betriebsvermögen der Charakter einer Einlage abzusprechen, so kann ihre Rückführung ins Privatvermögen grundsätzlich nicht den Charakter einer Entnahme haben (BFH, BStBl 1971 II S. 181).

4.1.2.9 Ordnungsmäßigkeit der Buchführung

Die Grundsätze ordnungsmäßiger Buchführung können im Rahmen dieses Buches nicht abschließend abgehandelt werden (s. dazu auch 4.1.2.2 und 4.1.2.5 bis 4.1.5.6). Diese gelten sinngemäß bei der Gewinnermittlung nach § 4 Abs. 1 EStG (§ 141 Abs. 1 Satz 2 AO). Hier sollen nur wichtige Konsequenzen herausgestellt werden.

Entsprechen die Buchführung und die Aufzeichnungen den für die Gewinnermittlung nach § 5 EStG maßgeblichen handelsrechtlichen Grundsätzen (insbesondere den §§ 238 bis 261, 264 bis 283 und 336 bis 338 HGB)[8] und den Vorschriften der §§ 140 bis 148, 154 AO, so sind sie der Besteuerung zugrunde zu legen, soweit

---

8 Hingewiesen sei hier auf die Generalklausel des § 238 Abs. 1 Satz 2 HGB. Danach muß eine Buchführung so beschaffen sein, daß sie einem sachverständigen Dritten innerhalb angemessener Zeit einen Überblick über die Geschäftsvorfälle und über die Lage des Unternehmens vermitteln kann.

nach den Umständen des Einzelfalls kein Anlaß besteht, ihre sachliche Richtigkeit zu beanstanden (§ 158 AO).

Enthält eine Buchführung **formelle Mängel,** so ist ihre Ordnungsmäßigkeit nicht zu beanstanden, wenn die Mängel die Überprüfbarkeit und das sachliche Ergebnis der Buchführung nicht beeinträchtigen und keinen erheblichen Verstoß gegen die formellen Buchführungserfordernisse bedeuten (Abschn. 29 Abs. 2 Nr. 5 EStR). Die Ordnungsmäßigkeit ist danach nicht ohne Rücksicht auf das Ergebnis schon wegen der das System berührenden Buchführungsmängel zu verneinen. Der von der Rechtsprechung entwickelte, aber bereits in neueren Urteilen (z. B. BFH, BStBl 1968 II S. 527) in Zweifel gezogene Begriff des Systemfehlers wurde aufgegeben. Bei der Beurteilung der Ordnungsmäßigkeit hat das sachliche Ergebnis Vorrang vor der Form (vgl. auch BFH, BStBl 1976 II S. 210).

Enthält die Buchführung **materielle** Mängel, z. B. Geschäftsvorfälle sind nicht oder falsch gebucht, so wird ihre Ordnungsmäßigkeit dadurch nicht berührt, wenn es sich dabei um unwesentliche Mängel handelt, z. B. nur unbedeutende Vorgänge nicht oder falsch dargestellt sind. Die Fehler sind dann zu berichtigen, oder das Buchführungsergebnis ist durch eine Zuschätzung richtigzustellen. Enthält die Buchführung dagegen wesentliche, also schwerwiegende materielle Mängel, so wenn z. B. ein erheblicher Teil des Warenbestands in der Bilanz nicht ausgewiesen ist, so ist die Buchführung auch dann nicht ordnungsmäßig, wenn das Finanzamt die Fehler beseitigt und das berichtigte Buchführungsergebnis der Veranlagung zugrunde legt. Unerheblich ist dabei, ob die Vorgänge bewußt oder unbewußt falsch dargestellt sind (BFH, BStBl 1970 II S. 125). Wird die Überprüfung des sachlichen Ergebnisses durch die Buchführungsmängel nicht wesentlich beeinträchtigt, so kann im allgemeinen bei überschaubaren Verhältnissen kleinerer Betriebe die Ordnungsmäßigkeit der Buchführung bejaht werden (BFH, BStBl 1976 II S. 210). Die Berichtigung von Falschbuchungen durch den Steuerpflichtigen oder durch eine mit der Buchführung betraute Person vor Einreichung der Bilanz beim Finanzamt ist unschädlich, wenn im übrigen die Buchführung den für die Ordnungsmäßigkeit einer Buchführung aufgestellten Grundsätzen entspricht (so Abschn. 29 Abs. 2 Nr. 6 EStR 1987).

Nach früherem Recht war die Ordnungsmäßigkeit der Buchführung Voraussetzung für die Inanspruchnahme zahlreicher Steuervergünstigungen. Diese Bedeutung kommt der Ordnungsmäßigkeit der Buchführung jedoch seit Jahren nicht mehr zu. An ihre Stelle sind zum Teil Ersatztatbestände getreten. Weitere Einzelheiten finden sich bei der Abhandlung der entsprechenden Steuervergünstigungen.

4.1.2.10 Bilanzberichtigung, Bilanzenzusammenhang, Bilanzänderung

Nachdem der Steuerpflichtige die Steuerbilanz dem Finanzamt eingereicht hat, darf er sie nach der Vorschrift des § 4 Abs. 2 EStG nur noch unter den dort genannten Voraussetzungen ändern. Er darf sie ändern, soweit sie den Grundsätzen ordnungsmäßiger Buchführung unter Befolgung der Vorschriften des

Einkommensteuergesetzes nicht entspricht. Diese Änderungsmöglichkeit nennt man, da sie die Richtigstellung einer objektiv unrichtigen Bilanz betrifft, **Bilanzberichtigung.** Im übrigen, d. h., sofern es sich nicht um eine Bilanzberichtigung handelt, ist eine Änderung nur noch mit Zustimmung des Finanzamts zulässig. In diesen Fällen spricht man zur Unterscheidung von der Bilanzberichtigung von **Bilanzänderung.**

Von der Bilanzberichtigung zu unterscheiden ist die Rückgängigmachung von Geschäftsvorfällen nach Ablauf des Geschäftsjahres. Sie stellt eine rückwirkende Sachverhaltsgestaltung dar und ist steuerlich grundsätzlich nicht zulässig (BFH, BStBl 1980 II S. 620). Würde man sie anerkennen, dann führte sie anders als die Bilanzberichtigung zu einer Änderung der nach § 38 AO bereits zur Entstehung gelangten Steuerschuld (BFH, BStBl 1962 III S. 255; s. dazu 4.1.2.8).

Wenn man im Zusammenhang mit der Bilanzberichtigung oder Bilanzänderung von Bilanzansatz spricht (z. B. man stellt fest, ob ein „Bilanzansatz" richtig ist, oder man prüft, ob ein „Bilanzansatz" berichtigt oder geändert werden kann), ist unter „Bilanzansatz" stets nur der Ansatz für jedes einzelne Wirtschaftsgut zu verstehen und nicht der Betrag, der bei Zusammenfassung einzeln zu bewertender Wirtschaftsgüter in der Bilanz ausgewiesen worden ist.

Beispiel:
A hat in einem Wirtschaftsjahr zwei Maschinen angeschafft. Die erste der Maschinen ist im August, die zweite im September geliefert worden. Jede der Maschinen hat 20 000 DM gekostet. A setzt von den Anschaffungskosten der ersten Maschine die Absetzung für Abnutzung für ein volles Jahr in Höhe von 10 v. H. (= 2000 DM) ab. Von den Anschaffungskosten der zweiten Maschine nimmt er keine Absetzungen für Abnutzung vor. In der Bilanz erscheinen die Maschinen in dem zusammengefaßten Betrag von 38 000 DM. A konnte für jede der beiden Maschinen höchstens die Absetzung für Abnutzung für ½ Jahr in Ansatz bringen. Das wäre 2mal 1000 DM gewesen. Auch wenn A also die Absetzung für Abnutzung richtig vorgenommen hätte, hätte der zusammengefaßte Wert für beide Maschinen 38 000 DM betragen. Gleichwohl ist der Bilanzansatz unrichtig, weil es nicht auf den zusammengefaßten Wert, sondern auf den Wert für jede einzelne Maschine ankommt.

Nicht nur einzelne Bilanzansätze kommen als Gegenstand der Bilanzberichtigung in Betracht. Auch die Aufteilung des Betriebsvermögens auf die einzelnen Gesellschafter einer Personengesellschaft unterliegt der Bilanzberichtigung (BFH, BStBl 1988 II S. 825).

4.1.2.10.1 Bilanzberichtigung

Eine **Bilanzberichtigung** setzt voraus, daß ein Ansatz in der Bilanz unrichtig ist, weil er gegen zwingende Vorschriften des Steuerrechts oder des Handelsrechts, die nach dem Grundsatz der Maßgeblichkeit der Handelsbilanz für die Steuerbilanz steuerlich verbindlich sind (Aktivierungs- und Passivierungsgebote und -verbote; § 5 Abs. 1 EStG), verstößt. Es genügt nicht, daß nach diesen Grundsätzen auch anders hätte bilanziert werden können. So kann ein Wirtschaftsgut, das zum gewillkürten Betriebsvermögen hätte gemacht werden können, aber nicht in den Betrieb eingelegt worden ist, nicht durch Bilanzberichtigung noch nachträglich zum Betriebsvermögen gemacht werden (BFH, BStBl 1968 II S. 4). Eine Bilanz ist nicht bereits dann unrichtig, wenn sich nach ihrer Aufstellung herausstellt, daß bestimmte tatsächliche und rechtliche Verhältnisse am Bilanzstichtag anders waren als bei der Aufstellung der Bilanz angenommen wurde. Vielmehr ist die Bilanz bereits nach Handelsrecht und Steuerrecht richtig, wenn der Kaufmann seine bis zur Aufstellung der Bilanz erlangten Kenntnisse und Erkenntnismöglichkeiten von dem am Bilanzstichtag gegebenen Sachverhalt pflichtgemäß und gewissenhaft bei der Bilanzaufstellung verwertet (BFH, BStBl 1976 II S. 88). So kommt es für die Bilanzierung eines Anspruchs nicht allein auf seine rechtliche Entstehung an. Aktivierungsfähig ist ein Anspruch erst dann, wenn der Kaufmann von seinem Recht Kenntnis erlangt hat und willens und in der Lage ist, ihm zur Geltung zu verhelfen (BFH, BStBl 1984 II S. 723).

Eine Bilanzberichtigung erfolgt durch eine entsprechende Mitteilung des Steuerpflichtigen gegenüber dem Finanzamt. Sie ist grundsätzlich nur bis zur Bestandskraft der Veranlagung möglich. Nach Bestandskraft der Veranlagung kann sie nur erfolgen, wenn die Veranlagung nach den Vorschriften der AO, insbesondere nach §§ 173 oder 174 Abs. 2 AO, noch geändert werden kann oder die Bilanzberichtigung sich auf die Höhe der veranlagten Steuer nicht auswirken würde (BFH, BStBl 1962 III S. 273 und 1988 II S. 825).

Beispiel:

A hat ein unbebautes Grundstück erworben und mit dem Kaufpreis von 59 700 DM zuzüglich Notariats- und Umschreibungskosten in Höhe von 300 DM, mithin 60 000 DM bilanziert. Die von ihm entrichtete Grunderwerbsteuer von 1200 DM hat er fälschlicherweise nicht zu den Anschaffungskosten gerechnet, da er sie aus seinem Privatvermögen bestritten und weder als Einlage noch als Betriebsausgabe gebucht hat. Die Bilanz ist falsch, da das Grundstück mit den Anschaffungskosten von 60 000 DM zuzüglich 1200 DM Grunderwerbsteuer zu bilanzieren war. Die Berichtigung würde sich nicht auf die für das Anschaffungsjahr festgesetzte Steuer auswirken, da die Erhöhung des Aktivpostens „Grundstück" durch eine gleiche hohe Einlage ausgeglichen würde. Die Bilanz ist daher auch nach Bestandskraft der Veranlagung zu berichtigen.

4.1.2.10.2 Bilanzberichtigung und Bilanzenzusammenhang

Beim Betriebsvermögensvergleich nach § 4 Abs. 1 und § 5 EStG ist das Betriebsvermögen am Schluß des Wirtschaftsjahres dem Betriebsvermögen am Schluß des vorangegangenen Wirtschaftsjahres gegenüberzustellen. Das bedeutet, daß das Betriebsvermögen am Schluß eines Wirtschaftsjahres eine zweifache Funktion hat. Es ist beim Vergleich der Betriebsvermögen für das abgelaufene Jahr Endvermögen und beim Vergleich der Betriebsvermögen des nächsten Jahres Anfangsvermögen. Das Betriebsvermögen am Schluß des Jahres ist also gleich dem Betriebsvermögen am Anfang des folgenden Jahres. Da das Betriebsvermögen in Bilanzen dargestellt wird, nennt man diesen Grundsatz den Grundsatz des Bilanzenzusammenhangs.

Der Grundsatz des Bilanzenzusammenhangs bewirkt, daß das Schlußvermögen des Vorjahres selbst dann als Anfangsvermögen anzusetzen ist, wenn es wegen Verletzung zwingender Bilanzierungsvorschriften unrichtig ist. Der Sinn des

Bilanzenzusammenhangs besteht gerade darin, daß sich fehlerhafte Bilanzansätze im Gesamtergebnis mehrerer Jahre grundsätzlich nicht auswirken, mit anderen Worten, daß ein Weniger an Gewinn in einem Jahr durch ein entsprechendes Mehr an Gewinn in einem anderen Jahr oder umgekehrt ausgeglichen wird (BFH, BStBl 1988 II S. 825 und 887).

Beispiel:

A hat versehentlich keine Rückstellung für Gewerbesteuer bilanziert. Der Gewinn des betreffenden Jahres wird damit zu hoch ausgewiesen. Die Veranlagung für dieses Jahr ist bestandskräftig. Die Gewerbesteuer wird im nächsten Jahr gezahlt. Die Zahlung wirkt sich dann in diesem Jahr gewinnmindernd aus, während sie, wenn eine entsprechende Rückstellung gebildet worden wäre, keinen Einfluß auf den Gewinn des Jahres der Zahlung mehr gehabt hätte.

Aus dem Grundsatz des Bilanzenzusammenhangs folgt: Ein unrichtiger Bilanzansatz in der Anfangsbilanz kann, wenn diese Anfangsbilanz als Schlußbilanz der Veranlagung eines früheren Jahres zugrunde gelegen hat, nur berichtigt werden, wenn die Schlußbilanz und die auf ihr beruhende Veranlagung noch geändert werden kann und geändert worden ist oder wenn sich der fehlerhafte Bilanzansatz in dieser Bilanz bisher steuerlich nicht ausgewirkt hat (BFH, BStBl 1966 III S. 142 und 1988 II S. 825).

Beispiel:

Durch Betriebsprüfung, die sich auf die Jahre 06 bis 08 erstreckte, wurde festgestellt, daß A sein Warenlager in der Schlußbilanz 08 um 90 000 DM zu niedrig bewertet hatte. Da auch der Warenansatz in den übrigen Jahren des Prüfungszeitraums mit demselben Fehler behaftet war, verteilte der Prüfer den Mehrgewinn von 90 000 DM auf die Jahre 06 bis 08 mit je 30 000 DM, indem er den Bilanzansatz für die Ware in der Schlußbilanz des Jahres 06 um 30 000 DM, in der Schlußbilanz des Jahres 07 um 60 000 DM und in der Schlußbilanz des Jahres 08 um 90 000 DM erhöhte. A erhob dagegen zunächst keine Einwendungen, und das Finanzamt führte die Änderungsveranlagungen entsprechend durch. Im Einspruchsverfahren gegen die Änderungsveranlagungen machte er geltend, der Warenansatz sei bereits in den Jahren 05 und 04 um insgesamt 50 000 DM zu niedrig angesetzt worden. Daher sei der Warenbestand in der Anfangsbilanz des Jahres 06 um diese 50 000 DM zu erhöhen. Die Einkommensteuer der Jahre 05 und 04 ist inzwischen verjährt.

Würde man dem Antrag des A entsprechen, so würde sich die Gewinnerhöhung von 90 000 DM für die Jahre 06 bis 08 um 50 000 DM vermindern. Indessen würde das eine Durchbrechung des Bilanzenzusammenhangs bedeuten. Die Anfangsbilanz des Jahres 06 könnte nur berichtigt werden, wenn auch die Schlußbilanz und die Veranlagung für das Jahr 05 noch berichtigt werden könnten und berichtigt worden wären. Das ist aber wegen Ablaufs der Festsetzungsfrist nicht mehr möglich (BFH, BStBl 1968 II S. 144).

Hat sich ein fehlerhafter Bilanzansatz bei den bestandskräftigen Veranlagungen der Vorjahre steuerlich nicht ausgewirkt, so kann er in der Anfangsbilanz des noch nicht bestandskräftig veranlagten Jahres berichtigt werden, ohne daß es einer Berichtigung der Bilanzen der Vorjahre bedarf. Eine solche Handhabe erweckt den Anschein, als ob der Bilanzenzusammenhang durchbrochen worden wäre. Dieser Fall ist auch in der Rechtsprechung als Ausnahmefall, in dem eine Durchbrechung des Bilanzenzusammenhangs zulässig sei, hingestellt worden (BFH, BStBl 1962 III S. 273). Indessen wird hier nur auf eine zulässige

Berichtigung der Vorbilanzen bis zur Fehlerquelle deshalb verzichtet, weil eine solche Berichtigung keine Auswirkung auf die Höhe der Steuer hätte (BFH, BStBl 1969 II S. 464).

Soweit eine Bilanzberichtigung der Anfangsbilanz nicht möglich ist, ist der falsche Bilanzansatz grundsätzlich in der Schlußbilanz des ersten Jahres, dessen Veranlagung geändert werden kann, richtigzustellen. Das gilt auch dann, wenn der Betrieb inzwischen unentgeltlich, also unter Fortführung der Buchwerte (§ 7 Abs. 1 EStDV), auf einen anderen übertragen wurde (BFH, BStBl 1966 III S. 48).

In Fällen, in denen ein Wirtschaftsgut nicht oder nicht mehr zum Betriebsvermögen gehört, ist die Berichtigung durch Ausbuchung des unrichtigen Bilanzansatzes vorzunehmen (BFH, BStBl 1962 III S. 273 und 1969 II S. 617). Diese Erkenntnis besagt noch nichts darüber, ob die Ausbuchung erfolgswirksam, also als Aufwand, oder erfolgsneutral, also zu Lasten des Kapitalkontos, zu erfolgen hat. Eine erfolgswirksame Berichtigung kommt in Betracht, wenn ein Wirtschaftsgut in einem früheren Jahr zum Betriebsvermögen gehörte und durch einen Vorgang aus dem Betriebsvermögen ausschied, der damals zu Lasten des Erfolgs zu buchen gewesen wäre (z. B. ein betrieblicher Pkw wurde auf einer Betriebsfahrt zerstört; die Ausbuchung unterblieb versehentlich), wenn zu Unrecht ein gewinnmindernder Posten (z. B. eine Verbindlichkeit oder eine Rückstellung) angesetzt oder nicht angesetzt worden ist (BFH, BStBl 1977 II S. 148 und 472, 1984 II S. 695, 1985 II S. 308), wenn beim Tausch die Ausbuchung des hingetauschten Wirtschaftsguts und die Einbuchung der Forderung auf Lieferung des eingetauschten Wirtschaftsguts unterblieben ist (BFH, BStBl 1983 II S. 303), wenn eine Ausgabe als Anschaffungskosten eines Wirtschaftsguts aktiviert und nicht, wie es richtig gewesen wäre, als sofort abzugsfähige Betriebsausgabe behandelt wurde (BFH, BStBl 1985 II S. 617). In anderen Fällen (so insbesondere, wenn die Buchung einer Entnahme eines früheren Jahres unterblieben oder ein Wirtschaftsgut – auch negatives Wirtschaftsgut – zu Unrecht als Betriebsvermögen bilanziert worden ist) ist die Bilanzberichtigung erfolgsneutral durchzuführen (BFH, BStBl 1977 II S. 148, 1981 II S. 125 und 1988 II S. 825). Dies bedeutet, daß die Ausbuchung nicht zum Teilwert, sondern nur mit dem Buchwert zum Zeitpunkt der Ausbuchung erfolgen kann (BFH, BStBl 1971 II S. 181, 1972 II S. 874, 1983 II S. 469). Die Ausbuchung sei, so führt der BFH (a.a.O.) aus, keine mit dem Teilwert zu bewertende Entnahme (Wertabgabe aus dem Betrieb zu betriebsfremden Zwecken); durch sie solle lediglich der Anschein der Zugehörigkeit des Wirtschaftsguts zum Betriebsvermögen beseitigt werden. Dabei blieben allerdings Wertänderungen, die zwischenzeitlich eingetreten sind, unberücksichtigt. Vor allem werde nicht berücksichtigt, daß zwischenzeitlich AfA und ggf. Teilwertabschreibungen vorgenommen worden seien, die den Gewinn gemindert hätten. Es sei auch nicht möglich, dem Buchwert den Betrag zuzurechnen, der bei der Veranlagung für vorausgegangene Zeiträume gewinnmindernd verrechnet worden wäre. Dem stehe die Bestandskraft der Bescheide entgegen. Etwas anderes gelte nur für Aufwendungen und Erträge für das Jahr der Ausbuchung. Sie seien steuerlich außer Ansatz zu lassen, da die Bestandskraft oder die Festsetzungsverjährung nicht im Wege stehe.

Beispiel:

A hat in seine Bilanz des Jahres 01 ein seiner Ehefrau gehörendes Mietwohngrundstück als gewillkürtes Betriebsvermögen aufgenommen. Die Einnahmen aus dem Grundstück hat er als Betriebseinnahmen, und die Ausgaben für das Grundstück einschließlich der AfA hat er als Betriebsausgaben geltend gemacht. Bei Durchführung der Veranlagung für das Jahr 09 stellt das Finanzamt fest, daß das Grundstück nicht zum Betriebsvermögen des A gezogen werden durfte. Die Veranlagungen bis einschließlich für das Jahr 08 sind bestandskräftig und können auch nicht berichtigt werden.

Das Grundstück ist mit dem Wert, mit dem es in der Schlußbilanz des Jahres 08 enthalten ist, aus der Schlußbilanz des Jahres 09 herauszubuchen. Einnahmen und Ausgaben einschließlich AfA des Jahres 09, die mit dem genannten Grundstück im Zusammenhang stehen, sind nicht als Betriebseinnahmen und Betriebsausgaben zu behandeln.

Ebensowenig wie die bilanzberichtigende Ausbuchung eines Wirtschaftsguts grundsätzlich eine Entnahme ist, ist die bilanzberichtigende Einbuchung eines Wirtschaftsguts eine Einlage. Dem Grundgedanken der Bilanzberichtigung in diesen Fällen entspricht es, daß das bisher zu Unrecht nicht bilanzierte Wirtschaftsgut mit dem Wert eingebucht wird, mit dem es zu Buche stehen würde, wenn es von Anfang an richtig bilanziert worden wäre (BFH, BStBl 1978 II S. 191). Dies gilt auch für die Einbuchung eines negativen Wirtschaftsguts (BFH, BStBl 1978 II S. 301).

Beispiel:

A erwirbt einen Betrieb gegen Leibrente von B. Er versäumt zunächst die Passivierung des Rentenbarwerts. Im ersten noch offenen Jahr muß er den dann maßgeblichen Rentenbarwert (Gegenwartswert) zu Lasten des Erfolges als Verbindlichkeit einstellen.

Eine Bilanzberichtigung durch Ausbuchung eines Bilanzansatzes in der letzten noch offenen Schlußbilanz setzt voraus, daß diese Schlußbilanz nach den Umständen, die an dem betreffenden Bilanzstichtag vorliegen, unrichtig ist. Es genügt nicht, wenn nur eine vorhergehende Bilanz, die nicht mehr berichtigt werden kann, gegen zwingende Bilanzierungsgrundsätze verstößt.

Beispiel:

A erwirbt einen Betrieb und aktiviert einen erworbenen Geschäftswert. Nachdem die Veranlagung für das Jahr des Erwerbs und die beiden folgenden Jahre rechtskräftig sind, bucht er den für den Geschäftswert bilanzierten Betrag in der Schlußbilanz des vierten Jahres nach dem Erwerb durch Bilanzberichtigung aus, weil sich herausgestellt habe, daß ein Geschäftswert beim Erwerb nicht vorhanden gewesen sei.

Selbst wenn die Behauptung des A zuträfe, daß bei Erwerb des Betriebs ein Geschäftswert nicht vorhanden gewesen sei, so wäre doch die Ausbuchung am Ende des vierten Jahres nach dem Erwerb unzulässig, wenn zu diesem Zeitpunkt ein Geschäftswert vorhanden wäre, dessen Wert dem bilanzierten Betrag zumindest entspräche (BFH, BStBl 1973 II S. 846).

Ausnahmsweise kann eine Durchbrechung des Bilanzenzusammenhangs, also eine Berichtigung der Anfangsbilanz des ersten noch nicht bestandskräftig veranlagten oder berichtigungsfähigen Jahres, in Betracht kommen, wenn der

Grundsatz von Treu und Glauben dies gebietet und wenn der unrichtige Bilanzansatz einen individuellen Gegenstand betrifft (BFH, BStBl 1962 III S. 273 und 1966 III S. 142). Das ist z. B. der Fall, wenn ein Steuerpflichtiger zur Erreichung beachtlicher ungerechtfertigter Steuervorteile bewußt einen Aktivposten zu hoch oder einen Passivposten zu niedrig angesetzt hat (BFH, BStBl 1956 III S. 250).

Beispiel:
A hat im Jahr 01 die AfA für die Maschinen eines Betriebszweiges, den er im nächsten Jahr aufgeben will, unterlassen. Er will auf diese Weise erreichen, daß der Gewinn aus der Veräußerung dieser Maschinen um die unterlassenen AfA vermindert wird, und erhofft sich daraus einen nennenswerten steuerlichen Vorteil.

Da A die AfA willkürlich unterlassen hat (das ist der Fall, weil er durch die Unterlassung der AfA später in den Genuß steuerlicher Vorteile gelangen wollte), wird der Bilanzzusammenhang nach dem Grundsatz von Treu und Glauben durchbrochen. Die genannten Maschinen werden in der Anfangsbilanz 02 mit den Werten angesetzt, die anzusetzen gewesen wären, wenn A die AfA für das Jahr 01 ordnungsgemäß vorgenommen hätte. Der Bilanzenzusammenhang wäre indessen zu wahren, wenn A die AfA für das Jahr 01 nicht willkürlich unterlassen hätte (BFH, BStBl 1972 II S. 271).

In den anderen Fällen, in denen der Stpfl. eine AfA nicht willkürlich unterlassen oder zu niedrig angesetzt hat oder in denen er eine zu hohe AfA geltend gemacht hat, unterbleibt eine Bilanzberichtigung, wenn die zu geringe AfA in den Folgejahren erfolgswirksam nachgeholt oder die zu hohe AfA in den Folgejahren erfolgswirksam korrigiert werden kann (BFH, BStBl 1981 II S. 255, 1988 II S. 335; s. auch zur AfA-Korrektur 4.3.4).

Anfangsvermögen im Sinne der Lehre über den Bilanzenzusammenhang ist, wenn für das vorangegangene Jahr eine ordnungsmäßige Buchführung nicht vorliegt und die Gewinnermittlung für dieses Jahr auf einer vom Betriebsprüfer gefertigten Vermögensaufstellung beruht, das Vermögen, das sich nach der Vermögensaufstellung ergibt (BFH, BStBl 1968 II S. 261).

Der Grundsatz des Bilanzzusammenhangs gilt auch für den unentgeltlichen Rechtsnachfolger i. S. von § 7 Abs. 1 EStDV (BFH, BStBl 1965 II S. 48) sowie für eine Personengesellschaft, die das eingebrachte Betriebsvermögen nach § 24 Abs. 2 UmwStG 1977 mit dem Buchwert in ihrer Bilanz angesetzt hat (BFH, BStBl 1988 II S. 886).

4.1.2.10.3 Bilanzänderung

Eine **Bilanzänderung** ist der Ersatz eines handels- und steuerrechtlich zulässigen Bilanzansatzes durch einen anderen ebenfalls zulässigen Bilanzansatz (BFH, BStBl 1981 II S. 620). Nach dem vorgenannten BFH-Urteil darf sich die Bilanzänderung nur auf die Bewertung von Betriebsvermögen beziehen. Da es indessen auch bei den Bilanzierungsrechten Wahlrechte gibt (z. B. bei Pensionsrückstellungen), ist nicht einzusehen, daß die Bilanzänderung nicht auch grundsätzlich Ansatzwahlrechte zum Gegenstand haben darf. Hat ein Stpfl. gegenüber dem Finanzamt eine Entscheidung getroffen, so ist er grundsätzlich an diese

Erklärung nach den allgemeinen Rechtsgrundsätzen von Treu und Glauben gebunden. Er kann seine Erklärungen nicht willkürlich ändern (BFH, BStBl 1954 III S. 36). Das Begehren nach einer Bilanzänderung muß daher wirtschaftlich begründet sein. Das ist regelmäßig der Fall, wenn sich die Grundlage, auf der ein gesetzlich gewährtes Bilanzierungs- oder Bewertungswahlrecht ausgeübt worden ist, wesentlich verändert hat, z. B., wenn der Gewinn gegenüber der Erklärung bei der Einkommensteuerveranlagung wesentlich erhöht wird (BFH, BStBl 1952 III S. 57). Eine Bilanz kann aber auch mit der Wirkung geändert werden, daß sich der Gewinn erhöht, um die Steuervergünstigung des nichtentnommenen Gewinns (§ 10 a EStG) nicht zu verlieren (BFH, BStBl 1976 II S. 212). Eine Bilanzänderung setzt die Zustimmung des Finanzamts voraus (§ 4 Abs. 2 EStG). Die Erteilung der Zustimmung und Versagung wird in das Ermessen des Finanzamts gestellt. Diese Ermessensentscheidung muß nach Recht und Billigkeit getroffen werden.

Beispiel:

Ein Stpfl. hat in der Bilanz zum 31. Dezember die im Februar gekaufte Schreibmaschine mit 720 DM bewertet (800 DM Anschaffungskosten ./. 10 v. H. AfA). Nach Abgabe seiner Bilanz und seiner Steuererklärung beantragt er, die Schreibmaschine gemäß § 6 Abs. 2 EStG (Bewertungsfreiheit für geringwertige Anlagegüter) voll abzuschreiben.

Ob dem Antrag vom Finanzamt stattgegeben wird, liegt im Ermessen des Finanzamts. Mit der Abgabe der Steuererklärung hat sich der Steuerpflichtige grundsätzlich entschieden, ob er die Bewertungsfreiheit beanspruchen will oder nicht, so daß im allgemeinen einer Bilanzänderung in solchem Falle nicht zugestimmt werden kann.

Der Antrag auf Bilanzänderung muß vor Bestandskraft der Veranlagung beim FA gestellt werden. Steht die Veranlagung unter dem Vorbehalt der Nachprüfung (§ 164 Abs. 1 AO), so kann der Antrag noch solange gestellt werden, wie der Vorbehalt wirksam ist.

4.1.2.10.4 Berücksichtigung des Grundsatzes der Maßgeblichkeit der Handelsbilanz für die Steuerbilanz

Sofern Stpfl. zur Aufstellung einer Handelsbilanz verpflichtet sind (s. dazu 4.1.2.2), fragt es sich, ob und inwieweit es Voraussetzung für eine Berichtigung oder Änderung der Steuerbilanz ist, daß zunächst die entsprechende Handelsbilanz berichtigt oder geändert wird. Die Beantwortung dieser Frage hängt davon ab, inwieweit die Handelsbilanz für die Steuerbilanz maßgeblich ist.

Maßgebend für den Ansatz in der Steuerbilanz ist grundsätzlich der Ansatz für das einzelne Wirtschaftsgut, für den sich der Bilanzierende in der Handelsbilanz konkret entschieden hat. Das gilt allerdings nur insoweit, als die Handelsbilanz den Grundsätzen ordnungsmäßiger Buchführung entspricht. Soweit das nicht der Fall ist, sind die den Grundsätzen ordnungsmäßiger Buchführung entsprechenden Ansätze der Steuerbilanz zugrunde zu legen. Die konkrete, vom Stpfl. aufgestellte Handelsbilanz ist ferner für die Steuerbilanz nur insoweit maßgeblich, als ihr nicht steuerliche Bilanzierungsgrundsätze entgegenstehen.

Beispiel:

In der Handelsbilanz ist ein Vermögensgegenstand, für den nach dem Grundsatz der Vollständigkeit Bilanzierungspflicht besteht, nicht ausgewiesen. Die tatsächliche Handelsbilanz ist insoweit nicht verbindlich für die Steuerbilanz. Die Berichtigung der Steuerbilanz ist auch ohne eine entsprechende Berichtigung der Handelsbilanz zulässig.

Nach § 5 Abs. 6 EStG sind in der Steuerbilanz die Vorschriften über die Bewertung und über die Absetzung für Abnutzung oder Substanzverringerung zu befolgen. Durch diesen sog. Bewertungsvorbehalt ist der Grundsatz der Maßgeblichkeit der Handelsbilanz für die Steuerbilanz auf dem Gebiet der Bewertung eingeschränkt. Das bedeutet: Wenn ein handelsrechtlicher Wertansatz zwingenden steuerlichen Bewertungsgrundsätzen widerspricht, ist in der Steuerbilanz stets eine abweichende Bewertung erforderlich. Der handelsrechtlichen Bewertung kommt daher nur dann eine steuerliche Bedeutung zu, wenn und soweit steuerlich verschiedene Wertansätze möglich sind und damit steuerlich ein Wahlrecht eingeräumt ist.

Beispiele:

a) Der Börsen- oder Marktpreis von Ware, dem auch ihr Teilwert entspricht, ist gegenüber den Anschaffungskosten von 100 um 20 gesunken. In diesem Fall muß in der Handelsbilanz nach § 253 Abs. 3 HGB die Ware mit dem niedrigeren Wert von 80 bewertet werden. Selbst wenn sie entgegen dieser Vorschrift mit dem Wert von 100 angesetzt wird, wäre die Ware steuerlich bei einem Kaufmann mit dem niedrigeren Teilwert von 80 zu bewerten (vgl. auch Abschn. 36 Abs. 1 EStR). Eine entsprechende Berichtigung der Steuerbilanz wäre in diesem Falle auch ohne Berichtigung der Handelsbilanz möglich.

b) Ein Stpfl. hat in seiner Steuerbilanz aufgedeckte Reserven nicht nach § 6 b Abs. 1 EStG auf ein neuangeschafftes Wirtschaftsgut übertragen. Er hat auch in seiner Handelsbilanz insoweit eine entsprechende außerplanmäßige Abschreibung nach § 254 HGB unterlassen. Nach dieser Vorschrift dürfen bei Gegenständen des Anlagevermögens und Umlaufvermögens auch Abschreibungen vorgenommen werden, um sie mit dem niedrigeren Wert anzusetzen, der auf einer nur steuerrechtlich zulässigen Abschreibung beruht.

Der Stpfl. hat im vorstehenden Fall auch handelsrechtlich ein Bewertungswahlrecht. Er ist daher für die Steuerbilanz an die in der Handelsbilanz gewählte Bewertung gebunden. Eine Änderung der Steuerbilanz mit dem Ziele, die stillen Reserven auf ein Reinvestitionsobjekt zu übertragen, ist daher nur zulässig, wenn zuvor auch die Handelsbilanz geändert worden ist.

4.1.3 Gewinnermittlung nach § 4 Abs. 3 EStG (Überschuß der Einnahmen über die Betriebsausgaben)

4.1.3.1 System und Personenkreis

Nach § 4 Abs. 3 Satz 1 EStG können Steuerpflichtige, die nicht aufgrund gesetzlicher Vorschriften verpflichtet sind, Bücher zu führen und regelmäßig Abschlüsse zu machen, und die auch freiwillig keine Bücher führen und Abschlüsse machen, als Gewinn den Überschuß der Betriebseinnahmen über die Betriebsausgaben ansetzen. Dem vorstehend bezeichneten Personenkreis ist danach grundsätzlich das Recht eingeräumt, anstelle des durch Bestandsvergleich ermittelten Gewinns auch den Überschuß der Betriebseinnahmen über die Betriebsausgaben anzusetzen. Von der sich aus § 13 a Abs. 2 Nr. 2 EStG ergebenden Ausnahme abgesehen, stellt die Gewinnermittlung nach § 4 Abs. 3 EStG daher keine zwingende Gewinnermittlungsart dar.

Bei Land- und Forstwirten, für die die Ermittlung des Gewinns nach Durchschnittssätzen vorgesehen ist, ist nach § 13 a Abs. 2 Nr. 2 EStG auf Antrag der Gewinn für vier aufeinanderfolgende Wirtschaftsjahre durch Vergleich der Betriebseinnahmen mit den Betriebsausgaben zu ermitteln, wenn für das erste dieser Wirtschaftsjahre keine Bücher geführt werden und kein Abschluß gemacht wird, aber die Betriebseinnahmen und Betriebsausgaben aufgezeichnet werden. Voraussetzung ist jedoch, daß dieser Antrag rechtzeitig und in wirksamer Form gestellt worden ist. Ein Land- und Forstwirt, der einen solchen Antrag stellt, ist verpflichtet, die Gewinnermittlung nach § 4 Abs. 3 EStG auch für die dem Erstjahr folgenden drei Wirtschaftsjahre beizubehalten, sofern er für das zweite bis vierte Wirtschaftsjahr nicht buchführungspflichtig wird.

Die Wahl zwischen der Gewinnermittlung nach § 4 Abs. 1 EStG und nach § 4 Abs. 3 EStG wird in der Regel durch schlüssiges Verhalten ausgeübt. An die Dokumentation der zugunsten der Gewinnermittlung nach § 4 Abs. 3 EStG getroffenen Wahl sind dabei keine hohen Anforderungen zu stellen (vgl. BFH, BStBl 1990 II S. 287). Wenn ein unter den in § 4 Abs. 3 EStG umschriebenen Personenkreis fallender Steuerpflichtiger seine Einnahmen und Ausgaben aufzeichnet oder zumindest die Einnahme- und Ausgabebelege erstellt und sammelt, so ist daher davon auszugehen, daß er sich für die Gewinnermittlung nach § 4 Abs. 3 EStG entschieden hat (vgl. BFH, BStBl 1990 II S. 287). Sofern der Steuerpflichtige eine Eröffnungsbilanz erstellt und eine Buchführung einrichtet, hat er sich auf der anderen Seite damit gegen eine Gewinnermittlung nach § 4 Abs. 3 EStG entschieden und die Gewinnermittlung durch Bestandsvergleich gewählt (BFH, BStBl 1982 II S. 593).

Da § 4 Abs. 3 EStG eine Gewinnermittlungsart regelt, kann diese Vorschrift nur dort zur Anwendung kommen, wo der Gewinn die Besteuerungsgrundlage darstellt. Gewinn nach § 4 Abs. 3 EStG ist der Überschuß der Betriebseinnahmen über die Betriebsausgaben. Das bedeutet, daß grundsätzlich nur die Betriebseinnahmen und Betriebsausgaben aufgezeichnet und gegenübergestellt werden (Einnahme-Überschußrechnung). Sind die Betriebseinnahmen höher als die Betriebsausgaben, ergibt sich ein Gewinn, im umgekehrten Fall ein Verlust. Eine Bestandsaufnahme und die Aufstellung einer Bilanz entfallen.

Bei der Gegenüberstellung der Betriebseinnahmen und Betriebsausgaben scheiden nach § 4 Abs. 3 Satz 2 EStG Betriebseinnahmen und Betriebsausgaben aus, die im Namen und für Rechnung eines anderen vereinnahmt und verausgabt werden (durchlaufende Posten). Dabei ist es unerheblich, ob die Vereinnahmung vor der Verausgabung liegt oder ob es sich umgekehrt verhält (BFH, BStBl 1976 II S. 370). Zu den durchlaufenden Posten gehören vom Stpfl. vereinnahmte Beträge nicht bereits deshalb, weil der Stpfl. sie als ihm möglicherweise nicht zustehend ansieht oder weil er sie zurückgewähren oder weiterleiten muß (BFH, BStBl 1975 II S. 776, 1983 II S. 723).

Nicht zu den durchlaufenden Posten gehört folglich auch die **Umsatzsteuer.** Denn der Steuerpflichtige vereinnahmt und verausgabt die Umsatzsteuer im eigenen Namen und für eigene Rechnung. Vereinnahmte Umsatzsteuerbeträge (für den Umsatz geschuldete Umsatzsteuer und vom Finanzamt erstattete Vorsteuer) gehören deshalb im Zeitpunkt ihrer Vereinnahmung zu den Betriebseinnahmen und verausgabte Umsatzsteuerbeträge (gezahlte Vorsteuer einschließlich der Einfuhrumsatzsteuer und an das Finanzamt abgeführte Umsatzsteuerbeträge) im Zeitpunkt ihrer Verausgabung zu den Betriebsausgaben i. S. des § 4 Abs. 3 EStG. Dabei ist es unerheblich, ob der Steuerpflichtige zum Vorsteuerabzug berechtigt ist oder nicht. Im Falle der Versteuerung der Umsätze nach vereinnahmten Entgelten müssen die von Kunden vereinnahmten Umsatzsteuerbeträge mit den als Betriebseinnahmen behandelten Umsatzsteuerbeträgen übereinstimmen. Als Betriebsausgaben sind nur die im Gewinnermittlungszeitraum tatsächlich gezahlten Vorsteuerbeträge in der Einnahme-Überschußrechnung anzusetzen (BFH, BStBl 1975 II S. 441). Der Abzug gezahlter Vorsteuerbeträge kommt jedoch dann nicht in Betracht, wenn sie zu den nicht sofort abzugsfähigen Anschaffungs- oder Herstellungskosten eines zugehörigen Wirtschaftsguts zu rechnen sind. Wegen der Frage, ob die USt zu den Anschaffungs- oder Herstellungskosten eines Wirtschaftsguts gehört, s. unter 4.2.1.4, Stichwort „Umsatzsteuer". Der Abzug wird ferner durch das Abzugsverbot des § 12 Nr. 3 EStG ausgeschlossen für Umsatzsteuerbeträge, die auf den Eigenverbrauch sowie auf Lieferungen oder sonstige Leistungen entfallen, die Entnahmen sind.

Die vereinfachte Gewinnermittlung des § 4 Abs. 3 EStG ist eine Unterart der Gewinnermittlung des § 4 Abs. 1 EStG (BFH, BStBl 1962 III S. 199). Wegen der Frage, ob im Gegensatz zur Gewinnermittlung nach § 4 Abs. 1 EStG bei der Überschußrechnung grundsätzlich die Bildung gewillkürten Betriebsvermögens nicht zulässig ist, s. 4.1.2.4.6.

In § 4 Abs. 4 und Abs. 5 Nr. 1 bis 7 EStG sind der Begriff der Betriebsausgaben und die nichtabzugsfähigen Betriebsausgaben auch für die Gewinnermittlung nach § 4 Abs. 3 EStG festgelegt.

4.1.3.2 Betriebseinnahmen, Betriebsausgaben, Entnahmen und Einlagen

Betriebseinnahmen sind alle Zugänge in Geld oder Geldeswert, die durch den Betrieb veranlaßt sind (BFH, BStBl 1989 II S. 650). Betrieblich veranlaßt ist ein Zugang, wenn ein objektiver wirtschaftlicher Zusammenhang mit dem Betrieb besteht (BFH, BStBl 1989 II S. 641). Eine Betriebseinnahme setzt nicht voraus, daß die erlangte Leistung Betriebsvermögen wird (BFH, BStBl 1974 II S. 210, 1986 II S. 607). Geldzugänge wie Sacheinnahmen sind zu dem Zeitpunkt zu erfassen, in dem der Wert zugeht (BFH, BStBl 1986 II S. 607).

Betriebsausgaben sind die Aufwendungen, die durch den Betrieb veranlaßt sind (§ 4 Abs. 4 EStG). Von den Betriebsausgaben sind die Einlagen zu unterscheiden.

Nach § 4 Abs. 1 EStG ist der Unterschied des Betriebsvermögens am Anfang und am Ende des Wirtschaftsjahres (Gewinnermittlung durch Bestandsvergleich) um den Wert der Entnahmen (vgl. 4.1.2.6) zu erhöhen und um den Wert der Einlagen (vgl. 4.1.2.7) zu vermindern. **Auch bei der Gewinnermittlung nach § 4 Abs. 3 EStG sind Entnahmen und Einlagen grundsätzlich** in der Weise **zu berücksichtigen,** daß der Wert der Entnahmen dem Überschuß der Betriebseinnahmen über die Betriebsausgaben hinzugerechnet und der Wert der Einlagen davon abgezogen wird (BFH, BStBl 1975 II S. 526). Dies wird gerechtfertigt aus dem Verhältnis, in dem die Vorschrift des § 4 Abs. 1 EStG zu § 4 Abs. 3 EStG steht, § 4 Abs. 3 EStG schafft keinen selbständigen und neuen Gewinnbegriff, sondern nur eine vereinfachte Technik der Gewinnermittlung. Demnach muß die Gewinnermittlung nach § 4 Abs. 3 EStG über die Gesamtheit aller Jahre hinweg letztlich zu demselben Gesamtgewinn führen wie die Gewinnermittlung nach § 4 Abs. 1 EStG (BFH, BStBl 1973 II S. 293, 1984 II S. 516, 1985 II S. 255). Aus diesem Grunde sind Entnahmen und Einlagen bei der Gewinnermittlung nach § 4 Abs. 3 EStG – obwohl der Wortlaut der Vorschrift darüber nichts besagt – grundsätzlich in gleicher Weise zu berücksichtigen, wie bei der Gewinnermittlung nach § 4 Abs. 1 EStG, soweit sich nicht etwas Abweichendes aus der Eigenart der Gewinnermittlungstechnik des § 4 Abs. 3 EStG ergibt.

Ebenso wie bei der Gewinnermittlung nach § 4 Abs. 1 EStG sind auch bei der Gewinnermittlung nach § 4 Abs. 3 EStG alle Wirtschaftsgüter entnahme- und einlagefähig. Bei der Gewinnermittlung nach § 4 Abs. 3 EStG gilt dies allerdings nicht für Geld, weil das „entnommene" Geld bereits zuvor als Betriebseinnahme erfaßt oder ohne die Fiktion einer Betriebsausgabe in den Betrieb eingelegt wurde und weil eingelegtes Geld bei seiner betrieblich veranlaßten Verausgabung als Betriebsausgabe angesetzt wird.

4.1.3.2.1 Betriebseinnahmen; Entnahmen

Zu den Betriebseinnahmen gehören nicht nur die Einnahmen, die aus der Sicht des Unternehmers Entgelt für betriebliche Leistungen darstellen. Auch unentgeltliche Zuwendungen, die einen wirtschaftlichen Bezug zum Betrieb aufweisen, können Betriebseinnahmen sein.

Beispiele:

a) Der Handwerksmeister A hat von der X-Stiftung wegen herausragender Leistungen in der Meisterprüfung eine Prämie von 5000 DM erhalten, deren Gewährung im übrigen voraussetzte, daß sie im Jahr der Eintragung in der Handwerksrolle und der Aufnahme einer selbständigen Tätigkeit beantragt wurde.

Die gezahlte Prämie weist einen wirtschaftlichen Bezug zum Betrieb auf, weil ihre Zahlung auch von der Aufnahme einer selbständigen Tätigkeit abhängig war. Sie ist deshalb als Betriebseinnahme zu behandeln (BFH, BStBl 1989 II S. 650).

b) Der Inhaber eines Fachgeschäfts hat von einem Lieferanten eine Einladung zu einer kostenlosen Reise nach Japan erhalten und angenommen. Durch die Zuwendung dieser Reise wollte der Lieferant die Geschäftsbeziehungen zu dem Inhaber des Fachgeschäfts festigen und vertiefen.

Die zugewendete Reise weist einen wirtschaftlichen Bezug zu dem Betrieb des Fachgeschäfts auf. Ihr – ggf. zu schätzender – Wert ist daher als Betriebseinnahme zu erfassen (BFH, BStBl 1989 II S. 641).

Ob und inwieweit dem Steuerpflichtigen durch die unentgeltlichen Zuwendungen eigene Aufwendungen erspart bleiben, ist für die Annahme von Betriebseinnahmen ohne Bedeutung (BFH, BStBl 1988 II S. 995 und 1989 II S. 641).

Auch der Wegfall einer zur Anschaffung von Wirtschaftsgütern des Anlagevermögens eingegangenen Leibrentenverpflichtung ist ebenfalls als Betriebseinnahme zu erfassen (BFH, BStBl 1973 II S. 51). Bringt ein Stpfl. seinen Betrieb, dessen Gewinn nach § 4 Abs. 3 EStG ermittelt wird, in eine Gesellschaft ein, die ihren Gewinn ebenfalls nach § 4 Abs. 3 EStG ermittelt, so stellt ein hierbei erzielter Einbringungserlös eine Betriebseinnahme dar (BFH, BStBl 1984 II S. 518). Geldbeträge, die dem Betrieb durch Aufnahme von Darlehn zugeflossen sind, stellen indessen keine Betriebseinnahme dar.

Werden Sachwerte, Rechte, Nutzungen und Leistungen dem Betrieb entnommen, so ist ihr Wert (bei bilanzierungsfähigen Wirtschaftsgütern der Teilwert, § 6 Abs. 1 Nr. 4 EStG) dem Unterschied der Betriebseinnahmen und Betriebsausgaben hinzuzurechnen. Eine solche Entnahme liegt z. B. auch dann vor, wenn ein Stpfl. aus privaten Gründen auf eine Honorarforderung verzichtet (vgl. BFH, BStBl 1969 II S. 584, 1975 II S. 526). Die eigene Arbeitskraft des Stpfl. ist hingegen kein Wirtschaftsgut und damit nicht entnahmefähig. Die Entnahme von Geld wirkt sich nicht auf das Betriebsergebnis aus.

4.1.3.2.2 Betriebsausgaben; Einlagen

Zu den Betriebsausgaben zählen auch alle Aufwendungen, die durch die Anschaffung oder Herstellung von Wirtschaftsgütern des Umlaufvermögens (z. B. Waren) oder des nicht abnutzbaren oder abnutzbaren Anlagevermögens veranlaßt sind. Wird ein Sachwert, der als solcher eine Betriebseinnahme darstellt, für betriebliche Zwecke eingesetzt und hierfür verbraucht oder veräußert, so stellt sein Wert zu diesem Zeitpunkt eine Betriebsausgabe dar. Wäre nämlich der Sachwert zu diesem Zeitpunkt käuflich erworben worden, hätte der Geschäftsabfluß zu einer Betriebsausgabe geführt (BFH, BStBl 1986 II S. 607).

Beispiel:
Ein Zahnarzt erhält für sog. Schleifgold und Altgold (alte Brücken und Zahnkronen) von einer Scheideanstalt Zahngold und verwendet es in seiner Praxis. Das erhaltene Zahngold stellt eine Betriebseinnahme und sein Verbrauch eine entsprechende Betriebsausgabe dar.

Bei den Aufwendungen für die Anschaffung oder Herstellung nicht abnutzbaren oder abnutzbaren Anlagevermögens wird jedoch die später noch im einzelnen zu behandelnde Frage bedeutsam, in welchem Zeitpunkt sie als Betriebsausgabe berücksichtigt werden können. Hier sei jedoch bereits darauf hingewiesen, daß Anschaffungs- oder Herstellungskosten für nicht abnutzbare Wirtschaftsgüter des Anlagevermögens (z. B. Grund und Boden; Genossenschaftsanteile) im Zeitpunkt des Abflusses nicht bereits als Betriebsausgaben angesetzt werden können.

Aufwendungen für Anlagegüter, die der Absetzung für Abnutzung unterliegen (z. B. Einrichtungsgegenstände, Maschinen, Pkw), dürfen nicht sofort in voller Höhe als Betriebsausgaben abgezogen, sondern nur im Wege der Absetzung für Abnutzung auf die Nutzungsdauer des Wirtschaftsguts verteilt werden, sofern nicht die Bewertungsfreiheit für geringwertige Wirtschaftsgüter nach § 6 Abs. 2 EStG in Anspruch genommen werden kann. Das ergibt sich aus dem Wortlaut des Gesetzes, wonach die Vorschriften über Absetzung für Abnutzung und Substanzverringerung nach § 7 EStG zu beachten sind. Wird das Wirtschaftsgut gegen Leibrente erworben, so ergeben sich seine Anschaffungskosten aus dem versicherungsmathematischen Barwert der Rentenverpflichtung. Die einzelnen Rentenzahlungen sind in Höhe ihres Zinsanteils Betriebsausgaben. Die infolge einer Wertsicherungsklausel nachträglich eingetretene Erhöhung einer Kaufpreisrente zählt nicht zu den (nachträglichen) Anschaffungskosten im vorstehenden Sinne und stellt damit eine Betriebsausgabe dar (BFH, BStBl 1984 II S. 516). Die Erhöhung ist jedoch nicht bereits im Jahre ihres Eintritts voll, sondern nur im Laufe der gesamten Rentenzahlungen bei Errechnung des jeweiligen Zinsanteils nach und nach abzugsfähig (so auch Richter, DB 1984 S. 2322).

Zu den Betriebsausgaben zählen Anschaffungs- oder Herstellungskosten für abnutzbare Anlagegüter, die bis zur Veräußerung oder Entnahme noch nicht durch Absetzungen für Abnutzung berücksichtigt worden sind, soweit die AfA nicht willkürlich unterlassen worden sind (BFH, BStBl 1972 II S. 271). Werden Sachwerte in den Betrieb eingelegt, so wird ihr Teilwert vom Unterschied der Betriebseinnahmen und Betriebsausgaben abgezogen. Handelt es sich bei den eingelegten Gütern um abnutzbare Wirtschaftsgüter des Anlagevermögens, so gilt dies nur in Höhe der nach dem Teilwert zu bemessenden Absetzungen für Abnutzung. Werden nicht abnutzbare Wirtschaftsgüter des Anlagevermögens eingelegt, so kann ihr Teilwert erst bei einer späteren Veräußerung oder Entnahme abgezogen werden. Werden Nutzungen und Leistungen in den Betrieb eingelegt, so wird der für sie tatsächlich erbrachte Aufwand als Einlage abgezogen (s. auch nachfolgend).

Zinsen für einen Kredit, der betrieblich veranlaßt ist, sind Betriebsausgaben. Hat der Stpfl. für einen Kontokorrentkredit Zinsen zu leisten, so sollen die Zinsaufwendungen insoweit nicht als Betriebsausgaben abgezogen werden können, als sie auf privat veranlaßte Überweisungen oder Abbuchungen entfallen (BFH, BStBl 1983 II S. 721, 723). Diese Auffassung muß jedoch als zweifelhaft angesehen werden. Sie ist daher zu Recht auf Bedenken gestoßen, weil für den Bereich der Gewinnermittlung nach den §§ 4 und 5 EStG andere Grundsätze gelten sollen (vgl. BFH, BStBl 1983 II S. 725). Der BFH (vgl. BStBl 1988 II S. 725) hat deshalb wegen der grundsätzlichen Bedeutung dieser Frage in einem Einzelfall die Revision zugelassen. Inzwischen liegt diese Frage dem Großen Senat des BFH zur Entscheidung vor (vgl. BStBl 1989 II S. 32).

Geldbeträge, die zur Tilgung von Darlehn geleistet werden, dürfen den Gewinn ebenso wie der Zufluß der Darlehnsvaluta nicht beeinflussen. Ebenso ist die Hingabe von Darlehn aus betrieblichen Gründen keine Betriebsausgabe und die

Rückzahlung eines solchen Darlehns keine Betriebseinnahme. Hingegen ist der Verlust einer betrieblich veranlaßten Darlehnsforderung in dem Zeitpunkt als Betriebsausgabe gewinnmindernd zu berücksichtigen, in dem der Verlust feststeht (BFH, BStBl 1972 II S. 334 und 1976 II S. 380). Gleiches gilt für den Verlust einer Beteiligung an einer Kapitalgesellschaft, sofern diese Beteiligung zum Betriebsvermögen gehörte (BFH, BStBl 1979 II S. 169; die Anschaffungskosten waren als Anschaffungskosten für ein nicht abnutzbares Wirtschaftsgut nicht schon im Zeitpunkt der Verausgabung als Betriebsausgabe abzuziehen).

Beispiel:

Ein Rechtsanwalt gibt einem Mandanten, von dem er noch ein Honorar von 20 000 DM zu fordern hat, ein Überbrückungsdarlehn von 10 000 DM, um den Betrieb des Mandanten vor dem Zusammenbruch zu bewahren und dadurch den Mandanten in die Lage zu versetzen, das noch ausstehende Honorar später zu begleichen. Der Betrieb des Mandanten ist jedoch auch durch das Darlehn nicht mehr zu retten. Über das Vermögen des Mandanten wird das Konkursverfahren eröffnet. Der Rechtsanwalt, der seinen Gewinn nach § 4 Abs. 3 EStG ermittelt, fällt mit seinen Forderungen voll aus.

Der Verlust der Darlehnsforderung, die aus betrieblichen Gründen entstanden ist, führt im Jahre des Verlustes zu einer Betriebsausgabe, während der Verlust des Honoraranspruchs steuerlich ohne Auswirkung bleibt.

Sofern man der Ansicht ist, daß bei der Gewinnermittlung nach § 4 Abs. 3 EStG gewillkürtes Betriebsvermögen grundsätzlich nicht gebildet werden kann (4.1.2.4.7), dürfen Aufwendungen für die Anschaffung oder Herstellung von Wirtschaftsgütern, die bei einer Gewinnermittlung nach § 4 Abs. 1 oder § 5 EStG zum gewillkürten Betriebsvermögen gehören könnten, nicht als Betriebsausgaben behandelt werden. Werden diese Wirtschaftsgüter auch betrieblich genutzt, so sollen die Aufwendungen einschließlich der Absetzungen für Abnutzung, die durch die betriebliche Nutzung entstehen, als Betriebsausgaben absetzbar sein, wenn die betriebliche Nutzung nicht von untergeordneter Bedeutung ist und der betriebliche Nutzungsanteil sich leicht und einwandfrei – ggf. im Wege der Schätzung – von den nicht abzugsfähigen Kosten der Lebensführung trennen läßt (Abschn. 17 Abs. 7 EStR). Systematisch zutreffender wäre die Behandlung der Aufwendungen als Nutzungseinlage (s. o.).

Geldverluste, z. B. durch Diebstahl oder Unterschlagung, können bei der Gewinnermittlung nach § 4 Abs. 3 EStG nur dann als Betriebsausgaben abgesetzt werden, wenn sie zuvor eine Betriebseinnahme gewesen sind und der Geldverlust betrieblich veranlaßt ist (Beispiel: Die von einem Arzt mit der Entgegennahme von Honorargeldern beauftragten Praxisangestellten nehmen das Geld widerrechtlich an sich – so BFH, BStBl 1976 II S. 560). Ist die Entwendung selbst nicht betrieblich veranlaßt (Beispiel: Die Ehefrau entwendet das Geld), so stellt der Geldverlust nur dann eine Betriebsausgabe dar, wenn die vorherige Zugehörigkeit der verlorenen Geldbeträge zum Betriebsvermögen in eindeutiger, den Grundsätzen ordnungsmäßiger Buchführung entsprechenden Weise klargestellt ist (BFH, BStBl 1962 III S. 366). Hat ein Stpfl. Gelder im fremden Namen und für fremde Rechnung verausgabt, ohne daß er entsprechende Gelder vereinnahmt, so kann er in dem Wirtschaftsjahr, in dem er nicht mehr mit einer Erstattung der verausgabten Gelder rechnen kann, in Höhe des nicht erstatteten Betrags eine Betriebsausgabe absetzen. Soweit der nicht erstattete Betrag noch in einem späteren Wirtschaftsjahr erstattet wird, ist er als Betriebseinnahme anzusetzen (Abschn. 17 Abs. 2 EStR).

Die Zuführung von Geld zum Betrieb ist keine Einlage.

4.1.3.3 Zufluß und Abfluß

Betriebseinnahmen sind in dem Kalenderjahr bezogen, in dem sie zugeflossen sind; Betriebsausgaben sind für das Kalenderjahr abzusetzen, in dem sie geleistet worden sind (§ 11 EStG). Es spielt grundsätzlich keine Rolle, ob die Betriebseinnahme oder Betriebsausgabe nur eine Vermögensumschichtung darstellt oder ob im Zeitpunkt der Vereinnahmung bereits ein Ertrag oder im Zeitpunkt der Verausgabung bereits ein Aufwand vorliegt. Auch ist unerheblich, ob es sich um Nachzahlungen oder Vorauszahlungen, um eine Teil- oder Abschlagszahlung handelt; entscheidend ist grundsätzlich der Zeitpunkt der Vereinnahmung bzw. der Verausgabung.

Beispiele:

a) Beiträge zur Kraftfahrzeugversicherung für das II. Halbjahr 01 und das I. Halbjahr 02, gezahlt am 1. Juli 01, sind in voller Höhe Betriebsausgaben des Jahres 01.

b) Bezahlung von Waren im Dezember 01 ist in voller Höhe Betriebsausgabe des Jahres 01, ohne Rücksicht darauf, ob am Jahresende 01 die Ware noch auf Lager liegt oder bereits geliefert wurde.

c) Der Kaufpreis für eine im Jahr 01 verkaufte, aber erst im Jahr 02 vom Kunden bezahlte Ware ist als Betriebseinnahme des Jahres 02 anzusetzen.

d) Eine Ende 01 vereinnahmte Vorauszahlung auf eine im Jahr 02 zu liefernde Ware ist als Betriebseinnahme des Jahres 01 anzusetzen.

Die Gewinnermittlung nach § 4 Abs. 3 EStG ist eine einfache Ist-Rechnung. Das Ergebnis wird nicht durch Ertrag und Aufwand, sondern durch Einnahmen und Ausgaben bestimmt. Das führt zwar zu einem wirtschaftlich unrichtigen Gewinn, aber doch zu einer Besteuerungsgrundlage, die die steuerliche Leistungsfähigkeit des Stpfl. zutreffend ausdrückt.

Beispiel:

Wareneinkauf im Dezember 01 für 30 000 DM gegen sofortige Zahlung. Die gesamte Ware wird erst im Jahr 02 für 40 000 DM verkauft, Zahlungseingang ebenfalls im Jahr 02.

Die Bezahlung der Ware wirkt sich im Jahr 01 gewinnmindernd aus, obwohl der Gegenwert in Form der Ware vorhanden ist, ein Aufwand mithin nicht vorliegt. Der Warenverkauf wirkt sich im Jahr 02 in voller Höhe (mit 40 000 DM) als Gewinn aus, obwohl wirtschaftlich nur ein Gewinn von 10 000 DM erzielt wurde.

Von dem Grundsatz, daß der Zeitpunkt der Vereinnahmung oder Verausgabung bei der Gewinnermittlung des § 4 Abs. 3 EStG maßgebend ist, gibt es drei **Ausnahmen:**

1. Die Anschaffungs- oder Herstellungskosten – oder der an deren Stelle tretende Wert (z. B. nach § 55 EStG) – sind bei nichtabnutzbaren Wirtschaftsgütern des Anlagevermögens, z. B. Grund und Boden, Genossenschaftsanteile, Wald erst im

Zeitpunkt ihrer Veräußerung oder Entnahme abzuziehen, soweit die Aufwendungen nicht bereits vor dem 1. 1. 1971 im Zeitpunkt der Zahlung abgesetzt worden sind (§ 4 Abs. 3 Satz 4, § 52 Abs. 2 EStG; Abschn. 17 Abs. 3 EStR).

2. Anschaffungs- oder Herstellungskosten abnutzbarer Anlagegüter sind nach den Grundsätzen des § 7 EStG auf die Nutzungsdauer zu verteilen. Für die AfA bei Gebäuden gelten die Regelungen in § 7 Abs. 4 bis 5 a EStG (Abschn. 17 Abs. 3 EStR).

3. Regelmäßig wiederkehrende Betriebseinnahmen oder Betriebsausgaben, die kurze Zeit vor Beginn oder kurze Zeit nach Beendigung des Kalenderjahres, zu dem sie wirtschaftlich gehören, zugeflossen bzw. geleistet worden sind, sind dem Kalenderjahr zuzurechnen, zu dem sie wirtschaftlich gehören (§ 11 EStG).

Aus den unter Nr. 1 und 2 genannten Regelungen folgt für den Fall des Erwerbs eines Wirtschaftsguts gegen eine Leibrente:

Erwirbt ein Steuerpflichtiger ein Wirtschaftsgut des Anlagevermögens gegen eine Leibrente, so ergeben sich die Anschaffungskosten für dieses Wirtschaftsgut aus dem versicherungsmathematischen Barwert der Leibrentenverpflichtung. Die einzelnen Rentenzahlungen sind daher zunächst nur in Höhe ihres Zinsanteils Betriebsausgaben. Der Zinsanteil ergibt sich aus dem Unterschiedsbetrag zwischen den Rentenzahlungen einerseits und dem jährlichen Rückgang des versicherungsmathematischen Barwerts andererseits. Fällt die Rentenverpflichtung fort, z. B. bei Tod des Rentenberechtigten, so liegt eine Betriebseinnahme in Höhe des versicherungsmathematischen Barwerts vor, den die Rentenverpflichtung im Augenblick ihres Fortfalls hatte (BFH, BStBl 1973 II S. 51). Aus Vereinfachungsgründen wird es von der FinVerw jedoch nicht beanstandet, wenn die einzelnen Rentenzahlungen in voller Höhe mit dem versicherungsmathematischen Barwert der ursprünglichen Rentenverpflichtung verrechnet werden; sobald die Summe der Rentenzahlungen diesen Wert übersteigt, sind die übersteigenden Rentenzahlungen in vollem Umfang als Betriebsausgabe abzusetzen. Bei vorzeitigem Fortfall der Rentenverpflichtung ist der Betrag als Betriebseinnahme anzusetzen, der nach Abzug aller bis zum Fortfall geleisteten Rentenzahlungen von dem ursprünglichen versicherungsmathematischen Barwert verbleibt (Abschn. 17 Abs. 4 EStR).

(Erwirbt hingegen ein Steuerpflichtiger mit Gewinnermittlung nach § 4 Abs. 3 EStG Wirtschaftsgüter des Umlaufvermögens gegen eine Leibrente, so stellen die Rentenzahlungen im Zeitpunkt ihrer Verausgabung in voller Höhe Betriebsausgaben dar. Der Fortfall einer solchen Leibrentenverpflichtung führt nicht zu einer Betriebseinnahme.)

In Ausnahmefällen kann die Ermittlung des Gewinns nach § 4 Abs. 3 EStG auch zu einer Besteuerungsgrundlage führen, die die Leistungsfähigkeit des Stpfl. nicht hinreichend berücksichtigt:

Beispiel:
A, der den Gewinn nach § 4 Abs. 3 EStG ermittelt, veräußert ein im Jahr 01 für 100 000 DM erworbenes unbebautes Grundstück im Jahr 05 für 200 000 DM. Der Kaufpreis ist in 10 gleichen Jahresraten von je 20 000 DM, beginnend mit dem Jahr 06, zu entrichten.

Nach den Regeln des § 4 Abs. 3 EStG sind die Kaufpreisraten oder – bei Veräußerung des Grundstücks gegen Leibrente – die Rentenzahlungen Betriebseinnahmen der Jahre, in denen sie zufließen (§ 11 Abs. 1 EStG). Die Anschaffungskosten des veräußerten Grund und Bodens oder der an deren Stelle tretende Wert (§ 55 Abs. 1 und 5 EStG) sind hingegen nach § 4 Abs. 3 Satz 4 EStG im Jahr der Veräußerung in vollem Umfang als Betriebsausgabe abzusetzen. Das würde im Beispielsfall dazu führen, daß den erheblichen Betriebsausgaben von 100 000 DM im Jahr 05 keine entsprechenden Einnahmen gegenüberstehen, obwohl das Grundstück mit einem nennenswerten Gewinn veräußert worden ist, und daß die Einnahmen von je 20 000 DM in den Jahren ab 06 nicht um die Anschaffungskosten des Grundstücks gemindert werden können. Die FinVerw läßt es deshalb zu (vgl. Abschn. 17 Abs. 4 EStR), wenn der Stpfl. hiervon abweichend solange in jedem Kalenderjahr einen Teilbetrag der Anschaffungskosten in Höhe der in demselben Kalenderjahr zufließenden Kaufpreisraten oder Rentenzahlungen als Betriebsausgabe absetzt, bis der gesamte nach § 4 Abs. 3 Satz 4 EStG zu berücksichtigende Betrag abgesetzt wird. Wird die Forderung uneinbringlich, so ist der noch nicht abgesetzte Betrag in dem Jahr als Betriebsausgabe zu berücksichtigen, in dem der Verlust eintritt.

4.1.3.4 Abzug der Anschaffungs- oder Herstellungskosten für nicht abnutzbare Wirtschaftsgüter des Anlagevermögens

Um bei einer späteren Veräußerung oder Entnahme von nicht abnutzbaren Wirtschaftsgütern praktische Schwierigkeiten bei der Ermittlung der Anschaffungs- oder Herstellungskosten zu vermeiden, bestimmt Satz 5 des § 4 Abs. 3 EStG, daß laufend besondere Verzeichnisse zu führen sind, in die die Anschaffungs- oder Herstellungskosten aufgenommen werden müssen. Einzelheiten über die Führung des Verzeichnisses sind in Abschn. 2 Nr. 1 bis 4 des Schreibens des BMWF vom 29. 2. 1972 (BStBl 1972 I S. 102) enthalten.

4.1.3.5 Anschaffungs- oder Herstellungskosten abnutzbarer Anlagegüter

Bei der Gewinnermittlung nach § 4 Abs. 3 EStG sind die Vorschriften über die Absetzung für Abnutzung oder Substanzverringerung (§ 7 EStG) zu befolgen (§ 4 Abs. 3 Satz 3 EStG). Das bedeutet, daß als Betriebsausgaben die Absetzungen für Abnutzung (AfA) bzw. Absetzungen für Substanzverringerung geltend gemacht werden können, wie sie sich bei bilanzierenden Unternehmern ergeben würden.

Beispiel:

Ein Steuerpflichtiger mit Überschußrechnung kauft einen Kraftwagen für 20 000 DM und zahlt den Betrag in diesem Jahr in bar. Diese 20 000 DM sind auch bei der Gewinnermittlung nach § 4 Abs. 3 EStG nicht voll in diesem Jahr absetzbar, sondern nur mit dem Absetzungsbetrag von beispielsweise 20 v. H. = 4000 DM. In den folgenden Jahren sind die weiteren Absetzungsbeträge als Betriebsausgabe abzusetzen, obwohl keine Zahlungen erfolgen.

Im Fall der Veräußerung abnutzbarer Anlagegüter ist das Veräußerungsentgelt in voller Höhe Betriebseinnahme. Andererseits sind die bis zum Veräußerungszeitpunkt im Wege der AfA noch nicht als Betriebsausgabe abgesetzten Anschaffungs- oder Herstellungskosten als Betriebsausgabe abzusetzen (BFH, BStBl 1961 III S. 499; Abschn. 17 Abs. 3 EStR).

Beispiele:

a) Ein Gewerbetreibender mit Gewinnermittlung nach § 4 Abs. 3 EStG hat einen Kraftwagen für 22 000 DM angeschafft. Der Kraftwagen gehört zum Betriebsvermögen. Für das Jahr der Anschaffung und das folgende Jahr hat er eine Absetzung für Abnutzung mit je 5500 DM vorgenommen. Anschließend verkauft er Anfang Januar den Kraftwagen für 12 000 DM.

Der Veräußerungserlös ist als Betriebseinnahme und der Restwert (Anschaffungskosten abzüglich bisher vorgenommener AfA) als Betriebsausgabe anzusehen, so daß sich ein Veräußerungsgewinn in Höhe von 1000 DM auswirkt.

Betriebseinnahme		12 000 DM
Betriebsausgabe		
Anschaffungskosten	22 000 DM	
∕. AfA	11 000 DM	11 000 DM
		1 000 DM

b) Wie Beispiel a), jedoch mit der Abweichung, daß der Steuerpflichtige im Jahr der Anschaffung den Abzug der AfA vergessen hat. Die betreffende Veranlagung ist rechtskräftig.

Die Anschaffungskosten des Pkw, die sich in den Vorjahren noch nicht als Betriebsausgaben ausgewirkt haben, sind bei der Veräußerung des Pkw auch dann vom Veräußerungspreis als Betriebsausgabe abzuziehen, wenn die AfA zu Unrecht unterlassen worden ist (BFH, BStBl 1972 II S. 271). Dieser Grundsatz führt dazu, daß, wie bei der Gewinnermittlung durch Bestandsvergleich, der Erlös aus der Veräußerung von beweglichen Wirtschaftsgütern des Anlagevermögens nur dann in voller Höhe als Betriebseinnahme angesetzt werden kann, wenn vorher die Kosten der Anschaffung in voller Höhe Betriebsausgabe waren. Fehler in der AfA der Vorjahre gleichen sich wie beim Bestandsvergleich auch bei der Einnahme-Überschußrechnung im Augenblick der Veräußerung aus.

Es ergibt sich folgende Rechnung:

Betriebseinnahme		12 000 DM
Anschaffungskosten	22 000 DM	
∕. AfA	5 500 DM	16 500 DM
Veräußerungsverlust		4 500 DM

Die unterlassene AfA darf dann bei der Veräußerung nicht zur Auswirkung kommen, wenn die Unterlassung willkürlich war und gegen Treu und Glauben verstößt.

4.1.3.6 Regelmäßig wiederkehrende Einnahmen und Ausgaben

Regelmäßig wiederkehrende Einnahmen, die dem Steuerpflichtigen kurze Zeit vor Beginn oder kurze Zeit nach Beendigung des Kalenderjahres zugeflossen sind, gelten in dem Kalenderjahr als bezogen, zu dem sie wirtschaftlich gehören. Entsprechendes gilt für regelmäßig wiederkehrende Ausgaben (§ 11 EStG). Als „kurze Zeit" wird in der Praxis ein Zeitraum von etwa 10 Tagen angenommen.

Zu den regelmäßig wiederkehrenden Zahlungen rechnen insbesondere Mietzahlungen, Zinszahlungen, laufende Arbeitslöhne, Renten usw.

Beispiel:
Der Steuerpflichtige zahlt jeweils am Monatsletzten seine Miete für den kommenden Monat. Die am 31. 12. dieses Jahres gezahlte Januar-Miete gilt als Betriebsausgabe des nächsten Jahres.

(Ausführliche Darstellung vgl. 4.4.5.)

4.1.4 Wechsel der Gewinnermittlungsart

4.1.4.1 Zu- und Abrechnungen

Die Gewinnermittlung nach § 4 Abs. 3 EStG ist nur eine vereinfachte Form der Gewinnermittlung durch Vermögensvergleich gemäß § 4 Abs. 1 oder § 5 EStG und muß, auf die Dauer gesehen, zu demselben Gewinn (Totalgewinn) führen wie der Vermögensvergleich. Da jedoch die beiden Arten der Gewinnermittlung in den einzelnen Gewinnermittlungszeiträumen zu unterschiedlichen Ergebnissen führen, ist bei Beendigung der Gewinnermittlung nach § 4 Abs. 3 EStG dafür zu sorgen, daß betriebliche Vorgänge, die bei der Gewinnermittlung durch Bestandsvergleich sich auf den Gewinn ausgewirkt hätten, sich aber bei der Einnahme-Überschußrechnung nicht ausgewirkt haben, beim ersten Bestandsvergleich steuerlich erfaßt werden. Das geschieht durch Zu- und Abrechnungen. Durch sie muß der Steuerpflichtige so gestellt werden, als habe er den Gewinn während der ganzen Zeit des Bestehens des Betriebs durch Vermögensvergleich ermittelt (BFH, BStBl 1962 III S. 199, 1985 II S. 255). Ermittelt der Erbe den Gewinn aus einem im Erbgang auf ihn übergegangenen Betrieb zunächst nach derselben Gewinnermittlungsart wie der Erblasser, so sind für die Zu- und Abrechnungen die Verhältnisse während der Besitzzeit des Rechtsvorgängers zu berücksichtigen (BFH, BStBl 1971 II S. 526).

Diese Zu- und Abrechnungen kommen zunächst einmal in Betracht, wenn ein Steuerpflichtiger von der Gewinnermittlung nach § 4 Abs. 3 EStG zur Gewinnermittlung nach § 4 Abs. 1 oder § 5 EStG übergeht und wenn nach einer Einnahme-Überschußrechnung der Gewinn nach § 4 Abs. 1 oder § 5 EStG geschätzt oder nach § 13 a Abs. 3 bis 8 EStG ermittelt wird. Ist der Gewinn frei (griffweise) oder nach dem Umsatz unter Anwendung der Richtsätze geschätzt oder sind, was dem gleichsteht, entscheidende Besteuerungsgrundlagen geschätzt, so entspricht es dem Wesen dieser Schätzung, daß durch sie der wahrscheinlich richtige Gewinn und damit der Vermögenszuwachs erfaßt werden soll (RFH, RStBl 1941 S. 924; zustimmend BFH, BStBl 1975 II S. 732). Ist der Gewinn des Jahres vor dem Übergang zum Bestandsvergleich auf die vorbeschriebene Weise geschätzt worden, so ist eine Gewinnkorrektur im Jahr des Übergangs nicht zulässig (so im Ergebnis auch wohl Abschn. 19 Abs. 1 EStR).

Verluste, die sich in vorangegangenen Veranlagungszeiträumen bei der Gewinnermittlung nach § 4 Abs. 3 EStG oder bei der Schätzung des Gewinns nach § 162 AO ergeben haben, können beim Übergang zur Gewinnermittlung nach dem Betriebsvermögensvergleich auch dann nicht in der Übergangsrechnung abgezogen werden, wenn ein Ausgleich in dem betreffenden Veranlagungszeitraum nicht möglich war (BFH, BStBl 1968 II S. 736). Veräußert ein Steuerpflichtiger, der den Gewinn nach § 4 Abs. 3 EStG ermittelt, seinen Betrieb, so ist er so zu behandeln, als wäre er im Zeitpunkt der Veräußerung zunächst zum Bestandsvergleich übergegangen. Die wegen des Übergangs erforderlichen Zu- und Abrechnungen sind nicht beim Veräußerungsgewinn, sondern bei dem laufenden

Gewinn des Wirtschaftsjahres vorzunehmen, in dem die Veräußerung stattfindet (Abschn. 17 Abs. 8 EStR).

Die einzelnen Wirtschaftsgüter sind beim Übergang zum Bestandsvergleich nach § 4 Abs. 1 oder § 5 EStG mit den Werten anzusetzen, mit denen sie zu Buch stehen würden, wenn von Anfang an der Gewinn durch Bestandsvergleich ermittelt worden wäre. Zu diesem Zwecke sind bei einem Land- und Forstwirt die Buchwerte unter Zugrundelegung der amtlichen AfA-Tabellen zu ermitteln (BFH, BStBl 1986 II S. 392; Abschn. 19 Abs. 1 EStR). Zum Anlagevermögen gehörender Grund und Boden ist mit dem Wert anzusetzen, mit dem er im Zeitpunkt des Übergangs in das nach § 4 Abs. 3 Satz 5 EStG laufend zu führende Verzeichnis aufgenommen werden muß (Abschn. 19 Abs. 1 EStR). Ist auf den Zeitpunkt der Betriebsveräußerung oder Betriebsaufgabe eine Schlußbilanz nicht aufgestellt worden, so ist die Zahlung nachträglicher Betriebsausgaben abzugsfähig, wenn die Aufstellung der Bilanz nicht deshalb unterblieben ist, um die Beträge in spätere Jahre zu verlagern und dadurch Steuervorteile zu erlangen (BFH, BStBl 1980 II S. 692; Abschn. 17 Abs. 8 EStR). Wegen des Abzugs der nach Betriebsveräußerung oder Betriebsaufgabe geleisteten Schuldzinsen s. BFH, BStBl 1981 II S. 460, 461, 462, 463, 464.

Bei der Gewinnberichtigung ist zu berücksichtigen, daß sich bei der Einnahme-Überschußrechnung die Mehrungen bzw. Minderungen der Geldposten (Kasse, Bank, Postscheck) bereits ausgewirkt haben und ebenso wie bei der Gewinnermittlung nach § 4 Abs. 1 oder § 5 EStG die Absetzungen für Abnutzung beim Anlagevermögen erfaßt worden sind. Ein Unterschied zwischen der Gewinnermittlung nach § 4 Abs. 3 EStG zu der Gewinnermittlung nach § 4 Abs. 1 oder § 5 EStG besteht darin, daß bei § 4 Abs. 3 EStG Schwankungen beim nicht abnutzbaren Anlagevermögen, beim Umlaufvermögen und bei gewissen Schuldposten nicht berücksichtigt werden. Dadurch ist bei diesen Wirtschaftsgütern der Unterschied zwischen dem Betriebsvermögen zu Beginn der Gewinnermittlung nach § 4 Abs. 3 EStG (frühestens zum 21. 6. 1948) und zur Zeit des Übergangs zum Betriebsvermögensvergleich noch nicht erfaßt worden. Dieser Unterschiedsbetrag muß daher dem Gewinn des ersten Wirtschaftsjahres, für das der Gewinn nach § 4 Abs. 1 oder § 5 EStG ermittelt worden ist, hinzugerechnet werden. Die Zu- und Abrechnungen sind ein Teil des Gewinns nach § 4 Abs. 1 oder § 5 EStG im Übergangsjahr. Sie zählen zu der Einkunftsart, zu der der Gewinn des Übergangsjahres rechnet (z. B. aus Gewerbebetrieb), auch wenn der zuvor nach § 4 Abs. 3 EStG ermittelte Gewinn zu einer anderen Einkunftsart zählte (z. B. Land- und Forstwirtschaft; BFH, BStBl 1981 II S. 780). Sofern der Gewinn des Übergangsjahres aufgrund ordnungsmäßiger Buchführung ermittelt worden ist, gilt das auch für die Zu- und Abrechnungen (BFH, BStBl 1970 II S. 755).

In der Anlage 3 der EStR ist für die Berechnung der Zu- und Abrechnungen im Fall des Übergangs von der Einnahme-Überschußrechnung zum Bestandsvergleich oder zur Schätzung ein Berechnungsschema aufgestellt, das jedoch nicht erschöpfend ist und auch nicht sein will. Unter Berücksichtigung weiterer

Positionen, die in der Praxis häufig vorkommen, bietet sich das folgende Berechnungsschema an:

+ Warenanfangsbestand

./. Warenbestand zu Beginn der Gewinnermittlung nach § 4 Abs. 3 EStG, frühestens am 21. 6. 1948 (für das Land Berlin: 1. 4. 1949)

+ Warenforderungsanfangsbestand

./. Warenforderungsbestand zu Beginn der Gewinnermittlung nach § 4 Abs. 3 EStG, frühestens am 21. 6. 1948 (für das Land Berlin: 1. 4. 1949)

+ Anfangsbilanzwert (Anschaffungskosten) der nicht abnutzbaren Anlagegüter (mit Ausnahme des Grund und Bodens), soweit diese während der Dauer der Einnahmenüberschußrechnung angeschafft und ihre Anschaffungskosten vor dem 1. 1. 1971 als Betriebsausgaben abgesetzt wurden, ohne daß dafür ein Zuschlag nach § 4 Abs. 3 Satz 2 EStG a. F. gemacht wurde.

./. Warenschuldenanfangsbestand

+ Warenschuldenbestand zu Beginn der Gewinnermittlung nach § 4 Abs. 3 EStG, frühestens am 21. 6. 1948 (für Berlin: 1. 4. 1949).

+ Summe der aktiven Rechnungsabgrenzungsposten in der Anfangsbilanz

./. Summe der passiven Rechnungsabgrenzungsposten in der Anfangsbilanz

./. Summe der Rückstellungen in der Anfangsbilanz

+ In der Anfangsbilanz ausgewiesene Verpflichtung zur Abführung von Umsatzsteuer

./. In der Anfangsbilanz ausgewiesene Ansprüche aufgrund gezahlter, als Betriebsausgaben abzugsfähiger Vorsteuern

Bei einer solchen Berechnung darf nicht berücksichtigt werden, daß das Finanzamt bei einem früheren Übergang vom Vermögensvergleich zur Überschußrechnung (oder umgekehrt) zu Unrecht eine Gewinnkorrektur (s. u.) unterließ und dieser Fehler nicht mehr berichtigt werden kann (BFH, BStBl 1970 II S. 745; Abschn. 19 Abs. 3 Satz 1 EStR).

Wie erwähnt, sollen die Zu- und Abrechnungen den Unterschied der Gewinnermittlung nach § 4 Abs. 3 EStG zur Gewinnermittlung nach § 4 Abs. 1, § 5 EStG ausgleichen. Daher sieht die Anlage 3 der EStR auch Zu- und Abrechnungen für den Fall des Übergangs vom Betriebsvermögensvergleich zur Einnahme-Überschußrechnung nach folgendem, ebenfalls nicht erschöpfenden Schema vor:

+ Warenschuldenbestand des Vorjahres

./. Warenendbestand des Vorjahres

./. Warenforderungsendbestand des Vorjahres.

Die so bedingten Hinzurechnungen und Abrechnungen sind in der Regel im ersten Jahr nach dem Übergang zur Gewinnermittlung nach § 4 Abs. 3 EStG vorzunehmen.

Diese Zu- und Abrechnungen gelten grundsätzlich auch für den Fall des Übergangs von der Gewinnermittlung nach Durchschnittssätzen gemäß § 13 a

EStG zur Gewinnermittlung nach § 4 Abs. 3 EStG, da die Gewinnermittlung nach Durchschnittssätzen einer Gewinnermittlung nach § 4 Abs. 1 EStG gleichzustellen ist (Abschn. 127 Abs. 11 EStR). Dies gilt nicht für die Zuschläge nach § 13 a Abs. 8 EStG, sofern der diesbezügliche Gewinn durch Gegenüberstellung der Einnahmen und Ausgaben ermittelt wird (BFH, BStBl 1985 II S. 255).

Sind in früheren Jahren Korrektivposten gebildet und ganz oder zum Teil noch nicht aufgelöst worden, so ist dies bei der Gewinnberichtigung zu berücksichtigen.

Die vorstehende Übersicht ist nicht erschöpfend. Durch Zu- und Abrechnungen ist sicherzustellen, daß sich jeder erfolgswirksame Geschäftsvorfall nur einmal (also weder doppelt, noch überhaupt nicht) auf den Gewinn auswirkt. Dies ist in jedem Einzelfall zu prüfen. Eine auch nur annähernd vollständige Übersicht über alle wichtigen Korrekturposten ist wegen der Vielgestaltigkeit der Sachverhalte praktisch nicht möglich. Bekannte Beispiele sind Rechnungsabgrenzungsposten, ein entgeltlich erworbener Geschäftswert usw. Zu beachten ist, daß die Waren auf den Beginn des Bestandsvergleichs mit den Anschaffungs- oder Herstellungskosten zu bewerten sind und Zusetzungen für den Anfangsbilanzwert (Anschaffungskosten) der nicht abnutzbaren Anlagegüter nur insoweit erfolgen, als ihre Anschaffung sich bei einer der zurückliegenden Einnahme-Überschußrechnungen als Betriebsausgabe ausgewirkt hat.

Ergibt sich beim Übergang von der Gewinnermittlung nach § 4 Abs. 3 EStG zum Betriebsvermögensvergleich durch die Hinzurechnungen ein außergewöhnlich hoher Gewinn und eine außergewöhnlich hohe Steuer, so kann zur Vermeidung von Härten auf Antrag des Steuerpflichtigen eine Verteilung der Zurechnungsbeträge mit gleichen Teilbeträgen auf das Jahr des Übergangs und die beiden folgenden Jahre erfolgen. Das gilt nicht für den Fall, in dem ein Stpfl., der den Gewinn nach § 4 Abs. 3 EStG ermittelt, seinen Betrieb veräußert (BFH, BStBl 1967 III S. 755). Beim Übergang von der Gewinnermittlung durch Bestandsvergleich (§ 4 Abs. 1 oder § 5 EStG) zur Gewinnermittlung nach § 4 Abs. 3 EStG kommt eine entsprechende Verteilung der Hinzurechnungen oder Abrechnungen, die wegen des Übergangs erforderlich werden, im allgemeinen ebenfalls nicht in Betracht. Soweit sich jedoch die Betriebsvorgänge, die den durch den Wechsel der Gewinnermittlungsart bedingten Korrekturen entsprechen, noch nicht im ersten Jahr nach dem Übergang zur Gewinnermittlung nach § 4 Abs. 3 EStG ausgewirkt haben, können die Korrekturen auf Antrag grundsätzlich in dem Jahr vorgenommen werden, in dem sich die Betriebsvorgänge auswirken, z. B. beim Eingang der Warenforderungen (BFH, BStBl 1963 III S. 228). Ferner sind beim Übergang vom Betriebsvermögensvergleich zur Einnahme-Überschußrechnung im Rahmen der Überschußrechnung grundsätzlich auch Tilgungsleistungen für solche Verbindlichkeiten noch abzugsfähig, für die beim Betriebsvermögensvergleich bereits Rückstellungen zu bilden gewesen wären (BFH, BStBl 1977 II S. 866).

Wechselt ein Stpfl. die Gewinnermittlungsart in der vorbeschriebenen Weise und geht der Betrieb anschließend unentgeltlich auf einen Rechtsnachfolger über, so tritt der Rechtsnachfolger auch hinsichtlich der durch den Übergang bedingten Hinzurechnungen und Kürzungen in die Rechtsstellung des Rechtsvorgängers ein.

Sie sind ihm zuzurechnen, soweit sie sich beim Rechtsvorgänger noch nicht ausgewirkt haben (BFH, BStBl 1972 II S. 338; Abschn. 129 Abs. 3 EStR).

Beispiel:

A hat von seinem Vater dessen Betrieb im Wege vorweggenommener Erbfolge am 1. 1. unentgeltlich übertragen erhalten. Im Jahre vor der Betriebsübertragung ist der Vater von der Gewinnermittlung des § 4 Abs. 3 EStG zur Gewinnermittlung gemäß § 5 EStG übergegangen. Der Vater hat beantragt, den Übergangsgewinn auf das Jahr des Übergangs und die beiden folgenden Wirtschaftsjahre zu verteilen. Diesem Antrag hat das Finanzamt gemäß Abschn. 19 Abs. 1 Satz 8 EStR entsprochen. Der Übergangsgewinn ist, soweit er auf die Jahre nach dem Übergang zu verteilen ist, dem A zuzurechnen und nicht dem Vater, weil A insoweit in die Rechtsstellung des Vaters eingerückt ist.

4.1.4.2 Erfassung stiller Reserven

Von den unter 4.1.4.1 beschriebenen Zu- und Abrechnungen, die beim Wechsel von der Einnahme-Überschußrechnung zum Vermögensvergleich und umgekehrt anzusetzen sind, ist die Frage zu unterscheiden, ob beim Übergang von der Gewinnermittlung nach § 5 EStG zur Gewinnermittlung nach § 4 Abs. 1 EStG stille Reserven zu versteuern sind. Ein solcher Fall ist gegeben, wenn der Gewerbebetrieb eines Steuerpflichtigen, der den Gewinn nach § 5 EStG ermittelt, sich so wandelt, daß er zu einem land- und forstwirtschaftlichen oder freiberuflichen Betrieb wird (Strukturwandel). Damit geht er automatisch kraft Gesetzes zur Gewinnermittlung nach § 4 Abs. 1 EStG über.

Da bei der Gewinnermittlung nach § 4 Abs. 1 EStG a. F. der Wert des zum Anlagevermögen gehörenden Grund und Bodens außer Ansatz blieb, entstand hier die Frage, ob man die stillen Reserven, die im Buchansatz des Grund und Bodens beim Übergang vorhanden waren, steuerlich zu erfassen habe.

Mit seinem Beschluß vom 7. 10. 1974 (BStBl 1975 II S. 168) hat der Große Senat des BFH eine Gewinnrealisierung durch den Strukturwandel verneint. Ausgehend von Begriff und Inhalt der Entnahme (vgl. 4.1.2.6) vermag er beim Strukturwandel ein auf die Herauslösung des Grund und Bodens aus dem Betriebsvermögen gerichtetes Handeln nicht zu sehen. Das auf die Strukturveränderung gerichtete Handeln stelle sich als ein Bündel von Einzelmaßnahmen dar, bei dem weder die Gesamtheit der Maßnahmen noch eine mit Sicherheit festzustellende Einzelmaßnahme auf die Herausnahme des Grund und Bodens gerichtet sei. Daher fehle es an einer für die Entnahme vorausgesetzten Entnahmehandlung (so auch Abschn. 13 a Abs. 2 EStR).

Die in dem Buchansatz des Grund und Bodens enthaltenen im Gewerbebetrieb entstandenen stillen Reserven seien mithin nicht schon im Zeitpunkt des mit dem Strukturwandel verbundenen Wechsels der Gewinnermittlungsart, sondern erst bei einem späteren gewinnrealisierenden Vorgang wie Veräußerung, Entnahme oder Betriebsaufgabe der Besteuerung zuzuführen.

Damit im Einklang hat der BFH (BStBl 1981 II S. 665) ferner den Wandel eines freiberuflichen Betriebs zum Gewerbebetrieb, der eintrat, als die Ehefrau eines verstorbenen Arztes dessen Praxis durch einen Arztvertreter weiterführte, nicht als Betriebsaufgabe angesehen.

Es entspricht den in den vorgenannten Entscheidungen aufgestellten Grundsätzen, daß im Wandel eines Erwerbsbetriebs zur Liebhaberei keine Betriebsaufgabe und damit keine Gewinnrealisierung gesehen wird, sofern der Stpfl. nicht selbst die Betriebsaufgabe erklärt (s. dazu 5.4.2.2). Die im Zeitpunkt des Wandels vorhandenen stillen Reserven sind erst bei einem späteren Gewinnrealisierungsakt zu versteuern – BFH, BStBl 1982 II S. 381.

Anders gelagert ist die Frage der steuerlichen Behandlung von Wohngebäuden des Inhabers eines land- und forstwirtschaftlichen Betriebs, wenn der Betrieb durch Änderung der Betriebsstruktur unter Beibehaltung der Urerzeugung steuerlich als Gewerbebetrieb anzusehen ist. Nach § 13 Abs. 2 Nr. 2 EStG a. F. (wegen der Neuregelung s. 4.1.2.6.5) gehört der Nutzungswert der Wohnung eines Land- und Forstwirts zu den Einkünften aus Land- und Forstwirtschaft, wenn die Wohnung die bei Betrieben gleicher Art übliche Größe nicht überschreitet. Das bedeutet, daß in diesem Fall das Wohnhaus des Land- und Forstwirts, soweit es Wohnzwecken des Stpfl. und seiner Familie dient, notwendiges Betriebsvermögen darstellt. Sind die Einkünfte aus dem Betrieb infolge Änderung der Betriebsstruktur (z. B. Zukauf von Handelsware, Dienstleistungen) nicht mehr den Einkünften aus Land- und Forstwirtschaft, sondern den Einkünften aus Gewerbebetrieb zuzuordnen, so stellt der eigenen Wohnzwecken dienende Teil des Wohnhauses kein notwendiges Betriebsvermögen mehr dar. Behandelt der Stpfl. den eigenen Wohnzwecken dienenden Teil des Wohnhauses weiter als Betriebsvermögen, so soll dies nach einem bundeseinheitlichen Erlaß nicht zu beanstanden sein. Das soll auch in den Fällen gelten, in denen das Wohnhaus nicht nur teilweise, sondern in vollem Umfang Wohnzwecken des Stpfl. und seiner Familie dient. Diese Entscheidung erscheint vertretbar (vgl. die Rechtsgrundsätze in BFH, BStBl 1969 II S. 35).

4.1.5 Ermittlung des Gewinns aus Land- und Forstwirtschaft nach Durchschnittssätzen

4.1.5.1 Allgemeines

Die Gewinne kleinerer land- und forstwirtschaftlicher Betriebe werden seit langem nach Durchschnittssätzen ermittelt. Grundlage für die Durchschnittsbesteuerung war bis zum Ende des Wirtschaftsjahrs 1964/65 die „Verordnung über die Aufstellung von Durchschnittssätzen für die Gewinnermittlung aus Land- und Forstwirtschaft (VOL)" vom 2. 6. 1949. Diese wurde vom Wirtschaftsjahr 1965/66 an durch das „Gesetz über die Ermittlung des Gewinns aus Land- und Forstwirtschaft nach Durchschnittssätzen (GDL)" vom 15. 9. 1965 (BStBl 1965 I S. 552) abgelöst. An dessen Stelle sind vom Wirtschaftsjahr 1974/75 an die Vorschriften des § 13 a EStG getreten, die zur Herbeiführung der steuerlichen Gerechtigkeit innerhalb der Land- und Forstwirtschaft mit Wirkung vom Wirtschaftsjahr 1980/81 an wesentliche Änderungen erfahren haben und völlig neu gefaßt worden sind.

Die Vorschriften des § 13 a EStG stützen sich wie bisher auf die Einheitsbewertung des land- und forstwirtschaftlichen Vermögens.

Gegen eine Ermittlung der Gewinne kleinerer land- und forstwirtschaftlicher Betriebe nach Durchschnittssätzen nach den Grundsätzen des § 13 a EStG bestehen nach Auffassung des BFH (BStBl 1984 II S. 198, 200) auch keine verfassungsrechtlichen Bedenken, sofern der Grundbetrag und der Wertansatz für die Arbeitsleistung des Betriebsinhabers und seiner Familienangehörigen angemessen sind.

4.1.5.2 Anwendungsbereich der Vorschriften des § 13 a EStG

Nach den Bestimmungen des § 13 a Abs. 3 bis 8 EStG ist der Gewinn aus einem land- und forstwirtschaftlichen Betrieb gemäß Abs. 1 dieser Vorschrift nur zu ermitteln, wenn der Steuerpflichtige nicht aufgrund gesetzlicher Vorschriften verpflichtet ist, für diesen Betrieb Bücher zu führen und regelmäßig Abschlüsse zu machen.

Auch bei nichtbuchführungspflichtigen Steuerpflichtigen ist der Gewinn aus einem land- und forstwirtschaftlichen Betrieb jedoch nur dann noch nach den Bestimmungen des § 13 a Abs. 3 bis 8 EStG zu ermitteln, wenn

– der Ausgangswert mehr als 0 DM, jedoch nicht mehr als 32 000 DM beträgt und

– die Tierbestände 3 Vieheinheiten je Hektar regelmäßig landwirtschaftlich genutzter Fläche oder insgesamt 30 Vieheinheiten nicht übersteigen. Die Grenze von 3 Vieheinheiten erhöht sich für die ersten 15 Hektar regelmäßig landwirtschaftlich genutzter Fläche auf 4 Vieheinheiten, wenn die Tierbestände zu mehr als 75 v. H. aus Schweinen und Geflügel bestehen.

Nach Durchschnittssätzen ist der Gewinn nach § 13 a Abs. 1 Satz 2 EStG letztmalig für das Wirtschaftsjahr zu ermitteln, das nach Bekanntgabe der Mitteilung endet, durch die die Finanzbehörde auf den Beginn der Buchführungspflicht oder auf den Wegfall der vorstehend aufgeführten sonstigen Voraussetzungen für die Anwendung der Vorschriften des § 13 a Abs. 3 bis 8 hingewiesen hat. Ebenso wie nach § 141 Abs. 2 AO auf den Beginn der Buchführungspflicht hinzuweisen ist, muß der Steuerpflichtige damit auch auf den Austritt aus dem Anwendungsbereich des § 13 a EStG rechtzeitig hingewiesen werden, damit er sich darüber klar werden kann, ob er die Voraussetzungen für eine Gewinnermittlung nach § 4 Abs. 3 EStG schaffen oder seinen Gewinn durch das Finanzamt schätzen lassen will.

Ist der Steuerpflichtige nicht rechtzeitig, d. h. nicht mindestens 1 Monat vor dem Beginn eines neuen Wirtschaftsjahres, auf den Wegfall der Voraussetzungen des § 13 a Abs. 1 Satz 1 EStG hingewiesen worden, so kann und muß er den Gewinn damit für dieses Wirtschaftsjahr weiterhin nach Durchschnittssätzen ermitteln.

Die Befugnis und Verpflichtung eines Steuerpflichtigen, die Gewinnermittlung nach Durchschnittssätzen beizubehalten, gilt jedoch nur für einen Betrieb, dessen

Gewinn zumindest für ein Wirtschaftsjahr zulässigerweise nach Durchschnittssätzen ermittelt worden ist oder zu ermitteln war. Eröffnet ein Steuerpflichtiger einen neuen Betrieb, so findet die Vorschrift des § 13 a Abs. 1 Satz 2 EStG daher selbst dann keine Anwendung, wenn er seinen bisherigen Betrieb veräußert oder aufgegeben hat. Auch im Fall der Übernahme eines Betriebs im ganzen durch einen anderen Steuerpflichtigen ist die Vorschrift des § 13 a Abs. 1 Satz 2 EStG nicht anwendbar. Die Befugnis und Verpflichtung zur Beibehaltung der Gewinnermittlung nach Durchschnittssätzen geht weder vom Verpächter auf den Pächter eines Betriebs (vgl. dazu BFH, BStBl 1986 II S. 741) noch auf einen Steuerpflichtigen über, der einen Betrieb zur Bewirtschaftung als Eigentümer übernimmt (vgl. dazu auch Abschn. 127 Abs. 10 Satz 3 EStR). Ob der Betrieb entgeltlich oder unentgeltlich auf den neuen Eigentümer übergeht, ist dabei ohne Bedeutung.

Sind die Voraussetzungen des § 13 a Abs. 1 Satz 1 EStG hinsichtlich eines land- und forstwirtschaftlichen Betriebs erfüllt oder ist der Wegfall dieser Voraussetzungen aufgrund der Vorschrift des § 13 a Abs. 1 Satz 2 EStG noch nicht wirksam geworden, so ist der Gewinn dieses Betriebs selbst dann nach Durchschnittssätzen zu ermitteln, wenn der Steuerpflichtige für diesen Betrieb freiwillig Bücher geführt und Abschlüsse gemacht hat oder der Gewinn anhand entsprechender Aufzeichnungen durch Gegenüberstellung der Betriebseinnahmen und Betriebsausgaben ermittelt werden kann. Nach § 13 a Abs. 2 EStG ist der nach § 4 Abs. 1 EStG oder nach § 4 Abs. 3 EStG ermittelte Gewinn der Besteuerung nur dann zugrunde zu legen, wenn der Steuerpflichtige dies rechtzeitig beantragt hat.

Der Antrag ist nach § 13 a Abs. 2 Satz 2 EStG bis zur Abgabe der Steuererklärung, jedoch spätestens zwölf Monate nach Ablauf des ersten Wirtschaftsjahres, auf das er sich bezieht, schriftlich zu stellen. Er kann innerhalb dieser Frist jederzeit und ohne Angabe von Gründen zurückgenommen werden.

Der Antrag nach § 13 a Abs. 2 Satz 2 EStG braucht nicht ausdrücklich gestellt zu werden. Ob ein solcher Antrag, der eine empfangsbedürftige Willenserklärung darstellt, vorliegt, ist daher notfalls durch Auslegung zu ermitteln. Bei dieser Auslegung kommt dem Empfängerhorizont maßgebliche Bedeutung zu. Voraussetzung ist jedoch stets, daß der Steuerpflichtige überhaupt eine Willenserklärung abgeben wollte. Dazu muß er auf jeden Fall die rechtliche Bedeutung einer solchen Erklärung und auch die Umstände kennen, die als Erklärung gedeutet werden können (BFH, BStBl 1988 II S. 532, 534). Reicht ein Land- und Forstwirt mit der Einkommensteuererklärung lediglich eine auf das Kalenderjahr abgestellte Einnahme-Überschußrechnung ein, die einen Verlust ausweist, so kann darin kein Antrag nach § 13 a Abs. 2 Satz 2 EStG gesehen werden (BFH, BStBl 1988 II S. 532).

Der Antrag nach § 13 a Abs. 2 Satz 2 EStG muß sich stets auf ein bestimmtes Jahr beziehen. In einem verspätet gestellten Antrag für ein bestimmtes Jahr kann daher grundsätzlich nicht zugleich ein Antrag für nachfolgende Jahre gesehen werden (BFH, BStBl 1989 II S. 234).

Die sich aus § 13 Abs. 2 Satz 2 EStG ergebende Antragsfrist ist eine wiedereinsetzungsfähige Ausschlußfrist (BFH, BStBl 1988 II S. 532).

Wird der Antrag rechtzeitig und ordnungsmäßig gestellt, so ist für den betreffenden land- und forstwirtschaftlichen Betrieb der Gewinn nach § 13 a Abs. 2 Satz 1 EStG für vier aufeinanderfolgende Wirtschaftsjahre in der Weise zu ermitteln, in der er für das erste dieser Wirtschaftsjahre ermittelt worden ist. Kommt der Steuerpflichtige dieser Verpflichtung nicht nach, so ist der Gewinn zu schätzen.

Nach Ablauf des Vierjahreszeitraums kann der Steuerpflichtige das ihm in § 13 a Abs. 1 EStG eingeräumte Wahlrecht erneut ausüben, sofern er nicht auf Grund der allgemeinen Vorschriften bereits buchführungspflichtig geworden ist. Das Recht und die Pflicht, den Gewinn nach § 4 Abs. 3 EStG zu ermitteln, endet auch dann, wenn während des Vierjahreszeitraums die Verpflichtung zur Führung von Büchern begründet und damit der Anwendung der Vorschriften des § 13 a EStG die Grundlage entzogen wird (vgl. auch Abschn. 127 Abs. 4 EStR).

Nach den Vorschriften des § 13 a Abs. 3 bis 8 EStG ist der Gewinn im übrigen nur dann zu ermitteln, wenn sich ein Ausgangswert von mehr als 0 DM ergibt. Sofern ausschließlich Forstwirtschaft betrieben wird, kommt eine Gewinnermittlung nach § 13 a Abs. 3 bis 8 EStG nicht in Betracht. Das gleiche gilt im allgemeinen auch, wenn ausschließlich Weinbau oder Gartenbau betrieben oder eine sonstige land- und forstwirtschaftliche Betätigung ausgeübt wird.

Nach den Bestimmungen des § 13 a Abs. 3 bis 8 EStG kann selbstverständlich nur der laufende Gewinn aus Land- und Forstwirtschaft ermittelt werden. Die Gewinnermittlung nach den Bestimmungen des § 13 a Abs. 3 bis 8 EStG umfaßt daher z. B. nicht Veräußerungsgewinne i. S. des § 14 a EStG (vgl. auch Abschn. 131 Abs. 1 EStR).

4.1.5.3 Die Gewinnermittlung nach den Bestimmungen des § 13 a EStG

Bei der Gewinnermittlung nach den Bestimmungen des § 13 a Abs. 3 bis 8 EStG ist von dem sich für den jeweiligen Betrieb ergebenden Grundbetrag auszugehen. Soweit in den Vorschriften des § 13 a Abs. 5 bis 6 EStG Hinzu- oder Abrechnungen nicht ausdrücklich vorgeschrieben oder vorgesehen sind, werden durch den Ansatz des Grundbetrages alle betrieblichen Aufwendungen und Erträge abgegolten. Dies gilt allerdings nur, soweit diese Aufwendungen und Erträge auf die Zeiträume entfallen, für die der Gewinn nach den Vorschriften des § 13 a Abs. 3 bis 8 EStG entfallen und für die damit der Ansatz des Grundbetrags in Betracht kommt (BFH, BStBl 1988 II S. 327, 1989 II S. 708 und 975).

Dem Grundbetrag sind nach § 13 a Abs. 3 EStG hinzuzurechnen

a) der Wert der Arbeitsleistung des Betriebsinhabers und seiner im Betrieb beschäftigten Angehörigen,

b) die vereinnahmten Pachtzinsen, soweit sie zu den Einkünften aus Land- und Forstwirtschaft gehören,

c) der Nutzungswert der Wohnung des Betriebsinhabers[9] und

d) die nach § 13 a Abs. 8 EStG gesondert zu ermittelnden Gewinne.

Abzusetzen sind von dem so ermittelten Betrag nach § 13 a Abs. 3 Satz 2 EStG verausgabte Pachtzinsen und diejenigen Schuldzinsen, die Betriebsausgaben sind, sowie dauernde Lasten, die Betriebsausgaben sind und die bei der Einheitsbewertung nicht berücksichtigt sind.

Als **Grundbetrag** ist nach § 13 a Abs. 4 Satz 1 EStG der fünfte Teil des nach den Nummern 1 bis 5 dieses Absatzes zu ermittelnden Ausgangswerts anzusetzen. Bei einem Ausgangswert bis 25 000 DM kommt als Grundbetrag allerdings lediglich der sechste Teil des Ausgangswerts zum Ansatz.

Zum **Ausgangswert** gehören nach § 13 a Abs. 4 Satz 2 Nr. 1 EStG die folgenden, im maßgebenden Einheitswert des Betriebs der Land- und Forstwirtschaft ausgewiesenen Werte:

a) der Vergleichswert der landwirtschaftlichen Nutzung einschließlich der dazugehörenden Abschläge und Zuschläge nach § 41 BewG, jedoch ohne Sonderkulturen,

b) die Hektarwerte des Geringstlandes und

c) die Vergleichswerte der Sonderkulturen, der weinbaulichen Nutzung, der gärtnerischen Nutzung und der sonstigen land- und forstwirtschaftlichen Nutzung einschließlich der zu diesen Nutzungen oder Nutzungsteilen gehörenden Abschläge und Zuschläge nach § 41 BewG sowie die Einzelertragswerte der Nebenbetriebe und des Abbaulandes, wenn die für diese Nutzungen, Nutzungsteile und sonstigen Wirtschaftsgüter nach den Vorschriften des BewG ermittelten Werte zuzüglich oder abzüglich des Wertes zugepachteter oder verpachteter Flächen mit Sonderkulturen, weinbaulicher Nutzung, gärtnerischer Nutzung, sonstiger land- und forstwirtschaftlicher Nutzung sowie des Wertes von zugepachteten oder verpachteten Nebenbetrieben bzw. von Abbauland insgesamt 2000 DM nicht übersteigen.

Maßgebender Einheitswert ist grundsätzlich der Einheitswert, der auf den letzten Hauptfeststellungs-, Fortschreibungs- oder Nachfeststellungszeitpunkt festgestellt worden ist, der vor dem Beginn des Wirtschaftsjahres liegt oder mit dem Beginn des Wirtschaftsjahres zusammenfällt, für das der Gewinn zu ermitteln ist. Sind bei einer Fortschreibung oder Nachfeststellung die Umstände, die zu der Fortschreibung oder Nachfeststellung geführt haben, bereits vor Beginn des Wirtschaftsjahres eingetreten, in das der Fortschreibungs- oder Nachfeststellungszeitpunkt fällt, so ist der fortgeschriebene oder nachfestgestellte Einheitswert bereits für die Gewinnermittlung dieses Wirtschaftsjahres maßgebend.

---

9 Im Hinblick auf den Wegfall der Nutzungswertbesteuerung nach § 21 Abs. 2 Satz 1 EStG (vgl. dazu die Ausführungen zu 5.10.3) sowie nach § 13 Abs. 2 Nr. 2 EStG (vgl. dazu die Ausführungen zu 5.1.4.1) ist auch die Vorschrift des § 13 a Abs. 3 Nr. 4 EStG nach § 52 Abs. 15 Satz 1 EStG letztmals für den Veranlagungszeitraum 1986 anzuwenden.
Für die Veranlagungszeiträume 1987 bis 1998 ist in § 52 Abs. 15 EStG jedoch eine Übergangsregelung getroffen worden, die unter 5.1.4.1 näher dargestellt ist. Auf diese Ausführungen wird hingewiesen.

Hat ein Zugang oder Abgang von Flächen der landwirtschaftlichen Nutzung nach § 22 BewG nicht zu einer Fortschreibung geführt, so ist der Vergleichswert der landwirtschaftlichen Nutzung um die auf diese Flächen entfallenden Wertanteile zu vermehren oder zu vermindern.

Beim **Pächter** ist der Vergleichswert der landwirtschaftlichen Nutzung des eigenen Betriebs der Land- und Forstwirtschaft nach § 13 a Abs. 4 Nr. 2 EStG um den Vergleichswert der landwirtschaftlichen Nutzung für die zugepachteten landwirtschaftlichen Flächen zu erhöhen. Beim **Verpächter** ist der Vergleichswert der landwirtschaftlichen Nutzung gemäß § 13 a Abs. 4 Nr. 3 EStG um den Wertansatz zu vermindern, der auf die verpachteten landwirtschaftlichen Flächen entfällt.

Da bei der Ermittlung des Ausgangsreinertrags für Zwecke der Einheitsbewertung unterstellt worden ist, daß der jeweilige Betrieb ausschließlich mit entlohnten Arbeitskräften bewirtschaftet wird, ist der Grundbetrag nach § 13 a Abs. 3 und 5 EStG um den Wert der Arbeitsleistung des Betriebsinhabers und der Angehörigen zu erhöhen, die nicht im Rahmen eines auch steuerlich anzuerkennenden Arbeitsverhältnisses im Betrieb beschäftigt sind. Der Wert der körperlichen Mitarbeit des Betriebsinhabers und der im Betrieb beschäftigten Angehörigen ist nach § 13 a Abs. 5 Nr. 1 EStG anzusetzen mit je 8000 DM bei einem Ausgangswert bis 8000 DM, je 10 000 DM bei einem Ausgangswert über 8000 DM bis 12 000 DM, je 12 000 DM bei einem Ausgangswert über 12 000 DM bis 25 000 DM und je 14 000 DM bei einem Ausgangswert über 25 000 DM. Als im Rahmen eines auch steuerlich anzuerkennenden Arbeitsverhältnisses im Betrieb beschäftigt können nach Abschn. 130 a Abs. 3 Satz 9 EStR insoweit nur Angehörige behandelt werden, denen für ihre körperliche Mitarbeit ein angemessener Arbeitslohn zugestanden worden ist. Ist ein angemessener Arbeitslohn nicht vereinbart worden, so ist für die körperliche Mitarbeit des Angehörigen daher der nach § 13 a Abs. 5 Nr. 1 EStG in Betracht kommende Betrag grundsätzlich in voller Höhe anzusetzen. Eine Aufteilung des Arbeitsverhältnisses in einen angemessen entlohnten und einen unentgeltlichen Teil wird in Abschn. 130 a Abs. 3 Satz 12 EStR zu Recht abgelehnt. Als angemessen entlohnt sollen nach Abschn. 130 a Abs. 3 Satz 10 EStR Angehörige nur zu behandeln sein, wenn ihnen mindestens ein Arbeitslohn in Höhe der sich aus § 13 a Abs. 5 Nr. 1 Buchst. a EStG ergebenden Beträge zugestanden worden ist. Die Arbeitsleistung von Angehörigen unter 15 und über 65 Jahren bleibt dabei völlig außer Betracht. Bei Kindern, die zu Beginn des Wirtschaftsjahres zwar das 15., nicht aber das 18. Lebensjahr vollendet haben, kommt lediglich die Hälfte der für erwachsene Personen geltenden Beträge zum Ansatz. Für Personen, die nicht voll im Betrieb beschäftigt sind, ist selbstverständlich lediglich ein entsprechender Teil der vorstehend genannten Beträge anzusetzen. Dies gilt entsprechend für Personen, deren Erwerbsfähigkeit gemindert ist. Auch für im Betrieb beschäftigte Personen, deren körperliche Mitarbeit zum Teil auf Nutzungen, Nutzungsteile und sonstige Wirtschaftsgüter entfällt, die bei der Ermittlung des Ausgangswerts außer Betracht bleiben, ist ebenfalls nur der Teil der in Betracht kommenden Beträge anzusetzen, der ihrer tatsächlichen Mitarbeit in den Betriebsteilen entspricht, die bei der Ermittlung des Ausgangsbetrags berücksichtigt sind (BFH, BStBl 1988 II S. 774; vgl. auch Abschn. 130 a Abs. 3 Satz 5 EStR). Für die körperliche Mitarbeit des Betriebsinhabers kann nach Abschn. 130 a Abs. 3 Sätze 7 und 8 EStR aus Vereinfachungsgründen 0,2 Vollarbeitskraft angesetzt werden, wenn dieser einer steuerlich anzuerkennenden außerlandwirtschaftlichen Ganztagstätigkeit (Nebenerwerb) nachgeht und bei dem Betrieb weder eine Sondernutzung i. S. des § 13 a Abs. 8 Nr. 1 EStG noch eine verstärkte Tierhaltung vorliegt.

Der danach anzusetzende Betrag für die körperliche Mitarbeit der Person, die den Haushalt führt und daher nicht in vollem Umfang im Betrieb tätig werden kann, ist nach § 13 a Abs. 5 Nr. 4 EStG für jede im Haushalt voll beköstigte und untergebrachte Person um 20 v. H. zu vermindern. Als im Haushalt voll beköstigt und untergebracht kann insoweit auch die Person anzusehen sein, die den Haushalt führt (vgl. auch Abschn. 130 a Abs. 3 Satz 6 EStR). Ob und in welcher Weise eine im Haushalt voll beköstigte und untergebrachte Person für den Betrieb tätig ist, ist für die vorzunehmende Kürzung ohne Bedeutung. Auch für Personen, die entgeltlich im Betrieb beschäftigt sind, hat daher eine Kürzung zu erfolgen (BFH, BStBl 1986 II S. 457).

Um zu verhindern, daß durch die Hinzurechnung des Werts der Arbeitsleistung des Betriebsinhabers und der im Betrieb ohne Arbeitsvertrag beschäftigten Angehörigen ein überhöhter Gewinn entstehen könnte, darf nach § 13 a Abs. 5 Nr. 5 der Wert der körperlichen Mitarbeit dieser Personen höchstens für die nach Art und Größe des Betriebs angemessene Zahl von Vollarbeitskräften angesetzt werden. Bei der landwirtschaftlichen Nutzung darf diese Zahl in keinem Fall 0,07 Vollarbeitskraft je Hektar übersteigen (§ 13 a Abs. 5 Nr. 5 Satz 3 EStG).

Für die Leitung des Betriebs sind dem Grundbetrag nach § 13 a Abs. 5 Nr. 1 Buchst. b EStG 5 v. H. des jeweiligen Ausgangswerts hinzuzurechnen.

Beispiel:

Ein unter § 13 a EStG fallender Landwirt, der gleichzeitig als Arbeitnehmer tätig ist, bewirtschaftet mit seiner Ehefrau und seinem 17jährigen Sohn einen Hof mit 16 Hektar landwirtschaftlicher Nutzfläche und einem Ausgangswert von 25 000 DM. Infolge seiner Tätigkeit als Arbeitnehmer ist der Betriebsinhaber nur zu 50 v. H. im eigenen Betrieb tätig.

Nach den vorstehend dargestellten Grundsätzen errechnet sich folgender Gewinn:

Grundbetrag	(25 000 DM : 6 =)	4 166 DM
Wert der Betriebsleitung	(5 v. H. von 25 000 DM =)	1 250 DM
Wert der körperlichen Mitarbeit		
a) des Betriebsinhabers		0,50 VAK
b) des Sohnes		0,50 VAK
c) der Ehefrau	1,00 VAK	
./. Ermäßigung für Führung des Haushalts mit drei Personen	0,60 VAK	0,40 VAK
		1,40 VAK
Höchstens sind jedoch	(0,07 × 16 =)	1,12 VAK
zu berücksichtigen, so daß für die körperliche Mitarbeit ein Betrag von	(1,12 × 12 000 DM =)	13 440 DM
anzusetzen ist.		
Gewinn damit		18 856 DM

195

Eingenommene **Pachtzinsen** sind dem Grundbetrag nach § 13 a Abs. 6 Satz 2 EStG nur dann hinzuzurechnen, wenn sie zu den Einkünften aus Land- und Forstwirtschaft gehören. Obwohl das Gesetz einen besonderen Abzug von Ausgaben, die mit diesen Einnahmen in unmittelbarem Zusammenhang stehen, nicht vorsieht, sind insoweit nicht die Bruttoeinnahmen, sondern die um die darauf entfallenden anteiligen Betriebsausgaben (z. B. die gezahlte Grundsteuer) verminderten Einnahmen anzusetzen (Abschn. 130 a Abs. 6 EStR).

Gewinne aus

a) Sonderkulturen, weinbaulicher Nutzung, gärtnerischer Nutzung und sonstiger land- und forstwirtschaftlicher Nutzung sowie aus Nebenbetrieben und der Nutzung von Abbauland und Geringstland, wenn die hierfür nach den Vorschriften des Bewertungsgesetzes ermittelten Werte zuzüglich oder abzüglich des sich nach § 13 a Abs. 4 Nr. 4 EStG ergebenden Werts 2000 DM übersteigen und die Werte der vorstehend bezeichneten Nutzungen, Nutzungsteile und sonstigen Wirtschaftsgüter damit bei der Ermittlung des Ausgangswerts unberücksichtigt geblieben sind,

b) forstwirtschaftlicher Nutzung,

c) anderen Betriebsvorgängen, die bei der Feststellung des Ausgangswerts nicht berücksichtigt worden sind, und

d) der Veräußerung oder Entnahme von Grund und Boden

sind nach § 13 a Abs. 8 EStG in den Durchschnittssatzgewinn einzubeziehen, soweit sie insgesamt 3000 DM übersteigen.

> **Beispiel:**
> Ein unter § 13 a EStG fallender Land- und Forstwirt hat im Wirtschaftsjahr 01/02 aus forstwirtschaftlicher Nutzung einen Gewinn von 4000 DM. Außerdem hat er in diesem Wirtschaftsjahr einen Gewinn aus der Veräußerung von bis dahin landwirtschaftlich genutztem Grund und Boden in Höhe von 20 000 DM erzielt. Nach § 13 a Abs. 8 EStG sind in den Durchschnittssatzgewinn einzubeziehen 24 000 DM ⁒ 3 000 DM = 21 000 DM.

Der hinzuzurechnende **Nutzungswert der Wohnung des Betriebsinhabers** ist nach § 13 a Abs. 7 Satz 1 EStG mit einem Achtzehntel des im Einheitswert besonders ausgewiesenen Wohnungswerts anzusetzen, solange die Vorschrift des § 13 a Abs. 3 Nr. 4 EStG aufgrund der in § 52 Abs. 15 EStG getroffenen Übergangsregelung anzuwenden ist.

Zu dem nach § 13 a Abs. 7 Satz 1 EStG hinzuzurechnenden Nutzungswert gehört auch der Nutzungswert der Altenteilerwohnung sowie der Wohnung für unverheiratete Geschwister (BFH, BStBl 1984 II S. 97). Dies gilt selbst dann, wenn die Wohnungen aufgrund eines dinglich gesicherten Wohnrechts genutzt werden.

Da in § 52 Abs. 15 EStG hinsichtlich des Anwendungszeitraums der Vorschriften des § 13 a Abs. 3 Nr. 4 und Abs. 7 EStG jeweils auf einen bestimmten Veranlagungszeitraum abgestellt wird, muß für das letzte Wirtschaftsjahr, dessen Ergebnis auch in einem Veranlagungszeitraum zu berücksichtigen ist, für den die

Vorschriften des § 13 a Abs. 3 Nr. 4 und Abs. 7 EStG nicht mehr anzuwenden sind, eine doppelte Gewinnermittlung erfolgen.

Beispiel:

Ein unter § 13 a EStG fallender Landwirt, der gemäß § 52 Abs. 15 Satz 4 EStG die Nichtanwendung der Vorschriften des § 13 a Abs. 3 Nr. 4 und Abs. 7 EStG vom Veranlagungszeitraum 1987 an beantragt hat, weist für das Wirtschaftsjahr 1986/87 einschließlich des Nutzungswerts seiner Wohnung in Höhe von 1111 DM einen Gewinn von 19 967 DM aus, der zur Hälfte im Rahmen der Veranlagung für 1986 zu erfassen ist.

Für die Veranlagung für 1987 ist insoweit von einem um den Nutzungswert der Wohnung gekürzten Gewinn in Höhe von (19 967 DM ./. 1111 DM =) 18 856 DM auszugehen; die Hälfte dieses Betrages ist bei der Veranlagung für 1987 zu erfassen.

Die Anweisung in Abschn. 130 a Abs. 7 Satz 3 EStR, wonach der Nutzungswert der Wohnung in diesen Fällen anteilig zu berechnen ist, ist insoweit nicht ganz unmißverständlich, will allerdings ebenfalls sicherstellen, daß der Nutzungswert der Wohnung nicht mehr für einen Veranlagungszeitraum erfaßt wird, für den die Vorschriften des § 13 a Abs. 3 Nr. 4 und Abs. 7 EStG nicht mehr anzuwenden sind.

Abzusetzen sind von dem so ermittelten Betrag nach § 13 a Abs. 3 EStG verausgabte reine Pachtzinsen und diejenigen Schuldzinsen sowie Altenteilslasten und andere dauernde Lasten, die Betriebsausgaben sind. Die verausgabten reinen Pachtzinsen sind jedoch nach § 13 a Abs. 6 Satz 1 EStG nur abziehbar, soweit sie den auf die zugepachteten Flächen entfallenden Grundbetrag nicht übersteigen. Dieser Regelung liegt die Überlegung zugrunde, daß bei Zahlung einer über den anteiligen Grundbetrag hinausgehenden Pacht der im anteiligen Grundbetrag erfaßte regelmäßige Reingewinn hinter dem tatsächlich erzielbaren Reingewinn zurückbleibt und der Grundbetrag daher insoweit offensichtlich unzutreffend ist.

Im Fall der Zupachtung eines Wohngebäudes können die hierauf entfallenden Pachtzinsen nach § 13 a Abs. 7 Satz 2 EStG nur bis zur Höhe von einem Achtzehntel des Wohnungswerts abgezogen werden, solange die Vorschriften des § 13 a Abs. 3 Nr. 4 und Abs. 7 EStG aufgrund der in § 52 Abs. 15 EStG getroffenen Übergangsregelung noch anzuwenden sind. Sind diese Vorschriften nicht mehr anwendbar, entfällt der Abzug der Pachtzinsen völlig.

Obwohl die Absetzungen für Abnutzung grundsätzlich durch die Durchschnittssätze abgegolten sind,[10] können nach § 52 EStDV auch Landwirte, deren Gewinn nach den vorstehend dargestellten Grundsätzen zu ermitteln ist, die erhöhten Absetzungen nach § 7 b EStG in Anspruch nehmen. Solange erhöhte Absetzungen nach § 7 b EStG noch als Betriebsausgaben berücksichtigt werden können (vgl. dazu die Ausführungen zu 4.3.12.3 sowie 5.1.4.1), sind sie daher auch bei der Ermittlung des Gewinns nach den Vorschriften des § 13 a EStG zu berücksichtigen. Die erhöhten Absetzungen nach § 7 b EStG sind dabei in voller Höhe berücksichtigungsfähig. Eine Kürzung um die normalen Absetzungen für Abnut-

---

10 Auch erhöhte Absetzungen nach § 82 a EStDV sind daher bei der Gewinnermittlung nach den Vorschriften des § 13 a EStG nicht zulässig (vgl. auch BFH, BStBl 1984 II S. 663).

zung unterbleibt dabei ebenso wie dies bei der Inanspruchnahme des § 7 b EStG bei Anwendung der Vorschriften des § 21 a EStG der Fall war.

4.1.6 Schätzung

Wenn ein Steuerpflichtiger Bücher oder Aufzeichnungen, die er nach den Steuergesetzen zu führen hat, nicht vorlegen kann oder wenn seine Bücher oder Aufzeichnungen unvollständig oder unrichtig sind, hat das Finanzamt den mutmaßlichen Gewinn nach § 162 Abs. 2 Satz 2 AO nach dem in § 162 Abs. 1 Satz 2 AO niedergelegten Grundsatz zu schätzen.

Praxis und Rechtsprechung haben, je nach dem Ausmaß der Schätzung, zwei Schätzungsarten unterschieden:

a) Vollschätzung,

b) Teilschätzung oder ergänzende Schätzung (Zuschätzung).

Bei der **Vollschätzung,** die in Betracht kommt, wenn keinerlei brauchbare Aufzeichnungen für die Gewinnermittlung vorhanden sind, wird der gesamte Gewinn geschätzt. Dies wird meist anhand eines Vergleiches mit den Ergebnissen anderer gleichgelagerter Betriebe geschehen. Eine Vollschätzung in diesem Sinne stellt insbesondere die Schätzung nach Richtsätzen dar, die häufig auch bei den sogenannten Schätzungslandwirten vorzunehmen sein wird.

Eine **Teilschätzung** hat zu erfolgen, wenn die Besteuerungsgrundlagen nur zum Teil durch verwendbare Aufzeichnungen belegt sind. Es muß dann der übrige Teil der Besteuerungsgrundlagen geschätzt werden.

Beispiel:

Bei einem kleinen Gewerbetreibenden findet sich lediglich das Wareneingangsbuch, dessen Führung nicht zu beanstanden ist.

Aufgrund des aufgezeichneten Wareneingangs kann in diesem Fall durch eine Teilschätzung der Umsatz und aufgrund des so ermittelten Umsatzes sodann der Gewinn geschätzt werden.

Wenn über bestimmte Besteuerungsgrundlagen formell ordnungsmäßige Aufzeichnungen geführt worden sind, so kommt eine Schätzung wegen bestehender Zweifel an der sachlichen Richtigkeit dieser Aufzeichnungen nur in Betracht, wenn die sich aus § 158 AO ergebende Vermutung für deren Richtigkeit widerlegt ist.

Anhand eines sogenannten äußeren Betriebsvergleichs wird die sich aus § 158 AO ergebende Vermutung für die sachliche Richtigkeit formell ordnungsmäßiger Aufzeichnungen nur in besonderen Ausnahmefällen zu widerlegen sein, weil dem äußeren Betriebsvergleich wegen der Unterschiedlichkeit der einzelnen Betriebe im allgemeinen ein starkes Unsicherheitsmoment anhaftet (BFH, BStBl 1983 II S. 618). Auch das Unterschreiten des untersten Rohgewinnsatzes der Richtsatzsammlung vermag eine Schätzung daher nur zu rechtfertigen, wenn der Steuerpflichtige selbst Unredlichkeiten zugesteht oder das FA zusätzliche konkrete Hinweise auf die tatsächliche Unrichtigkeit des Buchführungsergebnisses hat (BFH, BStBl 1984 II S. 88).

Leichter zu widerlegen ist die sich aus § 158 AO ergebende Vermutung für die sachliche Richtigkeit formell ordnungsmäßiger Aufzeichnungen anhand eines sogenannten inneren Betriebsvergleichs, insbesondere durch eine Nachkalkulation. Ergibt eine Nachkalkulation Abweichungen von dem Ergebnis der Aufzeichnungen der Betriebseinnahmen, so kann die Vermutung der Richtigkeit als widerlegt angesehen werden, wenn die Abweichungen nicht mehr auf den auch mit einer Nachkalkulation verbundenen Schätzungsunschärfen beruhen können. Liegen die Abweichungen noch im Unschärfebereich einer Nachkalkulation, kommt eine Schätzung danach ebenfalls nicht in Betracht (BFH, BStBl 1983 II S. 618).

Die sich aus § 158 AO ergebende Vermutung für die sachliche Richtigkeit formell ordnungsmäßiger Aufzeichnungen ist auch dann als widerlegt anzusehen, wenn mit einer dem Einzelfall angepaßten Vermögenszuwachs- und Geldverkehrsrechnung ein ungeklärter Vermögenszuwachs oder Ausgabenüberschuß aufgedeckt worden ist (BFH, BStBl 1986 II S. 732).

Jede Schätzung hat nach § 162 Abs. 1 Satz 2 AO alle Umstände zu berücksichtigen, die für die Schätzung von Bedeutung sind, also auch solche, die für den Steuerpflichtigen sprechen. Das Finanzamt muß grundsätzlich bestrebt sein, die jeweiligen Besteuerungsgrundlagen so zu schätzen, daß für ihre Richtigkeit die größte Wahrscheinlichkeit spricht. Durch die Schätzung muß daher grundsätzlich versucht werden, dem tatsächlichen Sachverhalt möglichst nahezukommen. Da eine Schätzung notwendig auf Wahrscheinlichkeitserwägungen beruht, bietet sich dem Finanzamt häufig ein gewisser Schätzungsrahmen. Auch innerhalb eines solchen Schätzungsrahmens hat das Finanzamt jedoch grundsätzlich von dem Sachverhalt auszugehen, der nach seiner Überzeugung der Wirklichkeit am nächsten kommt. Dies soll nach der vom V. Senat des BFH vertretenen Auffassung auch dann gelten, wenn die Schätzung geboten ist, weil der Steuerpflichtige seine Nachweispflichten verletzt hat (BStBl 1967 III S. 686). Nach der Auffassung des IV. Senats des BFH soll das Finanzamt dagegen in Fällen, in denen die Schätzung wegen grober Verstöße gegen steuerliche Pflichten geboten ist, nicht nur berechtigt, sondern auch verpflichtet sein, in dem gegebenen Schätzungsrahmen an die oberste Grenze zu gehen, die Besteuerungsgrundlage also nach dem für den Steuerpflichtigen ungünstigsten, aber noch möglichen Sachverhalt festzustellen (BStBl 1967 III S. 349). Wenn man dieser Ansicht des IV. Senats des BFH auch nicht zustimmen kann, so liegt doch andererseits auf der Hand, daß der Steuerpflichtige bei einer auf bloßen Wahrscheinlichkeitserwägungen beruhenden Schätzung unter Umständen gewisse Nachteile in Kauf nehmen muß. Die Ergebnisse einer Schätzung müssen jedoch in jedem Falle wirtschaftlich vernünftig und möglich sein (BFH, BStBl 1986 II S. 226).

Welche Schätzungsmethode das Finanzamt wählt, liegt grundsätzlich in seinem pflichtgemäßen Ermessen. Die gewählte Methode muß jedoch stets zu einer in sich schlüssigen Schätzung führen (vgl. dazu BFH, BStBl 1986 II S. 226).

Sofern das Betriebsvermögen am Anfang und Ende eines Wirtschaftsjahres sowie die Entnahmen und Einlagen des betreffenden Wirtschaftsjahres einigermaßen zuverlässig bestimmt werden können, kann die Schätzung des Gewinns dieses Wirtschaftsjahres auch anhand der Gewinnermittlungsformel des § 4 Abs. 1 Satz 1 EStG erfolgen (BFH, BFH/NV 1986 S. 722). Will das Finanzamt unter Verwendung der Erkenntnisse bei Vergleichsbetrieben schätzen, so setzt dies voraus, daß dem Steuerpflichtigen zumindest durch allgemeine Mitteilung über die Heranziehung der Vergleichsbetriebe und die Vergleichszahlen Gelegenheit zur Stellungnahme gegeben werden kann und gegeben wird (BFH, BStBl 1986 II S. 226).

Das Ergebnis einer Vollschätzung des Gewinns ist grundsätzlich ein Gewinn i. S. des § 4 Abs. 1 oder des § 5 EStG. Bei zur Buchführung verpflichteten oder freiwillig Bücher führenden Gewerbetreibenden wird der Gewinn nach § 5 EStG, in allen anderen Fällen nach § 4 Abs. 1 EStG geschätzt. Eine Vollschätzung des Gewinns nach § 4 Abs. 3 EStG ist grundsätzlich nicht zulässig. Hat ein Steuerpflichtiger keine für eine Gewinnermittlung nach § 4 Abs. 3 EStG ausreichenden Aufzeichnungen und ist der Gewinn des Steuerpflichtigen daher in vollem Umfang zu schätzen, so muß die Schätzung grundsätzlich ebenfalls nach § 4 Abs. 1 EStG erfolgen (Abschn. 12 Abs. 2 EStR). In diesem Fall stellt der Übergang zur Schätzung einen Wechsel der Gewinnermittlungsart dar, der Hinzurechnungen und Absetzungen entsprechend Abschn. 19 EStR notwendig macht.

Eine Vollschätzung des Gewinns nach § 4 Abs. 3 EStG kann jedoch ausnahmsweise bei Land- und Forstwirten in Betracht kommen, die aufgrund eines Antrags nach § 13 a Abs. 2 Satz 1 EStG verpflichtet sind, ihren Gewinn aus einem bestimmten land- und forstwirtschaftlichen Betrieb für vier aufeinanderfolgende Wirtschaftsjahre durch Gegenüberstellung der Betriebseinnahmen und der Betriebsausgaben zu ermitteln.

4.1.7 Betriebsausgaben

4.1.7.1 Allgemeines

Der Betriebsausgabenbegriff ist primär zwar lediglich bei einer Gewinnermittlung nach § 4 Abs. 3 EStG von Bedeutung, bei der als Gewinn der Überschuß der Betriebseinnahmen über die Betriebsausgaben anzusetzen ist. Nach § 4 Abs. 1 Satz 6 und § 5 Abs. 6 EStG sind die Vorschriften über die Betriebsausgaben jedoch auch bei einer Gewinnermittlung durch Bestandsvergleich nach diesen Vorschriften zu befolgen. Im Rahmen dieser Gewinnermittlungsarten dient der Begriff der Betriebsausgaben allerdings lediglich der Abgrenzung von den Privatentnahmen.

Für das Vorliegen von Betriebsausgaben trägt nach der Rechtsprechung des BFH grundsätzlich der Steuerpflichtige die objektive Beweislast oder Feststellungslast (BFH, BStBl 1976 II S. 562).

4.1.7.2 Begriff

Betriebsausgaben sind nach § 4 Abs. 4 EStG die **Aufwendungen, die durch den Betrieb veranlaßt sind.** Diese Begriffsbestimmung gilt einheitlich für die Einkünfte aus Land- und Forstwirtschaft, Gewerbebetrieb und selbständiger Arbeit. Betriebsausgaben sind danach anzunehmen, wenn Aufwendungen vorliegen und diese durch den Betrieb veranlaßt sind.

Unter **Aufwendungen** sind in diesem Zusammenhang alle in Geld oder Geldeswert bestehenden Güter zu verstehen, die aus dem Vermögen des Steuerpflichtigen ausscheiden. Daß sich das Ausscheiden derartiger Güter aus dem Vermögen des Steuerpflichtigen betriebswirtschaftlich als Aufwand darstellt, ist für die Annahme von Aufwendungen nicht erforderlich.

Daraus folgt, daß Betriebsausgaben nicht in jedem Fall sofort abzugsfähig sind. Es ist zwischen sofort abzugsfähigen (Betriebsausgaben im engeren Sinne) und nicht bzw. nicht sofort abzugsfähigen Betriebsausgaben (Betriebsausgaben im weiteren Sinne) zu unterscheiden.

Zu den nicht sofort abzugsfähigen Betriebsausgaben gehören die Aufwendungen für Wirtschaftsgüter, die dem Betrieb für längere Zeit von Nutzen sind (aktivierungspflichtige Wirtschaftsgüter) und bei denen sich lediglich die laufenden Absetzungen für Abnutzung nach § 7 EStG als Betriebsausgabe gewinnmindernd auswirken dürfen, sofern nicht die Voraussetzungen des § 6 Abs. 2 EStG (geringwertige Anlagegüter) vorliegen. Grundsätzlich nicht abzugsfähig ist der Kaufpreis von zu aktivierendem Grund und Boden. Eine Abschreibung und damit eine Betriebsausgabe kommt nur in Betracht, wenn der Teilwert unter die Anschaffungskosten sinkt.

Durch den Betrieb veranlaßt sind alle Aufwendungen, die ihre Ursache im Betrieb haben oder die sonst in einem engen wirtschaftlichen Zusammenhang mit dem Betrieb stehen (BFH, BStBl 1976 II S. 560 und 1978 II S. 499). Die betriebliche Veranlassung von Aufwendungen ist danach stets zu bejahen, wenn sie objektiv durch den Betrieb des Steuerpflichtigen, d. h. durch die besonderen betrieblichen Gegebenheiten des Steuerpflichtigen, verursacht sind (BFH, BStBl 1979 II S. 213). Auch Aufwendungen, die objektiv nicht durch den Betrieb verursacht sind, können als Betriebsausgaben zu behandeln sein. Es genügt, daß ein Steuerpflichtiger Aufwendungen im Interesse seines Betriebs macht. Welche Aufwendungen der Steuerpflichtige im Interesse eines Betriebs machen will, ist ihm grundsätzlich völlig freigestellt. Daß eine Aufwendung objektiv für den Betrieb notwendig oder auch nur zweckmäßig ist, ist ebenfalls nicht erforderlich. Es kann schließlich auch nicht verlangt werden, daß die im Interesse des Betriebs gemachten Aufwendungen üblich sind, daß es sich dabei also um typische Betriebsausgaben handelt.

Bei der Prüfung, ob die Anschaffung von Wirtschaftsgütern betrieblich veranlaßt ist, ist grundsätzlich auf die tatsächliche Zweckbestimmung, also die dem Wirtschaftsgut im Einzelfall zugedachte Funktion, abzustellen. Dabei spielt auch der objektive Charakter des Wirtschaftsguts eine große Rolle.

Abzugsfähig sind nicht nur die im laufenden Betrieb anfallenden Betriebsausgaben, sondern auch die vor Eröffnung eines Betriebs gemachten Ausgaben zum Erwerb oder zur Vorbereitung des Betriebs. Dazu gehören insbesondere auch Reisekosten und sonstige Aufwendungen, die dem Steuerpflichtigen durch Besichtigung des tatsächlich erworbenen Betriebs und anderer zum Verkauf stehender Betriebe entstanden sind.

Derartige Aufwendungen können selbst dann als Betriebsausgaben anzuerkennen sein, wenn es nicht zu dem geplanten Erwerb oder der beabsichtigten Eröffnung eines Betriebs gekommen ist. Voraussetzung ist allerdings, daß die Aufwendungen mit einer bestimmten Einkunftsart in Verbindung stehen und die Vorbereitungen nicht bereits in einem so frühen Stadium steckengeblieben sind, daß für den Steuerpflichtigen noch alle Möglichkeiten offen waren (BFH, BStBl 1962 III S. 123).

Auch nach der Einstellung eines Betriebs können noch (nachträgliche) Betriebsausgaben entstehen (Hinweis auch auf die Ausführungen zu 5.12.3).

4.1.7.3 Abgrenzung zu den Kosten der Lebensführung

Wegen der Abgrenzung der Betriebsausgaben von den nichtabzugsfähigen Kosten der Lebensführung wird auf die Ausführungen zu § 12 EStG verwiesen.

4.1.7.4 Abzugsverbot für Aufwendungen zur Förderung staatspolitischer Zwecke

Nach § 4 Abs. 6 EStG sind Aufwendungen zur Förderung staatspolitischer Zwecke i. S. des § 10 b Abs. 2 EStG in der seit dem 1. 1. 1984 geltenden Fassung keine Betriebsausgaben.

Dieser Bestimmung kommt besondere Bedeutung zu, seitdem die Auffassung an Boden gewonnen hat, daß Mitgliedsbeiträge und Spenden an politische Parteien entgegen der Anweisung in Abschn. 122 EStR durchaus auch als Betriebsausgaben oder Werbungskosten anzusehen sein könnten (vgl. v. Wallis, DStZ 1983 S. 135 ff., und Otto, wistra 1983 S. 213 ff.).

In seinem Urteil vom 4. 3. 1986 (BStBl 1986 II S. 373) hat der BFH zwar festgestellt, daß Zuwendungen an politische Parteien im allgemeinen nicht als Betriebsausgaben abziehbar sind, weil sie im allgemeinen als Ausfluß der Weltanschauung eines Menschen und als Ausdruck seiner politischen Einstellung zu den Aufwendungen für die Lebensführung gehören. Ob sogenannte gezielte Parteispenden im engeren Sinne (z. B. zur Erlangung oder Erhaltung eines Auftrags) oder im weiteren Sinne (z. B. zur Pflege des geschäftlichen Umfeldes) als Betriebsausgaben abziehbar sein können, hat der BFH auch in dieser Entscheidung noch bewußt offen gelassen, so daß die Diskussion zumindest insoweit noch nicht als abgeschlossen anzusehen ist (vgl. dazu auch Felix, DB 1986 S. 1538 ff.).

Vom 1. 1. 1984 an scheitert ein Abzug von Mitgliedsbeiträgen und Spenden als Betriebsausgaben unzweifelhaft an der Vorschrift des § 4 Abs. 6 EStG. Da der

Gesetzgeber auf eine besondere Regelung hinsichtlich des Inkrafttretens insoweit verzichtet und der Vorschrift des § 4 Abs. 6 EStG damit lediglich klarstellende Bedeutung zugemessen hat, sind Zweifel hinsichtlich der Richtigkeit der in Abschn. 122 EStR vertretenen Auffassung damit für die Zeit bis zum 31. 12. 1983 leider nicht ausgeräumt worden.

4.1.7.5 Nichtabzugsfähige Betriebsausgaben

4.1.7.5.1 Allgemeines

Nach § 4 Abs. 5 EStG sind bestimmte Aufwendungen, obwohl sie betrieblich veranlaßt und daher als Betriebsausgaben anzusehen sind, in vollem Umfang oder zum Teil bei der steuerlichen Gewinnermittlung auszuscheiden. Durch diese Vorschrift soll verhindert werden, daß unangemessener betrieblicher Repräsentationsaufwand bei der Einkommensteuer berücksichtigt und damit teilweise auf die Allgemeinheit abgewälzt wird (BFH, BStBl 1981 II S. 58).

Bei den dadurch auszuscheidenden Aufwendungen handelt es sich, was z. B. bei der Anwendung des § 10 a EStG von Bedeutung ist, nicht etwa um Privatentnahmen, sondern lediglich um nichtabzugsfähige Betriebsausgaben (Abschn. 20 Abs. 23 EStR).

4.1.7.5.2 Aufwendungen für Geschenke

In vollem Umfang sind bei der steuerlichen Gewinnermittlung nach § 4 Abs. 5 Nr. 1 Satz 1 EStG die Aufwendungen für Geschenke an Personen auszuscheiden, die nicht Arbeitnehmer des Steuerpflichtigen sind. Eine Ausnahme gilt nach § 4 Abs. 5 Nr. 1 Satz 2 EStG[11] lediglich, wenn die Anschaffungs- oder Herstellungskosten der einem Empfänger im Wirtschaftsjahr zugewendeten Gegenstände insgesamt 50 DM bzw. 75 DM nicht übersteigen.

Der Höchstbetrag von 75 DM ist nach § 52 Abs. 5 EStG erstmals für das Wirtschaftsjahr anzuwenden, das nach dem 31. 12. 1989 endet. Für vor dem 1. 1. 1990 endende Wirtschaftsjahre gilt der bisherige Höchstbetrag von 50 DM.

Ein Geschenk ist eine unentgeltliche Zuwendung an einen Dritten.

Gegenstand einer **Zuwendung** können alle Güter sein, die in Geld oder Geldeswert bestehen.

Beispiele:

a) Der Steuerberater A läßt einem Mandanten anläßlich des Geschäftsjubiläums einen Blumenstrauß zum Preis von 48 DM übermitteln.

b) Der Unternehmer B hat seine Handelsvertreter zu einer Theateraufführung eingeladen. Für die Eintrittskarten hat er jeweils 30 DM aufgewandt.

---

11 Für Wirtschaftsjahre, die vor dem 1. 1. 1986 endeten, galt diese Ausnahme nur für sogenannte Werbeträger, d. h. für Gegenstände, auf denen der Name oder die Firmenbezeichnung des Gebers dauerhaft und von außen leicht erkennbar angebracht ist.

Es handelt sich in beiden Fällen um Zuwendungen, die bei Vorliegen der übrigen Voraussetzungen abzugsfähig sind.

Die unter die Vorschrift des § 4 Abs. 5 Nr. 2 EStG fallende Bewirtung von Personen stellt dagegen keine Zuwendung i. S. des § 4 Abs. 5 Nr. 1 EStG dar. Entsprechendes soll nach Abschn. 20 Abs. 3 Satz 7 EStR für die mit einer Bewirtung verbundene Unterhaltung sowie für die Beherbergung der bewirteten Personen gelten.

Unentgeltlich ist eine Zuwendung, der eine bestimmte Gegenleistung des Empfängers nicht gegenübersteht und die nach dem Willen des Gebers auch nicht als Gegenleistung für eine bestimmte Leistung des Empfängers erbracht wird (BFH, BStBl 1982 II S. 394).

Eine Zuwendung, der eine bestimmte Gegenleistung des Empfängers gegenübersteht, ist daher kein Geschenk. Die Unentgeltlichkeit einer Zuwendung ist allerdings nicht schon dann zu verneinen, wenn durch die Zuwendung lediglich eine Geschäftsbeziehung gesichert oder verbessert oder für ein bestimmtes Erzeugnis geworben werden soll.

Beispiele:

a) Der Versicherungsagent A gibt dem Angestellten B des Autohändlers C für jeden Versicherungsabschluß eines Autokäufers, den ihm B benennt, eine Flasche Wein oder eine andere Zuwendung.

Hier liegt eine unmittelbare Gegenleistung vor. Die Zuwendungen stellen somit kein Geschenk im Sinne des § 4 Abs. 5 EStG dar und sind daher stets abzugsfähig (ohne Rücksicht auf die Höhe der im Wirtschaftsjahr erfolgten Zuwendungen).

b) Der Baustoffhändler X wendet dem Einkäufer Y der Baufirma Z für jeden Großauftrag Geldbeträge zu, die zwischen 100 DM und 1000 DM schwanken. Diese sogenannten „Schmiergelder" werden im Zusammenhang mit einer erwarteten bzw. erfolgten unmittelbaren Gegenleistung gezahlt. Es handelt sich mithin um keine Geschenke im Sinne des § 4 Abs. 5 EStG. Die Schmiergelder sind daher voll abzugsfähig (§ 160 AO – Empfängernachweis auf Verlangen des Finanzamts – bleibt jedoch unberührt).

c) Der Handelsvertreter Z macht den Angestellten der von ihm betreuten Firmen zu den Feiertagen und bei persönlichen Anlässen kleinere Sach- oder Geldgeschenke, um ein freundliches, für etwaige Geschäftsabschlüsse förderliches Klima zu schaffen.

Die Zuwendungen des Z stehen nicht im Zusammenhang mit einer bestimmten Gegenleistung und stellen daher Geschenke i. S. des § 4 Abs. 5 Nr. 1 EStG dar.

Kein Geschenk stellt danach auch eine Zuwendung dar, die nach dem Willen des Gebers als Gegenleistung für eine bestimmte Leistung des Empfängers und damit aus der Sicht des Gebers nicht unentgeltlich erbracht wird. Auch Zugaben i. S. der Zugabeverordnung, d. h. Waren oder Leistungen, die neben einer Hauptware (-Leistung) zwar ohne besonderes Entgelt, aber mit Rücksicht auf den Erwerb der Hauptware (-Leistung) angeboten, angekündigt oder gewährt werden, sind daher keine Geschenke i. S. des § 4 Abs. 5 Nr. 1 EStG (BFH, BStBl 1987 II S. 296).

Beispiel:

Ein Apotheker verteilte aus Werbegründen zur Weihnachtszeit an seine Kunden Badethermometer, Kugelschreiber und Taschenkalender. Er bedachte dabei nur solche Personen, die in der entsprechenden Zeit bei ihm einkauften.

Es handelt sich um Zugaben i. S. der Zugabeverordnung, die keine Geschenke i. S. des § 4 Abs. 5 Nr. 1 EStG darstellen.

Eine unentgeltliche **Zuwendung an einen Dritten** liegt vor, wenn der Gegenstand der Zuwendung in das wirtschaftliche Eigentum einer anderen Person übergeht. Kranz- oder Blumenspenden anläßlich von Beerdigungen stellen danach z. B. keine Geschenke i. S. des § 4 Abs. 5 Nr. 1 EStG dar (vgl. auch Abschn. 20 Abs. 3 EStR).

Das Abzugsverbot des § 4 Abs. 5 Nr. 1 Satz 1 EStG greift nach dem Wortlaut der Vorschrift stets ein, wenn der Empfänger eines Geschenks nicht Arbeitnehmer des Steuerpflichtigen ist. Diese Voraussetzung liegt daher auch dann vor, wenn zwischen dem Steuerpflichtigen und dem Empfänger eines Geschenks ein Verhältnis besteht, das einem Arbeitsverhältnis ähnlich ist.

Beispiel:
Der Chefarzt eines Krankenhauses, der aufgrund seines eigenen Liquidationsrechts für ärztliche Tätigkeiten und Leistungen im stationären und nichtstationären Bereich des Krankenhauses neben seinen Einkünften aus nichtselbständiger Tätigkeit auch Einkünfte aus selbständiger Tätigkeit bezieht, macht den im Bereich seiner selbständigen Tätigkeit für ihn tätigen Mitarbeitern unter dem Krankenhauspersonal zu Weihnachten Geldgeschenke in unterschiedlicher Höhe.

Die Geldgeschenke sind nicht an Personen erfolgt, die in einem Arbeitsverhältnis zum Steuerpflichtigen stehen, und fallen daher unter das Abzugsverbot des § 4 Abs. 5 Nr. 1 Satz 1 EStG (vgl. auch BFH, BFH/NV 1987 S. 231).

Wenn die Anschaffungs- oder Herstellungskosten der einem Empfänger, der nicht Arbeitnehmer des Steuerpflichtigen ist, im Wirtschaftsjahr zugewendeten Gegenstände insgesamt 50 DM bzw. 75 DM nicht übersteigen, läßt § 4 Abs. 5 Nr. 1 Satz 2 EStG den Betriebsausgabenabzug zu, sofern auch die übrigen Voraussetzungen für diesen Abzug gegeben sind.

Die Vorschrift des § 4 Abs. 5 Nr. 1 Satz 2 EStG ist nur anwendbar, wenn einem Empfänger bestimmte Gegenstände im Wege einer Schenkung zugewendet worden sind und damit das Abzugsverbot des § 4 Abs. 5 Nr. 1 Satz 1 EStG eingreift.

Beispiele:
a) Der Unternehmer A hat für eine Kranzspende anläßlich der Beerdigung eines Geschäftsfreundes 180 DM aufgewendet.

b) Der Einzelhändler B verteilte in der Weihnachtszeit an seine Kunden aus Werbegründen bestimmte Gegenstände als Zugaben, deren Anschaffungskosten jeweils 60 DM betrugen.
In beiden Fällen bestehen gegen den Abzug der entstandenen Aufwendungen als Betriebsausgaben keine Bedenken, sofern die betriebliche Veranlagung zu bejahen ist.

Zu den Anschaffungskosten gehört auch die Umsatzsteuer, soweit diese nicht als Vorsteuer abzugsfähig ist. Läßt der Steuerpflichtige die zugewendeten Gegenstände als Werbeträger kennzeichnen, so gehören auch die ihm dadurch entstandenen Kosten zu den Anschaffungs- oder Herstellungskosten (vgl. dazu auch Abschn. 20 Abs. 2 Satz 5 EStR). Daß für den Abzug nicht mehr auf die

Kennzeichnung als Werbeträger abgestellt wird und durch die Kennzeichnung im allgemeinen keine Werterhöhung aus der Sicht des Empfängers eintritt, ist insoweit ohne Bedeutung.

Der maßgebende Höchstbetrag stellt eine Freigrenze, keinen Freibetrag dar. Wenn die Anschaffungs- oder Herstellungskosten der im Wirtschaftsjahr an eine Person gemachten Zuwendungen 50 DM bzw. 75 DM übersteigen, so entfällt der Abzug insgesamt (Abschn. 20 Abs. 4 EStR).

Beispiel:

A gibt dem Geschäftsfreund B zur Hochzeit im Juli 1990 ein Blumengebinde (Anschaffungskosten 30 DM) und zu Weihnachten desselben Jahres eine Geschenkpackung mit 3 Flaschen Wein (Anschaffungskosten 50 DM).

Es handelt sich um Geschenke im Sinne des § 4 Abs. 5 EStG. Da die Anschaffungskosten der Geschenke an denselben Geschäftsfreund B im Wirtschaftsjahr 75 DM übersteigen, sind beide Geschenke nicht abzugsfähig.

4.1.7.5.3 Bewirtungsaufwendungen

Für Bewirtungsaufwendungen sieht § 4 Abs. 5 Nr. 2 EStG ein Abzugsverbot bzw. eine Abzugsbeschränkung vor.

In der geänderten Fassung gilt die Vorschrift des § 4 Abs. 5 Nr. 2 EStG nach § 52 Abs. 5 EStG erstmals für das Wirtschaftsjahr, das nach dem 31. 12. 1989 endet. Für vor dem 1. 1. 1990 endende Wirtschaftsjahre gilt § 4 Abs. 5 Nr. 2 EStG in der Fassung von 1987.

1. Die Vorschrift des § 4 Abs. 5 Nr. 2 EStG a. F.

Aufwendungen für die Bewirtung von Personen, die nicht Arbeitnehmer des Steuerpflichtigen sind, dürfen den steuerlichen Gewinn nach § 4 Abs. 5 Nr. 2 EStG a. F. nicht mindern, soweit sie nach der allgemeinen Verkehrsauffassung als unangemessen anzusehen sind. Auch angemessene Aufwendungen für die Bewirtung von Personen, die nicht Arbeitnehmer des Steuerpflichtigen sind, können nicht als Betriebsausgaben abgezogen werden, soweit ihre Höhe und ihre betriebliche Veranlassung nicht in der gesetzlich vorgeschriebenen Weise nachgewiesen sind.

Nach § 4 Abs. 5 Satz 2 EStG a. F. gilt dieses Abzugsverbot allerdings nicht, sofern die Bewirtung von Personen, die nicht Arbeitnehmer des Steuerpflichtigen sind, Gegenstand einer mit Gewinnabsicht ausgeübten Betätigung des Steuerpflichtigen ist.

Beispiel:

Anläßlich eines Geschäftsjubiläums bewirtet ein Gastwirt seine langjährigen Stammgäste unentgeltlich im Rahmen einer Jubiläumsfeier.

Das Abzugsverbot des § 4 Abs. 5 Nr. 2 EStG a. F. greift nicht ein, weil die Bewirtung von Personen Gegenstand einer mit Gewinnabsicht ausgeübten Betätigung des Steuerpflichtigen ist.

Zum Nachweis der Höhe und der betrieblichen Veranlassung der Aufwendungen hat der Steuerpflichtige auf einem amtlich vorgeschriebenen Vordruck Ort und

Tag der Bewirtung, bewirtete Personen, Anlaß der Bewirtung und Höhe der Aufwendungen anzugeben. Wird der Vordruck nicht oder nicht vollständig ausgefüllt, so können die Aufwendungen damit selbst dann nicht abgezogen werden, wenn der Steuerpflichtige ihre Höhe und betriebliche Veranlassung auf andere Weise glaubhaft macht oder nachweist.

Von der Ausfüllung des Vordrucks kann nach Abschn. 20 Abs. 11 EStR lediglich aus Vereinfachungsgründen abgesehen werden, wenn es sich bei der „Bewirtung" um eine übliche Geste der Höflichkeit handelt.

Beispiele:

a) Anläßlich einer Besprechung mit seinem Steuerberater bietet der Unternehmer A in seinem Büro außer Zigarren auch Kaffee und Gebäck an.

Es handelt sich um eine übliche Geste der Höflichkeit, so daß auf die Ausfüllung des Vordrucks verzichtet werden kann.

b) Nach Wahrnehmung einer mündlichen Verhandlung vor dem Finanzgericht besucht der Unternehmer B mit seinem Steuerberater ein Café, um dort bei einer Tasse Kaffee das weitere prozessuale Vorgehen zu besprechen. Die entstehenden Kosten werden von B übernommen.

Obwohl es sich auch insoweit um eine übliche Geste der Höflichkeit handelt, muß der Vordruck ausgefüllt werden. Nach Abschn. 20 Abs. 11 letzter Satz EStR gilt die Vereinfachungsregelung nicht für Bewirtung in einer Gaststätte.

Wann der Vordruck ausgefüllt werden muß, schreibt das Gesetz nicht vor. Nach der Rechtsprechung des BFH (vgl. BFH, BStBl 1988 II S. 655) muß jedoch auch die Ausfüllung des Vordrucks zeitnah erfolgen.[12]

Bei der Bewirtung in einer Gaststätte muß dem ausgefüllten Vordruck im übrigen stets die vom Inhaber der Gaststätte oder einer von ihm bevollmächtigten Person unterschriebene Rechnung über die Bewirtung beigefügt werden.

Wird die Unterschrift von dem Inhaber der Gaststätte oder einer von ihm bevollmächtigten Person verweigert, kommt daher ein Abzug der entstandenen Aufwendungen grundsätzlich nicht in Betracht. Aus welchen Gründen die Unterschrift auf der Rechnung verweigert wird, ist dabei ohne Bedeutung. In diesem Zusammenhang ist jedoch die in Abschn. 20 Abs. 12 Satz 5 EStR getroffene Billigkeitsregelung zu beachten. Verweigert der Gastwirt einer Gaststätte im Ausland die Unterschrift auf der Rechnung, so sind danach keine nachteiligen Folgerungen für den Steuerpflichtigen zu ziehen, wenn in einem Vermerk auf der Rechnung auf die Verweigerung der Unterschrift hingewiesen wird.

Die Rechnung, aus der sich nach Abschn. 20 Abs. 12 Satz 4 EStR Name und Anschrift der Gaststätte sowie Art und Tag der Bewirtung ergeben müssen, muß grundsätzlich auch den Rechnungs- und Leistungsempfänger bezeichnen bzw. – wie Abschn. 20 Abs. 12 Satz 1 EStR formuliert – den Namen des bewirtenden Steuerpflichtigen enthalten. Etwas anderes gilt im Hinblick auf die in § 33 UStDV

---

12 Der Auffassung, es reiche aus, wenn die Ausfüllung des Vordrucks zumindest bis zum Beginn einer das entsprechende Wirtschaftsjahr betreffenden Außenprüfung nachgeholt werde (vgl. dazu auch FG Hamburg, EFG 1985 S. 595), ist der BFH damit nicht gefolgt.

getroffene Regelung allerdings, wenn der Rechnungsbetrag 200 DM nicht übersteigt (vgl. dazu auch Abschn. 20 Abs. 12 Satz 2 EStR).

Zu welchem Zeitpunkt die Rechnung mit den vorstehend dargestellten Angaben erstellt sein muß, ist dem Gesetz nicht zu entnehmen. Nach der Rechtsprechung des BFH (vgl. BFH, BStBl 1988 S. 655) müssen jedoch auch insoweit etwa fehlende Angaben zeitnah gemacht oder nachgeholt werden.

Sofern an einer betrieblich veranlaßten Bewirtung auch der Steuerpflichtige und/oder Arbeitnehmer des Steuerpflichtigen teilnehmen, so stellen auch die auf den Steuerpflichtigen und/oder seinen Arbeitnehmer entfallenden Kosten Bewirtungsaufwendungen i. S. dieser Vorschrift dar. Auch der Steuerpflichtige und/oder seine Arbeitnehmer sind daher in den vorgeschriebenen amtlichen Vordruck aufzunehmen (BFH, BStBl 1986 II S. 488; vgl. auch Abschn. 20 Abs. 10 Satz 4 EStR).

Beispiel:

Ein Unternehmer hat während einer Geschäftsreise zwei Geschäftsfreunde eingeladen und bewirtet. Dadurch sind ihm Kosten in Höhe von insgesamt 240 DM entstanden, die in Höhe von 80 DM auf den Unternehmer selbst entfallen.

Bei entsprechendem Nachweis kann der Unternehmer den Betrag von 240 DM in voller Höhe als Bewirtungsaufwand abziehen. Daß der auf ihn entfallende Teilbetrag den nach § 8 EStDV abziehbaren Höchstbetrag für Verpflegungsmehraufwand von 64 DM übersteigt, führt nicht ohne weiteres zur Verneinung der Angemessenheit der entstandenen Bewirtungsaufwendungen.

2. Die Vorschrift des § 4 Abs. 5 Nr. 2 EStG n. F.

Abzugsfähig sind Bewirtungskosten künftig nur noch, soweit sie 80 v. H. der Aufwendungen nicht übersteigen, die nach der allgemeinen Verkehrsauffassung als angemessen anzusehen und deren Höhe und betriebliche Veranlassung nachgewiesen sind.

Wie bisher gilt ein Abzugsverbot danach auch weiterhin für Aufwendungen zur Bewirtung von Personen,

– soweit deren Höhe und betriebliche Veranlassung nicht in der vorgeschriebenen Form nachgewiesen werden oder

– soweit sie nach der allgemeinen Lebenserfahrung als unangemessen anzusehen sind.

Danach an sich noch nicht dem Abzugsverbot unterliegende Bewirtungsaufwendungen sind künftig nur noch in Höhe von 80 v. H. als Betriebsausgaben abzugsfähig. Diese Beschränkung gilt auch dann, wenn die in der vorgeschriebenen Form nachgewiesenen Bewirtungsaufwendungen weit unter dem Betrag liegen, der nach allgemeiner Lebensauffassung noch als angemessen angesehen werden könnte.

Beispiel:

Die Mittagspause im Rahmen einer mündlichen Verhandlung vor dem Finanzgericht nutzten der Unternehmer A und sein Steuerberater, um in einem nahe gelegenen

Café eine kleine Mahlzeit einzunehmen und bei einer Tasse Kaffee das weitere prozessuale Vorgehen zu besprechen. Die entstehenden Kosten in Höhe von insgesamt 20 DM werden von A übernommen.

Als Betriebsausgaben sind künftig nur noch (20 DM $\times$ 4 DM =) 16 DM abzugsfähig.

Daß die Beschränkung des Abzugs von Bewirtungskosten auf 80 v. H. der nachgewiesenen Aufwendungen danach ausnahmslos anzuwenden ist, wird nach unserer Auffassung sicherlich dazu führen, daß die bisherige Auslegung des Begriffs „Bewirtung" einer kritischen Überprüfung unterzogen wird. Ob das weithin übliche Anbieten von Kaffee und Mineralwasser während einer geschäftlichen Besprechung in den betrieblichen Räumen eines Beteiligten wirklich als eine Bewirtung i. S. des § 4 Abs. 5 Nr. 2 EStG angesehen werden muß, ist in der Tat eine Frage, zumal in Abschn. 20 Abs. 11 EStR für eine „Bewirtung", bei der es sich um eine übliche Geste der Höflichkeit handelt, auch jetzt schon eine Sonderbehandlung erfolgt.

Wenn die Bewirtung nicht in Gaststätten, sondern in eigenen Räumen stattfindet, kann die Ermittlung des nicht abzugsfähigen Teils der Bewirtungsaufwendungen Schwierigkeiten machen. In Abschn. 20 Abs. 8 Satz 6 EStR ist daher insoweit eine Vereinfachungsregelung getroffen worden. Danach können bei Bewirtungen in betriebseigenen Kantinen die Aufwendungen nur aus den Sachkosten der verabreichten Speisen und Getränke sowie den Personalkosten ermittelt werden.

Die Abzugsbeschränkung nach § 4 Abs. 5 Nr. 2 EStG n. F. gilt – anders als bisher – künftig auch hinsichtlich der Aufwendungen für Bewirtungen von Personen, die Arbeitnehmer des Steuerpflichtigen sind. Diese Änderung ist Folge der Einschränkung des Abzugs auf 80 v. H. der tatsächlich nachgewiesenen Kosten. Sie soll die Gleichbehandlung aller Bewirtungsaufwendungen und insbesondere auch die Gleichstellung von Kapitalgesellschaften und Personengesellschaften sowie Einzelfirmen sicherstellen.

Die Vorschrift des § 4 Abs. 5 Nr. 2 EStG n. F. ist nach ihrem Wortlaut auf Aufwendungen für die Bewirtung von Personen **aus geschäftlichem Anlaß** anzuwenden. Ob damit eine inhaltliche Änderung gegenüber dem bisherigen Rechtszustand erfolgt ist, kann als zweifelhaft erscheinen, zumal nicht ersichtlich ist, nach welchen Kriterien geschäftliche Anlässe von sonstigen betrieblichen Anlässen eindeutig abgegrenzt werden könnten. Auch die in Abschn. 20 Abs. 8 Satz 4 EStR gewählte Formulierung „allgemein betrieblich veranlaßt" stellt unserer Ansicht nach kein hinreichend eindeutiges Abgrenzungskriterium dar. Nach unserer Auffassung ist daher davon auszugehen, daß sich die rmulierung „aus geschäftlichem Anlaß" mit der aus § 4 Abs. 4 EStG abgeleiteten Formulierung „aus betrieblicher Veranlassung" deckt. Die Abzugsbeschränkung wird sich daher unserer Ansicht nach auch nicht auf Bewirtungsaufwendungen beschränken lassen, die mit dem Ziel gemacht werden, Geschäftsabschlüsse zu ermöglichen oder zu erleichtern. Auch Aufwendungen für die Arbeitnehmerbewirtung werden sich daher nicht durch eine einschränkende Auslegung der Formulierung „aus geschäftlichem Anlaß" aus der Abzugsbeschränkung ausgrenzen lassen. Wenn in Abschn. 20 Abs. 8 Satz 4 EStR Aufwendungen für die ausschließliche Bewirtung von Arbeitnehmern, z. B. bei Betriebsfesten, als voll abzugsfähig angesehen werden, weil eine solche Bewirtung nicht geschäftlich, sondern allgemein betrieblich veranlaßt sei, so muß dies nach unserer Auffassung als bedenklich erscheinen.

Während bisher zum Nachweis der Höhe und der betrieblichen Veranlassung der Bewirtungsaufwendungen bestimmte Angaben auf einem amtlich vorgeschriebenen Vordruck zu machen waren, genügt es künftig, wenn der Steuerpflichtige bestimmte Angaben schriftlich macht. **Ein bestimmter Vordruck braucht** damit **nicht mehr verwandt zu werden.**

Hinsichtlich der geforderten Angaben bringt die Neufassung des § 4 Abs. 5 Nr. 2 EStG keine inhaltliche Änderung. Daß künftig die Angabe der Teilnehmer der Bewirtung erfolgen muß, stellt im Hinblick auf die bisherige Rechtsprechung (vgl. BFH, BStBl 1986 II S. 488) lediglich klar, daß auch der Steuerpflichtige, der selbst an einer Bewirtung teilnimmt, zu den bewirteten Personen gehört, die als solche anzugeben sind.

Bei der **Bewirtung in einer Gaststätte** genügen künftig (schriftliche) Angaben zu dem **Anlaß** und den **Teilnehmern** der Bewirtung. Die Rechnung über die Bewirtung ist auch weiterhin beizufügen. Anders als bisher braucht die Rechnung künftig jedoch nicht mehr von dem **Inhaber der Gaststätte** oder einer von ihm bevollmächtigten Person **unterschrieben** zu sein. Im übrigen werden an die beizufügende Rechnung dieselben Anforderungen gestellt wie bisher (vgl. dazu Abschn. 20 Abs. 10 EStR).

4.1.7.5.4 Aufwendungen für Gästehäuser

In vollem Umfang nicht abzugsfähig sind nach § 4 Abs. 5 Nr. 3 EStG ferner die Aufwendungen für Einrichtungen des Steuerpflichtigen, soweit sie der Bewirtung oder der Beherbergung von Personen, die nicht Arbeitnehmer des Steuerpflichtigen sind, dienen (Gästehäuser), nicht Gegenstand einer mit Gewinnabsicht ausgeübten Betätigung des Steuerpflichtigen sind und sich außerhalb des Ortes eines Betriebes des Steuerpflichtigen befinden.

Beispiele:

a) Eine Firma mit Sitz in Frankfurt baut und unterhält ein Gästehaus mit 10 Zimmern (gleicher Größe) am Walchensee (Oberbayern). 8 Zimmer werden regelmäßig für Erholungsurlaube der Arbeitnehmer benutzt, 2 Zimmer für Geschäftsfreunde.

80 v. H. der Kosten (Gebäude-AfA, Unterhaltung usw.) sind abzugsfähige, 20 v. H. nichtabzugsfähige Betriebsausgaben.

b) Eine Firma mit Sitz in Hamburg hat einen Betrieb in Lübeck. Sie baut und unterhält in Lübeck ein Gästehaus, um Geschäftsfreunden stets eine repräsentative Übernachtungs- und Aufenthaltsmöglichkeit anläßlich von Besprechungen usw. bieten zu können.

Die Kosten sind abzugsfähige Betriebsausgaben. § 4 Abs. 5 Nr. 3 EStG greift nicht ein, da sich das Gästehaus am Ort eines Betriebes befindet.

4.1.7.5.5 Aufwendungen für Jagd, Fischerei und Jachten

In vollem Umfang sind bei der steuerlichen Gewinnermittlung schließlich nach § 4 Abs. 5 Nr. 4 EStG auch die Aufwendungen für Jagd oder Fischerei, für

Segeljachten oder Motorjachten sowie für ähnliche Zwecke und für die hiermit zusammenhängenden Bewirtungen auszuscheiden.

Beispiel:

Ein Exportkaufmann unterhält eine Jagd, um seine Auslandskunden anläßlich von Geschäftsbesuchen zu unterhalten. Das ist notwendig, um „ins Geschäft" zu kommen. Außerdem hat er eine Segeljacht, die er vorwiegend für Privatsegelfahrten benutzt.

Die Ausgaben für die Segeljacht sind Kosten der Lebenshaltung (§ 12 EStG) und damit Privataufwendungen. Die Kosten der Jagd sind Betriebsausgaben, die jedoch gemäß § 4 Abs. 5 Nr. 4 EStG nicht abzugsfähig sind.

Etwas anderes gilt nach § 4 Abs. 5 Satz 2 EStG auch insoweit nur, als die vorstehend aufgezählten Zwecke Gegenstand einer mit Gewinnabsicht ausgeübten Betätigung sind.

Beispiel:

Ein Steuerpflichtiger unterhält eine Segeljacht, mit der er mit fremden Personen gegen entsprechendes Entgelt Segelfahrten unternimmt.

Das Abzugsverbot des § 4 Abs. 5 Nr. 4 EStG greift nicht ein, da die Segeljacht mit Gewinnabsicht eingesetzt wird.

Entgegen dem Wortlaut des § 4 Abs. 5 Nr. 4 EStG gilt das Abzugsverbot seinem Sinn und Zweck entsprechend nicht, soweit sich die Aufwendungen als Aufwand für betriebliche Sozialeinrichtungen darstellen.

Beispiel:

Einem Unternehmen sind Aufwendungen für die Pacht und Unterhaltung eines Angelteichs entstanden, der ausschließlich den Betriebsangehörigen zur Verfügung steht.

Es handelt sich um Aufwendungen für eine den Betriebsangehörigen dienende Sozialeinrichtung, deren Abzug die Vorschrift des § 4 Abs. 5 Nr. 4 EStG nicht entgegensteht (BFH, BStBl 1981 II S. 58).

4.1.7.5.6 Mehraufwendungen für Verpflegung bei Geschäftsreisen

Im Interesse einer gleichmäßigen Behandlung aller Steuerpflichtigen sind Mehraufwendungen für Verpflegung nach der letztmalig für vor dem 1. 1. 1990 endende Wirtschaftsjahre anwendbaren Vorschrift des § 4 Abs. 5 Nr. 5 EStG a. F. als Betriebsausgaben ebenfalls nur noch abzugsfähig, soweit sie die durch Rechtsverordnung zu bestimmenden Höchstbeträge von höchstens 140 v. H. der pauschalen Tagegeldbeträge des Bundesreisekostengesetzes nicht übersteigen.

Da der Verordnungsgeber von der ihm damit eingeräumten Möglichkeit, unter dieser Höchstgrenze zu bleiben, bislang keinen Gebrauch gemacht hat, verzichtet die Neufassung des § 4 Abs. 5 Nr. 5 EStG für nach dem 31. 12. 1989 endende Wirtschaftsjahre auf die Festsetzung von Höchstbeträgen durch die Bundesregierung.

Mehraufwendungen für Verpflegung unterliegen damit künftig einem Abzugsverbot, soweit sie 140 v. H. der höchsten Tagegeldbeträge des Bundesreisekostengesetzes übersteigen. Das Bundesreisekostenrecht ist somit künftig von unmittelbarer steuerlicher Bedeutung, was sicher nicht unbedingt als eine Vereinfachung angesehen werden kann.

Für **vor dem 1. 1. 1990 endende Wirtschaftsjahre** sind durch § 8 Abs. 1 EStDV 1986 einheitliche Höchstbeträge festgelegt worden, die ohne Rücksicht darauf gelten, ob es sich um eine eintägige oder um eine mehrtägige Geschäftsreise handelt.

Für Verpflegungsmehraufwendungen bei **Geschäftsreisen im Inland** gilt nach § 8 Abs. 1 Nr. 1 EStDV 1986 ein **Höchstbetrag von 64 DM**[13].

Der Höchstbetrag gilt nach § 8 Abs. 2 EStDV 1986 für einen vollen Reisetag bei einer ununterbrochenen Abwesenheit von mehr als 12 Stunden. Er ermäßigt sich für jeden Reisetag mit einer Abwesenheit

von mehr als 10, aber nicht mehr als 12 Stunden	auf $\frac{8}{10}$,
von mehr als 7, aber nicht mehr als 10 Stunden	auf $\frac{5}{10}$,
von nicht mehr als 7 Stunden	auf $\frac{3}{10}$.

Als Reisetag ist dabei jeweils der einzelne Kalendertag anzusehen. Bei mehreren Geschäftsreisen an einem Kalendertag ist jede Reise für sich zu berechnen; es ist jedoch insgesamt höchstens der volle Höchstbetrag zu berücksichtigen.

Hat der Steuerpflichtige **während einer Geschäftsreise Geschäftsfreunde bewirtet und selbst an dieser Bewirtung teilgenommen,** so ist der nach § 8 EStDV 1986 abziehbare Höchstbetrag für Verpflegungsmehraufwendungen für Reisetage, an denen eine Bewirtung stattgefunden hat, um 15 v. H. für die Einnahme eines Frühstücks und um je 30 v. H. für die Einnahme eines Mittagessens oder Abendessens zu kürzen.

Beispiel:

Ein Unternehmer hat während einer Geschäftsreise Geschäftsfreunde zum Mittagessen eingeladen. Von den entstandenen Kosten entfallen auf ihn selbst 50 DM, die als Teil der Aufwendungen für Geschäftsfreundebewirtung Betriebsausgaben sind.

Der Unternehmer kann aber für diesen Reisetag eigene Mehraufwendungen für Verpflegung nur bis zu einem Betrag von (70 v. H. von 64 DM =) 44,80 DM geltend machen.

Für Verpflegungsmehraufwendungen bei **Geschäftsreisen ins Ausland** sind in § 8 Abs. 1 Nr. 2 EStDV 1986 nach den Ländergruppen I bis IV der Auslandsreiseverordnung des Bundes gestaffelte Höchstbeträge festgestellt worden. Sie betragen für die Zeit ab 1. 1. 1986 bei Auslandsreisen in ein Land

der Ländergruppe I	70 DM,	der Ländergruppe III	113 DM,
der Ländergruppe II	92 DM,	der Ländergruppe IV	134 DM.

Wegen der Einteilung der Ländergruppen, die sich nach § 8 Abs. 5 EStDV 1986 nach den entsprechenden Vorschriften der Auslandsreisekostenverordnung des Bundes richtet, sei hier auf die Übersicht in Abschn. 119 Abs. 4 Nr. 7 EStR 1987 verwiesen.

Wenn nach den Vorschriften der Auslandsreisekostenverordnung des Bundes für einzelne Länder Zuschläge oder Abschläge zu den pauschalen Tagegeldbeträgen

13 Dieser Betrag gilt für die Zeit ab 1. 1. 1986.

festgesetzt werden, so erhöhen oder verringern sich nach § 8 Abs. 1 Satz 2 EStDV 1986 auch die vorstehend aufgeführten Höchstbeträge. Die Erhöhung oder Verringerung der vorstehend aufgeführten Höchstbeträge hat dabei jeweils um 140 v. H. des festgesetzten Zu- oder Abschlags zu erfolgen.

Beispiel:

Bei Reisen in die Vereinigten Staaten von Amerika, die zu den Ländern der Ländergruppe IV gehören, gilt anstelle des Höchstbetrags von 134 DM lediglich ein Höchstbetrag von 113 DM.

Wegen der geltenden Abweichungen von den vorstehend aufgeführten Höchstbeträgen wird auf die BMF-Schreiben vom 18. 1. 1987, BStBl 1987 I S. 175, sowie vom 27. 8. 1987, BStBl 1987 I S. 622, hingewiesen.

Die sich aus § 8 Abs. 1 Nr. 2 EStDV 1986 ergebenden Höchstbeträge gelten nach § 8 Abs. 2 EStDV 1986 ebenfalls für einen vollen Reisetag bei einer ununterbrochenen Abwesenheit von mehr als 12 Stunden und ermäßigen sich wie der für die Inlandsreisen maßgebende Höchstbetrag bei kürzerer Abwesenheit auf $8/10$, $5/10$ oder $3/10$. Als Reisetag ist auch insoweit jeweils der einzelne Kalendertag anzusehen. Bei mehreren Geschäftsreisen an einem Kalendertag ist auch insoweit jede Reise für sich zu berechnen, insgesamt jedoch ebenfalls höchstens der volle Höchstbetrag zu berücksichtigen.

Bei Auslandsreisen, die keinen vollen Kalendertag beanspruchen, gilt nach § 8 Abs. 3 EStDV 1986 der für das Land des Geschäftsortes, bei mehreren Geschäftsorten der für das Land des letzten Geschäftsorts maßgebende Höchstbetrag.

Bei mehrtägigen Auslandsreisen dürfen nach § 8 Abs. 4 EStDV 1986 für den Tag des Antritts und den Tag der Rückkehr höchstens folgende Teilbeträge des in Betracht kommenden Höchstbetrags berücksichtigt werden:

	bei Antritt der Reise	**bei Beendigung der Reise**
$10/10$	vor 12 Uhr	nach 12 Uhr
$8/10$	zwischen 12 und 14 Uhr	zwischen 10 und 12 Uhr
$5/10$	zwischen 14 und 17 Uhr	zwischen 7 und 10 Uhr
$3/10$	ab 17 Uhr	bis 7 Uhr.

Für den Tag des Grenzübergangs richten sich nach § 8 Abs. 5 EStDV 1986 die in Betracht kommenden Höchstbeträge und die Ländergruppeneinteilung nach den entsprechenden Vorschriften der Auslandsreisekostenverordnung des Bundes.

Unter Mehraufwendungen für Verpflegung im Sinne der Vorschriften der §§ 8 und 8 a EStDV 1986 sind nach § 8 Abs. 7 EStDV 1986 die tatsächlichen Aufwendungen für Verpflegung nach Abzug einer Haushaltsersparnis von $1/5$ dieser Aufwendungen, höchstens jedoch 6 DM täglich, zu verstehen.

Die Höchstbeträge sind nur in den Fällen zu beachten, in denen Verpflegungsmehraufwendungen auf Grund eines Einzelnachweises abgezogen werden sollen.

Nach Auffassung der Finanzverwaltung ist davon auszugehen, daß es sich bei den Höchstbeträgen für Verpflegungsmehraufwendungen um die Beträge handelt, die vom Steuerpflichtigen auch im wirtschaftlichen Ergebnis zu tragen sind. Bei zum

Vorsteuerabzug Berechtigten stellen sie daher die **Nettobeträge (ohne Vorsteuer)** dar.

Beispiel:

Einem Steuerpflichtigen sind anläßlich einer Geschäftsreise Aufwendungen für Verpflegung in Höhe von 90 DM entstanden. Die als Betriebsausgaben zu berücksichtigenden Aufwendungen berechnen sich danach wie folgt:

Rechnungsbetrag	90,— DM
⁒ Haushaltsersparnis	6,— DM
	84,— DM
⁒ Vorsteuer	10,32 DM
Mehraufwendungen	73,68 DM
Davon abziehbar	64,— DM
Nicht abziehbare Mehraufwendungen	9,68 DM

Da der Nachweis des entstandenen Mehraufwands oft schwierig ist, brauchen Steuerpflichtige mit Einkünften aus Land- und Forstwirtschaft, aus Gewerbebetrieb oder aus selbständiger Arbeit einen entsprechenden Nachweis nach Abschn. 119 Abs. 3 Nr. 3 Buchst. b EStR 1987 aus Vereinfachungsgründen nicht zu führen, wenn der von ihnen geltend gemachte Mehraufwand bestimmte **Pauschbeträge** nicht übersteigt.

Seit dem 1. 1. 1986 belaufen sich diese Pauschbeträge bei **Geschäftsreisen im Inland** je nachdem, ob es sich um eine eintägige oder mehrtägige Geschäftsreise handelt,

bei Einkünften von

nicht mehr als 25 000 DM (oder Verlust)	auf 31 DM bzw. 42 DM,
mehr als 25 000 DM, aber nicht mehr als 50 000 DM	auf 33 DM bzw. 44 DM,
mehr als 50 000 DM	auf 35 DM bzw. 46 DM,

täglich.

Sie ermäßigen sich für jeden Reisetag, an dem die Abwesenheit

nicht mehr als 12 Stunden, aber mehr als 10 Stunden gedauert hat, auf	$8/10$,
nicht mehr als 10 Stunden, aber mehr als 7 Stunden gedauert hat, auf	$5/10$,
nicht mehr als 7 Stunden, aber mehr als 5 Stunden gedauert hat, auf	$3/10$.

Bei mehreren Geschäftsreisen an einem Kalendertag ist jede Reise für sich zu berechnen; es wird jedoch insgesamt höchstens der volle Pauschbetrag anerkannt.

Für die Anwendung der Pauschbeträge bei den Einkünften aus Gewerbebetrieb und aus selbständiger Arbeit sind ohne Rücksicht darauf, mit welchen dieser Einkünfte die Geschäftsreise im Zusammenhang steht, jeweils die höchsten Einkünfte aus Land- und Forstwirtschaft, aus Gewerbebetrieb, selbständiger Arbeit oder nichtselbständiger Arbeit in einem der drei letzten Veranlagungszeiträume vor dem laufenden Veranlagungszeitraum maßgebend. Bei Gesellschaftern einer Personengesellschaft (Mitunternehmer) kann für die Bemessung der Pauschbeträge vom Gesamtgewinn der Gesellschaft ausgegangen werden. Für den Veranlagungszeitraum, in dem ein land- und forstwirtschaftlicher Betrieb oder ein

Gewerbebetrieb eröffnet oder eine selbständige Tätigkeit begonnen wird, und für den folgenden Veranlagungszeitraum kann der Steuerpflichtige ohne Rücksicht auf die Höhe der Einkünfte den Pauschbetrag von 33 DM bzw. 44 DM täglich in Anspruch nehmen (Abschn. 119 Abs. 3 Nr. 3 Buchst. b Satz 13 EStR 1987).

Die Pauschbeträge sind nach Abschn. 119 Abs. 3 Nr. 3 Buchst. b Satz 2 EStR 1987 nicht anzuwenden, wenn ihre Anwendung im Einzelfall zu einer offensichtlich unzutreffenden Besteuerung führen würde. Im Hinblick auf den Vereinfachungszweck der Pauschbetragsregelung ist bei der Annahme einer offensichtlich unzutreffenden Besteuerung Zurückhaltung geboten (BFH, BStBl 1986 II S. 200, 205). Eine offensichtlich unzutreffende Besteuerung ist danach z. B. zu bejahen,

– wenn bei umfangreicher Reisetätigkeit infolge der Anwendung der Pauschbeträge unverhältnismäßig geringe Einkünfte verbleiben würden oder

– wenn offensichtlich ist, daß keine oder nahezu keine Aufwendungen für die Verpflegung entstehen.

Kommt eine Anwendung der Pauschbeträge nicht in Betracht und kann der Steuerpflichtige die ihm entstandenen Mehraufwendungen für Verpflegung nicht mehr nachweisen, so sind diese nach den Verhältnissen des Einzelfalls zu schätzen (BFH, BStBl 1975 II S. 4).

Bei **Auslandsreisen** können Steuerpflichtige mit Einkünften aus Land- und Forstwirtschaft, aus Gewerbebetrieb oder aus selbständiger Arbeit nach Abschn. 119 Abs. 4 EStR 1987 die Mehraufwendungen für Verpflegung und (anders als bei Inlandsreisen) auch die Kosten der Unterbringung in der Regel ohne Einzelnachweis mit besonderen Pauschbeträgen (Auslandstagegelder und Auslandsübernachtungsgelder) ansetzen. In Anlehnung an die für Auslandsreisen vergleichbarer Bundesbediensteter geltenden Regelungen sind diese Pauschbeträge ebenfalls nach Ländergruppen und nach der Höhe der maßgebenden Einkünfte gestaffelt.

Die **Auslandstagegelder** betragen seit dem 1. 1. 1986:

bei Einkünften von	Ländergruppe			
	I	II	III	IV
nicht mehr als 40 000 DM	45 DM	60 DM	75 DM	90 DM
mehr als 40 000 DM	50 DM	66 DM	81 DM	96 DM

Wegen der Einteilung der Ländergruppen, die auch insoweit entsprechend den Vorschriften der Auslandsreisekostenverordnung des Bundes erfolgt ist, sei hier auf die Übersicht in Abschn. 119 Abs. 4 Nr. 7 EStR 1987 verwiesen.

Entsprechend der in § 8 Abs. 1 Satz 2 EStDV 1986 getroffenen Regelung sind auch für die Auslandstagegelder für Reisen in bestimmte Länder Anpassungszu- und -abschläge vorgesehen und erfolgt (vgl. dazu Abschn. 119 Abs. 4 Nr. 8 EStR 1987).

Wegen der geltenden Abweichungen von den vorstehend aufgeführten Auslandstagegeldern wird auf die BMF-Schreiben vom 18. 1. 1987 (BStBl 1987 I S. 175) sowie vom 27. 8. 1987 (BStBl 1987 I S. 622) hingewiesen.

Die jeweils geltenden Auslandstagegelder sind anzuwenden für einen vollen Reisetag (Kalendertag) bei einer ununterbrochenen Abwesenheit von mehr als 12 Stunden. Bei einer kürzeren Reisedauer ermäßigen sich diese Beträge ebenso wie bei Reisen im Inland je nach Reisedauer bis auf $\frac{3}{10}$.

Die Kosten für Übernachtung können in der Regel ohne Einzelnachweis bis zur Höhe der Auslandstagegelder anerkannt werden. Auslandsübernachtungsgelder und Auslandstagegelder stimmen somit der Höhe nach überein.

Bei Geschäftsreisen vom Inland ins Ausland und zurück, die keinen vollen Kalendertag beanspruchen, wird Auslandstagegeld für das Land des Geschäftsortes, bei mehreren Geschäftsorten für das Land des letzten Geschäftsortes anerkannt.

Bei mehrtägigen Auslandsreisen werden für den Tag des Grenzübergangs Tagegeld und Übernachtungsgeld grundsätzlich in Höhe der Beträge anerkannt, die für das Land maßgebend sind, das der Reisende vor Mitternacht zuletzt erreicht. Dies gilt nicht nur für Geschäftsreisen vom Inland ins Ausland und zurück, sondern auch bei Geschäftsreisen vom Ausland ins Inland und zurück. Maßgebend ist das vor Mitternacht zuletzt erreichte Land auch bei Geschäftsreisen, auf denen mehrere ausländische Staaten besucht werden. Bei Flugreisen gilt ein Land dabei erst in dem Zeitpunkt als erreicht, in dem das Flugzeug dort (endgültig) landet. Zwischenlandungen bleiben insoweit unberücksichtigt. Erstreckt sich eine Flugreise über mehr als zwei Kalendertage, so werden für die Tage zwischen dem Abflug und der Landung Auslandstagegelder und Auslandsübernachtungsgelder der Ländergruppe I anerkannt.

Bei Hinreisen vom Ausland ins Inland, die spätestens um 7 Uhr angetreten werden, und bei Rückreisen vom Ausland ins Inland richtet sich das Auslandstagegeld für den Tag des Grenzübergangs dagegen nach dem ausländischen Grenzort an der deutschen Grenze, wenn der Grenzübergang in das Inland nach 14 Uhr stattfindet. Bei Flugreisen tritt an die Stelle des ausländischen Grenzorts an der deutschen Grenze der Abflughafen im Ausland und an die Stelle des Grenzübergangs in das Inland die erste Landung im Inland.

Enthält bei Schiffsreisen der Fahrpreis auch das Entgelt für Verpflegung und Unterkunft, so werden anstelle des Tage- und Übernachtungsgeldes ein **Schiffs**tagegeld in Höhe von 15 v. H. des Fahrpreises, mindestens aber 10 v. H. der vollen Auslandstage- und Auslandsübernachtungsgelder der Ländergruppe II anerkannt. Für die Tage der Einschiffung und Ausschiffung ist dagegen das für den jeweiligen Hafenort geltende Tages- und Übernachtungsgeld maßgebend.

Sofern der Steuerpflichtige **während einer Geschäftsreise Geschäftsfreunde bewirtet und selbst an dieser Bewirtung teilgenommen** hat, sind auch die in Betracht kommenden Pauschbeträge für Verpflegungsmehraufwendungen für Reisetage, an denen eine Bewirtung stattgefunden hat, um je 15 v. H. für die Einnahme eines

Frühstücks und um je 30 v. H. für die Einnahme eines Mittagessens oder Abendessens zu kürzen.

Beispiel:

Ein Unternehmer hat während einer achtstündigen Geschäftsreise Geschäftsfreunde zum Mittagessen eingeladen.

Der dem Unternehmer zustehende Pauschbetrag in Höhe von	
(50 v. H. von 33 DM =)	16,50 DM
ist um (30 v. H. von 33 DM =)	9,90 DM
zu kürzen, so daß er nur	6,60 DM
geltend machen kann.	

Der Steuerpflichtige kann **bei jeder Geschäftsreise wählen, ob er die Pauschbeträge oder die tatsächlich entstandenen Kosten (abzügl. Haushaltsersparnis) absetzt.** Er ist nicht etwa für alle Reisen innerhalb eines Veranlagungszeitraums an eine Abrechnungsform gebunden. Während einer mehrtägigen Geschäftsreise kann er jedoch nur einheitlich für alle Reisetage verfahren (Abschn. 119 Abs. 3 Nr. 3 EStR 1987).

Eine **Geschäftsreise** im Sinne der vorstehenden Ausführungen liegt nach Abschn. 119 Abs. 2 Satz 1 EStR 1987 immer dann und nur dann vor, wenn der Steuerpflichtige aus betrieblichen Gründen in einer Entfernung von mindestens 15 km von seiner regelmäßigen Betriebsstätte (Stätte der Berufsausübung) vorübergehend tätig wird. Unter der regelmäßigen Betriebsstätte (Stätte der Berufsausübung) ist dabei der Mittelpunkt der auf die Dauer abgestellten Tätigkeit des Steuerpflichtigen zu verstehen.

Beispiele:

a) Der Steuerpflichtige A, dessen regelmäßige Betriebsstätte sich in der Stadt X befindet, hat einen Lieferanten aufgesucht, dessen Betriebsstätte 20 km von der Betriebsstätte des A entfernt – ebenfalls in X liegt.

Das Vorliegen einer Geschäftsreise ist zu bejahen, obwohl A das Gebiet der Stadt nicht verlassen hat.

b) A, dessen regelmäßige Betriebsstätte sich in der Stadt X befindet, hat einen Kunden besucht, der 10 km von der Betriebsstätte des A entfernt in der Gemeinde Y wohnt.

Eine Geschäftsreise kann in diesem Fall nicht angenommen werden, weil es auf das Verlassen der politischen Gemeinde nicht ankommt und die Mindestentfernung von 15 km nicht erreicht ist.

Ob eine Reise von der regelmäßigen Betriebsstätte (Stätte der Berufsausübung) oder von der Wohnung des Steuerpflichtigen angetreten wird, ist für das Vorliegen einer Geschäftsreise grundsätzlich ohne Bedeutung. Wird eine Reise von der Wohnung des Steuerpflichtigen aus angetreten, so muß die Mindestentfernung von 15 km nach Abschn. 119 Abs. 2 Satz 2 EStR 1987 sowohl von der regelmäßigen Betriebsstätte als auch von der Wohnung aus gegeben sein.

Beispiel:

Der Steuerpflichtige A hat seinen Betrieb in der Gemeinde D und seine Wohnung in E. Er tritt von seiner Wohnung aus eine Reise zu einem Kunden an, der 18 km von der Wohnung und 12 km von der regelmäßigen Betriebsstätte des A entfernt in F wohnt.

Da die Entfernung zwischen der regelmäßigen Betriebsstätte des A und der Wohnung des Kunden weniger als 15 km beträgt, ist das Vorliegen einer Geschäftsreise trotz der größeren Entfernung zwischen der Wohnung des A und der Wohnung des Kunden zu verneinen.

Für die Berechnung der Entfernung ist nach Abschn. 119 Abs. 2 Satz 3 EStR 1987 bei Benutzung öffentlicher Verkehrsmittel die Fahrtstrecke, z. B. Tarifentfernung, in anderen Fällen – insbesondere bei der Benutzung eines eigenen Kraftfahrzeugs – die kürzeste benutzbare Straßenverbindung maßgebend. Bei der Benutzung eines eigenen Kraftfahrzeuges kann an Stelle der kürzesten benutzbaren Straßenverbindung auch eine andere, offensichtlich verkehrsgünstigere Straßenverbindung zugrunde gelegt werden.

Daß der Steuerpflichtige eine Geschäftsreise unternommen hat, muß sich aus den Unterlagen (z. B. Fahrtenbuch, Hotelrechnungen, Tankstellenquittungen, Korrespondenz u. ä.) ergeben und damit nachgewiesen oder zumindest glaubhaft sein. Der Steuerpflichtige muß daher auch nachweisen oder glaubhaft machen, daß er eine bestimmte Reise aus betrieblichen oder beruflichen Gründen angetreten hat.

Für nach dem 31. 12. 1989 endende Wirtschaftsjahre gelten die vorstehenden Ausführungen mit den nachfolgend dargestellten Änderungen:

Eine **Geschäftsreise** liegt nach Abschn. 119 Abs. 2 EStR immer dann und nur dann vor, wenn der Steuerpflichtige **mindestens 20 km** von seiner Wohnung und von seiner regelmäßigen Betriebsstätte oder Stätte der Berufsausübung entfernt tätig ist. Die 20-km-Grenze ist damit ohne sonstige Änderungen an die Stelle der bisherigen 15-km-Grenze getreten.

Die ohne Einzelnachweis der tatsächlichen Aufwendungen anzusetzenden **Pauschbeträge** belaufen sich nach Abschn. 119 Abs. 3 Nr. 3 EStR

– bei eintägigen Geschäftsreisen auf   35 DM und
– bei mehrtägigen Geschäftsreisen auf   46 DM

je Kalendertag. Sie ermäßigen sich für jeden Kalendertag, an dem die Geschäftsreise nicht mehr als 12 Stunden gedauert hat. Je nachdem, ob es sich um eine eintägige oder mehrtägige Geschäftsreise gehandelt hat, ergeben sich insoweit folgende Pauschbeträge:

Dauer der Geschäftsreise	Pauschbeträge
– mehr als 10 Stunden	28 DM bzw. 36 DM
– mehr als 8 Stunden	17 DM bzw. 23 DM
– mehr als 6 Stunden	10 DM bzw. 13 DM

Hat die Geschäftsreise nicht mehr als 6 Stunden gedauert, kommt ein Ansatz von Pauschbeträgen nicht in Betracht. In diesem Fall können nur nachgewiesene Verpflegungsmehraufwendungen bis zum Höchstbetrag von 19 DM anerkannt werden.

Bei Auslandsgeschäftsreisen gelten nach Abschn. 119 Abs. 4 Nr. 1 EStR für den Abzug von Verpflegungsmehraufwendungen die vom BMF im Einvernehmen mit den obersten Finanzbehörden der Länder auf der Grundlage der höchsten Auslandstagegelder nach dem Bundesreisekostengesetz bekanntgemachten

Höchst- und Pauschbeträge. Die ab dem 1. 1. 1990 geltenden Höchst- und Pauschbeträge ergeben sich aus dem BMF-Schreiben vom 23. 11. 1990, BStBl 1989 I S. 455, auf das hier verwiesen wird. Für die nicht erfaßten Länder ist der für Luxemburg geltende Höchst- und Pauschbetrag maßgebend.

4.1.7.5.7 Mehraufwendungen für Verpflegung bei Geschäftsgängen

Als Betriebsausgaben abziehbar sind auch Mehraufwendungen für Verpflegung, die Steuerpflichtigen mit Einkünften aus Land- und Forstwirtschaft, aus Gewerbebetrieb oder aus selbständiger Arbeit anläßlich eines Geschäftsgangs entstehen.

Für **vor dem 1. 1. 1990 endende Wirtschaftsjahre** gilt insoweit folgendes: Nach § 8 Abs. 6 EStDV 1986 dürfen die Mehraufwendungen für Verpflegung in diesem Fall nur bis zum **Höchstbetrag von 19 DM** berücksichtigt werden.

Ein Geschäftsgang liegt vor, wenn der Steuerpflichtige aus betrieblichen oder beruflichen Gründen in einer Entfernung von weniger als 15 km von seiner regelmäßigen Betriebsstätte oder Stätte der Berufsausübung vorübergehend tätig wird. Auch wenn der Steuerpflichtige die auswärtige Tätigkeitsstätte von der Wohnung aus aufsucht und die Entfernung zwischen der Wohnung und der auswärtigen Tätigkeitsstätte weniger als 15 km beträgt, liegt ein Geschäftsgang vor.

Wird ein Geschäftsgang mit einer Geschäftsreise oder eine Geschäftsreise mit einem Geschäftsgang verbunden, so gilt die auswärtige Tätigkeit insgesamt als Geschäftsreise (Abschn. 119 Abs. 2 Satz 9 EStR 1987).

Ohne Einzelnachweis können Mehraufwendungen für Verpflegung anläßlich eines Geschäftsgangs bei Steuerpflichtigen mit Einkünften aus Land- und Forstwirtschaft, aus Gewerbebetrieb oder aus selbständiger Arbeit nach § 119 Abs. 5 EStR 1987 in der Regel nur bis zur Höhe von 3 DM anerkannt werden. Voraussetzung ist jedoch, daß der Geschäftsgang länger als 5 Stunden gedauert hat.

Für **nach dem 31. 12. 1989 endende Wirtschaftsjahre** gelten die vorstehenden Ausführungen mit den nachfolgend dargestellten Änderungen:

Ein Geschäftsgang liegt nach Abschn. 119 Abs. 2 EStR vor, wenn der Steuerpflichtige außerhalb seiner regelmäßigen Betriebsstätte (Stätte der Berufsausübung) und seiner Wohnung in einer Entfernung von weniger als 20 km beruflich tätig wird.

Ohne Einzelnachweis können Mehraufwendungen für Verpflegung bei Steuerpflichtigen mit Einkünften aus Land- und Forstwirtschaft, aus Gewerbebetrieb oder aus selbständiger Arbeit mit einem Pauschbetrag von 8 DM angesetzt werden, sofern der Geschäftsgang mehr als 6 Stunden gedauert hat (Abschn. 119 Abs. 5 EStR).

4.1.7.5.8 Mehraufwendungen für Verpflegung in anderen Fällen

Im Hinblick auf das Abzugsverbot des § 12 Nr. 1 EStG können Aufwendungen für die Ernährung des Steuerpflichtigen nur insoweit als betrieblich oder beruflich veranlaßter Mehraufwand für Verpflegung anerkannt werden, als – wie bei

Vorliegen einer Geschäftsreise oder eines Geschäftsganges – nach objektiven Merkmalen in leicht nachprüfbarer Weise festzustellen ist, daß überhaupt ein Verpflegungsmehraufwand entsteht und dieser ausschließlich oder ganz überwiegend auf beruflicher Ursache und nicht etwa auf der persönlichen Lebensweise des Steuerpflichtigen beruht.

Mehraufwendungen für Verpflegung wegen regelmäßig mehr als zwölfstündiger Abwesenheit von der Wohnung können daher nach der Rechtsprechung des BFH (vgl. BFH, BStBl 1972 II S. 855) bei Land- und Forstwirten, Gewerbetreibenden und selbständig Tätigen nicht als Betriebsausgaben anerkannt werden. Dies gilt auch dann, wenn die tatsächliche Gestaltung der Berufsausübung der eines Arbeitnehmers ähnlich ist (BFH, BStBl 1976 II S. 323). Nach Auffassung des BFH können selbständig Tätige im Gegensatz zu Arbeitnehmern regelmäßig Vorkehrungen treffen, die es ihnen ermöglichen, sich am Ort ihrer ständigen betrieblichen oder beruflichen Tätigkeit unabhängig von der Dauer dieser Tätigkeit und der Abwesenheit von zu Hause ebenso billig zu verpflegen wie zu Hause.

4.1.7.5.9 Verpflegungsmehraufwendungen bei doppelter Haushaltsführung

Obwohl die frühere Verweisung auf § 9 Abs. 1 Nr. 5 EStG in § 4 Abs. 5 EStG nicht mehr ausdrücklich enthalten ist, wird man auch im Rahmen der Gewinnermittlung nur die aus Anlaß einer doppelten Haushaltsführung entstehenden notwendigen Mehraufwendungen als Betriebsausgaben abziehen können. Es besteht auch nach Auffassung des BFH (BStBl 1976 II S. 558) kein Grund, den Begriff des eigenen Hausstandes und damit auch den Begriff der doppelten Haushaltsführung z. B. bei einem Gewerbetreibenden anders auszulegen als bei Arbeitnehmern. Zum Vorliegen einer doppelten Haushaltsführung kann und soll daher hier auf die Ausführungen zu § 9 Abs. 1 Nr. 5 EStG verwiesen werden.

Für **vor dem 1. 1. 1990 endende Wirtschaftsjahre** gilt für den Abzug der Mehrverpflegungsaufwendungen insoweit folgendes:

Mehraufwendungen für Verpflegung aus Anlaß einer doppelten Haushaltsführung dürfen nach § 8 a EStDV 1986 als Betriebsausgaben nur bis zu den folgenden Höchstbeträgen berücksichtigt werden:

– bei einer Betriebsstätte oder Stätte der Berufsausübung im Inland bis zu 64 DM täglich für die ersten zwei Wochen seit Beginn der Tätigkeit am Ort der Betriebsstätte oder der Stätte der Berufsausübung und

bis zu 22 DM täglich für die Folgezeit,

– bei einer Betriebsstätte oder Stätte der Berufsausübung im Ausland

bis zu 70 DM täglich für die Ländergruppe I

bis zu 92 DM täglich für die Ländergruppe II

bis zu 113 DM täglich für die Ländergruppe III

bis zu 134 DM täglich für die Ländergruppe IV

für die ersten zwei Wochen seit Beginn der Tätigkeit am Ort der Betriebsstätte oder Stätte der Berufsausübung und

bis zu 40 v. H. der vorstehenden Beträge täglich für die Folgezeit.

Auch die vorstehenden Höchstbeträge sind nur von Bedeutung, wenn der Steuerpflichtige seine tatsächlichen Mehraufwendungen für Verpflegung nachweist oder glaubhaft macht.

Bei zum Vorsteuerabzug Berechtigten stellen auch die vorstehenden Höchstbeträge nach Auffassung der Finanzverwaltung die Nettobeträge (ohne Vorsteuer) dar.

Ohne Einzelnachweis können nach Abschn. 20 a Abs. 6 Satz 13 EStR 1987 i.V.m. Abschn. 27 Abs. 1 Nr. 3 LStR 1987 als Mehraufwendungen für Verpflegung bei einer Betriebsstätte oder Stätte der Berufsausübung im Inland

– für die ersten zwei Wochen seit Beginn der Tätigkeit am Ort der Betriebsstätte oder Stätte der Berufsausübung

bei Einkünften von

nicht mehr als 25 000 DM	31 DM
mehr als 25 000 DM, aber nicht mehr als 50 000 DM	bis zu 33 DM
mehr als 50 000 DM	bis zu 35 DM

täglich und

– für die Folgezeit bis zu 16 DM täglich

als Betriebsausgaben geltend gemacht werden.

Zur Höhe der ohne Einzelnachweis als Betriebsausgaben absetzbaren Mehraufwendungen für Verpflegung in Fällen, in denen sich die Betriebsstätte oder die Stätte der Berufsausübung im Ausland befindet, sei hier lediglich auf die in Abschn. 27 Abs. 2 LStR 1987 getroffene Regelung hingewiesen, die nach Abschn. 20 a Abs. 6 Satz 13 EStR 1987 ebenfalls anzuwenden ist.

Für **nach dem 31. 12. 1989 endende Wirtschaftsjahre** gelten die vorstehenden Ausführungen mit den nachfolgend dargestellten Änderungen:

Nach Abschn. 20 a Abs. 6 Satz 11 EStR dürfen bei einer **Betriebsstätte oder Stätte der Berufsausübung im Inland** Mehraufwendungen für Verpflegung auch weiterhin für die ersten zwei Wochen seit Beginn der Tätigkeit am Ort der Betriebsstätte oder Stätte der Berufsausübung bis zu höchstens 64 DM und für die Folgezeit bis zu höchstens 22 DM berücksichtigt werden.

Ohne Einzelnachweis dürfen nach Abschn. 20 a Abs. 6 Satz 10 EStR in Verbindung mit Abschn. 43 Abs. 8 LStR und Abschn. 39 Abs. 2 LStR für die ersten zwei Wochen seit Beginn der Tätigkeit am Ort der Betriebsstätte oder Stätte der Berufsausübung 46 DM täglich und für die Folgezeit weiterhin 16 DM täglich angesetzt werden.

Bei einer **Betriebsstätte oder Stätte der Berufsausübung im Ausland** sind nach Abschn. 20 a Abs. 6 Satz 10 EStR in Verbindung mit Abschn. 43 Abs. 8 LStR

– für die ersten zwei Wochen seit Beginn der Tätigkeit am Ort der Betriebsstätte oder der Stätte der Berufsausübung die sich aus dem BMF-Schreiben vom 23. 11. 1989, BStBl 1989 I S. 455, für das jeweilige Land ergebenden Höchstbeträge und

– für die Folgezeit höchstens 40 v. H. dieser Beträge
maßgebend.

Bei einem in dieser Bekanntmachung nicht erfaßten Land ist auch insoweit der für
Luxemburg geltende Höchstbetrag anzusetzen.

Ohne Einzelnachweis dürfen nach Abschn. 20 Abs. 6 Satz 10 EStR in Verbindung mit Abschn. 39 Abs. 4 LStR

– für die ersten zwei Wochen seit Beginn der Tätigkeit am Ort der Betriebsstätte
  oder der Stätte der Berufsausübung die sich aus dem BMF-Schreiben vom
  23. 11. 1989, BStBl 1989 I S. 455, für das jeweilige Land ergebenden Beträge
  und

– für die Folgezeit 40 v. H. dieser Beträge

täglich angesetzt werden.

Bei einem in dieser Bekanntmachung nicht erfaßten Land ist auch insoweit der für
Luxemburg geltende Pauschbetrag maßgebend.

4.1.7.5.10 Aufwendungen für Fahrten zwischen Wohnung und Betriebsstätte

Nach § 4 Abs. 5 Nr. 6 EStG dürfen Aufwendungen des Steuerpflichtigen für
Fahrten zwischen Wohnung und Betriebsstätte den Gewinn nicht mindern, soweit
sie die Beträge übersteigen, die sich in entsprechender Anwendung der Vorschrif-
ten in § 9 Abs. 1 Nr. 4 und Abs. 2 EStG ergeben. Dadurch soll die Gleichbehand-
lung der Aufwendungen von Selbständigen für Fahrten zwischen Wohnung und
Betriebsstätte und der Aufwendungen für Fahrten zwischen Wohnung und
Arbeitsstätte der Arbeitnehmer sichergestellt werden (vgl. auch BFH, BStBl 1986
II S. 744).

Einer Abzugsbeschränkung sind nach § 4 Abs. 5 Satz 1 Nr. 6 EStG Aufwendungen für Fahrten zwischen Wohnung und Betriebsstätte nur insoweit unterworfen,
als die Wohnung Ausgangs- und Endpunkt der Fahrten ist. Die Vorschrift des § 4
Abs. 5 Satz 1 Nr. 6 EStG ist insoweit als Ausnahmevorschrift eng auszulegen
(BFH, BStBl 1987 II S. 260).

> **Beispiele:**
>
> **a)** Der Steuerpflichtige fährt täglich von seiner Wohnung in W zu seinem Haupt-
> betrieb in A und von dort weiter zu seiner Betriebsstätte in B. Von B aus fährt er
> zurück nach A, um von dort aus schließlich zu seiner Wohnung zurückzukehren.
>
> Die Fahrten zwischen W und A und zurück fallen unter die Vorschrift des § 4 Abs. 5
> Satz 1 Nr. 6 EStG. Die Fahrten zwischen A und B unterliegen der Abzugsbeschrän-
> kung nicht, weil die Vorschrift des § 4 Abs. 5 Satz 1 Nr. 6 EStG auf Fahrten
> zwischen mehreren Betriebsstätten nicht anzuwenden ist (BFH, BStBl 1978 II
> S. 564).
>
> **b)** Sachverhalt wie zuvor. Der Steuerpflichtige fährt jedoch von der Betriebsstätte in
> B jeweils unmittelbar zu seiner Wohnung in W zurück.
>
> Da der Steuerpflichtige nicht von A aus zu seiner Wohnung in W zurückkehrt und die
> Fahrten nach B nicht von seiner Wohnung in W aus antritt, greift die Abzugs-
> beschränkung des § 4 Abs. 5 Satz 1 Nr. 6 EStG für die Fahrten von W nach A und

die Fahrten von B nach W ebensowenig ein wie für die Fahrten von A nach B. Die Wohnung des Steuerpflichtigen ist nicht der unmittelbare Ausgangs- und Endpunkt der Fahrten von W nach A und von B nach W.

Fahrten zwischen Wohnung und Betriebsstätte liegen selbst dann nicht vor, wenn sich am Wohnsitz des Steuerpflichtigen eine Betriebsstätte befindet und der Steuerpflichtige von dieser Betriebsstätte seine Fahrten zu anderen Betriebsstätten antritt. Dies gilt sogar dann, wenn sich die Betriebsstätte am Wohnsitz des Steuerpflichtigen mit seiner Wohnung auf demselben Grundstück befindet (BFH, BStBl 1980 II S. 700). Etwas anderes gilt allerdings, wenn sich eine Betriebsstätte in der Wohnung des Steuerpflichtigen selbst oder in einem häuslichen Arbeitszimmer in demselben Gebäude in unmittelbarer Nähe der Wohnung befindet (BFH, BStBl 1989 II S. 421, 423). Ob das häusliche Arbeitszimmer bzw. der betrieblich genutzte Teil der Wohnung baulich von der (übrigen) Wohnung getrennt ist und eine in sich geschlossene Einheit bildet, ist nach der heutigen Rechtsprechung ohne Bedeutung (anders noch BFH, BStBl 1986 II S. 744 und 1988 II S. 357, 358).

Beispiel:

a) Der Steuerpflichtige, der einen Betrieb in der Stadt A hat, wohnt in der Vorortgemeinde B in einem Zweifamilienhaus. Im Souterrain dieses Hauses befindet sich eine Einliegerwohnung mit eigenem Zugang, die von dem Steuerpflichtigen als Büro genutzt wird.

Die Fahrten zwischen B und A fallen unter die Abzugsbeschränkung des § 4 Abs. 5 Satz 1 Nr. 6 EStG, weil die Büroräume sich in unmittelbarer Nähe zur Wohnung des Steuerpflichtigen befinden.

Der BFH läßt sich heute zu Recht davon leiten, daß nach dem äußeren Eindruck und der Gewichtung des Vorgangs in derartigen Fällen das Wohnhaus oder die Wohnung als Ausgangs- und Endpunkt der täglichen Fahrten erscheinen. Dabei macht es keinen Unterschied, welchen Raum der Steuerpflichtige jeweils unmittelbar vor und nach der Fahrt als ersten aufsucht.

Die Vorschrift des § 4 Abs. 5 Satz 1 Nr. 6 EStG ist im übrigen auch auf Fahrten des geschäftsführenden Gesellschafters einer Personengesellschaft zwischen seiner Wohnung und der Betriebsstätte der Gesellschaft anzuwenden (BFH, BStBl 1987 II S. 260). Da die Vorschrift mit den Begriffen „Fahrten des Steuerpflichtigen" und „Wohnung" an die Verhältnisse natürlicher Personen anknüpft, wird man den Rückgriff auf die Gesellschafter insoweit mit dem BFH als gerechtfertigt und geboten ansehen müssen.

Zu der Frage, welche Wohnung maßgebend ist, wenn ein Steuerpflichtiger mehrere Wohnungen hat, wird auf die Ausführungen zu § 9 Abs. 1 Satz 3 Nr. 4 EStG verwiesen (siehe 4.4.3.7 zu Nr. 6).

Greift die Abzugsbeschränkung des § 4 Abs. 5 Satz 1 Nr. 6 EStG ein, so sind die tatsächlichen Aufwendungen für die einmaligen täglichen Fahrten von der Wohnung zum Betrieb und zurück als nicht abzugsfähige Betriebsausgaben zu behandeln, soweit sie über den Betrag hinausgehen, der sich bei Anwendung der in § 9 Abs. 1 Nr. 4 EStG bezeichneten Kilometer-Pauschbeträge für diese Fahrten ergibt.

Nach Abschn. 20 a Abs. 4 EStR ist es aus Vereinfachungsgründen nicht zu beanstanden, wenn die tatsächlichen Aufwendungen unter Berücksichtigung der Gesamtfahrleistung des Kraftfahrzeugs nach den Tabellen der deutschen Automobilklubs – ggf. zuzüglich der anteiligen Kosten für einen angestellten Kraftfahrer – ermittelt werden.

Beispiel:

Der Steuerpflichtige A ist mit seinem Pkw im Laufe eines Wirtschaftsjahres insgesamt 50 000 km gefahren. Auf die einmaligen täglichen Hin- und Rückfahrten zwischen Wohnung und Betrieb entfallen davon 5000 km. Bei der Gesamtfahrleistung dieses Wirtschaftsjahres belaufen sich die Kosten je Kilometer nach der Tabelle eines Automobilklubs auf 0,45 DM. Der nach § 4 Abs. 5 Nr. 6 EStG nicht abzugsfähige und daher dem Gewinn hinzuzurechnende Betrag errechnet sich danach wie folgt:

Tatsächliche Aufwendungen für Fahrten zwischen Wohnung und Betrieb (5000 × 0,45 DM =)	2250 DM
Nach § 4 Abs. 5 Nr. 6 EStG zu berücksichtigender Betrag (5000 × 0,25 DM =)	1250 DM
Unterschiedsbetrag somit	1000 DM

Es steht dem Steuerpflichtigen auf der anderen Seite natürlich auch frei, die tatsächlichen Aufwendungen für die Fahrten zwischen Wohnung und Betrieb nachzuweisen. In diesem Fall ist es nach Abschn. 20 a Abs. 4 EStR nicht zu beanstanden, wenn als Aufwendungen je Kilometer Fahrleistung für die Fahrten zwischen Wohnung und Betrieb die Aufwendungen angesetzt werden, die sich bei der Aufteilung der Gesamtaufwendungen für das für diese Fahrten benutzte Kraftfahrzeug auf die mit diesem Fahrzeug insgesamt gefahrenen Kilometer ergeben.

Bei Körperbehinderten, deren Minderung der Erwerbsfähigkeit mindestens 70 v. H. oder bei erheblich Gehbehinderten mindestens 50 v. H. beträgt, können jedoch auf Antrag für die Fahrten zwischen Wohnung und Betrieb die tatsächlichen Aufwendungen als Betriebsausgaben abgezogen werden.

4.1.7.5.11 Aufwendungen für Familienheimfahrten

Bei Vorliegen einer doppelten Haushaltsführung dürfen Aufwendungen für Familienheimfahrten nach § 4 Abs. 5 Satz 1 Nr. 6 EStG den Gewinn nicht mindern, soweit sie die Beträge übersteigen, die sich bei entsprechender Anwendung der Vorschriften in § 9 Abs. 1 Nr. 5 und Abs. 2 EStG ergeben.

Auch bei der Ermittlung der Gewinneinkünfte können damit zur Sicherstellung der Gleichbehandlung nur die Aufwendungen für eine Familienheimfahrt wöchentlich als Betriebsausgaben abgezogen werden.

Bei Fahrten mit einem eigenen Kraftfahrzeug sind die entstehenden Aufwendungen auch insoweit als nicht abzugsfähige Betriebsausgaben zu behandeln, soweit sie über den Betrag hinausgehen, der sich bei Anwendung der in § 9 Abs. 1 Nr. 4 EStG bezeichneten Kilometer-Pauschbeträge für diese Fahrten ergibt (vgl. § 9 Abs. 1 Nr. 5 Satz 4 EStG).

Hinsichtlich der Ermittlung der tatsächlichen Aufwendungen gelten die in Abschn. 20 a Abs. 4 EStR getroffenen Regelungen entsprechend. Auf die diesbezüglichen Ausführungen zu 4.1.7.5.10 wird verwiesen.

Bei Körperbehinderten, deren Erwerbsunfähigkeit um mindestens 70 v. H. gemindert ist, können auf Antrag auch insoweit die tatsächlichen Aufwendungen als Betriebsausgaben abgezogen werden. Das gleiche gilt bei erheblich Gehbehinderten, deren Minderung der Erwerbsunfähigkeit mindestens 50 v. H. beträgt.

4.1.7.5.12 Andere Aufwendungen, die teilweise nicht abzugsfähig sind

Außer den unter 4.1.7.4.2 bis 11 behandelten fest umrissenen Aufwendungen sind nach § 4 Abs. 5 Satz 1 Nr. 7 EStG ganz allgemein Aufwendungen, die die Lebensführung des Steuerpflichtigen oder anderer Personen berühren, nicht abzugsfähig, soweit sie nach der allgemeinen Verkehrsauffassung als unangemessen anzusehen sind. Der allgemeine Grundsatz, daß der Steuerpflichtige selbst bestimmen kann, welche Ausgaben er im betrieblichen Interesse tätigen will, hat damit insoweit eine Einschränkung erfahren. Durch diese Einschränkung soll verhindert werden, daß unangemessener betrieblicher Repräsentationsaufwand mit steuerlicher Auswirkung gewinnmindernd berücksichtigt werden kann.

Das Abzugsverbot des § 4 Abs. 5 Satz 1 Nr. 7 EStG greift nur ein, wenn Aufwendungen gemacht worden sind, die ohne Anwendung dieser Vorschrift als Betriebsausgaben abzuziehen wären (BFH, BStBl 1986 II S. 904, 905). Aktivierungspflichtige Aufwendungen, die schon aufgrund des Aktivierungsgebots vom sofortigen Abzug ausgeschlossen sind, fallen daher nicht unter das Abzugsverbot des § 4 Abs. 5 Satz 1 Nr. 7 EStG. Dies schließt jedoch nicht aus, daß bei abnutzbaren Wirtschaftsgütern die AfA als Aufwendungen i. S. des § 4 Abs. 5 Satz 1 Nr. 7 EStG zu behandeln sein können.

Die Lebensführung eines Steuerpflichtigen berühren Aufwendungen, die durch persönliche Motive eines Steuerpflichtigen mitveranlaßt sind (BFH, BStBl 1976 II S. 97). Hierunter fallen insbesondere Aufwendungen, die ein Steuerpflichtiger in seinem repräsentativen Bereich macht (BFH, BStBl 1986 II S. 904, 905). Neben Aufwendungen für Personenkraftwagen (vgl. dazu BFH, BStBl 1980 II S. 340) und Reiseaufwendungen (vgl. dazu BFH, BStBl 1985 II S. 458) sind diesem Bereich grundsätzlich auch die Aufwendungen eines Steuerpflichtigen für seine Büroeinrichtung zuzuordnen (vgl. BFH, BStBl 1986 II S. 904, 905).

Bei der Entscheidung, ob bestimmte Aufwendungen nach der allgemeinen Verkehrsauffassung als unangemessen anzusehen sind, ist auf die Umstände des Einzelfalls abzustellen, da der Vorschrift des § 4 Abs. 5 Satz 1 Nr. 7 EStG absolute Höchstbeträge nicht zu entnehmen sind (BFH, BStBl 1987 II S. 853 und 1988 II S. 629). Maßstab für die vorzunehmende Angemessenheitsprüfung ist dabei, ob ein ordentlicher und gewissenhafter Unternehmer angesichts der erwarteten Vorteile und Kosten die betreffenden Aufwendungen dem Grunde und der Höhe nach ebenfalls auf sich genommen haben würde (vgl. BFH, BStBl 1986 II S. 904, 906). Als Beurteilungskriterien sind dabei neben der Größe des

Unternehmens, der Höhe des längerfristigen Umsatzes und des Gewinns vor allem die Bedeutung der Aufwendungen für den Geschäftserfolg nach der Art der ausgeübten Tätigkeit und ihre Üblichkeit in vergleichbaren Betrieben heranzuziehen. Daneben ist auch der Grund der Berührung der privaten Lebensführung des Steuerpflichtigen oder anderer Personen zu berücksichtigen. Aufwendungen sind daher um so weniger als unangemessen anzusehen, je stärker die Berührung mit der Lebensführung des Steuerpflichtigen oder anderer Personen hinter der betrieblichen Veranlassung zurücktritt (BFH, BStBl 1986 II S. 904, 906).

Die Anwendung der Vorschrift des § 4 Abs. 5 Satz 1 Nr. 7 EStG setzt zunächst voraus, daß es sich im Grunde um betrieblich veranlaßte Aufwendungen handelt (sonst wären sie nach § 12 EStG überhaupt nicht abzugsfähig). Nach der allgemeinen Verkehrsauffassung unangemessene Aufwendungen sind nicht in vollem Umfang, sondern ebenfalls nur insoweit nicht abzugsfähig, als sie die Grenze des Angemessenen übersteigen.

Wie hoch die zu beurteilenden Aufwendungen sind und in welchem Maße sie als unangemessen anzusehen sind, ist danach an sich ohne Bedeutung. Im Hinblick auf den Zweck der Vorschrift des § 4 Abs. 5 Satz 1 Nr. 7 EStG, Mißbräuche zu verhindern, sowie die mit der Angemessenheitsprüfung in der Praxis verbundenen erheblichen Schwierigkeiten ist in Abschn. 20 Abs. 17 Satz 2 EStR jedoch eine Vereinfachungsregelung getroffen worden. Danach ist bei den in Abschn. 20 Abs. 17 Satz 1 EStR aufgeführten Aufwendungen von der Vorschrift des § 4 Abs. 5 Satz 1 Nr. 7 EStG nur Gebrauch zu machen, wenn die Aufwendungen als solche ins Gewicht fallen und die Grenze des Angemessenen erheblich überschreiten.

Beispiele:

a) Ein Rechtsanwalt und Notar hat im Jahr 1989 für seine Praxis einen Perserteppich für 25 000 DM erworben.

Die Kosten des Teppichs überschreiten die Angemessenheit erheblich, berühren die Lebensführung und scheiden daher für die Ermittlung der anzuerkennenden AfA-Beträge teilweise aus.

Nach Auffassung des BFH (vgl. BStBl 1976 II S. 97) sollen im Jahr 1970 allenfalls 5000 DM als angemessene Aufwendungen für einen ansehnlichen Bodenbelag angesehen werden können. Geht man davon aus, so wird man vorliegend allenfalls Aufwendungen in Höhe von 18 000 DM als angemessen ansehen können und für die Ermittlung der anzuerkennenden AfA-Beträge von entsprechend gekürzten Anschaffungskosten ausgehen müssen.

b) Ein Unternehmensberater, der vor allem Großunternehmen in den Bereichen Marketing, Vertrieb und Einstellung von Führungspersonal berät, hat zur Ausstattung seines Büros in seinem Einfamilienhaus 1989 einen Orientteppich für 28 200 DM und eine Orientbrücke für 9200 DM angeschafft.

Im Hinblick auf den verfolgten Zweck, mit gehobenem äußeren Rahmen für eine qualifizierte und erfolgreiche Beratung zu werben, werden die Anschaffungskosten nicht als unangemessen behandelt werden können (vgl. auch BFH, BStBl 1986 II S. 905).

c) Ein Steuerpflichtiger, Inhaber einer Werbeberatung mit einem Umsatz von rund 100 Mio. DM und einem Gewinn von rund 4 Mio. DM, hat im Jahr 1989 einen überwiegend betrieblich genutzten Pkw für rund 90 000 DM angeschafft, mit dem er auf betrieblich veranlaßten Fahrten jährlich etwa 28 000 km zurücklegt. Der Pkw gehört in vollem Umfang zum Betriebsvermögen des Steuerpflichtigen (BFH, BStBl 1979 II S. 387).

Da auch ein aufwendigerer Pkw jedenfalls im Bereich der Werbebranche geeignet ist, für entsprechend lukrative Aufträge zu werben, wird man die Anschaffungskosten des Pkw vorwiegend nicht als unangemessen anzusehen haben, sofern der Pkw entsprechend genutzt wird (vgl. auch BFH, BStBl 1987 II S. 853). Dabei kommt es nicht darauf an, ob es sich bei dem Pkw um ein Serienfahrzeug handelt oder nicht.

d) Der Handelsvertreter A hat im Jahr 1989 einen ganz überwiegend betrieblich genutzten Pkw für rund 70 000 DM angeschafft. A legt auf betrieblich veranlaßten Fahrten jährlich etwa 75 000 bis 80 000 km zurück.

Mit Rücksicht auf die erhebliche betriebliche Fahrleistung auf langen Strecken dürften nach unserer Auffassung gegen die Angemessenheit der Aufwendungen in diesem Fall keine Bedenken zu erheben sein.

e) Der Fabrikbesitzer Y (Jahreseinkommen 800 000 DM) benutzt in seinem Chefzimmer einen Brieföffner mit goldenem Griff. Preis 500 DM.

Der Aufwand ist zwar möglicherweise unangemessen, berührt auch die Lebensführung, fällt aber nicht ins Gewicht und ist daher voll abzugsfähig.

4.1.7.5.13 Geldbußen, Ordnungs- und Verwarnungsgelder sowie ähnliche Leistungen

Nach § 4 Abs. 5 Satz 1 Nr. 8 EStG[14] dürfen auch Geldbußen, Ordnungsgelder und Verwarnungsgelder nicht als Betriebsausgaben abgezogen werden, wenn sie von einem Gericht oder einer Behörde in der Bundesrepublik Deutschland oder von Organen der Europäischen Gemeinschaften festgesetzt worden sind. Dieses Abzugsverbot gilt darüber hinaus auch für Leistungen zur Erfüllung von Auflagen oder Weisungen, die in einem berufsgerichtlichen Verfahren erteilt worden sind. Insoweit greift das Abzugsverbot allerdings nur Platz, soweit die Auflagen oder Weisungen nicht lediglich der Wiedergutmachung des durch die Tat verursachten Schadens dienen.

Nicht unter das Abzugsverbot des § 4 Abs. 5 Satz 1 Nr. 8 EStG fallen Nebenfolgen vermögensrechtlicher Art nach dem Ordnungswidrigkeitenrecht wie z. B. die Abführung des Mehrerlöses nach § 8 des Wirtschaftsstrafgesetzes 1954 i.d.F. der Bekanntmachung vom 3. 6. 1975 (BGBl 1975 I S. 1313), der Verfall nach § 29 a OWiG und die Einziehung nach § 22 OWiG. Geldbußen sind allerdings auch dann in vollem Umfang vom Abzug als Betriebsausgabe ausgeschlossen, wenn der aus der Tat gezogene Vorteil oder der durch die Tat erlangte Mehrerlös bei der Bemessung der Geldbuße berücksichtigt worden ist (vgl. auch Abschn. 25 Abs. 3 Satz 1 EStR). Soweit danach auch der auf die Abschöpfung des wirtschaftlichen Vorteils einer Tat entfallende Teil einer Geldbuße dem Abzugsverbot des § 4 Abs. 5 Satz 1 Nr. 8 EStG unterworfen ist, hält der BFH (vgl. BStBl 1987 II

---

14 Die Vorschrift ist durch das Gesetz zur Änderung des Einkommensteuergesetzes und des Körperschaftsteuergesetzes vom 25. 7. 1984 (BStBl I S. 401) mit Wirkung vom VZ 1983 an in das EStG eingefügt worden, nachdem der BFH seine bisherige Rechtsprechung geändert und die Abzugsfähigkeit von Geldbußen bejaht hatte (vgl. BStBl 1984 II S. 160 und 166).

S. 212) diese Vorschrift allerdings für verfassungswidrig. Insoweit bleibt die Entscheidung des BVerfG abzuwarten.

4.1.7.5.14 Hinterziehungszinsen

Nach der Vorschrift des § 4 Abs. 5 Nr. 8 a EStG, die nach § 52 Abs. 5 EStG ebenfalls erstmals für das nach dem 31. 12. 1989 endende Wirtschaftsjahr anzuwenden ist, gilt ein Abzugsverbot auch für Hinterziehungszinsen, die nach § 235 AO für hinterzogene Steuerbeträge bis zu deren Zahlung zu entrichten sind. Von dem ersten nach dem 31. 12. 1989 endenden Wirtschaftsjahr an dürfen Hinterziehungszinsen nach § 235 AO auch insoweit nicht mehr als Betriebsausgaben berücksichtigt werden, als sie mit Steuern im Zusammenhang stehen, die als Betriebsausgaben abzugsfähig sind. Wann die entsprechende Verkürzung eingetreten bzw. der entsprechende Steuervorteil erlangt worden ist und damit der Zinslauf begonnen hat, ist für die Anwendung des Abzugsverbots ebenso ohne Bedeutung wie der Besteuerungszeitraum, für den Steuerbeträge hinterzogen worden sind. Das Abzugsverbot des § 4 Abs. 5 Nr. 8 a EStG gilt daher auch für Hinterziehungszinsen, die in den nach dem 31. 12. 1989 endenden Wirtschaftsjahren für Beträge zu berücksichtigen sind, die für Besteuerungszeiträume hinterzogen worden sind, die vor dem Anwendungszeitraum dieser Vorschrift liegen.

Beispiel:

Im Kalenderjahr 1990 hat der Steuerpflichtige neben einem hinterzogenen Umsatzsteuerbetrag für das Jahr 1986 in Höhe von 150 000 DM auch Hinterziehungszinsen in Höhe von 30 000 DM zu entrichten.

Soweit für die zu entrichtenden Hinterziehungszinsen nicht in den Wirtschaftsjahren 1987 bis 1989 Rückstellungen gebildet werden konnten und gebildet wurden, fallen die Zinsen unter das Abzugsverbot des § 4 Abs. 5 Nr. 8 a EStG auch insoweit, als sie nicht auf das Kalenderjahr 1990 entfallen.

4.1.7.5.15 Besondere Aufzeichnungen

Um die Prüfung und damit die Verwaltungsarbeit zu erleichtern, sind nach § 4 Abs. 7 EStG Aufwendungen i. S. des § 4 Abs. 5 Satz 1 Nr. 1 bis 5 und 7 EStG, auch soweit sie abzugsfähig sind, einzeln und getrennt von den sonstigen Betriebsausgaben aufzuzeichnen.

Die Beachtung dieser Aufzeichnungsvorschrift stellt eine materiell-rechtliche Voraussetzung für die Anerkennung als Betriebsausgaben dar (BFH, BStBl 1986 II S. 651). Die damit getroffene Regelung ist zwar sehr formal, gleichwohl aber als sachgerecht und legitim anzusehen (BFH, BStBl 1974 II S. 211 und 1988 II S. 535, 537).

Die wortgetreue Befolgung der Vorschrift des § 4 Abs. 7 EStG ist jedoch in der Praxis undurchführbar. Die EStR haben daher die gesonderte Aufzeichnungspflicht auf folgende Aufwendungen beschränkt (Abschn. 20 Abs. 18 EStR):

1. Aufwendungen für Geschenke an Personen, die nicht Arbeitnehmer des Steuerpflichtigen sind,

2. Aufwendungen für die Bewirtung von Personen aus geschäftlichem Anlaß,[15]
3. Aufwendungen für Gästehäuser,
4. Aufwendungen für Jagd, Fischerei, Segel- oder Motorjachten und ähnliches,
5. Aufwendungen anläßlich einer Geschäftsreise oder einer doppelten Haushaltsführung mit Ausnahme der Fahrtkosten und der Mehraufwendungen für Verpflegung, für die keine höheren Beträge geltend gemacht werden als die im Abschnitt 119 Abs. 3 bis 5 EStR bezeichneten Pauschbeträge. Aufwendungen für Dienstreisen von Arbeitnehmern brauchen nicht besonders nach § 4 Abs. 7 EStG aufgezeichnet zu werden;
6. Aufwendungen für Unterhaltung und Beherbergung von Geschäftsfreunden.

Die Pflicht zur besonderen Aufzeichnung der vorbezeichneten Aufwendungen ist erfüllt, wenn diese Aufwendungen von Steuerpflichtigen mit Gewinnermittlung nach § 4 Abs. 1 oder nach § 5 EStG fortlaufend und unmittelbar ohne Vermischung mit anderen Aufwendungen auf besonderen Konten im Rahmen der Buchführung gebucht und vom Steuerpflichtigen mit Gewinnermittlung nach § 4 Abs. 3 EStG von Anfang an getrennt von den sonstigen Betriebsausgaben fortlaufend und einzeln aufgezeichnet werden. Auch eine Verbuchung in der letzten Spalte des Amerikanischen Journals reicht insoweit nicht aus, wenn die vorbezeichneten Aufwendungen zusammen mit anderen Aufwendungen gebucht werden (BFH, BStBl 1980 II S. 745).

Rein statistische Aufzeichnungen ohne Zusammenhang mit der Buchführung genügen nicht (BFH, BStBl 1968 II S. 648). Eine nachträgliche statistische Zusammenstellung reicht auch bei der Gewinnermittlung nach § 4 Abs. 3 EStG nicht aus (BFH, BStBl 1968 II S. 651).

Sofern es sich um Kassenausgaben handelt, muß die Aufzeichnung auch insoweit täglich, spätestens am nächsten Geschäftstag, erfolgen.

Die Pflicht zur besonderen Aufzeichnung erstreckt sich nach dem Sinn und Zweck des § 4 Abs. 7 EStG auf alles, was im Regelfall auch in einem ordnungsmäßigen Beleg angegeben werden muß (BFH, BStBl 1972 II S. 694). Bei den Aufwendungen für Geschenke muß daher grundsätzlich der Name des Empfängers, bei den Aufwendungen für Bewirtung, Unterhaltung und Beherbergung von Geschäftsfreunden in aller Regel der Name des Geschäftsfreundes aus der Buchung oder zumindest dem Buchungsbeleg zu ersehen sein. Bei der Bewirtung von Geschäftsfreunden genügt zur Bezeichnung der bewirteten Personen jedoch die ordnungsmäßige Ausfüllung des vorgeschriebenen amtlichen Vordrucks (Abschn. 20 Abs. 22 Satz 3 EStR).

Weitere Einzelheiten zur ordnungsmäßigen Aufzeichnung dieser Aufwendungen ergeben sich aus Abschn. 20 Abs. 20 bis 22 EStR.

---

15 Hierunter ist auch der Teil der Aufwendungen zu erfassen, der anläßlich einer solchen Bewirtung anteilig auf den Steuerpflichtigen entfällt.

Ein Verstoß gegen die gesonderte Aufzeichnungspflicht hat lediglich zur Folge, daß die nicht besonders aufgezeichneten Aufwendungen nicht abgezogen werden können (BFH, BStBl 1967 III S. 286).

4.1.7.6 Aufwendungen für die betriebliche Altersversorgung von Arbeitnehmern

4.1.7.6.1 Allgemeines

Durch das Gesetz zur Verbesserung der betrieblichen Altersversorgung (BetrAVG) vom 19. 12. 1974 (BStBl 1975 I S. 22), das erhebliche arbeitsrechtliche Verbesserungen für die Arbeitnehmer gebracht hat, sind auch verschiedene steuerrechtliche Regelungen getroffen worden, durch die neben einigen Erleichterungen für die Arbeitgeber auch bisher gewährte Steuervorteile teilweise als ungerechtfertigt beseitigt worden sind.

Auf die durch dieses Gesetz eingefügten Vorschriften der §§ 4 b, 4 c und 4 d EStG soll im folgenden im Hinblick auf ihre Bedeutung näher eingegangen werden.

4.1.7.6.2 Beiträge für die Direktversicherung von Arbeitnehmern

Eine Direktversicherung ist eine vom Arbeitgeber auf das Leben eines Arbeitnehmers abgeschlossene Lebensversicherung, aus der dieser oder seine Hinterbliebenen ganz oder teilweise bezugsberechtigt sind. Wie eine derartige Versicherung ist auch eine Lebensversicherung zu behandeln, die durch den Arbeitnehmer abgeschlossen und danach vom Arbeitgeber übernommen worden ist (Abschn. 26 Abs. 1 Satz 2 EStR). Besonders für Klein- und Mittelbetriebe bietet und bot sich der Abschluß einer solchen Versicherung als geeignete Form der Altersversorgung der Arbeitnehmer an.

Die früher nicht abschließend geklärte Frage, ob und inwieweit die Versicherungsansprüche in derartigen Fällen vom Arbeitgeber zu aktivieren waren, hat nunmehr in § 4 b EStG eine gesetzliche Regelung gefunden. Nach § 4 b Satz 1 EStG ist der Versicherungsanspruch aus einer vom Arbeitgeber aus betrieblichem Anlaß abgeschlossenen Direktversicherung dem Betriebsvermögen des Arbeitgebers nicht zuzurechnen, soweit am Schluß des Wirtschaftsjahres hinsichtlich der Leistungen des Versicherers die Person, auf deren Leben die Lebensversicherung abgeschlossen ist, oder deren Hinterbliebene bezugsberechtigt sind. Eine Erfassung des Versicherungsanspruchs als Betriebsvermögen des Arbeitgebers kommt nach § 4 b Satz 2 EStG selbst dann nicht in Betracht, wenn der Arbeitgeber die Ansprüche aus dem Versicherungsvertrag abgetreten oder beliehen hat. Voraussetzung ist insoweit allerdings, daß der Arbeitgeber sich der bezugsberechtigten Person gegenüber schriftlich verpflichtet, sie bei Eintritt des Versicherungsfalls so zu stellen, als ob die Abtretung oder Beleihung nicht erfolgt wäre.

Wenn es in § 4 b Satz 1 EStG heißt, daß der Versicherungsanspruch dem Betriebsvermögen des Arbeitgebers nicht zuzurechnen sei, so ist dies nicht ganz zutreffend. Aus der Entstehungsgeschichte dieser Vorschrift folgt vielmehr, daß diese Formulierung als ein **Verbot** zu verstehen ist, den **Versicherungsanspruch zu aktivieren.**

Wenn und soweit die Vorschriften des § 4 b EStG eingreifen, sind die vom Arbeitgeber geleisteten Versicherungsbeiträge damit in vollem Umfang als Betriebsausgaben abzugsfähig.

Bei den begünstigten Arbeitnehmern stellen die beim Arbeitgeber als Betriebsausgaben abzugsfähigen Versicherungsbeiträge Arbeitslohn dar, der nach § 2 Abs. 3 Nr. 2 Satz 3 LStDV bis zur Höhe von 312 DM jährlich steuerfrei ist und im übrigen nach § 40 b EStG bis zur Höhe von 2400 DM jährlich pauschal mit 10 v. H. besteuert werden kann.

Die Vorschriften des § 4 b EStG gelten, wie sich aus ihrem Wortlaut ergibt, nur, wenn der Abschluß der Direktversicherung aus betrieblichem Anlaß erfolgt ist, Beiträge für Versicherungen, die nicht aus betrieblichem Anlaß abgeschlossen worden sind, sind nach den allgemeinen Grundsätzen nicht als Betriebsausgaben anzuerkennen.

Ob eine Direktversicherung aus betrieblichem Anlaß abgeschlossen worden ist, kann vor allem dann zweifelhaft sein, wenn der Abschluß zugunsten des im Betrieb mitarbeitenden Ehegatten erfolgt ist. Nach der heutigen Rechtsprechung des BFH sind Beiträge des Arbeitgebers zu einer Direktversicherung zugunsten des im Betrieb mitarbeitenden Ehegatten als Betriebsausgaben abziehbar, wenn die im folgenden dargestellten Voraussetzungen sämtlich erfüllt sind:

Die **Versicherung** muß **im Rahmen eines steuerlich anzuerkennenden Arbeitsverhältnisses abgeschlossen** sein (BFH, BStBl 1982 II S. 126 und 1987 II S. 205). Liegt ein Arbeitsverhältnis zwischen den Ehegatten nicht vor oder ist dieses steuerlich nicht anzuerkennen, können Beiträge zu einer Direktversicherung zugunsten des mitarbeitenden Ehegatten daher nicht als Betriebsausgaben abgezogen werden.

Der **Versicherungsvertrag** muß **ernstlich gewollt und klar und eindeutig vereinbart** sein.

Die **Versicherung** muß **dem Grunde nach angemessen** sein. Diese Voraussetzung kann regelmäßig als erfüllt angesehen werden, wenn auch für familienfremde Arbeitnehmer, die eine gleiche oder ähnliche oder geringerwertige Tätigkeit wie der Arbeitnehmer-Ehegatte ausüben, eine vergleichbare Direktversicherung abgeschlossen worden ist und diese Arbeitnehmer bei Abschluß der Versicherung dem Betrieb nicht länger angehört haben als der Arbeitnehmer-Ehegatte bei Abschluß der Versicherung auf sein Leben.

Wenn neben dem Arbeitnehmer-Ehegatten auch familienfremde Arbeitnehmer beschäftigt sind, die eine gleiche oder ähnliche Tätigkeit wie der Arbeitnehmer-Ehegatte ausüben, so ist diese Voraussetzung nur dann als erfüllt anzusehen, wenn auch den anderen Arbeitnehmern, die vergleichbare Tätigkeits- und Leistungsmerkmale aufweisen, eine entsprechende Altersversorgung zu den gleichen Bedingungen eingeräumt oder zumindest ernsthaft angeboten worden ist (BFH, BStBl 1983 II S. 406).

Beispiele:

a) Ein Arzt hat neben einer fremden Kraft auch seine Ehefrau als Sprechstundenhilfe in seiner Praxis beschäftigt. Gegen die steuerliche Anerkennung des mit der Ehefrau abgeschlossenen Arbeitsvertrags bestehen keine Bedenken.

Im Jahre 1987 hat der Arzt zugunsten seiner Ehefrau einen Lebensversicherungsvertrag abgeschlossen, während er zugunsten der fremden Sprechstundenhilfe keinen entsprechenden Vertrag abgeschlossen hat.

Der Lebensversicherungsvertrag zugunsten der Ehefrau kann nicht als aus betrieblichem Anlaß abgeschlossen angesehen werden, weil die fremde Sprechstundenhilfe nicht entsprechend begünstigt worden ist.

b) Ein Unternehmer hat im Jahre 1987 zugunsten aller Arbeitnehmer, die seinem Betrieb zu der Zeit länger als 10 Jahre angehörten, eine Direktversicherung abgeschlossen. Eine Direktversicherung hat er darüber hinaus auch zugunsten seiner Ehefrau abgeschlossen, die seit 1982 aufgrund eines auch steuerlich anzuerkennenden Arbeitsvertrages im Betrieb mitarbeitet.

Die Direktversicherung zugunsten der Ehefrau kann nicht als betrieblich veranlaßt angesehen werden, weil zugunsten familienfremder Arbeitnehmer erst nach längerer Betriebszugehörigkeit entsprechende Versicherungen abgeschlossen worden sind.

Daß eine entsprechende Altersversorgung nur einem bestimmten Kreis der Arbeitnehmer, insbesondere den Mitgliedern der Geschäftsführung, vorbehalten worden ist, steht der Annahme des betrieblichen Charakters der dem Arbeitnehmer-Ehegatten eingeräumten Direktversicherung nicht entgegen, wenn dieser zu dem betreffenden Personenkreis gehört (BFH, BStBl 1983 II S. 500).

Werden neben dem Arbeitnehmer-Ehegatten keine weiteren Arbeitnehmer beschäftigt oder wird eine der Tätigkeit des Arbeitnehmer-Ehegatten gleichwertige Tätigkeit von anderen Arbeitnehmern im Betrieb nicht ausgeübt und für Arbeitnehmer mit geringerwertiger Tätigkeit keine Direktversicherung abgeschlossen, so kann der Abschluß einer Direktversicherung zugunsten des Arbeitnehmer-Ehegatten nur dann als dem Grunde nach angemessen angesehen werden, wenn andere betriebliche Erwägungen dafür sprechen, diesen Teil des Arbeitsentgelts für Versorgungszwecke zu verwenden (BFH, BStBl 1987 II S. 205). Dies ist in der Regel der Fall, wenn die Direktversicherung als Ersatz für Sozialversicherungsbeiträge für den Arbeitnehmer-Ehegatten eingeräumt worden ist (vgl. dazu BFH, BStBl 1983 II S. 209) oder wenn die Leistungen für die Direktversicherung aus den Beträgen erbracht werden, die durch Kürzung des Barlohns und die durch den Abschluß der Direktversicherung eintretende Lohnsteuerermäßigung eingespart werden (vgl. dazu BFH, BStBl 1987 II S. 557, 558). Entsprechendes gilt, wenn zwar keine Kürzung des Barlohns erfolgt, für die Leistungen an die Versicherung jedoch eine anstehende Lohnerhöhung verwendet wird. Liegen Fälle der vorstehend dargestellten Art nicht vor, so kann der Abschluß einer Direktversicherung nur dann als dem Grunde nach angemessen angesehen werden, wenn ein hohes Maß an Wahrscheinlichkeit dafür spricht, daß auch einem familienfremden Arbeitnehmer bei vergleichbaren Tätigkeits- und Leistungsmerkmalen eine entsprechende Altersversorgung gewährt worden wäre (BFH, BStBl 1984 II S. 60). Der Abschluß einer dem Arbeitnehmer-Ehegatten zusätzlich gewährten Direktversicherung kann jedoch nicht schon deswegen als dem Grunde nach angemessen und damit betrieblich veranlaßt angesehen werden, weil der gezahlte Barlohn bis dahin zu gering war (BFH, BStBl 1987 II S. 557).

Als dem Grunde nach angemessen kann der Abschluß einer Direktversicherung im übrigen in keinem Falle angesehen werden, wenn die Versicherung fällig werden soll, bevor der Arbeitnehmer-Ehegatte das 60. Lebensjahr vollendet hat. Etwas anderes könnte nur gelten, wenn bei familienfremden Arbeitnehmern ein niedrigeres Pensionsalter im Betrieb üblich wäre.

Der **Versicherungsbeitrag** muß im übrigen auch **der Höhe nach angemessen** sein. Die Angemessenheit ist regelmäßig durch Vergleich mit Beiträgen zu Direktversicherungen zugunsten familienfremder Arbeitnehmer zu prüfen. Werden keine vergleichbaren familienfremden Arbeitnehmer beschäftigt, so ist anhand aller Umstände des Einzelfalls zu entscheiden, ob die Versicherungsbeiträge auch der Höhe nach als angemessen anzusehen sind. Auch insoweit sind strenge Anforderungen zu stellen.

Auszugehen ist bei dieser Entscheidung von der Tatsache, daß eine betriebliche Altersversorgung grundsätzlich nur dazu bestimmt ist, eine nach der gesetzlichen Rentenversicherung im Regelfall verbleibende Versorgungslücke von etwa 20 bis 30 v. H. der letzten Aktivbezüge zu schließen (BFH, BStBl 1976 II S. 142). Der Versicherungsbeitrag ist danach grundsätzlich als der Höhe nach unangemessen anzusehen, wenn die eingeräumte Direktversicherung so bemessen ist, daß sie zusammen mit den zu erwartenden Rentenzahlungen aus der Sozialversicherung zu einer Überversorgung führt (BFH, BStBl 1977 II S. 112). Im Hinblick auf die Schwierigkeit der diesbezüglichen Ermittlungen kann jedoch von der Prüfung einer etwaigen Überversorgung des Arbeitnehmer-Ehegatten abgesehen werden, wenn die laufenden Aufwendungen für die Altersvorsorge 30 v. H. des steuerpflichtigen Jahresarbeitslohns nicht übersteigen (BFH, BStBl 1987 II S. 205, 207). Zu den laufenden Aufwendungen für die Altersversorgung sind insoweit der Arbeitgeber- und der Arbeitnehmeranteil zur gesetzlichen Sozialversicherung, freiwillige Leistungen des Arbeitgebers für Zwecke der Altersversorgung und Zuführungen zu einer Pensionsrückstellung jedenfalls dann zu rechnen, wenn es sich nicht um die erstmalige Bildung einer Pensionsrückstellung handelt.

Als der Höhe nach angemessen können Beiträge für eine Direktversicherung aber in jedem Fall nur angesehen werden, wenn sie zusammen mit dem tatsächlich gezahlten Arbeitsentgelt insgesamt nicht zu einer überhöhten Lohnzahlung führen (BFH, BStBl 1983 II S. 664), und die Versorgungsleistungen insgesamt in einem angemessenen Verhältnis zu den tatsächlich ausgezahlten Bezügen stehen (BFH, BStBl 1987 II S. 205; vgl. auch BFH, BStBl 1985 II S. 124).

Daß die Versicherungsleistung einer danach anzuerkennenden Direktversicherung für den Fall des Todes des Arbeitnehmer-Ehegatten ganz oder teilweise dem Arbeitgeber-Ehegatten oder den gemeinsamen Kindern zusteht, steht der Abzugsfähigkeit der Versicherungsbeiträge als Betriebsausgaben auch nach Auffassung der Finanzverwaltung nicht entgegen (vgl. Abschn. 41 Abs. 11 Satz 9 EStR).

4.1.7.6.3 Zuwendungen an Pensionskassen

Statt durch Abschluß einer Direktversicherung können Arbeitgeber die Altersversorgung ihrer Arbeitnehmer auch durch Einschaltung einer Pensionskasse sicherstellen. Unter einer Pensionskasse versteht man eine rechtsfähige Versorgungseinrichtung, die den leistungsberechtigten Arbeitnehmern und ihren Hinterbliebenen einen Rechtsanspruch auf ihre Leistungen gewährt und die damit der Versicherungsaufsicht unterliegt. Als Pensionskassen sind darüber hinaus auch rechtlich unselbständige Zusatzversorgungseinrichtungen des öffentlichen Dienstes i. S. des § 18 BetrAVG anzusehen, die den Leistungsberechtigten und ihren Hinterbliebenen einen Rechtsanspruch auf ihre Leistungen gewähren.

Zuwendungen an eine Pensionskasse dürfen nach § 4 c Abs. 1 EStG von dem diese Kasse tragenden Unternehmen (Trägerunternehmen) als Betriebsausgaben abgezogen werden, soweit sie auf einer in der Satzung oder im Geschäftsplan der Kasse festgelegten Verpflichtung oder auf einer Anordnung der Versicherungsaufsichtbehörde beruhen oder der Abdeckung von Fehlbeträgen bei der Kasse dienen. Durch diese Vorschrift, die an die Stelle des Gesetzes über die Behandlung von Zuwendungen an betriebliche Pensionskassen und Unterstützungskassen bei den Steuern vom Einkommen und Ertrag (Zuwendungsgesetz) vom 26. 3. 1952 (BGBl 1952 I S. 206) getreten ist, sind Zuwendungen an Pensionskassen in gleicher Weise abzugsfähig gemacht worden wie die Versicherungsbeiträge beim Abschluß von Direktversicherungen.

Soweit die Leistungen einer Pensionskasse allerdings, wenn sie vom Trägerunternehmen unmittelbar erbracht würden, bei diesem nicht betrieblich veranlaßt wären, dürfen nach § 4 c Abs. 2 EStG auch Zuwendungen des Trägerunternehmens an die Pensionskasse nicht als Betriebsausgaben abgezogen werden.

Beispiel:

Ein Unternehmer hat eine Pensionskasse gegründet, die neben den von ihm beschäftigten Arbeitnehmern auch ihm selbst und seinen Hinterbliebenen einen Pensionsanspruch eingeräumt hat.

Soweit die Zuwendungen an die Pensionskasse auf diesen Anspruch entfallen, sind sie nach § 4 c Abs. 2 EStG nicht als Betriebsausgaben abzugsfähig und als Privatentnahmen zu behandeln.

Ebenso wie die Beiträge zu Direktversicherungen stellen auch die beim Trägerunternehmen abzugsfähigen Zuwendungen an Pensionskassen Arbeitslohn der begünstigten Arbeitnehmer dar, der bis zur Höhe von 312 DM jährlich steuerfrei ist und nach § 40 b EStG pauschal besteuert werden kann.

4.1.7.6.4 Zuwendungen an Unterstützungskassen

Eine Unterstützungskasse ist eine rechtsfähige Versorgungseinrichtung, die auf ihre Leistungen keinen Rechtsanspruch gewährt. Auch durch Einschaltung einer solchen der Versicherungsaufsicht nicht unterliegenden Kasse kann der Arbeitgeber die Altersversorgung seiner Arbeitnehmer durchführen.

Da sich die Abzugsfähigkeit der Zuwendungen an Unterstützungskassen nach dem früher geltenden Zuwendungsgesetz teilweise nicht nach den tatsächlichen

Kassenleistungen, sondern nach der Lohn- und Gehaltssumme des Trägerunternehmens richtete, haben die Unterstützungskassen in der Vergangenheit zum Teil Vermögen angesammelt, die in keinem Verhältnis zu ihren Leistungen stehen. Diese vom Gesetzgeber nicht für vertretbar gehaltenen Überdotierungen sollen durch die Vorschrift des § 4 d EStG abgebaut werden, indem die abzugsfähigen Zuwendungen stärker als bisher an die Höhe der Leistungen gekoppelt werden.

Bei **Unterstützungskassen, die lebenslänglich laufende Leistungen gewähren,** dürfen nach § 4 d Abs. 1 Nr. 1 Buchst. a EStG zunächst nur noch Zuwendungen in Höhe des Deckungskapitals für die laufenden Leistungen als Betriebsausgaben abgezogen werden. Um den Kassen die Bildung eines gewissen Reservepolsters zu ermöglichen, aus dem sie auch beim vorübergehenden Ausbleiben entsprechender Zuwendungen durch das Trägerunternehmen Leistungen in neu hinzukommenden Versorgungsfällen erbringen können, dürfen nach § 4 d Abs. 1 Nr. 1 Buchst. b EStG ferner in jedem Wirtschaftsjahr für jeden Leistungsanwärter Beträge bis zu jeweils 6 bzw. 25 v. H. des Durchschnittsbetrags der von der Kasse im Wirtschaftsjahr gewährten Leistungen als Betriebsausgaben abgesetzt werden. Hat die Kasse noch keine Leistungen gewährt, so tritt an die Stelle des Durchschnittsbetrags der im Wirtschaftsjahr gewährten Leistungen der durchschnittliche Höchstbetrag der jährlichen Leistungen, den die am Schluß des Wirtschaftsjahres über 60 Jahre alten Leistungsanwärter oder deren Hinterbliebene erhalten können. Falls eine Kasse keine über 60 Jahre alten Leistungsanwärter hat, treten an deren Stelle die über 55 Jahre alten Leistungsanwärter. Auch die danach zulässigen Zuwendungen dürfen jedoch nicht als Betriebsausgaben abgezogen werden, wenn das Kassenvermögen ohne Berücksichtigung künftiger Kassenleistungen am Schluß des Wirtschaftsjahres das zulässige Kassenvermögen übersteigt.

Zulässiges Kassenvermögen ist grundsätzlich die Summe aus dem Deckungskapital für alle am Schluß des Wirtschaftsjahrs laufenden Leistungen und dem Achtfachen der nach § 4 d Abs. 1 Nr. 1 Buchst. b EStG abzugsfähigen Zuwendungen.

Soweit sich eine Unterstützungskasse die Mittel für ihre Leistungen (ausnahmsweise) durch Abschluß einer (Rückdeckungs-)Versicherung verschafft, kann das Trägerunternehmen nach § 4 d Abs. 1 Nr. 1 Buchst. c EStG Zuwendungen in Höhe der an die Versicherung gezahlten Jahresprämie als Betriebsausgaben abziehen. Etwaige Zuwendungen nach § 4 d Abs. 1 Nr. 1 Buchst. a und b EStG sind in diesem Fall allerdings in dem Verhältnis zu mindern, in dem die Leistungen der Kasse durch die Versicherung gedeckt sind. Bei der Ermittlung des zulässigen Kassenvermögens tritt in diesem Fall ferner der Anspruch gegen die Versicherung an die Stelle des Achtfachen der nach § 4 d Abs. 1 Nr. 1 Buchst. b EStG zulässigen Zuwendungen.

Findet die Unterstützungskasse einen Leistungsanwärter vor Eintritt des Versorgungsfalls hinsichtlich seiner künftigen Versorgungsleistungen ab oder zahlt sie einem anderen Versorgungsträger einen bestimmten Betrag für die Übernahme der ihr obliegenden Versorgungsverpflichtung, so kann das Trägerunternehmen schließlich nach § 4 d Abs. 1 Nr. 1 Buchst. d EStG Zuwendungen an die Unterstützungskasse bis zur Höhe der von dieser gezahlten Beträge als Betriebsausgaben abziehen. Bei Bestehen einer Rückdeckungsversicherung vermindert sich der abzugsfähige Höchstbetrag allerdings um den Anspruch gegen die Versicherung.

Bei **Unterstützungskassen, die keine lebenslänglich laufenden Leistungen gewähren,** dürfen nach § 4 d Abs. 1 Nr. 2 EStG für jedes Wirtschaftsjahr regelmäßig Zuwendungen bis zur Höhe von 0,2 v. H. der Lohn- und Gehaltssumme des Trägerunternehmens als Betriebsausgaben abgezogen werden. Löhne und Gehälter von Personen, die von der Kasse keine nicht lebenslänglich laufenden Leistungen erhalten können, sind insoweit bei der Berechnung der Lohn- und Gehaltssumme selbstverständlich auszuscheiden. Soweit der Betrag der von der Kasse für das betreffende Wirtschaftsjahr erbrachten Leistungen höher ist als die in den vorangegangenen fünf Wirtschaftsjahren vorgenommenen Zuwendungen abzüglich der in dem gleichen Zeitraum erbrachten Leistungen, dürfen Zuwendungen des Trägerunternehmens mindestens bis zur Höhe dieses Betrags als Betriebsausgaben abgezogen werden. Wenn das Vermögen der Kasse am Schluß des Wirtschaftsjahres das zulässige Kassenvermögen übersteigt, dürfen allerdings auch diese Zuwendungen nicht als Betriebsausgaben abgezogen werden. Zulässiges Kassenvermögen ist in diesem Fall ein Betrag in Höhe von 1 v. H. der durchschnittlichen jährlichen Lohn- und Gehaltssumme der letzten drei Wirtschaftsjahre des Trägerunternehmens.

4.2 Bewertungsvorschriften nach dem EStG, Rückstellungen, Übertragung stiller Reserven

4.2.1 Bewertung, Allgemeines

Der Bewertung des Betriebsvermögens kommt für die einkommensteuerliche Gewinnermittlung eine besondere Bedeutung zu. Die Gewinnermittlung durch Betriebsvermögensvergleich nach § 4 Abs. 1 und § 5 EStG setzt voraus, daß die einzelnen Wirtschaftsgüter des Betriebsvermögens in der Bilanz wertmäßig angesetzt werden. Es bedarf daher für die Aufstellung der Schlußbilanz eines Wirtschaftsjahres sowohl der bestandsmäßigen Erfassung aller zum Betriebsvermögen gehörenden Wirtschaftsgüter als auch der zutreffenden Bewertung dieser Wirtschaftsgüter. Die Bewertungsregeln des Bewertungsgesetzes sind dabei nur ausnahmsweise anwendbar. Zwar bestimmt § 1 Abs. 1 BewG, daß die allgemeinen Bewertungsvorschriften dieses Gesetzes für alle öffentlich-rechtlichen Abgaben gelten, die durch Bundesrecht geregelt sind, soweit sie durch Bundesfinanzbehörden oder durch Landesfinanzbehörden verwaltet werden. Das trifft auch für die Einkommensteuer zu. Die allgemeinen Bewertungsvorschriften gelten jedoch nach § 1 Abs. 2 BewG nicht, soweit in anderen Steuergesetzen besondere

Bewertungsvorschriften enthalten sind. Das Einkommensteuergesetz hat insbesondere in § 6 seine besonderen Bewertungsvorschriften. Daher gelten die allgemeinen Bewertungsvorschriften des Bewertungsgesetzes nur ausnahmsweise, nämlich dann, wenn einkommensteuerliche Bewertungsvorschriften einmal nicht vorhanden sind oder der Ergänzung durch die Bewertungsvorschriften des Bewertungsgesetzes bedürfen.

Beispiel:
Werden bei der Betriebsaufgabe Wirtschaftsgüter nicht veräußert, so sind sie gemäß § 16 Abs. 3 EStG mit dem gemeinen Wert anzusetzen. Was unter gemeinem Wert zu verstehen ist, ergibt sich nicht aus dem Einkommensteuergesetz. Der Begriff des gemeinen Werts ist in § 9 BewG definiert.

Die steuerliche Bewertung von Wirtschaftsgütern kann sich auch nach handelsrechtlichen Regeln (vgl. §§ 252 ff. HGB) zu richten haben. Dies gilt, wenn und soweit der Grundsatz der Maßgeblichkeit der Handelsbilanz für die Steuerbilanz (§ 5 Abs. 1 und 5 EStG) eingreift. Hierauf wird nachfolgend bei den einzelnen Bewertungsregeln eingegangen.

Bei der Gegenüberstellung des Betriebsvermögens am Anfang und am Ende des Wirtschaftsjahres sind die Wirtschaftsgüter mit den Anschaffungs- oder Herstellungskosten (ggf. vermindert um die Absetzungen für Abnutzung) oder dem Teilwert zu bewerten. Im einzelnen gelten bei den verschiedenen Bewertungsgegenständen folgende Bewertungsmaßstäbe:

1. Wirtschaftsgüter des Anlagevermögens, die der Abnutzung unterliegen, sind mit den Anschaffungs- oder Herstellungskosten, vermindert um die Absetzungen für Abnutzung, anzusetzen. Ist der Teilwert niedriger, so kann dieser angesetzt werden (§ 6 Abs. 1 Nr. 1 EStG).

2. Andere als die in § 6 Abs. 1 Nr. 1 EStG bezeichneten Wirtschaftsgüter (Grund und Boden, Beteiligungen, Umlaufvermögen) sind mit den Anschaffungs- oder Herstellungskosten anzusetzen. Statt dessen kann der niedrigere Teilwert angesetzt werden (§ 6 Abs. 1 Nr. 2 EStG).
Diese Regelung gilt sinngemäß auch für Verbindlichkeiten (§ 6 Abs. 1 Nr. 3 EStG).

3. Entnahmen und Einlagen sind grundsätzlich mit dem Teilwert zu bewerten, Einlagen jedoch höchstens mit den Anschaffungs- oder Herstellungskosten, wenn das zugeführte Wirtschaftsgut innerhalb der letzten drei Jahre vor dem Zeitpunkt der Zuführung angeschafft oder hergestellt worden ist (§ 6 Abs. 1 Nr. 4 und 5 EStG).
Entsprechendes gilt für die Bewertung von Wirtschaftsgütern bei der Eröffnung eines Betriebs (§ 6 Abs. 1 Nr. 6 EStG).

4. Beim entgeltlichen Erwerb eines Betriebs sind die Wirtschaftsgüter mit dem Teilwert, höchstens jedoch mit den Anschaffungs- oder Herstellungskosten anzusetzen (§ 6 Abs. 1 Nr. 7 EStG).

Bei den einzelnen Bewertungsregeln des § 6 EStG gelten folgende allgemeine Begriffe und Grundsätze:

4.2.1.1 Bewertungsstichtag

Die Bewertung richtet sich nach den Verhältnissen am Bewertungsstichtag. Bewertungsstichtag ist im allgemeinen der Bilanzstichtag. Einlagen sind hingegen für den Zeitpunkt der Zuführung zu bewerten (§ 6 Abs. 1 Nr. 5 EStG). Entnahmen müssen entsprechend nach den Verhältnissen im Zeitpunkt der Entnahme bewertet werden, wenngleich das Gesetz ausdrücklich nichts darüber aussagt.

Die Bewertung richtet sich also regelmäßig nach den Verhältnissen des Bilanzstichtags. **Bilanzstichtag** ist der Tag, auf den die Bilanz aufgestellt wird, bei Wirtschaftsjahren vom 1. Januar bis 31. Dezember mithin der 31. Dezember. Tag der Bilanzaufstellung ist der Tag, an dem die entscheidenden Bilanzarbeiten abgeschlossen werden, an dem die Bilanz im wesentlichen fertiggestellt ist.

Für die Bewertung sind nur solche Umstände von Bedeutung, die am Bewertungsstichtag vorhanden sind. Nicht erforderlich ist es, daß diese Umstände am Bewertungsstichtag bereits bekannt werden. Es genügt, daß sie dem Steuerpflichtigen bei Bilanzaufstellung bekannt sind (wertaufhellende im Gegensatz zu wertbeeinflussenden Tatsachen; BFH, BStBl 1973 II S. 485, 1984 II S. 35, 56; vgl. auch § 252 Abs. 1 Nr. 4 HGB).

Beispiele:

a) A schuldet B 5000 DM aus Warenlieferungen. Über das Vermögen des A wird am 20. 12. das Konkursverfahren eröffnet. Davon erfährt B aber erst im Januar des nächsten Jahres. Gleichwohl kann B den Umstand, daß seine Forderung nicht voll erfüllt werden wird, bereits bei der Bilanz zum 31. 12. berücksichtigen.

b) Am 5. 1. bricht im Betrieb des X ein Brand aus, durch den seine Ware teilweise beschädigt wird. Die dadurch eingetretene Wertminderung kann X nicht bereits zum vorhergehenden Bilanzstichtag 31. 12. berücksichtigen.

Es können bereits Geschehnisse, die am Bewertungsstichtag noch nicht abgeschlossen, wohl aber im Ansatz vorhanden und vorhersehbar waren, berücksichtigt werden. Dabei muß es sich um Umstände handeln, die „sozusagen bereits am Bilanzstichtag in der Luft lagen" (RFH, RStBl 1933 S. 253). Die voraussehbare künftige Gestaltung der Verhältnisse wird dann zu einem am Bewertungsstichtag eingetretenen Ereignis, wenn sie bereits in dem am Bewertungsstichtag vorhandenen Sachverhalt ihre Grundlage finden (BFH, BStBl 1957 III S. 16).

Beispiel:

Im Warenlager des Schuhwareneinzelhändlers A befindet sich Ware, die voraussichtlich nur zu einem Preis, der unter den Selbstkosten liegt, verkauft werden kann. Dieser in der Zukunft liegende Umstand kann bei der Bewertung bereits berücksichtigt werden (BFH, BStBl 1966 III S. 370).

Nach der ständigen Rechtsprechung des BFH kann ferner die nachhaltige Minderung der Wiederbeschaffungskosten für Vorratsvermögen, die innerhalb von sechs Wochen nach dem Bilanzstichtag eintritt, bereits bei der Bewertung zum Bilanzstichtag berücksichtigt werden, wenn sie am Bilanzstichtag schon feststand (BFH, BStBl 1953 III S. 192, 1956 III S. 113 und 379).

Auch im Falle einer Betriebsprüfung kann die Bewertung nur nach diesen Gesichtspunkten geprüft werden, nicht etwa nach den Erkenntnissen im Zeitpunkt der Betriebsprüfung.

4.2.1.2 Einzelbewertung, Gruppenbewertung

Die Bewertung erfolgt nach dem Grundsatz der **Einzelbewertung.** Jedes einzelne Wirtschaftsgut ist für sich zu bewerten. Eine Zusammenfassung mehrerer Wirtschaftsgüter zum Zwecke der Bewertung ist im allgemeinen unzulässig. Insbesondere sind entgegen der früheren höchstrichterlichen Rechtsprechung für die Ermittlung des Teilwerts von bebauten Grundstücken eines Betriebsvermögens der Boden und die Gebäude getrennt zu beurteilen (BFH, BStBl 1969 II S. 108).

Zur Erleichterung der Inventur und der Bewertung können jedoch

1. gleichartige Wirtschaftsgüter des Vorratsvermögens oder

2. andere gleichartige oder annähernd gleichwertige bewegliche Wirtschaftsgüter

jeweils zu einer Gruppe zusammengefaßt und als solche mit dem gewogenen Durchschnittswert bewertet werden (§ 240 Abs. 4 HGB). Die Gruppenbildung und **Gruppenbewertung** darf im einzelnen Fall nicht gegen die Grundsätze ordnungsmäßiger Buchführung verstoßen (§ 256 HGB).

Vermögensgegenstände sind annähernd gleichwertig, wenn ihre Preise (je nach Bewertungsverfahren Einkaufspreise oder Verkaufspreise) nur geringfügig voneinander abweichen. Die zu einer Gruppe zusammengefaßten annähernd gleichwertigen Wirtschaftsgüter brauchen zwar nicht gleichartig zu sein; sie dürfen aber auch nicht gänzlich verschiedenartig sein.

Gleichartige Wirtschaftsgüter brauchen für die Zusammenfassung zu einer Gruppe nicht gleichwertig zu sein (z. B. Herrensocken verschiedener Preislagen in einem Kaufhaus). Es muß jedoch für sie ein Durchschnittswert bekannt sein. Das ist der Fall, wenn bei der Bewertung der gleichartigen Wirtschaftsgüter ein ohne weiteres feststellbarer, nach den Erfahrungen der betreffenden Branche sachgemäßer Durchschnittswert verwendet wird (Abschn. 36 Abs. 3 EStR). Besonders wertvolle Wirtschaftsgüter sind regelmäßig einzeln zu bewerten.

4.2.1.3 Festwerte

Nach § 240 Abs. 3 HGB können Gegenstände des Anlagevermögens sowie Roh-, Hilfs- und Betriebsstoffe des Vorratsvermögens mit einem Festwert angesetzt werden, wenn ihr Bestand in seiner Größe, seinem Wert und seiner Zusammensetzung nur geringen Schwankungen unterliegt. Dabei muß es sich um Wirtschaftsgüter handeln, die regelmäßig ersetzt werden und deren Gesamtwert für das Unternehmen von nachrangiger Bedeutung ist. Es muß jedoch in der Regel an jedem dritten Bilanzstichtag eine körperliche Bestandsaufnahme durchgeführt werden, um zu überprüfen, ob der Ansatz der bisherigen Menge und des bisherigen Werts noch gerechtfertigt ist. Der Festwert darf nur der Erleichterung der Inventur und der Bewertung, nicht jedoch dem Ausgleich von Preisschwankungen, insbesondere Preissteigerungen, dienen (Abschn. 31 Abs. 3 und 4, Abschn. 36 Abs. 4 EStR).

4.2.1.4 Anschaffungskosten, Herstellungskosten

4.2.1.4.1 Anschaffungskosten

Der Begriff der Anschaffungskosten ist nicht im Einkommensteuergesetz geregelt, sondern von der Rechtsprechung des BFH entwickelt worden. **Anschaffungskosten sind danach alle Aufwendungen, die geleistet werden, um ein bestehendes Wirtschaftsgut zu erwerben,** d. h. von der fremden in die eigene Verfügungsgewalt zu überführen, **und es in einen dem angestrebten Zweck entsprechenden betriebsbereiten (nutzungsbereiten) Zustand zu versetzen.** Dazu gehören der **Anschaffungspreis** (abzüglich Anschaffungspreisminderungen) und die **Anschaffungsnebenkosten,** d. h. alle Aufwendungen, die im Zusammenhang mit dem Erwerb des Wirtschaftsguts und der Versetzung in einen zweckentsprechenden Zustand stehen, soweit diese Aufwendungen dem Wirtschaftsgut einzeln zugeordnet werden können (BFH, BStBl 1988 II S. 892 m.w.N.); eine entsprechende Definition enthält § 255 Abs. 1 HGB. Im einzelnen vgl. Abschn. 32 a EStR.

Beispiele:

a) A kauft ein Grundstück zum Kaufpreis von

A kauft ein Grundstück zum Kaufpreis von	100 000 DM
Hinzu kommen	
Notariatskosten	1 000 DM
Kosten des eigenen Maklers	4 000 DM
Reisekosten für Besichtigung vor Kauf	180 DM
Kosten für Prüfung der Bodenbeschaffenheit	1 250 DM
vom Verkäufer noch geschuldete Grundsteuer	2 000 DM
Grunderwerbsteuer (2 v. H. von 102 000 DM)	2 040 DM
	110 470 DM

Die Anschaffungskosten des Grundstücks betragen 110 470 DM. Dazu gehört auch die Übernahme der Grundsteuerschuld des Verkäufers. Sie ist für den Käufer wirtschaftlich keine Grundsteuerzahlung, sondern Übernahme einer Schuld im Zusammenhang mit dem Grundstückserwerb und damit Teil des Kaufpreises. Ob die Reisekosten zu den Anschaffungskosten rechnen oder sofort bei einem Unternehmer als Betriebsausgaben abgezogen werden können, richtet sich danach, ob sie dem erworbenen Grundstück zugeordnet werden können, weil sie zur Besichtigung dieses Grundstücks aufgewendet worden sind (BFH, BStBl 1981 II S. 470).

b) B kauft einen Pkw, der von ihm ausschließlich betrieblich genutzt wird. Der Rechnungsbetrag setzt sich wie folgt zusammen:

Pkw-Listenpreis	20 000 DM
Überführungskosten	230 DM
Autoradio	400 DM
Zulassungsgebühr und Kraftfahrzeugbrief	100 DM
	20 730 DM

Alle Aufwendungen rechnen zu den Anschaffungskosten. Auch das Autoradio ist als Einheit mit dem Pkw anzusehen und steuerlich entsprechend zu behandeln (BFH, BStBl 1973 II S. 73). Wegen der Behandlung der gesondert ausgewiesenen Umsatzsteuer s. u. 4.2.1.4.4.

Der Begriff der Anschaffungskosten gilt gleichermaßen für Wirtschaftsgüter des Anlagevermögens wie des Umlaufvermögens; er hat grundsätzlich im Bereich aller Einkunftsarten denselben Inhalt (BFH, BStBl 1985 II S. 690, 1987 II S. 180). Seine Merkmale sollen anhand nachstehender Einzelfragen erläutert werden.

Der Ansatz eines Wirtschaftsguts mit dessen Anschaffungskosten setzt einen **Anschaffungsvorgang,** d. h. einen entgeltlichen Erwerb eines bestehenden Wirtschaftsguts, voraus (BFH, BStBl 1988 II S. 1009). Darunter ist ein abgeleiteter Erwerb auf dem Markt zu verstehen, im Gegensatz zur eigenen Herstellung eines noch nicht existierenden Wirtschaftsguts einerseits (BFH, BStBl 1985 II S. 289 m.w.N.) und dem unentgeltlichen Erwerb andererseits. Unter Änderung seiner bisherigen Rechtsprechung (vgl. BFH, BStBl 1981 II S. 157) hat der BFH, BStBl 1985 II S. 722, entschieden, daß im Falle der Erbauseinandersetzung über ein Wirtschaftsgut des **Privat**vermögens ein entgeltlicher Erwerb insoweit vorliegt, als der übernehmende Miterbe für das übernommene Wirtschaftsgut Vermögenswerte über seinen Anteil am Nachlaß hinaus einsetzt (s. auch BFH, BStBl 1987 II S. 423, 616; BMF, BStBl 1988 I S. 546). Nach dem Vorlagebeschluß des BFH, BStBl 1989 II S. 549, soll dies auch im Fall der Erbauseinandersetzung über ein Wirtschaftsgut des **Betriebs**vermögens gelten (a. A. Abschn. 13 a Abs. 5 EStR). Ausgleichszahlungen im Rahmen einer vorweggenommenen Erbfolgeregelung führen nach bisheriger Auffassung des BFH nicht zu Anschaffungskosten (BFH, BStBl 1986 II S. 161); ob der angerufene Große Senat entgegen der Auffassung des vorlegenden IX. Senats des BFH (BStBl 1989 II S. 766, 768 und 772) daran festhalten wird, ist jedoch zweifelhaft.

Zu den Anschaffungskosten eines Wirtschaftsguts oder eines Anteils an einem Wirtschaftsgut (vgl. BFH, BStBl 1984 II S. 584) gehören alle Kosten, die aufgewendet werden, um das Wirtschaftsgut aus der fremden in die eigene Verfügungssphäre zu überführen (BFH, BStBl 1984 II S. 825, 1986 II S. 60). Hierzu zählen der Kaufpreis und die Anschaffungsnebenkosten, die im Zusammenhang mit dem Erwerb des Wirtschaftsguts stehen. Skontoabzüge, Rabatte und Preisnachlässe (zur Abgrenzung vom Zuschuß siehe BFH, BStBl 1988 II S. 901) mindern die Anschaffungskosten (vgl. Abschn. 32 a Abs. 1 EStR). Am Bilanzstichtag zwar gelieferte, aber noch nicht bezahlte Ware ist mit dem Bruttoeinkaufspreis zu bewerten, da eine Minderung der Anschaffungskosten durch Skontoabzug noch nicht eingetreten ist (BFH, BStBl 1971 II S. 323; a. A. Vorlagebeschluß BFH, BStBl 1989 II S. 874 = BFH/NV 1989 S. 632).

Wird ein Grundstück mit aufstehendem Gebäude veräußert, so ist der Gesamtkaufpreis nach dem Verhältnis der Teilwerte (im Privatbereich: der gemeinen Werte) von Grund und Boden und Gebäude aufzuteilen (BFH, BStBl 1989 II S. 604 m.w.N.). Entsprechendes gilt, wenn eine **Summe von Wirtschaftsgütern** gegen einen **Gesamtkaufpreis** erworben wird, und zwar auch dann, wenn der

Erwerber einen ungewöhnlich hohen Kaufpreis bezahlt und keine gewichtigen Anhaltspunkte dafür bestehen, daß der Überpreis nur für ganz bestimmte einzelne Wirtschaftsgüter aufgewendet worden ist (BFH, BStBl 1982 II S. 320); zur Aufteilung der Anschaffungskosten eines gemischt genutzten Gebäudes auf die (selbständigen) einzelnen Gebäudeteile s. Abschn. 13 b Abs. 4 EStR. Übersteigt bei einer Betriebsveräußerung im ganzen der Gesamtkaufpreis die Teilwerte der übernommenen Wirtschaftsgüter im Zeitpunkt der Übernahme, so stellt der überschießende Betrag grundsätzlich Anschaffungskosten für einen Firmen-(Geschäfts-)wert dar. Anschaffungskosten für einen Geschäftswert sind jedoch insoweit nicht anzusetzen, als der Kaufpreis auf andere (möglicherweise bisher nicht bilanzierte) immaterielle Wirtschaftsgüter entfällt (BFH, BStBl 1982 II S. 189; wegen weiterer Einzelheiten s. 4.2.3.2). Werden mit einem einheitlichen Vertrag mehrere Wirtschaftsgüter zu einem für jedes von ihnen einzeln vereinbarten Kaufpreis erworben, so sind die vereinbarten Kaufpreise als Anschaffungskosten maßgeblich, sofern sie nach den Umständen, die der Erwerber im Zeitpunkt des Vertragsabschlusses kannte oder kennen mußte, sachlich gerechtfertigt waren (BFH, BStBl 1973 II S. 391). Bei sog. Bauherren-Modellen, Erwerber-Modellen und Abschreibungsgesellschaften sind die Aufwendungen, die für die Mehrzahl von Leistungen erbracht worden sind, den einzelnen Leistungen entsprechend ihrem wirtschaftlichen Gehalt zuzuordnen (BFH, BStBl 1986 II S. 216 und 337). Bei einheitlicher Beurteilung des Vertragswerks sind jedoch – mit Ausnahme der Finanzierungskosten im engeren Sinne und der mit der Vermietung in Zusammenhang stehenden Aufwendungen – alle Aufwendungen, die final mit dem Erwerb des bebauten Grundstücks zusammenhängen, insgesamt Anschaffungskosten (BFH, BStBl 1990 II S. 299); die Finanzverwaltung hat dazu eine Übergangsregelung getroffen (BMF, BStBl 1990 I S. 147). Beim Erwerb eines Anteils an einer GmbH entfallen die Anschaffungskosten nicht zum Teil auf ein daneben bestehendes Wirtschaftsgut „Gewinnbezugsrecht" (BFH, BStBl 1986 II S. 794 und 815).

Wird ein Wirtschaftsgut durch **Tausch** gegen ein anderes Wirtschaftsgut (hingetauschtes Wirtschaftsgut) erworben, so stellt der gemeine Wert des hingetauschten Wirtschaftsguts die Anschaffungskosten für das eingetauschte Wirtschaftsgut dar (BFH, BStBl 1984 II S. 422; Abschn. 32 a Abs. 2 EStR).

Beispiel:

A hat eine Güternahverkehrskonzession und B eine Güterfernverkehrskonzession. Die Nahverkehrskonzession des A ist mit 30 000 DM bilanziert. Der gemeine Wert beträgt 40 000 DM. Die Fernverkehrskonzession ist bei B nicht bilanziert, da sie nicht entgeltlich erworben worden ist (§ 5 Abs. 2 EStG). A tauscht seine Konzession gegen die des B ohne Wertausgleich. A hat die erworbene Fernverkehrskonzession mit dem gemeinen Wert der hingetauschten Nahverkehrskonzession = 40 000 DM zu bilanzieren. Es entsteht dadurch bei ihm ein Gewinn von 10 000 DM.

Die Anschaffungskosten eines Wirtschaftsguts, das gegen Zusage einer **Leibrente** erworben wird, sind der Barwert der Leibrente im Zeitpunkt des Erwerbs (BFH, BStBl 1980 II S. 491). Ist die Leibrente wertgesichert, so sind die Anschaffungskosten gleich dem Barwert ohne Berücksichtigung möglicher Erhöhungen der

Rentenleistungen aufgrund der Wertsicherungsklausel (BFH, BStBl 1984 II S. 109 und 516). Die Anschaffungskosten eines Wirtschaftsguts sind nach den Verhältnissen am Tag des Erwerbs und nicht nach den Verhältnissen des Tages, zu dem das Wirtschaftsgut zu bewerten ist (Bewertungsstichtag), zu ermitteln (BFH, BStBl 1969 II S. 377).

Beispiel:
X erwirbt von Z am 1. 7. ein Grundstück gegen Leibrente, deren Kapitalwert 80 000 DM beträgt. Er zahlt die monatlichen Rentenzahlungen von 200 DM bis einschließlich Dezember des Erwerbsjahres. Am 15. 12. stirbt Z, so daß X von der Pflicht zur weiteren Rentenzahlung frei wird. Am Bilanzstichtag 31. 12. ist also der Wert der Rentenlast 0 DM. X muß trotzdem das Grundstück mit dem Wert der Rentenlast zum Anschaffungszeitpunkt, also mit 80 000 DM Anschaffungskosten, ansetzen (BFH, BStBl 1969 II S. 334).

Zu den Anschaffungskosten beim Erwerb im Zwangsversteigerungsverfahren gehören nicht nur die Beträge, die im Zuschlagbeschluß erwähnt sind, sondern auch alle Verpflichtungen, die der Ersteigerer gegenüber dem Schuldner oder gegenüber Dritten übernimmt. Auch nicht ausgebotene Hypotheken des Ersteigerers (Eigenhypotheken) sind in die Anschaffungskosten einzubeziehen, wenn ihr Wert durch den Verkehrswert des ersteigerten Grundstücks gedeckt ist (BFH, BStBl 1979 II S. 667, BFH/NV 1987 S. 497).

Zu den Anschaffungskosten eines **Erbbaurechts** zählen alle einmaligen Aufwendungen zum Erwerb eines solchen Rechts wie Notariats-, Vermessungs- und Gerichtskosten (BFH, BStBl 1964 III S. 187, 1983 II S. 413). Da es sich bei einem Erbbaurechtsverhältnis auch nach Eintragung des Erbbaurechts im Grundbuch um einen schwebenden Vertrag handelt, gehört der Erbbauzins, auch wenn er im voraus entrichtet wird, nicht zu den Anschaffungskosten des Erbbaurechts (BFH, BStBl 1983 II S. 413, 1985 II S. 617). Er stellt ggf. eine Vorleistung aus einem schwebenden Vertrag dar (s. dazu 4.1.2.5.6). Entsprechendes gilt für vom Erbbauberechtigten gezahlte Erschließungsbeiträge (BFH, BStBl 1981 II S. 398). Auf seiten des Erbbauverpflichteten können diese Zahlungen jedoch nicht sofort als Zufluß erfaßt werden (BFH, BStBl 1990 II S. 310). Zur Ermittlung der Anschaffungskosten des Grund und Bodens, wenn der Erbbauberechtigte zu einem späteren Zeitpunkt auch das Eigentum an dem Grundstück erwirbt, s. BFH, BStBl 1985 II S. 617.

Behält sich der Eigentümer bei der Veräußerung eines Grundstücks den **Nießbrauch** daran vor, dann ist die Bestellung des Nießbrauchs keine Gegenleistung des Erwerbers, so daß der Barwert des Nießbrauchs nicht zu den Anschaffungskosten des Grundstücks rechnet. Denn bei der Übertragung eines Grundstücks unter gleichzeitiger Bestellung des Nießbrauchs erwirbt der Erwerber bei wirtschaftlicher Betrachtung nur das mit dem Nießbrauch belastete Eigentum an dem Grundstück (BFH, BStBl 1982 II S. 378 und 380).

Zu den Anschaffungskosten gehören ferner die **Anschaffungsnebenkosten,** die mit dem **Erwerb** des Wirtschaftsguts im Zusammenhang stehen. Hierzu zählen bei der Anschaffung eines Grundstücks die Makler-, Notar- und Gerichtskosten, bei der Anschaffung eines beweglichen Wirtschaftsguts u. a. Kosten des Transports zum Betriebsgrundstück (BFH, BStBl 1968 II S. 22) und die Montagekosten (BFH, BStBl 1988 II S. 1009).

Kreditfinanzierungskosten (Geldbeschaffungskosten) rechnen im allgemeinen nicht zu den Anschaffungskosten (BFH, BStBl 1978 II S. 143). Die dem Erwerber eines Gebäudes vom Hersteller in Rechnung gestellten Finanzierungskosten (insbesondere Bauzeitzinsen, Disagio für ein aufgenommenes Darlehen) gehören dann nicht zu den Anschaffungskosten des Gebäudes, wenn sie als eigene Finanzierungskosten des Erwerbers anzusehen sind (vgl. dazu BFH, BStBl 1977 II S. 598, 600, 601 und 1981 II S. 210).

Nicht zu den Anschaffungskosten eines Gebäudes zählen Reisekosten, die auf der Suche nach einem zum Kauf geeigneten Grundstück entstehen. Hingegen rechnen die Fahrtkosten, die dem erworbenen Grundstück direkt zugerechnet werden können, zu den Anschaffungskosten dieses Grundstücks (BFH, BStBl 1981 II S. 470).

Zu den Anschaffungsnebenkosten gehören nur die Aufwendungen, die dem Wirtschaftsgut **einzeln zugeordnet** werden können. Nicht zu den Anschaffungskosten gehören die allgemeinen Verwaltungs**gemeinkosten,** auch wenn sie im Anschaffungsbereich des Unternehmers entstehen (BFH, BStBl 1988 II S. 892). Dazu zählen insbesondere die Löhne, die durch die mit dem Wareneinkauf beschäftigten Arbeitnehmer anfallen (RFH, RStBl 1939 S. 231; BFH, BStBl 1972 II S. 422). Kosten, die beim Transport, Ausladen, Umladen oder erstmaligen Einlagern von gekaufter Ware anfallen, gehören im allgemeinen auch dann, wenn ihr Umfang für eine bestimmte Menge von Waren leicht feststellbar und zurechenbar ist, zu den Gemeinkosten, wenn sie im eigenen Beschaffungsbereich des Unternehmens anfallen, d. h. für eigene Arbeitnehmer und eigene Fahrzeuge aufgewendet werden. Sie zählen zu den sofort abzugsfähigen Betriebsausgaben. Etwas anderes gilt indes dann, wenn diese Transportkosten und Transportlöhne durch die Inanspruchnahme fremder Unternehmer entstehen und den einzelnen Waren im Wege der Aufteilung anteilmäßig zugerechnet werden können (BFH, BStBl 1968 II S. 22, 1972 II S. 422). Reisekosten zum Einkauf von Ware gehören grundsätzlich zu den Verwaltungsgemeinkosten. Etwas anderes gilt, wenn die Reise ganz überwiegend der Besichtigung, Beurteilung und dem Erwerb einer bestimmten Ware dient und mit dieser Reise weder eine allgemeine geschäftliche Orientierung noch die Ermittlung weiterer Einkaufsmöglichkeiten beabsichtigt wird (s. dazu auch BFH, BStBl 1960 III S. 191, 1972 II S. 422).

Zu den Anschaffungskosten gehören ferner die Anschaffungs**neben**kosten, die nach Abschluß des Erwerbsvorgangs – d. h., nachdem der Erwerber die wirtschaftliche Verfügungsmacht erlangt hat – dazu aufgewendet werden, das Wirtschaftsgut erstmals in einen dem angestrebten Zweck entsprechenden **betriebs- bzw. nutzungsbereiten Zustand zu versetzen** (BFH, BStBl 1986 II S. 60; 1990 II S. 53). Es kommt also nicht auf den zeitlichen, sondern auf den sachlichen Zusammenhang mit dem Erwerbsvorgang an (BFH, BStBl 1978 II S. 337, 1984 II S. 702). So zählen zu den Anschaffungskosten bei Grundstücken auch Erschließungsbeiträge, soweit der Grundstückseigentümer als solcher in Anspruch genommen wird und der Beitrag sich nicht auf eine bestimmte Nutzung des Grundstücks bezieht (BFH, BStBl 1980 II S. 687, 1983 II S. 38 und 1984 II S. 480 – wegen der freiwilligen Beiträge zur Schaffung einer Fußgängerzone s. aber BFH, BStBl 1984 II S. 489; wegen der sog. Ergänzungsbeiträge BFH, BStBl 1985 II S. 49). Ferner zählen dazu der Wert eines in Abbruchabsicht erworbenen Gebäudes und Abbruchkosten, wenn kein neues Gebäude oder sonstiges Wirtschaftsgut an seiner Stelle hergestellt wird (BFH, BStBl 1978 II S. 620). Abstandszahlungen, die der Erwerber eines Grundstücks kurze Zeit vor oder nach dem Erwerb an den Mieter oder Pächter eines auf diesem Grundstück befindlichen Gewerbebetriebs leistet, um ihn zur vorzeitigen Räumung zu veranlassen, gehören dagegen nicht zu den Anschaffungskosten des Grundstücks (BFH, BStBl 1970 II S. 382 und 810). Es ist auch kein Grund ersichtlich, die Fälle anders zu behandeln, in denen die Abstandszahlungen nicht in unmittelbarem Zusammenhang mit dem Erwerb des Grundstücks, sondern erst längere Zeit danach (z. B. weil der Grundstückserwerber sein Grundstück nunmehr auf andere Weise als bisher nutzen will) geleistet werden. Ferner liegen wirtschaftlich gleich auch die Fälle, in denen die Abfindung nicht an den weichenden Mieter oder Pächter, sondern an dinglich Nutzungsberechtigte für die Aufgabe des Rechts und die vorzeitige Räumung erbracht werden (BFH, BStBl 1976 II S. 184). Die genannten Abstandszahlungen rechnen jedoch zu den Herstellungskosten eines Gebäudes, wenn der Steuerpflichtige das Grundstück erwirbt, um darauf ein Gebäude zu errichten (BFH, BStBl 1970 II S. 810). Das gilt auch dann, wenn der Steuerpflichtige die Abstandszahlung im Zusammenhang mit dem Abbruch eines wirtschaftlich verbrauchten und Errichtung eines neuen Gebäudes leistet (BFH, BStBl 1976 II S. 184). Zu den Anschaffungskosten zählt der BFH (BStBl 1985 II S. 690) auch umfassenden Renovierungsaufwand, den der Erwerber eines alten Wohngebäudes vor dessen Bezug aufgewendet hat (a. A. BMF, BStBl 1985 I S. 682); zum anschaffungsnahen Erhaltungsaufwand s. 4.2.1.4.2 a. E.

Für die Zuordnung der Aufwendungen zu den Anschaffungskosten kommt es darauf an, ob die Aufwendungen bei wirtschaftlicher Betrachtungsweise (BFH, BStBl 1987 II S. 17) nach ihrer **Zweckbestimmung** dem Erwerb des Wirtschaftsguts dienen (finales Element). Zur Beurteilung einer Eigenkapitalvermittlungsprovision s. BFH, BStBl 1987 II S. 810. Maßgebend ist, welchen Zweck der Erwerber in dem Zeitpunkt verfolgte, zu dem die Aufwendungen angefallen sind (BFH, BStBl 1984 II S. 584). Auch Aufwendungen für ein tasächlich angeschafftes Wirtschaftsgut, die sich später als vergeblich erweisen oder die (z. B. wegen Konkurses des Lieferanten) ohne Gegenleistung bleiben, behalten daher ihren Charakter als Anschaffungskosten (vgl. BFH, BStBl 1987 II S. 694, 695; a. A. BFH, BStBl 1989 II S. 411 – Vorlagebeschluß –). Dagegen sind vergebliche Aufwendungen für ein Wirtschaftsgut, die nicht wertbestimmend in ein statt dessen angeschafftes anderes Wirtschaftsgut eingegangen sind, nicht in dessen Anschaffungskosten einzubeziehen (BFH, BStBl 1981 II S. 418).

In zeitlicher Hinsicht ist Voraussetzung für die Aktivierung solcher Aufwendungen als körperliches Wirtschaftsgut, daß mit der Anschaffung durch vorbereitende

Maßnahmen begonnen ist; nicht erforderlich ist hingegen, daß der Erwerber bereits rechtlicher oder wirtschaftlicher Eigentümer geworden ist (BFH, BStBl 1984 II S. 101).

Zu den Anschaffungskosten gehören schließlich auch die sog. **nachträglichen Anschaffungskosten.** Grundstücksbezogene Beiträge des Grundstückseigentümers zur Schaffung einer Fußgängerzone sind nachträgliche Anschaffungskosten des Grund und Bodens (BFH, BStBl 1983 II S. 111, 1984 II S. 480 und 489). Beiträge zur Errichtung von Erschließungsanlagen können Anschaffungskosten des Grund und Bodens oder Erhaltungsaufwand darstellen (s. BFH, BStBl 1987 II S. 333). Der endgültige Ausweis einer vormals bedingten Verbindlichkeit kann zu nachträglichen Anschaffungskosten führen (BFH, BStBl 1987 II S. 423). Zahlungen, die der Gesellschafter einer Kapitalgesellschaft aufgrund einer für diese übernommenen Bürgschaft leistet, können verdeckte Einlagen und damit nachträgliche Anschaffungskosten der Anteile darstellen (BFH, BStBl 1985 II S. 428 m.w.N., 1987 II S. 257; Abschn. 140 Abs. 5 EStR). Verlorene Baukostenzuschüsse, die ein Genosse aufgrund eines Beschlusses der Generalversammlung einer Genossenschaft zu zahlen hat, sind als nachträgliche Anschaffungskosten der bereits bestehenden Beteiligung an der Genossenschaft anzusehen (BFH, BStBl 1972 II S. 117). Der BFH hat dies damit begründet, daß die Leistung des Baukostenzuschusses zum Bau eines Verwaltungs- und Lagergebäudes der Genossenschaft so eng mit dem Genossenschaftsanteil verknüpft ist, daß es nicht gerechtfertigt sei, den damit für den Genossen erlangten Vorteil unabhängig vom Genossenschaftsanteil zu sehen. Es wäre systematisch richtiger gewesen zu prüfen, ob hier nicht ein anderes immaterielles Wirtschaftsgut erworben worden ist.

4.2.1.4.2 Herstellungskosten

Herstellungskosten im Sinne des § 6 EStG **sind die Aufwendungen, die durch den Verbrauch von Gütern und die Inanspruchnahme von Diensten für die Herstellung eines noch nicht existierenden Wirtschaftsguts,** seiner Erweiterung oder für eine über den ursprünglichen Zustand hinausgehende wesentliche Verbesserung **entstehen** (Abschn. 33 Abs. 1 EStR; ebenso § 255 Abs. 2 HGB). Zu den Herstellungskosten gehören sowohl die Kosten, die unmittelbar der Herstellung dienen, als auch Aufwendungen, die zwangsläufig im Zusammenhang mit der Herstellung anfallen oder mit der Herstellung in einem engen wirtschaftlichen Zusammenhang stehen (BFH, BStBl 1986 II S. 367), sofern sie dem Wirtschaftsgut einzeln zugeordnet werden können (BFH, BStBl 1987 II S. 14). Zu den Herstellungskosten gehören auch Kosten, die aufgewendet werden, um das Wirtschaftsgut in einen dem angestrebten Zweck entsprechenden (betriebsbereiten) Zustand zu versetzen (BFH, BStBl 1981 II S. 660, 672). Ebenso wie bei den Anschaffungskosten kommt bei den Herstellungskosten der Zweckrichtung der Aufwendungen als finalem Element entscheidende Bedeutung zu (BFH, BStBl 1986 II S. 367). Daher sind auch vergebliche Aufwendungen Herstellungskosten, wenn sie zum Zweck der Herstellung des Wirtschaftsguts getätigt werden (BFH, BStBl 1988 II S. 431 m.w.N.; a. A. BFH, BStBl 1989 II S. 411 – Vorlagebeschluß –).

Die Herstellungskosten setzen sich zusammen aus den Materialkosten einschließlich der notwendigen Materialgemeinkosten und den Fertigungskosten (insbesondere den Fertigungslöhnen) einschließlich der notwendigen Fertigungsgemeinkosten. Zu den Herstellungskosten gehören auch die Sonderkosten der Fertigung, z. B. Entwurfskosten, Lizenzgebühren usw., und der Wertverzehr des Anlagevermögens, soweit er der Fertigung der Erzeugnisse gedient hat. Kosten für die allgemeine Verwaltung sowie Aufwendungen für soziale Leistungen des Betriebs und für betriebliche Altersversorgung können, brauchen aber nicht in die Herstellungskosten einbezogen zu werden; wegen der Einzelheiten wird auf Abschn. 33 Abs. 5 EStR verwiesen. An das einmal ausgeübte Bewertungswahlrecht ist der Steuerpflichtige auch grundsätzlich für künftige Jahre gebunden.

Vertriebskosten gehören nicht zu den Herstellungskosten (§ 255 Abs. 2 Satz 5 HGB). Verpackungskosten werden grundsätzlich den Vertriebskosten zugerechnet (BFH, BStBl 1988 II S. 961). Dies gilt nur dann nicht, wenn die Verpackung notwendig ist, um das Erzeugnis in den Verkehr bringen zu können (BFH, BStBl 1978 II S. 412 und 413). Beispiele: Bier in Flaschen, Dosen oder Fässern (so BFH, BStBl 1976 II S. 13), Milch in Tüten, Pulverkaffee in Gläsern, Schnittbrot in Folie oder Stanniol.

Finanzierungs-(Geldbeschaffungs-)kosten (s. dazu BFH, BStBl 1968 II S. 574) und Zinsen für Fremdkapital gehören nicht zu den Herstellungskosten; das gilt auch für kalkulatorische Zinsen für Eigenkapital. Zinsen für Fremdkapital, das nachweislich in unmittelbarem wirtschaftlichem Zusammenhang mit der Herstellung eines Wirtschaftsguts aufgenommen wird, können hingegen in die Herstellungskosten des Wirtschaftsguts einbezogen werden, soweit sie auf den Herstellungszeitraum entfallen. Im einzelnen wird auf die Erläuterungen in Abschn. 33 Abs. 7 EStR verwiesen.

Hinsichtlich der Abgrenzung der Anschaffungskosten für ein Grundstück von den Herstellungkosten für ein Gebäude hat die Rechtsprechung des BFH zunehmend klarer folgenden Grundsatz aufgestellt: Aufwendungen, die sich auf die besondere Nutzung von Grundstücken – z. B. den Bau von Wohnungen – beziehen, zählen nicht zu den Anschaffungskosten des Grund und Bodens, auch wenn es sich um einmalige Aufwendungen (z. B. um bei einer erstmaligen Bebauung erhobene Abgaben) handelt (BFH, BStBl 1983 II S. 212 m.w.N., 1984 II S. 702).

Die wichtigsten Einzelfragen der Herstellungskosten eines Gebäudes sind in Abschn. 33 a EStR zutreffend aufgeführt.

Wird ein objektiv technisch oder wirtschaftlich noch nicht verbrauchtes Gebäude in der Absicht erworben, es abzureißen, so kann der Zweck des Abbruchs (a) in der Herstellung eines neuen Gebäudes oder sonstigen Wirtschaftsguts (z. B. Parkplatz) oder (b) lediglich in der Beseitigung des alten Gebäudes ohne weitergehenden Zweck liegen. Der Wert des Gebäudes und die Abbruchkosten sind dann (a) Herstellungskosten des neuen Gebäudes oder sonstigen Wirtschaftsguts oder (b) nachträgliche Anschaffungskosten des Grund und Bodens. Kommt die Anschaffung mehrerer Wirtschaftsgüter in Betracht (z. B. Gebäude und

Parkfläche), so sind der Restwert und die Abbruchkosten entsprechend dem wirtschaftlichen Zusammenhang zwischen dem Abbruch und der Herstellung der neuen Wirtschaftsgüter zu verteilen. Fehlt es an einem solchen Zusammenhang, weil etwa ein Teil der freigemachten Fläche nicht als Grundlage neuer Wirtschaftsgüter dient, so gehört der entsprechende Teil des Restwerts und der Abbruchkosten zu den Anschaffungskosten des Grund und Bodens. Wird ein Gebäude hingegen in der Absicht erworben, es als Gebäude zu nutzen, und entschließt sich der Stpfl. erst nach dem Erwerb, das Gebäude abzureißen, so sind im Jahr des Abbruchs die restlichen Anschaffungskosten und die Abbruchkosten als Betriebsausgaben oder Werbungskosten abzusetzen. Dies gilt auch für den Fall, daß das Gebäude nicht erworben, sondern von dem Stpfl. errichtet worden war. Wird mit dem Abbruch des Gebäudes innerhalb von drei Jahren nach dem schuldrechtlichen Erwerbsgeschäft begonnen, so spricht der Beweis des ersten Anscheins dafür, daß das Gebäude in Abbruchabsicht erworben wurde (BFH, BStBl 1978 II S. 629, 1979 II S. 299 und 1980 II S. 69). Dasselbe gilt, wenn das Gebäude in der Absicht erworben wurde, es alsbald unter Aufgabe wesentlicher Bausubstanz grundlegend umzubauen (BFH, BStBl 1985 II S. 208). Wird das Gebäude bis zum Abbruch durch Vermietung und Verpachtung genutzt, so sind für die Zeit der Zwischennutzung AfA nach § 7 Abs. 4 Satz 1 EStG vorzunehmen (s. 4.3.9.2.1). Nur der dadurch nicht verbrauchte Restwert des Gebäudes zählt zu den Anschaffungs- oder Herstellungskosten im vorgenannten Sinne (BFH, BStBl 1982 II S. 385).

Bricht der Stpfl. ein zum Privatvermögen gehörendes Gebäude ab, um ein zum Betriebsvermögen gehörendes Gebäude zu errichten, dann ist der Teilwert des alten Gebäudes als Einlagewert so anzusetzen, als wenn der Abbruch nicht beabsichtigt gewesen sei (BFH, BStBl 1983 II S. 451).

Aufwendungen für die Umzäunung eines Mietwohngrundstücks gehören dann zu den Gebäudeherstellungskosten, wenn sie bestimmt und geeignet sind, das Gebäude nutzbar zu machen (BFH, BStBl 1978 II S. 210). Zu den Herstellungskosten eines Gebäudes können auch Planungskosten gehören, wenn der Bauherr die Baupläne nicht verwirklicht, sondern ein Gebäude auf Grund neu erstellter Baupläne errichtet. Voraussetzung dafür ist jedoch, daß das später errichtete Gebäude von dem zunächst geplanten nach Zweck und Bauart nicht völlig verschieden ist (z. B. statt Wohnhaus Fabrikgebäude) und damit die Kosten der ersten Planung wertbestimmend in das neue Gebäude eingehen (BFH, BStBl 1976 II S. 617, 1981 II S. 418, 1984 II S. 303 und 306) oder daß sie – bei Verschiedenheit der Gebäude – sonst in irgendeiner Weise der Errichtung des Gebäudes (z. B. als Planungserfahrung) gedient haben (BFH, BStBl 1984 II S. 303). Wird hingegen nicht ein anderes, sondern dasselbe Gebäude fertiggestellt, sind auch vergebliche Zahlungen für die Herstellung dieses Gebäudes, die wegen des Konkurses des Bauunternehmers, Unterschlagung des Architekten oder Unbrauchbarkeit der erhaltenen Leistung ohne Gegenleistung bleiben, Herstellungskosten des fertiggestellten Gebäudes (BFH, BStBl 1987 II S. 695, 1988 II S. 431 m.w.N.; a. A. BFH, BStBl 1989 II S. 411 – Vorlagebeschluß –). Wegen der

Kosten einer Alarmanlage als Herstellungskosten für ein Wohngebäude s. BFH, BStBl 1979 II S. 738.

Herstellungskosten für Wirtschaftsgüter, mit deren Herstellung am Bilanzstichtag begonnen ist, sind, soweit sie am Bilanzstichtag angefallen sind, unabhängig davon zu aktivieren, ob sie bereits zu einem als Einzelheit greifbaren Wirtschaftsgut geführt haben (so für Kosten der Bauplanung, wenn am Bilanzstichtag mit den eigentlichen Bauarbeiten noch nicht begonnen ist, BFH, BStBl 1976 II S. 614, 1983 II S. 451, 1984 II S. 101). Zu den Herstellungskosten gehören auch die Aufwendungen, die mit der Herstellung in einem engen wirtschaftlichen Zusammenhang stehen. Daher sind Aufwendungen für die Beseitigung von Baumängeln vor Fertigstellung des Gebäudes Herstellungskosten (BFH, BStBl 1987 II S. 694).

Auch nach der Fertigstellung des Wirtschaftsguts anfallende Aufwendungen können den Herstellungskosten zuzuordnen sein, wenn sie noch in einem wirtschaftlichen Zusammenhang mit dem Herstellungsvorgang stehen (BFH, BStBl 1988 II S. 431). Daher sind auch Aufwendungen für die Beseitigung von Baumängeln, die nach der Fertigstellung des Gebäudes behoben, aber vor der Fertigstellung aufgetreten sind, Herstellungskosten (BFH, BStBl 1988 II S. 431).

Von den Herstellungskosten zu unterscheiden sind die **Erhaltungsaufwendungen.** Erhaltungsaufwendungen sind Aufwendungen, die weder die Substanz des Wirtschaftsguts wesentlich vermehren noch seine Wesensart verändern und die dazu bestimmt sind, das Wirtschaftsgut in ordnungsmäßigem gebrauchsfähigen Zustand zu erhalten. Insbesondere gehören zu den Erhaltungsaufwendungen die Aufwendungen für die laufende Instandhaltung und Instandsetzung (vgl. auch Abschn. 157 Abs. 1 EStR). Erhaltungsaufwendungen können auch dann anfallen, wenn das Wirtschaftsgut bereits voll abgeschrieben ist, sofern die Aufwendungen den zuvor beschriebenen Charakter haben (BFH, BStBl 1974 II S. 520, 1975 II S. 193).

Wird ein technisch oder wirtschaftlich verbrauchtes Wirtschaftsgut durch ein anderes ersetzt, dann sind die darauf entfallenden Aufwendungen Anschaffungs- oder Herstellungskosten. Aufwendungen für die Erneuerung von bereits in den Herstellungskosten eines Wirtschaftsguts (z. B. eines Gebäudes) enthaltenen Teilen, Einrichtungen oder Anlagen sind nur in Ausnahmefällen als Herstellungskosten des Wirtschaftsguts zu behandeln, wenn die Maßnahme nach der Verkehrsanschauung nicht mehr in erster Linie dazu dient, das Wirtschaftsgut in seiner bestimmungsgemäßen Nutzungsmöglichkeit zu erhalten, sondern etwas Neues, bisher nicht Vorhandenes zu schaffen (BFH, BStBl 1977 II S. 279, 281 und 306, 1980 II S. 7). In den vorgenannten Fällen liegen Herstellungskosten bei einem Gebäude nur dann vor, wenn das Gebäude durch die Baumaßnahme wesentlich in seiner Substanz vermehrt, in seinem Wesen verändert oder – von der üblichen Modernisierung abgesehen – über seinen bisherigen Zustand hinaus wesentlich verbessert wird (BFH, BStBl 1975 II S. 878, 1980 II S. 7). Ist das nicht der Fall, stellen die Kosten auch dann Erhaltungsaufwand dar, wenn der Wert des Gebäudes durch die zur Erhaltung der Funktionsfähigkeit durchgeführte Baumaßnahme gesteigert wird (BFH, BStBl 1977 II S. 281).

Beispiel:

In einem Betriebsgebäude wird die technisch nicht verbrauchte zentrale Koksheizung durch eine Ölheizung ersetzt. Da die Heizungsanlage zu den unselbständigen Gebäudeteilen zählt (BFH, BStBl 1974 II S. 132, 1977 II S. 306), sind die Kosten der Erneuerung grundsätzlich Erhaltungs- und nicht Herstellungsaufwand. Die Entscheidung, ob Herstellungs- oder Erhaltungsaufwand anzunehmen ist, wird durch den Zustand der Brauchbarkeit der erneuerten Anlage nicht beeinflußt (BFH, BStBl 1977 II S. 281 und 306, 1985 II S. 398, 1986 II S. 9).

In Ausnahmefällen (z. B. wenn die Funktion eines Gebäudes nicht wesentlich geändert wird) kann Erhaltungsaufwand auch dann vorliegen, wenn ein Gebäude durch die Baumaßnahme erheblich vergrößert wird (BFH, BStBl 1985 II S. 394).

Kosten der Urbarmachung des Grund und Bodens zählen bei den Einkünften aus Land- und Forstwirtschaft zu den Herstellungskosten, weil mit der Urbarmachung der für den Betrieb der Land- und Forstwirtschaft erforderliche Grund und Boden erst geschaffen wird. Demgegenüber sind die Aufwendungen zur Verbesserung des Grund und Bodens keine Herstellungskosten, sondern laufender Aufwand (s. dazu auch BFH, BStBl 1976 II S. 8 und 1980 II S. 147 mit konkreten Beispielen, BFH/NV 1987 S. 147).

Fallen Aufwendungen an, die für sich betrachtet teilweise Herstellungsaufwand und teilweise Erhaltungsaufwand sind, so ist Herstellungsaufwand bei allen Maßnahmen anzunehmen, die mit den eigentlichen Herstellungsmaßnahmen in einem engen räumlichen, zeitlichen und sachlichen Zusammenhang stehen, wie das insbesondere bei der Generalüberholung der Fall ist (BFH, BStBl 1975 II S. 878, 1981 II S. 660, 1983 II S. 728).

Anschaffungsnahe Aufwendungen, die im Zusammenhang mit der entgeltlichen Anschaffung eines Wirtschaftsguts gemacht werden und für sich betrachtet Erhaltungsaufwand darstellen, sind gleichwohl als Herstellungskosten zu behandeln, wenn sie im Verhältnis zum Kaufpreis hoch sind und durch sie das Wesen des Wirtschaftsguts verändert, der Nutzungswert erheblich erhöht oder die Nutzungsdauer erheblich verlängert wird (BFH, BStBl 1985 II S. 690 m.w.N.); hieran hat sich auch durch die Begriffsbestimmung des § 255 Abs. 2 Satz 1 HGB nichts geändert (BFH, BStBl 1990 II S. 53). Wegen der Einzelheiten wird auf Abschn. 157 Abs. 5 EStR hingewiesen.

4.2.1.4.3 Zuschüsse

Werden (nicht abnutzbare oder abnutzbare) Anlagegüter mit **Zuschüssen** aus öffentlichen oder privaten Mitteln angeschafft oder hergestellt, so hat der Steuerpflichtige grundsätzlich ein Wahlrecht (BFH, BStBl 1966 II S. 167). Er kann zum einen die Zuschüsse als Betriebseinnahmen ansetzen. Das hat zur Folge, daß sich der Gewinn um die Zuschüsse erhöht, daß aber die Anschaffungs- oder Herstellungskosten durch die Zuschüsse nicht berührt werden (offen gelassen in BFH, BStBl 1989 II S. 189 und 618). Er kann zum anderen die Zuschüsse auch erfolgsneutral behandeln, sofern er in der Handelsbilanz entsprechend verfährt (Abschn. 34 Abs. 3 EStR). In diesem Fall dürfen die Anlagegüter, für die die Zuschüsse gewährt worden sind, nur mit den Anschaffungs- oder Herstellungskosten bewertet werden, die der Steuerpflichtige selbst – also ohne Berücksichtigung der Zuschüsse – aufgewendet hat. Bei abnutzbaren Wirtschaftsgütern bilden dann lediglich diese eigenen Aufwendungen die Grundlage für die Bemessung der AfA. Als private Zuschüsse kommen nur Zuschüsse in Betracht, die mit der rechtlichen Zweckbestimmung gegeben werden, sie bei der Anschaffung oder Herstellung des Wirtschaftsguts zu verwenden (BFH, BStBl 1969 II S. 381), und zwar in dem Sinne, daß die Leistung zurückgefordert werden kann, wenn der Empfänger nicht der Zweckbindung entsprechend verfährt (BFH, BStBl 1982 II S. 591; wegen der öffentlichen Investitionszuschüsse s. BFH, BStBl 1989 II S. 189 und 618; BMF, BStBl 1985 I S. 568).

Die vorstehende Auffassung gilt dann nicht, wenn die Zuschüsse – wie bei Mieterzuschüssen und Bauleistungen von Mietern – als Entgelt für eine Leistung des Zuschußempfängers anzusehen sind (BFH, BStBl 1983 II S. 572; Abschn. 34 Abs. 1 EStR). Auch bei den sog. verlorenen Mieterzuschüssen handelt es sich um Entgelt für die Nutzungsüberlassung der Mietsache. Die Herstellungskosten werden durch sie nicht gemindert (BFH, BStBl 1981 II S. 161). Wegen der Behandlung von Mieterzuschüssen siehe im einzelnen Abschn. 163 Abs. 2 und 3 EStR.

Auch Leistungen aus einer Betriebsunterbrechungsversicherung sind keine Zuschüsse, und zwar selbst dann nicht, wenn der Versicherer zwecks Begrenzung des Unterbrechungsschadens Kosten für die Anschaffung oder Herstellung eines bestimmten Wirtschaftsguts übernimmt (BFH, BStBl 1982 II S. 591); in diesen Fällen kann jedoch eine Behandlung nach den Grundsätzen des Abschn. 35 EStR in Betracht kommen (BFH, BStBl 1983 II S. 371 – s. dazu 4.2.15).

Die tatsächlichen Anschaffungs- oder Herstellungskosten sind um die stillen Reserven, die nach Abschn. 35 EStR oder nach § 6 b EStG übertragen werden, zu vermindern (BFH, BStBl 1989 II S. 697). Hingegen mindern die Investitionszulagen nach § 19 BerlinFG und nach dem Investitionszulagengesetz nicht die Anschaffungs- oder Herstellungskosten (Abschn. 34 Abs. 6 EStR). Eine analoge Anwendung dieser Vorschriften auf andere Sachverhalte ist nicht zulässig.

4.2.1.4.4 Umsatzsteuer

Die **Umsatzsteuer**, die bei der Veräußerung von Wirtschaftsgütern entsteht, gehört zu den Vertriebskosten und kann daher beim Veräußerer weder den Anschaffungskosten noch den Herstellungskosten dieser Wirtschaftsgüter zugerechnet werden.

Die Umsatzsteuer nach geltendem Recht soll im Unternehmensbereich grundsätzlich kostenneutral sein und nicht kumulativ wirken. Das wird durch den Vorsteuerabzug erreicht. Die Umsatzsteuer wird nicht in den Preis einkalkuliert, sondern bei jeder Lieferung oder Leistung gesondert ausgewiesen. Sie ist nicht Teil des Entgelts, sondern tritt neben dieses und bemißt sich nach dem reinen Warenpreis oder Leistungsentgelt. Ferner kann jedes Unternehmen die Umsatzsteuerbeträge, die ihm von seinem Lieferanten neben dem Warenpreis in Rechnung gestellt worden sind (Vorsteuer), grundsätzlich von der Umsatzsteuer abziehen, die auf seine eigenen Lieferungen oder Leistungen entfällt (§ 15 Abs. 1 UStG). Auf diese Weise werden Wirtschaftsgüter, solange sie im Unternehmensbereich verbleiben, nicht mit Umsatzsteuer belastet. Die Umsatzsteuer belastet nicht den Unternehmer, sondern den Endverbraucher.

Der Vorsteuerabzug ist nicht zulässig, soweit steuerfreie Umsätze ausgeführt werden (§ 15 Abs. 2 UStG). Die Vorsteuerbeträge müssen deshalb beim Zusammentreffen von steuerpflichtigen und steuerfreien Umsätzen in einen abziehbaren und einen nicht abziehbaren Teil aufgeteilt werden.

Aus dieser Gestaltung des Umsatzsteuerrechts hat der Gesetzgeber für die Einkommensteuer folgende Folgerungen gezogen (§ 9 b EStG): Die umsatzsteuerliche Vorsteuer gehört, soweit sie bei der Umsatzsteuer nach § 15 UStG abziehbar ist, nicht zu den Anschaffungs- oder Herstellungskosten. Soweit die Vorsteuer nach § 15 UStG nicht abziehbar ist, ist sie den Anschaffungs- oder Herstellungskosten der zugehörigen Wirtschaftsgüter zuzurechnen.

Diese Zurechnung gilt sowohl für Wirtschaftsgüter des Anlage- als auch des Umlaufvermögens. In die Herstellungskosten von Wirtschaftsgütern sind die auf den Materialeinsatz und die Gemeinkosten entfallenden nicht abziehbaren Vorsteuerbeträge einzubeziehen (Abschn. 86 Abs. 1 EStR).

Ist ein Vorsteuerbetrag umsatzsteuerlich zum Teil abziehbar und zum Teil nicht abziehbar, so braucht aus Vereinfachungsgründen der nicht abziehbare Teil den Anschaffungs- oder Herstellungskosten eines Wirtschaftsguts nicht zugerechnet zu werden, wenn er nicht mehr als 25 v. H. des ganzen Vorsteuerbetrags und nicht mehr als 500 DM beträgt oder wenn die die Vorsteuer ausschließenden Umstände nicht mehr als 3 v. H. des Gesamtumsatzes betragen (§ 9 b Abs. 1 EStG). Die vorgenannten Grenzen von 25 v. H. und 500 DM müssen beide nebeneinander eingehalten sein; sie beziehen sich zudem auf den nicht abziehbaren Teil des Vorsteuerbetrags eines Wirtschaftsguts. Ein Wirtschaftsgut in diesem Sinne ist jedes Stück, wenn die Wirtschaftsgüter stückmäßig gehandelt werden. Bei Wirtschaftsgütern, die mengenmäßig gehandelt werden (z. B. Flüssigkeiten, Schüttgüter wie Getreide), ist als ein Wirtschaftsgut die jeweils handelsübliche Rechnungseinheit (z. B. Liter, Tonne) anzusehen (Abschn. 86 Abs. 2 EStR).

Wurde die umsatzsteuerrechtliche Aufteilung eines Vorsteuerabzugs in einen abziehbaren und in einen nicht abziehbaren Teil später geändert, so muß auch die Zurechnung des nicht abziehbaren Teils zu den Anschaffungs- oder Herstellungskosten geändert werden. Nach Abschn. 86 Abs. 3 EStR soll jedoch aus Vereinfachungsgründen eine Änderung der Anschaffungs- oder Herstellungskosten unterbleiben können, wenn die Änderung der Aufteilung der Vorsteuerbeträge nur zu einer Erhöhung oder Verminderung der nicht abziehbaren Vorsteuer bis zu 25 v. H. und 500 DM je Wirtschaftsgut führt. In diesen Fällen kann der Änderungsbetrag sofort als Aufwand behandelt werden.

Wegen der Behandlung der Vorsteuer bei den geringwertigen Wirtschaftsgütern vgl. 4.2.9.

4.2.1.5 Teilwert, gemeiner Wert

4.2.1.5.1 Begriff des Teilwerts

Der Teilwert ist der Betrag, den ein Erwerber des ganzen Betriebs im Rahmen des Gesamtkaufpreises für das einzelne Wirtschaftsgut ansetzen würde; dabei ist davon auszugehen, daß der Erwerber den Betrieb fortführt (§ 6 Abs. 1 Nr. 1 Satz 3 EStG).

Der Teilwert ist mithin der Wert, den das einzelne Wirtschaftsgut wegen seiner Zugehörigkeit zum Betrieb, also unter Berücksichtigung seiner Bedeutung für das Unternehmen hat. Er ist daher grundsätzlich nicht der Wert, der bei einer Einzelveräußerung der Wirtschaftsgüter, etwa bei Auflösung des Unternehmens, zu erzielen wäre (BFH, BStBl 1956 III S. 113). Teilwert ist ein objektiver Wert. Subjektive Umstände, wie z. B. die Tüchtigkeit des Unternehmers in der Leitung des Unternehmens, sind für die Ermittlung des Teilwerts der einzelnen Wirtschaftsgüter im allgemeinen unerheblich (BFH, BStBl 1978 II S. 335).

Wenn auch für die Teilwertermittlung von einer gedachten Betriebsveräußerung im ganzen auszugehen ist, so ist doch nicht zu prüfen, ob am Bewertungsstichtag für das Unternehmen auch tatsächlich ein Käufer vorhanden war. Es ist vielmehr zu unterstellen, daß in diesem Zeitpunkt ein Erwerber tatsächlich bereit gewesen wäre, das Unternehmen zu erwerben und fortzuführen.

Bei der Beantwortung der Frage, welchen Preis der Erwerber für das einzelne Wirtschaftsgut im Rahmen des Gesamtkaufpreises zahlen würde, ist nicht auf die persönlichen Anschauungen eines einzelnen Kaufmanns abzustellen, sondern auf die allgemeine Auffassung, wie sie in der Marktlage und in der Situation der Wirtschaft des betreffenden Wirtschaftszweiges ihren Ausdruck findet (BFH, BStBl 1954 III S. 16).

Bei der Ermittlung des Teilwerts muß ferner davon ausgegangen werden, daß der gedachte Erwerber die Maßnahmen des bisherigen Unternehmers, die wirtschaftlich sinnvoll und richtig sind, ebenso treffen würde (BFH, BStBl 1966 III S. 310 und 643). Es kann also nicht eingewendet werden, der Erwerber hätte aus irgendwelchen Gründen anders disponiert. Es muß schließlich beachtet werden, daß der Veräußerer nur bei Erfüllung ganz bestimmter Preisvorstellungen zum Verkauf bereit wäre.

Beispiel:

A will bei einem neuen Pkw schon zu Beginn der Nutzung eine Teilwertabschreibung vornehmen, weil der Pkw bereits mit der Ingebrauchnahme einen erheblichen Teil seines Werts eingebüßt habe, wie die Preise auf dem Gebrauchtwagenmarkt zeigten. Die Preise auf dem Gebrauchtwagenmarkt können aber in einem derartigen Fall allenfalls einen Hinweis für den gemeinen Wert, nicht aber für den Teilwert geben. Ein vernünftiger Kaufmann würde ein gebrauchsfähiges, eben erst erworbenes Fahrzeug in aller Regel bei der Betriebsveräußerung nicht zum gemeinen Wert abgeben (BFH, BStBl 1956 III S. 224).

Unter diesem Gesichtspunkt kann der Teilwert eines der Preisbindung unterliegenden Wirtschaftsguts auch höher als der preisrechtlich zulässige Wert sein. Das gilt insbesondere auch deshalb, weil der Teilwert ein gedachter, nicht aus einer tatsächlichen Veräußerung gewonnener Wert ist. Solche gedachten Werte werden jedenfalls dann nicht durch Preisbindungsvorschriften begrenzt, wenn die gebundenen Werte nicht der Wertvorstellung der Allgemeinheit entsprechen (BFH, BStBl 1970 II S. 721).

4.2.1.5.2 Schätzung des Teilwerts

In der Praxis muß der Teilwert regelmäßig durch Schätzung ermittelt werden, weil der gedachte Fall der Betriebsveräußerung ja tatsächlich nicht eingetreten ist. Die obere Grenze für den Teilwert bildet der Wiederbeschaffungswert, also der Betrag, der für die Wiederbeschaffung des Wirtschaftsguts am Bilanzstichtag aufgewendet werden müßte; die untere Grenze für den Teilwert bildet der Einzelveräußerungspreis, also der Betrag, der sich bei der Veräußerung des einzelnen Wirtschaftsguts erzielen läßt. Bei Wirtschaftsgütern, die täglich ersetzbar sind, wird je nach den weiteren Umständen entweder der Einzelveräußerungspreis oder der Wiederbeschaffungspreis einen Anhalt für den Teilwert bieten.

Bei entbehrlichen Wirtschaftsgütern (z. B. überzählige Büromaschinen oder Büromöbel) wird der Einzelveräußerungspreis dem Teilwert entsprechen, da an einer Wiederbeschaffung regelmäßig kein Interesse besteht. Für Wirtschaftsgüter, die für die Betriebsfortführung notwendig sind, wird regelmäßig der Wiederbeschaffungspreis einen Anhalt für den Teilwert geben. Dabei sind die Anschaffungsnebenkosten mit zu berücksichtigen.

Beispiele:

a) Zu den Anschaffungskosten von Wertpapieren gehören auch die Börsenumsatzsteuer, etwaige Bankprovisionen, Maklergebühren und dergleichen. Hat sich seit der Anschaffung der Kurswert nicht verändert, entspricht der Teilwert dem Kaufpreis einschließlich der Nebenkosten. Sinkt der Kurswert, entspricht der Teilwert dem niedrigeren Kurswert zuzüglich der Anschaffungsnebenkosten, die beim Erwerb der Wertpapiere zum niedrigeren Kurswert erforderlich wären (BFH, BStBl 1966 III S. 643).

b) Eine hochwertige Spezialmaschine, die als Teil eines Fabrikationsgangs in einem Betrieb unentbehrlich ist, würde bei Einstellung des Betriebs oder bei Herauslösung aus dem Betriebsablauf möglicherweise nur Schrottwert haben. Der Unternehmer kann die Maschine aber deshalb nicht sofort auf den Schrottwert abschreiben, weil der Teilwert der Maschine derjenige Wert ist, den die Maschine aufgrund ihrer tatsächlichen Verwendung für den Betrieb hat.

Nach ständiger Rechtsprechung wird vermutet, daß der Teilwert eines Wirtschaftsguts für den Zeitpunkt der Anschaffung oder Herstellung nicht unter den tatsächlichen Anschaffungs- oder Herstellungskosten liegt und den Wiederbeschaffungskosten entspricht (so BFH, BStBl 1984 II S. 233). Dieser Grundsatz beruht auf der Annahme, ein Kaufmann werde in der Regel für ein Wirtschaftsgut soviel aufwenden, wie es vernünftiger Wirtschaftsführung entspricht. Je kürzer der zeitliche Abstand zwischen Anschaffung oder Herstellung und dem Bilanzstichtag ist, um so stärker ist die Vermutung der Übereinstimmung zwischen

Teilwert und Anschaffungs- oder Herstellungskosten (BFH, BStBl 1978 II S. 335). Bei der Schätzung des Teilwerts muß man aber auch die Möglichkeit in Betracht ziehen, daß dem Kaufmann bei seinen Dispositionen ein Fehler unterläuft. Es sind durchaus Fälle denkbar, in denen ein Kaufmann in Unkenntnis wertbeeinflussender Umstände nach objektiven Gesichtspunkten zu viel für ein Wirtschaftsgut aufgewendet hat. In einem derartigen Fall spricht man von einer Fehlmaßnahme.

Beispiel:
A erwirbt ein bebautes Grundstück. Den Keller des Gebäudes will er als Lagerraum benutzen. Nach dem Erwerb stellt sich heraus, daß die Kellerräume feucht sind, bei starken Niederschlägen unter Wasser stehen und daher zur Lagerung der Ware ungeeignet sind. A hätte bei Kenntnis dieses Mangels das Haus nicht oder nur zu einem erheblich niedrigeren Preis erworben. In diesem Fall liegt der Teilwert unter den Anschaffungskosten.

Eine Fehlmaßnahme liegt dagegen nicht vor, wenn dem Steuerpflichtigen wertmindernde Mängel des Wirtschaftsguts rechtzeitig bekannt waren und er dennoch von seinen Plänen nicht abläßt, obgleich er das ohne nennenswerte wirtschaftliche Nachteile noch könnte (BFH, BStBl 1966 III S. 310). Auch Übergröße und aufwendige Bauweise eines neuen Betriebsgebäudes stellen regelmäßig keine Fehlmaßnahme dar und rechtfertigen deshalb keine Teilwertabschreibung (BFH, BStBl 1978 II S. 335). Wegen Überdimensionierung eines Wirtschaftsguts kann aber eine Teilwertabschreibung gerechtfertigt sein (BFH, BStBl 1988 II S. 488).

Wenn der Bewertungsstichtag und der Anschaffungs- oder Herstellungszeitpunkt nicht sehr nah beieinander liegen, so stellen bei nicht abnutzbaren Wirtschaftsgütern die Wiederbeschaffungskosten den Teilwert dar, sofern gleichwertige Wirtschaftsgüter jederzeit wieder zu beschaffen sind. Bei nicht täglich ersetzbaren Wirtschaftsgütern können die früheren Anschaffungs- oder Herstellungskosten einen Anhalt für die Schätzung bieten. Bei abnutzbaren Wirtschaftsgütern dürfte der Absetzungswert (Anschaffungs- oder Herstellungskosten vermindert um die Absetzungen für Abnutzung) in der Regel dem Teilwert entsprechen (BFH, BStBl 1973 II S. 581). Sind die Ertragsverhältnisse eines ganzen Betriebs durch technische oder strukturelle Veränderungen auf die Dauer stark rückläufig, dann beeinträchtigt dieser Umstand in der Regel den Teilwert der einzelnen hiervon betroffenen Wirtschaftsgüter. Bei Teilbetrieben kommt es auf die Ertragsverhältnisse des Teilbetriebs an (BFH, BStBl 1984 II S. 56). Die Rückläufigkeit der Ertragsverhältnisse eines Betriebs hat nicht die gleiche Wirkung auch für Betriebsgebäude. So rechtfertigt die beschlossene Stillegung eines Zweigbetriebs wegen starken Rückgangs des Ertrags für ein Betriebsgebäude noch keine Teilwertabschreibung, wenn im Zeitpunkt der Bilanzaufstellung der Betrieb in dem Gebäude noch fortgeführt wird (BFH, BStBl 1973 II S. 54). Um so weniger kann wegen der schlechten Ertragslage in einer bestimmten Branche die Teilwertabschreibung bei einem Betriebsgebäude zugelassen werden, wenn der Betrieb in diesem Gebäude noch mit Gewinnen arbeitet (BFH, BStBl 1973 II S. 581). Ein

Zwang zur Abschreibung aktivierter Herstellungskosten eines Mieters für Umbauten und Einbauten in gemieteten Betriebsräumen besteht erst dann, wenn sich in angemessener Zeit nach der Betriebseinstellung keine Verwertungsaussichten ergeben (BFH, BStBl 1975 II S. 294).

4.2.1.5.3 Gemeiner Wert

Einen anderen Begriffsinhalt hat der gemeine Wert. Er wird nicht im Zusammenhang mit dem betrieblichen Zweck, sondern vom individuellen Marktwert her gesehen.

Der gemeine Wert wird durch den Preis bestimmt, der im gewöhnlichen Geschäftsverkehr nach der Beschaffenheit des Wirtschaftsguts bei einer Veräußerung zu erzielen wäre. Dabei sind alle Umstände, die den Preis beeinflussen, zu berücksichtigen. Ungewöhnliche oder persönliche Verhältnisse sind nicht zu berücksichtigen (§ 9 BewG).

Daraus ergibt sich zugleich, daß Teilwert und gemeiner Wert nicht unbedingt unterschiedlich sein müssen, sondern insbesondere dort wertmäßig zusammenfallen, wo der Teilwert den Anschaffungskosten eines auf dem Markt erworbenen Wirtschaftsguts entspricht.

4.2.1.6 Wertzusammenhang, Bewertungsstetigkeit

Der Grundsatz des Wertzusammenhangs besagt, daß ein Wirtschaftsgut, welches bereits in der Schlußbilanz des Vorjahres im Betriebsvermögen enthalten war, in der folgenden Schlußbilanz nicht höher bewertet werden darf. Dieser Grundsatz des Wertzusammenhangs gilt jedoch für Wirtschaftsjahre, die vor dem 1. 1. 1990 enden, uneingeschränkt nur für das abnutzbare Anlagevermögen. Beim nichtabnutzbaren Anlagevermögen und beim Umlaufvermögen gilt der Grundsatz des Wertzusammenhangs nur eingeschränkt. Beim eingeschränkten Wertzusammenhang können durch Ansatz des Teilwerts die vorhergehenden Bilanzansätze überschritten werden. Es dürfen jedoch höchstens die Anschaffungs- oder Herstellungskosten angesetzt werden. Diese Einschränkung gilt nicht bei land- und forstwirtschaftlichen Betrieben; hier ist auch der Ansatz eines höheren Teilwerts zulässig, wenn das den Grundsätzen ordnungsmäßiger Buchführung entspricht (§ 6 Abs. 1 Nr. 2 letzter Satz EStG). Für Wirtschaftsjahre, die nach dem 31. 12. 1989 enden, gilt der Grundsatz des Wertzusammenhangs auch bei abnutzbaren Wirtschaftsgütern des Anlagevermögens nur noch eingeschränkt; siehe dazu im einzelnen 4.2.2.

Der Grundsatz der Bewertungsstetigkeit bedeutet, daß zwischen verschiedenen Bewertungsmöglichkeiten (Bewertungswahlrechte und Methodenwahlrechte) nicht beliebig gewechselt werden darf. Ein nach dem Gesetzeswortlaut an sich zulässiger Wechsel in der Bewertung darf nicht mißbräuchlich sein; s. auch § 252 Abs. 1 Nr. 6 HGB.

4.2.1.7. Bewertung nach dem Lifo-Verfahren

4.2.1.7.1 Allgemeines

Handelsrechtlich kann, soweit es den Grundsätzen ordnungsmäßiger Buchführung entspricht, für den Wertansatz gleichartiger Vermögensgegenstände des Vorratsvermögens unterstellt werden, daß die zuerst oder daß die zuletzt angeschafften oder hergestellten Vermögensgegenstände zuerst oder in einer sonstigen bestimmten Folge verbraucht oder veräußert worden sind (§ 256 HGB). **Steuerrechtlich** wurden derartige Verbrauchsfolge-Wahlrechte bisher grundsätzlich nicht zugelassen (Abschn. 36 Abs. 3 Satz 9 EStR). Gleichartige Wirtschaftsgüter des Vorratsvermögens, bei denen die Anschaffungs- oder Herstellungskosten wegen Schwankungen der Einstandspreise im einzelnen nicht mehr einwandfrei feststellbar sind, konnten allenfalls im Wege der Gruppenbewertung mit dem gewogenen Durchschnitt bewertet werden; s. dazu im einzelnen 4.2.1.2. Lediglich für den Wertansatz bestimmter Edelmetalle und von Kupfer konnte nach § 51 Abs. 1 Nr. 2 Buchst. z EStG i.V. mit § 74 a EStDV auch steuerrechtlich unterstellt werden, daß die zuletzt angeschafften oder hergestellten Wirtschaftsgüter zuerst verbraucht oder veräußert worden sind (last in first out: lifo).

Durch Einfügung des § 6 Abs. 1 Nr. 2 a EStG ist die Bewertungsmethode nach dem Lifo-Verfahren künftig auch ertragsteuerlich allgemein zugelassen. Nach dieser Vorschrift können Steuerpflichtige, die den Gewinn nach § 5 EStG ermitteln, für den Wertansatz gleichartiger Wirtschaftsgüter des Vorratsvermögens unterstellen, daß die zuletzt angeschafften oder hergestellten Wirtschaftsgüter zuerst verbraucht oder veräußert worden sind. § 6 Abs. 1 Nr. 2 a EStG räumt dem Steuerpflichtigen ein **Wahlrecht** („können") ein und ist in zeitlicher Hinsicht erstmals für das Wirtschaftsjahr anzuwenden, das nach dem **31. 12. 1989** endet.

Im Hinblick auf die allgemeine Zulassung der Bewertung nach dem Lifo-Verfahren konnte der Gesetzgeber auf die bisherige Sonderregelung für Edelmetalle und Kupfer in § 74 a EStDV sowie auf die Zulassung einer Preissteigerungsrücklage nach § 74 EStDV (vgl. dazu 4.2.12.1) verzichten.

4.2.1.7.2 Voraussetzungen der Anwendung der Lifo-Methode

Die Anwendung der Lifo-Methode setzt im einzelnen voraus, daß die Bewertung nach der Lifo-Methode den handelsrechtlichen Grundsätzen ordnungsmäßiger Buchführung entspricht. Dieselbe Voraussetzung enthält § 256 HGB. Die Verbrauchs- oder Veräußerungsfolge nach der Lifo-Methode muß ferner auch für den Wertansatz in der handelsrechtlichen Jahresbilanz unterstellt werden (§ 5 Abs. 1 Satz 2 EStG). Schließlich darf für diese Wirtschaftsgüter kein Importwarenabschlag nach § 51 Abs. 1 Nr. 2 Buchst. m EStG i.V.m. § 80 EStDV vorgenommen werden. Insoweit besteht ein Kumulierungsverbot (Abschn. 36 a EStR).

4.2.1.7.3 Übergangsregelung

Die Ausübung des Wahlrechts hat nach § 6 Abs. 1 Nr. 2 a Satz 2 EStG zur Folge, daß der Vorratsbestand am Schluß des Wirtschaftsjahres, das der erstmaligen Anwendung der Bewertung nach der Lifo-Methode vorangeht, mit seinem Bilanzansatz als erster Zugang des neuen Wirtschaftsjahres gilt. Ermittlungen zur Zugangsfolge des Vorratsbestandes am Schluß des Wirtschaftsjahres, das der erstmaligen Anwendung der Lifo-Methode vorangeht, entfallen dadurch.

Hat der Steuerpflichtige in einem Wirtschaftsjahr, das der erstmaligen Anwendung des Lifo-Verfahrens vorangeht, eine Preissteigerungsrücklage gebildet oder einen Importwarenabschlag nach § 80 EStDV vorgenommen, braucht er diesen vor dem Übergang zum Lifo-Verfahren nicht gewinnmindernd aufzulösen (BT-Drs. 11/2157 S. 140). Nach § 6 Abs. 1 Nr. 2 a Satz 3 EStG muß er der Senkung des Importwarenabschlags von 20 v. H. auf 15 v. H. bzw. 10 v. H. jedoch dadurch Rechnung tragen, daß er den Ausgangswert für die Lifo-Methode entsprechend aufstockt (Abschn. 36 a Abs. 7 EStR).

4.2.1.7.4 Spätere Abweichungen nur mit Zustimmung des Finanzamts

Von der einmal gewählten Verbrauchs- oder Veräußerungsfolge nach der Lifo-Methode kann in folgenden Wirtschaftsjahren nur mit **Zustimmung des Finanzamts** abgewichen werden (§ 6 Abs. 1 Nr. 2 a Satz 3 EStG). Dadurch soll sichergestellt werden, daß ein Wechsel zur Durchschnittsbewertung nicht willkürlich erfolgt. Die Entscheidung des Finanzamts über die Erteilung oder Versagung der Zustimmung ist eine Ermessensentscheidung. Dabei ist auch der Zweck der Gesetzesänderung zu berücksichtigen, durch die allgemeine Einführung der Lifo-Methode im Steuerrecht dem Problem der Scheingewinnbesteuerung abzuhelfen und eine weitere Angleichung an das Handelsrecht zu erreichen. Der Wechsel der Methodenwahl bei Anwendung der Lifo-Methode bedarf hingegen nicht der Zustimmung des Finanzamts (Abschn. 36 a Abs. 5 EStR).

4.2.1.7.5 Bewertung bestimmter metallhaltiger Wirtschaftsgüter nach dem Lifo-Verfahren (§ 74 a EStDV)

Steuerpflichtige, die den Gewinn nach § 5 EStG ermitteln, können nach § 74 a EStDV bei Wirtschaftsgütern des Vorratsvermögens für den Wertansatz bestimmter Edelmetalle (Gold, Silber, Platin, Palladium und Rhodium) und Kupfer die Bewertung nach der Lifo-Methode wählen. Aufgrund der Befristung der Ermächtigungsvorschrift des § 51 Abs. 1 Nr. 2 Buchst. z EStG für Wirtschaftsjahre, die vor dem 1. 1. 1990 enden, ergibt sich die Zulassung des Lifo-Verfahrens bei diesen Metallen für spätere Wirtschaftsjahre nicht mehr aus der Sondervorschrift des § 74 a EStDV, sondern aus der allgemeinen Regelung des § 6 Abs. 1 Nr. 2 a EStG. Mehrbestände, die vor dem 1. 1. 1990 nach § 74 a EStDV bewertet worden sind, können auch bei Anwendung des § 6 Abs. 1 Nr. 2 a EStG fortgeführt werden (Abschn. 36 a Abs. 4 EStR).

4.2.2 Bewertung der Wirtschaftsgüter des Anlagevermögens, die der Abnutzung unterliegen (§ 6 Abs. 1 Nr. 1 EStG)

Die Wirtschaftsgüter des Anlagevermögens, die der Abnutzung unterliegen, sind mit den Anschaffungs- oder Herstellungskosten, vermindert um die Absetzung für Abnutzung nach § 7 EStG, anzusetzen. Ist der Teilwert niedriger, so kann dieser angesetzt werden (§ 6 Abs. 1 Nr. 1 EStG).

Zum Begriff „Anlagevermögen" s. unter 4.1.2.4.4.

Anlagevermögen, das der Abnutzung unterliegt (abnutzbares Anlagevermögen), ist Vermögen, das sich innerhalb absehbarer Zeit verbraucht (BFH, BStBl 1979 II S. 38), z. B. Gebäude, Maschinen, Einrichtungen, Fahrzeuge usw.; vgl. Abschn. 42 EStR. Nicht zum abnutzbaren Anlagevermögen gehören z. B. Grund und Boden sowie Beteiligungen.

Die abnutzbaren Wirtschaftsgüter des Anlagevermögens sind somit grundsätzlich mit den Anschaffungs- oder Herstellungskosten, vermindert um die Absetzungen für Abnutzung nach § 7 EStG, anzusetzen. Die laufende Berücksichtigung der Absetzungen für Abnutzung ist zwingend.

Ist der Teilwert des Wirtschaftsguts niedriger als die Anschaffungs- oder Herstellungskosten abzüglich AfA, so hat der Stpfl. nach dem Wortlaut des § 6 Abs. 1 Satz 2 EStG ein Wahlrecht, ob er die um die AfA verminderten Anschaffungs- oder Herstellungskosten oder den niedrigeren Teilwert ansetzen will.

Beispiele:
a) Ein Stpfl. kaufte im Juli d. J. einen Pkw für 20 000 DM Anschaffungskosten. Bei einer voraussichtlichen Gesamtnutzungsdauer von 5 Jahren ergibt sich eine jährliche AfA nach § 7 Abs. 1 Satz 1 EStG von 20 v. H., für das Jahr der Anschaffung eine Halbjahres-AfA von 10 v. H.
Der Pkw ist in der Bilanz zum 31. 12. d. J. mit (20 000 DM ⁄ 2000 DM) 18 000 DM anzusetzen.

b) Sachverhalt wie vorstehend mit folgender Ergänzung: Im Dezember d. J. brachte die betreffende Automobilfabrik ein wesentlich verbessertes Modell heraus und senkte die Verkaufspreise. Dadurch war der Teilwert des alten Modells auf angenommen 17 000 DM abgesunken.
Der Stpfl. kann den Pkw in der Bilanz zum 31. 12. d. J. auch mit 17 000 DM ansetzen, also neben der Absetzung für Abnutzung (2000 DM) noch eine Teilwertabschreibung von 1000 DM vornehmen.

Bei einer Personengesellschaft kann das Bewertungswahlrecht nur einheitlich für die Gesellschaft ausgeübt werden (BFH, BStBl 1986 II S. 910).

Der Steuerpflichtige, der seinen Gewinn nach § 5 EStG ermittelt, kann ausnahmsweise auch bei den abnutzbaren Wirtschaftsgütern des Anlagevermögens handelsrechtlich gezwungen sein, den niedrigeren Teilwert anzusetzen, nämlich dann, wenn eine voraussichtlich dauernde Wertminderung vorliegt (§ 253 Abs. 2 Satz 3 HGB). In diesen Fällen muß er wegen der Maßgeblichkeit der Handelsbilanz für die Steuerbilanz (§ 5 Abs. 1 Satz 1 EStG) auch in der Steuerbilanz den niedrigeren Teilwert ansetzen (eingeschränktes Niederstwertprinzip).

Nach der bis zum 31. 12. 1989 geltenden Fassung des § 6 Abs. 1 Nr. 1 Satz 4 EStG ist bei den abnutzbaren Wirtschaftsgütern des Anlagevermögens, vorbehaltlich der Zuschreibung nach § 6 Abs. 3 Satz 2 EStG, der uneingeschränkte Wertzusammenhang zu wahren. Der uneingeschränkte Wertzusammenhang hat zum Inhalt, daß bei Wirtschaftsgütern, die bereits am Schluß des vorangegangenen Wirtschaftsjahres zum Anlagevermögen des Stpfl. gehört haben, der Bilanzansatz nicht über den letzten Bilanzansatz hinausgehen darf. Das bedeutet, daß die Auflösung stiller Reserven in den abnutzbaren Anlagegütern vor ihrer Veräußerung (Entnahme) steuerlich unzulässig ist. Diese Regel ist Teil des allgemeinen Grundsatzes, daß nicht realisierte Gewinne nicht ausgewiesen werden dürfen (Realisationsprinzip). Würde in dem vorstehenden Beispielsfall am Ende des Zweitjahres der Teilwert des Pkw durch irgendwelche Umstände höher sein als der letzte Bilanzansatz, wäre der Ansatz dieses höheren Teilwerts in jedem Fall ausgeschlossen; es müßte der Vorjahresbilanzansatz, um die AfA des Zweitjahres gemindert, ausgewiesen werden.

Eine Ausnahme besteht bei Land- und Forstwirten. Für die Bewertung des Viehs dienen im allgemeinen Vieh-Durchschnittswerte, ohne Rücksicht auf gegebenenfalls niedrigere Anschaffungskosten (Abschn. 125 EStR). Eine Ausnahme ergibt sich ferner aus § 6 Abs. 3 Satz 3 EStG a. F., wenn eine Bewertung nach § 6 Abs. 3 Satz 1 EStG a. F. in einem folgenden Wirtschaftsjahr durch eine Zuschreibung rückgängig gemacht wird (s. dazu 4.2.10).

Nach der Neufassung des § 6 Abs. 1 Nr. 1 Satz 4 EStG, die erstmals für das Wirtschaftsjahr anzuwenden ist, das nach dem 31. 12. 1989 endet, gilt der Grundsatz des Wertzusammenhangs auch für abnutzbare Wirtschaftsgüter des Anlagevermögens nur noch eingeschränkt. Danach kann der Stpfl. in den folgenden Wirtschaftsjahren den Teilwert auch dann ansetzen, wenn er höher ist als der letzte Bilanzansatz; es dürfen jedoch höchstens die Anschaffungs- oder Herstellungskosten – oder der nach § 6 Abs. 1 Nr. 5 oder 6 EStG an deren Stelle tretende Wert –, vermindert um die AfA nach § 7 EStG, angesetzt werden.

Die Bewertungsgrundsätze des § 6 Abs. 1 Nr. 1 EStG für das abnutzbare Anlagevermögen erfahren durch die Bewertungsfreiheit des § 6 Abs. 2 EStG für geringwertige Wirtschaftsgüter eine Einschränkung (s. dazu 4.2.9).

4.2.3 Bewertung der Wirtschaftsgüter des Anlagevermögens, die nicht der Abnutzung unterliegen, und des Umlaufvermögens (§ 6 Abs. 1 Nr. 2 EStG)

4.2.3.1 Allgemeines

Die Wirtschaftsgüter des nichtabnutzbaren Anlagevermögens und des Umlaufvermögens sind mit den Anschaffungs- oder Herstellungskosten anzusetzen. Statt der Anschaffungs- oder Herstellungskosten kann der niedrigere Teilwert angesetzt werden (§ 6 Abs. 1 Nr. 2 EStG).

Wirtschaftsgüter, die nicht der Abnutzung unterliegen, sind z. B. Grund und Boden, Beteiligungen, Wertpapiere und Anteile an Kapitalgesellschaften, auch wenn sie keine Beteiligung darstellen. Das gilt auch dann, wenn sich in den Anschaffungskosten für die Anteile ein Praxiswert der Kapitalgesellschaften niedergeschlagen hat (BFH, BStBl 1986 II S. 142).

Zu den Begriffen „Anlagevermögen" und „Umlaufvermögen" s. unter 4.1.2.4.4.

Der Stpfl. hat somit ein Wahlrecht, ob er beim nichtabnutzbaren Anlagevermögen und Umlaufvermögen die Anschaffungs- oder Herstellungskosten oder den niedrigeren Teilwert ansetzt. Das Wahlrecht wird aber für alle Stpfl., die ihren Gewinn nach § 5 EStG ermitteln, insoweit eingeschränkt, als diese Stpfl. nach handelsrechtlichen Vorschriften Wirtschaftsgüter des Umlaufvermögens mit dem niedrigeren Börsen- oder Marktpreis bzw. dem niedrigeren Stichtagswert, der in der Regel dem niedrigeren Teilwert entspricht, ansetzen müssen (§ 253 Abs. 3 HGB; uneingeschränktes Niederstwertprinzip) und Wirtschaftsgüter des Anlagevermögens bei nicht vorübergehenden Wertminderungen mit dem niedrigeren Stichtagswert, der ebenfalls im allgemeinen dem niedrigeren Teilwert gleichkommt, bewerten müssen (§ 253 Abs. 2 Satz 3 HGB; eingeschränktes Niederstwertprinzip). Da der Ansatz des niedrigeren Teilwerts in der Handelsbilanz den steuerlichen Vorschriften nicht widerspricht, muß dieser niedrigere Teilwert nach dem Grundsatz der Maßgeblichkeit der Handelsbilanz für die Steuerbilanz auch in die Steuerbilanz übernommen werden.

Beispiel:

Ein Stpfl. hat vor Jahren eine zu seinem Anlagevermögen gehörende Beteiligung erworben. Die Anschaffungskosten haben 100 000 DM betragen. Wegen eines angestrebten Vergleichsverfahrens beträgt der Teilwert der Beteiligung am Ende dieses Wirtschaftsjahres nur noch 20 000 DM.

Steuerlich besteht ein Wahlrecht, ob die Beteiligung mit den Anschaffungskosten (100 000 DM) oder mit dem niedrigeren Teilwert (20 000 DM) angesetzt wird. Da aber nach den Grundsätzen ordnungsmäßiger Buchführung der niedrigere Teilwert angesetzt werden muß, ist bei Stpfl., die ihren Gewinn nach § 5 EStG ermitteln, dieses Wahlrecht gegenstandslos und der niedrigere Teilwert anzusetzen.

Bei Wirtschaftsgütern, die bereits am Schluß des vorangegangenen Wirtschaftsjahres zum Betriebsvermögen gehört haben, kann der Stpfl. in den folgenden Jahren den Teilwert auch dann ansetzen, wenn er höher ist als der letzte Bilanzansatz; es dürfen jedoch höchstens die Anschaffungs- oder Herstellungskosten – oder der nach § 6 Abs. 1 Nr. 5 oder 6 EStG an deren Stelle tretende Wert – angesetzt werden (§ 6 Abs. 1 Nr. 2 Sätze 2 und 3 EStG).

Es darf somit eine früher vorgenommene Teilwertabschreibung wieder rückgängig gemacht und damit der letzte Bilanzansatz überschritten werden. Die Höchstgrenze bilden aber die Anschaffungs- oder Herstellungskosten (eingeschränkter Wertzusammenhang).

Beispiel:

Ein Elektrohändler hat im November Kühlschränke zum Preise von 500 DM eingekauft. Zum 31. 12. dieses Jahres betrug der Teilwert 400 DM. Die Firma muß die Kühlschränke, da sie zum Umlaufvermögen gehören, bei der Gewinnermittlung nach § 5 EStG mit 400 DM in die Bilanz einsetzen. Am 31. 12. des folgenden Jahres ist aus dieser Warenlieferung noch ein Kühlschrank am Lager. Der Teilwert beträgt auf Grund verschiedener Preissteigerungen jetzt 540 DM.

Die Firma hat folgende Möglichkeiten: Sie kann den Bilanzansatz des Vorjahres (400 DM) beibehalten; sie kann aber auch, weil der Teilwert gestiegen ist, einen höheren Wert, höchstens jedoch 500 DM, ansetzen. Welchen Wert die Firma innerhalb des ihr gezogenen Rahmens (mindestens 400 DM, höchstens 500 DM) für den Kühlschrank in die Bilanz (Inventur) einsetzt, steht ihr frei.

Eine Besonderheit ergibt sich bei land- und forstwirtschaftlichen Betrieben; sie dürfen auch einen über die Anschaffungs- und Herstellungskosten hinausgehenden Teilwert ansetzen, wenn das den Grundsätzen ordnungsmäßiger Buchführung entspricht (§ 6 Abs. 1 Nr. 2 letzter Satz EStG, wegen der Bewertung von Vieh vgl. Abschn. 125 EStR).

Zur Bewertung des Vorratsvermögens vgl. 4.2.3.2 und Abschn. 36 EStR.

4.2.3.2 Einzelfragen

Es sollen noch einige bedeutsame Einzelfragen zu den Anschaffungs- oder Herstellungskosten und zum Teilwert erwähnt werden.

Forderungen, auch solche aus der Veräußerung von Wirtschaftsgütern, sind grundsätzlich mit dem Nennwert anzusetzen. Dieser Betrag gilt als Anschaffungskosten der Forderungen (BFH, BStBl 1975 II S. 875, 1977 II S. 380). Diese Forderungen dürfen nicht deshalb unter dem Nennwert bewertet werden, weil die Anschaffungs- oder Herstellungskosten der veräußerten Wirtschaftsgüter (insbesondere Ware) unter diesem Betrag liegen (BFH, BStBl 1968 II S. 176). Auch bei unverzinslichen Darlehnsforderungen ist nach den Grundsätzen ordnungsmäßiger Buchführung der Nennbetrag als Anschaffungskosten der Forderung zu behandeln. Die Unverzinslichkeit – vgl. dazu BFH, BStBl 1987 II S. 553 – führt jedoch regelmäßig dazu, daß der Teilwert gleich dem niedrigeren Barwert ist (BFH, BStBl 1975 II S. 875). Unverzinsliche oder niedrig verzinsliche Darlehn an Betriebsangehörige oder für den Betrieb tätige Handelsvertreter sind hingegen mit dem Nennwert zu aktivieren. Nach neuerer Rechtsprechung (BFH, BStBl 1990 II S. 117) gilt dies auch dann, wenn den Darlehn keine bestimmten Gegenleistungen der Darlehnsempfänger gegenüberstehen (anders noch BFH, BStBl 1975 II S. 875); wegen der Übergangsregelung s. BMF, BStBl 1990 I S. 71.

Auch wenn Forderungen nach bürgerlichem Recht nicht einklagbar sind, können sie in der Bilanz auszuweisen sein, wenn sie einen Teilwert haben (BStBl 1968 II S. 79).

Bei geringfügigen Forderungen darf von einer Bilanzierung nicht einfach deshalb abgesehen werden, weil die Bilanzierung Mehrarbeit verursachen würde und sich die Nichtaktivierung nicht nennenswert auf den Gewinn auswirkt. Auch geringfügige Forderungen müssen vielmehr aktiviert werden, es sei denn, die richtige Bilanzierung würde bei Aufstellung der Bilanz unverhältnismäßige Schwierigkeiten bereiten (BFH, BStBl 1967 III S. 761).

Der **Teilwert einer Forderung** wird regelmäßig nach ihrer Fälligkeit, ihrer Verzinslichkeit (Zinslosigkeit) sowie dem Zahlungsvermögen des Schuldners zu beurteilen sein. Ein nachprüfbares Risiko, daß der Schuldner die Forderung nicht oder nicht in voller Höhe erfüllen wird (Ausfallrisiko), beeinflußt den Teilwert der

Forderung. Allerdings sind auch alle wertaufhellenden Umstände zu berücksichtigen, die bis zur Bilanzaufstellung eingetreten oder bekanntgeworden sind und aus denen Schlüsse auf das Bestehen oder Nichtbestehen eines Risikos am Bilanzstichtag gezogen werden können (BFH, BStBl 1965 III S. 409). Lautet die Forderung auf eine ausländische Währung, spielen auch Änderungen des Wechselkurses eine Rolle. Im übrigen sind Zahlungsabzüge (Skonti), Einzugskosten und dgl. zu berücksichtigen.

Im allgemeinen ist es nicht zu beanstanden, daß Zahlungsabzüge, Zinsverluste und Ausfälle durch eine pauschale Abschreibung (**Delkredere**) vom Forderungsbestand berücksichtigt werden. Erforderlich ist aber, daß die Gründe und die Höhe der Abschreibungen im einzelnen anhand der Erfahrungen der Vergangenheit dargetan und glaubhaft gemacht werden. Es ist also nicht angängig, daß sich der Steuerpflichtige bei seiner Abschreibung auf allgemeine branchenübliche Erfahrungswerte oder dgl. beruft. Stpfl., die ihre Umsätze nach vereinbarten Entgelten versteuern, dürfen die pauschalen Wertberichtigungen nur vom Rechnungsbetrag ausschließlich Umsatzsteuer vornehmen; denn der Forderungsausfall führt zur Ermäßigung der bisher zugrundegelegten Bemessungsgrundlage und damit zu einer entsprechenden Rückzahlung oder Verrechnung der abgeführten Umsatzsteuer. Insoweit tritt keine Teilwertminderung ein (BFH, BStBl 1981 II S. 766).

Ein schleppender Zahlungseingang allein rechtfertigt noch keine Abschreibung wegen eines Ausfallrisikos. Es sind vielmehr Anhaltspunkte dafür erforderlich, daß mit einem völligen oder teilweisen Ausfall objektiv zu rechnen ist (BFH, StRK § 6 Abs. 1 Nr. 2 EStG R Nr. 185). Solange der Steuerpflichtige nicht nur Gläubiger, sondern auch Schuldner derselben Person ist, ist nur insoweit eine Abschreibung der Forderung möglich, als diese nicht durch die bestehende Schuld gedeckt ist.

Beispiel:
A schuldet B 10 000 DM, B schuldet A 15 000 DM. B wird zahlungsunfähig. A kann die Forderung gegenüber B nur bis auf 10 000 DM abschreiben (BFH, BStBl 1965 III S. 686).

Im Fall einer Betriebsaufspaltung (s. unter 5.2.1.2) hat das Besitzunternehmen eine aus dem Pachtvertrag abgeleitete Warenrückgabeforderung und eine Forderung auf Erneuerung der Pachtgegenstände gegen die Betriebskapitalgesellschaft regelmäßig mit den gleichen Werten zu aktivieren, mit denen die Betriebskapitalgesellschaft die entsprechenden Verpflichtungen passiviert hat (wegen der Einzelheiten vgl. BFH, BStBl 1966 III S. 149 und 589, 1975 II S. 700); dies gilt jedoch nicht ausnahmslos (BFH, BStBl 1989 II S. 714).

Ist ein Kaufmann aus betrieblichen Gründen gezwungen, ein **Grundstück** zu einem über dem Verkehrswert liegenden Wert zu kaufen, so rechtfertigt dies allein noch keine Teilwertabschreibung in Höhe des Überpreises.

Beispiel:
Ein Fabrikant muß, um bestimmte behördlich vorgeschriebene Sicherungsmaßnahmen für seinen Betrieb treffen zu können, das Nachbargrundstück erwerben. Der

Eigentümer dieses Grundstücks nutzt die Zwangslage des Fabrikanten aus und fordert einen über dem Verkehrswert liegenden Preis, der auch gezahlt wird. Eine Teilwertabschreibung von den Anschaffungskosten auf den Verkehrswert ist nicht zulässig, weil es sich um eine durchaus sinnvolle Aufwendung handelt, die den ungestörten Fortbestand des Betriebs gestattet und vom Erwerber des Unternehmens auch ersetzt würde (BFH, BStBl 1962 III S. 186).

Eine Teilwertabschreibung kommt ebenfalls nicht in Betracht, wenn ein vom Stpfl. überbauter Grundstücksstreifen nachträglich zu einem Überpreis erworben werden muß und dieser nur noch als unselbständiger Teil des gesamten Gebäudegrundstücks anzusehen ist (BFH, BStBl 1979 II S. 259).

Die Absicht, ein **Gebäude** abzubrechen, rechtfertigt nicht eine Teilwertabschreibung, wenn der (Rest-)Wert des Gebäudes zu den Anschaffungskosten des Grund und Bodens oder den Herstellungskosten eines neuen Gebäudes zählt (BFH, BStBl 1983 II S. 541; s. dazu auch 4.2.1.4.2).

Beim Erwerb eines Unternehmens wird nicht selten neben dem Preis für die übernommenen Wirtschaftsgüter ein zusätzlicher Betrag gezahlt, durch den die Ertragskraft des Unternehmens (Ruf, Kundenstamm, innerbetriebliche und äußere Organisation, Rationalisierungsmaßnahmen u. a.) abgegolten wird. In diesen Fällen ist der zusätzliche Betrag als Anschaffungskosten des **Geschäftswerts** zu bilanzieren, sofern der Erwerber nicht beabsichtigt, das erworbene Unternehmen sofort stillzulegen, und entsprechend handelt (BFH, BStBl 1979 II S. 369, 1982 II S. 758). Geschäftswert ist der Mehrwert, der einem gewerblichen Unternehmen über den Wert der einzelnen materiellen und immateriellen Wirtschaftsgüter des Betriebsvermögens hinaus innewohnt. Er ist Ausdruck für die Gewinnchancen eines Unternehmens, soweit sie nicht in den einzelnen Wirtschaftsgütern verkörpert sind (BFH, BStBl 1986 II S. 176). Die Aktivierung eines solchen (derivativen) Geschäftswerts kommt nur beim Erwerb eines Unternehmens im ganzen, eines Mitunternehmeranteils an einem solchen Unternehmen oder eines mit einer gewissen Selbständigkeit ausgestatteten Teilbetriebs in Betracht (vgl. BFH, BStBl 1980 II S. 690). Aber auch in diesen Fällen stellen Aufwendungen für den Eintritt in einen langjährigen Mietvertrag oder ähnlichen Nutzungsvertrag Anschaffungskosten für ein selbständig zu aktivierendes immaterielles Einzelwirtschaftsgut dar (BFH, BStBl 1977 II S. 595). Hingegen ist der Kundenstamm grundsätzlich Teil des Firmenwerts. Seine gesonderte Bilanzierung ist nur dann geboten, wenn er gesondert Gegenstand eines Anschaffungsgeschäfts war (BFH, BStBl 1979 II S. 470, 1982 II S. 189). Es ist also zwischen selbständigen immateriellen Einzelwirtschaftsgütern und unselbständigen geschäftswertbildenden Faktoren zu unterscheiden (BFH, BStBl 1986 II S. 176). Zahlt ein Unternehmer eine Ablösesumme für die Befreiung aus einem sein Unternehmen belastenden (nicht bilanzierten) Vertrag, so erhöht die Befreiung zwar seinen Geschäftswert. Die Entschädigung ist jedoch mangels eines abgeleiteten Erwerbs des Geschäftswerts nicht zu aktivieren (BFH, BStBl 1982 II S. 56; s. auch 4.1.2.5.2).

Für Wirtschaftsjahre, die nach dem 31. 12. 1986 beginnen, zählt der Geschäfts- oder Firmenwert nicht nur für das Handelsrecht (§ 255 Abs. 5 HGB), sondern auch für das Steuerrecht zu den abnutzbaren Wirtschaftsgütern, dessen Nutzungsdauer auf den Zeitraum von 15 Jahren gesetzlich fixiert ist (§ 6 Abs. 1 Nr. 2, § 7 Abs. 1 Satz 3 EStG). Eine Verminderung des Aktivpostens „Geschäftswert" ist – abgesehen von dem Fall, daß die Aufwendungen für den Geschäftswert sich als Fehlmaßnahme erwiesen haben – auch dann möglich, wenn der Teilwert des Geschäftswerts unter die Anschaffungskosten gesunken ist (BFH, BStBl 1967 III S. 334, 1968 II S. 520, 1969 II S. 66, 1982 II S. 758). Dies ist nicht bereits dann anzunehmen, wenn einzelne Elemente des Geschäftswerts geschwunden, andere neue aber dafür entstanden sind, so z. B. wenn sich der übernommene Kundenstamm vermindert hat, andere neue Kunden jedoch gewonnen werden konnten, so daß sich die Ertragslage des Unternehmens nicht verschlechtert hat (BFH, BStBl 1958 III S. 330, 1979 II S. 381, 1980 II S. 690, 1982 II S. 758). Eine Teilwertabschreibung setzt vielmehr im allgemeinen eine nachhaltige Verschlechterung der Ertragslage voraus (BFH, BStBl 1983 II S. 667). Sie kann auch bei nominal gleichbleibenden Erträgen anzunehmen sein, wenn das Unternehmen bei diesen Erträgen mit der allgemeinen wirtschaftlichen Entwicklung nicht Schritt gehalten hat (BFH, BStBl 1978 II S. 103). Berechnungsmethoden zur Ermittlung des Geschäftswerts sind in weitem Rahmen ungewiß. Dies gilt auch für die für zulässig gehaltene direkte Methode. Bei ihr werden von dem zu erwartenden nachhaltigen Gewinn Beträge für die Verzinsung des investierten Kapitals und für einen angemessenen Unternehmerlohn als Kostenfaktor abgezogen und der verbleibende Betrag kapitalisiert (BFH, BStBl 1980 II S. 690 mit weiteren Einzelheiten). So kann z. B. bei einem Handwerksbetrieb die Teilwertabschreibung eines erworbenen Geschäftswerts dann zulässig sein, wenn Geschäftswerte dann nicht mehr vergütet werden, sofern der nachhaltig erzielte Gewinn nicht höher als ein angemessener Unternehmerlohn ist (BFH, BStBl 1977 II S. 607).

Ist der Anschaffungspreis für einen Mitunternehmeranteil niedriger als das übergehende Kapitalkonto, so muß der Erwerber den Minderbetrag auf die von ihm erworbenen Anteile an den einzelnen Wirtschaftsgütern der Gesellschaft verteilen (s. 4.2.7). Der Minderwert darf nicht als negativer Geschäftswert bilanziert werden, weil im Einkommensteuerrecht ein negativer Gesellschaftswert als passives Wirtschaftsgut nicht vorgesehen ist (BFH, BStBl 1981 II S. 130).

Der **Teilwert von Wirtschaftsgütern des Vorratsvermögens** (Roh-, Hilfs- und Betriebsstoffe, halbfertige und fertige Erzeugnisse, Ware) deckt sich für den Zeitpunkt der Anschaffung oder Herstellung mit den Anschaffungs- oder Herstellungskosten, für einen späteren Zeitpunkt mit deren Wiederbeschaffungskosten am Bilanzstichtag (BFH, BStBl 1980 II S. 327), und zwar auch dann, wenn mit einem entsprechenden Rückgang der Verkaufspreise nicht gerechnet zu werden braucht.

Beispiel:

A hat am Bilanzstichtag einen Posten Ware auf Lager, den er für 12 000 DM eingekauft hat und den er nun wegen eines allgemeinen Sinkens der Einkaufspreise für 10 000 DM wiederbeschaffen könnte. A kann die gesunkenen Wiederbeschaffungskosten von 10 000 DM als Teilwert der Ware ansetzen, auch wenn damit zu rechnen ist, daß er die Ware nach wie vor für 14 000 DM absetzen kann (Abschn. 36 Abs. 2 EStR).

Bei Erzeugnissen entsprechen die Wiederbeschaffungskosten den Wiederherstellungs- oder Reproduktionskosten.

Sind Wirtschaftsgüter des Vorratsvermögens durch Lagerung, Änderung des modischen Geschmacks oder aus anderen Gründen im Wert gemindert, so rechtfertigen diese Wertminderungen eine Teilwertabschreibung nur insoweit, als die voraussichtlich erzielbaren Verkaufserlöse die Selbstkosten zuzüglich des durchschnittlichen Unternehmergewinns nicht erreichen; dabei sind jedoch die bis zum Bilanzstichtag angefallenen und gewinnmindernd verrechneten Aufwendungen in die Selbstkosten nicht einzubeziehen (BFH, BStBl 1977 II S. 540, 1980 II S. 337 und 540, 1984 II S. 35). Es wird also davon ausgegangen, daß der Erwerber des Unternehmens für diese Ware nur soviel aufwenden würde, daß er bei deren Veräußerung noch den durchschnittlichen Gewinn erzielen kann.

Beispiel:

Der Schuhwareneinzelhändler A hat am Bilanzstichtag 200 Paar Schuhe auf Lager, die er wegen eines Wandels in der Mode nur noch mit einem Preisnachlaß von 10 v. H. veräußern kann. Er hat diese Schuhe für 8000 DM eingekauft. Seine Selbstkosten betragen 10 000 DM und sein durchschnittlicher Unternehmergewinn 40 v. H. A hätte also die Schuhe früher für 14 000 DM verkauft; nunmehr kann er sie nur noch für 12 600 DM absetzen. A kann also von den Anschaffungskosten der Schuhe eine Teilwertabschreibung von 1400 DM (14 000 DM ./. 12 600 DM) vornehmen.

Macht ein Steuerpflichtiger für Wertminderungen dieser Art eine Teilwertabschreibung geltend, so muß er die Wertminderung nachweisen. Dazu muß er Unterlagen vorlegen, die aus den Verhältnissen seines Betriebs gewonnen sind und die eine sachgemäße Schätzung des Teilwerts ermöglichen. In der Regel sind die tatsächlich erzielten Verkaufspreise für die im Wert geminderten Wirtschaftsgüter in der Weise und in einer so großen Anzahl von Fällen nachzuweisen, daß sich daraus ein repräsentativer Querschnitt für die zu bewertenden Wirtschaftsgüter ergibt (BFH, BStBl 1977 II S. 377 und 540, 1984 II S. 35). Solange die bisherigen Preise gehalten werden, gilt die Vermutung, daß der Wert der Ware nicht gemindert ist. Diese Vermutung kann jedoch durch den Nachweis widerlegt werden, daß gewichtige Gründe, die nicht mit dem Wert der Ware zusammenhängen, ein Festhalten an den ursprünglichen Preisen gebietet (BFH, BStBl 1977 II S. 540 mit Ausführungen über die Höhe des Teilwerts in solchen Fällen).

Gleichartige Wirtschaftsgüter des Vorratsvermögens sowie andere gleichartige oder annähernd gleichwertige bewegliche Wirtschaftsgüter können jeweils zu einer Gruppe zusammengefaßt und mit dem gewogenen Durchschnittswert angesetzt werden (Abschn. 36 Abs. 3 EStR; s. 4.2.1.2).

Die Frage einer **Teilwertabschreibung bei GmbH-Anteilen** wird häufig bereits dann aufgeworfen, wenn die GmbH Verluste ausweist. Das ist jedoch vielfach verfrüht. In der Regel sind die Anteile mit den Anschaffungskosten bilanziert. Hat die GmbH bereits längere Zeit mit Gewinnen gearbeitet, so wird ein

einmaliges Verlustjahr im allgemeinen noch keine Teilwertabschreibung rechtfertigen.

Beispiel:

Das Stammkapital der GmbH beträgt 50 000 DM, die Anschaffungskosten der
Beteiligung von 50 v. H. beliefen sich auf 25 000 DM. Mit diesem Betrag sind sie
bilanziert. An offenen Reserven sind 100 000 DM vorhanden. Im Jahr 02 erleidet die
GmbH einen Verlust von 50 000 DM. Eine Teilwertabschreibung auf den 31. 12. 02
ist nicht begründet, weil der Wert der Beteiligung wegen der erheblichen Reserven
nicht unter den Anschaffungswert gesunken ist.

Selbst wenn die offenen Reserven durch Verluste voll aufgezehrt sein sollten und
das Kapital der GmbH unter das Stammkapital gesunken ist, braucht dies eine
Teilwertabschreibung solange nicht zu rechtfertigen, als die GmbH noch entsprechende stille Reserven hat. Auch wenn für Zwecke der Vermögensbesteuerung
der gemeine Wert der Beteiligung niedriger als die Anschaffungskosten festgestellt wird, so rechtfertigt dies in aller Regel für sich allein noch keine
Teilwertabschreibung (BFH, BStBl 1961 III S. 463).

Beteiligt sich ein Steuerpflichtiger an der Gründung einer GmbH und ergeben sich
bei der GmbH **Anlaufverluste,** so braucht dies nicht ohne weiteres eine
Teilwertabschreibung zu rechtfertigen.

Beispiel:

A gründet mit seiner Frau die A-GmbH. Das Stammkapital beträgt 50 000 DM. Es
stellt sich heraus, daß diese Kapitalausstattung nicht ausreicht, um auf dem
vorgesehenen Gebiet eine gewinnbringende Tätigkeit zu entfalten. Führt A nunmehr
der GmbH die erforderlichen Mittel durch eine Erhöhung des Stammkapitals zu und
kann bei objektiver Beurteilung des Sachverhalts davon ausgegangen werden, daß
durch diese Kapitalzuführung nach einer gewissen Übergangszeit Gewinne erwirtschaftet werden, ist auch bei vorübergehenden Verlusten eine Teilwertabschreibung
nicht zulässig (vgl. auch BFH, BStBl 1970 II S. 87, 1979 II S. 108).

Etwas anderes wird nur zu gelten haben, wenn A es unterläßt, die GmbH mit dem
zusätzlich erforderlichen Kapital auszustatten, so daß mit weiteren nicht nur
vorübergehenden Verlusten zu rechnen ist (BFH, BStBl 1965 III S. 503).

Entsprechendes gilt, wenn sich ein Steuerpflichtiger an einer GmbH maßgeblich
beteiligt, die mit Verlusten gearbeitet hat. Wenn zu erwarten ist, daß der neu
hinzugetretene Gesellschafter durch die von ihm eingeleiteten Maßnahmen die
GmbH auf die Dauer gesehen wieder gewinnbringend gestaltet, rechtfertigen die
zunächst eintretenden Verluste keine Teilwertabschreibungen (BFH, BStBl 1964 III
S. 362 und 1968 II S. 521).

Übernimmt ein Stpfl. Stammeinlagen auf das Stammkapital einer Unterstützungskasse in der Rechtsform einer GmbH und dient die Unterstützungskasse den
Arbeitnehmern seines Betriebs, so kann bei den zum Betriebsvermögen des Stpfl.
gehörenden GmbH-Anteilen grundsätzlich nicht bereits deshalb eine Teilwertabschreibung vorgenommen werden, weil der Stpfl. nicht damit rechnen kann,
daß er seine Einlagen jemals zurückerlangt. Denn ihm waren die mit dem Erwerb
der Anteile verbundenen Vorteile den Aufwand wert (BFH, BStBl 1971 II S. 180,
1973 II S. 79).

Die Vermutung, daß die Anschaffungs- oder Herstellungskosten eines Wirtschaftsguts auch den Teilwert dieses Wirtschaftsguts im Zeitpunkt der Anschaf-

fung oder Herstellung darstellen, gilt also grundsätzlich auch für GmbH-Anteile. Zusätzliche Anschaffungskosten durch verdeckte Stammeinlage führen jedoch nicht zum Erwerb neuer Anteile, sondern allenfalls zur Erhöhung des Werts alter Anteile. Diese Werterhöhung kann durch andere Umstände, die den Wert mindern, ausgeglichen werden, so daß neben der Werterhöhung eine Teilwertabschreibung zulässig ist (BFH, BStBl 1977 II S. 515).

Sinkt bei **Wertpapieren** des Umlaufvermögens ihr Börsenkurs, so ist ihr Teilwert der Betrag, der sich ergibt, wenn die Anschaffungskosten (Kaufpreis und Nebenkosten) in dem gleichen Verhältnis gemindert werden, in dem der Kaufpreis (ohne Nebenkosten) zum gesunkenen Börsenkurs steht (BFH, BStBl 1966 III S. 643).

Beispiel:
1. Anschaffungskosten (Kaufpreis und Nebenkosten) 210 DM
2. Gesunkener Börsenkurs 150 DM
3. Kaufpreis (ohne Nebenkosten) 200 DM
4. Verhältnis von 2. zu 3. = 150 DM / 200 DM = ¾

$$\text{Teilwert} \ \frac{210\,\text{DM} \times 3}{4} = 157{,}50\,\text{DM}$$

Hingegen entspricht der Teilwert von **Investmentanteilen,** wenn sie für den Betrieb entbehrlich sind, dem Rücknahmepreis der Anteile, da es neben dem Ausgabepreis und dem Rücknahmepreis keinen Marktpreis gibt (BFH, BStBl 1972 II S. 489, 1973 II S. 207). Bei Anschaffung oder im zeitlichen Zusammenhang mit ihr können die Investmentanteile jedoch noch nicht als entbehrlich (überflüssig) angesehen werden (BFH, BStBl 1973 II S. 207). Ihr Teilwert entspricht dann in der Regel den Anschaffungskosten.

4.2.3.3 Ausschüttungsbedingte Wertminderung von Anteilen an Kapitalgesellschaften (§ 50 c EStG)

Hat ein zur Anrechnung von Körperschaftsteuer berechtigter Stpfl. einen Anteil an einer unbeschränkt steuerpflichtigen Kapitalgesellschaft von einem nicht anrechnungsberechtigten Anteilseigner erworben und werden von ihm mitbezahlte Rücklagen der Kapitalgesellschaft an ihn ausgeschüttet, dann würde sich durch das System der Gewinnermittlung und des Anrechnungsverfahrens ohne gesetzliche Sonderregelung folgendes ergeben: Für den Erwerber würde die Ausschüttung bezahlter Rücklagen zunächst im Ergebnis eine Vermögensumschichtung darstellen. In Höhe der als Ertrag zu behandelnden Ausschüttung vermindert sich der Wert der erworbenen Anteile, so daß der Zugang an Geld durch entsprechende Teilwertabschreibung oder entsprechende Verluste bei einer etwaigen Veräußerung oder Entnahme ausgeglichen würde. Durch die Ausschüttung würde ferner das entsprechende Einkommen von der Körperschaftsteuer entlastet, was bei Ausschüttung an den Veräußerer als nicht anrechnungsberechtigten Anteilseigner nicht der Fall gewesen wäre. Diese Rechtsfolgen würden dazu führen, daß sich nicht anrechnungsberechtigte Veräußerer von Anteilen die auf den Rücklagen lastende Körperschaftsteuer vom anrechnungsberechtigten Erwerber mindestens teilweise erstatten lassen. Dem soll § 50 c EStG entgegenwirken. Die Vorschrift bestimmt, daß bei dem vorbeschriebenen Sachverhalt die auf die Gewinnausschüttungen zurückzuführenden Teilwertabschreibungen und Verluste aus der Veräußerung oder Entnahme der Anteile steuerlich nicht gewinnmindernd zu berücksichtigen sind (§ 50 c Abs. 1 EStG). Dieses Verbot der Berücksichtigung gilt nur für Gewinnminderungen, die im Jahr des Erwerbs und in den neun folgenden Jahren entstehen.

Entsprechend der Zielsetzung, die Umgehung des Entlastungsverbots bei Nichtanrechnungsberechtigten zu verhindern, gilt § 50 c EStG nur, soweit der Ansatz des niedrigeren Teilwerts oder der Verlust nur auf Gewinnausschüttungen zurückgeführt werden kann. Soweit Minderungen ihre Ursache in anderen Gründen haben, werden sie vom Verbot der Berücksichtigung nicht betroffen.

Die Rechtsfolgen des § 50 c EStG sollen nur eintreten, wenn die Anschaffungskosten der im Veranlagungszeitraum erworbenen Anteile mehr als 100 000 DM betragen (§ 50 c Abs. 8 EStG). Nach dieser Vorschrift sind auch Erwerbe über ein Kreditinstitut, das den Kaufvertrag über die Börse ausgeführt hat, von der Regelung des § 50 c EStG ausgenommen, weil der zu verhindernde Mißbrauch in diesen Fällen kaum vorkommt. Ferner gilt § 50 c EStG nicht, wenn die Minderungen insgesamt nicht den Sperrbetrag im Sinne des Abs. 4 übersteigen. Schließlich sind Gewinnminderungen i. S. von § 50 c EStG nicht nur solche im Sinne von § 4 EStG, sondern auch von § 17 EStG und § 23 EStG (vgl. BT-Drucksache 8/3648 S. 24). Da die in Einzelheiten komplizierte Vorschrift nur in wenigen Fällen zur Anwendung kommen dürfte, wird auf eine eingehende Darstellung hier verzichtet (s. dazu die umfangreiche Erläuterung in Abschn. 227 d EStR).

4.2.3.4 Fiktive Anschaffungskosten nach § 55 EStG

Nach § 4 Abs. 1 und 3 EStG in der durch das 2. StÄndG 1971 geänderten Fassung sind vom 1. 7. 1970 an (s. im einzelnen § 52 Abs. 5 und 6 EStG 1971) die bis dahin steuerfreien Gewinne aus der Veräußerung oder Entnahme des zum Anlagevermögen gehörenden Grund und Bodens der Besteuerung zu unterwerfen.

Die Neuregelung verzichtete jedoch bewußt auf die Erfassung aller vor dem 1. 7. 1970 eingetretenen Wertsteigerungen des Grund und Bodens, wenn der Grund und Boden mit Ablauf des 30. 6. 1970 zum Anlagevermögen gehört hat (§ 55 EStG). Dieser Verzicht hat zur Folge, daß bei der Ermittlung des Bodengewinns bei Land- und Forstwirten, Kleinstgewerbetreibenden und selbständig Tätigen statt von den Anschaffungs- oder Herstellungskosten des verkauften oder entnommenen Grund und Bodens von dessen Teilwert am 1. 7. 1970 auszugehen ist.

Verwaltungsmäßig wäre es jedoch unmöglich gewesen, für jede von der Neuregelung betroffene Grundstücksparzelle den Teilwert am 1. 7. 1970 festzustellen. Es wäre auch nicht zweckmäßig, eine solche Feststellung erst im Zeitpunkt der

Veräußerung oder Entnahme zu treffen. Daher geht das Gesetz bei der Ermittlung zukünftiger Bodengewinne für den Regelfall von pauschalen Werten (den sog. Ausgangsbeträgen) aus, die so bemessen wurden, daß die mit ihrer Hilfe ermittelten fiktiven Anschaffungskosten nicht unter dem Teilwert am 1. 7. 1970 liegen.

Wird der Gewinn für das Wirtschaftsjahr, in das der 30. 6. 1970 fällt, nach § 4 Abs. 1 bzw. Abs. 3 EStG oder nach Durchschnittssätzen ermittelt, so gilt als Anschaffungs- oder Herstellungskosten des am 1. 7. 1970 zum Anlagevermögen gehörenden Grund und Bodens das Zweifache des für die einzelnen Grundstücksarten besonders zu ermittelnden Ausgangsbetrags. Dieser Wert tritt als Buchwert an die Stelle der sonst maßgebenden Anschaffungs- oder Herstellungskosten und wird für die Ermittlung des Veräußerungsgewinns dem Veräußerungserlös bzw. dem entsprechenden Teilwert im Zeitpunkt der Entnahme gegenübergestellt.

Wird der Gewinn durch Vermögensvergleich ermittelt, so ist der maßgebende Wert buchmäßig wie eine Einlage zu behandeln und in die Bilanz aufzunehmen, damit die Einbeziehung des zum Anlagevermögen gehörenden Grund und Bodens nicht zu einem Gewinn führt (§ 55 Abs. 7 EStG). Da es sich aber nicht um eine echte Einlage handelt, kann diese bei der Anwendung des § 10 a EStG auch nicht mit Entnahmen verrechnet werden.

Ergeben sich bei der Veräußerung oder Entnahme von Grund und Boden Verluste, so dürfen diese bei der Gewinnermittlung insoweit nicht berücksichtigt werden, als der Veräußerungspreis bzw. der an seine Stelle tretende Wert nach Abzug der Veräußerungskosten unter dem Zweifachen des Ausgangsbetrags liegt. Durch diese Regelung soll verhindert werden, daß in Fällen, in denen der doppelte Ausgangsbetrag über dem wirklichen Teilwert zum 1. 7. 1970 liegt, der Stpfl. bei einer späteren Veräußerung oder Entnahme einen steuerlich ausgleichs- oder abzugsfähigen Verlust geltend machen kann. Die gleiche Regelung gilt für Teilwertabschreibungen nach § 6 Abs. 1 Nr. 2 Satz 2 EStG (§ 55 Abs. 6 EStG); vgl. BFH, BStBl 1979 II S. 103.

4.2.3.4.1 Ausgangsbetrag beim land- und forstwirtschaftlichen Betriebsvermögen

Der Wert des Grund und Bodens wird nach § 34 Abs. 2 BewG unter anderem durch die Art seiner Nutzung (Landwirtschaft, Forstwirtschaft, Wohnteil, Gartenbau usw.) bestimmt. Zur Ermittlung des Ausgangsbetrags ist infolgedessen eine Aufteilung der Flächen des Betriebs auf den Stichtag 1. 7. 1970 nach dieser Klassifizierung bzw. nach der Zugehörigkeit des Grund und Bodens zu den in den §§ 42 bis 45 BewG aufgeführten Wirtschaftsgütern vorzunehmen. Dabei sind die Hof- und Gebäudeflächen sowie die Hausgärten im Sinne von § 40 Abs. 3 BewG nicht in die einzelne Nutzung einzubeziehen (§ 55 Abs. 2 EStG). Gemäß dieser Zuordnung sind sodann die Ausgangsbeträge nach den in § 55 Abs. 2 und 3 EStG im einzelnen aufgestellten Regeln zu ermitteln. Wegen dieser Regeln wird auf den Gesetzeswortlaut verwiesen.

4.2.3.4.2 Ausgangsbetrag beim gewerblichen und der selbständigen Arbeit dienenden Betriebsvermögen

Der Ausgangsbetrag für den Grund und Boden wird bei Kleingewerbetreibenden und selbständig Tätigen auf der Grundlage der Einheitswerte von 1964 ermittelt. Der Wertzuwachs des Grund und Bodens, der in der Zeit zwischen dem 1. 1. 1964 und dem 1. 7. 1970 eingetreten ist, wird berücksichtigt, indem man bei der Gewinnermittlung vom Zweifachen des Ausgangsbetrags (§ 55 Abs. 1 EStG) ausgeht. Folgende Ausgangsbeträge sind anzusetzen:

Der Ausgangsbetrag für unbebaute Grundstücke ist der auf den 1. 1. 1964 festgesetzte Einheitswert des Grundstücks. Ist zu dem genannten Zeitpunkt kein Einheitswert festgestellt, z. B. weil das Grundstück erst nach diesem Zeitpunkt neu gebildet worden ist, oder hat sich der Bestand bis zum 1. 7. 1970 verändert, so ist der Wert maßgebend, der sich ergeben würde, wenn das Grundstück nach seinem Bestand vom 1. 7. 1970 und nach den Wertverhältnissen vom 1. 1. 1964 bewertet würde (§ 55 Abs. 4 Nr. 1 EStG).

Bei bebautem Grund und Boden ist nach § 55 Abs. 4 Nr. 2 EStG als Ausgangsbetrag der Wert maßgebend, der sich für den Grund und Boden nach seinem Bestand vom 1. 7. 1970 und nach den Wertverhältnissen vom 1. 1. 1964 als Einheitswert ergeben würde, wenn er nicht bebaut wäre. Dieser Wert stimmt weder mit dem Wert überein, mit dem der Grund und Boden im Einheitswert des bebauten Grundstücks enthalten ist, noch steht er zu dem Einheitswert des Grundstücks in einem bestimmten Verhältnis. Der Wert kann infolgedessen nicht in Höhe eines pauschalen Anteils am Einheitswert geschätzt werden. Abschn. 20 BewRGr ist deshalb für die Ermittlung des Ausgangsbetrags für den Grund und Boden bebauter Grundstücke nicht anwendbar (Abschn. 10 Nr. 11 des BMWF-Schreibens vom 29. 2. 1972, BStBl 1972 I S. 102).

4.2.3.4.3 Gesonderter Teilwert auf Antrag

Das Zweifache des maßgebenden Ausgangsbetrags ist in der Regel so hoch, daß die sich ergebenden Werte über den Teilwerten am 1. 7. 1970 liegen. Gleichwohl ist es insbesondere in Fällen, in denen vor dem 1. 7. 1970 schon eine Baulandwertsteigerung beim Grund und Boden eingetreten ist, möglich, daß der Teilwert vom 1. 7. 1970 höher war als das Zweifache des Ausgangsbetrags gem. § 55 Abs. 1 bis 4 EStG. Für diese Fälle wurde durch § 55 Abs. 5 EStG die Möglichkeit gegeben zu beantragen, daß als Anschaffungs- oder Herstellungskosten der in einem gesonderten Verfahren festzustellende Teilwert am 1. 7. 1970 anzusetzen ist. In diesen Fällen entspricht der Teilwert landwirtschaftlich genutzter Grundstücke in der Regel den Wiederbeschaffungskosten (BFH, BFH/NV 1987 S. 296); diese können mit dem erzielbaren Veräußerungspreis übereinstimmen (BFH, BStBl 1984 II S. 33). Wird mit Erfolg geltend gemacht, das Grundstück sei kein Betriebsvermögen, ist ggf. ein negativer Feststellungsbescheid zu erlassen (BFH, BStBl 1987 II S. 17).

Für die Ermittlung des Teilwerts zum 1. 7. 1970 war ein besonderer Antrag bei dem für die Ermittlung des Gewinns des jeweiligen Betriebs zuständigen Finanzamt zu stellen. Für den Antrag galt eine Ausschlußfrist bis zum 31. 12. 1975. Wegen des Inhalts des Antrags s. BFH, BStBl 1980 II S. 63, 1982 II S. 535.

Entstehen für Grund und Boden, für den als Anschaffungs- oder Herstellungskosten der doppelte Ausgangsbetrag (§ 55 Abs. 1 EStG) oder der höhere Teilwert (§ 55 Abs. 5 EStG) anzusetzen ist, nach dem 30. 6. 1970 noch Anschaffungskosten (z. B. Vermessungskosten, Gerichts- und Notariatskosten, Grunderwerbsteuer), so dürfen diese die Anschaffungs- oder Herstellungskosten i. S. des § 55 EStG nicht erhöhen. Sie sind bei der Ermittlung des steuerlichen Gewinns als nicht abzugsfähige Betriebsausgaben zu behandeln.

Wird bei Grund und Boden, der nach § 55 EStG zu bewerten ist, nach dem 30. 6. 1970 nachträglicher Herstellungsaufwand vorgenommen, so erhöhen die nachträglichen Herstellungskosten die steuerlichen Anschaffungs- oder Herstellungskosten des Grund und Bodens (so Abschn. 12 des BMWF-Schreibens vom 29. 2. 1972, BStBl 1972 I S. 102). Erwirbt ein Miteigentümer nach dem 30. 6. 1970 den anderen Miteigentumsanteil hinzu, sind beide Miteigentumsanteile getrennt zu behandeln (BFH, BStBl 1986 II S. 6).

Die Vorschrift des § 55 Abs. 6 EStG (Nichtberücksichtigung bestimmter Verluste, die durch die Veräußerung oder Entnahme von Grund und Boden oder durch den Ansatz des niedrigeren Teilwerts für eine Grundstücksfläche entstehen) gilt nach Abschn. 13 Nr. 1 des BMWF-Schreibens nicht nur für mit dem doppelten Ausgangsbetrag (§ 55 Abs. 1 EStG), sondern auch für mit dem höheren Teilwert (§ 55 Abs. 5 EStG) angesetzten Grund und Boden. Auch in den letztgenannten Fällen dürfen Verluste steuerlich insoweit nicht gewinnmindernd berücksichtigt werden, als sie dadurch entstanden sind, daß der Veräußerungspreis oder der an dessen Stelle tretende Wert abzüglich der Veräußerungskosten bzw. der angesetzte niedrigere Teilwert unter dem doppelten Ausgangsbetrag liegt.

4.2.4 Bewertung der Verbindlichkeiten (§ 6 Abs. 1 Nr. 3 EStG)

Verbindlichkeiten sind unter **sinngemäßer Anwendung** der Vorschriften des § 6 **Abs. 1 Nr. 2 EStG** anzusetzen, d. h., sie sind mit den **Anschaffungskosten** oder mit dem Teilwert zu bewerten (§ 6 Abs. 1 Nr. 3 EStG). Da es bei Verbindlichkeiten Anschaffungskosten im eigentlichen Sinne nicht gibt (BFH, BStBl 1977 II S. 380 und 802, 1980 II S. 491), sind diese mit dem als Anschaffungskosten geltenden sog. Erfüllungsbetrag zu bewerten (BFH, BStBl 1972 II S. 392). Als Anschaffungskosten einer Verpflichtung zu einer Leistung, die nicht in Geld besteht (Sachwertschuld), gilt danach der Geldwert der Aufwendungen, die zur Bewirkung der Leistung erforderlich sind (vgl. Abschn. 38 Abs. 1 EStR). Als Anschaffungskosten einer in Geld zu erfüllenden Verbindlichkeit gilt der Nennwert (Rückzahlungsbetrag) der Verbindlichkeit (s. § 253 Abs. 1 Satz 2 HGB).

Nicht zu den Anschaffungskosten einer Darlehnsverbindlichkeit zählen Verwaltungsgebühren, die ein Darlehnsnehmer im Zusammenhang mit der Aufnahme des Darlehns an das Bankinstitut entrichtet, und Kreditprovisionen, die er an einen Dritten für die Vermittlung des Kredits leistet. Die letztgenannten sind sofort abzugsfähige Betriebsausgaben (BFH, BStBl 1977 II S. 380 und S. 802). Der erstgenannte Betrag ist in einen aktiven Rechnungsabgrenzungsposten einzustellen. Ist nämlich bei Darlehnsschulden der dem Darlehnsnehmer zugeflossene Betrag (Ausgabebetrag) niedriger als der Rückzahlungsbetrag, so sind die Schulden gleichwohl mit dem Rückzahlungsbetrag anzusetzen. Der Unterschiedsbetrag (Agio, Disagio, Damnum, Abschluß-, Bearbeitungs- oder Verwaltungsgebühren) ist als Rechnungsabgrenzungsposten auf die Laufzeit des Darlehns zu verteilen (BFH, BStBl 1978 II S. 262; Abschn. 37 Abs. 3 EStR; s. auch 4.1.2.5.3).

Beispiel:

A hat einen Darlehnsvertrag über den Nennbetrag von 100 000 DM abgeschlossen, aber nur 95 000 DM ausbezahlt erhalten, während die Bank die restlichen 5000 DM als Damnum und Bearbeitungsgebühr einbehalten hat. A ist verpflichtet, 100 000 DM in jährlichen Raten von je 10 000 DM zurückzuzahlen. Er hat die Darlehnsschuld in Höhe von 100 000 DM zu passivieren und in Höhe von 5000 DM auf der Aktivseite einen Posten „Damnum" zu bilden.

Schulden in ausländischer Währung (Valutaverbindlichkeiten) sind mit dem Kurs in ausländischer Währung im Zeitpunkt der Aufnahme der Verbindlichkeit anzusetzen. Dies gilt auch dann, wenn der Kurs sinkt (Abschn. 37 Abs. 2 EStR).

Im Gegensatz zu Darlehnsverbindlichkeiten hat eine Leibrentenverpflichtung keinen Nennwert, der gem. § 6 Abs. 1 Nr. 3 EStG als Anschaffungskosten angesehen werden könnte. Hier besagt die sinngemäße Anwendung von § 6 Abs. 1 Nr. 2 EStG, daß diese mit dem Kapitalwert (Rentenbarwert) anzusetzen ist. Dieser Wert stellt sowohl die Anschaffungskosten als auch den Teilwert der Leibrentenverpflichtung dar (vgl. auch § 253 Abs. 1 Satz 2 HGB). Ist hingegen die Leibrentenverpflichtung als Gegenleistung für die Hingabe eines bestimmten Geldbetrages begründet worden, muß sie im Zeitpunkt ihrer Begründung in Höhe dieses Geldbetrags bewertet werden (BFH, BStBl 1980 II S. 491).

Auch bei der Bewertung von Schulden ist das Niederstwertprinzip zu beachten. Im Gegensatz zum aktiven Betriebsvermögen bedeutet die Beachtung dieses Prinzips bei den Verbindlichkeiten, daß mindestens die Anschaffungskosten anzusetzen sind. Ist der Teilwert höher (ist die Schuld höher), so muß der höhere Teilwert ausgewiesen werden, wenn der Gewinn nach § 5 EStG ermittelt wird (BFH, BStBl 1980 II S. 491). Ist mithin bei Schulden in ausländischer Währung der Kurs gestiegen, so müssen diese Stpfl. den höheren Teilwert der Schuld ansetzen; die übrigen Stpfl. dürfen ihn ansetzen (Abschn. 37 Abs. 2 EStR).

Beispiele:

a) A, der seinen Gewinn nach § 5 EStG ermittelt, hat ein Grundstück gegen Leibrente mit Wertsicherungsklausel erworben. Er hat das Grundstück mit dem

Kapitalwert der Rente in Höhe von 80 000 DM aktiviert und einen gleich hohen Schuldposten in die Bilanz aufgenommen. Im dritten Jahr nach dem Erwerb wird die Wertsicherungsklausel wirksam. Der Gegenwartswert der Rente, der zu diesem Zeitpunkt noch 70 000 DM beträgt, erhöht sich dadurch auf 78 000 DM. A muß die Rente nunmehr mit 78 000 DM bilanzieren und erleidet dadurch einen bilanzmäßigen Verlust von 8000 DM, da die Werterhöhung der Rente keine nachträglichen Anschaffungskosten des Grundstücks sind (BFH, BStBl 1984 II S. 109).

b) Ein Stpfl. hat ein Darlehen in ausländischer Währung von umgerechnet 10 000 DM aufgenommen. Zum Ende dieses Wirtschaftsjahres beträgt die Darlehnsschuld nach den geänderten Kursverhältnissen umgerechnet 11 000 DM.

aa) Ermittelt der Stpfl. seinen Gewinn nach § 5 EStG, so muß er unter Beachtung des Niederstwertprinzips die höhere Schuld mit 11 000 DM bilanzmäßig ausweisen.

bb) Ermittelt der Stpfl. seinen Gewinn nach § 4 Abs. 1 EStG, so muß er die Schuld mit mindestens 10 000 DM ausweisen, kann sie aber auch mit 11 000 DM bzw. einem Zwischenwert zwischen 10 000 DM und 11 000 DM ansetzen.

Zur Währungsumrechnung siehe auch BFH, BStBl 1990 II S. 57 und 175.

Verbindlichkeiten, die bereits am Schluß des vorangegangenen Wirtschaftsjahres zum Betriebsvermögen gehört haben, kann der Stpfl. in den folgenden Wirtschaftsjahren mit dem Teilwert ansetzen, wenn er höher ist als der letzte Bilanzansatz; es müssen jedoch mindestens die Anschaffungskosten angesetzt werden.

Beispiel:

Ein Stpfl. hat ein Darlehn in ausländischer Währung von umgerechnet 10 000 DM aufgenommen und zum Ende des vorangegangenen Wirtschaftsjahres nach den geänderten Kursverhältnissen mit 11 000 DM in seiner Bilanz ausgewiesen. Zum Ende dieses Wirtschaftsjahres beträgt die Darlehenssschuld nach dem Kurs zum Abschlußtag umgerechnet nur noch 9500 DM.

Der Stpfl. kann die Verbindlichkeiten weiter mit dem Vorjahrsbetrag von 11 000 DM ansetzen. Er kann aber auch die Schuld mit einem beliebigen Betrag zwischen 10 000 DM und 11 000 DM ansetzen. Der zugeflossene Betrag von 10 000 DM darf nicht unterschritten werden.

Der **Teilwert einer Schuld** ist der Wert, den der Erwerber eines Unternehmens für das Rohvermögen weniger zahlen würde, wenn er die Schuld übernehmen würde. Bei verzinslichen Verbindlichkeiten, deren Höhe und Fälligkeit feststeht, wird der Teilwert im allgemeinen der **Nennwert** (= Erfüllungsbetrag), bei nicht verzinslichen Verbindlichkeiten der abgezinste Nennwert (Kapitalwert) sein. Eine Abzinsung kommt jedenfalls dann in Betracht, wenn in dem Erfüllungsbetrag rechnerisch Zinsen enthalten sind, die über die Laufzeit der Verbindlichkeit verteilt werden müßten (BFH, BStBl 1983 II S. 763). Für die **Bewertung der Rückstellungen** für ungewisse Verbindlichkeiten gelten die gleichen Grundsätze wie für die Bewertung der Verbindlichkeiten (BFH, BStBl 1972 II S. 293, 1983 II S. 763). In derartigen Fällen ist es regelmäßig nur möglich, die Höhe dieser Schuld zu schätzen. Dabei ist der Wert der Schuld nach den Verhältnissen des Einzelfalles so zutreffend wie möglich zu schätzen. Wegen der Abzinsung von Rückstellungen Hinweis auf BFH, BStBl 1975 II S. 480, 1983 II S. 763.

4.2.5 Bewertung der Entnahmen (§ 6 Abs. 1 Nr. 4 EStG)

Entnahmen des Stpfl. für sich, für seinen Haushalt oder für andere betriebsfremde Zwecke sind mit dem **Teilwert** anzusetzen (§ 6 Abs. 1 Nr. 4 Satz 1 EStG). Zum Begriff der Entnahme vgl. 4.1.2.6.

Bei der Entnahme von Geldbeträgen ergeben sich keine Schwierigkeiten; der nominelle Geldbetrag entspricht dem Teilwert. Die Bestimmung hat in erster Linie Bedeutung für die Sachentnahmen. Wie bei Sachentnahmen die Teilwerte zu ermitteln sind, richtet sich nach den gleichen Grundsätzen, wie sie für die Teilwertbewertung der Wirtschaftsgüter dargestellt sind (BFH, BStBl 1986 II S. 17). Soweit dort jedoch als obere Grenze des Teilwerts die Anschaffungs- oder Herstellungskosten in Betracht kamen, gilt das bei der Bewertung der Sachentnahmen nicht. Sie sind stets mit dem Teilwert anzusetzen, auch wenn dieser über den Anschaffungs- oder Herstellungskosten liegt. Daher kommt es für die Höhe des Teilwerts bei der Entnahme eines im Betrieb des Steuerpflichtigen hergestellten Wirtschaftsguts auch nicht darauf an, inwieweit die eigene Arbeitskraft des Unternehmers auf die Herstellung des nach der Fertigstellung entnommenen Gegenstands im Betrieb verwendet worden ist. Wenn allerdings ein Stpfl. von vornherein einen Gegenstand für private Zwecke herstellt, dann entnimmt er nur das hierfür verwendete Material und die Arbeitsleistung seiner Arbeitnehmer. Das gilt z. B., wenn ein Schneidermeister für sich einen Anzug anfertigt. Entsprechend bestimmt sich die Höhe der Entnahme durch die Wertabgabe des Betriebs (ohne Ansatz der eigenen Arbeitsleistung des Gewerbetreibenden), wenn ein Bauunternehmer auf seinem Privatgrundstück ein zur eigenen Nutzung bestimmtes Einfamilienhaus errichtet (BFH, BStBl 1959 III S. 421). Wird aber ein Gebäude auf einem Betriebsgrundstück errichtet und erst später in das Privatvermögen überführt, so ist als Teilwert der Preis anzusetzen, den ein Fremder für das Grundstück aufwenden würde (BFH, BStBl 1983 II S. 598).

§ 6 Abs. 1 Nr. 4 EStG enthält nur eine Bewertungsvorschrift für die Entnahme von Wirtschaftsgütern. Für die Bewertung der Entnahme von Nutzungen und Leistungen besteht eine gesetzliche Regelungslücke. Diese hat der BFH (BStBl 1988 II S. 348) im Wege der richterlichen Rechtsfortbildung durch Ansatz der Selbstkosten geschlossen (Abschn. 39 Abs. 1 EStR). Bei der Entnahme von Nutzungen, die durch die private Nutzung eines zum Betriebsvermögen gehörenden Wirtschaftsguts entstehen, ist daher nicht der Wert der Nutzung, sondern der durch sie verursachte Aufwand als entnommen anzusetzen. Dieser Wert wird durch eine anteilige Aufteilung der jährlichen Gesamtaufwendungen, einschließlich sämtlicher fixer Kosten (Selbstkosten), die mit der Nutzung des Wirtschaftsguts im Zusammenhang stehen, im Verhältnis der privaten zur betrieblichen Nutzung ermittelt (BFH, BStBl 1981 II S. 131). Dies gilt nach der neueren Rechtsprechung des BFH (BFH, BStBl 1989 II S. 872) auch für die private Nutzung eines zum Betriebsvermögen gehörenden Gebäudes (überholt BFH, BStBl 1961 III S. 183). Der Wert von entnommenen Leistungen (z. B. Arbeitsleistung eines Betriebsangehörigen) bemißt sich nach den auf diese Leistungen entfallenden Selbstkosten.

Nach der Regelung des § 6 Abs. 1 Nr. 4 Satz 2 EStG sollen bestimmte gesellschaftspolitische Ziele dadurch gefördert werden, daß bei der Entnahme von Wirtschaftsgütern für die begünstigten Zwecke auf eine Gewinnrealisierung verzichtet wird.

Desgleichen kann nach § 6 Abs. 1 Nr. 4 Satz 4 EStG i. d. F. des WoBauFG die Entnahme von Grundstücken und des dazugehörenden Grund und Bodens bis zum 31. 12. 1992 mit dem Buchwert angesetzt werden, wenn diese im Anschluß an die Entnahme unter den Voraussetzungen des § 7 k Abs. 2 EStG (siehe dazu 7.3.16 sowie Abschn. 39 Abs. 1 EStR) vermietet werden.

Die Entnahme von Wirtschaftsgütern durch deren Überführung in einen Betrieb, der in der DDR oder Berlin (Ost) belegen ist, ist mit dem Teilwert zu bewerten. Unter bestimmten Voraussetzungen kann jedoch eine steuerfreie Rücklage nach §§ 1 oder 2 DDR-IG gebildet werden; siehe dazu 15.

4.2.6 Bewertung der Einlagen, Betriebseröffnung
(§ 6 Abs. 1 Nr. 5 und 6 EStG)

Die **Einlage** von Wirtschaftsgütern ist grundsätzlich wie die Entnahme mit dem **Teilwert** anzusetzen. Maßgebend ist der Teilwert für den Zeitpunkt der Zuführung. Diese Bewertungsvorschrift interessiert auch hier besonders für Sacheinlagen. Die zuvor zur Bewertung der Entnahmen gemachten Ausführungen sind sinngemäß anzuwenden. Danach sind die Einlagen grundsätzlich mit den Wiederbeschaffungskosten, z. B. mit dem Einkaufspreis und Wertpapiere mit dem Börsenpreis anzusetzen. Laufende Nutzungen und Leistungen sind keine einlagefähigen Wirtschaftsgüter (BFH, BStBl 1988 II S. 348). Obligatorische oder dingliche Nutzungsrechte sind demgegenüber selbständige Wirtschaftsgüter und damit grundsätzlich für eine Einlage geeignet. Ihre Bewertung mit dem Teilwert würde jedoch dem Zweck der Einlageregelung widersprechen (BFH, BStBl 1988 II S. 348). Bei der Einlage eines Nutzungsrechts am eigenen betriebsfremden Vermögen können daher nur die entsprechenden laufenden Aufwendungen des Stpfl. als Betriebsausgabe abgezogen werden (BFH, BStBl 1989 II S. 763; Abschn. 13 EStR). Bei der Einlage eines Nutzungsrechts am Vermögen eines Angehörigen können dessen Aufwendungen vom Stpfl. nicht als Betriebsausgabe abgezogen werden, da es sich für den Stpfl. um sog. Drittaufwand handelt (offen gelassen von BFH, BStBl 1988 II S. 348).

Von besonderer Bedeutung ist die Einschränkung des § 6 Abs. 1 Nr. 5 Buchst. a EStG, nach der die Einlage höchstens mit den Anschaffungs- oder Herstellungskosten anzusetzen ist, wenn das zugeführte Wirtschaftsgut innerhalb der letzten drei Jahre vor dem Zeitpunkt der Zuführung angeschafft oder hergestellt worden ist. Diese Vorschrift soll Gewinnmanipulationen ausschließen, die sich dadurch ergeben können, daß ein Wirtschaftsgut bei niedrigerem Preis privat angeschafft und bei nachfolgender Wertsteigerung mit einem wesentlich höheren Wert ins Betriebsvermögen eingebracht wird. Das Risiko einer nachfolgenden Wertminderung des Wirtschaftsguts würde dann zu Lasten des Betriebsgewinns gehen.

Beispiel:
Ein Gewerbetreibender kaufte am 31. März d. J. Wertpapiere aus privaten Mitteln zum Nennwert von 1000 DM für 600 DM (= zum Kurs von 60 v. H.). Im Februar des Drittjahres nach dem Jahr der Anschaffung beträgt der Kurs 80 v. H., im April des Drittjahres nach dem Jahr der Anschaffung 90 v. H.

Werden die Wertpapiere im Februar des Drittjahres nach dem Jahr der Anschaffung in den Betrieb eingelegt, so kann diese Einlage höchstens mit den Anschaffungskosten von 600 DM bewertet werden, obwohl der Teilwert 800 DM beträgt, weil die Anschaffung innerhalb der letzten drei Jahre vor der Einlage erfolgte. Werden dagegen die Wertpapiere erst im April des Drittjahres nach dem Jahr der Anschaffung eingebracht, so daß seit der Anschaffung über drei Jahre verstrichen sind, kann die Einlage der Wertpapiere ohne Rücksicht auf die Höhe der Anschaffungskosten mit 900 DM angesetzt werden. Ein späterer Kursrückgang würde sich, da die Wertpapiere Betriebsvermögen geworden sind, gewinnmindernd auswirken, und zwar ohne Rücksicht darauf, daß sich der Kursgewinn von 300 DM steuerlich nicht ausgewirkt hat.

Werden Wirtschaftsgüter einem Betriebsvermögen entnommen und sodann in ein Betriebsvermögen (wieder) eingelegt, so stellt die Entnahme eine Anschaffung i. S. von § 6 Abs. 1 Nr. 5 EStG dar. In diesen Fällen ist der Zeitpunkt der Entnahme als Tag der Anschaffung oder Herstellung und der Teilwert in diesem Zeitpunkt als Anschaffungs- oder Herstellungskosten im Sinne von § 6 Abs. 1 Nr. 5 Buchst. a EStG anzusehen. Die Anschaffungs- oder Herstellungskosten abnutzbarer Anlagegüter des Betriebsvermögens sind um die AfA nach § 7 EStG zu kürzen, die auf die Zeit vor ihrer Einbringung in den Betrieb entfallen. Dadurch soll verhindert werden, daß AfA, die auf die Zeit der Zugehörigkeit des Wirtschaftsguts zum Privatvermögen entfällt, nach Einlage in das Betriebsvermögen erneut vorgenommen werden kann. Dieser Grund trifft auch für Sonderabschreibungen und Sonderabsetzungen zu.

Wird eine wesentliche Beteiligung i. S. des § 17 Abs. 1 EStG in ein Betriebsvermögen eingelegt, so ist die Einlage mit dem Teilwert, höchstens aber mit den Anschaffungskosten zu bewerten (§ 6 Abs. 1 Nr. 5 Buchst. b EStG). Diese Vorschrift soll die Erfassung von steuerpflichtigen Veräußerungsgewinnen der zum Privatvermögen gehörenden wesentlichen Beteiligungen i. S. des § 17 Abs. 1 EStG sicherstellen. Würde die Einlage einer solchen Beteiligung zum über den Anschaffungskosten liegenden Teilwert ermöglicht, so könnte die Besteuerung der in wesentlichen Beteiligungen ruhenden stillen Reserven nach § 17 EStG durch Einlage dieser Beteiligungen in ein Betriebsvermögen umgangen werden. Daher bilden die Anschaffungskosten in jedem Fall die Höchstgrenze des Einlagewerts.

Beispiel:

Ein Gewerbetreibender hat vor 10 Jahren eine wesentliche Beteiligung an einer GmbH für 200 000 DM erworben und als Privatvermögen behandelt. In diesem Jahr legt er die Beteiligung in sein Betriebsvermögen ein. Der Teilwert der Beteiligung im Zeitpunkt der Zuführung beträgt

a) 180 000 DM   b) 240 000 DM.

a) Ist der Teilwert im Zeitpunkt der Zuführung niedriger als die Anschaffungskosten, so ist die Einlage mit dem niedrigeren Teilwert (180 000 DM) zu bewerten.

b) Ist der Teilwert im Zeitpunkt der Zuführung höher als die Anschaffungskosten, so ist die Einlage mit den Anschaffungskosten (200 000 DM) zu bewerten.

Wird ein Betrieb eröffnet, so sind für die Bewertung der in der Eröffnungsbilanz anzusetzenden Wirtschaftsgüter die vorstehenden Grundsätze über die Bewertung von Einlagen zu beachten (§ 6 Abs. 1 Nr. 6 EStG). Der gesetzliche Begriff des Teilwerts setzt allerdings die Vorstellung voraus, daß ein Betrieb bereits besteht und von einem Erwerber fortgeführt wird. Dieses Vorstellungsbild versagt, wenn es um die Bewertung von Wirtschaftsgütern in einem Zeitpunkt geht, in dem der Betrieb erst eröffnet wird. Der Teilwert eines Wirtschaftsguts ist, bezogen auf diesen Zeitpunkt, der Preis, den ein fremder Dritter für die Beschaffung des Wirtschaftsguts aufgewendet hätte, wenn er anstelle des Stpfl. den Betrieb eröffnet und fortgeführt hätte. Dies sind die Beschaffungskosten (BFH, BStBl 1979 II S. 729). Werden Wirtschaftsgüter von einem bereits bestehenden Betrieb in einen neu eröffneten Betrieb desselben Steuerpflichtigen überführt, so ist zu prüfen, ob in der Überführung eine Entnahme aus dem das Wirtschaftsgut abgebenden Betrieb und eine Einlage in den neuen Betrieb liegt (vgl. 4.1.2.6.4). Liegt keine Entnahme und Einlage vor, so muß die Ausbuchung beim abgebenden Betrieb und die Einbuchung beim aufnehmenden Betrieb mit dem Buchwert erfolgen (BFH, BStBl 1960 III S. 489).

4.2.7 Entgeltlicher Betriebserwerb (§ 6 Abs. 1 Nr. 7 EStG)

Wird ein Betrieb entgeltlich erworben, so sind für die Bewertung in der Eröffnungsbilanz des Erwerbers die einzelnen Wirtschaftsgüter mit dem **Teilwert, höchstens** jedoch mit den **Anschaffungs- oder Herstellungskosten** anzusetzen. Regelmäßig wird der Teilwert des einzelnen Wirtschaftsguts im Zeitpunkt des Erwerbs den für den Erwerb aufgewendeten Anschaffungskosten entsprechen. Dem Teilwert kommt aber dann eine besondere Bedeutung zu, wenn ein Betrieb im ganzen erworben worden ist und dafür ein Gesamtpreis gezahlt worden ist. Dieser Gesamtpreis ist dann bei der Aufstellung der Eröffnungsbilanz auf die einzelnen Wirtschaftsgüter, auch soweit es sich um bisher nicht bilanzierte besondere immaterielle Wirtschaftsgüter handelt (§ 248 Abs. 2 HGB, § 5 Abs. 2 EStG; BFH, BStBl 1989 II S. 89), zu verteilen. Um ungerechtfertigte Steuervergünstigungen, z. B. zu hohe Absetzungen für Abnutzung, auszuschließen, ist für die Bewertung jedes einzelnen Wirtschaftsguts § 6 Abs. 1 Nr. 7 EStG zu beachten. Geht der für den Gesamtbetrieb gezahlte Kaufpreis über die Teilwerte der einzelnen Wirtschaftsgüter hinaus, so muß der Unterschied grundsätzlich als Geschäftswert ausgewiesen werden. Bleibt der Gesamtkaufpreis hinter der Summe der einzelnen Teilwerte zurück, müssen die einzelnen Wirtschaftsgüter mit den niedrigeren Anschaffungskosten angesetzt werden. Dazu muß der Gesamtkaufpreis im Zweifel im Verhältnis der Teilwerte der Wirtschaftsgüter aufgeteilt werden (BFH, BStBl 1978 II S. 620). Es wäre nicht zulässig, die Wirtschaftsgüter mit dem Teilwert zu bilanzieren und zum Ausgleich einen negativen Geschäftswert anzusetzen (vgl. BFH, BStBl 1981 II S. 730).

Beispiel:

Ein Stpfl. hat einen gewerblichen Betrieb im ganzen für 100 000 DM erworben. Es betragen die Teilwerte der Maschinen und sonstigen abnutzbaren

Anlagegüter	= 60 000 DM
des Vorratsvermögens und sonstigen Umlaufvermögens	= 30 000 DM
und eines selbstgeschaffenen bisher nicht bilanzierten Patents	= 5 000 DM

Für die Eröffnungsbilanz ist von dem Grundsatz auszugehen, daß die Anschaffungskosten der einzelnen Wirtschaftsgüter den Teilwerten entsprechen. Entsprechend dürfen Maschinen und Vorratsvermögen usw. höchstens mit diesen Anschaffungskosten (Teilwerten) angesetzt werden. Es ist nicht zulässig, den Unterschiedsbetrag von 5000 DM (100 000 DM ∕ 95 000 DM) etwa dem Anlagevermögen oder Umlaufvermögen hinzuzurechnen; vielmehr ist der Unterschiedsbetrag grundsätzlich als Geschäftswert gesondert auszuweisen (vgl. auch BFH, BStBl 1972 II S. 884).

Entsprechendes gilt, wenn ein Anteil (Mitunternehmeranteil) an einem bestehenden Personenunternehmen erworben wird, soweit nicht die Regelungen des § 24 UmwStG zu beachten sind. In solchen Fällen gezahlte Eintrittsgelder (Agio-Beträge) sind als Anschaffungskosten der Anteile an den übernommenen Wirtschaftsgütern und ggf. des Anteils am Firmenwert zu bilanzieren (BFH, BStBl 1980 II S. 499). Dasselbe gilt für Provisionen, die der Steuerpflichtige für die Vermittlung des Beitritts in eine Personengesellschaft oder Bauherrengemeinschaft zahlt (BFH, BStBl 1984 II S. 101, 1987 II S. 810); Vermittlungsprovisionen, die eine gewerblich tätige Personengesellschaft leistet, sind bei dieser hingegen Betriebsausgaben (BFH, BStBl 1988 II S. 128).

Scheidet ein Gesellschafter aus einer Personengesellschaft aus, so erwerben die verbleibenden Gesellschafter seine Anteile an den Wirtschaftsgütern des Betriebs. Erhält der Ausscheidende eine Abfindung in Höhe des Buchwerts seiner Beteiligung, so werden die Anteile des Ausscheidenden an den Wirtschaftsgütern zu ihren bisherigen Buchwerten fortgeführt. Ist die Abfindung höher als der Buchwert der Beteiligung, so erwerben die verbleibenden Gesellschafter die Anteile des Ausscheidenden an den Wirtschaftsgütern zu einem über dem Buchwert liegenden Betrag. Die Buchwerte sind entsprechend aufzustocken, höchstens jedoch bis zu ihren Teilwerten. Ein überschießender Betrag ist grundsätzlich als Firmenwert anzusetzen. Das gilt nur dann nicht, wenn ein

Firmenwert nachweislich nicht vorhanden ist. In diesem Fall ist der die Teilwerte der einzelnen Wirtschaftsgüter übersteigende Betrag eine sofort abzugsfähige Betriebsausgabe.

Entsprechendes gilt, wenn ein Gesellschafter in der Weise aus der Gesellschaft ausscheidet, daß sein Anteil mit Zustimmung aller Gesellschafter gegen Entgelt auf einen von mehreren verbleibenden oder auf einen neu hinzutretenden Gesellschafter übergeht. Hier liegt für den Ausscheidenden eine Veräußerung und für den übernehmenden Gesellschafter eine Anschaffung des Anteils des Ausscheidenden an den zum Gesamthandsvermögen der Gesellschaft gehörenden Wirtschaftsgütern vor (BFH, BStBl 1981 II S. 90, 730). Macht in einem solchen Fall der erwerbende Gesellschafter z. B. geltend, seine Gegenleistung sei nicht nur ein Entgelt für den erworbenen Gesellschaftsanteil, sondern auch die Abgeltung eines betrieblichen Schadensersatzanspruchs des ausgeschiedenen Gesellschafters, so kann er nur dann einen Teil der Gegenleistung sofort als Betriebsausgabe abziehen, wenn festgestellt ist, daß, soweit die Gegenleistung den Buchwert des Gesellschaftsanteils übersteigt, die Teilwerte der Wirtschaftsgüter nicht über den Buchwerten liegen und kein Geschäftswert vorhanden war (BFH, BStBl 1975 II S. 807). Erhält der Ausscheidende weniger als den Buchwert seiner Beteiligung, so führt das regelmäßig zu einer entsprechenden Herabsetzung der Buchwerte der Wirtschaftsgüter. Etwas anderes gilt nur dann, wenn die verbleibenden Gesellschafter die Wirtschaftsgüter zum Teil unentgeltlich erwerben (s. dazu BFH, BStBl 1974 II S. 50 und 352).

Ein entgeltlicher Erwerb eines Anteils am Betrieb liegt auch dann vor, wenn im Gesellschaftsvertrag bestimmt ist, daß beim Tode eines Gesellschafters die Gesellschaft nur unter den bisherigen übrigen Gesellschaftern fortgesetzt wird. Zivilrechtlich scheidet der verstorbene Gesellschafter mit seinem Tode aus der Gesellschaft aus; seine Beteiligung wächst den übrigen Gesellschaftern anteilig an, und seine Erben erwerben nur einen gegen die Gesellschaft gerichteten schuldrechtlichen Abfindungsanspruch. Einkommensteuerrechtlich liegt hierin eine entgeltliche Veräußerung des Mitunternehmeranteils des verstorbenen Gesellschafters an die übrigen Gesellschafter, der zu einem dem Verstorbenen zuzurechnenden Veräußerungsgewinn und zu entsprechenden Anschaffungskosten der übrigen Gesellschafter führt (BFH, BStBl 1981 II S. 614).

Ist das Kapitalkonto eines ausscheidenden Kommanditisten negativ und übernimmt der Erwerber des Kommanditanteils dieses negative Kapitalkonto, so liegt darin eine Gegenleistung des Erwerbers für den Anteil des Ausscheidenden an den stillen Reserven und/oder am Geschäftswert. Der Erwerber hat demgemäß einen Betrag in Höhe des übernommenen negativen Kapitalkontos und eines etwaigen zusätzlichen Entgelts als Anschaffungskosten für die entsprechenden Wirtschaftsgüter zu aktivieren (BFH, BStBl 1981 II S. 795).

4.2.8 Unentgeltlicher Betriebserwerb

Wird ein Betrieb, ein Teilbetrieb oder der Anteil eines Mitunternehmers an einem Betrieb unentgeltlich übertragen, z. B. durch Schenkung, Erbschaft, so sind bei der Ermittlung des Gewinns des bisherigen Betriebsinhabers (Mitunternehmers) die Wirtschaftsgüter mit den Werten anzusetzen, die sich nach den Vorschriften über die Gewinnermittlung ergeben. Der Rechtsnachfolger ist an diese Werte gebunden (§ 7 Abs. 1 EStDV).

Ein unentgeltlicher Erwerb im Sinne des § 7 Abs. 1 EStDV liegt nur vor, wenn die wesentlichen Betriebsgrundlagen unentgeltlich übertragen worden sind (BFH, BStBl 1961 III S. 514). Werden wesentliche Betriebsgrundlagen zurückbehalten, z. B. an Dritte verkauft oder ins Privatvermögen übernommen, so liegt grundsätzlich eine Betriebsaufgabe i. S. des § 16 Abs. 3 EStG vor, die zur vollen Auflösung aller stillen Reserven führt (BFH, BStBl 1961 III S. 514). Anders ist es, wenn die zurückbehaltenen Wirtschaftsgüter nicht zu den wesentlichen Betriebsgrundlagen zählen. Hier steht der Umstand, daß einzelne Wirtschaftsgüter nicht mit übertragen werden, der Annahme einer unentgeltlichen Betriebsübertragung nicht entgegen (BFH, BStBl 1962 III S. 190). Siehe dazu auch 5.4.2.2. Die unentgeltliche Betriebsübertragung stellt weder eine Entnahme noch eine Betriebsveräußerung oder Betriebsaufgabe dar (BFH, BStBl 1971 II S. 686; 1981 II S. 614).

Ob ein Betrieb entgeltlich oder unentgeltlich erworben worden ist, kann zweifelhaft sein. Ein unentgeltlicher Erwerb liegt zweifelsfrei vor, wenn ein einzelner den Betrieb allein durch Schenkung oder Erbfolge erwirbt und damit keinerlei Verpflichtungen gegenüber dem Übertragenden oder Auflagen, Vermächtnisse und Pflichtteilsverbindlichkeiten übernimmt. Auch für den Fall, daß im Zusammenhang mit der Übertragung eines Betriebs von Eltern auf Kinder im Rahmen der vorweggenommenen Erbfolge von den Kindern eine Leistung an die Eltern (z. B. eine lebenslängliche Rente) übernommen wird, hat die Rechtsprechung des BFH wiederholt betont, daß eine nur schwer widerlegbare Vermutung für den familiären, außerbetrieblichen Charakter des Vorgangs spricht und daß solche Übergaben in der Regel unentgeltlich stattfinden (vgl. z. B. BFH, BStBl 1975 II S. 596 und 600; a. A. allerdings BFH, BStBl 1989 II S. 772 – Vorlagebeschluß –). Eine solche Vermutung besteht indessen nicht, wenn Leistung und Gegenleistung nach kaufmännischen Gesichtspunkten gegeneinander abgewogen worden sind und die Vertragspartner subjektiv von der Gleichwertigkeit beider Leistungen ausgegangen sind (BFH, BStBl 1984 II S. 516). Dies gilt selbst dann, wenn die Zahlung der Kinder den Versorgungsbedürfnissen der Eltern angepaßt ist (BFH, BStBl 1979 II S. 135). Diese Rechtsprechung beruht auf der Erwägung, daß sich die Beteiligten in der Regel entscheidend von dem Gedanken leiten lassen, den Betrieb der Familie zu erhalten, und daß solche Betriebsübertragungen im engsten Zusammenhang mit familien- und erbrechtlichen Überlegungen stehen, die nicht betrieblicher Natur sind. Soll ausnahmsweise ein betrieblicher Charakter des Übertragungsvorgangs angenommen werden, muß die Abweichung vom Regelfall eindeutig feststellbar sein (BFH, BStBl 1968 II S. 263, 1983 II

S. 99). Bei Übertragung eines Betriebs vom Vater auf den Sohn ist eine unentgeltliche Betriebsübernahme nach § 7 Abs. 1 EStDV nicht bereits deshalb ausgeschlossen, weil der Betrieb ein negatives Betriebsvermögen hat (BFH, BStBl 1971 II S. 686). Überträgt der Vater den Betrieb auf seinen Sohn im Wege vorweggenommener Erbfolge mit der Verpflichtung, den Geschwistern ein nach dem realen Wert des Betriebs berechnetes Gleichstellungsgeld zu zahlen, so liegt nach bisheriger Rechtsprechung eine Schenkung unter Auflage vor mit der Folge, daß der Sohn den Betrieb vom Vater unentgeltlich erworben hat (BFH, BStBl 1963 III S. 178; a. A. allerdings BFH, BStBl 1989 II S. 766 und 768 – Vorlagebeschlüsse –).

Ebenso ist ein unentgeltlicher Erwerb von Todes wegen auch dann anzunehmen, wenn der Erbe mit Auflagen, Vermächtnissen und Pflichtteilsverbindlichkeiten belastet ist. Diese sind keine Gegenleistungen für den Erwerb der Erbschaft, sondern Pflichten, die sich aus dem Erbfall selbst ergeben (BFH, BStBl 1965 III S. 354, 1981 II S. 614). Sind mehrere Erben vorhanden und setzen sich diese etwa in der Weise auseinander, daß der eine den Betrieb, ein anderer private Grundstücke und ein Dritter private Wertpapiere erhält, so hat nach bisheriger Auffassung der den Betrieb fortsetzende Erbe diesen unentgeltlich erlangt, sofern die weichenden Erben in der Zeit zwischen Erbfall und Erbauseinandersetzung nicht in eigener Person Mitunternehmer des Betriebs geworden sind (BFH, BStBl 1983 II S. 380). Ob dies auch weiterhin gilt, nachdem der BFH seine Rechtsprechung zur Erbauseinandersetzung über Wirtschaftsgüter des **Privat**vermögens geändert hat (s. 4.2.1.4.1), ist zweifelhaft (offengelassen in BFH, BStBl 1987 II S. 621). U. E. gelten in beiden Fällen dieselben Grundsätze (ebenso BFH, BStBl 1989 II S. 549 – Vorlagebeschluß –). Veräußert ein Miterbe seinen Erbteil erst, nachdem er Mitunternehmer geworden ist, dann liegt darin die Veräußerung seines Mitunternehmeranteils am Betrieb (BFH, BStBl 1974 II S. 84). Die Mitunternehmerschaft der weichenden Erben kann sich aus zeitlichen Gründen z. B. daraus ergeben, daß die Miterben sich erst nach längerer Zeit auseinandergesetzt haben (BFH, BStBl 1971 II S. 87, 1974 II S. 84, 1983 II S. 380). Sie kann sich auch aus sachlichen Gründen daraus ergeben, daß die Erbengemeinschaft den Willen zum gemeinschaftlichen Betrieb des ererbten Unternehmens nach außen deutlich gezeigt hat (BFH, BStBl 1972 II S. 12).

Im Fall der gemischten Schenkung eines Wirtschaftsguts des Betriebsvermögens ist der Vorgang, anders als bei der Schenkung von Wirtschaftsgütern des Privatvermögens (vgl. dazu BFH, BStBl 1981 II S. 11), nicht in einen entgeltlichen und einen unentgeltlichen Vorgang aufzuteilen; s. dazu im einzelnen BFH, BStBl 1986 II S. 811, Abschn. 139 Abs. 10 Sätze 2 und 3 EStR.

Die vorstehend für den werbenden Betrieb genannten Grundsätze gelten auch für den fortgeführten verpachteten Betrieb (vgl. 5.4.4). Hatte der Erblasser seinen Betrieb verpachtet, ohne die Aufgabe des Betriebs erklärt zu haben (fortgeführter verpachteter Gewerbebetrieb), und führten seine Erben die Verpachtung fort, so liegt in der erst nach Jahren vollzogenen Übernahme des Betriebs durch einen

Miterben unter Abfindung der übrigen ein entgeltlicher Betriebserwerb (betrieblicher Vorgang; BFH, BStBl 1976 II S. 368).

Die für die Erbauseinandersetzung hinsichtlich eines ganzen ererbten Betriebs aufgestellten Grundsätze gelten auch, wenn der Erblasser Gesellschafter einer Personengesellschaft war und sein Gesellschaftsanteil z. B. gemäß § 177 BGB oder aufgrund einer einfachen Nachfolgeklausel im Gesellschaftsvertrag auf einen Alleinerben übergeht. Auch hier kann § 7 Abs. 1 EStDV eingreifen (BFH, BStBl 1981 II S. 614). Sind mehrere Personen Erben und wird die Gesellschaft nicht mit allen, sondern nur mit einem oder mehreren Miterben fortgesetzt, so treten nur der oder die Nachfolger-Miterben wie ein Alleinerbe unmittelbar und in vollem Umfang in die Gesellschafterstellung des verstorbenen Gesellschafters ein. Die übrigen Miterben haben nur einen auf Erbrecht beruhenden schuldrechtlichen Wertausgleichsanspruch gegen den (die) Nachfolger-Miterben. Dieser entspricht seinem rechtlichen und wirtschaftlichen Gehalt nach einer Vermächtnis-, Pflichtteils- oder Erbersatzschuld. Er kann deshalb nicht als Veräußerungspreis und als Anschaffungskosten gewertet werden. Auch hier gilt § 7 Abs. 1 EStDV (BFH, BStBl 1981 II S. 614). Schließlich sind Miterben, auf die der Gesellschaftsanteil übergegangen ist, nicht notwendig auch Mitunternehmer. Zwar werden sie handelsrechtlich unmittelbar Gesellschafter, wenn der Gesellschaftsvertrag die Fortführung des Gesellschaftsverhältnisses mit ihnen vorsieht (§§ 139, 161 Abs. 2 HGB). Daraus folgt aber nicht notwendig, daß sie auch Mitunternehmer i. S. von § 15 Abs. 1 Nr. 2 EStG werden. Voraussetzung dafür ist Unternehmerrisiko und Unternehmerinitiative (BFH, BStBl 1976 II S. 191).

Werden aus betrieblichem Anlaß einzelne Wirtschaftsgüter aus einem Betriebsvermögen unentgeltlich in das Betriebsvermögen eines anderen Stpfl. übertragen, so gilt für den Erwerber der Betrag als Anschaffungskosten, den er für das einzelne Wirtschaftsgut im Zeitpunkt des Erwerbs hätte aufwenden müssen (§ 7 Abs. 2 EStDV). Diese Regelung gilt nur für die Übertragung von Wirtschaftsgütern aus betrieblichem Anlaß. Werden die Wirtschaftsgüter aus außerbetrieblichen (privaten) Gründen übertragen, so werden sie entnommen und sind als Entnahme und Einlage, also mit dem Teilwert, zu bewerten.

4.2.9 Bewertungsfreiheit für geringwertige Anlagegüter (§ 6 Abs. 2 EStG)

Die Anschaffungs- oder Herstellungskosten von beweglichen Wirtschaftsgütern des Anlagevermögens, die der Abnutzung unterliegen und die einer selbständigen Nutzung fähig sind, können im Jahr der Anschaffung oder Herstellung in voller Höhe als Betriebsausgaben abgesetzt werden, wenn die Anschaffungs- oder Herstellungskosten für das einzelne Wirtschaftsgut, vermindert um einen darin enthaltenen Vorsteuerbetrag (§ 9 b Abs. 1 EStG), 800 DM nicht übersteigen (§ 6 Abs. 2 Satz 1 EStG). Das gleiche gilt im Fall der Einlage dieser Wirtschaftsgüter und der Betriebseröffnung, wenn der Teilwert dieser Wirtschaftsgüter oder der nach § 6 Abs. 1 Nr. 5 oder 6 EStG an dessen Stelle tretende Wert 800 DM nicht übersteigt.

Die Bewertungsfreiheit ist unmittelbar nur im Rahmen der Gewinnermittlungseinkünfte zulässig. Das sind Einkünfte aus Land- und Forstwirtschaft, aus Gewerbebetrieb und aus selbständiger Arbeit. Im Rahmen der Überschußeinkünfte gilt § 6 Abs. 2 Sätze 1 bis 3 EStG bei Aufwendungen für Arbeitsmittel jedoch sinngemäß (§ 9 Abs. 1 Nr. 6 EStG).

Voraussetzung für die Bewertungsfreiheit nach § 6 Abs. 2 EStG ist, daß die Wirtschaftsgüter unter Angabe des Tages der Anschaffung oder Herstellung, der Einlage des Wirtschaftsguts oder der Eröffnung des Betriebs und der Anschaffungs- oder Herstellungskosten oder des nach § 6 Abs. 1 Nr. 5 oder 6 EStG anzusetzenden Werts in einem besonderen, laufend zu führenden Verzeichnis aufgeführt sind. Dieses Verzeichnis braucht nicht geführt zu werden, wenn diese Angaben aus der Buchführung ersichtlich sind. Die geringwertigen Wirtschaftsgüter müssen dann auf einem besonderen Konto gebucht werden. Auf das Verzeichnis kann nach Auffassung der FinVerw außerdem verzichtet werden, wenn sich die erforderlichen Angaben bereits aus dem Bestandsverzeichnis nach Abschn. 31 EStR ergeben. In das besondere Verzeichnis brauchen solche Gegenstände nicht aufgenommen zu werden, deren Anschaffungs- oder Herstellungskosten, vermindert um einen darin enthaltenen Vorsteuerbetrag (§ 9 b Abs. 1 EStG), oder deren Ersatzwert 100 DM nicht übersteigen (Abschn. 40 Abs. 4 und 5 EStR). Entsprechendes gilt auch für die Aufnahme in das Bestandsverzeichnis nach Abschn. 31 EStR. Für Stpfl., die den Gewinn nach § 4 Abs. 3 EStG ermitteln, kommt nur die Aufnahme in das besondere Verzeichnis in Betracht (Abschn. 40 Abs. 5 EStR).

Weitere Voraussetzung für die Inanspruchnahme der Bewertungsfreiheit nach § 6 Abs. 2 EStG ist, daß die Wirtschaftsgüter in der Handelsbilanz entsprechend bewertet werden (§ 5 Abs. 1 Satz 2 EStG). Das Wirtschaftsgut muß zum beweglichen abnutzbaren Anlagevermögen gehören, und es muß einer selbständigen Nutzung fähig sein. Für die Bewertungsfreiheit kommt es nicht darauf an, daß die Wirtschaftsgüter das gesamte aktive Betriebsvermögen eines bestimmten Stpfl. ausmachen (z. B. alle Wirtschaftsgüter eines auf Vermietung dieser Wirtschaftsgüter ausgerichteten Unternehmens – BFH, BStBl 1982 II S. 246).

Bewegliche Wirtschaftsgüter i. S. des Einkommensteuerrechts können nur Sachen i. S. des § 90 BGB, also nur körperliche Gegenstände, nicht aber immaterielle Wirtschaftsgüter sein (BFH, BStBl 1987 II S. 728). Das Gegenstück zu den beweglichen Wirtschaftsgütern bilden die unbeweglichen Wirtschaftsgüter. Das sind insbesondere der Grund und Boden und die Gebäude. Unter bestimmten Voraussetzungen können allerdings Gebäudeteile als gegenüber dem Gebäude selbständige Wirtschaftsgüter anzusehen sein. Das gilt insbesondere für Betriebsvorrichtungen, für Einbauten zu vorübergehenden Zwecken und für Ladenein-

und -umbauten sowie für Schaufensteranlagen. Damit sind sie jedoch nicht automatisch bewegliche Wirtschaftsgüter. Hingegen gehören Maschinen, maschinelle Anlagen sowie sonstige Betriebsvorrichtungen, auch wenn sie wesentliche Bestandteile eines Grundstücks sind, zu den beweglichen Anlagegütern (Abschn. 42 Abs. 2 EStR). Wegen Einzelheiten über die Frage, ob Gebäudeteile besondere bewegliche oder unbewegliche Wirtschaftsgüter sind, vgl. 4.3.2.

Die Bewertungsfreiheit kann nur für Wirtschaftsgüter in Anspruch genommen werden, die **einer selbständigen Nutzung fähig** sind. Nach § 6 Abs. 2 EStG ist ein Wirtschaftsgut einer selbständigen Nutzung nicht fähig, wenn es nach seiner betrieblichen Zweckbestimmung nur im Zusammenhang mit anderen Wirtschaftsgütern des Anlagevermögens genutzt werden kann und die in den Nutzungszusammenhang eingefügten Wirtschaftsgüter technisch aufeinander abgestimmt sind. Dies gilt auch dann, wenn das Wirtschaftsgut aus dem betrieblichen Zusammenhang gelöst und in einen anderen betrieblichen Nutzungszusammenhang gestellt werden kann. Wann diese Voraussetzungen im Einzelfall erfüllt sind, kann bei der Verschiedenheit der zu beurteilenden Sachverhalte nur nach den Verhältnissen des Einzelfalls beurteilt werden.

Bei der Frage, ob ein Wirtschaftsgut nicht selbständig nutzungsfähig ist, stellt das Gesetz darauf ab, ob (a) das Wirtschaftsgut nach seiner betrieblichen Zweckbestimmung nur im Zusammenhang mit anderen Wirtschaftsgütern genutzt werden kann und ob (b) die in den Nutzungszusammenhang eingefügten Wirtschaftsgüter technisch aufeinander abgestimmt sind. Es fragt sich, ob danach nur solche Wirtschaftsgüter zu den nicht selbständig nutzungsfähigen gerechnet werden können, die technisch aufeinander abgestimmt sind, oder ob auch nicht technisch aufeinander abgestimmte Wirtschaftsgüter unter bestimmten Voraussetzungen dazu zählen. Der Gesetzeswortlaut gibt darüber keinen Aufschluß. Aus der Entstehungsgeschichte der Vorschrift (BT-Drucksache 7/5458 S. 4) ergibt sich, daß die Gesetzesänderung sicherstellen soll, daß die Bewertungsfreiheit im Rahmen der durch das Urteil des BFH vom 16. 12. 1958 (BStBl 1959 III S. 77) gezogenen Grenzen in Anspruch genommen werden kann. Durch sie – so meint der Finanzausschuß – werde der Bereich der begünstigten Wirtschaftsgüter sogar geringfügig erweitert.

Nach den grundsätzlichen Ausführungen in dem o. a. Urteil des BFH kommt es für die Frage, ob Wirtschaftsgüter nicht selbständig nutzungsfähig sind, allgemein darauf an, ob sie nach außen als ein einheitliches Ganzes in Erscheinung treten. Das Bild des einheitlichen Ganzen ergibt sich danach in vielen Fällen schon aus der betrieblich bedingten Art und Dauer der Verbindung und der Abstimmung der verbundenen Wirtschaftsgüter aufeinander. Die Festigkeit der Verbindung, ihre technische Gestaltung und ihre Dauer sind nicht immer entscheidend. Bei technisch aufeinander abgestimmten Wirtschaftsgütern kann eine selbständige Nutzungsfähigkeit des einzelnen Wirtschaftsguts nicht angenommen werden, wenn eines der verbundenen Wirtschaftsgüter durch die Trennung seine Nutzbarkeit verliert. In seltenen Ausnahmefällen kann das Bild des einheitlichen Ganzen auch auf einem einheitlichen Stil beruhen. Schließlich werden die aufgeführten Kriterien als nicht erschöpfend bezeichnet.

Wenn nach den wiedergegebenen Gesetzesmaterialien der Kreis der begünstigten Wirtschaftsgüter gegenüber den vom BFH (BStBl 1959 III S. 77) gezogenen Grenzen geringfügig erweitert werden sollte, so kann dies u. E. nur bedeuten, daß als nicht selbständig nutzungsfähig nur noch solche Wirtschaftsgüter in Betracht kommen, die technisch aufeinander abgestimmt sind (so wohl auch BFH, BStBl 1988 II S. 126, und Abschn. 40 Abs. 1 EStR). Unter welchen Voraussetzungen es sich im einzelnen um technisch aufeinander abgestimmte Wirtschaftsgüter handelt, kann allerdings zweifelhaft sein.

In Übereinstimmung mit den vorgenannten Grundsätzen sind in der Rechtsprechung des BFH z. B nicht als selbständig nutzbar angesehen worden: technisch aufeinander abgestimmte Gerüst- und Schalungsteile (BFH, BStBl 1957 III S. 27), Leuchtstoffröhren, die in Lichtbändern zu einer Beleuchtungsanlage für die Beleuchtung eines ganzen Fabrikraums verbunden sind (BFH, BStBl 1956 III S. 376 und BStBl 1974 II S. 353), Motoren zum Einzelantrieb von Webstühlen (BFH, BStBl 1959 III S. 77), Werkzeuge, die für ihre betriebliche Verwendung mit entsprechenden Werkzeugmaschinen verbunden werden müssen (BFH, BStBl 1961 III S. 383 und 384), auf Vorrat beschaffte Hilfsstoffe und Reparaturmaterial für betriebliche Maschinen (BFH, BStBl 1968 II S. 568), einheitlich gestaltete Fässer und Kisten zum Transport von Materialien (BFH, BStBl 1982 II S. 246); Kühlkanäle von Getreidekühlgeräten (BFH, BStBl 1988 II S. 126).

Hingegen sind nach den vorgenannten Grundsätzen entgegen der bisherigen Rechtsprechung des BFH als selbständig nutzungsfähig zu betrachten: Stühle einer Gaststätte, deren Rückenlehnen mit dem Zeichen einer Brauerei und anderen auf die Brauerei hinweisenden Schnitzereien versehen sind (BFH, BStBl 1968 II S. 567; zweifelnd BFH, BStBl 1983 II S. 246), sowie Flachpaletten, die zusammen mit Gabelstaplern zum Befördern und Lagern von Ware dienen (BFH, BStBl 1990 II S. 82). Dies deshalb, weil es sich nicht um technisch aufeinander abgestimmte Wirtschaftsgüter handelt. Einen Sonderfall bilden die genormten Stahlregalteile, die in einem Betrieb zu Regalen und anderen Vorrichtungen für unbegrenzte Dauer zusammengesetzt sind und so genutzt werden sollen. Hier stellen die einzelnen Regale und Vorrichtungen die selbständig nutzungsfähigen Wirtschaftsgüter dar (BFH, BStBl 1980 II S. 176). Nach wie vor genügt ferner die einheitliche Zweckbestimmung einer Summe von Wirtschaftsgütern nicht, um eine selbständige Nutzungsfähigkeit zu verneinen. Das gilt selbst dann, wenn eine bestimmte Anzahl dieser Wirtschaftsgüter für den Betrieb vorhanden sein muß. So hat der BFH z. B. die selbständige Nutzungsfähigkeit für eine größere Anzahl von Grubenlampen (BFH, BStBl 1963 III S. 304), für Spinnkannen, die in einer Spinnerei die gleiche Funktion haben (BFH, BStBl 1978 II S. 322), für einheitlich beschaffte und genormte Transportkästen, die in einer Weberei dem Transport von Garnen dienen (BFH, BStBl 1968 II S. 568), für die Beleuchtungsträger und Beleuchtungskörper einer Gaststätte (BFH, BStBl 1968 II S. 567), für einheitlich gestaltete Fässer und Kisten zum Transport von Materialien, die durch Vermietung genutzt wurden (BFH, BStBl 1982 II S. 246), und für die Grundausrüstung an Spezialwerkzeugen, die eine Kfz-Reparaturwerkstatt bei der Übernahme einer bestimmten Automobilmarke zu beschaffen hat (BFH, BStBl 1968 II S. 571), bejaht. Keine Sachgesamtheit bilden demnach auch das Geschirr, die Bestecke und die Wäsche eines Hotels, die Schallplatten eines Musikboxenaufstellers und die Bücher einer Leihbücherei oder einer Anwaltskanzlei. Anders liegen die Verhältnisse bei bestimmten Dauerkulturen in der Landwirtschaft (z. B. Obstzucht-, Spargel-, Rebanlagen). Hier kann man möglicherweise von einem „technisch aufeinander Abgestimmtsein" im strengen Wortsinn nicht sprechen. Wohl aber stehen die einzelnen Pflanzen und die dazugehörige Anlage in einem einheitlichen Nutzungs- und Funktionszusammenhang und sind deshalb keiner selbständigen Bewertung und Nutzung fähig (BFH, BStBl 1979 II S. 281).

Der BFH hat in Abkehr von den insbesondere im Urteil vom 16. 12. 1958 (BStBl 1959 III S. 77) aufgestellten Grundsätzen die selbständige Nutzungsfähigkeit von Wirtschaftsgütern dann bejaht, wenn ein Wirtschaftsgut aus seinem konkreten betrieblichen Nutzungszusammenhang gelöst und ohne Zerstörung oder wesentliche Veränderung in einen anderen Nutzungszusammenhang gestellt werden kann (so für die Straßenleuchten eines Versorgungsunternehmens BStBl 1974 II S. 2; für die Schriftenminima = verkehrsübliche Mindestmenge von Schriftzeichen einer Druckerei BFH, BStBl 1976 II S. 214, und für die aus Walzstahl bestehenden Kanaldielen eines Tiefbauunternehmens BFH, BStBl 1977 II S. 144). Diese Auffassung steht im Grundsatz mit der geänderten Fassung des § 6 Abs. 2 EStG nicht im Einklang, nach der die selbständige Nutzungsfähigkeit nicht bereits dann zu bejahen ist, wenn technisch aufeinander abgestimmte Wirtschaftsgüter aus ihrem Nutzungszusammenhang gelöst und in einen anderen Nutzungszusammenhang eingefügt werden können. Damit ist indes noch nicht abschließend geklärt, ob Straßenleuchten, Schriftenminima und Kanaldielen als nicht selbständig nutzungsfähig anzusehen sind. Dies hängt vielmehr noch davon ab, ob es sich um technisch aufeinander abgestimmte Wirtschaftsgüter handelt. Diese Frage wird für die Kanaldielen zu bejahen, für die Straßenleuchten und Schriftenminima zu verneinen sein (so wohl auch Abschn. 40 Abs. 2 EStR). Die Letztgenannten sind lediglich insoweit aufeinander abgestimmt, als sie genormt sind. Das allein aber dürfte nicht ausreichen.

Bei der Beurteilung der Frage, ob die Anschaffungs- oder Herstellungskosten für das einzelne Wirtschaftsgut 800 DM nicht übersteigen, ist, wenn von den Anschaffungs- oder Herstellungskosten des Wirtschaftsguts nach § 6 b oder § 6 c EStG übertragene stille Reserven abgesetzt worden sind, von den um den abgesetzten Betrag verminderten Anschaffungs- oder Herstellungskosten auszugehen. Ist das Wirtschaftsgut mit einem erfolgsneutralen Zuschuß aus öffentlichen und privaten Mitteln im Sinne des Abschn. 34 Abs. 1 EStR angeschafft oder hergestellt worden, so sind als Anschaffungs- oder Herstellungskosten im vorgenannten Sinne die um den Zuschuß verminderten Kosten anzusehen. Ist von den Anschaffungs- oder Herstellungskosten ein Betrag nach Abschn. 35 EStR abgezogen worden, so sind die um diesen Betrag gekürzten Kosten maßgeblich (so auch Abschn. 40 Abs. 7 EStR).

Die beim Erwerb eines Wirtschaftsguts vom Veräußerer in Rechnung gestellte **Umsatzsteuer** gehört, soweit sie beim Erwerber als Vorsteuer abzugsfähig ist, nicht zu den Anschaffungs- oder Herstellungskosten. Soweit die Vorsteuer nicht abziehbar ist, ist sie den Anschaffungs- oder Herstellungskosten der zugehörigen Wirtschaftsgüter zuzurechnen, wenn sie eine bestimmte Geringfügigkeitsgrenze übersteigt (§ 9 b Abs. 1 EStG). § 6 Abs. 2 EStG bestimmt nun, daß auch in den Fällen, in denen die Vorsteuer zu den Anschaffungs- oder Herstellungskosten rechnet, diese bei der Grenze von 800 DM des § 6 Abs. 2 EStG nicht zu berücksichtigen ist. Auf diese Weise wird erreicht, daß die Grenze, bis zu der geringwertige Wirtschaftsgüter i. S. von § 6 Abs. 2 EStG angenommen werden können, in gleicher Weise zu ermitteln ist, gleichgültig, ob die Vorsteuer zu den Anschaffungs- oder Herstellungskosten rechnet oder nicht. Da bei Unternehmern, die Umsatzsteuer entrichten, die 800-DM-Grenze nur noch auf den Nettopreis anzuwenden ist, erhöht sich bei einem Umsatzsteuersatz von 14 v. H. diese Grenze praktisch auf 912 DM.

Die Bewertungsfreiheit nach § 6 Abs. 2 EStG kann nur im Jahr der Anschaffung, Herstellung, Einlage oder Betriebseröffnung beansprucht werden. Es ist auch nicht zulässig, beispielsweise nur die Hälfte der Anschaffungskosten im Anschaffungsjahr abzuschreiben. Der Stpfl. muß sich entscheiden, ob er im Anschaffungsjahr das geringwertige Wirtschaftsgut voll abschreiben will oder ob er die Anschaffungskosten gemäß § 7 EStG auf die Nutzungsdauer verteilen will. Dementsprechend können auch Wirtschaftsgüter, die im Jahr der Anschaffung oder Herstellung mit einem Festwert bewertet sind, nicht in einem späteren Jahr nach § 6 Abs. 2 EStG abgeschrieben werden (BFH, BStBl 1982 II S. 545). Er braucht jedoch nicht für sämtliche in einem Wirtschaftsjahr angeschafften geringwertigen Wirtschaftsgüter gleichmäßig zu verfahren, sondern kann einzelne Wirtschaftsgüter voll abschreiben und die Anschaffungs- oder Herstellungskosten anderer geringwertiger Wirtschaftsgüter auf die Nutzungsdauer verteilen (Abschn. 40 Abs. 6 EStR). Bei Personengesellschaften kann das Wahlrecht nur einheitlich ausgeübt werden (BFH, BStBl 1986 II S. 910).

Ebenso wie die AfA gemäß § 7 EStG auch bei der Gewinnermittlung nach § 4 Abs. 3 EStG unabhängig von der Zahlung erfolgt, muß entsprechend die Vollabschreibung nach § 6 Abs. 2 EStG im Jahr der Anschaffung, Herstellung, Einlage oder Betriebseröffnung vorgenommen werden. Bei Anzahlungen gestattet die FinVerw bei der Gewinnermittlung nach § 4 Abs. 3 EStG bereits einen Abzug im Zeitpunkt der Zahlung, vorausgesetzt, daß Anzahlung und Restzahlung zusammen 800 DM nicht übersteigen.

4.2.10 Umgekehrte Maßgeblichkeit (§ 6 Abs. 3 EStG a. F.)

Nach bisher herrschender Meinung gelten die allgemeinen handelsrechtlichen Grundsätze ordnungsmäßiger Bilanzierung bei Steuerpflichtigen, die ihren Gewinn nach § 5 Abs. 1 EStG ermitteln, auch für die **Bewertung** von Wirtschaftsgütern. Die Inanspruchnahme steuerrechtlicher Bewertungswahlrechte und sonstiger Steuervergünstigungen setzt demzufolge einen entsprechenden Ansatz in der konkreten Handelsbilanz des Steuerpflichtigen voraus (BFH, BStBl 1968 II S. 521, 1986 II S. 350). Hieraus hatte die FinVerw gefolgert, daß der Wertansatz der Steuerbilanz auch in der Handelsbilanz späterer Jahre **beibehalten** werden müsse. Nehme der Steuerpflichtige hingegen in der Handelsbilanz Zuschreibungen vor, entfalle rückwirkend die steuerliche Vergünstigung. Nach dem Ergehen der gegenteiligen Entscheidung des I. Senats des BFH (BStBl 1986 II S. 324) hat der Gesetzgeber zunächst mit dem BiRiLiG § 6 Abs. 3 EStG eingefügt. Nach § 6 Abs. 3 **Satz 1** EStG ist Voraussetzung für die **Inanspruchnahme** der darin im einzelnen bezeichneten Steuervergünstigungen, daß die Wirtschaftsgüter in der handelsrechtlichen Jahresbilanz des Wirtschaftsjahres der Inanspruchnahme der Steuervergünstigung mit den sich danach ergebenden niedrigeren Werten ausgewiesen werden. Dies gilt bereits für Veranlagungszeiträume vor 1987, soweit Steuerbescheide nicht bestandskräftig sind oder unter dem Vorbehalt der Nachprüfung stehen.

§ 6 Abs. 3 **Satz 2** EStG normiert die umgekehrte Maßgeblichkeit in den Jahren nach der Inanspruchnahme der Steuervergünstigung. Soweit in einem folgenden Wirtschaftsjahr bei einem WG in der handelsrechtlichen Jahresbilanz eine nach § 6 Abs. 3 Satz 1 EStG vorgenommene Bewertung durch eine **Zuschreibung** rückgängig gemacht wird, erhöht der Betrag der Zuschreibung den Buchwert des WG und damit den steuerlichen Gewinn. Durch diese Regelung ist bei Zuschreibungen, die in der Handelsbilanz für ein nach dem 1. 1. 1986 endendes Wirtschaftsjahr vorgenommen werden, die Rechtsprechung des I. Senats des BFH (BStBl 1986 II S. 324) überholt.

§ 6 Abs. 3 EStG ist letztmals für das Wirtschaftsjahr anzuwenden, das vor dem 1. 1. 1990 endet. Für spätere Wirtschaftsjahre ist die Vorschrift durch die allgemeine Regelung des § 5 Abs. 1 Satz 2 EStG i. d. F.des WoBauFG ersetzt worden; siehe dazu 4.2.1.5.

4.2.11 Tabellarische Übersicht der Bewertungsvorschriften nach § 6 EStG

Wirtschaftsgut/Vorgang	Zu bewerten mit	Rechtsgrundlage und Bemerkungen
1. Abnutzbares Anlagevermögen z. B. Gebäude (ohne Grund und Boden), Maschinen, Büroeinrichtung, Fahrzeuge	Anschaffungs- oder Herstellungskosten abzüglich Absetzung für Abnutzung. Ist der Teilwert niedriger, kann (u. U.: muß) dieser angesetzt werden. Bei gestiegenem (höherem) Teilwert darf über den letzten Bilanzansatz, nicht aber über die Anschaffungs- oder Herstellungskosten u. ä. hinausgegangen werden.	§ 6 Abs. 1 Nr. 1 EStG
	Ausnahme: Geringwertige Anlagegüter. Statt der AfA kann im Jahr der Anschaffung, Herstellung, Einlage oder Betriebseröffnung voller Betriebsausgabenabzug vorgenommen werden.	§ 6 Abs. 2 EStG. Voraussetzung:[16] Aufnahme in besonderes Verzeichnis, sofern entsprechende Angaben nicht aus der Buchführung ersichtlich sind.
2. Nichtabnutzbares Anlagevermögen, z. B. Grund und Boden, Beteiligungen	Anschaffungs- oder Herstellungskosten. Ist der Teilwert niedriger, kann dieser angesetzt werden. Ist der Teilwert höher als der letzte Bilanzansatz, kann (u. U.: muß) der höhere Teilwert angesetzt werden. Übersteigt der höhere Teilwert die Anschaffungs- oder Herstellungskosten u. ä., dürfen jedoch höchstens diese angesetzt werden.	§ 6 Abs. 1 Nr. 2 EStG. Ausnahme: Land- und Forstbetriebe, insbesondere bei Bewertung von Vieh in der Aufzucht (§ 6 Abs. 1 Nr. 2 letzter Satz EStG, Abschn. 125 EStR).

16 Gilt nur für Gegenstände über 100 DM; vgl. Abschn. 31 Abs. 3 EStR.

Wirtschaftsgut/Vorgang	Zu bewerten mit	Rechtsgrundlage und Bemerkungen
Grund und Boden, der nach dem 2. StÄndG 1971 erstmals in die Gewinnermittlung einzubeziehen ist	Fiktive Anschaffungskosten (doppelter Ausgangsbetrag) am 1. 7. 1970 oder höherer Teilwert am 1. 7. 1970.	§ 55 Abs. 1 bis 4 EStG § 55 Abs. 5 EStG
3. Umlaufvermögen, z. B. Waren, Roh-, Hilfs- und Betriebsstoffe, Forderungen aufgrund von Warenlieferungen und Leistungen, Geld	Wie abnutzbares Anlagevermögen (Nr. 2)	§ 6 Abs. 1 Nr. 2 EStG
4. Verbindlichkeiten	Wie Umlaufvermögen (Nr. 3) in entsprechender Anwendung.	§ 6 Abs. 1 Nr. 3 EStG
5. Entnahmen	Teilwert. Ausnahmsweise mit dem Buchwert. Bei Nutzungen und Leistungen: Selbstkosten	§ 6 Abs. 1 Nr. 4 Satz 1 EStG § 6 Abs. 1 Nr. 4 Satz 2 bis 4 EStG
6. Einlagen	Teilwert. Ausnahmen: Bei Wirtschaftsgütern, die innerhalb der letzten 3 Jahre vor dem Zeitpunkt der Einlage angeschafft oder hergestellt worden sind: Teilwert, höchstens Anschaffungs- oder Herstellungskosten. Anteile an einer Kapitalgesellschaft ohne Rücksicht auf den Zeitpunkt der Anschaffung mit dem Teilwert, höchstens jedoch mit den Anschaffungskosten, wenn der Stpfl. am Kapital der Gesellschaft im Sinne des § 17 Abs. 1 Satz 2 EStG	§ 6 Abs. 1 Nr. 5 EStG

Wirtschaftsgut/Vorgang	Zu bewerten mit	Rechtsgrundlage und Bemerkungen
	wesentlich beteiligt ist. Bei der Einlage eines unentgeltlich erworbenen Anteils: Anschaffungskosten des Rechtsvorgängers.	
	Bei Einlage von Nutzungsrechten s. BFH, BStBl 1988 II S. 348.	
7. **Betriebseröffnung**	Wie Einlagen (Nr. 6).	§ 6 Abs. 1 Nr. 6 EStG
8. **Entgeltlicher Erwerb eines Betriebes**	Teilwert, höchstens Anschaffungs- oder Herstellungskosten.	§ 6 Abs. 1 Nr. 7 EStG
	Bei Einbringung eines Betriebs in eine Personengesellschaft, Buchwert, Teilwert oder ein dazwischenliegender Wert.	§ 24 Umwandlungssteuergesetz
9. **Unentgeltliche Übertragung** a) eines Betriebs oder Teilbetriebs	Buchwerte des Vorgängers sind bindend für den Erwerber.	§ 7 Abs. 1 EStDV
b) einzelner Wirtschaftsgüter, die zu einem Betriebsvermögen gehören und aus betrieblichem Anlaß übertragen werden	Beim Erwerber Ansatz mit dem Betrag, der im Zeitpunkt des Erwerbs für das einzelne Wirtschaftsgut hätte aufgewendet werden müssen (gemeiner Wert).	§ 7 Abs. 2 EStDV
10. **Betriebsaufgabe** a) eines Einzelbetriebs	Wenn die Wirtschaftsgüter veräußert werden: Veräußerungspreise, wenn keine Veräußerung erfolgt: Gemeiner Wert.	§ 16 Abs. 3 Satz 2 EStG § 16 Abs. 3 Satz 3 EStG
b) einer Personengesellschaft	Gemeiner Wert für die Wirtschaftsgüter, die der Gesellschafter bei der Auseinandersetzung erhalten hat.	§ 16 Abs. 3 Satz 4 EStG

4.2.12 Besondere Bewertungsfreiheiten als Steuervergünstigung

Besonders reichhaltig schlagen sich die wirtschafts- und sozialpolitischen Zielsetzungen des EStG in den vielen bewertungsrechtlichen Sondervorschriften für bestimmte Personenkreise und für bestimmte Wirtschaftsgüter nieder. Durch erhöhte Absetzungen, Sonderabschreibungen sowie Bewertungsabschläge in der Form von Wertberichtigungen und Rücklagen werden Gewinne in spätere Jahre verlagert mit dem Ergebnis, daß dem Stpfl. eine gewisse Finanzierungshilfe durch die Gewinnverlagerung gewährt wird.

4.2.12.1 Preissteigerungsrücklage (§ 74 EStDV)

Nach § 74 EStDV können Steuerpflichtige, die den Gewinn aufgrund Buchführung nach § 5 EStG ermitteln, für die Roh-, Hilfs- und Betriebsstoffe, halbfertigen Erzeugnisse, fertigen Erzeugnisse und Waren, die vertretbare Wirtschaftsgüter sind und deren Börsen- oder Marktpreis (Wiederbeschaffungspreis) am Schluß des Wirtschaftsjahres gegenüber dem Schluß des vorangegangenen Wirtschaftsjahres um mehr als 10 v. H. gestiegen ist, im Wirtschaftsjahr der Preissteigerung eine den steuerlichen Gewinn mindernde Rücklage für Preissteigerung nach Maßgabe des § 74 Abs. 2 bis 4 EStDV (Abschn. 228 EStR) bilden. Abweichend von § 5 Abs. 1 Satz 2 EStG setzt die Bildung der Preissteigerungsrücklage nicht voraus, daß in der Handelsbilanz ein entsprechender Passivposten ausgewiesen wird (§ 51 Abs. 1 Nr. 2 Buchst. b Satz 5 EStG).

Die Rücklage für Preissteigerung ist spätestens bis zum Ende des auf die Bildung folgenden sechsten Wirtschaftsjahres gewinnerhöhend aufzulösen.

In zeitlicher Hinsicht ist die Bildung einer Preissteigerungsrücklage nur noch für Wirtschaftsjahre zulässig, die vor dem 1. 1. 1990 enden.

4.2.12.2 Bewertungsabschlag für bestimmte Importwaren (§ 80 EStDV)

Steuerpflichtige, die den Gewinn nach § 5 EStG ermitteln, können für Wirtschaftsjahre, die vor dem 1. 1. 1990 enden, bestimmte, in der Anlage 3 zu § 80 EStDV bezeichnete Wirtschaftsgüter des Umlaufvermögens statt mit dem sich nach § 6 Abs. 1 Nr. 2 EStG ergebenden Wert mit einem niedrigeren Wert ansetzen, der bis zu 20 v. H. unter den Anschaffungskosten oder dem niedrigeren Börsen- oder Marktpreis (Wiederbeschaffungspreis) des Bilanzstichtages liegt, wenn

a) das Wirtschaftsgut im Ausland erzeugt oder hergestellt worden ist,

b) das Wirtschaftsgut nach der Anschaffung nicht bearbeitet oder verarbeitet worden ist,

c) das Land Berlin für das Wirtschaftsgut nicht vertraglich das mit der Einlagerung verbundene Preisrisiko übernommen hat,

d) das Wirtschaftsgut sich am Bilanzstichtag im Inland befunden hat oder nachweislich zur Einfuhr in dieses Gebiet bestimmt gewesen ist und

e) der Tag der Anschaffung und die Anschaffungskosten aus der Buchführung ersichtlich sind.

Der Bewertungsabschlag kommt nur für Wirtschaftsgüter in Betracht, die in der Bilanz des Stpfl. auszuweisen sind und ausgewiesen werden (BFH, BStBl 1972 II S. 563).

Für spätere Wirtschaftsjahre ist die Höhe des Importwarenabschlags in zwei Stufen herabgesetzt worden: Für das erste Wirtschaftsjahr, das nach dem 31. 12. 1989 endet, darf der niedrigere Wert bis zu **15 v. H.**, für die darauffolgenden Wirtschaftsjahre nur noch **10 v. H.** unter den Anschaffungskosten oder dem niedrigeren Börsen- oder Marktpreis (Wiederbeschaffungspreis) des Bilanzstichtags liegen. In früheren Wirtschaftsjahren zu Recht vorgenommene Bewertungsabschläge müssen jedoch in späteren Wirtschaftsjahren, in denen nur noch die Vornahme eines geringeren Bewertungsabschlags zulässig ist, nicht rückgängig gemacht werden.

Die Inanspruchnahme des Importwarenabschlags setzt im übrigen das Vorliegen der in § 80 Abs. 2 EStDV genannten Tatbestandsmerkmale voraus.

4.2.12.3 Sonderabschreibungen

Die allgemeinen Bewertungsgrundsätze erfahren durch verschiedene Vorschriften, welche erhöhte Absetzungen und Sonderabschreibungen einräumen, wesentliche Einschränkungen.

4.2.13 Rückstellungen

4.2.13.1 Allgemeines

Rückstellungen sind Passivposten, die das Kapital des Unternehmens wie eine laufende Ausgabe mindern. Da beim Betriebsvermögensvergleich das Kapital am Anfang und am Schluß des Wirtschaftsjahres verglichen werden, wird auch der Gewinn im Jahr der Rückstellungsbildung um die Höhe der Rückstellung gemindert. Durch Rückstellungen werden also zu erwartende künftige Ausgaben in einem Wirtschaftsjahr gewinnmindernd berücksichtigt, das vor dem Wirtschaftsjahr der Verausgabung liegt. Sinn und Zweck der Rückstellungsbildung ist es demnach, künftige Betriebsausgaben in dem Jahr gewinnmindernd zu berücksichtigen, in das sie wirtschaftlich gehören, mithin einen vernünftigen Ausgleich der Erfolgsrechnungen verschiedener Wirtschafts-(Gewinnermittlungs-)zeiträume herbeiführen. Diese Zielsetzung nennt man auch die richtige Periodenabgrenzung.

Der richtigen Periodenabgrenzung dienen nicht nur die Rückstellungen, sondern auch die Posten der Rechnungsabgrenzung (vgl. § 250 HGB). Nach § 5 Abs. 5 EStG sind sie nur unter ganz bestimmten Voraussetzungen zu bilden, und zwar auf der Aktivseite für Ausgaben vor dem Abschlußstichtag, soweit sie Aufwand für eine bestimmte Zeit nach diesem Tag darstellen (z. B. vorausgezahlte Miete), und auf der Passivseite für Einnahmen vor dem Abschlußstichtag, soweit sie Ertrag für eine bestimmte Zeit nach diesem Tag darstellen (z. B. im voraus erhaltene Miete); vgl. dazu Abschn. 31 b EStR. Die passiven Posten der Rechnungsabgrenzung sind von den hier behandelten Rückstellungen zu unterscheiden.

Von den Rückstellungen sind ferner zu unterscheiden die passiven Posten der Wertberichtigung. Die Wertberichtigung ist nur eine besondere bilanzmäßige Darstellungsweise der Bewertung eines bilanzierten Wirtschaftsguts, während die Rückstellung einen selbständigen Bilanzposten bildet. Den wichtigsten Wertberichtigungsposten stellt das Delkredere dar. Anstatt Forderungen wegen ihrer Unverzinslichkeit, eines Ausfallwagnisses und zu erwartender Einzugskosten mit dem niedrigeren Teilwert zu bilanzieren, aktiviert man sie mit dem Nennwert und bildet einen passiven Wertberichtigungsposten in Höhe des Unterschieds zwischen dem Nominalwert und dem niedrigeren Teilwert, den man Delkredere nennt.

Handelsrechtlich (§ 249 HGB) **sind** Rückstellungen zu bilden für

1. ungewisse Verbindlichkeiten,

2. drohende Verluste aus schwebenden Geschäften,

3. im Geschäftsjahr unterlassene Aufwendungen für Instandhaltung, die im folgenden Geschäftsjahr innerhalb von 3 Monaten nachgeholt werden,

4. im Geschäftsjahr unterlassene Aufwendungen für Abraumbeseitigung, die im folgenden Geschäftsjahr nachgeholt werden und

5. Gewährleistungen, die ohne rechtliche Verpflichtung erbracht werden.

Darüber hinaus **dürfen** handelsrechtlich Rückstellungen gebildet werden für

1. unterlassene Aufwendungen für Instandhaltung, wenn die Instandhaltung nach dem ersten Quartal, jedoch innerhalb des folgenden Geschäftsjahres nachgeholt wird und

2. ihrer Eigenart nach genau umschriebene, dem Geschäftsjahr oder einem früheren Geschäftsjahr zuzuordnende Aufwendungen, die am Abschlußstichtag wahrscheinlich oder sicher, aber hinsichtlich ihrer Höhe oder des Zeitpunkts ihres Eintritts unbestimmt sind.

Für andere Zwecke dürfen handelsrechtlich Rückstellungen nicht gebildet werden.

Steuerrechtlich gilt für Steuerpflichtige, die ihren Gewinn nach § 5 EStG ermitteln, aufgrund der Maßgeblichkeit der handelsrechtlichen Grundsätze ordnungsmäßiger Bilanzierung folgendes: Handelsrechtliche Passivierungsverbote (BFH, BStBl 1980 II S. 297) sowie handelsrechtliche Passivierungsgebote (BFH, BStBl 1989 II S. 893) sind auch für die Steuerbilanz maßgeblich. Handelsrechtliche Passivierungswahlrechte führen hingegen zu einem steuerrechtlichen Passivierungsverbot (BFH, BStBl 1989 II S. 893). Aufgrund des § 5 Abs. 1 EStG bzw. der Sondervorschriften § 5 Abs. 3 und 4, § 6 a EStG sind steuerrechtlich daher Rückstellungen nur in den Fällen zu bilden, in denen handelsrechtlich ein Passivierungsgebot besteht. Für die steuerliche Bewertung der Rückstellungen gilt § 6 Abs. 1 Nr. 3 i.V.m. Nr. 2 EStG entsprechend (BFH, BStBl 1975 II S. 480); vgl. auch § 253 Abs. 1 Satz 2 HGB und Abschn. 38 EStR.

4.2.13.2 Rückstellungen für ungewisse Verbindlichkeiten

Eine Rückstellung für ungewisse Schulden kann in Betracht kommen, wenn ungewiß ist, ob der Unternehmer wegen einer Verbindlichkeit überhaupt in Anspruch genommen werden kann (Ungewißheit dem Grunde nach), oder wenn zwar sicher ist, daß er für eine Schuld einstehen muß, aber noch nicht feststeht, wie hoch diese Schuld ist (Ungewißheit der Höhe nach), oder wenn sowohl Grund als auch Höhe ungewiß sind. Der Grad der Unsicherheit darf aber nicht so groß sein, daß mit einer Inanspruchnahme ernsthaft nicht zu rechnen ist (Abschn. 31 c Abs. 5 EStR; vgl. auch BFH, BStBl 1989 II S. 359). Ist z. B. gegen einen Unternehmer aus betrieblich veranlaßten Haftpflichtgründen ein Schadensersatzanspruch geltend gemacht worden, so kann zweifelhaft sein, ob der Schadensfall überhaupt zu einer Ersatzpflicht des Unternehmens führt, z. B. weil die Frage der Verursachung oder des Verschuldens des Unternehmers zweifelhaft ist. Ferner kann, wenn zwar die Ersatzpflicht des Unternehmers dem Grunde nach feststeht, ungewiß sein, wie hoch der Schaden ist oder ob der Unternehmer wegen mitwirkenden Verschuldens des Geschädigten nur einen Teil des Schadens zu ersetzen hat. Trotz dieser oder jener Unsicherheit kann aber bereits eine Belastung des Unternehmers vorliegen, wenngleich es noch an einer festumrissenen Verbindlichkeit fehlt. Diese Belastung muß durch eine Rückstellung berücksichtigt werden. Das setzt jedoch voraus, daß das Bestehen oder Entstehen einer Verbindlichkeit wahrscheinlich ist (BFH, BStBl 1989 II S. 893), d. h. nach objektiven Gesichtspunkten auf der Grundlage der am Bilanzstichtag vorliegenden und bis zur Aufstellung der Bilanz erkennbaren Tatsachen mehr Gründe dafür als dagegen sprechen (BFH, BStBl 1985 II S. 44; Abschn. 31 c Abs. 5 EStR).

Anders ist es, wenn noch ungewiß ist, ob ein Schadensfall überhaupt eintritt. So darf ein Brückenbauingenieur eine Rückstellung für Schadensersatz oder eine Garantierückstellung für einen bestimmten Auftrag nur bilden, wenn Tatsachen am Bilanzstichtag festgestellt werden, aus denen sich eine spätere Inanspruchnahme mit einer gewissen Wahrscheinlichkeit herleiten läßt; die Neuartigkeit einer Brückenkonstruktion im Ausland und das darin liegende erhöhte Risiko reichen dafür nicht aus (BFH, BStBl 1968 II S. 533).

Die Rückstellung ist mit den Anschaffungskosten oder dem höheren Teilwert zu bewerten, d. h. dem Betrag, der bei vernünftiger kaufmännischer Beurteilung wahrscheinlich zu leisten ist (BFH, BStBl 1983 II S. 753; § 253 Abs. 1 HGB; Abschn. 38 Abs. 1 EStR). Dabei muß sowohl die Wahrscheinlichkeit, überhaupt in Anspruch genommen zu werden, als auch das zahlenmäßige Ausmaß der möglichen Inanspruchnahme geschätzt werden. Bei der Schätzung kommt dem pflichtgemäßen Ermessen des vorsichtigen Steuerpflichtigen maßgebliche Bedeutung zu. Die Umstände, die die Schätzung rechtfertigen, müssen jedoch objektiv nachprüfbar sein.

Die Bildung einer Rückstellung für ungewisse Verbindlichkeiten setzt eine Verpflichtung gegenüber einem **anderen** voraus (Abschn. 31 c Abs. 3 EStR).

Diese kann auch darauf beruhen, daß das Verhältnis von Leistung und Gegenleistung eines (Dauer-)Schuldverhältnisses in der Vergangenheit gestört ist und für den Steuerpflichtigen daraus ein Erfüllungsrückstand besteht (BFH, BStBl 1988 II S. 57; Abschn. 31 c Abs. 9 und 10 EStR). Auch eine konkrete öffentlichrechtliche Verpflichtung kann Grund für eine Rückstellung sein (BFH, BStBl 1989 II S. 893). Ergibt sich die Verpflichtung aus dem Gesetz, so genügt es, wenn dieses ein inhaltlich genau bestimmtes Handeln innerhalb eines bestimmten Zeitraums vorschreibt und wenn an die Verletzung Sanktionen geknüpft sind.

Die Bildung der Rückstellung setzt nicht stets das Vorliegen einer einklagbaren Verpflichtung voraus. Es genügt, daß der Tatbestand, an den das Gesetz oder der Vertrag das rechtliche Entstehen einer Verbindlichkeit knüpft, im wesentlichen bereits verwirklicht ist und die künftigen Ereignisse, die zum unbedingten Entstehen der Verpflichtung führen, wirtschaftlich dem abgelaufenen Jahr zuzurechnen sind (BFH, BStBl 1989 II S. 893; Abschn. 31 c Abs. 4 EStR). Für Verpflichtungen, die eng mit der künftigen Ertragslage eines Unternehmens verknüpft sind, ist daher eine Rückstellung erst in den Jahren zulässig, in denen die Gewinne entstehen, aus denen die Verpflichtungen zu erfüllen sind (BFH, BStBl 1981 II S. 164, 169). Dies gilt z. B. für sog. Erfolgsprämien, die erst in späteren Jahren nach Maßgabe der Ertrags- und Liquiditätslage des Unternehmens dieser Jahre ratenweise zu zahlen sind (BFH, BStBl 1980 II S. 741).

4.2.13.3 Einzelfälle der Rückstellungen für ungewisse Verbindlichkeiten

Ausgleichsansprüche des Handelsvertreters

Wegen des Ausgleichsanspruchs eines ausscheidenden Handelsvertreters nach § 89 b HGB kann der Geschäftsherr, solange der Handelsvertretervertrag läuft, keine Rückstellung bilden, auch wenn er gleichzeitig viele Handelsvertreter beschäftigt (BFH, BStBl 1983 II S. 375; Abschn. 31 c Abs. 4 EStR).

Beiträge an Berufsgenossenschaften

Für Beiträge eines Unternehmens an die Berufsgenossenschaft für das kommende Wirtschaftsjahr können keine Rückstellungen gebildet werden, da diese Beiträge wirtschaftlich nicht das abgelaufene, sondern das kommende Jahr belasten (BFH, BStBl 1968 II S. 544).

Bergschäden

Bergwerksunternehmen haben für Bergschäden den Geschädigten Schadensersatz zu leisten (§ 148 PrBergG). Für verursachte, aber noch nicht behobene Bergschäden und künftig zu erwartende Ersatzansprüche aus Bergschäden können Rückstellungen gebildet werden (RFH, RStBl 1940 S. 537 und 753, RStBl 1941 S. 308). Die Höhe der Rückstellungen ist nach vorhandenen Unterlagen, z. B. Kostenvoranschlägen für die Schadensbehebung, und nach den Erfahrungen der Vergangenheit zu schätzen.

Bürgschaften, Wechselobligo

Ist eine Bürgschaft aus betrieblichen Gründen übernommen worden, so sind Verluste hieraus Betriebsverluste, die den steuerlichen Gewinn mindern. Besteht am Bilanzstichtag die ernsthafte Gefahr einer Inanspruchnahme aus der Bürgschaft, so kann das die Gefahr des Eintritts eines Verlustes aus der Bürgschaft bedeuten. Diesem Umstand kann durch Bildung einer entsprechenden Rückstellung Rechnung getragen werden (BFH, BStBl 1961 III S. 336, 1967 III S. 336). Dabei sind alle das Risiko aufhellenden Umstände, die bis zur Aufstellung der Bilanz eintreten, zu berücksichtigen. Zahlt der Schuldner bis zu diesem Zeitpunkt die Schuld, so entfällt die Haftung des Bürgen. Eine Rückstellung kommt dann grundsätzlich nicht in Betracht.

Ähnlich liegen die Verhältnisse bei Gefahr der Inanspruchnahme aus weitergegebenen Kundenwechseln (Wechselobligo). Die Bezahlung einer Schuld durch Hingabe eines Wechsels ist wirtschaftlich noch keine Schuldtilgung. Hat der Steuerpflichtige am Bilanzstichtag Kundenwechsel in Besitz, so sind weiterhin die zugrundeliegenden Forderungen zu bilanzieren. Hat der Kaufmann die erhaltenen Kundenwechsel weitergegeben und sind sie am Bilanzstichtag nicht eingelöst, so muß er damit rechnen, vom Wechselgläubiger in Anspruch genommen zu werden, wenn der Kunde den Wechsel nicht einlöst. Wegen dieses Risikos kann er eine Rückstellung bilden, die unter Berücksichtigung aller Umstände zu schätzen ist (BFH, BStBl 1967 III S. 335). Bei der Schätzung des Wechselobligos sind alle wertaufhellenden Umstände zu berücksichtigen, die bis zur Bilanzaufstellung eintreten oder bekannt werden und aus denen Schlüsse über das Bestehen oder Nichtbestehen eines Risikos am Bilanzstichtag gezogen werden können (sog. Aufhellungstheorie; BFH, BStBl 1965 III S. 409).

Die Einlösung eines Wechsels bis zur Bilanzaufstellung schließt daher grundsätzlich die Bildung einer Rückstellung für Wechselobligo insoweit aus (BFH, BStBl 1973 II S. 218). Etwas anderes gilt nur dann, wenn die Einlösung auf Umständen beruht, die erst nach dem Bilanzstichtag eingetreten sind (wertbeeinflussende Umstände).

Beispiel:

Ein am Bilanzstichtag zahlungsunfähiger Kunde wird durch eine Erbschaft nach dem Bilanzstichtag in die Lage versetzt, den Wechsel einzulösen.

Bei Pauschalrückstellungen (das sind Rückstellungen für das Risiko aus allen weitergegebenen Kundenwechseln, für die keine Einzelrückstellungen gebildet sind) wird das Risiko nach einem Hundertsatz der Nennbeträge der Wechsel bemessen. Dieser Hundertsatz ergibt sich aus den betrieblichen Erfahrungen der vergangenen Wirtschaftsjahre. Sind alle für eine Pauschalrückstellung in Betracht kommenden Kundenwechsel bis zur Bilanzaufstellung eingelöst, so darf eine Pauschalrückstellung nicht gebildet werden. Sind diese Wechsel im Zeitpunkt der Bilanzaufstellung nur zum Teil eingelöst, so darf die Pauschalrückstellung die Nennbeträge der bei Bilanzaufstellung nicht eingelösten Kundenwechsel nicht übersteigen.

Beispiel:

Gesamtnennbetrag der weitergegebenen Kundenwechsel, für die eine Pauschalrückstellung in Betracht kommt	200 000 DM
Hundertsatz nach Erfahrung 3 v. H. =	6 000 DM
Bei Bilanzaufstellung noch nicht eingelöste Wechsel	5 500 DM
Zulässige Pauschalrückstellung	5 500 DM

Garantieverpflichtungen

Die Anerkennung einer Rückstellung für Garantieverpflichtungen setzt voraus, daß am Bilanzstichtag mit einer Inanspruchnahme aus bestehenden Garantieverpflichtungen mit einiger Sicherheit oder wenigstens Wahrscheinlichkeit gerechnet werden muß; im einzelnen s. Abschn. 31 c Abs. 7 EStR. Der Stpfl. ist berechtigt, Rückstellungen aufgrund der in der Vergangenheit gemachten Erfahrungen auch dann in gewissem Umfang zu bilden, wenn zwar am Bilanzstichtag oder am Tag der Bilanzaufstellung Garantiefälle noch nicht bekanntgeworden sind, er aber auf mit einer gewissen Regelmäßigkeit nach Grund und Höhe auftretende tatsächliche Garantieinanspruchnahmen hinweisen kann (BFH, BStBl 1960 III S. 495). Auch wenn das letztere nicht der Fall ist, ist eine vorsichtige Rückstellungsbildung zulässig, sofern sich aus den branchenmäßigen Erfahrungen und der individuellen Gestaltung des Betriebs die Wahrscheinlichkeit ergibt, Garantieleistungen erbringen zu müssen (BFH, BStBl 1963 III S. 237).

Bei bereits bekannten Mängeln, deren kostenlose Beseitigung der Kunde fordert, ist der hierfür erforderliche Aufwand anhand von Kalkulationsunterlagen usw. zu ermitteln. Werden die Gewährleistungsverpflichtungen durch die Ersatzlieferung mangelfreier Ware erfüllt, so sind sie mit dem Betrag anzusetzen, den der Steuerpflichtige voraussichtlich aufwenden muß, um seine Ersatzlieferungen zu erfüllen (BFH, BStBl 1973 II S. 217). Die Höhe der Rückstellungen für noch unbekannte Inanspruchnahmen ist nach den am Bilanzstichtage gegebenen Verhältnissen so zu schätzen, wie sie ein Erwerber des Betriebs ansetzen würde (Teilwert). Die Schätzung muß einer objektiven Prüfung standhalten und darf das angemessene, der Lage des Einzelfalls entsprechende Maß nicht überschreiten. Bei der Schätzung ist auf die Erfahrungen, die der Stpfl. im eigenen Betriebe machte, entscheidendes Gewicht zu legen (BFH, BStBl 1960 III S. 495). Kann der Stpfl. keine konkreten und im einzelnen nachprüfbaren Tatsachen für seine Schätzung anführen, ist es im allgemeinen gerechtfertigt, aus der Vergangenheit Rückschlüsse zu ziehen. Regreßansprüche, z. B. gegen Vorlieferer, sind zu aktivieren.

Nach den vorgenannten Gesichtspunkten kann der Stpfl. Garantierückstellungen als Einzelrückstellungen für die bis zum Tag der Bilanzaufstellung bekanntgewordenen einzelnen Garantiefälle oder als Pauschalrückstellungen bilden (BFH, BStBl 1984 II S. 263).

Wegen der Berechnung von Garantierückstellungen im Baugewerbe siehe BFH, BStBl 1960 III S. 495, und bei mehrjähriger Garantiefrist s. BFH, BStBl 1982 II S. 104.

Gewerbesteuer

Die Verpflichtung, die voraussichtliche Gewerbesteuerabschlußzahlung durch eine Rückstellung zu berücksichtigen, entspricht den Grundsätzen ordnungsmäßiger Buchführung (BFH, BStBl 1973 II S. 860).

Zur Errechnung der Rückstellung kann die Gewerbesteuer schätzungsweise mit $\frac{9}{10}$ des Betrags der Gewerbesteuer angesetzt werden, die sich ohne Berücksichtigung der Gewerbesteuer als Betriebsausgabe ergeben würde (Abschn. 22 Abs. 2 EStR, vom BFH, BStBl 1984 II S. 554, als zutreffende Schätzung anerkannt). Entsprechend ist für die Ermittlung etwaiger Erstattungsansprüche an Gewerbesteuer zu verfahren.

Gewerbetreibende mit einem vom Kalenderjahr abweichenden Wirtschaftsjahr dürfen grundsätzlich nur für den Teil der Gewerbesteuer eine Rückstellung bilden, der auf den in das Wirtschaftsjahr fallenden Teil des Erhebungszeitraums entfällt (Abschn. 22 Abs. 1 Satz 1 EStR). Abweichend von diesem Grundsatz dürfen Gewerbetreibende, die ihren Gewinn nach § 5 EStG ermitteln, die Gewerbesteuer für den Erhebungszeitraum, der am Ende eines vom Kalenderjahr abweichenden Wirtschaftsjahres noch läuft, in voller Höhe zu Lasten des Gewinns dieses Wirtschaftsjahres verrechnen. Das gilt auch für den Teil der Gewerbesteuer, der auf das Gewerbekapital entfällt (Abschn. 22 Abs. 1 Satz 2 EStR). In beiden Fällen kommt eine Rückstellung nur in Höhe der unter Berücksichtigung der Verhältnisse am Bilanzstichtag (voraussichtlich) geschuldeten Gewerbesteuer in Betracht. Dies ist die (volle oder anteilige) Steuer des Erhebungszeitraums, abzüglich der bis zum Bilanzstichtag tatsächlich für den Erhebungszeitraum geleisteten Vorauszahlungen. Die für den Erhebungszeitraum, jedoch für Vorauszahlungszeitpunkte nach dem Bilanzstichtag festgesetzten Vorauszahlungen bleiben außer Anrechnung, weil es sich (bezogen auf den Bilanzstichtag) um künftige Ereignisse handelt.

Beispiel:
Wirtschaftsjahr 1. 7. 01 bis 30. 6. 02.
Gewerbesteuer für den Erhebungszeitraum 1. 1. bis 31. 12. 02 = 10 000 DM.
Festgesetzte Gewerbesteuervorauszahlung je Vorauszahlungstermin 1000 DM; die zum 15. 2. und 15. 5. 02 fälligen Vorauszahlungen sind geleistet worden.
Berechnung der Rückstellungen 30. 6. 02 (maximal $\frac{9}{10}$ von 10 000 DM = 9000 DM):

a) nach Abschn. 22 Abs. 1 Satz 1 EStR $\frac{6}{12}$ von 9000 DM	4500 DM
✗ Vorauszahlungen zum 15. 2. und 15. 5. 02	2000 DM
Rückstellungsbetrag	2500 DM
b) nach Abschn. 22 Abs. 1 Satz 2 EStR	9000 DM
✗ Vorauszahlungen zum 15. 2. und 15. 5. 02	2000 DM
Rückstellungsbetrag	7000 DM

Die Vorauszahlungen 15. 8. und 15. 11. 01 sind gegen die Rückstellungen 30. 6. 01 gebucht worden.

Haftungsverpflichtungen

Grundsätzliche Voraussetzung für die Bildung einer Rückstellung für Haftungsverpflichtungen ist, daß sich die aus der Haftung zu erwartende Inanspruchnahme bereits erkennbar abzeichnet. Das kann nur in Fällen anerkannt werden, in denen spätestens bis zum Tag der Bilanzaufstellung ein Schadensersatz gegenüber dem Verpflichteten geltend gemacht wird oder wenigstens die den Anspruch begründenden Tatsachen im einzelnen bekanntgeworden sind (BFH, BStBl 1973 III S. 237). So können z. B. Rückstellungen für Schadensersatzpflichten eines Kraftfahrzeughalters aus Unfällen bei Geschäftsfahrten in Frage kommen. Etwaige Ansprüche an Versicherungsgesellschaften sind demgegenüber zu aktivieren.

Ist noch völlig ungewiß, ob und in welcher Höhe eine Haftung entstehen wird, entfällt die Grundlage einer Rückstellung. Die Bildung von Pauschalrückstellungen für Haftpflichtverbindlichkeiten kommt grundsätzlich nicht in Betracht (BFH, BStBl 1984 II S. 263).

Jubiläumszuwendungen (§ 5 Abs. 4 EStG)

Bei der Beurteilung der Frage, ob ein Arbeitgeber für künftige Jubiläumszuwendungen an Arbeitnehmer Rückstellungen bilden kann, hat die Rechtsprechung einem Wandel unterlegen. In der Entscheidung vom 19. 7. 1960 (BStBl 1960 III S. 347) hat der BFH Rückstellungen für drohende Verluste nicht zugelassen. Durch Urteil vom 5. 2. 1987 (BStBl 1987 II S. 845) hat er diese Rechtsprechung aufgegeben und die Auffassung vertreten, für rechtsverbindlich zugesagte Jubiläumszuwendungen müsse eine Rückstellung für ungewisse Verbindlichkeiten in dem Umfang gebildet werden, als die Anspruchsvoraussetzungen durch die vergangene Betriebszugehörigkeit des Arbeitnehmers erfüllt sind. Insoweit bestehe ein Erfüllungsrückstand. Die Höhe der danach kontinuierlich zu bildenden Rückstellung hänge vom Umfang der übernommenen Verpflichtung, der Wahrscheinlichkeit der Inanspruchnahme und der bis dahin vergehenden Zeit ab. Der Umfang der Verpflichtung müsse dem Inhalt der Gratifikationszusage entnommen werden. Bei ihrer Bewertung seien die Verhältnisse am Bilanzstichtag zugrunde zu legen. Entsprechend dem Verursachungsprinzip sei die bereits zurückgelegte Dienstzeit des Anspruchsberechtigten zu berücksichtigen. Darüber hinaus müsse die Rückstellung auf den Zeitpunkt der Inanspruchnahme abgezinst werden.

Aufgrund der Einfügung des neuen § 5 Abs. 4 EStG durch das StRefG 1990 werden Rückstellungen für die Verpflichtung zu einer Zuwendung anläßlich eines Dienstjubiläums auch künftig steuerlich anerkannt. Sie dürfen jedoch nur noch unter folgenden Voraussetzungen gebildet werden:

Das **Dienstverhältnis** muß an dem Bilanzstichtag mindestens **zehn Jahre** bestanden haben. Hierdurch wird künftig ausgeschlossen, daß in den ersten 10 Jahren der Betriebszugehörigkeit eines Arbeitnehmers für diesen eine Jubiläumsrückstellung mit steuerlicher Wirkung gebildet wird. Mit dieser Regelung hat der Gesetzgeber die hohe Fluktuation von Arbeitnehmern in den ersten 10 Jahren der Betriebszugehörigkeit nicht nur, wie nach bisherigem Recht, durch einen Fluktuationsabschlag (s. dazu BFH, BStBl 1987 II S. 845, Abschn. 3 b), sondern durch einen vollständigen Ausschluß der auf diese Arbeitnehmer entfallenden Jubiläumszusagen bei der Rückstellungsbildung berücksichtigt.

Das **Dienstjubiläum** muß das Bestehen eines Dienstverhältnisses von mindestens **fünfzehn Jahren** voraussetzen. Damit wird die steuerliche Anerkennung von Jubiläumsrückstellungen auf die Zuwendungen für langjährige Betriebstreue beschränkt. Anders als bei Pensionsrückstellungen nach § 6 a EStG können auch Dienstzeiten berücksichtigt werden, die der Arbeitnehmer in einem mit dem Arbeitgeber durch Organschaft verbundenen Unternehmen tätig gewesen ist.

Die Zusage muß **schriftlich** erteilt worden sein; durch diese Voraussetzung sollen Nachweisprobleme vermindert werden. Mündlich erteilte Zusagen oder Verpflichtungen, die sich aus betrieblicher Übung ergeben, rechtfertigen keine Rückstellungsbildung.

Nach dem Wortlaut des § 5 Abs. 4 EStG „dürfen" Rückstellungen für die Verpflichtung zu einer Zuwendung anläßlich eines Dienstjubiläums nur gebildet werden, wenn die vorbezeichneten Voraussetzungen vorliegen. Diese Formulierung begründet jedoch kein steuerrechtliches Wahlrecht. Liegen die genannten Voraussetzungen vor, muß eine Rückstellung für Jubiläumszuwendungen gebildet werden **(Passivierungspflicht)**. Wegen der Höhe der zu bildenden Rückstellung im einzelnen wird auf die Entscheidung des BFH vom 5. 2. 1987 (BStBl 1987 II S. 845) Bezug genommen; siehe auch Abschn. 31 c Abs. 4 EStR. Anders als bei Pensionszusagen nach § 6 a EStG ist hier für die Abzinsung ein bestimmter Zinssatz nicht gesetzlich vorgeschrieben. Die Finanzverwaltung (BMF, BStBl 1987 I S. 770) läßt einen Zinssatz von 5,5 v. H. unbeanstandet.

In **zeitlicher** Hinsicht gilt folgendes: Nach § 52 Abs. 6 EStG dürfen Rückstellungen für die Verpflichtung zu einer Zuwendung anläßlich eines Dienstjubiläums nur gebildet werden, soweit der Zuwendungsberechtigte seine Anwartschaft nach dem **31. 12. 1992** erwirbt. Bereits gebildete Rückstellungen sind in den Bilanzen des nach dem 30. 12. 1988 endenden Wirtschaftsjahres und der beiden folgenden Wirtschaftsjahre mit mindestens je einem Drittel gewinnerhöhend aufzulösen. Die Beschränkung der Bildung von Rückstellungen für die Verpflichtung zur Leistung von Jubiläumszuwendungen gilt daher nicht rückwirkend, sondern erstmals für Wirtschaftsjahre, die nach dem 30. 12. 1988 enden. Stimmt das Wirtschaftsjahr mit dem Kalenderjahr überein, können zu den Bilanzstichtagen 31. 12. 1988 bis zum 31. 12. 1992 keine Rückstellungen für Jubiläumszuwendungen **gebildet** werden (BMF vom 27. 7. 1988, DB Beilage Nr. 13/88).

Rückstellungen für Jubiläumszuwendungen, die unter Berücksichtigung der Rechtsprechung des BFH (BStBl 1987 II S. 845) in Bilanzen bis zum 30. 12. 1988 – bei mit dem Kalenderjahr übereinstimmenden Wirtschaftsjahren also in Bilanzen bis zum 31. 12. 1987 – gebildet worden sind oder noch gebildet werden, sind in den Bilanzen des nach dem 30. 12. 1988 endenden Wirtschaftsjahres – bei mit dem Kalenderjahr übereinstimmenden Wirtschaftsjahren also zum 31. 12.

1988 – und der beiden folgenden Wirtschaftsjahre mit mindestens einem Drittel gewinnerhöhend aufzulösen.

In diesem Zusammenhang ist folgendes zu beachten: Nach dem BMF-Schreiben vom 28. 12. 1987 (BStBl 1987 I S. 770) läßt es die Finanzverwaltung unbeanstandet, wenn in Steuerbilanzen bis zum 30. 12. 1988 trotz bestehender Passivierungspflicht eine Jubiläumsrückstellung nicht oder nicht in vollem Umfang gebildet wird. Hat der Steuerpflichtige an diesen Bilanzstichtagen eine Jubiläumsrückstellung nicht gebildet, scheidet auch eine spätere gewinnwirksame Auflösung der Rückstellung aus.

Für Bilanzstichtage nach dem 31. 12. 1992 – bei mit dem Kalenderjahr übereinstimmenden Wirtschaftsjahren also erstmals zum 31. 12. 1993 – dürfen Rückstellungen für Jubiläumszuwendungen nur gebildet werden, soweit der Zuwendungsberechtigte seine **Anwartschaft** nach dem 31. 12. 1992 erwirbt. Die bis zum 31. 12. 1992 verdienten Anwartschaften bleiben bei der Bemessung der Jubiläumsrückstellung unberücksichtigt. Sie dürfen folglich nicht später mit steuerlicher Wirkung nachgeholt werden.

Beispiel:

Der Unternehmer U hat seinen Betrieb 1968 eröffnet. Er ermittelt seinen Gewinn durch Bestandsvergleich; das Wirtschaftsjahr entspricht dem Kalenderjahr. U hat seit Betriebseröffnung jährlich jeweils zwei Arbeitnehmer neu eingestellt. Einige Arbeitnehmer sind zwischenzeitlich wieder ausgeschieden. Er hat seinen Arbeitnehmern für das zehnjährige, fünfzehnjährige und dreißigjährige Dienstjubiläum teils mündlich, teils schriftlich eine Jubiläumszuwendung von 1000 DM, 1500 DM bzw. 2500 DM zugesagt. Zum 31. 12. 1987 hat er unter Berücsichtigung der neueren Rechtsprechung des BFH eine Rückstellung für Jubiläumszuwendungen von X DM gebildet.

U muß die Rückstellung zum 31. 12. 1988 mit mindestens ⅓ von X auflösen. Dasselbe gilt für die Bilanzstichtage 31. 12. 1989 und 31. 12. 1990. Neue Rückstellungen für Jubiläumszuwendungen darf er in den Bilanzen auf den 31. 12. 1988 bis 31. 12. 1992 nicht bilden. In der Bilanz auf den 31. 12. 1993 muß U unter Berücksichtigung des § 5 Abs. 4 EStG – nur für Arbeitnehmer mit mehr als zehnjährigem Dienstverhältnis, nur für das fünfzehnjährige und dreißigjährige Dienstjubiläum, nur bei schriftlicher Zusage – eine Jubiläumsrückstellung bilden. Dabei darf er jedoch nur die in dem Wirtschaftsjahr 1993 erworbenen Anwartschaften berücksichtigen, nicht auch die bereits vor dem 1. 1. 1993 erworbenen Anwartschaften.

Leihgut

Wird für Leihgut (Kisten, Fässer, Säcke, Flaschen usw.) ein Pfandgeld einbehalten, das der Kunde bei Rückgabe des Leihguts zurückerhält, so kann der Kaufmann wegen der Verpflichtung zur Rückgabe des Pfandes jedenfalls eine Rückstellung bilden, wenn ernsthaft mit der Rückgabe des Leihguts zu rechnen ist. Das ist vor allem der Fall, wenn das Pfand den Wert des Leihguts erheblich übersteigt und der Kunde hierdurch geradezu zur Rückgabe gezwungen werden soll. Die Wahrscheinlichkeit der Rückgabe kann sich aber auch in anderen Fällen aus den Umständen ergeben (z. B. bei Getränkeflaschen). Bei der Höhe der Rückstellung ist zu berücksichtigen, daß erfahrungsgemäß nicht alles Leihgut zurückgegeben wird.

Ist das Leihgut in der Bilanz des Steuerpflichtigen als geringwertiges Wirtschaftsgut mit einem Erinnerungswert ausgewiesen, so kann es auch bei Rückgabe wiederum mit dem Erinnerungswert angesetzt werden (RFH, RStBl 1943 S. 98). Unter diesen Umständen braucht der Anspruch auf Rückgabe des Leihguts weder in der Bilanz besonders ausgewiesen zu werden, noch ist der Pfandgeldrückstellungsbetrag um den Wert des Leihguts zu kürzen.

Kundendienstverpflichtungen eines Kraftfahrzeughändlers

Rückstellungen für Kundendienstverpflichtungen (Freiinspektionen und verbilligte entgeltliche Inspektionen) eines Kraftfahrzeughändlers sind nicht zulässig, wenn diese Verpflichtungen bereits im Händlervertrag übernommen worden sind und damit ein wirtschaftlicher Zusammenhang mit dem Verkauf der einzelnen Kraftfahrzeuge in den Hintergrund tritt. Das ist im allgemeinen anzunehmen, wenn nach dem Händlervertrag der Kundendienst von jedem der Vertriebsorganisation des Kraftfahrzeugherstellers angehörenden Händler ohne Rücksicht darauf geleistet werden muß, bei welchem Händler der Kunde sein Kraftfahrzeug gekauft hat (BFH, BStBl 1969 II S. 194).

Mehrsteuern aufgrund von Betriebsprüfungen

Betriebsprüfungen führen oft zu einer Nachforderung von als Betriebsausgabe abzugsfähigen Steuern. Diese Steuernachforderungen können zu Lasten des Wirtschaftsjahres gebucht werden, in dem das Unternehmen mit der Nachforderung rechnen kann. Wird eine solche Nachforderung in der Zeit zwischen Bilanzstichtag und dem Tag der Bilanzerstellung bekannt, können die Mehrsteuern noch in dieser Bilanz berücksichtigt werden. Auf Antrag können sie aber auch zu Lasten der Wirtschaftsjahre verrechnet werden, zu denen sie wirtschaftlich gehören, wenn eine Änderung der Veranlagungen für die betreffenden Veranlagungszeiträume möglich ist. Ergeben sich für dasselbe Jahr sowohl Nachforderungen wie Erstattungsansprüche, so ist die Rückstellung entsprechend zu kürzen. Das vorbeschriebene Wahlrecht muß der Kaufmann jedoch spätestens in dem Zeitpunkt ausüben, in dem die Nachzahlungsverpflichtung feststeht. Ist eine nachträgliche Zurechnung der Rückstellungen in die wirtschaftlich zugehörigen Jahre wegen Bestandskraft der Veranlagung nicht mehr möglich, können sie zu Lasten des ersten Wirtschaftsjahres gebildet werden, das noch nicht bestandskräftig veranlagt ist (BFH, BStBl 1956 III S. 268). Hinterzogene Steuern sind grundsätzlich in den Jahren anzusetzen, zu denen sie wirtschaftlich gehören (Abschn. 22 Abs. 3 EStR). Wegen möglicher Steuernachforderungen aufgrund einer zukünftigen Betriebsprüfung können Rückstellungen nicht gebildet werden (BFH, BStBl 1966 III S. 189). Dasselbe gilt für mögliche Nachzahlungen von Zinsen auf Betriebssteuern (§ 223 a AO). Bei der Überschußrechnung des § 4 Abs. 3 EStG können abzugsfähige Mehrsteuern erst im Jahre der Verausgabung berücksichtigt werden.

Patentverletzung (§ 5 Abs. 3 EStG)

Rückstellungen wegen Verletzung fremder Patent-, Urheber- oder ähnlicher Schutzrechte dürfen nach § 5 Abs. 3 EStG erst gebildet werden, wenn

1. der Rechtsinhaber Ansprüche wegen der Rechtsverletzung geltend gemacht hat oder

2. mit einer Inanspruchnahme wegen der Rechtsverletzung ernsthaft zu rechnen ist.

Fremde Patente sind auch offengelegte noch nicht geschützte Erfindungen (Abschn. 31 c Abs. 8 Satz 2 EStR). Zu den ähnlichen Schutzrechten gehören z. B. Gebrauchsmuster und Warenzeichen.

Eine Geltendmachung von Ansprüchen (Fallgruppe 1) liegt nicht erst dann vor, wenn der Inhaber des verletzten Rechts den Verletzer auf Schadensersatz verklagt, sondern schon dann, wenn konkret Ansprüche wegen Patentverletzung geltend gemacht worden sind.

Vor Geltendmachung von Ansprüchen ist mit einer Inanspruchnahme im allgemeinen ernsthaft zu rechnen (Fallgruppe 2), wenn ein fremdes Patent, Urheberrecht oder ähnliches Schutzrecht objektiv verletzt ist und der Inhaber des verletzten Rechts mit Aussicht auf Erfolg Schadensersatzansprüche, bei Patentverletzung also den Schadensersatzanspruch gem. § 139 PatG, geltend machen kann. Die Verletzung eines Patents dürfte im allgemeinen durch ein Sachverständigengutachten zu belegen sein.

Nur für diesen Fall der Rückstellung (Fallgruppe 2) sieht § 5 Abs. 3 EStG vor, daß die Rückstellung spätestens in der Bilanz des dritten auf ihre erstmalige Bildung folgenden Wirtschaftsjahres gewinnerhöhend aufzulösen ist, wenn Ansprüche nicht geltend gemacht worden sind. Ist also in der Bilanz zum 31. 12. 01 eine Rückstellung wegen Verletzung eines fremden Patents gebildet worden, weil mit einer Inanspruchnahme ernsthaft zu rechnen ist, so kann diese Rückstellung auch in den Bilanzen der Jahre 02 und 03 ausgewiesen werden, es sei denn, an diesen Bilanzstichtagen ist mit einer Inanspruchnahme nicht mehr ernsthaft zu rechnen.

Beispiel:
A hat in der Bilanz des Jahres 01 eine Rückstellung wegen Patentverletzung in Höhe von 10 000 DM zu Recht gebildet, weil mit einer Inanspruchnahme ernsthaft zu rechnen ist. In den Jahren 02 und 03 stockt er diese Rückstellung um jeweils 10 000 DM auf, weil er dasselbe Patent weiterhin verletzt hat. Bis zum Ende des Jahres 04 sind Ansprüche wegen der Verletzung nicht geltend gemacht worden. Hier sind auch die Aufstockungen der Rückstellung in den Jahren 02 und 03 am Ende des Jahres 04 mit aufzulösen. Denn nach § 5 Abs. 3 Satz 2 EStG ist die Rückstellung spätestens in der Bilanz des dritten auf die **erstmalige** Bildung der Rückstellung folgenden Wirtschaftsjahres aufzulösen.

Bei der Auflösungsregelung des § 5 Abs. 3 Satz 2 EStG wurde davon ausgegangen, daß innerhalb des 4-Jahres-Zeitraums (Jahr der Bildung zzgl. 3 Jahre zzgl. Frist bis zur Bilanzaufstellung) in der ganz überwiegenden Zahl der Fälle Patentverletzungsansprüche geltend gemacht worden sind.

§ 5 Abs. 3 EStG ist erstmals für das Wirtschaftsjahr anzuwenden, das nach dem 24. 12. 1982 endet, also erstmals in der Bilanz des Wirtschaftsjahres 1982 bzw. des Wirtschaftsjahres 1982/83. Rückstellungen, die nach der Neuregelung nicht gebildet werden dürfen, müssen in der Bilanz des Wirtschaftsjahres 1982 bzw. des Wirtschaftsjahres 1982/83 gewinnerhöhend aufgelöst werden. Die Auflösungsregelung des § 5 Abs. 3 Satz 2 EStG gilt auch für Rückstellungen, die erstmals in der Bilanz 1981 oder in einer früheren Bilanz gebildet worden sind.

Anlaß für die Einfügung des § 5 Abs. 3 EStG war die Entscheidung des BFH, BStBl 1982 II S. 748. Nach der diesem Urteil zugrundeliegenden Betrachtung könnte der Verletzer eines fremden Patents eine Rückstellung wegen Patentverletzung auch bilden, wenn zwar die Patentverletzung dargetan, aber Anhaltspunkte dafür, daß der Inhaber des verletzten Patents von der Patentverletzung Kenntnis erlangt hat und Ansprüche wegen Patentverletzung geltend zu machen beabsichtigt, nicht gegeben sind. Ferner könnte die einmal gebildete Rückstellung ggf. bis zum Ablauf der 30jährigen Verjährungsfrist des § 41 PatG in der Bilanz belassen werden, weil dem FA nicht der Nachweis möglich ist, daß der Verletzte von der Patentverletzung Kenntnis erlangt hat und der Verletzer sich deshalb auf den Standpunkt stellen kann, der Schadensersatzanspruch gegen ihn verjähre erst nach 30 Jahren. Durch § 5 Abs. 3 EStG ist diese Entscheidung überholt.

Provisionsverpflichtungen

Die Provisionsverpflichtung kann bei dem Geschäftsherrn regelmäßig nicht schon bei Vermittlung des Geschäfts durch den Handelsvertreter, sondern erst in dem Augenblick bilanzmäßig als Rückstellung berücksichtigt werden, in dem die Lieferung erfolgt. Bis zu diesem Zeitpunkt ist der Provisionsanspruch aufschiebend bedingt (§ 87 a Abs. 1 Satz 1 HGB). Allerdings können grundsätzlich auch für aufschiebend bedingte Verbindlichkeiten Rückstellungen gebildet werden. Voraussetzung ist jedoch, daß die Verbindlichkeit im abgelaufenen Jahr wirtschaftlich verursacht ist. Das trifft für die Provisionsverpflichtung nicht zu. Sie ist erfolgsabhängig, und zwar von der Ausführung des vermittelten Geschäfts (BFH, BStBl 1973 II S. 212 und 481).

Ist die Entstehung des Provisionsanspruchs jedoch durch entsprechende Vereinbarungen (vgl. § 87 a Abs. 1 Satz 2 HGB) zeitlich z. B. auf den Zeitpunkt der Vermittlung des Geschäfts vorverlegt, ist die Provisionsverpflichtung bereits zu diesem Zeitpunkt zu passivieren (BFH, BStBl 1986 II S. 669).

Prozeßkosten

Kosten für einen am Bilanzstichtag aus betrieblichen Gründen laufenden Prozeß sind rückstellungsfähig, sofern damit zu rechnen ist, daß durch Verlieren des Prozesses besondere Ausgaben (Gerichts- und Anwaltskosten) erwachsen. Die Höhe der Rückstellung ist nach den vermutlichen Kosten zu schätzen. Sind Prozeßkosten bei Bewertung des Betriebsvermögens bereits berücksichtigt (z. B. bei den Forderungen), kommt insoweit eine Rückstellung nicht in Betracht.

Die Rückstellung beschränkt sich auf die Kosten derjenigen Instanz, vor der der Prozeß am Bilanzstichtag anhängig ist. Eine weitergehende Rückstellung, z. B. für die Kosten des noch gegebenen Instanzenzugs, ist steuerlich nicht zugelassen, da sie die Vorwegnahme späteren Aufwands bedeuten würde. Dies gilt selbst dann, wenn die Anrufung weiterer Instanzen für den Fall des Unterliegens von vornherein geplant ist und später auch verwirklicht wird (BFH, BStBl 1964 III S. 478). Ist am Bilanzstichtag ein Prozeß noch nicht anhängig, dann dürfen auch noch keine Prozeßkosten zurückgestellt werden (BFH, BStBl 1970 II S. 802).

Sozialpläne nach dem Betriebsverfassungsgesetz

Bei geplanten Betriebsänderungen im Sinne von § 111 Satz 1 BetrVerfG, die wesentliche Nachteile für die Belegschaft oder erhebliche Teile der Belegschaft zur Folge haben können (z. B. Einschränkungen, Stillegungen, Verlegungen oder Zusammenschluß von Betrieben), haben Arbeitgeber und Betriebsrat zum Zwecke des Ausgleichs oder der Milderung der wirtschaftlichen Nachteile, die den Arbeitnehmern infolge der geplanten Betriebsänderungen entstehen, einen Sozialplan aufzustellen. Kommt zwischen Arbeitgeber und Betriebsrat eine Einigung über den Sozialplan nicht zustande, so entscheidet auf Antrag eines Beteiligten die Einigungsstelle über die Aufstellung des Sozialplans (§ 112 Abs. 4, § 76 BetrVerfG). Der Sozialplan hat die Wirkung einer Betriebsvereinbarung, die den Arbeitnehmern unmittelbare Rechtsansprüche einräumt. Hinsichtlich der aufgrund eines Sozialplans zu erbringenden Leistungen besteht eine ungewisse Verbindlichkeit im allgemeinen ab dem Zeitpunkt, in dem der Unternehmer den Betriebsrat über die geplante Betriebsänderung unterrichtet hat (Abschn. 31 c Abs. 3 EStR). Eine ungewisse Verbindlichkeit liegt am Bilanzstichtag auch vor, wenn der Betriebsrat erst nach dem Bilanzstichtag, aber vor der Aufstellung oder Feststellung der Bilanz unterrichtet wird, und der Unternehmer sich bereits vor dem Bilanzstichtag zur Betriebsänderung entschlossen hat oder schon vor dem Bilanzstichtag eine wirtschaftliche Notwendigkeit bestand, eine zur Aufstellung eines Sozialplans verpflichtende Maßnahme durchzuführen. Bei der Bemessung der Rückstellung sind grundsätzlich alle Leistungen zu berücksichtigen, die aufgrund des Sozialplans zusätzlich oder vorzeitig zu erbringen sind. Soweit vorzeitige betriebliche Pensionsleistungen bei alsbaldigem Ausscheiden infolge der Betriebsänderungen erbracht werden, richtet sich die Rückstellungsbildung ausschließlich nach § 6 a EStG. Diese Grundsätze gelten sinngemäß für Leistungen, die aufgrund einer sozialplanähnlichen Vereinbarung zu erbringen sind.

Substanzerhaltungsverpflichtung

Bei der Verpachtung abnutzbaren Anlagevermögens mit Substanzerhaltungspflicht des Pächters stehen dem Verpächter die Absetzungen für Abnutzung sowohl an den im Zeitpunkt des Pachtbeginns vorhandenen als auch an den ersatzbeschafften Anlagegütern zu. Der Verpächter hat den gegen den Pächter gerichteten Anspruch auf Substanzerhaltung laufend mit dem Teilwert (unter Berücksichtigung der Wiederbeschaffungskosten am Bilanzstichtag) zu aktivieren. Der Pächter hat entsprechend die Substanzerhaltungsverpflichtung zu passivieren.

Bei Betriebsaufspaltungen (s. dazu 5.2.1.2) müssen Substanzerhaltungsrückstellung des Pächters und der aktive Substanzerhaltungsanspruch des Verpächters regelmäßig gleich hoch sein (BFH, BStBl 1966 III S. 147); dies gilt jedoch nicht ausnahmslos (vgl. BFH, BStBl 1989 II S. 714).

Erläßt der Verpächter dem Pächter die Verpflichtung aus Schenkungsgründen, ist die gebildete Rückstellung vom Pächter erfolgsneutral aufzulösen (BFH, BStBl 1989 II S. 612).

Urlaubsansprüche

Soweit Arbeitnehmern für das abgelaufene Wirtschaftsjahr ein Anspruch auf Urlaub zusteht, der am Bilanzstichtag noch nicht erfüllt ist, kommt in Höhe des für den Urlaub fortzuzahlenden Arbeitslohns zuzüglich sonstiger Kosten (z. B. Arbeitgeberanteil zur Sozialversicherung) eine Rückstellung in Betracht. Bei einem vom Kalenderjahr abweichenden Wirtschaftsjahr ist als rückständiger Urlaub der Teil des Urlaubs anzusehen, der zeitanteilig auf den vor dem Bilanzstichtag liegenden Teil des Urlaubsjahres entfällt, soweit er den vom Arbeitnehmer tatsächlich bereits genommenen Urlaub übersteigt (BFH, BStBl 1980 II S. 506; s. dazu 4.2.13.4).

Verpflichtung zur Wiederauffüllung einer Kiesgrube, Rekultivierungsverpflichtung

Übernimmt ein Stpfl. in einem Kiesausbeutevertrag gegenüber dem Eigentümer des Grundstücks die Verpflichtung, eine Kiesgrube wieder aufzufüllen oder beruht eine solche Verpflichtung auf öffentlichem Recht, so muß er für die ihm daraus erwachsenden künftigen Aufwendungen eine Rückstellung bilden und jährlich (ratierlich) erhöhen (Abschn. 38 Abs. 2 EStR). Es handelt sich dabei um eine Rückstellung für eine Verbindlichkeit und nicht etwa für drohende Verluste aus einem schwebenden Vertrag (vgl. 4.2.13.4). Die Auffüllverpflichtung ist nicht etwa deshalb niedriger zu bewerten, weil der Stpfl. von Dritten sog. Kippgebühren dafür zu erwarten hat, daß diese dort Schutt ablagern dürfen (BFH, BStBl 1971 II S. 85). Als Rückstellung ist der Betrag anzusetzen, den der Stpfl. nach den Verhältnissen am Bilanzstichtag aufwenden müßte, um den im laufenden Wirtschaftsjahr ausgebeuteten Teil des Geländes einzuplanen. Eine Abzinsung dieses Betrags kommt nicht in Betracht (BFH, BStBl 1975 II S. 480; Abschn. 38 Abs. 2 EStR).

Wegen der Bildung einer Rückstellung für öffentlich rechtliche Rekultivierungsverpflichtungen s. BFH, BStBl 1983 II S. 670.

Verpflichtung zur Aufstellung und Prüfung des Jahresabschlusses

Für die aus Rechtsgeschäft sich ergebenden Kosten der Aufstellung und Prüfung des Jahresabschlusses (Bilanz und GuV-Rechnung) dürfen nach den Grundsätzen der Bilanzierung schwebender Verträge (s. nachfolgend) keine Rückstellungen gebildet werden, solange die Arbeiten noch nicht ausgeführt sind. Für die Kosten der gesetzlichen Verpflichtung zur Aufstellung und Prüfung des Jahresabschlusses, für einen gesetzlich vorgeschriebenen Geschäftsbericht sowie für die gesetzlich vorgeschriebene Veröffentlichung des Jahresabschlusses sind indessen bereits am Ende des betr. Geschäftsjahres Rückstellungen zu bilden. Das gleiche gilt für die Verpflichtung zur Erstellung der die Betriebssteuern des laufenden Jahres betreffenden Steuererklärungen (nicht Erklärung zur einheitlichen und gesonderten Gewinnfeststellung – BFH, BStBl 1984 II S. 301). Dies gilt, weil alle wesentlichen die Pflicht zum Jahresabschluß, zum Geschäftsbericht und zur Abgabe der Steuererklärungen begründenden Umstände (das sind die Geschäftsvorfälle) im abgelaufenen Jahr verwirklicht worden sind und die Verpflichtung damit wirtschaftlich mit Ablauf dieses Jahres entstanden ist (BFH, BStBl 1980 II S. 297, 1981 II S. 62 und 63). Neben den Fremdkosten gehören zu den rückstellungsfähigen Kosten als betriebsinterne Kosten nur die (anteiligen) Aufwendungen für Löhne der mit dem Jahresabschluß befaßten Personen (Löhne, Gehälter, Personalnebenkosten), soweit diese zeitanteilig auf den Jahresabschluß entfallen, sowie die Materialeinzelkosten, ebenso u. E. auch die anteiligen Gemeinkosten (fixe Kosten) wie z. B. allgemeine Bürokosten, Abschreibungen auf Gebäude und Betriebsausstattungen (vgl. BFH, BStBl 1988 II S. 57; a. A. BFH, BStBl 1984 II S. 301; Abschn. 38 Abs. 1 EStR; offengelassen in BFH, BStBl 1986 II S. 788). Als Obergrenze für die anzusetzenden internen Kosten gilt der Betrag, der für die gleichen Leistungen an Dritte zu bezahlen wäre (BFH, BStBl 1984 III S. 301).

4.2.13.4 Rückstellungen für drohende Verluste

Rückstellungen für drohende Verluste dürfen nur gebildet werden für drohende Verluste aus schwebenden Verträgen (§ 249 Abs. 1 HGB). Von schwebenden Verträgen in diesem Sinne spricht man, wenn der Vertrag noch von keiner Seite, zumindest aber nicht von der zur Sach- oder Dienstleistung verpflichteten, voll erfüllt ist, s. dazu 4.1.2.5.6. Ein solcher Vertrag wird nach handelsrechtlichen Gepflogenheiten grundsätzlich nicht in der Bilanz ausgewiesen, weil davon ausgegangen wird, daß sich Leistung und Gegenleistung ausgleichen (BFH, BStBl 1983 II S. 413). Ist jedoch ein schwebendes Geschäft mit Verlusten bzw. Ausgaben bedroht, die den Charakter laufender Betriebsausgaben haben, aber erst bei Erfüllung des Geschäfts anfallen, so ist dieser drohende Verlust durch eine Rückstellung auszuweisen.

Beispiel:
A hat am 1. 11. des abgelaufenen Jahres eine Maschine gekauft, die erst am 1. 2. des folgenden Jahres geliefert werden soll. Der Kaufpreis soll erst bei Lieferung bezahlt werden. Im Dezember kommt eine neue Maschine gleicher Art auf den Markt, die eine nennenswert rationellere Produktion ermöglicht. A könnte, wenn ihm die Maschine noch im Dezember geliefert worden wäre, diese mit dem niedrigeren Teilwert bewerten. Er kann in Höhe der Teilwertabschreibung eine Rückstellung wegen eines drohenden Verlustes bilden (RFH, RStBl 1925 S. 166, BFH, BStBl 1957 III S. 379, 1984 II S. 344).

Das gleiche gilt, wenn bei einem schwebenden Geschäft das Verhältnis von Leistung und Gegenleistung in der Vergangenheit durch Erfüllungsrückstände gestört ist.

Die Rückstellungen für drohende Verluste aus schwebenden Verträgen sind ein Sonderfall der Rückstellungen für ungewisse Verbindlichkeiten (BFH, BStBl 1984 II S. 344). Sie sind zu bilden für den Teil der eigenen Verbindlichkeit aus dem schwebenden Geschäft, um den diese den Wert der Gegenleistung aus dem schwebenden Geschäft übersteigt. Sie setzen wie diese eine ungewisse Verbindlichkeit voraus; diese muß rechtlich oder wenigstens wirtschaftlich entstanden sein. Eine Rückstellung wegen drohender Verluste aus schwebenden Geschäften ist daher schon vor einem Vertragsabschluß zulässig und geboten, wenn ein bindendes Vertragsangebot abgegeben ist, dessen Annahme mit Sicherheit erwartet wird (BFH, BStBl 1983 II S. 361).

Eine Rückstellung für drohende Verluste aus schwebenden Geschäften ist nur zulässig und geboten, wenn aus dem einzelnen schwebenden Geschäft insgesamt ein Verlust droht (BFH, BStBl 1974 S. 684). Auch für drohende Verluste aus einem Dauerschuldverhältnis (z. B. Mietvertrag) sind Rückstellungen nur zu bilden, wenn das Dauerschuldverhältnis nicht ausgewogen ist, weil der Wert der eigenen Verpflichtung am Bilanzstichtag den Wert des Anspruchs auf die Gegenleistung übersteigt – sog. Verpflichtungsüberschuß – (BFH, BStBl 1988 II S. 999); Verluste in einzelnen Geschäftsjahren genügen nicht (BFH, BStBl 1988 II S. 57). Die sog. Ganzheitsbetrachtung ist allerdings auf die Ausgewogenheit der in der Zukunft noch zu erbringenden Leistungen beschränkt (vgl. BFH, BStBl 1986 II S. 465; Abschn. 38 Abs. 5 EStR). Ist der Wert der Gegenleistung nicht feststellbar, ist eine Rückstellung nicht zulässig (BFH, BStBl 1988 II S. 999). Wegen zu erwartender Ausbildungskosten im Rahmen eines Ausbildungsverhältnisses kann eine Rückstellung wegen drohender Verluste aus schwebenden Geschäften nicht gebildet werden, weil auch hier die Vermutung besteht, daß sich Leistung und Gegenleistung ausgleichen. Dabei ist auch der Vorteil, ein Potential von ausgebildeten Fachkräften zu erhalten, zu berücksichtigen (BFH, BStBl 1984 II S. 344). Entsprechendes gilt für die Beschäftigung älterer Arbeitnehmer (BFH, BStBl 1986 II S. 465), für die Verpflichtung zur Lohnfortzahlung im Krankheitsfall (BFH, BStBl 1988 II S. 886) und die Weiterzahlung des bisherigen Lohns bei Umsetzung von Arbeitnehmern auf niedriger bewertete Arbeitsplätze (BFH, BStBl 1988 II S. 338).

Wegen einer noch offenen Verpflichtung des Arbeitgebers zur Zahlung von Urlaubsentgelt (Arbeitslohn, Arbeitgeberanteile zur Sozialversicherung, Urlaubsgeld) kann bei Unternehmen mit abweichendem Wirtschaftsjahr (z. B. vom 1. 7. bis 30. 6.) eine Rückstellung nur nach den Grundsätzen der Bildung von Rückstellungen für drohende Verluste aus schwebenden Geschäften gebildet werden. Auch wenn nach arbeitsrechtlichen Vorschriften eine eigenständige und vom Stand der jeweils erbrachten Arbeitsleistungen unabhängige Verpflichtung zur Gewährung von Urlaub besteht, kommt eine Bilanzierung nur insoweit in Betracht, als das Gleichgewicht von Leistung und Gegenleistung gestört ist. Dies trifft nur insoweit zu, als sich die Urlaubsverpflichtung auf Urlaub bezieht, der auf den vor dem Bilanzstichtag liegenden Teil des Urlaubsjahres (= Kalenderjahr) entfällt (Abschn. 31 c Abs. 4 EStR). Bei einem Wirtschaftsjahr vom 1. 7. bis 30. 6. ist dies das Urlaubsentgelt für rückständigen Urlaub für die Zeit vom 1. 1. bis 30. 6. und nicht für auf die Zeit vom 1. 7. bis 31. 12. entfallenden Urlaub. Nach den gleichen Grundsätzen kann auch die Verpflichtung des Arbeitgebers zur Zahlung von Weihnachtsgeld bei abweichendem Wirtschaftsjahr nur in der Höhe bilanziert werden, die bei zeitproportionaler Aufteilung des Weihnachtsgeldes auf die Zeit vor dem Bilanzstichtag entfällt (BFH, BStBl 1980 II S. 506).

Die Höhe der Rückstellung für drohende Verluste bemißt sich nach den Vollkosten, d. h. den Einzel- und Gemeinkosten (BFH, BStBl 1988 II S. 57); bei Lieferungs- oder Verkaufsgeschäften bemißt sie sich nach dem Betrag, um den die nach den Verhältnissen am Bilanzstichtag zu erwartenden Gesamtkosten ohne kalkulatorische Kosten und Unternehmergewinn den vereinbarten Kaufpreis übersteigen (Abschn. 38 Abs. 1 EStR).

Beispiel:
A hat sich gegenüber B am 30. 9. 01 verpflichtet, Erzeugnisse seines Betriebs zum Preis von 50 000 DM am 1. 3. 02 zu liefern. Die Herstellungskosten betragen zum Bilanzstichtag 31. 12. 01 55 000 DM. An Verpackungs- und Transportkosten kommen 3000 DM hinzu. A muß für drohende Verluste aus diesem Lieferungsgeschäft eine Rückstellung in Höhe von 8000 DM bilden.

Ist der Stpfl. zu einer Leistung verpflichtet, die nicht in Geld besteht, so bemißt sich diese Leistung nach den geldwerten Aufwendungen, die zur Bewertung der Leistung erforderlich sind (BFH, BStBl 1984 II S. 56).

Für diese Bewertung sind die Verhältnisse am Bilanzstichtag maßgeblich. Die Rückstellung ist auf jeden Bilanzstichtag neu zu bewerten. Dabei kommt es nur auf die Verhältnisse der künftigen Geschäftsjahre an (BFH, BStBl 1984 II S. 56).

Für allgemeine Konjunkturrisiken sowie für allgemeine Branchenrisiken dürfen keine Rückstellungen gebildet werden (BFH, BStBl 1956 III S. 248).

4.2.13.5 Rückstellungen für betriebsinterne Lasten

Neben den Rückstellungen mit Verbindlichkeitscharakter sind nach Handelsrecht auch Rückstellungen für bestimmte Betriebslasten zulässig. Sie beruhen ebenso wie die Rückstellungen mit Verbindlichkeitscharakter auf einer Wertminderung des Gesamtunternehmens, veranlaßt durch bestimmte Geschäfts- bzw. Betriebsvorfälle. Von den Rückstellungen für ungewisse Verbindlichkeiten und für drohende Verluste unterscheiden sich die Rückstellungen für Betriebslasten dadurch, daß diesen weder eine gegenwärtige noch eine zukünftige Verpflichtung gegenüber einem Dritten zugrunde liegt.

Die einzigen vom HGB (§ 249 Abs. 1) geregelten Fälle der Rückstellung für Betriebslasten stellen die unterlassene Instandhaltung und Abraumrückstand sowie die Gewährleistung ohne rechtliche Verpflichtung dar.

Seit dem Inkrafttreten des Bilanzrichtliniengesetzes gilt folgendes: Rückstellungen für im Geschäftsjahr unterlassene Aufwendungen für **Instandhaltung** sind handelsrechtlich nach § 249 Abs. 1 Nr. 1 HGB zu bilden (Passivierungspflicht), wenn die unterlassenen Aufwendungen innerhalb von drei Monaten nachgeholt werden; wird die Instandhaltung später im folgenden Geschäftsjahr nachgeholt, dürfen Rückstellungen gebildet werden (Passivierungswahlrecht). Da handelsrechtliche Passivierungsgebote zu einem steuerrechtlichen Passivierungsgebot, handelsrechtliche Passivierungswahlrechte hingegen zu einem steuerrechtlichen

Passivierungsverbot führen (BFH, BStBl 1984 II S. 277), sind in der Steuerbilanz Rückstellungen für unterlassene Instandhaltungsaufwendungen nur zu bilden, wenn die unterlassenen Aufwendungen innerhalb von drei Monaten nachgeholt werden; vgl. BFH, BStBl 1988 II S. 57. Im einzelnen s. Abschn. 31 c Abs. 12 EStR.

Rückstellungen für unterlassene Aufwendungen für **Abraumbeseitigung** sind handelsrechtlich nach § 249 Abs. 1 Nr. 1 HGB zu bilden, wenn die Aufwendungen im folgenden Geschäftsjahr nachgeholt werden (Passivierungspflicht). Daraus folgt auch steuerlich eine Passivierungspflicht. Dies entspricht der älteren Rechtsprechung des BFH zur bisherigen Rechtslage (BFH, BStBl 1951 III S. 211; anders allerdings BFH, BStBl 1984 II S. 277). Für Kosten, die der Erschließung des erst künftig zu fördernden Gesteins dienen, kommt hingegen keine Rückstellung in Betracht. Hierbei handelt es sich um Kosten für Abraumvorrat, die als Herstellungskosten der gewonnenen Bodensubstanz zu aktivieren sind (BFH, BStBl 1979 II S. 143).

Rückstellungen für **Gewährleistungen,** die ohne rechtliche Verpflichtung erbracht werden (sog. Kulanzgewährleistungen), sind handelsrechtlich nach § 249 Abs. 1 Nr. 2 HGB zu bilden. Für sie besteht daher auch steuerrechtlich eine Passivierungspflicht. Dies setzt allerdings voraus, daß die tatsächliche Pflicht zur Kulanzleistung wirtschaftlich einer rechtlichen Verpflichtung gleichsteht (Abschn. 31 c Abs. 13 EStR). Dies entspricht der Rechtsprechung zur bisherigen Rechtslage (BFH, BStBl 1956 III S. 212, 1963 III S. 113, 1965 III S. 383).

Rückstellungen für sonstige Aufwendungen sind steuerrechtlich nicht zulässig; das handelsrechtliche Passivierungswahlrecht nach § 249 Abs. 2 HGB führt steuerlich zu einem Passivierungsverbot. Dies entspricht der Rechtsprechung zur bisherigen Rechtslage (BFH, BStBl 1983 II S. 572).

4.2.13.6 Bildung und Auflösung der Rückstellungen

Eine Rückstellung ist zu dem Bilanzstichtag zu bilden, an dem die Tatsachen, die ihre Bildung rechtfertigen, gegeben sind. Hat ein Steuerpflichtiger zu einem Bilanzstichtag eine Rückstellung unterlassen, so kann eine Nachholung der Rückstellung zu einem späteren Zeitpunkt unzulässig sein. Für die Frage muß man unterscheiden, ob eine Rückstellungspflicht oder ein Passivierungswahlrecht besteht. Soweit nur ein Passivierungswahlrecht besteht, ist eine Nachholung der Rückstellung in späteren Jahren nicht zulässig. Besteht jedoch ein Passivierungszwang, so ist die in früheren Jahren unterlassene Rückstellung in der nächsten noch offenen Bilanz nachzuholen (BFH, BStBl 1973 II S. 9), sofern zu diesem Stichtag die Voraussetzungen ihrer Bildung noch vorliegen (BFH, BStBl 1984 II S. 695). Einer späteren besseren Erkenntnis hat der Stpfl. allerdings durch Erhöhung oder Bildung einer erstmaligen Rückstellung zu einem späteren Zeitpunkt Rechnung zu tragen. Eine Rückstellung ist dann aufzulösen, wenn die Umstände, die ihre Bildung gerechtfertigt haben, weggefallen sind – z. B. Bezahlung der Schuld, Klageabweisung, Wegfall eines Risikos – (BFH, BStBl 1989 II

S. 612). Dasselbe gilt, wenn eine Rückstellung von vornherein zu Unrecht gebildet worden ist (BFH, BStBl 1983 II S. 104). Vgl. Abschn. 31 c Abs. 14 EStR.

Die Auflösung der Rückstellung erfolgt in der Regel gewinnerhöhend. Beruht jedoch der Wegfall der Voraussetzungen für die Bildung oder Beibehaltung der Rückstellung auf Umständen, die als Einlage zu beurteilen sind, ist die Rückstellung ausnahmsweise erfolgsneutral aufzulösen (BFH, BStBl 1989 II S. 612).

4.2.14 Pensionsrückstellungen

4.2.14.1 Allgemeines

Die betriebliche Altersversorgung wird durch die Normen und Vorschriften des Arbeitsrechts geregelt. Sie sind vor allem im ersten Teil des Gesetzes zur Verbesserung der betrieblichen Altersversorgung (BetrAVG) vom 19. 12. 1974 (BStBl 1975 I S. 22) enthalten. Die durch dieses Gesetz eingeführten einkommensteuerlichen Bestimmungen haben gegenüber den arbeitsrechtlichen und sozialpolitischen Zielsetzungen dieses Gesetzes nur eine unterstützende Funktion. Denn der Entschluß des Arbeitgebers zu sozialen Leistungen der betrieblichen Altersversorgung hängt von der damit verbundenen Belastung und diese hängen wiederum wesentlich davon ab, wie die Aufwendungen dafür steuerlich behandelt werden.

Aufwendungen für die betriebliche Altersversorgung sind grundsätzlich als Betriebsausgaben abzugsfähig. Für die Finanzierung der Versorgungsleistungen ist es wesentlich, ob die Aufwendungen erst bei ihrer tatsächlichen Zahlung oder bereits bei Ansammlung des für künftige Leistungen erforderlichen Deckungskapitals zum Abzug zugelassen werden und damit das Betriebsergebnis und die Steuerlast mindern. Die unterstützende Wirkung der steuerlichen Regelungen über die betriebliche Altersversorgung liegt darin, daß sie den Abzug im allgemeinen schon bei der Ansammlung des Deckungskapitals ermöglichen, wobei das angesammelte Deckungskapital bis zur tatsächlichen Zahlung der Versorgungsleistungen im Betrieb verbleiben oder zumindest dem Betrieb nutzbar gemacht werden kann. Diese unterstützende Wirkung trägt zur sozialpolitisch erwünschten Ausbreitung der betrieblichen Altersversorgung bei.

In diesem Rahmen ist auch die Vorschrift des § 6 a EStG zu sehen, die die Rückstellung für Pensionsverpflichtungen regelt.

4.2.14.2 Zulässigkeit von Pensionsrückstellungen

4.2.14.2.1 Begriff und Inhalt der Pensionsverpflichtung

Pensionsverpflichtungen sind rechtsverbindliche Verpflichtungen eines Arbeitgebers gegenüber einem Arbeitnehmer, nach dessen Ausscheiden unter bestimmten Voraussetzungen (insbesondere Ausscheiden durch Invalidität, Alter, Tod) an ihn oder seine Hinterbliebenen eine Rente oder einen Kapitalbetrag zu zahlen. Für die Pensionsverpflichtungen im vorgenannten Sinne werden Pensionsrückstellungen gebildet. Auch für die Verpflichtungen zur Zahlung von Vorruhestandsleistungen sollen nach Auffassung der FinVerw Rückstellungen nach Maßgabe des § 6 a EStG gebildet werden können (BMF, BStBl 1984 I S. 518). Die steuerlichen Regelungen über Bildung von und Zuführung zu Pensionsrückstellungen (§ 6 a Abs. 3 und 4 EStG) gelten auch dann, wenn der Pensionsberechtigte zu dem Pensionsverpflichteten in einem anderen Rechtsverhältnis als einem Dienstverhältnis steht (§ 6 a Abs. 5 EStG). Als Empfänger von Pensionszusagen kommen deshalb neben den im Betrieb beschäftigten Arbeitnehmern auch für den Betrieb tätige Handelsvertreter, Wirtschaftsprüfer, Betriebsberater und dgl. in Betracht (BFH, BStBl 1986 II S. 51). Voraussetzung für die Bildung der Pensionsrückstellung ist, daß die Pensionszusage betrieblich veranlaßt ist.

Die Pensionsverpflichtungen sind zumindest im Zeitpunkt ihrer Entstehung ungewisse Verbindlichkeiten (BFH, BStBl 1976 II S. 142). Die Ungewißheit kann sich auf die Frage des Eintritts des Versorgungsfalls und die Höhe der Inanspruchnahme oder auf eines von beiden beziehen. Ob auch eine Pensionsverpflichtung im Sinne von § 6 a EStG angenommen werden kann, wenn eine Ungewißheit hinsichtlich der Inanspruchnahme oder der Höhe der Inanspruchnahme von vornherein nicht besteht, ist umstritten. U. E. kommt in diesem Fall nicht die Bilanzierung einer Rückstellung, sondern die einer Verbindlichkeit in Betracht. Der BFH (BStBl 1973 II S. 213 und 359, 1974 II S. 454) vertritt mit der Finanzverwaltung insoweit einen anderen Standpunkt.

Arbeitsrechtlich kann ein Pensionsanspruch vor Eintritt des Versorgungsfalls bei vorzeitigem Ausscheiden des Arbeitnehmers unter bestimmten Voraussetzungen unverfallbar werden (§§ 1 ff. BetrAVG). Danach bleiben die betrieblichen Versorgungsanwartschaften beim vorzeitigen Ausscheiden des Arbeitnehmers grundsätzlich dann erhalten, wenn er im Zeitpunkt der Beendigung des Arbeitsverhältnisses das 35. Lebensjahr vollendet hat und entweder die Versorgungszusage 10 Jahre besteht oder wenn bei einer kürzeren Zusagedauer von mindestens 3 Jahren der Beginn der Betriebszugehörigkeit mindestens 12 Jahre zurückliegt. Die Zulässigkeit der Pensionsrückstellungen ist nicht von der arbeitsrechtlichen Unverfallbarkeit abhängig. Der Eintritt der Unverfallbarkeit bei vorzeitigem Ausscheiden hat aber wie auch der Eintritt des Versorgungsfalls auf die zulässige Höhe der Rückstellung einen Einfluß.

4.2.14.2.2 Passivierungspflicht; Maßgeblichkeitsgrundsatz

Bis zum Inkrafttreten des Bilanzrichtliniengesetzes bestand für die Bildung von Pensionsrückstellungen weder nach Handelsrecht noch nach Steuerrecht eine Bilanzierungspflicht, sondern ein Bilanzierungswahlrecht (BFH, BStBl 1976 II S. 142). Nach dem Grundsatz der Maßgeblichkeit der Handelsbilanz für die Steuerbilanz konnten Pensionsrückstellungen steuerlich nur dann gebildet werden, wenn sie auch in der Handelsbilanz gebildet worden sind (Abschn. 41

Abs. 23 Satz 1 EStR 1984); auch in diesem Fall räumte § 6 a EStG jedoch ein selbständiges Passivierungswahlrecht ein. Für Pensionen, die vor dem 1. 1. 1987 rechtsverbindlich zugesagt worden sind (sog. Altzusagen), besteht auch weiterhin das handels- und steuerrechtliche Passivierungswahlrecht (Art. 28 EGHGB; Abschn. 41 Abs. 1 Satz 3 EStR). Wegen der Einzelheiten s. BMF, BStBl 1987 I S. 365.

Für Pensionen, die nach dem 31. 12. 1986 rechtsverbindlich zugesagt worden sind, müssen handelsrechtlich (§ 249 Abs. 1 Satz 1 HGB) Rückstellungen gebildet werden. Dies hat aufgrund der Maßgeblichkeit der Handelsbilanz nunmehr auch eine steuerrechtliche Passivierungspflicht zur Folge, wenn die Voraussetzungen des § 6 a Abs. 1 EStG erfüllt sind (Abschn. 41 Abs. 1 Satz 2 EStR).

Nach § 249 Abs. 3 Satz 2 HGB dürfen Rückstellungen nur aufgelöst werden, wenn der Grund hierfür entfallen ist. Dies gilt auch für wahlweise gebildete Rückstellungen für Altzusagen (Art. 28 EGHGB). In der Steuerbilanz waren Auflösungen oder Teilauflösungen der Pensionsrückstellungen schon nach bisheriger Rechtsauffassung nur insoweit zulässig, als sich die Höhe der Pensionsverpflichtungen gemindert hat (BFH, BStBl 1977 II S. 798).

Ist die Rückstellung in der Steuerbilanz ganz oder teilweise aufgelöst worden, ohne daß sich die Pensionsverpflichtung entsprechend gemindert hat, so ist die Steuerbilanz insoweit unrichtig und im Wege der Bilanzberichtigung zu korrigieren. Dabei ist die Rückstellung mit dem Betrag anzusetzen, mit dem sie ohne die unzulässige Auflösung zu Buche stehen würde, höchstens jedoch mit dem Teilwert (Abschn. 41 Abs. 24 EStR).

Geht in den Fällen der Auflösung oder Teilauflösung der Rückstellung der Auflösungsbetrag in der Handelsbilanz über den Auflösungsbetrag in der Steuerbilanz hinaus, so sind spätere Zuführungen in der Steuerbilanz nur insoweit zulässig, als der sich danach ergebende Rückstellungsbetrag auch in der Handelsbilanz ausgewiesen wird (Abschn. 41 Abs. 24 EStR).

Beispiel:
Auflösung der Rückstellung im Jahre 01 in der Handelsbilanz = 50 000 DM, Rückstellungsrest am 31. 12. 01 = 300 000 DM. Auflösung der Rückstellung im Jahre 01 in der Steuerbilanz = 40 000 DM, Rückstellungsrest am 31. 12. 01 = 310 000 DM. Zuführung im Jahre 02 in der Handelsbilanz 60 000 DM. In die Steuerbilanz dürfen danach im Jahre 02 höchstens (360 000 ✗ 310 000) 50 000 DM zugeführt werden.

4.2.14.2.3 Rechtsanspruch

Nach § 6 a Abs. 1 Nr. 1 EStG ist eine Rückstellung für eine Pensionsverpflichtung nur zu bilden, wenn der Pensionsberechtigte einen Rechtsanspruch auf einmalige oder laufende Pensionsleistungen hat. Ob eine rechtsverbindliche Pensionsverpflichtung besteht, richtet sich nach den Grundsätzen des Arbeitsrechts. Eine rechtsverbindliche Pensionsverpflichtung kann danach auf Einzelvertrag, Betriebsvereinbarung, Tarifvertrag, Besoldungsordnung oder Gesamtzusage (Pensionsordnung) beruhen.

4.2.14.2.4 Widerrufsvorbehalte; Verfallklauseln

Widerrufsvorbehalte sind Vorbehalte, wonach die Pensionsanwartschaft oder Pensionsleistung gemindert oder entzogen werden kann. Eine Pensionszusage darf nach § 6 a Abs. 1 Nr. 2 EStG keine steuerschädlichen Widerrufsvorbehalte enthalten. Wäre das der Fall, dürfte eine Rückstellung für sie nicht gebildet werden. Widerrufsvorbehalte sind nach dem Gesetzeswortlaut dann nicht steuerschädlich, wenn sie sich nur auf Tatbestände erstrecken, bei deren Vorliegen nach allgemeinen Grundsätzen unter Beachtung billigen Ermessens eine Minderung oder ein Entzug der Pensionsanwartschaft oder Pensionsleistung zulässig ist. Es handelt sich dabei um Vorbehalte, wonach der Widerruf bei geänderten Verhältnissen unter verständiger Abwägung der berechtigten Interessen des Pensionsberechtigten einerseits und des Unternehmens andererseits gestattet wird. Steuerunschädlich sind danach z. B. im allgemeinen Vorbehalte, nach denen die Anpassung der zugesagten Pension an nicht voraussehbare künftige Entwicklungen und Ereignisse, insbesondere bei Verschlechterung der wirtschaftlichen Lage des Unternehmens oder einer Treuepflichtverletzung des Arbeitnehmers, vorgesehen wird.

Steuerschädlich sind hingegen Vorbehalte, nach denen der Arbeitgeber die Pensionszusage nach freiem Belieben, also nur nach seinen eigenen Interessen ohne Berücksichtigung der Interessen des Pensionsberechtigten, widerrufen kann. Das ist nach der Rechtsprechung des Bundesarbeitsgerichts (BStBl 1959 I S. 258) gegenüber einem aktiven Arbeitnehmer der Fall, wenn die Pensionszusage folgende Formeln enthält: „freiwillig und ohne Rechtsanspruch", „jeder Widerruf vorbehalten", „ein Rechtsanspruch auf Leistung besteht nicht", „die Leistungen sind unverbindlich". Ist der Versorgungsfall jedoch bereits eingetreten oder steht sein Eintritt kurz bevor, so können nach dieser Rechtsprechung Pensionszusagen, die unter den vorbezeichneten Vorbehalten erteilt worden sind, nicht mehr nach freiem Belieben, sondern nur noch nach billigem Ermessen widerrufen werden. Daher kann mit Eintritt des Versorgungsfalls die Rückstellung trotz der Vorbehalte gebildet werden. Dies gilt auch hinsichtlich einer zugesagten Hinterbliebenenversorgung. Ein steuerschädlicher Vorbehalt liegt auch dann vor, wenn das Unternehmen berechtigt ist, die Pensionsverpflichtung vor Eintritt des Versorgungsfalls auf eine außerbetriebliche Versorgungseinrichtung ohne Rechtsanspruch zu übertragen. Eine ins einzelne gehende Darstellung der steuerschädlichen und steuerunschädlichen Widerrufsvorbehalte enthält Abschn. 41 Abs. 3 bis 6 EStR. Ein schädlicher Vorbehalt liegt schließlich auch dann vor, wenn die Anwartschaft oder der Anspruch auf Ruhegeld eines im Betrieb mitarbeitenden Ehegatten des Unternehmers im Falle einer Ehescheidung oder Aufhebung der ehelichen und häuslichen Gemeinschaft wegfallen soll (BFH, BStBl 1981 II S. 654). Zur Auslegung s. BFH, BStBl 1985 II S. 420.

In der Vergangenheit sind Pensionszusagen häufig mit Verfallklauseln versehen worden. Sie haben in der Regel zum Inhalt, daß die Pensionszusage verfällt, wenn der Anwartschaftsberechtigte vor Eintritt des Versorgungsfalls aus Gründen, die der Arbeitgeber nicht zu vertreten hat, aus dem Betrieb ausscheidet. Diese Klauseln sind grundsätzlich nicht steuerschädlich. Nachdem die Unverfallbarkeit arbeitsrechtlich geregelt ist, sind die bisherigen Verfallklauseln unwirksam geworden, soweit sie mit der gesetzlichen Unverfallbarkeit nicht im Einklang stehen. Einer ausdrücklichen Anpassung der Pensionsvereinbarungen bedarf es nicht. Steuerlich bedeutsam ist die arbeitsrechtliche Unverfallbarkeit im Zusammenhang mit der Inhaberklausel, die eine Widerrufsklausel ist. Sie besagt, daß ein Pensionsanspruch erlischt, wenn das Unternehmen veräußert oder aus anderen Gründen ein Wechsel des Inhabers eintritt. Diese Klausel ist steuerschädlich, solange die Pensionsansprüche der Arbeitnehmer arbeitsrechtlich noch nicht unverfallbar sind. Nach ihrer Unverfallbarkeit haben die Inhaberklauseln arbeitsrechtlich keine Wirkung und damit auch steuerlich keine Bedeutung mehr. Nach Abschn. 41 Abs. 6 EStR soll die Inhaberklausel offenbar stets als steuerschädlich anzusehen sein; dem könnte jedoch nicht zugestimmt werden.

4.2.14.2.5 Schriftform

Pensionszusagen bedürfen für die steuerliche Berücksichtigung der Schriftform (§ 6 a Abs. 1 Nr. 3 EStG). Aus der schriftlichen Festlegung müssen sich insbesondere die Voraussetzungen für Pensionsleistungen sowie deren Höhe ergeben. Durch das Erfordernis der Schriftform sollen Unklarheiten vermieden werden.

Als Schriftform kommt jede schriftliche Festlegung in Betracht, aus der sich der Pensionsanspruch nach Voraussetzungen, Art und Höhe ergibt (Einzelvertrag, Pensionsordnung, Tarifvertrag usw.). Bei Pensionsverpflichtungen, die nicht auf Einzelvertrag beruhen, ist eine besondere Verpflichtungserklärung gegenüber dem einzelnen Berechtigten nicht erforderlich. Gesamtzusagen sind jedoch schriftlich in geeigneter Form bekanntzumachen (Abschn. 41 Abs. 7 EStR).

Für Pensionsverpflichtungen, die auf betrieblicher Übung oder dem Grundsatz der Gleichbehandlung beruhen, darf schon wegen des Fehlens der Schriftform keine Rückstellung gebildet werden. Dies gilt auch dann, wenn arbeitsrechtlich eine unverfallbare Anwartschaft besteht (§ 1 Abs. 1 Satz 1 BetrAVG). In diesen Fällen kann das Erfordernis der Schriftform jedoch dadurch erfüllt werden, daß dem Arbeitnehmer beim Ausscheiden eine schriftliche Auskunft nach § 2 Abs. 6 BetrAVG erteilt wird. Zahlungsbelege allein stellen keine Schriftform dar. Bei vor dem 1. 1. 1975 eingetretenen Versorgungsfällen erkennt die FinVerw eine schriftliche Festlegung an, wenn neben den Zahlungsbelegen Unterlagen über Art und Höhe der Leistungen vorhanden sind (Abschn. 41 Abs. 7 EStR).

Die Schriftform muß am Bilanzstichtag vorliegen. Fehlt die Schriftform am Bilanzstichtag, so mangelt es an einer Zulässigkeitsvoraussetzung für die Rückstellungsbildung. Der Mangel kann grundsätzlich nicht rückwirkend geheilt werden.

4.2.14.3 Bildung und Höhe der Pensionsrückstellung

Die Pensionsrückstellung wird in einer Wahrscheinlichkeitsrechnung nach der versicherungsmathematischen Methode berechnet. Versicherungsmathematische Berechnungsmethode bedeutet Berücksichtigung von Wahrscheinlichkeitsfaktoren und Zins. Die Wahrscheinlichkeitsfaktoren werden bestimmten von der Finanzverwaltung anerkannten Tabellen entnommen. Der Rechnungszinsfuß beträgt 6 v. H. (§ 6 a Abs. 3 Satz 2 EStG); im Fall des § 13 a BerlinFG beträgt er für Wirtschaftsjahre, die nach dem 31. 12. 1989 enden, 5 v. H. (bisher: 4 v. H.). Der jeweils gültige Rechnungszinsfuß darf nicht über- oder unterschritten werden. Tabellen, aus denen unter Berücksichtigung aller Faktoren die Höhe der Rückstellungen ohne weiteres entnommen werden kann, gibt es nicht. Wegen der komplizierten Berechnung wird sich der Stpfl. in der Regel von einem Fachmann ein versicherungsmathematisches Gutachten erstellen lassen. Liegen die dargestellten Voraussetzungen für Rückstellungsbildung vor, so kann die Pensionsrückstellung in voller Höhe des sich nach § 6 a Abs. 3 Nr. 1 und 2 EStG ergebenden Werts gebildet werden.

Bis zum 31. 12. 1981 war der Rechnungszinsfuß mit 5,5 v. H. festgelegt. Die Anhebung des Rechnungszinsfußes auf 6 v. H. galt erstmals für das Wirtschaftsjahr, das nach dem 31. 12. 1981 endet (Übergangsjahr). Sie wirkte sich auf die zulässige Höhe der Pensionsrückstellungen mindernd aus. Zur Abmilderung der hierauf beruhenden Teilauflösung bestehender Pensionsrückstellungen sieht § 52 Abs. 8 Satz 3 EStG vor, daß eine den steuerlichen Gewinn mindernde Rücklage am Schluß des Übergangsjahres gebildet werden kann, soweit eine am Schluß des dem Übergangsjahr vorangegangenen Wirtschaftsjahres vorhandene Pensionsrückstellung den mit einem Rechnungszinsfuß von 6 v. H. zu berechnenden Teilwert der Pensionsverpflichtung an diesem Stichtag übersteigt. Diese Rücklage ist im Wirtschaftsjahr ihrer Bildung und in den folgenden 11 Jahren jeweils mit mindestens $\frac{1}{12}$ gewinnerhöhend aufzulösen.

Beispiel:

Teilwert auf der Grundlage eines Rechnungszinsfußes von 5,5 v. H. zum 31. 12. 1981	1000
Teilwert auf der Grundlage eines Rechnungszinsfußes von 6 v. H. zum selben Stichtag	940
Teilwert auf der Grundlage eines Rechnungszinsfußes von 6 v. H. zum 31. 12. 1982 (Ende des Übergangsjahres)	1040
Der Pensionsrückstellung können zum 31. 12. 1982 zugeführt werden (1040 ∕ 1000)	40
Der Rücklage können zum 31. 12. 1982 zugeführt werden (1000 ∕ 940) = 60 ∕ ($\frac{1}{12}$ von 60) 5 =	55

Für die in den Vorjahren ganz oder teilweise gegenüber dem höchstzulässigen Maß der Zuführungen zu den Pensionsrückstellungen unterlassene Zuführung bleibt auch bei der vorstehenden Regelung das Nachholverbot (s. dazu nachfolgend unter 4.2.14.3.2) erhalten.

4.2.14.3.1 Rückstellungsbeginn

Nach § 6 a Abs. 3 EStG ist die Pensionsrückstellung so zu bemessen, als ob die Pensionszusage bereits zu Beginn des Wirtschaftsjahres gegeben worden wäre, in dem das Dienstverhältnis begonnen hat, frühestens jedoch mit dem versicherungstechnischen Alter 30 des Berechtigten. Hat das Dienstverhältnis vor dem versicherungstechnischen Alter 30 begonnen, so ist für die Berechnung der Pensionsrückstellung auf das versicherungstechnische Alter 30 abzustellen. Nach dem Gesetzeswortlaut wird dabei auf das Wirtschaftsjahr abgestellt, bis zu dessen Mitte der Pensionsberechtigte das 30. Lebensjahr vollendet hat. Diese Formulierung entspricht der versicherungstechnischen Altersbestimmung, bei der allen Personen, die in der Zeit vom 1. 7. dieses Jahres bis 30. 6. des nächsten Jahres das 30. Lebensjahr vollenden, das Alter 30 zugemessen wird.

Die Beschränkung des Rückstellungsbeginns auf das versicherungstechnische Alter 30 hat zur Folge, daß für Pensionszusagen, die an Arbeitnehmer mit einem versicherungstechnischen Alter unter 30 erteilt werden, zunächst noch keine Rückstellungen gebildet werden können. Durch diese Beschränkung soll auch der Fluktuation (Ausscheiden des Arbeitnehmers aus dem Betrieb vor Eintritt des Versorgungsfalls), die insbesondere bei jüngeren Arbeitnehmern stärker ist, Rechnung getragen werden. Die Fluktuation ist bei der Rückstellungsberechnung somit nicht zu berücksichtigen. Das gilt auch für die Fluktuation, die nach dem Alter 30 noch vorhanden ist.

Als Beginn des Dienstverhältnisses im vorgenannten Sinne ist grundsätzlich der tatsächliche Dienstantritt im Rahmen des bestehenden Dienstverhältnisses anzusehen. Daneben können Zeiten angerechnet werden, die nach gesetzlichen Vorschriften als Zeiten der Betriebszugehörigkeit gelten, und Zeiten aus einem früheren Dienstverhältnis im gleichen Unternehmen sowie Dienstzeiten beim Rechtsvorgänger des Pensionsverpflichteten, wenn dieser auf Grund gesetzlicher Vorschriften (z. B. § 613 a BGB) in die Pflichten des Dienstverhältnisses mit dem Rechtsvorgänger eintritt (Abschn. 41 Abs. 12 EStR). Jedoch gilt auch hier als frühester Dienstbeginn das versicherungstechnische Alter von 30. Dienstzeiten, die der Arbeitnehmer in einem anderen Unternehmen als dem des Arbeitgebers verbracht hat, bleiben bei der Ermittlung unberücksichtigt. Das gilt auch für Vordienstzeiten, die in einem mit dem Arbeitgeber gesellschaftlich verbundenen Unternehmen abgeleistet worden sind (BFH, BStBl 1988 II S. 720).

Tritt der Versorgungsfall ein, so ist nach § 6 a Abs. 2 Nr. 2 EStG sofort eine Rückstellung in Höhe des versicherungsmathematischen Barwerts zu bilden, auch wenn der Eintritt des Versorgungsfalls vor dem Alter 30 liegt.

4.2.14.3.2 Höhe der Rückstellung; jährliche Zuführungen

Die Pensionsverpflichtungen müssen (bei Altzusagen: dürfen) mit dem **Teilwert** angesetzt werden. Die Definition des Teilwerts lehnt sich in § 6 a Abs. 3 EStG an die versicherungsmathematischen Begriffe des Barwerts und der Jahresbeträge an. Teilwert einer Pensionsverpflichtung ist – vereinfacht ausgedrückt – der

Rückstellungsbetrag, der sich ergibt, wenn die Pensionsrückstellung nicht erst vom Zeitpunkt der Pensionszusage an, sondern bereits vom Beginn des Dienstverhältnisses an gebildet worden wäre. Dabei darf aber nicht vor das Alter 30 zurückgegriffen werden.

Bei dem Teilwertverfahren werden mithin die Rückstellungen unabhängig vom Zeitpunkt der Pensionszusage stets so berechnet, als wäre die Zusage mit dem Beginn des Arbeitsverhältnisses, frühestens mit dem Alter 30, erteilt worden und gleichzeitig mit der Rückstellungsbildung begonnen worden. Nach dem Teilwertverfahren ist sofort der Betrag der Rückstellung zu bilanzieren, der der Rückstellung hätte zugeführt werden müssen, wenn die Pensionszusage mit Beginn des Dienstverhältnisses bereits erteilt worden wäre. Diese zusammengeballte Zuführung (Einmalrückstellung) soll die Belastung abdecken, die auf die bei Erteilung der Pensionszusage abgeleisteten Dienste entfällt. Ferner ergeben sich beim Teilwertverfahren zusammengeballte Rückstellungen (Einmalrückstellung), wenn sich der Pensionsanspruch erhöht. Die Pensionsrückstellung muß dann sofort auf den Betrag aufgefüllt werden, der sich ergeben hätte, wenn die Pensionsrückstellung von Anfang an für den erhöhten Pensionsanspruch gebildet worden wäre (§ 6 a Abs. 4 EStG).

Tritt der Versorgungsfall ein oder endet das Dienstverhältnis vor Eintritt des Versorgungsfalls und hat der Versorgungsberechtigte im letztgenannten Fall eine unverfallbare Pensionsanwartschaft, so ist als Teilwert der Pensionsverpflichtung der Barwert der künftigen Leistungen anzusetzen (§ 6 a Abs. 3 Nr. 2 EStG). Dies gilt auch für den Fall, daß bei einer laufenden Pensionsverpflichtung in der Pensionsrückstellung eine Unterdeckung vorhanden ist. Hier kann bis zur Höhe des Barwerts der künftigen Pensionsleistungen die Rückstellung aufgefüllt werden. Auch durch diese Regelung kann es zu Einmalrückstellungen kommen.

Abgesehen von den vorgenannten Situationen muß nach § 6 a Abs. 4 EStG jährlich der Unterschiedsbetrag zwischen dem Teilwert der Pensionsverpflichtung am Schluß des Wirtschaftsjahres und am Schluß des vergangenen Wirtschaftsjahres der Rückstellung zugeführt werden. Die Höhe der Pensionsrückstellung in der Steuerbilanz darf jedoch den Ansatz in der Handelsbilanz nicht übersteigen (Abschn. 41 Abs. 22 EStR). Zur Behandlung von Altzusagen s. Abschn. 41 Abs. 21 bis 23 EStR 1984.

4.2.14.3.3 Verteilung der Einmalrückstellungen

Einmalrückstellungen können auf das Erstjahr und die beiden folgenden Jahre gleichmäßig verteilt werden. Beruht die Einmalrückstellung auf einer Erhöhung des Pensionsanspruchs, so ist diese Verteilung nur zulässig, wenn sich zugleich der Barwert der Pensionsverpflichtung um mehr als 25 v. H. erhöht hat (§ 6 a Abs. 4 EStG).

4.2.14.3.4 Zusage eines einmaligen Betrags

In § 6 a Abs. 1 Nr. 1 EStG wird klargestellt, daß die Regelungen des § 6 a EStG nicht nur für die Zusage laufender Rentenzahlungen, sondern auch für die Zusage eines einmaligen Kapitalbetrags gilt, wenn diese Versorgungscharakter hat. Das ist im allgemeinen dann der Fall, wenn die Zahlung bei Erreichung des üblichen Pensionsalters oder bei vorheriger Invalidität oder vorherigem Tod fällig wird (so auch schon BFH, BStBl 1973 II S. 359). Damit ist eine Einmalrückstellung für Anwartschaften in diesen Fällen ausgeschlossen.

4.2.14.3.5 Stichtagsprinzip; körperliche Bestandsaufnahme

Für die Bildung der Pensionsrückstellung sind die Verhältnisse am Bilanzstichtag maßgeblich. Die Pensionsverpflichtungen sind grundsätzlich aufgrund einer körperlichen Bestandsaufnahme (Feststellung der pensionsberechtigten Personen und Höhe ihrer Pensionsansprüche) für den Bilanzstichtag zu ermitteln. In Anwendung des § 241 Abs. 3 HGB kann der für die Berechnung der Pensionsrückstellung maßgebende Personenstand auch auf einen Tag (Inventurstichtag) innerhalb von drei Monaten vor oder zwei Monaten nach dem Bilanzstichtag aufgenommen werden, wenn sichergestellt ist, daß die Pensionsverpflichtungen für den Bilanzstichtag ordnungsmäßig bewertet werden können (wegen weiterer Einzelheiten vgl. Abschn. 41 Abs. 20 EStR).

Künftige Erhöhungen oder Verminderungen der Pensionsleistungen, bei denen der Zeitpunkt ihres Wirksamwerdens oder ihres Umfangs ungewiß ist, dürfen erst berücksichtigt werden, wenn sie eingetreten sind (§ 6 a Abs. 3 Nr. 1 Satz 4 EStG). Indessen sind Erhöhungen von Anwartschaften und laufenden Renten, die nach dem Bilanzstichtag eintreten, in die Rückstellungsberechnung zum Bilanzstichtag einzubeziehen, wenn sowohl ihr Ausmaß als auch der Zeitpunkt ihres Eintritts feststeht (Abschn. 41 Abs. 19 EStR).

Beispiel:

Dem A ist eine Pension in Höhe von 30 v. H. seiner letzten aktiven Bezüge zugesagt. Auch wenn anzunehmen ist, daß seine Bezüge bis zu seinem Ausscheiden noch steigen werden, ist die Pensionszusage nach den gegenwärtigen Bezügen zu berechnen. Wäre jedoch vor Ablauf des Wirtschaftsjahres, aber erst mit Wirkung für das nächste Wirtschaftsjahr das Gehalt des A erhöht worden, müßte das erhöhte Gehalt bereits am Ende des laufenden Wirtschaftsjahres der Rückstellungsberechnung zugrunde gelegt werden (wegen der Berücksichtigung der Bezugsgrößen der gesetzlichen Rentenversicherung s. Abschn. 41 Abs. 19 EStR).

Nach denselben Grundsätzen ist eine Pensionszusage zu beurteilen, durch die Versorgungsbezüge in Höhe eines festen Betrags zugesagt sind, dieser feste Betrag aber wegen der Annahme eines ansteigenden Einkommenstrends im Verhältnis zu den aktiven Bezügen am Bilanzstichtag überhöht ist.

Beispiel:

Ein Arbeitgeber gibt seinem Arbeitnehmer eine Pensionszusage über monatlich 1500 DM. Am Bilanzstichtag erhält der Arbeitnehmer Aktivbezüge von ebenfalls 1500 DM. Der Arbeitgeber ist bei der Pensionszusage davon ausgegangen, daß die

Löhne und Gehälter vom Zeitpunkt der Pensionszusage an laufend steigen und die zugesagten Versorgungsbezüge deshalb im Zeitpunkt des Eintritts des Versorgungsfalls in einem angemessenen Verhältnis (ca. 75 v. H.) zu den letzten Aktivbezügen stünden.

In diesem Fall sind die zulässigen Rückstellungen so zu ermitteln, als wenn Versorgungsbezüge in Höhe eines angemessenen Prozentsatzes der am jeweiligen Bilanzstichtag bezahlten oder doch für das nächste Jahr festgelegten Aktivbezüge zugesagt worden wären (so BFH, BStBl 1976 II S. 142).

4.2.14.3.6 Pensionsalter; Berücksichtigung der flexiblen Altersgrenze

Bei der Ermittlung des Teilwerts der Pensionsanwartschaft ist das vertraglich vereinbarte Pensionsalter zugrunde zu legen.

Statt dessen kann für alle oder für einzelne Pensionsverpflichtungen von einem höheren Pensionsalter ausgegangen werden, sofern mit einer Beschäftigung des Arbeitnehmers bis zu diesem Alter gerechnet werden kann. Das Wahlrecht muß bei Rückstellungsbeginn ausgeübt werden.

Nach § 6 BetrAVG sind einem Arbeitnehmer, der das Altersruhegeld nach der gesetzlichen Rentenversicherung vor der Vollendung des 65. Lebensjahres in Anspruch nimmt, auf sein Verlangen auch Leistungen der betrieblichen Altersversorgung zu gewähren, wenn die Voraussetzungen hierfür erfüllt sind. Bei der Berechnung des Barwerts der künftigen Pensionsleistungen und der Jahresbeträge nach § 6 a Abs. 3 Nr. 1 EStG kann daher als Zeitpunkt des Eintritts des Versorgungsfalls bei Frauen das 60. und bei Männern das 63. bzw. bei Schwerbehinderten das 60. Lebensjahr angenommen werden, auch wenn in der Pensionszusage ein höheres Lebensalter vereinbart worden ist; es kann aber auch von dem vertraglich vereinbarten Lebensalter ausgegangen werden (Wahlrecht). Voraussetzung für dieses Wahlrecht ist, daß in der Pensionszusage festgelegt ist, in welcher Höhe Versorgungsleistungen von diesem Zeitpunkt an gewährt werden. Das Wahlrecht kann nur bei der erstmaligen Festlegung ausgeübt werden; es besteht für jede Pensionsverpflichtung besonders; die einmal ausgeübte Wahl kann nicht geändert werden. Setzt der Arbeitnehmer nach Erreichen des bei der Rückstellungsbildung zugrunde gelegten Pensionierungsalters das Arbeitsverhältnis fort und erhöht sich dadurch sein Ruhegeldanspruch, so kann der Rückstellung in dem betreffenden Wirtschaftsjahr der Unterschiedsbetrag zwischen den bisher zulässigen Rückstellungen und dem versicherungsmathematischen Barwert der um den Erhöhungsbetrag vermehrten Rentenleistungen zugeführt werden. Wegen weiterer Einzelheiten s. Abschn. 41 Abs. 13 EStR und BdF, BStBl 1982 I S. 667.

4.2.14.4 Auflösung der Rückstellung

§ 6 a EStG enthält keine ausdrückliche Bestimmung über die Auflösung der Pensionsrückstellungen. Diese erübrigt sich dadurch, daß die Pensionsrückstellungen höchstens mit dem Teilwert der Pensionsverpflichtungen ausgewiesen werden dürfen. Pensionsrückstellungen sind daher gewinnerhöhend aufzulösen, wenn die Gründe für ihre Bildung weggefallen sind. Entsprechendes gilt, wenn die Rückstellung von Anfang an zu Unrecht gebildet worden ist oder die Voraussetzungen für ihre Bildung schon in früheren Jahren weggefallen sind, soweit die entsprechenden Bilanzen und Veranlagungen nicht mehr berichtigt werden können (BFH, BStBl 1986 II S. 51). Der Teilwert ist beim Eintritt des Versorgungsfalls gleich dem Barwert künftiger Pensionsleistungen.

Wird eine Pensionszusage herabgesetzt und ist die bisher gebildete Pensionsrückstellung höher als der Teilwert der herabgesetzten Pensionsverpflichtung, so ist die Rückstellung in dem Wirtschaftsjahr, in dem die Herabsetzung der Pensionsverpflichtung eintritt, bis zu diesem Teilwert aufzulösen.

Nach dem Eintritt des Versorgungsfalls ist die Pensionsrückstellung in jedem Wirtschaftsjahr mindestens in Höhe des Unterschiedsbetrags zwischen dem versicherungsmathematischen Barwert der künftigen Pensionsleistungen am Schluß des Wirtschaftsjahres und am Schluß des vorangegangenen Wirtschaftsjahres gewinnerhöhend aufzulösen. Die geleisteten Pensionszahlungen sind dabei als Betriebsausgaben gewinnmindernd abzusetzen.

Eine Pensionsrückstellung ist auch dann aufzulösen, wenn der Pensionsberechtigte nach dem Zeitpunkt des vertraglich vorgesehenen Eintritts des Versorgungsfalls noch weiter gegen Entgelt tätig bleibt (technischer Rentner). Das gilt nicht, wenn sich von vornherein die Rückstellungsbildung auf diese Zeit erstrecken sollte (Abschn. 41 Abs. 25 EStR).

Ist für ein Wirtschaftsjahr, das nach dem Zeitpunkt des vertraglich vorgesehenen Eintritts des Versorgungsfalls endet, die am Schluß des vorangegangenen Wirtschaftsjahres ausgewiesene Rückstellung niedriger als der versicherungsmathematische Barwert der künftigen Pensionsleistungen am Schluß des Wirtschaftsjahres, so ist die Rückstellung erst von dem Wirtschaftsjahr an aufzulösen, in dem der Barwert der künftigen Pensionsleistungen am Schluß des Wirtschaftsjahres niedriger ist als der am Schluß des vorangegangenen Wirtschaftsjahres ausgewiesene Betrag der Rückstellung. In dem Wirtschaftsjahr, in dem eine bereits laufende Pension herabgesetzt wird oder eine Hinterbliebenenrente beginnt, ist eine bisher ausgewiesene Rückstellung, die höher ist als der Barwert, nur bis zur Höhe des Barwerts aufzulösen.

Werden die auf Grund einer Pensionszusage zu erbringenden laufenden Leistungen wegen des Eintritts der Voraussetzungen eines Widerrufvorbehalts eingestellt, so liegt insoweit ein Fortfall der Pensionsverpflichtung vor. Die vorhandene Pensionsrückstellung muß deshalb aufgelöst werden, soweit sie auf die laufenden Leistungen entfällt. Werden die Pensionszahlungen später wieder aufgenommen, so entsteht insoweit eine neue Pensionsverpflichtung, für die dann eine neue Rückstellung – da es sich um bereits laufende Leistungen handelt, als Einmalrückstellung – gebildet werden kann.

4.2.14.5 Bildung und Auflösung der Rückstellung in besonderen Fällen

Eine Pensionszusage, die einem Gesellschafter-Geschäftsführer einer Personengesellschaft erteilt ist, stellt eine Gewinnverteilungsabrede dar, die den Gewinn der Gesellschaft nicht beeinflussen darf; eine Rückstellung darf daher für sie nicht gebildet werden (BFH, BStBl 1973 II S. 298, 1975 II S. 437).

Wird ein Angestellter einer Personengesellschaft, dem eine Pensionszusage erteilt wurde, Gesellschafter, so ist die bisher gebildete Pensionsrückstellung in der Steuerbilanz der Gesellschaft nicht aufzulösen, da die Pensionszusage insoweit keine Vergütung für die Tätigkeit eines Gesellschafters im Dienste der Gesellschaft gemäß § 15 Abs. 1 Nr. 2 EStG ist (so BFH, BStBl 1975 II S. 437). Wird eine GmbH in eine Personengesellschaft umgewandelt, so ist eine Pensionsrückstellung, die die GmbH für ihren Gesellschafter-Geschäftsführer gebildet hatte, von der KG fortzuführen (BFH, BStBl 1977 II S. 798). Wegen der Berechnung der Höhe s. Abschn. 41 Abs. 9 EStR.

Wird ein Gesellschafter Arbeitnehmer, so verliert die ihm gegebene Pensionszusage mit dem Fortfall der Gesellschaftereigenschaft ihren steuerlichen Charakter als Gewinnverteilungsabrede und wird auch steuerlich zur Pensionszusage. Die Personengesellschaft kann nunmehr für die Pensionszusage mit der Rückstellung nach Maßgabe des § 6 a EStG beginnen. Der Rückstellungsbildung kann dabei der volle Pensionsanspruch des Berechtigten zugrunde gelegt werden. Soweit die Pensionszusage bürgerlich-rechtlich schon auf die Zeit der Gesellschaftereigenschaft des Berechtigten entfällt, kommt ein Nachholverbot nicht in Betracht, da das Nachholverbot eine bereits bestehende steuerrechtlich wirksame Pensionsverpflichtung voraussetzt, eine solche aber wegen der steuerlichen Umdeutung der Pensionszusage in eine Gewinnverteilungsabrede nicht gegeben war.

Gibt bei einer GmbH & Co. KG die lediglich die Geschäfte führende GmbH ihrem Geschäftsführer, der zugleich Kommanditist ist, eine Pensionszusage, so darf dadurch weder der Gewinn der KG noch der Gewinn der GmbH gemindert werden (BFH, BStBl 1970 II S. 415).

4.2.14.6 Pensionszusagen zwischen Ehegatten

Rückstellungen für eine Pensionszusage an den im Betrieb des Steuerpflichtigen im Rahmen eines Arbeitsverhältnisses mitarbeitenden Ehegatten sind nach Maßgabe des § 6 a EStG zu bilden, wenn und soweit eine Pensionsverpflichtung betrieblich veranlaßt ist. Dies liegt vor, wenn die Pensionszusage eindeutig erklärt und ernsthaft gewollt ist, mit einer tatsächlichen Inanspruchnahme aus der Pensionsverpflichtung gerechnet werden muß und die Pensionsverpflichtung dem Grunde und der Höhe nach angemessen ist (BFH, BStBl 1984 II S. 661 m.w.N.; Abschn. 41 Abs. 11 EStR). An den Nachweis der Eindeutigkeit und Ernsthaftigkeit einer derartigen Pensionszusage sind mit Rücksicht auf die besonderen persönlichen Beziehungen der Vertragspartner strenge Anforderungen zu stellen. Die Ernsthaftigkeit einer getroffenen Vereinbarung ist insbesondere dann zu verneinen, wenn nach den Umständen des Einzelfalls bereits bei der Erteilung der Zusage mit einer späteren Inanspruchnahme aus der Verpflichtung nicht zu rechnen ist. Bei Erteilung einer Pensionszusage durch einen Einzelunternehmer an seinen wesentlich jüngeren Arbeitnehmer-Ehegatten ist eine Pensionsrückstellung daher nur zulässig, wenn eine Betriebsübernahme durch den Arbeitnehmer-

Ehegatten ausgeschlossen werden kann und wenn bei einer Betriebsveräußerung mit einer Übernahme der Pensionsverpflichtung durch den Erwerber zu rechnen ist, soweit diese Verpflichtung nicht aus dem Veräußerungserlös erfüllt werden kann (BFH, BStBl 1984 II S. 661).

Die Pensionszusage ist dem Grunde nach nur dann betrieblich verlaßt, wenn das zugrundeliegende Arbeitsverhältnis steuerlich anzuerkennen ist (BFH, BStBl 1987 II S. 205; vgl. Abschn. 23 Abs. 1 EStR). Sie ist hingegen nicht unwesentlich privat veranlaßt, wenn sie im Zusammenhang mit einem Verzicht auf Erb- und Pflichtteilsansprüche des mitarbeitenden Ehegatten gegenüber dem Unternehmer steht (BFH, BStBl 1981 II S. 654).

Eine ernstlich gewollte und dem Grunde nach angemessene Pensionszusage an den Arbeitnehmer-Ehegatten kann regelmäßig angenommen werden, wenn auch vergleichbare familienfremde Arbeitnehmer eine vergleichbare Pensionszusage erhalten haben oder wenn ihnen eine solche zumindest ernsthaft angeboten worden ist – sog. betriebsinterner Vergleich – (dazu s. auch BFH, BStBl 1987 II S. 205; BMF, BStBl 1984 I S. 495). Vergleichbare familienfremde Arbeitnehmer in diesem Sinne sind solche, die

– eine gleiche (oder geringerwertige) Tätigkeit wie der Arbeitnehmer-Ehegatte ausüben und

– kein höheres Pensionsalter als der Arbeitnehmer-Ehegatte haben. Auf die Dauer der Betriebszugehörigkeit darf für die Vergleichbarkeit nicht abgestellt werden (BFH, BStBl 1980 II S. 450; anders die Auffassung der FinVerw in BStBl 1984 I S. 495).

Bei dem Vergleich der Tätigkeits- und Leistungsmerkmale des Arbeitnehmer-Ehegatten mit denen anderer Arbeitnehmer kann nur die entlohnte Tätigkeit des Ehegatten berücksichtigt werden (BFH, BStBl 1986 II S. 559).

Werden neben dem Arbeitnehmer-Ehegatten keine weiteren Arbeitnehmer beschäftigt oder wird eine der Tätigkeit des Arbeitnehmer-Ehegatten gleichwertige Tätigkeit von anderen Arbeitnehmern im Betrieb nicht ausgeübt und Arbeitnehmern mit geringerwertiger Tätigkeit keine Pensionszusage gewährt, so ist die Pensionszusage an den Arbeitnehmer-Ehegatten in der Regel als ernstlich gewollt anzuerkennen, wenn in vergleichbaren Betrieben des Wirtschaftszweigs familienfremden Arbeitnehmern, die eine der Tätigkeit des Arbeitnehmer-Ehegatten gleichwertige oder geringerwertige Tätigkeit ausüben, vergleichbare Pensionszusagen gegeben werden (BFH, BStBl 1980 II S. 450). Der betriebsexterne – auch aus statistischen Erhebungen gewonnene – Vergleich ist als positives Indiz für die betriebliche Veranlassung zu werten. Aus dem Fehlen einer solchen Vergleichsmöglichkeit darf aber nicht ohne weiteres gefolgert werden, daß eine betriebliche Veranlassung verneint werden müsse (BFH, BStBl 1985 II S. 327). Fehlt es an einer Vergleichsmöglichkeit, so ist vielmehr die Pensionszusage an den Arbeitnehmer-Ehegatten anzuerkennen, wenn aufgrund der Umstände des Einzelfalls eine hohe Wahrscheinlichkeit dafür spricht, daß die Pensionszusage auch einem fremden Arbeitnehmer erteilt worden wäre (s. dazu auch BFH, BStBl 1983 II S. 173, 405, 663, 664, 1984 II S. 661, 1987 II S. 205). Hat z. B. der Ehegatte eines Einzelunternehmens die Geschäftsleitung inne und sind ihm andere Betriebsangehörige unterstellt, so ist die ihm erteilte Pensionszusage nicht deshalb zu beanstanden, weil anderen Arbeitnehmern keine betriebliche Altersversorgung zugesagt ist (BFH, BStBl 1983 II S. 500; weitere Beispiele in BMF, BStBl 1984 I S. 495).

Bei Aushilfs- oder Kurzbeschäftigung der Arbeitnehmer-Ehegatten dürfte eine ihm gegebene Pensionszusage dem Grunde nach nicht zu berücksichtigen sein, da bei derartigen Beschäftigungen bisher Pensionszusagen nicht üblich sind. Das gilt nicht für Teilzeitbeschäftigung, soweit Pensionszusagen an Teilzeitbeschäftigte im vorerörterten Sinne gewährt oder ernsthaft angeboten werden bzw. wahrscheinlich sind.

Pensionszusagen an Ehegatten sind ferner nicht anzuerkennen, wenn sie zu einem Lebensalter erteilt werden, in dem einem familienfremden Arbeitnehmer keine Pensionszusage mehr eingeräumt würde, weil seine Dienste bald enden.

Ist als Pensionsaltersgrenze, sofern der Ehemann der Arbeitnehmer-Ehegatte ist, ein Alter unter 63 Jahren und, sofern die Ehefrau der Arbeitnehmer-Ehegatte ist, ein Alter unter 60 Jahren festgelegt, dürfte nach der für den Regelfall zutreffenden Auffassung der FinVerw eine Pensionszusage ebenfalls dem Grunde nach nicht anzuerkennen sein, sofern nicht ein niedrigeres Pensionsalter bei familienfremden Arbeitnehmern im Betrieb üblich ist (BMF, BStBl 1986 I S. 7; anders BFH, BStBl 1977 II S. 112, wonach ein geringeres Pensionsalter sich nur auf die Angemessenheit der Höhe auswirken soll). Bei der Würdigung der Gründe einer dem Arbeitnehmer-Ehegatten erteilten Pensionszusage ist auch der Inhalt der getroffenen Vereinbarung heranzuziehen. So hat der BFH bei einer Vereinbarung, bei der das mit Wertsicherungsklausel zugesagte Ruhegeld erheblich höher als die Bruttobezüge lagen und eine Anrechnung der zu erwartenden Sozialversicherungsrente nicht vorgesehen war, die Pensionszusage insgesamt nicht anerkannt, weil sie einem familienfremden Arbeitnehmer nicht erteilt worden wäre (BFH, BStBl 1980 II S. 450).

Für die Bildung der Pensionsrückstellung bei Pensionszusagen zwischen Ehegatten in Einzelunternehmen kommt nach der u. E. zutreffenden Auffassung der FinVerw nur eine Zusage auf Alters-, Invaliden- und Waisenrente in Betracht (Abschn. 41 Abs. 11 EStR). Eine Zusage auf Witwen-/Witwerversorgung ist im Rahmen von Ehegatten-Pensionszusagen nicht rückstellungsfähig, da hier bei Eintritt des Versorgungsfalls Berechtigter und Verpflichteter zusammenfallen. Sagt hingegen eine Personengesellschaft einem Arbeitnehmer, dessen Ehegatte Mitunternehmer der Personengesellschaft ist, eine Witwen-/Witwerrente zu, so kann sie hierfür eine Pensionsrückstellung bilden (BFH, BStBl 1988 II S. 883; s. dazu auch 5.2.2.3).

Liegen die vorgenannten Voraussetzungen vor, ist die Pensionsrückstellung (nur) insoweit anzuerkennen, als sie der Höhe nach angemessen ist (BFH, BStBl 1983 II S. 500 und 664).

Die Angemessenheit der Pensionszusage an den Arbeitnehmer-Ehegatten der Höhe nach ist ebenfalls grundsätzlich durch Vergleich mit Pensionszusagen bzw. ernsthaften Angeboten von Pensionszusagen an familienfremde Arbeitnehmer zu prüfen. Werden keine familienfremden Arbeitnehmer beschäftigt oder werden nur Arbeitnehmer mit einer geringerwertigen Tätigkeit als der des Arbeitnehmer-Ehegatten beschäftigt und wird diesen keine vergleichbare Pensionszusage gegeben, so ist die Pensionszusage der Höhe nach nur dann angemessen, wenn die zugesagten Pensionsleistungen – zusammen mit einer zu erwartenden Sozialversicherungsrente – 75 v. H. des letzten steuerlich anzuerkennenden Arbeitslohns des Arbeitnehmer-Ehegatten nicht übersteigen (so auch BFH, BStBl 1977 II S. 112 und 1983 II S. 209). Zur Feststellung einer Überversorgung s. BFH, BStBl 1983 II S. 173 und 1987 II S. 557. Ist die Pensionszusage dem Arbeitnehmer-Ehegatten an Stelle eines Eintritts in die gesetzliche Sozialversicherung erteilt worden, so können die hierdurch veranlaßten Aufwendungen des Arbeitgeber-Ehegatten den betrieblichen Gewinn nur in der Höhe mindern, in der sich die im Falle der Sozialversicherungspflicht zu erbringenden Arbeitgeberbeiträge ausgewirkt hätten (BFH, BStBl 1977 II S. 112).

Ist ein Teil der zugesagten Versorgung als nicht angemessen anzusehen, so ist nicht die betriebliche Veranlassung der gesamten Altersversorgung des Ehegatten, sondern nur des nichtangemessenen Teils zu verneinen und nur der angemessene Teil als Betriebsausgabe abzugsfähig (BFH, BStBl 1983 II S. 664).

Für die Frage, ob Pensionszusagen einer Personengesellschaft an den Ehegatten eines Mitunternehmers betrieblich veranlaßt sind, gelten die gleichen Grundsätze, die auch bei der Altersversorgung des Ehegatten eines Einzelunternehmers zu beachten sind. Etwas anderes gilt indessen, wenn der Mitunternehmer-Ehegatte im Betrieb keine beherrschende Stellung einnimmt und sein Ehegatte wie ein fremder Arbeitnehmer beschäftigt wird.

4.2.14.7 Konkurrenz zwischen Pensionsrückstellung und Zuwendung an Pensions- und Unterstützungskassen

Nach dem Urteil des BFH, BStBl 1958 III S. 183, schließen sich Zuwendungen an Pensions- und Unterstützungskassen und die Bildung von Pensionsrückstellungen gegenseitig aus. Dies gilt jedoch nur für den Fall, daß die gleichen Versorgungsleistungen an denselben Empfängerkreis sowohl über eine Pensions- oder Unterstützungskasse als auch über Pensionsrückstellungen finanziert werden sollen. Zulässig ist dagegen die Finanzierung verschiedener Versorgungsleistungen über verschiedene Maßnahmen der betrieblichen Altersversorgung, z. B. der Invaliditätsrente über Pensions- oder Unterstützungskassen und der Altersrente über Pensionszusage (so auch Abschn. 41 Abs. 17 EStR).

4.2.15 Übertragung stiller Reserven bei zwangsweisem Ausscheiden von Wirtschaftsgütern

Die Veräußerung und die Entnahme von Wirtschaftsgütern des Betriebsvermögens führt in Höhe der dabei aufgedeckten stillen Reserven, d. h. des Betrags, um den das Entgelt oder der Teilwert (§ 6 Abs. 1 Nr. 4 EStG) bzw. der gemeine Wert (§ 16 Abs. 3 EStG) den Buchwert des Wirtschaftsguts im Zeitpunkt der Veräußerung oder Entnahme übersteigt, regelmäßig zur Gewinnverwirklichung. Eine Ausnahme hat die Rechtsprechung jedoch für den Fall zugelassen, daß ein Wirtschaftsgut infolge höherer Gewalt oder infolge oder zur Vermeidung eines gesetzlichen oder behördlichen Eingriffs gegen eine Entschädigung aus dem Betriebsvermögen ausscheidet und alsbald ein Ersatzwirtschaftsgut angeschafft wird (BFH, BStBl 1988 II S. 331 m.w.N.). Unter diesen Voraussetzungen kann der Steuerpflichtige entweder die Anschaffungs- oder Herstellungskosten eines im Wirtschaftsjahr des Ausscheidens des Wirtschaftsguts angeschafften oder hergestellten Ersatzwirtschaftsguts um einen Betrag in Höhe der aufgedeckten stillen Reserven kürzen oder in derselben Höhe eine Rücklage für Ersatzbeschaffung bilden. Diese in Abschn. 35 EStR übernommene Regelung ist gewohnheitsrechtlicher Natur (BFH, BStBl 1982 II S. 568). Sie gilt auch dann, wenn die Entschädigung höher ist als der Teilwert des ausgeschiedenen Wirtschaftsguts (z. B. bei gleitender Neuwertversicherung; BFH, BStBl 1983 II S. 371).

Beispiel:

Bei einem Gewerbetreibenden, der seinen Gewinn nach § 5 EStG ermittelt, wird im Wirtschaftsjahr eine Maschine, die mit 3000 DM zu Buch steht, durch Brand zerstört. Die Feuerversicherung zahlt für den Schaden eine Entschädigung in Höhe von 12 000 DM. Im gleichen Wirtschaftsjahr wird eine gleichartige Maschine für 20 000 DM angeschafft. Die Ersatzmaschine hat eine betriebsgewöhnliche Nutzungsdauer von zehn Jahren.

Durch Übertragung der stillen Reserven der durch Brand ausgeschiedenen Maschine auf das Ersatzwirtschaftsgut, ist die Ersatzmaschine in der Schlußbilanz mit (20 000 DM ./. 9000 DM) 11 000 DM zu aktivieren. Der Betrag, um den die Entschädigung (12 000 DM) den Buchwert des ausgeschiedenen Wirtschaftsguts (3000 DM) übersteigt, wird von den Anschaffungskosten (20 000 DM) abgesetzt. Die jährlichen Absetzungen für Abnutzung betragen nach der linearen Methode (10 v. H. von 11 000 DM) 1100 DM.

Ausscheiden durch höhere Gewalt bedeutet grundsätzlich, daß es sich um ein Ausscheiden infolge eines Elementarereignisses handeln muß, wie z. B. Brand, Blitzschlag, Hochwasserkatastrophe und Sturm. In Ausnahmefällen kann auch ein vom Steuerpflichtigen nicht gewolltes Zufallsereignis ausreichen. Hierzu gehören z. B. Diebstahl (Abschn. 35 Abs. 2 Satz 1 EStR) und Abriß eines Gebäudes wegen erheblicher, kurze Zeit nach der Fertigstellung aufgetretener Baumängel (BFH, BStBl 1988 II S. 330). Im übrigen genügt es hingegen nicht, daß das Ausscheiden auf sogenannten Zufallsschäden wie Konstruktionsschäden, Bedienungsschäden und Materialfehlern beruht. Einen allgemeinen Grundsatz, daß eine Gewinnrealisierung dann nicht eintritt, wenn ein Wirtschaftsgut gegen den Willen des Stpfl. aus dem Betriebsvermögen ausscheidet, gibt es nicht (BFH, BStBl 1975 II S. 692).

Als gesetzlicher oder behördlicher Eingriff sind anzusehen Enteignung, enteignungsgleicher Eingriff, Entziehung des Eigentums im Rahmen eines Umlegungs- oder Flurbereinigungsverfahrens, wenn dem Steuerpflichtigen kein wertgleiches Grundstück zugewiesen wird (BFH, BStBl 1971 II S. 90, 1976 II S. 184).

Zwischen dem behördlichen Eingriff und der Ersatzbeschaffung muß ein ursächlicher Zusammenhang bestehen. Hierfür ist der Steuerpflichtige nachweispflichtig (BFH, BStBl 1989 II S. 802). Unter besonderen Umständen, z. B. wenn der Steuerpflichtige einen behördlichen Eingriff als unmittelbar bevorstehend erkennt, kann die Ersatzbeschaffung auch der Aufdeckung der stillen Reserven vorangehen, sofern der genannte ursächliche Zusammenhang gegeben ist (BFH, BStBl 1969 II S. 488, 1979 II S. 412).

Der (drohende) behördliche Eingriff muß die Hauptursache (das Hauptmotiv) für die Veräußerung des Wirtschaftsguts sein (BFH, BStBl 1976 II S. 186). Die Veräußerung des Wirtschaftsguts darf nicht etwa in erster Linie auf dem eigenen geschäftlichen Verhalten des Steuerpflichtigen beruhen. Mußte z. B. ein Steuerpflichtiger bei Bebauung oder Erwerb eines Grundstücks mit hoher Wahrscheinlichkeit damit rechnen, daß ihn ein behördlicher Eingriff dazu zwingen werde, das Grundstück wieder zu räumen oder zu veräußern, ist es nicht gerechtfertigt, dem Steuerpflichtigen die Übertragung der stillen Reserven auf ein Ersatzwirtschaftsgut zu gestatten (BFH, BStBl 1969 II S. 488). Die Veräußerung eines Wirtschaftsguts infolge einer wirtschaftlichen Zwangslage steht einem behördlichen Eingriff auch dann nicht gleich, wenn die Unterlassung der Veräußerung unter Berücksichtigung aller Umstände eine wirtschaftliche Fehlmaßnahme gewesen wäre (BFH, BStBl 1964 III S. 504). So rechtfertigt die drohende behördliche Beschränkung des Straßenverkehrs, die den Inhaber eines gewerblichen Betriebs zur Betriebsverlegung veranlaßt, nicht die Bildung einer Rücklage für Ersatzbeschaffung (BFH, BStBl 1971 II S. 664). Auch eine moralische Zwangslage (z. B. Veräußerung zum Bau eines Krankenhauses) kann einem behördlichen Eingriff oder einer höheren Gewalt nicht gleichgesetzt werden (BFH, BStBl 1969 II S. 381). Schließlich ist auch die Geltendmachung eines bürgerlich-rechtlichen Wiederkaufsrechts durch eine Behörde kein behördlicher Eingriff (BFH, BStBl 1978 II S. 428). Demgegenüber ist ein zur Übertragung stiller Reserven berechtigender behördlicher Eingriff auch dann anzunehmen, wenn die Enteignung nur einem Teil zusammenhängender Grundstücke droht, die Restgrundstücke aber nicht mehr wirtschaftlich genutzt werden können. Hier erstreckt sich der behördliche Eingriff auch auf die mitveräußerten Restgrundstücke (BFH, BStBl 1976 II S. 186).

Das Wirtschaftsgut muß gegen **Entschädigung** (Brandentschädigung, Enteignungsentschädigung, Zwangsveräußerungserlös) aus dem Betriebsvermögen ausgeschieden sein, da es der Sinn der Regelung des Abschn. 35 EStR ist, daß die erlangte Gegenleistung voll zur Ersatzbeschaffung zur Verfügung stehen soll (BFH, BStBl 1982 II S. 568). Es genügt deshalb nicht, wenn das Wirtschaftsgut durch Entnahme aus dem Betriebsvermögen ausgeschieden ist, da es hier an einer Gegenleistung fehlt (BFH, BStBl 1973 II S. 582). Gleichgültig ist indessen, wie sich die Entschädigung für das ausgeschiedene Wirtschaftsgut zusammensetzt, ob sie ausschließlich in Geld besteht, ob Sachwerte übertragen werden und ob die Sachwerte ins Betriebsvermögen oder ins Privatvermögen des Empfängers übergehen (BFH, BStBl 1973 II S. 297). Zur Entschädigung können auch ausnahmsweise Zinsen gehören, die dem Stpfl. aus der vorübergehenden Anlage der vorzeitig ausgezahlten Entschädigungssumme zugeflossen sind (wegen der Einzelheiten s. BFH, BStBl 1982 II S. 568), oder Leistungen aus einer Betriebsunterbrechungsversicherung, mit denen Mehrkosten für die beschleunigte Wiederbeschaffung des zerstörten Wirtschaftsguts ersetzt werden (BFH, BStBl 1983 II S. 371).

Die Entschädigung muß für das ausgeschiedene Wirtschaftsgut als solches geleistet worden sein. Buchgewinne, die nur anläßlich des Ausscheidens des Wirtschaftsguts entstanden sind, und Gewinne aus Entschädigungen für sonstige Folgeschäden (z. B. Aufräumkosten, entgangener Gewinn, Umzugskosten) sind demgegenüber nicht übertragbar (BFH, BStBl 1988 II S. 330).

Die Übertragung der stillen Reserven setzt die Anschaffung oder Herstellung eines **Ersatzwirtschaftsguts** voraus. Diese kann zeitlich dem Ausscheiden des Wirtschaftsguts vorhergehen (BFH, BStBl 1964 III S. 504). Die Einlage ist hingegen keine Ersatzbeschaffung (BFH, BStBl 1985 II S. 250).

Das Ersatzwirtschaftsgut muß wirtschaftlich dieselbe oder eine entsprechende Aufgabe erfüllen wie das ausgeschiedene Wirtschaftsgut (BFH, BStBl 1961 III S. 1). Dieses Erfordernis beruht auf folgender Überlegung: Grundsätzlich ist nach § 6 Abs. 1 Nr. 1 und 2 EStG jedes Wirtschaftsgut für sich zu bewerten (Einzelbewertung). Dieser Grundsatz gilt auch für Wirtschaftsgüter, die für ausscheidende Wirtschaftsgüter angeschafft werden. Eine Übertragung der Wert-verhältnisse des ausscheidenden Wirtschaftsguts auf ein Ersatzwirtschaftsgut verbietet der Grundsatz der Individualbetrachtung oder der Nämlichkeit, wonach jedes Wirtschaftsgut nur mit sich selbst, nicht aber mit einem anderen Wirtschaftsgut identisch ist. Nach der Rechtsprechung des RFH und BFH sind aber aufgrund der im Steuerrecht gebotenen wirtschaftlichen Betrachtungsweise ausscheidende Wirtschaftsgüter mit Ersatzwirtschaftsgütern dann identisch, wenn zwischen ihnen Funktionsgleichheit besteht. Funktionsgleichheit bedeutet, daß das Ersatzwirt-schaftsgut dieselbe oder eine entsprechende Aufgabe erfüllt wie das ausgeschie-dene Wirtschaftsgut. Der Ersatz muß in wirtschaftlicher und technischer Hinsicht im Betrieb die Lücke ausfüllen, die das ausscheidende Wirtschaftsgut hinterlassen hat. Es muß im Rahmen des Betriebs die gleiche Funktion übernehmen, d. h. dem gleichen konkreten Betriebszweck dienen wie das ausgeschiedene Wirtschaftsgut. Die Funktionsgleichheit wird aber nicht schon ausgeschlossen, wenn das Ersatz-wirtschaftsgut den neuesten Erkenntnissen wirtschaftlicher und technischer Betriebsführung entspricht (RFH, RStBl 1938 S. 964; BFH, BStBl 1952 III S. 208, 1957 III S. 261).

Unter diesem Gesichtspunkt muß z. B. eine Funktionsgleichheit zwischen einem Fabrikgebäude und den darin untergebrachten Maschinen und Anlagen verneint werden, weil das Betriebsgebäude zur Aufnahme von Maschinen und Anlagen bestimmt ist, während die Maschinen und Anlagen unmittelbar der Produktion dienen (vgl. dazu auch RFH, RStBl 1938 S. 964 und 1932 S. 800). Der BFH hat eine Funktionsgleichheit zwischen einem landwirtschaftlichen Wirtschaftsgebäude und verbrannten Futtermitteln verneint (BFH, BStBl 1957 III S. 266). Ferner ist z. B. eine Maschine, die der Herstellung von Holzwolle dient, kein Ersatzwirtschaftsgut für eine Kreissäge. Ob zwischen Grund und Boden und Gebäude eine Funktionsgleichheit möglich ist, ist im Schrifttum umstritten und höchstrichterlich noch nicht entschieden. Die EStR gehen in Abschn. 35 Abs. 5 davon aus, daß Grund und Boden und Gebäude grundsätzlich nicht funktionsgleich sind. Nach ihnen können bei einem ausgeschiedenen Betriebsgrundstück mit aufstehendem Gebäude die in dem Bilanzansatz für den Grund und Boden ruhenden stillen Reserven auf neu angeschafften Grund und Boden und die in dem Bilanzansatz des Gebäudes ruhenden stillen Reserven auf ein neu angeschafftes oder hergestelltes Gebäude übertragen werden. Es wird jedoch zugelassen, daß, soweit eine Übertragung der bei dem Grund und Boden aufgedeckten stillen Reserven auf die Anschaffungskosten des erworbenen Grund und Bodens nicht möglich ist, diese auf die Anschaffungs- oder Herstellungskosten des Gebäudes übertragen werden können (BFH, BStBl 1971 II S. 90; Abschn. 35 Abs. 5 EStR). Entsprechendes gilt für die beim Gebäude aufgedeckten stillen Reserven.

Nach Auffassung der FinVerw (Abschn. 35 Abs. 5 EStR) setzt die Übertragung der stillen Reserven weiter voraus, daß in der Handelsbilanz des Steuerpflichtigen entsprechend verfahren wird (vgl. § 247 Abs. 3 HGB). U. E. entspricht dies dem allgemeinen Grundsatz der umgekehrten Maßgeblichkeit.

Ist ein Ersatzwirtschaftsgut in dem Wirtschaftsjahr, in dem die stillen Reserven des alten Wirtschaftsguts aufgedeckt worden sind, noch nicht angeschafft oder hergestellt worden, kann zu Lasten des Gewinns eine entsprechende **Rücklage für Ersatzbeschaffung** gebildet werden. Dies setzt jedoch voraus, daß zu diesem Zeitpunkt eine Ersatzbeschaffung noch ernsthaft beabsichtigt ist (BFH, BStBl 1971 II S. 664; Abschn. 35 Abs. 6 EStR). Die Rücklage für Ersatzbeschaffung kann in Höhe des Unterschieds zwischen dem Buchwert des ausgeschiedenen Wirtschaftsguts und der Entschädigung (dem Entschädigungsanspruch) gebildet werden. Im Zeitpunkt der Ersatzbeschaffung ist sie durch Übertragung auf die Anschaffungs- oder Herstellungskosten des Ersatzwirtschaftsguts aufzulösen. Die Aktivierung des Ersatzwirtschaftsguts erfolgt daher mit den Anschaffungs- oder Herstellungskosten abzüglich des Betrags der aufgelösten Rücklage für Ersatzbeschaffung. Dieser Betrag gilt fortan als Anschaffungs- oder Herstellungskosten. Bei der Frage, ob der Teilwert eines Wirtschaftsguts unter die Anschaffungs- oder Herstellungskosten gesunken ist (s. 4.2.2 und 4.2.3), ist von diesem Betrag auszugehen (BFH, BStBl 1981 II S. 432).

Der Gewinn, der infolge der Auflösung der im ausgeschiedenen Wirtschaftsgut enthaltenen stillen Rücklagen entsteht, ist voll zu versteuern, wenn die Anschaffung oder Herstellung eines Ersatzwirtschaftsguts am Schluß des Wirtschaftsjahres, in dem das Wirtschaftsgut ausgeschieden ist, nicht ernsthaft geplant und nicht zu erwarten ist. Das gleiche gilt, wenn ein bewegliches Ersatzwirtschaftsgut bis zum Schluß des ersten Wirtschaftsjahres oder wenn ein Grundstück oder ein Gebäude bis zum Schluß des zweiten Wirtschaftsjahres, das auf das Wirtschaftsjahr der Bildung der Rücklage für Ersatzbeschaffung folgt, weder angeschafft oder hergestellt noch bestellt worden ist. Unter besonderen Umständen kann diese Frist von einem Jahr bzw. von zwei Jahren im Einzelfall angemessen verlängert werden (Abschn. 35 Abs. 7 EStR).

Wird die erhaltene Entschädigung nicht in voller Höhe zur Beschaffung eines Ersatzwirtschaftsguts verwendet, so darf die Rücklage nur anteilig auf das Ersatzwirtschaftsgut übertragen werden (BFH, BStBl 1969 II S. 310). Siehe dazu im einzelnen das Beispiel in Abschn. 35 Abs. 5 EStR. Die Fortführung des nicht verbrauchten Teils der Rücklage kommt im Rahmen der genannten Fristen nur dann in Betracht, wenn es sich bei der Ersatzbeschaffung um einen Teilersatz gehandelt hat und eine ergänzende Ersatzbeschaffung ernstlich geplant ist (BFH, BStBl 1969 II S. 310).

Scheidet ein Wirtschaftsgut gegen Erhalt eines Ersatzwirtschaftsguts und einer zusätzlichen Barentschädigung aus, dürfen die aufgelösten stillen Reserven nur anteilig auf das Ersatzwirtschaftsgut übertragen werden.

Beispiel:

A überträgt der Stadt B zur Abwendung einer drohenden Enteignung ein 2000 m² großes Grundstück, dessen Buchwert 50 000 DM beträgt. Hierfür erhält er 50 000 DM in bar sowie ein 1000 m² großes Ersatzgrundstück im Wert von 70 000 DM.

Die aufgelösten stillen Reserven betragen 120 000 DM $\times$ 50 000 DM = 70 000 DM. Hiervon kann A $^7\!/_{12}$ = 40 833 DM auf das Ersatzgrundstück übertragen. In Höhe der verbleibenden stillen Reserven von 29 167 DM kann A eine Rücklage für Ersatzbeschaffung bilden, wenn die Anschaffung eines weiteren Ersatzgrundstücks ernsthaft beabsichtigt ist (BFH, BStBl 1957 III S. 386).

Die vorstehenden Grundsätze sind auch anzuwenden, wenn ein Wirtschaftsgut infolge höherer Gewalt oder eines behördlichen Eingriffs beschädigt wird und die dafür gewährte Entschädigung den zu berücksichtigenden Schaden übersteigt. An die Stelle des Zeitpunkts der Ersatzbeschaffung tritt dabei der Zeitpunkt der Instandsetzung (Abschn. 35 Abs. 10 EStR).

Beispiel:

Ein Gebäude des Betriebsvermögens, das mit 400 000 DM zu Buch steht, wird im Jahr 01 durch Brand zu 10 v. H. beschädigt. Die Feuerversicherung zahlt im Jahr 02 eine Entschädigung von 60 000 DM; der Steuerpflichtige läßt den Schaden in diesem Jahr mit einem Reparaturaufwand von 52 000 DM beseitigen.

Zum 31. 12. 01 hat er den Versicherungsanspruch zu aktivieren. In Höhe der aufgedeckten Reserven von (60 000 DM $\times$ 40 000 DM =) 20 000 DM kann er eine Rücklage für Ersatzbeschaffung bilden (RFH, RStBl 1938 S. 1062). Diese wird im Jahr 02 insoweit von dem Reparaturaufwand abgezogen, als dieser den anteiligen Buchwert übersteigt: 52 000 DM $\times$ 40 000 DM = 12 000 DM. In Höhe der verbleibenden 8000 DM ist die Rücklage aufzulösen; insoweit entsteht ein außerordentlicher Ertrag (Abschn. 35 Abs. 10 EStR).

Land- und Forstwirte, Gewerbetreibende und selbständig Tätige, die den Gewinn nach § 4 Abs. 3 EStG ermitteln, können entsprechend verfahren (Abschn. 35 Abs. 8 EStR). Die einfache Einnahmeüberschußrechnung bedingt dabei eine andere verfahrensmäßige Behandlung, und zwar sind sämtliche Entschädigungsleistungen Betriebseinnahmen und der noch nicht abgesetzte Betrag der Anschaffungs- oder Herstellungskosten des ausgeschiedenen Wirtschaftsguts eine Betriebsausgabe. Die durch eine Entschädigungsleistung offengelegte stille Reserve wird in der Weise auf das Ersatzwirtschaftsgut übertragen, daß sie im Wirtschaftsjahr der Ersatzbeschaffung von den Anschaffungs- oder Herstellungskosten des Ersatzwirtschaftsguts sofort voll abgesetzt wird. Der Restbetrag ist auf die Gesamtnutzungsdauer des Ersatzwirtschaftsguts zu verteilen. Fallen zeitlich das Ausscheiden des Wirtschaftsguts aus dem Betriebsvermögen, die Entschädigungsleistung und die Schadensbeseitigung in verschiedene Wirtschaftsjahre, so kann der Schaden in dem Wirtschaftsjahr berücksichtigt werden, in dem die Entschädigung geleistet wird, wenn die Entschädigung nicht in dem Wirtschaftsjahr zufließt, in dem der Schaden entstanden ist; andererseits kann der Schaden und auch die Entschädigungsleistung in dem Wirtschaftsjahr berücksichtigt werden, in dem der Schaden beseitigt wird, wenn der Schaden nicht in dem Wirtschaftsjahr beseitigt wird, in dem er eingetreten ist oder in dem die Entschädigung gezahlt wird. Die zeitlichen Fristen für die Beseitigung des Schadens gelten auch bei diesen Steuerpflichtigen entsprechend. Bei Richtsatzschätzungen und bei der Gewinnermittlung nach Durchschnittssätzen gemäß § 13 a EStG ist Abschn. 35 Abs. 9 EStR zu beachten.

4.2.16 Übertragung stiller Reserven bei Veräußerung bestimmter Anlagegüter (§ 6 b EStG)

4.2.16.1 Allgemeines

Außer in den vorstehend behandelten Fällen ist eine Übertragung stiller Reserven auch nach § 6 b EStG zulässig. Nach dieser Vorschrift kann der Gewinn aus der Veräußerung bestimmter Wirtschaftsgüter des Anlagevermögens (nachfolgend als begünstigter Gewinn bezeichnet) unter gewissen Voraussetzungen in voller Höhe oder bis zu einem bestimmten Hundertsatz von den Anschaffungs- oder Herstellungskosten bestimmter neu angeschaffter oder hergestellter Wirtschaftsgüter des Anlagevermögens abgezogen werden, ohne daß es sich dabei um Ersatzwirtschaftsgüter i. S. der oben erwähnten Rechtsprechung handeln muß. Zweck dieser Vorschrift ist es, den Unternehmern die Möglichkeit zu geben, Wirtschaftsgüter des Anlagevermögens, die für den Betrieb nicht mehr benötigt werden oder infolge von Standortverlagerungen oder Strukturveränderungen aufgegeben werden müssen, ohne bzw. mit nur geringer Steuerbelastung zu veräußern und den Veräußerungserlös voll oder zu einem erheblichen Teil zur Finanzierung von betriebsnotwendigen Neuinvestitionen oder zur Rationalisierung oder Modernisierung der Produktionsanlagen zu verwenden.

Liegen sowohl die Voraussetzungen für die Bildung einer Rücklage für Ersatzbeschaffung als auch die Voraussetzungen des § 6 b EStG vor, so hat der Steuerpflichtige die Wahl, von welcher Möglichkeit er Gebrauch machen will.

4.2.16.2 Begünstigte Wirtschaftsgüter

Nach § 6 b EStG ist nur der Gewinn aus der Veräußerung bestimmter Wirtschaftsgüter des Anlagevermögens begünstigt, die in § 6 b Abs. 1 Satz 1 EStG im einzelnen abschließend aufgeführt sind. Eine Ausdehnung auf andere Wirtschaftsgüter kommt insoweit nicht in Betracht (vgl. BFH, BStBl 1989 II S. 1016).

Grund und Boden

Der Begriff „Grund und Boden" umfaßt lediglich den „nackten" Grund und Boden. Bodenschätze, aufstehende Gebäude, Betriebsvorrichtungen und sonstige Anlagen auf und in der Erde sind selbst dann nicht dazuzurechnen, wenn sie fest mit dem Grund und Boden verbunden sind.

Aufwuchs auf oder Anlagen im Grund und Boden mit dem dazugehörigen Grund und Boden, wenn der Aufwuchs oder die Anlagen zu einem land- und forstwirtschaftlichen Betriebsvermögen gehören.

Aufwuchs auf dem Grund und Boden sind alle Pflanzen (z. B. Rebstöcke, Obstbäume und insbesondere das stehende Holz), die auf dem Grund und Boden gewachsen und noch darin verwurzelt sind.

Unter „Anlagen im Grund und Boden" sind insbesondere Be- und Entwässerungsanlagen, Hofbefestigungen, Wirtschaftswege und Brücken zu verstehen.

Der Gewinn aus der Veräußerung dieser Wirtschaftsgüter ist jedoch nur dann begünstigt, wenn sie zu einem land- und forstwirtschaftlichen Betriebsvermögen gehören und mit dem dazugehörigen Grund und Boden veräußert werden. Es sollen damit nur solche Veräußerungen begünstigt werden, die der agrarpolitisch erwünschten Strukturverbesserung in der Land- und Forstwirtschaft zu dienen geeignet sind.

Gebäude

Ein Gebäude ist ein Bauwerk auf eigenem oder fremdem Grund und Boden, das Menschen oder Sachen Schutz gegen äußere Einflüsse gewährt, den Aufenthalt von Menschen gestattet, fest mit dem Grund und Boden verbunden, von einiger Beständigkeit und standfest ist.

Begünstigt sind nicht nur Betriebsgebäude, sondern alle Arten von Gebäuden, also insbesondere auch Wohngebäude. Auch Eigentumswohnungen sind insoweit als Gebäude anzusehen und somit begünstigt (BFH, BStBl 1975 II S. 352). Wie ein Gebäude ist auch ein Nutzungsrecht an einem Gebäude zu behandeln, das vom Stpfl. hergestellt worden und wie ein materielles Wirtschaftsgut mit den Herstellungskosten zu aktivieren ist (Abschn. 42 Abs. 7 EStR).

Abnutzbare bewegliche Wirtschaftsgüter mit einer betriebsgewöhnlichen Nutzungsdauer, d. h. einer gewöhnlichen Nutzungsdauer bzw. Restnutzungsdauer im Betrieb des Steuerpflichtigen (BFH, BStBl 1977 II S. 60) von mindestens 25 Jahren.

Eine betriebsgewöhnliche Nutzungsdauer von mindestens 25 Jahren haben nur wenige bestimmte Wirtschaftsgüter. Die normale maschinelle Ausstattung eines

Unternehmens wird daher regelmäßig nicht begünstigt sein. Durch das Erfordernis einer betriebsgewöhnlichen Nutzungsdauer von mindestens 25 Jahren sollten denn auch insbesondere Strukturbereinigungen in bestimmten Wirtschaftszweigen ermöglicht werden, in denen derartige Wirtschaftsgüter eine besondere Rolle spielen.

Schiffe

Schiffe gehören zwar zu den beweglichen abnutzbaren Wirtschaftsgütern, sie sind aber vom Gesetzgeber gleichwohl gesondert aufgeführt worden, weil ihre Nutzungsdauer in vielen Fällen unter 25 Jahren liegt und weil sie im Interesse der notwendigen Modernisierung des Schiffsparks der deutschen Reedereien auf alle Fälle in die Vergünstigung des § 6 b EStG einbezogen werden sollten. Wegen des Begriffs „Schiffe" sei hier auf die Anweisung in Abschn. 41 a Abs. 5 EStR hingewiesen. Die Veräußerung des aus dem Abwracken eines Schiffs im eigenen Betrieb gewonnenen Schrotts steht nicht der Veräußerung eines Schiffs gleich und ist, da der Schrott Umlaufvermögen ist, auch sonst nicht nach § 6 b EStG begünstigt (BFH, BStBl 1979 II S. 409).

Anteile an Kapitalgesellschaften

Besonders bedeutsam ist die Aufnahme von Anteilen an Kapitalgesellschaften in den Katalog der Wirtschaftsgüter, deren Veräußerungsgewinn übertragen werden kann. Kapitalgesellschaften sind Aktiengesellschaften, Kommanditgesellschaften auf Aktien, GmbH's, bergrechtliche Gewerkschaften und Kolonialgesellschaften (§ 1 Abs. 1 Nr. 1 KStG), nicht dagegen Genossenschaften, Versicherungsvereine a. G. und sonstige juristische Personen. Ob es sich um eine inländische oder ausländische Kapitalgesellschaft handelt, ist in diesem Zusammenhang – d. h. bei der Veräußerung – ohne Bedeutung. Zu den Anteilen an Kapitalgesellschaften gehören wie in § 17 EStG auch Anwartschaften (Bezugsrechte, Umtauschrechte, z. B. aufgrund von Wandelschuldverschreibungen) auf entsprechende Beteiligungen (BFH, BStBl 1976 II S. 288). Nicht begünstigt ist die Veräußerung anderer, insbesondere festverzinslicher Wertpapiere.

Lebendes Inventar land- und forstwirtschaftlicher Betriebe im Zusammenhang mit einer Betriebsumstellung

Bei einer Veräußerung von lebendem Inventar ist der entstehende Veräußerungsgewinn nur dann begünstigt, wenn das lebende Inventar im Zusammenhang mit einer Betriebsumstellung veräußert wird. Eine Betriebsumstellung liegt nur bei einer wesentlichen Änderung der landwirtschaftlichen Betriebsorganisation (z. B. Umstellung von Milchwirtschaft auf Schweinemast) vor (Abschn. 41 a Abs. 7 EStR).

4.2.16.3 Begünstigte Reinvestitionsobjekte

Die Vorschrift des § 6 b Abs. 1 Satz 2 EStG bestimmt im einzelnen abschließend (vgl. BFH, BStBl 1989 II S. 1016), auf welche Wirtschaftsgüter die bei der Veräußerung eines begünstigten Wirtschaftsguts aufgedeckten stillen Reserven übertragen werden können.

Da diese Vorschrift in letzter Zeit wiederholt geändert worden ist, soll im folgenden nur auf die Übertragungsmöglichkeiten näher eingegangen werden, die für Gewinne aus Veräußerungen bestehen, die nach dem 31. 12. 1989 erfolgt sind oder erfolgen. Wegen der Übertragungsmöglichkeiten für Gewinne aus vor dem 1. 1. 1989 erfolgten Veräußerungen Hinweis auf die 15. Auflage dieses Buches mit Anhang.

Die danach bestehenden Übertragungsmöglichkeiten ergeben sich im einzelnen aus der nachfolgend abgedruckten Übersicht (vgl. Abschn. 41 b Abs. 7 und 8 EStR).

Begünstigt ist nur die Anschaffung oder Herstellung eines Wirtschaftsguts. Die Einlage eines Wirtschaftsguts ist nicht begünstigt (BFH, BStBl 1985 II S. 250). Der Anschaffung oder Herstellung von Gebäuden oder Schiffen steht in diesem Zusammenhang ihre Erweiterung, ihr Ausbau oder ihr Umbau gleich. Ein Abzug ist in diesem Fall jedoch nur von dem Aufwand für die Erweiterung, den Ausbau oder den Umbau der Gebäude oder Schiffe zulässig. Ein Abzug von dem bisherigen Buchwert eines Gebäudes oder Schiffes kommt daher nicht in Betracht.

Eine Übertragung aufgedeckter stiller Reserven auf Anteile an Kapitalgesellschaften ist seit dem 1. 1. 1990 nur noch zulässig, wenn diese Anteile von einer Unternehmensbeteiligungsgesellschaft angeschafft worden sind bzw. angeschafft werden, die nach dem Gesetz über Unternehmensbeteiligungsgesellschaften vom 17. 12. 1986 (BGBl 1986 I S. 2488) anerkannt ist. Wenn nicht Aktien der Unternehmensbeteiligungsgesellschaft öffentlich angeboten worden sind, haben der Widerruf der Anerkennung und der Verzicht auf die Anerkennung Wirkung für die Vergangenheit. Eine erfolgte Übertragung stiller Reserven auf Anteile an Kapitalgesellschaften, die von einer Unternehmensbeteiligungsgesellschaft angeschafft worden sind, ist daher in einem solchen Falle rückgängig zu machen.

4.2.16.4 Die Übertragung aufgedeckter stiller Reserven

4.2.16.4.1 Allgemeines

Die Begünstigung des § 6 b EStG besteht darin, daß der Steuerpflichtige im Rahmen der unter 4.2.16.3 dargestellten Möglichkeiten den durch die Veräußerung eines begünstigten Wirtschaftsguts entstandenen Gewinn bis zu einer festgelegten Höhe von den Anschaffungs- oder Herstellungskosten der von ihm angeschafften oder hergestellten Wirtschaftsgüter abziehen kann. Sofern es sich nicht um die Veräußerung von Grund und Boden, Gebäuden, Aufwuchs auf oder Anlagen im Grund und Boden handelt, kann der Gewinn jedoch nur zu 50 v. H. erfolgsneutral auf neu angeschaffte oder hergestellte Wirtschaftsgüter übertragen werden. In diesen Fällen unterliegt der Gewinn in Höhe von 50 v. H. in jedem Fall sofort der Besteuerung (§ 6 b Abs. 1 EStG).

Nach § 6 b Abs. 1 EStG kann dieser Abzug nur im Wirtschaftsjahr der Veräußerung und lediglich von den Anschaffungs- oder Herstellungskosten der in diesem oder dem vorangegangenen Wirtschaftsjahr angeschafften oder hergestellten Wirtschaftsgüter erfolgen.

Da es dem Steuerpflichtigen jedoch vielfach nicht möglich sein wird, bereits im Jahr der Veräußerung eines begünstigten Wirtschaftsguts geeignete Reinvestitionsobjekte anzuschaffen oder herzustellen, ist in § 6 b Abs. 3 EStG ferner zugelassen, daß der Steuerpflichtige den begünstigten Gewinn im Wirtschaftsjahr der Veräußerung zunächst einer den steuerlichen Gewinn mindernden Rücklage zuführen kann. Der Steuerpflichtige hat sodann die Möglichkeit, einen Betrag bis zur Höhe dieser Rücklage von den Anschaffungs- oder Herstellungskosten geeigneter Wirtschaftsgüter abzuziehen, die in den folgenden vier bzw. sechs Wirtschaftsjahren angeschafft oder hergestellt werden. Die Rücklage ist in diesem Fall zugunsten des Gewinns aufzulösen.

4.2.16.4.2 Gegenstand der Übertragung

Abgezogen werden kann nach § 6 b EStG ein Betrag bis zu 50 v. H. bzw. bis zur vollen Höhe des bei der Veräußerung eines begünstigten Wirtschaftsguts entstandenen Gewinns.

Veräußerung ist die entgeltliche Übertragung des wirtschaftlichen Eigentums an einem Wirtschaftsgut. Das wirtschaftliche Eigentum ist in dem Zeitpunkt übertragen, in dem die Verfügungsmacht (Herrschaftsgewalt) auf den Erwerber übergeht. In diesem Zeitpunkt scheidet das Wirtschaftsgut bestandsmäßig aus dem Betriebsvermögen des veräußernden Steuerpflichtigen aus und darf dementsprechend (auch handelsrechtlich) nicht mehr bilanziert werden. Ohne Bedeutung ist, ob das Wirtschaftsgut freiwillig oder unter Zwang veräußert wird. Die Veräußerung setzt den Übergang eines Wirtschaftsguts von einer Person auf eine andere voraus. Auch der Tausch von Wirtschaftsgütern ist eine Veräußerung. Etwas anderes gilt nur, wenn das eingetauschte Wirtschaftsgut zum notwendigen Privatvermögen gehört oder wenn das hingegebene Wirtschaftsgut der Tilgung einer privaten Schuld dient. Hier wird das hingegebene Wirtschaftsgut nicht veräußert, sondern entnommen (BFH, BStBl 1982 II S. 18). Die Überführung von Wirtschaftsgütern aus einem Betrieb in einen anderen Betrieb des Steuerpflichtigen und die Überführung von Wirtschaftsgütern aus dem Betriebsvermögen in das Privatvermögen sowie das Ausscheiden von Wirtschaftsgütern infolge höherer Gewalt sind ebenfalls keine Veräußerungen (Abschn. 41 a Abs. 8 EStR). Eine Veräußerung kann auch in dem Ausscheiden eines Mitunternehmers aus einer Personengesellschaft zu sehen sein. Das Ausscheiden wird einkommensteuerlich so angesehen, als wenn der Ausscheidende seine Anteile an den Wirtschaftsgütern des Betriebs auf einen Rechtsnachfolger überträgt (BFH, BStBl 1980 II S. 43). Veräußert eine Personengesellschaft ein Wirtschaftsgut aus dem Gesellschaftsvermögen an einen Gesellschafter zu Bedingungen, die bei entgeltlichen Veräußerungen zwischen Fremden üblich sind, und wird das Wirtschaftsgut bei dem Erwerber Privatvermögen, so ist der dabei realisierte Gewinn regelmäßig insgesamt ein begünstigungsfähiger Veräußerungsgewinn im Sinne des § 6 b EStG; er ist, auch soweit der Erwerber als Gesellschafter am Vermögen der veräußernden Personengesellschaft beteiligt ist, kein Entnahmegewinn, der nicht begünstigungsfähig wäre (BFH, BStBl 1981 II S. 84).

Veräußerungsgewinn i. S. des § 6 b EStG ist der Betrag, um den der Veräußerungserlös nach Abzug der Veräußerungskosten den Buchwert übersteigt, mit dem das veräußerte Anlagegut im Zeitpunkt der Veräußerung anzusetzen gewesen wäre (§ 6 b Abs. 2 EStG). Gewinne, die lediglich anläßlich der Veräußerung begünstigter Wirtschaftsgüter erzielt werden, sind damit nicht als Veräußerungsgewinn i. S. des § 6 b EStG anzusehen und somit nicht übertragbar (BFH, BStBl 1973 II S. 840). Buchwert ist der Wert, der sich für das Wirtschaftsgut im Zeitpunkt seiner Veräußerung ergeben würde, wenn für diesen Zeitpunkt eine Bilanz aufzustellen wäre. Das bedeutet, daß bei abnutzbaren Anlagegütern auch noch AfA nach § 7 EStG sowie etwaige Sonderabschreibungen für den Zeitraum vom letzten Bilanzstichtag bis zum Veräußerungszeitpunkt vorgenommen werden können (Abschn. 41 a Abs. 9 EStR).

4.2.16.4.3 Abzug des Gewinns

Der Abzug von den Anschaffungs- oder Herstellungskosten eines Wirtschaftsguts nach § 6 b Abs. 1 EStG kann nur vorgenommen werden

– in dem Wirtschaftsjahr, in dem das Wirtschaftsgut angeschafft oder hergestellt worden ist, oder

– in dem Wirtschaftsjahr, das diesem Wirtschaftsjahr vorangegangen ist.

In beiden Fällen hat der Abzug nach § 6 b Abs. 1 EStG im Jahr der Veräußerung zu erfolgen. Soll der Abzug bei einem Wirtschaftsgut erfolgen, das in dem Wirtschaftsjahr, das dem Wirtschaftsjahr der Veräußerung vorangegangen ist, angeschafft oder hergestellt worden ist, so ist der Abzug nach § 6 b Abs. 5 EStG von dem Buchwert vorzunehmen, mit dem das Wirtschaftsgut am Schluß des Wirtschaftsjahres der Anschaffung oder Herstellung ausgewiesen ist.

Der Abzug braucht erst bei der Bilanzierung und nicht bereits bei der laufenden Buchführung vorgenommen zu werden, so daß die Anschaffungskosten der Wirtschaftsgüter nach den Verhältnissen am Bilanzstichtag maßgeblich sind. Dies ist z. B. von Bedeutung, wenn dem Stpfl. am Bilanzstichtag nur noch ein Bruchteil eines während des Wirtschaftsjahres angeschafften Wirtschaftsguts gehört (BFH, BStBl 1981 II S. 430).

4.2.16.4.4 Wirkung der Übertragung

Durch die Übertragung des begünstigten Veräußerungsgewinns oder der aufgelösten steuerfreien Rücklage auf die Anschaffungs- oder Herstellungskosten von Neuinvestitionen werden deren Anschaffungs- oder Herstellungskosten entsprechend gemindert. Der Abzug aufgedeckter stiller Reserven von den Anschaffungs- oder Herstellungskosten eines Wirtschaftsguts und die Rücklagenbildung nach § 6 b Abs. 3 EStG (s. dazu 4.2.16.4.5) sind nur in Höhe des jeweils begünstigten Gewinns zulässig. Der geminderte Betrag gilt nach § 6 b Abs. 6 EStG als Anschaffungs- oder Herstellungskosten der betreffenden neuen Anlagegüter. Im Fall der Veräußerung oder Entnahme dieser Wirtschaftsgüter werden somit entsprechend höhere stille Reserven aufgedeckt. Bei abnutzbaren Wirtschaftsgütern hat die Kürzung der Anschaffungs- oder Herstellungskosten darüber hinaus zur Folge, daß die künftigen AfA-Beträge entsprechend niedriger sind und der zu versteuernde Gewinn sich infolgedessen entsprechend erhöht. Die Übertragung stiller Reserven nach § 6 b EStG bewirkt somit ebenso wie eine Übertragung nach Abschn. 35 EStR lediglich eine mehr oder weniger langfristige Steuerstundung. Infolge der Progression des Steuertarifs kann allerdings in bestimmten Fällen auch eine endgültige Steuerermäßigung eintreten.

Veräußerung von	Höhe des übertragungsfähigen Gewinns	Übertragung auf				
		Grund und Boden	Gebäude	Aufwuchs auf oder Anlagen im Grund und Boden*	Abnutzbare bewegliche Wirtschaftsgüter (auch Schiffe und lebendes Inventar)	Anteile an Kapitalgesellschaften**
Grund u. Boden	100 v. H.	ja	ja	ja	ja	nein
Aufwuchs auf oder Anlagen im Grund u. Boden*	100 v. H.	nein	ja	ja	ja	nein
Gebäude	100 v. H.	nein	ja	nein	ja	nein
Abnutzbare bewegliche Wirtschaftsgüter (Nutzungsdauer 25 Jahre)	50 v. H.	nein	nein	nein	ja	nein
Schiffe	50 v. H.	nein	nein	nein	ja	nein
Anteile an Kapitalgesellschaften	50 v. H. bzw. 100 v. H.***	nein	ja	nein	ja	ja
Lebendes Inventar land- und forstwirtschaftlicher Betriebe	50 v. H.	nein	nein	nein	ja	nein

* eines land- und forstwirtschaftlichen Betriebsvermögens mit dem dazugehörenden Grund und Boden
** Voraussetzung ist jedoch, daß diese Anteile durch eine Unternehmensbeteiligungsgesellschaft angeschafft worden sind, die nach dem Gesetz über Unternehmensbeteiligungsgesellschaften vom 17. 12. 1986 (BGBl 1986 I S. 2488) anerkannt ist.
*** Sofern Veräußerung durch anerkannte Unternehmensbeteiligungsgesellschaften erfolgt.

4.2.16.5 Bildung und Auflösung sowie Verzinsung der Rücklage

Soweit der Steuerpflichtige den begünstigten Gewinn nicht schon im Wirtschaftsjahr der Veräußerung auf in diesem Wirtschaftsjahr oder dem vorangegangenen Wirtschaftsjahr angeschaffte oder hergestellte Anlagegüter übertragen hat, kann er ihn, worauf oben bereits hingewiesen wurde, nach § 6 b Abs. 3 EStG ganz oder teilweise in eine gewinnmindernde Rücklage einstellen. Ob der Steuerpflichtige den Veräußerungserlös zu reinvestieren beabsichtigt, ist für die Bildung der

Rücklage ohne Bedeutung. Selbst wenn der Steuerpflichtige von vornherein nicht die Absicht hat, den Veräußerungserlös zu reinvestieren, darf er den Veräußerungsgewinn in eine Rücklage einstellen.

Das ihm insoweit eingeräumte Bilanzierungswahlrecht kann der Steuerpflichtige nur durch den entsprechenden Ausweis in der (Handels- oder Steuer-)Bilanz ausüben. Ein Ausweis in Konten der Buchführung oder anderen Unterlagen reicht zur Ausübung des Bilanzierungswahlrechts noch nicht aus (vgl. BFH, BStBl 1990 II S. 426).

Veräußert der Steuerpflichtige seinen Betrieb, so kann er zwar ebenfalls eine Rücklage bilden und für die Zeit weiterführen, für die sie ohne Veräußerung des Betriebs zulässig gewesen wäre. Entsprechendes gilt, wenn zum Betriebsvermögen eines veräußerten Betriebs eine Rücklage i. S. des § 6 b Abs. 3 EStG gehört. Voraussetzung für die Bildung und Weiterführung der Rücklage soll jedoch in diesen Fällen nach Abschn. 41 b Abs. 10 EStR sein, daß der Steuerpflichtige die Absicht erkennen läßt, mit den Vermögenswerten, die er bei der Veräußerung erlöst hat, einen Betrieb weiterzuführen.

Die Bildung einer gewinnmindernden Rücklage ist nur zulässig, wenn auch in der handelsrechtlichen Jahresschlußbilanz ein entsprechender Passivposten in mindestens gleicher Höhe ausgewiesen wird (§ 5 Abs. 1 Satz 2 EStG). Macht der Steuerpflichtige den Abzug in einem der folgenden Wirtschaftsjahre in der Handelsbilanz durch eine Zuschreibung wieder rückgängig, wird hierdurch auch der Buchwert des Wirtschaftsguts in der Steuerbilanz erhöht (Abschn. 41 b Abs. 2 Satz 2 EStR).[17] Soweit Steuerpflichtige keine Handelsbilanz aufstellen und dazu auch nicht verpflichtet sind, brauchen sie die Rücklage nur in der Steuerbilanz auszuweisen (z. B. Land- und Forstwirte). Die Rücklagen nach § 6 b Abs. 3 EStG können in der Bilanz in einem Posten zusammengefaßt werden. In der Buchführung muß aber im einzelnen nachgewiesen werden, bei welchen Wirtschaftsgütern der in die Rücklage gestellte Gewinn entstanden und auf welche Wirtschaftsgüter er übertragen bzw. wann die Rücklage gewinnerhöhend aufgelöst worden ist (Abschn. 41 b Abs. 3 und 4 EStR).

Wenn im Fall der Betriebsveräußerung eine Rücklage gebildet oder eine bereits bestehende Rücklage weitergeführt werden soll, so soll der Steuerpflichtige nach Abschn. 41 b Abs. 10 EStR nicht nur die Rücklage selbst, sondern auch die Vermögenswerte, die er bei der Veräußerung erlöst hat, buch- und bestandsmäßig weiter nachzuweisen haben.

Die Rücklage kann in den folgenden vier Wirtschaftsjahren ganz oder teilweise auf in diesen Wirtschaftsjahren angeschaffte oder hergestellte Anlagegüter übertragen und dadurch aufgelöst werden. Die Frist von vier Jahren verlängert sich bei neu hergestellten Gebäuden auf sechs Jahre, wenn mit der Herstellung vor

---

17 Dies soll nach Auffassung der FinVerw auch schon vor dem Inkrafttreten des § 6 Abs. 3 EStG gelten (a. A. BFH, BStBl 1986 II S. 324).

Ablauf des vierten auf die Bildung der Rücklage folgenden Wirtschaftsjahres begonnen worden ist (Beginn der Herstellung bei Gebäuden = auch Stellung des Bauantrags – BFH, BStBl 1982 II S. 63). Diese sechsjährige Frist gilt mithin nicht für die Erweiterung, den Ausbau oder den Umbau eines Gebäudes.

Nach Ablauf der Frist von vier Jahren kann die Rücklage jedoch nur noch in Höhe der zu erwartenden Herstellungskosten fortgeführt werden (BFH, BStBl 1990 II S. 290).

Darüber hinaus gesteht die Finanzverwaltung in Abschn. 41 b Abs. 6 EStR 1987 dem Steuerpflichtigen auch das Recht zu, die Rücklage innerhalb der vorbezeichneten Fristen jederzeit ganz oder teilweise zugunsten des laufenden Gewinns aufzulösen. Nachdem der BFH (vgl. BStBl 1990 II S. 290, 291) diese Anweisung als zweifelhaft bezeichnet hatte, hat die Finanzverwaltung diese Regelung nur noch für Rücklagen aufrecht erhalten, die auf Grund von vor dem 1. 1. 1990 erfolgten Veräußerungen gebildet worden sind (vgl. Abschn. 41 b Abs. 6 Satz 4 EStR).

Soweit die Rücklage innerhalb der Frist von vier bzw. sechs Jahren nicht durch Übertragung auf die Anschaffungs- oder Herstellungskosten der in diesen Jahren angeschafften oder hergestellten Wirtschaftsgüter oder zugunsten des laufenden Gewinns aufgelöst worden ist, muß sie am Schluß des vierten bzw. sechsten auf ihre Bildung folgenden Wirtschaftsjahrs gewinnerhöhend aufgelöst werden. Gewinnerhöhende Auflösung bedeutet nicht, daß der Auflösungsbetrag zu diesem Zeitpunkt auch zu versteuern sei (BFH, BStBl 1980 II S. 577). Die Fristsetzung für die Übertragung oder Auflösung der Rücklage ist zwingend. Es ist also unerheblich, ob es dem Steuerpflichtigen objektiv unmöglich war, die beabsichtigten Neuinvestitionen rechtzeitig durchzuführen, oder ob er die Frist schuldhaft überschritten hat. Da § 6 b EStG eine Ausnahme von den allgemeinen Bestimmungen über die Gewinnermittlung bildet, darf der Anwendungsbereich dieser Vorschrift auch nicht aus Billigkeitsgründen ausgedehnt werden.

Soweit eine nach § 6 b Abs. 3 EStG gebildete steuerfreie Rücklage in einem nachfolgenden Wirtschaftsjahr gewinnerhöhend aufgelöst wird, ohne daß ein entsprechender Betrag von den Anschaffungs- oder Herstellungskosten eines Reinvestitionsobjekts abgezogen wird, sieht § 6 b Abs. 7 EStG, um den mit der Rücklage verbundenen Vorteil rückgängig zu machen, eine Verzinsung des Steuerbetrags vor, der sich durch die Auflösung der Rücklage ergibt. Aus steuertechnischen Gründen wird diese Verzinsung dadurch erreicht, daß der Gewinn des Wirtschaftsjahres, in dem die Rücklage aufgelöst wird, für jedes volle Wirtschaftsjahr, in dem die Rücklage bestanden hat, um 6 v. H. des aufgelösten Rücklagenbetrags erhöht wird. Dabei macht es keinen Unterschied, ob die Rücklage freiwillig aufgelöst wird oder wegen Ablaufs der entsprechenden Fristen aufgelöst werden muß. Das Wirtschaftsjahr der Auflösung zählt dabei auch dann als volles Wirtschaftsjahr, wenn die Rücklage während dieses Wirtschaftsjahres aufgelöst worden ist (vgl. BFH, BStBl 1990 II S. 290).

4.2.16.6 Voraussetzungen der Übertragung stiller Reserven bzw. der Bildung einer Rücklage

Der bei der Veräußerung eines begünstigten Wirtschaftsguts angefallene begünstigte Gewinn kann nur dann von den Anschaffungs- oder Herstellungskosten eines als Reinvestitionsobjekt geeigneten Wirtschaftsguts abgezogen bzw. einer steuerfreien Rücklage zugeführt werden, wenn die nachfolgend erörterten allgemeinen Voraussetzungen vorliegen.

1. Der Steuerpflichtige muß den Gewinn zunächst nach § 4 Abs. 1 oder § 5 EStG ermitteln (§ 6 b Abs. 4 Nr. 1 EStG).

2. Nach § 6 b Abs. 4 Nr. 5 EStG müssen sich die Übertragung bzw. die Bildung und Auflösung der Rücklage in der Buchführung lückenlos verfolgen lassen.

3. Die veräußerten Wirtschaftsgüter müssen noch im Zeitpunkt der Veräußerung und bis dahin mindestens sechs Jahre ununterbrochen zum Anlagevermögen einer inländischen Betriebsstätte gehört haben (BFH, BStBl 1975 II S. 352, 1981 II S. 527). Die Voraussetzung der mindestens sechsjährigen Zugehörigkeit entfällt lediglich für das zum Anlagevermögen eines land- und forstwirtschaftlichen Betriebs gehörende lebende Inventar sowie für Anteile von Minderheitsgesellschaftern, die bei der Umwandlung einer Kapitalgesellschaft aus der umgewandelten Kapitalgesellschaft ausscheiden (§ 17 UmwStG 1977). Auch in diesen Fällen müssen die veräußerten Wirtschaftsgüter jedoch im Zeitpunkt der Veräußerung noch Anlagevermögen einer inländischen Betriebsstätte gewesen sein (vgl. dazu Abschn. 32 EStR). Durch das Erfordernis einer mindestens sechsjährigen Zugehörigkeit sollen Geschäfte spekulativer Art von der Steuerbegünstigung des § 6 b EStG ausgeschlossen werden.

Die sechsjährige Zugehörigkeit i. S. des § 6 b Abs. 4 Nr. 2 EStG ist nur gegeben, wenn das Wirtschaftsgut sechs Jahre ununterbrochen zum Betriebsvermögen einer inländischen Betriebsstätte des veräußernden Steuerpflichtigen gehört hat. Hat der Steuerpflichtige mehrere inländische Betriebsstätten oder Betriebe, deren Einkünfte zu verschiedenen Einkunftsarten gehören, so ist die Sechsjahresfrist auch dann gewahrt, wenn das veräußerte Wirtschaftsgut innerhalb der letzten sechs Jahre zum Betriebsvermögen verschiedener Betriebe oder Betriebsstätten des Steuerpflichtigen gehörte (Abschn. 41 c Abs. 1 EStR). § 6 b EStG ist keine „objektbezogene Steuervergünstigung". Die Voraussetzungen sind demnach nicht schon dann erfüllt, wenn das veräußerte Wirtschaftsgut sechs Jahre lang zum Anlagevermögen einer bestimmten oder irgendeiner inländischen Betriebsstätte gehörte, gleichgültig, wem diese Betriebsstätte einkommensteuerrechtlich zuzurechnen ist. Vielmehr muß das Wirtschaftsgut mindestens sechs Jahre ununterbrochen zum Betriebsvermögen des „veräußernden Steuerpflichtigen" gehört haben (personenbezogene Steuervergünstigung; BFH, BStBl 1981 II S. 430). Demgemäß unterbricht auch die Veräußerung des gesamten Gewerbebetriebs (oder eines Teilbetriebs bzw. Mitunternehmeranteils) die Sechsjahresfrist.

Bei Veräußerung von Wirtschaftsgütern, die zum Gesellschaftsvermögen einer Personengesellschaft gehören, ist die Sechsjahresfrist insoweit nicht gewahrt, als die Wirtschaftsgüter infolge einer entgeltlichen Änderung der personellen Zusammensetzung oder der Beteiligungsverhältnisse der Personengesellschaft anteilig Gegenstand entgeltlicher Veräußerungs- und Anschaffungsgeschäfte der Gesellschafter waren (BFH, BStBl 1987 II S. 782).

Werden hingegen beim Übergang eines Betriebs, Teilbetriebs oder Mitunternehmeranteils die Buchwerte fortgeführt (z. B. bei der unentgeltlichen Übertragung eines Betriebs i. S. des § 7 Abs. 1 EStDV, bei der Einbringung eines Einzelunternehmens oder des Unternehmens einer Personengesellschaft in eine Personen- oder Kapitalgesellschaft, bei der Verschmelzung von Kapitalgesellschaften, Genossenschaften oder Versicherungsvereinen auf Gegenseitigkeit), so ist für die Berechnung der Sechsjahresfrist die Besitzzeit des Rechtsvorgängers der Besitzzeit des Rechtsnachfolgers hinzuzurechnen (Abschn. 41 c Abs. 1 und 6 EStR).

Die Dauer der Zugehörigkeit eines Wirtschaftsguts zum Betriebsvermögen wird durch nachträgliche Herstellungskosten nicht berührt, außer, wenn das Wirtschaftsgut durch nachträgliche Herstellungskosten so entscheidend über seinen bisherigen Zustand hinaus verändert wird, daß wirtschaftlich betrachtet ein neues Wirtschaftsgut entstanden ist (Abschn. 41 c Abs. 3 EStR). Ist durch eine Generalüberholung ein neues Wirtschaftsgut entstanden, so müssen seit der Generalüberholung sechs Jahre vergangen sein und das Wirtschaftsgut seit dieser Zeit ununterbrochen zum Anlagevermögen einer inländischen Betriebsstätte des veräußernden Steuerpflichtigen gehört haben (Abschn. 41 c Abs. 2 EStR).

Bei einem Ersatzwirtschaftsgut i. S. des Abschn. 35 EStR ist die Sechsjahresfrist erfüllt, wenn das zwangsweise ausgeschiedene Wirtschaftsgut und das Ersatzwirtschaftsgut zusammen sechs Jahre zum Anlagevermögen des Stpfl. gehört haben. Entsprechendes gilt bei der Veräußerung von Wirtschaftsgütern, die aufgrund eines funktionsgleichen Tausches (BFH, BStBl 1959 III S. 30) erworben worden sind (Abschnitt 41 c Abs. 5 EStR). Nach der Rechtsprechung des BFH (BStBl 1976 II S. 288, 290) sind auch gleichwertige Wirtschaftsgüter i. S. des § 6 b EStG (z. B. durch Kapitalerhöhung aus Gesellschaftsmitteln entstandene Bezugsrechte auf Aktien und die daraufhin erworbenen Aktien) hinsichtlich der Berechnung der Frist von sechs Jahren als ein Wirtschaftsgut anzusehen (Abschn. 41 c Abs. 4 EStR).

4. Der bei der Veräußerung entstandene begünstigte Gewinn darf bei der Ermittlung des im Inland steuerpflichtigen Gewinns nicht außer Ansatz bleiben (§ 6 b Abs. 4 Nr. 4 EStG).

Begünstigt ist danach nur ein steuerpflichtiger Veräußerungsgewinn; denn § 6 b EStG will nur die steuerpflichtige Aufdeckung stiller Reserven vermeiden. Eine Begünstigung entfällt daher insbesondere für Veräußerungsgewinne, die aufgrund eines Doppelbesteuerungsabkommens außer Ansatz bleiben oder die aufgrund der Freibeträge des § 16 Abs. 4 sowie der §§ 14, 14 a oder 18 Abs. 3 EStG steuerfrei sind. Die Bestimmung des § 6 b Abs. 4 Nr. 4 EStG besagt demgegenüber nicht, daß eine Rücklage nur dann gebildet werden darf, wenn sichergestellt ist, daß ihre Auflösung auch zur Besteuerung des Auflösungsbetrags führt (BFH, BStBl 1980 II S. 577).

5. Die angeschafften oder hergestellten Wirtschaftsgüter, auf die der begünstigte Gewinn bzw. die zunächst gebildete steuerfreie Rücklage übertragen werden sollen, müssen zum Anlagevermögen einer inländischen Betriebsstätte des veräußernden Steuerpflichtigen gehören (§ 6 b Abs. 4 Nr. 3 EStG). Dadurch soll verhindert werden, daß die aufgedeckten stillen Reserven durch die Übertragung endgültig der deutschen Besteuerung entzogen werden können.

Im Hinblick auf die darin zum Ausdruck kommende Zweckbestimmung der Vorschrift des § 6 b EStG können begünstigte Gewinne bzw. eine zunächst gebildete steuerfreie Rücklage nach Auffassung der Finanzverwaltung auch auf Wirtschaftsgüter einer inländischen Betriebsstätte des Steuerpflichtigen nur übertragen werden, wenn und soweit bei der Veräußerung dieser Wirtschaftsgüter die Besteuerung der dabei aufgedeckten stillen Reserven sichergestellt ist. Bei Wirtschaftsgütern, die sich im Ausland befinden, soll dies nach Ansicht der Finanzverwaltung jedoch grundsätzlich nicht der Fall sein.

Da § 6 b EStG eine personenbezogene Steuervergünstigung ist, sind nicht nur Reinvestitionen in demselben Betriebsvermögen begünstigt, sondern auch Reinvestitionen in einem anderen Betriebsvermögen desselben Stpfl. Demgemäß ist es z. B. zulässig, daß begünstigte Gewinne aus der Veräußerung von Wirtschaftsgütern des Sonderbetriebsvermögens eines Gesellschafters von den Anschaffungs- oder Herstellungskosten von Wirtschaftsgütern abgezogen werden, die dieser Gesellschafter für sein Einzelunternehmen angeschafft hat. Ferner dürfen begünstigte Gewinne, die durch die Veräußerung eines Wirtschaftsguts entstehen, das zum Gesellschaftsvermögen einer Personengesellschaft gehört, auch auf Wirtschaftsgüter übertragen werden, die zum Betriebsvermögen eines als Einzelunternehmen geführten Betriebs eines Mitunternehmers gehören, soweit die begünstigten Gewinne auf diesen Mitunternehmer entfallen (BFH, BStBl 1981 II S. 84; Abschn. 41 b Abs. 7 und 8 EStR).

6. Sollen begünstigte Gewinne auf Wirtschaftsgüter übertragen werden, die zu einem land- und forstwirtschaftlichen Betrieb gehören oder der selbständigen Arbeit dienen, so dürfen sie nach § 6 b Abs. 4 letzter Satz EStG nicht bei der Veräußerung von Wirtschaftsgütern eines Gewerbebetriebs entstanden sein. Dadurch soll verhindert werden, daß gewerbliche Gewinne durch Verlagerung auf nicht gewerbesteuerpflichtige Betriebe endgültig der Gewerbesteuer entzogen werden. Zur gewerbesteuerlichen Auswirkung des § 6 b EStG s. BFH, BStBl 1986 II S. 350.

4.2.16.7 Sonderregelung für städtebauliche Maßnahmen

Für Gewinne, die bei der Übertragung von Wirtschaftsgütern des Anlagevermögens i. S. des § 6 b Abs. 1 EStG zur Vorbereitung oder Durchführung von städtebaulichen Sanierungs- oder Entwicklungsmaßnahmen auf eine Gebietskörperschaft, einen Gemeindeverband oder einen anderen in § 6 b Abs. 8 Satz 3

EStG bezeichneten Erwerber entstanden sind, gelten nach § 6 b Abs. 8 EStG die folgenden Besonderheiten:

1. Die Übertragung einer nach § 6 b Abs. 3 EStG gebildeten Rücklage auf Wirtschaftsgüter i. S. des § 6 b Abs. 1 Satz 2 Nrn. 1 bis 4 EStG kann abweichend von § 6 b Abs. 3 Satz 2 EStG grundsätzlich in den auf das Wirtschaftsjahr der Veräußerung folgenden **sieben** Wirtschaftsjahren vorgenommen werden. Bei neu hergestellten Gebäuden verlängert sich diese Frist abweichend von § 6 b Abs. 3 Satz 3 EStG auf **neun** Wirtschaftsjahre, wenn mit ihrer Herstellung vor dem Schluß des siebenten auf die Bildung der Rücklage folgenden Wirtschaftsjahrs begonnen worden ist. Ist die Rücklage am Schluß des 7. bzw. 9. Wirtschaftsjahrs noch vorhanden, so muß sie jedoch in diesem Zeitpunkt gewinnerhöhend aufgelöst werden.

2. Abweichend von § 6 b Abs. 4 Nr. 2 EStG brauchen Wirtschaftsgüter, die nur nach sechsjähriger Zugehörigkeit zum Anlagevermögen einer inländischen Betriebsstätte des veräußernden Steuerpflichtigen zum Kreis der begünstigten Wirtschaftsgüter gehören, nur **zwei** Jahre ununterbrochen zum Betriebsvermögen einer inländischen Betriebsstätte des Steuerpflichtigen gehört haben.

Diese Sonderregelung gilt nicht für den Abzug von Anschaffungs- oder Herstellungskosten von Anteilen an Kapitalgesellschaften oder Schiffen. Sie setzt ferner das Vorliegen einer Bescheinigung der nach Landesrecht zuständigen Behörde voraus (§ 6 b Abs. 9 EStG).

4.2.17 Entsprechende Anwendung des § 6 b EStG bei der Ermittlung des Gewinns nach § 4 Abs. 3 EStG oder nach Durchschnittssätzen (§ 6 c EStG)

Die Vorschrift des § 6 b EStG ist nur für solche Steuerpflichtige anwendbar, die ihren Gewinn nach § 4 Abs. 1 oder nach § 5 EStG ermitteln. Zur Vermeidung unbilliger Härten ist jedoch durch die Vorschrift des § 6 c EStG auch Steuerpflichtigen, die ihren Gewinn zurecht nach § 4 Abs. 3 EStG oder nach Durchschnittssätzen ermitteln, die Übertragung stiller Reserven in beschränktem Umfang gestattet. Diese Vergünstigung gilt auch für Mitglieder einer Realgemeinde i. S. des § 3 Abs. 2 KStG und § 13 Abs. 1 Nr. 4 EStG (BFH, BStBl 1987 II S. 169).

Nach § 6 c EStG können Steuerpflichtige, deren Gewinn nach § 4 Abs. 3 EStG oder deren Einkünfte aus Land- und Forstwirtschaft nach Durchschnittssätzen ermittelt werden, einen Abzug nach § 6 b Abs. 1 und 3 EStG vornehmen, soweit der Gewinn entstanden ist bei der Veräußerung von

a) Grund und Boden, Gebäuden oder

b) Aufwuchs auf oder Anlagen im Grund und Boden mit dem dazugehörigen Grund und Boden, wenn der Aufwuchs oder die Anlagen zu einem land- und forstwirtschaftlichen Betriebsvermögen gehören.

Soweit nach § 6 b Abs. 3 EStG eine Rücklage gebildet werden kann, ist ihre Bildung als Betriebsausgabe (Abzug) und ihre Auflösung als Betriebseinnahme (Zuschlag) zu behandeln.

Da die Anwendung des § 6 c EStG nicht anhand der Buchführung überwacht werden kann, müssen diese Steuerpflichtigen die Wirtschaftsgüter, bei denen ein Abzug von den Anschaffungs- oder Herstellungskosten bzw. von dem an deren Stelle tretenden Buchwert vorgenommen worden ist, in besondere, laufend zu führende Verzeichnisse aufnehmen. In den Verzeichnissen sind der Tag der Anschaffung oder Herstellung, die Anschaffungs- oder Herstellungskosten, der Abzug nach § 6 b Abs. 1 und 3 EStG, die Absetzungen für Abnutzung, die Abschreibungen sowie die Beträge nachzuweisen, die nach § 6 b Abs. 3 EStG als Betriebsausgabe (Abzug) oder Betriebseinnahme (Zuschlag) behandelt worden sind.

Für die Ermittlung des nach § 6 c EStG begünstigten Gewinns gilt § 6 b Abs. 2 EStG entsprechend. Danach ist bei der Veräußerung eines nach § 6 c EStG begünstigten Wirtschaftsguts ohne Rücksicht auf den Zeitpunkt des Zufließens des Veräußerungspreises als Gewinn der Betrag begünstigt, um den der Veräußerungspreis nach Abzug der Veräußerungskosten die Aufwendungen für das veräußerte Wirtschaftsgut übersteigt, die bis zu einer Veräußerung noch nicht als Betriebsausgabe abgesetzt worden sind. Der früher oder später tatsächlich zufließende Veräußerungserlös bleibt außer Betracht, wird also nicht als Betriebseinnahme angesetzt. Wegen der Einzelheiten wird auf das Beispiel in Abschn. 41 d Abs. 2 EStR hingewiesen.

Bei Steuerpflichtigen, deren Einkünfte aus Land- und Forstwirtschaft nach Durchschnittssätzen zu ermitteln sind, gilt nach Abschn. 41 d Abs. 3 EStR 1987 bis zum Veranlagungszeitraum 1989 einschließlich eine Vereinfachungsregelung. Nach dieser Vereinfachungsregelung wird der nach § 6 c EStG begünstigte Gewinn erst mit dem Ablauf des vierten auf das Wirtschaftsjahr der Veräußerung folgenden Wirtschaftsjahres erfaßt und dem Durchschnittsgewinn dieses Wirtschaftsjahres hinzugerechnet. Der hinzugerechnete Gewinn ist dabei um die Anschaffungs- oder Herstellungskosten für die begünstigten Investitionen zu kürzen, die im Wirtschaftsjahr der Veräußerung und in den darauf folgenden vier Wirtschaftsjahren, jeweils während der im § 6 b Abs. 3 EStG genannten Fristen, vorgenommen worden sind.

Beispiel:

Ein Land- und Forstwirt, der seinen Gewinn nach § 13 a EStG ermittelt, hat im Wirtschaftsjahr 01 zu seinem Anlagevermögen gehörenden Grund und Boden veräußert und dabei einen Gewinn von 120 000 DM erzielt. Im Wirtschaftsjahr 02 hat der Steuerpflichtige ein neues Wirtschaftsgebäude errichtet, dessen Herstellungskosten sich auf 100 000 DM belaufen.

Der nach § 6 c Abs. 1 Nr. 1 EStG begünstigte Veräußerungsgewinn ist nach § 6 b Abs. 1 EStG auf das neu errichtete Wirtschaftsgebäude übertragbar.

Dem für das Wirtschaftsjahr 03 ermittelten Durchschnittssatzgewinn nach § 13 a EStG ist ein Betrag in Höhe von (120 000 DM ∕ 100 000 DM =) 20 000 DM hinzuzurechnen.

Zur Behandlung eines nach §§ 6 b, 6 c EStG begünstigten Gewinns bei Wechsel der Gewinnermittlung vgl. Abschn. 41 b Abs. 12 EStR.

Für die Verzinsung gilt der Zeitraum zwischen dem Abzug des für eine Rücklage in Betracht kommenden Betrags als Betriebsausgabe und dem Zuschlag dieses Betrags zum Gewinn als der Zeitraum, in dem die Rücklage bestanden hat (§ 6 c Abs. 1 Nr. 2 EStG).

4.2.18 Befristete Rücklagen bei Erwerb von Betrieben, deren Fortbestand gefährdet ist (§ 6 d EStG)

Um es mittelständischen Unternehmen zu erleichtern, stillgelegte oder von Stillegung bedrohte Unternehmen trotz der damit verbundenen erhöhten Risiken zu übernehmen, hatte der Gesetzgeber in § 6 d EStG bei Vorliegen bestimmter Voraussetzungen für eine begrenzte Zeit die Bildung einer steuerfreien Rücklage bis zur Höhe von 30 v. H. bzw. 40 v. H. des Kaufpreises zugelassen. Wegen der Voraussetzungen für die Bildung einer solchen Rücklage Hinweis auf die Ausführungen zu 4.2.18 der Vorauflage dieses Buches.

Nach § 6 d Abs. 4 EStG ist eine in zulässiger Weise gebildete Rücklage spätestens vom sechsten auf ihre Bildung folgenden Wirtschaftsjahr an mit jährlich mindestens einem Fünftel gewinnerhöhend aufzulösen.

Eine vorzeitige Auflösung ist vorzunehmen, wenn ein erworbener Betrieb, Teilbetrieb oder eine erworbene Betriebsstätte stillgelegt wird. Der durch die Auflösung entstehende Gewinn dürfte in diesen Fällen aber durch die Abschreibungen auf die Anschaffungskosten mehr als ausgeglichen werden.

Eine vorzeitige Auflösung findet auch statt, wenn die Kapitalanlage veräußert oder entnommen wird. Bei Teilentnahme oder -veräußerung ist der entsprechende Teil der Rücklage aufzulösen. Bei erworbenen Anteilen an Kapitalgesellschaften ist eine vorzeitige Auflösung auch anteilmäßig vorzunehmen, soweit eine Teilwertabschreibung vorgenommen wird.

4.3 Absetzungen für Abnutzung oder Substanzverringerung (§ 7 EStG)

4.3.1 Allgemeines

Durch die Absetzungen für Abnutzung und Substanzverringerung sollen die Anschaffungs- oder Herstellungskosten eines abnutzbaren Wirtschaftsguts des Anlagevermögens auf die Dauer der Verwendung oder Nutzung des Wirtschaftsguts verteilt werden, wenn die Verwendung oder Nutzung durch den Stpfl. zur Erzielung von Einkünften sich erfahrungsgemäß auf einen Zeitraum von mehr als einem Jahr erstreckt.

Die in § 7 EStG geregelten Absetzungen für Abnutzung und Substanzverringerung knüpfen mit Ausnahme der dort ebenfalls zugelassenen Absetzungen für außergewöhnliche Abnutzung grundsätzlich an die im Rahmen der betriebsgewöhnlichen Nutzung anfallenden Substanz- oder Wertverzehr der Wirtschaftsgüter an. Man nennt sie daher auch die normalen Absetzungen für Abnutzung. Diese sind zunächst zu unterscheiden von den Absetzungen für außergewöhnliche technische oder wirtschaftliche Abnutzung und den Teilwertabschreibungen, die ihren Grund in wertmindernden Umständen haben, die nicht unmittelbar mit der betriebsgewöhnlichen Nutzung der Wirtschaftsgüter zusammenhängen. Die normalen Absetzungen müssen ferner von den erhöhten Absetzungen und Sonderabschreibungen unterschieden werden, mit denen der Gesetzgeber bestimmte sozial- und wirtschaftspolitische Ziele verfolgt. Sie knüpfen nicht oder nur zum Teil an Werteinbußen der Wirtschaftsgüter an. Der Gesetzgeber ist jedoch seit langem dazu übergegangen, auch mit Hilfe der degressiven AfA, die zu den normalen Absetzungen für Abnutzung gerechnet wird, das Wirtschaftsleben zu beeinflussen. Die Grenzen sind also flüssig geworden.

Die Regelungen des § 7 EStG gelten zunächst einmal für die Ermittlung des Gewinns durch Betriebsvermögensvergleich. Hier mindern die Absetzungen den Wertansatz der Wirtschaftsgüter des Betriebsvermögens und damit den Gewinn. Bei der Gewinnermittlung durch Einnahmeüberschußrechnung sind die Anschaffungs- oder Herstellungskosten für abnutzbare Wirtschaftsgüter des Anlagevermögens ebenfalls nicht sofort in voller Höhe als Betriebsausgaben abzugsfähig. Sie mindern vielmehr den Gewinn nur durch die jährlich nach § 7 EStG vorzunehmenden Absetzungen (§ 4 Abs. 3 Satz 3 EStG). Bei den Einkünften, die durch Gegenüberstellungen der Einnahmen und der Werbungskosten zu ermitteln sind, stellen die Absetzungen nach § 7 Abs. 1 und 4 bis 6 EStG Werbungskosten dar (§ 9 Abs. 1 Nr. 7 EStG). Das gilt insbesondere bei den Einkünften aus Vermietung und Verpachtung (§ 21 EStG), bei denen die Absetzungen der vermieteten Gegenstände (Gebäude) als Werbungskosten in Betracht kommen.

4.3.2 Kreis der absetzungsfähigen Wirtschaftsgüter

Die Vornahme von Absetzungen für Abnutzung setzt voraus, daß es sich um ein **Wirtschaftsgut** handelt, dessen Nutzung oder Verwendung durch den Stpfl. der Erzielung von Einkünften dient und sich erfahrungsgemäß auf einen Zeitraum von mehr als einem Jahr erstreckt (vgl. Abschn. 42 Abs. 1 EStR). Nach Wegfall der Nutzungswertbesteuerung für selbstgenutzte oder einem Dritten unentgeltlich zur Nutzung überlassene Wohnung kann wegen Fehlens der erstgenannten Voraussetzung der Teil der Absetzung für Abnutzung, der auf die selbstgenutzte Wohnung entfällt, nicht als Werbungskosten oder Betriebsausgaben abgezogen werden. Im übrigen sind beide Voraussetzungen bei der Gewinnermittlung nach § 4 Abs. 1 und § 5 EStG bei den Wirtschaftsgütern des abnutzbaren beweglichen Anlagevermögens (das sind bewegliche körperliche Gegenstände) und bei den abnutzbaren unbeweglichen Wirtschaftsgütern des Anlagevermögens (das sind unbewegliche körperliche Gegenstände, insbesondere Gebäude) in der Regel gegeben. Zu den absetzungsfähigen Wirtschaftsgütern zählen aber auch die zum Anlagevermögen gehörenden Rechte und immaterielle Wirtschaftsgüter, die sich durch Zeitablauf verbrauchen, wie z. B. eine für eine bestimmte Dauer oder die Lebensdauer einer Person vereinbarte Wettbewerbsbeschränkung zwischen zwei Konkurrenten.

Nicht absetzungsfähig sind insbesondere der Grund und Boden; ansonsten ist eine AfA bei körperlichen Gegenständen nur möglich, wenn sie abnutzbar sind. Dabei wird unterschieden zwischen der wirtschaftlichen und der technischen Abnutzung. Einer wirtschaftlichen Abnutzung unterliegen Wirtschaftsgüter, wenn deren wirtschaftliche Verwendbarkeit erfahrungsgemäß zeitlich beschränkt ist. Kunstgegenstände, alte Möbel (antiker Schreibtisch), deren Wert erfahrungsgemäß steigt, sind nicht abnutzbar in diesem Sinne (BFH, BStBl 1986 II S. 355). Hier kann aber eine technische AfA zu berücksichtigen sein, wenn diese Wirtschaftsgüter durch den bestimmungsgemäßen Gebrauch einer technischen Abnutzung im Sinne eines körperlichen Verschleißes durch Gebrauch unterliegen, z. B. der als Arbeitsmittel benutzte antike Schreibtisch. Eine technische AfA ist allerdings nicht möglich bei Gebrauchsgegenständen, die nicht bestimmungsgemäß benutzt werden, sondern wie Kunstgegenstände als Sammlungs- und Anschauungsobjekte dienen, z. B. wertvolle alte optische Geräte, die ein Optiker in seinen Verkaufsräumen ausstellt (BFH, BStBl 1990 II S. 50). Kunstgegenstände wie Gemälde anerkannter Meister rechnen zu den nichtabnutzungsfähigen Wirtschaftsgütern (BFH, BStBl 1978 II S. 164). Ferner können vom Umlaufvermögen (Waren, Hilfs- und Betriebsstoffe) keine Absetzungen für Abnutzung vorgenommen werden. Hier sind nur Abschreibungen auf den niedrigeren Teilwert möglich. Entsprechendes gilt für Brennrechte, Braurechte und andere nicht abnutzbare immaterielle Wirtschaftsgüter (z. B. behördliche Güter- oder Personenverkehrskonzessionen – BFH, BStBl 1956 III S. 142, 1963 III S. 377), sofern sie als immaterielle Wirtschaftsgüter überhaupt aktiviert werden (vgl. § 5 Abs. 2 EStG). Zu den nichtabsetzungsfähigen Wirtschaftsgütern zählen in Geschäftsjahren, die vor dem 1. 1. 1987 begannen, auch der Geschäfts- oder Firmenwert eines gewerblichen oder land- und forstwirtschaftlichen Unternehmens (§ 52 Abs. 4 und Abs. 6 EStG 1987); sie sind jedoch für Wirtschaftsjahre, die nach dem 31. 12. 1986 beginnen, entsprechend einer gesetzlich festgelegten betriebsgewöhnlichen Nutzungsdauer von 15 Jahren abzuschreiben (§ 7 Abs. 1 Satz 3, § 52 Abs. 4 und Abs. 6 EStG 1987). Anders als bei einem Geschäfts- oder Firmenwert waren auf den entgeltlich erworbenen Praxiswert z. B. einer Anwalts-, Arzt- oder Steuerberaterpraxis nach der Rechtsprechung Absetzungen nach § 7 EStG stets möglich (RFH, RStBl 1938 S. 955, 1941 S. 699, 1944 S. 582). Das galt nicht, wenn der Praxiswert bei der Gründung einer Sozietät aufgedeckt und der bisherige Praxisinhaber Mitglied der Sozietät wird, weil sich der an der Person des bisherigen Praxisinhabers haftende Praxiswert in diesem Fall nicht durch Zeitablauf verflüchtigt (BFH, BStBl 1975 II S. 381). Entsprechendes galt, wenn ein Praxiswert durch eine Wirtschaftsprüfungs- oder Steuerberatungs-GmbH erworben wird (BMF, BStBl 1979 I S: 481). Der Praxiswert verflüchtigt sich auch dann nicht, wenn aus einer freiberuflich tätigen Gesellschaft die „berufsfremde" Person ausscheidet, während die freiberuflich tätigen Gesellschafter weiterhin in der Gesellschaft tätig bleiben (BFH, BStBl 1982 II S. 620). Zwar ist für diesen bisher nichtabschreibungsfähigen Praxiswert – anders als für den Firmenwert – gesetzlich keine AfA vorgesehen. Indessen sollen die Regelungen für den Geschäfts- oder Firmenwert auch für diese

Art von Praxiswert und für den Verlagswert gelten, der als eine besondere Art von Firmenwert angesehen wird (BMF, BStBl 1986 I S. 532; vgl. 4.1.2.4.2).

Für andere nichtabzugsfähige immaterielle Wirtschaftsgüter ist aber die Abschreibungsregelung für den Geschäfts- oder Firmenwert nicht entsprechend anwendbar. Zu diesen nichtabnutzbaren Wirtschaftsgütern rechnen auch die Anteile an einer Kapitalgesellschaft, selbst wenn die Kapitalgesellschaft eine Art freiberufliche Tätigkeit ausübt und sich in den Anschaffungskosten für die Anteile ein Praxiswert der freiberuflichen Tätigkeit niedergeschlagen hat (BFH, BStBl 1986 II S. 142).

Absetzungen können nur bei solchen Wirtschaftsgütern vorgenommen werden, die der Stpfl. zur Erzielung von Einkünften verwendet oder nutzt (BFH, BStBl 1987 II S. 330; Abschn. 42 Abs. 1 EStR).

Nutzt der Eigentümer, wie z. B. im Fall der Nutzungsüberlassung (des Nießbrauchs) zugunsten eines Dritten denkbar, eine Sache nicht zur Erzielung eigener Einkünfte, so kann er auch nicht die AfA geltend machen (BFH, BStBl 1981 II S. 229; BMF, BStBl 1984 I S. 561 und die dort getroffene Übergangsregelung). Auch als sog. vorabentstandene Werbungskosten steht dem Eigentümer bei lebenslänglichem Nießbrauch eines Dritten die AfA nicht zu, weil bei ihm ein Zusammenhang mit Einnahmen nicht besteht (BFH, BStBl 1983 II S. 660).

Bei den Einkünften i. S. von § 2 Abs. 1 Nr. 4 bis 7 EStG (Überschußeinkünften) ist zu beachten, daß Aufwendungen für den Erwerb der Einkunftsquelle selbst grundsätzlich keine Werbungskosten darstellen. Dazu zählen auch Aufwendungen für den Erwerb eines Nießbrauchsrechts, eines dinglichen Wohnrechts und eines obligatorischen Nutzungsrechts. Derartige Aufwendungen können aber im Wege der AfA als Werbungskosten abgezogen werden. Zeitlich begrenzte Nutzungsrechte gehören zu den abnutzbaren Wirtschaftsgütern. Nach dem Wortlaut des § 7 EStG sind nicht nur solche Wirtschaftsgüter abnutzbar, deren Wert gerade infolge der Nutzung vermindert wird. Die Vorschrift verlangt nur eine Verwendung oder Nutzung, die sich auf mehr als ein Jahr erstreckt, und daß sich das Wirtschaftsgut innerhalb absehbarer Zeit verbraucht (BFH, BStBl 1979 II S. 38, 1980 II S. 244). Daher sind auch ein unbefristetes Wettbewerbsverbot oder eine persönliche Dienstbarkeit, die mit dem Tode des Verpflichteten erlöschen, auf die mutmaßliche Lebenszeit des Verpflichteten abzuschreiben (BFH, BStBl 1979 II S. 369). Wegen der AfA bei Nutzungsrechten siehe auch 4.3.3 und 4.3.6.

Erfolglose Aufwendungen für die Anschaffung und Herstellung abnutzbarer Wirtschaftsgüter sind in dem Veranlagungszeitraum als Werbungskosten zu erfassen, in dem sich herausstellt, daß es zu keiner Verteilung des Aufwands kommen kann. Bis zu diesem Zeitpunkt kann AfA von diesen Wirtschaftsgütern nicht geltend gemacht werden, weil die Nutzung noch nicht begonnen hat (BFH, BStBl 1978 II S. 450).

Jedes Wirtschaftsgut unterliegt als solches einer einheitlichen AfA. Teile eines Wirtschaftsguts können nicht rascher abgeschrieben werden, weil sie sich schneller abnutzen.

Auch **Gebäude** sind hinsichtlich der AfA grundsätzlich als Einheit zu behandeln (Beschluß des Großen Senats des BFH vom 26. 11. 1973, BStBl 1974 II S. 132). Entsprechend den Ausführungen in dem vorgenannten Beschluß gehören nach wirtschaftlicher Betrachtung und unter Berücksichtigung der Verkehrsauffassung zum Gebäude auch solche Gebäudeteile und -einrichtungen, die dem Gebäude ein besonderes Gepräge geben und deren Fehlen ein negatives Gepräge bewirkt, die mithin in einem einheitlichen Nutzungs- und Funktionszusammenhang mit dem Gebäude stehen. Diese Voraussetzungen treffen z. B. bei Fahrstuhl-, Heizungs-, Belüftungs- und Entlüftungsanlagen, soweit sie nicht als Betriebsvorrichtungen anzusehen sind, sowie bei den zur Beheizung einer Fabrikanlage verwendeten Lufterhitzern (BFH, BStBl 1975 II S. 689), bei einer Feuerlöschanlage einer Fabrik oder eines Warenhauses (BFH, BStBl 1980 II S. 409, 1984 II S. 262; s. dazu die Übergangsregelung in BStBl 1985 I S. 205), bei Bädern und Duschen eines Hotels (BFH, BStBl 1982 II S. 782) oder bei Rolltreppen eines Kaufhauses (BFH, BStBl 1983 II S. 223) zu. Eine gesonderte AfA ist deshalb für solche Gebäudeteile nicht zulässig (BFH, BStBl 1983 II S. 223 betr. Rolltreppe in einem Kaufhaus; so auch Abschn. 13 b Abs. 3 EStR; zur Aufteilung der Anschaffungs- und Herstellungskosten des Gebäudes s. Abschn. 13 b Abs. 4 EStR).

Grundsätzlich sind getrennt – ohne bautechnische Verbindung – auf einem Grundstück stehende Baulichkeiten gesonderte Wirtschaftsgüter. Das gilt auch, wenn sie einem einheitlichen Zweck dienen. Als einheitliches Wirtschaftsgut sind sie jedoch zu betrachten, wenn eine Baulichkeit zu der anderen sich auf demselben Grundstück befindenden Baulichkeit im Verhältnis von Haupt- und Nebengebäude derart stehen, daß die eine ohne die andere unvollständig erscheint (so für die Umzäunung eines Grundstücks BFH, BStBl 1978 II S. 210; für die freistehende Garage BFH, BStBl 1984 II S. 196). Ein selbständiges Wirtschaftsgut ist hingegen die in einem Miethaus im Keller auf einem Zementsockel angeschraubte automatische Waschmaschine (BFH, BStBl 1971 II S. 95).

Selbständige Gebäudeteile sind selbständige Wirtschaftsgüter und deshalb auch gesondert vom Gebäude abzuschreiben. Ein Gebäudeteil ist selbständig, wenn es in einem von der Gebäudenutzung unabhängigen Nutzungs- und Funktionszusammenhang steht. Selbständige Gebäudeteile sind vor allem **Betriebsvorrichtungen,** auch wenn sie bürgerlich-rechtlich wesentliche Bestandteile des Gebäudes sind (§§ 93, 94 Abs. 2 BGB). Betriebsvorrichtungen sind Maschinen und sonstige Vorrichtungen aller Art, die zu einem Betriebsvermögen gehören und nicht der Nutzung des Gebäudes, sondern den besonderen Zwecken eines Betriebs dienen, der auf dem Grundstück oder in dem Gebäude betrieben wird (z. B. Lastenaufzug; vgl. die Beispiele in Abschn. 42 Abs. 3 EStR). Zu den selbständigen Gebäudeteilen zählen ferner **Einbauten zu vorübergehenden Zwecken** (Scheinbestandteile, § 95 BGB). Das sind die vom Vermieter oder Verpächter zur Erfüllung besonderer Bedürfnisse des Mieters oder Pächters eingefügten Anlagen, deren Nutzungszeit nicht länger als die Laufzeit des Vertragsverhältnisses ist, und die vom Steuerpflichtigen für seine eigenen Zwecke vorübergehend eingefügten Anlagen (Abschn. 42 Abs. 4 EStR). **Ladeneinbauten, -umbauten, Schaufenster-**

anlagen, Gaststätteneinbauten und ähnliche Einbauten sind ebenfalls selbständige Gebäudeteile (BFH, BStBl 1975 II S. 511 und 531; s. auch Abschn. 13 b Abs. 1 Nr. 3 EStR).

Läßt der Mieter oder Pächter eines Gebäudes auf seine Rechnung an dem gemieteten Gebäude Einbauten oder Umbauten vornehmen, die nicht Erhaltungsaufwendungen sind **(Mietereinbauten und Mieterumbauten),** so muß unterschieden werden, ob sie sog. Scheinbestandteile, Betriebsvorrichtungen oder sonstige Ein- oder Umbauten sind.

Ein Scheinbestandteil bei Mietereinbauten ist ein gegenüber dem Gebäude gesondertes Wirtschaftsgut, das rechtlich und wirtschaftlich im Eigentum des Mieters oder Pächters steht und diesem zuzurechnen ist. Nach der Rechtsprechung des BFH ist eine Einfügung zu einem vorübergehenden Zweck anzunehmen, wenn die Nutzungsdauer der eingefügten Sachen länger als die voraussichtliche Mietdauer ist, die eingefügten Sachen auch nach ihrem Ausbau nicht nur einen Schrottwert, sondern noch einen beachtlichen Wiederverwendungswert repräsentieren und nach den gesamten Umständen, insbesondere nach Art und Zweck der Verbindung, damit gerechnet werden kann, daß die eingebauten Sachen später wieder entfernt werden (vgl. BFH, BStBl 1971 II S. 157 und 165; Beispiele für Scheinbestandteile: Vom Mieter eingebaute [transportable und variable] Zwischenwände, Sicherheitskammern, Sicherheitsausstellungsvitrinen).

Ob durch die Mieteraufwendungen eine **Betriebsvorrichtung** entsteht, ist nach den hierfür geltenden allgemeinen Grundsätzen (vgl. Abschn. 42 Abs. 3 EStR) zu beurteilen. Betriebsvorrichtungen sind gegenüber dem Gebäude stets besondere Wirtschaftsgüter. Vom Mieter eingebaute Betriebsvorrichtungen sind stets diesen zuzurechnen (Beispiel für Betriebsvorrichtung: Einbau eines Lastenaufzugs in einem gemieteten Lagerhaus durch den Mieter).

Aufwendungen des Mieters für Mietereinbauten oder Mieterumbauten, durch die weder ein Scheinbestandteil noch eine Betriebsvorrichtung entsteht **(sonstige Mietereinbauten und Mieterumbauten),** sind Aufwendungen für die Herstellung eines materiellen Wirtschaftsguts des Anlagevermögens, wenn

a) entweder der Mieter wirtschaftlicher Eigentümer der von ihm geschaffenen sonstigen Mietereinbauten oder Mieterumbauten ist oder

b) die Mietereinbauten oder Mieterumbauten unmittelbar den besonderen betrieblichen oder beruflichen Zwecken des Mieters dienen und mit dem Gebäude nicht in einem einheitlichen Nutzungs- und Funktionszusammenhang stehen.

In den zu a) und b) genannten Fällen der Mietereinbauten und -umbauten sind vom Gebäude gesondert zu betrachtende körperliche Wirtschaftsgüter anzunehmen, die dem Mieter oder Pächter zuzurechnen sind, und zwar in den Fällen des Buchst. b) nach dem Urteil des BFH, BStBl 1975 II S. 443, selbst dann, wenn der Mieter oder Pächter nicht rechtlicher oder wirtschaftlicher Eigentümer des Umbaus oder Ausbaus ist (Behandlung „wie materielle Wirtschaftsgüter"; Nutzungsdauer wie Gebäude oder nach kürzerem Nutzungsverhältnis, BFH, BStBl 1979 II S. 399 und 507).

Der Mieter ist wirtschaftlicher Eigentümer des sonstigen Mietereinbaus oder Mieterumbaus, wenn der mit Beendigung des Mietvertrags entstehende Herausgabeanspruch des Eigentümers keine wirtschaftliche Bedeutung hat. Das kann im allgemeinen angenommen werden, wenn die eingebauten Sachen während der voraussichtlichen Mietdauer technisch oder wirtschaftlich verbraucht werden oder der Vermieter am Ende der Mietzeit mindestens den dann verbleibenden gemeinen Wert dem Mieter ersetzen muß.

Sonstige Mietereinbauten im vorgenannten Sinne liegen auch dann vor, wenn die Um- oder Ausbauten, hätte sie der Eigentümer selbst vorgenommen, nach den oben wiedergegebenen Grundsätzen des Beschlusses des Großen Senats des BFH vom 26. 11. 1973 (BStBl 1974 II S. 132) nicht zur Entstehung selbständiger Gebäudeteile geführt hätten, sondern vom Eigentümer als unselbständige Gebäudeteile einheitlich mit dem Gebäude abzuschreiben wären.

Entstehen durch die Mietereinbauten oder -umbauten weder ein Scheinbestandteil noch eine Betriebsvorrichtung, noch dem Mieter zuzurechnende sonstige körperliche Wirtschaftsgüter, so sind die Aufwendungen als solche für die Schaffung eines immateriellen Wirtschaftsguts nach § 5 Abs. 2 EStG nicht zu aktivieren. Ein immaterielles Wirtschaftsgut „bessere Nutzungsmöglichkeit" ist also in diesen Fällen nicht zu bilanzieren.

Betriebsvorrichtungen sind stets als bewegliche Wirtschaftsgüter anzusehen, auch wenn sie zivilrechtlich wesentliche Bestandteile eines Grundstücks sind. Das gilt auch für Einbauten zu vorübergehenden Zwecken (Scheinbestandteile; BFH, BStBl 1976 II S. 200). Andere wesentliche Bestandteile eines Grundstücks, die steuerlich als besondere Wirtschaftsgüter anzusehen sind, zählen zu den unbeweglichen Wirtschaftsgütern. Soweit Gebäudeteile selbständige Wirtschaftsgüter darstellen, sind sie nach dem Grundsatz der Einzelbewertung auch vom Gebäude gesondert zu aktivieren und abzuschreiben. Dabei wird bei Ladenein- und -umbauten, bei Schaufensteranlagen, Gaststätteneinbauten und ähnlichen Einbauten wegen des schnellen Wandels des modischen Geschmacks von der Finanzverwaltung eine Nutzungsdauer von fünf bis zehn Jahren angenommen (Abschn. 42 a Abs. 5 EStR 1987).

Die vorgenannten Grundsätze gelten sowohl für Betriebsvermögen wie auch für Privatvermögen (s. Schreiben des BMF vom 15. 1. 1976, BStBl 1976 I S. 66).

Wird ein Gebäude teils eigenbetrieblich, teils zu eigenen Wohnzwecken und teils durch Vermietung zu fremden betrieblichen oder fremden Wohnzwecken genutzt, so stehen diese Gebäudeteile in einem unterschiedlichen Nutzungs- und Funktionszusammenhang, und es sind ebenso viele Wirtschaftsgüter anzunehmen (so auch BFH, BStBl 1974 II S. 132 und 1977 II S. 734; s. hierzu im einzelnen 4.1.2.4.8).

4.3.3 Kreis der Absetzungsberechtigten

Das Recht, die AfA geltend zu machen, steht demjenigen zu, der die Abnutzung wirtschaftlich trägt. Das ist grundsätzlich der bürgerlich-rechtliche Eigentümer.

Dieser Grundsatz gilt aber nicht ausnahmslos. Ist jemand wirtschaftlicher Eigentümer (§ 39 AO), so steht diesem die AfA zu.

Beispiele:

a) Beim Kauf eines bebauten Grundstücks ist der Käufer berechtigt, AfA von dem Zeitpunkt an vorzunehmen, von dem an die Nutzungen und Lasten auf ihn übergehen. Auf den evtl. erst späteren Eigentumsübergang durch die Eintragung im Grundbuch ist nicht abzustellen.

b) Beim Kauf unter Eigentumsvorbehalt ist der Käufer berechtigt, ohne Rücksicht auf den von der Zahlung abhängigen Eigentumsübergang die AfA vom Zeitpunkt der Anschaffung an vorzunehmen.

Dagegen hat der Mieter und Pächter an dem gemieteten bzw. gepachteten Wirtschaftsgut grundsätzlich kein wirtschaftliches Eigentum (vgl. 4.1.2.4.3). Der rechtliche Eigentümer ist also berechtigt, die AfA geltend zu machen. Im Zusammenhang mit der Einräumung von Nutzungsrechten ist die Bestimmung der Person, die AfA geltend machen kann, oft schwierig. Soweit es sich um Wirtschaftsgüter des Betriebsvermögens handelt, hängt die Berechtigung, AfA vorzunehmen, davon ab, ob das Wirtschaftsgut nach § 6 EStG in den Betriebsvermögensvergleich einzubeziehen ist (vgl. 4.1.2.4). Bei den Überschußeinkünften ergibt sich die Berechtigung zur Inanspruchnahme von AfA aus § 9 Abs. 1 Satz 3 Nr. 7 EStG (BFH, BStBl 1989 II S. 922).

Die einkommensteuerrechtliche Behandlung von Nutzungsrechten bei den Einkünften aus Vermietung und Verpachtung hat die Finanzverwaltung im sog. Nießbraucherlaß ausführlich geregelt (BMF, BStBl 1984 I S. 561). Dagegen ist die Problematik der Nutzungsrechte an Wirtschaftsgütern des Betriebsvermögens noch nicht umfassend von der Finanzverwaltung geregelt worden. Hierzu sind im Anschluß an den Beschluß des Großen Senats vom 26. 10. 1987 (BStBl 1988 II S. 348) einige Entscheidungen des BFH auch zur AfA-Befugnis im Zusammenhang mit der Einräumung von Nutzungsrechten ergangen. Für die Beurteilung der möglichen Fallgestaltungen ist zu unterscheiden, ob der Eigentümer einem Dritten das Nutzungsrecht zuwendet (Zuwendungsnutzungsrecht) oder ob er es sich selbst vorbehält (Vorbehaltsnutzungsrecht).

Bei der unentgeltlichen Zuwendung eines Nutzungsrechts an einem Betriebsgrundstück aus privatem Anlaß hat der Nutzungsberechtigte ein Nutzungsrecht im Privatvermögen erworben. AfA auf das Gebäude oder das Nutzungsrecht kann er nicht vornehmen (BMF, BStBl 1984 I S. 561 Tz. 17 ff.), anders bei dem entgeltlich erworbenen Nutzungsrecht. Hier kann der Nutzungsberechtigte AfA auf das Nutzungsrecht geltend machen (BMF, a. a. O. Tz. 28), während der Eigentümer die Gebäude-AfA fortführen kann.

Bei der in der Praxis weit verbreiteten unentgeltlichen Übertragung eines Betriebsgrundstücks in vorweggenommener Erbfolge unter Vereinbarung eines dinglichen Nießbrauchsrechts für den Übertragenden liegt grundsätzlich eine Entnahme des Grundstücks aus dem Betriebsvermögen vor, so daß das Nießbrauchsrecht im Privatvermögen entsteht. Wenn der Übertragende das Grundstück weiter zu betrieblichen Zwecken nutzt, legt er das Nießbrauchsrecht in das

Betriebsvermögen ein. Es kann aber als unentgeltlich eingeräumtes Nutzungsrecht nicht mit dem Teilwert eingelegt werden (BFH, BStBl 1988 II S. 348). Der Nutzungsberechtigte kann jedoch die AfA für das Wirtschaftsgut „Nutzungsrecht an einem Grundstück" vornehmen. Ob es sich dabei um die Fortsetzung der Gebäude-AfA oder um eine AfA nach § 7 Abs. 1 EStG handelt, hat der BFH offen gelassen (BStBl 1989 II S. 763, 766). In Anlehnung an die Regelungen beim Privatvermögen (BMF, BStBl 1984 I S. 561 Tz. 41) erscheint es aber zutreffend, den Nutzungsberechtigten hier weiter wie einen Eigentümer zu behandeln und die Gebäude-AfA fortzusetzen mit dem Teilwert des Gebäudes bei der Entnahme als Bemessungsgrundlage (vgl. Abschn. 14 Abs. 6 Satz 5 EStR). Für vorbehaltene obligatorische Nutzungsrechte an wie bisher betrieblich genutzten Grundstücken gelten dieselben Grundsätze (BFH, BStBl 1990 II S. 368).

Bei der Übertragung eines Grundstücks von Eltern auf Kind unter Vorbehalt eines dinglichen oder obligatorischen Nutzungsrechts, in dessen Ausübung die Eltern das Grundstück an das Kind vermieten, konnte das Kind nach der früheren Rechtsprechung des BFH außer den Mietzahlungen auch die Gebäude-AfA geltend machen (BStBl 1986 II S. 327). Die Finanzverwaltung wandte das Urteil insoweit nicht an, als sich Mietzahlungen und Gebäude-AfA doppelt auswirkten (BStBl 1986 I S. 262). Der BFH ist dem nunmehr gefolgt und hat mit Urteil vom 11. 11. 1988 (BStBl 1989 II S. 872) entschieden, daß bei den gewerblichen Einkünften des Kindes nur die Mietzahlungen, nicht auch die AfA abzugsfähig sind. Ob die AfA von den Eltern geltend gemacht werden kann, war nicht zu entscheiden, erscheint aber zweifelhaft, wenn sie nur ein obligatorisches Nutzungsrecht haben.

Von einem **entgeltlich** erworbenen Nutzungsrecht ist bei folgender, in der Praxis häufigen Fallgestaltung auszugehen: Ein Stpfl. betreibt seinen Gewerbebetrieb auf einem Grundstück, das ihm und seiner Ehefrau je zur Hälfte gehört. Er errichtet mit Einverständnis der Ehefrau auf dem Grundstück im eigenen Namen und auf eigene Rechnung ein Betriebsgebäude. Die Übernahme der auf den Miteigentumsanteil der Ehefrau entfallenden Kosten wird nicht als Schenkung angesehen (BFH, BFH/NV 1988 S. 21). Das Nutzungsrecht ist beim Stpfl. entgeltlich entstanden und wie ein materielles Wirtschaftsgut mit den anteiligen Anschaffungs- und Herstellungskosten anzusetzen (BFH, BStBl 1988 II S. 493; Abschn. 42 Abs. 7 EStR). Allerdings kann er bei einem vorzeitigen Wegfall des Nutzungsrechts infolge Betriebsverlegung einen etwaigen Restbuchwert nicht gewinnmindernd abschreiben, weil einer Teilwertabschreibung ein Ausgleichsanspruch gegen die Ehefrau gem. §§ 951, 812 BGB gegenüberstünde (BFH, BStBl 1990 II S. 6).

Im Rahmen der Überschußeinkünfte steht dem Vorbehaltsnießbraucher nach unentgeltlicher Übertragung des Eigentums weiterhin die AfA zu (BMF, BStBl 1984 I S. 561 Tz. 41). Überträgt der Ehemann als Alleineigentümer z. B. ein Hausgrundstück auf einen Dritten und behält er sich und seiner Ehefrau den Nießbrauch vor, handelt es sich bei ihm um einen Vorbehaltsnießbrauch, bei der Ehefrau aber um einen Zuwendungsnießbrauch. Hier steht dem Ehemann als

Vorbehaltsnießbraucher nur dann die volle AfA zu, wenn er den Tatbestand der Einkunftserzielung allein erfüllt (BFH, BStBl 1988 II S. 938). Im Fall der gemeinsamen Vermietung mit der Ehefrau als Zuwendungsnießbraucherin kann der Ehemann dagegen nur die halbe AfA geltend machen.

Bei Miteigentum steht jedem Miteigentümer ein seinem Miteigentum entsprechender Anteil an den AfA zu (BFH, BStBl 1978 II S. 674). Die AfA kann nur einheitlich für alle Miteigentümer bemessen werden (Abschn. 44 Abs. 7 EStR).

Bei der Nutzung eines Arbeitszimmers in einem Einfamilienhaus, dessen Eigentümer Eheleute je zur Hälfte sind, stellt sich die Frage, ob dem das Arbeitszimmer allein nutzenden Ehepartner die volle auf das Arbeitszimmer entfallende AfA zusteht. Der BFH geht davon aus, daß Eheleute die Kosten auch dann je zur Hälfte getragen haben, wenn ein Ehegatte überhaupt kein eigenes Einkommen oder Vermögen besitzt. Der das Arbeitszimmer nutzende Ehegatte kann deshalb die volle auf das Arbeitszimmer entfallende AfA bei seinen Einkünften aus nichtselbständiger Arbeit geltend machen. Der Rest der ihm zustehenden halben AfA des Gebäudes ist bei seinen hälftigen Einkünften aus Vermietung und Verpachtung bzw. im Rahmen des § 10 e EStG zu berücksichtigen (BFH, BStBl 1988 II S. 764; Abschn. 44 Abs. 13 EStR). Ob dies auch gilt, wenn die Miteigentümer nicht Eheleute sind, erscheint zweifelhaft, weil der BFH auf die eheliche Lebensgemeinschaft abstellt als Begründung dafür, daß beiden die Kosten je zur Hälfte zuzurechnen seien. Schließlich bleibt unklar, wem die AfA zusteht, wenn dem anderen Ehegatten das Haus allein gehört.

Bei Vermögensübertragungen im Zusammenhang mit einem **Erbfall** setzt der Erbe die AfA des Erblasssers fort, soweit er unentgeltlich erwirbt (§ 11 d EStDV). Zu dieser Frage und anderen ertragsteuerlichen Problemen der **Erbauseinandersetzung über Privatvermögen** hat der BMF mit Schreiben vom 31. 12. 1988 (BStBl 1988 I S. 546) ausführlich Stellung genommen. In Abkehr von der früheren Rechtsprechung gehen der BFH (BStBl 1985 II S. 772) und ihm folgend die Finanzverwaltung (BStBl 1988 I S. 546) davon aus, daß die Erbauseinandersetzung über Privatvermögen insoweit entgeltlich ist, als der übernehmende Erbe Abfindungszahlungen leistet. Wenn z. B. bei einer aus zwei Personen bestehenden Miterbengemeinschaft ein Miterbe ein Grundstück übernimmt gegen Zahlung der Hälfte des Wertes an den anderen Miterben, erwirbt er zur Hälfte unentgeltlich und führt insoweit die AfA des Erblassers fort (§ 11 d EStDV). Hinsichtlich der zweiten Hälfte hat er Anschaffungskosten, so daß sich z. B. für Gebäude eine AfA nach § 7 Abs. 4 Satz 1 oder Satz 2 EStG ergibt, für die die tatsächliche Nutzungsdauer des Gebäudes im Zeitpunkt der Erbauseinandersetzung maßgebend ist (vgl. 4.3.6).

Dagegen wurden Vermögensübertragungen im Rahmen der vorweggenommenen Erbfolge bisher als unentgeltlich angesehen mit der Begründung, es handele sich um eine Schenkung unter Auflage (BMF, BStBl 1988 I S. 546 Tz. 27). Der IX. Senat des BFH hat dem Großen Senat des BFH in drei Beschlüssen die Rechtsfragen zur Entscheidung vorgelegt, ob bei einer Vermögensübertragung zur vorweggenommenen Erbfolgeregelung ein teilentgeltliches Rechtsgeschäft gegeben sein kann, wenn der Vermögensempfänger Schulden übernimmt, Gleichstellungsgelder zahlt oder Rentenverpflichtungen eingeht (BStBl 1989 II S. 766, 768, 772; vgl. 4.2.1.4.1).

Die **Erbauseinandersetzung über Betriebsvermögen** wurde bisher als unentgeltlicher Vorgang behandelt (Ausnahme: Mitunternehmerschaft der Erben, BFH, BStBl 1970 II S. 191), um die Entstehung von Veräußerungsgewinnen zu vermeiden (BFH, BStBl 1985 II S. 722). Der VIII. Senat des BFH hat dem Großen Senat des BFH die Rechtsfrage zur Entscheidung vorgelegt, ob Erbfall und Erbauseinandersetzung zwei selbständige steuerliche Vorgänge seien mit der Folge, daß Ausgleichszahlungen Anschaffungskosten darstellen (Beschluß vom 18. 10. 1988, BStBl 1989 II S. 549; dazu Söffing, DB 1989 Beilage zu Heft 37); demnächst ist also mit einer Entscheidung zu rechnen, ob auch beim Betriebsvermögen entgeltliche Anschaffungsvorgänge bei der Erbauseinandersetzung vorliegen können (zu den wirtschaftlichen Auswirkungen, die bei der steuerlichen Beratung zu berücksichtigen sind, vgl. Herzig/Müller, DStR 1990 S. 359).

4.3.4 Nutzungsdauer, Restwert

Die Anschaffungs- oder Herstellungskosten eines Wirtschaftsguts sind nach § 7 EStG auf die Nutzungsdauer zu verteilen. Bei zum Betriebsvermögen gehörenden Wirtschaftsgütern ist dies die betriebsgewöhnliche Nutzungsdauer und bei nicht betrieblich genutzten Wirtschaftsgütern tritt an die Stelle der betriebsgewöhnlichen Nutzungsdauer der Zeitraum, in dem das Wirtschaftsgut voraussichtlich zur Erzielung von Einkünften verwendet wird. Für den Geschäfts- oder Firmenwert ist die betriebsgewöhnliche Nutzungsdauer gesetzlich auf 15 Jahre festgelegt (§ 7 Abs. 1 Satz 3 EStG).

Die AfA nach § 7 EStG sind so zu bemessen, daß die Anschaffungs- oder Herstellungskosten nach Ablauf der betriebsgewöhnlichen Nutzungsdauer bis auf den Erinnerungswert von 1 DM verteilt sind (Abschn. 44 Abs. 3 Satz 1 EStR). Nur wenn, wie im allgemeinen bei Gegenständen von großem Gewicht oder aus wertvollem Material (z. B. bei Seeschiffen, nicht aber bei Binnenschiffen), ein Schrottwert zu erwarten ist, der im Vergleich zu den Anschaffungs- oder Herstellungskosten und bei Anlegung eines absoluten Maßstabs erheblich ins Gewicht fällt, ist dieser bei der Verteilung der Anschaffungs- oder Herstellungskosten auf die betriebsgewöhnliche Nutzungsdauer in der Weise zu berücksichtigen, daß lediglich der Unterschied zwischen den Anschaffungs- oder Herstellungskosten und dem Schrottwert verteilt wird (BFH, BStBl 1968 II S. 268, 1971 II S. 800).

Die betriebsgewöhnliche Nutzungsdauer ist nicht identisch mit der tatsächlichen Nutzungsmöglichkeit, weil die betriebsgewöhnliche Nutzungsdauer sowohl durch die Art des Wirtschaftsguts und die Verhältnisse des Betriebs als auch durch die fortschreitende technische Entwicklung und neue Erfindungen beeinflußt wird. Unter betriebsgewöhnlicher Nutzungsdauer versteht man daher den Zeitraum, in dem das Wirtschaftsgut mit einiger Sicherheit bei üblicher Benutzung für den

Betrieb brauchbar sein dürfte. Dieser Zeitraum muß regelmäßig unter Berücksichtigung aller Umstände im Einzelfall geschätzt werden.

Die Schätzung der Nutzungsdauer hat nach objektiven Erfahrungssätzen zu erfolgen (RFH, RStBl 1937 S. 909). Dabei kommt es auf die bei Aufstellung der Bilanz eines jeden Jahres vorhandenen Erkenntnismöglichkeiten an (BFH, BStBl 1981 II S. 255). Anhaltspunkt für eine angemessene Nutzungsdauer können die vom BMF herausgegebenen AfA-Tabellen für verschiedene Wirtschaftszweige sein. Eine Wertminderung verändert die wirtschaftliche Nutzungsdauer nicht. Sie kann nur über eine Teilwertabschreibung berücksichtigt werden. Durch die AFA wird der aktivierte Aufwand verteilt, während die Teilwertabschreibung der Bewertung des Wirtschaftsguts dient.

Einigen sich Finanzamt und Steuerpflichtiger bei einer Schlußbesprechung oder im Rechtsmittelverfahren auf eine bestimmte Nutzungsdauer, so sind beide nach Treu und Glauben auch für die künftigen Jahre daran gebunden, sofern sich nicht später herausstellt, daß die Nutzungsdauer erheblich anders ist. Ergibt sich später eine erheblich längere Nutzungsdauer als die zunächst angenommene, so ist die AfA für die noch nicht veranlagten Kalenderjahre unter Berücksichtigung der zu hohen früheren AfA zu bemessen (BFH, BStBl 1975 II S. 478).

Beispiel:

A, der ein mit dem Kalenderjahr übereinstimmendes Wirtschaftsjahr hat, erwirbt am 1. 7. einen Lkw für 60 000 DM. Bei der Veranlagung für das 1. bis 3. Jahr wird eine betriebsgewöhnliche Nutzungsdauer von 3 Jahren zugrunde gelegt. Bei der Bilanzaufstellung für das 4. Jahr steht fest, daß die betriebsgewöhnliche Nutzungsdauer 5 Jahre beträgt.

AfA bei fünfjähriger Nutzungsdauer:

Für das 1. Jahr ½ von 12 000 DM =	6 000 DM,
für das 2. bis 5. Jahr 4 × 12 000 DM =	48 000 DM,
für das 6. Jahr ½ von 12 000 DM =	6 000 DM,
Summe:	60 000 DM.

Bei der Veranlagung bereits berücksichtigte AfA:

Für das 1. Jahr ½ von 20 000 DM =	10 000 DM,
für das 2. und 3. Jahr je 20 000 DM =	40 000 DM,
Summe:	50 000 DM.
Der Unterschied von	10 000 DM

ist auf die Veranlagung für das 4. bis 6. Jahr mit 4000, 4000 und 2000 DM zu verteilen.

Da die Absetzungen für Abnutzung in jedem Jahr vorgenommen werden müssen („ist abzusetzen"), und zwar auch in Verlustjahren, dürfen willkürlich unterlassene AfA nicht nachgeholt werden (BFH, BStBl 1956 III S. 250). Sind jedoch AfA nicht willkürlich unterblieben, so können sie in der Weise nachgeholt werden, daß die noch nicht abgesetzten Anschaffungs- oder Herstellungskosten nach der bisherigen Absetzungsmethode auf die noch verbleibende Restnutzungsdauer verteilt werden (BFH, BStBl 1967 III S. 386, 1981 II S. 255; Abschn. 44 Abs. 10 Satz 1 EStR).

Wenn sich der Steuerpflichtige über die Nutzungsdauer geirrt hat, kann er die AfA durch eine Verteilung des überhöhten Restbuchwerts auf die Restnutzungsdauer nachholen. Bei Gebäuden ist der bisherige AfA-Satz anzuwenden, so daß sich die Abschreibungsdauer verlängert (BFH, BStBl 1984 II S. 709, 1987 II S. 491). Eine AfA ist nicht willkürlich unterlassen worden, wenn ausschließlich aus nichtsteuerlichen Gründen eine zu niedrige AfA angesetzt worden ist (BFH, BStBl 1981 II S. 255; Abschn. 44 Abs. 10 Satz 3 EStR). Entsprechendes gilt auch für den Fall der Inanspruchnahme einer zu hohen AfA, denn auch insoweit gleicht sich der Fehler durch den Ausfall von AfA im Wege höherer Gewinnrealisierung in den Folgejahren aus (BFH, BStBl 1988 II S. 335).

Die AfA beginnen mit dem Zeitpunkt der Anschaffung oder Herstellung. Zeitpunkt der Anschaffung ist der Zeitpunkt der Lieferung; Zeitpunkt der Herstellung ist der Zeitpunkt der Fertigstellung (§ 9 a EStDV).

4.3.5 Pro-rata-temporis-Regel

Nach ständiger Rechtsprechung kann die AfA für ein Wirtschaftsgut, das im Laufe eines Wirtschaftsjahres (Kalenderjahres) angeschafft oder hergestellt wird, in diesem Wirtschaftsjahr nur zeitanteilig (pro-rata-temporis) verrechnet werden. Entsprechendes gilt, wenn ein Wirtschaftsgut im Laufe des Wirtschaftsjahres (Kalenderjahres) ausscheidet, z. B. veräußert oder aus einem Betriebsvermögen entnommen wird. Dabei wird allgemein nicht beanstandet, wenn die zeitanteilige Nutzung auf volle Monate aufgerechnet wird.

Die Pro-rata-temporis-Regel gilt dann nicht, wenn nach dem Gesetz ausdrücklich für das Jahr des Beginns der Absetzungen (Jahr der Fertigstellung bzw. Jahr des Erwerbs) der volle Jahresbetrag abzusetzen ist, wie dies bei den degressiven Absetzungen für Gebäude nach § 7 Abs. 5 EStG und den erhöhten Absetzungen nach § 7 b EStG vorgesehen ist (BFH, BStBl 1974 II S. 704 und 1958 III S. 72).

Für Wirtschaftsgüter des beweglichen Anlagevermögens ergibt sich aus Abschn. 44 Abs. 2 EStR eine Vereinfachungsregelung. Nach Satz 2 dieser Anweisung kann für die in der ersten Hälfte eines Wirtschaftsjahres angeschafften oder hergestellten beweglichen Anlagegüter der für ein Jahr in Betracht kommende AfA-Betrag und für die in der zweiten Hälfte des Wirtschaftsjahres angeschafften oder hergestellten beweglichen Anlagegüter die Hälfte des für ein Jahr in Betracht kommenden AfA-Betrags abgesetzt werden. Diese Regelung gilt auch für Arbeitsmittel i. S. d. § 9 Abs. 1 Nr. 6 EStG (Abschn. 44 Abs. 3 Satz 3 LStR).

4.3.6 Bemessungsgrundlage

Die AfA bemißt sich grundsätzlich nach den Anschaffungs- oder Herstellungskosten, beim Geschäfts- oder Firmenwert nur nach den Anschaffungskosten, weil nur der erworbene Geschäfts- oder Firmenwert bilanzierbar ist (§ 5 Abs. 2 EStG). Da eine Abschreibung des Firmenwerts erst in Wirtschaftsjahren zugelassen wurde, die nach dem 31. 12. 1986 beginnen (4.3.2), gilt für die vor diesem Wirtschaftsjahr erworbenen Geschäfts- oder Firmenwerte als AfA-Bemessungsgrundlage der Wert, mit dem der Geschäfts- oder Firmenwert in der Bilanz auf den ersten Bilanzstichtag nach dem 31. 12. 1986 anzusetzen gewesen wäre oder angesetzt worden ist (§ 52 Abs. 6 a EStG).

Hat der Steuerpflichtige die Wirtschaftsgüter unentgeltlich (durch Schenkung unter Lebenden oder durch Erbschaft) erworben, dann sind ihm insoweit keine Anschaffungs- oder Herstellungskosten entstanden (wegen des Erwerbs im Rahmen einer Erbauseinandersetzung s. BMF, BStBl 1988 I S. 546, BFH, BStBl 1989 II S. 766, und 4.3.3). Bei Prüfung der Frage, von welcher Bemessungsgrundlage in diesen Fällen auszugehen ist, muß man zwischen Wirtschaftsgütern, die zu einem Betriebsvermögen gehören, und Wirtschaftsgütern, die nicht zu einem Betriebsvermögen gehören, unterscheiden.

Bei Wirtschaftsgütern, die zu einem Betriebsvermögen gehören, gelten die Bewertungsvorschriften über die Bewertung der Einlagen nach § 6 Abs. 1 Nr. 5 EStG, die unentgeltliche Übertragung eines Betriebs oder einzelner Wirtschaftsgüter nach § 7 Abs. 1 und 2 EStDV auch für die Ermittlung der Bemessungsgrundlage für die AfA. Das gilt auch für die Gewinnermittlung nach § 4 Abs. 3 EStG (§ 7 Abs. 3 EStDV). Wegen des Teilwerts von unentgeltlich erlangten und in den Betrieb eingelegten schuldrechtlichen oder dinglichen Nutzungsrechten (z. B. an einem Gebäude) s. 4.2.6.

Bei den nicht zu einem Betriebsvermögen gehörenden Wirtschaftsgütern, die der Steuerpflichtige unentgeltlich erworben hat, bemessen sich die AfA nach den Anschaffungs- oder Herstellungskosten des Rechtsvorgängers oder dem Wert, der beim Rechtsvorgänger an deren Stelle getreten ist oder treten würde, wenn er noch Eigentümer des Wirtschaftsgutes wäre, zuzüglich der vom Erwerber aufgewendeten Herstellungskosten (§ 11 d EStDV). Diese Regeln gelten für den unentgeltlichen Erwerb durch Einzelrechtsnachfolge und durch Gesamtrechtsnachfolge (Abschn. 43 Abs. 2 EStR; wegen der Frage eines unentgeltlichen Erwerbs s. auch 4.3.3). Wird jemandem unentgeltlich ein Nutzungsrecht (z. B. an einem Grundstück) eingeräumt, dann stellen die Anschaffungs- oder Herstellungskosten des Eigentümers der zur Nutzung überlassenen Sache nicht solche Kosten des Rechtsvorgängers im Sinne der vorgenannten Regelung dar (s. dazu im einzelnen 4.3.3).

Die Anschaffungs- oder Herstellungskosten sind auch dann nicht Bemessungsgrundlage für die AfA, wenn es sich um Wirtschaftsgüter handelt, die bereits am Währungsstichtag (21. 6. 1948) zum Betriebsvermögen gehörten oder (bei privaten Wirtschaftsgütern) vom Steuerpflichtigen vor diesem Stichtag angeschafft oder hergestellt worden sind. Bemessungsgrundlage für die AfA der oben genannten Wirtschaftsgüter des Betriebsvermögens sind grundsätzlich die Werte, mit denen diese Wirtschaftsgüter in der D-Mark-Eröffnungsbilanz eingestellt worden sind, zuzüglich nachträglicher Herstellungskosten. Bei der Gewinnermittlung nach § 4 Abs. 3 EStG sind es, da ja keine D-Mark-Eröffnungsbilanz aufzustellen war, die entsprechenden Werte (§ 10 EStDV). Bei nicht zu einem Betriebsvermögen gehörenden Wirtschaftsgütern sind für die AfA zugrunde zu legen:

1. bei Gebäuden der am 21. 6. 1948 maßgebende Einheitswert, soweit er auf das Gebäude entfällt, zuzüglich der nach dem 20. 6. 1948 aufgewendeten Herstellungskosten,

2. bei einem sonstigen Wirtschaftsgut der Betrag, den der Steuerpflichtige für die Anschaffung am 31. 8. 1948 hätte aufwenden müssen (§ 10 a EStDV).

Die aus diesen Grundsätzen für die AfA bei Gebäuden sich ergebenden Folgerungen werden unter 4.3.9.2 erläutert.

Bei Bodenschätzen, die ein Stpfl. auf einem ihm gehörigen Grundstück entdeckt, sind Absetzungen für Substanzverringerungen nicht zulässig (§ 11 d Abs. 2 EStDV). Wird hingegen ein Bodenschatz im Privatvermögen durch gemischte Schenkung erworben, dann ist der dabei gezahlte Geldbetrag Anschaffungsaufwand und damit Bemessungsgrundlage für die Absetzung für Substanzverringerungen (BFH, BStBl 1981 II S. 794).

Bei einem Gebäude, das der Steuerpflichtige aus einem Betriebsvermögen in das Privatvermögen überführt, sind die weiteren Absetzungen nach dem Teilwert oder gemeinen Wert zu bemessen, mit dem das Gebäude bei der Überführung steuerlich angesetzt wurde (BFH, BStBl 1983 II S. 759; Abschn. 43 Abs. 6 Satz 2 EStR). Das gilt nicht, wenn der bei der Überführung entstehende Entnahmegewinn steuerlich außer Ansatz bleibt (s. 4.1.2.6.5). In diesem Fall bleiben die bisherigen Anschaffungs- oder Herstellungskosten oder der an deren Stelle tretende Wert für die weitere AfA des Gebäudes als Bemessungsgrundlage maßgeblich. Dasselbe gilt, wenn der Betrieb, zu dessen Betriebsvermögen das Gebäude gehört, von der Schätzung nach Richtsätzen oder der Gewinnermittlung nach Durchschnittssätzen gemäß § 13 a EStG zum Bestandsvergleich übergeht oder wenn ein Gebäude, das wegen Nutzung zu eigenen Wohnzwecken oder wegen unentgeltlicher Überlassung zu fremden Wohnzwecken nicht zu Einkünften führt, zur Erzielung von Einkünften i. S. von § 21 EStG verwendet wird (Abschn. 43 Abs. 6 Satz 3 Nr. 2 und 3 EStR). In diesen Fällen gilt im Zeitpunkt des Übergangs in das Privatvermögen, zum Bestandsvergleich oder zur Einkunftserzielung der Teil der Anschaffungs- oder Herstellungskosten als abgesetzt, der nach § 7 Abs. 4 und 5 EStG auf den Zeitpunkt vor dem Übergang entfällt (Abschn. 44 Abs. 12 Nr. 2 EStR). Entsprechendes gilt auch für bewegliche Wirtschaftsgüter, die in ein Betriebsvermögen eingelegt oder aus einem Betriebsvermögen entnommen werden. Bleiben danach die bisherigen Anschaffungs- oder Herstellungskosten oder der an deren Stelle tretende Wert für die weiteren AfA maßgeblich, so gilt der Teil der Anschaffungs- oder Herstellungskosten als abgesetzt, der bei entsprechender Anwendung des § 7 Abs. 1 Satz 1 EStG auf den Zeitraum vor dem Übergang zum Bestandsvergleich oder vor der Verwendung zur Erzielung von Einkünften entfällt (Abschn. 44 Abs. 12 Nr. 2 EStR; vgl. auch BFH, BStBl 1986 II S. 392; wegen der Bemessung der weiteren AfA nach der Überführung s. 4.9.3.2.2).

Bei Wirtschaftsgütern, die der Erzielung von Überschußeinkünften dienen, sind immer die Anschaffungs- oder Herstellungskosten und nicht der Verkehrswert maßgebend für die Berechnung der AfA. Wenn das Wirtschaftsgut nicht von vornherein für die Einkunftserzielung verwendet wird, wirkt sich im Zeitraum der Einkünfteerzielung nur noch der Teil der Anschaffungskosten als Werbungskosten aus, der auf den Einkünfteerzielungszeitraum entfällt.

Beispiel:

Ein Arbeitszimmer wird mit einem vor vielen Jahren angeschafften Schreibtisch ausgestattet, dessen übliche Nutzungsdauer bei Beginn der beruflichen Nutzung bereits abgelaufen ist. Eine AfA kann nicht mehr geltend gemacht werden, weil der Schreibtisch bereits abgeschrieben gewesen wäre, wenn er von vornherein der Einkünfteerzielung gedient hätte (BFH, BStBl 1989 II S. 922).

Zur AfA-Bemessungsgrundlage zählen auch **nachträgliche Anschaffungs- oder Herstellungskosten.** Nachträgliche Anschaffungs- oder Herstellungskosten sind solche, die nach dem Zeitpunkt der Anschaffung oder Herstellung anfallen. Hinsichtlich der Frage der AfA-Bemessungsgrundlage bei nachträglichen Anschaffungs- oder Herstellungskosten ist zwischen den Fällen zu unterscheiden, in denen erhöhte Absetzungen und Sonderabschreibungen in Anspruch genommen werden, und denjenigen, in denen das nicht geschieht.

Werden erhöhte Absetzungen und Sonderabschreibungen nicht in Anspruch genommen, so sind die nachträglichen Anschaffungs- oder Herstellungskosten grundsätzlich dem letzten Buchwert bzw. Restwert zuzuschlagen. Verändert sich durch nachträgliche Herstellungskosten die Nutzungsdauer des Wirtschaftsguts, so ist ferner grundsätzlich die veränderte Restnutzungsdauer der AfA-Bemessung zugrunde zu legen.

Beispiel:

Bei einem beweglichen Wirtschaftsgut mit einer betriebsgewöhnlichen Nutzungsdauer von 20 Jahren, dessen Anschaffungkosten 20 000 DM betragen, entstehen im 11. Jahr nach der Anschaffung nachträgliche Herstellungskosten von 10 000 DM. Dadurch erhöht sich die Nutzungsdauer des Wirtschaftsguts um weitere 10 Jahre. Die Abschreibung erfolgt in gleichen Jahresbeträgen nach § 7 Abs. 1 EStG.

Ursprüngliche Anschaffungskosten	20 000 DM
AfA vom 1. bis 10. Jahr	
(= 10 × 5 v. H. von 20 000 DM)	10 000 DM
Restwert	10 000 DM
+ nachträgliche Herstellungskosten	10 000 DM
AfA-Bemessungsgrundlage ab 11. Jahr	20 000 DM
AfA vom 11. bis 30. Jahr =	
5 v. H. von 20 000 DM = je 1000 DM pro Jahr	20 000 DM
	0 DM

Bei der Bemessung der AfA für das Jahr der Entstehung nachträglicher Anschaffungs- oder Herstellungskosten können diese Kosten aus Vereinfachungsgründen so berücksichtigt werden, als wären sie zu Beginn dieses Jahres aufgewendet worden (Abschn. 44 Abs. 11 Satz 6 EStR). Dabei ist als Jahr der nachträglichen Anschaffung das Jahr der Lieferung und als Jahr der nachträglichen Herstellung das Jahr der Fertigstellung anzusehen (§ 9 a EStDV).

Die vorstehenden Grundsätze gelten nicht für Gebäude, bei denen die Abschreibung gemäß § 7 Abs. 4 Satz 1 EStG in festen Hundertsätzen vorgenommen wird (siehe dazu 4.3.9.2.2). Wegen der Besonderheiten bei degressiver AfA vgl. 4.3.9.3.

Entstehen nachträgliche Anschaffungs- oder Herstellungskosten bei einem Wirtschaftsgut, bei dem erhöhte Absetzungen und Sonderabschreibungen in Anspruch genommen werden, innerhalb des Begünstigungszeitraums, so trifft § 7 a Abs. 1 EStG für die AfA-Bemessungsgrundlage eine Sonderregelung (vgl. Abschn. 45 Abs. 2 und 3 EStR). Danach bemessen sich vom Jahr der Entstehung der nachträglichen Anschaffungs- oder Herstellungskosten an bis zum Ende des Begünstigungszeitraums die Absetzungen für Abnutzung, erhöhten Absetzungen und Sonderabschreibungen nach den um die nachträglichen Anschaffungs- oder Herstellungskosten erhöhten (ursprünglichen) Anschaffungs- oder Herstellungskosten. Als Begünstigungszeitraum ist der Zeitraum anzusehen, in dem erhöhte Absetzungen oder Sonderabschreibungen in Anspruch genommen werden können.

Beispiel:

Für ein bewegliches Wirtschaftsgut mit einer betriebsgewöhnlichen Nutzungsdauer von 20 Jahren werden im 4. Jahr des fünfjährigen Begünstigungszeitraums nachträgliche Anschaffungskosten von 10 000 DM aufgewandt. Die ursprünglichen Anschaffungskosten betragen 20 000 DM. Im Jahr der Anschaffung sind zulässigerweise Sonderabschreibungen für bestimmte Wirtschaftsgüter im Kohle- oder Erzbergbau nach § 81 EStDV in Höhe von 50 v. H. in Anspruch genommen worden.

Ursprüngliche Anschaffungskosten		20 000 DM
AfA vom 1. bis 3. Jahr		
3 × 5 v. H. von 20 000 DM	3 000 DM	
Sonderabschreibungen 1. Jahr	10 000 DM	
Nachträgliche Anschaffungskosten		10 000 DM
AfA-Bemessungsgrundlage für		
(Rest-)Begünstigungszeitraum		30 000 DM
AfA für das 4. Jahr		
5 v. H. von 30 000 DM	1 500 DM	
Sonderabschreibungen für das 4. Jahr		
50 v. H. von 30 000 DM = 15 000 DM		
./. bereits geltend gemachte 10 000 DM	5 000 DM	
AfA des 5. Jahres		
5 v. H. von 30 000 DM	1 500 DM	
Summe der AfA und Sonderabschreibungen im		
Begünstigungszeitraum		21 000 DM
Restwert am Ende des Begünstigungszeitraums		9 000 DM

Die AfA nach Ablauf des Begünstigungszeitraums ist die Abschreibung vom Restwert nach der Restnutzungsdauer (§ 7 a Abs. 9 EStG). Entstehen nach Ablauf des Begünstigungszeitraums nachträgliche Anschaffungs- oder Herstellungskosten, so gelten die eingangs angeführten Grundsätze.

Beispiel:

Wie das vorstehende Beispiel. Im 11. Jahr nach der Anschaffung entstehen weitere nachträgliche Herstellungskosten von 5000 DM. Die Restnutzungsdauer verändert sich dadurch nicht.

AfA-Bemessungsgrundlage vom 6. bis 10. Jahr	9 000 DM
5 × 5 v. H. von 9000 DM	2 250 DM
Restwert	6 750 DM
Nachträgliche Herstellungskosten	5 000 DM
AfA-Bemessungsgrundlage ab 11. Jahr	
(zu verteilen auf die Zeit vom 11. bis 20. Jahr)	11 750 DM

4.3.7 AfA-Methoden

4.3.7.1 AfA in gleichen Jahresbeträgen (lineare AfA)

Bei der linearen AfA (§ 7 Abs. 1 Satz 1 und 2 EStG) werden die Anschaffungskosten in gleichmäßigen Jahresbeträgen auf die betriebsgewöhnliche Nutzungsdauer verteilt (Absetzung für Abnutzung in gleichen Jahresbeträgen).

Beispiel:

Im ersten Halbjahr eines Wirtschaftsjahres wird eine Maschine mit Anschaffungskosten von 10 000 DM erworben. Die betriebsgewöhnliche Nutzungsdauer soll
5 Jahre betragen.

Die Absetzungen für Abnutzung berechnen sich wie folgt:

Anschaffungskosten	10 000 DM
AfA für das Erstjahr (Abschn. 44 Abs. 2 Satz 2 EStR) 20 v. H. von 10 000 DM	= 2 000 DM
Restwert nach Ablauf des ersten Jahres	8 000 DM
AfA für zweites Jahr 20 v. H. von 10 000 DM	= 2 000 DM
Restwert nach Ablauf des zweiten Jahres usw.	6 000 DM

Nach Ablauf des fünften Jahres ist die Maschine voll abgesetzt.

Die lineare AfA ist bei abnutzbaren beweglichen Wirtschaftsgütern, die zu einem
Betriebsvermögen gehören, allgemein zulässig. Bei diesen Wirtschaftsgütern
dürfen die AfA auch in fallenden Jahresbeträgen (§ 7 Abs. 2 EStG) bemessen
werden. Bei abnutzbaren unbeweglichen Wirtschaftsgütern, die nicht Gebäude
oder selbständige Gebäudeteile sind (z. B. Bodenbefestigungen) und auch nicht
zu den Betriebsvorrichtungen zählen, und bei zeitlich begrenzten immateriellen
Wirtschaftsgütern (auch Geschäfts- oder Firmenwert), dürfen die AfA nur in
gleichen Jahresbeträgen vorgenommen werden. Dies gilt auch für abnutzbare
bewegliche Wirtschaftsgüter, die nicht zu einem Betriebsvermögen gehören.

Der Übergang von der Absetzung für Abnutzung in gleichen Jahresbeträgen zur
Absetzung für Abnutzung in fallenden Jahresbeträgen nach § 7 Abs. 2 EStG ist
unzulässig (§ 7 Abs. 3 Satz 3 EStG). Hingegen sind bei der linearen AfA-
Methode Absetzungen für außergewöhnliche technische und wirtschaftliche
Abnutzung zulässig. Buchführende Stpfl. können auch von der Möglichkeit der
Teilwertabschreibung nach § 6 Abs. 1 Nr. 1 EStG Gebrauch machen, wenn die
Voraussetzungen dafür vorliegen.

4.3.7.2 AfA nach Maßgabe der Leistung

Bei beweglichen Wirtschaftsgütern des Anlagevermögens, bei denen es wirtschaftlich begründet ist, die Absetzung für Abnutzung nach Maßgabe der Leistung des
Wirtschaftsguts vorzunehmen, kann der Stpfl. dieses Verfahren statt der Absetzung für Abnutzung in gleichen Jahresbeträgen anwenden, wenn er den auf das
einzelne Jahr entfallenden Umfang der Leistung nachweist (§ 7 Abs. 1 Satz 4
EStG).

Bei der AfA nach Maßgabe der Leistung tritt an die Stelle der betriebsgewöhnlichen Nutzungsdauer die betriebsgewöhnliche Gesamtleistung, die nach den

Verhältnissen des Einzelfalls unter Berücksichtigung aller Umstände geschätzt werden muß.

Die Bemessung der AfA nach Maßgabe der Leistung ist bei solchen beweglichen Anlagegütern wirtschaftlich begründet, deren Leistung in der Regel erheblich schwankt und deren Verschleiß dementsprechend wesentliche Unterschiede aufweist. Der auf das einzelne Wirtschaftsjahr entfallende Umfang der Leistung muß nachgewiesen werden (Abschn. 44 Abs. 5 Sätze 2 bis 4 EStR).

Beispiel:

Die Gesamtleistung eines Kraftfahrzeugs wird auf 100 000 km geschätzt. Der Stpfl. fährt im ersten Jahr 20 000 km, im zweiten Jahr 30 000 km, im dritten Jahr 15 000 km, im vierten Jahr 18 000 km und im fünften Jahr 17 000 km.

Nach Maßgabe der Leistung sind im ersten Jahr 20 v. H., im zweiten Jahr 30 v. H., im dritten Jahr 15 v. H., im vierten Jahr 18 v. H. und im fünften Jahr 17 v. H. der Anschaffungskosten als AfA abzusetzen.

4.3.7.3 AfA in fallenden Jahresbeträgen (degressive AfA)

Bei beweglichen (dies sind stets nur körperliche, nicht aber auch immaterielle Wirtschaftsgüter – BFH, BStBl 1979 II S. 634) abnutzbaren Wirtschaftsgütern des Anlagevermögens kann der Stpfl. statt der Absetzung für Abnutzung in gleichen Jahresbeträgen die Absetzung für Abnutzung in fallenden Jahresbeträgen bemessen (§ 7 Abs. 2 EStG).

Dem häufig gegebenen Umstand, daß ein Wirtschaftsgut in den ersten Jahren der Nutzung wesentlich schneller veraltet als in den folgenden Jahren, trägt die degressive AfA Rechnung. Bei der degressiven AfA (Absetzung für Abnutzung in fallenden Jahresbeträgen) werden die AfA-Beträge von Jahr zu Jahr niedriger.

Nach § 7 Abs. 2 EStG kann der Stpfl. ohne Rücksicht auf die Gesamtnutzungsdauer bei allen beweglichen Wirtschaftsgütern die AfA in fallenden Jahresbeträgen anwenden. Für Gebäude gilt die Sonderregelung nach § 7 Abs. 5 EStG (vgl. 4.3.9.1 und 4.3.9.3).

Der Gesetzgeber hat in § 7 Abs. 2 EStG die degressive AfA nach einem gleichbleibenden Hundertsatz vom jeweiligen Buchwert (Restwert) geregelt.

Die am Schluß dieses Abschnittes wiedergegebene Tabelle gibt eine Übersicht über die jeweilige Höhe des degressiven AfA-Satzes.

Die degressive Buchwert-AfA ist seit 1. 1. 1985 die allein zulässige degressive AfA-Methode (siehe § 7 Abs. 2 Satz 2 EStG). Ihre Anwendung soll das folgende Beispiel erläutern:

Beispiel:

Die Anschaffungskosten einer Maschine betragen 30 000 DM. Die betriebsgewöhnliche Nutzungsdauer ist 10 Jahre. Die jährliche AfA bei linearer AfA beträgt demnach 10 v. H. = 3000 DM. Bei Anwendung der degressiven AfA darf der Stpfl. bei einem nach dem 29. 7. 1981 angeschafften Wirtschaftsgut höchstens das 3fache von 10 v. H. = 30 v. H. als AfA-Satz anwenden. Danach ergeben sich folgende Werte:

Anschaffungskosten	30 000 DM
AfA im 1. Jahr 30 v. H.	9 000 DM
Restwert nach dem 1. Jahr	21 000 DM
AfA im 2. Jahr 30 v. H. vom Restwert	6 300 DM
Restwert nach dem 2. Jahr	14 700 DM
AfA im 3. Jahr 30 v. H. vom Restwert	4 410 DM
Restwert nach dem 3. Jahr	10 290 DM
usw.	

Würde die betriebsgewöhnliche Nutzungsdauer 5 Jahre betragen, der lineare AfA-Satz also 20 v. H., dürfte der Steuerpflichtige bei der degressiven AfA gleichfalls nur 30 v. H. absetzen und nicht etwa 60 v. H. (3fache des linearen AfA-Satzes), weil der höchstzulässige Hundertsatz bei der degressiven AfA 30 v. H. beträgt.

Hat das Wirtschaftsgut eine kürzere als 11jährige Nutzungsdauer, greift stets der höchstzulässige degressive AfA-Satz von 30 v. H. ein, weil der 3fache lineare AfA-Satz stets 30 v. H. oder höher ist. Bei einer längeren Nutzungsdauer als 10 Jahre kommt dagegen stets als Höchstgrenze das 3fache des Hundertsatzes der linearen AfA in Betracht, weil in diesen Fällen das 3fache des linearen AfA-Satzes stets geringer ist als 30 v. H.

Entsteht bei einem beweglichen Wirtschaftsgut nachträglicher Herstellungsaufwand, so sind von diesem Zeitpunkt an die degressiven Absetzungen so zu berechnen, daß auf die Summe aus dem Restwert des Wirtschaftsguts und dem nachträglichen Herstellungsaufwand der bisherige, der Gesamtnutzungsdauer des Wirtschaftsguts entsprechende AfA-Satz unverändert angewendet wird (Abschn. 44 Abs. 11 Satz 6, Beispiel 1 EStR). Das gilt auch, wenn nachträglicher Herstellungsaufwand nach Ablauf der betriebsgewöhnlichen Nutzungsdauer entsteht. Dann ist der zuletzt maßgebliche AfA-Satz anzuwenden.

Waren jedoch die nachträglichen Herstellungskosten so umfassend, daß hierdurch, wirtschaftlich betrachtet, ein neues Wirtschaftsgut entstanden ist, so sind die AfA nach § 7 Abs. 2 EStG nach der Summe aus dem Buchwert (Restwert) des Wirtschaftsguts und den nachträglichen Herstellungskosten und nach dem Hundertsatz zu bemessen, der der voraussichtlichen Nutzungsdauer des neuen Wirtschaftsguts entspricht. Dabei ist der Hundertsatz anzuwenden, der im Zeitpunkt der Beendigung der nachträglichen Herstellung maßgeblich ist (Abschn. 43 Abs. 5, Abschn. 44 Abs. 11 Satz 7 EStR).

Nicht erlaubt ist der Wechsel von der linearen zur degressiven AfA. Auch ist bei Wirtschaftsgütern, bei denen die Absetzung für Abnutzung in fallenden Jahresbeträgen bemessen wird, eine Absetzung für außergewöhnliche technische oder wirtschaftliche Abnutzung nicht zulässig (§ 7 Abs. 2 Satz 4 EStG).

Der Übergang von der Absetzung für Abnutzung in fallenden Jahresbeträgen zur Absetzung für Abnutzung in gleichen Jahresbeträgen ist aber bei beweglichen Anlagegütern gestattet (§ 7 Abs. 3 Satz 1 EStG).

Die degressive AfA ist nicht zulässig bei beweglichen Wirtschaftsgütern, bei denen Sonderabschreibungen in Anspruch genommen werden (§ 7 a Abs. 4 EStG).

Die Absetzung für Abnutzung in fallenden Jahresbeträgen darf nur bei den beweglichen Wirtschaftsgütern des Anlagevermögens vorgenommen werden, über die ein besonderes Verzeichnis geführt wird, das folgende Angaben enthält:

1. Tag der Anschaffung oder Herstellung,
2. Anschaffungs- oder Herstellungskosten,
3. voraussichtliche Nutzungsdauer,
4. Höhe der jährlichen Absetzung für Abnutzung.

Stpfl., bei denen diese Angaben aus der Buchführung ersichtlich sind, brauchen ein besonderes Verzeichnis nicht zu führen (§ 7 Abs. 2 Satz 3 i. V. m. § 7 a Abs. 8 EStG).

Tabelle der degressiven AfA-Sätze

Nutzungs-dauer (in Jahren)	Linearer AfA-Satz (in v. H. der Anschaffungs- bzw. Herstellungskosten	Degressiver AfA-Satz (in v. H. des Buchwertes) angeschafft oder hergestellt in der Zeit		
		1. 1. 1961 bis 31. 8. 1977	1. 9. 1977 bis 29. 7. 1981	Ab 30. 7. 1981
2	50,00	*	*	*
3	33,33	*	*	*
4	25,00	*	*	30,00
5	20,00	*	25,00	30,00
6	16,66	20,00	25,00	30,00
7	14,28	20,00	25,00	30,00
8	12,50	20,00	25,00	30,00
9	11,11	20,00	25,00	30,00
10	10,00	20,00	25,00	30,00
11	9,09	18,18	22,73	27,27
12	8,33	16,66	20,83	25,00
13	7,69	15,38	19,23	23,08
14	7,14	14,28	17,86	21,43
15	6,66	13,32	16,67	20,00
16	6,25	12,50	15,62	18,75
17	5,88	11,76	14,71	17,65
18	5,55	11,10	13,89	16,67
19	5,26	10,52	13,15	15,79
20	5,00	10,00	12,50	15,00
21	4,76	9,52	11,90	14,29
22	4,54	9,08	11,36	13,64
23	4,34	8,68	10,87	13,04
24	4,16	8,32	10,42	12,50
25	4,00	8,00	10,00	12,00
30	3,33	6,66	8,33	10,00
40	2,50	5,00	6,25	7,50
50	2,00	4,00	5,00	6,00

* Gegenstandslos, da der lineare AfA-Satz nicht niedriger bzw. höher ist als der höchstzulässige degressive AfA-Satz von 20, 25 bzw. 30 v. H.

4.3.7.4 AfA-Methode bei mehreren Beteiligten

Bei abnutzbaren beweglichen Wirtschaftsgütern des Anlagevermögens, die mehreren Beteiligten zuzurechnen sind, können die AfA nur einheitlich linear, degressiv oder nach Maßgabe der Leistung vorgenommen werden (Abschn. 44 Abs. 7 EStR).

4.3.8 Absetzungen für außergewöhnliche Abnutzung

Es sind sowohl Absetzungen wegen außergewöhnlicher technischer als auch wegen außergewöhnlicher wirtschaftlicher Abnutzung zulässig (§ 7 Abs. 1 letzter Satz EStG). Eine Abnutzung ist dann außergewöhnlich, wenn sie im Rahmen der betriebsgewöhnlichen Nutzung normalerweise nicht eintritt und daher bei Bemessung der betriebsgewöhnlichen Nutzungsdauer nicht berücksichtigt worden ist (BFH, BStBl 1979 II S. 8).

Eine außergewöhnliche technische Abnutzung setzt einen Substanzverzehr voraus. Er kann durch alle möglichen mechanischen Einwirkungen auf das Wirtschaftsgut verursacht werden. Diese Einflüsse müssen entweder zu einer Verkürzung der betriebsgewöhnlichen Nutzungsdauer oder zu einer Einschränkung der gewöhnlichen Nutzung führen. Zu den mechanischen Einwirkungen gehören einmal solche, die vom Willen des Menschen unabhängig sind, also Einwirkungen durch höhere Gewalt (z. B. Brand, Wasser, Sturm, Bergschäden; RFH, RStBl 1930 S. 270). Dazu gehören aber auch sogenannte innere Mängel eines Wirtschaftsgutes (Fäulnis oder Schwamm an einem Gebäude, Materialmängel bei einer Maschine).

Beispiel:

A erwirbt ein Gebäude. Es stellt sich später heraus, daß das Balkenwerk mit Schwamm befallen ist. A kann eine Absetzung wegen außergewöhnlicher technischer Abnutzung oder die Kosten für die Beseitigung dieses Schadens als Aufwand buchen (RFH, RStBl 1939 S. 354).

Zu einer außergewöhnlichen technischen Abnutzung können auch solche Einwirkungen auf das Wirtschaftsgut führen, die vom Willen des Steuerpflichtigen nicht unabhängig sind.

Beispiel:

A kann seinen Maschinenpark nicht in dem erforderlichen Umfang instandsetzen, weil ihm die nötigen Arbeitskräfte oder entsprechende Ersatzteile fehlen. Tritt dadurch eine außergewöhnliche technische Abnutzung ein, ist eine entsprechende Absetzung zulässig.

Eine Absetzung wegen außergewöhnlicher wirtschaftlicher Abnutzung erfordert eine Verminderung der Verwendungsmöglichkeit des Wirtschaftsguts. Sie ist grundsätzlich dann zulässig, wenn durch außergewöhnliche Einflüsse die wirtschaftliche Nutzbarkeit des Wirtschaftsguts im Jahr der Geltendmachung der außergewöhnlichen Abnutzung sinkt (BFH, BStBl 1980 II S. 743; Abschn. 44 Abs. 14 Satz 7 EStR). Eine Beeinträchtigung der Nutzung ohne Verkürzung der Nutzungsdauer wird nur in Ausnahmefällen zu Absetzungen wegen außergewöhnlicher wirtschaftlicher Abnutzung führen.

Beispiele:

a) A besitzt in seiner Weberei einen Webstuhl, der 100 Arbeitsgänge in einer Minute leistet. Auf dem Markt wird eine Maschine angeboten, die 500 Arbeitsgänge in der Minute leistet. A muß sich spätestens in zwei Jahren eine neue Maschine anschaffen, um konkurrenzfähig zu bleiben. Er kann nach § 7 Abs. 1 letzter Satz EStG den Restwert der Maschine auf zwei Jahre verteilen.

b) Eine Präzisionsmaschine wird wegen unterlassener Instandhaltung für die Präzisionsarbeiten unbrauchbar. Sie kann jedoch noch für gröbere Arbeiten, die üblicherweise von minderwertigen Maschinen ausgeführt werden, ohne Beeinträchtigung der Nutzungsdauer genutzt werden. Auch hier erscheint eine entsprechende Absetzung gerechtfertigt.

Eine Absetzung für außergewöhnliche technische oder wirtschaftliche Abnutzung kann bei Gebäuden in Betracht kommen, wenn bei einem Umbau bestimmte Gebäudeteile entfernt werden (BFH, BStBl 1962 III S. 272) oder wenn ein Gebäude abgebrochen wird, um Platz für einen Neubau zu schaffen (BFH, BStBl 1965 III S. 323), selbst wenn das abgerissene Gebäude technisch noch nicht verbraucht ist (BFH, BStBl 1973 II S. 678). Dies gilt indessen dann nicht, wenn das Gebäude in Abbruchabsicht (BFH, BStBl 1978 II S. 620) oder in der Absicht erworben ist, es alsbald unter Aufgabe erheblicher Bausubstanz umzubauen, und es dann innerhalb von drei Jahren abgerissen worden ist (BFH, BStBl 1985 II S. 208; Abschn. 44 Abs.14 Satz 5 EStR). Wegen der Behandlung des Restbuchwerts und der Abbruchkosten in diesen Fällen siehe 4.2.1.4. Eine Absetzung kommt nicht in Betracht, wenn ein zum Privatvermögen gehörendes, objektiv technisch oder wirtschaftlich noch nicht verbrauchtes Gebäude abgerissen wird, um ein unbebautes Grundstück veräußern zu können (BFH, BStBl 1979 II S. 551).

Absetzungen wegen außergewöhnlicher technischer oder wirtschaftlicher Abnutzung sind zulässig bei abnutzbaren Wirtschaftsgütern des Betriebsvermögens und des Privatvermögens. Sie sind jedoch nicht zulässig bei Wirtschaftsgütern, bei denen die AfA nach fallenden Jahresbeträgen vorgenommen wird (§ 7 Abs. 2 Satz 4 EStG). Hier kann die außergewöhnliche Abnutzung nur durch den Ansatz eines niedrigeren Teilwerts berücksichtigt werden. Bei Gebäuden schließen erhöhte Absetzungen nach § 7 b EStG und degressive AfA nach § 7 Abs. 5 EStG Absetzungen wegen außergewöhnlicher Abnutzung nicht aus (BFH, BStBl 1979 II S. 8; Abschn. 44 Abs. 14 Sätze 2 und 3 EStR).

Diese unterschiedlichen Regelungen haben zur Folge, daß außergewöhnliche technische oder wirtschaftliche Wertminderungen

a) bei linear oder nach der Leistung abgeschriebenen Wirtschaftsgütern unabhängig von der Einkunftsart durch eine entsprechend höhere AfA für außergewöhnliche Abnutzung berücksichtigt werden können, und zwar ohne Rücksicht darauf, ob der Buchwert unter den Teilwert sinkt;

b) bei degressiv abgeschriebenen Wirtschaftsgütern nur berücksichtigt werden können, wenn es sich um Gewinnermittlungseinkünfte handelt und die außergewöhnliche Abnutzung zu einem Teilwert führt, der unter dem Buchwert liegt.

Beispiel:

Eine für 10 000 DM angeschaffte Maschine hat eine 10jährige Nutzungsdauer. Im 2. Jahr erfolgt eine außergewöhnliche technische Abnutzung, die 10 v. H. der Anschaffungskosten ausmacht. Der Teilwert beträgt nach dem 2. Jahr 7500 DM.

		lineare AfA	degressive AfA
Anschaffungskosten		10 000 DM	10 000 DM
1. Jahr		1 000 DM	3 000 DM
2. Jahr	1 000 DM		2 100 DM
+ außergewöhnliche AfA	1 000 DM	2 000 DM	
Restwert		7 000 DM	4 900 DM

Wird ein Schaden, der für sich betrachtet eine Absetzung wegen außergewöhnlicher technischer Abnutzung rechtfertigen würde, ersetzt und unterliegt der Schadensersatz nicht der Besteuerung, so kommt eine Absetzung wegen außergewöhnlicher Abnutzung nicht in Betracht (BFH, BStBl 1970 II S. 764).

Beispiel:

Ein durch Vermietung genutztes Gebäude des Privatvermögens brennt ab. Der Schaden wird durch die Feuerversicherung voll ersetzt. Eine Absetzung wegen außergewöhnlicher technischer Abnutzung kann nicht als Werbungskosten (§ 9 EStG) bei den Einkünften aus Vermietung und Verpachtung abgezogen werden, da Werbungskosten einen Aufwand voraussetzen, ein Aufwand aber wegen der Versicherungsleistung nicht entstanden ist.

Nach dem Wortlaut des § 7 Abs. 1 EStG sind Absetzungen für außergewöhnliche technische oder wirtschaftliche Abnutzung „zulässig". Aus dieser Fassung kann nicht gefolgert werden, daß der Steuerpflichtige ein Wahlrecht hat, ob und wann er diese Absetzungen geltend macht. Ist das Wirtschaftsgut aus dem Betriebsvermögen ausgeschieden, insbesondere untergegangen, so muß die Absetzung im Jahr des Ausscheidens oder Untergangs vorgenommen werden (BFH, BStBl 1969 II S. 464). Entsprechendes gilt, wenn der außergewöhnliche Wertverlust zu einer einmaligen Teilabsetzung führt. Hat die außergewöhnliche Abnutzung lediglich eine Verkürzung der noch laufenden Nutzungsdauer zur Folge, so gilt das für die normale AfA Gesagte entsprechend (vgl. insbesondere 4.3.4 und 4.3.5).

4.3.9 Sonderregelung für Gebäude-AfA

4.3.9.1 Allgemeines

Für die Bemessung der AfA bei Gebäuden ist nach § 7 Abs. 4 und 5 EStG zu unterscheiden zwischen

a) Gebäuden, soweit sie zu einem Betriebsvermögen gehören und nicht Wohnzwecken dienen und für die der Bauantrag nach dem 31. 3. 1985 gestellt worden ist (Wirtschaftsgebäude) und

b) Gebäuden, soweit sie Wohnzwecken dienen und

    aa) für die der Bauantrag nach dem 28. 2. 1989 gestellt worden ist und die vom Steuerpflichtigen hergestellt worden sind, oder

    bb) die vom Steuerpflichtigen nach dem 28. 2. 1989 auf Grund eines nach diesem Zeitpunkt rechtswirksam abgeschlossenen obligatorischen Vertrags bis zum Ende des Jahrs der Fertigstellung angeschafft worden sind (Mietwohnneubauten) und

c) Gebäuden, die weder die Voraussetzungen des Buchst. a noch des Buchst. b erfüllen (andere Gebäude).

Zur Frage der Zugehörigkeit von Gebäuden zum Betriebsvermögen s. 4.1.2.4.8.

Nach der ab 1. 1. 1965 geltenden gesetzlichen Regelung des § 7 Abs. 4 EStG braucht die Nutzungsdauer eines Gebäudes im allgemeinen nicht geschätzt zu werden. Das Gesetz teilt die Gebäude in drei Gruppen ein und sieht grundsätzlich für jede Gruppe einen bestimmten AfA-Hundertsatz vor. Danach sind bei Wirtschaftsgebäuden jährlich 4. v. H., bei Gebäuden, die nach dem 31. 12. 1924 fertiggestellt sind, jährlich 2 v. H. und bei Gebäuden, die vor dem 1. 1. 1925 fertiggestellt sind, jährlich 2,5 v. H. der Anschaffungs- oder Herstellungskosten bis zum vollen Verbrauch dieser Kosten als jährliche AfA abzusetzen (Abschn. 44 Abs. 4 EStR). Diese allgemeinen Absetzungsquoten gelten auch für Gebäude, deren Nutzungsdauer länger ist (Mindest-AfA). Sind sie unterblieben und hat sich die tatsächliche Nutzungsdauer des Gebäudes nicht verändert, so sind weiterhin die gesetzlichen AfA-Sätze anzuwenden, auch wenn sich hierfür der Abschreibungszeitraum, den der Gesetzgeber bei der Mindest-AfA zugrunde gelegt hat, verlängert (BFH, BStBl 1984 II S. 709, 1987 II S. 491; Abschn. 44 Abs. 10 Satz 2 EStR).

Bei der Festlegung dieser allgemeinen Absetzungsquoten ist der Gesetzgeber von einer 50- bzw. 40- oder 25jährigen Nutzungsdauer ausgegangen. Sollte in einem Einzelfall die nach den technischen oder wirtschaftlichen Umständen anzunehmende tatsächliche Nutzungsdauer geringer als 50 bzw. 40 oder 25 Jahre sein, dann hat der Steuerpflichtige die Möglichkeit, die jährliche AfA statt nach den festgesetzten Absetzungsquoten entsprechend der kürzeren Nutzungszeit höher zu berechnen. In Fällen, in denen eine kürzere Höchstnutzungsdauer gesetzlich vorgeschrieben ist (§ 76 Abs. 4 Satz 3 EStDV), ist diese zu beachten. Soll ein noch genutztes Gebäude abgebrochen oder veräußert werden, so rechtfertigt dieser Umstand allein nicht die Annahme einer verkürzten Nutzungsdauer (BFH, BStBl 1982 II S. 385). Eine verkürzte Nutzungsdauer kann erst anerkannt werden, wenn die Vorbereitungen für einen Gebäudeabbruch so weit gediehen sind, daß die bisherige Nutzung des Hauses künftig so gut wie ausgeschlossen erscheint (BFH, BStBl 1980 II S. 743). Eine der verkürzten Nutzung entsprechende AfA kann vorgenommen werden, wenn der Zeitpunkt der Beendigung der Nutzung feststeht (z. B. bei einer Abbruchsverpflichtung – BFH, BStBl 1984 II S. 126; Abschn. 44 Abs. 3 Satz 6 EStR).

Anstelle der linearen AfA ist bei bestimmten Gebäuden auch die degressive AfA möglich. Die gesetzliche Regelung in § 7 Abs. 5 EStG ist in der Vergangenheit mehrfach geändert worden. Eine Übersicht enthält Anlage 4 zu Abschn. 44 Abs. 6 EStR.

Durch das Zustimmungsgesetz zum Staatsvertrag zwischen der Bundesrepublik Deutschland und der DDR ist § 7 Abs. 5 EStG um einen Satz ergänzt worden, der bestimmt, daß die Sätze 1 bis 3 bei Gebäuden in der DDR einschließlich Berlin (Ost) entsprechend gelten. Durch diese Ergänzung soll unbeschränkt Steuerpflichtigen mit nach § 2 a EStG bei der inländischen Besteuerung zu berücksichtigenden Verlusten aus Tätigkeiten in der DDR einschließlich Berlin (Ost) die Möglichkeit der degressiven AfA bei Gebäuden eröffnet werden.

Für Gebäude, die nach dem 31. 8. 1977 hergestellt bzw. angeschafft worden sind, kommen fünf verschiedene Gesetzesfassungen in Betracht. Zunächst galt § 7 Abs. 5 für die Herstellung aller Gebäudearten, seit 1979 wurde auch der Erwerb im Jahr der Fertigstellung begünstigt; 1981 wurden die AfA-Sätze angehoben, und ab 1985 galten für Wirtschaftsgebäude höhere degressive AfA-Sätze als für andere Gebäude; 1989 sind die AfA-Sätze auch für Wohngebäude angehoben worden.

Im einzelnen: Für alle Gebäude, die nach dem 31. 8. 1977 fertiggestellt worden sind, kann der Bauherr eine degressive AfA in folgenden Staffelsätzen in Anspruch nehmen: im Jahr der Fertigstellung und in den folgenden 11 Jahren jeweils 3,5 v. H., in den darauffolgenden 20 Jahren jeweils 2 v. H. und in den weiteren 18 Jahren jeweils 1 v. H. der Herstellungskosten. Diese Staffelsätze kann für nach dem 31. 12. 1978 fertiggestellte Gebäude auch der Erwerber in Anspruch nehmen, wenn die Anschaffung im Kalenderjahr der Fertigstellung erfolgt. Voraussetzung ist, daß der Bauherr für das veräußerte Gebäude weder die degressive AfA nach § 7 Abs. 5 EStG noch erhöhte Absetzungen oder Sonderabschreibungen in Anspruch genommen hat.

Für Gebäude im Inland wurden die AfA-Sätze erhöht, wenn entweder der Bauantrag nach dem 29. 7. 1981 gestellt bzw. das Gebäude nach diesem Zeitpunkt erworben wurde, oder, bei früher gestelltem Bauantrag, wenn mit den Bauarbeiten nach dem 29. 7. 1981 begonnen wurde. Die AfA-Sätze betragen im Jahr der Fertigstellung bzw. Anschaffung und in den folgenden 7 Jahren jeweils 5 v. H., in den darauffolgenden 6 Jahren jeweils 2,5 v. H, und in den darauffolgenden 35 Jahren jeweils 1,25 v. H.

Eine weitere Erhöhung der degressiven AfA ist eingeführt worden für Wirtschaftsgebäude, die im Inland belegen sind, und für die der Bauantrag nach dem 31. 3. 1985 gestellt ist: im Jahr der Fertigstellung bzw. Anschaffung und in den folgenden 3 Jahren jeweils 10 v. H., in den darauffolgenden 3 Jahren jeweils 5 v. H. und in den darauffolgenden 18 Jahren jeweils 2,5 v. H. der Herstellungs- oder Anschaffungskosten.

Für Gebäude, die Wohnzwecken dienen, gilt ab 1989 – alternativ zur degressiven AfA nach § 7 Abs. 5 Satz 1 Nr. 2 EStG – die Neuregelung in § 7 Abs. 5 Satz 2 EStG (der frühere Satz 2 ist Satz 3 geworden), eingefügt durch das Gesetz vom 30. 6. 1989 (vgl. § 52 Abs. 11 EStG). Als Wohnzwecke können nur fremde Wohnzwecke in Betracht kommen, weil bei einer Nutzung zu eigenen Wohnzwecken die Wohnung nach Wegfall der Nutzungswertbesteuerung nicht mehr der Einkunftserzielung dient. Wohnräume, die wegen Vermietung an Arbeitnehmer Betriebsvermögen sind (Abschn. 13 b Abs. 2 Satz 1 EStR), gehören zwar zum eigenbetrieblich genutzten Gebäudeteil, dienen aber Wohzwecken im Sinne des § 7 Abs. 5 Satz 2 EStG (Abschn. 42 a Abs. 2 EStR).

Das Gebäude(teil), das fremden Wohnzwecken dient, kann auf der Grundlage einer auf 40 Jahre verkürzten Absetzungsdauer abgeschrieben werden, und zwar mit jeweils 7 v. H. im Jahr der Fertigstellung und in den folgenden 3 Jahren, in den darauffolgenden 6 Jahren jeweils 5 v. H., in den darauffolgenden 6 Jahren jeweils 2 v. H. und in der darauffolgenden 24 Jahren jeweils 1,25 v. H. der Herstellungs- oder Anschaffungskosten.

Voraussetzung ist, daß der Bauantrag für das Gebäude nach dem 28. 2. 1989 gestellt worden ist und der Steuerpflichtige es hergestellt hat, oder daß es vom Steuerpflichtigen nach dem 28. 2. 1989 aufgrund eines nach diesem Zeitpunkt rechtswirksam abgeschlossenen obligatorischen Vertrags (dazu Abschn. 42 a Abs. 6 EStR) bis zum Ende des Jahres der Fertigstellung angeschafft worden ist. Die Anschaffung ist also unabhängig vom Zeitpunkt der Stellung des Bauantrags und der Fertigstellung des Gebäudes begünstigt. Erforderlich ist nur wie in den früheren Fassungen des § 7 Abs. 5 EStG, daß der Hersteller für das Gebäude weder AFA nach § 7 Abs. 5 Sätze 1 oder 2 vorgenommen noch erhöhte Absetzungen oder Sonderabschreibungen in Anspruch genommen hat.

Die Regelung des § 7 Abs. 4 und 5 EStG gilt auch für Eigentumswohnungen und im Teileigentum stehende Räume sowie für Gebäudeteile, die selbständige unbewegliche Wirtschaftsgüter sind (§ 7 Abs. 5 a EStG, Abschn. 42 a Abs. 8 EStR).

Ob der Steuerpflichtige im Einzelfall die lineare AfA nach § 7 Abs. 4 oder die degressive AFA nach § 7 Abs. 5 EStG unter den dort benannten Voraussetzungen wählt, bleibt ihm überlassen. Ein Übergang von einem nach § 7 Abs. 4 oder 5 EStG zulässigen Absetzungsverfahren zu einem anderen nach diesen Vorschriften zulässigen Absetzungsverfahren ist unzulässig. Das gilt auch für den Übergang von den erhöhten Absetzungen nach § 7 b EStG zu den degressiven Absetzungen nach § 7 Abs. 5 EStG (BFH, BStBl 1976 II S. 414). Dagegen ist der Übergang von der degressiven AfA nach § 7 Abs. 5 EStG zur erhöhten AfA nach § 7 b EStG möglich (Abschn. 53 Abs. 8 Satz 3 EStR 1987). Ein Wechsel zwischen den Absetzungsverfahren nach § 7 Abs. 5 und § 7 Abs. 4 EStG ist zulässig, wenn ein Gebäude in einem auf das Jahr der Anschaffung oder Herstellung folgenden Jahr erstmals die Voraussetzungen des § 7 Abs. 4 Satz 1 Nr. 1 EStG erfüllt, oder, umgekehrt, nicht mehr erfüllt (Abschn. 44 Abs. 8 EStR).

Bei der Anwendung des § 7 Abs. 4 EStG ist die Pro-rata-temporis-Regel zu beachten. Das bedeutet, daß bei Gebäuden, die im Laufe eines Kalenderjahres (Wirtschaftsjahres) angeschafft oder hergestellt werden, für das Kalenderjahr (Wirtschaftsjahr) der Anschaffung oder Herstellung nur der Teil des auf das Kalenderjahr (Wirtschaftsjahr) entfallenden Absetzungsbetrags abgesetzt werden kann, der dem Zeitraum zwischen der Anschaffung oder Herstellung des Gebäudes und dem Ende des Kalenderjahres (Wirtschaftsjahres) entspricht. Demgegenüber können die degressiven Absetzungen nach § 7 Abs. 5 EStG im

Jahr der Fertigstellung (des Erwerbs) des Gebäudes stets mit dem vollen Jahresbetrag abgezogen werden (BFH, BStBl 1974 II S. 704). Für das Jahr der Veräußerung des Gebäudes dürfen sowohl die lineare Absetzung nach § 7 Abs. 4 EStG als auch die degressive AfA nach § 7 Abs. 5 EStG nur zeitanteilig vorgenommen werden (Abschn. 44 Abs. 2 und 9 EStR; BFH, BStBl 1977 II S. 835).

Wie ein Gebäude ist auch ein Nutzungsrecht zu behandeln, das durch Baumaßnahmen an einem Gebäude des Nutzungsberechtigten entstanden und wie ein materielles Wirtschaftsgut mit den Herstellungskosten zu aktivieren ist (Abschn. 42 Abs. 7 Satz 3 EStR).

4.3.9.2 Lineare AfA nach § 7 Abs. 4 EStG

Die lineare AfA bei Gebäuden unterscheidet sich von der AfA nach § 7 Abs. 1 EStG dadurch, daß bestimmte AfA-Sätze gesetzlich festgelegt sind. Weiter gilt seit 1985 für die sog. Wirtschaftsgebäude (§ 7 Abs. 4 Nr. 1 EStG) ein linearer AfA-Satz von 4 v. H., was einer Nutzungsdauer von 25 Jahren entspricht. Unter § 7 Abs. 4 Nr. 1 EStG fallen Gebäude, die zu einem Betriebsvermögen gehören, soweit sie nicht (eigenen oder fremden) Wohnzwecken dienen. Bei den sonstigen Gebäuden unterscheidet § 7 Abs. 4 Nr. 2 EStG zwischen Gebäuden, die vor dem 1. 1. 1925 fertiggestellt worden sind (AfA-Satz 2,5 v. H.) und Gebäuden, die nach dem 31. 12. 1924 fertiggestellt worden sind (AfA-Satz 2 v. H.).

4.3.9.2.1 AfA-Satz

Aus den gesetzlich festgelegten AfA-Sätzen ergibt sich die Nutzungsdauer. Das ist die Dauer der Nutzung durch den Stpfl. Es wird also unterstellt, daß der jeweilige Eigentümer das Gebäude bis zum Substanzverbrauch nutzt. Nach jedem Eigentumswechsel beginnt eine neue Nutzungsdauer, der Geamtzeitraum kann also länger sein als die sich aus dem Gesetz ergebende Nutzungsdauer von 25, 40 und 50 Jahren (BFH, BStBl 1972 II S. 176).

Der Zeitraum der Nutzungsdauer beginnt

1. bei Gebäuden, die der Stpfl. vor dem 21. 6. 1948 angeschafft oder hergestellt hat, mit dem 21. 6. 1948;

2. bei Gebäuden, die der Stpfl. nach dem 20. 6. 1948 hergestellt hat, mit dem Zeitpunkt der Fertigstellung;

3. bei Gebäuden, die der Stpfl. nach dem 20. 6. 1948 angeschafft hat, mit dem Zeitpunkt der Anschaffung (§ 11 c Abs. 1 EStDV).

Beispiele:

a) Ein Stpfl. besitzt ein Gebäude, das in 1900 errichtet worden ist und das er in 1930 käuflich erworben hat. Die tatsächliche Nutzungsdauer dieses Gebäudes soll ab 21. 6. 1948 mit 30 Jahren anzunehmen sein. Der Mindest-AfA-Satz für dieses Gebäude beträgt nach § 7 Abs. 4 Nr. 2 EStG 2,5 v. H., weil es vor dem 1. 1. 1925 fertiggestellt worden ist. Da die tatsächliche Nutzungsdauer ab 21. 6. 1948 (§ 11 c Abs. 1 Nr. 1 EStDV) weniger als 40 Jahre, nämlich nur 30 Jahre, beträgt, kann der Stpfl. einen AfA-Satz von 3⅓ v. H. nach § 7 Abs. 4 Satz 2 EStG ansetzen.

b) Ein Stpfl. besitzt ein Gebäude, das in 1947 errichtet worden ist und das er in 1967 käuflich erworben hat. Mit Rücksicht auf den schlechten baulichen Zustand beträgt die Nutzungsdauer ab dem Anschaffungszeitpunkt in 1967 40 Jahre.

Der Mindest-AfA-Satz für dieses Gebäude beträgt nach § 7 Abs. 4 Nr. 1 EStG 2 v. H., weil es nach dem 31. 12. 1924 fertiggestellt worden ist. Da die tatsächliche Nutzungsdauer ab Anschaffungszeitpunkt in 1967 (§ 11 c Abs. 1 Nr. 3 EStDV) weniger als 50 Jahre, nämlich nur 40 Jahre, beträgt, kann der Stpfl. einen AfA-Satz von 2,5 v. H. nach § 7 Abs. 4 Satz 2 EStG ansetzen.

c) Ein Stpfl. hat 1960 ein im Jahre 1890 errichtetes Gebäude erworben. Er hat bis 1964 einschließlich einen AfA-Satz von 4 v. H. angesetzt, was vom Finanzamt nicht beanstandet wurde. Es fragt sich, ob er auch ab 1965 diesen AfA-Satz weiter anwenden darf.

Der Mindest-AfA-Satz für dieses Gebäude beträgt 2,5 v. H. (s. Beispiel a). Der Stpfl. kann nur dann einen höheren AfA-Satz in Anspruch nehmen, wenn eine kürzere als 40jährige Nutzungsdauer festgestellt wird. Die Nutzungsdauer beginnt für den Stpfl. mit dem Zeitpunkt des Erwerbs (§ 11 c Abs. 1 EStDV). Der Stpfl. kann sich für die Feststellung einer im Jahre des Erwerbs (1960) beginnenden kürzeren Nutzungsdauer nicht einfach darauf berufen, daß das Finanzamt in den Vorjahren die AfA lediglich nach der betriebsgewöhnlichen Nutzungsdauer bemessen hat (BFH, BStBl 1972 II S. 176).

Sofern eine kürzere als 25-, 40- bzw. 50jährige Nutzungsdauer nicht nachgewiesen ist, können auch versehentlich unterlassene AfA nur in der Weise nachgeholt werden, daß weiterhin die gesetzlich vorgeschriebenen Vomhundertsätze angesetzt werden, auch wenn hierdurch der Abschreibungszeitraum über 40 bzw. 50 Jahre hinaus verlängert wird (BFH, BStBl 1984 II S. 706 – wegen der abweichenden allgemeinen Regel s. 4.3.4).

Besteht ein Gebäude wegen seiner unterschiedlichen Nutzung aus mehreren Wirtschaftsgütern (vgl. 4.1.2.4.8), so ist von einer einheitlichen Nutzungsdauer aller Gebäudeteile auszugehen. Für die einzelnen Gebäudeteile sind unterschiedliche AfA-Methoden und AfA-Sätze zulässig (Abschn. 44 Abs. 6 Satz 4 und Abs. 12 EStR).

Auch bei einem Gebäude, das in Abbruchabsicht erworben wurde und dessen Wert vom Zeitpunkt des Abbruchs an zu den Herstellungskosten eines neuen Gebäudes oder den Anschaffungskosten des Grund und Bodens zählt (s. 4.2.1.4.2), sind, wenn es zwischenzeitlich durch Vermietung und Verpachtung genutzt wird, AfA nach § 7 Abs. 4 Satz 1 EStG abzuziehen (BFH, BStBl 1982 II S. 385).

4.3.9.2.2 Bemessungsgrundlage

Die Bemessungsgrundlage für die Absetzungen für Abnutzung bestimmt sich bei Gebäuden grundsätzlich nach den Anschaffungs- oder Herstellungskosten des Gebäudes (§ 7 Abs. 4 Satz 1 EStG). Besteht ein Gebäude wegen seiner gemischten Nutzung aus mehreren Wirtschaftsgütern, so sind die Anschaffungs- oder Herstellungskosten anteilig auf die Teile aufzuteilen.

Ist ein zum Privatvermögen gehörendes Gebäude vom Stpfl. vor dem 21. 6. 1948 angeschafft oder hergestellt worden, so ist als Anschaffungs- oder Herstellungskosten der am 21. 6. 1948 maßgebende Einheitswert, soweit er auf das Gebäude entfällt, anzusetzen, zuzüglich der nach dem 20. 6. 1948 aufgewendeten Herstellungskosten.

Beispiele:

a) Ein Stpfl. besitzt ein privates Mehrfamilienhaus, das 1920 errichtet worden ist. Der Gebäudeanteil des am 21. 6. 1948 maßgeblichen Einheitswerts beträgt 40 000 DM. Durch einen Dachgeschoßausbau sind 1968 Herstellungskosten in Höhe von 20 000 DM entstanden. Die Nutzungsdauer ab 21. 6. 1948 beträgt 40 Jahre.

AfA-Bemessungsgrundlage ab 21. 6. 1948 ist zunächst der Gebäudeanteil des Einheitswerts = 40 000 DM. Dieser erhöht sich 1968 um die nachträglichen Herstellungskosten von 20 000 DM.

Der AfA-Satz beträgt nach § 7 Abs. 4 Satz 1 Nr. 2 Buchst. b EStG 2,5 v. H. der jeweiligen Bemessungsgrundlage, weil das Gebäude vor dem 1. 1. 1925 fertiggestellt worden ist und die Nutzungsdauer nicht weniger als 40 Jahre währt.

b) Ein zu Beginn des Jahres 1967 angeschafftes Gebäude, für das lineare AfA nach § 7 Abs. 4 Satz 1 Nr. 2 EStG vorgenommen worden ist, wird im Jahre 1990 erweitert. Die Restnutzungsdauer beträgt danach noch mindestens 50 Jahre.

Herstellungskosten . . . . 200 000 DM
AfA von 1967 bis 1989: 23 × 2 v. H. = 92 000 DM
nachträgliche Herstellungskosten 1990 . . . . + 100 000 DM
Bemessungsgrundlage ab 1990 . . . . 300 000 DM

Von 1990 an bis zur vollen Absetzung des Betrags von 208 000 DM (Restwert 108 000 DM zuzüglich nachträglicher Herstellungskosten 100 000 DM) beträgt die AfA jährlich 2 v. H. von 300 000 DM = 6 000 DM).

Wie die Beispiele zeigen, haben die nachträglichen Herstellungskosten in den Fällen des § 7 Abs. 4 Satz 1 EStG grundsätzlich keinen Einfluß auf die Höhe der AfA-Sätze. Sie wirken sich nur auf die Höhe der Bemessungsgrundlage aus und damit auf den jährlichen AfA-Betrag. Angewendet wird der bisherige AfA-Satz, also bei Wirtschaftsgebäuden ab 1985 4 v. H., bei den übrigen 2 v. H. bzw. 2,5 v. H. Das führt zu einer Verlängerung des Absetzungszeitraums (BFH, BStBl 1977 II S. 606; Abschn. 42 a Abs. 1 Nr. 1 Satz 1 EStR). Bei der Bemessung der AfA für das Jahr der Entstehung von nachträglichen Herstellungskosten sind diese so zu berücksichtigen, als wären sie zu Beginn des Jahres aufgewendet worden (Abschn. 44 Abs. 11 Satz 6 EStR). Der Stpfl. kann zu Beginn der Absetzungen mit höheren als den gesetzlichen AfA-Sätzen abschreiben, wenn er glaubhaft macht, daß die tatsächliche Nutzungsdauer geringer ist als die gesetzliche (§ 7 Abs. 4 Satz 2 EStG, Abschn. 44 Abs. 3 Satz 2 EStR). Bei Wirtschaftsgebäuden im Sinne des § 7 Abs. 4 Nr. 1 EStG wird die tatsächliche Nutzungsdauer allerdings in der Regel mindestens so lang sein wie die gesetzliche von 25 Jahren (vgl. auch § 7 Abs. 4 Satz 4 EStG).

In den Fällen der Abschreibung nach der tatsächlichen Nutzungsdauer ist bei nachträglichen Herstellungskosten die Restnutzungsdauer unter Berücksichtigung des Zustandes des Gebäudes im Zeitpunkt der Beendigung der nachträglichen Herstellungsarbeiten neu zu schätzen (Abschn. 44 Abs. 11 Satz 2 EStR). Die nachträglichen Herstellungskosten sind dem Restwert (nicht der ursprünglichen Bemessungsgrundlage) hinzuzurechnen und auf die Restnutzungsdauer zu verteilen. Zulässig ist aber auch die Beibehaltung des ursprünglichen AfA-Satzes

(Abschn. 44 Abs. 11 Satz 3 EStR). Die dargestellen Grundsätze gelten auch für einen Ausbau, einen Umbau oder eine Erweiterung des Gebäudes (BFH, BStBl 1977 II S. 725) oder für eine nachträglich errichtete Baulichkeit oder sonstige Einrichtung, die wegen ihres Nutzungs- und Funktionszusammenhangs mit dem bisher vorhandenen Gebäude kein selbständiges Wirtschaftsgut ist (s. dazu 4.3.2). Wird durch die Baumaßnahmen ein selbständiges Gebäude geschaffen (z. B. Anbau eines Hinterhauses, das nicht eine Ergänzung der bisherigen Baulichkeit ist – BFH, BStBl 1984 II S. 196), oder ist der Umbau eines bestehenden Gebäudes so grundlegend, daß wirtschaftlich ein neues Gebäude entsteht, so sind die AfA nach der Summe aus dem Buchwert oder dem Restwert und den durch den Anbau oder Umbau veranlaßten Herstellungskosten zu bemessen (Abschn. 44 Abs. 11 Satz 7 EStR). Im letztgenannten Fall kann nach dem Urteil des BFH (BStBl 1977 II S. 725) ein Neubau nur ausnahmsweise dann angenommen werden, wenn die wiederverwendeten Teile des alten Gebäudes keine Bedeutung haben.

Bei nicht zu einem Betriebsvermögen gehörenden Gebäuden, die der Steuerpflichtige unentgeltlich erworben hat, bemessen sich die AfA nach den Anschaffungs- oder Herstellungskosten des Rechtsvorgängers oder dem Wert, der beim Rechtsvorgänger an die Stelle getreten ist oder treten würde, wenn er noch Eigentümer des Gebäudes wäre, zuzüglich der vom Erwerber aufgewendeten Herstellungskosten.

Beispiel:
A hat von seinem Vater 1947 ein privates Miethaus geerbt, das der Vater 1935 für 100 000 DM errichtet hatte. 1967 baut A das Haus für 40 000 DM um. AfA-Bemessungsgrundlage für A ist zunächst der Wert, der beim Vater anzusetzen sein würde, wenn er noch Eigentümer des Hauses wäre. Das ist der auf das Gebäude entfallende Teileinheitswert, der am Währungsstichtag galt. Hinzu kommen für A seine eigenen Umbaukosten von 40 000 DM.

Bei Gebäuden, die der Steuerpflichtige aus einem Betriebsvermögen in das Privatvermögen entnommen hat, sind die weiteren AfA nach dem Teilwert (§ 6 Abs. 1 Nr. 4 EStG) oder gemeinen Wert (§ 16 Abs. 3 Satz 3 EStG) zu bemessen, mit dem das Gebäude bei der Entnahme erfaßt worden ist (BFH, BStBl 1983 II S. 759). Bei Gebäuden, die aus dem Privatvermögen in ein Betriebsvermögen eingelegt worden sind, sind die weiteren AfA nach dem nach § 6 Abs. 1 Nr. 5 EStG maßgebenden Wert zu bemessen. Die Höhe der weiteren AfA richtet sich in diesen Fällen nach § 7 Abs. 4 Sätze 1 und 2 EStG und der tatsächlichen Restnutzungsdauer des Gebäudes im Zeitpunkt der Entnahme bzw. Einlage (Abschn. 44 Abs. 12 Satz 1 Nr. 1 EStR). In bestimmten Ausnahmefällen bleibt die bisherige AfA-Bemessungsgrundlage maßgeblich (s. dazu Abschn. 43 Abs. 6 Satz 3 Nr. 1 und 2 EStR und 4.3.6). Nach § 52 Abs. 15 Satz 10 und 11 EStG bleibt der Entnahmegewinn bei Grund und Boden außer Ansatz, wenn dieser nach dem 31. 12. 1986 dadurch entnommen wird, daß auf ihm die Wohnung des Steuerpflichtigen und/oder eine Altenteilerwohnung errichtet wird. Die Anordnung, daß die ursprünglichen Anschaffungs- oder Herstellungskosten Bemessungsgrundlage für die AfA bleiben (Abschn. 43 Abs. 6 Satz 3 Nr. 1 EStR), führt dazu, daß die

Absetzungen nicht vom – steuerfreien – Teilwert, sondern vom Buchwert erfolgen; damit wird die sachliche Steuerbefreiung des Entnahmegewinns durch eine geringere AfA wieder rückgängig gemacht. Für diese Verwaltungsregelung spricht, daß dem Steuerpflichtigen bei der Entnahme kein Aufwand entstanden ist, der durch die Gewährung von AfA berücksichtigt werden müßte.

Dagegen enthält die im Zusammenhang mit § 7 k EStG (4.3.16) geschaffene Regelung des § 6 Abs. 1 Nr. 4 Satz 4 EStG keine Steuerbefreiung des Entnahmegewinns, sondern ermöglicht die Entnahme zum Buchwert. Hier kann folgerichtig auch nur der Buchwert des für Wohnungen mit Sozialbindung genutzten Gebäudes in die Bemessungsgrundlage für die erhöhte Absetzung gem. § 7 k EStG einbezogen werden (4.3.16.3). Die weitere AfA ist grundsätzlich nach dem ursprünglich angewandten Absetzungsverfahren zu bemessen. Die AfA kann nur noch bis zu dem Betrag abgezogen werden, der von der Bemessungsgrundlage nach Abzug von AfA, erhöhten Absetzungen und Sonderabschreibungen verbleibt (BFH, BStBl 1989 II S. 922). Ist für das Gebäude noch keine AfA vorgenommen worden, so ist die AfA nach § 7 Abs. 4 Satz 2 EStG und der tatsächlichen gesamten Nutzungsdauer oder nach § 7 Abs. 4 Satz 1 oder Abs. 5 EStG zu bemessen. Nach dem Übergang zur Einkünfteerzielung kann die AfA nur noch bis zu dem Betrag abgezogen werden, der von der Bemessungsgrundlage nach Abzug der Beträge verbleibt, die entsprechend der gewählten AfA-Methode auf den Zeitraum vor dem Übergang entfallen.

Beispiel:

Eine im Jahr 1988 fertiggestellte und am 1. 12. 1988 erworbene Eigentumswohnung wird vom Dezember 1988 bis Februar 1990 vom Steuerpflichtigen selbst bewohnt und ab März 1990 vermietet.

Der Steuerpflichtige hat ab 1990 die Wahl zwischen der linearen AfA nach § 7 Abs. 4 Satz 1 EStG (Fall 1) und der degressiven AfA nach § 7 Abs. 5 Satz 1 EStG (Fall 2).

		Fall 1		Fall 2
Anschaffungskosten 1988		300 000 DM		300 000 DM
AfA-Verbrauch				
1988	¹⁄₁₂ von 2 v.H.	500 DM	5 v.H.	15 000 DM
1989	2 v.H.	6 000 DM	5 v.H.	15 000 DM
1990	²⁄₁₂ von 2 v.H.	1 000 DM	²⁄₁₂ von 5 v.H.	2 500 DM
insgesamt		7 500 DM		32 500 DM
verbleibendes AfA-Volumen		292 500 DM		267 500 DM
AfA ab Übergang zur Einkünfteerzielung				
1990	¹⁰⁄₁₂ von 2 v.H.	5 000 DM	¹⁰⁄₁₂ von 5 v.H.	12 500 DM
1991 bis 1995 je	2 v.H.	6 000 DM	5 v.H.	15 000 DM
1996	2 v.H.	6 000 DM	2,5 v.H.	7 500 DM

Hat der Stpfl. bei einem Gebäude eine Absetzung für außergewöhnliche technische oder wirtschaftliche Abnutzung nach § 7 Abs. 4 Satz 3 EStG (zu den Voraussetzungen s. Abschn. 44 Abs. 14 EStR) oder eine Teilwertabschreibung nach § 6 Abs. 1 Nr. 1 EStG vorgenommen, so bemessen sich die Absetzungen für Abnutzung von dem folgenden Kalenderjahr (Wirtschaftsjahr) an nach den Anschaffungs- oder Herstellungskosten des Gebäudes abzüglich des Betrags der

Absetzung für technische oder wirtschaftliche Abnutzung bzw. der Teilwertabschreibung (§ 11 c Abs. 2 EStDV).

Beispiel:
A hat im Januar 1980 ein in 1970 errichtetes Betriebsgebäude für 1 Mio. DM erworben und aktiviert. Die Kellerräume sollten als Lagerraum benutzt werden. Sie erwiesen sich auf Dauer wegen Feuchtigkeit dafür als ungeeignet. Dies stellte sich nach bautechnischen Untersuchungen endgültig im Jahre 1985 heraus. Das Gebäude hat deshalb einen Minderwert von 100 000 DM; doch ist vom Veräußerer nichts zu erlangen. A, der das Gebäude nach § 7 Abs. 4 Nr. 2 Buchst. a EStG mit 2 v. H. abschreibt, nimmt in 1985 eine Absetzung wegen außerordentlicher technischer Abnutzung nach § 7 Abs. 1 EStG von 100 000 DM vor.

Die AfA ab 1986 berechnet sich wie folgt:

Alte Bemessungsgrundlage:	1 000 000 DM
jährliche AfA bis 1985:	20 000 DM
Alte Bemessungsgrundlage:	1 000 000 DM
∕. außerordentliche AfA	100 000 DM
Neue Bemessungsgrundlage:	900 000 DM

jährliche AfA ab 1986: 18 000 DM bis zum Verbrauch

Werden von den Anschaffungs- oder Herstellungskosten eines Gebäudes Sonderabschreibungen vorgenommen, so bemessen sich die Absetzungen für Abnutzung in den auf die Sonderabschreibung folgenden Jahren im allgemeinen nach dem Restwert und dem nach § 7 Abs. 4 EStG maßgeblichen Hundertsatz (§ 7 a Abs. 9 EStG). Wird indessen durch die AfA nach § 7 Abs. 4 Satz 1 EStG die volle Absetzung des Gebäudes innerhalb der tatsächlichen Restnutzungsdauer nicht erreicht, bemißt sich die AfA nach der tatsächlichen Restnutzungsdauer des Gebäudes bei Ablauf des Begünstigungszeitraums (Abschn. 45 Abs. 10 EStR).

4.3.9.3 Degressive AfA nach § 7 Abs. 5 EStG

Wegen der Frage, bei welchen Gebäuden die degressive AfA angewendet werden kann, vgl. 4.3.9.1.

Die degressive AfA nach § 7 Abs. 5 EStG ist keine erhöhte Absetzung oder Sonderabschreibung (vgl. § 7 Abs. 5 Satz 3 EStG). Neben Sonderabschreibungen mit Ausnahme des § 7 g EStG ist die degressive AfA nicht zulässig (Abschn. 45 Abs. 6 EStR).

Andere als die nach § 7 Abs. 5 EStG vorgesehenen Staffelsätze sind unzulässig (Abschn. 44 Abs. 6 Satz 2 EStR). Bei nachträglichen Herstellungskosten bemessen sich die weiteren AfA nach den um die nachträglichen Herstellungskosten erhöhten Anschaffungs- oder Herstellungskosten und dem für das Gebäude maßgebenden Hundertsatz.

Beispiel:
Ein zu Beginn des Jahres 1986 fertiggestelltes Gebäude, für das degressive AfA nach § 7 Abs. 5 Satz 1 Nr. 1 EStG vorgenommen worden ist, wird im Jahr 1991 erweitert.

Herstellungskosten 1986 . . . .   200 000 DM
AfA 1986 bis 1989: 4 × 10 v.H. = 80 000 DM
AfA 1990   1 × 5 v.H. = 10 000 DM
nachträgliche Herstellungskosten 1991 . . . .   + 80 000 DM
Bemessungsgrundlage ab 1991 . . . .   280 000 DM

In 1991 und 1992 beträgt die AfA je 5 v.H. von 280 000 DM = 14 000 DM; in den
Jahren 1993 bis 2010 beträgt die AfA je 2,5 v.H. von 280 000 DM = 7 000 DM.

4.3.10 Absetzung für Substanzverringerung nach § 7 Abs. 6 EStG

Nach § 7 Abs. 6 EStG ist die Vorschrift des § 7 Abs. 1 EStG bei Bergbauunter-
nehmen, Steinbrüchen und anderen Betrieben, die einen Verbrauch der Substanz
mit sich bringen, entsprechend anzuwenden. Bei diesen Betrieben sind danach
ebenfalls Absetzungen vorzunehmen, die vom Gesetz allerdings als Absetzungen
für Substanzverringerung bezeichnet werden.

Absetzungen für Substanzverringerung sind jedoch über den Wortlaut des § 7
Abs. 6 EStG hinaus nicht nur bei den dort angeführten Betrieben, sondern ganz
allgemein immer dann vorzunehmen, wenn ein dem Substanzverzehr unterliegendes Wirtschaftsgut der Erzielung von Einkünften dient. Auch wer ein Grundstück
zur Ausbeutung eines Substanzvorkommens verpachtet, kann daher im Rahmen
der Ermittlung seiner Einkünfte aus Vermietung und Verpachtung Absetzungen
für Substanzverringerung als Werbungskosten geltend machen (vgl. § 9 Abs. 1
Nr. 7 EStG).

Dem Substanzverzehr unterliegen Wirtschaftsgüter, die abbau- oder ausbeute-
fähig sind und die sich durch den Abbau oder die Ausbeute mengenmäßig
verringern. Zu diesen Wirtschaftsgütern zählen z. B. Kohle-, Erz-, Kies- oder
Sandvorkommen sowie das abbaufähige Gestein eines Steinbruchs oder der
Torfvorrat einer Torfgrube. Derartige Wirtschaftsgüter gehören ebenfalls zu den
abnutzbaren Wirtschaftsgütern i. S. des § 6 Abs. 1 Nr. 1 EStG (BFH, BStBl 1968
II S. 3).

Bemessungsgrundlage der Absetzungen für Substanzverringerung sind wie bei den
Absetzungen für Abnutzung die Anschaffungs- oder Herstellungskosten des in
Betracht kommenden Wirtschaftsguts. An die Stelle der tatsächlichen Anschaf-
fungs- oder Herstellungskosten treten jedoch wie bei den Absetzungen für
Abnutzung in bestimmten Fällen fiktive Anschaffungs- oder Herstellungskosten
(vgl. 4.3.6). Bei unentgeltlich erworbenen, nicht zu einem Betriebsvermögen
gehörenden Wirtschaftsgütern bemessen sich auch die Absetzungen für Substanzverringerung nach den Anschaffungs- oder Herstellungskosten des Rechtsvorgängers oder dem Wert, der beim Rechtsvorgänger an deren Stelle getreten ist oder
treten würde, wenn dieser noch Eigentümer wäre (§ 11 d Abs. 1 EStDV). Ein
Bodenschatz wird erst dann zu einem Wirtschaftsgut, wenn begründete Vorstellungen über den Umfang und die Abbauwürdigkeit des Bodenschatzes bestehen
und mit einem Abbau des Vorkommens zu rechnen ist (BFH, BStBl 1989 II S. 37,
1990 II S. 317). Für Bodenschätze, die der Steuerpflichtige auf einem ihm
gehörenden Grundstück entdeckt hat, sind allerdings nach § 11 d Abs. 2 EStDV
Absetzungen für Substanzverringerung nicht zulässig. Für derartige Bodenschätze

kommt damit die Zugrundelegung fiktiver Anschaffungs- oder Herstellungskosten nicht in Betracht. Infolgedessen kann nach § 11 d Abs. 1 EStDV auch derjenige keine Absetzungen für Substanzverringerung vornehmen, der die Bodenschätze nach ihrer Entdeckung unentgeltlich erworben hat oder erwirbt (BFH, BStBl 1989 II S. 37).

Da die Vorschriften des § 7 Abs. 1 EStG entsprechend anzuwenden sind, hat auch die Absetzung für Substanzverringerung grundsätzlich in gleichen Jahresbeträgen zu erfolgen. Auch die Absetzung für Substanzverringerung ist somit grundsätzlich nach der betriebsgewöhnlichen Nutzungsdauer zu bemessen.

Bei der gewerblichen Bodenbewirtschaftung (z. B. dem Betrieb eines Steinbruchunternehmens) sind ebenfalls Absetzungen für Substanzverringerung nur zulässig, wenn tatsächliche oder fiktive Anschaffungskosten für das Substanzvorkommen gegeben sind. Dies ist nicht der Fall, wenn Grund und Boden für das Betriebsvermögen erworben wurde. Solange der darin lagernde Bodenschatz nicht zur Aufschließung gebracht wird, stellt er kein Wirtschaftsgut dar, so daß der für den Erwerb des Grund und Bodens aufgewendete Betrag nicht auch als Anschaffungskosten für die Bodensubstanz in Betracht kommt (BFH, BStBl 1979 II S. 624).

Da eine lineare Absetzung der Anschaffungs- oder Herstellungskosten den wirtschaftlichen Gegebenheiten in der Regel nicht entsprechen wird, hat der Gesetzgeber in § 7 Abs. 6 EStG ausdrücklich zugelassen, daß die Absetzungen für Substanzverringerung auch nach Maßgabe des Substanzverzehrs erfolgen können. Von dieser Möglichkeit wird im allgemeinen in der Praxis auch Gebrauch gemacht.

Für die Berechnung der Absetzungen muß die beim Erwerb vorhandene Substanzmenge geschätzt werden, damit die jährliche mengenmäßige Verminderung der Substanz entsprechend von den Anschaffungs- oder Herstellungskosten abgesetzt werden kann.

Beispiel:
Ein Steuerpflichtiger erwirbt ein Tonvorkommen für 100 000 DM. Die Gesamtfördermenge wird mit 500 000 cbm geschätzt. Die Förderung betrug in diesem Jahr tatsächlich 50 000 cbm.

Die Förderung beträgt somit 10 v. H. der Gesamtmenge; entsprechend beträgt die Absetzung für Substanzverringerung für dieses Jahr 10 v. H. von 100 000 DM = 10 000 DM.

Da das Vorkommen im Erwerbszeitpunkt regelmäßig nicht genau ermittelt werden kann, wird die tatsächlich abgebaute Menge oft höher oder niedriger liegen. Wenn die fehlerhafte Schätzung erkannt wird, sind für die Folgezeit die Absetzungen für Substanzverringerung unter Zugrundelegung der neu geschätzten Substanz zu bemessen. Die Höhe der Absetzungen bemißt sich dann nach dem noch nicht abgeschriebenen Restwert der Anschaffungs- oder Herstellungskosten und dem laufenden Abbau der Restmenge.

Auch bei Wirtschaftsgütern, die einem Substanzverzehr unterliegen, sind entsprechend § 7 Abs. 1 letzter Satz EStG Absetzungen für außergewöhnliche technische oder wirtschaftliche Abnutzung zulässig (BFH, BStBl 1966 III S. 88).

4.3.11 Erhöhte Absetzungen und Sonderabschreibungen

4.3.11.1 Allgemeines

Seit langem bedient sich der Gesetzgeber insbesondere der Einkommensteuer, um die verschiedensten außerhalb des klassischen Aufgabenbereichs der Steuer liegenden Zwecke zu verfolgen. Soweit sich der Gesetzgeber veranlaßt sah, zur Erreichung bestimmter wirtschafts- oder gesellschaftspolitischer Ziele zu Investitionen anzuregen, hat er dies in den zurückliegenden Jahren weitgehend durch Gewährung erhöhter Absetzungen und Sonderabschreibungen für bestimmte Personenkreise und bestimmte Wirtschaftsgüter versucht.

Von besonderer Bedeutung sind in diesem Zusammenhang die Vorschriften über die Förderung des Wohnungsbaus und der Erhaltung älterer Bausubstanz. Im Mittelpunkt stand bisher der 1949 eingeführte und vielfach geänderte § 7 b EStG (vgl. die Übersicht in Anlage 4 a zu Abschn. 52 EStR). Die erhöhten Absetzungen nach § 7 b EStG sind künftig jedoch nur noch für vor dem 1. 1. 1987 fertiggestellte Ausbauten und Erweiterungen an Einfamilienhäusern, Zweifamilienhäusern und Eigentumswohnungen sowie für Einfamilienhäuser, Zweifamilienhäuser und Eigentumswohnungen zulässig, die vor dem 1. 1. 1987 hergestellt oder angeschafft worden sind. Im Zusammenhang mit dem Wegfall der Nutzungswertbesteuerung (vgl. dazu die Ausführungen unter 5.10.3.1) hat der Gesetzgeber von der Gewährung erhöhter Absetzungen, die als Werbungskosten zu berücksichtigen sind, Abstand nehmen müssen. Für die zu eigenen Wohnzwecken genutzte Wohnung im eigenen Haus ist an die Stelle der erhöhten Absetzungen nach § 7 b EStG jedoch aufgrund des Wohneigentumsförderungsgesetzes vom 15. 5. 1986 (BStBl 1986 I S. 278) die Steuerbegünstigung des § 10 e EStG getreten, wonach bestimmte Beträge wie Sonderausgaben abgezogen werden können.

Wegen des stark gestiegenen Bedarfs an Wohnungen insbesondere aufgrund zahlreicher Aus- und Übersiedler sind Ende 1989 Gesetze erlassen worden, durch die Investitionen im Wohnungsbau gefördert werden sollen. Im Mittelpunkt steht das Gesetz zur Förderung des Wohnungsbaus und zur Ergänzung des Steuerreformgesetzes 1990 – Wohnungsbauförderungsgesetz (WoBauFG) vom 22. 12. 1989 (BStBl 1989 I S. 505). Durch Art. 1 dieses Gesetzes ist das Einkommensteuergesetz, durch Art. 4 das Berlinförderungsgesetz geändert worden. Der neue § 7 c EStG enthält Vorschriften über erhöhte Absetzungen für Baumaßnahmen an Gebäuden zur Schaffung neuer Mietwohnungen (dazu 4.3.13). Durch § 7 k EStG werden erhöhte Absetzungen für Wohnungen mit einer zehnjährigen Belegungs- und Mietpreisbindung eingeführt (dazu 4.3.16). In diesem Zusammenhang besteht auch die Möglichkeit der steuerfreien Entnahme eines Gebäudes aus dem Betriebsvermögen (§ 6 Abs. 1 Nr. 4 EStG). Vorschriften der EStDV über die erhöhten Absetzungen bei Gebäuden in Sanierungsgebieten und städtebaulichen Entwicklungsbereichen und bei Baudenkmälern (§§ 82 g, 82 i EStDV) sind als § 7 h (dazu 5.10.6) und § 7 i (dazu 5.10.7) in das EStG übernommen worden, ebenso die Vorschriften (§§ 82 h, 82 k EStDV) über Möglichkeit, Erhaltungsaufwand bei den genannten Gebäuden zu verteilen (§§ 11 a, 11 b EStG).

Schließlich enthält der neue § 10 f EStG die Möglichkeit eines Sonderausgabenabzugs, wenn die genannten Gebäude zu eigenen Wohnzwecken genutzt werden.

Unter Berücksichtigung der Änderungen durch das Wohnungsbauförderungsgesetz bestehen also folgende Bestimmungen im EStG zu erhöhten Absetzungen und Sonderabschreibungen:

- § 7 b Erhöhte Absetzungen für Einfamilienhäuser, Zweifamilienhäuser und Eigentumswohnungen (4.3.12)
- § 7 c Erhöhte Absetzungen für Baumaßnahmen an Gebäuden zur Schaffung neuer Mietwohnungen (4.3.13)
- § 7 d Erhöhte Absetzungen für Wirtschaftsgüter, die dem Umweltschutz dienen (4.3.14)
- § 7 e Sonderabschreibungen für Fabrikgebäude, Lagerhäuser und landwirtschaftliche Betriebsgebäude bei Flüchtlingen, Vertriebenen usw. (Hinweis auf Abschn. 78 a EStR und Art. 10 des Eingliederungsanpassungsgesetzes vom 22. 12. 1989, durch den § 7 e EStG auf vor dem 1. 1. 1993 hergestellte Wirtschaftsgüter begrenzt worden ist, sowie auf Stpfl., die ihren Wohnsitz oder gewöhnlichen Aufenthalt vor dem 1. 1. 1990 im Geltungsbereich des EStG begründet und das Gebäude vor Ablauf des zwanzigsten Kalenderjahres seit der erstmaligen Begründung hergestellt haben)
- § 7 f Sonderabschreibungen für abnutzbare Wirtschaftsgüter des Anlagevermögens privater Krankenhäuser (Abschn. 82 EStR)
- § 7 g Sonderabschreibungen zur Förderung kleiner und mittlerer Betriebe (4.3.15)
- § 7 h Erhöhte Absetzungen bei Gebäuden in Sanierungsgebieten und städtebaulichen Entwicklungsbereichen (5.10.6)
- § 7 i Erhöhte Absetzungen bei Baudenkmalen (5.10.7)
- § 7 k Erhöhte Absetzungen für Wohnungen mit Sozialbindung (4.3.16).

Außerdem enthält die EStDV zahlreiche, zum Teil sehr spezielle Bestimmungen über Sonderabschreibungen und erhöhte Absetzungen, die hier nicht alle im einzelnen erläutert werden können:

- §§ 76 und 78 Sonderabschreibungen für Land- und Forstwirte hinsichtlich bestimmter Wirtschaftsgüter und bestimmter Baumaßnahmen (Einzelheiten in Abschn. 231, 232 EStR)
- § 81 Sonderabschreibungen für bestimmte Wirtschaftsgüter des Anlagevermögens im Kohlen- und Erzbergbau. Die Bestimmung gilt für Anschaffung und Herstellung vor dem 1. 1. 1990 (§ 51 Abs. 1 Nr. 2 n EStG)
- § 82 a Erhöhte Absetzungen des Herstellungsaufwands für bestimmte Modernisierungsmaßnahmen bei Altbauten (dazu 5.10.5)

– § 82 d Sonderabschreibungen für abnutzbare Anlagegüter, die der Forschung und Entwicklung dienen. Begünstigt sind Wirtschaftsgüter, die bis zum 31. 12. 1989 angeschafft oder hergestellt worden sind (§ 82 d Abs. 5 EStDV, Einzelheiten in Abschn. 234 EStR)

– § 82 f Sonderabschreibungen für Handelsschiffe, für Schiffe, die der Seefischerei dienen, und für Luftfahrzeuge. Voraussetzung ist Anschaffung oder Herstellung vor dem 1. 1. 1995 (§ 82 f Abs. 5 EStDV).

Schließlich gewährt das Schutzbaugesetz Sonderabschreibungen für Schutzräume. Das der Investitionsförderung dienende Investitionszulagengesetz vom 28. 1. 1986 ist mit Ablauf des 31. 12. 1989 außer Kraft getreten (Art. 6 des StRefG 1990, BStBl 1988 I S. 224).

4.3.11.2 Gemeinsame Vorschriften für erhöhte Absetzungen und Sonderabschreibungen

4.3.11.2.1 Allgemeines

In § 7 a EStG sind die verschiedenen Bestimmungen zusammengefaßt, die für die verschiedensten erhöhten Absetzungen und Sonderabschreibungen grundsätzlich gemeinsam gelten. Diese Bestimmungen gelten für alle erhöhten Absetzungen und Sonderabschreibungen. Ob diese ihre Rechtsgrundlage im EStG, in der EStDV oder in anderen Vorschriften haben, ist dabei ohne Bedeutung. Von **erhöhten Absetzungen** spricht man, wenn **anstelle** der sich aus § 7 EStG ergebenden Absetzungen für Abnutzung oder Substanzverringerung höhere Absetzungen zugelassen sind. Unter **Sonderabschreibungen** sind Absetzungen zu verstehen, die **neben** den nach § 7 EStG möglichen Absetzungen für Abnutzung oder Substanzverringerung vorgenommen werden können. Teilwertabschreibungen sind daher keine Sonderabschreibungen i.S. des § 7 a EStG. Nicht anwendbar sind die Bestimmungen des § 7 a EStG ferner bei den Steuervergünstigungen, die nicht in Form von erhöhten Absetzungen oder Sonderabschreibungen gewährt werden. Zu diesen Steuervergünstigungen zählt auch die Bewertungsfreiheit für geringwertige Wirtschaftsgüter nach § 6 Abs. 2 EStG (vgl. auch Abschn. 45 Abs. 1 EStR).

Die einzelnen Bestimmungen des § 7 a EStG sind nur anzuwenden, wenn und soweit sich aus der jeweiligen Vorschrift, durch die die erhöhten Absetzungen oder Sonderabschreibungen zugelassen werden, nicht etwas anderes ergibt. Im übrigen finden die in § 7 a EStG getroffenen Regelungen, soweit sich aus den einzelnen Bestimmungen keine Einschränkungen ergeben, sowohl auf zum Betriebsvermögen gehörende Wirtschaftsgüter als auch auf Wirtschaftsgüter Anwendung, die nicht zu einem Betriebsvermögen gehören.

4.3.11.2.2 Berücksichtigung nachträglicher Anschaffungs- oder Herstellungskosten

Fallen während des Begünstigungszeitraums nachträgliche Anschaffungs- oder Herstellungskosten an, so bemessen sich vom Jahr ihrer Entstehung an bis zum

Ende des Begünstigungszeitraums die erhöhten Absetzungen und Sonderabschreibungen nach § 7 a Abs. 1 EStG ebenso wie die normalen Absetzungen für Abnutzung nach den um die angefallenen Beträge erhöhten Anschaffungs- oder Herstellungskosten (Abschn. 45 Abs. 3 EStR).

Beispiel:

Ein Land- und Forstwirt hat im März 1986 ein nach § 76 EStDV begünstigtes bewegliches Wirtschaftsgut mit einer betriebsgewöhnlichen Nutzungsdauer von 10 Jahren und Anschaffungskosten von 10 000 DM angeschafft. Im Wirtschaftsjahr 1985/86 hat er neben den Absetzungen nach § 7 Abs. 1 EStG die zulässige Sonderabschreibung in Höhe von 5000 DM vorgenommen. Im September 1986 sind ihm nachträgliche Herstellungskosten in Höhe von 2000 DM entstanden.

Die AfA und die Sonderabschreibungen sind wie folgt zu berücksichtigen:

Wirtschaftsjahr 1985/86:

AfA (10 v. H. von 10 000 DM : 2 =)	500 DM
Sonderabschreibung (50 v. H. von 10 000 DM =)	5000 DM

Wirtschaftsjahr 1986/87:

AfA (10 v. H. von 12 000 DM =)	1200 DM
Sonderabschreibung (50 v. H. von 2000 DM =)	1000 DM

Werden im Begünstigungszeitraum die Anschaffungs- oder Herstellungskosten nachträglich gemindert (z. B. bei § 6 b Abs. 1 oder 3 EStG), so bemessen sich vom Jahr der Minderung an bis zum Ende des Begünstigungszeitraums die Absetzungen für Abnutzung, erhöhten Absetzungen und Sonderabschreibungen nach den geminderten Anschaffungs- oder Herstellungskosten (§ 7 a Abs. 1 Satz 3 in der Fassung des Wohnungsbauförderungsgesetzes und Abschn. 45 Abs. 4 EStR).

Die Vorschrift des § 7 a Abs. 1 EStG regelt nur die Ermittlung der (erhöhten) Absetzungen oder Sonderabschreibungen während des Begünstigungszeitraums. Wie nach Ablauf des Begünstigungszeitraums zu verfahren ist, ist den jeweiligen Begünstigungsvorschriften zu entnehmen.

4.3.11.2.3 Begünstigung von Anzahlungen und Teilherstellungskosten

Nach verschiedenen Vorschriften können erhöhte Absetzungen oder Sonderabschreibungen bereits für Anzahlungen auf Anschaffungskosten oder für Teilherstellungskosten in Anspruch genommen werden. Hinsichtlich der Inanspruchnahme der erhöhten Absetzungen und Sonderabschreibungen in diesen Fällen sind in § 7 a Abs. 2 EStG gemeinsame Regelungen getroffen worden.

Um sicherzustellen, daß erhöhte Absetzungen oder Sonderabschreibungen für ein bestimmtes Objekt nur einmal in dem vorgesehenen Umfang vorgenommen werden, sind nach § 7 a Abs. 2 EStG nach Anschaffung oder Herstellung des Wirtschaftsguts erhöhte Absetzungen oder Sonderabschreibungen nur zulässig, soweit sie nicht bereits für Anzahlungen auf Anschaffungskosten oder für Teilherstellungskosten in Anspruch genommen worden sind.

Beispiel:

Für eine nach § 14 Abs. 3 BerlinFG begünstigte Erweiterung eines Fabrikgebäudes entstehen dem Steuerpflichtigen A 1986 Teilherstellungskosten von 250 000 DM. Die Gesamtherstellungskosten des 1986 fertig werdenden Erweiterungsbaus belaufen sich auf 400 000 DM.

Wenn A für das Jahr 1987 die erhöhten Absetzungen für die entstehenden Teilherstellungskosten in Anspruch nimmt, kann er für 1987 lediglich noch auf den restlichen Betrag der Gesamtherstellungskosten in Höhe von 150 000 DM erhöhte Absetzungen vornehmen.

4.3.11.2.4 Vornahme von Mindestabsetzungen

Nach § 7 a Abs. 3 EStG müssen bei Wirtschaftsgütern, bei denen erhöhte Absetzungen in Anspruch genommen werden, in jedem Jahr des Begünstigungszeitraums mindestens Absetzungen in Höhe der Absetzungen für Abnutzung nach § 7 Abs. 1 oder 4 EStG berücksichtigt werden. Durch diese Regelung wird der Gestaltungsspielraum des Steuerpflichtigen hinsichtlich der Vornahme erhöhter Absetzungen auf die Absetzungsbeträge beschränkt, die über die normalen linearen Absetzungen für Abnutzung hinausgehen.

Beispiel:

Der Unternehmer A hat Anfang Januar 1986 ein unmittelbar und ausschließlich dem Umweltschutz dienendes bewegliches Wirtschaftsgut mit einer betriebsgewöhnlichen Nutzungsdauer von 8 Jahren angeschafft.

A muß im Kalenderjahr 1986 mindestens 12,5 v. H. der Anschaffungskosten absetzen und kann daher nach § 7 d EStG (vgl. 4.3.14) im Jahr 1987 höchstens Absetzungen von (60 v. H. + 10 v. H. ∕ 12,5 v.H. =) 57,5 v. H. vornehmen.

4.3.11.2.5 Absetzungen für Abnutzung bei Vornahme von Sonderabschreibungen

Bei Wirtschaftsgütern, bei denen Sonderabschreibungen in Anspruch genommen werden, sind nach § 7 a Abs. 4 EStG die Absetzungen für Abnutzung nach § 7 Abs. 1 oder 4 EStG vorzunehmen.

4.3.11.2.6 Kumulierungsverbot

Liegen bei einem Wirtschaftsgut die Voraussetzungen für die Inanspruchnahme von erhöhten Absetzungen oder Sonderabschreibungen aufgrund mehrerer Vorschriften vor, so dürfen erhöhte Absetzungen oder Sonderabschreibungen nach § 7 a Abs. 5 EStG nur aufgrund einer dieser Vorschriften in Anspruch genommen werden. Dem Steuerpflichtigen steht damit in diesen Fällen ein Wahlrecht zwischen den verschiedenen erhöhten Absetzungen und Sonderabschreibungen zu.

Das in § 7 a Abs. 5 EStG ausgesprochene Kumulierungsverbot gilt allerdings nur für die unter diese Vorschrift fallenden erhöhten Absetzungen und Sonderabschreibungen. Andere Vergünstigungen (z. B. Investitionszulagen) können daher auch weiterhin neben erhöhten Absetzungen oder Sonderabschreibungen in Anspruch genommen werden.

4.3.11.2.7 Bedeutung für die Buchführungspflicht

Bei der Prüfung, ob die in § 141 Abs. 1 Nrn. 4 und 5 AO bezeichneten Buchführungsgrenzen überschritten sind, sind erhöhte Absetzungen oder Sonderabschreibungen nach § 7 a Abs. 6 EStG nicht zu berücksichtigen. Dadurch soll verhindert werden, daß sich Minderungen des Gewinns durch die Inanspruchnahme von Abschreibungsvergünstigungen auf das Entstehen oder Fortbestehen der Buchführungspflicht auswirken.

Beispiel:

Ein buchführender Land- und Forstwirt hat im März 1987 ein nach § 76 EStDV begünstigtes Wirtschaftsgut angeschafft. Durch die Inanspruchnahme der erhöhten Absetzungen in Höhe von 10 000 DM weist er für das Wirtschaftsjahr 1986/87 lediglich einen Gewinn von 30 000 DM aus.

Da die erhöhten Absetzungen insoweit unberücksichtigt zu lassen sind, ist für die Anwendung des § 141 Abs. 1 Nr. 5 AO von einem Gewinn von (30 000 DM + 10 000 DM =) 40 000 DM auszugehen, so daß die Gewinngrenze von 36 000 DM weiterhin als überschritten und die Buchführungspflicht dementsprechend als fortbestehend anzusehen ist.

4.3.11.2.8 Erhöhte Absetzungen und Sonderabschreibungen bei mehreren Beteiligten

Ist ein Wirtschaftsgut mehreren Beteiligten zuzurechnen und sind die Voraussetzungen für erhöhte Absetzungen oder Sonderabschreibungen nur bei einzelnen Beteiligten erfüllt, so dürfen die erhöhten Absetzungen oder Sonderabschreibungen nach § 7 a Abs. 7 Satz 1 EStG nur anteilig für diese Beteiligten vorgenommen werden.

Nach § 7 a Abs. 7 Satz 2 EStG dürfen die erhöhten Absetzungen oder Sonderabschreibungen im übrigen von den Beteiligten, bei denen die Voraussetzungen dafür erfüllt sind, nur einheitlich vorgenommen werden. Dieser Vorschrift muß über ihren Wortlaut hinaus entnommen werden, daß erhöhte Absetzungen oder Sonderabschreibungen bei mehreren Beteiligten zuzurechnenden Wirtschaftsgütern auch dann einheitlich vorgenommen werden müssen, wenn sämtliche Beteiligten die Voraussetzungen für die Inanspruchnahme der erhöhten Absetzungen oder Sonderabschreibungen erfüllen (vgl. Abschn. 45 Abs. 9 Satz 1 EStR). Die abweichende Rechtsprechung des BFH zu § 7 b EStG sowie die darauf beruhenden Anordnungen und Verwaltungsanweisungen sind daher bei nach dem 31. 12. 1974 angeschafften oder hergestellten Wirtschaftsgütern nicht mehr anzuwenden.[18]

Eine einheitliche Vornahme von erhöhten Absetzungen oder Sonderabschreibungen bedeutet, daß die erhöhten Absetzungen oder Abschreibungen auf der

---

18 In diesem Zusammenhang ist jedoch auf die in Abschn. 53 Abs. 6 Satz 4 EStR 1987 getroffene Billigkeitsregelung hinzuweisen. Danach ist es zur Vermeidung von sachlichen Härten nicht zu beanstanden, wenn ein Miteigentümer eines Gebäudes wegen der sich aus § 7 b Abs. 6 Satz 1 EStG ergebenden Folgerungen auf die Inanspruchnahme der erhöhten Absetzungen nach § 7 b EStG für seinen Miteigentumsanteil verzichtet. Diese Regelung gilt nach Abschn. 53 Abs. 6 Satz 5 EStR 1987 sinngemäß auch für die Gesellschafter einer Personengesellschaft.

Grundlage eines einheitlichen Vomhundertsatzes ermittelt werden (vgl. auch Abschn. 45 Abs. 9 Satz 2 EStR).

4.3.11.2.9 Führung eines besonderen Verzeichnisses

Bei Wirtschaftsgütern, die zu einem Betriebsvermögen gehören, sind erhöhte Absetzungen oder Sonderabschreibungen nach § 7 a Abs. 8 EStG nur zulässig, wenn sie in ein besonderes, laufend zu führendes Verzeichnis aufgenommen werden, das den Tag der Anschaffung oder Herstellung, die Anschaffungs- oder Herstellungskosten, die betriebsgewöhnliche Nutzungsdauer und die Höhe der jährlichen Absetzungen für Abnutzung, erhöhten Absetzungen und Sonderabschreibungen enthält. Die Einführung dieser Vorschrift steht im Zusammenhang mit dem Wegfall der Ordnungsmäßigkeit der Buchführung als Voraussetzung für die Inanspruchnahme der verschiedenen Absetzungs- und Abschreibungsvergünstigungen. Wenn die geforderten Angaben aus der Buchführung ersichtlich sind, so wird jedoch in § 7 a Abs. 8 Satz 2 EStG auf die Führung des vorbezeichneten besonderen Verzeichnisses verzichtet.

4.3.11.2.10 Absetzungen für Abnutzung nach Ablauf des Begünstigungszeitraums

Wenn für ein Wirtschaftsgut Sonderabschreibungen vorgenommen werden können und vorgenommen werden, so stellt sich die Frage, wie nach der Vornahme der Sonderabschreibungen die Absetzungen für Abnutzung zu bemessen sind. Zu dieser Frage enthielten und enthalten die verschiedenen Vorschriften, in denen Sonderabschreibungen zugelassen worden sind, Regelungen von zum Teil unterschiedlicher Art.

Die mit Wirkung vom Veranlagungszeitraum 1985 neu eingefügte Vorschrift des § 7 a Abs. 9 EStG bringt insoweit eine allgemeine Regelung, durch die verschiedene Einzelregelungen abgelöst werden.

Die Vorschrift des § 7 a Abs. 9 EStG regelt, wie sich die Absetzungen für Abnutzung nach Ablauf des maßgebenden Begünstigungszeitraums bemessen. Bis zum Ablauf des maßgebenden Begünstigungszeitraums bemessen sich die neben der Sonderabschreibung zulässigen Absetzungen für Abnutzung daher nach den allgemeinen Grundsätzen.

Die Absetzungen für Abnutzung nach Ablauf des maßgebenden Begünstigungszeitraums bemessen sich stets nach dem Restwert, der sich im Zeitpunkt des Ablaufs des Begünstigungszeitraums unter Berücksichtigung der vorgenommenen Sonderabschreibung und der bis dahin erfolgten Absetzungen für Abnutzung ergibt (Abschn. 45 Abs. 10 EStR).

Beispiel:

Für ein am 30. 6. 01 fertiggestelltes Gebäude, dessen Herstellungskosten sich auf 900 000 DM belaufen, werden in den Jahren 01 und 02 Sonderabschreibungen nach § 7 f EStG in Höhe von 20 v. H. bzw. 10 v. H. vorgenommen.

Unter Berücksichtigung der Absetzungen für Abnutzung nach § 7 Abs. 4 EStG errechnet sich der Restwert bei Ablauf des Begünstigungszeitraums wie folgt:

	Sonderabschreibung	AfA
01	20 v.H.	1 v.H.
02	10 v.H.	2 v.H.
03		2 v.H.
04		2 v.H.
05		2 v.H.
	30 v.H.	9 v.H.

Der Restwert beläuft sich damit auf (61 v. H. von 900 000 DM =) 549 000 DM.

Unter Berücksichtigung einer Restnutzungsdauer von (50 ./. 4,5 =) 45,5 Jahren errechnet sich damit ein nach § 7 Abs. 4 EStG maßgebender Vomhundertsatz von rd. 2,2.

Bei Gebäudeteilen, die selbständige unbewegliche Wirtschaftsgüter sind, sowie bei Eigentumswohnungen und bei im Teileigentum stehenden Räumen ist entsprechend zu verfahren.

Bei anderen Wirtschaftsgütern ist der Restwert auf die sich im Einzelfall ergebende tatsächliche Restnutzungsdauer zu verteilen.

4.3.12 Erhöhte Absetzungen nach § 7 b EStG

4.3.12.1 Allgemeines

Die Vorschrift des § 7 b EStG ist im Jahre 1949 in das EStG eingefügt worden, um den Wohnungsbau zu fördern. Hinsichtlich der begünstigten Baumaßnahmen, der Höhe der Absetzungen und des Kreises der begünstigten Personen ist die Vorschrift allerdings in den zurückliegenden Jahren aus verschiedenen Gründen wiederholt geändert worden.

Aufgrund des Wohneigentumsförderungsgesetzes vom 15. 5. 1986 (BStBl 1986 I S. 278) hat die Vorschrift des § 7 b EStG eine zeitliche Beschränkung erfahren. Danach kommen die erhöhten Absetzungen nach § 7 b EStG nur noch bei vor dem 1. 1. 1987 hergestellten oder angeschafften Einfamilienhäusern, Zweifamilienhäusern und Eigentumswohnungen sowie bei vor dem 1. 1. 1987 fertiggestellten Ausbauten und Erweiterungen an derartigen Objekten in Betracht. Hinsichtlich einer Wohnung im eigenen Haus können die erhöhten Absetzungen nach § 7 b EStG allerdings vom Veranlagungszeitraum 1987 an nur noch als Werbungskosten abgezogen werden, wenn die Übergangsregelung des § 52 Abs. 21 Satz 2 EStG anzuwenden und infolgedessen auch für die Veranlagungszeiträume ab 1987 noch der Nutzungswert der eigenen Wohnung nach § 21 Abs. 2 Satz 1 EStG bei den Einkünften aus Vermietung und Verpachtung anzusetzen ist. Ist dies nicht der Fall, können jedoch nach § 52 Abs. 21 Satz 4 EStG die den erhöhten Absetzungen entsprechenden Beträge wie Sonderausgaben bis einschließlich des Veranlagungszeitraums abgezogen werden, in dem der Steuerpflichtige die erhöhten Absetzungen letztmals hätte in Anspruch nehmen können.

4.3.12.2 Gegenstand der Begünstigung

Begünstigt sind nach § 7 b EStG:

1. Im Inland belegene Einfamilienhäuser, Zweifamilienhäuser und Eigentumswohnungen, die zu mehr als 66⅔ v. H. Wohnzwecken dienen und die vor dem 1. 1. 1987 hergestellt oder angeschafft worden sind (§ 7 b Abs. 1 EStG).

2. Vor dem 1. 1. 1987 fertiggestellte Ausbauten und Erweiterungen an einem im Inland belegenen Ein- oder Zweifamilienhaus oder an einer im Inland belegenen Eigentumswohnung, wenn das Ein- oder Zweifamilienhaus oder die Eigentumswohnung vor dem 1. 1. 1964 fertiggestellt und nicht nach dem 31. 12. 1976 angeschafft worden ist, die ausgebauten oder neu hergestellten Gebäudeteile zu mehr als 80 v. H. Wohnzwecken dienen und das Ein- oder Zweifamilienhaus durch die Baumaßnahmen nicht zu einem Drei- oder Mehrfamilienhaus wird (§ 7 b Abs. 2 EStG).

Da für nach dem 31. 12. 1986 hergestellte oder angeschaffte Ein- und Zweifamilienhäuser oder Eigentumswohnungen ebenso wie für nach dem 31. 12. 1986 fertiggestellte Ausbauten und Erweiterungen an derartigen Objekten erhöhte Absetzungen nach § 7 b EStG nicht mehr in Betracht kommen, wird im Rahmen dieser Auflage darauf verzichtet, auf die Voraussetzungen für die Inanspruchnahme der erhöhten Absetzungen nach dieser Vorschrift näher einzugehen.

4.3.12.3 Berücksichtigung erhöhter Absetzungen nach § 7 b EStG als Werbungskosten für Veranlagungszeiträume ab 1987

Als Werbungskosten können die erhöhten Absetzungen nach § 7 b EStG vom Veranlagungszeitraum 1987 an nur noch berücksichtigt werden, wenn und soweit die begünstigten Objekte zur Erzielung von Einkünften genutzt werden oder doch genutzt werden sollen. Wenn und soweit ein begünstigtes Objekt vom Veranlagungszeitraum 1987 an zu eigenen Wohnzwecken genutzt wird, kommt daher wegen des Wegfalls der Nutzungswertbesteuerung auch ein Abzug der erhöhten Absetzungen nach § 7 b EStG nur noch in Betracht, wenn aufgrund der getroffenen Übergangsregelungen auch weiterhin der Ansatz des Nutzungswerts erfolgen kann und erfolgt.

Haben bei einer Wohnung im eigenen Haus bei dem Steuerpflichtigen im Veranlagungszeitraum 1986 die Voraussetzungen für die Ermittlung des Nutzungswerts als Überschuß des Mietwerts über die Werbungskosten vorgelegen, so ist nach § 52 Abs. 21 Satz 2 EStG für die folgenden Veranlagungszeiträume, in denen diese Voraussetzungen vorliegen, § 21 Abs. 2 Satz 1 EStG weiter anzuwenden, sofern der Steuerpflichtige nicht für einen Veranlagungszeitraum nach 1986 von dem ihm in § 52 Abs. 21 Satz 3 EStG eingeräumten Wahlrecht Gebrauch macht und unwiderruflich die Nichtanwendung der Vorschrift des § 21 Abs. 2 Satz 1 EStG beantragt (vgl. auch 5.10.3).

Beispiele:

a) Der Steuerpflichtige hat 1985 eine Eigentumswohnung erworben, die er bis zum 31. 12. 1987 an einen Dritten vermietet hatte und für die er in den Jahren 1985 und

1986 die erhöhten Absetzungen nach § 7 b EStG in Anspruch genommen hat. Seit dem 1. 1. 1988 nutzt der Steuerpflichtige diese Eigentumswohnung für eigene Wohnzwecke.

Da der Steuerpflichtige im Veranlagungszeitraum 1986 die Eigentumswohnung nicht zu eigenen Wohnzwecken genutzt hat, eine Wohnung im eigenen Haus damit im Veranlagungszeitraum 1986 nicht vorgelegen hat, ist die Vorschrift des § 21 Abs. 2 Satz 1 EStG nach § 52 Abs. 21 Satz 2 EStG nicht über den Veranlagungszeitraum 1986 hinaus anwendbar. Für die Zeit ab 1. 1. 1988 kommt daher für die Eigentumswohnung der Ansatz eines Nutzungswerts nicht mehr in Betracht, so daß der Steuerpflichtige von diesem Zeitpunkt an keine Einnahmen aus Vermietung und Verpachtung mehr hat. Ein Abzug der erhöhten Absetzungen nach § 7 b EStG kommt daher nur noch für den Veranlagungszeitraum 1987 in Betracht. Vom Veranlagungszeitraum 1988 an kann der Steuerpflichtige daher die erhöhten Absetzungen nach § 7 b EStG nicht mehr als Werbungskosten abziehen (wegen der sich aus § 52 Abs. 21 Satz 4 EStG ergebenden Möglichkeit, einen entsprechenden Betrag als Sonderausgaben abzuziehen, Hinweis auf die Ausführungen zu 7.7.2).

b) Der Steuerpflichtige hat 1985 eine Eigentumswohnung erworben, die er bis zum 31. 12. 1987 zu eigenen Wohnzwecken genutzt und seit dem 1. 1. 1988 an einen Dritten vermietet hat. Für die Jahre 1985 und 1986 hat er für diese Wohnung die erhöhten Absetzungen nach § 7 b EStG in Anspruch genommen.

Der Steuerpflichtige hat zwar die Eigentumswohnung im Veranlagungszeitraum 1986 zu eigenen Wohnzwecken genutzt, den Nutzungswert der eigenen Wohnung jedoch nicht durch Gegenüberstellung des Mietwerts und der angefallenen Werbungskosten, sondern aufgrund der Bestimmungen des § 21 a EStG ermittelt. Die Übergangsregelung des § 52 Abs. 21 Satz 2 EStG ist daher nicht anwendbar, so daß für den Veranlagungszeitraum 1987 der Ansatz des Nutzungswerts der Wohnung nicht mehr in Betracht kommt und dementsprechend auch ein Abzug der erhöhten Absetzungen nach § 7 b EStG als Werbungskosten unzulässig ist (wegen der sich aus § 52 Abs. 21 Satz 4 EStG ergebenden Möglichkeit, einen entsprechenden Betrag als Sonderausgaben abzuziehen, Hinweis auf die Ausführungen zu 7.7.2). Für die Veranlagungszeiträume ab 1988 kann der Steuerpflichtige die erhöhten Absetzungen nach § 7 b EStG wieder als Werbungskosten abziehen, weil er insoweit Einnahmen aus Vermietung und Verpachtung i. S. des § 21 Abs. 1 EStG bezieht. Die Übergangsregelung in § 52 Abs. 21 Sätze 2 und 4 EStG ist in diesem Zusammenhang ohne Bedeutung, weil vom Veranlagungszeitraum 1988 an eine Wohnung im eigenen Haus nicht mehr gegeben ist.

c) Der Steuerpflichtige hat 1985 ein Zweifamilienhaus errichtet. Während er eine Wohnung seitdem zu eigenen Wohnzwecken nutzt, hat er die andere Wohnung vermietet. In den Jahren 1985 und 1986 hat er jeweils in vollem Umfang die erhöhten Absetzungen nach § 7 b EStG in Anspruch genommen.

Aus der Vermietung der zweiten Wohnung bezieht der Steuerpflichtige auch in den Veranlagungszeiträumen ab 1987 Einnahmen aus Vermietung und Verpachtung i. S. des § 21 Abs. 1 EStG, so daß er für diese Veranlagungszeiträume die erhöhten Absetzungen nach § 7 b EStG weiter in Anspruch nehmen kann, soweit sie auf die vermietete Wohnung entfallen.

Da hinsichtlich der für eigene Wohnzwecke genutzten Wohnung bei dem Steuerpflichtigen im Veranlagungszeitraum 1986 die Voraussetzungen für die Ermittlung des Nutzungswerts als Überschuß des Mietwerts über die Werbungskosten vorgelegen haben, ist § 21 Abs. 2 Satz 1 EStG nach § 52 Abs. 21 Satz 2 EStG auch für die Veranlagungszeiträume ab 1987 weiter anzuwenden, sofern der Steuerpflichtige nicht beantragt (§ 52 Abs. 21 Satz 3 EStG), daß Satz 2 nicht mehr angewendet wird. Sofern ein solcher Antrag vom Steuerpflichtigen nicht gestellt wird, kann er für die Veranlagungszeiträume ab 1987 auch hinsichtlich der zu eigenen Wohnzwecken genutzten Wohnung die erhöhten Absetzungen nach § 7 b EStG weiterhin als

Werbungskosten abziehen. Wird dagegen der Antrag nach § 52 Abs. 21 Satz 3 EStG gestellt, dann können die erhöhten Absetzungen nach § 7 b EStG wie Sonderausgaben geltend gemacht werden (siehe dazu 7.7.2).

4.3.13 Erhöhte Absetzungen für Baumaßnahmen an Gebäuden zur Schaffung neuer Mietwohnungen (§ 7 c EStG)

4.3.13.1 Allgemeines

Durch das Wohnungsbauförderungsgesetz ist § 7 c in das EStG eingefügt worden, der erstmals für den VZ 1989 anzuwenden ist (§ 52 Abs. 12 a EStG). Während bisher als Abschreibungsobjekt Gebäude und Gebäudeteile, die selbständige unbewegliche Wirtschaftsgüter sind, in Betracht kamen, ist in § 7 c EStG die Wohnung Gegenstand der AfA. Die Wohnung muß hergestellt werden durch Baumaßnahmen an einem Gebäude im Inland innerhalb eines bestimmten Zeitraums; sie muß während des Begünstigungszeitraums fremden Wohnzwecken dienen.

4.3.13.2 Begünstigte Wohnungen

Für den Begriff Wohnung gelten die bewertungsrechtlichen Kriterien (vgl. 7.6.2 und Abschn. 42 a Abs. 2 EStR). Erforderlich ist eine Zusammenfassung von mehreren Räumen, die in ihrer Gesamtheit so beschaffen sein müssen, daß die Führung eines selbständigen Haushalts möglich ist (BFH, BStBl 1985 II S. 151). Eine Mindestfläche von 23 qm muß überschritten werden (BFH, BStBl 1985 II S. 582), und Nebenräume wie Bad oder Dusche, Toilette, Kochgelegenheit müssen vorhanden sein. Einzelräume bilden keine Wohnung (BFH, BStBl 1982 II S. 662). Für den Wohnungsbegriff ist es unerheblich, ob es sich bei der Wohnung um ein selbständiges Wirtschaftsgut handelt; diese Eigenschaft spielt eine Rolle bei der AfA (4.3.13.4.3).

Begünstigt sind nur Wohnungen, für die der Bauantrag nach dem 2. 10. 1989 gestellt worden ist (§ 7 c Abs. 2 Nr. 1 EStG). Bauantrag ist das Schreiben, mit dem bei der nach den landesrechtlichen Vorschriften zuständigen Behörde die Genehmigung beantragt wird (vgl. Abschn. 42 a Abs. 5 EStR). Wird auf eine früher erteilte Baugenehmigung verzichtet und nach dem 2. 10. 1989 ein inhaltsgleicher neuer Bauantrag gestellt, ist zu prüfen, ob ein Fall des § 42 AO vorliegt (vgl. OFD Münster v. 8. 5. 1987, DB 1987 S. 1170). Wenn ein Bauantrag nicht erforderlich ist, muß mit der Herstellung der Wohnung nach dem 2. 10. 1989 begonnen worden sein (§ 7 c Abs. 2 Nr. 1 EStG; zum Baubeginn Abschn. 52 Abs. 3 EStR).

Ist zwar ein Bauantrag erforderlich, wird er aber nicht gestellt („Schwarzbau"), kann nicht auf den Beginn der Herstellung abgestellt werden (BFH, BStBl 1980 II S. 474). Die erhöhten Absetzungen nach § 7 c EStG sind nicht zulässig. Weiter muß die Wohnung vor dem 1. 1. 1993 fertiggestellt, also bezugsfertig sein (§ 7 c Abs. 2 Nr. 2 EStG). Außerdem sind nur Wohnungen begünstigt, für die keine Mittel aus öffentlichen Haushalten unmittelbar oder mittelbar gewährt werden

(§ 7 c Abs. 2 Nr. 3 EStG). Das sind z. B. zinsgünstige Kredite nach dem Wohnungsbauprogramm der Kreditanstalt für Wiederaufbau (KfW), das die gleichen Maßnahmen betrifft wie § 7 c EStG. Der Steuerpflichtige muß also prüfen, ob für ihn die Zinsverbilligung oder die Steuerermäßigung günstiger ist. Schließlich sind Wohnungen nur begünstigt, wenn sie vom Zeitpunkt der Fertigstellung bis zum Ende des gesamten fünfjährigen Begünstigungszeitraums ununterbrochen fremden Wohnzwecken dienen (§ 7 c Abs. 4 EStG). Nicht Wohnzwecken dienen Ferienwohnungen, die kurzfristig an einen wechselnden Personenkreis vermietet werden. Eine teilweise berufliche Nutzung der Wohnung (Arbeitszimmer) ist unschädlich. Dient die Wohnung im Laufe des Begünstigungszeitraums, wenn auch nur vorübergehend, nichtbegünstigten Zwecken, sind bereits in Anspruch genommene AfA zu versagen (§ 175 Abs. 1 Nr. 2 AO). Eine Veräußerung während des Begünstigungszeitraums ist unschädlich.

4.3.13.3 Baumaßnahmen an Gebäuden

Die erhöhten Absetzungen kommen nur in Betracht für Wohnungen, die durch Baumaßnahmen an Gebäuden im Inland hergestellt worden sind (§ 7 c Abs. 1 EStG). Durch die Voraussetzung, daß die Baumaßnahmen **an** einem Gebäude vorzunehmen sind, wird die Herstellung von Wohnungen im Rahmen der Errichtung eines Neubaus von der Vergünstigung ausgeschlossen. Das gleiche wird gelten für einen Ausbau, der nicht zu einer Verschachtelung mit dem bestehenden Gebäude führt (Abschn. 43 Abs. 5 Satz 2 EStR). Nicht unter § 7 c EStG fallen Modernisierungsarbeiten und Erweiterungen bestehender Wohnungen, weil sie nicht zur Herstellung einer Wohnung führen; der dadurch entstehende Erhaltungsaufwand kann sofort abgezogen werden. Begünstigte Baumaßnahmen sind danach insbesondere der Ausbau eines Dachgeschosses, die Aufstockung eines Gebäudes, die Aufteilung einer Großwohnung in Kleinwohnungen und der Umbau bisher landwirtschaftlich, gewerblich, freiberuflich oder für eigene Wohnzwecke genutzter Räume.

4.3.13.4 Absetzungen

4.3.13.4.1 Allgemeines

Wenn z. B. das Dachgeschoß eines selbstgenutzten Einfamilienhauses zu einer Mietwohnung ausgebaut wird, setzt sich die Herstellung dieser Wohnung als selbständiges Wirtschaftsgut (vgl. 4.1.2.4.8) zusammen aus den Herstellungskosten für die Baumaßnahme und dem Restwert des Einfamilienhauses. Gem. § 7 c Abs. 3 Satz 1 EStG sind Bemessungsgrundlage für die erhöhte AfA nur diejenigen Aufwendungen, die dem Stpfl. durch die Baumaßnahme entstanden sind. Außerdem ist die Bemessungsgrundlage begrenzt auf 60 000 DM je Wohnung. Für die Behandlung der darüber hinausgehenden Aufwendungen kommt es darauf an, ob durch die Baumaßnahme ein neues Wirtschaftsgut geschaffen wird (dazu 4.3.13.4.3).

4.3.13.4.2 Bemessungsgrundlage

Da es sich bei den Baumaßnahmen um Herstellungskosten handeln muß, ist zunächst die Abgrenzung zu den Erhaltungsaufwendungen erforderlich (Abschn. 157 EStR). Wird durch die Baumaßnahmen ein selbständiges Wirtschaftsgut hergestellt (Abschn. 43 Abs. 5 EStR), gehört außer den Aufwendungen für die Baumaßnahme auch der anteilige Restwert des bisherigen Gebäudes zu den Herstellungskosten. Der Restwert gehört nicht zur Bemessungsgrundlage für die erhöhten Absetzungen; denn gem. § 7 c Abs. 3 EStG sind das nur die Aufwendungen, die durch die Baumaßnahme entstanden sind, höchstens 60 000 DM je Wohnung. Für den nicht begünstigten Teil ist die lineare AfA nach § 7 Abs. 4 EStG vorzunehmen (§ 7 c Abs. 3 Satz 2 EStG).

Beispiel:

In einem eigenbetrieblich genutzten Gebäude mit einer Gesamtfläche von 450 qm entstehen durch eine Baumaßnahme für 120 000 DM im Obergeschoß aus Büroräumen zwei Wohnungen von 30 und 60 qm (20 v. H. der gesamten Nutzfläche). Der Restwert des Gebäudes beträgt bei Abschluß der Baumaßnahme 450 000 DM, so daß auf die Wohnungen 20 v. H., also 90 000 DM, entfallen.

Die Bemessungsgrundlage für die erhöhte Absetzung nach § 7 c EStG beträgt für die erste Wohnung ⅓ von 120 000 DM = 40 000 DM, für die zweite Wohnung ⅔ von 120 000 DM = 80 000 DM, höchstens aber 60 000 DM.

Die Bemessungsgrundlage der linearen AfA (§ 7 c Abs. 3 Satz 2 EStG) für den Gebäudeteil „fremde Wohnzwecke" beträgt 110 000 DM (90 000 DM anteiliger Gebäuderestwert + 20 000 DM Rest der Baumaßnahme von 120 000 DM, die nicht nach § 7 c begünstigt ist).

Wenn die Baumaßnahme an einem Gebäude durchgeführt wird, das schon fremden Wohnzwecken dient, entsteht durch die Herstellung der Wohnung kein neues selbständiges Wirtschaftsgut, so daß die Aufwendungen nachträgliche Herstellungskosten sind (Abschn. 13 b Abs. 2 EStR).

Beispiel:

Im Dachgeschoß eines 1990 für 900 000 DM hergestellten Mietwohnhauses wird 1991 eine weitere Wohnung hergestellt für 80 000 DM.

Die Bemessungsgrundlage für die AfA gem. § 7 c EStG beträgt 60 000 DM, diejenige für die Gebäude-AfA 920 000 DM.

4.3.13.4.3 AfA-Satz

Die erhöhten Absetzungen gem. § 7 c EStG können im Jahr der Fertigstellung und in den folgenden vier Jahren jeweils mit bis zu 20 v. H. der Bemessungsgrundlage vorgenommen werden. Mindestens sind aber Absetzungen in Höhe der linearen AfA vorzunehmen (§ 7 a Abs. 3 in Verbindung mit § 7 Abs. 4 EStG).

Wenn durch die Baumaßnahme ein selbständiges Wirtschaftsgut hergestellt worden ist, gilt für die 60 000 DM je Wohnung übersteigenden Aufwendungen sowie für den anteiligen Restwert des vorhandenen Gebäudes § 7 Abs. 4 EStG (§ 7 c Abs. 3 EStG). Zu beachten ist, daß hier auch die degressive AfA nach § 7 Abs. 5 EStG möglich ist (vgl. § 7 Abs. 5 a EStG). Bei Mietwohnneubauten kommt die degressive AfA nach § 7 Abs. 5 Satz. 2 EStG in Betracht, die in den ersten vier Jahren jeweils 7 v. H. der nicht auf einen Höchstbetrag begrenzten Herstellungskosten der Wohnung beträgt. In der Regel wird die erhöhte AfA nach § 7 c EStG günstiger sein als die degressive AfA nach § 7 Abs. 5 Satz 2 EStG.

Wird durch die Baumaßnahme eine Wohnung hergestellt, ist die AfA nach § 7 c EStG in den ersten vier Jahren günstiger bis zu Herstellungskosten von 216 000 DM: gem. § 7 Abs. 5 EStG beträgt die AfA pro Jahr 7 v. H. $\hat{=}$ 15 120 DM, in vier Jahren also 60 480 DM; die AfA gem. § 7 c EStG beträgt pro Jahr 20 v. H. von 60 000 DM = 12 000 DM und 2 v. H. von 156 000 DM (216 000 DM ∕ 60 000 DM) = 3120 DM, in vier Jahren also wie bei § 7 Abs. 5 Satz 2 EStG 60 480 DM (48 000 DM + 12 480 DM).

§ 7 c Abs. 3 EStG enthält eine Verweisung auf den ebenfalls durch das WoBauFG angefügten Abs. 8 des § 7 b EStG. Danach kann der Steuerpflichtige die Abschreibung nach § 7 b EStG fortführen, auch wenn die nach § 7 c EStG begünstigten Baumaßnahmen dazu führen, daß das bisher begünstigte Objekt kein Einfamilienhaus, Zweifamilienhaus oder Eigentumswohnung mehr ist.

Beispiel:
Die Herstellungskosten eines 1985 errichteten und vermieteten Zweifamilienhauses haben 400 000 DM betragen. 1990 wird das Dachgeschoß für 100 000 DM zu einer Mietwohnung ausgebaut. Von 1990 bis 1992 ergeben sich folgende Absetzungen pro Jahr: 5 v. H. von 250 000 DM = 12 500 DM gem. § 7 b EStG; 20 v. H. von 60 000 DM = 12 000 DM gem. § 7 c EStG und 2 v. H. von 190 000 DM (150 000 DM + 40 000 DM) = 3800 DM gem. § 7 Abs. 4 EStG, also insgesamt 28 300 DM.

§ 7 c Abs. 3 EStG enthält keine Regelung für die 60 000 DM je Wohnung übersteigenden Herstellungskosten, wenn durch die Baumaßnahmen kein selbständiges Wirtschaftsgut entstanden ist. Hier gelten die allgemeinen Bestimmungen für nachträgliche Herstellungskosten (Abschn. 43 Abs. 4 EStR und 4.3.9.2.2).

4.3.13.4.4 Absetzungen nach Ablauf des Begünstigungszeitraums

Wenn nach Ablauf des fünfjährigen Begünstigungszeitraums die Absetzungen nicht in voller Höhe in Anspruch genommen sind, ist der verbliebene Restwert den Anschaffungs- oder Herstellungskosten des Gebäudes oder dem an deren Stelle tretenden Wert hinzuzurechnen, die weiteren Absetzungen sind einheitlich für das gesamte Gebäude nach dem sich hiernach ergebenden Betrag und dem für das Gebäude maßgebenden Hundertsatz zu bemessen (§ 7 c Abs. 5 EStG).

4.3.14 Erhöhte Absetzungen für Wirtschaftsgüter, die dem Umweltschutz dienen (§ 7 d EStG)

4.3.14.1 Allgemeines

Durch die Vorschriften des § 7 d EStG sind unterschiedliche Investitionen im Interesse des Umweltschutzes begünstigt. Begünstigt sind danach nicht nur die

Anschaffung oder Herstellung von dem Umweltschutz dienenden Wirtschaftsgütern, sondern auch nachträgliche Herstellungskosten bei dem Umweltschutz
dienenden Wirtschaftsgütern sowie Anzahlungen und Teilherstellungskosten und
bestimmte Zuschüsse.

Dem Wunsch der EG-Kommission entsprechend ist in § 7 d Abs. 8 Satz 1 EStG
allgemein bestimmt, daß die Begünstigungen des § 7 d EStG nicht für Wirtschaftsgüter in Anspruch genommen werden können, die in Betrieben oder Betriebsstätten verwendet werden, die in den letzten 2 Jahren vor dem Beginn des
Kalenderjahres errichtet worden sind, in dem das Wirtschaftsgut angeschafft oder
hergestellt worden ist. Dies gilt grundsätzlich auch in Fällen, in denen Betriebe
oder Betriebsstätten im Rahmen einer Verlagerung neu errichtet werden. Eine
Ausnahme gilt nach § 7 d Abs. 8 Satz 2 EStG jedoch insoweit, wenn die von der
jeweiligen Landesregierung bestimmte Stelle bestätigt, daß die Verlagerung im
öffentlichen Interesse aus Gründen des Umweltschutzes erforderlich ist. Investitionen in derartigen Betrieben oder Betriebsstätten, die danach als fortbestehend
behandelt werden, fallen damit nicht unter die Beschränkung des § 7 d Abs. 8
Satz 1 EStG.

4.3.14.2 Begünstigung von dem Umweltschutz dienenden Wirtschaftsgütern

Begünstigt sind nach § 7 d Abs. 1 EStG nach dem 31. 12. 1974 und vor dem
1. 1. 1991 angeschaffte oder hergestellte abnutzbare bewegliche oder unbewegliche Wirtschaftsgüter des Anlagevermögens, die in einem im Inland belegenen
Betrieb des Steuerpflichtigen unmittelbar und zu mehr als 70 v. H. dem
Umweltschutz dienen und für die eine von der jeweiligen Landesregierung
bestimmte Stelle[19] bescheinigt, daß sie zu dem vorbezeichneten Zweck bestimmt
und geeignet sind und daß ihre Anschaffung oder Herstellung im öffentlichen
Interesse erforderlich ist. Dem Umweltschutz dienen Wirtschaftsgüter, wenn sie
zu einem der in § 7 d Abs. 3 EStG bezeichneten Zwecke verwendet werden.

Die Begünstigung dieser Wirtschaftsgüter besteht nach § 7 d Abs. 1 EStG darin,
daß für sie abweichend von § 7 EStG im Wirtschaftsjahr der Anschaffung oder
Herstellung bis zu 60 v. H. und in den folgenden Wirtschaftsjahren bis zur vollen
Absetzung jeweils bis zu 10 v. H. der Anschaffungs- oder Herstellungskosten
abgesetzt werden können.

Ob und inwieweit von der Möglichkeit erhöhter Absetzungen Gebrauch gemacht
werden soll, steht grundsätzlich im Ermessen des Steuerpflichtigen. Mangels einer
abweichenden Regelung ist jedoch auch insoweit die Vorschrift des § 7 a Abs. 3
EStG zu beachten, wonach in jedem Jahr des Begünstigungszeitraums mindestens
Absetzungen in Höhe der Absetzungen für Abnutzung nach § 7 Abs. 1 oder 4
EStG berücksichtigt werden müssen.

---

19 Die in den einzelnen Ländern erlassenen Richtlinien für die Erteilung von Bescheinigungen nach
§ 7 d EStG sind vom BFM mit Schreiben vom 30. 9. 1985 bekanntgemacht worden (vgl. BStBl 1985 I
S. 613); der Bescheid ist Grundlagenbescheid i. S. des § 175 Abs. 1 Nr. 1 AO (BFH, BFH/NV 1989,
S. 758).

Der Vorschrift des § 7 a Abs. 3 EStG ist auch bei der Anwendung der in § 7 d Abs. 1 Satz 2 EStG getroffenen Regelung Rechnung zu tragen, wonach nicht in Anspruch genommene erhöhte Absetzungen nachgeholt werden können. Die in jedem Jahr des Begünstigungszeitraums mindestens zu berücksichtigenden Absetzungen für Abnutzung nach § 7 Abs. 1 oder 4 EStG sind damit auch nicht nachholbar.

Beispiel:

Der Unternehmer A hat Anfang 1985 ein nach § 7 d EStG begünstigtes bewegliches Wirtschaftsgut mit einer betriebsgewöhnlichen Nutzungsdauer von 10 Jahren angeschafft. Er hat in den Jahren 1985 und 1986 für dieses Wirtschaftsgut keine Absetzungen vorgenommen und für das Jahr 1987 erhöhte Absetzungen in Höhe von (60 v. H. + 10 v. H. + 10 v. H. =) 80 v. H. geltend gemacht.

A muß in den Jahren 1985 und 1986 jeweils mindestens 10 v. H. der Anschaffungskosten absetzen und kann daher im Jahr 1987 höchstens Absetzungen von (80 v. H. ⁒ 10 v. H. ⁒ 10 v. H. =) 60 v. H. vornehmen.

Da § 7 d Abs. 1 Satz 2 EStG hinsichtlich der Nachholung keine zeitliche Beschränkung enthält, kann eine Nachholung nicht in Anspruch genommener erhöhter Absetzungen auch noch nach Ablauf des fünfjährigen Begünstigungszeitraums erfolgen. Hinsichtlich eines am Ende des Begünstigungszeitraums noch verbleibenden Restwerts besteht daher für die Folgezeit volle Bewertungsfreiheit.

Nachträgliche Anschaffungs- oder Herstellungskosten können nach § 7 d Abs. 1 Satz 3 EStG im Rahmen der Nachholung abweichend von § 7 a Abs. 1 EStG so behandelt werden, als wären sie bereits im Wirtschaftsjahr der Anschaffung oder Herstellung des Wirtschaftsguts entstanden. Voraussetzung ist jedoch, daß die nachträglichen Anschaffungs- oder Herstellungskosten vor dem 1. 1. 1991 entstanden sind. Auch nach Ablauf des fünfjährigen Begünstigungszeitraums anfallende nachträgliche Anschaffungs- oder Herstellungskosten können danach wegen der gegebenen Nachholungsmöglichkeit im Jahr ihrer Entstehung voll abgesetzt werden.

Beispiel:

Dem Unternehmer A sind für ein im Jahr 1982 angeschafftes, nach § 7 d EStG begünstigtes bewegliches Wirtschaftsgut im Jahr 1987 nachträgliche Herstellungskosten in Höhe von 20 000 DM entstanden.

A kann die 20 000 DM im Jahr 1987 voll als Betriebsausgaben absetzen.

Die erhöhten Absetzungen nach § 7 d Abs. 1 EStG werden nach § 7 d Abs. 6 EStG unter der Bedingung gewährt, daß die begünstigten Wirtschaftsgüter mindestens 5 Jahre nach ihrer Anschaffung oder Herstellung in einem im Inland belegenen Betrieb des Steuerpflichtigen in der erforderlichen Art und Weise dem Umweltschutz dienen. Wird diese Bedingung nicht erfüllt, sind die erhöhten Absetzungen rückwirkend zu versagen (§ 175 Abs. 1 Nr. 2 AO; Abschn. 77 Abs. 7 EStR).

4.3.14.3 Begünstigung von nachträglichen Herstellungskosten

Nach § 7 d Abs. 4 Satz 1 EStG sind auf nach dem 31. 12. 1974 und vor dem 1. 1. 1991 entstehende nachträgliche Herstellungskosten bei Wirtschaftsgütern, die dem Umweltschutz dienen und die vor dem 1. 1. 1975 angeschafft oder hergestellt worden sind, die Absätze 1 bis 3 des § 7 d EStG entsprechend anzuwenden. Im Wirtschaftsjahr der Fertigstellung der nachträglichen Herstellungsarbeiten sind insoweit jedoch erhöhte Absetzungen bis zur vollen Höhe der nachträglichen Herstellungskosten zulässig.

Wenn bei Wirtschaftsgütern, die nicht dem Umweltschutz dienen, nach dem 31. 12. 1974 und vor dem 1. 1. 1991 nachträgliche Herstellungskosten dadurch entstehen, daß ausschließlich aus Gründen des Umweltschutzes Veränderungen vorgenommen werden, so können nach § 7 d Abs. 4 Satz 2 EStG im Wirtschaftsjahr der Fertigstellung der nachträglichen Herstellungsarbeiten ebenfalls erhöhte Absetzungen bis zur vollen Höhe der nachträglichen Herstellungskosten vorgenommen werden. Wann die Wirtschaftsgüter angeschafft oder hergestellt worden sind, ist insoweit ohne Bedeutung.

Erhöhte Absetzungen, die im Wirtschaftsjahr der Fertigstellung der nachträglichen Herstellungsarbeiten nicht in Anspruch genommen werden, können in den folgenden Jahren nachgeholt werden. Da die Nachholungsmöglichkeit nicht befristet ist, besteht auch insoweit volle Bewertungsfreiheit.

Die erhöhten Absetzungen nach § 7 d Abs. 4 Satz 1 EStG werden nach § 7 d Abs. 6 EStG ebenfalls unter der Bedingung gewährt, daß die begünstigten Wirtschaftsgüter mindestens 5 Jahre nach Beendigung der nachträglichen Herstellungsarbeiten in einem im Inland belegenen Betrieb des Steuerpflichtigen in der erforderlichen Art und Weise dem Umweltschutz dienen.

Die erhöhten Absetzungen nach § 7 d Abs. 4 Satz 2 EStG sind dagegen nicht an eine entsprechende auflösende Bedingung geknüpft.

4.3.14.4 Begünstigung von Anzahlungen und Teilherstellungskosten

Nach § 7 d Abs. 5 Satz 1 EStG können die erhöhten Absetzungen nach Abs. 1 des § 7 d EStG bereits für Anzahlungen auf Anschaffungskosten und für Teilherstellungskosten in Anspruch genommen werden. Auch Teilherstellungskosten für nachträgliche Herstellungsarbeiten i. S. des Abs. 4 des § 7 d EStG sind dementsprechend nach § 7 d Abs. 5 Satz 3 EStG bereits begünstigt.

Einzelheiten zu der Vornahme der erhöhten Absetzungen für Anzahlungen und Teilherstellungskosten sind in § 7 a Abs. 2 EStG geregelt. Auf diese Vorschrift und die Ausführungen unter 4.3.11.2.3 kann hier verwiesen werden.

Nach § 7 d Abs. 5 Satz 2 EStG ist § 7 a Abs. 2 EStG allerdings mit der Maßgabe anzuwenden, daß die Summe der erhöhten Absetzungen 60 v. H. der bis zum Ende des jeweiligen Wirtschaftsjahres insgesamt aufgewendeten Anzahlungen oder Teilherstellungskosten nicht übersteigen darf. Durch diese Einschränkung soll verhindert werden, daß die erhöhten Absetzungen für Anzahlungen und Teilherstellungskosten über die nach § 7 d Abs. 1 EStG im Jahr der Anschaffung oder Herstellung zulässigen erhöhten Absetzungen der (endgültigen) Anschaffungs- oder Herstellungskosten hinausgehen.

4.3.14.5 Begünstigung von Zuschüssen

Steuerpflichtige, die nach dem 31. 12. 1974 und vor dem 1. 1. 1991 durch Hingabe eines Zuschusses zur Finanzierung der Anschaffungs- oder Herstellungskosten von abnutzbaren Wirtschaftsgütern i. S. des § 7 d Abs. 2 EStG ein Recht auf Mitbenutzung dieser Wirtschaftsgüter erwerben, können nach § 7 d Abs. 7 EStG bei diesem Recht abweichend von § 7 EStG erhöhte Absetzungen der in den Absätzen 1 oder 4 Satz 1 des § 7 d EStG geregelten Art und Höhe vornehmen. Die Inanspruchnahme der erhöhten Absetzungen setzt nach § 7 d Abs. 7 Satz 2 EStG voraus, daß der Empfänger

a) den Zuschuß unverzüglich und unmittelbar zur Finanzierung der Anschaffung oder Herstellung der Wirtschaftsgüter oder der nachträglichen Herstellungskosten verwendet und

b) dem Steuerpflichtigen bestätigt, daß die Voraussetzung vorliegt und daß für die Wirtschaftsgüter oder die nachträglichen Herstellungsarbeiten die in § 7 d Abs. 2 Nr. 2 EStG erforderliche Bescheinigung erteilt ist.

§ 7 d Abs. 6 EStG ist auch insoweit sinngemäß anzuwenden. Auch die erhöhten Absetzungen bei Zuschüssen werden daher unter der aus dieser Vorschrift ersichtlichen Bedingung gewährt.

4.3.15 Sonderabschreibungen zur Förderung kleiner und mittlerer Betriebe (§ 7 g EStG)

4.3.15.1 Allgemeines

Um die Investitionskraft und die Eigenkapitalausstattung kleiner und mittlerer Betriebe zu stärken, wurde durch das Steuerentlastungsgesetz 1984 (BStBl 1984 I S. 14) die Vorschrift des § 7 g EStG in das Gesetz eingefügt. Nach § 7 g EStG in der ursprünglichen Fassung konnten und können die Inhaber kleiner und mittlerer Betriebe bei neuen beweglichen Wirtschaftsgütern des Anlagevermögens, die im Jahr der Anschaffung oder Herstellung im Betrieb des Steuerpflichtigen ausschließlich oder fast ausschließlich betrieblich genutzt werden, im Jahr der Anschaffung oder Herstellung Sonderabschreibungen von 10 v. H. der Anschaffungs- oder Herstellungskosten in Anspruch nehmen.

Um eine erhöhte Effizienz zu erreichen, ist die Vorschrift des § 7 g EStG durch das Steuersenkungs-Erweiterungsgesetz 1988 (BStBl 1987 I S. 523) neu gefaßt worden. Neben der Erweiterung des Kreises der begünstigten Betriebe durch die Verdoppelung der Einheitswert-Grenze auf 240 000 DM hat diese Neufassung eine Verdoppelung der zulässigen Sonderabschreibung und eine Ausdehnung des Begünstigungszeitraums auf das Jahr der Anschaffung oder Herstellung und die vier folgenden Jahre gebracht. Das Wirtschaftsgut muß aber in jedem Jahr der Sonderabschreibung ausschließlich oder fast ausschließlich betrieblich genutzt werden. Die Sonderabschreibung von 20 v. H. kann auf 5 Jahre beliebig verteilt werden, also z. B. auch im ersten Jahr neben einer degressiven AfA voll in

Anspruch genommen werden. Die Restwert-AfA beginnt nach Ende des fünfjährigen Begünstigungszeitraums (vgl. § 7 a Abs. 9 EStG).

4.3.15.2 Begünstigte Wirtschaftsgüter

Die Sonderabschreibungen bis zu insgesamt 20 v. H. der Anschaffungs- oder Herstellungskosten können neben den AfA nach § 7 Abs. 1 oder 2 EStG bei neuen beweglichen Wirtschaftsgütern des Anlagevermögens in Anspruch genommen werden.

Bewegliche Wirtschaftsgüter sind körperliche Gegenstände. Immaterielle Wirtschaftsgüter fallen nicht darunter und sind deshalb nicht begünstigt (vgl. Abschn. 42 Abs. 5 EStR). Neu ist ein Wirtschaftsgut, wenn es ungebraucht ist. Unschädlich ist, wenn es längere Zeit gelagert wurde und bei Inbetriebnahme technisch veraltet ist. Ein für Vorführzwecke verwendetes Wirtschaftsgut ist nicht mehr neu, wohl aber, wenn der Erwerber es vor der Kaufentscheidung erprobt hat (BMF, BStBl 1987 I S. 51; BFH, BStBl 1986 II S. 467; Abschn. 83 Abs. 4 Satz 9 EStR).

Ein vom Steuerpflichtigen selbst hergestelltes bewegliches Wirtschaftsgut ist danach in jedem Fall als neu zu behandeln, wenn der Teilwert der bei der Herstellung verwendeten gebrauchten Wirtschaftsgüter 10 v. H. des Teilwerts des hergestellten Wirtschaftsguts nicht übersteigt (vgl. BFH, BStBl 1984 II S. 631).

> **Beispiele:**
>
> **a)** Der Steuerpflichtige hat 1989 einen Lieferwagen erworben und die Ladefläche mit einer gebrauchten Stellage versehen, um den Wagen zum Transport von Glasscheiben in seinem Glasereibetrieb nutzen zu können. Der Teilwert der fest montierten Stellage macht etwa 8 v. H. des Teilwerts des Lieferwagens aus.
>
> Es handelt sich um ein neues Wirtschaftsgut, weil der Teilwert der bei der Herstellung des Lieferwagens in der im Betrieb eingesetzten Form 10 v. H. des Teilwerts des Lieferwagens nicht übersteigt.
>
> **b)** Der Steuerpflichtige hat 1989 aus den Teilen zweier Unfallwagen, die er preiswert erworben hat, einen Lieferwagen hergestellt, den er in seinem Betrieb einsetzt. Bei der Herstellung dieses Fahrzeugs hat er auch ungebraucht angeschaffte Wirtschaftsgüter verwandt, deren Teilwert rd. 15 v. H. des Teilwerts des hergestellten Fahrzeugs ausmacht.
>
> Es handelt sich nicht um ein neues Wirtschaftsgut.

Das Wirtschaftsgut muß nach dem 31. 12. 1987 angeschafft oder hergestellt worden sein (§ 52 Abs. 11 a EStG). Vorherige Bestellung bzw. der vorherige Beginn der Herstellungsarbeiten sind unschädlich.

Während nach der alten Fassung des § 7 g EStG das Wirtschaftsgut nur im Jahr der Anschaffung bzw. Herstellung ausschließlich oder fast ausschließlich betrieblich genutzt werden mußte, setzt die neue Fassung voraus, daß diese qualifizierte Nutzung in jedem Wirtschaftsjahr der Inanspruchnahme der Sonderabschreibung erfolgt. Nicht begünstigt ist also die dauernde Vermietung von Wirtschaftsgütern. Eine private Nutzung bis zu 10 v. H. ist unschädlich (BFH, BStBl 1981 II S. 772), was z. B. bedeutsam sein kann bei der privaten Nutzung von betrieblichen Pkw. Wenn die Nutzung in einem Wirtschaftsjahr nicht qualifiziert ist, kann die Sonderabschreibung trotzdem in einem anderen Wirtschaftsjahr gewährt werden, in dem diese Voraussetzung erfüllt ist. Das Wirtschaftsgut muß aber mindestens 12 Monate nach Anschaffung bzw. Herstellung in einer inländischen Betriebsstätte des Betriebs verbleiben (§ 7 g Abs. 2 Nr. 2 Buchst. a EStG). Zur Betriebsaufspaltung siehe BFH, BStBl 1988 II S. 739.

4.3.15.3 Betriebliche Voraussetzungen

Um die Begünstigung auf kleine und mittlere Unternehmen zu beschränken, darf der Einheitswert des Betriebs, zu dessen Anlagevermögen das Wirtschaftsgut gehört, im Zeitpunkt der Anschaffung oder Herstellung dieses Wirtschaftsguts nicht mehr als 240 000 DM betragen (§ 7 g Abs. 2 Nr. 1 a EStG). Handelt es sich um einen Gewerbebetrieb, darf außerdem das Gewerbekapital nicht mehr als 500 000 DM betragen (§ 7 g Abs. 2 Nr. 1 b EStG). Damit soll verhindert werden, daß durch hohe, den Einheitswert beeinflussende Schulden die Begünstigung erreicht werden kann. Die Regelung kann aber zu einer Benachteiligung von Gewerbetreibenden gegenüber Freiberuflern führen.

Maßgebend ist der Einheitswert, der auf den letzten Stichtag vor der Anschaffung oder Herstellung des betreffenden Wirtschaftsguts festgestellt worden oder festzustellen ist. Für die Höhe des Gewerbekapitals gilt der Stichtag vor der Anschaffung oder Herstellung des betreffenden Wirtschaftsguts, auf den der letzte Einheitswert des Betriebs festzustellen war oder ist (vgl. Abschn. 83 Abs. 1 Satz 4 EStR). Bei Betrieben, die im Laufe des Erhebungszeitraums in die Gewerbesteuerpflicht eintreten, ist auf das Gewerbekapital abzustellen, das sich im Zeitpunkt des Beginns der Steuerpflicht ergibt.

Die vorbezeichneten Wertgrenzen gelten für den einzelnen Betrieb. Hat ein Steuerpflichtiger mehrere Betriebe, so ist daher für jeden Betrieb gesondert zu prüfen, ob die Wertgrenzen eingehalten sind.

Bei Mitunternehmergemeinschaften ist auf den Einheitswert und das Gewerbekapital der Mitunternehmergemeinschaft abzustellen. Dies gilt selbst dann, wenn das Wirtschaftsgut, für das Sonderabschreibungen in Anspruch genommen werden sollen, zum Sonderbetriebsvermögen eines Mitunternehmers gehört (vgl. auch Abschn. 83 Abs. 2 Satz 3 EStR).

Zur Anwendung der Wertgrenzen in Fällen der Organschaft oder der Betriebsaufspaltung Hinweis auf die Anweisungen in Abschn. 83 Abs. 2 Sätze 4 bis 6 EStR.

Führen nachträgliche Änderungen des Einheitswerts oder des Gewerbekapitals zu einer Überschreitung der vorbezeichneten Wertgrenzen, so ist die Sonderabschreibung durch Änderung des Steuerbescheids nach § 175 Abs. 1 Nr. 1 AO rückwirkend zu versagen.

Nachträgliche Herabsetzungen des Einheitswerts oder des Gewerbekapitals können zur Folge haben, daß dem Steuerpflichtigen rückwirkend das Recht auf Inanspruchnahme der Sonderabschreibung zuwächst. Einem Antrag auf Bilanzänderung i. S. des § 4 Abs. 2 Satz 2 EStG ist in einem solchen Falle stets zuzustimmen (vgl. Abschn. 83 Abs. 3 Satz 2 EStR).

4.3.16. Erhöhte Absetzungen für Wohnungen mit Sozialbindung (§ 7 k EStG)

4.3.16.1 Allgemeines

Durch das Wohnungsbauförderungsgesetz ist § 7 k in das EStG eingefügt worden, der erstmals für den VZ 1989 anzuwenden ist (§ 52 Abs. 12 a EStG). Ebenso wie bei § 7 c EStG (dazu 4.3.13) ist die Wohnung Gegenstand der AfA; im Gegensatz zu § 7 c EStG muß sie nicht durch Baumaßnahmen an einem bestehenden Gebäude hergestellt werden. Eine Anschaffung ist unter bestimmten Voraussetzungen auch begünstigt. Hinzuweisen ist auch auf die Entnahme von Gebäuden aus dem Betriebsvermögen zum Buchwert, wenn die Wohnung unter den Voraussetzungen des § 7 k Abs. 2 Nr. 1, 2, 4 und 5 und Abs. 3 EStG vermietet wird (§ 6 Abs. 1 Nr. 4 Satz 4 EStG; s. 4.3.9.2.2). Obwohl § 7 k EStG auch anwendbar ist, wenn sich die Wohnung im Betriebsvermögen befindet, soll durch diese neu geschaffene steuerfreie Entnahmemöglichkeit die Bereitschaft gefördert werden, Gebäude, die bisher zu einem Betriebsvermögen gehörten und nicht Wohnzwecken dienen, in Mietwohnungen mit Sozialbindung umzuwandeln. Gegenstand der Entnahme sind Gebäude oder Gebäudeteile und der in angemessenem Umfang dazugehörende Grund und Boden. Hinsichtlich der Identität von entnommenem und anschließend vermietetem Gebäude sind keine strengen Anforderungen zu stellen. Auch der Umbau von Viehställen und Scheunen ist nach der Gesetzesbegründung begünstigt, so daß Identität auch dann noch vorliegen kann, wenn nach den Maßstäben des Abschn. 43 Abs. 5 EStR ein anderes Wirtschaftsgut geschaffen worden ist. Eine steuerfreie Entnahme ist allerdings nicht möglich, wenn das Gebäude völlig abgerissen und ein neues Gebäude errichtet wird. Die AfA-Sätze des § 7 k EStG liegen über denen des § 7 Abs. 5 Satz 2 EStG in der ab 1989 geltenden Fassung (4.3.9.1), nämlich 85 v. H. zu 58 v. H. bezogen auf die ersten zehn Jahre. Der Nachteil liegt in der Mietbindung, so daß im Einzelfall immer zu prüfen ist, ob die Steuerersparnis bzw. langfristige Verlagerung so vorteilhaft ist, daß dafür die Sozialbindung in Kauf genommen werden kann.

4.3.16.2 Begünstigte Wohnungen

Begünstigt sind Wohnungen (dazu 4.13.2) im Inland, für die der Bauantrag nach dem 28. 2. 1989 gestellt worden ist, wenn der Steuerpflichtige sie selbst hergestellt hat. Im Fall des entgeltlichen Erwerbs kommt es nicht auf den Bauantrag an; hier muß der Steuerpflichtige die Wohnung nach dem 28. 2. 1989 aufgrund eines nach diesem Zeitpunkt rechtswirksam abgeschlossenen obligatorischen Vertrags bis zum Ende des Jahres ihrer Fertigstellung angeschafft haben (§ 7 k Abs. 2 Nr. 1 EStG). In beiden Fällen muß die Wohnung vor dem 1. 1. 1993 fertiggestellt worden sein (§ 7 k Abs. 2 Nr. 2 EStG), außerdem dürfen für sie keine Mittel aus öffentlichen Haushalten unmittelbar oder mittelbar gewährt werden (§ 7 k Abs. 2 Nr. 3 EStG). Hier muß der Steuerpflichtige wie bei § 7 c EStG (4.3.13.2) prüfen, ob die Zinszuschüsse oder die steuerlichen Vorteile günstiger sind, wobei zu beachten ist, daß erhöhte Absetzungen grundsätzlich nur zu einer Verlagerung führen, es sei denn, der Steuerpflichtige veräußert das Gebäude nach Ablauf des zehnjährigen Begünstigungszeitraums.

Weiter muß die Wohnung innerhalb des Verwendungszeitraums, d. h. im Jahr der Anschaffung oder Herstellung und in den folgenden neun Jahren, zu fremden Wohnzwecken dienen, und zwar **dem Steuerpflichtigen** (§ 7 k Abs. 2 Nr. 4 EStG). Nach dem Gesetzeswortlaut ist – anders als bei § 7 c EStG – Voraussetzung, daß der Steuerpflichtige während des gesamten zehnjährigen Verwendungszeitraums Eigentümer bleibt. Dient die Wohnung im Laufe des Verwendungszeitraums, wenn auch nur vorübergehend, anderen Zwecken, sind bereits in Anspruch genommene AfA rückwirkend zu versagen (§ 175 Abs. 1 Nr. 2 AO).

Schließlich muß der Steuerpflichtige für jedes Jahr des Verwendungszeitraums, in dem er die Wohnung vermietet hat, eine Bescheinigung der nach dem Wohnungsbindungsgesetz zuständigen Behörde vorlegen. Daraus muß sich ergeben, daß er die Wohnung nur an zugelassene Mieter und nur zu dem erlaubten Preis vermietet hat. Zugelassen sind nur Mieter mit Berechtigungsschein. Die darin zugelassene Wohnungsgröße muß die Größe der vermieteten Wohnung erreichen oder überschreiten. An andere Mieter darf der Steuerpflichtige nur vermieten, wenn ihm die Wohnungsbehörde nicht innerhalb von 6 Wochen nach Anforderung einen Sozialmieter nachweisen kann (§ 7 k Abs. 3 Nr. 1 b EStG). In allen Fällen darf eine bestimmte Miete nicht überschritten werden, die von den Landesregierungen jeweils durch Rechtsverordnung festgesetzt wird. In der Rechtsverordnung ist eine Erhöhung der Mieten in Anlehnung an die Anhebung der Mieten im öffentlich geförderten Wohnungsbau zuzulassen (§ 7 k Abs. 3 Nr. 2 EStG). Ob die wohnungsrechtlichen Voraussetzungen des § 7 k Abs. 3 EStG vorliegen, entscheidet allein die nach § 3 Wohnungsbindungsgesetz zuständige Stelle. Deren Bescheinigung i. S. d. § 7 k Abs. 2 Nr. 5 EStG ist für das Finanzamt bindend (zum Bescheinigungsverfahren s. Sauer/Spanke, DB 1990 S. 1254, 1257).

4.3.16.3 Absetzungen

Die erhöhten Absetzungen für die gesamten Herstellungskosten betragen im Jahr der Fertigstellung und in den folgenden vier Jahren jeweils bis zu 10 v. H., mindestens sind Absetzungen in Höhe der linearen AfA vorzunehmen (§ 7 a Abs. 3 EStG). Vom 6. bis 10. Jahr können jeweils bis zu 7 v. H. der Herstellungskosten abgesetzt werden. Ab dem 11. Jahr beträgt die AfA bis zur vollen Absetzung jährlich $3\frac{1}{3}$ v. H. des Restwerts (§ 7 k Abs. 1 EStG). Wenn unter den Voraussetzungen des § 6 Abs. 1 Nr. 4 Satz 4 EStG ein Gebäude umgestaltet wird, ist der anteilige Buchwert oder Restwert der alten Gebäudesubstanz in die Bemessungsgrundlage einzubeziehen; denn § 7 k EStG enthält nicht die Einschränkung des § 7 c Abs. 3 EStG (4.3.13.4.2).

Von Anschaffungskosten können die erhöhten Absetzungen nur in Anspruch genommen werden, wenn der Hersteller für die veräußerte Wohnung weder Absetzungen für Abnutzung nach § 7 Abs. 5 EStG vorgenommen noch erhöhte Absetzungen oder Sonderabschreibungen in Anspruch genommen hat (§ 7 k Abs. 1 Satz 2 EStG).

4.4 Überschuß der Einnahmen über die Werbungskosten

4.4.1 Allgemeines

Bei den in § 2 Abs. 1 Nrn. 4 bis 7 EStG aufgeführten Einkunftsarten stellt der Überschuß der Einnahmen über die Werbungskosten die Einkünfte dar. Übersteigen die Werbungskosten die Einnahmen, so ergeben sich negative Einkünfte, die im EStG (vgl. z. B. § 10 d EStG) ebenfalls als Verluste bezeichnet werden.

Die Begriffe der „Einnahmen" und der „Werbungskosten" werden in den §§ 8 und 9 EStG bestimmt. In den Fällen des § 9 a EStG kommt mindestens ein Werbungskostenpauschbetrag zum Abzug.

Die Ermittlung des Überschusses der Einnahmen über die Werbungskosten ist von der Gewinnermittlung nach § 4 Abs. 3 EStG zu unterscheiden, die zwar ebenfalls eine Überschußrechnung darstellt, bei der es aber um eine Gegenüberstellung der Betriebseinnahmen und der Betriebsausgaben geht.

Wie die Gewinnermittlung nach § 4 Abs. 3 EStG stellt jedoch auch die Ermittlung des Überschusses der Einnahmen über die Werbungskosten eine reine Ist-Rechnung dar, bei der den tatsächlichen Einnahmen die tatsächlichen Ausgaben gegenübergestellt werden; Forderungen und Schulden bleiben dabei grundsätzlich ebenso außer Betracht wie die übrigen Vermögenswerte.

4.4.2 Einnahmen (§ 8 EStG)

Einnahmen sind nach § 8 Abs. 1 EStG alle Güter, die in Geld oder Geldeswert bestehen und dem Steuerpflichtigen im Rahmen einer der Einkunftsarten des § 2 Abs. 1 Nrn. 4 bis 7 EStG zufließen.

4.4.2.1 Geld oder geldwerte Güter

In Geldeswert bestehende Güter, die in § 8 Abs. 2 EStG nicht ganz zutreffend als Sachbezüge bezeichnet werden, sind alle Sachen, Rechte oder sonstigen Vorteile, denen ein wirtschaftlicher Wert zukommt, deren Zufluß also, wirtschaftlich gesehen, zu einer Vermögensmehrung führt.

Eine bloße Wertsteigerung bereits vorhandenen Vermögens stellt in diesem Sinne noch keine Vermögensmehrung dar.

> **Beispiel:**
> Ein Arbeitnehmer hat von seinem Arbeitgeber neben seinem Barlohn auch einige Aktien erhalten, deren Wert zur Zeit der Übergabe 150 DM je Aktie betrug. Im Laufe des folgenden Kalenderjahres ist der Wert der Aktien auf 200 DM je Stück gestiegen.

In Höhe des Werts der Aktien im Zeitpunkt der Übergabe stellt deren Hingabe ebenfalls Arbeitslohn dar. Die Werterhöhung der Aktien um 50 DM je Stück ist dagegen als bloße Werterhöhung bereits vorhandenen Vermögens weder zu den Einnahmen aus nichtselbständiger Arbeit noch zu den Einnahmen aus Kapitalvermögen zu rechnen.

Ersparte Ausgaben sind ebensowenig als Einnahmen anzusehen wie der Verzicht auf mögliche Einnahmen. In beiden Fällen fehlt es an der erforderlichen Vermögensmehrung.

Vorteile, die sich auch bei wirtschaftlicher Betrachtung nicht als eine objektive Vermehrung des Vermögens des Steuerpflichtigen darstellen, sind ebenfalls keine Einnahmen. Derartige Vorteile, die allgemein als sogenannte Annehmlichkeiten bezeichnet werden, sind z. B. die Aufwendungen des Arbeitgebers zur Einrichtung von gut ausgestatteten Arbeitsplätzen, Sportanlagen oder Duschräumen sowie in bestimmten Grenzen auch die Sachzuwendungen des Arbeitgebers bei Betriebsausflügen, Weihnachtsfeiern und ähnlichen Betriebsveranstaltungen (vgl. dazu auch BFH, BStBl 1976 II S. 548, und Abschn. 72 LStR).

4.4.2.2 Zufluß im Rahmen einer Einkunftsart

Die einem Steuerpflichtigen zugeflossenen Güter in Geld oder Geldeswert sind nur dann Einnahmen, wenn ihr Zufluß im Rahmen einer bestimmten Einkunftsart erfolgt ist, ihr Zufließen also im Zusammenhang mit einer bestimmten Einkunftsart steht. Durch diese Einschränkung soll sichergestellt werden, daß als Einnahmen nur die Erträge aus den verschiedenen Einkunftsquellen erfaßt werden.

Ob ein Zufluß bestimmter Güter in Geld oder Geldeswert in dem erforderlichen Zusammenhang mit einer bestimmten Einkunftsart steht, ist jeweils auf Grund der gesamten Umstände des Einzelfalls zu beurteilen und wird nicht immer leicht zu entscheiden sein. Erleichtert wird diese Entscheidung allerdings in gewisser Weise dadurch, daß in den §§ 19 bis 24 EStG bestimmte Einnahmen ausdrücklich zu den Einkünften aus der jeweiligen Einkunftsart gerechnet werden.

Als im Rahmen einer bestimmten Einkunftsart zugeflossen werden bestimmte Beträge oder geldwerte Güter regelmäßig nur dann anzusehen sein, wenn sich der Zufluß als unmittelbarer Ausfluß einer bestimmten Einkunftsquelle darstellt. Als unmittelbarer Ausfluß einer Einkunftsquelle sind vor allem die Entgelte für die unter eine bestimmte Einkunftsart fallenden Tätigkeiten oder Leistungen des Steuerpflichtigen anzusehen. Der Erlös aus der Veräußerung von Wirtschaftsgütern stellt daher grundsätzlich auch dann keinen Zufluß im Rahmen einer der in § 2 Abs. 1 Nrn. 4 bis 7 EStG aufgeführten Einkunftsarten dar, wenn diese Wirtschaftsgüter vom Steuerpflichtigen bei seiner Tätigkeit genutzt werden oder in anderer Weise der Erzielung der Einkünfte dienen.

Beispiele:
a) Ein Steuerpflichtiger veräußert ein Mehrfamilienhaus, aus dem er seit vielen Jahren Einkünfte aus Vermietung und Verpachtung bezogen hat.
b) Ein Steuerpflichtiger veräußert einige Fachbücher, die er vor zwei Jahren angeschafft hat und seitdem genutzt hat, um sich in seinem Beruf fortzubilden.
In beiden Fällen stellt der Veräußerungserlös keine Einnahme dar.

Zu den Einnahmen, die im Rahmen einer Einkunftsart zufließen, gehören nach Auffassung des BFH (BStBl 1965 III S. 67, 1969 II S. 169) auch zurückfließende Werbungskosten. Dabei macht es keinen Unterschied, ob sich die zurückfließenden Beträge in einem früheren Jahr steuerlich ausgewirkt haben oder nicht (BFH, BStBl 1968 II S. 581).

Auch Zuschüsse aus öffentlichen oder privaten Mitteln zu bestimmten Aufwendungen können Einnahmen darstellen, die im Rahmen einer Einkunftsart zufließen.

Zurückfließende Werbungskosten und Zuschüsse zu Aufwendungen mit Werbungskostencharakter werden im Schrifttum und teilweise auch in der Praxis der Finanzverwaltung in zunehmendem Maße als negative Werbungskosten behandelt. Die Einführung des dem Gesetz fremden Begriffs der negativen Werbungskosten ist nach unserer Auffassung jedoch nicht geboten und daher abzulehnen, weil auch die Annahme von Einnahmen aus der betreffenden Einkunftsart zu befriedigenden Ergebnissen führt.

4.4.2.3 Bewertung

Da die Ermittlung des Überschusses der Einnahmen über die Werbungskosten ebenfalls eine Rechnung in deutschem Geld ist, müssen die einem Steuerpflichtigen im Rahmen einer Einkunftsart zugeflossenen Güter in deutschem Geld ausgedrückt, d. h. bewertet werden.

Dem Steuerpflichtigen zugeflossene gesetzliche Zahlungsmittel sind selbstverständlich mit ihrem Nominalwert anzusetzen. Beträge in DM (Ost) sind nach den für jeden Kalendermonat bekanntgegebenen Durchschnittskursen in DM (West) umzurechnen. Ausländisches Geld ist zum Mittelkurs des nächstgelegenen Börsenplatzes im Zeitpunkt des Zuflusses anzusetzen.

Bei Arbeitnehmern, für deren Sachbezüge durch Rechtsverordnung nach § 17 Nr. 4 Viertes Buch Sozialgesetzbuch Werte bestimmt worden sind, sind diese Werte nach § 8 Abs. 2 Satz 2 EStG auch steuerlich anzusetzen. Nach § 8 Abs. 2 Satz 3 EStG können diese Werte auch bei anderen Arbeitnehmern angesetzt werden, sofern sie für deren Sachbezugswerte nicht offensichtlich unzutreffend sind. Darüber hinaus kann die oberste Finanzbehörde eines Landes nach § 8 Abs. 2 Satz 4 EStG mit Zustimmung des BMF für weitere Sachbezüge der Arbeitnehmer Durchschnittswerte festsetzen.

Im übrigen sind Einnahmen, die nicht in Geld bestehen und die dem Steuerpflichtigen **vor dem 1. 1. 1990** zugeflossen sind, nach § 8 Abs. 2 Satz 1 EStG 1987 mit den üblichen Mittelpreisen des Verbraucherorts anzusetzen. Es ist also der Betrag anzusetzen, den der Steuerpflichtige hätte aufwenden müssen, um am Verbrauchsort die geldwerten Güter zu erwerben. Das ist grundsätzlich nicht der Hersteller- oder Großhandelspreis, sondern der Einzelhandelsverkaufspreis.

Hinsichtlich der nicht in Geld bestehenden Einnahmen, die dem Steuerpflichtigen **nach dem 31. 12. 1989** zugeflossen sind oder zufließen, sieht § 8 Abs. 2 EStG nunmehr in den Sätzen 1, 3 und 4 die nachfolgend dargestellten Bewertungserleichterungen vor.

- Um die Anwendbarkeit zu erleichtern, ist in § 8 Abschn. 2 Satz 1 EStG bestimmt, daß nicht in Geld bestehende Einnahmen mit den „üblichen Endpreisen am Abgabeort" anzusetzen sind. Damit wird zugleich sichergestellt, daß Sachbezüge von Arbeitnehmern einheitlich bewertet werden können. Die Bewertung hängt nämlich nicht mehr von den Verhältnissen an den unterschiedlichen Verbrauchsorten ab.

- Die Vorschrift des § 8 Abs. 2 Satz 3 EStG trägt dem Interesse an einer möglichst einheitlichen Bewertung der Sachbezüge von Arbeitnehmern Rechnung. Danach sind die sozialversicherungsrechtlichen Sachbezugswerte grundsätzlich auch bei Arbeitnehmern maßgebend, die nicht sozialversicherungspflichtig sind. Eine Ausnahme gilt insoweit allerdings, wenn diese Sachbezugswerte für die Sachbezüge dieser Arbeitnehmer offensichtlich unzutreffend sind.

Wann davon auszugehen ist, daß die Sachbezugswerte offensichtlich unzutreffend sind, ist nicht leicht zu beantworten und kann an sich nur im Einzelfall zutreffend beurteilt werden. Im Interesse einer möglichst einheitlichen und gleichmäßigen Behandlung bleibt zu hoffen, daß sich die Finanzverwaltung insoweit zu einer konkreten Regelung durchringen wird. Wie immer diese Regelung auch aussehen mag: Bei der Überlassung einer repräsentativen Wohnung an Vorstandsmitglieder oder Geschäftsführer von Kapitalgesellschaften und ähnlichen Fällen wird daher jedenfalls auch künftig eine Einzelbewertung nach § 8 Abs. 2 Satz 1 EStG erfolgen müssen.

- Nach § 8 Abs. 2 Satz 4 EStG kann die oberste Finanzbehörde eines Landes im übrigen mit Zustimmung des Bundesministers der Finanzen für weitere Sachbezüge der Arbeitnehmer Durchschnittswerte festsetzen. Abweichend von der bislang in § 3 Abs. 2 LStDV 1984 getroffenen Regelung ist die Festsetzung von Durchschnittswerten damit zur Gewährleistung einheitlicher Maßstäbe im Bundesgebiet von der Zustimmung des Bundesministers der Finanzen abhängig gemacht worden. Zugleich ist dementsprechend auch klargestellt worden, daß Durchschnittswerte nur noch durch die oberste Finanzbehörde eines Landes festgesetzt werden können. Die Oberfinanzdirektionen können damit insoweit nicht mehr tätig werden.

4.4.2.4 Sonderregelung für Belegschaftsrabatte

Für nicht in Geld bestehende Einnahmen, die dem Steuerpflichtigen **nach dem 31. 12. 1989** zufließen, ist in § 8 Abs. 3 EStG eine von § 8 Abs. 2 EStG abweichende Sonderregelung für den Fall getroffen worden, daß ein Arbeitnehmer aufgrund seines Dienstverhältnisses Waren oder Dienstleistungen erhält, die vom Arbeitgeber nicht überwiegend für den Bedarf seiner Arbeitnehmer hergestellt, vertrieben oder erbracht werden und deren Bezug nicht nach § 40 EStG pauschal versteuert wird.

Als Werte derartiger Waren und Dienstleistungen gelten nach § 8 Abs. 3 Satz 1 EStG die um 4 v. H. geminderten Endpreise, zu denen der Arbeitgeber oder der dem Abgabeort nächstansässige Abnehmer die Waren oder Dienstleistungen fremden Letztverbrauchern im allgemeinen Geschäftsverkehr anbietet.

Wenn danach auf die Endpreise abgestellt wird, zu denen die Waren oder Dienstleistungen fremden Letztverbrauchern im allgemeinen Geschäftsverkehr angeboten werden, so soll damit zu einer Vereinfachung des Besteuerungsverfahrens beigetragen werden. Dem Arbeitgeber wird dadurch die Ermittlung der üblichen Endpreise am Abgabeort erspart, die ohne diese Sonderregelung nach § 8 Abs. 2 Satz 1 EStG zu erfolgen hätte.

Durch die allgemein vorgeschriebene Minderung der maßgebenden Endpreise um jeweils 4 v. H. sollen nach der Gesetzesbegründung[20] etwaige Bewertungsungenauigkeiten ausgeglichen werden, die sich durch die in § 8 Abs. 3 EStG vorgesehene Wertermittlung ergeben können. Ob damit die zutreffende Begründung für den vorgeschriebenen Preisabschlag gegeben ist, kann angesichts der Diskussionen um diese Regelung im politischen Raum bezweifelt werden, zumal die Bewertungsungenauigkeiten, die sich bei Anwendung der Sonderregelung in § 8 Abs. 2 Satz 1 EStG ergeben, in vielen Fällen nicht geringer sein dürften.

Die Vorteile, die sich danach für den einzelnen Arbeitnehmer nach Abzug der von ihm gezahlten Entgelte ergeben, sind nach § 8 Abs. 3 Satz 2 EStG steuerfrei, soweit sie aus dem Dienstverhältnis insgesamt 2400 DM im Kalenderjahr nicht übersteigen. Durch diesen Freibetrag soll nach der Gesetzesbegründung der Bundesregierung die Besteuerung von Belegschaftsrabatten auf die Fälle beschränkt werden, in denen der Verwaltungsaufwand im Verhältnis zum steuerlichen Ergebnis vertretbar ist. Im übrigen sollen durch diesen Freibetrag auch die Bewertungsungenauigkeiten abgegolten werden, deren Abgeltung durch den vorgeschriebenen Preisabschlag von 4 v. H. noch nicht ausreichend erfolgt ist.

Nach ihrem Wortlaut stellt die Vorschrift des § 8 Abs. 3 Satz 2 EStG auf die Vorteile ab, die ein Arbeitnehmer im Kalenderjahr insgesamt aus dem Dienstverhältnis, d. h. aus einem Dienstverhältnis zu einem bestimmten Arbeitgeber gehabt hat. Wechselt ein Arbeitnehmer im Laufe eines Kalenderjahres zu einem anderen Arbeitgeber über oder steht er zu mehreren Arbeitgebern in einem Dienstverhältnis, so kann er den Freibetrag daher ggf. mehrfach in Anspruch nehmen (Abschn. 32 Abs. 1 Nr. 1 LStR). Dies dürfte unseres Erachtens selbst dann gelten, wenn ein Arbeitnehmer innerhalb eines Konzerns von einer Konzerngesellschaft zu einer anderen Konzerngesellschaft wechselt.

Die Sonderregelung des § 8 Abs. 3 EStG gilt nur für Waren oder Dienstleistungen, die ein Arbeitnehmer von seinem Arbeitgeber verbilligt erhält. Für Waren oder Dienstleistungen, die ein Arbeitnehmer von dritter Seite verbilligt erhält, gilt diese Regelung daher selbst dann nicht, wenn die Waren oder Dienstleistungen

---

20 BT-Drucksache 11/2157 S. 142 zu Nr. 8.

von einer anderen Gesellschaft im Rahmen eines Konzernverbundes überlassen werden.

4.4.3 Werbungskosten (§ 9 EStG)

4.4.3.1 Allgemeines

Werbungskosten sind nach § 9 Abs. 1 Satz 1 EStG **Aufwendungen zur Erwerbung, Sicherung und Erhaltung der Einnahmen.**

Nach dem Wortlaut dieser Vorschrift setzt der Werbungskostenbegriff voraus, daß Aufwendungen zum Zweck der Erwerbung, Sicherung und Erhaltung bestimmter Einnahmen gemacht werden. Ein bloßer ursächlicher Zusammenhang der Aufwendungen mit einer bestimmten Einkunftsart scheint danach nicht auszureichen, um das Vorliegen von Werbungskosten zu bejahen. Insoweit unterscheidet sich der Werbungskostenbegriff nach dem Wortlaut des § 9 Abs. 1 Satz 1 EStG von dem Begriff der Betriebsausgaben in § 4 Abs. 4 EStG.

Der Wortlaut des § 9 Abs. 1 Satz 1 EStG wird jedoch weitgehend als zu eng empfunden. Unter Hinweis darauf, daß sich Betriebsausgaben und Werbungskosten ihrem Charakter nach nicht unterscheiden, ist im Schrifttum teilweise die Auffassung vertreten worden, Werbungskosten seien ähnlich wie Betriebsausgaben alle Aufwendungen, die durch eine der in § 2 Abs. 1 Nrn. 4 bis 7 EStG aufgeführten Einkunftsarten veranlaßt sind. Auch die höchstrichterliche Rechtsprechung ist bei der Anwendung des Werbungskostenbegriffs über den Wortlaut der Vorschrift des § 9 Abs. 1 Satz 1 EStG hinausgegangen.

Bei den Einkünften aus nichtselbständiger Arbeit hat sich die höchstrichterliche Rechtsprechung seit langem mit einem bloßen kausalen Zusammenhang begnügt. Werbungskosten sind danach alle Aufwendungen, die durch den ausgeübten Beruf veranlaßt sind (BFH, BStBl 1981 II S. 368 mit weiteren Nachweisen). Der Begriff der Werbungskosten ist damit insoweit völlig deckungsgleich mit dem Betriebsausgabenbegriff. Auch bei den Einkünften aus Vermietung und Verpachtung i. S. des § 21 EStG ist der Werbungskostenbegriff dem Begriff der Betriebsausgaben so sehr angenähert, daß nahezu alle Aufwendungen, die durch den Besitz eines durch private Vermietung genutzten Hauses anfallen, als Werbungskosten anzusehen sind (BFH, BStBl 1967 III S. 655, 1972 II S. 880). Auch bei den Einkünften aus Kapitalvermögen und bei den sonstigen Einkünften, bei denen der Begriff der Werbungskosten von der höchstrichterlichen Rechtsprechung zunächst stets in einem engeren Sinne angewandt wurde (vgl. z. B. BFH, BStBl 1957 II S. 75), ist der BFH später zu einem weiteren Werbungskostenbegriff gelangt, weil dem Gesetz nicht zu entnehmen ist, daß der Begriff der Werbungskosten bei den verschiedenen Einkünften nach § 2 Abs. 1 Nrn. 4 bis 7 EStG einen unterschiedlichen Sinn haben sollte (vgl. BFH, BStBl 1982 II S. 37 und 41). Für Werbungskosten gilt damit ebenso wie für Betriebsausgaben uneingeschränkt das Veranlassungsprinzip.

Werbungskosten sind danach alle Aufwendungen, die durch die Erzielung von Einkünften aus einer der in § 2 Abs. 1 Nrn. 4 bis 7 EStG aufgeführten Einkunftsarten veranlaßt sind. Als durch die Erzielung von Einkünften veranlaßt sind insoweit alle Aufwendungen anzusehen, die in einem objektiven Zusammenhang mit dem Tatbestand der Einkunftserzielung stehen und subjektiv gemacht werden, um die Erfüllung dieses Tatbestandes zu fördern. Die subjektive Förderung stellt jedoch kein in jedem Fall notwendiges Merkmal des Werbungskostenbegriffs dar. Auch unfreiwillige Ausgaben und Zwangsaufwendungen müssen z. B. nach dem Nettoprinzip als Werbungskosten berücksichtigt werden (BFH, BStBl 1982 II S. 442).

Beispiel:

Der Steuerpflichtige hat auf einer Dienstfahrt leicht fahrlässig einen Unfall verursacht, bei dem sein Pkw einen Totalschaden erlitten hat.

Der durch den Unfall eingetretene Wertverlust kann als Werbungskosten geltend gemacht werden. Dabei ist es ohne Bedeutung, ob es sich bei dem Pkw um ein Arbeitsmittel des Steuerpflichtigen gehandelt hat oder nicht.

Ob Aufwendungen mit dem Tatbestand der Einkunftserzielung unmittelbar oder nur mittelbar in Zusammenhang stehen, ist im übrigen grundsätzlich ohne Bedeutung. Der mittelbare Zusammenhang darf allerdings nicht allzu lose und entfernt sein (BFH, BStBl 1983 II S. 17, 18). Er muß sich zumindest in einem wirtschaftlichen Zusammenhang mit der auf Einnahmeerzielung gerichteten Tätigkeit ausdrücken.

Beispiele:

a) Ein Arbeitnehmer ist ehrenamtlich für seine Gewerkschaft tätig. Im Zusammenhang mit dieser ehrenamtlichen Tätigkeit entstehen ihm Fahrtkosten, die von der Gewerkschaft nicht erstattet werden.

Die entstandenen Aufwendungen stehen in unmittelbarem Zusammenhang mit der Berufstätigkeit des Steuerpflichtigen und sind daher als Werbungskosten abzugsfähig (BFH, BStBl 1981 II S. 368).

b) Der Pkw eines Polizeibeamten wird während der Nacht vorsätzlich von Personen in Brand gesetzt, die sich wegen seines dienstlichen Vorgehens gegen sie rächen wollen.

Der entstandene Vermögensschaden ist als Werbungskosten zu berücksichtigen, weil er aus Gründen entstanden ist, die in der Berufssphäre des Polizeibeamten liegen, und damit in mittelbarem Zusammenhang mit der Berufstätigkeit des Polizeibeamten stehen (BFH, BStBl 1982 II S. 442).

c) Einem Arbeitnehmer ist während einer Dienstreise in der Bundesbahn eine Geldbörse mit 850 DM gestohlen worden.

Der entstandene Vermögensschaden kann nicht als Werbungskosten berücksichtigt werden, weil er lediglich anläßlich einer beruflich veranlaßten Fahrt entstanden ist und damit nicht in einem ausreichenden mittelbaren Zusammenhang mit der Berufstätigkeit des Steuerpflichtigen steht (BFH, BStBl 1986 II S. 771).

In dem erforderlichen objektiven Zusammenhang mit dem Tatbestand der Einkunftserzielung stehen jedenfalls alle Aufwendungen, die subjektiv zur Erwerbung, Sicherung und Erhaltung von entsprechenden Einnahmen gemacht werden.

Nicht zu den Werbungskosten gehören jedoch alle Aufwendungen, die zu den Anschaffungs- und Herstellungskosten der zur Erzielung von Einkünften verwendeten Wirtschaftsgüter zählen (BFH, BStBl 1978 II S. 455 und 1982 II S. 37).

Welche Aufwendungen im einzelnen als Werbungskosten berücksichtigt werden können, wird bei der Darstellung der einzelnen Einkunftsarten noch näher zu erläutern sein.

Allgemein sei jedoch darauf hingewiesen, daß Einnahmen, die in einem späteren Veranlagungszeitraum zurückgezahlt werden, ihrer Art nach keine Werbungskosten, sondern negative Einnahmen aus der entsprechenden Einkunftsart darstellen, die mit positiven Einnahmen zu verrechnen oder, falls sie die positiven Einnahmen übersteigen, als Verlust auszuweisen sind (BFH, BStBl 1964 III S. 184).

4.4.3.2 Die einzelnen Merkmale des Werbungskostenbegriffs des § 9 Abs. 1 Satz 1 EStG

Unter **Aufwendungen** sind wie im Rahmen des § 4 Abs. 4 EStG alle in Geld oder Geldeswert bestehenden Güter zu verstehen, die aus dem Vermögen des Steuerpflichtigen ausscheiden (BFH, BStBl 1978 II S. 216). Auf welche Weise diese Güter in das Vermögen des Steuerpflichtigen gelangt sind und wie lange sie Bestandteil seines Vermögens waren, ist ohne Bedeutung. Auch Güter, die der Steuerpflichtige im Wege der Gesamtrechtsnachfolge oder einer Schenkung unentgeltlich erlangt und in unmittelbarem zeitlichen Zusammenhang weitergeleitet hat, sind daher als Aufwendungen anzusehen (vgl. dazu BFH, BStBl 1987 II S. 336, 338).

Beispiel:
Der Steuerpflichtige hat Einkünfte aus Vermietung und Verpachtung. Da ihm sein Vater die Übernahme der Kosten versprochen hat, hat er sein Mietwohnhaus mit einem neuen Anstrich versehen lassen. Nach Eingang der Handwerkerrechnung erhält er von seinem Vater im Wege der Schenkung den Rechnungsbetrag bar ausgehändigt, den er auf der Stelle dem Handwerker weiterreicht, der mit ihm zusammen seinen Vater aufgesucht hat, um möglichst bald über den Betrag verfügen zu können.
Der Rechnungsbetrag ist als Werbungskosten im Rahmen der Einkünfte aus Vermietung und Verpachtung zu berücksichtigen.

Ob Güter zum Vermögen des Steuerpflichtigen gehören, ist nicht nach zivilrechtlichen, sondern nach wirtschaftlichen Gesichtspunkten zu entscheiden.

Beispiel:
Sachverhalt wie zuvor. Der Vater händigt dem Handwerker den Rechnungsbetrag jedoch unmittelbar aus.
Auch in diesem Fall liegen Aufwendungen des Steuerpflichtigen vor, die von ihm als Werbungskosten geltend gemacht werden können.

Zum Vermögen des Steuerpflichtigen können jedoch nur Güter gehören, die sich als solche konkretisiert haben und Gegenstand des wirtschaftlichen Verkehrs sein können. Aufwendungen liegen daher nicht vor, soweit dem Steuerpflichtigen lediglich erzielbare Einnahmen entgehen, weil er darauf verzichtet, die dafür erforderlichen Voraussetzungen zu schaffen (BFH, BStBl 1981 II S. 160, 161).

Beispiel:

Der Steuerpflichtige hat sich von seinem Arbeitgeber für 4 Monate unter Verzicht auf die Zahlung seines Gehalts beurlauben lassen, um bei der Errichtung eines Zweifamilienhauses mögliche Eigenleistungen erbringen zu können.

Die entgangenen Gehälter stellen keine Aufwendungen dar und können daher im Rahmen der Einkünfte aus Vermietung und Verpachtung nicht berücksichtigt werden.

Das Ausscheiden geldwerter Güter aus dem Vermögen des Steuerpflichtigen braucht sich nicht als Aufwand im betriebswirtschaftlichen Sinne darzustellen. Ohne Bedeutung ist auch grundsätzlich, ob die Aufwendungen notwendig oder zur Erwerbung, Sicherung und Erhaltung der Einnahmen objektiv geeignet sind. Dies gilt nach der heutigen Rechtsprechung des BFH auch für die Aufwendungen der Angehörigen des öffentlichen Dienstes, für die diese nach den geltenden Bestimmungen von ihrem Dienstherrn Ersatz verlangen können (BFH, BStBl 1969 II S. 341). Es kommt schließlich auch grundsätzlich nicht darauf an, ob ein geldwertes Gut mit oder ohne den Willen des Steuerpflichtigen aus seinem Vermögen ausscheidet (vgl. auch BFH, BStBl 1982 II S. 442).

Beispiele:

a) Der Steuerpflichtige hat Einkünfte aus der Vermietung und Verpachtung eines Grundstücks in einer anderen Stadt. Auf einer Fahrt zu diesem Grundstück, um die fälligen Mieten einzuziehen, erleidet der Steuerpflichtige infolge leichter Fahrlässigkeit einen Unfall, der einen Totalschaden an seinem Pkw zur Folge hat.

Der Steuerpflichtige kann den Schaden als Werbungskosten geltend machen.

b) Der Pkw eines Polizeibeamten wird während der Nacht vorsätzlich von Personen in Brand gesetzt, die sich für sein dienstliches Vorgehen gegen sie rächen wollen.

Der entstandene Vermögensschaden ist als Werbungskosten zu berücksichtigen, weil er zu der Berufstätigkeit des Polizeibeamten in mittelbarem Zusammenhang steht (BFH, BStBl 1982 II S. 442).

Als Aufwendungen des Steuerpflichtigen können unter bestimmten Voraussetzungen auch Güter angesehen werden, die weder zivilrechtlich noch wirtschaftlich zum Bestandteil des Vermögens des Steuerpflichtigen geworden sind. Beträge, die von einem Dritten unmittelbar geleistet werden, können daher bei dem Bezieher von Einkünften als Werbungskosten abgesetzt werden, wenn in der unmittelbaren Zahlung durch den Dritten eine einvernehmliche Abkürzung des sonst erforderlichen Zahlungsweges, nämlich der Leistung des Dritten an den Bezieher der Einkünfte und dann von diesem an seinen Gläubiger, zu erblicken ist (BFH, BStBl 1987 II S. 623, 625).

Beispiel:

Der Steuerpflichtige und seine Ehefrau sind zu je 50 v. H. Miteigentümer eines Einfamilienhauses. Einen Raum in diesem Haus benutzt der Steuerpflichtige allein als Arbeitszimmer, dessen Anerkennung als solches nicht zweifelhaft ist.

Die auf dieses Arbeitszimmer anteilig entfallenden Schuldzinsen werden ebenso wie die übrigen Schuldzinsen von den Eheleuten je zur Hälfte aus eigenen Mitteln gezahlt.

Da die Ehefrau mit der alleinigen Nutzung des Arbeitszimmers durch ihren Ehemann einverstanden ist, ist davon auszugehen, daß sie die auf sie entfallenden Schuldzinsen für ihren Ehemann erbringen will, soweit diese auf das Arbeitszimmer entfallen. In der Zahlung der anteiligen Zinsbeträge durch die Ehefrau ist daher eine einvernehmliche Abkürzung des Zahlungsweges zu sehen, so daß der Steuerpflichtige die anteilig auf das Arbeitszimmer entfallenden Schuldzinsen in vollem Umfang als Werbungskosten abziehen kann.

Aufwendungen zur **Erwerbung** der Einnahmen werden gemacht, um Einnahmen zu erzielen, die zu einer der Einkunftsarten des § 2 Abs. 1 Nrn. 4 bis 7 EStG gehören. Werbungskosten können daher ebenso wie Betriebsausgaben schon zu einem Zeitpunkt anfallen, in dem mit den Aufwendungen zusammenhängende Einnahmen noch nicht erzielt werden. Voraussetzung für die Annahme solcher vorweggenommener Werbungskosten ist allerdings stets, daß ein ausreichend bestimmter wirtschaftlicher Zusammenhang zwischen den Aufwendungen und der Einkunftsart besteht, in deren Rahmen ein Abzug begehrt wird (BFH, BStBl 1975 II S. 574 und 1982 II S. 495). Ein solcher Zusammenhang besteht z. B. von dem Zeitpunkt an, zu dem sich anhand objektiver Umstände feststellen läßt, daß ein Steuerpflichtiger endgültig den Entschluß gefaßt hat, durch die Errichtung oder den Erwerb eines Gebäudes die Einkunftsart Vermietung und Verpachtung zu begründen (BFH, BStBl 1984 II S. 306). Ist nicht abzusehen, welche Einkunftsart begründet werden soll, kommt ein Abzug vorweggenommener Werbungskosten nicht in Betracht (BFH, BStBl 1974 II S. 161).

Vorweggenommene Werbungskosten können danach selbst dann vorliegen, wenn es entgegen den Planungen des Steuerpflichtigen nicht zu den angestrebten Einnahmen aus einer bestimmten Einkunftsart kommt (BFH, BStBl 1979 II S. 14 und 1981 II S. 418). In einem solchen Falle bedarf es allerdings einer strengen Prüfung, ob die Voraussetzung für die Annahme vorweggenommener Werbungskosten tatsächlich erfüllt ist.

Aufwendungen, die z. B. durch die Planung eines nicht verwirklichten Mietwohnhauses entstanden sind, können daher nur dann als Werbungskosten bei den Einkünften aus Vermietung und Verpachtung behandelt werden, wenn sich der feste Entschluß zur Erzielung von Einkünften aus Vermietung und Verpachtung anhand gewichtiger objektiver Umstände klar und eindeutig feststellen läßt. Anderenfalls können sie mangels eines ausreichend bestimmten Zusammenhangs noch nicht als Werbungskosten bei den Einkünften aus Vermietung und Verpachtung angesehen werden (BFH, BStBl 1964 III S. 383, 1974 II S. 161).

Zu den vorweggenommenen Werbungskosten gehören selbstverständlich in keinem Falle Aufwendungen, die bereits der Beendigung einer zunächst geplanten Betätigung dienen (BFH, BStBl 1982 II S. 495 und 1984 II S. 307).

Aufwendungen zur **Sicherung** der Einnahmen dienen dem Schutz gegen Verluste fließender Einnahmen. Dazu gehören z. B. die Kosten der Sachversicherung der der Einnahmeerzielung dienenden Gegenstände (z. B. Feuerversicherung eines vermieteten Gebäudes).

Aufwendungen zur **Erhaltung** der Einnahmen werden gemacht, um den Weiterbezug von Einnahmen der betreffenden Art zu gewährleisten. Zu diesen Aufwendungen rechnen z. B. die Aufwendungen zur Erhaltung der Gegenstände, die der Einnahmeerzielung zu dienen bestimmt sind (z. B. Reparaturkosten bei

Gebäuden). Ferner gehören hierzu auch die Aufwendungen, die gemacht werden, um Angriffe auf die Einkünfte aus einer bestimmten Einkunftsquelle abzuwehren (z. B. Prozeßkosten zur Abwehr von Einnahmeschmälerungen oder Erhöhungen der Werbungskosten).

Entstandene Werbungskosten sind bei der Einkunftsart abzusetzen, bei der sie entstanden sind. Hängen Aufwendungen mit mehreren Einkunftsarten zusammen, so sind sie der Einkunftsart zuzurechnen, mit der sie in engerer Beziehung stehen (BFH, BStBl 1961 III S. 431).

4.4.3.3 Abgrenzung von den Kosten der Lebensführung

Wegen der Abgrenzung der Werbungskosten von den nicht abzugsfähigen Kosten der Lebensführung wird auf die Ausführungen zu § 12 EStG verwiesen (vgl. 4.5).

4.4.3.4 Abzugsverbot für Aufwendungen zur Förderung staatspolitischer Zwecke

Nach § 9 Abs. 5 EStG sind Aufwendungen zur Förderung staatspolitischer Zwecke i. S. des § 10 b Abs. 2 EStG in der seit dem 1. 1. 1984 geltenden Fassung keine Werbungskosten. Das Abzugsverbot des § 9 Abs. 5 EStG entspricht dem Abzugsverbot des § 4 Abs. 6 EStG. Auf die Ausführungen zu 4.1.7.4 wird daher insoweit hingewiesen.

4.4.3.5 Abzugsverbot für Geldbußen, Ordnungs- und Verwarnungsgelder sowie ähnliche Leistungen

Das Abzugsverbot des § 4 Abs. 5 Satz 1 Nr. 8 EStG für Geldbußen, Ordnungs- und Verwarnungsgelder sowie ähnliche Leistungen im Zusammenhang mit einem berufsgerichtlichen Verfahren gilt nach § 9 Abs. 5 EStG sinngemäß auch für den Werbungskostenbereich. Auf die Ausführungen zu 4.1.7.5.12 wird daher insoweit verwiesen.

4.4.3.6 Beschränkt abzugsfähige Werbungskosten

Von den in § 9 Abs. 1 Nr. 4 und 5 EStG getroffenen Regelungen abgesehen, wird von dem Grundsatz der unbeschränkten Abzugsfähigkeit von Werbungskosten in § 9 Abs. 4 EStG allgemein eine weitere Ausnahme gemacht. Mehraufwendungen für Verpflegung können danach auch als Werbungskosten höchstens mit 140 v. H. der höchsten Tagegeldbeträge des Bundesreisekostengesetzes anerkannt werden.[21]

---

21 Diese Regelung gilt vom Veranlagungszeitraum 1990 an. Bis zum Veranlagungszeitraum 1989 einschließlich konnten nach § 9 Abs. 4 EStG a. F. Mehraufwendungen für Verpflegung auch als Werbungskosten nur anerkannt werden, soweit sie die durch Rechtsverordnung der Bundesregierung bestimmten Höchstbeträge, die 140 v. H. der pauschalen Tagegeldbeträge des Bundesreisekostengesetzes nicht überschreiten dürfen, nicht übersteigen. Nach § 24 EStDV 1986 können Mehraufwendungen für Verpflegung dementsprechend auch als Werbungskosten nur bis zur Höhe der in den §§ 8 und 8 a EStDV 1986 festgesetzten Höchstbeträge abgezogen werden.

Weitere Abzugsbeschränkungen für Werbungskosten sind dem Gesetz unmittelbar nicht zu entnehmen. Wegen der grundsätzlichen Deckungsgleichheit des Begriffs Werbungskosten und des Betriebsausgabenbegriffs stellt sich jedoch die Frage, ob und inwieweit die in § 4 Abs. 5 EStG geregelten Abzugsbeschränkungen für Betriebsausgaben entsprechend auch für Werbungskosten gelten. Eine entsprechende Anwendung der Vorschriften des § 4 Abs. 5 EStG im Bereich der Werbungskosten muß jedoch nach unserer Auffassung an den Grundsätzen der Gesetz- und Tatbestandsmäßigkeit scheitern. Diese Erkenntnis hat sich auch in der Rechtsprechung des BFH zunehmend durchgesetzt.

So hat der BFH eine entsprechende Anwendung der Vorschrift des § 4 Abs. 5 Nr. 1 EStG bereits vor einigen Jahren eindeutig für unzulässig erklärt (vgl. BFH, BStBl 1984 II S. 315). Werbegeschenke eines Arbeitnehmers an die Kunden seines Arbeitgebers sind daher bei Vorliegen der Voraussetzungen für den Abzug als Werbungskosten ohne die Einschränkungen des § 4 Abs. 5 Nr. 1 EStG abzugsfähig.

Auch die einem Arbeitnehmer durch die Bewirtung der Kunden seines Arbeitgebers entstehenden Aufwendungen sind bei Vorliegen der Voraussetzungen für den Abzug als Werbungskosten ohne die sich aus § 4 Abs. 5 Nr. 2 Satz 2 EStG ergebenden Einschränkungen abziehbar. Auch die Vorschrift des § 4 Abs. 5 Satz 2 EStG ist nicht entsprechend anwendbar (BFH, BStBl 1984 II S. 433).

Ob dementsprechend auch die analoge Anwendung der Vorschrift des § 4 Abs. 5 Nr. 7 EStG für den Bereich der Werbungskosten zu verneinen ist, ist auch in der höchstrichterlichen Rechtsprechung zunächst recht unterschiedlich beurteilt worden.[22] Nunmehr hat der BFH jedoch – wie in der Vorauflage dieses Buches erwartet – eindeutig klargestellt, daß die Vorschrift des § 4 Abs. 5 Nr. 7 EStG nicht für den Bereich der Werbungskosten gilt und auch eine analoge Anwendung dieser Vorschrift im Rahmen des § 9 EStG nicht in Betracht kommt (vgl. BFH, BStBl 1990 II S. 423).

4.4.3.7 Die Vorschriften des § 9 Abs. 1 Satz 3, Abs. 2 und 3 EStG

In § 9 Abs. 1 Satz 3 Nrn. 1 bis 7 EStG sind bestimmte Aufwendungen aufgezählt, die „auch" Werbungskosten sind. Aus dieser Formulierung könnte geschlossen werden, daß es sich bei den aufgezählten Aufwendungen um Aufwendungen handele, die in jedem Fall als Werbungskosten zu behandeln seien, bei denen also

---

22 Der BFH hatte die Vorschrift des § 4 Abs. 5 Nr. 7 EStG zunächst als Ausdruck eines allgemeinen Rechtsgrundsatzes verstanden und aus diesem Grunde eine entsprechende Anwendung dieser Vorschrift im Rahmen des § 9 EStG bejaht (vgl. BFH, BStBl 1978 II S. 459). Später ist er hinsichtlich der Aufwendungen für Fahrten zwischen Wohnung und Arbeitsstätte über eine entsprechende Anwendung der Vorschrift des § 4 Abs. 5 Nr. 7 EStG sogar noch hinausgegangen, indem er solche Aufwendungen insgesamt von einem Abzug als Werbungskosten ausschloß, wenn sie nach der allgemeinen Verkehrsauffassung als unangemessen anzusehen sind (vgl. BFH, BStBl 1979 II S. 224 und 1980 II S. 582). Nachdem sich der BFH davon bereits im Jahre 1979 im Ergebnis wieder abgesetzt hatte (vgl. BFH, BStBl 1979 II S. 648), hat der BFH diese Auffassung später jedenfalls hinsichtlich der Aufwendungen für Fahrten zwischen Wohnung und Arbeitsstätte ausdrücklich aufgegeben (vgl. BFH, BStBl 1986 II S. 221, 223).

eine Prüfung, ob und inwieweit sie zur Erwerbung, Sicherung oder Erhaltung der Einnahmen gemacht sind, weder erforderlich noch zulässig sei. Dieser Auffassung, die in der Vergangenheit weitgehend vertreten wurde, kann jedoch nicht gefolgt werden. Dies zeigt schon die Vorschrift des § 9 Abs. 1 Satz 3 Nr. 6 EStG, wonach Aufwendungen für Arbeitsmittel (z. B. für Werkzeuge und Berufskleidung) allgemein auch Werbungskosten sind. Es kann jedoch nicht zweifelhaft sein, daß z. B. Aufwendungen für Werkzeuge nur dann als Werbungskosten abgezogen werden können, wenn die Werkzeuge der Einnahmeerzielung dienen (vgl. auch BFH, BStBl 1981 II S. 735). Hinsichtlich der Mehraufwendungen aus Anlaß einer doppelten Haushaltsführung hat sich auch der BFH gegen diese Auffassung ausgesprochen. Nach seiner Ansicht besagt das Wort „auch" vielmehr, daß die aufgezählten Aufwendungen ebenfalls echten Werbungskostencharakter haben, d. h. zur Erwerbung, Sicherung oder Erhaltung der Einnahmen gemacht sein müssen, um als Werbungskosten anerkannt zu werden (BFH, BStBl 1975 II S. 607, 1976 II S. 150 und 654).

Die allgemeinen Voraussetzungen für die Annahme von Werbungskosten brauchen bei den in § 9 Abs. 1 Satz 3 Nrn. 1 bis 7 EStG aufgezählten Aufwendungen jedoch nur erfüllt zu sein, soweit in diesen Vorschriften nicht eine besondere Regelung getroffen ist (vgl. auch BFH, BStBl 1981 II S. 510, 513). Sonderregelungen enthalten insoweit die Nrn. 1, 2, 5 und 7 des § 9 Abs. 1 Satz 3 EStG.

Die Vorschrift des § 9 Abs. 1 Satz 3 EStG enthält, wie sich aus der Formulierung ergibt, keine erschöpfende Aufzählung der abzugsfähigen Werbungskosten. In den Nrn. 1 bis 7 des § 9 Abs. 1 Satz 3 EStG nicht aufgezählte Aufwendungen können daher durchaus nach § 9 Abs. 1 Satz 1 EStG als Werbungskosten zu berücksichtigen sein (BFH, BStBl 1972 II S. 152). Nach § 9 Abs. 1 Satz 1 EStG können darüber hinaus auch Aufwendungen als Werbungskosten abzugsfähig sein, die zwar in den Nrn. 1 bis 7 des § 9 Abs. 1 Satz 3 EStG aufgezählt sind, nach den darin getroffenen Regelungen jedoch nicht in vollem Umfange berücksichtigt werden können (vgl. BFH, BStBl 1978 II S. 455).

Beispiel:

A hatte ein von ihm ererbtes und zu seinem Privatvermögen gehörendes landwirtschaftliches Gut aufgrund einer testamentarischen Verpflichtung auf Lebenszeit an seinen Schwager B verpachtet. Nachdem er einen neuen Pächter gefunden hatte, der zur Zahlung eines höheren Pachtzinses bereit war, wurde der Pachtvertrag von A und B einvernehmlich gelöst. Als Abfindung für die vorzeitige Auflösung des Pachtvertrags hat A dem B seitdem auf Lebenszeit einen Betrag von jährlich 16 000 DM zu zahlen.

Die Leibrentenzahlungen sind trotz der in § 9 Abs. 1 Satz 3 Nr. 1 Satz 2 EStG getroffenen Regelung in vollem Umfang als Werbungskosten abzugsfähig, weil sie A die Nutzung des Gutes durch Weiterverpachtung ermöglichten und daher auch hinsichtlich des nach § 9 Abs. 1 Satz 3 Nr. 1 Satz 2 EStG nicht abzugsfähigen Teilbetrags in dem erforderlichen Zusammenhang mit den Einkünften aus der Verpachtung des Gutes stehen.

Zu den Aufwendungen i. S. des § 9 Abs. 1 Satz 3 EStG gehören:

1. Schuldzinsen und auf besonderen Verpflichtungsgründen beruhende Renten und dauernde Lasten, soweit sie mit einer Einkunftsart in wirtschaftlichem Zusammenhang stehen (§ 9 Abs. 1 Satz 3 Nr. 1 EStG).

Der Begriff der Schuldzinsen ist weit auszulegen (BFH, BStBl 1986 II S. 143, 146). Schuldzinsen sind daher alle einmaligen oder laufenden Leistungen in Geld oder Geldeswert, die der Schuldner für die Überlassung von Kapital an den Gläubiger zu entrichten hat und die nicht zur Tilgung des Kapitals erbracht werden (BFH, BStBl 1973 II S. 868). Zu den Schuldzinsen gehören darüber hinaus aber auch die vom Schuldner aufgewandten Geldbeschaffungs- und Finanzierungskosten (z. B. Vermittlungsprovisionen, Kosten der Hypothekenbestellung, Notariatskosten, Bereitstellungszinsen und ggf. auch die Abschlußgebühr eines Bausparvertrags, vgl. BFH, BStBl 1983 II S. 355).

Wegen des Begriffs der Rente Hinweis auf die Ausführungen zu 5.11.2.3. Hinsichtlich des Begriffs der dauernden Last wird auf die Ausführungen zu 7.1.3 verwiesen.

Der Abzug der vorbezeichneten Leistungen setzt voraus, daß diese in wirschaftlichem Zusammenhang mit einer Einkunftsart stehen. Ein bloßer rechtlicher Zusammenhang reicht insoweit nicht aus.

Der wirtschaftliche Zusammenhang muß objektiv bestehen. Der subjektive Wille des Steuerpflichtigen reicht nicht aus, um den wirtschaftlichen Zusammenhang zu begründen (vgl. BFH, BStBl 1990 II S. 213).

Ein objektiver wirtschaftlicher Zusammenhang ist anzunehmen, wenn der Zweck einer Schuldaufnahme in der Erzielung von Einkünften besteht und die aufgenommenen Mittel zweckentsprechend verwendet werden (vgl. BFH, BStBl 1990 II S. 213).

Ein wirtschaftlicher Zusammenhang wird danach vor allem dann zu bejahen sein, wenn die Leistungen als Gegenleistung für den Erwerb eines Vermögenswertes erbracht werden, der zur Erzielung von Einnahmen aus einer bestimmten Einkunftsart erworben wird. Wird ein solcher Vermögenswert auf Kredit erworben, so stehen auch die für diesen Kredit gezahlten Schuldzinsen im wirtschaftlichen Zusammenhang mit der betreffenden Einkunftsart. Auch Zinsaufwendungen für ein Arbeitsmittel stehen danach in wirtschaftlichem Zusammenhang mit den Einkünften aus nichtselbständiger Tätigkeit (BFH, BStBl 1980 II S. 348). Einen wirtschaftlichen Zusammenhang mit den Einkünften aus Vermietung und Verpachtung hat der BFH (vgl. BStBl 1989 II S. 706) auch hinsichtlich der Schuldzinsen für ein zum Zwecke des Zugewinnausgleichs aufgenommenes Darlehen insoweit bejaht, als der Wert eines der Erzielung von Einkünften aus Vermietung und Verpachtung dienenden Grundstücks Bemessungsgrundlage für den Zugewinn war.

Schuldzinsen i. S. des § 9 Abs. 1 Satz 3 Nr. 1 EStG stellen sofort abzugsfähige Werbungskosten dar. Sie können selbst dann nicht zu den nach § 9 Abs. 1 Satz 3 Nr. 7 EStG zu berücksichtigenden Herstellungskosten gerechnet werden, wenn im Rahmen der Gewinnermittlung durch Bestandsvergleich ein entsprechendes Wahlrecht besteht (vgl. BFH, BStBl 1990 II S. 460).

Leibrenten oder abgekürzte Leibrenten können lediglich mit dem sich aus § 22 Nr. 1 Buchst. a EStG bzw. aus § 55 EStDV ergebenden Ertragsanteil abgezogen werden.

2. Steuern vom Grundbesitz, sonstige öffentliche Abgaben und Versicherungsbeiträge, soweit sich diese Ausgaben auf Gebäude oder auf Gegenstände beziehen, die dem Steuerpflichtigen zur Einnahmeerzielung dienen (§ 9 Abs. 1 Satz 3 Nr. 2 EStG).

Auch die Kosten für die Bauherrenhaftpflichtversicherung gehören zu den danach sofort abzugsfähigen Werbungskosten (BFH, BStBl 1980 II S. 294). Nicht zu den sofort abzugsfähigen Werbungskosten gehören jedoch die Beiträge zu einer Risikolebensversicherung, die der Bauherr oder Erwerber eines Hauses zur Absicherung von Hypotheken oder auch einer Rentenverpflichtung abgeschlossen hat, die er zur Finanzierung der Baukosten bzw. des Kaufpreises aufgenommen hat bzw. eingegangen ist (vgl. BFH, BStBl 1986 II S. 260).

3. Beiträge zu Berufsständen und sonstigen Berufsverbänden, deren Zweck nicht auf einen wirtschaftlichen Geschäftsbetrieb gerichtet ist (§ 9 Abs. 1 Satz 3 Nr. 3 EStG).

4. Aufwendungen für **Arbeitsmittel** (§ 9 Abs. 1 Satz 3 Nr. 6 EStG).

Unter Arbeitsmitteln sind nicht nur Werkzeuge und Berufskleidung zu verstehen, wie der Klammerzusatz in § 9 Abs. 1 Satz 3 Nr. 6 EStG a. F.[23] nahelegen könnte. Arbeitsmittel sind vielmehr alle Gegenstände, die unmittelbar der Erledigung beruflicher Aufgaben dienen und im Einzelfall tatsächlich ausschließlich oder doch zumindest weitaus überwiegend beruflich verwendet werden (BFH, BStBl 1986 II S. 355 und 1987 II S. 262. Gegenstände, die nicht zumindest weitaus überwiegend beruflich verwendet werden, deren private Mitbenutzung damit nicht von ganz untergeordneter Bedeutung ist, können nicht als Arbeitsmittel angesehen werden. Die Aufwendungen für diese Gegenstände können daher in vollem Umfang nicht nach § 9 Abs. 1 Satz 3 Nr. 6 EStG als Werbungskosten abgezogen werden. Da der Steuerpflichtige auch bei Aufwendungen für Arbeitsmittel frei darüber entscheiden kann, ob er sie für notwendig erachtet, kommt es für die Annahme eines Arbeitsmittels grundsätzlich weder auf die Höhe der Aufwendungen (vgl. dazu BFH, BStBl 1981 II S. 735) noch darauf an, ob der Arbeitgeber die Notwendigkeit der Anschaffung der betreffenden Gegenstände bescheinigt und aus welchen Gründen er die angefallenen Kosten nicht übernommen hat (vgl. BFH, BStBl 1987 II S. 262, 264).

Gegenstände, die für einen erst in der Zukunft liegenden beruflichen Einsatz angeschafft werden, können als Arbeitsmittel nur anerkannt werden, wenn bereits bei ihrer Anschaffung ein entsprechender beruflicher Einsatz feststand oder sicher zu erwarten war (BFH, BFH/NV 1988 S. 708).

---

23 Durch die vom Veranlagungszeitraum 1990 an geltende Neufassung der Vorschrift ist nunmehr ausdrücklich klargestellt, daß Werkzeuge und typische Berufskleidung lediglich als Beispiele für Arbeitsmittel aufgeführt sind.

Zu den Arbeitsmitteln gehört auch typische Berufskleidung, d. h. Kleidung, die ihrer Beschaffenheit nach nahezu ausschließlich für die berufliche Verwendung bestimmt und wegen der Eigenart des Berufs nötig ist (BFH, BStBl 1979 II S. 519). Daß eine Verwendung als sogenannte bürgerliche Kleidung in jedem Fall ausgeschlossen ist, die Kleidungsstücke somit als bürgerliche Kleidung überhaupt nicht getragen werden können, ist für die Annahme typischer Berufskleidung nicht erforderlich (BFH, BStBl 1980 II S. 73).

Auch das Kraftfahrzeug eines Arbeitnehmers kann als Arbeitsmittel anzusehen sein. Voraussetzung ist jedoch, daß es ganz überwiegend beruflich genutzt wird (BFH, BStBl 1964 III S. 251 und 1966 III S. 291).

Wird ein Kraftfahrzeug, das wegen des Umfangs der beruflichen Nutzung als Arbeitsmittel anzusehen ist, auch für Fahrten zwischen Wohnung und Arbeitsstätte genutzt, so ist insoweit ebenfalls die Ausnahmeregelung in § 9 Abs. 1 Satz 3 Nr. 4 Satz 2 EStG zu beachten (BFH, BStBl 1980 II S. 138, 141).

Handelt es sich bei dem Arbeitsmittel um ein Wirtschaftsgut, dessen Verwertung oder Nutzung zur Erzielung von Einkünften sich erfahrungsgemäß über einen Zeitraum von mehr als einem Jahr erstreckt, so können nur die auf das jeweilige Kalenderjahr entfallenden Absetzungen für Abnutzung als Aufwendungen für Arbeitsmittel berücksichtigt werden (BFH, BStBl 1971 II S. 327, 1974 II S. 306). Die Vereinfachungsregelung in Abschn. 43 Abs. 10 Satz 3 EStR ist insoweit nach der Rechtsprechung des BFH (BStBl 1978 II S. 151) nicht anwendbar. Auch für im Laufe eines Kalenderjahres angeschaffte Arbeitsmittel können damit nach Auffassung des BFH stets nur die zeitanteiligen Absetzungen für Abnutzung geltend gemacht werden. Diese Rechtsprechung wird von der Finanzverwaltung jedoch für Arbeitsmittel nicht angewendet (vgl. Abschn. 44 Abs. 3 LStR).

Aufwendungen für abnutzbare bewegliche Wirtschaftsgüter können jedoch nach § 9 Abs. 1 Nr. 7 Satz 2 EstG vom Veranlagungszeitraum 1990 an im Jahr der Verausgabung in voller Höhe als Werbungskosten abgesetzt werden, wenn sie ausschließlich der Umsatzsteuer für das einzelne Wirtschaftsgut 800 DM nicht übersteigen. Bis zum Veranlagungszeitraum 1989 ist insoweit nach der in Abschn. 84 a EStR 1987 getroffenen Vereinfachungsregelung zu verfahren. Danach können Aufwendungen für abnutzbare bewegliche Wirtschaftsgüter in Fällen von geringer Bedeutung aus Vereinfachungsgründen im Jahr ihrer Verausgabung in voller Höhe als Werbungskosten abgesetzt werden, wenn die Aufwendungen für das einzelne Wirtschaftsgut 800 DM nicht übersteigen.

Zu den nach § 9 Abs. 1 Satz 3 Nr. 6 EStG abzugsfähigen Werbungskosten gehören nicht nur die Aufwendungen für die Anschaffung oder Herstellung von Arbeitsmitteln. Auch andere Aufwendungen im Zusammenhang mit Arbeitsmitteln können vielmehr nach § 9 Abs. 1 Satz 3 Nr. 6 EStG abzugsfähig sein. Dies gilt z. B. für die Kosten, die durch Reparaturen an Arbeitsmitteln entstehen. Selbst Aufwendungen für den Transport von Arbeitsmitteln sind danach als Werbungskosten abzugsfähig, sofern für den Transport berufliche Erwägungen im Vordergrund stehen (BFH, BStBl 1989 II S. 972).

Beispiele:

a) X hat die zu seinen Arbeitsmitteln zu zählende Schreibmaschine nach B zur Reparatur gebracht. Durch das Hinbringen und Abholen der Schreibmaschine sind ihm Fahrtkosten entstanden.

Die Fahrtkosten gehören zu den nach § 9 Abs. 1 Satz 3 Nr. 6 EStG abzugsfähigen Werbungskosten.

b) Y ist aus privaten Gründen von A nach B umgezogen und hat auch die Einrichtungsgegenstände seines in der bisherigen Wohnung zu beruflichen Zwecken genutzten Arbeitszimmers mitgenommen.

Die Umzugskosten können auch insoweit, als sie auf die Einrichtungsgegenstände entfallen, nicht nach § 9 Abs. 1 Satz 3 Nr. 6 EStG als Werbungskosten abgezogen werden.

5. Absetzungen für Abnutzung und für Substanzverringerung und erhöhte Absetzungen (§ 9 Abs. 1 Satz 3 Nr. 7 Satz 1 EStG[24]).

Diese Vorschrift ist auch dann anzuwenden, wenn ein der Abnutzung unterliegendes Wirtschaftsgut nicht von vornherein zu dem Zweck angeschafft oder hergestellt worden ist, damit Einkünfte zu erzielen. Auch bei abnutzbaren Wirtschaftsgütern, die zunächst nicht zur Einkünfteerzielung eingesetzt werden sollten und eingesetzt worden sind, sind daher bei einer späteren Umwidmung Absetzungen für Abnutzung nach § 9 Abs. 1 Satz 3 Nr. 7 EStG als Werbungskosten zu berücksichtigen (BFH, BStBl 1989 II S. 922). Auch im Falle einer späteren Umwidmung ist von den ursprünglichen Anschaffungs- oder Herstellungskosten auszugehen. Diese sind auf die Gesamtnutzungsdauer einschließlich der Zeit bis zur Umwidmung zu verteilen. Als Werbungskosten sind nach § 9 Abs. 1 Satz 3 EStG jedoch nur die Teile der Anschaffungs- oder Herstellungskosten zu berücksichtigen, die auf die Zeit nach der Umwidmung entfallen (BFH, BStBl 1989 II S. 922).

Nach § 9 Abs. 1 Satz 3 Nr. 7 Satz 2 EStG ist vom Veranlagungszeitraum 1990 an in Fällen der Anschaffung oder Herstellung von Wirtschaftsgütern § 6 Abs. 2 Sätze 1 bis 3 EStG entsprechend anzuwenden. Die in Abschn. 84 a EStR 1987 getroffene Vereinfachungsregelung ist damit gegenstandslos geworden. Wegen der unter die Vorschrift des § 6 Abs. 2 EStG fallenden Wirtschaftsgüter Hinweis auf die Ausführungen unter 4.2.9.

6. Aufwendungen des Arbeitnehmers für **Fahrten zwischen Wohnung und Arbeitsstätte** (§ 9 Abs. 1 Satz 3 Nr. 4 EStG).

Ihrer Natur nach stellen derartige Aufwendungen an sich sogenannte gemischte Aufwendungen i. S. des § 12 Nr. 1 Satz 2 EStG dar, da das Wohnen und auch die Wahl des Wohnsitzes grundsätzlich in den Bereich der privaten Lebensführung gehören und damit zumindest die Rückfahrt zur Wohnung vorwiegend privat veranlaßt ist. Die auf einer typisierenden Betrachtung beruhende Vorschrift des § 9 Abs. 1 Satz 3 Nr. 4 EStG enthält insoweit eine das Abzugsverbot des § 12

---

24 Die Vorschrift des § 9 Abs. 1 Satz 3 Nr. 7 EStG ist durch das WoBauFG vom 18. 12. 1989 (BGBl 1989 I S. 2261) mit Wirkung vom Veranlagungszeitraum 1990 an neu gefaßt worden.

Nr. 1 Satz 2 EStG ausschließende spezielle Regelung (BFH, BStBl 1983 II S. 306, 309). Aufwendungen für Fahrten zwischen Wohnung und Arbeitsstätte werden damit nach Maßgabe der Vorschriften des § 9 Abs. 1 Nr. 4, Abs. 2 EStG dem beruflichen Bereich eines Arbeitnehmers zugeordnet, obwohl Umstände der allgemeinen Lebensführung bei derartigen Fahrten eine nicht ganz untergeordnete Rolle spielen, da das Wohnen in einer bestimmten Wohnung in der Regel dem privaten Lebensbereich zuzurechnen ist (vgl. BFH, BStBl 1987 II S. 81, 82). Als Wohnung kommt insoweit nur eine eigene Wohnung des Steuerpflichtigen bzw. eine Wohnung in Betracht, die der Steuerpflichtige mit anderen als gemeinschaftliche Wohnung unterhält (BFH, BStBl 1989 II S. 144). Aufwendungen für Fahrten zur Arbeitsstätte, die der Steuerpflichtige von einer anderen Stelle aus antritt, sind daher grundsätzlich ebensowenig zu berücksichtigen wie die Aufwendungen für Fahrten, die der Steuerpflichtige von seiner Arbeitsstelle aus zu einer anderen Stelle hin antritt.

Da der Vorschrift des § 9 Abs. 1 Satz 3 Nr. 4 EStG in der heutigen Fassung insoweit keine Einschränkungen zu entnehmen sind, erfolgt diese Zuordnung ohne Rücksicht auf die Entfernung zwischen der Wohnung des Steuerpflichtigen und seiner Arbeitsstätte (BFH, BStBl 1986 II S. 221).

Aufwendungen für Fahrten zwischen Wohnung und Arbeitsstätte sind daher stets als beruflich veranlaßt und daher als Werbungskosten zu behandeln. Dies gilt selbst dann, wenn der Steuerpflichtige aus privaten Gründen eine neue Wohnung in einer weiteren Entfernung vom Arbeitsplatz bezogen hat (BFH, BStBl 1979 II S. 219, 221).

Aufwendungen für Fahrten zwischen Wohnung und Arbeitsstätte sind nach der heutigen Rechtsprechung auch nicht mehr auf ihre Angemessenheit zu überprüfen (BFH, BStBl 1986 II S. 221).

Einer Abzugsbeschränkung unterliegen die Aufwendungen eines Steuerpflichtigen für Fahrten zwischen Wohnung und Arbeitsstätte jedoch, soweit es sich bei diesen Fahrten um Familienheimfahrten i. S. des § 9 Abs. 1 Satz 3 Nr 5 Satz 3 EStG handelt, die bei Anerkennung einer doppelten Haushaltsführung nur einmal wöchentlich anerkannt werden können (vgl. BFH, BStBl 1986 II S. 221, 223).

Dementsprechend unterliegen auch die Aufwendungen eines Steuerpflichtigen für Fahrten zwischen Wohnung und Arbeitsstätte einer entsprechenden Abzugsbeschränkung, wenn er nach Abschn. 27 Abs. 6 und 7 LStR 1987 bzw. Abschn. 43 Nr. 6 und 7 LStR entsprechende Kosten wie bei einer doppelten Haushaltsführung i. S. des § 9 Abs. 1 Satz 3 Nr. 5 EStG nach § 9 Abs. 1 Satz 1 EStG geltend machen kann und geltend macht. Denn auch dann werden ihm nach Abschn. 27 Abs. 7 Nr. 2 LStR 1987 bzw. Abschn. 43 Abs. 7 Nr. 2 LStR nur die Aufwendungen für jeweils eine Heimfahrt wöchentlich anerkannt.

Die vorstehend bezeichnete Abzugsbeschränkung gilt allerdings nur, wenn ein Steuerpflichtiger, auf den die Anweisungen in Abschn. 27 LStR 1987 bzw. Abschn. 43 LStR anwendbar sind, sich für die Anwendung dieser Anweisungen entscheidet. Dem Steuerpflichtigen ist insoweit in Abschn. 24 Abs. 5 Satz 6 LStR

1987 bzw. Abschn. 42 Abs. 5 Satz 6 LStR ein Wahlrecht eingeräumt worden, das er nach Abschn. 24 Abs. 5 Satz 8 LStR 1987 bzw. Abschn. 42 Abs. 5 Satz 8 LStR für dieselbe doppelte Haushaltsführung allerdings für jedes Kalenderjahr nur einmal ausüben kann.

Als **Wohnung** i. S. des § 9 Abs. 1 Satz 3 Nr. 4 EStG ist jede irgendwie geartete Unterkunft zu verstehen, von der aus sich der Steuerpflichtige zu seiner Arbeitsstätte begibt (BFH, BStBl 1983 II S. 306 und 1986 II S. 221, 223). Hat ein Steuerpflichtiger mehrere Wohnungen, so ist für die Anwendung des § 9 Abs. 1 Satz 3 Nr. 4 EStG maßgebend, von welcher Wohnung aus er sich jeweils zu seiner Arbeitsstätte begibt. Tritt er die Fahrten zur Arbeitsstätte abwechselnd von den verschiedenen Wohnungen aus an, so können die Fahrtkosten für die Fahrten von jeder Wohnung aus als Werbungskosten abgezogen werden. Für die Fahrtaufwendungen von einer weiter vom Beschäftigungsort entfernt liegenden Wohnung aus gilt dies allerdings nur, wenn diese Wohnung den örtlichen Mittelpunkt der Lebensinteressen des Steuerpflichtigen darstellt (BFH, BStBl 1986 II S. 221 und 1983 II S. 306).[25] Dies gilt nicht nur für ledige Arbeitnehmer, sondern auch für Eheleute, die am selben Ort beschäftigt sind (BFH, BStBl 1979 II S. 338).

Unter dem Begriff **„Arbeitsstätte"** i. S. des § 9 Abs. 1 Satz 3 Nr. 4 EStG ist jeder Ort zu verstehen, an dem ein Arbeitnehmer regelmäßig tätig wird. Nur auf Fahrten zwischen der Wohnung und einer regelmäßigen Arbeitsstätte ist damit die Vorschrift des § 9 Abs. 1 Satz 3 Nr. 4 EStG anzuwenden (vgl. dazu BFH, BStBl 1972 II S. 130).

Wird ein Arbeitnehmer im Rahmen eines Arbeitsverhältnisses oder im Zusammenhang mit diesem Arbeitsverhältnis auch an einem anderen Ort tätig, so sind die Fahrten zwischen seiner Wohnung und dem anderen Ort nur dann als Fahrten zwischen Wohnung und Arbeitsstätte anzusehen, wenn er an dem anderen Ort auch eine regelmäßige Arbeitsstätte begründet. Wenn ein in Ausbildung befindlicher Beamter z. B. dem Ausbildungsplan entsprechend für nur einen Monat an eine auswärtige Dienststelle abgeordnet wird und er anschließend an die ausbildende Dienststelle zurückkehrt, wird am Ort der auswärtigen Dienststelle keine Arbeitsstätte i. S. des § 9 Abs. 1 Satz 3 Nr. 4 EStG begründet (BFH, BStBl 1983 II S. 679). Auch ein Gerichts- oder Rechtsreferendar hat an dem Ort, an dem lediglich die seine praktische Ausbildung begleitenden Arbeitsgemeinschaften stattfinden, keine regelmäßige Arbeitsstätte (BFH, BStBl 1983 II S. 720).

Hat ein Arbeitnehmer mehrere regelmäßige Arbeitsstätten, ist für die Anwendung der Vorschrift des § 9 Abs. 1 Satz 3 Nr. 4 EStG auf die Fahrten zwischen der Wohnung und der jeweiligen Arbeitsstätte abzustellen.

Beispiele:

a) Ein Arbeitnehmer, der mit seiner Familie in der Stadt A wohnt, hat bis zum 31. 5. 1989 in der Stadt B gearbeitet und ist seit dem 1. 9. 1989 in einem Unternehmen in der Stadt C beschäftigt.

---

25 Mit Wirkung vom Veranlagungszeitraum 1990 an ist diese Rechtsprechung in die Vorschrift des § 9 Abs. 1 Nr. 4 Satz 3 EStG übernommen worden.

Die Fahrten von A nach B fallen ebenso unter die Vorschrift des § 9 Abs. 1 Satz 3 Nr. 4 EStG wie die Fahrten von A nach C, weil der Arbeitnehmer in beiden Städten eine regelmäßige Arbeitsstätte hatte bzw. hat.

b) Ein Arbeitnehmer, der mit seiner Familie in der Stadt A wohnt, ist bei einem Unternehmen in der Stadt D beschäftigt und darüber hinaus am Abend als Kellner in einer Gastwirtschaft in der Stadt E tätig. Er fährt arbeitstäglich von A nach D und zurück, um später von A nach E zu fahren, von wo aus er dann in seine Wohnung in A zurückkehrt.

Der Arbeitnehmer hat sowohl in der Stadt D als auch in der Stadt E eine regelmäßige Arbeitsstätte, so daß die Fahrten zwischen A und D ebenso unter die Vorschrift des § 9 Abs. 1 Satz 3 Nr. 4 EStG fallen wie die Fahrten zwischen A und E.

c) Sachverhalt wie zu b). Der Arbeitnehmer fährt jedoch arbeitstäglich von D weiter nach E, um von dort über D nach A zurückzukehren.

Sowohl bei den Fahrten zwischen A und D als auch bei den Fahrten zwischen D und E handelt es sich um Fahrten zwischen Wohnung und Arbeitsstätte i. S. des § 9 Abs. 1 Satz 3 Nr. 4 EStG. Es kann keinen Unterschied machen, ob die beiden Tätigkeitsorte nacheinander oder jeweils von der Wohnung des Arbeitnehmers aus angefahren werden (vgl. BFH, BStBl 1975 II S. 177).

Unter die Vorschrift des § 9 Abs. 1 Satz 3 Nr. 4 EStG fallen die Fahrten eines Arbeitnehmers zwischen Wohnung und Arbeitsstätte jedoch grundsätzlich nur, soweit es sich um die einmalige Hin- und Rückfahrt an den Tagen handelt, an denen der Arbeitnehmer seine Arbeitsstätte aufsucht. Legt ein Arbeitnehmer den Weg zwischen Wohnung und Arbeitsstätte mehrfach zurück, so ist auf die zusätzlichen Fahrten die Vorschrift des § 9 Abs. 1 Satz 3 Nr. 4 EStG nur ausnahmsweise anzuwenden.

Eine solche Ausnahme ist gegeben, wenn ein Arbeitnehmer wegen der Unterbrechung seiner Arbeitszeit zweimal täglich zu seiner Arbeitsstätte fahren muß. Voraussetzung ist jedoch, daß die Arbeitszeit um mindestens vier Stunden unterbrochen wird (BFH, BStBl 1972 II S. 260).[26] Aufwendungen für Mittagsheimfahrten sind daher auch dann keine Aufwendungen für Fahrten zwischen Wohnung und Arbeitsstätte, wenn dem Arbeitnehmer eine entsprechende Mittagspause gewährt wird. Die Aufwendungen für Mittagsheimfahrten gehören zu den nicht abzugsfähigen Kosten der Lebensführung (BFH, BStBl 1970 II S. 391).

Wenn ein Arbeitnehmer aus betrieblichen Gründen nach Beendigung seiner normalen Arbeitszeit und nach Rückkehr in seine Wohnung seine Arbeitsstätte erneut aufsuchen muß, so sind auch auf die zusätzlichen Fahrten zwischen Wohnung und Arbeitsstätte die Vorschriften des § 9 Abs. 1 Satz 3 Nr. 4 EStG anzuwenden (vgl. dazu auch Abschn. 24 Abs. 3 Satz 2 Nr. 1 LStR 1987 und Abschn. 42 Abs. 2 LStR).*

Die Wahl des Verkehrsmittels und ggf. des Tarifs steht dem Steuerpflichtigen frei. Auch die Kosten eines vom Steuerpflichtigen benutzten Taxis sind daher als Werbungskosten abzugsfähig (BFH, BStBl 1980 II S. 582). Auch wenn der

---

26 Vom Veranlagungszeitraum 1990 an ergibt sich dies ausdrücklich aus der Vorschrift des § 9 Abs. 1 Nr. 4 Satz 2 EStG, so daß der angeführten Rechtsprechung nur noch bis zum Veranlagungszeitraum 1989 einschließlich Bedeutung zukommt.

Arbeitgeber einem Arbeitnehmer eine unentgeltliche Beförderungsmöglichkeit zur Verfügung stellt, der Arbeitnehmer auf die Inanspruchnahme dieser Möglichkeit jedoch verzichtet, sind die Aufwendungen für die Benutzung eines anderen Beförderungsmittels als Werbungskosten abzuziehen (BFH, BStBl 1971 II S. 55).

Von dem Grundsatz der unbeschränkten Abzugsfähigkeit von Werbungskosten hat der Gesetzgeber für **Fahrten mit einem eigenen Kraftfahrzeug** eine weitere Ausnahme gemacht, um den steuerlichen Anreiz zur Benutzung eines eigenen Kraftfahrzeugs einzuschränken und zugleich eine verwaltungsmäßige Vereinfachung zu erreichen (BFH, BStBl 1980 II S. 138, 140).

Bei Fahrten mit einem eigenen Kraftfahrzeug werden nach § 9 Abs. 1 Satz 3 Nr. 4 EStG die Aufwendungen für jeden Arbeitstag, an dem das Kraftfahrzeug benutzt wird, nur in Höhe bestimmter Pauschbeträge für jeden Kilometer anerkannt, den die Wohnung von der Arbeitsstätte entfernt liegt. Hinsichtlich der Höhe der anzusetzenden Pauschbeträge ist jeweils zu unterscheiden, ob die Fahrten unter Benutzung eines Kraftfahrzeuges oder unter Benutzung eines Motorrades bzw. Motorrollers durchgeführt worden sind.

Aufgrund der Änderungen im Rahmen der Steuerreform 1990 gelten für die verschiedenen Veranlagungszeiträume die nachfolgend aufgeführten Pauschbeträge:

	Kraftwagen	Motorrad/ -roller
Bis zum Veranlagungszeitraum 1988	0,36 DM	0,16 DM
Veranlagungszeitraum 1989	0,43 DM	0,19 DM
Ab Veranlagungszeitraum 1990	0,50 DM	0,22 DM

Die Heraufsetzung der Pauschbeträge ist nicht nur im Hinblick auf die Entwicklung der Kosten für die Benutzung eines Kraftfahrzeuges erfolgt, sondern vor allem durch die Umgestaltung des Werbungskosten-Pauschbetrags für Arbeitnehmer in den Arbeitnehmer-Pauschbetrag ausgelöst worden. Sie soll insoweit insbesondere Arbeitnehmern zugute kommen, die weite Entfernungen zum Arbeitsplatz zurückzulegen haben und auf die Benutzung eines Kraftfahrzeugs angewiesen sind.

Eine entsprechende Abzugsbeschränkung gilt nach § 9 Abs. 1 Satz 3 Nr. 4 Satz 3 EStG 1987 bis zum Veranlagungszeitraum 1989 auch dann, wenn die Fahrten mit einem Kraftfahrzeug gemacht werden, das dem Arbeitnehmer von seinem Arbeitgeber zur Verfügung gestellt worden ist.[27] Auch in diesem Fall kann der

---

27 Die Vorschrift des § 9 Abs. 1 Nr. 4 Satz 3 EStG 1987 ist mit Wirkung vom Veranlagungszeitraum 1990 an als gegenstandslos entfallen, weil nach § 9 Abs. 1 Nr. 3 Satz 4 EStG die Pauschbeträge nunmehr allgemein auch dann anzusetzen sind, wenn die Fahrten mit einem Kraftfahrzeug erfolgen, das dem Steuerpflichtigen zur Nutzung überlassen worden ist. An der Behandlung von Arbeitnehmern, denen von ihren Arbeitgebern ein Kraftfahrzeug zur Verfügung gestellt wird, hat sich damit im Ergebnis nichts geändert.

Arbeitnehmer daher höchstens die in § 9 Abs. 1 Satz 3 Nr. 4 Satz 2 EStG 1987 bzw. § 9 Abs. 1 Satz 3 Nr. 4 Satz 4 EStG bezeichneten Beträge geltend machen.

Lediglich bei Körperbehinderten, deren Minderung der Erwerbsfähigkeit mindestens 70 v. H. oder bei erheblicher Gehbehinderung mindestens 50 v. H. beträgt, können auf Antrag die tatsächlichen Aufwendungen für die Benutzung eines Kraftfahrzeugs als Werbungskosten abgezogen werden (§ 9 Abs. 2 EStG). Zu den tatsächlichen Aufwendungen für die Benutzung eines Kraftfahrzeugs gehören in Fällen, in denen der Körperbehinderte von einem Dritten gefahren wird, auch die durch die An- und Abfahrten des Fahrers (sog. Leerfahrten) entstehenden Kosten (BFH, BStBl 1978 II S. 260).

Die Vorschrift des § 9 Abs. 1 Satz 3 Nr. 4 Satz 2 EStG 1987 bzw. § 9 Abs. 1 Satz 3 Nr. 4 Satz 4 EStG, die als solche verfassungsrechtlich nicht zu beanstanden ist (vgl. BVerfG, BStBl 1970 II S. 140), ist als Ausnahmevorschrift eng auszulegen (vgl. BFH, BStBl 1987 II S. 259, 260).

Auf Fälle, in denen es an einer regelmäßigen Arbeitsstätte fehlt, kann die Vorschrift des § 9 Abs. 1 Satz 3 Nr. 4 Satz 2 EStG 1987 bzw. § 9 Abs. 1 Satz 3 Nr. 4 Satz 4 EStG dann nicht angewandt werden, wenn ihre Anwendung wegen der Besonderheiten des Falles zu einem sinnwidrigen Ergebnis führen würde. Bei Arbeitnehmern mit einem Beruf, bei dem ein ständiger Wechsel der Einsatzstellen typisch ist, stellen die Fahrten zu den jeweiligen Arbeitsstellen daher keine Fahrten zwischen Wohnung und Arbeitsstätte im Sinne der vorstehenden Regelung dar, weil die Arbeitnehmer in diesem Fall nicht die Möglichkeit haben, durch entsprechende Wohnsitzwahl selbst die Höhe ihrer Fahrtkosten zu bestimmen. Fahrten zwischen Wohnung und Arbeitsstätte sind bei solchen Arbeitnehmern selbst dann nicht anzunehmen, wenn in einem Jahr kein ständiger Wechsel der Einsatzstellen erfolgt ist (BFH, BStBl 1980 II S. 654). Es handelt sich bei diesen Fahrten vielmehr um echte Dienstreisen, deren Kosten im Rahmen der dafür geltenden Bestimmungen abzugsfähig sind (BFH, BStBl 1974 II S. 258).

Unter die Vorschrift des § 9 Abs. 1 Satz 3 Nr. 4 Satz 2 EStG 1987 bzw. § 9 Abs. 1 Satz 3 Nr. 4 Satz 4 EStG fällt jedoch auch ein Arbeitnehmer mit ständig wechselnden Einsatzstellen, der von seiner Wohnung ständig zu ein und demselben Ort fährt, von wo er von seinem Arbeitgeber zu der jeweiligen Einsatzstelle weiterbefördert wird. Für die Fahrten zwischen seiner Wohnung und diesem Treffpunkt kann dieser Arbeitnehmer daher ebenfalls nur die Pauschsätze des § 9 Abs. 1 Nr. 4 EStG geltend machen (BFH, BStBl 1980 II S. 653).

Die Vorschrift des § 9 Abs. 1 Satz 3 Nr. 4 Satz 2 EStG 1987 greift nur ein, wenn und soweit die Fahrten zwischen Wohnung und Arbeitsstätte **mit einem eigenen Kraftfahrzeug** durchgeführt werden. Bis zum Veranlagungszeitraum 1989 einschließlich ist daher bei der Benutzung eines Kraftfahrzeugs, das dem Steuerpflichtigen nicht gehört, die Vorschrift des § 9 Abs. 1 Satz 3 Nr. 4 Satz 2 EStG 1987 grundsätzlich nicht anwendbar.

Beispiel:

Der Steuerpflichtige hat im Januar 1989 einen Unfall erlitten, bei dem sein Pkw, den er für die Fahrten zwischen Wohnung und Arbeitsstätte benutzt, erheblich beschädigt wurde. Während der Reparaturzeit hat der Steuerpflichtige für die Fahrten zwischen Wohnung und Arbeitsstätte einen Mietwagen benutzt.

Die Aufwendungen für den Mietwagen sind in voller Höhe Werbungskosten.

Als eigenes Kraftfahrzeug dürfte insoweit nicht nur ein Kraftfahrzeug anzusehen sein, das zivilrechtlich im Eigentum des Steuerpflichtigen steht. Es dürfte auch insoweit ausreichen, daß der Steuerpflichtige als wirtschaftlicher Eigentümer des Kraftfahrzeugs anzusehen ist. Ob die Vorschrift des § 9 Abs. 1 Satz 3 Nr. 4 Satz 2 EStG 1987 auch darüber hinaus anwendbar ist, muß im Hinblick auf die gebotene enge Auslegung dieser Vorschrift als recht zweifelhaft angesehen werden. Dies gilt hinsichtlich der Fahrten eines Steuerpflichtigen mit dem seinem Vater gehörenden Pkw auch dann, wenn der Steuerpflichtige alle Kosten einschließlich Kraftfahrzeugsteuer und Kraftfahrzeugversicherung selbst getragen hat (vgl. dazu aber BFH, BStBl 1975 II S. 354).

Abweichend von der bisherigen Regelung wird in § 9 Abs. 1 Nr. 4 Satz 4 EStG nunmehr mit Wirkung vom Veranlagungszeitraum 1990 an bestimmt, daß die Pauschbeträge auch dann anzusetzen sind, wenn die Fahrten zwischen Wohnung und Arbeitsstätte mit einem Kraftfahrzeug erfolgen, das dem Steuerpflichtigen zur Nutzung überlassen worden ist. In welcher Form die Nutzungsüberlassung erfolgt, ist insoweit ebenso ohne Bedeutung wie die Frage, ob dem Steuerpflichtigen die Nutzung eines Kraftfahrzeugs gegen Entgelt oder unentgeltlich überlassen ist.

Für die Ermittlung der anzusetzenden Pauschbeträge ist nach § 9 Abs. 1 Satz 3 Nr. 4 Satz 2 EStG 1987 bzw. § 9 Abs. 1 Satz 3 Nr. 4 Satz 4 EStG auf die **Entfernung zwischen Wohnung und Arbeitsstätte** abzustellen. Maßgebend ist insoweit naturgemäß nicht die Luftlinie, sondern die kürzeste benutzbare Straßenverbindung zwischen Wohnung und Arbeitsstätte. Entscheidend ist dabei, welche Straßenverbindung, die im Rahmen des Zumutbaren benutzbar ist, die kürzeste ist. Bei stärkeren Verkehrsbehinderungen auf einer bestimmten Fahrtstrecke ist daher von der offensichtlich verkehrsgünstigeren und vom Steuerpflichtigen regelmäßig auch tatsächlich benutzten längeren Fahrtstrecke auszugehen (BStBl 1975 II S. 852).

Ob die maßgebende Fahrtstrecke einmal oder mehrmals am Tag zurückgelegt wird, ist für die Ermittlung der anzusetzenden Pauschbeträge grundsätzlich unerheblich (vgl. BFH, BStBl 1978 II S. 260). Etwas anderes gilt allerdings, wenn ausnahmsweise mehrfache Fahrten zwischen Wohnung und Arbeitsstätte als beruflich veranlaßt anzuerkennen sind. In diesen Fällen sind die Pauschbeträge für jede anzuerkennende Fahrt zwischen Wohnung und Arbeitsstätte anzusetzen. Eine Ausnahme gilt darüber hinaus auch, wenn das eigene Kraftfahrzeug an bestimmten Tagen nur für eine Hin- oder Rückfahrt benutzt worden ist. In einem solchen Falle sind die ermittelten Pauschbeträge jeweils nur zur Hälfte anzusetzen (vgl. BFH, BStBl 1978 II S. 661).

Zu ermitteln sind die Pauschbeträge nach dem Wortlaut der Vorschrift des § 9 Abs. 1 Satz 3 Nr. 4 Satz 2 EStG 1987 bzw. § 9 Abs. 1 Satz 3 Nr. 4 Satz 4 EStG für jeden **Arbeitstag,** an dem das Kraftfahrzeug benutzt wird. Unter einem Arbeitstag ist jedoch auch insoweit jeder Tag zu verstehen, an dem der Steuerpflichtige aus beruflichen Gründen seine Arbeitsstätte aufsucht, um zu arbeiten. Dies gilt auch dann, wenn es sich um einen allgemeinen oder für ihn an sich arbeitsfreien Tag handelt. Ob der Steuerpflichtige die Arbeitsstätte aus betrieblichen Gründen aufsuchen muß, ist nach unserer Auffassung ohne Bedeutung.[28]

Beispiele:

a) Der Steuerpflichtige fährt am arbeitsfreien Sonnabend zu seiner Arbeitsstätte, um eine dringende Arbeit abzuschließen.

b) Weil er eine dringende Arbeit am letzten Tag vor seinem Erholungsurlaub nicht mehr abzuschließen vermochte, fährt der Steuerpflichtige am Vormittag seines ersten Urlaubstages nochmals zu seiner Arbeitsstätte, um diese Arbeit zum Abschluß zu bringen.

Sowohl für den Sonnabend als auch für den ersten Urlaubstag sind die Pauschbeträge nach unserer Auffassung auch dann anzusetzen, wenn der Arbeitgeber keine entsprechende Anweisung gegeben hat.

c) Der Steuerpflichtige fährt am Vormittag seines ersten Urlaubstages zu seiner Arbeitsstätte, um einen privaten Gegenstand zu holen, den er in seinem Arbeitsraum hat liegen lassen, den er jedoch mit auf seine Urlaubsreise nehmen möchte.

Das Vorliegen eines Arbeitstags, für den Aufwendungen für Fahrten zwischen Wohnung und Arbeitsstätte anzusetzen wären, ist mangels beruflicher Veranlassung der Fahrten zu verneinen.

Durch den Ansatz des jeweiligen Pauschbetrages werden allerdings nur die gewöhnlichen Kosten der Benutzung eines Kraftfahrzeugs abgegolten, zu denen auch Zinsen für die Fremdfinanzierung eines angeschafften Kraftfahrzeugs gehören (BFH, BStBl 1980 II S. 138). Außergewöhnliche Kosten sind neben den Pauschbeträgen als Werbungskosten berücksichtigungsfähig (BFH, BStBl 1978 II S. 380 und 595). Als außergewöhnlich sind insbesondere die Kosten anzusehen, die durch Schäden verursacht werden, die nicht voraussehbar sind, ohne daß es dabei auf den Grad des Verschuldens ankommt. Tritt auf einer Fahrt zwischen Wohnung und Arbeitsstätte am Kraftfahrzeug des Steuerpflichtigen ein Motorschaden ein, so ist aufgrund aller Umstände zu entscheiden, ob die Kosten für den Austauschmotor zu den außergewöhnlichen Kosten gehören, die nicht abgegolten sind. Eine Typisierung kommt insoweit nicht in Betracht (BFH, BStBl 1982 II S. 325). Auch Kosten eines Unfalls, der sich in ursächlichem Zusammenhang mit einer beruflich veranlaßten Fahrt ereignet, können als Werbungskosten abgezogen werden, wenn sie nicht außergewöhnlich hoch sind (BFH, BStBl 1978 II S. 457 und 595). Zu den insoweit neben den Pauschbeträgen berücksichtigungsfähigen Werbungskosten gehören jedoch im Falle einer Erhöhung der Beiträge zur Haftpflichtversicherung infolge des Unfalls nicht die Erhöhungsbeträge (BFH,

---

28 Dies gilt unserer Ansicht nach auch für die Zeit vor dem Veranlagungszeitraum 1990. Die anderslautende Anweisung in Abschn. 24 Abs. 3 Satz 2 Nr. 2 LStR 1987 ist als zu eng anzusehen.

BStBl 1986 II S. 866). Unterbleibt eine Reparatur des Fahrzeugs, so kann die durch den Unfall herbeigeführte Wertminderung in vollem Umfang als Werbungskosten berücksichtigt werden (BFH, BStBl 1980 II S. 71). Die Wertminderung bemißt sich nach dem Unterschiedsbetrag zwischen den Zeitwerten des Fahrzeugs vor und nach dem Unfall. In welchem Umfang bei einer Reparatur des Fahrzeugs Aufwendungen angefallen wären, ist ohne Bedeutung.

Die vorstehende Regelung gilt nach § 9 Abs. 3 EStG bei Einkünften aus Kapitalvermögen, bei Einkünften aus Vermietung und Verpachtung sowie bei den sonstigen Einkünften entsprechend.

7. Notwendige **Mehraufwendungen,** die einem Arbeitnehmer **wegen einer aus beruflichem Anlaß begründeten doppelten Haushaltsführung** entstehen (§ 9 Abs. 1 Satz 3 Nr. 5 EStG).

Eine doppelte Haushaltsführung liegt vor, wenn der Arbeitnehmer außerhalb des Ortes, in dem er einen eigenen Hausstand unterhält, beschäftigt ist und auch am Beschäftigungsort einen eigenen Hausstand hat.

Wie sich aus dem Tatbestandsmerkmal „Familienheimfahrt" ergibt, setzt die Annahme einer doppelten Haushaltsführung i. S. des § 9 Abs. 1 Nr. 5 EStG voraus, daß es sich bei dem eigenen Hausstand, den der Arbeitnehmer außerhalb des Beschäftigungsortes unterhält, um einen **Familienhausstand** handelt (BFH, BStBl 1989 II S. 293). Voraussetzung für die Annahme eines Familienhausstandes in diesem Sinne ist eine eheliche oder eine sonstige enge familiäre Verbindung des Steuerpflichtigen mit der in seinem Hausstand lebenden Person (BFH, BStBl 1989 II S. 293 und 561).

Bei einem unverheirateten Steuerpflichtigen ist ein eigener Hausstand nur anzunehmen, wenn er vor der Aufnahme der auswärtigen Beschäftigung mit von ihm finanziell abhängigen Angehörigen einen eigenen Hausstand unterhalten hat, diesen Hausstand auch nach Aufnahme der auswärtigen Beschäftigung weiterhin unterhält und die Kosten der Unterhaltung ganz oder überwiegend trägt (BFH, BStBl 1972 II S. 132). Dies gilt jedoch nur dann, wenn es sich bei der im Haushalt des Steuerpflichtigen lebenden Angehörigen nicht um seine Verlobte handelt (BFH, BStBl 1989 II S. 561).

Der Hausstand von Partnern einer nichtehelichen Lebensgemeinschaft kann nach der Rechtsprechung des BFH nur dann als Familienhausstand i. S. des § 9 Abs. 1 Satz 3 Nr. 5 EStG angesehen werden, wenn zu diesem Hausstand mindestens ein gemeinsames Kind gehört, das als solches (auch) mit dem Steuerpflichtigen verwandt ist (BFH, BStBl 1988 II S. 582). Daß zu dem Hausstand von Partnern einer nichtehelichen Lebensgemeinschaft auch ein Kind des anderen Partners gehört, macht diesen Hausstand noch nicht zum Familienhausstand des Steuerpflichtigen (BFH, BStBl 1989 II S. 561).

Der Hausstand von Partnern einer nichtehelichen Lebensgemeinschaft, der zunächst noch nicht als Familienhausstand i. S. des § 9 Abs. 1 Satz 3 Nr. 5 EStG anzuerkennen ist, kann von dem Zeitpunkt an als Familienhausstand anzusehen sein, in dem den Partnern ein gemeinsames Kind geboren wird, das in die gemeinschaftliche Wohnung aufgenommen wird (vgl. BFH, BStBl 1990 II S. 312). Ebenso kann der Hausstand von Partnern einer nichtehelichen Lebensgemeinschaft von dem Zeitpunkt an als Familienhausstand i. S. des § 9 Abs. 1 Satz 3 Nr. 5 EStG anzuerkennen sein, in dem die Partner die Ehe schließen (vgl. BFH, BStBl 1990 II S. 321).

Von einem Steuerpflichtigen wird ein eigener Hausstand nur unterhalten, wenn er eine in der Regel mit eigenen oder selbst beschafften Möbeln ausgestattete Wohnung besitzt, deren Einrichtung seinen Lebensbedürfnissen entspricht und in der hauswirtschaftliches Leben herrscht, an dem sich der Steuerpflichtige sowohl finanziell als auch durch seine persönliche Mitwirkung maßgeblich beteiligt (BFH, BStBl 1972 II S. 148, 1978 II S. 26). Die finanzielle Beteiligung kann durch Geldleistungen an den anderen Ehegatten oder auch durch Ansparung von Geldmitteln zur Anschaffung von Haushaltsgegenständen oder Möbeln erfolgen (BFH, BStBl 1979 II S. 146). Ob und inwieweit die erbrachten finanziellen Leistungen des Steuerpflichtigen durch den Bezug von Kindergeld oder auf sonstige Weise ausgeglichen werden, ist ohne Bedeutung (BFH, BStBl 1986 II S. 306). Sind beide Ehegatten berufstätig und sind die Einkünfte des am Wohnort verbliebenen Ehegatten nicht von untergeordneter Bedeutung, ist eine maßgebende finanzielle Beteiligung des auswärts beschäftigten Ehegatten nur anzunehmen, wenn sein finanzieller Beitrag in etwa seinem Anteil am gemeinsamen Einkommen der Eheleute gleichkommt (BFH, BStBl 1979 II S. 146). Mit welchen Beiträgen sich der auswärts beschäftigte Ehegatte am Familienhaushalt beteiligt hat, muß von diesem auf Verlangen des Finanzamts nachgewiesen werden (BFH, BStBl 1978 II S. 26). Bei ausländischen Arbeitnehmern können an den Nachweis besondere Anforderungen gestellt werden (BFH, BStBl 1978 II S. 338), die allerdings hinter den Anforderungen an den Nachweis der nach § 33 a Abs. 1 EStG abziehbaren Unterhaltsleistungen an Familienangehörige zurückbleiben müssen (BFH, BStBl 1984 II S. 521). Ist der am Wohnort verbliebene Ehegatte nicht berufstätig oder sind seine Einkünfte von untergeordneter Bedeutung, so reicht es für die Bejahung einer maßgeblichen finanziellen Beteiligung bei ausländischen Arbeitnehmern in der Regel aus, wenn die dem Familienhaushalt zugewendeten Beträge nicht erkennbar unzureichend sind (BFH, BStBl 1978 II S. 26). Die erforderlichen Beträge müssen nicht unbedingt fortlaufend geleistet werden. Es kann ausreichen, wenn der notwendige finanzielle Beitrag erst in der Mitte eines Kalenderjahres erbracht wird (BFH, BStBl 1984 II S. 521).

Ein eigener Hausstand des Steuerpflichtigen liegt auch dann vor, wenn er ganz oder überwiegend die Kosten für einen Haushalt trägt, den er gemeinschaftlich mit von ihm finanziell abhängigen Angehörigen, insbesondere Kindern, führt (BFH, BStBl 1972 II S. 132).

Auch wenn eine doppelte Haushaltsführung vorliegt, sind die dadurch entstehenden Mehraufwendungen nur dann als Werbungskosten anzusehen, wenn die Begründung der doppelten Haushaltsführung beruflich veranlaßt ist (BFH, BStBl 1982 II S. 297, 1983 II S. 306).

Eine berufliche Veranlassung ist stets zu bejahen, wenn ein Arbeitnehmer aus beruflichen Gründen an dem von seinem örtlichen Lebensmittelpunkt entfernten Beschäftigungsort wohnt und dadurch eine Aufsplitterung der normalerweise gemeinsamen Haushaltsführung eintritt. Daß sich der Arbeitnehmer aus gesundheitlichen Gründen die sonst erforderlichen täglichen Fahrten zwischen Wohnung und Arbeitsstätte ersparen will, steht der beruflichen Veranlassung der doppelten Haushaltsführung nicht entgegen (BFH, BStBl 1979 II S. 520).

Aus welchen Gründen der Arbeitnehmer den Ort, an dem er einen Familienhausstand unterhält, gewählt hat, ist grundsätzlich ohne Bedeutung.

Als nicht beruflich veranlaßt ist eine doppelte Haushaltsführung jedoch in der Regel anzusehen, wenn ein Arbeitnehmer unter Beibehaltung einer Wohnung am Arbeitsort seinen Wohnsitz an einen anderen Ort verlegt (BFH, BStBl 1979 II S. 222, 1980 II S. 512 und 1982 II S. 297).

Beispiel:

Der Steuerpflichtige A wohnte mit seiner Familie bis 1989 am Ort seiner Beschäftigung in der Stadt E. Anfang 1990 hat er mit seiner Familie ein neu errichtetes Einfamilienhaus in einem 150 km entfernten, landschaftlich schön gelegenen Ort bezogen. Seiner Beschäftigung geht er seitdem weiterhin von der in E gelegenen Wohnung nach, die er beibehalten hat. Nur am Wochenende kehrt er regelmäßig zu seiner Familie zurück.

Die entstehenden Mehraufwendungen sind nicht als Werbungskosten abzugsfähig, weil die Verlegung des Familienwohnsitzes auf privaten Erwägungen beruht.

Auch wenn ein Arbeitnehmer unter Beibehaltung einer Wohnung an seinem Arbeitsort die gemeinsame eheliche Wohnung an einen anderen Ort verlegt, weil sich die Ehefrau an diesem Ort selbständig gemacht hat, ist die berufliche Veranlassung der doppelten Haushaltsführung zu verneinen (vgl. BFH, BFH/NV 1986 S. 272).

Dies gilt jedoch nur, solange der Arbeitnehmer an dem Ort beschäftigt ist, an dem er im Zeitpunkt der Begründung der doppelten Haushaltsführung tätig war. Nimmt er unter Beibehaltung seines Familienwohnsitzes an einem anderen Ort eine Beschäftigung auf und begründet er auch an diesem Ort eine Wohnung, so ist die doppelte Haushaltsführung insoweit ebenfalls als beruflich veranlaßt anzusehen (BFH, BStBl 1989 II S. 89).

Als beruflich veranlaßt kann die Entstehung einer doppelten Haushaltsführung jedoch u. U. auch dann anzusehen sein, wenn ein Steuerpflichtiger erstmals – von seinem Beschäftigungsort entfernt – einen Familienwohnsitz begründet hat und seiner Beschäftigung weiterhin von seiner beibehaltenen Wohnung am Beschäftigungsort aus nachgeht.

Beispiele:

a) Der Steuerpflichtige A, der seit Jahren in der Stadt E beschäftigt ist, hat im Jahr 1989 geheiratet und mit seiner Ehefrau, die ebenfalls berufstätig ist, in deren Wohnung in der Stadt D einen gemeinsamen Familienwohnsitz begründet. Er geht seiner Beschäftigung weiterhin von dem möblierten Zimmer aus nach, das er in E beibehalten hat, und kehrt nur am Wochenende nach D zurück.

Die entstehenden Mehraufwendungen sind als beruflich veranlaßt anzusehen. Daß die doppelte Haushaltsführung durch die Eheschließung ausgelöst worden ist, darf im Hinblick auf Art. 6 Abs. 1 GG nicht zur Verneinung der beruflichen Veranlassung führen (BFH, BStBl 1976 II S. 654).

b) B wohnt mit seiner Familie in C und ist dort auch beschäftigt. Seine Ehefrau nimmt in D eine Beschäftigung an, und der Familienwohnsitz wird nach D verlegt. B wohnt und arbeitet weiter in C.

B kann Mehraufwendungen wegen beruflich veranlaßter doppelter Haushaltsführung geltend machen (BFH, BStBl 1987 II S. 852).

c) Der Steuerpflichtige A, der seit Jahren in der Stadt D beschäftigt ist, hat im Jahr 1989 geheiratet und mit seiner nicht mehr berufstätigen Ehefrau in einem ihm gehörenden Mehrfamilienhaus in F eine gemeinsame Wohnung bezogen. Seiner Beschäftigung geht er weiterhin von dem möblierten Zimmer aus nach, das er in D beibehalten hat.

Die entstehenden Mehraufwendungen sind nicht beruflich veranlaßt. Die doppelte Haushaltsführung ist nicht allein durch die Eheschließung verursacht worden, weil die Ehefrau nicht aus beruflichen Gründen an F gebunden war und ist (BFH, BStBl 1977 II S. 158 und 1983 II S. 306).

Eine doppelte Haushaltsführung kann auch dann beruflich veranlaßt sein, wenn der Arbeitnehmer sich erst Jahre nach Antritt einer auswärtigen Tätigkeit eine Wohnung am Beschäftigungsort nimmt (BFH, BStBl 1979 II S. 520).

War die Entstehung der doppelten Haushaltsführung beruflich veranlaßt, so sind die durch die doppelte Haushaltsführung entstehenden Mehraufwendungen unabhängig davon als Werbungskosten abzugsfähig, aus welchen Gründen die doppelte Haushaltsführung beibehalten wird. Selbst wenn eine aus beruflichem Anlaß begründete doppelte Haushaltsführung aus rein privaten Gründen beibehalten wird, können die dadurch entstehenden Mehraufwendungen als Werbungskosten abgezogen werden.

Beendet wird eine doppelte Haushaltsführung, wenn eine Aufsplitterung in zwei Haushalten nicht mehr gegeben ist. Eine Verlegung des Familienhaushalts an den Beschäftigungsort und damit eine Beendigung der doppelten Haushaltsführung ist in der Regel auch anzunehmen, wenn die Ehefrau zu ihrem auswärts beschäftigten Ehemann zieht. Dies gilt auch dann, wenn die frühere Familienwohnung beibehalten wird und die Ehefrau sich darin zeitweilig aufhält (vgl. BFH, BStBl 1972 II S. 262). Etwas anderes gilt jedoch, wenn die Ehefrau nur besuchsweise in der Wohnung am Beschäftigungsort ihres Ehemannes weilt, die Absicht der Rückkehr in die Familienwohnung also von vornherein besteht (vgl. BFH, BStBl 1982 II S. 323). Wenn die Besuchsdauer der Ehefrau eines ausländischen Arbeitnehmers im Inland zwölf Monate überschreitet, so kann jedoch von einem nur besuchsweisen Aufenthalt insoweit nicht mehr ausgegangen werden (vgl. BFH, BStBl 1990 II S. 308).

Abzugsfähig sind nur die **notwendigen** Mehraufwendungen aus Anlaß einer doppelten Haushaltsführung. Mehraufwendungen aus Anlaß einer doppelten Haushaltsführung, die nach den Umständen des Einzelfalls als überhöht anzusehen sind, können daher nicht als Werbungskosten abgezogen werden (BFH, BStBl 1979 II S. 473). Beschränkungen hinsichtlich der als Werbungskosten abzugsfähigen Beträge gelten nach der Rechtsprechung des BFH auch, wenn ein Arbeitnehmer im Rahmen einer doppelten Haushaltsführung eine ihm gehörende Eigentumswohnung am Beschäftigungsort nutzt. In einem solchen Fall sind weder der Nutzungswert noch fiktive oder ersparte Mietausgaben als Werbungskosten abziehbar. Nur die mit der Nutzung der Eigentumswohnung in Zusammenhang stehende tatsächliche Ausgaben können insoweit als Werbungskosten i. S. des § 9 Abs. 1 Satz 3 Nr. 5 EStG berücksichtigt werden (BFH, BStBl 1983 II S. 467).

Hinsichtlich der Aufwendungen für Fahrten vom Beschäftigungsort zum Ort des eigenen Hausstands und zurück (Familienheimfahrten) ist im Gesetz konkretisiert, in welchem Umfang sie als notwendig zu behandeln sind. Derartige Aufwendungen können jeweils nur für eine Familienheimfahrt wöchentlich als Werbungskosten abgezogen werden. Bei Familienheimfahrten mit eigenem Kraftfahrzeug können ebenfalls nur die für Fahrten zwischen Wohnung und Arbeitsstätte geltenden Pauschbeträge angesetzt werden. Bei Körperbehinderten, deren Minderung der Erwerbstätigkeit mindestens 70 v. H. oder bei erheblicher Gehbehinderung mindestens 50 v. H. beträgt, können auf Antrag jedoch die tatsächlichen Aufwendungen für die Benutzung eines Kraftfahrzeugs für eine Familienheimfahrt wöchentlich als Werbungskosten anerkannt werden (§ 9 Abs. 2 EStG).

Ist der Arbeitnehmer aus beruflichen Gründen gehindert, selbst eine Familienheimfahrt zu unternehmen, so können ausnahmsweise auch Fahrtkosten für den Besuch der Ehefrau oder anderer naher Angehöriger als Werbungskosten anzuerkennen sein. Voraussetzung ist allerdings, daß auch die Aufwendungen für die unterlassene Familienheimfahrt des Arbeitnehmers als Werbungskosten anzuerkennen gewesen wären (BFH, BStBl 1975 II S. 64). Die Aufwendungen für die Unterbringung und Verpflegung der Ehefrau oder der sonstigen nahen Angehörigen können jedoch in keinem Fall als Werbungskosten abgezogen werden.

Die vorstehende Regelung gilt nach § 9 Abs. 3 EStG bei den Einkunftsarten i. S. des § 2 Abs. 1 Nrn. 5 bis 7 EStG ebenfalls entsprechend.

4.4.4 Werbungskosten-Pauschbeträge (§ 9 a EStG)

4.4.4.1 Allgemeines

Bei der Ermittlung der Einkünfte aus nichtselbständiger Arbeit und Kapitalvermögen sowie der sonstigen Einkünfte i. S. des § 22 Nr. 1 und 1 a EStG sind, wenn nicht höhere Werbungskosten nachgewiesen werden, von Amts wegen mindestens die Werbungskosten-Pauschbeträge abzuziehen, die in § 9 a EStG in unterschiedlicher Höhe vorgesehen sind.

Bei der Ermittlung der Einkünfte aus Kapitalvermögen ist ein Pauschbetrag in Höhe von 100 DM abzusetzen, der sich bei zusammen veranlagten Ehegatten auf insgesamt 200 DM erhöht; bei der Ermittlung der sonstigen Einkünfte i. S. des § 22 Nr. 1 und 1 a EStG wird ein Werbungskosten-Pauschbetrag von insgesamt 200 DM berücksichtigt.

Durch diese Pauschbeträge sollen die im allgemeinen entstandenen tatsächlichen Werbungskosten abgegolten werden. Die Vorschrift des § 9 a EStG dient insoweit in erster Linie der Vereinfachung des Besteuerungsverfahrens und kann daher, mag ihre Anwendung in einzelnen Fällen auch zu steuerlichen Vorteilen führen, grundsätzlich nicht als eine echte Steuervergünstigung angesehen werden.

Die vorstehenden Ausführungen gelten auch für den Pauschbetrag von 564 DM, der bis zum Veranlagungszeitraum 1989 einschließlich bei der Ermittlung der Einkünfte aus nichtselbständiger Arbeit anzusetzen ist.

Für den im Gesetz so bezeichneten Arbeitnehmer-Pauschbetrag in Höhe von 2000 DM, der vom Veranlagungszeitraum 1990 an zur Ermittlung der Einkünfte aus nichtselbständiger Arbeit anzusetzen ist, können die vorstehenden Ausführungen jedoch nur noch eingeschränkt gelten.

Durch den Arbeitnehmer-Pauschbetrag sollen nämlich auch der bisherige Weihnachts-Freibetrag i. S. des § 19 Abs. 3 EStG 1987 in Höhe von 600 DM und der Arbeitnehmer-Freibetrag i. S. des § 19 Abs. 4 EStG 1987 abgegolten werden, die letztmals für den Veranlagungszeitraum 1989 zu gewähren sind. Der bisherige Werbungskosten-Pauschbetrag hat damit nur eine Anhebung um (2000 DM ∕. 600 DM ∕. 480 DM ∕. 564 DM =) 356 DM erfahren.

Für alle Steuerpflichtigen, deren tatsächliche Werbungskosten den Betrag von (564 DM + 356 DM =) 920 DM nicht übersteigen, bleiben die Wirkungen des bisherigen Arbeitnehmer-Freibetrags und des bisherigen Weihnachts-Freibetrags damit im Ergebnis voll erhalten. Zu einer steuerlichen Mehrbelastung kommt es dementsprechend nur bei den Steuerpflichtigen, deren tatsächliche Werbungskosten den Betrag von 920 DM überschreiten. Die insoweit unterschiedlichen Wirkungen des Arbeitnehmer-Pauschbetrags sind jedoch nach unserer Auffassung unbedenklich, weil die Aufhebung des Weihnachts-Freibetrags und des Arbeitnehmer-Freibetrags verfassungsrechtlich sicher nicht zu beanstanden sind.

Als verfassungsrechtlich problematisch wird der der Vereinfachung dienende Arbeitnehmer-Pauschbetrag allenfalls angesehen werden können, weil entsprechende Pauschbeträge bei anderen Einkunftsarten nicht zur Anwendung kommen und die Anwendung des Arbeitnehmer-Pauschbetrags zu einer Gleichstellung von Steuerpflichtigen, die keine Werbungskosten haben, mit den Steuerpflichtigen führt, die tatsächlich Werbungskosten in der entsprechenden Höhe haben. Auch diese Bedenken dürften jedoch nach unserer Auffassung letztlich nicht durchgreifen.

Für den Abzug der Werbungskosten-Pauschbeträge sind folgende **allgemeine Grundsätze** zu beachten:

Durch zurückgezahlte Einnahmen früherer Jahre wird der jeweilige Werbungskosten-Pauschbetrag nicht aufgezehrt, weil diese keine Werbungskosten, sondern negative Einnahmen darstellen (BFH, BStBl 1964 III S. 184).

Beispiel:

Der Steuerpflichtige A hat 1989 einen Betrag von 600 DM zurückgezahlt, der ihm im Vorjahr von seinem Arbeitgeber versehentlich zuviel an Arbeitslohn ausgezahlt worden war.

A kann den Pauschbetrag von 564 DM in voller Höhe in Anspruch nehmen.

Von den Einnahmen eines Steuerpflichtigen aus einer bestimmten Einkunftsart kann der Werbungskosten-Pauschbetrag nur einmal abgezogen werden (BFH, BStBl 1959 III S. 220).

Beispiel:

Ein Buchhalter steht in unselbständigen Dienstverhältnissen zu drei verschiedenen Arbeitgebern.

Der Buchhalter hat Einnahmen aus nichtselbständiger Arbeit aus drei Dienstverhältnissen. Er kann den Werbungskosten-Pauschbetrag zur Errechnung seiner Einkünfte aus nichtselbständiger Arbeit nur einmal absetzen. Weist er höhere Werbungskosten nach, so sind diese abzusetzen.

Der Pauschbetrag wird nach § 9 a Satz 2 EStG bei jeder Einkunftsart allenfalls bis zur Höhe der jeweils steuerpflichtigen Einnahmen abgesetzt; ein mit anderen Einkünften auszugleichender Verlust darf durch Absetzung eines Werbungskosten-Pauschbetrags nicht entstehen.

Beispiel:

Ein Steuerpflichtiger hat Einnahmen aus Kapitalvermögen in Höhe von 90 DM.

Von den Einnahmen ist der Werbungskosten-Pauschbetrag des § 9 a Nr. 2 EStG in Höhe der vorliegenden Einnahmen mit nur 90 DM abzusetzen, so daß die Einkünfte aus Kapitalvermögen 0 DM betragen.

Unter den Einnahmen i. S. des § 9 a Satz 2 EStG ist bei Vorliegen von negativen Einnahmen der positive Betrag zu verstehen, der nach Verrechnung der negativen mit den positiven Einnahmen verbleibt.

Beispiele:

a) Ein lediger Steuerpflichtiger hat in einem Jahr Zinseinnahmen in Höhe von 1000 DM. In diesem Jahr hat er jedoch in früheren Jahren zugeflossene Zinsen in Höhe von 1200 DM zurückgezahlt.

Da die negativen Einnahmen die positiven überwiegen, kommt der Werbungskosten-Pauschbetrag nicht zum Ansatz.

b) Sachverhalt wie zuvor. Der Steuerpflichtige hat jedoch lediglich 950 DM zurückgezahlt.

Der Werbungskosten-Pauschbetrag des § 9 a Nr. 2 EStG kann nur in Höhe von (1000 DM ∕ 950 DM =) 50 DM angesetzt werden.

Die Pauschbeträge sind auch dann in voller Höhe zu gewähren, wenn ein Steuerpflichtiger die Einkünfte nicht während des ganzen Jahres bezogen hat. Sie sind auch dann nicht zu ermäßigen, wenn die persönliche (unbeschränkte) Steuerpflicht nicht während des ganzen Kalenderjahres bestanden hat.

Beispiel:

Ein Steuerpflichtiger hat bis zum 30. 4. 1989 als Angestellter Einkünfte aus nichtselbständiger Arbeit in Höhe von 5000 DM und vom 1. 5. 1989 bis zum Zeitpunkt seines Todes am 30. 11. 1989 Einnahmen aus wiederkehrenden Bezügen (Ertragsanteil) in Höhe von 900 DM bezogen.

Von den Einnahmen aus nichtselbständiger Arbeit ist der volle Pauschbetrag von 564 DM und von den Einnahmen aus wiederkehrenden Bezügen der volle Pauschbetrag von 200 DM abzusetzen.

Beschränkt Steuerpflichtigen, die zur Einkommensteuer veranlagt werden, können die Werbungskosten-Pauschbeträge nach § 50 Abs. 1 letzter Satz EStG grundsätzlich nicht gewährt werden. Eine Ausnahme gilt nach § 50 Abs. 4 EStG lediglich für beschränkt einkommensteuerpflichtige Arbeitnehmer. Soweit diese Einkünfte aus nichtselbständiger Arbeit beziehen, steht ihnen ebenfalls bis 1989 der Werbungskosten-Pauschbetrag von 564 DM bzw. ab 1990 der Arbeitnehmer-Pauschbetrag von 2000 DM zu.

4.4.4.2 Werbungskosten-Pauschbetrag bei Einkünften aus nichtselbständiger Arbeit

Liegen bei einem Steuerpflichtigen Einnahmen aus nichtselbständiger Arbeit im Sinne des § 19 EStG vor, so kann der Werbungskosten-Pauschbetrag von 564 DM nach § 9 a Satz 2 EStG nur bis zur Höhe der steuerpflichtigen Einnahmen abgesetzt werden, die nach Abzug des Versorgungs-Freibetrags (§ 19 Abs. 2 EStG a. F.), des Weihnachts-Freibetrags (§ 19 Abs. 3 EStG a. F.) und des Arbeitnehmer-Freibetrags nach § 19 Abs. 4 EStG a. F. verbleiben. Ob es sich bei diesen Einnahmen um Arbeitslohn aus einem gegenwärtigen oder früheren Dienstverhältnis des Steuerpflichtigen oder um Bezüge aus einem früheren Dienstverhältnis eines Rechtsvorgängers des Steuerpflichtigen handelt, macht dabei keinen Unterschied.

Beispiele:

a) Eine Steuerpflichtige war in der Zeit vom 15. 8. bis zum 30. 9. 1989 aushilfsweise als Verkäuferin tätig und bezog für diese Tätigkeit einen Arbeitslohn von 1290 DM. Während der übrigen Zeit des Jahres war sie nicht beschäftigt.

Da die Steuerpflichtige keine höheren Werbungskosten nachweisen kann, berechnen sich ihre Einkünfte aus nichtselbständiger Arbeit wie folgt:

Einnahmen	1290 DM
∕. Weihnachts-Freibetrag	600 DM
∕. Arbeitnehmer-Freibetrag	480 DM
∕. Werbungskosten-Pauschbetrag	210 DM
Einkünfte	0 DM

b) Eine Steuerpflichtige, deren Ehemann am 30. 10. 1989 verstorben ist, hat für die restliche Zeit des Jahres Versorgungsbezüge i. S. des § 19 Abs. 2 EStG von insgesamt 2350 DM erhalten.

Da höhere Werbungskosten nicht nachgewiesen werden können, errechnen sich für dieses Jahr folgende Einkünfte aus nichtselbständiger Arbeit:

Einnahmen	2350 DM
davon steuerfrei nach § 19 Abs. 2 EStG	940 DM
	1410 DM
∕. Weihnachts-Freibetrag	600 DM
∕. Arbeitnehmer-Freibetrag	480 DM
∕. Werbungskosten-Pauschbetrag	330 DM
Einkünfte	0 DM

Werden Ehegatten zusammen veranlagt (§ 26 b EStG) und haben beide Ehegatten Einnahmen aus nichtselbständiger Arbeit, so kann jeder Ehegatte ebenso wie bei seiner getrennten Veranlagung (§ 26 a EStG) den Pauschbetrag nach § 9 a Nr. 1 EStG bis zur Höhe seiner jeweiligen um die Freibeträge nach § 19 Abs. 2 bis 4 EStG a. F. geminderten Einnahmen absetzen (Abschn. 85 Abs. 2 EStR).

Beispiel:

Beide Ehegatten haben 1989 neben anderen Einkünften Einnahmen aus nichtselbständiger Arbeit in Höhe von 12 000 DM bzw. 1500 DM gehabt. Die Ehegatten beantragen die Zusammenveranlagung. Die Werbungskosten übersteigen nicht den maßgeblichen Werbungskosten-Pauschbetrag.

Die Einkünfte aus nichtselbständiger Arbeit berechnen sich wie folgt:

	Ehemann	Ehefrau
Einnahmen (§ 19 EStG)	12 000 DM	1500 DM
∕ Weihnachts-Freibetrag	600 DM	600 DM
∕ Arbeitnehmer-Freibetrag	480 DM	480 DM
∕ Werbungskosten-Pauschbetrag	564 DM	420 DM
Einkünfte	10 356 DM	0 DM

Bei der Zusammenveranlagung sind als Einkünfte aus nichtselbständiger Arbeit 10 356 DM anzusetzen.

4.4.4.3 Arbeitnehmer-Pauschbetrag

Nach § 19 Abs. 2 EStG darf der Arbeitnehmer-Pauschbetrag nur bis zur Höhe der um den Versorgungs-Freibetrag (§ 19 Abs. 2 EStG) verminderten Einnahmen aus nichtselbständiger Arbeit abgezogen werden, die dem Steuerpflichtigen im maßgebenden Veranlagungszeitraum zugeflossen sind.

4.4.4.4 Werbungskosten-Pauschbetrag bei Einkünften aus Kapitalvermögen

Der von den Einnahmen aus Kapitalvermögen abzuziehende Werbungskosten-Pauschbetrag beträgt grundsätzlich 100 DM.

Bei der getrennten Veranlagung von Ehegatten (§ 26 a EStG) ist bei jedem Ehegatten der für ihn in Betracht kommende Werbungskosten-Pauschbetrag abzusetzen.

Beispiel:

Der Ehemann hat Einnahmen aus Kapitalvermögen in Höhe von 250 DM, die Ehefrau hat Einnahmen aus Kapitalvermögen in Höhe von 80 DM. Sie beantragen die getrennte Veranlagung (§§ 26, 26 a EStG).

Bei der getrennten Veranlagung des Ehemanns sind die Einkünfte aus Kapitalvermögen mit (250 DM ∕ 100 DM =) 150 DM anzusetzen; bei der Ehefrau betragen die Einkünfte aus Kapitalvermögen (80 DM ∕ 80 DM=) 0 DM.

Bei Ehegatten, die zusammen veranlagt werden (§§ 26, 26 b EStG), erhöht sich der Pauschbetrag nach § 9 a Nr. 2 EStG auf insgesamt 200 DM.

Der erhöhte Pauschbetrag ist bei der Zusammenveranlagung von Ehegatten auch dann abzusetzen, wenn nur ein Ehegatte Einnahmen aus Kapitalvermögen bezogen hat.

Da der erhöhte Pauschbetrag den zusammen veranlagten Ehegatten gemeinsam zusteht, können nachgewiesene höhere Werbungskosten nur abgezogen werden, wenn sie bei beiden Ehegatten zusammen mehr als 200 DM betragen.

Beispiel:

Der Ehemann hat Einnahmen aus Kapitalvermögen in Höhe von 2000 DM. Seine Werbungskosten betragen 120 DM. Die Ehefrau hat Einnahmen aus Kapitalvermögen in Höhe von 800 DM; ihre Werbungskosten betragen 50 DM.

Da die tatsächlichen Werbungskosten beider Ehegatten den Betrag von 200 DM nicht übersteigen, kommt der gemeinsame Werbungskosten-Pauschbetrag von 200 DM zum Ansatz.

Hat ein Steuerpflichtiger neben anderen Einnahmen aus Kapitalvermögen auch Kapitalerträge i. S. des § 243 Abs. 1 Nr. 5 und 6 EStG, bei denen die Einkommensteuer nach § 45 b EStG[29] durch den Steuerabzug vom Kapitalertrag abgegolten ist, so sind diese Kapitalerträge bei der Berechnung der Einkommensteuer ebenso unberücksichtigt zu lassen wie die mit ihnen in wirtschaftlichem Zusammenhang stehenden Werbungskosten. Es kann zweifelhaft erscheinen, ob der Pauschbetrag nach § 9 a Nr. 2 EStG in diesem Fall voll bei den anderen Kapitalerträgen berücksichtigt werden kann oder dieser entsprechend dem Anteil der Kapitalerträge i. S. des § 43 Abs. 1 Nr. 5 und 6 EStG zu den gesamten Einnahmen aus Kapitalvermögen zu kürzen ist. In Abschn. 221 Abs. 1 Satz 3 EStR 1984 war für diesen Fall zugelassen, daß der Werbungskosten-Pauschbetrag so aufgeteilt werden kann, wie es für den Steuerpflichtigen am günstigsten ist. Dies muß auch weiterhin gelten. Der Werbungskosten-Pauschbetrag wird daher im allgemeinen zunächst in voller Höhe von den nicht nach § 45 b EStG behandelten Kapitalerträgen abzuziehen sein.

Es kann vorkommen, daß der gesonderten Ermittlung der Einkünfte jedes Ehegatten auch im Fall der Zusammenveranlagung besondere Bedeutung zukommt (z. B. für Zwecke des § 18 Abs. 4 EStG a. F.). In diesen Fällen können die Ehegatten nach Abschn. 85 Abs. 2 Satz 7 EStR den ihnen gemeinsam zustehenden Pauschbetrag nach § 9 a Nr. 2 EStG beliebig unter sich aufteilen. Für jeden Ehegatten darf jedoch höchstens ein Teilbetrag in Höhe seiner Einnahmen berücksichtigt werden.

Beispiel:

Ehegatten, die eine Zusammenveranlagung beantragt haben, erklären folgende Einkünfte:

Ehemann – § 15 EStG (Gewerbebetrieb)		12 000 DM
Ehefrau – § 18 EStG (Freier Beruf)		12 000 DM
Ehemann – § 20 EStG (Einnahmen) =	500 DM	
Ehefrau – § 20 EStG (Einnahmen) =	600 DM	
	1100 DM	
./. Werbungskosten-Pauschbetrag	200 DM	
./. gemeinsamer Sparer-Freibetrag	600 DM	300 DM
Ehefrau – § 21 EStG (Vermietung)		11 800 DM
Gesamtbetrag der Einkünfte		36 100 DM

---

29 Bis zum Veranlagungszeitraum 1988 § 46 a EStG a. F.

Der Freibetrag nach § 18 Abs. 4 EStG steht der Ehefrau nur dann zu, wenn ihre Einkünfte aus freier Berufstätigkeit ihre anderen Einkünfte überwiegen. Wenn zu diesem Zweck der Werbungskosten-Pauschbetrag in voller Höhe bei den Einnahmen aus Kapitalvermögen der Ehefrau abgesetzt wird, steht ihr der Freibetrag nach § 18 Abs. 4 EStG zu. Diese Möglichkeit ist nach Abschn. 85 Abs. 2 EStR gegeben.

4.4.4.5 Werbungskosten-Pauschbetrag bei sonstigen Einkünften im Sinne des § 22 Nr. 1 und 1 a EStG

Von den Einnahmen im Sinne des § 22 Nrn. 1 und 1 a EStG ist ein Werbungskosten-Pauschbetrag von insgesamt 200 DM abzuziehen.

Beispiel:

Ein Steuerpflichtiger bezieht neben anderen steuerpflichtigen Einkünften ein Altersruhegeld von monatlich 400 DM, jährlich 4800 DM. Der Ertragsanteil nach § 22 Nr. 1 Buchst. a EStG beträgt 960 DM.

Bei der Veranlagung sind die Einkünfte im Sinne des § 22 Nr. 1 Buchst. a EStG mit (960 DM ⁄ 200 DM) 760 DM anzusetzen.

Hat ein Steuerpflichtiger neben Einnahmen im Sinne des § 22 Nr. 1 EStG auch Einnahmen im Sinne des § 22 Nr. 1 a EStG bezogen, so kann ihm der Werbungskosten-Pauschbetrag von 200 DM für beide Arten von Einnahmen nur einmal gewährt werden. Von welchen Einnahmen der Werbungskosten-Pauschbetrag abgesetzt werden soll, bleibt dem Steuerpflichtigen überlassen, da das Gesetz insoweit keine Regelung getroffen hat.

Werden Ehegatten zusammen veranlagt (§§ 26, 26 b EStG) und haben beide Ehegatten Einnahmen im Sinne des § 22 Nr. 1 und (oder) Nr. 1 a EStG, so kann jeder Ehegatte ebenso wie bei seiner getrennten Veranlagung (§ 26 a EStG) den Pauschbetrag nach § 9 a Nr. 3 EStG mit 200 DM bis zur Höhe seiner Einnahmen absetzen (Abschn. 85 Abs. 2 EStR).

4.4.5 Vereinnahmung und Verausgabung (§ 11 EStG)

4.4.5.1 Allgemeines

Da sich die Einkommensteuer nach dem Einkommen bemißt, das der Steuerpflichtige innerhalb eines Kalenderjahres bezogen hat, muß auch die Ermittlung der Einkünfte durch Gegenüberstellung der Einnahmen und der Werbungskosten jeweils für ein bestimmtes Kalenderjahr erfolgen. Damit stellt sich die Frage, welchem Kalenderjahr die einzelnen Einnahmen und Werbungskosten zuzurechnen sind. Die Antwort auf diese Frage geben allein die Vorschriften des § 11 EStG. Anderen Vorschriften kommt insoweit keine Bedeutung zu. Dies gilt auch für die Vorschriften in § 44 Abs. 2 und 3 EStG, denen nur für die Frage der Entrichtung von Kapitalertragsteuer auf bestimmte Kapitalerträge Bedeutung zuzumessen ist.

Einnahmen sind nach § 11 Abs. 1 EStG grundsätzlich innerhalb des Kalenderjahres bezogen, in dem sie dem Steuerpflichtigen zugeflossen sind. Ausgaben sind nach § 11 Abs. 2 EStG grundsätzlich für das Kalenderjahr abzusetzen, in dem sie geleistet worden sind. Davon macht das Gesetz lediglich in § 11 Abs. 1 Satz 2 und

Abs. 2 Satz 2 EStG Ausnahmen (BFH, BStBl 1981 II S. 128). Regelmäßig wiederkehrende Einnahmen oder Ausgaben, die kurze Zeit vor Beginn oder kurze Zeit nach Beendigung des Kalenderjahres, zu dem sie wirtschaftlich gehören, zugeflossen oder geleistet worden sind, gelten als in diesem Kalenderjahr bezogen bzw. verausgabt. Von diesen Fällen abgesehen, kommt es somit grundsätzlich nicht darauf an, zu welchem Kalenderjahr eine Einnahme oder Ausgabe wirtschaftlich gehört.

Beispiele:

a) In der Gesellschaftsversammlung der A-GmbH wird am 20. August dieses Jahres beschlossen, von dem erzielten Gewinn des Vorjahres 20 000 DM auszuzahlen (auszuschütten). Die Auszahlung erfolgt wenige Tage nach der Beschlußfassung.

Bei den Gesellschaftern handelt es sich um Einkünfte aus Kapitalvermögen dieses Jahres, nicht des Vorjahres.

b) B hat ein privates Darlehen von 20 000 DM an seinen Freund gegeben. Die für drei Jahre rückständigen Zinsen fließen B zusammen mit den Zinsen des laufenden Jahres in Höhe von 4000 DM am 31. 12. dieses Jahres zu.

Die Zinserträge gehören mit 4000 DM zu den Einkünften aus Kapitalvermögen des Zuflußjahres.

Bei Gesellschaften oder Gemeinschaften kommt es für die Ermittlung der Einkünfte der einzelnen Beteiligten allein darauf an, in welchem Kalenderjahr die Einnahmen und Ausgaben bei der Gesellschaft oder Gemeinschaft zugeflossen oder abgeflossen sind.

Beispiel:

A, B und C sind Miterben einer Grundstückserbengemeinschaft. Aus dem Mietüberschuß für das laufende Kalenderjahr sind ihnen im Laufe des Kalenderjahres je 1000 DM ausbezahlt worden. Nach der Hausabrechnung entfällt auf jeden Miterben für das laufende Kalenderjahr ein Überschußanteil in Höhe von 1500 DM. Der Restbetrag von je 500 DM wird ihnen im Laufe des nächsten Jahres ausgezahlt.

Bei der Veranlagung für das laufende Kalenderjahr ist bei jedem Miterben von einem Überschußanteil in Höhe von 1500 DM auszugehen.

Ist der Zeitpunkt des Zu- oder Abflusses nicht bekannt, so muß die zeitliche Zuordnung der entsprechenden Einnahme oder Ausgabe im Wege einer Schätzung nach § 162 Abs. 1 AO erfolgen. Ist über eine Zahlung eine Quittung erteilt worden, so kann danach angenommen werden, daß der gezahlte Betrag im Zeitpunkt der Quittungserteilung zugeflossen ist (BFH, BFH/NV 1987 S. 436). Entsprechendes gilt für den Abfluß eines Betrages.

4.4.5.2 Zufluß von Einnahmen

4.4.5.2.1 Allgemeines

Der Begriff „Zufluß" ist wirtschaftlich auszulegen (BFH, BStBl 1988 II S. 252). Einnahmen sind danach dem Steuerpflichtigen zugeflossen, sobald er über sie wirtschaftlich verfügen kann (BFH, BStBl 1975 II S. 776). Ob dies der Fall ist, ist nach den Umständen des Einzelfalls zu entscheiden (BFH, BStBl 1986 II S. 342, 343).

Als zugeflossen anzusehen sind Einnahmen danach jedenfalls im Zeitpunkt der tatsächlichen Zahlung bzw. der tatsächlichen Übereignung geldwerter Güter. Als übereignet sind geldwerte Güter insoweit schon dann zu behandeln, wenn der Empfänger wirtschaftlicher Eigentümer der betreffenden Güter wird (BFH, BFH/NV 1988 S. 86).

Werterhöhende Aufwendungen eines Pächters oder Mieters sind dementsprechend regelmäßig erst in dem Zeitpunkt als dem Verpächter oder Vermieter zugeflossen anzusehen, in dem dieser den Pacht- oder Mietgegenstand entschädigungslos zurückerhält (BFH, BStBl 1969 II S. 184). Erst in diesem Zeitpunkt kann der Verpächter oder Vermieter über die Werterhöhung frei verfügen. Zahlt der Erbbauberechtigte entsprechend der bei der Bestellung des Erbbaurechts getroffenen Vereinbarung auch die Erschließungskosten an die Gemeinde, so ist der geldwerte Vorteil dem Erbbauverpflichteten erst zugeflossen, wenn er den Wertzuwachs am Grundstück realisiert. Dies ist grundsätzlich erst bei Erlöschen des Erbbaurechts infolge Zeitablaufs oder beim Heimfall des Erbbaurechts anzunehmen (BFH, BStBl 1990 II S. 310).

Ein Zufluß von Einnahmen ist jedoch keineswegs nur in der tatsächlichen Zahlung bzw. in der tatsächlichen Übereignung geldwerter Güter zu sehen. Einnahmen können vielmehr auch z. B. durch Bankgutschrift, Annahme von Schecks und Wechseln sowie durch die Abtretung einer Forderung oder Aufrechnung zufließen. Ein Scheckbetrag ist grundsätzlich nicht erst mit der Einlösung des Schecks, sondern bereits mit dessen Annahme zugeflossen, wenn der sofortigen Vorlage des Schecks keine zivilrechtlichen Abreden entgegenstehen und wenn davon ausgegangen werden kann, daß die bezogene Bank im Fall der sofortigen Vorlage des Schecks den Scheckbetrag auszahlen oder gutschreiben wird (BFH, BStBl 1981 II S. 305). Ein zahlungshalber angenommener Wechsel ist allerdings erst dann als zugeflossenen anzusehen, wenn dem Wechselnehmer die Wechselsumme aufgrund der Diskontierung zur Verfügung steht (BFH, BStBl 1971 II S. 624). Im Fall der Abtretung einer bereits fälligen, unbestrittenen und einziehbaren Forderung ist der Forderungsbetrag auch dann als bereits mit der Abtretung zugeflossen anzusehen, wenn seine Einziehung erst zu einem späteren Zeitpunkt erfolgt (BFH, BStBl 1966 III S. 394).

Selbst bei bloßer Gutschrift in den Büchern des Zahlungsverpflichteten können Einnahmen als zugeflossen anzusehen sein. Voraussetzung für die Annahme eines Zuflusses ist jedoch in diesem Fall, daß die Gutschrift nicht nur das buchungsmäßige Festhalten einer Verpflichtung bedeutet, sondern darüber hinaus zum Ausdruck bringt, daß der Betrag dem Berechtigten nunmehr zur Verwendung bereit steht. Ein Zufluß wird daher in einer Gutschrift in den Büchern des Verpflichteten insbesondere dann zu sehen sein, wenn sich damit die wirtschaftliche Verfügungsmacht verbindet, z. B. wenn sich der Steuerpflichtige durch das „Stehenlassen" der Tantieme, Provision usw. eine Kapitalanlage verschaffen will, die Nichtauszahlung also im Interesse des Gläubigers liegt. Wenn die Nichtabhebung überwiegend oder lediglich im Interesse des zahlungsschwachen Schuldners erfolgt, kann in einer Gutschrift dagegen regelmäßig noch kein Zufluß gesehen werden (BFH, BStBl 1953 III S. 170).

Auch wenn bestimmte Leistungen an oder durch dritte Personen erbracht werden, können diese als dem Berechtigten zugeflossen anzusehen sein. Leistungen, die an einen Bevollmächtigten erfolgen und von diesem entgegengenommen werden, sind daher grundsätzlich dem Berechtigten bereits durch die Entgegennahme durch den Bevollmächtigten dem Berechtigten zugeflossen (BFH, BStBl 1976 II S. 560). Wie die Erteilung einer Empfangsvollmacht ist auch eine Vereinbarung zwischen mehreren Gesamtgläubigern und dem Schuldner zu werten, nach der der Schuldner nur an einen bestimmten Gesamtgläubiger zahlen soll. Mit der Zahlung an den bestimmten Gesamtgläubiger erfolgt damit der Zufluß bei jedem der Gesamtgläubiger (BFH, BStBl 1986 II S. 342). Als zugeflossen ist in diesem Fall bei jedem Gesamtgläubiger jedoch nur der Betrag anzusehen, der anteilsmäßig auf ihn entfällt.

Nachträgliche Beeinträchtigungen der Verfügungsmacht berühren den Zufluß nicht (BFH, BStBl 1975 II S. 776).

Beispiel:

Dem Steuerpflichtigen A sind die Zinsen seines Sparguthabens für das Jahr 1989 von seiner Bank Anfang Januar 1990 gutgeschrieben worden. Mitte Januar 1990 ist ein Guthaben einschließlich der gutgeschriebenen Zinsen von einem Gläubiger gepfändet worden.

Die Pfändung vermag nichts daran zu ändern, daß A die Verfügungsmacht über den Zinsbetrag erlangt hat und ihm der Zinsbetrag damit zugeflossen ist.

Ob Einnahmen dem Empfänger endgültig verbleiben, ist für die Annahme des Zuflusses ebenfalls ohne Bedeutung. Einnahmen sind daher auch als zugeflossen anzusehen, wenn sie an eine andere Person weitergeleitet oder zurückgezahlt werden müssen (BFH, BStBl 1975 II S. 776).

Beispiel:

Einem Steuerpflichtigen ist von seinem Arbeitgeber im Dezember 1989 versehentlich ein um 500 DM überhöhtes Gehalt überwiesen worden. Im Januar 1990 ist der Fehler berichtigt und dem Steuerpflichtigen ein um 500 DM gekürztes Gehalt überwiesen worden.

Trotz der im Januar erfolgten Rückzahlung ist der im Dezember 1989 überwiesene Mehrbetrag als zugeflossen zu behandeln.

Die Verpflichtung zur Weiterleitung an eine andere Person steht der Annahme des Zuflusses von Einnahmen nur dann entgegen, wenn bestimmte Beträge als Fremdgelder, d. h. im Namen und für Rechnung einer anderen Person, in Empfang genommen werden.

4.4.5.2.2 Zufluß in Sonderfällen

Die bloße Bildung einer Rückstellung in der Bilanz des Verpflichteten reicht grundsätzlich nicht aus, um beim Berechtigten einen Zufluß von Einnahmen anzunehmen. Eine Ausnahme gilt jedoch in den Fällen, in denen eine Kapitalgesellschaft den sie beherrschenden Gesellschaftern bestimmte Beträge schuldet.

Den beherrschenden Gesellschaftern einer Kapitalgesellschaft fließen nach der höchstrichterlichen Rechtsprechung Beträge, die die Gesellschaft ihnen schuldet, bereits mit der Fälligkeit zu, sofern die Gesellschaft für diese Beträge eine Rückstellung bildet und nicht infolge Zahlungsunfähigkeit konkursreif ist (BFH, BStBl 1965 III S. 407, 1973 II S. 815, 1974 II S. 541). Wegen der weitgehenden Identität ihrer Interessen soll es den Beteiligten in diesen Fällen nicht überlassen bleiben, den Gewinn des Schuldners zu kürzen, ohne die Einnahmen auf der anderen Seite zu versteuern.

Für die Frage, ob ein Gesellschafter im Sinne dieser Rechtsprechung als herrschender Gesellschafter anzusehen ist, kommt eine Zusammenrechnung der Beteiligungen von Ehegatten nach der heutigen Auffassung des BFH (BStBl 1986 II S. 62) nicht mehr in Betracht. Im Hinblick auf den Beschluß des BVerfG vom 12. 3. 1985 (vgl. BStBl 1985 II S. 475) ist es mit Art. 3 Abs. 1 i.V.m. Art. 6 Abs. 1 GG nicht zu vereinbaren, von der – wenn auch widerlegbaren – Vermutung auszugehen, daß Ehegatten gleichgerichtete wirtschaftliche Interessen verfolgen.

Auch wenn ein Ehegatte dem anderen bestimmte Beträge schuldet, kann damit ein Zufluß bei Fälligkeit auch dann nicht mehr angenommen werden, wenn der verpflichtete Ehegatte eine entsprechende Rückstellung gebildet hat.

4.4.5.2.3 Zufluß von Arbeitslohn

Für Einnahmen aus nichtselbständiger Arbeit gilt nach § 11 Abs. 1 Satz 3 EStG die Vorschrift des § 38 a Abs. 1 Satz 2 und 3 EStG. Nach § 38 a Abs. 1 Satz 2 EStG gilt laufender Arbeitslohn in dem Kalenderjahr als bezogen, in dem der Lohnzahlungszeitraum bzw. – in den Fällen des § 39 b Abs. 5 Satz 1 EStG – der Lohnabrechnungszeitraum endet. Durch diese Vorschrift sollen die im Lohnsteuerverfahren notwendigen Lohnabrechnungen erleichtert werden. Arbeitslohn, der nicht als laufender Arbeitslohn gezahlt wird (sonstige Bezüge), ist jedoch nach § 38 a Abs. 1 Satz 3 EStG weiterhin als in dem Kalenderjahr bezogen zu behandeln, in dem er dem Arbeitnehmer nach den allgemeinen Grundsätzen zufließt. Insoweit bleibt es also bei dem in § 11 Abs. 1 Satz 1 EStG verankerten Grundsatz.

4.4.5.3 Leistung von Ausgaben

Ausgaben sind in dem Zeitpunkt geleistet, in dem der Steuerpflichtige die wirtschaftliche Verfügungsmacht über die betreffenden geldwerten Güter verloren hat, in dem diese Güter aus dem Vermögen des Steuerpflichtigen abgeflossen sind. Wann die Leistungen des Steuerpflichtigen zur Erfüllung einer etwaigen Schuld führen, ist insoweit grundsätzlich ohne Bedeutung (BFH, BStBl 1969 II S. 76).

In welchem Zeitpunkt sich der Steuerpflichtige seiner wirtschaftlichen Verfügungsmacht begeben hat, kann jedoch unter Umständen sehr zweifelhaft sein.

Übergibt ein Steuerpflichtiger dem Empfänger einen von ihm ausgestellten Scheck, so ist nach Auffassung des BFH die Leistung grundsätzlich bereits mit der Hingabe des Schecks als erbracht anzusehen (BFH, BStBl 1986 II S. 284). Etwas anderes gilt jedoch, wenn der Scheck vom Empfänger unter Vorbehalt angenommen wird und bei der bezogenen Bank keine Deckung vorhanden ist. In diesem Fall kann die Leistung nicht bereits mit der Hingabe des Schecks als bewirkt angesehen werden (BFH, StRK § 11 EStG R 31). Der routinemäßige Buchungsvermerk „Eingang vorbehalten" reicht jedoch nicht aus, um in diesem Sinne eine Annahme unter Vorbehalt anzunehmen (BFH, BStBl 1969 II S. 76). Auf den Zeitpunkt der Buchung des Schecks bei der Bank kommt es grundsätzlich nicht an.

Wird ein Scheck vom Steuerpflichtigen an seinen Gläubiger übersandt, so ist der Scheck bereits dann als hingegeben anzusehen, wenn er zur Übermittlung an den Gläubiger an die Postanstalt übergeben worden oder vom Steuerpflichtigen oder einer von ihm beauftragten Person in den Briefkasten des Gläubigers eingeworfen worden ist (vgl. auch BFH, BStBl 1986 II S. 284, 286). In beiden Fällen hat sich der Steuerpflichtige seiner uneingeschränkten Verfügungsgewalt über die Scheckurkunde begeben und damit die Leistungshandlung bewirkt.

Erteilt ein Steuerpflichtiger seiner Bank einen Überweisungsauftrag, so ist der Verlust der wirtschaftlichen Verfügungsmacht über das Guthaben nicht erst mit der Ausführung des Auftrags durch die Bank anzunehmen (so jedoch noch BFH, StRK § 11 EStG R 33). Der Verlust der wirtschaftlichen Verfügungsmacht tritt vielmehr bereits in dem Zeitpunkt ein, in dem der Überweisungsauftrag der Bank zugeht und der Kontoinhaber im übrigen alles in seiner Macht Stehende getan hat, um eine unverzügliche banktübliche Ausführung zu gewährleisten. Hierzu gehört insbesondere, daß der Kontoinhaber im Zeitpunkt des Eingangs des Überweisungsauftrags bei der Bank für eine genügende Deckung auf seinem Konto gesorgt hat (BFH, BStBl 1986 II S. 453).

Ausgaben i. S. des § 11 Abs. 2 EStG sind, worauf hier abschließend hingewiesen sei, keineswegs nur Werbungskosten, sondern auch Betriebsausgaben (bei der Gewinnermittlung nach § 4 Abs. 3 EStG), Sonderausgaben und die nach den §§ 33, 33 a EStG begünstigten Aufwendungen (vgl. auch BFH, BStBl 1982 II S. 744).

4.4.5.4 Regelmäßig wiederkehrende Einnahmen und Ausgaben

Regelmäßig wiederkehrende Einnahmen und Ausgaben i. S. des § 11 EStG sind solche Einnahmen und Ausgaben, die wie z. B. Miete, Zinsen, Steuern usw. ihrer Natur nach regelmäßig wiederkehren. Daß sie bei dem jeweiligen Steuerpflichtigen regelmäßig wiederkehren, ist nicht erforderlich (BFH, BStBl 1975 II S. 696).

Wiederkehrend sind Einnahmen und Ausgaben, die nicht nur einmal, sondern wiederholt anfallen und deren wiederholtes Anfallen nicht rein zufällig erfolgt, sondern sich aus der Natur dieser Einnahmen und Ausgaben ergibt (vgl. auch BFH, BStBl 1986 II S. 342). Regelmäßig wiederkehrend sind danach Einnahmen und Ausgaben, deren wiederholtes Anfallen ihrer Natur nach in bestimmten zeitlichen Abständen erfolgt. Da die Vorschriften des § 11 Abs. 1 Satz 2 EStG und des § 11 Abs. 2 Satz 2 EStG sowohl nach ihrem Wortsinn als auch nach ihrem Sinn und Zweck auf die zeitliche Aufeinanderfolge von bestimmten Einnahmen und Ausgaben abstellen, kommt es für die Annahme regelmäßig wiederkehrender Einnahmen und Ausgaben nicht auf die Gleichmäßigkeit der Beträge an (BFH, BStBl 1987 II S. 16).

Die betragsmäßige Regelmäßigkeit, die schon nach der bisherigen Rechtsprechung nicht absolut gegeben sein mußte, ist damit grundsätzlich nicht mehr Voraussetzung für die Annahme regelmäßig wiederkehrender Einnahmen und Ausgaben.

Die Anwendung der Vorschriften des § 11 Abs. 1 Satz 2 EStG und des § 11 Abs. 2 Satz 2 EStG setzt im übrigen voraus, daß die Vereinnahmung oder Verausgabung tatsächlich kurze Zeit vor Beginn oder nach Ablauf des Kalenderjahres erfolgt ist, zu dem die Einnahmen oder Ausgaben wirtschaftlich gehören. Als kurze Zeit wird in der Regel ein Zeitraum bis zu höchstens 10 Tagen anzusehen sein (BFH, BStBl 1974 II S. 547).

Beispiele:

a) Ein Arzt erhält jeweils zu Anfang eines Monats eine Abschlagszahlung der Kassenärztlichen Vereinigung für den Vormonat, die sich der Höhe nach nach der Honorargutschrift im zuletzt abgerechneten Vierteljahr bemißt und die von der Kassenärztlichen Vereinigung jeweils bis zum Zehnten eines Monats geleistet werden muß.

Die Abschlagszahlungen, die der Arzt aufgrund der bestehenden Verpflichtung der Kassenärztlichen Vereinigung jeweils für den Monat Dezember Anfang Januar des Folgejahres erhält, sind als regelmäßig wiederkehrende Einnahmen dem vorangegangenen Kalenderjahr zuzurechnen, obwohl die Abschlagszahlungen in unterschiedlicher Höhe anfallen und zurückzuzahlen sind, soweit sie die tatsächliche Honorargutschrift für den Monat Dezember übersteigen (vgl. BFH, BStBl 1987 II S. 16).

b) Ein Unternehmer mit Gewinnermittlung nach § 4 Abs. 3 EStG hat die Umsatzsteuervorauszahlung für den Monat August dieses Jahres versehentlich nicht an das Finanzamt geleistet. Er zahlt diese Vorauszahlung erst am 5. 1. des nächsten Jahres.

Die Ausgabe ist im Jahr der Zahlung abzusetzen. Die Umsatzsteuervorauszahlung ist keine regelmäßig wiederkehrende Ausgabe (BFH, BStBl 1960 III S. 291).

c) Ein Unternehmer mit Gewinnermittlung nach § 4 Abs. 3 EStG hat die Gewerbesteuerabschlußzahlung, fällig am 20. 12., erst am 5. 1. des nächsten Jahres bezahlt.

Die Ausgabe ist im Jahr der Zahlung abzusetzen. Die Gewerbsteuerabschlußzahlung ist keine regelmäßig wiederkehrende Ausgabe.

d) Ein privater Hausbesitzer vereinnahmt die am 31. 12. fällige Miete für den Monat Dezember erst am 8. 1. des nächsten Jahres.

Die Mieteinnahme ist als im Dezember vereinnahmt anzusetzen. Mieten sind regelmäßig wiederkehrende Einnahmen.

e) Ein Steuerpflichtiger hat eine am 1. 12. fällig gewordene laufende Versicherungsprämie für die Zeit vom 1. 12. bis zum 30. 11. des nächsten Jahres erst am 7. 1. des nächsten Jahres gezahlt.

Es handelt sich nicht um eine regelmäßig wiederkehrende Ausgabe, weil die Prämie nicht kurze Zeit vor dem Jahreswechsel fällig geworden ist.

f) Ein Steuerpflichtiger hat für sein Sparguthaben bei einer Bank für das Jahr 1989 Zinsen in Höhe von 550 DM gutgebracht bekommen. Die Zinsen sind am 20. 1. 1990 auch in seinem Sparbuch eingetragen worden.

Es handelt sich um regelmäßig wiederkehrende Einnahmen, da die Zinsen dem Sparguthaben regelmäßig zu Beginn des neuen Jahres für das alte Jahr gutgebracht werden und es auf die Eintragung im Sparbuch für die Frage des Zuflusses nicht ankommt (BFH, BStBl 1975 II S. 696).

4.5 Nicht abzugsfähige Ausgaben (§ 12 EStG)

4.5.1 Allgemeines

Bestimmte Aufwendungen oder Ausgaben, die in § 12 Nrn. 1 bis 3 EStG teilweise aufgeführt sind, dürfen nach dieser für alle Einkunftsarten geltenden Vorschrift weder bei den einzelnen Einkunftsarten noch vom Gesamtbetrag der Einkünfte abgezogen werden. Eine Ausnahme gilt lediglich für die in § 10 Abs. 1 Nrn. 1, 2 bis 7 und in 10 b EStG bezeichneten Sonderausgaben sowie für die nach den §§ 33 bis 33 c EStG abzugsfähigen Beträge, deren Abzug vom Gesetzgeber aus unterschiedlichen Erwägungen zugelassen worden ist.

Während dem Abzugsverbot in § 12 Nr. 2 EStG zumindest hinsichtlich der Zuwendungen an gesetzlich unterhaltsberechtigte Personen allgemein rechtsbegründende Bedeutung zugemessen wird, gehen die Auffassungen über den Sinn und Zweck der in § 12 Nr. 1 EStG getroffenen Regelung nach wie vor auseinander. Da in § 4 Abs. 4 und § 9 EStG exakt definiert ist, welche Aufwendungen Betriebsausgaben oder Werbungskosten sind, soll die Vorschrift des § 12 Nr. 1 EStG nach einer Auffassung lediglich klarstellende Bedeutung haben. Die überwiegende Auffassung billigt jedoch auch der Vorschrift des § 12 Nr. 1 EStG zutreffend eine selbständige, rechtsbegründende Bedeutung zu. Danach besteht die Bedeutung der Vorschrift des § 12 Nr. 1 EStG gerade in dem aus Satz 2 dieser Vorschrift zu entnehmenden Verbot der Aufteilung von Aufwendungen für die private Lebensführung, die zugleich den Beruf oder die Tätigkeit des Steuerpflichtigen fördern und daher zugleich die Voraussetzungen des § 4 Abs. 4 oder § 9 EStG erfüllen (vgl. auch BFH, BStBl 1971 II S. 17). Durch die Vorschrift des § 12 Nr. 1 EStG werden somit Aufwendungen, die sowohl privat als auch betrieblich oder beruflich veranlaßt sind, von dem sonst möglichen Abzug als Betriebsausgaben oder Werbungskosten ausgeschlossen.

Die Vorschrift des § 12 Nr. 1 EStG gilt nicht nur für laufende Aufwendungen, sondern auch für Aufwendungen zum Erwerb eines bestimmten Wirtschaftsguts (BFH, BStBl 1971 II S. 17). Das Abzugsverbot des § 12 Nr. 1 EStG hat insoweit zur Folge, daß das betreffende Wirtschaftsgut nicht Teil des Betriebsvermögens sein kann.

Im Interesse einer gerechten und gleichmäßigen Besteuerung hat die Abgrenzung der Betriebsausgaben und Werbungskosten von den nach § 12 EStG nicht abzugsfähigen Aufwendungen nach den gleichen Grundsätzen zu erfolgen (BFH, BStBl 1962 III S. 192).

4.5.2 Lebenshaltungskosten

Nicht abzugsfähig sind nach § 12 Nr. 1 EStG die Beträge, die der Steuerpflichtige für seinen Haushalt und für den Unterhalt seiner Familienangehörigen aufwendet. Dazu gehören auch die Aufwendungen für die Lebensführung, die die wirtschaftliche oder gesellschaftliche Stellung des Steuerpflichtigen mit sich bringt, auch wenn sie zur Förderung des Berufs oder der Tätigkeit des Steuerpflichtigen erfolgen. Die Aufzählung in § 12 Nr. 1 EStG ist allerdings keineswegs erschöpfend. Zu den nach § 12 Nr. 1 EStG nicht abzugsfähigen Kosten gehören vielmehr alle Aufwendungen, die die private Lebensführung des Steuerpflichtigen oder seiner Familienangehörigen berühren (BFH, BStBl 1962 II S. 235). Insbesondere sind danach Aufwendungen für Ernährung, Kleidung, Wohnung einschließlich der repräsentativen und gesellschaftlichen Aufwendungen in der Regel Kosten der Lebensführung im Sinne des § 12 Nr. 1 EStG. Aufwendungen, die nur in einem losen Zusammenhang mit dem Beruf oder dem Betrieb stehen, rechnen grundsätzlich ebenso zu den nicht abzugsfähigen Aufwendungen. Aufwendungen für Rundfunk- und Fernsehgeräte sind daher regelmäßig ebensowenig abzugsfähig wie die Kosten von Tages- und Wochenzeitungen, wobei es ohne Bedeutung ist, ob eine oder mehrere Zeitungen gehalten werden (vgl. BFH, BStBl 1990 II S. 19).

Ob Aufwendungen auch privat veranlaßt sind, ist nach der Rechtsprechung unter Anwendung einer typisierenden Betrachtungsweise zu entscheiden. Aufwendungen, die – wie z. B. und vor allem die Aufwendungen für Ernährung, Kleidung und Wohnung – nach der Lebenserfahrung regelmäßig aus privaten Gründen gemacht zu werden pflegen, sind grundsätzlich als Kosten der Lebensführung anzusehen.

Derartige Aufwendungen sind nach § 12 Nr. 1 Satz 2 EStG grundsätzlich auch dann nicht abzugsfähig, wenn sie auch die berufliche Sphäre des Steuerpflichtigen berühren. Dies gilt unabhängig von der Höhe der Aufwendungen und damit selbst dann, wenn die Aufwendungen außergewöhnlich hoch sind (vgl. BFH, BStBl 1990 II S. 49). Durch dieses Aufteilungsverbot soll im Interesse der steuerlichen Gerechtigkeit insbesondere verhütet werden, daß Steuerpflichtige durch eine zufällige oder bewußt herbeigeführte Verbindung von beruflichen und privaten Erwägungen Aufwendungen für ihre Lebensführung, die von anderen Steuerpflichtigen aus versteuertem Einkommen bestritten werden müssen, nur deshalb zum Teil abzugsfähig machen können, weil sie einen entsprechenden Beruf haben (vgl. BFH, BStBl 1971 II S. 17).

Auch Aufwendungen, die nach der Lebenserfahrung regelmäßig aus privaten Gründen gemacht zu werden pflegen, können jedoch trotz der Vorschrift des § 12 Nr. 1 EStG ausnahmsweise als Betriebsausgaben oder Werbungskosten zu behandeln sein, wenn sie auch bei Anlegung eines strengen Maßstabes ausschließlich oder doch so überwiegend beruflichen oder gewerblichen Zwecken dienen, daß der private Zweck von ganz untergeordneter Bedeutung ist.

Trotz des Aufteilungsverbots läßt die Rechtsprechung darüber hinaus in bestimmten Ausnahmefällen eine Aufteilung von Aufwendungen zu, die sowohl privaten als auch betrieblichen oder beruflichen Zwecken dienen. Voraussetzung ist allerdings, daß ein zuverlässiger, leicht feststellbarer und nachprüfbarer objektiver Maßstab für eine Aufteilung gegeben und der betrieblichen oder beruflichen Zwecken dienende Teil nicht von untergeordneter Bedeutung ist. In Fällen, in denen eine Aufteilung nur im Wege einer griffweisen Schätzung möglich wäre, kommt nach der Rechtsprechung des BFH eine Aufteilung dagegen grundsätzlich nicht in Betracht (BFH, BStBl 1971 II S. 17). Etwas anderes gilt jedoch ausnahmsweise für die festen Kosten eines privat angeschafften Pkw's, der auch für betriebliche oder berufliche Zwecke genutzt wird (BFH, BStBl 1954 III S. 358, 1971 II S. 17), sowie für die Grundgebühren für einen privaten Telefonanschluß, über den auch betrieblich oder beruflich veranlaßte Gespräche geführt werden (BFH, BStBl 1981 S. 131). In beiden Fällen ist eine Aufteilung der angefallenen Kosten auch im Wege der Schätzung zulässig, wenn andere geeignete Unterlagen nicht vorliegen.

Die **Kosten eines Strafverfahrens** und die **Kosten der Strafverteidigung** sind nach der heutigen Rechtsprechung (vgl. BFH, BStBl 1982 II S. 467) als Betriebsausgaben oder Werbungskosten abzugsfähig, wenn die dem Strafverfahren zugrundeliegende Tat in Ausübung der betrieblichen bzw. beruflichen Tätigkeit begangen worden ist. Ob es in dem Strafverfahren zu einer Verurteilung oder zu einem Freispruch gekommen ist, ist danach ohne Bedeutung. Zu den nicht abziehbaren Kosten der Lebensführung gehören derartige Kosten jedoch, wenn die Tat, die Gegenstand des Strafverfahrens ist, auch privat veranlaßt ist.

4.5.3 Zuwendungen an andere Personen

4.5.3.1 Allgemeines

Bis 1974 bestand ein Abzugsverbot nach § 12 Nr. 2 EStG a. F. lediglich für freiwillige Zuwendungen sowie für Zuwendungen an eine gegenüber dem Steuerpflichtigen oder seinem Ehegatten gesetzlich unterhaltsberechtigte Person oder deren Ehegatten, auch wenn diese Zuwendungen auf einer besonderen Vereinbarung beruhen, d. h., wenn sie in Erfüllung einer rechtswirksam begründeten Verpflichtung erbracht werden.

Da sich der Halbsatz „auch wenn diese Zuwendungen auf einer besonderen Vereinbarung beruhen" lediglich auf die Zuwendungen an unterhaltsberechtigte Personen bezieht, sind Leistungen aufgrund einer durch besondere Vereinbarung begründeten rechtlichen Verpflichtung auch dann nicht als freiwillige Zuwendungen anzusehen, wenn die Verpflichtung als solche freiwillig und unentgeltlich begründet worden ist. Im Interesse einer gleichmäßigen Behandlung ist daher das Abzugsverbot des § 12 Nr. 2 EStG mit Wirkung vom Veranlagungszeitraum 1975 an auch auf Zuwendungen aufgrund einer freiwillig begründeten Rechtspflicht erstreckt worden.

Unter § 12 Nr. 2 EStG fallende Leistungen können auch nicht als Sonderausgaben nach § 10 Abs. 1 Nr. 1 a EStG abzogen werden.

Der Vorschrift des § 12 Nr. 2 EStG kommt eine besondere Bedeutung in Wechselbeziehung zu § 22 Nr. 1 EStG zu, wenn die Leistungen wiederkehrende Bezüge im Sinne des § 22 Nr. 1 EStG darstellen. In diesen Fällen bestimmt § 22 Nr. 1 Satz 2 EStG, daß wiederkehrende Bezüge, die freiwillig oder aufgrund einer freiwillig begründeten Rechtspflicht oder einer gesetzlich unterhaltsberechtigten Person gewährt werden, nicht dem Empfänger zuzurechnen sind, wenn der Geber unbeschränkt steuerpflichtig ist.

Beispiel:

Ein Onkel gewährt seiner Nichte freiwillig (unentgeltlich) einen monatlichen Unterhaltszuschuß.

Der Unterhaltszuschuß stellt beim Onkel Einkommensverwendung dar und unterliegt dem Abzugsverbot des § 12 Nr. 2 EStG als freiwillige Zuwendung. Unter den Voraussetzungen des § 33 a Abs. 1 EStG kann der Onkel diese Aufwendungen allerdings als außergewöhnliche Belastung geltend machen. Die Nichte braucht die Bezüge nicht zu versteuern, wenn der Onkel unbeschränkt steuerpflichtig ist.

4.5.3.2 Zuwendungsbegriff

Zuwendungen i. S. des § 12 Nr. 2 EStG sind anzunehmen, wenn in Geld oder Geldeswert bestehende Güter aus dem Vermögen des Steuerpflichtigen in das Vermögen einer anderen Person übergehen, ohne daß die beim Steuerpflichtigen eintretende Vermögensminderung durch eine entsprechende Gegenleistung ausgeglichen wird oder der Steuerpflichtige zumindest mit einem solchen Ausgleich rechnen kann.

Nur Güter, die – wirtschaftlich betrachtet – Bestandteile des Vermögens des Steuerpflichtigen waren, können damit Gegenstand einer Zuwendung sein.

Beispiel:

Ein Steuerpflichtiger überträgt seinem Sohn unentgeltlich ein ihm gehörendes Mehrfamilienhaus.

Zugewendet ist dem Sohn lediglich das Mehrfamilienhaus. Die von dem Sohn daraus gezogenen Einkünfte aus Vermietung und Verpachtung stellen dagegen keine Zuwendungen des Steuerpflichtigen an seinen Sohn dar, weil sie nicht Bestandteil seines Vermögens geworden sind, sondern unmittelbar in das Vermögen des Sohnes fallen.

Die Nutzungen einer Sache oder eines Rechts stellen grundsätzlich auch dann keine Zuwendungen i. S. des § 12 Nr. 2 EStG des (wirtschaftlichen) Eigentümers oder Inhabers dar, wenn sie von einer anderen Person aufgrund einer ihr eingeräumten Rechtsposition als eigene Einkünfte bezogen werden.

Beispiel:

A hat eine Wohnung in einem Mehrfamilienhaus des B gemietet. Er hat ein Zimmer für monatlich 100 DM an C untervermietet.

A sind die Einnahmen aus der Untervermietung des Zimmers an C steuerlich zuzurechnen, weil er den Tatbestand der Einkunftserzielung in seiner Person erfüllt.

Die durch die Untervermietung erzielten Einnahmen stellen daher keine Zuwendung i. S. des § 12 Nr. 2 EStG des B an A dar.

Auch die Rechtsposition, durch die dem A die Untervermietung ermöglicht worden ist, kann nicht als dem A zugewendet angesehen werden, weil ihr in Form der vereinbarten Miete eine entsprechende Gegenleistung gegenübersteht. Ob dem A die Untervermietung durch B gestattet ist, ist ohne steuerliche Bedeutung.

Welcher Art die Rechtsposition ist, durch die einer anderen Person die Erzielung eigener Einkünfte ermöglicht wird, ist ohne Bedeutung. Es macht grundsätzlich auch keinen Unterschied, ob die Rechtsposition gegen Entgelt oder unentgeltlich eingeräumt worden ist.

Beispiel:

Der Steuerpflichtige A hat seinem 20jährigen Sohn B bürgerlich-rechtlich wirksam auf die Dauer von 10 Jahren unentgeltlich den Nießbrauch an einer ihm gehörenden Eigentumswohnung eingeräumt, die im Zeitpunkt der Nießbrauchsbestellung nicht mehr vermietet war. B hat die Eigentumswohnung im eigenen Namen an C vermietet.

Die dem B zufließenden Mieteinnahmen sind ihm auch steuerlich als eigene Einnahmen aus Vermietung und Verpachtung zuzurechnen und stellen daher keine Zuwendungen des A an den B dar.

Ob die Nutzungen einer Sache oder eines Rechts aufgrund einer vom (wirtschaftlichen) Eigentümer oder Inhaber eingeräumten Rechtsposition von einer anderen Person als eigene Einkünfte bezogen werden, ist unter Berücksichtigung aller Umstände des Einzelfalls zu entscheiden. Zu entscheiden ist dabei, ob die andere Person den Tatbestand der Einkunftserzielung erfüllt und ihr die Einkünfte daher einkommensteuerlich zuzurechnen sind (BFH, BStBl 1980 II S. 432, 1981 II S. 295 und 297, 1983 II S. 502 und 1984 II S. 366).

Nutzungen einer Sache oder eines Rechts, die aufgrund einer vom (wirtschaftlichen) Eigentümer oder Inhaber eingeräumten Rechtsposition einer anderen Person zufließen, sind dieser Person als eigene Einkünfte zuzurechnen, wenn die nachfolgend aufgezählten Voraussetzungen erfüllt sind.

– Aufgrund der eingeräumten Rechtsposition muß die begünstigte Person zunächst rechtlich in der Lage sein, den Tatbestand der Einkunftserzielung in ihrer Person zu erfüllen.

– Der Tatbestand der Einkunftserzielung muß in der begünstigten Person auch tatsächlich erfüllt werden.

Welcher Art die Rechtsposition ist, die der begünstigten Person eingeräumt ist und von ihr zur Erzielung von Einkünften genutzt wird, ist ohne Bedeutung. Sie kann sowohl durch ein dingliches als auch durch ein rein obligatorisches Nutzungsrecht begründet werden.

Die vorstehend aufgezählten allgemeinen Voraussetzungen müssen nach der Rechtsprechung des BFH (BStBl 1981 II S. 295, 297 und 299) auch erfüllt sein, wenn der Eigentümer oder Inhaber einer anderen Person ein dingliches Nießbrauchsrecht an einer Sache oder einem Recht bestellt.

Bei einem unentgeltlich eingeräumten **Nießbrauch an Aktien, Anteilen an Gesellschaften mit beschränkter Haftung, stillen Beteiligungen, Darlehnsforde-**

rungen oder ähnlichen Kapitalforderungen sind die Einkünfte daraus regelmäßig nicht dem Nießbraucher als eigene Einkünfte aus Kapitalvermögen zuzurechnen (BFH, BStBl 1977 II S. 155) und damit als dem Nießbraucher vom Eigentümer oder Inhaber zugewendet anzusehen. Es macht keinen Unterschied, ob der Nießbrauch für eine längere Zeit oder nur kurzfristig eingeräumt wird. Bei Einkünften aus Kapitalvermögen kommt es für die persönliche Zurechnung grundsätzlich darauf an, wer Kapital in der in § 20 EStG bezeichneten Art zur Erzielung von Einnahmen einsetzt oder wem diese Einnahmen als (wirtschaftlicher) Inhaber von Vermögenswerten zustehen (vgl. auch 5.9.1). Da der Nießbraucher kein Kapital der in § 20 EStG bezeichneten Art zur Erzielung von Einkünften einsetzt, kann er den Tatbestand der Einkunftserzielung nicht erfüllen.

Die vorstehenden Ausführungen können jedoch nur für den sogenannten Zuwendungsnießbrauch gelten. Der sogenannte Vorbehalts- und Vermächtnisnießbrauch dürfte auch insoweit zu einer anderen Beurteilung zwingen. Behält sich jemand anläßlich der schenkweisen Übertragung von Kapitalvermögen den Nießbrauch an den übertragenen Vermögenswerten vor, kann nicht zweifelhaft sein, daß der Nießbraucher den Tatbestand der Einkunftserzielung i. S. des § 20 EStG erfüllt hat und sich daran auch durch die Übertragung der Vermögenswerte nichts geändert hat (vgl. auch Tz. 55 des BMF-Schreibens vom 23. 11. 1983, BStBl 1983 I S. 508).

Im Rahmen der **Einkunftsart Vermietung und Verpachtung** kann nicht nur ein sogenannter **Vorbehalts- und Vermächtnisnießbrauch,** sondern auch ein sogenannter **Zuwendungsnießbrauch** zur Folge haben, daß die Einkünfte aus dem nießbrauchbelasteten Gegenstand dem Nießbraucher als eigene Einkünfte aus Vermietung und Verpachtung zuzurechnen sind. Einkünfte aus Vermietung und Verpachtung sind nämlich steuerlich grundsätzlich demjenigen zuzurechnen, der Vermögenswerte der in § 21 Abs. 1 Nrn. 1 bis 3 EStG bezeichneten Art einem anderen zur Erzielung von Einnahmen überläßt (vgl. auch 5.10.1). Den Tatbestand der Einkunftserzielung kann somit auch erfüllen, wer als Nießbraucher zur Überlassung von Vermögenswerten i. S. des § 21 Abs. 1 Nrn. 1 bis 3 EStG in der Lage ist.

Wird einem nahen Angehörigen ein Nießbrauch an einem Vermögenswert i. S. des § 21 Abs. 1 Nrn. 1 bis 3 EStG zugewendet, d. h. unentgeltlich eingeräumt, so sind dem Nießbraucher die Einkünfte aus dem nießbrauchbelasteten Gegenstand einkommensteuerlich nur bei Vorliegen besonderer Voraussetzungen zuzurechnen.

Rechtlich in der Lage, den Tatbestand der Einkunftserzielung in seiner Person zu erfüllen, ist der Nießbraucher in derartigen Fällen nur, wenn der Nießbrauch zivilrechtlich wirksam eingeräumt worden ist (vgl. auch BFH, BStBl 1981 II S. 295 und 297).

Als durch den Nießbraucher zur Erzielung von Einnahmen überlassen kann der nießbrauchbelastete Gegenstand jedenfalls dann angesehen werden, wenn die entsprechenden Überlassungsverträge im Namen des Nießbrauchers abgeschlossen worden sind und die Stellung des Nießbrauchers weder rechtlich noch tatsächlich in einer Weise eingeschränkt ist, daß der nießbrauchbelastete Gegenstand im Ergebnis weiterhin als durch den Eigentümer oder Inhaber überlassen anzusehen ist.

Beispiel:

Der Steuerpflichtige A hat seinem 20jährigen Sohn B bürgerlich-rechtlich wirksam auf die Dauer von 10 Jahren unentgeltlich den Nießbrauch an einer ihm gehörenden Eigentumswohnung eingeräumt, die im Zeitpunkt der Nießbrauchsbestellung noch unvermietet war. B hat die Eigentumswohnung im eigenen Namen an C vermietet. Die vereinbarten Mieten sind von C vereinbarungsgemäß an A überwiesen worden, der auch die angefallenen Kosten getragen hat.

Da die vereinbarten Mieten nicht an B gezahlt worden sind und B auch die angefallenen Kosten nicht getragen hat, kann der von ihm mit C abgeschlossene Mietvertrag im Ergebnis nicht als ernsthaft im eigenen Namen vereinbart und auch tatsächlich durchgeführt angesehen werden. Die von C gezahlten Mieten sind einkommensteuerlich nicht dem B als eigene Einnahmen aus Vermietung und Verpachtung zuzurechnen; sie sind daher als dem B von seinem Vater A zugewendet anzusehen.

Nießbrauchsberechtigte minderjährige Kinder können und müssen beim Abschluß der erforderlichen Überlassungsverträge durch ihre Eltern vertreten werden. Die Vertretung durch die Eltern muß nach außen erkennbar, also in offener Stellvertretung erfolgen. Die Überlassungsverträge müssen im Namen der minderjährigen Kinder abgeschlossen werden (BFH, BStBl 1981 II S. 295).

Auch wenn die entsprechenden Überlassungsverträge vor der Bestellung des Nießbrauchs durch den Eigentümer oder Inhaber des nießbrauchbelasteten Gegenstands abgeschlossen worden sind, kann nach der Rechtsprechung des BFH (BFH, BStBl 1983 II S. 502) der nießbrauchbelastete Gegenstand als durch den Nießbraucher zur Erzielung von Einnahmen überlassen angesehen werden, wenn und soweit der Nießbraucher nach den §§ 571, 577 BGB in die bestehenden Verträge eintritt und der Vertragspartner davon unterrichtet wird.

Beispiel:

Der Steuerpflichtige A hat seinem 20jährigen Sohn B bürgerlich-rechtlich wirksam für die Dauer von 10 Jahren unentgeltlich den Nießbrauch an einer ihm gehörenden Eigentumswohnung eingeräumt, die im Zeitpunkt der Nießbrauchsbestellung bereits seit längerem an C vermietet war. C ist von der Nießbrauchsbestellung unterrichtet und gebeten worden, die vereinbarte Miete künftig auf ein Konto des B zu überweisen.

Infolge der Einräumung des Nießbrauchs ist B nach den §§ 571, 577 BGB in den bestehenden Mietvertrag eingetreten und hat bürgerlich-rechtlich automatisch die rechtliche Stellung des Vermieters erlangt. Die dem B zufließenden Mieteinnahmen sind ihm auch einkommensteuerlich als eigene Einkünfte aus Vermietung und Verpachtung zuzurechnen.

Wenn der Nießbrauch als sogenannter **Bruttonießbrauch** ausgestaltet ist, wenn also der Nießbrauchsbesteller die dem Nießbraucher gemäß den §§ 1041 und 1047 BGB obliegenden Kosten und Lasten zu tragen hat und dem Nießbraucher die Bruttoerträge verbleiben, so hat dies allein nicht zur Folge, daß die Nutzungen aus dem nießbrauchbelasteten Gegenstand im wirtschaftlichen Ergebnis als dem

Nießbraucher im voraus abgetreten anzusehen und weiter dem Nießbrauchs-besteller zuzurechnen sind (BFH, BStBl 1981 II S. 299).

Beispiel:

Der Steuerpflichtige A hat seinem 20jährigen Sohn B bürgerlich-rechtlich wirksam für die Dauer von 10 Jahren den Bruttonießbrauch an einer ihm gehörenden Eigentumswohnung eingeräumt, die im Zeitpunkt der Nießbrauchsbestellung nicht mehr vermietet war und die von B im eigenen Namen an C vermietet worden ist.

B sind die Mieteinnahmen als eigene Einkünfte aus Vermietung und Verpachtung zuzurechnen, weil er in seiner Person den Tatbestand der Einkunftserzielung erfüllt hat. Die Mieteinnahmen stellen sich, da der Nießbrauch nicht nur für kurze Zeit eingeräumt worden ist, nicht als Zuwendungen des A an den B dar.

Was vorstehend für den Fall der Einräumung eines Nießbrauchs ausgeführt ist, gilt entsprechend, wenn ein nießbrauchähnliches Recht, z. B. ein dingliches Wohnrecht, eingeräumt wird.

Im Fall der unentgeltlichen Einräumung eines Nießbrauchs oder eines dinglichen Wohnrechts an einem Grundstück sind die Nutzungen aus dem Grundstück bzw. aus der Wohnung dem Inhaber des Nießbrauchs bzw. des Wohnrechts grundsätz-lich auch dann mit steuerrechtlicher Wirkung zuzurechnen, wenn dieser in Ausübung seines Rechts einen Mietvertrag mit dem Eigentümer des Grundstücks abgeschlossen hat. Etwas anderes muß jedoch gelten, wenn das Wohn- und Nutzungsrecht des Grundstückseigentümers durch einen mit dem eingeräumten Nießbrauch- oder Wohnrecht verknüpften, unkündbaren Nießbrauch abgesichert wird. In einem solchen Fall wird man eine Rückgängigmachung des eingeräumten Nießbrauch- oder Wohnrechts bzw. einen Mißbrauch von rechtlichen Gestal-tungsmöglichkeiten i. S. des § 42 AO anzunehmen haben. Da aus dem eingeräum-ten Nießbrauch- oder Wohnrecht in einem solchen Fall keine steuerlichen Folgerungen zu ziehen sind (vgl. Tz. 15 des BMF-Schreibens vom 15. 11. 1984, BStBl 1984 I S. 561), stellen sich die an den Inhaber des Nießbrauch- oder Wohnrechts gezahlten Mieten als Zuwendungen i. S. des § 12 Nr. 2 EStG dar.

Auch die **unentgeltliche Einräumung eines rein obligatorisch begründeten Nut-zungsrechts** an einem Grundstück bzw. an einer bestimmten Wohnung kann nach der Rechtsprechung des BFH (vgl. BStBl 1984 II S. 366 und 1986 II S. 327) grundsätzlich zur Folge haben, daß die Einkünfte aus Vermietung und Verpach-tung dem Inhaber dieses Nutzungsrechts auch steuerlich als eigene Einkünfte zuzurechnen sind, soweit diese von ihm bezogen werden. Ein zugunsten naher Angehöriger begründetes obligatorisches Nutzungsrecht wird von der Finanzver-waltung jedoch regelmäßig nur anerkannt, wenn der Überlassungsvertrag schrift-lich abgeschlossen und das Nutzungsrecht für einen festgelegten Zeitraum, mindestens für die Dauer von einem Jahr, vereinbart worden ist (vgl. Tz. 53 des BMF-Schreibens vom 15. 11. 1984, BStBl 1984 I S. 561). Der Festlegung einer Mindestzeit bedarf es insoweit auch, wenn das Nutzungsrecht zwar teilweise entgeltlich begründet wird, im Hinblick auf das Verhältnis der vereinbarten zur ortsüblichen Miete jedoch – wirtschaftlich betrachtet – von einem Entgelt im Rahmen eines Mietvertrags nicht mehr ausgegangen werden kann. In einem solchen Fall ist bei wirtschaftlicher Betrachtung ebenfalls von einer unentgeltlichen Nutzungsüberlassung auszugehen.

Beispiel:

A hat seiner volljährigen Tochter eine ihm gehörende Eigentumswohnung, deren ortsübliche Miete sich auf 500 DM beläuft, für 100 DM monatlich zur Nutzung überlassen, ohne das Nutzungsrecht seiner Tochter für eine Mindestzeit von einem Jahr fest vereinbart zu haben.

Selbst wenn die Nutzungsüberlassung schriftlich vereinbart worden wäre, würde das Nutzungsrecht der Tochter damit steuerlich nicht anzuerkennen sein, weil die vereinbarte Gegenleistung der Tochter bei wirtschaftlicher Betrachtung nicht mehr als Entgelt im Rahmen eines Mietvertrags angesehen werden kann.

Der Nutzungswert der von der Tochter genutzten Wohnung ist daher dem A steuerlich zuzurechnen und als von ihm seiner Tochter i. S. des § 12 Nr. 2 EStG zugewendet anzusehen.

Rein obligatorisch begründete Nutzungsrechte sind auch bei fehlgeschlagenen Nießbrauchs- und Wohnrechtsfällen, d. h. in den Fällen anzunehmen, in denen es mangels Eintragung im Grundbuch nicht zu einer bürgerlich-rechtlich wirksamen Bestellung eines Nießbrauchs oder eines Wohnrechts gekommen ist.

Sind mehrere Personen (wirtschaftliche) Eigentümer bzw. Inhaber einer Sache oder eines Rechts und überläßt eine Person einer anderen ganz oder teilweise die ihr entsprechend dem Verhältnis ihrer Beteiligung zustehenden Nutzungen, so liegen insoweit grundsätzlich Zuwendungen i. S. des § 12 Nr. 2 EStG vor.

Beispiel:

A ist von seiner Ehefrau und seinem Sohn jeweils zur Hälfte beerbt worden. Zu seinem Nachlaß gehört ein Mehrfamilienhaus, das von einem Vermögensverwalter betreut wird.

Als der Sohn ein Studium aufnahm, wurde ihm von seiner Mutter schriftlich für die Dauer seines Studiums eine auf 75 v. H. erhöhte Beteiligung an den erwirtschafteten Überschüssen zugestanden.

Da der Mutter aufgrund ihres Anteils 50 v. H. der Überschüsse zustehen, ist der Verzicht auf die Hälfte der ihr zustehenden Überschüsse zugunsten ihres Sohnes als eine Zuwendung an den Sohn i. S. des § 12 Nr. 2 EStG anzusehen.

Etwas anderes gilt allerdings dann, wenn die Vereinbarung hinsichtlich einer von dem Verhältnis abweichenden Verteilung der Überschüsse ihren Grund im Gemeinschaftsverhältnis hat. Dies ist z. B. dann anzunehmen, wenn sich die Beteiligten in abweichendem Umfang an der Verwaltung beteiligt haben (BFH, BStBl 1987 II S. 322).

Beispiel:

Sachverhalt wie zuvor. Der Sohn hat jedoch die Verwaltung des Grundstücks übernommen. Dem ist durch den Verzicht der Mutter auf die Hälfte der ihr zustehenden Überschüsse angemessen Rechnung getragen worden.

Die abweichende Verteilung der Überschüsse hat ihre Grundlage im Gemeinschaftsverhältnis. Dem Sohn stehen die Überschüsse in Höhe von 75 v. H. damit als eigene Einkünfte zu. Zuwendungen der Mutter an den Sohn i. S. des § 12 Nr. 2 EStG liegen daher nicht vor.

Räumt ein Steuerpflichtiger schenkungsweise einem anderen eine verzinsliche Darlehensforderung gegen sich ein, so müssen nach der Rechtsprechung des BFH

(BStBl 1975 II S. 502) nicht nur der Forderungsbetrag, sondern auch die jährlichen Zinsen als Zuwendungen i. S. des § 12 Nr. 2 EStG angesehen werden, weil die Zinsen dem Forderungsinhaber nicht automatisch zufließen.

Als Zuwendungen i. S. des § 12 Nr. 2 EStG sind auch Zinsen zu behandeln, die aufgrund eines notariellen Vertrags gezahlt werden, in dem sich ein Steuerpflichtiger verpflichtet hat, seinen Kindern Geldbeträge zuzuwenden, die ihm sogleich wieder als Darlehn zur Verfügung zu stellen waren (vgl. BFH, BFH/NV 1985 S. 83). In einem solchen Fall liegt keine Schenkung mit anschließendem Darlehnsvertrag, sondern nur ein Schenkungsversprechen vor (vgl. BFH, BStBl 1984 II S. 705). Dies gilt zumindest, wenn Schenkungsversprechen und Darlehnsvertrag nicht in gesonderten Vertragsurkunden enthalten sind.

Wird die durch eine Leistung des Steuerpflichtigen eintretende Vermögensminderung durch eine entsprechende Gegenleistung ausgeglichen, so kann, wie oben ausgeführt, von einer Zuwendung i. S. des § 12 Nr. 2 EStG nicht die Rede sein. Voraussetzung ist allerdings, daß Leistung und Gegenleistung ihre Grundlage in einem gegenseitigen Vertrag haben, der auch steuerlich anzuerkennen ist.

> **Beispiel:**
> Ein Steuerpflichtiger hat seinem Sohn eine Wohnung in seinem Mehrfamilienhaus gegen Zahlung der ortsüblichen Miete vermietet.
> Bei beiden liegt keine Zuwendung i. S. des § 12 Nr. 2 EStG vor, weil sich die beiderseitigen Leistungen gleichwertig gegenüberstehen und ihre Grundlage in dem abgeschlossenen Mietvertrag haben.

Eine Zuwendung i. S. des § 12 Nr. 2 EStG liegt danach auch dann nicht vor, wenn sich ein Ehegatte in einer Vereinbarung über die Scheidungsfolgen verpflichtet, den anderen Ehegatten lebenslänglich zu versorgen, während dieser auf seinen Zugewinnausgleich verzichtet (vgl. dazu BFH, BStBl 1986 II S. 674, der jedoch die Frage, ob die Vorschrift des § 12 Nr. 2 EStG anzuwenden ist, ausdrücklich offengelassen hat).

Wird eine Leistung im Hinblick auf eine frühere Leistung des Empfängers erbracht, so liegt eine Zuwendung selbst dann vor, wenn die beiden Leistungen als gleichwertig angesehen werden können.

> **Beispiel:**
> Der Steuerpflichtige A hat dem Steuerpflichtigen B zu seinem Geburtstag ein Buch im Werte von 60 DM geschenkt. Zum Geburtstag des A übermittelt ihm B seinerseits ein Geschenk in entsprechendem Wert.
> Sowohl bei A als auch bei B liegen freiwillige Zuwendungen i. S. des § 12 Nr. 2 EStG vor.

Eine Zuwendung i. S. des § 12 Nr. 2 EStG liegt auch dann vor, wenn Leistung und Gegenleistung ihre Grundlage in einem gegenseitigen Vertrag haben, der aber steuerlich nicht als solcher anzuerkennen ist.

> **Beispiele:**
> a) Der Steuerpflichtige A hat seinem Neffen B durch notariellen Vertrag vom 1. 4. 1980 sein Mehrfamilienhaus, dessen gemeiner Wert sich auf 500 000 DM belief, übertragen. B hat demgegenüber im Vertrag die Verpflichtung übernommen, A eine

lebenslängliche Rente zu zahlen, deren Barwert sich zum 1. 4. 1980 auf 200 000 DM errechnete.

Da Leistung und Gegenleistung nicht nach den im Wirtschaftsleben üblichen Grundsätzen gegeneinander abgewogen sind, kann der abgeschlossene Vertrag steuerlich nicht als ein Veräußerungsgeschäft behandelt werden. Die von B zu zahlende Rente ist in vollem Umfang als Zuwendung i. S. des § 12 Nr. 2 EStG anzusehen.

b) Der Steuerpflichtige C hat seinem Sohn D durch Vertrag vom 1. 1. dieses Jahres seinen Gewerbebetrieb (Metzgerei und Gastwirtschaft) verpachtet. In diesem Vertrag, nach dem D 4 v. H. des Umsatzes als Pachtzins zu zahlen hat, hat sich D ferner verpflichtet,

aa) seinen Vater in gesunden und kranken Tagen zu pflegen,

bb) Arzt-, Apotheker- und Krankenhauskosten für seinen Vater zu tragen,

cc) alle Kleidungsstücke für ihn zu erwerben und

dd) ihn unentgeltlich zu ernähren.

Der Vertrag kann steuerlich nicht als Pachtvertrag anerkannt werden, da er in der vorliegenden Form zwischen fremden Personen nicht denkbar ist. Es handelt sich vielmehr um eine außerbetriebliche Versorgungsabrede zwischen C und D (vgl. BFH, BStBl 1976 II S. 561).

Die von D zu erbringenden Leistungen sind als Zuwendungen i. S. des § 12 Nr. 2 EStG zu behandeln.

Haben Leistung und Gegenleistung ihre Grundlage in einem gegenseitigen, auch steuerlich anzuerkennenden Vertrag, wird die Leistung des einen Vertragsteils jedoch durch die Gegenleistung des anderen Vertragsteils nicht in vollem Umfang ausgeglichen, so liegt eine Zuwendung i. S. des § 12 Nr. 2 EStG nur insoweit vor, als sich die gegenseitigen Leistungen nicht ausgleichen.

Beispiel:

Der Gewerbetreibende A beschäftigt seine Ehefrau B aufgrund eines auch steuerlich anzuerkennenden Arbeitsvertrages als Verkäuferin in seinem Einzelhandelsbetrieb. Das von A an seine Ehefrau zu zahlende Gehalt liegt jedoch um 500 DM über dem Gehalt fremder gleichwertiger Arbeitnehmerinnen.

In Höhe von 500 DM ist eine Zuwendung des A an seine Ehefrau B anzunehmen, die unter das Abzugsverbot des § 12 Nr. 2 EStG fällt.

4.5.3.3 Leistungen an gesetzlich Unterhaltsberechtigte

Zuwendungen an eine gegenüber dem Steuerpflichtigen oder seinem Ehegatten gesetzlich unterhaltsberechtigte Person oder deren Ehegatten sind nach § 12 Nr. 2 EStG selbst dann nicht abzugsfähig, wenn sie auf einer besonderen Vereinbarung beruhen, d. h., wenn sie in Erfüllung einer rechtswirksam begründeten Verpflichtung erbracht werden. Dies gilt auch dann, wenn die besondere Vereinbarung, auf der die Zuwendungen beruhen, vor dem Eintritt der gesetzlichen Unterhaltspflicht getroffen worden ist (BFH, BStBl 1970 II S. 115).

Gesetzliche Unterhaltsansprüche können bestehen

a) zwischen Ehegatten (§ 1360 BGB),

b) zwischen Verwandten in gerader Linie (Kinder, Enkelkinder, Eltern, Großeltern), nicht aber zwischen Verwandten in der Seitenlinie wie Geschwister, Stiefkinder und andere Verschwägerte (§ 1601 BGB),

c) zwischen Adoptiveltern und Adoptivkind sowie dessen Abkömmlingen (§ 1754 BGB i. V. mit § 1770 Abs. 3 BGB; mit der Adoption eines noch nicht Volljährigen erlöschen dessen Unterhaltsansprüche und Unterhaltsverpflichtungen gegenüber den früheren Verwandten in gerader Linie, §§ 1755, 1756 BGB),

d) zwischen geschiedenen Ehegatten, wenn die Ehescheidung nach dem 30. 6. 1977 erfolgt ist (§§ 1569 ff. BGB),

e) bei vor dem 1. 7. 1977 erfolgter Ehescheidung[30] seitens eines Ehegatten gegenüber dem anderen allein oder überwiegend schuldig geschiedenen Ehegatten[31] und bei Scheidung ohne Schuldausspruch nach § 61 Abs. 2 Ehegesetz gegenüber dem Ehegatten, der die Scheidung verlangt hat.

Für die Anwendung des § 12 Nr. 2 EStG kommt es nach der höchstrichterlichen Rechtsprechung grundsätzlich lediglich darauf an, ob der Empfänger nach bürgerlichem Recht einen Unterhaltsanspruch gegen den Zuwendenden haben kann. Daß ein Unterhaltsanspruch nach bürgerlichem Recht tatsächlich besteht, ist somit grundsätzlich nicht erforderlich. Die Vorschrift des § 12 Nr. 2 EStG kann daher selbst dann anzuwenden sein, wenn die Unterhaltsverpflichtung des Zuwendenden gegenüber einem an sich zum Kreis der unterhaltsberechtigten Personen gehörenden Empfänger durch ein rechtskräftiges Urteil des Zivilgerichts verneint worden ist (BFH, BStBl 1961 III S. 535).

Beispiele:

a) Ein Steuerpflichtiger gewährt seinem Vater eine zusätzliche monatliche Rente von 200 DM, obwohl sein Vater eine ausreichende Sozialversicherungsrente bezieht und in der Lage ist, sich damit selbst zu unterhalten.

Der Vater gehört gleichwohl zu den unterhaltsberechtigten Personen.

b) Ein Steuerpflichtiger zahlt seiner im August 1978 von ihm geschiedenen Ehefrau eine Unterhaltsrente von monatlich 1000 DM, obwohl sie sich aus ihrem Vermögen durchaus selbst unterhalten kann.

Die Ehefrau gehört gleichwohl zu den ihrem geschiedenen Ehemann gegenüber unterhaltsberechtigten Personen.

c) Ein Steuerpflichtiger gewährt seiner im Jahre 1976 auf sein Verlangen ohne Schuldausspruch von ihm geschiedenen Ehefrau eine monatliche Unterhaltsrente von 1500 DM.

Der geschiedene Mann ist seiner geschiedenen Frau gegenüber gesetzlich unterhaltsverpflichtet. Er kann daher seine Zahlungen nach § 12 Nr. 2 EStG nicht absetzen; die Frau braucht die Bezüge nicht zu versteuern. § 33 a Abs. 1 EStG bleibt anwendbar.

Als Zuwendungen an gesetzlich unterhaltsberechtigte Personen i. S. des § 12 Nr. 2 EStG sind nach der Rechtsprechung des BFH (BStBl 1961 III S. 535, 1973 II

---

30 Ist die Ehe nach den bis zum 30. 6. 1977 geltenden Vorschriften geschieden worden, so bestimmen sich die Unterhaltsansprüche der Ehegatten nach Art. 12 Nr. 3 Abs. 2 des Gesetzes zur Reform des Ehe- und Familienrechts vom 14. 6. 1976 (BGBl 1976 I S. 1421) auch weiterhin nach den bisherigen Bestimmungen.

31 Für die Feststellung, ob ein geschiedener Ehegatte gegenüber seinem früheren Ehegatten i. S. des § 12 Nr. 2 EStG eine gesetzlich unterhaltsberechtigte Person ist, ist allein der Schuldspruch im Scheidungsurteil maßgebend (BFH, BStBl 1970 II S. 115).

S. 778) auch Unterhaltsbeiträge anzusehen, die im Fall einer vor dem 1. 7. 1977 erfolgten Scheidung aus gleichwertigem Verschulden einem Ehegatten nach § 60 Ehegesetz zugebilligt worden sind, weil er sich nicht selbst unterhalten kann. Der sich aus § 60 Ehegesetz ergebende Anspruch ist zumindest steuerrechtlich seinem Wesen nach als ein gesetzlicher Unterhaltsanspruch anzusprechen, weil er ebenfalls an das durch die Ehe begründete und über die Scheidung hinaus bestehende objektive abstrakte Unterhaltsverhältnis anknüpft. Auch in diesem Fall kommt es nach der Auffassung des BFH (BStBl 1973 II S. 778) nicht darauf an, ob nach § 60 Ehegesetz tatsächlich ein Anspruch besteht. Entscheidend ist auch insoweit, ob ein solcher Anspruch bestehen kann.

Beispiel:

Vor der im September 1976 erfolgten Scheidung seiner Ehe aus beiderseitigem gleichwertigem Verschulden hatte sich der Steuerpflichtige vertraglich verpflichtet, seiner geschiedenen Ehefrau monatlich 500 DM zu bezahlen.

Die monatlichen Zahlungen stellen Zuwendungen an eine gesetzlich unterhaltsberechtigte Person dar, weil die übernommene Verpflichtung auf der potentiell bestehenden gesetzlichen Unterhaltpflicht des Steuerpflichtigen nach § 60 Ehegesetz beruht.

Da es für die Anwendung des § 12 Nr. 2 EStG nicht darauf ankommt, ob der Empfänger tatsächlich einen Unterhaltsanspruch gegen den Zuwendenden hat, sind Zuwendungen an eine gesetzlich unterhaltsberechtigte Person auch insoweit nicht abzugsfähig, als sie über das nach bürgerlichem Recht angemessene Maß hinausgehen (BFH, BStBl 1973 II S. 776).

Das Abzugsverbot des § 12 Nr. 2 EStG greift allerdings dann nicht ein, wenn Leistungen an eine gesetzlich unterhaltsberechtigte Person aufgrund eines dieser Person eingeräumten Vermächtnisses erbracht werden (vgl. BFH, BStBl 1964 III S. 59).

Beispiel:

A hat seinen Vater als alleiniger Erbe beerbt und aufgrund des der Mutter eingeräumten Vermächtnisses monatlich 3000 DM an seine Mutter zu zahlen.

Das Abzugsverbot des § 12 Nr. 2 EStG greift nicht ein. A kann die Zahlungen an seine Mutter als Sonderausgaben abziehen.

Das Abzugsverbot des § 12 Nr. 2 EStG greift darüber hinaus auch dann nicht ein, wenn Leistungen an eine gesetzlich unterhaltsberechtigte Person aufgrund einer Gegenleistung erbracht werden, die noch nicht zur Verneinung einer Zuwendung i. S. dieser Vorschrift führt. Welcher Art diese Gegenleistung ist, ist dabei ohne Bedeutung (BFH, BStBl 1975 II S. 529).

Beispiel:

Der Steuerpflichtige hat seinen ältesten Sohn A als Kommanditist in sein gewerbliches Unternehmen aufgenommen. Da er sein Unternehmen nach seinem Tode durch A fortgesetzt sehen möchte, hat er seinem Sohn B und seiner Tochter C eine lebenslängliche Rente zugesagt. Im Hinblick auf diese Zusage haben B und C auf ihr gesetzliches Erb- und Pflichtteilsrecht verzichtet.

Der Verzicht auf das gesetzliche Erb- und Pflichtteilsrecht stellt eine Gegenleistung dar, die zur Nichtanwendung des Abzugsverbots des § 12 Nr. 2 EStG führen kann.

Voraussetzung ist jedoch, daß die Gegenleistung nicht in den Bereich der Vorgänge gehört, die zur Entstehung des gesetzlichen Unterhaltsanspruchs geführt haben (BFH, BStBl 1970 II S. 376).

Beispiel:

Ein Steuerpflichtiger hat sich seiner Ehefrau gegenüber in einem notariellen Vertrag, in dem sich diese zur Erhebung der Scheidungsklage bereit erklärt hat, verpflichtet, ihr nach der Ehescheidung eine monatliche Rente in Höhe von 800 DM zu zahlen. Die Ehe des Steuerpflichtigen ist sodann aus seinem alleinigen Verschulden geschieden worden.

Die Rentenzahlungen sind nach § 12 Nr. 2 EStG nicht abzugsfähig. Die Bereitschaft der Ehefrau, die Scheidungsklage zu erheben, stellt keine der Anwendbarkeit der Vorschrift des § 12 Nr. 2 EStG entgegenstehende Gegenleistung dar.

Eine das Abzugsverbot des § 12 Nr. 2 EStG ausschließende Gegenleistung kann auch dann vorliegen, wenn Leistung und Gegenleistung nicht wie unter Fremden nach wirtschaftlichen Gesichtspunkten gegeneinander abgewogen sind, sondern die Zuwendungen die Versorgung des Empfängers sicherstellen sollen und daher nach dessen Lebensbedürfnissen bemessen worden sind. In derartigen Fällen greift das Abzugsverbot jedoch nur dann nicht ein, wenn nicht der Unterhaltscharakter der Zuwendungen, sondern der Gesichtspunkt der Gegenleistung überwiegt. Überwiegt der Unterhaltscharakter, so sind die Zuwendungen nach der Rechtsprechung des BFH (BStBl 1964 III S. 422) in vollem Umfang nicht abzugsfähig.

Da eine Aufteilung der Zuwendungen in einen abzugsfähigen und einen nichtabzugsfähigen Teil danach nicht zulässig ist, kommt der Frage, ob der Unterhaltscharakter oder der Gesichtspunkt der Gegenleistung überwiegt, in derartigen Fällen eine besondere Bedeutung zu.

Nach der Rechtsprechung überwiegt im allgemeinen der Unterhaltscharakter, wenn der Wert der vom Empfänger erbrachten Gegenleistung bei überschläglicher und großzügiger Berechnung weniger als die Hälfte des Wertes der Zuwendungen beträgt (BFH, BStBl 1964 III S. 422).

Beispiele:

a) Ein Steuerpflichtiger überträgt seinem Sohn ein privatgenutztes Mietwohngrundstück, für das bei einer Veräußerung an einen Fremden ein Preis von etwa 200 000 DM zu erzielen wäre, gegen die rechtsverbindliche Zusicherung einer lebenslänglichen Leibrente, deren Barwert sich im Zeitpunkt der Zusicherung auf 300 000 DM beläuft.

Da der Wert des übertragenen Grundstücks mehr als die Hälfte des Barwerts der zugesicherten Rente beträgt, greift das Abzugsverbot des § 12 Nr. 2 EStG nicht ein, da von einem Überwiegen des Unterhaltscharakters nicht die Rede sein kann.

b) Der Steuerpflichtige A überträgt seinem Sohn B seinen gewerblichen Betrieb (Teilwert: 120 000 DM) gegen die rechtsverbindliche Zusicherung einer lebenslänglichen Leibrente mit einem Barwert von 300 000 DM.

Der Wert des übertragenen Betriebs beträgt weniger als die Hälfte des Barwerts der zugesicherten Rente. Da das Abzugsverbot des § 12 Nr. 2 EStG somit eingreift, kann B die Rentenleistungen in diesem Fall nicht als Sonderausgaben abziehen.

Auch eine Ausgleichsrente, die im Rahmen des schuldrechtlichen Versorgungsausgleichs zwischen geschiedenen Ehegatten in Erfüllung eines bestehenden Ausgleichsanspruchs gezahlt wird, fällt nicht unter das Abzugsverbot des § 12 Nr. 2 EStG. Im Rahmen des schuldrechtlichen Versorgungsausgleichs hat der Ehegatte, dessen auszugleichende Versorgung die des anderen übersteigt, dem anderen Ehegatten nach § 1587 g Abs. 1 BGB als Ausgleich eine Geldrente (Ausgleichsrente) in Höhe der Hälfte des jeweils übersteigenden Betrags zu entrichten. Die Ausgleichsrente wird gezahlt, weil eine Übertragung oder Begründung von Rentenanwartschaften in einer gesetzlichen Versicherung nicht möglich ist, das Familienrecht eine entsprechende Regelung getroffen hat oder die Ehegatten den schuldrechtlichen Versorgungsausgleich vereinbart haben, um eine Übertragung oder Begründung von Rentenanwartschaften in einer gesetzlichen Versicherung zu vermeiden. Die Zahlung der Ausgleichsrente erfolgt damit, weil der ausgleichsberechtigte Ehegatte auf den Versorgungsausgleich in anderer Form verzichtet hat oder sein Ausgleichsanspruch vom Gesetzgeber auf die Zahlung einer Ausgleichsrente beschränkt wurde. In diesem Verzicht auf einen Versorgungsausgleich in anderer Form bzw. in diesem gesetzlichen Ausschluß des Versorgungsausgleichs in anderer Form muß eine die Anwendung des § 12 Nr. 2 EStG ausschließende Gegenleistung gesehen werden.

4.5.3.4 Freiwillige Zuwendungen

Nicht abzugsfähig sind nach § 12 Nr. 2 EStG ferner freiwillige Zuwendungen.

Freiwillig ist eine Zuwendung, zu der der Geber nicht rechtlich verpflichtet ist. Das Merkmal der Freiwilligkeit ist auf die einzelne Leistung zu beziehen. Wird die einzelne Leistung auf Grund einer wirksam begründeten Verpflichtung erbracht, so liegt daher eine freiwillige Zuwendung auch dann nicht vor, wenn die Verpflichtung als solche freiwillig und unentgeltlich begründet worden ist.

> **Beispiel:**
> Ein Steuerpflichtiger gewährt seiner Nichte aufgrund eines notariell beurkundeten Schenkungsversprechens bis zu seinem Tode einen festen Betrag als Unterhaltszuschuß.
>
> Es liegen keine freiwilligen Zuwendungen vor, weil der Steuerpflichtige zur Zahlung der einzelnen Beträge verpflichtet ist (s. dazu 4.5.3.5).

Das Abzugsverbot für freiwillige Zuwendungen ist unabhängig davon, in welcher persönlichen Beziehung der Zuwendende zum Empfänger steht.

Auch Spenden für gemeinnützige Zwecke oder an politische Parteien sind damit nicht abzugsfähig, wenn sie mangels einer konkreten Gegenleistung als Zuwendungen i. S. des § 12 Nr. 2 EStG anzusehen sind (vgl. BFH, BStBl 1988 II S. 220 und 1990 II S. 237; vgl. ferner die Ausführungen zu 4.1.7.4).

Eine nicht abzugsfähige freiwillige Zuwendung kann auch anzunehmen sein, wenn Leistungen bei bestehenden Rechtsbeziehungen erbracht werden. Wenn der Nießbraucher eines Grundstücks ohne vertragliche oder gesetzliche Verpflichtung umfangreiche Umbau- und Instandsetzungskosten durchführen läßt und von vornherein auf jeglichen Ersatz verzichtet, so stellen die anfallenden Kosten nach § 12 Nr. 2 EStG nicht abziehbare Zuwendungen an den Grundstückseigentümer dar (vgl. BFH, BStBl 1990 II S. 430).

4.5.3.5 Zuwendungen aufgrund einer freiwillig begründeten Rechtspflicht

Nicht abzugsfähig sind nach § 12 Nr. 2 EStG schließlich Zuwendungen aufgrund einer freiwillig begründeten Rechtspflicht.

Durch diese seit 1975 geltende Regelung soll sichergestellt werden, daß Zuwendungen aufgrund einer freiwillig begründeten Rechtspflicht ebenso behandelt werden wie freiwillige Zuwendungen.

Unter dieses Abzugsverbot fallen keineswegs alle Zuwendungen, zu denen der Steuerpflichtige rechtlich verpflichtet ist. Nicht abzugsfähig sind vielmehr nur Zuwendungen aufgrund einer freiwillig begründeten Rechtspflicht, d. h. Zuwendungen, zu deren Erbringung sich der Steuerpflichtige freiwillig rechtlich verpflichtet hat. Fehlt es an einer freiwilligen Verpflichtung, greift dieses Abzugsverbot nicht ein.

Beispiel:

Der Steuerpflichtige A ist von dem von ihm verletzten B auf Schadensersatz verklagt worden. In einem vor dem Gericht abgeschlossenen Vergleich hat er sich verpflichtet, B auf Lebenszeit eine monatliche Rente von 200 DM zu zahlen.

Das Abzugsverbot des § 12 Nr. 2 EStG greift nicht ein, weil die Verpflichtung zur Zahlung der Rente nicht freiwillig begründet worden ist.

In welcher Form die rechtliche Verpflichtung erfolgt, ist ohne Bedeutung. Die Verpflichtung kann daher nicht nur durch einen einseitig verpflichtenden Vertrag, sondern auch durch einen gegenseitigen Vertrag begründet werden, nach welchem auch der andere Vertragsteil zu einer Leistung verpflichtet ist.

Da im Rahmen eines auch steuerlich anzuerkennenden gegenseitigen Vertrages eine Zuwendung i. S. des § 12 Nr. 2 EStG nur in Höhe des Betrages anzunehmen ist, um den die Leistung des einen die Gegenleistung des anderen Vertragsteils übersteigt, kann eine Zuwendung aufgrund einer freiwillig begründeten Rechtspflicht nur vorliegen, wenn und soweit Leistung und Gegenleistung bereits im Zeitpunkt des Vertragsabschlusses voneinander abweichen. Spätere Änderungen der Verhältnisse sind nach unserer Auffassung für eine unter dieses Abzugsverbot fallende Zuwendung sowie für deren Höhe grundsätzlich ohne Bedeutung.

Beispiele:

a) Der Steuerpflichtige A hat seinem Onkel B für die Dauer von 12 Jahren ein Darlehen von 100 000 DM gegeben, das nach dem abgeschlossenen Darlehnsvertrag mit dem seinerzeit angemessenen Zinssatz von 10 v. H. zu verzinsen ist.

Eine unter das Abzugsverbot für Zuwendungen aufgrund freiwillig begründeter Rechtspflicht fallende Zuwendung ist auch dann nicht anzunehmen, wenn das Zinsniveau nach Abschluß des Vertrages nachhaltig abgesunken ist.

b) Der Steuerpflichtige A hat von seiner Tante für die Dauer von 10 Jahren Räume für seine Arztpraxis gemietet. Er hat sich in dem abgeschlossenen Mietvertrag zur Zahlung einer Miete von monatlich 750 DM verpflichtet. Im Zeitpunkt des

Vertragsabschlusses überstieg die vereinbarte Miete die übliche und angemessene Miete um 250 DM.

Die nicht abzugsfähige Zuwendung beträgt monatlich 250 DM. Daran ändert sich auch dann nichts, wenn sich die ortsübliche und angemessene Miete für Praxisräume im Laufe der Zeit erhöht.

Ob insoweit etwas anderes zu gelten hat, wenn die spätere Änderung der Verhältnisse aufgrund der getroffenen Vereinbarung zu einer Angleichung von Leistung und Gegenleistung berechtigt, kann als zweifelhaft erscheinen.

Beispiel:

A hat seinem Onkel B für die Dauer von 12 Jahren ein Darlehen von 100 000 DM gegeben, das nach dem abgeschlossenen Darlehnsvertrag mit dem seinerzeit angemessenen Zinssatz von 10 v. H. zu verzinsen ist. Nach Ablauf von 5 Jahren ist B nach den getroffenen Vereinbarungen jedoch berechtigt, das Darlehen mit einem Zinssatz zu verzinsen, der um 2 Prozentpunkte über dem dann gültigen Diskontsatz liegt. Im Jahre 1984 hätte B das Darlehen dementsprechend mit einem Zinssatz von 7 bzw. 6,5 v. H. verzinsen können. Er hat jedoch von seinem Recht insoweit keinen Gebrauch gemacht und das Darlehen weiterhin mit 10 v. H. verzinst.

Das Abzugsverbot des § 12 Nr. 2 EStG für Zuwendungen aufgrund einer freiwillig begründeten Rechtspflicht gilt, wie oben bereits ausgeführt, für nach dem 31. 12. 1974 erfolgte Zuwendungen. Da eine Übergangsregelung nicht getroffen worden ist, ist dieses Abzugsverbot auch auf Zuwendungen anzuwenden, die auf Grund von rechtsverbindlichen Vereinbarungen erfolgen, die vor dem 1. 1. 1975 getroffen worden sind.

Beispiel:

Ein Steuerpflichtiger hat sich im Jahre 1971, nachdem seine Ehe aus alleinigem Verschulden seiner Ehefrau geschieden worden war, seiner geschiedenen Ehefrau gegenüber zur Zahlung eines monatlichen Unterhaltsbeitrags in Höhe von 1000 DM verpflichtet.

Seit 1975 können die Leistungen des Steuerpflichtigen an seine geschiedene Ehefrau nicht mehr als Sonderausgaben nach § 10 Abs. 1 Nr. 1 a EStG berücksichtigt werden.

Das Abzugsverbot für Zuwendungen aufgrund einer freiwillig begründeten Rechtspflicht greift ebenfalls nicht ein, wenn den Zuwendungen eine Gegenleistung gegenübersteht und der Gesichtspunkt der erbrachten Gegenleistung den Gesichtspunkt der Freigebigkeit überwiegt. Im Hinblick auf die Rechtsprechung des BFH zur Behandlung von Zuwendungen an gesetzlich unterhaltsberechtigte Personen bei Vorliegen einer Gegenleistung (BFH, BStBl 1964 III S. 422) wird ein Überwiegen des Gesichtspunktes der Freigebigkeit im allgemeinen zu bejahen sein, wenn der Wert der vom Empfänger erbrachten Gegenleistung bei überschläglicher und großzügiger Berechnung weniger als die Hälfte des Wertes der Zuwendungen beträgt (vgl. auch Abschn. 123 Abs. 3 und 87 Abs. 4 EStR).

Beispiel:

Ein Steuerpflichtiger überträgt seinem Neffen ein Mietwohngrundstück, für das bei einer Veräußerung an einen Fremden ein Preis von 200 000 DM zu erzielen wäre, gegen die rechtsverbindliche Zusicherung einer lebenslänglichen Rente, deren Barwert sich im Zeitpunkt der Zusicherung auf 300 000 DM beläuft.

Da der Wert des übertragenen Grundstücks mehr als die Hälfte des Barwerts der zugesicherten Rente ausmacht, kann von einem Überwiegen des Gesichtspunktes der Freigebigkeit keine Rede sein. Das Abzugsverbot des § 12 Nr. 2 EStG greift nicht ein.

4.5.4 Nicht abzugsfähige Steuern

Zu den nicht abzugsfähigen Aufwendungen gehören nach § 12 Nr. 3 EStG schließlich die Steuern vom Einkommen und sonstigen Personensteuern. Nicht abzugsfähig sind somit die Einkommensteuer, die Lohnsteuer und die Kapitalertragsteuer. Zu den nicht abzugsfähigen Steuern gehören auch die Erbschaft- und Schenkungsteuern sowie die Umsatzsteuer für den Eigenverbrauch und für Lieferungen und sonstige Leistungen, die Entnahmen sind.

Beispiel:

Die X-OHG stellt ihren Gesellschaftern einen zum Betriebsvermögen gehörenden Pkw auch für private Fahrten zur Verfügung.

Die Umsatzsteuer, die auf diese sonstigen Leistungen der X-OHG entfällt, gehört zu den nach § 12 Nr. 3 UStG nicht abzugsfähigen Steuern, weil es sich bei diesen Leistungen einkommensteuerlich um Privatentnahmen der einzelnen Gesellschafter handelt.

Das vorbezeichnete Abzugsverbot gilt, worauf in § 12 Abs. 3 EStG nunmehr klarstellend hingewiesen wird,[32] auch für Nebenleistungen, die auf diese Steuern entfallen. Im Hinblick auf die neu eingefügte Vorschrift des § 10 Abs. 1 Nr. 5 EStG sind von diesem Abzugsverbot jedoch die Zinsen ausgenommen worden, die nach den §§ 233 a, 234 und 237 AO auf Steuerforderungen erhoben werden.

Verspätungszuschläge (§ 152 AO), Säumniszuschläge und Zwangsgelder (§ 329 AO) sind danach bei der Ermittlung der Einkünfte und des Einkommens nur dann abzugsfähig, wenn sie mit abzugsfähigen Steuern im Zusammenhang stehen. Dies gilt auch für Stundungszinsen (§ 234 AO), Hinterziehungszinsen (§ 235 AO) und Aussetzungszinsen (§ 237 AO). Anders als private Schuldzinsen können derartige Zinsen insbesondere auch nicht als außergewöhnliche Belastung abgezogen werden (Abschn. 121 Abs. 2 EStR).

4.5.5 Abzugsverbot für Geldstrafen und ähnliche Aufwendungen

In einem Strafverfahren festgesetzte Geldstrafen und sonstige Rechtsfolgen vermögensrechtlicher Art, bei denen der Strafcharakter überwiegt, können nach § 12 Nr. 4 EStG[33] weder bei den einzelnen Einkunftsarten noch beim Gesamtbetrag der Einkünfte abgezogen werden.

---

32 Soweit der Abzug von Nebenleistungen damit untersagt wird, ist die Vorschrift des § 12 Nr. 3 EStG auch für Veranlagungszeiträume vor 1990 anzuwenden (§ 52 Abs. 14 c EStG).

33 Die Vorschrift, die keine Rechtsänderung beinhaltet, sondern nur die schon vorher bestehende Rechtslage klarstellt (vgl. BFH, BStBl 1986 II S. 845), ist auch für Veranlagungszeiträume vor 1983 anzuwenden, soweit Steuerbescheide nicht bestandskräftig sind oder unter dem Vorbehalt der Nachprüfung stehen.

Dem Abzugsverbot nach § 12 Nr. 4 EStG unterliegen auf jeden Fall die Geldstrafen, die von einem Gericht aufgrund der Strafvorschriften des Bundes- oder Landesrechts verhängt werden. Auch im Ausland nach den dort geltenden Strafvorschriften verhängte Geldstrafen fallen grundsätzlich unter dieses Abzugsverbot. Etwas anderes gilt nach Abschn. 120 Abs. 1 Nr. 4 EStR allerdings, wenn die verhängte Geldstrafe wesentlichen Grundsätzen der deutschen Rechtsordnung widerspricht.

Zu den sonstigen Rechtsfolgen vermögensrechtlicher Art, bei denen der Strafcharakter überwiegt, zählen ebenfalls nur Rechtsfolgen, die in einem Strafverfahren angeordnet oder festgesetzt werden und nicht lediglich der Wiedergutmachung des durch die Tat verursachten Schadens dienen. Nicht abzugsfähig ist danach insbesondere der Wert der Gegenstände, deren Einziehung in den Fällen des § 74 Abs. 2 Nr. 1 oder des § 74 a StGB angeordnet oder festgesetzt worden ist. Der Wert der Gegenstände, deren Verfall nach § 73 StGB angeordnet ist, unterliegt dagegen grundsätzlich nicht dem Abzugsverbot des § 12 Nr. 4 EStG, weil diese Anordnung in erster Linie dem Ausgleich von rechtswidrig erlangten Vermögensvorteilen dient, so daß der Strafcharakter einer solchen Anordnung im allgemeinen keinesfalls überwiegt. Nach Abschn. 120 Abs. 1 Nr. 2 Satz 4 EStR soll der Strafcharakter jedoch ausnahmsweise zu vermuten sein, wenn der Verfall von Tatentgelten (Bestechungsgelder, Agentenlohn) angeordnet wird. Ist diese Vermutung nicht auszuräumen, greift das Abzugsverbot des § 12 Nr. 4 EStG damit nach der von der Finanzverwaltung vertretenen Auffassung ein.

Zu den ebenfalls nicht abziehbaren Leistungen zur Erfüllung von Auflagen oder Weisungen, die in einem Strafverfahren erteilt werden und nicht lediglich der Wiedergutmachung dienen, zählen die Leistungen zugunsten einer gemeinnützigen Einrichtung oder der Staatskasse aufgrund einer gerichtlichen Auflage oder Weisung. Auch andere gemeinnützige Leistungen aufgrund einer gerichtlichen Auflage oder Weisung sind zu den nicht abzugsfähigen Leistungen zu rechnen. In einem Strafverfahren erteilt sind Auflagen oder Weisungen des Gerichts bei einer Strafaussetzung zur Bewährung, bei einer Verwarnung mit Strafvorbehalt oder im Zusammenhang mit der Einstellung eines Strafverfahrens.

Beispiel:

Gegen den Steuerpflichtigen wurde 1989 ein Steuerstrafverfahren wegen des Verdachts der Steuerhinterziehung eingeleitet, das im März 1990 im Hinblick auf das geringe Verschulden des Steuerpflichtigen mit der Auflage, 1000 DM an eine bestimmte gemeinnützige Einrichtung zu zahlen, gemäß § 153 a StPO vorläufig eingestellt wurde.

Der Betrag von 1000 DM ist nach § 12 Nr. 4 EStG nicht abzugsfähig.

5 Einkunftsarten

5.1 Einkünfte aus Land- und Forstwirtschaft (§ 13 EStG)

5.1.1 Allgemeines

Land- und Forstwirtschaft kann steuerlich entweder in Form eines selbständigen land- und forstwirtschaftlichen Betriebs oder (ausnahmsweise) auch im Rahmen eines Gewerbebetriebs ausgeübt werden. Die Ausübung von Land- und Forstwirtschaft kann dementsprechend steuerlich entweder zu Einkünften aus Land- und Forstwirtschaft oder zu Einkünften aus Gewerbebetrieb führen. Einkünfte aus Land- und Forstwirtschaft i. S. des § 13 EStG sind daher lediglich die Einkünfte aus einem land- und forstwirtschaftlichen Betrieb.

Einkünfte aus Land- und Forstwirtschaft bezieht, für dessen Rechnung ein land- und forstwirtschaftlicher Betrieb bewirtschaftet wird. Bezieher von Einkünften aus Land- und Forstwirtschaft kann danach sowohl der bürgerlich-rechtliche oder wirtschaftliche Eigentümer als auch der Pächter eines land- und forstwirtschaftlichen Betriebs oder derjenige sein, dem ein land- und forstwirtschaftlicher Betrieb durch einen bloßen Betriebsüberlassungsvertrag unentgeltlich zur Bewirtschaftung überlassen worden ist (s. dazu BFH, BStBl 1976 II S. 335, 338). Die Einkünfte aus einem land- und forstwirtschaftlichen Betrieb können ferner auch demjenigen zuzurechnen sein, dem ein Nießbrauchsrecht an diesem Betrieb zusteht und für dessen Rechnung daher dieser Betrieb bewirtschaftet wird.

Ein land- und forstwirtschaftlicher Betrieb kann auch im Rahmen einer Gesellschaft oder Gemeinschaft durch mehrere Personen bewirtschaftet werden. In diesem Fall sind die Einkünfte aus dem gemeinschaftlichen Betrieb den einzelnen Beteiligten anteilig zuzurechnen. Eine solche Gesellschaft kann auch von Familienangehörigen gegründet werden. Familienpersonengesellschaften sind nach der Rechtsprechung des BFH auch in der Land- und Forstwirtschaft anzuerkennen (BFH, BStBl 1959 III S. 322; vgl. auch Abschnitt 126 Abs. 2 EStR).

Wie die Einkünfte aus einem von einer Personengesellschaft bewirtschafteten land- und forstwirtschaftlichen Betrieb sind nach § 13 Abs. 1 Nr. 4 EStG auch die Einkünfte von Hauberg-, Wald-, Forst- und Laubgenossenschaften und ähnlichen Realgemeinden i. S. des § 3 Abs. 2 KStG zu behandeln. Diese Einkünfte sind nach § 3 Abs. 2 Satz 2 KStG als Einkünfte aus Land- und Forstwirtschaft auch dann unmittelbar bei den Beteiligten zu erfassen, wenn die Realgemeinde an sich zu den in § 1 KStG bezeichneten körperschaftsteuerpflichtigen Gebilden gehört.

Die Mitglieder einer Realgemeinde i. S. des § 3 Abs. 2 KStG sind danach wie bei einer land- und forstwirtschaftlichen Mitunternehmergemeinschaft mit allen Konsequenzen als Land- und Forstwirte zu behandeln (BFH, BStBl 1987 II S. 169).

Unter § 3 Abs. 2 KStG fallen die zu den in § 1 KStG bezeichneten Steuerpflichtigen gehörenden Hauberg-, Wald-, Forst- und Laubgenossenschaften und ähnliche Realgemeinden allerdings nur insoweit, als sie weder einen Gewerbebetrieb unterhalten, der über den Rahmen eines Nebenbetriebs hinausgeht, noch einen solchen Gewerbebetrieb verpachtet haben. Ihre Einkünfte sind daher ebenfalls als Einkünfte aus Land- und Forstwirtschaft unmittelbar bei den Beteiligten zu erfassen, soweit sie nicht aus einem von der Realgemeinde unterhaltenen oder verpachteten Gewerbebetrieb fließen, der über den Rahmen eines Nebenbetriebs hinausgeht.

Die Einkünfte aus Land- und Forstwirtschaft werden bei der Ermittlung des Gesamtbetrags der Einkünfte nur berücksichtigt, soweit sie den **Freibetrag nach § 13 Abs. 3 EStG** übersteigen. Auf diese Vorschrift wird im Zusammenhang mit der Ermittlung des Gesamtbetrags der Einkünfte näher eingegangen (vgl. 6.8).

Mit Wirkung **vom Veranlagungszeitraum 1981 an** ist in § 34 e EStG eine **Steuerermäßigung bei Einkünften aus Land- und Forstwirtschaft** vorgesehen. Auf diese Vorschrift wird im Zusammenhang mit der Ermittlung der festzusetzenden Einkommensteuer näher eingegangen (vgl. 11.4).

5.1.2 Der land- und forstwirtschaftliche Betrieb

Ein land- und forstwirtschaftlicher Betrieb ist steuerlich nur dann anzunehmen, wenn eine Betätigung der in § 13 Abs. 1 EStG aufgeführten Art vorliegt, diese Betätigung mit der Absicht der Gewinnerzielung und unter Beteiligung am allgemeinen wirtschaftlichen Verkehr nachhaltig ausgeübt wird und sich diese Betätigung nicht aus besonderen Gründen ausnahmsweise als ein Gewerbe- oder Liebhabereibetrieb darstellt.

Für die Annahme eines landwirtschaftlichen Betriebs kommt es auf die Größe der genutzten Fläche grundsätzlich nicht an. Der Begriff des landwirtschaftlichen Betriebs setzt weder eine Mindestgröße noch vollen Besatz (Betriebsgebäude, Betriebsmittel usw.) voraus. Ein Acker oder eine Wiese, den bzw. die jemand landwirtschaftlich nutzt, ist ein landwirtschaftlicher Betrieb (BFH, BStBl 1965 III S. 150).

Die Annahme eines Forstbetriebs setzt jedoch eine Mindestgröße voraus, deren generelle Fixierung allerdings nicht möglich ist, weil sie von den Umständen des Einzelfalls, vor allem von der Art des Nutzholzes, abhängt, auf dessen Gewinnung der Betrieb abgestellt ist (BFH, BStBl 1982 II S. 158). Die Größe der genutzten Fläche kann insoweit nicht außer Betracht bleiben, weil ein wirtschaftlicher Gewinn im Bereich der Forstwirtschaft nur bei einer bestimmten Betriebsgröße erzielt werden kann (BFH, BStBl 1985 II S. 549, 550).

Bei kleineren Privatwaldungen, die nur eine oder wenige Altersklassen oder Baumbestände aufweisen, brauchen die vorbezeichneten Voraussetzungen für die Annahme eines Forstbetriebs nicht in jedem Jahr erfüllt zu sein. Insbesondere ist für die Frage nach der Gewinnerzielungsabsicht auf die Gesamtumtriebszeit der vorhandenen Altersklassen und Bestände abzustellen (vgl. BFH, BStBl 1985 II S. 549).

5.1.2.1 Die Vorschrift des § 13 Abs. 1 EStG

Die Vorschrift des § 13 Abs. 1 EStG enthält keine allgemeine Begriffsbestimmung der land- und forstwirtschaftlichen Betätigung, sondern zählt lediglich diejenigen Betätigungen auf, die steuerlich als land- und forstwirtschaftliche zu behandeln sind.

Dazu zählen nach § 13 Abs. 1 Nr. 1 EStG vor allem der **Betrieb von Landwirtschaft, Forstwirtschaft, Weinbau, Gartenbau, Obstbau, Gemüsebau, Baumschulen und alle Betriebe, die Pflanzen und Pflanzenteile mit Hilfe der Naturkräfte gewinnen.**

Unter **Landwirtschaft** im engeren Sinne ist die nicht einer anderen Nutzungsart zuzuordnende Nutzung des Grund und Bodens zur Gewinnung pflanzlicher Erzeugnisse und deren Verwertung zu verstehen. Der Grund und Boden braucht jedoch nicht als Anbaufläche Grundlage der Produktion zu sein. Eine entsprechende Nutzung des Grund und Bodens liegt daher auch dann vor, wenn die Gewinnung von Pflanzen und Pflanzenteilen z. B. in Gewächshäusern betrieben wird.

Auch das **Züchten und Halten von Tieren** gehört zur Landwirtschaft, wenn und soweit sich die Tierzucht und Tierhaltung nach der Verkehrsauffassung im Rahmen einer landwirtschaftlichen Betätigung hält.

Eine Tierzucht oder Tierhaltung i. S. des § 13 EStG muß lebende Tiere zum Gegenstand haben, die für eine gewisse Zeitdauer dem Betrieb dienen. Die Gewinnung von Küken aus Bruteiern stellt daher keine Tierzucht oder Tierhaltung i. S. des § 13 EStG dar, wenn die Küken als Eintagsküken weiterveräußert werden (vgl. BFH, BStBl 1990 II S. 152).

Im Rahmen einer landwirtschaftlichen Betätigung hält sich eine Tierzucht oder Tierhaltung grundsätzlich bei den in der Anlage 1 zum BewG aufgeführten Tierarten. Auch Tiere anderer Tierarten können jedoch nach der Verkehrsauffassung im Rahmen einer landwirtschaftlichen Betätigung gezüchtet oder gehalten werden, da die Anlage 1 zum BewG keine abschließende Aufzählung enthält (BFH, BStBl 1981 II S. 210). Die Aufzucht von Hunden stellt jedoch stets eine gewerbliche Betätigung dar (BFH, BStBl 1981 II S. 210).

Nach der Vorschrift des § 13 Abs. 1 Nr. 1 Satz 2 EStG stellt die Tierzucht und Tierhaltung unabhängig davon, ob und inwieweit die dafür erforderlichen Erzeugnisse im eigenen Betrieb gewonnen werden oder doch gewonnen werden können, steuerlich immer dann eine landwirtschaftliche Betätigung dar, wenn im Wirtschaftsjahr

für die ersten	20 Hektar nicht mehr als	10	Vieheinheiten,
für die nächsten	10 Hektar nicht mehr als	7	Vieheinheiten,
für die nächsten	10 Hektar nicht mehr als	3	Vieheinheiten
und für die weitere Fläche nicht mehr als		1,5	Vieheinheiten

je (vollen) **Hektar** (vgl. BFH, BStBl 1989 II S. 1036) der vom Inhaber des Betriebs regelmäßig landwirtschaftlich genutzten Fläche erzeugt und gehalten werden.

Bei der Abgrenzung der landwirtschaftlichen Tierzucht und Tierhaltung von der gewerblichen ist nicht von den Verhältnissen eines Wirtschaftsjahres, sondern von der regelmäßigen und nachhaltigen Erzeugung (Mastvieh) oder Haltung (übriges Vieh) während eines Zeitraums von drei Wirtschaftsjahren auszugehen. Der durchschnittliche Tierbestand eines solchen Zeitraums ist sodann nach dem Futterbedarf in Vieheinheiten umzurechnen. Dabei sind die Vorschriften in § 51 Abs. 2 bis 5 BewG anzuwenden. Der maßgebende Umrechnungsschlüssel ist in Abschn. 124 a Abs. 2 EStR aufgeführt.

Der im Hinblick auf die Rechtsprechung des BFH (vgl. BStBl 1989 II S. 1036) neu gefaßte Vieheinheitenschlüssel gilt vom Wirtschaftsjahr 1990/1991 an. Er ist jedoch auch in allen noch offenen Fällen vorausgegangener Wirtschaftsjahre anzuwenden, soweit er für die Steuerpflichtigen günstiger ist als der bis zum Wirtschaftsjahr 1989/1990 maßgebende Vieheinheitenschlüssel.

Beispiel:

Ein Landwirt, der regelmäßig eine Fläche von 26 Hektar landwirtschaftlich nutzt, hat nachhaltig folgende Tierbestände erzeugt oder gehalten: 20 Kühe, 8 Färsen, 6 Jungtiere (1 bis 2 Jahre), 10 Kälber, 8 Mastkälber (verkauft), 30 Zuchtsauen, 500 Mastschweine aus selbsterzeugten Ferkeln (verkauft), 100 Mastschweine aus zugekauften Ferkeln (verkauft) und 100 Läufer.

Umgerechnet besitzt der Landwirt folgende Vieheinheiten (VE):

20 Kühe × 1,00	= 20,00 VE
8 Färsen × 1,00	= 8,00 VE
6 Jungtiere × 0,70	= 4,20 VE
10 Kälber × 0,30	= 3,00 VE
8 Mastkälber × 0,30	= 2,40 VE
30 Zuchtschweine × 0,33	= 9,90 VE
500 Mastschweine (aus selbsterzeugten Ferkeln) × 0,16	= 80,00 VE
100 Mastschweine (aus zugekauften Ferkeln) × (0,16 VE − 0,02 VE)	= 14,00 VE
100 Läufer (zur Mast bestimmt, daher kein Ansatz)	= 0,00 VE
	141,50 VE

Insgesamt darf der Landwirt 242 VE haben, nämlich für die ersten 20 Hektar je 10 VE und für die nächsten 6 Hektar je 7 VE. Da diese Grenze nicht überschritten wird, stellen auch die Tierzucht und Tierhaltung eine landwirtschaftliche Betätigung dar.

Übersteigt die Zahl der Vieheinheiten nachhaltig die maßgebende Höchstgrenze, so gehören nur die Zweige des Tierbestands zur landwirtschaftlichen Nutzung, deren Vieheinheiten zusammen diese Grenze nicht überschreiten. Die verschiedenen Zweige des Tierbestands können danach immer nur im ganzen zur landwirtschaftlichen oder zur gewerblichen Tierzucht und Tierhaltung gehören (Abschn. 124 a Abs. 4 EStR).

Beispiel:

Ein Landwirt befaßt sich ausschließlich mit der Aufzucht von Masthühnern. Die Zahl der Vieheinheiten übersteigt den nach der landwirtschaftlich genutzten Fläche maßgebenden Höchstsatz.

Eine Aufteilung ist nicht zulässig, daher muß der gesamte Tierbestand zur gewerblichen Tierzucht und Tierhaltung gerechnet werden.

Besteht der Tierbestand eines Betriebs aus mehreren Zweigen und übersteigt die Zahl der Vieheinheiten insgesamt die maßgebende Höchstgrenze, so sind zuerst die weniger flächenabhängigen und erst dann die mehr flächenabhängigen Tierzweige der gewerblichen Tierzucht und Tierhaltung zuzurechnen. Innerhalb dieser beiden Gruppen ist jeweils zuerst der Zweig mit der größeren Zahl von Vieheinheiten der gewerblichen Tierzucht und Tierhaltung zuzurechnen.

Beispiel:

Ein Landwirt, der regelmäßig eine Fläche von 26 Hektar landwirtschaftlich nutzt, hat – in Vieheinheiten umgerechnet – nachhaltig folgende Tiere erzeugt oder gehalten:

1 Pferd (über 3 Jahre alt) × 1,10	=	1,1 VE
8 Kühe × 1,00	=	8,0 VE
7 Mastkälber × 0,30	=	2,1 VE
1000 Mastschweine (aus zugekauften Ferkeln) × 0,14	=	140,0 VE
5000 Legehennen × 0,02	=	100,0 VE
		= 251,2 VE

Da die Höchstgrenze von 242 VE überschritten ist und die Schweinemast nach der Anlage 2 zu § 51 Abs. 2 BewG ebenso wie die Legehennenhaltung zu den weniger flächenabhängigen Tierzweigen gehört, ist die Schweinemast wegen der größeren Zahl von VE der gewerblichen Tierzucht und Tierhaltung zuzurechnen.

Auch die **Tierzucht und Tierhaltung einer Gesellschaft,** bei der die Gesellschafter als Mitunternehmer anzusehen sind, stellt nach § 13 Abs. 1 Nr. 1 letzter Satz EStG eine land- und forstwirtschaftliche Betätigung dar, sofern die Voraussetzungen des § 51 a BewG erfüllt sind und andere Einkünfte der Gesellschafter aus dieser Gesellschaft zu den Einkünften aus Land- und Forstwirtschaft gehören. Zu den Voraussetzungen des § 51 a BewG gehört insbesondere, daß die Gesellschafter, die sämtlich Inhaber eines land- und forstwirtschaftlichen Betriebs mit selbstbewirtschafteten regelmäßig landwirtschaftlich genutzten Flächen und nach dem Gesamtbild der Verhältnisse hauptberuflich Land- und Forstwirte sein müssen, die sich für sie nach § 13 Abs. 1 Nr. 1 EStG ergebende Möglichkeit zur landwirtschaftlichen Tiererzeugung und Tierhaltung ganz oder teilweise auf die Gesellschaft übertragen haben. Die Summe der von der Gesellschaft im Wirtschaftsjahr erzeugten oder gehaltenen Vieheinheiten darf jedoch die Summe der sich aufgrund der übertragenen Möglichkeiten der Gesellschafter zur landwirtschaftlichen Tiererzeugung und Tierhaltung ergebenden Vieheinheiten sowie die Summe der Vieheinheiten, die sich auf der Grundlage der von den Gesellschaftern regelmäßig landwirtschaftlich genutzten Flächen ergibt, nicht nachhaltig überschreiten. Wegen der weiteren Einzelheiten wird auf die Anweisungen in Abschn. 124 b EStR verwiesen.

Forstwirtschaft ist die planmäßige Nutzung des Grund und Bodens zur Gewinnung von Holz oder anderen forstwirtschaftlichen Erzeugnissen (wie z. B. Eicheln, Zapfen, Beeren und Pilze) und deren Verwertung.

Der Grund und Boden muß danach die Grundlage der Holzgewinnung sowie der Gewinn anderer forstwirtschaftlicher Erzeugnisse sein (vgl. auch BFH, BStBl 1985 II S. 482). Die Pilzzucht in Kellern stellt daher z. B. keine forstwirtschaftliche Betätigung dar.

Da eine forstwirtschaftliche Betätigung im übrigen eine planmäßige Nutzung des Grund und Bodens voraussetzt, stellt die Anpflanzung einzelner Bäume, z. B. als Park- oder Alleebäume, noch keine Forstwirtschaft dar.

Man unterscheidet die forstwirtschaftlichen Betriebe in Nachhaltsbetriebe und aussetzende Betriebe. Bei den **Nachhaltsbetrieben** handelt es sich um (größere) Forstbetriebe, bei denen aufgrund der vorhandenen Holzarten und Altersklassen planmäßig jährliche Nutzungen möglich sind. **Aussetzende Betriebe** sind Betriebe, die nur aus einer einzigen oder einigen wenigen Altersklassen bestehen und daher keine stetigen Erträge erbringen können (BFH, BStBl 1976 II S. 482). Aussetzende Betriebe sind vielfach die zu einem landwirtschaftlichen Betrieb gehörenden Bauernwaldungen.

Eine land- und forstwirtschaftliche Betätigung stellen nach § 13 Abs. 1 Nr. 2 EStG ferner **Binnenfischerei, Teichwirtschaft, Fischzucht für Binnenfischerei und Teichwirtschaft sowie Imkerei und Wanderschäferei dar.** Auf das Vorhandensein einer entsprechenden Futtererzeugungsmöglichkeit im eigenen Betrieb kommt es nicht an. Diese Tätigkeiten brauchen nicht im Zusammenhang mit einer landwirtschaftlichen Betätigung i. S. des § 13 Abs. 1 Nr. 1 EStG ausgeübt zu werden. Es ist auch nicht erforderlich, daß die Binnenfischerei, die Teichwirtschaft oder die Fischzucht in eigenen oder gepachteten Gewässern ausgeübt wird (BFH, BStBl 1957 III S. 37).

Eine land- und forstwirtschaftliche Betätigung stellt nach § 13 Abs. 1 Nr. 3 EStG auch die **Ausübung der Jagd** dar, wenn diese mit dem Betrieb einer Landwirtschaft oder einer Forstwirtschaft im Zusammenhang steht. Die Jagd steht mit dem land- und forstwirtschaftlichen Betrieb in wirtschaftlichem Zusammenhang, wenn ein Land- und Forstwirt Eigentümer zusammenhängender land- und forstwirtschaftlich genutzter Ländereien ist, die nach § 7 BJagdG einen Eigenjagdbezirk bilden, und der Land- und Forstwirt diese Eigenjagd selbst betreibt. Der erforderliche Zusammenhang der Jagd mit dem land- und forstwirtschaftlichen Betrieb ist auch dann noch zu bejahen, wenn ein Land- und Forstwirt als Mitglied einer Jagdgenossenschaft einen Teil des gemeinschaftlichen Jagdbezirks gepachtet hat und das gepachtete Jagdrevier zum überwiegenden Teil aus seinen eigenen oder gepachteten land- und forstwirtschaftlichen Grundflächen besteht. Entsprechend ist der erforderliche Zusammenhang noch als gegeben anzusehen, wenn sich das Jagdrevier einer aus Land- und Forstwirten bestehenden Jagdgemeinschaft zum überwiegenden Teil aus Flächen zusammensetzt, die den Mitgliedern der Jagdgemeinschaft gehören und von ihnen land- und forstwirtschaftlich genutzt werden, und der einzelne Land- und Forstwirt die Jagd auf Grund der getroffenen Vereinbarungen überwiegend auf den ihm gehörenden Flächen ausübt (BFH, BStBl 1979 II S. 100).

Zu welchen Zwecken der Ertrag der Jagd tatsächlich verwendet wird, ist ohne Bedeutung.

Daß eine land- und forstwirtschaftliche Betätigung sich nicht in der bloßen Gewinnung pflanzlicher oder tierischer Produkte erschöpfen kann, liegt auf der

Hand. Auch die **Verwertung** dieser Produkte muß grundsätzlich als notwendiger Teil einer solchen Betätigung angesehen werden. In welcher Form diese Verwertung erfolgt, ist grundsätzlich ohne Bedeutung.

Beschränkt sich ein Betrieb nicht auf den Absatz selbstgewonnener Erzeugnisse, sondern kauft er dauernd und nachhaltig fremde Erzeugnisse über den betriebsnotwendigen Umfang hinaus hinzu, so muß eine land- und forstwirtschaftliche Betätigung verneint, der Betrieb daher steuerlich als Gewerbebetrieb behandelt werden. Das in derartigen Zu- und Verkäufen erkennbare Bestreben, alle sich bietenden Gelegenheiten zu geschäftlicher Betätigung auszunutzen, und zwar ohne Rücksicht auf das Leistungsvermögen des eigenen Betriebs, stellt den Betriebsinhaber nach der Auffassung des BFH aus dem Kreis der mit der Urerzeugung befaßten Personen heraus. Einen solchen Betrieb vor der Gewerbesteuerpflicht zu bewahren, erscheint im Hinblick auf den Grundsatz der gleichmäßigen Besteuerung und im Interesse der Wettbewerbsgleichheit nicht vertretbar (BFH, BStBl 1951 III S. 65).

Ein nur gelegentlicher Zukauf fremder Erzeugnisse steht der Annahme einer land- und forstwirtschaftlichen Betätigung aber nicht entgegen, auch wenn er einen erheblichen Umfang erreicht.

Eine gewerbliche Betätigung ist steuerlich in der Regel anzunehmen, wenn der dauernde und nachhaltige Zukauf fremder Erzeugnisse (steuerschädlicher Zukauf) zu einem Umsatz führt, der mehr als 30 v. H. des gesamten Umsatzes ausmacht (BFH, BStBl 1981 II S. 518). Wenn der Umsatz aus zugekauften fremden Erzeugnissen nicht mehr als 30 v. H. des gesamten Umsatzes beträgt, so ist dagegen grundsätzlich noch eine land- und forstwirtschaftliche Betätigung zu bejahen. Bei der Abgrenzung einer gewerblichen Betätigung von einer land- und forstwirtschaftlichen ist auch die Vereinfachungsregelung in Abschn. 135 Abs. 4 EStR zu beachten. Danach ist aus Vereinfachungsgründen von dem Verhältnis des Einkaufswerts der Zukäufe zum gesamten Umsatz auszugehen. Eine gewerbliche Betätigung ist danach steuerlich in der Regel erst anzunehmen, wenn der steuerschädliche Zukauf, gemessen an seinem Einkaufswert, mehr als 30 v. H. des Umsatzes beträgt. Als fremde Erzeugnisse gelten alle für die Weiterveräußerung zugekauften Erzeugnisse, die nicht im eigenen Betrieb im Wege des Erzeugungsprozesses bearbeitet werden (Abschn. 135 Abs. 2 EStR).

Wenn der Steuerpflichtige durch eine Ausweitung des steuerschädlichen Zukaufs erheblich über die 30-v.H.-Grenze hinaus zu erkennen gibt, daß er seinen Betrieb dauerhaft umstrukturieren will, so beginnt die gewerbliche Betätigung mit dem Anfang des vermehrten Zukaufs. Das gleiche gilt, wenn die Absicht des Steuerpflichtigen, den Betrieb dauerhaft umzustrukturieren, auf andere Weise zum Ausdruck kommt (Abschn. 135 Abs. 4 Sätze 4 und 5 EStR).

In allen übrigen Fällen ist eine gewerbliche Tätigkeit erst anzunehmen, wenn während eines Zeitraums von drei Jahren der steuerschädliche Zukauf mehr als 30 v. H. des Umsatzes betragen hat (Abschn. 135 Abs. 4 Satz 7 EStR).

Beispiel:

In einem Gartenbaubetrieb sind in den Wirtschaftsjahren

	01/02	02/03	03/04	04/05
Umsätze von erzielt worden.	100 000 DM	120 000 DM	150 000 DM	200 000 DM

Zugekauft wurden fremde Erzeugnisse mit einem Einkaufswert von

	01/02	02/03	03/04	04/05
a)	32 000 DM ($\triangleq$ 32 v. H.)	30 000 DM ($\triangleq$ 25 v. H.)	25 500 DM ($\triangleq$ 17 v. H.)	36 000 DM ($\triangleq$ 18 v. H.)
b)	32 000 DM ($\triangleq$ 32 v. H.)	40 000 DM ($\triangleq$ 33,3 v. H.)	46 500 DM ($\triangleq$ 31 v. H.)	65 000 DM ($\triangleq$ 32,5 v. H.)

Im Fall a) ist eine land- und forstwirtschaftliche Betätigung anzunehmen, weil der Zukauf fremder Erzeugnisse dauernd und nachhaltig nicht mehr als 30 v. H. des Umsatzes betragen hat. Daß der Zukauf fremder Erzeugnisse in einem Wirtschaftsjahr ausnahmsweise höher war, steht dem nicht entgegen.

Im Fall b) liegt vom Beginn des Wirtschaftsjahres 04/05 eine gewerbliche Betätigung vor, weil der steuerschädliche Zukauf während der drei vorangegangenen Wirtschaftsjahre und damit dauernd und nachhaltig mehr als 30 v. H. des Umsatzes betragen hat.

Da es grundsätzlich nicht darauf ankommt, in welcher Weise die Verwertung der land- und forstwirtschaftlichen Erzeugnisse erfolgt, ist eine land- und forstwirtschaftliche Betätigung auch dann zu bejahen, wenn die selbst gewonnenen Erzeugnisse nicht durch unmittelbaren Absatz verwertet werden. Übernimmt z. B. eine Gärtnerei auch die Grabpflege oder befaßt sich ein Gartenbauunternehmen auch mit der Garten- und Landschaftsgestaltung, so liegt grundsätzlich eine gewerbliche Betätigung solange nicht vor, als hierzu weit überwiegend eigenerzeugte Pflanzen verwendet werden und der Umsatz aus der Grabpflege bzw. der Garten- und Landschaftsgestaltung 50 v. H. des Gesamtumsatzes nicht übersteigt. Eine gewerbliche Betätigung ist danach in der Regel nur dann anzunehmen, wenn der Umsatz aus der Grabpflege bzw. der Garten- und Landschaftsgestaltung 50 v. H. des Gesamtsatzes übersteigt und im Gesamtumsatz die Vergütungen für Leistungen sowie die Lieferung nicht selbst gezogener Pflanzen überwiegen (BFH, BStBl 1955 III S. 223, 1965 III S. 147; vgl. auch Abschn. 135 Abs. 8 EStR).

Beispiel:

Eine Friedhofsgärtnerei erzielt in einem Wirtschaftsjahr einen Gesamtumsatz von 280 000 DM. Der Umsatz aus der Grabpflege (Arbeitsleistungen, Lieferung von Pflanzen aus eigener Erzeugung und Lieferung von zugekauften Pflanzen) beträgt 150 000 DM. Arbeitsleistungen und Lieferungen zugekaufter Pflanzen sind im Gesamtumsatz mit 160 000 DM enthalten.

Die Friedhofsgärtnerei ist als Gewerbebetrieb zu behandeln. Der Erlös aus der Grabpflege übersteigt 50 v. H. des Gesamtumsatzes. Im Gesamtumsatz überwiegen ferner auch die Vergütungen für Arbeitsleistungen und Lieferung von Fremderzeugnissen.

Ein Friedhofsgärtner, der die für seine Friedhofstätigkeit benötigten Pflanzen nahezu ausschließlich in einem eigenen Gartenbaubetrieb zieht, hat jedoch in der

Regel auch dann keine Einkünfte aus Land- und Forstwirtschaft, wenn im Gesamtumsatz die Vergütungen für Leistungen und die Lieferung nicht selbst gezogener Pflanzen die Vergütungen für den Absatz selbst gezogener Pflanzen nicht übersteigen (BFH, BStBl 1976 II S. 492).

5.1.2.2 Gewerbebetrieb trotz Vorliegens einer land- und forstwirtschaftlichen Betätigung

5.1.2.2.1 Gewerbebetrieb kraft Rechtsform

Nach § 2 Abs. 2 GewStG gilt die Tätigkeit der Kapitalgesellschaften, der Erwerbs- und Wirtschaftsgenossenschaften und der Versicherungsvereine auf Gegenseitigkeit stets und in vollem Umfang als Gewerbebetrieb (Gewerbebetrieb kraft Rechtsform). Hinsichtlich der Kapitalgesellschaften sowie der Erwerbs- und Wirtschaftsgenossenschaften ergibt sich dies auch aus § 8 Abs. 2 KStG, wonach bei Steuerpflichtigen, die nach den Vorschriften des HGB zur Führung von Büchern verpflichtet sind, alle Einkünfte als Einkünfte aus Gewerbebetrieb zu behandeln sind.

In vollem Umfang als Gewerbebetrieb gilt nach § 2 Abs. 2 GewStG auch die Tätigkeit der offenen Handelsgesellschaften, der Kommanditgesellschaften und anderer Gesellschaften, bei denen die Gesellschafter als Unternehmer (Mitunternehmer) des Gewerbebetriebs anzusehen sind. Insoweit setzt die Anwendung der Vorschrift des § 2 Abs. 2 GewStG allerdings voraus, daß „Gesellschafter als Unternehmer (Mitunternehmer) des Gewerbebetriebs anzusehen sind", daß also zumindest teilweise auch eine ihrer Art nach gewerbliche Tätigkeit ausgeübt wird (BFH, BStBl 1964 III S. 530, 1968 II S. 78). Personengesellschaften oder sonstige Mitunternehmergemeinschaften, die ausschließlich Land- und Forstwirtschaft betreiben, sind also nicht gewerbesteuerpflichtig. Wird von einer Personengesellschaft oder sonstigen Mitunternehmergemeinschaft neben einer Land- und Forstwirtschaft auch ein Gewerbe betrieben, so ist ihre gesamte Tätigkeit als gewerblich anzusehen, die Land- und Forstwirtschaft somit steuerlich als Teil eines einheitlichen Gewerbebetriebs zu behandeln. Es macht keinen Unterschied, ob die land- und forstwirtschaftliche oder die gewerbliche Betätigung überwiegt (vgl. dazu BFH, BStBl 1977 II S. 660 und 1984 II S. 150).

Nach herrschender Auffassung kam und kommt der Vorschrift des § 2 Abs. 2 GewStG nicht nur für die Gewerbesteuer, sondern auch für die Entscheidung Bedeutung zu, welcher Einkunftsart die Einkünfte einkommensteuerrechtlich zuzuordnen sind. Dies ist in § 15 Abs. 3 Nr. 1 EStG nunmehr auch gesetzlich klargestellt.

Die Vorschrift des § 15 Abs. 3 Nr. 1 EStG ist ebenso wie die Vorschrift des § 2 Abs. 2 Nr. 1 GewStG dann nicht anzuwenden, wenn eine Mehrheit von Erben einen ererbten Gewerbebetrieb und zugleich eine ererbte Land- und Forstwirtschaft betreibt. In diesem Fall muß nach der Rechtsprechung auf die Behandlung der Sache beim Erblasser zurückgegangen werden (RFH, RStBl 1939 S. 264, BFH, BStBl 1987 II S. 120, 121). Wenn bei dem Erblasser ein Gewerbebetrieb und daneben ein land- und forstwirtschaftlicher Betrieb angenommen worden ist, so sind auch bei den Erben zwei selbständige Betriebe anzunehmen. Auch eine Personengesellschaft, die keine gewerbliche Tätigkeit ausübt, sondern ausschließlich eine Land- und Forstwirtschaft betreibt, gilt als gewerblich tätig und hat daher Einkünfte aus Gewerbebetrieb, wenn sie sich als eine gewerblich geprägte Personengesellschaft i. S. des § 15 Abs. 3 Nr. 2 EStG darstellt (vgl. dazu die Ausführungen zu 5.2.1.3).

5.1.2.2.2 Land- und forstwirtschaftliche Betätigung als Teil eines einheitlichen Gewerbebetriebs

Ein einheitlicher Gewerbebetrieb liegt nach der Rechtsprechung des BFH (BStBl 1960 III S. 460, 1965 III S. 90) im allgemeinen vor, wenn neben einem seiner Art nach land- und forstwirtschaftlichen Erzeugerbetrieb ein besonderer Handelsbetrieb unterhalten wird, im Durchschnitt der Jahre mehr als 40 v. H. der land- und forstwirtschaftlichen Erzeugnisse in diesem Handelsbetrieb abgesetzt werden und der Zukauf fremder Erzeugnisse die nach Abschn. 135 Abs. 4 EStR maßgebende Grenze übersteigt (vgl. auch Abschn. 135 Abs. 7 EStR). Ob es sich bei dem Handelsbetrieb um einen Groß- oder Einzelhandelsbetrieb handelt, macht keinen Unterschied. Nach einem Beschluß der Steuerreferenten der obersten Finanzbehörden des Bundes und der Länder soll selbst dann nach den vorstehenden Grundsätzen verfahren werden, wenn der Handelsbetrieb von einer Personengesellschaft betrieben wird und nur einer der beteiligten Gesellschafter einen land- und forstwirtschaftlichen Betrieb unterhält, dessen Erzeugnisse im Durchschnitt der Jahre zu mehr als 40 v. H. über den Handelsbetrieb der Gesellschaft abgesetzt werden. Etwas anderes gilt nur, wenn die Eigenerzeugung zwar zu mehr als 40 v. H. in einem besonderen Handelsbetrieb abgesetzt wird, diese jedoch im Verhältnis zur gesamten Absatzmenge des Handelsgeschäfts – an dessen Umsatz gemessen – nur von untergeordneter Bedeutung ist (vgl. Abschn. 135 Abs. 7 EStR). In einem solchen Fall sind ebenfalls zwei selbständige Betriebe anzunehmen.

Ein einheitlicher gewerblicher Betrieb liegt nach der höchstrichterlichen Rechtsprechung im übrigen immer dann vor, wenn ein land- und forstwirtschaftlicher Betrieb in der Weise planmäßig im Interesse des gewerblichen Hauptbetriebs geführt wird, daß diese Verbindung nicht ohne Nachteil für das Gesamtunternehmen gelöst werden kann. Es muß danach festgestellt werden, daß dem Gewerbe im Rahmen des Gesamtbetriebs überwiegende Bedeutung, der Land- und Forstwirtschaft dagegen die untergeordnete Bedeutung eines Hilfsbetriebs zukommt, dessen Aufgabe in der Förderung und Ertragserhöhung des Gewerbebetriebs besteht (BFH, BStBl 1966 III S. 193, 1972 II S. 8).

5.1.2.3 Land- und forstwirtschaftliche Betätigung als Liebhaberei

Wegen der Abgrenzung eines land- und forstwirtschaftlichen Betriebs von einem Liebhabereibetrieb wird auf die allgemeinen Ausführungen zur Behandlung einer Liebhaberei verwiesen (vgl 2.2.3.1.2).

5.1.3 Der land- und forstwirtschaftliche Nebenbetrieb

Zu den Einkünften aus Land- und Forstwirtschaft gehören nach § 13 Abs. 2 Nr. 1 EStG auch die Einkünfte aus einem land- und forstwirtschaftlichen Nebenbetrieb. Als Nebenbetrieb gilt ein Betrieb, der dem land- und forstwirtschaftlichen Hauptbetrieb zu dienen bestimmt ist. Betriebe, die dem land- und forstwirtschaftlichen Hauptbetrieb nicht dienen, sind selbständige Gewerbebetriebe. Als selbständiger Gewerbebetrieb ist danach z. B. stets die Veranstaltung einer Schloßbesichtigung zu behandeln (BFH, BStBl 1980 II S. 633).

Als Nebenbetriebe kommen in der Hauptsache die sogenannten Be- oder Verarbeitungs- und Substanzbetriebe in Betracht.

Unter **Be- oder Verarbeitungsbetrieben** sind in diesem Zusammenhang Betriebe zu verstehen, in denen land- und forstwirtschaftliche Erzeugnisse be- oder verarbeitet werden (z. B. Molkereien, Käsereien, Brennereien, Obstkeltereien und Sägewerke). Als land- und forstwirtschaftliche Nebenbetriebe sind derartige Betriebe jedoch nur dann zu behandeln, wenn darin ausschließlich oder doch überwiegend Erzeugnisse be- oder verarbeitet werden, die im eigenen land- und forstwirtschaftlichen Betrieb gewonnen worden sind, und die be- und verarbeiteten Produkte überwiegend für den Verkauf bestimmt sind (Abschn. 135 Abs. 5 EStR).

Substanzbetriebe, die die Gewinnung und Verwertung von Bodensubstanz zum Gegenstand haben (z. B. Kies-, Lehm-, Torf- oder Sandgruben, Steinbrüche usw.), sind nur dann als land- und forstwirtschaftliche Nebenbetriebe zu behandeln, wenn die gewonnene Substanz ausschließlich oder doch überwiegend im eigenen land- und forstwirtschaftlichen Betrieb des Stpfl. verwertet wird. Ein Betrieb, der die gewonnene Substanz dauernd und nachhaltig zu 50 v. H. und mehr an Fremde veräußert, ist daher steuerlich nicht mehr als land- und forstwirtschaftlicher Nebenbetrieb, sondern als selbständiger Gewerbebetrieb anzusehen.

5.1.4 Umfang der Einkünfte aus Land- und Forstwirtschaft

5.1.4.1 Allgemeines

Zu den Einkünften aus Land- und Forstwirtschaft gehören selbstverständlich nicht nur die durch die eigentliche land- und forstwirtschaftliche Betätigung erzielten Gewinne, sondern alle Erträge, die im Rahmen eines land- und forstwirtschaftlichen (Haupt- oder Neben-)Betriebs anfallen.

So gehören z. B. auch Zinsen oder Dividenden, die ihrem Wesen nach Einkünfte aus Kapitalvermögen darstellen, zu den Einkünften aus Land- und Forstwirtschaft, wenn die Bankguthaben oder Wertpapiere zum notwendigen oder gewillkürten Betriebsvermögen eines land- und forstwirtschaftlichen (Haupt- oder Neben-)Betriebs zu rechnen sind.

Die Veräußerung land- und forstwirtschaftlich genutzter Grundstücke stellt sich grundsätzlich ebenfalls als ein Hilfsgeschäft eines land- und forstwirtschaftlichen

Betriebs dar. Gewinne oder Verluste aus Hilfsgeschäften dieser Art sind daher ebenfalls bei der Ermittlung der Einkünfte aus Land- und Forstwirtschaft zu berücksichtigen. Etwas anderes gilt allerdings, wenn ein Land- und Forstwirt innerhalb eines überschaubaren Zeitraums wiederholt land- und forstwirtschaftlich genutzte Grundstücke oder Betriebe in Gewinnabsicht veräußert, die er bereits in der Absicht der Weiterveräußerung erworben hat (BFH, BStBl 1984 II S. 798). In diesem Fall sind die Erwerbs- und Veräußerungsgeschäfte Gegenstand eines selbständigen gewerblichen Unternehmens.

5.1.4.2 Nutzungswert der Wohnung

Nach § 13 Abs. 2 Nr. 2 EStG gehört zu den Einkünften aus Land- und Forstwirtschaft auch der Nutzungswert der Wohnung des Steuerpflichtigen, wenn die Wohnung die bei Betrieben gleicher Art übliche Größe nicht überschreitet.

Ebenso wie der Nutzungswert der Wohnung des Steuerpflichtigen soll nach der Rechtsprechung des BFH (vgl. BStBl 1984 II S. 97) auch der Nutzungswert der dem Altenteiler unentgeltlich überlassenen Wohnung zu den Einkünften aus Land- und Forstwirtschaft gehören. Dies soll selbst dann gelten, wenn der Altenteiler die ihm überlassene Wohnung aufgrund eines dinglich gesicherten Wohnrechts nutzt.

Im Hinblick auf den Wegfall der Nutzungswertbesteuerung nach § 21 Abs. 2 Satz 1 EStG (vgl. dazu die Ausführungen zu 5.10.3) ist auch die Vorschrift des § 13 Abs. 2 Nr. 2 EStG nach § 52 Abs. 15 Satz 1 EStG grundsätzlich letztmals für den Veranlagungszeitraum 1986 anzuwenden. Aufgrund der in § 52 Abs. 15 Sätze 2 bis 4 EStG getroffenen Übergangsregelungen kann die Vorschrift des § 13 Abs. 2 Nr. 2 EStG allerdings auch noch für die Veranlagungszeiträume 1987 bis 1998 zur Anwendung kommen.

Waren bei einem Steuerpflichtigen für die von ihm zu eigenen Wohnzwecken oder zu Wohnzwecken des Altenteilers genutzte Wohnung die Voraussetzungen für die Anwendung des § 13 Abs. 2 Nr. 2 EStG im Veranlagungszeitraum 1986 erfüllt, so ist diese Vorschrift nach § 52 Abs. 15 Satz 2 EStG auch noch für die Veranlagungszeiträume 1987 bis 1998 anzuwenden, wenn und soweit der Steuerpflichtige nicht für einen dieser Veranlagungszeiträume die Nichtanwendung dieser Vorschrift beantragt hat oder beantragt.

Die Übergangsregelung des § 52 Abs. 15 Satz 2 EStG ist danach nur auf eine Wohnung anwendbar, die von einem Steuerpflichtigen im Veranlagungszeitraum 1986 zu eigenen Wohnzwecken oder zu Wohnzwecken des Altenteilers genutzt worden ist und deren Nutzungswert nach § 13 Abs. 2 Nr. 2 EStG zu den Einkünften aus Land- und Forstwirtschaft gehörte. Eine Nutzung des Steuerpflichtigen wird auch insoweit anzunehmen sein, wenn die Wohnung bewohnbar war, wenn sie also im wesentlichen bezugsfertig und wenigstens notdürftig mit Möbeln und sonstigen Einrichtungsgegenständen ausgestattet war, so daß ein selbständiger Haushalt geführt werden konnte (vgl. dazu BFH, BStBl 1987 II S. 565). In welchem zeitlichen Umfang eine Wohnung in diesem Sinne im

Veranlagungszeitraum 1986 genutzt worden ist, ist ohne Bedeutung. Auch eine Nutzung für ganz kurze Zeit reicht insoweit aus.

Für die Anwendbarkeit der Übergangsregelung des § 52 Abs. 15 Satz 2 EStG ist auch ohne Bedeutung, ob der Steuerpflichtige Eigentümer der in Betracht kommenden Wohnung war oder ob der Nutzungswert dieser Wohnung im Veranlagungszeitraum 1986 aus anderen Gründen nach § 13 Abs. 2 Nr. 2 EStG als Einkünfte aus Land- und Forstwirtschaft bei ihm erfaßt werden mußte.

Beispiel:

Der Steuerpflichtige P bewirtschaftet als Pächter den land- und forstwirtschaftlichen Betrieb des V und hat im Veranlagungszeitraum 1986 aufgrund des bestehenden Pachtverhältnisses auch das auf dem Hof belegene Wohngebäude zu Wohnzwecken für sich und seine Familie genutzt.

Da dem P im Veranlagungszeitraum 1986 der Nutzungswert der Wohnung als Teil der Einkünfte aus Land- und Forstwirtschaft zuzurechnen war, findet die Übergangsregelung des § 52 Abs. 15 Satz 2 EStG auf ihn Anwendung.

War der dem Nutzenden zuzurechnende Nutzungswert einer Wohnung im Veranlagungszeitraum 1986 nicht nach § 13 Abs. 2 Nr. 2 EStG als Einkünfte aus Land- und Forstwirtschaft bei diesem zu erfassen, so greift die Übergangsregelung des § 52 Abs. 15 Satz 2 EStG nicht ein. Dies zeigt auch die Vorschrift des § 52 Abs. 15 Satz 9 EStG, nach welcher die einem Dritten unentgeltlich überlassene Wohnung mit dem dazugehörenden Grund und Boden zum 31. 12. 1986 als entnommen gelten, wenn der Nutzungswert beim Nutzenden anzusetzen war.

Beispiel:

Nach dem Tode seiner Eltern im Jahre 1985 hat der Steuerpflichtige die von diesen aufgrund des ihnen eingeräumten Altenteils genutzte Wohnung vom 1. 12. 1985 an unentgeltlich einem Freund zur Nutzung als Wochenend- und Ferienwohnung überlassen. In einem schriftlich abgeschlossenen Vertrag ist dem Freund die Überlassung der Wohnung für die Dauer von 5 Jahren zugesichert worden.

Da der Nutzungswert der Wohnung vom 1. 12. 1985 an dem Freund des Steuerpflichtigen zuzurechnen ist, greift die Übergangsregelung des § 52 Abs. 15 Satz 2 EStG nicht ein.

Für die Anwendung der Übergangsregelung genügt es an sich auch insoweit, daß der Nutzungswert der Wohnung im Veranlagungszeitraum 1986 zeitweise zu den Einkünften aus Land- und Forstwirtschaft des Überlassenden zu rechnen war. Aus der in § 52 Abs. 15 Satz 9 EStG getroffenen Regelung ergibt sich jedoch, daß insoweit die Art der Nutzung am 31. 12. 1986 maßgebend ist (vgl. auch die Ausführungen zu A II Nr. 4 des BMF-Schreibens vom 29. 10. 1986, BStBl 1986 I S. 528).

Beispiel:

Sachverhalt wie zuvor. Die Eltern des Steuerpflichtigen sind jedoch erst im Jahre 1986 verstorben. Die frühere Altenteilerwohnung ist erst vom 1. 12. 1986 dem Freund des Steuerpflichtigen überlassen worden.

Da der Nutzungswert der Wohnung am 31. 12. 1986 dem Freund des Steuerpflichtigen zuzurechnen war und die Wohnung damit nach § 52 Abs. 15 Satz 9 EStG mit dem dazugehörenden Grund und Boden als zum 31. 12. 1986 entnommen gilt, ist die Übergangsregelung nicht anwendbar, obwohl der Nutzungswert der Wohnung für die

Zeit der Nutzung als Altenteilerwohnung nach § 13 Abs. 2 Nr. 2 EStG als Teil der Einkünfte aus Land- und Forstwirtschaft bei dem Steuerpflichtigen zu erfassen war.

Wenn und soweit der Steuerpflichtige nicht für einen dieser Veranlagungszeiträume die Nichtanwendung dieser Vorschrift beantragt hat oder beantragt, ist die Vorschrift des § 13 Abs. 2 Nr. 2 EStG nach § 52 Abs. 15 Satz 3 EStG für die Veranlagungszeiträume auch dann noch anzuwenden, wenn auf einem zum land- und forstwirtschaftlichen Betriebsvermögen gehörenden Grund und Boden vom Steuerpflichtigen eine Wohnung zu eigenen Wohnzwecken errichtet worden ist, die erst nach dem 31. 12. 1986 fertiggestellt worden ist oder fertiggestellt wird. Voraussetzung ist jedoch, daß der Antrag auf Baugenehmigung vor dem 1. 1. 1987 gestellt worden ist und die Wohnung im Jahr der Fertigstellung zu eigenen Wohnzwecken des Steuerpflichtigen oder zu Wohnzwecken des Altenteilers genutzt worden ist oder genutzt wird. In welchem Umfang die Wohnung im Jahr der Fertigstellung zu diesen Zwecken genutzt worden ist oder genutzt wird, ist auch insoweit ohne Bedeutung.

Auch wenn die Vorschrift des § 13 Abs. 2 Nr. 2 EStG nach § 52 Abs. 15 Sätze 2 und 3 EStG für die Veranlagungszeiträume 1987 bis 1998 anwendbar ist, ist sie nach § 52 Abs. 15 Satz 4 EStG nicht anzuwenden, wenn der Steuerpflichtige für einen bestimmten Veranlagungszeitraum ihre Nichtanwendung beantragt. Im Falle eines solchen Antrags, der nach § 52 Abs. 15 Satz 4 EStG nicht widerrufen werden kann, ist die Vorschrift des § 13 Abs. 2 Nr. 2 EStG von diesem Veranlagungszeitraum an nicht mehr anzuwenden.

Ob der vorbezeichnete Antrag innerhalb eines bestimmten Verfahrens zu stellen ist, läßt sich dem Gesetz ebensowenig entnehmen wie der Zeitpunkt, bis zu dem der vorbezeichnete Antrag gestellt sein muß.

Mangels einer abweichenden gesetzlichen Regelung ist davon auszugehen, daß der vorbezeichnete Antrag bis zum Eintritt der Bestandskraft der Steuerfestsetzung für den Veranlagungszeitraum gestellt werden muß, für den die Nichtanwendung des § 13 Abs. 2 Nr. 2 EStG beantragt werden soll. Der Antrag kann daher auch noch im Rechtsbehelfsverfahren gestellt werden. Gehört eine Wohnung, deren Nutzungswert bei der Gewinnermittlung anzusetzen ist, zum Gesamthandsvermögen einer Mitunternehmergemeinschaft, muß der vorbezeichnete Antrag bis zum Eintritt der Bestandskraft des Feststellungsbescheids für den Veranlagungszeitraum gestellt werden, für den die Nichtanwendung der Vorschrift des § 13 Abs. 2 Nr. 2 EStG begehrt wird.

Aus den vorstehenden Ausführungen zu dem Zeitpunkt, bis zu dem der vorbezeichnete Antrag spätestens gestellt werden muß, folgt nicht, daß der Antrag auch im Veranlagungsverfahren bzw. im Feststellungsverfahren für den in Betracht kommenden Veranlagungszeitraum gestellt werden muß. Der Antrag kann durchaus auch außerhalb dieses Verfahrens gestellt werden. Auch ein im Lohnsteuerermäßigungs- oder Vorauszahlungsverfahren gestellter Antrag ist daher als wirksam gestellt anzusehen (vgl. auch die Ausführungen zu A II Nr. 7 des BMF-Schreibens vom 29. 10. 1986, BStBl 1986 I S. 528).

Ist die Vorschrift des § 13 Abs. 2 Nr. 2 EStG auf mehrere Wohnungen eines Steuerpflichtigen weiter anzuwenden, so steht ihm das Recht, die Nichtanwendung des § 13 Abs. 2 Nr. 2 EStG zu beantragen, hinsichtlich jeder einzelnen Wohnung zu. Zu einer einheitlichen Ausübung dieses Rechts zwingt ihn das Gesetz nicht.

Das Recht, die Nichtanwendung der Vorschrift des § 13 Abs. 2 Nr. 2 EStG zu beantragen, steht nach § 52 Abs. 15 Satz 4 EStG dem Steuerpflichtigen, d. h. demjenigen zu, bei dem ohne einen entsprechenden Antrag der Nutzungswert einer Wohnung nach § 13 Abs. 2 Nr. 2 EStG anzusetzen ist. Sofern eine Wohnung zum Gesamthandsvermögen einer Mitunternehmergemeinschaft gehört, kann der Antrag jedoch nur von den Mitunternehmern gemeinschaftlich gestellt werden (vgl. auch die Ausführungen zu A II Nr. 6 des BMF-Schreibens vom 29. 10. 1986, BStBl 1986 I S. 528).

Die bislang in § 13 Abs. 2 Nr. 2 EStG vorgesehene (Ausnahme-)Behandlung der Wohnung eines Land- und Forstwirts setzt voraus, daß Wohnung und Wohngebäude dazu bestimmt sind, dauernd dem Betrieb der Land- und Forstwirtschaft zu dienen, und deshalb mit dem Betrieb eine wirtschaftliche Einheit bilden (BFH, BStBl 1980 II S. 323). Ihren Grund hat diese (Ausnahme-)Behandlung darin, daß sie sich als notwendiger Bestandteil der in der Regel geschlossenen Einheit des land- und forstwirtschaftlichen Betriebs darstellt, weil der Betriebsinhaber und seine Angehörigen von hier aus ihre Tätigkeit im Betrieb unmittelbar ausüben und diesen ständig überwachen können (BFH, BStBl 1982 II S. 536).

Die Vorschrift des § 13 Abs. 2 Nr. 2 EStG ist auch anwendbar, wenn der land- und forstwirtschaftliche Betrieb mehreren Personen in der Form einer Gesellschaft bürgerlichen Rechts gehört und der Betrieb von einem von ihnen vom Wohnhaus aus geleitet wird. Das Wohngebäude braucht insoweit keineswegs Teil des Gesellschaftsvermögens zu sein. Es genügt, daß das Wohngebäude im Eigentum aller oder einiger Gesellschafter steht. Selbst wenn das Wohngebäude nur einem Gesellschafter gehört, steht dies der Anwendung der Vorschrift des § 13 Abs. 2 Nr. 2 EStG nicht entgegen (vgl. BFH, BStBl 1987 II S. 430, 431).

Für die Auslegung der Vorschrift des § 13 Abs. 2 Nr. 2 EStG sind nach Auffassung des BFH (vgl. BStBl 1982 II S. 536, 537) zusätzlich auch die für § 33 BewG geltenden Grundsätze heranzuziehen. Im Hinblick auf die in § 34 Abs. 3 BewG getroffene Regelung gehört daher zu den Einkünften aus Land- und Forstwirtschaft insoweit auch der Nutzungswert der Altenteilerwohnung sowie der Wohnung, die unverheirateten Geschwistern des Hofeigentümers überlassen worden ist (BFH, BStBl 1984 II S. 97). Dies gilt auch dann, wenn den Altenteilern und den unverheirateten Geschwistern des Hofeigentümers die Wohnung aufgrund eines dinglichen Rechts überlassen ist.

Die Voraussetzung für die Anwendung der Vorschrift des § 13 Abs. 2 Nr. 2 EStG ist auch bei einem Land- und Forstwirt im Nebenerwerb in der Regel erfüllt, wenn der Betriebsinhaber oder einer seiner Familienangehörigen wegen der laufenden Versorgung eines Mindestbestandes an Vieh an den Betrieb gebunden ist (BFH, BStBl 1980 II S. 323).

Zur Ermittlung des Nutzungswerts Hinweis auf BFH, BStBl 1974 II S. 608, 1975 II S. 3 und 9.

Eine Wohnung, deren Nutzungswert nach § 13 Abs. 2 Nr. 2 EStG zu den Einkünften aus Land- und Forstwirtschaft gehört, ist mit dem dazugehörigen Grund und Boden als notwendiges Betriebsvermögen des land- und forstwirtschaftlichen Betriebs anzusehen (BFH, BStBl 1968 II S. 411, 1980 II S. 323 und 1982 II S. 536).

Eine danach zum notwendigen Betriebsvermögen gehörende Wohnung bleibt auch dann notwendiges Betriebsvermögen, wenn der land- und forstwirtschaftliche Betrieb ohne Aufgabeerklärung im ganzen verpachtet wird und der Pächter die Wohnung nutzt (BFH, BStBl 1983 II S. 638). Errichtet der Eigentümer in zeitlichem Zusammenhang mit der Verpachtung für sich eine neue Wohnung, so stellt diese Wohnung grundsätzlich kein Betriebsvermögen, sondern Privatvermögen dar (BFH, BStBl 1982 II S. 536). Dies gilt auch dann, wenn die Wohnung auf einem Grundstück des verpachteten Betriebs errichtet wird.

Wenn der Steuerpflichtige nach § 52 Abs. 15 Satz 4 EStG die Nichtanwendung der Vorschrift des § 13 Abs. 2 Nr. 2 EStG beantragt, so gelten nach § 52 Abs. 15 Satz 6 EStG die Wohnung des Steuerpflichtigen und die Altenteilerwohnung sowie der dazugehörende Grund und Boden zu dem Zeitpunkt als entnommen, bis zu dem § 13 Abs. 2 Nr. 2 EStG letztmals anzuwenden ist. Da der Antrag auf Nichtanwendung der Vorschrift des § 13 Abs. 2 Nr. 2 EStG für jede Wohnung gesondert gestellt werden kann, muß auch die Entnahmefiktion des § 52 Abs. 15 Satz 6 EStG auf die Wohnung beschränkt bleiben, wegen der der Antrag gestellt worden ist.

Beispiel:

Der Steuerpflichtige nutzt ein auf dem Grund und Boden seines landwirtschaftlichen Betriebs errichtetes Einfamilienhaus für eigene Wohnzwecke, während er die früher von seinen Eltern genutzten Wohnräume in dem Wohn- und Wirtschaftsgebäude den Eltern als Altenteilerwohnung überlassen hat.

Für den Veranlagungszeitraum 1988 beantragt der Steuerpflichtige, hinsichtlich seiner eigenen Wohnung die Vorschrift des § 13 Abs. 2 Nr. 2 EStG nicht mehr anzuwenden.

Das Einfamilienhaus und der dazugehörende Grund und Boden gelten nach § 52 Abs. 15 Satz 6 EStG mit dem Ablauf des 31. 12. 1987 als entnommen.

Die Altenteilerwohnung ist dagegen auch weiterhin als Teil des Betriebsvermögens zu behandeln.

Wird ein Antrag auf Nichtanwendung der Vorschrift des § 13 Abs. 2 Nr. 2 EStG nicht gestellt, so gelten die Wohnung des Steuerpflichtigen und die Altenteilerwohnung nach § 52 Abs. 15 Satz 6 EStG mit dem Ablauf des 31. 12. 1998 als entnommen.

Soweit aufgrund der Entnahmefiktion des § 52 Abs. 15 Satz 6 EStG eine Entnahme anzunehmen ist, bleibt der Entnahmegewinn nach § 52 Abs. 15 Satz 7 EStG in jedem Fall außer Ansatz.

5.1.4.3 Produktionsaufgaberente

Vom Veranlagungszeitraum 1989 an gehört zu den Einkünften aus Land- und Forstwirtschaft nach § 13 Abs. 2 Nr. 3 EStG[1] auch die Produktionsaufgaberente, die nach § 7 des Gesetzes zur Förderung der landwirtschaftlichen Erwerbstätigkeit (FELEG) gezahlt werden kann, die allerdings nach § 3 Nr. 27 EStG bis zur Höhe von 36 000 DM steuerfrei ist.

5.1.4.4 Einkünfte aus Nebenleistungen

Zu den Einkünften aus Land- und Forstwirtschaft gehört ferner der Gewinn aus Nebenleistungen, die nicht im Rahmen eines land- und forstwirtschaftlichen Nebenbetriebs erbracht werden. Eine Nebenleistung ist in diesem Zusammenhang jedoch nur anzunehmen, wenn es sich um Leistungen handelt, die von erheblich geringerer wirtschaftlicher Bedeutung sind als die land- und forstwirtschaftliche Haupttätigkeit, wenn die Einnahmen und Gewinne aus diesen Leistungen nur gering, auf jeden Fall aber wesentlich geringer sind als die Einnahmen und Gewinne aus der Land- und Forstwirtschaft und diesen Leistungen nicht aus anderen Umständen eine erhebliche wirtschaftliche Bedeutung zukommt (BFH, BStBl 1957 III S. 26).

Ob eine Nebenleistung oder eine selbständige gewerbliche Tätigkeit vorliegt, braucht jedoch nach Abschn. 135 Abs. 6 Satz 2 EStR in Fällen, in denen ein Land- und Forstwirt Wirtschaftsgüter außerhalb seines Betriebs verwendet, indem er sie an Dritte entgeltlich überläßt oder für Dritte Dienstleistungen gegen Entgelt verrichtet, aus Vereinfachungsgründen nicht geprüft zu werden, wenn die Wirtschaftsgüter neben der eigenbetrieblichen Nutzung ausschließlich für andere land- und forstwirtschaftliche Betriebe verwendet werden und die Einnahmen daraus nicht mehr als ein Drittel des Gesamtumsatzes des Betriebs betragen.

Entsprechendes gilt nach Abschn. 135 Abs. 6 Satz 3 EStR für landpflegerische Tätigkeiten von Land- und Forstwirten für Nichtlandwirte (z. B. die Pflege von Biotopen, Landschafts- und Naturschutzgebieten), sofern die dadurch erzielten Betriebseinnahmen nicht mehr als 20 000 DM im Jahr betragen. Als landpflegerische Tätigkeit in diesem Sinne ist jedoch nicht die Pflege abgegrenzter oder zu besonderen Zwecken genutzter Flächen (z. B. öffentliche Grünanlagen, Golfplätze und Freizeitparks) zu behandeln.

---

1 Die Nr. 3 ist durch § 21 Abs. 2 FELEG mit Wirkung vom 13. 8. 1988 in die Vorschrift des § 13 Abs. 2 EStG eingefügt worden. Sie ist nach § 52 Abs. 15 a EStG erstmals für den Veranlagungszeitraum 1989 anzuwenden.

5.1.4.5 Einkünfte aus Vermietung und Verpachtung

Zu den Einkünften aus Land- und Forstwirtschaft sind grundsätzlich auch die Erträge aus einer Vermietung oder Verpachtung von Wirtschaftsgütern zu rechnen, die zu einem land- und forstwirtschaftlichen Betriebsvermögen gehören.

Nach der bisherigen höchstrichterlichen Rechtsprechung (vgl. z. B. RFH, RStBl 1940 S. 13, und BFH, BStBl 1964 III S. 116) soll es allerdings für die Frage, ob die Einkünfte aus der Verpachtung landwirtschaftlich genutzter Flächen zu den Einkünften aus Vermietung und Verpachtung oder zu den Einkünften aus Land- und Forstwirtschaft zu rechnen sind, darauf ankommen, ob die Verpachtung eine Maßnahme innerhalb des eigenen Betriebs darstellt, ob sie durch den eigenen Betrieb bedingt ist oder selbständig neben dem eigenen Betrieb einhergeht. Ob diese Auffassung noch haltbar ist, muß zumindest als zweifelhaft erscheinen, seitdem der BFH die Zulässigkeit gewillkürten Betriebsvermögens auch bei Land- und Forstwirten anerkannt hat (vgl. dazu BFH, BStBl 1960 III S. 484).

5.1.4.6 Veräußerungsgewinne gem. § 14 EStG

Zu den Einkünften aus Land- und Forstwirtschaft gehören ebenfalls Gewinne, die bei der Veräußerung oder Aufgabe eines land- und forstwirtschaftlichen Betriebs oder Teilbetriebs oder eines Anteils an einem land- und forstwirtschaftlichen Betriebsvermögen erzielt werden.

5.1.5 Gewinnermittlung

Die Gewinnermittlung ist allgemein bereits an anderer Stelle behandelt (vgl. 4.1). Zur besseren Übersicht werden die Grundlagen der Gewinnermittlung für Land- und Forstwirte nachfolgend kurz wiederholt.

1. Land- und Forstwirte, die **zur Führung von Büchern verpflichtet** sind, haben ihren Gewinn nach § 4 Abs. 1 EStG zu ermitteln.

Dabei sind die Vorschriften des § 142 AO zu beachten.

Führen Land- und Forstwirte, die zur Buchführung verpflichtet sind, keine ordnungsmäßigen Bücher, so ist der Gewinn i. S. des § 4 Abs. 1 EStG im Einzelfall zu schätzen (Abschn. 127 Abs. 2 EStR).

2. Land- und Forstwirte, die **nicht zur Führung von Büchern verpflichtet** sind, haben ihren Gewinn aus Land- und Forstwirtschaft nach den Vorschriften des § 13 a EStG zu ermitteln, wenn

– der Ausgangswert nach § 13 a Abs. 4 EStG mehr als 0 DM, jedoch weniger als 32 000 DM beträgt und

– die Tierbestände die in § 13 a Abs. 1 Satz 1 Nr. 3 EStG genannten Grenzen nicht übersteigen.

Dies gilt auch dann, wenn sie freiwillig Bücher führen und Abschlüsse machen oder ihren Gewinn durch Gegenüberstellung der Betriebseinnahmen und Betriebsausgaben ermitteln. Der aufgrund einer freiwilligen Buchführung oder freiwilliger Aufzeichnungen ermittelte Gewinn ist der Besteuerung nur zugrunde zu legen, wenn der Steuerpflichtige dies gemäß § 13 a Abs. 2 EStG beantragt.

Wird der Antrag rechtzeitig und ordnungsgemäß gestellt, so ist für den in Betracht kommenden Betrieb der Gewinn nach § 13 a Abs. 2 EStG für vier aufeinanderfolgende Wirtschaftsjahre entsprechend der für das erste Wirtschaftsjahr vorliegenden Gewinnermittlung durch Betriebsvermögensvergleich oder durch Vergleich der Betriebseinnahmen mit den Betriebsausgaben zu ermitteln.

Kommt der Land- und Forstwirt dieser Verpflichtung nicht nach, so ist der Gewinn entsprechend zu schätzen. Sofern der Land- und Forstwirt verpflichtet ist, den Gewinn durch Gegenüberstellung der Betriebseinnahmen und der Betriebsausgaben zu ermitteln, hat auch die Schätzung des Gewinns nach den Grundsätzen des § 4 Abs. 3 EStG zu erfolgen.

3. Land- und Forstwirte, die nicht zur Buchführung verpflichtet sind und deren Gewinn auch nicht nach den Vorschriften des § 13 a EStG zu ermitteln ist, haben ihren Gewinn nach § 4 Abs. 1 EStG zu ermitteln, **sofern sie freiwillig Bücher führen** und Abschlüsse machen.

Führen diese Land- und Forstwirte **auch freiwillig keine Bücher,** so können sie ihren Gewinn nach der Vorschrift des § 4 Abs. 3 EStG ermitteln. Machen diese Land- und Forstwirte von der Möglichkeit, ihren Gewinn nach § 4 Abs. 3 EStG zu ermitteln, keinen Gebrauch, so muß ihr Gewinn ebenfalls im Einzelfall geschätzt werden (Abschn. 127 Abs. 4 EStR).

4. Land- und Forstwirte müssen ihren Gewinn grundsätzlich nach einem vom Kalenderjahr **abweichenden Wirtschaftsjahr** ermitteln (§ 4 a Abs. 1 Nr. 1 EStG, § 8 b EStDV). Die Zurechnung der für das abweichende Wirtschaftsjahr ermittelten Einkünfte auf die zugehörigen Kalenderjahre erfolgt gemäß § 4 a Abs. 2 Nr. 1 EStG nach dem zeitlichen Anteil.

5. Ob ein Wirtschaftsgut zum notwendigen Betriebsvermögen eines Land- oder Forstwirts gehört, beantwortet sich nach den gleichen Grundsätzen, die bei Gewerbetreibenden für die Beantwortung dieser Frage maßgebend sind.

6. Seit dem Grundsatzurteil des BFH vom 15. 7. 1960 (BStBl 1960 III S. 484) ist anerkannt, daß auch (buchführende) Land- und Forstwirte zur Bildung gewillkürten Betriebsvermögens berechtigt sind. Bei der Prüfung der Frage, ob ein bestimmtes Wirtschaftsgut in einem gewissen objektiven Zusammenhang mit dem Betrieb steht und ihn zu fördern bestimmt und geeignet ist, ist allerdings bei Land- und Forstwirten ein strengerer Maßstab anzulegen als bei Gewerbetreibenden (vgl. insbesondere BFH, BStBl 1983 II S. 106).

7. Bei einer Mitunternehmergemeinschaft, die ausschließlich Land- und Forstwirtschaft betreibt, sind die einem Mitunternehmer gehörenden Wirtschaftsgüter, soweit sie von der Mitunternehmergemeinschaft betrieblich genutzt werden, ebenfalls als notwendiges Betriebsvermögen anzusehen. Die Vorschrift des § 15 Abs. 1 Nr. 2 EStG ist nach § 13 Abs. 5 EStG entsprechend anzuwenden.

Bei Mitunternehmergemeinschaften können daher auch im Bereich der Land- und Forstwirtschaft Wirtschaftsgüter sowohl zum notwendigen als auch zum gewillkürten Sonderbetriebsvermögen gehören (BFH, BStBl 1987 II S. 430, 431).

8. Bei der Gewinnermittlung sind die folgenden besonderen **gesetzlichen Vergünstigungen** für Land- und Forstwirte anwendbar:

a) Bewertungsfreiheit für landwirtschaftliche Betriebsgebäude nach § 7 e Abs. 2 EStG;

b) Begünstigung der Anschaffung oder Herstellung bestimmter Wirtschaftsgüter und der Vornahme bestimmter Baumaßnahmen durch Land- und Forstwirte gem. §§ 76 bis 78 EStDV.

c) Durch das Forstschäden-Ausgleichsgesetz in der Neufassung vom 26. 8. 1985 (BStBl 1985 I S. 592)[2] sind zur Erleichterung und Verbesserung der Lage der Forstwirtschaft auch verschiedene einkommensteuerliche Vergünstigungen für Forstbetriebe eingeführt worden.

Nach § 3 dieses Gesetzes können Steuerpflichtige, die Einkünfte aus dem Betrieb von Forstwirtschaft i. S. des § 13 EStG beziehen und bei denen der aufgrund ordnungsmäßiger Buchführung ermittelte Gewinn der Besteuerung zugrunde gelegt wird, eine steuerfreie Rücklage bis zur Höhe von 100 v. H. der im Durchschnitt der vorangegangenen drei Wirtschaftsjahre erzielten nutzungssatzmäßigen Einnahmen bilden und dieser Rücklage weiterhin bis zu 25 v. H. dieser Einnahmen jährlich zuführen. Voraussetzung ist, daß mindestens in gleicher Höhe ein betrieblicher Ausgleichsfond gebildet wird. Diese Regelung gilt entsprechend für natürliche Personen, Körperschaften, Personenvereinigungen und Vermögensmassen, bei denen Einkünfte aus dem Betrieb von Forstwirtschaft steuerlich als Einkünfte aus Gewerbebetrieb zu behandeln sind. Eine zulässigerweise gebildete Rücklage kann auch dann in voller Höhe weitergeführt werden, wenn die nutzungssatzmäßige Einnahme in den Folgejahren absinkt.

Steuerpflichtige, die Einkünfte aus dem Betrieb von Forstwirtschaft i. S. des § 13 EStG beziehen und die nicht zur Buchführung verpflichtet sind und Bücher nicht oder nicht ordnungsmäßig führen, können im Wirtschaftsjahr einer möglichen Beschränkung des ordentlichen Holzeinschlags zur Vermeidung erheblicher und überregionaler Störungen des Rohholzmarktes infolge außerordentlicher Holznutzungen aufgrund besonderer Naturereignisse zur Abgeltung der Betriebsausgaben einen Pauschsatz von 90 v. H. bzw. (bei Holzverkäufen auf dem Stamm) 65 v. H. der Einnahmen aus den Holznutzungen absetzen (s. §§ 4 und 1 des Gesetzes). Dabei ist es ohne Bedeutung, ob es sich um Einnahmen aus außerordentlichen oder ordentlichen Holznutzungen handelt (BFH, BStBl 1983 II S. 757).

---

2 In der Neufassung ist das Gesetz erstmals für nach dem 31. 12. 1984 endende Wirtschaftsjahre anwendbar.

Steuerpflichtige, die Einkünfte aus dem Betrieb von Forstwirtschaft i. S. des § 13 EStG beziehen und bei denen der nach § 4 Abs. 1 EStG ermittelte Gewinn der Besteuerung zugrunde gelegt wird, können nach § 4 a des Gesetzes von einer Aktivierung eingeschlagenen und unverkauften Kalamitätsholzes ganz oder teilweise absehen.

5.2 Einkünfte aus Gewerbebetrieb (§ 15 EStG)

5.2.1 Einkünfte aus gewerblichen Unternehmen (§ 15 Abs. 1 Nr. 1 EStG)

Einkünfte aus Gewerbebetrieb sind Einkünfte aus gewerblichen Unternehmen.

5.2.1.1 Begriff des Gewerbebetriebs

Bis zum Inkrafttreten des Steuerentlastungsgesetzes 1984 enthielt das Einkommensteuergesetz keine Definition des Begriffs des Gewerbebetriebs. § 15 Abs. 1 Satz 1 EStG enthielt lediglich die Aussage: „Einkünfte aus Gewerbebetrieb sind Einkünfte aus gewerblichen Unternehmen." Die Definition des Begriffs fand man für das EStG und GewStG in § 1 Abs. 1 GewStDV (BFH, BStBl 1980 II S. 465). Diese Definition ist – abgesehen von einer Ergänzung – durch das Steuerentlastungsgesetz 1984 fast unverändert in § 15 Abs. 2 EStG übernommen worden und hat dort seinen systematisch richtigen Platz gefunden. Durch die Ergänzung wird die bis zum Beschluß des Großen Senats vom 25. 6. 1984 (BStBl 1984 II S. 751) ungeklärte Frage, ob auch die Minderung der Steuern vom Einkommen eines Unternehmers (Gesellschafters) einen Gewinn im Sinne der Begriffsbestimmung darstellt, gesetzlich geklärt. Dieser Ergänzung wird von der Bundesregierung in der amtlichen Begründung der Gesetzesvorlage lediglich klarstellende Bedeutung beigemessen, so daß sie auch für VZ 1983 und früher gilt. Dem stimmen wir mit Tipke (FR 1983 S. 580) zu. Diese Auffassung entspricht auch dem Inhalt der Entscheidung des Großen Senats (a. a. O.), wonach bereits für die Zeit vor der Gesetzesänderung eine Personengesellschaft nicht mit Gewinnabsicht i. S. von § 1 Abs. 1 GewStDV tätig ist, wenn sie lediglich ihren Gesellschaftern eine Minderung ihrer Steuern vom Einkommen dergestalt vermitteln will, daß durch die Zuweisung von Verlustanteilen andere an sich tariflich zu versteuernde Einkünfte nicht besteuert werden müssen.

Merkmale eines Gewerbebetriebs sind nach der Legaldefinition in § 15 Abs. 2 EStG:

1. Selbständigkeit,
2. Nachhaltigkeit der Betätigung,
3. Gewinnerzielungsabsicht,
4. Beteiligung am allgemeinen wirtschaftlichen Verkehr,
5. keine Land- und Forstwirtschaft, keine freie Berufstätigkeit und keine andere selbständige Arbeit.

Das Begriffsmerkmal der **Selbständigkeit** bedeutet zunächst einmal, daß eine Person die Tätigkeit auf eigene Rechnung und in eigener Verantwortung ausüben muß (BFH, BStBl 1989 II S. 414). Gewerbetreibender ist derjenige, der die Unternehmerinitiative entfaltet und das Unternehmerrisiko trägt. Das Risiko der Tätigkeit trägt derjenige, für dessen Rechnung das Geschäft geführt wird, dem der Gewinn zufließt und der den Verlust trägt (BFH, BStBl 1980 II S. 303). Das Gegenteil von Selbständigkeit ist Abhängigkeit (Nichtselbständigkeit). Der unselbständig Tätige unterliegt der Lohnsteuer. Nicht selbständig Tätiger und damit Arbeitnehmer ist, wer in der Betätigung seines geschäftlichen Willens unter der Leitung des Arbeitgebers steht oder im geschäftlichen Organismus des Arbeitgebers dessen Weisungen zu folgen verpflichtet ist (§ 1 Abs. 2 LStDV). Ob dies im Einzelfall zutrifft, muß nach dem Gesamtbild der Verhältnisse unter Abwägung aller Umstände entschieden werden. Dabei ist besonders zu beachten, wie die Beteiligten ihr Rechtsverhältnis vertraglich gestaltet haben, sofern die Vereinbarungen ernsthaft sind und auch tatsächlich durchgeführt werden (BFH, BStBl 1976 II S. 292). Für die Frage, ob ein Steuerpflichtiger selbständig oder nichtselbständig tätig ist, kommt es nicht allein auf die Bezeichnung in Verträgen, die Art der Tätigkeit oder die Form der Entlohnung an. Es müssen die für und gegen die Selbständigkeit sprechenden Umstände gegeneinander abgewogen werden; die gewichtigeren Merkmale sind dann für die Gesamtbeurteilung maßgeblich (BFH, BStBl 1962 III S. 125, 1969 II S. 143, 1985 II S. 661 mit einer Aufzählung der für die Nichtselbständigkeit sprechenden wesentlichen Merkmale; Abschn. 134 Abs. 1 EStR). Der steuerrechtliche Begriff des Arbeitnehmers deckt sich nicht völlig mit dem in anderen Rechtsgebieten wortgleichen Begriff (BFH, BStBl 1980 II S. 303).

Neben dieser persönlichen Selbständigkeit ist die **sachliche Selbständigkeit** erforderlich. Sachlich selbständig ist ein Unternehmen, wenn es unabhängig von anderen Unternehmen eine wirtschaftliche Einheit bildet (BFH, BStBl 1981 II S. 602).

Nachhaltig ist eine Handlung, die auf Wiederholung angelegt (BFH, BStBl 1976 II S. 423), d. h. von der Absicht getragen ist, sie zu wiederholen und daraus eine selbständige Erwerbsquelle zu machen (BFH, BStBl 1989 II S. 621). Auch eine einmalige Handlung kann nachhaltig sein, wenn sie den Beginn einer fortgesetzten Tätigkeit begründet und die Absicht der Wiederholung erkennbar ist. Nicht auf Wiederholung angelegt ist ein nur einmaliges Gelegenheitsgeschäft (BFH, BStBl 1981 II S. 602). War der einmal Tätige noch unentschlossen, ob er seine Tätigkeit wiederholen wird, so ist die tatsächliche Wiederholung der Tätigkeit ebenfalls nicht nachhaltig, sondern nur gelegentlich (BFH, BStBl 1977 II S. 728, 1986 II S. 88). Nachhaltigkeit liegt auch vor, wenn mehrere verschiedene einmalige Handlungen in einem bestimmten inneren Zusammenhang stehen (RFH, RStBl 1943 S. 221). Nachhaltigkeit ist insbesondere dann anzunehmen, wenn die Tätigkeit auf einem einmaligen Entschluß beruht, die Durchführung aber mehrere Handlungen erfordert (BFH, BStBl 1973 II S. 260). Dasselbe gilt, wenn die Handlung der Schaffung eines auf Erzielung von Einnahmen gerichteten Dauerzustandes dient (BFH, BStBl 1972 II S. 238, 1976 II S. 423; anders aber wohl BFH, BStBl 1964 III S. 139; s. aber BFH, BStBl 1983 II S. 182).

Gewinnerzielungsabsicht bedeutet das Streben nach Betriebsvermögensvermehrung als Totalgewinn, d. h. als Gesamtergebnis von der Gründung bis zur Veräußerung, Aufgabe oder Liquidation des gewerblichen Unternehmens. Mit dem Merkmal „Gewinnerzielungsabsicht" sollen Tätigkeiten als Grundlage für Einkünfte im Rahmen der Gewinneinkunftsarten (§ 2 Abs. 1 Nrn. 1 bis 3) von anderen Tätigkeiten, die zu nichtsteuerbaren Einkünften (Vermögensmehrungen oder -minderungen) führen, abgegrenzt werden. Will man die steuerbaren Einkünfte i. S. von § 2 Abs. 1 Nrn. 1 bis 3 EStG (Gewinneinkünfte) abgrenzen von Tätigkeiten, die nicht zu steuerbaren Einkünften oder zu anderen steuerbaren Einkünften i. S. des Einkommensteuergesetzes führen, muß man auf den Totalgewinn abstellen. Ungeeignet hierfür wäre es, den Gewinn einer Periode i. S. von § 4 Abs. 1 EStG oder einen wirtschaftlichen Vorteil, der in der Minderung der steuerlichen Belastung liegt, als Gewinn im Sinne von Gewinnerzielungsabsicht anzusehen (so BFH, GrS, BStBl 1984 II S. 751).

Kein Gewinn im vorgenannten Sinne ist nach der ausdrücklichen gesetzlichen Regelung des § 15 Abs. 2 EStG eine durch die Betätigung verursachte Minderung der Steuern vom Einkommen, also die Minderung der Einkommensteuerbelastung durch Erzielung von Verlusten. Ohne Gewinnerzielungsabsicht handelt, wer Einnahmen nur erzielt, um seine Selbstkosten zu decken (BFH, BStBl 1985 II S. 61). Hingegen ist Gewinnerzielungsabsicht beispielsweise zu bejahen, wenn Anlaufverluste eines Unternehmens in Kauf genommen werden. Solange eine – wenn auch bescheidene – Rendite im betrieblichen Bereich für die Dauer der Betätigung des Stpfl. erwartet werden kann, besteht eine Vermutung für das Vorhandensein einer Gewinnerzielungsabsicht.

Was vorstehend für den Einzelunternehmer gesagt wurde, gilt auch für die Frage, ob eine Personengesellschaft ein gewerbliches Unternehmen betreibt. Diese betreibt dann kein gewerbliches Unternehmen, wenn sie lediglich in der Absicht tätig ist, ihren Gesellschaftern eine Minderung der Steuern vom Einkommen dergestalt zu vermitteln, daß durch Zuweisung von Verlustanteilen andere an sich tariflich zu versteuernden Einkünfte nicht versteuert werden müssen (BFH, GrS, BStBl 1984 II S. 751 – wegen der Gewinnerzielungsabsicht des Gesellschafters als Voraussetzung der Mitunternehmerstellung s. u. 5.2.2.2). Bei der Prüfung der Frage, ob ein Totalgewinn erzielt wird, rechnet der Veräußerungsgewinn nach § 16 EStG, nicht aber der bei Ausscheiden eines Gesellschafters oder der Auflösung einer Gesellschaft aufgrund eines negativen Kapitalkontos zu versteuernde Ausgleich zum Totalgewinn (Abschn. 134 b Abs. 3 EStR).

Die Absicht der Gewinnerzielung ist eine innere Tatsache; für sie müssen Umstände vorliegen, aus denen auf ihr Vorhandensein geschlossen werden kann. Indiz einer Gewinnerzielungsabsicht ist eine Betriebsführung, bei der der Betrieb nach seiner Wesensart und Bewirtschaftung bei langfristiger Prognose Gewinn erwarten läßt. Bei längeren Verlustperioden kann das Fehlen einer Gewinnerzielungsabsicht nur verneint werden, wenn weitere Beweisanzeichen dafür sprechen, daß der Steuerpflichtige die Tätigkeit nur aus im Bereich seiner Lebensführung liegenden persönlichen Gründen oder Neigungen ausübt (BFH, BStBl 1984 II S. 751, 1986 II S. 289 und 1988 II S. 778; vgl. auch Abschn. 134 b Abs. 2 EStR). Fehlt es an einer Gewinnerzielungsabsicht und gehören die Einkünfte auch zu keiner anderen Einkunftsart (Überschußeinkünfte nach § 2 Abs. 1 Nrn. 4 bis 7 EStG), dann handelt es sich um eine steuerlich nicht zu berücksichtigende Liebhaberei (BFH, GrS, BStBl 1984 II S. 751).

Eine Liebhaberei kann nicht Gewerbebetrieb sein. Wegen der Abgrenzung zur Liebhaberei vgl. 2.2.3.1.3.

Eine **Beteiligung am allgemeinen wirtschaftlichen Verkehr** liegt vor, wenn Leistungen gegen Entgelt an den Markt gebracht und für Dritte äußerlich erkennbar angeboten werden (vgl. BFH, BStBl 1986 II S. 851 und 1989 II S. 24, 26). Der Steuerpflichtige muß mit Gewinnerzielungsabsicht nachhaltig am Leistungs- und Güteraustausch teilnehmen, sich an eine – wenn auch begrenzte – Allgemeinheit wenden und dadurch für außenstehende Dritte zu erkennen geben, ein Gewerbe zu betreiben. Daß der Steuerpflichtige seine Leistungen einer Mehrzahl von Interessenten anbietet, ist nicht erforderlich. Selbst eine Tätigkeit für nur einen bestimmten Vertragspartner reicht bei Vorliegen der übrigen Voraussetzungen aus, um eine Beteiligung am allgemeinen wirtschaftlichen Verkehr anzunehmen (vgl. BFH, BStBl 1989 II S. 24, 26). Auch der Abschluß von Wettbewerbsvereinbarungen unter Gewerbetreibenden schließt die Annahme einer Beteiligung am allgemeinen wirtschaftlichen Verkehr grundsätzlich nicht aus (BFH, BStBl 1964 III S. 99, 1965 III S. 261; Abschn. 12 b GewStR).

Auch wenn die vorgenannten Merkmale gegeben sind, liegt nach § 15 Abs. 2 EStG kein Gewerbebetrieb vor, wenn die Betätigung als Ausübung von Land- und Forstwirtschaft, eines freien Berufs oder einer anderen selbständigen Arbeit i. S. des Einkommensteuergesetzes anzusehen ist. Wegen der oft schwierigen Abgrenzung zunächst Hinweis auf Abschn. 135 und 136 EStR sowie auf Abschn. 13 und 14 GewStR. Es erschien zweckmäßig, die Abgrenzungsmerkmale bei den Einkünften aus Land- und Forstwirtschaft und selbständiger Arbeit abzuhandeln, auf die hier verwiesen wird (vgl. 5.1.2.2 und 5.7.2.2).

Ob gewerbliche Einkünfte erzielt werden, hängt nicht davon ab, ob ein Handelsgewerbe oder nur ein G e w e r b e betrieben wird. Gewerbebetriebe sind daher z. B. alle Handwerksbetriebe (Bäcker, Schuhmacher, Fleischer, Klempner, Tischler usw.), die Einzelhandelsgeschäfte (Lebensmittelgeschäfte, Textilgeschäfte, Kaufhäuser usw.), die Großhandelsunternehmen, die Fabrikationsbetriebe, die Beherbergungsbetriebe (Hotels, Gaststätten), die Leistungsbetriebe (Wäscherei, Färberei, Fensterputzer), ferner die Spediteure, die Beförderungsunternehmen, die Taxiunternehmen, die Theater, die Lichtspielhäuser, auch die Handelsvertreter sowie Amateur-Spitzensportler, die wiederholt öffentlich und deutlich sichtbar Sportgeräte bestimmter Hersteller benutzen und für solche Leistungen von den Herstellern der Sportgeräte Zahlungen erhalten (BFH, BStBl

1986 II S. 424). Zu den gewerblichen Einkünften gehören auch Einkünfte aus gewerblicher Bodenbewirtschaftung, z. B. aus Bergwerksunternehmen und aus Betrieben zur Gewinnung von Torf, Steinen und Erden, soweit sie nicht land- und forstwirtschaftliche Nebenbetriebe sind.

5.2.1.2 Abgrenzung der gewerblichen Tätigkeit von der Vermögensverwaltung

Die bloße Verwaltung eigenen Vermögens ist keine gewerbliche Tätigkeit. Selbst wenn eine Betätigung sämtliche Merkmale des Begriffs des Gewerbebetriebs erfüllt, ist sie steuerrechtlich dann keine gewerbliche Betätigung, wenn sie den Rahmen der Vermögensverwaltung nicht überschreitet. Sie kann jedoch zu anderen Einkünften, insbesondere zu solchen aus Vermietung und Verpachtung oder Kapitalvermögen, führen. **Vermögensverwaltung ist gegeben, wenn sich die Betätigung noch als Nutzung von Vermögen in dem Sinne darstellt, daß aus der zu erhaltenden Substanz Früchte gezogen werden und die Ausnutzung der Vermögenssubstanz durch Umschichtung der Vermögenswerte nicht entscheidend in den Vordergrund tritt.** Ein Gewerbebetrieb liegt mithin nur vor, wenn eine selbständige nachhaltige Tätigkeit mit Gewinnabsicht unternommen wird, sich als Beteiligung am allgemeinen wirtschaftlichen Verkehr darstellt und über den Rahmen der Vermögensverwaltung hinausgeht (BFH, BStBl 1981 II S. 522, 1984 II S. 137 und 751, 1988 II S. 65).

Unter Vermögensverwaltung ist beim Grundvermögen die Nutzung der Grundstücke durch Fruchtziehung unter Erhaltung der Substanz zu verstehen (BFH, BStBl 1986 II S. 666).

Die **Vermietung und Verpachtung von Grundbesitz,** der nicht zu einem Betriebsvermögen gehört, ist auch dann reine Vermögensverwaltung, wenn der vermietete Grundbesitz sehr umfangreich ist, der Verkehr mit vielen Mietparteien eine erhebliche Verwaltungsarbeit erfordert oder die vermieteten Räume gewerblichen Zwecken dienen. Um dieser Tätigkeit einen gewerblichen Charakter zu geben, müssen besondere Umstände hinzutreten. Diese können z. B. darin bestehen, daß die Vermietung einer Ferienwohnung hotelmäßig bzw. nach Art einer Fremdenpension angeboten wird (BFH, BStBl 1976 II S. 396, 1985 II S. 211 und 1990 II S. 383; vgl. auch Abschn. 137 Abs. 3 EStR), daß infolge des schnellen und ständigen Wechsels der Mieter eine umfangreiche Verwaltungstätigkeit erforderlich ist oder daß der Vermieter den Mietern gegenüber besondere Verpflichtungen übernimmt, die über die reine Vermietertätigkeit hinausgehen, z. B. Herrichtung von Räumen für die besondere Art der Vermietung, Reinigung der Räume (BFH, BStBl 1964 III S. 367). Diese Grundsätze gelten auch bei Untervermietung von kleinen Flächen (Läden, Ständen). Eine gewerbliche Tätigkeit ist in der Regel die Vermietung von Ausstellungsräumen, Messeständen, Sportanlagen und die ständig wechselnde kurzfristige Vermietung von Sälen, z. B. für kulturelle Veranstaltungen (vgl. BFH, BStBl 1989 II S. 291). Die Vermietung von Plätzen für das Aufstellen von Zelten und Wohnwagen auf Campingplätzen stellt dann eine gewerbliche Tätigkeit dar, wenn darüber hinaus wesentliche Nebenleistungen, wie die Zurverfügungstellung und Reinigung sanitärer Anlagen, die Stromversorgung, die Instandhaltung und Pflege des Platzes und seine Überwachung erbracht werden. Unter dieser Voraussetzung ist nicht nur die kurzzeitige Vermietung, sondern auch die Dauervermietung eine gewerbliche Tätigkeit (BFH, BStBl 1983 II S. 80, 426).

Eine gewerbliche Tätigkeit kann auch bei einer Grundstücksgemeinschaft vorliegen, die Grundstücke an eine GmbH verpachtet, wenn die Grundstücksgemeinschaft aus den Gesellschaftern der GmbH und deren Geschäftsführer besteht und die wirtschaftlichen Interessen der Grundstücksgemeinschaft mit denen der GmbH eng verflochten sind (BFH, BStBl 1967 III S. 387, und BVerfG, BStBl 1969 II S. 389 – wie hier auch Abschn. 137 Abs. 2 Satz 3 EStR).

Die Vermietung (Untervermietung) möblierter Zimmer ist grundsätzlich nicht als Gewerbebetrieb anzusehen, und zwar selbst dann nicht, wenn Vergütungen für die Benutzung der Einrichtung, Frühstück, Reinigung der Räume und dergleichen besonders berechnet werden oder in der Miete enthalten sind. Die Vermietung (Dauervermietung) von Zimmern kann durch Übernahme von Nebenleistungen jedoch dann einen gewerblichen Charakter erhalten, wenn beide Tätigkeitsbereiche wesentlich miteinander verbunden sind und die Nutzung des Vermögens hinter einer – dem gewerblichen Beherbergungsbetrieb vergleichbaren – einheitlichen unternehmerischen Organisation zurücktritt (BFH, BStBl 1977 II S. 244, 1984 II S. 722). Die Beherbergung in Gaststätten und Fremdenpensionen ist stets, der Betrieb eines Arbeiterwohnheims ist in der Regel ein Gewerbebetrieb (so auch Abschn. 137 Abs. 3 Sätze 1 bis 4 EStR; wegen der Vermietung von Ferienwohnungen s. Abschn. 137 Abs. 3 Sätze 8 bis 10 EStR).

Entsprechend den vorstehenden Grundsätzen stellt die **Errichtung von Häusern** – auch durch Architekten und Bauunternehmer – **zum Zwecke späterer Vermietung** keine gewerbliche Tätigkeit dar, selbst wenn sie in großem Umfang erfolgt und wenn erhebliche Fremdmittel eingesetzt werden. Das gilt nicht, wenn die Häuser im gewerblichen Betriebsvermögen gehalten werden oder wenn die Vermietungstätigkeit als solche eine gewerbliche Tätigkeit darstellt (BFH, BStBl 1964 III S. 364). Für die Frage, ob branchenübliche Geschäfte eines Kaufmanns dem Gewerbebetrieb zuzurechnen oder als private Vermögensanlage anzusehen sind, spielt die Nähe der Tätigkeit zu einer bereits ausgeübten gewerblichen Tätigkeit und die Schwierigkeit der Aussonderung einzelner angeblich privater Geschäftsvorfälle aus den ständig im Gewerbebetrieb vorkommenden Geschäften eine wichtige Rolle. Spielt sich der Kauf eines Grundstücks durch einen Bauunternehmer, seine Bebauung und Veräußerung innerhalb eines engen Zeitraums ab, so spricht dies schon für sich allein für die Zugehörigkeit des Grundstücks und des Geschäfts zum Gewerbebetrieb des Bauunternehmers (BFH, BStBl 1975 II S. 850; im Urteilsfall lagen zwischen Kauf und Veräußerung zwei Jahre).

Werden die Häuser in der **Absicht** errichtet, sie später **zu veräußern,** so ist von dem Zeitpunkt an, in dem mit den hierfür notwendigen Vorarbeiten, z. B. der Bauplanung für ein im Privatvermögen bereits vorhandenes Grundstück, dem

Ankauf von Grundstücken und der Parzellierung, begonnen wird, eine gewerbliche Tätigkeit gegeben, selbst wenn die Häuser zunächst für eine Übergangszeit vermietet werden. Der Grund und Boden und die aufstehenden Gebäude gehören dann zum gewerblichen Umlaufvermögen (BFH, BStBl 1969 II S. 375; vgl. auch BFH, BStBl 1978 II S. 193, 1983 II S. 451). Besteht ein enger zeitlicher Zusammenhang zwischen der Errichtung und Veräußerung der Häuser bzw. Wohnungen, der jedenfalls bei einer Zeitspanne von nicht mehr als 5 Jahren anzunehmen ist, dann besteht die Vermutung, daß diese mit zumindest bedingter Veräußerungsabsicht errichtet worden sind (BFH, BStBl 1988 II S. 293). Voraussetzung für die Annahme eines Gewerbebetriebs ist in diesen und in ähnlichen Fällen jedoch stets, daß nach dem Umfang des durchgeführten Bau- und Verkaufsprogramms das Merkmal der Nachhaltigkeit zu bejahen ist und daß bei wirtschaftlicher Betrachtung und nach der Verkehrsanschauung die Bau- und Veräußerungsmaßnahmen die auf dem Gebiet des gewerblichen Grundstückshandels üblichen Merkmale eines Gewerbebetriebs aufweisen. Die Erstellung und Veräußerung von Wohngebäuden und Eigentumswohnungen hält sich nur dann im Rahmen der privaten Vermögensverwaltung, wenn nicht die Umschichtung der Vermögenswerte durch Veräußerung entscheidend in den Vordergrund tritt. Gewerblicher Grundstückshandel in diesem Sinne ist z. B. anzunehmen, wenn ein Stpfl. im zeitlichen Zusammenhang mit der Bebauung von Grundstücken vier Reihenhäuser und acht Eigentumswohnungen veräußert, um sein Gesamtvorhaben finanzieren zu können (BFH, BStBl 1973 II S. 260; siehe auch die weiteren Fälle in BFH, BStBl 1973 II S. 661 und 682).

In dem Verkauf von vier der insgesamt fünf Eigentumswohnungen unter Einschaltung eines Grundstücksmaklers kann bereits eine gewerbliche Tätigkeit gesehen werden, und zwar selbst dann, wenn der Verkäufer sie zunächst durch Vermietung nutzen wollte und sich erst wegen unvorhergesehener wirtschaftlicher Schwierigkeiten zur Veräußerung entschloß (BFH, BStBl 1980 II S. 106 und – ähnlich – BStBl 1980 II S. 318). Indessen ist in der Veräußerung von drei der errichteten vier Eigentumswohnungen auch bei Einschaltung eines Maklers eine Vermögensverwaltung gesehen worden, weil nach dem Umfang der Veräußerungsmaßnahmen in einem solchen Fall die Grenze der Vermögensverwaltung grundsätzlich nicht überschritten wird (BFH, BStBl 1988 II S. 244 und 1988 II S. 277; vgl. ferner BFH, BFHE 156, 115). Die FinVerw wendet diese Urteile jedoch nicht an (s. BMF, BStBl 1988 I S. 125), obwohl der BFH seine Rechtsprechung zwischenzeitlich erneut bestätigt und selbst in einem Fall angewandt hat, in dem der Steuerpflichtige einen Beruf des Baugewerbes ausübte (vgl. BFHE 158, 214).

Für die Abgrenzung der gewerblichen Betätigung von der Vermögensverwaltung kommt es stets auf das Grundbild der Betätigung unter Berücksichtigung der Verkehrsauffassung an. So kann die Errichtung eines Mietwohngebäudes mit acht Wohneinheiten, dessen zwei Jahre spätere Unwandlung in sieben Eigentumswohnungen und der Verkauf dieser Wohnungen in den darauf folgenden vier Jahren noch als Vermögensverwaltung anzusehen sein, wenn a) der Veräußerer mit dem

Bau- und Wohnungsmarkt in keiner Weise beruflich verbunden ist, b) das Grundstück nicht zum Zwecke der Bebauung erworben wurde, sondern sich seit längerer Zeit im Eigentum des Bauherrn befand, c) es sich zunächst um rechtlich unselbständige Wohnungen handelte, die zur Vermietung bestimmt waren, und d) ein Veräußerungswille zur Zeit der Bebauung nicht erkennbar war (BFH, BStBl 1988 II S. 65).

Bei einer gemischten Tätigkeit, wie der Vermietung und Verpachtung von Grundbesitz, dessen Erwerb, Unterhaltung und Veräußerung, sind die einzelnen Tätigkeiten für ihre steuerliche Einordnung möglichst getrennt zu sehen. Bedingen sich die einzelnen Tätigkeiten jedoch gegenseitig und sind sie so miteinander verflochten, daß sie nach der Verkehrsanschauung als Einheit gelten, so ist eine getrennte Einordnung nicht zulässig. So liegt eine einheitliche gewerbliche Tätigkeit vor, wenn ein Stpfl. planmäßig Althausbesitz weitgehend durch Fremdmittel erwirbt, diesen kurz- oder langfristig vermietet, unter Ausnutzung steuerlicher und mietrechtlicher Vergünstigungen modernisiert und bei günstiger Gelegenheit wieder veräußert (BFH, BStBl 1981 II S. 522).

Sind die Gebäude anders als in den vorerwähnten Fällen nicht zum Zwecke der Veräußerung errichtet, sondern langfristig durch Vermietung, die zu Einkünften aus Vermietung und Verpachtung führte, genutzt worden, so gehört grundsätzlich die Veräußerung der bebauten Grundstücke noch zur privaten Vermögensverwaltung. Werden Mietwohnungen, die langfristig durch Vermietung genutzt wurden, in einen zum vertragsgemäßen Gebrauch geeigneten Zustand versetzt, in Eigentumswohnungen umgewandelt und anschließend veräußert, so ist dies allein kein Umstand, der zu einer gewerblichen Tätigkeit führt (BFH, BStBl 1980 II S. 106, 1984 II S. 137).

Wird im sogenannten „Baupatenverfahren" im Namen, im Auftrag und für Rechnung des Grundeigentümers (Baupaten) durch ein Betreuungsunternehmen eine größere Anzahl von Kaufeigenheimen zu dem Zweck errichtet, diese an Kaufanwärter zu vermieten und nach Ablauf einer gewissen Zeit an sie zu veräußern, so üben die Baupaten als Bauherren keine gewerbliche Tätigkeit aus, wenn die Baupaten die Kaufeigenheime im wesentlichen zu Selbstkosten veräußern. Die Absicht der Baupaten, unter Ausnutzung der Steuervergünstigung des § 7 b EStG Steuern zu sparen, stellt keine Gewinnerzielungsabsicht i. S. von § 15 Abs. 2 EStG dar (BFH, GrS, BStBl 1984 II S. 751 unter Änderung der Rechtsprechung im Beschluß des Großen Senats, BStBl 1972 II S. 700).

Die Frage, wann die **Parzellierung und Veräußerung von unbebauten Grundstükken** eine gewerbliche Tätigkeit darstellt, ist in zwei Gruppen von Fällen zu prüfen. Bei der ersten Gruppe handelt es sich um solche, in denen der Grundbesitz bisher nicht betrieblich genutzt war. Die andere Gruppe umfaßt die Fälle, in denen der Grundbesitz bisher Teil eines landwirtschaftlichen Betriebes war.

Zusammenfassend kann für beide Fallgruppen gesagt werden: Grundstücksverkäufe, auch wenn sie in größerer Zahl getätigt werden, sind als solche noch keine gewerbliche Tätigkeit. Sie sind es jedenfalls auch dann noch nicht, wenn sich die vom Veräußerer entfaltete Tätigkeit auf die für den bloßen Verkauf erforderlichen Handlungen, zu denen auch die Parzellierung der Fläche zu rechnen ist, beschränkt. In Fällen, in denen der Veräußerer mehr als die reinen Verkaufshandlungen vornimmt, ist ein Anhalt für eine gewerbliche Tätigkeit gegeben (BFH, BStBl 1971 II S. 456). Gewerbliche Tätigkeit hat der BFH angenommen, wenn der Verkäufer die planmäßige Erschließung des Geländes selbst durchführt oder durch einen Dritten bewirken läßt, wenn er maßgeblich bei der Vorbereitung (Planung) der Erschließung und künftigen Bebauung mitwirkt oder auf die Erschließung und künftige Bebauung durch entsprechende Anträge, Anfertigung von Entwürfen usw. bei der Gemeinde Einfluß nimmt. Eine zusätzliche Tätigkeit zum Zwecke der Erschließung und Bebauung des Geländes wurde auch darin gesehen, daß die Parzellenkäufer vertraglich verpflichtet wurden, die Erschließungskosten über den gesetzlichen Beitrag hinaus zu zahlen und die Architektenaufträge ausschließlich den Personen zu erteilen, die auch im Interesse des Verkäufers den Parzellierungs- und Bebauungsplan angefertigt hatten. Grundstücksverkäufe sind schließlich auch dann als gewerbliche Tätigkeit angesehen worden, wenn sich der Eigentümer gegenüber der Gemeinde verpflichtet hatte, die Erschließung der bereits von ihm parzellierten Fläche selbst vorzunehmen und die Erschließungskosten im wesentlichen selbst zu tragen, und zwar selbst dann, wenn er die Kosten auf die Käufer der einzelnen Parzellen überwälzte (BFH, BStBl 1973 II S. 642 und die dort angeführte zahlreiche Rechtsprechung sowie BStBl 1974 II S. 6, 1976 II S. 152). Wird hingegen neben der Veräußerung von Grundstücken lediglich Straßengrund unentgeltlich an die Gemeinde abgetreten, so liegt darin eine unschädliche Nebenleistung; denn es bildet keinen Unterschied, ob Bauland als Brutto- oder Nettofläche veräußert wird (BFH, BStBl 1984 II S. 798). Wird umfangreicher Grundbesitz veräußert, der auf Grund vorausgegangener Aktivitäten des Veräußerers ohne Schwierigkeiten in zahlreiche bebaubare Einzelgrundstücke aufteilbar ist, dann ist es für die Annahme einer gewerblichen Tätigkeit unerheblich, wenn der Grundbesitz als ein sachenrechtliches Objekt veräußert wird, sofern die genannten Aktivitäten die Annahme eines Gewerbebetriebs rechtfertigen und auf Wiederholung angelegt sind (BFH, BStBl 1982 II S. 700).

Unabhängig von den vorgenannten Abgrenzungskriterien ist der **laufende Erwerb** und die **laufende Veräußerung von unbebauten Grundstücken** (z. B. durch einen Architekten oder einen Land- und Forstwirt) eine gewerbliche Tätigkeit, wenn die Grundstücksgeschäfte sich als häufiger marktmäßiger Umschlag von Grundbesitz darstellen. Dafür können sowohl ein enger zeitlicher Zusammenhang zwischen dem Erwerb und der Veräußerung des einzelnen Grundstücks als auch eine ständige Wiederkehr einzelner Geschäfte ein Beweisanzeichen sein (BFH, BStBl 1984 II S. 798). Schließlich kann auch die Veräußerung land- und forstwirtschaftlicher Betriebe Gegenstand eines selbständigen gewerblichen Unternehmens sein (BFH, BStBl 1984 II S. 798).

Ob der **An- und Verkauf von Wertpapieren** als Vermögensverwaltung oder als eine gewerbliche Tätigkeit anzusehen ist, hängt, wenn eine selbständige und nachhaltige, mit Gewinnerzielungsabsicht betriebene Tätigkeit vorliegt, entscheidend davon ab, ob die Tätigkeit sich auch als Beteiligung am allgemeinen wirtschaftlichen Verkehr darstellt. Der fortgesetzte An- und Verkauf von Wertpapieren reicht für sich allein, auch wenn er einen erheblichen Umfang annimmt und sich über einen längeren Zeitraum erstreckt, zur Annahme eines Gewerbebetriebs nicht aus, solange er sich in den gewöhnlichen Formen abspielt, wie sie bei Privatleuten die Regel bilden, d. h. in der Erteilung von Aufträgen an eine Bank oder einen Bankier. Eine gewerbliche Tätigkeit ist aber grundsätzlich gegeben, wenn jemand entweder ein Ladenlokal unterhält oder regelmäßig die Börse besucht. Indessen ist es auch denkbar, daß eine Person, die sich mit der gewerblichen Vermittlung von Wertpapiergeschäften befaßt, selbst derartige Papiere zu seinen privaten Zwecken erwirbt. In einem solchen Fall muß sich aus den tatsächlichen Umständen eindeutig ergeben, daß ein Erwerb zum Privatvermögen vorliegt. Anderenfalls ist der Erwerbsvorgang als betrieblich anzusehen (BFH, BStBl 1982 II S. 587). Betreibt ein Bankier Wertpapiergeschäfte, die im Bereich seiner Bank, aber auch im Bereich seiner privaten Vermögensverwaltung getätigt werden können, so sind diese dem betrieblichen Bereich zuzuordnen, wenn der Bankier für den Kauf der Wertpapiere häufig dem Betrieb Mittel entnimmt, Käufe und Verkäufe über die Bank abschließt und die Erlöse bald wieder dem Betrieb zuführt (BFH, BStBl 1977 II S. 287; vgl. zum Vorstehenden auch Abschn. 137 Abs. 6 EStR und den Sonderfall in BFH, BStBl 1971 II S. 620, 1980 II S. 389). Die Frage, ob sog. Differenzgeschäfte (Börsentermingeschäfte) als gewerbliche Tätigkeit anzusehen sind, ist nach den gleichen Gesichtspunkten wie bei Wertpapiergeschäften zu beurteilen (BFH, BStBl 1984 II S. 132 und 1989 II S. 39).

Werden die wesentlichen **Grundlagen eines Gewerbebetriebs** als Ganzes **verpachtet**, so hat der Verpächter grundsätzlich ein Wahlrecht, ob darin eine Betriebsaufgabe i. S. von § 16 Abs. 3 EStG gesehen werden soll oder ob er den Gewerbebetrieb fortführen will. Im erstgenannten Fall stellen die Einkünfte aus der Verpachtung solche nach § 21 EStG dar. Im letztgenannten Fall sind sie hingegen Einkünfte aus Gewerbebetrieb, die allerdings nicht der Gewerbesteuer unterliegen (BFH, BStBl 1964 III S. 124; wegen der Einzelheiten vgl. 5.4.4).

Ein solches Wahlrecht ist jedoch nicht gegeben bei der **Betriebsaufspaltung.** Bei der eigentlichen Betriebsaufspaltung handelt es sich um die Aufspaltung eines bisher einheitlichen, als Einzelunternehmen oder in der Form einer Personengesellschaft betriebenen Unternehmens. Das bisherige Unternehmen (Besitzunternehmen) überträgt die Produktion oder den Vertrieb, meist beide zusammen, auf eine neu gegründete Gesellschaft (Betriebsgesellschaft), in der Regel eine Kapitalgesellschaft (meist GmbH); die Betriebsaufspaltung ist jedoch auch möglich, wenn ein in der Rechtsform einer Personengesellschaft betriebenes einheitliches Unternehmen in eine Besitzpersonengesellschaft und eine Betriebspersonengesellschaft aufgespalten wird (BFH, BStBl 1976 II S. 750, 1985 II S. 622). Das Betriebsvermögen wird ohne Betriebsgrundstücke, teilweise auch ohne Betriebseinrichtung, in die Betriebsgesellschaft eingebracht, während das verbleibende Anlagevermögen vom Besitzunternehmen an die Betriebsgesellschaft vermietet oder verpachtet wird. Neben dieser eigentlichen Betriebsaufspaltung, die durch rechtsförmliche Aufteilung des ursprünglich einheitlichen Unternehmens entsteht, gibt es auch die sogenannte uneigentliche Betriebsaufspaltung; hier werden zwei selbständig – gleichzeitig oder nacheinander – errichtete Unternehmen in derselben Weise miteinander verbunden. Besitzunternehmen kann hier auch eine Bruchteilsgemeinschaft sein (BFH, BStBl 1983 II S. 299).

Wenn die vermieteten oder verpachteten Vermögensgegenstände wesentliche Grundlagen für den Betrieb der Betriebsgesellschaft bilden und dieselben Personen in der Lage sind, beide Unternehmen tatsächlich zu beherrschen, so wird nach der Rechtsprechung des BFH wegen der engen Verbindung der beiden Rechtsgebilde außer der Betriebsgesellschaft auch das Besitzunternehmen als selbständiger Gewerbebetrieb behandelt (BFH, BStBl 1986 II S. 299). In diesem Fall stellen die Miet- oder Pachteinnahmen sowie sämtliche anderen Einnahmen, die das Besitzunternehmen von der Betriebsgesellschaft erhält, bei der Besitzgesellschaft Einkünfte aus Gewerbebetrieb dar, die auch der Gewerbesteuer unterliegen. Dies gilt auch für die Pachteinnahmen aus dem Betriebsgrundstück, wenn die Besitzpersonengesellschaft das gesamte ihr gehörige Betriebsvermögen an die Betriebsgesellschaft verpachtet einschließlich des Betriebsgrundstücks, das nur einigen Gesellschaftern der Personengesellschaft gehört. Voraussetzung dafür ist jedoch, daß das Betriebsgrundstück auch nach der Betriebsaufspaltung Betriebsvermögen der Besitzgesellschaft geblieben ist (BFH, BStBl 1975 II S. 781). Die Anteile an der Betriebskapitalgesellschaft gehören zum notwendigen Betriebsvermögen der Besitzgesellschaft bzw. zum notwendigen Sonderbetriebsvermögen ihrer Gesellschafter, soweit sie der Durchsetzung des einheitlichen geschäftlichen Betätigungswillens in der Betriebsgesellschaft dienen (BFH, BStBl 1982 II S. 60). Zu deren notwendigem Betriebsvermögen gehören ferner grundsätzlich alle an die Betriebsgesellschaft verpachteten Wirtschaftsgüter (BFH, BStBl 1978 II S. 67). Die gewerbliche Tätigkeit des Besitzunternehmens umfaßt auch die Anteile und die Einkünfte der Personen, die nur am Besitzunternehmen beteiligt sind (BFH, BStBl 1986 II S. 296). Jedoch zählt das Gehalt, das der Inhaber des Besitzunternehmens als Gesellschafter-Geschäftsführer der Betriebs-GmbH bezieht, nicht zu den Einkünften aus Gewerbebetrieb, sondern aus nichtselbständiger Arbeit. Wegen weiterer Einzelheiten Hinweis auf Abschn. 15 Abs. 5 GewStR und auf BFH, BStBl 1967 III S. 387 und 461, 1968 II S. 677, 1970 II S. 722, 1974 II S. 613, und BVerfG, BStBl 1969 II S. 389, 1985 II S. 475.

Im Fall der echten oder uneigentlichen Betriebsaufspaltung ist es Voraussetzung für die Bejahung eines Gewerbebetriebs des Besitzunternehmens, daß eine Person oder mehrere Personen zusammen sowohl das Besitzunternehmen als auch das Betriebsunternehmen in dem Sinne beherrschen, daß sie in der Lage sind, in beiden Unternehmen einen einheitlichen geschäftlichen Betätigungswillen durchzusetzen (BFH, GrS, BStBl 1972 II S. 63; BFH, BStBl 1989 II S. 455). Ob diese Voraussetzung vorliegt, ist nach den Verhältnissen des einzelnen Falls zu entscheiden. An diese Voraussetzung sind strenge Anforderungen zu stellen (BFH, GrS, BStBl 1972 II S. 63). Für die Beherrschung wird grundsätzlich als ausreichend angesehen, daß dieselben Personen mit der Mehrheit der Anteile an beiden Unternehmen beteiligt sind (BFH, BStBl 1972 II S. 796, 1980 II S. 162), wobei dieselben Personen an beiden Gesellschaften nicht notwendig in demselben Verhältnis beteiligt sein müssen. Sind an beiden Unternehmen nicht dieselben Personen im gleichen Verhältnis beteiligt, wird ein einheitlicher geschäftlicher Betätigungswille daraus gefolgert, daß die Personen, die das Besitzunternehmen beherrschen, auch in der Lage sind, ihren Willen im Betriebsunternehmen durchzusetzen. Bei der Beurteilung der personellen Verflechtung darf nach der heutigen Rechtsprechung (vgl. BVerfG, BStBl 1985 II S. 475, sowie BFH, BStBl 1986 II S. 362, 364 und 1987 II S. 858) nicht mehr von der Vermutung ausgegangen werden, Eheleute verfolgten gleichgerichtete wirtschaftliche Interessen. Vielmehr ist eine Zusammenrechnung von Anteilen der Eheleute nur dann gerechtfertigt, wenn hierfür konkrete Umstände vorliegen. Es müssen zusätzlich zur ehelichen Lebensgemeinschaft Beweisanzeichen gegeben sein, die für die Annahme personeller Verpflechtungen durch gleichgerichtete Interessen sprechen. Diese Voraussetzung hat der BFH (BStBl 1986 II S. 913) in einem Fall als gegeben erachtet, in dem die Eheleute durch eine umfassende, planmäßige Gestaltung der wirtschaftlichen Verhältnisse mehrerer Unternehmen offenkundig gemacht hatten, daß sie zusätzlich zur ehelichen Lebensgemeinschaft eine Zweck- und Wirtschaftsgemeinschaft unter gleichgerichteten Interessen begründet haben. (Wegen der Frage, worin evtl. solche Beweisanzeichen sonst noch zu sehen sind, vgl. Woerner, BB 1985 S. 1609/16.) Nach der Rechtsprechung des BFH (BStBl 1986 II S. 362 und 611) rechtfertigen dagegen folgende Umstände nicht, die Anteile der Ehefrau an einem Unternehmen denen des Ehemannes zuzurechnen:

a) jahrelanges konfliktfreies Zusammenwirken der Eheleute innerhalb der Gesellschaft,

b) Herkunft der Mittel für die Beteiligung der Ehefrau an der Betriebsgesellschaft vom Ehemann,

c) „Gepräge" der Betriebsgesellschaft durch den Ehemann,

d) Erbeinsetzung der Ehefrau durch den Ehemann als Alleinerbe, gesetzlicher Güterstand der Zugewinngemeinschaft, beabsichtigte Alterssicherung der Ehefrau.

Die vorgenannte Rechtsprechung des BFH ist in Fällen ergangen, in denen an einem der beiden Unternehmen nur ein Ehegatte mehrheitlich beteiligt ist, und diesem Ehegatten zusammen mit dem anderen Ehegatten die Mehrheit der Anteile an dem anderen Unternehmen gehört.

Sind dagegen beide Eheleute jeweils an beiden Unternehmen in einem Maße beteiligt, daß ihnen zusammen die Mehrheit der Anteile gehört, stellen sie eine durch gleichgerichtete Interessen geschlossene Personengruppe dar, die in der Lage ist, beide Unternehmen zu beherrschen, wie dies auch für Fremde zuträfe (BFH, BStBl 1986 II S. 364). Eine personelle Verflechtung wäre hier nur bei nachweisbaren schwerwiegenden Interessenkollisionen nicht gegeben (BFH, BStBl 1982 II S. 662; BMF, BStBl 1986 I S. 537).

Auch die Anteile von Eltern und minderjährigen Kindern können nur noch zusammengerechnet werden, wenn deutliche positive Anzeichen für die Ausübung der Gesellschaftsrechte der Kinder in Gleichrichtung mit denen der Eltern vorhanden sind. Auch die elterliche Vermögenssorge nach § 1626 Abs. 1 BGB stellt nach Auffassung der FinVerw ein solches Anzeichen dar. Dies erscheint jedoch nicht unzweifelhaft (vgl. Woerner, BB 1985 S. 1609/17).

Beispiele:

a) Die Eheleute A sind zu je 50 v. H. an dem Besitzunternehmen und zu je 25 v. H. an der Besitzgesellschaft beteiligt, an der im übrigen neben fremden Personen zu 10 v. H. ihr minderjähriger Sohn beteiligt ist.

Wenn den Eheleuten A gemeinsam das Vermögenssorgerecht für ihren minderjährigen Sohn zusteht, ist nach Abschn. 137 Abs. 5 Satz 11 Nr. 2 Satz 9 EStR eine personelle Verflechtung anzunehmen.

b) B ist zu 60 v. H. an dem Besitzunternehmen und zu 40 v. H. an der Besitzgesellschaft beteiligt, an der im übrigen der minderjährige Sohn des B Anteile von 30 v. H. hält.

Eine personelle Verflechtung liegt nach Abschn. 137 Abs. 5 Satz 11 Nr. 2 Satz 10 EStR nur vor, wenn

- B allein das Vermögenssorgerecht für seinen Sohn ausübt oder
- das Vermögenssorgerecht für den Sohn zwar beiden Elternteilen zusteht und zusätzlich zur ehelichen Lebensgemeinschaft gleichberechtigte wirtschaftliche Interessen der Ehegatten vorliegen.

Die Fähigkeit der das Besitzunternehmen beherrschenden Personen, ihren geschäftlichen Betätigungswillen in der Betriebsgesellschaft durchzusetzen, erfordert nicht notwendig einen bestimmten Anteilsbesitz an der Betriebsgesellschaft (BFH, BStBl 1976 II S. 750 sowie BStBl 1972 II S. 976, 1973 II S. 247 und 869, 1975 II S. 266). Diese Fähigkeit kann ausnahmsweise aufgrund einer durch die Besonderheiten des Falls bedingten Machtstellung auch gegeben sein, wenn die das Besitzunternehmen beherrschenden Personen an der Betriebsgesellschaft nicht bzw. nicht unmittelbar beteiligt (BFH, BStBl 1976 II S. 750, 1981 II S. 379, 1983 II S. 136) oder die die Betriebsgesellschaft beherrschenden Personen nicht an der Besitzgesellschaft beteiligt sind (BFH, BStBl 1983 II S. 299). Eine dem Besitzunternehmer in der Betriebsgesellschaft auf Lebenszeit eingeräumte Geschäftsführerstellung reicht aber insoweit nicht aus (BFH, BStBl 1984 II S. 714, vgl. auch BFH, BStBl 1987 II S. 28). Der Tatbestand der Betriebsaufspaltung ist auch nicht erfüllt, wenn ein Ehegatte nur an dem zur Nutzung überlassenen Grundbesitz und der andere Ehegatte nur an der den Grundbesitz nutzenden Betriebsgesellschaft beteiligt ist (sog. Wiesbadener Modell, BFH, BStBl 1986 II S. 359, 1987 II S. 28).

Umgekehrt genügt zur Beherrschung einer aus natürlichen Personen bestehenden Betriebspersonengesellschaft nicht die Verfügung über Kommanditanteile, wenn dem Kommanditisten nur das Widerspruchsrecht aus § 164 BGB zusteht und er sich nicht gegen den persönlich haftenden Gesellschafter durchsetzen kann (BFH,

BStBl 1982 II S. 476). Weichen Kapitalbeteiligung und Stimmrecht voneinander ab, kommt es für die Frage der Beherrschung der Besitzgesellschaft auf die Stimmrechte an (BFH, BStBl 1983 II S. 136 und S. 299, 1984 II S. 212; dazu einschränkend BMF, BStBl 1985 I S. 121). Sind an der Besitzgesellschaft neben den die Betriebsgesellschaft beherrschenden Personen weitere Gesellschafter oder Bruchteilseigentümer beteiligt, könnten die auch an der Betriebsgesellschaft beteiligten Personen an der Ausübung ihres Stimmrechts in der Besitzgesellschaft bei einem Rechtsgeschäft mit der Betriebsgesellschaft gehindert sein. Eine Beherrschung der Betriebsgesellschaft liegt gleichwohl vor, wenn nach der tatsächlichen Handhabung die Betriebsgesellschafter von ihrem Stimmrecht in der Besitzgesellschaft nicht ausgeschlossen waren. Zur Beherrschung genügt die Herrschaft über die Geschäfte des täglichen Lebens (BFH, BStBl 1986 II S. 296).

Sachliche Voraussetzung einer Betriebsaufspaltung ist, daß das Besitzunternehmen dem Betriebsunternehmen Vermögensgegenstände überlassen hat, die wesentliche Grundlagen des Betriebs des Betriebsunternehmens bilden. Dabei reicht es aus, wenn die überlassenen Vermögensgegenstände eine der wesentlichen Betriebsgrundlagen darstellen (BFH, BStBl 1974 II S. 613). Ob es sich bei den überlassenen Wirtschaftsgütern um materielle oder immaterielle Wirtschaftsgüter handelt, ist ohne Bedeutung (vgl. BFH, BStBl 1966 III S. 601 und 1989 II S. 455). Unerheblich ist auch, ob die überlassenen Wirtschaftsgüter dem Besitzunternehmen gehören oder nicht (BFH, BStBl 1989 II S. 192). Es genügt daher auch, wenn das Besitzunternehmen ihm zur Nutzung überlassene Wirtschaftsgüter an das Betriebsunternehmen weiterverpachtet.

Wenn die überlassenen Wirtschaftsgüter zur Erreichung des Betriebszwecks des Betriebsunternehmens erforderlich sind und besonderes wirtschaftliches Gewicht für die Betriebsführung des Betriebsunternehmens besitzen, stellen diese grundsätzlich eine wesentliche Grundlage des Betriebs des Betriebsunternehmens dar (vgl. BFH, BStBl 1989 II S. 455 und 1014). Eine wesentliche Betriebsgrundlage bilden daher insbesondere Wirtschaftsgüter, die für den Betriebsablauf unerläßlich sind, die benötigt werden, um den Betrieb als intakte Wirtschafts- und Organisationseinheit zu erhalten (BFH, BStBl 1989 II S. 1014).

Auch ein Grundstück stellt danach nicht in jedem Fall eine wesentliche Betriebsgrundlage dar (BFH, BStBl 1986 II S. 299). Nur wenn ein Betrieb in seiner Gesamtheit einen Bezug auf bestimmte Grundstücke oder Gebäude hat, können diese als wesentliche Betriebsgrundlage angesehen werden. Ein ausschließlich büro- oder verwaltungsmäßig genutztes Gebäude bildet daher z. B. bei einem Verlagsunternehmen keine wesentliche Betriebsgrundlage (vgl. BFH, BStBl 1971 II S. 61 und 1989 II S. 1014). Auch unbebaute Grundstücke sollen nach Abschn. 137 Abs. 5 Satz 11 Nr. 1 Satz 9 EStR eine wesentliche Betriebsgrundlage für das Betriebsunternehmen bilden, wenn sie von diesem entsprechend seinen Bedürfnissen bebaut oder in anderer Weise gestaltet worden sind. Bewegliche Wirtschaftsgüter, z. B. Maschinen- und Einrichtungsgegenstände, können auch dann eine wesentliche Betriebsgrundlage für das Betriebsunternehmen sein, wenn es sich nicht um Sonderanfertigungen, sondern um Serienfabrikate handelt (vgl. BFH, BStBl 1989 II S. 1014). Es reicht insoweit aus, daß die betreffenden Wirtschaftsgüter für die Betriebsführung wirtschaftliches Gewicht besitzen oder nicht jederzeit ersetzbar sind.

Da es genügt, wenn eine von mehreren wesentlichen Betriebsgrundlagen von dem Besitzunternehmen dem Betriebsunternehmen überlassen wird, ist eine Betriebsaufspaltung auch im Verhältnis einer Betriebsgesellschaft zu mehreren Besitzunternehmen denkbar (vgl. BFH, BStBl 1980 II S. 356 mit Anm. von Schmidt in FR 1980 S. 331, Fichtelmann, FR 1983 S. 78). Umgekehrt kann eine Betriebsaufspaltung auch zwischen einem Besitzunternehmen und mehreren Betriebskapitalgesellschaften bestehen (BFH, BStBl 1983 II S. 299).

Die beschriebenen Rechtsfolgen einer Betriebsaufspaltung treten nicht ein, wenn (bei Vorliegen ihrer Voraussetzungen) die einer Betriebspersonengesellschaft zur Nutzung überlassenen Wirtschaftsgüter und die dafür geleistete Vergütung als Sonderbetriebsvermögen bzw. Sonderbetriebseinnahmen der Gesellschafter gemäß § 15 Abs. 1 Nr. 2 EStG bei der Betriebsgesellschaft zu erfassen sind (5.2.2.3). Hier geht die Regelung des § 15 Abs. 1 Nr. 2 EStG der nur durch Gesetzesauslegung gefundenen Regelung einer Betriebsaufspaltung vor (BFH, BStBl 1985 II S. 622).

Entfallen die Voraussetzungen einer Betriebsaufspaltung, so bedeutet dies nicht in jedem Fall eine Betriebsaufgabe des Besitzunternehmens (s. dazu 5.4.2.2). Eine Betriebsaufgabe durch Rechtsakt dürfte nicht in der Änderung der Rechtsauffassung über die personellen Voraussetzungen einer Betriebsaufspaltung auf Grund der Entscheidung des BVerfG zu sehen sein. Hier erweist sich die Annahme einer Betriebsaufspaltung von Anfang an als falsch. Wegen der Konsequenzen s. BMF, BStBl 1986 I S. 539.

5.2.1.3 Gewerbebetrieb kraft Rechtsform

Kapitalgesellschaften, das sind insbesondere Aktiengesellschaften, Kommanditgesellschaften auf Aktien und Gesellschaften mit beschränkter Haftung, haben infolge ihrer Rechtsform stets Einkünfte aus Gewerbebetrieb, auch wenn ihre Tätigkeit dem Charakter nach nicht gewerblich, sondern z. B. reine Vermögensverwaltung ist (BFH, BStBl 1977 II S. 96; § 8 Abs. 2 KStG). Sie unterliegen allerdings mit ihrem Einkommen nicht der Einkommensteuer, sondern der Körperschaftsteuer.

Anders verhält es sich bei den Personengesellschaften. Sie erzielen grundsätzlich nur Einkünfte aus Gewerbebetrieb, wenn die Voraussetzungen eines Gewerbebetriebs erfüllt sind (BFH, GrS, BStBl 1974 II S. 404, 1984 II S. 751). Eine Ausnahme gilt insoweit lediglich für Personengesellschaften, auf die die Vorschriften des § 15 Abs. 3 Nr. 2 EStG[3] anzuwenden sind. Nach § 15 Abs. 3 Nr. 2 Satz 1

---

3 Damit ist die frühere Geprägerechtsprechung (vgl. z. B. BFH, BStBl 1978 II S. 54) gesetzlich festgeschrieben worden, nachdem der BFH diese durch Beschluß des GrS (BStBl 1984 II S. 751) aufgegeben hatte. Nach § 52 Abs. 18 EStG ist diese Neuregelung grundsätzlich auch für zurückliegende Veranlagungszeiträume anzuwenden (zustimmend BFH, BStBl 1986 II S. 811). Wegen der Übergangsregelung und wegen möglicher Billigkeitsregelungen im Einzelfall s. BMF (BStBl 1986 I S. 129).

EStG gilt die mit Einkünfteerzielungsabsicht unternommene Tätigkeit einer gewerblich geprägten Personengesellschaft auch dann in vollem Umfang als Gewerbebetrieb, wenn sie keine ihrer Art nach gewerbliche Tätigkeit ausübt. Unter einer gewerblich geprägten Personengesellschaft ist aufgrund der Legaldefinition eine Personengesellschaft zu verstehen, bei der ausschließlich eine oder mehrere Kapitalgesellschaften persönlich haftende Gesellschafter sind und nur diese oder Personen, die nicht Gesellschafter sind, zur Geschäftsführung befugt sind. Ist eine gewerblich geprägte Personengesellschaft an einer anderen Personengesellschaft beteiligt, so steht sie nach § 15 Abs. 3 Nr. 2 Satz 2 EStG insoweit einer Kapitalgesellschaft gleich. Auch eine mehrstöckige GmbH & Co. KG (eine gewerblich geprägte Personengesellschaft beteiligt sich an einer GmbH & Co. KG und gibt ihr das Gepräge) kann danach z. B. eine gewerblich geprägte Personengesellschaft sein. Die Vorschriften des § 15 Abs. 3 Nr. 2 EStG gelten für alle Arten von Personengesellschaften. Auch eine Schein-KG kann daher eine gewerblich geprägte Personengesellschaft sein, sofern sie steuerbare Einkünfte i. S. von § 2 Abs. 1 EStG erzielt (BFH, BStBl 1987 II S. 553).

Übt eine Personengesellschaft eine ihrer Art nach gewerbliche Tätigkeit aus, so gilt nach § 15 Abs. 3 Nr. 1 EStG ihre mit Einkünfteerzielungsabsicht unternommene Tätigkeit in vollem Umfang als Gewerbebetrieb. Auch weitere Einkünfte, die die Gesellschaft erzielt und die ihrem Charakter nach zu einer anderen Einkunftsart, z. B. zu den Einkünften aus Land- und Forstwirtschaft oder Vermietung und Verpachtung, rechnen, stellen danach Einkünfte aus Gewerbebetrieb der Personengesellschaft dar. Das gilt selbst dann, wenn die gewerbliche Tätigkeit der Personengesellschaft von ganz untergeordneter Bedeutung ist (BFH, BStBl 1977 II S. 660, 1984 II S. 150).

Die Vorschrift des § 15 Abs. 3 Nr. 1 EStG kommt jeweils nur für eine konkrete Personengesellschaft zur Anwendung. Es ist daher durchaus möglich, daß die Personengesellschaft als solche nur den Gewerbebetrieb unterhält und daneben eine aus denselben Personen bestehende Gesellschaft bürgerlichen Rechts, die anderen Einkünfte erzielt. In diesem Fall stellen die anderen Einkünfte keine gewerblichen Einkünfte der Personengesellschaft dar. Denn eine Personengesellschaft, die ausschließlich Einkünfte aus nichtgewerblicher Vermögensverwaltung oder aus Land- und Forstwirtschaft erzielt, ist nicht mit Einkünften aus Gewerbebetrieb zur Besteuerung heranzuziehen (BFH, BStBl 1984 II S. 152).

Für eine Erbengemeinschaft, die grundsätzlich wie eine Mitunternehmerschaft behandelt wird (5.2.2.2), gilt die Regelung des § 15 Abs. 3 Nr. 1 EStG nicht. Ihre gewerbliche Betätigung beschränkt sich vielmehr auf den zum Nachlaß gehörenden Betrieb (BFH, BStBl 1987 II S. 120).

Bei einer im Handelsregister eingetragenen Personengesellschaft (OHG oder KG) besteht die Vermutung, daß sie ein Handelsgewerbe betreibt. Diese Vermutung kann jedoch widerlegt werden (BFH, BStBl 1964 III S. 530, 1977 II S. 660, 1981 II S. 527, 1986 II S. 250). Für die Widerlegung ist die Feststellung ausreichend, daß die Gesellschaft von Anfang an zu Unrecht in das Handelsregister eingetragen worden ist. Es genügt insoweit jedoch nicht, wenn die Gesellschaft bis zu ihrer vorzeitigen Auflösung eine Tätigkeit ausgeübt hat, die sowohl für den Beginn eines Gewerbebetriebs geeignet war als auch nicht zwingend auf einen Gewerbebetrieb schließen ließ (BFH, BStBl 1978 II S. 54).

5.2.1.4 Beginn und Ende des Gewerbebetriebs

Der Gewerbebetrieb entsteht einkommensteuerlich nicht erst mit seiner Eröffnung. Auch die auf die Eröffnung eines Gewerbebetriebs gerichtete vorbereitende Tätigkeit ist bereits Gewerbebetrieb (BFH, BStBl 1978 II S. 193). Daher sind Ausgaben, die vor Eröffnung des Betriebs entstehen (z. B. vorausbezahlte Miete), Betriebsausgaben, und zwar auch dann, wenn in dem betreffenden Jahr keine Einnahmen erzielt worden sind (BFH, BStBl 1952 III S. 292). Die vorbereitende Tätigkeit darf die Aufnahme der eigentlichen betrieblichen Tätigkeit aber nicht völlig ungewiß erscheinen lassen; es müssen schon Vorbereitungen sein, die auf eine bestimmte Tätigkeit hin konkretisiert sind (BFH, BStBl 1962 III S. 123).

Entsprechend ist auch die abwickelnde Tätigkeit im Zusammenhang mit der Einstellung eines Gewerbebetriebs eine gewerbliche Tätigkeit. So wie der Gewerbebetrieb einkommensteuerlich mit der ersten Vorbereitungshandlung beginnt, endet er mit der letzten Abwicklungshandlung (BFH, BStBl 1952 III S. 120). Ergeben sich nach Einstellung des Gewerbebetriebs, d. h. nach der letzten Abwicklungshandlung, noch Einnahmen aus diesem Betrieb oder Ausgaben für den Betrieb, so sind diese einkommensteuerrechtlich auch nicht im Rahmen des § 24 EStG zu berücksichtigen.

5.2.2 Gewinn der Mitunternehmer (§ 15 Abs. 1 Nr. 2 EStG)

5.2.2.1 Allgemeines

Zu den Einkünften aus Gewerbebetrieb gehören auch die Gewinnanteile der Gesellschafter einer offenen Handelsgesellschaft, einer Kommanditgesellschaft und einer anderen Gesellschaft, z. B. Gesellschaft bürgerlichen Rechts, bei der der Gesellschafter als Unternehmer (Mitunternehmer) anzusehen ist, und die Vergütungen, die der Gesellschafter von der Gesellschaft für seine Tätigkeit im Dienst der Gesellschaft oder für die Hingabe von Darlehn oder für die Überlassung von Wirtschaftsgütern bezogen hat.

5.2.2.2 Mitunternehmer

Mitunternehmer ist, wer zusammen mit anderen Personen eine **Unternehmerinitiative** (Mitunternehmerinitiative) entfalten kann und zusammen mit anderen Personen ein **Unternehmerrisiko** (Mitunternehmerrisiko) trägt. Beide Merkmale müssen vorliegen, auch wenn sie im Einzelfall mehr oder weniger ausgeprägt sind. Das Zusammenwirken mit einzelnen Personen muß – so der Wortlaut des § 15 Abs. 1 Nr. 2 EStG – in einem **zivilrechtlichen Gesellschaftsverhältnis** oder in

Ausnahmefällen in einem wirtschaftlich vergleichbaren Gemeinschaftsverhältnis erfolgen. Als wirtschaftlich vergleichbares Gemeinschaftsverhältnis kommen die Erbengemeinschaft, die eheliche Gütergemeinschaft und die Bruchteilsgemeinschaft in Betracht (BFH, GrS, BStBl 1984 II S. 751; BFH, BStBl 1986 II S. 455). Auch die „fehlerhafte Gesellschaft" i. S. des Zivilrechts und die Unterbeteiligung, die nachfolgend noch beschrieben werden, können ein dem Gesellschaftsverhältnis wirtschaftlich vergleichbares Gemeinschaftsverhältnis darstellen (BFH, BStBl 1985 II S. 363). Allgemein ist es gerechtfertigt, von einem wirtschaftlich vergleichbaren Gemeinschaftsverhältnis und von einer einem Gesellschafter einer Personengesellschaft wirtschaftlich vergleichbaren Stellung dann zu sprechen, wenn Personen wirtschaftlich so gestellt sind, als wären sie Gesellschafter (BFH, BStBl 1986 II S. 599).

Zu den Merkmalen der Mitunternehmerschaft im einzelnen:

Voraussetzung für das Vorliegen einer **zivilrechtlichen Gesellschaft** ist nach § 705 BGB, daß sich mehrere Personen zur Erreichung eines gemeinsamen Zwecks vertraglich verbinden und sich verpflichten, diesen zu fördern. Schriftform ist nicht erforderlich. Ein Gesellschaftsvertrag kann auch mündlich oder stillschweigend durch konkludentes Handeln abgeschlossen werden. Es kommt dabei nicht auf die formale Bezeichnung der Rechtsbeziehungen an, sondern auf deren wirklichen Inhalt. So ist ein Vertrag, der von den Beteiligten als Dienstvertrag bezeichnet wird, zivilrechtlich als Gesellschaftsvertrag anzusehen, wenn sich die Beteiligten darin verpflichten, einen gemeinsamen Zweck durch gemeinsames Handeln zu fördern (verdeckte Mitunternehmerschaft). Dabei kann es sich auch um eine Innengesellschaft handeln. Haben die Beteiligten Dienst-, Pacht- oder Darlehnsverträge geschlossen, die auch **zivilrechtlich nicht** als Gesellschaftsverträge ausgelegt werden können, kann der Dienstleistende, Verpächter oder Darlehnsgeber kein Mitunternehmer sein. Rein tatsächliche Verhältnisse oder Einflußmöglichkeiten können nach der neuen Rechtsprechung des BFH keine Mitunternehmerschaft begründen. Für die Entscheidung, ob jemand Mitunternehmer ist, sind alle Umstände des Einzelfalls zu berücksichtigen (BFH, BStBl 1985 II S. 363, 1986 II S. 10, 599, 802 und 891, 1987 II S. 111 und 1988 II S. 62).

Ein dem zivilrechtlichen Gesellschaftsvertrag **wirtschaftlich vergleichbares Verhältnis** ist unter folgenden Voraussetzungen gegeben:
– Wenn bei Erbengemeinschaften, Gütergemeinschaften, Bruchteilsgemeinschaften die Gemeinschafter über das gemeinsame Zustehen eines Rechts hinaus sich ausdrücklich oder stillschweigend gegenseitig verpflichtet haben, die Erreichung eines gemeinsamen Zwecks in der vereinbarten Weise zu fördern; denn nur wenn eine solche gegenseitige Verpflichtung vorliegt, kann man von einer wirtschaftlich vergleichbaren Stellung sprechen (ähnlich BFH, BStBl 1986 II S. 455);
– wenn eine fehlerhafte Gesellschaft vorliegt. Eine solche wird im Zivilrecht angenommen, wenn der Gesellschaftsvertrag nichtig ist, die Gesellschaft aber trotzdem in Vollzug gesetzt wird (vgl. Palandt, BGB, § 705 Anm. 3 d);

– wenn ein Unterbeteiligter über einen Hauptgesellschafter am Gewinn und Verlust und an den stillen Reserven der Personengesellschaft beteiligt ist und darüber hinaus als leitender Angestellter mit einem nicht unbedeutenden Dispositionsspielraum Geschäftsführung ausüben kann. Dabei muß der Unterbeteiligte auf Dinge Einfluß nehmen, die nur von einem Gesellschafter, nicht aber auch von einem bloßen Geschäftsführer beeinflußbar sind (BFH, BStBl 1985 II S. 363).

Mitunternehmerinitiative bedeutet Teilnahme an unternehmerischen Entscheidungen, wie sie den in der Geschäftsführungsleitung tätigen Personen obliegen, zumindest aber die Ausübungen bestimmter Stimm-, Kontroll- und Widerspruchsrechte (BFH, BStBl 1986 II S. 891, 1987 II S. 60).

Mitunternehmerrisiko bedeutet gesellschaftsrechtliche oder eine wirtschaftlich vergleichbare Teilnahme am Erfolg und Mißerfolg des Unternehmens. Mitunternehmereigenschaft in diesem Sinne hat eine Person, die mit dem Unternehmen auf Gedeih und Verderb verbunden ist. Dieses Mitunternehmerrisiko ist neben der für die Annahme eines Gewerbebetriebs notwendigen Gewinnerzielungsabsicht der Gesellschaft erforderlich. Es wird allein durch die Teilnahme des Gesellschafters an der Betriebsvermögensmehrung erfüllt. Ein Mitunternehmerrisiko fehlt, wenn der Gesellschafter nach dem Inhalt und nach der tatsächlichen Durchführung des Gesellschaftsvertrags rechtlich oder tatsächlich nicht in der Lage ist, während seiner Zugehörigkeit zur Gesellschaft an einer Betriebsvermögensmehrung teilzunehmen, die in einem Anteil am entnahmefähigen laufenden Gewinn oder einem die Einlage übersteigenden Gewinn bei Ausscheiden aus der Gesellschaft oder bei Auflösung der Gesellschaft bestehen kann. Ein Anteil am laufenden Verlust reicht allein nicht aus. Auch der beim Wegfall eines negativen Kapitalkontos zu erfassende Gewinn (s. dazu 5.3.5.6) stellt keine Teilnahme an einer Betriebsvermögensmehrung im vorgenannten Sinne dar. Denn er ist lediglich die rechtlich notwendige Korrektur früherer Verlustzurechnungen, wenn der Verlust mit künftigen Gewinnen nicht mehr ausgeglichen werden kann (BFH, GrS, BStBl 1981 II S. 164, 1984 II S. 751). Mitunternehmerrisiko kann insbesondere auch nicht angenommen werden, wenn die Beteiligung auf einen absehbaren Zeitraum begrenzt ist und für diesen Zeitraum von vornherein nicht mit einer Mehrung des anteilig auf den Gesellschafter entfallenden Betriebsvermögens zu rechnen ist. Die zeitliche Begrenzung der Beteiligung und die fehlende Gewinnerwartung können sich aus den Umständen des Einzelfalls ergeben (vgl. BFH, BStBl 1978 II S. 15, 1984 II S. 751).

Neben diesen allgemeinen Grundsätzen sei noch auf nachfolgende Sonderaspekte hingewiesen:

Ist bei einer Personengesellschaft kein Gesellschaftsvermögen vorhanden, so trägt der Gesellschafter Mitunternehmerrisiko, wenn er am laufenden Gewinn und Verlust und am Geschäftswert der Gesellschaft beteiligt ist und ihm die stillen Reserven seines Sonderbetriebsvermögens zuzurechnen sind (BFH, BStBl 1986 II S. 891). Anders ist es, wenn die Geschäftsführer einer GmbH, die die Geschäfte einer GmbH & Co. KG kraft Anstellungsvertrag führen und die die Alleingesellschafter der persönlich haftenden GmbH sind, am Jahresgewinn der KG beteiligt sind. Hier begründet die Beteiligung am Jahresgewinn kein Mitunternehmerrisiko (BFH, BStBl 1986 II S. 599).

Der persönlich haftende Gesellschafter einer KG ist auch dann Mitunternehmer, wenn er keine Kapitaleinlage erbracht hat und im Innenverhältnis (zu den übrigen Gesellschaftern) wie ein Angestellter behandelt wird und von der Haftung freigestellt ist. Denn die Vertretungsbefugnis und der Eintritt der Haftung läßt sich letztlich nicht ausschließen (BFH, BStBl 1987 II S. 33; s. aber dazu BFH, BStBl 1987 II S. 60).

Ein Kommanditist ist (abgesehen von den Fällen der Verlustbeteiligungen) nur dann nicht als Mitunternehmer im Sinne von § 15 Abs. 1 Nr. 2 EStG anzusehen, wenn seine Stellung nach dem Gesellschaftsvertrag und der tatsächlichen Handhabung wesentlich hinter dem zurückbleibt, was handelsrechtlich das Bild des Kommanditisten bestimmt (BFH, BStBl 1975 II S. 818). Schenkweise als Kommanditisten aufgenommene nahestehende Personen sind insbesondere dann nicht als Mitunternehmer anzusehen, wenn ihre Stellung als Gesellschafter zugunsten des bisherigen Einzelunternehmers extrem in einer Weise beschränkt ist, wie das in Verträgen zwischen Fremden nicht üblich ist (BFH, BStBl 1979 II S. 405, 1981 II S. 779). So ist ein Kommanditist, der von einem Mitgesellschafter jederzeit aus der Gesellschaft ausgeschlossen werden kann, jedenfalls dann nicht Mitunternehmer, wenn bei der für diesen Fall zu zahlenden Abfindung seine Beteiligung am Firmenwert nicht abgegolten wird (BFH, BStBl 1982 II S. 342).

Auch eine reine **Innengesellschaft** ohne sachenrechtliche Beteiligung am Gesellschaftsvermögen und ohne Haftung einzelner Gesellschafter kann zu einer Mitunternehmerschaft führen. Ein stiller Gesellschafter ist regelmäßig dann als Mitunternehmer anzusehen, wenn er nicht nur am Gewinn und Verlust, sondern im Innenverhältnis schuldrechtlich auch an den stillen Reserven des Anlagevermögens und an einem Geschäftswert beteiligt sein soll, indem er etwa bei Auflösung der Gesellschaft nach einer Auseinandersetzungsbilanz auch einen Anteil an den Wertsteigerungen des Betriebsvermögens erhalten soll. Hierbei muß es sich (subjektiv und objektiv) um mehr als eine rein theoretische Möglichkeit handeln. Fehlt eine solche schuldrechtliche Beteiligung an den Wertsteigerungen, so müssen im Hinblick auf Unternehmerrisiko und Unternehmerinitiative besondere Verhältnisse vorliegen, die die Annahme einer Mitunternehmerschaft rechtfertigen (s. dazu den Fall BFH, BStBl 1982 II S. 18 und, insbesondere auch hinsichtlich der Möglichkeit typischer unternehmerischer Entscheidungen durch den „Stillen", BFH, BStBl 1981 II S. 424 und 1982 II S. 389). Daß dem „Stillen" nicht die Kontrollrechte eines Kommanditisten gemäß §§ 164, 166 HGB zustehen, spricht nicht gegen die Unternehmerinitiative, da eine Innengesellschaft nicht ohne weiteres mit einer KG vergleichbar ist, bei ihr vielmehr grundsätzlich die Kontrollrechte des § 716 BGB gegeben sind (BFH, BStBl 1982 II S. 187). Der Unterschied zwischen einem Austauschvertrag mit Gewinnbeteiligung (insbesondere Anstellungsverträge, Miet- und Pachtverträge) und einem Gesellschaftsverhältnis besteht darin, daß in einem Gesellschaftsverhältnis die Erzielung des Gewinns als gemeinsamer Zweck angestrebt wird, während im Austauschverhältnis jeder Beteiligte für eigene Rechnung tätig wird (BFH, BStBl 1988 II S. 62).

Ein stiller Gesellschafter nach §§ 230 ff. HGB, der grundsätzlich Einkünfte aus Kapitalvermögen, nicht aus Gewerbebetrieb erzielt, ist dann Mitunternehmer (atypischer stiller Gesellschafter), wenn er Unternehmerinitiative entfalten kann und Unternehmerrisiko trägt (BFH, BStBl 1975 II S. 498, 1977 II S. 155). Ein stilles Gesellschaftsverhältnis verlangt, daß der still Beteiligte am Gewinn, nicht notwendig am Verlust des Unternehmens Anteil hat (BFH, BStBl 1988 II S. 62). Da ein stiller Gesellschafter nicht an der Unternehmensführung beteiligt ist und daher grundsätzlich, abgesehen von den Kontrollrechten nach § 716 BGB, keine Unternehmerinitiative entfalten kann, kommt seiner vermögensrechtlichen Beteiligung besondere Bedeutung zu. Danach muß er grundsätzlich an allen Wertzuwächsen – auch des Geschäftswerts – angemessen beteiligt werden, um als Mitunternehmer angesehen werden zu können (BFH, BStBl 1982 II S. 59).

Eigentümer eines gewerblichen Betriebes und Nießbraucher können ebenfalls eine Mitunternehmerschaft bilden (BFH, BStBl 1980 II S. 266 und 432).

Wenn Eheleute in erheblichem Umfang eigene land- und forstwirtschaftlich genutzte Grundstücke und die dazugehörigen originären Fruchtziehungsrechte in dem nur von einem Ehegatten nach außen geführten land- und forstwirtschaftlichen Betrieb einsetzen und auch gemeinsam den Hof bewirtschaften, dann ist ein durch schlüssiges Handeln abgeschlossener zivilrechtlicher Gesellschaftsvertrag (Innenvertrag) anzunehmen (BFH, BStBl 1987 II S. 17, 20). Der Anschein eines stillschweigend abgeschlossenen Gesellschaftsvertrags begründet sich entscheidend auf dem originären Recht des Eigentümers zur Fruchtziehung bei land- und forstwirtschaftlicher Nutzung und gilt daher nicht in Fällen einer gewerblichen Nutzung (BFH, BStBl 1987 II S. 23).

Ist zweifelhaft, ob bürgerlich-rechtlich nur eine Person zur Führung des Unternehmens berechtigt war oder ob diese Berechtigung mehreren Personen zustand, so ist entscheidend darauf abzustellen, wie sich die Beteiligten tatsächlich verhalten haben. (Wer hat das Risiko getragen, ist als Unternehmer in Erscheinung getreten; bei wem sind die Erlöse verblieben? – BFH, BStBl 1980 II S. 266.)

Wie Unternehmer sind in der Regel Eheleute steuerlich zu behandeln, wenn ein Gewerbebetrieb nach ehelichem Güterrecht in das Gesamtgut der Eheleute fällt (vgl. dazu im einzelnen BFH, BStBl 1959 III S. 263, 1966 III S. 389). Dies gilt grundsätzlich auch für Gewerbebetriebe, die im Güterstand der Zugewinngemeinschaft zum Gesamtgut rechnen (BFH, BStBl 1977 II S. 201). Betreibt nur einer der Ehegatten den Gewerbebetrieb und tritt die persönliche Arbeitsleistung dieses Ehegatten im Betrieb in den Vordergrund, während nennenswertes Kapital nicht eingesetzt ist, so ist der andere Ehegatte nicht Mitunternehmer (BFH, BStBl 1977 II S. 201 und 836, 1980 II S. 634).

Ungeteilte Erbengemeinschaften sind steuerlich nur dann Mitunternehmer-gemeinschaften, wenn sie sich gewerblich betätigen und die einzelnen Miterben Mitunternehmer sind. Das ist besonders dann der Fall, wenn ihr Wille zum gemeinschaftlichen Betrieb des erworbenen Unternehmens dadurch nach außen in Erscheinung tritt, daß eine Auseinandersetzung tatsächlich unterbleibt oder für immer oder längere Zeit ausgeschlossen ist (BFH, BStBl 1972 II S. 12, 1975 II S. 295). Ein Unternehmen kann auch für längere Zeit in der Rechtsform der Erbengemeinschaft geführt werden. Die Fortführung als OHG setzt den Abschluß eines Gesellschaftsvertrags und die Übertragung der Unternehmensgüter von der Erbengemeinschaft auf die Personengesellschaft voraus (BFH, BStBl 1988 II S. 245).

Stirbt der Gesellschafter einer Personengesellschaft und geht sein Gesellschafts-anteil durch Erbfolge auf einen Erben über, so wird der Erbe unmittelbar Gesellschafter, wenn der Gesellschaftsvertrag die Fortführung des Gesellschafts-verhältnisses mit dem (den) Erben vorsieht (BFH, BStBl 1981 II S. 614). Damit ist der Erbe aber nicht notwendig Mitunternehmer i. S. von § 15 Abs. 1 Nr. 2 EStG. Er wird es nur unter den Voraussetzungen, unter denen auch die Mitglieder einer ungeteilten Erbengemeinschaft Mitunternehmer sind (BFH, BStBl 1976 II S. 191).

Die für Miterben aufgestellten Grundsätze sind für Vermächtnisnehmer entspre-chend anzuwenden (BFH, BStBl 1981 II S. 19, 1982 II S. 646).

5.2.2.3 Gesamtgewinn der Mitunternehmer[4]

Bedeutung und Anwendungsbereich der Vorschrift des § 15 Abs. 1 Satz 1 Nr. 2 EStG sollte die vom RFH entwickelte und vom BFH zunächst fortgeführte Bilanzbündeltheorie deutlich machen. Die Bilanzbündeltheorie (nach ihr ist die Bilanz der Gesellschaft das Bündel der Bilanzen ihrer Gesellschafter) ist deswegen aufgegeben worden, weil sie schon angesichts der zahlreichen Durchbrechungen, die sie durch die höchstrichterliche Rechtsprechung erfahren hatte, keine brauch-bare Lehre vom „Gewinn der Mitunternehmer" darstellte (so z. B. Woerner, BB 1974 S. 592 ff.).

Nach neuerem Verständnis sind „Gewinnanteile" i. S. des § 15 Abs. 1 Satz 1 Nr. 2 EStG die Anteile der Gesellschafter am Gewinn der Gesellschaft. Von ihnen zu unterscheiden sind die „Vergütungen, die der Gesellschafter von der Gesellschaft für seine Tätigkeit im Dienste der Gesellschaft oder für die Hingabe von Darlehn oder für die Überlassung von Wirtschaftsgütern bezogen hat". Die Einkünfte aus diesen sog. Sondervergütungen bilden zusammen mit den Gewinn-anteilen den Gesamtgewinn der Mitunternehmerschaft (BFH, GrS, BStBl 1981 II S. 164).

---

4 Zum Nachfolgenden s. BMF v. 20. 12. 1977, BStBl 1978 I S. 8; auf einige wichtige Einzelheiten wird gesondert hingewiesen.

Gewinnanteil

Beim Gewinnanteil des Gesellschafters wird deutlich, daß das Einkommensteuergesetz zwischen persönlicher und sachlicher Steuerpflicht unterscheidet. Subjektiv steuerpflichtig ist die natürliche Person (§ 1 EStG). Die sachliche Steuerpflicht (der Besteuerungsgegenstand) wird u. a. durch die sieben Einkunftsarten (§ 2 EStG) umschrieben, zu denen die Einkünfte aus Gewerbebetrieb rechnen. Diese wiederum sind der Gewinn (§ 2 Abs. 2 Nr. 1 EStG). Wenngleich die Personengesellschaft nicht als Subjekt der Einkommensbesteuerung anzusehen ist, so ist sie doch Subjekt der Erzielung von Einkünften, insbesondere auch von Gewinnen. Insofern ist die Gesellschaft als Einheit zu betrachten, wie sich auch aus der weitgehend handelsrechtlichen Selbständigkeit ergibt; als Einheit verwirklicht sie Merkmale des Besteuerungstatbestands. Insofern ist sie Steuersubjekt im beschränkten Sinn. Auf die Qualität des Handelns der Gesellschaft (als Einheit der Gesellschafter) ist abzustellen bei der Frage, ob und welcher Tatbestand einer bestimmten Einkunftsart erfüllt ist oder nicht, also auch bei der Frage, ob durch das Handeln der Gesellschafter als Einheit ein Gewinn i. S. der Einkünfte aus Gewerbebetrieb erzielt ist (BFH, GrS, BStBl 1981 II S. 186, 1984 II S. 751). Für die freiberufliche Tätigkeit nach § 18 EStG muß hinzukommen, daß alle Gesellschafter die persönlichen Eigenschaften des Freiberuflers erfüllen (BFH, BStBl 1985 II S. 584).

Der Gewinn, den eine Personengesellschaft als Zusammenschluß der Gesellschafter erzielt, muß, da nicht die Gesellschaft als solche, sondern die Gesellschafter subjektiv im uneingeschränkten Sinne einkommensteuerpflichtig sind, (auch) für einkommensteuerliche Zwecke auf die Gesellschafter aufgeteilt werden, und zwar nach dem Maße, in dem sie an ihm beteiligt sind. Mit diesem Gewinnanteil unterliegen die Gesellschafter der Einkommensbesteuerung. Treten mithin bei der Erwirtschaftung des Gewinns der Personengesellschaft die Gesellschafter als Einheit in Erscheinung, so werden sie bei der Besteuerung als einzelne mit ihrem Gewinnanteil erfaßt.

Dem Gewinnanteil des Gesellschafters steht der Verlustanteil des Gesellschafters gleich. Sind die Gewinnanteile Anteile am Gewinn der Gesellschaft, so sind auch die Verlustanteile Anteile am Verlust der Gesellschaft. Es ist also der Gewinn und Verlust der Gesellschaft, der den Gesellschaftern anteilig zum Zwecke der Besteuerung zuzurechnen ist, ohne daß es eines Zufließens des Gewinns oder Verlustes beim Gesellschafter bedarf (BFH, GrS, BStBl 1981 II S. 164).

Der Gewinn oder Verlust ist durch einen Vermögensvergleich der Gesellschaft und nicht durch einen Vermögensvergleich der einzelnen Gesellschafter zu ermitteln.

Für die Ermittlung des Gewinnanteils des Gesellschafters ist von der Handelsbilanz der Gesellschaft auszugehen. Sie ist nach § 5 Abs. 1 EStG grundsätzlich für die Steuerbilanz und damit für die steuerliche Gewinnermittlung maßgeblich. Die Handelsbilanz ist jedoch zu korrigieren um die sich aus den steuerlichen Vorschriften über die Gewinnermittlung (§§ 5 bis 7 k EStG) ergebenden Auswirkungen. Dieser Gewinn ist derjenige, von dem der Gewinnanteil des Gesellschafters nach § 15 Abs. 1 Satz 1 Nr. 2 EStG zu berechnen ist (BFH, GrS, BStBl 1981 II S. 164).

Der aus dem Jahresgewinn der Gesellschaft kraft Gesetzes (§§ 121, 168 HGB) oder kraft Gesellschaftsvertrags gewährte Vorabgewinn – dazu zählt auch die gewinnabhängige Vergütung gemäß Gesellschaftsvertrag – ist Teil des dem Gesellschafter zustehenden Gewinnanteils (BFH, BStBl 1979 II S. 757).

Wenngleich die Einkommensteuer eine Jahressteuer ist, die im Regelfall erst mit Ablauf des Veranlagungszeitraums entsteht (s. 2.3.1), so wird doch bei den Gewinneinkünften der Tatbestand der Einkunftserzielung bereits mit den einzelnen im Rahmen des Betriebs anfallenden Geschäftsvorfällen verwirklicht, durch die Gewinn und Verlust realisiert werden. Daher ist es nicht möglich, beim Eintritt eines neuen Gesellschafters in eine Personengesellschaft während eines Wirtschaftsjahres den bis zum Eintrittszeitpunkt realisierten Gewinn und Verlust durch schuldrechtliche Rückbeziehung der Gewinnverteilungsabrede einkommensteuerrechtlich auf den neu eintretenden Gesellschafter zu verlagern (BFH, BStBl 1984 II S. 53; s. auch 5.2.3.1).

Bereich der Sondervergütungen

Nach § 15 Abs. 1 Satz 1 Nr. 2 EStG rechnen zu den Einkünften aus Gewerbebetrieb ferner „die Vergütungen, die der Gesellschafter von der Gesellschaft für seine Tätigkeit im Dienste der Gesellschaft oder für die Hingabe von Darlehn oder für die Überlassung von Wirtschaftsgütern bezogen hat". Aus dem Gesetz läßt sich unmittelbar nichts dazu entnehmen, ob die zuvor genannten Sondervergütungen mit dem Gewinn der Gesellschaft und damit mit dem Gewinnanteil des Gesellschafters aus der Gesellschaft in einer einheitlichen oder in einer gesonderten Gewinnermittlung errechnet werden sollen.

Diese Frage hat insbesondere für die Gewerbesteuer Bedeutung. Nach § 7 GewStG ist „Gewerbeertrag der nach den Vorschriften des EStG oder KStG zu ermittelnde Gewinn aus dem Gewerbebetrieb". Dies kann bei Personengesellschaften, die als Gewerbebetrieb Steuergegenstand sind (§ 2 Abs. 2 Nr. 1 GewStG), nur der auf den Steuergegenstand bezogene Gewinn, mithin der Gewinn des Gewerbebetriebs der Mitunternehmerschaft sein (BFH, BStBl 1981 II S. 220). Würden die Sondervergütungen in einer von der Gewinnermittlung der Gesellschaft gesonderten Gewinnermittlung zu erfassen sein, könnten sie schwerlich „als Gewinn aus dem Gewerbebetrieb" dem Gewerbeertrag nach § 7 GewStG zugerechnet werden.

Aus der Entstehungsgeschichte, dem Zweck des § 15 Abs. 1 Satz 1 Nr. 2 EStG und der amtlichen Begründung zum EStG 1934 ist – wie Woerner (BB 1974 S. 592) und der BFH (BStBl 1979 II S. 750) ausgeführt haben – zu entnehmen, daß diese Vorschrift nicht nur die Sondervergütungen als Einkünfte aus Gewerbebetrieb einordnen (qualifizieren), sondern auch den Umfang des Gewinns der Gesellschaft (Quantität) bestimmen soll. Die rechtsdogmatische Begründung hierfür liegt in dem Gedanken, daß es sich bei den Sondervergütungen des § 15 Abs. 1 Satz 1 Nr. 2 EStG insgesamt um Erträge aus Leistungen handelt, die zwar nicht (notwendig) im Gewand gesellschaftsrechtlicher Beziehungen zwischen Gesellschafter und Gesellschaft erbracht werden, die aber bei wirtschaftlicher Betrachtung als Beiträge anzusehen sind, die der Gesellschafter zur Förderung des gemeinsamen Gesellschaftszwecks einsetzt. Das spricht dafür, daß der Gewinn, von dem „der Gewinnanteil des Gesellschafters an der Gesellschaft" zu berechnen ist, und die in § 15 Abs. 1 Satz 1 Nr. 2 EStG genannten Sondervergütungen in **einer** Gewinnermittlung zu erfassen sind (BFH, BStBl 1979 II S. 750).

Aufwendungen, die mit Sondervergütungen im wirtschaftlichen Zusammenhang stehen

Nach § 2 Abs. 2 Nr. 1 EStG sind Einkünfte aus Gewerbebetrieb der Gewinn. Mithin stellen auch die Sondervergütungen nach § 15 Abs. 1 Satz 1 Nr. 2 EStG, die zu den Einkünften aus Gewerbebetrieb rechnen, „Gewinn" dar. Auch sie sind nach einkommensteuerlichen Gewinnermittlungsgrundsätzen zu ermitteln. Hierbei ist auch die Vorschrift des § 4 Abs. 4 EStG über Betriebsausgaben zu beachten. Dies bedeutet: Sind, wie gezeigt, in die einheitliche Ermittlung des Gewinns aus Gewerbebetrieb nach § 15 Abs. 1 Satz 1 Nr. 2 EStG die Sondervergütungen der Gesellschafter mit einzubeziehen, so muß dies auch für solche Ausgaben der Gesellschafter gelten, die mit den Sonderbetriebseinnahmen in wirtschaftlichem Zusammenhang stehen **(Sonderbetriebsausgaben)**. Nimmt z. B. ein Gesellschafter zum Erwerb eines Wirtschaftsguts, das er der Gesellschaft zur Nutzung überläßt, einen Kredit auf und zahlt er dafür Zinsen, so stehen diese Zinsen im wirtschaftlichen Zusammenhang mit den Nutzungsvergütungen, die er von der Gesellschaft für die Überlassung erhält; sie sind nach Gewinnermittlungsgrundsätzen als Betriebsausgaben abzuziehen. Dies geschieht bei der einheitlichen Ermittlung des Gewinns nach § 15 Abs. 1 Satz 1 Nr. 2 EStG. Entsprechendes würde gelten, wenn ein Gesellschafter, um der Gesellschaft neben seiner gesellschaftsrechtlichen Beteiligung ein Darlehn geben zu können, seinerseits ein Darlehn bei einem Dritten aufnimmt und dafür Zinsen zahlt.

Sonderbetriebsvermögen des Gesellschafters und die mit der Nutzungsüberlassung zusammenhängenden Aufwendungen

Nach Auffassung des BFH gehören Wirtschaftsgüter, die einem Gesellschafter (Mitunternehmer) gehören und die er der Gesellschaft zur Nutzung überläßt, zwar nicht zum Gesamthandsvermögen der Gesellschaft und damit nicht zum Betriebsvermögen der Personengesellschaft im handelsrechtlichen Sinne, wohl aber zum steuerlichen Sonderbetriebsvermögen des Gesellschafters, das ebenso wie das Gesellschaftsvermögen (Betriebsvermögen im handelsrechtlichen Sinne) in den ertragsteuerrechtlichen Betriebsvermögensvergleich einzubeziehen ist (so BFH, BStBl 1972 II S. 928, 1976 II S. 88).

Die Zurechnung der zur Nutzung der Gesellschaft überlassenen Wirtschaftsgüter des Gesellschafters zum Betriebsvermögen ist die Folge der Einbeziehung der

Sondervergütungen einschließlich der damit zusammenhängenden Sonderbetriebsausgaben in die einheitliche Ermittlung des Gewinns der Gesellschaft. Der Ertrag und die Substanz des Wirtschaftsguts können insoweit grundsätzlich nicht getrennt beurteilt werden (BFH, BStBl 1978 II S. 647). Dieser Gedanke wird noch bestärkt, wenn man berücksichtigt, daß die mit der Nutzung der überlassenen Wirtschaftsgüter im Zusammenhang stehenden Aufwendungen ihrem Charakter nach Sonderbetriebsausgaben der Gesellschafter sind. Dies gilt insbesondere für die AfA, für die zu Teilwertabschreibungen führenden Wertminderungen und die Erhaltungsaufwendungen. Überläßt z. B. ein Gesellschafter ein Gebäudegrundstück, das ihm gehört, der Gesellschaft zur Nutzung, so stellen der Wertverzehr dieses Grundstücks in Form von AfA oder Teilwertabschreibungen, der Erhaltungsaufwand für dieses Grundstück und sonstige abzugsfähige Aufwendungen (z. B. Grundsteuer), soweit sie vom Gesellschafter getragen werden, ihrem Charakter nach Sonderbetriebsausgaben des Gesellschafters dar, da sie mit den Sondervergütungen im wirtschaftlichen Zusammenhang stehen. Gehört aber der Ertrag aus der Nutzung und der dafür gemachte Aufwand in die einheitliche Ermittlung des Gewinns der Gesellschaft aus Gewerbebetrieb, so ist es gerechtfertigt, auch die zur Nutzung der Gesellschaft überlassenen Wirtschaftsgüter selbst in das Betriebsvermögen einzubeziehen. Bei dieser Betrachtung führt die Auslegung des § 4 Abs. 1 EStG bereits zu dem Ergebnis, daß das Betriebsvermögen bei Mitunternehmerschaften auch das Sonderbetriebsvermögen einzelner Gesellschafter umfaßt. Diese Erkenntnis erfährt durch § 15 Abs. 1 Satz 1 Nr. 2 EStG eine Bestätigung (so auch BFH, BStBl 1983 II S. 215).

Ertrag und Substanz des Wirtschaftsguts fallen jedoch dann auseinander, wenn der zur Nutzung überlassene Grundstücksteil von untergeordneter Bedeutung ist und deshalb gemäß Abschn. 14 Abs. 8 EStR nicht ins Betriebsvermögen aufgenommen zu werden braucht (vgl. BFH, BStBl 1968 II S. 647).

Nicht zum Sonderbetriebsvermögen eines Gesellschafters gehören Wirtschaftsgüter, die der Gesellschafter der Gesellschaft zwar zur Nutzung überlassen hat, die ihm jedoch nicht gehören. Zwar rechnet auch hier die Nutzungsvergütung zu den Sondervergütungen des Gesellschafters nach § 15 Abs. 1 Nr. 2 EStG. Indessen ist Voraussetzung für die Zurechnung des Wirtschaftsguts zum Sonderbetriebsvermögen, daß das Wirtschaftsgut dem Gesellschafter nach allgemeinen steuerlichen Grundsätzen überhaupt zuzurechnen ist (§ 39 AO; BFH, BStBl 1972 II S. 174).

Bereich der eigenen gewerblichen Betätigung des Gesellschafters (Beteiligung des Gesellschafters als gewerbliche Betätigung)

Zu den im wirtschaftlichen Zusammenhang mit Sondervergütungen stehenden Sonderbetriebsausgaben rechnen z. B. nicht Zinsen, die der Gesellschafter für ein Darlehn entrichtet, das er für seine Kapitalbeteiligung an der Gesellschaft oder für den Erwerb eines solchen Wirtschaftsguts aufgenommen hat, das er zwar der Gesellschaft zur Nutzung überläßt, für dessen Überlassung er jedoch keine Sondervergütung, sondern nur einen höheren Gesellschafteranteil am Gesamtgewinn erhält. Diese Aufwendungen stehen mit dem Anteil des Gesellschafters am Gewinn der Gesellschaft im wirtschaftlichen Zusammenhang. Nur wegen dieses wirtschaftlichen Zusammenhangs könnten sie als Sonderbetriebsausgaben abzugsfähig sein, sofern das System der Gewinnermittlung dies zuläßt. Insbesondere aus § 16 Abs. 1 Nr. 2 und Abs. 2 EStG, wonach der Gewinn aus der Veräußerung einer Mitunternehmerbeteiligung zu den Einkünften aus Gewerbebetrieb gehört, folgt, daß einkommensteuerlich nicht nur der Betrieb der Gesellschaft, sondern auch die Beteiligung des Gesellschafters (Mitunternehmers) als gewerbliche Betätigung behandelt wird. Daher sind Aufwendungen, die ihre Ursache in dieser Beteiligung haben, nach § 4 Abs. 4 EStG beim Gewinnanteil des Gesellschafters als Sonderbetriebsausgaben abzuziehen (so auch BFH, BStBl 1976 II S. 188). Aus dem gleichen Grund müssen auch Wertminderungen der ohne Sondervergütung zur Nutzung überlassenen Wirtschaftsgüter als AfA oder Teilwertabschreibungen sowie Erhaltungsaufwendungen auf diese Wirtschaftsgüter als Sonderbetriebsausgaben abgezogen werden. Gehören aber der Ertrag aus der Nutzungsüberlassung der Wirtschaftsgüter zum Gewinnanteil und die Aufwendungen für diese Wirtschaftsgüter sowie deren Wertminderung zu den Betriebsausgaben, dann erscheint auch die Zurechnung dieser – ohne Vereinbarung einer Sondervergütung zur Nutzung überlassenen – Wirtschaftsgüter zum Betriebsvermögen (Sonderbetriebsvermögen) nach den einkommensteuerlichen Gewinnermittlungsgrundsätzen (insbesondere § 4 Abs. 1 EStG) gerechtfertigt.

Wirtschaftsgüter, die der Beteiligung eines Gesellschafters dienen

Der BFH hat darüber hinaus nicht nur Wirtschaftsgüter, die der Gesellschafter zur Nutzung überlassen hat, sondern auch solche Wirtschaftsgüter, die lediglich der Beteiligung eines Gesellschafters an der Gesellschaft dienen, zum Sonderbetriebsvermögen des Gesellschafters gerechnet. Er hat dies ausgesprochen für die einem Kommanditisten gehörenden Anteile an der Komplementär-GmbH einer GmbH & Co. KG (BFH, BStBl 1976 II S. 188 sowie 1985 II S. 241 im Einklang mit früherer Rechtsprechung). Dabei ist der BFH davon ausgegangen, daß es die GmbH-Anteile den Anteilseignern in ihrer Eigenschaft als Mitunternehmer der KG gestatten, über den Betrieb der GmbH – als Geschäftsführerin der KG – auf den Betrieb der KG besonderen Einfluß auszuüben, und daß die GmbH-Anteile damit der Beteiligung der Gesellschafter an der KG (nicht aber dem Betrieb der KG unmittelbar) dienen. Aus dem Sinnzusammenhang mehrerer Rechtsnormen, die die Besteuerung der Gesellschafter regeln (§§ 4 ff., 15 Abs. 1 Nr. 2, § 16 Abs. 1 Nr. 2 und Abs. 2 EStG), folgt, daß einkommensteuerlich nicht nur der Betrieb der Personengesellschaft, sondern auch die Beteiligung des Gesellschafters (Mitunternehmers) als gewerbliche Betätigung behandelt wird. Dieser Gesichtspunkt rechtfertigt es, die GmbH-Anteile als Betriebsvermögen zu betrachten.

Auch Gebäude oder Gebäudeteile, in denen ein Gesellschafter für die Gesellschaft ausschließlich tätig wird, können Wirtschaftsgüter sein, die der Beteiligung des Gesellschafters an der Personengesellschaft dienen und damit zum Sonderbetriebsvermögen rechnen. Dies gilt selbst dann, wenn der Gesellschafter mit seiner Tätigkeit für die Gesellschaft einen eigenen Gewerbebetrieb unterhält (z. B. als Berater oder Handelsvertreter; BFH, BStBl 1988 II S. 667).

Unter demselben Gesichtspunkt ist ferner ein Grundstück, das der Gesellschafter an einen Dritten vermietet, damit dieser es der Gesellschaft zur betrieblichen Nutzung überläßt, als Sonderbetriebsvermögen des Gesellschafters angesehen worden (BFH, BStBl 1981 II S. 314). Dies kann, da die Mietzahlungen an den Gesellschafter nicht von der Gesellschaft, sondern von dem Dritten geleistet wurden, nicht aus § 15 Abs. 1 Satz 1 Nr. 2 EStG hergeleitet werden. Indessen hat der Gesellschafter das Mietverhältnis mit dem Dritten im Interesse seiner Gesellschafterstellung und zur Stärkung seiner Beteiligung abgeschlossen. Ist aber das Mietverhältnis betrieblich veranlaßt, so ist auch das vermietete Grundstück Sonderbetriebsvermögen.

Erträge aus Wirtschaftsgütern, die der Beteiligung des Gesellschafters dienen; Aufwendungen, die damit im Zusammenhang stehen

Gehören Wirtschaftsgüter, weil sie der Beteiligung des Gesellschafters an der Gesellschaft dienen, zum Sonderbetriebsvermögen, so folgt daraus, daß die Einnahmen, die der Gesellschafter durch den Einsatz dieser Wirtschaftsgüter erlangt, Sonderbetriebseinnahmen sind. Dies gilt bezüglich der Erträge des Kommanditisten aus seiner Beteiligung an der Komplementär-GmbH, wenngleich die Dividenden begrifflich weder Gewinnanteile noch Sondervergütungen sind. Gewinnanteile sind sie nicht, weil sie keine Anteile am Gewinn der KG, sondern Anteile am Gewinn der GmbH darstellen. Sondervergütungen sind sie nicht, weil die Kommanditisten ihre GmbH-Anteile nicht zur Nutzung überlassen haben, vielmehr die Rechte aus den GmbH-Anteilen selbst wahrnehmen (so BFH, BStBl 1976 II S. 188 und 1980 II S. 119). Aus der Zugehörigkeit der genannten Wirtschaftsgüter zum Sonderbetriebsvermögen folgt ferner, daß die mit diesen Wirtschaftsgütern zusammenhängenden Aufwendungen Sonderbetriebsausgaben des Gesellschafters sind. Dies gilt z. B. für Zinsen, die der Gesellschafter für ein zum Zwecke des Erwerbs der GmbH-Anteile aufgenommenes Darlehn zahlt.

Sondervergütungen im einzelnen

Sondervergütungen nach § 15 Abs. 1 Satz 1 Nr. 2 EStG sind Vergütungen, die der Gesellschafter von der Gesellschaft

a) für seine Tätigkeit im Dienste der Gesellschaft,

b) für die Hingabe von Darlehen und

c) für die Überlassung von Wirtschaftsgütern

bezogen hat. Diese Vergütungen werden von § 15 Abs. 1 Satz 1 Nr. 2 EStG als Einkünfte aus Gewerbebetrieb qualifiziert. Die Vorschrift schließt diese Qualifikation der betreffenden Einkünfte nach Maßgabe anderer Vorschriften des EStG aus. Sie hat Vorrang vor anderen Vorschriften des EStG, die bestimmen, zu welcher Einkunftsart Einkünfte rechnen (BFH, BStBl 1979 II S. 757).

Sondervergütungen dürfen bei der einheitlichen Ermittlung des Gewinns nicht abgezogen werden. Dies gilt ebenfalls für noch nicht erfüllte Sondervergütungsverbindlichkeiten und Rückstellungen für solche Verbindlichkeiten.

Nach § 15 Abs. 1 Satz 2 EStG gilt das Abzugsverbot des § 15 Abs. 1 Satz 1 Nr. 2 EStG vom Veranlagungszeitraum 1986 an auch für Vergütungen, die als nachträgliche Einkünfte i. S. des § 24 Abs. 2 EStG bezogen werden. Der insoweit abweichenden Rechtsprechung des BFH (vgl. BStBl 1984 II S. 431 und 1985 II S. 212) ist damit die Grundlage entzogen worden.

Unter § 15 Abs. 1 Satz 1 Nr. 2 EStG fallen nur Leistungsbeziehungen, die durch das Gesellschaftsverhältnis veranlaßt sind. Dies trifft zu, wenn die Vergütungen Entgelt für Leistungen sind, die der Gesellschafter zur Förderung des Gesellschaftszwecks erbringt (Beitragsgedanke); dabei braucht die Leistungsbeziehung ihre Grundlage nicht im Gesellschaftsrechtsverhältnis zu haben, sie kann auch auf daneben bestehenden Rechtsbeziehungen beruhen (BFH, BStBl 1979 II S. 757, 1982 II S. 192).

Besteht die Leistungsbeziehung nicht zwischen der Gesellschaft und den Gesellschaftern, sondern zwischen zwei gewerblich tätigen Personengesellschaften, an denen ganz oder teilweise dieselben Gesellschafter beteiligt sind, so ist regelmäßig § 15 Abs. 1 Satz 1 Nr. 2 EStG nicht anzuwenden, weil die Leistung der Personengesellschaft nicht ihren Gesellschaftern zuzurechnen ist (BFH, BStBl 1981 S. 307, 1983 II S. 598).

> **Beispiel:**
> An der X-KG und an der Y-KG sind A und B mit je 20 v. H. als Kommanditisten beteiligt. Die X-KG zahlt aufgrund eines zwischen ihr und der Y-KG abgeschlossenen Handelsvertretervertrags Provisionen an die Y-KG. Die Provisionen sind nicht als Sonderbetriebseinnahmen der A und B bei der X-KG zu erfassen, sondern dort als Betriebsausgaben und bei der Y-KG als Betriebseinnahmen anzusetzen.

Entsprechendes würde für andere Leistungsbeziehungen gelten, so z. B., wenn eine KG Vergütungen für die Überlassung von Wirtschaftsgütern zur Nutzung erhält (BFH, BStBl 1981 II S. 433).

Diese Rechtsgrundsätze erfordern nach dem vorgenannten Urteil allerdings, daß diejenige Personengesellschaft, die tätig wird oder Wirtschaftsgüter zur Nutzung überläßt, mit den dafür erhaltenen Vergütungen Einkünfte aus Gewerbebetrieb bezieht und gewerbesteuerpflichtig ist (anders, wenn z. B. eine Personengesellschaft freiberufliche Leistungen gegenüber einer gewerblich tätigen Personengesellschaft erbringt – BFH, BStBl 1979 II S. 236). Weitere Voraussetzung ist, daß die Gesellschaft, die tätig wird oder Wirtschaftsgüter zur Nutzung überläßt, nicht nur vorgeschoben ist, um § 15 Abs. 1 Satz 1 Nr. 2 EStG zu umgehen, oder daß den Gesellschaftern dieser Gesellschaft nicht eine eigene Leistungspflicht oblegen hat, zu deren Erfüllung sie sich lediglich einer Personengesellschaft bedient haben.

Voraussetzung dafür, daß **Forderungen und Verbindlichkeiten** zwischen Gesellschaftern und Gesellschaft steuerlich nicht anerkannt werden, ist nach dem Urteil des BFH (BStBl 1975 II S. 437), daß die Verbindlichkeiten ihre Ursache in der

Überlassung von Arbeitskraft, Kapital oder Wirtschaftsgütern durch einen Gesellschafter haben. Mit dieser Formulierung geht der BFH über den Wortlaut des § 15 Abs. 1 Satz 1 Nr. 2 EStG hinaus. Zwar folgt unmittelbar aus dem Wortlaut, daß „in der Steuerbilanz der Gesellschaft Verbindlichkeiten aus einem Anstellungsvertrag mit dem Gesellschafter-Geschäftsführer (einschließlich einer Pensionsrückstellung) ebensowenig angesetzt werden (dürfen) wie . . . die Verpflichtung der Gesellschaft zur Zahlung rückständiger Darlehnszinsen oder rückständiger Mietzinsen für die Überlassung von Wirtschaftsgütern". Eine weite Auslegung ist jedoch darin zu sehen, daß der BFH mit der vorerwähnten Begründung auch den Ausweis einer Darlehnsschuld der Gesellschaft gegenüber dem Gesellschafter ablehnt. Denn die Darlehnsschuld ist keine Vergütungsschuld. Wie der BFH jedoch an anderer Stelle geäußert hat (BStBl 1976 II S. 188), ist der Bereich der gewerblichen Einkünfte der Gesellschafter in § 15 Abs. 1 Satz 1 Nr. 2 EStG nicht abschließend umschrieben. Wenn schon Zinsen für die Überlassung des Kapitals und entsprechende Zinsverbindlichkeiten den Gewinn nicht mindern dürfen, dann muß das um so mehr für die Kapitalrückzahlungsverpflichtung gelten (so im Ergebnis BFH, BStBl 1981 II S. 422). Der Beitragsgedanke rechtfertigt hier eine extensive Auslegung des Gesetzes. Das gilt auch für den Fall, daß ein (fremder) Darlehnsgläubiger oder ein Arbeitnehmer, dem die Gesellschaft Gehalt schuldet, in die Gesellschaft eintritt. Vom Zeitpunkt des Eintritts als Gesellschafter an überläßt der Darlehnsgläubiger das Kapital, der frühere Arbeitnehmer das rückständige Gehalt als Kapital der Gesellschaft zur Nutzung (BFH, BStBl 1975 II S. 437). Dabei kommt es nicht darauf an, daß das Kapital im Rahmen eines Darlehnsverhältnisses im zivilrechtlichen Sinne überlassen wird. Grundsätzlich ist jede Überlassung von Kapital zur Nutzung eine solche im Sinne von § 15 Abs. 1 Satz 1 Nr. 2 EStG (BFH, DB 1984 S. 648). Tritt hingegen ein Gewerbetreibender, der **Forderungen aus Warenlieferungen** gegen eine Personengesellschaft besitzt, als Gesellschafter in diese Personengesellschaft ein, so wandeln sich die Forderungen nicht ohne weiteres in steuerliches Eigenkapital. Dies trifft erst zu, wenn der Forderungsbetrag mit Rücksicht auf das Gesellschaftsverhältnis darlehnsweise zur Verfügung gestellt oder vereinbarungsgemäß als Gesellschaftereinlage behandelt wird (BFH, BStBl 1979 II S. 673).

Wenn ein Angestellter einer Gesellschaft, dem eine Pensionszusage erteilt wurde, als Gesellschafter in die Gesellschaft eintritt, stellt die für die Zeit bis zum Eintritt in die Gesellschaft gebildete **Pensionsrückstellung** keine Vergütung für die Tätigkeit eines Gesellschafters dar. Der Eintretende überläßt auch mit seiner Anwartschaft auf Ruhegehalt der Gesellschaft kein Kapital zur Nutzung. Denn er hat nur einen aufschiebend bedingten Anspruch auf Zahlung von Ruhegehalt (so BFH, BStBl 1975 II S. 437). Der Ruhegehaltsanspruch beruht auch nicht auf einem anderen Beitrag eines Gesellschafters zur Förderung des Gesellschaftszwecks. Die für die Zeit bis zum Eintritt in die Gesellschaft gebildete Rückstellung ist daher nicht aufzulösen.

Ähnlich liegen die Verhältnisse, wenn eine Personengesellschaft einem Arbeitnehmer, der mit einer Gesellschafterin der Personengesellschaft verheiratet ist, im

Rahmen des bestehenden Arbeitsverhältnisses – neben einer Alters- und Invaliditätsrente – eine **Witwenrente** zusagt. Die zugesagte Witwenrente ist keine Vergütung für die Tätigkeit eines Gesellschafters im Dienste seiner Gesellschaft, sofern die Personengesellschaft auch einem vergleichbaren Arbeitnehmer, der nicht in familiären Beziehungen zur Gesellschafterin steht, eine gleiche Versorgungszusage erteilt hätte. Die Gesellschafterin soll die Witwenrente nicht für ihre Tätigkeit im Dienste der Gesellschaft erhalten, sondern für die Tätigkeit eines Nichtgesellschafters, nämlich ihres Ehemanns, dessen Tätigkeit nicht der Ehefrau und Gesellschafterin wie eine eigene Tätigkeit zugerechnet werden kann (so BFH, BStBl 1976 II S. 372 und – hinsichtlich der Einmann-GmbH & Co. KG – BStBl 1988 II S. 883).

Das Abzugsverbot des § 15 Abs. 1 Satz 1 Nr. 2 EStG gilt nach § 15 Abs. 1 Satz 2 EStG vom Veranlagungszeitraum 1986[5] an auch für Vergütungen, die als nachträgliche Einkünfte i. S. des § 24 Abs. 2 EStG bezogen werden.

Versorgungsleistungen, insbesondere Pensionszahlungen, die eine Personengesellschaft an die **Witwe eines verstorbenen Gesellschafters** oder dessen Rechtsnachfolger auf Grund des Gesellschaftsvertrags als Geschäftsführervergütung für die Tätigkeit dieses Gesellschafters leistet, sind daher auch dann nicht mehr als Betriebsausgaben abzugsfähig, wenn die Witwe nicht Gesellschafterin ist.

In seinem Urteil vom 4. 7. 1974 (BStBl 1974 II S. 677) hat der BFH entschieden, daß die Übernahme und Erfüllung einer **Bürgschaft** für die Schuld der Gesellschaft durch einen Kommanditisten zwar zivilrechtlich zu einer Forderung des Kommanditisten gegen seine Gesellschaft führt, diese Forderung steuerlich jedoch nicht gewinnmindernd angesetzt werden darf. Denn im Regelfall sei eine Leistung des Gesellschafters im Interesse der Gesellschaft, die zivilrechtlich zu einer Forderung des Gesellschafters gegen die Gesellschaft führt, als Einlage zu werten. Hier erfolge die Leistung zur Förderung des Gesellschaftszwecks. Diesen Ausführungen ist hinzuzufügen, daß die Übernahme und Erfüllung einer Bürgschaft bei weiter Begriffsinterpretation eine ,,Tätigkeit im Dienste der Gesellschaft" darstellt.

Der Arbeitgeberanteil zur Sozialversicherung von Kommanditisten ist nach dem Urteil des GrS vom 19. 10. 1970 (BStBl 1971 II S. 177) Folge der Tätigkeit des Gesellschafters im Dienste der Gesellschaft.

Der BFH hat in ständiger Rechtsprechung ausgesprochen, daß die **Lieferung von Waren** im Rahmen des normalen – außerhalb der Gesellschaft betriebenen – Geschäftsbetriebs des Gesellschafters bei der Gesellschaft zu Betriebsausgaben führe (BFH, BStBl 1969 II S. 480, 1970 II S. 43, 1973 II S. 630 und 1975 II

---

5 Bis zum Veranlagungszeitraum 1985 einschließlich ist nach der Rechtsprechung des BFH (vgl. BStBl 1984 II S. 231 und 1985 II S. 212) das Abzugsverbot des § 15 Abs. 1 Satz 2 Nr. 2 EStG nicht anzuwenden (vgl. wegen der Einzelheiten auch BMF, BStBl 1986 I S. 359).

S. 437). Zur Begründung hat sich der BFH verschiedener Argumente bedient (sehr mißverständlich BFH, BStBl 1979 II S. 111). In seinem Urteil vom 8. 1. 1975 (BStBl 1975 II S. 437) hat der BFH solche Geschäfte als nicht in den Bereich des § 15 Abs. 1 Nr. 2 EStG fallend charakterisiert, weil die Rechtsbeziehungen dieser Geschäfte ihre Ursache nicht in einem gesellschaftsrechtlichen oder wirtschaftlichen Beitrag des Gesellschafters haben. Ergänzend muß hinzugefügt werden, daß die Lieferung von Ware nicht unter das Tatbestandsmerkmal „Überlassung von Wirtschaftsgütern" i. S. von § 15 Abs. 1 Nr. 2 EStG fällt, weil damit nur die Überlassung zur Nutzung gemeint ist (BFH, BStBl 1979 II S. 757). Dies gilt jedoch nur, wenn die Warengeschäfte zu Bedingungen vereinbart und abgewickelt werden, die zwischen Fremden allgemein üblich sind. Forderungen eines Gesellschafters aus Warengeschäften an die Gesellschaft würden indessen wie Einlagen oder Darlehnsforderungen, die durch das Gesellschaftsverhältnis veranlaßt sind, anzusehen sein, wenn der Wareneinkauf der Gesellschaft hauptsächlich bei den Gesellschaftern erfolgt, diese fortgesetzt die Warenforderung stunden und dadurch der Gesellschaft die Mittel zuführen, die ihre wirtschaftliche Grundlage bilden (BFH, BStBl 1981 II S. 427).

Erbringt eine Gesellschaft an ihren Gesellschafter aufgrund eines entgeltlichen Vertrages zu Bedingungen, die auch zwischen Fremden üblich sind, eine Lieferung oder Leistung, so hat sie ihre Forderung in der Buchführung auszuweisen, wie wenn die Rechtsbeziehungen mit einem fremden Dritten bestünden. Das gleiche gilt grundsätzlich, wenn eine Personenhandelsgesellschaft mit einer anderen ganz oder teilweise beteiligungsidentischen Personengesellschaft solche Veräußerungs- oder Leistungsgeschäfte eingeht und sie erfüllt (BFH, BStBl 1983 II S. 598).

Einschränkende Auslegung des § 15 Abs. 1 Satz 1 Nr. 2 EStG

Der BFH hat unter dem Blickpunkt der inzwischen aufgegebenen Bilanzbündeltheorie in ständiger Rechtsprechung das Tatbestandsmerkmal „Tätigkeit im Dienste der Gesellschaft" weit ausgelegt. Er hat demzufolge die Vergütung, die ihrem Charakter nach Arbeitslohn des Gesellschafters darstellt, unabhängig davon, ob sie auf einer untergeordneten oder leitenden Tätigkeit des Gesellschafters für die Gesellschaft beruht, und unabhängig von dem Maß der Beteiligung dieses Gesellschafters an der Gesellschaft als Gewinn aus Gewerbebetrieb angesehen (BFH, BStBl 1958 III S. 112; BFH, BB 1958 S. 693; BFH, DB 1959 S. 1422 und 1964 S. 1323; zustimmend BFH, HFR 1965 S. 159; BFH, BStBl 1970 II S. 43 und 1973 II S. 630). Ferner hat der BFH als „im Dienste der Gesellschaft" auch eine Tätigkeit betrachtet, die der Gesellschafter im Rahmen eines eigenen, von der Gesellschaft unabhängigen freien Berufs entfaltet (so die Tätigkeit eines Gesellschafters, der die Gesellschaft ständig technisch zu beraten und als Patentanwalt zu vertreten hat – BFH, Wirtschaftsprüfung 1957 S. 503 –, so ferner die Tätigkeit eines Kommanditisten, der als freiberuflich tätiger Steuerbevollmächtigter von der KG regelmäßig mit der Aufstellung des Jahresabschlusses und der Steuererklärung betraut wird – BFH, BStBl 1970 S. 43 –). Schließlich hat der

BFH als „im Dienste der Gesellschaft" auch Tätigkeiten des Gesellschafters im Rahmen eines eigenen Gewerbebetriebs angesehen (so bei einem selbständigen Korrespondenzreeder, der die Geschäfte einer Partenreederei führt – BFH, BStBl 1960 III S. 443 – und bei einem selbständigen Handelsvertreter, der als solcher auch für die Gesellschaft tätig ist – BFH, HFR 1964 S. 289 und 1965 S. 159).

Für diese Auslegung hat sich der BFH zum einen auf eine Wort- und Sinninterpretation des Gesetzes gestützt. „Im Dienste" der Gesellschaft bedeute nicht notwendig, daß ein Dienstverhältnis vorliegen muß; die Worte sollten offenbar besagen, daß es sich um eine Tätigkeit handeln müsse, die der Gesellschaft diene. Damit schließe das Gesetz keine besondere Art von Tätigkeit aus, wenn sie nur im Dienste der Gesellschaft ausgeübt wird. Nach dem Sinn und der Entstehungsgeschichte der Vorschrift sei diese weite Fassung bewußt gewählt worden, „um Schiebungen und Verschleierungen und den weitläufigen Erörterungen über die Natur der Bezüge, die ein Gesellschafter von der Gesellschaft . . . erhält, möglichst die Spitze abzubrechen" (so BFH, HFR 1965 S. 159).

Dieses weite Wortverständnis hat sich der BFH auch nach Aufgabe der Bilanzbündeltheorie zu eigen gemacht (BFH, BStBl 1982 II S. 192). Danach kann „im Dienst" der Gesellschaft auch tätig sein, wer ohne Bindung an ein Arbeitsverhältnis die Herstellung eines Werkes (§ 631 BGB) oder ihm übertragene andere Geschäfte (§ 675 BGB) für die Gesellschaft besorgt (BFH, BStBl 1979 II S. 763). Hiermit nicht im Einklang steht die Entscheidung des BFH, BStBl 1973 II S. 630 (zustimmend noch BFH, BStBl 1975 II S. 437), nach der eine Wohnungsbaugesellschaft eine Schuld für Bauarbeiten, die ein Gesellschafter als Bauunternehmer für sie erbracht hatte und bei ihr zu aktivieren wären, passivieren darf.

Gegenüber diesem weiten Wortverständnis hat der I. Senat des BFH den Beitragsgedanken auch dazu benutzt, den Wortlaut des § 15 Abs. 1 Satz 1 Nr. 2 EStG einengend auszulegen. Danach werden durch die Vorschrift nur solche Vergütungen erfaßt, die durch das Gesellschaftsverhältnis veranlaßt sind, indem die durch sie bezahlten Leistungen bei wirtschaftlicher Betrachtung einen Beitrag zur Erreichung oder Verwirklichung des Gesellschaftszwecks darstellen. In diesem Sinne sind Leistungen durch das Gesellschaftsverhältnis veranlaßt, wenn

a) aufgrund einer im Gesellschaftsvertrag enthaltenen Regel Leistungspflichten durch besondere schuldrechtliche Verträge zwischen Gesellschafter und Gesellschaft begründet werden oder

b) die nicht auch auf dem Gesellschaftsverhältnis, sondern nur auf einem besonderen Vertrag beruhenden Leistungen des Gesellschafters an die Gesellschaft der Sache nach der Verwirklichung des Gesellschaftszwecks dienen.

An der „gesellschaftlichen Veranlassung" soll im Fall a) kein Zweifel bestehen. Im übrigen soll bei der auf die Verhältnisse des Einzelfalls abzustellenden Prüfung von einem weiten Verständnis des Merkmals „gesellschaftliche Veranlassung" ausgegangen werden (BFH, BStBl 1979 II S. 757 und 763, 1982 II S. 192). In diesem Sinne hat der BFH (a.a.O.) die Anwendung des § 15 Abs. 1 Satz 1 Nr. 2

EStG bejaht für Vergütungen, die Hauptautoren einer Verlags-GmbH & Co. KG, an der sie als Kommanditisten beteiligt sind, von der Gesellschaft bezogen haben, ferner für Vergütungen, die freiberufliche Architekten für Architektenleistungen an eine Baugesellschaft, an der sie als Kommanditisten beteiligt sind, erhalten haben, schließlich für Arbeitslohn, den die an einer Maschinenfabrik als Kommanditistin Beteiligte für ihre Tätigkeit als Auslandskorrespondentin von der KG bezogen hat.

Der IV. Senat des BFH hat es dahingestellt sein lassen, ob diese einschränkende Auslegung Rechtens ist. Er hält an einem weiten Wortverständnis § 15 Abs. 1 Satz 1 Nr. 2 EStG jedenfalls dann fest, wenn es vorstellbar ist, daß die unter den Wortlaut der Vorschrift fallenden Leistungsbeziehungen auch Gegenstand einer gesellschaftsrechtlichen Leistungspflicht des Gesellschafters sein können. Unter diesem Gesichtspunkt (aber auch unter den Voraussetzungen, die der I. Senat aufgestellt hat) hat er das Abzugsverbot des § 15 Abs. 1 Satz 1 Nr. 2 EStG angewandt für Vergütungen, die ein freiberuflich tätiger Steuerberater aufgrund eines auf Dauer angelegten Beratungsauftrags für Buchführungsarbeiten, die Erstellung des Jahresabschlusses und der Steuererklärungen von der GmbH & Co. KG bezogen hat, an der er als Kommanditist beteiligt ist und deren Geschäfte er als Geschäftsführer der Komplementär-GmbH führt; ferner für Arbeitsvergütungen leitender Angestellter von einer KG, an der sie gleichzeitig als Kommanditisten beteiligt sind; schließlich für Habenzinsen, die Kommanditisten für private Giro-, Festgeld- und Sparguthaben von einer Bank, an der sie beteiligt sind, bezogen haben (BFH, BStBl 1980 II S. 269, 271, 275). In diesen Entscheidungen hat der IV. Senat des BFH allerdings auch Fallgestaltungen für denkbar gehalten, die zwar vom Wortlaut, nicht aber vom Regelungsbereich des § 15 Abs. 1 Satz 1 Nr. 2 EStG erfaßt sind, und zwar dann, wenn das Zusammentreffen des besonderen Leistungsverhältnisses und die Mitunternehmereigenschaft nur zufällig und vorübergehend ist und demgemäß jeglicher wirtschaftlicher Zusammenhang zwischen der Leistung und dem Mitunternehmerverhältnis ausgeschlossen erscheint. (S. dazu aber BFH, BStBl 1980 II S. 499.)

Zwar dürften die unterschiedlichen theoretischen Auffassungen des I. und des IV. Senats in den erörterten Fällen zu denselben Ergebnissen führen (so auch BFH, BStBl 1982 II S. 192). Dies muß indessen in anderen Fragebereichen der Mitunternehmerbesteuerung nicht so sein (s. dazu BFH, BStBl 1984 II S. 487). Der Meinungsunterschied berührt indessen auch das Grundverständnis der Mitunternehmerbesteuerung. Der IV. Senat will den Einzelunternehmer und den Mitunternehmer aus Gründen der Steuergerechtigkeit möglichst gleichbehandeln (BFH, BStBl 1979 II S. 236), während der I. Senat den Gleichstellungssatz nur insoweit gelten läßt, als das Gesetz eine solche Gleichstellung zuläßt (BFH, BStBl 1976 II S. 180), so insbesondere bei der Besteuerung der Sondervergütungen i. S. von § 15 Abs. 1 Satz 1 Nr. 2 EStG und des Gewinns aus der Veräußerung eines Mitunternehmeranteils gemäß § 16 Abs. 1 Nr. 2 EStG. Da die allgemeine Gleichbehandlungsthese des IV. Senats ein Relikt der Bilanzbündeltheorie ist und aus dem Gesetz nicht begründet werden kann (so nun auch der IX. Senat des

BFH, BStBl 1984 II S. 487; dazu Döllerer DStZ 1984 S. 541), können wir sie nicht für zutreffend halten.

Der Gleichstellungsgrundsatz gilt also, soweit nach § 15 Abs. 1 Satz 1 Nr. 2 EStG die Vergütungen für die Überlassung von Diensten, Kapital oder Wirtschaftsgütern den Gewinnanteilen zugeordnet werden. Ein Einzelunternehmer, der seinen Gewerbebetrieb auf einem eigenen Grundstück und mit Einsatz seiner eigenen Arbeitskraft betreibt, darf seinen Gewinn nicht um die Beträge mindern, die er bei Nutzung eines fremden Grundstücks als Mietzins und bei Beschäftigung einer angestellten Kraft als Arbeitslohn bezahlen müßte. Gleiches gilt, wenn ein Fabrikant Maschinen auf der Grundlage eigener Erfindungen herstellt und veräußert, wenn ein Apotheker nach eigenen Rezepturen Medikamente herstellt und veräußert und wenn ein Verleger eigene schriftstellerische Erzeugnisse vervielfältigt und verbreitet. Auch sie können keine fiktiven Lizenz- oder Honorarbeträge als Betriebsausgaben abziehen. Dann muß es aber auch Gesellschaftern einer Personengesellschaft, denen gegenüber die Gesellschafter solche Leistungen erbringen, versagt sein, ihre gewerblichen Einkünfte aus der Beteiligung an der Personengesellschaft um die in diesen Fällen real geschuldeten Vergütungen zu kürzen (so BFH, BStBl 1979 II S. 236). Dieser Grundgedanke der Vorschrift verbietet u. E. jede einschränkende Auslegung, jedenfalls soweit sie über die des IV. Senats hinausgeht.

Daher fällt – auch nach Auffassung der FinVerw (BStBl 1979 I S. 698) – grundsätzlich nicht nur jede Arbeitnehmertätigkeit eines Gesellschafters unter § 15 Abs. 1 Satz 1 Nr. 2 EStG; es fallen darunter auch Leistungen eines Gesellschafters, die in seinem eigenen gewerblichen, freiberuflichen oder land- und forstwirtschaftlichen Betrieb erwirtschaftet worden sind (z. B. Leistungen eines Handelsvertreters, Anwalts, Schriftstellers). Entsprechendes gilt für die Überlassung von Wirtschaftsgütern oder Kapital zur Nutzung, auch wenn es sich um betriebliche Vorgänge des eigenen gewerblichen, freiberuflichen oder land- und forstwirtschaftlichen Betriebs des Gesellschafters handelt. (Wegen der Frage, ob dies auch für Leistungen und Überlassungen aus dem Gewerbebetrieb des Gesellschafters gilt, s. BFH, BStBl 1979 II S. 750; die FinVerw hat wegen ihrer hiervon abweichenden früheren Auffassung eine Übergangsregelung getroffen – BStBl 1979 I S. 683.)

Anwendung der Vorschrift des § 15 Abs. 1 Satz 1 Nr. 2 EStG auf doppelstöckige Personengesellschaften

Von einer doppelstöckigen Personengesellschaft spricht man, wenn eine Personengesellschaft (Obergesellschaft) an einer anderen Personengesellschaft (Untergesellschaft) beteiligt ist. In einem solchen Fall stellt sich die Frage, ob und inwieweit die Vorschrift des § 15 Abs. 1 Satz 1 Nr. 2 EStG auch auf Vergütungen angewandt werden kann und muß, die ein Gesellschafter der Obergesellschaft von der Untergesellschaft erhält, an der er nicht unmittelbar als Gesellschafter beteiligt ist. Diese Frage erscheint zweifelhaft. Der VIII. Senat des BFH (BStBl 1986 II S. 55) vertritt die Auffassung, daß der Gesellschafter der Obergesellschaft nicht im Wege des „Durchgriffs" durch die Obergesellschaft als Mitunternehmer der Untergesellschaft behandelt werden könne. Er hat es dementsprechend als unzulässig bezeichnet, Wirtschaftsgüter, die einem Gesellschafter der Obergesellschaft gehören, als Sonderbetriebsvermögen dieses Gesellschafters bei der Untergesellschaft zu behandeln. Anderer Auffassung ist insoweit jedoch der IV. Senat des BFH. Er hat daher die vorbezeichnete Frage dem Großen Senat des BFH zur Entscheidung vorgelegtz (vgl. BStBl 1990 II S. 168).

Da der Gewinn der Personengesellschaft nicht selbständig besteuert, sondern den einzelnen Gesellschaftern unmittelbar zugerechnet wird, ist es erforderlich, daß der Gewinn der Gesellschaft gesondert und einheitlich festgestellt wird. In dem **Gewinnfeststellungsverfahren** nach § 180 AO wird entschieden über

a) das Bestehen der Mitunternehmerschaft,

b) die Höhe des Gewinns und dessen Verteilung.

Auch die Frage, ob ein Gewinn ein laufender oder ein Veräußerungsgewinn ist, und über die Höhe der Entnahmen der Mitunternehmer, muß im Gewinnfeststellungsverfahren entschieden werden (BFH, BStBl 1957 III S. 414). Das gleiche gilt für die Frage, ob und in welcher Höhe es sich um einen Verlust aus gewerblicher Tierzucht im Sinne von 15 Abs. 4 EStG handelt (BFH, BStBl 1983 II S. 36, 1986 II S. 146).

Wird das Bestehen einer Mitunternehmerschaft verneint, so muß ein negativer Feststellungsbescheid ergehen.

Die im Gewinnfeststellungsverfahren vom Betriebsfinanzamt getroffenen Entscheidungen sind für die Veranlagungsfinanzämter der einzelnen Gesellschafter bindend. Daher müssen auch Sondereinnahmen und Sonderaufwendungen des einzelnen Gesellschafters im Rahmen der gesonderten und einheitlichen Gewinnfeststellung berücksichtigt werden; sie können nicht erst im Veranlagungsverfahren geltend gemacht werden.

Einwendungen gegen Entscheidungen im gesonderten und einheitlichen Gewinnfeststellungsverfahren können nur gegen die betreffende Gewinnfeststellung gerichtet werden. Der Bescheid über die gesonderte und einheitliche Gewinnfeststellung erwächst selbständig in Rechtskraft.

5.2.3 Formen der Mitunternehmerschaft

5.2.3.1 Offene Handelsgesellschaft, Kommanditgesellschaft, BGB-Gesellschaft

Die wichtigste Erscheinungsform der Personengesellschaft ist die **offene Handelsgesellschaft.** Die offene Handelsgesellschaft ist eine Gesellschaft, deren Zweck auf den Betrieb eines Handelsgewerbes unter gemeinschaftlicher Firma gerichtet ist und deren Gesellschafter sämtlich den Gesellschaftsgläubigern unbeschränkt, d. h. mit ihrem ganzen Vermögen, haften. Die einzelnen Gesellschafter der offenen Handelsgesellschaft sind grundsätzlich Mitunternehmer i. S. des § 15 Abs. 1 Nr. 2 Satz 1 EStG. Die OHG entsteht mit dem Abschluß des Gesellschaftsvertrages und endet mit dem Abschluß der Abwicklung.

Die Kommanditgesellschaft ist eine Gesellschaft, deren Zweck auf den Betrieb eines Handelsgewerbes unter gemeinschaftlicher Firma gerichtet ist und bei der mindestens ein Gesellschafter unbeschränkt (Komplementär) und mindestens ein Gesellschafter nur mit einer bestimmten Vermögenseinlage (Kommanditist) haftet. Sowohl der Komplementär als auch der Kommanditist sind grundsätzlich Mitunternehmer i. S. des § 15 Abs. 1 Satz 1 Nr. 2 EStG. Einem Kommanditisten ist ein Verlustanteil, der nach dem allgemeinen Gewinn- und Verlustverteilungsschlüssel der KG auf ihn entfällt, einkommensteuerlich auch insoweit zuzurechnen, als er zu einem negativen Kapitalkonto führen würde. Dies gilt nicht, soweit bei Aufstellen der Bilanz nach den Verhältnissen am Bilanzstichtag feststeht, daß ein Ausgleich des negativen Kapitalkontos mit künftigen Gewinnanteilen des Kommanditisten nicht mehr in Betracht kommt (BFH, GrS, BStBl 1981 II S. 164; BFH, BStBl 1981 II S. 570, 572, 668, 1982 II S. 474). Diese Voraussetzung ist nicht zwangsläufig bereits dann erfüllt, wenn der bisherige Gewerbebetrieb veräußert oder aufgegeben wird, sofern die KG zivilrechtlich bestehen bleibt und im Zeitpunkt der Aufstellung der Bilanz nach den Verhältnissen am Bilanzstichtag bei vernünftiger kaufmännischer Beurteilung nicht auszuschließen ist, daß die KG künftig wieder Gewinn erzielt (so für den Fall des Konkurses BFH, BStBl 1986 II S. 136; kritisch dazu zu Recht L. Schmidt, FR 1986 II S. 40). Ferner ist einem Kommanditisten, der seinen Kommanditanteil entgeltlich veräußert, sein Anteil an dem Verlust, den die KG im Wirtschaftsjahr der Veräußerung erlitten hat, grundsätzlich auch insoweit zuzurechnen, als dadurch ein negatives Kapitalkonto entsteht oder sich erhöht, sofern der Erwerber das negative Kapitalkonto übernimmt (BFH, BStBl 1981 II S. 795). Wegen der steuerlichen Berücksichtigung der den beschränkt haftenden Gesellschaftern zuzurechnenden Verluste siehe im übrigen die Ausführungen zu § 15 a EStG unter 5.3 und wegen der Besteuerung beim Ausscheiden eines Gesellschafters mit negativem Kapitalkonto bzw. beim Wegfall eines negativen Kapitalkontos s. 5.3.5.6.

Einkommensteuerlich darf den Kommanditisten nur ein Anteil an dem seit dem Zeitpunkt ihres Beitritts erwirtschafteten Verlust als laufender Verlust zugerechnet werden (vgl. BFH, BStBl 1980 II S. 66 und 277, 1984 II S. 53 auch wegen der Frage einer stärkeren Beteiligung an künftigen Verlusten).

Durch die Eintragung einer Personenhandelsgesellschaft (OHG, KG) ins Handelsregister wird eine widerlegbare Vermutung begründet, daß ihre Gesellschafter in ihrer gesamthänderischen Verbundenheit und damit auch die Gesellschaft selbst gewerblich tätig ist (BFH, BStBl 1986 II S. 520).

Gesellschaften bürgerlichen Rechts, die ein Gewerbe betreiben, können ebenfalls Unternehmergemeinschaften i. S. des § 15 Abs. 1 Satz 1 Nr. 2 EStG sein. Solche Gesellschaften entstehen z. B. beim Zusammenschluß von Handwerkern und Kleingewerbetreibenden.

5.2.3.2 Stille Gesellschaft, Unterbeteiligung

Von einer **stillen Gesellschaft** spricht man, wenn eine Gesellschaft nach außen nicht als solche in Erscheinung tritt, der Betrieb vielmehr nach außen als Einzelunternehmen geführt wird. Der stille Gesellschafter muß sich an dem Unternehmen mit einer Vermögenseinlage beteiligen, die in das Vermögen des Geschäftsinhabers übergeht. Er muß stets am Gewinn beteiligt sein. Die Vermögenseinlage kann auch in der Leistung von Diensten bestehen. Der Inhaber ist dem stillen Gesellschafter gegenüber verpflichtet, das Geschäft zum gemeinsamen Nutzen zu betreiben. Er darf die Firma nicht gegen den Willen des Stillen aufgeben oder ändern. Dem Stillen stehen bestimmte Kontrollrechte zu. Bei den stillen Gesellschaften muß man zwischen den typischen und den atypischen stillen Gesellschaften unterscheiden. Die **typische** stille Gesellschaft ist keine Mitunternehmerschaft. Der typische stille Gesellschafter bezieht daher keine Einkünfte aus Gewerbebetrieb, sondern aus Kapitalvermögen (§ 20 Abs. 1 Nr. 4 EStG). Die **atypische** stille Gesellschaft ist hingegen Mitunternehmerschaft, so daß die Einkünfte des atypischen stillen Gesellschafters Einkünfte aus Gewerbebetrieb i. S. von § 15 Abs. 1 Satz 1 Nr. 2 EStG sind. Ob eine stille Gesellschaft Mitunternehmerschaft ist, richtet sich nach den allgemeinen Voraussetzungen der Mitunternehmerschaft. Die in §§ 230 ff. HGB geregelte stille Gesellschaft ist in der Regel steuerlich als typische stille Gesellschaft anzusehen. Eine Mitunternehmerschaft ist indessen dann gegeben, wenn der stille Gesellschafter nach den vertraglichen Vereinbarungen im Innenverhältnis so gestellt wird, als ob er Kommanditist wäre, und ihm deshalb die einem Kommanditisten nach Handelsrecht zukommenden Rechte zustehen und Pflichten obliegen (BFH, BStBl 1979 II S. 74, 1986 II S. 311; wegen der Kontrollrechte s. aber BFH, BStBl 1982 II S. 187). Die atypische stille Gesellschaft betreibt – anders als die Personengesellschaft – kein Unternehmen. Eine Tätigkeit der atypischen stillen Gesellschaft gibt es nicht. Tätig ist nur der Inhaber des Handelsgeschäfts. Die atypische stille Gesellschaft ist auch nicht „Subjekt der Gewinnerzielung" (5.2.2.3). Sie hat auch kein Gesellschaftsvermögen (4.1.2.4.9). Das Betriebsvermögen ist nur dem Inhaber des Handelsgeschäfts zuzurechnen. Nur dieser hat einen Betriebsvermögensvergleich aufzustellen (BFH, BStBl 1986 II S. 311).

Auch der Gesellschafter einer GmbH kann mit dieser eine typische oder atypische stille Gesellschaft eingehen (BFH, BStBl 1983 II S. 563).

Eine **Unterbeteiligung** ist eine Beteiligung, die ein Hauptbeteiligter (Mitunternehmer) einem Dritten an seiner Beteiligung einräumt. Die Unterbeteiligung kann in der Form der echten stillen Unterbeteiligung gestaltet sein. Sie gleicht dann der echten stillen Beteiligung, unterscheidet sich von ihr aber dadurch, daß die Beteiligung nicht an dem Unternehmen, sondern nur an dem Mitunternehmeranteil eines Hauptbeteiligten besteht. Zu der Gesellschaft oder zu den anderen Gesellschaftern tritt der echte stille Unterbeteiligte nicht in Rechtsbeziehungen.

Die Unterbeteiligung kann ferner Mitunternehmerschaft am Anteil des Hauptbeteiligten sein (atypische Unterbeteiligung). Sie ist es unter den allgemeinen

Voraussetzungen der Mitunternehmerschaft. Vom Hauptbeteiligten unterscheidet sich der Unterbeteiligte dadurch, daß er regelmäßig nicht auch Mitunternehmer der Gesellschaft ist, an der die Beteiligung des Hauptbeteiligten besteht (BFH, BStBl 1962 III S. 337, 1985 II S. 247, 363). Indessen bezieht auch er Einkünfte aus Gewerbebetrieb. Eine atypische Unterbeteiligung an einem Anteil an einer OHG kann auch in der Weise begründet werden, daß der Unterbeteiligte im Innenverhältnis die Rechtsstellung wie ein Kommanditist erlangt (und so ein negatives Kapitalkonto bilden kann – BFH, BStBl 1982 II S. 546). In Ausnahmefällen kann der Unterbeteiligte auch als Mitunternehmer der Gesellschaft anzusehen sein.

Eine Unterbeteiligung ist auch möglich an einer atypischen stillen Beteiligung. Je nach der Ausgestaltung der Rechtsverhältnisse kann der Unterbeteiligte die Stellung eines typischen stillen Gesellschafters oder die eines atypischen stillen Gesellschafters erlangen (BFH, BStBl 1979 II S. 768).

a) Beschränken sich die Ansprüche des Unterbeteiligten gegen den Hauptbeteiligten auf einen Anteil an den auf diesen entfallenden laufenden Gewinnen (ggf. und Verlusten), ohne daß ihm im Fall der Veräußerung oder Liquidation der Gesellschaft ein Anteil an dem durch die im Anlagevermögen steckenden stillen Reserven und an dem durch den Geschäftswert beeinflußten Veräußerungsgewinn zugestanden ist, so entspricht die Stellung des Unterbeteiligten im allgemeinen derjenigen eines stillen Gesellschafters, ggf. eines partiarischen Darlehnsgebers. Der Unterbeteiligte bezieht dann Einkünfte aus Kapitalvermögen (BFH, BStBl 1960 III S. 229). Die Gewinnanteile des Unterbeteiligten sind Betriebsausgaben des Hauptbeteiligten und damit auch Betriebsausgaben der Gesellschaft (BFH, BStBl 1962 II S. 337).

b) Hat der Gesellschafter dem Unterbeteiligten im Innenverhältnis eine Beteiligung an seinen Ansprüchen als Mitunternehmer in vollem Umfang zugestanden, ist also der Unterbeteiligte nicht nur am Gewinn und Verlust, sondern auch an den stillen Reserven und am Geschäftswert beteiligt, so wird der Unterbeteiligte im Innenverhältnis zum Hauptbeteiligten als Mitunternehmer angesehen. In diesem Fall bezieht der Unterbeteiligte Einkünfte aus Gewerbebetrieb, die im Gegensatz zum Fall a) den Gewinn der Gesellschaft nicht mindern dürfen.

Es ist zu beachten, daß in diesem Fall der Unterbeteiligte nicht in Rechtsbeziehungen zur Gesellschaft tritt und daher neben der Unterbeteiligung ein nach § 19 EStG anzuerkennendes Dienstverhältnis zur Gesellschaft bestehen kann, welches nicht nach § 15 Abs. 1 Satz 1 Nr. 2 EStG seinem Gewinnanteil hinzugerechnet werden kann (BFH, BStBl 1962 III S. 337).

c) Ist die wirtschaftliche Stellung des Unterbeteiligten im Einzelfall so stark, daß er bei wirtschaftlicher Betrachtungsweise als Mitunternehmer der Gesellschaft zu behandeln ist, z. B., weil der Hauptbeteiligte lediglich treuhänderisch für den Unterbeteiligten tätig wird, so bezieht er gewerbliche Einkünfte aus der Gesellschaft und wird in vollem Umfang als Mitunternehmer nach § 15 Abs. 1 Satz 1 Nr. 2 EStG behandelt. Tätigkeitsvergütungen und sonstige Sondervergütungen sind dann wie bei allen anderen Gesellschaftern dem Gewinn hinzuzurechnen.

Wer als Nießbraucher an einem Mitunternehmeranteil im Verhältnis der Beteiligten berechtigt ist, das Stimmrecht aus der Beteiligung auszuüben, ist, wenn seine Bezüge in gleicher Weise wie die eines Mitunternehmers erfolgsabhängig sind, unmittelbar Mitunternehmer am Unternehmen. Das gilt selbst dann, wenn der Nießbrauch zivilrechtlich nur obligatorischer Art ist (BFH, BStBl 1973 II S. 528).

Über die Frage, ob eine atypische stille Unterbeteiligung (Innengesellschaft) an dem Anteil des Gesellschafters einer Personengesellschaft (Hauptgesellschaft) besteht und wie hoch der Anteil des Unterbeteiligten ist, kann in einem besonderen Gewinnfeststellungsverfahren für die Innengesellschaft entschieden werden (§ 179 Abs. 2 AO). Hingegen findet eine gesonderte Feststellung der Einkünfte bei einer typischen Unterbeteiligung nicht statt, weil Hauptbeteiligter und Unterbeteiligter nicht an denselben Einkünften beteiligt sind (§ 180 Abs. 1 Nr. 2 Buchst. a AO; BFH, BStBl 1988 II S. 186).

5.2.3.3 Familienpersonengesellschaften

Die Gründung von Familienpersonengesellschaften hat bei der geltenden Familienbesteuerung einen besonderen Anreiz. Durch die Aufspaltung der Einkünfte auf die Gesellschafter wird Einkommensteuer gespart, indem die progressiven Steuersätze gemildert oder vermieden werden. Familienpersonengesellschaften werden häufig aber nicht oder nicht nur aus diesen Gründen gebildet. Vielmehr versucht man, durch die Gewinnverteilung nach und nach Vermögen auf künftige Erben zu übertragen, ohne dafür die volle Schenkung- bzw. Erbschaftsteuer zahlen zu müssen.

Entgegen der Rechtsprechung des RFH hat der BFH (BStBl 1951 III S. 181) Familienpersonengesellschaften unabhängig von den Überlegungen und Gründen, die zu ihrer Entstehung geführt haben, steuerlich anerkannt. Dabei hat sich der BFH von dem Gesichtspunkt leiten lassen, daß dort, wo eine Personengesellschaft bürgerlich-rechtlich wirksam entstanden ist, dies auch für das Steuerrecht beachtet werden muß, und zwar selbst dann, wenn für die Gründung der Gesellschaft familiäre Gründe (z. B. Sicherstellung von Familienangehörigen) oder die Verminderung der Steuerlast ausschlaggebend gewesen sind.

Die Anerkennung einer aus nahen Angehörigen bestehenden Familienpersonengesellschaft setzt aber voraus, daß eine Mitunternehmerschaft klar vereinbart, ernsthaft gewollt und zivilrechtlich wirksam ist und daß der Gesellschaftsvertrag auch verwirklicht wird. Es muß sich um eine Vertragsgestaltung handeln, die auch zwischen fremden Personen möglich ist, d. h., die nach dem Gesamtbild der getroffenen Vereinbarungen nicht zu dem Schluß nötigt, daß es sich bei den als Gewinnanteilen bezeichneten Zuwendungen an die Familienangehörigen um solche Zuwendungen handelt, die auf rein privaten (familiären) Erwägungen beruhen (BFH, BStBl 1986 II S. 798). Ein solcher Schluß ist nach dem Urteil des BFH (BStBl 1970 II S. 114) vor allem dann gerechtfertigt, wenn den Kindern des Steuerpflichtigen einerseits eine im Verhältnis zu der vom Vater geschenkten Kapitaleinlage ungewöhnlich hohe Gewinnbeteiligung eingeräumt, ihnen aber andererseits die Verfügung über dieses Geld für 10 Jahre entzogen wird. Gleiches gilt, wenn Eltern ihren minderjährigen Kindern Anteile am Betriebsvermögen einer von ihnen gebildeten Personengesellschaft unter der Auflage überlassen, daß die Kinder über die auf ihre Anteile entfallenden Gewinnanteile nur in dem von den Eltern gebilligten Umfang verfügen dürfen (BFH, BStBl 1972 II S. 10; wegen weiterer ähnlicher Fälle Hinweis auf BFH, BStBl 1970 II S. 413 und 416, 1979 II S. 405, 1981 II S. 779; die Verfügungsbefugnis der Kinder braucht nur den einkommensteuerlich angemessenen Gewinnanteil zu umfassen – BFH, BStBl 1976 II S. 324).

Eine Mitunternehmerschaft von Kindern ist ferner zu verneinen, wenn diese unter Schenkung eines Kapitalanteils seitens der Eltern nur für eine befristete Zeit als Kommanditisten aufgenommen werden, die Befristung im wesentlichen gerade den Zeitraum umfaßt, in dem die Kinder noch unterhaltsberechtigt sind und ihre Rechtsstellung weitreichend hinter der Rechtsstellung zurückbleibt, die Kommanditisten nach dem Regelstatut des HGB über die KG zukommt (BFH, BStBl 1976 II S. 324; die bloße Möglichkeit der Kündigung des Gesellschaftsvertrags mit dem Kind für das Ende des Jahres der Erreichung der Volljährigkeit hat nicht diese Wirkung – BFH, BStBl 1976 II S. 678). Die Annahme, daß die Mitunternehmerschaft eines Kindes nicht gegeben ist, liegt sehr nahe, wenn sich die Eltern ein jederzeit ausübbares Übernahmerecht hinsichtlich des geschenkten Gesellschaftsanteils vorbehalten haben und die Gesellschaftsrechte des Kindes auch im übrigen stark beschränkt sind (BFH, BStBl 1976 II S. 374). So ist ein Kommanditist, der vom persönlich haftenden Gesellschafter ohne weiteres zum Buchwert aus der Gesellschaft ausgeschlossen werden kann, nicht Mitunternehmer (BFH, BStBl 1981 II S. 663). Gleiches gilt, wenn die für den Fall des jederzeit möglichen Ausschlusses vereinbarte Abfindung nicht auch die Beteiligung am Firmenwert umfaßt (BFH, BStBl 1982 II S. 342). Kinder sind schließlich nicht Mitunternehmer, wenn sich die Eltern die Verwaltung der Kommanditbeteiligungen der Kinder vorbehalten (BFH, BStBl 1981 II S. 779).

Besonders hervorzuheben ist hier noch der Fall, daß ein neu aufgenommenes Familienmitglied zunächst keinerlei gesellschaftliche Leistungen erbringt. Nimmt z. B. ein Vater ein nicht mitarbeitendes Kind als Gesellschafter in sein Einzelunternehmen auf und erbringt das Kind weder aus eigenen noch aus geschenkten Mitteln eine Kapitaleinlage, ist es ferner nicht an den stillen Reserven des Unternehmens beteiligt, so ist das Kind im Jahr der Aufnahme nicht Mitunternehmer, auch wenn es verpflichtet ist, einen Teil seines künftigen Gewinnanteils zur Bildung eines Kapitalanteils stehen zu lassen (BFH, BStBl 1973 II S. 221). Dies gilt auch, wenn das Kind zwar zu einer Bareinlage verpflichtet ist, diese aber nur aus einem von den Eltern gewährten und aus den ersten Gewinnanteilen des Kindes zu tilgenden Darlehn leistet (BFH, BStBl 1973 II S. 526). Schließlich soll der in der Praxis nicht seltene Fall erwähnt werden, daß Kinder in eine mit dem Vater neugegründete KG aufgenommen werden, die den Betrieb des Vaters als Pächterin der wesentlichen Betriebsgrundlagen fortsetzt. Hier ist die Anerkennung einer Mitunternehmerschaft der Kinder davon abhängig, daß auch ein fremder Dritter sich unter den gegebenen Verhältnissen mit einer Einlage beteiligt hätte, wie dies die Kinder mit den ihnen zu diesem Zweck zur Verfügung gestellten Mitteln getan haben (BFH, BStBl 1986 II S. 798).

Allgemein sind Familienangehörige, insbesondere Kinder, die schenkweise als Kommanditisten in eine Familien-KG aufgenommen werden, nur dann Mitunternehmer i. S. von § 15 Abs. 1 Satz 1 Nr. 2 EStG, wenn ihnen wenigstens annäherungsweise diejenigen Rechte zustehen, die nach den weitgehend abdingbaren Vorschriften des HGB für Kommanditisten vorgesehen sind (BFH, BStBl 1979 II S. 670, 1986 II S. 798). Bei der Aufnahme von Kindern (Enkeln) kann indessen bei der Würdigung des Gesamtbildes in Grenzfällen für die Anerkennung als Mitunternehmer sprechen, daß die Vertragsgestaltung darauf abzielt, die Kinder (Enkel) zur Sicherung des Fortbestandes an das Unternehmen heranzuführen (BFH, BStBl 1979 II S. 620).

Nicht ernsthaft gewollt und damit steuerlich nicht anzuerkennen ist ferner eine Mitunternehmerschaft, wenn sie bürgerlich-rechtlich nicht wirksam vereinbart ist (BFH, BStBl 1968 II S. 671, 1987 II S. 54). Sollen z. B. minderjährige Kinder in das Unternehmen der Eltern (eines Elternteils) als Gesellschafter aufgenommen werden, so können die Eltern das Kind bei Abschluß des Gesellschaftsvertrags nicht vertreten (§ 181 BGB). Es muß ein Pfleger bestellt werden (§ 1909 BGB); soll ein Gesellschaftsverhältnis mit mehreren minderjährigen Kindern zivilrechtlich wirksam begründet werden, so ist ein besonderer Pfleger für jedes Kind erforderlich (BFH, BStBl 1973 II S. 307, 1988 II S. 245 betr. Erbengemeinschaften). Das gilt auch für die Änderung eines Gesellschaftsvertrags. Die Bestellung eines Dauerergänzungspflegers für die Dauer der Minderjährigkeit und der Mitgliedschaft der Kinder ist indes nicht erforderlich (BFH, BStBl 1976 II S. 328, und BGH, DB 1975 S. 2174; anders noch BFH, BStBl 1973 II S. 309). Ferner muß der Gesellschaftsvertrag, damit er wirksam werden kann, in der Regel vom Vormundschaftsgericht genehmigt werden (§ 1822 Nr. 3 BGB; BFH, BStBl 1973 II S. 287); die Genehmigung wirkt auf den Zeitpunkt des Vertragsabschlusses zurück (§ 1829 Abs. 1 BGB). Sie ist keine steuerschädliche Rückbeziehung; dies gilt nicht, wenn sie nicht unverzüglich beantragt und in angemessener Zeit erteilt wird (BFH, BStBl 1973 II S. 307; vgl. zum vorstehenden auch Abschn. 138 a Abs. 3 EStR und hinsichtlich einer Genehmigung durch das volljährig gewordene Kind BFH, BStBl 1981 II S. 435). Die schenkweise Unterbeteiligung bedarf als rein schuldrechtliche Verpflichtung gemäß § 518 Abs. 1 BGB zu ihrer steuerlichen Anerkennung der notariellen Beurkundung (BFH, BStBl 1979 II S. 768).

Sind die in eine Gesellschaft im Wege der Schenkung aufgenommenen Kinder nach den vorstehenden Grundsätzen nicht als Mitunternehmer anzusehen, können ihnen die vertraglichen Gewinnanteile nicht als eigene Einkünfte aus Gewerbebetrieb zugerechnet werden. In Höhe dieser Gewinnanteile liegt regelmäßig eine nach § 12 EStG unbeachtliche Einkommensverwendung vor (BFH, BStBl 1987 II S. 54).

Unabhängig von der Frage der Anerkennung der Familienpersonengesellschaft als solcher ist noch zu prüfen, ob die von der Gesellschaft vorgenommene Gewinnverteilung steuerlich anzuerkennen ist. Die vereinbarte Gewinnverteilung darf im Grundsatz nur insoweit der Besteuerung zugrunde gelegt werden, als sie aus betrieblichen Gründen gerechtfertigt erscheint und frei ist von außerbetrieblichen Erwägungen, die auf den nahen verwandtschaftlichen Verhältnissen der Gesellschafter beruhen (BFH, BStBl 1964 III S. 3, 1986 II S. 798).

Die Prüfung der Angemessenheit der Gewinnverteilung ist ein sehr umfangreiches und vielschichtiges Problem, das hier nicht erschöpfend behandelt werden kann.

Für den in der Praxis häufigsten und wichtigsten Fall hat der Große Senat mit Beschluß vom 29. 5. 1972 (BStBl 1973 II S. 5) gegenüber großen Meinungsunterschieden in Literatur und Rechtsprechung klare Grundsätze aufgestellt. Es handelt sich um den Fall, daß ein Gewerbetreibender mit seinen Kindern, die in dem Betrieb keine leitende und tragende Mitarbeit übernehmen, eine steuerrechtlich anzuerkennende KG gründet, seinen Gewerbebetrieb in diese einbringt und seinen Kindern aus seinem Kapitalanteil Anteile schenkweise überträgt. Der Große Senat bejaht zunächst die Notwendigkeit, die Angemessenheit der Gewinnverteilung in einem solchen Fall zu prüfen. Er hält die Gewinnverteilung nur dann für angemessen, wenn sie auf längere Sicht zu einer angemessenen Verzinsung des tatsächlichen Werts der Gesellschaftsanteile führt.

Im einzelnen ergibt sich – auch unter Berücksichtigung späterer Rechtsprechung des BFH – folgendes:

a) Die Angemessenheit des Gewinnanteils der Kommanditisten kann man nicht nach der Höhe des Festkapitals (Nominalkapitals) beurteilen, sondern nur nach dem tatsächlichen (gemeinen) Wert des Kapitalanteils (Gesellschaftsanteils). Der tatsächliche Wert ist unter Berücksichtigung des Gesellschaftsvertrags zu ermitteln. Ist der Kommanditist vertraglich an den stillen Reserven des Unternehmens und am Geschäftswert beteiligt, so ist dies bei der Wertermittlung zu berücksichtigen. Ein Geschäftswert ist auf die Gesellschafter entsprechend ihrer vertraglichen Stellung aufzuteilen. Beschränkungen, die dem Kommanditisten nach dem Gesellschaftsvertrag etwa bei vorzeitigem Ausscheiden oder in der Verfügungsmöglichkeit über seinen Kapitalanteil auferlegt sind, wirken sich wertmindernd aus, wenn sie nicht für alle Gesellschafter in gleicher Weise gelten (s. dazu auch BFH, BStBl 1973 II S. 489). Behält sich ein Elternteil anläßlich der unentgeltlichen Übertragung eines Gesellschaftsanteils auf die Kinder das Recht vor, das Gesellschaftsverhältnis zu kündigen und die Kinder mit dem Buchwert des Festkapitals abzufinden, so ist von dem Buchwert des Gesellschaftsanteils auszugehen (BFH, BStBl 1974 II S. 51, 1976 II S. 374).

b) Funktion und Gewicht der Kommanditbeteiligung im Rahmen des Gesellschaftszwecks werden bestimmt durch das Betriebsvermögen und durch die gesellschaftsrechtliche Bindung des Kapitals, also durch die Stellung des Kommanditisten als Gesellschafter und das Risiko des Verlustes seiner Kommanditbeteiligung. Angemessen ist deshalb eine Gewinnbeteiligung, die zu einer marktüblichen Verzinsung des Werts der Beteiligung des nicht mitarbeitenden Kommanditisten führt und seiner Gesellschaftsstellung Rechnung trägt.

Die Gewinnverteilung ist nicht zu beanstanden, wenn der Gewinnverteilungsschlüssel eine durchschnittliche Rendite von nicht mehr als 15 v. H. des tatsächlichen Werts der Beteiligung ergibt. Ein niedrigerer Satz kann unter besonderen Umständen gerechtfertigt sein.

Ist die Gewinnverteilung unangemessen, so ist die Besteuerung so vorzunehmen, als ob eine angemessene Gewinnverteilung getroffen wäre (BFH, BStBl 1973 II S. 650; wegen der Rechtsgrundlage s. BFH, BStBl 1987 II S. 54).

Gewinnanteile, die die Grenze übersteigen, sind den anderen Gesellschaftern zuzurechnen, sofern nicht auch bei ihnen Grenzen zu beachten sind.

c) Maßgebend für die Beurteilung der Angemessenheit einer Gewinnverteilung sind nicht die Verhältnisse nur eines Wirtschaftsjahres. Die Angemessenheit ist für den Zeitpunkt zu prüfen, in dem die Gesellschafter den Gewinnverteilungsschlüssel vereinbart haben. Da die Verteilungsvereinbarung üblicherweise für längere Zeit getroffen wird und die Ertragslage des Unternehmens Schwankungen unterliegt, kann die Gewinnverteilung nicht für ein gutes Jahr unangemessen und für ein weniger gutes Jahr angemessen sein. Vielmehr dürfte für die Prüfung der Angemessenheit regelmäßig von einem Zeitraum von fünf Wirtschaftsjahren auszugehen sein.

d) Die vorgenannten Grundsätze berühren die von den Beteiligten gewählte Gewinnverteilung nicht. Sie sind also unabhängig davon, ob die Vereinbarung eine Kapitalverzinsung und Vorabvergütung vorsieht oder ob der Gewinn ganz oder zum Teil nach festen Quoten oder im Verhältnis vereinbarter Festkonten verteilt wird.

e) Eine als angemessen anzuerkennende Gewinnverteilung wird grundsätzlich solange steuerlich anerkannt, bis eine wesentliche Veränderung der Verhältnisse dergestalt eintritt, daß auch bei einer Mitunternehmerschaft unter Fremden die Gewinnverteilung geändert würde. Wird eine bislang angemessene Gewinnverteilungsabrede in einer Weise geändert, wie dies unter fremden Gesellschaftern nicht geschehen wäre, so ist diese Änderung einkommensteuerlich nicht zu berücksichtigen. Hätten aber auch fremde Gesellschafter die bisherige Gewinnverteilung nicht beibehalten und eine weniger weitgehende Änderung der Gewinnverteilungsabrede getroffen, so ist die einkommensteuerliche Gewinnverteilung nach dieser weniger weitgehenden Änderung vorzunehmen, sofern der Wille der Gesellschafter diese mitumfaßt (BFH, BStBl 1975 II S. 692).

Die vorgenannten Grundsätze werden auch im wesentlichen von Abschn. 138 a Abs. 5 EStR übernommen.

f) Die vorstehenden Grundsätze gelten auch für die atypische stille Gesellschaft und die mitunternehmerische Unterbeteiligung (BFH, BStBl 1987 II S. 54), wenn sie Mitunternehmerschaften im Sinne von § 15 Abs. 1 Satz 1 Nr. 2 EStG sind.

Die für die steuerrechtliche Anerkennung und Beurteilung von Verträgen zwischen Ehegatten geltenden Grundsätze können nicht auf Verträge zwischen Partnern einer nichtehelichen Lebensgemeinschaft angewendet werden. Denn die nichteheliche Lebensgemeinschaft begründet weder in persönlicher noch in wirtschaftlicher Hinsicht eine Rechtsgemeinschaft; sie begründet keine gesetzliche Unterhaltspflicht und Erbfolge, keine Zugewinngemeinschaft und keine Rechtspflicht für Dienstleistungen im Betrieb des Partners (BFH, BStBl 1988 II S. 670).

Ähnliche Grundsätze gelten bei **echten stillen Gesellschaftern.** Beteiligt ein Steuerpflichtiger nahe Angehörige als echte stille Gesellschafter, so kann diese Beteiligung steuerlich nur anerkannt werden, wenn die Gesellschaftsverträge klar vereinbart, zivilrechtlich wirksam und ernsthaft gewollt sind, wenn sie ferner tatsächlich durchgeführt werden und wirtschaftlich zu einer Änderung der bisherigen Verhältnisse führen und schließlich keine Bedingungen enthalten, unter denen fremde Dritte Kapital als stille Einlage nicht zur Verfügung stellen würden (BFH, BStBl 1984 II S. 623 und 1990 II S. 10; Abschn. 138 a Abs. 6 EStR). Solange eine stille Gesellschaft mangels Mitwirkung eines Ergänzungspflegers zivilrechtlich schwebend unwirksam ist, kann sie auch steuerlich nicht anerkannt werden (BFH, BStBl 1980 II S. 242). Ferner ist eine stille Gesellschaft z. B. nicht anzuerkennen, wenn Familienangehörige über lange Zeit nicht über ihre Gewinnanteile verfügen dürfen (BFH, BStBl 1970 II S. 114) oder bei Kündigung der stillen Gesellschaft aus einem nicht in ihrer Person liegenden wichtigen Grund ihr Kapital nicht zurückfordern können, weil die stille Gesellschaft in ein praktisch unkündbares partiarisches Darlehn, das dinglich nicht gesichert ist, umgewandelt wird (BFH, BStBl 1980 II S. 242). Beruht die Beteiligung auf einer Schenkung, so muß der mit dem Schenkungsvertrag eine Einheit bildende Gesellschaftsvertrag gemäß § 518 BGB notariell beurkundet werden (BFH, BStBl 1975 II S. 141).

Zur Anerkennung der Gewinnverteilung bei typischen stillen Gesellschaften hat der Große Senat ausdrücklich nicht Stellung genommen. Der IV. Senat des BFH (BStBl 1973 II S. 650) hat indessen entschieden, daß in entsprechender Anwendung der Grundsätze des Großen Senats für die Kapitaleinlage eines typischen stillen Gesellschafters, wenn sie ausschließlich aus einer Schenkung des Unternehmers stammt und wenn der Beschenkte am Gewinn und Verlust beteiligt ist, in der Regel eine Gewinnverteilung angemessen ist, die im Zeitpunkt der Vereinbarung eine durchschnittliche Rendite bis zu 15 v. H. des tatsächlichen Werts der Beteiligung ergibt; ist eine Beteiligung am Verlust ausgeschlossen, ist in der Regel ein Satz von 12 v. H. angemessen. Hat der „Stille" die Kapitaleinlage aus eigenen Mitteln erbracht und ist er nicht am Verlust beteiligt, so ist im allgemeinen eine zum Zeitpunkt der Einlage zu erwartende Rendite von 25 v. H. der Einlage als angemessen anzusehen (BFH, BStBl 1973 II S. 395); ist er auch am Verlust beteiligt, tritt an die Stelle der vorgenannten 25 v. H. eine Rendite bis zu 35 v. H. (BFH, BStBl 1982 II S. 387). Der tatsächliche Wert einer typischen stillen Beteiligung ist regelmäßig ihr Nennwert (BFH, BStBl 1973 II S. 650; wie vorstehend auch Abschn. 138 a Abs. 7 EStR). Dies gilt auch, wenn der stille Gesellschafter als Arbeitnehmer im Betrieb tätig ist, es sei denn, nach klaren und eindeutigen Vereinbarungen müsse der Arbeitseinsatz ganz oder zum Teil als Vermögenseinsatz betrachtet werden (BFH, BStBl 1978 II S. 427).

Die für die steuerliche Beurteilung von Verträgen zwischen Eheleuten geltenden Grundsätze können nicht auf Verträge zwischen Partnern einer nichtehelichen Lebensgemeinschaft übertragen werden (BFH, BStBl 1988 II S. 670).

Die vorbeschriebenen Grundsätze treffen auch für Familiengesellschaften in der Form der **Unterbeteiligung** zu, sei es, daß sie als atypische stille Unterbeteiligungen (Mitunternehmerschaften), sei es, daß sie als typische stille Unterbeteiligungen geführt werden (BFH, BStBl 1974 II S. 676). So sind Kinder, denen der Vater schenkweise eine Unterbeteiligung eingeräumt hat, nicht als Mitunternehmer im Verhältnis zum Vater als Hauptbeteiligten anzusehen, wenn ihre Rechtsstellung nach dem Gesamtbild so eingeschränkt ist, wie dies bei entgeltlich begründeten Unterbeteiligungsverhältnissen zwischen Fremden nicht üblich ist (BFH, BStBl 1979 II S. 515).

(Die Grundsätze, die zur Angemessenheit der Gewinnverteilung bei Familienpersonengesellschaften aufgestellt sind, können hingegen nicht angewendet werden auf die Prüfung der Angemessenheit der Gewinnverteilung zwischen einer GmbH und stillen Gesellschaftern, die zugleich Gesellschafter-Geschäftsführer der GmbH sind. Wegen der hier geltenden Regeln s. BFH, BStBl 1980 II S. 477.)

5.2.3.4 GmbH & Co. KG

Die GmbH & Co. KG (s. dazu auch 5.2.1.3) ist eine Kommanditgesellschaft, also eine Personengesellschaft. Die Besonderheit dieser Kommanditgesellschaft besteht darin, daß Komplementär eine GmbH ist, deren Gesellschafter in der Regel gleichzeitig Kommanditisten der Kommanditgesellschaft sind. Auch wenn der alleinige persönlich haftende Gesellschafter eine GmbH ist, ist sie keine Kapitalgesellschaft i. S. von § 1 Abs. 1 Nr. 1 KStG. Eine Publikums-GmbH & Co. KG (an ihr ist eine Vielzahl von Kommanditisten beteiligt) ist auch kein nichtrechtsfähiger Verein i. S. von § 1 Abs. 1 Nr. 5 KStG oder eine nichtrechtsfähige Personenvereinigung nach § 3 Abs. 1 KStG (BFH, GrS, BStBl 1984 II S. 751). Die Gesellschafter, so auch die GmbH, sind Mitunternehmer i. S. des § 15 Abs. 1 Satz 1 Nr. 2 EStG, wenn sie die Voraussetzungen der Mitunternehmerschaft erfüllen (BFH, FR 1976 S. 259). Dies gilt für die GmbH selbst dann, wenn sie lediglich ihre Unkosten ersetzt bekommt und von vornherein feststehende Beträge für das Haftungsrisiko als Kapitalverzinsung erhält. Denn das Unternehmen ist auf die Beteiligung der GmbH als persönlich haftende Gesellschafterin angelegt. Die GmbH bleibt als Komplementärin steuerlich selbständig, hat eine getrennte Buchführung und einen eigenen Jahresabschluß und versteuert ihren Gewinn selbständig nach den Grundsätzen des Körperschaftsteuergesetzes.

Ein Gewerbetreibender, der an einer Familien-GmbH & Co. KG (Kinder sind Kommanditisten, Ehefrau ist Gesellschafterin der Komplementär-GmbH) das Anlagevermögen seines bisherigen Einzelunternehmens verpachtet und das Umlaufvermögen veräußert, kann nach dem Gesamtbild Mitunternehmer des von der GmbH & Co. KG betriebenen Unternehmens sein, auch wenn er zivilrechtlich weder Gesellschafter der KG noch der GmbH ist, sofern eine Mitunternehmerschaft mit den Kindern nicht anerkannt werden kann (BFH, BStBl 1986 II S. 798).

In der Regel führt die GmbH als Komplementärin die Geschäfte der KG. Tut sie das mit Hilfe ihres Geschäftsführers, der gleichzeitig Gesellschafter der KG ist, so sind die Bezüge des Geschäftsführers, die er für die Geschäftsführung im Dienste der KG erhält, selbst dann als Vorwegvergütung aus seiner Mitunternehmerschaft (§ 15 Abs. 1 Nr. 2 EStG) zu behandeln, wenn die GmbH die Bezüge zahlt (BFH, BStBl 1960 III S. 408). Das gilt auch für eine Pensionszusage, die die GmbH dem Gesellschafter-Geschäftsführer erteilt. Denn die Pensionszusage gilt als Gewinnverteilungsabrede zwischen den Gesellschaftern der KG. Dabei ist es ohne Bedeutung, daß nicht die KG, sondern die Komplementär-GmbH die Pensionszusage erteilt hat und daß die Rückstellung dafür in der Bilanz der GmbH ausgewiesen wird (BFH, BStBl 1971 II S. 816). Solche Geschäftsführerbezüge gehören auch insoweit zum gewerblichen Gewinn des Geschäftsführers, als die Vergütung für die Führung eigener Geschäfte der GmbH gezahlt wird, wenn die GmbH außer der Führung der Geschäfte der KG keine ins Gewicht fallende, von der Tätigkeit der KG abgrenzbare gewerbliche Tätigkeit ausübt (BFH, BStBl 1968 II S. 579).

Beispiel:
Persönlich haftender Gesellschafter-Geschäftsführer einer GmbH & Co. KG ist eine GmbH, Kommanditist der KG ist eine OHG. A ist sowohl Gesellschafter der OHG als auch Geschäftsführer der GmbH; er übt die Geschäftsführertätigkeit der GmbH bei der KG aus. Dafür zahlt ihm die GmbH eine Vergütung. Diese Vergütung ist als Vergütung für eine Dienstleistung der OHG als Gesellschafterin im Sinne der KG zu behandeln. Sie ist bei der Gewinnverteilung der KG der OHG zuzurechnen (BFH, BStBl 1972 II S. 530).

Für die steuerliche Beurteilung der GmbH & Co. KG gilt ferner folgendes (vgl. BFH, BStBl 1968 II S. 152 und 1976 II S. 188, 1986 II S. 798):

1. Der einer GmbH als Komplementär einer GmbH & Co. KG nach dem Gesellschaftsvertrag zustehende Gewinn kann nach den für die Beurteilung von Gewinnverteilungsabreden unter nahen Angehörigen und für die verdeckte Gewinnausschüttung geltenden Grundsätzen für die Besteuerung erhöht werden.

2. Die vertraglich vorgesehene Gewinnverteilung ist in der Regel anzuerkennen, wenn einer auf die Führung der Geschäfte der KG beschränkten GmbH auf die Dauer Ersatz ihrer Auslagen und eine den Kapitaleinsatz und das eventuell vorhandene Haftungsrisiko gebührend berücksichtigende Beteiligung am Gewinn in einer Höhe eingeräumt ist, mit der sich eine aus gesellschafterfremden Personen bestehende GmbH zufrieden gegeben hätte (s. dazu auch BFH, BStBl 1977 II S. 346).

3. Ist der vertraglich vorgesehene Gewinnanteil der GmbH zu niedrig bemessen, so liegt eine verdeckte Gewinnausschüttung an die Kommanditisten vor, die zugleich Gesellschafter der GmbH sind oder solchen Gesellschaftern nahestehen.

Eine verdeckte Gewinnausschüttung an die genannte Personengruppe kann auch anzunehmen sein, wenn Änderungen des Gesellschaftsvertrags dazu führen, daß der Gewinnanteil der Kommanditisten erhöht und der der GmbH vermindert wird. Dies gilt dann, wenn ein ordentlicher und gewissenhafter GmbH-Geschäftsführer solche Vereinbarungen mit fremden Dritten nicht getroffen hätte (BFH, BStBl 1977 II S. 467, 477 und 504 sowie 1980 II S. 723).

4. Die verdeckte Gewinnausschüttung ist schon im Verfahren der einheitlichen Gewinnfeststellung der KG festzustellen. Der vereinbarte Gewinnanteil der GmbH ist zu erhöhen; bei den Kommanditisten sind die vereinbarten Gewinnanteile anzusetzen.

5. Die Anteile der Kommanditisten an der Komplementär-GmbH sind notwendiges Sonderbetriebsvermögen der Kommanditisten, sofern die Tätigkeit der GmbH für die Geschäftsführung der KG nicht im Verhältnis zu einem daneben bestehenden eigenen Geschäftsbetrieb der GmbH von ganz untergeordneter Bedeutung ist (BFH, BStBl 1975, II S. 188, 1986 II S. 55). Daraus folgt, daß auch die Dividenden zu den gewerblichen Einkünften der Kommanditisten rechnen (vgl. 5.2.2.3). Ist eine GmbH Komplementärin mehrerer GmbH & Co. KG's, an denen ihre Gesellschafter jeweils als Kommanditisten beteiligt sind, so haben die den Kommanditisten gehörenden GmbH-Anteile Beziehungen zu mehreren Betriebsvermögen. In diesen Fällen dürften die GmbH-Anteile als Folge des zeitlichen Ablaufs in der Bilanz der zuerst gegründeten GmbH & Co. KG zu erfassen sein.

Da es sich um eine Personengesellschaft handelt, wird im Verfahren über die gesonderte und einheitliche Gewinnfeststellung gem. § 180 AO ferner entschieden über

a) das Bestehen der GmbH & Co. KG,

b) die Höhe des Gewinns und dessen Verteilung (das gilt auch für die Zulässigkeit einer in der Bilanz der GmbH ausgewiesenen Pensionsrückstellung für den Gesellschafter-Geschäftsführer, der gleichzeitig Gesellschafter der KG ist – BFH, BStBl 1971 II S. 816).

Die im Feststellungsverfahren ergehende Entscheidung ist bei der Körperschaftsteuerveranlagung der GmbH von Amts wegen zu berücksichtigen (BFH, BStBl 1956 II S. 308).

5.2.4 Gewinn der persönlich haftenden Gesellschafter einer Kommanditgesellschaft auf Aktien (§ 15 Abs. 1 Satz 1 Nr. 3 EStG)

Einkünfte aus Gewerbebetrieb sind auch die Gewinnanteile der persönlich haftenden Gesellschafter einer Kommanditgesellschaft auf Aktien, soweit sie nicht auf Anteile am Grundkapital entfallen, und die Vergütungen, die der persönlich haftende Gesellschafter von der Gesellschaft für seine Tätigkeit im Dienst der Gesellschaft oder für die Hingabe von Darlehn oder für die Überlassung von Wirtschaftsgütern bezogen hat.

Die Kommanditgesellschaft auf Aktien ist eine Kapitalgesellschaft und unterliegt der Körperschaftsteuer. Neben den Kommanditisten, die sich nur mit Einlagen auf das in Aktien zerlegte Grundkapital beteiligen, muß mindestens ein Gesellschafter der Kommanditgesellschaft auf Aktien den Gläubigern unbeschränkt haften (persönlich haftender Gesellschafter oder Komplementär). Die nicht auf das Grundkapital gemachte Einlage des Komplementärs ist nicht aktienrechtlich gebunden. Bei der Ermittlung des Gewinns der Gesellschaft ist der Gewinnanteil des persönlich haftenden Gesellschafters nach § 9 Nr. 2 KStG abzugsfähig und unterliegt beim Komplementär der Einkommensteuer nach § 15 Abs. 1 Satz 1 Nr. 3 EStG. Er fließt ihm in dem Kalenderjahr zu, in dem die Hauptversammlung ihre Zahlung beschließt (RFH, RStBl 1930 S. 345). Zum Gewinn des persönlich haftenden Gesellschafters gehören auch die Vergütungen, die dem Komplementär für seine Tätigkeit im Dienste der Gesellschaft oder für die Hingabe von Darlehen oder für die Überlassung von Wirtschaftsgütern zufließen (s. im übrigen 5.2.2.3).

5.3 Beschränkung der Verlustverrechnung bei beschränkt haftenden Personengesellschaftern (§ 15 a EStG)

5.3.1 Grundgedanke des § 15 a EStG

Gemäß § 171 Abs. 1 HGB haftet der Kommanditist den Gläubigern der Kommanditgesellschaft bis zur Höhe seiner Einlage unmittelbar. Die Haftung ist ausgeschlossen, soweit die Einlage geleistet ist. Hiermit korrespondiert die Regelung des § 167 Abs. 3 HGB, wonach der Kommanditist am Verlust der KG nur bis zum Betrag seines Kapitalanteils und seiner noch rückständigen Einlage teilnimmt. Nach herrschender handelsrechtlicher Auffassung bestimmt die letztgenannte Regelung lediglich die Grenzen der endgültigen Verlusttragung bei Ausscheiden des Kommanditisten oder Auflösung der Gesellschaft. Nach ihr sind gesellschaftsvertragliche Regelungen zulässig, nach denen Verlustanteile dem Kommanditisten zunächst auch zuzurechnen sind, wenn sein Kapitalkonto dadurch negativ wird. Der Ausgleich erfolgt dadurch, daß der Kommanditist die Auszahlung späterer Gewinnanteile nicht fordern kann, sondern zur Auffüllung seines negativen Kapitalkontos verwenden muß, § 169 Abs. 1 HGB (sog. Entnahmesperre).

Die ertragsteuerlichen Konsequenzen dieser handelsrechtlichen Rechtslage sind durch Beschluß des GrS des BFH vom 10. 11. 1980 (BStBl 1981 II S. 164) abschließend geklärt worden. Danach ist einem Kommanditisten ein Verlustanteil, der nach dem allgemeinen Gewinn- und Verlustverteilungsschlüssel der KG auf ihn entfällt, einkommensteuerrechtlich auch insoweit zuzurechnen, als er in einer den einkommensteuerrechtlichen Bilanzierungs- und Bewertungsvorschriften entsprechenden Bilanz der KG zu einem negativen Kapitalkonto führen würde. Dies gilt nicht, soweit bei Aufstellung der Bilanz nach den Verhältnissen am Bilanzstichtag feststeht, daß ein Ausgleich des negativen Kapitalkontos mit künftigen Gewinnanteilen des Kommanditisten nicht mehr in Betracht kommt (s. dazu näher 5.2.3.1). Von dieser Rechtslage ist die FinVerw bereits vor diesem Beschluß in ihrer Verwaltungspraxis ausgegangen. Diese Praxis hat Anreiz zu Gesellschaftsgestaltungen gegeben, in denen bei geringem Eigenkapitaleinsatz und hoher Fremdfinanzierung den beschränkt haftenden Gesellschaftern hohe

Verluste zugewiesen wurden. Durch diese den Kapitaleinsatz oft weit übersteigenden Verlustzuweisungen der ersten Jahre konnten einkommensstarke Gesellschafter Steuern in einem Umfang sparen, der den Kapitaleinsatz ausglich oder sogar weit überstieg.

Für diese auch wegen weiterer Begleitumstände als Mißbrauch empfundenen Steuersparmodelle soll § 15 a EStG den Anreiz nehmen. Das Kernstück dieser Regelung besteht darin, bei Kommanditisten die Verlustverrechnung mit anderen Einkünften derselben oder anderer Einkunftsarten grundsätzlich auf den Kapitalanteil bzw. Haftungsbetrag zu begrenzen. Weitergehende Verluste sollen nur mit Gewinnen späterer Jahre aus derselben Tätigkeit verrechnet werden. Zur Auslegung der einzelnen Tatbestandsmerkmale des § 15 a EStG haben sich bisher noch keine einheitlichen Rechtsmeinungen gebildet.

5.3.2 Der Grundfall

5.3.2.1 Überblick

Nach § 15 a Abs. 1 Satz 1 EStG darf der einem Kommanditisten zuzurechnende Anteil am Verlust der KG weder mit anderen Einkünften aus Gewerbebetrieb noch mit Einkünften aus anderen Einkunftsarten ausgeglichen werden, soweit ein negatives Kapitalkonto entsteht oder sich erhöht; er darf insoweit auch nicht nach § 10 d EStG abgezogen werden. Statt dessen mindert der Verlust, soweit er nach Abs. 1 nicht ausgeglichen oder abgezogen werden darf, die Gewinne, die dem Kommanditisten in späteren Wirtschaftsjahren aus seiner Beteiligung an der KG zuzurechnen sind, § 15 a Abs. 2 EStG.

5.3.2.2 Kommanditist

§ 15 a Abs. 1 bis 4 EStG gilt unmittelbar nur für Kommanditisten im Sinne des § 161 Abs. 1 HGB, d. h. für die Gesellschafter einer KG, deren Haftung gegenüber den Gesellschaftsgläubigern auf den Betrag einer bestimmten Vermögenseinlage (sog. Hafteinlage) beschränkt ist. Eine vermögensverwaltende GmbH & Co. KG ist zivilrechtlich eine Gesellschaft bürgerlichen Rechts (BFH, BStBl 1985 II S. 519); die Regelungen des § 15 a Abs. 1 bis 4 EStG sind daher auf deren Gesellschafter nur dann sinngemäß anwendbar, wenn die zusätzlichen Voraussetzungen des § 15 a Abs. 5 Nr. 2 EStG erfüllt sind (s. dazu 5.3.8). Maßgeblich ist, ob die Haftung gegenüber den Gesellschaftsgläubigern, die auf einer Eintragung im Handelsregister beruht (§ 171 Abs. 1 HGB), beschränkt ist. § 15 a EStG gilt daher auch, wenn die Gesellschafter nur im Innenverhältnis eine unbeschränkte Haftung des Kommanditisten vereinbart haben oder eine Haftung des Kommanditisten gegenüber den Gesellschaftsgläubigern auf anderen Gründen als der Eintragung im Handelsregister beruht. Im Fall der Neugründung einer KG wird der Gesellschafter regelmäßig mit der Eintragung der KG in das Handelsregister Kommanditist. Im Fall des Beitritts zu einer bestehenden KG wird er jedoch – ohne Rücksicht auf den Zeitpunkt seiner Eintragung in das Handelsregister – mit seinem Beitritt Kommanditist. Kommanditisten können natürliche Personen, juristische Personen und Personenhandelsgesellschaften sein.

Beispiel:

Die X-OHG, an der A und B zu je 50 v. H. beteiligt sind, ist Kommanditistin der Y-KG mit einer eingezahlten Kommanditeinlage von 100 (= Kapitalkonto). Es entfällt auf sie ein Verlustanteil von 200. A und B können im Jahr der Verlustentstehung nur je 50 Verlustanteil berücksichtigen, obwohl der der X-OHG zuzurechnende Anteil am Verlust der Y-KG letztlich A und B zuzurechnen ist und diese im Verhältnis zu den Gläubigern der X-OHG unbeschränkt haften. Denn die Gesellschaftsebenen der Y-KG einerseits und der X-OHG andererseits sind strikt zu trennen.

5.3.2.3 Anteil am Verlust der KG

Das Ausgleichs- und Abzugsverbot des § 15 a Abs. 1 EStG erstreckt sich nicht auf den gesamten Verlust des Kommanditisten aus seiner Beteiligung an der KG, sondern nur auf seinen Anteil am Verlust der KG. Die Vorschrift knüpft daher an die Unterscheidung in § 15 Abs. 1 Nr. 2 EStG an und erstreckt sich nur auf den dort an erster Stelle genannten (Gewinn- bzw.) Verlustanteil aus dem Gesamthandsvermögen der KG. Sie erfaßt hingegen nicht Verluste, die sich aus dem Sonderbetriebsvermögen und aus den in § 15 Abs. 1 Nr. 2 EStG an zweiter Stelle genannten Vergütungen ergeben.

Beispiel:

Kommanditist K ist mit 20 v. H. an der X-KG beteiligt. Sein Kapitalkonto beträgt 0 DM. Sein Anteil am Verlust der KG beträgt 100 000 DM. Der Verlust aus dem Sonderbetriebsvermögen (Teilwertabschreibung auf ein der KG vermietetes Wirtschaftsgut) beträgt 20 000 DM.

Der Anteil am Verlust der KG in Höhe von 100 000 DM ist nicht ausgleichs- oder abzugsfähig. Der Verlust aus dem Sonderbetriebsvermögen in Höhe von 20 000 DM ist dagegen unbeschränkt ausgleichs- und abzugsfähig.

Für die Frage, wem der Anteil am Verlust der KG zuzurechnen ist, enthält § 15 a EStG keine eigene Regelung; es gelten die allgemeinen Grundsätze. Maßgeblich ist daher auch im Rahmen des § 15 a EStG die vertragliche Gewinn- und Verlustverteilungsabrede. Soweit allerdings bei Aufstellung der Bilanz nach den Verhältnissen am Bilanzstichtag feststeht, daß ein Ausgleich des negativen Kapitalkontos mit künftigen Gewinnanteilen des Kommanditisten nicht mehr in Betracht kommt (s. 5.2.3.1), ist der rechnerisch auf den Kommanditisten entfallende Anteil am Verlust der KG diesem auch im Rahmen des § 15 a EStG nicht zuzurechnen (streitig). § 15 a EStG ist darüber hinaus unmittelbar nur anzuwenden, wenn der Anteil des Kommanditisten am Verlust der KG den Einkünften aus Gewerbebetrieb zuzuordnen ist und der Kommanditist Mitunternehmer der Mitunternehmerschaft ist. Auch diese Vorfragen werden nicht durch § 15 a EStG selbst geregelt; es gelten auch hier die allgemeinen Grundsätze.

5.3.2.4 Kapitalkonto

Die Ausgleichs- und Abzugsfähigkeit des Anteils am Verlust der KG ist nach § 15 a Abs. 1 Satz 1 EStG nur insoweit eingeschränkt, als ein negatives Kapitalkonto entsteht oder sich erhöht. Die Höhe des Kapitalkontos bestimmt daher das Volumen der unbeschränkt ausgleichs- und abzugsfähigen Anteile des Kommanditisten am Verlust der KG.

Beispiel:
Das Kapitalkonto des Kommanditisten K der X-KG beträgt 20 000 DM, sein Anteil am Verlust der X-KG 50 000 DM. In Höhe von 20 000 DM ist der Anteil am Verlust der KG unbeschränkt ausgleichs- und abzugsfähig; insoweit entsteht ein negatives Kapitalkonto nicht. Die restlichen 30 000 DM des Anteils am Verlust sind nicht ausgleichs- oder abzugsfähig, weil insoweit ein negatives Kapitalkonto entsteht.

Der Begriff des Kapitalkontos im Sinne des § 15 a Abs. 1 Satz 1 EStG ist streitig. U. E. bestimmt sich das Kapitalkonto nicht nach der Handelsbilanz, sondern nach der Steuerbilanz (so auch Abschn. 138 d Abs. 2 EStR). Dem gesetzgeberischen Zweck des § 15 a EStG, den Verlustausgleich auf die Haftung zu begrenzen, würde zwar die Ermittlung des Kapitalkontos nach der Handelsbilanz eher gerecht. Der Gesetzgeber ist jedoch davon ausgegangen, daß die Steuerbilanz maßgeblich ist (BT-Drucksache 8/4157 S. 2). Darüber hinaus ist § 15 a EStG eine steuerliche Vorschrift. Daraus folgt, daß Wirtschaftsgüter des Gesamthandsvermögens der KG, die steuerlich nicht Betriebsvermögen sind, nicht in die Ermittlung des Kapitalkontos einbezogen werden können. Maßgeblich ist daher auch nur die tatsächlich geleistete Einlage; der noch ausstehende Teil der Pflichteinlage ist hingegen nicht zu berücksichtigen, auch wenn die KG diesen in ihrer Handelsbilanz als Aktivposten gesondert ausgewiesen hat (BFH, BStBl 1988 II S. 5).

Nach wohl überwiegender, u. E. zutreffender Meinung (so auch Abschn. 138 d Abs. 2 EStR) ist für die Ermittlung des Kapitalkontos die aus der Handelsbilanz abgeleitete Steuerbilanz der KG einschließlich eventueller Ergänzungsbilanzen zuzüglich der Sonderbilanzen maßgeblich (offen gelassen von BFH, BStBl 1988 II S. 5; zweifelnd BFH, BFHE 157 S. 181). Diese Auffassung führt dazu, daß sich der Regelungsbereich des Tatbestandsmerkmals „Anteil am Verlust der KG" einerseits und „negatives Kapitalkonto" andererseits nicht decken. Sie führt ferner zu einem weiteren Widerspruch zu dem gesetzgeberischen Leitgedanken des § 15 a EStG, den Verlustausgleich auf den Haftungsbetrag zu begrenzen. Nur die hier vertretene Auffassung entspricht jedoch dem erkennbaren und zu respektierenden Willen des Gesetzgebers (BT-Drucksache 8/3648 S. 16). Daher erhöhen Wirtschaftsgüter des positiven Sonderbetriebsvermögens I (z. B. ein von dem Kommanditisten der KG zur Nutzung überlassenes Grundstück) und des Sonderbetriebsvermögens II (z. B. der Anteil des Kommanditisten an der Komplementär-GmbH) das Kapitalkonto, während Wirtschaftsgüter des negativen Sonderbetriebsvermögens I und II das Kapitalkonto mindern; siehe jedoch auch 5.3.2.6.

5.3.2.5 Soweit ein negatives Kapitalkonto entsteht oder sich erhöht

Nach § 15 a Abs. 1 Satz 1 EStG darf der Anteil am Verlust der KG weder ausgeglichen noch abgezogen werden, soweit ein negatives Kapitalkonto des

Kommanditisten entsteht oder sich erhöht. Solange das Kapitalkonto positiv oder gleich Null ist oder ein bestehendes Kapitalkonto sich nicht erhöht, ist der Anteil am Verlust der KG unbeschränkt ausgleichs- und abzugsfähig.

Beispiel:

Kapitalkonto des Kommanditisten K am 31. 12. 01	⁒ 20 000 DM
Einlage im Wirtschaftsjahr 02	+ 10 000 DM
Anteil des Kommanditisten am Verlust der KG 02	⁒ 30 000 DM
Kapitalkonto des K am 31. 12. 02	⁒ 40 000 DM

Der Anteil am Verlust der KG ist in Höhe von 10 000 DM unbeschränkt ausgleichs- und abzugsfähig; ein negatives Kapitalkonto ist insoweit nicht entstanden, es bestand schon am 31. 12. 01. Es hat sich insoweit auch nicht erhöht; die Einlage im Wirtschaftsjahr 02 hat das Verlustausgleichsvolumen vergrößert.

Der restliche Anteil am Verlust der KG in Höhe von 20 000 DM ist nicht ausgleichs- oder abzugsfähig, da sich insoweit das negative Kapitalkonto von bisher ⁒ 20 000 DM um weitere 20 000 DM auf ⁒ 40 000 DM erhöht.

Ist dem Kommanditisten in einem Wirtschaftsjahr sowohl ein Anteil am Verlust der KG als auch ein nicht von § 15 a Abs. 1 Satz 1 EStG erfaßter Verlust aus seinem Sonderbetriebsvermögen zuzurechnen, kann der Kommanditist für den Abzug vom Kapitalkonto nach herrschender Lehre die jeweils günstigere Reihenfolge wählen (u. E. zweifelhaft).

Beispiel:

Kapitalkonto des K am 31. 12. 01	+ 50 000 DM
Anteil am Verlust der KG	⁒ 40 000 DM
Verlust aus dem Sonderbetriebsvermögen	⁒ 30 000 DM
Kapitalkonto am 31. 12. 02	⁒ 20 000 DM

Kann K zuerst den Anteil am Verlust der KG (⁒ 40 000 DM) vom Kapitalkonto (+ 50 000 DM) abziehen, entsteht hierdurch ein positives Kapitalkonto von 10 000 DM; der Anteil am Verlust der KG ist unbeschränkt ausgleichs- und abzugsfähig. Der Verlust aus dem Sonderbetriebsvermögen von 30 000 DM ist ohnehin unbeschränkt ausgleichs- und abzugsfähig, weil er nicht von § 15 a Abs. 1 EStG erfaßt wird.

Sind dem Kommanditisten im Bereich des Sonderbetriebsvermögens aus verschiedenen Quellen teils positive und teils negative Ergebnisse zuzurechnen, sind diese allerdings vorab innerhalb des Sonderbetriebsvermögens zu verrechnen (streitig).

5.3.2.6 Kein Verlustausgleich und Verlustabzug

Der dem Kommanditisten zuzurechnende Anteil am Verlust der KG darf, soweit ein negatives Kapitalkonto entsteht oder sich erhöht,

– weder mit anderen Einkünften aus Gewerbebetrieb verrechnet

– noch mit Einkünften aus anderen Einkunftsarten ausgeglichen

– noch nach § 10 d EStG abgezogen werden.

Nach dem Wortlaut des § 15 a Abs. 1 EStG darf der Anteil am Verlust der KG nicht „mit anderen Einkünften aus Gewerbebetrieb . . . ausgeglichen werden". Diese Formulierung ist unscharf. Ein an einer gewerblich tätigen KG beteiligter Kommanditist, der daneben noch aus anderen Quellen gewerbliche Einkünfte bezieht, hat insoweit keine anderen Einkünfte aus Gewerbebetrieb. Darüber hinaus werden die positiven und negativen Ergebnisse verschiedener Quellen derselben Einkunftsart nicht ausgeglichen, sondern verrechnet (BFH, BStBl 1975 II S. 698). Trotz dieser Unschärfe ist jedoch davon auszugehen, daß § 15 a Abs. 1 EStG auch die Verrechnung des Anteils am Verlust der KG mit Einkünften des Kommanditisten aus gewerblichen Einzelunternehmen, anderen gewerblichen Mitunternehmerschaften und der Veräußerung von Anteilen nach § 17 EStG ausschließt.

Eine Verrechnung des Anteils am Verlust der KG ist hingegen zulässig mit einem insgesamt positiven Ergebnis des Kommanditisten im Bereich seines Sonder-betriebsvermögens und mit seinen Vergütungen im Sinne des § 15 Abs. 1 Nr. 2 EStG bezüglich derselben Gesellschaft; hierbei handelt es sich nicht um andere Einkünfte aus Gewerbebetrieb. Dem entspricht es, daß ein nicht ausgleichs- oder abzugsfähiger Anteil am Verlust der KG eines Wirtschaftsjahres die Gewinne mindert, die dem Kommanditisten in späteren Jahren aus seiner Beteiligung – d. h. einschließlich der positiven Ergebnisse im Bereich des Sonderbetriebsvermö-gens und der Vergütungen – zuzurechnen sind, § 15 a Abs. 2 EStG.

Darüber hinaus soll nach Auffassung des BFH (BStBl 1989 II S. 1018) ein Anteil des Kommanditisten am Verlust der KG, der zur Entstehung oder Erhöhung eines negativen Kapitalkontos führt, auch dann ausgleichsfähig sein, wenn die Kom-manditeinlage mit Kredit finanziert worden ist. Denn in diesem Fall könne nichts anderes gelten, als wenn der Kommanditist seine Einlage erst im Folgejahr aus Kreditmitteln geleistet hätte und ihm daher im Verlustentstehungsjahr der erweiterte Verlustausgleich nach § 15 a Abs. 1 Satz 2 EStG (siehe 5.3.3) zustünde. U. E. ist diese Auffassung bedenklich, da sie den Wertungen des historischen Gesetzgebers zuwiderläuft. Sie würde darüber hinaus stets die Feststellung erfordern, daß im Verlustentstehungsjahr neben den persönlichen Voraussetzungen auch die sonstigen Voraussetzungen des § 15 a Abs. 1 Satz 3 EStG vorgelegen haben und der Kommanditist sein Wahlrecht entsprechend ausgeübt hat. Schließlich könnten diese Grundsätze nicht auf andere Sachverhalte der Finanzierung von Wirtschaftsgütern des Sonderbetriebsvermögens I oder II durch Kredite übertragen werden. Die Finanzverwaltung wendet das Urteil zunächst nicht über den entschiedenen Einzelfall hinaus an (BMF, BStBl 1989 I S. 484).

5.3.2.7 Verrechnung mit späteren Gewinnen

Soweit der Verlust (d. i. der Anteil am Verlust der KG) nach Abs. 1 nicht ausgeglichen oder abgezogen werden darf, mindert er die Gewinne, die dem Kommanditisten in späteren Wirtschaftsjahren aus seiner Beteiligung an der KG zuzurechnen sind. Die Minderung der Gewinne bewirkt, daß der nach § 15 a Abs. 1 EStG im Entstehungsjahr nicht ausgleichs- oder abzugsfähige Anteil am Verlust der KG in einen verrechenbaren Verlust umqualifiziert wird. Die künftigen Gewinne, die dem Kommanditisten aus seiner Beteiligung an der KG zuzurechnen sind, bleiben in Höhe des verrechenbaren Verlustes steuerfrei. Die Minderung hat von Amts wegen zu erfolgen. Dem Kommanditisten steht kein Wahlrecht zu.

Nach dem Wortlaut der Vorschrift mindert der Anteil am Verlust der KG, der im Entstehungsjahr nach § 15 a Abs. 1 EStG nicht abgezogen werden darf (d. h. der verrechenbare Verlust), nicht nur den Anteil am Gewinn der KG, sondern die Gewinne, die dem Kommanditisten aus seiner Beteiligung an der KG zuzurechnen sind. Dieser Gewinn umfaßt nicht nur die in § 15 a Abs. 1 Nr. 2 EStG zuerst genannten Gewinnanteile aus der Steuerbilanz der KG einschließlich eventueller Ergänzungsbilanzen, sondern auch die an zweiter Stelle genannten Vergütungen und die weiteren, sich aus der Sonderbilanz ergebenden Gewinne. Der von dem Ausgleichs- und Abzugsverbot des § 15 a Abs. 1 EStG betroffene Anteil am Verlust der KG und der nach § 15 a Abs. 2 EStG zur späteren Verrechnung zugelassene Gewinn aus der Beteiligung an der KG sind daher nicht deckungsgleich. Zu den Gewinnen, die dem Kommanditisten aus seiner Beteiligung zuzurechnen sind, gehören nicht nur die laufenden Gewinne, sondern auch Gewinne aus Veräußerungs- und Aufgabevorgängen im Sinne der §§ 16, 34 EStG, soweit diese den Freibetrag nach § 16 Abs. 4 EStG übersteigen.

Die Minderung des Gewinns nach § 15 a Abs. 2 EStG setzt voraus, daß der Kommanditist, dem der Anteil am Verlust der KG i. S. des § 15 a Abs. 1 EStG zuzurechnen ist, und der Kommanditist, dem die Gewinne aus der Beteiligung an der KG i. S. des § 15 a Abs. 2 EStG zuzurechnen sind, identisch sind. Diese Identität des Beteiligten ist im Fall unentgeltlicher Übertragung des Mitunternehmeranteils nach § 7 Abs. 1 EStDV gegeben, nicht hingegen bei entgeltlicher Übertragung des Kommanditanteils. Bei gemischter Schenkung hat eine Aufteilung zu erfolgen. Auch hinsichtlich der Beteiligung muß Identität bestehen. Diese wird jedoch grundsätzlich durch eine Veränderung des Umfangs der Beteiligung nicht beeinträchtigt. Auch die Änderung der Art der Beteiligung steht grundsätzlich einer Gewinnminderung nach § 15 a Abs. 2 EStG nicht entgegen. Wird der ursprüngliche Kommanditist später Komplementär oder wird die ursprüngliche KG in eine OHG umgewandelt, erfolgt dadurch keine Umqualifizierung des nur verrechenbaren Verlustes in einen unbeschränkt ausgleichs- und abzugsfähigen Verlust (streitig); der Gewinn, der dem früheren Kommanditisten in späteren Wirtschaftsjahren aus seiner Beteiligung nunmehr als Komplementär oder als OHG-Gesellschafter zuzurechnen ist, wird jedoch nach § 15 a Abs. 2 EStG durch den verrechenbaren Verlust gemindert (so auch Abschn. 138 d Abs. 6 EStR). Nach § 15 a Abs. 2 EStG werden die Gewinne in späteren Wirtschaftsjahren gemindert. Anders als § 10 d EStG a. F. enthält § 15 a Abs. 2 EStG in zeitlicher Hinsicht keine Beschränkung.

5.3.3 Erweiterter Verlustausgleich bei überschießender Außenhaftung

Nach § 15 a Abs. 1 Satz 1 EStG wird das Verlustausgleichsvolumen eines Kommanditisten durch die Höhe des Kapitalkontos und damit durch die geleistete

Einlage bestimmt. Für eine noch ausstehende Einlage ist zwar handelsrechtlich ein Aktivposten zu bilden; steuerlich gehört sie jedoch nicht zum Kapitalkonto. Der Kommanditist haftet aber auch bei nicht voll eingezahlter Einlage gem. § 171 Abs. 1 HGB bis zur Höhe des im Handelsregister eingetragenen Betrags der Einlage (sog. Hafteinlage) den Gläubigern der KG unmittelbar; er steht insoweit einem Komplementär gleich. Diesem Umstand trägt § 15 a Abs. 1 Satz 2 EStG Rechnung. Er bestimmt, daß abweichend von Satz 1 Verluste des Kommanditisten bis zur Höhe des Betrags, um den die im Handelsregister eingetragene Einlage des Kommanditisten seine geleistete Einlage übersteigt, auch ausgeglichen oder abgezogen werden können, soweit durch den Verlust ein negatives Kapitalkonto entsteht oder sich erhöht. Dem Kommanditisten steht insoweit ein Wahlrecht zu.

Beispiel:

Kommanditist K hat auf seine im Handelsregister eingetragene Hafteinlage von 30 000 DM am 31. 12. 1989 erst 20 000 DM (= Kapitalkonto) geleistet. Sein Anteil am Verlust der KG 1989 beträgt 35 000 DM.

In Höhe von 20 000 DM ist der Anteil am Verlust nach § 15 a Abs. 1 Satz 1 EStG ausgleichs- und abzugsfähig, da ein negatives Kapitalkonto weder entsteht noch sich erhöht.

In Höhe von weiteren 10 000 DM kann K den Anteil am Verlust – da insoweit ein negatives Kapitalkonto entsteht, nicht nach § 15 a Abs. 1 Satz 1 EStG, wohl aber – nach § 15 a Abs. 1 Satz 2 EStG ausgleichen oder abziehen, da K nach § 171 Abs. 1 HGB insoweit den Gesellschaftsgläubigern gegenüber haftet.

In Höhe der restlichen 5000 DM ist der Anteil am Verlust nicht ausgleichs- oder abzugsfähig, sondern nur nach § 15 a Abs. 2 EStG verrechenbar.

Dieser sog. erweiterte Verlustausgleich kommt nur bei Kommanditisten, nicht bei den in § 15 a Abs. 5 EStG genannten Unternehmern in Betracht. Er setzt voraus, daß der Kommanditist am Bilanzstichtag den Gläubigern der Gesellschaft aufgrund des § 171 Abs. 1 HGB haftet. § 15 a Abs. 1 Satz 2 EStG knüpft daher, anders als Satz 1 der Vorschrift, ausschließlich an das Handelsrecht an. Dies hat folgende Auswirkungen:

Nach § 171 Abs. 1 i. V. mit § 172 Abs. 1 HGB haftet der Kommanditist den Gesellschaftsgläubigern unmittelbar, wenn die tatsächlich geleistete Einlage geringer ist als die Hafteinlage. Ob eine Einlage i. S. des § 172 Abs. 1 HGB vorliegt und wie sie zu bewerten ist, ist ausschließlich nach Handelsrecht, nicht nach Steuerrecht zu beurteilen. Zu berücksichtigen ist daher auch die Einlage von Wirtschaftsgütern in das Gesamthandsvermögen der KG, die steuerrechtlich notwendiges Privatvermögen sind, während die Einlage von Wirtschaftsgütern in das steuerrechtliche Sonderbetriebsvermögen des Kommanditisten unberücksichtigt bleibt.

Nach § 171 Abs. 1 i. V. mit § 172 Abs. 4 Satz 1 HGB gilt die Einlage eines Kommanditisten, soweit sie zurückgezahlt wird, den Gläubigern der Gesellschaft gegenüber als nicht geleistet. Auch die Frage, ob eine Einlage zurückgezahlt worden ist, ist ausschließlich nach Handelsrecht zu beurteilen. Die Rückzahlung der Einlage setzt daher eine Zuwendung aus dem Gesamthandsvermögen der KG voraus; ob das Wirtschaftsgut dem Betriebsvermögen oder dem Privatvermögen zuzurechnen war, ist dabei ohne Bedeutung. Entnahmen aus dem Sonderbetriebsvermögen des Kommanditisten und Vergütungen i. S. des § 15 Abs. 1 Nr. 2 EStG sind hingegen keine Rückzahlung der Einlage im handelsrechtlichen Sinne.

Nach § 171 Abs. 1 i. V. mit § 172 Abs. 4 Satz 2 HGB gilt die Einlage eines Kommanditisten auch insoweit als nicht geleistet, als der Kommanditist Gewinnanteile entnimmt. Auch das Vorliegen dieser Voraussetzung ist ausschließlich nach Handelsrecht zu beurteilen, vgl. § 169 Abs. 1 Satz 2 HGB. Die Auszahlung von Vergütungen im Sinne des § 15 Abs. 1 Nr. 2 EStG stellt daher keine Entnahme von Gewinnanteilen im Sinne dieser Vorschriften dar.

Die Höhe der Einlage im Sinne des § 171 Abs. 1 HGB wird durch die Eintragung im deutschen Handelsregister bestimmt. Für den erweiterten Verlustausgleich nach § 15 a Abs. 1 Satz 2 EStG ist daher nicht ausreichend, wenn sich die Haftung des Kommanditisten gegenüber den Gesellschaftsgläubigern aus dem Gesellschaftsvertrag, aus einer übernommenen Bürgschaft oder aus sonstigen Gründen ohne Eintragung der Haftung im Handelsregister (vgl. § 172 Abs. 2, § 176 Abs. 1 und 2, § 172 a HGB) ergibt. Maßgeblich ist die Eintragung der Einlage am Bilanzstichtag. Ein Antrag auf Eintragung reicht nicht aus (BFH, BStBl 1988 II S. 5). Ferner muß derjenige, dem der Anteil am Verlust der KG zuzurechnen ist, am Bilanzstichtag namentlich im Handelsregister eingetragen sein (Abschn. 138 d Abs. 3 EStR). In Treuhandfällen reicht die Eintragung des Treuhandkommanditisten nicht aus.

Nach § 15 a Abs. 1 Satz 3 EStG setzt der erweiterte Verlustausgleich ferner voraus, daß das Bestehen der Haftung nachgewiesen wird. Hierbei handelt es sich um ein materielles Tatbestandsmerkmal, nicht nur um eine Regelung der Feststellungslast. Die Nachweispflicht erstreckt sich auf die Eintragung der Haftsumme und des Kommanditisten im Handelsregister, die erbrachten Einlagen und vorgenommenen Entnahmen sowie das Bestehen von Verbindlichkeiten der KG am Bilanzstichtag, für die der Kommanditist den Gesellschaftsgläubigern haftet. Eine Vermögensminderung aufgrund der Haftung darf nicht durch Vertrag ausgeschlossen sein, § 15 a Abs. 1 Satz 3 EStG. Der Ausschluß einer Vermögensminderung durch Vertrag wäre z. B. anzunehmen, wenn und soweit der Kommanditist im Falle seiner Inanspruchnahme für Schulden der Gesellschaft vertragliche Erstattungsansprüche gegen eine Versicherung oder Freistellungs- oder Rückgriffsansprüche gegen die KG, seine Mitgesellschafter, Gläubiger der Gesellschaft oder andere Dritte hätte. Der erweiterte Verlustausgleich setzt schließlich voraus, daß eine Vermögensminderung aufgrund der Haftung nicht nach Art und Weise des Geschäftsbetriebs unwahrscheinlich ist. Das ist der Fall, wenn die durch die Handelsregistereintragung begründete Haftung (s. dazu FG Rheinland-Pfalz, EFG 1986 S. 560) nicht mit einem wirtschaftlich ins Gewicht fallenden Risiko verbunden ist (Abschn. 138 d Abs. 3 EStR); s. dazu im einzelnen BMF (BStBl 1981 I S. 308).

5.3.4 Einlageminderung

Nach § 15 a Abs. 1 Satz 1 EStG hängt das Verlustausgleichsvolumen von der Höhe des Kapitalkontos an dem jeweiligen Bilanzstichtag des Verlustentstehungsjahres ab. Spätere Erhöhungen bleiben für die Berücksichtigung dieses Verlustes außer Betracht. Würde man auch spätere Verminderungen des Kapitals ohne rechtliche Konsequenzen lassen, hätte § 15 a EStG leicht umgangen werden können. § 15 a Abs. 3 EStG sieht daher im Ergebnis vor, daß ein früherer Verlustausgleich rückgängig gemacht wird, wenn der Kommanditist nach dem Bilanzstichtag das für den Verlustausgleich entscheidende Kapitalkonto durch Einlageminderung herabsetzt. Verfahrenstechnisch erfolgt die Rückgängigmachung allerdings nicht für das Verlustentstehungsjahr, sondern in dem Wirtschaftsjahr der Einlageminderung in der Weise, das einerseits der Betrag der Einlage dem Kommanditisten als Gewinn zugerechnet wird und andererseits dieser zuzurechnende Betrag die Gewinne mindert, die dem Kommanditisten in diesem oder in späteren Wirtschaftsjahren aus seiner Beteiligung an der KG zuzurechnen sind. Im Ergebnis wird dadurch der ursprünglich ausgleichs- und abzugsfähige Anteil am Verlust der KG in einen nur verrechenbaren Verlust umgewandelt.

Beispiel:
Die tatsächlich geleistete Einlage des Kommanditisten K beträgt 50 000 DM. Am 20. 12. 01 erbringt er eine zusätzliche Einlage von 100 000 DM, die er am 10. 1. 02 wieder entnimmt. Sein Anteil am Verlust der KG im Jahr 01 beträgt 150 000 DM, sein Gewinn aus der Beteiligung an der KG im Jahr 02 beträgt 20 000 DM.

Der Anteil am Verlust der KG des Jahres 01 von 150 000 DM ist in vollem Umfang ausgleichs- oder abzugsfähig, da ein negatives Kapitalkonto weder entsteht noch sich erhöht. Die spätere Entnahme führt für das Jahr 01 zu keiner Änderung.

Im Jahre 02 beträgt der Gewinn des K aus seiner Beteiligung an der KG 20 000 DM. Nach § 15 a Abs. 3 Satz 1 EStG ist ihm jedoch der Betrag der Einlageminderung von 100 000 DM als (weiterer) Gewinn hinzuzurechnen. Dieser Betrag mindert andererseits im Jahr 02 den Gewinn des K aus seiner Beteiligung an der KG in Höhe von 20 000 DM. Der Restbetrag von 80 000 DM mindert als verrechenbarer Verlust den Gewinn, der dem K in den Folgejahren aus seiner Beteiligung an der KG zuzurechnen ist.

Eine Einlageminderung liegt vor, soweit ein negatives Kapitalkonto durch Entnahmen entsteht oder sich erhöht. Da u. E. für die Bestimmung des Kapitalkontos die Steuerbilanz der KG einschließlich eventueller Ergänzungsbilanzen zuzüglich der Sonderbilanz des Kommanditisten maßgeblich ist, kann sich auch die Entnahme auf Wirtschaftsgüter des Gesamthandsvermögens der KG – soweit es sich steuerlich um Betriebsvermögen handelt –, des Sonderbetriebsvermögens I und II sowie auf Gewinnanteile und Vergütungen im Sinne des § 15 Abs. 1 Nr. 2 EStG beziehen. Die Einlageminderung ist dem Kommanditisten jedoch nur insoweit als Gewinn zuzurechnen, als nicht aufgrund der Entnahme eine nach § 15 a Abs. 1 Satz 2 und 3 EStG zu berücksichtigende Haftung entsteht. Denn in diesem Fall dürfte der Anteil am Verlust nunmehr – statt nach § 15 a Abs. 1 Satz 1 EStG – nach § 15 a Abs. 1 Satz 2 EStG ausgeglichen werden; es würde nur der Rechtsgrund für den Verlustausgleich ausgewechselt.

Für die Zurechnung des Betrags der Einlageminderung als Gewinn hat das Gesetz zudem in zeitlicher und betragsmäßiger Hinsicht eine Begrenzung vorgesehen. Zum einen können bei der Ermittlung des Höchstbetrags nur solche Anteile am Verlust der KG berücksichtigt werden, die unter den zeitlichen und sachlichen Geltungsbereich des § 15 a Abs. 1 Satz 1 EStG gefallen, gleichwohl aber unbeschränkt ausgleichs- und abzugsfähig gewesen sind (§ 52 Abs. 19 Satz 6 EStG). Nur dies wird auch durch den Zweck der Vorschrift gedeckt, den früheren Verlustausgleich oder -abzug nach § 15 a Abs. 1 Satz 1 EStG rückgängig zu machen. Zum anderen darf der Betrag die Summe der Anteile am Verlust der KG nicht übersteigen, die im Wirtschaftsjahr der Einlageminderung und in den zehn vorangegangenen Wirtschaftsjahren ausgleichs- oder abzugsfähig gewesen sind.

Die Beträge, die dem Kommanditisten nach § 15 a Abs. 3 Sätze 1 und 2 EStG als Gewinn zuzurechnen sind, mindern die Gewinne, die dem Kommanditisten im Wirtschaftsjahr der Einlageminderung oder in späteren Wirtschaftsjahren aus seiner Beteiligung zuzurechnen sind (§ 15 a Abs. 3 Satz 4 EStG). Diese Regelung entspricht im wesentlichen der des § 15 a Abs. 2 EStG. Treffen in einem Wirtschaftsjahr Gewinnminderungen nach § 15 a Abs. 2 und Abs. 3 Satz 4 EStG zusammen, steht der Gewinn nur einmal zur Verrechnung zur Verfügung.

5.3.5 Haftungsminderung

Eine entsprechende Regelung wie bei der Einlageminderung enthält § 15 a EStG für die Haftungsminderung (Abs. 3 Satz 3 und 4). Während die Regelung der Einlageminderung mit dem am Kapitalkonto orientierten Grundfall des § 15 a Abs. 1 Satz 1 EStG korrespondiert, stellt die Regelung der Haftungsminderung auf den an der überschießenden Außenhaftung orientierten erweiterten Verlustausgleich des § 15 a Abs. 1 Satz 2 EStG ab.

5.3.6 Feststellung des verrechenbaren Verlustes

Gewinne und Verluste einer KG werden nach § 180 AO gesondert und einheitlich festgestellt. Auch der einem Kommanditisten zuzurechnende Anteil am Verlust der KG i. S. des § 15 a Abs. 1 EStG – unter Berücksichtigung der Hinzurechnungen und Minderungen gem. § 15 a Abs. 2 und 3 EStG – wird von dieser Feststellung erfaßt. Ein Teil dieses Verlustes kann ein nach § 15 a Abs. 1 EStG im Verlustentstehungsjahr nicht ausgleichs- oder abzugsfähiger, sondern erst in späteren Jahren nach § 15 a Abs. 2 EStG verrechenbarer Verlust sein. Dieser Teil des Verlustes sowie seine Fortschreibung wird in der Feststellung nach § 180 AO nicht besonders dargestellt. Aus Zweckmäßigkeitserwägungen hat der Gesetzgeber in § 15 a Abs. 4 EStG vorgeschrieben, daß der verrechenbare Verlust des Kommanditisten durch einen eigenständigen Feststellungsbescheid jährlich gesondert festzustellen ist. Dessen Berechnung ergibt sich beispielhaft aus folgendem Schema:

Gesondert festgestellter Verlust des vorangegangenen Wj.	10 000 DM
+ Anteil des Kommanditisten am Verlust der KG des lfd. Wj.	20 000 DM
+ Hinzurechnungsbetrag wegen Einlageminderung des Wj.	10 000 DM
+ Hinzurechnungsbetrag wegen Haftungsminderung des Wj.	0 DM
./. Gewinn, der dem Kommanditisten im Wj. aus seiner Beteiligung an der KG zuzurechnen ist	5 000 DM
= verrechenbarer Verlust des Wj.	35 000 DM

Für die Feststellung des verrechenbaren Verlustes ist dasselbe Finanzamt zuständig, das für die gesonderte und einheitliche Feststellung des Gewinns oder Verlustes der KG nach § 180 AO zuständig ist. Beide Feststellungen können miteinander verbunden werden; in diesen Fällen sind die gesonderten Feststellungen des verrechenbaren Verlustes der einzelnen Kommanditisten einheitlich durchzuführen, § 15 a Abs. 4 Satz 5 und 6 EStG.

Nach Auffassung des BFH (BFHE 157 S. 181) ist der Bescheid über die gesonderte Feststellung des verrechenbaren Verlusts nach § 15 a Abs. 4 EStG in diesen Fällen Bestandteil der gesonderten und einheitlichen Feststellung des Verlusts der KG nach § 180 AO. Hinsichtlich der Klagebefugnis gelten danach die allgemeinen Vorschriften des § 48 FGO.

5.3.7 Persönlicher Geltungsbereich

§ 15 a Abs. 1 bis 4 EStG gilt unmittelbar nur für Kommanditisten (s. 5.3.2.2). Mit Ausnahme der Vorschriften über den erweiterten Verlustausgleich (§ 15 a Abs. 1 Satz 2 und 3, Abs. 3 Satz 3 EStG) gelten diese Regelungen jedoch sinngemäß für andere Unternehmer, soweit deren Haftung der eines Kommanditisten vergleichbar ist (§ 15 a Abs. 5 EStG). Dazu gehören u. a.:

– (atypische) stille Gesellschafter einer stillen Gesellschaft i. S. des § 230 HGB, bei der der Gesellschafter als Mitunternehmer anzusehen ist. Für den typischen stillen Gesellschafter enthält § 20 EStG eine eigene Verweisungsvorschrift. Zur Ermittlung des Kapitalkontos des stillen Gesellschafters s. BFH, BStBl 1974 II S. 100 und 1984 II S. 820;

– Gesellschafter einer Gesellschaft bürgerlichen Rechts, soweit die Inanspruchnahme des Gesellschafters für Schulden im Zusammenhang mit dem Betrieb durch Vertrag ausgeschlossen oder nach Art und Weise des Geschäftsbetriebs unwahrscheinlich ist. Anders als im Rahmen des § 15 a Abs. 1 Satz 3 EStG sind für die Frage, ob die Inanspruchnahme für Schulden ausgeschlossen oder unwahrscheinlich ist, Rückgriffsansprüche des Gesellschafters gegen seine Mitgesellschafter oder Dritte im Falle seiner Inanspruchnahme durch Gesellschaftsgläubiger u. E. unberücksichtigt zu lassen;

– Gesellschafter einer ausländischen Personengesellschaft, soweit die Haftung des Gesellschafters für Schulden im Zusammenhang mit dem Betrieb der eines Kommanditisten (dies betrifft den Kommanditisten einer ausländischen KG) oder eines stillen Gesellschafters (dies betrifft den stillen Gesellschafter einer ausländischen stillen Gesellschaft) entspricht oder soweit die Haftung des Gesellschafters für Schulden im Zusammenhang mit dem Betrieb durch Vertrag ausgeschlossen oder nach Art und Weise des Geschäftsbetriebs unwahrscheinlich ist (dies betrifft den Gesellschafter einer ausländischen Gesellschaft bürgerlichen Rechts);

– Unternehmer, soweit Verbindlichkeiten nur in Abhängigkeit von Erlösen oder Gewinnen aus der Nutzung, Veräußerung oder sonstigen Verwertung von Wirtschaftsgütern zu tilgen sind. Da sog. haftungslose Darlehen nicht passivierungsfähig sind (BFH, BStBl 1986 II S. 68), geht diese Vorschrift ins Leere;

– Mitreeder einer Reederei i. S. des § 489 HGB, bei der der Mitreeder als Unternehmer (Mitunternehmer) anzusehen ist, wenn die persönliche Haftung des Mitreeders für die Verbindlichkeiten der Reederei ganz oder teilweise ausgeschlossen oder soweit die Inanspruchnahme des Mitreeders für Verbindlichkeiten der Reederei nach Art und Weise des Geschäftsbetriebs unwahrscheinlich ist.

§ 15 a Abs. 5 EStG enthält keine abschließende Regelung.

5.3.8 Zeitlicher Geltungsbereich

5.3.8.1 Grundsatz

Grundsätzlich gilt § 15 a EStG erstmals für Verluste, die in dem Wirtschaftsjahr entstehen, das nach dem 31. 12. 1979 beginnt (§ 52 Abs. 19 Satz 1 EStG). Dieser Grundsatz ist jedoch aus Gründen des Vertrauensschutzes und der Wirtschaftspolitik mehrfach durchbrochen.

5.3.8.2 Übergangsregelung für Altbetriebe

Für Betriebe, die bis zum 10. 10. 1979 – an diesem Tag hat die Bundesregierung den Gesetzentwurf zu § 15 a EStG verabschiedet – eröffnet worden sind (sog. Altbetriebe), gilt § 15 a EStG erstmals für Verluste, die in dem Wirtschaftsjahr entstehen, das nach dem 31. 12. 1984 beginnt (§ 52 Abs. 19 Satz 3 Nr. 1 EStG). Mit dieser Regelung wollte der Gesetzgeber übergangslose Eingriffe in die Dispositionen dieser Unternehmen vermeiden (Bundesrats-Drucksache 511/79 S. 25). Der Begriff der Betriebseröffnung ist unter Berücksichtigung dieses Zwecks eigenständig zu bestimmen. Für die Betriebseröffnung ist es nicht erforderlich, daß der Betrieb seine werbende Tätigkeit begonnen hat. Es reicht aus, daß schon erhebliche Investitionen vorgenommen worden sind (BFH, BStBl 1988 II S. 617, 1989 II S. 516); wegen der Einzelheiten s. BMF, BStBl 1981 I S. 308 Tz. 11. Nach Auffassung der FinVerw ist diese Übergangsregelung nicht anzuwenden, wenn die eigentlichen Geldgeber der KG erst nach dem Stichtag beigetreten sind; zweifelnd BFH, BStBl 1988 II S. 617.

Die Übergangsregelung für Altbetriebe sollte nicht dazu führen, daß im Kleid einer bestehenden Gesellschaft neue Verlustzuweisungsprojekte erscheinen. § 15 a EStG ist daher auch bei Altbetrieben, bei denen nach dem 31. 12. 1979 mit der Erweiterung oder Umstellung des Betriebs begonnen wird, ohne Übergangs-regelung auf diejenigen Verluste anzuwenden, die

– mit der Erweiterung oder Umstellung oder

– mit dem erweiterten oder umgestellten Teil des Betriebs

wirtschaftlich zusammenhängen. Die Frage, ob eine Erweiterung oder Umstellung eines Betriebs vorliegt, ist unter Berücksichtigung der in Tzn. 90 und 91 des BMF-Schreibens zum InvZulG (BStBl 1977 I S. 246; s. auch BStBl 1987 I S. 51) entwickelten Grundsätze zu entscheiden. Die nicht ausgleichsfähigen Verluste aus einer Betriebserweiterung oder Betriebsumstellung sind, wenn eine getrennte Ergebnisermittlung fehlt, unter Berücksichtigung der Verhältnisse des Einzelfalls zu schätzen.

5.3.8.3 Berliner Hotels

Auf Verluste, die im Zusammenhang mit der Errichtung und dem Betrieb von in Berlin (West) belegenen Betriebsstätten des Hotel- und Gaststättengewerbes entstehen, die überwiegend der Beherbergung dienen, ist § 15 a EStG erstmals in dem Wirtschaftsjahr anzuwenden, das nach dem 31. 12. 1984 beginnt. Für die Anwendung der Sonderregelung ist es ohne Bedeutung, wann der Betrieb eröffnet worden ist. Sie gilt also auch und gerade für nach dem 31. 12. 1979 eröffnete Betriebe. Begünstigt ist nur der in der Berliner Betriebsstätte entstandene Verlust. Hat das Unternehmen auch Betriebsstätten außerhalb von Berlin (West), so kann die Sonderregelung nur auf das in der Berliner Betriebsstätte erzielte Ergebnis bezogen werden.

5.3.8.4 Sozialer Wohnungsbau

Für Verluste aus dem Bau und der Vermietung von Wohnhäusern im Rahmen des sozialen Wohnungsbaus ist § 15 a EStG erstmals auf Verluste anzuwenden, die in dem Wirtschaftsjahr entstehen, das nach dem 31. 12. 1994 beginnt (§ 52 Abs. 19 Satz 3 Nr. 2 i. V. m. Satz 2 Nr. 3 EStG). Diese Übergangsregelung betrifft nur die unmittelbare Anwendung des § 15 a EStG und damit nur Gesellschaften, die aus dieser Tätigkeit Einkünfte aus Gewerbebetrieb erzielen. Sie gilt nicht für rein vermögensverwaltende Gesellschaften, die aus dieser Tätigkeit Einkünfte aus Vermietung und Verpachtung erzielen. Nachdem der GrS des BFH (BStBl 1984 II S. 751) die Geprägerechtsprechung aufgegeben hatte, hat der Gesetzgeber den alten Rechtszustand durch Einfügung des § 15 Abs. 3 Nr. 2 EStG wieder hergestellt. Für Verluste, die von einer vermögensverwaltenden GmbH & Co. KG erwirtschaftet werden, ist auch im Rahmen des § 15 a EStG die dazu ergangene eigene Anwendungsregelung des § 52 Abs. 18 EStG zu beachten.

5.3.8.5 Schiffahrt

Für Betriebe der Schiffahrt kommen sich teilweise überschneidende Übergangs-regelungen in Betracht; wegen der Einzelheiten soll hier nur auf § 52 Abs. 19 Satz 2 Nr. 1 und Nr. 4 sowie Satz 3 Nr. 1 und 3 EStG verwiesen werden.

5.3.8.6 Anwendung im Rahmen des BerlinFG

Durch § 15 a BerlinFG wird die Anwendung des § 15 a EStG zeitlich unbegrenzt ausgeschlossen für Verluste aus der Inanspruchnahme erhöhter Absetzungen nach §§ 14, 14 a, 14 b und 15 BerlinFG.

5.3.9 Ausscheiden eines Kommanditisten mit negativem Kapitalkonto

Scheidet ein Kommanditist, dessen Kapitalkonto in der Steuerbilanz der KG aufgrund von ausgleichs- oder abzugsfähigen Verlusten negativ geworden ist, aus der Gesellschaft aus oder wird in einem solchen Fall die Gesellschaft aufgelöst, so gilt der Betrag, den der Kommanditist nicht ausgleichen muß, als begünstigter Veräußerungsgewinn i. S. des § 16 EStG (§ 52 Abs. 19 Satz 4 EStG). Diese Regelung gilt nicht nur im Rahmen des Geltungsbereichs des § 15 a EStG, sondern auch in den Fällen, in denen negative Kapitalkonten nach altem Recht mit steuerlicher Wirkung gebildet worden sind. Sie setzt jedoch voraus, daß der Kommanditist aus der Gesellschaft ausscheidet. Fällt das negative Kapitalkonto des Kommanditisten bereits vor dessen Ausscheiden weg, weil ein Ausgleich mit künftigen Gewinnanteilen nicht mehr in Betracht kommt, so handelt es sich um einen laufenden Gewinn (BFH, BStBl 1981 II S. 164).

Im Fall der entgeltlichen Übertragung des Kommanditanteils ist § 52 Abs. 19 Satz 4 EStG, trotz seines weitgefaßten Wortlauts, nicht anwendbar. Ob der Veräußerungsgewinn nach § 16 Abs. 4, § 34 Abs. 2 EStG in diesen Fällen begünstigt zu versteuern ist, richtet sich nach allgemeinen Grundsätzen (s. dazu 5.4). Überträgt der Kommanditist seinen Kommanditanteil unentgeltlich auf einen Rechtsnachfolger, entsteht bei ihm kein Veräußerungsgewinn. § 52 Abs. 19 Satz 4 EStG ist auch auf diesen Fall nicht anwendbar. Das Kapitalkonto muß darüber hinaus aufgrund von ausgleichs- oder abzugsfähigen Verlusten negativ geworden sein. Ist es aufgrund von verrechenbaren Verlusten negativ geworden, wird der durch den Wegfall des negativen Kapitalkontos entstehende Gewinn durch den verrechenbaren Verlust gemindert, § 15 a Abs. 2 und Abs. 3 Satz 4 EStG.

Die Gewinnzurechnung beim Kommanditisten bedeutet, daß sein früherer Verlustausgleich durch die Gewinnhinzurechnung egalisiert wird. Würde man es dabei belassen, würde sich der betreffende Verlustteil steuerlich überhaupt nicht auswirken. Indessen sind bei den Mitunternehmern, auf die der Anteil des Ausscheidenden übergeht, in Höhe der in dem Anteil enthaltenen und auf sie übergehenden stillen Reserven (einschließlich Firmenwert) Anschaffungskosten zu aktivieren. In Höhe des die stillen Reserven übersteigenden Teilbetrags des negativen Kapitalkontos sind bei den Mitunternehmern, auf die der Anteil übergeht, Verlustanteile anzusetzen (§ 52 Abs. 19 Satz 5 EStG). Soweit die Mitunternehmer beschränkt haften, ist der beschränkte Verlustausgleich gemäß § 15 a EStG zu beachten (so auch BMF, BStBl 1983 I S. 353). Die Regelung des § 52 Abs. 19 Satz 5 EStG ist nicht anwendbar, wenn der Kommanditist seinen Anteil ganz oder teilweise veräußert oder unentgeltlich überträgt.

5.4 Veräußerung und Aufgabe eines land- und forstwirtschaftlichen oder gewerblichen Betriebs (§§ 14, 16 EStG)

5.4.1 Allgemeines

Zu den Einkünften aus Land- und Forstwirtschaft bzw. Gewerbebetrieb gehören auch Gewinne, die erzielt werden bei der Veräußerung

1. des ganzen land- und forstwirtschaftlichen oder gewerblichen Betriebs oder eines Teilbetriebs; als Teilbetrieb gilt auch die Beteiligung an einer Kapitalgesellschaft, wenn die Beteiligung das gesamte Nennkapital der Gesellschaft oder alle Kuxe der bergrechtlichen Gewerkschaft umfaßt (§§ 14, 16 Abs. 1 Nr. 1 EStG);

2. eines Anteils an einem land- und forstwirtschaftlichen Betriebsvermögen (§ 14 EStG) oder des Anteils eines Gesellschafters, der als Mitunternehmer eines Gewerbebetriebs i. S. von § 15 Abs. 1 Nr. 2 EStG anzusehen ist (§ 16 Abs. 1 Nr. 2 EStG).

3. Zu den Einkünften aus Gewerbebetrieb gehören ferner Gewinne, die bei der Veräußerung des Anteils eines persönlich haftenden Gesellschafters einer Kommanditgesellschaft auf Aktien (§ 15 Abs. 1 Nr. 3 EStG) erzielt werden (§ 16 Abs. 1 Nr. 3 EStG).

Die Rechtsprechung des BFH und die Finanzverwaltung stellen ferner die Veräußerung eines Teils einer Mitunternehmerschaft der Veräußerung einer Mitunternehmerschaft (s. vorstehend unter Nr. 2) gleich (z. B., A veräußert von seinem Mitunternehmeranteil die Hälfte an B; BFH, BStBl 1982 II S. 62 und 211; Abschn. 139 Abs. 4 EStR. A wird in eine aus B und C bestehende Personengesellschaft aufgenommen; B und C werden die Teile der stillen Reserven, die dem A anwachsen, von diesem vergütet; BFH, BStBl 1985 II S. 695).

Als Veräußerung i. S. der vorgenannten Nr. 1 gilt auch die Aufgabe des ganzen land- und forstwirtschaftlichen oder gewerblichen Betriebs (§§ 14, 16 Abs. 3 EStG). Obwohl in § 16 Abs. 3 EStG nicht ausdrücklich erwähnt, gelten auch die Aufgabe eines Teilbetriebs (vgl. BFH, BStBl 1965 III S. 88) oder eines Mitunternehmeranteils (vgl. BFH, BStBl 1986 II S. 896) als Veräußerung i. S. des § 16 Abs. 1 EStG. Die Entnahme einer Beteiligung an einer Kapitalgesellschaft i. S. der vorstehenden Nr. 1 ist als Aufgabe eines Teilbetriebs anzusehen (BFH, BStBl 1982 II S. 381).

Auch ohne die Vorschriften des § 16 Abs. 1 bis 3 EStG sowie des § 14 EStG wären die Veräußerungs- und Aufgabegewinne nach den allgemeinen Grundsätzen des Bilanzsteuerrechts zu erfassen, zumal sie ihre Entstehung der wirtschaftlichen Tätigkeit des Unternehmens verdanken (vgl. BFH, BStBl 1977 II S. 820). Gleichwohl dienen die Vorschriften des § 16 Abs. 1 bis 3 EStG sowie des § 14 EStG nicht nur der Klarstellung. Durch diese Vorschriften wollte der Gesetzgeber zugleich auch die steuerliche Erfassung der im Laufe der Zeit im Unternehmen entstandenen stillen Reserven sicherstellen (vgl. BFH, BStBl 1983 II S. 771 und 1989 II S. 973, 974).

Vor allem dienen die Vorschriften des § 16 Abs. 1 bis 3 EStG sowie des § 14 EStG jedoch der Abgrenzung der Gewinne, die nach § 16 Abs. 4 EStG sowie nach § 34 Abs. 1 und 2 EStG begünstigt werden sollen (BFH, BStBl 1961 III S. 436).

5.4.2 Allgemeine Voraussetzungen der Betriebsveräußerung und Betriebsaufgabe

5.4.2.1 Sinn der Vorschriften

Die begünstigte Besteuerung der Veräußerungs- und Aufgabegewinne beruht auf der Überlegung, daß es zu unbilligen Härten führen würde, wenn land- und forstwirtschaftliche oder gewerbliche Betriebe die oft in langen Jahren entstandenen stillen Reserven, die als nicht verwirklichte Gewinne steuerlich nicht ausgewiesen werden durften, mit einem Schlag nach dem progressiven Einkommensteuertarif versteuern müßten. Wie sich aus diesem gesetzgeberischen Sinne ergibt, setzt die begünstigte Besteuerung grundsätzlich voraus, daß die stillen Reserven in einem einheitlichen wirtschaftlichen Vorgang aufgedeckt werden. Dem hat die Rechtsprechung des BFH bei der Auslegung der §§ 14 und 16 Abs. 1 bis 3 EStG, insbesondere bei der Bestimmung dessen, was unter Betriebsveräußerung und Betriebsaufgabe im Sinne dieser Vorschriften zu verstehen ist, Rechnung getragen (BFH, BStBl 1967 III S. 70, 1968 II S. 276, 1981 II S. 566).

Gewinne, die während und nach der Aufgabe eines Betriebs aus normalen Geschäften und ihrer Abwicklung anfallen, gehören nicht zu dem begünstigten Veräußerungsgewinn (BFH, BStBl 1970 II S. 719). Indessen können Gewinne aus der Veräußerung von Umlaufvermögen während der Betriebsaufgabe zum begünstigten Aufgabegewinn gehören, wenn es sich um Rücklieferungen an Lieferanten handelt, die nicht zur normalen gewerblichen Betätigung rechnen (BFH, BStBl 1981 II S. 798).

5.4.2.2 Begriff der Betriebsveräußerung und Betriebsaufgabe

Eine **Betriebsveräußerung** im ganzen, wie sie von §§ 14, 16 Abs. 1 EStG gefordert wird, wird nur angenommen, wenn der Betrieb, zumindest aber die wesentlichen Grundlagen des Betriebs, unter Aufrechterhaltung des geschäftlichen Organismus so auf den Erwerber übergeht, daß er als lebender Organismus des Wirtschaftslebens von dem anderen fortgeführt werden kann (BFH, BStBl 1962 III S. 190, 1966 III S. 168). Dabei kommt es nicht darauf an, ob der Erwerber den geschäftlichen Organismus als solchen fortführt, alsbald stillegt oder als unselbständigen Teil seinem bisherigen Betrieb einfügt (vgl. auch Abschn. 139 Abs. 1 EStR). Entsprechendes gilt für die Veräußerung eines Teilbetriebs im ganzen.

Eine Betriebsveräußerung im ganzen bzw. eine Teilbetriebsveräußerung im ganzen setzt voraus, daß der Veräußerer die gewerbliche oder land- und forstwirtschaftliche Tätigkeit aufgibt, die sich auf die wesentlichen Betriebsgrundlagen bezieht, die veräußert worden sind. Daß der Veräußerer seine gewerblichen Tätigkeiten bzw. seine land- und forstwirtschaftlichen Betätigungen in vollem Umfang beendet, ist dagegen nicht erforderlich (vgl. BFH, BStBl 1989 II S. 973).

Beispiel:

Der Steuerpflichtige hat bis zum 31. 12. 1989 eine Markentankstelle auf Provisionsbasis in A und eine freie Tankstelle in B in eigener Regie betrieben. Mit Wirkung vom 1. 1. 1990 hat der Steuerpflichtige die Markentankstelle in A an eine GmbH veräußert, an deren Kapital er mit 45 v. H. und seine Ehefrau mit 10 v. H. beteiligt sind.

Gegen die Annahme einer Teilbetriebsveräußerung im ganzen können Bedenken weder wegen der Beteiligung des Steuerpflichtigen an der erwerbenden GmbH noch aufgrund der Tatsache erhoben werden, daß der Steuerpflichtige die freie Tankstelle in B weiterbetreibt.

Die Annahme einer Betriebsveräußerung bzw. Teilbetriebsveräußerung wird nicht dadurch ausgeschlossen, daß der Veräußerer Wirtschaftsgüter, die nicht zu den wesentlichen Betriebsgrundlagen zählen, zurückbehält, um sie privat zu nutzen, anderen betriebsfremden Zwecken zuzuführen oder bei sich bietender Gelegenheit zu veräußern (BFH, BStBl 1975 II S. 232 und 1988 II S. 374).

Werden Wirtschaftsgüter vom Veräußerer zurückbehalten, die zu den wesentlichen Betriebsgrundlagen gehören, so kann insoweit nichts anderes gelten, sofern diese Wirtschaftsgüter in zeitlichem Zusammenhang mit der Veräußerung einem der vorbezeichneten Zwecke zugeführt werden (vgl. auch BFH, BStBl 1990 II S. 420, 422). Die stillen Reserven, die in den zurückbehaltenen Wirtschaftsgütern enthalten sind, sind nach § 16 Abs. 3 Sätze 1 und 3 EStG zu erfassen, soweit diese Wirtschaftsgüter nicht veräußert, sondern betriebsfremden Zwecken zugeführt werden. Die Vorschriften über die Betriebsaufgabe ergänzen insoweit den Veräußerungstatbestand des § 16 Abs. 1 EStG (vgl. BFH, BStBl 1987 II S. 705 und 1990 II S. 420, 422).

Die vorstehend dargestellten Grundsätze gelten auch im Falle der Veräußerung eines Mitunternehmeranteils oder eines Anteils an einem land- und forstwirtschaftlichen Betrieb. Auch in diesen Fällen müssen die wesentlichen Grundlagen des Anteils am Betrieb in der beschriebenen Weise auf einen anderen entgeltlich übertragen oder in zeitlichem Zusammenhang mit der Veräußerung anderen betriebsfremden Zwecken zugeführt werden. Etwaiges Sonderbetriebsvermögen des veräußernden Gesellschafters ist dabei zu berücksichtigen.

Beispiel:

A ist an der X-KG als Kommanditist beteiligt. Das Betriebsgrundstück gehört ihm zivilrechtlich allein. A veräußert seinen Anteil an der KG ohne das Betriebsgrundstück an B. Das Betriebsgrundstück, das zur wesentlichen Betriebsgrundlage seiner Beteiligung gehörte, verpachtet er an die KG, die es in derselben Weise wie bisher nutzt.

A hat nicht die wesentlichen Grundlagen seines Mitunternehmeranteils an B veräußert. Eine Betriebsveräußerung i. S. von § 16 Abs. 1 Nr. 2 EStG liegt nicht vor. Jedoch kann eine Betriebsaufgabe i. S. von § 16 Abs. 3 EStG gegeben sein (s. nachfolgend).

Für die Entscheidung, ob eine Betriebsveräußerung vorliegt, ist auf den Zeitpunkt abzustellen, in dem das wirtschaftliche Eigentum an den veräußerten Wirtschaftsgütern übertragen wird (BFH, BStBl 1985 II S. 245). Eine Betriebsveräußerung wird nicht dadurch rückgängig gemacht, daß der Erwerber den erworbenen Betrieb an den Veräußerer verpachtet (BFH, BStBl 1985 II S. 508). Denn die Tätigkeit in Form der Eigenbewirtschaftung ist mit der der Bewirtschaftung als Pächter nicht wirtschaftlich identisch.

Für die Betriebsveräußerung bei einer Personengesellschaft ist es nicht erforderlich, daß die Gesellschafter die Auflösung der Gesellschaft beschließen (BFH, BStBl 1982 II S. 348). Die Veräußerung des Betriebs durch eine Personengesellschaft an eine Personengesellschaft ist auch dann gegeben, wenn an der erwerbenden Personengesellschaft auch ein Gesellschafter der Verkäuferin beteiligt ist (BFH, BStBl 1986 II S. 53).

Stellt die Veräußerung eines Mitunternehmeranteils ausnahmsweise keine Betriebsveräußerung im Sinne von § 16 Abs. 1 EStG dar (siehe das obige Beispiel), dann kann darin eine unter § 16 Abs. 3 EStG fallende Aufgabe eines Mitunternehmeranteils liegen, sofern das nicht mitveräußerte Wirtschaftsgut als in das Privatvermögen überführt anzusehen ist (dazu nachfolgend).

Betriebsaufgabe i. S. von §§ 14, 16 Abs. 3 EStG ist zunächst ein Ereignis, bei dem nach einem Entschluß des Steuerpflichtigen, den Betrieb aufzugeben, die wesentlichen Grundlagen des Betriebs in einem einheitlichen Vorgang und innerhalb kurzer Zeit an verschiedene Abnehmer veräußert oder ganz oder teilweise in das Privatvermögen überführt werden. Bei der Betriebsaufgabe in diesem Sinne hört der Betrieb als selbständiger Organismus zu bestehen auf (anders als bei der Betriebsveräußerung, bei der die wesentlichen Grundlagen des Betriebs an einen einzigen Erwerber veräußert werden, und anders als bei der Betriebsverlegung, bei der der Betrieb mit seinen wesentlichen Grundlagen an anderer Stelle fortgeführt wird). Die Betriebsaufgabe beginnt nicht bereits mit dem inneren oder auch erklärten Entschluß, den Betrieb aufzugeben, sondern erst mit Handlungen, die objektiv auf die Auflösung des Betriebs im vorgenannten Sinne gerichtet sind (BFH, BStBl 1982 II S. 455, 1984 II S. 711). Die Betriebsaufgabe ist mit der Veräußerung bzw. mit der Überführung des letzten Wirtschaftsguts ins Privatvermögen vollzogen und abgeschlossen (BFH, BStBl 1985 II S. 456; wegen der Frage, wann bei Betriebsverpachtung eine Betriebsaufgabe vorliegt, s. 5.4.4). Eine Betriebsaufgabe ist ferner auch dann gegeben, wenn der Betrieb als wirtschaftlicher Organismus zwar bestehen bleibt, aber durch eine Handlung bzw. einen Rechtsvorgang in seiner ertragsteuerlichen Einordnung so verändert wird, daß die Erfassung der stillen Reserven nicht gewährleistet ist. Demnach kann eine Betriebsaufgabe auch dann anzunehmen sein, wenn der Betrieb zwar als selbständiger Organismus, nicht aber in seiner bisherigen Art bestehen bleibt (BFH, GrS, BStBl 1975 II S. 168, 1982 II S. 381). Eine Betriebsaufgabe in diesem Sinne ist von der Rechtsprechung angenommen worden, wenn ein landwirtschaftlicher Teilbetrieb aus dem gewerblichen Betrieb einer Personengesellschaft aufgrund gesellschaftsrechtlicher Gestaltung oder einer Schenkung ausgegliedert wird (vgl. BFH, BStBl 1967 III S. 318, 1978 II S. 305). Diese Auffassung teilen wir nicht, da die einkommensteuerliche (nicht gewerbesteuerliche) Erfassung der stillen Reserven gewährleistet bleibt (s. auch 4.1.2.6.4).

Beispiel:

A und B betreiben als OHG eine Ziegelei und eine Landwirtschaft. Sie gründen eine neue GbR und bringen in sie die Landwirtschaft ein.

Solange die OHG die Landwirtschaft betreibt, sind die Einkünfte daraus solche aus Gewerbebetrieb (§ 2 Abs. 2 GewStG). Die GbR hat hingegen Einkünfte aus Land- und Forstwirtschaft. Damit würden die im gewerblichen Bereich entstandenen stillen Reserven nicht mehr von der Gewerbesteuer erfaßt. Daher ist in der Ausgliederung eine Betriebsaufgabe gesehen worden. Wegen der Kritik an dieser Auffassung s. 4.1.2.6.4.

Anders wäre es zu beurteilen, wenn im vorstehenden Beispiel die Ausgliederung durch schenkweise Übertragung der Landwirtschaft auf die Kinder von A und B erfolgte. In der unentgeltlichen Teilbetriebsübertragung läge keine Betriebsaufgabe. Die Gewinnrealisierung träte erst allenfalls (s. 4.1.2.6.4) bei den Erwerbern ein (BFH, BStBl 1979 II S. 732).

Ferner hat die Rechtsprechung des BFH (BStBl 1971 II S. 630) die Verlegung eines Gewerbebetriebs aus dem Inland in ein Land, dem nach einem DBA das Besteuerungsrecht für den verlegten Betrieb zusteht, als Betriebsaufgabe i. S. von § 16 Abs. 3 EStG angesehen. (Dementsprechend führt nach der Rechtsprechung des BFH, BStBl 1977 II S. 76, die Verlegung des Wohnsitzes eines freiberuflich tätigen Erfinders in das Ausland zur Auflösung der in den Patenten ruhenden stillen Reserven wegen Betriebsaufgabe, wenn dadurch das inländische Besteuerungsrecht entfällt.)

Schließlich ist auch der Fortfall der tatbestandlichen Voraussetzungen einer Betriebsaufspaltung als ein Vorgang anzusehen, der eine Betriebsaufgabe eines Besitzunternehmens darstellt (BFH, BStBl 1984 II S. 474 und 1989 II S. 363; zur Betriebsaufspaltung s. 5.2.1.2). Entsprechendes muß auch gelten, wenn eine gewerblich geprägte Personengesellschaft durch Wegfall der in § 15 Abs. 3 Nr. 2 EStG aufgeführten Voraussetzungen aus dem Anwendungsbereich dieser Vorschrift herausfällt (so auch Abschn. 139 Abs. 2 Satz 12 EStR).

Bei dieser Auslegung wird der Zweck der Vorschrift nicht nur darin gesehen, eine Grenze zwischen dem laufenden Gewinn und dem steuerlich begünstigten Aufgabe- bzw. Veräußerungsgewinn zu ziehen, sondern auch die Besteuerung der stillen Reserven sicherzustellen (finale Betrachtung).

Die Betriebsaufgabe ist ein Entnahmevorgang eigener Art. Hinsichtlich des Ausscheidens der Wirtschaftsgüter aus dem bisherigen betrieblichen Organismus müssen deshalb die gleichen Voraussetzungen gegeben sein wie bei der Entnahme (BFH, GrS, BStBl 1975 II S. 168 – vgl. 4.1.2.6). Daher ist auch bei einer auf den Zweck der Vorschrift gerichteten Gesetzesauslegung (finale Betrachtung) für eine Betriebsaufgabe wie auch für eine Entnahme eine „Entnahmehandlung" oder – in besonders gelagerten Ausnahmefällen – als Handlungsersatz ein Rechtsvorgang erforderlich, wodurch das Wirtschaftsgut aus dem Betriebsvermögen ausscheidet bzw. der Betrieb als selbständiger Organismus nicht mehr in seiner bisherigen Form fortbesteht. Dementsprechend hat der Große Senat des BFH (BStBl 1975 II S. 168) eine Betriebsaufgabe für den Fall des Strukturwandels eines gewerblichen Betriebs zu einem landwirtschaftlichen Betrieb unter Übergang von der Gewinnermittlung gemäß § 5 EStG zur Gewinnermittlung gemäß § 4 Abs. 1 EStG verneint, weil durch den Strukturwandel die Verknüpfung der Wirtschaftsgüter mit dem bisherigen Betrieb nicht gelöst wird. Damit im Einklang hat der BFH (BStBl 1981 II S. 665 und 1982 II S. 381) ferner den Wandel eines freiberuflichen Betriebs zum Gewerbebetrieb, der eintrat, als die Ehefrau eines verstorbenen Arztes dessen Praxis durch einen Arztvertreter weiterführte, sowie den Wandel eines Erwerbsbetriebs zur Liebhaberei (s. dazu auch 2.2.3.1) nicht als Betriebsaufgabe angesehen (s. auch 4.1.4.2).

Es kann mithin in Fällen, in denen es an einer Handlung des Steuerpflichtigen fehlt und in denen zwar ein Rechtsvorgang vorhanden ist, aber die Verknüpfung der Wirtschaftsgüter mit dem bisherigen betrieblichen Organismus nicht gelöst wird, eine Betriebsaufgabe nicht angenommen werden. Nur solche Rechtsvorgänge können für eine Entnahme und damit für eine Betriebsaufgabe von Bedeutung sein, durch die auf Wirtschaftsgüter in einer Weise eingewirkt wird, daß diese ihre Zugehörigkeit zum bisherigen Betriebsvermögen verlieren. Rechtsvorgänge als Ersatz einer Entnahmehandlung sind nicht solche, die Wertungen steuerrechtlicher Art beinhalten und zu einer geänderten steuerlichen Beurteilung führen, sondern solche außersteuerrechtlicher Art (z. B. Erbfall), die auf den steuerrechtlich relevanten Sachverhalt einwirken (BFH, BStBl 1982 II S. 381).

Dementsprechend führen nach dem Urteil des BFH (BStBl 1976 II S. 246) der Abschluß und die Anwendbarkeit eines Doppelbesteuerungsabkommens, das die Besteuerung der Gewinne aus einem in einem ausländischen Staat belegenen Betrieb oder einer Betriebsstätte eines unbeschränkt Steuerpflichtigen nunmehr dem ausländischen Staat zuweist, allein nicht zur Realisierung der in den Wirtschaftsgütern dieses Betriebs bzw. dieser Betriebsstätte enthaltenen stillen Reserven.

Die vorstehenden Ausführungen gelten entsprechend für die Aufgabe eines Teilbetriebs (BFH, BStBl 1967 III S. 70) und eines Mitunternehmeranteils (BFH, BStBl 1986 II S. 896). Eine Teilbetriebsveräußerung liegt nur vor, wenn damit die Aufgabe eines bestimmten gewerblichen Tätigkeitsgebiets verbunden ist (BFH, BStBl 1985 II S. 245). Die Entnahme einer 100%igen Beteiligung an einer Kapitalgesellschaft aus dem Betriebsvermögen ist als Aufgabe eines Teilbetriebs anzusehen (BFH, BStBl 1982 II S. 751).

Veräußert ein Gesellschafter (Mitunternehmer) seinen Anteil an der Gesellschaft und hält er im Zusammenhang mit dieser Beteiligung Sonderbetriebsvermögen (s. dazu 4.1.2.4.9), dann ist entsprechend der vorbeschriebenen finalen Entnahmelehre in der Veräußerung eine Handlung zu sehen, die zur Auflösung und Besteuerung der im Sonderbetriebsvermögen ruhenden stillen Reserven führt. Dieser Vorgang könnte als Anteilsveräußerung einerseits und Entnahme des Sonderbetriebsvermögens andererseits verstanden werden. Da es sich jedoch um einen wirtschaftlich einheitlichen Gesamtvorgang handelt, ist dieser insgesamt als betriebsaufgabeähnlicher Akt nach § 16 Abs. 3 EStG zu behandeln (so auch BFH, BStBl 1983 II S. 771; vgl. auch BFH, BStBl 1988 II S. 829).

Die Betriebsveräußerung und Betriebsaufgabe erfordert, wie oben bereits ausgeführt, nicht, daß der bisherige Betriebsinhaber künftig keine gewerbliche oder land- und forstwirtschaftliche Tätigkeit mehr ausübt. Sie kann auch gegeben sein, wenn der Steuerpflichtige einen neuen Betrieb – auch gleicher Art – beginnt, sofern der bisherige betriebliche Organismus zu bestehen aufgehört hat. **Ob eine begünstigte Betriebsveräußerung oder Betriebsaufgabe und eine Neueröffnung eines anderen Betriebs oder lediglich eine Betriebsverlegung gegeben sind, richtet sich danach, ob nach dem Gesamtbild der Verhältnisse der bisherige und der neue Betrieb bei wirtschaftlicher Betrachtung und nach der Verkehrsauffassung wirtschaftlich identisch sind** (BFH, BStBl 1976 II S. 670 und 672, 1985 II S. 131; Abschn. 139 Abs. 2 EStR). Keine Betriebsaufgabe (oder Betriebsveräußerung) ist anzunehmen, wenn nicht der betriebliche Organismus, sondern nur wichtige Betriebsmittel übertragen werden, während der Steuerpflichtige das Unternehmen in derselben oder in verwandelter Form fortführt (BFH, BStBl 1985 II S. 131) oder wenn dem Betrieb bisher nicht bilanzierte immaterielle Wirtschaftsgüter, z. B. besondere Geschäftsbeziehungen oder ein originärer Geschäftswert, verblieben sind, die zu den wesentlichen Betriebsgrundlagen zählen und mit deren Hilfe eine Tätigkeit, die mit der bisherigen identisch ist, wieder aufgenommen werden könnte (BFH, BStBl 1982 II S. 348). Bei Unternehmen mit örtlich nicht gebundenem Wirkungskreis ist für die Annahme einer Betriebsveräußerung (Betriebsaufgabe) eine Veränderung des den bisherigen Charakter des Unternehmens ausmachenden Organismus erforderlich. Der Unternehmer muß die Betätigung in dem bisherigen Geschäftszweig aufgeben (BFH, BStBl 1986 II S. 53).

Gibt z. B. ein Handelsvertreter seine bisherige Vertretung auf, um im Anschluß daran eine andere Vertretung zu übernehmen, so findet nur ein innerbetrieblicher Austausch der Betätigungsgrundlagen bei ununterbrochener betrieblicher Kontinuität statt, der keine Betriebsaufgabe darstellt (BFH, BStBl 1966 III S. 459). Auch die bloße Verlegung eines Unternehmens in andere Geschäftsräume, selbst wenn diese vorübergehend mit einer Einstellung der gewerblichen Tätigkeit verbunden ist, bedeutet allgemein keine Aufgabe des Betriebs. Keine Betriebsaufgabe ist ferner anzunehmen, wenn ein Land- und Forstwirt 80 v. H. der land- und forstwirtschaftlichen Nutzflächen veräußert und auf 20 v. H. mit den zurückbehaltenen Wirtschaftsgütern seine Tätigkeit fortführt (BFH, BStBl 1986 II S. 808). Schließlich bedeutet es auch keine Betriebsaufgabe, wenn lediglich die bisherige Tätigkeit eingestellt und unter Einsatz des bisherigen Betriebsvermögens eine neue Tätigkeit begonnen, also lediglich der Gegenstand des Unternehmens geändert wird (BFH, BStBl 1977 II S. 721). Eine Aufgabe wird man hingegen annehmen müssen, wenn – wie bei einer Gaststätte oder einem Lebensmittelgeschäft – der Kundenstamm die wesentliche Grundlage bildet und durch die Verlegung des Geschäfts in eine andere Gegend der Kundenstamm verlorengeht (BFH, BStBl 1976 II S. 672).

Werden im Zusammenhang mit der Einstellung der gewerblichen Tätigkeit Wirtschaftsgüter des Umlaufvermögens veräußert, so ist zu prüfen, ob diese

Geschäfte und der daraus erzielte Gewinn dem laufenden Gewinn des noch bestehenden Gewerbebetriebs oder dem Betriebsaufgabegewinn zuzurechnen sind.

Beispiel:

Der Architekt Z erwirbt ein Grundstück, läßt es in vier Teile parzellieren und errichtet auf jeder Parzelle ein Einfamilienhaus in der Absicht, die bebauten Grundstücke an einzelne Erwerber zu veräußern. Die Veräußerung erfolgt dann innerhalb von sechs Monaten nach der Fertigstellung.

Die vorbeschriebene Tätigkeit des Z stellt einen Gewerbebetrieb dar. Selbst wenn Z nach Veräußerung der Grundstücke nicht die Fortsetzung einer gleichartigen Tätigkeit anstrebt, liegt in der Veräußerung der Grundstücke keine begünstigte Aufgabe, weil die Grundstücke zum Umlaufvermögen gehören und die mit ihrer Veräußerung zusammenhängenden Rechtsgeschäfte wirtschaftlich dem laufenden Gewinn zuzurechnen sind (BFH, BStBl 1972 II S. 291, und für einen ähnlich gelagerten Fall BFH, BStBl 1977 II S. 71 und 721).

Auch in anderer Hinsicht ist zu prüfen, ob Gewinne, die im zeitlichen Zusammenhang mit der Aufgabe eines Gewerbebetriebs entstehen, zum laufenden Gewinn oder zum Aufgabegewinn gehören. Zum laufenden Gewinn zählen z. B. stets Ausgleichszahlungen an einen Handelsvertreter gemäß § 89 b HGB (BFH, BStBl 1983 II S. 243 und 271).

Die Voraussetzung, daß die wesentlichen Betriebsgrundlagen innerhalb kurzer Zeit veräußert oder ins Privatvermögen überführt sein müssen, darf nicht zu eng verstanden werden. Maßgebender Gesichtspunkt ist, ob man die Aufgabehandlung wirtschaftlich noch als einen einheitlichen Vorgang werten kann (BFH, BStBl 1977 II S. 66). Die Frist ist nach den Umständen des Einzelfalls zu berechnen. So hat der BFH bei der Veräußerung eines Weinbaubetriebs eine Frist von 14 Monaten noch als angemessen bezeichnet (BFH, BStBl 1967 III S. 70) und dabei betont, es könne nicht im Sinne des Gesetzes liegen, die Steuerpflichtigen zu zwingen, schwer verkäufliche Wirtschaftsgüter unter Zeitdruck und unter Umständen weit unter ihrem Wert loszuschlagen, nur um die Steuervergünstigungen aus § 16 Abs. 4, § 34 Abs. 1 Nr. 2 EStG nicht zu verlieren. Bei der Veräußerung der wesentlichen Grundlagen eines Produktionsunternehmens (insbesondere der Maschinen und des Betriebsgrundstücks) innerhalb von sechs Monaten ist der für die Annahme einer Betriebsaufgabe erforderliche enge zeitliche Zusammenhang in jedem Fall gewahrt. Dabei beginnt der Aufgabezeitraum nicht schon mit dem Entschluß, das Unternehmen zu liquidieren, sondern erst mit dem tatsächlichen Beginn der Aufgabevorgänge, insbesondere mit dem Beginn der Veräußerung der wesentlichen Betriebsgrundlagen. Sind die wesentlichen Betriebsgrundlagen veräußert oder ins Privatvermögen überführt, so endet der Aufgabezeitraum (BFH, BStBl 1970 II S. 719).

Eine Betriebsaufgabe liegt indessen nicht vor, wenn der Betrieb allmählich liquidiert wird und die Wirtschaftsgüter nach und nach im Laufe mehrerer Wirtschaftsjahre an Dritte veräußert oder in das Privatvermögen überführt werden. Der Abwicklungszeitraum kann auch nicht dadurch verkürzt werden, daß zum notwendigen Betriebsvermögen gehörende Wirtschaftsgüter, die bei der Abwicklung des Betriebs nicht veräußert worden sind, formell in das Privatvermögen überführt werden mit der Absicht, sie anschließend zu veräußern. In solchen Fällen setzt der Steuerpflichtige in der Regel seine gewerbliche oder land- und forstwirtschaftliche Tätigkeit fort (BFH, BStBl 1967 III S. 70; Abschn. 139 Abs. 2 Satz 6 EStR).

Die Frage, ob ein begünstigter Betriebsveräußerungs- oder Betriebsaufgabegewinn entstanden ist, wird bei Personengesellschaften nicht für die Gesellschaft als solche, sondern für jeden Gesellschafter als solchen entschieden (BFH, BStBl 1972 II S. 118).

Beispiel:

A und B unterhalten als OHG ein Fabrikationsunternehmen. Das Fabrikgrundstück mit Gebäude gehört B allein; es wird als notwendiges Sonderbetriebsvermögen des B geführt. Die OHG veräußert die ihr gehörenden Wirtschaftsgüter (also ohne das Fabrikgrundstück) an C. Das Fabrikgrundstück überführt B als gewillkürtes Betriebsvermögen in sein von ihm außerdem noch betriebenes Einzelunternehmen und verpachtet es an C.

A hat alle wesentlichen Grundlagen des auf ihn entfallenden Anteils veräußert. Er hat einen begünstigten Veräußerungsgewinn nach § 16 Abs. 1 EStG erzielt. Demgegenüber hat B das zur wesentlichen Grundlage des Betriebs gehörende Betriebsgrundstück nicht veräußert. Eine Betriebsveräußerung im Sinne von § 16 Abs. 1 EStG liegt für ihn nicht vor. Da er das Fabrikgrundstück auch nicht in sein Privatvermögen überführt hat, kann für ihn auch keine Betriebsaufgabe im Sinne von § 16 Abs. 3 EStG angenommen werden.

Ein Nießbraucher, der ein Unternehmen aufgrund des Nutzungsrechts fortführt und demzufolge als Unternehmer anzusehen ist, gibt einen Betrieb i. S. von § 16 Abs. 3 EStG auf, wenn er den Nießbrauch gegen Entschädigung aufgibt (BFH, BStBl 1981 II S. 396).

In der vorstehenden Erläuterung der Begriffe „Betriebsveräußerung" und „Betriebsaufgabe" ist nicht näher dargestellt, was unter „wesentlichen Betriebsgrundlagen" und unter „Teilbetrieb" zu verstehen ist. Die Erläuterung dieser Begriffe wird in den beiden nachfolgenden Abschnitten gegeben.

5.4.2.3 Die wesentlichen Betriebsgrundlagen

Was als wesentliche Betriebsgrundlage i. S. der genannten gesetzlichen Vorschriften und Rechtsprechungsgrundsätze anzusehen ist, kann nur nach den Verhältnissen des Einzelfalls beurteilt werden.

Zu den wesentlichen Betriebsgrundlagen gehören zunächst einmal alle Wirtschaftsgüter, die funktionell die wesentliche Grundlage des Betriebs als Organismus des Wirtschaftslebens ausmachen (wesentliche Betriebsgrundlage im funktionellen Sinne). Das sind insbesondere Wirtschaftsgüter, die dem Betrieb das Gepräge geben (BFH, BStBl 1980 II S. 181), die zur Erzielung des Betriebszwecks erforderlich sind und ein besonderes wirtschaftliches Gewicht für die Betriebsführung besitzen (BFH, BStBl 1983 II S. 312). Die Rechtsprechung des BFH hat Grundstücke jedenfalls dann stets zu den wesentlichen Betriebsgrundlagen gezählt, wenn sie ein besonderes wirtschaftliches Gewicht für die Betriebsführung besaßen (BFH, BStBl 1975 II S. 234), insbesondere, wenn sie für die

Bedürfnisse des Betriebs besonders gestaltet sind (BFH, BStBl 1986 II S. 299; vgl. dazu auch Abschn. 137 Abs. 5 Satz 11 Nr. 1 Sätze 9 und 10 EStR). Bei einem landwirtschaftlichen Betrieb hat der BFH 40 v. H. des landwirtschaftlich genutzten Grund und Bodens als wesentliche Betriebsgrundlage betrachtet (BFH, BStBl 1982 II S. 20). Diese prozentuale Grenze gibt aber nur einen Anhaltspunkt. Es kommt auch insoweit auf die Verhältnisse des Einzelfalls an (BFH, BStBl 1985 II S. 508, 1986 II S. 808).

Zählt danach ein Wirtschaftsgut zur wesentlichen Betriebsgrundlage, so ist damit noch nicht entschieden, daß es allein die wesentliche Betriebsgrundlage darstellt. Wird ein solches Wirtschaftsgut indessen bei der Betriebsübertragung zurückbehalten oder nicht in die Betriebsaufgabe mit einbezogen, dann kann nicht angenommen werden, daß die wesentlichen Grundlagen des Betriebs veräußert oder ins Privatvermögen überführt sind.

Zur wesentlichen Betriebsgrundlage bei der Betriebsveräußerung und Betriebsaufgabe zählen nach der Rechtsprechung des BFH (BStBl 1979 II S. 557) in der Regel auch Wirtschaftsgüter, die für den Betrieb nicht von untergeordneter Bedeutung sind und erhebliche stille Reserven enthalten. Von untergeordneter Bedeutung sind Wirtschaftsgüter insoweit, wenn sich aus der tatsächlichen Nutzung im Betrieb ihre Unwesentlichkeit ergibt (vgl. BFH, BStBl 1987 II S. 113). Ob die Wirtschaftsgüter auch im funktionellen Sinne als Teil der wesentlichen Betriebsgrundlage anzusehen sind, ist insoweit ohne Bedeutung.

Ob ein einzelnes Wirtschaftsgut allein als die wesentliche Grundlage des Betriebs anzusehen ist, kann nur nach den Verhältnissen des Einzelfalls beurteilt werden. Wirtschaftsgüter, die nicht funktionell die wesentliche Grundlage des Betriebs darstellen, können nicht allein als die wesentliche Grundlage des Betriebs angesehen werden (BFH, BStBl 1983 II S. 312). Die Veräußerung eines wesentlichen Betriebsmittels stellt keine Betriebsveräußerung i. S. von § 16 Abs. 1 EStG dar, wenn der Veräußernde das Unternehmen in derselben oder in einer veränderten Form fortführt (BFH, BStBl 1966 III S. 168). Die Veräußerung des einzigen Schiffs einer Partenreederei stellt jedoch dann die Veräußerung der wesentlichen Betriebsgrundlage dar, wenn die Partenreederei sich gleichzeitig auflöst (BFH, BStBl 1973 II S. 219). Ferner hat der BFH (BStBl 1966 III S. 49) in dem Gebäudegrundstück eines Möbeleinzelhändlers, das vor allem die betriebsnotwendigen Ausstellungs- und Lagerräume enthielt und somit auf den Betrieb zugeschnitten war, allein die wesentlichen Betriebsgrundlagen gesehen. Es handelt sich um einen Grenzfall. Die wesentliche Grundlage eines Cafés ist nach dem Urteil des BFH (BStBl 1967 III S. 724) nicht der Warenbestand und das Inventar, sondern das dem Steuerpflichtigen gehörende Grundstück, auf dem das Café betrieben wird, da nach der Lebenserfahrung Umsatz und Gewinn des Cafés im allgemeinen maßgeblich von seiner Lage sowie durch den Zustand des Betriebsgebäudes und seiner Räume beeinflußt werden. Wird daher nur das Inventar und der Warenbestand des Cafés veräußert und das Grundstück an den Nachfolger verpachtet, so liegt darin keine Betriebsveräußerung. Gleiches gilt für Gebäude, die für den Betrieb einer Bäckerei und Konditorei, einer Gastwirtschaft und eines Hotels besonders gestaltet sind (BFH, BStBl 1980 II S. 181). Nach den Umständen des Einzelfalls können Waren bei bestimmten Betrieben zu den wesentlichen Grundlagen eines Betriebs gehören (BFH, BStBl 1976 II S. 672). Wegen der Fragen der wesentlichen Betriebsgrundlagen bei der Betriebsverpachtung s. auch 5.4.4.

5.4.2.4 Teilbetrieb

Teilbetrieb i. S. von § 16 Abs. 1 und 3 EStG (also **bei gewerblichen Betrieben**) ist ein mit einer gewissen organisatorischen Selbständigkeit ausgestatteter, organisatorisch geschlossener Teil eines Gesamtbetriebs, der für sich lebensfähig ist. Es muß sich um einen in der Gliederung des Unternehmens gesondert geführten Betrieb handeln (BFH, BStBl 1966 III S. 168, 1985 II S. 245). Für sich lebensfähig ist ein Teil des Gesamtunternehmens dann, wenn von ihm seiner Struktur nach eine eigenständige betriebliche Tätigkeit ausgeübt werden kann (BFH, BStBl 1977 II S. 545). Für die Annahme eines Teilbetriebs genügt nicht die Möglichkeit einer technischen Aufteilung des Unternehmens und die Tatsache, daß der betreffende Teil dann für sich lebensfähig wäre. Die Merkmale des Teilbetriebs müssen bereits auf seiten des Veräußerers, und zwar im Zeitpunkt des Übergangs des wirtschaftlichen Eigentums an den veräußerten Wirtschaftsgütern, erfüllt sein (BFH, BStBl 1978 II S. 672, 1985 II S. 244). Daher bedarf es bereits bei ihm der tatsächlichen Herauslösung aus dem organisatorischen Gesamtgefüge des Unternehmens und einer gewissen Verselbständigung des so geschaffenen Teilorganismus (BFH, BStBl 1969 II S. 464).

Für das Bestehen eines Teilbetriebs sprechen folgende Merkmale: Das selbständige Auftreten eines Betriebsteils als Zweigbetrieb, sein personelles Eigenleben innerhalb des Gesamtbetriebs, das Vorhandensein von eigenem Inventar und eigener Buchführung, die Möglichkeit eigener Preisgestaltung, seine örtliche Trennung vom Hauptbetrieb und der eigene Kundenkreis. Nicht alle Merkmale müssen erfüllt sein. Die einzelnen Merkmale haben je nach Betriebsart ein unterschiedliches Gewicht. Entscheidend ist, ob nach dem Gesamtbild eine gewisse Verselbständigung besteht (BFH, BStBl 1984 II S. 486).

Eine solche Verselbständigung ist z. B. dann nicht gegeben, wenn bei einem Fertigungsbetrieb mit mehreren Produktionszweigen die für die einzelne Produktion erforderlichen Maschinen nur für alle Produktionszweige gemeinsam zur Verfügung stehen. Der einzelne Produktionszweig ist dann kein Teilbetrieb (BFH, BStBl 1972 II S. 118). Betreibt ein Stpfl. im Rahmen seines Unternehmens den Güternah- und Güterfernverkehr, so liegen zwei Teilbetriebe nur dann vor, wenn beide Verkehrsarten nicht nur als Geschäftszweige des einheitlichen Unternehmens betrieben werden, sondern auch mit einer gewissen Selbständigkeit ausgestattet sind (BFH, BStBl 1974 II S. 357, 1978 II S. 672; vgl. auch BFH, BStBl 1989 II S. 357). Eine völlig selbständige Organisation mit eigener Buchführung kann indessen nicht gefordert werden. Denn diese Merkmale kennzeichnen bereits den eigenständigen Betrieb.

Die Veräußerung eines Schiffes stellt nur dann eine Teilbetriebsveräußerung dar, wenn das Schiff die wesentliche Grundlage eines Zweigunternehmens bildet und das Zweigunternehmen dabei im ganzen veräußert wird (BFH, BStBl 1966 III S. 168).

Bei einem Unternehmen, das den Kraftstoffhandel mit einem eigenen Netz von Tankstellen betreibt, bildet die einzelne Tankstelle in der Regel keinen organisatorisch selbständigen Teilbetrieb, sondern nur eine unselbständige Verkaufsstelle. Der Betrieb besteht in dem gesamten, in bestimmter Weise organisierten Kraftstoffverkauf, in dem die Tankstelle nur die Funktion eines austauschbaren Betriebsmittels hat (BFH, BStBl 1968 II S. 523). Für die Entscheidung kann es keinen Unterschied machen, ob die Tankstellen von Angestellten des Kraftstoffhändlers, durch selbständige Handelsvertreter oder von Pächtern betrieben werden (BFH, BStBl 1980 II S. 498).

Auch die im Rahmen eines Gewerbebetriebs mit einer gewissen organisatorischen Selbständigkeit ausgestattete Verwaltung vermieteter oder verpachteter Grundstücke stellt in der Regel keinen Teilbetrieb dar, weil diese Tätigkeit nicht die Eigenschaft eines Betriebs im Sinne des Einkommensteuerrechts besitzt. Eine Grundstücksverwaltung ist in der Regel kein Gewerbebetrieb. Wenn ein Unternehmen im Rahmen eines Gewerbebetriebs auch Vermögen besitzt, das es durch Vermögensverwaltung nutzt, so ergibt sich der gewerbliche Charakter dieser Vermögensverwaltung nicht aus der Art der Betätigung als solcher, sondern allein daraus, daß es sich um ein Unternehmen mit sonstiger gewerblicher Tätigkeit handelt, in dessen Rahmen die Vermögensverwaltung einbezogen wird. Das reicht aber für die Begründung eines Teil„betriebs" nicht aus (BFH, BStBl 1969 II S. 397).

Teilbetriebe können hingegen die Filialen der Kaufhausfilialunternehmen oder die von einer Brauerei betriebenen Gastwirtschaften sein (BFH, BStBl 1967 III S. 47). Dabei kommt es jedoch auf die Einzelfallgestaltung an. So kann ein Einzelhandelsfilialbetrieb nur als Teilbetrieb angesehen werden, wenn er im wesentlichen alle Funktionen des Einzelhandels erfüllt. Dazu gehört auch und insbesondere der selbständige Wareneinkauf (BFH, BStBl 1980 II S. 690). Zwar können sich auch selbständige Teilbetriebe einer zentralen Einkaufsorganisation bedienen. Dann muß ihnen aber immer noch die Einflußnahme auf den Einkauf und die Preisgestaltung verbleiben (BFH, BStBl 1980 II S. 51; nicht als Teilbetrieb ist die Filiale eines Lebensmittelfilialnetzes angesehen worden – BFH, BStBl 1977 II S. 66).

Ob eine Summe von Wirtschaftsgütern einen Teilbetrieb darstellt, ist nach den tatsächlichen Verhältnissen im Zeitpunkt der Veräußerung zu entscheiden. Haben sie in diesem Zeitpunkt die Eigenschaft als Teile eines Teilbetriebs durch Zerstörung der wesentlichen Betriebsgrundlagen verloren, so stellen sie keinen Teilbetrieb mehr dar (BFH, BStBl 1970 II S. 738).

Der Begriff des Teilbetriebs i. S. von § 14 EStG, also **bei land- und forstwirtschaftlichen Betrieben,** ist von der Rechtsprechung und Verwaltungspraxis etwas weiter gefaßt als bei gewerblichen Unternehmen. Teilbetrieb ist danach ein organisatorisch mit einer gewissen Selbständigkeit ausgestatteter Teil eines Betriebs der Land- und Forstwirtschaft, wenn dieser im wesentlichen die Möglichkeit bietet, künftig als selbständiger Betrieb geführt zu werden, auch wenn dies noch einzelne Ergänzungen oder Änderungen erfordern sollte (Abschn. 131 Abs. 4 EStR). Wie der Teilbetrieb bei der Landwirtschaft so setzt auch der forstwirtschaftliche Teilbetrieb eine gewisse Mindestgröße voraus, die es auf die Gesamtdauer seiner Bewirtschaftung hin ermöglicht, daß ein Gewinn (Totalgewinn) erzielt wird (BFH, BStBl 1985 II S. 549). Die frühere Auffassung des BFH, Teilbetrieb sei grundsätzlich der Forstbetrieb bei einem Betrieb der Land- und Forstwirtschaft, also praktisch jeder Bauernwald (BFH, BStBl 1965 III S. 643, 1976 II S. 482 und 1982 II S. 158), ist überholt. Teilbetrieb ist ferner das Vorwerk eines Guts und das Sägewerk eines Forstbetriebs.

Veräußert ein Steuerpflichtiger sein gesamtes landwirtschaftliches Inventar und verpachtet er das Hofgebäude und die Ländereien an den Erwerber des Inventars, dann kann entgegen der Auffassung des RFH (RStBl 1942 S. 682) darin keine Veräußerung eines Teilbetriebs gesehen werden. Das Inventar stellt in dem vorbeschriebenen Fall nach den obigen Ausführungen keinen Teilbetrieb dar (so auch BFH, BStBl 1975 II S. 415; s. auch BFH, BStBl 1977 II S. 719).

Als Teilbetrieb gilt auch die **100%ige Beteiligung an einer Kapitalgesellschaft.** Dies gilt aber nur, wenn die gesamte Beteiligung zum Betriebsvermögen eines einzelnen Stpfl. (auch bei verschiedenen Betriebsvermögen) oder einer Personengesellschaft gehört und der gesamte Besitz im Laufe eines Wirtschaftsjahres veräußert wird. § 16 Abs. 1 Nr. 1 EStG ist nicht anwendbar, wenn die Beteiligung an einer Kapitalgesellschaft ganz oder teilweise zum Privatvermögen des Stpfl. gehört.

5.4.3 Betriebsveräußerung, unentgeltliche Betriebsübertragung; Erbauseinandersetzung

Betriebsveräußerung i. S. von §§ 14, 16 Abs. 1 EStG ist die entgeltliche Übertragung eines Betriebs, Teilbetriebs, Anteils am Betrieb usw. auf eine andere Person. Veräußerungsgeschäft im eigentlichen Sinne ist der Kauf. Aber auch veräußerungsähnliche Geschäfte fallen unter §§ 14, 16 Abs. 1 EStG. Dazu zählt die Einbringung eines Betriebs, Teilbetriebs oder Mitunternehmeranteils in eine Personengesellschaft, an der der Einbringende als Mitunternehmer beteiligt wird (vgl. § 24 UmwStG), das Ausscheiden eines Gesellschafters aus einer Personengesellschaft gegen Abfindung und die Einbringung eines Betriebs, Teilbetriebs oder Mitunternehmeranteils in eine Kapitalgesellschaft gegen Gewährung von Gesellschaftsrechten (§ 20 UmwStG – Einzelheiten zu den Fragen der Änderung der Unternehmensform s. unter 5.6). Bringt ein Einzelunternehmer seinen Betrieb gegen Gewährung von Gesellschaftsrechten in eine Personengesellschaft ein, vermietet er indessen lediglich das zur wesentlichen Betriebsgrundlage gehörende Betriebsgrundstück zur betrieblichen Weiterbenutzung an die Personengesellschaft, so hat er doch sein Einzelunternehmen im ganzen in die Personengesellschaft eingebracht, weil auch das Grundstück als sein Sonderbetriebsvermögen zum Betriebsvermögen der Personengesellschaft gehört. Vereinbaren Ehegatten die eheliche Gütergemeinschaft und fällt der Betrieb eines Ehegatten in das Gesamtgut, so stellt die Vereinbarung keine Betriebsveräußerung dar, wenn der Ehegatte, der durch die Vereinbarung Mitunternehmer des Betriebs wird, die Buchwerte fortführt.

Von der Betriebsveräußerung ist die **unentgeltliche Betriebsübertragung** zu unterscheiden. Bei ihr werden nach § 7 Abs. 1 EStDV die Buchwerte durch den Erwerber fortgeführt. Für die unentgeltliche Übertragung eines Betriebs, Teilbetriebs oder Anteils am Betrieb ist Voraussetzung, daß zumindest die wesentlichen Grundlagen des Betriebs, Teilbetriebs oder Anteils am Betrieb unentgeltlich übertragen worden sind. Die Voraussetzungen für eine Betriebsveräußerung unterscheiden sich damit von denen einer unentgeltlichen Betriebsübertragung nur durch das Merkmal der Unentgeltlichkeit. Werden deshalb die wesentlichen Grundlagen eines Betriebs, Teilbetriebs oder Anteils am Betrieb unentgeltlich übertragen und behält der Steuerpflichtige Wirtschaftsgüter zurück, die nicht zu den wesentlichen Betriebsgrundlagen zählen und die innerhalb eines kurzen Zeitraums veräußert oder in das Privatvermögen überführt werden, so ist die teilweise Aufdeckung der stillen Reserven nicht steuerbegünstigt (BFH, BStBl 1981 II S. 566; Abschn. 139 Abs. 6 Satz 8 EStR). Werden nicht alle zur wesentlichen Betriebsgrundlage gehörenden Wirtschaftsgüter unentgeltlich übertragen, sondern Teile der wesentlichen Betriebsgrundlagen ins Privatvermögen übernommen oder an Dritte veräußert, so stellt der gesamte Vorgang eine Betriebsaufgabe dar (BFH, BStBl 1961 III S. 514, 1982 II S. 20).

Beispiele:

a) V überträgt im Wege vorweggenommener Erbfolge unentgeltlich seinen auf einem eigenen Grundstück betriebenen Gewerbebetrieb (Kfz-Handel und -Reparatur) auf seinen Sohn S; das Betriebsgrundstück behält er zurück und verpachtet es an S zu einer (angemessenen) monatlichen Pacht von 5000 DM.

Da das Betriebsgrundstück eine wesentliche Betriebsgrundlage darstellt, liegt in der Übertragung keine Betriebsveräußerung im Sinne von § 7 Abs. 1 EStDV. Wird das zurückbehaltene Grundstück ins Privatvermögen überführt, dann liegt eine Betriebsaufgabe i. S. von § 16 Abs. 3 EStG vor.

b) Wie Beispiel a); jedoch überträgt V auch das Betriebsgrundstück auf S, behält aber festverzinsliche Wertpapiere, die als Sicherheit für betriebliche Kredite verpfändet sind und als gewillkürtes Betriebsvermögen behandelt wurden, für seine Alterssicherung zurück.

Da alle wesentlichen Betriebsgrundlagen übertragen wurden, ist der Betrieb i. S. von § 7 Abs. 1 EStDV veräußert. Die zurückbehaltenen Wertpapiere sind ins Privatvermögen überführt. Ein etwaiger Entnahmegewinn unterliegt der normalen Besteuerung.

Die Fortführung der Buchwerte setzt grundsätzlich voraus, daß der Erwerber den Betrieb fortführt bzw. Mitunternehmer wird (BFH, BStBl 1986 II S. 896). Für den Erbfall gelten jedoch die nachfolgenden Grundsätze.

Setzen sich Erben wegen eines zum Nachlaß gehörenden, nach dem Tode des Erblassers fortgeführten Gewerbebetriebs auseinander, dann fällt die **Auseinandersetzung** nicht in den betrieblichen Bereich und führt damit nicht zu einer Betriebsveräußerung, wenn sich die Miterben nicht insgesamt so verhalten haben, daß sie Mitunternehmer geworden sind. Die Auseinandersetzung vollzieht sich jedoch im betrieblichen Bereich und stellt eine Veräußerung im Sinne von § 16 Abs. 1 Nr. 2 EStG dar, wenn die Miterben alsbald nach dem Erbfall erkennbar davon ausgegangen sind, daß sie das Unternehmen gemeinsam fortführen (BFH, BStBl 1977 II S. 209), z. B. durch Abschluß eines Gesellschaftsvertrags (BFH, BStBl 1975 II S. 295). Wird ein erbrechtlich erworbener Mitunternehmeranteil im Rahmen der Erbauseinandersetzung auf die Miterben übertragen, so entsteht weder beim Erblasser noch beim weichenden Erben ein Veräußerungsgewinn, wenn der weichende Erbe nicht Mitunternehmer geworden ist (BFH, BStBl 1980 II S. 383; s. ferner auch 4.2.8).

Unentgeltlich ist auch der Erwerb eines Betriebs, wenn der Betrieb im Wege vorweggenommener Erbfolge unter Vorbehalt des Nießbrauchs des Veräußerers auf den Nachfolger übertragen wird. Der Nießbrauchsvorbehalt bedeutet lediglich, daß der Betrieb unter Auflage (§ 524 BGB) unentgeltlich übertragen wird (BFH, BStBl 1987 II S. 772 und 1988 II S. 260). Der Erwerber und der Nießbraucher unterhalten jeder einen eigenen Betrieb, wobei es sich bei dem Betrieb des Eigentümers um einen an den Nießbraucher verpachteten Betrieb handelt (BFH, BStBl 1987 II S. 792 und 1988 II S. 260; s. auch 5.4.4).

Wird ein Betrieb oder Mitunternehmeranteil auf Angehörige gegen wiederkehrende Leistungen an den bisherigen Betriebsinhaber bzw. gegen Ausgleichszahlungen an andere Angehörige übertragen, so wird der gesamte Vorgang als unentgeltliches Geschäft behandelt, wenn Leistung und Gegenleistung nicht nach wirtschaftlichen Gesichtspunkten gegeneinander abgewogen wurden und zivilrechtlich eine Schenkung unter Auflage anzunehmen ist (BFH, BStBl 1966 III S. 675, 1968 II S. 263, 1975 II S. 600). Wegen der Frage, unter welchen Voraussetzungen Wirtschaftsgüter im Rahmen einer Erbauseinandersetzung entgeltlich erworben werden s. 4.1.2.4.7.

Erfolgt die Veräußerung jedoch zum Teil entgeltlich und zum Teil unentgeltlich, wird das Geschäft als einheitlicher Vorgang behandelt, auf den nebeneinander die Regeln über unentgeltliche und entgeltliche Rechtsgeschäfte Anwendung finden. § 16 EStG findet mithin Anwendung, soweit die Gegenleistung die Buchwerte übersteigt. Im übrigen gilt § 7 EStDV (BFH, BStBl 1986 II S. 811).

5.4.4 Betriebsaufgabe, Betriebsverpachtung

Bei der Betriebsaufgabe muß der Betrieb oder Teilbetrieb entweder objektiv als lebender Organismus zu bestehen aufhören oder aber durch eine Handlung oder einen Rechtsakt in seiner ertragsteuerlichen Einordnung so verändert werden, daß die steuerliche Erfassung der stillen Reserven nicht gewährleistet ist (vgl. 5.4.2.2).

Im Fall der Verpachtung eines Betriebs im ganzen sowie bei der Verpachtung aller wesentlichen Grundlagen des Betriebs hat der Steuerpflichtige seine eigene betriebliche Tätigkeit eingestellt. Die Einstellung kann eine endgültige oder eine bloße Betriebsunterbrechung sein. Während die endgültige Einstellung eine Betriebsaufgabe i. S. von § 16 Abs. 3 EStG ist, besteht der Betrieb bei der Betriebsunterbrechung fort. Die Letztgenannte setzt allerdings voraus, daß der Betriebsinhaber mit den ihm verbliebenen Wirtschaftsgütern den Betrieb (objektiv) wieder aufnehmen kann und daß er dies auch (subjektiv) beabsichtigt. Dabei reicht die Fortführung des Betriebs durch einen Rechtsnachfolger aus (BFH, BStBl 1985 II S. 456). In diesem Sinne hat der Steuerpflichtige ein Wahlrecht, ob er die Verpachtung als Betriebsaufgabe im Sinne des § 16 Abs. 3 EStG behandeln will oder ob er den Betrieb als land- und forstwirtschaftlichen oder gewerblichen Betrieb fortführen will.

Dieses Wahlrecht hat jedoch, wie der BFH (BStBl 1989 II S. 863) klargestellt hat, nicht, wer einen land- und forstwirtschaftlichen Betrieb entgeltlich erwirbt und in unmittelbarem Anschluß an den Erwerb verpachtet.[6] Dies muß nach unserer Auffassung auch dann gelten, wenn der Erwerber die Absicht hat, den erworbenen Betrieb später selbst zu bewirtschaften. In beiden Fällen kann von einer Betriebsunterbrechung nämlich nicht die Rede sein.

Was danach für einen entgeltlich erworbenen land- und forstwirtschaftlichen Betrieb gilt, muß im übrigen auch dann gelten, wenn ein Gewerbebetrieb entgeltlich erworben und in unmittelbarem Anschluß an den Erwerb verpachtet wird.

Das vorbezeichnete Wahlrecht gilt im übrigen auch dann nicht, wenn die Verpachtung ihrem Charakter nach eine gewerbliche Tätigkeit darstellt (BFH, BStBl 1964 III S. 124, 1966 III S. 49). Wird ein Teil der zur wesentlichen Betriebsgrundlage gehörenden Wirtschaftsgüter veräußert, unentgeltlich übertragen oder ins Privatvermögen überführt, während der übrige Teil verpachtet wird, so liegt keine Betriebsverpachtung im vorgenannten Sinne, sondern eine Betriebsaufgabe nach § 16 Abs. 3 EStG vor (BFH, BStBl 1976 II S. 415).

Zur wesentlichen Betriebsgrundlage bei der Betriebsverpachtung (s. dazu auch 5.4.2.3) zählen, wenn die Betriebsfortführung gewählt wird, nur Wirtschaftsgüter, die funktionell die wesentliche Grundlage des Betriebs als Organismus des Wirtschaftslebens ausmachen (BFH, BStBl 1977 II S. 45). Das sind Wirtschaftsgüter, die dem Betrieb das Gepräge geben (BFH, BStBl 1980 II S. 181). Wirtschaftsgüter, die diese Voraussetzungen nicht erfüllen, gehören selbst dann nicht zur wesentlichen Betriebsgrundlage, wenn in ihnen nennenswerte stille Reserven enthalten sind. Der Steuerpflichtige behält daher sein Wahlrecht, wenn er unwesentliche Teile veräußert oder ins Privatvermögen überführt. Der BFH (BStBl 1980 II S. 181) hat in dem für Zwecke einer Bäckerei und Konditorei, eines Restaurants und eines Hotels besonders gestalteten Gebäude allein (d. h.

---

6 Die in Abschn. 139 Abs. 4 EStR 1987 vertretene gegenteilige Auffassung ist damit überholt.

ohne Inventar) die wesentliche Betriebsgrundlage eines entsprechenden Betriebs gesehen. Er hat ferner (BStBl 1966 III S. 49) in der Verpachtung des Gebäudegrundstücks eines Möbeleinzelhändlers, das vor allem die betriebsnotwendigen Ausstellungs- und Lagerräume enthielt und somit auf den Betrieb zugeschnitten war, die Verpachtung der wesentlichen Betriebsgrundlage gesehen, da in der Gestaltung des Nutzungsverhältnisses die Absicht des Eigentümers zum Ausdruck kam, die verpachteten und vermieteten Wirtschaftsgüter in einem für spätere betriebliche Verwendung des Eigentümers geeigneten Zustand zu erhalten. Das gilt nicht, wenn der Pächter nicht im wesentlichen den vom Verpächter betriebenen Gewerbebetrieb fortsetzt, so z. B., wenn der bisherige Betriebsinhaber seinen Betrieb durch die Veräußerung aller für die Betriebsführung typischen Einrichtungsgegenstände und die Vermietung des Grundstücks an mehrere verschiedene Mieter auslöscht (BFH, BStBl 1968 II S. 78); wenn er, nachdem er seine werbende Tätigkeit eingestellt hat, das bisherige Betriebsgebäude an einen Mieter vermietet, der in dem Gebäude einen Betrieb anderer Branche betreibt (Verkauf von Lebensmitteln statt bisher Haushaltswaren – BFH, BStBl 1975 II S. 885); wenn die verpachteten wesentlichen Betriebsgrundlagen im Interesse des Pächters erheblich umgestaltet werden, so daß sie nicht mehr in der bisherigen Form genutzt werden können (Umgestaltung eines Fleischwarengeschäfts mit Schlachthaus in Verkaufsräume für einen Supermarkt – BFH, BStBl 1974 II S. 208; Änderung der Räume einer Bäckerei, Konditorei und Gaststätte in Räume für eine Diskothek – BFH, BStBl 1983 II S. 412). Es kann auch nicht in jedem Fall in der Verpachtung des Betriebsgrundstücks, in dem der Pächter einen Betrieb gleicher Art betreibt, die Verpachtung der wesentlichen Betriebsgrundlage angenommen werden (als Beispiel dafür s. BFH, BStBl 1971 II S. 484). Der obengenannte „Möbelhändlerfall" ist ein Grenzfall (BFH, BStBl 1975 II S. 885). Zu der Frage, welcher Teil des land- und forstwirtschaftlich genutzten Grund und Bodens als wesentliche Betriebsgrundlage anzusehen ist, gilt zunächst das zu 5.4.2.3 Ausgeführte. Als wesentliche Betriebsgrundlage eines land- und forstwirtschaftlichen Betriebs sind im allgemeinen die Nutzfläche und die Hofstelle sowie das lebende und das tote Inventar anzusehen. Es müssen in der Regel mehr als 80 v. H. der bisherigen wirtschaftlichen Fläche verpachtet werden, um eine Verpachtung der wesentlichen Betriebsgrundlage anzunehmen (BFH, BStBl 1986 II S. 808; s. dazu auch BFH, BStBl 1985 II S. 508). Im Hinblick auf die normalerweise lange Dauer von Landpachtverträgen müssen nicht in jedem Fall das lebende und tote Inventar mitverpachtet werden. Selbst eine parzellenweise Verpachtung kann als eine Betriebsverpachtung zu behandeln sein, wenn es sich dabei um eine vorübergehende Maßnahme handelt, die keine Zerschlagung des Betriebs zur Folge hat. Voraussetzung ist jedoch in einem solchen Fall, daß der Verpächter die spätere Fortführung des Betriebs ausdrücklich erklärt (BFH, BStBl 1988 II S. 260).

Die Fortführung des Betriebs im Wege der Verpachtung ist auch möglich, wenn ein Gesellschafter beim Ausscheiden aus einer gewerblich tätigen Personengesellschaft wesentliche Betriebsgegenstände behält und ohne Veränderung ihrer

Wesens- und Nutzungsart an den früheren Mitgesellschafter verpachtet, der das Unternehmen fortführt (BFH, BStBl 1979 II S. 300).

Der Stpfl. kann den verpachteten Betrieb als fortbestehenden land- und forstwirtschaftlichen bzw. gewerblichen Betrieb behandeln mit der Folge, daß er weiter Einkünfte aus Gewerbebetrieb oder Land- und Forstwirtschaft erzielt, wobei die Einkünfte aus Gewerbebetrieb jedoch nicht der Gewerbesteuer unterliegen. Er kann aber auch sofort oder später die Aufgabe des Betriebs erklären. Die Aufgabeerklärung ist eine Äußerung des Steuerpflichtigen, die eingestellte Tätigkeit nicht wieder aufnehmen zu wollen. Mit dem Zugang der Erklärung beim Finanzamt wirkt sie als Betriebsaufgabe nach § 16 Abs. 3 EStG (BFH, BStBl 1985 II S. 456). Mit dieser Erklärung müssen die stillen Reserven im Aufgabezeitpunkt festgestellt und nach den Grundsätzen des § 16 EStG versteuert werden. Die durch die erklärte Aufgabe erfolgte Übernahme der Wirtschaftsgüter in das Privatvermögen führt dazu, daß der Steuerpflichtige von diesem Zeitpunkt an Einkünfte aus Vermietung und Verpachtung erzielt (BFH, BStBl 1964 III S. 406). Ein Erbe tritt in die Rechtsstellung des Erblassers ein.

Überträgt der zum Nießbrauch an einem Unternehmen Berechtigte dem Eigentümer des Unternehmens die hälftige Ausübung des Nießbrauchs und verpachten beide gemeinschaftlich den gesamten Betrieb an einen Dritten, so können für den Nießbraucher und den Eigentümer als Mitunternehmer die Voraussetzungen eines fortgeführten verpachteten Gewerbebetriebs vorliegen (BFH, BStBl 1980 II S. 432).

Die Versteuerung der gesamten stillen Reserven muß unabhängig von der Erklärung des Steuerpflichtigen erfolgen, wenn er den ganzen Betrieb veräußert oder aber durch eindeutige Überführungshandlung die Wirtschaftsgüter aus seinem Betriebsvermögen ins Privatvermögen überführt. Die gesamten stillen Reserven sind auch dann unabhängig von einer Betriebsaufgabeerklärung der Besteuerung zu unterwerfen, wenn der Verpächter seinen Wohnsitz ins Ausland verlegt, ohne hinsichtlich seiner Verpächtertätigkeit einen ständigen Vertreter zu bestellen. Denn für diesen Fall können die Einkünfte nur noch als beschränkt steuerpflichtige Einkünfte aus Vermietung und Verpachtung angesehen werden (BFH, BStBl 1978 II S. 494).

Bei der Wiederaufnahme des fortgeführten verpachteten Betriebs führt der Steuerpflichtige die Buchwerte fort. Hat er die stillen Reserven bereits versteuert, so treten an die Stelle der Buchwerte die gemeinen Werte der Wirtschaftsgüter.

Die Rechtsgrundsätze der Betriebsverpachtung sind auch dann anzuwenden, wenn ein Betrieb als ganzer oder zumindest seine wesentliche Betriebsgrundlage durch unentgeltlichen Überlassungsvertrag einem Dritten überlassen wird (BFH, BStBl 1976 II S. 415, 1980 II S. 181). Das zuvor für die Verpachtung eines ganzen Betriebs Ausgeführte gilt auch für die Verpachtung eines selbständigen Teilbetriebs (so auch Abschn. 139 Abs. 5 EStR). Allerdings unterliegen die Erträge aus der Verpachtung eines Teilbetriebs durch eine Personengesellschaft, die im übrigen weiterhin gewerblich tätig ist, gemäß § 2 Abs. 2 Nr. 1 GewStG der

Gewerbesteuer (BFH, BStBl 1978 II S. 73). Verpachtet indes ein Einzelunternehmer einen Teilbetrieb, so werden die Erträge aus der Verpachtung des fortgeführten gewerblichen Teilbetriebs mit den Einkünften aus dem nicht verpachteten Hauptbetrieb nur für den Fall der Gewerbesteuer unterworfen, daß die Verpachtung des Teilbetriebs im Rahmen des Gesamtbetriebs erfolgt (z. B. Verpachtung einer Gastwirtschaft durch eine Brauerei unter Abschluß von Bierlieferungsverträgen; s. dazu im einzelnen BFH, BStBl 1977 II S. 42).

Wegen weiterer Einzelheiten Hinweis auf die koordinierten Ländererlasse betreffend gewerbliche (BStBl 1965 II S. 4) und land- und forstwirtschaftliche Betriebe (BStBl 1966 II S. 29) sowie auf Abschn. 139 Abs. 5 EStR (hier wird auch eingehend die Frage erörtert, unter welchen Voraussetzungen eine Betriebsaufgabeerklärung anzunehmen ist).

5.4.5 Ausscheiden von Gesellschaftern

5.4.5.1 Allgemeines

Scheidet ein Gesellschafter aus einer Personengesellschaft (Mitunternehmergemeinschaft) aus, so kann in dem Ausscheiden die Veräußerung eines Mitunternehmeranteils i. S. der §§ 14, 16 EStG zu sehen sein. Dies gilt nicht nur, wenn der Mitunternehmeranteil im Rahmen eines Gesellschafterwechsels von einem neu eintretenden Gesellschafter übernommen wird, sondern auch dann, wenn die verbleibenden Gesellschafter den Mitunternehmeranteil des Ausscheidenden übernehmen. Eine Veräußerung i. S. der §§ 14, 16 EStG ist allerdings dann nicht anzunehmen, wenn der ausscheidende Gesellschafter seinen Mitunternehmeranteil unentgeltlich überträgt (vgl. dazu § 7 Abs. 1 EStDV).

Einen Veräußerungsgewinn i. S. der §§ 14, 16 EStG erzielt der ausscheidende Mitunternehmer nur, wenn er von dem neu eintretenden Mitunternehmer oder den verbleibenden Mitunternehmern mehr erhält als den Nennwert seines Kapitalkontos. (Das gleiche gilt für den Fall, daß beim Ausscheiden eines Kommanditisten dessen negatives Kapitalkonto ohne Ausgleich wegfällt – BFH, BStBl 1981 II S. 164.) Ob die Abfindung, die der Ausscheidende von den verbleibenden Mitunternehmern erhält, über oder unter dem wirklichen Wert des Mitunternehmeranteils des Ausscheidenden liegt, ist insoweit ohne Bedeutung. Begnügt sich der Ausscheidende aus persönlichen Gründen mit einer unter dem Buchwert liegenden Abfindung, so handelt es sich um ein teilentgeltliches (gemischtes) Geschäft, das nicht als teils entgeltliches und teils unentgeltliches, sondern als einheitliches Geschäft zu behandeln ist (BFH, BStBl 1974 II S. 50 und 352, 1986 II S. 811). Bedeutung kommt der Höhe der Abfindung lediglich für die Frage zu, wie die Abfindung bei den verbleibenden Gesellschaftern zu behandeln ist und ob der Ausscheidende einen Veräußerungsgewinn erzielt.

Erhält der Ausscheidende eine über den Nennwert seines Kapitalkontos hinausgehende Abfindung, so ist der Mehrbetrag grundsätzlich bei den verbleibenden Gesellschaftern zu aktivieren, indem die Buchwerte der Wirtschaftsgüter des Betriebsvermögens, die stille Reserven enthalten, anteilig erhöht werden. Dabei sind auch immaterielle Wirtschaftsgüter zu berücksichtigen. Wenn nach anteiliger Aufdeckung der stillen Reserven bei den übrigen Wirtschaftsgütern noch ein Restbetrag verbleibt, dient dieser Restbetrag in der Regel der Abfindung der Beteiligung des Ausscheidenden am Geschäfts- oder Firmenwert.

Übersteigt die Abfindung den wirklichen Wert des Mitunternehmeranteils des Ausscheidenden, so braucht der Mehrbetrag von den verbleibenden Mitunternehmern nicht in jedem Fall aktiviert zu werden. Eine Aktivierung kann und muß insbesondere dann unterbleiben, soweit in Höhe des Mehrbetrags ein Firmenwert nicht vorhanden ist und der Mehrbetrag ausschließlich deshalb gezahlt wird, um einen lästigen Gesellschafter, d. h. einen Gesellschafter, der durch sein Verhalten oder sonstige in seiner Person begründete Umstände den Fortbestand oder den weiteren reibungslosen Ablauf des Geschäftsbetriebs in Frage stellt, zum Ausscheiden zu bewegen.

Die Abfindung des Ausscheidenden kann in verschiedenen Formen erfolgen, die auch die steuerliche Abwicklung beeinflussen. So kann der ausscheidende Gesellschafter in bar, durch Raten, Renten, eine Gewinnbeteiligung, durch Sachwerte oder auch durch Übernahme von Schulden (z. B. Übernahme des negativen Kapitalkontos) von der Gesellschaft abgefunden werden.

Erfolgt die Abfindung des ausscheidenden Gesellschafters durch Hingabe bestimmter Wirtschaftsgüter des Betriebsvermögens, so führt die Hingabe grundsätzlich zur Realisierung der in diesen Wirtschaftsgütern ruhenden stillen Reserven.

5.4.5.2 Realteilung

Von Realteilung spricht man, wenn das Gesellschaftsvermögen einer Personengesellschaft nach Auflösung nicht versilbert (liquidiert), sondern auf die Gesellschafter aufgeteilt (Naturalteilung) und von diesen in einen bestehenden oder neu eröffneten Betrieb eingebracht wird. Bei den dem einzelnen Gesellschafter zugeteilten Vermögensgegenständen kann es sich um einzelne Wirtschaftsgüter oder aber um Teilbetriebe handeln, die auch als selbständige Betriebe von den Gesellschaftern fortgeführt werden (BFH, BStBl 1982 II S. 456).

In einer solchen Aufteilung hat die frühere Rechtsprechung des BFH (vgl. z. B. BStBl 1972 II S. 419) einen Austausch der Gesamthandsrechte der einzelnen Gesellschafter am Betriebsvermögen gesehen, der zwar grundsätzlich zur Gewinnrealisierung führe. Diese könne jedoch vermieden werden, wenn die Gesellschafter die Buchwerte der übernommenen Wirtschaftsgüter fortführen und wenn die spätere Erfassung der stillen Reserven gewährleistet ist (bloße Änderung der Unternehmensform BFH, BStBl 1963 III S. 492, 1978 II S. 305).

Die Auffassung, daß bei der Realteilung ein Austausch von Gesamthandsrechten stattfindet, hat der BFH zu Recht aufgegeben (BStBl 1982 II S. 456), weil sie auf der inzwischen ebenfalls aufgegebenen Bilanzbündeltheorie beruhte. Nach neuer Auffassung stellt die Realteilung grundsätzlich eine Betriebsaufgabe i. S. von § 16 Abs. 3 EStG dar, bei der ein Aufgabegewinn in Höhe des Unterschieds zwischen dem Buchwert und dem gemeinen Wert der Wirtschaftsgüter des Betriebsvermögens abzüglich der Aufgabekosten entsteht, der wie der Gewinnanteil als Anteil am Gesamtgewinn zu ermitteln und nach dem Gewinnverteilungsschlüssel den Gesellschaftern zuzurechnen ist (s. dazu auch 5.2.2.3). Im Falle der Realteilung richtet sich die Gewinnverteilung grundsätzlich nach dem gemeinen Wert der Wirtschaftsgüter, die auf den einzelnen Gesellschafter übertragen werden; denn nach § 16 Abs. 3 Satz 4 EStG ist für jeden Beteiligten der gemeine Wert der Wirtschaftsgüter anzusetzen, die er erhalten hat. **Aufgabegewinn des Gesellschafters** bei Realteilung ist danach grundsätzlich der **Unterschied zwischen dem gemeinen Wert der ihm zugeteilten Wirtschaftsgüter und dem Buchwert seines Kapitalkontos** (der Fall der Ausgleichszahlung wird später abgehandelt).

Die dem einzelnen Gesellschafter zugeteilten Wirtschaftsgüter werden diesem von der Gesellschaft veräußert (s. dazu auch 4.1.2.6.4 Nr. 8) und von ihm in einen bestehenden oder neu eröffneten Betrieb eingelegt. Die Einlage erfolgt mit dem Teilwert (§ 6 Abs. 1 Nrn. 5 und 6 EStG), der bei Eröffnung eines Betriebs in der Regel dem gemeinen Wert entspricht (BFH, BStBl 1979 II S. 729). Dies gilt auch für den Fall, daß Teilbetriebe übertragen werden. § 7 Abs. 1 EStDV, der zur Fortführung der Buchwerte zwänge, findet auf gesellschaftsrechtliche Vorgänge dieser Art keine Anwendung, da die Teilbetriebe in Erfüllung der gesellschaftsrechtlichen Auseinandersetzungsansprüche und damit nicht unentgeltlich i. S. von § 7 Abs. 1 EStDV übertragen werden (BFH, BStBl 1979 II S. 581, 1982 II S. 456).

Auch nach der neuen Rechtsprechung des BFH (BStBl 1982 II S. 456) kann bei Realteilung die Gewinnrealisierung vermieden werden (Wahlrecht), wenn die Gesellschafter die Buchwerte der ihnen zugeteilten Wirtschaftsgüter in ihren Bilanzen fortführen und die Besteuerung der stillen Reserven sichergestellt ist. Für die Sicherstellung der Besteuerung der stillen Reserven verlangt der BFH, daß die Gesellschafter bei Buchwertfortführung ihre Kapitalkonten den Buchwerten der übernommenen Wirtschaftsgüter anpassen (BFH, BStBl 1972 II S. 419, 1982 II S. 456).

Beispiel:

		Buchwert	Gemeiner Wert	Stille Reserven
Teilbetrieb	I	10	40	30
Teilbetrieb	II	30	40	10
Kapital	A	20	40	20
Kapital	B	20	40	20

A erhält den Teilbetrieb I und B den Teilbetrieb II; sie führen die Buchwerte fort. A muß in dem fortgeführten Teilbetrieb I sein Kapital erfolgsneutral auf 10 und B in dem fortgeführten Teilbetrieb II erfolgsneutral auf 30 anpassen.

Danach ergibt sich:

		Buchwert	Gemeiner Wert	Stille Reserven
Teilbetrieb	I	10	40	30
Teilbetrieb	II	30	40	10
Kapital	A	10	40	30
Kapital	B	30	40	10

Die Summe der stillen Reserven von 40 bleibt erhalten. Zudem sind stille Reserven von 10 von B auf A übergegangen und von diesem zu versteuern. Dies wird von der Rechtsprechung in Kauf genommen.

Die Besteuerung der stillen Reserven ist dann nicht sichergestellt, wenn ein Gesellschafter die Besteuerung des Aufgabegewinns und der andere die Fortführung der Buchwerte wählt. Würde in dem obigen Beispiel A sich für die Besteuerung des Aufgabegewinns entscheiden, hätte er stille Reserven von 20 (40 ∕ 20) zu versteuern, während bei B künftig nur 10 (40 ∕ 30) zu erfassen wären. Es träte eine Unterbesteuerung ein, weil stille Reserven von 10 nicht erfaßt würden. Würde umgekehrt A die Buchwerte fortführen und B einen Aufgabegewinn versteuern, träte eine Überbesteuerung von 10 ein: Aufgabegewinn des B 20 (40 ∕ 20); künftiger Gewinn des A 30 (40 ∕ 10).

Die Besteuerung der stillen Reserven wäre auch in dem Fall, daß ein Teil der Gesellschafter den Aufgabegewinn versteuert, während ein anderer Teil die Besteuerung hinausschiebt, sichergestellt, sofern auch die den Aufgabegewinn versteuernden Gesellschafter zur Ermittlung dieses Gewinns ihr Kapitalkonto den Buchwerten der übernommenen Wirtschaftsgüter anzupassen hätten. Es ergäbe sich dann dasselbe Zahlenbild wie in dem obigen Beispiel. Döllerer (FR 1982 S. 267) bejaht diese Möglichkeit, während der BFH (BStBl 1982 II S. 456) die Frage offen läßt. Die Auffassung Döllerers steht mit dem Wortlaut des § 16 Abs. 2 EStG nicht im Einklang. Es ist auch keine Begründung dafür ersichtlich, daß das Kapitalkonto bei Versteuerung eines Aufgabegewinns entgegen dem Wortlaut des § 16 Abs. 2 EStG dem Buchwert der zu übernehmenden Wirtschaftsgüter angepaßt werden könnte.

Der BFH rechtfertigt das Wahlrecht mit zwei Gesichtspunkten: Zum einen sei die Grenze zwischen der Personenhandelsgesellschaft und ihren Gesellschaftern nicht so scharf gezogen wie zwischen einer Kapitalgesellschaft und deren Gesellschaftern, was u. a. dadurch zum Ausdruck komme, daß der Gewinn der Personengesellschaft steuerlich unmittelbar den Gesellschaftern zugerechnet werde (s. auch 5.2.2.3). Zum anderen setze der Gesellschafter die Sachherrschaft an den ihm zugeteilten Wirtschaftsgütern, an denen er bisher in Form von Miteigentum zur gesamten Hand beteiligt sei, in Form von Alleineigentum fort. Aus diesem Grunde sei auch bei der Sacheinlage ein Wahlrecht zugelassen worden (s. auch 4.1.2.6.4 Nr. 8).

Das Wahlrecht ist in der Schlußbilanz der Gesellschaft auszuüben, an die dort angesetzten Werte ist der Gesellschafter gebunden.

Diesen vom BFH (BStBl 1982 II S. 456) und von Döllerer aufgestellten Grundsatz halten wir jedenfalls dann nicht für rechtlich begründbar, wenn alle Gesellschafter ihren Aufgabegewinn versteuern und dabei die gemeinen Werte anzusetzen haben, während sie bei Einlage dieser Wirtschaftsgüter in einen Betrieb diese mit den möglicherweise davon abweichenden Teilwerten zu bewerten haben. Die Forderung der Buchwertverknüpfung kann nur erhoben werden, wenn die Besteuerung der stillen Reserven wenigstens zum Teil hinausgeschoben wird.

Wie den Fall einer Realteilung des Vermögens einer Personengesellschaft hat die ältere Rechtsprechung des BFH (BStBl 1962 III S. 513) auch den Fall behandelt, in dem das Vermögen zweier Personengesellschaften X und Y, die beide je zur Hälfte in den Händen der Gesellschafter A und B sind, in der Weise aufgeteilt wird, daß der Gesellschafter A die Gesellschaft X und der Gesellschafter B die Gesellschaft Y erhalten, um damit Einzelunternehmen weiterzuführen. Der BFH hat den Zwang zu einer Gewinnverwirklichung auch in diesem Fall verneint und zur Begründung zutreffend darauf hingewiesen, beide Unternehmen hätten auch durch eine Gesellschaft geführt werden können, so daß nur bei formaler Betrachtung ein unterschiedlicher Sachverhalt angenommen werden könne. An dieser Auffassung dürfe auch weiterhin festzuhalten sein.

Die für die Realteilung durch Übernahme von Teilbetrieben geltenden (vorbeschriebenen) Grundsätze sind auch anzuwenden, wenn aus einer mehrgliedrigen und fortbestehenden Personengesellschaft ein Gesellschafter ausscheidet und als Abfindung einen Teilbetrieb übernimmt oder wenn nach Auflösung einer Personengesellschaft jedem Gesellschafter einzelne Wirtschaftsgüter aus dem Gesellschaftsvermögen zugeteilt werden, ohne daß ein Wertausgleich geleistet wird (anders nach BFH, BStBl 1962 III S. 233).

Entspricht in den vorerwähnten Fällen der Realteilung das Verhältnis der gemeinen Werte der dem einzelnen Gesellschafter zugeteilten Wirtschaftsgüter nicht dem handelsrechtlichen Schlüssel für die Verteilung des Abwicklungsgewinns und leistet der Gesellschafter, der deshalb zuviel erhalten hat, an den (oder die) anderen Gesellschafter eine Abfindung in Geld (oder in zu seinem Privatvermögen gehörenden Wirtschaftsgütern), dann erhöht der Ausgleich den Aufgabegewinnanteil des empfangenden Gesellschafters und vermindert den Aufgabegewinnanteil des leistenden Gesellschafters (BFH, BStBl 1982 II S. 456).

Beispiel:		Buchwert	Gemeiner Wert	Stille Reserven
Teilbetrieb	I	10	30	20
Teilbetrieb	II	30	40	10
Kapital	A	20	35	15
Kapital	B	20	35	15

A erhält den Teilbetrieb I, B den Teilbetrieb II. Geht man davon aus, daß der Aufgabegewinn von 30 (70 ./. 40) im Verhältnis der Kapitalkonten den Gesellschaftern zuzurechnen ist, dann hat jeder Gesellschafter gegenüber der Gesellschaft einen Auseinandersetzungsanspruch im Wert von 35. Dieser wird gegenüber A erfüllt im Wert von 30 durch Übertragung des Teilbetriebs I und durch Zuzahlung eines Wertausgleichs von 5 durch B an A; der Auseinandersetzungsanspruch wird erfüllt gegenüber B im Wert von 40 durch Übereignung des Teilbetriebs II im Wert von 40, vermindert um die Ausgleichszahlung von 5 (so Döllerer). Beiden Gesellschaftern ist damit ein Aufgabegewinn von je 15 (35 ./. 20) zuzurechnen.

In der neuen Rechtsprechung des BFH (BStBl 1982 II S. 456) gibt es keinen Hinweis darauf, ob bei Buchwertfortführung eine Gewinnverwirklichung durch die Ausgleichszahlung eintritt. Schmidt (EStG, § 16 Anm. 101) sieht die Ausgleichszahlungen so an, als ob die Gesellschafter vor der Realteilung ihre Beteiligung durch entgeltliche Übertragung von Bruchteilsanteilen am Gesellschaftsanteil eines Gesellschafters auf den (die) anderen Gesellschafter so verändert hätten, daß der gemeine Wert der erhaltenen Wirtschaftsgüter dem Verhältnis des Wertes der Kapitalkonten der Gesellschafter entspricht.

Beispiel (aus Schmidt, EStG § 16 Anm. 101):

	Buchwert	Gemeiner Wert	Stille Reserven
Grundstück	90	150	60
Sonstige WG	10	50	40
Kapital A	50	100	50
Kapital B	50	100	50

A erhält das Grundstück, B die sonstigen Wirtschaftsgüter. A zahlt an B einen Ausgleich von 50. Die Ausgleichszahlung wird so gesehen, als wenn A an B vor der Realteilung von seiner Beteiligung im Buchwert von 50 einen Anteil in Höhe des Buchwerts von 25 zum Preis von 50 veräußert hätte. Insoweit entsteht ein (begünstigter) Veräußerungsgewinn. Die Buchwerte der den Gesellschaftern zugeteilten Wirtschaftsgüter sind um diesen Gewinn nach dem Verhältnis der in ihnen ruhenden stillen Reserven (60 : 40) aufzustocken und von A und B fortzuführen:

Grundstück   90 + (60 v. H. von 25) 15 = 105
Sonstige WG   10 + (40 v. H. von 25) 10 = 20

Auf einem anderen Vorstellungsbild beruht die Auffassung Döllerers. Wenn sich der Anspruch auf die Ausgleichszahlung als Teil des Auseinandersetzungsanspruchs gegen die Gesellschafter richtet, dann ist die Ausgleichszahlung „Teil eines Dreiecksverhältnisses, dessen Ecken der leistende Gesellschafter, die Gesellschaft und der empfangende Gesellschafter bilden". In vorstehendem Beispiel würde der Anspruch des B gegen die Gesellschaft auf Leistung von weiteren 50 dadurch erfüllt, daß die Gesellschaft dem A einen Mehrwert an Wirtschaftsgütern von 50 zuteilt und A vereinbarungsgemäß den Betrag von 50 in Geld an B weiterleitet. Wenn, so meint Döllerer, die Fortführung der Buchwerte unter der Voraussetzung zulässig sei, daß die Besteuerung der stillen Reserven sichergesellt ist, dann erweise sich die Ausgleichszahlung weder als Hindernis für die Buchwertfortführung, noch rechtfertige sie die Annahme einer zusätzlichen Veränderung des künftig von A und B insgesamt zu versteuernden Gewinns.

Beispiel:

	Buchwert	Gemeiner Wert	Stille Reserven
Teilbetrieb I	10	30	20
Teilbetrieb II	20	40	20
Kapital A	15	35	20
Kapital B	15	35	20

A übernimmt den Teilbetrieb I und B den Teilbetrieb II. B zahlt an A eine Ausgleichszahlung von 5. A und B wollen die Buchwerte fortführen. Zu diesem Zwecke haben sie ihre Kapitalkonten den Buchwerten der übernommenen Teilbetriebe anzupassen. Die Ausgleichszahlung wird erfolgsneutral behandelt.

Teilbetrieb I: Buchwert der WG 10   Kapital 10
              Stille Reserven 20
              Künftiger Gewinn des A 20

Die Verteilung des künftigen Gewinns auf die Gesellschafter erfolgt hier so, als wenn eine Ausgleichszahlung nicht geleistet wäre, während im Falle der sofortigen Besteuerung eines Aufgabegewinns bei beiden Gesellschaftern die Ausgleichszahlung den Aufgabegewinn des Zahlenden vermindert und den des Empfangenden erhöht. Diese Unterschiedlichkeit ist ein Mangel der Auffassung Döllerers, der, wie er selbst einräumt, in Extremfällen bei Ausgleichszahlungen die Frage aufkommen läßt, ob Rechtsmißbrauch i. S. von § 42 AO vorliegt. Sie wird bei der Auffassung von Schmidt vermieden. Zwar paßt sich das Vorstellungsbild Schmidts nicht so zwanglos wie das von Döllerer in die Entscheidung des BFH vom 19. 1. 1982 (BStBl 1982 II S. 456) ein. Doch erscheint die Lösung Schmidts, daß die Ausgleichszahlung Entgelt für die Veräußerung eines Teils eines Mitunternehmeranteils darstellt, gesetzesnäher, so daß bei Abwägung dieses Für und Wider der Auffassung Schmidts der Vorzug gebührt.

5.4.6 Veräußerungsgewinn (§ 16 Abs. 2 EStG)

5.4.6.1 Ermittlung des Veräußerungsgewinns im allgemeinen

Der Veräußerungsgewinn gehört zu den Einkünften aus Gewerbebetrieb und ist damit nach den allgemeinen Vorschriften der Gewinnermittlung zu ermitteln (BFH, BStBl 1967 II S. 70 und 1989 II S. 563, 565). Dem trägt die Vorschrift des § 16 Abs. 2 EStG Rechnung. Veräußerungsgewinn ist danach der Betrag, um den der Veräußerungspreis nach Abzug der Veräußerungskosten den Wert des Betriebsvermögens oder den Wert des Anteils am Betriebsvermögen im Zeitpunkt der Veräußerung übersteigt.

Zum **Veräußerungspreis** gehört alles, was der Veräußerer anläßlich der Veräußerung oder im wirtschaftlichen Zusammenhang mit der Veräußerung erhält (BFH, BStBl 1971 II S. 92). Zum Veräußerungspreis sind somit nicht nur die als Kaufpreis bezeichneten Zahlungen, sondern auch sonstige Entschädigungen und Vorteile (z. B. Entgelte für den Wegfall künftiger Gewinnaussichten, für die Aufgabe der Geschäftsräume usw.) zu rechnen.

Auch die Freistellung von einer privaten oder betrieblichen Schuld gehört danach zum Veräußerungspreis (BFH, BStBl 1983 II S. 595). Entsprechendes muß für die Übernahme von privaten oder betrieblichen Verbindlichkeiten gelten. Nach der Rechtsprechung des RFH (vgl. RStBl 1935 S. 1446) soll auch das Entgelt für ein Wettbewerbsverbot, das gelegentlich einer Betriebsveräußerung vereinbart wird, zum Veräußerungspreis zu zählen sein. Ob der BFH sich dieser Auffassung anschließen wird, ist jedoch durch seine Rechtsprechung zu § 17 EStG (vgl. BStBl 1983 II S. 289) zweifelhaft geworden.

Soweit der Veräußerungspreis in Bar- oder Buchgeld besteht, ist er mit dem jeweiligen Nennwert anzusetzen, der insoweit auch den darin enthaltenen Umsatzsteuerbetrag umfaßt (BFH, BStBl 1989 II S. 563, 564). Entsprechendes gilt, wenn die Freistellung oder die Übernahme von Schulden das zivilrechtlich vereinbarte Entgelt für die Veräußerung des Betriebes darstellt (BFH, BStBl 1989 II S. 563).

Nicht in Geld bestehende Teile des Veräußerungspreises sind nach den allgemeinen Vorschriften des BewG zu bewerten (BFH, BStBl 1978 II S. 295).

Soweit der Veräußerungspreis erst nach mehr als einem Jahr fällig wird, ist eine Abzinsung des vereinbarten Preises vorzunehmen, falls die Vertragsparteien keine Verzinsung vereinbart haben (BFH, BStBl 1981 II S. 160).

Werden im Zusammenhang mit der Veräußerung eines Betriebs oder Teilbetriebs einzelne Wirtschaftsgüter in das Privatvermögen überführt oder anderen betriebsfremden Zwecken zugeführt, so ist entsprechend der Vorschrift des § 16 Abs. 3 Satz 3 EStG der gemeine Wert dieser Wirtschaftsgüter dem Veräußerungspreis hinzuzurechnen. Voraussetzung ist jedoch im Fall der Veräußerung eines Teilbetriebs, daß die betreffenden Wirtschaftsgüter dem veräußerten Teilbetrieb gedient und damit zum Betriebsvermögen des veräußerten Teilbetriebs gehört haben (BFH, BStBl 1973 II S. 700).

Von dem so ermittelten Veräußerungspreis ist für die Ermittlung des Veräußerungsgewinns auch dann auszugehen, wenn er hinter dem wirklichen Wert des veräußerten Betriebsvermögens zurückbleibt. Dies gilt auch dann, wenn der Veräußerungspreis aus privaten Gründen zu gering bemessen worden ist (BFH, BStBl 1986 II S. 811, 814). Eine Zerlegung des Veräußerungsgeschäfts in ein voll entgeltliches und ein voll unentgeltliches Geschäft kommt insoweit schon im Hinblick auf den eindeutigen Wortlaut des § 16 Abs. 2 EStG nicht in Betracht.

Unter den **Veräußerungskosten** sind alle durch die Veräußerung unmittelbar veranlaßten Kosten wie die Notariatskosten, Maklerprovisionen, Grundbuchgebühren u. ä. zu verstehen. Auch Steuern, die durch den Veräußerungsvorgang selbst entstehen, d. h. die entsprechenden Verkehrsteuern wie Grunderwerbsteuer, Umsatzsteuer und die Steuern nach dem Kapitalverkehrsteuergesetz, gehören zu den Veräußerungskosten (BFH, BStBl 1978 II S. 100).

Anzusetzen sind die Veräußerungskosten grundsätzlich in Höhe des Betrages, in der sie nach den getroffenen Vereinbarungen bzw. den maßgebenden gesetzlichen Regelungen entstanden sind oder entstehen werden (BFH, BStBl 1989 II S. 563/ 565). Dies gilt hinsichtlich der angefallenen Umsatzsteuerschuld selbst dann, wenn diese (zunächst) unzutreffend festgesetzt wird. Auf den Zeitpunkt der Verausgabung (§ 11 Abs. 2 EStG) der Veräußerungkosten kommt es nicht an. So sind z. B. auch die Veräußerungskosten zu berücksichtigen, die in dem der Veräußerung vorangegangenen Kalenderjahr verausgabt wurden.

Der **Wert des Betriebsvermögens** oder des Anteils am Betriebsvermögen ist für den Zeitpunkt der Veräußerung nach § 4 Abs. 1 oder nach § 5 EStG zu ermitteln. Zur Ermittlung des Veräußerungsgewinns ist somit dem Veräußerungspreis nicht der tatsächliche, sondern der buchmäßige Wert des Betriebsvermögens gegenüberzustellen.

Bei der Gewinnermittlung nach § 4 Abs. 3 EStG ist der Steuerpflichtige so zu behandeln, als ob er im Augenblick der Veräußerung zunächst zur Gewinnermittlung durch Betriebsvermögensvergleich nach § 4 Abs. 1 oder nach § 5 EStG übergegangen wäre. Die wegen dieses Übergangs erforderlichen Zu- und Abrechnungen (Abschn. 19 Abs. 1 EStR) sind beim laufenden Gewinn und nicht beim Veräußerungsgewinn zu berücksichtigen (BFH, BStBl 1962 III S. 199).

Wird ein Darlehen anläßlich der Veräußerung oder Aufgabe des Betriebs vorfristig zurückgezahlt, so mindert ein infolgedessen auszubuchendes aktiviertes Disagio den laufenden Gewinn und nicht den Veräußerungsgewinn (BFH, BStBl 1984 II S. 713).

Erfolgt die Veräußerung im Laufe eines Wirtschaftsjahres, so ist bei der Ermittlung des Veräußerungsgewinns von dem Kapitalkonto auszugehen, das sich nach der Zurechnung des laufenden Gewinns auf den Zeitpunkt der Veräußerung ergibt (BFH, BStBl 1974 II S. 100).

Werden bei einer Veräußerung einzelne Wirtschaftsgüter zurückbehalten und nicht gleichzeitig in das Privatvermögen überführt, so ist deren Buchwert bei der Ermittlung des Werts des Betriebsvermögens auszuscheiden. Entsprechend sind auch passivierte Verbindlichkeiten, die nicht auf den Erwerber übergehen, bei der Ermittlung des Werts des Betriebsvermögens unberücksichtigt zu lassen.

Beispiel:

Der Gewerbetreibende A hat seinen Gewerbebetrieb im ganzen für 350 000 DM an B veräußert.

Im Zeitpunkt der Veräußerung haben betragen: a) Aktiva (buchmäßig) = 180 000 DM, b) Passiva (buchmäßig) = 20 000 DM, c) Kapital (buchmäßig) = 160 000 DM.

Die Passiva von 20 000 DM sind von B nicht übernommen worden. Von den Aktiva hat A den Pkw (Buchwert = 4000 DM, gemeiner Wert = 6000 DM) zurückbehalten. Der Pkw ist von A nach der Veräußerung ausschließlich für private Zwecke genutzt worden.

Der Veräußerungsgewinn berechnet sich in diesem Fall wie folgt:

Vereinbarter Preis		350 000 DM
+ gemeiner Wert des Pkw		6 000 DM
Veräußerungspreis		356 000 DM
Wert des Betriebsvermögen	160 000 DM	
+ nicht übernommene Schulden	20 000 DM	180 000 DM
Veräußerungsgewinn		176 000 DM

Ein Abschlag wegen der inzwischen eingetretenen allgemeinen Geldentwertung kann auch bei der Ermittlung des Betriebsaufgabegewinns nicht vorgenommen werden (BFH, BStBl 1971 II S. 626).

5.4.6.2 Erfassung des Veräußerungsgewinns

Der Veräußerungsgewinn ist grundsätzlich in dem Veranlagungszeitraum zu erfassen, in dem die Veräußerung vollzogen, das Veräußerungsobjekt also auf den Erwerber übergegangen ist. Wird die Veräußerung nach den getroffenen Vereinbarungen im Jahreswechsel, d. h. im Schnittpunkt der Kalenderjahre, wirksam, so ist unter Würdigung aller Umstände zu entscheiden, welchem Jahr der Veräußerungsvorgang zuzurechnen ist (BFH, BStBl 1974 II S. 707).

In welchem Zeitpunkt der Veräußerungspreis vereinnahmt oder die Veräußerungskosten verausgabt worden sind, ist für die Frage, wann die Veräußerung erfolgt ist, grundsätzlich ohne Bedeutung. Dies gilt auch in den Fällen, in denen der vereinbarte Veräußerungspreis in Raten (**Kaufpreisraten**) zu tilgen ist. Auch in diesen Fällen ist der Veräußerungsgewinn als im Veräußerungszeitpunkt realisiert anzusehen. Daran vermag auch die Gefahr künftiger Geldentwertung nichts zu ändern (BFH, BStBl 1968 II S. 653).

Eine Ausnahme gilt lediglich für die Fälle, in denen der **Veräußerungspreis in laufenden Bezügen** (Gewinn- oder Umsatzbeteiligung, Leib- oder Zeitrente) besteht. In diesen Fällen ist nach der Rechtsprechung des BFH kein sofort zu versteuernder Veräußerungsgewinn anzunehmen. Der Veräußerungsgewinn ist in diesen Fällen erst in den Veranlagungszeiträumen zu erfassen, in denen die laufenden Bezüge dem Steuerpflichtigen tatsächlich zufließen. Durch diese Behandlung soll vermieden werden, daß der Steuerpflichtige infolge der sonst erforderlichen Schätzung des Veräußerungspreises unter Umständen einen Gewinn versteuern müßte, den er tatsächlich überhaupt nicht erzielt.

Die vorstehend dargestellten Grundsätze gelten auch dann, wenn der Veräußerungspreis teilweise in Form von laufenden Bezügen erbracht wird, wenn also laufende Bezüge neben einem festen Veräußerungspreis vereinbart sind. Soweit sich durch den fest bestimmten Veräußerungspreis bereits ein Gewinn ergibt, ist dieser jedoch stets schon im Jahr der Veräußerung zu erfassen.

Da der Verzicht auf die sofortige Besteuerung des Veräußerungsgewinns jedoch nicht in jedem Fall für den Steuerpflichtigen von Vorteil sein muß und die vorstehend erwähnte Rechtsprechung offenbar auch durch Billigkeitserwägungen beeinflußt worden ist, gesteht die Rechtsprechung dem Steuerpflichtigen für den häufig vorkommenden Fall der Betriebsveräußerung gegen Gewährung einer Leibrente das **Recht** zu, die **sofortige Besteuerung zu wählen.** Dies gilt auch, wenn die Veräußerung gegen eine abgekürzte Leibrente erfolgt (BFH, BStBl 1974 II S. 452) oder die Leibrente neben einem festen Barpreis gewährt wird (vgl. dazu auch BFH, BStBl 1968 II S. 76).

Das Recht, die sofortige Besteuerung zu wählen, gilt nicht nur für den Fall der Betriebsveräußerung, sondern auch im Falle der Veräußerung eines Teilbetriebs (vgl. BFH, BStBl 1984 II S. 829). Auch im Falle der Veräußerung eines Mitunternehmeranteils kann insoweit nichts anderes gelten.

Ob der Veräußerer auch im Falle einer Veräußerung gegen laufende Leistungen anderer Art (z. B. Umsatz- oder Gewinnbeteiligung) die sofortige Besteuerung wählen kann, ist noch nicht abschließend geklärt. Da die Interessen- und Rechtslage insoweit keine andere ist als im Falle der Betriebsveräußerung gegen Zusage einer Leibrente, wird man diese Frage nach unserer Auffassung jedoch zu bejahen haben.

Ist der Veräußerungsgewinn sofort zu besteuern, so geht die Forderung auf Zahlung des Veräußerungspreises unmittelbar ins Privatvermögen des Veräußerers über. Der Veräußerungsgewinn wird daher nicht berührt, wenn diese Forderung nachträglich ganz oder teilweise ausfällt (BFH, BStBl 1977 II S. 127).

5.4.6.3 Ermittlung des Veräußerungsgewinns in besonderen Fällen

Wird der vereinbarte Veräußerungspreis in Raten getilgt **(Kaufpreisraten),** so ist zur Ermittlung des Veräußerungsgewinns von dem Barwert der zu zahlenden Raten auszugehen. Bei der Berechnung des Barwerts der einzelnen Raten ist im allgemeinen von einem Zinsfuß von 5,5 v. H. auszugehen (BFH, BStBl 1970 II S. 309, 1971 II S. 92). Ist eine Verzinsung des Veräußerungspreises nicht vereinbart oder liegt der vereinbarte Zinssatz unter 5,5 v. H., so ist der Barwert der einzelnen Raten dementsprechend geringer als ihr Nennwert. In Höhe des Unterschiedsbetrags stellen die einzelnen Raten Zinsen dar, die im Jahr der Vereinnahmung der einzelnen Raten als Einkünfte aus Kapitalvermögen i. S. des § 20 EStG zu erfassen sind, falls die entsprechenden Forderungen nicht ausnahmsweise zum Betriebsvermögen gehören.

Besteht der Veräußerungspreis in einer **Leibrente,** so ist zu unterscheiden, ob der Steuerpflichtige von seinem Recht, die sofortige Besteuerung des Veräußerungsgewinns zu wählen, Gebrauch macht oder nicht.

Entscheidet sich der Steuerpflichtige für die **sofortige Besteuerung,** so ist zur Ermittlung des Veräußerungsgewinns von dem Barwert der Leibrente im Zeitpunkt der Veräußerung auszugehen. Der Barwert der Rente ist – anders als beim Erwerber – ausnahmslos nach § 14 BewG zu ermitteln, da das EStG insoweit keine eigene Regelung getroffen hat und eine analoge Anwendung des § 6 Abs. 1 Nr. 4 EStG nicht in Betracht kommt (BFH, BStBl 1978 II S. 295, 297; so jetzt auch Abschn. 139 Abs. 12 Satz 4 EStR).

Die laufenden Rentenbezüge sind in diesem Fall mit ihrem Ertragsanteil nach § 22 Nr. 1 Buchst. a EStG als sonstige Einkünfte zu erfassen.

Macht der Steuerpflichtige von seinem Recht, die sofortige Besteuerung des Veräußerungsgewinns zu wählen, keinen Gebrauch, wählt er also die **Besteuerung im Zeitpunkt des Zuflusses,** so ergibt sich eine Steuerpflicht für ihn erst dann, wenn die nach § 11 EStG im Jahr des Zuflusses zu erfassenden laufenden Bezüge die Veräußerungskosten und den Wert des Kapitalkontos im Zeitpunkt der Veräußerung übersteigen. Bis zu diesem Zeitpunkt liegt eine nicht steuerbare Vermögensumschichtung vor. Die nach diesem Zeitpunkt zufließenden Bezüge sind als nachträgliche Einkünfte aus der früheren Einkunftsart nach § 24 Nr. 2 EStG steuerpflichtig und als solche weder nach § 34 Abs. 2 EStG noch nach § 16 Abs. 4 EStG begünstigt (vgl. dazu die Ausführungen unter 5.4.8.2.1).

Der Erwerber hat den nach versicherungsmathematischen Grundsätzen ermittelten Barwert der Rente zu passivieren. Der Barwert der Rente im Veräußerungszeitpunkt und die zusätzlichen Leistungen des Erwerbers stellen für den Erwerber die Anschaffungskosten für die übernommenen Wirtschaftsgüter dar. Die laufenden Rentenleistungen sind beim Erwerber in voller Höhe Betriebsausgaben. Die jeweilige Minderung des Barwerts der Rentenlast gegenüber dem Ansatz in der vorangegangenen Schlußbilanz, wie auch der endgültige Fortfall der Rentenschuld, z. B. beim Tod des Berechtigten, wird als Ertrag behandelt. Dadurch wirkt sich praktisch nur der in den Rentenleistungen enthaltene Zinsteil als Aufwand aus.

Beispiel:

A veräußert seinen gewerblichen Betrieb an B gegen Zusage einer lebenslänglichen monatlichen Rente von 2000 DM. Im Veräußerungszeitpunkt sollen betragen: **a)** der Barwert der Rente = 260 000 DM, **b)** das buchmäßige Kapitalkonto des Veräußerers = 120 000 DM, **c)** die Veräußerungskosten = 1000 DM.

Die laufenden Rentenzahlungen stellen für A solange eine nicht steuerbare Vermögensumschichtung dar, bis die laufenden Bezüge den Betrag von 121 000 DM (Stand des Kapitalkontos + Veräußerungskosten) übersteigen. Das ist erst nach 5 Jahren und einem Monat der Fall. Die nach diesem Zeitpunkt zufließenden Rentenbezüge hat A nach § 15 i. V. m. § 24 Nr. 2 EStG (nachträgliche Einkünfte aus Gewerbebetrieb) in voller Höhe zu versteuern.

Der Kapitalwert der Rentenlast stellt die Anschaffungskosten des Erwerbers dar. Die laufenden Rentenleistungen sind vom Beginn an in voller Höhe Betriebsausgaben. Die Verminderung des für jeden Abschlußzeitpunkt neu zu ermittelnden Kapitalwerts der Rentenschuld ist als Ertrag zu behandeln. Dadurch wirkt sich im Ergebnis nur der Zinsanteil der Rentenleistungen als Aufwand aus.

Wenn eine **Leibrente neben einem festen Veräußerungspreis** vereinbart ist, gelten hinsichtlich der Ermittlung des Veräußerungsgewinns die vorstehend dargestellten Grundsätze, soweit der Gewinn durch die zugesagte Leibrente entsteht. Soweit sich durch den fest bestimmten Veräußerungspreis bereits ein Gewinn ergibt, ist dieser stets schon im Jahr der Veräußerung zu erfassen.

Entscheidet sich der Veräußerer für die **sofortige Besteuerung**, so ist danach der Kapitalwert der vereinbarten Rente neben dem festen Veräußerungspreis als Veräußerungserlös anzusetzen, von dem sodann für die Ermittlung des Veräußerungsgewinns auszugehen ist.

Entscheidet sich der Veräußerer für die **Versteuerung des Veräußerungsgewinns im Zeitpunkt des Zuflusses,** so sind die Rentenleistungen im Jahr ihres Zuflusses als nachträgliche Einkünfte zu erfassen, wenn und soweit sie den nach Anrechnung des Barpreises verbleibenden Teil des Buchwerts des Kapitalkontos im Zeitpunkt der Veräußerung und der vom Veräußerer zu tragenden Veräußerungskosten übersteigen.

Beispiel:

A hat 1987 seinen Gewerbebetrieb (Buchwert 115 000 DM) gegen einen festen Kaufpreis von 100 000 DM und eine Leibrente von monatlich 1000 DM veräußert, deren Kapitalwert sich im Zeitpunkt der Veräußerung auf 150 000 DM beläuft. Die von A zu tragenden Veräußerungskosten belaufen sich auf 2000 DM.

Die erhaltene Barzahlung stellt eine nicht steuerbare Vermögensumschichtung dar, da sie den Buchwert des Kapitalkontos im Veräußerungszeitpunkt nicht übersteigt.

Die laufenden Rentenbezüge sind für A ebenfalls solange vermögensumschichtend, bis sie unter Berücksichtigung der Barzahlung den Buchwert des Kapitalkontos im Veräußerungszeitpunkt zuzüglich der Veräußerungskosten erreichen. Die Rentenbezüge sind daher als nachträgliche gewerbliche Einkünfte erst in voller Höhe steuerpflichtig, wenn sie den Betrag von (15 000 DM + 2000 DM =) 17 000 DM übersteigen.

Besteht der Veräußerungspreis **in sonstigen laufenden Bezügen,** so sind die vorstehend dargestellten Grundsätze für die Behandlung von Veräußerungsleibrenten bei Verzicht auf eine sofortige Besteuerung entsprechend anzuwenden.

Scheidet ein Gesellschafter mit **negativem Kapitalkonto** aus einer Personengesellschaft aus und verzichten die verbleibenden Gesellschafter auf den Ausgleich des negativen Kapitalkontos, so entsteht bei dem Ausgeschiedenen nach der Rechtsprechung des BFH in Höhe des negativen Kapitalkontos ein Veräußerungsgewinn; es sei denn, daß dieser wegen der schlechten Lage der Gesellschaft und der verbleibenden Gesellschafter nach wie vor mit seiner Inanspruchnahme durch Gesellschaftsgläubiger rechnen muß (BFH, BStBl 1978 II S. 149). Dies gilt auch dann, wenn der Ausgleichsanspruch der verbleibenden Gesellschafter im Zeitpunkt der Verzichtserklärung wegen Vermögenslosigkeit des Ausgeschiedenen wertlos ist (BFH, BStBl 1967 III S. 309). Wenn das negative Kapitalkonto des ausgeschiedenen Gesellschafters den vorangegangenen einheitlichen Gewinnfeststellungen zugrunde gelegt worden ist und dem ausgeschiedenen Gesellschafter entsprechende Verlustanteile zugerechnet worden sind, folgt die Entstehung des Veräußerungsgewinns bereits aus dem Grundsatz des Bilanzenzusammenhangs (BFH, BStBl 1973 II S. 389). Nach der Auffassung des BFH kommt ein Verzicht der verbleibenden Gesellschafter auf einen Ausgleich des negativen Kapitalkontos wirtschaftlich einer aus Anlaß des Ausscheidens vorgenommenen nachträglichen Änderung der Gewinnverteilung gleich, bei der es grundsätzlich unerheblich ist, aus welchen Gründen sie erfolgt.

Auch beim Wegfall eines durch einkommensteuerrechtliche Verlustzurechnung entstandenen negativen Kapitalkontos eines Kommanditisten ergibt sich in Höhe des negativen Kapitalkontos ein Gewinn des Kommanditisten (BFH, BStBl 1981 II S. 164). Zum Veräußerungsgewinn gehört dieser Gewinn, wenn das negative Kapitalkonto im Rahmen der Veräußerung des Betriebs der Kommanditgesellschaft wegfällt. Auch wenn ein Kommanditist aus einer Kommanditgesellschaft ausscheidet und die persönlich haftenden Gesellschafter ein negatives Kapitalkonto ohne Ausgleichszahlung übernehmen, gehört der durch den Wegfall des negativen Kapitalkontos entstehende Gewinn zum Veräußerungsgewinn (BFH, StLex 1, 1981, 542). Zum laufenden Gewinn ist der durch den Wegfall des negativen Kapitalkontos eines Kommanditisten entstehende Gewinn jedoch zu rechnen, wenn bereits zu einem früheren Zeitpunkt feststeht, daß ein Ausgleich des negativen Kapitalkontos des Kommanditisten mit künftigen Gewinnanteilen nicht mehr in Betracht kommt (BFH, BStBl 1981 II S. 164). Voraussetzung ist jedoch, daß der Kommanditist während seiner Beteiligung an der Kommanditgesellschaft unbegrenzt am Gewinn und Verlust beteiligt und damit insoweit wie ein persönlich haftender Gesellschafter behandelt worden ist (BFH, BStBl 1964 III S. 359, 1967 III S. 69).

Hinsichtlich der Ermittlung eines etwaigen Veräußerungsgewinns in den Fällen einer **Änderung der Unternehmensform** wird auf die besondere Darstellung dieses Fragenbereichs verwiesen (vgl. 5.6).

5.4.6.4 Berücksichtigung nachträglicher Änderungen

Soweit Veräußerungsgewinne als im Zeitpunkt der Veräußerung realisiert angesehen werden müssen, stellt sich die Frage, wie sich nachträgliche Ereignisse auswirken, die die Höhe des Veräußerungsgewinns beeinflussen. Dies gilt unabhängig davon, ob sich diese Ereignisse auf den Veräußerungspreis oder auf die Veräußerungskosten beziehen (BFH, BStBl 1989 II S. 563, 566).

Beruht eine nachträgliche Erhöhung des Veräußerungspreises darauf, daß über den Veräußerungspreis im Zeitpunkt der Veräußerung noch keine abschließende Einigung erzielt wurde, so muß der später festgesetzte Erhöhungsbetrag auf den Zeitpunkt der Veräußerung zurückbezogen werden. Etwaige Steuerfestsetzungen sind daher nach § 175 Abs. 1 Nr. 2 AO zu ändern (BFH, BStBl 1984 II S. 786).

Beispiel:

A ist zum 1. 9. 1985 aus der X-OHG ausgeschieden. Da ihm ein Anteil an den stillen Reserven im Bereich des Anlagevermögens unter Berufung auf eine nicht ganz eindeutige Abfindungsklausel im Gesellschaftsvertrag vorenthalten wurde, ergab sich zunächst nur ein Veräußerungsgewinn in Höhe von 50 000 DM. Aufgrund eines von A erwirkten rechtskräftigen Urteils hat die X-OHG im Jahre 1990 weitere 200 000 DM als Abfindung gezahlt.

Sofern die Veranlagung für das Jahr 1985 bereits endgültig durchgeführt und bestandskräftig ist, ist sie nach § 175 Abs. 1 Nr. 2 AO in der Weise zu ändern, daß bei der Ermittlung des Veräußerungsgewinns der nachträglich gezahlte weitere Abfindungsbetrag berücksichtigt wird.

Entsprechendes gilt auch dann, wenn zu einem späteren Zeitpunkt wegen unklarer Regelungen im Veräußerungsvertrag oder Meinungsverschiedenheiten über die Vertragsgrundlagen die getroffene Preisvereinbarung mit Erfolg angegriffen und der vereinbarte Preis nachträglich erhöht wird (vgl. auch BFH, BStBl 1989 II S. 41).

Im Falle der nachträglichen Erhöhung eines zunächst feststehenden Veräußerungspreises ist der Mehrbetrag, der auch insoweit als Teil des Veräußerungsgewinns anzusehen ist, erst in dem Veranlagungszeitraum anzusetzen, in dem die Erhöhung vereinbart worden ist (BFH, BStBl 1966 III S. 465).

Beispiel:

B ist zum 31. 12. 1985 aus der Y-OHG ausgeschieden und hat aufgrund des vereinbarten Veräußerungspreises von 180 000 DM einen Veräußerungsgewinn von 115 000 DM erzielt. Aufgrund der überraschend guten Geschäftsentwicklung in den Jahren 1986 bis 1989 ist dem B von seinen früheren Mitgesellschaftern im April 1990 eine Nachzahlung in Höhe von 40 000 DM zugestanden worden.

Durch die Nachzahlung erhöht sich der Veräußerungsgewinn um 40 000 DM auf insgesamt 155 000 DM. Der Unterschiedsbetrag ist im Veranlagungszeitraum 1990 zu berücksichtigen.

Die vorstehenden Grundsätze gelten entsprechend, wenn der vereinbarte Preis nachträglich herabgesetzt wird (vgl. auch BFH, BStBl 1989 II S. 41).

Eine nachträgliche Preisherabsetzung in diesem Sinne liegt jedoch nicht vor, wenn der Veräußerungspreis wegen teilweiser Uneinbringlichkeit der entsprechenden Forderung nicht voll eingeht. Die Uneinbringlichkeit des vereinbarten Veräußerungspreises ist ohne Auswirkung auf die Höhe des Veräußerungsgewinns (vgl. BFH, BStBl 1977 II S. 127).

5.4.7 Aufgabegewinn (§ 16 Abs. 3 EStG)

Die Ermittlung des Aufgabegewinns ergibt sich, da die Aufgabe des Betriebs nach § 16 Abs. 3 Satz 1 EStG als Veräußerung gilt, grundsätzlich ebenfalls aus § 16 Abs. 2 EStG. Dabei sind jedoch die Sondervorschriften des § 16 Abs. 3 Sätze 2 und 3 EStG zu beachten.

Aufgabegewinn ist der Betrag, um den die Summe der erzielten Veräußerungspreise und der gemeinen Werte der nicht veräußerten, ins Privatvermögen überführten Wirtschaftsgüter im Zeitpunkt der Betriebsaufgabe den Wert des Betriebsvermögens im Aufgabezeitpunkt übersteigt (BFH, BStBl 1984 II S. 294).

Zum laufenden Gewinn und nicht zum Aufgabegewinn gehören danach auch Ausgleichszahlungen i. S. des § 89 b HGB an einen Handelsvertreter, wenn dieser mit der Beendigung des betreffenden Vertragsverhältnisses seinen Betrieb aufgibt (BFH, BStBl 1981 II S. 97). Die Ausgleichszahlungen stellen sich nicht als Veräußerungspreis i. S. des § 16 Abs. 3 Satz 2 EStG dar.

Da ein Geschäftswert seiner Natur nach Betriebsvermögen bleibt und als solcher nicht ins Privatvermögen überführt werden kann, ist er bei der Ermittlung des Aufgabegewinns nicht anzusetzen. Ob der Geschäftswert selbstgeschaffen oder entgeltlich erworben ist, ist nach der heutigen Rechtsprechung des BFH (vgl. BStBl 1989 II S. 606) ohne Bedeutung.[7]

Zum Aufgabegewinn gehört auch der Gewinn, der sich im Zusammenhang mit der Aufgabe des Betriebs einer Kommanditgesellschaft durch den Wegfall eines durch einkommensteuerrechtliche Verlustzurechnung entstandenen negativen Kapitalkontos eines Kommanditisten ergibt (BFH, BStBl 1981 II S. 164).

Im Fall der Aufgabe des Betriebs durch eine Mitunternehmergemeinschaft gehört zum Aufgabegewinn auch der Gewinn, den die Mitunternehmer aus der Veräußerung von Sonderbetriebsvermögen im Zusammenhang mit der Aufgabe erzielen (BFH, BFH/NV 1989 S. 774).

Im Fall der Aufgabe eines Teilbetriebs ist als Aufgabegewinn der Betrag anzusetzen, um den die Summe der erzielten Veräußerungspreise für zum aufgegebenen Teilbetrieb gehörende Wirtschaftsgüter und der gemeinen Werte der nicht veräußerten, ins Privatvermögen überführten Wirtschaftsgüter des aufgegebenen Teilbetriebs im Aufgabezeitpunkt den Wert des Betriebsvermögens im Zeitpunkt der Aufgabe des Teilbetriebs übersteigt, der auf den aufgegebenen Teilbetrieb entfällt.

---

7 Mit dem Urteil vom 14. 2. 1979 (BStBl 1979 II S. 99) hatte der BFH die Berücksichtigung eines selbstgeschaffenen Geschäftswerts abgelehnt und zur Begründung seiner Auffassung darauf hingewiesen, daß § 16 Abs. 3 EStG lediglich hinsichtlich vorhandener Wirtschaftsgüter, nicht jedoch hinsichtlich anderer Werte zur Gewinnrealisierung zwinge, die im einkommensteuerlichen Sinne keine Wirtschaftsgüter darstellten. Dieses Urteil wurde von der Finanzverwaltung wegen bestehender Bedenken zunächst nicht allgemein angewendet (vgl. BStBl 1979 I S. 116).

Wird eine das gesamte Nennkapital umfassende Beteiligung an einer Kapitalgesellschaft ins Privatvermögen des Gesellschafters überführt, so ist, da diese Überführung wie eine Teilbetriebsaufgabe zu behandeln ist, nach § 16 Abs. 3 EStG ebenfalls mit dem gemeinen Wert im Zeitpunkt der Überführung anzusetzen (BFH, BStBl 1982 II S. 751).

Führt die Veräußerung eines Mitunternehmeranteils zur Auflösung der stillen Reserven im Sonderbetriebsvermögen dieses Mitunternehmers, so ist nach der Rechtsprechung des BFH (vgl. BStBl 1983 II S. 771) ein betriebsaufgabeähnlicher Vorgang anzunehmen, der die Anteilsveräußerung und die Auflösung des Sonderbetriebsvermögens umfaßt. Dies hat zur Folge, daß auch der durch die Auflösung des Sonderbetriebsvermögens entstehende Gewinn als Teil des Gewinns aus diesem einheitlichen aufgabeähnlichen Vorgang zu behandeln ist.

5.4.8 Steuerfreie Veräußerungsgewinne

5.4.8.1 Allgemeines

Nach § 16 Abs. 4 Sätze 1 und 2 EStG wird ein Veräußerungsgewinn zur Einkommensteuer nur herangezogen, soweit er bei der Veräußerung des ganzen Gewerbebetriebs 30 000 DM und bei der Veräußerung eines Teilbetriebs oder eines Anteils am Betriebsvermögen den entsprechenden Teil von 30 000 DM übersteigt. Der Freibetrag von 30 000 DM ermäßigt sich um den Betrag, um den der Veräußerungsgewinn bei der Veräußerung des ganzen Gewerbebetriebs 100 000 DM und bei der Veräußerung eines Teilbetriebs oder eines Anteils am Betriebsvermögen den entsprechenden Teil von 100 000 DM übersteigt.

Durch die Gewährung dieses Freibetrags sollen Gewinne aus der Veräußerung oder Aufgabe kleinerer Betriebe aus sozialen Gründen und auch aus Gründen der Vereinfachung nicht nur nach § 34 EStG tariflich begünstigt, sondern der Einkommensteuer ganz freigestellt werden. An die Stelle des Betrages von 30 000 DM tritt nach § 16 Abs. 4 Satz 3 EStG jeweils der Betrag von 120 000 DM und an die Stelle des Betrages von 100 000 DM jeweils der Betrag von 300 000 DM, wenn der Steuerpflichtige nach Vollendung seines 55. Lebensjahres oder wegen dauernder Berufsunfähigkeit seinen Gewerbebetrieb veräußert oder aufgibt. Durch diese Regelung sollen aus sozialen Gründen besondere Härten vermieden oder gemildert werden, die eintreten können, wenn das zum Betriebsvermögen gehörende Grundstück nicht veräußert, sondern ins Privatvermögen überführt wird und dem Steuerpflichtigen keine Mittel zur Bezahlung der durch den Veräußerungs- oder Aufgabegewinn ausgelösten Steuern zufließen.

Die Vorschriften des § 16 Abs. 4 EStG gelten entsprechend auch für Gewinne, die bei der Veräußerung eines land- und forstwirtschaftlichen Betriebs oder eines Anteils an einem land- und forstwirtschaftlichen Betriebsvermögen erzielt werden.

Der Gewinn aus einer nach dem 30. 6. 1970 und vor dem 1. 1. 1992 erfolgenden Veräußerung eines land- und forstwirtschaftlichen Betriebs im ganzen wird darüber hinaus nach § 14 a Abs. 1 EStG auf Antrag nur insoweit zur Einkommensteuer herangezogen, als er den Betrag von 90 000 DM übersteigt.[8] Voraussetzung ist allerdings bei einer nach dem 31. 12. 1985 erfolgten oder erfolgenden Veräußerung, daß der für den Zeitpunkt der Veräußerung maßgebende Wirtschaftswert (§ 46 BewG) des Betriebs 40 000 DM nicht übersteigt.[9] Ist im Zeitpunkt der Veräußerung ein maßgebender Wirtschaftswert nicht festgestellt oder sind bis zu diesem Zeitpunkt die Voraussetzungen für eine Wertfortschreitung erfüllt, so ist der Wert maßgebend, der sich für den Zeitpunkt der Veräußerung als Wirtschaftswert des Betriebs ergeben würde. Weitere Voraussetzung für die Gewährung des Freibetrags von 90 000 DM ist bei einer nach dem 31. 12. 1985 erfolgten oder erfolgenden Veräußerung, daß die Einkünfte des Steuerpflichtigen i. S. des § 2 Abs. 1 Nrn. 2 bis 7 EStG in den dem Veranlagungszeitraum der Veräußerung vorangegangenen Veranlagungszeiträumen jeweils den Betrag von 24 000 DM[5] nicht überstiegen haben. Bei nicht dauernd getrennt lebenden Ehegatten dürfen die Einkünfte beider Ehegatten in den maßgebenden Veranlagungszeiträumen zusammen jeweils 48 000 DM[10] nicht überstiegen haben.

Liegen die Voraussetzungen des § 14 a Abs. 1 EStG vor, so gilt nach § 14 a Abs. 3 EStG auch die Aufgabe eines land- und forstwirtschaftlichen Betriebs als Veräußerung i. S. dieser Vorschrift, sofern der Steuerpflichtige seinen land- und forstwirtschaftlichen Betrieb zum Zwecke der Strukturverbesserung abgegeben hat und dies durch eine Bescheinigung der nach Landesrecht zuständigen Stelle nachweist. Auch der Gewinn aus der Aufgabe eines land- und forstwirtschaftlichen Betriebs bleibt damit bei Vorliegen dieser Voraussetzungen auf Antrag bis zu einem Betrag von 90 000 DM steuerfrei.

Durch diese Regelungen soll insbesondere Land- und Forstwirten, die in ihrem land- und forstwirtschaftlichen Betrieb auf die Dauer keine ausreichende Existenzgrundlage finden werden, aus agrarpolitischen Gründen ein steuerlicher Anreiz zur Veräußerung oder Aufgabe ihres Betriebes gegeben werden.

Bei den Freibeträgen nach § 16 Abs. 4 und § 14 a Abs. 1 EStG handelt es sich um eine sachliche Steuerbefreiung (vgl. BFH, BStBl 1976 II S. 360). Die Freibeträge sind daher bereits bei der Ermittlung der Einkünfte zu berücksichtigen.

5.4.8.2 Der Freibetrag nach § 16 Abs. 4 Sätze 1 und 2 EStG

5.4.8.2.1 Der Freibetrag bei der Veräußerung oder Aufgabe des ganzen Betriebs

Ob und in welcher Höhe ein Freibetrag zu gewähren ist, hängt gemäß § 16 Abs. 4 Sätze 1 und 2 EStG davon ab, ob und inwieweit der Veräußerungsgewinn die Freibetragsgrenze von 100 000 DM übersteigt.

---

8 Der Betrag von 90 000 DM ist nach § 52 Abs. 20 a EStG bei Veräußerungen anzuwenden, die nach dem 31. 12. 1985 erfolgt sind oder erfolgen. – Für vor dem 1. 1. 1986 erfolgte Veräußerungen beläuft sich dieser Freibetrag auf 60 000 DM.

9 Bei vor dem 1. 1. 1986 erfolgten Veräußerungen beläuft sich dieser Betrag auf 30 000 DM.

10 Diese Höchstbeträge belaufen sich auf 18 000 DM bzw. 36 000 DM bei vor dem 1. 1. 1986 erfolgten Veräußerungen.
Die erhöhten Betragsgrenzen sind auch anzuwenden, wenn die maßgebenden Veranlagungszeiträume vor dem 1. 1. 1986 geendet haben.

Beispiele:

a) Ein Steuerpflichtiger veräußerte seinen Gewerbebetrieb, dessen Betriebsvermögen im Zeitpunkt der Veräußerung 200 000 DM betrug, für 250 000 DM. Veräußerungskosten sind dem Veräußerer nicht entstanden.

Der Freibetrag nach § 16 Abs. 4 EStG beträgt 30 000 DM.

b) Ein Steuerpflichtiger erzielt bei der Veräußerung seines Betriebs einen Veräußerungsgewinn in Höhe von 122 354 DM.

Der Freibetrag nach § 16 Abs. 4 EStG beträgt (130 000 DM ⁒ 122 354 DM) 7646 DM.

Die Freibetragsgrenze von 100 000 DM gilt unverkürzt auch in Fällen, in denen der Veräußerungspreis aus privaten Gründen zu gering bemessen worden ist und daher hinter dem wirklichen Wert des veräußerten Betriebsvermögens zurückbleibt. Insoweit auf den entsprechenden Teil des Betrages von 100 000 DM zurückzugehen, verbietet sich angesichts des eindeutigen Wortlauts der Vorschriften des § 16 Abs. 4 Sätze 1 und 2 EStG.

Maßgebend ist der Gewinn aus der Veräußerung eines Betriebs. Hat ein Steuerpflichtiger mehrere selbständige Betriebe, so kann für jeden Betrieb der volle Freibetrag zu gewähren sein. Veräußert ein Steuerpflichtiger gleichzeitig mehrere selbständige Betriebe, so kann der Freibetrag ggf. mehrfach in Anspruch genommen werden.

Für die Frage, ob ein bestimmter Betrieb einen nach § 16 Abs. 4 EStG begünstigten Veräußerungsgewinn erzielt hat, ist es ohne Bedeutung, ob er im Jahr der Veräußerung mit Gewinn oder Verlust gearbeitet hat (BFH, BStBl 1961 III S. 421).

Beispiel:

A hat bei der Veräußerung seines Betriebs einen Veräußerungsgewinn von 150 000 DM erzielt. Im Jahr der Veräußerung ist ein laufender Verlust von 50 000 DM entstanden. Sonstige Einkünfte sind nicht vorhanden.

Ein Freibetrag kann nicht gewährt werden, weil der Veräußerungsgewinn 130 000 DM übersteigt.

Wird ein Betrieb gegen festen Barpreis und laufende Bezüge veräußert, so ist für die Ermittlung des Freibetrags nach § 16 Abs. 4 EStG nicht allein auf den durch den festen Barpreis realisierten Veräußerungsgewinn abzustellen, sondern auch der Kapitalwert der laufenden Bezüge als Teil des Veräußerungspreises zu berücksichtigen (BFH, BStBl 1968 II S. 75).

Beispiel:

A veräußert seinen Gewerbebetrieb (Buchwert 80 000 DM) gegen einen festen Kaufpreis von 120 000 DM und eine Leibrente von monatlich 800 DM, deren Kapitalwert sich im Zeitpunkt der Veräußerung auf 90 000 DM beläuft.

Da sich unter Berücksichtigung des Kapitalwerts der Leibrente ein Veräußerungsgewinn von 130 000 DM ergibt, kann dem A ein Freibetrag gemäß § 16 Abs. 4 EStG nicht gewährt werden.

Erfolgt eine Betriebsveräußerung ausschließlich gegen laufende Bezüge und kommt eine sofortige Besteuerung des Veräußerungsgewinns nicht in Betracht, so findet die Tarifermäßigung des § 34 Abs. 1 EStG keine Anwendung (BFH, BStBl

1968 II S. 76). Ebenso wie die Tarifermäßigung des § 34 Abs. 1 EStG ist nach der Rechtsprechung des BFH (vgl. BStBl 1989 II S. 409) auch der Freibetrag des § 16 Abs. 4 EStG nicht zu gewähren.

Aus der Versagung der Steuerbefreiung des § 16 Abs. 4 EStG in den Fällen der vorbezeichneten Art folgt zugleich, daß der Freibetrag nach § 16 Abs. 4 EStG im Fall einer Betriebsveräußerung gegen einen festen Kaufpreis und laufende Bezüge den durch den festen Kaufpreis realisierten Veräußerungsgewinn nicht übersteigen darf.

Beispiel:

Der feste Kaufpreis beträgt 90 000 DM, der Kapitalwert der Rente 70 000 DM. Der Buchwert des Betriebsvermögens beträgt 80 000 DM.

Unter Berücksichtigung des Kapitalwerts der Rente ergibt sich ein Veräußerungsgewinn von 80 000 DM. Der feste Kaufpreis übersteigt den Wert des Betriebsvermögens jedoch nur um 10 000 DM.

Nach Ansicht der Finanzverwaltung kann A lediglich einen Freibetrag von 10 000 DM beanspruchen, wenn er nicht die Sofortversteuerung der Rente beantragt.

Fließt der Veräußerungsgewinn in zwei verschiedenen Veranlagungszeiträumen zu (dies ist im Fall der Betriebsaufgabe durchaus möglich, da die wesentlichen Betriebsgrundlagen nicht unbedingt zur gleichen Zeit veräußert oder ins Privatvermögen überführt werden müssen), so wird der zu gewährende Freibetrag in jedem Veranlagungszeitraum nur anteilig zu berücksichtigen und zu diesem Zweck in dem Verhältnis aufzuteilen sein, in dem die in den beiden Veranlagungszeiträumen entstandenen Veräußerungsgewinne zueinander stehen.

5.4.8.2.2 Der Freibetrag bei der Veräußerung oder Aufgabe eines Teilbetriebs oder Mitunternehmeranteils

Der Gewinn aus der Veräußerung eines Teilbetriebs oder eines Anteils am Betriebsvermögen wird nach § 16 Abs. 4 Sätze 1 und 2 EStG nur besteuert, soweit er den entsprechenden Teil von 30 000 DM übersteigt. Dieser anteilige Freibetrag ermäßigt sich ggf. um den Betrag, um den der Veräußerungsgewinn den entsprechenden Teil von 100 000 DM übersteigt.

Was unter dem „entsprechenden Teil" von 30 000 DM bzw. 100 000 DM zu verstehen ist, war lange umstritten. Durch die Rechtsprechung des BFH dürfte diese Frage jedoch abschließend geklärt sein.

Bei der **Veräußerung eines Anteils am Betriebsvermögen** bestimmt sich der „entsprechende Teil" nach dem Verhältnis, in dem der bei der Veräußerung des Mitunternehmeranteils tatsächlich entstandene Gewinn zu dem bei der Veräußerung des ganzen Betriebs bzw. gleichzeitiger Veräußerung aller Mitunternehmeranteile erzielbaren Gewinn steht (BFH, BStBl 1980 II S. 566).

Beispiel:

A und B sind zu gleichen Teilen an einer OHG beteiligt. A hat ein Kapitalkonto von 80 000 DM, B ein solches von 40 000 DM. B veräußert seinen Anteil für 100 000 DM an C.

Der Veräußerungsgewinn des B in Höhe von 60 000 DM beläuft sich auf 50 v. H. des bei der Veräußerung des ganzen Betriebs bzw. beider Mitunternehmeranteile erzielbaren Veräußerungsgewinns von (60 000 DM + 60 000 DM =) 120 000 DM.

Der Veräußerungsgewinn des B übersteigt damit den entsprechenden Teil der Freibetragsgrenze von (50 v. H. von 100 000 DM =) 50 000 DM um 10 000 DM, so daß ihm der auf ihn entfallende Teil des Freibetrags in Höhe von (50 v. H. von 30 000 DM =) 15 000 DM nur in Höhe von (15 000 DM ∕ 10 000 DM =) 5000 DM zusteht.

Die vorstehend dargestellte Regelung soll nach Auffassung des BFH (vgl. BFH, BStBl 1986 II S. 811) auch in den Fällen anzuwenden sein, in denen der Preis für den veräußerten Anteil am Betriebsvermögen aus privaten Gründen zu gering bemessen ist und daher hinter dem wirklichen Wert des veräußerten Anteils zurückbleibt. Diese Auffassung, die zwar durch den Wortlaut des § 16 Abs. 4 Sätze 1 und 2 EStG noch gedeckt ist, führt jedoch zu recht unbefriedigenden Ergebnissen und ist daher unserer Ansicht nach abzulehnen, weil im Falle der Veräußerung des ganzen Betriebs Freibetrag und Freibetragsgrenze unverkürzt auch dann anzuwenden sind, wenn der Veräußerungspreis aus privaten Gründen zu gering bemessen worden ist.

Führt die Veräußerung eines Mitunternehmeranteils zur Auflösung des Sonderbetriebsvermögens dieses Mitunternehmers, so ist auch für die Anwendung der Vorschriften des § 16 Abs. 4 EStG auf den einheitlichen Gewinn aus diesem aufgabeähnlichen Vorgang abzustellen (vgl. dazu BFH, BStBl 1983 II S. 771).

Im Fall der **Veräußerung des ganzen Betriebs einer Mitunternehmergemeinschaft** steht den einzelnen Mitunternehmern nach der Rechtsprechung des BFH (BStBl 1980 II S. 721) für ihren Anteil am Veräußerungsgewinn nach Maßgabe ihrer persönlichen Verhältnisse ein „entsprechender Teil" des Freibetrags zu. Der „entsprechende Teil" des Freibetrags und der Freibetragsgrenze bestimmt sich nach Auffassung des BFH grundsätzlich nach dem Anteil der einzelnen Mitunternehmer am gesamten Veräußerungsgewinn.

Beispiel:

A und B sind Gesellschafter einer OHG. Sie sind zu 25 v. H. bzw. 75 v. H., und zwar auch hinsichtlich der vorhandenen stillen Reserven im Fall einer Veräußerung, am Gewinn beteiligt. Die OHG veräußert ihren gesamten Betrieb für 200 000 DM an C. Sie erzielt dabei einen Veräußerungsgewinn von 80 000 DM, der in Höhe von 20 000 DM auf A und in Höhe von 60 000 DM auf B entfällt.

Die auf A und B entfallenden Veräußerungsgewinne übersteigen nicht den für sie maßgebenden entsprechenden Teil der Freibetragsgrenze von (25 v. H. von 100 000 DM =) 25 000 DM bzw. (75 v. H. von 100 000 DM =) 75 000 DM, so daß ihnen die auf sie entfallenden Teile des Freibetrags in Höhe von (25 v. H. von 30 000 DM =) 7500 DM bzw. (75 v. H. von 30 000 DM =) 22 500 DM in voller Höhe zustehen.

Bei der **Veräußerung eines Teilbetriebs** bestimmt sich der „entsprechende Teil" des Freibetrags und der Freibetragsgrenze nach der Auffassung des BFH (BStBl 1980 II S. 642) grundsätzlich ebenfalls nach dem Verhältnis, in dem der bei der Veräußerung des Teilbetriebs entstandene Gewinn zu dem Gewinn steht, der bei der Veräußerung des ganzen Betriebs erzielbar wäre.

Beispiel:
Der Steuerpflichtige hat ein Unternehmen, zu dem ein Haupt- und ein Zweigbetrieb gehören. Den Zweigbetrieb, der sich in gemieteten Räumen befindet, veräußert er. Dabei erzielt er einen Veräußerungsgewinn von 10 000 DM. Im Falle der Veräußerung des ganzen Unternehmens hätte er einen Veräußerungsgewinn von 50 000 DM erzielen können.
Der bei der Veräußerung des Teilbetriebs erzielte Veräußerungsgewinn von 10 000 DM beläuft sich auf 20 v. H. des insgesamt erzielbaren Veräußerungsgewinns. Da der erzielte Veräußerungsgewinn den entsprechenden Teil der Freibetragsgrenze in Höhe von (20 v. H. von 100 000 DM =) 20 000 DM nicht übersteigt, steht dem Steuerpflichtigen der entsprechende Teil des Freibetrags in Höhe von (20 v. H. von 30 000 DM =) 6000 DM ungekürzt zu. Der erzielte Veräußerungsgewinn von 10 000 DM ist damit in Höhe von (10 000 DM ∕ 6000 DM =) 4000 DM steuerpflichtig.

Hält man die Auffassung für anwendbar, die der BFH (vgl. BStBl 1986 II S. 811) zur Veräußerung eines Anteils am Betriebsvermögen vertreten hat, wird man die vorstehend dargestellte Regelung auch anwenden müssen, wenn im Falle der Veräußerung eines Teilbetriebs der Veräußerungspreis aus privaten Gründen zu niedrig bemessen worden ist.

Veräußert der Steuerpflichtige nacheinander mehrere Teilbetriebe, ohne den ganzen Betrieb in einem einheitlichen Vorgang zu veräußern, so sind die anteiligen Freibeträge für jede Veräußerung getrennt zu ermitteln. Der Restbetrieb ist nicht als Teilbetrieb, sondern als Gesamtbetrieb anzusehen. Wird er veräußert, so ist für ihn der volle Freibetrag von 30 000 DM zu gewähren. Eine künstliche und nicht durch vernünftige Gründe zu rechtfertigende willkürliche Auseinanderreißung eines einheitlichen Vorgangs wird jedoch nicht anzuerkennen sein.

5.4.8.3 Der Freibetrag nach § 16 Abs. 4 Satz 3 EStG

Der erhöhte Freibetrag ist nach § 16 Abs. 4 Satz 3 EStG zu gewähren, wenn der Steuerpflichtige nach Vollendung seines 55. Lebensjahres oder wegen dauernder Berufsunfähigkeit seinen Gewerbebetrieb veräußert oder aufgibt.

Im Falle der Veräußerung oder Aufgabe eines Betriebs nach Vollendung des 55. Lebensjahres des Steuerpflichtigen kommt es für die Gewährung des erhöhten Freibetrages danach nicht darauf an, aus welchen Gründen der Steuerpflichtige den Betrieb veräußert oder aufgibt. Bei einer Veräußerung oder Aufgabe des Betriebs vor Vollendung des 55. Lebensjahres des Steuerpflichtigen setzt die Gewährung des erhöhten Freibetrages jedoch voraus, daß die Veräußerung oder Aufgabe des Betriebs wegen der dauernden Berufsunfähigkeit des Steuerpflichtigen erfolgt. Dies ist der Fall, wenn die Veräußerung oder Betriebsaufgabe durch die dauernde Berufsunfähigkeit des Steuerpflichtigen veranlaßt ist, wenn also die berufliche Tätigkeit des Steuerpflichtigen als Betriebsinhaber in der Form, wie er sie in seinem Betrieb ausgeübt hat, infolge seines Gesundheitszustandes auf Dauer nicht mehr ausgeübt werden kann. Daß der Steuerpflichtige völlig erwerbsunfähig ist, ist damit nicht (mehr) Voraussetzung für die Gewährung des erhöhten Freibetrags. Der erhöhte Freibetrag kann dem Steuerpflichtigen daher insbesondere auch dann gewährt werden, wenn er den Betrieb verpachten und damit mittelbar noch Einkünfte aus seinem Betrieb ziehen könnte. Hatte ein Steuerpflichtiger seinen Betrieb wegen seines die berufliche Tätigkeit ausschließenden Gesundheitszustandes zunächst verpachtet und hat er ihn erst nach Erlangung der Gewißheit, daß er dauernd unfähig bleiben werde, den Betrieb wieder selbst zu übernehmen, sodann veräußert oder aufgegeben, so kann damit ebenfalls noch eine Veräußerung oder Aufgabe wegen dauernder Berufsunfähigkeit zu bejahen sein (vgl. BFH, BStBl 1986 II S. 601).

Die Gewährung des erhöhten Freibetrags setzt voraus, daß der Steuerpflichtige seinen Gewerbebetrieb nach Vollendung seines 55. Lebensjahrs oder wegen seiner dauernden Berufsunfähigkeit veräußert oder aufgibt. Wenn der Erbe eines Steuerpflichtigen den Gewerbebetrieb veräußert oder aufgibt, so ist der erhöhte Freibetrag daher nicht zu gewähren, wenn die Veräußerung oder Aufgabe nicht wegen der dauernden Berufsunfähigkeit des Erben oder nach Vollendung seines 55. Lebensjahres erfolgen kann (vgl. auch BFH, BStBl 1985 II S. 204).

Da in § 16 Abs. 4 Satz 3 EStG eingangs davon die Rede ist, daß der Betrag von 120 000 DM bzw. 300 000 DM an die Stelle „der Beträge von 30 000 DM" bzw. an die Stelle „der Beträge von 100 000 DM" tritt, muß jedoch davon ausgegangen werden, daß einem Steuerpflichtigen, der einen Teilbetrieb veräußert oder aufgibt oder der einen Anteil am Betriebsvermögen veräußert, ebenfalls der entsprechende Teil des erhöhten Freibetrags zu gewähren ist.

Beispiel:
Der 56jährige A ist Gesellschafter einer OHG, an der er zu 40 v. H. beteiligt ist. A hat am 1. 4. 1987 seinen Anteil für 180 000 DM an C veräußert. Zu diesem Zeitpunkt belief sich das Kapitalkonto des A auf 40 000 DM.
Da der von A erzielte Veräußerungsgewinn von (180 000 DM ⁒ 40 000 DM =) 140 000 DM die anteilige Freibetragsgrenze von (40 v. H. von 300 000 DM =) 120 000 DM um 20 000 DM übersteigt, ermäßigt sich der ihm zustehende anteilige Freibetrag von (40 v. H. von 120 000 DM =) 48 000 DM auf 28 000 DM.

Der entsprechende Teil des erhöhten Freibetrags ist einem Gesellschafter ggf. auch dann zu gewähren, wenn die Gesellschaft den ganzen Gewerbebetrieb veräußert. Anders als im Fall des § 16 Abs. 4 Sätze 1 und 2 EStG wird in diesem Fall auch die Freibetragsgrenze von 300 000 DM auf den Veräußerungsgewinn nicht einheitlich angewendet werden können.

Beispiel:
Der 56jährige A und der 50jährige B sind Gesellschafter einer OHG. Sie sind zu gleichen Teilen, und zwar auch hinsichtlich der vorhandenen stillen Reserven im Fall einer Veräußerung, am Gewinn beteiligt. Die OHG veräußert ihren Gewerbebetrieb für 500 000 DM an C. Sie erzielt dabei einen Veräußerungsgewinn von 340 000 DM, so daß den Gesellschaftern ein Freibetrag nach § 16 Abs. 4 Sätze 1 und 2 EStG nicht zusteht.
Da der dem A zustehende Veräußerungsgewinn in Höhe von (50 v. H. von 340 000 DM =) 170 000 DM die anteilige Freibetragsgrenze des § 16 Abs. 4 Satz 3 EStG von (50 v. H. von 300 000 DM =) 150 000 DM um 20 000 DM übersteigt, ermäßigt sich der ihm zustehende anteilige Freibetrag von (50 v. H. von 120 000 DM =) 60 000 DM um 20 000 DM auf 40 000 DM.

5.4.8.4 Der Freibetrag nach § 14 a Abs. 1 EStG

Der Freibetrag nach § 14 a Abs. 1 EStG, der objektbezogen und anders als die Freibeträge nach § 16 Abs. 4 EStG nur auf Antrag zu gewähren ist, kommt nur im Fall der Veräußerung oder Aufgabe eines land- und forstwirtschaftlichen Betriebs im ganzen zur Anwendung. Der Gewinn aus der Veräußerung eines land- und forstwirtschaftlichen Teilbetriebs ist nach § 14 a Abs. 1 EStG ebensowenig begünstigt wie der Gewinn aus der Veräußerung eines Anteils an einem land- und forstwirtschaftlichen Betriebsvermögen. Eine Betriebsveräußerung im ganzen ist allerdings auch anzunehmen, wenn ein land- oder forstwirtschaftlicher Betrieb in der Rechtsform einer Personengesellschaft oder von einer Gemeinschaft geführt wird und alle Gesellschafter oder Gemeinschafter gleichzeitig ihre Anteile veräußern (vgl. auch Abschn. 133 a Abs. 1 EStR).

Wurde der veräußerte land- und forstwirtschaftliche Betrieb in der Rechtsform einer Gesellschaft oder von einer Gemeinschaft geführt, so steht der Freibetrag nach § 14 a Abs. 1 EStG den Gesellschaftern oder Gemeinschaftern gemeinsam nur einmal zu. Ob die Voraussetzungen für die Gewährung des Freibetrags erfüllt sind, ist mit Ausnahme der Voraussetzung nach § 14 a Abs. 1 Nr. 2 EStG im einheitlichen und gesonderten Gewinnfeststellungsverfahren zu prüfen. Ob die Voraussetzung des § 14 a Abs. 1 Nr. 2 EStG vorliegt, ist dagegen bei der Veranlagung der beteiligten Steuerpflichtigen zur Einkommensteuer zu entscheiden (vgl. Abschn. 133 a Abs. 4 EStR). Bei der Prüfung der Voraussetzung des § 14 a Abs. 1 Nr. 2 EStG dürften die Einkünfte der beteiligten Steuerpflichtigen dementsprechend auch nicht zusammenzurechnen sein.

Beispiel:

A bewirtschaftete zusammen mit seinem Sohn B in der Rechtsform einer Gesellschaft bürgerlichen Rechts einen land- und forstwirtschaftlichen Betrieb, für den nach den Wertverhältnissen vom 1. 1. 1964 ein Wirtschaftswert von 28 000 DM festgestellt ist. Im Jahre 1987 wurde dieser Betrieb mit einem Veräußerungsgewinn von 200 000 DM veräußert.

A ist verheiratet. Er hat mit seiner Ehefrau in den Veranlagungszeiträumen 1985 und 1986 Einkünfte i. S. des § 2 Abs. 3 Nrn. 2 bis 7 EStG von insgesamt jeweils 32 000 DM gehabt.

Der unverheiratete B hat in den Veranlagungszeiträumen 1985 und 1986 Einkünfte i. S. des § 2 Abs. 3 Nrn. 2 bis 7 EStG in Höhe von jeweils 24 000 DM erzielt.

A kann den auf ihn entfallenden anteiligen Freibetrag in Anspruch nehmen, während B den ihm zuzurechnenden Veräußerungsgewinn voll versteuern muß.

Nach § 14 a Abs. 2 EStG steht der Gewährung des Freibetrags nach § 14 a Abs. 1 EStG nicht entgegen, daß die zum land- und forstwirtschaftlichen Vermögen gehörenden Gebäude mit dem dazu gehörenden Grund und Boden nicht mitveräußert werden. In diesem Fall gelten die Gebäude mit dem dazugehörigen Grund und Boden allerdings als entnommen, so daß die Aufdeckung aller stillen Reserven ebenfalls sichergestellt ist.[11]

---

11 Der dabei entstehende Entnahmegewinn bleibt nach § 14 a Abs. 2 Satz 3 EStG außer Ansatz, soweit er auf die Wohnung und den dazugehörigen Grund und Boden entfällt. Voraussetzung ist jedoch, daß der Steuerpflichtige die Wohnung im Anschluß an die Veräußerung mindestens zwei Jahre selbst bewohnt und nicht veräußert.

5.4.9 Besteuerung des Veräußerungsgewinns

Bis zur Höhe des den jeweiligen Freibetrag übersteigenden Veräußerungsgewinns ist das zu versteuernde Einkommen auf Antrag nach dem ermäßigten Steuersatz des § 34 Abs. 1 EStG zu besteuern (§ 34 Abs. 2 Nr. 1 EStG). Auf die besonderen Ausführungen zur Ermittlung des ermäßigten Steuersatzes wird verwiesen (vgl. 10.4.2.2).

Die anteilige tarifliche Einkommensteuer vom Veräußerungsgewinn ist seit 1975 nach § 35 EStG zu ermäßigen, wenn der Steuerpflichtige den veräußerten Betrieb oder Teilbetrieb oder den veräußerten Anteil am Betriebsvermögen im Veranlagungszeitraum der Veräußerung oder in den vier vorangegangenen Veranlagungszeiträumen von Todes wegen erworben und der Erwerb der Erbschaftsteuer unterlegen hat. Auf die Ausführungen zu dieser Vorschrift sei an dieser Stelle lediglich hingewiesen (vgl. 11.6).

5.5 Veräußerung von wesentlichen Beteiligungen an Kapitalgesellschaften (§ 17 EStG)

5.5.1 Allgemeines

Zu den Einkünften aus Gewerbebetrieb gehört auch der Gewinn aus der Veräußerung von Anteilen an einer Kapitalgesellschaft, wenn der Veräußerer innerhalb der letzten fünf Jahre am Kapital der Gesellschaft wesentlich beteiligt war und die innerhalb eines Veranlagungszeitraums veräußerten Anteile 1 v. H. des Kapitals der Gesellschaft übersteigen (§ 17 Abs. 1 Satz 1 EStG).

§ 17 gilt nur für die Veräußerung von Anteilen, die zum Privatvermögen rechnen. Die Gewinne aus der Veräußerung von Anteilen, die zu einem Betriebsvermögen zählen, sind als Einkünfte aus Land- und Forstwirtschaft, Gewerbebetrieb oder selbständiger Arbeit im Rahmen der Gewinnermittlung nach §§ 4, 5 EStG zu erfassen. Mit der Vorschrift des § 17 EStG hat der Gesetzgeber einen von der allgemeinen Systematik des Einkommensteuerrechts abweichenden **Sondertatbestand** geschaffen. Im allgemeinen wird der Gewinn aus der Veräußerung von Wirtschaftsgütern einkommensteuerlich nur erfaßt, wenn die Wirtschaftsgüter zu einem Betriebsvermögen gehören oder wenn es sich ausnahmsweise um ein Spekulationsgeschäft i. S. von § 23 EStG handelt. Abweichend von diesem Grundsatz hat der Gesetzgeber jedoch Gewinne oder Verluste, die bei Veräußerung einer zum Privatvermögen zählenden wesentlichen Beteiligung i. S. von § 17 EStG entstehen, als gewerbliche Einkünfte der Einkommensbesteuerung unterworfen. Eine Gewerbesteuerpflicht wird durch § 17 EStG indessen nicht ausgelöst.

Der Besteuerung nach § 17 EStG unterliegt der Unterschied zwischen den Anschaffungskosten und dem Veräußerungspreis. Häufig werden in den Fällen des § 17 EStG stille Reserven realisiert, die sich während vieler Jahre gebildet haben. Daher wird der Gewinn nach § 34 Abs. 1 Nr. 1 EStG nur mit dem ermäßigten Steuersatz des § 34 Abs. 1 EStG besteuert oder – bei kleineren Veräußerungsgewinnen – ganz oder zum Teil nach § 17 Abs. 3 EStG steuerfrei gestellt.

5.5.2 Sachlicher Geltungsbereich

Die Vorschrift des § 17 EStG ist grundsätzlich in allen Fällen der Veräußerung von zum Privatvermögen gehörenden wesentlichen Beteiligungen anzuwenden. Die Besteuerung von Spekulationsgewinnen nach § 23 EStG geht jedoch der Besteuerung nach § 17 EStG vor. Die Veräußerung einer wesentlichen Beteiligung, die ein Spekulationsgeschäft darstellt, kann also nicht nach § 17 EStG besteuert werden (BFH, BStBl 1970 II S. 400, 1974 II S. 705; Abschn. 140 Abs. 2 EStR). Das hat z. B. zur Folge, daß ein etwaiger Gewinn nicht nach § 17 Abs. 3 EStG steuerfrei oder nach § 34 Abs. 2 Nr. 1 EStG tarifbegünstigt ist, ferner, daß ein entsprechender Verlust nach § 23 Abs. 4 EStG nur eingeschränkt ausgleichsfähig und nicht gemäß § 10 d EStG abzugsfähig ist.

In Fällen, in denen eine wesentliche Beteiligung durch mehrere Erwerbshandlungen erworben worden ist und der letzte Anteilserwerb noch innerhalb der Spekulationsfrist liegt, muß das einheitliche Veräußerungsgeschäft, soweit hinsichtlich der veräußerten Anteile die Voraussetzungen des § 23 EStG vorliegen, als Spekulationsgeschäft nach § 23 EStG, im übrigen als eine Veräußerung nach § 17 EStG angesehen werden (RFH, RStBl 1941 S. 443). In Ausnahmefällen kann es jedoch gerechtfertigt sein, das Veräußerungsgeschäft einheitlich nach § 17 EStG zu beurteilen. Ein solcher Ausnahmefall liegt nach Auffassung des RFH (RStBl 1931 S. 134 und 813) vor, wenn die innerhalb der Spekulationsfrist erworbenen Anteile im Verhältnis zur bereits gehaltenen Beteiligung von untergeordneter Bedeutung sind.

Eine Versteuerung nach § 17 EStG scheidet ferner bei der Veräußerung sog. einbringungsgeborener Anteile an Kapitalgesellschaften aus. Wird ein Betrieb oder Teilbetrieb oder ein Mitunternehmeranteil in eine unbeschränkt körperschaftsteuerpflichtige Kapitalgesellschaft eingebracht und erhält der Einbringende dafür neue Anteile an der Gesellschaft (Sacheinlage), so unterliegt der Gewinn aus der Veräußerung dieser durch Sacheinlage erworbenen Anteile nicht der Besteuerung nach § 17 EStG, sondern nach § 16 EStG (§§ 20, 21 UmwStG – diese und weitere relevante Fragen des UmwStG werden unter 5.6 abgehandelt). Ferner hat der BFH in ständiger Rechtsprechung entschieden, daß der Gewinn aus der Veräußerung von Anteilen an Kapitalgesellschaften, die bei Einbringung von Personenunternehmen (Einzelunternehmen oder Personengesellschaften) in Kapitalgesellschaften, die die Buchwerte des eingebrachten Vermögens fortsetzen, erworben werden, nach § 16 EStG und nicht nach § 17 EStG zu versteuern ist (so zuletzt BFH, BStBl 1976 II S. 557 und 1977 II S. 283).

Durch § 17 EStG wird nur der Veräußerungsgewinn erfaßt. Die Erträge und Bezüge der Beteiligten, die nach § 20 Abs. 1 Nrn. 1 und 2 EStG als Einkünfte aus Kapitalvermögen erfaßt werden, gehören nicht dazu. Zu diesen laufenden

Erträgen gehören auch etwaige verdeckte Gewinnausschüttungen, die im Zusammenhang mit einem Veräußerungsgeschäft i. S. des § 17 EStG anfallen. Bei der Ermittlung des Veräußerungsgewinns ist also ggf. zu untersuchen, ob mit dem Veräußerungspreis etwas zugewendet wird, das eine Gewinnausschüttung darstellt und damit als Einkünfte aus Kapitalvermögen zu besteuern ist.

5.5.3 Wesentliche Beteiligung

Beteiligungen an einer Kapitalgesellschaft sind nach § 17 Abs. 1 Satz 2 Aktien, Anteile an einer GmbH, Kuxe, Genußscheine oder ähnliche Beteiligungen und Anwartschaften auf solche Beteiligungen. Zu den Beteiligungen an einer Aktiengesellschaft zählen auch die Anteilscheine, die den Aktionären vor Ausgabe der Aktien gegeben werden (sogenannte Zwischenscheine i. S. von § 8 Abs. 4 AktG). Die Beteiligung eines persönlich haftenden Gesellschafters an der Kommanditgesellschaft auf Aktien zählt aber nicht dazu.

Genußscheine sind Rechte an einer Kapitalgesellschaft, die keine vollwertigen Beteiligungsrechte wie etwa die Aktie verbriefen, die aber regelmäßig über die reinen Gläubigerrechte einer Schuldverschreibung hinausgehen. Genußscheine können mit unterschiedlichen Rechten ausgestattet sein. Sie gewähren im allgemeinen eine Gewinnbeteiligung (aber keine Verzinsung) und eine Beteiligung am Liquidationserlös; sie können, brauchen aber nicht mit einem Stimmrecht ausgestattet zu sein. Die Genußscheine kann man mithin als Beteiligungsrechte minderer Art bezeichnen (RFH, RStBl 1934 S. 773).

Unter „ähnlichen Beteiligungen" sind die Anteile an ausländischen Kapitalgesellschaften zu verstehen, deren Rechtsform inländischen Kapitalgesellschaften vergleichbar ist (vgl. BFH, BStBl 1989 II S. 794). Im übrigen gehören dazu beteiligungsähnliche Darlehen. Dabei wird es sich in aller Regel um solche Darlehen handeln, die einer Kapitalgesellschaft von ihren Gesellschaftern gegeben worden sind und die steuerlich als verdecktes Grund- oder Stammkapital behandelt werden. Nicht zu den ähnlichen Beteiligungen gehören die Anteile an Genossenschaften. Genossenschaften sind keine Kapitalgesellschaften i. S. des § 17 Abs. 1 Satz 2 EStG.

Anwartschaften auf Beteiligungen sind zunächst gesetzlich oder vertraglich festgelegte Rechte auf den Bezug weiterer Anteile bei einer Erhöhung des Grund- oder Stammkapitals (z. B. Bezugsrechte i. S. des § 186 AktG und auf GmbH-Anteile; vgl. dazu BFH, BStBl 1975 II S. 505). Ferner zählen dazu die Umtauschrechte, wie z. B. Wandelschuldverschreibungen i. S. von § 221 AktG, die zum Umtausch einer stillen Beteiligung oder eines schuldrechtlichen Geldanspruchs in Anteile an Kapitalgesellschaften (insbesondere Aktien und GmbH-Anteile) berechtigen (BFH, BStBl 1976 II S. 288). Durch sie erlangt der Anleihegläubiger das feste Recht auf Umwandlung der Schuldverschreibung in Gesellschaftsrechte.

Eine Beteiligung ist eine **wesentliche Beteiligung** i. S. von § 17 EStG, wenn der Steuerpflichtige an einer Kapitalgesellschaft zu mehr als 25 v. H. unmittelbar oder mittelbar beteiligt ist. Es genügt, daß die Zusammenrechnung der unmittelbaren und mittelbaren Beteiligung rein rechnerisch eine kapitalmäßige Beteiligung von mehr als einem Viertel ergibt (BFH, BStBl 1978 II S. 590). Die mittelbare Beteiligung spielt nur für die Frage eine Rolle, ob der Veräußerer, der eine unmittelbare Beteiligung veräußert hat, an der Kapitalgesellschaft wesentlich beteiligt war. Eine mittelbare Beteiligung liegt insbesondere dann vor, wenn der Veräußerer der Anteile an einer anderen Kapitalgesellschaft beteiligt ist, zu deren Vermögen wiederum Anteile an der Kapitalgesellschaft gehören, deren Anteile der Gesellschafter veräußert hat. Dabei ist es nicht erforderlich, daß der Veräußerer die „andere" Kapitalgesellschaft beherrscht (BFH, BStBl 1980 II S. 646). Eine mittelbare Beteiligung im vorgenannten Sinne ist auch die Beteiligung an einer Kapitalgesellschaft, die im Betriebsvermögen einer Personengesellschaft gehalten wird, an der der „Beteiligte" als Mitunternehmer teilhat; dies gilt für den Teil, der dem Gesellschafter zuzurechnen ist (BFH, BStBl 1982 II S. 392; s. dazu auch 5.5.8). Ist die Beteiligung unentgeltlich erworben worden, so genügt es, daß der oder – im Fall einer mehrmalig aufeinanderfolgenden unentgeltlichen Übertragung – einer der Rechtsvorgänger innerhalb der letzten fünf Jahre vor der entgeltlichen Veräußerung wesentlich beteiligt war (§ 17 Abs. 1 Satz 4 EStG).

Eine wesentliche Beteiligung ist auch dann vorhanden, wenn der Veräußerer nur kurze Zeit wesentlich beteiligt war (BFH, BStBl 1977 II S. 198). Eine wesentliche Beteiligung, die durch den Erwerb weiterer Anteile entstanden ist, kann nicht dadurch beseitigt werden, daß die erworbenen Anteile rückwirkend verschenkt werden. Denn die dingliche Rechtsstellung des Beteiligten, auf die es für § 17 EStG ankommt, wird durch die Schenkung nicht rückwirkend beseitigt (BFH, BStBl 1985 II S. 50). Eine wesentliche Beteiligung kann auch dann vorliegen, wenn der Veräußerer zwar formal nicht zu mehr als 25 v. H. beteiligt war, die Gestaltung der Beteiligungsverhältnisse jedoch einen Mißbrauch der Gestaltungsmöglichkeiten i. S. von § 42 AO darstellt (BFH, BStBl 1977 II S. 754). Bei der Berechnung, ob der Stpfl. zu mehr als einem Viertel und damit wesentlich beteiligt war, ist von einem um die eigenen Anteile der Gesellschaft verminderten Nenn- oder Stammkapital der Kapitalgesellschaft auszugehen (BFH, BStBl 1971 II S. 89). Entsprechendes gilt für die Frage, ob die veräußerten Anteile 1 v. H. des Kapitals der Gesellschaft übersteigen.

Die Veräußerung einer Beteiligung an einer Kapitalgesellschaft ist nach § 17 EStG zu besteuern, wenn der Steuerpflichtige **innerhalb der letzten fünf Jahre vor der Veräußerung** an der Gesellschaft **wesentlich beteiligt** war. Ist das der Fall, dann ist es unerheblich, ob im Zeitpunkt der Veräußerung die Beteiligung noch eine wesentliche Beteiligung darstellt.

Beispiel:

A hat im Jahr 1983 eine Beteiligung von 40 v. H. an der X-GmbH erworben. Diese veräußert er wie folgt:

1985	20 v. H.	1988	10 v. H.	1990	10 v. H.

Die Veräußerungen in den Jahren 1985 und 1988 unterliegen § 17 EStG, während das Veräußerungsgeschäft im Jahr 1990 einkommensteuerlich nicht von Bedeutung ist.

Für die Berechnung der Fünfjahresfrist kommt es grundsätzlich auf das schuldrechtliche Erwerbs- bzw. Veräußerungsgeschäft an. Ist das wirtschaftliche Eigentum jedoch vor dem formellen schuldrechtlichen Geschäft erworben bzw. übertragen worden, so ist in der Regel auf diesen Zeitpunkt abzustellen.

In Fällen, in denen die Beteiligung an einer Kapitalgesellschaft ganz oder zum Teil unentgeltlich erworben worden ist, ergeben sich besondere Fragen, die an dem folgenden Beispiel erläutert werden sollen:

Beispiel:
A, der zu 50 v. H. an der X-GmbH beteiligt ist, schenkt am 10. 2. 01 seinem Sohn B eine Beteiligung von 20 v. H. an der X-GmbH. B veräußert diese Beteiligung am 20. 5. 04. Ein Veräußerungsgeschäft i. S. des § 17 EStG liegt vor, obwohl B selbst nicht wesentlich beteiligt ist. Da er aber den veräußerten Anteil innerhalb der letzten fünf Jahre unentgeltlich erworben hat, gilt er als wesentlicher Beteiligter, wenn sein Rechtsvorgänger oder, sofern der Anteil nacheinander unentgeltlich übertragen worden ist, einer seiner Rechtsvorgänger innerhalb der letzten fünf Jahre wesentlich beteiligt war. Diese Voraussetzungen sind hier erfüllt.

5.5.4 Veräußerung

Eine Veräußerung im Sinne des § 17 Abs. 1 EStG ist zunächst jedes (freiwillige) Rechtsgeschäft, das auf die Übertragung des rechtlichen oder wirtschaftlichen Eigentums an Anteilen einer Kapitalgesellschaft gegen Entgelt gerichtet ist (vgl. auch BFH, BStBl 1988 II S. 832). Dabei handelt es sich zivilrechtlich um einen Rechtskauf, bei dem die Rechtsübertragung durch Abtretung erfolgt. Hierzu gehört auch ein Rechtsgeschäft, bei dem eine private wesentliche Beteiligung zu einem unangemessen niedrigen Barpreis und ohne Gewährung von Gesellschaftsrechten auf eine Kapitalgesellschaft übertragen wird, an welcher der Übertragende als Gesellschafter beteiligt ist (BFH, BStBl 1980 II S. 494).

Eine Veräußerung liegt auch vor, wenn dem Steuerpflichtigen die Anteile im Wege der Zwangsversteigerung entzogen werden (BFH, BStBl 1970 II S. 310). Wird eine wesentliche Beteiligung an einer Kapitalgesellschaft, die Privatvermögen wird, getauscht, so erfüllt dieser Vorgang den Tatbestand einer Veräußerung im Sinne von § 17 EStG. Ein erfolgsneutraler Tausch i. S. des Tauschgutachtens des BFH (BStBl 1959 III S. 30) liegt nicht vor. Die hingegebene und die erlangte Beteiligung sind nicht wirtschaftlich identisch, weil die hingebende Beteiligung als wesentliche Beteiligung nach § 17 EStG „steuerbefangen" war, während die erlangte Beteiligung dies nicht ist (BFH, BStBl 1975 II S. 774).

Wird das rechtliche oder wirtschaftliche Eigentum an einer wesentlichen Beteiligung unentgeltlich auf einen anderen Rechtsträger übertragen, so liegt eine Veräußerung im Sinne des § 17 Abs. 1 EStG nicht vor. Auch eine verdeckte Einlage stellt daher keine Veräußerung dar, weil es an einem Entgelt fehlt (vgl. BFH, BStBl 1989 II S. 271).

5.5.5 Veräußerungsgewinn

5.5.5.1 Anschaffungskosten

Veräußerungsgewinn ist nach § 17 Abs. 2 EStG grundsätzlich der Betrag, um den der Veräußerungspreis nach Abzug der Veräußerungskosten die Anschaffungskosten übersteigt. Werden Anteile an einer Kapitalgesellschaft während oder nach Ablauf des Geschäftsjahres der Gesellschaft veräußert, so hat der Veräußerer gegen den Erwerber des Anteils Anspruch auf den für das laufende Geschäftsjahr auszuschüttenden Gewinn der Gesellschaft, soweit er anteilig auf die Zeit entfällt, während der der Veräußerer Inhaber des Gesellschaftsrechts war (§ 101 Nr. 2 BGB). Gleichwohl entfallen die Anschaffungskosten nicht zum Teil auf ein neben dem Anteil bestehendes Wirtschaftsgut „Gewinnbezugsrecht", sofern ein solches Recht noch nicht durch einen Gewinnverteilungsbeschluß entstanden ist (BFH, BStBl 1986 II S. 794; anders BFH, BStBl 1974 II S. 234). Dem Kaufpreis für die wesentliche Beteiligung sind als Anschaffungskosten noch die Anschaffungsnebenkosten (z. B. Vermittlungsprovisionen, Bankspesen, Börsenumsatzsteuer, Notariatskosten und dgl.) hinzuzurechnen. Wird eine wesentliche Beteiligung mit einem Kredit erworben, so können die dafür gezahlten Schuldzinsen sowohl mit Erträgen aus dieser Beteiligung i. S. von § 20 EStG im Zusammenhang stehen als auch zu den Anschaffungskosten der wesentlichen Beteiligung rechnen. Im erstgenannten Fall sind sie Werbungskosten bei den Einkünften aus Kapitalvermögen. Dies gilt dann, wenn auf Dauer gesehen ein Überschuß der Einnahmen über die Werbungskosten oder ein Veräußerungsgewinn nach § 17 EStG erwartet werden kann (BFH, BStBl 1982 II S. 36, 37, 463, 1986 II S. 596).

Zu den Anschaffungskosten können auch nachträgliche Anschaffungskosten rechnen. Dies sind z. B. verdeckte Einlagen eines Gesellschafters in die Gesellschaft, an der die Beteiligung besteht (BFH, BStBl 1980 II S. 494). Dies ist der Fall, wenn ein Gesellschafter seiner Kapitalgesellschaft einen Vorteil zuwendet, den ein Nichtgesellschafter bei Anwendung der Sorgfalt eines ordentlichen Kaufmanns nicht einräumen würde. Nachträgliche Anschaffungskosten können auch Gesellschafterdarlehn sein, wenn sie verloren sind oder auf ihre Rückforderung verzichtet wird (BFH, BStBl 1984 II S. 27; kritisch dazu Schmidt, FR 84 S. 45, und Knobbe-Keuk, DStZ 84 S. 335). Ferner liegen nachträgliche Anschaffungskosten vor, wenn ein Gesellschafter für eine Verbindlichkeit der Gesellschaft eine Bürgschaft oder eine Zahlung für die Freistellung von dieser Verpflichtung übernommen hat und der Ersatzanspruch aus der Bürgschaft gegen die Gesellschaft nicht realisierbar ist, sofern die Eingehung der Bürgschaft durch das Gesellschaftsverhältnis veranlaßt ist (BFH, BStBl 1985 II S. 320).

Die Anschaffungskosten für wesentliche Beteiligungen, die **vor dem 21. 6. 1948 erworben** worden sind, sind nach § 53 EStDV mit dem Wert anzusetzen, mit dem die Beteiligung bei Zugehörigkeit zum Betriebsvermögen in die DM-Eröffnungsbilanz per 21. 6. 1948 höchstens einzustellen gewesen wäre. Die dafür maßgebenden Vorschriften ergeben sich aus dem 3. DMBEG (BStBl 1955 I S. 222). Danach ist die Bewertung für börsengängige und andere Anteile unterschiedlich geregelt. Die Höchstwerte für börsennotierte Anteile ergeben sich aus der Anlage zum Erlaß des FinMin NW vom 15. 12. 1955 (BStBl 1955 II S. 168). In den übrigen Fällen sind die fiktiven Anschaffungskosten nach Maßgabe der Vorschriften des 3. DMBEG zu berechnen.

Für Beteiligungen, die nach dem 31. 12. 1964 unentgeltlich erworben worden sind, sind gemäß § 17 Abs. 2 Satz 2 EStG als Anschaffungskosten die Anschaffungskosten desjenigen Rechtsvorgängers maßgebend, der diese Beteiligung zuletzt entgeltlich erworben hatte.

Beispiel:

A hat eine Beteiligung von 50 v. H. an der X-AG zum Kurs von 150 v. H. erworben. 1985 veräußerte er 10 v. H. dieser Beteiligung zum Kurs von 500 v. H. Die verbleibende Beteiligung schenkt er zum gleichen Zeitpunkt seinem Sohn B. Dieser veräußert weitere 10 v. H. der Beteiligung im Jahre 1986 zum Kurswert von 600 v. H. und schenkt gleichzeitig die restliche Beteiligung seiner Tochter C, die sie 1987 zum Kurs von 800 v. H. veräußert. Die Anschaffungskosten betragen für A, B und C jeweils 150 v. H. des Nennwerts der Beteiligung.

Gehört eine wesentliche Beteiligung zum Betriebsvermögen eines Steuerpflichtigen und **entnimmt** dieser **die Beteiligung** zulässigerweise **aus dem Betrieb,** so ist die Entnahme mit dem Teilwert anzusetzen (§ 6 Abs. 1 Nr. 4 EStG). Liegt der Teilwert über den Anschaffungskosten, so werden durch die Entnahme die stillen Reserven insoweit realisiert. Der entstehende Buchgewinn ist im Jahr der Entnahme zu versteuern. Für die Besteuerung der nunmehr zum Privatvermögen gehörenden Beteiligung nach § 17 EStG ist als Anschaffungskosten der Entnahmewert anzusetzen. Würde man auch hier die ursprünglichen Anschaffungskosten zugrunde legen, dann würden in der Beteiligung ruhende stille Reserven insoweit doppelt erfaßt, als sie schon bei der Entnahme aus dem Betriebsvermögen realisiert worden sind (vgl. auch BFH, BStBl 1979 II S. 729).

Werden nach den Vorschriften der §§ 207 ff. AktG und des Gesetzes über die Kapitalerhöhung aus Gesellschaftsmitteln vom 23. 12. 1959 (BGBl I S. 789, zuletzt geändert durch Gesetz vom 19. 12. 1985 – BGBl I S. 2355) Rücklagen in Nennkapital umgewandelt und entsprechende Freianteile ausgegeben, so liegen hinsichtlich dieser Freianteile keine Anschaffungskosten vor (BFH, BStBl 1966 III S. 200).

5.5.5.2 Veräußerungspreis; Veräußerungsgeschäft

Als Veräußerungserlös ist der Wert der Gegenleistung zugrunde zu legen, den der Veräußerer durch den Abschluß des Veräußerungsgeschäfts erlangt. Dazu gehört alles, was der Veräußerer anläßlich der Veräußerung erhält. Auf den objektiven Wert der veräußerten Beteiligung kommt es nicht an. Zum Veräußerungspreis gehört daher auch das, was der Veräußerer für die bloße Tatsache der Veräußerung erhält.

Beispiel:

A, B und C sind mit je 33⅓ v. H. am Stammkapital der X-GmbH beteiligt. Die Gesellschafter A und B sind der Auffassung, daß C den Interessen der Gesellschaft zuwiderhandelt. Um C zur Veräußerung der Anteile an sie zu bewegen, bieten sie ihm einen über dem objektiven Wert liegenden Preis. Dieser Preis ist der Besteuerung nach § 17 EStG zugrunde zu legen.

Etwas anderes hätte nur dann zu gelten, wenn der gezahlte Mehrpreis noch als eine Gewinnausschüttung der Gesellschaft an den veräußernden Gesellschafter oder als verdeckte Gewinnausschüttung des Erwerbers an den Veräußerer zu beurteilen wäre.

Beispiel:

A ist zu 50 v. H. an der X-GmbH beteiligt; gleichzeitig ist er alleiniger Gesellschafter der Y-GmbH. Er veräußert seine Beteiligung an der X-GmbH für 1 Mio. DM an die Y-GmbH. Einem Nichtgesellschafter hätte die Y-GmbH nur 0,5 Mio. DM gezahlt. Bei A sind mithin 0,5 Mio. DM gemäß § 20 EStG als verdeckte Gewinnausschüttung der Y-GmbH an ihn zu versteuern. Für die Besteuerung nach § 17 EStG ist von einem Veräußerungserlös von 0,5 Mio. DM auszugehen.

Wird im Zusammenhang mit der Veräußerung einer wesentlichen Beteiligung an einer Kapitalgesellschaft ein Wettbewerbsverbot mit eigener wirtschaftlicher Bedeutung vereinbart, gehört die Entschädigung für das Wettbewerbsverbot nicht zu dem Veräußerungsentgelt nach § 17 EStG (BFH, BStBl 1983 II S. 289).

Überträgt der Gesellschafter einer Kapitalgesellschaft auf seine Gesellschaft eine im Privatvermögen gehaltene wesentliche Beteiligung an einer anderen Kapitalgesellschaft gegen einen unangemessenen niedrigen Kaufpreis und ohne Gewährung von Gesellschaftsrechten, so gehört zum Veräußerungspreis nicht nur der Barpreis, sondern auch die Wertsteigerung, welche die Beteiligung an der aufnehmenden Gesellschaft durch die Zuführung der verdeckten Einlage erfährt. Der Wert der verdeckten Einlage ist unter Berücksichtigung des Verkehrswerts der verdeckt eingelegten Beteiligung zu ermitteln (BFH, BStBl 1980 II S. 494).

Beispiel:

A ist an der X-GmbH zu 30 v. H. beteiligt. Der Verkehrswert dieser Beteiligung beträgt 100 000 DM. Er verkauft diesen Anteil an die Z-GmbH, an der er ebenfalls als Gesellschafter beteiligt ist, für 50 000 DM.

Das ganze Geschäft stellt ein Veräußerungsgeschäft dar. Veräußerungspreis sind 50 000 DM zuzüglich der Wertsteigerung, die die Beteiligung des A an der Z-GmbH durch die verdeckte Einlage der X-GmbH-Anteile erfährt. Diese beträgt ebenfalls 50 000 DM, so daß sich der Veräußerungspreis auf insgesamt 100 000 DM beläuft.

Gleiches gilt entgegen BFH, BStBl 1966 III S. 110, auch für den Fall der Übertragung einer wesentlichen Beteiligung auf die Kapitalgesellschaft, an der die Beteiligung besteht, selbst wenn die Gesellschaft die Anteile mit dem unter dem Verkehrswert liegenden Barpreis einbucht.

Beispiel:

A ist an der X-GmbH mit 50 v. H. beteiligt. 20 v. H. dieser Beteiligung veräußert er für 0,2 Mio. DM an die X-GmbH. Die Beteiligung hat einen tatsächlichen Wert von 0,5 Mio. DM. Die X-GmbH bucht die erworbenen eigenen Anteile mit 0,2 Mio. DM ein. Für die Besteuerung nach § 17 EStG ist von einem Veräußerungserlös von 0,5 Mio. DM auszugehen.

Erhält ein Steuerpflichtiger eine Nachzahlung auf den ursprünglichen Veräußerungspreis, so ist auch diese nach § 17 EStG zu erfassen. Entsprechendes gilt für eine nachträgliche Minderung des Veräußerungserlöses.

Wird eine wesentliche Beteiligung im Sinne des § 17 EStG gegen eine Leibrente oder gegen einen in Raten zu zahlenden Kaufpreis veräußert, gilt das unter 5.4.6.3 für die Betriebsveräußerung Ausgeführte entsprechend.

Erhält der Veräußerer als **Entgelt börsengängige Aktien,** so bestimmt sich der Veräußerungspreis nach dem Kurswert der erlangten Aktien im Zeitpunkt der Veräußerung (BFH, BStBl 1975 II S. 58).

Werden Anteile im Wege einer **gemischten Schenkung** übertragen, so ist die Übertragung nach dem Verhältnis der tatsächlichen Gegenleistung zum Verkehrswert der übertragenen Anteile in eine voll entgeltliche Anteilsübertragung und in eine voll unentgeltliche Anteilsübertragung aufzuteilen (BFH, BStBl 1981 II S. 11; Beispiel: Verkehrswert 400; Gegenleistung 100; Verhältnis 4:1. Es sind mithin ¼ der Anteile entgeltlich und ¾ der Anteile unentgeltlich übertragen worden).

5.5.5.3 Veräußerungskosten

Als Veräußerungskosten sind nur solche Aufwendungen anzusehen, die in unmittelbarem Zusammenhang mit dem jeweiligen Veräußerungsgeschäft stehen (BFH, BStBl 1978 II S. 100; vgl. auch Abschn. 140 Abs. 6 EStR). Aufwendungen, die nur mittelbar mit der Veräußerung zusammenhängen, sind nicht berücksichtigungsfähig. Zu den Veräußerungskosten gehören u. a. Maklergebühren, Vermittlungsprovisionen, Börsenumsatzsteuer, Notariatsgebühren und dgl., soweit diese Aufwendungen vom Veräußerer zu tragen sind. Dazu zählen auch die Kosten eines etwaigen Rechtsstreits über das Veräußerungsgeschäft (RFH, RStBl 1931 S. 134).

5.5.6 Ermittlung und Realisierung des Veräußerungsgewinns

5.5.6.1 Allgemeines

Als Veräußerungsgewinn ist der Betrag zu versteuern, um den der Veräußerungserlös, vermindert um die Veräußerungskosten, die Anschaffungskosten übersteigt. Ist die wesentliche Beteiligung zu verschiedenen Zeiten und zu verschiedenen Preisen erworben worden, so kann der Veräußerer bestimmen, welchen Anteil oder Teil davon er veräußert. Für die Ermittlung des Veräußerungsgewinns sind die tatsächlichen Anschaffungskosten dieses Teils maßgeblich (BFH, BStBl 1979 II S. 77). Dies gilt nur, wenn der Veräußerer die „Bestimmung" bereits beim Veräußerungsakt trifft. Unterbleibt dies, ist bei der beschriebenen Sachlage von den durchschnittlichen Anschaffungskosten des Erwerbers auszugehen (BFH, BStBl 1981 II S. 11).

Zeitpunkt für die Realisierung des Veräußerungsgewinns ist grundsätzlich nicht der Zufluß der Gegenleistung (des Kaufpreises). § 11 EStG gilt im Rahmen des

§ 17 EStG nicht (BFH, BStBl 1957 III S. 443, 1974 II S. 540). Die Gewinnermittlung gemäß § 17 Abs. 2 EStG ist eine solche eigener Art. Bei ihr ist grundsätzlich für alle den Veräußerungsgewinn beeinflussenden Faktoren eine Stichtagsbewertung auf den Zeitpunkt der Veräußerung vorzunehmen (BFH, BStBl 1980 II S. 494, 1983 II S. 289). Indessen entsteht der Gewinn nicht bereits mit Abschluß des schuldrechtlichen Verpflichtungsvertrags (z. B. Kaufvertrags), sondern (wie bei der Gewinnermittlung durch Bestandsvergleich) erst zu dem Zeitpunkt, zu dem das rechtliche oder wirtschaftliche Eigentum an der wesentlichen Beteiligung übergeht (BFH, BStBl 1983 II S. 640). Erhält der Veräußerer eine Nachzahlung, so ist diese in dem Zeitpunkt zu versteuern, in dem die Verpflichtung zur Nachzahlung entsteht. Wird ein Veräußerungserlös nachträglich ermäßigt, ist entsprechend zu verfahren. Fallen nach der Veräußerung noch Aufwendungen an, die nachträgliche Anschaffungskosten sind, so sind sie nach § 175 Abs. 1 Satz 1 Nr. 2 AO zu diesem Zeitpunkt zu berücksichtigen (BFH, BStBl 1985 II S. 428; vgl. auch Abschn. 140 Abs. 7 EStR).

Ein Veräußerungsgewinn nach § 17 EStG ist auch dann entstanden, wenn nicht die gesamte wesentliche Beteiligung, sondern nur ein Teil davon veräußert worden ist, sofern die im Kalenderjahr (Veranlagungszeitraum) vom Steuerpflichtigen veräußerten Anteile mehr als 1 v. H. des Kapitals der Gesellschaft ausmachen. Dabei ist von einem um die eigenen Anteile der Gesellschaft verminderten Nennkapital auszugehen (so auch Abschn. 140 Abs. 6 EStR).

5.5.6.2 Freibetrag, Freigrenze

Nach § 17 Abs. 3 EStG ist ein Veräußerungsgewinn nur insoweit zu besteuern, als er den Teil von 20 000 DM übersteigt, der dem veräußerten Anteil am Nennkapital der Kapitalgesellschaft entspricht. Dieser Freibetrag ermäßigt sich um den Betrag, um den der Veräußerungsgewinn den Teil von 80 000 DM übersteigt, der dem veräußerten Anteil am Nennkapital der Kapitalgesellschaft entspricht. Das bedeutet, daß in den Fällen, in denen der Veräußerungsgewinn den Teil von 100 000 DM übersteigt, der dem veräußerten Anteil am Nennkapital der Kapitalgesellschaft entspricht, ein Freibetrag nicht mehr zu berücksichtigen ist.

Beispiele:
A verkauft seine Beteiligung von 50 v. H. am Stammkapital der X-GmbH.

a) Der Veräußerungsgewinn beträgt 10 000 DM. Der gesamte Gewinn ist steuerfrei, weil er 50 v. H. des Gesamtfreibetrags von 20 000 DM nicht übersteigt.

b) Der Veräußerungsgewinn beträgt 30 000 DM. Es ist ein Freibetrag von 10 000 DM abzuziehen, so daß 20 000 DM des Veräußerungsgewinns zu versteuern sind.

c) Der Veräußerungsgewinn beträgt 45 000 DM. Es ist ein Freibetrag von 5000 DM abzuziehen (45 000 DM ∕ 50 v. H. von 80 000 DM = 5000 DM, 10 000 DM ∕ 5000 DM).

d) Der Veräußerungsgewinn beträgt 50 000 DM. Ein Freibetrag ist nicht mehr zu berücksichtigen (50 000 DM ∕ 50 v. H. von 80 000 DM = 10 000 DM, 10 000 DM ∕ 10 000 DM).

Die Freibeträge sind nur dann zu berücksichtigen, wenn der Veräußerungsgewinn in einem Jahr zu besteuern ist oder der Kaufpreis aus einem Festpreis und laufenden Bezügen besteht, und sich durch den Ansatz des Festpreises bereits im Jahr der Veräußerung ein Gewinn ergibt. Im Fall der Veräußerung gegen Festpreis und gegen laufende Bezüge ist allerdings für die Ermittlung des Freibetrags dem Veräußerungsgewinn, der durch die Zahlung des Festpreises entstanden ist, der Kapitalwert der laufenden Bezüge zuzurechnen (BFH, BStBl 1968 II S. 75). Ergibt sich, daß der Gesamtgewinn den Teil von 100 000 DM übersteigt, der dem veräußerten Anteil am Kapital der Gesellschaft entspricht, ist ein Freibetrag nicht zu gewähren.

Beispiel:

A hat seine Beteiligung an der X-GmbH gegen einen Festpreis und gegen eine Rente veräußert. Aufgrund des Festpreises ergibt sich bereits ein Veräußerungsgewinn von 15 000 DM. Der Kapitalwert der Rente beträgt 20 000 DM. Für die Berechnung des Freibetrags ist von 35 000 DM auszugehen. Es ist entsprechend den Ausführungen im vorhergehenden Beispiel zu b) ein Freibetrag von 10 000 DM zu gewähren. Beträgt der Kapitalwert der Rente dagegen 35 000 DM, ist ein Freibetrag nicht mehr zu gewähren (vgl. das vorhergehende Beispiel zu d).

5.5.6.3 Tarifvergünstigungen, Steuerermäßigung

Gemäß § 34 Abs. 2 Nr. 1 EStG unterliegen Veräußerungsgewinne i. S. des § 17 EStG grundsätzlich dem nach § 34 Abs. 1 EStG ermäßigten Steuersatz. Diese Tarifvergünstigung gilt zunächst für Fälle, in denen der gesamte Veräußerungsgewinn bereits im Jahr der Veräußerung zu versteuern ist. Wird die Beteiligung gegen Festpreis und laufende Bezüge veräußert, ist nur der Teil des Veräußerungsgewinns tarifbegünstigt, der sich aus dem Festpreis ergibt (BFH, BStBl 1968 II S. 75). Im letzten Beispiel wäre also nur der Veräußerungsgewinn in Höhe von 5000 DM tarifbegünstigt. Die Rentenbezüge unterliegen, auch soweit sie bereits im Jahr der Veräußerung zufließen, dem normalen Steuersatz. Wird eine Beteiligung ausschließlich gegen laufende Bezüge veräußert oder unterliegen bei einer Veräußerung gegen Festpreis und laufende Bezüge nur die letztgenannten der Besteuerung, so kann § 34 EStG nicht angewandt werden, weil die Einkünfte nicht zusammengeballt in einem Veranlagungszeitraum zu versteuern sind.

Hat der Steuerpflichtige die Beteiligung innerhalb der letzten fünf Jahre vor der Veräußerung unentgeltlich erworben und deswegen Erbschaftsteuer gezahlt, so wird die ESt auf den Veräußerungsgewinn auf Antrag ermäßigt, § 35 EStG; vgl. im einzelnen dazu die Erläuterung dieser Vorschrift unter 10.4.

5.5.7 Veräußerungsverluste

Die bei der Veräußerung einer wesentlichen Beteiligung oder des Teils einer wesentlichen Beteiligung entstehenden Verluste können gemäß § 2 Abs. 3 EStG mit den übrigen positiven Einkünften des Veranlagungszeitraums ausgeglichen werden. Auch ein Verlustabzug gemäß § 10 d EStG ist für Veräußerungsverluste des § 17 EStG vorgesehen (vgl. 7.5). Sind Anteile an einer Kapitalgesellschaft nach dem 31. 12. 1976 von einem nicht zur Anrechnung von KSt berechtigten Anteilseigner erworben worden, so ist zu prüfen, ob der Berücksichtigung eines etwaigen späteren Veräußerungsverlustes die Vorschrift des § 50 c EStG (s. 4.2.3.3) entgegensteht.

5.5.8 Liquidation und Kapitalherabsetzung

Die für die Veräußerung von wesentlichen Beteiligungen in § 17 Abs. 1 bis 3 EStG getroffenen Regelungen gelten nach § 17 Abs. 4 EStG entsprechend, wenn eine Kapitalgesellschaft aufgelöst (liquidiert) wird oder wenn ihr Kapital herabgesetzt und an die Anteilseigner zurückgezahlt wird, soweit die Rückzahlung nicht als Gewinnanteil (Dividende) gilt. In diesen Fällen ist als Veräußerungspreis der gemeine Wert des dem Anteilseigner zugeteilten oder zurückgezahlten Vermögens anzusetzen, soweit es nicht nach § 20 Abs. 1 Nr. 1 oder 2 EStG zu den Einnahmen aus Kapitalvermögen gehört. Im übrigen gelten die Grundsätze zur Ermittlung eines Veräußerungsgewinns oder Verlustes auch für die Ermittlung eines Auflösungsgewinns oder -verlustes nach § 17 Abs. 4 EStG (5.5.5.1). Dabei ist der Auflösungsgewinn in dem Jahr zu erfassen, in dem das auf die wesentliche Beteiligung entfallende Vermögen der Gesellschaft verteilt wurde; ein Verlust kann hingegen schon in dem Jahr erfaßt werden, in dem mit einer Änderung des feststehenden Verlustes nicht mehr zu rechnen ist (BFH, BStBl 1985 II S. 428). Auch nachträgliche Anschaffungskosten (5.5.4.1) sind bei diesem Gewinn zu berücksichtigen (BFH, BStBl 1985 II S. 428). Nach § 20 Abs. 1 Nr. 2 EStG gehören zu den Einkünften aus Kapitalvermögen auch Bezüge, die aufgrund einer Kapitalherabsetzung oder nach Auflösung einer unbeschränkt steuerpflichtigen Kapitalgesellschaft anfallen, soweit bei diesen für Ausschüttungen verwendbares Eigenkapital im Sinne von § 29 KStG als verwendet gilt (wegen der in diesen Fällen erforderlichen Abgrenzung zwischen Gewinnanteilen und den nach § 17 Abs. 4 EStG zu besteuernden Gewinnen siehe § 41 KStG und Abschn. 95 KStR. Hinsichtlich des Sonderfalls der Kapitalherabsetzung nach vorangegangener Kapitalerhöhung s. BFH, BStBl 1980 II S. 247).

5.5.9 Wesentliche Beteiligung im Gesamthandsvermögen

Nach § 39 Abs. 2 Nr. 2 AO werden Wirtschaftsgüter, die mehreren zur gesamten Hand zustehen, den Beteiligten anteilig zugerechnet, soweit eine getrennte Zurechnung für die Besteuerung erforderlich ist. § 17 EStG greift, soweit diese Vorschrift überhaupt gilt – also nur bei Privatvermögen –, auf die Beteiligung des einzelnen Gemeinschafters zurück. Befindet sich mithin eine wesentliche Beteiligung im Gesamthandsvermögen einer Gemeinschaft, so ist sie für Zwecke der Besteuerung gemäß § 17 EStG den Beteiligten nach § 39 Abs. 2 Nr. 2 AO anteilmäßig zuzurechnen. Daraus folgt, daß auch die Veräußerung und die Größen, die den Veräußerungsgewinn bestimmen, anteilmäßig den Gemeinschaftern zuzurechnen sind (BFH, BStBl 1976 II S. 557, 1980 II S. 646).

Entsprechendes gilt, wenn sich die Beteiligung an einer Kapitalgesellschaft im Gesamthandsvermögen einer Gesellschaft bürgerlichen Rechts befindet, dort indessen kein Betriebsvermögen bildet (Vermögensverwaltungsgesellschaft). Da die Beteiligung auch hier anteilig den Gesellschaftern zuzurechnen ist, bedeutet die entgeltliche Übertragung eines Gesellschaftsanteils gleichzeitig die Veräußerung der anteiligen Beteiligung an der Kapitalgesellschaft durch den ausscheidenden Gesellschafter. Gleiches gilt für die entgeltliche Aufnahme eines neuen Gesellschafters.

Beispiel:
A und B sind zu je 50 v. H. an einer Gesellschaft bürgerlichen Rechts beteiligt, zu deren Gesellschaftsvermögen eine 60prozentige Beteiligung an der X-GmbH gehört. A und B nehmen C in die Gesellschaft mit der Maßgabe auf, daß A, B und C künftig mit je ⅓ beteiligt sind. C leistet dafür eine wertgerechte Einlage. Damit haben A und B je 10 v. H. Anteile an der X-GmbH an C im Sinne von § 17 EStG veräußert.

Besitzt jemand Anteile an einer Kapitalgesellschaft im Einzeleigentum und sind ihm weitere Anteile an derselben Kapitalgesellschaft im Gesamthandseigentum einer Personengesellschaft anteilig zuzurechnen, so sind für die Frage, ob die im Einzeleigentum stehenden Anteile eine wesentliche Beteiligung bilden, die Anteile zusammenzurechnen. Dies gilt auch dann, wenn die im Gesamthandseigentum stehenden Anteile zum Betriebsvermögen zählen (mittelbare Beteiligung; s. 5.5.3).

Beispiel:
A ist an der X-OHG zu 50 v. H. beteiligt. Diese hält in ihrem betrieblichen Gesamthandsvermögen eine 20prozentige Beteiligung an der Z-GmbH. A führt in seinem Privatvermögen ferner eine 20prozentige Beteiligung an der Z-GmbH. Diese ist eine wesentliche Beteiligung im Sinne von § 17 EStG, da für diese Frage der Anteil des A an der im Betriebsvermögen gehaltenen Beteiligung (= 50 v. H. von 20 v. H. = 10 v. H.) den im Alleineigentum des A stehenden 20 v. H. GmbH-Anteilen hinzugerechnet wird. Für die Zusammenrechnung einer mittelbaren und einer unmittelbaren Beteiligung ist unerheblich, ob und in welchem Maße der Anteilseigner die Kapitalgesellschaft (wirtschaftlich) beherrscht.

Veräußert der Mitunternehmer einer Personengesellschaft aus seinem Privatvermögen eine wesentliche Beteiligung im Sinne von § 17 EStG in das Gesellschaftsvermögen der Personengesellschaft zu Bedingungen, die bei entgeltlichen Veräußerungen zwischen Fremden üblich sind, so liegt eine Veräußerung der gesamten Beteiligung im Sinne von § 17 EStG vor (s. auch BFH, BStBl 1977 II S. 145; im Grundsatz gleich auch BFH, BStBl 1981 II S. 84).

5.6 Änderung der Unternehmensform

5.6.1 Allgemeines

Änderungen der Unternehmensform führen nach den allgemeinen steuerlichen Vorschriften teilweise zu so erheblichen steuerlichen Belastungen, daß sich die Steuerpflichtigen nicht selten veranlaßt sehen, von geplanten Änderungen auch dann Abstand zu nehmen, wenn diese wirtschaftlich vernünftig oder sogar geboten erscheinen. Diese Wirkungen der steuerlichen Vorschriften müssen jedoch aus wirtschaftspolitischen Gründen als unerwünscht und bedenklich erscheinen. Infolge der Entwicklung der modernen Wirtschaft, des raschen technischen Fortschritts und der zunehmenden Integration der deutschen Wirtschaft in den gemeinsamen Markt und die gesamte Weltwirtschaft kann das Bedürfnis der Unternehmer, sich den veränderten wirtschaftlichen Umständen durch entsprechende Änderungen der Form ihrer Unternehmen anzupassen, vielfach unabweisbar werden.

Durch das Umwandlungs-Steuergesetz 1969 (BStBl 1969 I S. 498) hat der Gesetzgeber daher versucht, die den verschiedenen Änderungen der Unternehmensform entgegenstehenden steuerlichen Hindernisse weitgehend zu beseitigen. Das Umwandlungs-Steuergesetz 1969 ist durch das Umwandlungs-Steuergesetz 1977 (BStBl 1976 I S. 476) abgelöst worden, durch das insbesondere die Anpassung an das Körperschaftsteuerreformgesetz erfolgt ist.

5.6.2 Einbringung eines Betriebs, Teilbetriebs oder Mitunternehmeranteils in eine Kapitalgesellschaft gegen Gewährung von Gesellschaftsanteilen

Die steuerliche Behandlung der Einbringung eines Betriebs, Teilbetriebs oder Mitunternehmeranteils in eine Kapitalgesellschaft gegen Gewährung von Gesellschaftsanteilen ist in den §§ 20 bis 23 UmwStG 1977 gesetzlich geregelt. Diese Regelung gilt lediglich, wenn ein Betrieb, Teilbetrieb oder Mitunternehmeranteil in eine unbeschränkt körperschaftsteuerpflichtige Kapitalgesellschaft (§ 1 Abs. 1 Nr. 1 KStG) eingebracht wird und der Einbringende dafür **neue** Anteile an der Gesellschaft erhält (Sacheinlage).

Die Kapitalgesellschaft darf das eingebrachte Betriebsvermögen nach § 20 Abs. 2 UmwStG 1977 grundsätzlich mit seinem Buchwert (dies ist der Wert, mit dem der Einbringende das eingebrachte Betriebsvermögen im Zeitpunkt der Sacheinlage nach den steuerlichen Gewinnermittlungsvorschriften anzusetzen hat) oder mit einem höheren Wert ansetzen, der die Teilwerte der einzelnen Wirtschaftsgüter jedoch nicht übersteigen darf. Ob der Einbringende an der Kapitalgesellschaft wesentlich beteiligt ist, ist ohne Bedeutung. Damit wird der Tatsache Rechnung getragen, daß im Zuge der Umstrukturierung in der deutschen Wirtschaft auch ein Bedürfnis nach Eingliederung kleinerer Unternehmen in größere Kapitalgesellschaften bestehen kann.

Das der Kapitalgesellschaft in § 20 Abs. 2 UmwStG 1977 eingeräumte Wahlrecht ist allerdings für bestimmte Fälle eingeschränkt oder sogar ganz ausgeschlossen. Übersteigen die Passivposten des eingebrachten Betriebsvermögens die Aktivposten, so hat die Kapitalgesellschaft das eingebrachte Betriebsvermögen mindestens so anzusetzen, daß sich die Aktivposten und die Passivposten ausgleichen; das Eigenkapital ist jedoch nicht zu berücksichtigen. Erhält der Einbringende neben den Gesellschaftsanteilen auch andere Wirtschaftsgüter, deren gemeiner Wert den Buchwert des eingebrachten Betriebsvermögens übersteigt, so hat die

Kapitalgesellschaft das eingebrachte Betriebsvermögen mindestens mit dem gemeinen Wert der anderen Wirtschaftsgüter anzusetzen. Auch in diesen Fällen dürfen die Teilwerte der einzelnen Wirtschaftsgüter des eingebrachten Betriebsvermögens jedoch nicht überschritten werden.

Beispiel:

Bei der Einbringung seines Betriebs in die X-GmbH erhält der Steuerpflichtige neben Gesellschaftsanteilen ein unbebautes Grundstück im Werte von 50 000 DM und eine Barzahlung in Höhe von 100 000 DM. Der Buchwert des eingebrachten Betriebsvermögens beträgt 120 000 DM.

Da der gemeine Wert des unbebauten Grundstücks zusammen mit der Barzahlung den Buchwert des eingebrachten Betriebsvermögens übersteigt, muß die X-GmbH das eingebrachte Betriebsvermögen mindestens mit (50 000 DM + 100 000 DM =) 150 000 DM ansetzen.

Nach § 20 Abs. 3 UmwStG 1977 hat die Kapitalgesellschaft das eingebrachte Betriebsvermögen grundsätzlich mit seinem Teilwert anzusetzen, wenn der Einbringende beschränkt einkommensteuerpflichtig (oder beschränkt körperschaftsteuerpflichtig) ist oder wenn das Besteuerungsrecht der Bundesrepublik Deutschland hinsichtlich des Gewinns aus der Veräußerung der dem Einbringenden gewährten Gesellschaftsanteile im Zeitpunkt der Sacheinlage durch ein Doppelbesteuerungsabkommen ausgeschlossen ist.

Der Wert, mit dem die Kapitalgesellschaft das eingebrachte Betriebsvermögen ansetzt, gilt nach § 20 Abs. 4 UmwStG 1977 für den Einbringenden als Veräußerungspreis und grundsätzlich auch als Anschaffungskosten der Gesellschaftsanteile. Zur Ermittlung der Anschaffungskosten ist dieser Wert jedoch um den gemeinen Wert etwaiger Wirtschaftsgüter zu kürzen, die dem Einbringenden neben den Gesellschaftsanteilen gewährt werden.

Ein **bei der Sacheinlage entstehender Gewinn** ist nach § 20 Abs. 5 UmwStG 1977 stets als Veräußerungsgewinn i. S. des § 16 EStG zu behandeln, auf den bei natürlichen Personen der begünstigte Steuersatz nach § 34 Abs. 1 EStG anzuwenden ist. In welchem Umfang die stillen Reserven aufgedeckt worden sind, ist für die Anwendung des § 34 Abs. 1 EStG ohne Bedeutung. Der Freibetrag nach § 16 Abs. 4 EStG kann jedoch auch in diesen Fällen nur gewährt werden, wenn die Kapitalgesellschaft das eingebrachte Betriebsvermögen mit dem Teilwert ansetzt, die Einbringung somit zur Aufdeckung sämtlicher stiller Reserven in dem eingebrachten Betriebsvermögen führt.

Beispiel:

In dem vorstehenden Beispielsfall hat die X-GmbH das eingebrachte Betriebsvermögen mit dem Mindestwert von 150 000 DM angesetzt.

Da zur Ermittlung des Veräußerungsgewinns ebenfalls von einem Veräußerungspreis von 150 000 DM auszugehen ist, hat der Steuerpflichtige durch die Einbringung seines Betriebs einen Veräußerungsgewinn in Höhe von (150 000 DM ⁒ 120 000 DM =) 30 000 DM erzielt.

Da die X-GmbH das eingebrachte Betriebsvermögen nicht mit dem Teilwert angesetzt hat, kann dem Steuerpflichtigen ein Freibetrag nach § 16 Abs. 4 EStG nicht gewährt werden. Der Veräußerungsgewinn von 30 000 DM ist jedoch dem begünstigten Steuersatz des § 34 Abs. 1 EStG zu unterwerfen.

In den Fällen, in denen die Kapitalgesellschaft das eingebrachte Betriebsvermögen nach § 20 Abs. 3 UmwStG 1977 mit dem Teilwert anzusetzen hat, kann die Einkommensteuer (oder die Körperschaftsteuer), die auf den bei der Sacheinlage entstehenden Veräußerungsgewinn entfällt, nach § 20 Abs. 5 Satz 3 UmwStG 1977 in jährlichen Teilbeträgen von mindestens je einem Fünftel entrichtet werden, sofern die Entrichtung dieser Beträge sichergestellt ist.

Nach § 20 Abs. 6 UmwStG 1977 gelten die vorstehend dargestellten Grundsätze entsprechend auch für die **Einbringung einer Beteiligung an einer Kapitalgesellschaft** in eine andere Kapitalgesellschaft, sofern die Beteiligung sämtliche Anteile an der Gesellschaft umfaßt.

Wird die Sacheinlage durch Umwandlung nach den §§ 40 bis 56 des Umwandlungsgesetzes 1969 (BStBl 1969 I S. 806) vorgenommen, so ist die Sacheinlage auf Antrag auf den Umwandlungsstichtag zurückzubeziehen, der jedoch höchstens sechs Monate vor der Anmeldung des Umwandlungsbeschlusses zur Eintragung in das Handelsregister liegen darf. In diesem Fall sind nach § 20 Abs. 7 UmwStG 1977 das Einkommen und das Vermögen des Einbringenden und der Kapitalgesellschaft so zu ermitteln, als ob der Betrieb mit Ablauf des Umwandlungsstichtags in die Kapitalgesellschaft eingebracht worden wäre.[12] Hinsichtlich der Ermittlung des Gewinns gilt diese Rückbeziehung allerdings nicht für nach dem Umwandlungsstichtag erfolgte Entnahmen und Einlagen, um die ggf. auch die nach § 20 Abs. 4 UmwStG 1977 anzusetzenden Anschaffungskosten der dem Einbringenden gewährten Gesellschaftsanteile zu berichtigen sind.

Wenn die Kapitalgesellschaft das **eingebrachte Betriebsvermögen mit dem Teilwert angesetzt** hat und der Teilwert des eingebrachten Betriebsvermögens daher auch für die Ermittlung der Anschaffungskosten der neuen Anteile an der Kapitalgesellschaft maßgebend ist, gelten hinsichtlich der weiteren steuerlichen Behandlung dieser Anteile keine Besonderheiten (§ 20 Abs. 4 UmwStG 1977). Werden die Anteile ganz oder teilweise veräußert, so ist ein dabei entstehender Gewinn nur dann steuerpflichtig, wenn und soweit die Voraussetzungen der §§ 17 oder 23 EStG erfüllt sind.

Wenn die Kapitalgesellschaft das **eingebrachte Betriebsvermögen mit dem Buchwert oder einem anderen unter dem Teilwert liegenden Wert angesetzt** hat, so gelten hinsichtlich der weiteren steuerlichen Behandlung der durch die Sacheinlage erworbenen Anteile jedoch die folgenden Besonderheiten.

Werden durch eine Sacheinlage erworbene Anteile an einer Kapitalgesellschaft veräußert, so gilt nach § 21 Abs. 1 UmwStG 1977 der Betrag, um den der Veräußerungspreis nach Abzug der Veräußerungskosten die nach § 20 Abs. 4 UmwStG 1977 maßgebenden Anschaffungskosten übersteigt, als Veräußerungsgewinn i. S. des § 16 EStG. Dies gilt auch dann, wenn der Rechtsvorgänger des Veräußerers die Anteile durch eine Sacheinlage erworben hat und die Anteile

---

12 Nach Tz. 1 des BMF-Schreibens vom 16. 6. 1978 (BStBl 1978 I S. 235 ff.) ist es jedoch auch in den übrigen Fällen nicht zu beanstanden, wenn die Wirksamkeit der Einbringung auf einen höchstens sechs Monate vor der Übertragung des wirtschaftlichen Eigentums liegenden Zeitpunkt zurückbezogen wird.

später unentgeltlich auf den Veräußerer übergegangen sind. Werden die durch eine Sacheinlage erworbenen Anteile gegen andere Anteile an einer Kapitalgesellschaft ausgetauscht, so sind die erworbenen Anteile wie die hingegebenen durch Sacheinlage erworbenen Anteile zu behandeln, wenn der Tausch wegen der Nämlichkeit der ausgetauschten Anteile aufgrund der Rechtsprechung des BFH (vgl. BFH, BStBl 1959 III S. 30) nicht zu einer Gewinnrealisierung geführt hat. Der Gewinn aus der Veräußerung derartiger Anteile ist auch dann in vollem Umfang steuerpflichtig, wenn es sich nicht um eine wesentliche Beteiligung handelt und die Voraussetzungen des § 17 EStG nicht vorliegen. Durch diese Regelung soll sichergestellt werden, daß die im Zeitpunkt der Sacheinlage vorhandenen stillen Reserven in dem eingebrachten Betriebsvermögen der Besteuerung nicht endgültig entzogen werden können.

Da die Besteuerung der im Zeitpunkt der Sacheinlage vorhandenen und auf die erworbenen Anteile übertragenen stillen Reserven jedoch nur gewährleistet ist, wenn und solange der Gewinn aus der Veräußerung der Anteile überhaupt der deutschen Besteuerung unterliegt, ist ein Veräußerungsgewinn i. S. des § 16 EStG nach § 21 Abs. 2 UmwStG 1977 auch ohne Veräußerung der Anteile anzunehmen, wenn der Anteilseigner beschränkt einkommensteuerpflichtig (oder beschränkt körperschaftsteuerpflichtig) wird (§ 21 Abs. 2 Nr. 2 UmwStG 1977) oder das Besteuerungsrecht der Bundesrepublik Deutschland hinsichtlich des Gewinns aus der Veräußerung der Anteile durch ein Doppelbesteuerungsabkommen ausgeschlossen wird (§ 21 Abs. 2 Nr. 3 UmwStG 1977). Nach § 21 Abs. 2 Nr. 4 UmwStG 1977 muß ein Veräußerungsgewinn i. S. des § 16 EStG ferner dann angenommen werden, wenn die Kapitalgesellschaft, an der die Anteile bestehen, aufgelöst und abgewickelt wird oder das Kapital dieser Gesellschaft herabgesetzt und an die Anteilseigner zurückgezahlt wird und die Rückzahlung nicht als Gewinnanteil gilt. Da als Veräußerungsgewinn i. S. des § 16 EStG nicht nur die im Zeitpunkt der Sacheinlage vorhandenen und auf die erworbenen Anteile übertragenen stillen Reserven, sondern auch die späteren Wertsteigerungen zu erfassen sind, kann die getroffene Regelung für Steuerpflichtige, die an der Kapitalgesellschaft nicht wesentlich beteiligt sind und bei denen Wertsteigerungen daher u. U. nicht zu besteuern wären, mit erheblichen Nachteilen verbunden sein. Aus diesem Grund ist den Anteilseignern in § 21 Abs. 2 Nr. 1 UmwStG 1977 das Recht eingeräumt worden, die Versteuerung der bis dahin entstandenen stillen Reserven in den erworbenen Anteilen zu beantragen und die weiteren Wertsteigerungen damit der Besteuerung zu entziehen. In allen diesen Fällen ist bei der Ermittlung des (fiktiven) Veräußerungsgewinns von dem gemeinen Wert der als veräußert zu behandelnden Anteile auszugehen.

Ist der Veräußerer eine natürliche Person, so ist der nach den vorstehenden Ausführungen zu versteuernde Veräußerungsgewinn stets dem begünstigten Steuersatz des § 34 Abs. 1 EStG zu unterwerfen. Dies gilt auch dann, wenn nur ein Teil der durch Sacheinlage erworbenen Anteile veräußert wird oder als veräußert zu behandeln ist. Auch § 16 Abs. 4 EStG ist in diesem Fall anzuwenden. Nach § 21 Abs. 1 Satz 3 UmwStG 1977 ist der nach § 16 Abs. 4 EStG zu gewährende

Freibetrag jedoch danach zu bemessen, ob die Sacheinlage einen ganzen Betrieb, einen Teilbetrieb oder einen Anteil am Betriebsvermögen umfaßt hat; der sich danach ergebende Freibetrag ist ggf. im Verhältnis der veräußerten Anteile zu den gesamten durch Sacheinlage erworbenen Anteilen zu ermäßigen.

Beispiel:

In dem vorstehenden Beispielsfall veräußert der Steuerpflichtige nach zwei Jahren 50 v. H. der durch die Einbringung seines Betriebs erworbenen Anteile an der X-GmbH zum Preise von 55 000 DM.

Da die X-GmbH das eingebrachte Betriebsvermögen mit 150 000 DM angesetzt und der Steuerpflichtige neben den Gesellschaftsanteilen auch andere Wirtschaftsgüter erhalten hat, ist zur Ermittlung des Veräußerungsgewinns von Anschaffungskosten in Höhe von (150 000 DM ∕ 50 000 DM ∕ 100 000 DM =) 0 DM auszugehen.

Durch die Veräußerung erzielt der Steuerpflichtige einen Veräußerungsgewinn von 55 000 DM.

Da der Steuerpflichtige seinen ganzen Betrieb in die X-GmbH eingebracht hat, ist bei der Anwendung der Vorschrift des § 16 Abs. 4 EStG von einem anteiligen Freibetrag von (50 v. H. von 30 000 DM =) 15 000 DM auszugehen. Da der erzielte Veräußerungsgewinn von 55 000 DM die anteilige Freibetragsgrenze von (50 v. H. von 100 000 DM =) 50 000 DM um 5000 DM übersteigt, ist dem Steuerpflichtigen ein Freibetrag von (15 000 DM ∕ 5000 DM =) 10 000 DM zu gewähren.

Der verbleibende steuerpflichtige Veräußerungsgewinn von 45 000 DM ist dem begünstigten Steuersatz des § 34 Abs. 1 EStG zu unterwerfen.

Werden durch eine Sacheinlage erworbene Anteile an einer Kapitalgesellschaft später in ein Betriebsvermögen eingelegt und hat die Kapitalgesellschaft das eingebrachte Betriebsvermögen mit einem unter dem Teilwert liegenden Wert angesetzt, so sind die Anteile nach § 22 Abs. 1 UmwStG 1977 abweichend von § 6 Abs. 1 Nr. 5 EStG grundsätzlich mit ihren nach § 20 Abs. 4 UmwStG 1977 maßgebenden Anschaffungskosten anzusetzen. Durch diese Vorschrift wird die Erfassung der in die Gesellschaftsanteile eingegangenen stillen Reserven auch für den Fall der Einlage in ein Betriebsvermögen sichergestellt. Liegt der Teilwert der Anteile im Zeitpunkt der Einlage unter den maßgebenden Anschaffungskosten, so sind die Anteile jedoch mit dem niedrigeren Teilwert anzusetzen. Der Unterschiedsbetrag zwischen den Anschaffungskosten und dem niedrigeren Teilwert ist in diesem Fall außerhalb der Bilanz abzusetzen.

5.6.3 Einbringung eines Betriebs, Teilbetriebs oder Mitunternehmeranteils in eine Personengesellschaft

Die steuerliche Behandlung der Einbringung eines Betriebs, Teilbetriebs oder Mitunternehmeranteils in eine Personengesellschaft (Mitunternehmergemeinschaft) ist in § 24 UmwStG 1977 gesetzlich geregelt.

Nach § 24 Abs. 2 UmwStG 1977 darf die Personengesellschaft das eingebrachte Betriebsvermögen in ihrer Bilanz einschließlich der Ergänzungsbilanzen für ihre Gesellschafter mit seinem Buchwert oder mit einem höheren Wert ansetzen, der die Teilwerte der einzelnen Wirtschaftsgüter jedoch nicht überschreiten darf. Buchwert ist der Wert, mit dem der Einbringende das eingebrachte Betriebsvermögen im Zeitpunkt der Einbringung nach den steuerlichen Gewinnermittlungsvorschriften anzusetzen hat. Durch diese Vorschrift wird der Personengesellschaft ein Wahlrecht eingeräumt, das von den von der bisherigen Rechtsprechung gemachten Einschränkungen befreit ist. Zur Fortführung des Buchwerts des eingebrachten Betriebsvermögens ist die Personengesellschaft auch dann berechtigt, wenn der Einbringende nur unwesentlich an ihr beteiligt wird. Auf der anderen Seite darf die Personengesellschaft das eingebrachte Betriebsvermögen auch dann mit einem höheren Wert ansetzen, wenn sie an dem Ansatz eines höheren Werts aus rein steuerlichen Gründen interessiert ist.

Der Wert, mit dem das eingebrachte Betriebsvermögen in der Bilanz der Personengesellschaft einschließlich der Ergänzungsbilanzen für ihre Gesellschafter angesetzt wird, gilt nach § 24 Abs. 3 Satz 1 UmwStG 1977 für den Einbringenden als Veräußerungspreis. Der sich bei Zugrundelegung dieses Betrages ergebende Veräußerungsgewinn ist nach § 24 Abs. 3 Satz 2 UmwStG 1977 allerdings nur dann nach § 16 Abs. 4 und § 34 Abs. 1 EStG begünstigt, wenn das eingebrachte Betriebsvermögen von der Personengesellschaft mit seinem Teilwert angesetzt worden ist und durch die Einbringung sämtliche stille Reserven des eingebrachten Betriebsvermögens aufgedeckt worden sind.

Beispiel:

A gründet mit B eine OHG und bringt seinen Gewerbebetrieb (Buchwert 250 000 DM, tatsächlicher Wert 400 000 DM) in diese Gesellschaft ein. B, der in gleicher Höhe am Gewinn und Vermögen der Gesellschaft beteiligt sein soll, erbringt eine Bareinlage von 400 000 DM. Die OHG setzt das von A eingebrachte Betriebsvermögen in ihrer Bilanz mit dem Buchwert von 250 000 DM an. In einer Ergänzungsbilanz für B wird der Unterschiedsbetrag zwischen der Einlage des B und dem auf B entfallenden Kapitalkonto in Höhe von (400 000 DM ∕ 325 000 DM =) 75 000 DM ausgewiesen.

Zur Ermittlung des Veräußerungsgewinns des A ist nach § 24 Abs. 3 UmwStG 1977 von einem Veräußerungspreis in Höhe von (250 000 DM + 75 000 DM =) 325 000 DM auszugehen. Es ergibt sich für A ein Veräußerungsgewinn von (325 000 DM ∕ 250 000 DM =) 75 000 DM.

Dieser Veräußerungsgewinn ist in vollem Umfang steuerpflichtig und dem normalen Steuersatz zu unterwerfen, weil die OHG das eingebrachte Vermögen nicht mit seinem Teilwert angesetzt hat.

5.6.4 Umwandlung einer Kapitalgesellschaft durch Übertragung ihres Vermögens auf eine Personengesellschaft oder auf eine natürliche Person

5.6.4.1 Behandlung nach den allgemeinen Vorschriften

Die Umwandlung einer Kapitalgesellschaft durch Übertragung ihres Vermögens auf eine Personengesellschaft oder eine natürliche Person stellt nach der herrschenden Auffassung einen tauschähnlichen Vorgang dar, der nicht nur zur Realisierung der stillen Reserven bei der untergehenden Kapitalgesellschaft (sogenannter **Übertragungsgewinn**), sondern ebenso wie eine Veräußerung auch zur Aufdeckung der stillen Reserven in den Anteilen an der umgewandelten Kapitalgesellschaft (sogenannter **Übernahmegewinn**) führt.

Gehörten die Anteile an der umgewandelten Kapitalgesellschaft zum Betriebsvermögen, so ist der Übernahmegewinn, d. h. der Unterschiedsbetrag zwischen dem Teilwert des übertragenen Betriebsvermögens (mit Ausnahme eines etwaigen Firmenwerts) und dem Buchwert der schwindenden Anteile, zweifellos zum steuerpflichtigen Gewinn der übernehmenden Personengesellschaft oder der übernehmenden natürlichen Personen zu rechnen. Der Übernahmegewinn unterliegt in diesem Fall grundsätzlich den normalen Steuersätzen. Tarifbegünstigt ist der Übernahmegewinn nur, wenn die übernehmende natürliche Person oder Personengesellschaft sämtliche Anteile an der umgewandelten Kapitalgesellschaft innehatte (§ 16 Abs. 1 Nr. 1 EStG).

Gehörten die Anteile zum Privatvermögen der übernehmenden natürlichen Person oder der Gesellschafter der übernehmenden Personengesellschaft, so ist der Übernahmegewinn, sofern die schwindenden Anteile nicht durch vorausgegangene Einbringung eines Betriebs, Teilbetriebs oder Mitunternehmeranteils in die Kapitalgesellschaft erworben wurden und der Gewinn aus einer Veräußerung dieser Anteile daher nach § 16 EStG zu erfassen ist, nur dann steuerpflichtig, wenn die Voraussetzungen der §§ 17 oder 23 EStG vorliegen. Ist der Übernahmegewinn nach § 17 EStG steuerpflichtig, so ist dieser nach § 17 Abs. 3 und § 34 Abs. 1 EStG tariflich begünstigt.

5.6.4.2 Behandlung nach den Vorschriften des UmwStG 1977

Nach § 3 UmwStG 1977 hat die übertragende Körperschaft in ihrer steuerlichen Schlußbilanz für das letzte Wirtschaftsjahr die nach den steuerrechtlichen Gewinnermittlungsvorschriften auszuweisenden Wirtschaftsgüter grundsätzlich mit dem Teilwert bzw. – sofern sie nicht in ein Betriebsvermögen übergehen – mit dem gemeinen Wert anzusetzen. Lediglich Pensionsverpflichtungen sind mit dem sich nach § 6 a EStG ergebenden Wert auszuweisen. Der durch diese Wertaufstockung entstehende **Übertragungsgewinn** ist aus Vereinfachungsgründen grundsätzlich von der Körperschaft freigestellt (vgl. die §§ 4 und 13 Abs. 2 UmwStG 1977), weil die davon erhobene Körperschaftsteuer im selben Kalenderjahr auf die Einkommensteuer oder Körperschaftsteuer der Gesellschafter der übernehmenden Personengesellschaft anzurechnen wäre.

Die übernehmende Personengesellschaft hat die auf sie übergegangenen Wirtschaftsgüter nach § 5 Abs. 1 UmwStG 1977 grundsätzlich mit den sich aus der steuerlichen Schlußbilanz der übertragenden Körperschaft ergebenden Werten zu übernehmen. Eine Ausnahme gilt lediglich für eine auf die Personengesellschaft übergegangene Vermögensabgabeschuld, die stets mit dem Zeitwert anzusetzen ist. Die übergegangenen Wirtschaftsgüter gelten nach § 5 Abs. 2 UmwStG 1977 als mit diesen Werten angeschafft.

Der Unterschiedsbetrag zwischen der Summe dieser Werte und dem Buchwert der Anteile an der übertragenden Körperschaft stellt nach § 5 Abs. 5 Satz 1 UmwStG 1977 den **Übernahmegewinn** oder **Übernahmeverlust** der übernehmenden Personengesellschaft dar.

Unter dem Buchwert der Anteile an der übertragenden Körperschaft ist nach § 5 Abs. 5 Satz 2 UmwStG 1977 der Wert zu verstehen, mit dem die Anteile nach den steuerrechtlichen Gewinnermittlungsvorschriften in einer für den steuerlichen Übertragungsstichtag aufzustellenden Bilanz der Personengesellschaft anzusetzen sind oder anzusetzen wären. Für Anteile an der übertragenden Körperschaft, die zu diesem Zeitpunkt nicht zum Betriebsvermögen der übernehmenden Personengesellschaft gehört haben, wird in § 6 Abs. 2 und 3 UmwStG 1977 eine Sonderregelung getroffen. Anteile, die zu diesem Zeitpunkt zu dem Betriebsvermögen eines Gesellschafters der übernehmenden Personengesellschaft gehört haben, sind nach § 6 Abs. 2 UmwStG 1977 als an diesem Stichtag in das Betriebsvermögen der Personengesellschaft überführt zu behandeln. Anteile, die zu diesem Zeitpunkt zum Privatvermögen eines Gesellschafters der übernehmenden Personengesellschaft gehört haben, gelten nach § 6 Abs. 3 UmwStG 1977 als an diesem Stichtag in das Betriebsvermögen der Personengesellschaft eingelegt. Die Anteile sind stets mit dem Teilwert anzusetzen, sofern es sich nicht um eine wesentliche Beteiligung i. S. des § 17 EStG handelt. Durch diese Fiktion wird erreicht, daß hinsichtlich der nicht unter § 17 EStG fallenden Anteile kein Übernahmegewinn entstehen kann.

Ein **Übernahmegewinn,** der sich aus der Buchführung ergibt und nicht mehr außerhalb der Bilanz zu ermitteln ist, **unterliegt in voller Höhe der normalen Besteuerung.** Eine tarifliche Begünstigung ist nicht vorgesehen.

Nach § 12 UmwStG 1977 ist auf die Einkommensteuer oder Körperschaftsteuer der Gesellschafter der übernehmenden Personengesellschaft jedoch die Körperschaftsteuer anzurechnen, die auf den Teilbeträgen des für Ausschüttungen verwendbaren Eigenkapitals der übertragenden Körperschaft i. S. des § 30 Abs. 1 Nrn. 1 und 2 KStG lastet.

Im Hinblick darauf erhöht sich nach § 5 Abs. 3 UmwStG 1977 der Gewinn der übernehmenden Personengesellschaft im Wirtschaftsjahr des Vermögensübergangs noch um die nach § 12 UmwStG 1977 anzurechnende Körperschaftsteuer.

Übersteigt die Einkommensteuer, die auf den Übernahmegewinn und den Erhöhungsbetrag i. S. des § 5 Abs. 3 UmwStG 1977 entfällt, die nach § 12 UmwStG 1977 anzurechnende Körperschaftsteuer, so kann der Unterschiedsbetrag nach § 7 UmwStG 1977 auf Antrag in der Weise gestundet werden, daß der Betrag während eines Zeitraums von höchstens 10 Jahren seit Eintritt der ersten Fälligkeit in regelmäßigen Teilbeträgen zu tilgen ist (s. dazu auch § 25 Abs. 1 und § 26 UmwStG 1977). Die Stundung kann grundsätzlich nur gegen Sicherheitsleistung erfolgen. Stundungszinsen werden nicht erhoben.[13]

Hat ein Gesellschafter der übernehmenden Personengesellschaft, der an der übertragenden Körperschaft nicht wesentlich beteiligt war, die Anteile im Zeitpunkt

---

13 Wenn die Übernehmerin den auf sie übergegangenen Betrieb innerhalb von fünf Jahren nach dem steuerlichen Übertragungsstichtag in eine Kapitalgesellschaft einbringt oder innerhalb des Stundungszeitraums veräußert oder aufgibt, so ist die gestundete Steuer nach § 25 Abs. 3 UmwStG 1977 sofort zu entrichten.

der Vermögensübertragung im Privatvermögen gehalten, so sind ihm nach § 9 UmwStG 1977 der Teil des für Ausschüttungen verwendbaren Eigenkapitals der übertragenden Körperschaft mit Ausnahme des Teilbetrags i. S. des § 30 Abs. 2 Nr. 4 KStG und die nach § 12 UmwStG 1977 anzurechnende Körperschaftsteuer als Einkünfte aus Kapitalvermögen zuzurechnen. Durch diese Regelung soll die Anrechnung der Körperschaftsteuer nach § 12 UmwStG 1977 gerechtfertigt werden, obwohl dieser Gesellschafter wegen der Einlagefiktion des § 6 Abs. 3 UmwStG 1977 einen Übernahmegewinn in keinem Fall zu versteuern hat.

Übersteigt der auf einen Gesellschafter der übernehmenden Personengesellschaft entfallende Übernahmeverlust den auf diesen Gesellschafter entfallenden Erhöhungsbetrag i. S. des § 5 Abs. 3 UmwStG 1977, so bleibt der übersteigende Betrag nach § 5 Abs. 4 UmwStG 1977 bei der Ermittlung des Gewinns der Personengesellschaft und bei der Ermittlung des Einkommens des Gesellschafters unberücksichtigt.

Nach § 11 UmwStG 1977 finden die vorstehend dargestellten Grundsätze sinngemäß auch dann Anwendung, wenn das Vermögen der übertragenden Körperschaft **Betriebs- oder Privatvermögen einer natürlichen Person** wird.

5.6.5 Verschmelzung von Kapitalgesellschaften

Bei der Verschmelzung von Kapitalgesellschaften erhalten die Gesellschafter der übertragenden Kapitalgesellschaft Aktien der aufnehmenden Kapitalgesellschaft (AG oder KG a. A. – die Verschmelzung auf eine GmbH ist handelsrechtlich nicht zulässig) und zum Ausgleich von Spitzenbeträgen ggf. auch Barzahlungen. Dieser Austausch der Anteile der übertragenden Gesellschaft gegen Anteile der aufnehmenden Gesellschaft müßte nach den allgemeinen Grundsätzen ertragsteuerlich zur Aufdeckung der stillen Reserven in den hingegebenen Anteilen führen. Bereits nach der Rechtsprechung des BFH (vgl. BStBl 1959 III S. 30 und 97) war der Austausch der Anteile bei einer echten Verschmelzung jedoch ohne Realisierung der stillen Reserven möglich. In Anlehnung an diese Rechtsprechung ist in § 16 UmwStG 1977 ausdrücklich geregelt, daß der Anteilsaustausch bei einer Verschmelzung nach den §§ 339 bis 358 AktG keine Realisierung der stillen Reserven zur Folge hat. Nach § 16 Abs. 1 UmwStG 1977 gelten Anteile an der übertragenden Kapitalgesellschaft, die zu einem Betriebsvermögen gehören, in diesem Fall als zum Buchwert veräußert und die an ihre Stelle tretenden Anteile als mit diesem Wert angeschafft. Nicht zu einem Betriebsvermögen gehörende Anteile an der übertragenden Gesellschaft gelten nach § 16 Abs. 2 Satz 1 UmwStG 1977, sofern die Voraussetzungen des § 17 EStG erfüllt sind, als zu den Anschaffungskosten veräußert. Die im Zuge der Verschmelzung gewährten Anteile, die entsprechend als mit den Anschaffungskosten der hingegebenen Anteile angeschafft zu behandeln sind, gelten in diesem Falle nach § 16 Abs. 2 Satz 2 UmwStG 1977 als Anteile i. S. des § 17 EStG. Der Gewinn aus ihrer späteren Veräußerung ist daher auch dann steuerpflichtig, wenn diese Anteile keine wesentliche Beteiligung i. S. des § 17 EStG darstellen.

5.7 Einkünfte aus selbständiger Arbeit (§ 18 EStG)

5.7.1 Allgemeines

Zu den Einkünften aus selbständiger Arbeit gehören die Einkünfte aus den im § 18 Abs. 1 EStG erschöpfend aufgeführten Tätigkeiten, bei denen im allgemeinen das geistige Vermögen und die persönliche Arbeitskraft eines Menschen im Vordergrund stehen. Ob eine derartige Tätigkeit dauernd oder nur vorübergehend ausgeübt wird, ist, worauf § 18 Abs. 2 EStG ausdrücklich hinweist, ohne Bedeutung. Selbst eine einmalige Betätigung genügt zur Annahme einer selbständigen Arbeit, sofern anzunehmen ist, daß die Tätigkeit bei sich bietender Gelegenheit wiederholt werden soll. Voraussetzung für die Annahme von Einkünften aus selbständiger Arbeit ist allerdings in jedem Fall, daß die Tätigkeit selbständig ausgeübt wird (zur Abgrenzung von der nichtselbständigen Arbeit 5.8.1 und Abschn. 146 EStR) und steuerlich weder als gewerbliche oder land- und forstwirtschaftliche Betätigung noch als Liebhaberei zu behandeln ist.

Das Gesetz unterscheidet die folgenden drei Gruppen von Einkünften aus selbständiger Arbeit:

1. Einkünfte aus freiberuflicher Tätigkeit. Zu der freiberuflichen Tätigkeit gehört zunächst die selbständig ausgeübte wissenschaftliche, künstlerische, schriftstellerische, unterrichtende oder erzieherische Tätigkeit. Ferner rechnet dazu die selbständige Berufstätigkeit der Ärzte, Zahnärzte, Rechtsanwälte, Notare, Patentanwälte, Vermessungsingenieure, Ingenieure, Architekten, Handelschemiker, Wirtschaftsprüfer, Steuerberater, beratenden Volks- und Betriebswirte, vereidigten Buchprüfer (vereidigte Bücherrevisoren), Steuerbevollmächtigten, Heilpraktiker, Dentisten, Krankengymnasten, Journalisten, Bildberichterstatter, Dolmetscher, Übersetzer, Lotsen und ähnlicher Berufe.

2. Einkünfte der Einnehmer einer staatlichen Lotterie, wenn sie nicht Einkünfte aus Gewerbebetrieb sind;

3. Einkünfte aus sonstiger Arbeit, z. B. Vergütungen für die Vollstreckung von Testamenten, für Vermögensverwaltung und für die Tätigkeit als Aufsichtsratsmitglied.

5.7.2 Freiberufliche Tätigkeit

Der freiberuflichen Tätigkeit kommt in der Praxis die größte Bedeutung zu, insbesondere auch der Abgrenzung zum mit Gewerbesteuer belasteten Gewerbebetrieb (dazu 5.7.2.2).

5.7.2.1 Die verschiedenen Gruppen der freiberuflichen Tätigkeit

Zu der **ersten Gruppe** der freiberuflichen Tätigkeit gehört ganz allgemein die selbständig ausgeübte wissenschaftliche, künstlerische, schriftstellerische, unterrichtende oder erzieherische Tätigkeit.

Die Abgrenzung zu den sog. Katalogberufen war bis zum VZ 1981 insbesondere bedeutsam, weil nur für die erste Gruppe die Steuerermäßigung des § 34 Abs. 4 EStG in Betracht kam. Die ersatzlose Streichung des § 34 Abs. 4 EStG ab 1982 ist mit dem Grundgesetz vereinbar (BVerfG, BStBl 1990 II S. 479).

Eine **wissenschaftliche Tätigkeit** übt aus, wer eine forschende oder eine sonstige nach wissenschaftlichen Methoden zu erledigende Arbeit leistet. Eine wissenschaftliche Vorbildung ist nicht erforderlich. Die Verwertung kann in den Formen des Gutachtens, der Vortragstätigkeit, der schriftlichen Tätigkeit oder der Prüfungstätigkeit, z. B. als Prüfer bei Staatsexamen, erfolgen (BFH, BStBl 1954 III S. 147, 1952 III S. 165).

Die Entscheidung, ob eine **künstlerische Tätigkeit** gegeben ist, liegt auf dem Gebiet der tatsächlichen Würdigung. Künstlerisch ist eine eigenschöpferische Tätigkeit, die zu Leistungen führt, in denen sich eine individuelle Anschauungsweise und eine besondere Gestaltungskraft widerspiegeln und die eine gewisse künstlerische Gestaltungshöhe erreichen (BFH, BStBl 1981 II S. 21). Einen allgemein verbindlichen Kunstbegriff enthält diese Umschreibung allerdings nicht. Was Kunst ist, welchen Wert und welche Bedeutung ein Kunstwerk hat, kann nur mit Hilfe der in den jeweiligen Gesellschaften und Epochen geltenden Maßstäbe bestimmt werden (BFH, BStBl 1983 II S. 7, 8). Unerheblich ist, aus welcher Zielsetzung heraus der Künstler schafft und wozu das von ihm Geschaffene später verwendet wird. Eine künstlerische Tätigkeit kann daher auch auf dem Gebiet der angewandten Kunst liegen. Auch alle Arten von Musik können daher im Einzelfall als künstlerische Betätigung zu qualifizieren sein; Jazz-, Pop- und Rockmusik ebenso wie Tanz- und Unterhaltungsmusik (BFH, BStBl 1990 II S. 643).

Als künstlerisch kann auch die Tätigkeit eines Redners anzusehen sein (BFH, BStBl 1982 II S. 22). Wenn der Redner mit Schablonen arbeitet und die gleiche Rede, wenn auch mit Variationen, in zahlreichen Fällen immer wieder vorträgt, fehlt es jedoch ebenso an einer eigenschöpferischen Tätigkeit wie in den Fällen, in denen der Redner mit wenigen Grundmustern auskommt und nur für besonders gelagerte Ausnahmefälle einen individuellen Redetext entwirft (BFH, BStBl 1987 II S. 376).

Bei der Beurteilung ist nicht jedes einzelne von dem Künstler geschaffene Werk für sich, sondern die gesamte von ihm im Veranlagungszeitraum ausgeübte Tätigkeit zu würdigen (BFH, BStBl 1960 III S. 453). Während für das Vorliegen einer künstlerischen Tätigkeit im Bereich der freien Künste der allgemeinen Verkehrsauffassung besonderes Gewicht beizulegen ist, muß bei einer Tätigkeit im Bereich des Kunsthandwerks oder Kunstgewerbes aufgrund besonderer Sachkunde von Fall zu Fall festgestellt werden, ob die Tätigkeit als künstlerisch angesehen werden kann (BFH, BStBl 1981 II S. 21). Das gilt insbesondere für Gebrauchsgraphiker, Industrie-Formgestalter, Fotografen usw. In den Bezirken der einzelnen Oberfinanzdirektionen bestehen Gutachterkommissionen, die in Zweifelsfällen von den Finanzämtern zu Rate gezogen werden können.

Eine **schriftstellerische Tätigkeit** liegt vor, wenn eigene Gedanken mit Mitteln der Sprache schriftlich ausgedrückt werden (BFH, BStBl 1976 II S. 192). Hinsichtlich des Ausdrucks eigener Gedanken sind allerdings keine strengen Anforderungen zu stellen. Auf das Niveau des Geschriebenen kommt es ebensowenig an wie auf die Vorbildung des Schriftstellers. Daher übt auch der Lokalberichter oder Gelegenheitsdichter sowie der Verfasser wissenschaftlicher Werke eine schriftstellerische Tätigkeit aus. Eine Übersetzertätigkeit stellt allerdings keine schriftstellerische Tätigkeit dar, wenn sich die eigenen Gedanken darauf beschränken, den Eigenarten der fremden Sprache gerecht zu werden (BFH, BStBl 1976 II S. 192).

Jede **unterrichtende oder erzieherische Tätigkeit,** die selbständig ausgeübt wird, ist eine freiberufliche Tätigkeit. Auf die Vorbildung kommt es insoweit bei beiden Tätigkeiten, die nicht ganz scharf voneinander zu trennen sind, nicht an. Als **unterrichtende Tätigkeit** ist jede Tätigkeit anzusehen, die auf die Vermittlung bestimmter Kenntnisse oder bestimmter Fähigkeiten gerichtet ist. Der Unterrichtsgegenstand ist insoweit ohne Bedeutung. Auch Schwimm-, Tennis-, Tanz-, Turn-, Reit-, Fahr- oder Sprachlehrer üben eine unterrichtende Tätigkeit aus, ebenso der Student, der Nachhilfestunden gibt.

Unter einer **erzieherischen Tätigkeit** ist jede planmäßige Tätigkeit mit dem Ziel einer körperlichen, geistigen und sittlichen Formung junger Menschen zu verstehen. Auch das Betreiben eines Kinderheims kann in diesem Sinne eine erzieherische Tätigkeit sein. Voraussetzung ist jedoch, daß die auswärtige Unterbringung in erster Linie zum Zweck einer planmäßigen körperlichen, geistigen und sittlichen Formung junger Menschen erfolgt und die erzieherische Tätigkeit der Gesamtleistung des Heims das Gepräge gibt (BFH, BFH/NV 1986 S. 634).

Als freiberufliche Tätigkeit ist auch eine **Erfindertätigkeit** anzusehen, die weder im Rahmen eines Gewerbebetriebes oder eines land- und forstwirtschaftlichen Betriebs noch im Rahmen eines Arbeitsverhältnisses ausgeübt wird. Eine solche Tätigkeit wird im allgemeinen als wissenschaftliche Tätigkeit anzusprechen sein (BFH, BStBl 1967 III S. 310). Die Erträge aus einer Zufallserfindung (Gelegenheitserfindung) rechnen jedoch, sofern sie nicht im Rahmen eines Gewerbebetriebs oder eines land- und forstwirtschaftlichen Betriebs anfallen, zu den sonstigen Einkünften im Sinne des § 22 Nr. 3 EStG.

Die **zweite Gruppe** der freiberuflich Tätigen ist durch Aufzählung der einzelnen Berufe gesetzlich bestimmt. Wer einen der angeführten **Katalogberufe** (Ärzte, Zahnärzte usw.) selbständig ausübt, hat Einkünfte aus freier Berufstätigkeit, sofern er die für den Beruf erforderliche Qualifikation erworben hat und aufgrund der geltenden berufsrechtlichen Bestimmungen als Arzt, Rechtsanwalt, Steuerberater, Architekt usw. tätig ist (BFH, BStBl 1981 II S. 121 und 1982 II S. 492).

Daß jemand eine bestimmte Berufsbezeichnung zu führen berechtigt ist, genügt insoweit nicht, wenn die Ausübung des betreffenden Berufs eine gesetzlich vorgeschriebene Berufsausbildung erfordert. In diesem Fall erfordert die Ausübung des betreffenden Berufs, daß das Recht, die Berufsbezeichnung zu führen, aufgrund der gesetzlich vorgeschriebenen Berufsausbildung erworben worden ist

(BFH, BStBl 1987 II S. 116). Daher reicht es z. B. für die Zuordnung einer Berufstätigkeit zu dem Katalogberuf „Ingenieur" nicht aus, daß ein Steuerpflichtiger die Berufsbezeichnung „Ingenieur" nur aufgrund einer gesetzlichen Übergangsregelung zu führen berechtigt ist.

Eine beschränkte Erweiterung erfährt die Aufzählung dadurch, daß zu den genannten Berufstätigkeiten auch **ähnliche Berufe** rechnen. Ein „ähnlicher Beruf" i. S. des § 18 Abs. 1 Nr. 1 EStG ist immer dann gegeben, wenn das Gesamtbild der ausgeübten Tätigkeit dem typischen Bild einer der in dieser Vorschrift aufgezählten Tätigkeiten entspricht (BFH, BStBl 1976 II S. 621), wenn die ausgeübte Tätigkeit in wesentlichen Punkten mit einem Katalogberuf verglichen werden kann (BFH, BStBl 1978 II S. 565 und 1982 II S. 492, 494). Setzt der Vergleichsberuf eine qualifizierte Ausbildung voraus, so muß auch die Ausbildung desjenigen, der einen ähnlichen Beruf ausübt, vergleichbar sein (BFH, BStBl 1982 II S. 492, 494). Die Annahme eines ähnlichen Berufs setzt allerdings nicht voraus, daß die Ausbildung in der gleichen Weise erlangt worden ist wie die des Vergleichsberufs (BFH, BStBl 1981 II S. 118). Die Ausbildung für den ähnlichen Beruf braucht daher weder an den gleichen Lehranstalten noch überhaupt durch den Besuch einer Schule erlangt worden sein. Die erforderlichen Kenntnisse können z. B. auch durch Fernkurse oder durch ein Selbststudium erworben worden sein (BFH, BStBl 1989 II S. 497). Ist ein Beruf in diesem Sinne den angeführten Berufen ähnlich, so ist es für die Annahme einer freiberuflichen Tätigkeit grundsätzlich nicht mehr erforderlich, daß es sich um eine gehobene wissenschaftliche Tätigkeit handelt (BFH, BStBl 1959 III S. 267 und 1968 II S. 662). Als ähnliche Berufe sind z. B. anzusehen:

a) Die Tätigkeit einer **Hebamme.**

b) Die Tätigkeit eines **medizinischen Bademeisters** (BFH, BStBl 1971 II S. 249).

c) Die Tätigkeit eines **staatlich geprüften Masseurs.**

d) Die Tätigkeit eines **medizinisch-diagnostischen Assistenten** (BFH, BStBl 1953 III S. 269).

e) Die Tätigkeit eines **Markscheiders,** der als Sachverständiger für Bergschäden und zur Erfassung von Lagerstätten herangezogen wird (BFH, BFHE 114 S. 331).

f) Das **Projektieren von Förderanlagen** stellt nur dann einen der Berufstätigkeit der Ingenieure ähnlichen Beruf dar, wenn diese Tätigkeit mathematisch-technische Kenntnisse voraussetzt, die üblicherweise nur durch eine Berufsausbildung als Ingenieur vermittelt werden (BFH, BStBl 1981 II S. 121).

g) Die Tätigkeit eines **Dipl.-Informatikers,** wenn dessen Ausbildung der Berufsausbildung eines Ingenieurs vergleichbar ist (BFH, BStBl 1983 II S. 677). Dagegen übt kein dem Ingenieur ähnlichen Beruf aus, wer nicht Systemsoftware, sondern Anwendersoftware entwickelt, weil die Tätigkeit als Anwendungssoftwareentwickler keine an einer Hochschule oder Fachhochschule erworbene Informatikausbildung voraussetzt (BFH, BStBl 1990 II S. 337).

h) Die **Erarbeitung von Modellen, aus denen sich ergibt, daß betriebliche Vorgänge mit Hilfe von EDV-Anlagen bewältigt werden können,** stellt eine dem Ingenieurberuf ähnliche Tätigkeit dar, wenn der Steuerpflichtige eine Berufsausbildung vorweist, die der eines Ingenieurs vergleichbar ist (BFH, BStBl 1986 II S. 15).

Einen ähnlichen Beruf stellt dagegen z. B. nicht dar:

a) Die Tätigkeit eines **Kfz-Sachverständigen,** der lediglich Gutachten über Unfallschäden und die voraussichtlichen Kosten zu deren Behebung erstellt (BFH, BStBl 1981 II S. 118), wohl aber, wenn er Gutachten über Unfallursachen erstellt (BFH, BStBl 1989 II S. 198).

b) Die Tätigkeit eines **Beraters für Datenverarbeitung** (BFH, BStBl 1975 II S. 665, 1977 II S. 34, 1978 II S. 458).

c) Die Tätigkeit eines **Werbeberaters** und **Public-Relations-Beraters** (BFH, BStBl 1974 II S. 293, 1978 II S. 565).

d) Die Tätigkeit eines **medizinischen Fußpflegers** (BFH, BStBl 1975 II S. 576, 1976 II S. 621).

e) Die Tätigkeit eines **Rechtsbeistands,** der lediglich Auszüge aus Gerichtsakten für Versicherungsgesellschaften fertigt (BFH, BStBl 1970 II S. 455).

f) Die Tätigkeit eines selbständigen **Gebäudeschätzers** (BFH, BFH/NV 1986 S. 61).

g) Die Tätigkeit eines **Anlageberaters** (BFH, BStBl 1989 II S. 24).

h) Die Tätigkeit eines **Kreditberaters** (BFH, BStBl 1988 II S. 666).

i) Die Tätigkeit des **Aktionsleiters einer Bausparkasse** (BStBl 1989 II S. 965).

j) Die Tätigkeit eines **Beratungsstellenleiters eines Lohnsteuerhilfevereins** (BFH, BStBl 1988 II S. 273).

k) Die Tätigkeit eines **Technikers** (BFH, BStBl 1988 II S. 497), wohl aber, wenn er als sog. Autodidakt in der Architektenliste eingetragen und bauleitend tätig ist (BFH, BStBl 1990 II S. 64).

5.7.2.2 Abgrenzung zu den gewerblichen Einkünften

Ein Angehöriger eines freien Berufs ist nach § 18 Abs. 1 Nr. 1 Satz 3 EStG auch dann freiberuflich tätig, wenn er sich der Mithilfe fachlich vorgebildeter Arbeitskräfte bedient; Voraussetzung ist aber, daß er aufgrund eigener Fachkenntnisse leitend und eigenverantwortlich tätig wird. Eine Vertretung im Fall vorübergehender Verhinderung steht der Annahme einer leitenden und eigenverantwortlichen Tätigkeit nicht entgegen.

Durch diese Regelung ist die von der Rechtsprechung entwickelte sogenannte Vervielfältigungstheorie hinsichtlich der freiberuflichen Tätigkeit wesentlich eingeschränkt worden. Auf die Zahl der beschäftigten Mitarbeiter kommt es grundsätzlich nicht mehr an. Das Erfordernis der persönlichen Leitung und der Eigenverantwortung des Berufsträgers schließt allerdings angesichts der Grenzen der menschlichen Leistungsfähigkeit eine Ausdehnung der freiberuflichen Tätigkeit über ein gewisses Maß hinaus aus.

Eine freiberufliche Tätigkeit setzt somit persönliche Fachkenntnisse des Berufsträgers voraus, die ihn befähigen, leitend und eigenverantwortlich tätig zu werden. Der Berufsträger darf weder die Leitung noch die Verantwortlichkeit einem Geschäftsführer oder Vertreter übertragen.

Unter Leitung ist nach der Verkehrsauffassung die Festlegung der Grundzüge für die Organisation des Tätigkeitsbereichs und die Durchführung der Tätigkeiten, die Fällung von Entscheidungen in grundsätzlichen Fragen und die Überwachung des Ablaufs der Tätigkeiten nach den festgelegten Grundregeln zu verstehen. Eigenverantwortlich wird der Berufsträger nur dann tätig, wenn er in einem solchen Umfang an der praktischen Arbeit beteiligt ist, daß die erbrachten Leistungen immer noch den Stempel seiner Persönlichkeit tragen und er zur Übernahme der Verantwortung auch tatsächlich in der Lage ist. Die bloße Übernahme der Verantwortung für die vereinbarungsgemäße Ausführung eines Auftrags gegenüber dem Auftraggeber reicht allein nicht aus (BFH, BStBl 1988 II S. 17).

Beispiele:

a) Ein Steuerpflichtiger unterhält ein Übersetzungsbüro, ohne daß er selbst über Kenntnisse in den Sprachen verfügt, auf die sich die Übersetzertätigkeit erstreckt.

b) Ein Architekt ist zwar fachlich vorgebildet, befaßt sich aber vorwiegend mit der Beschaffung von Aufträgen und läßt die fachliche Arbeit durch Mitarbeiter ausführen.

c) Der Inhaber eines Kinderheims hat die pädagogische Leitung einer anderen Person überlassen und beschränkt sich auf die wirtschaftliche Leitung des Heimes.

d) In der Praxis eines Arztes für Laboratoriumsmedizin werden jährlich ca. 100 000 Untersuchungsaufträge durchgeführt (BFH, BStBl 1990 II S. 507).

In allen vier Fällen ist keine freiberufliche Tätigkeit, sondern eine gewerbliche Betätigung anzunehmen.

Eine freiberufliche Tätigkeit liegt grundsätzlich auch dann vor, wenn sich Freiberufler zu einer Personengesellschaft zusammenschließen. Voraussetzung ist jedoch, daß sämtliche Mitunternehmer die Merkmale eines freien Berufs erfüllen (BFH, BStBl 1985 II S. 584) und im Rahmen des ihnen innerhalb der Gesellschaft zugewiesenen Aufgabenkreises aufgrund eigener Fachkenntnisse leitend und eigenverantwortlich in einer in § 18 Abs. 1 Nr. 1 EStG genannten Weise freiberuflich tätig sind (BFH, BStBl 1989 II S. 727). Selbst durch die Eintragung einer solchen Personengesellschaft im Handelsregister wird diese noch nicht ohne weiteres gewerbesteuerpflichtig. Eine solche Gesellschaft wird vielmehr erst dann gewerbesteuerpflichtig, wenn ihr auch eine Kapitalgesellschaft oder eine andere berufsfremde Person als Mitunternehmer angehört (BFH, BStBl 1980 II S. 336). Aus welchen Gründen eine berufsfremde Person als Mitunternehmer aufgenommen worden ist, ist grundsätzlich ohne Bedeutung.

Wenn neben einer freiberuflichen Tätigkeit eine gewerbliche Tätigkeit ausgeübt wird, so sind die beiden Tätigkeiten grundsätzlich getrennt zu behandeln, wenn eine Trennung nach der Verkehrsauffassung ohne besondere Schwierigkeiten möglich ist (BFH, BStBl 1990 II S. 534). Eine Trennung, die im allgemeinen zu gerechteren steuerlichen Ergebnissen führen wird, kann auch erfolgen, wenn in einem Beruf freiberufliche und gewerbliche Merkmale zusammentreffen und ein enger sachlicher und wirtschaftlicher Zusammenhang zwischen den Tätigkeitsarten besteht (sogenannte gemischte Tätigkeit).

Beispiel:

Ein Steuerberater hat Initiatoren von Bauherren-Modellen Kauf-Interessenten von Eigentumswohnungen nachgewiesen und im Kreis seiner Mandanten entsprechende Verträge vermittelt.

Insoweit handelt es sich um nicht freiberufliche Tätigkeiten, die jedoch von der freiberuflichen Tätigkeit des Steuerberaters abgrenzbar sind (vgl. auch BFH, BStBl 1984 II S. 129).

Wenn sich bei einer gemischten Tätigkeit die verschiedenen Tätigkeiten gegenseitig bedingen und derart miteinander verflochten sind, daß der gesamte Betrieb nach der Verkehrsauffassung als einheitlicher anzusehen ist, ist eine Trennung dagegen nicht mehr möglich (BFH, BStBl 1957 III S. 182, 1984 II S. 129, 131). In einem solchen Fall ist zur Qualifizierung dieser Tätigkeit auf das sich bei Betrachtung aller Umstände des Einzelfalls ergebende Gesamtbild der Tätigkeit abzustellen. Auf den Anteil am Umsatz oder auch an den Einkünften kann es allein nicht ankommen, da sich in diesem Anteil der Umfang der einzelnen Tätigkeitsarten nicht zutreffend widerspiegelt (BFH, BStBl 1974 II S. 383).

Beispiele:

a) Ein Schriftsteller vertreibt ein Buch im Selbstverlag; im übrigen hat er seine schriftstellerischen Werke an Verlage zur Verwertung überlassen. Die Tätigkeiten sind zu trennen in eine verlegerische (gewerbliche) Tätigkeit und eine schriftstellerische (freiberufliche) Tätigkeit (BFH, BStBl 1962 III S. 131).

b) Ein Gartenarchitekt übernimmt einheitliche Aufträge für die Gartenplanung und Gartenausführung, zum Teil übernimmt er lediglich die Gartenplanung.

Die Tätigkeiten sind zu trennen. Soweit er lediglich die Gartenplanung übernommen hat, ist freiberufliche Tätigkeit gegeben; die Übernahme der Gartenplanung und Gartenausführung ist einheitlich als gewerbliche Tätigkeit zu behandeln (BFH, BStBl 1962 III S. 302).

c) Ein Arzt betreibt ein Kurheim, in dem die Patienten nach der von ihm zur Anwendung kommenden Naturheilmethode behandelt werden.

Da es sich um zwei unlöslich verflochtene Tätigkeiten (ärztliche Tätigkeit und Kurheimbetrieb) handelt, ist eine Trennung nicht möglich. Die Gesamtbetätigung ist als ärztliche Tätigkeit anzusprechen, wenn die Anstalt ein notwendiges Hilfsmittel für die ärztliche Tätigkeit ist und aus der Beherbergung und Verpflegung kein besonderer Gewinn erstrebt wird, andernfalls ist sie gewerblich (BFH, HFR 1963 S. 393).

Die Besteuerungsgrundlagen für die zu trennenden Tätigkeiten müssen ggf. nach § 162 AO geschätzt werden (BFH, BStBl 1962 III S. 167 und 302).

Der Frage, ob bei einer gemischten Tätigkeit eine Trennung der verschiedenen Tätigkeiten möglich ist oder nicht, kommt allerdings, wie oben bereits angedeutet, nur dann Bedeutung zu, wenn ein einzelner Steuerpflichtiger diese Tätigkeiten erbringt. Bei einer Mitunternehmergemeinschaft führt jede Tätigkeit, die als solche als gewerbliche Tätigkeit zu qualifizieren ist, im Hinblick auf die Vorschriften des § 15 Abs. 3 Nr. 1 EStG und des § 2 Abs. 2 GewStG dazu, daß die gesamte Tätigkeit als gewerbliche Tätigkeit zu behandeln ist.

Beispiele:

a) Eine Gesellschaft bürgerlichen Rechts, die eine Tanzschule betreibt, verkauft im Rahmen ihrer Veranstaltungen Getränke und Schallplatten.

Da der Verkauf von Getränken und Schallplatten als gewerbliche Tätigkeit zu qualifizieren ist, ist die Gesamttätigkeit der Gesellschaft als gewerbliche Tätigkeit zu behandeln (BFH, BFH/NV 1986 S. 79).

b) Ein Steuerberater ist im Rahmen einer Sozietät als Treuhänder für eine Bauherrengemeinschaft tätig.

Die gesamte Tätigkeit der Personengesellschaft ist Gewerbebetrieb (BFH, BStBl 1989 II S. 797).

5.7.3 Einnehmer einer staatlichen Lotterie

Einnehmer einer staatlichen Lotterie beziehen entweder Einkünfte aus selbständiger Arbeit oder aus Gewerbebetrieb. Einen Gewerbebetrieb haben solche Lotterieeinnehmer, deren Tätigkeit nach Art und Umfang einen in kaufmännischer Weise eingerichteten Geschäftsbetrieb erfordert oder bei denen sich die Tätigkeit des Lotterieeinnehmers als Hilfs- oder Nebengeschäft eines Gewerbebetriebs darstellt. Ist das nicht der Fall, ist die Tätigkeit als Einnehmer einer staatlichen Lotterie als selbständige Arbeit zu behandeln (§ 18 Abs. 1 Nr. 2 EStG).

5.7.4 Einkünfte aus sonstiger selbständiger Arbeit

Zu der sonstigen selbständigen Arbeit im Sinne des § 18 Abs. 1 Nr. 3 EStG gehören insbesondere die Vergütungen für die Vollstreckung von Testamenten, für Vermögensverwaltung (Hausverwalter, Nachlaß-, Konkurs-, Vergleichsverwalter, Kurator usw.) und für die Tätigkeit als Aufsichtsratsmitglied. Es handelt sich hierbei zwar hauptsächlich um solche Tätigkeiten, die gelegentlich ausgeübt werden. Auch berufsmäßig ausgeübte Tätigkeiten der vorbezeichneten Art sind jedoch als sonstige selbständige Arbeit zu behandeln (vgl. aber BFH, BStBl 1989 II S. 729). Die Tätigkeit eines berufsmäßigen Konkurs- und Vergleichsverwalters stellt daher ebenfalls eine sonstige selbständige Arbeit dar (BFH, BStBl 1973 II S. 730). Übernimmt jedoch ein Rechtsanwalt die Testamentsvollstreckung, die Nachlaß- oder Konkursverwaltung usw., so gehören diese Tätigkeiten zu seiner freiberuflichen Tätigkeit.

Die Treuhandtätigkeit eines Rechtsanwalts oder Steuerberaters für eine Bauherrengemeinschaft ist keine sonstige selbständige Tätigkeit, wenn sie im wesentlichen im Abschluß der für die Verwirklichung des Bauobjekts erforderlichen Verträge und in der Abwicklung des Zahlungsverkehrs besteht (BFH, BStBl 1989 II S. 797, 1990 II S. 534).

Bedient sich ein Steuerpflichtiger bei einer derartigen Tätigkeit in größerem Umfang der Mithilfe von qualifizierten Mitarbeitern, so ist er in der Regel als

Gewerbetreibender zu behandeln. Die Vorschrift des § 18 Abs. 1 Nr. 1 Satz 3 EStG gilt nicht für eine sonstige selbständige Arbeit (BFH, BStBl 1966 III S. 489).

Die Tätigkeit von Kreistagsabgeordneten, Stadt- und Gemeinderäten fällt unter § 18 Abs. 1 Nr. 3 EStG (BFH, BStBl 1988 II S. 266; zu den Bundes- und Landtagsabgeordneten s. 5.11.6).

5.7.5 Gewinnermittlung

Die Gewinnermittlung ist allgemein an anderer Stelle behandelt. Auf diese Ausführungen kann verwiesen werden (vgl. 4.1). Der Übersicht wegen sollen an dieser Stelle nur die Grundsätze wiederholt werden.

1. Selbständig Tätige sind seit dem 1. 1. 1977 nicht mehr verpflichtet, Bücher zu führen und regelmäßig Abschlüsse zu machen.

2. Werden ordnungsgemäße Bücher geführt, so ist der Gewinn nach § 4 Abs. 1 EStG zu ermitteln. Eine Gewinnermittlung nach § 5 EStG scheidet in jedem Fall aus.

Die allgemeinen Regeln der kaufmännischen Buchführung sind zu befolgen (BFH, BStBl 1966 III S. 497).

Auch Freiberufler haben ihre Honorarforderungen ohne Rücksicht auf den Zeitpunkt der Abrechnung zu aktivieren, sobald sie die zugrunde liegende Leistung erbracht haben (BFH, BStBl 1971 II S. 167).

3. Ob ein Wirtschaftsgut zum notwendigen Betriebsvermögen eines selbständig Tätigen gehört, richtet sich nach den gleichen Grundsätzen, die auch bei Gewerbetreibenden maßgebend sind. Bei einer aus Freiberuflern bestehenden Gesellschaft des bürgerlichen Rechts sind die einem Gesellschafter gehörenden Wirtschaftsgüter, soweit sie von der Gesellschaft betrieblich genutzt werden, ebenfalls als notwendiges Betriebsvermögen anzusehen. Nach § 18 Abs. 4 EStG (bis 1989: § 18 Abs. 5 EStG) ist die Vorschrift des § 15 Abs. 1 Nr. 2 EStG insoweit entsprechend anzuwenden. Dies gilt auch für die Zeit vor dem Inkrafttreten des § 18 Abs. 5 EStG a. F. (BFH, BStBl 1983 II S. 215).

4. Die Frage, ob auch freiberuflich Tätige gewillkürtes Betriebsvermögen haben können, hat der BFH grundsätzlich bejaht. „Gewillkürt" bedeutet aber nicht „willkürlich". Aus dem Begriff „Betriebsvermögen" ergibt sich, daß nur Gegenstände in Betracht kommen, die in einem gewissen objektiven Zusammenhang mit dem Betrieb stehen und ihn zu fördern bestimmt und geeignet sind (BFH, BStBl 1985 II S. 517). Geldgeschäfte (Darlehen, Bürgschaftsübernahme) können bei Angehörigen der freien Berufe nur ausnahmsweise zum Betriebsvermögen gehören (BFH, BStBl 1990 II S. 17). Ein Personenkraftwagen kann gewillkürtes Betriebsvermögen sein (BFH, BStBl 1955 III S. 205), auch Wertpapiere in besonderen Fällen (BFH, BStBl 1960 III S. 484, 485). Grundstücke oder Grundstücksteile sind unter Beachtung der Grundsätze in Abschn. 14 EStR zum Betriebsvermögen zu rechnen.

5. Zu den Betriebseinnahmen und -ausgaben wird auf die Ausführungen an anderer Stelle (4.1.3.2) verwiesen. Abschlagzahlungen kassenärztlicher Vereinigungen für Dezember, die Anfang Januar zufließen, sind im Vorjahr zu erfassen (BFH, BStBl 1987 II S. 16). Nach Aufgabe der selbständigen Arbeit (5.7.8) kann es zu nachträglichen Betriebsausgaben und -einnahmen kommen, die zu nachträglichen Einkünften im Sinne des § 24 Nr. 2 EStG führen (5.12.3.2).

5.7.6 Die Behandlung der freien Erfinder

Planmäßige Erfindertätigkeit ist in der Regel freie Berufstätigkeit im Sinne des § 18 Abs. 1 Nr. 1 EStG (Abschn. 149 EStR).

Nach der Verordnung über die einkommensteuerliche Behandlung der freien Erfinder vom 30. 5. 1951 war die Erfindertätigkeit der freien Erfinder steuerlich in verschiedener Hinsicht begünstigt, z. B. durch Verzicht auf Aktivierung von Aufwendungen und Halbierung der auf die Einkünfte entfallenden Einkommensteuer.

Die Geltungsdauer dieser Verordnung wurde mehrfach verlängert, zuletzt durch Art. 10 des Steuerbereinigungsgesetzes 1985 (BStBl 1984 I S. 659) bis zum VZ 1988. Danach hat der Gesetzgeber auf eine weitere Verlängerung verzichtet, so daß wegen der Einzelheiten der Regelungen auf die Vorauflage verwiesen wird.

5.7.7 Freibetrag für freie Berufe

Nach § 18 Abs. 4 EStG a. F. in der bis zum VZ 1989 geltenden Fassung werden bei der Ermittlung des Einkommens 5 v. H. der Einnahmen aus freier Berufstätigkeit, höchstens jedoch 1200 DM jährlich, abgesetzt, wenn die Einkünfte aus freier Berufstätigkeit die anderen Einkünfte überwiegen (vgl. Abschn. 148 EStR). Durch das StRefG 1990 ist § 18 Abs. 4 EStG mit Wirkung ab VZ 1990 aufgehoben worden (der frühere Abs. 5 ist Abs. 4 geworden). Wegen weiterer Einzelheiten zu dem Freibetrag wird deshalb auf die Vorauflage verwiesen.

5.7.8 Veräußerungsgewinne gem. § 18 Abs. 3 EStG

Zu den Einkünften aus selbständiger Arbeit gehört nach § 18 Abs. 3 Satz 1 EStG auch der Gewinn, der bei der Veräußerung des Vermögens oder eines selbständigen Teils des Vermögens oder eines Anteils am Vermögen erzielt wird, das der selbständigen Arbeit dient. Nach den Vorschriften in § 16 Abs. 1 Nr. 1 letzter Halbsatz und Abs. 3 EStG, die nach § 18 Abs. 3 Satz 2 EStG entsprechend anzuwenden sind, gehören zu den Einkünften aus selbständiger Arbeit auch der Gewinn aus der Veräußerung einer das gesamte Nennkapital der Gesellschaft umfassenden Beteiligung an einer Kapitalgesellschaft sowie der Gewinn aus der Aufgabe einer selbständigen Tätigkeit.

Ein Veräußerungsgewinn i. S. des § 18 Abs. 3 EStG, auf den § 34 Abs. 1 und Abs. 2 Nr. 1 EStG anwendbar ist, kann danach vorliegen, wenn

a) das der selbständigen Arbeit dienende Vermögen,

b) ein selbständiger Teil des der selbständigen Arbeit dienenden Vermögens,

c) die das gesamte Nennkapital der Gesellschaft umfassende Beteiligung an einer Kapitalgesellschaft bzw.

d) ein Anteil an einem der selbständigen Arbeit dienenden Vermögen veräußert oder

e) die selbständige Tätigkeit ganz oder teilweise aufgegeben wird.

Eine Veräußerung des Vermögens liegt vor, wenn die wesentlichen Grundlagen des der selbständigen Arbeit dienenden Vermögens im ganzen einem anderen übertragen werden und mit der Veräußerung der Grundlage der betreffenden selbständigen Tätigkeit auch die Tätigkeit selbst ihr Ende findet (BFH, BStBl 1956 III S. 205). Die endgültige Aufgabe der Tätigkeit ist zwar nicht Voraussetzung für die Begünstigung. Erforderlich ist jedoch, daß der Veräußerer seine Tätigkeit im bisherigen örtlichen Wirkungskreis tatsächlich wenigstens für eine gewisse Zeit einstellt und eine solche Einstellung auch nach außen hin in Erscheinung tritt (BFH, BStBl 1975 II S. 661). Die Veräußerung einer Praxis ist danach auch dann begünstigt, wenn der Steuerpflichtige an einem anderen Ort eine neue Praxis eröffnen will.

Eine Veräußerung eines selbständigen Teils des der selbständigen Arbeit dienenden Vermögens ist anzunehmen, wenn eine von mehreren selbständigen, wesensmäßig verschiedenen Tätigkeiten in verschiedenen Kundenkreisen oder bei gleichartiger Tätigkeit die in einem getrennten Büro ausgeübte Tätigkeit in einem bestimmten örtlich abgegrenzten Bereich eingestellt und das dieser Tätigkeit dienende Vermögen im ganzen einem anderen übertragen wird (BFH, BStBl 1964 III S. 120). Sofern diese Voraussetzungen nicht erfüllt sind, ist das Vorliegen einer steuerbegünstigten Veräußerung einer Teilpraxis dagegen regelmäßig zu verneinen.

Beispiel:

Der Steuerbevollmächtigte A, der in X eine Praxis betreibt, in der neben der eigentlichen Beratertätigkeit im wesentlichen Umfang auch Buchführungsarbeiten erledigt werden, veräußert, weil er sein Büro verkleinern und sich auf eine rein beratende Tätigkeit beschränken möchte, die Beziehungen zu seinen Mandanten, für die er bislang auch die Bücher geführt hat, an den Steuerbevollmächtigten B.

Da die Buchführungspraxis des A organisatorisch nicht so verselbständigt war, daß sie nach außen als Einzelpraxis in Erscheinung trat, und dieser Teil der Tätigkeit des A auch nicht örtlich von seiner übrigen Tätigkeit abgegrenzt war, liegt eine steuerbegünstigte Veräußerung einer Teilpraxis nicht vor (BFH, BStBl 1970 II S. 566).

Wie im Fall der Veräußerung einer gesamten Praxis oder einer Teilpraxis ist auch im Fall der Veräußerung eines Anteils an einem der selbständigen Arbeit dienenden Vermögen eine begünstigte Veräußerung nur dann anzunehmen, wenn der Veräußerer seine freiberufliche Tätigkeit in dem bisherigen örtlich begrenzten Wirkungskreis wenigstens für eine gewisse Zeit einstellt (BFH, BStBl 1986 II S. 335). Ob die Veräußerung des Anteils an einen Dritten oder an die Sozietät selbst erfolgt, ist dabei ohne Bedeutung.

Beispiel:

A, B und C haben bis Ende 1986 gemeinsam ein Ingenieurbüro für Statik und Baukonstruktion in der Stadt D betrieben. Zum 1. 1. 1987 ist C aus der Sozietät gegen Abfindung ausgeschieden, um sodann als freier Mitarbeiter eines staatlich anerkannten Prüfingenieurs in der Stadt D tätig zu werden. Neben der Überprüfung von statischen Berechnungen für dieses Büro erstellt C in seinem Haus in D im eigenen Namen statische Berechnungen für einzelne Auftraggeber.

Es liegt keine begünstigte Anteilsveräußerung vor, weil C seine freiberufliche Tätigkeit in der Stadt D nicht einmal für gewisse Zeit eingestellt hat (vgl. auch BFH, BStBl 1986 II S. 335).

Eine Aufgabe einer selbständigen Tätigkeit ist dann anzunehmen, wenn sie der betreffende Steuerpflichtige mit dem Entschluß einstellt, die Tätigkeit weder fortzusetzen noch das dazugehörige Vermögen an Dritte zu übertragen.

Soweit die oben dargestellten Voraussetzungen für das Vorliegen eines selbständigen Teils des der selbständigen Arbeit dienenden Vermögens erfüllt sind, kann auch eine begünstigte Aufgabe eines Teils der selbständigen Tätigkeit anzunehmen sein.

Nach Auffassung des BFH (BStBl 1977 II S. 76) soll eine Aufgabe der selbständigen Tätigkeit auch dann anzunehmen sein, wenn ein freiberuflich tätiger Erfinder seinen Wohnsitz ins Ausland verlegt und durch die Wohnsitzverlegung das inländische Besteuerungsrecht entfällt.

Hinsichtlich der Ermittlung und der steuerlichen Behandlung des Veräußerungs- oder Aufgabegewinns gelten die Vorschriften in § 16 Abs. 2 bis 5 EStG entsprechend. Auf eine Wiederholung der bereits zu § 16 EStG gemachten Ausführungen wird hier verzichtet (vgl. 5.4.6 und 5.4.7). Es ist aber zu beachten, daß der „Wert des Betriebsvermögens" zur Errechnung des Veräußerungsgewinns nach § 4 Abs. 1 EStG festzustellen ist.

5.8 Einkünfte aus nichtselbständiger Arbeit (§ 19 EStG)[14]

5.8.1 Allgemeines

Während in § 18 EStG abschließend aufgeführt ist, welche Einkünfte ihrer Art nach zu den Einkünften aus selbständiger Arbeit gehören, enthält § 19 EStG keine solche abschließende Aufzählung hinsichtlich der Einkünfte aus nichtselbständiger Arbeit. In § 19 Abs. 1 EStG wird beispielhaft aufgeführt, welche Einnahmen zu den Einkünften aus nichtselbständiger Arbeit gehören. Die Einkunftsart nichtselbständige Arbeit wird bestimmt durch die Kriterien Arbeitsverhältnis, Arbeitslohn, Arbeitnehmer und Arbeitgeber.

Einkünfte aus nichtselbständiger Arbeit einerseits und Einkünfte aus selbständiger Arbeit oder Gewerbebetrieb andererseits schließen einander aus. Allerdings können Einnahmen aus einem Arbeitsverhältnis im Bereich der Mitunternehmer-

---

14 Zum weiteren Studium des Steuerabzugs vom Arbeitslohn wird auf Band 4 der Grünen Reihe verwiesen. Vgl. auch 11.2.

schaft zu den Einkünften aus Gewerbebetrieb gehören (s. 5.2.2.3 Sondervergütungen).

Der Abgrenzung der nichtselbständigen Arbeitnehmertätigkeit von der selbstän-
digen Unternehmertätigkeit kommt steuerrechtlich eine besondere Bedeutung zu.
Der Arbeitnehmer unterliegt dem Steuerabzug vom Arbeitslohn (Lohnsteuer),
während der Unternehmer mit seinen Leistungen der Umsatzsteuer unterliegt.
Die Rechtsgebiete Lohnsteuer und Umsatzsteuer schließen einander daher aus.
Eine natürliche Person unterliegt mit einer bestimmten Tätigkeit für einen
Auftraggeber entweder der Lohnsteuer oder der Umsatzsteuer. Die Priorität der
umsatzsteuerrechtlichen Entscheidung wird durch die Vorschrift des § 1 Abs. 3
LStDV begründet, die bestimmt, daß Arbeitnehmer nicht ist, wer Lieferungen
und sonstige Leistungen innerhalb der von ihm selbständig ausgeübten gewerblichen oder beruflichen Tätigkeit im Inland gegen Entgelt ausführt, soweit es sich
um Entgelte für diese Lieferungen und sonstige Leistungen handelt.

Die Begriffe Arbeitnehmer, Arbeitgeber und Arbeitslohn sind in den §§ 1 und 2
LStDV erläutert. Umfangreiche Verwaltungsanweisungen zum gesamten Lohn-
steuerrecht enthalten die Lohnsteuer-Richtlinien, die im Zusammenhang mit dem
StRefG 1990 neu gefaßt und neu gegliedert worden sind. Die LStR 1990 in der
Fassung der Bekanntmachung vom 12. 10. 1989 (BStBl 1990 I Sondernummer 3)
sind aber zum Teil schon wieder überholt, z. B. Abschn. 30 Abs. 5 wegen der
Änderung des § 3 b Abs. 3 EStG durch das WoBauFG vom 22. 12. 1989.

5.8.2 Arbeitnehmer

Der Arbeitnehmerbegriff ist für das Gebiet der Einkommen- und Lohnsteuer
durch § 1 LStDV selbständig festgelegt (BFH, BStBl 1960 III S. 214). Nicht
bindend für das Steuerrecht sind die Begriffe des Arbeitsrechts (BFH, BStBl 1958
III S. 384), des Sozialversicherungsrechts (BFH, BStBl 1975 II S. 513) und des
bürgerlichen Rechts (BFH, BStBl 1961 III S. 127).

Arbeitnehmer sind nach § 1 Abs. 1 Satz 1 LStDV Personen, die in öffentlichem
oder privatem Dienst angestellt oder beschäftigt sind oder waren und die
1. aus diesem gegenwärtigen Dienstverhältnis oder
2. aus einem früheren Dienstverhältnis
Arbeitslohn beziehen.

Beispiele:
a) A ist als Buchhalter bei der X-AG tätig.
Sein Gehalt ist Arbeitslohn aus einem gegenwärtigen Dienstverhältnis.

b) B erhält seit dem Eintritt in den Ruhestand von der X-AG, bei der er bis dahin als
Prokurist tätig war, ein monatliches Ruhegehalt.
Sein Ruhegehalt stellt Arbeitslohn aus seinem früheren Dienstverhältnis dar. Er ist
steuerlich weiterhin als Arbeitnehmer der X-AG zu behandeln.

Arbeitnehmer sind nach § 1 Abs. 1 Satz 2 LStDV auch die Rechtsnachfolger der
vorbezeichneten Personen, soweit sie Arbeitslohn aus dem früheren Dienstverhältnis ihres Rechtsvorgängers beziehen.

Beispiel:

Die Ehefrau des C, der bis zu seinem Tode als Werkmeister bei der X-AG tätig war, bezieht von der X-AG ein monatliches Witwengeld.

Als Witwengeldempfängerin ist auch die Ehefrau als Arbeitnehmerin der X-AG zu behandeln. Sie bezieht mit dem Witwengeld Arbeitslohn aus dem früheren Dienstverhältnis ihres Ehemanns.

Voraussetzung für die Bejahung der Arbeitnehmereigenschaft ist nach § 1 Abs. 1 LStDV, daß ein **Dienstverhältnis** besteht oder bestanden hat und aus diesem Dienstverhältnis Arbeitslohn bezogen wird. Nach § 1 Abs. 2 und 3 LStDV, der den Arbeitnehmerbegriff zutreffend auslegt (BFH, BStBl 1985 II S. 661), liegt ein Dienstverhältnis vor, wenn der Angestellte (Beschäftigte) dem Arbeitgeber seine Arbeitskraft schuldet, d. h., wenn er in der Betätigung seines geschäftlichen Willens unter der Leitung des Arbeitgebers steht oder im geschäftlichen Organismus des Arbeitgebers dessen Weisungen zu folgen verpflichtet ist. Die Frage, ob eine Person **Arbeitnehmer** (oder Selbständiger) ist, ist nach dem Gesamtbild unter Abwägung aller Umstände des Einzelfalls zu beurteilen (BFH, BStBl 1984 II S. 654). Das bedeutet, daß die gesamte rechtliche, wirtschaftliche und soziale Stellung des Beschäftigten gegenüber seinem Auftraggeber in ihren einzelnen Komponenten gewürdigt und daß die für und gegen ein Arbeitsverhältnis sprechenden Merkmale gegeneinander abgewogen werden. Dabei ist vor allem das **Rechts**verhältnis von Bedeutung, aufgrund dessen die Tätigkeit geleistet wird. Eine umfassende Zusammenstellung der Einzelmerkmale, die für eine Arbeitnehmereigenschaft sprechen können, enthält BFH, BStBl 1985 II S. 661, auf die hier nur verwiesen werden soll. Ohne Bedeutung für die Arbeitnehmereigenschaft ist hingegen, ob der Beschäftigte im eigenen oder fremden Interesse arbeitet (BFH, BStBl 1986 II S. 184).

Eine Person übt eine bestimmte Tätigkeit für einen Auftraggeber entweder selbständig als Unternehmer oder nichtselbständig als Arbeitnehmer aus. Das bedeutet nicht, daß eine Person nur Arbeitnehmer oder nur Unternehmer sein kann. Ein Stpfl. kann neben selbständigen auch nichtselbständige Tätigkeiten ausüben (Abschn. 146 EStR).

Beispiel:

Ein nichtselbständiger Büroangestellter ist nebenberuflich als selbständiger Versicherungsagent für eine Versicherungsgesellschaft tätig.

Der Angestellte ist mit seiner nichtselbständigen Tätigkeit als Büroangestellter Arbeitnehmer, mit seiner selbständigen Agententätigkeit ist er Unternehmer.

Eine selbständige und eine nichtselbständige Tätigkeit kann auch bezüglich derselben Tätigkeitsart nebeneinander vorliegen.

Beispiel:

Ein in einem Krankenhaus angestellter Arzt unterhält zusätzlich eine eigene selbständige Praxis.

Der Arzt ist als Angestellter des Krankenhauses Arbeitnehmer, bezüglich seiner eigenen Praxis ist er Unternehmer.

Auch gegenüber einem Auftraggeber kann nebeneinander eine selbständige und eine nichtselbständige Tätigkeit entfaltet werden. Das kommt insbesondere bei einem hauptberuflich nichtselbständig Tätigen in Betracht, der eine Nebentätigkeit für seinen Arbeitgeber übernimmt, die er zusätzlich, freiwillig, außerhalb seiner Dienstobliegenheiten, außerhalb des Dienstes und ohne Weisungsbefugnis des Dienstherrn übernommen hat (BFH, BStBl 1955 III S. 153; Abschn. 68 LStR).

Beispiel:

Ein angestellter Schriftleiter eines Verlages schreibt außerhalb seines Dienstes und seines Dienstverhältnisses ein Buch und läßt es gegen Erfolgshonorar bei seinem Arbeitgeber verlegen.

Beide Tätigkeiten sind zu trennen. Es liegt eine nichtselbständige Schriftleitertätigkeit als Arbeitnehmer und daneben eine Unternehmertätigkeit als selbständiger Schriftsteller vor.

Bei einem Arbeitsverhältnis zwischen Angehörigen ist zu prüfen, ob ein solcher Vertrag auch zwischen Fremden abgeschlossen worden wäre (BFH, BStBl 1988 II S. 632).

Beispiel:

Ein als Arzt freiberuflich Tätiger hat mit seiner 20 Jahre alten, auswärts studierenden Tochter einen Arbeitsvertrag geschlossen, wonach die Tochter in der Praxis für Botendienste, Telefondienst und bei der Abrechnung beschäftigt wird.

Das Arbeitsverhältnis kann nicht anerkannt werden, weil es sich um Aufgaben handelt, zu denen die Tochter nach § 1619 BGB familienrechtlich verpflichtet ist (vgl. aber auch BFH, BStBl 1989 II S. 453).

Zum Dienstverhältnis zwischen Ehegatten siehe Abschn. 69 LStR und unten 9.2.6.2.2.

5.8.3 Arbeitslohn

Arbeitslohn sind nach § 2 Abs. 1 LStDV alle Einnahmen, d. h. alle in Geld oder Geldeswert bestehenden Güter, die dem Arbeitnehmer aus dem Dienstverhältnis oder einem früheren Dienstverhältnis zufließen. Es ist gleichgültig, ob es sich um einmalige oder laufende Einnahmen handelt, ob ein Rechtsanspruch auf sie besteht und unter welcher Bezeichnung oder in welcher Form sie gewährt werden.

Der Arbeitslohn ist die ungekürzte Einnahme, der **Bruttoarbeitslohn.** Die vom Arbeitgeber für den Arbeitnehmer vom Arbeitslohn einzubehaltenden Beträge (z. B. Lohnsteuer, Kirchensteuer, Arbeitnehmeranteile zu den Sozialversicherungen) gehören zum Arbeitslohn. Das gilt auch bei Nettolohnvereinbarungen (BFH, BStBl 1986 II S. 186).

Eine nicht erschöpfende Aufzählung von Bezügen, die zum Arbeitslohn gehören, enthalten § 19 Abs. 1 EStG und § 2 Abs. 2 LStDV. Zum Arbeitslohn gehören alle geldwerten Vorteile, die für eine Beschäftigung im öffentlichen oder privaten Dienst geleistet werden. Vorteile werden **für** eine Beschäftigung gewährt, wenn sie durch das individuelle Dienstverhältnis des Arbeitnehmers veranlaßt sind. Es muß sich daher die Leistung des Arbeitgebers im weitesten Sinne als Gegenleistung für das Zurverfügungstellen der individuellen Arbeitskraft des Arbeitnehmers erweisen (BFH, BStBl 1988 II S. 726; Abschn. 70 LStR). Das ist nicht der

Fall, wenn die den Vorteil bewirkenden Aufwendungen ganz überwiegend im eigenbetrieblichen Interesse des Arbeitgebers getätigt werden und der Vorteil der Belegschaft als Gesamtheit zugewendet wird oder dem einzelnen Arbeitnehmer aufgedrängt wird, ohne daß ihm eine Wahl bei der Annahme des Vorteils bleibt und ohne daß der Vorteil eine Marktgängigkeit besitzt (BFH, BStBl 1986 II S. 868, 1987 II S. 142). Nicht zum Arbeitslohn gehören die Beträge, die der Arbeitnehmer vom Arbeitgeber erhält, um sie für ihn auszugeben (**durchlaufende Gelder**), und die Beträge, durch die Auslagen des Arbeitnehmers für den Arbeitgeber ersetzt werden (**Auslagenersatz**). Von dem durch § 3 Nr. 50 EStG ausdrücklich steuerfrei gestellten Auslagenersatz zu unterscheiden ist der **Werbungskosten-Ersatz** durch den Arbeitgeber; denn dabei handelt es sich um Arbeitslohn, dem ein gleich hoher Aufwand des Arbeitnehmers gegenübersteht. In der Vergangenheit (bis 1989) hatte die Unterscheidung kaum praktische Bedeutung, weil in zahlreichen Fällen von der Finanzverwaltung beim Werbungskosten-Ersatz eine Saldierung zugelassen wurde mit der Folge, daß die entsprechenden Einnahmen des Arbeitnehmer steuerfrei blieben (z. B. Ersatz von Aufwendungen für Fahrten zwischen Wohnung und Arbeitsstätte, für doppelte Haushaltsführung). Durch das StRefG 1990 ist im Zusammenhang mit der Einführung eines Arbeitnehmer-Pauschbetrages (5.8.4) der steuerfreie Werbungskosten-Ersatz mit Wirkung ab 1. 1. 1990 abschließend gesetzlich geregelt worden. Während im StRefG 1990 zunächst nur Reisekosten, Umzugskosten und Mehraufwendungen wegen doppelter Haushaltsführung steuerfrei gelassen werden sollten, ist durch das Änderungsgesetz vom 30. 6. 1989 (BStBl 1989 I S. 251) der Katalog der steuerfreien Werbungskosten-Ersatzleistungen erweitert worden um das Werkzeuggeld (§ 3 Nr. 30 EStG), die Überlassung von Berufskleidung (§ 3 Nr. 31 EStG) und die Sammelbeförderung von Arbeitnehmern (§ 3 Nr. 32 EStG).

Einnahmen, die nicht in Geld bestehen (Wohnung, Kost, Waren und sonstige Sachbezüge), sind mit den üblichen Endpreisen am Abgabeort zu bewerten (§ 8 Abs. 2 Satz 1 EStG). Für bestimmte Waren oder Dienstleistungen werden amtliche Sachbezugswerte in der jährlich ergehenden Sachbezugsverordnung nach § 17 Nr. 3 Sozialgesetzbuch IV oder durch die obersten Landesfinanzbehörden festgesetzt, die auch für die steuerliche Bewertung bei den Arbeitnehmern maßgebend sind (§ 8 Abs. 2 Sätze 2 und 3 EStG; Abschn. 31 LStR).

Belegschaftsrabatte, die früher in der Regel in voller Höhe steuerfrei blieben, sind ab 1990 nur noch bis 2400 DM jährlich steuerfrei (§ 8 Abs. 3 EStG). Für die Berechnung des Preisvorteils gelten die um 4 v. H. geminderten Endpreise, zu denen der Arbeitgeber oder der dem Abgabeort nächstansässige Abnehmer die Waren oder Dienstleistungen fremden Letztverbrauchern im allgemeinen Geschäftsverkehr anbietet (Einzelheiten in Abschn. 32 LStR).

Außer durch das Vermögensbildungsgesetz wird die **Vermögensbildung** der Arbeitnehmer auch durch § 19 a EStG gefördert. Während die Förderung nach dem Vermögensbildungsgesetz in der Zahlung einer Arbeitnehmer-Sparzulage besteht, handelt es sich bei der Vermögensbeteiligung gem. § 19 a EStG um eine

Steuerbefreiung für den Vorteil, der sich aus ihrer unentgeltlichen oder verbilligten Überlassung durch den Arbeitgeber an den Arbeitnehmer ergibt (vgl. BFH, BStBl 1989 II S. 608, 927). Die begünstigten Vermögensbeteiligungen sind in § 19 a Abs. 3 EStG abschließend aufgezählt. Hinzuweisen ist auf § 19 a Abs. 3 Nr. 9 EStG, wonach die Beteiligung als stiller Gesellschafter bei einer Überlassung ab 1989 nur noch begünstigt ist, wenn sie am Unternehmen des Arbeitgebers erfolgt (§ 52 Abs. 19 a Satz 2 EStG). Damit soll der Arbeitnehmer vor risikoreichen Kapitalanlagen geschützt werden.

Der erlangte Vorteil ist nur steuerfrei bis zur Hälfte der Vermögensbeteiligung, höchstens bis zu 500 DM im Kalenderjahr (Einzelheiten in §§ 5 bis 7 LStDV und Abschn. 77 LStR).

5.8.4 Einkunftsermittlung

Die Einkünfte aus nichtselbständiger Arbeit errechnen sich aus dem **Überschuß der Einnahmen über die Werbungskosten** (§§ 8, 9 und 9 a EStG; siehe 4.4.3).

Als Einnahme ist der Arbeitslohn anzusetzen, den der Arbeitnehmer im Kalenderjahr aus seinem Dienstverhältnis oder beim Vorliegen mehrerer Dienstverhältnisse aus seinen Dienstverhältnissen insgesamt bezogen hat (§ 38 a Abs. 1 EStG).

Vom Arbeitslohn ist zunächst der Versorgungs-Freibetrag abzuziehen, wenn dessen Voraussetzungen vorliegen (§ 19 Abs. 2 EStG, dazu 5.8.5). Bis 1989 war der Arbeitslohn sodann um den Weihnachts-Freibetrag von 600 DM (§ 19 Abs. 3 EStG a. F.) und den Arbeitnehmer-Freibetrag von 480 DM (§ 19 Abs. 4 EStG a. F.) zu kürzen. Durch das StRefG 1990 sind die Absätze 3 und 4 des § 19 EStG mit Wirkung ab 1990 gestrichen worden. Dafür ist der sog. Werbungskosten-Pauschbetrag des § 9 a Satz 1 Nr. 1 EStG von 564 DM durch einen Arbeitnehmer-Pauschbetrag von 2000 DM ersetzt worden (§ 9 a Satz 1 Nr. 1 EStG in der ab 1990 geltenden Fassung). Der Arbeitnehmer-Pauschbetrag darf nur bis zur Höhe der um den Versorgungs-Freibetrag geminderten Einnahmen abgezogen werden (§ 9 a Satz 2 EStG).

Übersteigen die tatsächlichen Werbungskosten den Arbeitnehmer-Pauschbetrag, dann sind diese anzusetzen. Angehörige bestimmter Berufsgruppen können neben dem Arbeitnehmer-Pauschbetrag weitere Werbungskosten-Pauschbeträge geltend machen (Abschn. 47 LStR). Außerdem sind Pauschbeträge festgesetzt worden für Fahrtkosten (Abschn. 38 LStR), Verpflegungsmehraufwendungen (Abschn. 39 LStR), Übernachtungskosten (Abschn. 40 LStR) bei Dienstreisen, Fahrtätigkeit, Einsatzwechseltätigkeit (Abschn. 37 LStR). Zu den Aufwendungen für die Aus- und Fortbildung siehe Abschn. 34 LStR, zu den Studienreisen Abschn. 35 LStR und zu den Arbeitsmitteln Abschn. 44 LStR.

Zu den Werbungskosten bei den Einkünften aus nichtselbständiger Arbeit gehören alle **Aufwendungen, die durch den Beruf veranlaßt sind** (BFH, BStBl 1987 II S. 188). Eine Veranlassung durch den Beruf ist anzunehmen, wenn ein objektiver Zusammenhang mit dem Beruf besteht und wenn subjektiv die

Aufwendungen zur Förderung des Berufs gemacht werden (BFH, BStBl 1986 II S. 866; Abschn. 33 LStR). Während der objektive Zusammenhang von Aufwendungen mit dem Beruf stets gegeben sein muß, um das Vorliegen von Werbungskosten zu bejahen, stellt die subjektive Absicht, den Beruf zu fördern, kein in jedem Fall notwendiges Merkmal des Werbungskostenbegriffs dar. Auch unfreiwillige Aufwendungen können als Werbungskosten abzugsfähig sein (BFH, BStBl 1981 II S. 368).

Beispiel:

Der Steuerpflichtige hat auf der Fahrt von seiner Wohnung zur Arbeitsstätte mit seinem Pkw leicht fahrlässig einen Unfall verursacht, bei dem sein Pkw einen Totalschaden erlitten hat.

Der durch den Unfall eingetretene Wertverlust kann als Werbungskosten geltend gemacht werden.

Der Verlust eines Vermögensgegenstandes stellt jedoch nur dann eine Aufwendung dar, wenn es sich um ein Arbeitsmittel handelt (BFH, BStBl 1983 II S. 586) oder wenn der Verlust bei der Verwendung des Gegenstandes für berufliche Zwecke eintritt oder wenn der Gegenstand aus in der Berufssphäre des Arbeitnehmers liegenden Gründen entzogen oder beschädigt wird (BFH, BStBl 1986 II S. 771 m. w. N.).

Die Rechtsprechung hat den Begriff der Werbungskosten dem der Betriebsausgaben angenähert. Der BFH hat aber entschieden, daß die in § 4 Abs. 5 Nr. 7 EStG für die Betriebsausgaben vorgeschriebene Angemessenheitsprüfung nicht bei den Werbungskosten vorzunehmen sei (BStBl 1990 II S. 423).

Der für die Annahme von Werbungskosten erforderliche objektive Zusammenhang mit dem Beruf muß kein unmittelbarer sein. Ein nur mittelbarer Zusammenhang darf aber nicht allzu lose und entfernt sein (BFH, BStBl 1986 II S. 866). Bei einem nur mittelbaren objektiven Zusammenhang von Aufwendungen mit dem Beruf muß darüber hinaus stets die subjektive Absicht gegeben sein, den Beruf zu fördern (BFH, BStBl 1981 II S. 368).

5.8.5 Versorgungsbezüge, Versorgungs-Freibetrag (§ 19 Abs. 2 EStG)

Versorgungsbezüge, die Arbeitnehmern nach dem Ausscheiden aus dem Dienst aus einer gesetzlichen oder einer privaten Rentenversicherung zufließen, sind grundsätzlich private Leibrenten i. S. des § 22 Nr. 1 Buchst. a EStG und unterliegen der Einkommensteuer nur mit dem sich aus der Tabelle des § 22 Nr. 1 Buchst. a EStG ergebenden Ertragsanteil. Demgegenüber gehören Versorgungsbezüge und Vorteile aus früheren Dienstleistungen, die der Arbeitgeber seinen Arbeitnehmern nach dem Ausscheiden aus dem Dienst gewährt, zu den Einkünften aus nichtselbständiger Arbeit i. S. des § 19 Abs. 1 EStG. Um die Ruhegehaltsempfänger gegenüber den Rentenbeziehern steuerlich nicht zu benachteiligen und eine volle Steuerpflicht dieser Ruhegehaltsbezüge zu vermeiden, wird bei der Besteuerung von Versorgungsbezügen, die als Arbeitslohn zufließen, ein **Versorgungs-Freibetrag** nach Maßgabe des § 19 Abs. 2 EStG berücksichtigt.

Der auch ohne besonderen Antrag zu berücksichtigende Versorgungs-Freibetrag beträgt **40 v. H. der Versorgungsbezüge,** höchstens ist jedoch insgesamt ein Betrag von **4800 DM** im Veranlagungszeitraum steuerfrei.

Der Höchstbetrag von 4800 DM gilt für den Veranlagungszeitraum. Er ist auch dann nicht zu ermäßigen, wenn Versorgungsbezüge nur während eines Teils des Kalenderjahres zugeflossen sind oder die persönliche Steuerpflicht nicht während des ganzen Kalenderjahres bestanden hat.

Der Höchstbetrag ist auch dann zu beachten, wenn der Steuerpflichtige Versorgungsbezüge aus mehr als einem früheren Dienstverhältnis bezieht.[15]

Die Anwendung der Vorschrift des § 19 Abs. 2 EStG macht eine Abgrenzung der laufenden Dienstbezüge von den begünstigten Versorgungsbezügen notwendig. Nur für Versorgungsbezüge i. S. des § 19 Abs. 2 EStG ist die Vergünstigung anwendbar. Vgl. dazu im einzelnen § 19 Abs. 2 Satz 2 EStG und Abschn. 75 LStR.

5.9 Einkünfte aus Kapitalvermögen (§ 20 EStG)

5.9.1 Allgemeines

Als Einkünfte aus Kapitalvermögen sind die Einkünfte aus den in § 20 Abs. 1 Nrn. 1 bis 8 EStG aufgeführten Kapitalanlagen sowie aus Kapitalanlagen ähnlicher Art zu behandeln, soweit diese nicht aus besonderen Gründen zu den Einkünften aus Land- und Forstwirtschaft, aus Gewerbebetrieb, aus selbständiger Arbeit oder aus Vermietung und Verpachtung gehören (§ 20 Abs. 3 EStG).

In § 20 Abs. 1 Nrn. 1 bis 8 EStG sind die wirtschaftlich und steuerlich bedeutsamen Kapitalanlagen aufgezählt. Diese Aufzählung ist jedoch nicht erschöpfend. Zu den Einkünften aus Kapitalvermögen sind, von den Fällen des § 13 Abs. 1 Nr. 4 EStG abgesehen, auch die Einkünfte aus Beteiligungen an Realgemeinden zu rechnen (BFH, BStBl 1962 III S. 7, 1964 III S. 117).

Zu den Einkünften aus Kapitalvermögen gehören auch die Einkünfte aus Beteiligungen an inländischen und ausländischen Investmentgesellschaften. Investmentgesellschaften sind Unternehmen, deren Zweck es ist, ihnen anvertrautes Kapital in geeigneter Weise in Wertpapieren oder Grundstücken (bzw. Erbbaurechten) anzulegen und die einzelnen Geldgeber bzw. Einleger anteilsmäßig an der Gesamtheit der erworbenen Vermögenswerte zu beteiligen.

Ebenfalls zu den Einkünften aus Kapitalvermögen im Sinne des § 20 Abs. 1 Nr. 1 EStG gehören nach § 10 Abs. 2 Satz 1 AStG die nach § 7 Abs. 1 AStG steuerpflichtigen Einkünfte ausländischer Zwischengesellschaften, soweit diese

---

15   Nach § 46 Abs. 2 Nr. 2 EStG erfolgt in einem solchen Fall stets eine ESt-Veranlagung, vgl. 9.3.3.2.7.

Einkünfte auf die unbeschränkt steuerpflichtigen Gesellschafter dieser Gesellschaften entfallen. Wenn unbeschränkt Steuerpflichtige an einer ausländischen Gesellschaft zu mehr als der Hälfte beteiligt sind, so sind nach § 7 Abs. 1 AStG die Einkünfte, für die diese Gesellschaft im Sinne des § 8 AStG Zwischengesellschaft ist, bei jedem der unbeschränkt Steuerpflichtigen mit dem Teil steuerpflichtig, der auf die ihm zuzurechnende Beteiligung am Nennkapital entfällt. Auf Einzelheiten dieser sogenannten Zugriffsbesteuerung nach den §§ 7 bis 14 AStG kann im Rahmen dieser Darstellung allerdings nicht näher eingegangen werden.

Bei den Einkünften aus Kapitalvermögen ist streng zwischen dem Kapital als Anlage und den Früchten des Kapitals zu unterscheiden, und zwar bezogen auf jede Kapitalanlage für sich. § 20 EStG will nur die Erträge aus dem Kapital erfassen. Das Vorhandensein von Kapitalvermögen, dessen Früchte die Einkünfte bilden, ist jedoch Voraussetzung für die Anwendung des § 20 EStG; auf den Wert der Kapitalanlage kommt es hingegen nicht an.

Wertsteigerungen oder Wertminderungen am Kapital sowie Gewinne oder Verluste aus der Veräußerung der Anlage sind danach keine Einkünfte im Sinne des § 20 EStG. Das schließt nicht aus, daß sie nach anderen Vorschriften der Einkommensteuer unterliegen können, z. B. als Einkünfte aus Gewerbebetrieb, aus Veräußerung von Anteilen an Kapitalgesellschaften bei wesentlicher Beteiligung nach § 17 EStG oder aus Spekulationsgeschäften nach § 23 EStG.

Beispiele:
Ein Steuerpflichtiger hat für 50 000 DM Aktien gekauft. Zu einem späteren Zeitpunkt verkauft er sie für 80 000 DM.

a) Wenn die Aktien zum Privatvermögen des Steuerpflichtigen gehören, ist der Veräußerungsgewinn nur steuerpflichtig, wenn der Zeitraum zwischen Anschaffung und Veräußerung nicht mehr als sechs Monate beträgt (§ 23 EStG) oder es sich um die Veräußerung einer wesentlichen Beteiligung im Sinne des § 17 EStG handelt.

b) Wenn die Aktien zu einem Betriebsvermögen gehören, ist unabhängig von dem Zeitraum, der zwischen der Anschaffung und der Veräußerung liegt, ein steuerpflichtiger betrieblicher Gewinn von 30 000 DM abzüglich Verkaufskosten realisiert.

Einkünfte aus Kapitalvermögen bezieht, wer Kapitalvermögen gegen Entgelt zur Nutzung überläßt. Die Einkünfte sind grundsätzlich demjenigen zuzurechnen, der den Tatbestand der Erzielung von Einkünften aus Kapitalvermögen erfüllt. Das ist derjenige, der Kapital in der in § 20 EStG bezeichneten Art zur Erzielung von Einnahmen i. S. dieser Vorschrift zur Nutzung überläßt; als Bezieher von Einkünften gilt auch der Nachfolger in dem Rechtsverhältnis (BFH, BStBl 1988 II S. 521 m. w. N.).

Beispiele:
a) A hat von seinem Vater ein unverzinsliches Darlehen in Höhe von 30 000 DM erhalten und diesen Betrag zum Erwerb von Bundesanleihen verwandt.

Die Zinseinnahmen aus den Bundesanleihen sind A steuerlich zuzurechnen, weil er die ihm darlehnsweise überlassenen 30 000 DM zur Erzielung von Zinseinnahmen angelegt hat.

b) B hat von seinem Vater u. a. Aktien geerbt, die dieser vor 10 Jahren erworben hatte.

Die Dividenden aus diesen Aktien sind dem B als dem bürgerlich-rechtlichen Inhaber zuzurechnen, obwohl er die Papiere nicht selbst erworben hat und die entsprechenden Beträge nicht von ihm angelegt worden sind.

Wer Einnahmen aus Kapitalanlagen der in § 20 EStG bezeichneten Art empfängt, ohne zugleich Inhaber der betreffenden Vermögenswerte zu sein, braucht diese grundsätzlich nicht als Einkünfte aus Kapitalvermögen zu versteuern.

Beispiele:

a) A hat seinen Gewinnanspruch aus seiner Beteiligung an der X-GmbH für die Jahre 1986 und 1987 an B abgetreten, ohne ihm die Beteiligung selbst zu übertragen.

Die Gewinnausschüttungen der X-GmbH für die Jahre 1986 und 1987 sind B nicht als Einnahmen aus Kapitalvermögen zuzurechnen, obwohl ihm die ausgeschütteten Beträge tatsächlich zugeflossen sind. Die Zurechnung erfolgt bei A.

b) C hat seine Beteiligung an der X-GmbH im Wege der vorweggenommenen Erbfolge unentgeltlich auf seinen Sohn D übertragen. D hat in den Jahren 1986 und 1987 gegenüber der X-GmbH zugunsten des C auf die ihm zustehenden Gewinnausschüttungen verzichtet.

Die von der X-GmbH an C überwiesenen Ausschüttungsbeträge sind gleichwohl dem D steuerlich zuzurechnen (vgl. BFH, BStBl 1983 II S. 131).

Gewinnanteile aus der Beteiligung an einer Kapitalgesellschaft sind von demjenigen als Kapitalertrag zu versteuern, dem in dem Zeitpunkt des Gewinnverteilungsbeschlusses das Stammrecht steuerlich zuzurechnen ist (Abschn. 154 Abs. 2 EStR).

Stehen die Einnahmen aus Vermögenswerten i. S. des § 20 EStG aufgrund eines daran eingeräumten unentgeltlichen Zuwendungsnießbrauchs dem **Nießbraucher** zu, so können diesem die Einnahmen steuerlich regelmäßig nicht zugerechnet werden, weil er den Tatbestand der Einkunftserzielung nicht erfüllt hat und er auch nicht zum bürgerlich-rechtlichen oder wirtschaftlichen Inhaber der nießbrauchsbelasteten Vermögenswerte geworden ist (BFH, BStBl 1977 II S. 115; Abschn. 154 Abs. 9 EStR).

Beispiel:

A hat seinem Sohn am 1. 4. 1990 unentgeltlich für die Dauer von 6 Jahren den Nießbrauch an Bundesanleihen im Nennwert von 50 000 DM eingeräumt, die er im Jahre 1983 erworben hat und die eine Laufzeit bis zum Jahre 1993 haben.

Die Zinseinnahmen aus den Bundesanleihen sind trotz des bürgerlich-rechtlich wirksamen Nießbrauchs weiterhin dem A zuzurechnen und als dem B von A zugewendet anzusehen.

Stehen Einnahmen aus Vermögenswerten i. S. des § 20 EStG dem Nießbraucher aufgrund eines Vorbehalts- oder Vermächtnisnießbrauchs zu, so sind ihm diese Einnahmen dagegen auch steuerlich zuzurechnen.

Beispiel:

B hat seinem Sohn am 1. 4. 1990 im Wege der vorweggenommenen Erbfolge unentgeltlich seine Anteile an der X-GmbH übertragen, sich bei der Übertragung jedoch den lebenslänglichen Nießbrauch an diesen Anteilen vorbehalten.

Die Gewinnausschüttungen der X-GmbH sind steuerlich auch weiterhin dem B aufgrund des Nießbrauchs zuzurechnen.

Die auf dem Anderkonto eines Notars anfallenden Guthabenzinsen sind dem Treugeber zuzurechnen (BFH, BStBl 1986 II S. 404).

Die Einkünfte aus Kapitalvermögen sind durch Gegenüberstellung der Einnahmen und der Werbungskosten zu ermitteln (§ 2 Abs. 2 Nr. 2 EStG).

Sie sind in dem Veranlagungszeitraum zu versteuern, in dem die Einnahmen dem Steuerpflichtigen zugeflossen sind (§ 11 Abs. 1 EStG). Wegen des Zuflusses der Erträge aus Bundesschatzbriefen s. BMF, BStBl 1989 I S. 428. Bei beherrschenden Gesellschaftern einer Kapitalgesellschaft fließen die Einnahmen mit der Fälligkeit bzw. Gutschrift zu, wenn die Gesellschaft leistungsfähig ist (BFH, BStBl 1984 II S. 480). Bei der Beurteilung der beherrschenden Stellung eines Gesellschafters ist nicht von der Vermutung auszugehen, Ehegatten verfolgten gleichgerichtete Interessen (BFH, BStBl 1986 II S. 62).

Die Einnahmen aus Kapitalvermögen werden in aller Regel in Form von Geldleistungen zufließen und sind daher mit ihrem Nominalwert anzusetzen. Daran vermag auch die in den zurückliegenden Jahren eingetretene Geldwertverschlechterung nichts zu ändern. Die eingetretene Geldwertverschlechterung darf weder zu einer Freistellung noch zu einer entsprechenden Minderung der Einnahmen aus Kapitalvermögen führen. Dies gilt auch für Zinseinnahmen aus bloßen Kapitalforderungen (BFH, BStBl 1974 II S. 572 und 582).

Die Erfassung der Einnahmen aus Kapitalvermögen mit ihrem vollen Nominalwert ist nach Auffassung des BFH mit dem Grundgesetz zu vereinbaren (BFH, BStBl 1975 II S. 637; BVerfG, BStBl 1979 II S. 308). Insbesondere liegt nach der vom BFH vertretenen Auffassung kein Verstoß gegen die Eigentumsgarantie des Art. 14 GG vor, solange der Ertrag von langfristig angelegtem Kapital die Geldentwertungsrate übersteigt. Wie hoch die Differenz zwischen Geldentwertungsrate und Kapitalertrag ist und ob aus dieser Differenz die Steuer entrichtet werden kann, ist ohne Bedeutung (BFH, BStBl 1976 II S. 599).

Um die Erträge aus einem bestimmten Sockelsparvermögen steuerlich zu schonen, ist nach Abzug der Werbungskosten ein besonderer Sparer-Freibetrag abzuziehen (§ 20 Abs. 4 EStG).

5.9.2 Die einzelnen Einnahmen aus Kapitalvermögen

5.9.2.1 Einnahmen i. S. des § 20 Abs. 1 Nr. 1 EStG

Zu den Einnahmen aus Kapitalvermögen gehören nach § 20 Abs. 1 Nr. 1 EStG vor allem die Gewinnanteile (Dividenden), Ausbeuten und sonstigen Bezüge aus Aktien, Kuxen, Genußrechten, Anteilen an Gesellschaften mit beschränkter Haftung, an Erwerbs- und Wirtschaftsgenossenschaften, Kolonialgesellschaften und bergbautreibenden Vereinigungen, die die Rechte einer juristischen Person haben. Zu den sonstigen Bezügen gehören auch verdeckte Gewinnausschüttungen (§ 20 Abs. 1 Nr. 1 Satz 2 EStG). Einnahmen aus Kapitalvermögen sind insoweit auch dann anzunehmen, wenn die Einnahmen aus einer wesentlichen Beteiligung i. S. des § 17 EStG stammen (BFH, BStBl 1984 II S. 29, 30).

Bei den vorstehend aufgeführten Einnahmen handelt es sich vor allem um Erträge aus solchen Beteiligungen, die ihrem Inhaber einen Anspruch auf einen Teil des Reingewinns gewähren. Die betreffenden Gesellschaften besitzen als juristische Personen eigene Rechtspersönlichkeit, haben eigenes Vermögen und betreiben das Unternehmen selbst. Aus diesem Grunde sind die dem Steuerpflichtigen hieraus zufließenden Erträge keine gewerblichen Einkünfte, sondern Einkünfte aus Kapitalvermögen. Den Erträgen aus diesen Beteiligungen gleichgestellt sind die Erträge aus Genußrechten, mit denen das Recht am Gewinn und Liquidationserlös einer Kapitalgesellschaft verbunden ist und die damit wirtschaftlich betrachtet ebenfalls Beteiligungscharakter haben, obwohl sie zivilrechtlich weder Stimmrechte noch sonstige Mitgliedsrechte vermitteln.

Ob die Gesellschaften unbeschränkt oder nur beschränkt steuerpflichtig sind, ist für die Zuordnung der Gewinnanteile, Ausbeuten und sonstigen Bezüge grundsätzlich ohne Bedeutung.

Zu den **Gewinnanteilen,** die insbesondere bei Aktiengesellschaften als Dividenden bezeichnet werden, gehören nicht nur die laufenden offenen Gewinnausschüttungen, sondern auch aus besonderem Anlaß gewährte Extradividenden (Bonus). Wegen der verdeckten Gewinnausschüttungen s. u. Werden Anteile an einer Kapitalgesellschaft während ihres Geschäftsjahres veräußert und soll der Erwerber nach der getroffenen Vereinbarung am Gewinn des ganzen Geschäftsjahres beteiligt sein, sind ihm auch die Gewinnanteile zuzurechnen, die auf den bis zum Erwerb der Anteile entfallenden Teil des Geschäftsjahres entfallen (BFH, BStBl 1984 II S. 746, 1986 II S. 815; Abschn. 154 Abs. 2 und 3 EStR).

Ausbeuten sind die Beträge, die von bergrechtlichen Gewerkschaften bzw. von bergbautreibenden Vereinigungen mit eigener Rechtspersönlichkeit an die Inhaber der Kuxe bzw. der sonstigen Anteile ausgeschüttet werden. Die Ausschüttungen der bergbautreibenden Kapitalgesellschaften fallen jedoch nicht unter diesen Begriff. Bei diesen Ausschüttungen handelt es sich vielmehr um Dividenden oder sonstige Gewinnanteile.

Sonstige Bezüge sind alle in Geld oder Geldeswert bestehenden Güter, die ein Beteiligter von seiner Gesellschaft erhält und die sich nicht als Rückzahlung des Nennkapitals, sondern als Ertrag der Beteiligung darstellen.

Die Abgrenzung der sonstigen Bezüge zu den besonderen Entgelten und Vorteilen i. S. des § 20 Abs. 2 Nr. 1 EStG ist nicht abschließend geklärt. Die in § 20 Abs. 1 Nr. 1 Satz 1 EStG erfolgte Gleichstellung mit den Gewinnanteilen legt es nach unserer Auffassung nahe, unter den sonstigen Bezügen alle Bezüge zu verstehen, die den Beteiligten von einer Gesellschaft wie die Gewinnanteile zugewendet werden. Zu den sonstigen Bezügen sind danach in Höhe ihres Nennbetrages grundsätzlich auch **Freiaktien** und sonstige **Freianteile** zu rechnen. Freianteile liegen vor, wenn eine Gesellschaft bei Durchführung einer Kapitalerhöhung ihren Gesellschaftern neue Anteile unter Buchung über Gewinnreserven oder sonstige offene Rücklagen gewährt. Da einer Kapitalgesellschaft das Grund- oder Stammkapital, das u. U. steuerfrei zurückgezahlt werden kann, nur durch eine Einlage zugeführt werden kann, muß bei der Ausgabe von Freianteilen steuerlich eine Gewinnausschüttung mit nachfolgender Einlage des ausgeschütteten Betrags angenommen werden (BFH, BStBl 1957 III S. 401).

Erhöht eine Kapitalgesellschaft i. S. des § 1 Abs. 1 Nr. 1 KStG ihr Nennkapital durch Umwandlung von Rücklagen in Nennkapital, so gehört der Wert der neuen Anteilsrechte nach § 1 KapErhStG bei den Anteilseignern nicht zu den Einkünften i. S. des § 2 Abs. 1 EStG (s. dazu § 6 KapErhStG). Das gleiche gilt für den Erwerb von Anteilsrechten an vergleichbaren ausländischen Gesellschaften, wenn die in § 7 KapErhStG geforderten Voraussetzungen vorliegen.

Verdeckte Gewinnausschüttungen sind in der Rechtsprechung bisher teilweise den besonderen Entgelten oder Vorteilen i. S. des § 20 Abs. 2 Nr. 1 EStG (so BFH, BStBl 1986 II S. 178), teilweise unmittelbar den sonstigen Bezügen i. S. des § 20 Abs. 1 Nr. 1 EStG zugerechnet worden (so BFH, BStBl 1986 II S. 481). Durch Einfügung des § 20 Abs. 1 Nr. 1 Satz 2 EStG in der Fassung des StRefG 1990 ist nunmehr klargestellt, daß verdeckte Gewinnausschüttungen zu den sonstigen Bezügen gehören.

Eine verdeckte Gewinnausschüttung i. S. des § 8 Abs. 3 Satz 2 KStG ist bei einer Kapitalgesellschaft eine Vermögensminderung oder eine verhinderte Vermögensmehrung, die durch das Gesellschaftsverhältnis veranlaßt ist, sich auf die Höhe des Einkommens auswirkt und in keinem Zusammenhang mit einer offenen Ausschüttung steht (BFH, BStBl 1990 II S. 237). Die Veranlassung einer Vermögensminderung durch das Gesellschaftsverhältnis ist im allgemeinen gegeben, wenn die Kapitalgesellschaft einem Gesellschafter oder einer ihm nahestehenden Person außerhalb der gesellschaftsrechtlichen Gewinnverteilung einen Vermögensvorteil zuwendet, den sie bei Anwendung der Sorgfalt eines ordentlichen und gewissenhaften Geschäftsleiters einem Nichtgesellschafter unter sonst gleichen Umständen nicht gewähren würde. Im Verhältnis der Kapitalgesellschaft zu einem beherrschenden Gesellschafter ist die Ursächlichkeit des Gesellschaftsverhältnisses bereits gegeben, wenn es an einer im voraus getroffenen klaren und eindeutigen Vereinbarung darüber fehlt, ob und in welcher Höhe für die Leistung der Kapitalgesellschaft ein Entgelt gezahlt werden soll, oder wenn nicht einer klaren Vereinbarung gemäß verfahren wird (BFH, BStBl 1989 II S. 673 m. w. N.). Bei gleichgerichteten Interessen können auch solche Gesellschafter als (gemeinsam) beherrschend anzusehen sein, die für sich allein betrachtet keine Mehrheitsbeteiligung halten (BFH, BStBl 1987 II S. 797).

Hätte ein ordentlicher und gewissenhafter Geschäftsleiter (s. dazu BFH, BStBl 1973 II S. 322) bestimmte Aufwendungen zwar dem Grunde, nicht aber der Höhe nach gemacht (s. dazu BFH, BStBl 1975 II S. 722, 1980 II S. 477), so liegen verdeckte Gewinnausschüttungen vor, soweit die Aufwendungen über den Betrag hinausgehen, der auch von einem ordentlichen und gewissenhaften Geschäftsleiter akzeptiert worden wäre. Bei Vereinbarungen im Gründungsstadium der Gesellschaft, die nur mit einem Gesellschafter getroffen werden können, ist unmittelbar darauf abzustellen, ob die Leistungen an den Gesellschafter aus betrieblichen Gründen oder mit Rücksicht auf das Gesellschaftsverhältnis gewährt werden (BFH, BStBl 1985 II S. 69); sonst ist auch bei Vereinbarungen im Gründungsstadium die Sorgfalt eines ordentlichen und gewissenhaften Geschäftsleiters der entscheidende Maßstab (BFH, BStBl 1989 II S. 854).

Lassen sich die Aufwendungen nicht ohne weiteres trennen, so sind sie im Schätzungswege aufzuteilen. Das in § 12 Nr. 1 Satz 2 EStG enthaltene Aufteilungsverbot greift insoweit nicht ein (BFH, BStBl 1976 II S. 753). Ob von der Kapitalgesellschaft eine verdeckte Ausschüttung des Gewinns beabsichtigt ist oder Kapitalgesellschaft und Gesellschafter sich darüber einig sind, daß die Zuwendungen mit Rücksicht auf das Gesellschaftsverhältnis erfolgen, ist für die Annahme einer verdeckten Gewinnausschüttung ohne Bedeutung (BFH, BStBl 1970 II S. 229).

In der Gewährung von Zuwendungen oder sonstigen Vorteilen an Nichtgesellschafter kann nur dann eine verdeckte Gewinnausschüttung liegen, wenn die Empfänger den Gesellschaftern oder einem der Gesellschafter nahestehen. Voraussetzung ist allerdings, daß die Zuwendungen an nahestehende Personen mittelbar einen Vorteil für den Gesellschafter selbst zur Folge haben (BFH, BStBl 1972 II S. 320). Für die Annahme, daß Zuwendungen an eine einem Gesellschafter nahestehende Person mittelbar die Gewährung von Vermögensvorteilen an den Gesellschafter selbst darstellen, spricht bei einem Mißverhältnis von Leistung und Gegenleistung der Beweis des ersten Anscheins (BFH, BStBl 1982 II S. 248 und 1972 II S. 320). Zuwendungen und sonstige Vorteile an eine nahestehende Person sind, soweit sie sich als verdeckte Gewinnausschüttungen darstellen, nicht dem Nichtgesellschafter, sondern ebenfalls nur dem Gesellschafter zuzurechnen, dem der Empfänger nahesteht (BFH, BStBl 1967 II S. 791). Zuwendungen oder sonstige Vorteile an Personen, die nicht den Gesellschaftern oder einem der Gesellschafter, sondern der Gesellschaft als solcher nahestehen, stellen grundsätzlich keine verdeckten Gewinnausschüttungen dar (BFH, BStBl 1964 III S. 17).

Die typischen Fälle einer verdeckten Gewinnausschüttung sind in Abschn. 30 KStR aufgezählt, z. B. überhöhte Gehälter an Gesellschafter-Geschäftsführer, Darlehnshingaben an Gesellschafter zu besonders günstigen Bedingungen, Warenlieferungen an Gesellschafter zu verbilligten Preisen, Schuldübernahmen durch die Gesellschaft zum Vorteil eines Gesellschafters, Pensionszusage an einen 69jährigen Gesellschafter-Geschäftsführer (BFH, BFH/NV 1989 S. 395). Eine verdeckte Gewinnausschüttung kann auch dann vorliegen, wenn die Gewinnverteilungsabrede einer GmbH & Co. KG zu Lasten der GmbH geändert wird (BFH, BStBl 1977 II S. 467 und 477).

Die Rückzahlung einer verdeckten Gewinnausschüttung beseitigt die eingetretenen Rechtsfolgen regelmäßig nicht (BFH, BStBl 1962 III S. 255, 1966 III S. 250; BMF, BStBl 1981 I S. 599).

An der steuerlichen Behandlung verdeckter Gewinnausschüttungen bei den Anteilseignern hat sich durch den Übergang zum körpersteuerlichen Anrechnungsverfahren nichts geändert.

Zu den Kapitalerträgen im Sinne des § 20 Abs. 1 Nr. 1 EStG gehören auch die Ausschüttungen der **Investmentgesellschaften.** Bei der Besteuerung dieser Ausschüttungen ist zwischen inländischen und ausländischen Investmentanteilen sowie zwischen Anteilen an einem Wertpapier-Sondervermögen und Anteilen an einem Grundstücks-Sondervermögen zu unterscheiden.

Kapitalerträge i. S. des § 20 Abs. 1 Nr. 1 EStG sind bei Anteilen an einem **inländischen Wertpapier-Sondervermögen** nach § 39 Abs. 1 KAGG die Ausschüttungen sowie die von dem Sondervermögen nicht zur Kostendeckung oder Ausschüttung verwendeten Einnahmen. Die Ausschüttungen sind jedoch nach § 40 Abs. 1 KAGG insoweit steuerfrei, als sie steuerfreie Zinsen i. S. des § 3 a EStG oder Gewinne aus der Veräußerung von Wertpapieren und Bezugsrechten auf Anteile an Kapitalgesellschaften enthalten und die Ausschüttungen nicht Betriebseinnahmen des Steuerpflichtigen sind. Nicht steuerfrei sind die Ausschüttungen allerdings, soweit sie Erträge aus der Veräußerung von Bezugsrechten auf Freianteile an Kapitalgesellschaften enthalten und diese Erträge zu den steuerpflichtigen Kapitalerträgen gehören. Nach § 40 Abs. 3 KAGG sind die Ausschüttungen bei der Veranlagung zur Einkommensteuer oder Körperschaftsteuer ferner insoweit außer Betracht zu lassen, als sie aus einem ausländischen Staat stammende Einkünfte enthalten, die aufgrund eines Doppelbesteuerungsabkommens nicht der deutschen Besteuerung unterliegen. Ein etwaiger Progressionsvorbehalt ist allerdings zu beachten. Einnahmen des Wertpapier-Sondervermögens, die zu steuerfreien oder außer Ansatz zu lassenden Ausschüttungen führen, sind nach § 42 KAGG auch dann steuerfrei oder außer Betracht zu lassen, wenn sie nicht zur Kostendeckung oder Ausschüttung verwendet werden.

Durch die vorstehenden Regelungen soll eine steuerliche Schlechterstellung der Inhaber von Investmentanteilen gegenüber solchen Steuerpflichtigen vermieden werden, die ihr Kapital ohne Zwischenschaltung einer Kapitalanlagegesellschaft in Wertpapiere anlegen. Die Bestimmung, daß zu den Kapitalerträgen i. S. des § 20 Abs. 1 Nr. 1 EStG auch die von dem Sondervermögen nicht zur Kostendeckung oder Ausschüttung verwendeten Einnahmen gehören, soll im Interesse einer gleichmäßigen Besteuerung sicherstellen, daß die Inhaber von Anteilen an Fonds, die ihre Erträge nicht ausschütten, sondern thesaurieren (sogenannte Wachstumsfonds), steuerlich im wesentlichen nicht besser gestellt sind als die Inhaber anderer Investmentanteile. Die nicht zur Kostendeckung oder Ausschüttung verwendeten Einnahmen gelten nach § 39 Abs. 1 Satz 2 KAGG jeweils mit dem Ablauf des Geschäftsjahres, in dem sie vereinnahmt worden sind, als zugeflossen.

Bei Anteilen an einem **inländischen Grundstücks-Sondervermögen** gehören nach § 45 Abs. 1 KAGG die Ausschüttung sowie die von dem Sondervermögen vereinnahmten nicht zur Deckung der Kosten (einschließlich der Absetzung für Abnutzung oder Substanzverringerung) oder zur Ausschüttung verwendeten Erträge aus der Vermietung und Verpachtung von Grundstücken und Erbbaurechten zu den Einnahmen aus Kapitalvermögen i. S. des § 20 Abs. 1 Nr. 1 EStG. Die vereinnahmten, nicht zur Kostendeckung oder Ausschüttung verwendeten Erträge gelten mit dem Ablauf des Geschäftsjahres, in dem sie vereinnahmt worden sind, als den Anteilsinhabern zugeflossen. Nach § 46 Abs. 1 KAGG sind die Ausschüttungen jedoch insoweit steuerfrei, als sie Gewinne aus der Veräußerung von Grundstücken oder Erbbaurechten enthalten, die nicht nach § 23 EStG steuerpflichtig wären, und die Ausschüttungen nicht zu den Betriebseinnahmen des Steuerpflichtigen gehören. Nach § 46 Abs. 2 KAGG sind die Ausschüttungen bei der Veranlagung ferner insoweit außer Betracht zu lassen, als sie aus einem ausländischen Staat stammende Einkünfte enthalten, die aufgrund eines Doppelbesteuerungsabkommens nicht der deutschen Besteuerung unterliegen. Ein etwaiger Progressionsvorbehalt ist allerdings auch in diesem Fall zu beachten. Die FinVerw veröffentlicht jährliche Ertragsaufstellungen (zu 1988 s. BStBl 1989 I S. 219; zu 1989 s. BStBl 1990 I S. 316).

Hinsichtlich der Anteile an **ausländischen** Wertpapier- und Grundstücks-Sondervermögen ist durch § 17 AuslInvestmG eine steuerliche Gleichbehandlung für den Fall gewährleistet, daß die im dritten Absatz dieser Vorschrift geforderten Voraussetzungen erfüllt sind. Ist dies nicht der Fall, so findet nach § 18 AuslInvestmG eine ungünstigere Besteuerung statt. Nach § 18 Abs. 1 AuslInvestmG gehören in diesem Fall sämtliche Ausschüttungen sowie die von dem ausländischen Investmentvermögen vereinnahmten nicht zur Kostendeckung oder Ausschüttung verwendeten Zinsen, Dividenden, Erträge aus Vermietung und Verpachtung, sonstigen Erträge und Veräußerungsgewinne zu den Einnahmen aus Kapitalvermögen i. S. des § 20 Abs. 1 Nr. 1 EStG. Sofern diese Einnahmen nicht in besonderer Weise nachgewiesen sind, sind bei den Anteilsinhabern nach § 18 Abs. 3 AuslInvestmG neben den Ausschüttungen 90 v. H. des Mehrbetrags anzusetzen, der sich zwischen dem Rücknahmepreis am Anfang und am Ende eines Kalenderjahres ergibt; mindestens sind danach jedoch 10 v. H. des letzten im Kalenderjahr festgesetzten Rücknahmepreises als ausgeschüttet und zugeflossen zu behandeln. Die FinVerw veröffentlicht jährliche Ertragsaufstellungen (zu 1988 s. BfF, BStBl 1989 I S. 350 und 1990 I S. 180).

Während bis 1976 auch die **Rückzahlung von nicht in Nennkapital gebundenen Einlagen der Anteilseigner** zu steuerpflichtigen Einnahmen aus Kapitalvermögen führte, gehören nach § 20 Abs. 1 Nr. 1 Satz 3 EStG Bezüge der vorstehend aufgezählten Art nicht mehr zu den Einnahmen aus Kapitalvermögen, soweit sie aus Ausschüttungen einer unbeschränkt steuerpflichtigen Körperschaft stammen, für die Eigenkapital i. S. des § 30 Abs. 2 Nr. 4 KStG als verwendet gilt. Die Freistellung dieser Bezüge ist durch die Körperschaftsteuerreform möglich geworden. Bei der vorgeschriebenen Gliederung des verwendbaren Eigenkapitals sind nämlich nach § 30 Abs. 2 Nr. 4 KStG Einlagen der Anteilseigner, die das Eigenkapital in nach dem 31. 12. 1976 abgelaufenen Wirtschaftsjahren erhöht haben, gesondert auszuweisen. Dieser gesonderte Ausweis macht es möglich, die Entwicklung dieses Eigenkapitalteils zu verfolgen und erfolgte Rückzahlungen aus den Ausschüttungen einer Körperschaft auszusondern.

Für nicht unbeschränkt steuerpflichtige Körperschaften besteht diese Möglichkeit jedoch nicht, so daß Ausschüttungen dieser Körperschaften in vollem Umfang wie bisher zu erfassen sind.

5.9.2.2 Bezüge aufgrund von Kapitalherabsetzungen oder nach der Auflösung von Körperschaften

Zu den Einnahmen aus Kapitalvermögen gehören nach § 20 Abs. 1 Nr. 2 EStG auch Bezüge, die aufgrund einer Kapitalherabsetzung oder nach der Auflösung unbeschränkt steuerpflichtiger Körperschaften oder Personenvereinigungen anfallen. Dies gilt jedoch nur, soweit bei diesen Körperschaften oder Personenvereinigungen für Ausschüttungen verwendbares Eigenkapital i. S. des § 29 KStG als verwendet gilt.

Durch diese Regelung soll erreicht werden, daß die gesamte auf dem ausschüttbaren Gewinn lastende Körperschaftsteuer auf die Einkommensteuer der Anteilseigner angerechnet werden kann. Da nach § 36 Abs. 2 Nr. 3 EStG die Körperschaftsteuer einer unbeschränkt steuerpflichtigen Körperschaft oder Personenvereinigung nur in Höhe von ⁹⁄₁₆ der Einnahmen angerechnet werden kann, setzt eine Anrechnung der Körperschaftsteuer stets voraus, daß auch die belasteten Gewinne der Körperschaft oder Personenvereinigung als Einkünfte aus Kapitalvermögen erfaßt werden.

5.9.2.3 Anzurechnende oder zu vergütende Körperschaftsteuer

Nach § 20 Abs. 1 Nr. 3 Satz 1 EStG gehört zu den Einnahmen aus Kapitalvermögen auch die Körperschaftsteuer, die nach § 36 Abs. 2 Nr. 3 EStG auf die Einkommensteuer anzurechnen oder nach den §§ 36 b bis 36 e EStG bzw. nach § 52 KStG zu vergüten ist. Die Erfassung der anzurechnenden oder zu vergütenden Körperschaftsteuer als zusätzliche Einnahme folgt zwingend aus dem geltenden körperschaftsteuerlichen Anrechnungsverfahren. Um die von einer Körperschaft ausgeschütteten Gewinne nur einmal mit Steuern vom Einkommen zu belasten und bei dieser Belastung der Leistungsfähigkeit der einzelnen Anteilseigner Rechnung zu tragen, muß der Besteuerung bei den einzelnen Anteilseignern im Ergebnis der Gewinn der Körperschaft zugrunde gelegt werden, der ohne die Vorbelastung durch die Körperschaftsteuer zur Ausschüttung zur Verfügung gestanden hätte und den Anteilseignern hätte zufließen können.

Beispiel:
A ist Alleingesellschafter der X-GmbH. Für seine Tätigkeit als Geschäftsführer hat er im Jahre 1989 um insgesamt 40 000 DM überhöhte Gehälter ausgezahlt erhalten.

Der Betrag von 40 000 DM ist von A im Jahre 1989 als verdeckte Gewinnausschüttung im Rahmen der Einkünfte aus Kapitalvermögen zu versteuern.

Außerdem ist für das Jahr 1989 auch die auf diesen Betrag entfallende anzurechnende Körperschaftsteuer als Einnahme aus Kapitalvermögen anzusetzen. Anzusetzen sind nach § 36 Abs. 2 Nr. 3 EStG ⁹⁄₁₆ von 40 000 DM, das sind 22 500 DM.

Die auf den Bezügen von einer Körperschaft lastende Körperschaftsteuer ist den Einnahmen aus Kapitalvermögen nur dann hinzuzurechnen, wenn die Voraussetzungen für ihre Anrechnung oder Vergütung sämtlich erfüllt sind. Ist die Anrechnung oder Vergütung der Körperschaftsteuer aus irgendeinem Grund ausgeschlossen, so ist sie auch nicht als zusätzliche Einnahme aus Kapitalvermögen zu erfassen.

5.9.2.4 Einnahmen aus einer Beteiligung als stiller Gesellschafter

Stiller Gesellschafter ist nach § 230 HGB, wer sich an dem Handelsgewerbe, das ein anderer (Einzelunternehmer, Personen- oder Kapitalgesellschaft) betreibt, mit einer Vermögenseinlage in der Weise beteiligt, daß seine Einlage in das Vermögen des Inhabers des Handelsgeschäfts übergeht und nur dieser nach außen in Erscheinung tritt.

Die Vermögenseinlage muß nicht unbedingt in Form von Geld oder Sachwerten erbracht werden. Sie kann vielmehr auch in Dienstleistungen bestehen. Hat ein Steuerpflichtiger einem Unternehmen lediglich seine Arbeitskraft zur Verfügung gestellt, so ist stets zu prüfen, ob tatsächlich eine stille Beteiligung oder lediglich ein Angestelltenverhältnis vorliegt. Bei dieser Prüfung sind grundsätzlich alle Umstände des einzelnen Falles zu berücksichtigen, und zwar auch solche, die außerhalb des Vertrages liegen (BFH, BStBl 1984 II S. 373). Dabei ist jedoch zu beachten, daß selbst eine hohe Gewinnbeteiligung nicht ohne weiteres gegen ein Angestelltenverhältnis spricht (BFH, BStBl 1964 III S. 511).

Wird eine stille Gesellschaft aufgelöst, so erhält der stille Gesellschafter nach § 235 HGB im allgemeinen lediglich sein Guthaben ausbezahlt. Der stille Gesellschafter ist demnach im Regelfall lediglich am Gewinn bzw. am Gewinn und Verlust beteiligt.

Beispiel:

S hat sich mit einer Vermögenseinlage von 50 000 DM als stiller Gesellschafter am Einzelunternehmen des E beteiligt. Nach dem Gesellschaftsvertrag soll er mit 25 v. H. am Gewinn und Verlust des E teilhaben. 1989 erwirtschaftet E einen Verlust von 20 000 DM.

S sind Einkünfte aus Kapitalvermögen in Höhe von ∕. 5000 DM zuzurechnen. Diese sind u. E. bereits im Verlustentstehungsjahr, nicht erst im VZ der Abbuchung des Verlustes von der Einlage zu berücksichtigen (streitig).

Ist der stille Gesellschafter nach den getroffenen Vereinbarungen ausnahmsweise auch an den stillen Reserven im Anlagevermögen beteiligt, so ist er steuerlich nicht als stiller Gesellschafter, sondern als Mitunternehmer i. S. des § 15 EStG zu behandeln. In diesem Fall spricht man von einer atypischen stillen Gesellschaft. Zu den Einkünften i. S. des § 20 Abs. 1 Nr. 4 EStG gehören mithin nur die Einkünfte aus einer typischen stillen Gesellschaft.

Wenn ein Steuerpflichtiger einen nahen Angehörigen als stillen Gesellschafter an seinem Unternehmen beteiligt, so kann der vereinbarte Gewinnanteil des stillen Gesellschafters allerdings – auch wenn die stille Beteiligung als solche steuerlich anzuerkennen ist – steuerlich nur insoweit zugrunde gelegt werden, als er wirtschaftlich angemessen ist.

Zur Ermittlung der angemessenen Gewinnquote ist zunächst der höchstzulässige Renditesatz festzulegen. Dieser ist zum einen davon abhängig, ob der stille Gesellschafter auch am Verlust beteiligt ist; zum anderen ist von Bedeutung, ob er dem Unternehmen neues Kapital zugeführt hat. Nach der Rechtsprechung des BFH (BStBl 1973 II S. 5 und 395, 1987 II S. 386) ergibt er sich aus folgender Übersicht:

	Beteiligungserwerb	
	unentgeltlich	entgeltlich
ohne Verlustbeteiligung	12 v. H.	25 v. H.
mit Verlustbeteiligung	15 v. H.	35 v. H.

Sodann ist der sich aus dem Renditesatz ergebende Teil des (Nominal-)Wertes der stillen Beteiligung zu dem durchschnittlichen Jahresgewinn in Relation zu setzen, der bei Abschluß des Gesellschaftsvertrages voraussichtlich zu erzielen war (BFH, BStBl 1973 II S. 650).

Beispiel:
S hat 1987 von seinem Vater V eine stille Beteiligung von 100 000 DM an dessen Einzelunternehmen geschenkt erhalten. S soll mit 25 v. H. nur am Gewinn des V beteiligt sein. Bei Abschluß des Vertrages ist mit einem durchschnittlichen Jahresgewinn von 80 000 DM zu rechnen gewesen. 1989 erzielt V einen Gewinn von 120 000 DM. Hiervon erhält S 1990 30 000 DM.

Die angemessene Gewinnquote des S beträgt

$$\frac{(12 \text{ v. H. von } 100\ 000 \text{ DM})}{80\ 000 \text{ DM}} = \frac{12\ 000 \text{ DM}}{80\ 000 \text{ DM}} = 15 \text{ v. H.}$$

Die Einnahmen des S aus Kapitalvermögen in 1990 betragen demnach 15 v. H. von 120 000 DM = 18 000 DM. In dieser Höhe stellen die Zahlungen auf seiten des V Betriebsausgaben dar; im übrigen handelt es sich um nach § 12 Nr. 2 EStG nicht abzugsfähige Aufwendungen.

5.9.2.5 Einnahmen aus partiarischen Darlehen

Zu den Einnahmen aus Kapitalvermögen gehören nach § 20 Abs. 1 Nr. 4 EStG auch die Einnahmen aus partiarischen, d. h. gewinnabhängigen Darlehen, es sei denn, daß der Darlehnsgeber als Mitunternehmer anzusehen ist. Zur Abgrenzung partiarischer Darlehen und stiller Beteiligungen s. BFH, BStBl 1983 II S. 563 m. w. N.

5.9.2.6 Zinsen aus Hypotheken und Grundschulden

Der Vorschrift des § 20 Abs. 1 Nr. 5 EStG, nach welcher zu den Einkünften aus Kapitalvermögen auch die Zinsen aus Hypotheken und Grundschulden gehören, kommt in der Praxis keine besondere Bedeutung zu, weil diese Grundpfandrechte im allgemeinen der Sicherung von persönlichen Forderungen dienen und die Zinsen aus diesen Forderungen unter § 20 Abs. 1 Nr. 7 EStG fallen. Von Bedeutung ist die eingangs erwähnte Vorschrift daher allenfalls, wenn der Grundstückseigentümer nicht der Schuldner der persönlichen Forderung ist und als solcher vom Gläubiger in Anspruch genommen wird.

5.9.2.7 Renten aus Rentenschulden

Die Rentenschuld (§ 20 Abs. 1 Nr. 5 EStG) ist eine Grundschuld, bei der aus einem Grundstück an regelmäßig wiederkehrenden Terminen eine bestimmte Geldsumme zu zahlen ist. Einnahmen aus Rentenschulden sind die einzelnen Geldleistungen, nicht jedoch eine zur Auszahlung kommende Ablösesumme.

5.9.2.8 Zinsen aus den Sparanteilen in Versicherungsbeiträgen

Zu den Einnahmen aus Kapitalvermögen gehören nach § 20 Abs. 1 Nr. 6 EStG auch außerrechnungsmäßige und rechnungsmäßige Zinsen aus den Sparanteilen, die in den Beiträgen zu Versicherungen auf den Erlebens- oder Todesfall enthalten sind (bei Vertragsabschluß nach dem 31. 12. 1973). Eine Ausnahme gilt jedoch für Zinsen aus Versicherungen im Sinne des § 10 Abs. 1 Nr. 2 Buchst. b EStG, d. h. aus

– Risikoversicherungen, die nur für den Todesfall eine Leistung vorsehen,
– Rentenversicherungen ohne Kapitalwahlrecht,
– Rentenversicherungen mit Kapitalwahlrecht gegen laufende Beitragsleistung, wenn das Kapitalwahlrecht nicht vor Ablauf von zwölf Jahren seit Vertragsabschluß ausgeübt werden kann, und
– Kapitalversicherungen gegen laufende Beitragsleistung mit Sparanteil, wenn der Vertrag auf die Dauer von mindestens zwölf Jahren abgeschlossen worden ist; s. dazu BMF, BStBl 1990 I S. 324.

Voraussetzung für die Freistellung der Zinsen ist, daß sie mit Beiträgen verrechnet oder im Versicherungsfall oder im Fall des Rückkaufs des Vertrages nach Ablauf von zwölf Jahren seit dem Vertragsabschluß ausgezahlt werden. Nach der am Wortlaut des Gesetzes orientierten Auffassung der FinVerw soll die Auszahlung der Zinsen auch dann schädlich sein, wenn sie nach Ablauf von zwölf Jahren seit dem Vertragsabschluß erfolgt, ohne daß zugleich der Vertrag zurückgekauft wird (Abschn. 154 Abs. 8 Satz 5 EStR).

Obwohl fondsgebundene Lebensversicherungen nicht zu den begünstigten Versicherungen i. S. des § 10 Abs. 1 Nr. 2 Buchst. b EStG gehören, sind die Kapitalerträge aus solchen Versicherungen ebenfalls nur zu den Einkünften aus Kapitalvermögen zu rechnen, soweit sie zu dem laufenden Vertrag oder bei Rückkauf oder Auflösung des Vertrags vor Ablauf von zwölf Jahren seit dem Vertragsabschluß ausgezahlt werden (vgl. BMF, BStBl 1979 I S. 592 Tz. 11.2).

Die durch das StRefG 1990 vorgesehene Erweiterung der Steuerpflicht (siehe dazu Sonderband Steuerreform 1990 Nr. 28) ist durch das StRefÄndG rückwirkend wieder beseitigt worden.

5.9.2.9 Zinsen aus sonstigen Kapitalforderungen

Nach § 20 Abs. 1 Nr. 7 EStG gehören zu den Einkünften aus Kapitalvermögen Zinsen aus Kapitalforderungen jeder Art. Zu den **Kapitalforderungen** gehören neben den dort beispielhaft genannten Einlagen und Guthaben bei Kreditinstituten, Darlehen und Anleihen alle auf eine Geldleistung gerichteten Forderungen, die nicht schon nach einem anderen Tatbestand des § 20 Abs. 1 EStG zu erfassen sind (BFH, BStBl 1986 II S. 252).

Zinsen sind alle nach der Laufzeit bemessenen, gewinn- und umsatzunabhängigen Entgelte, die für eine solche Kapitalüberlassung auf Zeit entrichtet werden (BFH, BStBl 1988 II S. 255; vgl. auch BFH, BStBl 1986 II S. 284). Wird eine

Kaufpreisforderung langfristig gestundet, gehört auch deren Zinsanteil zu den Zinsen i. S. des § 20 Abs. 1 Nr. 7 EStG. Eine langfristige Stundung ist immer dann gegeben, wenn die Laufzeit der Forderung mehr als ein Jahr beträgt und diese zu einem bestimmten oder doch bestimmbaren (s. BFH, BStBl 1984 II S. 550) Zeitpunkt fällig wird (BFH, BStBl 1981 II S. 160). Eine Aufspaltung des Kaufpreises oder der einzelnen Raten kommt auch in Betracht, wenn die Vertragsparteien eine Zinsvereinbarung nicht getroffen oder eine Verzinsung sogar ausdrücklich ausgeschlossen haben (BFH, BStBl 1975 II S. 431).

Ob die Zinsen auf vertraglicher, hoheitlicher oder unmittelbar auf gesetzlicher Grundlage beruhen, ist ohne Bedeutung. Daher sind neben den vertraglich vereinbarten Schuldzinsen auch Verzugszinsen (BFH, BStBl 1982 II S. 113), Prozeßzinsen (BFH, BStBl 1986 II S. 557), Zinsen für Entschädigungen wegen Enteignung (BFH, BStBl 1980 II S. 570) und faktischer Bausperre (BFH, BStBl 1986 II S. 252) nach § 20 Abs. 1 Nr. 7 EStG zu erfassen.

Die Besteuerung von Kapitalerträgen i. S. des § 20 Abs. 1 Nr. 7 EStG ist mit dem Grundgesetz vereinbar; siehe dazu und zur Auslegung des § 2 Abs. 1 StrbEG BFH, BStBl 1989 II S. 835 und 836.

5.9.2.10 Diskontbeträge von Wechseln und Anweisungen

Unter dem Diskont i. S. des § 20 Abs. 1 Nr. 8 EStG versteht man den Betrag, der beim Ankauf einer Forderung vor dem Fälligkeitszeitpunkt zum Ausgleich des Zinsverlustes zum Abzug gebracht wird. Der Diskont ist mithin ebenfalls eine besondere Form des Zinses.

Von einer Anweisung spricht man, wenn jemand einen anderen anweist, Geld, Wertpapiere oder andere vertretbare Sachen an einen Dritten zu leisten (vgl. auch § 783 BGB). Eine besondere Form der Anweisung stellt der gezogene Wechsel dar. Zur Berechnung des Kapitalertrags bei Einlösung oder Veräußerung unverzinslicher Schatzanweisungen der Bundesbank s. BMF, BStBl 1985 I S. 77 und 1986 I S. 539.

5.9.2.11 Besondere Entgelte oder Vorteile

Auch besondere Entgelte oder Vorteile, die neben den vorstehenden Einnahmen oder an deren Stelle gewährt werden, gehören zu den Einnahmen aus Kapitalvermögen (§ 20 Abs. 2 Nr. 1 EStG). Diese Vorschrift begründet allerdings keinen selbständigen Besteuerungstatbestand, sondern soll lediglich den Umfang der von § 20 Abs. 1 EStG erfaßten Einnahmen klarstellen (BFH, BStBl 1984 II S. 580). Es kommt danach nicht auf die Bezeichnung der Erträge an. Zu den Einkünften aus Kapitalvermögen gehören vielmehr alle Vermögensmehrungen, die bei wirtschaftlicher Betrachtung Entgelt für die Kapitalnutzung sind.

Was unter den besonderen Entgelten und Vorteilen zu verstehen ist, ergibt sich aus der Begriffsbestimmung der Einnahmen in § 8 Abs. 1 EStG (BFH, BStBl 1986 II S. 178). Dazu gehören insbesondere das Agio, das Damnum sowie Zahlungen aufgrund von Kurs- und Dividendengarantien.

Unter einem **Agio** (Aufgeld) ist in diesem Zusammenhang der Betrag zu verstehen, um den der zurückzuzahlende Betrag über den Nennbetrag einer Forderung hinausgeht.

> **Beispiel:**
> Ein Hypothekendarlehn in Höhe von 10 000 DM ist nach den getroffenen Vereinbarungen nach Ablauf von 10 Jahren zu 101 v. H. zurückzuzahlen. Das Agio (Aufgeld) beträgt 1 v. H. oder 100 DM.
> Das Agio gehört zu den steuerpflichtigen Einnahmen aus Kapitalvermögen.

Aus Vereinfachungsgründen läßt die FinVerw (BMF, BStBl 1986 I S. 539) bei festverzinslichen Wertpapieren Emissionsdisagien und -diskonte, die bestimmte v.H.-Sätze nicht übersteigen, steuerlich unberücksichtigt.

Als **Damnum** wird der Betrag bezeichnet, um den der Verfügungsbetrag eines Darlehns unter seinem vom Schuldner zurückzuzahlenden Nennwert liegt.

> **Beispiel:**
> A gewährt dem B ein Hypothekendarlehn von 10 000 DM. B erhält nach den getroffenen Vereinbarungen jedoch nur 97 v. H. der Darlehnssumme, das sind 9700 DM, ausbezahlt. Das Damnum beträgt 3 v. H. oder 300 DM.
> Der Betrag von 300 DM gehört zu den Einnahmen aus Kapitalvermögen.

Für die Frage, in welchem Kalenderjahr ein Damnum i. S. des § 11 Abs. 1 EStG zugeflossen und zu versteuern ist, kommt es auf die von den Beteiligten getroffenen Vereinbarungen an. Wird nach den Vereinbarungen der Vertragsparteien ein Damnum wie im vorstehenden Beispielsfall bei Auszahlung des Darlehns einbehalten, so ist es in der Regel im Zeitpunkt der Auszahlung des Kapitals an den Schuldner bei diesem als Ausgabe und beim Gläubiger als Einnahme zu erfassen. Es liegt insoweit eine vereinbarte Verrechnung der Damnumschuld mit der Forderung auf Auszahlung des Darlehnskapitals vor (BFH, BStBl 1966 II S. 144).

Unter einer **Kursgarantie** ist eine Entschädigung zu verstehen, die der Schuldner eines Darlehns an den Gläubiger zu zahlen hat, daß Wertpapiere im Kurs gestiegen sind, die der Gläubiger veräußert hat, um dem Schuldner die Summe leihen zu können.

Von einer **Dividendengarantie** spricht man, wenn einem Gesellschafter von einem Dritten eine Mindestdividende garantiert wird.

Zu den Einkünften aus Kapitalvermögen i. S. des § 20 Abs. 2 Nr. 1 EStG gehört grundsätzlich auch der Mehrerlös, den ein typischer stiller Gesellschafter bei Beendigung der stillen Gesellschaft über den Betrag seiner Einlage hinaus erzielt (BFH, BStBl 1984 II S. 580).

5.9.2.12 Einnahmen aus der Veräußerung von Gewinnansprüchen

Die Veräußerung von Dividendenscheinen, Zinsscheinen und sonstigen Ansprüchen ist nach § 20 Abs. 2 Nr. 2 EStG dann steuerpflichtig, wenn die dazugehörigen Aktien, Schuldverschreibungen oder sonstigen Anteile nicht mitveräußert werden. Denn das Entgelt für die bezeichneten Ansprüche stellt wirtschaftlich ebenfalls einen Ertrag aus dem zurückbehaltenen Kapitalvermögen dar. Auf die spätere Fälligkeit des Gewinn- oder Zinsanspruchs kommt es nicht an.

Beispiel:

A überträgt dem B gegen Zahlung eines einmaligen Betrages das Gewinnbezugsrecht an den ihm gehörenden Anteilen an der X-GmbH für die Dauer von acht Jahren. Der vereinbarte Betrag ist nach § 20 Abs. 2 Nr. 2 EStG im Jahr des Zuflusses in voller Höhe zu den Einkünften aus Kapitalvermögen zu rechnen (vgl. auch BFH, BStBl 1970 II S. 212).

5.9.2.13 Stückzinsen

Nach § 20 Abs. 2 Nr. 3 EStG gehören zu den Einnahmen aus Kapitalvermögen auch Einnahmen aus der Veräußerung von Zinsscheinen, wenn die dazugehörigen Schuldverschreibungen mitveräußert werden und das Entgelt für die auf den Zeitraum bis zur Veräußerung der Schuldverschreibung entfallenden Zinsen des laufenden Zinszahlungszeitraums – die sogenannten Stückzinsen – besonders in Rechnung gestellt ist.

Die bei der Einlösung oder Weiterveräußerung der Zinsscheine vom Erwerber der Zinsscheine vereinnahmten Zinsen sind dementsprechend um das Entgelt für den Erwerb der Zinsscheine zu kürzen.

Beispiel:

Der Steuerpflichtige hat am 1. 10. 1989 festverzinsliche Wertpapiere im Nennwert von 80 000 DM zum Kurs von 100 v. H. zuzüglich Stückzinsen ab 1. 7. 1989 in Höhe von 2000 DM erworben. Zum 31. 12. 1989 hat er die Zinsen für die Zeit vom 1. 7. bis zum 31. 12. 1989 in Höhe von 4000 DM vereinnahmt.

Der Steuerpflichtige hat lediglich (4000 DM ⁒ 2000 DM =) 2000 DM als Einnahmen aus Kapitalvermögen zu versteuern.

Die gezahlten Stückzinsen stellen beim Erwerber keine Werbungskosten dar. Es handelt sich auch nicht etwa um negative Einnahmen. Der Abzug der Stückzinsen ist unabhängig davon vorzunehmen, ob die Zinsscheine noch im Jahr des Erwerbs oder in einem späteren Jahr eingelöst oder weiterveräußert werden.

5.9.2.14 Veräußerung abgezinster Schuldverschreibungen

Nach § 20 Abs. 2 **Nr.** 4 EStG in der Fassung des StRefÄndG gehören zu den Einkünften aus Kapitalvermögen auch Kapitalerträge aus der Veräußerung oder Abtretung von abgezinsten oder aufgezinsten Schuldverschreibungen, Schuldbuchforderungen und ähnliche Kapitalforderungen, soweit die Kapitalerträge rechnerisch auf die Zeit der Innehabung dieser Wertpapiere oder Forderungen entfallen. Mit dieser Ergänzung wollte der Gesetzgeber die Praxis der Finanzverwaltung, die bei der Veräußerung auf- und abgezinster Wertpapiere und Forderungen (z. B. Nullkupon-Anleihen, Bundesschatzbriefe Typ B) den Unterschiedsbetrag zwischen dem Erwerbspreis und dem Einlösungsbetrag der Einkommensteuer unterwirft, sanktionieren (Bundestags-Drucksache 11/2157, S. 147; vgl. Abschn. 154 Abs. 10 EStR). Die Vorschrift ist erstmals auf Kapitalerträge anzuwenden, die nach dem 31. 12. 1988 zufließen (§ 52 Abs. 20 EStG).

5.9.3 Werbungskosten

Auch bei den Einkünften aus Kapitalvermögen gehören nach der Rechtsprechung des BFH zu den Werbungskosten alle Aufwendungen, die durch die Erzielung von Einnahmen i. S. des § 20 EStG veranlaßt und nicht zu den Anschaffungs- und Anschaffungsnebenkosten der jeweiligen Kapitalanlage zu rechnen sind (BFH, BStBl 1989 II S. 934).

Zu den **Anschaffungskosten einer Kapitalanlage** gehören auch die beim Kauf von Wertpapieren anfallenden Bankspesen, Maklergebühren, Provisionen sowie die Börsenumsatzsteuer (BFH, BStBl 1989 II S. 934). Diese Aufwendungen stellen daher keine Werbungskosten dar. Auch nachträgliche Aufwendungen auf eine Kapitalanlage können zu deren Anschaffungskosten gehören (BFH, BStBl 1984 II S. 29, 31, 1985 II S. 428).

Nicht zu den Anschaffungskosten einer Kapitalanlage gehören die Kosten eines Kredits, der zur Finanzierung des Erwerbs der Kapitalanlage aufgenommen worden ist (vgl. BFH, BStBl 1982 II S. 37). Es können danach Schuldzinsen und andere Kosten für einen zur Finanzierung des Erwerbs einer Kapitalanlage aufgenommenen Kredit grundsätzlich jedenfalls dann in voller Höhe als Werbungskosten abgesetzt werden, wenn auf Dauer gesehen ein Überschuß der Einnahmen über die Werbungskosten erwartet werden kann (BFH, BStBl 1986 II S. 596). Dabei kommt es nicht darauf an, ob und inwieweit dem Steuerpflichtigen in dem Kalenderjahr, in dem er derartige Kreditkosten geltend macht, auch Erträge aus der betreffenden Kapitalanlage zugeflossen sind.

Dem Abzug von Schuldzinsen und anderen Kreditkosten steht es insoweit im allgemeinen auch nicht entgegen, daß für die Anschaffung einer ertragbringenden Kapitalanlage auch die Erwartung eines Wertzuwachses im Vermögensbereich oder die Absicht mitursächlich war, steuerfreie Kursgewinne zu erzielen, wenn bei der Anschaffung oder dem späteren Halten (BFH, BStBl 1982 II S. 463) der Kapitalanlage nicht die Absicht zur Realisierung von kurzfristigen Wertsteigerungen z. B. durch Veräußerung der Kapitalanlage, sondern die Absicht der Erzielung von Überschüssen im **Vordergrund** stand. Auch der Umstand, daß eine Kapitalanlage tatsächlich ständig ertraglos gewesen ist, schließt die Berücksichtigung der Aufwendungen als Werbungskosten nicht notwendig aus, sofern nicht konkrete Anhaltspunkte dafür vorhanden sind, daß von vornherein auch langfristig nicht mit einem Überschuß aus der Beteiligung zu rechnen war oder rein persönliche Gesichtspunkte, wie freundschaftliche oder verwandtschaftliche Beziehungen o. ä., für die Beteiligung bestimmend waren (BFH, BStBl 1985 II S. 517 m. w. N.).

Zu den Werbungskosten gehören auch die **Kosten der Verwaltung** einer ertragbringenden Kapitalanlage. Dies gilt auch dann, wenn die Verwaltungsmaßnahmen zugleich der Sicherung der Kapitalanlage als solcher dienen; es gilt nicht, wenn das Verwalterentgelt auf nicht steuerbare Wertsteigerungen des verwalteten Vermögens entfällt (BFH, BStBl 1989 II S. 16). Zu den Verwaltungskosten gehören insbesondere Depotkosten, Safemieten und Versicherungsbeiträge. Bei umfangreicherem Kapitalvermögen können auch Aufwendungen für Wirtschaftszeitungen oder Informationsbriefe zu den Werbungskosten zu rechnen sein. Schuldzinsen für einen Kredit zur Finanzierung der Schenkungsteuer, die wegen des unentgeltlichen Erwerbs eines Vermögenswerts i. S. des § 20 EStG festgesetzt worden ist, können nicht als Werbungskosten bei den Einkünften aus Kapitalvermögen abgezogen werden (BFH, BStBl 1984 II S. 27).

Aufwendungen zur Veräußerung eines Vermögenswerts können nicht als Werbungskosten bei den Einkünften aus Kapitalvermögen angesehen werden. Sie stehen lediglich mit dem Veräußerungserlös und nicht mit den Kapitalerträgen aus diesem Vermögenswert in dem erforderlichen objektiven Zusammenhang (BFH, BStBl 1989 II S. 934). Entsprechendes gilt für die Kosten der Auslosung von Anleihen (BFH, BStBl 1989 II S. 16).

Auch im Rahmen der Einkunftsart des § 20 EStG können **nachträgliche Werbungskosten** abzuziehen sein. Als nachträgliche Werbungskosten kommen nach der Rechtsprechung des BFH (vgl. BStBl 1984 II S. 29, 1985 II S. 428) jedoch nur Ausgaben in Betracht, die auf die Zeit vor der Veräußerung einer Kapitalanlage entfallen, z. B. rückständige Zinsen für die Zeit vor der Veräußerung der Kapitalanlage. Auf die Zeit nach der Veräußerung der Kapitalanlage entfallende Ausgaben stellen danach in keinem Falle Werbungskosten dar.

Wenn nicht höhere Werbungskosten nachgewiesen werden, ist der Pauschbetrag von 100 DM (bei zusammen veranlagten Ehegatten: 200 DM) abzuziehen (§ 9 a Abs. 1 Nr. 2 EStG).

5.9.4 Sparer-Freibetrag

Nach § 20 Abs. 4 EStG ist bei der Ermittlung der Einkünfte aus Kapitalvermögen nach Abzug der Werbungskosten noch ein besonderer Freibetrag abzuziehen. Durch diesen Sparer-Freibetrag sollen die Erträge aus einem bestimmten Sockelsparvermögen steuerlich geschont werden. Der Sparer-Freibetrag ist trotz seiner einengenden Bezeichnung für sämtliche Einkünfte aus Kapitalvermögen zu gewähren. Auf die Art der Einkünfte kommt es nicht an (vgl. auch Abschn. 156 a Abs. 1 EStR).

Als Sparer-Freibetrag ist vom VZ 1989 an ein Betrag von **600 DM** (bisher: 300 DM) abzuziehen. Ehegatten, die zusammen veranlagt werden, wird jedoch ein gemeinsamer Sparer-Freibetrag von **1200 DM** (bisher: 600 DM) gewährt. Dieser gemeinsame Sparer-Freibetrag ist bei der Einkunftsermittlung bei jedem Ehegatten je zur Hälfte abzuziehen. Sind die um die Werbungskosten geminderten Kapitalerträge eines Ehegatten niedriger als 600 DM, so ist der anteilige Freibetrag allerdings insoweit, als er die um die Werbungskosten geminderten Kapitalerträge dieses Ehegatten übersteigt, bei dem anderen Ehegatten in Abzug zu bringen.

Beispiel:

Die zusammen zu veranlagenden Ehegatten A und B hatten im Jahre 1989 Einnahmen aus Kapitalvermögen in Höhe von 1200 DM bzw. 450 DM. Ihre Einkünfte aus Kapitalvermögen sind damit wie folgt zu ermitteln:

	A	B
Einnahmen	1200 DM	450 DM
Werbungskosten-Pauschbetrag	100 DM	100 DM
	1100 DM	350 DM
Gemeinsamer Sparer-Freibetrag 50 v. H. von 1200 DM	600 DM	350 DM
Bei der Ehefrau nicht verbrauchter Betrag	250 DM	
	250 DM	0 DM

Von einer entsprechenden Aufteilung kann im allgemeinen abgesehen werden, wenn nicht aus besonderen Gründen – z. B. zur Ermittlung des Altersentlastungsbetrags nach § 24 a EStG – eine gesonderte Berechnung der Einkünfte der einzelnen Ehegatten erfolgen muß (vgl. auch Abschn. 156 a Abs. 1 EStR).

Nach § 20 Abs. 4 Satz 4 EStG dürfen der Sparer-Freibetrag und der gemeinsame Sparer-Freibetrag nicht höher sein, als die um die Werbungskosten geminderten Kapitalerträge. Durch diese Regelung soll sichergestellt werden, daß der Abzug des (gemeinsamen) Sparer-Freibetrags nicht zur Entstehung oder Erhöhung eines Verlustes bei den Einkünften aus Kapitalvermögen führt. Als Kapitalerträge i. S. des § 20 Abs. 4 Satz 4 EStG sind daher die nach Abzug etwaiger negativer Einnahmen verbleibenden positiven Beträge anzusehen.

Beispiele:

a) Der ledige Steuerpflichtige A hat im Jahre 1989 positive Einnahmen aus Kapitalvermögen in Höhe von 1550 DM bezogen. In Höhe von 1000 DM hat er in diesem Jahr jedoch früher empfangene Zinseinnahmen zurückzahlen müssen.

A steht nur ein Sparer-Freibetrag in Höhe von (1550 DM ⁒ 1000 DM ⁒ 100 DM =) 450 DM zu.

b) Der verheiratete Steuerpflichtige A hat im Jahre 1989 negative Einnahmen aus Kapitalvermögen in Höhe von 4000 DM gehabt, während seine Ehefrau B positive Einnahmen aus Kapitalvermögen von 1200 DM erzielt hat.

Der Ehefrau steht der gemeinsame Sparer-Freibetrag nur in Höhe von (1200 DM ⁒ 200 DM =) 1000 DM zu.

Daß sich die Summe der Kapitalerträge beider Ehegatten als negativ darstellt, steht der Gewährung des gemeinsamen Sparer-Freibetrags nicht entgegen (BFH, BStBl 1985 II S. 547).

5.9.5 Zurechnung zu anderen Einkunftsarten

Die Vorschrift des § 20 EStG hat subsidiären Charakter. Die bezeichneten Einkünfte sind nur dann solche aus Kapitalvermögen, wenn sie nicht zu den Einkünften aus Land- und Forstwirtschaft, aus Gewerbebetrieb, aus selbständiger Arbeit oder aus Vermietung und Verpachtung gehören (§ 20 Abs. 3 EStG).

Die Einkunftsart Kapitalvermögen tritt danach jedenfalls dann zurück, wenn ein Sachverhalt unmittelbar den Tatbestand einer Einkunftsart der aufgeführten Art erfüllt.

Beispiel:

B ist Bäckermeister. Er hat zwei Sparguthaben. Eines wird als Betriebsvermögen behandelt, das andere als Privatvermögen. Die Zinsen aus dem betrieblichen

Sparguthaben gehören zu den gewerblichen Einkünften. Die Zinsen aus dem privaten Sparguthaben sind (nach Abzug der Werbungskosten) Einkünfte aus Kapitalvermögen.

Nach der Rechtsprechung des BFH (vgl. BStBl 1983 II S. 172) wird die Einkunftsart Kapitalvermögen aber darüber hinaus auch dann verdrängt, wenn Einnahmen oder Werbungskosten mit der Verwirklichung eines Tatbestands der aufgeführten Einkunftsarten in wirtschaftlichem Zusammenhang stehen.

Beispiel:

Der Steuerpflichtige hat einen Bausparvertrag zu dem alleinigen Zweck abgeschlossen, ein Baudarlehn zu erhalten und die Kreditmittel zur Erzielung von Einnahmen aus Vermietung und Verpachtung zu verwenden.

Zinsen aus dem Bausparguthaben gehören zu den Einkünften aus Vermietung und Verpachtung, weil sie mit diesen in wirtschaftlichem Zusammenhang stehen (BFH, BStBl 1983 II S. 355). Die Abschlußgebühr gehört zu den Werbungskosten bei der Einkunftsart Vermietung und Verpachtung.

Dasselbe gilt für Guthabenzinsen, die auf dem Miet- und Reparaturkonto einer Grundstücksgemeinschaft vereinnahmt werden (BFH, BStBl 1981 II S. 510, 515). Durch die Zuordnung der Einnahmen unter eine andere Einkunftsart scheiden die Bezüge jedoch für andere Gesetzesvorschriften (z. B. § 36 Abs. 2 Nr. 3 Satz 1 EStG, § 24 Satz 3 Nr. 1 KStG) nicht aus der Regelung des § 20 Abs. 1 EStG aus (BFH, BStBl 1985 II S. 634).

Bei selbstgenutztem Wohneigentum, das nicht mehr der Nutzungswertbesteuerung unterliegt, begründet § 20 Abs. 3 EStG hingegen keinen Vorrang der Einkunftsart Vermietung und Verpachtung. Wegen der Behandlung von Bausparzinsen und Schuldzinsen in diesen Fällen wird auf BMF, BStBl 1990 I S. 124, hingewiesen.

5.10 Einkünfte aus Vermietung und Verpachtung (§ 21 EStG)

5.10.1 Allgemeines

Einkünfte aus Vermietung und Verpachtung sind nur anzunehmen, wenn Einkünfte aus einem der in § 21 Abs. 1 und 2 EStG abschließend aufgezählten Tatbestände vorliegen, der Rahmen einer bloßen Vermögensverwaltung nicht überschritten und nicht ausnahmsweise das Vorliegen einer Liebhaberei zu bejahen ist.

Der steuerrechtliche Begriff „Vermietung und Verpachtung" weicht in verschiedener Hinsicht von den bürgerlich-rechtlichen Begriffen „Miete" (§ 535 BGB) und „Pacht" (§ 581 BGB) ab. Steuerrechtlich kommt den Begriffen „Miete" und „Pacht" nach der an ihrem wirtschaftlichen Gehalt orientierten herrschenden Auffassung eine erheblich weitergehende, umfassendere Bedeutung zu.

Für die Zuordnung von Einnahmen zu der Einkunftsart Vermietung und Verpachtung kommt es daher nicht immer darauf an, ob die abgeschlossenen

Verträge nach bürgerlichem Recht als Miet- oder Pachtverträge anzusehen sind (BFH, BStBl 1976 II S. 535). Ein nach bürgerlichem Recht als Miet- oder Pachtvertrag zu behandelnder Vertrag kann auf der anderen Seite einkommensteuerlich z. B. als eine nicht der Einkunftsart Vermietung und Verpachtung zuzuordnende Versorgungsabrede zu beurteilen sein (BFH, BStBl 1976 II S. 537).

Beispiel:

Der Steuerpflichtige A hat seinem Sohn B durch Vertrag vom 1. 4. dieses Jahres seinen gleichzeitig aufgegebenen Gewerbebetrieb (Metzgerei und Gastwirtschaft) verpachtet. In diesem Vertrag, nach dem B 4 v. H. des Umsatzes als Pachtzins zu zahlen hat, hat sich B ferner verpflichtet,

a) seinen Vater in gesunden und kranken Tagen zu pflegen,

b) Arzt-, Apotheker- und Krankenhauskosten für seinen Vater zu tragen,

c) alle Kleidungsstücke für ihn zu erwerben und

d) ihn unentgeltlich zu ernähren.

Der Vertrag kann steuerlich nicht als Pachtvertrag anerkannt werden, da er in der vorliegenden Form zwischen fremden Personen nicht denkbar ist. Es handelt sich vielmehr um eine außerbetriebliche Versorgungsabrede zwischen A und B (vgl. BFH, BStBl 1976 II S. 561).

A hat damit aus diesem Vertrag keine Einnahmen aus Vermietung und Verpachtung.

Im übrigen ist für die steuerrechtliche Anerkennung von Miet- und Pachtverträgen zwischen Angehörigen außer dem Fremdvergleich erforderlich, daß der Angehörige als Mieter einen eigenen Haushalt führt und den Mietzins aus eigenen Mitteln entrichten kann (Abschn. 162 a EStR).

Zur Abgrenzung einer Vermietung und Verpachtung im Rahmen einer bloßen Vermögensverwaltung von einer gewerblichen Tätigkeit wird auf die diesbezüglichen Ausführungen zu § 15 EStG hingewiesen (vgl. 5.2.1.2). Die Vermietung nur einer einzigen Ferienwohnung außerhalb einer Ferienwohnanlage führt grundsätzlich zu Einkünften aus Vermietung und Verpachtung (BFH, BFH/NV 1990 S. 36), während die Ferienwohnung in einer Wohnanlage, die durch eine Feriendienstorganisation vermietet wird, einen Gewerbebetrieb begründet (BFH, BStBl 1990 II S. 383). Wegen der Voraussetzungen für die Annahme einer Liebhaberei sei hier auf die allgemeinen Ausführungen zu dieser Frage verwiesen (vgl. 2.2.3.1.4).

Nur die Einkünfte aus der Vermietung und Verpachtung sind Einkünfte i. S. des § 21 EStG, nicht die Gewinne aus der Veräußerung des Grundstückes, des Schiffes, der Rechte usw. Derartige Gewinne können aber, sofern sie nicht ohnehin zu anderen Einkunftsarten gehören, nach § 23 EStG zu erfassen sein.

Einkünfte aus Vermietung und Verpachtung sind steuerlich grundsätzlich demjenigen zuzurechnen, der Vermögenswerte der in § 21 Abs. 1 Nrn. 1 bis 3 EStG bezeichneten Art zur Erzielung von Einnahmen überläßt oder wem Einnahmen i. S. des § 21 Abs. 1 EStG als dem bürgerlich-rechtlichen oder wirtschaftlichen Eigentümer derartiger Vermögenswerte zustehen.

Beispiele:

a) A hat ein Zimmer der von ihm gemieteten Wohnung für 100 DM monatlich an B untervermietet.

Die von B gezahlten Beträge sind dem A als Vermieter des dem B überlassenen Raumes zuzurechnen.

b) C hat von seinem Vater u. a. ein für die Dauer von 20 Jahren fest an D verpachtetes Grundstück geerbt.

Die Einnahmen aus der Verpachtung dieses Grundstücks sind dem C als dem bürgerlich-rechtlichen (und wirtschaftlichen) Eigentümer zuzurechnen, obwohl der Pachtvertrag nicht von ihm abgeschlossen worden ist.

Einkünfte aus Vermietung und Verpachtung können, wie das Beispiel zu a) zeigt, auch demjenigen zuzurechnen sein, der ihm nicht gehörige Vermögenswerte i. S. des § 21 Abs. 1 Nrn. 1 bis 3 EStG zur Erzielung von Einnahmen einer dritten Person überläßt. Ob diese Überlassung mit oder gegen den Willen des Eigentümers befugt oder unbefugt erfolgt, ist dabei grundsätzlich ohne Bedeutung.

Beispiel:

A hat ein Zimmer der von ihm gemieteten Wohnung für 200 DM monatlich an B untervermietet, obwohl ihm eine Untervermietung durch den Hauseigentümer ausdrücklich untersagt war.

Die von B gezahlten Beträge sind dem A auch in diesem Fall als Vermieter des dem B überlassenen Raumes zuzurechnen.

Auch dem Nießbraucher können danach die Einkünfte aus der Vermietung oder Verpachtung des mit dem Nießbrauch belasteten Grundstücks als eigene Einkünfte aus Vermietung und Verpachtung zuzurechnen sein. Auf die Ausführungen zu 4.5.3.2 sowie das BMF-Schreiben vom 15. 11. 1984 (BStBl 1984 I S. 561) kann wegen Einzelheiten hier verwiesen werden.

Nach § 21 Abs. 1 Satz 2 EStG ist die Vorschrift des § 15 a EStG auch im Rahmen der Einkunftart Vermietung und Verpachtung sinngemäß anzuwenden. Negative Einkünfte aus Vermietung und Verpachtung aus der Beteiligung an vermögensverwaltenden Gesellschaften sollen damit hinsichtlich der Ausgleichsmöglichkeit mit anderen positiven Einkünften soweit wie möglich Verlusten aus der Beteiligung an gewerblich tätigen Kommanditgesellschaften gleichgestellt werden. Wegen Einzelheiten wird auf die Ausführungen unter 5.3 sowie das BMF-Schreiben vom 14. 9. 1981 (BStBl 1981 I S. 620) hingewiesen.

5.10.2 Die einzelnen Einkünfte des § 21 Abs. 1 EStG

5.10.2.1 Einkünfte aus Vermietung und Verpachtung von unbeweglichem Vermögen (§ 21 Abs. 1 Nr. 1 EStG)

Zu den Einkünften aus Vermietung und Verpachtung gehören nach § 21 Abs. 1 Nr. 1 EStG vor allem die Einkünfte aus der Vermietung und Verpachtung von unbeweglichem Vermögen, insbesondere von Grundstücken, Gebäuden, Gebäudeteilen, Schiffen, die in ein Schiffsregister eingetragen sind, und Rechten, die den Vorschriften des bürgerlichen Rechts über Grundstücke unterliegen (z. B. Erbbaurecht, Mineralgewinnungsrecht).

Den Tatbestand des § 21 Abs. 1 Nr. 1 EStG, und nicht den des § 21 Abs. 2 Satz 1 EStG (dazu 5.10.3.1) erfüllt z. B. auch der Eigentümer eines voll vermieteten

Zweifamilienhauses. Wenn er im VZ 1987 in eine der beiden Wohnungen eingezogen ist, kann er also nicht die Übergangsregelung des § 52 Abs. 21 Satz 2 EStG in Anspruch nehmen, weil diese an § 21 Abs. 2 Satz 1 EStG anknüpft (vgl. 5.10.3.1).

Als Einkünfte aus der Vermietung und Verpachtung eines Grundstücks sind steuerlich auch die für die Bestellung eines Erbbaurechts an einem Grundstück erbrachten Leistungen zu behandeln (BFH, BStBl 1985 II S. 617). Ob diese Leistungen in Form von laufenden oder einmaligen Geldleistungen oder in anderer Form erbracht werden, ist ohne Bedeutung (BFH, BStBl 1974 II S. 549). Ein Erbbaurecht ist nach § 1 der Verordnung über das Erbbaurecht vom 15. 1. 1919 (RGBl 1919 S. 72) das dingliche Recht, auf oder unter der Oberfläche des belasteten Grundstücks ein Bauwerk zu haben. Durch die Bestellung des Erbbaurechts überläßt der Grundstückseigentümer dem Erbbauberechtigten das Grundstück auf Zeit zur Nutzung, nämlich zum Errichten eines Bauwerks. Daß die Nutzungsüberlassung nicht auf einem obligatorischen, sondern auf einem dinglichen Recht beruht, ist insoweit ohne Bedeutung.

Zu den Einkünften aus Vermietung und Verpachtung eines Grundstücks gehören grundsätzlich auch Leistungen, die für die Einräumung einer Grunddienstbarkeit oder einer beschränkten persönlichen Dienstbarkeit erbracht werden. Dies gilt selbst dann, wenn die damit verbundene Nutzungsüberlassung ohne zeitliche Beschränkung vereinbart ist. Etwas anderes gilt nur, wenn die gewählte Gestaltung und die tatsächliche Durchführung der durch die Dienstbarkeit gesicherten Vereinbarung dazu führen, daß der Eigentümer seine Herrschaftsgewalt an dem belasteten Grundstück wirtschaftlich gesehen endgültig in vollem Umfang verliert und eine Rückübertragung der Herrschaftsgewalt praktisch unmöglich wird (BFH, BStBl 1983 II S. 203).

Beispiele:

a) A hat der Firma X die Aussolung der unter seinem Grundbesitz liegenden Salzstöcke und die Nutzung der dadurch entstehenden unterirdischen Hohlräume als behälterlose Tiefspeicher zur zeitlich nicht begrenzten Lagerung von Erdöl gestattet.

Es liegt noch eine Nutzungsüberlassung der Grundstücke vor, so daß A die von der Firma X gezahlte Entschädigung als Einnahmen aus Vermietung und Verpachtung anzusetzen hat.

b) B hat der Y-AG unwiderruflich die Bebauung seines Grundstücks im Rahmen des Baus einer Untergrundbahn gestattet.

Da die Belastung des Grundstücks zu einem endgültigen Rechtsverlust führt, stellen die Gegenleistungen der Y-AG bei B keine Einnahmen aus Vermietung und Verpachtung dar.

Die für die Bestellung eines Nießbrauchs an einem Grundstück erbrachten Leistungen sind ebenfalls zumindest dann als Einkünfte aus der Vermietung und Verpachtung des belasteten Grundstücks zu behandeln, wenn die Nießbrauchsbestellung nicht im Rahmen einer entgeltlichen Übereignung eines Grundstücks unter Nießbrauchsvorbehalt zugunsten des bisherigen Eigentümers erfolgt (BFH, BStBl 1979 II S. 332 und 1982 II S. 378). Im Fall des Vorbehaltsnießbrauchs geht der BFH davon aus, daß der zurückbehaltene Nießbrauch keine Leistung des neuen Eigentümers an den bisherigen Eigentümer darstellt, der neue Eigentümer vielmehr nur das mit dem Nießbrauch belastete Eigentum erwirbt.

Als Pachtverträge über ein Grundstück sind steuerlich grundsätzlich auch die Verträge anzusehen, durch die der Grundstückseigentümer einem Dritten gegen Entgelt die Entnahme von Bodenschätzen (z. B. Kohle, Erdöl, Sand, Mineralien usw.) gestattet. Nach welchen Gesichtspunkten das Entgelt bemessen wird, ist in diesem Zusammenhang ohne Bedeutung (BFH, BStBl 1974 II S. 130). Die aus derartigen Verträgen erzielten Einnahmen sind selbst dann zu den Einkünften aus Vermietung und Verpachtung zu rechnen, wenn die Grundstücke zu einem land- und forstwirtschaftlichen Betrieb des Steuerpflichtigen gehören (BFH, BStBl 1970 II S. 210). Als Kaufvertrag über die im Boden befindliche Substanz kann ein derartiger Ausbeutevertrag nur ausnahmsweise behandelt werden, wenn es sich um die einmalige Lieferung einer fest begrenzten Menge handelt oder wenn der Grund und Boden mitveräußert wird. Ein Pachtvertrag und kein Kaufvertrag ist auch dann anzunehmen, wenn ein Grundstückseigentümer einem anderen die Entnahme einer annähernd genau festgelegten Menge aus seinem Grundstück innerhalb eines verhältnismäßig kurzen Zeitraums gestattet (BFH, BStBl 1966 III S. 364). Selbst wenn der Grund und Boden mitveräußert wird, ist das Vorliegen eines Kaufvertrages über die im Boden befindliche Substanz regelmäßig zu verneinen, wenn dem Grundstückseigentümer ein Rückkaufsrecht zugestanden wird, der endgültige Übergang des Eigentums am Grund und Boden somit von den Vertragsparteien nicht ernsthaft gewollt ist (BFH, BStBl 1974 II S. 130).

5.10.2.2 Einkünfte aus Vermietung und Verpachtung von Sachinbegriffen

Zu den Einkünften aus Vermietung und Verpachtung gehören auch die Einkünfte aus Vermietung und Verpachtung von **Sachinbegriffen,** insbesondere von beweglichem Betriebsvermögen (§ 21 Abs. 1 Nr. 2 EStG). Sachinbegriff ist eine Vielheit von beweglichen Sachen, die wirtschaftlich nach ihrer Zweckbestimmung eine Einheit bilden, z. B. landwirtschaftliches Inventar, bewegliches gewerbliches Betriebsvermögen, Praxiseinrichtung eines Freiberuflers usw. Einkünfte aus der Vermietung oder Verpachtung von Sachinbegriffen rechnen aber nur dann zu den Einkünften i. S. des § 21 Abs. 1 Nr. 2 EStG, wenn der Sachinbegriff nicht (mehr) zum Betriebsvermögen des Vermieters oder Verpächters gehört.

Die Einkünfte aus der Vermietung oder Verpachtung einzelner zum Privatvermögen gehörender Wirtschaftsgüter, die keinen Sachinbegriff bilden, fallen nicht unter § 21 EStG, sondern unter § 22 Nr. 3 EStG.

5.10.2.3 Einkünfte aus zeitlich begrenzter Überlassung von Rechten

Zu den Einkünften aus Vermietung und Verpachtung werden in § 21 Abs. 1 Nr. 3 EStG schließlich auch die Einkünfte aus zeitlich begrenzter Überlassung von Rechten, insbesondere von schriftstellerischen, künstlerischen und gewerblichen Urheberrechten, von gewerblichen Erfahrungen (z. B. Lizenzgebühren für die Überlassung eines Patents) und von Gerechtigkeiten (z. B. Fischerei- und

Apothekengerechtigkeiten) und Gefällen (z. B. Holzbezugs- oder Grasbezugsberechtigungen) gerechnet. Außer den Einkünften aus zeitlich begrenzter Überlassung der vorstehend aufgeführten, im Gesetz ausdrücklich erwähnten Rechte fallen unter diese Vorschrift auch Einkünfte aus zeitlich begrenzter Überlassung anderer Rechte, die den im Gesetz beispielhaft genannten Rechten allerdings ähnlich sein müssen (BFH, BStBl 1970 II S. 212).

Beispiel:

A überträgt dem B gegen Zahlung eines einmaligen Betrages das Gewinnbezugsrecht an den ihm gehörenden Anteilen an der X-GmbH für die Dauer von 8 Jahren.

Das Gewinnbezugsrecht ist den in § 21 Abs. 1 Nr. 3 EStG aufgeführten Rechten nicht ähnlich, da es im Gegensatz zu diesen ohne weiteres Zutun einen Ertrag bringt und daher keiner Auswertung bedarf (BFH, BStBl 1970 II S. 212, 213). Der von B gezahlte Betrag gehört daher bei A nicht zu den Einkünften aus Vermietung und Verpachtung.

Ob das zeitlich begrenzt überlassene Recht schuldrechtlicher oder dinglicher Natur ist, ist ohne Bedeutung (BFH, BStBl 1983 II S. 367, 368).

Eine zeitliche Begrenzung liegt nicht vor, wenn das Recht dem Berechtigten endgültig verbleibt (BFH, BStBl 1976 II S. 529) oder ein Rückfall des Rechts kraft Gesetzes oder kraft Vertrages ausgeschlossen ist (BFH, BStBl 1978 II S. 355). Wenn bei Abschluß des Vertrages ungewiß ist, ob und wann die Überlassung zur Nutzung endet, steht dies der Annahme einer zeitlichen Begrenzung jedoch nicht entgegen (BFH, BStBl 1983 II S. 367, 368).

Die Einkünfte aus zeitlich begrenzter Überlassung eines Rechts werden jedoch nur in Ausnahmefällen, z. B. bei Zufallserfindungen oder Begründung entsprechender Rechtsverhältnisse durch private Erwerber oder Erben, als Einkünfte aus Vermietung und Verpachtung zu erfassen sein. Im allgemeinen werden diese Einkünfte vielmehr zu den Einkünften aus Gewerbebetrieb oder selbständiger Arbeit gehören.

Beispiele:

a) Die Witwe eines Erfinders setzt die Patentüberlassung gegen Lizenzgebühren als Rechtsnachfolgerin nach den von ihrem verstorbenen Ehemann gestalteten Verträgen fort.

Die Witwe erzielt aus der Patentüberlassung Einkünfte aus selbständiger Arbeit nach § 18 i. V. m. § 24 Nr. 2 EStG.

b) Die Witwe eines Erfinders verkauft ein zum Nachlaß gehörendes Patent an einen Privatmann, der es einem Betriebsinhaber gegen Entgelt zur Ausnutzung überläßt.

Der Privatmann erzielt aus der Patentüberlassung Einkünfte i. S. des § 21 Abs. 1 Nr. 3 EStG.

5.10.3 Nutzungswert der Wohnung (§ 21 Abs. 2 EStG)

5.10.3.1 Allgemeines

Die Vorschrift des § 21 Abs. 2 Satz 1 EStG, nach der zu den Einkünften aus Vermietung und Verpachtung auch der Nutzungswert der Wohnung im eigenen Haus oder der Nutzungswert einer dem Steuerpflichtigen ganz oder teilweise unentgeltlich überlassenen Wohnung einschließlich der zugehörigen sonstigen

Räume und Gärten gehört, stellt eine Besonderheit im Einkommensteuerrecht dar. Abweichend von dem Grundsatz, daß niemand verpflichtet ist, aus seinem Vermögen bestimmte Nutzungen zu ziehen, und dementsprechend Nutzungen, die ein Steuerpflichtiger nicht zieht und nicht ziehen will, auch steuerlich nicht als gezogen behandelt werden können, wird hier in Höhe des Nutzungswerts der in Betracht kommenden Wohnungen eine fiktive Einnahme angenommen, die als solche im Rahmen der Einkunftsart Vermietung und Verpachtung oder nach § 21 Abs. 3 EStG ggf. auch im Rahmen einer anderen Einkunftsart (vgl. dazu die Ausführungen zu 5.10.8) zu erfassen ist.

Die Vorschrift des § 21 Abs. 2 Satz 1 EStG beruht auf der Erwägung, daß, wer im eigenen Haus wohnt oder wem eine Wohnung unentgeltlich überlassen ist, keine Miete zu zahlen braucht und dadurch besser steht als andere Steuerpflichtige, die Miete zu zahlen haben, die sie nach § 12 Nr. 1 EStG als Kosten der allgemeinen Lebenshaltung steuerlich nicht abziehen dürfen (BFH, BStBl 1968 II S. 309 und 1977 II S. 860). Gegen diese der steuerlichen Gleichbehandlung dienende Sonderregelung bestehen auch verfassungsrechtlich keine Bedenken. Die Vorschrift des § 21 Abs. 2 EStG ist, wie das Bundesverfassungsgericht klargestellt hat, insbesondere auch mit Art. 3 Abs. 1 GG vereinbar (BVerfG, BStBl 1959 I S. 68).

Gleichwohl hat sich der Gesetzgeber entschlossen, die auf der Ausnahmevorschrift des § 21 Abs. 2 Satz 1 EStG beruhende Nutzungswertbesteuerung abzuschaffen. Dies ist durch das Gesetz zur Neuregelung der steuerrechtlichen Förderung des selbstgenutzten Wohneigentums – Wohneigentumsförderungsgesetz (WohneigFG) – vom 15. 5. 1986 (BStBl 1986 I S. 278) geschehen, durch das insbesondere auch die Vorschrift des § 10 e in das EStG eingefügt worden ist. Die Neuregelung der Steuerbegünstigung der zu eigenen Wohnzwecken genutzten Wohnung im eigenen Haus im Rahmen des Sonderausgabenabzugs wurde aus systematischen Gründen erforderlich, weil durch die Abschaffung der Nutzungswertbesteuerung der Vorschrift des § 7 b EStG a. F. der Boden entzogen war. Mit dem Wegfall der Nutzungswertbesteuerung sind nämlich zugleich alle Aufwendungen, die mit einer selbstgenutzten Wohnung im eigenen Haus in Zusammenhang stehen, vom Abzug als Werbungskosten oder Betriebsausgaben ausgeschlossen, so daß auch erhöhte Absetzungen für Abnutzung der bislang in § 7 b EStG a. F. zugelassenen Art nicht mehr als Werbungskosten oder Betriebsausgaben abzugsfähig sind.

Der Nutzungswert der Wohnung im eigenen Haus ist letztmalig für den VZ 1986 nach § 21 Abs. 2 EStG 1. Alternative zu ermitteln. Ab 1987 entfällt die Nutzungswertbesteuerung. Bei Wohnungen, für die der Nutzungswert im VZ 1986 ausschließlich nach § 21 a EStG zu ermitteln war, entfällt die Nutzungswertbesteuerung endgültig ohne Ausnahme; die bisherigen erhöhten AfA (§ 7 b EStG; §§ 82 a, g, i EStDV) und der nach § 21 a Abs. 4 EStG zulässige Schuldzinsenabzug können wie Sonderausgaben weiter geltend gemacht werden (§ 52 Abs. 21 Sätze 4 und 5 EStG; sog. **kleine Übergangsregelung**).

Dagegen kann der Steuerpflichtige bei Wohnungen, die im VZ 1986 die Voraussetzungen für eine Überschußrechnung erfüllten, diese Nutzungswertbesteuerung nach § 21 Abs. 2 Satz 1 EStG 1. Alternative bis 1988 fortführen (§ 52 Abs. 21 Satz 2 EStG; Abschn. 164 b Abs. 1 EStR, sog. **große Übergangsregelung**). Er kann also weiterhin die Aufwendungen geltend machen und erzielt dadurch evtl. negative Einkünfte aus Vermietung und Verpachtung. Ergeben sich z. B. durch den Wegfall von Zinszahlungen positive Einkünfte, kann er gem. § 52 Abs. 21 Satz 3 EStG für das neue Recht optieren und vermeidet damit eine Besteuerung. Die Nutzungswertbesteuerung und § 10 e EStG können nicht nebeneinander angewendet werden (FG Köln, EFG 1990 S. 307).

Voraussetzung für die Anwendung der großen Übergangsregelung ist also, daß im VZ 1986 und in den Folgejahren kein Sachverhalt vorliegt, auf den § 21 a EStG anzuwenden war (1986) bzw. anzuwenden sein würde (1987 bis 1998). So ist z. B. bei einem vom Eigentümer hergestellten und selbst genutzten Zweifamilienhaus § 21 a EStG nicht anzuwenden, wenn der Antrag auf Baugenehmigung vor dem 30. 7. 1981 gestellt worden ist (vgl. Abschn. 164 b Abs. 3 EStR). Damit hat der Stpfl. Anspruch auf die Anwendung der großen Übergangsregelung, auch wenn die zweite Wohnung nicht vermietet wird (§ 21 a Abs. 7 EStG).

Der Nutzungswert einer dem Stpfl. ganz oder teilweise unentgeltlich mit gesicherter Rechtsposition überlassenen Wohnung ist letztmalig für den VZ 1986 nach § 21 Abs. 2 EStG 2. Alternative zu versteuern. Hier gibt es keine Übergangsregelungen, d. h., das unentgeltliche Nutzungsrecht wird ab 1987 nicht mehr besteuert. Der Nutzungsberechtigte kann also ab 1987 auch keine negativen Einkünfte aus Vermietung und Verpachtung mehr erzielen (BMF, BStBl 1986 I S. 480 Abschn. II 6).

Bei teilweiser Unentgeltlichkeit ist das Teilentgelt beim Eigentümer zu erfassen, er kann die anteiligen Aufwendungen als Werbungskosten geltend machen. Beträgt das Entgelt für die Überlassung der Wohnung zu Wohnzwecken mindestens 50 v. H. der ortsüblichen Marktmiete, ist von einer insgesamt entgeltlichen Überlassung auszugehen; das ergibt sich aus § 21 Abs. 2 Satz 2 EStG, der durch das WohneigFG mit Wirkung ab 1. 1. 1987 in das EStG eingefügt worden ist. Beim Eigentümer sind in diesem Fall die Aufwendungen in voller Höhe als Werbungskosten abzugsfähig.

Beispiel:

V ist Eigentümer eines Mehrfamilienhausgrundstücks. Im VZ 1986 bewohnt er eine Wohnung selbst. Eine andere Wohnung hat er seinem Sohn S unentgeltlich zur Nutzung überlassen, an einer weiteren hat er seiner Tochter T ein unentgeltliches dingliches Wohnrecht eingeräumt. Die übrigen Wohnungen sind an Fremde zu ortsüblichen Marktmieten vermietet.

Im VZ 1986 wird die von V bewohnte Wohnung gem. § 21 Abs. 2 EStG 1. Alternative besteuert; in den Folgejahren bis 1998 kann er nach der großen Übergangsregelung (§ 52 Abs. 21 Satz 2 EStG) die Überschußrechnung nach § 21 Abs. 2 Satz 1 EStG 1. Alternative fortführen. Bei der dem S überlassenen Wohnung handelt es sich für V ebenfalls um die Nutzung einer Wohnung im eigenen Haus (BMF, BStBl 1984 I S. 561 Tz. 54 c). Auch hierfür kann er gem. § 52 Abs. 21 Satz 2 EStG bis 1998 die Überschußrechnung fortführen.

Dagegen hat die T die ihr unentgeltlich, aber mit gesicherter Rechtsposition überlassene Wohnung im VZ 1986 gem. § 21 Abs. 2 EStG 2. Alternative selbst zu versteuern (BMF, BStBl 1984 I S. 561 Tz. 18, 52). Ab 1987 entfällt die Besteuerung ohne Übergangsregelung (BMF, BStBl 1986 I S. 480 Abschn. II 6). Die Wohnung ist für T ein Konsumgut, so daß sie auch Aufwendungen nicht mehr als Werbungskosten geltend machen kann. Wenn sie gegenüber V auf ihr Wohnrecht verzichtet und zwischen beiden ein Mietvertrag geschlossen wird, erzielt V Einkünfte gem. § 21 Abs. 1 Nr. 1 EStG, wenn das Entgelt mindestens 50 v. H. der ortsüblichen Marktmiete beträgt (§ 21 Abs. 2 Satz 2 EStG). Beträgt es z. B. nur 40 v. H. der ortsüblichen Marktmiete, kann V auch nur 40 v. H. der auf die Wohnung der T entfallenden Kosten als Werbungskosten abziehen. Dazu gehört auch die AfA, die bis 1986 weder V (BMF, BStBl 1984 I S. 561 Tz. 24, 52 a) noch T (BMF a. a. O. Tz. 52, 20) geltend machen konnte.

5.10.3.2 Nutzungswert der Wohnung im eigenen Haus

Zu den Einkünften aus Vermietung und Verpachtung gehört nach der 1. Alternative des § 21 Abs. 2 Satz 1 EStG der Nutzungswert der Wohnung im eigenen Haus.

Da die Vorschrift des § 21 Abs. 1 Satz 1 EStG insoweit nach der in § 52 Abs. 21 Satz 2 EStG getroffenen Übergangsregelung, auf die unten näher eingegangen wird, auch noch für die Veranlagungszeiträume 1987 bis 1998 zur Anwendung kommen kann, sollen die tatbestandsmäßigen Voraussetzungen der 1. Alternative des § 21 Abs. 2 Satz 1 EStG vorab erläutert werden, weil diese Erläuterungen das Verständnis der getroffenen Übergangsregelung erleichtern.

Die fiktiven Einkünfte i. S. des § 21 Abs. 2 Satz 1 EStG beschränken sich auf den Nutzungswert einer Wohnung. Für Räume, die nicht zu einer Wohnung gehören, ist daher ein Nutzungswert nicht anzusetzen. Ein Nutzungswert kommt danach insbesondere für eigengewerblich oder eigenberuflich genutzte Räume nicht zum Ansatz. Eine Wohnung i. S. des § 21 Abs. 2 Satz 1 EStG ist ein Raum oder eine Zusammenfassung von Räumen, in denen die Führung eines selbständigen Haushalts möglich ist. Die Annahme einer Wohnung in diesem Sinne setzt danach in jedem Fall eine Küche oder zumindest eine Kochgelegenheit voraus (BFH, BStBl 1983 II S. 660). Zu einer Wohnung zählen im übrigen alle unmittelbar oder mittelbar Wohnzwecken dienenden Räume einschließlich der dazu gehörigen sonstigen Räume, z. B. Keller, Boden, Saunaräume, Schwimmbäder und Garagen (Abschn. 42 a Abs. 3 EStR). Dies gilt selbst dann, wenn diese Räume außerhalb des Wohnhauses auf dem betreffenden Grundstück liegen (BFH, BStBl 1983 II S. 364). Auch unbebaute Grundstücksflächen zählen i. S. des § 21 Abs. 2 Satz 1 EStG zur Wohnung, wenn und soweit sie im räumlichen Zusammenhang mit dem Haus stehen und dadurch sowie durch ihre Gestaltung (z. B. als Garten oder Park) die Annehmlichkeit des Wohnens erhöhen (BFH, BStBl 1973 II S. 10). Der einfache Nutzgarten oder die zum Grundstück gehörende Waldparzelle bleibt daher insoweit außer Betracht.

Eine Wohnung im eigenen Haus i. S. dieser Vorschrift ist zunächst immer dann anzunehmen, wenn der bürgerlich-rechtliche Eigentümer in seinem eigenen Haus wohnt. Dem eigenen Haus steht insoweit eine Eigentumswohnung gleich (vgl.

BFH, BStBl 1983 II S. 660), so daß auch der bürgerlich-rechtliche Eigentümer einer Eigentumswohnung eine Wohnung im eigenen Haus hat, wenn er diese für Wohnzwecke nutzt. Auch wenn ein Haus oder eine Eigentumswohnung im Bruchteils- oder Gesamthandseigentum mehrerer Personen steht und nur einer der Miteigentümer seine Wohnung in dem Haus hat, hat er eine Wohnung im eigenen Haus i. S. des § 21 Abs. 2 Satz 1 EStG (BFH, BFH/NV 1990 S. 25).

Dem bürgerlich-rechtlichen Eigentümer eines Hauses ist bei Anwendung der Vorschrift des § 21 Abs. 2 Satz 1 EStG gleichzustellen, wer das Haus bzw. eine bestimmte Wohnung in dem Haus aufgrund eines dinglichen Nießbrauchs- oder Wohnrechts nutzt, das er sich bei der Veräußerung des Hauses vorbehalten hat (BFH, BStBl 1990 II S. 13). Unabhängig davon, ob das Grundstück entgeltlich oder unentgeltlich übertragen worden ist, geht der BFH davon aus, daß der neue Eigentümer nur das mit dem Nießbrauch oder Wohnrecht belastete Eigentum erworben hat und die Nutzungsmöglichkeit damit beim bisherigen Eigentümer verblieben ist. Dieser nutzt das Haus bzw. die Wohnung daher vergleichbar einem Eigentümer. Der Nutzungswert der von ihm bewohnten Wohnung ist ihm daher nach der 1. Alternative des § 21 Abs. 2 Satz 1 EStG zuzurechnen (BMF, BStBl 1984 I S. 561 Tz. 39).

Bei einer Überlassung aufgrund eines unentgeltlichen Nutzungsrechts ist der Nutzungswert dem Nutzenden zuzurechnen, wenn er eine gesicherte Rechtsposition hat (dazu Abschn. 162 Abs. 4 EStR). Der Eigentümer erfüllt dann nicht den Tatbestand „Wohnung im eigenen Haus" und fällt nicht unter die große Übergangsregelung des § 52 Abs. 21 Abschn. 2 EStG. Zweckmäßig ist hier die Umwandlung in ein Mietverhältnis mit einer Entgeltsregelung gem. § 21 Abs. 2 Satz 2 EStG.

Nicht aufgrund einer gesicherten Rechtsposition haben z. B. Eltern ein ihrem minderjährigen Kind gehörendes Einfamilienhaus inne, das sie infolge der ihnen obliegenden Sorge für das Vermögen ihres Kindes in ihrem Besitz haben und bewohnen (BFH, BStBl 1985 II S. 154). Stellen Eltern einem minderjährigen Kind eine Wohnung in ihrem Haus zum Wohnen zur Verfügung, so hat das Kind die von ihm genutzte Wohnung ebenfalls nicht aufgrund einer gesicherten Rechtsposition inne. Die Wohnung ist daher nicht dem Kind, sondern den Eltern zuzurechnen (BFH, BStBl 1984 II S. 366). Das gilt auch bei einem volljährigen Kind, dem der Vater eine im auswärtigen Studienort gelegene Wohnung vermietet, wenn die Miete nur aus dem vom Vater gewährten Barunterhalt bestritten werden kann. Der Nutzungswert ist gem. § 21 Abs. 2 EStG 1. Alternative in Verbindung mit § 21 a EStG vom Vater zu versteuern (BFH, BStBl 1988 II S. 604, 606).

Über den Veranlagungszeitraum 1986 hinaus kann die Vorschrift des § 21 Abs. 2 Satz 1 EStG in den zahlreichen Fällen nicht mehr angewendet werden, in denen bei dem Steuerpflichtigen im Veranlagungszeitraum 1986 der Nutzungswert der Wohnung im eigenen Haus anzusetzen und dieser Nutzungswert nach den Vorschriften des § 21 a EStG zu ermitteln war (vgl. BMF, BStBl 1986 I S. 480).

Beispiel:

Der Steuerpflichtige hat 1985 eine Eigentumswohnung angeschafft und diese im Oktober 1985 mit seiner Familie bezogen.

Im Veranlagungszeitraum 1986 war bei dem Steuerpflichtigen der Nutzungswert der Wohnung im eigenen Haus anzusetzen. Dieser Nutzungswert war nach den Vorschriften des § 21 a EStG zu ermitteln.

Vom Veranlagungszeitraum 1987 an ist die Vorschrift des § 21 Abs. 2 Satz 1 EStG bei dem Steuerpflichtigen nicht mehr anzuwenden, d. h., ein Nutzungswert ist nicht mehr anzusetzen.

Es reicht insoweit aus, daß der Nutzungswert der Wohnung im eigenen Haus im Veranlagungszeitraum 1986 zeitweise bei dem Steuerpflichtigen anzusetzen und nach den Vorschriften des § 21 a EStG zu ermitteln war.

Beispiel:

Der Steuerpflichtige hat 1986 eine Eigentumswohnung angeschafft und diese im November 1986 mit seiner Familie bezogen.

Da seit dem tatsächlichen Einzug des Steuerpflichtigen bei ihm der Nutzungswert der Wohnung im eigenen Haus anzusetzen und dieser im Hinblick auf die in § 21 a Abs. 1 Satz 4 EStG getroffene Vereinfachungsregelung jedenfalls für den Monat Dezember 1986 nach den Vorschriften des § 21 a EStG zu ermitteln war, ist die Vorschrift des § 21 Abs. 2 Satz 1 EStG vom Veranlagungszeitraum 1987 an nicht mehr anwendbar.

Als zweifelhaft könnte erscheinen, ob insoweit etwas anderes gelten muß, wenn aufgrund der in § 21 a Abs. 1 Satz 5 EStG getroffenen Regelung der Ansatz eines Teils des Grundbetrags entfällt.

Beispiel:

Sachverhalt wie zuvor. Der Steuerpflichtige hat seine Eigentumswohnung jedoch erst Anfang Dezember 1986 mit seiner Familie bezogen, so daß die Wohnung nicht während eines vollen Kalendermonats zu eigenen Wohnzwecken genutzt worden ist und der Ansatz eines Teils des Grundbetrags nicht in Betracht kommt.

Da seit Anfang Dezember 1986 eine Wohnung im eigenen Haus vom Steuerpflichtigen zu eigenen Wohnzwecken genutzt wurde und insoweit die Voraussetzungen für die Ermittlung des Nutzungswerts nach den Bestimmungen des § 21 a EStG vorgelegen haben, ist auch in diesem Fall die Vorschrift des § 21 Abs. 2 Satz 1 EStG vom Veranlagungszeitraum 1987 an nicht mehr anzuwenden. Daß nach den Bestimmungen des § 21 a EStG für den Veranlagungszeitraum 1986 noch kein Nutzungswert anzusetzen war, steht dem nicht entgegen.

Damit die große Übergangsregelung in Betracht kommt, müssen die Voraussetzungen des § 21 Abs. 2 EStG 1. Alternative im VZ 1986 vorgelegen haben. Das ist auch dann der Fall, wenn der Steuerpflichtige im VZ 1986 ein Einfamilienhaus in ein Zweifamilienhaus umgebaut, noch in demselben Jahr eine Wohnung vermietet und die zweite selbst genutzt hat (BMF, BStBl 1986 I S. 480 Abschn. II 2). Dagegen ist die große Übergangsregelung nicht anwendbar, wenn der Steuerpflichtige als Eigentümer eines voll vermieteten Zweifamilienhauses eine Wohnung nach Auszug des Mieters im VZ 1986 erst im Laufe des VZ 1987 bezogen hat. Hier kann er zwar noch die im VZ 1986 angefallenen Renovierungskosten als vorweggenommene Werbungskosten abziehen, ihm war aber im VZ 1986 kein Nutzungswert zuzurechnen (BMF, BStBl 1986 I S. 460 Abschn. II 5).

Beispiele:

a) Der Steuerpflichtige hat 1987 eine bis dahin an einen Dritten vermietete Wohnung in seinem Mehrfamilienhaus mit seiner Familie bezogen.

Da im Veranlagungszeitraum 1986 bei dem Steuerpflichtigen keine Wohnung im eigenen Haus vorlag, für die ein Mietwert anzusetzen gewesen wäre, ist die Vorschrift des § 21 Abs. 2 Satz 1 EStG vom Veranlagungszeitraum 1987 an nicht mehr anzuwenden. Der Ansatz eines Mietwerts für die Wohnung im eigenen Haus kommt daher nicht in Betracht.

b) Der Steuerpflichtige hat eine Wohnung in seinem Mehrfamilienhaus, die seit November 1985 leer stand und für die er sich während des Jahres 1986 vergeblich um einen neuen Mieter bemüht hatte, im Januar 1987 mit seiner Familie selbst bezogen.

Im Veranlagungszeitraum 1986 hatte der Steuerpflichtige keine Wohnung im eigenen Haus, für die ein Mietwert anzusetzen gewesen wäre. Die Vorschrift des § 21 Abs. 2 Satz 1 EStG ist daher vom Veranlagungszeitraum 1987 an nicht mehr anzuwenden, so daß der Ansatz eines Nutzungswerts für die selbstgenutzte Wohnung entfällt.

c) Der Steuerpflichtige hat im März 1986 mit dem Bau eines Mehrfamilienhauses begonnen, das im Februar 1987 fertiggestellt worden ist. Eine Wohnung in diesem Hause hat der Steuerpflichtige am 1. 4. 1987 mit seiner Familie bezogen.

Im Veranlagungszeitraum 1986 hatte der Steuerpflichtige selbst dann noch keine Wohnung im eigenen Haus, wenn er eine Wohnung in diesem Haus von vornherein für sich geplant und errichtet haben sollte.

Die Voraussetzungen des § 21 a Abs. 1 Satz 1 EStG liegen auch vor, wenn ein Einfamilienhaus im Miteigentum mehrerer Steuerpflichtiger steht. Wohnen nicht alle Miteigentümer in dem Einfamilienhaus, so sind die Einkünfte der Miteigentümer, die die Miteigentumsanteile entgeltlich überlassen, durch Überschuß der Einnahmen über die anteiligen Werbungskosten zu ermitteln (Abschn. 164 b Abs. 15 EStR).

Durch Gegenüberstellung des Mietwerts und der Werbungskosten bzw. Betriebsausgaben war der Nutzungswert einer Wohnung im eigenen Haus für den Veranlagungszeitraum 1986 zu ermitteln, wenn

– das Haus bzw. die Eigentumswohnung im Ausland belegen war und damit die Bestimmungen des § 21 a EStG nicht anzuwenden waren (vgl. BFH, BStBl 1986 II S. 287),

– das Haus auf einem Grundstück steht, dessen gesamte Fläche größer als das Zwanzigfache der bebauten Grundfläche ist; in derartigen Fällen wird der Nutzungswert selbst dann nicht nach den Bestimmungen des § 21 a EStG ermittelt, wenn nach § 21 a Abs. 6 2. Halbsatz EStG der sich bei Anwendung der Bestimmungen des § 21 a EStG ergebende Nutzungswert als Mindestbetrag angesetzt worden ist,

– der Nutzungswert nicht der Einkunftsart Vermietung und Verpachtung zuzurechnen war und seine Ermittlung aus diesem Grunde nicht nach den Bestimmungen des § 21 a EStG zu ermitteln war.

Bei einem Haus, das im Veranlagungszeitraum 1986 kein Einfamilienhaus war, war der Nutzungswert der eigenen Wohnung darüber hinaus für diesen Veranlagungszeitraum auch dann nicht nach den Bestimmungen des § 21 a EStG, sondern durch Gegenüberstellung des Mietwerts und der Werbungskosten zu ermitteln, wenn eine der in § 21 a Abs. 1 Satz 3 EStG aufgezählten Voraussetzungen vorlag.

Durch die Gegenüberstellung des Mietwerts und der Werbungskosten war der Nutzungswert der eigenen Wohnung danach zu ermitteln, wenn der Steuerpflichtige in seinem Haus mindestens eine Wohnung oder eine anderen als Wohnzwekken dienende Einheit von Räumen

a) zur dauernden Nutzung vermietet hatte oder

b) innerhalb von sechs Monaten nach Fertigstellung oder Anschaffung des Hauses, nach Beendigung einer Vermietung oder nach der Beendigung der Selbstnutzung zur dauernden Nutzung vermietet hat oder

c) zu gewerblichen oder beruflichen Zwecken selbst genutzt oder zu diesen Zwecken unentgeltlich überlassen hatte und der zu gewerblichen oder beruflichen Zwecken genutzte Teil des Hauses mindestens 33⅓ v. H. der gesamten Nutzfläche des Hauses betrug.

Beispiele:

a) Der Steuerpflichtige hat am 10. 7. 1986 ein Zweifamilienhaus erworben. Am 1. 9. 1986 hat er die Wohnung im ersten Stock zusammen mit seiner Ehefrau bezogen. Die gleichgroße Wohnung im Erdgeschoß hat er seinem Sohn zur Einrichtung einer Arztpraxis unentgeltlich überlassen.

Da die dem Sohn überlassenen Räume 50 v. H. der gesamten Nutzfläche ausmachen, war der Nutzungswert der vom Steuerpflichtigen selbst genutzten Wohnung für den Veranlagungszeitraum 1986 nicht nach den Bestimmungen des § 21 a EStG, sondern durch Gegenüberstellung des Mietwerts und der Werbungskosten zu ermitteln. Die Vorschrift des § 21 Abs. 2 Satz 1 EStG kann daher auch für die Veranlagungszeiträume ab 1987 weiter angewendet werden.

b) Der Steuerpflichtige hat am 10. 9. 1986 ein Zweifamilienhaus erworben. Am 1. 10. 1986 hat er dieses Haus mit seiner Familie bezogen. Die beiden zur Straße gelegenen Räume im Erdgeschoß hat der Steuerpflichtige jedoch seinem Sohn zur Nutzung als Büroräume für seine neu eingerichtete Anwaltspraxis unentgeltlich überlassen. Die als Büroräume genutzten Räume machen 20 v. H. der gesamten Nutzfläche des Hauses aus.

Da die als Büro genutzten Räume im Erdgeschoß weniger als 33⅓ v. H. der gesamten Nutzfläche des Hauses ausmachen, war der Nutzungswert der vom Steuerpflichtigen selbstgenutzten Räume nach den Bestimmungen des § 21 a EStG zu ermitteln. Die Vorschrift des § 21 Abs. 2 Satz 1 EStG ist daher vom Veranlagungszeitraum 1987 an nicht mehr anwendbar.

c) Der Steuerpflichtige hat im Februar 1986 ein Zweifamilienhaus erworben und am 1. 4. 1986 die Wohnung im Erdgeschoß mit seiner Familie bezogen. Zum 1. 11. 1986 hat er die Wohnung im Obergeschoß zur dauernden Nutzung vermietet.

Da die Wohnung im Obergeschoß nicht innerhalb von sechs Monaten nach der Anschaffung des Hauses vermietet worden ist, war der Nutzungswert der vom Steuerpflichtigen selbstgenutzten Wohnung für den Veranlagungszeitraum 1986 nach den Bestimmungen des § 21 a EStG zu ermitteln. Die Vorschrift des § 21 Abs. 2 Satz 1 EStG ist daher vom Veranlagungszeitraum 1987 an nicht mehr anwendbar.

d) Der Steuerpflichtige hat im Oktober 1986 ein Zweifamilienhaus erworben und am 1. 12. 1986 die Wohnung im Erdgeschoß mit seiner Familie bezogen. Zum 1. 3. 1987 hat er die Wohnung im Obergeschoß zur dauernden Nutzung vermietet.

Da die Wohnung im Obergeschoß innerhalb von sechs Monaten nach der Anschaffung des Hauses vermietet worden ist, war der Nutzungswert der vom Steuerpflichtigen selbst genutzten Wohnung für den Veranlagungszeitraum 1986 nicht nach den Bestimmungen des § 21 a EStG, sondern durch Gegenüberstellung des Mietwerts und der Werbungskosten zu ermitteln. Die Vorschrift des § 21 Abs. 2 Satz 1 EStG kann daher auch für die Veranlagungszeiträume ab 1987 weiter angewendet werden.

Sofern die Vorschrift des § 21 Abs. 2 Satz 1 EStG nach § 52 Abs. 21 Satz 2 EStG für die Veranlagungszeiträume ab 1987 weiter anzuwenden ist, steht es der weiteren Anwendung nicht entgegen, wenn die Wohnung nach dem 31. 12. 1986 im Wege der Erbfolge auf einen anderen Eigentümer übergeht. Die Vorschrift des § 21 Abs. 2 Satz 1 EStG ist dann bei dem Erben als Gesamtrechtsnachfolger weiter anzuwenden (vgl. auch die Ausführungen zu II Nr. 7 des BMF-Schreibens vom 19. 9. 1986, BStBl 1986 I S. 480).

Der Weiteranwendung der Vorschrift des § 21 Abs. 2 Satz 1 EStG steht es im übrigen auch nicht entgegen, wenn sich die Eigentumsverhältnisse hinsichtlich der Wohnung ändern oder eine Änderung hinsichtlich der Nutzung der Wohnung eintritt. Voraussetzung ist jedoch insoweit stets, daß bei dem Steuerpflichtigen weiterhin die Voraussetzungen für den Ansatz eines Nutzungswerts für eine Wohnung im eigenen Haus vorliegen.

Beispiele:
a) Ein Steuerpflichtiger, bei dem die Voraussetzungen für die weitere Anwendung der Vorschrift des § 21 Abs. 2 Satz 1 EStG für die Veranlagungszeiträume ab 1987 vorliegen, ist im Dezember 1987 verstorben und von seiner Tochter beerbt worden. Diese plant nach Abschluß ihres Studiums in einer anderen Stadt die Nutzung der bisher von ihrem Vater genutzten Wohnung zu eigenen Wohnzwecken. Bis zu dieser Nutzung hat sie ihrem Bruder ohne eine gesicherte Rechtsposition die Wohnung unentgeltlich zu Wohnzwecken überlassen.

Die Tochter als Gesamtrechtsnachfolgerin ihres Vaters kann die Vorschrift des § 21 Abs. 2 Satz 1 EStG weiter anwenden, und zwar auch für die Zeit, in der ihr Bruder die Wohnung zu Wohnzwecken nutzt.

b) Der Steuerpflichtige, bei dem die Voraussetzungen für die weitere Anwendung der Vorschrift des § 21 Abs. 2 Satz 1 EStG für die Veranlagungszeiträume ab 1987 vorliegen, hat im Dezember 1987 sein Haus seinem Sohn übertragen, sich bei der Übertragung jedoch auf Lebenszeit den Nießbrauch an dem Haus vorbehalten.

Da dem Steuerpflichtigen auch der Nutzungswert der von ihm aufgrund des vorbehaltenen Nießbrauchs zu eigenen Wohnzwecken genutzten Räume als Nutzungswert der Wohnung im eigenen Haus zuzurechnen ist, steht die erfolgte Eigentumsübertragung der weiteren Anwendung der Vorschrift des § 21 Abs. 2 Satz 1 EStG nicht entgegen.

Greift die Übergangsregelung des § 52 Abs. 21 Satz 2 EStG ein, so ist die **weitere Anwendung der Vorschrift des § 21 Abs. 2 Satz 1 EStG** auf die Veranlagungszeiträume 1987 bis 1998 beschränkt. Weiter anzuwenden ist die Vorschrift in diesem Fall im übrigen nur für die Veranlagungszeiträume, in denen die in § 52 Abs. 21 Satz 2 EStG bezeichneten Voraussetzungen vorliegen, in denen also bei einer Wohnung im eigenen Haus bei dem Steuerpflichtigen die Voraussetzungen für die Ermittlung des Nutzungswerts als Überschuß des Mietwerts über die Werbungskosten oder die Betriebsausgaben erfüllt sind. In welchem zeitlichen Umfang die erforderlichen Voraussetzungen während eines bestimmten Veranlagungszeitraums vorliegen, ist auch insoweit ohne Bedeutung (Abschn. 162 Abs. 1 Nr. 2 EStR).

Die weitere Voraussetzung, daß der Nutzungswert durch Gegenüberstellung des Mietwerts und der Werbungskosten bzw. Betriebsausgaben zu ermitteln sein muß, ist in allen Fällen als erfüllt anzusehen, in denen nach 1986 die Vorschrift des § 21 Abs. 2 Satz 1 EStG anzuwenden ist. In § 52 Abs. 21 Satz 2 letzter Halbsatz EStG ist ausdrücklich festgelegt, daß der Nutzungswert insoweit nach § 2 Abs. 2 EStG zu ermitteln ist.

Auch wenn die Vorschrift des § **21 Abs. 2 Satz 1 EStG** nach § 52 Abs. 21 Satz 2 EStG für die Veranlagungszeiträume 1987 bis 1998 weiterhin anwendbar ist, ist sie nach § 52 Abs. 21 Satz 3 EStG **nicht anzuwenden, wenn der Steuerpflichtige für einen bestimmten Veranlagungszeitraum ihre Nichtanwendung beantragt.** Im Falle eines solchen Antrags, der nach § 52 Abs. 21 Satz 3 EStG nicht widerrufen werden kann, ist die Vorschrift des § 21 Abs. 2 Satz 1 EStG von diesem Veranlagungszeitraum an nicht mehr anzuwenden. Ein Widerruf ist zuzulassen, wenn das Finanzamt von der durch den Steuerpflichtigen vorgenommenen Aufteilung der Aufwendungen in einen nichtabziehbaren Betrag und in einen als Werbungskosten abziehbaren Betrag abweicht.

Ob der vorbezeichnete Antrag innerhalb eines bestimmten Verfahrens zu stellen ist, läßt sich dem Gesetz ebensowenig entnehmen wie der Zeitpunkt, bis zu dem der vorbezeichnete Antrag gestellt werden muß.

Mangels einer abweichenden gesetzlichen Regelung ist davon auszugehen, daß der vorbezeichnete Antrag bis zum Eintritt der Bestandskraft der Steuerfestsetzung für den Veranlagungszeitraum gestellt werden kann, für den die Nichtanwendung der Vorschrift des § 21 Abs. 2 Satz 1 EStG beantragt wird. Der Antrag kann daher auch noch im Rechtsbehelfsverfahren gestellt werden. Auch wenn der Antrag bereits im Vorauszahlungs- oder im LSt-Ermäßigungsverfahren gestellt wird, kann dieser als wirksam gestellt angesehen werden (vgl. auch die Ausführungen zu II 4 des BMF-Schreibens vom 19. 9. 1986, BStBl 1986 I S. 480).

Ist die Vorschrift des § 21 Abs. 2 Satz 1 EStG auf mehrere Wohnungen eines Steuerpflichtigen weiter anzuwenden, kann dieser die Nichtanwendung dieser Vorschrift für jede einzelne Wohnung beantragen. Zu einer einheitlichen Ausübung dieses Antragsrechts ist der Steuerpflichtige gesetzlich nicht gezwungen.

Das Recht, die Nichtanwendung der Vorschrift des § 21 Abs. 2 Satz 1 EStG zu beantragen, steht nach § 52 Abs. 21 Satz 3 EStG dem Steuerpflichtigen, d. h. demjenigen zu, bei dem ohne einen entsprechenden Antrag der Nutzungswert einer Wohnung anzusetzen ist. Wer eine Wohnung, auf die die Vorschrift des § 21 Abs. 2 Satz 1 EStG weiter anzuwenden ist, nach dem 31. 12. 1986 im Wege der Gesamtrechtsnachfolge erworben hat, kann damit ebenfalls die Nichtanwendung dieser Vorschrift beantragen.

5.10.4 Einkunftsermittlung

Die Einkünfte aus Vermietung und Verpachtung errechnen sich grundsätzlich ebenfalls nach dem **Überschuß der Einnahmen über die Werbungskosten** (§§ 8, 9 EStG).

5.10.4.1 Einnahmen

5.10.4.1.1 Tatsächliche Einnahmen

Einnahmen aus Vermietung und Verpachtung sind alle Einnahmen, die dem Vermieter oder Verpächter im Zusammenhang mit dem Miet- oder Pachtverhältnis zufließen und bei denen die Abgeltung der Nutzungsüberlassung im Vordergrund steht (vgl. dazu BFH, BStBl 1971 II S. 624). Dazu gehören insbesondere die Miet- oder Pachtzinsen, aber auch alle anderen Vorteile einschließlich der Einnahmen für Nebenleistungen, z. B. Umlagen für Müllabfuhr, Straßenreinigungskosten, Wassergeld, zentrale Beheizung usw., oder für besondere Ausstattungen, z. B. Heißwasserspeicher, Elektroherde usw. Auch Zahlungen, die der Mieter oder Pächter wegen vertragswidriger Vorenthaltung der Miet- oder Pachtsache nach Ablauf der Miet- oder Pachtzeit leistet, können nach Lage der tatsächlichen Verhältnisse Einnahmen aus Vermietung und Verpachtung sein (BFH, BStBl 1971 II S. 624). Zinsen, die Beteiligte einer Wohnungseigentümergemeinschaft aus der Anlage der Instandhaltungsrücklage erzielen, gehören zu den Einnahmen aus Kapitalvermögen (Abschn. 161 Abs. 4 Satz 2 EStR).

Beträgt die Miete weniger als 50 v. H. der Marktmiete, kann der Vermieter seine Aufwendungen auch nur in dem Verhältnis als Werbungskosten ansetzen, in dem die vereinbarte Miete zur ortsüblichen Marktmiete steht (§ 21 Abs. 2 Satz 2 EStG; Abschn. 162 Abs. 5 Satz 3 EStR). Wenn bei Mietverträgen aus der Zeit vor Inkrafttreten der Regelung des § 21 Abs. 2 Satz 2 EStG (1. 1. 1987) die Miete auf gut 50 v. H. der ortsüblichen Miete gesenkt wird, ist Liebhaberei bzw. § 42 AO zu prüfen.

Werterhöhende Aufwendungen des Mieters oder Pächters, z. B. Gebäude oder Gebäudeeinbauten, die er für seine Zwecke erstellt und dem Vermieter bzw. Verpächter nach Vertragsende entschädigungslos überlassen muß, sind auch Einnahmen des Vermieters bzw. Verpächters. Sie fließen ihm aber erst zu, wenn er frei über sie verfügen kann. Das ist erst nach Vertragsbeendigung der Fall, wenn der Vermieter bzw. Verpächter wirtschaftlicher Eigentümer des Gebäudes oder der Einbauten ist. Nur wenn der Grundstückseigentümer rechtliches und wirtschaftliches Eigentum am Gebäude schon mit dessen Errichtung erlangt, kann ihm der Gebäudewert bereits bei der Herstellung des Gebäudes als Einnahme aus Vermietung und Verpachtung zufließen (BFH, BStBl 1983 II S. 755).

Errichtet der Erbbauberechtigte ein Gebäude, wird er sowohl rechtlicher als auch wirtschaftlicher Eigentümer (BFH, BStBl 1972 II S. 850). Der Wert des Gebäudes kann dem Grundstückseigentümer also erst bei Beendigung des Erbbaurechtsverhältnisses zufließen. Dasselbe gilt nach der Rechtsprechung des BFH auch für

Erschließungskosten, die der Erbbauberechtigte trägt (BStBl 1990 II S. 310). Der bilanzierende Grundstückseigentümer muß einen passiven Rechnungsabgrenzungsposten bilden (BFH, BStBl 1989 II S. 407).

Zu den Einnahmen aus Vermietung und Verpachtung gehören nach § 21 Abs. 1 Nr. 4 EStG auch die **Erlöse aus der Veräußerung von Miet- und Pachtzinsforderungen,** und zwar auch dann, wenn diese Erlöse im Veräußerungspreis von Grundstücken enthalten sind und die veräußerten Miet- und Pachtzinsforderungen sich auf einen Zeitraum beziehen, in dem der Veräußerer noch Besitzer des Grundstücks war.

Beispiel:

Ein Steuerpflichtiger verkauft am 1. 3. eines Jahres sein Mietwohngrundstück für 180 000 DM. Die vierteljährliche Miete (3000 DM) ist nachträglich zahlbar; der auf die Monate Januar und Februar entfallende Mietzins ist mit veräußert, d. h., die Mietforderung für die Monate Januar und Februar (2000 DM) steht dem Erwerber zu.

Der Veräußerer vereinnahmt im Rahmen des Veräußerungspreises die Miete für die Monate Januar und Februar mit 2000 DM und hat diese Mieteinnahmen nach § 21 Abs. 1 Nr. 4 EStG anzusetzen. Seine Einkünfte aus Vermietung und Verpachtung errechnen sich unter Berücksichtigung der sonstigen noch von ihm in diesem Kalenderjahr vereinnahmten Mieten und der angefallenen Werbungskosten.

Die Anschaffungskosten des Erwerbers für das Mietwohngrundstück betragen unter Berücksichtigung der Veräußerung der Mietforderung (180 000 DM ./. 2000 DM) 178 000 DM.

Vereinnahmt der Erwerber später die Mieteinnahmen für das erste Vierteljahr mit 3000 DM, so kann er den für die Übernahme der Mietzinsforderung Januar und Februar aufgewendeten Betrag von 2000 DM als negative Einnahmen absetzen.

Mieterzuschüsse, die nach den vertraglichen Vereinbarungen auf die Miete angerechnet werden, sind grundsätzlich in dem VZ als Mieteinnahmen anzusetzen, in dem sie zufließen. Zur Vermeidung von Härten können sie aber auf Antrag zunächst als zinslose Darlehn angesehen und so behandelt werden, als ob sie dem Vermieter erst im Laufe der Jahre zufließen, in denen er sie durch Vereinnahmung der herabgesetzten Miete tilgt. Als vereinnahmte Miete ist jeweils die tatsächlich gezahlte Miete zuzüglich des anteiligen Vorauszahlungsbetrags anzusehen (Abschn. 163 Abs. 2 Nr. 1 EStR).

Mieterzuschüsse, die mit Rücksicht auf die Vermietung einer Wohnung geleistet werden und bei denen eine Rückerstattung oder Verrechnung nicht vereinbart ist, sind wie Mietvorauszahlungen zu behandeln. Sie sind grundsätzlich ebenfalls im Jahr des Zuflusses beim Vermieter als Mieteinnahmen anzusetzen. Auf Antrag können sie auf die – voraussichtliche – Dauer des Mietverhältnisses, längstens auf einen Zeitraum von 10 Jahren gleichmäßig verteilt werden.

Beispiel:

Mieterzuschuß 10 000 DM, Jahresmiete 2000 DM. Anzunehmende Mietdauer 20 Jahre. Der Vermieter kann auf Antrag den Zuschuß mit jährlich 1000 DM als Mieteinnahme behandeln (Verteilung der 10 000 DM auf 10 Jahre).

Zu den Einnahmen aus Vermietung und Verpachtung gehören auch **Zuschüsse** aus öffentlichen oder privaten Mitteln **zur Finanzierung von Baumaßnahmen an**

einem Gebäude, die keine Mieterzuschüsse sind. Wird ein Zuschuß zur Finanzierung von Herstellungsaufwand verwendet, so kann der Steuerpflichtige nach Abschn. 163 Abs. 1 EStR wählen, ob er den Herstellungsaufwand um den Zuschuß kürzen oder den Zuschuß im Jahr des Zuflusses als Einnahmen aus Vermietung und Verpachtung berücksichtigen will. An die einmal getroffene Wahl ist der Steuerpflichtige sodann gebunden. Zu diesen Zuschüssen sind auch **Zuschüsse** zu zählen, die **im Rahmen der Sonderprogramme zur Förderung der Modernisierung von Wohngebäuden** geleistet werden. Das Wahlrecht besteht auch bei Zuschüssen aus öffentlichen Kassen, die nicht zu den Einkünften aus nichtselbständiger Arbeit gehören und unter der Auflage gewährt werden, daß das Gebäude an einen bestimmten Personenkreis vermietet wird (Abschn. 163 Abs. 3 EStR). Auch **Zuschüsse,** die im Rahmen der vorbezeichneten Sonderprogramme **zur Zwischenfinanzierung von Bausparverträgen** gewährt werden, gehören zu den Einnahmen aus Vermietung und Verpachtung, wenn der Bausparvertrag zur Förderung der Modernisierung eines Gebäudes eingesetzt wird.

Zur Behandlung von Zuschüssen, die erst nach Ablauf des Kalenderjahres der Fertigstellung der geförderten Baumaßnahme zufließen, s. Abschn. 163 Abs. 1 i. V. m. Abschn. 43 Abs. 3 Satz 2, Abschn. 45 Abs. 4 EStR.

5.10.4.1.2 Fiktive Einnahmen

Zu den Einnahmen aus Vermietung und Verpachtung gehört nach § 21 Abs. 2 EStG in der bis zum Veranlagungszeitraum 1986 geltenden Fassung ferner der **Nutzungswert** der Wohnung im eigenen Haus oder der Nutzungswert einer dem Steuerpflichtigen ganz oder teilweise unentgeltlich überlassenen Wohnung einschließlich der zugehörigen sonstigen Räume und Gärten.

Bei einer Vermietung von Teilen des selbstgenutzten Hauses verzichtet die Finanzverwaltung aus Vereinfachungsgründen auf eine Besteuerung der Einkünfte, wenn die Einnahmen 1000 DM im VZ nicht übersteigen (Abschn. 161 Abs. 1 EStR).

Der Nutzungswert der Wohnung im eigenen Haus gehört auch über den Veranlagungszeitraum 1986 hinaus zu den Einkünften aus Vermietung und Verpachtung, wenn die in § 52 Abs. 21 Satz 2 EStG getroffene Übergangsregelung eingreift und die Vorschrift des § 21 Abs. 2 Satz 1 EStG daher insoweit weiter anzuwenden ist.

Die danach zu erfassenden fiktiven Einnahmen sind im Einzelfall in sinngemäßer Anwendung des § 8 Abs. 2 EStG zu schätzen (BFH, BStBl 1970 II S. 60 und 1984 II S. 368). Der Nutzungswert einer Wohnung ist dementsprechend grundsätzlich mit der ortsüblichen mittleren Miete für Wohnungen vergleichbarer Art, Lage und Ausstattung anzusetzen (Abschn. 162 Abs. 2 EStR).

Ist die Vorschrift des § 21 Abs. 2 Satz 1 EStG unter den Voraussetzungen des § 52 Abs. 21 Satz 2 EStG über den Veranlagungszeitraum 1986 hinaus anzuwenden, ist der Nutzungswert der Wohnung im eigenen Haus, worauf in § 52 Abs. 21 Satz 3 2. Halbsatz EStG klarstellend hingewiesen wird, nach den allgemeinen Grundsätzen, d. h. durch Gegenüberstellung der zu schätzenden Rohmiete und der tatsächlich entstandenen Werbungskosten, zu ermitteln.

Bei der Schätzung der anzusetzenden Rohmiete ist von der Unterstellung auszugehen, daß die in Betracht kommende Wohnung ebenfalls vermietet wäre (BFH, BStBl 1973 II S. 814). Befinden sich in einem Wohngebäude außer der eigengenutzten Wohnung des Eigentümers bzw. den von diesem ganz oder teilweise unentgeltlich überlassenen Wohnungen auch vermietete Wohnungen, so sind die für diese Wohnungen gezahlten Mieten bei der Ermittlung des Mietwerts der eigengenutzten bzw. ganz oder teilweise unentgeltlich überlassenen Wohnungen im allgemeinen als geeigneter Vergleichs- und Schätzungsmaßstab heranzuziehen (BFH, BStBl 1963 III S. 334). Dies gilt selbst dann, wenn die gezahlten Mieten die nach den Mietpreisvorschriften zulässigen Mieten überschreiten (BFH, BStBl 1973 II S. 814). Nur wenn die vereinbarte und gezahlte Miete ausnahmsweise nicht der Marktmiete entspricht, ist für die Ermittlung des Nutzungswerts der Wohnung im eigenen Haus von der erzielbaren Miete, d. h. von der Marktmiete, auszugehen (BFH, BStBl 1984 II S. 368).

In einem Mietwohnhaus, das mit öffentlichen oder sonstigen zinsverbilligten Mitteln errichtet worden ist und bei dem dementsprechend für die vermieteten Wohnungen eine niedrigere Miete erhoben wird als bei freifinanzierten Wohnungen vergleichbarer Art, Lage und Ausstattung, ist dagegen auch für die eigengenutzte Wohnung des Eigentümers ein entsprechend geringerer Mietwert zugrunde zu legen. Hat der Mieter einer Vergleichswohnung im Mietvertrag neben einer Barmiete auch die Schönheitsreparaturen übernommen, so ist der Mietwert der eigengenutzten oder ganz oder teilweise unentgeltlich überlassenen Wohnung jedoch lediglich mit der Barmiete anzusetzen (BFH, BStBl 1968 II S. 309).

Läßt sich der Mietwert der eigengenutzten oder vom Eigentümer ganz oder teilweise unentgeltlich überlassenen Wohnung nicht anhand der Mieten für vermietete Wohnungen im eigenen Haus schätzen, so ist der Schätzung die Miete zugrunde zu legen, die im Fall der Vermietung an Dritte erzielbar wäre. Bei dieser Schätzung wird in der Regel auf die Verhältnisse am örtlichen Wohnungsmarkt abzustellen sein. Insbesondere bei besonders aufwendig gestalteten oder ausgestatteten Wohngebäuden wird jedoch ggf. auch auf den überregionalen Wohnungsmarkt zurückgegriffen werden müssen (BFH, BStBl 1973 II S. 10). Läßt sich eine für vergleichbare Objekte erzielbare Miete auch auf dem überregionalen Wohnungsmarkt nicht feststellen, so ist der Nutzungswert der eigenen Wohnung in einem besonders aufwendig gestalteten oder ausgestatteten Haus anhand der Kostenmiete zu ermitteln. Das gleiche gilt, wenn eine feststellbare Marktmiete den besonderen Wohnwert der Wohnung in einem besonders aufwendig gestalteten oder ausgestatteten Haus nicht angemessen widerspiegeln würde (BFH, BStBl 1986 II S. 394; Abschn. 162 Abs. 2 Satz 5 EStR). Ob ein Haus besonders aufwendig gestaltet oder ausgestattet ist, kann nicht allein aufgrund der Höhe der Anschaffungs- oder Herstellungskosten entschieden werden. Diese Entscheidung ist vielmehr auch in Anlehnung an die

Bewertung des Grundstücks im Sachwertverfahren zu treffen, weil in Abschn. 16 Abs. 3 der Richtlinien für die Bewertung des Grundvermögens (BStBl 1966 I S. 890, 899) Merkmale für eine besondere Gestaltung des Grundstücks und in Abschn. 16 Abs. 5 dieser Richtlinien Anhaltspunkte für eine besondere Ausstattung des Grundstücks aufgezählt sind (vgl. BFH, BStBl 1986 II S. 394, 397).

Ein nach dem 31. 12. 1982 angeschafftes bzw. hergestelltes Zweifamilienhaus wird als aufwendig angesehen, wenn die Anschaffungs- oder Herstellungskosten 900 000 DM übersteigen (BMF, BStBl 1986 I S. 486). Die Kostenmiete kann statt nach der II. Berechnungsverordnung auch mit 6 v. H. der Anschaffungs- oder Herstellungskosten des Gebäudes einschließlich der Anschaffungskosten des Grund und Bodens bemessen werden. Von der Kostenmiete sind die angefallenen Werbungskosten ohne Kürzung abzuziehen (BFH, BFH/NV 1988 S. 635).

5.10.4.2 Werbungskosten

Auch bei den Einkünften aus Vermietung und Verpachtung gehören zu den Werbungskosten alle Aufwendungen, die durch die Erzielung von Einkünften aus Vermietung und Verpachtung veranlaßt sind (BFH, BStBl 1975 II S. 664, 1978 II S. 455, 1982 II S. 37). Der Werbungskostenbegriff war insoweit durch die höchstrichterliche Rechtsprechung bereits seit langem dem Betriebsausgabenbegriff sehr angenähert (vgl. BFH, BStBl 1967 III S. 655).

Auch Aufwendungen, die durch den Besitz eines durch private Vermietung oder Verpachtung genutzten Gegenstandes anfallen, werden daher im allgemeinen als Werbungskosten bei den Einkünften aus Vermietung und Verpachtung zu berücksichtigen sein. Voraussetzung für die Annahme von Werbungskosten ist allerdings in jedem Fall, daß der Steuerpflichtige den Gegenstand, durch dessen Besitz bestimmte Aufwendungen anfallen, zur Erzielung von Einnahmen nutzt oder noch nutzen will. Bei Aufwendungen, die im Zusammenhang mit einem Grundstück stehen, ist zwischen Anschaffungs- oder Herstellungskosten und sofort abziehbarem Aufwand zu unterscheiden (Abschn. 33 a Abs. 1 EStR). Die Aufwendungen müssen stets in einem inneren wirtschaftlichen Zusammenhang mit der Vermietungs- und Verpachtungstätigkeit stehen (BFH, BStBl 1975 II S. 663). Das kann auch der Fall sein bei Zinsen für einen Kredit, mit dem ein Anspruch auf Zugewinnausgleich erfüllt wird, wenn dessen Bemessungsgrundlage ein Grundstück ist (BFH, BStBl 1989 II S. 706).

Der erforderliche wirtschaftliche Zusammenhang ist nicht gegeben, soweit die Aufwendungen allein oder ganz überwiegend durch die Veräußerung des Mietobjekts veranlaßt sind (BFH, BStBl 1990 II S. 465). Ob Vorauszahlungen, die im Konkurs des Bauunternehmers angefallen sind, vom Besteller als Werbungskosten abgezogen werden können, ist umstritten; der Große Senat des BFH wird demnächst darüber entscheiden (vgl. BFH, BStBl 1989 II S. 411).

Auch wenn vorübergehend keine Einnahmen erzielt werden, kann der Ansatz von Werbungskosten in Betracht kommen (BFH, BStBl 1951 III S. 137 und 1976 II S. 9).

Beispiel:

Der Steuerpflichtige hat im März 1987 zum Zwecke der Fremdvermietung drei Eigentumswohnungen erworben, die er erst im Oktober 1987 zu einem angemessenen Mietzins zu vermieten vermochte.

Daß die Wohnungen zunächst vorübergehend leer gestanden haben, ist für den Abzug der als Werbungskosten in Betracht kommenden Beträge ohne Bedeutung (vgl. auch Abschn. 161 Abs. 5 EStR).

Ein betriebliches Darlehn kann nicht in eine Darlehnsschuld im Rahmen der Einkünfte aus Vermietung und Verpachtung umgewandelt werden.

Beispiel:

Ein Steuerpflichtiger gibt seinen Betrieb auf und verkauft das Betriebsvermögen mit Ausnahme einzelner Grundstücke, die er fortan durch Verpachtung nutzt.

Die auf die früher entstandenen Bankkredite für Lieferantenforderungen gezahlten Schuldzinsen sind keine nachträglichen Betriebsausgaben (5.12.3.2). Es besteht aber auch kein wirtschaftlicher Zusammenhang zwischen den Bankkrediten und den Einkünften aus Vermietung und Verpachtung (BFH, BStBl 1990 II S. 213). Einen Zusammenhang hätte er dadurch herstellen können, daß er alle Grundstücke veräußert und mit Kredit neue Grundstücke erworben und verpachtet hätte (vgl. DStR 1990 S. 115).

Wer den Gegenstand, durch dessen Besitz bestimmte Aufwendungen anfallen, nicht zur Erzielung von Einnahmen nutzen will, kann diese Aufwendungen grundsätzlich nicht als Werbungskosten abziehen.

Beispiel:

Frau A überläßt ein ihr gehörendes unbebautes Grundstück unentgeltlich ihrem Ehemann zur Nutzung als Parkplatz im Rahmen seines Gewerbebetriebs.

Aufwendungen, die im Zusammenhang mit diesem Grundstück anfallen, kann Frau A nicht als Werbungskosten abziehen.

Auch bei Grundstücken, die Baugelände sind und dem Eigentümer als Vermögensanlage dienen, würden danach, streng genommen, keine Werbungskosten angenommen werden können. Nach der höchstrichterlichen Rechtsprechung können bei derartigen Grundstücken jedoch bis zur Höhe etwaiger Zwischennutzungen Werbungskosten anerkannt werden (BFH, BStBl 1960 III S. 67).

Beispiel:

Der Steuerpflichtige hat zum Zwecke der Vermögensanlage sogenanntes Bauerwartungsland erworben, das er für jährlich 300 DM an einen Land- und Forstwirt verpachtet hat. An Grundsteuer hat der Steuerpflichtige jährlich 400 DM zu zahlen.

Die gezahlte Grundsteuer kann in Höhe eines Betrages von 300 DM als Werbungskosten bei den Einkünften aus Vermietung und Verpachtung berücksichtigt werden.

Der Restbetrag von 100 DM gehört zu den nicht abzugsfähigen Kosten der Vermögensverwaltung.

Ein Abzug von Werbungskosten kommt danach beim Eigentümer eines Grundstücks auch dann nicht in Betracht, wenn er einem anderen einen Nießbrauch an diesem Grundstück eingeräumt hat und der Nießbraucher aufgrund des ihm eingeräumten Nießbrauchs die Nutzungen aus dem Grundstück auch tatsächlich zieht (BFH, BStBl 1990 II S. 462). Dies gilt auch für Aufwendungen, die der Eigentümer aufgrund der gesetzlichen Bestimmungen oder aufgrund der getroffenen Vereinbarungen zu tragen hat. Ob der Nießbraucher die Nutzungen aufgrund eines Vorbehalts- oder Zuwendungsnießbrauchs zieht, ist insoweit ohne Bedeutung.

Auch wenn der Eigentümer eines Grundstücks einem anderen ein rein obligatorisches Nutzungsrecht eingeräumt hat, aufgrund dessen der Nutzungsberechtigte die Nutzungen aus dem Grundstück zieht, kann er danach keine Werbungskosten abziehen.

Auch wer den Gegenstand, durch dessen Besitz bestimmte Aufwendungen anfallen, teilweise nicht zur Erzielung von Einnahmen aus Vermietung und Verpachtung nutzt oder nutzen will, kann diese Aufwendungen nicht in vollem Umfang als Werbungskosten absetzen. Ein Abzug als Werbungskosten kommt vielmehr nur insoweit in Betracht, als die Aufwendungen mit dem Teil des Gegenstands zusammenhängen, der zur Erzielung von Einnahmen genutzt wird oder genutzt werden soll (BFH, BStBl 1985 II S. 390 und 1986 II S. 327).

Beispiel:
Der Steuerpflichtige hat eine Wohnung im Dachgeschoß seines Hauses unentgeltlich seiner Tochter zur selbständigen Nutzung überlassen.
Die mit dieser Wohnung in Zusammenhang stehenden Aufwendungen können von dem Steuerpflichtigen nicht als Werbungskosten abgezogen werden.

Wer den Gegenstand, durch dessen Besitz bestimmte Aufwendungen anfallen, zwar zur Erzielung von Einnahmen aus Vermietung und Verpachtung nutzen will und nutzt, kann diese Aufwendungen nach Auffassung des BFH (BStBl 1986 II S. 839) gleichwohl nicht in voller Höhe als Werbungskosten abziehen, wenn er dabei aus persönlichen, im privaten Bereich liegenden Gründen auf einen erheblichen Teil der an sich erzielbaren Einnahmen verzichtet.

Beispiel:
Ein Steuerpflichtiger hat eine ihm gehörende Eigentumswohnung statt für erzielbare 500 DM für 300 DM an seine volljährige Tochter zur Einrichtung einer Anwaltspraxis vermietet.
Die im Zusammenhang damit anfallenden Aufwendungen können bei dem Steuerpflichtigen nur in Höhe von 60 v. H. als Werbungskosten berücksichtigt werden.

Etwas anderes gilt jedoch insoweit, wenn eine Wohnung zu Wohnzwecken überlassen wird und die Voraussetzungen des § 21 Abs. 2 Satz 2 EStG vorliegen.

Beispiel:
Sachverhalt wie zuvor. Der Steuerpflichtige hat seiner Tochter die Eigentumswohnung jedoch zu Wohnzwecken überlassen.
Da das Entgelt für die Überlassung der Wohnung nicht weniger als 50 v. H. der erzielbaren Miete ausmacht, ist die Nutzungsüberlassung nicht in einen entgeltlichen und einen unentgeltlichen Teil aufzuteilen. Nach § 21 Abs. 2 Satz 2 EStG ist daher davon auszugehen, daß die Nutzungsüberlassung in vollem Umfang entgeltlich erfolgt ist und die anfallenden Aufwendungen daher in vollem Umfang als Werbungskosten berücksichtigt werden können.

Als Werbungskosten bei den Einkünften aus Vermietung und Verpachtung fallen in der Praxis neben den Absetzungen und erhöhten Absetzungen (dazu 4.3.9 und 5.10.5 bis 7) insbesondere an: Aufwendungen für Instandhaltung und Instandsetzung, Zinsen, Geldbeschaffungskosten, Grundsteuer, Müllabfuhr, Kanalbenutzungs- und Straßenreinigungsgebühren, Aufwendungen für die Hausbeleuchtung (Treppen- und Kellerbeleuchtung), Beiträge zu den Hausversicherungen (z. B. Brand-, Haftpflicht-, Gas- und Wasserschadenversicherungen), Kosten für Zentralheizung, Warmwasserversorgung und Fahrstuhlbetrieb, Ausgaben für Hausverwaltung und Hausmeister, Beiträge zum Hausbesitzerverein usw. Die nach dem Wohneigentumsgesetz an den Verwalter gezahlten Beiträge zur Instandhaltungsrücklage sind nicht bereits mit der Abführung an diesen, sondern erst bei Verausgabung der Beträge für Erhaltungsmaßnahmen als Werbungskosten abziehbar (BFH, BStBl 1988 II S. 577).

Aufwendungen für den Umzug in ein eigenes Haus stellen keine Werbungskosten bei den Einkünften aus Vermietung und Verpachtung dar, wenn der Nutzungswert der eigenen Wohnung nach § 21 Abs. 2 EStG als Einnahme aus Vermietung zu erfassen ist. Eine Berücksichtigung der Umzugskosten als Werbungskosten würde in diesem Fall der Zielsetzung des § 21 Abs. 2 EStG widersprechen (vgl. BFH, BStBl 1984 II S. 81). Dies schließt jedoch nicht aus, daß die Kosten eines Umzugs in ein eigenes Haus nach den Umständen des Einzelfalls als Werbungskosten bei den Einkünften aus nichtselbständiger Tätigkeit abgezogen werden können. Voraussetzung ist allerdings, daß die berufliche Tätigkeit des Steuerpflichtigen den entscheidenden Grund für den Umzug darstellt und Umstände der allgemeinen Lebensführung nur eine ganz untergeordnete Rolle spielen (BFH, BStBl 1987 II S. 81). Sofern der Nutzungswert der eigenen Wohnung **nicht** als Einnahme aus Vermietung und Verpachtung zum Ansatz kommt, werden dementsprechend nach unserer Auffassung die Aufwendungen für einen Umzug in ein eigenes Haus als Werbungskosten bei den Einkünften aus Vermietung und Verpachtung abgezogen werden können, wenn die Erzielung von Einkünften aus Vermietung und Verpachtung den entscheidenden Grund für den Umzug darstellt und Umstände der allgemeinen Lebensführung nur eine ganz untergeordnete Rolle spielen.

Die Anschaffungs- und Herstellungskosten von Wirtschaftsgütern, die der Erzielung von Einnahmen aus Vermietung und Verpachtung dienen, sind grundsätzlich nicht sofort als Werbungskosten abziehbar. Abziehbar sind grundsätzlich nur die auf das einzelne Jahr entfallenden AfA-Beträge nach § 7 EStG.

Beispiel:
A ist Eigentümer mehrerer Mietwohnhäuser. Zur Pflege der dazugehörigen Rasenflächen hat er in diesem Jahr einen neuen Rasenmäher angeschafft. Die Anschaffungskosten belaufen sich auf 1000 DM.
A kann nur die anteiligen AfA-Beträge als Werbungskosten abziehen.

Sofort als Werbungskosten abzugsfähig sind jedoch ausnahmsweise die Aufwendungen für immaterielle Wirtschaftsgüter, deren Aktivierung im Rahmen der Gewinnermittlung lediglich verlangt wird, weil die geleisteten Aufwendungen dem Betriebsinhaber einen über mehrere Wirtschaftsjahre hinausreichenden Nutzen verschaffen (BFH, BStBl 1980 II S. 187).

Durch das WoBauFG vom 22. 12. 1989 (BStBl 1989 I S. 505) ist § 9 Abs. 1 Nr. 7 EStG neu gefaßt worden. Durch eine Verweisung auf § 6 Abs. 2 Satz 2 und 3 EStG wird erreicht, daß bei der Anschaffung eines Wirtschaftsguts, dessen Anschaffungskosten nicht über 800 DM liegen, die Aufwendungen bei allen Überschußeinkünften sofort als Werbungskosten abgezogen werden können. Bisher war diese Regelung auf Arbeitsmittel beschränkt (§ 6 Abs. 1 Nr. 6 EStG). Nicht erfaßt wurden deshalb alle Aufwendungen bei den Einkünften aus Vermietung und Verpachtung. Die Neuregelung in § 9 Abs. 1 Nr. 7 EStG enthält im wesentlichen eine gesetzliche Verankerung der bisher in Abschn. 84 a EStR 1987 enthaltenen Verwaltungsregelung.

Beispiel:
A ist Eigentümer eines Mehrfamilienhauses. Als im Dezember 1990 ein Schaden am Dach seines Hauses eintrat, hat er eine Leiter für 500 DM angeschafft. Den Kaufpreis hat er Anfang 1991 überwiesen.

A kann den Kaufpreis in voller Höhe absetzen, nach Abschn. 84 a EStR 1987 im Jahr der Verausgabung. Nach der in § 9 Abs. 1 Nr. 7 EStG bestimmten entsprechenden Anwendung des § 6 Abs. 2 Satz 1 EStG wäre ein Abzug bereits in 1990 möglich. Unter Berücksichtigung des § 11 Abs. 2 EStG ist ein Abzug aber in 1991 als zutreffend anzusehen.

Zu den nach § 9 Abs. 1 Nr. 7 und § 7 Abs. 1 EStG zu verteilenden Aufwendungen gehören nach Auffassung des VI. Senats des BFH (BStBl 1964 III S. 187) auch **einmalige Aufwendungen für den Erwerb eines Erbbaurechts.** Diese sind auf die Laufzeit des Erbbaurechts gleichmäßig zu verteilen.

Nicht zu den Anschaffungskosten des Erbbaurechts gehören die Erschließungskosten, die der Erbbauberechtigte zahlt. Sie sind wie Pachtvorauszahlungen sofort als Werbungskosten abzugsfähig (BFH, BStBl 1984 II S. 267). Dazu steht nicht im Widerspruch, daß dem Grundstückseigentümer die vom Erbbauberechtigten an die Gemeinde gezahlten Erschließungskosten nach der neuen Rechtsprechung des BFH erst nach Beendigung des Erbbaurechtsverhältnisses zufließen (BFH, BStBl 1990 II S. 310).

Beim Erwerb eines Grundstücks im Rahmen einer Erbauseinandersetzung kann es sich um einen (teil)entgeltlichen Erwerb handeln, der eine AfA ermöglicht (BMF, BStBl 1988 I S. 546). Ob dies auch bei Erwerben im Rahmen vorweggenommener Erbfolgeregelungen möglich ist, wird demnächst der Große Senat des BFH zu entscheiden haben (vgl. BFH, BStBl 1989 II S. 766, 768, 772, und 4.3.3).

Unter **Geldbeschaffungskosten** sind alle Aufwendungen zu verstehen, die zur Erlangung eines Kredits gemacht werden. Dazu gehören insbesondere Schätzungsgebühren, Gebühren für die Vermittlung einer Hypothek, Bereitstellungszinsen für einen aufgenommenen Kredit, Notariats- und Gerichtsgebühren. Auch Entgelte für die Überlassung zuteilungsreifer Bausparverträge oder für die Überlassung zinsgünstiger Hypotheken und Baudarlehen sowie ein bei der Aufnahme eines Darlehns vereinbartes Damnum gehören zu den Geldbeschaffungskosten (BFH, BStBl 1978 II S. 141). Diese Kosten sind dann als Werbungskosten bei den Einkünften aus Vermietung und Verpachtung anzusehen, wenn der Kredit zur Anschaffung oder Herstellung der Miet- oder Pachtsache aufgenommen wird oder in anderer Weise der Erwerbung, Sicherung oder Erhaltung der Einnahmen aus Vermietung und Verpachtung dient. Der Steuerpflichtige hat kein Wahlrecht, Bauzeitzinsen und Nebenkosten der Kreditaufnahme zu den Herstellungskosten zu rechnen (BFH, BStBl 1990 II S. 460).

Auch **Abschlußgebühren** für einen Bausparvertrag sind als Werbungskosten bei den Einkünften aus Vermietung und Verpachtung anzusehen, wenn alleiniger Zweck des Vertragsabschlusses die Erlangung des Bauspardarlehns und die Verwendung der Kreditmittel zur Erzielung von Einkünften aus Vermietung und Verpachtung ist (BFH, BStBl 1983 II S. 355).

Zur einkommensteuerrechtlichen Behandlung von **Bausparzinsen** und **Schuldzinsen** bei **selbstgenutztem Wohneigentum** s. BMF-Schreiben vom 28. 2. 1990 (BStBl 1990 I S. 124).

Wird ein in Anspruch genommener **Vorsteuerabzug** später wegen Nichtanerkennung eines Zwischenmietverhältnisses versagt, sind die gezahlten und als Werbungskosten abgezogenen Vorsteuerbeträge den Anschaffungs- bzw. Herstellungskosten des der Einkunftserzielung dienenden Objekts zuzurechnen (§ 9 b EStG). Werden die Vorsteuerbeträge aufgrund der Nichtanerkennung eines Zwischenmietverhältnisses an das Finanzamt zurückgezahlt, stellen die Zahlungen im Jahr des Abflusses Werbungskosten bei den Einkünften aus Vermietung und Verpachtung dar (Abschn. 86 Abs. 6 EStR; OFD Münster v. 1. 2. 1990, DB 1990 S. 814).

Vergebliche Aufwendungen zur Anschaffung eines Gebäudes oder anderer abnutzbarer Wirtschaftsgüter können bei den Einkünften aus Vermietung und Verpachtung als Werbungskosten abgezogen werden. Ein Abzug kommt insoweit erst in dem Veranlagungszeitraum in Betracht, in welchem sich mit großer Wahrscheinlichkeit herausstellt, daß es zu keiner Verteilung des Aufwandes nach § 9 Abs. 1 Nr. 7 EStG kommen kann (BFH, BStBl 1978 II S. 455). Wenn und soweit die Aufwendungen jedoch zu den Anschaffungs- oder Herstellungskosten eines anderen Wirtschaftsguts gehören, können derartige Aufwendungen nicht als vergebliche Aufwendungen behandelt und sofort als Werbungskosten abgezogen werden (BFH, BStBl 1979 II S. 14).

Von besonderer praktischer Bedeutung ist im Rahmen der Einkünfte aus Vermietung und Verpachtung die Abgrenzung der Herstellungskosten eines Gebäudes von den nichtabzugsfähigen Anschaffungskosten des Grund und Bodens (vgl. Abschn. 33 a EStR), sowie die Abgrenzung des Herstellungsaufwands von Erhaltungsaufwand bei bestehenden Gebäuden. Erhaltungsaufwand ist sofort abzugsfähig, Herstellungsaufwand ist nur in Form von AfA als Werbungskosten abzugsfähig. Als Erhaltungsaufwand sind grundsätzlich alle Aufwendungen anzusehen, die die Wesensart des Grundstücks nicht verändern, das Grundstück im ordnungsmäßigen Zustand erhalten sollen und regelmäßig in ungefähr gleicher Höhe wiederkehren.

Zum Herstellungsaufwand eines Gebäudes oder selbständiger Gebäudeteile sind neben den Kosten, die unmittelbar der Herstellung dienen, auch die Aufwendungen zu rechnen, die zwangsläufig im Zusammenhang mit der Herstellung anfallen oder mit der Herstellung in einem engen wirtschaftlichen Zusammenhang stehen (BFH, BStBl 1980 II S. 441 und 1984 II S. 101). Aufwendungen der vorbezeichneten Art sind grundsätzlich dann als Herstellungsaufwand zu behandeln, wenn sie bis zur Fertigstellung des Gebäudes angefallen sind (BFH, BStBl 1985 II S. 17). Dies gilt grundsätzlich auch für Aufwendungen, die als solche vergeblich waren. Etwas anderes gilt insoweit nur, wenn es nicht zur Fertigstellung des geplanten Gebäudes, sondern zur Erstellung eines anderen Gebäudes gekommen ist (BFH, BStBl 1987 II S. 695).

Beispiel:

Da eine unsachgemäße Verlegung der Drainage zum Eintritt von Wasser in den Keller führte, ließ der Steuerpflichtige noch vor Fertigstellung des Gebäudes eine neue Drainage verlegen.

Bei den Aufwendungen für die Verlegung der neuen Drainage handelt es sich um Herstellungskosten des Gebäudes, so daß sie nicht als sofort abzugsfähige Werbungskosten behandelt werden können.

Herstellungsaufwand ist stets anzunehmen, wenn wirtschaftlich verbrauchte selbständige Gebäudeteile (vgl. dazu Abschn. 42 Abs. 8 EStR) erneuert werden. Ferner liegt Herstellungsaufwand vor, wenn das Gebäude in seiner Substanz vermehrt wird (z. B. Anbau) oder etwas Neues, bisher nicht Vorhandenes geschaffen wird.

Beispiel:

Der Steuerpflichtige hat in sein Mehrfamilienhaus nachträglich eine zunächst nicht vorhandene Fahrstuhlanlage einbauen lassen.

Die Aufwendungen für den Einbau der Fahrstuhlanlage stellen Herstellungsaufwand dar.

Nicht zum Gebäude gehören Bestandteile, die einem von der Gebäudenutzung verschiedenen Zweck dienen. Bei Wohngebäuden ist deshalb zu unterscheiden, ob Bestandteile der Nutzbarkeit des Gebäudes zu Wohnzwecken oder der privaten Wohnnutzung selbst dienen, wie z. B. Gegenstände der Inneneinrichtung (BFH, BStBl 1990 II S. 431, 514).

Aufwendungen für die Erneuerung von Gebäudeteilen, Einrichtungen oder Anlagen, die bereits in den Herstellungskosten eines Gebäudes enthalten sind, stellen regelmäßig Erhaltungsaufwand dar. Auf den Zustand oder die Brauchbarkeit der erneuerten Teile, Einrichtungen oder Anlagen kommt es grundsätzlich nicht an. Auch wenn die erneuerten Gebäudeteile, Einrichtungen oder Anlagen noch nicht verbraucht waren, ist in der Regel Erhaltungsaufwand gegeben (Abschn. 157 Abs. 1 EStR). Aufwendungen für die Erneuerung von bereits in den Herstellungskosten eines Gebäudes enthaltenen Teilen, Einrichtungen oder Anlagen sind nur dann als Herstellungskosten zu behandeln, wenn sie so artverschieden sind, daß die Baumaßnahme nach der Verkehrsanschauung nicht mehr in erster Linie dazu dient, das Gebäude in seiner bestimmungsmäßigen Nutzungsmöglichkeit zu erhalten, sondern etwas Neues, bisher nicht Vorhandenes zu schaffen (Abschn. 157 Abs. 3 Satz 3 EStR). Voraussetzung für die Annahme von Herstellungsaufwand ist jedoch auch insoweit, daß das Gebäude durch die Baumaßnahme wesentlich in seiner Substanz vermehrt, in seinem Wesen wesentlich geändert oder über seinen bisherigen Zustand hinaus deutlich verbessert wird (BFH, BStBl 1977 II S. 279, 306 und 281, 1980 II S. 7). Zur Annahme einer deutlichen Verbesserung reicht es nicht aus, wenn bei der Durchführung notwendiger Erhaltungsmaßnahmen zugleich eine dem technischen Fortschritt entsprechende übliche Modernisierung erfolgt, durch die einem Gebäude ohne wesentliche Funktionsänderung lediglich der zeitgemäße Komfort wiedergegeben wird (BFH, BStBl 1980 II S. 7).

Eine dem technischen Fortschritt entsprechende übliche Modernisierung hat die Rechtsprechung insbesondere in den folgenden Fällen angenommen:
– Umstellung einer durch Abnutzung unbrauchbar gewordenen Zentralheizung von Koks- auf Ölfeuerung (BFH, BStBl 1965 III S. 403)
– Ersatz einer verbrauchten zentralen Dampfheizung durch eine zentrale Warmwasserheizung (BFH, BStBl 1966 III S. 324)
– Ersatz einer Warmluftheizung durch eine Zentralheizung mit Radiatoren
– Ersatz von Einzelöfen durch Elektro-Nachtspeicheröfen (BStBl 1977 II S. 306)
– Austausch einer wirtschaftlich verbrauchten Gasradiatorenheizung gegen eine Gascircoheizung (BFH, BStBl 1979 II S. 435)
– Umstellung von Kohleöfen auf Zentralheizung (BFH, BStBl 1980 II S. 7)
– Ersatz des Verputzes eines Hauses durch eine Eternitverkleidung (BFH, BStBl 1979 II S. 435)

  Wiederherstellung und Verglasung der durch Witterungseinflüsse beschädigten offenen balkonähnlichen Wohnungszugänge eines Mietwohnhauses (BFH, BStBl 1981 II S. 468)

Sofern Aufwendungen für bestimmte Modernisierungsmaßnahmen als Erhaltungsaufwand anzusehen sind, sind auch im Rahmen dieser Maßnahmen angefallene Aufwendungen, die unabhängig davon Herstellungsaufwand darstellen würden, als Erhaltungsaufwand zu behandeln (BFH, BStBl 1977 II S. 309 und 1981 II S. 469).

Beispiel:
Im Rahmen der Umstellung von Einzelöfen auf Nachtstromspeicheröfen hat der Steuerpflichtige in seinem Mehrfamilienhaus erstmalig auch die entsprechenden Leitungen und sonstige Vorrichtungen installieren lassen. Außerdem mußte das zum Hausanschluß führende Stromkabel verstärkt werden.
Die Aufwendungen für die Verstärkung des Stromkabels zum Hausanschluß sowie für die erstmalige Installation von entsprechenden Leitungen und sonstigen Vorrichtungen im Hause sind ebenso als Erhaltungsaufwendungen zu behandeln wie die Kosten der Umstellung auf Nachtstromspeicheröfen.

Ist Herstellungsaufwand anzunehmen und fallen in engem räumlichen (nicht zeitlichen) Zusammenhang mit diesem Aufwand auch Aufwendungen an, die sonst als Erhaltungsaufwand anzusehen wären, so sind im übrigen auch diese Aufwendungen zum Herstellungsaufwand zu rechnen (BFH, BStBl 1962 III S. 195).

Beispiel:

Der Steuerpflichtige hat in seinem Miethaus erstmals eine Fahrstuhlanlage einbauen lassen. Durch den Einbau sind die Wände des Treppenhauses beschädigt worden, so daß der Steuerpflichtige auch den Wandverputz ausbessern und den Anstrich der Wände erneuern lassen mußte.

Die Aufwendungen für die Ausbesserung des Wandverputzes und die Erneuerung des Anstriches der Wände stellen ebenfalls Herstellungsaufwand dar.

Ob Herstellungsaufwand vorliegt, ist im allgemeinen nur zu prüfen, wenn es sich um verhältnismäßig große Aufwendungen handelt. Betragen die Aufwendungen für die einzelne Baumaßnahme (Rechnungsbetrag ohne Mehrwertsteuer) nicht mehr als 4000 DM je Gebäude, so ist auf Antrag dieser Aufwand ohne Nachprüfung als Erhaltungsaufwand zu behandeln (Abschn. 157 Abs. 4 Satz 4 EStR).

Diese Vereinfachungsregelung ist auch anwendbar, wenn für das Gebäude, bei dem die Aufwendungen angefallen sind, der Begünstigungszeitraum nach § 7 b EStG noch nicht abgelaufen ist (Abschn. 157 Abs. 4 Satz 6 EStR). Voraussetzung ist allerdings, daß die geltend gemachten Aufwendungen nicht eindeutig der endgültigen Fertigstellung eines neu errichteten Gebäudes dienen (Abschn. 157 Abs. 4 Satz 7 EStR).

Aufwendungen für ein Gebäude, die nicht auf typische Herstellungsarbeiten entfallen und die der Erwerber im Zusammenhang mit dem Erwerb dieses Gebäudes macht (sogenannte anschaffungsnahe Aufwendungen), sind nach der Rechtsprechung des BFH (BStBl 1966 III S. 672 und 1985 II S. 690) abweichend von den vorstehend dargestellten Grundsätzen immer dann als Herstellungsaufwand zu behandeln, wenn sie im Verhältnis zum Kaufpreis hoch sind und durch sie im Vergleich zu dem Zustand des Gebäudes im Erwerbszeitpunkt das Wesen des Gebäudes verändert, der Nutzungswert erheblich erhöht oder die Nutzungsdauer erheblich verlängert wird.

Beispiel:

Der Steuerpflichtige kauft ein Mehrfamilienhaus für 570 000 DM und läßt innerhalb von zwei Jahren für zusammen 169 000 DM die Fenster erneuern und Gasetagenheizungen einbauen.

Es handelt sich um anschaffungsnahen Herstellungsaufwand, für den nur die Gebäude-AfA in Betracht kommt.

Der BFH (BStBl 1990 II S. 53) weist darauf hin, daß die Versagung des sofortigen Werbungskostenabzugs für anschaffungsnahe Instandsetzungsaufwendungen nicht ungerechtfertigt sei gegenüber der Fallgestaltung, in der noch der Veräußerer den Aufwand getragen hätte. Folgerichtig hat er entschieden (BStBl 1990 II S. 465), daß im wirtschaftlichen Zusammenhang mit der Veräußerung eines Mietwohngrundstücks noch vom Verkäufer vorgenommener Erhaltungsaufwand bei dessen Einkünften aus Vermietung und Verpachtung nicht abziehbar sei, sondern es sich um Kosten handele, die dem im Rahmen des Privatvermögens grundsätzlich nicht einkommensteuerbaren Veräußerungsvorgang zuzuordnen seien. Das gelte auch für eine Vorfälligkeitsentschädigung, wenn der Verkäufer ein Darlehn vorzeitig ablöse, um vertragsgemäß ein lastenfreies Grundstück übereignen zu können. Ein Abzug als nachträgliche Werbungskosten komme nicht in Betracht, weil die Aufwendungen nicht durch die bisherige Einkünfteerzielung veranlaßt seien (BStBl 1990 II S. 464).

Laufende Erhaltungsaufwendungen, die jährlich üblicherweise anfallen, sind auch bei neu erworbenen Gebäuden ebenso wie Aufwendungen zur Beseitigung versteckter Mängel sofort als Werbungskosten abziehbar (BFH, BFH/NV 1989 S. 165).

Als Herstellungsaufwand werden die im Anschluß an den Erwerb eines Gebäudes gemachten Aufwendungen in der Regel nur dann anzusehen sein, wenn sie durch die Nachholung zurückgestellter Instandsetzungsarbeiten verursacht sind, wenn die Aufwendungen also dazu dienen, das Gebäude, das im Erwerbszeitpunkt stark heruntergewirtschaftet gewesen und für das daher ein entsprechend niedriger Kaufpreis gezahlt worden ist, wieder instandzusetzen. Als Herstellungsaufwand sind derartige Aufwendungen allerdings auch insoweit zu behandeln, als sie über den Betrag hinausgehen, um den der Kaufpreis wegen baulicher Mängel gemindert worden ist (BFH, BStBl 1973 II S. 483).

Ob anschaffungsnahe Aufwendungen als Herstellungsaufwand zu behandeln sind, ist nach Abschn. 157 Abs. 5 Satz 7 EStR für die ersten drei Jahre nach dem Erwerb des Gebäudes in der Regel nicht zu prüfen, wenn die Aufwendungen für Instandsetzung in diesem Zeitraum insgesamt 20 v. H. der Anschaffungskosten des Gebäudes nicht übersteigen. Solange in diesem Zeitraum die Instandsetzungsaufwendungen diese Grenze nicht übersteigen, sind die Veranlagungen unter der Annahme von Erhaltungsaufwand nach § 165 Abs. 1 AO vorläufig durchzuführen. Bei später durchgeführten Instandsetzungsarbeiten soll nach dieser Anweisung ein Zusammenhang mit dem Erwerb des Gebäudes im allgemeinen nicht mehr angenommen werden.

Bei den sog. **Bauherrengemeinschaften** hängt die Frage, ob Aufwendungen Werbungskosten oder Anschaffungskosten sind, davon ab, was Gegenstand des Vertragswerkes ist (BFH, BStBl 1980 II S. 441, 1989 II S. 986; zu Verfahrensfragen BMF, BStBl 1987 I S. 362, BFH, BStBl 1988 II S. 319).

Die zahlreichen Gebühren (Vermittlungs-, Treuhand-, Finanzierungs-, Bearbeitungsgebühren usw.) können vom Anleger nur dann als Werbungskosten geltend gemacht werden, wenn sie nicht zu den Herstellungs- oder Anschaffungskosten gehören. Der IX. Senat des BFH hat in seinem Urteil vom 14. 11. 1989 (BStBl 1990 II S. 299) entschieden, es fehle an einer wesentlichen Voraussetzung der Bauherreneigenschaft, wenn ein Bündel vorformulierter Verträge vorliege, das der Anleger nur insgesamt annehmen könne, und wenn er sich von einem Treuhänder vertreten lasse. Als Werbungskosten kämen dann nur solche Aufwendungen in Betracht, die nicht mit der Übertragung des bebauten Grundstücks wirtschaftlich zusammenhängen und die auch der Erwerber eines bebauten Grundstücks außerhalb des Bauherrenmodells sofort als Werbungskosten abziehen könne. Das seien insbesondere die Zinsen zur Finanzierung der Anschaffungskosten. Die Finanzverwaltung hat eine Übergangsregelung erlassen: Soweit das Urteil zu einer Verschärfung der Besteuerungspraxis gegenüber der bisherigen Verwaltungspraxis führt, sind die Urteilsgrundsätze nicht anzuwenden, wenn der Steuerpflichtige dem Bauherrenmodell vor dem 1. 6. 1990 beigetreten ist oder wenn der Antrag auf Baugenehmigung vor dem 1. 6. 1990 gestellt worden ist und der Steuerpflichtige vor dem 1. 8. 1990 dem Bauherrenmodell oder dem vergleichbaren Modell beigetreten ist (BMF, BStBl 1990 I S. 147, 366).

In einem Jahr auftretender **größerer Erhaltungsaufwand** bei Wohngebäuden (z. B. Neudeckung des Daches, Hausanstrich) kann auf Antrag auf zwei bis fünf Jahre gleichmäßig verteilt werden (§ 82 b EStDV). Dabei kann für die in dem jeweiligen Veranlagungszeitraum geleisteten Aufwendungen ein besonderer Verteilungszeitraum gebildet werden (Abschnitt 157 Abs. 2 EStR).

Durch diese Regelung sollen Härten vermieden werden, die sich im Hinblick auf die Vorschrift des § 11 Abs. 2 EStG auch unter Berücksichtigung der Möglichkeit des Verlustabzugs nach § 10 d EStG ergeben können, wenn in einem Jahr höherer Erhaltungsaufwand anfällt.

Der Antrag kann grundsätzlich nur im Veranlagungsverfahren für das Jahr gestellt werden, in dem die zu verteilenden Aufwendungen geleistet worden sind (BFH, BStBl 1978 II S. 367). Hat der Steuerpflichtige in diesem Jahr die entstandenen Aufwendungen nicht als Werbungskosten geltend gemacht oder von der Möglichkeit der Verteilung keinen Gebrauch gemacht, weil sich in beiden Fällen keine steuerlichen Auswirkungen ergeben hätten, so kann er nach Abschn. 157 Abs. 2 Satz 4 EStR den Antrag auf Verteilung ausnahmsweise in dem nächsten Veranlagungszeitraum innerhalb des Begünstigungszeitraums nachholen, in dem sich die Verteilung erstmals auswirkt.

Voraussetzung für die Anwendung des § 82 b EStDV ist, daß das Gebäude im Zeitpunkt der Leistung des Erhaltungsaufwands nicht zu einem Betriebsvermögen gehört und überwiegend Wohnzwecken dient. Ein Gebäude dient überwiegend Wohnzwecken, wenn die Grundfläche der Wohnzwecken dienenden Räume des Gebäudes mehr als die Hälfte der gesamten Nutzfläche beträgt. Steht das Gebäude im Eigentum mehrerer Personen, so ist der Erhaltungsaufwand von allen Eigentümern auf den gleichen Zeitraum zu verteilen (§ 82 b Abs. 3 EStDV). Wird das Grundstück veräußert oder in ein Betriebsvermögen eingebracht, ist derjenige Teil des Erhaltungsaufwandes, der infolge der Verteilung auf zwei bis fünf Jahre noch nicht berücksichtigt worden ist, im Jahr der Veräußerung oder der Überführung in ein Betriebsvermögen als Werbungskosten abzusetzen (§ 82 b Abs. 2 EStDV). Bei unentgeltlichem Eigentumsübergang kann der Rechtsnachfolger größeren Erhaltungsaufwand noch in dem von seinem Rechtsvorgänger gewählten restlichen Verteilungszeitraum geltend machen. Für das Kalenderjahr des Eigentumsübergangs ist der Aufwand entsprechend der Besitzdauer in diesem Kalenderjahr aufzuteilen.

Die gleichen Regelungen gelten bei Erhaltungsaufwand für Gebäude in einem förmlich festgelegten Sanierungsgebiet oder städtebaulichen Entwicklungsbereich (§ 11 a EStG) sowie für Baudenkmäler (§ 11 b EStG). Die Gebäude müssen allerdings nicht überwiegend wohnlich genutzt werden und können auch zu einem Betriebsvermögen gehören.

Durch das WoBauFG vom 22. 12. 1989 (BStBl 1989 I S. 505) sind diese Bestimmungen in das EStG als §§ 11 a und 11 b übernommen worden, weil sie eine Ausnahme von dem Abflußprinzip des § 11 EStG enthalten. Die §§ 11 a und 11 b EStG sind anzuwenden auf Erhaltungsaufwand, der nach dem 31. 12. 1989 entstanden ist (§ 52 Abs. 14 b EStG).

Entfällt für ein selbstgenutztes Haus oder eine selbstgenutzte Wohnung der Ansatz eines Nutzungswerts, weil die Vorschrift des § 21 Abs. 2 Satz 1 EStG nicht mehr anzuwenden ist, so kann der Teil des Erhaltungsaufwandes, der infolgedessen nicht mehr als Werbungskosten abzugsfähig ist, in dem Veranlagungszeitraum in einem Betrag abgezogen werden, für den letztmals ein Nutzungswert anzusetzten ist (vgl. dazu auch Abschn. 157 Abs. 2 Satz 7 EStR). Dabei macht es keinen Unterschied, ob die Nichtanwendung der Vorschrift des § 21 Abs. 2 Satz 1 EStG auf das Nichteingreifen der Übergangsregelung des § 52 Abs. 21 Satz 2 EStG oder darauf zurückzuführen ist, daß der Steuerpflichtige nach § 52 Abs. 21 Satz 3 EStG beantragt hat, die Vorschrift des § 21 Abs. 2 Satz 1 EStG nicht mehr anzuwenden.

Aufwendungen für die eigengenutzte Wohnung kann der Vermieter grundsätzlich nur insoweit als Werbungskosten absetzen, als ihm diese Aufwendungen auch für die vermieteten Wohnungen in seinem Haus zur Last fallen und der Mietwert der eigengenutzten Wohnung dementsprechend mit der entsprechend höheren Miete für diese als Vergleichswohnungen in Betracht kommenden Wohnungen anzusetzen ist. Dies gilt auch für die durch Schönheitsreparaturen anfallenden Aufwendungen, sofern diese nach § 536 BGB vom Vermieter zu tragen sind (BFH, BStBl 1968 II S. 309). Aufwendungen, die der Vermieter für die vermieteten Wohnungen nicht zu tragen hat (z. B. Heizung, Strom, Gas), kann er dagegen auch hinsichtlich der eigengenutzten Wohnung nicht als Werbungskosten abziehen.

Dient ein Grundstück zum Teil eigenberuflichen oder eigenbetrieblichen Zwecken des Eigentümers, so stellen die diesen Teil betreffenden Aufwendungen keine Werbungskosten, sondern Betriebsausgaben dar. Dies gilt auch dann, wenn der eigenberuflichen oder eigenbetrieblichen Zwecken dienende Teil des Grundstücks nach den Grundsätzen des Abschn. 14 EStR wegen seiner untergeordneten Bedeutung nicht zum Betriebsvermögen gehört (Abschn. 14 Abs. 6 Satz 4 EStR). Für die danach in derartigen Fällen erforderliche Aufteilung der anfallenden Aufwendungen ist in der Regel ebenfalls von dem Verhältnis der Nutzflächen auszugehen (vgl. dazu Abschn. 14 Abs. 2 Satz 6 und 8 EStR).

5.10.5 Erhöhte Absetzungen bei Modernisierungs- und Energie-sparmaßnahmen (§ 82 a EStDV)

Nach § 82 a EStDV kann der Steuerpflichtige neben den Absetzungen für Abnutzung für ein im Inland belegenes Gebäude von den Herstellungskosten, die für bestimmte Maßnahmen an diesem Gebäude aufgewendet worden sind, an Stelle der nach § 7 Abs. 4 oder 5 oder § 7 b EStG zu bemessenden Absetzungen für Abnutzung im Jahr der Herstellung und in den folgenden neun Jahren jeweils bis zu 10 v. H. absetzen. Ob das Gebäude zum Betriebsvermögen oder zum Privatvermögen gehört, ist ohne Bedeutung.

Begünstigt sind nach § 82 a Abs. 1 Nr. 1 EStDV zunächst wie bisher die Herstellungskosten für Maßnahmen, die für den Anschluß des Gebäudes an eine Fernwärmeversorgung einschließlich der Anbindung an das Heizsystem aufgewandt werden. Voraussetzung ist, daß die Fernwärmeversorgung überwiegend aus Anlagen der Kraft-Wärme-Kopplung, zur Verbrennung von Müll oder zur Verwertung von Abwärme gespeist wird. Weitere Voraussetzung für die Inanspruchnahme der erhöhten Absetzungen ist nach § 82 a Abs. 1 Satz 3 EStDV insoweit, daß das Gebäude vor dem 1. 7. 1983 fertiggestellt worden ist. Bei später fertiggestellten Gebäuden können die erhöhten Absetzungen nur vorgenommen werden, wenn der Anschluß an eine Fernwärmeversorgung im Zusammenhang mit der Errichtung des Gebäudes nicht möglich war.

Darüber hinaus sind nach § 82 a Abs. 1 Nr. 2 EStDV wie bisher Herstellungskosten für den Einbau von Wärmepumpenanlagen, Solaranlagen und Anlagen zur Rückgewinnung von Wärme einschließlich der Anbindung an das Heizsystem begünstigt.

Begünstigt sind nach § 82 a Abs. 1 Nr. 3 EStDV ferner die Herstellungskosten für die Errichtung von Windkraftanlagen einschließlich der Anbindung an das Versorgungssystem des Gebäudes. Voraussetzung ist allerdings, daß die mit diesen Anlagen erzeugte Energie entweder unmittelbar oder durch Verrechnung mit Elektrizitätsbezügen des Steuerpflichtigen von einem Elektrizitätsversorgungsunternehmen zur Versorgung eines im Inland belegenen Gebäudes des Steuerpflichtigen verwendet wird.

Begünstigt sind nach § 82 a Abs. 1 Nr. 4 EStDV auch die Herstellungskosten zur Errichtung von Anlagen zur Gewinnung von Gas, das aus pflanzlichen oder tierischen Abfallstoffen durch Gärung unter Sauerstoffabschluß entsteht. Auch die durch die Anbindung an das Versorgungssystem des Gebäudes entstehenden Herstellungskosten sind insoweit mit begünstigt. Voraussetzung für die Begünstigung dieser Kosten ist, daß das gewonnene Gas zur Beheizung eines im Inland belegenen Gebäudes des Steuerpflichtigen oder zur Warmwasserbereitung in einem solchen Gebäude des Steuerpflichtigen verwendet wird.

Schließlich sind nach § 82 a Abs. 1 Nr. 5 EStDV begünstigt die Herstellungskosten für den Einbau

- einer Warmwasseranlage zur Versorgung von mehr als einer Zapfstelle,
- einer zentralen Heizungsanlage.

Bei einer zentralen Heizungs- und Warmwasseranlage sind nach § 82 a Abs. 1 Nr. 5 EStG begünstigt die Herstellungskosten für den Einbau

- eines Heizkessels,
- eines Brenners,
- einer zentralen Steuerungseinrichtung,
- einer Wärmeabgabeeinrichtung
- sowie die Herstellungskosten für eine Änderung der Abgasanlage.

Voraussetzung für die Begünstigung der vorstehend aufgezählten Maßnahmen ist, daß sie ein im Inland belegenes Gebäude oder eine im Inland belegene Eigentumswohnung betreffen und mit der jeweiligen Maßnahme nicht vor Ablauf von zehn Jahren seit der Fertigstellung des Gebäudes bzw. der Eigentumswohnung begonnen worden ist (Einzelheiten in Abschn. 158 a EStR).

Gemeinsame Voraussetzung für die Inanspruchnahme der erhöhten Absetzungen nach § 82 a Abs. 1 EStDV ist im übrigen, daß

1. die Anlagen und Einrichtungen nach dem 30. 6. 1985 und vor dem 1. 1. 1992 fertiggestellt worden sind bzw. fertiggestellt werden (§ 82 a Abs. 4 EStDV),

2. für dieselbe Maßnahme eine Investitionszulage nicht gewährt worden ist oder gewährt wird (§ 82 a Abs. 2 EStDV).

Zu den begünstigten Herstellungskosten gehören auch die Aufwendungen zur Beseitigung von Schäden, die durch den Einbau begünstigter Anlagen und Einrichtungen verursacht worden sind (z. B. Tapezieren, Verputzarbeiten usw.).

Beispiel:

Der Eigentümer eines um die Jahrhundertwende gebauten privaten Mietwohngrundstücks ließ in diesem Jahr das Haus mit einer Wärmepumpenanlage ausstatten. Die Herstellungskosten betragen 30 000 DM. Zur Beseitigung der durch das Verlegen von Leitungen entstandenen Beschädigungen des Wandverputzes sind weitere 400 DM aufgewandt worden. Die bisherige laufende AfA nach § 7 Abs. 4 EStG für das Mietwohngrundstück betrug jährlich 900 DM.

Der Steuerpflichtige kann neben der AfA nach § 7 EStG mit 900 DM von den Herstellungskosten in Höhe von 30 400 DM im Jahr der Herstellung und in den folgenden 9 Jahren jeweils bis zu 10 v. H. dieser Herstellungskosten, das sind 3040 DM jährlich, absetzen.

Die Vorschrift des § 82 a EStDV ist auch dann anwendbar, wenn die begünstigten Maßnahmen im Rahmen einer einheitlichen Baumaßnahme mit einheitlich als Herstellungskosten zu beurteilenden Baukosten angefallen sind (BFH, BStBl 1975 II S. 878). Die begünstigten Maßnahmen müssen allerdings als solche von den übrigen Baumaßnahmen abgrenzbar sein. Eine rein rechnerische Abgrenzung reicht nicht aus.

Handelt es sich bei den Maßnahmen i. S. d. § 82 a Abs. 1 EStDV um Erhaltungsaufwand, ergibt sich für Objekte, die unter § 21 a EStG fallen, eine Begünstigung nach § 82 a Abs. 3 EStDV. Nach Wegfall der Nutzungswertbesteuerung ist ein Abzug wie Sonderausgaben möglich (Abschn. 160 a Abs. 5 EStR).

Betragen bei einer Wohnung im eigenen Haus die Aufwendungen in einem VZ insgesamt nicht mehr als 800 DM und sind sie Erhaltungsaufwand, so können sie aus Vereinfachungsgründen in dem VZ abgezogen werden, in dem die Arbeiten für die begünstigten Maßnahmen abgeschlossen worden sind (Abschn. 158 Abs. 11 Satz 2, 160 a Abs. 2 Satz 4 EStR).

Steht ein Gebäude im Eigentum mehrerer Personen, so können die erhöhten Absetzungen nach § 7 a Abs. 7 EStG von allen Eigentümern nur mit einem einheitlichen Vomhundertsatz vorgenommen werden. Die erhöhten Absetzungen brauchen in einem solchen Fall allerdings nicht unbedingt nach dem Verhältnis der Miteigentumsanteile an dem Wohngebäude auf die einzelnen Miteigentümer verteilt zu werden. Die beteiligten Miteigentümer können vielmehr auch vereinbaren, daß die erhöhten Absetzungen nach dem Verhältnis der auf die einzelnen Beteiligten entfallenden Herstellungskosten zu verteilen sind. Eine solche Vereinbarung ist auch steuerlich zu beachten, sofern sie bürgerlich-rechtlich wirksam ist (Abschn. 158 Abs. 8 EStR).

5.10.6 Erhöhte Absetzungen bei Gebäuden in Sanierungsgebieten und städtebaulichen Entwicklungsbereichen (§ 7 h EStG)

Nach § 7 h EStG kann der Steuerpflichtige zehn Jahre lang bis jeweils 10 v. H. der durch Zuschüsse aus Sanierungs- oder Entwicklungsförderungsmitteln nicht gedeckten Herstellungskosten für bestimmte Maßnahmen an Gebäuden in Sanierungsgebieten und städtebaulichen Entwicklungsbereichen abziehen. Es muß sich um Modernisierungs- und Instandsetzungsmaßnahmen nach § 177 des Baugesetzbuches oder um Maßnahmen handeln zur Erhaltung, Erneuerung und funktionsgerechten Verwendung eines Gebäudes, das wegen seiner geschichtlichen, künstlerischen oder städtebaulichen Bedeutung erhalten bleiben soll und zu deren Durchführung sich der Eigentümer neben bestimmten Modernisierungsmaßnahmen gegenüber der Gemeinde verpflichtet hat. Zum Bescheinigungsverfahren s. Abschn. 159 Abs. 2 Satz 1 EStR; zur Auswirkung von Zuschüssen auf die Bemessungsgrundlage für die AfA s. die Beispiele in Abschn. 45 Abs. 4 EStR; zum Umfang der Prüfung durch das Finanzamt s. Abschn. 159 Abs. 3 Nr. 2 EStR.

§ 7 h EStG ist die Nachfolgebestimmung des § 82 g EStDV; sie wurde durch das WoBauFG vom 22. 12. 1989 (BStBl 1989 I S. 505) in das EStG eingefügt. Da § 82 g EStDV für Maßnahmen gilt, die vor dem 1. 1. 1992 durchgeführt werden, ist der neue § 7 h EStG auf Maßnahmen anzuwenden, die nach dem 31. 12. 1991 abgeschlossen worden sind (§ 52 Abs. 12 b EStG). Eine Befristung ist in § 7 h EStG nicht mehr vorgesehen, weil die steuerliche Vergünstigung für Investitionen zur Altbausanierung eine Dauerregelung sein soll.

Die erhöhten Absetzungen können im Gegensatz zu der früheren Regelung auch für Anschaffungskosten in Anspruch genommen werden (§ 7 h Abs. 1 Satz 3

EStG). Insoweit handelt es sich auch nicht um eine Anschlußregelung an § 82 g EStDV, d. h., für Anschaffungskosten gilt die neue Regelung sofort und damit parallel bis zum 31. 12. 1991 zu den Herstellungskosten (§ 52 Abs. 12 b Satz 2 EStG). Begünstigt sind die Aufwendungen, die Erwerber, die keine Bauherren sind, nach dem rechtswirksamen Abschluß des obligatorischen Erwerbsvertrages oder eines gleichstehenden Rechtsaktes für Maßnahmen aufbringen, die bei Bauherren nach § 7 h Abs. 1 und 2 EStG begünstigt wären. Damit können auch Anleger bei Bauherrenmodellen in den Genuß der Vergünstigung kommen. Es handelt sich bei der Regelung um eine Reaktion des Gesetzgebers auf das Urteil des BFH vom 14. 11. 1989 (BStBl 1990 II S. 299; vgl. Fleischmann, DStR 1990 S. 108). Da die Anleger nach diesem Urteil in der Regel nur Anschaffungskosten haben, hätten sie die Steuervergünstigung des § 82 g EStDV nicht in Anspruch nehmen können.

Soweit es sich bei den Maßnahmen i. S. d. § 7 h EStG um Erhaltungsaufwand handelt, kann dieser gleichmäßig auf zwei bis fünf Jahre verteilt werden (§ 11 a EStG).

Durch das Zustimmungsgesetz zum Staatsvertrag zwischen der Bundesrepublik Deutschland und der DDR wird dem § 7 h EStG ein Absatz 4 angefügt, nach dem § 7 h EStG auch anwendbar ist auf Gebäude, Gebäudeteile, die selbständige unbewegliche Wirtschaftsgüter sind, Eigentumswohnungen und im Teileigentum stehende Räume in der DDR einschließlich Berlin (Ost). Damit soll ein steuerlicher Anreiz für den Einsatz von Privatkapital geschaffen werden für unbeschränkt Steuerpflichtige mit nach § 2 a EStG bei der inländischen Besteuerung zu berücksichtigenden Verlusten aus Tätigkeiten in der DDR einschließlich Berlin (Ost).

Durch eine Ergänzung von § 11 a EStG ist die gleiche Möglichkeit auch für Erhaltungsaufwand bei Maßnahmen i. S. d. § 7 h EStG geschaffen worden.

5.10.7 Erhöhte Absetzungen bei Baudenkmalen (§ 7 i EStG)

Nach § 7 i EStG kann der Steuerpflichtige Herstellungskosten zehn Jahre lang mit jeweils bis zu 10 v. H. abziehen, wenn sie für Baumaßnahmen an Gebäuden oder Gebäudeteilen entstehen, die nach den jeweiligen landesrechtlichen Vorschriften entweder Baudenkmale sind oder zwar keine Baudenkmale sind, aber zu einer als Einheit geschützten Gebäudegruppe oder Gesamtanlage gehören. Sie müssen auf Baumaßnahmen entfallen, die zur Erhaltung oder sinnvollen Nutzung des Baudenkmals oder zur Erhaltung des schützenswerten Erscheinungsbildes der Gebäudegruppe oder Gesamtanlage erforderlich sind. Zum Bescheinigungsverfahren s. Abschn. 160 Abs. 2 EStR; zum Umfang der Prüfung durch das Finanzamt s. Abschn. 160 Abs. 3 EStR.

§ 7 i EStG ist die Nachfolgebestimmung des § 82 i EStDV; sie wurde durch das WoBauFG vom 22. 12. 1989 (BStBl 1989 I S. 505) in das EStG eingefügt. In gleicher Weise wie bei § 7 h EStG (5.10.6) wird die Steuervergünstigung auf Anschaffungskosten von Erwerbern, die keine Bauherren sind, ausgedehnt.

Durch die ausdrückliche Beschränkung auf das äußere Erscheinungsbild (§ 7 i Abs. 1 Satz 3 EStG) sind Aufwendungen für Baumaßnahmen im Inneren des Gebäudes von der Vergünstigung ausgeschlossen. In § 7 i Abs. 1 Satz 7 EStG ist ausdrücklich bestimmt, daß die Steuervergünstigung nur für Aufwendungen gilt, die nicht durch Zuschüsse aus öffentlichen Kassen gedeckt sind. Das Gebäude muß außerdem im Inland belegen sein. Begünstigt sind auch Gebäudeteile, die selbständige unbewegliche Wirtschaftsgüter sind, sowie Eigentumswohnungen und in Teileigentum stehende Räume (§ 7 i Abs. 3 EStG).

Soweit es sich bei den Maßnahmen i. S. d. § 7 i EStG um Erhaltungsaufwand handelt, kann dieser gleichmäßig auf zwei bis fünf Jahre verteilt werden (§ 11 b EStG).

Durch das Zustimmungsgesetz zum Staatsvertrag zwischen der Bundesrepublik Deutschland und der DDR wird dem § 7 i EStG ein Absatz 4 angefügt, nach dem § 7 i EStG auch anwendbar ist auf Gebäude, Gebäudeteile, die selbständige unbewegliche Wirtschaftsgüter sind, Eigentumswohnungen und im Teileigentum stehende Räume in der DDR einschließlich Berlin (Ost). Damit soll ein steuerlicher Anreiz für den Einsatz von Privatkapital geschaffen werden für unbeschränkt Steuerpflichtige mit nach § 2 a EStG bei der inländischen Besteuerung zu berücksichtigenden Verlusten aus Tätigkeiten in der DDR einschließlich Berlin (Ost).

Durch eine Ergänzung von § 11 b EStG ist die gleiche Möglichkeit auch für Erhaltungsaufwand bei Maßnahmen i. S. d. § 7 i EStG geschaffen worden.

5.10.8 Zurechnung zu anderen Einkunftsarten

Einkünfte der in § 21 Abs. 1 und 2 EStG bezeichneten Art sind nach § 21 Abs. 3 EStG den Einkünften aus anderen Einkunftsarten zuzurechnen, soweit sie zu diesen gehören. Die Vorschriften des § 21 EStG haben somit grundsätzlich subsidiären Charakter. Etwas anderes gilt lediglich im Verhältnis zu den Vorschriften der §§ 20 und 22 EStG, denen die Vorschriften des § 21 EStG aufgrund der ausdrücklichen Regelung in § 20 Abs. 3 EStG bzw. aus systematischen Gründen vorgehen.

Beispiele:

a) Ein Steuerpflichtiger besitzt ein Grundstück, das in vollem Umfang zum Betriebsvermögen seines gewerblichen Betriebs gehört. Das Grundstück dient zum Teil eigengewerblichen, zum Teil fremdgewerblichen Zwecken.

Die Mieteinnahmen aus der Vermietung der zu fremdgewerblichen Zwecken genutzten Räume rechnen zu den Einkünften aus Gewerbebetrieb.

b) Ein Land- und Forstwirt bewohnt eine zu seinem Betrieb gehörende Wohnung, die die bei Betrieben gleicher Art übliche Größe nicht überschreitet.

Der Nutzungswert der Wohnung gehört nach § 13 Abs. 2 Nr. 2 EStG zu den Einkünften aus Land- und Forstwirtschaft, sofern die Vorschrift nach § 52 Abs. 15 Satz 2 EStG auch für die Veranlagungszeiträume ab 1987 weiter anzuwenden ist.

5.11 Sonstige Einkünfte (§ 22 EStG)

5.11.1 Allgemeines

Die sonstigen Einkünfte umfassen nach § 22 EStG die folgenden fünf Gruppen:

1. Einkünfte aus wiederkehrenden Bezügen i. S. des § 22 Nr. 1 EStG,
2. Einkünfte aus Unterhaltsleistungen i. S. des § 22 Nr. 1 a EStG,
3. Einkünfte aus Spekulationsgeschäften i. S. des § 23 EStG (§ 22 Nr. 2 EStG),
4. Einkünfte aus sonstigen Leistungen i. S. des § 22 Nr. 3 EStG,
5. Einkünfte auf Grund des Abgeordnetengesetzes oder des Europaabgeordnetengesetzes sowie vergleichbare Bezüge i. S. des § 22 Nr. 4 EStG.

Die in § 22 EStG erschöpfend aufgezählten steuerlichen Tatbestände sind sehr wesensverschieden und haben systematisch nichts miteinander zu tun. Der Gesetzgeber hat in dieser Vorschrift bestimmte private Einkünfte zusammengefaßt, die auch dann der Einkommensteuer unterworfen werden sollen, wenn sie nicht zu den in § 2 Abs. 1 Nrn. 1 bis 6 EStG bezeichneten Einkunftsarten gehören.

Die Vorschriften des § 22 EStG haben grundsätzlich subsidiären Charakter. Dies wird in § 22 Nr. 1 und Nr. 3 EStG sowie in § 23 Abs. 3 EStG ausdrücklich unterstrichen.

Einkünfte aus wiederkehrenden Bezügen sind nur dann unter die Einkunftsart des § 22 Nr. 1 EStG einzuordnen, wenn sie nicht zu den in § 2 Abs. 1 Nrn. 1 bis 6 EStG bezeichneten Einkunftsarten gehören. Gehören sie zu den vorbezeichneten Einkunftsarten, so sind sie als Einnahmen im Rahmen dieser Einkunftsarten zu erfassen. Dabei kann auch eine Erfassung als nachträgliche Einkünfte i. S. des § 24 Nr. 2 EStG in Betracht kommen.

Beispiele:

a) Einem Rechtsanwalt wird als Gegenleistung für die von ihm erbrachte Beratungs- und Betreuungstätigkeit eine lebenslängliche Rente in Höhe von monatlich 2000 DM zugesagt.
Die Rentenzahlungen gehören zu den Einnahmen des Rechtsanwalts aus selbständiger Arbeit (vgl. BFH, BStBl 1987 II S. 597).

b) Der Steuerpflichtige hat zum 1. 4. 1980 seinen gewerblichen Betrieb gegen Zusage einer lebenslänglichen Leibrente von monatlich 2000 DM veräußert und die nachträgliche Besteuerung des Veräußerungsgewinns gewählt.
Nach erfolgter Verrechnung mit dem buchmäßigen Kapitalkonto des Steuerpflichtigen in Höhe von 120 000 DM sind die dem Steuerpflichtigen seit dem 1. 4. 1985 zufließenden Rentenzahlungen bei ihm als nachträgliche Einkünfte aus Gewerbebetrieb i. S. des § 24 Nr. 2 EStG zu erfassen.

Einkünfte aus sonstigen Leistungen rechnen nur dann zu den sonstigen Einkünften des § 22 Nr. 3 EStG, wenn sie weder zu anderen Einkunftsarten (§ 2 Abs. 1 Nrn. 1 bis 6 EStG) noch zu den Einkünften im Sinne des § 22 Nr. 1, 1 a, 2 oder 4 EStG gehören. Einkünfte aus Spekulationsgeschäften können sich nur als

Einkünfte i. S. des § 22 Nr. 2 EStG ergeben, weil Spekulationsgeschäfte nicht vorliegen, wenn Wirtschaftsgüter veräußert werden, deren Wert bei Einkünften i. S. des § 2 Abs. 1 Nr. 1 bis 6 EStG anzusetzen ist (§ 23 Abs. 3 EStG).

Die Besteuerung von Spekulationsgewinnen nach § 23 EStG geht jedoch der Besteuerung nach § 17 EStG vor.

5.11.2 Einkünfte aus wiederkehrenden Bezügen (§ 22 Nr. 1 EStG)

5.11.2.1 Allgemeines

Die Vorschrift des § 22 Nr. 1 EStG betrifft Einkünfte aus wiederkehrenden Bezügen, soweit sie nicht zu den in § 2 Abs. 1 Nrn. 1 bis 6 EStG bezeichneten Einkunftsarten gehören. Zu den wiederkehrenden Bezügen gehören auch Zuschüsse und sonstige Vorteile, die als wiederkehrende Bezüge gewährt werden (§ 22 Nr. 1 Buchst. b EStG), sowie der Ertragsanteil von Leibrenten (§ 22 Nr. 1 Buchst. a EStG).

Zu den sonstigen Einkünften zählt § 22 Nr. 1 EStG die **Einkünfte,** die durch Gegenüberstellung der Einnahmen aus wiederkehrenden Bezügen und der Werbungskosten zu ermitteln sind. **Werbungskosten** sind auch insoweit alle Aufwendungen, die durch die Erzielung von Einnahmen i. S. des § 22 Nr. 1 EStG veranlaßt sind und nicht zu den Anschaffungskosten des den wiederkehrenden Bezügen zugrunde liegenden Stammrechts oder anderer Kapitalansprüche gehören.

Nicht zu den Anschaffungskosten des den wiederkehrenden Bezügen zugrunde liegenden Stammrechts bzw. anderer Kapitalansprüche gehören die Kosten eines Kredits, der zur Finanzierung des Erwerbs dieses Stammrechts bzw. dieser Kapitalansprüche aufgenommen worden ist (vgl. BFH, BStBl 1982 II S. 41). Derartige Kosten sind daher in voller Höhe als Werbungskosten abzugsfähig, sofern der Gedanke der Einkünfteerzielung im Vordergrund steht. Dies gilt auch in Fällen, in denen eine Leibrente bzw. die Anwartschaft auf eine solche Rente erworben worden ist.

Nicht zu den vorab entstandenen Werbungskosten zur Erlangung späterer sonstiger Einkünfte i. S. des § 22 Nr. 1 Buchst. a EStG gehören jedoch die Beiträge eines Arbeitnehmers zur gesetzlichen Rentenversicherung (BFH, BStBl 1986 II S. 747). Sie sind auch nach der Umstellung der Sozialversicherung auf das reine Umlageverfahren ab 1969 als Anschaffungskosten zur Begründung einer Versorgungsanwartschaft zu behandeln. Dies gilt jedenfalls, solange die Rentenzahlungen aus der Rentenversicherung in einen Kapitalanteil und einen zinsähnlichen Ertragsanteil aufgespalten werden.

5.11.2.2 Wiederkehrende Bezüge

Was unter dem Begriff „wiederkehrende Bezüge" zu verstehen ist, ist im Gesetz nicht näher geregelt.

Der Begriff „Bezüge" stimmt inhaltlich mit dem Begriff der Einnahmen i. S. des § 8 Abs. 1 EStG überein. Bezüge sind somit alle in Geld oder Geldeswert bestehende Güter, die einem Steuerpflichtigen zufließen.

Das Merkmal „wiederkehrend" setzt zunächst voraus, daß mehrere Bezüge vorliegen. Einmalige Bezüge fallen grundsätzlich nicht unter § 22 Nr. 1 EStG. Auch das Vorliegen mehrerer Bezüge reicht allein noch nicht aus, um wiederkehrende Bezüge anzunehmen.

Beispiel:

A schenkte dem B aus Dankbarkeit im Jahre 01 einen Geldbetrag von 500 DM. Im Jahre 02 hat A dem B erneut einen Betrag von 1000 DM geschenkt, nachdem er im Lotto gewonnen hatte.

Es handelt sich nicht um wiederkehrende Bezüge, sondern um zwei einmalige, voneinander unabhängige und damit nicht steuerbare Zuflüsse.

Als wiederkehrend sind mehrere Bezüge nur anzusehen, wenn die Bezüge sich nach ihrer Art und ihrem Zusammenhang als Ausfluß einer bestimmten Einkunftsquelle darstellen.

Nach der Rechtsprechung des BFH ist es nicht erforderlich, daß die einzelnen Bezüge Gegenstand einer einheitlichen Rechtspflicht sind. **Es genügt** vielmehr, **daß die einzelnen Bezüge auf einem von vornherein gefaßten einheitlichen Entschluß des Leistenden beruhen** (BFH, BStBl 1963 III S. 141).

Beispiele:

a) Eine Vereinigung zur Förderung der Wissenschaft gewährt begabten Studenten einmalige Zuschüsse für ihr Studium. Es kann dabei vorkommen, daß ein Student jeweils nach entsprechendem Prüfungsverfahren mehrmals einen solchen Zuschuß erhält.

Die Zuschüsse sind keine wiederkehrenden Bezüge. Sie werden grundsätzlich nur einmal gewährt. Auch wenn ein Student mehrmals bedacht wird, beruht dies nicht auf einer einheitlichen Entschließung des Gebers, sondern auf einem jeweils neu gefaßten Entschluß.

b) A erhält auf Grund testamentarischer Anordnung seines verstorbenen Onkels für die Dauer seines Studiums eine laufende monatliche Studienbeihilfe.

Die dem A zufließenden Studienbeihilfen sind wiederkehrende Bezüge.

Die Annahme wiederkehrender Bezüge setzt nicht voraus, daß die einzelnen Bezüge ihrer Höhe und Art nach übereinstimmen. Es ist auch nicht erforderlich, daß die einzelnen Bezüge in regelmäßigen Zeitabständen zufließen. Nach der Rechtsprechung des BFH (vgl. BFH, BStBl 1965 III S. 313) müssen die Bezüge allerdings mit einer gewissen Regelmäßigkeit anfallen, d. h. in gewissen Zeitabständen wiederkehren (vgl. auch Abschn. 165 Abs. 1 Satz 2 EStR).

Beispiel:

A hat sich verpflichtet, seinem Neffen B während seiner Ausbildung in allen Jahren einen Zuschuß in Höhe von 2400 DM zu zahlen, in denen der Gewinn aus seinem gewerblichen Betrieb 120 000 DM übersteigt. Er hat erstmals im Jahre 1978 2400 DM an B gezahlt. Auch im Jahre 1983 sind von A 2400 DM an B gezahlt worden.

Es liegen keine wiederkehrenden Bezüge des B vor. Ob und wann B mit Zahlungen rechnen kann, ist so ungewiß, daß die Zahlungen nicht als mit einer gewissen Regelmäßigkeit anfallend angesehen werden können.

Nach Auffassung des BFH (vgl. BStBl 1963 III S. 141 und 1965 III S. 313) setzt die Annahme wiederkehrender Bezüge ferner voraus, daß die Bezüge einem Steuerpflichtigen für eine gewisse Dauer zufließen. Diese Auffassung wird jedoch im Schrifttum überwiegend abgelehnt. Auch in Abschn. 165 Abs. 1 EStR wird diese Voraussetzung nicht gefordert.

Die Einbeziehung der wiederkehrenden Bezüge in den Kreis der steuerpflichtigen Einkünfte beruht auf dem Gedanken, daß durch die sich wiederholenden Zuflüsse die Leistungsfähigkeit des Empfängers gestärkt wird. Im Hinblick darauf kann die **ratenweise Tilgung eines Kapitals** nicht zu den steuerpflichtigen wiederkehrenden Bezügen gerechnet werden, weil diese nicht zu einer einkommensteuerlich relevanten Stärkung der Leistungsfähigkeit des Empfängers führt.

Beispiel:
A hat ein unbebautes Grundstück zum Preis von 80 000 DM an B veräußert und dem B zugestanden, den Kaufpreis in Teilbeträgen von jährlich 20 000 DM zu entrichten. Da es sich eindeutig um Ratenzahlungen handelt, liegen wiederkehrende Bezüge i. S. des § 22 Nr. 1 EStG bei A nicht vor.

Der Begriff der wiederkehrenden Bezüge i. S. des § 22 Nr. 1 EStG geht danach sehr weit. Er umfaßt Bezüge von sehr unterschiedlicher Natur und Erscheinungsform.

Wiederkehrende Bezüge sind nicht in gleichem Umfang steuerpflichtig. **Für den Umfang der Steuerpflicht ist die Erscheinungsform der wiederkehrenden Bezüge von Bedeutung.**

Während bei Leibrenten nach § 22 Nr. 1 Buchst. a EStG nur der Ertragsanteil anzusetzen ist, sind alle sonstigen wiederkehrenden Bezüge in voller Höhe zu erfassen.

Die unterschiedlichen Erscheinungsformen der wiederkehrenden Bezüge ergeben sich aus der folgenden Übersicht (s. S. 688).

Sonstige wiederkehrende Bezüge, die nicht in Geld bestehen, sind nach § 8 Abs. 2 EStG mit den üblichen Mittelpreisen des Verbrauchsorts anzusetzen. Der Nutzungswert der einem Altenteiler überlassenen Wohnung ist auch dann mit dem ortsüblichen Mietpreis zu erfassen, wenn der Verpflichtete unter die Vorschrift des § 13 a EStG fällt und daher wegen der überlassenen Wohnung nur einen pauschalierten Abzug vornehmen kann (BFH, BStBl 1984 II S. 97).

Als sonstige wiederkehrende Bezüge sind auch Leistungen zu erfassen, die beim Verpflichteten steuerlich nicht abgezogen werden können. Dies gilt auch für Dienstleistungen, die beim Leistenden nicht als dauernde Last abgezogen werden können, weil Aufwendungen bei ihm insoweit nicht vorliegen (vgl. BFH, BStBl 1984 II S. 97, 1989 II S. 779).

5.11.2.3 Renten

Was unter einer Rente zu verstehen ist, wird weder im EStG noch in der EStDV geregelt. In den §§ 759 ff. BGB ist die Leibrente geregelt, soweit es sich um Renten handelt, die durch einen Vertrag begründet werden. Danach ist die Leibrente ein einheitlich nutzbares Recht (Rentenstammrecht), das dem Berechtigten für die Lebenszeit eines Menschen eingeräumt ist und dessen Erträge als fortlaufend wiederkehrende gleichmäßige Leistungen in Geld oder vertretbaren Sachen bestehen (BFH, BStBl 1974 II S. 103).

In seinem Urteil vom 8. 3. 1989 (BStBl 1989 II S. 551) läßt es der BFH dahinstehen, ob diese Definition für die Auslegung des § 22 Nr. 1 Satz 3 Buchst. a EStG maßgebend ist, soweit es um öffentlichrechtlich geregelte Renten aus den gesetzlichen Sozialversicherungen geht. Insbesondere die Rechtsnatur der Hinterbliebenenrente als Unterhaltsersatz lasse eine Anwendung von Grundsätzen über ein Leibrentenstammrecht nicht zu. Da Hinterbliebenenrenten des Sozialversicherungsrechts ungeachtet ihrer Rechtsnatur nach dem Willen des Gesetzgebers zu den Leibrenten im Sinne des § 22 Nr. 1 Satz 3 Buchst. a EStG gehörten, könne ihre Besteuerung nicht an Voraussetzungen der bürgerlich-rechtlich geregelten Leibrente anknüpfen (BFH, a. a. O. S. 555). Die Finanzverwaltung hat die Definition der Leibrente (Abschn. 167 Abs. 1 Satz 1 EStR 1987) der neuen Rechtsprechung angepaßt. Danach ist vom bürgerlichen Recht auszugehen, soweit es sich nicht um Renten aus der gesetzlichen Rentenversicherung handelt (Abschn. 167 Abs. 1 Satz 1 EStR). Lebenslängliche Leibrenten sind in der gesetzlichen Rentenversicherung insbesondere alle Altersruhegelder einschließlich der vorzeitigen Altersruhegelder, die ab 1992 als Altersrenten bezeichnet werden. Wird eine Rente wegen Alters nach § 42 des Rentenreformgesetzes 1992 (RRG 1992) zunächst als Teilrente in Anspruch genommen, so ist der Rentenbetrag, um den sich die Teilrente bei Inanspruchnahme der Vollrente erhöht, als selbständige Leibrente zu behandeln. Wird Altersruhegeld ab 1992 als Regelaltersrente weitergezahlt, so ändert sich der Ertragsanteil nicht (zur Großen Witwenrente und Berufs- und Erwerbsunfähigkeitsrente s. 5.11.2.7).

Von den Leibrenten unterscheiden sich die sonstigen Renten oder **Zeitrenten** lediglich dadurch, daß sie nicht an die Lebenszeit eines oder mehrerer Menschen geknüpft, sondern in anderer Weise begrenzt sind.

Beispiele:

a) A hat sich verpflichtet, dem B bis zu dessen Ableben eine monatliche Rente von 1000 DM zu zahlen.

Die Rente ist für die Lebenszeit des B zu zahlen. Es handelt sich daher um eine Leibrente.

b) C hat sich verpflichtet, seinem Neffen D für die Dauer von 20 Jahren eine Rente von jährlich 12 000 DM zu zahlen, die im Falle des vorzeitigen Ablebens des D an dessen Erben weitergezahlt werden soll.

Da die Rente auch im Fall des vorzeitigen Ablebens für die bestimmte Zeit gezahlt werden muß, handelt es sich um eine Zeitrente.

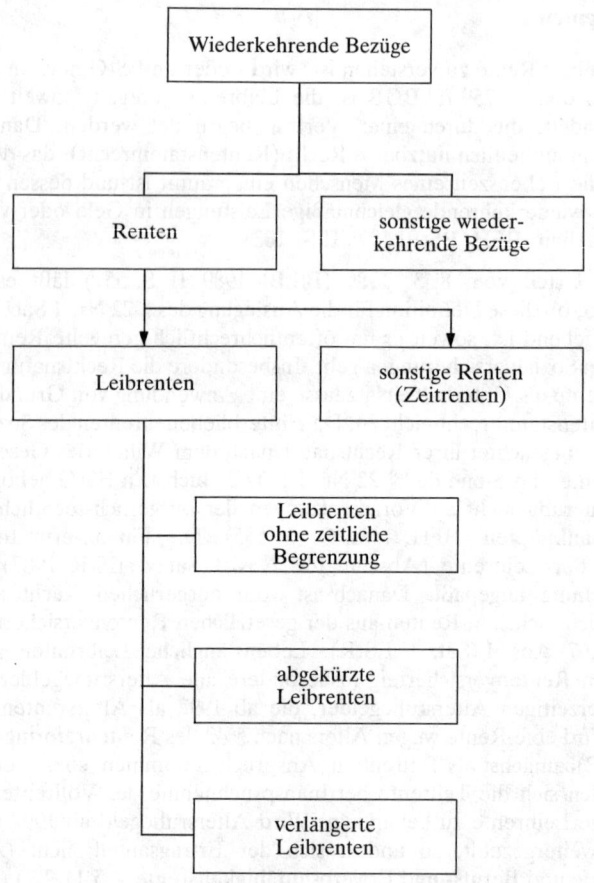

Eine Leibrente liegt auch dann vor, wenn das Rentenrecht nicht für die Lebenszeit des Berechtigten eingeräumt wird, sondern auf die Lebenszeit des Verpflichteten oder einer anderen Person abgestellt ist.

Beispiele:

a) A hat sich dem B gegenüber verpflichtet, ihm und seinen Erben eine monatliche Rente von 500 DM zu zahlen, solange er lebt.

b) C hat sich verpflichtet, der geschiedenen Ehefrau seines Sohnes eine monatliche Rente von 500 DM zu zahlen, solange sein Sohn lebt.

Sowohl im Fall a) als auch im Fall b) liegt eine Leibrente vor.

Abgekürzte Leibrenten sind Leibrenten, die auf eine bestimmte Höchstzeit beschränkt sind und daher gelegentlich auch als Höchstzeitrenten bezeichnet werden.

Beispiel:

A gewährt an B eine lebenslängliche Rente mit der Maßgabe, daß sie höchstens 15 Jahre lang gezahlt werden soll.

Stirbt B vor Ablauf der zeitlichen Befristung, endet die Rentenleistung mit seinem Tode. Überlebt B die zeitliche Begrenzung, so endet die Rente mit Ablauf von 15 Jahren.

Verlängerte Leibrenten (Mindestzeitrenten) sind Renten, die im Fall des Todes der Person, von deren Lebenszeit die Dauer der Rente abhängt, dann nicht erlöschen, wenn der Tod innerhalb der Mindestzeit eintritt. Während der Mindestzeit geht der Rentenanspruch auf die Erben über.

Beispiel:

A gewährt dem B eine lebenslängliche Rente mit der Maßgabe, daß sie mindestens 20 Jahre läuft.

Stirbt B vor Ablauf der zeitlichen Begrenzung, so geht der Rentenanspruch auf seine Erben über, die bis zum Ablauf der 20 Jahre noch Rentenbezüge erhalten. Überlebt B aber die zeitliche Begrenzung, so erlischt der Rentenanspruch erst mit seinem Tode.

Eine Leibrente kann auch gleichzeitig durch eine Mindest- und eine Höchstzeit begrenzt sein.

Beispiel:

A gewährt dem B eine lebenslängliche Rente mit der Maßgabe, daß sie mindestens 10 Jahre und längstens 20 Jahre laufen soll.

Stirbt B innerhalb der Mindestzeit, so geht der Rentenanspruch auf seine Erben über, die bis zum Ablauf der 10 Jahre noch Rentenbezüge erhalten. Überlebt B die Mindestzeit, so erlischt der Rentenanspruch mit seinem Tod, spätestens aber nach Ablauf von 20 Jahren.

5.11.2.4 Abgrenzung der Leibrenten von den sonstigen wiederkehrenden Bezügen

Bei den Leibrenten gehört nach § 22 Nr. 1 Buchst. a EStG nur der sogenannte Ertragsanteil, d. h. der sich als Ertrag des Rentenrechts darstellende Betrag, zu den wiederkehrenden Bezügen, während die sonstigen wiederkehrenden Bezüge einschließlich der Zeitrenten in voller Höhe zu erfassen sind (vgl. BFH, BStBl 1981 II S. 358). Der Abgrenzung der Leibrenten von den sonstigen wiederkehrenden Bezügen kommt daher steuerlich besondere Bedeutung zu.

Die Annahme einer privatrechtlichen Leibrente setzt voraus, daß die Merkmale des oben angeführten Leibrentenbegriffs sämtlich erfüllt sind.

Die zu erbringenden **Leistungen** müssen zunächst **in Geld oder anderen vertretbaren Sachen** bestehen. Werden Leistungen anderer Art erbracht, ist das Vorliegen einer (Leib-)Rente schon aus diesem Grunde zu verneinen.

Eine (Leib-)Rente liegt ferner nur vor, wenn die Leistungen regelmäßig, d. h. in regelmäßigen Zeitabständen (z. B. monatlich, vierteljährlich, halbjährlich oder jährlich), wiederkehren.

Das Vorliegen einer (Leib-)Rente kann vor allem auch nur dann bejaht werden, wenn **gleichmäßige, d. h. der Art und der Höhe nach festgelegte Leistungen** zu erbringen sind. Dieses Begriffsmerkmal bereitet in der Praxis erhebliche Abgrenzungsschwierigkeiten, weil die Rechtsprechung im Hinblick auf die regelmäßig langen Laufzeiten von Rentenrechten nicht davon ausgehen konnte, daß die Leistungen auch der Höhe nach von vornherein für die gesamte Laufzeit der Rente festgelegt sein müssen.

Der Annahme einer Rente kann zunächst nicht entgegenstehen, daß die Rentenleistungen bei Wegfall der Geschäftsgrundlage gemäß § 242 BGB der Höhe nach verändert werden können bzw. müssen. Das Vorliegen einer Rente ist damit aber auch dann zu bejahen, wenn die Abänderung der Höhe der Rentenleistungen bei Wegfall der Geschäftsgrundlage von vornherein ausdrücklich im Vertrag vereinbart wird (BFH, BStBl 1967 III S. 668).

Auch in anderen Fällen kann das Vorliegen einer Rente in der Regel nicht deshalb verneint werden, weil die Rentenleistungen nachträglich herabgesetzt oder erhöht werden. Nachträgliche Herabsetzungen oder Erhöhungen der Rentenleistungen können damit der Annahme einer Rente auch dann nicht entgegenstehen, wenn die späteren Änderungen von vornherein vertraglich vereinbart worden sind.

Beispiele:

a) A gewährt den Eheleuten B eine monatliche Rente in Höhe von 2000 DM. Nach dem Ableben eines Ehegatten soll sich die dem überlebenden Ehegatten zu zahlende Rente vereinbarungsgemäß auf 1200 DM im Monat ermäßigen.

Gegen die Gleichmäßigkeit der vereinbarten Rentenleistungen bestehen keine Bedenken (vgl. auch BFH, BStBl 1983 II S. 99, 101).

b) A gewährt dem B eine lebenslängliche Rente von monatlich 1000 DM mit der Maßgabe, daß sie nach Ablauf von 10 Jahren auf monatlich 600 DM ermäßigt wird.

Die Gleichmäßigkeit der vereinbarten Rentenzahlungen ist auch in diesem Fall zu bejahen.

Wenn die Leistungen der Höhe nach vereinbarungsgemäß laufenden Änderungen unterliegen oder unterliegen können, ist das Vorliegen gleichmäßiger Leistungen jedoch stets zu verneinen.

Beispiel:

A hat seinem Onkel B einen lebenslänglichen Unterhaltszuschuß von monatlich 1000 DM zugesagt. Der Zuschuß soll sich nach den getroffenen Vereinbarungen jedoch um den Betrag mindern, um den die eigenen Einkünfte des B aus Vermietung und Verpachtung den Betrag von 6000 DM jährlich überschreiten.

Die vereinbarten Leistungen können nicht als gleichmäßig angesehen werden.

Der Annahme von gleichmäßigen Leistungen steht jedoch ausnahmsweise nicht entgegen, wenn die vereinbarten Leistungen der Höhe nach nur von Einnahmen des Berechtigten abhängen, die als solche als Rentenleistungen anzuerkennen sind (BFH, BStBl 1981 II S. 265).

Beispiel:

A hat seinem Onkel B einen lebenslänglichen Unterhaltszuschuß von monatlich 2000 DM zugesagt. Auf den zugesagten Zuschuß soll jedoch eine dem B zustehende Sozialversicherungsrente in ihrer jeweiligen Höhe angerechnet werden. A hat dem B damit jeweils nur den Unterschiedsbetrag zwischen den ihm zugeflossenen Rentenbeträgen und dem zugesagten Betrag von 2000 DM zu zahlen.

Da die dem B zustehende Sozialversicherungsrente als Leibrente anzuerkennen ist, sind die von A zu erbringenden Leistungen ebenfalls als gleichmäßige Leistung anzusehen.

Zu verneinen ist die Gleichmäßigkeit der Leistungen auch dann, wenn sie der Höhe nach in anderer Weise von der Bedürftigkeit des Berechtigten oder der Leistungsfähigkeit des Verpflichteten abhängen.

Ob die Leistungen nach Maßgabe der Leistungsfähigkeit des Verpflichteten und des Unterhaltsbedürfnisses des Berechtigten abänderbar sind, ist den von den Beteiligten getroffenen Vereinbarungen zu entnehmen. Sind ausdrückliche Vereinbarungen insoweit nicht getroffen, so muß unter Berücksichtigung der Interessenlage der Beteiligten im Wege der Auslegung entschieden werden, ob die Leistungen entsprechend abänderbar sind oder nicht. Dabei ist zu unterscheiden zwischen reinen Unterhaltsverträgen und Verträgen, durch die nicht unbedeutende Vermögenswerte gegen wiederkehrende Natural- oder Geldleistungen im Wege der vorweggenommenen Erbfolge übertragen werden (vgl. BFH, BStBl 1975 II S. 881).

Bei reinen **Unterhaltsverträgen,** die keine oder nur eine unwesentliche Gegenleistung vorsehen, kann die Gleichmäßigkeit der vereinbarten Leistungen nur bejaht werden, wenn sich aus dem Vertragsinhalt eindeutig ergibt, daß die Leistungen ohne Rücksicht auf die künftigen wirtschaftlichen und persönlichen Verhältnisse der Beteiligten erbracht werden sollen, daß somit auf eine Abänderung der vereinbarten Leistungen verzichtet worden ist (BFH, BStBl 1974 II S. 103 und 1975 II S. 881). Ein Verzicht auf die Abänderung der vereinbarten Leistungen wird im allgemeinen anzunehmen sein, wenn die Anwendung der Vorschrift des § 323 ZPO ausgeschlossen worden ist.

Werden nicht unbedeutende **Vermögenswerte gegen Gewährung von Natural- oder Geldleistungen übertragen,** wird die Gleichmäßigkeit der vereinbarten Leistungen im allgemeinen schon dann zu bejahen sein, wenn die getroffenen Vereinbarungen die Abänderbarkeit der Leistungen nicht eindeutig vorsehen. Daß die Leistungen nach den getroffenen Vereinbarungen für den Unterhalt des Berechtigten bestimmt sind, reicht nicht aus, um in derartigen Fällen die jederzeitige Abänderbarkeit der Leistungen zu bejahen. Die jederzeitige Abänderbarkeit ist jedoch grundsätzlich als eindeutig vereinbart anzusehen, wenn die Änderungsmöglichkeiten des § 323 ZPO ausdrücklich vorbehalten sind. Dabei genügt bereits die bloße Bezugnahme auf die Vorschrift des § 323 ZPO (BFH, BStBl 1981 II S. 26). Eine nachträgliche Aufnahme des Änderungsvorbehalts nach § 323 ZPO reicht allerdings nicht aus, um die Gleichmäßigkeit von Anfang an rückwirkend zu verneinen.

Bei **Geldleistungen** ist die Gleichmäßigkeit der Leistungen auch dann zu bejahen, wenn die zu zahlenden Beträge in ihrer absoluten Höhe Schwankungen unterliegen, der wirtschaftliche Wert der Leistungen durch diese Schwankungen jedoch unberührt bleibt. Auch wenn von vornherein eine Anpassung der zu leistenden Beträge an geänderte Kaufkraftverhältnisse vorgesehen ist, sind die vereinbarten Leistungen daher noch als gleichmäßig anzusehen, wenn durch die vereinbarte sogenannte Währungsklausel lediglich sichergestellt werden soll, daß der wirtschaftliche Wert der Leistungen erhalten bleibt. Dies ist der Fall, wenn die Währungsklausel an eine entsprechende Bezugsgröße geknüpft ist. Die Gleichmäßigkeit der vereinbarten Leistungen bleibt danach gewahrt, wenn die Währungsklausel auf die folgenden Bezugsgrößen abstellt:

– Gehalt der Beamten einer bestimmten Besoldungsgruppe und Dienstaltersstufe (BFH, BStBl 1963 III S. 594 und 1975 II S. 730)

– Bruttojahresarbeitsentgelt für Versicherte in der Rentenversicherung der Arbeiter und Angestellten bzw. die allgemeine Bemessungsgrundlage für neu eintretende Versicherungsfälle in den vorbezeichneten Versicherungen (vgl. auch BFH, BStBl 1968 II S. 262)

– Lebenshaltungskostenindex

Das Vorliegen einer privatrechtlichen (Leib-)Rente setzt schließlich voraus, daß sich die Leistungen als **Erträge eines auf begrenzte Zeit eingeräumten Grund- oder Stammrechts** darstellen.

Ein Grund- oder Stammrecht in diesem Sinne ist nur anzunehmen, wenn der Berechtigte einen rechtswirksamen, rechtlich erzwingbaren Anspruch auf die einzelnen Leistungen hat und dieser Anspruch für die gesamte Zeit seines Bestehens so ausgestaltet ist, daß die einzelnen Leistungen weder von einer Bedingung abhängig sind noch im Zusammenhang mit einer Gegenleistung des Berechtigten stehen (vgl. BFH, BStBl 1967 III S. 179 und 1975 II S. 630).

Beispiele:

a) Die Stadt L zahlt dem A, dessen Vater bei einem Verkehrsunfall tödlich verunglückte, unter Anerkennung einer Amtshaftpflichtverletzung gemäß § 844 BGB eine Rente.

Eine (Leib-)Rente liegt nicht vor, weil die zugesagte „Rente" in ihrer Höhe und in ihrer Dauer von der Unterhaltsbedürftigkeit des A abhängt (BFH, BStBl 1979 II S. 133, 134).

b) Die X-GmbH hat dem langjährig für sie als Handelsvertreter tätig gewesenen B rechtswirksam eine lebenslängliche „Altersrente" in Höhe von monatlich 1000 DM zugesagt. Nach den getroffenen Vereinbarungen hängt die Zahlung dieser Beträge jedoch davon ab, daß B auch in Zukunft die Interessen der GmbH wahrt und alles unterläßt, was ihr Schaden zufügen könnte.

Mangels eines Grund- oder Stammrechts liegt eine (Leib-)Rente nicht vor, weil die einzelnen Leistungen von der Beachtung der Treueklausel abhängen (BFH, BStBl 1975 II S. 630, 631).

Der Annahme einer Rente steht jedoch grundsätzlich nicht entgegen, wenn das Grund- oder Stammrecht selbst an eine Bedingung geknüpft ist (BFH, BStBl 1981 II S. 265 und 1975 II S. 630, 631).

Beispiel:

A hat sich seiner geschiedenen Ehefrau B gegenüber zur Zahlung einer monatlichen Leibrente von 1000 DM verpflichtet. Die Leibrente soll jedoch entfallen, wenn B eine neue Ehe eingeht.

Die auflösende Bedingung bezieht sich auf das Grund- oder Stammrecht und ist daher unschädlich.

Das Grund- oder Stammrecht muß auf begrenzte Zeit eingeräumt sein.

Für welchen Zeitraum das Grund- oder Stammrecht eingeräumt sein muß, um eine Zeitrente annehmen zu können, kann zweifelhaft erscheinen. Für die Besteuerung des Berechtigten kommt es auf diese Frage jedoch nicht an, weil eine Zeitrente beim Berechtigten nicht anders behandelt wird als sonstige wiederkehrende Bezüge.

Leistungen, deren Laufzeit allein von der Lebensdauer eines Menschen abhängen, sind – das Vorliegen der übrigen Voraussetzungen unterstellt – stets als Leibrenten anzusehen. Welche Lebenserwartung der Person zuzubilligen ist, von deren Lebensdauer die Rentenleistungen abhängen, ist dabei ohne Bedeutung. Bei abgekürzten Leibrenten stellt sich jedoch die Frage, für welchen Zeitraum die Leistungen zugesagt sein müssen, um eine Leibrente annehmen zu können. Im Schrifttum wird überwiegend gefordert, daß die Rentenleistungen für einen Zeitraum von mindestens 10 Jahren zugesagt werden müssen, um das Vorliegen einer (abgekürzten) Leibrente zu bejahen. Diese Auffassung stützt sich auf die zu den §§ 9 und 10 EStG ergangene Rechtsprechung des BFH und verkennt, daß der Begriff der Leibrente i. S. des § 22 Nr. 1 EStG durchaus nicht in gleicher Weise ausgelegt werden muß. Auch die EStR haben sich dementsprechend nicht für eine uneingeschränkte Anwendung der Mindestlaufzeit von 10 Jahren ausgesprochen. Nach Abschn. 167 Abs. 6 Satz 2 EStR soll die Mindestlaufzeit von 10 Jahren lediglich gelten, wenn das Rentenstammrecht ohne Gegenleistung begründet worden ist.

Bei verlängerten Leibrenten beeinträchtigt eine vereinbarte Mindestzeit von weniger als 10 Jahren den Leibrentencharakter der Rente unbestritten nicht.

5.11.2.5 Einschränkung der Besteuerung wiederkehrender Bezüge nach § 22 Nr. 1 Satz 2 EStG

Werden wiederkehrende Bezüge freiwillig oder aufgrund einer freiwillig begründeten Rechtspflicht oder werden sie einer gesetzlich unterhaltsberechtigten Person gewährt, so sind sie nach § 22 Nr. 1 Satz 2 EStG nicht dem Empfänger zuzurechnen, wenn der Geber unbeschränkt steuerpflichtig ist.

Durch diese Regelung soll offensichtlich der Tatsache Rechnung getragen werden, daß freiwillige Zuwendungen, Zuwendungen aufgrund einer freiwillig begründeten Rechtspflicht und Zuwendungen an eine gegenüber dem Steuerpflichtigen oder seinem Ehegatten gesetzlich unterhaltsberechtigte Person nach § 12 Nr. 2 EStG nicht abgezogen werden dürfen. Der Zweck der Vorschrift des § 22 Nr. 1 Satz 2 EStG besteht somit darin, eine doppelte steuerliche Belastung im Inland zu vermeiden; dadurch wird die Steuerpflicht wiederkehrender Bezüge erheblich eingeschränkt (BFH, BStBl 1979 II S. 133).

Ist der **Geber unbeschränkt einkommen- oder körperschaftsteuerpflichtig,** bleiben danach beim Empfänger nur die wiederkehrenden Bezüge außer Ansatz, die beim Geber dem Abzugsverbot des § 12 Nr. 2 EStG für freiwillige Zuwendungen, Zuwendungen aufgrund einer freiwillig begründeten Rechtspflicht und Zuwen-

dungen an eine ihm oder seinem Ehegatten gegenüber gesetzlich unterhaltsberechtigte Person unterliegen (BFH, BStBl 1974 II S. 10).

Zu der Frage, unter welchen Voraussetzungen und in welchem Umfang das
Abzugsverbot des § 12 Nr. 2 EStG eingreift, wird auf die Ausführungen zu dieser
Vorschrift unter 4.5.3 verwiesen.

Dem Empfänger sind dagegen zuzurechnen Bezüge von einer persönlich steuerfreien Körperschaft, wenn sie außerhalb der Erfüllung der steuerbegünstigten
Zwecke gewährt werden (§ 22 Nr. 1 Satz 2 EStG). Durch diese, seit 1986 geltende
Regelung soll die doppelte Belastung mit inländischer Steuer ausgeschlossen
werden (vgl. BFH, BStBl 1988 II S. 344).

Ist der **Geber nicht unbeschränkt steuerpflichtig,** hat der Empfänger die wiederkehrenden Bezüge in jedem Fall zu versteuern, da die Vorschrift des § 22 Nr. 1
Satz 2 EStG in diesen Fällen nicht anwendbar ist.[16] Aus welchen Mitteln diese
Bezüge stammen, ist ohne Bedeutung (BFH, BStBl 1974 II S. 101). Selbst wenn
die Bezüge aus Mitteln stammen, die der Besteuerung im Inland unterlegen
haben, sind sie vom Empfänger zu versteuern.

Beispiel:

Ein beschränkt Einkommensteuerpflichtiger überläßt seiner von ihm geschiedenen
Ehefrau aus Unterhaltsgründen die Erträgnisse aus einem ihm gehörenden Mietwohngrundstück im Inland.

Der Stpfl. unterliegt mit seinen Einkünften aus Vermietung und Verpachtung im
Inland der beschränkten Einkommensteuerpflicht nach Maßgabe der §§ 49, 50 EStG.
Die der geschiedenen Ehefrau zufließenden Erträgnisse sind bei ihr zusätzlich als
wiederkehrende Bezüge nach § 22 Nr. 1 EStG steuerpflichtig.

5.11.2.6 Beim Empfänger zu erfassende Bezüge

Greift die Vorschrift des § 22 Nr. 1 Satz 2 EStG nicht ein, so sind beim Empfänger
alle wiederkehrenden Bezüge steuerlich zu erfassen, soweit sie nicht ausdrücklich
für steuerfrei erklärt sind.

Für steuerfrei erklärt sind in § 3 EStG insbesondere die folgenden Bezüge:

– Renten aus der gesetzlichen Unfallversicherung, auch wenn sie an nach § 545
  RVO freiwillig Versicherte und an Hinterbliebene gezahlt werden (§ 3 Nr. 1
  EStG, Abschn. 6 Nr. 1 EStR). Die Steuerfreiheit kann auch für Leistungen aus
  einer ausländischen Unfallversicherung in Betracht kommen (BFH, BStBl 1959
  III S. 462);

---

16 Für Unterhalts-, Schul- oder Studiengelder, die im Geltungsbereich des EStG wohnende oder sich
    aufhaltende ausländische Studenten oder Schüler einer deutschen Hochschule oder einer anderen
    Lehranstalt bzw. ausländische Praktikanten von ihren im Ausland ansässigen Angehörigen erhalten,
    ist in Abschn. 166 EStR jedoch eine Billigkeitsregelung getroffen worden. Soweit diese Bezüge nicht
    bereits aufgrund eines Doppelbesteuerungsabkommens außer Ansatz zu lassen sind, sind sie aus
    Billigkeitsgründen nicht zur Einkommensteuer heranzuziehen, wenn die Empfänger nur zu Zwecken
    ihrer Aus- oder Fortbildung im Geltungsbereich des EStG wohnen oder sich aufhalten und auf die
    Bezüge überwiegend angewiesen sind.

- Leistungen aus einer Krankenversicherung (§ 3 Nr. 1 EStG);
- Kinderzuschüsse aus der gesetzlichen Rentenversicherung, die für Bezugszeiten nach dem 30. 6. 1977 gewährt werden;
- Versorgungsbezüge an Wehrdienstbeschädigte und Ersatzdienstbeschädigte oder ihre Hinterbliebenen, Kriegsbeschädigte, Kriegshinterbliebene und ihnen gleichgestellte Personen, soweit es sich nicht um Bezüge handelt, die aufgrund der Dienstzeit gewährt werden (§ 3 Nr. 6 EStG);
- Ausgleichsleistungen nach dem LAG, Leistungen nach dem Gesetz über Hilfsmaßnahmen für Deutsche aus der sowjetischen Besatzungszone Deutschlands und dem sowjetisch besetzten Sektor von Berlin vom 15. 7. 1965 (BGBl 1965 I S. 612) und Leistungen nach dem Reparationsschädengesetz, z. B. Kriegsschadenrente, Entschädigungsrente, Unterhaltshilfe (§ 3 Nr. 7 EStG, Abschn. 6 Nr. 4 EStR);
- Wiedergutmachungsrenten, also Geldrenten, die aufgrund gesetzlicher Vorschriften zur Wiedergutmachung nationalsozialistischen Unrechts gewährt werden (§ 3 Nr. 8 EStG);
- Fürsorgerenten und sonstige Bezüge i. S. des § 3 Nr. 11 EStG;
- Vorzugsrenten aufgrund des Gesetzes über die Ablösung öffentlicher Anleihen (§ 3 Nr. 14 EStG);
- laufende Zuwendungen eines früheren alliierten Besatzungssoldaten an seine im Geltungsbereich des Grundgesetzes ansässige Ehefrau, soweit sie auf diese Zuwendungen angewiesen ist (§ 3 Nr. 49 EStG).

Beim Empfänger zu erfassende wiederkehrende Bezüge sind, wenn und soweit sie nicht ausnahmsweise für steuerfrei erklärt sind, grundsätzlich in voller Höhe als Einnahmen zu erfassen. Eine Ausnahmeregelung ist in § 22 Nr. 1 Satz 3 Buchst. a EStG lediglich für Leibrenten getroffen worden. Leibrenten gehören danach nur insoweit zu den wiederkehrenden Bezügen, als in den einzelnen Bezügen Erträge des Rentenrechts enthalten sind.

Die in § 22 Nr. 1 Satz 3 Buchst. a EStG getroffene Ausnahmeregelung gilt auch für abgekürzte und grundsätzlich auch für verlängerte Leibrenten. Ob das Rentenrecht entgeltlich oder unentgeltlich erworben worden ist, ist ohne Bedeutung. Auch unentgeltlich erworbene Leibrenten sind daher lediglich mit ihrem Ertragsanteil zu erfassen (BFH, BStBl 1970 II S. 807).

Im Hinblick auf die in § 22 Nr. 1 Satz 3 Buchst. a EStG getroffene Ausnahmeregelung für Leibrenten kommt der Abgrenzung der Leibrenten von den übrigen wiederkehrenden Bezügen, insbesondere von den dauernden Lasten, besondere Bedeutung zu.

5.11.2.7 Besteuerung privater Leibrenten i. S. des § 22 Nr. 1 Buchst. a EStG

Private Leibrenten sind steuerlich nicht mit dem vollen Rentenbetrag, sondern nur mit dem darin enthaltenen **Ertragsanteil** als sonstige Einnahmen zu erfassen. Die Rentenbeträge sind daher aufzuteilen in nichtsteuerpflichtigen Rückfluß des

Kapitals und die daraus erzielten Erträge (den sogenannten Ertragsanteil). Das ergibt sich aus der Überlegung, daß für den Erwerb des Rentenstammrechts im Regelfall Aufwendungen gemacht wurden, die ganz oder teilweise zurückfließen. Diese Aufteilung galt und gilt auch für Renten aus der gesetzlichen Rentenversicherung. Auch nach der Umstellung der Sozialversicherung auf das reine Umlageverfahren hat der Gesetzgeber an dieser Aufteilung festgehalten. Im Hinblick auf die abweichende Behandlung der Beamtenpensionen hat das BVerfG (BStBl 1980 II S. 545) dem Gesetzgeber jedoch die Verpflichtung auferlegt, die Besteuerung der Sozialversicherungsrenten und der Beamtenpensionen zur Beseitigung von Ungleichheiten neu zu regeln. Dieser Verpflichtung ist der Gesetzgeber allerdings bislang noch nicht nachgekommen.

Die Schwierigkeiten, den Kapitalanteil einer Rente zu bestimmen, führten zu einer gesetzlich bindenden pauschalierten Aufteilung von Kapitalanteil und Ertragsanteil. Als Ertrag des Rentenrechts gilt nach § 22 Nr. 1 Satz 3 Buchst. a Satz 2 EStG für die gesamte Dauer des Rentenbezugs der Unterschied zwischen dem Jahresbetrag der Rente und dem Betrag, der sich bei gleichmäßiger Verteilung des Kapitalwerts der Rente auf ihre voraussichtliche Laufzeit ergibt; dabei ist der Kapitalwert nach dieser Laufzeit zu berechnen.

Der Berechnung lagen bis zum Veranlagungszeitraum 1981 die Sterbetafeln 1949/51 und ein Zinsfuß von 4 v. H. zugrunde. Mit Wirkung vom Veranlagungszeitraum 1982 sind die Ertragsanteile unter Zugrundelegung der Allgemeinen Deutschen Sterbetafeln 1970/72 für männliche Personen und eines Zinsfußes von 5,5 v. H. neu berechnet worden.

Der Ertragsanteil ergibt sich für Leibrenten ohne zeitliche Befristung aus der Tabelle des § 22 Nr. 1 Satz 3 Buchst. a EStG. Maßgebend ist das bei **Beginn der Rente vollendete Lebensjahr** des Rentenberechtigten bzw. der Person, von deren Lebenszeit die Rentendauer des Rentenberechtigten abhängt (§ 55 Abs. 1 EStDV). Bei Renten, die bereits vor dem 1. Januar 1955 zu laufen begonnen haben (vor der gesetzlichen Neuregelung der Besteuerung privater Leibrenten), richtet sich der Ertragsanteil nach dem vor dem 1. Januar 1955 vollendeten Lebensjahr des Rentenberechtigten (bzw. der lebensabhängigen Person). Bei abgekürzten Leibrenten ist die Tabelle des § 55 Abs. 2 EStDV anzuwenden.

Unter Beginn des Rentenbezugs ist grundsätzlich der Zeitpunkt zu verstehen, in dem der Rentenanspruch entstanden ist (BFH, BStBl 1981 II S. 155). Auf den Zeitpunkt der Geltendmachung des Rentenanspruchs kommt es insoweit ebensowenig an wie auf den Zeitpunkt der Fälligkeit der ersten Rentenzahlung und deren Zuflußzeitpunkt. Auch bei Rentennachzahlungen ist damit der Zeitpunkt maßgebend, in dem der Rentenanspruch entstanden ist.

Beispiele:

a) A erhält ab 1. 7. 1986 von B eine lebenslängliche Rente von monatlich 800 DM. Bei Beginn der Rente hatte A sein 58. Lebensjahr vollendet.

Der Ertragsanteil der Rente berechnet sich nach der Tabelle des § 22 Nr. 1 Satz 3 Buchst. a EStG für 1987 auf (32 v. H. von 9600 DM =) 3072 DM und für 1986 auf (32 v. H. von 4800 DM =) 1536 DM.

b) A, geboren am 1. 7. 1900, erhält ab 1. 10. 1950 von B eine lebenslängliche Rente von monatlich 800 DM.

A hatte vor dem 1. 1. 1955 das 54. Lebensjahr vollendet. Vom Veranlagungszeitraum 1982 an ist ein Ertragsanteil in Höhe von (36 v. H. von 9600 DM =) 3456 DM anzusetzen.

Setzt der Beginn des Rentenbezugs die Vollendung eines bestimmten Lebensjahres der Person voraus, von deren Lebenszeit die Dauer der Rente abhängt, und wird die Rente schon vom Beginn des Monats an gewährt, in dem die Person das bestimmte Lebensjahr vollendet hat, so ist dieses bei der Ermittlung des Ertragsanteils nach § 22 Nr. 1 Satz 3 Buchst. a EStG zugrunde zu legen (Abschn. 167 Abs. 5 EStR).

Steht die Rente nur einer Person zu (z. B. dem Ehemann) und erhält eine andere Person (z. B. die Ehefrau) nur für den Fall eine Rente, daß sie die erste Person überlebt, so liegen zwei Renten vor, von denen die letztere aufschiebend bedingt ist. Dieser Fall ist z. B. bei den Hinterbliebenenrenten und Waisenrenten aus den gesetzlichen Rentenversicherungen der Arbeiter und Angestellten gegeben (Abschn. 167 Abs. 9 EStR).

Beispiel:

A hat seit der Vollendung seines 65. Lebensjahres ein Altersruhegeld aus der gesetzlichen Rentenversicherung in Höhe von monatlich 1000 DM bezogen.

Nach seinem Tode erhält seine Ehefrau aus diesem Versicherungsverhältnis eine Hinterbliebenenrente von monatlich 600 DM. Die Ehefrau war im Zeitpunkt des Beginns ihrer Rente 70 Jahre alt.

Der Ertragsanteil eines Jahresbezugs der Rente für den Ehemann beträgt (24 v. H. von 12 000 DM =) 2880 DM. Nach seinem Tode beträgt der Ertragsanteil eines Jahresbezugs für die Rente der Ehefrau (19 v. H. von 7200 DM =) 1368 DM.

Hängt die Dauer einer Leibrente von der Lebenszeit mehrerer Personen ab, so ist das bei Beginn der Rente vollendete Lebensjahr der ältesten Person maßgebend, wenn das Rentenrecht mit dem Tod des zuerst Sterbenden erlischt. Erlischt das Rentenrecht mit dem Tod des zuletzt Sterbenden, so ist das Lebensjahr maßgebend, das die jüngste Person bei Rentenbeginn vollendet hatte (§ 55 Abs. 1 Nr. 3 EStDV).

Beispiele:

a) A gewährt den Ehegatten B und C gemeinsam ab 1. 1. dieses Jahres eine lebenslängliche Rente von monatlich 1000 DM mit der Maßgabe, daß die Rente mit dem Tod des zuletzt Sterbenden erlischt. B war zu Beginn dieses Jahres 56 Jahre und C 49 Jahre alt.

Der Ertragsanteil des Jahresbezugs der Rente berechnet sich nach dem Lebensalter der jüngsten Person mit 42 v. H. von 12 000 DM = 5040 DM (§ 55 Abs. 1 Nr. 3 EStDV).

b) Beispiel wie vorstehend zu a) mit dem Unterschied, daß die Rente mit dem Tode des zuerst Sterbenden erlischt.

Der Ertragsanteil eines Jahresbezugs der Rente berechnet sich nach dem Lebensalter der ältesten Person mit 34 v. H. von 12 000 DM = 4080 DM.

Hängt die Dauer einer Leibrente von der Lebenszeit mehrerer Personen ab und wird sie beim Ableben des zuerst Sterbenden herabgesetzt, so ist bei der

Ermittlung des Grundbetrags der Rente, d. h. des Betrags, auf den sie später ermäßigt wird, das Lebensjahr der jüngsten Person zugrunde zu legen. Für den Ertragsanteil des über den Grundbetrag hinausgehenden Rententeils ist das Lebensjahr der ältesten Person maßgebend (Abschn. 167 Abs. 10 EStR).

Beispiele:

a) A gewährt den Ehegatten B und C gemeinsam ab 1. 1. dieses Jahres eine lebenslängliche Rente von monatlich 2000 DM mit der Maßgabe, daß sich die Rentenbezüge beim Ableben des zuerst Sterbenden auf monatlich 1500 DM ermäßigen. Alter des Ehemanns zu Rentenbeginn 61 Jahre, Alter der Ehefrau zu Rentenbeginn 56 Jahre.

Ertragsanteil des Grundbetrags: 34 v. H. von 18 000 DM   = 6120 DM
Ertragsanteil des Mehrbetrags: 28 v. H. von 6000 DM   = 1680 DM
         zusammen   7800 DM

Bis zum Tod des zuerst Sterbenden beträgt der jährliche Ertragsanteil (6120 DM + 1680 DM =) 7800 DM. Nach dem Tod des zuerst Sterbenden beträgt der Ertragsanteil der Rente noch 6120 DM (Abschn. 167 Abs. 10 EStR).

b) Ein Steuerpflichtiger veräußert ein zu seinem Privatvermögen gehörendes Mietwohngrundstück gegen Zusage

1. einer Leibrente von jährlich 10 000 DM an den Veräußerer (75 Jahre alt) und
2. einer Leibrente an den Sohn des Veräußerers (46 Jahre alt), beginnend mit dem Ableben des Veräußerers in Höhe von 5000 DM.

Die Ertragsanteilsberechnung ist in sinngemäßer Anwendung der Grundsätze des Abschn. 167 Abs. 9 und 10 EStR vorzunehmen. Danach errechnet sich der Ertragsanteil nach dem Alter des Sohnes für einen Jahresbezug von 5000 DM mit 45 v. H. von 5000 DM = 2250 DM, zuzüglich des Ertragsanteils für den darüber hinausgehenden Betrag von 5000 DM nach dem Alter des Veräußerers mit 14 v. H. von 5000 DM = 700 DM. Der Ertragsanteil eines Jahresbezugs beträgt somit zu Lebzeiten des Veräußerers (2250 DM + 700 DM =) 2950 DM und nach dem Tod des Veräußerers für die Rente des Sohnes 2250 DM (BFH, BStBl 1964 III S. 8).

Der **Ertragsanteil von abgekürzten Leibrenten** ist nach § 55 Abs. 2 Satz 1 EStDV nach der Lebenserwartung unter Berücksichtigung der zeitlichen Begrenzung zu ermitteln. Liegt die Lebenserwartung der Person, auf deren Lebenszeit die Rente abstellt, über der maßgebenden Höchstzeit, so ist der Ertragsanteil damit ebenfalls aus der Tabelle in § 22 Nr. 1 Satz 3 Buchst. a EStG zu entnehmen. Ist dies nicht der Fall, ist der Ertragsanteil anzusetzen, der sich aus der Tabelle des § 55 Abs. 2 EStDV ergibt. Bei abgekürzten Leibrenten kommt somit immer der niedrigste Ertragsanteil zum Ansatz, der sich aus einem Vergleich der Tabellen des § 22 Nr. 1 Satz 3 Buchst. a EStG und des § 55 Abs. 2 EStDV ergibt. Auch für die Anwendung der Tabelle des § 55 Abs. 2 EStDV ist zu beachten, daß die Laufzeit ab 1. 1. 1955 zu berechnen ist, falls die Rente vor diesem Zeitpunkt zu laufen begonnen hat.

Beispiel:

A erhält von B eine lebenslängliche Rente mit der Maßgabe, daß sie höchstens 20 Jahre läuft. A ist bei Beginn der Rente

a) 55 Jahre   b) 60 Jahre   c) 65 Jahre alt.

Im **Fall a)** ist der Ertragsanteil der Tabelle des § 55 Abs. 2 EStDV zu entnehmen, weil A zu Beginn der Rente das 60. Lebensjahr noch nicht vollendet hatte. Er beträgt 31 v. H.

Im **Fall b)** ist der Ertragsanteil nach der Tabelle des § 22 Nr. 1 Satz 3 Buchst. a EStG zu ermitteln, da A zu Beginn der Rente bereits das 60. Lebensjahr vollendet hatte und sich daher aus der Tabelle des § 55 Abs. 2 EStDV ein höherer Vomhundertsatz ergeben würde. Der Ertragsanteil beträgt 29 v. H.

Im **Fall c)** ist der Ertragsanteil ebenfalls der Tabelle des § 22 Nr. 1 Satz 3 Buchst. a EStG zu entnehmen, weil A zu Beginn der Rente schon über 60 Jahre, nämlich 65 Jahre alt war. Es ergibt sich ein Ertragsanteil von 24 v. H.

Bemißt sich die festgelegte Höchstzeit bei einer abgekürzten Leibrente nicht auf volle Jahre, so ist nach Abschn. 167 Abs. 6 Satz 14 EStR bei Anwendung der Tabelle des § 55 Abs. 2 EStDV die Laufzeit aus Vereinfachungsgründen auf volle Jahre auf- bzw. abzurunden. Eine Aufrundung kommt in Betracht, wenn der Jahresbruchteil mehr als $^6/_{12}$ beträgt.

Beispiel:
Der am 1. 9. 1970 geborene A ist Vollwaise und erhält seit dem 1. 12. 1976 eine Waisenrente von monatlich 200 DM, die längstens bis zur Vollendung des 18. Lebensjahres läuft.
Die Laufzeit der Rente (1. 12. 1976 bis 31. 8. 1988) beträgt 11 Jahre und 9 Monate, so daß aus Vereinfachungsgründen von einer Laufzeit von 12 Jahren ausgegangen werden kann. Der Ertragsanteil der Rente ist seit 1982 mit jeweils 21 v. H. anzusetzen.

Berufs- und Erwerbsunfähigkeitsrenten der gesetzlichen Rentenversicherung sind stets als abgekürzte Leibrenten anzusehen. Für die Bemessung ihrer Laufzeit ist davon auszugehen, daß mit Vollendung des 65. Lebensjahrs die Umwandlung in das Altersruhegeld oder die Regelaltersrente erfolgt. Ergibt sich hiernach ein höherer Ertragsanteil als bisher, so ist er erstmals für den VZ 1990 zugrunde zu legen. Wird eine Berufs- oder Erwerbsunfähigkeitsrente vor Vollendung des 65. Lebensjahrs in ein vorzeitiges Altersruhegeld umgewandelt, ist in allen noch offenen Fällen die Laufzeit bis zum Umwandlungszeitpunkt maßgebend. Bei über das 65. Lebensjahr hinaus geleisteten Berufs- oder Erwerbsunfähigkeitsrenten bemißt sich der Ertragsanteil nach der Laufzeit, die sich ergibt, wenn die Renten bis zum 31. 12. 1991 gezahlt würden. Nach diesem Zeitpunkt werden diese Renten als Regelaltersrenten geleistet. Werden über das 65. Lebensjahr hinaus bezogene Berufs- oder Erwerbsunfähigkeitsrenten vor dem 1. 1. 1992 in das Altersruhegeld umgewandelt, ist in allen noch offenen Fällen die Laufzeit bis zum Umwandlungszeitpunkt maßgebend.

Die nach § 1268 Abs. 2 Satz 1 Nr. 2 RVO gezahlte sog. große Witwen-/Witwerrente ist keine abgekürzte Leibrente, wenn sie voraussichtlich gezahlt wird, bis der/die Bezugsberechtigte das 45. Lebensjahr vollendet hat (BFH, BStBl 1989 II S. 551). Auch bei Wiederaufleben der Rente ist kein Beginn einer neuen Rente im Sinne des § 22 Nr. 1 Satz 3 Buchst. a Satz 3 EStG anzunehmen (BFH, BStBl 1989 II S. 1012).

Bei der sog. Rente auf Zeit (§ 53 AVG, § 1276 RVO) handelt es sich um eine abgekürzte Leibrente i. S. d. § 55 Abs. 2 EStDV (BMF-Schreiben v. 6. 6. 1990, DB 1990 S. 1263).

Wie der **Ertragsanteil von verlängerten Leibrenten** zu ermitteln ist, ist gesetzlich nicht geregelt und kann daher als zweifelhaft erscheinen.

Bleibt die Lebenserwartung des Berechtigten nicht hinter der vereinbarten Mindestzeit zurück, ist aus der Tabelle in § 22 Nr. 1 Satz 3 Buchst. a EStG ein Vomhundertsatz zu entnehmen, der der Lebenserwartung des Berechtigten entspricht (BFH, BStBl 1975 II S. 173, 174).

Beispiel:

A erhält von B eine lebenslängliche Kaufpreisrente, die mindestens für 20 Jahre zu zahlen ist. A ist bei Beginn der Rente 40 Jahre alt.

Die durchschnittliche Lebenserwartung des Rentenberechtigten übersteigt die Mindestzeit erheblich. Der Ertragsanteil beträgt nach der Tabelle des § 22 Nr. 1 Satz 3 Buchst. a EStG 50 v. H.

Ist die Mindestlaufzeit erheblich länger als die Lebenserwartung, sind die vereinbarten Leistungen nach den für Zeitrenten oder Ratenzahlungen geltenden Grundsätzen zu behandeln, weil die Mindestlaufzeit in diesem Fall von der voraussichtlichen Lebenserwartung des Berechtigten völlig gelöst ist (BFH, BStBl 1975 II S. 173, 174).

Beispiel:

A erhält von B eine lebenslängliche Kaufpreisrente, die mindestens für 20 Jahre zu zahlen ist. A ist bei Beginn der Rente 80 Jahre alt.

Die vereinbarte Mindestzeit übersteigt erheblich die durchschnittliche Lebenserwartung des Rentenberechtigten. Die Rentenleistungen sind daher als Kaufpreisraten zu behandeln. Die in den Rentenleistungen enthaltenen Zinsanteile sind als Einkünfte aus Kapitalvermögen zu erfassen.

Wie in den übrigen Fällen zu verfahren ist, in denen die vereinbarte Mindestlaufzeit die Lebenserwartung des Berechtigten zwar übersteigt, die Mindestlaufzeit jedoch nicht erheblich länger ist als die Lebenserwartung des Berechtigten, ist zweifelhaft. Da die Tabelle des § 55 Abs. 2 EStDV den Ertragsanteil ausweist, der sich aus der Zugrundelegung der vereinbarten Höchstzeit bei einer abgekürzten Leibrente ergibt, liegt es nahe, auch in diesem Fall den Ertragsanteil aus der Tabelle des § 55 Abs. 2 EStDV zu entnehmen. Der Ertragsanteil einer verlängerten Leibrente dürfte damit in Fällen dieser Art unter Zugrundelegung des höchsten Vomhundertsatzes zu ermitteln sein, der sich aus der Tabelle des § 22 Nr. 1 Satz 3 Buchst. a EStG und der Tabelle des § 55 Abs. 2 EStDV ergibt.

Beispiel:

A bezieht seit der Vollendung seines 60. Lebensjahres eine Leibrente, die ihm insgesamt für mindestens 20 Jahre zugesagt worden ist.

Der Tabelle des § 22 Nr. 1 Satz 3 Buchst. a EStG ist ein Hundertsatz von 29 v. H. zu entnehmen. Aus der Tabelle des § 55 Abs. 2 EStDV ergibt sich dagegen ein Vomhundertsatz von 31 v. H.

Als Ertragsanteil der Rente sind daher 31 v. H. des jeweiligen Jahresbezugs anzusetzen.

Bei der kombinierten, d. h. **abgekürzten und verlängerten Leibrente** sind unter Berücksichtigung der mittleren Lebenserwartung des Rentenberechtigten entsprechend einem rechtskräftigen Urteil des FG Rheinland-Pfalz (EFG 1973 S. 162) folgende Grundsätze anzuwenden:

1. Der Ertragsanteil der abgekürzten und verlängerten Leibrente ist nach § 22 Nr. 1 Satz 3 Buchst. a EStG zu ermitteln, wenn die mittlere Lebenserwartung des Berechtigten niedriger als die Höchstlaufzeit ist.

2. § 55 Abs. 2 EStDV ist zugrunde zu legen, wenn die mittlere Lebenserwartung des Berechtigten höher als die Höchstlaufzeit ist.

3. Ist die mittlere Lebenserwartung des Rentenberechtigten geringer als die Mindestlaufzeit, gelten die Grundsätze der Zeitrente.

Wenn eine **Rente nachträglich erhöht** wird und dadurch das Rentenstammrecht eine zusätzliche Erhöhung erfährt, so ist der Erhöhungsbetrag grundsätzlich als selbständige Rente anzusehen, für die der Ertragsanteil vom Zeitpunkt der Erhöhung an gesondert zu ermitteln ist.

Der spätere Erhöhungsbetrag einer Rente ist aber dann nicht als selbständige Rente anzusehen, wenn die Rente lediglich den gestiegenen Lebenshaltungskosten angepaßt wird oder die Erhöhung in einem zeitlichen Zusammenhang mit einer vorangegangenen Herabsetzung steht. Das gleiche gilt für die Anpassung von Renten aus den gesetzlichen Rentenversicherungen bei Veränderungen der allgemeinen Bemessungsgrundlage (Abschn. 167 Abs. 8 EStR).

Bei einer nachträglichen **Herabsetzung einer Rente** sind nach Abschn. 167 Abs. 9 EStR folgende Fälle zu unterscheiden:

1. Wird die Herabsetzung der Rente während des Rentenbezugs vereinbart und sofort wirksam, so bleibt der bisherige Vomhundertsatz des Ertragsanteils der Rente unverändert.

2. Ist die spätere Herabsetzung der Rente von vornherein vereinbart worden, so ist zunächst der Ertragsanteil des Grundbetrags der Rente (Betrag, auf den die Rente später ermäßigt wird) nach der Tabelle des § 22 Nr. 1 Satz 3 Buchst. a EStG zu ermitteln. Der über den Grundbetrag der Rente hinausgehende Betrag ist unter Beachtung des § 55 Abs. 2 EStDV als abgekürzte Leibrente besonders zu behandeln.

Beispiel:

A gewährt dem B eine lebenslängliche Rente von jährlich 6000 DM mit der Maßgabe, daß sie nach Ablauf von 10 Jahren auf jährlich 4000 DM herabgesetzt wird. B war zu Beginn des Rentenbezugs von jährlich 6000 DM 50 Jahre alt.

B hat zu versteuern

1. während der gesamten Dauer des Rentenbezugs den Ertragsanteil des Grundbetrages der Rente, der 41 v. H. von 4000 DM = 1640 DM beträgt;

2. außerdem in den ersten 10 Jahren den Ertragsanteil des über den Grundbetrag hinausgehenden Rententeils, der 17 v. H. von 2000 DM = 340 DM beträgt.

3. Wird die Herabsetzung der Rente während des Rentenbezugs mit der Maßgabe vereinbart, daß sie erst zu einem späteren Zeitpunkt wirksam wird, so bleibt der Vomhundertsatz des Ertragsanteils der Rente bis zum Zeitpunkt der Vereinbarung der Herabsetzung der Rente unverändert. Von diesem Zeitpunkt an ist der

Ertragsanteil für den Grundbetrag der Rente (Betrag, auf den die Rente ermäßigt wird) nach der Tabelle des § 22 Nr. 1 Satz 3 Buchst. a EStG und für den darüber hinausgehenden Betrag als abgekürzte Leibrente nach der Tabelle des § 55 Abs. 2 EStDV zu ermitteln. Dabei sind jedoch das zu Beginn des Rentenbezugs vollendete Lebensjahr des Rentenberechtigten und insoweit, als die Rente eine abgekürzte Leibrente ist, die beschränkte Laufzeit ab Beginn des Rentenbezugs zugrunde zu legen.

Beispiel:

A gewährt dem B eine lebenslängliche Rente von jährlich 24 000 DM. Während des Rentenbezugs wird vereinbart, daß die Rente nach Ablauf von 10 Jahren seit Beginn des Rentenbezugs auf jährlich 20 000 DM herabgesetzt werden soll. B war bei Beginn des Rentenbezugs von jährlich 24 000 DM 60 Jahre alt.

B hat vom Zeitpunkt der Vereinbarung über die Herabsetzung der Rente zu versteuern

1. den Ertragsanteil des Grundbetrags der Rente, der 29 v. H. von 20 000 DM = 5800 DM beträgt;

2. außerdem bis zum Zeitpunkt der Herabsetzung der Rente den Ertragsanteil des über den Grundbetrag hinausgehenden Rententeils als abgekürzte Leibrente, der sich auf 17 v. H. von 4000 DM = 680 DM beläuft.

5.11.3 Einkünfte aus Unterhaltsleistungen (§ 22 Nr. 1 a EStG)

Als sonstige Einkünfte sind nach § 22 Nr. 1 a EStG vom Veranlagungszeitraum 1979 an auch Einkünfte aus Unterhaltsleistungen zu erfassen, soweit diese nach § 10 Abs. 1 Nr. 1 EStG vom Geber als Sonderausgaben abgezogen werden können.

Diese Regelung knüpft an die Vorschrift des § 10 Abs. 1 Nr. 1 EStG an, nach der ebenfalls vom Veranlagungszeitraum 1979 an bestimmte Unterhaltsleistungen, die ein Steuerpflichtiger erbringt, als Sonderausgaben abgezogen werden können. Auf die Vorschrift des § 10 Abs. 1 Nr. 1 EStG wird hier nicht näher eingegangen; vgl. insoweit die Ausführungen zu 7.1.2.

Die Erfassung von Unterhaltsleistungen als sonstige Einkünfte setzt nach § 22 Nr. 1 a EStG voraus, daß sie beim Geber als Sonderausgaben abgezogen werden können. Eine Abzugsmöglichkeit kann allerdings nur bejaht werden, wenn und soweit der Abzug von Unterhaltsleistungen als Sonderausgabe vom Geber auch tatsächlich beantragt worden ist und der Empfänger diesem Antrag zugestimmt hat. Liegen der Antrag des Gebers und die Zustimmungserklärung des Empfängers vor, so kommt es nicht mehr darauf an, ob der Sonderausgabenabzug bereits erfolgt ist.

Beispiel:

A hat in 1987 an seine von ihm geschiedene, unbeschränkt einkommensteuerpflichtige, frühere Ehefrau Unterhaltsleistungen in Höhe von 12 000 DM erbracht. In seiner Steuererklärung für das Jahr 1987 hat A beantragt, diese Unterhaltsleistungen als Sonderausgaben abzuziehen. Die Ehefrau hat einem Sonderausgabenabzug nach § 10 Abs. 1 Nr. 1 EStG zugunsten des Stpfl. zugestimmt.

Die Unterhaltsleistungen können beim Stpfl. mit dem Höchstbetrag von 9000 DM als Sonderausgaben nach § 10 Abs. 1 Nr. 1 EStG abgezogen werden; auf der anderen Seite hat die frühere Ehefrau die Unterhaltsbezüge mit dem Höchstbetrag von 9000 DM abzüglich Werbungskosten bzw. Werbungskosten-Pauschbetrag als sonstige Einkünfte nach § 22 Nr. 1 a EStG zu versteuern.

Als sonstige Einkünfte sind beim Empfänger nach § 22 Nr. 1 a EStG die Unterhaltsbezüge insoweit zu erfassen, als sie nach § 10 Abs. 1 Nr. 1 EStG vom Geber als Sonderausgaben abgezogen werden können. Die Steuerpflicht erstreckt sich somit grundsätzlich auf die tatsächlichen Unterhaltsbezüge eines Kalenderjahrs, höchstens jedoch auf den Betrag von 27 000 DM (ab VZ 1990; siehe dazu auch 7.1.2.)

Die anzusetzenden Unterhaltsleistungen sind um etwaige **Werbungskosten** zu kürzen. Sofern höhere tatsächliche Werbungskosten nicht angefallen sind, kommt der **Werbungskosten-Pauschbetrag** des § 9 a Nr. 3 EStG in Höhe von 200 DM in Betracht.

5.11.4 Einkünfte aus Spekulationsgeschäften (§ 22 Nr. 2, § 23 EStG)

5.11.4.1 Allgemeines

Nach § 22 Nr. 2 EStG gehören zu den sonstigen Einkünften auch die Einkünfte aus Spekulationsgeschäften i. S. des § 23 EStG.

Spekulationsgeschäfte sind nach § 23 Abs. 1 EStG:

1. Veräußerungsgeschäfte über Grundstücke und Rechte, die den Vorschriften des bürgerlichen Rechts über Grundstücke unterliegen (z. B. Erbbaurecht, Mineralgewinnungsrecht), bei denen der Zeitraum zwischen Anschaffung und Veräußerung nicht mehr als zwei Jahre beträgt;

2. Veräußerungsgeschäfte über andere Wirtschaftsgüter, insbesondere über Wertpapiere, bei denen der Zeitraum zwischen Anschaffung und Veräußerung nicht mehr als sechs Monate beträgt;

3. Veräußerungsgeschäfte, bei denen die Veräußerung der Wirtschaftsgüter früher erfolgt als der Erwerb.

Außer Ansatz bleiben nach § 23 Abs. 2 EStG die Einkünfte aus der Veräußerung von

1. Schuld- und Rentenverschreibungen von Schuldnern, die Wohnsitz, Geschäftsleitung oder Sitz im Inland haben, es sei denn, daß bei ihnen neben der festen Verzinsung ein Recht auf Umtausch in Gesellschaftsanteile (Wandelanleihen) oder eine Zusatzverzinsung, die sich nach der Höhe der Gewinnausschüttung des Schuldners richtet (z. B. Gewinnobligationen), eingeräumt ist oder daß sie von dem Steuerpflichtigen im Ausland erworben worden sind;

2. Forderungen, die in ein inländisches öffentliches Schuldbuch eingetragen sind.

Ein Spekulationsgeschäft i. S. des § 23 EStG kann sich **bei allen Wirtschaftsgütern** ergeben, nicht nur bei Grundstücken und Wertpapieren. Auch die Veräußerung von Kunstgegenständen, Schmuck, Hausrat und sonstigen privaten Gegenständen kann ein Spekulationsgeschäft sein. Spekulationsgeschäfte liegen aber nicht vor, wenn Wirtschaftsgüter veräußert werden, deren Wert bei Einkünften i. S. des § 2 Abs. 1 Nr. 1 bis 6 EStG anzusetzen ist. Damit scheiden insbesondere alle Veräußerungsgeschäfte aus, die im Rahmen der Gewinnermittlungseinkünfte des § 2 Abs. 1 Nr. 1 bis 3 EStG anfallen, z. B. Veräußerungen von zum Betriebsvermögen gehörenden Gegenständen. Bei der Veräußerung wesentlicher Beteiligungen i. S. des § 17 EStG ist zu beachten, daß § 23 EStG dem § 17 EStG vorgeht. Die Veräußerung einer wesentlichen Beteiligung i. S. des § 17 EStG innerhalb eines Zeitraums von 6 Monaten nach der Anschaffung ist daher nach § 23 EStG und nicht nach § 17 EStG zu versteuern (BFH, BStBl 1970 II S. 400). Gross (DB 1990 S. 1003) zitiert allerdings einen BFH-Beschluß v. 20. 7. 1989 VIII R 3/86, in dem ein Vorrang des § 23 EStG als ernstlich zweifelhaft bezeichnet werde. Zu Verbindlichkeiten als Gegenstand eines Spekulationsgeschäfts siehe Rodin, DB 1990 S. 343.

Ob ein Spekulationsgeschäft i. S. des § 23 EStG vorliegt, ist allein nach den objektiven Merkmalen des § 23 EStG zu entscheiden. Ob der Steuerpflichtige in spekulativer Absicht gehandelt hat, ist für die Frage nach dem Vorliegen eines Spekulationsgeschäfts ohne Bedeutung (BFH, BStBl 1969 II S. 705). Es kommt grundsätzlich auch nicht darauf an, ob die Veräußerung freiwillig oder unfreiwillig erfolgt ist. Die Annahme eines Spekulationsgeschäfts entfällt aber, wenn die Veräußerung eines Grundstücks und die Anlage des Veräußerungserlöses das Bild einer Einheit im Wesen einer der freien Entschließung des Steuerpflichtigen entzogenen Auswechselung von Wirtschaftsgütern – ohne wesentliche Besser- oder Schlechterstellung des Steuerpflichtigen – ergeben. Ein solcher Fall kann gegeben sein, wenn eine Veräußerung durch eine unmittelbar bevorstehende, aber nicht bei künftig drohender Enteignung veranlaßt wird (BFH, BStBl 1973 II S. 445) oder wenn Land im Zuge eines Umlegungsverfahrens ausgetauscht wird (BFH, BStBl 1974 II S. 608).

5.11.4.2 Anschaffung und Veräußerung von Wirtschaftsgütern

Ein Spekulationsgeschäft setzt neben der Veräußerung eine Anschaffung eines bestimmten Wirtschaftsguts voraus.

Unter der **Anschaffung** eines Wirtschaftsguts ist der entgeltlich erfolgte Übergang des Wirtschaftsguts aus dem Vermögen einer anderen Person in das Vermögen des Steuerpflichtigen zu verstehen. Der unentgeltliche Erwerb eines Gegenstands, z. B. durch Erbschaft, Vermächtnis, Schenkung, ist keine Anschaffung i. S. des § 23 EStG (Abschn. 169 Abs. 2 Satz 1 EStR). Bei der Gesamtrechtsnachfolge wird der Spekulationsgewinn beim Erben so erfaßt, als habe der Erblasser das Wirtschaftsgut selbst veräußert. Bei der unentgeltlichen Einzelrechtsnachfolge gelangt der BFH zu dem gleichen Ergebnis über § 42 AO (BStBl 1988 II S. 942). Im Fall der Erbauseinandersetzung kann eine Anschaffung vorliegen (BFH, BStBl 1988 II S. 250; BMF, BStBl 1988 I S. 546). Die Überführung eines Wirtschaftsguts aus dem Betriebsvermögen in das Privatvermögen oder aus dem

Privatvermögen in das Betriebsvermögen stellt keine Anschaffung oder Veräußerung i. S. des § 23 EStG dar (BFH, BStBl 1965 III S. 477).

Da es an dem erforderlichen Anschaffungsgeschäft fehlt, fallen Gewinne aus privaten Differenzgeschäften nicht unter die Vorschrift des § 23 EStG. Ob es sich um offene oder verdeckte Differenzgeschäfte handelt, ist dabei ebenso ohne Bedeutung wie der Gegenstand derartiger Geschäfte (BFH, BStBl 1989 II S. 39). Unerheblich ist auch, ob der Bezieher entsprechender Gewinne termingeschäftsfähig ist oder nicht (BFH, BStBl 1984 II S. 132).

Wie die Anschaffung, setzt auch eine **Veräußerung** i. S. des § 23 Abs. 1 EStG voraus, daß ein bestimmtes Wirtschaftsgut aufgrund einer Veräußerungshandlung gegen Zahlung eines Entgelts aus dem Vermögen des Steuerpflichtigen in das Vermögen einer anderen Person übergeht. In der Einlage eines Wirtschaftsguts in das Betriebsvermögen kann daher eine Veräußerung nicht gesehen werden. Eine Veräußerung ist auch nicht gegeben, wenn der Übergang eines Wirtschaftsguts aus dem Vermögen des Steuerpflichtigen in das Vermögen einer anderen Person durch Enteignung, Zwangsvollstreckung oder im Rahmen eines Umlegungsverfahrens, d. h. durch einen hoheitlichen Akt, herbeigeführt wird. Eine zur Vermeidung einer drohenden Enteignung erfolgte Veräußerung eines Wirtschaftsguts muß jedoch grundsätzlich als Veräußerung i. S. des § 23 Abs. 1 EStG angesehen werden (BFH, BStBl 1962 III S. 385). Eine Veräußerung liegt schließlich auch dann nicht vor, wenn ein Wirtschaftsgut unentgeltlich übertragen wird. Soweit bei der Übertragung von Wirtschaftsgütern im Wege der vorweggenommenen Erbfolge ein entgeltlicher Erwerb nicht anzunehmen ist, liegt auf der anderen Seite auch keine Veräußerung vor.

Unter bestimmten Voraussetzungen muß auch in der bloßen Verwertung eines Wirtschaftsguts eine Veräußerung i. S. des § 23 Abs. 1 EStG gesehen werden. Erwirbt ein Steuerpflichtiger z. B. eine Forderung unter dem Nennwert und zieht er diese innerhalb der Spekulationsfrist ein, so ist die Einziehung als Veräußerung anzusehen (RFH, RStBl 1934 S. 711; vgl. auch BFH, BStBl 1959 III S. 346 und 1962 III S. 127).

Das angeschaffte und das veräußerte Wirtschaftsgut müssen im übrigen identisch sein, um ein Spekulationsgeschäft annehmen zu können. Da, wie sich aus § 23 Abs. 4 EStG ergibt, sogar angefallene Herstellungskosten für ein angeschafftes Wirtschaftsgut der Annahme eines Spekulationsgeschäfts nicht entgegenstehen müssen, genügt insoweit allerdings die Identität im wirtschaftlichen Sinne (BFH, BStBl 1989 II S. 652; Abschn. 169 Abs. 2 Satz 12 EStR). Wenn ein angeschafftes Wirtschaftsgut nur teilweise veräußert wird, kann insoweit sogar eine Teilidentität ausreichen. Dies ist z. B. der Fall, wenn ein erworbenes unbebautes Grundstück parzelliert wird und nur eine Parzelle veräußert wird (BFH, BStBl 1984 II S. 26).

5.11.4.3 Spekulationsfrist

Die Frage, welcher Anschaffungs- oder Veräußerungszeitpunkt für die Berechnung der sogenannten Spekulationsfrist zugrunde zu legen ist, muß im Hinblick auf den Sinn und Zweck der Vorschrift des § 23 EStG beantwortet werden; sie kann daher u. U. anders zu beantworten sein als die Frage, wann ein Wirtschaftsgut sonst als angeschafft oder veräußert angesehen werden muß und wann damit der Tatbestand des § 23 Abs. 1 EStG im übrigen erfüllt ist.

Während eine Anschaffung oder Veräußerung i. S. des § 23 Abs. 1 EStG zweifellos nur angenommen werden kann, wenn neben dem obligatorischen Anschaffungs- oder Veräußerungsgeschäft auch das dingliche Erfüllungsgeschäft erfolgt ist, muß für die Berechnung der Spekulationsfrist nach der Rechtsprechung des BFH grundsätzlich auf den Abschluß des obligatorischen Anschaffungs- oder Veräußerungsgeschäfts abgestellt werden (BFH, BStBl 1967 III S. 390 und 1972 II S. 452).

Beispiel:

Notarieller Kaufvertrag (Grundstück) 1. April dieses Jahres, Eintragung im Grundbuch 15. Mai dieses Jahres. Notarieller Verkaufsvertrag 15. März des übernächsten Jahres. Eintragung im Grundbuch 16. Oktober des übernächsten Jahres.

Es liegt ein Spekulationsgeschäft vor. Daß zwischen den Grundbucheintragungen mehr als zwei Jahre liegen, ist belanglos; die notariellen Vertragszeitpunkte sind maßgebend.

Beim Wiederkauf ist als Anschaffungszeitpunkt der Tag anzusehen, an dem die Erklärung des ursprünglichen Verkäufers gegenüber dem Käufer, daß er das Wiederkaufsrecht ausübe, wirksam wird (BFH, BStBl 1982 II S. 459).

In Ausnahmefällen kann auch ein anderer Vorgang als der Abschluß des schuldrechtlichen Vertrages als Anschaffung oder Veräußerung bei der Fristberechnung zugrunde gelegt werden, z. B. wenn der Steuerpflichtige bereits vor dem notariellen Vertrag eine Rechtsstellung hatte, die es gestattet, ihn so zu behandeln, als ob er das Grundstück schon früher erworben hätte (BFH, BStBl 1967 III S. 390). Das kann auch der Fall sein, wenn durch ein bindendes Kauf- oder Verkaufsangebot eine Situation geschaffen worden ist, die das vorausnimmt, was nachher durch einen bürgerlich-rechtlich wirksamen Vertrag bestätigt wird, oder wenn ein Grundstück zu Eigenbesitz (wirtschaftliches Eigentum) übertragen wird (BFH, BStBl 1968 II S. 142, 1970 II S. 806). Wenn ausnahmsweise das dingliche vor dem schuldrechtlichen Rechtsgeschäft abgeschlossen wird, dann ist grundsätzlich der Zeitpunkt des dinglichen Rechtsgeschäfts für die Berechnung der Spekulationsfrist maßgebend (BFH, BStBl 1974 II S. 606).

Beispiel:

Ein Steuerpflichtiger übereignet einem anderen Wertpapiere und läßt den Abschluß des Kaufvertrages noch offen, weil man sich über den Kaufpreis später einigen will.

Die Wertpapiere sind im Zeitpunkt der Übergabe veräußert und nicht mit dem späteren Abschluß des Kaufvertrages.

Bei der Veräußerung eines selbst errichteten Gebäudes kommt es nicht auf den Zeitraum zwischen Fertigstellung des Hauses und Veräußerung, sondern auf den Zeitraum zwischen Anschaffung des Grund und Bodens und Veräußerung des Hausgrundstücks an (BFH, BStBl 1957 III S. 51, 1969 II S. 520).

Hat ein Privatmann zu verschiedenen Zeiten und zu verschiedenen Kursen Wertpapiere derselben Art (z. B. Aktien eines Unternehmens) veräußert, so gelten bei der Berechnung der Frist von sechs Monaten die zuletzt angeschafften Stücke grundsätzlich als zuerst verkauft (RFH, RStBl 1928 S. 328). Auf Antrag kann auch die Frist des § 23 Abs. 1 Nr. 1 Buchst. b EStG nach dem Anschaffungs- und Veräußerungszeitpunkt des einzelnen Wertpapiers berechnet und können die tatsächlichen Anschaffungskosten dem Veräußerungspreis gegenübergestellt werden, wenn die Identität des veräußerten Wertpapiers mit einem bestimmten angeschafften Wertpapier nummernmäßig nachgewiesen wird.

5.11.4.4 Spekulationsgewinn und Spekulationsverlust

Gewinn oder Verlust aus Spekulationsgeschäften ist nach § 23 Abs. 4 Satz 1 EStG der Unterschied zwischen dem Veräußerungspreis einerseits und den Anschaffungs- oder Herstellungskosten und den Werbungskosten andererseits.

Zum **Veräußerungspreis** gehört alles, was der Steuerpflichtige für das veräußerte Wirtschaftsgut in Geld oder Geldeswert erhält. Dementsprechend gehören dazu auch vom Erwerber übernommene Schulden, die mit dem gemeinen Wert anzusetzen sind.

Besteht der Veräußerungspreis in einer Leibrente oder einer abgekürzten Leibrente, so gehört nach Auffassung der Finanzverwaltung nur der Tilgungs- anteil der Rentenzahlungen zum Veräußerungspreis, während der Ertragsanteil als sonstige Einkünfte nach § 22 Nr. 1 Satz 3 Buchst. a EStG zu versteuern ist (vgl. Abschn. 169 Abs. 8 EStR).

Zu den **Anschaffungskosten** ist auch im Rahmen des § 23 EStG alles zu zählen, was zum Erwerb eines Wirtschaftsguts aufgewendet wird. Dazu gehören neben den unmittelbar an den Veräußerer zu erbringenden Leistungen auch etwaige Zahlungen, die z. B. infolge einer Schuldübernahme an Dritte zu erfolgen haben. Ferner rechnen dazu auch die sogenannten Anschaffungsnebenkosten (z. B. Grunderwerbsteuer, Börsenumsatzsteuer, Notariats- und Gerichtskosten, Ver- mittlungsgebühren, Aufwendungen für Options- und Vorkaufsrechte usw.). Nicht zu den Anschaffungskosten gehören dagegen Finanzierungskosten, also z. B. die Zinsen für einen Kredit, mit dem die Anschaffung des Wirtschaftsguts bestritten wurde.

Was im Rahmen des § 23 EStG unter **Herstellungskosten** zu verstehen ist, ist ebenfalls nach den allgemein geltenden einkommensteuerlichen Grundsätzen zu entscheiden.

Eine Hinzurechnung von Herstellungskosten kann z. B. in Betracht kommen, wenn an einem erworbenen Gebäude Um- oder Ausbauten vorgenommen werden.

Beispiel:

A hat am 10. 3. 1985 ein bebautes Grundstück zum Preise von 280 000 DM erworben und für das aufstehende Gebäude Umbaukosten in Höhe von 40 000 DM aufgewen- det. Durch Kaufvertrag vom 15. 2. 1987 hat er das Grundstück für 360 000 DM veräußert.

Für die Berechnung des Spekulationsgewinns ist von Anschaffungs- und Herstellungskosten in Höhe von 320 000 DM auszugehen. Voraussetzung für die Hinzurechnung von Herstellungskosten ist jedoch, daß die angeschafften und veräußerten Wirtschaftsgüter trotz der Herstellungsmaßnahmen wirtschaftlich betrachtet als identisch anzusehen sind und daß damit die Voraussetzungen eines Spekulationsgeschäfts insoweit erfüllt sind (BFH, BStBl 1977 II S. 384).

Wird ein vom Veräußerer bebautes Grundstück innerhalb von zwei Jahren nach dem Erwerb des unbebauten Grundstücks veräußert, so erstreckt sich das Spekulationsgeschäft nur auf die Veräußerung des Grund und Bodens. Entsprechend ist auch nur die Gewinnrealisierung aus der Veräußerung des Grund und Bodens als Spekulationsgewinn zu erfassen. Die Herstellungskosten des Gebäudes sind bei der Gewinnberechnung nach § 23 Abs. 4 EStG nicht zu berücksichtigen. Diese Herstellungskosten betreffen das selbständige Wirtschaftsgut „Gebäude", dessen Veräußerung nicht unter § 23 Abs. 1 EStG fällt.

Wenn innerhalb der Spekulationsfrist Erträge aus dem Wirtschaftsgut und im Zusammenhang mit diesen Einnahmen Werbungskosten anfallen, so sind diese Einkünfte nach den allgemeinen Grundsätzen zu versteuern (vgl. BFH, BStBl 1989 II S. 934).

Beispiel:

Wertpapiere, die innerhalb der Spekulationsfrist mit Gewinn veräußert worden sind, haben in der Spekulationsfrist Kapitalerträge in Höhe von 2000 DM erbracht.

Die Kapitalerträge sind nach Abzug der damit im Zusammenhang stehenden Werbungskosten als Einkünfte aus Kapitalvermögen nach § 20 EStG zu versteuern.

Sind die Wirtschaftsgüter, die Gegenstand des Spekulationsgeschäfts sind, mit Kredit angeschafft worden, so sind die Schuldzinsen in der Regel als Werbungskosten bei den Einkünften aus der Nutzung dieser Wirtschaftsgüter abzusetzen. Sofern die Schuldzinsen ausnahmsweise nicht bereits als Werbungskosten bei den Einkünften aus der Nutzung der betreffenden Wirtschaftsgüter abzugsfähig sind, ist eine Berücksichtigung bei den sonstigen Einkünften des § 23 EStG zulässig (BFH, BStBl 1975 II S. 331). Zu den Werbungskosten rechnen auch die im Zusammenhang mit der Veräußerung angefallenen Aufwendungen (BFH, BStBl 1989 II S. 16). Bei der Ermittlung des Spekulationsgewinns im Fall der Veräußerung eines zu Wohnzwecken genutzten Gebäudes können die Schuldzinsen, die auf den Zeitraum entfallen, der zwischen dem Verkaufsentschluß und der Veräußerung sowie nach Beendigung der Eigennutzung oder der Nutzung zur Erzielung von Einkünften aus Vermietung und Verpachtung liegt, als Werbungskosten abgezogen werden (Abschn. 169 Abs. 5 EStR).

5.11.4.5 Zufließen der Einkünfte

Die Vorschrift des § 23 Abs. 4 EStG bestimmt lediglich, wie der Gewinn oder Verlust aus einem Spekulationsgeschäft zu ermitteln ist. Für die davon unabhängige Frage, in welchem Zeitpunkt der Gewinn oder Verlust aus einem Spekulationsgeschäft bei der Ermittlung der Einkünfte zu berücksichtigen ist, läßt sich aus dieser Vorschrift nichts herleiten.

In welchem Jahr ein **Spekulationsgewinn** steuerlich zu erfassen ist, ist nach den Grundsätzen des § 11 EStG zu beurteilen (BFH, BStBl 1974 II S. 540).

Beispiel:

Ein Steuerpflichtiger veräußert im Jahre 01 ein zu seinem Privatvermögen gehörendes Grundstück und erzielt dabei einen steuerlichen Spekulationsgewinn in Höhe von 20 000 DM, der ihm aber erst im Jahre 02 durch Überweisung des Kaufpreises zufließt.

Der Spekulationsgewinn ist im Jahre 02 zu erfassen.

Fließt dem Veräußerer ein Spekulationsgewinn erst im Laufe mehrerer Jahre in Raten zu, so ist der Spekulationsgewinn auf die Jahre zu verteilen, in denen dem Steuerpflichtigen Teile des Entgelts zufließen (BFH, BStBl 1962 III S. 306).

Beispiel:

Ein Steuerpflichtiger veräußerte in 1984 innerhalb der Spekulationsfrist des § 23 Abs. 1 Nr. 1 Buchst. a EStG ein zu seinem Privatvermögen gehörendes unbebautes Grundstück zu einem Veräußerungspreis von 100 000 DM. Der Veräußerungsgewinn berechnet sich wie folgt:

Veräußerungspreis	100 000 DM
⁒ Anschaffungskosten	60 000 DM
⁒ Werbungskosten	0 DM
Spekulationsgewinn	40 000 DM

Der Veräußerungspreis fließt dem Veräußerer seit 1984 in jährlichen Raten von 20 000 DM zu. Der nicht getilgte Kaufpreis ist laufend zusätzlich zu verzinsen.

Im Jahre 1986 haben die jeweiligen Jahresraten mit 20 000 DM die Anschaffungskosten in Höhe von 60 000 DM abgedeckt. Erst danach fließt dem Stpfl. der Spekulationsgewinn im Viert- und Fünftjahr mit jeweils 20 000 DM zu. Die zusätzlich vereinnahmten Zinsen sind in den Zuflußjahren Einnahmen aus Kapitalvermögen i. S. des § 20 Abs. 1 Nr. 7 EStG.

Erfolgt eine Veräußerung von Wirtschaftsgütern i. S. des § 23 EStG innerhalb der Spekulationsfrist gegen eine Leibrente, so soll nach Auffassung der Finanzverwaltung der Ertragsanteil i. S. des § 22 Nr. 1 Satz 3 Buchst. a EStG zu den sonstigen Einkünften gehören (vgl. Abschn. 169 Abs. 8 EStR). Auf den Unterschiedsbetrag zwischen den Rentenzahlungen und dem Ertragsanteil der Rente ist danach § 23 EStG anzuwenden. Die Versteuerung des Spekulationsgewinns erfolgt dann beim Zufluß, soweit die für das einzelne Jahr anzusetzenden Spekulationsgewinne 1000 DM erreichen (BFH, BStBl 1962 III S. 306).

Beispiel:

Sachverhalt wie im vorigen Beispiel mit dem Unterschied, daß der Veräußerungspreis in Höhe von 100 000 DM dem Stpfl. in monatlichen Leibrentenzahlungen in Höhe von 1000 DM zufließt. Der Stpfl. hatte zu Beginn des Rentenbezugs das 59. Lebensjahr vollendet.

Der in den Leibrentenzahlungen enthaltene Ertragsanteil von 31 v. H. der Rentenbezüge gehört nach § 22 Nr. 1 Satz 3 Buchst. a EStG zu den sonstigen Einkünften. Dieser Ertragsanteil beträgt bei einem Jahresrentenbezug von 12 000 DM 3720 DM. Auf den Unterschiedsbetrag zwischen den Rentenzahlungen und dem Ertragsanteil mit einem Jahresrentenanteil von (12 000 DM ⁒ 3720 DM =) 8280 DM ist § 23 EStG anzuwenden, d. h., daß dieser Tilgungsanteil von jährlich 8280 DM (monatlich 690 DM) dann nach § 23 EStG steuerpflichtig wird, wenn die laufenden Tilgungsleistungen die Anschaffungskosten von 60 000 DM übersteigen.

Ein **Spekulationsverlust** ist in dem Zeitpunkt zu berücksichtigen, in dem der veräußerte Gegenstand aus dem Vermögen des Veräußerers ausgeschieden ist, in dem der Veräußerer also die wirtschaftliche Verfügungsmacht über den veräußerten Gegenstand verloren hat. Wann der Veräußerungspreis dem Veräußerer zugeflossen ist, ist insoweit ohne Bedeutung.

Beispiel:

Ein Steuerpflichtiger hat innerhalb der Spekulationsfrist des § 23 Abs. 1 Nr. 1 Buchst. a EStG ein unbebautes Grundstück veräußert und dabei einen Spekulationsverlust in Höhe von 20 000 DM erlitten. Nach dem abgeschlossenen Kaufvertrag vom 10. 9. 1986 sind die Nutzungen und Lasten zum 1. 12. 1986 auf den Erwerber übergegangen, der zu diesem Zeitpunkt das Grundstück auch in Besitz genommen hat. Der Kaufpreis ist erst am 15. 1. 1987 an den Steuerpflichtigen überwiesen worden.

Da der Steuerpflichtige am 1. 12. 1986 die wirtschaftliche Verfügungsmacht über das veräußerte Grundstück verloren hat, ist der Spekulationsverlust bereits im Jahre 1986 zu berücksichtigen.

5.11.4.6 Verlustausgleich

Verluste aus Spekulationsgeschäften dürfen nach § 23 Abs. 4 Satz 3 EStG nur bis zur Höhe des Spekulationsgewinns ausgeglichen werden, den der Steuerpflichtige im gleichen Kalenderjahr erzielt hat. Der in § 2 Abs. 3 EStG vorgesehene Verlustausgleich mit anderen Einkünften ist damit ausgeschlossen. Nicht ausgeglichene Verluste aus Spekulationsgeschäften können darüber hinaus auch nicht nach § 10 d EStG abgezogen werden.

Beispiel:

A erzielte im Jahre 1986 einen Spekulationsverlust in Höhe von 2000 DM und im Jahre 1987 Spekulationsgewinne in Höhe von 3000 DM.

Der Spekulationsverlust des Jahres 1986 kann nicht mit anderen Einkünften des A in diesem Jahr ausgeglichen werden. Er kann darüber hinaus auch im Jahre 1987 nicht nach § 10 d EStG abgezogen werden.

5.11.4.7 Freigrenze

Spekulationsgewinne sind nach § 23 Abs. 4 Satz 2 EStG nur steuerpflichtig, wenn sie im Kalenderjahr insgesamt mindestens 1000 DM betragen. Maßgebend ist der in einem Kalenderjahr zugeflossene Gesamtgewinn aus allen Spekulationsgeschäften des betreffenden Kalenderjahres. Spekulationsverluste können dabei mit Spekulationsgewinnen desselben Kalenderjahres ausgeglichen werden.

Beispiel:

A tätigte in diesem Jahr zwei Spekulationsgeschäfte. Aus dem einen erzielte er einen Spekulationsgewinn von 2000 DM, aus dem anderen entstand ein Spekulationsverlust von 1001 DM.

Der Gesamtgewinn aus Spekulationsgeschäften dieses Jahres beträgt 999 DM, also weniger als 1000 DM, und ist damit steuerfrei.

Haben beide zusammen veranlagten Ehegatten Spekulationsgewinne bezogen, so steht jedem Ehegatten die Freigrenze des § 23 Abs. 4 EStG – höchstens jedoch bis zur Höhe seines Gesamtgewinns aus Spekulationsgeschäften – zu (Abschn. 169 Abs. 6 EStR).

Muß ein bereits vereinnahmter Kaufpreis nach Minderung durch den Käufer teilweise wieder zurückgezahlt werden, so ist der Spekulationsgewinn gleichwohl voll im Jahr der Vereinnahmung des Spekulationserlöses zu versteuern, wenn die Rückzahlung erst in ein späteres Jahr fällt. Die Rückzahlung darf sich als negative Einnahme (§ 11 EStG) erst im Veranlagungszeitraum der Rückzahlung auswirken. Dabei gilt die Einschränkung des § 23 Abs. 4 Satz 3 EStG nicht (BFH, BStBl 1974 II S. 540).

5.11.5 Sonstige Leistungseinkünfte (§ 22 Nr. 3 EStG)

Zu den sonstigen Einkünften i. S. des § 22 Nr. 3 EStG gehören Einkünfte aus Leistungen, soweit sie weder zu anderen Einkunftsarten (§ 2 Abs. 1 Nrn. 1 bis 6 EStG) noch zu den Einkünften i. S. des § 22 Nrn. 1, 1 a, 2 oder 4 EStG gehören. Einkünfte aus sich wiederholenden Leistungen werden grundsätzlich bereits von den Einkunftsarten 1 bis 6 erfaßt. Daher beschränkt sich die Vorschrift des § 22 Nr. 3 EStG allgemein auf die Erfassung gelegentlicher Leistungen und solcher Leistungen, die den Einkunftsarten 1 bis 6 ähnlich sind, aber in diese Einkunftsarten nicht eingeordnet werden können.

Eine Leistung i. S. des § 22 Nr. 3 EStG ist **jedes Tun, Dulden oder Unterlassen, das Gegenstand eines entgeltlichen Vertrages sein kann oder um des Entgeltes willen erbracht wird** (BFH, BStBl 1980 II S. 114). Um des Entgeltes willen erbracht ist eine Leistung auch dann, wenn für eine Tätigkeit, die Gegenstand eines entgeltlichen Vertrags sein kann, erst nachträglich ein Entgelt gewährt wird, das vom Leistenden als angemessene Gegenleistung angesehen wird (BFH, BStBl 1983 II S. 201).

Keine Leistung im Sinne dieser Vorschrift stellen jedoch Veräußerungen oder veräußerungsähnliche Vorgänge im privaten Bereich dar, bei denen das Entgelt für die endgültige Aufgabe des Vermögenswerts in seiner Substanz erbracht wird (BFH, BStBl 1979 II S. 298 und 1980 II S. 114).

Welche Leistungen aus § 22 Nr. 3 EStG zu besteuern sind, läßt sich nicht erschöpfend aufzählen. Das Gesetz führt als Beispiele Einkünfte aus gelegentlichen Vermittlungen und aus der Vermietung beweglicher Gegenstände an. Zu den Leistungseinkünften im Sinne dieser Vorschrift gehören auch Einnahmen aufgrund einer einmaligen Leistung (BFH, BStBl 1983 II S. 201, 203). Zu den sonstigen Leistungseinkünften zählen daher auch einmalige Bürgschaftsprovisionen (BFH, BStBl 1965 III S. 313), Abfindungen für die Aufgabe einer Wohnung (BFH, BStBl 1977 II S. 27), das Entgelt für die Einräumung eines dinglichen Vorkaufsrechts (BFH, BStBl 1986 II S. 340) sowie die Abgabe eines zeitlich befristeten Kaufangebots über ein Grundstück (BFH, BStBl 1977 II S. 631), das Entgelt für eine Beschränkung der Grundstücksnutzung (BFH, BStBl 1965 III

S. 361, 1976 II S. 62), für die Einräumung eines Vorkaufsrechts (BFH, BStBl 1967 III S. 69), für den Verzicht eines Grundstückseigentümers auf die Einhaltung des gesetzlich vorgeschriebenen Abstandes zugunsten eines Nachbarn (BFH, BStBl 1977 II S. 26), für den Verzicht des Inhabers eines eingetragenen Warenzeichens auf bestehende oder vermeintliche Abwehransprüche (BFH, BStBl 1980 II S. 114) oder für eine Vereinbarung, durch die sich der Zahlungsempfänger verpflichtet, ein Bauvorhaben des Zahlenden zu dulden (BFH, BStBl 1983 II S. 404) oder auf mögliche Rechtsbehelfe gegen den Bau und Betrieb eines Kraftwerks zu verzichten (BFH, BStBl 1986 II S. 340). Auch Vergütungen, die der Sprecher einer Bürgerinitiative, die eine Vereinbarung der vorbezeichneten Art mit dem Kraftwerksbetreiber geschlossen hat, für seinen Einsatz im Zusammenhang mit der abgeschlossenen Vereinbarung erhalten hat, zählen zu den sonstigen Leistungseinkünften i. S. des § 22 Nr. 3 EStG (BFH, BStBl 1986 II S. 340).

Schmiergelder oder ähnliche Vorteile, die nicht vom Arbeitgeber bezahlt werden (RFH, RStBl 1944 S. 731), sowie das Entgelt für ein freiwilliges Einsammeln und Verwerten leerer Flaschen (BFH, BStBl 1973 II S. 727) gehören ebenso zu den sonstigen Leistungseinkünften wie das Entgelt für bloße Weitergabe von zufällig erlangten Informationen an interessierte Dritte (BFH, BStBl 1983 II S. 201) und die Einnahmen aus gewerbsmäßiger Unzucht (BFH, BStBl 1970 II S. 620). Da auch die Übernahme eines finanziellen Wagnisses gegen Entgelt eine Leistung i. S. des § 22 Nr. 3 EStG darstellt (BFH, BStBl 1965 III S. 313), sind auch Optionsgebühren beim Optionshandel mit Wertpapieren als Einkünfte aus Leistungen i. S. des § 22 Nr. 3 EStG anzusehen, soweit es sich nicht um Betriebseinnahmen handelt (BFH, BStBl 1985 II S. 264).

Die Teilnahme an einem Rundfunk- oder Fernsehquiz ist im Regelfall nicht als eine Leistung i. S. des § 22 Nr. 3 EStG zu werten. Auch unterliegen Abfindungen, die der Mieter einer Wohnung für vermögenswerte Einschränkungen seiner Mietposition erhält, nicht der Einkommensteuer (BFH, BStBl 1977 II S. 27).

Einkünfte des § 22 Nr. 3 EStG sind nicht einkommensteuerpflichtig, wenn sie weniger als 500 DM im Kalenderjahr betragen haben. Übersteigen die Werbungskosten die Einnahmen, so darf der übersteigende Betrag bei Ermittlung des Einkommens nicht ausgeglichen werden; er darf auch nicht nach § 10 d EStG abgezogen werden (§ 22 Nr. 3 Satz 3 EStG).

Haben beide zusammen veranlagten Ehegatten Einkünfte aus § 22 Nr. 3 EStG, so ist bei jedem Ehegatten die bezeichnete Freigrenze – höchstens jedoch bis zur Höhe seiner Einkünfte i. S. des § 22 Nr. 3 EStG – zu berücksichtigen (Abschn. 168 a Abs. 2 EStR).

5.11.6 Einkünfte aufgrund des Abgeordnetengesetzes sowie vergleichbare Bezüge (§ 22 Nr. 4 EStG)

Zu den sonstigen Einkünften gehören nach § 22 Nr. 4 EStG auch Entschädigungen, Amtszulagen, Zuschüsse zu Krankenversicherungsbeiträgen, Übergangsgelder, Überbrückungsgelder, Sterbegelder, Versorgungsabfindungen, Versorgungsbezüge, die aufgrund des Abgeordnetengesetzes oder des Europaabgeordnetengesetzes gezahlt werden. Auch vergleichbare Bezüge, die aufgrund der entsprechenden Gesetze der Länder gezahlt werden, sind als sonstige Einkünfte zu erfassen. Zu den ehrenamtlichen Mitgliedern kommunaler Vertretungen siehe 5.7.4.

Werden zur Abgeltung des durch das Mandat veranlaßten Aufwandes **Aufwandsentschädigungen** gezahlt, so dürfen die durch das Mandat veranlaßten Aufwendungen nach § 22 Nr. 4 Satz 2 EStG nicht als Werbungskosten abgezogen werden. Dieses Abzugsverbot gilt für alle mandatsbedingten Aufwendungen, auch für Sonderbeiträge an eine Partei. Ob durch die Aufwandsentschädigung tatsächlich alle anfallenden Werbungskosten abgegolten sind oder sein sollen, ist ohne Bedeutung (BFH, BStBl 1983 II S. 601, 1988 II S. 266, 433).

Wahlkampfkosten zur Erlangung eines Mandats im Bundestag, im Europäischen Parlament oder im Parlament eines Landes dürfen nach § 22 Nr. 4 Satz 3 EStG ebenfalls nicht als Werbungskosten abgezogen werden. Partei- und Fraktionsbeiträge sind Sonderausgaben (BFH, BStBl 1988 II S. 433, 435).

Nach § 22 Nr. 4 Satz 4 EStG gelten hinsichtlich der nach Satz 1 (§ 22 Nr. 4 EStG) zu erfassenden und unter Berücksichtigung der Vorschriften in den Sätzen 2 und 3 (§ 22 Nr. 4 EStG) zu ermittelnden Einkünfte entsprechend

a) für Zuschüsse zu Krankenversicherungsbeiträgen § 3 Nr. 62 Satz 1 EStG,

b) für Versorgungsbezüge § 19 Abs. 2 EStG; beim Zusammentreffen mit Versorgungsbezügen im Sinne von § 19 Abs. 2 Satz 2 EStG bleibt jedoch insgesamt höchstens ein Betrag von 4800 Deutsche Mark im Veranlagungszeitraum steuerfrei,

c) für das Übergangsgeld, das in einer Summe gezahlt wird, und für die Versorgungsabfindung § 34 Abs. 3 EStG.

5.12 Entschädigungen und Einkünfte aus ehemaliger Tätigkeit (§ 24 EStG)

5.12.1 Allgemeines

Zu den Einkünften im Sinne des § 2 Abs. 1 EStG gehören nach § 24 EStG auch:

1. Entschädigungen, die gewährt worden sind

a) als Ersatz für entgangene oder entgehende Einnahmen oder

b) für die Aufgabe oder Nichtausübung einer Tätigkeit, für die Aufgabe einer Gewinnbeteiligung oder einer Anwartschaft auf eine solche;

c) als Ausgleichszahlungen an Handelsvertreter nach § 89 b HGB;

2. Einkünfte aus einer ehemaligen Tätigkeit im Sinne des § 2 Abs. 1 Nrn. 1 bis 4 oder aus einem früheren Rechtsverhältnis im Sinne des § 2 Abs. 1 Nrn. 5 bis 7, und zwar auch dann, wenn sie dem Steuerpflichtigen als Rechtsnachfolger zufließen.

3. Nutzungsvergütungen für die Inanspruchnahme von Grundstücken für öffentliche Zwecke sowie Zinsen auf solche Nutzungsvergütungen und auf Entschädigungen, die mit der Inanspruchnahme von Grundstücken für öffentliche Zwecke zusammenhängen.

Die Vorschrift des § 24 EStG begründet keine eigene Einkunftsart, sie stellt lediglich eine **Ergänzung** der §§ 13 bis 23 EStG dar (BFH, BStBl 1975 II S. 634). Im wesentlichen will sie klarstellen, daß auch die in den Nummern 1 bis 3 bezeichneten Einnahmen zu den Einkünften i. S. des § 2 Abs. 1 EStG gehören.

Die Anwendung der Vorschrift des § 24 EStG setzt stets voraus, daß Einnahmen der darin bezeichneten Art einer bestimmten Einkunftsart zugerechnet werden können. Der Bezug zu irgendeiner Einkunftsart reicht insoweit nicht aus (BFH, BStBl 1983 II S. 289, 291).

Die Feststellung, ob eine Leistung als Entschädigung i. S. des § 24 Nr. 1 EStG angesehen werden kann, ist von besonderer Bedeutung, weil solche Entschädigungen begünstigt besteuert werden, wenn es sich dabei um außerordentliche Einkünfte handelt (§ 34 Abs. 2 Nr. 2 EStG).

5.12.2 Entschädigungen

5.12.2.1 Allgemeines

Unter einer Entschädigung i. S. des § 24 Nr. 1 EStG ist allgemein eine Zahlung oder sonstige Leistung zu verstehen, die unmittelbar dazu bestimmt ist, einen finanziellen Schaden auszugleichen, den der Steuerpflichtige infolge einer Beeinträchtigung der durch diese Vorschrift geschützten Güter erlitten hat. In dieser allgemeinen Bedeutung gilt der Entschädigungsbegriff gleichmäßig für alle in § 24 Nr. 1 Buchst. a bis c EStG aufgeführten Tatbestände (BFH, BStBl 1987 II S. 106 und 386). Dies ändert jedoch nichts daran, daß innerhalb der Vorschriften des § 24 Nr. 1 Buchst. a bis c EStG Entschädigungsbegriffe gelten, die voneinander abweichen.

Entschädigungen im Sinne des § 24 Nr. 1 EStG sind die Nettoentschädigungen. Anzusetzen sind jeweils die um die anteiligen Betriebsausgaben oder Werbungskosten geminderten Einnahmen (BFH, BStBl 1970 II S. 421). Abzuziehen sind insoweit allerdings Betriebsausgaben oder Werbungskosten nur, soweit sie in unmittelbarem Zusammenhang mit den betreffenden Einnahmen stehen (BFH, BStBl 1984 II S. 347).

5.12.2.2 Entschädigungen für entgangene oder entgehende Einnahmen

Der Begriff der Entschädigung i. S. des § 24 Nr. 1 Buchst. a EStG deckt sich nicht mit dem unter 5.12.2.1 dargestellten Entschädigungsbegriff in seiner allgemeinen Bedeutung. Die Annahme einer Entschädigung i. S. des § 24 Nr. 1 Buchst. a EStG setzt voraus, daß die Ersatzleistung zur Abgeltung eines Schadens gezahlt wird, der zu ersatzlosem Wegfall von Einnahmen innerhalb einer Einkunftsart geführt hat. Der Kern dieses Begriffs liegt in dem Schadensausgleich. Nach der Rechtsprechung kann von einem zu einem Schaden führenden Ereignis nur dann die Rede sein, wenn der Verlust der Einnahmen auf einen im Rahmen der Einkunftsart ungewöhnlichen Sachverhalt zurückzuführen ist, mit dem der Stpfl. im allgemeinen nicht rechnet (BFH, BStBl 1966 III S. 91). Dies gilt unter Anlegung eines strengen Maßstabs für unternehmerische, insbesondere gewerbliche Betätigungen. Eine Entschädigung liegt danach nicht vor, wenn der zur Ersatzleistung führende Sachverhalt sich als ein normaler und üblicher Geschäftsvorfall im Rahmen der jeweiligen unternehmerischen Einkunftsart darstellt (BFH, BStBl 1980 II S. 393, 1979 II S. 9 und S. 66, S. 69, S. 71).

Die Rechtsprechung ist früher davon ausgegangen, daß Entschädigungen im Sinne des § 24 Nr. 1 EStG in der Regel aus einer ohne oder gegen den Willen des Stpfl. eingetretenen Sachlage herrühren (BFH, BStBl 1966 III S. 91, BStBl 1971 II S. 263). Diese enge Auslegung des Begriffs der Entschädigung ist im steuerrechtlichen Schrifttum wiederholt kritisiert worden. In seinem Urteil vom 20. 7. 1978 (BStBl 1979 II S. 9) löst sich der BFH von diesen strengen Grundsätzen und nimmt unter bestimmten Umständen eine Entschädigung i. S. des § 24 Nr. 1 Buchst. a EStG auch dann an, wenn der Stpfl. Vereinbarungen zur Ausgleichung eines eingetretenen oder drohenden Schadens schließt oder sogar selbst – etwa durch Aufgabe ihm zustehender Rechte – an der Herbeiführung des Schadens mitwirkt, vorausgesetzt, daß der Stpfl. unter einem nicht unerheblichen rechtlichen, wirtschaftlichen oder tatsächlichen Druck gehandelt hat (vgl. auch BFH, BStBl 1979 II S. 176 und Abschn. 170 Abs. 2 Satz 10 EStR). Bei Entlassungsentschädigungen für Arbeitnehmer ist zunächst § 3 Nr. 9 EStG zu prüfen.

Entschädigungen als Ersatz für entgangene oder entgehende Einnahmen sind anzunehmen, wenn die Ersatzleistung unmittelbar dazu dient, den Verlust entgangener oder entgehender Einnahmen zumindest teilweise auszugleichen. Diese Voraussetzung ist nicht ohne weiteres schon dann erfüllt, wenn die Ersatzleistung durch den Verlust lediglich bedingt ist. Ersatzleistung und entgangene oder entgehende Einnahmen müssen vielmehr in der Weise zusammenhängen, daß die Ersatzleistung einen unmittelbaren und objektiven Bezug zu den entgangenen oder entgehenden Einnahmen hat. Ein rechtlicher Zusammenhang braucht insoweit allerdings nicht gegeben zu sein. Ein unmittelbarer wirtschaftlicher Zusammenhang reicht insoweit aus (BFH, BStBl 1982 II S. 552). Zu den Entschädigungen für entgangene oder entgehende Einnahmen gehören danach z. B. die von einer Gewerkschaft an ihre streikenden Mitglieder gezahlten Streikunterstützungen (BFH, BStBl 1982 II S. 552) sowie Aussperrungsunterstützungen, die eine Gewerkschaft an ihre ausgesperrten Mitglieder zahlt (BFH, BStBl 1982 II S. 556). Entschädigungen für entgangene Einnahmen können darüber hinaus auch anzunehmen sein z. B. bei der Ausübung ehrenamtlicher Tätigkeiten, bei unfallbedingtem Gewinn- oder Lohnentgang, bei Personenschäden usw. (BFH, BStBl 1988 II S. 615).

Nicht um Entschädigungen handelt es sich bei der Erfüllung von Schadensersatzansprüchen, wie sie im Bereich der Nichterfüllung von Lieferverträgen anfallen; es ist kein Vorgang, der außerhalb des für Produktionsbetriebe Typischen liegt (BFH, BStBl 1990 II S. 155).

5.12.2.3 Entschädigungen für die Aufgabe oder Nichtausübung einer Tätigkeit

Der Begriff der Entschädigung i. S. des § 24 Nr. 1 Buchst. b EStG, der sich ebenfalls nicht in vollem Umfang mit dem unter 5.12.2.1 dargestellten Entschädigungsbegriff in seiner allgemeinen Bedeutung deckt, unterscheidet sich darüber hinaus auch von dem Begriff der Entschädigung i. S. des § 24 Nr. 1 Buchst. a EStG. Die Annahme einer Entschädigung ist insoweit nicht schon deshalb ausgeschlossen, weil der Empfänger der Entschädigung einen der aufgezählten Tatbestände freiwillig verwirklicht oder zu seiner Verwirklichung beigetragen hat. Nach ihrem Sinn und Zweck geht die Vorschrift des § 24 Nr. 1 Buchst. b EStG gerade davon aus, daß der zur Entschädigung führende Tatbestand mit dem Willen oder zumindest der Zustimmung des Empfängers der Entschädigung verwirklicht wird (BFH, BStBl 1977 II S. 198 und 1984 II S. 580, 583).

Für die Annahme einer Entschädigung reicht es im übrigen auch aus, daß der Schaden nicht unmittelbar durch die Aufgabe oder Nichtausübung einer Tätigkeit, sondern erst mittelbar dadurch eingetreten ist, daß durch die Aufgabe oder die Nichtausübung einer Tätigkeit Einnahmen wegfallen (vgl. BFH, BStBl 1987 II S. 106, 107). Ein danach anzunehmender Schaden ist nach der heutigen Rechtsprechung des BFH auch dann zu bejahen, wenn anstelle der aufgegebenen oder nicht ausgeübten Tätigkeit eine andere gleichartige Tätigkeit ausgeübt wird.

> **Beispiel:**
> Eine Flugbegleiterin hat das Angebot der Fluggesellschaft A, gegen Zahlung einer Abfindung aus dem Arbeitsverhältnis auszuscheiden, angenommen. Sie hat im Anschluß an ihre Tätigkeit bei der Fluggesellschaft A eine entsprechend bezahlte Tätigkeit als Flugbegleiterin bei einer anderen Fluggesellschaft aufgenommen.
> Die gezahlte Abfindung stellt eine Entschädigung i. S. des § 24 Nr. 1 Buchst. b EStG dar (vgl. BFH, BStBl 1987 II S. 106).

Der Annahme einer Entschädigung i. S. des § 24 Nr. 1 Buchst. b EStG steht es auch nicht entgegen, daß für die Aufgabe oder Nichtausübung einer Tätigkeit von vornherein bestimmte Zahlungen dem Grunde und der Höhe nach festgelegt sind.

> **Beispiel:**
> Sachverhalt wie zuvor. Der Flugbegleiterin stand jedoch tarifvertraglich das Optionsrecht zu, nach Vollendung des 32. Lebensjahres gegen Zahlung einer Abfindung aus dem Arbeitsverhältnis mit der Fluggesellschaft auszuscheiden.
> Die gezahlte Abfindung stellt auch in diesem Fall eine Entschädigung i. S. des § 24 Nr. 1 Buchst. b EStG dar.

Wenn es auch für die Annahme einer Entschädigung i. S. des § 24 Nr. 1 Buchst. b EStG ohne Bedeutung ist, daß der Steuerpflichtige eine andere gleichartige Tätigkeit ausübt, so kann eine Entschädigung für die Aufgabe einer bestimmten Tätigkeit jedoch nur angenommen werden, wenn die konkrete Tätigkeit endgültig nicht mehr ausgeübt wird (vgl. auch BFH, BStBl 1976 II S. 286). Etwas anderes gilt insoweit allerdings für eine Entschädigung für die Nichtausübung einer bestimmten Tätigkeit. Die Annahme einer solchen Entschädigung setzt nicht voraus, daß auf die Ausübung einer bestimmten Tätigkeit endgültig verzichtet wird. Insoweit reicht auch ein zeitlich befristeter Verzicht auf die Ausübung einer bestimmten Tätigkeit aus. Auch Zahlungen für ein vereinbartes Wettbewerbsverbot können daher als Entschädigung für die Nichtausübung einer bestimmten Tätigkeit anzusehen sein.

Eine Entschädigung für die Aufgabe oder Nichtausübung einer Tätigkeit i. S. des § 24 Nr. 1 Buchst. b EStG ist nur anzunehmen, wenn die zu beurteilende Leistung nicht bereits aus anderen Gründen zu den Einkünften zu zählen sind, die in den Vorschriften der §§ 13 bis 22 EStG näher geregelt sind.

Beispiele:

a) Der Steuerpflichtige A, der zu 50 v. H. an der X-OHG beteiligt war, hat seinen Mitunternehmeranteil gegen Zahlung von 300 000 DM an einen Dritten veräußert. Da A beabsichtigte, sich aus dem Erwerbsleben zurückzuziehen, wurden ihm aufgrund des abgeschlossenen Vertrages weitere 100 000 DM für die Aufgabe seiner Tätigkeit gezahlt.

Die gezahlten 100 000 DM gehören ebenso wie der vereinbarte Kaufpreis von 300 000 DM zu dem Veräußerungspreis i. S. des § 16 Abs. 2 EStG. Eine Entschädigung i. S. des § 24 Nr. 1 Buchst. b EStG liegt daher schon aus diesem Grunde nicht vor.

b) Sachverhalt wie zuvor. Die weiteren 100 000 DM sind nach den getroffenen Vereinbarungen jedoch als Gegenleistung für die von A übernommene Verpflichtung gezahlt worden, sich auf dem Wirtschaftssektor, auf dem die OHG tätig ist, nicht mehr unternehmerisch zu betätigen.

Auch in diesem Fall gehören die gezahlten 100 000 DM neben dem vereinbarten Kaufpreis von 300 000 DM zu dem Veräußerungspreis i. S. des § 16 Abs. 2 EStG. Eine Entschädigung i. S. des § 24 Nr. 1 Buchst. b EStG kann daher schon aus diesem Grunde nicht angenommen werden.

Daß ein Entgelt für ein Wettbewerbsverbot, das gelegentlich einer Betriebsveräußerung oder -aufgabe vereinbart wird, zu dem Veräußerungsgewinn i. S. des § 16 EStG gehört, ist bereits vom RFH anerkannt worden (vgl. RFH, RStBl 1932 S. 681 und 1935 S. 1146). Entsprechendes gilt für die Zahlungen, die für ein Wettbewerbsverbot geleistet werden, das anläßlich der Veräußerung oder Aufgabe eines land- und forstwirtschaftlichen Betriebs oder des der selbständigen Arbeit dienenden Vermögens bzw. der selbständigen Tätigkeit eines landwirtschaftlichen Betriebs vereinbart wird. Auch im Falle der Veräußerung des der selbständigen Arbeit dienenden Vermögens bzw. der Aufgabe der selbständigen Arbeit ist das Entgelt für ein Wettbewerbsverbot, das gelegentlich der Veräußerung oder Aufgabe vereinbart wird, bei der Ermittlung des Veräußerungs- oder Aufgabegewinns i. S. des § 18 Abs. 3 EStG zu berücksichtigen.

Ein Entgelt, das für ein anläßlich der Veräußerung einer wesentlichen Beteiligung i. S. des § 17 EStG vereinbart und gezahlt wird, ist dagegen nach der vom RFH (RStBl, StuW II 1938 Nr. 240) begründeten bisherigen Rechtsprechung nicht als Teil des Veräußerungspreises behandelt worden. Nach der heutigen Rechtsprechung des BFH (vgl. BFH, BStBl 1983 II S. 289, 291) ist auch insoweit eine Zusammenfassung möglich. Eine Zusammenfassung kommt allerdings insoweit auch nach dieser Rechtsprechung nur in Betracht, wenn die Übernahme des Wettbewerbsverbots nach den Gesamtumständen des Einzelfalls kein eigenes wirtschaftliches Gewicht hat.

Eine Entschädigung für die Nichtausübung einer Tätigkeit i. S. des § 24 Nr. 1 Buchst. b EStG liegt im übrigen nach der heutigen Auffassung des BFH auch dann nicht vor, wenn das Unterlassen einer Tätigkeit außerhalb eines Entschädigungsvorgangs selbständiger Leistungsgegenstand eines Schuldverhältnisses ist und das dafür gezahlte Entgelt, wenn es nicht im Rahmen einer anderen Einkunftsart zu erfassen ist, zu den Einkünften i. S. des § 22 Nr. 3 EStG zu rechnen ist (vgl. BFH, BStBl 1983 II S. 289, 291). Eine Leistung i. S. des § 22 Nr. 3 EStG ist danach jedenfalls anzunehmen, wenn aufgrund einer getroffenen Abrede ein Wettbewerb ohne Bezug zu einer weiterhin oder ehemals ausgeübten Tätigkeit unterlassen wird.

Beispiel:

Der Steuerpflichtige A, der zu 50 v. H. an der X-GmbH beteiligt und zugleich deren Geschäftsführer war, veräußerte im Jahre 1986 seine Beteiligung an der X-GmbH an die Y-AG, die wie die X-GmbH Mineralölhandel betreibt.

Nach den Vereinbarungen zwischen A und der Y-AG ist A verpflichtet, nach Auslaufen seiner Geschäftsführertätigkeit bei der X-GmbH am 31. 12. 1987 weder unmittelbar noch mittelbar auf dem Mineralölsektor weltweit zu der Y-AG und deren Tochtergesellschaften in Wettbewerb zu treten. Als Entgelt für die Übernahme dieses umfassenden Wettbewerbsverbots zahlte die Y-AG dem Steuerpflichtigen A im Jahre 1987 500 000 DM.

Da dem Steuerpflichtigen A sowohl die Betätigung als Unternehmer oder Gesellschafter einer Kapitalgesellschaft als auch die Tätigkeit als Angestellter oder freier Mitarbeiter für ein von ihm unabhängiges Unternehmen verboten ist, ist eine Entschädigung für die Nichtausübung einer Tätigkeit i. S. des § 24 Nr. 1 Buchst. b EStG schon deshalb zu verneinen, weil der gezahlte Betrag nicht einer bestimmten Einkunftsart zugeordnet werden kann. Die gezahlten 500 000 DM sind daher nach § 22 Nr. 3 EStG als sonstige Einkünfte zu erfassen (vgl. BFH, BStBl 1983 II S. 289).

5.12.2.4 Entschädigungen für die Aufgabe einer Gewinnbeteiligung oder einer entsprechenden Anwartschaft

Unter einer Gewinnbeteiligung sind alle Beteiligungen an einem Unternehmen zu verstehen, die auch das Recht auf einen bestimmten Anteil an den Gewinnen umfassen, die von dem Unternehmen erzielt werden. Auch eine Beteiligung des stillen Gesellschafters ist in diesem Sinne selbst dann eine Gewinnbeteiligung, wenn es sich um eine typische stille Gesellschaft handelt (BFH, BStBl 1984 II S. 490). Auch Genußscheine dürften in diesem Sinne als Gewinnbeteiligungen anzusehen sein. Etwas anderes gilt allerdings wohl für ein sogenanntes partiarisches Darlehn, bei dem der Zins in Form von Gewinnanteilen gezahlt wird.

Hinsichtlich des Entschädigungsbegriffs und der Voraussetzungen für die Annahme einer Entschädigung i. S. des § 24 Nr. 1 Buchst. b EStG gelten die Ausführungen zu 5.12.2.3 entsprechend.

Beispiel:

A überträgt dem B gegen Zahlung eines einmaligen Betrages das Gewinnbezugsrecht aus den ihm gehörenden Anteilen an der X-AG für die Dauer von acht Jahren.

Eine Entschädigung für die Aufgabe einer Gewinnbeteiligung i. S. des § 24 Nr. 1 Buchst. b EStG liegt nicht vor, weil die Gewinnbeteiligung nicht endgültig aufgegeben worden ist.

Im übrigen findet die Vorschrift des § 24 Nr. 1 Buchst. b EStG auch schon aus dem Grunde keine Anwendung, weil der Betrag nach § 20 Abs. 2 Nr. 2 EStG zu den Einkünften aus Kapitalvermögen gehört (vgl. BFH, BStBl 1970 II S. 212).

5.12.2.5 Ausgleichszahlungen an Handelsvertreter nach § 89 b HGB

Zu den Einkünften des § 24 Nr. 1 Buchst. c EStG gehören nur Ausgleichszahlungen an Handelsvertreter nach § 89 b HGB (BFH, BStBl 1988 II S. 936). Der Anspruch des Handelsvertreters aus der Wettbewerbsabrede gem. § 90 a HGB ist keine Entschädigung i. S. des § 24 Nr. 1 Buchst. c EStG. Zahlungen, die ein Nachfolgevertreter seinem Vorgänger aufgrund eines selbständigen Vertrages leistet, um dessen Handelsvertretung oder Teile davon zu erwerben, sind keine Entschädigung i. S. des § 24 Abs. 1 Buchst. c EStG (BFH, BStBl 1972 II S. 899). Wie Ausgleichszahlungen an Handelsvertreter sind auch Ausgleichszahlungen zu behandeln, die ein Kommissionsagent in sinngemäßer Anwendung des § 89 b HGB erhält (BFH, BStBl 1974 II S. 295).

5.12.3 Nachträgliche Einkünfte

5.12.3.1 Allgemeines

Als nachträgliche Einkünfte sind nach § 24 Abs. 1 Nr. 2 EStG Einkünfte aus einer ehemaligen Tätigkeit i. S. des § 2 Abs. 1 Nrn. 1 bis 4 EStG und Einkünfte aus einem früheren Rechtsverhältnis i. S. des § 2 Abs. 1 Nrn. 5 bis 7 EStG zu erfassen. Zu erfassen sind diese nachträglichen Einkünfte auch, wenn sie nicht mehr dem Steuerpflichtigen zufließen, der die ehemalige Tätigkeit ausgeübt bzw. das frühere Rechtsverhältnis begründet hat. Sie sind in diesem Fall dem Rechtsnachfolger zuzurechnen.

Zwischen den Einkünften aus einer ehemaligen Tätigkeit i. S. des § 2 Abs. 1 Nr. 1 bis 4 EStG und den Einkünften aus einem früheren Rechtsverhältnis i. S. des § 2 Abs. 1 Nr. 5 bis 7 EStG ist grundsätzlich zu unterscheiden, weil die Behandlung dieser beiden Arten von nachträglichen Einkünften nicht einheitlich ist.

In beiden Fällen sind nur die nachträglichen **Einkünfte** zu erfassen. Zur Ermittlung der nachträglichen Einkünfte sind von den nachträglichen Einnahmen etwaige damit zusammenhängende Betriebsausgaben oder Werbungskosten abzusetzen.

5.12.3.2 Einkünfte aus ehemaligen Tätigkeiten

Auch nachträgliche Einkünfte aus Land- und Forstwirtschaft, Gewerbebetrieb und selbständiger Arbeit sind durch Gegenüberstellung der nachträglichen Betriebseinnahmen und der (nachträglichen) Betriebsausgaben zu ermitteln. Die Vorschriften des § 4 Abs. 3 EStG sind insoweit sinngemäß anzuwenden (BFH, BStBl 1978 II S. 430).

Als Einnahmen aus einer ehemaligen Tätigkeit sind alle Einnahmen zu erfassen, die in wirtschaftlichem Zusammenhang mit einer ehemaligen Tätigkeit i. S. des § 2 Abs. 1 Nrn. 1 bis 4 EStG stehen. Zugeflossene Beträge, die nach den

Gewinnermittlungsvorschriften bereits früher als Teil der Gewinne aus Land- und Forstwirtschaft, Gewerbebetrieb oder selbständiger Arbeit erfaßt worden sind, stellen jedoch keine Einnahmen aus einer ehemaligen Tätigkeit dar.

Beispiel:

A hat seinen Gewerbebetrieb im Jahre 1985 für 250 000 DM veräußert. Der Veräußerungspreis ist vom Erwerber in fünf Raten zu je 50 000 DM zu zahlen.

Die einzelnen Ratenzahlungen stellen keine Einnahmen aus der ehemaligen gewerblichen Tätigkeit des A dar, weil die zugrundeliegende Kaufpreisforderung bereits bei der Ermittlung des Veräußerungsgewinns zu berücksichtigen war.

Zugeflossene Beträge, die nach den Gewinnermittlungsvorschriften gewinneutral zu behandeln wären, können auch als Einnahmen aus einer ehemaligen Tätigkeit nicht erfaßt werden.

Beispiel:

A hat zum 1. 4. 1982 seinen gewerblichen Betrieb gegen Zusage einer lebenslänglichen Leibrente von monatlich 2000 DM an B veräußert. Im Veräußerungszeitpunkt lautete das buchmäßige Kapitalkonto des A auf 120 000 DM. Veräußerungskosten waren von A nicht zu tragen. A hat die nachträgliche Besteuerung des Veräußerungsgewinns gewählt.

Die laufenden Rentenzahlungen waren bis zur Höhe von 120 000 DM als gewinneutrale Zuflüsse und damit auch nicht als nachträgliche Einnahmen aus Gewerbebetrieb zu behandeln. Erst die ab dem 1. 4. 1987 gezahlten und zu zahlenden Rentenbeträge sind in voller Höhe als nachträgliche Einnahmen zu erfassen.

Zu den Einnahmen aus einer ehemaligen Tätigkeit gehören insbesondere alle Einnahmen, die ein Entgelt für die im Rahmen der ehemaligen Tätigkeit erbrachten Leistungen darstellen (vgl. auch Abschn. 171 Abs. 1 Satz 1 EStR).

Durch die ehemalige Tätigkeit veranlaßte Aufwendungen können als nachträgliche Betriebsausgaben zu berücksichtigen sein, wenn und soweit sie nach den Gewinnermittlungsvorschriften nicht bereits früher zu Lasten der Gewinne aus Land- und Forstwirtschaft, Gewerbebetrieb oder selbständiger Arbeit zu berücksichtigen waren.

Liegt im Zusammenhang mit der Inanspruchnahme der Leistungen nach dem Gesetz zur Förderung der Einstellung der landwirtschaftlichen Erwerbstätigkeit (FELEG) v. 21. 2. 1989 (BStBl 1989 I S. 116) eine Betriebsaufgabe vor, sind die steuerpflichtigen Teile (vgl. § 3 Nr. 27 EStG) der Produktionsaufgaberente nachträgliche Einkünfte aus Land- und Forstwirtschaft (§ 13 Abs. 2 Nr. 3, § 24 Abs. 1 Nr. 2 EStG).

Als nachträgliche Betriebsausgaben können allerdings auch gezahlte Betriebssteuern abgezogen werden, wenn bei Gewinnermittlung nach § 4 Abs. 3 EStG auf den Zeitpunkt der Betriebsaufgabe eine Schlußbilanz nicht erstellt wurde und dies nicht zur Erlangung ungerechtfertigter Steuervorteile geschah (BFH, BStBl 1980 II S. 692).

Schuldzinsen, die nach der Beendigung einer land- und forstwirtschaftlichen, gewerblichen oder selbständigen Betätigung anfallen, können nach der heutigen Rechtsprechung des BFH jedoch nur bei Vorliegen besonderer Voraussetzungen als nachträgliche Betriebsausgaben abgezogen werden. Soweit es der Steuerpflichtige bei der Betriebsaufgabe bis zur Vollbeendigung des Gewerbebetriebs unterlassen hat, noch vorhandene aktive Wirtschaftsgüter zur Tilgung seiner betrieblichen Schulden einzusetzen, stellen die nach der Beendigung des Betriebs anfallenden Schuldzinsen keine nachträglichen Betriebsausgaben dar (BFH, BStBl 1981 II S. 463). Schuldzinsen für betrieblich begründete und bei einer Betriebsveräußerung zurückbehaltene Verbindlichkeiten können nur insoweit als nachträgliche Betriebsausgaben abgezogen werden, als sie nicht auf Verbindlichkeiten entfallen, die durch den Veräußerungspreis und die Verwertung von zurückbehaltenen Wirtschaftsgütern hätten abgedeckt werden können (BFH, BStBl 1982 II S. 321). Hat ein Steuerpflichtiger einen ursprünglich für betriebliche Zwecke aufgenommenen Kredit nach Betriebsaufgabe nicht getilgt, obwohl ihm hierfür hinreichend Mittel zur Verfügung standen, dann kann er die Schuldzinsen auf die nunmehr in sein Privatvermögen übergegangene Verbindlichkeit nicht als Werbungskosten bei seinen Einkünften aus der Vermietung von bei der Betriebsaufgabe zurückbehaltenen Wirtschaftsgütern absetzen (BFH, BStBl 1990 II S. 213).

5.12.3.3 Einkünfte aus einem früheren Rechtsverhältnis

Als Einnahmen aus einem früheren Rechtsverhältnis i. S. des § 2 Abs. 2 Nrn. 5 bis 7 EStG sind alle Einnahmen zu erfassen, die ihre Grundlage in dem früheren Rechtsverhältnis haben und die, falls das Rechtsverhältnis noch fortbestünde, als im Rahmen einer der Einkunftsarten des § 2 Abs. 1 Nrn. 5 bis 7 EStG zugeflossen anzusehen wären.

Beispiel:

Ein Stpfl. hat im Vorjahr sein zum Privatvermögen gehörendes Mietwohngrundstück veräußert. In diesem Jahr zahlt ihm der Mieter noch einen aus dem Vorjahr rückständigen Mietbetrag.

Die nachträgliche Mietzahlung gehört zu den Einkünften aus Vermietung und Verpachtung.

Auch insoweit können nachträgliche Werbungskosten anfallen. Als nachträgliche Werbungskosten kommen nach der heutigen Rechtsprechung des BFH (vgl. BStBl 1983 II S. 373 und 1984 II S. 29) jedoch nur Ausgaben in Betracht, die auf die Zeit vor Beendigung des früheren Rechtsverhältnisses entfallen. Ausgaben, die auf die Zeit nach Beendigung des früheren Rechtsverhältnisses entfallen, können danach selbst dann nicht als nachträgliche Werbungskosten berücksichtigt werden, wenn sie in wirtschaftlichem Zusammenhang mit dem früheren Rechtsverhältnis stehen.

Beispiele:

a) A hat gegen den Mieter einer ihm gehörenden Eigentumswohnung auf Räumung geklagt, weil dieser die vereinbarte Miete wiederholt nicht gezahlt hatte. Im Mai 1987 hat der Mieter die Wohnung geräumt, nachdem zuvor ein gerichtlicher Vergleich abgeschlossen worden war, in welchem die entstandenen Verfahrenskosten gegeneinander aufgerechnet wurden. Im Juni 1987 hat A die von ihm zu tragenden Verfahrenskosten an seinen Rechtsanwalt und die Gerichtskasse überwiesen.

Die überwiesenen Beträge können als nachträgliche Werbungskosten abgesetzt werden, weil sie nicht auf die Zeit nach Beendigung des Mietverhältnisses entfallen.

b) B hat im April 1987 sein Zweifamilienhaus an C veräußert. Das wirtschaftliche Eigentum an dem Grundstück ist am 1. 5. 1987 auf C übergegangen. Für einen zur Finanzierung von größeren Reparaturen aufgenommenen Bankkredit hat B am 1. 7. 1987 Schuldzinsen in Höhe von 1200 DM gezahlt, die in Höhe von 400 DM auf die Monate Mai und Juni 1987 entfallen.

Als nachträgliche Werbungskosten kann A nur die Schuldzinsen absetzen, die auf die Zeit von der Übertragung des wirtschaftlichen Eigentums auf C entfallen. Die auf die Monate Mai und Juni 1987 entfallenden Zinsen sind daher nicht abzugsfähig.

5.12.3.4 Nachträgliche Einkünfte des Rechtsnachfolgers

Einnahmen aus einer ehemaligen Tätigkeit bzw. aus einem früheren Rechtsverhältnis sind auch dann als nachträgliche Einnahmen zu erfassen, wenn sie dem Steuerpflichtigen als Rechtsnachfolger zufließen.

Als Rechtsnachfolger ist insoweit nicht nur der Gesamtrechtsnachfolger, sondern auch der Einzelrechtsnachfolger anzusehen. Dabei kommt es nicht darauf an, ob eine Einzelrechtsnachfolge auch im bürgerlich-rechtlichen Sinne anzunehmen ist. Es genügt vielmehr, daß der Steuerpflichtige die Grundlage der ihm zufließenden Einnahmen wirtschaftlich von demjenigen ableiten kann, der die ehemalige Tätigkeit ausgeübt oder das frühere Rechtsverhältnis begründet hat.

Beispiel:

Die Witwe eines selbständigen Versicherungsvertreters erhält von einem Versicherungsunternehmen im Hinblick auf die frühere Tätigkeit ihres verstorbenen Ehemanns auf Lebenszeit laufende Versorgungsleistungen.

Es handelt sich um nachträgliche Einkünfte aus Gewerbebetrieb, die der Witwe als Rechtsnachfolgerin ihres verstorbenen Ehemanns zufließen und von ihr im Jahr des Zuflusses in voller Höhe zu versteuern sind (vgl. auch BFH, BStBl 1976 II S. 487).

Dem Rechtsnachfolger zufließende nachträgliche Einkünfte sind nach den in seiner Person liegenden Besteuerungsmerkmalen zu versteuern (BFH, BStBl 1960 II S. 404).

5.12.4 Nutzungsvergütungen

Zu den Einkünften im Sinne des § 2 Abs. 1 EStG gehören auch **Nutzungsvergütungen** für die Inanspruchnahme von Grundstücken für öffentliche Zwecke sowie **Zinsen** auf solche Nutzungsvergütungen und auf Entschädigungen, die mit der Inanspruchnahme von Grundstücken für öffentliche Zwecke zusammenhängen (§ 24 Nr. 3 EStG). Diese Nutzungsvergütungen und die darauf gezahlten Zinsen sind tarifbegünstigte außerordentliche Einkünfte i. S. des § 34 Abs. 2 Nr. 3 EStG. Es sind die gesamten Vergütungen begünstigt, wenn sie für mehr als 3 Jahre nachgezahlt werden (BFH, BStBl 1985 II S. 463).

6 Ermittlung des Gesamtbetrags der Einkünfte

6.1 Allgemeines

Unter dem Gesamtbetrag der Einkünfte ist nach § 2 Abs. 3 EStG die um den Altersentlastungsbetrag, den Ausbildungsplatz-Abzugsbetrag und die nach § 34 c Abs. 2 und 3 EStG abgezogene Steuer verminderte Summe der Einkünfte zu verstehen. Diese Inhaltsbestimmung des Begriffs „Gesamtbetrag der Einkünfte" ist jedoch, wie bereits ausgeführt (vgl. 2.2.5), nicht für alle Fälle vollständig. Die Vorschrift des § 2 Abs. 3 EStG enthält damit keine abschließende Regelung. In besonderen Fällen sind bei der Ermittlung des Gesamtbetrags der Einkünfte noch verschiedene andere Beträge zu berücksichtigen.

Der Gesamtbetrag der Einkünfte ist danach, wie sich aus Abschn. 3 Abs. 1 EStR ergibt, wie folgt zu ermitteln:

Summe der Einkünfte aus den Einkunftsarten
+   nachzuversteuernder Betrag (§ 10 a EStG)
∕.   Verlustabzugsbetrag (§ 2 Abs. 1 Satz 1 AIG bzw. § 2 a Abs. 3 Satz 1 EStG)
+   Hinzurechnungsbetrag (§ 2 Abs. 1 Satz 3 AIG bzw. § 2 a Abs. 3 Satz 3 EStG)

=   Summe der Einkünfte
∕.   Altersentlastungsbetrag (§ 24 a EStG)
∕.   Ausbildungsplatz-Abzugsbetrag (§ 24 b EStG)
∕.   abzugsfähige ausländische Steuern (§ 34 c Abs. 2, 3 und 6 EStG)
∕.   Freibetrag für Land- und Forstwirte (§ 13 Abs. 3 EStG)

=   Gesamtbetrag der Einkünfte

Auf die in Betracht kommenden Vorschriften wird im folgenden nur insoweit näher eingegangen, als ihnen größere praktische Bedeutung zukommt.

6.2 Nachzuversteuernder Betrag (§ 10 a EStG)

Ist für nicht entnommene Gewinne aus Land- und Forstwirtschaft, aus Gewerbebetrieb oder aus selbständiger Arbeit die Steuerbegünstigung des § 10 a EStG in Anspruch genommen worden, so hat nach § 10 a Abs. 2 EStG eine Nachversteuerung zu erfolgen, wenn in einem der folgenden drei Jahre die Entnahmen die zu berücksichtigenden Gewinne aus Land- und Forstwirtschaft und Gewerbebetrieb oder aus selbständiger Arbeit übersteigen. Auch wenn Mehrentnahmen nicht vorliegen, ist eine Nachversteuerung vorzunehmen, wenn und soweit der Steuerpflichtige dies beantragt.

Zum Zwecke der Nachversteuerung ist der nachzuversteuernde Betrag nach § 10 a Abs. 2 Satz 1 EStG dem Einkommen im Jahr der Mehrentnahme bzw. der beantragten Nachversteuerung hinzuzurechnen.

Obwohl in § 10 a Abs. 2 EStG von einer Hinzurechnung der Mehrentnahmen zum Einkommen die Rede ist, führt eine systemgerechte Auslegung dieser Vorschrift dazu, daß sich der nachzuversteuernde Betrag wie eine Einkunft im Jahr der Nachversteuerung auswirkt und damit bei der Ermittlung des Gesamtbetrags der Einkünfte zu berücksichtigen ist (BFH, BStBl 1975 II S. 638). Er mindert infolgedessen die Höhe eines vortragsfähigen Verlustes (BFH, BStBl 1958 III S. 22) und ist ferner auch bei der Prüfung, ob bestimmte Einkunfts- oder Einkommensgrenzen erreicht sind, zu berücksichtigen.

Zur Ermittlung des nachzuversteuernden Betrags wird auf die näheren Ausführungen unter 7.4.3 verwiesen.

6.3 Verluste aus ausländischen Betriebsstätten

6.3.1 Vor dem Veranlagungszeitraum 1990 entstandene Verluste

Nach der Vorschrift des § 2 Abs. 1 Satz 1 AIG, die nach § 8 Abs. 5 AIG letztmalig für den Veranlagungszeitraum 1989 anzuwenden ist[1], ist ein sich nach den Vorschriften des EStG ergebender Verlust eines unbeschränkt Steuerpflichtigen aus einer ausländischen Betriebsstätte, der nach einem bestehenden Doppelbesteuerungsabkommen an sich unberücksichtigt zu lassen ist, bei der Ermittlung des Gesamtbetrags der Einkünfte auf Antrag insoweit abzuziehen, als er nach dem Doppelbesteuerungsabkommen steuerfreie positive Einkünfte aus anderen Betriebsstätten in dem betreffenden ausländischen Staat übersteigt.

Beispiel:
Der Steuerpflichtige unterhält zwei Betriebsstätten in Holland, aus denen er im Jahr 1989 Gewinne in Höhe von insgesamt 150 000 DM bezogen hat. Daneben unterhält der Steuerpflichtige auch in Österreich drei Betriebsstätten, aus denen er im Jahr 1989 Gewinne von 50 000 DM und 30 000 DM bzw. einen Verlust in Höhe von 200 000 DM erwirtschaftet hat. Aus einem in Österreich belegenen Grundstück hat der Steuerpflichtige 1989 im übrigen Einkünfte aus Vermietung und Verpachtung in Höhe von ⅟ 10 000 DM bezogen.

Auf Antrag des Steuerpflichtigen kann bei der Veranlagung für 1989 der aus Österreich stammende, nicht durch Gewinne ausgeglichene Verlust in Höhe von (200 000 DM ⅟ 50 000 DM ⅟ 30 000 DM =) 120 000 DM gemäß § 2 Abs. 1 AIG vom Gesamtbetrag der Einkünfte abgezogen werden.

6.3.2 Ab dem Veranlagungszeitraum 1990 entstandene bzw. entstehende Verluste

Eine dem § 2 Abs. 1 Satz 1 AIG entsprechende Regelung enthält die Vorschrift des § 2 a Abs. 3 Satz 1 EStG, die nach § 52 Abs. 2 a EStG erstmals auf Verluste des Veranlagungszeitraums 1990 anwendbar ist.

---

1 Die Regelung des § 2 AIG ist mit Wirkung vom Veranlagungszeitraum 1990 an mit einigen redaktionellen Anpassungen und Klarstellungen in § 2 a Abs. 3 und 4 EStG enthalten.

Sind bei einem unbeschränkt Steuerpflichtigen Einkünfte aus gewerblicher Tätigkeit, die aus einer in einem ausländischen Staat belegenen Betriebsstätte stammen, nach einem bestehenden Doppelbesteuerungsabkommen von der Einkommensteuer zu befreien, so ist nach § 2 a Abs. 3 Satz 1 EStG auf Antrag des Steuerpflichtigen ein Verlust, der sich nach den Vorschriften des inländischen Steuerrechts bei diesen Einkünften ergibt, bei der Ermittlung des Gesamtbetrags der Einkünfte abzuziehen. Dies gilt jedoch nur, soweit dieser Verlust vom Steuerpflichtigen ausgeglichen oder abgezogen werden könnte, wenn die Einkünfte nicht von der Einkommensteuer zu befreien wären, und soweit er nach diesem Abkommen zu befreiende positive Einkünfte aus gewerblicher Tätigkeit anderer Betriebstätten übersteigt, die in diesem ausländischen Staat belegen sind.

6.4 Hinzurechnung nach § 2 Abs. 1 Satz 3 AIG

Ein nach § 2 Abs. 1 Satz 1 AIG bei der Ermittlung des Gesamtbetrags abgezogener Betrag ist nach Satz 3 dieser Vorschrift in den nachfolgenden Veranlagungszeiträumen bei der Ermittlung des Gesamtbetrags der Einkünfte wieder hinzuzurechnen, soweit sich in einem dieser Veranlagungszeiträume bei den nach dem bestehenden Doppelbesteuerungsabkommen zu befreienden Einkünften aus in diesem Staat belegenen Betriebsstätten insgesamt ein positiver Betrag ergibt.[2]

Beispiel:

Der Steuerpflichtige unterhält drei Betriebsstätten in Österreich, aus denen er im Jahre 1989 nach Ausgleich mit Gewinnen einen Verlust in Höhe von insgesamt 120 000 DM hatte. Er hat diesen Verlust bei der Ermittlung des Gesamtbetrags der Einkünfte für das Jahr 1989 nach § 2 Abs. 1 Satz 1 AIG abgezogen.

Im Jahre 1990 hat der Steuerpflichtige in seinen österreichischen Betriebsstätten einen Gewinn von 140 000 DM erwirtschaftet.

Der Gewinn aus den Betriebsstätten in Österreich ist nach § 2 Abs. 1 Satz 3 AIG in Höhe von 120 000 DM (= Verlustanrechnung 1989) bei der Ermittlung des Gesamtbetrags der Einkünfte für das Jahr 1990 hinzuzurechnen.

Von einer solchen Hinzurechnung ist lediglich abzusehen, wenn der Steuerpflichtige nachweist, daß nach den für ihn geltenden Vorschriften des ausländischen Staates ein Abzug von Verlusten in anderen Jahren als dem Verlustjahr allgemein nicht beansprucht werden kann.

6.5 Hinzurechnung nach § 2 a Abs. 3 Satz 3 EStG

Ein Betrag, der nach § 2 a Abs. 3 Satz 1 EStG bei der Ermittlung des Gesamtbetrags der Einkünfte oder nach § 2 a Abs. 3 Satz 2 EStG bei der Ermittlung des Einkommens abgezogen worden ist, ist nach § 2 a Abs. 3 Satz 3 EStG in einem der folgenden Veranlagungszeiträume bei Vorliegen bestimmter Voraussetzungen bei der Ermittlung des Gesamtbetrags der Einkünfte wieder hinzuzurechnen.

---

2 Die Vorschrift des § 2 Abs. 1 Satz 3 AIG gilt insoweit auch über den Veranlagungszeitraum 1989 hinaus.

6.6 Altersentlastungsbetrag (§ 24 a EStG)

6.6.1 Allgemeines

Seit dem Veranlagungszeitraum 1975 ist bei der Ermittlung des Gesamtbetrags der Einkünfte allgemein ein Altersentlastungsbetrag nach Maßgabe des § 24 a EStG zu berücksichtigen.

Die einkommensteuerliche Begünstigung von Alterseinkünften ist in verschiedenen Vorschriften des EStG geregelt. Die als Leibrenten zufließenden Altersruhegelder der Arbeiter und Angestellten und die sonstigen privaten Leibrenten unterliegen als sonstige Einkünfte des § 22 Nr. 1 Satz 3 Buchst. a EStG nur mit ihrem Ertragsanteil der Einkommensteuer, während bei Versorgungsbezügen, die als Arbeitslohn zufließen, ein besonderer Versorgungs-Freibetrag nach Maßgabe des § 19 Abs. 2 EStG gewährt wird. Die Vorschrift des § 24 a EStG ergänzt diese Regelungen durch Gewährung eines Altersentlastungsbetrags für solche Steuerpflichtige, deren Alterseinkünfte nicht in Altersruhegeld oder Pensionen, sondern z. B. in Vermietungs-, Kapitalvermögens-, Gewinneinkünften oder auch in laufendem Arbeitslohn bestehen.

Die Vorschriften der § 19 Abs. 2, § 22 Nr. 1 Satz 3 Buchst. a und § 24 a EStG stehen nicht in Konkurrenz zueinander. Sie können nebeneinander angewendet werden, wenn dazu die Voraussetzungen vorliegen.

Beispiel:

Ein Steuerpflichtiger bezieht ab seinem 65. Lebensjahr ein Altersruhegeld aus der gesetzlichen Rentenversicherung, außerdem erhält er von seinem Arbeitgeber eine Betriebsrente. Zusätzlich bezieht er laufenden Arbeitslohn aus einem gegenwärtig ausgeübten Dienstverhältnis und positive Einkünfte aus Vermietung und Verpachtung.

Das Altersruhegeld ist mit dem Ertragsanteil des § 22 Nr. 1 Satz 3 Buchst. a EStG anzusetzen, auf die Betriebsrente ist der Versorgungs-Freibetrag nach § 19 Abs. 2 EStG anzurechnen und für die übrigen Einkünfte (laufender Arbeitslohn und Einkünfte aus Vermietung und Verpachtung) ist der Altersentlastungsbetrag nach § 24 a EStG zu berücksichtigen. Zusätzlich erhält der Steuerpflichtige bis zum Veranlagungszeitraum 1989 einschließlich den Altersfreibetrag in Höhe von 720 DM nach § 32 Abs. 8 EStG 1987.

6.6.2 Voraussetzungen des § 24 a EStG

Ein Altersentlastungsbetrag steht einem Steuerpflichtigen zu, der vor dem Beginn des Kalenderjahrs das 64. Lebensjahr vollendet hatte.

Die altersmäßige Voraussetzung erfüllen z. B.

 für den VZ 1988 Personen, die vor dem 2. 1. 1924 geboren sind,

 für den VZ 1989 Personen, die vor dem 2. 1. 1925 geboren sind,

 für den VZ 1990 Personen, die vor dem 2. 1. 1926 geboren sind,

 usw.

6.6.3 Höhe des Altersentlastungsbetrags

6.6.3.1 Allgemeines

Der Altersentlastungsbetrag beträgt **40 v. H.** des Arbeitslohns und der positiven Summe der Einkünfte, die nicht solche aus nichtselbständiger Arbeit sind. Anzusetzen ist der so ermittelte Betrag jedoch nur bis zu einem **Höchstbetrag,** der sich bis zum Veranlagungszeitraum 1989 einschließlich auf **3000 DM** beläuft und **vom Veranlagungszeitraum 1990 an** auf **3720 DM** erhöht worden ist.

Durch die Aufstockung um 720 DM soll hinsichtlich der durch § 24 a EStG begünstigten Einkünfte der Wegfall des Altersfreibetrags in gleicher Höhe aufgefangen werden. Eine Anpassung an die Entwicklung der Verhältnisse ist durch die Anhebung des Höchstbetrags nicht beabsichtigt. Aufgefangen wird der Wegfall des Altersfreibetrags jedoch auch bei Steuerpflichtigen, die nach § 24 a begünstigte Einkünfte beziehen, nur dann, wenn die positive Summe dieser Einkünfte den Betrag von 7500 DM übersteigt.

Da Versorgungsbezüge i. S. des § 19 Abs. 2 EStG sowie Einkünfte aus Leibrenten i. S. des § 22 Nr. 1 Satz 3 Buchst. a EStG und Einkünfte i. S. des § 22 Nr. 4 Satz 4 Buchst. b EStG zur Ermittlung des Altersentlastungsbetrags außer Betracht bleiben, hat der Gesetzgeber mit der Aufstockung des Höchstbetrags des Altersentlastungsbetrags auch eine gewisse Angleichung in der steuerlichen Belastung von Renten, Versorgungsbezügen und anderen im Alter bezogenen Einkünften erreicht.

6.6.3.2 Ermittlung des Altersentlastungsbetrags

Maßgebend ist nur der Arbeitslohn, der nicht in Versorgungsbezügen i. S. des § 19 Abs. 2 EStG besteht. Versorgungsbezüge scheiden aus, weil sie bereits nach § 19 Abs. 2 EStG begünstigt werden.

Beispiel:

Ein Stpfl., der die altersmäßige Voraussetzung des § 24 a EStG erfüllt, erzielte im VZ 1989 Arbeitslohn in Höhe von 10 000 DM. Darin enthalten sind Versorgungsbezüge im Sinne des § 19 Abs. 2 EStG in Höhe von 6000 DM.

Der Altersentlastungsbetrag errechnet sich auf 40 v. H. von (10 000 DM ╱ 6000 DM =) 4000 DM, das sind 1600 DM.

Daß der Altersentlastungsbetrag vom nicht in Versorgungsbezügen i. S. des § 19 Abs. 2 EStG bestehenden **Arbeitslohn** und nicht von den Einkünften aus nichtselbständiger Arbeit berechnet wird, folgt aus der Tatsache, daß der Altersentlastungsbetrag bereits beim Lohnsteuerabzug durch den Arbeitgeber berücksichtigt wird (§ 39 b Abs. 2 EStG).

Bei der Berechnung des Altersentlastungsbetrags ist vom Arbeitslohn ohne Kürzung um den bis einschl. 1989 gewährten Arbeitnehmer-Freibetrag und Weihnachts-Freibetrag auszugehen.

Werden in einer Veranlagung Einkünfte aus nichtselbständiger Arbeit einbezogen, so scheiden diese aus der Bemessungsgrundlage für die Berechnung des Altersentlastungsbetrags aus; an die Stelle der Einkünfte aus nichtselbständiger Arbeit tritt der nicht in Versorgungsbezügen im Sinne des § 19 Abs. 2 EStG bestehende Arbeitslohn.

Da ein im Lohnsteuerverfahren berücksichtigter Altersentlastungsbetrag bei einer Veranlagung dem Steuerpflichtigen grundsätzlich nicht mehr entzogen werden soll, bleibt der Altersentlastungsbetrag auch dann mit 40 v. H. des maßgebenden Arbeitslohns anzusetzen, wenn die Einkünfte, die nicht solche aus nichtselbständiger Arbeit sind, zusammen einen Verlustbetrag ergeben.

Im übrigen kommt es für die Bemessung des Altersentlastungsbetrags auf **die positive Summe der Einkünfte** an, die nicht solche aus nichtselbständiger Arbeit sind und nicht Einkünfte i. S. des § 22 Nr. 1 Satz 3 Buchst. a oder § 22 Nr. 4 Buchst. b EStG sind; ein Freibetrag nach § 13 Abs. 3 EStG bleibt außer Betracht.

Beispiele:

a) Ein Stpfl., der die altersmäßige Voraussetzung des § 24 a EStG erfüllt, erzielt in einem VZ

1. einen Gewinn aus Gewerbebetrieb (§ 15 EStG) in Höhe von 4000 DM,

2. Einkünfte aus Vermietung (§ 21 EStG) in Höhe von 2000 DM.

Der Altersentlastungsbetrag des § 24 a EStG beträgt 40 v. H. der positiven Summe der Einkünfte von 6000 DM = 2400 DM.

b) Ein Stpfl., der die altersmäßige Voraussetzung des § 24 a EStG erfüllt, erzielt in einem VZ

1. einen Gewinn aus Gewerbe (§ 15 EStG) in Höhe von 10 000 DM,

2. einen Vermietungsverlust (§ 21 EStG) in Höhe von 3000 DM.

Die positive Summe der Einkünfte beträgt (10 000 DM ∕ 3000 DM) 7000 DM. Der Altersentlastungsbetrag des § 24 a EStG beträgt somit 40 v. H. von 7000 DM = 2800 DM.

Sind in den Einkünften neben Leibrenten auch andere wiederkehrende Bezüge i. S. des § 22 Nr. 1 EStG enthalten, so ist der Werbungskosten-Pauschbetrag nach § 9 a Nr. 3 EStG stets vom Ertragsanteil der Leibrenten abzuziehen, soweit er diesen nicht übersteigt (Abschn. 171 a Abs. 2 Satz 2 EStR).

Beispiel:

Ein Stpfl., der die altersmäßige Voraussetzung des § 24 a EStG erfüllt, erzielt in einem VZ

1. Leibrentenbezüge i. S. des § 22 Nr. 1 Satz 3 Buchst. a EStG in Höhe von 18 000 DM,

2. wiederkehrende Bezüge i. S. des § 22 Nr. 1 Buchst. b EStG in Höhe von 6000 DM.

Da der Werbungskosten-Pauschbetrag nach § 9 a Nr. 3 EStG beim Ertragsanteil der Leibrenten berücksichtigt werden muß, ist der Altersentlastungsbetrag mit 40 v. H. von den ungekürzten wiederkehrenden Bezügen von 6000 DM = 2400 DM abzuziehen.

Der **Höchstbetrag des § 24 a EStG von 3000 DM bzw. 3720 DM** wird bereits bei einer Bemessungsgrundlage von 7500 DM bzw. 9300 DM erreicht.

Im Fall der **Zusammenveranlagung von Ehegatten** wird der Altersentlastungsbetrag für jeden Ehegatten abgezogen, der die Voraussetzungen erfüllt. Der Altersentlastungsbetrag wird dabei nur bei dem Ehegatten berücksichtigt, der die altersmäßige Voraussetzung erfüllt, und bezieht sich auf den Arbeitslohn bzw. die anderen berücksichtigungsfähigen Einkünfte des jeweiligen Ehegatten.

Beispiel:

Ehegatten, die beide die altersmäßige Voraussetzung des § 24 a EStG erfüllen, erklären zu einer Zusammenveranlagung für einen VZ folgende Besteuerungsgrundlagen:

Ehemann

Einkünfte aus Gewerbebetrieb (§ 15 EStG)	12 000 DM
Einkünfte aus Vermietung (§ 21 EStG)	∕ 6 000 DM
sonstige Einkünfte (§ 22 Nr. 1 Satz 3 Buchst. a EStG)	2 000 DM

Ehefrau

Arbeitslohn aus einem gegenwärtigen Dienstverhältnis	12 000 DM
Einkünfte aus nichtselbständiger Arbeit	10 000 DM
Einkünfte aus Vermietung (§ 21 EStG)	✗ 6 000 DM

Der beim **Ehemann** anzusetzende Altersentlastungsbetrag berechnet sich nach der positiven Summe der Einkünfte mit Ausnahme der sonstigen Einkünfte im Sinne des § 22 Nr. 1 Satz 3 Buchst. a EStG mit 40 v. H. von (12 000 DM ✗ 6000 DM) 6000 DM = 2400 DM.

Der bei der **Ehefrau** anzusetzende Altersentlastungsbetrag berechnet sich nach dem Arbeitslohn, ohne daß der Vermietungsverlust zu berücksichtigen ist. Er beträgt daher 40 v. H. von 12 000 DM = 4800 DM, höchstens aber 3000 DM bzw. – vom VZ 1990 an – 3720 DM.

Der Gesamtbetrag der Einkünfte berechnet sich damit bis zum Veranlagungszeitraum 1989 wie folgt:

	Ehemann	Ehefrau
Einkünfte aus Gewerbebetrieb (§ 15 EStG)	12 000 DM	
Einkünfte aus nichtselbständiger Arbeit (§ 19 EStG)		10 000 DM
Einkünfte aus Vermietung (§ 21 EStG)	✗ 6 000 DM	✗ 6 000 DM
Sonstige Einkünfte (§ 22 EStG)	2 000 DM	
Summe der Einkünfte	8 000 DM	4 000 DM
Altersentlastungsbetrag 40 v. H. von 6000 DM	2 400 DM	
40 v. H. von 12 000 DM, höchstens		3 000 DM
	5 600 DM	1 000 DM
	1 000 DM	
Gesamtbetrag der Einkünfte	6 600 DM	

Vom Veranlagungszeitraum 1990 an berechnet sich der Gesamtbetrag der Einkünfte wie folgt:

	Ehemann	Ehefrau
Summe der Einkünfte	8 000 DM	4 000 DM
Altersentlastungsbetrag 40 v. H. von 6 000 DM	2 400 DM	
40 v. H. von 12 000 DM, höchstens		3 720 DM
	5 600 DM	280 DM
	280 DM	
Gesamtbetrag der Einkünfte	5 880 DM	

6.7 Ausbildungsplatz-Abzugsbetrag (§ 24 b EStG)

Steuerpflichtigen, die bis 31. Dezember 1985 finanzielle Hilfen aufgrund einer Rechtsverordnung nach § 2 Abs. 1 des Ausbildungsplatzförderungsgesetzes erhalten und bei denen die finanziellen Hilfen zu den Betriebseinnahmen aus

Land- und Forstwirtschaft, Gewerbebetrieb oder selbständiger Arbeit gehören, wird nach § 24 b Abs. 1 EStG vom Veranlagungszeitraum 1978 an ein **Ausbildungsplatz-Abzugsbetrag** in Höhe der finanziellen Hilfen gewährt. Dies gilt auch für Zuwendungen aus öffentlichen Mitteln, die dazu bestimmt sind, zusätzliche Ausbildungsplätze bereitzustellen.

Der Ausbildungsplatz-Abzugsbetrag ist im Rahmen der Ermittlung des Gesamtbetrags der Einkünfte von der Summe der Einkünfte abzusetzen (vgl. auch Abschn. 3 Abs. 1 EStR). Auf diese Weise wird eine Steuerfreistellung der vorbezeichneten Zuwendungen erreicht, ohne die Abzugsfähigkeit der dem Steuerpflichtigen entstehenden Aufwendungen zu beeinträchtigen. Hätte der Gesetzgeber die vorbezeichneten Zuwendungen unmittelbar für steuerfrei erklärt, wäre der Abzug dieser Aufwendungen als Betriebsausgaben nämlich an § 3 c EStG gescheitert.

Wird die finanzielle Hilfe einer Gesellschaft im Sinne des § 15 Abs. 1 Nr. 2 EStG gewährt, so wird nach § 24 b Abs. 2 EStG jedem Mitunternehmer ein Ausbildungsplatz-Abzugsbetrag in Höhe des Teils der finanziellen Hilfe gewährt, der dem Verhältnis des Gewinnanteils des Mitunternehmers einschließlich der Vergütungen zum Gewinn der Gesellschaft entspricht. Der Ausbildungsplatz-Abzugsbetrag und die Anteile der Mitunternehmer am Ausbildungsplatz-Abzugsbetrag sind gesondert festzustellen (§ 179 AO).

6.8 Abzug ausländischer Steuern (§ 34 c Abs. 2 und 3 EStG)

Bei unbeschränkt Steuerpflichtigen, die mit ausländischen Einkünften in dem Staat, aus dem die Einkünfte stammen, zu einer der deutschen Einkommensteuer entsprechenden Steuer herangezogen werden, ist die festgesetzte und gezahlte und keinem Ermäßigungsanspruch mehr unterliegende ausländische Steuer nach § 34 c Abs. 2 EStG auf Antrag bei der Ermittlung des Gesamtbetrags der Einkünfte abzuziehen. Der Abzug der ausländischen Steuer bei der Ermittlung des Gesamtbetrags der Einkünfte erfolgt in diesem Fall statt der sonst zulässigen Anrechnung dieser Steuer nach § 34 Abs. 1 EStG.

Ausländische Steuern vom Einkommen sind nach § 34 c Abs. 3 EStG darüber hinaus in bestimmten Fällen, in denen eine Anrechnung nach § 34 c Abs. 1 EStG nicht in Betracht kommt, bei der Ermittlung des Gesamtbetrags der Einkünfte abzuziehen, ohne daß es dazu eines Antrags des Steuerpflichtigen bedarf. Abzugsfähig ist eine ausländische Steuer vom Einkommen, die nicht der deutschen Einkommensteuer entspricht und aus diesem Grunde nicht nach § 34 c Abs. 1 EStG angerechnet werden kann. Abgezogen werden kann darüber hinaus auch eine ausländische Steuer vom Einkommen, die nicht nach § 34 c Abs. 1 EStG anrechenbar ist, weil sie nicht in dem Staat erhoben wird, aus dem die Einkünfte stammen, oder weil sie ohne Vorliegen ausländischer Einkünfte erhoben wird.

Wenn die ausländischen Einkünfte aus einem Staat stammen, mit dem kein Doppelbesteuerungsabkommen besteht, so sind die Vorschriften in den Absätzen

2 und 3 nach § 34 c Abs. 6 EStG grundsätzlich nicht anwendbar. Bei bestehenden Doppelbesteuerungsabkommen kommt ein Abzug ausländischer Steuern nur in den in den Sätzen 2 und 3 des § 34 c Abs. 6 EStG geregelten Fällen in Betracht.

6.9 Freibetrag für Land- und Forstwirte (§ 13 Abs. 3 EStG)

Die Einkünfte aus Land- und Forstwirtschaft werden bei der Ermittlung des Gesamtbetrags der Einkünfte nur berücksichtigt, soweit sie den Betrag von 2000 DM übersteigen. Bei Ehegatten, die nach den §§ 26, 26 b EStG zusammen veranlagt werden, erhöht sich der Betrag nach § 13 Abs. 3 Satz 2 EStG auf 4000 DM.

Der Freibetrag, der nicht bei der Ermittlung der Einkünfte aus Land- und Forstwirtschaft, sondern bei der Ermittlung des Gesamtbetrags der Einkünfte zu berücksichtigen ist und daher die Höhe der Einkünfte aus Land- und Forstwirtschaft in keiner Weise berührt (vgl. BFH, BStBl 1976 II S. 539, 540), kommt allen Land- und Forstwirten i. S. des § 13 Abs. 1 EStG zugute. Es spielt keine Rolle, ob es sich um buchführende oder nichtbuchführende Land- und Forstwirte oder um Land- und Forstwirte handelt, deren Gewinn nach Durchschnittssätzen zu ermitteln ist. Ohne Bedeutung ist auch, welcher Art die land- und forstwirtschaftlichen Einkünfte sind und wie hoch das Einkommen ist. Der Freibetrag ist auch dann zu gewähren, wenn der Steuerpflichtige lediglich einen Veräußerungsgewinn i. S. des § 14 EStG erzielt hat oder ihm nachträgliche Einkünfte aus Land- und Forstwirtschaft zufließen. Er ist bis zur Höhe der Einkünfte aus Land- und Forstwirtschaft abzugsfähig, die bei zusammenveranlagten Ehegatten vor Berücksichtigung des Freibetrags zusammenzurechnen sind (vgl. BFH, BStBl 1988 II S. 827). Der erhöhte Freibetrag für Ehegatten ist auch dann zu gewähren, wenn nur einer der Ehegatten Einkünfte aus Land- und Forstwirtschaft hat (Abschn. 124 Abs. 1 EStR). Sind mehrere Personen an dem Betrieb beteiligt (Gesellschaft, Gemeinschaft), so steht der Freibetrag jedem Beteiligten zu. Der Freibetrag ist auch dann in voller Höhe zu gewähren, wenn der Steuerpflichtige den land- und forstwirtschaftlichen Betrieb im Laufe des Veranlagungszeitraums aufgegeben oder den land- und forstwirtschaftlichen Betrieb erst im Laufe des Veranlagungszeitraums übernommen hat (Abschn. 124 Abs. 2 EStR).

Beispiel:

Der verwitwete Steuerpflichtige A hat seinen land- und forstwirtschaftlichen Betrieb zu Beginn des Wirtschaftsjahrs 1988/89 auf seinen verheirateten Sohn B übertragen. Die Ehegatten erfüllen die Voraussetzungen des § 26 EStG und beantragen die Zusammenveranlagung.

Im Wirtschaftsjahr 1987/88 hat A einen Gewinn aus Land- und Forstwirtschaft in Höhe von 10 000 DM erzielt. Im Kalenderjahr 1988 hat A ferner Einkünfte aus Kapitalvermögen in Höhe von 8000 DM gehabt. Im Wirtschaftsjahr 1988/89 hat B einen Gewinn von 4500 DM erwirtschaftet. Die Ehefrau des B hat im Kalenderjahr 1988 außerdem Einkünfte aus Vermietung und Verpachtung in Höhe von 12 000 DM bezogen.

Der Gesamtbetrag der Einkünfte des A im Kalenderjahr 1988 errechnet sich danach wie folgt:

Gewinn aus Land- und Forstwirtschaft (½ von 10 000 DM =)	5 000 DM
Einkünfte aus Kapitalvermögen	8 000 DM
	13 000 DM
./. Freibetrag nach § 13 Abs. 3 EStG	2 000 DM
Gesamtbetrag der Einkünfte	11 000 DM

Der Gesamtbetrag der Einkünfte der Eheleute B ist für das Kalenderjahr 1988 wie folgt zu ermitteln:

Gewinn aus Land- und Forstwirtschaft (½ von 4500 DM =)	2 250 DM
Einkünfte aus Vermietung und Verpachtung	12 000 DM
	14 250 DM
./. Freibetrag nach § 13 Abs. 3 EStG	2 250 DM
Gesamtbetrag der Einkünfte	12 000 DM

7 Einkommensermittlung

7.1 Sonderausgaben (§ 10 EStG)

7.1.1 Allgemeines

Sieht man von den Sonderregelungen in den §§ 10 a bis f und 52 Abs. 21 Sätze 4 bis 7, Abs. 15 Satz 5 EStG ab, so können nur die Aufwendungen als Sonderausgaben vom Gesamtbetrag der Einkünfte abgezogen werden, die in § 10 EStG erschöpfend aufgezählt sind. **Aufwendungen** i. S. des § 10 EStG liegen nur vor, wenn der Steuerpflichtige wirtschaftlich belastet ist (BFH, BStBl 1989 II S. 779). Die in § 10 EStG aufgeführten Aufwendungen sind aus unterschiedlichen wirtschafts- und sozialpolitischen Gründen als Sonderausgaben zum Abzug zugelassen worden.

Die aufgezählten Aufwendungen sind sämtlich nur dann als Sonderausgaben vom Gesamtbetrag der Einkünfte abzugsfähig, wenn sie **weder Betriebsausgaben noch Werbungskosten** sind.

Beispiele:

a) Der Eigentümer eines Mietwohngrundstücks leistet Beiträge zur Gebäudehaftpflichtversicherung.
Die Beiträge zur Gebäudehaftpflichtversicherung sind Werbungskosten.
b) Ein Gewerbetreibender leistet für seinen ausschließlich gewerblichen Zwecken dienenden Pkw Beiträge zur Autohaftpflichtversicherung.
Die Beiträge zur Autohaftpflichtversicherung sind Betriebsausgaben.
c) Ein Stpfl. leistet für seinen ausschließlich privaten Zwecken dienenden Pkw Beiträge zur Autohaftpflichtversicherung.
Die Beiträge zur Autohaftpflichtversicherung sind Sonderausgaben.
d) Ein Bausparer leistet Beiträge zu einer Risiko-Lebensversicherung, die er abschließen mußte, um ein Bauspardarlehen zur Finanzierung seines Bauvorhabens zu erhalten.
Die Beiträge sind Sonderausgaben (BFH, BStBl 1986 II S. 143, 260).

Ob Aufwendungen, die begrifflich Betriebsausgaben oder Werbungskosten darstellen, auch tatsächlich als Betriebsausgaben abgezogen worden sind oder abgezogen werden können (s. § 4 Abs. 5 EStG), ist insoweit ohne Bedeutung.

Voraussetzung für den Abzug als Sonderausgaben ist ferner, daß die Vorschrift des § 12 EStG nicht eingreift. Wie sich aus dem Wortlaut des § 12 EStG ergibt, finden die Abzugsverbote dieser Vorschrift keine Anwendung auf Aufwendungen, deren Abzug in § 10 Abs. 1 Nr. 1 und Nr. 2 bis 8 EStG zugelassen ist. Diese Vorschriften gehen dem Aufteilungs- und Abzugsverbot des § 12 EStG vor (BFH, BStBl 1986 II S. 894).

Beispiel:

A nutzt sein häusliches Arbeitszimmer zu ca. 60 v. H. für Zwecke der Fortbildung in seinem ausgeübten Beruf, zu ca. 35 v. H. für Zwecke der Ausbildung in einem nicht ausgeübten Beruf und zu ca. 5 v. H. für private Zwecke.

A kann von den auf das Arbeitszimmer entfallenden Kosten 60 v. H. als Werbungskosten nach § 19 EStG und 35 v. H., höchstens 900 DM, als Sonderausgaben nach § 10 Abs. 1 Nr. 7 EStG abziehen.

Die Vorschriften des § 12 EStG können daher nur einem Abzug der in § 10 Abs. 1 Nr. 1 a EStG bezeichneten Renten und dauernden Lasten entgegenstehen.

Beispiele:

a) A hat im Jahre 1989 3000 DM Kirchensteuer entrichtet.

Der Betrag von 3000 DM ist nach § 10 Abs. 1 Nr. 4 EStG als Sonderausgabe abzugsfähig. Die Vorschrift des § 12 Nr. 3 EStG steht dem nicht entgegen.

b) B hat seinem Vater die Zahlung einer lebenslänglichen Leibrente von monatlich 500 DM zugesagt.

Die gezahlten Rentenbeträge können nicht als Sonderausgaben nach § 10 Abs. 1 a EStG abgezogen werden, weil diesem Abzug § 12 Nr. 2 EStG entgegensteht.

Grundsätzlich kann der Steuerpflichtige nur seine eigenen Sonderausgaben geltend machen, d. h. die Sonderausgaben, die er selbst schuldet und entrichtet (BFH, BStBl 1989 II S. 683 und 862). Leistungen Dritter können daher nur dann als Sonderausgaben des Steuerpflichtigen berücksichtigt werden, wenn sie auf Grund konkreter Zuwendungs- oder Deckungsverhältnisse eine doppelte Wertbewegung mit einer Vermögensminderung beim Steuerpflichtigen erkennen lassen; z. B. im Falle der Anweisung nach §§ 783 ff. BGB oder bei Zahlung des Arbeitgebers für Rechnung des Steuerpflichtigen (BFH, BStBl 1975 II S. 275). Bei Ehegatten i. S. des § 26 Abs. 1 EStG bilden aber die Sonderausgaben i. S. der §§ 10 Abs. 1 Nr. 1 a bis 8 und 10 b EStG im Fall der getrennten Veranlagung (§ 26 a EStG) und der Zusammenveranlagung (§ 26 b EStG) ein einheitliches Ganzes. Es kommt – außer im Fall des sog. Realsplittings nach § 10 Abs. 1 Nr. 1 EStG – nicht darauf an, wer von den Ehegatten die Sonderausgaben im einzelnen leistet oder schuldet (BFH, BStBl 1967 III S. 596).

Sonderausgaben, die ein Kind des Stpfl. (§ 32 Abs. 1 bis 5 EStG) aufgrund einer eigenen Verpflichtung zu leisten hat, können bei dem Stpfl. nicht berücksichtigt werden. Das gilt auch, wenn er mit den Aufwendungen finanziell belastet ist (BFH, BStBl 1974 II S. 545).

Sonderausgaben werden nur in dem Kalenderjahr abgesetzt, in dem sie verausgabt worden sind; das gilt auch bei Stpfl. mit einem abweichenden Wirtschaftsjahr.

Erstattete Aufwendungen (negative Sonderausgaben) sind im Jahr der Erstattung mit gezahlten Sonderausgaben der gleichen Art zu verrechnen.

Beispiel:

Ein Stpfl. hat in einem Kalenderjahr laufende Kirchensteuervorauszahlungen in Höhe von 12 000 DM geleistet. Aufgrund der Kirchensteuerveranlagung für das Vorjahr erhielt er im gleichen Kalenderjahr eine Kirchensteuererstattung in Höhe von 4000 DM.

Für das Kalenderjahr sind Kirchensteuerzahlungen in Höhe von (12 000 DM ∕. 4000 DM =) 8000 DM zu berücksichtigen.

Diese Verrechnung wird auch dann vorzunehmen sein, wenn die erstatteten Aufwendungen im Jahr der Zahlung nicht oder nicht in voller Höhe als Sonderausgaben abgezogen worden sind.

Beispiel:

Sachverhalt wie in dem vorstehenden Beispielsfall. Der erstattete Kirchensteuerbetrag von 4000 DM konnte im Jahr der Zahlung nicht steuerwirksam abgezogen werden, weil der Steuerpflichtige in diesem Jahr infolge hoher Verluste keinen positiven Gesamtbetrag der Einkünfte hatte.

Die Verrechnung hat gleichwohl zu erfolgen, so daß wie im vorstehenden Beispielsfall nur 8000 DM als Sonderausgaben abzugsfähig sind.

Eine Verrechnung kann nur bis zur Höhe der im Kalenderjahr der Erstattung gezahlten Beträge erfolgen. Danach nicht verrechenbare Beträge bleiben steuerlich unberücksichtigt.

Beispiel:

Sachverhalt wie in den vorstehenden Beispielsfällen mit dem Unterschied, daß die Kirchensteuererstattung für das Vorjahr 14 000 DM betragen hat.

Für das Kalenderjahr sind Kirchensteuerzahlungen nicht zu berücksichtigen, weil die Erstattung die eigenen Zahlungen überstiegen hat. Eine Verrechnung der nicht ausgeglichenen Überzahlung mit anderen Sonderausgaben ist nicht zulässig.

War bereits im Zeitpunkt der Zahlung offensichtlich, daß diese zurückgefordert werden kann oder erstattet wird, ist die Zahlung nicht als Sonderausgabe abzugsfähig; in diesem Fall fehlt es an der erforderlichen wirtschaftlichen Belastung des Einkommens des Steuerpflichtigen (BFH, BStBl 1986 II S. 284 m. w. N., BFHE 118 S. 331).

Sonderausgaben, die bei der Veranlagung nicht berücksichtigt worden sind oder sich nicht ausgewirkt haben, können nicht auf ein späteres Kalenderjahr übertragen werden.

Allgemein sind die Sonderausgaben ohne betragsmäßige Beschränkung abzugsfähig. Lediglich der Abzug von Sonderausgaben i. S. des § 10 Abs. 1 Nr. 1 EStG (Unterhaltsleistungen), des § 10 Abs. 1 Nr. 2 EStG (Versicherungsbeiträge), des § 10 Abs. 1 Nr. 3 (Bausparbeiträge), des § 10 Abs. 1 Nr. 7 EStG (Ausbildungskosten) und des § 10 Abs. 1 Nr. 8 EStG (Aufwendungen für hauswirtschaftliche Beschäftigungsverhältnisse) ist der Höhe nach beschränkt. Entsprechend wird zwischen beschränkt und unbeschränkt abzugsfähigen Sonderausgaben unterschieden.

Die Abzugsbeschränkung erfolgt durch die Festlegung von verschiedenen Höchstbeträgen, die teilweise in Form von absoluten Beträgen und teilweise durch Beträge festgelegt sind, die von der Veranlagungsform abhängen.

Veranlagungstechnisch ist zwischen den Sonderausgaben im Sinne des § 10 Abs. 1 Nrn. 1, 1 a, 4 bis 8 und des § 10 b EStG einerseits und den Vorsorgeaufwendungen im Sinne des § 10 Abs. 1 Nr. 2 (Versicherungsbeiträge) und Nr. 3 EStG (Bausparbeiträge) andererseits zu unterscheiden.

Für die nicht in Vorsorgeaufwendungen bestehenden Sonderausgaben wird bei jeder Veranlagung mindestens ein Sonderausgaben-Pauschbetrag nach § 10 c Abs. 1 EStG in Höhe von 108 DM (bis 1989: 270 DM), im Fall der Zusammenveranlagung von Ehegatten und in den Fällen des § 32 a Abs. 6 EStG in Höhe von 216 DM (bis 1989: 540 DM) abgezogen, wenn der Stpfl. nicht höhere Aufwendungen nachweist.

Für die Vorsorgeaufwendungen im Sinne des § 10 Abs. 1 Nrn. 2 und 3 EStG kommt bei der Veranlagung eines Arbeitnehmers mindestens die Vorsorgepauschale des § 10 c Abs. 2 bis 4 EStG zum Abzug. Der Vorsorge-Pauschbetrag (§ 10 c Abs. 2 EStG 1987) ist vom VZ 1990 an aufgehoben. Weist der Stpfl. höhere Vorsorgeaufwendungen nach, so können die tatsächlichen Vorsorgeaufwendungen im Rahmen der Höchstbeträge des § 10 Abs. 3 EStG bei der Veranlagung abgezogen werden.

7.1.2 Unterhaltsleistungen i. S. des § 10 Abs. 1 Nr. 1 EStG

7.1.2.1 Allgemeines

Unterhaltsleistungen, die aus Anlaß der Scheidung, der Nichtigkeit und der Aufhebung der Ehe sowie des dauernden Getrenntlebens von Ehegatten an den unbeschränkt einkommensteuerpflichtigen Ehegatten erbracht werden, sind nach § 10 Abs. 1 Nr. 1 EStG im Rahmen des sog. Realsplittings bis zum Höchstbetrag von 27 000 DM (bis zum 31. 12. 1989: 18 000 DM) im Kalenderjahr als Sonderausgabe abzugsfähig, wenn der Geber dies mit Zustimmung des Empfängers beantragt. Der unterhaltsleistende Ehegatte hat die Wahl zwischen dem Sonderausgabenabzug nach § 10 Abs. 1 Nr. 1 EStG und der Berücksichtigung der Unterhaltsleistungen als außergewöhnliche Belastung nach § 33 a Abs. 1 EStG. Der Stpfl. muß sich für jeden VZ für eine dieser Wahlmöglichkeiten entscheiden. Dabei kann er den Antrag zwar auf einen Teilbetrag der Unterhaltsleistung beschränken; er kann jedoch nicht gleichzeitig für die Unterhaltsleistungen eines Kalenderjahres für einen Teil der Ausgaben den Sonderausgabenabzug und für einen anderen Teil der Ausgaben die Berücksichtigung als außergewöhnliche Belastung beantragen. Entscheidet er sich für die Berücksichtigung der Unterhaltsleistungen als außergewöhnliche Belastung, bleiben die Unterhaltsleistungen bei dem Empfänger – wie bisher – steuerfrei; entscheidet er sich für den Sonderausgabenabzug, so bedarf er der Zustimmung des Empfängers, mit der Folge, daß die Unterhaltsleistungen beim Empfänger nach § 22 Nr. 1 a EStG insoweit einkommensteuerpflichtig sind, als sie nach § 10 Abs. 1 EStG vom Geber als Sonderausgaben abgezogen werden können.

Zum Sonderausgabenabzug nach § 10 Abs. 1 Nr. 1 EStG bei der getrennten Veranlagung von Ehegatten nach § 26 a Abs. 2 EStG vgl. 9.2.4.1.

7.1.2.2 Voraussetzungen für den Sonderausgabenabzug

Unterhaltsleistungen an den geschiedenen oder dauernd getrennt lebenden Ehegatten kommen nur dann als Sonderausgaben nach § 10 Abs. 1 Nr. 1 EStG in

Betracht, wenn der **Empfänger unbeschränkt einkommensteuerpflichtig** ist. Diese Einschränkung ist verfassungsmäßig (BFH, BStBl 1986 II S. 603); sie war notwendig, weil Unterhaltsleistungen nur im Fall der unbeschränkten Einkommensteuerpflicht des Empfängers der Einkommensteuer unterliegen (vgl. auch § 49 Abs. 1 Nr. 7 EStG).

Ist der Empfänger nicht unbeschränkt einkommensteuerpflichtig, können die Unterhaltsleistungen auch weiterhin nur als außergewöhnliche Belastung nach § 33 a Abs. 1 EStG berücksichtigt werden.

Beispiel:
Ein ausländischer Arbeitnehmer erbringt laufend Unterhaltsleistungen an seine im Ausland lebende, von ihm geschiedene Ehefrau.

Die Unterhaltsleistungen können nur als außergewöhnliche Belastung im Rahmen des § 33 a Abs. 1 EStG berücksichtigt werden, weil die Empfängerin nicht unbeschränkt einkommensteuerpflichtig ist.

Berücksichtigungsfähig sind nur **Unterhaltsleistungen** an den geschiedenen oder dauernd getrennt lebenden Ehegatten. Es muß sich somit um Leistungen handeln, die zum Unterhalt bestimmt sind. Auf welchem Rechtsgrund sie beruhen, ob sie freiwillig oder aufgrund gesetzlicher Unterhaltspflicht geleistet werden, ist ohne Bedeutung. Ist der Unterhaltsanspruch z. B. nach §§ 90, 91 BSHG auf den Träger der Sozialhilfe übergeleitet worden, können auch **laufende** Unterhaltszahlungen zugunsten des Ehegatten als Sonderausgaben abgezogen werden. Zur Unterhaltsleistung durch Überlassung einer Wohnung s. Abschn. 161 Abs. 3 EStR.

Der Abzug von Unterhaltsleistungen als Sonderausgaben nach § 10 Abs. 1 Nr. 1 EStG setzt einen entsprechenden **Antrag des Gebers und die Zustimmung des Empfängers** voraus. Wird ein solcher Antrag vom Geber nicht gestellt oder fehlt die Zustimmung des Empfängers, so kommt für die Unterhaltsleistungen kein Sonderausgabenabzug nach § 10 Abs. 1 Nr. 1 EStG, sondern ggf. nur eine Berücksichtigung als außergewöhnliche Belastung nach § 33 a Abs. 1 EStG in Betracht. Die rechtsmißbräuchliche Verweigerung der Zustimmung (BFH, BStBl 1977 II S. 870) und die rechtskräftige Verurteilung zur Zustimmung (BFH, BStBl 1989 II S. 192) stehen der erteilten Zustimmung gleich.

Der Antrag bezieht sich auf die Behandlung der Unterhaltsleistungen eines bestimmten Kalenderjahres. Er kann nach § 10 Abs. 1 Nr. 1 Satz 2 EStG nicht zurückgenommen werden. Dies gilt auch, wenn der Antrag zum Zweck der Eintragung eines Freibetrags auf der Lohnsteuerkarte oder der Festsetzung von Einkommensteuer-Vorauszahlungen gestellt worden ist. Unzulässig ist jedoch nur die Zurücknahme des Antrags auf den Abzug der Unterhaltsleistungen als Sonderausgaben. Ist zunächst die Berücksichtigung der Unterhaltsleistungen als außergewöhnliche Belastung beantragt worden, kann bis zur Bestandskraft der Steuerfestsetzung des betreffenden Kalenderjahres noch zum Abzug der Unterhaltsleistungen als Sonderausgaben übergewechselt werden. Im übrigen kann das Wahlrecht zwischen Sonderausgabenabzug und Berücksichtigung als außergewöhnliche Belastung für jedes Jahr neu ausgeübt werden, d. h., daß z. B. in einem

Jahr die Berücksichtigung als außergewöhnliche Belastung und im anderen Jahr der Abzug als Sonderausgaben möglich ist.

Nach der bisher geltenden Fassung des § 10 Abs. 1 Nr. 1 EStG bezog sich auch die Zustimmung des Empfängers nur auf die Behandlung eines bestimmten Kalenderjahres. Auf Grund der Neufassung der Vorschrift durch das WoBauFG ist die Zustimmung – mit Ausnahme der durch rechtskräftiges Urteil nach § 894 Abs. 1 ZPO als erteilt geltenden Zustimmung – nunmehr **bis auf Widerruf** wirksam (Abschn. 86 b Abs. 1 EStR). Dieser ist vor Beginn des Kalenderjahres, für das die Zustimmung erstmals nicht gelten soll, gegenüber dem Finanzamt zu erklären, § 10 Abs. 1 Nr. 1 Satz 3 EStG.

Wird die Zustimmung unter einer Bedingung erteilt oder wird sie auf eine vom Antrag abweichende Betragshöhe beschränkt, so stellt sie keine rechtswirksame Zustimmung i. S. des § 10 Abs. 1 Nr. 1 EStG dar.

Werden Unterhaltsleistungen an mehrere Personen (z. B. mehrere geschiedene Ehegatten) erbracht, so ist im Hinblick auf jeden Empfänger gesondert zu beurteilen, ob Sonderausgaben anzunehmen sind.

Der Abzug von Unterhaltsleistungen an den geschiedenen oder dauernd getrennt lebenden Ehegatten ist nach § 10 Abs. 1 Nr. 1 EStG auf den **Höchstbetrag von 27 000 DM** (bis 31. 12. 1989: 18 000 DM) **im Kalenderjahr** beschränkt. Das gilt auch, wenn Unterhaltsleistungen tatsächlich nur für einen Teil des Jahres erbracht werden.

Beispiele:
a) Ein Stpfl. hat für die Zeit vom 1. 8. bis 31. 12. 1990 Unterhaltsleistungen in Höhe von insgesamt 30 000 DM an seine dauernd getrennt lebende Ehefrau erbracht.

Der Stpfl. kann auf Antrag mit Zustimmung seiner dauernd getrennt lebenden Ehefrau für 1990 Unterhaltsleistungen in Höhe von 27 000 DM als Sonderausgaben abziehen.

b) Ein Stpfl. erbringt seit Jahren an seine geschiedene Ehefrau Unterhaltsleistungen von monatlich 5000 DM. Zum 1. 7. 1990 verlegte die Ehefrau ihren Wohnsitz in die Schweiz. Bis zum 30. 6. 1990 hatte der Stpfl. Unterhaltsleistungen in Höhe von insgesamt 30 000 DM erbracht.

Der Stpfl. kann auf Antrag mit Zustimmung seiner geschiedenen Ehefrau für 1990 Unterhaltsleistungen in Höhe von 27 000 DM als Sonderausgaben abziehen.

Die Begrenzung auf den Höchstbetrag von 27 000 DM ist verfassungsmäßig (vgl. BVerfG, Inf. 1986 S. 551).

Unterhaltsleistungen an mehrere Personen können jeweils nur bis zur Höhe von 27 000 DM als Sonderausgaben abgezogen werden.

Beispiel:
A hat im Jahre 1990 Unterhaltsleistungen an seine seit 1979 von ihm geschiedene Ehefrau in Höhe von 30 000 DM erbracht. An seine seit dem 1. 9. 1990 von ihm dauernd getrennt lebende derzeitige Ehefrau hat er Unterhalt in Höhe von insgesamt 15 000 DM gezahlt.

A kann im Jahre 1990 einen Betrag in Höhe von insgesamt (27 000 DM + 15 000 DM =) 42 000 DM als Sonderausgaben nach § 10 Abs. 1 Nr. 1 EStG abziehen, sofern die antragsmäßigen Voraussetzungen erfüllt sind.

Werden erst nach Eintritt der Bestandskraft des ESt-Bescheids sowohl die Zustimmung zur Anwendung des Realsplittings erteilt als auch der Antrag nach § 10 Abs. 1 Nr. 1 EStG gestellt, ist der Bescheid nach § 175 Abs. 1 Satz 1 Nr. 1 AO zu ändern (BFH, BStBl 1989 II S. 957).

7.1.3 Renten und dauernde Lasten (§ 10 Abs. 1 Nr. 1 a EStG)

Auf besonderen Verpflichtungsgründen beruhende Renten und dauernde Lasten sind nach § 10 Abs. 1 Nr. 1 a Satz 1 EStG als Sonderausgaben abzugsfähig, wenn und soweit diese nicht mit Einkünften in wirtschaftlichem Zusammenhang stehen, die bei der Veranlagung außer Betracht bleiben.

Renten und dauernde Lasten können darüber hinaus nur dann als Sonderausgaben abgezogen werden, wenn die allgemeinen Voraussetzungen vorliegen. Die Renten und dauernden Lasten dürfen daher weder Betriebsausgaben noch Werbungskosten sein. Sie dürfen auch nicht unter das Abzugsverbot des § 12 Nr. 2 EStG fallen.

Als Sonderausgaben können danach Renten und dauernde Lasten nicht abgezogen werden, die Betriebsausgaben sind.

Beispiele:

a) Ein Steuerpflichtiger erwirbt entgeltlich einen gewerblichen Betrieb gegen Zusage einer Rente oder dauernden Last.

Die Rente oder dauernde Last steht im Zusammenhang mit dem entgeltlichen Erwerb eines gewerblichen Betriebs. Die Aufwendungen des Erwerbers sind Betriebsausgaben.

b) A war viele Jahre im Unternehmen des B in einer besonderen Vertrauensstellung tätig. Als er im Jahre 1989 seine Tätigkeit aus Krankheitsgründen aufgeben mußte und sich herausstellte, daß die ihm zustehende Rente zur Aufrechterhaltung eines angemessenen Lebensstandards nicht ausreichte, wurde ihm von B eine lebenslängliche Zusatzrente von monatlich 1000 DM zugesagt.

Es handelt sich um eine betrieblich veranlaßte Leibrente. Die Rentenleistungen stellen bei B Betriebsausgaben dar. Sie können daher nicht als Sonderausgaben abgezogen werden.

c) A hat dem B seinen als Liebhabereibetrieb zu qualifizierenden land- und forstwirtschaftlichen Betrieb gegen Zusage einer Leibrente in Höhe von monatlich 2500 DM übertragen.

B kann die Rentenzahlungen in Höhe des Ertragsanteils als Sonderausgaben abziehen, wenn er den Betrieb unverändert fortführt und er damit ebenfalls als Liebhaber zu behandeln ist. In diesem Falle stellen sich die Rentenzahlungen bei B nicht als Betriebsausgaben dar.

Als Sonderausgaben können ferner auch Renten und dauernde Lasten nicht abgezogen werden, die Werbungskosten sind.

Beispiele:

a) A verkauft sein Mietwohngrundstück gegen Zahlung einer lebenslänglichen Rente von monatlich 1000 DM an B. Der Kapitalwert der Rente beträgt 180 000 DM und entspricht dem Verkehrswert des Grundstücks.

Die Rentenleistungen stellen sich bei B als Werbungskosten dar, so daß ein Abzug als Sonderausgabe nicht in Betracht kommt.

b) Ein Steuerpflichtiger erwirbt entgeltlich für private Zwecke eine wertvolle Münzsammlung gegen Zusage einer Rente oder dauernden Last.

Die Rente oder dauernde Last steht im Zusammenhang mit dem entgeltlichen Erwerb eines ertraglosen Vermögenswertes. Die Aufwendungen sind nach Maßgabe des § 10 Abs. 1 Nr. 1 a EStG als Sonderausgaben abzugsfähig; zum Wertverzehr siehe jedoch unten.

Renten und dauernde Lasten, die nicht als Entgelt für die Übertragung von Vermögenswerten anzusehen sind, können grundsätzlich als Sonderausgaben abgezogen werden, sofern das Abzugsverbot des § 12 Nr. 2 EStG nicht eingreift (Abschn. 87 Abs. 4 EStR). Als Sonderausgaben können damit insbesondere Renten und dauernde Lasten abgezogen werden, die aus Anlaß der Übertragung von Vermögenswerten nicht als angemessenes Entgelt für erworbene Wirtschaftsgüter, sondern zur Versorgung des bisherigen Eigentümers und seiner Ehefrau gezahlt werden (BFH, BStBl 1985 II S. 610, 1990 II S. 625).

Beispiel:

Ein Steuerpflichtiger erwirbt durch einen **unentgeltlichen** Vorgang von seinem Vater einen gewerblichen Betrieb oder ein privates Grund- oder Kapitalvermögen gegen Zusage einer Rente oder dauernden Last.

Die Rente oder dauernde Last steht im Zusammenhang mit dem unentgeltlichen Erwerb des Betriebs-, Grund- oder Kapitalvermögens und ist nach Maßgabe des § 10 Abs. 1 Nr. 1 a EStG als Sonderausgabe abzugsfähig, wenn das Abzugsverbot des § 12 Nr. 2 EStG nicht eingreift.

Wenn die Aufwendungen mit Einkünften in wirtschaftlichem Zusammenhang stehen, die aufgrund einer besonderen Vorschrift, z. B. aufgrund eines Doppelbesteuerungsabkommens, nicht zur Einkommensteuer herangezogen werden, können sie nach § 10 Abs. 1 Nr. 1 a Satz 1 EStG ebenfalls nicht als Sonderausgaben abgezogen werden.

Beispiel:

Ein Stpfl. hat ein Hausgrundstück im Ausland gegen Übernahme einer Leibrentenverpflichtung erworben. Die Hauseinkünfte unterliegen aufgrund eines Doppelbesteuerungsabkommens im Inland nicht der Einkommensteuer.

Die Rentenleistungen stehen in wirtschaftlichem Zusammenhang mit Einkünften, die bei der Veranlagung im Inland aufgrund eines Doppelbesteuerungsabkommens außer Betracht bleiben. Ein Sonderausgabenabzug ist daher ausgeschlossen.

Leibrenten sind nicht in voller Höhe als Sonderausgaben abzugsfähig, sondern dürfen nur mit dem sog. Ertragsanteil i. S. des § 22 Nr. 1 Satz 3 Buchst. a EStG bzw. § 55 Abs. 2 EStDV als Sonderausgaben abgesetzt werden. Dauernde Lasten sind hingegen grundsätzlich in vollem Umfang abzugsfähig. Dies macht eine genaue Abgrenzung der dauernden Lasten von den Leibrenten erforderlich. Bei verschiedenen Versorgungsleistungen ist für jede Leistung getrennt zu prüfen, ob es sich um eine dauernde Last oder eine Leibrente handelt (BFH, BStBl 1985 II S. 43 m. w. N.; Abschn. 167 Abs. 1 Nr. 2 Buchst. b EStR).

Die Begriffe „Rente" und „Leibrente" sind bei der Behandlung der sonstigen Einkünfte des § 22 Nr. 1 EStG eingehend erläutert worden. Auf die Ausführungen unter 5.11.2.3 wird verwiesen. Zu klären bleibt jedoch, was unter dem Begriff der dauernden Last zu verstehen ist, dem lediglich für die steuerliche Behandlung des Verpflichteten Bedeutung zukommt.

Dauernde Lasten sind wiederkehrende, nach Zahl und Wert nicht gleichmäßige Aufwendungen, die ein Steuerpflichtiger für längere Zeit einem anderen gegenüber in Geld- oder Sachleistungen aufgrund einer rechtlichen Verpflichtung zu erbringen hat (BFH, BStBl 1989 II S. 779). Anders als bei der Rente fehlt der dauernden Last das Merkmal der Gleichmäßigkeit. Auch das Vorliegen eines Grund- oder Stammrechts ist für die Annahme einer dauernden Last nicht erforderlich (BFH, BStBl 1965 III S. 352 und 444).

Das Vorliegen eigener Aufwendungen des Verpflichteten setzt voraus, daß die Zuwendung einkommensteuerlich zunächst ihm zuzurechnen ist. Der Nutzungswert einer dem Berechtigten unentgeltlich überlassenen Wohnung kann daher nur dann beim Verpflichteten als dauernde Last abgezogen werden, wenn der Nutzungswert steuerlich dem Verpflichteten zuzurechnen ist (BFH, BStBl 1984 II S. 97, 1985 II S. 610). Bei einem Land- und Forstwirt, dessen Gewinn nach den Bestimmungen des § 13 a EStG ermittelt wird, ist der Nutzungswert der einem Altenteiler überlassenen Wohnung nur mit dem Betrag als dauernde Last abzuziehen, der bei ihm für diese Wohnung nach § 13 a Abs. 7 EStG als Einnahme anzusetzen ist (BFH, BStBl 1984 II S. 97).

Eine dauernde Last kann anders als eine Rente auch vorliegen, wenn nicht Leistungen in Geld oder vertretbaren Sachen, sondern Sachleistungen anderer Art zu erbringen sind. Daher können auch vom Verpflichteten getragene Erhaltungsaufwendungen für eine dem Berechtigten unentgeltlich überlassene Wohnung, deren Nutzungswert dem Berechtigten zuzurechnen ist, vom Verpflichteten als dauernde Last abgezogen werden (BFH, BStBl 1985 II S. 610). Zur Übernahme von Steuerschulden s. BFH, BStBl 1986 II S. 714. Eigene Dienstleistungen des Verpflichteten können jedoch keine dauernde Last sein, da diese keine Aufwendungen darstellen (BFH, BStBl 1984 II S. 97, 101).

Die zu erbringenden Leistungen dürfen nicht gleichmäßig sein. Bei reinen Unterhaltsverträgen entfällt die Gleichmäßigkeit schon dann, wenn die Vertragsparteien derart auf § 323 ZPO Bezug genommen haben, daß eine Abänderung nicht ausgeschlossen sein soll. Bei Vermögensübertragungsverträgen entfällt die Gleichmäßigkeit hingegen erst dann, wenn die Vertragsparteien eine dem § 323 ZPO entsprechende Änderung vereinbart haben (BFH, BStBl 1986 II S. 348 m. w. N., BFH/NV 1987 S. 26). Siehe dazu näher 5.11.2.4.

Die Leistungen müssen für eine längere Zeitdauer zu erbringen sein. Zeitlich fest begrenzte Leistungen können daher nur dann als dauernde Last anerkannt werden, wenn sie für einen Zeitraum von mindestens zehn Jahren zu erbringen sind. Ebenso wie bei den Renten ist das Vorliegen einer dauernden Last allerdings stets zu bejahen, wenn der Zeitraum, für den Leistungen zu erbringen sind, allein von der Lebensdauer eines Menschen abhängt. Einmalige Zahlungen sowie Abfindungszahlungen, durch die eine Rente oder dauernde Last i. S. von § 10

Abs. 1 Nr. 1 a EStG abgelöst wird, sind keine unter diese Vorschrift fallenden Sonderausgaben (BFH, BStBl 1985 II S. 43, 610 m. w. N.).

Renten und dauernde Lasten sind als Sonderausgaben grundsätzlich in voller Höhe abzugsfähig. Eine Einschränkung ergibt sich jedoch daraus, daß Voraussetzung für den Abzug von Sonderausgaben stets das Vorliegen von Aufwendungen, d. h. einer wirtschaftlichen Belastung des Steuerpflichtigen, ist (BFH, BStBl 1989 II S. 779). Eine wirtschaftliche Belastung liegt nicht vor, soweit die Aufwendungen aus einer hierfür empfangenen Gegenleistung erbracht werden können. Es ist also wie folgt zu unterscheiden:

Eine Verrechnung der Werte von Leistung und Gegenleistung ist nicht vorzunehmen, wenn die dauernde Last im Rahmen einer unentgeltlichen Vermögensübertragung dem Übernehmer zur Versorgung des Übertragenden auferlegt worden ist. Werden die wiederkehrenden Leistungen hingegen aufgrund eines gegenseitigen Vertrages im Austausch mit einer Gegenleistung erbracht, kann die dauernde Last erst nach Wertverrechnung, d. h. erst dann als Sonderausgabe abgezogen werden, wenn der Wert der wiederkehrenden Leistungen den Wert der Gegenleistung übersteigt (BFH, BStBl 1985 II S. 709, 1986 II S. 674 m. w. N., Abschn. 87 Abs. 4 EStR). Diese Wertverrechnung ist bei Kauf- und Darlehnsverträgen und darüber hinaus in allen Fällen geboten, in denen wiederkehrende Leistungen im Austausch mit einer Gegenleistung erbracht werden. Dies ist auch dann der Fall, wenn die wiederkehrenden Leistungen ihrem wirtschaftlichen Gehalt nach Entgelt für eine Nutzungsüberlassung sind (BFH, BStBl 1990 II S. 13). Dasselbe gilt, wenn die Leistungen nicht auf Grund eines gegenseitigen Vertrages, sondern auf Grund einer testamentarisch angeordneten Auflage erbracht werden (BFH, BStBl 1989 II S. 779).

Unbare dauernde Lasten sind mit ihrem tatsächlichen Wert zu bewerten (BFH, BStBl 1989 II S. 784 und 786). Wird ein Einzelnachweis nicht geführt, ist die Höhe der Aufwendungen in der Regel – ggf. in Anlehnung an die Sachbezugswerte der Sachbezugsverordnung in der für den jeweiligen VZ geltenden Fassung (BFH a. a. O.) – zu schätzen.

Ebenso wie Renten müssen auch dauernde Lasten auf besonderen Verpflichtungsgründen beruhen, um als Sonderausgaben abzugsfähig zu sein (BFH, BStBl 1965 III S. 383). Es muß eine rechtswirksame Verpflichtung hinsichtlich der zu erbringenden Leistungen bestehen. Ob die Leistungsempfänger auch einen rechtswirksamen Anspruch auf die Leistungen haben oder zumindest eine dritte Person in der Lage sein muß, den Anspruch durchzusetzen, ist zweifelhaft. Vom BFH wird dies jedenfalls verlangt (BFH, BStBl 1968 II S. 259).

Beispiel:

A ist aufgrund testamentarischer Anordnung verpflichtet, das Grab des Erblassers für die Dauer von 20 Jahren bepflanzen und pflegen zu lassen.

Nach der Auffassung des BFH kann A die aufgewendeten Kosten nicht als dauernde Last abziehen, weil ein Berechtigter fehlt, der den Anspruch aus der bestehenden Verpflichtung durchsetzen könnte.

Bei Vereinbarungen zwischen nahen Familienangehörigen ist weiter erforderlich, daß die Vereinbarungen klar und eindeutig getroffen und tatsächlich durchgeführt worden sind (BFH, BFH/NV 1987 S. 26).

7.1.4 Kirchensteuer (§ 10 Abs. 1 Nr. 4 EStG)

Kirchensteuern im Sinne des § 10 Abs. 1 Nr. 4 EStG sind Geldleistungen, die von den als Körperschaften des öffentlichen Rechts anerkannten Religionsgemeinschaften von ihren Mitgliedern aufgrund gesetzlicher Bestimmungen erhoben werden. Dazu zählen insbesondere die römisch-katholische Kirche und die evangelischen Landeskirchen. Rechtsgrundlage für die Erhebung der Kirchensteuer bilden die Kirchensteuergesetze und Kirchensteuerordnungen der steuerberechtigten Religionsgemeinschaften nach Maßgabe der landesrechtlichen Vorschriften. Da es kein einheitliches Kirchensteuerrecht für das Bundesgebiet gibt, gelten jeweils die für die einzelnen Länder maßgeblichen Rechtsgrundlagen.

Die Kirchensteuer wird weitgehend als Zuschlag zur Einkommensteuer von den Finanzbehörden der Länder erhoben. Freiwillige Beiträge, die an öffentlich-rechtliche Religionsgemeinschaften oder andere religiöse Gemeinschaften entrichtet werden, sind keine Kirchensteuern und können daher grundsätzlich nur als Spenden nach § 10 b Abs. 1 EStG abgezogen werden. Beiträge der Mitglieder von Religionsgemeinschaften, die mindestens in einem Bundesland als Körperschaften des öffentlichen Rechts anerkannt sind, aber während des ganzen Kalenderjahrs keine Kirchensteuern erheben, können wie Kirchensteuern abgezogen werden. Wegen der Voraussetzungen im einzelnen s. Abschn. 101 Abs. 2 EStR.

Abzugsfähig sind nur die in einem Kalenderjahr tatsächlich gezahlten Kirchensteuern; für welchen Zeitraum sie geleistet werden, ist grundsätzlich unerheblich (Vorauszahlungen, Abschlußzahlungen, Nachzahlungen). Willkürliche Vorauszahlungen, die ohne vernünftig begründeten Anlaß geleistet werden, sind jedoch nicht abzugsfähig (BFH, BStBl 1963 III S. 141). Ist ein Stpfl. aus der Kirche ausgetreten, so sind die Zahlungen von Kirchensteuern aufgrund einer versehentlich vorgenommenen Festsetzung nicht als Sonderausgaben abzugsfähig (BFH, BStBl 1975 II S. 350). Ein Erbe kann die für den Erblasser gezahlte Kirchensteuer als Sonderausgabe geltend machen (BFH, BStBl 1957 III S. 135, 1960 III S. 140).

Erstattungsbeträge mindern die geleisteten Zahlungen des VZ, in dem die Erstattung erfolgt. Umbuchungen sind für das Jahr der Umbuchung zu berücksichtigen. Erstattungen oder Umbuchungen auf andere Steuern können nur bis zur Höhe der geleisteten Kirchensteuern angerechnet werden.

7.1.5 Zinsen nach §§ 233 a, 234 und 237 AO (§ 10 Abs. 1 Nr. 5 EStG)

Nach §§ 234 und 237 AO werden Stundungs- und Aussetzungszinsen erhoben; für Ansprüche (Steuernachforderungen oder Steuererstattungen) aus dem Steuerschuldverhältnis, die nach dem 31. 12. 1988 entstehen, ist darüber hinaus die sog. Vollverzinsung eingeführt worden (§ 233 a AO). Um die Einführung der Vollverzinsung zu erleichtern, ist vom **VZ 1990** an der Abzug von Zinsen auf Steuernachforderungen als Sonderausgaben zugelassen; zugleich sind Stundungs- sowie Aussetzungszinsen in diese Regelung miteinbezogen.

7.1.6 Steuerberatungskosten (§ 10 Abs. 1 Nr. 6 EStG)

Steuerberatungskosten sind alle Aufwendungen, die durch Rat und Hilfe in Steuersachen einschließlich Buchführungsarbeiten und Führung von Rechtsbehel- fen und Rechtsmitteln entstehen. Zu den Steuerberatungskosten gehören auch Aufwendungen für Steuerfachliteratur (BFH, BStBl 1989 II S. 865), Beiträge zu Lohnsteuerhilfevereinen sowie die Kosten eines Unfalls auf der Fahrt zum Steuerberater (BFH, BStBl 1989 II S. 967), nicht jedoch die Aufwendungen für die Verteidigung in einem Steuerstrafverfahren (BFH, BStBl 1990 II S. 20). Steuerberatungskosten können nach § 10 Abs. 1 Nr. 6 EStG nur insoweit als Sonderausgaben abgezogen werden, als sie weder Betriebsausgaben noch Wer- bungskosten sind. Steuerberatungskosten sind z. B. Betriebsausgaben, soweit sie die Umsatz- und Gewerbesteuer, das gewerbliche Betriebsvermögen und die Buchführung einschließlich der Abschlußarbeiten betreffen. Werbungskosten sind z. B. die mit der Grundsteuer und Einheitsbewertung des privaten Grundvermö- gens und der Erklärung von Vermietungseinkünften im Zusammenhang stehen- den Aufwendungen. Als Sonderausgaben kommen demgegenüber Steuerbera- tungskosten in Betracht, die mit den Personensteuern (Einkommensteuer, Erbschaftsteuer, Vermögensteuer, Kirchensteuer usw.) zusammenhängen, soweit sie sich nicht auf die Ermittlung der Einkünfte beziehen.

Stellen Steuerberatungskosten teils Betriebsausgaben oder Werbungskosten und teils Sonderausgaben dar, so müssen die Aufwendungen grundsätzlich aufgeteilt werden. Ist eine einwandfreie Abgrenzung nicht möglich, so müssen die Kosten im Schätzungswege aufgeteilt werden. Betragen die Steuerberatungskosten im Kalenderjahr insgesamt nicht mehr als 1000 DM, so ist den Angaben des Steuerpflichtigen, inwieweit sie als Sonderausgaben oder Betriebsausgaben bzw. Werbungskosten abgezogen werden sollen, aus Vereinfachungsgründen ohne nähere Prüfung zu folgen (Abschn. 102 Satz 3 EStR). Diese Vereinfachungsrege- lung schließt auch die Fälle ein, in denen der Steuerpflichtige den Gesamtbetrag der Steuerberatungskosten entweder zu den Betriebsausgaben bzw. den Wer- bungskosten oder den Sonderausgaben rechnet.

7.1.7 Ausbildungskosten, Weiterbildungskosten (§ 10 Abs. 1 Nr. 7 EStG)

Nach § 10 Abs. 1 Nr. 7 EStG sind Aufwendungen des Stpfl. für seine Berufs- ausbildung oder seine Weiterbildung in einem nicht ausgeübten Beruf **bis zu 900 DM** im Kalenderjahr als Sonderausgaben abzugsfähig, wenn sie weder Betriebsausgaben noch Werbungskosten sind. Dieser Betrag erhöht sich auf **1200 DM,** wenn der Steuerpflichtige wegen der Ausbildung oder Weiterbildung außerhalb des Orts untergebracht ist, in dem er einen eigenen Hausstand (Abschn. 103 Abs. 3 EStR) unterhält. Dies gilt auch, wenn dem Steuerpflichtigen Aufwendungen für die Berufsausbildung oder Weiterbildung seines Ehegatten erwachsen und die Ehegatten die Voraussetzungen des § 26 Abs. 1 Satz 1 EStG erfüllen; in diesem Fall können die Beträge von 900 DM und 1200 DM für den in der Berufsausbildung oder Weiterbildung befindlichen Ehegatten insgesamt nur einmal abgezogen werden.

Berufsausbildungskosten liegen vor, wenn die Aufwendungen dem Ziel dienen, die Kenntnisse zu erwerben, die als Grundlage für einen künftigen Beruf notwendig sind oder die die Grundlage dafür bilden sollen, um von einer Berufs- oder Einkunftsart zu einer anderen zu wechseln (BFH, BStBl 1985 II S. 94). Es ist nicht erforderlich, daß der angestrebte Beruf innerhalb der bildungspolitischen Zielvorstellung des Gesetzgebers liegt (BFH, BStBl 1988 II S. 494). Kosten eines Erststudiums an einer Hochschule (Universität, Technische Hochschule, Höhere Ingenieur-Fachschule, Höhere Wirtschaftsfachschule, Pädagogische Hochschule) sind im allgemeinen Kosten der Berufsausbildung. Kosten eines Zweitstudiums sind nur dann Berufsausbildungskosten, wenn die Ablegung eines entsprechenden Examens angestrebt wird (BFH, BStBl 1974 II S. 712) und bei isolierter Betrachtung das Zweitstudium für eine Berufsausübung ausreicht und nicht eine Spezialisierung in einem bereits ausgeübten akademischen Beruf darstellt (BFH, BStBl 1975 II S. 280, 1977 II S. 547).

Weiterbildungskosten in einem nicht ausgeübten Beruf sind ebenfalls nur als Sonderausgaben nach § 10 Abs. 1 Nr. 7 EStG abzugsfähig. Sie setzen einen Berufsabschluß voraus und sollen dem Stpfl. die Möglichkeit geben, seine beruflichen Kenntnisse und Fertigkeiten zu erhalten, zu erweitern oder der Entwicklung der Verhältnisse anzupassen (Abschn. 103 Abs. 1 EStR).

Fortbildungskosten in einem erlernten und **ausgeübten** Beruf sind hingegen keine Sonderausgaben i. S. des § 10 Abs. 1 Nr. 7 EStG, sondern unbeschränkt abzugsfähige Betriebsausgaben oder Werbungskosten; s. dazu auch 4.5.2. Wegen der Abgrenzung der Ausbildungskosten einerseits und der Fortbildungskosten andererseits s. Abschn. 103 Abs. 1 und 2 EStR, Abschn. 34 LStR.

Einzelfälle der Rechtsprechung

a) Bildungsaufwendungen, die **Beamtenanwärtern** im Zusammenhang mit ihrem Dienstverhältnis entstehen, sind keine Ausbildungskosten, sondern Werbungskosten (BFH, BStBl 1972 II S. 261).

b) Aufwendungen eines **Chemielaboranten** für den Besuch einer Ingenieur-Fachschule mit dem Ziel, graduierter Chemieingenieur zu werden, sind Ausbildungskosten (BFH, BStBl 1972 II S. 254).

c) Aufwendungen für ein berufsintegrierendes Erststudium an einer Fachhochschule mit dem Ziel, den Hochschulgrad eines **Diplom-Betriebswirts (FH)** zu erwerben, sind Berufsausbildungskosten (BFH, BStBl 1985 II S. 94).

d) Kosten zur Erlangung der Doktorwürde sind Ausbildungskosten, und zwar auch dann, wenn die **Doktorprüfung** erst nach Eintritt in das Berufsleben abgelegt wird (BFH, BStBl 1972 II S. 251).

e) Aufwendungen eines **Hochbauingenieurs,** der an einer Hochschule Architektur studiert, sind Ausbildungskosten, und zwar auch dann, wenn er bereits vorher mit den Tätigkeiten eines Architekten befaßt war (BFH, BStBl 1973 II S. 817).

f) Aufwendungen eines **Kaufmannsgehilfen** für den Besuch einer Höheren Wirtschaftsschule, um graduierter Betriebswirt zu werden, sind Ausbildungskosten (BFH, BStBl 1974 II S. 636); Aufwendungen eines Kaufmannsgehilfen für den Besuch der Akademie für angewandte Betriebswirtschaft Überlingen e. V. mit dem Ziel des Abschlusses als „praktischer Betriebswirt HWL" können Fortbildungskosten sein (BFH, BStBl 1975 II S. 645).

g) Aufwendungen eines **Referendars** für die zweite Staatsprüfung sind keine Kosten der Berufsausbildung, sondern Werbungskosten (BFH, BStBl 1967 III S. 340, 1972 II S. 251).

h) Aufwendungen, die einem **Soldaten auf Zeit** durch die Teilnahme an einem Lehrgang an einer Bundeswehrfachschule entstehen, die dem Soldaten gem. § 3 Abs. 1 Nr. 1 des Soldatenversorgungsgesetzes allgemeinberuflichen Unterricht vermittelt, sind zwar Berufsausbildungskosten; gleichwohl sind sie Werbungskosten im Rahmen der Einkünfte, wenn das Studium Gegenstand eines sog. Ausbildungsdienstverhältnisses ist (BFH, BStBl 1985 II S. 89, 1989 II S. 616),

i) Aufwendungen eines **Volksschullehrers** aus Anlaß eines Studiums an einer Pädagogischen Hochschule mit dem Ziel, die Qualifikation eines Sonderschullehrers zu erwerben, sind Fortbildungskosten (BFH, BStBl 1975 II S. 280); Aufwendungen eines Volksschullehrers für ein Studium an einer Pädagogischen Hochschule mit dem Ziel des Abschlusses als „Diplom-Pädagoge" sind Ausbildungskosten (BFH, BStBl 1975 II S. 446).

Der Begriff der Berufsausbildung oder Weiterbildung im Sinne dieser Vorschrift umfaßt auch den Besuch von kurzen Tageskursen oder Abendkursen, die der Berufsausbildung oder Weiterbildung dienen.

Nach § 10 Abs. 1 Nr. 7 Satz 4 EStG a. F. galten als abzugsfähige Aufwendungen der Berufsausbildung auch die Aufwendungen für eine **hauswirtschaftliche Aus- oder Weiterbildung.** Diese Regelung ist durch das StRefG 1990 gestrichen worden. Aufwendungen für Koch-, Back- und Nähkurse, Kurse in Säuglingspflege usw. können daher vom VZ 1990 an nicht mehr als Sonderausgaben abgezogen werden, wenn die Teilnahme an derartigen Kursen für den eigenen Bedarf erfolgt und nicht Grundlage für eine entsprechende, später gegen Entgelt auszuübende Tätigkeit ist. Aufwendungen für die Aus- oder Weiterbildung in einem hauswirtschaftlichen Beruf (z. B. die Ausbildung zur Hauswirtschaftsmeisterin oder die Auffrischung der Kenntnisse einer Hauswirtschaftsmeisterin, die ihren Beruf nicht ausübt) sind hingegen weiter nach § 10 Abs. 1 Nr. 7 EStG als Sonderausgaben abzugsfähig (Bundestag-Drucksache 11/2157 S. 144).

Aufwendungen für Maßnahmen, die der Liebhaberei dienen sollen, sind hingegen nicht als Sonderausgaben abzugsfähig (BFH, BStBl 1979 II S. 180).

Zu berücksichtigen sind nicht nur die unmittelbaren Ausbildungs- und Weiterbildungskosten, z. B. Schul-, Lehrgangs- und Studiengebühren, Aufwendungen für Lernmaterial, Fachbücher usw., sondern auch Aufwendungen für Fahrten zwischen Wohnung oder Arbeitsstätte und Ausbildungs- oder Weiterbildungsstätte und Mehraufwendungen, die durch eine auswärtige Unterbringung i. S. des § 10 Abs. 1 Nr. 7 Satz 2 EStG entstehen. Für die Fahrten zwischen Wohnung oder Arbeitsstätte und Ausbildungs- oder Weiterbildungsstätte sind die tatsächlichen Aufwendungen zu berücksichtigen. Die Einschränkung des § 9 Abs. 1 Nr. 4 EStG gilt hier nicht. Bei der Benutzung eines Kraftwagens, Kraftrads oder Fahrrads kann der vom Stpfl. aufgrund von Einzelberechnungen ermittelte durchschnittliche Kilometerkosten-Betrag berücksichtigt werden. Der Kilometersatz ist jedoch ohne besonderen Nachweis der tatsächlich entstandenen Kosten anzuerkennen, soweit er beim Kraftwagen 0,42 DM, beim Motorrad oder Motorroller 0,18 DM, beim Moped oder Mofa 0,11 DM und beim Fahrrad 0,06 DM für den gefahrenen Kilometer nicht übersteigt (Abschn. 103 Abs. 3 EStR, Abschn. 38 Abs. 2 LStR).

Die für den Sonderausgabenabzug in Betracht kommenden Aufwendungen sind um steuerfreie Bezüge, die der Stpfl. zur unmittelbaren Förderung seiner Ausbildung oder Weiterbildung erhält, zu kürzen. Dies gilt nicht für Bezüge oder Teile von Bezügen, mit denen Lebenshaltungskosten abgegolten werden, es sei denn, daß es sich um Aufwendungen für eine auswärtige Unterbringung handelt (BFH, BStBl 1977 II S. 503, BStBl 1979 II S. 212). Das gilt auch dann, wenn die zweckgebundenen steuerfreien Bezüge erst nach Ablauf des betreffenden Kalenderjahres bezahlt werden.

Die Aufwendungen sind für das Kalenderjahr abzuziehen, in dem sie geleistet worden sind, und zwar auch dann, wenn sie mit Darlehnsmitteln bestritten worden sind. Aufwendungen zur Tilgung von Studiendarlehen gehören nicht zu den abziehbaren Aufwendungen für die Berufsausbildung (BFH, BStBl 1974 II S. 513, Abschn. 103 Abs. 3 EStR).

Die Erhöhung des Höchstbetrags von 900 DM auf 1200 DM im Sinne des § 10 Abs. 1 Nr. 7 Satz 2 EStG setzt voraus, daß der Stpfl. wegen der Ausbildung oder Weiterbildung außerhalb des Orts untergebracht ist, in dem er einen eigenen Hausstand (Abschn. 20 a Abs. 6 EStR) unterhält. Unterhält der Stpfl. am bisherigen Wohnort keinen eigenen Hausstand, so können Verpflegungskosten und Kosten der auswärtigen Unterbringung auch nicht bei Lehrgängen von verhältnismäßig kurzer Dauer als Sonderausgaben im Sinne des § 10 Abs. 1 Nr. 7 EStG berücksichtigt werden (BFH, BStBl 1975 II S. 79).

Ehegatten im Sinne des § 10 Abs. 1 Nr. 7 Satz 3 EStG sind Personen, bei denen die Voraussetzungen des § 26 Abs. 1 EStG vorliegen.

Muß ein Stpfl. zwangsläufig, z. B. als Folge einer Krankheit oder eines Unfalls, seinen Beruf wechseln, so sind die durch die Höchstbeträge des § 10 Abs. 1 Nr. 7 EStG nicht berücksichtigungsfähigen Aufwendungen für die Ausbildung oder Weiterbildung außergewöhnliche Belastungen i. S. des § 33 EStG.

7.1.8 Aufwendungen für hauswirtschaftliche Beschäftigungsverhältnisse (§ 10 Abs. 1 Nr. 8 EStG)

Vom VZ 1990 an sind Sonderausgaben auch Aufwendungen des Steuerpflichtigen bis zu 12 000 DM im Kalenderjahr für hauswirtschaftliche Beschäftigungsverhältnisse (§ 10 Abs. 1 Nr. 8 EStG). Diese Vorschrift geht über die bisher nach § 33 a Abs. 3 EStG bestehende Abzugsmöglichkeit erheblich hinaus.

Voraussetzung für den Sonderausgabenabzug ist, daß

1. auf Grund des Beschäftigungsverhältnisses Pflichtbeiträge zur inländischen gesetzlichen Rentenversicherung entrichtet werden und

2. zum Haushalt des Steuerpflichtigen

a) zwei Kinder – bei Alleinstehenden (§ 33 c Abs. 2 EStG) ein Kind – i. S. des § 32 Abs. 1 Satz 1 EStG, die zu Beginn des Kalenderjahres das zehnte Lebensjahr noch nicht vollendet haben, oder

b) ein Hilfloser i. S. des § 33 b Abs. 6 EStG

gehören.

Der Begriff des **hauswirtschaftlichen** Beschäftigungsverhältnisses lehnt sich an die hauswirtschaftliche Aus- und Weiterbildung i. S. des § 10 Abs. 1 Nr. 7 EStG a. F. sowie an die Hilfe im Haushalt i. S. des § 33 a Abs. 3 EStG an. Gegenstand des hauswirtschaftlichen Beschäftigungsverhältnisses können daher sein: Putzen, Kochen, Backen, Nähen, Säuglingspflege, Kinder- und Altenbetreuung sowie Kranken- und Hilflosenpflege, nicht jedoch die Tätigkeit von Chauffeuren, Sekretären und Gesellschaftsdamen.

Ein hauswirtschaftliches **Beschäftigungsverhältnis** kann auch durch ein hauswirtschaftliches Ausbildungsverhältnis begründet werden. Wird das Beschäftigungsverhältnis mit einem Angehörigen vereinbart, setzt der Sonderausgabenabzug voraus, daß das Beschäftigungsverhältnis auch steuerlich anzuerkennen ist. Wird das Beschäftigungsverhältnis zwischen Alleinstehenden vereinbart, die in einem Haushalt zusammenleben, steht dies dem Sonderausgabenabzug nur im Falle des § 42 AO entgegen.

Voraussetzung für den Sonderausgabenabzug ist, daß aufgrund des Beschäftigungsverhältnisses Pflichtbeiträge zur inländischen gesetzlichen Rentenversicherung entrichtet werden. Hierdurch soll die Begründung vollwertiger Arbeitsverhältnisse mit allen Rechten und Pflichten gefördert und der illegalen Beschäftigung im hauswirtschaftlichen Bereich entgegengewirkt werden (BT-Drucksache 11/4803 S. 5). Der Sonderausgabenabzug kommt nur in Betracht, wenn aufgrund des Beschäftigungsverhältnisses die Pflicht zur Leistung von Beiträgen begründet wird und die Pflichtbeiträge auch tatsächlich entrichtet werden. Die Voraussetzung, daß Pflichtbeiträge **auf Grund** des Beschäftigungsverhältnisses entrichtet werden, ist auch dann erfüllt, wenn der Beschäftigte mehrere Beschäftigungsverhältnisse eingeht und der gesamte Lohn die Pflichtversicherungsgrenze übersteigt; damit wird die Inanspruchnahme der Steuervergünstigung auch Haushalten mit geringem Einkommen ermöglicht.

Für das Vorliegen von **Pflichtbeiträgen** stellt die Vorschrift nicht auf das Bestehen einer Beitragspflicht, sondern einer Versicherungspflicht der Beschäftigung ab. Hieran fehlt es z. B. bei Beziehern von Altersruhegeld, bei deren Beschäftigung der Arbeitgeber auch ohne Bestehen der Versicherungspflicht seinen Beitragsanteil zu entrichten hat.

Der Sonderausgabenabzug setzt andererseits nur Pflichtbeiträge zur inländischen gesetzlichen **Renten**versicherung voraus. Es ist nicht erforderlich, daß Pflichtbeiträge auch zu anderen Zweigen der Sozialversicherung entrichtet werden. Damit sind – anders als bei einer Bezugnahme auf die Arbeitslosenversicherung – auch Beschäftigungsverhältnisse von unter 18 Stunden in der Woche begünstigt.

Weitere Voraussetzung ist, daß zum Haushalt des Steuerpflichtigen zwei Kinder – bei Alleinstehenden i. S. des § 33 c Abs. 2 EStG ein Kind – i. S. des § 32 Abs. 1 Satz 1 EStG, die zu Beginn des Kalenderjahres das zehnte Lebensjahr noch nicht vollendet haben, oder ein Hilfloser i. S. des § 33 b Abs. 6 EStG gehören.

Die Aufwendungen des Steuerpflichtigen sind bis zur Höhe von 12 000 DM als Sonderausgaben abzugsfähig. Die darüber hinausgehenden Aufwendungen können ggf. als außergewöhnliche Belastungen nach §§ 33 ff. EStG abgezogen werden. Der Sonderausgaben-Höchstbetrag ist auf den Haushalt bezogen. Leben zwei Alleinstehende, die jeweils die Voraussetzungen für den Sonderausgabenabzug erfüllen, in einem Haushalt zusammen, können sie den Höchstbetrag insgesamt nur einmal in Anspruch nehmen. Eine Regelung über die Aufteilung des Höchstbetrags in diesen Fällen hat der Gesetzgeber nicht getroffen. U. E. ist es sachgerecht, den Höchstbetrag bei beiden Alleinstehenden jeweils zur Hälfte abzuziehen, wenn sie nicht gemeinsam eine andere Aufteilung beantragen.

Liegen die Voraussetzungen für den Sonderausgabenabzug nicht während des gesamten Kalenderjahres vor, so ermäßigt sich der Höchstbetrag für jeden vollen Kalendermonat, in dem die Voraussetzungen nicht vorgelegen haben, um ein Zwölftel (§ 10 Abs. 1 Nr. 8 Satz 4 EStG).

7.1.9 Vorsorgeaufwendungen (§ 10 Abs. 2 EStG)

7.1.9.1 Allgemeines

Nach der Legaldefinition des § 10 Abs. 2 EStG sind Vorsorgeaufwendungen nur die in § 10 Abs. 1 Nr. 2 und 3 EStG bezeichneten Beträge, d. h. Versicherungsbeiträge i. S. des § 10 Abs. 1 Nr. 2 EStG und 50 v. H. der Bausparbeiträge i. S. des § 10 Abs. 1 Nr. 3 EStG. Auch Vorsorgeaufwendungen sind nur dann als Sonderausgaben abzugsfähig, wenn sie weder Betriebsausgaben noch Werbungskosten sind.

Allgemeine Voraussetzung für den Abzug von Vorsorgeaufwendungen als Sonderausgaben ist nach § 10 Abs. 2 EStG, daß sie

1. nicht in einem unmittelbaren wirtschaftlichen Zusammenhang mit steuerfreien Einnahmen stehen,

2. an Versicherungsunternehmen oder Bausparkassen, die ihren Sitz oder ihre Geschäftsleitung im Inland haben oder denen die Erlaubnis zum Geschäftsbetrieb im Inland erteilt ist, oder an einen Sozialversicherungsträger geleistet werden und

3. nicht vermögenswirksame Leistungen darstellen, für die Anspruch auf eine Arbeitnehmer-Sparzulage nach § 13 des Fünften Vermögensbildungsgesetzes besteht.

Das Kreditaufnahmeverbot nach § 10 Abs. 2 Nr. 1 EStG 1987 ist letztmals für den VZ 1989 anzuwenden.

Die Vorsorgeaufwendungen sind **beschränkt abzugsfähige Sonderausgaben,** d. h., die in einem Kalenderjahr abzugsfähigen Vorsorgeaufwendungen werden durch die **Höchstbeträge des § 10 Abs. 3 EStG** beschränkt.

Hat der Stpfl. oder im Fall der Zusammenveranlagung mindestens einer der Ehegatten Arbeitslohn bezogen, so wird für Vorsorgeaufwendungen (§ 10 Abs. 1 Nrn. 2 und 3 EStG) mindestens eine **Vorsorgepauschale** nach Maßgabe des § 10 c Abs. 2 EStG abgezogen.

Stpfl., die Anspruch auf eine Prämie nach dem Wohnungsbau-Prämiengesetz haben, können unter Beachtung der Grundsätze des § 10 Abs. 4 EStG für jedes Kalenderjahr wählen, ob sie für Bausparbeiträge (§ 10 Abs. 1 Nr. 3 EStG) den Sonderausgabenabzug oder eine Prämie nach dem Wohnungsbau-Prämiengesetz erhalten wollen **(Wahlrecht)**.

Im Fall des steuerschädlichen Verfügens über die Beiträge oder Ansprüche aus einem Versicherungs- oder Bausparvertrag kommt eine **Nachversteuerung** nach Maßgabe des § 10 Abs. 5 EStG (§§ 30 und 31 EStDV) in Betracht.

7.1.9.2 Allgemeine Voraussetzungen

7.1.9.2.1 Verbot des Zusammenhangs mit steuerfreien Einnahmen (§ 10 Abs. 2 Nr. 1 EStG)

Der Abzug von Vorsorgeaufwendungen als Sonderausgaben setzt nach § 10 Abs. 2 Nr. 1 EStG voraus, daß sie nicht in unmittelbarem wirtschaftlichem Zusammenhang mit steuerfreien Einnahmen stehen. Ist ein solcher Zusammenhang gegeben, so ist der Sonderausgabenabzug damit ausgeschlossen. Nicht abzugsfähig sind danach z. B. gesetzliche Arbeitnehmeranteile zur Sozialversicherung, die auf steuerfreien Arbeitslohn entfallen (BFH, BStBl 1981 II S. 530, 1986 II S. 442 m. w. N.). Ferner sind nicht abzugsfähig alle Vorsorgeaufwendungen aus Mitteln, die nach ihrer Zweckbestimmung zur Leistung der Vorsorgeaufwendungen dienen. Zu diesen Einnahmen gehören z. B. die steuerfreien Zuschüsse zur Krankenversicherung der Rentner und Beiträge zur Alters- und Hinterbliebenenversorgung, die Wehrpflichtigen und Zivildienstleistenden nach den §§ 14 a und 14 b Arbeitsplatzschutzgesetz bzw. nach § 78 Abs. 1 Nr. 1 Zivildienstgesetz erstattet werden. Ferner zählen zu diesen Einnahmen auch die Sonderleistungen, die Wehrpflichtige oder Zivildienstleistende unter bestimmten Voraussetzungen nach § 7 Unterhaltssicherungsgesetz bzw. nach § 78 Abs. 1 Nr. 2 Zivildienstgesetz als Ersatz der Beiträge zu einer Kranken-, Unfall- oder Haftpflichtversicherung erhalten (vgl. auch Abschn. 87 a Abs. 1 Nr. 2 EStR). Schließlich gehören zu diesen Einnahmen die nach § 3 Nr. 63 und 69 EStG steuerbefreiten, in der DDR einschließlich Berlin (Ost) bezogenen Einkünfte sowie die von dort bezogenen Leistungen.

7.1.9.2.2 Sitz oder Geschäftsleitung der Versicherungsunternehmen und Bausparkassen (§ 10 Abs. 2 Nr. 2 EStG)

Voraussetzung für den Abzug von Vorsorgeaufwendungen als Sonderausgaben ist ferner, daß sie an Versicherungsunternehmen oder Bausparkassen, die ihren Sitz oder ihre Geschäftsleitung im Inland haben oder denen die Erlaubnis zum

Geschäftsbetrieb im Inland erteilt ist, oder an einen Sozialversicherungsträger geleistet werden (§ 10 Abs. 2 Nr. 2 EStG).

Bausparbeiträge, die als Sonderausgaben abzugsfähig sind, liegen nur vor, wenn sie an eine inländische öffentliche oder private Bausparkasse geleistet werden. Ein Verzeichnis dieser Bausparkassen befindet sich in der **Anlage 6 EStR.** An ausländische Einrichtungen geleistete Bausparbeiträge sind nicht begünstigt.

Beiträge an ausländische Versicherungsunternehmen sind als Sonderausgaben nur abzugsfähig, wenn das einzelne Versicherungsunternehmen und der betreffende Versicherungszweig in der **Anlage 5 EStR** aufgeführt ist. Der Abzug als Sonderausgabe ist abzulehnen, wenn es sich um Beiträge an ausländische Versicherungsunternehmen oder Kassen handelt, die nicht oder nicht mit dem betreffenden Versicherungszweig im Verzeichnis der Anlage 5 EStR aufgeführt sind.

Beiträge an ausländische Sozialversicherungsträger sind aber als Sonderausgaben abzugsfähig, wenn sie nach ausländischen Gesetzen erhoben werden und die ausländischen Sozialversicherungsträger den inländischen Sozialversicherungsträgern vergleichbar sind.

7.1.9.3 Beiträge zu Versicherungen (§ 10 Abs. 1 Nr. 2 EStG)

7.1.9.3.1 Allgemeines

Als Sonderausgaben im Rahmen der Höchstbeträge des § 10 Abs. 3 EStG abzugsfähig sind

a) Beiträge zu Kranken-, Unfall- und Haftpflichtversicherungen, zu den gesetzlichen Rentenversicherungen und an die Bundesanstalt für Arbeit;

b) Beiträge zu den folgenden Versicherungen auf den Erlebens- oder Todesfall:

    aa) Risikoversicherungen, die nur für den Todesfall eine Leistung vorsehen,

    bb) Rentenversicherungen ohne Kapitalwahlrecht,

    cc) Rentenversicherungen mit Kapitalwahlrecht gegen laufende Beitragsleistung, wenn das Kapitalwahlrecht nicht vor Ablauf von zwölf Jahren seit Vertragsabschluß ausgeübt werden kann,

    dd) Kapitalversicherungen gegen laufende Beitragsleistungen mit Sparanteil, wenn der Vertrag für die Dauer von mindestens zwölf Jahren abgeschlossen worden ist.

Fondsgebundene Lebensversicherungen sind ausgeschlossen.

Beiträge und Versicherungsprämien i. S. des § 10 Abs. 1 Nr. 2 EStG kann nur derjenige geltend machen, der sie als Versicherungsnehmer selbst schuldet und aufgewendet hat (BFH, BStBl 1989 II S. 683, 862). Drittaufwand ist daher grundsätzlich nicht abziehbar. Es kommt nicht darauf an, wer nach dem Versicherungsvertrag bezugsberechtigt ist oder wessen Leben versichert ist. Zu den Beiträgen gehören auch die Eintrittsgelder, die laufenden Prämien, Einmalprämien, Umlagen und Nachzahlungen, die Ausfertigungsgebühr und die Versicherungssteuer. Zum Merkmal „laufende Beitragsleistung" s. BMF, BStBl 1990 I S. 324.

Werden Versicherungsbeiträge, wie z. B. bei schadensfreiem Verlauf von Krankenversicherungen oder Haftpflichtversicherungen, vom Versicherer rückvergütet, so können im Jahr der Rückvergütung geleistete Versicherungsbeiträge der gleichen Art nur insoweit als Sonderausgaben berücksichtigt werden, als sie die rückvergüteten Beiträge übersteigen (Abschn. 86 a EStR).

Dividenden (Überschußanteile, Gewinnanteile), die bei Versicherungen auf den Erlebens- oder Todesfall von dem Versicherer ausgezahlt oder gutgeschrieben werden, mindern ebenfalls im Jahr der Auszahlung oder Gutschrift die als Sonderausgaben abziehbaren Beiträge (BFH, BStBl 1970 II S. 314 und S. 422). Wegen der Einzelheiten s. Abschn. 88 Abs. 6 EStR.

Wer in den Lebensversicherungsvertrag eines anderen eintritt, kann nur die nach seinem Eintritt fällig werdenden Beiträge als Sonderausgaben abziehen; der Eintritt gilt nicht als neuer Vertragsabschluß (BFH, BStBl 1974 II S. 633). Versicherungsbeiträge des Arbeitgebers für die Zukunftssicherung des Arbeitnehmers können als Sonderausgaben des Arbeitnehmers abgezogen werden, es sei denn, daß der Arbeitgeber die Lohnsteuer für diese Beiträge pauschal berechnet und übernommen hat (Abschn. 88 Abs. 4 EStR).

Selbständige Angehörige bestimmter Berufsgruppen (z. B. Ärzte, Rechtsanwälte, Dentisten, Hebammen, Schornsteinfeger) sowie selbständige Handwerker sind zur Leistung bestimmter Versorgungsbeiträge gesetzlich verpflichtet. Diese Zwangsbeiträge sind keine Betriebsausgaben, sondern nur im Rahmen der Höchstbeträge abziehbare Sonderausgaben, wenn sie auch der eigenen Versorgung oder der Versorgung der Angehörigen dienen (BFH, BStBl 1972 II S. 728 und 730). Diese Regelung ist verfassungsmäßig (BVerfG, DStZ/E 1986 S. 357). Beiträge eines Arbeitnehmers zur gesetzlichen Rentenversicherung sind keine vorab entstandenen Werbungskosten zur Erlangung späterer sonstiger Einkünfte nach § 22 Nr. 1 Buchst. a EStG (BFH, BStBl 1986 II S. 747).

Nachzahlungen zur gesetzlichen Rentenversicherung sind, auch wenn sie sich auf mehrere Jahre beziehen, als Sonderausgaben nur bis zu den Höchstbeträgen (§ 10 Abs. 3 EStG) abzugsfähig, die für das Jahr der Zahlung maßgebend sind (BFH, BStBl 1977 II S. 154). Es ist auch nicht möglich, den die Höchstbeträge übersteigenden Teil der Ausgaben als außergewöhnliche Belastung nach § 33 EStG zu berücksichtigen (BFH, BStBl 1968 II S. 406).

Sachversicherungen, z. B. Hausrat-, Feuer-, Wasser-, Einbruch-, Hagel-, Viehversicherungen, Kfz-Kaskoversicherungen, und Rechtsschutzversicherungen sind nach § 10 Abs. 1 Nr. 2 EStG nicht begünstigt. Beiträge zu Sachversicherungen können aber im Einzelfall Werbungskosten oder Betriebsausgaben sein.

7.1.9.3.2 Beiträge zu Krankenversicherungen

Als Sonderausgaben abzugsfähig sind die Beiträge zu privaten Krankenversicherungen und der Beitragsanteil des Arbeitnehmers zur gesetzlichen Krankenversicherung. Der Beitragsanteil des Arbeitgebers zur gesetzlichen Krankenversicherung – dazu gehören seit dem 1. 1. 1989 auch die Ersatzkassen – einschließlich der

Zuschüsse zu einer privaten Krankenversicherung i. S. des § 257 SGB (V) ist beim Arbeitnehmer als Sonderausgabe nicht abzugsfähig (§ 10 Abs. 2 Nr. 1 EStG). Zu den Sonderausgaben i. S. des § 10 Abs. 1 Nr. 2 EStG gehören auch die Prämien für eine Krankentagegeldversicherung (BFH, BStBl 1983 II S. 101). Beihilfen, die jemand von dritter Seite (z. B. von einer Rentenversicherung) zu gezahlten Krankenversicherungsbeiträgen erhält, sind keine Erstattungen, die zu einer Minderung der anzuerkennenden Sonderausgaben führen (BFH, BStBl 1963 III S. 536).

7.1.9.3.3 Beiträge zu Unfall- und Haftpflichtversicherungen

Beiträge zu Unfall- oder Haftpflichtversicherungen sind weitgehend privater Natur und können im Rahmen der Höchstbeträge als Sonderausgaben nach § 10 Abs. 1 Nr. 2 EStG abgesetzt werden. Beiträge, die ein Unternehmer als Pflichtversicherter oder ein nach § 545 RVO freiwillig versicherter Unternehmer an die gesetzliche Unfallversicherung entrichtet, sind aber keine Sonderausgaben, sondern Betriebsausgaben; auch der Abschluß einer sonstigen freiwilligen Unfallversicherung kann nach der älteren Rechtsprechung des BFH (BStBl 1964 III S. 271, 1965 III S. 650) betrieblich veranlaßt sein, z. B., weil der Unternehmer einer besonders hohen betrieblichen Unfallgefahr ausgesetzt ist. In diesen Fällen soll der Unternehmer grundsätzlich ein Wahlrecht haben, ob er den Vertragsabschluß als zum betrieblichen oder als zum privaten Bereich gehörend behandeln will. U. E. sind die Beiträge, sofern die Versicherung nicht nur das betriebliche Unfallrisiko abdeckt, wegen § 12 EStG regelmäßig als Sonderausgaben zu behandeln (vgl. BFH, BStBl 1989 II S. 657; Abschn. 88 Abs. 3 EStR).

Wird ein Personenkraftwagen teils für betriebliche oder berufliche und teils für private Zwecke benutzt, so kann der Stpfl. den Teil seiner Aufwendungen für die Kraftfahrzeug-Haftpflichtversicherung, der dem Anteil der privaten Nutzung entspricht, im Rahmen des § 10 EStG als Sonderausgaben abziehen. Arbeitnehmer, die als Werbungskosten für Fahrten zwischen Wohnung und Arbeitsstätte oder für Familienheimfahrten mit eigenem Kraftfahrzeug die in § 9 Abs. 1 Nrn. 4 und 5 EStG bezeichneten Pauschbeträge ansetzen, können die Beiträge für die Kraftfahrzeug-Haftpflichtversicherung, jedoch abzüglich Schadensfreiheitsrabatt und Rückvergütung, aus Vereinfachungsgründen ohne Nachweis des Anteils der privaten Nutzung des Kraftfahrzeugs in voller Höhe als Sonderausgaben absetzen (Abschn. 88 Abs. 5 EStR).

7.1.9.3.4 Beiträge zur gesetzlichen Rentenversicherung und an die Bundesanstalt für Arbeit

Gesetzliche Rentenversicherungen sind die Angestellten-, Knappschafts- und Arbeiterrentenversicherungen. Als Sonderausgaben abzugsfähig ist nur der Arbeitnehmeranteil zu diesen Versicherungen, nicht der Arbeitgeberanteil. Entsprechendes gilt für die Beiträge des Arbeitnehmers zur Arbeitslosenversicherung an die Bundesanstalt für Arbeit.

7.1.9.3.5 Beiträge zu Versicherungen auf den Erlebens- oder Todesfall

Zu den Versicherungen auf den Erlebens- oder Todesfall gehören neben den privaten Lebensversicherungen auch Witwen-, Waisen-, Versorgungs- und Sterbekassen sowie Ausbildungs-, Berufsunfähigkeits-, Aussteuer- und Erbschaftsteuerversicherungen. Auch die Beiträge zu diesen Versicherungen sind nur dann als Sonderausgaben abzugsfähig, wenn sie keine Betriebsausgaben oder Werbungskosten darstellen. Aufwendungen für Versicherungen auf den Erlebens- oder Todesfall sind auch bei Gewerbetreibenden und Freiberuflern grundsätzlich nicht als Betriebsausgaben, sondern als Sonderausgaben abzugsfähig (BFH, BStBl 1987 II S. 710). Das gilt auch dann, wenn Versicherungsnehmer nicht der Stpfl., sondern eine Personengesellschaft ist (BFH, BStBl 1989 II S. 657). Beiträge und sonstige Zahlungen selbständig Tätiger an ihre berufsständische Versorgungskasse sind als Sonderausgaben abzugsfähig, wenn der Stpfl. oder seine Angehörigen einen Anspruch oder eine Anwartschaft auf Alters-, Invaliden- oder Hinterbliebenenversorgung haben (BFH, BStBl 1972 II S. 728, 730). Prämien eines Bausparers für eine Risikolebensversicherung, von deren Abschluß eine Bausparkasse die Gewährung von Bauspardarlehen zur Finanzierung eines Mietobjekts abhängig macht, sind ebenfalls Sonderausgaben (BFH, BStBl 1986 II S. 143; vgl. auch BFH, BStBl 1986 II S. 260).

Der Sonderausgabenabzug ist auf Beiträge zu solchen Versicherungen auf den Erlebens- oder Todesfall beschränkt, die der Vorsorge dienen. Es kommen daher nur folgende Versicherungen auf den Erlebens- oder Todesfall als abzugsfähige Sonderausgaben in Betracht:

1. Risikoversicherungen, die nur für den Todesfall eine Leistung vorsehen.

Risikoversicherungen sind Versicherungen auf den Todesfall, bei denen der Eintritt der Verpflichtung des Versicherers zur Zahlung der Versicherungssumme ungewiß ist. Risikoversicherungen werden oft für eine begrenzte Dauer abgeschlossen, z. B. für eine Reise oder um die Rückzahlung eines Kredits zu sichern. Die Versicherungssumme wird nur fällig, wenn der Versicherte in diesem Zeitraum stirbt. Begünstigt sind Risikoversicherungen gegen einmalige oder laufende Beitragsleistung.

2. Rentenversicherungen ohne Kapitalwahlrecht.

Rentenversicherungen sind Lebensversicherungen, die mit Eintritt des Versicherungsfalls (z. B. Invalidität, Erreichen einer Altersgrenze, vereinbarter Zeitraum, Tod) einen Anspruch auf Rentenleistungen zugunsten des Versicherten oder seiner Hinterbliebenen begründen. Begünstigt sind solche Rentenversicherungen gegen Einmalbeitrag oder laufende Beitragsleistung, bei denen ein Kapitalwahlrecht nicht besteht.

3. Rentenversicherungen mit Kapitalwahlrecht gegen laufende Beitragsleistung, wenn das Kapitalwahlrecht nicht vor Ablauf von zwölf Jahren seit Vertragsabschluß ausgeübt werden kann.

Rentenversicherungen mit Kapitalwahlrecht sind Lebensversicherungen, die mit Eintritt des Versicherungsfalles dem Versicherten ein Wahlrecht zwischen laufenden Rentenleistungen und einer Kapitalabfindung gewähren. Begünstigt sind nur Rentenversicherungen mit Kapitalwahlrecht gegen laufende (nicht: gegen einmalige) Beitragsleistung, wenn das Kapitalwahlrecht nicht – auch nicht in bezug auf Teilleistungen (BFH, BStBl 1988 II S. 132) – vor Ablauf von zwölf Jahren seit Vertragsabschluß ausgeübt werden kann.

4. Kapitalversicherungen gegen laufende Beitragsleistung mit Sparanteil, wenn der Vertrag für die Dauer von mindestens zwölf Jahren abgeschlossen worden ist.

Kapitalversicherungen mit Sparanteil sind Lebensversicherungen, die in den Versicherungsbeiträgen Sparanteile enthalten, die verzinst werden (siehe auch § 20 Abs. 1 Nr. 6 EStG).

In Ermangelung eines Vorsorgezwecks sind nicht als Sonderausgaben zu berücksichtigen:

a) Rentenversicherungen mit Kapitalwahlrecht gegen Einmalbeitrag,

b) Kapitalversicherungen gegen Einmalbeitrag,

c) Rentenversicherungen mit Kapitalwahlrecht gegen laufende Beitragsleistung, bei denen das Kapitalwahlrecht vor Ablauf von zwölf Jahren nach Vertragsabschluß ausgeübt werden kann,

d) Kapitalversicherungen gegen laufende Beitragsleistung, die Sparanteile enthalten, mit einer Vertragsdauer von weniger als zwölf Jahren,

e) fondsgebundene Lebensversicherungen, das sind Kapitalversicherungen auf den Todes- und Erlebensfall, bei denen der Teil des Beitrags, der nicht zur Deckung des versicherungstechnischen Risikos und der Verwaltungskosten bestimmt ist (Sparteil), in Wertpapieren angelegt und gesondert vom übrigen Vermögen einem Anlagestock (Deckungsfonds) zugeführt wird.

7.1.9.3.6 Nachversteuerung von Versicherungsbeiträgen (§ 10 Abs. 5 Nr. 1 EStG)

Bei Rentenversicherungen ohne Kapitalwahlrecht gegen Einmalbeitrag ist eine Nachversteuerung durchzuführen, wenn vor Ablauf von zwölf Jahren seit Vertragsabschluß, außer im Schadensfall oder bei Erbringung der vertragsmäßigen Rentenleistung, Einmalbeiträge ganz oder zum Teil zurückgezahlt oder Ansprüche aus dem Versicherungsvertrag ganz oder zum Teil abgetreten oder beliehen werden (§ 10 Abs. 5 Nr. 1 EStG).

Ansprüche aus einem Versicherungsvertrag sind beliehen, wenn sie sicherungshalber abgetreten oder verpfändet werden und die zu sichernde Schuld entstanden ist (§ 29 Abs. 5 EStDV). Die vorzeitige Abtretung von Ansprüchen aus dem Versicherungsvertrag ist aus Billigkeitsgründen als unschädlich anzusehen, wenn der Steuerpflichtige einen hypothekarisch gesicherten Kredit von einem Versicherungsunternehmen aufgenommen, zur weiteren Sicherung des Kredits einen Lebensversicherungsvertrag abgeschlossen und den Anspruch aus diesem Vertrag an das Versicherungsunternehmen abgetreten hat. Das gleiche gilt, wenn der Steuerpflichtige den Anspruch aus dem Versicherungsvertrag zur weiteren Sicherung eines Baudarlehns an eine Bausparkasse abgetreten hat (Abschn. 88 Abs. 7 EStR).

Wird eine Nachversteuerung notwendig, so ist sie nach den Grundsätzen des § 30 EStDV durchzuführen. Bei einer Nachversteuerung wird die Veranlagung des VZ, in dem der Einmalbeitrag als Sonderausgabe berücksichtigt worden ist, nicht berichtigt. Es ist vielmehr lediglich festzustellen, welche Steuer für diesen VZ festzusetzen gewesen wäre, wenn der Steuerpflichtige den Einmalbeitrag nicht geleistet hätte. Der Unterschiedsbetrag zwischen dieser Steuer und der seinerzeit festgesetzten Steuer ist als Nachsteuer für den VZ zu erheben, in dem der schädliche Tatbestand eingetreten ist. Wird die Versicherungssumme nur zum Teil ausgezahlt, der Einmalbeitrag nur zum Teil zurückgezahlt oder werden die Ansprüche aus dem Versicherungsvertrag nur teilweise abgetreten oder beliehen, so ist bei der Ermittlung der nachzuerhebenden Steuer der Einmalbeitrag in der Höhe als nicht geleistet anzusehen, in der Teilbeträge vorzeitig gezahlt oder Ansprüche vorzeitig abgetreten oder beliehen werden (Abschn. 88 Abs. 8 EStR).

7.1.9.4 Beiträge an Bausparkassen (§ 10 Abs. 1 Nr. 3 EStG)

7.1.9.4.1 Allgemeines

Nach § 10 Abs. 1 Nr. 3 EStG in der bis zum VZ 1989 geltenden Fassung sind Beiträge an Bausparkassen zur Erlangung von Baudarlehn in vollem Umfang Sonderausgaben und im Rahmen der Höchstbeträge des § 10 Abs. 3 EStG als Sonderausgaben abzugsfähig.

Vom VZ 1990 an sind hingegen nur noch **50 v. H.** der an Bausparkassen zur Erlangung von Baudarlehn geleisteten Beiträge Sonderausgaben. Dieser Beschränkung des Sonderausgabenabzugs von Bausparbeiträgen trägt die Legaldefinition der Vorsorgeaufwendungen in § 10 Abs. 2 EStG Rechnung. Andererseits sind die bisherige Begrenzung auf das sog. Eineinhalbfache nach § 10 Abs. 1 Nr. 3 Satz 2 EStG 1987 und das Kreditaufnahmeverbot nach § 10 Abs. 2 Nr. 1 EStG 1987 letztmals für den VZ 1987 anzuwenden. Auch das bisherige Kumulierungsverbot (§ 10 Abs. 5 EStG 1987) ist entfallen.

Bausparkassen sind Kreditinstitute im Sinne des § 1 Abs. 1 des Gesetzes über Bausparkassen vom 16. 11. 1972 (BGBl 1972 I S. 2097). Ein Verzeichnis der öffentlich-rechtlichen und der privaten Bausparkassen enthält die **Anlage 6** der EStR.

Baudarlehn im Sinne der Sonderausgabenvorschriften sind Darlehn, die bestimmt sind:

1. zum Bau, zum Erwerb oder zur Verbesserung eines Wohngebäudes oder eines anderen Gebäudes, soweit es Wohnzwecken dient, oder einer Eigentumswohnung;

2. zum Erwerb eines eigentumsähnlichen Dauerwohnrechts;

3. zur Beteiligung an der Finanzierung des Baues oder Erwerbs eines Gebäudes gegen Überlassung einer Wohnung;

4. zum Erwerb von Bauland, das der Steuerpflichtige in der Absicht erwirbt, ein Wohngebäude zu errichten;

5. zum Erwerb eines Grundstücks, auf dem der Steuerpflichtige als Erbbauberechtigter bereits ein Wohngebäude errichtet hat;

6. zur Durchführung baulicher Maßnahmen des Mieters zur Modernisierung seiner Wohnung (§ 10 Abs. 5 Nr. 2 Satz 2 EStG). Als Mieter sind insoweit alle Personen anzusehen, die – ohne Eigentümer zu sein – zur Nutzung einer Wohnung berechtigt sind. Auch der Nießbraucher oder der Inhaber eines Wohnrechts ist begünstigt (BMF, BStBl 1982 I S. 868);

7. zur völligen oder teilweisen Ablösung von Verpflichtungen, z. B. Hypotheken, die im Zusammenhang mit den vorstehend bezeichneten Vorhaben eingegangen sind. Wegen der Einzelheiten s. Abschn. 92 Abs. 2 EStR.

Voraussetzung ist, daß das Gebäude, die Eigentumswohnung oder das Grundstück im Inland liegt (BFH, BStBl 1987 II S. 164). Vom 1. 7. 1990 an ist auch die Verwendung zum Wohnungsbau in der DDR einschließlich Berlin (Ost) unschädlich. Eine Ausnahme gilt für Bauvorhaben von Bediensteten der Europäischen Gemeinschaften an ihrem ausländischen Wohnsitz, von dem aus sie ihrer Amtstätigkeit nachgehen (BFH, BStBl 1974 II S. 374). Eine Verwendung zu den in den Nummern 1 bis 7 genannten Zwecken ist auch dann begünstigt, wenn nicht der Bausparer, sondern ein Angehöriger des Bausparers im Sinne des § 15 AO Bauherr ist (BFH, BStBl 1973 II S. 719). Eine weitere Ausnahme gilt in den Fällen des Gesetzes über eine Wiedereingliederungshilfe im Wohnungsbau für rückkehrende Ausländer vom 18. 2. 1986 (BStBl 1986 I S. 123).

Für den Sonderausgabenabzug von Bausparbeiträgen sind folgende **Grundsätze** zu beachten:

a) Die Beiträge müssen **aufgrund** eines Bausparvertrags an eine Bausparkasse geleistet werden. Es müssen daher grundsätzlich unmittelbare Rechtsbeziehungen zwischen dem Bausparer und der Bausparkasse bestehen (Abschn. 92 Abs. 3 EStR). Der den Bausparbeiträgen zugrunde liegende Bausparvertrag kann auch zugunsten dritter Personen abgeschlossen werden.

b) Beabsichtigt der Stpfl., mit Hilfe des Bausparvertrags ein Gebäude zu errichten, das ausschließlich und unmittelbar eigenbetrieblichen Zwecken dienen soll, oder behandelt er den Bausparvertrag zulässigerweise als gewillkürtes Betriebsvermögen, so sind die Bausparbeiträge betrieblich veranlaßt und deshalb keine Sonderausgaben i. S. des § 10 EStG. Nach Auffassung des BFH (BStBl 1965 III S. 214, 320; ebenso Abschn. 92 Abs. 5 EStR) können hingegen Bausparbeiträge von Land- und Forstwirten auch dann als Sonderausgaben behandelt werden, wenn der Bausparvertrag zur Finanzierung des Baues, der Verbesserung usw. des zum Betriebsvermögen gehörenden, zu Wohnzwecken des Stpfl. genutzten Teils eines gemischtgenutzten Gebäudes abgeschlossen worden ist (u. E. zweifelhaft).

c) Das Gesetz verlangt nicht, daß die Bausparbeiträge auch wirklich endgültig zum Wohnungsbau verwendet werden. Nach Ablauf der Sperrfrist ist der Bausparer in der Verwendung der von der Bausparkasse geleisteten Zahlungen frei. Kann jedoch festgestellt werden, daß der Bausparer bei der Einzahlung der

Bausparbeiträge nicht oder nicht mehr die Absicht hatte, die Bausparsumme zu den begünstigten Zwecken zu verwenden, so sind die Beiträge keine Sonderausgaben (Abschn. 92 Abs. 6 EStR).

d) Die Verwendung von Bausparmitteln zur Beschaffung von Möbeln ist keine Maßnahme des Wohnungsbaues in diesem Sinne. Werden aber mit Bausparmitteln Anlagen und Einrichtungen geschaffen, die im Sinne des bürgerlichen Rechts wesentliche Bestandteile des Gebäudes sind, so liegt eine unschädliche Verwendung zum Wohnungsbau auch dann vor, wenn die Anlagen und Einrichtungen zugleich der Einrichtung und Ausstattung einer Wohnung dienen (BFH, BStBl 1977 II S. 152).

e) Die steuerschädliche Verfügung über die Beiträge innerhalb der Sperrfrist, auch durch Beleihung oder Abtretung, führt grundsätzlich zur Nachversteuerung nach Maßgabe des § 10 Abs. 5 Nr. 2 EStG, § 31 EStDV. Steht bereits bei der Veranlagung zur ESt fest, daß eine Nachversteuerung durchzuführen ist, ist der Abzug der Bausparbeiträge als Sonderausgaben schon bei der Veranlagung zu versagen (BFH, BStBl 1987 II S. 164).

7.1.9.4.2 Bausparbeiträge

Zu den Bausparbeiträgen im Sinne des § 10 Abs. 1 Nr. 3 EStG gehören außer den vertraglich vorgesehenen Beiträgen auch die darüber hinaus geleisteten freiwilligen Beiträge und die Abschlußgebühren (Umschreibegebühren). Dies gilt auch, soweit sie zunächst auf einem Sonderkonto gutgeschrieben werden. Ferner gehören dazu die auf das Bausparguthaben gutgeschriebenen Zinsen, die zur Beitragszahlung verwendet werden, auch wenn die Bausparbeiträge unter Verwendung fremder Mittel geleistet worden sind (BFH, BStBl 1973 II S. 162). Dabei sind alle Beiträge zu berücksichtigen, die der Bausparer bis zur vollen oder teilweisen Auszahlung der Bausparsumme entrichtet; auf den Zeitpunkt der Zuteilung kommt es grundsätzlich nicht an (BFH, BStBl 1958 III S. 368). Hat der Steuerpflichtige vor der ordnungsmäßigen Zuteilung des Baudarlehns einen Zwischenkredit erhalten, so kann er nur die Beiträge, die er bis zur ordnungsmäßigen Zuteilung der Bausparsumme leistet, als Sonderausgaben absetzen. Hat der Stpfl. den Zwischenkredit unter Beleihung von Ansprüchen aus einem Bausparvertrag vor Ablauf der Sperrfrist erhalten, so kann er die Beiträge nur dann als Sonderausgaben abziehen, wenn er den Zwischenkredit unverzüglich und unmittelbar zum Wohnungsbau, d. h. zu den in Abschn. 92 Abs. 2 EStR bezeichneten Zwecken, verwendet (Abschn. 92 Abs. 9 EStR).

Beispiele:

a) Der Bausparvertrag eines Stpfl. ist im Juni 1989 zugeteilt worden. Der Stpfl. nahm die Zuteilung zulässigerweise noch nicht an, weil die Finanzierung seines Bauvorhabens noch nicht gesichert war. Er leistete weiterhin laufende Beiträge auf diesen Bausparvertrag. Nach Abruf durch den Stpfl. wurde die Bausparsumme am 15. 8. 1990 an ihn ausbezahlt.

Die Bausparbeiträge, die der Stpfl. zwischen der Zuteilung des Bausparvertrages und der Auszahlung der Bausparsumme leistete, sind als Sonderausgaben zu berücksichtigen. Nach der Auszahlung der Bausparsumme können auf diesen Vertrag keine als Sonderausgaben abzugsfähigen Zahlungen mehr geleistet werden.

b) Der Bausparvertrag eines Stpfl. war noch nicht zuteilungsreif. Da er die Mittel aber bereits benötigte, ließ er sich die Bausparsumme vermittels seiner Bausparkasse vor- bzw. zwischenfinanzieren. Aufgrund der Vor- oder Zwischenfinanzierung erhielt der Stpfl. Darlehnsmittel in Höhe der Bausparsumme am 15. 6. 1989 ausbezahlt. Er leistete auch nach diesem Zeitpunkt weiterhin laufende Beiträge auf diesen Bausparvertrag. Am 15. 8. 1990 wurde der Bausparvertrag zugeteilt und die Bausparsumme zur Tilgung des Darlehns aus der Vor- bzw. Zwischenfinanzierung verwendet.

Die Bausparbeiträge, die der Stpfl. zwischen dem Zeitpunkt der Auszahlung der Darlehnsmittel aus der Vor- bzw. Zwischenfinanzierung und der Zuteilung des Bausparvertrags leistete, sind als Sonderausgaben zu berücksichtigen. Nach dem Zeitpunkt der Zuteilung des Bausparvertrags können auf diesen Vertrag keine als Sonderausgaben abzugsfähigen Zahlungen mehr geleistet werden.

7.1.9.4.3 Wahlrecht (§ 10 Abs. 4 EStG)

Steuerpflichtige, die Anspruch auf eine Prämie nach dem Wohnungsbau-Prämiengesetz haben, können für jedes Kalenderjahr wählen, ob sie für Bausparbeiträge den Sonderausgabenabzug oder eine Prämie nach dem Wohnungsbau-Prämiengesetz erhalten wollen (Wahlrecht). Das Wahlrecht kann für die Bausparbeiträge eines Kalenderjahres nur einheitlich ausgeübt werden. Steuerpflichtige, die im Sparjahr (§ 4 Abs. 1 WoPG) eine Höchstbetragsgemeinschaft (§ 3 Abs. 2 WoPG) bilden, können ihr Wahlrecht nur einheitlich ausüben. Das Wahlrecht wird zugunsten des Sonderausgabenabzugs dadurch ausgeübt, daß der Steuerpflichtige einen ausdrücklichen Antrag auf Berücksichtigung der betreffenden Sonderausgaben stellt (§ 10 Abs. 4 EStG).

Der Antrag auf Berücksichtigung der Sonderausgaben kann von dem Stpfl. nur in der Einkommensteuererklärung oder in dem Antrag auf Lohnsteuer-Jahresausgleich gestellt werden; im Lohnsteuer-Ermäßigungsverfahren und bei der Festsetzung der Einkommensteuer-Vorauszahlungen kann der Sonderausgabenabzug für Bausparbeiträge nicht berücksichtigt werden. Die Wahl zugunsten einer Prämie nach dem WoPG wird dadurch ausgeübt, daß der Prämienberechtigte einen Antrag auf Gewährung einer Prämie stellt. Gehen beim Finanzamt mehrere Anträge eines Stpfl. ein, so hat der zuerst gestellte Antrag Vorrang. Ein Antrag wird mit dem Eingang beim Finanzamt, und zwar ein Prämienantrag rückwirkend auf den Zeitpunkt des Eingangs beim Unternehmen oder Institut wirksam (BFH, BStBl 1973 II S. 99).

Bleibt ein Antrag erfolglos, z. B. weil er verspätet gestellt worden ist oder weil bereits vor der Entscheidung über den Antrag über die begünstigten Aufwendungen schädlich verfügt worden ist oder weil der Sonderausgaben-Höchstbetrag bereits durch Versicherungsbeiträge voll ausgeschöpft ist oder die nachgewiesenen Vorsorgeaufwendungen nicht zu einem höheren Abzugsbetrag führen als die Vorsorgepauschale, so gilt der Antrag als nicht gestellt (Abschn. 95 Abs. 2 EStR).

7.1.9.4.4 Leistungen an die Bausparkasse nach Erlangung des Bauspardarlehns

Nach Erlangen des Bauspardarlehns kommen Bausparbeiträge nicht mehr in Betracht. Die dann an die Bausparkasse zu leistenden Zahlungen sind nicht abzugsfähige Tilgungsleistungen und regelmäßig als Werbungskosten oder Betriebsausgaben abzugsfähige Zinsen und Verwaltungskosten. Leistet der Steuerpflichtige an die Bausparkasse einen Lebensversicherungsbeitrag, so gehört dieser zu den Sonderausgaben i. S. des § 10 Abs. 1 Nr. 2 EStG.

7.1.9.4.5 Sperrfristen und Nachversteuerung (§ 10 Abs. 5 Nr. 2 EStG)

Bei Bausparverträgen ist nach Maßgabe des § 31 EStDV eine Nachversteuerung durchzuführen, wenn vor Ablauf von **zehn Jahren** seit Vertragsabschluß die Bausparsumme ganz oder zum Teil ausgezahlt, geleistete Beiträge ganz oder zum Teil zurückgezahlt oder Ansprüche aus dem Bausparvertrag abgetreten oder beliehen werden (§ 10 Abs. 5 Nr. 2 EStG).

Bausparsumme ist der Betrag, den die Bausparkasse aufgrund des Bausparvertrags aus den Mitteln des Zuteilungsstocks auszuzahlen hat (Bausparguthaben und Bausparkassendarlehn).

Die **Auszahlung der Bausparsumme** bedeutet die vertragsmäßige Leistung der Bausparkasse an den Bausparer nach Zuteilung des Vertrages.

Eine **Rückzahlung** liegt vor, wenn die geleisteten Beiträge vor Zuteilung der Bausparsumme (regelmäßig aufgrund einer Kündigung des Vertrages) zurückgezahlt werden (BFH, BStBl 1987 II S. 164).

Ansprüche aus einem Bausparvertrag **sind beliehen,** wenn sie sicherungshalber abgetreten oder verpfändet werden und die zu sichernde Schuld entstanden ist (§ 29 Abs. 5 EStDV).

Die **Abtretung** ist die vertragsmäßige Übertragung der Ansprüche aus einem Bausparvertrag auf einen Dritten, z. B. durch „Verkauf" des Bausparvertrags.

Unschädlich ist jedoch die vorzeitige Verfügung, wenn

1. die Bausparsumme ausgezahlt oder die Ansprüche aus dem Vertrag beliehen werden und der Steuerpflichtige die empfangenen Beträge unverzüglich und unmittelbar zum Wohnungsbau verwendet (§ 10 Abs. 5 Nr. 2 Buchst. a EStG).

Unter Wohnungsbau in dem vorstehenden Sinne sind die oben angeführten Maßnahmen zu verstehen (Abschn. 94 Abs. 5 Satz 1 EStR). Hierzu gehört auch der **Erwerb** eines Wohngebäudes (BFH, BStBl 1987 II S. 164), sofern es im Inland – ab 1. 7. 1990: nicht im Ausland – belegen ist. Als Wohnungsbau gelten auch bauliche Maßnahmen des Mieters zur Modernisierung seiner Wohnung (§ 10 Abs. 5 Satz 2 EStG).

Bei der Beurteilung der Frage, ob die Bausparsumme oder die aufgrund einer Beleihung des Bausparvertrages empfangenen Beträge zum Wohnungsbau **verwendet** werden, ist folgendes zu beachten (s. Abschn. 94 Abs. 5 EStR):

Werden die Beträge für den Bau, den Erwerb usw. eines ausschließlich Wohnzwecken dienenden Gebäudes verwendet, so ist die vorzeitige Verfügung unschädlich, soweit die empfangenen Beträge nicht höher als die Baukosten sind. Das gleiche gilt bei Verwendung für den Bau eines Gebäudes, das nur zum Teil Wohnzwecken dient, soweit die empfangenen Beträge nicht höher als die anteiligen Baukosten des Wohnzwecken dienenden Gebäudeteils sind (BFH, BStBl 1965 III S. 214).

Sind in diesen Fällen die empfangenen Beträge höher, so ist zunächst das Verhältnis des übersteigenden Betrags zur Summe der empfangenen Beträge festzustellen. Für den Teilbetrag der insgesamt geleisteten Bausparbeiträge, der diesem Verhältnis entspricht, kommt eine Nachversteuerung in Betracht. Dabei kann der Stpfl. bestimmen, welche Bausparbeiträge bis zur Höhe dieses Betrages als nicht geleistet angesehen werden sollen.

Beispiel:

Ein Stpfl. hat einen Bausparvertrag über 50 000 DM abgeschlossen. Die eingezahlten Beträge von insgesamt 20 000 DM sind in voller Höhe als Sonderausgaben berücksichtigt worden. Die volle Bausparsumme wird vor Ablauf der Sperrfrist ausgezahlt. Der Stpfl. verwendet sie unverzüglich und unmittelbar zum Bau eines Gebäudes, das nur zum Teil Wohnzwecken dient. Die Baukosten betragen insgesamt 200 000 DM. Davon entfallen auf den Wohnzwecken dienenden Teil des Gebäudes 40 000 DM.

Die ausgezahlte Bausparsumme (50 000 DM) übersteigt die Baukosten des Wohnzwecken dienenden Gebäudeteils (40 000 DM) um 10 000 DM; das entspricht 20 v. H. der Bausparsumme. Für den Betrag von 20 v. H. von 20 000 DM = 4000 DM ist eine Nachversteuerung durchzuführen. Welche Bausparbeiträge i. H. von 4000 DM als nicht geleistet angesehen werden sollen, bestimmt der Stpfl.

Eine „unverzügliche" Verwendung der Beträge zum Wohnungsbau im Sinne dieser Vorschrift ist gegeben, wenn die empfangenen Mittel ohne schuldhaftes Verzögern zu den begünstigten Zwecken verwendet werden (Abschn. 94 Abs. 2 EStR). Das setzt in der Regel die zweckentsprechende Verwendung der Mittel innerhalb eines Zeitraums von zwölf Monaten voraus (BFH, BStBl 1974 II S. 227). Eine Vorfinanzierung mit Eigenmitteln ist von dem Tage an zulässig, zu dem die Bausparsumme zugeteilt worden ist (Zuteilungstermin). Der spätere Ersatz der Eigenmittel durch die ausgezahlte Bausparsumme kann dann grundsätzlich als eine steuerunschädliche Verwendung zum Wohnungsbau (§ 10 Abs. 5 Nr. 2 EStG) angesehen werden. Werden die Eigenmittel vor dem Zuteilungstermin verausgabt, so ist dies vor Ablauf der Sperrfrist schädlich. Das gleiche gilt, wenn die Verausgabung zwar nach dem Zuteilungstermin erfolgt, die ausgezahlte Bausparsumme jedoch in einen Betrieb des Bausparers oder seines Ehegatten eingelegt wird (BFH, BStBl 1974 II S. 126).

Eine vorzeitige Auszahlung der Bausparsumme oder der aufgrund einer Beleihung empfangenen Beträge ist auch dann steuerschädlich, wenn das beabsichtigte Vorhaben aus vom Bausparer nicht zu vertretenden Gründen scheitert und der Bausparer die empfangenen Mittel wieder zurückzahlt (BFH, BStBl 1974 II S. 202).

Die unverzügliche und unmittelbare Verwendung der empfangenen Beträge zum Wohnungsbau ist lediglich im Anschluß an eine (teilweise) **Aus**zahlung der Bausparsumme oder Beleihung der Ansprüche aus dem Vertrag unschädlich, nicht jedoch im Falle der Rückzahlung der geleisteten Beiträge (BFH, BStBl 1987 II S. 164). Die Überlassung der durch vorzeitige Auszahlung oder Beleihung empfangenen Beträge an einen Angehörigen i. S. des § 15 AO ist steuerlich unschädlich, wenn dieser sie einerseits unverzüglich und unmittelbar zum Wohnungsbau verwendet (BFH, BStBl 1973 II S. 719). Dagegen ist die Überlassung der durch vorzeitige Auszahlung oder Beleihung empfangenen Beträge an andere Personen steuerschädlich, es sei denn, daß es sich um die Beteiligung an der Finanzierung des Baues oder Erwerbs eines Gebäudes gegen Überlassung einer Wohnung handelt (Abschn. 94 Abs. 2 EStR). Bei Ehegatten im Sinne des § 26 Abs. 1 EStG ist es unerheblich, ob der Bausparer oder sein Ehegatte die vorzeitig empfangenen Beträge zum Wohnungsbau verwendet;

2. im Falle der Abtretung der Erwerber die Bausparsumme oder die aufgrund einer Beleihung empfangenen Beträge unverzüglich und unmittelbar zum Wohnungsbau für den Abtretenden oder dessen Angehörige i. S. des § 15 AO verwendet (§ 10 Abs. 5 Nr. 2 Buchst. b EStG);

3. der Bausparer oder sein von ihm nicht dauernd getrennt lebender Ehegatte nach Vertragsabschluß gestorben ist (§ 10 Abs. 5 Nr. 2 Buchst. c EStG). Die vorzeitige Verfügungsmöglichkeit bezieht sich auf die Bausparbeiträge, die der Bausparer oder sein Ehegatte vor Eintritt des Todes geleistet hat (Abschn. 94 Abs. 4 EStR);

4. der Bausparer oder sein von ihm nicht dauernd getrennt lebender Ehegatte nach Vertragsabschluß völlig erwerbsunfähig geworden ist (§ 10 Abs. 5 Nr. 2 Buchst. c EStG). Als völlige Erwerbsunfähigkeit gilt eine Minderung der Erwerbsfähigkeit um mehr als 90 v. H. Die vorzeitige Verfügungsmöglichkeit, von der zu jedem beliebigen Zeitpunkt nach Eintritt der völligen Erwerbsunfähigkeit Gebrauch gemacht werden kann, gilt für alle vor der Verfügung geleisteten Beiträge;

5. der Bausparer nach Vertragsabschluß arbeitslos geworden ist (§ 10 Abs. 5 Nr. 2 Buchst. d EStG). Die vorzeitige unschädliche Verfügung setzt voraus, daß die Arbeitslosigkeit mindestens ein Jahr lang ununterbrochen bestanden hat und der Bausparer im Zeitpunkt der vorzeitigen Verfügung noch arbeitslos ist. Verfügung in diesem Sinne ist die vollständige oder teilweise Rückzahlung geleisteter Beträge sowie die Abtretung oder Beleihung der Ansprüche aus dem Bausparvertrag (BFH, BStBl 1990 II S. 220). Arbeitsuchende, die eine Erwerbs- oder Berufsunfähigkeitsrente, Altersruhegeld, Ruhegehalt oder ähnliche Bezüge erhalten oder das 65. Lebensjahr vollendet haben, gelten nicht als Arbeitslose. Auch begründet die Arbeitslosigkeit des Ehegatten keine Verfügungsmöglichkeit. Die Dauer der Arbeitslosigkeit ist in der Regel durch Unterlagen über die Zahlung von Arbeitslosengeld, Arbeitslosenhilfe, Arbeitslosenbeihilfe usw. und, soweit derartige Zahlungen nicht nachgewiesen werden können, durch eine Bescheinigung der zuständigen Dienststelle der Bundesanstalt für Arbeit (in der Regel: Arbeitsamt) nachzuweisen;

6. der Bausparer

a) den Geltungsbereich des EStG auf Dauer verlassen hat (s. dazu Abschn. 94 Abs. 4 Nr. 4 EStR) oder

b) wenn er die Bausparsumme oder die Zwischenfinanzierung nach den §§ 1 bis 6 des Gesetzes über eine Wiedereingliederungshilfe im Wohnungsbau für rückkehrende Ausländer vom 18. 2. 1986 unverzüglich und unmittelbar zum Wohnungsbau im Heimatland verwendet und innerhalb von vier Jahren und drei Monaten nach Beginn der Auszahlung der Bausparsumme, spätestens am 31. 3. 1998, den Geltungsbereich des EStG auf Dauer verlassen hat (§ 10 Abs. 5 Nr. 2 Buchst. e EStG).

Voraussetzung ist in beiden Fällen, daß der Stpfl. Staatsangehöriger eines Staates ist, mit dem die Bundesregierung Vereinbarungen über die Anwerbung und Beschäftigung von Arbeitnehmern abgeschlossen hat und der nicht Mitglied der Europäischen Gemeinschaft ist.

Nach § 10 Abs. 5 Nr. 2 EStG i. d. F. des Staatsvertragsgesetzes vom 25. 6. 1990 setzt die Unschädlichkeit weiter voraus, daß die empfangenen Beträge nicht zum Wohnungsbau im Ausland eingesetzt werden, sofern nichts anderes bestimmt ist. Vom 1. 7. 1990 an können daher die empfangenen Beträge auch zum Wohnungsbau in der DDR einschließlich Berlin (Ost) eingesetzt werden.

Bei Bausparverträgen zugunsten Dritter ist aus Billigkeitsgründen nach Abschn. 94 Abs. 4 Satz 3 EStR von einer Nachversteuerung abzusehen, wenn der Begünstigte stirbt und die Beträge vorzeitig an seine Erben oder Vermächtnisnehmer gezahlt werden oder wenn der Begünstigte völlig erwerbsunfähig wird und die Beträge vorzeitig an ihn gezahlt werden.

Wird eine **Nachversteuerung** notwendig, so ist sie nach Maßgabe des § 10 Abs. 5 Nr. 2 EStG, § 31 EStDV durchzuführen. Dabei wird die Veranlagung des VZ, in dem der Bausparbeitrag als Sonderausgabe berücksichtigt worden ist, nicht berichtigt. Es ist vielmehr lediglich festzustellen, welche Steuer für diesen VZ festzusetzen gewesen wäre, wenn der Steuerpflichtige den Bausparbeitrag nicht geleistet hätte. Der Unterschiedsbetrag zwischen dieser Steuer und der seinerzeit festgesetzten Steuer ist als Nachsteuer für den VZ zu erheben, in dem der schädliche Tatbestand eingetreten ist. Betrifft der schädliche Tatbestand Bausparbeiträge mehrerer VZ, so ist zwar für jeden dieser VZ der Unterschiedsbetrag gesondert zu errechnen, aber in einer Summe als Nachsteuer des VZ, in dem der schädliche Tatbestand eingetreten ist, anzusetzen.

Soweit die zurückliegenden Veranlagungen noch nicht bestandskräftig geworden sind, kann die steuerlich richtige Behandlung gleich bei der Steuerfestsetzung des Jahres vorgenommen werden, um das es geht (BFH, BStBl 1967 III S. 575; vgl. auch BFH, BStBl 1987 II S. 164).

Ist über die Bausparbeiträge nur teilweise steuerschädlich verfügt worden, so kann der Bausparer bestimmen, welche Beiträge als zurückgezahlt gelten sollen (§ 31 Abs. 1 EStDV). Hat der Steuerpflichtige Bausparbeiträge geleistet, die sich als Sonderausgaben oder als prämienbegünstigte Aufwendungen nicht ausgewirkt haben, so sind die zurückgezahlten Beträge zunächst mit den ohne Auswirkung gebliebenen Beiträgen zu verrechnen; insoweit kommt also eine Nachversteuerung nicht in Betracht (Abschn. 94 Abs. 6 EStR).

Ist im Fall der Abtretung von Ansprüchen aus einem Bausparvertrag beabsichtigt, daß der Erwerber die Bausparsumme oder die aufgrund einer Beleihung empfangenen Beträge unverzüglich und unmittelbar zum Wohnungsbau für den Abtretenden oder dessen Angehörigen i. S. des § 15 AO verwendet, so ist nach § 31 Abs. 2 Nr. 3 EStDV die Nachversteuerung auszusetzen, wenn der Abtretende eine Erklärung des Erwerbers über die Verwendungsabsicht beibringt. Nach Beseitigung der Ungewißheit muß ggf. die Steuerfestsetzung geändert oder nachgeholt werden (Abschn. 94 Abs. 6 EStR).

7.1.10 Höchstbeträge für Vorsorgeaufwendungen (§ 10 Abs. 3 EStG)

Die vom Steuerpflichtigen in einem Veranlagungszeitraum geleisteten Vorsorgeaufwendungen sind nicht unbeschränkt abzugsfähig. Weil sich sonst ungerechtfertigte Steuervorteile ergeben würden, wird der Abzug dieser Aufwendungen nach § 10 Abs. 3 EStG durch Höchstbeträge begrenzt, die durch ein dreiteiliges Berechnungsschema (Vorwegabzug + Grundhöchstbetrag + hälftiger Höchstbetrag) bestimmt werden. Wegen der bis zum VZ 1989 geltenden Höchstbeträge wird auf 7.1.9 der Vorauflage hingewiesen.

Auf Grund der Neufassung des § 10 Abs. 3 EStG sind die Vorsorgeaufwendungen vom VZ 1990 an je Kalenderjahr bis zu folgenden Höchstbeträgen abzugsfähig:

1. Grundhöchstbetrag (§ 10 Abs. 3 Nr. 1 EStG)

Die in § 10 Abs. 1 Nrn. 2 und 3 EStG bezeichneten Beträge (Versicherungsbeiträge und 50 v. H. der Bausparbeiträge zusammen) bis zu **2340 DM** und im Fall der Zusammenveranlagung von Ehegatten bis zu **4680 DM.** Im Fall des sog. Witwensplittings (§ 32 a Abs. 6 EStG) erfolgt keine Verdoppelung (BFH, BStBl 1986 II S. 353).

2. Vorwegabzug (§ 10 Abs. 3 Nr. 2 EStG)

Beiträge im Sinne des § 10 Abs. 1 Nr. 2 EStG (Versicherungsbeiträge) zusätzlich bis zu **4000 DM** (bis 1989: 3000 DM) und im Fall der Zusammenveranlagung von Ehegatten bis zu **8000 DM** (bis 1989: 6000 DM).

Diese Beträge von 4000 DM bzw. 8000 DM vermindern sich

a) um **9 v. H.** der maßgeblichen Bemessungsgrundlage bei Steuerpflichtigen,

   aa) die bei einem Träger der gesetzlichen **Rentenversicherung** oder einer öffentlich-rechtlichen Versicherungs- oder Versorgungseinrichtung ihrer Berufsgruppe **pflichtversichert** sind – ausgenommen bei einer landwirtschaftlichen Alterskasse – und die Pflichtbeiträge nicht allein tragen,

   bb) denen für den Fall ihres Ausscheidens aus der Beschäftigung auf Grund des Beschäftigungsverhältnisses oder denen nach Beendigung der Ausübung eines Mandats eine **lebenslängliche** Versorgung oder an deren Stelle eine Abfindung zusteht oder die in der gesetzlichen Rentenversicherung nachzuversichern sind,

   cc) die eine Berufstätigkeit ausüben und im Zusammenhang damit auf Grund vertraglicher Vereinbarungen **Anwartschaftsrechte** auf eine Altersversorgung ganz oder teilweise ohne eigene Beitragsleistung erwerben,

    dd) für die der Arbeitgeber Ausgaben für die Zukunftssicherung im Sinne des § 3 Nr. 62 Sätze 2 bis 4 EStG leistet.

Dieser Katalog entspricht im wesentlichen den bis zum VZ 1989 geltenden Kürzungen der Vorwegabzugsbeträge. Erstmals vom VZ 1990 an sind diese Beträge darüber hinaus zu kürzen

b) um **3 v. H.** der maßgeblichen Bemessungsgrundlage bei Steuerpflichtigen,

    aa) die bei einem Träger der gesetzlichen **Krankenversicherung pflichtversichert** sind – ausgenommen einer landwirtschaftlichen Krankenkasse – und die Pflichtbeiträge nicht allein tragen,

    bb) die Anspruch auf **Beihilfe** in Krankheits- und Geburtsfällen oder auf Zuschüsse zu Krankenversicherungsbeiträgen auf Grund beamtenrechtlicher Regelungen, tarifvertraglicher Regelungen für Arbeitnehmer des öffentlichen Dienstes oder entsprechender gesetzlicher Vorschriften oder des Abgeordnetengesetzes, des Europaabgeordnetengesetzes oder der entsprechenden Gesetze der Länder oder nach beamtenrechtlichen Grundsätzen von Körperschaften, Anstalten oder Stiftungen des öffentlichen Rechts oder öffentlich-rechtlichen Verbänden von Körperschaften haben,

    cc) die einen gesetzlichen Anspruch auf Zuschüsse zu Krankenversicherungsbeiträgen haben.

Damit wird der Vorwegabzug nicht nur um den steuerfreien Arbeitgeberanteil zur gesetzlichen Rentenversicherung, sondern auch um den steuerfreien Arbeitgeberanteil zur gesetzlichen Krankenversicherung und in ähnlichen Fällen gekürzt. Erhält ein Steuerpflichtiger eine Entlastung sowohl zur Altersversorgung als auch zur Krankenversicherung, ist der Vorwegabzug um insgesamt (9 v. H. + 3 v. H. =) 12 v. H. der maßgeblichen Bemessungsgrundlage zu kürzen.

Hinsichtlich der **maßgeblichen Bemessungsgrundlage** gilt:

Die Kürzung erfolgt um 9 v. H. bzw. 3 v. H. des **Arbeitslohns** aus der Beschäftigung, der Einkünfte nach § 22 Nr. 4 EStG aus der Mandatsausübung und des Gewinns aus der Tätigkeit, mit der die Alters- oder Krankenversorgung zusammenhängt, **höchstens** des Jahresbetrags der **Beitragsbemessungsgrenze** in der gesetzlichen Rentenversicherung der Angestellten oder des Anteils dieses Jahresbetrags, der auf die Dauer der Beschäftigung, Mandatsausübung oder Tätigkeit im Kalenderjahr entfällt; die Beitragsbemessungsgrenze in der gesetzlichen Krankenversicherung ist hierbei ohne Bedeutung. Die Beitragsbemessungsgrenze in der gesetzlichen Rentenversicherung beträgt 1990 75 600 DM (1989: 73 200 DM). Treffen bei einem Steuerpflichtigen mehrere Bezüge zusammen – z. B. Arbeitslohn aus mehreren Beschäftigungen, Gewinn aus mehreren Tätigkeiten, Arbeitslohn aus einem Arbeitsverhältnis und Gewinn aus einer weiteren Tätigkeit –, so ist Bemessungsgrundlage für die Kürzung nur der Arbeitslohn aus der Beschäftigung oder der Gewinn aus der Tätigkeit, mit der die Alters- oder Krankenversorgung zusammenhängt. Liegen diese Voraussetzungen bei mehreren Bezügen vor, so ist deren Summe Bemessungsgrundlage für die Kürzung. Wegen der Kürzung des Vorwegabzugs im einzelnen s. Abschn. 106 EStR.

3. Hälftiger Höchstbetrag / Erhöhungsbetrag (§ 10 Abs. 3 Nr. 3 EStG)

Soweit die Vorsorgeaufwendungen den Grundhöchstbetrag und den Vorwegabzug übersteigen, können sie zur Hälfte, höchstens bis zu 50 v. H. des Grundhöchstbetrags abgezogen werden.

Bei der Höchstbetragsberechnung ist zuerst die Höhe des **Vorwegabzugs** nach § 10 Abs. 3 Nr. 2 EStG für Versicherungsbeiträge i. S. des § 10 Abs. 1 Nr. 2 EStG festzustellen.

Die nach Abzug des Vorwegabzugsbetrags verbleibenden Versicherungsbeiträge (§ 10 Abs. 1 Nr. 2 EStG) und 50 v. H. der Bausparbeiträge (§ 10 Abs. 1 Nr. 3 EStG) sind bis zur Höhe des **Grundhöchstbetrags** nach § 10 Abs. 3 Nr. 1 EStG abzugsfähig.

Die danach verbleibenden Aufwendungen sind nach § 10 Abs. 3 **Nr. 3** EStG noch zur Hälfte, höchstens bis zu 50 v. H. des Grundhöchstbetrags abzugsfähig (hälftiger Höchstbetrag).

Die Höchstbetragsberechnung kann nach folgendem **Muster** vorgenommen werden:

1. Versicherungsbeiträge
2. Vorwegabzug
3. ./. Kürzung 9 v. H. von
4. ./. 3 v. H. von
5. Verbleiben (nicht negativ)
6. Abzuziehen ist der niedrigere Betrag aus Zeile 1 oder 5
7. Verbleibender Betrag
8. Bausparbeiträge
9. + Zeile 8 zur Hälfte
10. Summe Zeile 7 und 9
11. Grundhöchstbetrag
12. Abzuziehen ist der niedrigere Betrag aus Zeile 10 oder 11
13. Verbleiben
14. Hälftiger Höchstbetrag (Zeile 11 zur Hälfte, höchstens 50 v. H. des Betrages aus Zeile 13)
15. Summe der abzugsfähigen Vorsorgeaufwendungen

Beispiele:

a) Die Vorsorgeaufwendungen eines ledigen Steuerpflichtigen (kein Arbeitnehmer) betragen für ein Kalenderjahr

Versicherungsbeiträge	6 000 DM
Bausparbeiträge 6400 DM, davon 50 v. H.	3 200 DM
	9 200 DM

Der Höchstbetrag für die beschränkt abzugsfähigen Vorsorgeaufwendungen errechnet sich vom **VZ 1990** an wie folgt:

Versicherungsbeiträge	6 000 DM	
Vorwegabzug	4 000 DM	4 000 DM
	2 000 DM	
Bausparkassenbeiträge (½)	3 200 DM	
	5 200 DM	
Grundhöchstbetrag	2 340 DM	2 340 DM
	2 860 DM	
Hälftiger Höchstbetrag (½ von 2860 DM, höchstens von 2340 DM)		1 170 DM
		7 510 DM

b) Sachverhalt wie vorstehend zu a) mit der Abweichung, daß es sich um einen Arbeitnehmer handelt und der Arbeitgeber einen Anteil zu den Pflichtbeiträgen zur gesetzlichen Renten- und Krankenversicherung geleistet hat. Der Arbeitslohn des Steuerpflichtigen betrug 32 700 DM.

Vom VZ 1990 an errechnet sich der Höchstbetrag für die beschränkt abzugsfähigen Vorsorgeaufwendungen wie folgt:

Versicherungsbeiträge		6 000 DM	
Vorwegabzug	4 000 DM		
./. Kürzung (9 v. H. + 3 v. H. =) 12 v. H. von 32 200 DM =	3 924 DM	76 DM	76 DM
		5 924 DM	
Bausparbeiträge (½)		3 200 DM	
		9 124 DM	
Grundhöchstbetrag		2 340 DM	2 340 DM
		6 784 DM	
Hälftiger Höchstbetrag (½ von 6784 DM = 3392 DM, höchstens vom 2340 DM)			1 170 DM
			3 586 DM

c) Ehegatten im Sinne des § 26 Abs. 1 EStG (keine Arbeitnehmer) machen für einen VZ folgende Vorsorgeaufwendungen als Sonderausgaben geltend:

Versicherungsbeiträge	10 000 DM
Bausparbeiträge 12 000 DM, ½ davon	6 000 DM
	16 000 DM

Bei einer Zusammenveranlagung der Ehegatten sind vom VZ 1990 an folgende beschränkt abzugsfähigen Vorsorgeaufwendungen abzusetzen:

Versicherungsbeiträge	10 000 DM	
Vorwegabzug	8 000 DM	8 000 DM
	2 000 DM	
Bausparkassenbeiträge (½)	6 000 DM	
	8 000 DM	
Grundhöchstbetrag	4 680 DM	4 680 DM
	3 320 DM	
Erhöhungsbetrag (½ von 3320 DM)		1 660 DM
		14 340 DM

Wie die Höchstbetragsberechnung im Fall der **getrennten Veranlagung** vorzunehmen ist, ist in § 10 Abs. 3 EStG nicht geregelt. Nach § 26 a Abs. 2 EStG in der vom VZ 1990 an geltenden Fassung können bei getrennter Veranlagung der Ehegatten Vorsorgeaufwendungen unter Verzicht auf eine gemeinsame Ermittlung nur noch bei der Veranlagung des Ehegatten abgezogen werden, der sie **geleistet** hat. Demzufolge sind auch bei der Berechnung des Höchstbetrages nur die Verhältnisse des jeweils steuerpflichtigen Ehegatten zu berücksichtigen.

7.2 Spenden (§ 10 b EStG)

7.2.1 Allgemeines

Ausgaben zur Förderung mildtätiger, kirchlicher, religiöser, wissenschaftlicher und der als besonders förderungswürdig anerkannten gemeinnützigen Zwecke sind nach § 10 b Abs. 1 EStG bis zur Höhe von insgesamt 5 v. H. des Gesamtbetrags der Einkünfte oder 2 v. T. der Summe der gesamten Umsätze und der im Kalenderjahr aufgewendeten Löhne und Gehälter als Sonderausgaben abzugsfähig. Für wissenschaftliche, mildtätige und als besonders förderungswürdig anerkannte kulturelle Zwecke erhöht sich der Vomhundertsatz nach § 10 b Abs. 1 Satz 3 EStG von 5 um weitere 5 v. H.

Für Mitgliedsbeiträge und Spenden an politische Parteien enthält § 10 b Abs. 2 EStG in der vom VZ 1989 an geltenden Fassung eine eigenständige Regelung. Danach können Mitgliedsbeiträge und Spenden an politische Parteien bis zur Höhe von insgesamt 60 000 DM – im Fall der Zusammenveranlagung von Ehegatten bis zur Höhe von insgesamt 120 000 DM – im Kalenderjahr als Sonderausgaben abgezogen werden. Spenden an eine Partei (oder einen oder mehrere ihrer Gebietsverbände), deren Gesamtwert in einem Kalenderjahr 40 000 DM übersteigt, können nur abgezogen werden, wenn sie nach § 25 Abs. 2 des Parteiengesetzes im Rechenschaftsbericht verzeichnet worden sind. Andererseits können sie wie bisher nur insoweit als Sonderausgaben abgezogen werden, als für sie nicht eine Steuerermäßigung nach § 34 g EStG gewährt worden ist; die Steuerermäßigung geht dem Sonderausgabenabzug vor.

Absatz 3 der Vorschrift enthält sowohl für die Spenden zur Förderung mildtätiger u. ä. Zwecke als auch für Mitgliedsbeiträge und Spenden an politische Parteien eine Regelung für nicht in Geld erbrachte Zuwendungen (Sachspenden). § 10 b Abs. 4 EStG enthält mit Wirkung vom VZ 1990 an eine gesetzliche Vertrauensschutzregelung.

7.2.2 Ausgaben zur Förderung mildtätiger u. ä. Zwecke (§ 10 b Abs. 1 EStG)

Nach § 10 b Abs. 1 EStG sind Ausgaben zur Förderung mildtätiger, kirchlicher, religiöser, wissenschaftlicher und der als besonders förderungswürdig anerkannten gemeinnützigen Zwecke bis zur Höhe von insgesamt 5 v. H. des Gesamtbetrags der Einkünfte oder 2 v. T. der Summe der gesamten Umsätze und der im Kalenderjahr aufgewendeten Löhne und Gehälter als Sonderausgaben abzugsfähig. Für wissenschaftliche, mildtätige und als besonders förderungswürdig anerkannte kulturelle Zwecke erhöht sich der Vomhundertsatz nach § 10 d Abs. 1 Satz 3 EStG von 5 um weitere 5 v. H.

Zu den **Ausgaben** i. S. des § 10 b Abs. 1 EStG gehören alle Wertabgaben, die aus dem geldwerten Vermögen des Spenders zur Förderung der in § 10 b Abs. 1 EStG begünstigten Zwecke abfließen. Hierunter fallen neben Geldzahlungen und Sachzuwendungen auch Aufwendungen, die der Steuerpflichtige im Zusammenhang mit sonst nicht berücksichtigungsfähigen Leistungen erbringt, z. B. Ausgaben durch Pkw-Fahrten, die anläßlich persönlich erbrachter Arbeitsleistungen des Spenders aus dessen Vermögen effektiv abfließen, nicht aber „Nutzungen und Leistungen" i. S. des § 10 b Abs. 3 Satz 1 EStG, z. B. die Arbeitsleistung selbst, bloßer Zeitaufwand usw.; siehe dazu 7.2.4.

Die Ausgaben können, wie bei den Zuwendungen an politische Parteien nach § 10 b Abs. 2 EStG, in Mitgliedsbeiträgen oder in Spenden bestehen. Bei den Spenden kann es sich um einmalige oder laufende Leistungen handeln.

Die Ausgaben müssen **zur Förderung** der begünstigten Zwecke gemacht worden sein. Dies setzt nicht voraus, daß der Geber mit seiner Ausgabe keinerlei eigennützige Zwecke verfolgt (BFH, BStBl 1960 III S. 231). Der Abzug der Ausgaben ist jedoch dann ausgeschlossen, wenn die Ausgaben das Entgelt für eine Gegenleistung darstellen (BFH, BStBl 1969 II S. 701, 1987 II S. 850). Ob die Gegenleistung zu einer Vermögensmehrung beim „Spender" geführt hat, ist ohne Bedeutung. Es genügt, wenn der Ausgabe bei wirtschaftlicher Betrachtung eine Gegenleistung gegenübersteht, die der „Spender" als Ausgleich für seine Ausgabe erhält. Daher sind Mitgliedsbeiträge an einen Sportverein (BFH, BStBl 1987 II S. 814) und Lose einer Wohlfahrtstombola und Wohlfahrtsmarken keine abzugsfähigen Spenden i. S. des § 10 b EStG (BFH, BStBl 1971 II S. 799). Auch Spenden, die als Bewährungsauflage im Straf- oder Gnadenverfahren an gemeinnützige Einrichtungen geleistet werden, sind keine abzugsfähigen Spenden im Sinne des § 10 b EStG (BFH, BStBl 1964 III S. 333).

Für die Bestimmung der steuerbegünstigten – mildtätigen, kirchlichen, religiösen, wissenschaftlichen und gemeinnützigen – Zwecke i. S. des § 10 b Abs. 1 EStG gelten die §§ 51 bis 68 AO (§ 48 Abs. 1 EStDV). Gesetzliche Änderungen bei diesen Vorschriften wirken sich daher auch auf § 10 b Abs. 1 EStG aus.

Ausgaben zur Förderung **gemeinnütziger** Zwecke sind zudem nur dann begünstigt, wenn sie durch allgemeine Verwaltungsvorschrift der Bundesregierung, die der Zustimmung des Bundesrates bedarf, allgemein als besonders förderungswürdig anerkannt worden sind (§ 48 Abs. 2 EStDV). Entsprechende allgemeine Verwaltungsvorschriften der Bundesregierung über die Anerkennung besonders förderungswürdiger gemeinnütziger Zwecke sind in der **Anlage 7 EStR** zusammengestellt. Für religiöse und wissenschaftliche Zwecke, die zu den **gemeinnützigen Zwecken im weiteren Sinne** gehören, bedarf es einer besonderen Anerkennung, ebenso wie für mildtätige und kirchliche Zwecke, nicht (Abschn. 111 Abs. 1 Satz 4 EStR). Wegen des Abzugs von Spenden in die DDR und Berlin (Ost) s. BMF, BStBl 1990 I S. 179.

Zuwendungen zur Förderung mildtätiger, kirchlicher, religiöser, wissenschaftlicher und der als besonders förderungswürdig anerkannten gemeinnützigen Zwecke sind zudem nur dann abzugsfähig, wenn der Spendenempfänger die in § 48 Abs. 3 EStG genannten Merkmale erfüllt.

Ist der Empfänger eine juristische Person des **öffentlichen** Rechts oder eine öffentliche Dienststelle, ist es nicht erforderlich, daß sie die begünstigten Zwecke selbst verwirklicht. Vielmehr kann die steuerliche Abzugsfähigkeit auch dann anerkannt werden, wenn die Spenden der juristischen Person oder der Dienststelle mit der Auflage zur Verfügung gestellt werden, sie an eine Organisation des privaten Rechts weiterzuleiten (Durchlaufspende). Dies gilt allerdings nicht für Mitgliedsbeiträge (BFH, BStBl 1987 II S. 814).

Ist der Empfänger hingegen eine Körperschaft, Personenvereinigung oder Vermögensmasse des **privaten** Rechts, ist die Zuwendung nur abzugsfähig, wenn der Empfänger den zugewendeten Betrag selbst nur für seine satzungsmäßigen Zwecke verwendet. Ferner ist in diesen Fällen Voraussetzung, daß der Empfänger nach der Satzung, dem Stiftungsgeschäft oder der sonstigen Verfassung und nach der tatsächlichen Geschäftsführung ausschließlich und unmittelbar gemeinnützigen, mildtätigen oder kirchlichen Zwecken dient (§ 5 Abs. 1 Nr. 9 KStG).

Die Förderung bestimmter gemeinnütziger Zwecke hat die Bundesregierung nur für den Fall als besonders förderungswürdig anerkannt, daß der Empfänger der Zuwendung eine juristische Person des öffentlichen Rechts oder eine öffentliche Dienststelle ist. Spenden zur Förderung des Sports, der Kunst, der Verbundenheit der Bevölkerung von Berlin (West) mit der Bevölkerung im übrigen Bundesgebiet und der Wiedervereinigung in Frieden und Freiheit, des Naturschutzes und der Landschaftspflege, der Heimatpflege und der Heimatkunde, des Zivilschutzes, des Umweltschutzes und der Entwicklungshilfe sind danach nur abzugsfähig, wenn der Empfänger der Spende eine juristische Person des öffentlichen Rechts oder eine öffentliche Dienststelle oder bei der Heimatpflege und Heimatkunde auch eine Vereinigung von außerhalb des Bundesgebiets beheimatet gewesenen Personen ist (vgl. Nrn. 3, 4, 18, 19 bis 22 und 24 der Anlage 7 der EStR).

Zusätzlich sind im Abschn. 111 Abs. 2 EStR Zuwendungen an bestimmte Einrichtungen als steuerbegünstigt nach § 48 Abs. 4 EStDV anerkannt worden, obgleich an sich bei diesen Einrichtungen die Voraussetzungen des § 48 Abs. 2 EStDV nicht vorliegen, z. B. der Alpenverein e.V., München; der Deutsche Aero-Club e.V., Frankfurt a. M.; der Deutsche Heimatbund e.V., Düsseldorf; der Deutsche Sängerbund e.V. Die Berechtigung zum Empfang steuerbegünstigter Zuwendungen erstreckt sich nicht auf etwaige Untergliederungen der in Abschn. 111 Abs. 2 Satz 2 EStR aufgeführten Körperschaften und Einrichtungen, auch wenn sie selbst als gemeinnützig anerkannt sind.

Nach § 48 Abs. 3 EStDV ist für den Abzug der Spenden als Sonderausgaben grundsätzlich eine **Spendenbescheinigung** nach den Mustern der Anlagen 8 und 9 EStR erforderlich. Der Nachweis muß sich darauf erstrecken, daß der Empfänger der Spende zu den begünstigten Körperschaften usw. gehört und die Spenden für begünstigte Zwecke verwendet werden. Bei Sachspenden muß aus der Spendenbescheinigung der Wert der Sache im Sinne des § 10 b Abs. 3 Satz 3 EStG ersichtlich sein (BFH, BStBl 1972 II S. 55). Kann ein Steuerpflichtiger Aufwendungen i. S. des § 10 b EStG nicht durch Spendenbescheinigungen belegen, z. B. bei Aufwendungen von Haus- und Straßensammlungen, dann liegen hinsichtlich dieser Aufwendungen die Voraussetzungen für die Abzugsfähigkeit nicht vor.

Für den Spendennachweis genügt der **Zahlungsbeleg** der Post oder eines Kreditinstitutes, wenn

1. die Zuwendung zur Linderung der Not in Katastrophenfällen innerhalb eines von den obersten Finanzbehörden des Bundes und der Länder im Benehmen mit dem Bundesminister der Finanzen zu bestimmenden Zeitraums auf ein für den Katastrophenfall eingerichtetes Sonderkonto einer juristischen Person des öffentlichen Rechts, einer öffentlichen Dienststelle oder eines Spitzenverbandes der freien Wohlfahrtspflege einschließlich seiner Mitgliedsorganisationen eingezahlt worden ist oder

2. die Zuwendung den Betrag von **100 DM** nicht übersteigt und

a) der Empfänger eine juristische Person des öffentlichen Rechts, eine öffentliche Dienststelle, eine Religionsgemeinschaft, ein Spitzenverband der freien Wohlfahrtspflege einschließlich seiner Mitgliedsorganisationen, der Deutsche Sportbund einschließlich der Landessportbünde oder die Stiftung Deutsche Sporthilfe ist oder

b) der Empfänger eine andere steuerbegünstigte Körperschaft ist, die steuerlich wirksame Spendenbescheinigungen ausstellen darf, und der Verwendungszweck der Zuwendung und die Angaben über die Freistellung der Körperschaft von der Körperschaftsteuer nach § 5 Abs. 1 Nr. 9 KStG auf dem vom Empfänger hergestellten Einzahlungsbeleg aufgedruckt sind (Abschn. 111 Abs. 6 EStR). Als Nachweis für die Zahlung von Mitgliedsbeiträgen genügt die Vorlage von Einzahlungsbelegen wie z. B. Beitragsquittungen, Beitragsmarken usw. (Abschn. 112 Abs. 2 Satz 6 EStR).

Die Möglichkeit des Spendenabzugs ist durch **Höchstbeträge** begrenzt. Ausgaben i. S. des § 10 b Abs. 1 EStG dürfen nur bis zur Höhe von insgesamt 5 v. H. des Gesamtbetrags der Einkünfte abgezogen werden (fester Höchstbetrag). Der Abzug erhöht sich bei Ausgaben für wissenschaftliche und (oder) als besonders förderungswürdig anerkannte kulturelle Zwecke um weitere 5 v. H. (Erhöhungsbetrag). Dasselbe gilt vom VZ 1990 an auch für Ausgaben zur Förderung mildtätiger Zwecke. Bis zum VZ 1989 gilt die Erhöhung nicht für Zuwendungen an kirchliche Körperschaften und Einrichtungen, auch wenn der Empfänger die Zuwendung zur Förderung der vorbezeichneten Zwecke verwendet (BFH, BStBl 1967 III S. 365).

Anstelle der bezeichneten Vomhundertsätze des Gesamtbetrags der Einkünfte kann der Steuerpflichtige den Satz von 2 v. T. der Summe der gesamten Umsätze und der im Kalenderjahr aufgewendeten Löhne und Gehälter wählen. Bei den Ausgaben für wissenschaftliche, mildtätige und (oder) als besonders förderungswürdig anerkannte kulturelle Zwecke wird der Satz von 2 v. T. nicht erhöht.

Zu den gesamten Umsätzen gehören außer den steuerbaren Umsätzen i. S. des § 1 Abs. 1 Nrn. 1 und 2 UStG auch nichtsteuerbare Umsätze, z. B. Umsätze im Außengebiet, in Freihäfen und Zollausschlüssen und auf Schiffen außerhalb der Hoheitsgrenze.

Der Satz von 2 v. T. wird bei Gesellschaftern von Personengesellschaften von dem Teil der Summe der gesamten Umsätze und der im Kalenderjahr aufgewendeten Löhne und Gehälter der Personengesellschaft berechnet, der dem Anteil des Steuerpflichtigen am Gewinn der Gesellschaft entspricht (Abschn. 113 Abs. 2 EStR).

Als Gesamtbetrag der Einkünfte ist bei Ehegatten, die nach § 26 a EStG getrennt veranlagt werden, die Summe aller Einkünfte der Ehegatten zugrunde zu legen (Abschn. 113 Abs. 1 EStR).

Die seitens einer Personengesellschaft gegebenen Spenden berühren nicht den einheitlich festzustellenden Gewinn der Gesellschaft, sind aber anteilig auf die Mitunternehmer zu verteilen und im Verfahren der Veranlagung der einzelnen Gesellschafter zu berücksichtigen. Über die Abzugsfähigkeit der Spenden ist bei der Veranlagung der einzelnen Gesellschafter zu entscheiden (BFH, BStBl 1964 III S. 81).

Die Beiträge und Spenden sind jeweils in dem Kalenderjahr abzugsfähig, in dem sie geleistet werden (§ 11 Abs. 2 EStG).

7.2.3 Mitgliedsbeiträge und Spenden an politische Parteien
(§ 10 b Abs. 2 EStG)

Nach der bis zum VZ 1988 geltenden Fassung des § 10 b EStG galt für Mitgliedsbeiträge und Spenden an politische Parteien und für Ausgaben zur

Förderung gemeinnütziger u. ä. Zwecke ein einheitlicher Höchstbetrag von insgesamt 5 v. H. des Gesamtbetrags der Einkünfte oder 2 v. T. der Summe der gesamten Umsätze oder der im Kalenderjahr aufgewendeten Löhne und Gehälter; s. dazu im einzelnen 7.2.2.

Nach der Entscheidung des BVerfG vom 14. 7. 1986 (BStBl 1986 II S. 684) war diese gesetzliche Regelung des Höchstbetrags für Mitgliedsbeiträge und Spenden an politische Parteien verfassungswidrig. Sie verletzte das Recht auf gleiche Teilhabe an der politischen Willensbildung. Mit Wirkung vom VZ 1989 an enthält § 10 b Abs. 2 EStG für diese Zuwendungen eine eigenständige Regelung. Danach sind Mitgliedsbeiträge und Spenden an politische Parteien i. S. des § 2 des Parteiengesetzes bis zur Höhe von insgesamt **60 000 DM** – im Fall der Zusammenveranlagung von Ehegatten: 120 000 DM – im Kalenderjahr abzugsfähig.

Politische Parteien i. S. des § 2 des Parteiengesetzes sind die Parteien, deren Parteieigenschaft innerhalb der letzten sechs Jahre durch den Bundeswahlausschuß oder durch einen Landeswahlausschuß festgestellt worden ist. Die Feststellung, ob eine Partei die Voraussetzungen des § 2 des Parteiengesetzes erfüllt, erfolgt durch die für den Sitz der Partei zuständige oberste Landesfinanzbehörde. Spenden und Mitgliedsbeiträge an unabhängige Wählervereinigungen sind nicht nach § 10 b EStG als Sonderausgaben abzugsfähig. Von einer entsprechenden, im Gesetzentwurf vorgesehenen Ausdehnung des § 10 b EStG hat der Gesetzgeber abgesehen und statt dessen diese Aufwendungen in die Steuerermäßigung nach § 34 g EStG einbezogen (s. dazu 11.6).

Voraussetzung für den Spendenabzug ist auch hier die Vorlage einer Spendenbescheinigung. Ein Muster für die Gestaltung der Spendenbescheinigung bei Spenden an politische Parteien i. S. des § 10 b Abs. 2 EStG ist in der Anlage 9 der EStR enthalten.

Mitgliedsbeiträge und Spenden an politische Parteien sind bis zur Höhe von insgesamt 60 000 DM – bei Zusammenveranlagung von Ehegatten: 120 000 DM – abzugsfähig. Dieser Höchstbetrag gilt auch dann ungekürzt, wenn der Steuerpflichtige in demselben Kalenderjahr Ausgaben zur Förderung mildtätiger o. ä. Zwecke i. S. des § 10 b Abs. 1 EStG geleistet hat. Die Höchstbeträge nach § 10 b Abs. 1 und 2 EStG gelten unabhängig – kumulativ – nebeneinander.

Mitgliedsbeiträge und Spenden an politische Parteien können nach § 10 b Abs. 2 Satz 2 EStG nur insoweit als Sonderausgaben abgezogen werden, als für sie nicht eine Steuerermäßigung nach § 34 g EStG gewährt worden ist. Da die Steuerermäßigung nach § 34 g EStG jedoch auch dann zu gewähren ist, wenn ein entsprechender Antrag nicht gestellt wird, kann aus dem Wortlaut des § 10 b Abs. 2 Satz 2 EStG nicht gefolgert werden, daß der Steuerpflichtige wählen kann, ob er die Steuerermäßigung nach § 34 g EStG in Anspruch nehmen oder den Sonderausgabenabzug nach § 10 b EStG vornehmen will. Ein solches Wahlrecht hat der Steuerpflichtige selbst dann nicht, wenn Spenden an verschiedene Parteien geleistet worden sind.

Beispiel:

A, ledig, hat im Jahre 1989 Spenden an eine Partei in Höhe von 500 DM und an eine andere Partei in Höhe von 4000 DM geleistet.

Als Sonderausgaben abzugsfähig ist lediglich der Betrag, der nach Abzug des nach § 34 g EStG begünstigten Betrags von 1200 DM verbleibt, d. h. ein Betrag in Höhe von (4500 DM ⁒ 1200 DM =) 3300 DM.

Zuwendungen, für die eine Steuerermäßigung nach § 34 g EStG gewährt worden ist, sind hingegen nicht auf den Höchstbetrag nach § 10 b Abs. 2 EStG anzurechnen.

Beispiel:

M und F werden zusammen zur ESt veranlagt. Sie haben 1989 Spenden an politische Parteien von insgesamt 122 400 DM geleistet.

Die Steuerermäßigung nach § 34 g EStG beträgt 50 v. H. von 2400 DM = 1200 DM.

Die verbleibende Spende von (122 400 DM ⁒ 2400 DM =) 120 000 DM ist in voller Höhe als Sonderausgaben abzugsfähig. Der Höchstbetrag ist nicht um den Teil der Spende zu kürzen, der sich bei Berechnung der Steuerermäßigung nach § 34 g EStG ausgewirkt hat.

Nach § 10 b Abs. 2 Satz 3 EStG können Spenden an eine Partei oder einen oder mehrere ihrer Gebietsverbände, deren Gesamtwert in einem Kalenderjahr 40 000 DM übersteigt, nur abgezogen werden, wenn sie nach § 25 Abs. 2 des Parteiengesetzes im Rechenschaftsbericht verzeichnet worden sind.

Den Nachweis, daß eine Spende im Rechenschaftsbericht der Partei verzeichnet ist, hat jeweils der Steuerpflichtige zu führen. Kann er diesen Nachweis im Zeitpunkt der Veranlagung noch nicht erbringen, weil der Rechenschaftsbericht der Partei noch nicht vorliegt, so ist nach Abschn. 112 Abs. 4 Satz 4 EStR die Steuer vorläufig nach § 165 AO festzusetzen, soweit nicht eine Steuerfestsetzung unter dem Vorbehalt der Nachprüfung nach § 164 AO in Betracht kommt.

Da § 10 b Abs. 2 Satz 3 EStG offensichtlich auf den einzelnen Steuerpflichtigen abstellt, sind die Spenden verschiedener Personen an eine bestimmte Partei für die Ermittlung der Grenze von 40 000 DM nicht zusammenzurechnen. Dies muß mangels einer anderen Regelung auch für zusammen veranlagte Ehegatten gelten, die jeweils im eigenen Namen Spenden an eine bestimmte Partei geleistet haben.

Beispiel:

Die Eheleute A werden für 1989 zusammen zur ESt veranlagt. Während Herr A im Jahre 1989 35 000 DM an eine Partei gespendet hat, hat Frau A eine Spende in Höhe von 10 000 DM an die gleiche Partei geleistet.

Die geleisteten Spenden von insgesamt 45 000 DM sind in voller Höhe als Sonderausgaben abziehbar.

Wie zu verfahren ist, wenn eine Personengesellschaft im eigenen Namen Spenden an eine Partei leistet und die einzelnen Gesellschafter darüber hinaus auch unmittelbar dieser Partei Spenden zuwenden, kann als zweifelhaft erscheinen. Im Hinblick auf die einer Personengesellschaft auch einkommensteuerlich in gewissem Umfang zugebilligte Selbständigkeit wird man wohl auch in diesem Fall Spenden von verschiedenen Personen anzunehmen und von einer Zusammenrechnung der von den Gesellschaftern unmittelbar geleisteten Spenden und der ihnen anteilig zuzurechnenden Spenden der Gesellschaft abzusehen haben (vgl. auch Abschn. 112 Abs. 3 Satz 6 EStR).

Sofern die von einer Personengesellschaft im eigenen Namen an eine bestimmte Partei geleisteten Spenden die Grenze von 40 000 DM übersteigen, sind die den Gesellschaftern anteilig zuzurechnenden Spendenbeträge bei diesen allerdings nur abzugsfähig, wenn die Personengesellschaft als Spender im Rechenschaftsbericht der Partei verzeichnet worden ist (vgl. Abschn. 112 Abs. 3 Satz 5 EStR). Dies gilt auch dann, wenn die den einzelnen Gesellschaftern zuzurechnenden Anteile an den von der Gesellschaft geleisteten Spenden die Grenze von 40 000 DM nicht erreichen.

Für die VZ **1984 bis 1988** sind Mitgliedsbeiträge und Spenden an politische Parteien bis zur Höhe von insgesamt 100 000 DM – im Falle der Zusammenveranlagung bis zur Höhe von insgesamt 200 000 DM – im Kalenderjahr als Sonderausgaben abzugsfähig. Dies entspricht der nach dem Ergehen der Entscheidung des BVerfG von der Finanzverwaltung getroffenen Übergangsregelung (BMF, BStBl 1986 I S. 488). Spenden an eine Partei (oder einen oder mehrere ihrer Gebietsverbände), deren Gesamtwert in einem Kalenderjahr 20 000 DM übersteigt, können nur abgezogen werden, wenn sie nach § 25 Abs. 2 des Parteiengesetzes im Rechenschaftsbericht verzeichnet sind (§ 52 Abs. 13 b Satz 2 EStG).

Abweichend von dieser Regelung ist aus Gründen des Vertrauensschutzes für Mitgliedsbeiträge und Spenden an politische Parteien, die **vor** dem **15. 7. 1986,** d. h. vor dem Ergehen der Entscheidung des BVerfG, geleistet worden sind, § 10 b EStG in der bisherigen Fassung anzuwenden, wenn dessen Anwendung zu einer niedrigeren Steuer führt (§ 52 Abs. 13 b Satz 3 EStG).

7.2.4 Sachspenden (§ 10 b Abs. 3 EStG)

Als Ausgabe im Sinne des § 10 b EStG gilt auch die Zuwendung von Wirtschaftsgütern mit Ausnahme von Nutzungen und Leistungen (§ 10 b Abs. 3 Satz 1 EStG). Ist das Wirtschaftsgut unmittelbar vor seiner Zuwendung einem Betriebsvermögen entnommen worden, so darf bei der Ermittlung der Ausgabenhöhe der bei der Entnahme angesetzte Wert nicht überschritten werden (s. dazu § 6 Abs. 1 Nr. 4 Satz 2 EStG). In allen übrigen Fällen bestimmt sich die Höhe der Ausgabe nach dem gemeinen Wert des zugewendeten Wirtschaftsguts (§ 10 b Abs. 2 Sätze 2 und 3 EStG). Die für dessen Schätzung maßgeblichen Faktoren hat der Steuerpflichtige nachzuweisen (BFH, BStBl 1989 II S. 879).

Als Spenden kommen danach nicht nur Zuwendungen von Geld in Betracht, sondern auch sonstige geldwerte Vorteile, sofern der Spender Ausgaben gehabt hat und der Vorteil unmittelbar für den begünstigten Empfänger bestimmt gewesen ist. Nach der Entscheidung des BFH (BStBl 1986 II S. 727) konnten daher vom Steuerpflichtigen im Auftrag des Empfängers für dessen satzungsmäßigen Zwecke erbrachte Aufwendungen (Beförderungskosten) selbst dann als Sonderausgaben abgezogen werden, wenn der Spender gegen den Empfänger keinen entsprechenden Erstattungsanspruch hat, auf den er verzichtet. Diese

Rechtsprechung, die die FinVerw schon bisher nicht über den Einzelfall hinaus angewendet hat (BMF, BStBl 1986 I S. 479), ist vom VZ 1990 an überholt. Nach § 10 b Abs. 3 Satz 4 und 5 EStG sind Aufwendungen zugunsten einer zum Empfang steuerlich abzugsfähiger Zuwendungen berechtigten Körperschaft nur abzugsfähig, wenn ein Anspruch auf die Erstattung der Aufwendungen durch Vertrag oder Satzung eingeräumt und auf die Erstattung verzichtet worden ist. Der Anspruch darf nicht unter der Bedingung des Verzichts eingeräumt worden sein. Zu den Anforderungen an die Spendenbescheinigung s. BFH, BStBl 1990 II S. 570.

7.2.5 Vertrauensschutz (§ 10 b Abs. 4 EStG)

Nach der **bis** zum **VZ 1989** geltenden Rechtslage sind Spenden nur abzugsfähig, wenn sie auch tatsächlich zu begünstigten Zwecken verwendet werden. Die tatsächliche Verwendung der Spendenbeträge muß daher grundsätzlich vom Finanzamt im Einzelfall geprüft werden.

Den sich damit ergebenden praktischen Schwierigkeiten hat die Finanzverwaltung in Abschn. 111 Abs. 7 EStR Rechnung zu tragen versucht. Ist der Empfänger der Spende eine inländische juristische Person des öffentlichen Rechts, eine inländische öffentliche Dienststelle oder ein Spitzenverband der freien Wohlfahrtspflege einschließlich seiner Mitgliedsorganisationen, so kann danach im allgemeinen davon ausgegangen werden, daß die Spenden für steuerbegünstigte Zwecke verwendet werden, wenn ein solcher Verwendungszweck aus der Spendenbescheinigung hervorgeht. Bei Spenden an eine andere inländische Körperschaft muß die zutreffende Verwendung daher in jedem Einzelfall geprüft werden. Nach Abschn. 111 Abs. 7 Satz 3 EStR muß die Verwendung der Spende jedoch nur im Zweifelsfall geprüft werden. Eine Prüfung ist danach insbesondere erforderlich, wenn der Verwendungszweck im Ausland verwirklicht wird.

Stellt sich heraus, daß Spendenbeträge nicht zu einem begünstigten Zweck verwendet worden sind, so ist der Sonderausgabenabzug grundsätzlich zu versagen. Bestandskräftige Veranlagungen sind ggf. nach § 175 Nr. 2 AO zu ändern (BFH, BStBl 1976 II S. 338). Dies gilt auch dann, wenn der Spender hinsichtlich der Verwendung des Spendenbetrags zu einem begünstigten Zweck gutgläubig war. Weder die vom Empfänger ausgestellte Spendenquittung noch die Aufnahme des Empfängers in die Zweite Spendenverordnung, noch dessen Anerkennung als gemeinnützige Organisation können daher einen Vertrauensschutz schaffen; ein solcher kann sich nur aus dem Verhalten des für den Spender zuständigen Finanzamtes oder dem Wissen vorgesetzter Dienststellen und Personen ergeben (BFH, BStBl 1989 II S. 990).

Mit Wirkung vom VZ 1990 an hat der Gesetzgeber durch Anfügung des § 10 b Abs. 4 EStG eine umfassende Vertrauensschutzregelung für den gutgläubigen Spender, verbunden mit einem Haftungstatbestand für den Empfänger, getroffen. Danach darf der Steuerpflichtige auf die Richtigkeit der Bestätigung über Spenden und Mitgliedsbeiträge vertrauen, es sei denn, daß er die Bestätigung durch unlautere Mittel oder falsche Angaben erwirkt hat oder daß ihm die

Unrichtigkeit der Bestätigung bekannt oder infolge grober Fahrlässigkeit nicht bekannt war. Wer vorsätzlich oder grob fahrlässig eine unrichtige Bestätigung ausstellt oder wer veranlaßt, daß Zuwendungen nicht zu den in der Bestätigung angegebenen steuerbegünstigten Zwecken verwendet werden, haftet für die entgangene Steuer. Diese ist mit 40 v. H. des zugewendeten Betrags anzusetzen.

7.3 Sonderausgaben-Pauschbetrag, Vorsorgepauschale (§ 10 c EStG)

7.3.1 Allgemeines

Für Sonderausgaben im Sinne des § 10 Abs. 1 Nrn. 1, 1 a, 4 bis 8 und des § 10 b EStG wird ein **Sonderausgaben-Pauschbetrag** von 108 DM (bis zum VZ 1989: 270 DM) abgezogen, wenn der Stpfl. nicht höhere Aufwendungen nachweist. Für zusammen veranlagte Ehegatten (§ 26 b EStG) verdoppelt sich der Sonderausgaben-Pauschbetrag auf 216 DM (bis zum VZ 1989: 540 DM), § 10 c Abs. 1 EStG.

Bis zum VZ 1989 wird für Vorsorgeaufwendungen im Sinne des § 10 Abs. 1 Nr. 2 und 3 EStG (Versicherungsbeiträge und Bausparbeiträge) ein **Vorsorge-Pauschbetrag** von 300 DM abgezogen, wenn der Stpfl. nicht höhere Aufwendungen nachweist. Für zusammen veranlagte Ehegatten (§ 26 b EStG) verdoppelt sich der Vorsorge-Pauschbetrag auf 600 DM (§ 10 c Abs. 2 und 4 EStG 1987), nicht jedoch für andere Personen, bei denen nach § 32 a Abs. 6 EStG die Splittingtabelle anzuwenden ist. Vom VZ 1990 an wird ein Vorsorge-Pauschbetrag nicht mehr gewährt.

Hat der Steuerpflichtige oder im Falle der Zusammenveranlagung von Ehegatten mindestens einer der Ehegatten Arbeitslohn bezogen, wird für Vorsorgeaufwendungen eine **Vorsorgepauschale** nach Maßgabe des § 10 c Abs. 2 EStG abgezogen. Dabei unterscheidet § 10 c EStG zwischen der allgemeinen Vorsorgepauschale (§ 10 c Abs. 2 Satz 2 EStG) und – für die in Abs. 3 genannten Personen – der gekürzten Vorsorgepauschale. Die Vorsorgepauschale ist jeweils auf den nächsten durch 54 ohne Rest teilbaren vollen DM-Betrag abzurunden, wenn sie nicht bereits durch 54 ohne Rest teilbar ist.

Die Pauschbeträge und Pauschalen des § 10 c EStG sind **Mindestbeträge.** Bei jeder Veranlagung kommt somit mindestens der maßgebliche Sonderausgaben-Pauschbetrag nach § 10 c Abs. 1 EStG und die maßgebliche Vorsorgepauschale nach § 10 c Abs. 2 bis 4 EStG zum Abzug. Die Pauschbeträge und Pauschalen beziehen sich auf den Veranlagungszeitraum und sind daher nicht zu ermäßigen, wenn die persönliche Steuerpflicht nur während eines Teils des Kalenderjahres bestanden hat. Die Pauschbeträge und Pauschalen kommen nur zum Ansatz, wenn die vom Steuerpflichtigen nachgewiesenen Aufwendungen unter Berücksichtigung der Höchstbeträge zu keinem höheren Abzugsbetrag führen.

Weist der Stpfl. höhere Sonderausgaben im Sinne des § 10 Abs. 1 Nrn. 1, 1 a, 4 bis 8 und des § 10 b EStG als den maßgeblichen Sonderausgaben-Pauschbetrag des § 10 c Abs. 1 EStG nach, so sind die tatsächlich nachgewiesenen höheren Sonderausgaben abzuziehen.

Weist der Stpfl. unter Berücksichtigung der Höchstbeträge nach § 10 Abs. 3 EStG höhere abzugsfähige Vorsorgeaufwendungen im Sinne des § 10 Abs. 1 Nr. 2 und 3 EStG als die maßgebliche Vorsorgepauschale des § 10 c Abs. 2 bis 4 EStG nach, so sind die nachgewiesenen höheren Vorsorgeaufwendungen **im Rahmen der Höchstbeträge des § 10 Abs. 3 EStG** abzuziehen.

7.3.2 Sonderausgaben-Pauschbetrag (§ 10 c Abs. 1 EStG)

Für die unbeschränkt abzugsfähigen Sonderausgaben im Sinne des § 10 Abs. 1 Nrn. 1, 1 a, 4 bis 8 und des § 10 b EStG wird ein **Sonderausgaben-Pauschbetrag** von **108 DM** (bis 1989: 270 DM) abgezogen, wenn der Stpfl. nicht höhere Aufwendungen nachweist. Für zusammen veranlagte Ehegatten (§ 26 b EStG) verdoppelt sich der Sonderausgaben-Pauschbetrag auf **216 DM** (bis 1989: 540 DM), § 10 c Abs. 1 EStG. Für andere Personen, bei denen nach § 32 a Abs. 6 EStG die Splitting-Tabelle anzuwenden ist, ist der Sonderausgaben-Pauschbetrag vom VZ 1990 an nicht mehr zu verdoppeln.

> **Beispiele:**
>
> **a)** Ein lediger Stpfl. hat in seiner Steuererklärung für den VZ 1990 Sonderausgaben im Sinne des § 10 Abs. 1 Nrn. 1, 1 a, 4 bis 8 und des § 10 b EStG nicht geltend gemacht.
>
> Bei der Einkommensteuerveranlagung ist für diese Sonderausgaben der Sonderausgaben-Pauschbetrag des § 10 c Abs. 1 EStG mit 108 DM abzuziehen.
>
> **b)** Ehegatten, die die Voraussetzungen des § 26 Abs. 1 Satz 1 EStG erfüllen, werden zusammen zur Einkommensteuer veranlagt. Sonderausgaben im Sinne des § 10 Abs. 1 Nrn. 4 bis 8 und des § 10 b EStG sind wie folgt angefallen: Ehemann 100 DM; Ehefrau 300 DM.
>
> Die Ehegatten erhalten den Sonderausgaben-Pauschbetrag nach § 10 c Abs. 1 Satz 2 EStG in Höhe von 216 DM.
>
> **c)** Eine Ehefrau, deren Ehemann im Jahre 1989 verstorben ist, ist für den Veranlagungszeitraum 1990 unter Anwendung der Splitting Tabelle nach § 32 a Abs. 6 EStG zur Einkommensteuer zu veranlagen.
>
> Der Ehefrau steht nach § 10 c Abs. 1 EStG ein Sonderausgaben-Pauschbetrag in Höhe von 108 DM zu. Eine Verdoppelung erfolgt nicht.

Im Fall der getrennten Veranlagung von Ehegatten steht jedem Ehegatten der Sonderausgaben-Pauschbetrag in Höhe von 108 DM zu. Dasselbe gilt bei der besonderen Veranlagung nach § 26 c EStG.

7.3.3 Vorsorgepauschale (§ 10 c Abs. 2 EStG)

7.3.3.1 Allgemeines

Die bis zum VZ 1989 geltenden Regelungen zur Vorsorgepauschale waren in § 10 c Abs. 3 bis 6 EStG 1987 enthalten. Wegen der Erläuterungen dazu wird auf Nr. 7.3.4 der Vorauflage verwiesen.

Vom **VZ 1990** an sind diese Regelungen in § 10 c Abs. 2 bis 4 EStG neu gefaßt worden. Danach gilt folgendes:

Hat der Steuerpflichtige Arbeitslohn bezogen, wird für Vorsorgeaufwendungen (§ 10 Abs. 1 Nr. 2 und 3 EStG) eine Vorsorgepauschale abgezogen, wenn der Steuerpflichtige nicht Aufwendungen nachweist, die zu einem höheren Abzug führen. Im Fall der Zusammenveranlagung von Ehegatten ist eine Vorsorgepauschale bereits dann abzuziehen, wenn nur einer der Ehegatten Arbeitslohn bezogen hat.

Bei der Ermittlung der Vorsorgepauschale ist nach § 10 c Abs. 2 Satz 2 EStG vom Arbeitslohn auszugehen. **Arbeitslohn** i. S. dieser Vorschrift ist nach § 10 c Abs. 2 Satz 4 EStG der um den Versorgungsfreibetrag nach § 19 Abs. 2 EStG und den Altersentlastungsbetrag (§ 24 a EStG) verminderte Arbeitslohn. Auszugehen ist von dem steuerpflichtigen Arbeitslohn (BFH, BStBl 1983 II S. 475).

Die Verminderung des Arbeitslohns um den Freibetrag nach § 19 Abs. 2 EStG und den Altersentlastungsbetrag wurde erforderlich, weil die vorbezeichneten Beträge nach § 39 b Abs. 2 Satz 2 EStG auch im Lohnsteuerabzugsverfahren vor Anwendung der Lohnsteuertabelle vom Arbeitslohn abzuziehen sind. Im Hinblick auf die Behandlung im Lohnsteuerabzugsverfahren ist der Altersentlastungsbetrag nach § 24 a EStG daher trotz des Wortlauts des § 10 c Abs. 2 Satz 4 EStG nur insoweit vom Arbeitslohn abzuziehen, als er 40 v. H. des steuerpflichtigen Arbeitslohns mit Ausnahme der Versorgungsbezüge i. S. des § 19 Abs. 2 EStG nicht übersteigt (vgl. auch Abschn. 114 Abs. 1 EStR).

Beispiel:

Ein unverheirateter, 65 Jahre alter Steuerpflichtiger hat im Jahre 1990 neben Versorgungsbezügen i. S. des § 19 Abs. 2 EStG in Höhe von 18 000 DM sonstigen Arbeitslohn in Höhe von 6000 DM sowie Einkünfte aus Vermietung und Verpachtung in Höhe von 4000 DM bezogen.

Dem Steuerpflichtigen steht für das Jahr 1990 ein Altersentlastungsbetrag nach § 24 a EStG in Höhe von (40 v. H. von 10 000 DM = 4000 DM, höchstens jedoch) 3720 DM zu.

Die Bemessungsgrundlage für die Vorsorgepauschale ermittelt sich gleichwohl wie folgt:

Steuerpflichtiger Arbeitslohn	24 000 DM
./. Versorgungs-Freibetrag	4 800 DM
./. Altersentlastungsbetrag in Höhe von (40 v. H. von 6000 DM =)	2 400 DM
	16 800 DM

§ 10 c Abs. 2 bis 4 EStG differenziert – wie bisher – zwischen der allgemeinen und der gekürzten Vorsorgepauschale.

7.3.3.2 Die allgemeine Vorsorgepauschale

Bei Alleinstehenden und anderen Personen, bei denen die **Grundtabelle** anzuwenden ist, beträgt die allgemeine Vorsorgepauschale nach § 10 c Abs. 2 Satz 2 EStG **18 v. H.** des Arbeitslohns, jedoch

1. höchstens **4000 DM** abzüglich 12 v. H. des Arbeitslohns zuzüglich

2. höchstens **2340 DM,** soweit der Teilbetrag nach Nr. 1 überschritten wird, zuzüglich

3. höchstens die Hälfte bis zu **1170 DM,** soweit die Teilbeträge nach den Nrn. 1 und 2 überschritten werden.

Die in den Nrn. 2 und 3 des § 10 c Abs. 2 EStG enthaltenen Regelungen sind aus dem bisherigen Recht übernommen; sie entsprechen den zur Höchstbetragsberechnung in § 10 Abs. 3 Nr. 1 und 3 EStG 1987 ergangenen Regelungen des Grundhöchstbetrags und des hälftigen Höchstbetrags. Neu gegenüber der bisherigen Rechtslage ist die Erweiterung in Nr. 1 um den Höchstbetrag von 4000 DM abzüglich 12 v. H. des Arbeitslohns. Im Ergebnis werden damit auch die Vorsorgeaufwendungen in die Berechnung der Vorsorgepauschale einbezogen, für die im Rahmen der Höchstbetragsberechnung ein Vorwegabzug nach § 10 Abs. 3 Nr. 2 EStG vorgenommen werden kann.

Im Fall der **Zusammenveranlagung** von Ehegatten sind die in § 10 c Abs. 2 Nrn. 1 bis 3 EStG genannten Beträge zu verdoppeln (§ 10 c Abs. 4 Satz 1 Nr. 1 EStG). Dasselbe gilt bei Personen, für die die tarifliche Einkommensteuer nach § 32 a Abs. 6 EStG nach dem Splitting-Verfahren zu ermitteln ist. Für diese beiden Personengruppen beträgt die allgemeine Vorsorgepauschale

18 v. H. des Arbeitslohns, jedoch

1. höchstens **8000 DM** abzüglich 12 v. H. des Arbeitslohns zuzüglich
2. höchstens **4680 DM,** soweit der Teilbetrag nach Nr. 1 überschritten wird, zuzüglich
3. höchstens die Hälfte bis **2340 DM,** soweit die Teilbeträge nach den Nrn. 1 und 2 überschritten werden.

Haben im Fall der Zusammenveranlagung beide Ehegatten Arbeitslohn bezogen, ist auf den Arbeitslohn jedes Ehegatten die besondere Ermittlungsregelung des § 10 c Abs. 2 Satz 4 EStG gesondert anzuwenden (§ 10 c Abs. 4 Satz 1 Nr. 2 EStG).

Ein Berechnungsbeispiel enthält Abschn. 114 Abs. 2 EStR.

7.3.3.3 Die gekürzte Vorsorgepauschale

Für bestimmte Personengruppen läßt § 10 c EStG nur eine gekürzte Vorsorgepauschale zum Abzug zu.

Bei den in § 10 c Abs. 3 EStG genannten Arbeitnehmern beträgt die gekürzte Vorsorgepauschale grundsätzlich

18 v. H. des Arbeitslohns, höchstens **2000 DM.**

Zu den in § 10 c Abs. 3 EStG genannten Stpfl. gehören die Arbeitnehmer, die während des ganzen oder eines Teils des Kalenderjahres

1. in der gesetzlichen Rentenversicherung versicherungsfrei oder auf Antrag des Arbeitgebers von der Versicherungspflicht befreit waren und denen für den Fall ihres Ausscheidens aus der Beschäftigung aufgrund des Beschäftigungsverhältnisses eine lebenslängliche Versorgung oder an deren Stelle eine Abfindung zusteht oder die in der gesetzlichen Rentenversicherung nachzuversichern sind oder

2. nicht der gesetzlichen Rentenversicherung unterliegen, eine Berufstätigkeit ausgeübt und im Zusammenhang damit aufgrund vertraglicher Vereinbarungen Anwartschaftsrechte auf eine Altersversorgung ganz oder teilweise ohne eigene Beitragsleistung erworben haben oder

3. Versorgungsbezüge i. S. des § 19 Abs. 2 Nr. 1 EStG erhalten haben oder

4. Altersruhegeld aus der gesetzlichen Rentenversicherung erhalten haben.

Für die Anwendung der Vorschrift des § 10 c Abs. 3 EStG genügt es, daß der Stpfl. nur während eines Teils des Kalenderjahres zu dem vorstehend bezeichneten Personenkreis gehört.

> **Beispiel:**
> A tritt am 31. 10. 1990 in den Ruhestand und bezieht vom 1. 11. 1990 an Altersruhegeld aus der gesetzlichen Rentenversicherung.
> A steht für das Jahr 1990 nur die begrenzte Vorsorgepauschale nach § 10 c Abs. 3 EStG zu.

Die gekürzte Vorsorgepauschale des § 10 c Abs. 3 EStG gilt auch im Falle der getrennten oder besonderen Veranlagung von Ehegatten nach §§ 26 a und 26 c EStG.

Im Fall der **Zusammenveranlagung** von Ehegatten gelten bei der Ermittlung der gekürzten Vorsorgepauschale folgende Besonderheiten:

Wenn im Fall der Zusammenveranlagung nur **ein** Ehegatte Arbeitslohn bezieht und zu den in § 10 c Abs. 3 EStG bezeichneten Personen gehört, beträgt die gekürzte Vorsorgepauschale

18 v. H. des Arbeitslohns, höchstens **4000 DM.**

Dies beruht darauf, daß im Fall der Zusammenveranlagung die DM-Beträge nach § 10 c Abs. 3 EStG zu verdoppeln sind (§ 10 c Abs. 4 Nr. 1 EStG).

Die gekürzte Vorsorgepauschale mit verdoppeltem Höchstbetrag gilt auch bei Personen, die zu dem in § 10 c Abs. 3 EStG bezeichneten Personenkreis gehören, wenn bei ihnen nach § 32 Abs. 6 EStG die Splitting-Tabelle anzuwenden ist (§ 10 c Abs. 4 Satz 3 EStG).

Wenn im Fall der Zusammenveranlagung **beide** Ehegatten Arbeitslohn beziehen und **beide** Ehegatten zu dem in § 10 c Abs. 3 EStG bezeichneten Personenkreis gehören, beträgt die gekürzte Vorsorgepauschale ebenfalls

18 v. H. des Arbeitslohns, höchstens **4000 DM.**

Der Arbeitslohn eines jeden Ehegatten ist dabei gesondert nach § 10 c Abs. 2 Satz 4 EStG zu ermitteln (§ 10 c Abs. 4 Nr. 2 EStG). Die Addition der so ermittelten Arbeitslöhne ergibt die Bemessungsgrundlage.

Ein Berechnungsbeispiel enthält Abschn. 114 Abs. 3 EStR.

Wenn im Fall der Zusammenveranlagung zwar **beide** Ehegatten Arbeitslohn bezogen haben, jedoch nur **ein** Ehegatte zu dem in § 10 c Abs. 3 EStG bezeichneten Personenkreis gehört (sog. **Mischfall**), ist nach § 10 c Abs. 4 Satz 2 EStG die **höhere** Vorsorgepauschale abzuziehen, die sich ergibt, wenn entweder

1. die DM-Beträge nach § 10 c Abs. 2 Nrn. 1 bis 3 EStG verdoppelt und

   der sich für den Ehegatten, der zu dem vorbezeichneten Personenkreis gehört, nach § 10 c Abs. 2 Satz 2 erster Halbsatz EStG ergebende Betrag auf 2000 DM begrenzt wird

   oder

2. der Arbeitslohn des nicht zu dem in § 10 c Abs. 3 EStG bezeichneten Personenkreis gehörenden Ehegatten außer Betracht bleibt; in diesem Fall sind die DM-Beträge nach § 10 c Abs. 2 Nrn. 1 bis 3 EStG nicht zu verdoppeln.

Der **ersten Verfahrensalternative** entspricht folgendes Berechnungsschema: Zunächst sind die Ausgangsbeträge für jeden Ehegatten getrennt zu ermitteln. Sodann ist die Höchstbetragsbegrenzung zu ermitteln. Im einzelnen ist folgende Berechnung durchzuführen:

a) Ermittlung der Ausgangsbeträge

    aa) Ausgangsbetrag für den Ehegatten, der nicht zu dem Personenkreis des § 10 c Abs. 3 EStG gehört:

        18 v. H. des Arbeitslohns dieses Ehegatten.

    bb) Ausgangsbetrag für den Ehegatten, der zu dem Personenkreis des § 10 c Abs. 3 EStG gehört:

        18 v. H. des Arbeitslohns dieses Ehegatten, höchstens 2000 DM.

    cc) Summe der Ausgangsbeträge

b) Höchstbetragsbegrenzung

    aa) Höchstens 8000 DM abzüglich 12 v. H. der Summe der Ausgangsbeträge zuzüglich

    bb) höchstens 4680 DM, soweit der Teilbetrag nach aa) überschritten wird, zuzüglich

    cc) höchstens die Hälfte bis zu 2340 DM, soweit die Teilbeträge nach aa) und bb) überschritten werden.

Der **zweiten Verfahrensalternative** entspricht folgendes Berechnungsschema:

a) Ausgangsbetrag für den Ehegatten, der zu dem Personenkreis des § 10 c Abs. 3 EStG gehört:

    18 v. H. des Arbeitslohns dieses Ehegatten.

    Der Arbeitslohn des anderen Ehegatten bleibt außer Betracht.

b) Höchstbetrag: 4000 DM.

Anzusetzen ist das Ergebnis der Alternative, die zu einem höheren Betrag führt. Dieser Betrag ist auf den nächsten durch 54 ohne Rest teilbaren Betrag abzurunden.

Ein Berechnungsbeispiel enthält Abschn. 114 Abs. 4 EStR.

7.4 Nicht entnommener Gewinn (§ 10 a EStG)

7.4.1 Allgemeines

Die Begünstigung des § 10 a EStG gilt nur für Steuerpflichtige, die aufgrund des Bundesvertriebenengesetzes zur Inanspruchnahme von Rechten und Vergünstigungen berechtigt sind oder aus Gründen der Rasse, Religion, Nationalität, Weltanschauung oder politischer Gegnerschaft gegen den Nationalsozialismus verfolgt worden sind, ihre frühere Erwerbsgrundlage durch die Vertreibung usw. verloren haben und ihre Gewinne aus Land- und Forstwirtschaft, aus Gewerbebetrieb oder aus selbständiger Arbeit nach § 4 Abs. 1 oder nach § 5 EStG ermitteln.

Diese Steuerpflichtigen können auf Antrag bis zu 50 v. H. der Summe der nicht entnommenen Gewinne aus Land- und Forstwirtschaft und Gewerbebetrieb (§ 10 a Abs. 1 EStG) und/oder bis zu 50 v. H. des nicht entnommenen Gewinns aus selbständiger Arbeit (§ 10 a Abs. 3 EStG), höchstens jedoch jeweils 20 000 DM, als Sonderausgaben vom Gesamtbetrag der Einkünfte abziehen. Durch die Freistellung der nicht entnommenen Gewinne von der Einkommensbesteuerung soll eine Stärkung des Betriebskapitals erreicht und auf diese Weise die Eingliederung der begünstigten Personen in das Wirtschaftsleben der Bundesrepublik gefördert werden. Seinem Wesen nach handelt es sich bei diesem Abzug allerdings nicht um eine Sonderausgabe, da der nicht entnommene Gewinn Teil des Betriebsergebnisses bleibt und eine Ausgabe insoweit nicht erfolgt ist (BFH, BStBl 1975 II S. 638).

Die Begünstigung des § 10 a EStG kann allerdings nur für den Veranlagungszeitraum, in dem der Steuerpflichtige im Geltungsbereich des EStG erstmals Einkünfte aus Land- und Forstwirtschaft, Gewerbebetrieb oder selbständiger Arbeit erzielt hat, und für die sieben folgenden Veranlagungszeiträume in Anspruch genommen werden. Nach Ablauf von 20 Veranlagungszeiträumen seit der erstmaligen Begründung eines Wohnsitzes oder gewöhnlichen Aufenthalts im Geltungsbereich des EStG, frühestens jedoch seit dem 1. 1. 1950, ist die Inanspruchnahme dieser Begünstigung überhaupt unzulässig (§ 10 a Abs. 4 EStG).

7.4.2 Die Voraussetzungen der Begünstigung des § 10 a EStG

Die Begünstigung des § 10 a EStG kann nach den vorstehenden Ausführungen nur in Anspruch genommen werden, wenn die folgenden Voraussetzungen vorliegen:

a) Der Steuerpflichtige muß im Veranlagungszeitraum (noch) zu dem begünstigten Personenkreis gehört haben.

Der Kreis der Personen, die aufgrund des Bundesvertriebenengesetzes zur Inanspruchnahme von Rechten und Vergünstigungen berechtigt und die damit nach § 10 a Abs. 1 Nr. 1 EStG (vgl. auch § 7 e EStG) begünstigt sind, ist in § 13 Abs. 1 EStDV näher umschrieben. Die Zugehörigkeit zu einer der begünstigten Personengruppen ist durch Vorlage eines Ausweises i. S. des § 15 des Bundesvertriebenengesetzes bzw. eines Bescheids oder einer sonstigen Mitteilung der Entschädigungsbehörde nachzuweisen.

Die Befugnis zur Inanspruchnahme von Rechten und Vergünstigungen aufgrund des Bundesvertriebenengesetzes kann durch eine Verfügung der zuständigen Verwaltungsbehörde zum Erlöschen gebracht werden, wenn ein Vertriebener oder Flüchtling in einem nach seinen früheren wirtschaftlichen Verhältnissen zumutbaren Maße wieder in das wirtschaftliche und soziale Leben eingegliedert ist. Erlischt die Befugnis im Laufe eines Veranlagungszeitraums, so kann die Begünstigung des § 10 a EStG nach § 13 Abs. 2 EStDV allerdings noch für den gesamten nicht entnommenen Gewinn dieses Veranlagungszeitraums in Anspruch genommen werden.

Im Fall der Zusammenveranlagung von Ehegatten braucht nur einer der beiden Ehegatten zu dem begünstigten Personenkreis zu gehören (§ 62 c Abs. 2 EStDV).

b) Der Steuerpflichtige muß seine frühere Erwerbsgrundlage durch die Vertreibung, Flucht oder Verfolgungsmaßnahmen verloren haben.

Diese Voraussetzung ist nur zu bejahen, wenn der Steuerpflichtige im Zeitpunkt der Vertreibung, Flucht oder Verfolgung eine **eigene** Erwerbsgrundlage besessen und diese durch die Vertreibung, Flucht oder Verfolgung vollständig verloren hat. Zwischen der Vertreibung, Flucht oder Verfolgung und dem Verlust der Erwerbsgrundlage muß also ein ursächlicher Zusammenhang bestehen. An einem solchen Zusammenhang fehlt es z. B. dann, wenn das die Erwerbsgrundlage des Steuerpflichtigen bildende Haus bereits vor der Vertreibung, Flucht oder Verfolgung durch Bomben zerstört war und infolgedessen keine Erträge mehr erbrachte (BFH, BStBl 1969 II S. 500). Behält ein Steuerpflichtiger nach der Vertreibung die im Bundesgebiet befindlichen Teile seines Unternehmens und bilden diese noch eine ausreichende Erwerbsgrundlage, so kann er die Begünstigung des § 10 a EStG nicht in Anspruch nehmen (BFH, BStBl 1964 III S. 73). Ein Jugendlicher, der im Zeitpunkt der Vertreibung, Flucht oder Verfolgung noch nicht Eigentümer (Miteigentümer) eines Betriebs war, hatte noch keine eigene Erwerbsgrundlage. Eine Beteiligung eines Minderjährigen an einer Personengesellschaft kann jedoch auch dann eine Erwerbsgrundlage gewesen sein, wenn die Erträge daraus aufgrund des elterlichen Verwaltungs- und Nutznießungsrechts dem Vater zugeflossen sind (BFH, BStBl 1964 III S. 73). Wirtschaftliche Nachteile durch den Verlust einer Erbanwartschaft oder durch die Unterbrechung der Berufsausbildung bedeuten noch keinen Verlust der Erwerbsgrundlage (BFH, BStBl 1960 III S. 462); s. im einzelnen Abschn. 78 a EStR 1984.

c) Der Steuerpflichtige muß Gewinne aus Land- und Forstwirtschaft, Gewerbebetrieb oder selbständiger Arbeit haben.

d) Die Gewinne müssen durch Bestandsvergleich nach § 4 Abs. 1 bzw. § 5 EStG ermittelt worden sein (§ 45 Abs. 2 EStDV). Eine Gewinnermittlung nach § 4 Abs. 3 EStG genügt nicht.

Hat ein Steuerpflichtiger mehrere Betriebe oder ist er an mehreren Personengesellschaften als Mitunternehmer beteiligt, so müssen grundsätzlich in allen Betrieben die Gewinne nach § 4 Abs. 1 bzw. § 5 EStG ermittelt worden sein. Eine Ausnahme gilt jedoch, wenn der Steuerpflichtige neben Einkünften aus Land- und

Forstwirtschaft oder Gewerbebetrieb auch Einkünfte aus selbständiger Arbeit hat. Der Gewinn aus selbständiger Arbeit ist nach § 10 a Abs. 3 EStG hinsichtlich der Steuerbegünstigung des § 10 a EStG für sich zu behandeln. Die Inanspruchnahme der Steuerbegünstigung des § 10 a EStG für den nicht entnommenen Gewinn aus dem land- und forstwirtschaftlichen oder dem gewerblichen Betrieb hängt also nicht davon ab, ob der Gewinn aus selbständiger Arbeit nach § 4 Abs. 1 EStG ermittelt worden ist oder nicht. Umgekehrt kann der nicht entnommene Gewinn aus selbständiger Arbeit auch dann begünstigt sein, wenn der Gewinn aus Land- und Forstwirtschaft oder Gewerbebetrieb nicht nach § 4 Abs. 1 oder § 5 EStG ermittelt worden ist. Wie die Gewinne aus Betrieben ermittelt werden, deren Inhaber oder Mitinhaber der Ehegatte des Steuerpflichtigen ist, ist für die Anwendung des § 10 a EStG selbst dann ohne Bedeutung, wenn die Ehegatten zusammen veranlagt werden (BFH, BStBl 1976 II S. 378).

Eine Ausnahme von dem Grundsatz, daß die Gewinnermittlung in allen Betrieben eines Steuerpflichtigen nach § 4 Abs. 1 oder § 5 EStG erfolgt sein muß, gilt dann, wenn der nicht nach § 4 Abs. 1 oder § 5 EStG ermittelte Gewinn aus einem Betrieb so gering ist, daß er gegenüber dem Gewinn aus den anderen Betrieben nicht ins Gewicht fällt. In diesem Fall ist der nicht nach § 4 Abs. 1 oder § 5 EStG ermittelte Gewinn allerdings als entnommen zu behandeln (BFH, BStBl 1966 III S. 671, BStBl 1954 III S. 241). Gewinne aus Land- und Forstwirtschaft bleiben darüber hinaus nach § 45 Abs. 2 letzter Satz EStDV bei der Anwendung des § 10 a EStG auf Antrag auch dann außer Betracht, wenn sie nicht nach § 4 Abs. 1 EStG zu ermitteln sind und 3000 DM nicht übersteigen.

e) Es muß ein nicht entnommener Gewinn verbleiben.

Zum Begriff der Entnahmen und Einlagen wird auf die besonderen Ausführungen im Rahmen der Darstellung der Gewinnermittlung verwiesen.

Ob ein nicht entnommener Gewinn verbleibt, ist grundsätzlich ebenfalls für die Gesamtheit der Betriebe eines Steuerpflichtigen zu entscheiden. Der nicht entnommene Gewinn kann also grundsätzlich nicht für jeden Betrieb gesondert errechnet werden. Eine Ausnahme gilt nach § 10 a Abs. 3 EStG lediglich für den Gewinn aus selbständiger Arbeit.

Auch bei zusammen veranlagten Ehegatten ist nicht auf die Summe der nicht entnommenen Gewinne aus allen land- und forstwirtschaftlichen Betrieben und Gewerbebetrieben beider Ehegatten bzw. auf die Summe der nicht entnommenen Gewinne beider Ehegatten aus selbständiger Arbeit abzustellen.

f) Seit der erstmaligen Erzielung von – positiven oder negativen – Einkünften aus Land- und Forstwirtschaft, Gewerbebetrieb oder selbständiger Arbeit im Geltungsbereich des EStG dürfen noch nicht acht Veranlagungszeiträume vergangen sein.

Beispiel:

Ein Steuerpflichtiger ist 1970 als Flüchtling in die Bundesrepublik gekommen. Er war zunächst als Angestellter tätig und hat im April 1981 eine selbständige gewerbliche Tätigkeit aufgenommen, aus der er in den Jahren 1981 und 1982 lediglich Verluste hatte.

Vom Veranlagungszeitraum 1989 an kann der Steuerpflichtige die Begünstigung des § 10 a EStG nicht mehr in Anspruch nehmen, obwohl er erstmals im Jahre 1983 positive Einkünfte aus Gewerbebetrieb erzielt hat.

Der Achtjahreszeitraum beginnt selbst dann, wenn in einem Veranlagungszeitraum lediglich Anlauf- oder Vorbereitungskosten vor Betriebseröffnung angefallen sind (BFH, BStBl 1977 II S. 869).

g) Schließlich ist die Inanspruchnahme der Steuerbegünstigung nur zulässig, wenn der Steuerpflichtige seinen Wohnsitz oder gewöhnlichen Aufenthalt im Geltungsbereich dieses Gesetzes vor dem 1. 1. 1990 begründet hat und seit der erstmaligen Begründung nicht mehr als zwanzig Veranlagungszeiträume abgelaufen sind; sie ist letztmalig zulässig für den Veranlagungszeitraum 1992.

Im Fall der Zusammenveranlagung von Ehegatten kann jeder Ehegatte, der die Voraussetzungen des § 45 Abs. 2 EStDV erfüllt, die Steuerbegünstigung des nicht entnommenen Gewinns nach § 62 c Abs. 2 Satz 2 EStDV bis zum Höchstbetrag von 20 000 DM in Anspruch nehmen.

Beispiel:

Der Steuerpflichtige A hat im Jahre 1989 in seinem Gewerbebetrieb einen nicht entnommenen Gewinn von 50 000 DM erzielt, während seine mit ihm zusammen zu veranlagende Ehefrau B die auf das Jahr 1989 entfallenden Gewinne aus ihrem land- und forstwirtschaftlichen Betrieb in Höhe von 15 000 DM nicht entnommen hat.

Die Ehegatten können 20 000 DM (50 v. H. von 50 000 DM, höchstens aber 20 000 DM) und (50 v. H. von 15 000 DM =) 7500 DM als Sonderausgaben vom Gesamtbetrag der Einkünfte abziehen.

7.4.3 Nachversteuerung

Ergeben sich in einem der auf die Inanspruchnahme der Steuerbegünstigung des § 10 a EStG folgenden **drei** Jahre Mehrentnahmen, d. h., sind die Entnahmen höher als der erzielte Gewinn eines Wirtschaftsjahres, so ist der übersteigende Betrag (die Mehrentnahme) dem Einkommen im Jahr der Mehrentnahme zum Zweck der Nachversteuerung hinzuzurechnen (§ 10 a Abs. 2 EStG).

Zur Überwachung der Nachversteuerung ist der als steuerbegünstigt in Anspruch genommene Teil der Summe der Gewinne bei der Veranlagung besonders festzustellen (§ 10 a Abs. 1 letzter Satz EStG). Diese besondere Feststellung braucht nicht in einem zeitlichen Zusammenhang mit der entsprechenden Veranlagung zu stehen. Sie kann daher in Ergänzung des Steuerbescheides auch noch zu einem späteren Zeitpunkt erfolgen (BFH, BStBl 1973 II S. 387).

Durch die drohende Nachversteuerung soll der Steuerpflichtige veranlaßt werden, den nicht entnommenen Gewinn möglichst lange im Betrieb zu lassen und nicht alsbald doch noch zu entnehmen.

Bei der Prüfung, ob die Entnahmen die Gewinne übersteigen, ist auf die Summe der Gewinne und die Summe der Entnahmen aus allen land- und forstwirtschaftlichen Betrieben und Gewerbebetrieben eines Steuerpflichtigen abzustellen (§ 46 Abs. 4 EStDV). Bei Einkünften aus selbständiger Arbeit ist die Feststellung von Mehrentnahmen unabhängig von der Höhe der Gewinne und Entnahmen aus etwaigen land- und forstwirtschaftlichen Betrieben oder Gewerbebetrieben der Steuerpflichtigen zu treffen.

Bei zusammen veranlagten Ehegatten ist nicht auf die Mehrentnahmen in sämtlichen land- und forstwirtschaftlichen Betrieben und Gewerbebetrieben beider Ehegatten bzw. auf die Mehrentnahmen aus dem der selbständigen Arbeit dienenden Vermögen beider Ehegatten abzustellen.

Soweit die Entnahmen eines Ehegatten die von ihm erzielten Gewinne übersteigen, ist eine Nachversteuerung bei zusammen veranlagten Ehegatten nach § 62 c Abs. 2 EStDV auch insoweit durchzuführen, als bei einem Ehegatten ein besonders festgestellter Betrag für Veranlagungszeiträume vorhanden ist, in denen die Ehegatten getrennt veranlagt worden sind.

Als Entnahmen gelten nach § 46 Abs. 5 EStDV – ohne Rücksicht auf die Verwendung etwa anfallender Erlöse (vgl. dazu BFH, BStBl 1968 II S. 93) – auch die Veräußerung des Betriebs im ganzen, die Veräußerung von Anteilen an einem Betrieb sowie die Aufgabe des Betriebes. Beträge, die zur Zahlung der auf Betriebsvermögen entfallenden Abgaben nach dem Lastenausgleichsgesetz verwendet wurden, sind nicht als Entnahmen zu behandeln (§ 10 a Abs. 1 Satz 2 EStG).

Soweit Entnahmen zur Zahlung von Erbschaftsteuer verwendet werden oder soweit sich Entnahmen durch Veräußerung des Betriebs ergeben, gelten sie vom VZ 1990 an zum Zweck der Nachversteuerung als außerordentliche Einkünfte i. S. des § 34 Abs. 1 EStG. Das gilt nicht für die Veräußerung eines Teilbetriebs und im Falle der Umwandlung in eine Kapitalgesellschaft. Auf Antrag des Steuerpflichtigen ist eine Nachversteuerung auch dann vorzunehmen, wenn in dem in Betracht kommenden Jahr eine Mehrentnahme nicht vorliegt (§ 10 a Abs. 2 Satz 4 EStG).

7.5 Verlustabzug (§ 10 d EStG)

7.5.1 Allgemeines

Verluste sind, wie sich aus § 10 d Abs. 1 Satz 1 EStG ergibt, negative Einkünfte aus allen Einkunftsarten des § 2 Abs. 1 EStG. Um die Bedeutung des Abzugs dieser Verluste zu erfassen, muß man auf das System der Einkommensbesteuerung zurückgreifen. Gemäß § 25 Abs. 1 EStG wird die Einkommensteuer nach Ablauf des Kalenderjahres nach dem Einkommen veranlagt, das der Steuerpflichtige in diesem Veranlagungszeitraum bezogen hat. Diese auch Periodenbesteuerung genannte Abschnittsbesteuerung geschieht aus Gründen der Praktikabilität. Sie hat zur Voraussetzung, daß die Besteuerungsgrundlagen ebenfalls grundsätzlich für ein Kalenderjahr zu ermitteln sind (§ 2 Abs. 7 EStG). Die Abschnittsbesteuerung kann zu Härten führen. Um sie zu mildern, durften bereits seit langem Verluste aus Land- und Forstwirtschaft, Gewerbebetrieb und selbständiger Arbeit eines Veranlagungszeitraums, soweit sie nicht mit positiven Einkünften des gleichen Zeitraums ausgeglichen werden konnten (§ 2 Abs. 3 EStG), unter bestimmten Voraussetzungen in den auf das Verlustjahr folgenden Jahren wie Sonderausgaben vom Gesamtbetrag der Einkünfte abgezogen werden. Diese Regelung hatte jedoch den Nachteil, daß eine durch den Verlustabzug bewirkte Steuerminderung erst eintrat, wenn der Steuerpflichtige positive Einkünfte erzielt und damit möglicherweise die durch den Verlust bedingten wirtschaftlichen Schwierigkeiten überwunden hatte. Der nach geltendem Recht vorgesehene Verlustrücktrag, der sich allerdings auf das zweite und erste Jahr vor Eintritt des Verlustes und auf einen Verlusthöchstbetrag beschränkt, führt hingegen zu einer alsbaldigen Steuererstattung bzw. Steuerbefreiung und damit zu einer Liquiditätsverbesserung zu einer Zeit, in der sie der Steuerpflichtige am dringendsten benötigt. Darüber hinaus kann der durch Verlustrücktrag nicht voll verrechnete Verlust mit positiven Einkünften der folgenden Veranlagungszeiträume verrechnet werden (Verlustvortrag). Verlustrücktrag und Verlustvortrag sind nicht mehr auf bestimmte Einkunftsarten beschränkt, sondern grundsätzlich für sämtliche Einkunftsarten vorgesehen.

7.5.2 Grundzüge des Verlustabzugs

7.5.2.1 Verluste, die bei der Ermittlung des Gesamtbetrags der Einkünfte nicht ausgeglichen werden

Für den Verlustabzug nach § 10 d EStG kommen nur Verluste in Betracht, die bei der Ermittlung des Gesamtbetrags der Einkünfte nicht ausgeglichen werden. Die Bedeutung des Verlustabzugs setzt also die Kenntnis über den sog. Verlustausgleich voraus. Die Summe der Einkünfte im Sinne von § 2 Abs. 3 EStG ist die Summe der Einkünfte aus Einkunftsarten, vermehrt um den nach § 10 a EStG nachzuversteuernden Betrag und vermindert um die nach § 2 a Abs. 3 und 4 EStG (bis VZ 1989 § 2 Abs. 1 Satz 1 und 3 AIG) abzugsfähigen Verluste bzw. vermehrt um die danach anzusetzenden Hinzurechnungsbeträge.

Die Summe der Einkünfte aus Einkunftsarten stellt die für einen Veranlagungszeitraum zusammengerechneten Einkünfte der verschiedenen Einkunftsarten dar, die der Steuerpflichtige in diesem Veranlagungszeitraum bezogen hat. Summe der Einkünfte ist die Summe der positiven und negativen Einkünfte. Haben sich bei einem Steuerpflichtigen in einem Kalenderjahr neben positiven Einkünften auch negative Einkünfte ergeben, so sind die negativen Einkünfte grundsätzlich mit den positiven Einkünften zu verrechnen. Diese Verlustverrechnung wird auch Verlustausgleich genannt. Praktisch ergibt sich die Summe der Einkünfte als das rechnerische Ergebnis der in einer Veranlagung erfaßten Einkünfte. Die unter den einzelnen Einkunftsarten nicht aufgenommenen Nachversteuerungsbeträge im Sinne des § 10 a EStG werden in den Verlustausgleich einbezogen (Abschn. 3 EStR).

Beispiele:

a)
Einkünfte aus Gewerbebetrieb	+ 56 000 DM
Einkünfte aus Kapitalvermögen	+ 12 000 DM
Einkünfte aus Vermietung und Verpachtung	∕. 8 000 DM
Summe der Einkünfte	+ 60 000 DM

b) Ein Stpfl. erzielte in einem VZ einen gewerblichen Verlust in Höhe von 80 000 DM und einen Vermietungsüberschuß in Höhe von 12 000 DM. Ferner hat er einen Betrag von 10 000 DM nach § 10 a EStG nachzuversteuern.

Der gewerbliche Verlust in Höhe von 80 000 DM wird mit den Vermietungseinkünften in Höhe von 12 000 DM und dem nachzuversteuernden Bertrag von 10 000 DM ausgeglichen. Damit verbleibt ein nicht zum Ausgleich gekommener gewerblicher Verlust in Höhe von 58 000 DM.

Vor dem Verlustausgleich sind im Rahmen der Ermittlung der Einkünfte der einzelnen Einkunftsarten positive und negative Ergebnisse innerhalb der einzelnen Einkunftsarten zu verrechnen (BFH, BStBl 1975 II S. 698, 1980 II S. 406).

Beispiel:

X erzielt in einem VZ aus seinem Gewerbebetrieb einen Verlust von 80 000 DM und aus seiner Beteiligung an einer OHG einen gewerblichen Gewinn von 40 000 DM. Außerdem hat er einen Überschuß aus Vermietung und Verpachtung von 50 000 DM.

Der Verlust aus Gewerbebetrieb von 80 000 DM ist zunächst mit dem Gewinn aus Gewerbebetrieb von 40 000 DM zu verrechnen, so daß noch ein Verlust aus Gewerbebetrieb von 40 000 DM verbleibt. Dieser ist mit dem Überschuß aus Vermietung und Verpachtung von 50 000 DM auszugleichen, so daß positive Einkünfte aus Vermietung und Verpachtung von 10 000 DM verbleiben. Würde, was nicht zulässig ist, zunächst der Verlust aus Gewerbebetrieb mit dem Überschuß aus Vermietung und Verpachtung ausgeglichen, so wäre ein Gewinn aus Gewerbebetrieb von 10 000 DM anzusetzen.

An der Verlustverrechnung innerhalb einer Einkunftsart und am Verlustausgleich nimmt der steuerfreie Veräußerungsgewinn nach §§ 14, 14 a Abs. 1 bis 4, § 16 Abs. 4, § 17 Abs. 3 und § 18 Abs. 3 EStG nicht teil (so für den steuerfreien Veräußerungsgewinn nach § 16 Abs. 4 EStG, BFH, BStBl 1976 II S. 360), da die genannten Regelungen sachliche Steuerbefreiungen enthalten.

Beispiel:

A hat Einkünfte aus Vermietung und Verpachtung in Höhe von 9000 DM, einen laufenden Verlust aus Gewerbebetrieb von 7000 DM und einen nach § 16 Abs. 4 EStG steuerfreien Veräußerungsgewinn in Höhe von 20 000 DM.

Der Verlust aus Gewerbebetrieb von 7000 DM wird nicht mit dem steuerfreien Veräußerungsgewinn von 20 000 DM verrechnet. Vielmehr findet ein Ausgleich dieses Verlustes mit den positiven Einkünften aus Vermietung und Verpachtung von 9000 DM statt, so daß die Summe der Einkünfte 2000 DM zuzüglich 20 000 DM steuerfreie Einkünfte beträgt.

Der Verlustausgleich kann nicht nur von dem Steuerpflichtigen in Anspruch genommen werden, der den Verlust erlitten hat. Auch der Erbe kann den vom Erblasser mangels positiver Einkünfte nicht ausgeschöpften Verlustausgleich bei seiner Einkommensteuerveranlagung für das Jahr des Erbfalls geltend machen (BFH, BStBl 1972 II S. 621).

Beispiel:

E hat im Jahre 01 bis zu seinem Tode am 31. 5. einen Verlust aus Gewerbebetrieb in Höhe von 35 000 DM erlitten. Andere Einkünfte hat er nicht bezogen. E wird von S beerbt. S hat in demselben Jahr Einkünfte aus nichtselbständiger Arbeit von 25 000 DM. Er kann diese positiven Einkünfte mit den ererbten negativen Einkünften bis zur Höhe von 25 000 DM ausgleichen (BFH, BStBl 1962 III S. 386). Dies gilt nur, soweit nicht der Erblasser den Verlust wie eine Sonderausgabe für das zweite und erste Jahr vor der Verlustentstehung abzuziehen hat. Der weder vom Erblasser durch Verlustrücktrag noch vom Erben durch Verlustausgleich verbrauchte Verlust ist für den Erben nach § 10 d EStG abzugsfähig.

Nicht alle Verluste, die sich bei einem Steuerpflichtigen ergeben haben, sind verrechnungs- bzw. ausgleichsfähig. Diese Einschränkung begründet sich zum Teil aus der Art der Verluste, aber auch aus bestimmten Vorschriften des Einkommensteuergesetzes. Hierzu rechnen:

a) Verluste bei den in § 49 EStG bezeichneten Einkünften, die in der DDR und in Berlin (Ost) erzielt wurden (§ 3 Nr. 63 EStG);

b) Verluste aus Ertragsquellen, die unter keine Einkunftsart fallen, z. B. aus Liebhaberei, und Ausgaben, die mit steuerfreien Einnahmen in unmittelbarem Zusammenhang stehen (§ 3 c EStG);

c) Verluste aus Häusern, die nach § 21 a EStG a. F. nicht berücksichtigt werden können und Verluste aus eigengenutzten Wohnungen, wenn deren Nutzungswert nicht mehr zu den Einkünften rechnet (s. dazu 5.10.3.1);

d) Verluste aus Einkünften, die nach zwischenstaatlichen Vereinbarungen bei der Besteuerung im Inland außer Betracht bleiben (BFH, BStBl 1970 II S. 569). Jedoch wird in § 2 a Abs. 3 und 4 EStG[1] eine Berücksichtigung der Verluste ausländischer Betriebsstätten in beschränktem Umfang für den Fall zugelassen, daß mit dem Belegenheitsstaat ein Doppelbesteuerungsabkommen besteht (s. 7.5.3.2.7).

e) Verluste, für die die gesetzlichen Verlustausgleichsbeschränkungen der Vorschriften der § 2 a Abs. 1 und 2, § 22 Nr. 3, § 23 Abs. 4, § 50 Abs. 2 EStG gelten; dabei fallen Verluste aus der Veräußerung einer wesentlichen Beteiligung gemäß § 17 EStG, wenn das Veräußerungsgeschäft gleichzeitig ein Spekulationsgeschäft i. S. von § 23 EStG ist, unter die Verlustausgleichsbeschränkung des § 23 Abs. 4 EStG (BFH, BStBl 1974 II S. 706);

f) Verluste aus gewerblicher Tierzucht.

Nach § 15 Abs. 4 EStG dürfen Verluste aus gewerblicher Tierzucht oder gewerblicher Tierhaltung nicht mit anderen Einkünften aus Gewerbebetrieb oder mit Einkünften anderer Einkunftsarten ausgeglichen werden. Verluste aus gewerblicher Tierzucht oder gewerblicher Tierhaltung dürfen danach nicht mit anderen Einkünften aus Gewerbebetrieb oder mit Einkünften aus anderen Einkunftsarten ausgeglichen werden. Dabei macht es keinen Unterschied, ob die anderen Einkünfte dem Steuerpflichtigen selbst oder dem mit diesem zusammen veranlagten Ehegatten zuzurechnen sind. Verluste aus gewerblicher Tierzucht oder gewerblicher Tierhaltung des einen Ehegatten können jedoch bei der Zusammenveranlagung von Ehegatten durchaus mit Gewinnen des anderen Ehegatten aus gewerblicher Tierzucht oder gewerblicher Tierhaltung ausgeglichen werden (vgl. BFH, BStBl 1989 II S. 787). Auch können Gewinne und Verluste aus gewerblicher Tierzucht oder gewerblicher Tierhaltung in mehreren selbständigen Betrieben im Jahr der Entstehung miteinander bis zum Betrag von 0 DM

---

1 Bis zum Veranlagungszeitraum 1989 gilt die entsprechende Regelung in § 2 des Auslandsinvestitionsgesetzes.

verrechnet werden. Gewerbliche Tierzucht oder Tierhaltung im Sinne des § 15 Abs. 4 EStG ist eine solche, bei der nach § 13 EStG keine Futtergrundlage zur Verfügung steht (BFH, BStBl 1983 II S. 36). Verluste sind sämtliche Verluste und nicht etwa nur sog. Buchverluste aus Abschreibungen (BFH, BStBl 1981 II S. 359). Wegen der Verluste aus Tierzucht und Tierhaltung einer Personengesellschaft s. Abschn. 138 c Abs. 1 EStR.

g) Verluste bei beschränkt haftenden Personengesellschaftern und ihnen gleichgestellten Personen (gemäß § 15 a EStG).

Diese nicht ausgleichsfähigen Verluste sind auch nicht abzugsfähig (s. 7.5.3.2).

7.5.2.2 Verlustabzug als Verlustrücktrag und Verlustvortrag

Nach § 10 d Abs. 1 EStG sind Verluste, die bei der Ermittlung des Gesamtbetrags der Einkünfte nicht ausgeglichen werden, wie Sonderausgaben vom Gesamtbetrag der Einkünfte des zweiten vorangegangenen Veranlagungszeitraums abzuziehen. Dieser Verlustrücktrag ist auf 10 Mio. DM beschränkt. Soweit danach ein Abzug nicht möglich ist, sind die Verluste vom Gesamtbetrag der Einkünfte des ersten dem Verlustjahr vorangegangenen Veranlagungszeitraums abzuziehen. Soweit die nicht ausgeglichenen Verluste den Betrag von 10 Mio. DM übersteigen oder ein Verlustrücktrag in der vorgenannten Weise nicht möglich ist, sind diese in den folgenden Veranlagungszeiträumen vom Gesamtbetrag der Einkünfte abzuziehen; der Abzug ist nur insoweit zulässig, als die Verluste in den vorangegangenen Veranlagungszeiträumen nicht abgezogen werden konnten.

Beispiel:

X hat im Veranlagungszeitraum 03 einen bei der Ermittlung des Gesamtbetrags der Einkünfte nicht ausgeglichenen Verlust von 100 000 DM erwirtschaftet. Der Gesamtbetrag der Einkünfte für 01 beträgt 40 000 DM, für 02 20 000 DM; die Sonderausgaben (ohne Verlustrücktrag) belaufen sich für diese Jahre auf je 10 000 DM.

Von dem Verlust sind zunächst 30 000 DM als Verlustrücktrag für 01 anzusetzen, sodann 10 000 DM als Verlustrücktrag für 02. Der verbleibende Verlust von 60 000 DM ist als Verlustvortrag zu berücksichtigen.

Dieser zeitlich unbeschränkte Verlustvortrag gilt nur für Verluste, die 1985 und später entstanden sind, und zwar für den Abzug ab VZ 1990 (§ 10 d Abs. 1, § 52 Abs. 13 c EStG). Für andere Verluste bzw. andere VZ ist der Verlustvortrag auf fünf Jahre beschränkt.

Der Verlustrücktrag und der Verlustvortrag sind zwingend vorgeschrieben; sie setzen keinen Antrag des Steuerpflichtigen voraus, sondern sind von Amts wegen zu berücksichtigen. Ein Verlustvortrag kommt nur in Betracht, soweit ein Verlustrücktrag nicht zulässig ist; der Verlustvortrag ist jeweils in dem zunächst folgenden Veranlagungszeitraum in der gesetzlich vorgesehenen Höhe zu berücksichtigen.

Beispiel:

B hat 06 einen nicht ausgeglichenen Verlust von 200 000 DM erlitten. In 05 würde sein Einkommen ohne Berücksichtigung des Verlustrücktrags 100 000 DM, in 07 50 000 DM und in 08 30 000 DM betragen. In 04 hatte B keine Einkünfte. Der Verlust von 200 000 DM ist zunächst in Höhe von 100 000 DM in 05 zu verrechnen.

Von den verbleibenden 100 000 DM sind 50 000 DM in 07 und 30 000 DM in 08 abzuziehen. Die restlichen 20 000 DM Verlust kommen für einen Verlustabzug der Jahre 09 ff. in Betracht.

Der Verlustrücktrag – nicht der Verlustvortrag – ist auf einen nicht ausgeglichenen Verlust von 10 Mio. DM begrenzt. Das bedeutet, daß in Fällen, in denen der nicht ausgeglichene Verlust mehr als 10 Mio. DM beträgt, für den diese Grenze übersteigenden Verlust nur der Verlustvortrag in Betracht kommt.

Beispiel:
C hatte 06 ohne Berücksichtigung des Verlustrücktrags ein positives Einkommen von 8 Mio. DM, 05 von 4 Mio. DM erzielt; 07 hat er einen nicht ausgeglichenen Verlust von 16 Mio. DM erlitten. Hiervon können nur 10 Mio. DM zurückgetragen werden. Der restliche Verlust von 6 Mio. DM ist nur vortragsfähig.

Die Begrenzung des Verlustrücktrags bezieht sich auf den einzelnen Steuerpflichtigen und gilt für beide Rücktragsjahre insgesamt (rücktragsfähig also insgesamt 10 Mio. DM). Bei Personengesellschaften bezieht sich die Grenze auf jeden einzelnen Gesellschafter, weil nur dieser einkommensteuerpflichtig ist und der Verlustrücktrag bei seiner Einkommensteuerveranlagung zu berücksichtigen ist (Abschn. 115 Abs. 4 EStR).

Im Falle des Konkurses ist es für den Verlustabzug ohne Bedeutung, daß es allgemein als fraglich erscheint, ob der Gemeinschuldner seine Gläubiger tatsächlich befriedigen wird und daher die Verluste auch wirtschaftlich trägt. Etwas anderes gilt, wenn feststeht, daß der Gemeinschuldner seine Schulden nicht mehr bezahlt (BFH, BStBl 1969 II S. 726).

7.5.3 Die Voraussetzungen des Verlustabzugs im einzelnen

7.5.3.1 Persönlicher Geltungsbereich

7.5.3.1.1 Verlustabzug bei unbeschränkt und beschränkt steuerpflichtigen natürlichen Personen

§ 10 d EStG gilt unmittelbar nur für unbeschränkt steuerpflichtige natürliche Personen.

Nach § 50 Abs. 1 Satz 3 EStG ist § 10 d EStG für beschränkt Steuerpflichtige nur anzuwenden, wenn Verluste im wirtschaftlichen Zusammenhang mit inländischen Einkünften stehen und sich aus Unterlagen ergeben, die im Inland aufbewahrt werden. Bei Buchführungspflichtigen bedeutet dies, daß die Bücher im Inland geführt (§ 146 Abs. 2 AO) und aufbewahrt werden müssen. Für die Berücksichtigung eines Verlustes aus Vermietung und Verpachtung dürfte es zumindest erforderlich sein, Belege über die Einnahmen und Ausgaben im Inland aufzubewahren.

Nach § 50 Abs. 2 EStG wird bei bestimmten Einkünften beschränkt Steuerpflichtiger ein Verlustausgleich ausgeschlossen. Ergänzend wird bestimmt, daß insoweit auch ein Verlustabzug nach § 10 d EStG unterbleibt.

Sofern danach für den Fall der beschränkten Steuerpflicht ein Verlustabzug nicht ausgeschlossen ist, wirkt sich der Wechsel von der unbeschränkten zur beschränkten Steuerpflicht für die Anwendung des § 10 d EStG nicht aus.

7.5.3.1.2 Verlustabzug bei Ehegatten

Der Verlustabzug steht auch bei Ehegatten grundsätzlich demjenigen zu, der den Verlust erlitten hat. Bei der getrennten Veranlagung von Ehegatten ist der Verlustabzug auch für Verluste derjenigen Veranlagungszeiträume vorzunehmen, in denen die Ehegatten zusammen veranlagt worden sind, jedoch nur für die vom jeweiligen Ehegatten selbst erlittenen Verluste (§ 62 d Abs. 1 EStDV). Hier gilt die Betragsgrenze für den Verlustrücktrag bei jedem getrennt veranlagten Ehegatten. Bei der Zusammenveranlagung von Ehegatten ist der Verlustabzug auch für Verluste derjenigen Veranlagungszeiträume zu berücksichtigen, in denen die Ehegatten getrennt veranlagt worden sind. Liegen bei beiden Ehegatten nichtausgeglichene Verluste vor, so ist der Verlustrücktrag bei jedem Ehegatten bis zur betragsmäßigen Höchstgrenze vorzunehmen (§ 62 d Abs. 2 EStDV). Diese Grundsätze gelten auch für die Fälle des Wechselns zwischen Einzelveranlagung und Zusammenveranlagung bzw. umgekehrt. Danach ist z. B. der im Jahr der Einzelveranlagung entstandene Verlust als Verlustrücktrag nach § 10 d EStG bei der Zusammenveranlagung in dem zweiten dem Verlustentstehungsjahr vorangegangenen Veranlagungszeitraum zu berücksichtigen. Der Verlustabzug ist dann vom Gesamtbetrag der Einkünfte beider Ehegatten vorzunehmen.

7.5.3.1.3 Verlustabzug in Fällen der Rechtsnachfolge

Der Verlustabzug kann nicht durch Rechtsgeschäfte unter Lebenden (z. B. durch Kauf oder Schenkung) oder durch übertragende Umwandlung auf einen anderen übergehen (BFH, BStBl 1964 III S. 306). Als Ausnahme von der Regel, daß der Verlustabzug demjenigen zusteht, der den Verlust erlitten hat, können die Erben einen in der Person des Erblassers entstandenen und nach § 10 d EStG abzugsfähigen Verlust abziehen, soweit der Erblasser den Verlust noch hätte geltend machen können und soweit der Erbe ihn nicht bereits im Jahr der Entstehung des Verlustes mit positiven Einkünften nach § 2 Abs. 3 EStG ausgleichen konnte (BFH, BStBl 1962 III S. 386, 1972 II S. 621). Die vorgenannte Ausnahme wird damit gerechtfertigt, daß der Erbe in die Rechtsstellung des Erblassers eintritt.

Die vorgenannten Grundsätze führen dazu, daß der beim Erblasser nicht ausgeglichene Verlust zunächst zum Verlustrücktrag bei diesem herangezogen werden muß. Wird er dort nicht verbraucht, muß er für den Verlustausgleich beim Erben verwendet werden. Ein dann noch verbleibender Betrag ist als Verlustrücktrag beim Erben anzusetzen und kommt erst danach für den Verlustvortrag beim Erben in Betracht.

Beispiel:

A stirbt am 30. 10. 03 und wird von B beerbt. A hat für 03 einen nicht ausgeglichenen Verlust von 200 000 DM. Dieser ist zunächst mit 30 000 DM bei der Ermittlung des Einkommens des A für 01 und mit 20 000 DM für 02 abzuziehen (Verlustrücktrag beim Erblasser).

B hat in 03 eigene positive Einkünfte von 100 000 DM erzielt. Der nicht verbrauchte Verlust des A ist in Höhe von 100 000 DM mit den positiven Einkünften des B auszugleichen (Verlustausgleich beim Erben). Der Rest von 50 000 DM kommt sodann bei der Ermittlung des Einkommens des B für 01 und 02 als Verlustrücktrag in Betracht. Erst wenn dann noch ein nicht verbrauchter Rest verbleibt, ist dieser in 04 ff. als Verlustvortrag bei B zu berücksichtigen.

Sind mehrere Erben vorhanden, so gelten die vorbeschriebenen Regelungen mit der Maßgabe, daß die Verluste des Erblassers nach dem Verhältnis der Erbteile bei den einzelnen Erben auszugleichen und abzuziehen sind (so auch Abschn. 115 Abs. 1 EStR).

Tabellarische Übersicht über den Verlustabzug bei Wechsel der Veranlagungsart bei Ehegatten[2]

Veranlagung		Verlust entstanden bei . . . (E1 und E2 = Ehegatten)	Verlust abzuziehen von . . . (GdE = Gesamtbetrag der Einkünfte
im Verlustentstehungsjahr	im Verlustabzugsjahr		
EinzelVA oder getrennte VA	EinzelVA oder getrennte VA	1. allein bei E1 2. bei E1 und bei E2	1. von GdE des E1 2. Verlust des E1 von GdE des E1; Verlust des E2 von GdE des E2
EinzelVA oder getrennte VA	ZusammenVA	1. allein bei E1 2. bei E1 und bei E2	1. von gemeinsamen (§ 26 b) GdE des E1 und des E2 2. von gemeinsamen (§ 26 b) GdE des E1 und des E2
ZusammenVA	EinzelVA oder getrennte VA	1. allein bei E1 2. bei E1 und bei E2: Aufteilung des abziehbaren Verlusts auf E1 und E2 im Verhältnis der Einzelverluste zur Summe dieser Verluste	1. von GdE des E1 2. Verlustanteil des E1 von GdE des E1; Verlustanteil des E2 von GdE des E2 **Hinweis:** Aufteilung des abziehbaren Verlustbetrags auf E1 und E2 im Verhältnis der bei E1 und E2 noch vorhandenen abziehbaren Verluste zur Summe dieser Verluste
ZusammenVA	ZusammenVA	1. allein bei E1 2. bei E1 und bei E2	1. von gemeinsamen (§ 26 b) GdE des E1 und des E2 2. von gemeinsamen (§ 26 b) GdE des E1 und des E2

2 aus Herrmann/Heuer/Raupach, § 10 d EStG Anm. 110.

7.5.3.2 Zum Abzug geeignete Verluste

7.5.3.2.1 Verluste aus den sieben Einkunftsarten

Das Gesetz sagt nichts Konkretes darüber aus, um welche Art von Verlusten es sich bei den nach § 10 d EStG abzugsfähigen Verlusten handeln muß. Gemeint sein können zunächst einmal nur Verluste aus einer der sieben Einkunftsarten. Verluste aus Liebhaberei zählen also nicht dazu. Der Satzteil „Verluste, die bei der Ermittlung des Gesamtbetrags der Einkünfte nicht ausgeglichen werden können", ist keinesfalls so zu verstehen, daß alle, und zwar auch die unter keine Einkunftsart fallenden Verluste, dazu rechnen. Das ergibt sich aus dem Gesetzeszusammenhang.

7.5.3.2.2 Beachtung der Vorschriften über die Ermittlung der Einkünfte

Verluste sind negative Einkünfte. Daraus folgt, daß auch Verluste nach den Vorschriften über die Ermittlung der Einkünfte zu ermitteln sind (§ 2 Abs. 2 EStG). So zählen Verluste aus selbstgenutzten Häusern, soweit sie bei der Berechnung des Nutzungswerts der Wohnung im eigenen Haus nach § 21 a EStG a. F. nicht zugelassen sind oder sofern deren Nutzungswert nicht mehr zu den Einkünften rechnet (s. dazu 5.10.3.1), nicht zu den Verlusten nach § 10 d EStG. Das gleiche gilt für Verluste, die aus mit steuerfreien Einnahmen im Zusammenhang stehenden Ausgaben herrühren. Diese Ausgaben sind nach § 3 c EStG nicht abzugsfähig.

Verluste, die ein Steuerpflichtiger während eines Konkursverfahrens erlitten hat, sind in vollem Umfang nach § 2 Abs. 3 EStG ausgleichsfähig und, soweit nicht ausgeglichen, nach § 10 d EStG abzugsfähig (BFH, BStBl 1969 II S. 726).

7.5.3.2.3 Verluste beschränkt haftender Personengesellschafter und ihnen gleichgestellter Personen

Nach § 15 a Abs. 1 EStG darf der einem Kommanditisten zuzurechnende Anteil am Verlust der Kommanditgesellschaft weder mit anderen Einkünften aus Gewerbebetrieb noch mit Einkünften aus anderen Einkunftsarten ausgeglichen werden, soweit ein negatives Kapitalkonto des Kommanditisten entsteht oder sich erhöht; er darf insoweit auch nicht nach § 10 d EStG abgezogen werden. Diese Regelung gilt auch für die den Kommanditisten gleichstehenden beschränkt haftenden Personen, ferner für den Bereich der Land- und Forstwirtschaft, der selbständigen Arbeit, der Vermietung und Verpachtung und bestimmter Einkünfte aus Kapitalvermögen entsprechend.

7.5.3.2.4 Verluste aus gewerblicher Tierzucht und Tierhaltung

Nach § 15 Abs. 4 EStG dürfen Verluste aus gewerblicher Tierzucht oder gewerblicher Tierhaltung weder mit anderen Einkünften aus Gewerbebetrieb noch mit Einkünften aus anderen Einkunftsarten ausgeglichen werden. Ein Ausgleich dieser Verluste ist mithin nur mit Gewinnen aus gewerblicher Tierzucht oder Tierhaltung zugelassen, die von dem Steuerpflichtigen oder seinem mit ihm zusammen veranlagten Ehegatten erzielt worden sind (vgl. BFH, BStBl 1989 II S. 787).

Dementsprechend wird in § 15 Abs. 4 Satz 2 EStG geregelt, daß Verluste aus gewerblicher Tierzucht und gewerblicher Tierhaltung nach Maßgabe des § 10 d EStG (nur) die Gewinne mindern, die der Steuerpflichtige oder sein mit ihm zusammen veranlagter Ehegatte (vgl. BFH, BStBl 1989 II S. 787) in vorangegangenen und in späteren Wirtschaftsjahren aus gewerblicher Tierzucht oder Tierhaltung erzielt hat oder erzielt.

Bei gemischten Betrieben muß, wenn das Betriebsergebnis einheitlich ermittelt ist, der auf die gewerbliche Tierzucht oder Tierhaltung entfallende Gewinn- bzw. Verlustanteil für Zwecke des Verlustausgleichs und Verlustabzugs geschätzt werden.

7.5.3.2.5 Verluste aus Leistungen

Bei den Einkünften aus (sonstigen) Leistungen i. S. von § 22 Nr. 3 EStG entstehende Verluste – das sind insbesondere Verluste bei Einkünften aus gelegentlichen Vermittlungen und aus der Vermietung beweglicher Gegenstände – dürfen bei der Ermittlung des Einkommens nicht ausgeglichen werden. Nach § 22 Nr. 3 EStG wird für diese Verluste auch der Verlustabzug nach § 10 d EStG ausgeschlossen.

7.5.3.2.6 Verluste aus Spekulationsgeschäften

Gemäß § 23 Abs. 4 EStG dürfen Verluste aus Spekulationsgeschäften nur bis zur Höhe des Spekulationsgewinns, den der Steuerpflichtige im gleichen Kalenderjahr erzielt hat, ausgeglichen werden. Sie dürfen nicht nach § 10 d EStG abgezogen werden. Verluste aus Spekulationsgeschäften können mithin auch nicht mit Gewinnen aus Spekulationsgeschäften der zwei vorangegangenen und der nachfolgenden Veranlagungszeiträume verrechnet werden. Der Verlustabzug ist für sie absolut ausgeschlossen. Die Veräußerung einer wesentlichen Beteiligung i. S. von § 17 EStG, die die Voraussetzungen eines Spekulationsgewinnes erfüllt, wird als Spekulationsgeschäft behandelt, für das § 23 Abs. 4 EStG gilt (BFH, BStBl 1970 II S. 400, 1974 II S. 705).

7.5.3.2.7 Ausländische Verluste unbeschränkt Steuerpflichtiger

Der Verlustabzug galt bis zum VZ 1983 auch für Verluste, die ein unbeschränkt Steuerpflichtiger in einem ausländischen Betrieb oder in einer ausländischen Betriebsstätte erlitten hat, wenn die inländische Besteuerung der im Ausland erzielten Ergebnisse nicht durch ein Doppelbesteuerungsabkommen ausgeschlossen ist. Demgegenüber durften und dürfen Verluste aus Einkünften, die nach Doppelbesteuerungsabkommen bei der Besteuerung im Inland außer Betracht bleiben, nach § 10 d EStG nicht abgezogen werden (BFH, BStBl 1970 II S. 569).

Hiervon macht allerdings § 2 a Abs. 3 und 4 EStG[3] eine beschränkte Ausnahme. Nach § 2 a Abs. 3 EStG kann ein Steuerpflichtiger beantragen, daß ein gewerblicher Verlust aus einer im Ausland belegenen Betriebsstätte bei der Ermittlung des Gesamtbetrags der Einkünfte insoweit abgezogen wird, als dieser Verlust die positiven Einkünfte aus anderen in diesem Staat belegenen Betriebsstätten übersteigt, wenn und soweit diese positiven Einkünfte nach einem mit dem ausländischen Staat abgeschlossenen Doppelbesteuerungsabkommen von der inländischen Besteuerung zu befreien sind. Soweit ferner der Verlust dabei nicht ausgeglichen wird, ist nach § 2 a Abs. 3 EStG bzw. § 2 Abs. 1 AIG bei Vorliegen der Voraussetzungen des § 10 d EStG der Verlustabzug zulässig. Es werden jedoch solche Verluste nicht berücksichtigt, die, würde das Doppelbesteuerungsabkommen nicht eingreifen, nach den Vorschriften des Einkommensteuerrechts nicht ausgeglichen oder abgezogen werden könnten (s. dazu § 15 a EStG und BMF, BStBl 1981 I S. 308).

Nach dem ab VZ 1982 dem AIG eingefügten § 5 dürfen nur noch bestimmte Verluste aus aktiven gewerblichen Tätigkeiten im Inland berücksichtigt werden. Diese Regelung ist nicht in § 2 a Abs. 3 und 4 EStG übernommen worden und damit mit Wirkung vom VZ 1990 an entfallen.

Ab VZ 1983 wird durch § 2 a Abs. 2 EStG auch in Fällen, in denen die ausländischen Verluste nicht bereits auf Grund eines Doppelbesteuerungsabkommens unberücksichtigt bleiben, der uneingeschränkte Abzug bzw. Ausgleich dieser Verluste mit positiven inländischen und ausländischen Einkünften nur noch dann zugelassen, wenn sie in gleicher Weise wie die auch in § 5 AIG näher beschriebenen Verluste aus aktiven gewerblichen Auslandtätigkeiten unbeschränkt Stpfl. stammen.

7.5.3.3 Vorrang des Verlustausgleichs vor dem Verlustabzug

Für den Verlustrücktrag und Verlustvortrag kommen nur solche Verluste in Betracht, die nach den einkommensteuerlichen Vorschriften nicht bei der Ermittlung des Gesamtbetrags der Einkünfte ausgeglichen werden. Der Verlustausgleich nach § 2 Abs. 3 EStG geht also dem Verlustabzug nach § 10 d EStG vor. Nach richtigem Verständnis der Vorschrift kommt es nicht darauf an, ob die Verluste beim Verlustausgleich tatsächlich berücksichtigt worden sind. Vielmehr ist entscheidend, ob sie bei richtiger Rechtsanwendung auszugleichen sind.

> **Beispiel:**
> A hat 01 einen Verlust aus Vermietung und Verpachtung in Höhe von 10 000 DM erlitten, der mit positiven Einkünften in Höhe von 60 000 DM gemäß § 2 Abs. 3 EStG auszugleichen wäre. Der Verlustausgleich unterbleibt bei der Veranlagung für 01 (z. B. weil der Steuerpflichtige den Verlust nicht erklärt oder weil das Finanzamt ihn fehlerhafterweise nicht berücksichtigt hat). Der Verlust kann nicht beim Verlustabzug nach § 10 d EStG berücksichtigt werden.

---

3 Bis zum Veranlagungszeitraum 1989 gilt die entsprechende Regelung in § 2 AIG.

7.5.3.4 Höhe des abzugsfähigen Verlustes

Nach dem Wortlaut des § 10 d Abs. 1 EStG kommt es für den Verlustabzug auf den Teil des Verlustes an, „der bei der Ermittlung des Gesamtbetrags der Einkünfte nicht ausgeglichen wird". Daher wirkt sich der Altersentlastungsbetrag (§ 24 a EStG), der von der Summe der Einkünfte abzuziehen ist, auf die Höhe des abzugsfähigen Verlustes aus. Dies geschieht in der Weise, daß der bei der Summe der Einkünfte zunächst ausgeglichene Teil des Verlustes in Höhe des Altersentlastungsbetrags zu einem beim Gesamtbetrag der Einkünfte nicht ausgeglichenen Verlustteil wird.

Beispiel:

Einkünfte aus Gewerbebetrieb		./. 40 000 DM
Einkünfte aus nichtselbständiger Arbeit		
Arbeitslohn (ohne Versorgungsbezüge)	20 000 DM	
./. Arbeitnehmer-Pauschbetrag	2 000 DM	
		18 000 DM
Summe der Einkünfte		./. 22 000 DM
Altersentlastungsbetrag		3 720 DM
Nicht ausgeglichener Verlust		25 720 DM

Gleiches gilt für den Ausbildungsplatz-Abzugsbetrag nach § 24 b EStG und die nach § 34 c Abs. 2 und 3 EStG abgezogene Steuer auf ausländische Einkünfte. Nach diesem Gesetzesverständnis haben auf die Höhe des nicht ausgeglichenen Verlustes ferner ein Verlustabzugsbetrag und ein Hinzurechnungsbetrag nach § 2 a Abs. 3 EStG[4] Einfluß. Zusammenfassend kann gesagt werden: **Der nach § 10 d EStG abzugsfähige Betrag entspricht dem negativen Gesamtbetrag der Einkünfte.** Dies ist der Betrag, der sich bei Zusammenrechnung der positiven und negativen Einkünfte aus allen Arten unter Berücksichtigung aller Hinzurechnungs- und Abzugsbeträge (s. dazu auch Abschn. 3 Abs. 1 EStR) ergibt (so auch Abschn. 115 Abs. 2 EStR).

7.5.3.5 Ausländische Verluste bei Anwendung des Progressionsvorbehalts

Die meisten nach 1945 abgeschlossenen Doppelbesteuerungsabkommen (ausgenommen DBA mit Finnland und Italien) enthalten einen sog. Progressionsvorbehalt. Nach ihm ist bei der Berechnung der Einkommensteuer für unbeschränkt Steuerpflichtige auf das zu versteuernde Einkommen (§ 32 a Abs. 1 EStG) der Steuersatz anzuwenden, der sich ergibt, wenn die nach dem Doppelbesteuerungsabkommen steuerfreien ausländischen Einkünfte, ausgenommen die darin enthaltenen außerordentlichen Einkünfte, einbezogen werden (§ 32 b EStG). Das gilt auch für negative ausländische Einkünfte. Die ausländischen Verluste sind bei der Ermittlung des Steuersatzes, der auf das im Inland zu versteuernde Einkommen anzuwenden ist, bis zum Steuersatz von 0 zu berücksichtigen (BFH, BStBl 1970 II S. 660 und 755). Übersteigt der Verlust in einem Jahr das im Inland zu versteuernde Einkommen, so ist der übersteigende Betrag gemäß § 10 d EStG als

---

4 Bis zum Veranlagungszeitraum 1989 gilt die entsprechende Regelung in § 2 Abs. 1 AIG.

Verlustrücktrag und Verlustvortrag bei der Anwendung des Progressionsvorbehalts zu berücksichtigen.

7.5.4 Ermittlung, Verrechnung und Feststellung des abzugsfähigen Verlustes

7.5.4.1 Verlustermittlung

Verlust ist der nach den steuerlichen Einkunftsermittlungsvorschriften ermittelte Verlust. Ist ein Steuerpflichtiger von der Gewinnermittlung nach § 4 Abs. 3 EStG zur Gewinnermittlung nach § 4 Abs. 1 oder § 5 EStG übergegangen, so sind die infolge des Übergangs erforderlichen Zu- und Abrechnungen Teile des Gewinns nach § 4 Abs. 1 oder § 5 EStG. Entsprechendes gilt für den umgekehrten Fall des Übergangs. Steuerfreie Einnahmen sind weder bei der Ermittlung des negativen Gesamtbetrags der Einkünfte (also im Verlustjahr) zu berücksichtigen, noch mindern sie im Abzugsjahr den abzugsfähigen Verlust. Dies gilt insbesondere für steuerfreie Zinsen (BFH, BStBl 1959 III S. 366), den steuerfreien Sanierungsgewinn (BFH, BStBl 1969 II S. 102) und den steuerfreien Veräußerungsgewinn nach §§ 14, 14 a, 16, 17, 18 EStG (BFH, BStBl 1976 II S. 360).

Beispiel:

A hat in 03 einen nicht ausgeglichenen Verlust von 60 000 DM erlitten. Im Jahre 01 hat er positive Einkünfte aus Vermietung und Verpachtung in Höhe von 30 000 DM und einen nach § 16 Abs. 4 EStG steuerfreien Veräußerungsgewinn von 40 000 DM erzielt. Seine sonstigen Sonderausgaben (ohne Verlustrücktrag) in diesem Jahr betragen 10 000 DM. Die Summe der Einkünfte des Jahres 02 ist 0 DM.

Für den Verlustrücktrag sind in 01 nur die Einkünfte aus Vermietung und Verpachtung von 30 000 DM um die sonstigen Sonderausgaben von 10 000 DM zu vermindern, so daß durch den Verlustrücktrag lediglich 20 000 DM verbraucht werden. Die restlichen 40 000 DM Verlust kommen für den Verlustvortrag in Betracht. Eine Verrechnung mit dem steuerfreien Veräußerungsgewinn findet nicht statt.

7.5.4.2 Verlustverrechnung

Nicht ausgeglichene Verluste sind „wie Sonderausgaben vom Gesamtbetrag der Einkünfte . . . abzuziehen"; sie sind mithin bei der Ermittlung des Einkommens wie eine Sonderausgabe zu behandeln. Nach § 2 Abs. 4 EStG ist Einkommen der Gesamtbetrag der Einkünfte, vermindert um die Sonderausgaben und die außergewöhnlichen Belastungen. Übersteigt die Summe der als Sonderausgaben und als sonstige vom Gesamtbetrag der Einkünfte abzuziehenden Beträge den Gesamtbetrag der Einkünfte, so ist der Abzug in der Reihenfolge durchzuführen, die für den Steuerpflichtigen am günstigsten ist. Danach wird der Verlustabzug in der Regel zuletzt zu berücksichtigen sein, weil der nicht verbrauchte Teil in anderen Jahren abzugsfähig ist (also insbesondere auch nach den außergewöhnlichen Belastungen – Abschn. 115 Abs. 3 EStR).

Der Verlustabzug wirkt sich in einem Veranlagungszeitraum insoweit aus, als er den Gesamtbetrag der Einkünfte bis zu einem Einkommen von 0 DM mindert. Daß der Steuerpflichtige wegen tariflicher Freibeträge (§ 2 Abs. 5 EStG) oder wegen Steuerermäßigungen (§ 2 Abs. 6 EStG) schon bei einem über 0 DM liegenden Einkommen von der Einkommensteuer freigestellt wäre, hat nicht zur Folge, daß der Verlust nur zu einem entsprechend geringeren Betrag abgezogen werden könnte (BFH, BStBl 1961 III S. 232).

Beispiel:

Gesamtbetrag der Einkünfte		24 000 DM
Sonderausgaben nach §§ 10, 10 b EStG	10 000 DM	
Abzugsfähige außergewöhnliche Belastungen	8 000 DM	18 000 DM
Einkommen (ohne Verlustabzug)		6 000 DM
Haushaltsfreibetrag nach § 32 Abs. 3 Nr. 2 EStG		5 616 DM
Nach § 10 d EStG abzugsfähiger Verlust		20 000 DM

Der Steuerpflichtige wäre auch ohne Abzug des Verlustes bei Anwendung der Grundtabelle von der Einkommensteuer freigestellt. Gleichwohl ist der Verlustabzug in Höhe von 6000 DM vorzunehmen. Der nicht verbrauchte Verlust von 14 000 DM ist unter den Voraussetzungen des § 10 d EStG weiter rücktrags- bzw. vortragsfähig.

7.5.4.3 Verlustfeststellung

Hinsichtlich der Feststellung des abzugsfähigen Verlustes ist mit Wirkung vom Veranlagungszeitraum 1990 eine bedeutsame Änderung eingetreten.

Regelung bis zum Veranlagungszeitraum 1989

Sofern eine gesonderte und einheitliche Gewinnfeststellung nicht durchzuführen ist, werden alle Voraussetzungen des Verlustabzugs, insbesondere Höhe und Zurechnung eines Verlustes, erst in dem Jahr verbindlich festgestellt, in dem sich der Verlust als Rücktrag oder Vortrag auswirkt (BFH, BStBl 1970 II S. 540 und 714, 1983 II S. 710). Ist hingegen ein Verlust gesondert und einheitlich festgestellt, so bindet diese Feststellung, die sich auf die Art, Höhe und Zurechnung der Einkünfte (Anteil am Verlust) erstreckt, das Wohnsitzfinanzamt nicht nur für das Jahr der Entstehung des Verlustes, sondern auch für die Jahre des Verlustabzugs (BFH, BStBl 1970 II S. 588). In der gesonderten und einheitlichen Gewinnfeststellung ist auch verbindlich über die Frage zu entscheiden, ob und inwieweit Verluste aus gewerblicher Tierzucht und Tierhaltung vorliegen. Das Wohnsitzfinanzamt hat dann über das Vorliegen der übrigen Voraussetzungen des Verlustabzugs (z. B. nach § 15 Abs. 4 EStG) bei der Festsetzung der Einkommensteuer zu befinden (BFH, BStBl 1975 II S. 774).

Regelung ab dem Veranlagungszeitraum 1990

Um den tatsächlichen Schwierigkeiten zu begegnen, die sich aus der vorstehend bezeichneten Rechtslage ergaben und ergeben, ist in § 10 d Abs. 3 Satz 1 EStG nunmehr bestimmt, daß der am Schluß eines Veranlagungszeitraums verbleibende Verlustabzug gesondert festzustellen ist.

Zur Errechnung des verbleibenden Verlustabzugs ist nach § 10 d Abs. 3 Satz 2 EStG von dem Verlust auszugehen, der bei der Ermittlung des Gesamtbetrags der Einkünfte des Veranlagungszeitraums nicht ausgeglichen ist. Dieser Betrag ist sodann um die nach § 10 d Abs. 1 und 2 abgezogenen Beträge zu vermindern und um den auf den Schluß des vorangegangenen Veranlagungszeitraums festgestellten verbleibenden Verlustabzug zu erhöhen. Die damit vorgeschriebene Fortschreibung hat zur Folge, daß am Schluß eines jeden Veranlagungszeitraums der verbleibende Verlustabzugsbetrag unabhängig vom Jahr der Entstehung der Verluste **als einheitlicher Betrag** gesondert festgestellt wird.

Beispiel:

Verlust aus Gewerbebetrieb in 1992	40 000 DM
Verlustausgleich in 1992	10 000 DM
Nicht ausgeglichener Verlust 1992	30 000 DM
Verlustrücktrag nach 1990	13 000 DM
und nach 1991	5 000 DM
Verbleibender Verlustabzug am 31. 12. 1992	12 000 DM
Verlust aus Gewerbebetrieb in 1993	25 000 DM
Verlustausgleich in 1993	8 000 DM
Nicht ausgeglichener Verlust 1993	17 000 DM
Verbleibender Verlustabzug am 31. 12. 1992	12 000 DM
Verbleibender Verlustabzug am 31. 12. 1993	29 000 DM

Feststellungsfinanzamt ist das für die Besteuerung zuständige Finanzamt. Soweit sich die zu berücksichtigenden Beträge ändern, ist ein entsprechender Feststellungsbescheid nach § 10 d 3 Satz 4 EStG aufzuheben oder zu ändern. Dies gilt selbst dann, wenn ein Steuerbescheid nicht erlassen, geändert oder aufgehoben wird, weil sich die Änderung der zu berücksichtigenden Beträge steuerlich nicht auswirkt.

7.5.5 Verlustabzug in den einzelnen Veranlagungszeiträumen und bei Arbeitnehmern

Der Verlust ist in erster Linie als Verlustrücktrag zunächst im zweiten dem Verlustjahr vorangegangenen Veranlagungszeitraum und, soweit der Abzug danach nicht möglich ist, im ersten dem Verlustjahr vorangegangenen Veranlagungszeitraum abzuziehen. Soweit der Verlustabzug durch Verlustrücktrag nicht möglich ist, ist er in Form des Verlustvortrags in den nachfolgenden Veranlagungszeiträumen zu verrechnen. Hier ist der Abzug nur insoweit zulässig, als die Verluste in den vorangegangenen Veranlagungszeiträumen nicht abgezogen werden konnten. Es ist allein auf die rechtliche Möglichkeit, nicht auf die tatsächliche Durchführung des Verlustabzugs abzustellen. Ist der (rechtlich mögliche) Verlustabzug in einem früheren Veranlagungszeitraum unterblieben, so kann er insoweit nicht in einen späteren Veranlagungszeitraum verlagert werden.

7.5.5.1 Verlustrücktrag

Häufig liegt in dem Zeitpunkt, in dem sich ergibt, daß ein nicht ausgeglichener Verlust als Verlustrücktrag abgezogen werden kann, der Steuerbescheid für den bzw. die vorangegangenen Veranlagungszeiträume bereits vor, ja ist sogar bestandskräftig. Dies kann sich auch ergeben, wenn sich nach einer Veranlagung des Verlustjahres (etwa durch Änderungsveranlagung aufgrund einer Betriebsprüfung) später herausstellt, daß der im Vorjahr durchgeführte Verlustabzug unrichtig ist. In diesem Fall kann sogar Verjährung für den bzw. die der Verlustentstehung vorangegangenen Veranlagungszeiträume eingetreten sein. Ist die Veranlagung für den bzw. die dem Verlustjahr vorausgehenden Veranlagungszeiträume bestandskräftig, dann ermöglicht § 10 d Abs. 1 EStG, daß der bzw. die Steuerbescheide insoweit geändert werden, als der Verlustabzug zu ändern oder zu berichtigen ist; die Festsetzungsverjährung tritt insoweit nicht ein, bevor die Festsetzungsverjährung für den folgenden Zeitraum eingetreten ist. Diese besondere Berichtigungsvorschrift bezieht sich ausschließlich auf die Berücksichtigung bzw. Berichtigung des Verlustrücktrags. Die übrigen Besteuerungsgrundlagen bleiben unverändert, soweit nicht andere Verfahrensvorschriften eine Änderung zulassen.

Wirkt sich eine Änderung des Verlustrücktrags auch auf den vortragsfähigen Verlust aus, so sind die Steuerbescheide für die betreffenden Veranlagungszeiträume zu ändern. Gleiches gilt, wenn ein gewährter Verlustvortrag geändert wird und sich diese Änderung auf die Höhe des Verlustvortrags der folgenden Jahre auswirkt.

7.5.5.2 Verlustvortrag

Für Verluste, die 1985 und später entstanden sind, ist der Verlustvortrag nach § 10 d Abs. 2 EStG vom Veranlagungszeitraum 1990 an zeitlich unbeschränkt zulässig (§ 52 Abs. 13 c EStG).

Hinsichtlich der Verluste, die vor 1985 entstanden bzw. die bis zum Veranlagungszeitraum 1989 abzuziehen sind (Altverluste), ist der Verlustvortrag dagegen auf die dem Jahr der Verlustentstehung nachfolgenden fünf Veranlagungszeiträume beschränkt. Eine Verlängerung des Fünfjahreszeitraums ist ausgeschlossen (BFH, BStBl 1972 II S. 877 und 946). Veranlagungszeitraum ist derjenige Zeitraum, für den Einkommensteuer festzusetzen wäre, wenn der Steuerpflichtige Einkommen bezogen hätte. Ob ein Veranlagungszeitraum vorliegt, hängt mithin nicht davon ab, ob tatsächlich Einkommen bezogen worden ist. So liegen bei Steuerpflichtigen, die im Inland Verluste hatten, in späteren Jahren aber im Inland nicht steuerpflichtig sind, auch für diese späteren Jahre Veranlagungszeiträume vor (BFH, BStBl 1972 II S. 877).

> **Beispiel:**
> A hat in 1984 einen nicht ausgeglichenen Verlust von 50 000 DM erlitten. Dieser ist in Höhe von 5000 DM bei der Veranlagung für 1982 und in Höhe von 5000 DM bei der Veranlagung für 1983 abzugsfähig. Von 1985 bis 1989 hält A sich im Ausland auf und ist im Inland nicht steuerpflichtig. A kann mithin den Rest des Verlustes nicht durch Verlustvortrag abziehen.

Auch für die während eines Konkurses entstandenen Verluste gilt der Fünfjahreszeitraum (BFH, BStBl 1972 II S. 946).

Kommt der Verlustabzug für Verluste aus verschiedenen Veranlagungszeiträumen in einem Veranlagungszeitraum in Betracht, so ist zunächst der älteste

Verlust zu berücksichtigen, weil für ihn der Fünfjahreszeitraum am frühesten abläuft. Handelt es sich dabei sowohl um Verlustvorträge wie Verlustrückträge, so sind zunächst die Verlustvorträge abzuziehen (so auch Abschn. 115 Abs. 3 EStR 1987).

Beispiel:

A hat einen bisher nicht verbrauchten abzugsfähigen Verlust von 30 000 DM aus 1982 und einen solchen von 20 000 DM aus 1983. Bei der Veranlagung für 1984 kann höchstens ein Verlust von insgesamt 40 000 DM abgezogen werden. Hier wird zunächst der Verlust von 30 000 DM aus 1982 durch Abzug verbraucht, sodann von dem Verlust aus 1983 ein Betrag von 10 000 DM, so daß ein Verlust von 10 000 DM aus 1983 weiter vortragsfähig bleibt.

7.5.5.3 Verlustabzug bei Arbeitnehmern

Will ein Arbeitnehmer einen Verlustabzug geltend machen, so muß er, wenn er nicht aus anderen Gründen zur ESt zu veranlagen ist, seine Einkommensteuerveranlagung zur Berücksichtigung des Verlustabzugs beantragen. Eine solche Antragsmöglichkeit sieht § 46 Abs. 2 Nr. 8 Buchst. c EStG vor. Nach § 46 Abs. 2 Satz 3 EStG ist der Antrag für den dem Verlustentstehungsjahr vorangegangenen ersten Veranlagungszeitraum bis zum Ablauf des dritten Kalenderjahres und für den zweiten vorangegangenen Veranlagungszeitraum bis zum Ablauf des vierten Kalenderjahres zu stellen, das dem Verlustabzugsjahr folgt.

Beispiel:

A, der 1988 als Arbeitnehmer tätig war, hat 1990 einen nicht ausgeglichenen Verlust erlitten. Er muß den Antrag auf Veranlagung für 1988 spätestens bis Ablauf des Jahres 1992 stellen.

Für den Antrag auf Veranlagung zur Berücksichtigung des Verlustvortrags gilt die allgemeine Antragsfrist des § 46 Abs. 2 Satz 2 EStG (Antrag bis zum Ablauf des auf den Veranlagungszeitraum folgenden zweiten Kalenderjahres). Die Fristen sind nicht verlängerbare Ausschlußfristen.

7.6 Besonderer Abzugsbetrag (§ 10 e EStG)

7.6.1 Allgemeines

Die Vorschriften über die Nutzungswertbesteuerung sind grundsätzlich letztmals für den VZ 1986 anzuwenden (s. dazu 5.10.3.1).

Mit dem Wegfall der Nutzungswertbesteuerung ist der gesetzessystematische Ansatz für einen Abzug der Aufwendungen, die mit der selbstgenutzten Wohnung in Zusammenhang stehen, als Werbungskosten oder Betriebsausgaben entfallen. Dies gilt insbesondere für die erhöhten Absetzungen nach § 7 b EStG. Der Gesetzgeber wollte die bisherige steuerliche Förderung jedoch nicht völlig beseitigen, sondern – nunmehr im Rahmen des unbeschränkten Sonderausgabenabzugs – unter Konzentration auf selbstgenutztes Wohneigentum und Erhöhung der Bemessungsgrundlage fortführen. Dem dient der besondere Abzugsbetrag nach § 10 e EStG (Grundförderung), der dem § 7 b EStG nachgebildet ist; die zu § 7 b EStG entwickelten Rechtsgrundsätze sind daher weitgehend übertragbar. Abgesehen von der Verlagerung der Förderung in den Bereich der Sonderausgaben unterscheidet sich die Regelung des § 10 e EStG jedoch im wesentlichen in folgenden Punkten von § 7 b EStG: Im Hinblick auf den Gegenstand der Begünstigung ist eine Begrenzung auf die Anschaffungs- oder Herstellungskosten einer Wohnung, zugleich jedoch eine Ausdehnung der Förderung auf Wohnungen in Mehrfamilienhäusern u. ä. erfolgt. Die Bemessungsgrundlage ist durch Einbeziehung der Hälfte der Anschaffungskosten des zugehörigen Grund und Bodens erweitert und der Höchstbetrag auf einheitlich 300 000 DM angehoben worden. Im Hinblick auf die begünstigte Nutzungsart ist eine Begrenzung auf zu eigenen Wohnzwecken genutzte Wohnungen vorgenommen worden. In zeitlicher Hinsicht setzt § 10 e Abs. 1 bis 5 EStG voraus, daß das Haus oder die Eigentumswohnung nach dem 31. 12. 1986 hergestellt oder angeschafft worden ist (§ 52 Abs. 14 EStG).

§ 10 e Abs. 1 EStG enthält die Voraussetzungen für die Inanspruchnahme des besonderen Abzugsbetrages von den Anschaffungs- oder Herstellungskosten einer Wohnung zuzüglich der Hälfte der Anschaffungskosten für den dazugehörenden Grund und Boden. Absatz 2 dehnt die Förderung auf Ausbauten und Erweiterungen aus. Absatz 3 der Vorschrift läßt die Nachholung nicht ausgenutzter Abzugsbeträge zu und regelt die Behandlung nachträglicher Anschaffungs- und Herstellungskosten. Die Absätze 4 und 5 enthalten Regelungen zur Objektbegrenzung und zur Übertragung der Förderung auf ein Folgeobjekt. Absatz 6 der Vorschrift läßt den Abzug bestimmter, bisher als vorweggenommene Werbungskosten oder Betriebsausgaben behandelter Aufwendungen zu, die bis zum Beginn der erstmaligen Nutzung einer Wohnung zu eigenen Wohnzwecken entstanden sind. Absatz 7 schließlich enthält eine Verfahrensvorschrift zur gesonderten und einheitlichen Feststellung der Abzugsbeträge.

Aus gesetzessystematischen Gründen sind als Sonderausgaben nur die Aufwendungen abziehbar, die weder Betriebsausgaben noch Werbungskosten sind (vgl. § 10 Abs. 1 Satz 1 EStG). Dieser generelle **Vorrang** des Betriebsausgaben- und Werbungskostenabzugs hat zur Folge, daß die Inanspruchnahme der Abzugsbeträge nach § 10 e EStG in den Fällen ausgeschlossen ist, in denen

- die Wohnung zur Erzielung von Einkünften aus Vermietung und Verpachtung genutzt wird; daraus folgt auch der Vorrang der Nutzungswertbesteuerung;
- die mit der Wohnung in Zusammenhang stehenden Aufwendungen zu Werbungskosten oder Betriebsausgaben führen; dies betrifft u. a. Mehraufwendungen aus Anlaß einer doppelten Haushaltsführung (s. BMF, BStBl 1989 I S. 165);
- die mit der Wohnung in Zusammenhang stehenden Aufwendungen zu Werbungskosten bei den Einkünften aus Kapitalvermögen führen.

7.6.2 Anschaffung oder Herstellung einer Wohnung
   (§ 10 e Abs. 1 EStG)

Nach § 10 e Abs. 1 Satz 1 EStG kann der Steuerpflichtige von den Herstellungskosten einer Wohnung in einem im Inland belegenen Haus oder einer im Inland belegenen eigenen Eigentumswohnung zuzüglich der Hälfte der Anschaffungskosten für den dazugehörenden Grund und Boden (Bemessungsgrundlage) im Jahr der Fertigstellung und in den sieben folgenden Jahren (Abzugszeitraum) jeweils bis zu 5 v. H., höchstens jeweils 15 000 DM, wie Sonderausgaben abziehen. Entsprechendes gilt, wenn der Steuerpflichtige die Wohnung angeschafft hat (§ 10 e Abs. 1 Satz 4 EStG). Die Förderung erfaßt nur im Inland belegene Häuser und Eigentumswohnungen. Sie erstreckt sich jedoch auch auf die Wohnung in einem Haus, das kein Einfamilienhaus oder Zweifamilienhaus ist.

Die Grundförderung nach § 10 e EStG kann nur für eine Wohnung im eigenen Haus oder eine eigene Eigentumswohnung in Anspruch genommen werden. Das Merkmal „Wohnung im eigenen Haus" entspricht dem in § 21 Abs. 2 Satz 1 Alternative 1 EStG; u. E. gelten die dazu entwickelten Grundsätze entsprechend. Dem zivilrechtlichen und wirtschaftlichen Eigentümer ist daher – entgegen der von der FinVerw vertretenen Auffassung (BMF, BStBl 1987 I S. 434 Abschn. 6) – gleichzustellen, wer die Wohnung aufgrund eines dinglichen Nießbrauchs- oder Wohnrechts nutzt, das er sich bei der Übereignung des Hauses vorbehalten hat (Vorbehaltsnießbraucher und -wohnberechtigte). Dasselbe gilt für den Vermächtnisnießbraucher und -wohnberechtigten und den Inhaber eines Dauerwohnrechts im Sinne des § 31 Wohneigentumsgesetz (vgl. BFH, BStBl 1986 II S. 258).

Nach § 10 e Abs. 1 EStG sind nur die Anschaffungs- oder Herstellungskosten **einer Wohnung** begünstigt. Dies bedeutet bei Steuerpflichtigen mit einer Wohnung in einem Zweifamilienhaus eine Einschränkung, bei Steuerpflichtigen mit einer Wohnung in einem Mehrfamilienhaus hingegen eine Ausdehnung der Förderung gegenüber der Regelung des § 7 b EStG.

Für den Begriff der Wohnung gelten die bewertungsrechtlichen Abgrenzungsmerkmale (BMF, BStBl 1987 I S. 434 Abschn. 8). Eine Wohnung ist die Zusammenfassung einer Mehrheit von Räumen, die in ihrer Gesamtheit so beschaffen ist, daß die Führung eines selbständigen Haushaltes möglich ist (vgl. BFH, BStBl 1985 II S. 53). Die Nutzung einzelner Räume, die nicht die Merkmale des Wohnungsbegriffs erfüllen, ist nicht nach § 10 e Abs. 1 EStG begünstigt. Maßgebend sind die Verhältnisse zu Beginn der Nutzung zu eigenen Wohnzwecken. Zu der Wohnung gehören auch die zur räumlichen Ausstattung der Wohnung gehörenden Räume, wie z. B. Bodenräume, Waschküchen, Kellerund Trockenräume.

Die Wohnung umfaßt auch zur Wohnung gehörende **Garagen.** Abweichend von § 7 b Abs. 4 EStG kommt es nicht darauf an, ob in der Garage mehr als ein Pkw je Wohnung untergestellt werden kann. Desgleichen können zu einer Wohnung mehr als eine Garage gehören. Auch Garagen, die sich auf einem anderen

Grundstück des Stpfl. in geringer Entfernung von der Wohnung befinden, können zur Wohnung gehören.

Der besondere Abzugsbetrag nach § 10 e EStG beträgt **5 v. H.** der Anschaffungs- oder Herstellungskosten der Wohnung einschließlich der den Herstellungskosten zuzurechnenden anschaffungsnahen Aufwendungen. Der Begriff der Anschaffungs- und Herstellungskosten ist unter Berücksichtigung der einschränkenden Grundsätze, die zu § 7 b EStG entwickelt worden sind, auszulegen. Aufwendungen für besondere Anlagen und Einrichtungen, die nicht üblich sind, gehören daher nicht zur Bemessungsgrundlage (BMF, BStBl 1987 I S. 434 Abschn. 13).

Enthält das Gebäude nicht nur die vom Steuerpflichtigen zu eigenen Wohnzwecken genutzte Wohnung, sind die auf das Gebäude entfallenden Anschaffungskosten bzw. die Herstellungskosten entsprechend aufzuteilen. Andere Kosten (Erhaltungsaufwand, Finanzierungskosten u. ä.) sind nicht nach § 10 e Abs. 1 bis 5 EStG berücksichtigungsfähig; diese können lediglich, sofern sie die besonderen Voraussetzungen erfüllen, nach § 10 e Abs. 6 EStG abgezogen werden (s. 7.6.7).

Zur Bemessungsgrundlage des besonderen Abzugsbetrags nach § 10 e Abs. 1 EStG gehört auch die Hälfte der Anschaffungskosten für den zu der Wohnung gehörenden **Grund und Boden.**

Beispiel:

A hat auf einem Grundstück, dessen Anschaffungskosten 100 000 DM betrugen, mit Herstellungskosten von 250 000 DM ein Einfamilienhaus errichtet. Die Bemessungsgrundlage für den besonderen Abzugsbetrag nach § 10 e Abs. 1 EStG beträgt

Herstellungskosten des Gebäudes	250 000 DM
Anschaffungskosten des dazugehörenden Grund und Bodens 100 000 DM : 2	50 000 DM
Bemessungsgrundlage	300 000 DM

Hat der Steuerpflichtige das Haus nach dem 31. 12. 1986 hergestellt, ist die Hälfte der Anschaffungskosten für den dazugehörenden Grund und Boden auch dann in die Bemessungsgrundlage einzubeziehen, wenn der Steuerpflichtige den Grund und Boden vor dem 1. 1. 1987 angeschafft hat. Hat er den Grund und Boden unentgeltlich erworben, ist u. E. nicht nur im Fall der Gesamtrechtsnachfolge durch Erbfall, sondern auch bei Einzelrechtsnachfolge (z. B. durch Schenkung) auf die Anschaffungskosten seines Rechtsvorgängers abzustellen (a. A. BMF, BStBl 1987 I S. 434 Abschn. 16).

Der Umfang des **dazugehörenden** Grund und Bodens ergibt sich bei Gebäuden, die nur eine ausschließlich zu eigenen Wohnzwecken genutzte Wohnung enthalten und auf einer Grundstücksparzelle errichtet worden sind, die keinen anderen Zwecken dient, aus der Gesamtgröße der Parzelle. Bei Gebäuden, die neben der zu eigenen Wohnzwecken genutzten Wohnung weitere Wohnungen enthalten, und bei gemischtgenutzten Gebäuden ergibt er sich in der Regel aus dem Verhältnis, in dem das Gebäude für eigene Wohnzwecke und für andere Zwecke genutzt wird (vgl. BFH, BStBl 1983 II S. 365; Abschn. 14 Abs. 1 Satz 3, Abs. 3 Satz 9 EStR). Aufteilungsmaßstab ist in der Regel das Verhältnis der Wohnfläche der zu eigenen Wohnzwecken genutzten Wohnung zur Nutzfläche des zu anderen

Zwecken genutzten Gebäudeteils (vgl. BFH, BStBl 1984 II S. 112; Abschn. 13 b Abs. 4 Satz 2 EStR). Bei unterschiedlicher Geschoßhöhe oder Ausstattung kommt auch ein anderer Aufteilungsmaßstab in Betracht. Wird das Gebäude zwar ausschließlich zu eigenen Wohnzwecken, die Grundstücksparzelle jedoch teilweise zu betrieblichen Zwecken genutzt, bestimmt sich der Umfang des dazugehörenden Grund und Bodens nach der im Falle einer realen Grundstücksteilung für die bebaute Fläche baurechtlich notwendigen Mindestfläche.

Auch der besondere Abzugsbetrag nach § 10 e Abs. 1 bis 5 EStG ist nur im Rahmen eines **Höchstbetrages** abzugsfähig. Dieser beträgt 15 000 DM; dies entspricht einem Höchstbetrag von 5 v. H. von 300 000 DM. Diese Höchstbemessungsgrundlage ist bei einem teilentgeltlichen Erwerb nicht anteilig zu kürzen (vgl. BFH, BStBl 1989 II S. 778).

Ist der Steuerpflichtige nur **Miteigentümer** der zu eigenen Wohnzwecken genutzten Wohnung, kann er den seinem Anteil an der Wohnung entsprechenden Teil der Abzugsbeträge nach § 10 e Abs. 1 Satz 1 EStG wie Sonderausgaben abziehen (§ 10 e Abs. 1 Satz 5 EStG), d. h., er kann bis zu 5 v. H. des seinem Anteil an der Wohnung entsprechenden Anteils an der Bemessungsgrundlage, höchstens den entsprechenden Teil von 15 000 DM wie Sonderausgaben abziehen. Maßgeblich für die Ermittlung des entsprechenden Teils der Abzugsbeträge ist regelmäßig der zivilrechtliche oder wirtschaftliche Eigentumsanteil an der Wohnung und dem dazugehörenden Grund und Boden (BMF, BStBl 1987 I S. 434 Abschn. 21). Entsprechend den zu § 7 b EStG entwickelten Grundsätzen (vgl. Abschn. 53 Abs. 6 Satz 2 EStG 1987) ist u. E. eine von den Eigentumsanteilen abweichende Verteilung zulässig, wenn hierfür wirtschaftlich vernünftige, grundstücksbezogene Gründe vorliegen. Die Miteigentümer, die die Wohnung nicht zu eigenen Wohnzwecken nutzen, können den besonderen Abzugsbetrag nicht in Anspruch nehmen.

Zweifelhaft ist, in welchem Umfang Miteigentümer eines Hauses mit mehreren Wohnungen den besonderen Abzugsbetrag in Anspruch nehmen können, wenn sie jeweils eine Wohnung zu eigenen Wohnzwecken nutzen.

Beispiel:

A, B und C sind Miteigentümer zu je ⅓ eines 1987 fertiggestellten Dreifamilienhauses mit drei gleichgroßen Wohnungen; sie nutzen je eine der Wohnungen zu eigenen Wohnzwecken. U. E. steht jedem der Miteigentümer der besondere Abzugsbetrag in Höhe von 5 v. H. der auf die von ihm genutzten Wohnung entfallenden Herstellungskosten zuzüglich der Hälfte der Anschaffungskosten für den dazugehörenden Grund und Boden zu. Nach Auffassung der FinVerw (BMF, BStBl 1987 I S. 434 Abschn. 21) kann der jeweilige Miteigentümer jedoch höchstens den seinem Miteigentumsanteil entsprechenden Teil von 15 000 DM wie Sonderausgaben abziehen (a. A. Hessisches FG, EFG 1989 S. 410).

Der Stpfl. hat ein **Wahlrecht;** er kann den besonderen Abzugsbetrag nach § 10 e EStG in Anspruch nehmen. Das Wahlrecht erstreckt sich auch auf die Höhe des besonderen Abzugsbetrages; der Stpfl. kann den ihm zur Verfügung stehenden besonderen Abzugsbetrag auch mit Teilbeträgen in Anspruch nehmen. Nach § 7 a Abs. 7 Satz 2 EStG dürfen erhöhte Absetzungen von mehreren Beteiligten nur einheitlich vorgenommen werden. Eine entsprechende Regelung hat der Gesetzgeber für die Inanspruchnahme des besonderen Abzugsbetrages nach § 10 e EStG nicht getroffen.

Der **Abzugszeitraum** beträgt acht Jahre. Er beginnt mit dem Jahr der Fertigstellung oder Anschaffung der Wohnung und endet mit dem siebten darauffolgenden Jahr. Auf den Beginn und Ablauf des Abzugszeitraums ist es ohne Einfluß, wenn die Nutzung der Wohnung zu eigenen Wohnzwecken später begonnen oder zwischenzeitlich unterbrochen wird. Der besondere Abzugsbetrag kann andererseits auch bei Fertigstellung oder Anschaffung im Laufe des Kalenderjahres in vollem Umfang, nicht nur pro rata temporis, in Anspruch genommen werden.

Die Grundförderung nach § 10 e Abs. 1 EStG setzt ferner voraus, daß der Stpfl. die Wohnung hergestellt (Satz 2) oder angeschafft (Satz 4) hat. Für den Fall, daß der Stpfl. die Wohnung im Wege der Gesamtrechtsnachfolge oder Einzelrechtsnachfolge **unentgeltlich** erworben hat, enthält das Gesetz keine ausdrückliche Regelung. U. E. ist es jedoch vertretbar, auch im Bereich des Sonderausgabenabzugs den Grundgedanken der §§ 7 und 11 d EStDV sowohl im Fall der Gesamtrechtsnachfolge (vgl. BMF, BStBl 1987 I S. 434 Abschn. 4, 16 und 44) als auch im Fall der Einzelrechtsnachfolge (a. A. BMF a. a. O.) sinngemäß anzuwenden.

Der besondere Abzugsbetrag setzt ferner voraus, daß der Stpfl. die Wohnung in dem jeweiligen Jahr des Abzugszeitraums **zu eigenen Wohnzwecken genutzt** hat (§ 10 e Abs. 1 Satz 2 EStG). Er scheidet aus, wenn der Stpfl. die Wohnung vermietet oder zu eigenen beruflichen oder betrieblichen Zwecken genutzt hat; in diesen Fällen können jedoch Absetzungen für Abnutzung als Werbungskosten bzw. Betriebsausgaben abgezogen werden. Der Stpfl. nutzt die Wohnung zu eigenen Wohnzwecken einmal dann, wenn er die Wohnung allein zu seinen Wohnzwecken nutzt. Es ist nicht erforderlich, daß er ausschließlich diese Wohnung zu Wohnzwecken nutzt. Es muß sich bei dieser Wohnung auch nicht um die Hauptwohnung oder den Mittelpunkt der Lebensinteressen des Stpfl. handeln (vgl. BFH, BStBl 1989 II S. 776 zu § 34 f Abs. 1 EStG). Der Stpfl. kann daher im Rahmen der Objektbegrenzung den besonderen Abzugsbetrag auch für zwei Wohnungen in Anspruch nehmen.

Der Stpfl. nutzt die Wohnung auch dann zu eigenen Wohnzwecken, wenn er sie gemeinsam mit seinen Familienangehörigen nutzt (vgl. BFH, BStBl 1984 II S. 366). Es ist, ebenso wie bisher für die Zurechnung des Nutzungswertes der Wohnung, nicht erforderlich, daß der Eigentümer in der Wohnung ständig wohnt. Es genügt vielmehr, daß sie ständig zum Wohnen bereitgehalten wird und – wenn auch nicht regelmäßig – zu Wohnzwecken genutzt wird (vgl. BFH, BStBl 1985 II S. 460, 1986 II S. 287, 1987 II S. 565). Leerstehende oder möblierte, jedoch nicht zu Wohnzwecken genutzte Wohnungen sind hingegen nicht nach § 10 e EStG begünstigt.

Eine Nutzung zu eigenen Wohnzwecken liegt auch dann vor, wenn **Teile** einer zu eigenen Wohnzwecken genutzten Wohnung unentgeltlich zu Wohnzwecken überlassen werden (§ 10 e Abs. 1 Satz 3 EStG). Eine Kürzung des Abzugsbetrages erfolgt in diesen Fällen nicht. Wird hingegen die Wohnung **insgesamt** Dritten unentgeltlich zu Wohnzwecken überlassen, liegt auf seiten des Überlassenden keine Nutzung zu eigenen Wohnzwecken vor. Dies gilt, wenn der Nutzungswert der Wohnung nach den bisherigen Grundsätzen des § 21 Abs. 2 Satz 1 Alternative 2 EStG dem Nutzenden zuzurechnen wäre, weil dieser die Wohnung aufgrund gesicherter Rechtsposition innehat. Dasselbe gilt jedoch, wenn der Nutzungswert nach den bisherigen Grundsätzen des § 21 Abs. 2 Satz 1 Alternative 1 EStG dem Überlassenden zuzurechnen wäre, weil der Nutzende die Wohnung nicht aufgrund einer gesicherten Rechtsposition innehat. Für den Fall der verbilligten Überlassung der Wohnung zu fremden Wohnzwecken ergibt sich daraus, daß der Steuerpflichtige die auf die entgeltliche Überlassung entfallenden Aufwendungen als Werbungskosten bei seinen Einkünften nach § 21 Abs. 1 Nr. 1 EStG oder als Betriebsausgaben abziehen kann; die auf die unentgeltliche Überlassung entfallenden Aufwendungen dürfen hingegen nicht im Rahmen des besonderen Abzugsbetrages nach § 10 e EStG abgezogen werden.

Wird nur ein **Teil der Wohnung** vom Steuerpflichtigen zu eigenen Wohnzwecken genutzt und der andere Teil der Wohnung vermietet oder zu eigenen betrieblichen oder beruflichen Zwecken genutzt, ist die Bemessungsgrundlage um den auf den nicht zu eigenen Wohnzwecken entfallenden Teil der Herstellungs- und Anschaffungskosten zu kürzen (§ 10 e Abs. 1 Satz 6 EStG). Nur der Teil der Herstellungskosten oder Anschaffungskosten der Wohnung zuzüglich der Hälfte der Anschaffungskosten des dazugehörenden Grund und Bodens ist Bemessungsgrundlage des besonderen Abzugsbetrages, der auf den zu eigenen Wohnzwecken genutzten Teil der Wohnung entfällt (s. BMF, BStBl 1987 I S. 434 Abschn. 17). Eine entsprechende Kürzung des Höchstbetrages von 15 000 DM hat der Gesetzgeber in diesen Fällen hingegen – anders als im Rahmen des § 10 e Abs. 1 Satz 5 EStG bei Miteigentümern – nicht vorgenommen. Der Abzugsbetrag bemißt sich vielmehr nach dem gesamten, auf den zu eigenen Wohnzwecken genutzten Teil der Wohnung entfallenden Teil der Bemessungsgrundlage, begrenzt durch den ungekürzten Förderungshöchstbetrag.

Der Stpfl. muß die Wohnung **in dem jeweiligen Jahr** des Zeitraums nach § 10 e Abs. 1 Satz 1 EStG (Abzugszeitraum) zu eigenen Wohnzwecken genutzt haben. Dies setzt nicht voraus, daß er die Wohnung seit ihrer Fertigstellung ununterbrochen zu eigenen Wohnzwecken nutzt. Ausreichend ist vielmehr, daß er die Wohnung in dem zu beurteilenden Jahr des Abzugszeitraums zu eigenen Wohnzwecken nutzt, auch wenn die Wohnung in vorhergehenden Veranlagungszeiträumen nicht zu eigenen Wohnzwecken genutzt worden ist. Hat der Stpfl. die Wohnung im Laufe eines Jahres hergestellt, angeschafft oder veräußert und daher nicht während des gesamten Jahres zu eigenen Wohnzwecken genutzt, ist der Abzugsbetrag gleichwohl in vollem Umfang zu gewähren. Eine nur zeitanteilige Berücksichtigung kommt in diesen Fällen nicht in Betracht (BMF, BStBl 1987 I S. 434 Abschn. 19).

Streitig ist, ob und in welchem Umfang der Abzugsbetrag zu gewähren ist, wenn der Stpfl. die Wohnung im Laufe eines Jahres zeitweise zu eigenen Wohnzwecken und im übrigen zur Erzielung von Einkünften genutzt hat. U. E. kommt hier für den Zeitraum der Einkunftserzielung die Berücksichtigung der Aufwendungen – zeitanteilig – als Werbungskosten oder Betriebsausgaben und für den Zeitraum der Nutzung zu eigenen Wohnzwecken (nur) der zeitanteilig gekürzte besondere Abzugsbetrag in Betracht. Andernfalls käme es in dem Veranlagungszeitraum zu einer Mehrfachberücksichtigung der anteiligen Anschaffungs- oder Herstellungskosten.

Eine Nutzung zu eigenen Wohnzwecken liegt nicht vor, wenn die Wohnung eine **Ferienwohnung** oder **Wochenendwohnung** ist, § 10 e Abs. 1 Satz 2 EStG. Hierunter sind Wohnungen zu verstehen, die baurechtlich nicht ganzjährig bewohnt werden dürfen oder sich aufgrund ihrer Bauweise nicht zum dauernden Bewohnen eignen (BFH vom 28. 3. 1990 X R 160/88).

Die Inanspruchnahme des besonderen Abzugsbetrages ist schließlich auch dann ausgeschlossen, wenn der Stpfl. die Wohnung oder einen Anteil daran **von seinem Ehegatten** erwirbt und bei den Ehegatten im Zeitpunkt der Anschaffung die Voraussetzungen des § 26 Abs. 1 EStG für eine Zusammenveranlagung vorliegen (§ 10 e Abs. 1 Satz 7 EStG). Anders als im Rahmen des § 7 b EStG führen die wechselseitige Anschaffung und der Rückerwerb nicht zum Ausschluß der Begünstigung.

7.6.3 Ausbauten und Erweiterungen (§ 10 e Abs. 2 EStG)

Nach § 10 e Abs. 2 EStG gilt Abs. 1 der Vorschrift entsprechend für Herstellungskosten zu eigenen Wohnzwecken genutzter Ausbauten und Erweiterungen an einer im Inland belegenen, zu eigenen Wohnzwecken genutzten Wohnung. In zeitlicher Hinsicht ist nur erforderlich, daß der Ausbau oder die Erweiterung nach dem 31. 12. 1986 fertiggestellt worden ist (§ 52 Abs. 14 EStG). Auf den Zeitpunkt der Fertigstellung oder Anschaffung der Wohnung kommt es, anders als bei § 7 b Abs. 2 EStG, nicht an. Die durch den Ausbau oder die Erweiterung geschaffenen Räume dürfen allerdings nicht selbst den Wohnungsbegriff erfüllen. Wird durch den Ausbau oder die Erweiterung eine neue Wohnung hergestellt, kommt nur die Anwendung des § 10 e Abs. 1 EStG in Betracht.

Nach § 10 e Abs. 2 EStG sind nur Ausbauten und Erweiterungen an einer zu eigenen Wohnzwecken genutzten Wohnung begünstigt. Diese Gesetzesfassung ist unscharf und hat zu einem Meinungsstreit darüber geführt, ob der Stpfl. die Wohnung (nur) im Zeitpunkt der Fertigstellung des Ausbaus oder der Erweiterung oder (auch) in dem jeweiligen Veranlagungszeitraum zu eigenen Wohnzwecken genutzt haben muß. U. E. ist es erforderlich, daß der Stpfl. die Wohnung und den Ausbau bzw. die Erweiterung in dem Zeitpunkt der Fertigstellung des Ausbaus bzw. der Erweiterung als auch in dem jeweiligen Jahr des Abzugszeitraums zu eigenen Wohnzwecken genutzt hat (vgl. BMF, BStBl 1987 I S. 434 Abschn. 10).

Solange für die Wohnung, an der die Baumaßnahme erfolgte, einschließlich des Ausbaus oder der Erweiterung aufgrund der Übergangsregelung der Nutzungswert besteuert wird, ist die Inanspruchnahme des besonderen Abzugsbetrages für Ausbauten und Erweiterungen jedoch ausgeschlossen.

7.6.4 Nachholung nicht ausgenutzter Abzugsbeträge; nachträgliche Herstellungs- und Anschaffungskosten (§ 10 e Abs. 3 EStG)

Nach § 10 e Abs. 3 Satz 1 EStG kann der Stpfl. die Abzugsbeträge nach den Absätzen 1 und 2, die er in den ersten drei Jahren des Abzugszeitraums nicht ausgenutzt hat, bis zum Ende des vierten Jahres des Abzugszeitraums abziehen. Nachträgliche Herstellungskosten oder Anschaffungskosten, die bis zum Ende des Abzugszeitraums entstehen, können vom Jahr ihrer Entstehung an für die Veranlagungszeiträume, in denen der Stpfl. Abzugsbeträge nach den Abs. 1 und 2 hätte abziehen können, so behandelt werden, als wären sie zu Beginn des Abzugszeitraums entstanden (§ 10 e Abs. 3 Satz 2 EStG). Im Gegensatz zu § 7 b Abs. 3 Satz 2 EStG enthält § 10 e Abs. 3 Satz 2 EStG für die nachträglichen Anschaffungs- oder Herstellungskosten des gesamten Abzugszeitraums eine einheitliche Regelung. Die nachträglichen Herstellungs- oder Anschaffungskosten können jedoch ohne Einschränkung nur vom Jahr ihrer Entstehung an für die Veranlagungszeiträume, in denen der Stpfl. Abzugsbeträge nach den Abs. 1 und 2 hätte abziehen können, berücksichtigt werden. Zurückliegende Veranlagungen sind daher nicht zu ändern, wenn nachträgliche Herstellungs- oder Anschaffungskosten entstehen.

Die Nachholung von Abzugsbeträgen ist nur in Veranlagungszeiträumen und nur für Veranlagungszeiträume zulässig, in denen der Stpfl. die Wohnung zu eigenen Wohnzwecken genutzt hat (BMF, BStBl 1987 I S. 434 Abschn. 23).

7.6.5 Objektbegrenzung (§ 10 e Abs. 4 und 5 EStG)

Nach § 10 e Abs. 4 Satz 1 EStG kann der Stpfl. die Abzugsbeträge nach den Absätzen 1 und 2 nur für eine Wohnung oder für einen Ausbau oder eine Erweiterung abziehen. Sind mehrere Steuerpflichtige Eigentümer einer zu eigenen Wohnzwecken genutzten Wohnung, steht insoweit der Anteil des Stpfl. an der Wohnung einer Wohnung gleich (§ 10 e Abs. 5 Satz 1 EStG). Entsprechendes gilt bei dem Ausbau oder bei der Erweiterung einer Wohnung.

Ebenso wie im Rahmen des § 7 b EStG gilt für die Grundförderung ein **Ehegattenprivileg:** Ehegatten, bei denen die Voraussetzungen des § 26 Abs. 1 EStG für die Zusammenveranlagung vorliegen, können die Abzugsbeträge nach den Abs. 1 und 2 für insgesamt zwei der in Satz 1 bezeichneten Objekte abziehen (§ 10 e Abs. 4 Satz 2 EStG). Abweichend von § 7 b EStG können Ehegatten die Abzugsbeträge nach § 10 e EStG jedoch nicht gleichzeitig für zwei in **räumlichem**

Zusammenhang belegene Objekte abziehen, wenn bei den Ehegatten im Zeitpunkt der Herstellung oder Anschaffung der Objekte die Voraussetzungen des § 26 Abs. 1 EStG vorliegen (§ 10 e Abs. 4 Satz 2 EStG).

Ein räumlicher Zusammenhang kann angenommen werden, wenn die beiden Objekte bereits zu einer Einheit verbunden sind oder durch geringfügige Baumaßnahmen zu einer Einheit verbunden werden können. Dies kommt z. B. bei nebeneinander oder direkt übereinander liegenden Wohnungen in einem Zwei- oder Mehrfamilienhaus oder einer Eigentumswohnungsanlage und bei nebeneinander liegenden Wohnungen in benachbarten Häusern – z. B. Reihenhäusern – in Betracht (BMF, BStBl 1987 I S. 434 Abschn. 26). Ohne Bedeutung ist dabei, ob die Objekte einem oder beiden Ehegatten zugerechnet werden. Ein räumlicher Zusammenhang ist regelmäßig nicht gegeben, wenn sich zwischen den Wohnungen der Ehegatten eine fremde Wohnung befindet oder die Wohnungen diagonal übereinander liegen.

Die vorgenannte Einschränkung gilt nur, wenn bei den Ehegatten im **Zeitpunkt** der Herstellung oder Anschaffung beider Objekte die Voraussetzungen des § 26 Abs. 1 EStG (Ehegatten, die beide unbeschränkt steuerpflichtig sind und nicht dauernd getrennt leben) vorliegen. Sie greift daher nicht ein, wenn zwei Steuerpflichtige, die bereits Eigentümer von zwei benachbarten Wohnungen sind, die Ehe miteinander eingehen oder wenn eines der beiden Objekte zu einem Zeitpunkt fertiggestellt oder angeschafft worden ist, zu dem die Voraussetzungen des § 26 Abs. 1 EStG (noch) nicht vorlagen. Liegen die Voraussetzungen der Einschränkung auf ein Objekt bei den Eheleuten vor, können diese die Abzugsbeträge nicht **gleichzeitig** für zwei in räumlichem Zusammenhang belegene Wohnungen abziehen. Eine zeitlich aufeinanderfolgende Inanspruchnahme ist hingegen zulässig.

Die Einschränkung des § 10 e Abs. 4 Satz 2 EStG greift auch dann ein, wenn für eines der beiden Objekte die erhöhten Absetzungen nach § 7 b EStG in Anspruch genommen werden (§ 10 e Abs. 4 Satz 3 EStG). Nach dem Wortlaut der Vorschrift gilt dies hingegen nicht, wenn die entsprechenden Beträge im Rahmen des Sonderausgabenabzugs nach § 52 Abs. 21 Satz 4 EStG abgezogen werden.

Sind mehrere Steuerpflichtige Eigentümer einer zu eigenen Wohnzwecken genutzten Wohnung, steht der **Anteil** des Stpfl. an der Wohnung im Rahmen der Objektbegrenzung einer Wohnung gleich (§ 10 e Abs. 5 Satz 1 EStG). Der Hinzuerwerb eines weiteren Miteigentumsanteils durch einen Miteigentümer stellt daher die Anschaffung eines zweiten Objektes dar (vgl. BFH, BStBl 1986 II S. 387). Entsprechendes gilt bei dem Ausbau oder der Erweiterung im Sinne des § 10 e Abs. 2 EStG. Sind jedoch Eigentümer der Wohnung **ausschließlich** der Steuerpflichtige und sein Ehegatte und liegen bei den **Ehegatten** die Voraussetzungen der Zusammenveranlagung nach § 26 Abs. 1 EStG vor, gelten die Anteile der Ehegatten zusammen als ein Objekt (§ 10 e Abs. 5 Satz 2 EStG). Entfällt hingegen ein Miteigentumsanteil auf einen Dritten, gilt der Anteil eines jeden Ehegatten als ein Objekt (a. A. BMF, BStBl 1987 I S. 434 Abschn. 28). Entfallen später die Voraussetzungen des § 26 Abs. 1 EStG, sind die Anteile der Ehegatten wieder als selbständige Objekte zu behandeln (vgl. BFH, BStBl 1983 II S. 293). Für den Fall, daß Eigentümer der Wohnung ausschließlich Ehegatten sind, bei denen die Voraussetzungen des § 26 Abs. 1 EStG für eine Zusammenveranlagung vorliegen, enthält § 10 e Abs. 5 Satz 3 EStG Sonderregelungen für den **Erwerb** des Miteigentumsanteils eines Ehegatten durch den anderen. Nach § 10 e Abs. 5 Satz 3 erster Halbsatz EStG kann der Ehegatte, der im Falle des § 10 e Abs. 5 Satz 2 EStG infolge **Erbfalls** einen Miteigentumsanteil seines verstorbenen Ehegatten hinzuwirbt, die auf diesen Anteil entfallenden Abzugsbeträge nach § 10 e Abs. 1 und 2 EStG weiter in der bisherigen Höhe abziehen. Insoweit tritt bei dem überlebenden Ehegatten keine Objektbegrenzung ein. Dasselbe gilt u. E., wenn der überlebende Ehegatte infolge des Erbfalls nur einen Bruchteil des Miteigentumsanteils des verstorbenen Ehegatten erwirbt. Nach dem Wortlaut des § 10 e Abs. 5 Satz 3 EStG wird nur vorausgesetzt, daß der eine Ehegatte infolge Erbfalls **einen** Miteigentumsanteil an der Wohnung hinzuwirbt.

Nach § 10 e Abs. 5 Satz 3 zweiter Halbsatz EStG gilt Entsprechendes, wenn im Falle des Satzes 2 während des Abzugszeitraums die Voraussetzungen des § 26 Abs. 1 EStG wegfallen und ein Ehegatte den Anteil des anderen Ehegatten an der Wohnung erwirbt. Damit geht § 10 e EStG über die zu § 7 b EStG geltende Regelung hinaus (vgl. BFH, BStBl 1983 II S. 457). Die Voraussetzungen des § 26 Abs. 1 EStG können dadurch wegfallen, daß die Ehe geschieden oder für nichtig erklärt wird, daß die Ehegatten dauernd getrennt leben oder daß nicht mehr beide Ehegatten unbeschränkt steuerpflichtig sind. Nach § 10 e Abs. 5 Satz 3 zweiter Halbsatz EStG wird vorausgesetzt, daß ein Ehegatte **den Anteil** des anderen Ehegatten an der Wohnung erwirbt. Dies könnte von dem Wortlaut des § 10 e Abs. 5 Satz 3 erster Halbsatz EStG – einen Miteigentumsanteil – abweichen. Gleichwohl greift u. E. die Sonderregelung auch dann ein, wenn der Ehegatte nach Wegfall der Voraussetzungen des § 26 Abs. 1 EStG nur einen Bruchteil des Miteigentumsanteils des anderen Ehegatten erwirbt (streitig).

7.6.6 Folgeobjekt (§ 10 e Abs. 4 und 5 EStG)

Ebenso wie § 7 b EStG läßt § 10 e Abs. 4 Sätze 4 und 5 EStG die Übertragung des bei einem Erstobjekt nicht ausgenutzten Begünstigungszeitraums auf ein Folgeobjekt zu. Nach Satz 4 der Vorschrift kann der Stpfl., der die Wohnung im eigenen Haus oder die Eigentumswohnung (Erstobjekt) nicht bis zum Ablauf des Abzugszeitraums zu eigenen Wohnzwecken nutzt und deshalb die Abzugsbeträge nach den Absätzen 1 und 2 nicht mehr in Anspruch nehmen kann, die Abzugsbeträge nach Abs. 1 bei einer weiteren Wohnung (Folgeobjekt) in Anspruch nehmen. U. E. ist es nicht erforderlich, daß der Stpfl. Abzugsbeträge nach § 10 e Abs. 1 oder 2 EStG für das Erstobjekt tatsächlich in Anspruch genommen hat, sondern nur, daß er sie hätte in Anspruch nehmen können (vgl. § 10 e Abs. 4 Satz 5 EStG). Die Vorschrift gibt dem Stpfl. ein Wahlrecht. Statt der Behandlung als Folgeobjekt kann er die zweite Wohnung auch als zweites Objekt im Sinne des § 10 e Abs. 1 EStG behandeln.

In zeitlicher Hinsicht setzt die Regelung voraus, daß der Stpfl. das Folgeobjekt innerhalb von zwei Jahren vor und drei Jahren nach Ablauf des Veranlagungszeitraums, in dem er das Erstobjekt letztmals zu eigenen Wohnzwecken genutzt hat, anschafft oder herstellt. Hat der Stpfl. das Erstobjekt vor dem zeitlichen Geltungsbereich des § 10 e EStG – Stichtag 1. 1. 1987 – hergestellt oder erworben und das Folgeobjekt nach dem 31. 12. 1986 hergestellt oder angeschafft, kommt die Übertragung ebenfalls in Betracht (Abschn. 63 Abs. 1 EStR 1987). § 10 e Abs. 4 Satz 6 EStG stellt dem Erstobjekt im Sinne des § 10 e Abs. 4 Satz 4 EStG ein Erstobjekt im Sinne des § 7 b Abs. 5 Satz 4 EStG sowie des § 15 Abs. 1 und des § 15 b Abs. 1 BerlinFG ausdrücklich gleich. Dadurch wird zugelassen, daß der bei einem nach altem Recht begünstigten Erstobjekt noch nicht ausgenutzte Begünstigungszeitraum auf ein nach neuem Recht (§ 10 e EStG) begünstigtes Folgeobjekt übertragen werden kann. Bemessungsgrundlage für die Abzugsbeträge bei dem Folgeobjekt sind dessen Herstellungs- oder Anschaffungskosten zuzüglich der Hälfte der Anschaffungskosten des dazugehörenden Grund und Bodens. Zur Nachholung und Rückbeziehung in diesen Fällen s. BMF, BStBl 1987 I S. 434 Abschn. 32.

Hat der Stpfl. auch das Folgeobjekt vor dem 1. 1. 1987 hergestellt oder angeschafft, kann er unter den Voraussetzungen der Folgeobjektregelung des § 7 b Abs. 5 und 6 EStG ab 1987 die erhöhten Absetzungen als Werbungskosten oder – bei Wegfall der Nutzungswertbesteuerung – die den erhöhten Absetzungen für das Folgeobjekt entsprechenden Beträge wie Sonderausgaben nach § 52 Abs. 21 Satz 4 EStG abziehen (s. dazu 7.7.2).

7.6.7 Aufwendungen vor Beginn der erstmaligen Nutzung (§ 10 e Abs. 6 EStG)

Nach § 10 e Abs. 6 Satz 1 EStG können Aufwendungen des Stpfl., die

– bis zum Beginn der erstmaligen Nutzung einer Wohnung i. S. des Abs. 1 zu eigenen Wohnzwecken entstehen,

– unmittelbar mit der Herstellung oder Anschaffung des Gebäudes oder der Eigentumswohnung oder der Anschaffung des dazugehörenden Grund und Bodens zusammenhängen,

– nicht zu den Herstellungskosten oder Anschaffungskosten der Wohnung oder zu den Anschaffungskosten des Grund und Bodens gehören und

– im Falle der Vermietung oder Verpachtung der Wohnung als Werbungskosten abgezogen werden könnten,

wie Sonderausgaben abgezogen werden. Aufgrund dieser Regelung können Kosten, die in dem Bau- oder Anschaffungszeitraum oder infolge vorübergehenden Leerstehens der Wohnung nach der Fertigstellung oder Anschaffung anfallen und die bisher bei eigengenutzten Wohnungen als vorweggenommene Werbungskosten abgezogen werden können, auch künftig – nunmehr wie Sonderausgaben – abgezogen werden.

Anders als § 10 e Abs. 1 bis 5 EStG ist Absatz 6 der Vorschrift auch anwendbar, wenn die Wohnung vor dem 1. 1. 1987 angeschafft oder fertiggestellt worden ist. Aufwendungen im Sinne des § 10 e Abs. 6 EStG, die vor dem 1. 1. 1987 entstanden, aber nach dem 31. 12. 1986 bezahlt worden sind, können vom Veranlagungszeitraum 1987 an wie Sonderausgaben abgezogen werden. Sind diese Aufwendungen noch vor dem 1. 1. 1987 bezahlt worden, können sie im Veranlagungszeitraum 1986 als Werbungskosten berücksichtigt werden; § 10 e Abs. 6 EStG ist erstmals im Veranlagungszeitraum 1987 anzuwenden (§ 52 Abs. 1 EStG).

Aufwendungen, die bis zum Beginn der erstmaligen Nutzung entstehen, sind insbesondere das Damnum und andere Geldbeschaffungskosten sowie die auf diesen Zeitraum entfallenden Schuldzinsen und Erbbauzinsen (s. BMF, BStBl 1987 I S. 434 Abschn. 44 bis 46). Für die Frage, **ob** diese Aufwendungen nach § 10 e Abs. 6 EStG abgezogen werden können, kommt es allein darauf an, wann sie entstanden sind, nicht etwa auf den Zeitpunkt der Zahlung. Für die Frage, **wann** (d. h. in welchem VZ) diese Aufwendungen abgezogen werden können, ist hingegen der Zeitpunkt der Zahlung maßgeblich (§ 11 EStG). Anschaffungskosten für die Einräumung eines Erbbaurechts können ebenfalls nur zeitanteilig als Sonderausgaben abgezogen werden; der Berechnung ist eine Verteilung auf die Laufzeit des Erbbaurechts zugrunde zu legen.

Der **Zeitraum** bis zum Beginn der erstmaligen Nutzung zu eigenen Wohnzwecken umfaßt regelmäßig den Herstellungs- oder Anschaffungszeitraum bis zum Tage der Fertigstellung oder Anschaffung; vgl. dazu § 9 a EStDV. Darüber hinausgehend gehört dazu auch der Zeitraum nach Fertigstellung oder Anschaffung, während dessen die Wohnung vorübergehend leersteht. Anders als nach § 21 a Abs. 1 Satz 5 EStG können nicht die gesamten im Monat des Einzugs entstandenen Aufwendungen, sondern nur die bis zum Beginn, d. h. dem **Tag** der erstmaligen Nutzung zu eigenen Wohnzwecken, entstandenen Aufwendungen abgezogen werden. Aufwendungen, die während oder nach einer erstmaligen Nutzung der Wohnung zu eigenen Wohnzwecken – z. B. während eines sich daran anschließenden vorübergehenden Leerstehens, während der vorübergehenden Räumung zum Zwecke der Durchführung von Reparaturmaßnahmen – entstehen, sind nicht abzugsfähig. Andererseits können Aufwendungen, die nach einer Nutzung der Wohnung zur Erzielung von Einkünften (z. B. durch Vermietung), aber vor dem Beginn der erstmaligen Nutzung der Wohnung zu eigenen Wohnzwecken entstanden sind, nach § 10 e Abs. 6 EStG abgezogen werden, sofern es sich nicht um nachträgliche Werbungskosten handelt.

§ 10 e Abs. 6 EStG setzt voraus, daß die Wohnung zu eigenen Wohnzwecken des Steuerpflichtigen genutzt werden soll (s. dazu 7.6.2). Soll die Wohnung unentgeltlich einem Dritten überlassen werden, scheidet ein Abzug der Aufwendungen als Sonderausgaben aus. Soll sie vermietet werden, kommt ein Abzug als vorweggenommene Werbungskosten in Betracht.

Nach § 10 e Abs. 6 EStG können nur solche Aufwendungen abgezogen werden, die nicht zu den Herstellungs- oder Anschaffungskosten der Wohnung oder zu den

Anschaffungskosten des Grund und Bodens gehören. Vergebliche Aufwendungen (z. B. Architektenkosten für ein nicht durchgeführtes Bauvorhaben) behalten ihren Charakter als Anschaffungs- oder Herstellungskosten auch dann, wenn es nicht zur Anschaffung oder Fertigstellung der Wohnung kommt. Anders als nach bisheriger Rechtslage (vgl. BFH, BStBl 1984 II S. 303) können sie im Rahmen des § 10 e Abs. 6 EStG u. E. nicht berücksichtigt werden.

Voraussetzung für den Abzug nach § 10 e Abs. 6 EStG ist schließlich, daß die Aufwendungen nicht im Zusammenhang mit der Erzielung von Einkünften stehen. Wird eine Wohnung bis zum Beginn der erstmaligen Nutzung zu eigenen Wohnzwecken vermietet oder zu eigenen beruflichen oder eigenen betrieblichen Zwecken genutzt und sind die Aufwendungen Werbungskosten oder Betriebsausgaben, können sie nicht zusätzlich wie Sonderausgaben abgezogen werden, § 10 e Abs. 6 Satz 2 EStG. § 10 e Abs. 6 EStG setzt nicht voraus, daß der Stpfl. für die Anschaffungs- oder Herstellungskosten der Wohnung die Grundförderung nach § 10 e Abs. 1 bis 5 EStG tatsächlich in Anspruch nimmt. Die Vorschrift gilt entsprechend bei Ausbauten und Erweiterungen an einer zu Wohnzwecken genutzten Wohnung (§ 10 e Abs. 6 Satz 3 EStG).

7.6.8 Gesonderte und einheitliche Feststellung (§ 10 e Abs. 7 EStG)

Sind mehrere Steuerpflichtige Eigentümer einer zu eigenen Wohnzwecken genutzten Wohnung, können die Abzugsbeträge nach § 10 e Abs. 1 und 2 EStG und die Aufwendungen nach § 10 e Abs. 6 Satz 1 EStG gesondert und einheitlich festgestellt werden (§ 10 e Abs. 7 Satz 1 EStG). Die für die gesonderte Feststellung von Einkünften nach § 180 Abs. 1 Nr. 2 Buchst. a AO geltenden Vorschriften sind entsprechend anzuwenden. Die Einfügung dieser Verfahrensvorschrift wurde durch den Wegfall der Nutzungswertbesteuerung und die Verlagerung der Förderung in den Bereich des Sonderausgabenabzugs erforderlich; die unmittelbare Anwendung der §§ 179 ff. AO beschränkt sich auf den Bereich der Einkunftserzielung.

Es können nur die besonderen Abzugsbeträge nach § 10 e Abs. 1 und 2 EStG und die vorweggenommenen Aufwendungen nach § 10 e Abs. 6 Satz 1 EStG einheitlich und gesondert festgestellt werden, nicht hingegen die nach § 52 Abs. 21 Sätze 4 bis 7, Abs. 15 Satz 5 EStG wie Sonderausgaben abzugsfähigen Beträge. Im übrigen liegt die Entscheidung darüber, ob eine einheitliche und gesonderte Feststellung durchgeführt werden soll, im pflichtgemäßen Ermessen des Finanzamts.

7.6.9 Zeitlicher Geltungsbereich (§ 52 Abs. 14 EStG)

§ 10 e Abs. 1 bis 5 EStG ist erstmals anzuwenden

– bei **Wohnungen** im eigenen Haus oder bei Eigentumswohnungen:

wenn das Haus oder die Eigentumswohnung nach dem **31. 12. 1986** hergestellt oder angeschafft worden ist,

– bei **Ausbauten** und **Erweiterungen:**
wenn der Ausbau oder die Erweiterung nach dem 31. 12. 1986 fertiggestellt
worden ist.

Für vor dem 1. 1. 1987 angeschaffte oder hergestellte Objekte kommt daher die
Begünstigung nach § 10 e Abs. 1 bis 5 EStG nicht in Betracht. Für Altobjekte
kommt ein Sonderausgabenabzug allenfalls im Rahmen der (kleinen) Übergangs-
regelungen nach § 52 Abs. 21 Sätze 4 bis 7, Abs. 15 Satz 5 EStG in Betracht. Bei
Wohnungen im eigenen Haus ist maßgeblich der Zeitpunkt der Herstellung oder
Anschaffung des **Hauses.** Liegt dieser nach dem 31. 12. 1986, kann für VZ ab 1987
die Begünstigung auch für eine Wohnung in diesem Haus in Anspruch genommen
werden, die vor dem 1. 1. 1987 fertiggestellt worden ist (BMF, BStBl 1987 I S. 434
Abschn. 3), sofern diese Wohnung nicht der Nutzungswertbesteuerung unterliegt
(BMF, a. a. O. Abschn. 2).

Zum zeitlichen Geltungsbereich von § 10 e Abs. 6 EStG s. 7.6.7.

7.7 Zeitlich begrenzter Sonderausgabenabzug
(§ 52 Abs. 21 Sätze 4 bis 8, Abs. 15 Satz 5 EStG)

7.7.1 Allgemeines

Bei Wohnungen, die vor dem 1. 1. 1987 vom Stpfl. hergestellt oder angeschafft
worden sind und deren Nutzungswert im VZ 1986 durch Überschußrechnung
ermittelt worden ist, enthält § 52 Abs. 21 Satz 2 und 3 EStG aus Gründen des
Vertrauensschutzes eine (große) Übergangsregelung, nach der für eine längstens
zwölfjährige Übergangszeit von 1987 bis 1998 die weitere Anwendung der
Nutzungswertbesteuerung nach § 21 Abs. 2 Satz 1 Alternative 1 EStG zulässig ist
(s. zu 5.10.3.2). Bei Wohnungen, deren Nutzungswert im Veranlagungszeitraum
1986 pauschal nach § 21 a EStG zu ermitteln war, gehört der Nutzungswert ab
1987 ausnahmslos nicht mehr zu den Einkünften aus Vermietung und Verpachtung. Mit dem Wegfall der Nutzungswertbesteuerung ab 1987 scheidet bei diesen
Wohnungen ein Abzug der Aufwendungen, die mit der zu eigenen Wohnzwecken
genutzten oder unentgeltlich zu fremden Wohnzwecken überlassenen Wohnung
zusammenhängen, als Werbungskosten aus. Die Inanspruchnahme der Grundförderung nach § 10 e EStG kommt bei diesen Wohnungen aus zeitlichen Gründen
nicht in Betracht; § 10 e Abs. 1 bis 5 EStG ist nur anwendbar bei Objekten, die
nach dem 31. 12. 1986 hergestellt oder angeschafft worden sind. Aus Gründen des
Vertrauensschutzes hat der Gesetzgeber jedoch auch hier drei unterschiedliche
(kleine) Übergangsregelungen getroffen. Nach § 52 Abs. 21 Satz 4, Abs. 15
Satz 5 EStG können die den erhöhten Absetzungen entsprechenden Beträge für
die Restlaufzeit des Begünstigungszeitraums wie Sonderausgaben abgezogen
werden. Entsprechendes gilt nach § 52 Abs. 21 Satz 5 EStG für Erhaltungsaufwand i. S. des § 82 a Abs. 3 EStDV und den erweiterten Schuldzinsenabzug nach

§ 21 a Abs. 4 EStG. Darüber hinaus läßt § 52 Abs. 21 Satz 6 EStG für Herstellungskosten, die innerhalb einer fünfjährigen Übergangszeit – vom 1. 1. 1987 bis 31. 12. 1991 – für Maßnahmen aufgewendet werden, die nach § 82 a EStDV oder §§ 7 und 12 Abs. 3 SchutzbauG zur Vornahme erhöhter Absetzungen berechtigen würden, innerhalb des Begünstigungszeitraums einen Abzug von jeweils bis zu 10 v. H. der Herstellungskosten wie Sonderausgaben zu. Eine entsprechende Regelung enthält § 52 Abs. 21 Satz 7 EStG i. d. F. des StaatsVG für Herstellungskosten, die innerhalb einer **vier**jährigen Übergangszeit – vom 1. 1. 1987 bis 31. 12. 1990 – für Maßnahmen aufgewendet werden, die im Falle der Vermietung nach §§ 82 g oder 82 i EStDV zur Vornahme erhöhter Absetzungen berechtigen würden. Für andere Aufwendungen (z. B. normale AfA, Erhaltungsaufwendungen im Sinne des § 82 b EStDV) sind keine Übergangsregelungen getroffen worden (vgl. zu § 82 b EStDV BMF, BStBl 1986 I S. 480).

7.7.2 Sonderausgabenabzug der den erhöhten Absetzungen entsprechenden Beträge (§ 52 Abs. 21 Satz 4 EStG)

Nach § 52 Abs. 21 Satz 4 EStG können die den erhöhten Absetzungen entsprechenden Beträge ab dem VZ 1987 wie Sonderausgaben bis einschließlich des Veranlagungszeitraums abgezogen werden, in dem der Stpfl. die erhöhten Absetzungen letztmals hätte in Anspruch nehmen können. Dies setzt voraus, daß bei einer Wohnung im eigenen Haus bei dem Stpfl. im Veranlagungszeitraum 1986 die Voraussetzungen für die Inanspruchnahme von erhöhten Absetzungen vorgelegen haben und die Übergangsregelung zur weiteren Anwendung der Nutzungswertbesteuerung nicht eingreift.

Beispiel:
E hat 1985 ein Einfamilienhaus hergestellt. Die Herstellungskosten betrugen 300 000 DM. A nutzt das Haus zu eigenen Wohnzwecken.

1985 und 1986 kann E die erhöhten Absetzungen nach § 7 b EStG jeweils in Höhe von 5 v. H. von 200 000 DM = 10 000 DM als Werbungskosten bei den Einkünften aus Vermietung und Verpachtung abziehen (§ 21 Abs. 2 Alternative 1, § 21 a EStG).

Ab 1987 kann E für die Restlaufzeit des achtjährigen Begünstigungszeitraums – also bis zum Veranlagungszeitraum 1992 – jeweils 10 000 DM wie Sonderausgaben abziehen (§ 52 Abs. 21 Satz 4 EStG).

Das Merkmal „Wohnung im eigenen Haus" entspricht dem in § 21 Abs. 2 Satz 1 Alternative 1 und § 10 e Abs. 1 Satz 1 EStG verwendeten Begriff; es gelten daher dieselben Grundsätze. Für die Anwendung dieser Übergangsregelung ist es jedoch – im Gegensatz zu § 10 e und § 52 Abs. 21 Satz 6 EStG – nicht erforderlich, daß der Steuerpflichtige die Wohnung zu eigenen Wohnzwecken nutzt (Abschn. 65 Abs. 3, Abschn. 160 a Abs. 2 EStR); sie kommt daher auch bei Ferien- und Wochenendwohnungen in Betracht.

Die Übergangsregelung setzt voraus, daß bei dem Steuerpflichtigen im Veranlagungszeitraum 1986 die persönlichen und die sachlichen Voraussetzungen für die

Inanspruchnahme erhöhter Absetzungen vorgelegen haben. Die persönlichen Voraussetzungen liegen vor, wenn der Stpfl. das Wirtschaftsgut selbst zur Erzielung von Einkünften verwendet oder nutzt.

Das ist der Fall, wenn er die Wohnung zu eigenen Wohnzwecken genutzt hat und der Nutzungswert ihm nach § 21 Abs. 2 Satz 1 Alternative 1 EStG zuzurechnen ist; ferner dann, wenn der Stpfl. die Wohnung unentgeltlich einem Dritten überlassen hat und der Dritte die Wohnung nicht aufgrund einer gesicherten Rechtsposition innehat (Abschn. 65 Abs. 3 EStR); auch in diesem Fall ist der Nutzungswert der Wohnung dem Steuerpflichtigen nach § 21 Abs. 2 Satz 1 Alternative 1 EStG zuzurechnen. Hat der Dritte die Wohnung hingegen aufgrund einer gesicherten Rechtsposition inne, ist der Nutzungswert dem Nutzenden zuzurechnen; dieser wiederum kann die den erhöhten Absetzungen entsprechenden Beträge schon deshalb nicht wie Sonderausgaben abziehen, weil er keine Wohnung im eigenen Haus nutzt.

Hat der Steuerpflichtige die Wohnung im Veranlagungszeitraum 1986 vermietet und erst in späteren Veranlagungszeiträumen selbst genutzt, greift u. E. die Übergangsregelung des § 52 Abs. 21 Satz 4 EStG – anders als die Übergangsregelung zur Nutzungswertbesteuerung nach § 52 Abs. 21 Satz 2 EStG – ebenfalls ein. Denn die Voraussetzungen für die Inanspruchnahme erhöhter Absetzungen können auch bei vermieteten Objekten gegeben sein; § 7 b EStG setzt lediglich voraus, daß die Wohnung zur Erzielung von Einkünften genutzt wird. Hat der Stpfl. die Wohnung erst Ende 1986 angeschafft oder fertiggestellt und Anfang 1987 bezogen, ist ihm zwar ein Nutzungswert für 1986 nicht zuzurechnen. Gleichwohl können nach den Grundsätzen zur Behandlung vorweggenommener Werbungskosten die Voraussetzungen für die Inanspruchnahme erhöhter Absetzungen schon 1986 vorgelegen haben. Es ist nicht erforderlich, daß der Stpfl. ein ihm zustehendes Wahlrecht zugunsten der erhöhten Absetzungen 1986 auch ausgeübt hat.

Die Übergangsregelung des § 52 Abs. 21 Satz 4 EStG setzt schließlich voraus, daß Satz 2 der Vorschrift keine Anwendung findet. Sie scheidet daher aus, wenn in einem Veranlagungszeitraum ab 1987 aufgrund der in § 52 Abs. 21 Satz 2 EStG zum Nutzungswert getroffenen Übergangsregelung § 21 Abs. 2 Satz 1 EStG weiter anzuwenden ist. In diesen Fällen sind die erhöhten Absetzungen weiter als Werbungskosten oder Betriebsausgaben abzugsfähig (vgl. Abschn. 160 a Abs. 3 EStR). Eine zusätzliche Berücksichtigung dieser Aufwendungen als Sonderausgaben ist unter dem Gesichtspunkt des Vertrauensschutzes nicht gerechtfertigt. Das vorstehende Merkmal beinhaltet im Ergebnis ein Kumulierungsverbot. Die Anwendung der Übergangsregelung zum Sonderausgabenabzug der den erhöhten Absetzungen entsprechenden Beträge kommt somit einmal dann in Betracht, wenn bei der Wohnung im VZ 1986 ausschließlich die Voraussetzungen für die pauschale Ermittlung des Nutzungswerts nach § 21 a EStG vorgelegen haben. Darüber hinaus kommt sie auch bei einer Wohnung, bei der im VZ 1986 die Voraussetzungen für die Ermittlung des Nutzungswerts durch Überschußrechnung vorgelegen haben, dann in Betracht, wenn der Stpfl. in einem späteren VZ von seinem Wahlrecht für den vorzeitigen Wegfall der Nutzungswertbesteuerung Gebrauch gemacht hat (Abschn. 65 Abs. 1 EStR).

Liegen die genannten Voraussetzungen vor, können die den erhöhten Absetzungen entsprechenden Beträge wie Sonderausgaben bis einschließlich des Veranlagungszeitraums abgezogen werden, in dem der Stpfl. die erhöhten Absetzungen letztmals hätte in Anspruch nehmen können. Dem Stpfl. steht insoweit ein Wahlrecht zu. Es müssen jedoch auch in dem zu beurteilenden Veranlagungszeitraum innerhalb des verbleibenden Begünstigungszeitraums – von der fehlenden Steuerbarkeit des Nutzungswerts abgesehen – die sachlichen und persönlichen Voraussetzungen für die Inanspruchnahme der erhöhten Absetzungen gegeben sein.

Der Abzug wie Sonderausgaben erfolgt grundsätzlich in derselben **Höhe,** in der für die Wohnung die erhöhten Absetzungen zulässig wären (Abschn. 65 Abs. 2 EStR). Zur Höhe des Sonderausgabenabzugs in den Fällen, in denen die Begünstigung für ein Folgeobjekt i. S. des § 7 b Abs. 5 EStG in Anspruch genommen wird, s. Abschn. 63 Abs. 1, 4 EStR 1987.

Diese Übergangsregelung gilt unmittelbar, wenn die Wohnung zum Privatvermögen des Stpfl. gehört und zur Erzielung von Einkünften aus Vermietung und Verpachtung verwendet wird. Sie gilt nach § 21 Abs. 3 EStG gleichermaßen, wenn die Wohnung zum Betriebsvermögen eines Gewerbebetriebs oder eines der selbständigen Arbeit dienenden Betriebs gehört. Sie gilt schließlich entsprechend, wenn die Wohnung zum Betriebsvermögen eines land- und forstwirtschaftlichen Betriebs gehört (§ 52 Abs. 15 Satz 5 EStG).

7.7.3 Sonderausgabenabzug der dem § 82 a Abs. 3 EStDV und § 21 a Abs. 4 EStG entsprechenden Beträge (§ 52 Abs. 21 Satz 5 EStG)

Bei vor dem 1. 1. 1987 vom Stpfl. angeschafften oder hergestellten Wohnungen, deren Nutzungswert pauschal nach § 21 a EStG ermittelt wurde, konnten bis zum VZ 1986 über den Grundbetrag hinaus auch Erhaltungsaufwendungen im Sinne des § 82 a Abs. 3 EStDV und der erweiterte Schuldzinsenabzug nach § 21 Abs. 4 EStG als Werbungskosten berücksichtigt werden. Für die danach noch nicht ausgeschöpften Abzugsbeträge, die wegen des Wegfalls der Nutzungswertbesteuerung ab 1987 nicht mehr als Werbungskosten abgezogen werden können, enthält § 52 Abs. 21 Satz 5 EStG ebenfalls aus Gründen des Vertrauensschutzes eine Übergangsregelung. Danach können die dem § 82 a Abs. 3 EStDV und dem § 21 a Abs. 4 EStG entsprechenden Beträge wie Sonderausgaben bis einschließlich des Veranlagungszeitraums abgezogen werden, in dem der Stpfl. die Verteilung des Erhaltungsaufwandes nach § 82 a Abs. 3 EStDV bzw. den erweiterten Schuldzinsenabzug letztmals hätte vornehmen können. Über die bisherige Rechtslage hinaus kommt eine Verrechnung dieser Beträge mit einem Grundbetrag nicht mehr in Betracht (BMF, BStBl 1986 I S. 480).

Beispiel:
A hat Anfang 1986 ein Einfamilienhaus fertiggestellt und am 1. 3. 1986 bezogen. Die in der Zeit vom 1. 3. bis 31. 12. 1986 entstandenen Schuldzinsen kann er im Rahmen des erweiterten Schuldzinsenabzugs nach § 21 a Abs. 4 EStG als Werbungskosten abziehen. Die 1987 und 1988 entstandenen Schuldzinsen kann er bis zur Höhe von 10 000 DM pro Jahr wie Sonderausgaben abziehen (§ 52 Abs. 21 Satz 5 EStG).

Diese Übergangsregelung kann bei einer Wohnung im eigenen Haus oder bei einer Eigentumswohnung nur angewendet werden, wenn im VZ 1986 die Voraussetzungen für den Abzug des Erhaltungsaufwandes nach § 82 a Abs. 3 EStDV bzw. für den erweiterten Schuldzinsenabzug nach § 21 a Abs. 4 EStG erfüllt sind.

Liegen die genannten Voraussetzungen vor, können (Wahlrecht) die dem § 82 a Abs. 3 EStDV und § 21 a Abs. 4 EStG entsprechenden Beträge bis einschließlich des Veranlagungszeitraums abgezogen werden, in dem der Stpfl. die Verteilung des Erhaltungsaufwandes nach § 82 a Abs. 3 EStDV bzw. den erweiterten Schuldzinsenabzug nach § 21 a Abs. 4 EStG letztmals hätte in Anspruch nehmen können. Dies setzt u. E. ebenfalls voraus, daß in dem zu beurteilenden VZ ab 1987 – von der fehlenden Steuerbarkeit des Nutzungswerts abgesehen – die sachlichen und persönlichen Voraussetzungen für den Abzug des Erhaltungsaufwandes oder der Schuldzinsen nach den genannten Vorschriften gegeben sind. Das ist nur der Fall, wenn – abgesehen von der Aufhebung des § 21 a EStG ab 1987 – die Voraussetzungen für eine Einkunftsermittlung nach § 21 a EStG in diesem VZ vorliegen. Diese Übergangsregelung ist daher u. E. nicht anwendbar, wenn der Stpfl. sein Wahlrecht nach § 52 Abs. 21 Satz 2 EStG für den Wegfall der Nutzungswertbesteuerung ausgeübt hat.

Die Übergangsregelung gilt nur im Rahmen der Einkunftsarten Vermietung und Verpachtung, Gewerbebetrieb und selbständige Arbeit. Gehört die Wohnung zum Betriebsvermögen eines land- und forstwirtschaftlichen Betriebs, ist sie nicht anwendbar. § 52 Abs. 15 Satz 5 EStG verweist nicht auf Satz 5 des Absatzes 21. Da § 21 a EStG im Rahmen der Land- und Forstwirtschaft auch nach bisheriger Rechtslage nicht anwendbar war, bestand für eine derartige Übergangsregelung auch kein Bedürfnis.

7.7.4 Sonderausgabenabzug für innerhalb einer fünf- bzw. vierjährigen Übergangszeit durchgeführte Maßnahmen (§ 52 Abs. 21 Satz 6 und 7 EStG)

Eine über die beiden vorgenannten Übergangsregelungen hinausgehende Sonderregelung enthält § 52 Abs. 21 Satz 6 und 7 EStG. Danach können Kosten für bestimmte Maßnahmen, die der Stpfl. an einer zu eigenen Wohnzwecken genutzten Wohnung im eigenen Haus innerhalb einer Übergangszeit aufwendet, im Jahr der Herstellung und den folgenden neun Kalenderjahren jeweils bis zu 10 v. H. wie Sonderausgaben abgezogen werden. Begünstigt sind danach Herstellungskosten für Maßnahmen i. S. des § 82 a EStDV (neuzeitliche Technologien), § 82 g EStDV (bestimmte Baumaßnahmen), § 82 i EStDV (Baudenkmäler), §§ 7 und 12 Abs. 3 SchutzbauG (Schutzräume) sowie Erhaltungsaufwand für die erstmalige Durchführung von Maßnahmen i. S. des § 82 a Abs. 3 EStDV in der jeweils geltenden Fassung. Bei Herstellungskosten für Maßnahmen i. S. der §§ 82 g und 82 i EStDV beträgt die Übergangszeit vier Jahre – 1. 1. 1987 bis 31. 12. 1990 –, bei Herstellungskosten für die anderen genannten Maßnahmen fünf Jahre – 1. 1. 1987 bis 31. 12. 1991 –.

Das Merkmal „Wohnung im eigenen Haus" entspricht, ebenso wie bei den vorgenannten Übergangsregelungen, dem in § 21 Abs. 2 Satz 1 Alternative 1 und § 10 e Abs. 1 Satz 1 EStG verwendeten Begriff. Abweichend von den Übergangsregelungen nach § 52 Abs. 21 Sätze 4 und 5 EStG setzt diese Sonderregelung jedoch voraus, daß die Wohnung zu eigenen Wohnzwecken des Steuerpflichtigen genutzt wird (Abschn. 160 a Abs. 2 EStR). Dies entspricht § 10 e Abs. 1 Satz 2 EStG; es gelten dieselben Grundsätze. Diese Sonderregelung scheidet daher bei vermieteten (Abschn. 160 a Abs. 3 EStR) und ganz oder teilweise unentgeltlich überlassenen Wohnungen aus; das gilt auch dann, wenn der Dritte die Wohnung nicht aufgrund einer gesicherten Rechtsposition nutzt. In zeitlicher Hinsicht ist hier, im Gegensatz zu den Übergangsregelungen des § 52 Abs. 21 Satz 2 zur Nutzungswertbesteuerung und der Sätze 4 und 5 zum Sonderausgabenabzug, nicht erforderlich, daß die Wohnung vor dem 1. 1. 1987 angeschafft oder hergestellt worden ist. Die Sonderregelung der Sätze 6 und 7 setzt in zeitlicher Hinsicht nur voraus, daß die begünstigten Kosten nach dem 31. 12. 1986 und vor dem 1. 1. 1992 (Satz 6) bzw. vor dem 1. 1. 1991 (Satz 7) aufgewendet werden.

Weitere Voraussetzung ist, daß die Aufwendungen im Falle der Vermietung nach §§ 82 a, 82 g und 82 i EStDV bzw. §§ 7 und 12 Abs. 3 SchutzbauG zur Vornahme erhöhter Absetzungen berechtigen würden. Nach § 52 Abs. 21 Satz 6 EStG gilt dies entsprechend für Aufwendungen im Sinne des § 82 a Abs. 3 EStDV. Die Bedeutung dieser Regelung ist unklar, da § 82 a Abs. 3 EStDV von einer pauschalen Ermittlung des Nutzungswertes einer selbstgenutzten Wohnung nach § 21 a EStG ausgeht und im Falle der Vermietung nicht anwendbar ist. U. E. ergibt sich aus der entsprechenden Anwendung der genannten Vorschrift die Voraussetzung, daß die Aufwendungen nach § 82 a Abs. 3 EStDV im Falle des Ansatzes eines Nutzungswertes nach § 21 a EStG zum Abzug des Erhaltungsaufwandes berechtigen würden.

Die Sonderregelung setzt ferner voraus, daß für die Wohnung kein Nutzungswert nach der Übergangsregelung des § 52 Abs. 21 Sätze 2 und 3 i. V. m. § 21 Abs. 2 Satz 1 EStG anzusetzen ist (§ 52 Abs. 21 Satz 8 EStG). In diesem Fall sind die Aufwendungen als Werbungskosten oder Betriebsausgaben abzugsfähig; ihr zusätzlicher Abzug als Sonderausgaben würde zu einer Doppelberücksichtigung führen. Der Abzug der Aufwendungen als Sonderausgaben nach § 52 Abs. 21 Satz 6 und 7 EStG ist ferner nur zulässig, wenn der Steuerpflichtige die Aufwendungen nicht in die Bemessungsgrundlage des besonderen Abzugsbetrages nach § 10 e EStG einbezogen hat (Kumulierungsverbot).

Liegen diese Voraussetzungen vor, können die Herstellungskosten im Jahr der Herstellung und den folgenden neun (im Falle der §§ 7 und 12 Abs. 3

SchutzbauG: den folgenden elf) Kalenderjahren jeweils bis zu 10 v. H. wie Sonderausgaben abgezogen werden. Entsprechendes gilt für den Erhaltungsaufwand i. S. des § 82 a Abs. 3 EStDV. Hier ist maßgeblich das Jahr, in dem die Arbeiten abgeschlossen worden sind (§ 82 a Abs. 3 Satz 1 zweiter Halbsatz EStDV). Die Sonderregelung ist auch anwendbar, wenn die Wohnung zum Betriebsvermögen eines land- und forstwirtschaftlichen Betriebs gehört (§ 52 Abs. 15 Satz 5 EStG).

In zeitlicher Hinsicht ist die Vorschrift auf nach dem 31. 12. 1986 und vor dem 1. 1. 1991 bzw. 1. 1. 1992 aufgewendete Herstellungskosten befristet. Eine Anschlußregelung enthält nun § 10 f EStG; siehe dazu 7.8.

7.8 Baudenkmale und Gebäude in Sanierungsgebieten und städtebaulichen Entwicklungsbereichen (§ 10 f EStG)

7.8.1 Allgemeines

Durch das WoBauFG sind die bisher in §§ 82 g und 82 i EStDV zugelassenen erhöhten Absetzungen für Abnutzung nunmehr zeitlich unbeschränkt in §§ 7 h und 7 i EStG geregelt. Danach können Steuerpflichtige bei einem Gebäude in einem förmlich festgelegten Sanierungsgebiet oder städtebaulichen Entwicklungsbereich und bei einem Baudenkmal jeweils bis zu 10 v. H. bestimmter Herstellungs- oder Anschaffungskosten je Kalenderjahr absetzen. Für Gebäude, die vom Steuerpflichtigen zu eigenen Wohnzwecken genutzt werden und bei denen sich erhöhte Absetzungen wegen des Wegfalls der Nutzungswertbesteuerung nicht als Betriebsausgaben oder Werbungskosten auswirken können, ließ bisher § 52 Abs. 21 Satz 6 EStG für eine 5jährige Übergangszeit – vom 1. 1. 1987 bis 31. 12. 1991 – zu, daß jeweils bis zu 10 v. H. der Herstellungskosten wie Sonderausgaben abgezogen werden. Mit § 10 f Abs. 1 EStG ist diese Übergangsregelung an die neu eingefügten §§ 7 h und 7 i EStG angepaßt und als Dauerregelung ausgestaltet worden. Anders als § 10 e EStG sieht § 10 f EStG keine Höchstbetragsbegrenzung vor.

Darüber hinaus läßt § 10 f Abs. 2 EStG für diese Gebäude zu, Erhaltungsaufwand bei Vorliegen der Voraussetzungen der §§ 11 a und 11 b EStG auf zehn Jahre verteilt wie Sonderausgaben abzuziehen; diese Vorschriften führen die bisher in § 82 h und § 82 k EStDV getroffenen und zeitlich bis zum 31. 12. 1989 befristeten Regelungen nunmehr zeitlich unbeschränkt fort.

§ 10 f Abs. 3 und 4 EStG enthält – in Anlehnung an § 10 e EStG – Regelungen zur Objektbegrenzung. Absatz 5 der Vorschrift schließlich erweitert den Anwendungsbereich der Vorschrift auf selbständige Gebäudeteile und Eigentumswohnungen. Sind mehrere Steuerpflichtige Eigentümer eines zu eigenen Wohnzwecken genutzten Gebäudes, können die Sonderausgabenabzugsbeträge nach § 10 f Abs. 1 und 2 EStG gesondert und einheitlich festgestellt werden (§ 10 f Abs. 4 Satz 3 EStG).

7.8.2 Anschaffungs- und Herstellungskosten (§ 10 f Abs. 1 EStG)

Nach § 10 f Abs. 1 EStG kann der Steuerpflichtige Aufwendungen an einem eigenen Gebäude im Kalenderjahr des Abschlusses der Baumaßnahme und in den neun folgenden Kalenderjahren jeweils bis zu 10 v. H. wie Sonderausgaben abziehen, wenn die Voraussetzungen des § 7 h EStG oder des § 7 i EStG vorliegen. Da diese Vorschriften erhöhte Absetzungen nur für bestimmte Anschaffungs- oder Herstellungskosten zulassen, erfordert auch § 10 f Abs. 1 EStG das Vorliegen derartiger Anschaffungs- oder Herstellungskosten. Wegen der Voraussetzungen der §§ 7 h und 7 i EStG im einzelnen wird auf 5.10.6 und 5.10.7 sowie Abschn. 159 und 160 EStR hingewiesen.

Der Sonderausgabenabzug kommt nur in Betracht, soweit der Steuerpflichtige das Gebäude in dem jeweiligen Kalenderjahr zu eigenen Wohnzwecken nutzt (§ 10 f Abs. 1 Satz 2 EStG). Abgesehen davon, daß diese Vorschrift nicht auf die Wohnung, sondern auf das Gebäude abstellt, entspricht dies der Regelung des § 10 e Abs. 1 EStG; wegen der Einzelheiten wird daher auf 7.6.2 Bezug genommen. Eine Nutzung zu eigenen Wohnzwecken liegt – wie bei § 10 e EStG – auch vor, wenn Teile einer zu eigenen Wohnzwecken genutzten Wohnung unentgeltlich überlassen werden.

Für Zeiträume, für die der Steuerpflichtige erhöhte Absetzungen von Aufwendungen nach § 7 h oder § 7 i EStG abgezogen hat, kann er für dieselben Aufwendungen keinen Sonderausgabenabzug nach § 10 f Abs. 1 EStG in Anspruch nehmen (§ 10 f Abs. 1 Satz 3 EStG). Dies beruht gesetzessystematisch auf dem Vorrang des Betriebsausgaben- und Werbungskostenabzugs gegenüber dem Sonderausgabenabzug (vgl. § 10 Abs. 1 Satz 1 EStG). Hierdurch wird jedoch im Fall des Nutzungswechsels innerhalb des 10jährigen Begünstigungszeitraums ein Übergang von der Inanspruchnahme erhöhter Absetzungen nach § 7 h EStG oder § 7 i EStG zum Sonderausgabenabzug nach § 10 f Abs. 1 EStG und umgekehrt nicht ausgeschlossen.

Der Sonderausgabenabzug nach § 10 f Abs. 1 EStG kommt nur in Betracht, soweit der Steuerpflichtige die Aufwendungen nicht in die Bemessungsgrundlage nach § 10 e EStG einbezogen hat (§ 10 f Abs. 1 Satz 2 EStG); zwischen § 10 f EStG und § 10 e Abs. 1 bis 5 EStG besteht damit ein Kumulierungsverbot. Wegen der Einbeziehung der Herstellungskosten von Ausbauten und Erweiterungen sowie von nachträglichen Anschaffungs- oder Herstellungskosten in die Bemessungsgrundlage nach § 10 e Abs. 2 und 3 EStG siehe im einzelnen 7.6.3 und 7.6.4.

§ 10 f Abs. 1 EStG setzt voraus, daß der Steuerpflichtige das Gebäude zu eigenen Wohnzwecken nutzt. Nach § 10 f Abs. 5 EStG ist die Vorschrift auf Gebäudeteile, die selbständige unbewegliche Wirtschaftsgüter sind, und auf Eigentumswohnungen entsprechend anzuwenden.

In zeitlicher Hinsicht ist § 10 f Abs. 1 EStG erstmals auf Baumaßnahmen anzuwenden, die nach dem 31. 12. 1990 abgeschlossen worden sind (§ 52 Abs. 14 a

Satz 1 EStG i. d. F. des StaatsVG); für Baumaßnahmen, die vor dem 1. 1. 1991 abgeschlossen worden sind, gilt weiterhin § 52 Abs. 21 Satz 6 EStG. Soweit Anschaffungskosten begünstigt werden, ist § 10 f Abs. 1 EStG hingegen auch auf Baumaßnahmen anzuwenden, die vor dem 1. 1. 1991 abgeschlossen worden sind (§ 52 Abs. 14 a Satz 2 EStG); hierdurch wird im Ergebnis die bisher nur auf Herstellungskosten beschränkte Regelung des § 52 Abs. 21 Satz 6 EStG vom VZ 1990 an auch auf Anschaffungskosten ausgedehnt.

7.8.3 Erhaltungsaufwand (§ 10 f Abs. 2 EStG)

Nach § 10 f Abs. 2 EStG kann der Steuerpflichtige Erhaltungsaufwand, der an einem eigenen Gebäude entsteht und nicht zu den Betriebsausgaben oder Werbungskosten gehört, im Kalenderjahr des Abschlusses der Maßnahme und in den neun folgenden Kalenderjahren jeweils bis zu 10 v. H. wie Sonderausgaben abziehen, wenn die Voraussetzungen

– des § 11 a Abs. 1 EStG i. V. mit § 7 h Abs. 2 EStG

oder

– des § 11 b Sätze 1 oder 2 EStG i. V. mit § 7 i Abs. 1 Satz 2 und Abs. 2 EStG

vorliegen.

Wegen der Voraussetzungen im einzelnen wird auf 5.10.4.2 a. E. sowie 5.10.6 und 5.10.7 Bezug genommen. Begünstigungszeitraum (10 Jahre) und Hundertsatz (10 v. H.) entsprechen jedoch nicht denen der §§ 11 a und 11 b EStG, sondern denen des § 10 f Abs. 1 EStG.

Der Sonderausgabenabzug nach § 10 f Abs. 2 EStG kommt nur in Betracht, soweit der Steuerpflichtige das Gebäude in dem jeweiligen Kalenderjahr zu eigenen Wohnzwecken nutzt (§ 10 f Abs. 2 Satz 2 EStG). Soweit er hingegen das Gebäude zur Erzielung von Einkünften nutzt und der Erhaltungsaufwand zu den Betriebsausgaben oder Werbungskosten gehört, ist der Sonderausgabenabzug ausgeschlossen. Die Nutzung zu eigenen Wohnzwecken bestimmt sich – ebenso wie bei § 10 f Abs. 1 EStG – nach denselben Grundsätzen wie bei § 10 e Abs. 1 EStG.

Der Sonderausgabenabzug nach § 10 f Abs. 2 EStG kommt darüber hinaus nur in Betracht, soweit der Steuerpflichtige diese Aufwendungen nicht nach § 10 e Abs. 6 EStG abgezogen hat (§ 10 f Abs. 2 Satz 2 EStG); zwischen § 10 f Abs. 2 EStG und § 10 e Abs. 6 EStG besteht damit ein Kumulierungsverbot. Wegen des Abzugs nach § 10 e Abs. 6 EStG im einzelnen wird auf 7.6.7 Bezug genommen.

Geht der Steuerpflichtige während des 10jährigen Verteilungszeitraums von der Nutzung des Gebäudes zu eigenen Wohnzwecken zur Einkunftserzielung über, ist der noch nicht berücksichtigte Teil des Erhaltungsaufwands im Jahr des Übergangs zur Einkunftserzielung wie Sonderausgaben abzuziehen (§ 10 f Abs. 2 Satz 3 EStG). Ebenso wie Absatz 1 der Vorschrift ist § 10 f Abs. 2 auf Gebäudeteile, die selbständige unbewegliche Wirtschaftsgüter sind, und auf

Eigentumswohnungen entsprechend anzuwenden. In zeitlicher Hinsicht gilt § 10 f Abs. 2 EStG vom VZ 1990 an. Damit ist diese Vorschrift erstmals auf Erhaltungsaufwand anzuwenden, dem nach dem 31. 12. 1989 abgeschlossene Maßnahmen zugrunde liegen.

7.8.4 Objektbegrenzung (§ 10 f Abs. 3 und 4 EStG)

Nach § 10 f Abs. 3 EStG kann der Steuerpflichtige die Abzugsbeträge nach den Absätzen 1 und 2 nur bei einem Gebäude in Anspruch nehmen (sog. Objektbegrenzung). Hinsichtlich desselben Gebäudes kann der Steuerpflichtige jedoch Abzugsbeträge nach § 10 f Abs. 1 EStG als auch nach § 10 f Abs. 2 EStG in Anspruch nehmen.

Den Gebäuden i. S. des § 10 f Abs. 1 und 2 EStG stehen im Rahmen der Objektbegrenzung nach § 10 f Abs. 3 EStG solche Gebäude gleich, für die Sonderausgabenabzugsbeträge nach § 52 Abs. 21 Satz 6 EStG 1987 i. V. mit § 82 g EStDV – dies betrifft Herstellungskosten für bestimmte Baumaßnahmen im Sinne des § 177 BauGB u. ä. – oder § 82 i EStDV – dies betrifft Herstellungskosten für Baudenkmäler – in Anspruch genommen worden sind; Entsprechendes gilt für die Abzugsbeträge nach § 52 Abs. 21 Satz 7 EStG n. F. Andere Gebäude sind demgegenüber nicht in diese Objektbegrenzung einbezogen worden; in die Objektbegrenzung nach § 10 f Abs. 3 EStG sind daher weder Gebäude, für die erhöhte Absetzungen nach § 7 b EStG oder §§ 7 h oder 7 i EStG in Anspruch genommen worden sind, noch solche Gebäude einzubeziehen, für die Sonderausgabenabzugsbeträge nach § 10 e EStG, § 52 Abs. 21 Satz 4 oder 5 EStG oder § 52 Abs. 21 Satz 6 EStG i. V. mit § 82 a EStDV, §§ 7 und 12 Abs. 3 SchutzbauG oder i. V. mit § 82 a Abs. 3 EStDV in Anspruch genommen worden sind.

Sind mehrere Steuerpflichtige Eigentümer eines Gebäudes, steht der Anteil des Steuerpflichtigen an einem solchen Gebäude für Zwecke der Objektbegrenzung dem Gebäude gleich. Anders als bei § 10 e EStG kann ein Miteigentümer, der für seinen ursprünglichen Anteil bereits Abzugsbeträge nach § 10 f Abs. 1 oder 2 EStG in Anspruch genommen hat, im Falle des Hinzuerwerbs eines weiteren Anteils an demselben Gebäude für danach von ihm durchgeführte Maßnahmen die Abzugsbeträge auch insoweit in Anspruch nehmen, als sie auf den hinzuerworbenen Anteil entfallen (§ 10 f Abs. 4 Satz 2 EStG).

Ehegatten, bei denen die Voraussetzungen der Zusammenveranlagung nach § 26 Abs. 1 EStG vorliegen, können die Abzugsbeträge nach den Absätzen 1 und 2 bei insgesamt zwei Gebäuden abziehen. Dabei ist zusätzlich zu berücksichtigen, daß die Anteile der Ehegatten an einem Gebäude zusammen nur ein Objekt im Sinne der Objektbegrenzung darstellen, wenn Eigentümer des Gebäudes ausschließlich der Steuerpflichtige und sein Ehegatte sind und bei den Ehegatten die Voraussetzungen des § 26 Abs. 1 EStG für eine Zusammenveranlagung vorliegen (§ 10 f Abs. 4 Satz 3 i. V. mit § 10 e Abs. 5 Satz 2 EStG).

7.9 Außergewöhnliche Belastungen

7.9.1 Allgemeines

Es gibt Aufwendungen, die weder als Betriebsausgaben oder Werbungskosten noch als Sonderausgaben abzugsfähig sind, die aber wegen ihres besonderen außergewöhnlichen Charakters gleichwohl steuerlich berücksichtigt werden sollen, weil sie die individuelle Leistungsfähigkeit des einzelnen Steuerpflichtigen wesentlich beeinflussen.

Die steuerliche Berücksichtigung solcher außergewöhnlicher Belastungen erfolgt nach den Grundsätzen der §§ 33 bis 33 c EStG durch Gewährung steuerfreier Beträge. Dabei sind zwei Gruppen zu unterscheiden:

a) individuelle Einzelfälle, die nicht einheitlich geregelt werden können (§ 33 EStG),

b) im wesentlichen gleichartige Fälle, die durch eine Typisierung weitgehend schematisch (§§ 33 a und 33 c EStG) oder pauschal geregelt werden können (§ 33 b EStG).

7.9.2 Fälle des § 33 EStG

7.9.2.1 Allgemeines

Erwachsen einem Steuerpflichtigen zwangsläufig größere Aufwendungen als der überwiegenden Mehrzahl der Steuerpflichtigen gleicher Einkommensverhältnisse, gleicher Vermögensverhältnisse und gleichen Familienstandes **(außergewöhnliche Belastung),** so wird auf Antrag die Einkommensteuer dadurch ermäßigt, daß der Teil der Aufwendungen, der die dem Steuerpflichtigen zumutbare Belastung (§ 33 Abs. 3 EStG) übersteigt, vom Gesamtbetrag der Einkünfte abgezogen wird (§ 33 Abs. 1 EStG).

Aufwendungen, die zu den Betriebsausgaben, Werbungskosten oder Sonderausgaben gehören, bleiben dabei außer Betracht; das gilt für Aufwendungen i. S. des § 10 Abs. 1 Nr. 7 EStG (Ausbildungsaufwendungen) und des § 10 Abs. 1 Nr. 8 EStG (Aufwendungen für hauswirtschaftliche Beschäftigungsverhältnisse) nur insoweit, als sie als Sonderausgaben abgezogen werden können. Aufwendungen, die durch Diätverpflegung entstehen, können nicht als außergewöhnliche Belastung berücksichtigt werden (§ 33 Abs. 2 EStG).

§ 33 EStG führt im Gegensatz zu §§ 33 a, 33 b und 33 c EStG nicht an, welche Sachverhalte im einzelnen eine außergewöhnliche Belastung darstellen. Eine erschöpfende Übersicht der möglichen Anwendungsfälle kann daher nicht gegeben werden.

Im einzelnen setzt § 33 EStG folgendes voraus:

1. Aufwendungen

Es müssen Aufwendungen, d. h. Ausgaben vorliegen. Leistungen im Rahmen von Vermögensauseinandersetzungen (BFH, BStBl 1989 II S. 282) und Vermögensverluste sind keine Aufwendungen in diesem Sinne. Diese Ausgaben müssen im VZ tatsächlich geleistet worden sein. Das Abflußprinzip des § 11 Abs. 2 EStG gilt auch hier (BFH, BStBl 1982 II S. 744). Aufwendungen können daher nur in dem VZ berücksichtigt werden, in dem sie tatsächlich erbracht worden sind. Das gilt auch, wenn die Aufwendungen aus einem Darlehn bestritten worden sind, das erst in späteren Jahren zu tilgen ist (BFH, BStBl 1988 II S. 814; überholt BFH, BStBl 1982 II S. 744). Da insoweit eine Änderung der Rechtsprechung eingetreten ist, hat die FinVerw dazu eine Billigkeitsregelung erlassen. Danach sind in Fällen, in denen nach der bisherigen Rechtsauffassung (Abschn. 189 a Abs. 1 EStR 1987) verfahren wurde und weitere Tilgungsbeträge anfallen, die noch nicht berücksichtigten Darlehnstilgungen im Jahr der Verausgabung (Erstjahr) im Wege einer Änderung nach § 174 Abs. 3 AO als außergewöhnliche Belastung abzuziehen. War die Aufnahme des Darlehns selbst zwangsläufig, sind auch die Zinsen nach § 33 EStG abzugsfähig (Anm. zu BFH, HFR 1989 S. 18). Die Ansammlung von Beträgen zur Bestreitung künftiger Ausgaben stellt noch keine Aufwendungen i. S. des § 33 EStG dar. Eine außergewöhnliche Belastung kann erst im Zeitpunkt der späteren Verausgabung der angesammelten Beträge eintreten (BFH, BStBl 1955 III S. 43).

2. Belastung

Der Steuerpflichtige muß belastet sein, d. h., in seine persönliche Lebenssphäre muß ein ihn belastendes Ereignis eintreten. Dieses Ereignis muß ihn zu Ausgaben zwingen, die er endgültig selbst zu tragen hat. Der Steuerpflichtige ist insoweit nicht belastet, als er steuerfreie Unterstützungen von dritter Seite erhält, z. B. Beihilfen des Arbeitgebers in Krankheitsfällen, Ersatzleistungen aus einer Krankenversicherung für Arztkosten und Arzneimittel, Bezüge aus einer Krankenhaustagegeldversicherung bis zur Höhe der durch einen Krankenhausaufenthalt verursachten Kosten, nicht aber Leistungen aus einer Krankentagegeldversicherung (BFH, BStBl 1972 II S. 177). Unterstützungen und Versicherungsleistungen sind auch dann von den berücksichtigungsfähigen Aufwendungen abzusetzen, wenn sie erst in einem späteren Kalenderjahr gezahlt werden, der Stpfl. aber bereits in dem Kalenderjahr, in dem die Belastung eingetreten ist, mit der Zahlung rechnen konnte (BFH, BStBl 1975 II S. 14; Abschn. 186 Abs. 2 EStR).

Der Steuerpflichtige ist im allgemeinen nicht belastet, wenn er für seine Aufwendungen einen wie auch immer gearteten Gegenwert erlangt, der von einem länger dauernden Wert oder Nutzen ist und auch für einen Dritten von Vorteil wäre, also eine gewisse Marktgängigkeit besitzt (BFH, BStBl 1983 II S. 378). Das ist z. B. bei Aufwendungen für ein Schwimmbad, für eine Babyausstattung, für Haushaltsgeräte, für den Einbau eines Schalldämmfensters oder Zuschüssen zur Erlangung einer Wohnung, nicht aber bei Medikamenten, Prothesen und sonstigen medizinischen Hilfsmitteln der Fall. Vorgänge, die auf der reinen Vermögensebene liegen, z. B. Vermögensverluste, Erbschaften, Kapitalabfindungen usw., können im Rahmen des § 33 EStG grundsätzlich nicht berücksichtigt werden (BFH, BStBl 1956 III S. 383 und S. 290; Abschn. 186

Abs. 2 EStR). Aus diesem Grunde stellen auch Aufwendungen eines Ehegatten im Rahmen eines Scheidungsverfahrens, die mit der vermögensmäßigen Auseinandersetzung zusammenhängen, wie auch Aufwendungen im Zusammenhang mit dem Versorgungsausgleich keine außergewöhnliche Belastung dar (BFH, BStBl 1984 II S. 106); vgl. dazu auch 7.9.2.2.12.

3. Außergewöhnlichkeit

Das Ereignis und die darauf beruhenden Aufwendungen müssen für den Stpfl. außergewöhnlich sein. Aufwendungen sind außergewöhnlich, wenn sie nicht nur ihrer Höhe, sondern auch ihrer Art und dem Grunde nach außerhalb des Üblichen liegen (BFH, BStBl 1990 II S. 418). Es müssen somit dem Steuerpflichtigen größere Aufwendungen als der überwiegenden Mehrzahl der Steuerpflichtigen gleicher Einkommens-, Vermögens- und Familienverhältnisse erwachsen. Das bedeutet, daß es sich um Aufwendungen handeln muß, die in den besonderen Verhältnissen des einzelnen Steuerpflichtigen oder einer kleinen Minderheit von Steuerpflichtigen begründet sind. Ereignisse, die in einem Kalenderjahr bei der überwiegenden Mehrzahl der in gleichen Verhältnissen lebenden Stpfl. eintreten, können also nicht im Rahmen des § 33 EStG berücksichtigt werden (BFH, BStBl 1981 II S. 25). Fälle dieser Art bedürfen einer besonderen gesetzlichen Regelung, wenn sie steuerlich berücksichtigt werden sollen. Entsprechend sind Umzugskosten unabhängig von der Art der Wohnungskündigung durch den Mieter oder Vermieter in der Regel nicht außergewöhnlich (BFH, BStBl 1975 II S. 482 und 1978 II S. 526). S. im einzelnen Abschn. 186 Abs. 4 EStR.

4. Zwangsläufigkeit

Die Aufwendungen müssen für den Stpfl. zwangsläufig sein. Aufwendungen erwachsen dem Stpfl. zwangsläufig,

– wenn er sich ihnen aus rechtlichen, tatsächlichen oder sittlichen Gründen nicht entziehen kann (Zwangsläufigkeit dem Grunde nach) und

– soweit die Aufwendungen den Umständen nach notwendig sind und einen angemessenen Betrag nicht übersteigen (Zwangsläufigkeit der Höhe nach).

Diese Voraussetzungen sind erfüllt, wenn die rechtlichen, tatsächlichen oder sittlichen Gründe der Zwangsläufigkeit von außen, d. h. vom Willen des Stpfl. unabhängig, auf die Entscheidung des Stpfl. in einer Weise einwirken, daß er ihnen nicht ausweichen kann (BFH, BStBl 1989 II S. 280).

Rechtliche Gründe können nur dann zu zwangsläufigen Aufwendungen i. S. des § 33 EStG führen, wenn der Stpfl. die rechtlichen Gründe für die Verpflichtung nicht selbst gesetzt hat, d. h., wenn die Übernahme der rechtlichen Verpflichtung ihrerseits auf rechtlichen oder sittlichen Verpflichtungen oder einer tatsächlichen Zwangslage beruhte (BFH, BStBl 1986 II S. 745, 1987 II S. 715).

Tatsächliche Gründe der Zwangsläufigkeit sind zu bejahen, wenn die geltend gemachten Aufwendungen unmittelbar durch ein unausweichliches Ereignis wie Katastrophen, Krankheit sowie andere Gesundheits- und Lebensbedrohungen oder unzumutbare Beschränkungen der Freiheit ausgelöst wurden (BFH, BStBl

1989 II S. 280). Tatsächliche Gründe können den Stpfl. selbst betreffen und ihn unmittelbar veranlassen, die Folgen dieses Ereignisses abzuwenden. Das Ereignis kann aber auch eine andere Person betroffen haben und den Stpfl. zu Aufwendungen veranlassen, denen er sich aus tatsächlichen Gründen nicht entziehen kann.

Eine **sittliche** Pflicht ist nur dann gegeben, wenn diese so unabdingbar auftritt, daß sie ähnlich einer Rechtspflicht von außen her als eine Forderung oder zumindest Erwartung der Gesellschaft derart auf den Stpfl. einwirkt, daß ihre Erfüllung als eine selbstverständliche Handlung erwartet, die Mißachtung dieser Erwartung als moralisch anstößig empfunden wird (BFH, BStBl 1988 II S. 534, 1989 II S. 280) und das Unterlassen der Aufwendungen Sanktionen im sittlich-moralischen Bereich oder auf gesellschaftlicher Ebene zur Folge hätte. Dabei sind alle Umstände des Einzelfalls zu berücksichtigen (BFH, BStBl 1987 II S. 715). Eine solche sittliche Verpflichtung wird in der Regel nur in Beziehung zu den Angehörigen des Stpfl. i. S. des § 15 AO vorliegen, und zwar unabhängig davon, ob dem Unterhaltenen gegen den Leistenden ein Rechtsanspruch zusteht oder nicht (BFH, BStBl 1987 II S. 495 m. w. N.).

Nur ausnahmsweise werden Aufwendungen für andere Personen zwangsläufig sein, z. B. Zuwendungen an eine arbeitsunfähig gewordene langjährige Hausgehilfin (BFH, BStBl 1954 III S. 188). Die allgemeine sittliche Pflicht, in Not geratenen Mitmenschen zu helfen, kann die Zwangsläufigkeit nicht begründen. Es ist nicht so, daß jede Verpflichtung sittlicher Art zugleich auch zwingender Natur im Sinne des § 33 EStG ist. Für die Annahme einer sittlichen Verpflichtung im Sinne des § 33 EStG bedarf es des Erfordernisses einer besonderen Beziehung zwischen den beteiligten Personen, so daß eine aus anerkennenswerter sittlicher Haltung gewährte Unterstützung allein nicht die Zwangsläufigkeit begründen kann (BFH, BStBl 1971 II S. 628, 1984 II S. 484; Abschn. 186 Abs. 5 EStR). Eine generelle sittliche Pflicht, die Kosten eines Hochschulstudiums für volljährige Geschwister zu tragen, besteht daher nicht (BFH, BStBl 1989 II S. 280).

Die dem Lebensunterhalt dienende Unterstützung von Verwandten, die in der DDR, Berlin (Ost) oder in den ost- oder südosteuropäischen Staaten wohnhaft sind, in deren Herrschaftsbereich ein Vertreibungsgebiet i. S. des § 12 Abs. 2 LAG liegt und von denen erfahrungsgemäß keine amtlichen Auskünfte und Bescheinigungen über Einkommens- und Vermögensverhältnisse der unterstützten Personen zu erhalten sind, ist jedoch stets zwangsläufig (§ 33 a Abs. 1 i. V. m. § 33 Abs. 2 EStG), auch wenn diese Personen nicht zum Kreis der Angehörigen im Sinne des § 15 AO gehören, sofern der Stpfl. zu ihnen eine persönliche Beziehung unterhält (BFH, BStBl 1983 II S. 453, 1987 II S. 238; BMF, BStBl 1985 I S. 202; s. dazu 7.9.4.1.5); auf Grund der Veränderungen der tatsächlichen Verhältnisse wird dies jedenfalls vom VZ 1990 an nicht mehr uneingeschränkt gelten können. Demgegenüber sind durch eine Auswanderung (z. B. von der CSFR in die Bundesrepublik) verursachte Ausgaben grundsätzlich nicht zwangsläufig i. S. von § 33 EStG (BFH, BStBl 1978 II S. 147).

Eigenes Verschulden kann bei der Prüfung der Zwangsläufigkeit aus rechtlichen oder sittlichen Gründen wesentlich sein, bei einer finanziellen Belastung durch tatsächliche Gründe, z. B. Krankheit, muß sie aber außer Betracht bleiben (BFH, BStBl 1967 III S. 459).

5. Notwendigkeit und Angemessenheit

Die Aufwendungen sind der Höhe nach nur zwangsläufig, soweit sie den Umständen nach notwendig sind und einen angemessenen Betrag nicht übersteigen (§ 33 Abs. 2 Satz 1 EStG). Unterhaltsleistungen sind nur dann notwendig i. S. des § 33 a Abs. 1 i.V. mit § 33 Abs. 2 EStG, wenn die unterhaltene Person unterhaltsbedürftig ist (BFH, BStBl 1987 II S. 238). Die zwangsläufig erwachsenen Beträge sind notfalls zu schätzen. Dabei sind die Verhältnisse des Einzelfalls zu berücksichtigen. Für die Zwangsläufigkeit der Aufwendungen ist die Höhe des Vermögens des Steuerpflichtigen ohne Bedeutung. Unerheblich ist auch, ob der Steuerpflichtige die Aufwendungen aus seinem Einkommen oder seinem Vermögen bestritten hat.

6. Zumutbare Eigenbelastung

Die nach § 33 EStG berücksichtigungsfähigen Aufwendungen müssen die dem Stpfl. zumutbare Belastung übersteigen. Diese Voraussetzung dient dem Zweck, die wirtschaftliche Leistungsfähigkeit des Stpfl. zu berücksichtigen (BFH, BStBl 1966 III S. 242). Bemessungsgrundlage für die zumutbare Belastung ist der Gesamtbetrag der Einkünfte (Abschn. 186 Abs. 10 EStR).

Die zumutbare Belastung beträgt danach:

bei einem Gesamtbetrag der Einkünfte	bis 30 000 DM	über 30 000 DM bis 100 000 DM	über 100 000 DM
1. bei Steuerpflichtigen, die keine Kinder haben und bei denen die Einkommensteuer			
a) nach § 32 a Abs. 1,	5	6	7
b) nach § 32 a Abs. 5 oder 6 EStG (Splitting-Verfahren) zu berechnen ist;	4	5	6
2. bei Steuerpflichtigen mit			
a) einem oder zwei Kindern,	2	3	4
b) drei oder mehr Kindern	1	1	2

vom Hundert des Gesamtbetrags der Einkünfte.

Als **Kinder** des Stpfl. zählen die, für die er einen Kinderfreibetrag nach § 32 Abs. 6 EStG erhält. Daraus folgt u. a., daß nicht unbeschränkt einkommensteuerpflichtige Kinder, sog. Auslandskinder, für die Ermittlung der zumutbaren Eigenbelastung unberücksichtigt bleiben.

Stpfl., bei denen nach Abschn. 184 Abs. 2 EStR aus Billigkeitsgründen die Einkommensteuer nach dem Splittingverfahren ermittelt wird und die keinen Kinderfreibetrag erhalten, fallen unter Nr. 1 Buchst. b der Übersicht. Im Fall der getrennten Veranlagung von Ehegatten ist die zumutbare Belastung nach den für die Zusammenveranlagung geltenden Grundsätzen zu ermitteln (§ 26 a Abs. 2 Satz 1 EStG).

7.9.2.2 Einzelfälle

7.9.2.2.1 Adoptionskosten

Aufwendungen eines Stpfl. für die Adoption eines Kindes sind keine zwangsläufigen außergewöhnlichen Belastungen (BFH, BStBl 1987 II S. 495 und 596).

7.9.2.2.2 Aussteueraufwendungen

Aussteueraufwendungen für eine heiratende Tochter sind grundsätzlich auch dann nicht aus sittlichen Gründen zwangsläufige außergewöhnliche Belastungen für die steuerpflichtigen Eltern, wenn diese ihrer Tochter keine Berufsausbildung gewähren (BFH, BStBl 1987 II S. 779, überholt BFH, BStBl 1978 II S. 543).

7.9.2.2.3 Badekuren

Die Zwangsläufigkeit einer Badekur ist dem Grunde nach zu bejahen, wenn sie geeignet ist, einen Krankheitszustand zu beheben, zu lindern oder die Genesung nach vorangegangener schwerer Krankheit zu fördern, und eine andere Behandlung nicht oder kaum erfolgversprechend erscheint (Abschn. 188 Abs. 2 EStR). Die Notwendigkeit einer Badekur ist grundsätzlich durch ein vor Antritt der Reise ausgestelltes amts- oder vertrauensärztliches Zeugnis nachzuweisen, sofern sich die Notwendigkeit der Kur nicht schon aus anderen Unterlagen, z. B. bei Pflichtversicherten aus der Bescheinigung der Versicherungsanstalt und bei öffentlichen Bediensteten aus der Bestätigung der Behörde, daß die Notwendigkeit der Kur im Rahmen der Bewilligung von Zuschüssen oder Beihilfen geprüft und anerkannt worden ist, offensichtlich ergibt. Ein privatärztliches Attest genügt, wenn das Finanzamt selbst mit hinreichender Sicherheit die Notwendigkeit einer vom behandelnden Arzt verordneten Badekur erkennen kann (in der Regel bei Genesenden nach schwerer Krankheit oder Operation, bei kinderreichen Müttern und Schwerbeschädigten). Der Steuerpflichtige muß sich während der Kur unter ständiger ärztlicher Kontrolle befunden haben. Allgemeine Urlaubs- und Erholungsreisen und ärztlich verordnete Nachkuren sind grundsätzlich nicht außergewöhnlich (BFH, BStBl 1969 II S. 179, 1980 II S. 295).

Aufwendungen für Vorsorgekuren werden nur anerkannt, wenn aus einer Bescheinigung des Amtsarztes, eines Vertrauensarztes, Knappschaftsarztes oder eines vom staatlichen Gewerbearzt besonders ermächtigten Werksarztes zumindest die Gefahr einer Krankheit zu ersehen ist, die durch die Kur abgewendet werden soll, und wenn im übrigen auch die Vorsorgekur unter ärztlicher Aufsicht und Anleitung durchgeführt wird.

Eine Badereise, die dazu dient, eine Krankheit, z. B. Heuschnupfen, asthmatische Beschwerden oder Hautallergie, ohne ständige ärztliche Betreuung, allein durch den Klimawechsel zu beheben, stellt grundsätzlich eine nicht berücksichtigungsfähige Erholungsreise dar, selbst wenn sie von einem Amtsarzt als erforderlich bezeichnet worden ist (BFH, BStBl 1972 II S. 534, 1980 II S. 295). Eine derartige Klimakur kann aber unter besonderen Umständen wegen der Art und Schwere der Krankheit zwangsläufig sein; wegen der Voraussetzungen im einzelnen s. Abschn. 188 Abs. 3 EStR.

Liegen zwar die Voraussetzungen für die steuerliche Anerkennung einer Badekur vor, hat jedoch der Stpfl. die Badekur anstelle einer nach seinen Einkommensverhältnissen üblichen Erholungsreise gemacht, so können die Kosten der Unterbringung und Verpflegung nur insoweit berücksichtigt werden, als sie die üblichen Kosten einer Erholungsreise übersteigen (BFH, BStBl 1957 III S. 347), es sei denn, die Badekur unterscheidet sich erheblich von einer üblichen Erholungsreise.

Liegen die Voraussetzungen zur Anerkennung einer Badekur nicht vor, so können aber die am Badeort entstandenen Arzt- und Kurmittelkosten regelmäßig als zwangsläufig angesehen werden.

Zu den Kurkosten gehören auch die Fahrtkosten für öffentliche Verkehrsmittel, ausnahmsweise auch für das eigene Kraftfahrzeug, wenn die Benutzung eines öffentlichen Verkehrsmittels nach der Art des Leidens nicht zuzumuten ist (BFH, HFR 1961 S. 268, BStBl 1967 III S. 655). Bei alten, hilflosen Personen kann in der Regel als notwendig unterstellt werden, daß sie bei ihrer Kur von einer Person begleitet werden (BFH, BStBl 1964 III S. 331).

Kosten für Kuren im Ausland sind in der Regel nur bis zur Höhe der Aufwendungen, die in einem dem Heilzweck entsprechenden inländischen Kurort entstehen würden, als außergewöhnliche Belastung anzuerkennen.

Aufwendungen eines Stpfl. für Besuchsfahrten zu seinem eine Heilkur durchführenden Ehegatten sind keine außergewöhnlichen Belastungen. Aufwendungen sind nicht außergewöhnlich und zwangsläufig, wenn sie nicht unmittelbar zur Heilung aufgewendet werden, sondern als Folgekosten gelegentlich einer Krankheit oder Kur entstehen (BFH, BStBl 1975 II S. 536).

Bei der Anerkennung von Verpflegungsmehraufwendungen anläßlich der Kur ist die Haushaltsersparnis von ⅕ der Aufwendungen, höchstens 6 DM täglich, zu berücksichtigen.

7.9.2.2.4 Berufsausbildung

Aufwendungen für die eigene Berufsausbildung erwachsen einem Stpfl. grundsätzlich nicht zwangsläufig, weil er sich in der Regel frei entschließen kann, welche Ausbildung er sich zukommen läßt. Daher sind auch Aufwendungen für ein Auslandsstudium in einem Fach mit Zulassungsbeschränkungen (numerus clausus) nicht aus tatsächlichen Gründen zwangsläufig (BFH, BFH/NV 1987 S. 501). Der BFH (vgl. BFH, BStBl 1967 III S. 596) hat das Vorliegen außergewöhnlicher

Belastungen allerdings für denkbar gehalten, wenn der Stpfl. etwa wegen unfall- oder krankheitsbedingter Behinderung zu einer Umschulung gezwungen ist.

7.9.2.2.5 Besuchsreisen zu nahen Angehörigen in der DDR, in Ost-Berlin oder im Ausland

Fahrtkosten für Besuchsreisen zu in der DDR, in Ost-Berlin oder im Ausland lebenden Familienangehörigen, wie Ehegatten, minderjährigen Kindern oder Verlobten, können nicht allgemein als außergewöhnlich und zwangsläufig i. S. des § 33 EStG anerkannt werden. Eine Steuerermäßigung kann entsprechend der steuerlichen Behandlung der Kosten des Besuchs eines nahen Angehörigen im Bundesgebiet nur ausnahmsweise dann in Betracht kommen, wenn die Reise in die DDR, nach Ost-Berlin oder in das Ausland durch eine schwere Krankheit oder den Todesfall eines nahen Angehörigen ausgelöst wird. Vereinfachungsrege- lungen bestehen für anläßlich solcher Fahrten überreichte Liebesgaben (siehe 7.9.4.1.5).

7.9.2.2.6 Bürgschaft

Aufwendungen aufgrund einer freiwillig übernommenen Bürgschaft sind grund- sätzlich nicht zwangsläufig (BFH, BStBl 1962 III S. 63, 1963 III S. 437, 1964 III S. 299, 1978 II S. 147). Sie können ggf. Betriebsausgaben oder Werbungskosten sein. Nichtabzugsfähige Aufwendungen aufgrund einer Bürgschaft können unter Umständen dann eine außergewöhnliche Belastung sein, wenn die Bürgschaft mit Schulden im Zusammenhang steht, die dem Grunde nach eine außergewöhnliche Belastung sind, z. B. Bürgschaften für Arztschulden von Verwandten. Bürgschaf- ten, die den laufenden Lebensunterhalt von Verwandten sicherstellen sollen, können zu außergewöhnlichen Belastungen i. S. des § 33 a Abs. 1 EStG führen.

7.9.2.2.7 Diätkosten

Aufwendungen, die durch Diätverpflegung entstehen, können nicht als außer- gewöhnliche Belastung berücksichtigt werden (§ 33 Abs. 2 Satz 3 EStG). Das gilt auch dann, wenn eine ärztliche Bescheinigung über die Notwendigkeit der Diätverpflegung beigebracht wird.

7.9.2.2.8 Geburten

Die bei der Geburt von Kindern entstehenden Kosten, z. B. Arztkosten, Krankenhauskosten, Arzneimittel, Kosten für die Hebamme, sind als außer- gewöhnliche Belastung zu berücksichtigen. Aufwendungen für eine Säuglings- schwester oder Amme sind nur dann anzusetzen, wenn die Inanspruchnahme ärztlich angeordnet wird.

Ausgaben für die Erstlingsausstattung eines Kindes begründen keine außer- gewöhnliche Belastung. Es ist jedoch nicht ausgeschlossen, daß unter ganz beson- deren Umständen durch eine Mehrlingsgeburt Kosten entstehen können, die zu einer außergewöhnlichen Belastung führen (BFH, BStBl 1970 II S. 242, 1964 III S. 302).

7.9.2.2.9 Kraftfahrzeugkosten für Privatfahrten Behinderter

Bei Behinderten, deren Grad der Behinderung mindestens 80 v. H. beträgt, können auch Kraftfahrzeugkosten, soweit sie nicht Betriebsausgaben oder Werbungskosten sind, in angemessenem Rahmen als außergewöhnliche Belastung nach § 33 EStG neben dem Pauschbetrag nach § 33 b Abs. 3 EStG berücksichtigt werden. Das gleiche gilt bei Behinderten, deren Grad der Behinderung mindestens 70 v. H., aber weniger als 80 v. H. beträgt und bei denen darüber hinaus eine erhebliche Beeinträchtigung der Bewegungsfähigkeit im Straßenverkehr (Geh- und Stehbehinderung) vorliegt; der Nachweis, daß eine Geh- oder Stehbehinderung vorliegt, ist in Zweifelsfällen durch eine Bescheinigung des zuständigen Versorgungsamtes nachzuweisen, es sei denn, daß im Ausweis das Merkzeichen G eingetragen ist (Abschn. 194 Abs. 7 EStR).

Als angemessen kann im allgemeinen ein nachgewiesener oder glaubhaft gemachter Aufwand für Privatfahrten von insgesamt 3000 km jährlich angesehen werden. Dabei kann ein km-Satz von 0,42 DM – bei 3000 km also ein Aufwand von 1260 DM – zugrunde gelegt werden (Abschn. 194 Abs. 7 EStR). Wird für Privatfahrten kein eigenes Kraftfahrzeug benutzt, so können bei diesem Personenkreis die nachgewiesenen Taxikosten zum Abzug nach § 33 EStG zugelassen werden.

Bei Stpfl., die so gehbehindert sind, daß sie sich außerhalb des Hauses nur mit Hilfe eines Kraftfahrzeuges bewegen können, sind grundsätzlich alle Kraftfahrzeugkosten, soweit sie nicht Betriebsausgaben oder Werbungskosten sind, als außergewöhnliche Belastung anzuerkennen, also nicht nur die unvermeidbaren Kosten zur Erledigung privater Angelegenheiten, sondern in angemessenem Rahmen auch die Kosten für Erholungs-, Freizeit- und Besuchsfahrten.

Die vorstehenden Grundsätze zur Berücksichtigung von Kraftfahrzeugkosten bei Behinderten gelten für Fälle, in denen die Kraftfahrzeugkosten nicht bei dem Behinderten selbst, sondern bei einem Stpfl. entstanden sind, auf den der Behinderten-Pauschbetrag nach § 33 b Abs. 5 EStG übertragen worden ist, mit der Maßgabe entsprechend, daß nur solche Fahrten berücksichtigt werden können, an denen der Behinderte selbst teilgenommen hat.

7.9.2.2.10 Krankheitskosten

Krankheitskosten rechnen grundsätzlich zu den nach § 12 Nr. 1 EStG nicht abzugsfähigen Kosten der Lebenshaltung. Nur in ganz besonders gelagerten Fällen können Krankheitskosten Werbungskosten oder Betriebsausgaben sein, z. B. bei den sog. typischen Berufskrankheiten (Silikose) oder wenn die Entstehung der Krankheit wesentlich durch den Beruf mit bedingt ist (BFH, BStBl 1954 III S. 86, 1957 III S. 347). Darüber hinaus können Werbungskosten oder Betriebsausgaben gegeben sein, wenn der Steuerpflichtige bei der Ausübung seines Berufs oder auf dem Weg zur Arbeitsstätte einen Unfall erlitten hat, soweit für die Kosten nicht Dritte eintreten (BFH, BStBl 1957 III S. 286, 1960 III S. 511).

Als außergewöhnliche Belastungen berücksichtigungsfähig sind die krankheitsbedingten Aufwendungen, die der Heilung einer Krankheit dienen oder den Zweck verfolgen, die Krankheit erträglich zu machen (BFH, BStBl 1987 II S. 596). Dazu können unter besonderen Umständen auch die Kosten einer Hauspflegerin gehören (BFH, BStBl 1980 II S. 639). Keine außergewöhnlichen Belastungen werden dagegen durch vorbeugende, der Gesundheit ganz allgemein dienende Maßnahmen oder durch die mit einer Krankheit verbundenen Folgekosten begründet (BFH, BStBl 1987 II S. 596), so z. B. für die Anschaffung einer Waschmaschine (BFH, BStBl 1978 II S. 456) oder den Unterhalt einer Zweitwohnung (BFH, BStBl 1988 II S. 137).

Ausgaben zur Heilung einer Krankheit sind immer zwangsläufig, weil sich der Steuerpflichtige ihnen aus tatsächlichen Gründen nicht entziehen kann. Ob der Steuerpflichtige die Krankheit durch eigenes Verschulden herbeigeführt hat (z. B. Trunksucht), muß außer Betracht bleiben (BFH, BStBl 1967 III S. 459).

Der Begriff der Heilbehandlung umfaßt alle Eingriffe und andere Behandlungen, die nach den Erkenntnissen und Erfahrungen der Heilkunde und nach den Grundsätzen eines gewissenhaften Arztes zu dem Zweck angezeigt sind und vorgenommen werden, Krankheiten, Leiden, Körperschäden, körperliche Beschwerden oder seelische Störungen zu verhüten, zu erkennen, zu heilen oder zu lindern (BFH, BStBl 1987 II S. 596).

Berücksichtigungsfähig sind Aufwendungen für ärztliche Betreuung, Medikamente, Heil- und Hilfsmittel, Krankenpflegerin, Krankenhausaufenthalt und Heil- sowie Badekuren (Abschn. 188 EStR). Bei Krankenhausaufenthalten ist eine Haushaltsersparnis nicht zu berücksichtigen (BFH, BStBl 1979 II S. 646). Aufwendungen für Arzneimittel, Stärkungsmittel oder ähnliche Präparate können als außergewöhnliche Belastung in der Regel nur anerkannt werden, wenn ihre durch Krankheit bedingte Zwangsläufigkeit und Notwendigkeit durch eine ärztliche Verordnung oder die Verordnung eines Heilpraktikers nachgewiesen sind. Ohne besondere ärztliche Bescheinigung können solche Aufwendungen berücksichtigt werden, wenn es sich um eine länger dauernde Krankheit handelt, deren Vorliegen schon früher glaubhaft gemacht oder nachgewiesen worden ist und die einen laufenden Verbrauch bestimmter Medikamente bedingt (BFH, BStBl 1969 II S. 260; Abschn. 189 a Abs. 2 EStR). Aufwendungen für die Adoption eines Kindes sind keine Krankheitskosten (BFH, BStBl 1987 II S. 596).

Aufwendungen für Mittagsheimfahrten stellen auch dann keine Krankheitskosten dar, wenn die Fahrten wegen des Gesundheitszustandes oder einer Behinderung des Stpfl. angebracht oder erforderlich sind (BFH, BStBl 1963 III S. 134, 1964 III S. 342, 1970 II S. 680, 1975 II S. 738).

Die Steuerbehörden haben im allgemeinen nicht zu prüfen, ob die ärztliche Behandlung, durch die die geltend gemachten Kosten verursacht wurden, notwendig oder angemessen war und welche Kosten bei einer anderen Behandlungsart entstanden wären. Die Höhe, der Umfang und die Zweckmäßigkeit der Krankheitsbehandlung gehören zu den höchst persönlichen Angelegenheiten.

Deshalb ist bei der an sich erforderlichen Prüfung, ob und inwieweit die Krankheitskosten notwendig und angemessen sind, kein strenger Maßstab anzulegen (BFH, BStBl 1981 II S. 711); so werden Krankenhauskosten ohne Rücksicht auf die Wahl der Pflegeklasse, Arztkosten ohne Rücksicht darauf, ob die Inanspruchnahme einer ärztlichen Kapazität erforderlich war, anerkannt.

Aufwendungen für eine Frischzellenbehandlung können, wie die einer Kur, lediglich Kosten einer vorbeugenden oder einer krankheitsbedingten Maßnahme sein. Sie stellen nur dann eine außergewöhnliche Belastung dar, wenn die Behandlung zur Heilung oder Linderung einer Krankheit vorgenommen wird. Ob dies der Fall ist, muß jeweils durch ein vor Beginn der Behandlung erstelltes amtsärztliches Attest nachgewiesen werden (BFH, BStBl 1981 II S. 711). Dasselbe gilt für Aufwendungen, die einem Stpfl. durch den Besuch einer Gruppe von anonymen Alkoholikern entstehen (BFH, BStBl 1987 II S. 427).

Zu den nach § 33 EStG berücksichtigungsfähigen Aufwendungen gehören im Fall einer Anstalts- oder Heimunterbringung die gesamten von der Anstalt oder dem Heim in Rechnung gestellten Unterbringungskosten einschließlich der Kosten für ärztliche Betreuung und Pflege, nicht aber die dem Stpfl. darüber hinaus entstehenden üblichen Unterhaltsaufwendungen, die unter § 33 a Abs. 1 EStG fallen (BFH, BStBl 1964 III S. 270 und 363, 1965 III S. 204 und 284).

Beispiel:
Ein Stpfl. hat seine blinde Mutter in einer Pflegeanstalt untergebracht und zahlt für die Unterbringung, Pflege und Betreuung an das Heim monatlich 1500 DM. Außerdem hat er für Kleidung, Wäsche und sonstige persönliche Bedürfnisse monatlich 100 DM für seine Mutter aufgewandt. Die Mutter hat keine eigenen Einkünfte und kein Vermögen.
Die gesamten Heimunterbringungskosten sind nach § 33 EStG unter Berücksichtigung der zumutbaren Belastung, die darüber hinausgehenden üblichen Unterhaltsaufwendungen mit monatlich 100 DM nach § 33 a Abs. 1 EStG abzusetzen.

Auch die Kosten der krankheitsbedingten Unterbringung in einem Altenpflegeheim oder Pflegeheim zählen zu den Krankheitskosten. Besteht der bisherige Haushalt fort, ist eine Haushaltsersparnis in Höhe der Kosten des privaten Haushalts von den Heimkosten abzuziehen (BFH, BStBl 1981 II S. 23 und 25; die FinVerw will auch in diesem Fall keine Haushaltsersparnis abziehen – Abschn. 187 Abs. 1 EStR). Die Unterbringung in einem Altersheim rechnet nur dann dazu, wenn die betreffende Person infolge eines außergewöhnlichen Umstandes pflegebedürftig ist und die Heimunterbringung dem Aufenthalt in einer Krankenanstalt oder einem Pflegeheim gleichkommt (BFH, BStBl 1973 II S. 442, 1990 II S. 418). Daneben kann der Abzugsbetrag für Heimbewohner im Sinne von § 33 a Abs. 3 Satz 2 EStG in Anspruch genommen werden. In diesem Fall sind die Gesamtkosten um den auf hauswirtschaftliche Dienstleistungen entfallenden Anteil zu kürzen, der aus Vereinfachungsgründen in Höhe des Abzugsbetrags gemäß § 33 a Abs. 3 Satz 2 EStG angesetzt werden kann.

Aufwendungen zum Besuch eines nahen Angehörigen (z. B. Ehegatten, Kind) während eines Krankenhausaufenthalts oder einer Heilkur sind nur dann eine außergewöhnliche Belastung, wenn ein Arzt bescheinigt, daß der Besuch zur Heilung oder Linderung der Krankheit entscheidend beitragen kann (BFH, BStBl 1984 II S. 484, 1989 II S. 282).

Aufwendungen für den Besuch einer Privatschule sind typische Kosten der Berufsausbildung, die durch das Kindergeld oder entsprechende Leistungen nach dem Bundeskindergeldgesetz, den Kinderfreibetrag nach § 32 Abs. 6 EStG ggf. in Verbindung mit dem Ausbildungsfreibetrag nach § 33 a EStG, abgegolten sind. Dies gilt auch dann, wenn die Aufwendungen für den Privatschulbesuch infolge einer Krankheit des Kindes erwachsen (BFH, BStBl 1979 II S. 78), es sei denn, eine geeignete öffentliche oder schulgeldfreie Schule, die die erforderliche individuelle Förderung ermöglicht, steht nicht zur Verfügung (s. dazu im einzelnen Abschn. 186 Abs. 4 EStR).

Übernimmt jemand zwangsläufig Krankheitskosten einer von ihm unterhaltenen Person (§ 33 a Abs. 1 EStG), so sind diese Aufwendungen nach § 33 EStG neben dem Freibetrag des § 33 a Abs. 1 EStG zu berücksichtigen. Ob die Übernahme von Krankheitskosten eine außergewöhnliche Belastung begründet, ist allein aus § 33 EStG zu beurteilen. § 33 a EStG gilt insoweit nicht. Dabei sind die Grenzen des § 33 a Abs. 1 EStG für die eigenen Einkünfte der unterstützten Personen nicht maßgebend, wenn es darum geht, ob die erkrankte Person die Krankheitskosten aus ihren eigenen Einkünften decken konnte (BFH, BStBl 1965 III S. 284).

Aufwendungen des Stpfl. für eine eigene Heilkur sind grundsätzlich nach § 33 EStG gesondert neben dem Behinderten-Pauschbetrag nach § 33 b EStG zu berücksichtigen (BFH, BStBl 1988 II S. 275).

Ist ein Kind, das bei dem Stpfl. zu berücksichtigen ist, wegen körperlicher oder geistiger Gebrechen auf Kosten des Stpfl. in einer Anstalt untergebracht, so hat der Stpfl. die Wahl, ob er den maßgeblichen Pauschbetrag des § 33 b Abs. 3 EStG nach § 33 b Abs. 5 EStG übernehmen oder ob er die tatsächlichen Anstaltskosten nach § 33 EStG unter Berücksichtigung der zumutbaren Belastung geltend machen will. Abzugsfähig sind grundsätzlich nur die laufenden Kosten. Werden diese durch eine einmalige Zahlung abgelöst, so ist die Ablösesumme nur dann berücksichtigungsfähig, wenn ihre Zahlung zwangsläufig ist, d. h. nicht freiwillig erfolgt (BFH, BStBl 1981 II S. 130).

Aufwendungen sind steuerlich nur in der Höhe als außergewöhnliche Belastung zu berücksichtigen, in der sie das Einkommen des Stpfl. tatsächlich und endgültig belasten. Dies ist nicht der Fall, soweit der Stpfl. aus einer Krankenkasse oder als Beihilfe des Arbeitgebers Ersatz erhält. Krankentagegelder, die eine Versicherungsgesellschaft einem Versicherten bei einem Krankenhausaufenthalt zahlt, mindern anders als Krankenhaustagegelder die Krankenhauskosten nicht (BFH, BStBl 1972 II S. 177). Bei der Ermittlung der Höhe der außergewöhnlichen Belastungen sind auch solche Ersatzleistungen und Beihilfen abzuziehen, die der Stpfl. in einem früheren oder späteren Veranlagungszeitraum als dem der Aufwendungen erhält (BFH, BStBl 1975 II S. 14).

7.9.2.2.11 Pflegebedürftigkeit

Aufwendungen des Stpfl., die ihm infolge seiner eigenen Pflegebedürftigkeit oder wegen der Pflegebedürftigkeit einer anderen Person erwachsen, können nach § 33 EStG abzugsfähige außergewöhnliche Belastungen sein. Wegen des Verhältnisses des § 33 EStG zu § 33 a Abs. 1 und § 33 b EStG s. im einzelnen Abschn. 187 EStR.

7.9.2.2.12 Prozeßkosten

Strafprozeßkosten sind grundsätzlich keine nach § 33 EStG zu berücksichtigenden außergewöhnlichen Belastungen, wenn der Steuerpflichtige zu einer Strafe verurteilt worden ist und die Kosten des Verfahrens zu tragen hat. Die Kosten eines Strafprozesses sind grundsätzlich auch dann keine außergewöhnliche Belastung, wenn der Stpfl. sie für seinen verurteilten Sohn gezahlt hat. Eine andere Beurteilung kann im Einzelfall für die Erstattung von Anwaltskosten eines Nebenklägers durch den Vater des Verurteilten geboten sein (BFH, BStBl 1974 II S. 686). Strafverteidigungskosten eines vom Strafgericht freigesprochenen Steuerpflichtigen können unter den Voraussetzungen des § 33 EStG als außergewöhnliche Belastung berücksichtigt werden (BFH, BStBl 1958 III S. 105). Entsprechendes gilt, wenn bei mehreren selbständigen Einzelhandlungen ein Freispruch wegen einzelner Anklagepunkte erfolgt (BFH, BStBl 1964 III S. 331) oder der Stpfl. vor Eintritt der Rechtskraft des Urteils stirbt (BFH, BStBl 1989 II S. 831). Kosten eines Beleidigungsprozesses zur Abwehr ehrenrühriger Angriffe sind nach § 33 EStG berücksichtigungsfähig.

Prozeßkosten, die beim Verlust eines **Zivilprozesses** entstehen, sind in der Regel nicht zwangsläufig. Dies gilt unabhängig davon, ob der Stpfl. Kläger oder Beklagter des Prozesses ist (BFH, BStBl 1986 II S. 745). Eine Zwangsläufigkeit ist insbesondere dann nicht anzunehmen, wenn ein erhebliches Verschulden im straf- und zivilrechtlichen Sinne beim Steuerpflichtigen vorliegt, z. B. Schadensersatzprozeß bei grob fahrlässig verursachtem Verkehrsunfall.

Nach dem Ehe- und Familienrecht werden alle mit der Scheidung zusammenhängenden Fragen (Sorgerecht für die Kinder, Unterhaltspflichten, Güterrechtsverhältnisse, Rechtsverhältnisse an Ehewohnung und Hausrat) in einem gerichtlichen Verfahren geregelt, zu dem eine einheitliche Kostenentscheidung ergeht. Diese Kosten sowie etwaige Kosten, die durch die Beiziehung eines Gutachters für die Vermögensbewertung entstehen, werden von der FinVerw als außergewöhnliche Belastung anerkannt. Gleiches gilt auch für Scheidungskosten, die der Stpfl. aufgrund einer vom Gericht übernommenen freiwilligen Vereinbarung zahlt (vgl. Abschn. 186 Abs. 6 EStR und BFH, BStBl 1968 II S. 407). Folgekosten einer Ehescheidung können nicht als außergewöhnliche Belastung berücksichtigt werden (BFH, BStBl 1977 II S. 463).

7.9.2.2.13 Schadensersatz

Schadensersatzleistungen sind zwar außergewöhnlich, aber nicht schon immer dann zwangsläufig, wenn sie auf einer gesetzlichen Pflicht beruhen. Bei der

Beurteilung der Frage der Zwangsläufigkeit ist zusätzlich auf die Umstände abzustellen, die zu der gesetzlichen Pflicht geführt haben (BFH, BFH/NV 1987 S. 577). Hätte der Stpfl. die Gründe der Schadensersatzpflicht vermeiden können, ist die Zwangsläufigkeit der Aufwendungen grundsätzlich zu verneinen. War dies aus tatsächlichen, rechtlichen oder sittlichen Gründen nicht möglich, dann sind die Aufwendungen grundsätzlich als zwangsläufig anzuerkennen. Bei dieser Abwägung führt ein vorsätzliches oder grob fahrlässiges (leichtfertiges) Verhalten des Schädigers zu dem Schluß, daß der darauf beruhende Schadensersatz nicht als zwangsläufig angesehen werden kann, während dies bei leichter Fahrlässigkeit in der Regel nicht der Fall ist (s. dazu auch BFH, BStBl 1982 II S. 749; Abschn. 186 Abs. 6 EStR).

7.9.2.2.14 Schuldzinsen, Tilgung von Schulden

Ausgaben zur Tilgung von Schulden sowie etwaige mit diesen Schulden zusammenhängende Schuldzinsen sind dem Grunde nach eine außergewöhnliche Belastung, soweit die Schuldaufnahme durch Aufwendungen veranlaßt worden ist, die eine außergewöhnliche Belastung im Sinne des § 33 EStG darstellen (BFH, BStBl 1986 II S. 745) und für die eine Steuerermäßigung noch nicht gewährt werden konnte. Mit Darlehnsmitteln geleistete Ausgaben, die eine außergewöhnliche Belastung darstellen, können im Jahr der Verausgabung zu einer außergewöhnlichen Belastung führen (BFH, BStBl 1988 II S. 814; überholt BFH, BStBl 1982 II S. 744). Die für solche Darlehn geleisteten Zinsen sind eine außergewöhnliche Belastung im Jahr des Zinsabflusses.

Übernimmt und tilgt der alleinige Gesellschafter und Geschäftsführer einer GmbH deren Schulden, um die GmbH zu sanieren und vor dem Konkurs zu retten, so geschieht dies nicht zwangsläufig im Sinne des § 33 Abs. 2 Satz 1 EStG (BFH, BStBl 1974 II S. 516). Tilgt die Ehefrau eines Gemeinschuldners, die nicht dessen Rechtsnachfolger ist, Konkursschulden ihres Ehegatten, so liegt grundsätzlich keine außergewöhnliche Belastung im Sinne des § 33 Abs. 1 EStG vor (BFH, BStBl 1972 II S. 757).

7.9.2.2.15 Todesfälle

Aufwendungen, die aus Anlaß des Todes von Angehörigen entstehen, sind, soweit sie zwangsläufig erwachsen und angemessen sind, nach § 33 EStG zu berücksichtigen. Dazu rechnen insbesondere die Kosten für die Bestattung (z. B. für den Sarg, Blumen, Kränze, Trauerdrucksachen, Anzeigen, Friedhofsgebühren, Kosten des Bestattungsunternehmers usw.) einschließlich der Kosten für ein Grabmal. Nicht dazu rechnen grundsätzlich Aufwendungen für die Trauerkleidung (BFH, BStBl 1967 III S. 364) und Bewirtungskosten anläßlich der Bestattung (BFH, BStBl 1988 II S. 130) sowie Aufwendungen für einen auswärtigen Gräberbesuch und die Grabpflegekosten. Aufwendungen für eine Flugreise in die USA zur Vorbereitung der Einäscherung eines Verwandten und Überführung der Urne in die Bundesrepublik können deshalb nicht abgezogen werden, weil sie nach den Umständen nicht notwendig sind und die Grenze des Angemessenen übersteigen (BFH, BStBl 1979 II S. 558).

Beerdigungskosten sind Nachlaßverbindlichkeiten und für den Erben dann keine außergewöhnliche Belastung, wenn er sie aus dem Nachlaß decken kann (Abschn. 188 Abs. 4 EStR). Das gilt auch für einen Steuerpflichtigen, der seinen Ehegatten beerbt, wenn die Ehegatten im Todesjahr oder im vorangegangenen Kalenderjahr beide unbeschränkt steuerpflichtig waren und nicht dauernd getrennt gelebt haben (BFH, BStBl 1962 III S. 31). § 33 EStG kann danach nicht angewendet werden, wenn der Wert des Nachlasses höher ist als der für die Bestattung und die sonstigen Nachlaßverbindlichkeiten aufgewendete Betrag. Krankheitskosten des Erblassers, die von den Hinterbliebenen aus dem Nachlaß bezahlt werden, können bei der letzten Einkommensteuerveranlagung des Erblassers gemäß § 33 EStG berücksichtigt werden.

Aufwendungen in Erfüllung von Nachlaßverbindlichkeiten sind grundsätzlich nicht aus rechtlichen Gründen zwangsläufig, weil der Stpfl. die Möglichkeit hat, den Nachlaßverbindlichkeiten durch Ausschlagung der Erbschaft auszuweichen (BFH, BStBl 1987 II S. 715). Etwas anderes gilt nur, wenn eine weitere, über die Haftung des Erben hinausgehende rechtliche oder sittliche Verpflichtung des Stpfl. zur Leistung der Aufwendungen hinzutritt (BFH, BStBl 1986 II S. 745). Bei der Frage, ob derartige Aufwendungen aus sittlichen Gründen zwangsläufig sind, ist auf die persönlichen Beziehungen der Beteiligten, ihre Einkommens- und Vermögenssituation, die konkreten Lebensumstände und den Inhalt des übernommenen Schuldverhältnisses abzustellen (BFH, BStBl 1987 II S. 715).

7.9.2.2.16 Wiederbeschaffung von Hausrat oder Kleidung

Aufwendungen für die Anschaffung von Hausrat oder Kleidung sind in der Regel keine außergewöhnlichen Belastungen, weil der Steuerpflichtige einen Gegenwert erhält (BFH, BStBl 1974 II S. 745). Sie sind jedoch dem Grunde nach dann eine außergewöhnliche Belastung, wenn Hausrat oder Kleidung durch ein unabwendbares Ereignis (Brand, Diebstahl, Hochwasser, Unwetter, Kriegseinwirkung, Aufgabe des Wohnsitzes in der DDR und Berlin (Ost), Vertreibung, politische Verfolgung, Spätaussiedlung aus den Ostblockstaaten) verloren wurden und wiederbeschafft werden müssen. Bei Übersiedlung aus der DDR und Berlin (Ost) gilt dies wegen der veränderten Verhältnisse nur noch, wenn die Übersiedlung vor dem 1. 1. 1990 erfolgt ist; im Fall der Aussiedlung aus anderen Ostblockstaaten nach dem 31. 12. 1989 muß im Einzelfall ein unabwendbares Ereignis glaubhaft gemacht werden (BMF, BStBl 1990 I S. 222). Aufwendungen zur Wiederbeschaffung von Kleidungsstücken, die dem Stpfl. auf einer Urlaubsreise entwendet wurden, können regelmäßig nicht als außergewöhnliche Belastung berücksichtigt werden (BFH, BStBl 1976 II S. 712). Ergänzungsbeschaffungen sind nicht begünstigt. Die Aufwendungen müssen dem Steuerpflichtigen zwangsläufig erwachsen, sie müssen den Umständen nach notwendig sein und dürfen außerdem einen angemessenen Betrag nicht übersteigen. Dazu rechnen Aufwendungen für

Gegenstände, die nach allgemeiner Anschauung unter Berücksichtigung der Lebensverhältnisse des Steuerpflichtigen zur Einrichtung einer Wohnung und zur Führung eines Haushalts üblicherweise erforderlich sind (BFH, BStBl 1958 III S. 378). Als angemessen werden von der FinVerw in der Regel höchstens 18 000 DM für den Stpfl. und für seine Ehefrau zusätzlich 12 000 DM sowie für jede weitere zum Haushalt des Stpfl. gehörende Person 5000 DM anerkannt. Entschädigungen und Beihilfen, z. B. von Versicherungsunternehmen und aus öffentlichen Mitteln, sind von den eigenen Aufwendungen abzusetzen. Entschädigungen und Beihilfen nach dem LAG und Beihilfen nach dem Kriegsgefangenenentschädigungsgesetz, die der Stpfl. in Kalenderjahren erhalten hat, in denen er die Freibeträge des § 33 a EStG 1953 in Anspruch genommen hat, sind jedoch nicht anzurechnen.

Aufwendungen für die Wiederinstandsetzung von Gegenständen des Hausrats, die durch ein unabwendbares Ereignis beschädigt worden sind, sind ebenso zu behandeln wie Aufwendungen für die Wiederbeschaffung von verlorenem Hausrat (Abschn. 189 Abs. 2 EStR).

7.9.3 Die typisierten Fälle des § 33 a, § 33 b und § 33 c EStG

Die Vorschriften des § 33 a, § 33 b und des § 33 c EStG behandeln die außergewöhnlichen Belastungen in besonderen Fällen. Auf die Steuerermäßigung hat der Steuerpflichtige einen Rechtsanspruch.

Bei den außergewöhnlichen Belastungen des § 33 a, des § 33 b und des § 33 c EStG handelt es sich um besondere Fälle, die bei einer größeren Zahl von Stpfl. auftreten und die zweckmäßig typisiert geregelt werden, um eine Gleichmäßigkeit der Besteuerung herbeizuführen. Die Typisierung betrifft neben den Tatbeständen die Höhe der als zwangsläufig zu berücksichtigenden Aufwendungen.

Im einzelnen werden nach § 33 a EStG berücksichtigt:

1. Aufwendungen für den Unterhalt und (oder) eine etwaige Berufsausbildung für eine Person, für die weder der Stpfl. noch eine andere Person Anspruch auf einen Kinderfreibetrag hat (§ 33 a Abs. 1 EStG);

2. Aufwendungen für den Unterhalt eines Kindes, das dem anderen Elternteil zuzuordnen ist und für das der Stpfl. einen Kinderfreibetrag erhält (§ 33 a Abs. 1 a EStG) – bis zum VZ 1989 –;

3. Aufwendungen für die Berufsausbildung eines Kindes, für das der Stpfl. einen Kinderfreibetrag erhält (Ausbildungsfreibeträge des § 33 a Abs. 2 EStG);

4. Aufwendungen für die Beschäftigung einer Hilfe im Haushalt oder für vergleichbare Dienstleistungen (§ 33 a Abs. 3 EStG).

Aufwendungen i. S. des § 33 a Abs. 1 bis 3 EStG können nur nach der Vorschrift des § 33 a EStG berücksichtigt werden. Eine Steuerermäßigung nach § 33 EStG kann für diese Aufwendungen nicht an Stelle der Freibeträge des § 33 a EStG oder neben diesen Freibeträgen gewährt werden (§ 33 a Abs. 5 EStG).

Nach der Vorschrift des § **33 b EStG** werden berücksichtigt:

1. Behinderten-Pauschbeträge (§ 33 b Abs 1 bis 3 EStG);
2. Hinterbliebenen-Pauschbeträge (§ 33 b Abs. 4 EStG).

Wesentlicher Unterschied zu § 33 EStG ist, daß in den Fällen des § 33 a und § 33 b EStG keine zumutbare Belastung zu berücksichtigen ist. Die sich aus § 33 a und 33 b EStG ergebenden Beträge sind in voller Höhe vom Gesamtbetrag der Einkünfte abzusetzen.

Nach § 33 c EStG werden Kinderbetreuungskosten eines Alleinstehenden sowie – unter den zusätzlichen Voraussetzungen des § 33 c Abs. 5 EStG – von Ehegatten berücksichtigt.

7.9.4 Außergewöhnliche Belastung in besonderen Fällen (§ 33 a EStG)

7.9.4.1 Aufwendungen für den Unterhalt und eine etwaige Berufsausbildung (§ 33 a Abs. 1 EStG)

7.9.4.1.1 Allgemeines

Erwachsen einem Stpfl. zwangsläufig (§ 33 Abs. 2 EStG) Aufwendungen für den Unterhalt und eine etwaige Berufsausbildung einer Person, für die weder der Stpfl. noch eine andere Person Anspruch auf einen Kinderfreibetrag hat, so wird vom **VZ 1990** an auf Antrag die Einkommensteuer dadurch ermäßigt, daß die Aufwendungen vom Gesamtbetrag der Einkünfte abgezogen werden, und zwar im Kalenderjahr

1. für eine Person
   - die das 18. Lebensjahr noch nicht vollendet hat oder
   - für die der Steuerpflichtige die Voraussetzungen für einen Ausbildungsfreibetrag nach § 33 a Abs. 2 EStG erfüllt,

   bis zu **3024 DM** (VZ 1988 und 1989: 2484 DM); dies entspricht der Höhe des Kinderfreibetrages,

2. für andere Personen bis zu **5400 DM** (VZ 1988 und 1989: 4500 DM).

Wegen der für die VZ 1988 und 1989 geltenden Fassung siehe im einzelnen 7.9.4.1.7.

Voraussetzung ist, daß die unterhaltene Person kein oder nur geringes Vermögen besitzt. Hat die unterhaltene Person andere Einkünfte oder Bezüge, die zur Bestreitung des Unterhalts bestimmt oder geeignet sind, so vermindern sich die Beträge von 3024 DM und 5400 DM um den Betrag, um den diese Einkünfte und Bezüge den Betrag von 4500 DM übersteigen.

Diese Unterhaltshöchstbeträge sind, ebenso wie der bis zum VZ 1987 geltende Höchstbetrag von 3600 DM (BFH, BStBl 1988 II S. 134), verfassungsrechtlich unbedenklich.

Wegen der Besonderheiten – Kürzung der Höchstbeträge – in Fällen, in denen die unterhaltene Person nicht unbeschränkt einkommensteuerpflichtig ist, s. 7.9.4.1.2.

Werden die Aufwendungen für eine unterhaltene Person von mehreren Steuerpflichtigen getragen, so wird bei jedem der Teil des sich hiernach ergebenden Betrags abgezogen, der seinem Anteil am Gesamtbetrag der Leistungen entspricht (§ 33 a Abs. 1 Satz 5 EStG).

Nach der Rechtsprechung des BFH sind Unterhaltsbeträge, die einheitlich an mehrere gleichrangige Unterhaltsberechtigte geleistet wurden, die in einem gemeinsamen Haushalt leben, für die Anwendung des § 33 a Abs. 1 EStG stets nach Kopfteilen aufzuteilen (BFH, BStBl 1982 II S. 776); dies setzt allerdings voraus, daß die Unterhaltsempfänger nicht andere Einkünfte oder Bezüge haben, die zur Bestreitung des Unterhalts bestimmt oder geeignet sind (BFH, BStBl 1989 II S. 1009). Gehören zu dem gemeinsamen Haushalt auch unterhaltsberechtigte Kinder, für die der Steuerpflichtige Anspruch auf Kindergeld oder entsprechende Leistungen hat, so muß von den Unterhaltsleistungen mindestens ein Betrag in Höhe des Kindergeldes bzw. der entsprechenden Leistungen diesen Kindern zugerechnet werden; eine Steuerermäßigung wegen Unterhaltsleistungen an andere Personen gemäß § 33 a Abs. 1 EStG kann daher nur für Leistungen in Höhe eines das Kindergeld übersteigenden Betrags in Betracht kommen (BFH, BStBl 1989 II S. 278). Gehören zu dem gemeinsamen Haushalt auch nachrangige Unterhaltsberechtigte, ist für die Aufteilung der Unterhaltsbeträge bei Anwendung des § 33 a Abs. 1 EStG die Regelung des § 1609 BGB über die Reihenfolge bei mehreren Bedürftigen zu beachten (BFH, BFH/NV 1990 S. 225). Die FinVerw läßt es zu, daß von dem Gesamtbetrag der nachgewiesenen Zahlungen vorab Zahlungen in Höhe des jeweiligen Höchstbetrages dem Ehegatten und den unterhaltsberechtigten Kindern, für die eine Steuerermäßigung nach § 33 a Abs. 1 und 2 EStG in Betracht kommt, zugerechnet werden und nur der verbleibende Betrag nach Köpfen auf die übrigen unterhaltenen Personen verteilt wird (BMF, BStBl 1990 I S. 226 Abschn. 2.4).

Die Sonderregelung des § 33 a Abs. 1 EStG, die für die dort genannten Fälle eine abschließende Regelung darstellt (§ 33 a Abs. 5 EStG), gilt nach dem Sinn und Zweck der Vorschrift nur, soweit es sich um typische Kosten des Lebensunterhalts handelt. **Unterhaltsleistungen** i. S. von § 33 a Abs. 1 EStG sind Zuwendungen zur Bestreitung des Lebensbedarfs, besonders zur Ernährung, Kleidung und Wohnung (BFH, BStBl 1965 III S. 407). Dazu rechnen auch Zuwendungen von Tabak, Kosmetikartikeln und alkoholischen Getränken in angemessenem Umfang, Abonnements von Zeitungen und Zeitschriften (BMF, BB 1990 S. 617) sowie die Erstattung von Krankenversicherungsbeiträgen (BFH, BStBl 1974 II S. 86). Die Zuwendung einer Waschmaschine oder sonstiger Haushaltsgeräte ist keine typische Unterhaltsleistung i. S. von § 33 a Abs. 1 EStG (BFH, BStBl 1978 II S. 456). Auch die Kosten einer angemessenen Berufsausbildung gehören zu den Unterhaltskosten i. S. des § 33 a Abs. 1 EStG. Die Regelung des § 33 a Abs. 2 EStG ist insoweit jedoch die speziellere (BFH, BStBl 1985 II S. 135). Erwachsen einem Stpfl. aufgrund besonderer Umstände außergewöhnliche Unterhaltsleistungen, z. B. durch Krankheit, Unfall, Wiederbeschaffung von Hausrat oder Kleidung, Unterbringung in einer Blinden-, Taubstummen- oder Heil- und

Pflegeanstalt, so ist auf diese Aufwendungen nicht § 33 a Abs. 1 EStG, sondern u. U. § 33 EStG anzuwenden (BFH, BStBl 1985 II S. 135; Abschn. 190 Abs. 10 EStR). Wegen Berücksichtigung von Unterhaltszahlungen, die ein Stpfl. zwangsläufig für zurückliegende Jahre entrichten muß, nach § 33 EStG s. BFH, BStBl 1967 II S. 246.

Die Aufwendungen für den Unterhalt und (oder) eine etwaige Berufsausbildung müssen dem Steuerpflichtigen dem Grunde nach **zwangsläufig** erwachsen. Das ist nicht der Fall, wenn sie den Umständen nach nicht notwendig sind, d. h., wenn der Unterhaltsempfänger nicht unterhaltsbedürftig ist (BFH, BStBl 1987 II S. 238) oder die ihm zur Verfügung stehenden Quellen nicht ausgeschöpft hat. Es muß von ihm verlangt werden, daß er zunächst seine Arbeitskraft und sein **eigenes Vermögen** einsetzt und verwertet, es sei denn, daß es sich nur um geringfügiges Vermögen handelt. Als geringfügig kann in der Regel ein Vermögen bis zu einem gemeinen Wert (Verkehrswert) von 30 000 DM angesehen werden. Vermögensgegenstände, die einen besonderen persönlichen Wert haben oder deren Veräußerung offensichtlich eine Verschleuderung von Besitz bedeuten würde, bleiben dabei außer Betracht. Unberücksichtigt bleibt auch ein kleines Hausgrundstück, insbesondere ein Familienheim, wenn der Unterhaltsempfänger das Hausgrundstück allein oder zusammen mit Angehörigen, denen es nach seinem Tode weiter als Wohnung dienen soll, ganz oder teilweise bewohnt und dessen Veräußerung nach den Umständen des Einzelfalles nicht zumutbar ist (Abschn. 190 Abs. 4 EStR). Zum Nachweis der Unterhaltsbedürftigkeit s. BFH, BStBl 1987 II S. 599. Zu Unterhaltsleistungen an volljährige Geschwister s. BFH, BStBl 1984 II S. 527.

Die Unterhaltszahlungen sind ferner nur dann zwangsläufig, wenn sie als angemessen anzusehen sind. Bei Prüfung der Angemessenheit ist auch auf die Leistungsfähigkeit des Verpflichteten abzustellen. Die Unterhaltszahlungen sind daher nur dann zwangsläufig, wenn sie in einem angemessenen Verhältnis zum Nettolohn des Leistenden stehen und diesem nach Abzug der Unterhaltsleistungen noch die angemessenen Mittel zur Bestreitung des Lebensbedarfs für sich sowie ggf. für seine Ehefrau und seine Kinder verbleiben (BFH, BStBl 1986 II S. 852, 1987 II S. 238). Zu den Einzelheiten über die Ermittlung dieser sog. **Opfergrenze** s. BMF, BStBl 1990 I S. 226; BFH, BStBl 1987 II S. 127 und 130 und 1989 II S. 1009. Diese Opfergrenze ist nicht nur bei Unterhaltsleistungen an Angehörige im Ausland oder in der DDR und Berlin (Ost) zu beachten, sondern auch bei Unterhaltsleistungen an Angehörige im Inland (Abschn. 190 Abs. 5 EStR). Gegenüber Ehegatten und Kindern gilt diese Opfergrenze nicht.

Hat die unterhaltene Person **andere Einkünfte und Bezüge** im Kalenderjahr von mehr als 4500 DM, so wird der übersteigende Betrag von dem Höchstbetrag des § 33 a Abs. 1 EStG von 3024 DM bzw. 5400 DM abgesetzt. Sinn und Zweck dieser einschränkenden Vorschrift ist es, die wirtschaftliche Leistungsfähigkeit des Unterhaltsempfängers hinreichend zu berücksichtigen. Diesem Grundgedanken entspricht es, bei der Berechnung nicht nur die Einkünfte, sondern auch die

Bezüge, die zur Bestreitung des Unterhalts bestimmt oder geeignet sind, zu berücksichtigen. Unter die „anderen" Einkünfte und Bezüge im vorgenannten Sinne fallen Leistungen, die keine Unterhaltsleistungen i. S. von § 33 a Abs. 1 EStG sind. Dies gilt selbst dann, wenn sie zusätzlich vom Unterstützungspflichtigen erbracht werden (BFH, BStBl 1981 II S. 158).

Unter **Einkünften** sind solche im Sinne des Einkommensteuergesetzes zu verstehen (BFH, BStBl 1981 II S. 92; Abschn. 190 Abs. 6 Nr. 1 EStR). Bei der Ermittlung der anzurechnenden Einkünfte sind diese stets in vollem Umfang zu berücksichtigen, also z. B. auch vermögenswirksame Leistungen im Sinne des VermBG. Die Höhe der anrechenbaren Einkünfte ist nach den Grundsätzen der Einkunftsermittlung, d. h. unter Berücksichtigung der im Rahmen der Ermittlung der einzelnen Einkünfte gesetzlich abzugsfähigen Freibeträge, Betriebsausgaben, Werbungskosten bzw. Werbungskosten-Pauschbeträge, festzustellen. Die Einkünfte entsprechen der Höhe nach also grundsätzlich den Beträgen, die bei einer Veranlagung zum Ansatz kommen würden.

Als **Bezüge** kommen solche Zuflüsse in Betracht, die zur Bestreitung des Unterhalts bestimmt und geeignet sind und nicht im Rahmen der einkommensteuerlichen Einkunftsermittlung erfaßt werden, wie z. B. steuerfreie Einnahmen im Sinne der §§ 3 und 3 b EStG sowie bei Leibrenten i. S. des § 22 Nr. 1 Buchst. a EStG der Rentenanteil, der über den nicht um die Werbungskosten gekürzten Ertragsanteil hinausgeht (= Kapitalanteil). Dies gilt selbst dann, wenn das Rentenstammrecht entgeltlich erworben wurde (BFH, BStBl 1981 II S. 158). Auch die nach § 13 VermBG gezahlte Arbeitnehmer-Sparzulage und die nach § 28 Abs. 1 BerlinFG gezahlte Zulage für Arbeitnehmer in Berlin (West) gehören zu den anrechenbaren Bezügen (Abschn. 190 Abs. 6 Nr. 2 EStR). Bei Wehrpflichtigen gehören der Wehrsold, die Sachbezüge und das Weihnachtsgeld zu den anzurechnenden Bezügen (BFH, BStBl 1981 II S. 805). Bei Häftlingen gehören Unterkunft, Verpflegung und Kleidung dazu (BFH, BStBl 1989 II S. 233).

Nicht zu den anzurechnenden Bezügen gehören die steuerfrei bleibenden Teile von Versorgungsbezügen (§ 19 Abs. 2 EStG) und der Sparer-Freibetrag (§ 20 Abs. 4 EStG). Auch die nach § 3 Nr. 12, 13 und 26 EStG steuerfreien Aufwandsentschädigungen und Vergütungen gehören nicht dazu, weil sie tatsächlichen Aufwand abgelten sollen (Abschn. 190 Abs. 6 Nr. 2 EStR).

Unterhaltsbeiträge des Sozialamts sind grundsätzlich anzurechnende Bezüge, soweit das Sozialamt von einer Rückforderung bei gesetzlich unterhaltsverpflichteten Steuerpflichtigen abgesehen hat. Bestimmte zweckgebundene Sozialhilfeleistungen (Beträge für häusliche Hilfe, Krankenhilfe, Mehrbedarfszuschlag, Telefonhilfe) gehören hingegen nicht zu den anrechenbaren Bezügen (BFH, BStBl 1988 II S. 830 und 939).

Nicht zur Bestreitung des Lebensunterhalts bestimmt sind die sog. „Conterganrenten"; sie dienen dem Ausgleich für Einbußen an Lebenschancen.

Als zur Bestreitung des Lebensunterhalts bestimmte oder geeignete Bezüge kommen nur solche Mittel in Betracht, die aus einer Quelle, z. B. Leibrentenstammrecht, fließen, nicht aber den Verbrauch von Vermögen des Unterstützten darstellen. Daher fällt auch die Einziehung einer gestundeten Kaufpreisforderung in Raten mit Ausnahme der darin enthaltenen Zinsen nicht unter die Anrechnungsvorschrift des § 33 a Abs. 1 Satz 3 EStG.

Aus **Vereinfachungsgründen** sind bei der Feststellung der Bezüge **360 DM** im Kalenderjahr abzuziehen, wenn nicht höhere Aufwendungen, die in wirtschaftlichem Zusammenhang mit den entsprechenden Einnahmen stehen, nachgewiesen oder glaubhaft gemacht werden (Abschn. 190 Abs. 6 Nr. 2 EStR).

Die Unterhaltszahlungen sind grundsätzlich nachzuweisen. Das gilt auch für Unterhaltszahlungen an Ehegatten. Es kann nicht ohne weiteres davon ausgegangen werden, daß für (geschiedene) Ehefrauen Unterhaltszahlungen von 5400 DM jährlich geleistet werden und die Ehefrauen keine anzurechnenden eigenen Einkünfte und Bezüge haben. Auch einmalige Zahlungen können Unterhaltscharakter haben, wenn damit die laufenden Unterhaltsbedürfnisse des Empfängers befriedigt werden sollen. Werden Zahlungen nicht laufend, sondern nur gelegentlich (z. B. ein- oder zweimal jährlich) geleistet, so ergibt sich daraus zwar keine – widerlegbare – Vermutung, daß es sich nicht um Unterhaltsleistungen handelt. Es ist aber in solchen Fällen die Unterstützungsbedürftigkeit des Empfängers und die Frage, ob die Zahlungen bestimmt und geeignet sind, den Lebensbedarf des Empfängers zu befriedigen, besonders sorgfältig zu prüfen (BFH, BStBl 1981 II S. 31). In diesem Zusammenhang ist zu bedenken, daß die Unterhaltsaufwendungen nur insoweit berücksichtigt werden können, als hierdurch der Lebensbedarf des Empfängers im Kalenderjahr der Zahlung sichergestellt werden soll. Wird der Unterhaltsbedarf für das Folgejahr durch Leistungen im laufenden Jahr gedeckt (z. B. Zahlung von 3000 DM am 1. 10. für die Zeit vom 1. 10. 01 bis zum 31. 3. 02 und am 1. 4. für die Zeit vom 1. 4 bis 30. 9. 02 und so fort), so kann der für das Folgejahr bestimmte Betrag weder im laufenden Jahr noch nach dem Grundsatz der Abschnittsbesteuerung im Folgejahr berücksichtigt werden. Dabei gilt die widerlegbare Vermutung, daß eine Unterhaltszahlung der Deckung des Lebensbedarfs bis zur nächsten Zahlung dient (BFH, BStBl 1981 II S. 713, 1982 II S. 21). Wegen der von der FinVerw zugelassenen Vereinfachungsregeln s. BMF, BStBl 1990 I S. 226.

Beispiel:

Ein Stpfl. unterstützt seinen Vater im Kj. 01 mit 6000 DM. Der Vater hat im Kj. folgende eigene Einkünfte und Bezüge:

a) Versorgungsbezüge (§ 19 Abs. 2 EStG)	4800 DM
b) Leibrentenbezüge, deren steuerlich zu erfassender Ertragsanteil 24 v. H. beträgt.	3000 DM

Außerdem bezieht er noch ein steuerfreies Wohngeld von 1400 DM.

Der steuerfreie Betrag nach § 33 a Abs. 1 EStG ist wie folgt zu ermitteln:

a) Ermittlung der Einkünfte

aa)	Versorgungsbezüge	4800 DM	
	abzüglich Versorgungs-Freibetrag		
	(40 v. H. von 4800 DM)	1920 DM	
	Arbeitnehmer-Pauschbetrag	2000 DM	
	Einkünfte i. S. des § 19 EStG	880 DM	880 DM
bb)	Rentenbezüge	3000 DM	
	Ertragsanteil (24 v. H.)	720 DM	
	abzüglich Werbungskosten-Pauschbetrag	200 DM	
	Einkünfte gem. § 22 EStG	520 DM	520 DM
	Die Summe der Einkünfte beträgt somit		1400 DM

b) Ermittlung der Bezüge

Steuerlich nicht erfaßter Teil der Rente	2280 DM
Steuerfreies Wohngeld	1400 DM
	3680 DM
abzüglich Unkosten-Pauschbetrag	360 DM
Anzurechnende eigene Bezüge	3320 DM

c) Ermittlung des abziehbaren Betrags

Summe der eigenen Einkünfte und der Bezüge von	4720 DM
übersteigt den Betrag von	4500 DM
um	220 DM
Dieser Betrag ist von dem Höchstbetrag von	5400 DM
abzuziehen	220 DM
so daß von den Unterhaltsleistungen von 6000 DM nur	5180 DM

zu berücksichtigen sind (Abschn. 190 Abs. 6 EStR).

Hilft der Unterhaltsempfänger im Haushalt des Stpfl. unentgeltlich mit, so wird dadurch der abziehbare Betrag nicht berührt.

7.9.4.1.2 Unterhaltsaufwendungen für Personen, die nicht im Inland leben
(§ 33 a Abs. 1 Satz 4 EStG)

Nach § 33 a Abs. 1 Satz 4 EStG können Aufwendungen zum Unterhalt einer nicht im Inland lebenden Person (nicht unbeschränkt einkommensteuerpflichtige Person) nur abgezogen werden, soweit sie nach den Verhältnissen des Wohnsitzstaates der unterhaltenen Person notwendig und angemessen sind. Die Höchstbeträge des § 33 a Abs. 1 Sätze 1 und 3 EStG bilden dabei die oberste Grenze. Die Frage, ob der Steuerpflichtige sich den Aufwendungen aus rechtlichen, tatsächlichen oder sittlichen Gründen nicht entziehen kann, ist nach inländischen Maßstäben zu beurteilen.

Diese Grundsätze beschränken nicht den Anwendungsbereich der Vorschrift des § 33 a Abs. 1 EStG dem Grunde nach. Die Beschränkung betrifft die Zwangsläufigkeit der Höhe nach und läßt es gesetzlich zu, daß abweichend von den Höchstbeträgen des § 33 a Abs. 1 Sätze 1 und 3 EStG diese Grenzen an die Verhältnisse des Wohnsitzstaates angepaßt werden. Diese Einschränkung gilt dann nicht, wenn sich die unterhaltene Person in einem Land befindet, in dem die

Lebenshaltungskosten denen der Bundesrepublik Deutschland in etwa entsprechen (z. B. EG-Staaten, Österreich, Schweiz). Die FinVerw hat die Wohnsitzländer der unterstützten Personen in drei Ländergruppen eingeteilt. Bei der ersten Gruppe sind die Beträge des § 33 a Abs. 1 Sätze 1 und 3 EStG in voller Höhe, bei der zweiten Gruppe mit ⅔ und bei der letzten Gruppe mit ⅓ anzusetzen. Wegen der Ländergruppeneinteilung ab 1. 1. 1987 BMF, BStBl 1987 I S. 620 und ab 1. 1. 1990 BMF, BStBl 1989 I S. 463. Der BFH, BStBl 1982 II S. 779, hat die vorgenannte Dreiteilung grundsätzlich als eine nach den Grundsätzen der Gleichbehandlung auch von den Steuergerichten zu beachtende Schätzung angesehen.

Wegen des Nachweises der Unterhaltszahlungen in das Ausland s. BMF, BStBl 1989 I S. 181 und BFH, BStBl 1987 II S. 675 m. w. N.

7.9.4.1.3 Unterhalt von Kindern (§ 33 a Abs. 1 EStG)

Die Vorschrift des § 33 a Abs. 1 EStG schränkt die Möglichkeit einer Steuerermäßigung für Kosten des Unterhalts und der Berufsausbildung für Kinder i. S. des § 32 Abs. 2 bis 5 EStG erheblich ein, weil für Kinder regelmäßig irgendeine Person Anspruch auf einen Kinderfreibetrag hat; zur Verfassungsmäßigkeit vgl. BFH, BStBl 1987 II S. 713.

Deshalb können die Aufwendungen eines geschiedenen oder dauernd getrennt lebenden Stpfl. für ein Kind z. B. dann nicht nach § 33 a Abs. 1 EStG berücksichtigt werden, wenn er, der andere Elternteil oder eine andere Person für dieses Kind Anspruch auf einen Kinderfreibetrag hat. Dasselbe gilt für Aufwendungen eines Stpfl. für sein nichteheliches Kind, wenn der andere Elternteil des nichtehelichen Kindes oder eine andere Person Anspruch auf einen Kinderfreibetrag für dieses Kind hat. Einen gewissen Ausgleich bietet für diesen Personenkreis bis zum VZ 1989 die Vorschrift des § 33 a Abs. 1 a EStG 1987.

Die Vorschrift des § 33 a Abs. 1 EStG kommt daher insbesondere für die Unterhalts- und Berufsausbildungskosten in Betracht, die ausländische Arbeitnehmer für ihre nicht unbeschränkt einkommensteuerpflichtigen Kinder (sog. Auslandskinder) zu tragen haben.

> **Beispiel:**
> Ein in der Bundesrepublik als ausländischer Arbeitnehmer beschäftigter Tunesier trägt die Unterhaltskosten für seine in Tunesien verbliebenen zwei minderjährigen Kinder.
> Die Unterhaltsleistungen für die Kinder sind nach § 33 a Abs. 1 EStG zu berücksichtigen.

Für Inländer können Unterhalts- und Berufsausbildungskosten für Kinder nur in Ausnahmefällen zu einer Steuerermäßigung nach § 33 a Abs. 1 EStG führen. Wegen der Berücksichtigung von Kindern, die das 16. Lebensjahr vollendet haben, siehe im einzelnen 8.1.3.

Bei über 16 Jahre alten Kindern, die eine Berufsausbildung mangels Ausbildungsplatzes nicht beginnen oder fortsetzen können, läßt die FinVerw aus Billigkeitsgründen den Abzug von Unterhaltsaufwendungen nach § 33 a Abs. 1 EStG anstelle der Berücksichtigung des Kindes nach anderen Vorschriften zu (BMF, BStBl 1988 I S. 540).

7.9.4.1.4 Unterhalt des Ehegatten (§ 33 a Abs. 1 EStG)

Unterhaltsleistungen eines Steuerpflichtigen an seinen von ihm nicht dauernd getrennt lebenden, unbeschränkt einkommensteuerpflichtigen Ehegatten stellen keine außergewöhnliche Belastung dar (BFH, BStBl 1989 II S. 164). Gleiches gilt grundsätzlich auch für Aufwendungen eines Stpfl. für den Unterhalt des mit ihm in einer eheähnlichen Gemeinschaft lebenden Partners (BFH, BStBl 1990 II S. 294). Zu einem Ausnahmefall s. BFH v. 18. 4. 1990 III R 102/87.

Unterhaltsleistungen eines Ehegatten an den nicht unbeschränkt einkommensteuerpflichtigen anderen Ehegatten können demgegenüber als außergewöhnliche Belastung gemäß § 33 a Abs. 1 EStG abziehbar sein (BFH, BStBl 1989 II S. 164; überholt BFH, BStBl 1979 II S. 660). Wegen der Änderung der Rechtsprechung läßt es die FinVerw bis zum VZ 1989 ausreichen, daß die Höhe der Unterhaltszahlungen nur glaubhaft gemacht wird (BMF, BStBl 1990 I S. 57).

Unterhaltsleistungen an geschiedene oder dauernd getrennt lebende Ehegatten stellen, mit Ausnahme der Unterhaltsleistungen im VZ der Trennung, eine außergewöhnliche Belastung i. S. des § 33 a Abs. 1 EStG dar (BFH, BStBl 1989 II S. 658 m. w. N.). Kapitalleistungen zur Ablösung von Unterhaltsverpflichtungen gegenüber einem unterhaltsberechtigten Ehegatten oder früheren Ehegatten liegen auf der Vermögensebene und sind nicht als außergewöhnliche Belastung zu berücksichtigen (BFH, BStBl 1961 II S. 76).

Für die einkommensteuerliche Berücksichtigung von Unterhaltsleistungen aus Anlaß der Scheidung, der Nichtigkeit und der Aufhebung einer Ehe sowie des dauernden Getrenntlebens von Ehegatten besteht ein **Wahlrecht,** und zwar kann der unterhaltsverpflichtete Ehegatte für jeden VZ wählen, ob er die Unterhaltsleistungen nach § 10 Abs. 1 Nr. 1 EStG als Sonderausgaben oder unter den Voraussetzungen des § 33 a Abs. 1 EStG als außergewöhnliche Belastung geltend machen will. Nach § 10 Abs. 1 Nr. 1 EStG können Unterhaltsleistungen an den geschiedenen oder dauernd getrennt lebenden unbeschränkt steuerpflichtigen Ehegatten **bis zu 27 000 DM** (bis 1989: 18 000 DM) im Kalenderjahr als Sonderausgaben abgezogen werden. Entsprechendes gilt auch für Unterhaltsleistungen in den Fällen der Nichtigkeit oder der Aufhebung der Ehe **(begrenztes Realsplitting).** Die Berücksichtigung von Unterhaltsleistungen als Sonderausgaben setzt voraus, daß der Geber dies mit Zustimmung des Empfängers beantragt. Wird ein solcher Antrag nicht gestellt oder fehlt die Zustimmung, so können die Unterhaltsleistungen nur als außergewöhnliche Belastung berücksichtigt werden. Zu § 10 Abs. 1 Nr. 1 EStG im einzelnen s. 7.1.2.

Werden Unterhaltszahlungen ganz oder teilweise als Sonderausgaben nach § 10 Abs. 1 Nr. 1 EStG abgezogen, so kann eine Steuerermäßigung nach § 33 a EStG auch nicht für den Teil gewährt werden, der über den als Sonderausgaben abzugsfähigen Teil hinausgeht (Abschn. 190 Abs. 2 EStR). Der Abzug der Unterhaltsleistungen als Sonderausgaben beim Geber führt auf der anderen Seite zur Steuerpflicht beim Empfänger nach § 22 Nr. 1 a EStG, während die nach § 33 a Abs. 1 EStG berücksichtigten Unterhaltsleistungen beim Empfänger keine Steuerpflicht auslösen.

7.9.4.1.5 Sonstige Unterhaltsfälle

Im übrigen ist die Vorschrift des § 33 a Abs. 1 EStG auf alle Fälle des zwangsläufigen **Unterhalts von bedürftigen Personen,** insbesondere Angehörigen, anzuwenden. In diesen Fällen können Unterhaltskosten dann als zwangsläufig anerkannt werden, wenn der Unterhaltsempfänger kein oder nur ein geringfügiges Vermögen, keine oder nur geringfügige Einkünfte oder sonstige Bezüge besitzt und wegen seines Gesundheitszustandes, seines Alters oder durch Arbeitslosigkeit einen Unterhalt nicht verdienen kann.

Bei unterstützten mittellosen Eltern ist die Frage, ob sie ihren Unterhalt selbst verdienen können, in der Regel nicht zu stellen. Entsprechendes gilt bei Angehörigen, wenn die unterstützte Person jünger als 14 oder älter als 65 Jahre ist. Zur Unterhaltsbedürftigkeit volljähriger Geschwister s. BFH, BStBl 1984 II S. 527.

Bei Verwandten in der DDR und Berlin (Ost) kann die Bedürftigkeit ohne Nachweis als gegeben angenommen werden, s. dazu und zur zeitlichen Einschränkung 7.9.2.1. Entsprechendes gilt, wenn die unterstützte Person in einem Land lebt, in dessen Herrschaftsbereich ein Vertreibungsgebiet im Sinne von § 12 Abs. 2 LAG liegt und von dem erfahrungsgemäß keine amtlichen Auskünfte und Bescheinigungen über Einkommens- und Vermögensverhältnisse der unterstützten Person zu erwarten sind. Dies sind die Sowjetunion, Tschechoslowakei, Polen, Rumänien, Ungarn und Bulgarien.

Beispiele:

a) Ein Sohn trägt in 01 den vollen Unterhalt seiner mittellosen alten Mutter. Der tatsächliche Aufwand im Kalenderjahr betrug 6000 DM.

Die Aufwendungen erwachsen dem Steuerpflichtigen zwangsläufig. Er kann daher nach § 33 a Abs. 1 EStG den Höchstbetrag von 5400 DM als außergewöhnliche Belastung vom Gesamtbetrag der Einkünfte absetzen.

b) Ein Steuerpflichtiger hat in 01 für den Unterhalt seines Vaters 4800 DM (400 DM monatlich) aufgewendet. Der Vater hat anzurechnende eigene Einkünfte und Bezüge, die zur Bestreitung seines Unterhalts bestimmt oder geeignet sind, von insgesamt 6000 DM bezogen.

Der Steuerpflichtige kann höchstens einen Freibetrag von 5400 DM abzüglich (6000 DM ∕ 4500 DM) 1500 DM = 3900 DM erhalten. Da seine Aufwendungen diesen Betrag übersteigen, ist ihm ein Freibetrag in Höhe von 3900 DM zu gewähren.

Wenn der Steuerpflichtige mehrere Personen unterhält, die einen gemeinsamen Haushalt führen, so ist in der Regel der nach § 33 a Abs. 1 EStG abzugsfähige Betrag für jede unterhaltene Person getrennt zu ermitteln, es sei denn, es handelt sich um in Haushaltsgemeinschaft lebende Ehegatten. Bei in Haushaltsgemeinschaft lebenden Ehegatten sind die anrechenbaren Einkünfte und Bezüge zunächst für jede Person gesondert festzustellen und sodann zusammenzurechnen.

Die zusammengerechneten Einkünfte und Bezüge sind dann für jede haushaltszugehörige Person um 4500 DM zu kürzen. Der übersteigende Betrag ist von dem vervielfachten Höchstbetrag, z. B. bei zwei haushaltszugehörigen Personen (2 × 4500 DM =) 9000 DM, abzuziehen (Abschn. 190 Abs. 7 EStR).

Beispiel:

Ein Stpl. hat in 01 für den Unterhalt seiner in Haushaltsgemeinschaft lebenden Eltern 6000 DM (monatlich 500 DM) aufgewendet. Die Eltern bezogen lediglich Altersruhegelder aus der gesetzlichen Rentenversicherung, und zwar im Kj. der Ehemann 8000 DM und die Ehefrau 3000 DM. Der maßgebliche Ertragsanteil i. S. des § 22 Nr. 1 Buchst. a EStG beträgt jeweils 20 v. H.

Die anrechenbaren Einkünfte und Bezüge der Ehegatten berechnen sich vereinfacht wie folgt:

	Ehemann	Ehefrau
Bruttoeinnahmen (§ 22 EStG)	8000 DM	3000 DM
Werbungskosten-Pauschbetrag	200 DM	200 DM
Unkosten-Pauschbetrag	360 DM	360 DM
	7440 DM	2440 DM
Die Summe der anrechenbaren Einkünfte und Bezüge beträgt (7440 DM + 2440 DM)		9880 DM
zu kürzen um (4500 DM × 2)		9000 DM
Übersteigender Betrag		880 DM
Der vervielfachte Höchstbetrag (2 × 5400 DM)		10 800 DM
vermindert um den übersteigenden Betrag in Höhe von		880 DM
ergibt den verminderten Höchstbetrag des § 33 a Abs. 1 EStG von		9920 DM

Die von dem Stpfl. geleisteten Unterhaltszahlungen in Höhe von 6000 DM erreichen nicht den verminderten Höchstbetrag des § 33 a Abs. 1 EStG (9920 DM) und können daher in voller Höhe vom Gesamtbetrag der Einkünfte abgezogen werden.

Die vorstehenden Grundsätze gelten auch dann, wenn sich die unterhaltenen Personen im Haushalt des Steuerpflichtigen befinden. Haushaltshilfe, die der Unterhaltsempfänger dem Steuerpflichtigen leistet, ist nicht anzurechnen. Ersetzt jedoch die unterhaltene Person eine Hausgehilfin, so darf grundsätzlich ein Freibetrag nach § 33 a Abs. 1 EStG nicht gewährt werden.

Tragen mehrere Steuerpflichtige zu dem Unterhalt und (oder) einer etwaigen Berufsausbildung derselben Person bei und erfüllen sie die Voraussetzungen für einen Freibetrag nach § 33 a Abs. 1 EStG, so ermäßigt sich für jeden Steuerpflichtigen der Höchstbetrag von 3024 DM oder von 5400 DM auf den Betrag, der seinem Anteil am Gesamtbetrag der Leistungen entspricht (§ 33 a Abs. 1 Satz 5 EStG).

Beispiel:

Die Steuerpflichtigen A und B haben in 01 zu dem Unterhalt ihres Vaters insgesamt 6000 DM beigetragen. A hat 4000 DM und B 2000 DM aufgewendet. Der Vater hat anzurechnende eigene Einkünfte und Bezüge von insgesamt 6300 DM.

Der Höchstbetrag beträgt für die Steuerpflichtigen A und B gemeinsam 5400 DM abzüglich (6300 DM ∕. 4500 DM) 1800 DM = 3600 DM. Davon entfallen auf den Steuerpflichtigen A ⅔ von 3600 DM = 2400 DM und auf den Steuerpflichtigen B ⅓ von 3600 DM = 1200 DM.

Eine besondere Form des Unterhalts im Sinne des § 33 a Abs. 1 EStG ergibt sich durch **Paket- und Päckchensendungen an Bewohner der DDR, Berlin (Ost) und der Vertreibungsgebiete** im Sinne des § 12 Abs. 2 LAG, wenn sie dem Unterhalt dienen. Dabei kann die Bedürftigkeit des Empfängers unterstellt werden (BFH, BStBl 1987 II S. 238); wegen der zeitlichen Einschränkung s. 7.9.2.1. Für jedes nachgewiesene Paket kann im Rahmen des § 33 a Abs. 1 EStG ein Betrag bis zu 40 DM, für jedes Päckchen, dessen Absendung der Steuerpflichtige nachweist oder glaubhaft macht, ein Betrag bis zu 30 DM abgesetzt werden; der Unterhaltscharakter der Aufwendungen ist in diesen Fällen aus Pauschalierungsgründen nicht zu prüfen (BFH, BFH/NV 1987 S. 569). Höhere Aufwendungen werden nur berücksichtigt, wenn der Steuerpflichtige den höheren Wert seiner Pakete oder Päckchen insgesamt nachweist oder glaubhaft macht (BFH, BStBl 1984 II S. 309). Als nachgewiesen oder glaubhaft gemacht gelten auch die zwangsläufig erwachsenen Porto- und Verpackungskosten. Grundsätzlich ist die Absendung durch Paketabschnitte oder bei Päckchen durch die von der Post abgestempelten Bescheinigungen nachzuweisen. Die Unterstützung von Verwandten in der DDR, Berlin (Ost) und den Vertreibungsgebieten, zu denen der Steuerpflichtige in persönlichen Beziehungen steht, ist stets zwangsläufig, auch wenn diese Personen nicht zu dem Kreis der Angehörigen i. S. von § 15 AO gehören (BFH, BStBl 1983 II S. 453). Bei Nichtverwandten, z. B. Freunden, ist erforderlich, daß sich der Steuerpflichtige ihnen gegenüber sittlich verpflichtet fühlen konnte, z. B. weil sie ihm zu anderer Zeit auch großzügig geholfen haben (BFH, BStBl 1966 III S. 534).

Hinsichtlich der Frage der Abzugsfähigkeit von Fahrtkosten für Reisen zu den Angehörigen in der DDR, in Berlin (Ost) oder den Vertreibungsgebieten s. 7.9.2.2.5. Aufwendungen für bei solchen Besuchen überreichte Liebesgaben, die über das übliche Maß von Gastgeschenken hinausgehen, sind unter den Voraussetzungen des § 33 a Abs. 1 EStG zu berücksichtigen. Dabei kann aus Vereinfachungsgründen für jeden sonstigen Besuch in Berlin (Ost) oder der DDR sowie für jeden Besuch in den Vertreibungsgebieten im Sinne des § 12 Abs. 2 LAG ein Betrag von 50 DM im Rahmen der gesetzlichen Höchstgrenzen anerkannt werden, wenn der Besuch in geeigneter Weise glaubhaft gemacht wird. Mit dem Pauschbetrag von 50 DM sind sämtliche Aufwendungen anläßlich eines Besuches abgegolten, unabhängig von der Zahl der Besucher und der Zahl der besuchten Personen (BMF, BStBl 1985 I S. 202). Diese Vereinfachungsregelung ist mit Wirkung ab 1. 4. 1990 aufgehoben worden (BMF, BStBl 1990 I S. 148).

Bei Aufwendungen für den Besuch von Angehörigen (Beherbergung, Beköstigung und ähnlichen Kosten) aus der DDR, Berlin (Ost) und den Vertreibungsgebieten können die Aufwendungen ohne Einzelnachweis mit 10 DM pro Aufenthaltstag im Rahmen der Höchstbeträge des § 33 a Abs. 1 i.V.m. Abs. 4 EStG berücksichtigt werden.

7.9.4.1.6 Zeitanteilige Anwendung des § 33 a Abs. 1 EStG

Haben die Voraussetzungen des § 33 a Abs. 1 EStG nicht während des vollen Kalenderjahres vorgelegen, so ermäßigen sich die im § 33 a Abs. 1 EStG bezeichneten Beträge von 3024 DM und 5400 DM um je $\frac{1}{12}$ für jeden vollen Kalendermonat, in dem die Voraussetzungen nicht vorgelegen haben, d. h., daß für jeden angefangenen und jeden vollen Monat, in dem die Voraussetzungen vorgelegen haben, ein Zwölftel des Jahresbetrages berücksichtigt werden kann (§ 33 a Abs. 4 EStG). Entsprechend ist auch zu verfahren, wenn die Altersvoraussetzungen des § 33 a Abs. 1 Satz 1 Nr. 1 EStG nicht während des ganzen Jahres vorgelegen haben, weil das Kind im Laufe des Kalenderjahres das 18. Lebensjahr vollendet hat.

In diesen Fällen ist zur Anrechnung der eigenen Einkünfte und Bezüge der unterhaltenen Person der anteilige Höchstbetrag von 3024 DM oder 5400 DM um den Betrag zu kürzen, um den die eigenen Einkünfte und Bezüge der unterhaltenen Person, die auf diesen Zeitraum entfallen, den anteiligen Betrag von 4500 DM im Kalenderjahr übersteigen (Abschn. 192 a EStR). Eigene Einkünfte und Bezüge der unterstützten Person, die auf die Monate entfallen, in denen die in § 33 a Abs. 1 EStG genannten Voraussetzungen nicht vorgelegen haben, vermindern die ermäßigten Höchstbeträge nicht (§ 33 a Abs. 4 Satz 2 EStG).

Beispiel:
Der Stpfl. unterstützt in 1990 seine alleinstehende Mutter in der Zeit vom 1. 4. bis 31. 12. mit 3600 DM. Die Mutter hat im Kj. 1990 eigene Einkünfte und Bezüge in Höhe von insgesamt 10 000 DM; hiervon entfallen auf den Zeitraum 1. 4. bis 31. 12. 1990 5400 DM.

Höchstbetrag für das Kj.			5400 DM
anteiliger Höchstbetrag ($\frac{9}{12}$)			4050 DM
eigene Einkünfte und Bezüge	10 000 DM		
davon entfallen auf den Unterstützungszeitraum			
1. 4. bis 31. 12. 1990		5400 DM	
abzüglich $\frac{9}{12}$ von 4500 DM		3375 DM	2025 DM
zu gewährender Freibetrag			2025 DM

7.9.4.1.7 Anwendung des § 33 a Abs. 1 EStG für die VZ 1988 und 1989 (§ 53 EStG)

Für die VZ 1988 und 1989 gilt § 33 a Abs. 1 EStG in der Fassung des § 53 EStG. Danach wird auf Antrag die Einkommensteuer dadurch ermäßigt, daß die Aufwendungen vom Gesamtbetrag der Einkünfte abgezogen werden, und zwar im Kalenderjahr

1. für eine Person
   - die das 18. Lebensjahr noch nicht vollendet hat oder
   - für die der Steuerpflichtige die Voraussetzungen für einen Ausbildungsfreibetrag nach § 33 a Abs. 2 EStG erfüllt,

   bis zu **2484 DM;** dies entspricht der Höhe des Kinderfreibetrages,

2. für andere Personen bis zu **4500 DM.**

Für die VZ 1988 und 1989 betragen daher die Höchstbeträge, wie schon nach § 33 a Abs. 1 EStG 1987, 2484 DM bzw. 4500 DM. Der niedrigere Höchstbetrag von 2484 DM ist jedoch – anders als nach § 33 a Abs. 1 EStG 1987 – nicht nur dann anwendbar, wenn die unterhaltene Person das 18. Lebensjahr noch nicht vollendet hat, sondern entsprechend der vom VZ 1990 an geltenden Rechtslage auch dann, wenn die unterhaltene Person zwar das 18. Lebensjahr vollendet hat, der Steuerpflichtige für diese Person jedoch die **Voraussetzungen für** einen **Ausbildungsfreibetrag** nach § 33 a Abs. 2 EStG erfüllt. Dies trägt dem Umstand Rechnung, daß der Ausbildungsfreibetrag für sog. Auslandskinder aufgrund der Änderung des § 33 a Abs. 2 Satz 1 EStG bereits vom VZ 1988 an in Betracht kommt (§ 52 Abs. 22 EStG).

Wegen der bis zum VZ 1987 geltenden Fassung des § 33 a Abs. 1 EStG wird auf 7.8.4.1 der Vorauflage Bezug genommen.

Beispiel:

Der Spanier S ist im Inland als Arbeitnehmer tätig. Seine Ehefrau und Kinder leben in Spanien. S leistet an seinen 1968 geborenen Sohn K (Student) Unterhalt in Höhe von jährlich 9000 DM.

VZ 1987: S erhält für K weder einen Kinderfreibetrag noch einen Ausbildungsfreibetrag. Die Unterhaltsleistungen kann er in Höhe von 4500 DM nach § 33 a Abs. 1 Nr. 1 EStG 1987 abziehen.

VZe 1988 und 1989: S erhält für K einen Ausbildungsfreibetrag, da er für K einen Kinderfreibetrag erhielte, wenn dieser unbeschränkt einkommensteuerpflichtig wäre. Die Unterhaltsleistungen kann S daher nur noch in Höhe von 2484 DM nach § 33 a Abs. 1 Nr. 1 EStG in der Fassung des § 53 EStG abziehen.

VZ 1990: S kann die Unterhaltsleistungen in Höhe von 3024 DM nach § 33 a Abs. 1 Nr. 1 EStG abziehen.

7.9.4.2 Besucherfreibetrag (§ 33 a Abs. 1 a EStG 1987)

Erwachsen einem Steuerpflichtigen für ein Kind, das dem anderen Elternteil zuzuordnen ist und für das der Steuerpflichtige einen **Kinderfreibetrag** erhält, Aufwendungen zur Pflege des Eltern-Kind-Verhältnisses, so wird nach § 33 a Abs. 1 a EStG 1987 auf Antrag ein Freibetrag von 600 DM im Kalenderjahr vom Gesamtbetrag der Einkünfte abgezogen.

Beispiel:

Der Stpfl. ist geschieden. Seine zwei Kinder befinden sich im Haushalt der Mutter. Diese hat, ebenso wie der Stpfl., Anspruch auf einen Kinderfreibetrag für diese Kinder.

Die Kinder sind einkommensteuerlich der Mutter zuzuordnen (§ 32 Abs. 7 Satz 3 EStG). Die Vorschrift des § 33 a Abs. 1 EStG ist für den Stpfl. nicht anwendbar, weil für die Kinder Anspruch auf einen Kinderfreibetrag besteht. Der Stpfl. erhält aber für jedes Kind einen Freibetrag von 600 DM, zusammen somit 1200 DM.

Diese Regelung ist letztmals für den VZ 1989 anzuwenden. Wegen der Einzelheiten wird auf 7.8.4.2 der Vorauflage Bezug genommen.

7.9.4.3 Ausbildungsfreibeträge (§ 33 a Abs. 2 EStG)

7.9.4.3.1 Allgemeines

Die Ausbildungsfreibeträge des § 33 a Abs. 2 EStG dienen der steuerlichen Entlastung von Eltern, deren Kinder sich in der Berufsausbildung befinden. Die

Kosten einer angemessenen Berufsausbildung gehören zwar zu den Unterhaltskosten. § 33 a Abs. 2 EStG stellt jedoch gegenüber § 33 a Abs. 1 EStG die speziellere Vorschrift dar.

Ab VZ 1988 gilt § 33 a Abs. 2 EStG in folgender Fassung: Erwachsen einem Steuerpflichtigen Aufwendungen für die Berufsausbildung eines Kindes, für das er einen Kinderfreibetrag erhält oder erhielte, wenn das Kind unbeschränkt einkommensteuerpflichtig wäre, so wird auf Antrag ein Ausbildungsfreibetrag vom Gesamtbetrag der Einkünfte abgezogen. Ausbildungsfreibeträge können je Kalenderjahr wie folgt abgezogen werden:

1. für ein Kind, das das 18. Lebensjahr noch nicht vollendet hat, in Höhe von **1800 DM,** wenn das Kind auswärtig untergebracht ist;

2. für ein Kind, das das 18. Lebensjahr vollendet hat,
   - in Höhe von **2400 DM,** wenn das Kind im Haushalt des Steuerpflichtigen untergebracht ist,
   - in Höhe von **4200 DM,** wenn das Kind auswärtig untergebracht ist.

Darüber hinaus kann der Steuerpflichtige vom **VZ 1990** an einen Ausbildungsfreibetrag in Anspruch nehmen, wenn ihm Aufwendungen für die Berufsausbildung eines Kindes i. S. des § 32 Abs. 1 EStG erwachsen,

– für das der Steuerpflichtige keinen Kinderfreibetrag erhält – das ist aufgrund der Regelung des § 32 Abs. 4 Nr. 3 EStG nur der Fall, wenn das Kind das **27.** **Lebensjahr** vollendet hat – **und**

– das den gesetzlichen **Grundwehrdienst** oder **Zivildienst** geleistet hat;

der Abzug eines Ausbildungsfreibetrages kommt in diesem Fall allerdings nur für die Zeit **bis** zur Vollendung des **29. Lebensjahres** des Kindes in Betracht (§ 33 a Abs. 2 Satz 2 EStG).

Die Ausbildungsfreibeträge vermindern sich jeweils um die eigenen Einkünfte und Bezüge des Kindes, die zur Bestreitung seines Unterhalts oder seiner Berufsausbildung bestimmt oder geeignet sind, soweit diese 3600 DM im Kalenderjahr übersteigen, sowie um die von dem Kind als Ausbildungshilfe aus öffentlichen Mitteln oder von Förderungseinrichtungen, die hierfür öffentliche Mittel erhalten, bezogenen Zuschüsse. Für ein nicht unbeschränkt einkommensteuerpflichtiges Kind mindern sich die vorstehenden Beträge nach Maßgabe des § 33 a Abs. 1 Satz 4 EStG. Der anrechnungsfreie Betrag von 3600 DM kann allerdings nur in Anspruch genommen werden, wenn der Steuerpflichtige für das Kind einen Kinderfreibetrag erhält (§ 33 a Abs. 2 Satz 5 EStG). Für die **anderen Kinder** hingegen, für die der Steuerpflichtige keinen Kinderfreibetrag erhält und für die ein Ausbildungsfreibetrag erst aufgrund der Erweiterung des § 33 a Abs. 2 EStG durch das StRefG 1990 abgezogen werden kann, kann der Steuerpflichtige im Rahmen des § 33 a Abs. 2 EStG **keinen anrechnungsfreien Betrag** in Anspruch nehmen.

Erfüllen mehrere Stpfl. für dasselbe Kind die Voraussetzungen des § 33 a Abs. 2 Satz 1 EStG, so kann der Ausbildungsfreibetrag insgesamt nur einmal gewährt werden. Steht das Kind zu zwei Stpfl., die zusammen die Voraussetzungen des § 26 Abs. 1 Satz 1 EStG nicht erfüllen, in einem Kindschaftsverhältnis, so erhält jeder die Hälfte des Abzugsbetrags nach § 33 a Abs. 2 Sätze 1 bis 6 EStG. Steht das Kind zu mehr als zwei Stpfl. in einem Kindschaftsverhältnis, so erhält ein Elternpaar zusammen die Hälfte des Abzugsbetrags. Liegen im Fall des § 33 a Abs. 2 Satz 9 EStG bei einem Elternpaar die Voraussetzungen des § 26 Abs. 1 Satz 1 EStG nicht vor, so erhält jeder Elternteil ein Viertel des Abzugsbetrags. Auf gemeinsamen Antrag eines Elternpaares, bei dem die Voraussetzungen des § 26 Abs. 1 Satz 1 EStG nicht vorliegen, kann in den Fällen des § 33 a Abs. 2 Sätze 8 bis 10 EStG bei einer Veranlagung zur Einkommensteuer der einem Elternteil zustehende Anteil am Abzugsbetrag auf den anderen Elternteil übertragen werden.

Zur Verfassungsmäßigkeit vgl. BFH, BStBl 1987 II S. 713 und HFR 1988 S. 627.

7.9.4.3.2 Die einzelnen Ausbildungsfreibeträge und ihre Voraussetzungen

Ein Ausbildungsfreibetrag wegen Aufwendungen für die Berufsausbildung eines Kindes wird zum einen dem Stpfl. gewährt, der für das Kind einen **Kinderfreibetrag** erhält; s. dazu im einzelnen 8.1.4. Steht mehreren Stpfl. für dasselbe Kind ein Kinderfreibetrag zu, so kann der Ausbildungsfreibetrag insgesamt nur einmal gewährt werden (§ 33 a Abs. 2 Satz 7 EStG).

> **Beispiel:**
> Den Eheleuten M und F, die zusammen zur Einkommensteuer veranlagt werden, steht für das gemeinsame Kind K ein Kinderfreibetrag von 3024 DM zu (§ 32 Abs. 6 Satz 2 EStG). K ist 19 Jahre alt. Aus Anlaß seines Studiums ist es auswärts untergebracht.
> M und F steht der Ausbildungsfreibetrag von 4200 DM für K insgesamt nur einmal zu.

Steht das Kind zu mehr als zwei Stpfl. in einem Kindschaftsverhältnis, so erhält ein Elternpaar zusammen die Hälfte des Abzugsbetrages (§ 33 a Abs. 2 Satz 9 EStG).

Der Ausbildungsfreibetrag für ein Kind dauernd getrennt lebender oder geschiedener Ehegatten sowie für ein nichteheliches Kind kann im Lohnsteuerverfahren bei jedem Elternteil nur zur Hälfte – wenn das Kind zu mehr als zwei Stpfl. in einem Kindschaftsverhältnis steht: zu einem Viertel – auf der Lohnsteuerkarte eingetragen werden (sog. Halbteilungsgrundsatz). Eine andere Aufteilung zwischen den Eltern kann nur bei einer Veranlagung zur Einkommensteuer auf gemeinsamen Antrag des Elternpaares erfolgen (§ 33 a Abs. 2 Satz 11, § 46 Abs. 2 Nr. 4 a EStG). Wegen weiterer Einzelheiten s. Abschn. 191 Abs. 6 und 7 EStR.

Vom **VZ 1988** an (§ 52 Abs. 22 EStG) kann ein Steuerpflichtiger einen Ausbildungsfreibetrag auch dann in Anspruch nehmen, wenn ihm Aufwendungen für die Berufsausbildung eines Kindes erwachsen, für das er einen Kinderfreibetrag – zwar nicht erhält, aber – erhielte, wenn das Kind unbeschränkt einkommensteuerpflichtig **wäre**. Dies setzt voraus, daß der Steuerpflichtige für dieses Kind die Voraussetzungen des § 32 Abs. 6 EStG für den Abzug eines Kinderfreibetrages und damit für die Berücksichtigung des Kindes nach § 32 Abs. 1 bis 5 EStG – mit Ausnahme der unbeschränkten Einkommensteuerpflicht dieses Kindes nach § 32 Abs. 2 EStG – erfüllt. Aufgrund dieser Änderung kann ein Ausbildungsfreibetrag nunmehr auch für sog. **Auslandskinder** in Anspruch genommen werden. Damit wollte der Gesetzgeber die bisherige Ungleichwertigkeit der Steuerermäßigung für Auslandskinder nach § 33 a Abs. 1 EStG und für unbeschränkt einkommensteuerpflichtige Kinder (sog. Inlandskinder), für die ein Kinderfreibetrag nach § 32 Abs. 6 EStG und ein Ausbildungsfreibetrag nach § 33 a Abs. 2 EStG in Betracht kommt, beseitigen (Bundestags-Drucksache 11/2157 S. 150 f.).

Darüber hinaus kann der Steuerpflichtige vom **VZ 1990** an einen Ausbildungsfreibetrag in Anspruch nehmen, wenn ihm Aufwendungen für die Berufsausbildung eines Kindes i. S. des § 32 Abs. 1 EStG erwachsen,

– für das der Steuerpflichtige keinen Kinderfreibetrag erhält – das ist aufgrund der Regelung des § 32 Abs. 4 Nr. 3 EStG nur der Fall, wenn das Kind das **27. Lebensjahr** vollendet hat – **und**

– das den gesetzlichen **Grundwehrdienst** oder **Zivildienst** geleistet hat;

der Abzug eines Ausbildungsfreibetrages kommt in diesem Fall allerdings nur für die Zeit **bis** zur Vollendung des **29. Lebensjahres** des Kindes in Betracht (§ 33 a Abs. 2 Satz 2 EStG).

Die Gewährung eines Ausbildungsfreibetrags setzt voraus, daß dem Stpfl. Aufwendungen für die Berufsausbildung erwachsen. Der Begriff der Berufsausbildung ist weit. Er umfaßt auch die gesamte Schulausbildung und ein Studium (BFH, BStBl 1985 II S. 135). Der in § 33 a Abs. 2 EStG gebrauchte Begriff der Berufsausbildung deckt sich mit dem des § 32 Abs. 4 Nr. 1 EStG; s. dazu im einzelnen Abschn. 180 EStR. Auf die tatsächliche Höhe der Aufwendungen kommt es nicht an; es genügt, daß dem Stpfl. überhaupt durch die Berufsausbildung Aufwendungen entstanden sind.

Aufwendungen für die Berufsausbildung sind grundsätzlich alle Aufwendungen, die durch die Ausbildung zu dem gewählten Beruf an einem bestimmten, frei gewählten Ort veranlaßt sind (BFH, BStBl 1985 II S. 135). Dazu gehören Schulgeld, Studiengebühren, Aufwendungen für Bücher und anderes Lernmaterial, Fahrtkosten zur Ausbildungsstätte sowie im Fall der auswärtigen Unterbringung die Aufwendungen für den Unterhalt der Wohnung des auswärtig Untergebrachten (BFH, BStBl 1988 II S. 422). Besteht für das Kind keine Lernmittelfreiheit, entspricht es der Lebenserfahrung, daß Aufwendungen für die Anschaffung entsprechender Lernmittel erwachsen sind (BFH, BStBl 1988 II S. 438). Hingegen gibt es keine allgemeine Lebenserfahrung, nach der für die Gewährung eines Ausbildungsfreibetrags stets davon ausgegangen werden könnte, daß den Eltern für ein in Berufsausbildung befindliches Kind ausnahmslos auch entsprechende Ausbildungsaufwendungen erwachsen (BFH, BStBl 1988 II S. 442). Nach Auffassung der FinVerw gehören zu den Aufwendungen für die Berufsausbildung allerdings auch Unterhaltsaufwendungen für ein in Berufsausbildung befindliches

Kind, weil davon auszugehen ist, daß diese Aufwendungen auch für die Berufsausbildung erwachsen sind (Abschn. 191 Abs. 2 EStR).

Die Höhe des Ausbildungsfreibetrags ist von dem Alter des Kindes und davon abhängig, ob das Kind auswärtig untergebracht ist.

a) Für Kinder, die das 18. Lebensjahr noch nicht vollendet haben und im Haushalt des Stpfl. untergebracht sind, wird ein Ausbildungsfreibetrag nicht gewährt.

b) Für ein Kind, das das 18. Lebensjahr noch nicht vollendet hat, aber auswärtig untergebracht ist, beträgt der Ausbildungsfreibetrag des § 33 a Abs. 2 Nr. 1 EStG **1800 DM** im Kalenderjahr.

c) Für ein Kind, das das 18. Lebensjahr vollendet hat und im Haushalt des Stpfl. untergebracht ist, beträgt der Ausbildungsfreibetrag des § 33 a Abs. 2 Nr. 2 EStG **2400 DM** im Kalenderjahr.

d) Für ein Kind, das das 18. Lebensjahr vollendet hat und auswärtig untergebracht ist, beträgt der Ausbildungsfreibetrag des § 33 a Abs. 2 Nr. 2 EStG **4200 DM** im Kalenderjahr.

Auswärtige Unterbringung setzt voraus, daß das Kind sowohl räumlich als auch hauswirtschaftlich aus dem Haushalt der Eltern ausgegliedert ist (BFH, BStBl 1988 II S. 138). Welche Gründe für die auswärtige Unterbringung maßgeblich sind, ist ohne Bedeutung. So ist auch unerheblich, ob das Kind verheiratet ist und mit dem Ehegatten eine eheliche Wohnung bezogen hat (BFH, BStBl 1974 II S. 299, 1975 II S. 488). Eine auswärtige Unterbringung ist jedoch nicht anzunehmen, wenn sie nicht auf eine gewisse Dauer (etwa einen Studienabschnitt) angelegt ist; so bei Schulfahrten, Aufenthalten in Landschulheimen (BFH, BStBl 1983 II S. 109, 427) und dreiwöchigem Sprachkurs im Ausland (BFH, BStBl 1990 II S. 62).

Nach § 33 a Abs. 2 Satz 6 EStG mindern sich die Ausbildungsfreibeträge für nicht unbeschränkt einkommensteuerpflichtige Kinder nach denselben Grundsätzen wie der für den Abzug von Unterhaltsleistungen bestehende allgemeine Höchstbetrag bei Unterhaltszahlungen an nicht unbeschränkt Steuerpflichtige (s. § 33 a Abs. 1 Satz 4 EStG). Diese Regelung trägt der Tatsache Rechnung, daß wegen der anderen Lebensbedingungen im Ausland die auf die inländischen Verhältnisse zugeschnittenen Steuerfreibeträge oft zu einer ungerechtfertigten Steuerentlastung führen. Es erfolgt also auch bei den Ausbildungsfreibeträgen eine Kürzung entsprechend der Ländergruppeneinteilung (s. dazu 7.9.4.1.2), soweit sie im Einzelfall nicht offensichtlich zu einem falschen Ergebnis führt (BFH, BStBl 1988 II S. 423).

Ein Kind geschiedener oder getrennt lebender Eltern ist nur dann auswärtig untergebracht, wenn es aus dem Haushalt beider Elternteile räumlich und hauswirtschaftlich ausgegliedert ist (BFH, BStBl 1988 II S. 579).

Beispiele:

a) Ein Kind des Stpfl., das das 18. Lebensjahr vollendet hat und für das der Stpfl. für den VZ einen Kinderfreibetrag erhält, befindet sich noch während des ganzen VZ in der Berufsausbildung und ist im Haushalt des Stpfl. untergebracht. Das Kind hat keine eigenen Einkünfte oder Bezüge.

Der Stpfl. erhält für diesen VZ auf Antrag den Ausbildungsfreibetrag nach § 33 a Abs. 2 Nr. 2 EStG in Höhe von 2400 DM.

b) Ein Kind des Stpfl., das das 18 Lebensjahr vollendet hat und für das der Stpfl. für den VZ einen Kinderfreibetrag erhält, befindet sich noch während des ganzen VZ in der Berufsausbildung und ist auswärts untergebracht. Das Kind hat keine eigenen Einkünfte oder Bezüge.

Der Stpfl. erhält für diesen VZ auf Antrag den Ausbildungsfreibetrag nach § 33 a Abs. 2 Nr. 2 EStG in Höhe von 4200 DM.

c) Beispiel wie vorstehend zu b) mit dem Unterschied, daß das Kind im VZ das 18. Lebensjahr noch nicht vollendet hat.

Der Stpfl. erhält für diesen VZ auf Antrag den Ausbildungsfreibetrag nach § 33 a Abs. 2 Nr. 1 EStG in Höhe von 1800 DM.

Die Ausbildungsfreibeträge vermindern sich jeweils um die **eigenen Einkünfte und Bezüge des Kindes,** die zur Bestreitung des Unterhalts oder seiner Berufsausbildung bestimmt oder geeignet sind, soweit diese **3600 DM** im Kalenderjahr übersteigen (Abschn. 191 Abs. 4 und 5 EStR).

Beispiel:

Ein Kind des Stpfl., das das 18. Lebensjahr vollendet hat und für das der Stpfl. für den VZ einen Kinderfreibetrag erhält, befindet sich noch während des ganzen VZ 1990 in der Berufsausbildung und ist auswärts untergebracht. Das Kind hatte im VZ eigene Einkünfte in Höhe von 4800 DM erhalten.

Der Ausbildungsfreibetrag des § 33 a Abs. 2 Nr. 2 EStG in Höhe von		4200 DM
vermindert sich um die eigenen Einkünfte und Bezüge	4800 DM	
soweit sie	3600 DM	
übersteigen	1200 DM	1200 DM
auf		3000 DM

Der Stpfl. erhält auf Antrag einen Ausbildungsfreibetrag in Höhe von 3000 DM nach § 33 a Abs. 2 Nr. 2 EStG.

Für ein nicht unbeschränkt einkommensteuerpflichtiges Kind mindert sich auch dieser Anrechnungs-Freibetrag von 3600 DM für die eigenen Einkünfte und Bezüge entsprechend der Kürzung der Ausbildungsfreibeträge für solche Kinder (§ 33 a Abs. 2 Satz 6 EStG); wegen der Ländergruppeneinteilung s. 7.9.4.1.2.

Ausbildungshilfen aus öffentlichen Mitteln und Zuschüsse von Förderungseinrichtungen, die hierfür öffentliche Mittel erhalten, mindern hingegen die Ausbildungsfreibeträge voll. Auch Zuschüsse nach dem BAföG mindern die Ausbildungsfreibeträge daher in vollem Umfang und nicht nur, soweit sie 3600 DM übersteigen.

Die Einkünfte und Bezüge von Kindern, für die der Steuerpflichtige keinen Kinderfreibetrag erhält, mindern die Ausbildungsfreibeträge ebenfalls in vollem Umfang.

Zur Ermittlung der in § 33 a Abs. 2 Satz 4 EStG bezeichneten Einkünfte und Bezüge des Kindes gelten die entsprechenden Erläuterungen zu § 33 a Abs. 1 EStG. Die eigenen Einkünfte des Kindes mindern den Ausbildungsfreibetrag dann nicht, wenn sie im Kalenderjahr der Berufsausbildung in Zeiträumen außerhalb der Ausbildung erzielt werden (§ 33 a Abs. 4 Satz 2 EStG). Entsprechendes gilt bei den zur Bestreitung des Unterhalts oder der Berufsausbildung bestimmten oder geeigneten Bezügen des Kindes (BFH, BStBl 1986 II S. 554) und den Zuschüssen (§ 33 a Abs. 4 Satz 3 EStG). Zu den vorbezeichneten Bezügen gehören auch Unterhaltsleistungen, die einem in Berufsausbildung stehenden verheirateten Kind aufgrund der ehelichen Unterhaltsverpflichtung von seinem Ehegatten gewährt werden (BFH, BStBl 1986 II S. 554 und 805). Einkünfte des Ehegatten des Kindes, die in dem Zeitraum vor der Eheschließung erzielt worden sind, scheiden hingegen regelmäßig für eine Anrechnung aus (BFH, BStBl 1986 II S. 840). Bei der Anrechnung sind auch solche Bezüge und Zuschüsse nach dem BAföG und von anderen öffentlich dotierten Förderungseinrichtungen zu berücksichtigen, die zwar schon für den betreffenden Ausbildungszeitraum bewilligt worden sind, aber erst später gezahlt werden (BFH, BStBl 1975 II S. 14).

Liegt eine der Voraussetzungen für die Gewährung eines Ausbildungsfreibetrags nur für einen **Teil des Kalenderjahres** vor, so ermäßigt sich der Ausbildungsfreibetrag für jeden Kalendermonat, für den die Voraussetzungen nicht vorgelegen haben, um ein Zwölftel (§ 33 a Abs. 4 Satz 1 EStG). In diesen Fällen ist zur Anrechnung der eigenen Einkünfte und Bezüge des Kindes der anteilige Ausbildungsfreibetrag um den Betrag zu kürzen, um den die eigenen Einkünfte und Bezüge des Kindes, die auf die Kalendermonate entfallen, in denen die Voraussetzungen des § 33 a Abs. 2 EStG vorgelegen haben, den anteiligen Betrag von 3600 DM im Kalenderjahr übersteigen.

Beispiel:
Ein Kind des Stpfl., das das 18. Lebensjahr vollendet hat, befindet sich bis Ende September 1990 in der Berufsausbildung und ist auswärts untergebracht. Dem Stpfl. erwachsen hierdurch Aufwendungen. Das Kind hat im Kalenderjahr 1990 eigene Einkünfte in Höhe von 4800 DM bezogen; hiervon entfallen 3600 DM auf den Zeitraum bis Ende September.
Der zu gewährende anteilige Ausbildungsfreibetrag des § 33 a Abs. 2 Nr. 2 EStG berechnet sich wie folgt:

Ausbildungsfreibetrag für das Kj.		4200 DM
Ausbildungsfreibetrag für 9 Monate		3150 DM
eigene Einkünfte im Kj.	4800 DM	
davon entfallen auf den maßgeblichen Ausbildungszeitraum	3600 DM	
abzüglich 9/12 von 3600 DM =	2700 DM	900 DM
zu gewährender Ausbildungsfreibetrag		2250 DM

Vollendet ein Kind im Laufe des VZ das 18. Lebensjahr, so werden der Ausbildungsfreibetrag von 1800 DM gemäß § 33 a Abs. 2 Nr. 1 EStG und die Ausbildungsfreibeträge von 2400 DM oder 4200 DM gemäß § 33 a Abs. 2 Nr. 2 EStG zeitanteilig berücksichtigt. Dabei können die höheren Freibeträge von dem Monat an bewilligt werden, in dem das Kind das 18. Lebensjahr vollendet hat (so Abschn. 192 a Abs. 1 EStR).

Der Ausbildungsfreibetrag wird auf **Antrag** abgezogen. Hat es der Steuerpflichtige zunächst rechtsirrtümlich unterlassen, den Antrag zu stellen, so kann dieser unter den Voraussetzungen des § 173 Abs. 1 Nr. 2 AO auch noch nach Bestandskraft des Einkommensteuerbescheids nachgeholt und der Bescheid entsprechend geändert werden (vgl. BFH, BStBl 1985 II S. 117 und HFR 1990 S. 8).

7.9.4.4 Aufwendungen für die Beschäftigung einer Hilfe im Haushalt oder für vergleichbare Dienstleistungen (§ 33 a Abs. 3 EStG)

§ 33 a Abs. 3 EStG ist mit Wirkung vom VZ 1990 an neu gefaßt worden. Wegen der bis zum VZ 1989 geltenden Rechtslage wird auf 7.8.4.4 der Vorauflage Bezug genommen.

Vom VZ 1990 an gilt nach § 33 a Abs. 3 **Satz 1** EStG folgendes:

Erwachsen einem Steuerpflichtigen Aufwendungen durch die Beschäftigung einer Hilfe im Haushalt, so können sie bis zu den folgenden Höchstbeträgen vom Gesamtbetrag der Einkünfte abgezogen werden:

1. **1200 DM** im Kalenderjahr, wenn

    a) der Steuerpflichtige oder sein nicht dauernd getrennt lebender Ehegatte das 60. Lebensjahr vollendet hat oder

    b) wegen Krankheit des Steuerpflichtigen oder seines nicht dauernd getrennt lebenden Ehegatten oder eines zu seinem Haushalt gehörigen Kindes im Sinne des § 32 Abs. 1 Satz 1 EStG oder einer anderen zu seinem Haushalt gehörigen unterhaltenen Person, für die eine Ermäßigung nach Abs. 1 gewährt wird, die Beschäftigung einer Hilfe im Haushalt erforderlich ist,

2. **1800 DM** im Kalenderjahr, wenn eine der in Nummer 1 Buchst. b genannten Personen hilflos im Sinne des § 33 b EStG oder schwer behindert ist.

Nach der bis zum VZ 1989 geltenden Fassung des § 33 a Abs. 3 EStG setzte dieser die Beschäftigung einer Hausgehilfin oder einer Haushaltshilfe voraus. Durch die Neufassung **„Hilfe im Haushalt"** ist insoweit keine inhaltliche Änderung eingetreten. Im Rahmen der Höchstbeträge können daher auch vom VZ 1990 an Aufwendungen, die durch die Beschäftigung einer Hausgehilfin oder einer Haushaltshilfe erwachsen, berücksichtigt werden.

Hausgehilfin ist eine Arbeitnehmerin, die typische hauswirtschaftliche Arbeiten verrichtet und im Haushalt des Steuerpflichtigen voll beschäftigt wird. Nicht erforderlich ist, daß nur „einfache" Hausarbeiten verrichtet werden (BFH, BStBl 1959 III S. 170). Die Tätigkeit einer Hausgehilfin umfaßt vielmehr alle im Haushalt (auch Garten) vorkommenden Arbeiten. Zu diesen Arbeiten gehört auch die Beaufsichtigung der Kinder (BFH, BStBl 1979 II S. 142). Der Freibetrag kann auch für eine männliche Arbeitskraft gewährt werden, wenn diese zur Verrichtung der hauswirtschaftlichen Arbeiten an Stelle einer weiblichen Arbeitskraft beschäftigt wird. Beim Vorliegen aller Voraussetzungen kann auch eine

Tochter als Hausgehilfin im Haushalt der Eltern, unter besonderen Umständen kann auch eine Mutter im Haushalt ihrer Tochter als Hausgehilfin anerkannt werden (BFH, BStBl 1961 III S. 549). Die Ehefrau kann aber nicht Hausgehilfin im ehelichen Haushalt sein. Entsprechendes gilt bei nichtehelicher Lebensgemeinschaft (BMF, BStBl 1990 I S. 147; a. A. BFH, BStBl 1990 II S. 294).

Als **Haushaltshilfe** wird eine Person bezeichnet, die nicht ganztägig, sondern nur kürzere Zeit im Haushalt beschäftigt ist (vgl. dazu BFH, BStBl 1962 III S. 469). Gedacht ist hier in erster Linie an Putzfrauen, Waschfrauen und ähnliche Arbeitskräfte. Die Haushaltshilfe braucht nicht im Rahmen eines Arbeitsverhältnisses tätig zu sein (z. B. Beauftragung eines selbständigen Fensterputzers – BFH, BStBl 1979 II S. 326). Sie muß jedoch in erster Linie ihre Tätigkeit im Haushalt des Stpfl. ausüben. Deshalb ist eine Wäscherei, bei der der Stpfl. seine Wäsche waschen und bügeln läßt, keine Haushaltshilfe (BFH, BStBl 1982 II S. 399). Aber auch Hausangestellte, die nicht ausschließlich oder ganz überwiegend im Haushalt, sondern daneben in erheblichem Umfang auch noch im beruflichen (betrieblichen) Bereich des Steuerpflichtigen beschäftigt sind, können hinsichtlich des für den Haushalt verbleibenden Teils ihrer Tätigkeit „Haushaltshilfen" sein. In diesen Fällen sind die auf die Tätigkeit im Betrieb entfallenden Kosten als Betriebsausgaben abzuziehen, sofern sich die Gesamtkosten leicht und einwandfrei aufteilen lassen (BFH, BStBl 1980 II S. 117).

Beispiel:

Ein Steuerpflichtiger, der die Voraussetzungen des § 33 a Abs. 3 Satz 1 Nr. 1 EStG erfüllt, beschäftigt eine Person, die zu 60 v. H. im Betrieb und zu 40 v. H. im Haushalt tätig ist. Sie bezieht ein monatliches Gehalt von 2000 DM.

Ein Teil des Aufwands, nämlich 60 v. H. von 2000 DM = 1200 DM monatlich, ist als Betriebsausgaben abzusetzen. 40 v. H. des Aufwands = 800 DM monatlich entfallen auf die Beschäftigung im Haushalt. Von dem Jahresbetrag i. H. von (800 DM × 12 =) 9600 DM können 1200 DM (Höchstbetrag nach § 33 a Abs. 3 Satz 1 Nr. 1 EStG) als außergewöhnliche Belastung berücksichtigt werden.

Der – große – Höchstbetrag von 1800 DM setzt voraus, daß der Steuerpflichtige oder sein nicht dauernd getrennt lebender Ehegatte oder ein zu seinem Haushalt gehöriges Kind i. S. des § 32 Abs. 1 Satz 1 EStG oder eine andere zu seinem Haushalt gehörige unterhaltene Person, für die eine Ermäßigung nach § 33 a Abs. 1 EStG gewährt wird, hilflos i. S. des § 33 b EStG oder schwer behindert ist. Wegen des Merkmals „hilflos" wird auf die Ausführungen zu § 33 b EStG Bezug genommen. Eine schwere Behinderung liegt vor, wenn der Grad der Behinderung mindestens 45 v. H. beträgt (Abschn. 192 Abs. 2 EStR). Eine Person gehört zum Haushalt des Steuerpflichtigen, wenn sie bei einheitlicher Wirtschaftsführung unter Leitung des Steuerpflichtigen dessen Wohnung teilt oder sich mit seiner Einwilligung vorübergehend außerhalb seiner Wohnung zu anderen als Erwerbszwecken aufhält (Abschn. 192 Abs. 2 EStR).

Neben den Aufwendungen für die Hilfe im Haushalt begünstigt § 33 a Abs. 3 **Satz 2** EStG auch Kosten für vergleichbare Dienstleistungen:

Erwachsen einem Steuerpflichtigen wegen der Unterbringung in einem Heim oder zur dauernden Pflege Aufwendungen, die Kosten für Dienstleistungen enthalten, die mit denen einer Hilfe im Haushalt **vergleichbar** sind, so können sie bis zu den folgenden Höchstbeträgen vom Gesamtbetrag der Einkünfte abgezogen werden:

1. **1200 DM,** wenn der Steuerpflichtige oder sein nicht dauernd getrennt lebender Ehegatte in einem Heim untergebracht ist, ohne pflegebedürftig zu sein,

2. **1800 DM,** wenn die Unterbringung zur dauernden Pflege erfolgt.

Heime im Sinne dieser Vorschrift sind Altenheime, Altenwohnheime, Pflegeheime und gleichartige Einrichtungen (§ 1 des Heimgesetzes vom 7. 8. 1974, BGBl 1974 I S. 1873).

Ehegatten, bei denen die Voraussetzungen des § 26 Abs. 1 Satz 1 EStG vorliegen, können für die Zeit des Vorliegens dieser Voraussetzungen die jeweiligen nach § 33 a Abs. 3 Sätze 1 und 2 EStG in Betracht kommenden Höchstbeträge insgesamt nur einmal abziehen, es sei denn, die Ehegatten sind wegen Pflegebedürftigkeit eines der Ehegatten an einer gemeinsamen Haushaltsführung gehindert (§ 33 a Abs. 3 Satz 3 EStG).

Haben die Voraussetzungen nach § 33 a Abs. 3 EStG nicht während des ganzen Kalenderjahres vorgelegen, so ermäßigt sich der in § 33 a Abs. 3 EStG bezeichnete Betrag von 1200 DM bzw. 1800 DM um je ein Zwölftel für jeden vollen Kalendermonat, in dem die in Abs. 3 bezeichneten Voraussetzungen nicht vorgelegen haben (§ 33 a Abs. 4 EStG).

Vom VZ 1990 an bedarf es keines förmlichen Antrags mehr.

7.9.5 Pauschbeträge für Behinderte, Hinterbliebene und Pflegepersonen (§ 33 b EStG)

§ 33 b EStG ist mit Wirkung vom VZ 1990 an neu gefaßt und an den Sprachgebrauch des SchwbG angepaßt worden. Wegen der bis dahin geltenden Rechtslage wird auf die Erläuterungen 7.8.5 der Vorauflage Bezug genommen. Der Pflege-Pauschbetrag kann erstmals im VZ 1990 in Anspruch genommen werden.

7.9.5.1 Behinderten-Pauschbetrag (§ 33 b Abs. 1 bis 3 EStG)

Wegen der außergewöhnlichen Belastungen, die einem Behinderten unmittelbar infolge seiner Behinderung erwachsen, kann er anstelle einer Steuerermäßigung nach § 33 EStG einen Pauschbetrag nach § 33 b Abs. 3 EStG geltend machen (Behinderten-Pauschbetrag).

Die Höhe des Pauschbetrags richtet sich nach dem dauernden (nicht nur vorübergehenden) Grad der Behinderung (GdB).

Als Pauschbeträge werden gewährt:

Stufe	Bei einem Grad der Behinderung von	DM
1	25 und 30	600
2	35 und 40	840
3	45 und 50	1110
4	55 und 60	1410
5	65 und 70	1740
6	75 und 80	2070
7	85 und 90	2400
8	95 und 100	2760

Für Behinderte, die infolge ihrer Behinderung ständig so hilflos sind, daß sie für die gewöhnlichen und regelmäßig wiederkehrenden Verrichtungen im Ablauf des täglichen Lebens in erheblichem Umfang fremder Hilfe dauernd bedürfen, und für Blinde erhöht sich der Pauschbetrag auf **7200 DM** (§ 33 b Abs. 3 Satz 3 EStG).

Die Pauschbeträge erhalten nach § 33 b Abs. 2 EStG:

1. Behinderte, deren Grad der Behinderung auf mindestens 50 festgestellt ist;

2. Behinderte, deren Grad der Behinderung auf weniger als 50, aber mindestens 25 festgestellt ist, wenn

   a) dem Behinderten wegen seiner Behinderung nach gesetzlichen Vorschriften Renten oder andere laufende Bezüge zustehen, und zwar auch dann, wenn das Recht auf die Bezüge ruht oder der Anspruch auf die Bezüge durch Zahlung eines Kapitals abgefunden worden ist, oder

   b) die Behinderung zu einer äußerlich erkennbaren dauernden Einbuße der körperlichen Beweglichkeit geführt hat oder auf einer typischen Berufskrankheit beruht.

Zu den Behinderten gehören nicht nur die durch äußere Einflüsse, wie Kriegsverletzung oder Unfall, sondern auch die durch innere Krankheiten oder geistige Gebrechen behinderte Personen einschließlich der Personen, die unheilbar erkrankt und im Endstadium pflegebedürftig sind. Die Behinderung darf aber **nicht überwiegend auf Alterserscheinungen** beruhen (BFH, BStBl 1975 II S. 483). Die Feststellung einer Behinderung setzt nach den Anhaltspunkten für die ärztliche Begutachtung Behinderter im sozialen Entschädigungsrecht und nach dem Schwerbehindertengesetz stets eine Regelwidrigkeit gegenüber dem für das Lebensalter typischen Zustand voraus. Alterserscheinungen können danach für die Behinderung grundsätzlich nicht berücksichtigt werden, weil sie für das fortgeschrittene Lebensalter typisch sind. Die ständige Pflegebedürftigkeit ist nicht als Alterserscheinung, sondern stets als Hilflosigkeit im Sinne von § 33 b Abs. 3 Satz 3 EStG anzusehen.

Ein Pauschbetrag wird nur bei einer **dauernden Behinderung** gewährt. Der Pauschbetrag kann zwar auch gewährt werden, wenn sich der Grad der Behinderung im Laufe der Zeit ändert und nach einer längeren Zeit mit seiner Minderung oder seinem Wegfall zu rechnen ist; bei einer nur vorübergehenden Behinderung infolge einer Körperbeschädigung kann jedoch ein Pauschbetrag nicht gewährt werden (BFH, BStBl 1985 II S. 129). Etwaige Mehraufwendungen muß der Steuerpflichtige in diesen Fällen einzeln nach § 33 EStG geltend machen (BFH, BStBl 1967 III S. 459). Eine in zeitlichem Zusammenhang mit einem Unfall oder einer Krankheit vorübergehend höhere Behinderung ist im Rahmen des § 33 b EStG nicht zu berücksichtigen (BFH, BStBl 1975 II S. 394).

Bei Behinderten, deren Grad der Behinderung auf weniger als 50, aber mindestens 25, festgestellt ist, denen aber wegen ihrer Behinderung Renten oder andere laufende Bezüge nicht zustehen, genügen innere Krankheiten (z. B. Zuckerkrankheit, Herzerweiterung, Lungentuberkulose), Augenleiden, soweit sie nicht zum völligen Verlust des Sehvermögens auf einem Auge geführt haben (BFH, BStBl 1958 III S. 42), sowie Gehörleiden nicht, es sei denn, daß es sich um eine typische Berufskrankheit handelt oder die Krankheit zu einer äußerlich erkennbaren dauernden Einbuße der körperlichen Beweglichkeit geführt hat. Der letztere Begriff ist nicht eng auszulegen; s. dazu Abschn. 194 Abs. 1 EStR. Auch beim Verlust des Sehvermögens auf nur einem Auge liegt eine dauernde äußerlich erkennbare Einbuße der körperlichen Beweglichkeit vor; das gleiche gilt für Gehörlose (BFH, BStBl 1958 III S. 42).

Die Regelung des § 33 b Abs. 3 EStG greift nur ein, wenn der Steuerpflichtige die hier vorgesehenen Pauschbeträge in Anspruch nimmt. Will er die tatsächlichen Aufwendungen geltend machen, so kann sich dieser Antrag nur auf § 33 EStG stützen mit der Folge, daß nunmehr auch die zumutbare Belastung zu berücksichtigen ist (BFH, BStBl 1961 III S. 207). Steuerpflichtige, für die ein Pauschbetrag nicht vorgesehen ist, z. B. bei einem Grad der Behinderung von weniger als 50, ohne entsprechende Renten und laufende Bezüge und ohne äußerlich erkennbare dauernde Einbuße der körperlichen Beweglichkeit, können nur den Einzelnachweis nach § 33 EStG führen (BFH, BStBl 1964 III S. 35).

Eine zeitanteilige Kürzung dieser Pauschbeträge erfolgt nicht. Der Pauschbetrag ist daher stets in voller Höhe zu gewähren. Erhöht sich z. B. nachweislich der Grad der Behinderung im Laufe eines Kalenderjahres, so ist der Pauschbetrag für den höheren Grad der Behinderung für das Kalenderjahr zu berücksichtigen. Allgemein ist zu beachten, daß bei im Laufe des Jahres eintretenden Veränderungen jeweils der höchste Grad der Behinderung für das Kalenderjahr maßgebend bleibt (Abschn. 194 Abs. 4 EStR).

Wird einem Antrag auf Anerkennung der Behinderung oder auf Erhöhung des Grads der Behinderung für vorhergehende Kalenderjahre entsprochen, so sind die Steuerfestsetzungen für die vorhergehenden Jahre nach § 175 Abs. 1 AO zu ändern. Die Feststellung eines Versorgungsamtes gemäß § 3 Abs. 1 SchwbG über das Vorliegen einer Behinderung und den Grad der Behinderung ist ein Grundlagenbescheid (BFH, BStBl 1986 II S. 245); sie ist ab Feststellungszeitpunkt zu berücksichtigen (BFH, BStBl 1990 II S. 60).

Der **Nachweis** der Voraussetzungen für die Inanspruchnahme eines Pauschbetrags für Behinderte nach § 33 b Abs. 2 und 3 EStG ist durch Bescheinigungen, Ausweise oder Bescheide nach Maßgabe des § **65 Abs. 1 EStDV** zu führen.

Die Voraussetzungen sind nachzuweisen

1. für Behinderte, deren Grad der Behinderung mindestens 50 beträgt, durch einen Ausweis nach § 4 Abs. 5 des Schwerbehindertengesetzes (vgl. BFH, BStBl 1988 II S. 436),

2. für Behinderte, deren Grad der Behinderung weniger als 50, aber mindestens 25 beträgt,

   a) durch eine Bescheinigung der für die Durchführung des Bundesversorgungsgesetzes zuständigen Behörden aufgrund eines Feststellungsbescheids nach § 3 Abs. 1 des Schwerbehindertengesetzes oder,

   b) wenn ihnen wegen ihrer Behinderung nach den gesetzlichen Vorschriften Renten oder andere laufende Bezüge zustehen, durch den Rentenbescheid oder den entsprechenden Bescheid.

Dabei gelten jedoch folgende Besonderheiten:

1. Bei Behinderten, denen wegen des Grades ihrer Behinderung von mindestens 25, aber weniger als 50, nach den gesetzlichen Vorschriften Renten oder andere laufende Bezüge zustehen, genügt als Nachweis auch der Rentenbescheid oder der entsprechende Bescheid. Es kann sich dabei z. B. um Rentenbescheide eines Versorgungsamtes oder eines Trägers der gesetzlichen Unfallversicherung oder bei Beamten, die Unfallruhegeld beziehen, um einen entsprechenden Bescheid ihrer Behörde handeln. Der Rentenbescheid eines Trägers der gesetzlichen Rentenversicherung der Arbeiter und Angestellten genügt nicht (BFH, BStBl 1968 II S. 606; Abschn. 194 Abs. 5 EStR).

2. Bei Behinderten, denen wegen des Grades ihrer Behinderung von mindestens 25, aber weniger als 50, nach den gesetzlichen Vorschriften Renten oder andere laufende Bezüge nicht zustehen, hat die Bescheinigung des Versorgungsamtes auch eine Äußerung darüber zu enthalten, ob die Behinderung zu einer äußerlich erkennbaren dauernden Einbuße der körperlichen Beweglichkeit geführt hat oder auf einer typischen Berufskrankheit beruht.

Nähere Einzelheiten, insbesondere auch zum Inhalt und der Form der aufgrund des Schwerbehindertengesetzes zu erteilenden Ausweise, ergeben sich aus den Richtlinien über Ausweise für Schwerbeschädigte und Schwerbehinderte (BStBl 1977 I S. 321).

Folgende **Übergangsregelung gemäß § 65 Abs. 2 EStDV** ist zu beachten:

Als Nachweis über das Vorliegen einer Behinderung und den Grad der Behinderung genügen auch die vor dem 20. 6. 1976 ausgestellten amtlichen Ausweise für Schwerkriegsbeschädigte, Schwerbeschädigte oder Schwerbehinderte sowie die nach § 3 Abs. 1 oder 4 SchwbG in der vor dem 20. 6. 1976 geltenden Fassung erteilten Bescheinigungen, und zwar bis zum Ablauf ihres derzeitigen Geltungszeitraums. Erscheint aus besonderen Gründen die Feststellung erforderlich, daß die Behinderung nicht überwiegend auf Alterserscheinungen beruht, so ist darüber zusätzlich eine Bescheinigung der für die Durchführung des Bundesversorgungsgesetzes zuständigen Behörden beizubringen (§ 65 Abs. 2 EStDV). Ist der Behinderte verstorben und kann ein Nachweis nach § 65 Abs. 1 und 2 EStDV nicht erbracht werden, dann ist nach § 65 Abs. 3 EStDV eine besondere Form des Nachweises möglich.

Für die Gewährung des Pauschbetrags von 7200 DM kommen Behinderte in Betracht, in deren Ausweis nach § 4 Abs. 5 des Schwerbehindertengesetzes das Merkzeichen „Bl" oder „H" eingetragen ist, sowie Behinderte, denen von der für die Durchführung des Bundesversorgungsgesetzes zuständigen Behörde Hilflosigkeit bescheinigt ist (Abschn. 194 Abs. 2 und 6 EStR).

Treffen bei einem Steuerpflichtigen mehrere Behinderungen zusammen (z. B. als Kriegsbeschädigter und als Unfallbeschädigter), so kann der Pauschbetrag nur einmal gewährt werden. Dabei ist jeweils der Grund maßgebend, der zu dem höchsten Pauschbetrag führt, soweit der Steuerpflichtige nicht einen höheren Gesamtgrad der Behinderung geltend macht und durch besondere Bescheinigung des zuständigen Versorgungsamtes nachweist.

Die Pauschbeträge des § 33 b Abs. 3 EStG gelten die laufenden und typischen Kosten ab, die dem Behinderten unmittelbar infolge der Behinderung erwachsen. Andere außergewöhnliche Belastungen kann er außerdem geltend machen. Das gilt auch für solche außerordentlichen Kosten, z. B. Kosten für eine Operation (Arzt, Krankenhauskosten, Medikamente und Heilbehandlungen), die mit dem Leiden zusammenhängen oder die die Behinderung erst verursacht haben (BFH, BStBl 1967 III S. 457) und für mit dem Leiden, das für die Behinderung ursächlich ist, nicht zusammenhängende Krankheitskosten, z. B. als Folge eines Autounfalls, einer Zahnbehandlung usw. Ist die Beschäftigung einer Hilfe im Haushalt erforderlich, weil der Behinderte nicht nur vorübergehend hilflos oder schwer behindert ist, so ist der dafür nach § 33 a Abs. 3 EStG in Betracht kommende Freibetrag neben dem Behinderten-Pauschbetrag zu gewähren (Abschn. 194 Abs. 7 EStR). Dies gilt auch für die nach § 33 EStG zu berücksichtigenden Kraftfahrzeugkosten bestimmter Behinderter (s. dazu 7.9.2.2.9). Unterhalten die danach Begünstigten kein eigenes Kraftfahrzeug, so können sie nachgewiesene Taxikosten neben dem Behinderten-Pauschbetrag als außergewöhnliche Belastung nach § 33 EStG geltend machen. Werbungskosten und Sonderausgaben, die infolge einer Behinderung entstehen, werden durch die Pauschbeträge nicht abgegolten (vgl. im übrigen Abschn. 194 Abs. 7 EStR).

7.9.5.2 Hinterbliebenen-Pauschbetrag (§ 33 b Abs. 4 EStG)

Personen, denen laufende Hinterbliebenenbezüge bewilligt worden sind, erhalten auf Antrag einen Pauschbetrag **von 720 DM** (Hinterbliebenen-Pauschbetrag), wenn die Hinterbliebenenbezüge geleistet werden

1. nach dem Bundesversorgungsgesetz oder einem anderen Gesetz, das die Vorschriften des Bundesversorgungsgesetzes über Hinterbliebenenbezüge für entsprechend anwendbar erklärt, oder

2. nach den Vorschriften über die gesetzliche Unfallversicherung oder

3. nach den beamtenrechtlichen Vorschriften an Hinterbliebene eines an den Folgen eines Dienstunfalls verstorbenen Beamten oder

4. nach den Vorschriften des Bundesentschädigungsgesetzes über die Entschädigung für Schäden an Leben, Körper oder Gesundheit.

Der Pauschbetrag wird auch dann gewährt, wenn das Recht auf die Bezüge ruht oder der Anspruch auf die Bezüge durch Zahlung eines Kapitals abgefunden worden ist.

Zu den Gesetzen, die das Bundesversorgungsgesetz für entsprechend anwendbar erklären, gehören das Soldatenversorgungsgesetz, das Zivildienstgesetz, das Häftlingsgesetz, das Gesetz über die Unterhaltsbeihilfe für Angehörige von Kriegsgefangenen, das Gesetz über den Bundesgrenzschutz, das Gesetz über das Zivilschutzkorps, das Gesetz zur Regelung der Rechtsverhältnisse der unter Art. 131 GG fallenden Personen, das Gesetz zur Einführung des Bundesversorgungsgesetzes im Saarland, das Bundes-Seuchengesetz und das Gesetz über die Entschädigung für Opfer von Gewalttaten (Abschn. 194 Abs. 13 EStR).

Das Vorliegen der Voraussetzungen für die Gewährung des steuerfreien Pauschbetrags ist durch Vorlage des Rentenbescheids (z. B. Rentenbescheid eines Versorgungsamts, der zuständigen Entschädigungsbehörde oder eines Trägers der gesetzlichen Unfallversicherung) oder eines entsprechenden Bescheids der nach den beamtenrechtlichen Vorschriften zuständigen Behörde nachzuweisen. Aus diesen Unterlagen muß die Bewilligung von laufenden Hinterbliebenenbezügen oder aber der Grund hervorgehen, weshalb diese Hinterbliebenenbezüge ruhen. Heiratet eine anspruchsberechtigte verwitwete Person wieder oder erhalten Kriegereltern keine laufenden Hinterbliebenenbezüge, weil die gesetzlichen Voraussetzungen nicht vorliegen, oder sind die Voraussetzungen für den Bezug von Hinterbliebenenbezügen bei Waisen weggefallen (z. B. weil die über 18 Jahre alte Waise die Schul- oder Berufsausbildung beendet hat), so handelt es sich nicht um ein Ruhen der Hinterbliebenenbezüge, sondern es besteht kein Anspruch auf Hinterbliebenenbezüge. In diesen Fällen kann deshalb der Hinterbliebenen-Pauschbetrag nicht gewährt werden. Wird nach einer Wiederverheiratung die neue Ehe aufgelöst oder für nichtig erklärt und werden wieder laufende Hinterbliebenenbezüge gezahlt, so ist der Pauschbetrag vom Beginn dieser Zahlung an wieder zu gewähren (Abschn. 194 Abs. 11 EStR).

Der Behinderten-Pauschbetrag und der Hinterbliebenen-Pauschbetrag können nebeneinander gewährt werden; diese Pauschbeträge sind personenbezogen und können daher auch bei einer Veranlagung mehr als einmal berücksichtigt werden, z. B. wenn bei beiden Ehegatten der Fall des § 33 b Abs. 5 EStG vorliegt und der Stpfl. auch die Voraussetzungen des § 33 b Abs. 4 EStG erfüllt (Abschn. 194 Abs. 3 EStR).

7.9.5.3 Behinderte und hinterbliebene Kinder (§ 33 b Abs. 5 EStG)

Steht der Behinderten-Pauschbetrag oder Hinterbliebenen-Pauschbetrag einem Kind des Steuerpflichtigen zu, für das er einen Kinderfreibetrag erhält, so wird der Pauschbetrag auf Antrag auf den Stpfl. übertragen, wenn ihn das Kind nicht in Anspruch nimmt (§ 33 b Abs. 5 EStG).

Die Übertragung ist jedoch nur möglich, wenn das Kind selbst Anspruch auf den Pauschbetrag hat. Ein solcher Anspruch ist nicht gegeben, wenn das Kind nicht unbeschränkt einkommensteuerpflichtig ist (§ 50 Abs. 1 Satz 5 EStG). Die Behinderung eines im Heimatland des ausländischen Arbeitnehmers lebenden Kindes führt daher nicht zu einem auf den Stpfl. übertragbaren Pauschbetrag. Soweit dem Stpfl. in solchen Fällen Aufwendungen infolge der Behinderung des Kindes entstehen, können sie nur in dem allgemeinen Verfahren nach § 33 EStG berücksichtigt werden.

Bei Kleinstkindern ist eine Hilflosigkeit i. S. von § 33 b Abs. 3 Satz 3 EStG nur dann anzunehmen, wenn infolge der Behinderung eine besondere Wartungs- und Pflegebedürftigkeit vorliegt, die die bei allen Kindern derselben Altersstufe regelmäßig bestehende Hilflosigkeit dauernd wesentlich übersteigt. Diese Voraussetzung muß in dem gem. § 65 Abs. 3 EStDV vorgesehenen Nachweis ausdrücklich bescheinigt werden (BFH, BStBl 1979 II S. 261).

Erhalten für das Kind mehrere Stpfl. einen Kinderfreibetrag, so gilt für die Übertragung des Pauschbetrags § 33 a Abs. 2 Sätze 8 bis 10 EStG sinngemäß; siehe dazu 7.9.4.3.2. Aus der sinngemäßen Anwendung dieser Vorschriften ergibt sich folgendes:

Bei Ehegatten, die beide unbeschränkt einkommensteuerpflichtig sind und nicht dauernd getrennt leben, genügt es, wenn bei einem von ihnen die Voraussetzungen für die Übertragung des Behinderten- oder Hinterbliebenen-Pauschbetrags vorliegen. Der einem Kind dauernd getrennt lebender oder geschiedener Eltern sowie einem nichtehelichen Kind zustehende Behinderten- oder Hinterbliebenen-Pauschbetrag kann auf beide Elternteile übertragen werden, wenn beide Elternteile unbeschränkt einkommensteuerpflichtig sind und für das Kind einen Kinderfreibetrag erhalten (Abschn. 194 Abs. 9 EStR). Grundsätzlich wird der Pauschbetrag auf beide Elternteile je zur Hälfte übertragen. Abweichend hiervon kann auf gemeinsamen Antrag beider Elternteile bei einer Veranlagung zur Einkommensteuer der zu übertragende Pauschbetrag anders aufgeteilt werden (§ 33 b Abs. 5 Satz 3 EStG); in diesem Fall kann eine Steuerermäßigung nach § 33 EStG wegen derselben Aufwendungen nicht gewährt werden.

Erhalten bei einem adoptierten Kind sowohl die leiblichen als auch die annehmenden Eltern einen Kinderfreibetrag für das Kind, kann der dem Kind zustehende Pauschbetrag zur Hälfte auf die leiblichen Eltern übertragen werden, wenn das Kind bei ihnen zu berücksichtigen ist, weil sie ihrer Unterhaltspflicht im wesentlichen nachkommen; die andere Hälfte des Pauschbetrages kann auf die annehmenden Eltern übertragen werden. Das gleiche gilt im Verhältnis von leiblichen Eltern und Pflegeeltern; s. im einzelnen Abschn. 194 Abs. 10 EStR.

Beispiele:

a) Das Kind eines zusammen veranlagten Ehepaares ist behindert und hat Anspruch auf einen Pauschbetrag nach § 33 b Abs. 3 EStG. Das Kind hatte im VZ keine eigenen Einkünfte.

Der von dem Kind zu beanspruchende Pauschbetrag des § 33 b Abs. 3 EStG kann auf Antrag nach § 33 b Abs. 5 EStG auf die Stpfl. übertragen werden.

b) Sachverhalt wie vorstehend zu a) mit dem Unterschied, daß es sich um das Kind geschiedener Ehegatten handelt.

Der Pauschbetrag ist grundsätzlich auf jeden Elternteil zur Hälfte zu übertragen. Bei einer Veranlagung zur Einkommensteuer können die Eltern gemeinsam eine andere Aufteilung beantragen.

c) Ein Stpfl. unterhält seine schwer behinderte Mutter, die in seinem Haushalt lebt und für die er eine Steuerermäßigung nach § 33 a Abs. 1 EStG erhält.

Der von der Mutter zu beanspruchende Behinderten-Pauschbetrag kann nicht auf den Stpfl. übertragen werden. Der Stpfl. kann die über die Unterhaltsaufwendungen hinausgehenden besonderen Aufwendungen, z. B. Krankheitskosten, nur nach § 33 EStG geltend machen.

7.9.5.4 Pflege-Pauschbetrag (§ 33 b Abs. 6 EStG)

Vom VZ 1990 an kann der Steuerpflichtige wegen der außergewöhnlichen Belastungen, die ihm durch die Pflege einer Person erwachsen, die nicht nur vorübergehend so hilflos ist, daß sie für die gewöhnlichen und regelmäßig wiederkehrenden Verrichtungen im Ablauf des täglichen Lebens in erheblichem Umfang fremder Hilfe dauernd bedarf, anstelle einer Steuerermäßigung nach § 33 EStG einen Pauschbetrag von 1800 DM im Kalenderjahr geltend machen (Pflege-Pauschbetrag).

Der Pflege-Pauschbetrag wird **anstelle** einer Steuerermäßigung nach § 33 EStG gewährt. Daraus folgt zum einen, daß der Abzug höherer nachgewiesener Aufwendungen nach § 33 EStG durch § 33 b Abs. 6 EStG nicht ausgeschlossen wird. Zum anderen genügt es für die Inanspruchnahme des Pflege-Pauschbetrages, daß die Pflege durch den Steuerpflichtigen zwangsläufig i. S. des § 33 Abs. 2 EStG ist. Dies wird in erster Linie bei der Pflege durch Angehörige in Betracht kommen; die Angehörigeneigenschaft ist jedoch nicht tatbestandsmäßige Voraussetzung für die Gewährung des Pflege-Pauschbetrages.

Voraussetzung ist, daß der Steuerpflichtige die Pflege im Inland entweder in seiner Wohnung oder in der Wohnung des Pflegebedürftigen persönlich durchführt. Wird ein Pflegebedürftiger von mehreren Steuerpflichtigen im Veranlagungszeitraum gepflegt, wird der Pauschbetrag nach der Zahl der Pflegepersonen, bei denen die Voraussetzungen der Sätze 1 und 2 vorliegen, geteilt.

7.9.6 Kinderbetreuungskosten von Alleinstehenden und Ehegatten (§ 33 c EStG)

Nach § 33 c Abs. 1 EStG gelten Aufwendungen für Dienstleistungen zur Betreuung eines zum Haushalt eines **Alleinstehenden** gehörenden unbeschränkt einkommensteuerpflichtigen Kindes, das nach § 32 Abs. 1 bis 3 EStG zu berücksichtigen ist, als außergewöhnliche Belastung i. S. des § 33 EStG, soweit die Aufwendungen wegen

1. Erwerbstätigkeit oder
2. körperlicher, geistiger oder seelischer Behinderung oder
3. Krankheit

des Steuerpflichtigen erwachsen.

Entsprechendes gilt bei **Ehegatten,** die beide unbeschränkt einkommensteuerpflichtig sind und nicht dauernd getrennt leben, unter der zusätzlichen Voraussetzung, daß die Aufwendungen wegen

1. körperlicher, geistiger oder seelischer Behinderung oder
2. Krankheit

eines Ehegatten erwachsen und der andere Ehegatte erwerbstätig oder ebenfalls krank oder behindert ist (§ 33 c Abs. 5 EStG).

Berücksichtigungsfähig sind nur Aufwendungen für Dienstleistungen zur **Betreuung** eines Kindes. Betreuung in diesem Sinne ist nur die behütende oder beaufsichtigende Betreuung; die persönliche Fürsorge für das Kind muß der Dienstleistung erkennbar zugrunde liegen (Abschn. 195 Abs. 5 EStR). Der Betreuungszweck braucht allerdings nicht ihr alleiniger Zweck zu sein; es genügt, wenn er der Hauptzweck der Dienstleistung ist.

Begünstigt sind demnach insbesondere die Aufwendungen für die Unterbringung von Kindern in Kindergärten, Kindertagesstätten, Kinderhorten, Kinderheimen, Kinderkrippen u. ä. sowie bei Tagesmüttern, Wochenmüttern und Ganztagspflegestellen, die Beschäftigung von Kinderpflegerinnen, Erzieherinnen und Kinderschwestern, die Beschäftigung einer Hausgehilfin oder Haushaltshilfe.

Dazu rechnet ferner neben der Sorge, daß die Kinder ihre häuslichen Schulaufgaben erledigen, auch die Hilfe bei diesen Arbeiten (vgl. BFH, BStBl 1979 II S. 142), nicht aber der Nachhilfeunterricht, wenngleich beides schwer zu trennen ist. Nicht abzugsfähig sind Aufwendungen für Sachleistungen, die neben der Betreuung erbracht werden, wie z. B. Aufwendungen für Verpflegung des Kindes anläßlich seiner Betreuung (BFH, BStBl 1987 II S. 490).

Aufwendungen für Unterricht, die Vermittlung besonderer Fähigkeiten, sportliche und andere Freizeitbetätigungen werden nicht berücksichtigt (§ 33 c Abs. 1 Satz 5 EStG). Nicht abzugsfähig sind daher Kosten für Schreibmaschinen- und Stenografiekurse, Fahrschule, Tanzschule, Musikunterricht, Ballett- und Reitunterricht sowie Training in Sportvereinen. Nicht zu den Betreuungskosten gehören ferner Urlaubsaufwendungen, Aufwendungen für Kino und Sportveranstaltungen, Ferienlager u. ä.

Abzugsfähig sind nur Aufwendungen für Dienstleistungen eines Dritten. Hierzu gehören nicht Fahrtkosten, die dem Stpfl. dadurch entstehen, daß er sein Kind zu einer Betreuungsperson bringt (BFH, BStBl 1987 II S. 167).

Die Aufwendungen müssen dem Stpfl. für ein **Kind** erwachsen, das

– zum Haushalt des Stpfl. gehört,

– unbeschränkt einkommensteuerpflichtig ist und

– nach § 32 Abs. 1 bis 3 EStG zu berücksichtigen ist.

Das Kind gehört zum Haushalt des Stpfl., wenn es dort lebt oder mit seiner Einwilligung vorübergehend auswärts untergebracht ist (Abschn. 195 Abs. 4 EStR).

Das Kind ist nach § 32 Abs. 1 bis 3 EStG zu berücksichtigen, wenn es im Verhältnis zum Stpfl. den Kindbegriff des § 32 Abs. 1 EStG (leibliches Kind, angenommenes Kind oder Pflegekind; s. dazu 8.1.2) erfüllt, zu Beginn des Kalenderjahrs unbeschränkt einkommensteuerpflichtig war oder dies im Laufe des Kalenderjahrs geworden ist (§ 32 Abs. 2 EStG) und zu Beginn des Kalenderjahres das 16. Lebensjahr noch nicht vollendet hat (§ 32 Abs. 3 EStG).

Der Gesetzgeber hat die Altersgrenze der Kinder auf 16 Jahre festgesetzt, weil er bei älteren Kindern einen zusätzlichen zwangsläufigen Betreuungsaufwand nicht mehr als typisch ansah. Daß das Kind unbeschränkt steuerpflichtig sein muß, beruht auf der Erwägung, daß ein Abzug von Kinderbetreuungskosten grundsätzlich nur gerechtfertigt erscheint, wenn das Kind zum inländischen Haushalt des Stpfl. gehört.

§ 33 c Abs. 1 bis 4 EStG gilt unmittelbar nur für **Alleinstehende.** Alleinstehende sind Unverheiratete sowie Verheiratete, die von ihrem Ehegatten dauernd getrennt leben. Als alleinstehend gelten auch Verheiratete, deren Ehegatte nicht unbeschränkt einkommensteuerpflichtig ist (§ 33 c Abs. 2 EStG). Nicht entscheidend ist, ob für den Alleinstehenden die Splittingtabelle anzuwenden ist oder nicht (Abschn. 195 Abs. 2 EStR).

Die Aufwendungen können nur insoweit berücksichtigt werden, als sie dem Stpfl. wegen seiner Erwerbstätigkeit, körperlicher, geistiger oder seelischer Behinderung oder Krankheit erwachsen. Im Fall der Krankheit setzt § 33 c Abs. 1 Satz 2 EStG voraus, daß diese innerhalb eines zusammenhängenden Zeitraums von mindestens drei Monaten bestanden hat, sofern der Krankheitsfall nicht unmittelbar im Anschluß an eine Erwerbstätigkeit eintritt.

Die in § 33 c Abs. 1 EStG bezeichneten Aufwendungen gelten als außergewöhnliche Belastung i. S. des § 33 EStG. Sie sind daher nur insoweit abzugsfähig, als sie die **zumutbare Belastung** gemäß § 33 Abs. 3 EStG übersteigen (Abschn. 195 Abs. 7 EStR). Sie können darüber hinaus nur berücksichtigt werden, soweit sie den Umständen nach notwendig sind und einen angemessenen Betrag nicht übersteigen (§ 33 c Abs. 1 Satz 4 EStG).

Die nach Kürzung um die zumutbare Belastung abzuziehenden Kinderbetreuungskosten können nur im Rahmen von **Höchstbeträgen** berücksichtigt werden. Die Höchstbeträge sind für den Alleinstehenden mit einem Kind **4000 DM** und für jedes weitere Kind weitere **2000 DM** (§ 33 c Abs. 3 EStG). Für jeden vollen Kalendermonat, in dem die Voraussetzungen für die Berücksichtigung von

Betreuungskosten nach § 33 c Abs. 1 EStG nicht vorgelegen haben, ermäßigt sich der für das Kind in Betracht kommende Höchstbetrag (4000 DM) bzw. Erhöhungsbetrag (2000 DM) um ein Zwölftel. Gehört das Kind gleichzeitig zum Haushalt von zwei Alleinstehenden, die die Voraussetzungen für den Abzug von Kinderbetreuungskosten erfüllen, so steht jedem von ihnen der maßgebende Höchstbetrag oder Erhöhungsbetrag zur Hälfte zu.

Der Nachweis von Kinderbetreuungskosten dem Grunde und der Höhe nach kann mühsam sein und ihre Prüfung einen unverhältnismäßigen Verwaltungsaufwand erfordern. Bei Alleinstehenden mit einem Kind wird daher – ohne Rücksicht auf die tatsächliche Höhe der Aufwendungen – ein Pauschbetrag je Kind von **480 DM** im Kalenderjahr abgezogen, wenn die übrigen Voraussetzungen für den Abzug von Kinderbetreuungskosten gegeben sind; für jeden vollen Monat, für den das nicht der Fall ist, vermindert sich der entsprechende Betrag um ein Zwölftel. Er wird halbiert, wenn das Kind zum Haushalt von zwei Alleinstehenden gehört (§ 33 c Abs. 4 EStG).

Sind dem Steuerpflichtigen neben Kinderbetreuungskosten i. S. des § 33 c EStG noch andere außergewöhnliche Belastungen i. S. des § 33 EStG entstanden, so ist die zumutbare Belastung zunächst von den tatsächlichen Betreuungskosten, soweit sie den Pauschbetrag nach § 33 c Abs. 4 EStG übersteigen, abzuziehen. Der hiernach nicht ausgeschöpfte Teil der zumutbaren Belastung ist auf die übrigen Aufwendungen anzurechnen (Abschn. 186 Abs. 10 Satz 7 EStR).

Beispiel:

Betreuungskosten für ein Kind	1200 DM	
andere Aufwendungen nach § 33 EStG	2000 DM	
zumutbare Belastung	2000 DM	
Betreuungskosten		1200 DM
∕. zumutbare Belastung, soweit sie den Pauschbetrag übersteigt (1200 ∕. 480 DM)		720 DM
verbleiben		480 DM
andere Aufwendungen		2000 DM
∕. nicht ausgeschöpfte zumutbare Belastung (2000 ∕. 720 DM)		1280 DM
abziehbar nach § 33 EStG		720 DM
abziehbar nach § 33 c Abs. 4 EStG		480 DM

Bei **Ehegatten,** die beide unbeschränkt einkommensteuerpflichtig sind und nicht dauernd getrennt leben, können Kinderbetreuungskosten grundsätzlich nicht als außergewöhnliche Belastung berücksichtigt werden. Bei diesem Personenkreis gelten die Regelungen zur Abzugsfähigkeit von Kinderbetreuungskosten Alleinstehender (§ 33 c Abs. 1, Abs. 3 Sätze 1 bis 3 und Abs. 4 EStG) jedoch entsprechend, soweit die Aufwendungen wegen

1. körperlicher, geistiger oder seelischer Behinderung oder

2. Krankheit

eines Ehegatten erwachsen, wenn der andere Ehegatte erwerbstätig oder ebenfalls krank oder behindert ist.

7.10 Ergänzende Hinweise zur Einkommensermittlung

Der Aufbau des Einkommensteuergesetzes entspricht nicht hinsichtlich aller Vorschriften dem Verfahrensablauf, wie er sich im Veranlagungsverfahren darstellt. Ausgehend vom Gesamtbetrag der Einkünfte berechnet sich das Einkommen wie folgt:

Gesamtbetrag der Einkünfte (§ 2 Abs. 3 EStG)

╱. Sonderausgaben (§§ 10, 10 b, 10 c EStG)

╱. steuerbegünstigter nicht entnommener Gewinn nach § 10 a EStG

╱. außergewöhnliche Belastungen (§§ 33 bis 33 c EStG, § 33 a EStG 1953 i. V. m. § 52 Abs. 22 EStG)

╱. Steuerbegünstigung der eigengenutzten Wohnung (§§ 10 e, 10 f und 52 Abs. 21 Sätze 4 bis 7 EStG)

╱. Verlustabzug nach § 10 d EStG und nach § 2 a Abs. 3 EStG

Einkommen (§ 2 Abs. 4 EStG)

Wegen der bis zum VZ 1989 geltenden Rechtslage s. Abschn. 3 Abs. 1 EStR 1987.

8 Ermittlung des zu versteuernden Einkommens

Zur Ermittlung des zu versteuernden Einkommens ist das Einkommen um die in § 32 Abs. 6 und 7 EStG aufgeführten Beträge sowie um den freibleibenden Betrag nach § 46 Abs. 3 EStG, § 70 EStDV zu vermindern (vgl. § 2 Abs. 5 EStG). Durch das Steuerreformgesetz 1990 (BStBl 1988 I S. 224) haben sich hier einige Veränderungen ergeben. Ab dem VZ 1990 sind der Kinderfreibetrag und der Haushaltsfreibetrag erhöht und der Altersfreibetrag abgeschafft worden.

8.1 Berücksichtigung von Kindern (§ 32 Abs. 1 bis 5 EStG)

8.1.1 Allgemeines

Unterhalt, Ausbildung und Erziehung von Kindern verursachen einen erheblichen Aufwand und mindern die steuerliche Leistungsfähigkeit der ihnen unterhaltsverpflichteten Eltern. Das Einkommensteuergesetz hat diesem Umstand schon immer Rechnung getragen und zunächst bis zum VZ 1974 insbesondere durch die Gewährung von Kinderfreibeträgen, die von der einkommensteuerlichen Bemessungsgrundlage abgezogen wurden, die Einkommensteuer für Stpfl. mit Kindern ermäßigt.

Ziel der Einkommensteuerreform 1975 war es, zu einem einheitlichen, ohne Rücksicht auf das Einkommen des Stpfl. gleichmäßigen Familienlastenausgleich zu kommen. Entsprechend wurden die Kinderfreibeträge ab 1. 1. 1975 zunächst abgeschafft. Die Entlastung von Stpfl. mit Kindern erfolgte nach dem ab 1975 neu gefaßten Bundeskindergeldgesetz durch die Auszahlung eines Kindergeldes. Aber bereits ab dem VZ 1983 wurde außer dem ab dem zweiten Kind einkommensabhängigen Kindergeld wieder ein Kinderfreibetrag von 432 DM für jedes Kind eingeführt. Zur Zeit sind noch Klageverfahren beim BFH anhängig, in denen der Betrag von 432 DM als realitätsfern und verfassungswidrig bezeichnet wird (Az.: VI B 62/89). Das BVerfG hat die Kinderfreibetragsregelung für die Zeit bis 1985 für mit dem Grundgesetz unvereinbar erklärt (Beschluß v. 12. 6. 1990, BStBl 1990 II S. 664). Ab VZ 1986 wurde das sog. duale System des Kinderlastenausgleichs eingeführt (vgl. BFH, BStBl 1988 II S. 134, 136). Der Kinderfreibetrag wurde pro Elternteil auf 1242 DM erhöht, pro Kind also auf 2484 DM. Diese Halbteilung ist eine Folge der sog. Zählvaterentscheidung des Bundesverfassungsgerichts (BStBl 1977 II S. 526). Der Haushaltsfreibetrag wurde auf 4536 DM angehoben. Durch das StRefG 1990 ist der Kinderfreibetrag ab 1990 erneut angehoben worden auf 1512 DM bzw. 3024 DM. Der Haushaltsfreibetrag, der 1988 auf 4752 DM erhöht wurde, beträgt ab 1990, ebenso wie der Grundfreibetrag, 5616 DM.

Da die Anknüpfung an das Kindergeldrecht weggefallen ist, sind seit dem VZ 1986 die Zuordnungsregeln (§ 32 Abs. 7 EStG) nur noch maßgebend für den Haushaltsfreibetrag. Eine Verknüpfung zwischen Kinderfreibetrag und Kindergeld besteht allerdings weiter, wenn das zu versteuernde Einkommen geringer ist als der Grundfreibetrag gem. § 32 a Abs. 1 EStG. Da sich der Kinderfreibetrag dann nicht (voll) auswirken kann, wird ein Zuschlag zum Kindergeld gezahlt (§ 11 a BKGG).

Der Kinderfreibetrag ist maßgebend für folgende Freibeträge bzw. Steuerermäßigungen:

a) § 10 Abs. 1 Nr. 8 Buchst. a EStG – Hauswirtschaftliche Beschäftigungsverhältnisse (ab VZ 1990) –

b) § 32 Abs. 7 EStG – Haushaltsfreibetrag –

c) § 33 Abs. 3 EStG – zumutbare Belastung –

d) § 33 a Abs. 1 a EStG – Besucherfreibetrag (bis VZ 1989) –

e) § 33 a Abs. 2 EStG – Ausbildungsfreibetrag –

f) § 33 b Abs. 5 EStG – Übertragung des Behinderten-Pauschbetrages –

g) § 34 f EStG – sog. Baukindergeld –

h) § 39 Abs. 3, 3 a EStG – Lohnsteuerkarte –

i) § 50 Abs. 4 EStG – beschränkt steuerpflichtige Arbeitnehmer –

j) § 51 a EStG – Einkommensteuer als Maßstabsteuer –

k) § 52 Abs. 22 EStG – Freibeträge des § 33 a EStG 1953 –

Kinderfreibetrag im Sinne der vorgenannten Bestimmungen ist auch der sog. halbe Kinderfreibetrag (ab VZ 1990: 1512 DM). Welche Kinder einkommensteuerrechtlich zu berücksichtigen sind, ist in § 32 Abs. 1 bis 5 EStG geregelt. Diese Bestimmungen enthalten außerdem die Definition des Kindbegriffs. Bei konkurrierenden Elternteilen und im Verhältnis zu Adoptiv- und Pflegekindern hängt die Berücksichtigung eines Kindes auch davon ab, wer die Unterhaltsverpflichtung in welchem Umfang erfüllt (8.1.3 und Abschn. 181 a EStR).

8.1.2 Kindbegriff (§ 32 Abs. 1 EStG)

8.1.2.1 Allgemeines

Bis VZ 1985 sind Kinder im Sinne des Einkommensteuergesetzes:

1. Kinder, die im ersten Grad mit dem Steuerpflichtigen verwandt sind,

2. Pflegekinder,

3. Stiefkinder, die der Steuerpflichtige in seinen Haushalt aufgenommen hat, solange die Ehe besteht, durch die das Stiefkindschaftsverhältnis begründet worden ist.

Ab VZ 1986 fallen Stiefkinder nicht mehr unter den Kindbegriff. Der Begriff der Pflegekinder wird näher erläutert und modifiziert. Der Begriff der Kinder, die im ersten Grad mit dem Steuerpflichtigen verwandt sind, ist zwar unverändert geblieben; deren Berücksichtigung ist indessen eingeschränkt worden (8.1.3). Danach sind Kinder, die im ersten Grad mit dem Steuerpflichtigen verwandt sind, leibliche Kinder (eheliche, für ehelich erklärte und nichteheliche Kinder), sofern das Verwandtschaftsverhältnis zum Steuerpflichtigen nicht durch Annahme als Kind (Adoption) erloschen ist, sowie angenommene Kinder (Abschn. 176 EStR; Abschn. 79 LStR).

8.1.2.2 Eheliche Kinder

Ein Kind, das **nach der Eheschließung geboren** wird, ist ehelich, wenn die Frau es vor oder während der Ehe empfangen hat und der Mann innerhalb der Empfängniszeit der Frau beigewohnt hat; dies gilt auch, wenn die Ehe für nichtig erklärt wird (§ 1591 Abs. 1 Satz 1 BGB). Als Empfängniszeit gilt die Zeit vom 181. bis zu dem 302. Tag vor dem Tag der Geburt des Kindes, mit Einschluß sowohl des 181. als auch des 302. Tages (§ 1592 Abs. 1 BGB).

Wird die Ehelichkeit eines Kindes mit Erfolg angefochten und die Nichtehelichkeit rechtskräftig festgestellt, so gilt das Kind von Geburt an als nichtehelich.

Wird nach der Wiederverheiratung einer Frau ein Kind geboren, das ein eheliches Kind des ersten oder des zweiten Mannes sein könnte, so gilt es als eheliches Kind des zweiten Mannes, wenn die Ehelichkeit des Kindes nicht angefochten wird (§ 1600 Abs. 1 BGB). Wird die Ehelichkeit des Kindes angefochten und wird rechtskräftig festgestellt, daß das Kind kein eheliches Kind des zweiten Mannes ist, so gilt es als eheliches Kind des ersten Mannes (§ 1600 Abs. 2 BGB).

Eheliche Kinder sind auch nichtehelich geborene Kinder, die durch die Eheschließung des Vaters mit der Mutter die rechtliche Stellung eines ehelichen Kindes erlangen (**Legitimation durch nachfolgende Ehe**). Das Kind wird vom Zeitpunkt der Eheschließung an – nicht rückwirkend – ehelich (§ 1719 BGB). Eheliche Kinder sind auch nach §§ 1723 ff. BGB **für ehelich erklärte Kinder.** Die Ehelicherklärung eines Kindes kann auf Antrag des Vaters (§ 1723 BGB) oder auf Antrag des Kindes (§ 1740 BGB) durch eine Verfügung des Vormundschaftsgerichts erfolgen.

Zur Ehelicherklärung auf Antrag des Vaters ist die Einwilligung des Kindes und, wenn das Kind minderjährig ist, die Einwilligung der Mutter erforderlich. Ist der Vater verheiratet, so bedarf er auch der Einwilligung seiner Frau (§ 1726 Abs. 1 BGB). Wird die Einwilligung von der Mutter verweigert, so kann sie auf Antrag des Kindes durch das Vormundschaftsgericht ersetzt werden, wenn die Ehelicherklärung aus schwerwiegenden Gründen zum Wohle des Kindes erforderlich ist (§ 1727 Abs. 1 BGB).

Durch die Ehelicherklärung erlangt das Kind die rechtliche Stellung eines ehelichen Kindes (§ 1736 BGB).

Die durch das Gesetz über die rechtliche Stellung der nichtehelichen Kinder vom 19. 8. 1969 eingeführte **Ehelicherklärung auf Antrag des Kindes** nach § 1740 a ff. BGB dient dazu, einem nichtehelichen Kind, dessen verlobte Eltern wegen des

Todes eines Elternteils die Ehe nicht eingehen konnten, die rechtliche Stellung eines ehelichen Kindes zu verschaffen.

8.1.2.3 Nichteheliche Kinder

Nichteheliche Kinder sind Kinder, die außerhalb einer Ehe oder später als 302 Tage nach ihrer Auflösung geboren sind und auch nicht durch nachträgliche Eheschließung der Mutter mit dem Kindesvater zu ehelichen Kindern werden. Nichtehelich ist auch ein Kind, das aus einer Nichtehe (eheähnliche Gemeinschaft) stammt oder dessen Ehelichkeit im Wege der Ehelichkeitsanfechtung erfolgreich angegriffen worden ist (vgl. §§ 1600 a ff., 1615 a ff., 1705 ff. BGB).

Das nichteheliche Kindschaftsverhältnis besteht sowohl zum Vater als auch zur Mutter des nichtehelichen Kindes, sofern das Verwandtschaftsverhältnis zu den leiblichen Eltern nicht durch Annahme als Kind (Adoption) erloschen ist.

8.1.2.4 Angenommene Kinder

Annahme als Kind oder Adoption (§ 1741 BGB) bedeutet nach dem ab dem 1. 1. 1977 geltenden Recht (Adoptionsgesetz vom 2. 7. 1976, BGBl 1976 I S. 1749) die Begründung eines Eltern-Kind-Verhältnisses und eines dadurch bedingten weiteren Verwandtschaftsverhältnisses durch staatlichen Hoheitsakt. Die Adoption bedarf der Einwilligung der Betroffenen. Diese Einwilligungserklärungen sind notariell beurkundet dem Vormundschaftsgericht gegenüber abzugeben. Der Annahmeausspruch des Annehmenden muß ohne Bedingung oder Zeitbestimmung höchstpersönlich in notariell beurkundeter Erklärung bei dem Vormundschaftsgericht beantragt werden. Die Annahme als Kind erfolgt dann durch den Ausspruch des Vormundschaftsgerichts (§ 1752 Abs. 1, § 1768 Abs. 1 BGB). Erst durch die Zustellung des Beschlusses des Vormundschaftsgerichts wird das Adoptivkindschaftsverhältnis begründet.

Bei dem Regelfall, der **Adoption eines Minderjährigen** (Volladoption) erlangt das angenommene Kind die Stellung eines ehelichen Kindes des Annehmenden und tritt in dessen Verwandtschaftsbeziehungen ein. Entsprechend erlischt grundsätzlich das Verwandtschaftsverhältnis des Kindes und seiner Abkömmlinge zu den bisherigen Verwandten. Das bedeutet, daß durch die Adoption eines minderjährigen Kindes, z. B. eines nichtehelichen Kindes, das Verwandtschaftsverhältnis und damit auch das bisher begünstigte Kindschaftsverhältnis der leiblichen Eltern zu diesem Kind erlischt. Ebenso ist bei einem früher angenommenen Kind, das am 1. 1. 1977 noch minderjährig war, das Verwandtschaftsverhältnis zu seinen leiblichen Eltern mit Wirkung vom 1. 1. 1978 erloschen, es sei denn, daß gegenüber dem Amtsgericht Schöneberg in Berlin-Schöneberg rechtswirksam erklärt worden ist, daß die Vorschriften des BGB über die Annahme Minderjähriger nicht angewendet werden sollen. Das Verwandtschaftsverhältnis zu den leiblichen Eltern des Kindes ist dagegen nicht erloschen, wenn es als minderjähriges Kind vor dem 1. 1. 1977 angenommen worden und vor diesem Zeitpunkt volljährig geworden ist. Die Annahme eines Volljährigen ist nach Maßgabe der

§§ 1767 ff. BGB möglich. Abweichend von den Grundsätzen der Annahme Minderjähriger erstrecken sich die Wirkungen der Annahme eines Volljährigen nicht auf die Verwandten des Annehmenden und werden die Rechte und Pflichten aus dem Verwandtschaftsverhältnis des Angenommenen und seiner Abkömmlinge zu ihren Verwandten grundsätzlich nicht berührt (§ 1770 BGB), d. h., daß das Verwandtschaftsverhältnis des Kindes zu seinen leiblichen Eltern durch die Annahme grundsätzlich nicht erlischt.

Dem Adoptivschaftsverhältnis kann ein Pflegekindschaftsverhältnis für die Zeit bis zur Annahme als Kind vorausgehen.

8.1.2.5 Pflegekinder

Ein Pflegekindschaftsverhältnis liegt vor, wenn das Pflegekind durch ein auf längere Dauer angelegtes Pflegeverhältnis mit häuslicher Gemeinschaft wie Eltern und Kinder miteinander verbunden ist. **Bis** zum **VZ 1986** kommt es nicht darauf an, ob und inwieweit die Pflegeeltern für den Unterhalt des Kindes aufkommen (BFH, BStBl 1986 II S. 14). Durch § 32 Abs. 1 Nr. 2 EStG 1986 ist **ab VZ 1986** für den bisher im EStG nicht definierten Begriff des Pflegekindes als Merkmal aufgeführt, daß das Obhuts- und Pflegeverhältnis zu den leiblichen Eltern nicht mehr besteht (das galt auch schon bisher) und daß die Pflegeeltern das Kind mindestens zu einem nicht unwesentlichen Teil auf ihre Kosten unterhalten. Dies ist nach Auffassung der FinVerw regelmäßig der Fall, wenn der eigene Kostenbeitrag im Jahresdurchschnitt mindestens 150 DM monatlich beträgt (Abschn. 177 Abs. 3 EStR, Abschn. 80 Abs. 3 LStR).

Ein Kind, das von dem Stpfl. nur des Erwerbs wegen in den Haushalt aufgenommen wird oder das der Stpfl. bei Wegfall von Unterhaltsgeldern usw. nicht mehr bei sich behalten würde, ist nicht Pflegekind, sondern Kostkind. Nach Meinung der FinVerw spricht eine Vermutung für ein Kostkind, wenn der Steuerpflichtige mehr als sechs Kinder in seinem Haushalt aufgenommen hat (Abschn. 177 Abs. 1 Satz 5 EStR).

Ein Pflegekindschaftsverhältnis unter **Geschwistern** ist in der Regel steuerlich nicht anzuerkennen, wenn ein Elternteil noch lebt und das Kind sich nur zu Ausbildungszwecken bei einem Geschwisternteil aufhält (BFH, BStBl 1961 III S. 254). Im übrigen kann ein Pflegekindschaftsverhältnis zwischen Geschwistern grundsätzlich anerkannt werden, wenn der Geschwisternteil als Pflegekind aufgenommen worden ist. Da ein Pflegekindschaftsverhältnis nicht in jedem Fall einen Altersunterschied wie zwischen Eltern und Kindern voraussetzt, kann ein Pflegekindschaftsverhältnis auch zu jüngeren Geschwistern, z. B. Waisen, oder zu Geschwistern, die wegen körperlicher, geistiger oder seelischer Behinderung dauernd erwerbsunfähig sind, anerkannt werden (BFH, BStBl 1977 II S. 832; Abschn. 177 Abs. 2 EStR, Abschn. 80 Abs. 2 LStR).

Ein Pflegekindschaftsverhältnis kann auch zu den **Großeltern** eines Kindes bestehen. Dazu muß aber das Enkelkind aus der Obhut und Pflege seiner leiblichen Eltern oder seines leiblichen Elternteils ausgeschieden sein. Lebt z. B.

die Mutter mit dem Kind im Haushalt ihrer Eltern, so ist ein Pflegekindschaftsverhältnis der Großeltern zu ihrem Enkelkind grundsätzlich nicht möglich (BFH, BStBl 1989 II S. 680; Abschn. 177 Abs. 2 Satz 2 EStR).

Pflegekinder können **ab VZ 1986** außer bei den Pflegeeltern auch bei ihren leiblichen Eltern oder Adoptiveltern berücksichtigt werden, wenn diese ihre Unterhaltspflicht für das Kalenderjahr im wesentlichen (= mindestens 75 v. H.) erfüllen (§ 32 Abs. 1 Satz 3 EStG). Dies gilt für Veranlagungszeiträume, zu deren Beginn das Pflegekindschaftsverhältnis bereits bestanden hat. Bei erst im Laufe des Kalenderjahres begründeten Pflegekindschaftsverhältnissen kommt es dagegen nicht darauf an, inwieweit die leiblichen Eltern oder Adoptiveltern ihre Unterhaltsverpflichtung erfüllen (Abschn. 177 Abs. 4 Satz 1 EStR). Liegen bei Eltern die Voraussetzungen des § 26 Abs. 1 EStG nicht vor, kommt ein Kinderfreibetrag von 1512 DM (bis VZ 1989: 1242 DM) für jeden Elternteil in Betracht, wenn er seiner Unterhaltsverpflichtung gegenüber dem Kind im wesentlichen (= mindestens 75 v. H.) nachkommt. Trifft dies nur bei einem Elternteil zu und leistet der andere Elternteil keinen Unterhalt, so erhält der Unterhalt Leistende den Kinderfreibetrag von 3024 DM (bis VZ 1989: 2484 DM). Die Höhe der Unterhaltsverpflichtung der Eltern bestimmt sich nach bürgerlichem Recht. Eltern, die mangels finanzieller Leistungsfähigkeit nicht unterhaltspflichtig sind (§ 1603 BGB), werden steuerlich so behandelt, als ob sie ihrer Unterhaltsverpflichtung nicht nachkämen (vgl. Abschn. 177 Abs. 5 EStR).

8.1.2.6 Stiefkinder

Stiefkinder, die der Stpfl. in seinen Haushalt aufgenommen hat, werden bis VZ 1985 berücksichtigt, solange die Ehe besteht, durch die das Stiefkindschaftsverhältnis begründet worden ist.

Ein Stiefkind ist ein Kind des Ehegatten (eheliches, für ehelich erklärtes, nichteheliches oder angenommenes Kind), das mit dem Stpfl. verschwägert ist. Nach der Neuregelung im EStG 1986 ist **ab VZ 1986** das Stiefkind nicht mehr in den einkommensteuerrechtlichen Kindbegriff aufgenommen. Denn die einkommensteuerrechtliche Berücksichtigung eines Stiefkindes würde bei Halbteilung des Kinderfreibetrages zwischen den leiblichen Eltern zu einer Mehrfachberücksichtigung von 150 v. H. führen, wenn man dem Stiefelternteil ebenfalls einen halben Kinderfreibetrag zubilligen würde. In einer solchen Mehrfachberücksichtigung könnte aber eine Benachteiligung von Ehegatten gesehen werden, die für ihr eheliches Kind lediglich einen vollen Kinderfreibetrag (100 v. H.) erhalten, obwohl der Unterhaltsbedarf der Kinder gleich hoch ist.

8.1.3 Voraussetzungen für die Berücksichtigung von Kindern

8.1.3.1 Allgemeines

Die Berücksichtigung eines Kindes in einem Kalenderjahr setzt allgemein voraus, daß das Kind zu Beginn dieses Kalenderjahres gelebt hat oder im Laufe dieses

Kalenderjahres lebend geboren wurde. Bestehen Zweifel, ob ein Kind lebend geboren wurde, so ist die Eintragung im Geburtsregister maßgebend (Abschn. 178 Abs. 1 EStR). Bei einem angenommenen Kind oder Pflegekind ist außerdem Voraussetzung, daß das Kindschaftsverhältnis zu Beginn des Jahres bestanden hat oder im Laufe des Kalenderjahres begründet worden ist.

Für die Berücksichtigung eines Kindes ist wesentlich, ob das Kind zu Beginn des VZ das 16. Lebensjahr vollendet bzw. noch nicht vollendet hat. Ein Kind unter 16 Jahren wird berücksichtigt, wenn es im VZ gelebt hat und zu dessen Beginn das 16. Lebensjahr noch nicht vollendet hat. Ein Kind, das zu Beginn des VZ das 16. Lebensjahr vollendet hat, kann nur berücksichtigt werden, wenn es zu irgendeinem Zeitpunkt im Kalenderjahr bestimmte in § 32 Abs. 4 und 5 EStG näher bestimmte Voraussetzungen (s. dazu nachfolgend) erfüllt.

Ab VZ 1986 ist allgemeine Voraussetzung für die Berücksichtigung des Kindes, daß es unbeschränkt einkommensteuerpflichtig ist, d. h. regelmäßig, daß es im Inland lebt. Für die Unterhaltsleistungen an nicht unbeschränkt einkommensteuerpflichtige Kinder, sogenannte Auslandskinder, tritt an die Stelle eines Kinderfreibetrags nach den Verhältnissen des Einzelfalls eine Steuerermäßigung wegen außergewöhnlicher Belastung nach § 33 a Abs. 1 EStG. Die unbeschränkte Steuerpflicht muß irgendwann im Kalenderjahr bestehen (§ 32 Abs. 2 EStG). Kinder, die sich zum Zweck der Berufsausbildung vorübergehend im Ausland aufhalten, bleiben unbeschränkt einkommensteuerpflichtig, wenn ihnen im Haushalt der Eltern eine angemessene Wohn- und Schlafgelegenheit weiterhin zur Verfügung steht (Abschn. 178 Abs. 1 Satz 3 EStR). Ab VZ 1988 wird für Auslandskinder allerdings ein Ausbildungsfreibetrag gewährt (§ 33 a Abs. 2 Satz 2, § 52 Abs. 23 EStG).

In der DDR oder Berlin (Ost) lebende Kinder des Steuerpflichtigen, die Deutsche im Sinne von Art. 116 GG oder deutsche Volkszugehörige sind, können im Billigkeitswege bei den unbeschränkt steuerpflichtigen Eltern oder dem Elternteil berücksichtigt werden, wenn die Eltern oder der Elternteil ihrer/seiner Unterhaltsverpflichtung im Kalenderjahr im wesentlichen, d. h. zu mindestens 75 v. H., nachkommen und die übrigen Voraussetzungen des § 32 Abs. 1, 3 bis 5 EStG vorliegen. Dies gilt auch für deutsche Kinder in anderen in § 1 Abs. 2 Nr. 3 Bundesvertriebenengesetz genannten Staaten (ohne Jugoslawien und China). Eine im vorgenannten Sinne ausreichende Unterhaltszahlung wird angenommen, wenn ein Unterhalt pro Kind von mindestens 75 DM monatlich im Jahresdurchschnitt gezahlt wird (Abschn. 179 Abs. 1 EStR). Wegen des Nachweises der deutschen Staatsangehörigkeit oder Volkszugehörigkeit s. Abschn. 179 Abs. 2 EStR.

Durch das Zustimmungsgesetz zum Staatsvertrag zwischen der Bundesrepublik Deutschland und der DDR wird § 32 Abs. 2 EStG erweitert auf Kinder, die als Deutsche im Sinne des Art. 16 des Grundgesetzes nur deshalb nicht unbeschränkt einkommensteuerpflichtig sind, weil sie einen Wohnsitz oder gewöhnlichen Aufenthalt in der DDR einschließlich Berlin (Ost) haben. Die Ergänzung stellt sicher, daß diese Kinder auch weiterhin bei ihren unbeschränkt einkommensteuerpflichtigen Eltern oder Elternteilen berücksichtigt werden können. Die Berücksichtigung aufgrund von Abschn. 179 EStR könnte nämlich zweifelhaft sein, nachdem die für die Schaffung dieser Billigkeitsregelung maßgebenden Gründe (Verweigerung der Ausreise aus politischen Gründen) weggefallen sind.

Die Berücksichtigung eines Kindes wird nicht dadurch ausgeschlossen, daß
– das Kind verheiratet ist,
– das Kind nicht zum Haushalt des Steuerpflichtigen gehört, ausgenommen Pflegekinder (8.1.2.5),
– das Kind eigene Einkünfte oder Bezüge hat, ausgenommen behinderte Kinder nach Vollendung des 16. Lebensjahres (8.1.3.7).

8.1.3.2 Berücksichtigung von Kindern unter 16 Jahren (§ 32 Abs. 3 EStG)

Ein Kind wird in dem Veranlagungszeitraum, in dem es lebend geboren wurde, und in jedem folgenden Veranlagungszeitraum, zu dessen Beginn es das 16. Lebensjahr noch nicht vollendet hat, berücksichtigt. Weitere Voraussetzungen werden nicht gefordert. Es genügt daher, daß das Kind im VZ – wenn auch nur für kurze Zeit – gelebt hat. Außerdem darf das Kind zu Beginn des Jahres das 16. Lebensjahr noch nicht vollendet haben.

Für die Berechnung des Lebensalters eines Kindes gilt § 187 Abs. 2 Satz 2 in Verbindung mit § 188 Abs. 2 BGB.

Beispiel:
Ein am 1. 1. 1974 geborenes Kind hat das 16. Lebensjahr mit Ablauf des 31. 12. 1989, also zu Beginn des Kalenderjahres 1990, vollendet. Es kann deshalb für dieses Jahr nicht mehr nach § 32 Abs. 3 EStG berücksichtigt werden.

8.1.3.3 Berücksichtigung von Kindern, die für einen Beruf ausgebildet werden (§ 32 Abs. 4 Nr. 1 EStG)

Ein Kind, das für einen Beruf ausgebildet wird, ist zu berücksichtigen, wenn es zu Beginn des Kalenderjahres das 16. Lebensjahr, aber noch nicht das 27. Lebensjahr vollendet hatte (s. dazu vorstehend 8.1.3.2).

Danach sind nach § 32 Abs. 4 Nr. 1 EStG zu berücksichtigen:

VZ 1989: vor dem 2. 1. 1973, aber nach dem 1. 1. 1962 geborene Kinder.

VZ 1990: vor dem 2. 1. 1974, aber nach dem 1. 1. 1963 geborene Kinder.

Als **Berufsausbildung** ist die Ausbildung für einen künftigen Beruf anzusehen. Darunter fällt z. B. der Besuch von Allgemeinwissen vermittelnden Schulen (Hauptschule, Realschule, Höhere Schule), Hoch-, Fachhoch- und Fachschulen, die Ausbildung für einen handwerklichen, kaufmännischen, technischen oder hauswirtschaftlichen Beruf. Ein schwerbehindertes Kind befindet sich auch dann in der Berufsausbildung, wenn es durch gezielte Maßnahmen auf eine – wenn auch einfache – Erwerbstätigkeit vorbereitet wird, die nicht spezifische Fähigkeiten oder Fertigkeiten erfordert (z. B. Besuch einer Behindertenschule, einer Heimsonderschule oder das Arbeitstraining in einer Anlern- oder beschützenden Werkstatt – Abschn. 180 Abs. 1 EStR).

Eine Berufsausbildung ist nur anzunehmen, wenn sie die Zeit oder Arbeitskraft des Kindes überwiegend in Anspruch nimmt. Außer der tatsächlichen Ausbildungszeit ist dabei auch der Zeitaufwand für den Weg von und zur Ausbildungsstätte sowie für die notwendigen häuslichen Vor- und Nacharbeiten zu berücksichtigen. Der Besuch von Abendkursen oder Tageskursen von nur kurzer Dauer täglich kann nicht als Berufsausbildung angesehen werden.

Die in die Berufsausbildung oder zwischen zwei Ausbildungsabschnitte fallenden Ferien, z. B. Semesterferien, rechnen zur **Berufsausbildungszeit,** nicht aber die nach Abschluß der Ausbildung bis zum Berufsantritt genommenen Ferien. Die Probezeit bei erstmaligem Berufsantritt ist keine Berufsausbildung (BFH, BStBl 1964 III S. 300).

Nach der Rechtsprechung befindet sich noch in der Berufsausbildung, wer sein Berufsziel nicht erreicht hat, sich aber noch ernsthaft darauf vorbereitet (BFH, BStBl 1964 III S. 237). Dabei kommt es nicht auf die Unterscheidung zwischen Ausbildungs- und Fortbildungskosten an. Eine zeitlich kontinuierlich durchgeführte Ausbildung ist auch dann Berufsausbildung i. S. des § 32 Abs. 4 Nr. 1 EStG, wenn sie sich in mehreren Stufen vollzieht, von denen an sich jede einzelne zur Ausübung eines Berufes schon befähigt, wenn aber das endgültige Berufsziel noch nicht erreicht ist. Sogar der Wechsel von einer Berufsausbildung – mag sie abgeschlossen sein oder nicht – zu einer anderen fällt noch unter § 32 Abs. 4 Nr. 1 EStG, wenn sich die Ausbildung – von kleinen Unterbrechungen abgesehen – nur kontinuierlich vollzieht, d. h., wenn sich ein Abschnitt an den anderen anschließt bzw. ohne die Wehrdienstverpflichtung angeschlossen hätte (BFH, BStBl 1970 II S. 450).

Eine Berufsausbildung ist abgeschlossen, wenn ein Ausbildungsstand erreicht ist, der zur Berufsausübung befähigt oder – bei Schwerbehinderten – eine den Fähigkeiten angemessene Beschäftigung ermöglicht (so Abschn. 180 Abs. 2 EStR). Auch dann, wenn das Kind zwar weiterhin ein höher gestecktes Berufsziel anstrebt, dabei aber einen Beruf ausübt, wie er von vielen als Dauerberuf ausgeübt wird und werden kann, ist die Berufsausbildung beendet.

Für akademische Berufe wird die Berufsausbildung regelmäßig mit Ablegung des ersten Staatsexamens oder einer entsprechenden Abschlußprüfung, bei Handwerkern und anderen Lehrberufen mit Abschluß der Gesellen- bzw. Gehilfenprüfung beendet. Der Abschluß einer Berufsausbildung schließt nicht aus, daß das Kind später erneut in eine Berufsausbildung eintritt. Dies kann eine weiterführende Ausbildung, z. B. der Besuch einer Fach- oder Meisterschule, oder eine Ausbildung für einen gehobenen oder andersartigen Beruf sein (Abschn. 180 Abs. 2 Sätze 2 bis 4 EStR). Wenn Aufstiegsbeamte oder zum Aufstieg in die Offizierslaufbahn zugelassene Soldaten während des Lehrgangs keine Berufstätigkeit ausüben, sind sie als Kinder berücksichtigungsfähig.

8.1.3.4 Berücksichtigung von Kindern ohne Ausbildungsplatz
(§ 32 Abs. 4 Nr. 2 EStG)

Für die VZ ab 1986 wird ein Kind zwischen dem 16. und 27. Lebensjahr berücksichtigt, wenn es eine Berufsausbildung mangels Ausbildungsplatzes nicht beginnen oder fortsetzen kann. Anders als beim Kindergeld kommt es zwar nicht mehr darauf an, ob es eine Erwerbstätigkeit gegen Entgelt ausübt. Geschieht dies aber während des ganzen Kalenderjahres oder steht das Kind der Arbeitsvermittlung zur Verfügung, kann es nicht berücksichtigt werden (Abschn. 180 a Abs. 1 EStR).

Das Bemühen des Kindes um einen Ausbildungsplatz kann der Steuerpflichtige z. B. nachweisen durch Bescheinigungen des Arbeitsamtes über die Meldung des Kindes als Bewerber um eine berufliche Ausbildungsstelle, Unterlagen über eine Bewerbung bei der Zentralen Vergabestelle von Studienplätzen (Abschn. 180 a Abs. 2 EStR).

Unterhaltsaufwendungen für arbeitslose Kinder können Steuerpflichtige aus Billigkeitsgründen als außergewöhnliche Belastung geltend machen, wenn sie auf den Kinderfreibetrag wegen § 32 Abs. 4 Nr. 2 EStG verzichten (Abschn. 190 Abs. 9 Satz 2 EStR). Das ist allerdings nur zulässig, wenn ausschließlich die Voraussetzungen des § 32 Abs. 4 Nr. 2 EStG vorliegen. Befindet sich ein über 18 Jahre altes Kind im Kalenderjahr auch zeitweise in Berufsausbildung, liegen auch die Voraussetzungen des § 32 Abs. 4 Nr. 1 EStG vor, so daß nur der Kinderfreibetrag gewährt werden kann.

Ausbildungsplätze sind neben betrieblichen und überbetrieblichen insbesondere solche an Fach- und Hochschulen sowie Stellen, an denen eine in der Ausbildungs- und Prüfungsordnung vorgeschriebene praktische Tätigkeit abzuleisten ist (Abschn. 180 a Abs. 1 Satz 2 EStR).

8.1.3.5 Berücksichtigung von Kindern, deren Berufsausbildung durch bestimmte Dienste oder Tätigkeiten unterbrochen worden ist
(§ 32 Abs. 4 Nr. 3 bis 5 EStG)

Ein Kind, das

1. den gesetzlichen Grundwehrdienst, Grenzschutzgrunddienst oder Zivildienst leistet oder

2. freiwillig für eine Dauer von nicht mehr als drei Jahren Wehr- oder Polizeivollzugsdienst leistet, der anstelle des gesetzlichen Grundwehrdienstes oder Zivildienstes abgeleistet wird, oder

3. eine vom gesetzlichen Grundwehrdienst oder Zivildienst befreiende Tätigkeit als Entwicklungshelfer im Sinne des § 1 Abs. 1 des Entwicklungshelfer-Gesetzes ausübt,

ist zu berücksichtigen, wenn es zu Beginn des Kalenderjahres das 27. Lebensjahr noch nicht vollendet hatte und seine Berufsausbildung durch die Aufnahme des Dienstes oder der Tätigkeit unterbrochen worden ist.

Der **gesetzliche Grundwehrdienst** ist der **Wehrdienst,** der aufgrund der allgemeinen Wehrpflicht für die Dauer von 15 (18) Monaten zu leisten ist (§ 5 des Wehrpflichtgesetzes). Dem Wehrdienst aufgrund der allgemeinen Wehrpflicht ist der **Grenzschutzdienst** gleichgestellt. Auf die Grenzschutzdienstpflicht und den Grenzschutzdienst werden die Vorschriften über die Wehrpflicht und den Wehrdienst entsprechend angewendet.

Der **gesetzliche Zivildienst** ist der Zivildienst von anerkannten Kriegsdienstverweigerern nach dem Zivildienstgesetz.

Ausländischer Wehr- oder Zivildienst ist zu berücksichtigen, wenn er aufgrund einer gesetzlichen Dienstpflicht geleistet wird (BFH, BStBl 1960 III S. 268; s. zum Vorstehenden auch Abschn. 180 b Abs. 1 EStR).

Eine vom gesetzlichen Grundwehrdienst oder Zivildienst befreiende **Tätigkeit als Entwicklungshelfer** (§ 1 Abs. 1 des Entwicklungshelfer-Gesetzes) ist die Tätigkeit in Entwicklungsländern ohne Erwerbsabsicht, die nach Vollendung des 18. Lebensjahres und aufgrund einer Verpflichtung für zweieinhalb Jahre gegenüber einem anerkannten Träger des Entwicklungsdienstes von einem Deutschen ausgeübt wird. Der Vorbereitungsdienst gehört nicht dazu (Abschn. 180 b Abs. 3 EStR).

Das Kind muß vor der Aufnahme des Dienstes oder der Tätigkeit im vorgenannten Sinne in einer nicht abgeschlossenen Berufsausbildung gestanden haben, und es muß die Absicht bestehen, nach Durchführung des Dienstes oder der Tätigkeit die Berufsausbildung fortzusetzen. Eine Unterbrechung der Berufsausbildung liegt auch dann vor, wenn das Kind vor Aufnahme des Dienstes oder der Tätigkeit zwar einen Ausbildungsabschnitt beendet hat, der für sich betrachtet den Abschluß einer Berufsausbildung bedeuten kann, aber unmittelbar nach Beendigung des Dienstes oder der Tätigkeit eine an die bisherige Berufsausbildung anknüpfende weitere Ausbildung aufzunehmen gedenkt (BFH, BStBl 1970 II S. 450, Abschn. 180 b Abs. 4 EStR).

Eine Berufsausbildung kann auch dann unterbrochen sein, wenn das Kind zur Überbrückung der Zeiten zwischen der Beendigung des Ausbildungsabschnitts und der Aufnahme des Dienstes oder zwischen Beendigung des Dienstes und Fortsetzung der Berufsausbildung eine bezahlte Tätigkeit aufnimmt (Abschn. 180 b Abs. 4 Satz 3 EStR).

8.1.3.6 Berücksichtigung von Kindern, die ein freiwilliges soziales Jahr leisten (§ 32 Abs. 4 Nr. 6 EStG)

Ein Kind, das ein freiwilliges soziales Jahr im Sinne des Gesetzes zur Förderung eines freiwilligen sozialen Jahres (BGBl 1964 I S. 640, BGBl 1975 I S. 3155) ableistet, ist zu berücksichtigen, wenn es zu Beginn des Kalenderjahres das 27. Lebensjahr noch nicht vollendet hatte.

Das freiwillige soziale Jahr wird in der Regel bis zur Vollendung des 25. Lebensjahres für die Dauer von zwölf zusammenhängenden Monaten abgeleistet. Das Kind muß sich mindestens für sechs Monate verpflichtet haben. Zum Beginn und zum Abschluß des freiwilligen sozialen Jahres stellt der Träger des freiwilligen sozialen Jahres dem Kind entsprechende Bescheinigungen aus, die dem Finanzamt vorzulegen sind (Abschn. 180 c EStR).

8.1.3.7 Berücksichtigung von Kindern, die wegen körperlicher, geistiger oder seelischer Behinderung außerstande sind, sich selbst zu unterhalten (§ 32 Abs. 4 Nr. 7, Abs. 5 EStG)

Die Berücksichtigung eines Kindes, das wegen körperlicher, geistiger oder seelischer Behinderung außerstande ist, sich selbst zu unterhalten, hängt ab VZ 1986 nicht mehr von der Voraussetzung ab, daß für das Kind Anspruch auf Kindergeld nach dem Bundeskindergeldgesetz oder auf andere Leistungen für Kinder besteht. Es kommen jedoch nur solche Kinder in Betracht, die schwerbehindert oder Schwerbehinderten gleichgestellt sind. Der Nachweis ist grundsätzlich durch einen Schwerbehindertenausweis oder eine Gleichstellungsbescheinigung zu führen (Näheres Abschn. 180 d Abs. 1 EStR).

Ob ein Kind wegen seiner Behinderung außerstande ist, sich selbst zu unterhalten, hängt auch davon ab, ob dem Kind nicht andere Einkünfte und Bezüge als aus eigener Erwerbstätigkeit zur Verfügung stehen. Ist das Kind verheiratet oder geschieden, so kommt es auch darauf an, daß sein Ehegatte oder sein früherer Ehegatte dem Kind keinen ausreichenden Unterhalt leisten kann oder ihm gegenüber nicht unterhaltspflichtig ist (Abschn. 180 d Abs. 2 Satz 3 EStR).

Auch eigenes Vermögen des Kindes, das für seinen Lebensunterhalt eingesetzt werden kann, muß berücksichtigt werden, sofern es nicht geringfügig ist. Die FinVerw geht in Abschn. 180 d Abs. 2 Satz 5 und 6 EStR von der Unfähigkeit zur Ausübung einer Erwerbstätigkeit aus, wenn das Kind weder Einkünfte aus eigener Erwerbstätigkeit noch Lohnersatzleistungen bezieht, es sei denn, daß nicht die Behinderung, sondern offensichtlich andere Gründe, z. B. die Arbeitsmarktlage, ursächlich dafür sind, daß das Kind eine eigene Erwerbstätigkeit nicht ausüben kann. Ein über 27 Jahre altes Kind, das wegen seiner Behinderung noch in Schul- oder Berufsausbildung steht, wird in jedem Fall als unfähig zur Ausübung einer Erwerbstätigkeit angesehen (Abschn. 180 d Abs. 2 Satz 7 EStR).

Hat das Kind Einkünfte aus eigener Erwerbstätigkeit oder andere Einkünfte oder Bezüge, die zur Bestreitung seines Lebensunterhalts bestimmt oder geeignet sind, von zusammen weniger als 9000 DM im Kalenderjahr, wird regelmäßig angenommen, daß es sich nicht selbst unterhalten kann. Dem Steuerpflichtigen bleibt es jedoch unbenommen, glaubhaft zu machen, daß der Unterhaltsbedarf des Kindes auch durch höhere Einkünfte und Bezüge nicht gedeckt ist. Behinderungsbedingter Mehrbedarf wird dabei berücksichtigt, soweit das Kind hierfür nicht besondere Leistungen erhält, z. B. Pflegegeld, Blindengeld (Abschn. 180 d Abs. 3 EStR).

Für über 27 Jahre alte Kinder, die wegen körperlicher, geistiger oder seelischer Behinderung außerstande sind, sich selbst zu unterhalten, gelten die vorstehenden Ausführungen entsprechend.

8.1.4 Kinderfreibeträge

Durch den ab 1983 eingeführten Kinderfreibetrag werden zusammen mit dem Kindergeld die Aufwendungen für Unterhalt und Betreuung von Kindern berücksichtigt. Gem. § 32 Abs. 6 EStG betrug er zunächst 432 DM, ab 1986 wurde er auf 2484 DM je Kind angehoben, und seit 1990 beträgt er 3024 DM. Er ist unabhängig von eigenen Einkünften und dem Familienstand des Kindes und wird grundsätzlich jedem Elternteil zur Hälfte gewährt. Nach § 32 Abs. 6 Satz 1 EStG wird grundsätzlich für jedes zu berücksichtigende Kind des Steuerpflichtigen ein Kinderfreibetrag von 1512 DM vom Einkommen abgezogen. Bei einem Elternpaar, bei dem die Voraussetzungen des § 26 Abs. 1 Satz 1 EStG nicht vorliegen, erhält demnach für ein gemeinsames Kind grundsätzlich jeder Elternteil diesen Kinderfreibetrag. Das gilt unmittelbar auch für Ehegatten, die nach §§ 26, 26 a EStG getrennt zur Einkommensteuer veranlagt werden. Jeder Ehegatte erhält also im Fall der getrennten Veranlagung einen Kinderfreibetrag von 1512 DM, wenn das Kind zu beiden Ehegatten in einem Kindschaftsverhältnis steht. Für Ehegatten, die nach §§ 26, 26 b EStG zusammen zur Einkommensteuer veranlagt werden, gilt im Prinzip nichts anderes. § 32 Abs. 6 Satz 2 EStG schreibt zur Klarstellung ausdrücklich vor, daß ein Kinderfreibetrag von (2 × 1512 DM =) 3024 DM abgezogen wird, wenn es sich um ein zu berücksichtigendes Kind jedes Ehegatten handelt. Ein Kinderfreibetrag von 3024 DM wird auch gewährt, wenn das Kind zu dem Steuerpflichtigen allein in einem Kindschaftsverhältnis steht oder wenn der andere Elternteil einen Kinderfreibetrag nicht in Anspruch nehmen kann, weil er während des ganzen Kalenderjahres nicht unbeschränkt einkommensteuerpflichtig gewesen ist (§ 32 Abs. 2 Satz 3 Nr. 1 und 2 EStG). Einem Steuerpflichtigen, der den Kinderfreibetrag von 3024 DM erhält, weil der andere Elternteil verstorben ist (§ 32 Abs. 6 Satz 3 Nr. 1 EStG), werden Steuerpflichtige gleichgestellt, wenn der Wohnsitz oder gewöhnliche Aufenthalt des anderen Elternteils nicht zu ermitteln oder der Vater des Kindes nicht amtlich feststellbar ist (Abschn. 181 Satz 1 EStR).

Bei dauernd getrennt lebenden oder geschiedenen Ehegatten und bei Eltern nichtehelicher Kinder sowie bei der getrennten bzw. besonderen Veranlagung nach § 26 a bzw. § 26 c EStG ist vom Einkommen jedes Elternteils der Kinderfreibetrag von 1512 DM abzuziehen (Abschn. 181 a Abs. 1 Satz 1 EStR). Das gleiche gilt für leibliche Eltern im Verhältnis zu Pflegeeltern, wenn sie ihrer Unterhaltsverpflichtung im wesentlichen nachkommen (Abschn. 177 Abs. 4 Satz 4 EStR).

Bei einem unbeschränkt steuerpflichtigen Elternpaar, das die Voraussetzungen der Ehegattenbesteuerung nicht erfüllt, kann der Kinderfreibetrag nach der bis zum VZ 1989 geltenden Regelung auf den anderen Ehegatten übertragen werden, wenn er seiner Unterhaltsverpflichtung nachkommt, der andere jedoch nicht oder nur zu einem unwesentlichen Teil. Ab dem VZ 1990 wird der Kinderfreibetrag von 1512 DM übertragen, wenn der Antragsteller, nicht jedoch der andere Elternteil seiner Unterhaltsverpflichtung im wesentlichen nachkommt (§ 32

Abs. 6 Satz 4 EStG). Mit dieser Änderung soll erreicht werden, daß der andere Elternteil den Kinderfreibetrag nur behalten kann, wenn er seiner Barunterhaltspflicht im wesentlichen nachkommt. Ein Elternteil kommt seiner Barunterhaltspflicht gegenüber dem Kind im wesentlichen nach, wenn er sie mindestens zu 75 v. H. erfüllt (Abschn. 181 a Abs. 2 Satz 3 EStR). Soweit die Höhe nicht durch gerichtliche Entscheidung, Verpflichtungserklärung, Vergleich oder anderweitig durch Vertrag festgelegt ist, können dafür im Zweifel die von den Oberlandesgerichten als Leitlinien aufgestellten Unterhaltstabellen, z. B. „Düsseldorfer Tabelle", einen Anhalt geben.

Beispiel:

Das Kind beendet im Juni seine Berufsausbildung und steht ab September in einem Arbeitsverhältnis. Seitdem kann es sich selbst unterhalten. Der zum Barunterhalt verpflichtete Elternteil ist seiner Verpflichtung nur für die Zeit bis einschließlich Juni nachgekommen.

Er hat seine für acht Monate bestehende Unterhaltsverpflichtung für sechs Monate, also zu 75 v. H., erfüllt.

Die Übertragung des Kinderfreibetrages von 1512 DM ist außerdem möglich, wenn der andere Elternteil zustimmt (§ 32 Abs. 6 Satz 4 EStG). Die Zustimmung kann für den jeweiligen VZ nicht widerrufen werden.

Die Übertragung des Kinderfreibetrages und die davon abhängigen Änderungen bei den übrigen kindbedingten Steuerentlastungen können unter den Voraussetzungen des § 39 Abs. 3 a EStG bereits für die Durchführung des Lohnsteuerabzugs berücksichtigt werden. In diesen Fällen werden beide Elternteile stets zur Einkommensteuer veranlagt (§ 46 Abs. 2 Nr. 4 a Buchst. b EStG).

Die Übertragung des Kinderfreibetrages hat zur Folge, daß für den ausgeschlossenen Elternteil auch die übrigen kindbedingten Steuerentlastungen, die vom Erhalt eines Kinderfreibetrags abhängen, entfallen (Haushaltsfreibetrag [§ 32 Abs. 7 EStG], die Minderung des Hundertsatzes der zumutbaren Belastung [§ 33 Abs. 3 EStG], der Freibetrag zur Pflege des Eltern-Kind-Verhältnisses [§ 33 a Abs. 1 a EStG bis VZ 1989], die Ausbildungsfreibeträge [§ 33 a Abs. 2 EStG], die Übertragungsmöglichkeit des dem Kind zustehenden Körperbehinderten-Pauschbetrags [§ 33 b Abs. 5 EStG], die Freibeträge für besondere Fälle [§ 52 Abs. 22 Nr. 2 Buchst. b EStG in Verbindung mit § 33 a Abs. 1 EStG 1953] und die kindbedingten Entlastungen bei der Kirchensteuer).

8.2 Haushaltsfreibetrag (§ 32 Abs. 7 EStG)

8.2.1 Allgemeines

Der 1974 für alleinstehende Steuerpflichtige mit mindestens einem Kind eingeführte Haushaltsfreibetrag betrug zunächst 3000 DM. 1982 wurde er in der Höhe dem Grundfreibetrag von damals 4212 DM angepaßt. 1986 wurde er auf 4536 DM und 1988 auf 4752 DM erhöht. Seit 1990 beträgt er 5616 DM. Mit dem Haushaltsfreibetrag wird erreicht, daß Alleinstehende in der unteren Proportionalzone (10.2.2) des Steuertarifs nicht stärker belastet werden als Steuerpflichtige, die nach dem Splittingtarif besteuert werden. In der Progressionszone wirkt der Abzug nach § 33 c EStG. Erste Voraussetzung für den Haushaltsfreibetrag ist deshalb, daß der Steuerpflichtige nach dem Grundtarif besteuert wird, und weiter, daß dem Steuerpflichtigen ein ganzer (3024 DM) oder halber (1512 DM) Kinderfreibetrag zusteht und ihm mindestens ein Kind zugeordnet wird. Die Zuordnungsregeln sind mit Wirkung ab VZ 1990 vereinfacht worden. Ab 1990 ist auch eine Übertragung des Haushaltsfreibetrags möglich.

8.2.2 Besteuerung nach dem Grundtarif

Ein Haushaltsfreibetrag kommt nur in Betracht, wenn kein Anspruch auf Besteuerung nach der Splittingtabelle besteht. Er ist also ausgeschlossen, wenn wegen einer Ehe mit einem Nichtelternteil § 32 a Abs. 5 oder § 32 a Abs. 6 EStG anwendbar ist oder wenn Ehegatten die getrennte Veranlagung nach §§ 26, 26 a EStG wählen. Nur bei der besonderen Veranlagung gem. § 26 c EStG bleibt ein bereits vor der Eheschließung begründeter Haushaltsfreibetrag bestehen.

8.2.3 Kinderfreibetrag

Der Haushaltsfreibetrag ist weiter davon abhängig, daß der Steuerpflichtige einen Kinderfreibetrag für mindestens ein Kind erhält, das in seiner Wohnung gemeldet ist, gleichgültig, ob mit Haupt- oder Nebenwohnung (Abschn. 182 Abs. 1 Nr. 2 EStR).

8.2.4 Zuordnung des Kindes

Für die Gewährung des Haushaltsfreibetrages reicht der Anspruch auf den Kinderfreibetrag von 3024 DM aus, wenn der andere Elternteil vor Beginn des Kalenderjahres verstorben ist oder während des ganzen Kalenderjahres nicht unbeschränkt steuerpflichtig gewesen ist (§ 32 Abs. 6 Nr. 1 EStG, Abschn. 88 Abs. 2 LStR). Dagegen ist eine Zuordnung des Kindes erforderlich, wenn beide Elternteile die Voraussetzungen für einen Haushaltsfreibetrag erfüllen könnten, weil sie nicht verheiratet, geschieden, verheiratet, aber getrennt lebend sind. Wegen der in der Praxis entstandenen Schwierigkeiten sind die Zuordnungsregelungen ab VZ 1990 vereinfacht worden.

Regelung bis VZ 1989

Bis 1989 wurde ein Kind grundsätzlich dem Elternteil zugeordnet, in dessen Wohnung es erstmals im Kalenderjahr mit Hauptwohnung gemeldet war. Ein Kind, das nicht in der Wohnung eines Elternteils oder in einer gemeinsamen Wohnung mit Hauptwohnung gemeldet war, wurde der Mutter zugeordnet. Der Vater konnte aber durch eine sog. Haushaltsbescheinigung nachweisen, daß es zu seinem Haushalt gehörte. In der Praxis waren Steuerpflichtige oft daran interessiert, daß der Haushaltsfreibetrag dem Vater gewährt wurde, obwohl das Kind im Haushalt der Mutter lebte; denn eine nichtberufstätige Mutter konnte den

Haushaltsfreibetrag i. d. R. nicht ausnutzen, während er beim Vater dazu beitragen konnte, das Nettoeinkommen und damit die Unterhaltszahlungen zu erhöhen.

Regelung ab VZ 1990

Auch ab 1990 ist für die Zuordnung zunächst maßgebend, in wessen Wohnung das Kind gemeldet ist. Dabei kommt es aber nicht mehr darauf an, ob es sich um eine Haupt- oder Nebenwohnung handelt. Den Haushaltsfreibetrag erhält der Elternteil, in dessen Wohnung das Kind gemeldet ist (Abschn. 182 Abs. 1 Nr. 2 EStR). Ist das Kind bei beiden Elternteilen gemeldet, muß unterschieden werden, ob diese eine gemeinsame oder eine getrennte Wohnung haben. Im ersten Fall wird es der Mutter zugeordnet, im zweiten Fall kommt es darauf an, wo das Kind zuerst gemeldet war (§ 32 Abs. 7 Satz 2 EStG, Abschn. 182 Abs. 2 EStR).

8.2.5 Übertragung des Haushaltsfreibetrages

Wenn das Kind zu Beginn des Kalenderjahres oder zu dem anderen maßgeblichen Zeitpunkt (z. B. Geburt, Zuzug aus dem Ausland) bei beiden Eltern gemeldet ist, wird es der Mutter zugeordnet. Diese kann der Zuordnung beim Vater, d. h. der Übertragung des Haushaltsfreibetrages auf den Vater, unwiderruflich zustimmen. Die Übertragung ist auf die Fälle beschränkt, in denen das Kind bei beiden Elternteilen gemeldet ist. Für die Frage, in wessen Wohnung das Kind gemeldet ist, kommt es allein auf das Melderegister an. Wo das Kind oder die Elternteile sich tatsächlich aufhalten, ist unerheblich (BFH, BStBl 1985 II S. 8; Abschn. 182 Abs. 2 Satz 7 EStR). Die Regelung ermöglicht eine freie Verfügung über den Haushaltsfreibetrag, wenn die Eltern das Kind bei beiden Elternteilen anmelden. Haushaltsbescheinigungen sind nicht mehr erforderlich. Ob die Mutter verpflichtet ist, einer Übertragung zuzustimmen, bestimmt sich nicht nach steuerrechtlichen, sondern nach familienrechtlichen Vorschriften. Der Haushaltsfreibetrag, der dem Vater aufgrund der anderweitigen Zuordnung eines Kindes zusteht, kann bereits für die Durchführung des Lohnsteuerabzugs berücksichtigt werden (Abschn. 182 Abs. 3 EStR).

8.3 Altersfreibetrag (§ 32 Abs. 8 EStG)

Gem. § 32 Abs. 8 EStG in der bis zum VZ 1989 geltenden Fassung wird ein Altersfreibetrag von 720 DM vom Einkommen abgezogen, wenn der Steuerpflichtige vor dem Beginn des Kalenderjahres das 64. Lebensjahr vollendet hatte. Bei Ehegatten, die nach den §§ 26, 26 b EStG zusammen veranlagt werden, verdoppelt sich der Altersfreibetrag auf 1440 DM, wenn jeder Ehegatte die altersmäßige Voraussetzung erfüllt. § 32 Abs. 8 EStG ist durch das Steuerreformgesetz 1990 mit Wirkung vom VZ 1990 aufgehoben worden. Dagegen ist der Altersentlastungsbetrag gem. § 24 a EStG mit Wirkung ab dem VZ 1990 um 720 DM auf 3720 DM erhöht worden.

8.4 Ergänzende Hinweise zur Ermittlung des zu versteuernden Einkommens

Der Aufbau des Einkommensteuergesetzes entspricht nicht hinsichtlich aller Vorschriften dem Verfahrensablauf, wie er sich im Veranlagungsverfahren darstellt. Auch dieses Lehrbuch, das sich – soweit dies möglich ist – dem Verfahrensablauf anschließt, kann dem nicht voll entsprechen. Es ist daher nachzutragen, daß im Rahmen der Ermittlung des zu versteuernden Einkommens neben dem Kinderfreibetrag, Haushaltsfreibetrag und, bis 1989, dem Alterfreibetrag noch vom Einkommen die freibleibenden Beträge nach § 46 Abs. 3 EStG, § 70 EStDV (9.3.4 und 9.3.5) abzuziehen sind. Ausgehend vom Einkommen berechnet sich der zu versteuernde Einkommensbetrag danach wie folgt (Abschn. 3 Abs. 1 EStR):

Einkommen (§ 2 Abs. 4 EStG)

⁒ Kinderfreibetrag (§ 32 Abs. 6 EStG)

⁒ Haushaltsfreibetrag (§ 32 Abs. 7 EStG)

⁒ Altersfreibetrag (§ 32 Abs. 8 EStG, bis VZ 1989)

⁒ freibleibender Betrag nach § 46 Abs. 3 EStG, § 70 EStDV

zu versteuerndes Einkommen (§ 2 Abs. 5 EStG).

9 Veranlagung und Veranlagungsarten

9.1 Allgemeines

Die Einkommensteuer ist eine Veranlagungsteuer, d. h. eine Steuer, die nach Ablauf eines bestimmten Zeitraums in einem förmlichen Verfahren, dem Veranlagungsverfahren, festgesetzt wird.

Die Einkommensteuer ist eine Jahressteuer (§ 2 Abs. 7 EStG). Sie wird dementsprechend nach § 25 EStG grundsätzlich nach Ablauf des Kalenderjahres (Veranlagungszeitraum) nach dem Einkommen veranlagt, das der Steuerpflichtige in diesem Veranlagungszeitraum bezogen hat.

Sind nur während eines Teils des Kalenderjahres Einkünfte bezogen worden, so sind diese Einkünfte als Bemessungsgrundlage für das Kalenderjahr anzusetzen.

Beispiel:
Der minderjährige A hat am 1. 9. 01 umfangreichen Grundbesitz von seinem Vater geerbt und daraus bis zum 31. 12. 01 Einkünfte aus Vermietung und Verpachtung in Höhe von 20 000 DM bezogen.

A ist für den Veranlagungszeitraum 01 zur Einkommensteuer zu veranlagen. Bei dieser Veranlagung sind lediglich die Einkünfte von 20 000 DM zu berücksichtigen.

Ist die (persönliche) Steuerpflicht vor Ablauf des Veranlagungszeitraums entfallen, so kann die Veranlagung nach § 25 Abs. 2 EStG sofort nach Wegfall der (persönlichen) Steuerpflicht vorgenommen werden. Dabei ist die Einkommensteuer nach dem Einkommen festzusetzen, das der Steuerpflichtige in diesem Veranlagungszeitraum bis zum Wegfall der (persönlichen) Steuerpflicht bezogen hat.

Beispiel:
B ist am 1. 9. 01 verstorben. Er hat bis zum 31. 8. 01 Einkünfte aus Vermietung und Verpachtung in Höhe von 40 000 DM bezogen.

Die Einkommensteuer für das Jahr 01 ist ausgehend von den Einkünften von 40 000 DM festzusetzen. Die Veranlagung konnte unmittelbar nach dem 1. 9. 01 erfolgen.

Eine Veranlagung ist nach § 25 Abs. 1 EStG nicht durchzuführen, wenn die Vorschriften des § 46 EStG anzuwenden sind und danach eine Veranlagung unterbleibt. Besteht das Einkommen ganz oder teilweise aus Einkünften aus nichtselbständiger Arbeit, von denen ein Steuerabzug vorgenommen worden ist, so hat eine Veranlagung zu unterbleiben, sofern eine Veranlagung durch die verschiedenen Vorschriften des § 46 EStG weder vorgeschrieben noch zugelassen ist.

Die Vorschriften des § 46 EStG sind nur anzuwenden, wenn das Einkommen ganz oder teilweise aus Einkünften aus nichtselbständiger Arbeit besteht, die als solche dem LSt-Abzug unterliegen. Sind Einkünfte anderer Art irrtümlich als Einkünfte aus nichtselbständiger Arbeit behandelt und damit dem Steuerabzug unterworfen worden, so rechtfertigt dies allein noch nicht die Anwendung der Vorschriften des

§ 46 EStG. In einem solchen Fall ist eine Veranlagung nach § 25 Abs. 1 EStG vorzunehmen (BFH, BStBl 1959 III S. 348).

Im übrigen ist eine Veranlagung nach § 25 Abs. 1 EStG stets durchzuführen, wenn eine Einkommensteuer festzusetzen ist oder der Festsetzung aus bestimmten Gründen Bedeutung zukommt.

Beispiel:
Der Student S erzielte im ersten Halbjahr 1989 ausschließlich Einnahmen aus Kapitalvermögen von 5000 DM, von denen das Kreditinstitut 10 v. H. Kapitalertragsteuer (sog. Quellensteuer) gem. § 43 Abs. 1 Nr. 8 Buchst. b EStG in der Fassung des StRefG 1990 einbehalten und abgeführt hat.

Trotz der Aufhebung des § 43 Abs. 1 Nr. 8 EStG durch das Gesetz vom 30. 6. 1989 (BStBl 1989 II S. 251) wird die erhobene Kapitalertragsteuer nicht automatisch erstattet. S hat vielmehr einen Anspruch auf Durchführung einer Einkommensteuer-Veranlagung, in der die Kapitalertragsteuer vom Finanzamt erstattet wird (§ 36 Abs. 1 Nr. 2, Abs. 4 Satz 2 EStG). Möglich ist aber auch ein Antrag auf Erstattung der Kapitalertragsteuer, der beim Bundesamt für Finanzen zu stellen ist (§ 44 b EStG).

Auf die Durchführung einer Veranlagung hat der Steuerpflichtige bei Vorliegen der entsprechenden Voraussetzungen einen Rechtsanspruch (BFH, BStBl 1959 III S. 348).

Da das Einkommensteuerrecht von dem Individualprinzip beherrscht wird, gehen auch die Vorschriften des § 25 Abs. 1 und 2 EStG als selbstverständlich davon aus, daß die Einkommensteuer grundsätzlich im Wege der Einzelveranlagung festzusetzen ist.

Die **Einzelveranlagung** stellt damit die grundsätzliche Veranlagungsart dar. Sie ist immer dann vorzunehmen, wenn nicht eine der besonderen Veranlagungsarten in Betracht kommt, die in den §§ 26 bis 26 b EStG bei Vorliegen bestimmter Voraussetzungen für Ehegatten vorgesehen sind.

Einer besonderen gesetzlichen Erläuterung der Einzelveranlagung bedarf es nicht, weil das Gesetz grundsätzlich die bei der Veranlagung in Betracht kommenden Merkmale für die Einzelveranlagung bestimmt und zusätzlich Besonderheiten regelt, die für die Ehegattenbesteuerung gelten. Im einzelnen kommen für die Einzelveranlagung in Betracht:

a) ledige Steuerpflichtige,

b) verwitwete Steuerpflichtige, bei denen die Voraussetzungen des § 26 Abs. 1 Satz 1 EStG nicht vorliegen,

c) geschiedene Steuerpflichtige, bei denen die Voraussetzungen des § 26 Abs. 1 Satz 1 EStG nicht vorliegen,

d) Ehegatten, bei denen die Voraussetzungen des § 26 Abs. 1 Satz 1 EStG nicht vorliegen,

e) Steuerpflichtige, deren Ehe im VZ durch Tod, Scheidung oder Aufhebung aufgelöst worden ist, wenn in diesem VZ bei den Ehegatten der aufgelösten Ehe die Voraussetzungen des § 26 Abs. 1 Satz 1 EStG vorgelegen haben, der andere Ehegatte jedoch wieder geheiratet hat und bei diesem und seinem neuen Ehegatten die Voraussetzungen des § 26 Abs. 1 Satz 1 EStG ebenfalls vorliegen.

Die Einkommensteuer wird durch Einkommensteuerbescheid festgesetzt und gegenüber demjenigen, für den er bestimmt ist, in dem Zeitpunkt wirksam, in dem er ihm bekanntgegeben wird (§§ 155, 124 AO).

Das Veranlagungsverfahren wird in Gang gesetzt durch die **Einkommensteuererklärung,** die der Steuerpflichtige nach § 25 Abs. 3 Satz 1 EStG für den abgelaufenen Veranlagungszeitraum abzugeben hat.

Nach § 25 Abs. 3 Satz 4 EStG hat der Steuerpflichtige die Einkommensteuererklärung **eigenhändig zu unterschreiben.** Durch die eigenhändige Unterschrift soll sichergestellt werden, daß sich der Steuerpflichtige auch dann von der Richtigkeit und Vollständigkeit der Angaben in seiner Einkommensteuererklärung überzeugt, wenn er deren Erstellung einem Dritten überlassen hat. Eine eigenhändige Unterschrift des Steuerpflichtigen, die auf einem Unterschriftsstreifen geleistet wird, der dann später auf die Einkommensteuererklärung aufgeklebt wird, stellt daher keine eigenhändige Unterschrift i. S. des § 25 Abs. 3 Satz 4 EStG dar (vgl. BFH, BStBl 1984 II S. 13). Als eigenhändige Unterschrift in diesem Sinne ist jedoch auch eine vor Aufstellung der Einkommensteuererklärung blanko geleistete eigenhändige Unterschrift anzusehen (BFH, BStBl 1984 II S. 13).

Für die Einkommensteuer-Erklärung ist der amtlich vorgeschriebene Vordruck zu verwenden (§ 150 AO). In § 60 EStDV ist geregelt, welche Unterlagen der Steuererklärung beizufügen sind, wenn der Gewinn nach § 4 Abs. 1 oder § 5 EStG ermittelt wird. Durch die detaillierten Regelungen in § 56 EStDV ist die Steuererklärungspflicht auf die Fälle beschränkt, in denen die Festsetzung einer Einkommensteuer in Betracht kommt, z. B. ist ein Steuerpflichtiger, der nicht die Voraussetzungen des § 26 Abs. 1 EStG erfüllt, zur Abgabe einer Steuererklärung verpflichtet, wenn der Gesamtbetrag seiner Einkünfte mindestens 5375 DM beträgt und er keine, dem Lohnsteuerabzug unterliegenden Einkünfte aus nichtselbständiger Arbeit erzielt hat.

Eine Steuererklärung ist stets abzugeben, wenn eine Veranlagung nach § 46 Abs. 2 Nr. 7 und 8 EStG beantragt wird. Zur Abgabe einer Steuererklärung ist auch der verpflichtet, den das Finanzamt nach pflichtgemäßem Ermessen dazu auffordert (§ 149 Abs. 1 Satz 2 AO). Bei gesonderten Feststellungen ergibt sich die Steuererklärungspflicht seit dem 1. 1. 1987 aus § 181 AO.

Die Frist für die Abgabe der Erklärung beträgt grundsätzlich fünf Monate nach Ablauf des Kalenderjahres (§ 149 Abs. 2 Satz 1 AO).

9.2 Veranlagung von Ehegatten

9.2.1 Allgemeines

Für Ehegatten in einer zu berücksichtigenden Ehe, bei denen die Voraussetzungen des § 26 Abs. 1 Satz 1 EStG hinsichtlich eines bestimmten Veranlagungszeitraums vorliegen, sehen die §§ 26 bis 26 b EStG für diesen Veranlagungszeitraum besondere Veranlagungsarten vor. Bei Ehegatten in einer zu berücksichtigenden Ehe, die beide unbeschränkt steuerpflichtig sind und nicht dauernd getrennt leben und bei denen diese Voraussetzungen zu Beginn des Veranlagungszeitraums vorgelegen haben oder im Laufe des Veranlagungszeitraums eingetreten sind, kann danach entweder eine getrennte Veranlagung nach den Grundsätzen des § 26 a EStG oder eine Zusammenveranlagung nach den Grundsätzen des § 26 b EStG durchgeführt werden.

Für den Veranlagungszeitraum, in dem die Ehe geschlossen worden ist, können die Ehegatten vom Veranlagungszeitraum 1986 an nach § 26 Abs. 1 EStG statt einer getrennten Veranlagung oder der Zusammenveranlagung auch die besondere Veranlagung nach § 26 c EStG wählen.

Eine Einzelveranlagung kommt daher bei Ehegatten in einer zu berücksichtigenden Ehe, bei denen die Voraussetzungen des § 26 Abs. 1 Satz 1 EStG hinsichtlich eines bestimmten Veranlagungszeitraums vorliegen, für diesen Veranlagungszeitraum selbst dann nicht in Betracht, wenn dies von ihnen ausdrücklich beantragt wird.

Eine **getrennte Veranlagung oder** eine **Zusammenveranlagung** ist danach für einen bestimmten Veranlagungszeitraum nur durchzuführen, wenn die nachfolgend dargestellten Voraussetzungen des § 26 Abs. 1 EStG während dieses Veranlagungszeitraums zumindest zu einem bestimmten Zeitpunkt sämtlich erfüllt waren.

1. Es muß sich um **Ehegatten,** d. h. um Personen handeln, die durch eine rechtsgültige Ehe miteinander verbunden sind.

Ob eine rechtsgültige Ehe besteht, ist ausschließlich nach bürgerlichem Recht zu beurteilen (vgl. BFH, BStBl 1957 III S. 300 und 1973 II S. 487).

Bei einer im Inland geschlossenen Ehe bestimmt sich die Form der Eheschließung nach Art. 13 Abs. 3 EGBGB ausschließlich nach den deutschen Gesetzen. Dies gilt auch, wenn zwei Angehörige eines ausländischen Staates im Inland eine Ehe schließen. Wenn eine Ehe nach § 13 Abs. 1 EheG auch grundsätzlich vor dem Standesamt zu schließen ist, so sieht § 15 a EheG jedoch eine Ausnahme vor, wenn keiner der Verlobten die deutsche Staatsangehörigkeit besitzt. In diesem Fall kann die Ehe vor einer von der Regierung des Landes, dessen Staatsangehörigkeit einer der Verlobten besitzt, ordnungsgemäß ermächtigten Person in der von den Gesetzen dieses Landes vorgeschriebenen Form geschlossen werden.

Bei einer im Ausland geschlossenen Ehe bestimmt sich die Form der Eheschließung nach dem Recht des Staates, in dem die Ehe geschlossen wird.

Als Ehegatten sind auch Personen zu behandeln, deren Ehe nichtig ist. Nach § 23 EheG kann sich nämlich niemand auf die Nichtigkeit einer Ehe berufen, solange nicht die Ehe durch gerichtliches Urteil für nichtig erklärt worden ist. Wird eine Ehe für nichtig erklärt, so ist sie einkommensteuerrechtlich bis zur Rechtskraft der Nichtigerklärung wie eine gültige Ehe zu behandeln (Abschn. 174 Abs. 1 Satz 5 EStR).

Da die materiell-rechtlichen Voraussetzungen einer Ehe bei Ausländern für jeden Beteiligten nach den Gesetzen des Staates zu beurteilen sind, dem er angehört, kann auch eine nach ausländischem Recht zulässige Mehrehe anzuerkennen sein. Auch die in einer solchen Mehrehe lebenden Ausländer sind daher jedenfalls dann als Ehegatten anzusehen, wenn sie an dieser Mehrehe im Inland einvernehmlich festhalten (BFH, BStBl 1986 II S. 390).

Ein Steuerpflichtiger, dessen Ehegatte verschollen oder vermißt ist, gilt nach Abschn. 174 Abs. 1 Satz 6 EStR als verheiratet, solange sein Ehegatte nicht für tot erklärt worden ist. Im Fall der Todeserklärung gilt der Steuerpflichtige nach § 49 AO vom Tage der Rechtskraft des Todeserklärungsbeschlusses an als verwitwet.

Eine Ehe ist bei Scheidung oder Aufhebung nach § 1564 BGB, § 29 EheG erst mit Rechtskraft des Urteils aufgelöst; diese Regelung ist auch für das Einkommensteuerrecht maßgebend (Abschn. 174 Abs. 1 Satz 4 EStR). Zur Anwendung des Splittingtarifs auf Partner einer eheähnlichen Lebensgemeinschaft s. 10.2.3.

2. Es muß sich um eine **zu berücksichtigende Ehe** handeln.

Zu berücksichtigen ist jede wirksam geschlossene Ehe, die während des gesamten Veranlagungszeitraums bestanden hat, sofern beide Ehegatten nur diese eine Ehe geschlossen haben. Hat ein Ausländer in rechtsgültiger Form mehrere Ehen geschlossen und lebt nicht nur eine seiner Ehefrauen im Inland, so ist zweifelhaft, ob alle Ehen Berücksichtigung finden oder welche Ehe ggf. zu berücksichtigen ist. Der BFH (BStBl 1986 II S. 390, 391) hat diese Frage ausdrücklich offengelassen. Lebt nur eine Ehefrau eines in nicht rechtsgültiger Mehrehe lebenden Ausländers mit diesem im Inland, so ist (nur) die Ehe mit dieser Ehefrau zu berücksichtigen (BFH, BStBl 1986 II S. 390).

Hat eine Ehe nicht während des gesamten Veranlagungszeitraums bestanden, so ist die Vorschrift des § 26 Abs. 1 Satz 2 EStG zu beachten. Eine Ehe, die im Laufe des Veranlagungszeitraums aufgelöst worden ist, bleibt nach dieser Vorschrift hinsichtlich der Art der durchzuführenden Veranlagung unberücksichtigt, wenn einer der Ehegatten in demselben Veranlagungszeitraum wieder geheiratet hat und bei ihm und dem neuen Ehegatten die Voraussetzungen des § 26 Abs. 1 Satz 1 EStG ebenfalls vorliegen. Zu berücksichtigen ist damit in einem solchen Fall nur die neue bzw. letzte Ehe bei zweimaliger Wiederheirat in einem VZ (BVerfG, BStBl 1988 II S. 395).

Beispiele:

a) Die Eheleute A sind zum 31. März eines Jahres rechtskräftig geschieden worden. Frau A hat am 1. Oktober dieses Jahres wieder geheiratet. Bei ihr und ihrem neuen Ehemann sind die Voraussetzungen des § 26 Abs. 1 Satz 1 erfüllt.

Die aufgelöste Ehe bleibt unberücksichtigt. Herr A ist damit für diesen Veranlagungszeitraum so zu behandeln, als ob er nicht verheiratet gewesen wäre. Bei ihm ist daher eine Einzelveranlagung durchzuführen. Bei Frau A und ihrem neuen Ehemann ist für diesen Veranlagungszeitraum eine getrennte Veranlagung, eine Zusammenveranlagung oder eine besondere Veranlagung durchzuführen.

b) Die Eheleute B sind zum 31. März eines Jahres rechtskräftig geschieden worden. Frau B hat am 10. Dezember dieses Jahres den in der Schweiz ansässigen C geheiratet und ihren Wohnsitz ebenfalls in die Schweiz verlegt.

Da bei Frau B und ihrem neuen Ehemann die Voraussetzungen des § 26 Abs. 1 Satz 1 EStG nicht erfüllt sind, bleibt die aufgelöste Ehe für diesen Veranlagungszeitraum zu berücksichtigen.

Herr und Frau B sind damit für diesen Veranlagungszeitraum getrennt oder zusammen zur Einkommensteuer zu veranlagen.

3. Beide Ehegatten müssen **unbeschränkt steuerpflichtig** (§ 1 EStG) sein. Ist ein Ehegatte nicht unbeschränkt steuerpflichtig, wie dies z. B. in der Regel bei ausländischen Arbeitnehmern der Fall ist, kann eine Ehegattenbesteuerung nicht vorgenommen werden. Bei Kriegsgefangenen oder Verschollenen kann in der Regel davon ausgegangen werden, daß sie vor Eintritt der Kriegsgefangenschaft oder Verschollenheit einen Wohnsitz im Inland gehabt haben (BFH, BStBl 1978 II S. 372).

4. Die Ehegatten dürfen **nicht dauernd getrennt leben.** Ob diese Voraussetzung erfüllt ist, haben die Finanzämter und Finanzgerichte selbst dann von Amts wegen zu ermitteln, wenn die Ehegatten im Ehescheidungsprozeß dazu bestimmte Erklärungen abgegeben haben. Eine Bindung der Ehegatten an die im Ehescheidungsprozeß abgegebenen Erklärungen ist sogar dann zu verneinen, wenn aufgrund der übereinstimmenden Erklärung der Ehegatten vor dem Familiengericht, ein Jahr getrennt gelebt zu haben, die Ehe rechtskräftig geschieden worden ist (vgl. BFH, BStBl 1986 II S. 486).

Ob die Ehegatten dauernd getrennt gelebt haben oder nicht, ist jeweils nach den Gesamtumständen des Einzelfalls zu beurteilen (vgl. BFH, BStBl 1973 II S. 487 sowie 1986 II S. 486, 487). Ein dauerndes Getrenntleben ist anzunehmen, wenn die zum Wesen der Ehe gehörende Lebens- und Wirtschaftsgemeinschaft auf die Dauer nicht mehr besteht. Unter Lebensgemeinschaft ist die räumliche, persönliche und geistige Gemeinschaft der Ehegatten, unter Wirtschaftsgemeinschaft die gemeinsame Erledigung der die Ehegatten gemeinsam berührenden wirtschaftlichen Fragen ihres Zusammenlebens zu verstehen (BFH, BStBl 1973 II S. 640).

Einer auf Dauer herbeigeführten räumlichen Trennung wird bei Abwägung der für und gegen die Annahme eines dauernden Getrenntlebens sprechenden Merkmale regelmäßig eine besondere Bedeutung zukommen. Eine nur vorübergehende räumliche Trennung der Ehegatten, z. B. bei einem beruflich bedingten Auslandsaufenthalt eines der Ehegatten, hebt im allgemeinen die eheliche Lebens- und Wirtschaftsgemeinschaft nicht auf. Sogar in den Fällen, in denen die Ehegatten infolge zwingender äußerer Umstände für eine nicht absehbare Zeit räumlich voneinander getrennt leben müssen, z. B. infolge Krankheit, Verbüßung einer Freiheitsstrafe, kann die eheliche Lebens- und Wirtschaftsgemeinschaft noch weiterbestehen, wenn die Ehegatten die erkennbare Absicht haben, die eheliche Verbindung in dem noch möglichen Rahmen aufrechtzuerhalten und nach dem Wegfall der Hindernisse die volle eheliche Gemeinschaft wiederherzustellen.

Die Angaben der Ehegatten, sie lebten nicht dauernd getrennt, sind in der Regel der Einkommensteuerveranlagung zugrunde zu legen. Dies gilt jedoch nicht, wenn die äußeren Umstände das Bestehen einer ehelichen Lebens- und Wirtschaftsgemeinschaft fraglich erscheinen lassen (BFH, BStBl 1967 III S. 84 und 110).

Erklärungen der Ehegatten im Ehescheidungsprozeß vor dem Familiengericht, die als solche nicht bindend sind, können ebenfalls ein wichtiges Indiz für die von den Finanzämtern und Finanzgerichten selbständig zu treffende Entscheidung darstellen (vgl. BFH, BStBl 1986 II S. 486, 487).

Ehegatten, von denen einer vermißt ist, sind im allgemeinen, so lange der vermißte Ehegatte noch nicht für tot erklärt ist, nicht als dauernd getrennt lebend anzusehen (Abschn. 174 Abs. 2 Satz 8 EStR). Etwas anderes wird insoweit allerdings gelten müssen, wenn der andere Ehegatte sich dazu entschlossen hat, den vermißten Ehegatten für tot erklären zu lassen.

Beispiel:

Frau A, deren Ehemann seit vielen Jahren vermißt ist, hat sich in diesem Jahre entschlossen, ihren Ehemann für tot erklären zu lassen. Sie hat Anfang Dezember dieses Jahres einen Rechtsanwalt beauftragt, das entsprechende Verfahren einzuleiten.

Vom Zeitpunkt der Beauftragung des Rechtsanwalts werden die Ehegatten als dauernd getrennt lebend zu behandeln sein.

5. Die vorstehenden Voraussetzungen müssen **zu Beginn des Veranlagungszeitraums** vorgelegen haben oder **im Laufe des Veranlagungszeitraums** eingetreten sein.

Beispiele:

a) A und B haben am 30. Dezember dieses Jahres geheiratet.

Sofern die übrigen Voraussetzungen des § 26 Abs. 1 Satz 1 EStG bei den Ehegatten gegeben sind, können sie zwischen einer getrennten Veranlagung nach § 26 a EStG, einer besonderen Veranlagung nach § 26 c EStG und einer Zusammenveranlagung nach § 26 b EStG wählen.

b) A und B waren zu Beginn dieses Jahres verheiratet.

Sofern die übrigen Voraussetzungen des § 26 Abs. 1 Satz 1 EStG bei den Ehegatten gegeben sind, können sie grundsätzlich zwischen einer getrennten Veranlagung nach § 26 a EStG und einer Zusammenveranlagung nach § 26 b EStG wählen.

Die **besondere Veranlagung nach § 26 c EStG,** die ebenfalls nur erfolgen kann, wenn die vorstehend dargestellten Voraussetzungen erfüllt sind, setzt darüber hinaus voraus, daß die Eheschließung im Veranlagungszeitraum erfolgt ist.

9.2.2 Wahl der Veranlagungsart

Eine getrennte Veranlagung von Ehegatten hat nach § 26 Abs. 2 Satz 1 EStG zu erfolgen, wenn einer der Ehegatten die getrennte Veranlagung wählt. Nach § 26 Abs. 2 Satz 2 EStG werden Ehegatten zusammen veranlagt, wenn beide Ehegatten die Zusammenveranlagung wählen. Auch die besondere Veranlagung für den Veranlagungszeitraum der Eheschließung nach § 26 c EStG setzt nach § 26 Abs. 2 Satz 2 EStG voraus, daß beide Ehegatten diese Veranlagungsart wählen.

Wenn die danach erforderlichen Erklärungen nicht abgegeben werden, so wird in § 26 Abs. 3 EStG unterstellt, daß die Ehegatten die Zusammenveranlagung wählen. Diese Vorschrift kann jedoch nur dann ohne weiteres zur Anwendung kommen, wenn beide Ehegatten noch leben. Im Falle des Todes eines Ehegatten kann die Vorschrift auf den Erben dieses Ehegatten nur angewandt werden, wenn eindeutig feststeht, daß er Kenntnis von seiner Rechtsnachfolge und von den steuerlich wirksamen, den verstorbenen Ehegatten betreffenden Vorgängen hatte. Anderenfalls kommt eine Zusammenveranlagung nur in Betracht, wenn der überlebende Ehegatte die Zusammenveranlagung wählt und der Erbe des verstorbenen Ehegatten dem zustimmt (BFH, BStBl 1980 II S. 188).

Ist die Vorschrift des § 26 Abs. 3 EStG anwendbar, so ist eine getrennte Veranlagung von Ehegatten danach im Ergebnis nur durchzuführen, wenn zumindest einer der Ehegatten wirksam diese Veranlagung wählt.

Der einseitige Antrag eines Ehegatten auf getrennte Veranlagung ist grundsätzlich auch wirksam, wenn der andere Ehegatte eine Zusammenveranlagung beantragt. Unwirksam ist der einseitige Antrag eines Ehegatten auf getrennte Veranlagung bei widerstreitenden Anträgen der Eheleute jedoch dann, wenn er selbst keine eigenen – positiven oder negativen – Einkünfte hat oder wenn diese so gering sind, daß sie weder zu einer ESt-Veranlagung führen noch einem Steuerabzug unterlegen haben (BFH, BStBl 1977 II S. 870).

Die zur Ausübung der Wahl erforderlichen Erklärungen sind nach § 26 Abs. 2 Satz 2 EStG beim Finanzamt schriftlich oder zu Protokoll abzugeben. Eine Frist ist für die Abgabe dieser Erklärung nicht vorgesehen. In der Praxis werden die zur Ausübung der Wahl erforderlichen Erklärungen in den eingereichten ESt-Erklärungen abgegeben, in denen die entsprechenden Erklärungen vordruckmäßig vorgesehen sind.

Die zur Ausübung der Wahl angegebenen Erklärungen können grundsätzlich auch widerrufen werden. Ein Widerruf der einmal getroffenen Wahl kann jedoch ausnahmsweise nach den Grundsätzen von Treu und Glauben unzulässig sein (BFH, BStBl 1973 II S. 625). Auch für einen an sich zulässigen Widerruf ist eine Frist nicht vorgesehen.

Da eine Frist nicht vorgesehen ist, können die zur Ausübung der Wahl erforderlichen Erklärungen auch noch im Rahmen der Änderung von Steuerbescheiden abgegeben oder widerrufen werden, soweit dies nach den Vorschriften der AO zulässig ist (BFH, BStBl 1977 II S. 605). Abgabe und Widerruf der zur Ausübung der Wahl erforderlichen Erklärungen sind darüber hinaus auch noch im Rechtsbehelfsverfahren möglich. Im Revisionsverfahren können entsprechende Erklärungen jedoch nicht mehr abgegeben oder widerrufen werden (BFH, BStBl 1989 II S. 225, 229).

Beispiel:

Die Ehefrau hat ausdrücklich eine getrennte Veranlagung beantragt. Der Ehemann hat keine Wahl getroffen. Daraufhin ist es zu einer getrennten Veranlagung des Ehemannes und der Ehefrau gekommen. Die getrennte Veranlagung des Ehemannes ist bestandskräftig geworden. Bezüglich der getrennten Veranlagung der Ehefrau schwebt eine Klage beim Finanzgericht. Im Laufe dieses Verfahrens widerruft die Ehefrau ihren Antrag auf getrennte Veranlagung.

Wenn der Ehemann nicht widerspricht, kommt es jetzt zu einer Zusammenveranlagung der Ehegatten nach § 26 b EStG. Die bereits bestandskräftige Veranlagung des Ehemannes ist als Folgeänderung nach § 175 Satz 1 Nr. 2 AO aufzuheben.

Zu einer Einzelveranlagung der Ehegatten kommt es dann, wenn bei den Ehegatten die Voraussetzungen des § 26 Abs. 1 Satz 1 EStG nicht erfüllt sind.

Beispiele:

a) Ehegatten haben während des ganzen VZ dauernd getrennt gelebt.

b) Einer der Ehegatten war während des ganzen VZ nicht unbeschränkt steuerpflichtig.

In diesen Fällen kann eine Ehegattenbesteuerung nach den Grundsätzen der §§ 26, 26 a, 26 b oder 26 c EStG nicht erfolgen, weil die Voraussetzungen des § 26 Abs. 1 Satz 1 EStG nicht erfüllt sind. Jeder Ehegatte ist daher für sich (einzeln) zu veranlagen. Nur die für den einzelnen Ehegatten maßgebenden Merkmale sind bei den Einzelveranlagungen zu berücksichtigen.

Es muß nachdrücklich darauf hingewiesen werden, daß die Begriffe „Einzelveranlagung" und „Getrennte Veranlagung" zwei ganz verschiedene Veranlagungsarten ausdrücken, bei denen unterschiedliche Grundsätze zur Anwendung kommen. Die Begriffe dürfen unter keinen Umständen verwechselt werden.

9.2.3 Zusammenveranlagung von Ehegatten (§ 26 b EStG)

Obwohl in § 26 a EStG zunächst die getrennte Veranlagung geregelt ist, stellt die Zusammenveranlagung der Ehegatten nach den Grundsätzen des § 26 b EStG in der Praxis die Regel dar, weil sie im allgemeinen im Ergebnis günstiger ist. Sofern die Ehegatten ihr Wahlrecht nicht ausüben, wird dementsprechend in § 26 Abs. 3 EStG auch unterstellt, daß sie § Zusammenveranlagung wählen.

Zur Durchführung der Zusammenveranlagung haben die Ehegatten nach § 25 Abs. 3 EStG eine von beiden eigenhändig zu unterschreibende gemeinsame Einkommensteuererklärung abzugeben. Fehlt die Unterschrift eines Ehegatten, so kann das Finanzamt die Nachholung der Unterschriftsleistung verlangen. Das Finanzamt kann aber auch eine eigene Steuererklärung dieses Ehegatten anfordern. Die Weigerung eines Ehegatten, die von dem anderen Ehegatten abgegebene gemeinsame Erklärung zu unterzeichnen, rechtfertigt nicht die Durchführung einer getrennten Veranlagung (BFH, BStBl 1973 II S. 557).

Haben die Ehegatten gemeinsame Einkünfte, so ist darüber grundsätzlich eine besondere Erklärung abzugeben und eine gesonderte und einheitliche Feststellung nach § 180 Abs. 1 Nr. 2 Buchst. a und § 179 Abs. 2 AO zu treffen, sofern es sich nicht um Fälle geringerer Bedeutung handelt (§ 180 Abs. 3 AO). Fälle geringerer Bedeutung liegen insbesondere vor, wenn die Verhältnisse leicht überschaubar sind und die Gefahr widersprechender Entscheidungen nahezu ausgeschlossen ist. Das ist insbesondere bei Einkünften aus einem Einfamilienhaus, das den Ehegatten gehört, der Fall, auch wenn es teils eigenen Wohnzwecken, teils freiberuflichen Zwecken dient. Das gleiche gilt bei für ein den Ehegatten je zur Hälfte gehörendes, Wohnzwecken dienendes Zweifamilienhaus, wenn die Veranlagung von dem Finanzamt durchgeführt wird, das für den Erlaß des Grundlagenbescheids zuständig wäre. Eine solche gesonderte Feststellung kann z. B. bei Einkünften aus einem den Ehegatten gemeinsam gehörenden Mietwohngrundstück dann unterbleiben, wenn die Gefahr widersprüchlicher Entscheidungen nicht besteht oder gering ist und die Einkünfte verhältnismäßig leicht zu ermitteln sind (BFH, BStBl 1976 II S. 305 und S. 397). Eine gesonderte Feststellung ist dagegen durchzuführen, wenn bei den gemeinschaftlichen Einkünften der Ehegatten zu entscheiden ist über die Abgrenzung verschiedener Einkunftsarten (BFH, BStBl 1984 II S. 290), insbesondere über das Bestehen eines gewerblichen Grundstückshandels (BFH, BFH/NV 1990 S. 6).

Grundsätzlich ist an zusammen zu veranlagende Ehegatten je ein Bescheid zu richten (§ 122 Abs. 1, § 124 Abs. 1, § 155 Abs. 1 AO), weil die subjektive Steuerpflicht durch die Zusammenveranlagung unberührt bleibt. Als Gesamtschuldner (§ 44 Abs. 1 AO) können sie aber auch durch einen zusammengefaßten Bescheid in Anspruch genommen werden (§ 155 Abs. 3 AO). Das ist auch nach dem Tod des einen Ehegatten gegenüber dem Überlebenden möglich (BFH, BStBl 1986 II S. 545). Nach dem neu eingefügten Abs. 5 des § 155 AO ist seit dem 1. 1. 1986 für die Bekanntgabe eines zusammengefaßten Bescheides ausreichend, wenn beiden Ehegatten eine Ausfertigung unter ihrer gemeinsamen Anschrift übermittelt wird. Eine Einzelbekanntgabe ist dagegen erforderlich, wenn keine gemeinsame Anschrift besteht und ein Einverständnis nicht vorliegt oder wenn die Einzelbekanntgabe von einem Ehegatten beantragt wird (zur Bekanntgabe von Verwaltungsakten siehe BMF, BStBl 1986 I S. 458).

Jeder Ehegatte schuldet die sich aus der Zusammenveranlagung ergebende Steuer als Gesamtschuldner (§§ 44, 155 Abs. 3 AO). Im Vollstreckungsverfahren kann aber jeder der Ehegatten nach § 268 AO beantragen, daß die Vollstreckung dieser Steuern jeweils auf den Betrag beschränkt wird, der sich bei einer Aufteilung der Steuern nach Maßgabe der §§ 269 bis 278 AO für seine Einkünfte ergibt. Die Aufteilung ist bei einer Aufrechnung zu berücksichtigen (BFH, BStBl 1988 II S. 406).

Bei der Zusammenveranlagung von Ehegatten zur Einkommensteuer ist grundsätzlich jeder Ehegatte rechtsbehelfsbefugt, unabhängig davon, wem im einzelnen die Einkünfte zugerechnet werden. Der zusammenveranlagende Bescheid stellt keinen einheitlichen Bescheid dar, vielmehr handelt es sich dabei um die Zusammenfassung zweier Bescheide zu einem gemeinsamen Bescheid, den jeder der Ehegatten mit verschiedenen Gründen angreifen oder gegen sich gelten lassen kann. Eine Hinzuziehung des anderen Ehegatten gem. § 360 Abs. 3 AO ist nicht erforderlich (BFH, BFH/NV 1990 S. 42).

Das Wesen der Zusammenveranlagung besteht darin, daß die einzelnen Einkünfte, die die Ehegatten erzielt haben, getrennt ermittelt, zusammengerechnet, den Ehegatten gemeinsam zugerechnet und, soweit nichts anderes vorgeschrieben

ist, die Ehegatten sodann gemeinsam als Steuerpflichtige behandelt werden. Gleichwohl handelt es sich bei den für die Zusammenveranlagung ergehenden Steuerbescheiden nicht um „einheitliche", sondern um „zusammengefaßte" Steuerbescheide (BFH, BStBl 1988 II S. 827, 1989 II S. 787).

Die Zusammenveranlagung führt also zu einer Zusammenrechnung, nicht aber zu einer einheitlichen Ermittlung der Einkünfte der Ehegatten. Das ist von besonderer Bedeutung für den Abzug von Werbungskosten-Pauschbeträgen im Sinne des § 9 a EStG.

Beispiel:

Die Ehegatten A und B wählen die Zusammenveranlagung. A ist 67, B ist 63 Jahre alt. Im einzelnen haben die Ehegatten im VZ 1990 folgende Einnahmen bzw. Einkünfte erzielt:

Ehemann

Einnahmen aus aktiver nichtselbständiger Arbeit	9 300 DM
Einnahmen aus Kapitalvermögen	900 DM
Einnahmen (Ertragsanteil) aus Renten	2 000 DM

Ehefrau

Einnahmen aus aktiver nichtselbständiger Arbeit	3 300 DM
Einnahmen aus Kapitalvermögen	700 DM
Einkünfte aus Vermietung	3 000 DM

Die Werbungskosten übersteigen nicht die maßgeblichen Werbungskosten-Pauschbeträge.

Die Einkünfte, die Summe der Einkünfte und der Gesamtbetrag der Einkünfte errechnen sich wie folgt:

	Ehemann	Ehefrau
Einnahmen (§ 19 EStG)	9 300 DM	3 300 DM
∕ Arbeitnehmer-Pauschbetrag	2 000 DM	2 000 DM
Einkünfte aus nichtselbständiger Arbeit	7 300 DM	1 300 DM
Einnahmen (§ 20 EStG)	900 DM	700 DM
∕ Werbungskosten-Pauschbetrag	100 DM	100 DM
∕ Sparer-Freibetrag	600 DM	600 DM
Einkünfte aus Kapitalvermögen	200 DM	0 DM
Einkünfte aus Vermietung		3 000 DM
Einnahmen (§ 22 EStG) – Ertragsanteil	2 000 DM	
∕ Werbungskosten-Pauschbetrag	200 DM	
Sonstige Einkünfte	1 800 DM	

Zusammenstellung:	Ehemann	Ehefrau
Einkünfte aus nichtselbständiger Arbeit	7 300 DM	1 300 DM
Einkünfte aus Kapitalvermögen	200 DM	0 DM
Einkünfte aus Vermietung		3 000 DM
Sonstige Einkünfte	1 800 DM	
Summe der Einkünfte	9 300 DM	4 300 DM
∕ Altersentlastungsbetrag	3 720 DM	
	5 580 DM	4 300 DM
	4 300 DM	
Gesamtbetrag der Einkünfte	9 880 DM	

Bei der Einkommensermittlung und der Ermittlung des zu versteuernden Einkommens bilden die Ehegatten im Fall der Zusammenveranlagung eine Einheit. Die Berücksichtigung von Absetzungen vom Gesamtbetrag der Einkünfte oder vom Einkommen erfolgt unabhängig davon, in welcher Person die Voraussetzungen für den Abzug begründet werden.

Die Ehegatten können also Pausch-, Frei- und Höchstbeträge, die nicht bei der Ermittlung der Einkünfte zu berücksichtigen sind, in Anspruch nehmen, auch wenn nur einer die Voraussetzungen erfüllt oder nur einer Einkünfte erzielt, z. B. Pauschbetrag für Körperbehinderte gem. § 33 b EStG, Verlustabzug gem. § 10 d EStG (§ 62 d Abs. 2 EStDV).

9.2.4 Getrennte Veranlagung von Ehegatten (§ 26 a EStG)

9.2.4.1 Allgemeines

Anders als bei einer Zusammenveranlagung werden die Ehegatten bei getrennter Veranlagung nicht gemeinsam als Steuerpflichtige behandelt. Jeder Ehegatte wird vielmehr selbständig als einzelner Steuerpflichtiger veranlagt. Durch die getrennte Veranlagung wird daher jeder Ehegatte Steuerschuldner für die nach seinem zu versteuernden Einkommen festgesetzte Steuer. Es tritt damit auch keine Gesamtschuldnerschaft der Ehegatten ein, wie dies bei einer Zusammenveranlagung der Fall ist.

Von einer Einzelveranlagung ist die getrennte Veranlagung der einzelnen Ehegatten jedoch gleichwohl streng zu unterscheiden. Bei der getrennten Veranlagung hat der Gesetzgeber den Tatbestand der Ehe als Lebens- und Wirtschaftsgemeinschaft nämlich nicht ganz außer acht lassen können und wollen. Er hat daher in § 26 a EStG eine Reihe von Zurechnungs- und Abgrenzungsregelungen getroffen, auf die nachfolgend noch ausführlich einzugehen sein wird.

Von besonderer Bedeutung ist insoweit die Vorschrift des § 26 a Abs. 2 EStG. Nach der bis zum VZ 1989 geltenden Fassung waren auch bei getrennter Veranlagung die Sonderausgaben und außergewöhnlichen Belastungen zusammenzurechnen und bei den Ehegatten je zur Hälfte zu berücksichtigen, wenn sie nicht gemeinsam eine andere Aufteilung beantragten (Einzelheiten in Abschn. 86 a, 113, 174 a Abs. 3 EStR 1987).

Durch das StRefG 1990 ist § 26 a Abs. 2 EStG in der Weise geändert worden, daß die Sonderausgaben nicht mehr erwähnt werden. Ab dem VZ 1990 werden also Sonderausgaben bei der getrennten Veranlagung nicht mehr gemeinsam ermittelt. Sie können nur noch bei der Veranlagung des Ehegatten abgezogen werden, der sie geleistet hat. Damit soll berücksichtigt werden, daß die Ermittlung der abziehbaren Sonderausgaben nach der bis zum VZ 1989 geltenden Regelung zu beträchtlichen Schwierigkeiten geführt hat (vgl. auch die Beispiele in Abschn. 174 a Abs. 3 EStR 1987 und 9.2.4 der Vorauflage). Ab 1990 werden also nur noch außergewöhnliche Belastungen (§§ 33 bis 33 c EStG) in Höhe des bei einer Zusammenveranlagung in Betracht kommenden Betrags bei beiden getrenntten Veranlagungen jeweils zur Hälfte abgezogen, wenn die Ehegatten nicht gemeinsam eine andere Aufteilung beantragen (§ 61 EStDV). Etwas anderes gilt insoweit lediglich für die nach § 33 b Abs. 5 EStG übertragbaren Pauschbeträge für Behinderte und Hinterbliebene. Sie stehen den Ehegatten insgesamt nur einmal zu und werden ihnen stets je zur Hälfte gewährt. Eine andere Aufteilung kommt auch dann nicht in Betracht, wenn beide Ehegatten einen entsprechenden gemeinsamen Antrag stellen.

Hinsichtlich der Steuerermäßigung nach § 34 f EStG wird in § 26 a Abs. 2 Satz 3 EStG klargestellt, daß sie den Ehegatten in dem Verhältnis zusteht, in dem sie erhöhte Absetzungen nach § 7 b EStG oder Abzugsbeträge nach § 10 e Abs. 1 bis 5 EStG oder nach § 15 b BerlinFG in Anspruch nehmen. Damit ist zugleich zum Ausdruck gebracht, daß die Steuerermäßigung nach § 34 f EStG den Ehegatten auch im Fall der getrennten Veranlagung nur einmal zusteht (Abschn. 174 a Abs. 4 Satz 5 EStR). Sind Ehegatten Miteigentümer einer Wohnung und nutzt ein Ehegatte ein Arbeitszimmer, ist § 10 e Abs. 1 Satz 6 EStG ab VZ 1990 bei der Ermittlung des Abzugsbetrags nach § 10 e Abs. 1 bis 5 EStG anzuwenden, wenn die Ehegatten getrennt veranlagt werden (vgl. das Beispiel in Abschn. 174 a Abs. 4 EStR).

Da bei getrennt veranlagten Ehegatten die jeweilige Einkommensteuer nach dem Grundtarif ermittelt wird, führt die getrennte Veranlagung in der Regel zu einer höheren steuerlichen Gesamtbelastung als die Zusammenveranlagung mit Anwendung des Splitting-Tarifs (vgl. 9.3.2 Beispiel b). Die getrennte Veranlagung kann zu einer insgesamt geringeren steuerlichen Belastung führen, wenn die Einkünfte der Ehegatten kaum voneinander abweichen und die Ehegatten beantragen, daß die außergewöhnlichen Belastungen nicht zur Hälfte bei jedem Ehegatten, sondern insgesamt bei der Veranlagung des Ehegatten mit den höheren Einkünften abgezogen werden.

9.2.4.2 Zurechnung der Einkünfte von Ehegatten

Bei getrennter Veranlagung von Ehegatten sind nach § 26 a Abs. 1 Satz 1 EStG jedem Ehegatten die von ihm bezogenen Einkünfte zuzurechnen. Für die Zurechnung gelten die allgemeinen Grundsätze, die unter 9.2.6 eingehend dargestellt sind. Nach § 26 a Abs. 1 Satz 2 EStG sind Einkünfte eines Ehegatten nicht allein deshalb zum Teil dem anderen Ehegatten zuzurechnen, weil dieser bei der Erzielung der Einkünfte mitgewirkt hat.

9.2.4.3 Außergewöhnliche Belastungen (§§ 33 bis 33 c EStG)

Außergewöhnliche Belastungen i. S. der §§ 33 bis 33 c EStG werden bis zur Höhe der bei einer Zusammenveranlagung in Betracht kommenden Höchstbeträge je zur Hälfte bei der Veranlagung der Ehegatten abgezogen, wenn nicht die Ehegatten gemeinsam eine andere Aufteilung beantragen.

Für die außergewöhnlichen Belastungen i. S. des § 33 EStG bedeutet dies, daß diese insgesamt bei den getrennten Veranlagungen nur in der Höhe abgezogen werden können, wie sie im Fall einer Zusammenveranlagung von Ehegatten unter Berücksichtigung der zumutbaren Belastung des § 33 Abs. 3 EStG abzugsfähig wären. Es ist somit auf die gesamten Aufwendungen der Ehegatten die Tabelle des § 33 Abs. 3 EStG nach den Grundsätzen einer Zusammenveranlagung anzuwenden.

Der danach abzugsfähige Betrag für die außergewöhnlichen Belastungen i. S. des § 33 EStG und die sonstigen nach §§ 33 a und 33 b EStG abzugsfähigen Beträge werden grundsätzlich bei den getrennten Veranlagungen der Ehegatten je zur Hälfte abgesetzt. Nach gemeinsamer Wahl der Ehegatten können sie den insgesamt abzugsfähigen Betrag beliebig – ganz bei einer oder in Teilen bei beiden Veranlagungen – unter sich aufteilen. Eine Ausnahme gilt für die nach § 33 b Abs. 5 EStG übertragbaren Pauschbeträge, die in jedem Fall je zur Hälfte bei beiden Ehegatten berücksichtigt werden müssen.

Beispiele:

a) Im Rahmen der getrennten Veranlagung von Ehegatten ohne Kinder beträgt der Gesamtbetrag der Einkünfte im VZ 1990

bei der Ehefrau	10 000 DM
bei dem Ehemann	20 000 DM
zusammen	30 000 DM

Die insgesamt von den Ehegatten nach § 33 EStG geltend gemachten Ausgaben für außergewöhnliche Belastungen betrugen im VZ 1990 = 2800 DM. Nach § 33 Abs. 3 EStG beträgt die zumutbare Belastung im Fall einer Zusammenveranlagung (§ 32 a Abs. 5 EStG) bei einem Gesamtbetrag der Einkünfte „bis 30 000 DM" 4 v. H. des Gesamtbetrags der Einkünfte, im Beispielsfall somit 4 v. H. von 30 000 DM = 1200 DM. Der übersteigende Betrag von (2800 DM ∕ 1200 DM) 1600 DM kann insgesamt bei den getrennten Veranlagungen der Ehegatten für 1990 vom Gesamtbetrag der Einkünfte abgezogen werden.

b) Bei den getrennten Veranlagungen von Ehegatten sind folgende außergewöhnliche Belastungen insgesamt abzuziehen:

nach § 33 EStG	1600 DM
nach § 33 a EStG	1200 DM
nach § 33 b Abs. 5 EStG	2760 DM
	5560 DM

Bei dem nach § 33 b Abs. 5 EStG abzugsfähigen Betrag handelt es sich um den übertragbaren Pauschbetrag für ein behindertes Kind.

Treffen die Ehegatten keine gemeinsame Wahl zur Verteilung der abzugsfähigen außergewöhnlichen Belastungen, so ist der insgesamt abzugsfähige Betrag von 5560 DM je zur Hälfte mit 2780 DM bei den getrennten Veranlagungen der Ehegatten abzuziehen.

Wollen die Ehegatten eine andere Wahl treffen, so beschränkt sich die Wahlmöglichkeit auf die nach §§ 33 und 33 a EStG mit insgesamt 2800 DM abzugsfähigen außergewöhnlichen Belastungen. Der nach § 33 b Abs. 5 EStG übertragene Pauschbetrag muß bei den Ehegatten je zur Hälfte abgesetzt werden.

9.2.4.4 Steuerermäßigung nach § 34 f EStG

Wie im Fall der Zusammenveranlagung steht den Ehegatten auch bei einer getrennten Veranlagung die Steuerermäßigung nach § 34 f EStG nur einmal in jedem Veranlagungszeitraum zu. Dies gilt selbst dann, wenn Ehemann und

Ehefrau die erhöhten Absetzungen nach § 7 b EStG bzw. nach § 15 BerlinFG oder die Abzugsbeträge nach § 10 e EStG bzw. nach § 15 b BerlinFG zulässigerweise für je ein Objekt in Anspruch nehmen.

Die nach § 34 f EStG zu gewährende Steuerermäßigung steht den Ehegatten nach § 26 a Abs. 2 Satz 3 EStG in dem Verhältnis zu, in dem sie erhöhte Absetzungen nach § 7 b EStG bzw. nach § 15 BerlinFG oder die Abzugsbeträge nach § 10 e EStG bzw. nach § 15 b BerlinFG in Anspruch nehmen (Abschn. 174 a Abs. 4 Sätze 5 und 6 EStR).

9.2.4.5 Anwendung des § 10 a EStG bei der getrennten Veranlagung

Im Fall der getrennten Veranlagung von Ehegatten (§ 26 a EStG) ist Voraussetzung für die Anwendung des § 10 a EStG, daß derjenige Ehegatte, der diese Steuerbegünstigungen in Anspruch nimmt, zu dem durch diese Vorschriften begünstigten Personenkreis gehört. Die Steuerbegünstigung des nicht entnommenen Gewinns kann in diesem Fall jeder der Ehegatten, der die in § 10 a EStG bezeichneten Voraussetzungen erfüllt, bis zum Höchstbetrag von 20 000 DM geltend machen.

Übersteigen bei dem nach § 26 a EStG getrennt veranlagten Ehegatten oder seinem Gesamtrechtsnachfolger die Entnahmen die Summe der bei der Veranlagung zu berücksichtigenden Gewinne, so ist bei ihm nach § 10 a Abs. 2 EStG eine Nachversteuerung durchzuführen. Die Nachversteuerung kommt innerhalb des in § 10 a Abs. 2 Satz 1 EStG bezeichneten Zeitraums so lange und insoweit in Betracht, als ein nach § 45 Abs. 3 und § 46 Abs. 1 EStDV besonders festgestellter Betrag vorhanden ist. Hierbei ist auch der besonders festgestellte Betrag für Veranlagungszeiträume, in denen die Ehegatten zusammen veranlagt worden sind, zu berücksichtigen, soweit er auf nicht entnommene Gewinne aus einem dem getrennt veranlagten Ehegatten gehörenden Betrieb entfällt (§ 62 c Abs. 1 EStDV).

Im Fall der Zusammenveranlagung ist die Nachversteuerung von Mehrentnahmen nach § 10 a Abs. 2 EStG auch insoweit durchzuführen, als bei einem Ehegatten ein nach § 45 Abs. 3 und § 46 Abs. 1 EStDV besonders festgestellter Betrag für Veranlagungszeiträume, in denen die Ehegatten nach § 26 a EStG getrennt oder nach § 26 c EStG besonders veranlagt worden sind, vorhanden ist (§ 62 c Abs. 2 EStDV).

9.2.5 Besondere Veranlagung nach § 26 c EStG

9.2.5.1 Allgemeines

Ehegatten, die die Voraussetzungen des § 26 Abs. 1 Satz 1 EStG erfüllen, ist vom Veranlagungszeitraum 1986 an das Recht eingeräumt, für den Veranlagungszeitraum der Eheschließung statt der Zusammenveranlagung nach § 26 b EStG oder der getrennten Veranlagung nach § 26 a EStG die besondere Veranlagung zu wählen. Eine besondere Veranlagung nach § 26 c EStG wird danach nur durchgeführt, wenn **beide** Ehegatten diese Veranlagung wählen. Damit soll im

Jahr der Eheschließung der nur Alleinstehenden zustehende Haushaltsfreibetrag bzw. das sog. Witwensplitting erhalten werden. Ob die besondere Veranlagung zu einer insgesamt geringeren Belastung führt als die Zusammenveranlagung, hängt vom Einzelfall ab. Wenn beide Ehegatten wenig voneinander abweichende Einkünfte beziehen, ist die besondere Veranlagung vorteilhaft. Dagegen führt die mit der Zusammenveranlagung verbundene Besteuerung nach dem Splitting-Tarif zu einer geringeren Belastung, wenn ein Ehegatte deutlich höhere Einkünfte bezieht als der andere Ehegatte, dem der Kinderfreibetrag und der Haushaltsfreibetrag zusteht.

Beispiel:

A heiratet 1990 die geschiedene B, die mit einer Tochter zusammenlebt, für die sie neben dem Kinderfreibetrag von 1512 DM den Haushaltsfreibetrag von 5616 DM erhält.

Wenn beide Ehegatten ein Einkommen von jeweils 60 000 DM haben, ergibt sich bei der Zusammenveranlagung ein zu versteuerndes Einkommen von 118 488 DM (120 000 DM ∕ 1512 DM) und damit eine Steuerschuld von 28 322 DM nach der Splitting-Tabelle.

Bei der besonderen Veranlagung beträgt die Steuerschuld des A 14 423 DM für ein Einkommen von 60 000 DM nach dem Grundtarif, die der B 12 022 DM für ein Einkommen von 52 872 DM (60 000 DM ∕ 1512 DM ∕ 5616 DM), also zusammen 26 445 DM; durch die besondere Veranlagung ergibt sich also eine Steuerersparnis von 1877 DM.

Wenn B Einkünfte von nur 20 000 DM hat, ergibt sich bei der Zusammenveranlagung eine Steuerschuld von 15 702 DM nach einem zu versteuernden Einkommen von 78 488 DM. Bei der besonderen Veranlagung beträgt die Steuerschuld des A 14 423 DM, die der B aber 1409 DM für ein Einkommen von 12 872 DM; die Gesamtbelastung von 15 832 DM ist also um 130 DM höher als bei der Zusammenveranlagung.

9.2.5.2 Die Vorschriften des § 26 c Abs. 1 EStG

Bei der besonderen Veranlagung für den Veranlagungszeitraum der Eheschließung werden Ehegatten nach § 26 c Abs. 1 Satz 1 EStG so behandelt, als ob sie unverheiratet wären. Das zu versteuernde Einkommen ist danach für jeden Ehegatten grundsätzlich nach den Vorschriften zu ermitteln, die für unverheiratete Personen anzuwenden sind. Dieser Grundsatz gilt mit den Ausnahmen, die in § 26 c Abs. 1 Sätze 2 und 3 EStG abschließend aufgeführt sind.

Nach § 26 c Abs. 1 Satz 3 EStG gilt die Vorschrift des **§ 26 a Abs. 1 EStG** sinngemäß. Auch bei der besonderen Veranlagung von Ehegatten sind danach jedem Ehegatten die von ihm bezogenen Einkünfte zuzurechnen. Einkünfte eines Ehegatten sind entsprechend § 26 a Abs. 1 Satz 2 EStG auch bei der besonderen Veranlagung nicht allein deshalb dem anderen Ehegatten zuzurechnen, weil dieser bei der Erzielung der Einkünfte mitwirkte.

Die Vorschrift des **§ 12 Nr. 2 EStG** bleibt nach § 26 c Abs. 1 Satz 2 EStG unberührt. Zuwendungen an eine gegenüber dem Steuerpflichtigen oder seinem Ehegatten gesetzlich unterhaltsberechtigte Person oder deren Ehegatten sind danach auch im Fall der besonderen Veranlagung grundsätzlich nicht abzugsfähig.

Weil durch die Fiktion des § 26 c Abs. 1 Satz 1 EStG bürgerlich-rechtliche Unterhaltsberechtigungen dritter Personen nicht berührt werden können, handelt es sich insoweit weitgehend um eine Klarstellung. Rechtsbegründende Wirkung kommt der Vorschrift des § 26 c Abs. 1 Satz 2 EStG jedoch zu, soweit sie das Abzugsverbot des § 12 Nr. 2 EStG auch für Zuwendungen an Personen für anwendbar erklärt, die gegenüber dem anderen Ehegatten unterhaltsberechtigt sind. Unberührt bleibt nach § 26 c Abs. 1 Satz 1 EStG auch die Vorschrift des § 33 c Abs. 2 EStG. Auch im Falle der besonderen Veranlagung gelten die Ehegatten damit trotz der Fiktion des § 26 c Abs. 1 Satz 1 EStG bei Anwendung der Vorschriften des § 33 c EStG nicht als unverheiratet und damit als alleinstehend. Einen Abzug von Kinderbetreuungskosten als Folge der Wahl der besonderen Veranlagung nach § 26 c EStG wollte der Gesetzgeber damit auf jeden Fall ausschließen.

Aus dem Grundsatz, daß die Ehegatten bei der besonderen Veranlagung so zu behandeln sind, als ob sie unverheiratet wären, folgt insbesondere:

– Bei der Veranlagung jedes Ehegatten sind nur die ihm selbst zustehenden Werbungskosten-Pauschbeträge anzusetzen.

– Für eine Steuerermäßigung wegen außergewöhnlicher Belastung kommen bei dem einzelnen Ehegatten nur die Aufwendungen in Betracht, die ihm selbst entstanden sind. Von den Ehegatten gemeinsam getragene Aufwendungen sind entsprechend aufzuteilen.

– Kinderbetreuungskosten können für das Heiratsjahr nach den Grundsätzen für Alleinstehende (§ 33 c Abs. 1 und 2 EStG) nur bis zum Tag der Eheschließung, danach lediglich nach den für Ehegatten geltenden Grundsätzen (§ 33 c Abs. 5 EStG) abgezogen werden (§ 26 c Abs. 1 Satz 2 EStG).

9.2.5.3 Die Vorschrift des § 26 c Abs. 2 EStG

Da die Ehegatten nach § 26 c Abs. 1 Satz 1 EStG so zu behandeln sind, als ob sie unverheiratet wären, ist die tarifliche Einkommensteuer für jeden Ehegatten grundsätzlich nach der Grundtabelle zu ermitteln. Von diesem Grundsatz macht § 26 c Abs. 2 EStG jedoch eine Ausnahme. Nach dieser Vorschrift ist bei der besonderen Veranlagung das Verfahren nach § 32 a Abs. 5 EStG anzuwenden, wenn der zu veranlagende Ehegatte zu Beginn des Veranlagungszeitraums verwitwet war und bei ihm die Voraussetzungen des § 32 a Abs. 6 Nr. 1 EStG vorgelegen hatten. Durch diese Ausnahmeregelung soll eine Steuernachzahlung vermieden werden, die sich anderenfalls bei einem Arbeitnehmer ergeben würde, weil er lohnsteuerlich für das Jahr der Eheschließung von Anfang an in die Lohnsteuerklasse III eingeordnet worden ist.

9.2.5.4 Die Vorschrift des § 26 c Abs. 3 EStG

Für die Anwendung des § 32 Abs. 7 EStG bleiben nach § 26 c Abs. 3 EStG Kinder unberücksichtigt, wenn das Kindschaftsverhältnis (§ 32 Abs. 1 EStG) in Beziehung zu beiden Ehegatten erst nach der Eheschließung begründet wird. Da die Gewährung des Haushaltsfreibetrags lediglich für Alleinstehende gedacht ist, die einen selbständigen Haushalt führen, soll durch diese Regelung sichergestellt werden, daß die Wahl der besonderen Veranlagung nach § 26 c EStG nicht zu einer ungerechtfertigten Steuervergünstigung führt. Unberücksichtigt bleiben Kinder für die Anwendung des § 32 Abs. 7 EStG danach nur, wenn das Kindschaftsverhältnis zu beiden Ehegatten erst nach der Eheschließung begründet wird. Dies ist z. B. bei Kindern der Fall, die erst nach der Eheschließung geboren werden.

9.2.6 Zurechnung der Einkünfte von Ehegatten

Für die Zurechnung der Einkünfte bei Ehegatten gelten die allgemeinen Grundsätze, d. h., die Einkünfte sind dem Ehegatten zuzurechnen, der sie bezogen hat (vgl. auch Abschn. 174 a Abs. 1 Satz 1 EStR). Dabei ist die Frage, wem die Einkünfte zustehen, grundsätzlich nach bürgerlichem Recht zu beurteilen.

9.2.6.1 Güterstand der Ehegatten

9.2.6.1.1 Allgemeines

Dem ehelichen Güterrecht kommt eine unmittelbare Wirkung für die einkommensteuerliche Zurechnung nicht zu; die Folgewirkungen erstrecken sich aber auch auf die Einkommensteuer (BFH, BStBl 1959 III S. 233). Folgen, die sich aus der güterrechtlichen Regelung der Ehegatten ergeben, sind daher einkommensteuerlich zu beachten.

Gesetzlicher Güterstand ist der Güterstand der Zugewinngemeinschaft (§§ 1363 ff. BGB). In diesem gesetzlichen Güterstand leben Ehegatten nach § 1363 Abs. 1 BGB, wenn sie nicht durch Ehevertrag etwas anderes vereinbart haben.

Vereinbaren können die Ehegatten durch Ehevertrag anstelle des Güterstandes der Zugewinngemeinschaft auch die Gütertrennung und die Gütergemeinschaft (§§ 1415 ff. BGB).

Die Veranlagungsarten der §§ 26 a, 26 b und 26 c EStG folgen in ihrer Gestaltung durch die getrennte Ermittlung der Einkünfte den Zurechnungsgrundsätzen des gesetzlichen Güterstands.

9.2.6.1.2 Grundsatz zur Zugewinngemeinschaft

Das Vermögen des Ehemannes und das Vermögen der Ehefrau bleiben getrennt. Dies gilt auch für Vermögen, das ein Ehegatte nach der Eheschließung erwirbt. Der Zugewinn, den die Ehegatten in der Ehe erzielen, wird jedoch ausgeglichen, wenn die Zugewinngemeinschaft endet, z. B. durch Tod eines Ehegatten, Scheidung usw. Zugewinn ist der Betrag, um den das Endvermögen eines Ehegatten das Anfangsvermögen übersteigt.

9.2.6.1.3 Grundsatz zur Gütertrennung

Das Vermögen des Ehemannes und das Vermögen der Ehefrau bleiben getrennt; dies gilt auch für Vermögen, das ein Ehegatte nach der Eheschließung erwirbt.

Im Grundsatz gelten bei der Gütertrennung einkommensteuerlich die gleichen Folgen wie bei der Zugewinngemeinschaft.

Zu einer Gütertrennung (§ 1414 BGB) kommt es dann, wenn die Ehegatten den gesetzlichen Güterstand ausschließen oder aufheben, falls sich nicht aus dem Ehevertrag etwas anderes ergibt. Das gleiche gilt, wenn der Ausgleich des Zugewinns ausgeschlossen oder die Gütergemeinschaft aufgehoben wird.

9.2.6.1.4 Grundsatz zur Gütergemeinschaft

Das Vermögen des Mannes und das Vermögen der Frau werden durch die Gütergemeinschaft (§§ 1415 ff. BGB) gemeinschaftliches Vermögen beider Ehegatten (Gesamtgut). Zu dem Gesamtgut gehört auch das Vermögen, das der Mann oder die Frau während der Gütergemeinschaft erwirbt. Vom Gesamtgut ist das Sondergut (§ 1417 BGB) und das Vorbehaltsgut (§ 1418 BGB) ausgeschlossen. Zur Gütergemeinschaft kommt es bei Ehegatten, wenn sie durch Ehevertrag die Gütergemeinschaft vereinbaren.

Die Ehegatten können vereinbaren, daß die Gütergemeinschaft nach dem Tode eines Ehegatten zwischen dem überlebenden Ehegatten und den gemeinschaftlichen Abkömmlingen fortgesetzt wird (fortgesetzte Gütergemeinschaft § 1483 BGB).

Zu der Frage der Zurechnung der Einkünfte im Fall der **Gütergemeinschaft** hat der BFH in seinem Gutachten vom 18. 2. 1959 (BStBl 1959 III S. 263) Stellung genommen. Für die einzelnen Einkunftsarten kommt das Gutachten zu folgenden Lösungen:

1. Einkünfte aus Land- und Forstwirtschaft sind in der Regel jedem Ehegatten zur Hälfte zuzurechnen. Bestehen ausnahmsweise erhebliche Unterschiede bezüglich der Arbeitsleistung der Ehegatten, so muß dieser Umstand bei der Gewinnverteilung berücksichtigt werden. Ein Arbeitsverhältnis eines Ehegatten in diesem Betrieb ist ausgeschlossen. Ist gleichwohl Arbeitslohn bezahlt und als Betriebsausgabe verbucht worden, so werden die Zahlungen als Gewinnanteile i. S. des § 15 Abs. 1 Nr. 2 EStG behandelt (BFH, BStBl 1966 III S. 277).

2. Einkünfte aus Gewerbebetrieb sind, wenn beide Ehegatten im Betrieb tätig sind, regelmäßig jedem Ehegatten zur Hälfte zuzurechnen. Wird nur ein Ehegatte im Betrieb tätig, so muß dieser Umstand bei der Gewinnverteilung berücksichtigt werden. Gewinne aus der Beteiligung eines Ehegatten an einer Gesellschaft (OHG, KG) sind diesem Ehegatten allein zuzurechnen, wenn er die Beteiligung mit in die Ehe gebracht hat (BFH, BStBl 1961 III S. 253). Die Beteiligung rechnet dann zum Sondergut. Wird die Beteiligung aber zugunsten nur eines Ehegatten aus dem Gesamtgut begründet, so muß das Vermögen in der Regel dem Gesamtgut zugerechnet werden (BFH, BStBl 1962 III S. 346). In diesen Fällen ist regelmäßig ein Gesellschaftsverhältnis zwischen den Ehegatten anzunehmen, es sei denn, daß im Gewerbebetrieb die persönliche Arbeitsleistung eines Ehegatten in den Vordergrund tritt und im Betrieb kein nennenswertes, ins Gesamtgut fallendes Kapital eingesetzt wird (BFH, BStBl 1977 II S. 836, 1980 II S. 634).

3. Einkünfte aus selbständiger Arbeit sind grundsätzlich dem Berufsträger zuzurechnen; eine Aufteilung des Gewinns auf beide Ehegatten kann z. B. in Betracht kommen, wenn sie gemeinschaftlich freiberuflich tätig sind. Ein Arbeitsverhältnis eines Ehegatten in der freiberuflichen Praxis des anderen Ehegatten ist bei untergeordneten Tätigkeiten steuerlich anzuerkennen, z. B. wenn die Ehefrau als Schreibhilfe oder Sprechstundenhilfe tätig ist.

4. Einkünfte aus nichtselbständiger Arbeit sind dem Ehegatten zuzurechnen, der sie als Arbeitnehmer bezieht.

5. Einkünfte aus Kapitalvermögen und Vermietung und Verpachtung sind jedem Ehegatten zur Hälfte zuzurechnen, wenn das Vermögen zum Gesamtgut gehört.

6. Sonstige Einkünfte, insbesondere Leib- und Zeitrenten, sind grundsätzlich beiden Ehegatten je zur Hälfte zuzurechnen, sofern das Rentenstammrecht zum Gesamtgut gehört oder die wiederkehrenden Bezüge in ihrem Ursprung mit dem Gesamtgut zusammenhängen, z. B. Renten aus dem Verkauf eines zum Gesamtgut gehörenden Grundstücks, private Versicherungsvertragsrenten, Sozialversicherungsrenten.

Ist streitig, wie sich die Gütergemeinschaft zwischen Ehegatten einkommensteuerlich auswirkt, so ist über die streitigen Einkünfte im Verfahren der gesonderten Feststellung (§§ 179, 180 AO) zu befinden (BFH, BStBl 1971 II S. 730).

Wird die Gütergemeinschaft zwischen dem überlebenden Ehegatten und den gemeinschaftlichen Abkömmlingen fortgesetzt (fortgesetzte Gütergemeinschaft), so gelten die Einkünfte, die in das Gesamtgut fallen, grundsätzlich als Einkünfte des überlebenden Ehegatten, wenn dieser unbeschränkt steuerpflichtig ist (§ 28 EStG). Wird die Gütergemeinschaft im Innenverhältnis nicht fortgesetzt, so können die Einkünfte allen Beteiligten zugerechnet werden (BFH, BStBl 1966 III S. 505).

Die Grundsätze zur Gütergemeinschaft gelten entsprechend bei der Fahrnis- und Errungenschaftsgemeinschaft.

9.2.6.2 Vereinbarungen zwischen Ehegatten

9.2.6.2.1 Allgemeines

Vereinbarungen zwischen Ehegatten sind einkommensteuerlich grundsätzlich anzuerkennen, wenn ein Ehegatte dem anderen Ehegatten gegenüber für eine erbrachte Leistung auch nach bürgerlichem Recht ein Entgelt zu beanspruchen hat und eine entsprechende ernsthafte Vereinbarung besteht, die auch tatsächlich durchgeführt wird.

Dies gilt allerdings mit der Einschränkung, daß die Einkünfte eines Ehegatten nicht allein deshalb zum Teil dem anderen Ehegatten zuzurechnen sind, weil dieser bei der Erzielung der Einkünfte mitgewirkt hat (§ 26 a Abs. 1 Satz 2 EStG). Die bloße Mitwirkung bei der Erzielung der Einkünfte verschafft dem anderen Ehegatten keine eigenen Einkünfte. Es muß schon ein Vertragsverhältnis hinzukommen, und zwar ein solches, wie es auch unter fremden Personen zustande gekommen wäre. Dabei ist die Mithilfe eines Ehegatten bei der beruflichen Tätigkeit des anderen Ehegatten, die nach Art und Umfang über den Rahmen unbedeutender Hilfeleistungen nicht hinausgeht und nach den Verhältnissen der Ehegatten üblich ist, steuerlich regelmäßig auch dann als Mitarbeit auf familienrechtlicher Grundlage zu behandeln, wenn die Ehegatten einen Arbeitsvertrag geschlossen haben (BFH, BStBl 1979 II S. 80).

Der Grundsatz, daß die Mitwirkung des anderen Ehegatten bei der Erzielung der Einkünfte unbeachtlich ist, gilt nicht für den Fall, daß die Einkünfte gemeinsam bezogen werden. Gemeinsame Einkünfte sind beispielsweise gegeben, wenn beide Ehegatten an einer Personengesellschaft beteiligt sind, ferner wenn beide Ehegatten freiberuflich zusammenarbeiten (z. B. Anwaltsehepaar, Arztehepaar) oder wenn die Ehegatten einen gemeinsamen Grundbesitz haben. Derartige gemeinsame Einkünfte sind auf die Ehegatten aufzuteilen. Falls keine andere Aufteilung in Betracht kommt, sind sie den Ehegatten jeweils zur Hälfte zuzurechnen (vgl. auch Abschn. 174 a Abs. 1 EStR).

Die allgemeinen Zurechnungsgrundsätze gelten auch für die Zurechnung von Einkünften bei Ehegatten. Dabei ist aber zu beachten, daß Vereinbarungen zwischen den Ehegatten, wie allgemein zwischen unterhaltsberechtigten Personen, nicht die Bedeutung zukommt wie bei Verträgen zwischen Fremden. Verträge zwischen den Ehegatten sind nur dann einkommensteuerlich beachtlich, wenn sie ernsthaft vereinbart und tatsächlich auch durchgeführt worden sind und die gegenseitigen Beziehungen der Ehegatten im Rahmen des Vertragsverhältnisses im wesentlichen die gleichen sind, wie sie zwischen Fremden bestehen würden (BFH, BStBl 1958 III S. 27 und S. 445). Rückwirkend abgeschlossene Verträge können steuerlich nicht anerkannt werden (BFH, BStBl 1956 III S. 288, 1958 III S. 70).

9.2.6.2.2 Arbeitsverhältnisse

Arbeitsverhältnisse zwischen Ehegatten sind nach der Rechtsprechung des BFH (BStBl 1989 II S. 655) steuerlich anzuerkennen, wenn vor Beginn des Leistungsaustausches klare und eindeutige Vereinbarungen getroffen wurden, diese Vereinbarungen auch tatsächlich durchgeführt worden sind und die getroffenen Vereinbarungen und ihre tatsächliche Durchführung als auch zwischen Fremden üblich anzusehen sind. Durch den Fremdvergleich, der jedoch auf Inhalt und Durchführung des Vertrags beschränkt zu bleiben hat (BFH, BStBl 1987 II S. 336, 337), soll verhindert werden, daß auch solche Vereinbarungen berücksichtigt werden, die nur vordergründig auf arbeitsvertraglicher Grundlage beruhen, in Wirklichkeit jedoch durch die familienrechtliche Verbundenheit veranlaßt sind. Eine im Verhältnis zur tatsächlichen Leistung überhöhte (unangemessene) „Entlohnung" belegt, daß eine Vermögensverschiebung gewollt ist, die auf privaten Erwägungen beruht (BFH GrS, BStBl 1990 II S. 160).

Ein **Arbeitsvertrag** zwischen Ehegatten bedarf nicht notwendig der Schriftform. Er kann auch mündlich oder stillschweigend vereinbart werden, wenn nur klare, eindeutige Vereinbarungen vorliegen und deren tatsächliche Durchführung gewährleistet ist (BFH, BStBl 1962 III S. 217 und 218).

Wesentlicher Bestandteil eines Arbeitsvertrags ist die **Vereinbarung über die Höhe des Arbeitslohns;** fehlt es hieran, so kann ein wirksamer Vertrag nicht angenommen werden (BFH, BStBl 1962 III S. 218). Für die Anerkennung des Arbeitsverhältnisses ist außerdem wesentlich, daß der Arbeitnehmer-Ehegatte, wenn nicht besondere Umstände vorliegen, seinen Arbeitslohn laufend, wie eine fremde Arbeitskraft, erhält (BFH, BStBl 1964 III S. 131 und 1982 II S. 119).

Eine **klare Trennung** der sich für die Ehegatten aus der Ehe als Wirtschaftsgemeinschaft ergebenden Einkommens- und Vermögensverhältnisse von den sich aus dem Arbeitsvertrag ergebenden Rechtsbeziehungen ist erforderlich (BFH, BStBl 1968 II S. 524, 1972 II S. 614). Der steuerlichen Anerkennung des Arbeitsverhältnisses steht es entgegen, wenn die Bezüge des mitarbeitenden Ehegatten auf ein privates Konto oder ein Unterkonto des Kapitalkontos des Arbeitgeber-Ehegatten überwiesen oder gutgeschrieben werden, über das dem Arbeitnehmer-Ehegatten nur ein Mitverfügungsrecht zusteht (BFH, BStBl 1980 II S. 350 und 1979 II S. 662), oder wenn die Gehaltsbezüge auf ein Konto des Arbeitgeber-Ehegatten, über das der Arbeitnehmer-Ehegatte lediglich Verfügungsvollmacht hat (BFH, BStBl 1980 II S. 350), oder auf ein gemeinschaftliches Konto beider Ehegatten überwiesen werden, über das beide Kontoinhaber ohne Mitwirkung des anderen Ehegatten verfügen können (sog. Oder-Konto); hier mangelt es an dem eindeutigen Übergang vom Arbeitgeberbereich in den Arbeitnehmerbereich. Das gilt wegen § 12 EStG unabhängig von der zivilrechtlichen Wirksamkeit eines derartigen Ehegatten-Dienstverhältnisses, so daß es auch auf das Innenverhältnis der Ehegatten hinsichtlich des Guthabens auf dem Oder-Konto nicht ankommt. Maßgebend ist, daß die Geldbeträge zwar den betrieblichen, aber nicht den Vermögensbereich des Arbeitgeber-Ehegatten verlassen haben. Er kann weiter uneingeschränkt über das Konto verfügen, seine Gläubiger können auch gegen den Willen des Arbeitnehmer-Ehegatten in dieses Konto vollstrecken (BFH GrS, BStBl 1990 II S. 160; Abschn. 23 Abs. 1 Satz 6 Nr. 1 Buchst. b EStR). Darin liegt nach der Rechtsprechung des BFH auch keine Diskriminierung der Ehe gegenüber nichtehelichen Lebensgemeinschaften (BStBl 1988 II S. 670). Werden die Bezüge des mitarbeitenden Ehegatten auf dessen eigenes Bankkonto überwiesen, so schließt dies die steuerliche Anerkennung des Arbeitsverhältnisses auch dann nicht aus, wenn der Arbeitgeber-Ehegatte unbeschränkt Verfügungsvollmacht über dieses Konto besitzt (BFH, BStBl 1974 II S. 294).

Da der Fremdvergleich auf Inhalt und Durchführung des Arbeitsverhältnisses beschränkt ist und nicht auf die Verwendung des Vermögens des Arbeitnehmer-Ehegatten und damit auch nicht auf die Verwendung des zugeflossenen Arbeitslohns erstreckt werden kann, ist es grundsätzlich ohne Bedeutung, in welcher Weise der Arbeitnehmer-Ehegatte über den erhaltenen Arbeitslohn verfügt.

Beispiele:

a) Frau A, die ein Arbeitsverhältnis mit ihrem Ehemann begründet hat, verwendet den ihr auf ein nur ihrer Verfügungsmacht unterliegendes Konto überwiesenen Arbeitslohn zur Anschaffung von Möbeln und Teppichen für die gemeinsame Wohnung.

b) Frau B, die ein Arbeitsverhältnis mit ihrem Ehemann begründet hat, verwendet den ihr auf ein nur ihrer Verfügungsmacht unterliegendes Konto überwiesenen Arbeitslohn zur Einzahlung auf einen Bausparvertrag, den sie abgeschlossen hat, um das von ihrem Ehemann geplante Einfamilienhaus finanzieren zu helfen.

In beiden Fällen steht die Verwendung des tatsächlich zugeflossenen Arbeitslohns der Anerkennung eines Arbeitsverhältnisses nicht entgegen.

Etwas anderes muß insoweit allerdings gelten, wenn aus der Art und Weise, in der der Arbeitnehmer-Ehegatte über den erhaltenen Arbeitslohn verfügt, auf einen Verzicht auf Entlohnung geschlossen werden kann und muß (BFH, BStBl 1986 II S. 46 und 1987 II S. 336, 337).

Der steuerrechtlichen Anerkennung eines sonst ordnungsmäßig vereinbarten und tatsächlich durchgeführten Arbeitsverhältnisses steht danach auch nicht entgegen, wenn der Arbeitnehmer-Ehegatte den bezogenen Arbeitslohn dem Arbeitgeber-Ehegatten aus freien Stücken als Darlehn wieder zur Verfügung stellt; Voraussetzung ist, daß die Darlehn beim Arbeitgeber-Ehegatten ordnungsmäßig gebucht und bilanziert sowie zwischen den Ehegatten eindeutige Vereinbarungen zumindest über angemessene Verzinsung und Rückzahlung des Darlehns getroffen worden sind (BFH, BStBl 1968 II S. 494, 1971 II S. 732, 1972 II S. 533, 1975 II S. 579, 1986 II S. 46). Unschädlich ist selbst, wenn der Arbeitnehmer-Ehegatte dem Arbeitgeber-Ehegatten den erhaltenen Arbeitslohn ohne zeitlichen Zusammenhang mit den Lohnzahlungen in größeren Beträgen schenkt (BFH, BStBl 1987 II S. 336).

In **tatsächlicher Hinsicht** setzt die Anerkennung des Arbeitsverhältnisses voraus, daß die Ehefrau tatsächlich mitarbeitet, eine fremde Arbeitskraft ersetzt und sämtliche Arbeiten verrichtet, die sonst einer fremden Hilfe aufgetragen werden. Der Arbeitsvertrag muß auch durchführbar sein. Das ist nicht der Fall, wenn sich Ehegatten, die beide einen Betrieb unterhalten, wechselseitig verpflichten, mit ihrer vollen Arbeitskraft jeweils im Betrieb des anderen tätig zu sein (BFH, BStBl 1989 II S. 354). Wechselseitige Teilzeitarbeitsverhältnisse können ausnahmsweise anerkannt werden, wenn sie einem Fremdvergleich standhalten (Abschn. 23 Abs. 1 Satz 4 EStR).

Aus dem Arbeitsverhältnis müssen alle Folgerungen gezogen werden, z. B. Einbehaltung und Abführung der Lohnsteuer, Einbehaltung und Abführung von Sozialversicherungsbeiträgen, soweit Sozialversicherungspflicht besteht (Abschn. 69 Abs. 1 Nr. 1 LStR).

Ist das Arbeitsverhältnis anzuerkennen, so kann die Vergütung für die Arbeitsleistung des im Betrieb beschäftigten Ehegatten nur insoweit als Arbeitslohn behandelt und demgemäß als Betriebsausgabe abgezogen werden, als sie **angemessen** ist und nicht den Arbeitslohn übersteigt, den ein fremder Arbeitnehmer für eine gleichartige Tätigkeit erhalten würde. Heirats- und Geburtsbeihilfen,

Unterstützungen, Aufwendungen für die Zukunftsicherung, die Gewährung freier Unterkunft und Verpflegung, soweit sie ausnahmsweise zum tariflichen oder vertraglich vereinbarten angemessenen Gehalt gehört, und ähnliche Zuwendungen an den Arbeitnehmer-Ehegatten können nur berücksichtigt werden, wenn die Zuwendungen in dem Betrieb des Unternehmers üblich sind (BVerfG, BStBl 1970 II S. 652). Ist der Arbeitnehmer-Ehegatte rentenversicherungspflichtig, so ist der gesetzliche Beitragsanteil des Arbeitnehmer-Ehegatten zur gesetzlichen Rentenversicherung Teil des steuerpflichtigen Arbeitslohns; der gesetzliche Beitragsanteil des Arbeitgeber-Ehegatten ist als Betriebsausgabe abzugsfähig (vgl. auch BFH, BStBl 1989 II S. 969).

Einzelheiten zur steuerlichen Behandlung von Aufwendungen des Arbeitgebers für die betriebliche **Altersversorgung** des im Betrieb mitarbeitenden Ehegatten ergeben sich aus den BMF-Schreiben vom 4. 9. 1984 (BStBl 1984 I S. 495) sowie vom 9. 1. 1986 (BStBl 1987 I S. 7). Danach sind Beiträge des Arbeitgeber-Ehegatten für eine Direktversicherung unter bestimmten Voraussetzungen auch dann Betriebsausgaben, wenn die Versicherungsleistung bei vorzeitigem Tod des Arbeitnehmer-Ehegatten ganz oder teilweise dem Arbeitgeber-Ehegatten oder den gemeinsamen Kindern zusteht (vgl. auch Abschn. 41 Abs. 11 Satz 10 EStR). Entsprechendes gilt für Zuwendungen des Arbeitgeber-Ehegatten an eine Pensions- oder Unterstützungskasse zugunsten eines Arbeitnehmer-Ehegatten sowie für die Übernahme von Beiträgen zur freiwilligen Höherversicherung und Weiterversicherung in der gesetzlichen Rentenversicherung.

Für **Pensionszusagen zwischen Ehegatten** in Einzelunternehmen kommt nur eine Zusage auf Alters-, Invaliden- und Waisenrente in Betracht. Eine Zusage auf Witwen-, Witwerversorgung ist im Rahmen von Ehegatten-Pensionszusagen in Einzelunternehmen nicht rückstellungsfähig (vgl. auch Abschn. 41 Abs. 11 Satz 6 EStR). Eine Pensionszusage ist in dem Umfang zu berücksichtigen, als die Leistungen des Arbeitgeber-Ehegatten an die Stelle eines sonst zu entrichtenden Beitrags zur gesetzlichen Sozialversicherung treten (BFH, BFH/NV 1990 S. 21)

Die vorstehenden Grundsätze gelten grundsätzlich auch für die einkommensteuerliche Beurteilung des Arbeitsverhältnisses eines Ehegatten mit einer Personengesellschaft, die von dem anderen Ehegatten als Mitunternehmer aufgrund seiner wirtschaftlichen Machtstellung beherrscht wird, z. B. in der Regel bei einer Beteiligung zu mehr als 50 v. H. (BFH, BStBl 1979 II S. 622). Sind an einer Personengesellschaft zwei Gesellschafter beteiligt und kann keiner von ihnen als allein beherrschend angesehen werden, weil beide bei der Geschäftsführung und bei Beschlüssen über das Gesellschaftsverhältnis zusammenwirken müssen, so sind beide gemeinsam als beherrschende Gesellschafter zu behandeln, soweit sie einen Gegenstand von gemeinsamem Interesse in gegenseitiger Abstimmung regeln (BFH, BStBl 1984 II S. 298). Dies ist z. B. der Fall, wenn sie aufeinander abgestimmte Arbeitsverträge mit Angehörigen der Gesellschafter schließen (vgl. auch BFH, BStBl 1983 II S. 555).

Für Arbeitsverhältnisse eines Ehegatten mit einer von dem anderen Ehegatten beherrschten Personengesellschaft gelten nach der neuesten Rechtsprechung des BFH jedoch einige Besonderheiten, weil das Vermögen der Personengesellschaft nicht als Vermögen des Gesellschafter-Ehegatten angesehen werden kann. Wenn der Arbeitslohn auf ein gemeinschaftliches Konto der Ehegatten überwiesen wird, über das jeder der Ehegatten ohne Mitwirkung des anderen verfügen kann (sogenanntes Oder-Konto), so steht dies der steuerlichen Anerkennung eines Arbeitsverhältnisses zwischen der Personengesellschaft und dem Ehegatten eines Gesellschafters nicht entgegen (BFH, BStBl 1983 II S. 663). Wird der Arbeitslohn auf ein Bankkonto des Gesellschafter-Ehegatten überwiesen, so kann jedoch auch ein Arbeitsverhältnis zwischen der Personengesellschaft und dem Ehegatten dieses Gesellschafters steuerlich nicht anerkannt werden. Dies gilt selbst dann, wenn der Arbeitnehmer-Ehegatte ein eigenes Verfügungsrecht über das betreffende Bankkonto hat (BFH, BStBl 1984 II S. 298).

Hat eine Personengesellschaft einem Arbeitnehmer, dessen Ehegatte Mitunternehmer der Gesellschaft ist, eine Witwen- oder Witwerrente zugesagt, so kann sie auch dafür eine Pensionsrückstellung bilden (BFH, BStBl 1976 II S. 372).

Beherrscht der Mitunternehmer-Ehegatte die Personengesellschaft nicht, so kann allgemein davon ausgegangen werden, daß der mitarbeitende Ehegatte in der Gesellschaft die gleiche Stellung wie ein fremder Arbeitnehmer hat und hinsichtlich der Behandlung des Arbeitsverhältnisses keine Besonderheiten Platz greifen.

9.2.6.2.3 Gesellschaftsverträge

Ein steuerlich zu beachtendes Gesellschaftsverhältnis zwischen Ehegatten liegt grundsätzlich nur dann vor, wenn beide Ehegatten, wie es bei einander fremden Gesellschaftern der Fall wäre, zur Erreichung des Gesellschaftszwecks durch Mitarbeit, Bereitstellung von Kapital oder durch Überlassung von Wirtschaftsgütern tatsächlich beitragen. Der Beitrag darf nicht nur von untergeordneter Bedeutung sein (BFH, BStBl 1986 II S. 798, 1987 II S. 23). Dabei ist auch grundsätzlich zu beachten, daß die Gewinnverteilung den Leistungen der Ehegatten für die Gesellschaft entspricht. Die steuerliche Anerkennung einer Familiengesellschaft kann nicht lediglich mit der Begründung versagt werden, daß außerbetriebliche Gesichtspunkte, z. B. steuerliche und familienrechtliche, den Abschluß des Gesellschaftsvertrags veranlaßt haben (BFH, BStBl 1951 III S. 181). Die Anerkennung von Einkünften i. S. des § 15 Abs. 1 Nr. 2 EStG setzt aber eine echte Mitunternehmerschaft voraus mit der Folge, daß der aufgenommene Ehegatte auch volle Gesellschafterrechte genießt (Abschn. 138 a Abs. 1 EStR).

9.2.6.2.4 Pachtverträge, Darlehnsverträge usw.

Miet- und Pachtverträge, Darlehnsverträge und ähnliche Verträge zwischen Ehegatten sind grundsätzlich auch einkommensteuerlich zu beachten (Abschn. 162 a EStR). Die wirtschaftliche Gestaltung muß aber auch hier mit den tatsächlichen Verhältnissen in Deckung sein. Scheingeschäfte und Scheinverträge sind unbeachtlich. Für die Zahlung von Vergütungen aus diesen Verträgen ist ebenso wie bei Arbeitsverträgen eine klare Trennung der Vermögens- und Einkommensbereiche der Ehegatten erforderlich (BFH, BStBl 1972 II S. 614).

9.2.6.3 Nichteheliche Lebensgemeinschaft

Nach der Rechtsprechung des BFH können die für die steuerrechtliche Beurteilung von Verträgen zwischen Eheleuten geltenden Grundsätze nicht auf Verträge zwischen Partnern einer nichtehelichen Lebensgemeinschaft übertragen werden (BStBl 1988 II S. 670; Abschn. 162 a Satz 4 EStR). Eine Benachteiligung der Ehe gegenüber der nichtehelichen Lebensgemeinschaft soll darin nach Ansicht des BFH nicht liegen. Dem ist zuzustimmen, solange die gegenwärtigen zivilrechtlichen Regelungen bestehenbleiben, denn dem Leistungsaustausch zwischen Partnern einer nichtehelichen Lebensgemeinschaft kann Familienrecht nicht zugrunde liegen (vgl. BFH GrS, BStBl 1990 II S. 160).

9.3 Veranlagung von Arbeitnehmern (§ 46 EStG)

9.3.1 Allgemeines

Arbeitnehmer unterliegen nach §§ 38 bis 42 f EStG dem Steuerabzug vom Arbeitslohn. Da sich die Lohnsteuer (Jahreslohnsteuer) nach dem Arbeitslohn bemißt, den der Arbeitnehmer im Kalenderjahr bezogen hat (Jahresarbeitslohn), ist für Arbeitnehmer ein Lohnsteuer-Jahresausgleich nach § 42 und § 42 a und b EStG vorgesehen.

Grundsätzlich muß der Lohnempfänger seine Verhältnisse (Berücksichtigung des Familienstands, erhöhte Werbungskosten oder Sonderausgaben, außergewöhnliche Belastungen usw.) im Lohnsteuerverfahren berücksichtigen lassen. **Eine Veranlagung von Arbeitnehmern ist allgemein nicht vorgesehen, sondern darf nur in den Fällen erfolgen, in denen eine solche gesetzlich vorgeschrieben oder zumindest zugelassen ist.** Kommt eine Veranlagung nicht in Betracht, so gilt die Einkommensteuer, die auf die Einkünfte aus nichtselbständiger Arbeit entfällt, für den Arbeitnehmer durch den Lohnsteuerabzug als abgegolten, soweit er nicht für zu wenig erhobene Lohnsteuer in Anspruch genommen werden kann (§ 46 Abs. 4 EStG).

Die Fälle, in denen die Veranlagung von Arbeitnehmern vorgeschrieben oder zugelassen ist, sind **im wesentlichen in § 46 EStG zusammenfassend geregelt.** Um die Vergünstigungen des BerlinFG auch für Arbeitnehmer wirksam werden zu lassen, kann ein Arbeitnehmer, auch wenn die Voraussetzungen des § 46 Abs. 1 und 2 EStG nicht vorliegen, die Veranlagung zur Anwendung der §§ 16 und 17 BerlinFG beantragen (§ 18 BerlinFG, vgl. auch Abschn. 140 Abs. 1 LStR). Entsprechendes gilt bis zum VZ 1989 für die Steuerermäßigung nach § 15 des 5. VermBG i. d. F. vom 19. 2. 1987 (BStBl 1987 I S. 263 ff.) bei Arbeitgebern, die gleichzeitig Arbeitnehmer sind und bei denen die Voraussetzungen des § 46 Abs. 1 und 2 EStG nicht vorliegen.

Wird ein Arbeitnehmer veranlagt, so gelten für die Veranlagung der Einkünfte aus nichtselbständiger Arbeit zur Einkommensteuer die Anordnungen entsprechend, die in den Vorschriften über den Steuerabzug vom Arbeitslohn (Lohnsteuer) und in den dazu ergangenen Lohnsteuer-Richtlinien über die Ermittlung der Einkünfte aus nichtselbständiger Arbeit enthalten sind. Die Höhe der Einkünfte ist jedoch im Veranlagungsverfahren selbständig zu ermitteln (Abschn. 150 EStR).

In den in § 46 EStG aufgeführten Fällen werden die Veranlagungen entweder **von Amts wegen** (§ 46 Abs. 1 und Abs. 2 Nrn. 1 bis 6 EStG) oder **auf Antrag** nach § 46 Abs. 2 Nrn. 7 und 8 durchgeführt.

Örtlich zuständig war bis 1987 **für die Durchführung der Veranlagung** in allen Fällen der Absätze 1 und 2 des § 46 EStG nach der in § 46 Abs. 6 Satz 1 EStG getroffenen Sonderregelung ausschließlich das Finanzamt, in dessen Bezirk der Stpfl. am Schluß des VZ seinen Wohnsitz oder in Ermangelung eines Wohnsitzes seinen gewöhnlichen Aufenthalt hatte. Nach Aufhebung des § 46 Abs. 6 EStG durch das StRefG 1990 (§ 52 Abs. 27 EStG) gelten ab VZ 1988 die allgemeinen Zuständigkeitsregelungen gem. § 19 AO, so daß grundsätzlich das Finanzamt zuständig ist, in dessen Bezirk der Arbeitnehmer im Zeitpunkt der Durchführung der Veranlagung seinen Wohnsitz hat.

Die Vorschrift des § 46 EStG macht die Durchführung einer Veranlagung von bestimmten Einkunfts- und Einkommensgrenzen bzw. von der Höhe des zu versteuernden Einkommens abhängig. Bei Ehegatten bestimmen sich diese Grenzen grundsätzlich nach den in der jeweiligen Veranlagung (Zusammenveranlagung, getrennte Veranlagung) aufzunehmenden Besteuerungsgrundlagen. Dabei bezieht sich die in § 46 Abs. 2 Nr. 1 und § 46 Abs. 3 EStG bezeichnete 800-DM-Grenze bei einer Zusammenveranlagung auf die Summe der von den Ehegatten bezogenen Einkünfte, die nicht der Lohnsteuer zu unterwerfen waren (BFH, BStBl 1964 III S. 244).

Ist eine Arbeitnehmerveranlagung nach § 46 EStG von Amts wegen durchzuführen, so muß der Arbeitnehmer eine Einkommensteuererklärung abgeben und die Durchführung der Einkommensteuerveranlagung selbst veranlassen. Ein Lohnsteuer-Jahresausgleich darf in diesen Fällen für den Arbeitnehmer vom Finanzamt nicht durchgeführt werden. Ein unzulässiger, aber bestandskräftig durchgeführter Lohnsteuer-Jahresausgleich steht einer Einkommensteuer-Veranlagung des Steuerpflichtigen für das gleiche Jahr nicht entgegen (BFH, BStBl 1986 II S. 207, 213).

Der Lohnsteuer-Jahresausgleich ist eine Maßnahme zur Erstattung überzahlter Lohnsteuer (§ 42 Abs. 1 Satz 1 EStG). Er ist demgemäß nicht auf die Festsetzung einer Steuerschuld, sondern auf die Ermittlung eines Erstattungsbetrages gerichtet. Zur Nachforderung von Lohnsteuer beim Arbeitnehmer siehe Abschn. 139 LStR 1990. Wegen der wesentlichen Unterschiede zwischen Lohnsteuer-Jahresausgleich und Einkommensteuerfestsetzung (Festsetzung eines Erstattungsbetrages und Festsetzung der Jahreseinkommensteuer) besteht bei der Einkommensteuerfestsetzung keine Bindung an die Entscheidung im vorausgegangenen Lohnsteuer-Jahresausgleichsverfahren. Die dem Lohnsteuer-Jahresausgleich zugrunde gelegten Sachverhalte können auch bei bestandskräftigem Ausgleichsbescheid im Rahmen der Einkommensteuerfestsetzung uneingeschränkt überprüft werden. Das Einkommensteuerfestsetzungsverfahren steht selbständig neben dem Lohnsteuer-Jahresausgleichsverfahren. Die verfahrensrechtlichen Änderungsmöglichkeiten bestehen für die beiden Festsetzungsformen unabhängig voneinander (Abschn. 141 Abs. 7 und 8 LStR). Nach Ergehen eines Einkommensteuer-Bescheids kann das Finanzamt gegen den Arbeitnehmer nicht mehr durch einen Nachforderungsbescheid, sondern nur noch durch eine Änderung des Einkommensteuer-Bescheids vorgehen (BFH, BStBl 1989 II S. 447).

9.3.2 Das Einkommen beträgt mehr als 54 000 DM bzw. 27 000 DM (§ 46 Abs. 1 EStG in der ab VZ 1990 geltenden Fassung)

Besteht das Einkommen ganz oder teilweise aus Einkünften aus nichtselbständiger Arbeit, von denen ein Steuerabzug vorgenommen worden ist, so wird eine Veranlagung stets durchgeführt, wenn das **Einkommen** (ohne Abrundung)

1. bei Personen, bei denen die Einkommensteuer nach § 32 a Abs. 5 EStG (zusammen veranlagte Ehegatten) zu ermitteln ist, mehr als 54 000 DM,

2. bei den nicht unter Nr. 1 fallenden Personen mehr als 27 000 DM (§ 46 Abs. 1 EStG) beträgt.

Maßgebend ist das Einkommen im Sinne des § 2 Abs. 4 EStG. Steuervergünstigungen, die nur tarifliche Bedeutung haben, berühren die Höhe der Einkünfte und des Einkommens nicht. Steuerfreie Einnahmen bleiben außer Betracht.

An sich wäre in diesen Fällen eine Veranlagung nicht erforderlich, weil die Jahreslohnsteuertabelle mit den Sätzen der Einkommensteuer übereinstimmt. Bei einem Einkommen von mehr als 54 000 bzw. 27 000 DM besteht aber die Vermutung, daß noch andere Einkünfte vorhanden sind. Im übrigen erscheint dem Gesetzgeber in solchen Fällen eine genauere steuerliche Überprüfung im Wege einer Veranlagung allgemein angebracht.

Als Besonderheit ist bei diesen Stpfl. zu beachten, daß **kein Härteausgleich** (§ 46 Abs. 3 EStG, § 70 EStDV) vorgenommen werden darf und daher andere Einkünfte als Einkünfte aus nichtselbständiger Arbeit unabhängig von ihrer Höhe in die Veranlagung einbezogen werden müssen.

Beispiele:

a) Ein lediger Steuerpflichtiger hat folgende Einkünfte:

1. Nichtselbständige Arbeit (§ 19 EStG)	30 000 DM
2. Vermietung und Verpachtung (§ 21 EStG)	600 DM
Das Einkommen des Steuerpflichtigen beträgt	27 010 DM

Das Einkommen des Steuerpflichtigen übersteigt 27 000 DM, die Veranlagung muß daher von Amts wegen nach § 46 Abs. 1 EStG durchgeführt werden. Ein

Härteausgleich kommt bei § 46 Abs. 1 EStG nicht zur Anwendung, daher müssen die Einkünfte aus Vermietung und Verpachtung mit 600 DM in die Einkommensteuerveranlagung einbezogen werden.

b) Ehegatten haben im VZ Einkünfte aus nichtselbständiger Arbeit, und zwar der Ehemann 60 000 DM und die Ehefrau 9000 DM. Außerdem hat die Ehefrau Einkünfte aus Vermietung und Verpachtung in Höhe von 300 DM. Bei einer Zusammenveranlagung übersteigt das Einkommen 54 000 DM.

Wird eine Zusammenveranlagung beantragt, so müssen die Ehegatten nach § 46 Abs. 1 EStG veranlagt werden. In die Zusammenveranlagung sind auch die Einkünfte der Ehefrau aus Vermietung und Verpachtung einzubeziehen. Ein Härteausgleich darf nicht durchgeführt werden, weil § 46 Abs. 3 EStG und § 70 EStDV in den Fällen des § 46 Abs. 1 EStG nicht anwendbar sind.

Wählt einer der Ehegatten die getrennte Veranlagung nach § 26 a EStG, so müssen beide Ehegatten nach § 46 Abs. 2 Nr. 7 EStG getrennt veranlagt werden. Bei der getrennten Veranlagung der Ehefrau ist der Härteausgleich nach § 46 Abs. 3 EStG anzuwenden. Dadurch bleiben die Vermietungseinkünfte der Ehefrau außer Ansatz. Bei beiden getrennten Veranlagungen ist aber der Grundtarif anzuwenden, so daß sich ein steuerlicher Vorteil aus der Wahl der getrennten Veranlagung in diesem Fall nicht ergibt.

9.3.3 Das Einkommen beträgt nicht mehr als 54 000 DM bzw. 27 000 DM (§ 46 Abs. 2 EStG)

9.3.3.1 Allgemeines

Beträgt das Einkommen

1. bei Personen, bei denen die Einkommensteuer nach § 32 a Abs. 5 EStG (zusammen veranlagte Ehegatten) zu ermitteln ist, nicht mehr als 54 000 DM,
2. bei den nicht unter Nr. 1 fallenden Personen nicht mehr als 27 000 DM,

so wird eine Veranlagung nur in den Fällen durchgeführt, die in § 46 Abs. 2 EStG aufgeführt sind.

Die aufgeführten Fälle unterscheiden sich danach, ob die Veranlagung von Amts wegen oder nur auf Antrag durchzuführen ist.

9.3.3.2 Veranlagung von Amts wegen

9.3.3.2.1 Veranlagung bei Einkünften, die nicht der Lohnsteuer zu unterwerfen waren (§ 46 Abs. 2 Nr. 1 1. Halbsatz EStG)

Nach § 46 Abs. 2 Nr. 1 EStG in der bis zum VZ 1989 geltenden Fassung ist eine Veranlagung auch bei Nichterreichen der in § 46 Abs. 1 EStG festgelegten Veranlagungsgrenzen von Amts wegen stets durchzuführen, wenn die Einkünfte, die nicht der Lohnsteuer zu unterwerfen waren, einschließlich der nach einem Doppelbesteuerungsabkommen von der Einkommensteuer freigestellten ausländischen Einkünfte, insgesamt mehr als 800 DM betragen.

Die Vorschrift des § 46 Abs. 2 Nr. 1 EStG hat mit Wirkung vom VZ 1990 einige Änderungen erfahren, die von nicht unerheblicher praktischer Bedeutung sind.

Die unverändert fortgeltende 800 DM-Grenze gilt nach § 46 Abs. 2 Nr. 1 1. Halbsatz EStG zunächst allgemein nur noch für einkommensteuerpflichtige Einkünfte, die nicht dem Steuerabzug vom Arbeitslohn zu unterwerfen waren. Auch nach einem Doppelbesteuerungsabkommen von der Einkommensteuer freigestellte ausländische Einkünfte bleiben damit künftig ebenso außer Ansatz wie die nach anderen Vorschriften steuerfreien Einkünfte, die auch bisher schon unberücksichtigt bleiben. Ob die ausländischen Einkünfte dem Progressionsvorbehalt unterliegen oder nicht, ist insoweit ohne Bedeutung.

Anzuwenden ist die 800 DM-Grenze im übrigen künftig auf den Betrag der nicht der Lohnsteuer zu unterwerfenden einkommensteuerpflichtigen Einkünfte, der nach Abzug der darauf entfallenden Beträge nach § 13 Abs. 3 EStG und nach § 24 a EStG verbleibt.

Beispiele:

a) Ein lediger Steuerpflichtiger bezieht im VZ 1990 neben Einkünften aus nichtselbständiger Arbeit Einkünfte aus Land- und Forstwirtschaft in Höhe von 2800 DM.

Da die Einkünfte aus Land- und Forstwirtschaft nach Abzug des Freibetrags nach § 13 Abs. 3 EStG in Höhe von 2000 DM lediglich 800 DM betragen und damit die 800 DM-Grenze nicht überschreiten, kommt eine Veranlagung nach § 46 Abs. 2 Nr. 1 EStG nicht in Betracht.

b) Ein lediger Steuerpflichtiger, der am 1. 1. 1990 das 64. Lebensjahr vollendet hat, bezieht im VZ 1990 neben Versorgungsbezügen i. S. des § 19 Abs. 2 EStG Einkünfte aus Vermietung und Verpachtung in Höhe von 1300 DM.

Da die Einkünfte aus Vermietung und Verpachtung nach Abzug des darauf entfallenden Altersentlastungsbetrags in Höhe von (40 v. H. von 1300 DM =) 520 DM lediglich 780 DM betragen und damit die 800 DM-Grenze nicht übersteigen, ist der Steuerpflichtige nicht nach § 46 Abs. 2 Nr. 1 EStG zur Einkommensteuer zu veranlagen.

c) Ein lediger Steuerpflichtiger, der am 1. 1. 1990 das 64. Lebensjahr vollendet hat, bezieht im VZ 1990 neben Arbeitslohn in Höhe von insgesamt 12 000 DM Einkünfte aus Vermietung und Verpachtung in Höhe von 900 DM.

Da der Altersentlastungsbetrag in voller Höhe beim Arbeitslohn zu berücksichtigen ist und damit auf die Einkünfte aus Vermietung und Verpachtung ein Altersentlastungsbetrag nicht entfällt, ist der Steuerpflichtige nach § 46 Abs. 2 Nr. 1 EStG zur Einkommensteuer zu veranlagen, weil die Einkünfte aus Vermietung und Verpachtung die 800 DM-Grenze überschreiten.

9.3.3.2.2 Veranlagung zur Anwendung des Progressionsvorbehalts (§ 46 Abs. 2 Nr. 1 2. Halbsatz EStG)

Nach dem 2. Halbsatz des § 46 Abs. 2 Nr. 1 EStG ist eine Veranlagung vom Veranlagungszeitraum 1990 an bei Nichterreichen der Einkommensgrenzen des § 46 Abs. 1 EStG auch dann stets von Amts wegen durchzuführen, wenn die Summe der Einkünfte und Leistungen, die dem Progressionsvorbehalt unterliegen, mehr als 800 DM beträgt.

Für dem Progressionsvorbehalt unterliegende Einkünfte und Leistungen gilt damit vom VZ 1990 an eine eigene Freigrenze von 800 DM. Diese selbständige Freigrenze ist zunächst auf die nach einem Doppelbesteuerungsabkommen von der Einkommensteuer freigestellten ausländischen Einkünfte anzuwenden, für die die 800 DM-Grenze bis zum VZ 1989 einschließlich zusammen mit den nicht der

Lohnsteuer zu unterwerfenden Einkünften gilt. Anwendung findet diese selbständige Freigrenze darüber hinaus ab 1990 auch für die sonstigen Leistungen, die nach § 32 b EStG dem Progressionsvorbehalt unterliegen und für die bis zum Veranlagungszeitraum 1989 keinerlei Freigrenze vorgesehen ist. Diese Leistungen sind künftig zur Anwendung der 800 DM-Grenze mit den ausländischen Einkünften zusammenzurechnen, die nach einem Doppelbesteuerungsabkommen von der Einkommensteuer freigestellt sind, jedoch einem Progressionsvorbehalt unterliegen (vgl. dazu 10.3).

Die Einkünfte und Leistungen, die dem Progressionsvorbehalt unterliegen, sind in § 32 b EStG abschließend aufgezählt.

Anzuwenden ist die 800 DM-Grenze dabei auf die nach § 32 b Abs. 2 EStG anzusetzenden Leistungen. Diese sind nach unserer Auffassung jedoch ggf. noch um den Arbeitnehmer-Pauschbetrag i. S. des § 9 a Nr. 1 EStG zu kürzen, soweit dieser nicht bei der Ermittlung der Einkünfte aus nichtselbständiger Arbeit abgesetzt werden kann.

9.3.3.2.3 Veranlagung wegen mehrerer Dienstverhältnisse bei einem Steuerpflichtigen (§ 46 Abs. 2 Nr. 2 EStG)

Nach § 46 Abs. 2 Nr. 2 EStG in der mit Wirkung vom VZ 1990 geänderten Fassung ist ein Arbeitnehmer von Amts wegen auch dann zu veranlagen, wenn er nebeneinander von mehreren Arbeitgebern Arbeitslohn bezogen hat (vgl. Abschn. 215 EStR). Auf die Höhe des zu versteuernden Einkommens kommt es vom VZ 1990 an nicht mehr an. Auf eine Festsetzung von Einkommensgrenzen der bisherigen Art glaubte der Gesetzgeber wegen der deutlichen Absenkung der unteren Proportionalzone (vgl. dazu die Ausführungen 10.2.2) verzichten zu können. Da diese Grenzen bei 8000 DM bzw. 16 000 DM liegen müßten, ist der Gesetzgeber zu Recht davon ausgegangen, daß derartige niedrige Einkommensgrenzen bei Bezügen aus mehreren Dienstverhältnissen nebeneinander in der Praxis im allgemeinen ohnehin überschritten werden dürften. Daß damit künftig in wenigen Einzelfällen eine Veranlagung selbst dann zu erfolgen hat, wenn diese an sich nicht erforderlich wäre, um eine zutreffende Besteuerung zu erreichen, ist vom Gesetzgeber im Interesse der Vereinfachung und der Bereinigung des Einkommensteuerrechts in Kauf genommen worden.

9.3.3.2.4 Veranlagung bei Bezug von Arbeitslosengeld, Kurzarbeitergeld, Schlechtwettergeld oder Arbeitslosenhilfe usw. (§ 46 Abs. 2 Nr. 2 a und Nr. 2 c Buchst. b EStG in der bis VZ 1989 geltenden Fassung)

Eine Veranlagung war erforderlich, weil sich wegen des Progressionsvorbehalts Steuernachforderungen ergeben können. Ab VZ 1990 sind diese Veranlagungstatbestände in § 46 Abs. 2 Nr. 1 2. Halbsatz EStG einbezogen worden mit der Folge, daß auch für diese Leistungen die Freigrenze von 800 DM gilt. Damit werden Veranlagungen von Amts wegen aufgrund geringfügiger Nachforderungen vermieden.

9.3.3.2.5 Veranlagung zur Sicherstellung der gekürzten Vorsorgepauschale (§ 46 Abs. 2 Nr. 3 EStG)

Eine Veranlagung hat stets zu erfolgen, wenn der Stpfl. zu den unter § 10 c Abs. 3 (bis VZ 1989: Abs. 5) EStG fallenden Personen gehört und die Lohnsteuer für einen Teil des VZ nach den Steuerklassen I bis IV der allgemeinen Lohnsteuertabelle erhoben worden ist (§ 38 c Abs. 1 EStG). Durch die Veranlagung soll die Anwendung der gekürzten Vorsorgepauschale sichergestellt werden.

9.3.3.2.6 Veranlagung von Ehegatten, die beide Arbeitslohn bezogen haben (§ 46 Abs. 2 Nr. 3 a EStG)

Diese Regelung soll Nachforderungen sicherstellen, die sich ergeben können, wenn ein Ehegatte nach der Steuerklasse V oder VI besteuert worden ist.

Die in dem bisherigen Buchst. b der Nr. 2 c getroffene Regelung ist entfallen, weil sie durch die Änderung der Nr. 1 des § 46 Abs. 2 (9.3.3.2.2) gegenstandslos geworden ist. Ehegatten, die beide Arbeitslohn bezogen haben, sind stets zu veranlagen, wenn einer von ihnen für den VZ oder einen Teil davon nach der Steuerklasse V oder VI besteuert worden ist. Auf die Höhe des zu versteuernden Einkommens kommt es im Gegensatz zur früheren Regelung nicht mehr an. Die Absenkung der Proportionalzone ermöglichte diese Vereinfachung.

9.3.3.2.7 Veranlagung bei Versorgungsbezügen aus mehr als einem früheren Dienstverhältnis (§ 46 Abs. 2 Nr. 3 EStG in der bis 1989 geltenden Fassung)

Die Vorschrift des § 46 Abs. 2 Nr. 3 EStG 1987 konnte vom VZ 1990 an als gegenstandslos gestrichen werden, weil ihr Zweck, die Berücksichtigung eines zu hohen Versorgungs-Freibetrages im Lohnsteuerabzugsverfahren durch mehrere Arbeitgeber auszugleichen, bereits durch die in § 46 Abs. 2 Nr. 2 EStG vorgeschriebene Veranlagung erreicht wird. Ob Arbeitslohn aus laufenden oder früheren Arbeitsverhältnissen bezogen worden ist, ist nämlich für die Anwendung dieser Vorschrift ohne Bedeutung.

9.3.3.2.8 Veranlagung wegen mehrerer Dienstverhältnisse eines über 64jährigen Steuerpflichtigen (§ 46 Abs. 2 Nr. 3 a EStG in der bis 1989 geltenden Fassung)

Da vom VZ 1990 an eine Veranlagung auch bei Nichterreichen der Einkünftegrenze des § 46 Abs. 1 EStG nach § 46 Abs. 2 Nr. 2 EStG allgemein stets zu erfolgen hat, wenn der Steuerpflichtige nebeneinander von mehreren Arbeitgebern Arbeitslohn bezogen hat, konnte die Vorschrift des § 46 Abs. 2 Nr. 3 a EStG 1987 als gegenstandslos gestrichen werden. Die sich durch den Lohnsteuerabzug möglicherweise ergebende Berücksichtigung eines überhöhten Altersentlastungsbetrages kann und soll im Rahmen einer Veranlagung nach § 46 Abs. 2 Nr. 2 EStG rückgängig gemacht werden.

9.3.3.2.9 Veranlagung, weil auf der Lohnsteuerkarte ein Freibetrag i. S. des § 39 a Abs. 1 Nr. 5 EStG eingetragen ist (§ 46 Abs. 2 Nr. 4 EStG)

Nach § 46 Abs. 2 Nr. 4 EStG wird ein Arbeitnehmer von Amts wegen veranlagt, wenn auf seiner Lohnsteuerkarte ein Freibetrag i. S. des § 39 a Abs. 1 Nr. 5 EStG eingetragen worden ist.

Nach § 39 a Abs. 1 Nr. 5 EStG kann als vom Arbeitslohn abzuziehender Betrag auf der Lohnsteuerkarte eines Steuerpflichtigen der **Verlust aus Vermietung und Verpachtung** eingetragen werden, **der sich** für das betreffende Kalenderjahr **bei Inanspruchnahme der erhöhten Absetzungen nach § 7 b EStG oder nach § 14 a oder § 15 BerlinFG ergeben wird.** Da auf der Lohnsteuerkarte nur der Verlustbetrag eingetragen werden kann, der sich für das betreffende Kalenderjahr voraussichtlich ergeben wird, der tatsächliche Verlustbetrag jedoch erst nach Ablauf des betreffenden Kalenderjahres feststeht, knüpft § 46 Abs. 2 Nr. 4 EStG die Durchführung einer Veranlagung zur Einkommensteuer an die erfolgte Eintragung eines voraussichtlichen Verlustbetrags auf der Lohnsteuerkarte.

Vom Veranlagungszeitraum 1987 an können nach § 39 a Abs. 1 Nr. 6 EStG auch die **Beträge** als Freibetrag auf der Lohnsteuerkarte eingetragen werden, **die nach § 10 e, § 52 Abs. 21 Sätze 4 und 5 EStG oder nach § 15 b BerlinFG abgezogen werden können.**

Beträge, die nach § 52 Abs. 21 Sätze 5 und 6 EStG abgezogen werden können, werden nicht als Freibetrag auf der Lohnsteuerkarte eingetragen (Abschn. 112 Abs. 1 LStR).

Obwohl die nach § 10 e und § 52 Abs. 21 Sätze 4 und 5 EStG sowie nach § 15 b BerlinFG wie Sonderausgaben abziehbaren Beträge auch im Rahmen eines Lohnsteuer-Jahresausgleichs berücksichtigt werden können, hat der Gesetzgeber bei einer entsprechenden Eintragung auf der Lohnsteuerkarte die Durchführung einer Veranlagung vorgeschrieben. Dabei hat er sich offensichtlich von Zweckmäßigkeitsüberlegungen leiten lassen.

Vom Veranlagungszeitraum 1987 kann nach § 39 a Abs. 1 Nr. 6 EStG ferner **für jedes Kind, für das der Steuerpflichtige Anspruch auf Steuerermäßigung nach § 34 f EStG hat,** ein zusätzlicher **Betrag von 2400 DM (ab VZ 1990: 3000 DM)** auf der Lohnsteuerkarte eingetragen werden. Der Steuerabzugsbetrag von 600 DM bzw. 750 DM je Kind, der sich aus § 34 f EStG ergibt, ist damit unter Zugrundelegung eines Steuersatzes von 25 v. H. in einen vom Arbeitslohn abzuziehenden Betrag umgestaltet worden. Da die Vorschrift des § 34 f EStG dadurch unberührt bleibt, ist bei einer entsprechenden Eintragung auf der Lohnsteuerkarte die Durchführung einer Veranlagung zur Einkommensteuer auch insoweit unverzichtbar.

9.3.3.2.10 Veranlagung bei Übertragung des Kinderfreibetrages, des Haushaltsfreibetrages und des Anteils am Ausbildungsfreibetrag (§ 46 Abs. 2 Nr. 4 a Buchst. a bis d EStG)

Die Übertragung des Kinderfreibetrages kann nach § 39 a Abs. 3 a EStG ab VZ 1990 bereits im Lohnsteuerabzugsverfahren durch Eintragung des vollen Kinderfreibetrages berücksichtigt werden, wenn der Arbeitnehmer die Voraussetzungen nachweist (8.1.4 und Abschn. 89 Abs. 5, Abschn. 109 Abs. 8 LStR). Ob die Voraussetzungen für die Inanspruchnahme des Kinderfreibetrages von 3024 DM erfüllt waren, ist in einer Veranlagung von Amts wegen gem. § 46 Abs. 2 Nr. 4 a Buchst. a EStG zu überprüfen. Die Veranlagungspflicht besteht für beide Elternteile, wenn sie Einkünfte aus nichtselbständiger Arbeit bezogen haben.

Die gleichen Grundsätze gelten für den Haushaltsfreibetrag bei abweichender Zuordnung eines Kindes (§ 46 Abs. 2 Nr. 4 a Buchst. c EStG; Abschn. 90 Abs. 1, 3 LStR; 8.2).

Wenn ein Kinderfreibetrag auf einen Elternteil übertragen wird, kann dieser auch den Ausbildungsfreibetrag in vollem Umfang in Anspruch nehmen. Anders als beim Kinder- und Haushaltsfreibetrag ist die Übertragung des anteiligen Ausbildungsfreibetrages nicht im Lohnsteuerabzugsverfahren, sondern nur bei einer Veranlagung beider Elternteile möglich (vgl. Abschn. 191 Abs. 6 EStR). Für diesen Fall begründet § 46 Abs. 2 Nr. 4 a Buchst. d EStG eine Veranlagungspflicht für beide Elternteile.

9.3.3.2.11 Veranlagung zur anderweitigen Aufteilung des Pauschbetrags für Körperbehinderte oder Hinterbliebene (§ 46 Abs. 2 Nr. 4 a Buchst. e EStG)

Bei einem Elternpaar, bei dem die Voraussetzungen des § 26 Abs. 1 Satz 1 EStG nicht vorliegen, kann nach § 33 b Abs. 5 Satz 3 EStG der auf beide Elternteile zu übertragende Pauschbetrag für Körperbehinderte oder für Hinterbliebene, der nach § 33 b Abs. 5 Satz 2 EStG grundsätzlich je zur Hälfte auf beide Elternteile zu übertragen ist, bei einer Veranlagung zur Einkommensteuer auf gemeinsamen Antrag des Elternpaares auch anders aufgeteilt werden (vgl. Abschn. 194 Abs. 9 Satz 3 EStR).

Um sicherzustellen, daß die zu übertragenden Pauschbeträge bei beiden Elternteilen insgesamt nur einmal zum Ansatz kommen, läßt § 33 b Abs. 5 Satz 3 EStG eine andere Aufteilung nur bei einer Veranlagung zur Einkommensteuer zu. Die Durchführung einer entsprechenden Veranlagung beider Elternteile in derartigen Fällen hat der Gesetzgeber daher in § 46 Abs. 2 Nr. 4 a Buchst. e EStG zwingend vorgeschrieben. Für jeden Elternteil, der Einkünfte aus nichtselbständiger Arbeit bezogen hat und aus diesem Grunde anderenfalls möglicherweise nicht veranlagt werden könnte, ist in § 46 Abs. 2 Nr. 4 a Satz 2 EStG auch insoweit die Veranlagungspflicht ausdrücklich begründet worden.

Beispiel:

Das geistig behinderte Kind geschiedener Eltern ist infolge der Körperbehinderung pflege- und wartungsbedürftig und in einer Heil- und Pflegeanstalt auf Dauer untergebracht. Das Kind erfüllt die Voraussetzungen für den Pauschbetrag für Körperbehinderte nach § 33 b Abs. 3 EStG in Höhe von 7200 DM. Das Kind hat keine eigenen Einkünfte. Es ist der Mutter zuzuordnen; der Vater kommt seiner Unterhaltsverpflichtung für das Kind nach.

Der Pauschbetrag nach § 33 b Abs. 3 EStG von 7200 DM wird nach § 33 b Abs. 5 Satz 2 EStG auf jeden Elternteil zur Hälfte übertragen.

Wünschen die Eltern eine andere Aufteilung des Pauschbetrages oder soll der Pauschbetrag allein auf den Vater des Kindes übertragen werden, so sind beide Elternteile nach § 46 Abs. 2 Nr. 4 a Buchst. e EStG zu veranlagen, sofern sie nicht bereits aus einem anderen Grunde von Amts wegen veranlagt werden müssen.

9.3.3.2.12 Veranlagung von Ehegatten für das Jahr der Eheschließung (§ 46 Abs. 2 Nr. 5 EStG)

Wenn ein alleinstehender Arbeitnehmer, dem ein Freibetrag wegen der ihm entstandenen bzw. entstehenden Kinderbetreuungskosten i. S. des § 33 c EStG auf der Lohnsteuerkarte eingetragen worden ist, während des Veranlagungszeitraums heiratet, können Kinderbetreuungskosten nur noch anerkannt werden, wenn die besonderen Voraussetzungen des § 33 c Abs. 5 EStG vorliegen.

Um eine Überprüfung der im Lohnsteuerermäßigungsverfahren vorab berücksichtigten Kinderbetreuungskosten sicherzustellen, schreibt die **neu gefaßte Nr. 5** des § 46 Abs. 2 EStG die Durchführung einer Veranlagung von Amts wegen vor, wenn ein Arbeitnehmer, auf dessen Lohnsteuerkarte ein Freibetrag wegen Kinderbetreuungskosten i. S. des § 33 c EStG eingetragen worden ist, im Veranlagungszeitraum geheiratet hat und sein Ehegatte unbeschränkt einkommensteuerpflichtig ist.

Ist der Ehegatte während des betreffenden Veranlagungszeitraums nicht unbeschränkt einkommensteuerpflichtig, so ist eine Veranlagung danach nicht durchzuführen, weil der Arbeitnehmer in diesem Fall nach § 33 c Abs. 2 Satz 2 EStG weiterhin als alleinstehend gilt und sich die Voraussetzungen für die Abzugsfähigkeit der Kinderbetreuungskosten daher durch die Heirat nicht geändert haben.

9.3.3.2.13 Veranlagung, weil der Arbeitnehmer oder sein Ehegatte nach Auflösung der Ehe im VZ wieder geheiratet hat (§ 46 Abs. 2 Nr. 6 EStG)

Ein Arbeitnehmer ist von Amts wegen nach § 46 Abs. 2 Nr. 6 EStG zu veranlagen, wenn die Ehe des Arbeitnehmers im VZ durch Tod, Scheidung oder Aufhebung aufgelöst worden ist und er oder sein Ehegatte der aufgelösten Ehe im VZ wieder geheiratet hat.

Diese Vorschrift hat den Zweck, Unabgestimmtheiten zwischen dem Lohnsteuerverfahren und dem Veranlagungsverfahren im VZ der Auflösung einer Ehe auszuschließen. Diese können sich dadurch ergeben, daß auf der Lohnsteuerkarte des Arbeitnehmers noch Freibeträge für Sonderausgaben oder außergewöhnliche Belastungen seines früheren Ehegatten eingetragen sind. Die Vorschrift des § 46 Abs. 2 Nr. 6 EStG begründet in diesen Fällen einen Veranlagungszwang, um eine zutreffende Einkommensbesteuerung der Ehegatten der aufgelösten Ehe und der Ehegatten der neugeschlossenen Ehe sicherzustellen. Diese Vorschrift ist auch dann anzuwenden, wenn für die aufgelöste Ehe oder die neue Ehe die Voraussetzungen des § 26 Abs. 1 Satz 1 EStG nicht vorliegen.

Beispiel:
Die Ehegatten A und B sind geschieden worden. Im selben VZ heiratet A wieder, und zwar die ledige Stpfl. C. Alle Beteiligten sind Arbeitnehmer und unbeschränkt einkommensteuerpflichtig.

Die Ehegatten A und C und auch die Stpfl. B müssen für das Jahr der Auflösung der Ehe nach § 46 Abs. 2 Nr. 6 EStG veranlagt werden. Die Ehegatten A und C haben die Wahl zwischen der Zusammenveranlagung (§ 26 b EStG) und der getrennten Veranlagung (§ 26 a EStG); die geschiedene Stpfl. B wird einzeln zum Splitting nach § 32 a Abs. 6 Nr. 2 EStG veranlagt.

9.3.3.3 Veranlagung auf Antrag

9.3.3.3.1 Allgemeines

In den nachstehend dargestellten Fällen ist eine Veranlagung nur durchzuführen, wenn dies innerhalb der maßgebenden Antragsfrist wirksam beantragt worden ist.

Bis zum VZ 1989 kann der Antrag formlos gestellt werden. Es reicht aus, daß der Steuerpflichtige seinen Willen auf Durchführung des Veranlagungsverfahrens dem Finanzamt gegenüber in einer Weise erkennbar macht, daß dem Finanzamt die Einleitung des Verfahrens ermöglicht ist (BFH, BStBl 1987 II S. 421). Mit Wirkung ab dem VZ 1990 ist der vorletzte Satz des § 46 Abs. 2 EStG dahin geändert worden, daß der Antrag auf Durchführung einer Veranlagung in den Fällen des § 46 Abs. 2 Nr. 7 und 8 EStG nur noch durch Abgabe einer Einkommensteuererklärung gestellt werden kann. Die Einkommensteuererklärung, die nach § 150 Abs. 1 Satz 1 AO nach amtlich vorgeschriebenem Vordruck abzugeben und vom Steuerpflichtigen nach § 25 Abs. 3 EStG eigenhändig zu unterschreiben ist, muß sich dabei auf das Kalenderjahr beziehen, für das die Durchführung einer Veranlagung gewünscht wird.

Der Antrag wird auch nach einem vorangegangenen Lohnsteuer-Jahresausgleich nicht entbehrlich (BFH, BStBl 1989 II S. 196).

Der Antrag ist nach § 46 Abs. 2 Satz 2 EStG bis zum Ablauf des zweiten Kalenderjahres zu stellen, das auf den jeweiligen Veranlagungszeitraum folgt, für den die Veranlagung beantragt wird. Wird die Veranlagung zur Berücksichtigung eines Verlustabzugs für den zweiten vorangegangenen Veranlagungszeitraum beantragt, so muß der Antrag nach § 46 Abs. 2 Satz 3 EStG bis zum Ablauf des vierten Kalenderjahres gestellt werden, das diesem Veranlagungszeitraum folgt. Soll ein Verlustabzug für den ersten vorangegangenen Veranlagungszeitraum berücksichtigt werden, so läuft die Antragsfrist mit Ablauf des dritten Kalenderjahres ab, das auf diesen Veranlagungszeitraum folgt (s. dazu 9.3.3.3.5).

Bei den Fristen, die in § 46 Abs. 2 Sätze 2 und 3 EStG festgelegt sind, handelt es sich um nicht verlängerbare Ausschlußfristen (vgl. auch BFH, BStBl 1979 II S. 676, zu der sich aus § 46 Abs. 2 Satz 2 EStG ergebenden Frist), gegen die auch verfassungsrechtlich keine Bedenken bestehen. Dies hat der BFH hinsichtlich der in § 46 Abs. 2 Satz 2 EStG vorgesehenen Frist ausdrücklich bestätigt (vgl. auch BStBl 1986 II S. 790). Hinsichtlich der sich aus § 46 Abs. 2 Satz 3 EStG ergebenden Frist kann insoweit jedoch nichts anderes gelten.

Bei Versäumen der Antragsfristen kann eine Wiedereinsetzung in den vorigen Stand gemäß § 110 AO in Betracht kommen (vgl. BFH, BStBl 1979 II S. 676).

9.3.3.3.2 Veranlagung zur Durchführung einer getrennten oder einer besonderen Veranlagung nach § 26 a bzw. § 26 c EStG (§ 46 Abs. 2 Nr. 7 EStG)

Das Lohnsteuer-Jahresausgleichsverfahren sieht eine Besteuerung der Ehegatten nach den Grundsätzen einer getrennten Veranlagung (§ 26 a EStG) nicht vor. Der Arbeitnehmer kann diese Besteuerungsart aber durch einen **Antrag auf getrennte Veranlagung** nach § 46 Abs. 2 Nr. 7 EStG erreichen. Wird im Fall der getrennten Veranlagung (§ 26 a EStG) für einen Ehegatten eine Veranlagung – auch Freiveranlagung – durchgeführt, so ist stets auch der andere Ehegatte zu veranlagen. Dies gilt selbst dann, wenn sich für ihn eine Steuerschuld von 0 DM ergibt (vgl. auch Abschn. 172 EStR).

Beispiel:

Ehegatten im Sinne des § 26 EStG haben folgende Einkünfte:

Ehemann: Gewerbebetrieb (§ 15 EStG)	20 000 DM
Ehemann: Vermietung und Verpachtung (§ 21 EStG)	400 DM
Ehefrau: Nichtselbständige Arbeit (§ 19 EStG)	9 000 DM

Der Ehemann beantragt nach § 26 a EStG eine getrennte Veranlagung.

Da der Ehemann die getrennte Veranlagung nach § 26 a EStG beantragt, muß auch die Ehefrau nach § 46 Abs. 2 Nr. 7 EStG von Amts wegen veranlagt werden.

Für den Veranlagungszeitraum der Eheschließung können Ehegatten auch die **besondere Veranlagung nach § 26 c EStG** wählen, deren Grundsätze im Lohnsteuer-Jahresausgleichsverfahren ebenfalls nicht zur Anwendung kommen können. Wählen beide Ehegatten die besondere Veranlagung nach § 26 c EStG, so sind nach § 46 Abs. 2 Nr. 7 EStG ebenfalls beide Ehegatten zur Einkommensteuer zu veranlagen.

9.3.3.3.3 Veranlagung zur Erlangung bestimmter Begünstigungen und Tarifermäßigungen (§ 46 Abs. 2 Nr. 8 Buchst. a EStG)

Nach § 46 Abs. 2 Nr. 8 Buchst. a EStG kann der Stpfl. die Durchführung einer Veranlagung beantragen,

– um die Begünstigungen der §§ 10 e und 52 Abs. 21 Satz 4 bis 6 EStG sowie des § 15 b BerlinFG in Anspruch nehmen zu können oder

– um in den Genuß der Tarifermäßigungen der § 34 Abs. 1, § 34 c, 34 f und 35 EStG zu kommen.

Da der Antragstatbestand des § 46 Abs. 2 Nr. 8 Buchst. a EStG nur dann vorliegt, wenn keine Veranlagung von Amts wegen durchgeführt werden muß, ist § 46 Abs. 2 Nr. 8 Buchst. a EStG gegenstandslos, wenn ein Veranlagungsgrund nach § 46 Abs. 1 oder Abs. 2 Nr. 1 bis 7 EStG besteht (Abschn. 217 Abs. 1 Satz 1 EStR). Danach scheidet § 46 Abs. 2 Nr. 8 Buchst. a EStG insbesondere dann aus, wenn bei einem Arbeitnehmer die Einkünfte, die nicht der Lohnsteuer zu unterwerfen waren, 800 DM übersteigen (§ 46 Abs. 2 Nr. 1 EStG).

Vom Veranlagungszeitraum 1987 an kann der Steuerpflichtige eine **Veranlagung** zur Einkommensteuer auch **zur Anwendung der Vorschriften der §§ 10 e und 52 Abs. 21 Sätze 4 bis 6 EStG** (vgl. dazu die Ausführungen zu 7.6 und 7.7) **sowie des § 15 b BerlinFG** beantragen.

Da die Beträge, die nach den §§ 10 e, 52 Abs. 21 Satz 4 EStG oder nach § 15 b BerlinFG abgezogen werden können, als Freibetrag auf der Lohnsteuerkarte eingetragen werden können und bei einer entsprechenden Eintragung eine Veranlagung nach § 46 Abs. 2 Nr. 4 EStG von Amts wegen durchgeführt werden muß (vgl. dazu die Ausführungen zu 9.3.3.2.9), kommt der Vorschrift des § 46 Abs. 2 Nr. 8 Buchst. a EStG insoweit insbesondere für die Fälle Bedeutung zu, in denen der Steuerpflichtige Beträge nach § 52 Abs. 21 Sätze 5 und 6 EStG geltend macht (vgl. dazu die Ausführungen zu 7.7.3 und 7.7.4).

Darüber hinaus behält die Vorschrift des § 46 Abs. 2 Nr. 8 Buchst. a EStG ihre Bedeutung natürlich auch für die Fälle, in denen der Steuerpflichtige von der Möglichkeit, nach § 39 a Abs. 1 Nr. 5 EStG einen entsprechenden Freibetrag auf seiner Lohnsteuerkarte eintragen zu lassen, keinen Gebrauch gemacht hat.

Von besonderer Bedeutung ist die Vorschrift des § 46 Abs. 2 Nr. 8 Buchst. a EStG wie bisher für einen Arbeitnehmer, der nicht bereits von Amts wegen veranlagt werden muß und dessen Einkünfte aus nichtselbständiger Arbeit ganz oder zum Teil nach § 34 Abs. 1 EStG begünstigt sind. Ein solcher Arbeitnehmer kann zur Erlangung des begünstigten Steuersatzes nach § 34 Abs. 1 EStG die Durchführung einer Veranlagung beantragen (§ 34 Abs. 3 EStG ist ab VZ 1990 im Lohnsteuer-Jahresausgleich zu berücksichtigen).

Beispiel:

Ein lediger Steuerpflichtiger hat Einkünfte aus nichtselbständiger Arbeit aus einem Dienstverhältnis (§ 19 EStG) in Höhe von 20 000 DM. In diesen Einkünften ist eine Entschädigung im Sinne des § 24 Nr. 1 Buchst. a EStG als Ersatz für entgangene Einnahmen von vier zurückliegenden Jahren in Höhe von 4000 DM enthalten. Andere Einkünfte liegen nicht vor. Er beantragt eine Veranlagung nach § 46 Abs. 2 Nr. 8 Buchst. a EStG zur Anwendung des § 34 Abs. 1 EStG i. V. mit § 34 Abs. 2 Nr. 2 EStG.

Der Steuerpflichtige kommt nach § 46 Abs. 2 Nr. 8 Buchst. a EStG zur Veranlagung. Unabhängig davon, ob bereits beim Lohnsteuerabzug die sonstigen Bezüge begünstigt besteuert worden sind oder nicht, verbleibt dem Steuerpflichtigen aus § 46 Abs. 2 Nr. 8 Buchst. a EStG die Möglichkeit, die Einkommensteuer für die Entschädigung im Sinne des § 24 Nr. 1 Buchst. a EStG nach den Grundsätzen des § 34 Abs. 1 i. V. mit § 34 Abs. 2 Nr. 2 EStG im Wege der Veranlagung berechnen zu lassen.

Wie bisher kann darüber hinaus nach § 46 Abs. 2 Nr. 8 Buchst. a EStG eine Veranlagung auch beantragt werden, um die Anwendung der Vorschriften des § 34 c EStG (Steuerermäßigung bei ausländischen Einkünften), des § 34 f (Steuerermäßigung für Steuerpflichtige mit Kindern bei Inanspruchnahme erhöhter Absetzungen für Wohngebäude oder der Steuerbegünstigung für eigengenutztes Wohneigentum) und des § 35 EStG (Steuerermäßigung bei Belastung mit Erbschaftsteuer) zu erreichen.

Sind in den Einkünften, die nicht der Lohnsteuer zu unterwerfen waren, keine Verluste enthalten und sollen auf sie die Vorschriften der § 34 Abs. 1, §§ 34 c und 35 EStG angewandt werden, so findet keine Veranlagung nach § 46 Abs. 2 Nr. 8 Buchst. a EStG statt, wenn diesen Einkünften ein Härteausgleichsbetrag (§ 46 Abs. 3 EStG) in gleicher Höhe gegenüberstehen würde (BFH, BStBl 1972 II S. 278).

Beispiel:

Ein lediger Steuerpflichtiger hat folgende Einkünfte:

Nichtselbständige Arbeit (§ 19 EStG)	20 000 DM
Selbständige Arbeit (§ 18 EStG)	800 DM

Der Steuerpflichtige beantragt eine Veranlagung nach § 46 Abs. 2 Nr. 8 Buchst. a EStG zur Anwendung des § 34 Abs. 1 EStG.

Da die Einkünfte, die nicht der Lohnsteuer zu unterwerfen waren, nicht mehr als 800 DM betragen, kommt der Härteausgleich des § 46 Abs. 3 EStG mit 800 DM zur Anwendung. Dadurch bleiben die nach § 34 Abs. 1 EStG begünstigten Einkünfte in voller Höhe einkommensteuerfrei. Eine weitergehende Begünstigung ist nicht möglich.

Sind jedoch in den Einkünften, die nicht der Lohnsteuer zu unterwerfen waren, auch Verluste enthalten, so kann nach dem BFH-Urteil (BStBl 1972 II S. 278) wegen der Einkünfte i. S. der § 34 Abs. 1, §§ 34 c und 35 EStG eine Veranlagung nach § 46 Abs. 2 Nr. 8 Buchst. a EStG durchgeführt werden.

Beispiel:

Ein Stpfl. hat folgende Einkünfte:

Selbständige Arbeit (§§ 18, 34 Abs. 1 EStG)	1 511 DM
Nichtselbständige Arbeit (§ 19 EStG)	20 000 DM
Vermietung und Verpachtung (§ 21 EStG)	∕ 1 411 DM

Der Stpfl. beantragt die Veranlagung nach § 46 Abs. 2 Nr. 8 Buchst. a EStG.

Der Stpfl. ist nach § 46 Abs. 2 Nr. 8 Buchst. a EStG zu veranlagen. Bei der Veranlagung ist der Härteausgleich nach § 46 Abs. 3 EStG mit 100 DM zu berücksichtigen. Tariflich begünstigt nach § 34 Abs. 1 EStG sind die Einkünfte aus selbständiger Arbeit mit 1511 DM ∕ 100 DM (Härteausgleich), also mit 1411 DM. Der Vermietungsverlust wird mit den Einkünften aus nichtselbständiger Arbeit ausgeglichen.

9.3.3.3.4 Veranlagung zur Berücksichtigung von Verlusten (§ 46 Abs. 2 Nr. 8 Buchst. b EStG)

Ein Arbeitnehmer ist nach § 46 Abs. 2 Nr. 8 Buchst. b EStG zu veranlagen, wenn die Veranlagung beantragt wird zur Berücksichtigung von Verlusten aus einer anderen Einkunftsart als derjenigen aus nichtselbständiger Arbeit. Voraussetzung für die Durchführung einer Veranlagung nach § 46 Abs. 2 Nr. 8 Buchst. b EStG ist, daß die Einkünfte aus einer anderen Einkunftsart als derjenigen aus nichtselbständiger Arbeit insgesamt einen Verlust ergeben und eine Veranlagung nicht schon aus einem anderen Grunde durchzuführen ist.

Zur Berücksichtigung von Verlusten aus einer anderen Einkunftsart als derjenigen aus nichtselbständiger Arbeit kann eine Veranlagung nach der Neufassung des Buchst. b des § 46 Abs. 2 Nr. 8 EStG bereits dann beantragt und durchgeführt werden, wenn die Einkünfte, von denen der Steuerabzug vom Arbeitslohn nicht vorgenommen worden ist, nach Abzug des Freibetrags nach § 13 Abs. 3 EStG zusammen einen Verlustbetrag ergeben.

Beispiel:

Ein Arbeitnehmer hat neben Einkünften aus nichtselbständiger Arbeit Einkünfte aus Land- und Forstwirtschaft in Höhe von 5000 DM und Verluste aus Vermietung und Verpachtung in Höhe von 4500 DM.

Da nach Abzug des Freibetrags nach § 13 Abs. 3 EStG Einkünfte aus Land- und Forstwirtschaft in Höhe von (5000 DM ╱ 2000 DM =) 3000 DM verbleiben, ergibt sich insgesamt ein Verlustbetrag in Höhe von (4500 DM ╱ 3000 DM =) 1500 DM, so daß auf Antrag eine Veranlagung durchzuführen ist.

Bis zum VZ 1989 kommt eine Veranlagung nach § 46 Abs. 2 Nr. 8 Buchst. b EStG dagegen nicht in Betracht, weil sich insgesamt kein Verlustbetrag ergibt.

Ob der verbleibende Verlustbetrag bei der Veranlagung als solcher anzusetzen oder im Rahmen der Anwendung des Progressionsvorbehalts nach § 32 b Abs. 2 Nr. 2 EStG zu berücksichtigen ist, ist ohne Bedeutung. Handelt es sich bei den Verlustbeträgen um ausländische Verluste, die nach einem Doppelbesteuerungsabkommen bei der Berechnung des zu versteuernden Einkommens außer Ansatz geblieben sind, so ist daher zur Anwendung des negativen Progressionsvorbehalts ebenfalls auf Antrag eine Veranlagung durchzuführen (vgl. auch Abschn. 217 Abs. 3 EStR und Abschn. 149 Abs. 3 LStR).

Ist wegen eines Verlustes aus Vermietung und Verpachtung, der sich bei Inanspruchnahme erhöhter Absetzungen nach § 7 b EStG oder nach § 14 a oder § 15 BerlinFG für ein Kalenderjahr voraussichtlich ergeben wird, bereits nach § 39 a Abs. 1 Nr. 5 EStG ein Freibetrag auf der Lohnsteuerkarte eingetragen, so muß nach § 46 Abs. 2 Nr. 4 EStG bereits von Amts wegen eine Veranlagung durchgeführt werden. Eine Veranlagung nach § 46 Abs. 2 Nr. 8 Buchst. b EStG kommt daher in einem solchen Fall nicht in Betracht.

9.3.3.3.5 Veranlagung zur Berücksichtigung von Verlustabzügen (§ 46 Abs. 2 Nr. 8 Buchst. c EStG)

Die Vorschrift gilt für Arbeitnehmer, die von Amts wegen nicht veranlagt werden, aber einen Verlustabzug nach Maßgabe des § 10 d Satz 1 oder Satz 4 EStG geltend machen. Zur Berechnung der Antragsfrist s. 7.5.5.3.

Nach der Vorschrift des § 10 d Abs. 1 Satz 1 EStG sind Verluste, die bei der Ermittlung des Gesamtbetrags der Einkünfte nicht ausgeglichen werden, bis zu einem Betrag von insgesamt 10 Millionen DM wie Sonderausgaben vom Gesamtbetrag der Einkünfte des zweiten dem Veranlagungszeitraum vorangegangenen Veranlagungszeitraums abzuziehen; soweit ein Abzug danach nicht möglich ist, sind sie vom Gesamtbetrag der Einkünfte des ersten dem Veranlagungszeitraum vorangegangenen Veranlagungszeitraums abzuziehen, vgl. 7.5.2.2.

Beispiel:

Ein lediger Stpfl. hat im VZ 03 folgende Einkünfte:

Nichtselbständige Arbeit	32 000 DM
Vermietung und Verpachtung	╱ 52 000 DM

Der Vermietungsverlust in Höhe von 52 000 DM kommt mit einem Teilbetrag von 32 000 DM in diesem VZ zum Ausgleich (Verlustausgleich).

Der nicht zum Ausgleich gekommene Verlustbetrag in Höhe von (52 000 DM ⅄ 32 000 DM =) 20 000 DM kann nach § 10 d Abs. 1 Satz 1 EStG wie eine Sonderausgabe vom Gesamtbetrag der Einkünfte des Veranlagungszeitraums 01 und soweit das nicht möglich ist, vom Gesamtbetrag der Einkünfte des Veranlagungszeitraums 02 abgezogen werden.

Sind für die vorangegangenen Veranlagungszeiträume bereits Steuerbescheide erlassen worden, so sind sie insoweit zu ändern, als der Verlustabzug zu gewähren oder zu berichtigen ist (§ 10 d Abs. 1 Sätze 1 und 2 EStG).

Soweit die nicht ausgeglichenen Verluste den Betrag von insgesamt 10 Mio. DM übersteigen, sind diese nach § 10 d Abs. 2 EStG in den folgenden Veranlagungszeiträumen wie Sonderausgaben vom Gesamtbetrag der Einkünfte abzuziehen.

Bis zum Gesamtbetrag von 10 Mio. DM können die nicht ausgeglichenen Verluste eines Veranlagungszeitraums nach § 10 d EStG ebenfalls in den folgenden Veranlagungszeiträumen wie Sonderausgaben vom Gesamtbetrag der Einkünfte abgezogen werden, soweit ein Abzug in den beiden vorangegangenen Veranlagungszeiträumen nicht möglich ist. Wegen weiterer Einzelheiten wird auf 7.5 verwiesen.

9.3.3.3.6 Veranlagung zur Anrechnung von Kapitalertragsteuern auf die Steuerschuld (§ 46 Abs. 2 Nr. 8 Buchst. d EStG)

Die Vorschrift des § 46 Abs. 2 Nr. 8 Buchst. d EStG ist nur anwendbar, wenn die Einkünfte, die nicht der Lohnsteuer zu unterwerfen waren, insgesamt nicht mehr als 800 DM betragen. Regelmäßig führt die Veranlagung dann zur Erstattung der einbehaltenen Kapitalertragsteuer.

Beispiel:

Ein lediger Steuerpflichtiger, unter 64 Jahre alt, hat folgende Einkünfte:

Nichtselbständige Arbeit (§ 19 EStG)	20 000 DM
Kapitalvermögen (§ 20 EStG)	600 DM

Bei den Einkünften aus Kapitalvermögen ist nach §§ 43, 44 EStG ein Kapitalertragsteuerabzug mit 25 v. H. vorgenommen worden.

Der Steuerpflichtige wird auf Antrag hin nach § 46 Abs. 2 Nr. 8 Buchst. d EStG veranlagt. Bei der Veranlagung ist der Härteausgleich nach § 46 Abs. 3 EStG mit 600 DM zu gewähren. Ergebnismäßig bedeutet dies, daß der Steuerpflichtige grundsätzlich die einbehaltene Kapitalertragsteuer erstattet erhält.

9.3.3.3.7 Veranlagung zur Anrechnung von Körperschaftsteuer auf die Steuerschuld (§ 46 Abs. 2 Nr. 8 Buchst. e EStG)

Nach § 36 Abs. 2 EStG wird auf die Einkommensteuer grundsätzlich auch die Körperschaftsteuer einer unbeschränkt körperschaftsteuerpflichtigen Körperschaft oder Personenvereinigung in Höhe von 9/16 der Einnahmen i. S. des § 20 Abs. 1 Nr. 1 oder 2 EStG angerechnet. Diese Anrechnung auch Arbeitnehmern zu ermöglichen, die nicht zu veranlagen sind, ist Zweck der Vorschrift des § 46 Abs. 2 Nr. 8 Buchst. e EStG. Regelmäßig wird neben der Anrechnung von

Körperschaftsteuer nach § 36 Abs. 2 Nr. 3 EStG auch eine Anrechnung von Kapitalertragsteuer nach § 36 Abs. 2 Nr. 2 EStG in Betracht kommen und werden damit beide Antragsgründe (§ 46 Abs. 2 Nr. 8 Buchst. d und e EStG) bei einem Stpfl. vorliegen. Ist Kapitalertragsteuer nicht einbehalten worden, der Stpfl. z. B. vom Kapitalsteuerabzug befreit, ergibt sich aus § 46 Abs. 2 Nr. 8 Buchst. e EStG die Antragsmöglichkeit zur Anrechnung der anrechenbaren Körperschaftsteuer auf die Steuerschuld.

Beispiel:
Ein lediger Stpfl. bezieht neben seinem Arbeitslohn lediglich Einkünfte aus Kapitalvermögen. Der Stpfl. kommt von Amts wegen nicht zur Veranlagung. Die Einnahmen aus Kapitalvermögen betrugen in diesem VZ:

Gewinnanteil einschließlich einbehaltener Kapitalertragsteuer	512 DM
anzurechnende Körperschaftsteuer	288 DM
	800 DM

Der Stpfl. wird auf Antrag (§ 46 Abs. 2 Nr. 8 Buchst. d und e EStG) zur Einkommensteuer veranlagt. Bei der Veranlagung sind die Einkünfte aus Kapitalvermögen mit 100 DM anzusetzen.

Einnahmen	800 DM
Werbungskosten-Pauschbetrag	100 DM
Sparer-Freibetrag	600 DM
Einkünfte	100 DM

Auf diese Einkünfte ist der Härteausgleich des § 46 Abs. 3 EStG anzuwenden. Ergebnismäßig bedeutet dies, daß der Stpfl. grundsätzlich die einbehaltene Kapitalertragsteuer in Höhe von 128 DM und die anzurechnende Körperschaftsteuer in Höhe von 288 DM erstattet erhält.

9.3.4 Härteausgleich nach § 46 Abs. 3 EStG

In den Fällen des § 46 Abs. 2 Nr. 1 bis 7 und 8 Buchst. a, c, d und e EStG ist nach § 46 Abs. 3 Satz 1 EStG ein Betrag in Höhe der einkommensteuerpflichtigen Einkünfte, die nicht der Lohnsteuer zu unterwerfen waren, vom Einkommen abzuziehen, wenn diese Einkünfte insgesamt nicht mehr als 800 DM betragen. Der abzuziehende Betrag vermindert sich nach 46 Abs. 3 Satz 2 EStG jedoch ggf. um den Altersentlastungsbetrag, soweit dieser 40 v. H. des Arbeitslohns mit Ausnahme der Versorgungsbezüge i. S. des § 19 Abs. 2 EStG übersteigt und, ab VZ 1990, um den nach § 13 Abs. 3 EStG zu berücksichtigenden Betrag.

Wenn eine Veranlagung nach § 46 Abs. 1 EStG erfolgt, weil das Einkommen mehr als 54 000 DM bzw. 27 000 DM beträgt, findet der Härteausgleich nach § 46 Abs. 3 EStG nicht statt. Im Fall des § 46 Abs. 2 Nr. 8 Buchst. b EStG ist für den Härteausgleich kein Raum, weil dieser Tatbestand voraussetzt, daß die Summe der Einkünfte, die nicht der Lohnsteuer zu unterwerfen waren, zusammen einen Verlustbetrag ergibt.

Bestehen die Einkünfte, die nicht der Lohnsteuer zu unterwerfen waren, sowohl aus positiven als auch aus negativen Einkünften (Verlusten), so wird ein Härteausgleich nach § 46 Abs. 3 EStG gewährt, wenn die Summe dieser Einkünfte einen positiven Einkunftsbetrag von nicht mehr als 800 DM ergibt. Das gilt auch in den Fällen der Zusammenveranlagung von Ehegatten, in denen der eine Ehegatte positive und der andere Ehegatte negative Einkünfte, die nicht der Lohnsteuer zu unterwerfen waren, bezogen hat, und im Fall der Veranlagung nach § 46 Abs. 2 Nr. 4 EStG (Abschn. 219 Sätze 1 und 2 EStR).

Beispiel:

Ehegatten, beide unter 64 Jahre alt, werden nach § 46 Abs. 2 EStG veranlagt. Neben Einkünften aus nichtselbständiger Arbeit haben sie im VZ noch andere steuerpflichtige Einkünfte in folgender Höhe erzielt:

	Fall A	Fall B	Fall C	Fall D
Ehemannn	600 DM	300 DM	./. 2000 DM	./. 2000 DM
Ehefrau	0 DM	400 DM	2500 DM	600 DM
	600 DM	700 DM	500 DM	./. 1400 DM

Wählen die Ehegatten die **Zusammenveranlagung** nach den §§ 26, 26 b EStG, so ist bei der Zusammenveranlagung ein Härteausgleich nach § 46 Abs. 3 EStG wie folgt zu berücksichtigen:

Fall A	Fall B	Fall C	Fall D
600 DM	700 DM	500 DM	0 DM

Wählen die Ehegatten eine **getrennte Veranlagung** nach den §§ 26, 26 a EStG, so ist bei den getrennten Veranlagungen der Ehegatten ein Härteausgleich nach § 46 Abs. 3 EStG wie folgt zu berücksichtigen:

	Fall A	Fall B	Fall C	Fall D
Ehemann	600 DM	300 DM	0 DM	0 DM
Ehefrau	0 DM	400 DM	0 DM	600 DM

Enthalten die Einkünfte, die nicht der Lohnsteuer zu unterwerfen waren, Einkünfte i. S. der § 34 Abs. 1, §§ 34 b, 34 c Abs. 4 EStG und Einkünfte, für die eine Steuerermäßigung gewährt wird, so ist für die Ermittlung der Einkommensteuer der Ausgleichsbetrag nach § 46 Abs. 3 EStG zunächst von den übrigen Einkünften abzuziehen, die nicht der Lohnsteuer zu unterwerfen waren. Von den begünstigten Einkünften wird der Ausgleichsbetrag sodann in der Reihenfolge abgezogen, die zu dem für den Stpfl. günstigsten Ergebnis führt.

Das gilt auch, wenn die Einkünfte, die nicht der Lohnsteuer zu unterwerfen waren, zum Teil aus Verlusten bestehen. Nach der Rechtsprechung sind für die Besteuerung der nach § 34 Abs. 1, §§ 34 b, 34 c Abs. 4 EStG begünstigten Einkünfte und der Einkünfte, für die eine Steuerermäßigung gewährt wird, die Verluste zunächst mit den nicht begünstigten Einkünften (einschließlich der Einkünfte aus nichtselbständiger Arbeit) auszugleichen (BFH, BStBl 1963 III S. 379, 1972 II S. 278).

Ist bei der Veranlagung ein **Altersentlastungsbetrag** nach § 24 a EStG zu berücksichtigen, so vermindert sich der Härteausgleich nach § 46 Abs. 3 EStG um den Altersentlastungsbetrag, soweit dieser 40 v. H. des Arbeitslohns mit Ausnahme der Versorgungsbezüge i. S. des § 19 Abs. 2 EStG übersteigt, und um den nach § 13 Abs. 3 EStG zu berücksichtigenden Betrag (§ 46 Abs. 3 Satz 2 EStG). Mit dieser Regelung soll eine doppelte Entlastung durch den Altersentlastungsbetrag gem. § 24 a EStG, den Betrag nach § 13 Abs. 3 EStG und den Härteausgleich nach § 46 Abs. 3 EStG verhindert werden.

Beispiele:

a) Ein Arbeitnehmer, der vor dem Beginn des Kalenderjahres, in dem er sein Einkommen bezogen hat, das 64. Lebensjahr vollendet hatte, wird auf Antrag z. B. nach § 46 Abs. 2 Nr. 8 Buchst. a EStG veranlagt und hatte im VZ folgende Einkünfte bzw. Einnahmen:

Fall A

Arbeitslohn (keine Versorgungsbezüge)	12 000 DM
Vermietungseinkünfte	600 DM

Fall B

Arbeitslohn (keine Versorgungsbezüge)	9 000 DM
Vermietungseinkünfte	600 DM

Im **Fall A** ergibt sich keine Kürzung des Härteausgleichs für die Vermietungseinkünfte von 600 DM, weil der Altersentlastungsbetrag von 40 v. H. von 12 000 DM = 4800 DM, höchstens 3720 DM, bereits durch den Arbeitslohn erreicht wird.

Im **Fall B** beträgt der Altersentlastungsbetrag 40 v. H. von 9600 DM = 3480 DM, höchstens 3720 DM. Auf den Arbeitslohn entfallen nur 3600 DM (40 v. H. von 9000 DM). Der Höchstbetrag wird also um 120 DM unterschritten. Um diesen Betrag ist der Härteausgleich von 600 DM auf 480 DM zu kürzen.

b) Ein 65jähriger lediger Arbeitnehmer, auf dessen Lohnsteuerkarte ein Freibetrag im Sinne des § 39 a Abs. 1 Nr. 5 EStG eingetragen worden ist, hat neben seinen Einkünften aus nichtselbständiger Arbeit (Ruhegeld) einen Gewinn aus Land- und Forstwirtschaft von 4500 DM und einen Verlust aus Vermietung und Verpachtung von 500 DM erzielt, so daß die positive Summe dieser Einkünfte 4000 DM beträgt.

Eine Veranlagung nach § 46 Abs. 2 Nr. 1 EStG kommt nicht in Betracht, weil von der Summe der einkommensteuerpflichtigen Einkünfte, die nicht dem Lohnsteuerabzug unterlegen haben (4000 DM), der Betrag nach § 13 Abs. 3 EStG (2000 DM) und der Altersentlastungsbetrag nach § 24 a EStG (40 v. H. von 4000 DM = 1600 DM) abzuziehen sind, so daß 400 DM verbleiben.

Die Veranlagung erfolgt gem. § 46 Abs. 2 Nr. 4 EStG. Als Härteausgleich ist gem. § 46 Abs. 3 EStG ein Betrag von 400 DM vom Einkommen abzuziehen, der sich wie folgt errechnet: 4000 DM abzüglich 2000 DM (§ 13 Abs. 3 EStG), abzüglich 1600 DM (§ 24 a EStG).

9.3.5 Härteausgleich nach § 70 EStDV

Betragen in den Fällen des § 46 Abs. 2 Nr. 1 bis 7 EStG die Einkünfte, von denen der Steuerabzug vom Arbeitslohn nicht vorgenommen worden ist, insgesamt mehr als 800 DM, aber nicht mehr als 1600 DM, so ist vom Einkommen der Betrag abzuziehen, um den die bezeichneten Einkünfte insgesamt niedriger als 1600 DM sind. Der Betrag nach Satz 1 vermindert sich um den Altersentlastungsbetrag (§ 24 a EStG), soweit dieser 40 v. H. des Arbeitslohns mit Ausnahme der Versorgungsbezüge i. S. des § 19 Abs. 2 EStG übersteigt, höchstens jedoch um 40 v. H. (§ 70 EStDV). Bei der Anwendung des Härteausgleichs nach § 70 EStDV sind die Grundsätze, wie sie zuvor zum Härteausgleich nach § 46 Abs. 3 EStG dargestellt worden sind, entsprechend anzuwenden.

Beispiel:

Ehegatten, beide unter 64 Jahre alt, werden nach § 46 Abs. 2 EStG veranlagt. Neben Einkünften aus nichtselbständiger Arbeit haben sie im VZ noch folgende steuerpflichtige Einkünfte erzielt:

	Fall A	Fall B	Fall C	Fall D
Ehemann	900 DM	1000 DM	1800 DM	800 DM
Ehefrau	100 DM	400 DM	∕ 500 DM	1400 DM
	1000 DM	1400 DM	1300 DM	2200 DM

Wählen die Ehegatten die **Zusammenveranlagung** nach den §§ 26, 26 b EStG, so ist bei der Zusammenveranlagung ein Härteausgleich nach § 70 EStDV wie folgt zu berücksichtigen:

Fall A	Fall B	Fall C	Fall D
600 DM	200 DM	300 DM	0 DM

Wählen die Ehegatten die **getrennte Veranlagung** nach den §§ 26, 26 a EStG, so ist bei den getrennten Veranlagungen der Ehegatten ein Härteausgleich nach § 46 Abs. 3 EStG bzw. § 70 EStDV wie folgt zu berücksichtigen:

	Fall A	Fall B	Fall C	Fall D
Ehemann	700 DM	600 DM	0 DM	800 DM
Ehefrau	100 DM	400 DM	0 DM	200 DM

Das Beispiel zeigt auf, daß sich der jeweilige Ausgleichsbetrag nach Abzug der nicht in Arbeitslohn bestehenden Einkünfte von dem Betrag von 1600 DM ergibt; betragen diese Einkünfte z. B. 1100 DM, so beträgt der Ausgleichsbetrag (1600 DM ∕ 1100 DM =) 500 DM.

Um eine doppelte Entlastung zu vermeiden, ist auch der Ausgleichsbetrag des § 70 EStDV um den Altersentlastungsbetrag (§ 24 a EStG) zu vermindern, soweit dieser 40 v. H. des Arbeitslohns mit Ausnahme der Versorgungsbezüge i. S. des § 19 Abs. 2 EStG übersteigt, höchstens jedoch um 40 v. H. (§ 70 Satz 2 EStDV).

Beispiel:
Ein Arbeitnehmer, der vor dem Beginn des Kalenderjahres, in dem er sein Einkommen bezogen hat, das 64. Lebensjahr vollendet hat, wird nach § 46 Abs. 2 EStG veranlagt und hatte im VZ 1990 folgende Einkünfte bzw. Einnahmen:

Fall A

Arbeitslohn (keine Versorgungsbezüge)	10 000 DM
Vermietungseinkünfte	1 000 DM

Fall B

Arbeitslohn (keine Versorgungsbezüge)	7 000 DM
Vermietungseinkünfte	1 000 DM

Fall C

Arbeitslohn (keine Versorgungsbezüge)	6 000 DM
Vermietungseinkünfte	1 000 DM

Fall D

Versorgungsbezüge	10 000 DM
Arbeitslohn aus aktivem Dienstverhältnis	6 000 DM
Einkünfte aus selbst. Arbeit	3 000 DM
Vermietungseinkünfte	∕ 2 000 DM

Im Fall A beträgt der Altersentlastungsbetrag (40 v. H. von 11 000 DM =) 4400 DM, höchstens 3720 DM. Er entfällt voll auf den Arbeitslohn, so daß der Ausgleichsbetrag nach § 70 EStDV unvermindert mit (1600 DM ∕ 1000 DM =) **600 DM** berücksichtigt wird.

Im Fall B beträgt der Altersentlastungsbetrag (40 v. H. von 8000 DM =) 3200 DM, höchstens 3720 DM. Er entfällt mit 40 v. H. von 7000 DM = 2800 DM auf den Arbeitslohn und mit 400 DM auf die Vermietungseinkünfte. Der Ausgleichsbetrag des § 70 EStDV von (1600 DM ∕ 1000 DM =) 600 DM vermindert sich um 400 DM auf **200 DM.**

Im Fall C beträgt der Altersentlastungsbetrag (40 v. H. von 7000 DM =) 2800 DM. Er entfällt mit 40 v. H. von 6000 DM = 2400 DM auf den Arbeitslohn und mit 40 v. H. von 1000 DM = 400 DM auf die Vermietungseinkünfte. Der Ausgleichsbetrag des § 70 EStDV von (1600 DM ∕ 1000 DM =) 600 DM vermindert sich um den Altersentlastungsbetrag, der auf die Vermietungseinkünfte entfällt (= 400 DM), höchstens jedoch um (40 v. H. von 600 DM =) 240 DM auf **360 DM.**

Im Fall D entspricht die Lösung dem Ergebnis des Falles C. Die Versorgungsbezüge scheiden für die Berechnung aus, so verbleibt ein Arbeitslohn in Höhe von 6000 DM und eine positive Summe der übrigen Einkünfte in Höhe von (3000 DM ∕ 2000 DM =) 1000 DM. Der Ausgleichsbetrag des § 70 EStDV beträgt wie im Fall C = **360 DM.**

10 Ermittlung der tariflichen Einkommensteuer

10.1 Allgemeines

Was unter der tariflichen Einkommensteuer zu verstehen ist, ist im EStG nicht ganz eindeutig geregelt. Aus § 2 Abs. 6 EStG ergibt sich, daß es sich bei der tariflichen Einkommensteuer um die Einkommensteuer handelt, die noch nicht um etwaige Steuerermäßigungen gemindert ist. Wie sich aus § 32 a Abs. 1 EStG ergibt, ist als tarifliche Einkommensteuer nicht nur der Steuerbetrag anzusehen, der sich aus der Anwendung des in dieser Vorschrift bestimmten Tarifs ergibt. Bei der Ermittlung der tariflichen Einkommensteuer sind ggf. auch die besonderen Steuersätze zu berücksichtigen, die sich aus den §§ 32 b, 34, 34 b und 34 c EStG ergeben, deren Anwendung in § 32 a Abs. 1 EStG ausdrücklich vorbehalten geblieben ist (BFH, BStBl 1986 II S. 902).

Von den besonderen Steuersätzen bei Anwendung der §§ 32 b, 34, 34 b und 34 c Abs. 4 EStG abgesehen, ergibt sich der anzuwendende Steuersatz aus dem allgemeinen Einkommensteuertarif des § 32 a EStG. Zu unterscheiden ist dabei zwischen dem Grundtarif und dem sog. Splittingtarif nach § 32 a Abs. 5 und 6 EStG.

Bei Anwendung des Einkommensteuertarifs ist das zu versteuernde Einkommen nach § 32 a Abs. 2 EStG jeweils auf den nächsten durch 54 ohne Rest teilbaren vollen DM-Betrag abzurunden.

10.2 Grundtarif, Splitting

10.2.1 Veranlagungsarten und Tarif

Die durchzuführende Einkommensteuerveranlagung ist entweder eine Einzelveranlagung, eine getrennte Veranlagung, eine Zusammenveranlagung oder eine besondere Veranlagung. Den einzelnen Veranlagungsarten entspricht, wie die nachstehende Übersicht zeigt, grundsätzlich auch ein bestimmter Tarif.

Es erfolgen
– die getrennte Veranlagung nach § 26 a EStG stets zum Grundtarif und
– die Zusammenveranlagung nach den §§ 26, 26 b EStG stets nach dem Splittingverfahren.

Bei einer Einzelveranlagung und bei einer besonderen Veranlagung nach § 26 c EStG kann neben dem Grundtarif bei Vorliegen bestimmter Voraussetzungen auch der Tarif anzuwenden sein, der sich aus dem Splittingverfahren ergibt.

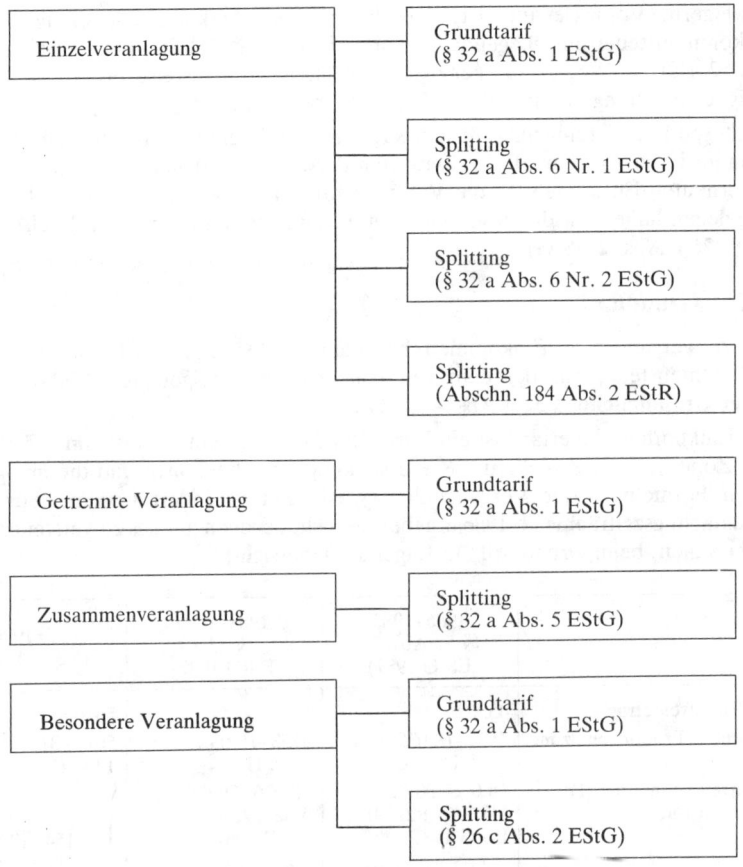

Einzelveranlagung	Grundtarif (§ 32 a Abs. 1 EStG)
	Splitting (§ 32 a Abs. 6 Nr. 1 EStG)
	Splitting (§ 32 a Abs. 6 Nr. 2 EStG)
	Splitting (Abschn. 184 Abs. 2 EStR)
Getrennte Veranlagung	Grundtarif (§ 32 a Abs. 1 EStG)
Zusammenveranlagung	Splitting (§ 32 a Abs. 5 EStG)
Besondere Veranlagung	Grundtarif (§ 32 a Abs. 1 EStG)
	Splitting (§ 26 c Abs. 2 EStG)

Die Einzelveranlagung verwitweter Personen wird unter den Voraussetzungen des § 32 a Abs. 6 Nr. 1 EStG zum Splitting durchgeführt. Außerdem wird das Splitting auch bei einer Person, deren Ehe im VZ durch Tod, Scheidung oder Aufhebung aufgelöst worden ist, angewendet, wenn in diesem VZ bei den Ehegatten der aufgelösten Ehe die Voraussetzungen des § 26 Abs. 1 Satz 1 EStG vorgelegen haben, der andere Ehegatte jedoch wieder geheiratet hat und bei diesem und seinem neuen Ehegatten die Voraussetzungen des § 26 Abs. 1 Satz 1 EStG ebenfalls vorliegen (§ 32 a Abs. 6 Nr. 2 EStG). Aus Billigkeitsgründen wird das Splitting nach Abschn. 184 Abs. 2 EStR auch dann angewendet, wenn bei nicht dauernd getrennt lebenden Ehegatten die Voraussetzungen des § 26 Abs. 1 Satz 1 EStG nur deshalb nicht vorliegen, weil einer der Ehegatten seinen Wohnsitz oder gewöhnlichen Aufenthalt in der DDR oder in Berlin (Ost) oder in einem Ostblockstaat hat, dessen Behörden die Ausreise aus politischen Gründen verweigern. Voraussetzung ist, daß dieser Ehegatte keine inländischen, der Einkommensteuer unterliegende Einkünfte i. S. des § 49 EStG hat (Abschn. 184 Abs. 2 EStR). Wegen des generellen Wegfalls der Ausreiseverbote ist diese Billigkeitsregelung bis einschließlich 1990 befristet worden.

Die besondere Veranlagung für den VZ der Eheschließung wird regelmäßig zum Grundtarif durchgeführt. Bei verwitweten Personen, bei denen zu Beginn des VZ der erneuten Eheschließung die Voraussetzungen des § 32 a Abs. 6 Nr. 1 EStG vorgelegen haben, ist die besondere Veranlagung zum Splittingtarif durchzuführen (§ 26 c Abs. 2 EStG).

10.2.2 Grundtarif

Für zu versteuernde Einkommen bis 120 041 DM ergibt sich die tarifliche Einkommensteuer aus der dem EStG als Anlage 1 beigefügten **Einkommensteuer-Grundtabelle** (§ 32 a Abs. 4 EStG).

Der Einkommensteuertarif ist ein Formeltarif mit vier Zonen (bis zum VZ 1989: fünf Zonen). Zum Zwecke der Steuersenkung sind die Zonen und die maßgeblichen Formeln in der Vergangenheit wiederholt verändert worden. Für die Veranlagungszeiträume ab 1986 ergeben sie sich, bezogen auf das zu versteuernde Einkommen, beim Grundtarif aus folgender Übersicht:

	1986–1987 (§ 52 Abs. 22 EStG 1987)	1988–1989 (§ 32 a EStG 1987)	ab 1990 (§ 32 a EStG)
1. Grundfreibetrag	4536	4752	5616
2. Untere Proportionalzone Steuersatz	4537–18 035 22 v. H.	4753–18 035 22 v. H.	5617–8153 19 v. H.
3. Progressionszone (I) Tarifformel	18 036–80 027 § 52 Abs. 22 Nr. 3 EStG 1987	18 036–80 027 § 32 a Abs. 1 Nr. 3 EStG 1987	} 8154–120041 § 32 a Abs. 1 Nr. 3 EStG
4. Progressionszone (II) Tarifformel	80 028–130 031 § 52 Abs. 22 Nr. 4 EStG 1987	80 028–130 031 § 32 a Abs. 1 Nr. 4 EStG 1987	}
5. Obere Proportionalzone Steuersatz	ab 130 032 56 v. H.	ab 130 032 56 v. H.	ab 120042 53 v. H.

Hieraus ergibt sich im einzelnen folgendes:

Der Grundfreibetrag beträgt vom VZ 1990 an 5616 DM. Bei Anwendung des Grundtarifs bleibt ein Stpfl. somit einkommensteuerfrei, wenn sein zu versteuerndes Einkommen im Veranlagungszeitraum 5616 DM nicht übersteigt (§ 32 a Abs. 1 Nr. 1 EStG).

Die sich an den Grundfreibetrag anschließende untere Proportionalzone umfaßt vom VZ 1990 an ein zu versteuerndes Einkommen von 5617 bis 8153 DM. Die Einkommensteuer nach dem Grundtarif beträgt in dieser Zone 0,19 x ╱ 1067 DM

(§ 32 a Abs. 1 Nr. 2 EStG). „x" ist das abgerundete zu versteuernde Einkommen. Der Steuersatz innerhalb dieser Zone beträgt somit 19 v. H.; er wird auf den Teil des abgerundeten zu versteuernden Einkommens angewendet, der den Grundfreibetrag übersteigt. Dadurch ergibt sich auch in dieser Proportionalzone eine indirekte Progression.

Beispiel:

Das abgerundete zu versteuernde Einkommen eines ledigen Stpfl. beträgt im VZ 1990 8100 DM.

Die Einkommensteuer nach der Grundtabelle
für 1990 beträgt 0,19 × 8100 DM =   1539 DM
                                      ./. 1067 DM
                                         472 DM

In der folgenden Progressionszone gilt ein Formeltarif. Nach der Grundtabelle beträgt die tarifliche Einkommensteuer vom VZ 1990 an nach § 32 a Abs. 1 Nr. 3 EStG

für zu versteuernde Einkommen von 8154 DM bis 120 041 DM:
(151,94 y + 1900) y + 472;

„y" ist ein Zehntausendstel des 8100 DM übersteigenden Teils des abgerundeten zu versteuernden Einkommens. Die erforderlichen Rechenschritte sind nach § 32 a Abs. 3 EStG vorzunehmen. Für zu versteuernde Einkommen bis zur Höhe von 120 041 DM ergibt sich die tarifliche Einkommensteuer nach § 32 a Abs. 4 EStG aus der dem Einkommensteuergesetz beigefügten Anlage 1 (Einkommensteuer-Grundtabelle).

Für zu versteuernde Einkommen von 120 042 DM an beträgt die tarifliche Einkommensteuer vom VZ 1990 an 0,53 x ./. 22 842 DM.

Beispiel:

Das abgerundete zu versteuernde Einkommen eines ledigen Stpfl. beträgt für 1990 162 000 DM.

Die Einkommensteuer beträgt
0,53 × 162 000 DM =   85 860 DM
                               ./. 22 842 DM
                               63 018 DM

Der Spitzensteuersatz in diesen Veranlagungszeiträumen beträgt somit 53 v. H. (bis zum VZ 1989: 56 v. H.).

10.2.3 Splitting (§ 32 a Abs. 5 EStG)

Bei Ehegatten, die nach den §§ 26, 26 b EStG zusammen zur Einkommensteuer veranlagt werden, beträgt die tarifliche Einkommensteuer vorbehaltlich der §§ 32 b, 34, 34 b und 34 c EStG das Zweifache des Steuerbetrags, der sich für die Hälfte ihres gemeinsam zu versteuernden Einkommens nach § 32 a Abs. 1 bis 3 EStG ergibt (Splittingverfahren).

Für zu versteuernde Einkommen bis 240 083 DM ist dem EStG als Anlage 2 eine **Einkommensteuer-Splittingtabelle** beigefügt (§ 32 a Abs. 5 EStG).

Beispiel:

Das zu versteuernde Einkommen zusammen zu veranlagender Ehegatten beträgt:
a) 60 000 DM   b) 120 000 DM   c) 240 000 DM
Die Einkommensteuer für die Ehegatten nach dem Splitting-Verfahren berechnet
sich wie folgt:

	Zu a)	Zu b)	Zu c)
Zu versteuerndes Einkommen	60 000 DM	120 000 DM	240 000 DM
davon die Hälfte	30 000 DM	60 000 DM	120 000 DM
davon die ESt nach			
der Grundtabelle	5 354 DM	14 423 DM	40 751 DM
das Zweifache davon	10 708 DM	28 846 DM	81 502 DM

Das Splitting bewirkt, daß bei Ehegatten das zu versteuernde Einkommen zu
gleichen Teilen (50 : 50) auf beide Ehegatten verteilt besteuert und daher die
höchstmögliche **Progressionsmilderung** erreicht wird. In der Anwendung des
Splittingverfahrens liegt die Ehegattenvergünstigung. Die Auswirkung des Splittingtarifs gegenüber dem Grundtarif bei der Besteuerung von Ehegatten soll das
nachstehende Beispiel verdeutlichen.

Beispiel:

Das zu versteuernde Einkommen 1990 zusammen zu veranlagender Ehegatten
beträgt 48 000 DM. Der Anteil der einzelnen Ehegatten an diesem zu versteuernden
Einkommen beträgt 1990:

	Ehemann	Ehefrau
im Fall a)	48 000 DM	0 DM
im Fall b)	36 000 DM	12 000 DM
im Fall c)	24 000 DM	24 000 DM

Wählen die Ehegatten die **Zusammenveranlagung**, beträgt für das zu versteuernde
Einkommen von 48 000 DM die tarifliche Einkommensteuer nach der Splittingtabelle **7742 DM**.

Wählen die Ehegatten die **getrennte Veranlagung**, so ergeben sich folgende Ein-
kommensteuern nach der Grundtabelle:

	Fall a)	Fall b)	Fall c)
Ehemann	10 456 DM	6 945 DM	3 871 DM
Ehefrau	0 DM	1 233 DM	3 871 DM
zusammen	10 456 DM	8 178 DM	7 742 DM
ESt lt. Splitting	7 742 DM	7 742 DM	7 742 DM
Splittingvorteil	2 714 DM	436 DM	0 DM

Der Vorteil des Splittingverfahrens zeigt sich in diesem Beispiel in dem Unterschied der Einkommensteuer, die sich bei der Zusammenveranlagung nach dem
Splittingverfahren auf das gemeinsam zu versteuernde Einkommen ergibt, und
der Einkommensteuer, die sich bei einer getrennten Veranlagung der Ehegatten
unter Anwendung der Grundtabelle auf das zu versteuernde Einkommen der
getrennten Veranlagungen ergibt. Die Übersicht zeigt auf, daß der Splittingvorteil
dann am größten ist, wenn nur ein Ehegatte die Einkünfte bezogen hat; der
Vorteil wird geringer, wenn auch der andere Ehegatte mit Einkünften beteiligt ist,
und er beträgt 0 DM, wenn beide Ehegatten mit gleich hohen Besteuerungsgrundlagen an der Veranlagung beteiligt sind. Das Splitting bringt somit den Ehegatten
nicht in allen Fällen einen Vorteil, sondern führt lediglich zu einer **Progressionsmilderung** bei unterschiedlichen Besteuerungsanteilen der Ehegatten.

Aus Billigkeitsgründen ist die Einkommensteuer auch dann nach dem Splitting-verfahren zu berechnen, wenn bei nicht dauernd getrennt lebenden Ehegatten die Voraussetzungen des § 26 Abs. 1 EStG nur deshalb nicht vorliegen, weil einer der Ehegatten seinen Wohnsitz oder gewöhnlichen Aufenthalt z. B. in der DDR oder in Berlin (Ost) hat; s. dazu Abschn. 184 Abs. 2 EStR. Diese Billigkeitsregelung ist letztmals im VZ 1990 anzuwenden.

Auf Personen, die in einer eheähnlichen Lebensgemeinschaft zusammenleben, ist der Splittingtarif nicht anzuwenden (BFH, BStBl 1990 II S. 294).

10.2.4 Verwitwetenregelung

Das Splittingverfahren ist nach § 32 a Abs. 6 Nr. 1 EStG auch bei einem verwitweten Steuerpflichtigen für den VZ anzuwenden, der dem Kalenderjahr folgt, in dem der Ehegatte verstorben ist. Voraussetzung ist jedoch, daß der Steuerpflichtige und sein verstorbener Ehegatte im Zeitpunkt dessen Todes die Voraussetzungen des § 26 Abs. 1 Satz 1 EStG erfüllt haben. Beide Ehegatten müssen daher im Zeitpunkt des Todes des verstorbenen Ehegatten unbeschränkt einkommensteuerpflichtig gewesen sein und nicht dauernd getrennt gelebt haben.

Verwitwet sind solche Personen, deren gültige Ehe durch Tod ihres Ehegatten aufgelöst worden ist. Ist ein Ehegatte vermißt oder verschollen, so gilt er als verheiratet. Wird der Vermißte oder Verschollene für tot erklärt, so gilt der überlebende Ehegatte mit Ablauf des Tages, an dem der Todeserklärungs-beschluß rechtskräftig geworden ist, als verwitwet (§ 49 AO).

Heiratet der überlebende Ehegatte wieder, so kann er auch i. S. des § 32 a Abs. 6 Nr. 1 EStG grundsätzlich nicht mehr als verwitwet angesehen werden. Eine Ausnahme gilt insoweit jedoch, wenn die neue Ehe noch im Jahr des Todes des ersten Ehegatten geschlossen und ebenfalls in diesem Jahr wieder aufgehoben oder geschieden worden ist. In diesem Fall gilt der ehemals verwitwete Steuer-pflichtige im folgenden VZ wieder als verwitwet (BFH, BStBl 1965 III S. 590). Ist die neue Ehe erst in dem VZ aufgelöst worden, der dem VZ des Todes des früheren Ehegatten folgt, so gilt der überlebende Ehegatte i. S. des § 32 a Abs. 6 Nr. 1 EStG nur als verwitwet, wenn für die neue Ehe die Voraussetzungen des § 26 Abs. 1 Satz 1 EStG nicht vorgelegen haben, wenn die Ehegatten also nicht beide unbeschränkt einkommensteuerpflichtig waren oder dauernd getrennt gelebt haben.

Die Vergünstigung des § 32 a Abs. 6 Nr. 1 EStG gilt nur für den VZ, der dem Kalenderjahr folgt, in dem der Ehegatte verstorben ist. Für den VZ des Todes ist § 32 a Abs. 6 Nr. 1 EStG ebensowenig anwendbar wie für spätere VZ. In späteren VZ werden verwitwete Stpfl., auch wenn sie Kinder i. S. des § 32 Abs. 1 bis 5 EStG haben, stets nach der Grundtabelle (§ 32 a Abs. 4 EStG) besteuert.

Heiratet der überlebende Ehegatte wieder und wählt er für den VZ der Eheschließung die besondere Veranlagung, ist bei ihm das Splittingverfahren anzuwenden, wenn er zu Beginn dieses VZ verwitwet war und bei ihm die

Voraussetzungen des § 32 a Abs. 6 Nr. 1 EStG vorgelegen haben (§ 26 c Abs. 2 EStG).

10.2.5 Splitting nach § 32 a Abs. 6 Nr. 2 EStG

Das Splittingverfahren des § 32 a Abs. 5 EStG ist auch bei einem Stpfl. anzuwenden, dessen Ehe in dem Kalenderjahr, in dem er sein Einkommen bezogen hat, durch Tod, Scheidung oder Aufhebung aufgelöst worden ist, wenn der bisherige Ehegatte noch in diesem Kalenderjahr wieder geheiratet hat.

Voraussetzung für die Anwendung des Splittingverfahrens ist im übrigen, daß

a) der Stpfl. und sein bisheriger Ehegatte die Voraussetzungen des § 26 Abs. 1 Satz 1 EStG erfüllt haben,

b) der bisherige Ehegatte und dessen neuer Ehegatte ebenfalls die Voraussetzungen des § 26 Abs. 1 Satz 1 EStG erfüllen und

c) der Steuerpflichtige nicht nach den §§ 26, 26 a EStG getrennt zur Einkommensteuer veranlagt wird.

Aus § 26 Abs. 1 Satz 2 EStG folgt, daß für die aufgelöste Ehe das Wahlrecht zwischen getrennter Veranlagung (§ 26 a EStG), Zusammenveranlagung (§ 26 b EStG) und besonderer Veranlagung (§ 26 c EStG) nicht ausgeübt werden kann, wenn bei den Ehegatten der neuen Ehe die Voraussetzungen des § 26 Abs. 1 Satz 1 EStG ebenfalls vorliegen.

Beispiele:

a) Der verheiratete A ist am 15. Februar dieses Jahres gestorben. Bei ihm und seiner Ehefrau haben im Zeitpunkt seines Todes die Voraussetzungen des § 26 Abs. 1 Satz 1 EStG vorgelegen.

Am 20. November dieses Jahres ist Frau A eine neue Ehe eingegangen. Sie und ihr Ehemann erfüllen ebenfalls die Voraussetzungen des § 26 Abs. 1 Satz 1 EStG.

Für A ist für dieses Jahr eine Einzelveranlagung durchzuführen, bei der nach § 32 a Abs. 6 Nr. 2 EStG das Splittingverfahren anzuwenden ist.

b) Ehegatten, die beide die Voraussetzung des § 26 Abs. 1 Satz 1 EStG erfüllen, werden Anfang dieses Jahres geschieden. Einer der Ehegatten heiratet im Laufe dieses Jahres wieder und erfüllt auch mit seinem neuen Ehegatten die Voraussetzungen des § 26 Abs. 1 Satz 1 EStG.

Der wiederverheiratete Ehegatte kann mit seinem neuen Ehegatten eine getrennte Veranlagung (§ 26 a EStG), die Zusammenveranlagung (§ 26 b EStG) oder die besondere Veranlagung (§ 26 c EStG) wählen.

Der nicht wiederverheiratete Ehegatte wird einzeln (§ 25 Abs. 1 EStG) unter Anwendung des Splittingverfahrens nach § 32 a Abs. 6 Nr. 2 EStG veranlagt.

10.3 Progressionsvorbehalt (§ 32 b EStG)

10.3.1 Allgemeines

Wegen der Progression des ESt-Tarifs hat die Freistellung bestimmter Einkünfte von der Einkommensteuer nicht nur zur Folge, daß für die freigestellten Einkünfte keine Einkommensteuer anfällt. Die Freistellung bestimmter Einkünfte von der Einkommensteuer führt vielmehr auch dazu, daß auf das um diese Einkünfte geringere zu versteuernde Einkommen ein entsprechend niedrigerer Steuersatz anzuwenden ist.

Beispiel:

Der ledige Steuerpflichtige A hat im Jahre 1990 laufende Einkünfte aus Gewerbebetrieb in Höhe von 20 000 DM bezogen. Bei der im September 1990 erfolgten Veräußerung seines Gewerbebetriebs hat er daneben einen Veräußerungsgewinn i. S. des § 16 EStG in Höhe von 30 000 DM erzielt. Die Sonderausgaben betrugen 2000 DM.

Da der Veräußerungsgewinn nach § 16 Abs. 4 EStG steuerfrei ist, errechnet sich für 1990 die tarifliche Einkommensteuer wie folgt:

Einkünfte und Gesamtbetrag der Einkünfte	20 000 DM
Sonderausgaben	2 000 DM
Einkommen und zu versteuerndes Einkommen	18 000 DM
Einkommensteuer	2 497 DM

Bezogen auf das zu versteuernde Einkommen ergibt sich danach ein durchschnittlicher Steuersatz von 13,87 v. H.

Unter Einbeziehung des steuerfreien Veräußerungsgewinns würde sich für 1990 die tarifliche Einkommensteuer wie folgt berechnen:

Einkünfte und Gesamtbetrag der Einkünfte	50 000 DM
Sonderausgaben	2 000 DM
Einkommen und zu versteuerndes Einkommen	48 000 DM
Einkommensteuer	10 456 DM

Auf das zu versteuernde Einkommen bezogen ergibt sich danach ein durchschnittlicher Steuersatz von 21,78 v. H.

Bei Anwendung des durchschnittlichen Steuersatzes von 21,78 v. H. auf das zu versteuernde Einkommen von 18 000 DM würde sich für 1990 eine tarifliche Einkommensteuer von 3920 DM ergeben.

Infolge der Freistellung des Veräußerungsgewinns errechnet sich damit eine um (3920 DM ./. 2497 DM =) 1423 DM niedrigere tarifliche Einkommensteuer für das zu versteuernde Einkommen, das sich unter Ausklammerung der steuerfreien Einkünfte ergibt.

Diese zusätzliche steuerliche Entlastung zu vermeiden, ist das Ziel des sogenannten Progressionsvorbehalts (§ 32 b EStG). Dieser geht auch der Regelung des Grundfreibetrags nach § 32 a Abs. 1 Satz 2 Nr. 1 EStG vor (BFH, BStBl 1986 II S. 902); s. 10.3.3.1.

Der Progressionsvorbehalt gilt zum einen für ausländische Einkünfte, die nach einem Doppelbesteuerungsabkommen oder nach einem sonstigen zwischenstaatlichen Übereinkommen unter dem Vorbehalt der Einbeziehung bei der Berechnung der Einkommensteuer steuerfrei sind. Er gilt ferner, wenn ein unbeschränkt Steuerpflichtiger bestimmte steuerfreie Lohnersatzleistungen bezogen hat. Er gilt hingegen nicht bei in der DDR oder Berlin (Ost) bezogenen, nach § 3 Nr. 63 oder Nr. 69 EStG steuerbefreiten Einkünften.

Der Progressionsvorbehalt besagt, daß durch die Befreiung der in § 32 b EStG abschließend aufgeführten Einkünfte von der (deutschen) Einkommensteuer nicht zugleich auch der für das verbleibende zu versteuernde Einkommen anzuwendende Steuersatz geändert wird.

10.3.2 Progressionsvorbehalt bei Bezug von bestimmten steuerfreien Lohnersatzleistungen

Die Fassung des § 32 b EStG ist in jüngerer Zeit mehrfach geändert worden.

Vom **VZ 1987** an unterlagen von den Lohnersatzleistungen zunächst folgende Bezüge dem Progressionsvorbehalt:

a) nach dem Arbeitsförderungsgesetz Arbeitslosengeld, Kurzarbeitergeld, Schlechtwettergeld, Arbeitslosenhilfe, Überbrückungsgeld,

b) nach dem Soldatenversorgungsgesetz Arbeitslosenbeihilfe oder Arbeitslosenhilfe.

Anzuwenden ist dabei nach § 32 b Abs. 2 Nr. 1 EStG 1987 der Steuersatz, der sich ergibt, wenn bei der Berechnung der Einkommensteuer – im Wege einer Hochrechnung – die Beträge einbezogen werden, die nach Abzug der bei Arbeitnehmern gewöhnlich anfallenden gesetzlichen Abzüge i. S. des Arbeitsförderungsgesetzes die ausgezahlten Leistungen ergeben. Wegen der für 1988 und 1989 maßgebenden Bruttobeträge wird auf die veröffentlichten Tabellen (BMF, BStBl 1987 I S. 771 und 1988 I S. 552) hingewiesen.

Beispiel:

Der Steuerpflichtige A bezieht in den Monaten Januar bis August 1989 einen Bruttolohn von 2000 DM. Vom 1. 9. 1989 an bezieht er Arbeitslosengeld, das sich aus dem bis dahin bezogenen Bruttolohn ableitet.

A hat im Kalenderjahr 1989 noch Einkünfte aus Vermietung und Verpachtung in Höhe von 10 000 DM und Sonderausgaben von 4000 DM.

Für A und seine Ehefrau ergibt sich danach für 1989 ein zu versteuerndes Einkommen in folgender Höhe:

Einkünfte aus nichtselbständiger Arbeit	14 356 DM
Einkünfte aus Vermietung und Verpachtung	10 000 DM
Gesamtbetrag der Einkünfte	24 356 DM
Sonderausgaben	4 000 DM
Einkommen und zu versteuerndes Einkommen	20 356 DM

Der auf dieses zu versteuernde Einkommen anzuwendende Steuersatz berechnet sich wie folgt:

Zu versteuerndes Einkommen	20 356 DM
Nach § 32 b EStG Abs. 2 Nr. 1 EStG 1987 einzubeziehende Beträge in Höhe von (angenommen) 1500 DM × 4	6 000 DM
Für die Berechnung des Steuersatzes maßgebendes zu versteuerndes Einkommen	26 356 DM
Abrundung auf den Eingangsbetrag der Tabellenstufe	26 352 DM
Einkommensteuer	3 706 DM

das sind 14,0634 v. H. von 26 352 DM.

Dieser Steuersatz ist auf das auf den Eingangsbetrag der Tabellenstufe abgerundete zu versteuernde Einkommen in Höhe von 20 304 DM anzuwenden. Die Einkommensteuer beträgt 14,0634 v. H. von 20 304 DM, das sind 2855 DM. Bei Anwendung der Splittingtabelle hätte sich eine Einkommensteuer von 2376 DM ergeben.

Das für die Berechnung des Sondersteuersatzes maßgebende zu versteuernde Einkommen ist nach § 32 b Abs. 2 Satz 2 EStG 1987 ggf. noch um die Weihnachts-

und Arbeitnehmer-Freibeträge und den Werbungskosten-Pauschbetrag zu kürzen.

Vom **VZ 1989** an (§ 52 Abs. 21 b EStG) ist der Kreis der dem Progressionsvorbehalt unterliegenden steuerfreien Lohnersatzleistungen um die Aufstockungsbeträge nach dem Altersteilzeitgesetz erweitert worden (§ 32 b Abs. 1 Nr. 1 Buchst. g EStG).

Vom **VZ 1990** an ist der Kreis der dem Progressionsvorbehalt unterliegenden steuerfreien Lohnersatzleistungen erheblich **erweitert** worden. Er umfaßt nunmehr zusätzlich die folgenden Leistungen:

a) Konkursausfallgeld, Übergangsgeld, Unterhaltsgeld als Zuschuß, Eingliederungsgeld und Krankengeld nach dem Arbeitsförderungsgesetz,

b) Krankengeld, Mutterschaftsgeld, Verletztengeld, Übergangsgeld oder vergleichbare Lohnersatzleistungen nach der Reichsversicherungsordnung, dem Gesetz über die Krankenversicherung der Landwirte, dem Angestelltenversicherungsgesetz oder dem Reichsknappschaftsgesetz,

c) Mutterschaftsgeld, Zuschuß zum Mutterschaftsgeld sowie die Sonderunterstützung nach dem Mutterschaftsgesetz,

d) Entschädigungen für Verdienstausfall nach dem Bundesseuchengesetz,

e) Versorgungskrankengeld oder Übergangsgeld nach dem Bundesversorgungsgesetz,

f) Verdienstausfallentschädigung nach dem Unterhaltssicherungsgesetz.

Bis zum VZ 1989 werden die Lohnersatzleistungen nicht mit dem tatsächlich ausgezahlten Betrag, sondern mit Bruttobeträgen, die der BMF nach einem besonderen Hochrechnungsverfahren festsetzt (§ 51 Abs. 4 Nr. 2 EStG 1987), dem Progressionsvorbehalt unterworfen; vgl. dazu BFH, BStBl 1988 II S. 674. Da eine derartige Hochrechnung auf fiktive Bruttobeträge bei den neu einbezogenen Lohnersatzleistungen nicht in Betracht kommt, werden vom VZ 1990 an alle in § 32 b Abs. 1 Nr. 1 EStG genannten Leistungen unter Verzicht auf eine Hochrechnung mit dem tatsächlich bezogenen Betrag in den Progressionsvorbehalt einbezogen. Von der Summe der bezogenen Leistungen wird – anstelle des entfallenen Werbungskosten-Pauschbetrags, Weihnachts-Freibetrags und Arbeitnehmer-Freibetrags – zusätzlich der Arbeitnehmer-Pauschbetrag nach § 9 a Nr. 1 EStG von 2000 DM abgezogen, soweit er nicht schon bei der Ermittlung der Einkünfte aus nichtselbständiger Arbeit abziehbar ist. Die in den Progressionsvorbehalt einbezogenen Leistungen werden damit um den nicht ausgeschöpften Teil des Arbeitnehmer-Pauschbetrages gemindert. Zur Berechnung des besonderen Steuersatzes und zur Behandlung zurückgezahlter Lohnersatzleistungen im einzelnen s. Abschn. 91 LStR.

Nach § 32 b Abs. 3 EStG haben die Träger der Sozialleistungen dem Leistungsempfänger spätestens am Ende des jeweiligen Kalenderjahres eine **Bescheinigung** über die Dauer des Leistungszeitraums sowie Art und Höhe der während des Kalenderjahres gezahlten Leistungen auszustellen und die Empfänger auf die steuerliche Behandlung dieser Leistungen und die Steuererklärungspflicht **hinzu-weisen.**

10.3.3 Progressionsvorbehalt bei ausländischen Einkünften

10.3.3.1 Allgemeines

Die Einkommensteuer für das Einkommen, das nach Berücksichtigung des jeweiligen Doppelbesteuerungsabkommens oder sonstigen zwischenstaatlichen Übereinkommens in der Bundesrepublik zu versteuern bleibt, ist nach § 32 b Abs. 2 Nr. 2 EStG nach dem Satz zu bemessen, der sich ergibt, wenn die nach dem Abkommen auszuscheidenden ausländischen Einkünfte, ausgenommen die darin enthaltenen außerordentlichen Einkünfte, bei der Festsetzung der Einkommensteuer einbezogen bleiben. Dies gilt auch innerhalb der sogenannten Proportionalzone (BFH, BStBl 1970 II S. 660 und 1976 II S. 454). Die Berücksichtigung ausländischer Verluste, die nach einem Doppelbesteuerungsabkommen für die inländische Besteuerung ebenfalls außer Betracht bleiben, kann danach unter Umständen sogar zur Folge haben, daß ein der inländischen Besteuerung unterliegendes positives Einkommen ganz von der Einkommensteuer freigestellt wird. Steuerfreie Einkünfte aus einem ausländischen Staat sind allerdings, trotz des weitergehenden Wortlauts des § 32 b EStG, bei der Berechnung der Einkommensteuer nicht zu berücksichtigen, wenn in dem Doppelbesteuerungsabkommen mit dem betreffenden Staat kein Progressionsvorbehalt enthalten ist oder die in dem Abkommen aufgestellten Voraussetzungen für die Anwendung des Progressionsvorbehalts nicht erfüllt sind (BFH, BStBl 1986 II S. 133). Für steuerfreie Einkünfte aus Italien ist die Vorschrift des § 32 b EStG daher ohne Bedeutung (vgl. auch Abschn. 185 Abs. 1 Satz 3 EStR).

In den Fällen des § 34 c Abs. 5 EStG kann von der Anwendung des Progressionsvorbehalts auch weiterhin abgesehen werden (Abschn. 185 Abs. 1 Satz 4 EStR).

10.3.3.2 Anwendung des Progressionsvorbehalts bei positiven ausländischen Einkünften

Sind die aus einem ausländischen Staat stammenden Einkünfte nach einem Doppelbesteuerungsabkommen mit Progressionsvorbehalt steuerfrei, so ist nach § 32 b EStG auf das nach § 32 a Abs. 1 EStG zu versteuernde Einkommen der Steuersatz anzuwenden, der sich ergibt, wenn die – nach innerstaatlichem Recht zu berechnenden (BFH, BStBl 1986 II S. 287) – ausländischen Einkünfte bei der Berechnung der Einkommensteuer einbezogen werden. Dies gilt jedoch nur, soweit es sich bei den ausländischen Einkünften nicht um außerordentliche Einkünfte im Sinne des § 34 Abs. 2 oder des § 34 b EStG handelt. Derartige außerordentliche ausländische Einkünfte sind allerdings einzubeziehen, wenn in dem zu versteuernden Einkommen inländische oder nicht steuerfreie ausländische außerordentliche Einkünfte enthalten sind, für die ermäßigte Steuersätze zu ermitteln sind.

Beispiele:

a) Ein lediger Steuerpflichtiger erzielte im Veranlagungszeitraum 1990 Einkünfte im Inland in Höhe von 26 935 DM und nach einem Doppelbesteuerungsabkommen mit Progressionsvorbehalt freigestellte ausländische Einkünfte in Höhe von 8000 DM. Die Sonderausgaben betragen 1000 DM.

Die Einkommensteuer ist wie folgt zu berechnen:
Zuerst ist die Einkommensteuer zu berechnen, die sich unter Einbeziehung der ausländischen Einkünfte ergibt.

Einkünfte aus dem Inland und Gesamtbetrag der Einkünfte	26 935 DM
⁒ Sonderausgaben	1 000 DM
Einkommen und zu versteuerndes Einkommen	25 935 DM
+ ausländische Einkünfte	8 000 DM
Für die Berechnung des Steuersatzes maßgebendes zu versteuerndes Einkommen	33 935 DM
Abrundung auf den Eingangsbetrag der Tabellenstufe	33 912 DM
Einkommensteuer	6 388 DM

das sind 18,83699 v. H. von 33 912 DM.

Dieser Steuersatz von 18,83699 v. H. ist auf das auf den Eingangsbetrag der Tabellenstufe abgerundete zu versteuernde Einkommen in Höhe von 25 920 DM anzuwenden. Die Einkommensteuer beträgt somit 18,83699 v. H. von 25 920 DM, das sind 4882 DM.

Nach der Einkommensteuertabelle würde sich für das zu versteuernde Einkommen von 25 935 DM nur eine Einkommensteuer in Höhe von 4340 DM ergeben.

b) Ein lediger Steuerpflichtiger erzielte im Veranlagungszeitraum 1990 Einkünfte im Inland in Höhe von 166 935 DM und nach einem Doppelbesteuerungsabkommen mit Progressionsvorbehalt freigestellte ausländische Einkünfte in Höhe von 58 000 DM. In den inländischen Einkünften ist ein Veräußerungsgewinn i. S. des § 16 EStG in Höhe von 140 000 DM enthalten. Die ausländischen Einkünfte enthalten eine nach den §§ 24, 34 EStG begünstigte Entschädigung in Höhe von 50 000 DM. Die Sonderausgaben belaufen sich auf 1000 DM.

Die Einkommensteuer ist wie folgt zu berechnen:
Der auf den im Inland erzielten Veräußerungsgewinn anzuwendende begünstigte Steuersatz ist unter Einbeziehung der gesamten ausländischen Einkünfte zu ermitteln:

Einkünfte aus dem Inland und Gesamtbetrag der Einkünfte	166 935 DM
⁒ Sonderausgaben	1 000 DM
Einkommen und zu versteuerndes Einkommen	165 935 DM
+ ausländische Einkünfte	58 000 DM
Für die Berechnung des Steuersatzes maßgebendes zu versteuerndes Einkommen	223 935 DM
Abrundung auf den Eingangsbetrag der Tabellenstufe	223 884 DM
Einkommensteuer	95 816 DM

das sind 42,797 v. H. von 223 884 DM.

Die nach § 34 Abs. 1 EStG zu ermittelnde Einkommensteuer auf den Veräußerungsgewinn von 140 000 DM beträgt damit
(42,797 : 2 =) 21,396 v. H. von 140 000 DM, das sind 29 954 DM.

Für das nach Abzug des Veräußerungsgewinns von 140 000 DM verbleibende zu versteuernde Einkommen von (165 935 DM ⁒ 140 000 DM =) 25 935 DM ergibt sich wie in dem Beispiel a) eine Einkommensteuer von 4340 DM.

Bei zusammen veranlagten Ehegatten ist der Progressionsvorbehalt auch dann anzuwenden, wenn ein Ehegatte ausschließlich Einkünfte bezieht, die nach einem Doppelbesteuerungsabkommen freigestellt sind (BFH, BStBl 1983 II S. 34).

10.3.3.3 Anwendung bei ausländischen Verlusten

Sofern die Einkünfte aus einer bestimmten Einkommensquelle durch ein Doppelbesteuerungsabkommen der deutschen Besteuerung entzogen sind, sind bei der Veranlagung nicht nur die positiven Einkünfte, sondern grundsätzlich auch etwaige Verluste außer Ansatz zu lassen (BFH, BStBl 1976 II S. 454).

Auch danach außer Ansatz zu lassende Verluste sind im Sinne des § 32 b EStG als steuerfrei anzusehen und daher bei der Berechnung der deutschen Einkommensteuer in vollem Umfang zu berücksichtigen (vgl. auch Abschn. 185 Abs. 2 Sätze 1 und 2 EStR).

Beispiel:

Ein lediger Steuerpflichtiger hat im Veranlagungszeitraum 1990 inländische Einkünfte in Höhe von insgesamt 16 530 DM und nach einem Doppelbesteuerungsabkommen mit Progressionsvorbehalt außer Ansatz zu lassende ausländische Einkünfte (aus Vermietung und Verpachtung) in Höhe von ⅄ 12 000 DM erzielt. Die Sonderausgaben belaufen sich für 1990 auf 1000 DM.

Die Einkommensteuer errechnet sich in diesem Fall wie folgt:

Gesamtbetrag der inländischen Einkünfte	16 530 DM
⅄ Sonderausgaben	1 000 DM
Einkommen und zu versteuerndes Einkommen	15 530 DM
⅄ ausländischer Verlust	12 000 DM
	3 530 DM

Da bei einem zu versteuernden Einkommen von 3530 DM auch bei einem ledigen Steuerpflichtigen keine Einkommensteuer anfällt, ist das inländische Einkommen des Steuerpflichtigen somit ebenfalls steuerfrei.

Nicht einzubeziehen bei der Berechnung der deutschen Einkommensteuer sind jedoch Verluste ausländischer Betriebsstätten, die bereits auf Grund des § 2 a Abs. 3 EStG den Gesamtbetrag der Einkünfte gemindert haben.

Ein aus einer ausländischen Betriebsstätte stammender Verlust, der nach einem bestehenden Doppelbesteuerungsabkommen an sich unberücksichtigt zu lassen ist, ist nach § 2 a Abs. 4 Satz 1 EStG (bis zum VZ 1989: § 2 Abs. 1 Auslandsinvestitionsgesetz) bei einem unbeschränkt Steuerpflichtigen bei der Ermittlung des Gesamtbetrags der Einkünfte auf Antrag insoweit abzuziehen, als er nach diesem Abkommen zu befreiende positive Einkünfte aus anderen in dem betreffenden Staat belegenen Betriebsstätten übersteigt.

Soweit der Verlust dabei nicht ausgeglichen wird, ist bei Vorliegen der Voraussetzungen des § 10 d EStG ferner ein Abzug in den folgenden Jahren zulässig. Der nicht über § 10 d EStG abgezogene Betrag ist jedoch, soweit sich in einem der folgenden Veranlagungszeiträume bei den nach diesem Abkommen zu befreienden Einkünften aus in diesem Staat belegenen Betriebsstätten insgesamt ein positiver Betrag ergibt, in dem betreffenden Veranlagungszeitraum wieder hinzuzurechnen. Von dieser Hinzurechnung ist lediglich abzusehen, wenn der Steuerpflichtige nachweist, daß nach den Vorschriften des ausländischen Staates ein Abzug von Verlusten in anderen Jahren als dem Verlustjahr allgemein nicht beansprucht werden kann.

Beispiel:

Der Steuerpflichtige unterhält zwei Betriebsstätten in Holland, aus denen er in den Jahren 1989 und 1990 Gewinne in Höhe von insgesamt 150 000 DM bzw. 250 000 DM bezogen hat. Daneben unterhält der Steuerpflichtige auch in Österreich drei Betriebsstätten, in denen er im Jahre 1989 Gewinne von 50 000 DM und 30 000 DM bzw. einen Verlust in Höhe von 200 000 DM erwirtschaftet hat. Im Jahre 1990 hat er in seinen österreichischen Betriebsstätten insgesamt einen Gewinn in Höhe von 80 000 DM erzielt. Aus einem in Österreich belegenen Grundstück hat der Steuerpflichtige im übrigen Einkünfte aus Vermietung und Verpachtung in Höhe von ∕ 10 000 DM (1989) und ∕ 5000 DM (1990) bezogen.

Auf Antrag des Steuerpflichtigen kann bei der Veranlagung für 1989 der aus Österreich stammende, nicht durch Gewinne ausgeglichene Verlust in Höhe von (200 000 DM ∕ 50 000 DM ∕ 30 000 DM =) 120 000 DM gemäß § 2 Abs. 1 Auslandsinvestitionsgesetz vom Gesamtbetrag der Einkünfte abgezogen werden. Bei der Ermittlung des auf Grund des Progressionsvorbehalts anzuwendenden Steuersatzes ist dieser Verlust dann unberücksichtigt zu lassen und daher neben den Gewinnen aus den holländischen Betriebsstätten lediglich der Verlust aus Vermietung und Verpachtung aus dem in Österreich belegenen Grundstück in Höhe von 10 000 DM einzubeziehen.

Da die im Jahre 1990 erzielten Gewinne aus den Betriebsstätten in Österreich im Rahmen der Veranlagung dieses Jahres bei der Ermittlung des Gesamtbetrags der Einkünfte wieder hinzuzurechnen sind, sind bei der Ermittlung des auf Grund des Progressionsvorbehalts anzuwendenden Steuersatzes lediglich die Gewinne aus den holländischen Betriebsstätten in Höhe von 250 000 DM sowie der Verlust aus Vermietung und Verpachtung aus dem in Österreich belegenen Grundstück zu berücksichtigen.

Im Rahmen des Progressionsvorbehalts können sich ausländische Verluste auch im Wege des Verlustabzugs nach § 10 d EStG auswirken. Denn der besondere Steuersatz nach § 32 b EStG bestimmt sich nach der Bemessungsgrundlage, die sich ergibt, wenn man die ausländischen Einkünfte auch für Zwecke des Verlustabzugs so ansetzt, als ob das Doppelbesteuerungsabkommen nicht anzuwenden sei (BFH, BStBl 1990 II S. 158).

Bei Steuerpflichtigen mit Einkünften aus nichtselbständiger Arbeit ist zur Anwendung des negativen Progressionsvorbehalts ggf. auf Antrag eine Veranlagung durchzuführen (Abschn. 217 Abs. 3 EStR).

10.4 Besteuerung außerordentlicher Einkünfte
(§§ 34, 34 b EStG)

10.4.1 Allgemeines

Durch die Progression des ESt-Tarifs können sich in bestimmten Fällen unbillige Härten ergeben. Das gilt insbesondere in den Fällen, in denen sich infolge einer Zusammenballung von Einkünften in einzelnen Kalenderjahren ein besonders hohes Einkommen ergibt. Derartige Härten sollen durch die Vorschriften in den § 34 Abs. 1 bis 3, § 34 b EStG vermieden werden. Für bestimmte außerordentliche Einkünfte wird durch diese Vorschriften die Progression des ESt-Tarifs auf unterschiedliche Weise mehr oder weniger abzuschwächen versucht.

Eine Abschwächung der Progression des ESt-Tarifs kann durch eine Ermäßigung des anzuwendenden Steuersatzes oder durch eine rechnerische Verteilung der Einkünfte auf mehrere Kalenderjahre erreicht werden. Von der erstgenannten Möglichkeit hat der Gesetzgeber in § 34 Abs. 1 und 2 EStG – vom VZ 1990 an auch in § 34 Abs. 3 EStG – sowie in § 34 b EStG Gebrauch gemacht. Eine Verteilung der Einkünfte auf mehrere Kalenderjahre ist in § 34 Abs. 3 EStG 1987 vorgesehen.

Die Vorschriften der §§ 34, 34 b EStG begründen keine besondere Einkunftsart. Auch die außerordentlichen Einkünfte im Sinne dieser Vorschriften gehören ihrer Natur nach zu den Einkünften i. S. des § 2 Abs. 1 EStG. Es ist lediglich so, daß zum Zwecke der Besteuerung die außerordentlichen Einkünfte innerhalb ihrer Einkunftsart gewissermaßen als eine besondere Abteilung angesehen werden, für die der Gewinn bzw. der Überschuß besonders festzustellen ist.

Erfolgt eine gesonderte Gewinnfeststellung, so müssen die außerordentlichen Einkünfte im Verfahren nach § 180 AO festgestellt werden. Diese Feststellung stellt einen verselbständigten Teil des Feststellungsbescheids dar und ist als solcher auch selbständig anfechtbar (BFH, BStBl 1973 II S. 121). Ob auf die außerordentlichen Einkünfte § 34 EStG anzuwenden ist, ist dagegen im Veranlagungsverfahren zu entscheiden (BFH, BStBl 1986 II S. 811).

10.4.2 Steuerermäßigung für außerordentliche Einkünfte i. S. des § 34 Abs. 2 EStG

10.4.2.1 Außerordentliche Einkünfte i. S. des § 34 Abs. 2 EStG

Als außerordentliche Einkünfte kommen nach § 34 Abs. 2 Nr. 1 bis 3 EStG **nur** in Betracht

1. Veräußerungsgewinne im Sinn der §§ 14, 14 a Abs. 1, §§ 16, 17 und 18 Abs. 3 EStG;

2. Entschädigungen im Sinn des § 24 Nr. 1 EStG, also

a) Entschädigungen als Ersatz für entgangene oder entgehende Einnahmen,

b) Entschädigungen für die Aufgabe oder Nichtausübung einer Tätigkeit, für die Aufgabe einer Gewinnbeteiligung oder einer Anwartschaft auf eine solche,

c) Ausgleichszahlungen an Handelsvertreter nach § 89 b HGB.

3. Nutzungsvergütungen und Zinsen i. S. des § 24 Nr. 3 EStG, soweit sie für einen Zeitraum von mehr als drei Jahren nachgezahlt werden.

Die vorstehend aufgeführten Einkünfte kommen nach dem Wortlaut des § 34 Abs. 2 EStG lediglich als außerordentliche Einkünfte in Betracht. Sie sind daher grundsätzlich nicht ohne weiteres als außerordentliche Einkünfte anzusehen und genießen die Tarifvergünstigung des § 34 Abs. 1 EStG dementsprechend keineswegs in allen Fällen.

Veräußerungs- und Aufgabegewinne gehören nur dann zu den tarifbegünstigten außerordentlichen Einkünften, wenn durch die Veräußerung oder Aufgabe alle wesentlichen vermögensmäßigen Grundlagen der land- und forstwirtschaftlichen, gewerblichen oder freiberuflichen Tätigkeit, d. h. die wesentlichen Betriebsgrundlagen in einem einheitlichen wirtschaftlichen Vorgang, auf den Betriebserwerber übertragen oder in das Privatvermögen überführt werden (BFH, BStBl 1986 II S. 335). Wegen dieser Voraussetzungen s. 5.4.2.3. Ist dies der Fall, ist der Veräußerungsgewinn auch dann tarifbegünstigt, wenn der Veräußerer den Betrieb unmittelbar nach der Veräußerung von dem Erwerber pachtet und als Pächter fortführt (BFH, BStBl 1985 II S. 508). Fließt der Veräußerungsgewinn in laufenden Bezügen (z. B. Renten) zu, so scheidet eine Begünstigung nach § 34 Abs. 1 EStG daher aus. Etwas anderes gilt nur dann, wenn der Veräußerungspreis in einer Leibrente besteht und der Steuerpflichtige von seinem Recht, die sofortige Besteuerung des Veräußerungsgewinns zu wählen, Gebrauch macht (vgl. dazu 5.4.6.2).

Wird ein Betrieb gegen einen festen Kaufpreis und eine Leibrente veräußert, so soll für den durch den festen Kaufpreis realisierten Veräußerungsgewinn allerdings nach der Auffassung des BFH (BStBl 1968 II S. 75; Abschn. 139 Abs. 12 EStR) die Tarifvergünstigung des § 34 Abs. 1 EStG zu gewähren sein.

> **Beispiel:**
>
> A hat seinen Gewerbebetrieb (Buchwert 60 000 DM) gegen einen festen Kaufpreis von 90 000 DM und eine monatliche Leibrente von 1000 DM veräußert. Der Kapitalwert der Leibrente hat im Zeitpunkt der Veräußerung 100 000 DM betragen. Der durch den festen Kaufpreis realisierte Veräußerungsgewinn von (90 000 DM ./. 60 000 DM =) 30 000 DM ist zwar nicht nach § 16 Abs. 4 EStG, wohl aber nach § 34 Abs. 1 EStG tarifbegünstigt. Die dem A zufließenden Renten sind dagegen im Jahr des Zuflusses in vollem Umfang dem normalen Steuersatz zu unterwerfen.

Nach § 34 Abs. 1 Satz 4 EStG ist der ermäßigte Steuersatz des § 34 Abs. 1 Sätze 1 und 2 EStG ferner dann nicht anwendbar, wenn der Steuerpflichtige auf die außerordentlichen Einkünfte ganz oder teilweise § 6 b oder § 6 c EStG anwendet. Durch diese Vorschrift, der insbesondere für die Besteuerung von Veräußerungsgewinnen Bedeutung zukommt, soll ebenfalls der Rechtsprechung Rechnung getragen werden, nach der ein Veräußerungsgewinn nicht tarifbegünstigt ist, wenn die vorhandenen stillen Reserven nicht ausnahmslos aufgedeckt und versteuert werden.

Die spätere Auflösung einer Rücklage nach § 6 b EStG führt zu nachträglichen Einkünften, die selbst dann nicht mehr nach § 34 Abs. 1 EStG begünstigt sind, wenn der gesamte Gewinn aus der Veräußerung eines Betriebs in diese Rücklage eingestellt worden ist (BFH, BStBl 1982 II S. 348).

Bei der Besteuerung von Veräußerungsgewinnen i. S. der §§ 14, 14 a Abs. 1, §§ 16, 17 und 18 Abs. 3 EStG ist zu beachten, daß ggf. entsprechend der Höhe des Veräußerungsgewinns ein Freibetrag nach Maßgabe des § 16 Abs. 4 EStG zu berücksichtigen ist. Nur der diesen Freibetrag übersteigende Veräußerungsgewinn kommt für eine tarifliche Begünstigung nach § 34 Abs. 1 EStG in Betracht.

Beispiele:

a) A veräußert seinen gewerblichen Betrieb an B zu einem Barpreis von 150 000 DM. Die von A zu tragenden Veräußerungskosten betragen 1000 DM. Das Kapitalkonto des A hatte im Veräußerungszeitpunkt einen buchmäßigen Stand von 100 000 DM.

A erzielt durch die Veräußerung seines Betriebs einen Veräußerungsgewinn von (150 000 DM ∕. 101 000 DM =) 49 000 DM.

Nach Abzug des Freibetrags von 30 000 DM gem. § 16 Abs. 4 EStG verbleibt ein steuerpflichtiger Veräußerungsgewinn von 19 000 DM, der nach § 34 Abs. 1 EStG begünstigt ist.

b) A veräußert seinen gewerblichen Betrieb an B zu einem Preis von 150 000 DM. Der Kaufpreis ist in jährlichen Teilbeträgen von je 15 000 DM an den Veräußerer zu zahlen. Zusätzlich ist eine 6prozentige Verzinsung der jeweiligen Restkaufschuld vereinbart. Die von A zu tragenden Veräußerungskosten betragen 1000 DM. Das Kapitalkonto des A hatte im Veräußerungszeitpunkt einen buchmäßigen Stand von 100 000 DM.

A erzielt im Veräußerungszeitpunkt einen Veräußerungsgewinn von (150 000 DM ∕. 101 000 DM =) 49 000 DM. Obgleich der Kaufpreis in Raten gezahlt wird, gilt der Veräußerungsgewinn im Zeitpunkt der Veräußerung als realisiert und unterliegt im Kalenderjahr der Veräußerung wie im Beispiel a) der Einkommensteuer. Die neben dem Kaufpreis dem Veräußerer zufließenden Zinsen rechnen zu den Einkünften aus Kapitalvermögen.

Entschädigungen i. S. des § 24 Nr. 1 EStG sind grundsätzlich nur dann als außerordentliche Einkünfte anzusehen, wenn sie entgangene oder entgehende Einnahmen mehrerer Jahre abgelten. Die außerordentlichen Einkünfte begründen sich hier durch die Zusammenballung von Einnahmen, die wirtschaftlich zu mehreren Jahren gehören (BFH, BStBl 1975 II S. 485). Eine solche Zusammenballung von Einnahmen wird wegen der Progression des ESt-Tarifs in der Regel zu einer höheren steuerlichen Belastung führen. Daß es infolge der Zusammenballung von Einnahmen, verglichen mit der steuerlichen Belastung bei verteiltem Zufluß, auch tatsächlich zu einer erhöhten steuerlichen Belastung kommt, ist jedoch nicht Voraussetzung für die Annahme außerordentlicher Einkünfte (BFH, BStBl 1983 II S. 221).

Unter besonderen Umständen können allerdings auch Entschädigungen, die an die Stelle von Einnahmen lediglich eines Jahres treten, außerordentliche Einkünfte sein, z. B. wenn infolge des nachträglichen Zufließens eine Zusammenballung mit anderen Einkünften eintritt (BFH, BStBl 1960 III S. 72).

In besonders gelagerten Fällen kann die Steuervergünstigung des § 34 Abs. 1 EStG ausnahmsweise auch dann gewährt werden, wenn die Entschädigung statt in einem Jahr erst innerhalb von zwei Jahren zufließt. Voraussetzung ist allerdings, daß die Entschädigung als einmalige beabsichtigt war (BFH, BStBl 1957 III S. 104 und 1960 III S. 72). Laufende Bezüge, die einem Steuerpflichtigen in zwei Veranlagungszeiträumen zufließen, stellen daher keine außerordentlichen Einkünfte dar (BFH, BStBl 1981 II S. 214).

Die Gewährung der Steuervergünstigung des § 34 Abs. 1 EStG ist nicht davon abhängig, daß die Steuer nach der ESt-Tabelle auf die gezahlte Entschädigung erheblich höher ist, als sie sich bei einer fiktiven Berechnung für die Einkünfte der Zeit ergeben würde, für die die Entschädigung gezahlt wurde (BFH, BStBl 1975 II S. 763).

Steuerbegünstigt sind in jedem Falle nur die Nettoentschädigungen, d. h. die Bruttoentschädigungen abzüglich der damit in unmittelbarem Zusammenhang stehenden Betriebsausgaben oder Werbungskosten.

Zu den tarifbegünstigten außerordentlichen Einkünften gehören stets Ausgleichszahlungen an Handelsvertreter nach § 89 b HGB (BFH, BStBl 1985 II S. 485), nicht jedoch laufende Vorab- oder Teilzahlungen hierauf (BFH, BStBl 1988 II S. 936). Ferner gehören hierzu Entschädigungen, auf die § 24 Nr. 1 EStG analog anzuwenden ist (BFH, BStBl 1974 II S. 295), z. B. Ausgleichszahlungen, die ein Kommissionsagent in sinngemäßer Anwendung des § 89 HGB erhält.

Erhält der Stpfl. **Nutzungsvergütungen und Zinsen** i. S. des § 24 Nr. 3 EStG für einen Zeitraum von mehr als drei Jahren ausgezahlt, wird die Tarifermäßigung für die gesamte Nachzahlung gewährt, nicht nur für den Teilbetrag, der auf den drei Jahre übersteigenden Teil des Nachzahlungszeitraums entfällt (BFH, BStBl 1985 II S. 463).

Der ermäßigte Steuersatz kommt auch dann nur einmal zur Anwendung, wenn in nach § 34 c Abs. 4 EStG begünstigten ausländischen Einkünften aus dem Betrieb von Handelsschiffen im internationalen Verkehr ein Veräußerungsgewinn enthalten ist (BFH, BStBl 1985 II S. 210).

Im Rahmen welcher Einkunftsart die außerordentlichen Einkünfte zufließen, ist gleichgültig.

10.4.2.2 Berechnung der Einkommensteuer nach § 34 Abs. 1 EStG

Die Tarifvergünstigung des § 34 Abs. 1 EStG besteht darin, daß die Einkommensteuer für die außerordentlichen Einkünfte nach einem ermäßigten Steuersatz bemessen wird. Lediglich auf die anderen Einkünfte ist die Einkommensteuertabelle anzuwenden.

Der ermäßigte Steuersatz beträgt die Hälfte des durchschnittlichen Steuersatzes, der sich ergäbe, wenn die tarifliche Einkommensteuer nach dem gesamten zu versteuernden Einkommen zu bemessen wäre. Abzustellen ist insoweit auf das zu versteuernde Einkommen, das sich nach den geltenden Vorschriften für den jeweiligen Veranlagungszeitraum ergibt. Bis zum VZ 1989 ist auch ein nach § 34 Abs. 3 EStG zu verteilender Betrag daher in voller Höhe bei der Ermittlung des zu versteuernden Einkommens zu berücksichtigen (BFH, BStBl 1983 II S. 221). Der Teil des (verbleibenden) zu versteuernden Einkommens, auf den die Einkommensteuertabelle anzuwenden ist, ist insoweit zugunsten des Steuerpflichtigen jeweils auf den Endbetrag der betreffenden Tabellenstufe zu erhöhen (Abschn. 198 Abs. 1 EStR).

Beispiel:

Bei der Zusammenveranlagung eines Ehepaares sind für 1990 die folgenden Einkünfte und Sonderausgaben anzusetzen:

Gewinn aus Gewerbebetrieb	91 050 DM
Darin ist ein Veräußerungsgewinn im Sinne des § 16 EStG von 55 000 DM enthalten.	
Einkünfte aus Vermietung und Verpachtung	4 000 DM
	95 050 DM
Freibetrag nach § 16 Abs. 4 EStG	30 000 DM
Gesamtbetrag der Einkünfte	65 050 DM
Sonderausgaben	1 700 DM
Einkommen und zu versteuerndes Einkommen	63 350 DM

Bei Anwendung der Splittingtabelle (Anlage 2 zu § 32 a Abs. 5 EStG) auf das gesamte zu versteuernde Einkommen würde sich für die Stufe von 63 288 DM bis 63 395 DM eine Einkommensteuer von 11 574 DM ergeben.

Sie entspricht einem durchschnittlichen Steuersatz von

$(\dfrac{11\,574 \times 100 \text{ v. H.}}{63\,288})=$ (abgerundet) 18,288 v. H.

Auf das nach Abzug der außerordentl. Einkünfte von (55 000 DM ∕ 30 000 DM =) 25 000 DM verbleibende zu versteuernde Einkommen von (63 350 DM ∕ 25 000 DM =) 38 350 DM, das auf den Endbetrag der maßgebenden Tabellenstufe in Höhe von 38 447 DM zu erhöhen ist, ist die Einkommensteuertabelle anzuwenden. Der sich danach ergebende Betrag beläuft sich auf 5 522 DM

Die Einkommensteuer auf die danach noch begünstigt zu besteuernden außerordentlichen Einkünfte in Höhe von (25 000 DM ∕ 97 DM =) 24 903 DM beträgt
(18,288 : 2 =) 9,144 v. H. von 24 903 DM, das sind 2 277 DM

Einkommensteuer insgesamt 7 799 DM

Für außerordentliche Einkünfte, die vor dem 1. 1. 1990 zugeflossen sind, gilt der ermäßigte Steuersatz ohne Begrenzung auf einen Höchstbetrag. Vom VZ 1990 an ist der ermäßigte Steuersatz hingegen nur noch auf den Teil der außerordentlichen Einkünfte anzuwenden, der den Betrag von **30 Millionen DM** nicht übersteigt; auf das verbleibende zu versteuernde Einkommen ist – vorbehaltlich des § 34 Abs. 3 EStG – die Einkommensteuertabelle anzuwenden. Die durch das StRefG 1990 vorgesehene weitergehende Einschränkung des § 34 Abs. 1 EStG ist noch vor ihrem Wirksamwerden korrigiert worden.

Maßgeblich für die Gesamthöhe der außerordentlichen Einkünfte sind auch im Fall der Veräußerung eines Betriebs oder Teilbetriebs einer Personengesellschaft oder eines Mitunternehmeranteils die auf den einzelnen Steuerpflichtigen entfallenden außerordentlichen Einkünfte. Aus verschiedenen Vorgängen innerhalb eines VZ erzielte außerordentliche Einkünfte eines Steuerpflichtigen sind zusammenzurechnen. Ehegatten, die zusammen veranlagt werden, sind insoweit als **ein** Steuerpflichtiger zu behandeln (§ 26 b EStG).

Im Rahmen dieses Höchstbetrages sind die außerordentlichen Einkünfte im Sinne des § 34 EStG stets bis zur Höhe des zu versteuernden Einkommens steuerbegünstigt, auch wenn sich bei der Einkunftsart, der die außerordentlichen Einkünfte zuzurechnen sind, niedrigere Einkünfte oder ein Verlust ergeben (Abschn. 197 Abs. 1 EStR). Die Sonderausgaben und die sonstigen vom Einkommen abzuziehenden Beträge sind zunächst bei den nicht nach § 34 EStG begünstigten Einkünften und sodann bei den außerordentlichen Einkünften zu berücksichtigen (BFH, BStBl 1959 III S. 404; Abschn. 197 Abs. 1 EStR).

Beispiel:

Verlust aus Gewerbebetrieb (§ 15 EStG)	∕. 40 000 DM	
Steuerpflichtiger Veräußerungsgewinn nach		
§ 16 EStG (34 000 DM ∕. 30 000 DM =)	4 000 DM	= ∕. 36 000 DM
Einkünfte aus Kapitalvermögen (§ 20 EStG)		+ 20 000 DM
Einkünfte aus Vermietung (§ 21 EStG)		+ 28 000 DM
Gesamtbetrag der Einkünfte		12 000 DM
Sonderausgaben		2 000 DM
Einkommen		10 000 DM
Zu versteuerndes Einkommen		10 000 DM

Der Veräußerungsgewinn ist bis zur Höhe von 4000 DM nach § 34 Abs. 1 EStG begünstigt.

Nach § 34 Abs. 1 Satz 1 EStG in der bis zum VZ 1989 geltenden Fassung beträgt der ermäßigte Steuersatz die Hälfte des durchschnittlichen Steuersatzes, der sich ergeben würde, wenn die tarifliche Einkommensteuer nach dem gesamten zu versteuernden Einkommen zuzüglich der nach einem Doppelbesteuerungsabkommen von der Einkommensteuer freigestellten ausländischen Einkünfte zu bemessen wäre. Vom VZ 1990 an ist Bemessungsgrundlage hingegen das gesamte zu versteuernde Einkommen zuzüglich der dem **Progressionsvorbehalt** unterliegenden Einkünfte. Damit sind auch die in § 32 b Abs. 1 Nr. 1 EStG genannten **Lohnersatzleistungen** ausdrücklich in die Berechnung des durchschnittlichen Steuersatzes einbezogen.

Auf das verbleibende zu versteuernde Einkommen ist nach § 34 Abs. 1 Satz 3 EStG in der vom VZ 1990 an geltenden Fassung **vorbehaltlich** des § 34 Abs. 3 EStG die Grund- oder Splittingtabelle nach § 32 a EStG anzuwenden. Nach dem Wortlaut des § 34 Abs. 1 Satz 2 EStG 1987 umfaßte der Vorbehalt auch **§ 34 b EStG.** U. E. ist hierdurch keine inhaltliche Änderung erfolgt.

Bis zum VZ 1989 ist der ermäßigte Steuersatz auf Antrag anzuwenden. Dabei ist zu beachten, daß der Steuerpflichtige den Antrag auf Anwendung des ermäßigten Steuersatzes auf einen bestimmten Betrag der außerordentlichen Einkünfte des § 34 Abs. 2 EStG beschränken kann (Abschn. 197 Abs. 2 EStR 1987).

Beispiel:

Das zu versteuernde Einkommen eines verheirateten Steuerpflichtigen ohne Kinder, der die Zusammenveranlagung nach § 26 b EStG beantragt, beträgt für 1989 20 000 DM. Das zu versteuernde Einkommen ist in voller Höhe nach § 34 Abs. 1 EStG begünstigt.

a) Der Steuerpflichtige stellt keinen Antrag.

b) Der Steuerpflichtige beantragt die Anwendung des § 34 Abs. 1 EStG für einen Betrag von 20 000 DM.

c) Der Steuerpflichtige beantragt die Anwendung des § 34 Abs. 1 EStG für einen Betrag von 10 389 DM.

Zu a) Die Steuer berechnet sich nach der Splittingtabelle auf 2304 DM.

Zu b) Die Steuer beträgt nach § 34 Abs. 1 EStG 1152 DM.

Zu c) Die Steuer berechnet sich nach der Splittingtabelle
für den Betrag von 9611 DM (Grundfreibetrag)   0 DM
und nach § 34 Abs. 1 und 2 EStG mit 5,76 v. H. von 10 389 DM,
das sind 598,40 DM und abgerundet   598 DM

Einkommensteuer insgesamt   598 DM

Der Steuerpflichtige erreicht somit die günstigste Besteuerung, wenn er den Antrag nach § 34 Abs. 1 und 2 EStG auf einen Betrag von 10 389 DM beschränkt.

Vom VZ 1990 an ist die Anwendung der ermäßigten Steuersätze nach § 34 Abs. 1 EStG **nicht** mehr von einem förmlichen **Antrag** abhängig. Damit entfällt auch die Möglichkeit, den Antrag zur Erreichung einer günstigeren Besteuerung der Höhe nach zu beschränken.

Die Vorschrift des § 34 Abs. 1 EStG ist nach § 50 Abs. 1 EStG auch auf Veräußerungsgewinne beschränkt Steuerpflichtiger anzuwenden. Es ist aber zu beachten, daß für beschränkt Steuerpflichtige nach § 50 Abs. 3 Satz 2 EStG grundsätzlich ein Mindeststeuersatz von 25 v. H. anzuwenden ist, so daß in den Fällen, in denen die Mindeststeuer zu erheben ist, der begünstigte Steuersatz des § 34 Abs. 1 EStG 12,5 v. H. beträgt (BFH, BStBl 1959 III S. 114).

10.4.3 Steuerermäßigung für außerordentliche Einkünfte aus Forstwirtschaft (§ 34 b EStG)

Ermäßigte Steuersätze sind nach § 34 b EStG unter bestimmten Voraussetzungen auch auf die Einkünfte aus den folgenden Holznutzungsarten anzuwenden:

a) Außerordentliche Holznutzungen. Das sind aus wirtschaftlichen Gründen erfolgte Nutzungen, die außerhalb des Nutzungssatzes anfallen, der für den betreffenden Forstbetrieb periodisch für jeweils zehn Jahre festzusetzen ist und den Umfang der unter Berücksichtigung der vollen jährlichen Ertragsfähigkeit des Waldes nachhaltig erzielbaren Nutzungen bezeichnet. Bei der Bemessung ist die außerordentliche Nutzung des laufenden Wirtschaftsjahres jedoch um die

b) in den letzten drei Wirtschaftsjahren eingesparten Nutzungen **(nachgeholte Nutzungen)** zu kürzen.

c) Holznutzungen infolge höherer Gewalt (Kalamitätsnutzungen). Das sind Nutzungen, die durch Eis-, Schnee-, Windbruch oder Windwurf, Erdbeben, Bergrutsch, Insektenfraß, Brand oder ein anderes diesen Ereignissen in seinen Folgen gleichkommendes Naturereignis verursacht werden, sofern derartige Schäden in der Forstwirtschaft nicht regelmäßig entstehen. Zur Beurteilung von Immissionsschäden s. Abschn. 206 Abs. 1 EStR.

Zu a und b: Außerordentliche Holznutzungen und nachgeholte Nutzungen liegen allerdings nur insoweit vor, als die um die Kalamitätsnutzungen verminderte Gesamtnutzung eines Wirtschaftsjahres den Nutzungssatz übersteigt.

Die Einkommensteuer bemißt sich nach § 34 b Abs. 3 EStG bei Einkünften aus außerordentlichen Holznutzungen sowie bei Kalamitätsnutzungen nach den Steuersätzen des § 34 Abs. 1 Sätze 1 und 2 EStG. Anders als bei § 34 Abs. 1 EStG gilt dies auch vom VZ 1990 an ohne Einschränkung durch einen Höchstbetrag. Soweit die Kalamitätsnutzungen den einfachen bzw. den doppelten Nutzungssatz übersteigen, ermäßigt sich der anzuwendende Steuersatz jedoch auf die Hälfte bzw. auf ein Viertel der Steuersätze des § 34 Abs. 1 EStG.

Bei Einkünften aus nachgeholten Nutzungen bemißt sich die Einkommensteuer dagegen nach dem durchschnittlichen Steuersatz, der sich bei Anwendung der Einkommensteuer-Tabelle auf das Einkommen ohne Berücksichtigung der Einkünfte aus den Holznutzungen i. S. der Buchstaben a bis c ergibt. Die Einkünfte aus nachgeholten Nutzungen sind jedoch mindestens einem Steuersatz von 10 v. H. zu unterwerfen.

Die Anwendung dieser ermäßigten Steuersätze setzt allgemein voraus, daß ein Bestandsvergleich für das stehende Holz nicht vorgenommen wird. Durch die Anwendung ermäßigter Steuersätze in den vorstehend bezeichneten Fällen soll daher der Tatsache Rechnung getragen werden, daß die Nichteinbeziehung des stehenden Holzes in den Bestandsvergleich zu einer Gewinnzusammenballung in dem Wirtschaftsjahr führen muß, in dem die Holznutzung und damit die Gewinnrealisierung erfolgt.

Vom VZ 1990 an ist ein förmlicher Antrag nicht mehr erforderlich.

10.4.4 Entlohnung für eine mehrjährige Tätigkeit (§ 34 Abs. 3 EStG)

§ 34 Abs. 3 EStG ist mit Wirkung vom VZ 1990 an neu gefaßt worden.

Nach der bis zum **VZ 1989** geltenden Fassung der Vorschrift, die nach ihrem Sinn und Zweck die Tarifprogression bei zusammengeballter Entlohnung für die Tätigkeit mehrerer Jahre mildern soll (BFH, BStBl 1985 II S. 117) und daher weitherzig auszulegen ist (vgl. BFH, BStBl 1970 II S. 784, 1974 II S. 680 und 1983 II S. 642), können Einkünfte, die die Entlohnung für eine Tätigkeit darstellen, die sich über mehrere Jahre erstreckt, zum Zweck der Einkommensteuerveranlagung auf die Jahre verteilt werden, in deren Verlauf sie erzielt wurden, und als Einkünfte eines jeden dieser Jahre angesehen werden. Dabei darf die Gesamtverteilung jedoch drei Jahre nicht überschreiten. Dem Steuerpflichtigen steht ein nicht fristgebundenes Wahlrecht zu, dessen erstmalige Ausübung u. U. auch im Rahmen einer Änderung nach § 173 Abs. 1 Nr. 2 Satz 1 AO zu berücksichtigen ist (BFH, BStBl 1985 II S. 117).

Für die Steuervergünstigung des § 34 Abs. 3 EStG kommen nur solche Einkünfte in Betracht, die sich als **Entlohnung für eine Tätigkeit** darstellen, die sich über **mehrere Kalenderjahre** erstreckt. Hierzu gehört auch der Teil einer Zuwendung, die der Arbeitnehmer aus Anlaß seines Dienstjubiläums vom Arbeitgeber erhält (BFH, BStBl 1985 II S. 117). Dabei macht es nach der Rechtsprechung des BFH keinen Unterschied, ob die Entlohnung für eine mehrjährige Tätigkeit durch eine entsprechende nachträgliche Zahlung oder im Wege der Vorauszahlung erfolgt

(BFH, BStBl 1970 II S. 683 und 1974 II S. 680). Daß die sich auf mehrere Kalenderjahre erstreckende Tätigkeit insgesamt mehr als zwölf Monate gedauert hat, ist nicht erforderlich (BFH, BStBl 1961 III S. 399 und 530). Zuwendungen aus Anlaß eines Firmenjubiläums sind nur insoweit verteilungsfähig, als mit ihnen eine mehrjährige Tätigkeit abgegolten werden soll (BFH, BStBl 1987 II S. 820).

Da nach § 34 Abs. 3 EStG nur Einkünfte begünstigt sind, die sich als Entlohnung für eine Tätigkeit darstellen, ist z. B. die Nachzahlung einer Altersrente aus der Bundesversicherungsanstalt für Angestellte nicht nach dieser Vorschrift zu besteuern (BFH, BStBl 1970 II S. 784).

Daß die Entlohnung für eine mehrjährige Tätigkeit in Form eines Einmalbetrags erfolgt ist, ist nicht erforderlich. Die Tarifvergünstigung des § 34 Abs. 3 EStG ist vielmehr auch dann anwendbar, wenn die Entlohnung für eine mehrjährige Tätigkeit in mehreren Beträgen erfolgt, die einzelnen Beträge dem Steuerpflichtigen jedoch insgesamt während eines Kalenderjahres zufließen (BFH, BStBl 1970 II S. 639).

Wenn die Entlohnung für eine mehrjährige Tätigkeit in einem Betrag festgesetzt wurde, ist eine tarifbegünstigte Besteuerung nach § 34 Abs. 3 EStG auch dann möglich, wenn dieser Betrag dem Steuerpflichtigen nicht in einem Jahr, sondern in zwei Kalenderjahren in Teilbeträgen ausgezahlt wird (BFH, BStBl 1967 III S. 2). Erfolgt die Auszahlung des festgesetzten Betrages dagegen in drei Jahren, ist die Tarifvergünstigung des § 34 Abs. 3 EStG nicht mehr zu gewähren, da die Zahlungen in diesem Falle bereits einen Zeitraum ausfüllen, der dem vom Gesetzgeber bestimmten größten Verteilungszeitraum entspricht (BFH, BStBl 1972 II S. 529 und 1975 II S. 690).

Bei Einkünften aus Gewinnbetrieben (Land- und Forstwirtschaft, Gewerbebetrieb, selbständiger Arbeit) ist § 34 Abs. 3 EStG grundsätzlich nicht anwendbar (BFH, BStBl 1961 III S. 345 und S. 532; vgl. aber Abschn. 200 Abs. 1 EStR). Eine Ausnahme gilt nach der Rechtsprechung nur für **Einkünfte aus selbständiger Arbeit,**

a) wenn der Steuerpflichtige sich während mehrerer Kalenderjahre ausschließlich der einen Sache gewidmet und die Vergütung dafür in einem Veranlagungszeitraum erhalten hat oder

b) wenn eine sich über mehrere Kalenderjahre erstreckende Sondertätigkeit, die von der übrigen Tätigkeit des Steuerpflichtigen ausreichend abgrenzbar ist und nicht zum regelmäßigen Gewinnbetrieb gehört, in einem Veranlagungszeitraum entlohnt wird.

Die Verteilung einer Entlohnung für eine mehrjährige Tätigkeit ist allerdings grundsätzlich nur möglich, wenn die Beteiligten nicht bereits vereinbarungsgemäß die Vergütung durch ins Gewicht fallende Teilzahlungen auf mehrere Jahre verteilt haben (BFH, BStBl 1972 II S. 529; Abschn. 200 Abs. 3 EStR). Bei **Einkünften aus nichtselbständiger Arbeit** ist die tarifliche Vergünstigung des § 34 Abs. 3 EStG zu gewähren, wenn es sich um eine einmalige Vergütung für eine mehrjährige Tätigkeit des Arbeitnehmers handelt und für die Zahlung in einer Summe wirtschaftlich vernünftige Gründe vorliegen (BFH, BStBl 1971 II S. 802). Ob die Gründe für eine zusammengeballte Entlohnung in der Person des Arbeitgebers oder des Arbeitnehmers gegeben sind, ist dabei ohne Bedeutung (BFH, BStBl 1974 II S. 680). Es kommt auch nicht darauf an, ob die Vergütung eine abgrenzbare Sondertätigkeit abgilt, ob auf sie ein Rechtsanspruch besteht oder die Leistung des Arbeitgebers freiwillig erfolgt (BFH, BStBl 1985 II S. 117) und ob sie eine zwangsläufige Zusammenballung von Einnahmen darstellt (Abschn. 200 Abs. 2 EStR). § 34 Abs. 3 EStG kann jedoch dann nicht angewendet werden, wenn ohne jede ersichtliche Grundlage Nachzahlungen lediglich mit der Begründung geleistet werden, die bisherigen Bezahlungen seien ungenügend gewesen.

Nach den lohnsteuerlichen Grundsätzen sind derartige Bezüge sog. „Sonstige Bezüge" und bereits nach § 39 b Abs. 3 EStG tariflich begünstigt. Nach § 46 Abs. 2 Nr. 8 Buchst. a EStG 1987 kann aber der Arbeitnehmer die Anwendung der Vorschrift des § 34 EStG zusätzlich beantragen, damit er in den Genuß der Vergünstigung des § 34 Abs. 3 EStG kommt. Es ist dabei möglich, daß sich nach § 34 Abs. 3 EStG eine niedrigere Steuer ergibt, als sie sich nach den lohnsteuerlichen Grundsätzen für den „Sonstigen Bezug" ergeben hat.

Die Einkünfte unterliegen der Einkommensteuer des Veranlagungszeitraums, in dem der Steuerpflichtige sie bezogen hat. Sie werden lediglich zum Zweck der Steuerberechnung auf die Kalenderjahre verteilt, in denen der Steuerpflichtige die Einkünfte erzielt hat bzw. erzielen wird. Eine Verteilung darf jedoch **höchstens auf drei Kalenderjahre** erfolgen. Eine Verteilung kommt dabei nur für Jahre in Betracht, in denen der Steuerpflichtige unbeschränkt einkommensteuerpflichtig war oder ist (BFH, BStBl 1976 II S. 67).

Die Verteilung ändert nichts an den Grundsätzen der Einkunfts- und Einkommensermittlung für die einzelnen Veranlagungszeiträume. Einkünfte, die als Entlohnung für mehrjährige Tätigkeit nach § 34 Abs. 3 EStG zum Zweck der Einkommensteuerveranlagung auf mehrere Jahre verteilt werden, sind im Jahr des Zufließens bezogen. Deshalb können bei der Ermittlung der zu verteilenden Einkünfte nur die im Veranlagungszeitraum des Zuflusses angefallenen Betriebsausgaben oder Werbungskosten abgezogen werden (BFH, BStBl 1958 III S. 169, 1960 III S. 47; Abschn. 200 Abs. 4 EStR). Auch wirken sich die gesamten außerordentlichen Einkünfte im Zuflußjahr auf den Gesamtbetrag der Einkünfte, das Einkommen und das zu versteuernde Einkommen aus, z. B. für die Höchstbeträge des § 10 b EStG, die zumutbare Belastung nach § 33 Abs. 3 EStG usw. Diese Einkünfte sind auch bei der Ermittlung des Einkommens des Zuflußjahres mit Verlusten i. S. des § 2 Abs. 3 EStG auszugleichen, auch wenn dadurch die steuerliche Begünstigung des § 34 Abs. 3 EStG und der spätere Verlustabzug entfallen (BFH, BStBl 1960 III S. 47).

Für die Steuerberechnung ist zunächst für den Veranlagungszeitraum, in dem die bezeichneten Einkünfte zugeflossen sind, die Einkommensteuerschuld zu ermitteln, die sich ergibt, wenn das zu versteuernde Einkommen um die auf die Vorjahre zu verteilenden Einkünfte gekürzt wird. Der so errechneten Steuerschuld sind die Steuerbeträge hinzuzurechnen, um die sich die Einkommensteuer der in Betracht kommenden Vorjahre bei einer Verteilung dieser Einkünfte (nicht der Einnahmen) erhöht haben würde. Eine Berichtigung der Veranlagungen für die Vorjahre findet also nicht statt; es wird lediglich eine sog. Schattenveranlagung durchgeführt. Die auf die Vorjahre zu verteilenden Einkunftsbeträge sind dabei nur für die Berechnung der Mehrsteuer dem zu versteuernden Einkommen dieser Jahre hinzuzurechnen. Sie beeinflussen in diesen Jahren nicht mehr den Gesamtbetrag der Einkünfte, das Einkommen und das zu versteuernde Einkommen.

Hat eine Veranlagung zur Einkommensteuer in den Jahren des Verteilungszeitraums nicht stattgefunden, so ist die Einkommensteuer des Zuflußjahres um die Steuerbeträge zu erhöhen, um die die auf die Verteilungsjahre entfallende Einkommensteuer die für diese Jahre einbehaltene Lohnsteuer übersteigen würde, wenn eine Veranlagung unter Einbeziehung der betreffenden Teile der begünstigten Einkünfte stattgefunden hätte (BFH, BStBl 1979 II S. 136).

Auf welchen Zeitraum die Einkünfte verteilt werden können, hängt von der Tätigkeitsdauer ab. Betreffen die begünstigten Einkünfte wirtschaftlich nur zwei Kalenderjahre, so kann die Verteilung auch nur auf diese zwei Kalenderjahre erfolgen. Die Einkünfte sind den einzelnen Kalenderjahren so zuzurechnen, wie sie auf diese Kalenderjahre wirtschaftlich entfallen, da für die Verteilung die Erzielung der Einkünfte maßgebend ist.

Entfällt auf das Zuflußjahr kein Teilbetrag, so wird dieses Jahr in die Verteilung nicht mit einbezogen. Bei Arbeitnehmern ist der Teil der Bezüge, der im laufenden Kalenderjahr erzielt wurde, auszusondern. Der restliche Teil ist als nachträgliche Einkünfte zu verteilen.

Beispiel:
Ein Freiberufler erhält im VZ 1989 die Vergütungen für eine abgrenzbare Sondertätigkeit i. S. des § 34 Abs. 3 EStG aus den beiden Vorjahren ausbezahlt.
Die Einkünfte aus der Sondertätigkeit sind in die Veranlagung des Zuflußjahres einzubeziehen, vor Anwendung der Tabelle aus dem zu versteuernden Einkommen herauszunehmen und zum Zwecke der Berechnung der darauf entfallenden Steuer nach den Leistungsanteilen auf die beiden Vorjahre zu verteilen. Die sich dabei für die Vorjahre rechnerisch ergebenden Mehrsteuern sind der tabellenmäßigen Steuer dieses Jahres hinzuzurechnen.

Erstreckt sich die Tätigkeit über einen längeren Zeitraum als drei Kalenderjahre, so kann der Steuerpflichtige wählen, auf welche drei Kalenderjahre innerhalb dieses Zeitraums die Einkünfte verteilt werden sollen. Die Einkünfte sind sodann zu gleichen Teilen auf die vom Steuerpflichtigen ausgewählten Kalenderjahre zu verteilen (BFH, BStBl 1975 II S. 328). Auf die Höhe der auf diese drei Kalenderjahre tatsächlich entfallenden Einkunftsbeträge kommt es in diesem Falle nicht mehr an.

Beispiel:

Ein Stpfl. erhält im Kj. 1989 eine nachträgliche Entlohnung für eine mehrjährige Tätigkeit im Sinne des § 34 Abs. 3 EStG in Höhe von 21 000 DM. Wirtschaftlich entfällt diese Nachzahlung anteilig auf folgende Zeiträume:

1. Jahr	2. Jahr	3. Jahr	4. Jahr	5. Jahr
2000 DM	3000 DM	5000 DM	5000 DM	6000 DM

Wünscht der Steuerpflichtige die Verteilung auf das 1., 3. und 5. Jahr, so entfallen damit auf jedes dieser Jahre 7000 DM.

Die für die Verteilung gewählten Jahre unterliegen, entgegen der bisher von der FinVerw vertretenen Auffassung, keiner Begrenzung auf die letzten zehn Jahre einschließlich des Zuflußjahres (BFH, BStBl 1987 II S. 677; Abschn. 200 Abs. 1 EStR 1987).

Nach der vom **VZ 1990** an geltenden Fassung des § 34 Abs. 3 EStG beträgt die Einkommensteuer auf Einkünfte, die die Vergütung für eine mehrjährige Tätigkeit sind, das Dreifache des Unterschiedsbetrages zwischen

1. der Einkommensteuer für das um diese Einkünfte verminderte zu versteuernde Einkommen (verbleibendes zu versteuerndes Einkommen) und

2. der Einkommensteuer für das verbleibende zu versteuernde Einkommen zuzüglich eines Drittels dieser Einkünfte.

Dadurch sind künftig Schattenveranlagungen für Vorjahre entbehrlich. Im Ergebnis wird durch dieses Verfahren die gesamte Vergütung für eine mehrjährige Tätigkeit nur dem durchschnittlichen Steuersatz unterworfen, dem das untere Drittel der Vergütung unterliegt; die auf die restlichen zwei Drittel der Vergütung entfallende Progressionswirkung des Einkommensteuertarifs wird dadurch vermieden.

Beispiel:

Der ledige A hat 1990 ein zu versteuerndes Einkommen von 110 000 DM erzielt. Darin ist eine Vergütung von 40 000 DM für eine mehrjährige Tätigkeit enthalten.

1. Zu versteuerndes Einkommen	110 000 DM	
./. außerordentliche Einkünfte	40 000 DM	
verbleibendes zu versteuerndes Einkommen	70 000 DM	
darauf entfallende Einkommensteuer		18 048 DM
2. Verbleibendes zu versteuerndes Einkommen	70 000 DM	
+ ⅓ der außerordentlichen Einkünfte	13 333 DM	
besonderer Einkommensteilbetrag	83 333 DM	
darauf entfallende Einkommensteuer		23 361 DM
3. Unterschiedsbetrag (Ziff. 2 ./. Ziff. 1)		5 313 DM
4. Das Dreifache des Unterschiedsbetrages (Ziff. 3 × 3)		15 939 DM
5. Einkommensteuer insgesamt (Ziff. 1 + Ziff. 4 =)		33 987 DM

Zum Vergleich: Die tarifliche Einkommensteuer bei einem zu versteuernden Einkommen von 110 000 DM beträgt 35 608 DM. Die auf § 34 Abs. 3 EStG beruhende Steuerermäßigung beträgt (35 608 DM ./. 33 987 DM =) 1621 DM.

Die Anwendung des ermäßigten Steuersatzes nach § 34 Abs. 3 EStG ist vom VZ 1990 an nicht mehr von einem förmlichen Antrag abhängig.

10.5 Besteuerung ausländischer Einkünfte

Wenn und soweit ausländische Einkünfte nicht auf Grund der bestehenden Doppelbesteuerungsabkommen steuerfrei sind, sind sie grundsätzlich ebenso zu besteuern wie inländische Einkünfte. Ob und inwieweit sie auch im Ausland besteuert worden sind, ist dabei für die Ermittlung der tariflichen Einkommensteuer grundsätzlich ohne Bedeutung.

Von diesem Grundsatz wird lediglich in § 34 c Abs. 4 und 5 EStG eine Ausnahme gemacht.

Die Vorschrift des § 34 c Abs. 4 EStG enthält eine Steuerbegünstigung eigener Art für unbeschränkt Steuerpflichtige aus dem **Betrieb von Handelsschiffen** im internationalen Verkehr; s. dazu BFH, BStBl 1984 II S. 566. Die schwierige Wettbewerbslage im internationalen Handelsschiffahrtsverkehr machte diese Vergünstigung notwendig (BFH, BStBl 1986 II S. 60). Danach werden die ausländischen Einkünfte dieser Schiffahrtsunternehmen auf Antrag ebenfalls mit dem Steuersatz des § 34 Abs. 1 Sätze 1 und 2 EStG besteuert, der auf außerordentliche Einkünfte bis zu 30 Millionen DM anzuwenden ist; durch diese Neufassung der Vorschrift ist – ebenso wie bei § 34 b EStG – sichergestellt, daß sich die Einführung des Höchstbetrages bei § 34 Abs. 1 EStG ab 1990 auf die Steuerermäßigung nach § 34 c Abs. 4 EStG nicht auswirkt. Das Antragserfordernis besteht jedoch weiterhin; der Steuerpflichtige kann den Antrag auf einen bestimmten Betrag beschränken (Abschn. 212 f Abs. 2 EStR).

Begünstigt sind nur Einkünfte aus dem **Betrieb** von Handelsschiffen. Auf laufende Gewinne aus der Veräußerung von Handelsschiffen konnte bisher der ermäßigte Steuersatz nach § 34 c Abs. 4 EStG nicht angewendet werden. Aufgrund der Neufassung des § 34 c Abs. 4 Satz 3 EStG gehört vom VZ 1990 an auch die **Veräußerung** von im internationalen Verkehr betriebenen Handelsschiffen zum Betrieb von Handelsschiffen im internationalen Verkehr; auch ein laufender Veräußerungsgewinn unterliegt daher künftig dem ermäßigten Steuersatz.

Begünstigt sind nur ausländische Einkünfte. Dabei gelten 80 v. H. der Einkünfte aus dem Betrieb von Handelsschiffen im internationalen Verkehr als ausländische Einkünfte. Auf das restliche zu versteuernde Einkommen ist die Einkommensteuertabelle anzuwenden.

Wird der Antrag nach § 34 c Abs. 4 EStG nicht gestellt, bleibt es bei der Anrechnung der ausländischen Steuern nach § 34 c Abs. 1 EStG bzw. bei dem Abzug dieser Steuern nach § 34 c Abs. 2 EStG (vgl. dazu 6.7 und 11.2).

In § 34 c Abs. 5 EStG sind die obersten Finanzbehörden der Länder allgemein ermächtigt, die auf ausländische Einkünfte entfallende deutsche Einkommensteuer mit Zustimmung des Bundesministers der Finanzen ganz oder zum Teil zu erlassen oder in einem Pauschbetrag festzusetzen. Voraussetzung ist jedoch, daß eine solche Maßnahme aus volkswirtschaftlichen Gründen zweckmäßig ist oder die in § 34 c Abs. 1 EStG vorgesehene Anrechnung ausländischer Steuern besonders schwierig ist.

11 Ermittlung der festzusetzenden Einkommensteuer

11.1 Allgemeines

Die festzusetzende Einkommensteuer i. S. des § 2 Abs. 6 EStG ist ausgehend von
der tariflichen Einkommensteuer wie folgt zu ermitteln (s. Abschn. 4 EStR):

Tarifliche Einkommensteuer

./. anzurechnende ausländische Steuern nach § 34 c Abs. 1 und 6 EStG
./. anzurechnende ausländische Steuern nach § 12 AStG
./. Steuerermäßigung bei Land- und Forstwirten nach § 34 e EStG
./. Steuerermäßigung für freie Erfinder (§ 4 Nr. 3 der Verordnung über die
    einkommensteuerliche Behandlung der freien Erfinder; anzuwenden bis zum
    VZ 1988)
./. Steuerermäßigung für Einkünfte aus Berlin (West) nach §§ 21, 22 BerlinFG
+   Steuern nach § 34 c Abs. 5 EStG
./. Steuerermäßigung nach § 15 des 5. Vermögensbildungsgesetzes a. F. (anzu-
    wenden bis VZ 1989)
./. Steuerermäßigung nach §§ 16, 17 BerlinFG
./. Steuerermäßigung nach § 34 f EStG
./. Steuerermäßigung bei Mitgliedsbeiträgen und Spenden an politische Parteien
    und an unabhängige Wählervereinigungen nach § 34 g EStG
./. Steuerermäßigung bei Belastung mit Erbschaftsteuer (§ 35 EStG)
+   Nachsteuer nach §§ 30, 31 EStDV

= Festzusetzende Einkommensteuer

Auf die einzelnen Steuerermäßigungen wird im folgenden nur insoweit näher
eingegangen, als ihnen größere praktische Bedeutung zukommt.

11.2 Anrechnung ausländischer Steuern (§ 34 c Abs. 1 EStG)

11.2.1 Allgemeines

Der Vermeidung einer doppelten Besteuerung dient auch die Vorschrift des § 34 c
Abs. 1 EStG. Durch diese einseitige innerdeutsche Vorschrift soll eine Doppelbesteuerung dann ausgeschlossen werden, wenn ein zwischenstaatliches Abkommen
zur Vermeidung der Doppelbesteuerung nicht besteht oder wenn dieses eine
Doppelbesteuerung nicht beseitigt.

Verfahrensmäßig erfolgt die Vermeidung der Doppelbesteuerung durch § 34 c
Abs. 1 EStG nach der Anrechnungsmethode. Während die Aufteilungsmethode

bestimmte ausländische Einkünfte von der deutschen Steuer befreit und dabei unberücksichtigt läßt, ob und in welcher Höhe diese Einkünfte im Ausland besteuert werden, beseitigt die Anrechnungsmethode die deutsche Steuer nur in Höhe des im Ausland zu zahlenden Steuerbetrags, der niedriger sein kann als der auf die betreffenden Einkünfte entfallende inländische Steuerbetrag. Durch die Anrechnungsmethode wird daher eine gleichmäßige Behandlung aller unbeschränkt Steuerpflichtigen mit ausländischen Einkünften in der Bundesrepublik erreicht. Die einkommensteuerliche Gesamtbelastung der in- und ausländischen Einkünfte entspricht dabei grundsätzlich der nach dem Einkommensteuergesetz festzusetzenden Steuer.

11.2.2 Voraussetzungen für die Anrechnung

Die Begünstigung des § 34 c Abs. 1 EStG gilt nur für unbeschränkt Steuerpflichtige. Ob der Steuerpflichtige die deutsche Staatsangehörigkeit besitzt oder nicht, ist ohne Bedeutung.

Der Steuerpflichtige muß in dem betreffenden Veranlagungszeitraum mit ausländischen Einkünften zur deutschen Einkommensteuer heranzuziehen sein. In dem zu versteuernden Einkommen des betreffenden Veranlagungszeitraums müssen somit ausländische Einkünfte enthalten sein. Aufgrund des zu versteuernden Einkommens muß sich darüber hinaus für den betreffenden Veranlagungszeitraum eine tarifliche Einkommensteuer ergeben.

Welche Einkünfte als ausländische Einkünfte anzusehen sind, ist in § 34 d EStG abschließend geregelt.

Die ausländischen Einkünfte dürfen nach § 34 c Abs. 6 Satz 1 EStG grundsätzlich nicht aus einem ausländischen Staat stammen, mit dem ein Abkommen zur Vermeidung der Doppelbesteuerung besteht. Stammen die ausländischen Einkünfte aus einem Staat, mit dem ein Doppelbesteuerungsabkommen besteht, so ist eine Anrechnung ausländischer Steuern jedoch in entsprechender Anwendung des § 34 c Abs. 1 EStG zulässig, wenn

a) das Doppelbesteuerungsabkommen die Anrechnung einer ausländischen Steuer auf die deutsche Einkommensteuer vorsieht,

b) die Doppelbesteuerung durch das bestehende Doppelbesteuerungsabkommen bei Einkünften aus dem betreffenden ausländischen Staat nicht beseitigt wird oder

c) ein bestehendes Doppelbesteuerungsabkommen sich nicht auf eine Steuer vom Einkommen dieses ausländischen Staates bezieht.

Der Steuerpflichtige muß mit ausländischen Einkünften in dem Staat, aus dem die Einkünfte stammen, zu einer der deutschen Einkommensteuer entsprechenden Steuer herangezogen werden.

Der Steuerpflichtige darf keinen Antrag nach § 34 c Abs. 2 oder 4 EStG gestellt haben.

11.2.3 Anrechnungsverfahren

Anzurechnen auf die deutsche Einkommensteuer ist die ausländische Steuer, die in dem ausländischen Staat, aus dem die Einkünfte stammen, festgesetzt und gezahlt worden ist und auch keinem Ermäßigungsanspruch mehr unterliegt. Zur Ermittlung der anzurechnenden ausländischen Steuer s. BFH, BStBl 1986 II S. 739.

Die ausländische Steuer ist anzurechnen auf die deutsche Einkommensteuer, die auf die Einkünfte aus dem betreffenden Staat entfällt. Die auf die ausländischen Einkünfte entfallende deutsche Einkommensteuer ist nach § 34 c Abs. 1 Satz 2 EStG in der Weise zu ermitteln, daß die deutsche Einkommensteuer, die sich bei der Veranlagung des zu versteuernden Einkommens (einschließlich der ausländischen Einkünfte) nach den §§ 32 a, 32 b, 34 und 34 b EStG ergibt, im Verhältnis dieser ausländischen Einkünfte zum Gesamtbetrag der Einkünfte aufgeteilt wird.

Beispiel:
Ein unbeschränkt Steuerpflichtiger hatte im Jahre 1990 steuerpflichtige Einkünfte aus dem Inland in Höhe von 30 000 DM und steuerpflichtige ausländische Einkünfte (§ 34 d EStG) in Höhe von umgerechnet 10 000 DM. Die Einkommensteuer berechnet sich unter Einbeziehung der ausländischen Einkünfte wie folgt:

Einkünfte aus dem Inland	30 000 DM
Ausländische Einkünfte	10 000 DM
Gesamtbetrag der Einkünfte	40 000 DM
∕ Sonderausgaben	2 000 DM
Einkommen und zu versteuerndes Einkommen	38 000 DM
Einkommensteuer (§ 32 a Abs. 5 EStG)	5 426 DM

Die ausländischen Einkünfte sind im Ausland zu einer der deutschen Einkommensteuer entsprechenden Steuer herangezogen worden. Die auf die in der Veranlagung erfaßten ausländischen Einkünfte in Höhe von 10 000 DM entfallende ausländische, der deutschen Einkommensteuer entsprechende Steuer betrug umgerechnet (Abschn. 212 b EStR)

a) 1250 DM   b) 2500 DM.

Der Anteil der ausländischen Einkünfte an dem Gesamtbetrag der Einkünfte beträgt ein Viertel (10 000 : 40 000); auf die ausländischen Einkünfte entfällt somit eine anteilige Einkommensteuer in Höhe von (¼ von 5426 DM =) 1356 DM. Die Ermäßigung nach § 34 c Abs. 1 EStG darf sich nur bis zur Höhe der anteiligen Einkommensteuer auswirken, mit der die ausländischen Einkünfte belastet worden sind. Sie darf sich also höchstens mit 1356 DM auswirken.

Im Fall a) ermäßigt sich die deutsche Einkommensteuer nach § 34 c Abs. 1 EStG von 5426 DM durch Anrechnung der tatsächlich gezahlten ausländischen Einkommensteuer auf (5426 DM ∕ 1250 DM =) 4176 DM.

Im Fall b) kann eine Anrechnung nur mit dem Höchstbetrag von (¼ von 5426 DM =) 1356 DM erfolgen, so daß unter Anrechnung dieses Betrages die deutsche Einkommensteuer mit (5426 DM ∕ 1356 DM =) 4070 DM festzusetzen ist.

11.3 Steuerermäßigung für freie Erfinder

Wird eine Erfindung nicht im eigenen Betrieb des Erfinders verwertet, so wird die anteilige Einkommensteuer, die sich für die Einkünfte aus freier Erfindertätigkeit im Verhältnis zum Gesamtbetrag der Einkünfte aufgrund der Steuer ergibt, die für das gesamte Einkommen nach der Einkommensteuertabelle festzusetzen wäre, nach § 4 Nr. 3 ErfVO nur zur Hälfte erhoben. Dies geschieht auf Antrag für die Versuchszeit und für den Veranlagungszeitraum, in dem die Verwertung beginnt, und für die folgenden acht Veranlagungszeiträume, bei patentierten Erfindungen höchstens aber für die Laufzeit des Patents. Voraussetzung dafür ist, daß der Steuerpflichtige für diese Einkünfte im Veranlagungszeitraum die Steuerbegünstigungen des § 34 Abs. 3 EStG nicht in Anspruch nimmt (BFH, BStBl 1974 II S. 163).

Der zeitliche Geltungsbereich der Verordnung über die einkommensteuerliche Behandlung der freien Erfinder ist über den VZ 1988 hinaus nicht verlängert worden; wegen der Einzelheiten wird auf 11.3 der Vorauflage Bezug genommen.

11.4 Steuerermäßigung bei Einkünften aus Land- und Forstwirtschaft (§ 34 e EStG)

Die Ermittlung des Gewinns aus Land- und Forstwirtschaft nach Durchschnittssätzen (§ 13 a EStG) führt im Vergleich zur Gewinnermittlung nach allgemeinen Grundsätzen (§ 4 Abs. 1 und Abs. 3 EStG) regelmäßig zu einer steuerlichen Entlastung. Um beim Übergang von § 13 a EStG zur Gewinnermittlung nach § 4 Abs. 1 oder Abs. 3 EStG ein sprunghaftes Ansteigen der Einkommensteuerbelastung zu vermeiden, gewährt § 34 e EStG eine Steuerermäßigung.

Wenn der Gewinn aus Land- und Forstwirtschaft des im Veranlagungszeitraum beginnenden Wirtschaftsjahres nicht nach § 13 a EStG ermittelt worden ist und den Betrag von 50 000 DM nicht übersteigt, so ermäßigt sich nach § 34 e Abs. 1 Satz 1 EStG die tarifliche Einkommensteuer um die Einkommensteuer, die auf den Gewinn des Veranlagungszeitraumes aus Land- und Forstwirtschaft entfällt. Die Steuerermäßigung beträgt für den Gewinn aus einem bestimmten land- und forstwirtschaftlichen Betrieb höchstens 2000 DM.

Beträgt der nicht nach § 13 a EStG ermittelte Gewinn des im Veranlagungszeitraum beginnenden Wirtschaftsjahres mehr als 50 000 DM, so vermindert sich der Höchstbetrag für die Steuerermäßigung nach § 34 e Abs. 1 Satz 2 EStG um 20 v. H. des Betrags, um den der Gewinn den Betrag von 50 000 DM übersteigt. Bei einem Gewinn von 60 000 DM kommt damit eine Steuerermäßigung nicht mehr in Betracht. Bei der Berechnung der Gewinngrenze sind Veräußerungsgewinne i.S. der §§ 14, 14 a Abs. 1 bis 3 EStG in vollem Umfang unberücksichtigt zu lassen (Abschn. 213 Abs. 4 Satz 1 EStR). Zur Verteilung eines Übergangsgewinns s. BFH, BStBl 1990 II S. 495.

Sind an einem land- und forstwirtschaftlichen Betrieb mehrere Personen beteiligt, so ist der Höchstbetrag für die Steuerermäßigung nach § 34 e Abs. 1 Satz 3 EStG ihrem Beteiligungsverhältnis entsprechend auf die Beteiligten aufzuteilen. Die sich dabei ergebenden Anteile der Beteiligten an dem Höchstbetrag sind nach § 34 e Abs. 1 Satz 4 EStG gemäß § 179 AO gesondert festzustellen.

Auch bei einer Beteiligung an mehreren land- und forstwirtschaftlichen Betrieben darf die Steuerermäßigung bei dem einzelnen Steuerpflichtigen nach § 34 e Abs. 2 Satz 1 EStG nicht mehr als 2000 DM betragen.

Voraussetzung für die Steuerermäßigung nach § 34 e EStG ist, daß der Gewinn des im Veranlagungszeitraum beginnenden Wirtschaftsjahres nicht nach § 13 a EStG ermittelt worden ist und den Betrag von 60 000 DM nicht erreicht. Unter die Vorschrift des § 34 e EStG fallen damit zum einen die Steuerpflichtigen, die ihren Gewinn zunächst nach § 13 a EStG ermittelt haben und in dem im Veranlagungszeitraum beginnenden Wirtschaftsjahr aus dem Anwendungsbereich des § 13 a EStG ausgetreten sind. Dabei macht es keinen Unterschied, aus welchem Grunde sie den Gewinn dieses Wirtschaftsjahres nicht nach § 13 a EStG ermittelt haben. Die Steuerermäßigung kommt daher sowohl bei Steuerpflichtigen, die buchführungspflichtig geworden oder bei denen die übrigen Voraussetzungen des § 13 a Abs. 1 EStG weggefallen sind, als auch bei Steuerpflichtigen in Betracht, bei denen auf Antrag der nach § 4 Abs. 1 EStG oder § 4 Abs. 3 EStG ermittelte Gewinn der Besteuerung zugrunde zu legen ist. Auch Steuerpflichtige, deren Gewinn für das im Veranlagungszeitraum beginnende Wirtschaftsjahr geschätzt worden ist, können die Steuerermäßigung nach § 34 e EStG in Anspruch nehmen, weil es auf die Art, in der der Gewinn außerhalb des Anwendungsbereichs der Vorschrift des § 13 a EStG ermittelt wird, nicht ankommt.

Steuerpflichtige, die den Gewinn für das im Veranlagungszeitraum beginnende Wirtschaftsjahr nicht nach § 13 a EStG ermittelt haben, können die Steuerermäßigung darüber hinaus aber auch dann in Anspruch nehmen, wenn der Gewinn des im Veranlagungszeitraum endenden Wirtschaftsjahres nicht nach § 13 a EStG ermittelt worden ist. Der eindeutige Wortlaut des § 34 e Abs. 1 Satz 1 EStG knüpft für die Gewährung der Steuerermäßigung lediglich an die Verhältnisse in dem im Veranlagungszeitraum **beginnenden** Wirtschaftsjahr an. Dies steht hinsichtlich der betragsmäßigen Gewinngrenze auch völlig außer Zweifel.

Ist damit für die Gewährung der Steuerermäßigung lediglich auf die Verhältnisse in dem im Veranlagungszeitraum beginnenden Wirtschaftsjahr abzustellen, so kann die Steuerermäßigung auch in Anspruch nehmen, wer in einem Veranlagungszeitraum eine land- und forstwirtschaftliche Betätigung neu aufgenommen und den die betragsmäßige Gewinngrenze nicht übersteigenden Gewinn daraus nicht nach § 13 a EStG ermittelt hat.

Nach dem Wortlaut des § 34 e Abs. 1 EStG würde eine Steuerermäßigung an sich entfallen, wenn im Veranlagungszeitraum z. B. wegen Betriebsveräußerung oder Betriebsaufgabe vor dem 1. 7. kein Wirtschaftsjahr begonnen hat. Dieses Ergebnis würde jedoch im Widerspruch zu dem Sinn und Zweck des § 34 e EStG stehen. Wenn der Gewinn des in einem Veranlagungszeitraum endenden Wirtschaftsjahres nicht nach § 13 a EStG ermittelt worden ist und den Betrag von 50 000 DM nicht übersteigt, so wird die Steuerermäßigung des § 34 e EStG in einem solchen Falle daher ebenfalls zu gewähren sein (vgl. auch Abschn. 213 Abs. 3 EStR).

Die Einkommensteuer, um die die tarifliche Einkommensteuer nach § 34 e Abs. 1 Satz 1 EStG ermäßigt wird, bemißt sich nach § 34 e Abs. 2 Satz 2 EStG nach dem durchschnittlichen Steuersatz der tariflichen Einkommensteuer. Vor Anwendung dieses durchschnittlichen tariflichen Steuersatzes auf den nach § 34 e Abs. 1 Satz 1 EStG maßgebenden Gewinn ist dieser jedoch um den Teil des Freibetrags nach § 13 Abs. 3 EStG zu kürzen, der dem Verhältnis des maßgebenden Gewinns zu den Einkünften des Steuerpflichtigen aus Land- und Forstwirtschaft entspricht.

Bei zusammen veranlagten Ehegatten wird die Steuerermäßigung nach § 34 e Abs. 2 Satz 3 EStG jedem der Ehegatten gewährt, soweit sie Inhaber oder Mitinhaber verschiedener land- und forstwirtschaftlicher Betriebe i. S. des § 34 e Abs. 1 Satz 1 EStG sind.

11.5 Steuerermäßigung für Steuerpflichtige mit Kindern bei Inanspruchnahme von § 7 b oder § 10 e EStG (§ 34 f EStG)

11.5.1 Allgemeines

Bei Steuerpflichtigen, die erhöhte Absetzungen nach § 7 b EStG oder nach § 15 BerlinFG in Anspruch nehmen, ermäßigt sich nach § 34 f Abs. 1 EStG die tarifliche Einkommensteuer, die nach Abzug der sonstigen Steuerermäßigungen mit Ausnahme der sich aus §§ 34 g und 35 EStG ergebenden Steuerermäßigungen verbleibt, auf Antrag um je 600 DM für das zweite und jedes weitere Kind des Steuerpflichtigen oder seines Ehegatten.

Bei Stpfl., die den besonderen Abzugsbetrag nach § 10 e Abs. 1 bis 5 EStG oder nach § 15 b BerlinFG in Anspruch nehmen, ermäßigt sich nach § 34 f Abs. 2 EStG die tarifliche Einkommensteuer, vermindert um die sonstigen Steuerermäßigungen mit Ausnahme der §§ 34 g und 35 EStG, auf Antrag um je 600 DM bzw. 750 DM für jedes Kind des Stpfl. oder seines Ehegatten. Die Steuerermäßigung kann der Stpfl. im Kalenderjahr nur für ein Objekt in Anspruch nehmen (§ 34 f Abs. 3 EStG).

11.5.2 Steuerermäßigung bei Inanspruchnahme erhöhter Absetzungen (§ 34 f Abs. 1 EStG)

11.5.2.1 Voraussetzungen für die Gewährung der Steuerermäßigung

Voraussetzung für die Gewährung der Steuervergünstigung ist nach § 34 f Abs. 1 Satz 2 Nr. 1 EStG zunächst, daß der Steuerpflichtige das Einfamilienhaus bzw. die Eigentumswohnung zu eigenen Wohnzwecken nutzt oder wegen des Wechsels des Arbeitsortes nicht zu eigenen Wohnzwecken nutzen kann. Bei einem Zweifamilienhaus muß der Steuerpflichtige mindestens eine Wohnung zu eigenen Wohnzwecken nutzen oder zu einer derartigen Nutzung wegen des Wechsels des

Arbeitsortes nicht in der Lage sein. Eine Nutzung zu eigenen Wohnzwecken setzt nicht voraus, daß die betreffende Wohnung in dem jeweiligen Veranlagungszeitraum den Mittelpunkt der Lebensinteressen (Familienwohnsitz) des Steuerpflichtigen bildet (BFH, BStBl 1989 II S. 776); es genügt, daß eine Wohnung dem Steuerpflichtigen dauernd zur Nutzung zur Verfügung steht, die geeignet ist, den durch die Haushaltszugehörigkeit der Kinder erhöhten Wohnbedarf des Steuerpflichtigen zu befriedigen (BFH, BStBl 1990 II S. 215). Daher kann auch eine Nutzung als Wochenend- oder Ferienwohnung i. S. des § 34 f Abs. 1 EStG eine Nutzung zu eigenen Wohnzwecken darstellen (BFH, BStBl 1989 II S. 776). Die unentgeltliche Überlassung einer Wohnung an eine andere Person erfüllt diese Voraussetzung hingegen nicht. Daß der Nutzungswert der Wohnung nach § 21 Abs. 2 1. Alternative EStG dem Steuerpflichtigen zuzurechnen ist, ist danach ohne Bedeutung (offen gelassen vom BFH, BStBl 1990 II S. 215). Die FinVerw läßt jedoch aus Vertrauensschutzgründen eine unentgeltliche Überlassung an ein minderjähriges Kind als Nutzung zu eigenen Wohnzwecken i. S. des § 34 f Abs. 1 EStG gelten (Abschn. 213 a Abs. 2 EStR).

Eine Nutzung zu eigenen Wohnzwecken i. S. des § 34 f Abs. 1 EStG ist auch anzunehmen, wenn einer anderen Person die Mitbenutzung der betreffenden Wohnung gestattet wird.

Beispiel:

Nachdem der Sohn ausgezogen war, hat der Steuerpflichtige das bisher von seinem Sohn genutzte Zimmer in seinem Einfamilienhaus unentgeltlich seinem Neffen überlassen, der sich zum Studium in der Stadt aufhält.

Die Mitbenutzung des Einfamilienhauses durch den Neffen des Steuerpflichtigen ist unschädlich.

Nach § 34 f Abs. 1 Satz 2 Nr. 2 EStG setzt die Gewährung der Steuerermäßigung ferner voraus, daß der Steuerpflichtige oder sein Ehegatte mindestens zwei Kinder i. S. des § 32 Abs. 1 bis 5 EStG hat, die zum Haushalt des Steuerpflichtigen gehören oder in dem für die erhöhten Absetzungen maßgebenden Begünstigungszeitraum gehört haben. Dabei muß die Zugehörigkeit der Kinder zum Haushalt des Steuerpflichtigen auf Dauer angelegt sein oder gewesen sein.

Der Steuerpflichtige oder sein Ehegatte müssen in dem jeweiligen Veranlagungszeitraum, in dem sie die Steuerermäßigung des § 34 f Abs. 1 EStG in Anspruch nehmen wollen, (noch) mindestens zwei Kinder i. S. des § 32 Abs. 1 bis 5 EStG haben. Daß sie zu Beginn des Begünstigungszeitraums zwei Kinder i. S. dieser Vorschrift hatten, reicht daher für die Gewährung der Steuervergünstigung des § 34 f EStG nicht aus (BFH, BStBl 1990 II S. 216).

In jedem Veranlagungszeitraum des Begünstigungszeitraums müssen jedoch nicht unbedingt dieselben Kinder zu berücksichtigen sein.

Beispiel:

Der Steuerpflichtige hatte zu Beginn des Veranlagungszeitraums 1989 einen fünfjährigen Sohn und eine dreijährige Tochter. Im Oktober 1989 ist der Sohn verstorben. Im Mai 1990 ist dem Steuerpflichtigen eine weitere Tochter geboren worden.

1989 und 1990 sind bei dem Steuerpflichtigen jeweils zwei Kinder zu berücksichtigen.

Zum Haushalt des Steuerpflichtigen gehört ein Kind nicht nur, wenn es bei einheitlicher Wirtschaftsführung unter Leitung des Steuerpflichtigen dessen Wohnung teilt, sondern auch dann, wenn es sich mit seiner Einwilligung vorübergehend außerhalb seiner Wohnung aufhält. Hält sich ein Kind nicht nur vorübergehend oder ohne Einwilligung des Steuerpflichtigen außerhalb seiner Wohnung auf, so gehört es daher nicht mehr zum Haushalt des Steuerpflichtigen.

Beispiel:

Nach Vollendung ihres 18. Lebensjahres hat die Tochter des Steuerpflichtigen gegen den Willen ihrer Eltern das elterliche Haus verlassen, um zu ihrem Freund zu ziehen.

Unabhängig davon, ob sich die Tochter auf Dauer oder nur vorübergehend außerhalb der elterlichen Wohnung aufhält, ist ihre Zugehörigkeit zum Haushalt des Steuerpflichtigen wegen seiner fehlenden Einwilligung zu verneinen.

Die erforderliche Haushaltszugehörigkeit der Kinder muß jedoch nicht mehr in dem Veranlagungszeitraum bestehen, für den die Steuerermäßigung des § 34 f Abs. 1 EStG in Anspruch genommen wird. Es genügt, daß die Kinder in dem für die erhöhten Absetzungen maßgebenden Begünstigungszeitraum zum Haushalt des Steuerpflichtigen gehört haben. Wie lange die Kinder während des für die erhöhten Absetzungen maßgebenden Begünstigungszeitraums zum Haushalt des Steuerpflichtigen gehört haben, ist ohne Bedeutung.

Der für die erhöhten Absetzungen nach § 7 b EStG maßgebende Begünstigungszeitraum umfaßt das Jahr der Fertigstellung bzw. der Anschaffung des Gebäudes und die sieben folgenden Jahre. Zum Begünstigungszeitraum gehört das gesamte Kalenderjahr, in dem das Gebäude fertiggestellt oder angeschafft worden ist. Es genügt daher auch, wenn die Haushaltszugehörigkeit der Kinder zu Beginn des Kalenderjahres der Fertigstellung oder Anschaffung bestanden hat, zum Zeitpunkt der Fertigstellung oder Anschaffung des Hauses jedoch bereits beendet war.

Nach § 34 f Abs. 1 Satz 1 EStG setzt die Gewährung der Steuerermäßigung nach dieser Vorschrift neben einem Antrag schließlich auch voraus, daß der Steuerpflichtige erhöhte Absetzungen nach § 7 b EStG oder nach § 15 BerlinFG in Anspruch nimmt.

Daß der Steuerpflichtige erhöhte Absetzungen nach § 7 b EStG auch für das Objekt in Anspruch nehmen muß, für das er die Gewährung der Steuerermäßigung des § 34 f Abs. 1 EStG beantragt, ist dem Wortlaut des § 34 f Abs. 1 Satz 1 EStG nicht zu entnehmen. Wie sich aus § 34 f Abs. 1 Satz 2 Nr. 2 EStG ergibt, ist der Gesetzgeber allerdings offenbar davon ausgegangen, daß die erhöhten Absetzungen nach § 7 b EStG bei dem Objekt vorgenommen werden müssen, für das auch die Gewährung der Steuerermäßigung des § 34 f Abs. 1 EStG beantragt wird. Für die geforderte Haushaltszugehörigkeit der Kinder wird insoweit auf den „für die erhöhten Absetzungen maßgebenden Begünstigungszeitraum" abgestellt. Die Vorschrift des § 34 f Abs. 1 Satz 1 EStG muß daher insoweit einengend ausgelegt werden.

Der Wortlaut des § 34 f Abs. 1 Satz 1 EStG könnte dafür sprechen, daß dem Steuerpflichtigen die Steuerermäßigung nach dieser Vorschrift nur für die

Veranlagungszeiträume gewährt werden kann, in denen er tatsächlich erhöhte Absetzungen nach § 7 b EStG für das betreffende Objekt vorgenommen hat. Eine Anwendung des § 34 f Abs. 1 Satz 1 EStG in diesem Sinne würde jedoch zu unbefriedigenden Ergebnissen führen, weil sie der dem Steuerpflichtigen in § 7 b Abs. 3 EStG eingeräumten Nachholungsmöglichkeit nicht gerecht würde. Nach unserer Auffassung zwingt der Wortlaut des § 34 f Abs. 1 Satz 1 EStG auch nicht zu dieser einengenden Auslegung. Es genügt nach unserer Auffassung, daß der Steuerpflichtige von der Steuervergünstigung des § 7 b EStG überhaupt Gebrauch macht oder machen will (a. A. Abschn. 213 a Abs. 2 Satz 1 EStR).

Bei Einfamilienhäusern, Zweifamilienhäusern und Eigentumswohnungen, die vor dem 1. 1. 1987 vom Stpfl. angeschafft oder hergestellt worden sind, kommt vom VZ 1987 an beim Wegfall der Nutzungswertbesteuerung die Inanspruchnahme erhöhter Absetzungen nicht mehr in Betracht. Unter den Voraussetzungen des § 52 Abs. 21 Satz 4 EStG kann der Stpfl. jedoch die den erhöhten Absetzungen entsprechenden Beträge für den Rest des Begünstigungszeitraums wie Sonderausgaben abziehen. Dies steht im Rahmen des § 34 f Abs. 1 EStG der Inanspruchnahme erhöhter Absetzungen nach § 7 b EStG oder § 15 BerlinFG gleich (§ 52 Abs. 24 EStG).

11.5.2.2 Höhe der Steuerermäßigung

Die Steuerermäßigung beträgt nach § 34 f Abs. 1 Satz 1 EStG für das zweite und jedes weitere Kind des Steuerpflichtigen oder seines Ehegatten je 600 DM. Dieser Betrag verdoppelt sich auch dann nicht, wenn der Steuerpflichtige zulässigerweise die erhöhten Absetzungen nach § 7 b EStG für zwei Objekte in Anspruch nimmt und die Voraussetzungen des § 34 f Abs. 1 EStG hinsichtlich beider Objekte vorliegen.

Auch wenn Ehemann und Ehefrau die erhöhten Absetzungen nach § 7 b EStG zulässigerweise für je ein Objekt in Anspruch nehmen und beide auch die übrigen Voraussetzungen des § 34 f Abs. 1 EStG erfüllen, steht ihnen der Ermäßigungsbetrag von jeweils 600 DM für das zweite und jedes weitere Kind insgesamt nur einmal zu, sofern bei ihnen die Voraussetzungen des § 26 Abs. 1 Satz 1 EStG in dem jeweiligen Veranlagungszeitraum vorliegen (so auch Abschn. 213 a Abs. 5 EStR). Ob sie zusammen oder getrennt veranlagt werden, ist dabei ohne Bedeutung. Im Fall der getrennten Veranlagung steht die Steuerermäßigung den Ehegatten nach § 26 a Abs. 2 Satz 3 EStG in dem Verhältnis zu, in dem sie erhöhte Absetzungen nach § 7 b EStG in Anspruch nehmen.

Liegen die Voraussetzungen des § 26 Abs. 1 Satz 1 EStG im Veranlagungszeitraum nicht vor und nehmen Ehemann und Ehefrau die erhöhten Absetzungen nach § 7 b EStG zulässigerweise für je ein Objekt in Anspruch, steht jedoch sowohl dem Ehemann als auch der Ehefrau der Ermäßigungsbetrag von jeweils 600 DM für das zweite und jedes weitere Kind zu, sofern beide auch die übrigen Voraussetzungen des § 34 f Abs. 1 EStG erfüllen. Dasselbe gilt im Fall der besonderen Veranlagung nach § 26 c EStG.

11.5.3 Steuerermäßigung bei Inanspruchnahme des besonderen Abzugsbetrags (§ 34 f Abs. 2 EStG)

Bei Stpfl., die die Steuerbegünstigung nach § 10 e Abs. 1 bis 5 EStG oder nach § 15 b BerlinFG in Anspruch nehmen, ermäßigt sich die tarifliche Einkommensteuer, vermindert um die sonstigen Steuerermäßigungen mit Ausnahme der §§ 34 g und 35 EStG, auf Antrag um je 600 DM für **jedes** Kind des Stpfl. oder seines Ehegatten i. S. des § 32 Abs. 1 bis 5 EStG. § 34 f Abs. 2 EStG dehnt die Steuerermäßigung auf Stpfl. aus, die die Steuerbegünstigung nach § 10 e Abs. 1 bis 5 EStG oder nach § 15 b BerlinFG in Anspruch nehmen. Dies wurde dadurch erforderlich, daß mit der Abschaffung der Nutzungswertbesteuerung die Steuerbegünstigung nach § 10 e EStG an die Stelle der erhöhten Absetzungen nach § 7 b EStG getreten ist. Abweichend von § 34 f Abs. 1 EStG wird die Steuerermäßigung von 600 DM bereits für das erste Kind des Stpfl. oder seines Ehegatten gewährt. Im übrigen sind die kindbezogenen Voraussetzungen in § 34 f Abs. 1 und 2 EStG identisch. Ist das Objekt nach dem 31. 12. 1989 angeschafft oder hergestellt worden, beträgt die Steuerermäßigung 750 DM für jedes Kind.

Auch im Falle des § 34 f Abs. 2 EStG ist erforderlich, daß der Stpfl. das Objekt, bei einem Zweifamilienhaus mindestens eine Wohnung, zu eigenen Wohnzwecken nutzt. Dies ergibt sich mittelbar aus der Bezugnahme des § 34 f Abs. 2 EStG auf § 10 e EStG. Anders als im Falle des § 34 f Abs. 1 EStG reicht es für die Inanspruchnahme des § 34 f Abs. 2 EStG jedoch nicht aus, daß der Stpfl. die Wohnung wegen des Wechsels des Arbeitsortes nicht zu eigenen Wohnzwecken nutzen kann.

Eine gleichzeitige Inanspruchnahme der Förderungen nach § 34 f Abs. 1 und Abs. 2 EStG ist durch das Kumulierungsverbot des § 34 f Abs. 3 EStG ausgeschlossen.

11.6 Steuerermäßigung bei Mitgliedsbeiträgen und Spenden an politische Parteien und an unabhängige Wählervereinigungen (§ 34 g EStG)

Die tarifliche Einkommensteuer, vermindert um die sonstigen Steuerermäßigungen mit Ausnahme des § 35 EStG, ermäßigt sich nach § 34 g EStG bei Mitgliedsbeiträgen und Spenden an

1. politische Parteien i. S. des § 2 des Parteiengesetzes und

2. Vereine ohne Parteicharakter, wenn

    a) der Zweck des Vereins ausschließlich darauf gerichtet ist, durch Teilnahme mit eigenen Wahlvorschlägen an Wahlen auf Bundes-, Landes- oder Kommunalebene bei der politischen Willensbildung mitzuwirken, und

b) der Verein auf Bundes-, Landes- oder Kommunalebene bei der jeweils letzten Wahl wenigstens ein Mandat errungen oder der zuständigen Wahlbehörde oder dem zuständigen Wahlorgan angezeigt hat, daß er mit eigenen Wahlvorschlägen auf Bundes-, Landes- oder Kommunalebene an der jeweils nächsten Wahl teilnehmen will.

Nimmt der Verein an der jeweils nächsten Wahl nicht teil, wird die Ermäßigung nur für die bis zum Wahltag an ihn geleisteten Beiträge und Spenden gewährt. Die Ermäßigung für Beiträge und Spenden an den Verein wird erst wieder gewährt, wenn er sich mit eigenen Wahlvorschlägen an einer Wahl beteiligt hat. Die Ermäßigung wird in diesem Fall nur für Beiträge und Spenden gewährt, die nach Beginn des Jahres, in dem die Wahl stattfindet, geleistet werden.

§ 34 g EStG ist durch das Gesetz zur steuerlichen Berücksichtigung von Zuwendungen an unabhängige Wählervereinigungen vom 25. Juli 1988 (BStBl 1988 I S. 397) neu gefaßt worden. Hierdurch ist hinsichtlich der Steuerermäßigung für Mitgliedsbeiträge und Spenden an Parteien keine Änderung gegenüber der bisherigen Rechtslage eingetreten. Die Steuerermäßigung ist jedoch auf Mitgliedsbeiträge und Spenden an Vereine ohne Parteicharakter ausgedehnt worden. § 34 g EStG in der Neufassung ist rückwirkend vom VZ 1984 an anzuwenden (§ 52 Abs. 24 a EStG).

Die Ermäßigung beträgt 50 v. H. der Ausgaben, höchstens **jeweils** 600 DM für Ausgaben nach den Nummern 1 und 2, im Falle der Zusammenveranlagung von Ehegatten höchstens **jeweils** 1200 DM (Abschn. 213 b Abs. 1 EStR).

Beispiel:

Die Eheleute M und F werden zusammen zur Einkommensteuer veranlagt. M hat im VZ eine Parteispende in Höhe von 4000 DM geleistet, F eine Spende an eine unabhängige Wählervereinigung in Höhe von 3000 DM.
Die Ermäßigung beträgt

50 v. H. von 4000 DM = 2000 DM, höchstens	1200 DM
+ 50 v. H. von 3000 DM = 1500 DM, höchstens	1200 DM
insgesamt	2400 DM.

Im Rahmen des § 34 g EStG gilt § 10 b Abs. 3 und 4 EStG entsprechend. Als Ausgabe gilt daher auch die Zuwendung von Wirtschaftsgütern mit Ausnahme von Nutzungen und Leistungen. Auch die Vertrauensschutzregelung des § 10 b Abs. 4 EStG ist vom VZ 1990 an entsprechend anzuwenden.

Die Steuerermäßigung nach § 34 g EStG geht bei Mitgliedsbeiträgen und Spenden an politische Parteien dem Sonderausgabenabzug nach § 10 b EStG vor. Wegen der Auslegung des § 34 g EStG durch die Finanzverwaltung im einzelnen wird auf das BMF-Schreiben vom 16. 7. 1989 (BStBl 1989 I S. 239) hingewiesen.

11.7 Steuerermäßigung bei Belastung mit Erbschaftsteuer (§ 35 EStG)

Sind bei der Ermittlung des Einkommens Einkünfte berücksichtigt worden, die im Veranlagungszeitraum oder in den vorangegangenen vier Veranlagungszeiträumen als Erwerb von Todes wegen der Erbschaftsteuer unterlegen haben, so wird nach § 35 EStG die um sonstige Steuerermäßigungen gekürzte tarifliche Einkommensteuer, die auf diese Einkünfte anteilig entfällt, auf Antrag um einen bestimmten Hundertsatz ermäßigt. Dieser Hundertsatz bemißt sich nach § 35 Satz 2 EStG nach dem Verhältnis, in dem die festgesetzte Erbschaftsteuer zu dem Betrag steht, der sich ergibt, wenn dem erbschaftsteuerpflichtigen Erwerb die Freibeträge nach den §§ 16 und 17 ErbStG und der steuerfreie Betrag nach § 5 ErbStG hinzugerechnet werden.

Zu einer Ermäßigung der tariflichen Einkommensteuer führt allerdings nur eine Erbschaftsteuer, die vom Steuerpflichtigen als Steuerschuldner entrichtet worden ist. Durch frühere Erbfälle ausgelöste Erbschaftsteuern führen daher auch dann nicht zu einer Ermäßigung der tariflichen Einkommensteuer, wenn der Steuerpflichtige sie als Nachlaßverbindlichkeit getragen hat (BFH, BStBl 1977 II S. 609; Abschn. 213 e Abs. 3 EStR).

Da von der Erbschaftsteuer nicht Einkünfte, sondern lediglich Vermögenswerte erfaßt werden, können als „Einkünfte . . ., die . . . der Erbschaftsteuer unterlegen haben", nur die Einkünfte angesehen werden, die aus der Erbschaftsteuer unterworfenen Vermögenswerten stammen und sich nicht als Früchte dieser Vermögenswerte darstellen.

Beispiele:

a) Der Steuerpflichtige hat von seinem im Jahre 1989 verstorbenen Onkel ein Mehrfamilienhaus geerbt, aus dem er im Jahre 1990 Einkünfte aus Vermietung und Verpachtung in Höhe von 10 000 DM erzielt hat.
Die Einkünfte stellen sich als Früchte des Hauses dar und können daher i. S. des § 35 EStG nicht als begünstigt angesehen werden.

b) Der Steuerpflichtige hat von seinem im Jahre 1989 verstorbenen Vater eine aus dessen freiberuflicher Praxis stammende Honorarforderung von 50 000 DM geerbt, die im Jahre 1990 in voller Höhe beglichen worden ist.
Der beim Steuerpflichtigen nach § 11 EStG als Einkünfte aus selbständiger Arbeit zu erfassende Betrag von 50 000 DM ist i. S. des § 35 EStG als begünstigt zu behandeln. Die Einkünfte stammen aus der der Erbschaftsteuer unterworfenen Honorarforderung, stellen jedoch keine Früchte dieser Forderung dar.

Zweifelhaft und umstritten ist, ob Einkünfte, die aus der Erbschaftsteuer unterworfenen Vermögenswerten stammen und sich nicht als deren Früchte darstellen, auch als begünstigte Einkünfte i. S. des § 35 EStG anzusehen sind, wenn und soweit sie auf Grund der für die Erbschaftsteuer maßgebenden Wertansätze der Erbschaftsteuer tatsächlich nicht unterlegen haben. Im Hinblick auf den Zweck der Vorschrift des § 35 EStG wird man diese Frage jedoch zu verneinen haben (FG Münster, XVI 5109/86 E vom 11. 8. 1989, n. v. – Revision eingelegt –; vgl. dazu auch Abschn. 213 e Abs. 1 EStR Beispiel B).

Beispiel:

Der Steuerpflichtige A hat von seinem im Jahre 1989 verstorbenen Vater ein von diesem im Oktober 1988 für 100 000 DM erworbenes unbebautes Grundstück geerbt, das er im Juli 1990 für 150 000 DM an B veräußert hat und das bei der Ermittlung der von A zu zahlenden Erbschaftsteuer mit seinem (um 40 v. H. erhöhten) Einheitswert von 70 000 DM angesetzt worden ist.

Der Spekulationsgewinn in Höhe von (150 000 DM ✗ 100 000 DM =) 50 000 DM ist i. S. des § 35 EStG nicht begünstigt, da er wegen des Ansatzes des Grundstücks mit nur 70 000 DM der Erbschaftsteuer nicht unterlegen hat.

Ermäßigt wird nach § 35 Satz 1 EStG die um sonstige Steuerermäßigungen gekürzte tarifliche Einkommensteuer, die auf die begünstigten Einkünfte entfällt.

Beispiel:

Der Steuerpflichtige A hat von seinem im Jahre 1988 verstorbenen Vater eine Beteiligung an der X-AG in Höhe von 30 v. H. des Grundkapitals geerbt, die dieser vor Jahren für 100 000 DM erworben hatte und die bei der Ermittlung der von A zu zahlenden Erbschaftsteuer mit einem Betrag von 200 000 DM angesetzt wurde.

Im Jahre 1990 hat A diese Beteiligung für 250 000 DM an B veräußert.

Neben dem Gewinn aus der Veräußerung der Beteiligung hat A im Jahre 1990 noch Einkünfte aus Vermietung und Verpachtung in Höhe von 60 000 DM erzielt. An Sonderausgaben sind ihm im Jahre 1990 10 000 DM entstanden.

Die Beteiligung an der X-AG war Teil des erbschaftsteuerpflichtigen Erwerbs des A in Höhe von 410 000 DM.

Die Erbschaftsteuerbelastung berechnet sich zunächst wie folgt:

	Erbschaftsteuerpflichtiger Erwerb	410 000 DM
+	Freibetrag nach § 16 Abs. 1 ErbStG	90 000 DM
	Gesamterwerb	500 000 DM
	Erbschaftsteuer nach Steuerklasse I	
	(7,5 v. H. von 410 000 DM =)	30 750 DM
	Dies sind vom Gesamterwerb in Höhe von 500 000 DM	6,15 v. H.

Die tarifliche Einkommensteuer ist wie folgt zu ermitteln:

	Gewinn aus der Veräußerung der Beteiligung	150 000 DM
+	Einkünfte aus Vermietung und Verpachtung	60 000 DM
	Gesamtbetrag der Einkünfte	210 000 DM
✗	Sonderausgaben	10 000 DM
	Einkommen und zu versteuerndes Einkommen	200 000 DM
	Einkommensteuer nach der Splittingtabelle	61 486 DM

Auf den Eingangsbetrag der betreffenden Tabellenstufe bezogen, entspricht dieser Betrag einem durchschnittlichen Steuersatz von (aufgerundet) 30,76 v. H.

Für die außerordentlichen Einkünfte von (150 000 DM ✗ 3 DM =) 149 997 DM ergibt sich damit eine ESt von (15,38 v. H. von 149 997 DM =)	23 070 DM
ESt auf das auf den Endbetrag der betreffenden Tabellenstufe erhöhte verbleibende zu versteuernde Einkommen von (200 000 DM ✗ 149 997 DM =) 50 003 DM	8 208 DM
Tarifliche Einkommensteuer damit	31 278 DM

Dieser Betrag ist nach § 35 EStG wie folgt zu ermäßigen:

Der nach § 17 EStG erfaßte Veräußerungsgewinn ist lediglich in Höhe von (200 000 DM ∕ 100 000 DM =) 100 000 DM nach § 35 EStG begünstigt.

Da die Einkommensteuer für die außerordentlichen Einkünfte gesondert ermittelt worden ist, entfallen auf den nach § 35 EStG begünstigten Betrag anteilig (15,38 v. H. von 100 000 DM =) 15 380 DM.

Die tarifliche Einkommensteuer ist damit um (6,15 v. H. von 15 380 DM =) 945,87 DM oder aufgerundet   946 DM

zu mindern, so daß sich eine festzusetzende ESt von   30 332 DM
ergibt.

Soweit Erbschaftsteuer nach § 10 Abs. 1 Nr. 1 a EStG abgezogen wird, kommt eine (weitere) Ermäßigung der Einkommensteuer nach § 35 EStG allerdings, wie sich aus Satz 3 dieser Vorschrift ergibt, nicht in Betracht. § 35 EStG ist damit nicht anzuwenden bei Renten, Nießbrauchsrechten und sonstigen wiederkehrenden Nutzungen und Leistungen, für die der Erwerber die jährliche Versteuerung nach § 23 ErbStG gewählt hat. Die jährlich zu entrichtende Erbschaftsteuer ist nämlich nach der höchstrichterlichen Rechtsprechung als dauernde Last nach § 10 Abs. 1 Nr. 1 a EStG abzugsfähig.

12 Steuererhebung

12.1 Erhebung der Einkommensteuer

12.1.1 Entstehung und Tilgung der Einkommensteuer (§ 36 EStG)

12.1.1.1 Allgemeines

Die Einkommensteuer entsteht, soweit im Einkommensteuergesetz nichts anderes bestimmt ist, mit Ablauf des Veranlagungszeitraums (§ 36 Abs. 1 EStG). Sonderregelungen bestehen z. B. für die Entstehung der Einkommensteuer-Vorauszahlungen (§ 37 Abs. 1 Satz 2 EStG), für die Entstehung der Lohnsteuer (§ 38 Abs. 2 Satz 2 EStG) und für die Entstehung der Kapitalertragsteuer (§ 44 Abs. 1 Satz 2 EStG).

Der Stpfl. wird von dem Ergebnis der Veranlagung durch Steuerbescheid unterrichtet. Dieser Steuerbescheid enthält gleichzeitig auch eine Abrechnung und Zahlungsaufforderung bzw. Mitteilung über eine Überzahlung. Der Steuerbescheid wird in dem Zeitpunkt und mit dem Inhalt wirksam, in dem er demjenigen, für den er bestimmt ist oder der von ihm betroffen wird, bekanntgegeben wird (§ 124 AO).

Wenn sich nach der Abrechnung ein Überschuß zuungunsten des Stpfl. ergibt, hat der Stpfl. (Steuerschuldner) diesen Betrag, soweit er den fällig gewordenen, aber nicht entrichteten Einkommensteuer-Vorauszahlungen entspricht, sofort, im übrigen innerhalb eines Monats nach Bekanntgabe des Steuerbescheids zu entrichten (Abschlußzahlung). Wenn sich nach der Abrechnung ein Überschuß zugunsten des Stpfl. ergibt, wird dieser dem Stpfl. nach Bekanntgabe des Steuerbescheids ausgezahlt. Bei Ehegatten, die nach den §§ 26, 26 b EStG zusammen zur Einkommensteuer veranlagt worden sind, wirkt die Auszahlung an einen Ehegatten auch für und gegen den anderen Ehegatten (§ 36 Abs. 4 EStG).

Auf die Einkommensteuer werden angerechnet:

1. die für den VZ entrichteten Einkommensteuer-Vorauszahlungen (§ 37 EStG);

2. die durch Steuerabzug erhobene Einkommensteuer, soweit sie auf die bei der Veranlagung erfaßten Einkünfte entfällt und nicht die Erstattung beantragt oder durchgeführt worden ist (§ 36 Abs. 2 Nr. 2 EStG[1]).

> **Beispiel:**
> Der Gesellschafter einer GmbH vereinnahmt am 20. 12. dieses Jahres eine Gewinnausschüttung aus dem Gewinn des Vorjahres der GmbH. Die von dieser Ausschüttung einbehaltene Kapitalertragsteuer führt die GmbH am 20. 1. des nächsten Jahres an das zuständige Finanzamt ab.

---

1 Die durch das StRefG 1990 angefügten Sätze 2 bis 6 sind noch vor ihrem Wirksamwerden durch das StRefÄndG wieder gestrichen worden.

Die Gewinnausschüttung ist in diesem Jahr vereinnahmt worden (§ 11 Abs. 1 EStG) und ist in der Veranlagung für dieses Jahr zu erfassen. Die auf diese Ausschüttung entfallende und einbehaltene Kapitalertragsteuer ist ebenfalls auf die Einkommensteuer dieses Jahres anzurechnen. Daß die Kapitalertragsteuer erst im nächsten Jahr von der GmbH an das Finanzamt abgeführt wird, ist unbeachtlich.

Zu der durch Steuerabzug erhobenen Einkommensteuer gehören im Falle der Nettolohnvereinbarung auch die einbehaltenen, aber ohne Wissen des Arbeitnehmers vom Arbeitgeber weder angemeldeten noch abgeführten Lohnsteuerbeträge (BFH, BStBl 1986 II S. 186).

Die Anrechnung der Steuerabzugsbeträge ist ausgeschlossen, soweit die Einkommensteuer durch den Steuerabzug als abgegolten gilt (z. B. nach § 46 Abs. 4 EStG, § 46 a EStG 1987, § 50 Abs. 5 EStG).

3. die Körperschaftsteuer einer unbeschränkt körperschaftsteuerpflichtigen Körperschaft oder Personenvereinigung in Höhe von $\%_{16}$ der Einnahmen i. S. des § 20 Abs. 1 Nr. 1 oder 2 EStG. Das gleiche gilt bei Einnahmen i. S. des § 20 Abs. 2 Nr. 2 Buchst. a EStG, die aus der erstmaligen Veräußerung von Dividendenscheinen oder sonstigen Ansprüchen durch den Anteilseigner erzielt worden sind; in diesen Fällen beträgt die anrechenbare Körperschaftsteuer höchstens $\%_{16}$ des Betrages, der auf die veräußerten Ansprüche ausgeschüttet wird. Die Anrechnung erfolgt unabhängig von der Entrichtung der Körperschaftsteuer.

Die Körperschaftsteuer wird nach § 36 Abs. 2 Nr. 3 Satz 4 EStG nicht angerechnet:

a) in den Fällen des § 36 a EStG,

b) wenn die in den §§ 44, 45 oder 46 KStG bezeichnete Bescheinigung nicht vorgelegt worden ist,

c) wenn die Vergütung nach den §§ 36 b, 36 c oder 36 d EStG beantragt oder durchgeführt worden ist,

d) wenn bei Einnahmen aus der Veräußerung von Dividendenscheinen oder sonstigen Ansprüchen durch den Anteilseigner die veräußerten Ansprüche erst nach Ablauf des Kalenderjahres fällig werden, das auf den Veranlagungszeitraum folgt,

e) wenn die Einnahmen nach einem Abkommen zur Vermeidung der Doppelbesteuerung in dem anderen Vertragsstaat besteuert werden können,

f) wenn die Einnahmen bei der Veranlagung nicht erfaßt werden.

Bei der Anrechnung von Einkommensteuer-Vorauszahlungen, einbehaltenen Steuerabzugsbeträgen und von Körperschaftsteuern sind die besonderen Aufrundungsgrundsätze des § 36 Abs. 3 EStG zu beachten.

Die Anrechnung der in § 36 Abs. 2 EStG genannten Beträge auf die Einkommensteuer stellt trotz der technischen Zusammenfassung im Steuerbescheid keinen Teil der Steuerfestsetzung dar, sondern fällt in das Gebiet der Steuererhebung (BFH, BStBl 1986 II S. 186). Sie kann daher jederzeit bis zum Ablauf der Zahlungsverjährung zugunsten des Steuerpflichtigen geändert werden, wenn sich die ursprüngliche Anrechnung als unzutreffend erwiesen hat. Eine Änderung zuungunsten des Stpfl. ist dagegen nur unter den einschränkenden Voraussetzungen des § 130 Abs. 2 AO zulässig (BFH, BStBl 1987 II S. 405), soweit nicht andere Änderungsvorschriften, z. B. § 129 AO oder für den Fall des Ausschlusses der Anrechnung von Körperschaftsteuern § 36 a Abs. 3 und 4 EStG, in Betracht kommen.

Die Finanzbehörden sind nach § 50 b EStG berechtigt, Verhältnisse, die für die Anrechnung oder Vergütung von Körperschaftsteuer oder für die Anrechnung oder Erstattung von Kapitalertragsteuer sowie für die Nichtvornahme des Steuerabzugs von Bedeutung sind oder der Aufklärung bedürfen, bei den am Verfahren Beteiligten zu prüfen. Die §§ 193 bis 203 AO gelten sinngemäß.

12.1.1.2 Anrechnung der Körperschaftsteuer (§ 36 Abs. 2 Nr. 3 EStG)

Die Körperschaftsteuer ist nach Maßgabe des § 36 Abs. 2 Nr. 3 EStG auf die Einkommensteuer anzurechnen, um die von einer Körperschaft ausgeschütteten Gewinne in den in Betracht kommenden Fällen nur einmal mit einer Einkommensteuer zu belasten. Im einzelnen wird dazu auf die Erläuterungen zu § 20 EStG verwiesen (vgl. Tz. 5.9.2.3).

Da die Ausschüttungsbelastung mit Körperschaftsteuer stets ein Vomhundertsatz vom Gewinn ist, der sich vor Abzug der Körperschaftsteuer ergibt ($\frac{36}{64} = \frac{9}{16}$), bestimmt auch § 36 Abs. 2 Nr. 3 EStG, daß $\frac{9}{16}$ der Einnahmen (Barausschüttung i. S. von § 20 Abs. 1 Nr. 1 oder 2 EStG bzw. § 20 Abs. 2 Nr. 2 Buchst. a EStG) als Körperschaftsteuer anzurechnen sind.

Zwar erfolgt die Anrechnung der Körperschaftsteuer unabhängig von ihrer Entrichtung. Dieser Grundsatz kann jedoch nicht gelten, soweit Mißbrauchsmöglichkeiten bestehen. Deshalb regelt § 36 a EStG, daß in bestimmten Fällen, in denen der Anteilseigner innerhalb der letzten drei Jahre vor dem Jahr der Ausschüttung zu einem Zeitpunkt einen beherrschenden Einfluß auf die ausschüttende Körperschaft hatte oder ohne beherrschenden Einfluß wesentlich beteiligt war, die Anrechnung von Körperschaftsteuer zu versagen oder rückgängig zu machen ist, wenn die anzurechnende Körperschaftsteuer nicht durch die gezahlte Körperschaftsteuer gedeckt ist und nach Beginn der Vollstreckung wegen dieser rückständigen Körperschaftsteuer anzunehmen ist, daß die vollständige Einziehung keinen Erfolg haben wird. Ein Anteilseigner gilt als wesentlich beteiligt, wenn er zu mehr als 25 v. H. unmittelbar oder mittelbar beteiligt war (§ 36 a Abs. 2 EStG).

Bei der Auslegung des Begriffs „beherrschender Einfluß" ist nach Abschn. 213 i EStR von der Rechtsprechung des BFH zur steuerlichen Anerkennung rückwirkender Gehaltsvereinbarungen einer Kapitalgesellschaft mit ihrem Gesellschafter-Geschäftsführer auszugehen (BFH, BStBl 1974 II S. 497).

Für die Anrechnung von Körperschaftsteuer ist insbesondere Voraussetzung, daß der Anteilseigner eine Steuerbescheinigung i. S. des § 44, des § 45 oder des § 46 KStG vorlegt (§ 36 Abs. 2 Nr. 3 Satz 4 Buchst. b EStG). Liegt diese Bescheinigung dem Finanzamt nicht vor, so kann die Körperschaftsteuer nicht auf die Einkommensteuer angerechnet werden, auch ist die Körperschaftsteuer in diesem Fall nicht als Einnahme anzusetzen (Abschn. 213 g Abs. 2 EStR).

12.1.2 Vergütung von Körperschaftsteuer

12.1.2.1 Allgemeines

Das Anrechnungsverfahren des § 36 EStG führt bei Anteilseignern, die lediglich zum Zweck der Anrechnung von Körperschaftsteuer eine Veranlagung beantragen, zu zusätzlichem Verwaltungsaufwand und zu Verzögerungen der Auszahlung. Deshalb regeln die §§ 36 b ff. EStG besondere Verfahren zur Vergütung der Körperschaftsteuer. In entsprechender Weise regeln die §§ 44 b und 44 c EStG besondere Verfahren zur Erstattung der Kapitalertragsteuer. Dabei sind die Verfahren zur Vergütung der Körperschaftsteuer nach §§ 36 b und 36 c EStG und zur Erstattung von Kapitalertragsteuer nach § 44 b Abs. 1 EStG zu verbinden.

Der Stpfl. muß jedoch das Vergütungs- bzw. Erstattungsverfahren nicht in Anspruch nehmen. Er kann wählen, ob er die Körperschaftsteuer und Kapitalertragsteuer bei seiner Einkommensteuer-Veranlagung anrechnen oder außerhalb des Veranlagungsverfahrens vergüten bzw. erstatten lassen will.

Wegen der Anrechnung der Kapitalertragsteuer s. 12.3.4.3.

12.1.2.2 Vergütung von Körperschaftsteuer durch das Bundesamt für Finanzen

Liegen die Voraussetzungen für die Vergütung von Körperschaftsteuer nach den §§ 36 b, 36 c EStG vor, so erfolgt die Vergütung grundsätzlich durch das Bundesamt für Finanzen, und zwar entweder aufgrund eines Einzelantrags (§ 36 b EStG) oder im Rahmen eines Sammelantragsverfahrens (§ 36 c EStG). Die näheren Anweisungen ergeben sich für den Einzelantrag aus Abschn. 213 k EStR und für den Sammelantrag aus Abschn. 213 l EStR. Diese Verfahren kommen für unbeschränkt einkommensteuerpflichtige Anteilseigner in Betracht, die nicht zur Einkommensteuer veranlagt werden und dies durch eine Nichtveranlagungs-(NV-) Bescheinigung nachweisen.

12.1.2.3 Vergütung von Körperschaftsteuer durch das Finanzamt nach § 36 d EStG

Für bestimmte Fälle, in denen ein unbeschränkt einkommensteuerpflichtiger Anteilseigner nur geringe Bezüge (Körperschaftsteuer) aus den Anteilen an einer ausschüttenden Körperschaft erhalten hat, ist ein **vereinfachtes Verfahren** nach Maßgabe des § 36 d EStG zugelassen. Dieses Verfahren setzt einen Sammelantrag der ausschüttenden Kapitalgesellschaft, eines von ihr bestellten Treuhänders oder der ausschüttenden Erwerbs- oder Wirtschaftsgenossenschaft voraus. Die Vergütungen und Erstattungen erfolgen durch das Finanzamt, dem die Besteuerung des Einkommens des Sammelantragstellers obliegt (Abschn. 213 m Abs. 1 EStR).

Als „**geringe Bezüge**" sind Kapitalerträge im Sinne des § 20 Abs. 1 Nr. 1 und 2 und des § 43 Abs. 1 Nr. 2 EStG anzusehen, die im Wirtschaftsjahr der Zahlung den Betrag von 100 DM nicht übersteigen. Der Betrag von 100 DM bezieht sich bei Kapitalerträgen aus Belegschaftsanteilen und Genossenschaftsanteilen nur auf die Kapitalerträge, die der Anteilseigner/Gläubiger von der Körperschaft bezogen hat, die den Sammelantrag stellt oder durch einen Treuhänder stellen läßt. Kapitalerträge, die dem Anteilseigner/Gläubiger von anderen Körperschaften zufließen, sind für die Ermittlung der 100-DM-Grenze nicht zu berücksichtigen (Abschn. 213 m Abs. 7 EStR).

Für das vereinfachte Verfahren des § 36 d EStG ist unbeachtlich, ob der Anteilseigner/Gläubiger zur Einkommensteuer veranlagt wird. Die Vorlage einer NV-Bescheinigung ist daher nicht erforderlich (Abschn. 213 m Abs. 5 EStR).

Übersteigen die maßgeblichen Kapitalerträge des Anteilseigners/Gläubigers den Betrag von 100 DM im Wirtschaftsjahr der Zahlung, sind die Vergütung und die Erstattung in dem vereinfachten Verfahren ausgeschlossen. In diesen Fällen kommt nur das Sammelantragsverfahren beim Bundesamt für Finanzen nach § 36 c EStG unter den dort genannten Voraussetzungen in Betracht (Abschn. 213 m Abs. 6 EStR).

12.1.3 Einkommensteuer-Vorauszahlung (§ 37 EStG)

12.1.3.1 Allgemeines

Der Stpfl. hat am 10. März, 10. Juni, 10. September und 10. Dezember Vorauszahlungen auf die Einkommensteuer zu entrichten, die er für den laufenden Veranlagungszeitraum voraussichtlich schulden wird. Die Einkommensteuer-Vorauszahlung entsteht jeweils mit Beginn des Kalendervierteljahres, in dem die Vorauszahlungen zu entrichten sind, oder, wenn die Steuerpflicht erst im Laufe des Kalendervierteljahres begründet wird, mit Begründung der Steuerpflicht (§ 37 Abs. 1 EStG). Einkommensteuer-Vorauszahlungen sind nach § 37 Abs. 5 EStG nur festzusetzen, wenn sie mindestens **400 DM** im Kalenderjahr und mindestens **100 DM** für einen Vorauszahlungszeitpunkt betragen.

Für Steuerpflichtige, die überwiegend Einkünfte aus Land und Forstwirtschaft haben, können nach § 37 Abs. 2 EStG abweichende Vorauszahlungstermine bestimmt werden. Regelmäßig sind danach je ¼ des Jahresbetrags am 10. 3. und 10. 6. und der Rest am 10. 12. zu zahlen.

Das Finanzamt setzt die Vorauszahlungen durch **Vorauszahlungsbescheid** fest.

12.1.3.2 Vorauszahlungen nach § 37 Abs. 3 Satz 2 EStG

Die Vorauszahlungen bemessen sich nach § 37 Abs. 3 Satz 2 EStG grundsätzlich nach der Einkommensteuer, die sich nach Anrechnung der Steuerabzugsbeträge und der Körperschaftsteuer (§ 36 Abs. 2 Nr. 2 und 3 EStG) bei der letzten Veranlagung ergeben hat. Bei der Festsetzung der Vorauszahlungen sind die Sonderregelungen des § 37 Abs. 3 Sätze 4 bis 9 EStG zu beachten.

Zuletzt veranlagte Einkommensteuer ist immer die jeweils festgesetzte Steuerschuld für das zuletzt veranlagte Kalenderjahr. Unwesentlich ist, ob die letzte

Veranlagung das vorhergehende Kalenderjahr betrifft. Bestandskraft ist nicht erforderlich.

Beispiel:
Die Einkommensteuerschuld eines Steuerpflichtigen für ein Kalenderjahr beträgt nach dem Ergebnis der Veranlagung 6000 DM.
Die Einkommensteuervorauszahlungen für das nächste Kalenderjahr bemessen sich vierteljährlich auf je 1500 DM.

Die noch nicht fälligen Vorauszahlungen des laufenden VZ können dabei so erhöht oder gemindert werden, daß die voraussichtliche Jahresschuld gedeckt wird.

Beispiel:
Bei der Veranlagung eines Steuerpflichtigen für das vorangegangene Kalenderjahr errechnet sich eine Steuerschuld in Höhe von 6000 DM. Der Bescheid ergeht im Juli dieses Jahres. Bisher waren für den Steuerpflichtigen noch keine Einkommensteuer-Vorauszahlungen festgesetzt worden.
Die für das III. und IV. Vierteljahr dieses Jahres zu entrichtenden Vorauszahlungen werden auf je 3000 DM und die Vorauszahlungen vom I. Vierteljahr des folgenden Jahres an auf je 1500 DM festgesetzt.

Bei der Festsetzung von Vorauszahlungen sind die Sondervorschriften des § 37 Abs. 3 Sätze 4 bis 9 EStG zu beachten.

Nach § 37 Abs. 3 Satz 4 EStG sind Bausparbeiträge i. S. des § 10 Abs. 1 Nr. 3 EStG stets außer Ansatz zu lassen. Durch diese Vorschrift wird der Tatsache Rechnung getragen, daß für Arbeitnehmer im Lohnsteuer-Abzugsverfahren nur die Vorsorgepauschale berücksichtigt wird und die Vorsorgepauschale so bemessen ist, daß sie im allgemeinen nur die übrigen Vorsorgeaufwendungen abgilt.

Im Interesse der Gleichbehandlung aller Steuerpflichtigen bestimmt § 37 Abs. 3 Satz 4 EStG im übrigen, daß Aufwendungen i. S. des § 10 Abs. 1 Nr. 1, 1 a, 4 bis 8 EStG sowie der §§ 10 b, 33 und 33 c EStG ebenso wie abziehbare Beträge nach § 33 a EStG bei der Festsetzung der Vorauszahlungen außer Ansatz zu bleiben haben, wenn die Aufwendungen und abziehbaren Beträge insgesamt **1200 DM** (bis zum VZ 1989: 1800 DM) nicht übersteigen.

Hinsichtlich der Versicherungsbeiträge i. S. des § 10 Abs. 1 Nr. 2 EStG sowie der Behinderten- und Hinterbliebenen-Pauschbeträge nach § 33 b EStG ergeben sich aus der Vorschrift des § 37 Abs. 3 Satz 4 EStG keine Beschränkungen, weil diese Aufwendungen und Beträge auch im Lohnsteuer-Abzugsverfahren berücksichtigt werden oder doch berücksichtigt werden können.

Bei der Festsetzung von Einkommensteuer-Vorauszahlungen ist § 37 Abs. 3 Satz 4 EStG nur anzuwenden, wenn sich auch ohne Anwendung dieser Vorschrift ein Vorauszahlungsbetrag ergibt. Dadurch wird vermieden, daß Vorauszahlungen festgesetzt werden, obgleich nach der Veranlagung und Anrechnung von Steuerabzugsbeträgen keine Einkommensteuer zu zahlen ist.

Für die **Ermittlung der 1200-DM-Grenze** gilt folgendes:

1. Bei nicht in Vorsorgeaufwendungen bestehenden Sonderausgaben (§ 10 Abs. 1 Nr. 1, 1 a, 4 bis 8 EStG) sowie Mitgliedsbeiträgen und Spenden i. S. des § 10 b

EStG sind nur die tatsächlich geleisteten Beträge, im Fall des § 10 Abs. 1 Nr. 1, 7 und 8 sowie des § 10 b EStG höchstens der jeweils in Betracht kommende Höchstbetrag, zu berücksichtigen. Der Sonderausgaben-Pauschbetrag nach § 10 c EStG gilt nicht als Aufwendung.

2. Bei außergewöhnlichen Belastungen i. S. des § 33 EStG ist von den dem Grunde und der Höhe nach anzuerkennenden Aufwendungen ohne Kürzung um die zumutbare Belastung auszugehen. Dagegen sind bei außergewöhnlichen Belastungen in besonderen Fällen (§ 33 a EStG) die abziehbaren Beträge maßgebend.

Nach § 37 Abs. 3 Satz 5 EStG bleiben bei der Festsetzung oder Anpassung von nach dem 31. 12. 1986 entstandenen Vorauszahlungen Aufwendungen, die nach § 10 e Abs. 6 EStG wie Sonderausgaben abgezogen werden, bis zum Zeitpunkt der Anschaffung oder Fertigstellung der zu eigenen Wohnzwecken genutzten Wohnung im eigenen Haus außer Ansatz. Diese können erst nach Anschaffung oder Fertigstellung bei der Festsetzung der Vorauszahlungen berücksichtigt werden. Der besondere Abzugsbetrag nach § 10 e Abs. 1 bis 5 EStG kann hingegen schon vor der Anschaffung oder Fertigstellung der Wohnung bei der Festsetzung der Vorauszahlungen des VZ berücksichtigt werden, wenn davon auszugehen ist, daß der Stpfl. die Wohnung noch vor Ablauf des VZ anschaffen oder fertigstellen wird.

Nach § 37 Abs. 3 Satz 6 EStG werden negative Einkünfte aus der Vermietung und Verpachtung eines Gebäudes i. S. des § 21 Abs. 1 Nr. 1 EStG bei der Festsetzung von Vorauszahlungen nur für Kalenderjahre berücksichtigt, die nach der Anschaffung oder Fertigstellung dieses Gebäudes beginnen.

Beispiel:
A erwirbt im März 1990 eine Eigentumswohnung für 350 000 DM, für die er degressive Absetzungen nach § 7 Abs. 5 Nr. 2 EStG in Anspruch nehmen will. Die Wohnung soll fremdvermietet werden.
Etwaige negative Einkünfte aus dieser Eigentumswohnung können erst bei der Festsetzung der Vorauszahlungen für das Jahr 1991 berücksichtigt werden.

Einer Berücksichtigung von negativen Einkünften aus Vermietung und Verpachtung im Rahmen der Veranlagung zur Einkommensteuer steht die Vorschrift des § 37 Abs. 3 Satz 6 EStG nicht entgegen.

Beispiel:
B errichtet ein Mehrfamilienhaus, das im Oktober 1990 fertiggestellt wird und aus dem ihm 1990 ein Verlust aus Vermietung und Verpachtung in Höhe von insgesamt 15 000 DM entsteht.
Der Verlust von 15 000 DM kann zwar nicht bei der Festsetzung der Vorauszahlungen für 1990 berücksichtigt werden. Er ist jedoch bei der Veranlagung 1990 in voller Höhe zu berücksichtigen.

§ 37 Abs. 3 Satz 6 EStG schließt nur die Berücksichtigung negativer Einkünfte aus Vermietung und Verpachtung i. S. des § 21 **Abs.** 1 EStG bei der Festsetzung der Einkommensteuervorauszahlungen aus. Im Falle der Nutzungswertbesteuerung nach § 21 Abs. 2 EStG i. V. mit § 52 Abs. 21 Satz 2 EStG greift die Vorschrift daher nicht ein.

Das Verbot der Berücksichtigung von negativen Einkünften aus Vermietung und Verpachtung gilt nach Satz 8 des § 37 Abs. 3 EStG nicht für negative Einkünfte aus der Vermietung und Verpachtung eines Gebäudes, für das erhöhte Absetzungen nach § 14 a BerlinFG in Anspruch genommen werden. Zu berücksichtigen sind in diesen Fällen nicht nur die erhöhten Absetzungen selbst, sondern auch die übrigen Werbungskosten. Im Fall des § 37 Abs. 3 Satz 8 EStG können diese negativen Einkünfte aus Vermietung und Verpachtung schon vor der tatsächlichen Anschaffung oder Fertigstellung des Gebäudes berücksichtigt werden, wenn nur die Anschaffung oder Fertigstellung des Gebäudes voraussichtlich noch im Laufe dieses VZ erfolgen wird.

Negative Einnahmen aus der Vermietung und Verpachtung eines anderen Vermögensgegenstandes i. S. des § 21 Abs. 1 Nr. 1 bis 3 EStG werden nach § 37 Abs. 3 Satz 9 EStG bei der Festsetzung der Vorauszahlungen nur für Kalenderjahre berücksichtigt, die nach der Aufnahme der Nutzung durch den Steuerpflichtigen beginnen. Zu den anderen Vermögensgegenständen i. S. des § 21 Abs. 1 Nr. 1 bis 3 EStG zählen der Grund und Boden, Gebäudeteile, in ein Schiffsregister eingetragene Schiffe, grundstücksgleiche Rechte (z. B. Erbbaurecht, Erbpachtrecht, Mineralgewinnungsrecht), Sachinbegriffe, Rechte (insbesondere schriftstellerische, künstlerische und gewerbliche Urheberrechte), gewerbliche Erfahrungen sowie Gerechtigkeiten und Gefälle. Eigentumswohnungen sind u. E. nicht als Gebäudeteile anzusehen, sondern den Gebäuden i. S. des § 37 Abs. 3 Satz 5 EStG gleichzustellen.

Von einer Aufnahme der Nutzung ist auszugehen, wenn der Steuerpflichtige aus dem Gegenstand durch Nutzungsüberlassung an einen Dritten steuerlich zu erfassende Einkünfte zieht. Das Bemühen um den Abschluß eines Miet- oder Pachtvertrags reicht zur Annahme der Nutzungsaufnahme ebensowenig aus wie der bloße Abschluß des Miet- oder Pachtvertrages.

12.1.3.3 Anpassung der laufenden Vorauszahlungen (§ 37 Abs. 3 Satz 3 EStG)

Bei der Bemessung der Vorauszahlungen nach den Verhältnissen der letzten Veranlagung wird unterstellt, daß in der Entwicklung der Einkommensverhältnisse des Steuerpflichtigen keine wesentlichen Veränderungen eintreten. Sind Umstände gegeben, die erkennen lassen, daß sich eine wesentlich veränderte ESt-Schuld für das laufende Kalenderjahr ergibt, kann das Finanzamt die Vorauszahlungen an die sich voraussichtlich ergebende Steuerschuld anpassen. Die Anpassung ist auch dann noch möglich, wenn die Einkommensteuer-Erklärung für den abgelaufenen VZ bereits abgegeben wurde (BFH, BStBl 1977 II S. 33). Eine Anpassung hat ebenfalls zu erfolgen, wenn der Stpfl. dartut, daß die Einkommensteuer voraussichtlich wesentlich niedriger sein wird als bei der letzten Veranlagung.

Während des Kalenderjahres kann das Finanzamt die Vorauszahlungen für das laufende Kalenderjahr stets anpassen, unabhängig davon, ob die Anpassung zugunsten oder zuungunsten des Stpfl., auf Antrag des Stpfl. oder von Amts wegen erfolgt. Festgesetzte Vorauszahlungen sind aber nur dann zu erhöhen, wenn sich der Erhöhungsbetrag für einen Vorauszahlungszeitpunkt auf mindestens 100 DM beläuft (§ 37 Abs. 5 EStG).

Die Vorschriften des § 37 Abs. 3 Sätze 4 bis 9 EStG sind bei der Anpassung der Vorauszahlungen ebenso zu beachten wie bei der Festsetzung von Vorauszahlungen nach § 37 Abs. 3 Satz 2 EStG.

Ob das Finanzamt von der Vorschrift des § 37 Abs. 3 Satz 3 EStG Gebrauch machen will, steht in seinem Ermessen. Bei Ausübung seines Ermessens hat das Finanzamt alle tatsächlichen und rechtlichen Gesichtspunkte zu berücksichtigen, die ihm im Zeitpunkt seiner Entscheidung bekannt sind oder bekannt sein müßten. Hinsichtlich einer höchstrichterlich noch nicht entschiedenen schwierigen Rechtsfrage kommt es für die Frage, ob das Finanzamt sein Ermessen zutreffend ausgeübt hat, darauf an, wie es die betreffende Rechtsfrage vor dem Ergehen der klärenden höchstrichterlichen Entscheidung nach dem damaligen Meinungsstand aufgrund beachtlicher rechtlicher Erwägungen nach pflichtgemäßem Ermessen beurteilen mußte (BFH, BStBl 1982 II S. 446). Wenn das Finanzamt in einer höchstrichterlich noch nicht entschiedenen Rechtsfrage der im Zeitpunkt seiner Entscheidung allgemein vertretenen Rechtsauffassung folgt, so liegt danach jedenfalls kein Ermessensmißbrauch vor.

12.1.3.4 Nachträgliche Anpassung der Vorauszahlungen (§ 37 Abs. 3 Satz 3 EStG)

Nach § 37 Abs. 3 Satz 3 EStG in der bis zum VZ 1989 geltenden Fassung kann eine Anpassung der Vorauszahlungen an die voraussichtliche Steuer eines bestimmten Veranlagungszeitraums bis zum Ablauf des auf diesen Veranlagungszeitraum folgenden Kalenderjahres erfolgen. Die Vorauszahlungen für einen bestimmten Veranlagungszeitraum können danach im Ergebnis auch in dem folgenden Jahr noch erhöht oder herabgesetzt werden.

Erstmals für den VZ 1990 kann das Finanzamt die nachträgliche Anpassung bis zum Ablauf des auf den VZ folgenden **fünfzehnten** Kalendermonats vornehmen; dieser Zeitraum verlängert sich auf 21 Monate, wenn die Einkünfte aus Land- und Forstwirtschaft die anderen Einkünfte voraussichtlich überwiegen werden (§ 37 Abs. 3 Satz 3 EStG i. d. F. des WoBauFG).

Im Fall der Erhöhung wird der entsprechende Betrag nachgefordert. Eine nachträgliche Herabsetzung der Vorauszahlungen führt dagegen u. U. zu einer entsprechenden Erstattung der bisher geleisteten Vorauszahlungen.

Da § 37 Abs. 3 Satz 3 EStG ganz allgemein die Anpassung bis zum Ablauf des dort genannten Zeitraums zuläßt, muß davon ausgegangen werden, daß eine nachträgliche Anpassung der Vorauszahlungen zu jedem beliebigen Zeitpunkt innerhalb des betreffenden Zeitraums erfolgen kann. Voraussetzung ist also lediglich, daß der betreffende Vorauszahlungsbescheid noch in diesem Zeitraum bekanntgegeben wird. Nicht erforderlich ist es danach, daß ein etwaiger Mehrbetrag auch noch in dem gleichen Zeitraum fällig wird.

Beispiel:
Die ESt-Vorauszahlungen 1989 werden gemäß § 37 Abs. 3 Satz 3 EStG am 10. 12. 1990 nach oben angepaßt. Die Bekanntgabe des Vorauszahlungsbescheids erfolgte am 15. 12. 1990. Der Mehrbetrag wird damit erst am 15. 1. 1991 fällig.

Bei einer nachträglichen Erhöhung der Vorauszahlungen ist nach § 37 Abs. 4 Satz 1 EStG die letzte Vorauszahlung für den jeweiligen Veranlagungszeitraum anzupassen.

Eine nachträgliche Erhöhung der Vorauszahlungen nach Maßgabe des § 37 Abs. 4 EStG ist nach § 37 Abs. 5 EStG nur vorzunehmen, wenn sich der Erhöhungsbetrag für den Vorauszahlungszeitpunkt auf mindestens 5000 DM beläuft.

Wie bei der Anpassung der laufenden Vorauszahlungen sind auch bei der nachträglichen Anpassung der Vorauszahlungen die Vorschriften des § 37 Abs. 3 Sätze 4 bis 9 EStG zu beachten.

Der Erhöhungsbetrag ist nach § 37 Abs. 4 Satz 2 EStG innerhalb eines Monats nach Bekanntgabe des Vorauszahlungsbescheids fällig. Eine nachträgliche Erhöhung der letzten Vorauszahlung eines Veranlagungszeitraums ändert daher nichts daran, daß die letzte Vorauszahlung in Höhe ihres bereits vorher festgesetzten Betrags am 10. 12. des betreffenden Jahres zu entrichten ist.

12.1.3.5 Erstmalige Festsetzung von Vorauszahlungen

Da die Festsetzung von Vorauszahlungen nach § 37 Abs. 3 Satz 2 EStG eine bereits erfolgte Veranlagung voraussetzt und nach § 37 Abs. 3 Satz 3 EStG lediglich eine Anpassung der Vorauszahlungen erfolgen kann, ist dem Gesetz nicht eindeutig zu entnehmen, ob Vorauszahlungen auch in den Fällen festgesetzt werden können, in denen die Steuerpflicht erst im laufenden Veranlagungszeitraum begründet wird oder in denen eine für eine Festsetzung von Vorauszahlungen nach § 37 Abs. 3 Satz 2 EStG maßgebende Veranlagung noch nicht durchgeführt worden ist. Im Hinblick auf den Sinn und Zweck der die Festsetzung von Vorauszahlungen betreffenden Regelungen muß die damit vorliegende Gesetzeslücke jedoch in der Weise ausgefüllt werden, daß die Festsetzung von Vorauszahlungen in entsprechender Anwendung der Vorschriften des § 37 Abs. 3 Satz 3 EStG auch in diesen Fällen möglich und zulässig ist. Diese Fälle anders zu behandeln, würde auch mit dem Grundsatz der Gleichmäßigkeit der Besteuerung kaum in Einklang zu bringen sein. Daß auch der Gesetzgeber von der Zulässigkeit der Festsetzung von Vorauszahlungen ausgegangen ist, zeigt im übrigen auch die Vorschrift des § 37 Abs. 1 Satz 2 letzter Halbsatz EStG, wonach die Steuerschuld für Vorauszahlungen bei Begründung der Steuerpflicht im Laufe eines Kalendervierteljahres erst im Zeitpunkt der Begründung der Steuerpflicht entsteht.

12.2 Steuerabzug vom Arbeitslohn (Lohnsteuer)

12.2.1 Erhebung der Lohnsteuer (§ 38 EStG)

Bei Einkünften aus nichtselbständiger Arbeit wird die Einkommensteuer durch Abzug vom Arbeitslohn erhoben (Lohnsteuer), soweit der Arbeitslohn von einem Arbeitgeber gezahlt wird, der

1. im Inland einen Wohnsitz, seinen gewöhnlichen Aufenthalt, seine Geschäftsleitung, seinen Sitz, eine Betriebsstätte oder einen ständigen Vertreter i. S. der §§ 8 bis 13 AO hat (inländischer Arbeitgeber) oder

2. einem Dritten (Entleiher) Arbeitnehmer gewerbsmäßig zur Arbeitsleistung im Inland überläßt, ohne inländischer Arbeitgeber zu sein (ausländischer Verleiher).

Der Lohnsteuer unterliegt auch der im Rahmen des Dienstverhältnisses üblicherweise von einem Dritten für eine Arbeitsleistung gezahlte Arbeitslohn (§ 38 Abs. 1 EStG).

Die gesetzlichen Grundlagen für den Steuerabzug vom Arbeitslohn (Lohnsteuer) ergeben sich aus dem Einkommensteuergesetz und sind insbesondere in den §§ 38 bis 42 f EStG geregelt. Zusätzlich sind die Vorschriften der Lohnsteuer-Durchführungsverordnung zu beachten. Die Lohnsteuer-Richtlinien behandeln Zweifelsfragen und Auslegungsfragen für die praktische Anwendung des Lohnsteuerrechts.

Die Lohnsteuer entsteht in dem Zeitpunkt, in dem der Arbeitslohn dem Arbeitnehmer zufließt (§ 38 Abs. 2 Satz 2 EStG).

Der Arbeitgeber hat die Lohnsteuer für Rechnung des Arbeitnehmers bei jeder Lohnzahlung vom Arbeitslohn einzubehalten (§ 38 Abs. 3 Satz 1 EStG). Der Arbeitgeber erfüllt durch den Steuerabzug vom Arbeitslohn eine öffentlich-rechtliche Verpflichtung und haftet nach Maßgabe des § 42 d EStG für die Einbehaltung und Abführung der Lohnsteuer. Gesetzlicher Steuerschuldner der Lohnsteuer ist der Arbeitnehmer (§ 38 Abs. 2 Satz 1 EStG).

12.2.2 Höhe der Lohnsteuer (§ 38 a EStG)

Die Lohnsteuer bemißt sich nach dem Arbeitslohn, den der Arbeitnehmer im Kalenderjahr (Erhebungszeitraum) bezieht (Jahresarbeitslohn). Die Lohnsteuer ist somit eine **Jahreslohnsteuer** (§ 38 a EStG).

Zwar ist die Lohnsteuer bei jeder Lohnzahlung bzw. Lohnabrechnung im Laufe des Kalenderjahres einzubehalten, endgültig bemißt sie sich aber nach dem Arbeitslohn, den der Arbeitnehmer im Kalenderjahr bezogen hat. Übersteigt die im Laufe des Kalenderjahres einbehaltene Lohnsteuer die auf den Jahresarbeitslohn entfallende Jahreslohnsteuer, so wird der Unterschiedsbetrag durch den **Lohnsteuer-Jahresausgleich** erstattet. Dieser Lohnsteuer-Jahresausgleich ist vom Arbeitgeber nach Maßgabe des § 42 b EStG und (oder) vom Finanzamt nach Maßgabe der §§ 42, 42 a EStG durchzuführen. Der Lohnsteuer-Jahresausgleich nach §§ 42, 42 a EStG setzt voraus, daß ein Antrag bis zum Ablauf des auf das Ausgleichsjahr folgenden zweiten Kalenderjahres (Ausschlußfrist) nach amtlich vorgeschriebenem Vordruck gestellt wird. Der Antrag muß bis zum Ablauf der Frist vom Arbeitnehmer und im Falle des gemeinsamen Lohnsteuer-Jahresausgleichs auch von seinem Ehegatten eigenhändig unterschrieben (BFH, BStBl 1987 II S. 77) und gestellt sein. Antragsberechtigt ist auch bei Ehegatten nur derjenige Ehegatte, der als Arbeitnehmer Einkünfte aus nichtselbständiger Arbeit erzielt hat (BFH, BStBl 1988 II S. 928). Die Frist wird auch durch Abgabe des Antrags bei einem örtlich unzuständigen Finanzamt gewahrt (BFH, BStBl 1987 II S. 827). Ist der Arbeitnehmer nach § 46 EStG zur Einkommensteuer zu veranlagen, so darf ein Lohnsteuer-Jahresausgleich vom Finanzamt nicht durchgeführt werden. Ein gleichwohl ergangener Lohnsteuer-Jahresausgleichsbescheid löst jedoch keine Bestandskraft für eine nachfolgende Einkommensteuer-Veranlagung aus (BFH, BStBl 1986 II S. 207).

Laufender Arbeitslohn gilt in dem Kalenderjahr als bezogen, in dem der Lohnzahlungszeitraum endet; in den Fällen des § 39 b Abs. 5 Satz 1 EStG tritt der Lohnabrechnungszeitraum an die Stelle des Lohnzahlungszeitraums. Arbeitslohn, der nicht als laufender Arbeitslohn gezahlt wird **(sonstige Bezüge),** wird in dem Kalenderjahr bezogen, in dem er dem Arbeitnehmer zufließt (§ 38 a Abs. 1 EStG). Zur Behandlung sonstiger Bezüge, die zu mehreren Kalenderjahren gehören, vgl. auch BFH, BStBl 1978 II S. 215.

Bei der **Ermittlung der Lohnsteuer** werden die Besteuerungsgrundlagen des Einzelfalls durch die Einreihung der Arbeitnehmer in Steuerklassen (§ 38 b EStG), Aufstellung von Lohnsteuertabellen (§ 38 c EStG) und Ausstellung von Lohnsteuerkarten (§ 39 EStG) sowie Feststellung von Freibeträgen (§ 39 a EStG) berücksichtigt (§ 38 a Abs. 4 EStG).

12.2.3 Steuerklassen (§ 38 b EStG)

Zur Vereinfachung des Steuerabzugs werden unbeschränkt einkommensteuerpflichtige Arbeitnehmer in Steuerklassen eingereiht. Die Steuerklasseneinteilung vereinfacht den Steuerabzug, weil mit Hilfe der Steuerklassen, die entsprechend dem Familienstand usw. gebildet sind, ein einfaches Ablesen der Lohnsteuer aus den Lohnsteuertabellen möglich wird. Die Lohnsteuertabellen sehen **sechs Steuerklassen** vor. In welche Steuerklasse der Stpfl. einzureihen ist, ergibt sich aus § 38 b EStG. Danach gilt folgendes:

1. In die **Steuerklasse I** gehören Arbeitnehmer, die
   a) ledig sind,
   b) verheiratet, verwitwet oder geschieden sind und bei denen die Voraussetzungen für die Steuerklasse III oder IV nicht erfüllt sind;
2. in die **Steuerklasse II** gehören die unter Nummer 1 bezeichneten Arbeitnehmer, wenn bei ihnen der Haushaltsfreibetrag (§ 32 Abs. 7 EStG) zu berücksichtigen ist;

3. in die **Steuerklasse III** gehören Arbeitnehmer,

   a) die verheiratet sind, wenn beide Ehegatten unbeschränkt einkommensteuerpflichtig sind und nicht dauernd getrennt leben und

      aa) der Ehegatte des Arbeitnehmers keinen Arbeitslohn bezieht **oder**

      bb) der Ehegatte des Arbeitnehmers auf Antrag beider Ehegatten in die Steuerklasse V eingereiht wird,

   b) die verwitwet sind, wenn sie und ihr verstorbener Ehegatte im Zeitpunkt seines Todes unbeschränkt einkommensteuerpflichtig waren und in diesem Zeitpunkt nicht dauernd getrennt gelebt haben, für das Kalenderjahr, das dem Kalenderjahr folgt, in dem der Ehegatte verstorben ist,

   c) deren Ehe aufgelöst worden ist, wenn

      aa) im Kalenderjahr der Auflösung der Ehe beide Ehegatten unbeschränkt einkommensteuerpflichtig waren und nicht dauernd getrennt gelebt haben **und**

      bb) der andere Ehegatte wieder geheiratet hat, von seinem neuen Ehegatten nicht dauernd getrennt lebt und er und sein neuer Ehegatte unbeschränkt einkommensteuerpflichtig sind,

      für das Kalenderjahr, in dem die Ehe aufgelöst worden ist;

4. in die **Steuerklasse IV** gehören Arbeitnehmer, die verheiratet sind, wenn beide Ehegatten unbeschränkt einkommensteuerpflichtig sind und nicht dauernd getrennt leben und der Ehegatte des Arbeitnehmers ebenfalls Arbeitslohn bezieht;

5. in die **Steuerklasse V** gehören die unter Nummer 4 bezeichneten Arbeitnehmer, wenn der Ehegatte des Arbeitnehmers auf Antrag beider Ehegatten in die Steuerklasse III eingereiht wird;

6. die **Steuerklasse VI** gilt bei Arbeitnehmern, die nebeneinander von mehreren Arbeitgebern Arbeitslohn beziehen, für die Einbehaltung der Lohnsteuer vom Arbeitslohn aus dem zweiten und weiteren Dienstverhältnis.

12.2.4 Lohnsteuertabellen (§ 38 c EStG)

Auf der Grundlage der für die Einkommensteuer geltenden Grundtabelle und Splittingtabelle (Anlagen 1 und 2 zum EStG) hat der BMF nach § 38 c Abs. 1 EStG eine **allgemeine Jahreslohnsteuertabelle** für Jahresarbeitslöhne bis zu 120 000 DM und für Arbeitnehmer mit nicht mehr als sechs Kinderfreibeträgen aufzustellen und bekanntzugeben. Daneben hat er nach § 38 c Abs. 2 EStG eine **besondere Jahreslohnsteuertabelle** für den Steuerabzug vom Arbeitslohn derjenigen Arbeitnehmer aufzustellen und bekanntzumachen, die zu dem Personenkreis des § 10 c Abs. 3 EStG gehören und für die daher nur die gekürzte Vorsorgepauschale gilt.

Sowohl in der allgemeinen als auch in der besonderen Jahreslohnsteuertabelle sind die Jahreslohnsteuerbeträge für die Steuerklassen I, II und IV aus der

Einkommensteuer-Grundtabelle und für die Steuerklasse III aus der Einkommensteuer-Splittingtabelle abgeleitet. Die Jahreslohnsteuerbeträge für die Steuerklassen V und VI sind nach besonderen Grundsätzen (§ 38 c Abs. 1 Satz 4 EStG) festgelegt worden.

Die in den Einkommensteuertabellen ausgewiesenen Beträge des zu versteuernden Einkommens sind vom VZ 1990 an jeweils in einen Jahresarbeitslohn durch Hinzurechnung folgender Beträge umgerechnet worden:

1. des **Arbeitnehmer-Pauschbetrags**[2] (§ 9 a Nr. 1 EStG) für die Steuerklassen I bis V,

2. des **Sonderausgaben-Pauschbetrags** (§ 10 c Abs. 1 EStG) von 108 DM (bis 1989: 270 DM) für die Steuerklassen I, II und IV und von 216 DM (bis 1989: 540 DM) für die Steuerklasse III,

3. der **Vorsorgepauschale** (§ 10 c Abs. 2 bis 4 EStG),

4. des **Haushaltsfreibetrags** (§ 32 Abs. 7 EStG) für die Steuerklasse II,

5. des **Kinderfreibetrags** (§ 32 Abs. 6 EStG)

   a) für die Steuerklassen I, II und III mit dem Einhalb- bis Sechsfachen von 3024 DM (bis 1989: 2484 DM),

   b) für die Steuerklasse IV mit dem Einhalb- bis Sechsfachen von 1512 DM (bis 1989: 1242 DM).

Hinzuzurechnen ist nach § 38 c Abs. 1 Nr. 3 EStG die **Vorsorgepauschale** (§ 10 c Abs. 2 bis 4 EStG), die jedoch für die allgemeine und die besondere Jahreslohnsteuertabelle in unterschiedlicher Höhe zu berücksichtigen ist.

Zur Erstellung der **allgemeinen** Jahreslohnsteuertabelle ist die Vorsorgepauschale hinzuzurechnen

a) für die Steuerklassen I, II und IV in Höhe des § 10 c Abs. 2 EStG,

b) für die Steuerklasse III in Höhe des § 10 c Abs. 2 und Abs. 4 Nr. 1 EStG.

Zur Erstellung der **besonderen** Jahreslohnsteuertabelle ist die Vorsorgepauschale nach § 38 c Abs. 2 Satz 2 EStG anzusetzen:

a) für die Steuerklassen I, II und IV in Höhe des § 10 c Abs. 3 EStG,

b) für die Steuerklasse III in Höhe des § 10 c Abs. 3 und Abs. 4 Nr. 1 EStG.

Für die Steuerklasse VI ist nach § 38 c Abs. 1 Nr. 6 EStG schließlich noch ein **Rundungsbetrag** von 2 DM hinzuzurechnen.

Dieses Verfahren bewirkt, daß die vorstehend bezeichneten Pauschbeträge, Pauschalen und Freibeträge in der Lohnsteuertabelle – im Gegensatz zur Einkommensteuertabelle – berücksichtigt sind. Die gesetzlichen Änderungen dieser Beträge wirken sich daher unmittelbar bei den Lohnsteuertabellen aus.

Aus der Jahreslohnsteuertabelle hat der BMF darüber hinaus auch **Monatslohnsteuertabellen** ($\frac{1}{12}$), **Wochenlohnsteuertabellen** ($\frac{7}{360}$) und **Tageslohnsteuertabellen** ($\frac{1}{360}$) abgeleitet (§ 38 c Abs. 3 EStG).

---

2 Bis zum VZ 1989 werden statt dessen der Arbeitnehmer-Freibetrag (§ 19 Abs. 4 EStG a. F.) und der Werbungskosten-Pauschbetrag (§ 9 a Nr. 1 EStG a. F.) hinzugerechnet.

12.2.5 Lohnsteuerkarte (§ 39 EStG)

Bei dem Steuerabzug vom Arbeitslohn gilt das **Steuerkartenprinzip,** d. h., daß dem Steuerabzug die Merkmale der Steuerkarten zugrunde zu legen sind. Es ist Aufgabe der Gemeinden, den unbeschränkt einkommensteuerpflichtigen Arbeitnehmern für jedes Kalenderjahr eine Lohnsteuerkarte, bei mehreren Dienstverhältnissen eine entsprechende Anzahl Lohnsteuerkarten unentgeltlich auszustellen und zu übermitteln (§ 39 Abs. 1 EStG).

Für die Ausstellung der Lohnsteuerkarte ist grundsätzlich die **Gemeinde örtlich zuständig,** in deren Bezirk der Arbeitnehmer am 20. September des dem Kalenderjahr, für das die Lohnsteuerkarte gilt, vorangehenden Jahres oder erstmals seine Hauptwohnung oder in Ermangelung einer Wohnung seinen gewöhnlichen Aufenthalt hatte (§ 39 Abs. 2 EStG).

Die Gemeinde hat auf der Lohnsteuerkarte den Familienstand, die Steuerklasse (§ 38 b EStG), die Zahl der Kinderfreibeträge bei den Steuerklassen I bis IV und – bis zum VZ 1989 – die Zahl der Kinder des Arbeitnehmers (in den Steuerklassen II bis IV) einzutragen. Bei einem Kinderfreibetrag von 1512 DM – bis zum VZ 1989: 1242 DM – (§ 32 Abs. 6 Satz 1 EStG) hat die Gemeinde den gebrochenen Zähler 0,5, bei einem Kinderfreibetrag von 3024 DM – bis zum VZ 1989: 2484 DM – den Zähler 1 einzutragen, sofern die zusätzlichen, in § 39 Abs. 3 Nr. 3 EStG abschließend aufgeführten Voraussetzungen vorliegen. Andernfalls ist der Kinderfreibetrag erst im Lohnsteuer-Jahresausgleich oder bei der Veranlagung zur Einkommensteuer zu berücksichtigen.

Die zusätzliche Eintragung der Zahl der Kinder des Arbeitnehmers ist vom VZ 1990 an nur noch für die zutreffende Berechnung des Kinderzuschlags zur Berlinzulage von Bedeutung (§ 28 Abs. 4 a BerlinFG). Für die Eintragungen auf der Lohnsteuerkarte sind die Verhältnisse zu Beginn des Kalenderjahres maßgebend, für das die Lohnsteuerkarte gilt **(Stichtagsprinzip).**

Bei Ehegatten, die beide Arbeitslohn beziehen, bescheinigt die Gemeinde auf den Steuerkarten grundsätzlich die Steuerklasse IV; die Gemeinde kann aber auch im Rahmen des allgemeinen Ausstellungsverfahrens eine Lohnsteuerkarte mit der Steuerklasse V ausstellen, wenn für den Arbeitnehmer auch im Vorjahr eine Lohnsteuerkarte mit der Steuerklasse V ausgestellt worden ist (Abschn. 108 Abs. 13 LStR). Der andere Ehegatte erhält dann die Steuerklasse III. Im übrigen können die Ehegatten bis zum 30. 11. des Kalenderjahres, für das die Lohnsteuerkarten gelten, gemeinsam einen Steuerklassenwechsel beantragen (§ 39 Abs. 5 Sätze 3 und 4 EStG). In einem Kalenderjahr kann jeweils nur ein Antrag gestellt werden (Abschn. 109 Abs. 5 Satz 4 LStR).

Die Eintragung des Familienstands, der Steuerklasse und der Zahl der Kinderfreibeträge ist eine gesonderte Feststellung von Besteuerungsgrundlagen i. S. des § 179 Abs. 1 AO, die unter dem Vorbehalt der Nachprüfung steht. Der Eintragung braucht eine Belehrung über den zulässigen Rechtsbehelf nicht beigefügt zu werden (§ 39 Abs. 3 EStG).

Die Gemeinde hat die Zahl der Kinderfreibeträge nur für Kinder i. S. des § 32 Abs. 1 bis 3 EStG einzutragen. In folgenden Fällen sind die Kinderfreibeträge hingegen vom **Finanzamt** einzutragen:

Soweit bei dem Arbeitnehmer Kinderfreibeträge nach § 32 Abs. 1 bis 6 EStG zu berücksichtigen und nicht nach § 39 Abs. 3 Nr. 3 EStG von der Gemeinde auf der Lohnsteuerkarte einzutragen sind, ist die auf der Lohnsteuerkarte eingetragene Zahl der Kinderfreibeträge sowie im Falle des § 38 b Nr. 2 EStG die Steuerklasse vom Finanzamt auf Antrag zu ändern. In den Fällen des § 32 Abs. 6 Nr. 1 Alternative 2 und letzter Satz EStG gilt dies nur, wenn nach den tatsächlichen Verhältnissen zu erwarten ist, daß die Voraussetzungen auch im Laufe des Kalenderjahres bestehen bleiben (§ 39 Abs. 3 a EStG).

Außer in den Fällen des § 32 Abs. 4 EStG (17- bis 26jährige Kinder), des § 32 Abs. 5 EStG (27jährige und ältere Kinder) und des § 32 Abs. 6 EStG (Übertragung von Kinderfreibeträgen) sind die Kinderfreibeträge bei folgenden Kindern nicht von der Gemeinde, sondern von dem Finanzamt zu bescheinigen:

1. Pflegekinder des Arbeitnehmers,
2. Kinder, die nur unter den Voraussetzungen des § 32 Abs. 1 Sätze 2 und 3 EStG zu berücksichtigen sind (Pflegekinder und angenommene Kinder im Verhältnis zu ihren leiblichen Eltern).

Der Arbeitnehmer ist verpflichtet, die Eintragung der Steuerklasse, des Familienstandes und der Zahl der Kinderfreibeträge auf der Lohnsteuerkarte umgehend ändern zu lassen, wenn die Eintragung auf der Lohnsteuerkarte von den Verhältnissen **zu Beginn des Kalenderjahres** zugunsten des Arbeitnehmers abweicht (§ 39 Abs. 4 EStG); dies gilt nicht bei Übertragung des Kinderfreibetrages (§ 39 Abs. 4 Satz 1 EStG).

Treten bei einem Arbeitnehmer **im Laufe des Kalenderjahres,** für das die Lohnsteuerkarte gilt, die Voraussetzungen für eine ihm günstigere Steuerklasse oder höhere Zahl der Kinderfreibeträge ein, so kann der Arbeitnehmer bis zum 30. 11. bei der Gemeinde, in den Fällen des § 39 Abs. 3 a EStG beim Finanzamt die Änderung der Eintragung beantragen (§ 39 Abs. 5 EStG). Veränderungen des Personenstandes zuungunsten des Stpfl. bleiben grundsätzlich unberücksichtigt.

12.2.6 Freibetrag beim Lohnsteuerabzug (§ 39 a EStG)

Auf der Lohnsteuerkarte wird als vom Arbeitslohn abzuziehender Freibetrag nach § 39 a Abs. 1 EStG n. F. die Summe der folgenden Beträge eingetragen:

1. Werbungskosten, die bei den Einkünften aus nichtselbständiger Arbeit anfallen, soweit sie den Arbeitnehmer-Pauschbetrag (§ 9 a Nr. 1 EStG) übersteigen,
2. Sonderausgaben im Sinne des § 10 Abs. 1 Nr. 1, 1 a, 4 bis 8 und des § 10 b EStG, soweit sie den Sonderausgaben-Pauschbetrag von 108 DM übersteigen,
3. der Betrag, der nach den §§ 33, 33 a, 33 b Abs. 6 und § 33 c EStG wegen außergewöhnlicher Belastungen zu gewähren ist,

4. die Pauschbeträge für Behinderte und Hinterbliebene (§ 33 b Abs. 1 bis 5 EStG),

5. die Beträge, die nach §§ 10 e, 52 Abs. 21 Satz 4 und 5 EStG oder nach § 15 b BerlinFG abgezogen werden können, sowie der Betrag der negativen Einkünfte aus Vermietung und Verpachtung, der sich bei Inanspruchnahme der erhöhten Absetzungen nach § 7 b EStG oder nach § 14 a oder § 15 BerlinFG voraussichtlich ergeben wird. Dies gilt jedoch nicht für negative Einkünfte aus Vermietung und Verpachtung, soweit sie bei der Festsetzung der Vorauszahlungen nach § 37 Abs. 3 Sätze 6, 7 und 9 EStG ebenfalls nicht zu berücksichtigen sind.

Durch die Eintragung der nach §§ 10 e, 52 Abs. 21 Satz 4 und 5 EStG oder § 15 b BerlinFG abzugsfähigen Beträge wird sichergestellt, daß sich diese Beträge bereits beim Lohnsteuerabzug steuermindernd auswirken können. Die Regelung gilt auch für Nebenerwerbslandwirte (§ 52 Abs. 15 Satz 5 EStG). Beträge, die nach § 52 Abs. 21 Satz 6 EStG wie Sonderausgaben abgezogen werden können, werden hingegen nicht auf der Lohnsteuerkarte eingetragen.

Die Eintragung der negativen Einkünfte aus Vermietung und Verpachtung, die sich bei Inanspruchnahme erhöhter Absetzungen anderer Art ergeben, läßt die Vorschrift des § 39 a Abs. 1 Nr. 5 EStG nicht zu. Dies gilt auch für Verluste aus Vermietung und Verpachtung wegen erhöhter Absetzungen nach § 82 a EStDV (BFH, BStBl 1977 II S. 650).

Ferner wird auf Antrag für jedes Kind, für das der Stpfl. Anspruch auf die Steuerermäßigung nach § 34 f EStG hat, ein zusätzlicher Betrag von 3000 DM – bis zum VZ 1989: 2400 DM – abgezogen. Für Zwecke des Lohnsteuerabzugs ist der Steuerabzugsbetrag von 750 DM – bisher 600 DM – je Kind, der von der tariflichen Einkommensteuer abzuziehen ist, in einen vom Arbeitslohn abzuziehenden Freibetrag von 3000 DM – bisher 2400 DM – umgerechnet worden. Der Umrechnung liegt ein Steuersatz von 25 v. H. zugrunde. Die endgültige Steuerermäßigung nach § 34 f EStG erfolgt im Rahmen der Einkommensteuerveranlagung. Der sich nach § 39 a Abs. 1 Nr. 5 Satz 1 EStG insgesamt ergebende Freibetrag darf allerdings erst nach Fertigstellung oder Anschaffung der Wohnung eingetragen werden.

Die **Gemeindebehörde** trägt nach Anweisung des Finanzamts die Pauschbeträge für Behinderte und Hinterbliebene bei der Ausstellung der Lohnsteuerkarten von Amts wegen ein.

Der Arbeitnehmer kann beim **Finanzamt** die Eintragung des nach § 39 a Abs. 1 EStG insgesamt in Betracht kommenden Freibetrags beantragen. Der Antrag kann nur nach amtlichem Vordruck bis zum 30. 11. des Kalenderjahres gestellt werden, für das die Lohnsteuerkarte gilt.

Der Antrag ist hinsichtlich eines Freibetrags der nach § 39 a Abs. 1 Nr. 1 bis 3 EStG in Betracht kommenden Aufwendungen und Beträge unzulässig, wenn die Aufwendungen i. S. des § 9 EStG, soweit sie den Arbeitnehmer-Pauschbetrag übersteigen, die Aufwendungen i. S. des § 10 Abs. 1 Nr. 1, 1 a, 4 bis 8, der

§§ 10 b, 33 und 33 c EStG sowie die abziehbaren Beträge nach §§ 33 a und 33 b Abs. 6 EStG insgesamt 1200 DM (bis zum VZ 1989: 1800 DM) nicht übersteigen (§ 39 a Abs. 2 EStG).

Aufwendungen des Stpfl. i. S. des § 10 Abs. 1 Nr. 2 (Versicherungsbeiträge) und Nr. 3 EStG (Bausparbeiträge) dürfen bei der Feststellung der Freibeträge nicht berücksichtigt werden, weil diese durch die Vorsorgepauschale abgegolten sind.

Für Ehegatten, die beide unbeschränkt einkommensteuerpflichtig sind und nicht dauernd getrennt leben, gelten hinsichtlich der Ermittlung und Eintragung eines Freibetrags nach § 39 a Abs. 3 EStG die folgenden Besonderheiten:

– Die Summe der Beträge, die nach § 39 a Abs. 1 Nr. 2 bis 5 EStG in Betracht kommen, ist gemeinsam für beide Ehegatten zu ermitteln. Dabei tritt an die Stelle des Sonderausgaben-Pauschbetrags von 108 DM der Betrag von 216 DM.

– Für die Frage, ob die Betragsgrenze des § 39 a Abs. 2 Satz 4 EStG überschritten ist, ist auf die Summe der Beträge abzustellen, die bei beiden Ehegatten anfallen.

– Die Summe der Beträge, die nach § 39 a Abs. 1 Nr. 2 bis 5 EStG in Betracht kommt, ist nach § 39 a Abs. 3 Satz 3 EStG je zur Hälfte auf die Ehegatten aufzuteilen, wenn für jeden Ehegatten eine Lohnsteuerkarte ausgeschrieben ist und die Ehegatten keine andere Aufteilung beantragen.

Die vorstehenden Ausführungen gelten jedoch nicht für einen Arbeitnehmer, dessen Ehe in dem Kalenderjahr, für das die Lohnsteuerkarte gilt, aufgelöst worden ist und dessen bisheriger Ehegatte in demselben Kalenderjahr wieder geheiratet hat (§ 39 a Abs. 3 Satz 4 EStG).

Vom VZ 1990 an ist der Arbeitnehmer abweichend von § 153 Abs. 2 AO nicht mehr verpflichtet, den nachträglichen Wegfall der Voraussetzungen für eine Steuerbefreiung, Steuerermäßigung oder sonstige Steuervergünstigung anzuzeigen.

Die Eintragung eines Freibetrags auf der Lohnsteuerkarte ist die gesonderte Feststellung einer Besteuerungsgrundlage i. S. des § 179 Abs. 1 AO, die unter dem Vorbehalt der Nachprüfung steht. Ein mit einer Belehrung über den zulässigen Rechtsbehelf versehener schriftlicher Bescheid ist nur zu erteilen, wenn dem Antrag des Arbeitnehmers nicht in vollem Umfang entsprochen wird (§ 39 a Abs. 4 EStG).

Für alle Nachforderungen, die auf einer unzutreffenden Eintragung eines Freibetrags beruhen, gilt eine Bagatellgrenze von 20 DM (§ 39 a Abs. 5 EStG).

12.2.7 Durchführung des Lohnsteuerabzugs für unbeschränkt einkommensteuerpflichtige Arbeitnehmer (§ 39 b EStG)

Für die Durchführung des Lohnsteuerabzugs hat der unbeschränkt einkommensteuerpflichtige Arbeitnehmer seinem Arbeitgeber vor Beginn des Kalenderjahrs oder beim Eintritt in das Dienstverhältnis eine Lohnsteuerkarte vorzulegen (§ 39 b Abs. 1 Satz 1 EStG).

Für die Einbehaltung der Lohnsteuer vom laufenden Arbeitslohn hat der Arbeitgeber die Höhe des laufenden Arbeitslohns und den Lohnzahlungszeitraum festzustellen. Vom Arbeitslohn sind vor Anwendung der Tabelle abzuziehen:

a) der auf den Lohnzahlungszeitraum entfallende Anteil des Versorgungs-Freibetrags (§ 19 Abs. 2 EStG),

b) der auf den Lohnzahlungszeitraum entfallende Anteil des Altersentlastungsbetrags (§ 24 a EStG),

wenn die Voraussetzungen für den Abzug dieser Beträge jeweils erfüllt sind.

Außerdem hat der Arbeitgeber einen etwaigen Freibetrag nach Maßgabe der Eintragungen auf der Lohnsteuerkarte des Arbeitnehmers vom Arbeitslohn abzuziehen (§ 39 b Abs. 2 EStG).

Für den so gekürzten Arbeitslohn ist die Lohnsteuer aus der für den Lohnzahlungszeitraum geltenden Lohnsteuertabelle oder nach der der Lohnsteuertabelle angefügten Anleitung zu ermitteln. Dabei ist die auf der Lohnsteuerkarte eingetragene Steuerklasse und Zahl der Kinderfreibeträge maßgebend. Die sich danach ergebende Lohnsteuer ist vom Arbeitslohn einzubehalten (§ 39 b Abs. 2 EStG).

Für die Einbehaltung der Lohnsteuer von einem sonstigen Bezug, bei schuldhafter Nichtvorlage einer Lohnsteuerkarte, für beschränkt einkommensteuerpflichtige Arbeitnehmer und für Pauschalierungen in besonderen Fällen sind die Vorschriften der § 39 b Abs. 3, §§ 39 c und 39 d, 40, 40 a und 40 b EStG zu beachten.

12.2.8 Aufzeichnungspflichten beim Lohnsteuerabzug (§ 41 EStG)

Der Arbeitgeber hat am Ort der Betriebsstätte für jeden Arbeitnehmer und jedes Kalenderjahr ein **Lohnkonto** zu führen. In das Lohnkonto sind die für den Lohnsteuerabzug erforderlichen Merkmale aus der Lohnsteuerkarte oder aus einer entsprechenden Bescheinigung zu übernehmen. Wenn die einbehaltene oder übernommene Lohnsteuer nach der besonderen Lohnsteuertabelle ermittelt worden ist, so ist dies im Lohnkonto durch Eintragung des Großbuchstabens B zu vermerken. Bei jeder Lohnzahlung für das Kalenderjahr, für das das Lohnkonto gilt, sind im Lohnkonto die Art und Höhe des gezahlten Arbeitslohns einschließlich der steuerfreien Bezüge sowie die einbehaltene oder übernommene Lohnsteuer einzutragen. Ferner sind dem Progressionsvorbehalt nach § 32 b Abs. 1 Nr. 1 EStG unterliegende, tatsächlich gezahlte Lohnersatzleistungen des Arbeitgebers einzutragen (§ 41 Abs. 1 Satz 5 EStG).

Besteht während der Dauer des Dienstverhältnisses in **anderen** Fällen als in denen des § 41 Abs. 1 Satz 5 EStG zeitweise kein Anspruch auf Arbeitslohn, so ist dies jeweils durch Eintragung des Großbuchstabens U zu vermerken (§ 41 Abs. 1 Satz 6 EStG). Diese Aufzeichnung soll es dem Arbeitgeber ermöglichen, die in § 41 b Abs. 1 Nr. 1 EStG vorgeschriebene Kennzeichnung der Lohnsteuerkarte mit einem U vorzunehmen.

In den Fällen der Lohnsteuerpauschalierung nach § 40 und § 40 b EStG können nach Maßgabe des § 4 Abs. 2 Nr. 8 LStDV Aufzeichnungen in einem **Sammelkonto** geführt werden.

12.2.9 Anmeldung und Abführung der Lohnsteuer und Abschluß des Lohnsteuerabzugs (§ 41 a und § 41 b EStG)

Der Arbeitgeber hat spätestens am zehnten Tag nach Ablauf eines jeden Lohnsteuer-Anmeldungszeitraums dem Betriebsstättenfinanzamt eine **Lohnsteueranmeldung** einzureichen und die insgesamt einbehaltene und übernommene Lohnsteuer gleichzeitig an das Betriebsstättenfinanzamt abzuführen. Die Lohnsteueranmeldung ist nach amtlichem Vordruck und ordnungsgemäß ausgefüllt und unterschrieben abzugeben (§ 41 a Abs. 1 EStG).

Lohnsteuer-Anmeldungszeitraum ist grundsätzlich der **Kalendermonat.** Lohnsteuer-Anmeldezeitraum ist das **Kalendervierteljahr,** wenn die abzuführende Lohnsteuer für das vorangegangene Kalenderjahr mehr als 600 DM, aber nicht mehr als 6000 DM betragen hat; Lohnsteuer-Anmeldungszeitraum ist das **Kalenderjahr,** wenn die abzuführende Lohnsteuer für das vorangegangene Kalenderjahr nicht mehr als 600 DM betragen hat (§ 41 a Abs. 2 EStG).

Die Lohnkonten der Arbeitnehmer sind bei Beendigung eines Dienstverhältnisses oder am Ende des Kalenderjahres vom Arbeitgeber abzuschließen. Aufgrund der Eintragungen im Lohnkonto erteilt der Arbeitgeber auf der Lohnsteuerkarte des Arbeitnehmers seine **Lohnsteuerbescheinigung** (§ 41 b Abs. 1 EStG).

12.2.10 Haftung (§ 42 d EStG)

Nach § 42 d Abs. 1 EStG haftet der Arbeitgeber

1. für die Lohnsteuer, die er einzubehalten und abzuführen hat,
2. für die Lohnsteuer, die er beim Lohnsteuer-Jahresausgleich zu Unrecht erstattet hat,
3. für die Einkommensteuer (Lohnsteuer), die aufgrund fehlerhafter Angaben im Lohnkonto, in der Lohnsteuerbescheinigung oder im Lohnzettel verkürzt wird,

sofern nicht nach § 42 d Abs. 2 EStG eine Nachforderung oder Nachversteuerung zu erfolgen hat.

Für den Fall der Arbeitnehmerüberlassung begründet § 42 d Abs. 6 und 7 EStG eine besondere Haftung für den Entleiher sowie den Verleiher.

12.3 Steuerabzug vom Kapitalertrag (Kapitalertragsteuer)

12.3.1 Überblick

Das StRefG 1990 sah für Kapitalerträge, die nach dem 31. 12. 1988 zufließen, eine erhebliche Erweiterung des Katalogs der inländischen Kapitalerträge vor, bei denen die Einkommensteuer verfahrensmäßig durch Abzug vom Kapitalertrag an der Quelle (sog. Quellensteuer) erhoben wird. Wegen der Einzelheiten der vorgesehenen Änderungen wird auf den Sonderband Steuerreform 1990 Nr. 47 hingewiesen. Das Haushaltsbegleitgesetz 1989 hat an diesem System noch einige kleinere Änderungen vorgesehen.

Unter dem Eindruck der öffentlichen Diskussion hat der Gesetzgeber durch das StRefÄndG eine Kehrtwendung vollzogen, um den mit der Einführung der Kapitalertragsteuer von 10 v. H. – der sog. kleinen Kapitalertragsteuer – verbundenen Verwaltungsaufwand für Kreditinstitute, Steuerzahler und Finanzverwaltung, die Unsicherheit bei Bürgern und die Belastungen des deutschen Kapitalmarktes wieder zu beseitigen (BT-Drucksache 11/4507 S. 8). Er hat daher die kleine Kapitalertragsteuer zum nächstmöglichen Zeitpunkt, d. h. zum 1. 7. 1989, wieder abgeschafft und im wesentlichen die Rechtslage wieder hergestellt, die vor den Änderungen durch das StRefG 1990 gegolten hat.

Von einer Darstellung der Behandlung von Kapitalerträgen, die in der Übergangszeit vom 1. 1. bis 30. 6. 1989 zugeflossen sind, wird an dieser Stelle abgesehen. Für Kapitalerträge, die nach dem 30. 6. 1989 zufließen, gilt folgendes:

12.3.2 Kapitalertragsteuerpflichtige Kapitalerträge (§ 43 EStG)

Bei den folgenden inländischen Kapitalerträgen wird die Einkommensteuer durch Abzug vom Kapitalertrag (Kapitalertragsteuer) erhoben:

1. Kapitalerträgen i. S. des § 20 Abs. 1 Nr. 1 und 2 EStG **(Gewinnanteile, Ausbeuten und sonstige Bezüge)**;

2. Zinsen aus **Teilschuldverschreibungen,** bei denen neben der festen Verzinsung ein Recht auf Umtausch in Gesellschaftsanteile **(Wandelanleihen)** oder eine Zusatzverzinsung, die sich nach der Höhe der Gewinnausschüttungen des Schuldners richtet **(Gewinnobligationen),** eingeräumt ist, und Zinsen aus nicht in § 20 Abs. 1 Nr. 1 EStG genannten **Genußrechten.** Ausgenommen sind solche Teilschuldverschreibungen, bei denen der Zinsfuß nur vorübergehend herabgesetzt und gleichzeitig eine von dem jeweiligen Gewinnergebnis des Unternehmens abhängige Zusatzverzinsung bis zur Höhe des ursprünglichen Zinsfußes festgelegt worden ist und bestimmte Bundesbankgenußrechte;

3. Einnahmen aus der Beteiligung an einem Handelsgewerbe als **stiller Gesellschafter** und Zinsen aus **partiarischen Darlehen** (§ 20 Abs. 1 Nr. 4 EStG);

4. Kapitalerträgen i. S. des § 20 Abs. 1 Nr. 6 EStG (Zinsen aus **Sparanteilen** bei Lebensversicherungen);

5. Zinsen aus bestimmten in der Bundesrepublik oder in Berlin (West) nach dem 31. 3. 1952 und vor dem 1. 1. 1955 ausgegebenen begünstigten **festverzinslichen Wertpapieren;**

6. Einnahmen aus der **Vergütung von Körperschaftsteuer** nach § 36 e EStG oder nach § 52 KStG. Der Steuerabzug wird nicht vorgenommen, wenn die Kapitalertragsteuer im Falle ihrer Einbehaltung nach § 44 c Abs. 1 EStG in voller Höhe an den Gläubiger zu erstatten wäre.

Auch besondere Entgelte oder Vorteile i. S. des § 20 Abs. 2 Nr. 1 EStG, die neben oder an Stelle der bezeichneten Erträge gewährt werden, unterliegen der Kapitalertragsteuer. In allen Fällen muß es sich um **inländische Kapitalerträge** handeln. Inländische Kapitalerträge sind gegeben, wenn der Schuldner der Kapitalerträge Wohnsitz, Geschäftsleitung oder Sitz im Inland hat (§ 43 Abs. 3 EStG).

Der Steuerabzug ist auch dann vorzunehmen, wenn die Kapitalerträge beim Gläubiger zu den Einkünften aus Land- und Forstwirtschaft, aus Gewerbebetrieb, aus selbständiger Arbeit oder aus Vermietung und Verpachtung gehören (§ 43 Abs. 4 EStG).

12.3.3 Bemessung der Kapitalertragsteuer (§ 43 a EStG)

Die Kapitalertragsteuer beträgt

a) in den Fällen des § 43 Abs. 1 **Nr. 1 bis 4** EStG:

25 v. H. des Kapitalertrags, wenn der Gläubiger die Kapitalertragsteuer trägt, **33⅓ v. H.** des tatsächlich ausgezahlten Betrags, wenn der Schuldner die Kapitalertragsteuer übernimmt;

b) in den Fällen des § 43 Abs. 1 **Nr. 5** EStG:

30 v. H. des Kapitalertrags, wenn der Gäubiger die Kapitalertragsteuer trägt, **42,85 v. H.** des tatsächlich ausgezahlten Betrags, wenn der Schuldner die Kapitalertragsteuer übernimmt;

c) in den Fällen des § 43 Abs. 1 **Nr. 6** EStG:

25 v. H. des Kapitalertrags.

Dem Steuerabzug unterliegen die vollen Kapitalerträge ohne jeden Abzug. § 20 Abs. 2 Nr. 3 Satz 2 EStG ist nicht anzuwenden (§ 43 a Abs. 2 EStG).

12.3.4 Entrichtung der Kapitalertragsteuer

12.3.4.1 Entrichtung der Kapitalertragsteuer in den Fällen des § 43 Abs. 1 Nr. 1 bis 5 EStG (§ 44 EStG)

Schuldner der Kapitalertragsteuer ist in den Fällen des § 43 Abs. 1 Nr. 1 bis 5 EStG der Gläubiger der Kapitalerträge (§ 44 Abs. 1 EStG). Der Schuldner der Kapitalerträge haftet jedoch für die einzubehaltende und abzuführende Kapitalertragsteuer (§ 44 Abs. 5 EStG). Die Kapitalertragsteuer entsteht in dem Zeitpunkt, in dem die Kapitalerträge dem Gläubiger zufließen. In diesem Zeitpunkt hat der Schuldner der Kapitalerträge den Steuerabzug für Rechnung des Gläubigers der Kapitalerträge vorzunehmen. Die Kapitalertragsteuer ist folglich keine Jahressteuer (BFH, BStBl 1986 II S. 193).

Gewinnanteile (Dividenden) und andere Kapitalerträge, deren Ausschüttung von einer Körperschaft beschlossen wird, fließen dem Gläubiger an dem Tag zu, der im Beschluß als Tag der Ausschüttung bestimmt worden ist (§ 44 Abs. 2 Satz 1

EStG). Das gilt für die Durchführung des Steuerabzugs vom Kapitalertrag – anders als für die Erfassung der Kapitalerträge bei der Veranlagung des Gläubigers zur Einkommensteuer (BFH, BStBl 1974 II S. 541) – auch dann, wenn der Gläubiger beherrschender Gesellschafter der Kapitalgesellschaft ist (BFH, BStBl 1986 II S. 451).

Die innerhalb eines **Kalendermonats** einbehaltene Steuer ist jeweils bis zum 10. des folgenden Monats anzumelden (§ 45 a EStG) und an das Finanzamt abzuführen, das für die Besteuerung des Schuldners der Kapitalerträge nach dem Einkommen zuständig ist. Dabei ist die Kapitalertragsteuer, die ein Schuldner zu demselben Zeitpunkt insgesamt abzuführen hat, auf den nächsten vollen DM-Betrag abzurunden (§ 44 Abs. 1 EStG).

Der Schuldner der Kapitalerträge bzw. die die Kapitalerträge auszahlende Stelle, z. B. Kreditinstitut, hat grundsätzlich dem Gläubiger eine **Kapitalertragsteuerbescheinigung** nach Maßgabe des § 45 a EStG auszustellen.

12.3.4.2 Entrichtung der Kapitalertragsteuer in den Fällen des § 43 Abs. 1 Nr. 6 EStG (§ 45 c EStG)

In den Fällen des § 43 Abs. 1 Nr. 6 EStG entsteht die Kapitalertragsteuer in dem Zeitpunkt, in dem die Körperschaftsteuer nach § 36 e EStG oder § 52 KStG vergütet wird (§ 45 c EStG). In diesem Zeitpunkt hat das **Bundesamt für Finanzen** als die für die Vergütung zuständige Behörde den Steuerabzug vom Kapitalertrag für Rechnung des Vergütungsberechtigten von der Körperschaftsteuer einzubehalten, die nach § 36 e EStG oder nach § 52 KStG vergütet wird.

12.3.4.3 Abgeltungswirkung des Steuerabzugs (§ 45 b EStG)

Bei Kapitalerträgen im Sinne des § 43 Abs. 1 Nr. 5 EStG ist die Einkommensteuer durch den Steuerabzug vom Kapitalertrag abgegolten, soweit der Steuerpflichtige wegen der Steuerabzugsbeträge nicht in Anspruch genommen werden kann. Die übrigen Kapitalerträge sind in die Einkommensteuerveranlagung einzubeziehen; die durch Steuerabzug erhobene Steuer ist auf die Einkommensteuer anzurechnen (§ 36 Abs. 2 Nr. 2 EStG).

12.3.5 Abstandnahme vom Steuerabzug und Erstattung der Kapitalertragsteuer

Unter den Voraussetzungen des § 44 a EStG kann von dem Kapitalertragsteuerabzug Abstand genommen und einbehaltene und abgeführte Kapitalertragsteuer nach §§ 44 b und 44 c EStG erstattet werden. So z. B., wenn der Gläubiger im Zeitpunkt des Zufließens unbeschränkt einkommensteuerpflichtig ist und anzunehmen ist, daß für ihn eine Veranlagung zur Einkommensteuer nicht in Betracht kommt, oder wenn der Gläubiger eine inländische juristische Person des öffentlichen Rechts oder eine befreite Körperschaft i. S. des § 5 Abs. 1 Nr. 9 KStG ist. Nach Maßgabe der §§ 44 b und 44 c EStG ist die einbehaltene

Kapitalertragsteuer zu erstatten. Erfolgt der Steuerabzug für Rechnung des Steuerschuldners ohne rechtlichen Grund, kann auch der Steuerschuldner die Erstattung der abgeführten Kapitalertragsteuer verlangen (BFH, BStBl 1986 II S. 193).

Ist der Gläubiger der Kapitalerträge nach einem Doppelbesteuerungsabkommen ganz oder teilweise von der inländischen Kapitalertragsteuer befreit, sind in der Regel zwei besondere Verfahren zu durchlaufen. Der inländische Schuldner der Kapitalerträge hat zunächst die Kapitalertragsteuer unter Beachtung der §§ 43 ff. EStG einzubehalten und abzuführen. In einem weiteren Verfahren kann der ausländische Gläubiger der Kapitalerträge die Erstattung der Kapitalertragsteuer beantragen, die die nach dem Doppelbesteuerungsabkommen geschuldete Steuer übersteigt (BFH, BStBl 1988 II S. 600).

13 Beschränkte Steuerpflicht

13.1 Allgemeines

Die Besteuerung beschränkt Steuerpflichtiger ist im Einkommensteuergesetz besonders geregelt, und zwar in den §§ 49 bis 50 a EStG. Zwar sind die allgemeinen Grundsätze des EStG weitgehend auch auf beschränkt Steuerpflichtige anwendbar, aber nur insoweit, als sich aus den §§ 49 bis 50 a EStG nichts Abweichendes ergibt. Abweichungen ergeben sich insbesondere dadurch, daß bei beschränkt Steuerpflichtigen nur bestimmte inländische Einkünfte, die im § 49 EStG aufgeführt sind, der Einkommensteuer unterliegen. Zusätzlich ist zur Sicherung des Steuereingangs neben dem allgemeinen Lohnsteuer- und Kapitalertragsteuerabzug für bestimmte in § 50 a EStG aufgeführte Erträge ein besonderes Steuerabzugsverfahren vorgesehen. Da grundsätzlich die Einkommensteuer für Einkünfte, die dem Steuerabzug vom Arbeitslohn oder vom Kapitalertrag oder dem Steuerabzug aufgrund des § 50 a EStG unterliegen, bei beschränkt Steuerpflichtigen durch den Steuerabzug als abgegolten gilt, wenn die Einkünfte nicht Betriebseinnahmen eines inländischen Betriebs sind, kommt es in vielen Fällen nicht zu einer Veranlagung (§ 50 Abs. 5 EStG). Im übrigen werden aber die beschränkt steuerpflichtigen Einkünfte veranlagt. Bei der Durchführung dieser Veranlagung sind die Sondervorschriften für beschränkt Steuerpflichtige nach § 50 EStG anzuwenden; ein Lohnsteuer-Jahresausgleich kommt bei ihnen nicht in Betracht (BFH, BStBl 1984 II S. 587).

Auch bei der Besteuerung beschränkt Steuerpflichtiger ist im Einzelfall der Inhalt von Doppelbesteuerungsabkommen zu beachten. Auch inländische Einkünfte können nämlich in einem Doppelbesteuerungsabkommen von der Besteuerung in der Bundesrepublik Deutschland freigestellt sein (BFH, BStBl 1987 II S. 253, 1985 II S. 330).

13.2 Inländische Einkünfte (§ 49 EStG)

Die inländischen Einkünfte im Sinne der beschränkten Einkommensteuerpflicht sind im § 49 EStG erschöpfend aufgezählt. Zu welcher Einkunftsart bestimmte Einkünfte gehören, ist bei der beschränkten Steuerpflicht danach zu beurteilen, wie sich diese Einkünfte vom Inland aus beurteilt darstellen (isolierende Betrachtungsweise). Im Ausland gegebene Besteuerungsmerkmale bleiben außer Betracht, soweit bei ihrer Berücksichtigung inländische Einkünfte i. S. des § 49 Abs. 1 EStG nicht angenommen werden könnten (§ 49 Abs. 2 EStG).

Beispiele:

a) Eine ausländische Personengesellschaft ohne Betriebsstätte oder ständigen Vertreter im Inland hat Einkünfte aus einem ihr gehörigen Mietwohngrundstück im Inland.

Die Einkünfte rechnen zu den Einkünften aus Vermietung und Verpachtung. Würden die Einkünfte innerhalb einer Betriebsstätte im Inland anfallen, wären sie Einkünfte aus Gewerbebetrieb.

b) Eine ausländische Kapitalgesellschaft ohne Betriebsstätte oder ständigen Vertreter im Inland hat Einkünfte aus einer durch inländischen Grundbesitz gesicherten Forderung.

Die Einkünfte rechnen zu den Einkünften aus Kapitalvermögen (BFH, BStBl 1986 II S. 178). Würden die Einkünfte innerhalb einer Betriebsstätte im Inland anfallen, wären sie Einkünfte aus Gewerbebetrieb.

c) Eine ausländische Kapitalgesellschaft ohne Betriebsstätte oder ständigen Vertreter im Inland veranstaltet im Inland Konzerte. Die Einkünfte rechnen schon nach dem im Inland verwirklichten, isoliert betrachteten Tatbestand zu den Einkünften aus Gewerbebetrieb. § 49 Abs. 2 EStG greift nicht ein, weil schon ohne Berücksichtigung des im Ausland gegebenen Merkmals der „Kapitalgesellschaft" inländische Einkünfte nicht gegeben sind (BFH, BStBl 1984 II S. 828).

§ 49 EStG zählt im einzelnen folgende der beschränkten Steuerpflicht unterliegenden Einkünfte auf:

1. Einkünfte aus einer im Inland betriebenen **Land- und Forstwirtschaft** (§§ 13, 14 EStG). Auch Veräußerungsgewinne im Sinne des § 14 EStG unterliegen der beschränkten Steuerpflicht.

2. Einkünfte aus **Gewerbebetrieb** (§ 15 bis 17 EStG),

a) für den im Inland eine Betriebsstätte unterhalten wird oder ein ständiger Vertreter bestellt ist,

b) die durch den Betrieb eigener oder gecharterter Seeschiffe oder Luftfahrzeuge aus Beförderungen zwischen inländischen und von inländischen zu ausländischen Häfen erzielt werden, einschließlich der Einkünfte aus anderen mit solchen Beförderungen zusammenhängenden, sich auf das Inland erstreckenden Beförderungsleistungen,

c) die von einem Unternehmen im Rahmen einer internationalen Betriebsgemeinschaft oder eines Pool-Abkommens, bei denen ein Unternehmen mit Sitz oder Geschäftsleitung im Inland die Beförderung durchführt, aus Beförderungen und Beförderungsleistungen nach b) erzielt werden (§ 49 Abs. 1 Nr. 2 Buchst. c EStG). Danach ist die beschränkte Steuerpflicht auch dann gegeben, wenn ein ausländischer Unternehmer ohne Betriebsstätte oder ständigen Vertreter im Inland über einen Pool-Vertrag oder eine ähnliche Vereinbarung an Beförderungsleistungen i. S. des § 49 Abs. 1 Nr. 2 Buchst. b EStG erfolgsmäßig teil hat;

d) die, soweit sie nicht zu den Einkünften i. S. des § 49 Abs. 1 Nr. 3 und 4 EStG gehören, durch künstlerische, sportliche, artistische o. ä. Darbietungen im Inland oder durch deren Verwertung im Inland erzielt werden, einschließlich der Einkünfte aus anderen mit diesen Leistungen zusammenhängenden Leistungen, unabhängig davon, wem die Einnahmen zufließen (§ 49 Abs. 1

Nr. 2 Buchst. d EStG). Danach ist die beschränkte Steuerpflicht auch dann gegeben, wenn ein ausländisches Unternehmen ohne Betriebsstätte oder ständigen Vertreter im Inland Künstler oder Berufssportler dem inländischen Veranstalter nicht im Wege der Vermittlung, sondern im eigenen Namen und für eigene Rechnung zur Verfügung stellt. Die Einkommensteuer wird in diesen Fällen im Wege des Steuerabzugs erhoben (§ 50 a Abs. 4 Nr. 1 EStG),

e) die unter den Voraussetzungen des § 17 EStG aus der Veräußerung eines Anteils an einer Kapitalgesellschaft erzielt werden, die ihren Sitz oder ihre Geschäftsleitung im Inland hat (§ 49 Abs. 1 Nr. 2 Buchst. e EStG). Danach ist es für die Anwendung dieser Vorschrift unerheblich, ob die Anteile in einem ausländischen Betriebs- oder Privatvermögen gehalten werden.

Betriebsstätte ist jede feste Geschäftseinrichtung oder Anlage, die der Tätigkeit eines Unternehmens dient (§ 12 AO). Solche Betriebsstätten sind z. B. die Stätte der Geschäftsleitung, Zweigniederlassungen, Geschäftsstellen, Fabrikations- oder Werkstätten, Warenlager, Ein- oder Verkaufsstellen.[1]

Ständiger Vertreter ist eine Person, die nachhaltig die Geschäfte eines Unternehmens besorgt und dabei dessen Sachweisungen unterliegt. Ständiger Vertreter ist insbesondere eine Person, die für ein Unternehmen nachhaltig

1. Verträge abschließt oder vermittelt oder Aufträge einholt oder

2. einen Bestand von Gütern oder Waren unterhält und davon Auslieferungen vornimmt (§ 13 AO).[2]

Bei **Schiffahrt- und Luftfahrtunternehmen** sind die Einkünfte i. S. des § 49 Abs. 1 Nr. 2 Buchst. b EStG – nicht auch in den Fällen des § 49 Abs. 1 Nr. 2 Buchst. c EStG – mit 5 v. H. der für diese Beförderungsleistungen vereinbarten Entgelte anzusetzen. Das gilt auch, wenn solche Einkünfte durch eine inländische Betriebsstätte oder einen inländischen ständigen Vertreter erzielt werden (§ 49 Abs. 3 EStG). Handelt es sich dabei um ein Unternehmen, dessen Geschäftsleitung sich in einem ausländischen Staat befindet, so bleiben diese Einkünfte unter den Voraussetzungen des § 49 Abs. 4 EStG steuerfrei (Abschn. 222 Abs. 2 EStR).

Der beschränkten Einkommensteuerpflicht unterliegen auch Veräußerungsgewinne im Sinne der §§ 16 und 17 EStG. Diese Gewinne sind nach § 34 EStG begünstigt (§ 50 Abs. 1 EStG).

---

1 Der Betriebsstättenbegriff ist in den verschiedenen Doppelbesteuerungsabkommen nicht einheitlich geregelt. Durch eine engere Definition des Begriffs der Betriebsstätte in einem bestimmten Doppelbesteuerungsabkommen können daher Einkünfte aus Gewerbebetrieb von der Besteuerung in der Bundesrepublik freigestellt sein, obwohl sie zu den inländischen Einkünften zählen.

2 In einzelnen Doppelbesteuerungsabkommen wird nur auf das Vorhandensein einer Betriebsstätte abgestellt, so daß inländische Einkünfte von der Besteuerung in der Bundesrepublik freigestellt sind, wenn eine inländische Betriebsstätte nicht besteht.

3. Einkünfte aus **selbständiger Arbeit** (§ 18 EStG), die im Inland ausgeübt oder verwertet wird oder worden ist.[3]

Der selbständig Tätige hat die Tätigkeit im Inland **ausgeübt,** wenn er im Inland persönlich tätig geworden ist.

Beispiel:
Ein im Ausland ansässiger Schriftsteller übt eine Vortragstätigkeit im Inland aus.

Die Arbeit ist im Inland **verwertet,** wenn die Ergebnisse einer im Ausland ausgeübten selbständigen Arbeit vom Stpfl. im Inland verwertet werden (BFH, BStBl 1987 II S. 253).

Beispiele:
a) Ein beschränkt stpfl. Erfinder überläßt sein Patent einem inländischen Betrieb zur Auswertung.

b) Ein beschränkt stpfl. Schriftsteller überträgt sein Urheberrecht an einem Werk auf ein Verlagsunternehmen mit Geschäftsleitung im Inland (BFH, BStBl 1989 II S. 87).

§ 49 Abs. 1 Nr. 3 EStG umfaßt nicht nur gegenwärtige, sondern auch nachträgliche Einkünfte, die aus einer in der Vergangenheit im Inland ausgeübten Tätigkeit herrühren (BFH, BStBl 1984 II S. 664).

Der beschränkten Steuerpflicht unterliegen auch Veräußerungsgewinne im Sinne des § 18 Abs. 3 EStG; diese Gewinne sind nach § 34 EStG begünstigt (§ 50 Abs. 1 EStG).

4. Einkünfte aus **nichtselbständiger Arbeit** (§ 19 EStG), die im Inland ausgeübt oder verwertet wird oder worden ist, und Einkünfte, die aus inländischen öffentlichen Kassen einschließlich der Kassen der Deutschen Bundesbahn und der Deutschen Bundesbank mit Rücksicht auf ein gegenwärtiges oder früheres Dienstverhältnis gewährt werden.[4] Unter Verwerten ist der Vorgang zu verstehen, durch den der **Arbeitnehmer** das Ergebnis seiner nichtselbständigen Arbeit seinem Arbeitgeber zuführt (BFH, BStBl 1987 II S. 377, 379, 381, 383).

5. Einkünfte aus **Kapitalvermögen,** und zwar

a) Einkünfte i. S. des § 20 Abs. 1 Nr. 1, 2, 4 und 6 EStG, wenn der Schuldner Wohnsitz, Geschäftsleitung oder Sitz im Inland hat; dies gilt auch für Erträge aus Wandelanleihen und Gewinnobligationen;

---

3 Eine im Inland ausgeübte Tätigkeit ist in den Doppelbesteuerungsabkommen teilweise von der Besteuerung in der Bundesrepublik freigestellt, wenn es sich nur um eine vorübergehende Tätigkeit ohne stehende feste Einrichtung (Praxis, Büro usw.) handelt. Freigestellt sind darüber hinaus weitgehend auch die Einkünfte aus der Verwertung einer selbständigen Arbeit im Inland.

4 Nach den bestehenden Doppelbesteuerungsabkommen auf der Grundlage der sogenannten Freistellungsmethode sind Einkünfte aus nichtselbständiger Arbeit, die im Inland lediglich verwertet worden ist, von der Besteuerung in der Bundesrepublik grundsätzlich freigestellt.

Von der Besteuerung in der Bundesrepublik freigestellt sind darüber hinaus in der Regel auch die Einkünfte aus im Inland ausgeübter nichtselbständiger Arbeit, wenn sich der Arbeitnehmer nur vorübergehend (nicht mehr als 183 Tage im Laufe eines Kalenderjahres) im Inland aufhält und er für seine während dieser Zeit ausgeübte Tätigkeit weder von einem Arbeitgeber mit Wohnsitz in der Bundesrepublik noch zu Lasten einer in der Bundesrepublik befindlichen Betriebsstätte oder ständigen Einrichtung seines Arbeitgebers entlohnt wird.

b) Einkünfte i. S. des § 20 Abs. 1 Nr. 3 EStG;

c) Einkünfte i. S. des § 20 Abs. 1 Nr. 5 und 7 EStG, wenn

    – das Kapitalvermögen durch inländischen Grundbesitz, durch inländische Rechte, die den Vorschriften des bürgerlichen Rechts über Grundstücke unterliegen, oder durch Schiffe, die in ein inländisches Schiffsregister eingetragen sind, unmittelbar oder mittelbar gesichert ist; auf die dingliche Sicherung der Zinsen kommt es nicht an (BFH, BStBl 1984 II S. 620). Ausgenommen sind Zinsen aus Anleihen und Forderungen, die in ein öffentliches Schuldbuch eingetragen oder über die Sammelurkunden i. S. des § 9 a des Depotgesetzes oder Teilschuldverschreibungen ausgegeben worden sind, oder

    – das Kapitalvermögen aus Genußrechten besteht, die nicht in § 20 Abs. 1 Nr. 1 EStG genannt sind.

Die Vorschrift des § 20 Abs. 2 EStG gilt entsprechend.

Beispiele:

a) Ein beschränkt Steuerpflichtiger vereinnahmt Zinsen aus einem bei einer deutschen Bank angelegten Sparguthaben.
Die Zinserträge unterliegen nicht der beschränkten Steuerpflicht.

b) Ein beschränkt Steuerpflichtiger vereinnahmt Zinsen aus einem Privatdarlehn, welches weder unmittelbar noch mittelbar durch Grundbesitz usw. gesichert ist. Der Schuldner hat seinen Wohnsitz im Inland.
Die Zinserträge unterliegen nicht der beschränkten Steuerpflicht.

c) Ein beschränkt Steuerpflichtiger hat eine Darlehnsforderung in Höhe von 10 000 DM gegen einen inländischen Steuerpflichtigen. Diese Darlehnsforderung ist durch eine Hypothek an dem inländischen Grundstück des Darlehnsnehmers gesichert.
Die Zinserträge aus dem hypothekarisch gesicherten Darlehn unterliegen der beschränkten Einkommensteuerpflicht.

d) Ein beschränkt Steuerpflichtiger vereinnahmt Zinsen aus einer Gewinnobligation. Der Schuldner der Erträge hat seinen Sitz im Inland
Die Zinserträge unterliegen der beschränkten Einkommensteuerpflicht.

e) Ein beschränkt Steuerpflichtiger vereinnahmt Zinsen aus festverzinslichen Industrieobligationen, die weder unmittelbar noch mittelbar durch inländischen Grundbesitz gesichert sind. Der Schuldner der Kapitalerträge hat seinen Sitz im Inland.
Die Zinserträge aus den Industrieobligationen unterliegen nicht der beschränkten Einkommensteuerpflicht.

In zeitlicher Hinsicht gilt das Vorstehende sowohl für Kapitalerträge, die nach dem 30. 6. 1989 zugeflossen sind, als auch für Kapitalerträge, die vor dem 1. 1. 1989 zugeflossen sind. Lediglich für Kapitalerträge, die in der Übergangszeit vom 1. 1. bis 30. 6. 1989 zugeflossen sind, gilt – als Folgeänderung zu §§ 20 und 43 EStG – § 49 Abs. 1 Nr. 5 Buchst. **a** EStG i. d. F. des Haushaltsbegleitgesetzes 1989, während § 49 Abs. 1 Nr. 5 Buchst. **c** EStG i. d. F. des StRefG 1990 anzuwenden ist. Wegen der Einzelheiten soll hier nur auf den Wortlaut der Vorschriften Bezug genommen werden.

6. Einkünfte aus **Vermietung und Verpachtung** (§ 21 EStG), wenn das unbewegliche Vermögen, die Sachinbegriffe oder Rechte im Inland belegen oder in ein inländisches öffentliches Buch oder Register eingetragen sind oder in einer inländischen Betriebsstätte oder einer anderen Einrichtung verwertet werden.[5] Zu den öffentlichen Büchern oder Registern gehören z. B. das Grundbuch, Schiffsregister, Patent-, Markenschutz- und Gebrauchsmusterregister. Die Überlassung von Rechten führt danach zu beschränkt steuerpflichtigen Einkünften unabhängig davon, in welcher Art von Einrichtung die Rechte im Inland verwertet werden.

7. Sonstige Einkünfte im Sinne des § 22 Nr. 1 EStG, soweit sie dem Steuerabzug unterworfen werden. Da ein Steuerabzug für diese Einkünfte bisher noch nicht eingeführt worden ist, ist die Vorschrift z. Z. gegenstandslos.

8. Sonstige Einkünfte im Sinne des § 22 Nr. 2 EStG, soweit es sich um Spekulationsgeschäfte (§ 23 EStG) mit inländischen Grundstücken oder mit inländischen Rechten handelt, die den Vorschriften des bürgerlichen Rechts über Grundstücke unterliegen, z. B. Erbbaurecht, Mineralgewinnungsrecht usw.

Spekulationsgeschäfte mit beweglichen Gegenständen, z. B. mit Wertpapieren, unterliegen nicht der beschränkten Einkommensteuerpflicht, außer, wenn es sich um Veräußerungsgewinne wesentlicher Beteiligungen im Sinne des § 17 EStG handelt.

8 a. Sonstige Einkünfte im Sinne des § 22 Nr. 4 EStG.

9. Sonstige Einkünfte im Sinne des § 22 Nr. 3 EStG, auch wenn sie bei Anwendung dieser Vorschrift einer anderen Einkunftsart zuzurechnen wären, soweit es sich um Einkünfte aus der Nutzung beweglicher Sachen im Inland oder aus der Überlassung der Nutzung oder des Rechts auf Nutzung von gewerblichen, technischen, wissenschaftlichen und ähnlichen Erfahrungen, Kenntnissen und Fertigkeiten, z. B. Plänen, Mustern und Verfahren, handelt, die im Inland genutzt werden oder worden sind; dies gilt nicht, soweit es sich um stpfl. Einkünfte im Sinne des § 49 Abs. 1 Nr. 1 bis 8 EStG handelt.

Nach dieser Vorschrift sind insbesondere die Vergütungen für die Überlassung der Nutzung oder des Rechts auf Nutzung von gewerblichem Know-how, die weder Betriebseinnahmen eines inländischen Betriebs sind noch zu den Einkünften im Sinne des § 49 Abs. 1 Nr. 1 bis 8 EStG gehören, beschränkt steuerpflichtig.

13.3 Steuerabzug bei beschränkt Steuerpflichtigen (§ 50 a EStG)

Wenn ein beschränkt Steuerpflichtiger im Inland Arbeitslohn bezieht, unterliegt er der Lohnsteuer nach den Grundsätzen der §§ 38 ff. EStG; er unterliegt der Kapitalertragsteuer nach den §§ 43 ff. EStG, wenn ihm kapitalertragsteuerpflich-

---

5 Die Einkünfte aus der Vermietung und Verpachtung von Sachinbegriffen sind in den bestehenden Doppelbesteuerungsabkommen weitgehend von der Besteuerung in der Bundesrepublik freigestellt, soweit die Abkommen auf der sogenannten Freistellungsmethode beruhen.

tige Einnahmen zufließen. Über den Rahmen dieser Vorschriften hinaus begründet § 50 a EStG zusätzlich einen besonderen Steuerabzug von bestimmten Einkünften bei beschränkt Steuerpflichtigen.

Aufsichtsratsvergütungen, die von inländischen Aktiengesellschaften, Kommanditgesellschaften auf Aktien, Berggewerkschaften, Gesellschaften mit beschränkter Haftung und sonstigen Kapitalgesellschaften, Genossenschaften und Personenvereinigungen des privaten und des öffentlichen Rechts, bei denen die Gesellschafter nicht als Mitunternehmer anzusehen sind, an die beschränkt steuerpflichtigen Mitglieder des Aufsichts- oder Verwaltungsrats gewährt werden, unterliegen nach § 50 a Abs. 1 EStG der im Wege des Steuerabzugs zu erhebenden **Aufsichtsratsteuer;** diese beträgt nach § 50 a Abs. 2 EStG 30 v. H. der Aufsichtsratsvergütungen. Unter den dem Steuerabzug zu unterwerfenden Aufsichtsratsvergütungen sind Vergütungen jeder Art zu verstehen, die von den vorbezeichneten Unternehmungen für die Überwachung der Geschäftsführung gewährt werden. Werden Reisekosten (Tagegelder und Fahrtauslagen) besonders gewährt, so gehören sie nach § 50 a Abs. 3 Satz 2 EStG nur insoweit zu den dem Steuerabzug zu unterwerfenden Aufsichtsratsvergütungen, als sie die tatsächlichen Auslagen übersteigen.

Nach § 50 a Abs. 4 EStG wird die Einkommensteuer bei beschränkt Steuerpflichtigen darüber hinaus im Wege des Steuerabzugs erhoben

a) bei Einkünften, die durch **künstlerische,** sportliche, artistische oder ähnliche **Darbietungen** im Inland oder durch deren Verwertung im Inland erzielt werden, einschließlich der Einkünfte aus anderen mit diesen Leistungen zusammenhängenden Leistungen, unabhängig davon, wem die Einnahmen zufließen (§ 49 Abs. 1 Nr. 2 Buchst. d EStG);

b) bei Einkünften aus der Ausübung oder Verwertung einer Tätigkeit als **Künstler,** Berufssportler, Schriftsteller, Journalist oder Bildberichterstatter einschließlich solcher Tätigkeiten für den Rundfunk oder Fernsehfunk (§ 49 Abs. 1 Nr. 2 bis 4 EStG);

c) bei Einkünften, die aus Vergütungen für die **Nutzung** beweglicher Sachen oder für die **Überlassung** der Nutzung oder des Rechts auf Nutzung von Rechten, insbesondere von Urheberrechten und gewerblichen Schutzrechten, von gewerblichen, technischen, wissenschaftlichen und ähnlichen Erfahrungen, Kenntnissen und Fertigkeiten, z. B. Plänen, Mustern und Verfahren, herrühren (§ 49 Abs. 1 Nr. 2, 3, 6 und 9 EStG);

Dem Steuerabzug unterliegt der volle Betrag der Aufsichtsratsvergütung (§ 50 a Abs. 3 Satz 1 EStG) oder der Einnahmen (§ 50 a Abs. 4 Satz 4 EStG). Abzüge, z. B. für Betriebsausgaben, Werbungskosten, Sonderausgaben und Steuern, sind nach § 50 a Abs. 4 Satz 5 EStG nicht zulässig.

Der Steuerabzug beträgt nach § 50 a Abs. 4 Satz 2 EStG grundsätzlich 25 v. H. der Einnahmen. Er ermäßigt sich auf 15 v. H. der Einnahmen, soweit die Tätigkeit i. S. des § 50 a Abs. 4 Satz 1 Nr. 1 und 2 EStG im Inland ausgeübt wird oder worden ist (§ 50 a Abs. 4 Satz 3 EStG).

Übernimmt der Unternehmer oder der Auftraggeber die Steuer (Aufsichtsratsteuer, Steuer nach § 50 a Abs. 4 EStG), so ist die Steuer nach Maßgabe des Abschn. 227 c Abs. 2 EStR zu berechnen.

Über den Rahmen des in § 50 a Abs. 1 bis 4 EStG geregelten besonderen Steuerabzugs für beschränkt Steuerpflichtige bestimmt § 50 a Abs. 7 EStG, daß das Finanzamt auch andere Einkünfte, soweit diese nicht bereits dem Steuerabzug unterliegen, im Wege des Steuerabzugs erfassen kann, wenn dies zur Sicherstellung des Steueranspruchs zweckmäßig ist. Das Finanzamt bestimmt hierbei die Höhe des Steuerabzugs.

Das Verfahren des Steuerabzugs ist ähnlich gestaltet wie der Lohnsteuer- bzw. Kapitalertragsteuerabzug. Die Steuer entsteht in dem Zeitpunkt, in dem die Vergütungen i. S. des § 50 a Abs. 1 oder 4 EStG dem Gläubiger der Vergütungen zufließen. In diesem Zeitpunkt hat der Schuldner der Vergütungen den Steuerabzug für Rechnung des beschränkt steuerpflichtigen Gläubigers (Steuerschuldner) vorzunehmen. Er hat die innerhalb eines Kalendervierteljahres einbehaltene Steuer jeweils bis zum 10. des dem Kalendervierteljahr folgenden Monats beim für ihn zuständigen Finanzamt anzumelden (§ 73 e EStDV) und abzuführen (§ 50 a Abs. 5 EStG).

Die Einkommensteuer für Einkünfte, die dem Steuerabzug vom Arbeitslohn oder vom Kapitalertrag oder dem Steuerabzug aufgrund des § 50 a EStG unterliegen, gilt bei beschränkt Steuerpflichtigen durch den Steuerabzug als abgegolten, wenn die Einkünfte nicht Betriebseinnahmen eines inländischen Betriebs sind und nicht nachträglich festgestellt wird, daß die Voraussetzungen der unbeschränkten Einkommensteuerpflicht nach § 1 Abs. 2 oder 3 EStG nicht vorgelegen haben (§ 50 Abs. 5 EStG).

Beispiele:
a) Ein beschränkt steuerpflichtiger Künstler vereinnahmt Honorare aus einer im Inland ausgeübten künstlerischen Tätigkeit.
Die Einnahmen unterliegen dem Steuerabzug nach § 50 a Abs. 4 EStG zum Steuersatz von 15 v. H., wenn der beschränkt Steuerpflichtige die Steuer trägt. Mit dem einbehalten Steuerabzug ist die Einkommensteuer abgegolten. Bezüglich dieser Einkünfte kann eine Veranlagung nicht erfolgen.

b) Ein beschränkt Steuerpflichtiger vereinnahmt im Rahmen eines im Inland ausgeübten Gewerbebetriebs kapitalertragsteuerpflichtige Dividenden und Lizenzgebühren, die dem Steuerabzug nach § 50 a Abs. 4 Satz 1 Nr. 3 EStG unterliegen.
Die Dividenden und die Lizenzgebühren sind Betriebseinnahmen im Rahmen des inländischen Gewerbebetriebs des beschränkt Steuerpflichtigen. Die Einkommensteuer für die beschränkt steuerpflichtigen Einkünfte aus Gewerbebetrieb wird durch eine Veranlagung festgesetzt. Die einbehaltenen Steuerabzugsbeträge werden dabei nach § 36 Abs. 2 Nr. 2 EStG auf die Einkommensteuerschuld angerechnet.

Zusätzlich ist zu beachten, daß bei Einkünften, die dem Steuerabzug unterliegen, und bei Einkünften im Sinne des § 20 Abs. 1 Nr. 5 und 7 EStG für beschränkt Steuerpflichtige ein Ausgleich mit Verlusten aus anderen Einkunftsarten nicht zulässig ist und diese Einkünfte auch nicht bei einem Verlustabzug (§ 10 d EStG) berücksichtigt werden dürfen (§ 50 Abs. 2 EStG).

Beispiel:

Ein beschränkt Steuerpflichtiger hat dem Kapitalertragsteuerabzug unterliegende Einkünfte aus Kapitalvermögen in Höhe von 10 000 DM; außerdem erzielte er einen Verlust aus Vermietung und Verpachtung im Sinne des § 49 Abs. 1 Nr. 6 EStG in Höhe von 8000 DM.

Der Kapitalertragsteuerabzug ist nach den Grundsätzen der §§ 43, 44 EStG durchzuführen und damit die Einkommensteuer für die Kapitalerträge nach § 50 Abs. 5 EStG abgegolten. Ein Ausgleich dieser positiven Einkünfte aus Kapitalvermögen mit den negativen Einkünften aus Vermietung und Verpachtung im Wege der Veranlagung ist nach § 50 Abs. 2 EStG nicht zulässig.

13.4 Besonderheiten im Fall von Doppelbesteuerungsabkommen (§ 50 d EStG)

Nach den meisten von der Bundesrepublik Deutschland abgeschlossenen Doppelbesteuerungsabkommen dürfen unter bestimmten Voraussetzungen Einkünfte, die dem Steuerabzug vom Kapitalertrag oder dem Steuerabzug aufgrund des § 50 a Abs. 4 EStG unterliegen und die einem in einem ausländischen Vertragsstaat ansässigen Gläubiger zufließen, auf Antrag in der Bundesrepublik Deutschland entweder nicht oder nur nach einem vom Gesetz abweichenden niedrigeren Steuersatz besteuert werden. In verfahrensrechtlicher Hinsicht bestimmte bisher § 73 h EStDV, daß im Fall des § 50 a EStG der Schuldner den Steuerabzug nur unterlassen oder nach dem niedrigeren Steuersatz vornehmen darf, wenn das Bundesamt für Finanzen entweder bescheinigt hat, daß die Voraussetzungen für die Nichterhebung der Abzugsteuer oder die Erhebung der Abzugsteuer nach dem niedrigeren Steuersatz vorliegen, oder den Schuldner unter bestimmten Auflagen allgemein ermächtigt hat, den Steuerabzug zu unterlassen oder nach dem niedrigeren Steuersatz vorzunehmen. In Fällen von geringer Bedeutung war ein vereinfachtes Verfahren (Kontrollmeldeverfahren) vorgesehen (BMF, BStBl 1976 I S. 279).

Hat die Bundesrepublik Deutschland hingegen vorbehaltlos auf ihr Besteuerungsrecht verzichtet, konnte sich der inländische Vergütungsschuldner unmittelbar auf die Steuerbefreiung berufen (BFH, BStBl 1989 II S. 755 m. w. N.).

Erstmals für Kapitalerträge und Vergütungen i. S. des § 50 a EStG, die nach dem **31. 12. 1988** zufließen (§ 52 Abs. 32 EStG), regelt nunmehr § 50 d EStG das **Verfahren** wie folgt:

Nach § 50 d Abs. 1 EStG sind zunächst die Vorschriften über die Einbehaltung, Abführung und Anmeldung der Steuer durch den Schuldner der Kapitalerträge oder der Vergütungen i. S. des § 50 a EStG ungeachtet des Doppelbesteuerungsabkommens anzuwenden. Soweit diese Einkünfte nach dem Doppelbesteuerungsabkommen **materiellrechtlich** nicht oder nur nach einem niedrigeren Steuersatz zu besteuern sind, kann der Gläubiger der Kapitalerträge oder der Vergütungen durch Antrag nach amtlich vorgeschriebenem Vordruck völlige oder teilweise Erstattung der einbehaltenen und abgeführten Steuer beantragen (sog. **Erstat-**

tungsverfahren). Die Berechtigung, eine Steuerbefreiung oder Steuerermäßigung nach einem Doppelbesteuerungsverfahren in Anspruch zu nehmen, ist durch eine **Bestätigung** des anderen Vertragsstaates nach amtlich vorgeschriebenem Vordruck nachzuweisen (§ 50 d Abs. 2 EStG); hierdurch wird sichergestellt, daß die Heimatsteuerbehörde des Gläubigers von diesen Einkünften Kenntnis erhält. Im Einvernehmen mit den obersten Finanzbehörden der Länder kann der Bundesminister der Finanzen ein erleichtertes Verfahren oder vereinfachte Nachweise zulassen.

Anstelle des Erstattungsverfahrens kann nach § 50 d Abs. 3 EStG der Schuldner bei Vergütungen i. S. des § 50 a Abs. 4 EStG den Steuerabzug nach Maßgabe des Doppelbesteuerungsabkommens unterlassen oder nach einem niedrigeren Steuersatz vornehmen, wenn das Bundesamt für Finanzen auf Antrag bescheinigt, daß die Voraussetzungen dafür vorliegen **(Freistellungsverfahren).** Das gleiche gilt, wenn das Bundesamt für Finanzen den Schuldner auf Antrag hierzu allgemein ermächtigt (Kontrollmeldeverfahren).

Der Bundesminister für Finanzen ist nach § 51 Abs. 4 Nr. 1 Buchst. g EStG ermächtigt, im Einvernehmen mit den obersten Finanzbehörden der Länder die **Vordrucke** für die Entlastung von der Kapitalertragsteuer und vom Steuerabzug nach § 50 a EStG aufgrund von Doppelbesteuerungsabkommen zu bestimmen; siehe dazu im einzelnen das vorläufige Merkblatt des BMF, BStBl 1988 I S. 491.

13.5 Veranlagung beschränkt Steuerpflichtiger (§ 50 EStG)

Bei der Veranlagung beschränkt Steuerpflichtiger sind die Sondervorschriften des § 50 EStG zu beachten.

Betriebsausgaben und **Werbungskosten** dürfen nach § 50 Abs. 1 Satz 1 EStG nur insoweit abgezogen werden, als sie mit inländischen Einkünften in wirtschaftlichem Zusammenhang stehen. Bei beschränkt steuerpflichtigen Arbeitnehmern kommt, soweit sie Einkünfte aus nichtselbständiger Arbeit i. S. des § 49 Abs. 1 Nr. 4 EStG beziehen, nach § 50 Abs. 4 EStG auch der **Arbeitnehmer-Pauschbetrag** – bis zum VZ 1989: Werbungskostenpauschbetrag – nach § 9 a Nr. 1 EStG zum Ansatz. Im übrigen kommen die Vorschriften des § 9 a EStG nach § 50 Abs. 1 Satz 5 EStG nicht zur Anwendung.

Als **Sonderausgaben** sind nach § 50 Abs. 1 Satz 2 EStG nur die Zinsen auf Steuernachzahlungen sowie Stundungs- und Aussetzungszinsen abzugsfähig. Bei beschränkt steuerpflichtigen Arbeitnehmern sind, soweit sie Einkünfte aus nichtselbständiger Arbeit i. S. des § 49 Abs. 1 Nr. 4 EStG beziehen, nach § 50 Abs. 4 EStG darüber hinaus jedoch auch die Vorschriften des § 10 Abs. 1 Nr. 1, 1 a, 4 bis 8 EStG anzuwenden. Bei ihnen kommt dementsprechend auch der **Sonderausgaben-Pauschbetrag** des § 10 c Abs. 1 EStG zum Ansatz, der im übrigen nach § 50 Abs. 1 Satz 5 EStG nicht angesetzt werden darf. Beschränkt steuerpflichtigen Arbeitnehmern steht darüber hinaus nach § 50 Abs. 4 EStG auch die **Vorsorgepauschale** nach § 10 c Abs. 2 und 3 EStG zu. Die Möglichkeit, die tatsächlichen Aufwendungen nachzuweisen, haben jedoch auch sie nicht. Die **Vorschrift des § 10 d EStG** ist nach § 50 Abs. 1 Satz 3 EStG nur anzuwenden, wenn Verluste in wirtschaftlichem Zusammenhang mit inländischen Einkünften stehen und sich aus Unterlagen ergeben, die im Inland aufbewahrt werden. Der **Sparer-Freibetrag** nach § 20 Abs. 4 EStG wird beschränkt Steuerpflichtigen nicht gewährt.

Beschränkt steuerpflichtigen Arbeitnehmern steht nach § 50 Abs. 4 EStG auch der **Altersentlastungsbetrag** zu, soweit sie Einkünfte aus nichtselbständiger Arbeit i. S. des § 49 Abs. 1 Nr. 4 EStG beziehen. Im übrigen ist die Vorschrift des § 24 a EStG nach § 50 Abs. 1 Satz 5 EStG nicht anzuwenden.

Einem beschränkt Steuerpflichtigen steht der **Kinderfreibetrag** des § 32 Abs. 6 EStG nicht zu.

Im übrigen sind nach § 50 Abs. 1 Satz 5 EStG die Vorschriften des **§ 32 EStG** ebenso wenig anzuwenden wie die Vorschriften des **§ 32 a Abs. 6** und der **§§ 33 bis 33 c EStG**. Ein beschränkt einkommensteuerpflichtiger Arbeitnehmer kann jedoch Aufwendungen i. S. des § 33 a Abs. 1 EStG für ein Kind i. S. des § 32 Abs. 1, 3 bis 5 EStG oder des § 33 a Abs. 2 Satz 2 EStG sowie den Ausbildungs-Freibetrag nach § 33 a Abs. 2 EStG als außergewöhnliche Belastung abziehen (§ 50 Abs. 4 EStG).

Die Vorschriften des **§ 34 EStG** sind nach § 50 Abs. 1 Satz 4 EStG nur insoweit anzuwenden, als sie sich auf Gewinne aus der Veräußerung eines land- und forstwirtschaftlichen Betriebs (§ 14 EStG), eines Gewerbebetriebs (§ 16 EStG), einer wesentlichen Beteiligung (§ 17 EStG) oder auf Veräußerungsgewinne i. S. des § 18 Abs. 3 EStG beziehen. Die übrigen Vorschriften des § 34 EStG sind nicht anzuwenden.

Die Einkommensteuer bemißt sich bei beschränkt Steuerpflichtigen, die veranlagt werden, nach § 32 a Abs. 1 EStG (Grundtarif); dabei ist ein Sonderfreibetrag von 864 DM vom Einkommen abzuziehen. Die Einkommensteuer beträgt aber grundsätzlich mindestens 25 v. H. des Einkommens (§ 50 Abs. 3 EStG). Dabei ist zu beachten, daß der Sonderfreibetrag von 864 DM nur dann gewährt wird, wenn die Einkommensteuer nach der Grundtabelle festgesetzt wird, jedoch nicht im Fall der Mindestbesteuerung mit 25 v. H. des Einkommens (BFH, BStBl 1960 III S. 197; Abschn. 224 EStR).

Beispiel:
Ein beschränkt Steuerpflichtiger hat im Kalenderjahr 1990 ein zu veranlagendes Einkommen (inländische Einkünfte aus Gewerbebetrieb) in Höhe von

a) 16 000 DM   b) 80 000 DM

Zu a) Unter Anwendung der Einkommensteuer-Grundtabelle ergibt sich für das Einkommen in Höhe von 16 000 DM abzüglich des Sonderfreibetrags von 864 DM = 15 136 DM eine Einkommensteuer in Höhe von 1880 DM.
Die Mindeststeuer beträgt aber 25 v. H. des Einkommens (16 000 DM), das sind 4000 DM. Die Einkommensteuer ist nach § 50 Abs. 3 EStG mit 4000 DM festzusetzen.

Zu b) Unter Anwendung der Einkommensteuer-Grundtabelle ergibt sich für das Einkommen in Höhe von 80 000 DM abzüglich des Sonderfreibetrags von 864 DM = 79 136 DM eine Einkommensteuer in Höhe von 21 625 DM. Die Mindeststeuer beträgt 25 v. H. des Einkommens (80 000 DM), das sind 20 000 DM. Die Einkommensteuer ist nach § 50 Abs. 3 EStG mit 21 625 DM festzusetzen.

Der Mindeststeuersatz des § 50 Abs. 3 Satz 2 EStG gilt nicht für natürliche Personen mit Wohnsitz oder gewöhnlichem Aufenthalt in der DDR oder Berlin (Ost). Auch bei einem beschränkt steuerpflichtigen Arbeitnehmer findet der Mindeststeuersatz von 25 v. H. keine Anwendung (§ 50 Abs. 4 Satz 2 EStG). Bei diesen Personen wird die Einkommensteuer stets nach der Einkommensteuer-Grundtabelle berechnet.

Ist bei der Veranlagung beschränkt steuerpflichtiger Einkünfte die Tarifvorschrift des § 34 EStG anzuwenden, so kann ihre Anwendung zu einer Unterschreitung des Mindeststeuersatzes von 25 v. H. des Einkommens führen (BFH, BStBl 1967 III S. 654).

Weitere Besonderheiten können sich im Einzelfall aus besonderen gesetzlichen Vorschriften ergeben, z. B. dem Ausführungsgesetz Grenzgänger Niederlande vom 24. 2. 1986 (BStBl 1986 I S. 144).

14 Einkommensteuerliche Vergünstigungen für Berlin (West)

14.1 Allgemeines

Die besondere Lage Berlins erfordert besondere Maßnahmen, um die Wirtschaft von Berlin (West) zu fördern. Diese Förderungsmaßnahmen dienen dem Zweck, der Wirtschaft in Berlin (West) ihre Leistungsfähigkeit zu erhalten und Berlin (West) den Anschluß an die wirtschaftliche Entwicklung der Bundesrepublik zu ermöglichen. Einen besonderen Anteil an diesen Förderungsmaßnahmen haben die steuerlichen und insbesondere die einkommensteuerlichen Vergünstigungen, die für Berlin (West) gelten. Diese Vergünstigungen ergeben sich aus dem Berlinförderungsgesetz in der Fassung vom 2. 2. 1990 (BStBl 1990 I S. 83).

Die einkommensteuerlichen Maßnahmen zur Förderung der Berliner Wirtschaft ergeben sich aus den §§ 13 a bis 18 sowie §§ 21 bis 26 BerlinFG. Die wichtigsten einkommensteuerlichen Vergünstigungen sind nachfolgend aufgeführt.

14.2 Erhöhte Absetzungen für abnutzbare Wirtschaftsgüter des Anlagevermögens (§ 14 BerlinFG)

Bei abnutzbaren Wirtschaftsgütern, die zum Anlagevermögen einer in Berlin (West) belegenen Betriebsstätte gehören und bei denen die Voraussetzungen des § 14 Abs. 2 BerlinFG vorliegen, können im Wirtschaftsjahr der Anschaffung oder Herstellung und in den vier folgenden Wirtschaftsjahren an Stelle der nach § 7 EStG zu bemessenden Absetzungen für Abnutzung erhöhte Absetzungen bis zur Höhe von insgesamt 75 v. H. der Anschaffungs- oder Herstellungskosten vorgenommen werden.

Diese erhöhten Absetzungen können in Anspruch genommen werden

a) für neue[1] bewegliche Wirtschaftsgüter, die mindestens drei Jahre nach ihrer Anschaffung oder Herstellung in einer in Berlin (West) belegenen Betriebsstätte verbleiben;

b) für in Berlin (West) belegene unbewegliche Wirtschaftsgüter, die Gebäude, Gebäudeteile, Eigentumswohnungen oder im Teileigentum stehende Räume sind (Gebäude), unter den jeweiligen Voraussetzungen des § 14 Abs. 2 Nr. 2 BerlinFG;

c) für Schiffe unter den Voraussetzungen des § 14 Abs. 2 Satz 2 BerlinFG;

---

1 Vor dem 1. 1. 1990 angeschaffte Wirtschaftsgüter brauchen nicht neu zu sein.

d) für Ausbauten, Erweiterungen und nachträgliche Herstellungskosten[2] an in Berlin (West) belegenen Gebäuden nach Maßgabe des § 14 Abs. 3 BerlinFG.

Die erhöhten Absetzungen nach § 14 Abs. 1 und 3 BerlinFG können bereits für Anzahlungen auf Anschaffungskosten und für Teilherstellungskosten in Anspruch genommen werden (§ 14 Abs. 4 BerlinFG).

14.3 Erhöhte Absetzungen für Wohngebäude (§§ 14 a bis 14 d und 15 BerlinFG)

Abweichend von § 7 Abs. 4 und 5 EStG sind nach Maßgabe der §§ 14 a bis 14 d und 15 BerlinFG erhöhte Absetzungen bei Gebäuden vorgesehen, die über die im EStG zugelassenen Begünstigungen hinausgehen. Es ergeben sich erhöhte Absetzungen für

– Mehrfamilienhäuser aus § 14 a BerlinFG;

– Modernisierungsmaßnahmen bei Mehrfamilienhäusern aus § 14 b BerlinFG;

– Baumaßnahmen an Gebäuden zur Schaffung neuer Mietwohnungen in Anlehnung an § 7 c EStG – ab VZ 1990 – aus § 14 c BerlinFG;

– Wohnungen mit Sozialbindung in Anlehnung an § 7 k EStG – ab VZ 1990 – aus § 14 d BerlinFG;

– Einfamilienhäuser, Zweifamilienhäuser und Eigentumswohnungen aus § 15 BerlinFG.

14.4 Steuerbegünstigung der zu eigenen Wohnzwecken genutzten Wohnung im eigenen Haus (§ 15 b BerlinFG)

Nach § 15 b BerlinFG gilt § 10 e EStG (besonderer Abzugsbetrag) auch bei zu eigenen Wohnzwecken genutzten Wohnungen in einem in Berlin (West) belegenen eigenen Haus. Entsprechend dem bisherigen Vorsprung des § 15 BerlinFG gegenüber § 7 b EStG gelten jedoch auch im Rahmen des § 15 b BerlinFG im Verhältnis zu § 10 e EStG höhere Abzugsbeträge. Auch die übrigen Besonderheiten des § 15 BerlinFG gegenüber § 7 b EStG bleiben im Rahmen des § 15 b BerlinFG im Verhältnis zu § 10 e EStG erhalten, um den Präferenzvorsprung Berlins zu wahren.

---

2 Die nach § 14 Abs. 4 BerlinFG zugelassenen erhöhten Absetzungen für bestimmte Modernisierungsmaßnahmen sind für nachträgliche Herstellungsarbeiten, die nach dem 31. 12. 1989 beendet werden, beseitigt worden.

14.5 Förderung von Kapitalanlagen in Berlin (West) (§§ 16 bis 18 BerlinFG)

Die private Kapitalanlage in Berlin (West) für betriebliche Investitionen und zur Förderung von Baumaßnahmen erfährt durch die §§ 16 bis 18 BerlinFG dadurch einen steuerlichen Anreiz, daß die Darlehnshingabe zu Einkommensteuerermäßigungen führt.

14.6 Einkommen- bzw. Lohnsteuerpräferenz für Steuerpflichtige in Berlin (West)

Die tarifliche Einkommensteuer und die Lohnsteuer ermäßigen sich bei Personen mit Wohnsitz oder gewöhnlichem Aufenthalt in Berlin (West) für Einkünfte aus Berlin (West) um 30 v. H. nach Maßgabe der §§ 21 bis 26 BerlinFG.

An die Stelle dieser Ermäßigung tritt allerdings in der Regel die Zulagegewährung in Höhe von 8 v. H. zuzüglich eines Kinderzuschlags nach §§ 28, 29 BerlinFG, soweit es sich um Arbeitslohn für eine Beschäftigung in Berlin (West) aus einem gegenwärtigen Dienstverhältnis handelt.

Lediglich dann, wenn die 30%ige Steuerpräferenz günstiger ist als die Zulage von 8 v. H., wird bei der Einkommensteuerveranlagung die 30%ige Steuerermäßigung unter Anrechnung der Zulage eingeräumt. Dazu müssen dann die Wohnsitzvoraussetzungen des § 21 Abs. 1 BerlinFG erfüllt sein.

Zur Berechnung der nach § 26 BerlinFG zu ermäßigenden Lohnsteuer werden aus der Jahreslohnsteuertabelle und der Monatslohnsteuertabelle abgeleitete Tabellen aufgestellt und im Steuer- und Zollblatt für Berlin veröffentlicht.

Über den Rahmen der vorgenannten Vergünstigungen hinaus ergeben sich aufgrund des Berlinförderungsgesetzes noch weitere Vergünstigungen, z. B. die Gewährung von Investitionszulagen an Berliner Unternehmer (§ 19 BerlinFG) und verschiedene Maßnahmen auf dem Gebiet der Umsatzsteuer (§§ 1 bis 13 BerlinFG).

15 Besonderheiten hinsichtlich der ehemaligen DDR

Seit dem Herbst 1989 haben sich die politischen und tatsächlichen Verhältnisse in der DDR erheblich verändert. Zunächst sind die früheren Reisebeschränkungen entfallen. Sodann wurde die Schaffung einer Währungs-, Wirtschafts- und Sozialunion zwischen der Bundesrepublik Deutschland und der Deutschen Demokratischen Republik vereinbart. Schließlich erfolgte durch den Beitritt der DDR zum 3. 10. 1990 die Herstellung der Einheit. Dieser Entwicklung tragen bisher folgende ertragsteuerliche Änderungen Rechnung:

15.1 Auswirkungen im Rahmen des EStG

1. Fiktive unbeschränkte Einkommensteuerpflicht (§ 1 Abs. 3 EStG)

Mit Wirkung ab 1. 7. 1990 setzt § 1 Abs. 3 Satz 1 EStG i. d. F. des StaatsVG voraus, daß die Steuerpflichtigen außerhalb des Inlandes (bisher: im Ausland) steuerpflichtige Einnahmen von nicht mehr als 5000 DM im VZ beziehen. Hierdurch ist eine Ausdehnung der fiktiven unbeschränkten Einkommensteuerpflicht eingetreten. Siehe dazu im einzelnen 2.1.3.4. Da das Gebiet der ehemaligen DDR nach deren Beitritt ebenfalls zum Inland gehört, hat die Vorschrift durch das Einigungsvertragsgesetz (EinigungsVG) v. 23. 9. 1990 (BGBl 1990 II S. 885) mit Wirkung ab 1. 1. 1991 wieder ihre ursprüngliche Fassung erhalten.

2. Negative ausländische Einkünfte (§ 2 a EStG)

Durch § 4 DDR-IG sind dem § 2 a EStG die Absätze 5 und 6 angefügt worden. Danach gelten die Verlustausgleichsregelungen des § 2 a Abs. 1, 3 und 4 EStG sinngemäß für negative Einkünfte aus einer gewerblichen Betriebsstätte in der DDR einschließlich Berlin (Ost), sofern die Einkünfte aus bestimmten aktiven Tätigkeiten stammen. Entsprechendes gilt für negative Einkünfte aus Land- und Forstwirtschaft, freiberuflicher Tätigkeit und Vermietung und Verpachtung. Die Regelung ist erstmals auf Wirtschaftsjahre anzuwenden, die im VZ 1990 enden. Wegen der Einzelheiten siehe 2.2.10. Aufgrund des Beitritts der DDR sind die Absätze 5 und 6 mit Wirkung ab 1. 1. 1991 wieder aufgehoben worden.

3. Steuerfreie Einnahmen (§ 3 EStG)

§ 3 Nr. 63 EStG, demzufolge bestimmte in der DDR einschließlich Berlin (Ost) bezogene Einkünfte steuerfrei sind, ist durch das StaatsVG neugefaßt worden; siehe dazu 3. Darüber hinaus sind durch Einfügung des § 3 Nr. 69 EStG Leistungen aus der DDR einschließlich Berlin (Ost), die nach den dort geltenden Vorschriften von der Einkommensteuer befreit sind, in den Katalog der steuerfreien Einnahmen aufgenommen worden; siehe dazu 3. Beide Änderungen sind am 1. 7. 1990 in Kraft getreten.

Hieraus ergeben sich auch Folgerungen für den Abzug von Aufwendungen als Betriebsausgaben oder Werbungskosten (§ 3 c EStG) oder als Sonderausgaben

(§ 10 Abs. 2 Nr. 1 EStG); siehe dazu 7.1.9.2.1. Aufgrund des Beitritts der DDR sind auch diese beiden Vorschriften mit Wirkung ab 1. 1. 1991 wieder aufgehoben worden.

4. Nicht abziehbare Betriebsausgaben (§ 4 Abs. 5 EStG)

Nach § 4 Abs. 5 Nr. 1 EStG dürfen Betriebsausgaben, die Aufwendungen für Geschenke sind, unter bestimmten Voraussetzungen den Gewinn nicht mindern. Wendet hingegen ein Unternehmen in der Bundesrepublik Deutschland oder Berlin (West) aus einem inländischen Betriebsvermögen unentgeltlich Wirtschaftsgüter (ausgenommen Geld) oder sonstige Nutzungen oder Leistungen an Unternehmen, karitative Organisationen, Kirchen usw. in der DDR in der Zeit vom 1. 11. 1989 bis zum 31. 12. 1990 zu, können die Aufwendungen hierfür aus Billigkeitsgründen ohne Rücksicht auf § 4 Abs. 5 Nr. 1 EStG als Betriebsausgaben abgezogen werden (BMF, BStBl 1990 I S. 122).

5. Überführung von Wirtschaftsgütern (§ 6 EStG)

Werden Wirtschaftsgüter eines Steuerpflichtigen nach dem 1. 11. 1989 in eine Betriebsstätte oder einen Betrieb des Steuerpflichtigen in der DDR oder als Einlage in eine Personengesellschaft in der DDR, an der der Steuerpflichtige beteiligt ist, überführt, braucht bei Wirtschaftsgütern des Anlagevermögens kein Entnahmegewinn angesetzt zu werden (vgl. BMF, BStBl 1990 I S. 72). In Höhe des Unterschiedsbetrages zwischen dem Fremdvergleichspreis und dem Buchwert des Wirtschaftsguts kann in der Steuerbilanz ein passiver Ausgleichsposten gebildet werden. In Anlehnung an § 1 DDR-IG braucht dieser aus Billigkeitsgründen unter bestimmten Voraussetzungen erst vom zehnten auf seine Bildung folgenden Wirtschaftsjahr an jährlich mit mindestens einem Zehntel gewinnerhöhend aufgelöst zu werden (BMF, BStBl 1990 I S. 354).

Bei Wirtschaftsgütern des Umlaufvermögens kann der Entnahmegewinn unter bestimmten Voraussetzungen zunächst durch Bildung eines entsprechenden passiven Ausgleichspostens in der Steuerbilanz neutralisiert werden. Dieser ist bei dem Ausscheiden des Wirtschaftsguts aus der Betriebsstätte, dem Betrieb oder der Personengesellschaft erfolgswirksam aufzulösen.

Wegen der zeitlichen Einschränkung des § 1 DDR-IG auf Fälle, in denen das Wirtschaftsgut vor dem 1. 1. 1992 überführt worden ist, dürfte auch die Billigkeitsregelung eine entsprechende Einschränkung erfahren.

6. Degressive Absetzung für Abnutzung bei Gebäuden (§ 7 Abs. 5 EStG)

Nach § 7 Abs. 5 Satz 1 EStG ist die degressive Absetzung für Abnutzung nur bei im Inland belegenen Gebäuden zulässig. Durch das StaatsVG ist zunächst § 7 Abs. 5 Satz 4 EStG eingefügt worden. Danach gilt § 7 Abs. 5 Sätze 1 bis 3 EStG bei Gebäuden in der DDR einschließlich Berlin (Ost) entsprechend. Siehe dazu im einzelnen 4.3.9.1. Aufgrund des Beitritts der DDR ist auch diese Vorschrift mit Wirkung ab 1. 1. 1991 wieder aufgehoben worden. Eine sachliche Änderung ist dadurch nicht erfolgt (§ 56 Nr. 1 EStG i. d. F. des EinigungsVG).

7. Erhöhte Absetzungen und Sonderabschreibungen (§§ 7 d und 7 g EStG, § 82 d EStDV, § 14 BerlinFG, § 3 ZRFG)

Macht ein Unternehmen in der Bundesrepublik Deutschland oder Berlin (West) an Unternehmen, karitative Organisationen, Kirchen usw. in der DDR oder Berlin (Ost) eine unentgeltliche Sachzuwendung und ist im Zeitpunkt der Zuwendung der Verbleibens- oder Verwendungszeitraum im Sinne der §§ 7 d und 7 g EStG, § 82 d EStDV, § 14 BerlinFG oder § 3 ZRFG noch nicht abgelaufen, so bleiben für Wirtschaftsjahre, die vor dem 1. 1. 1991 enden, die erhöhten Absetzungen oder Sonderabschreibungen unberührt (BMF, BStBl 1990 I S. 122). Siehe dazu im einzelnen 4.3.11. Ähnliches gilt für die Investitionszulagen nach §§ 1, 4 und 4 a InvZulG und § 19 BerlinFG.

8. Erhöhte Absetzungen bei Gebäuden in Sanierungsgebieten und städtebaulichen Entwicklungsbereichen sowie bei Baudenkmälern (§§ 7 h und 7 i EStG)

Nach § 7 h Abs. 1 EStG können bei einem im Inland belegenen Gebäude in einem förmlich festgelegten Sanierungsgebiet oder städtebaulichen Entwicklungsbereich erhöhte Absetzungen vorgenommen werden. Eine vergleichbare Regelung enthält § 7 i Abs. 1 EStG für im Inland belegene Gebäude, die Baudenkmäler sind.

Durch das StaatsVG ist diesen Vorschriften jeweils ein Abs. 4 angefügt worden, demzufolge die Absätze 1 und 2 auf Gebäude u. ä. in der DDR einschließlich Berlin (Ost) sinngemäß anzuwenden sind.

Darüber hinaus ist der zeitliche Anwendungsbereich dieser Vorschrift um ein Jahr vorgezogen worden; nunmehr sind die §§ 7 h und 7 i EStG erstmals auf Maßnahmen anzuwenden, die nach dem 31. 12. 1990 abgeschlossen worden sind (§ 52 Abs. 12 b EStG). Wegen der Einzelheiten siehe 5.10.6 und 5.10.7. Aufgrund des Beitritts der DDR sind auch diese Vorschriften mit Wirkung ab 1. 1. 1991 wieder aufgehoben worden. Eine sachliche Änderung ist dadurch nicht erfolgt.

9. Voraussetzungen für den Abzug der Vorsorgeaufwendungen (§ 10 Abs. 5 Nr. 2 EStG)

Nach § 10 Abs. 5 Nr. 2 EStG führt die vorzeitige Verfügung bei Bausparverträgen dann nicht zur Nachversteuerung, wenn die empfangenen Beträge zum Wohnungsbau im Inland verwendet werden. Aufgrund der Einfügung des § 10 Abs. 5 Nr. 2 Satz 4 EStG durch das StaatsVG setzt die Unschädlichkeit der Verfügung ab 1. 7. 1990 voraus, daß die empfangenen Beträge nicht zum Wohnungsbau im Ausland eingesetzt werden, sofern nichts anderes bestimmt ist. Damit ist künftig auch die Verwendung zum Wohnungsbau in der DDR einschließlich Berlin (Ost) unschädlich. Wegen der Einzelheiten siehe 7.1.9.4.1 und 7.1.9.4.5. Durch den Beitritt der DDR ist insoweit keine Änderung erfolgt.

10. Ausgaben zur Förderung mildtätiger u. ä. Zwecke (§ 10 b Abs. 1 EStG)

Spenden für steuerbegünstigte Zwecke i. S. des § 10 b Abs. 1 EStG an einen inländischen Empfänger sind grundsätzlich auch dann steuerlich abziehbar, wenn sie von dem Empfänger in der DDR oder Berlin (Ost) für diese Zwecke verwendet werden.

Für Spenden, die in der Zeit vom 1. 11. 1989 bis zum 31. 12. 1990 geleistet werden, hat die Finanzverwaltung eine darüber hinausgehende allgemeine Billigkeitsregelung getroffen, wenn die Spenden zur Förderung der Denkmalpflege, des Naturschutzes und der Landschaftspflege oder der kommunalen Infrastruktur in der DDR und Berlin (Ost) geleistet worden sind. Wegen der Einzelheiten s. BMF, BStBl 1990 I S. 179. Nach dem Beitritt der DDR bedarf es einer derartigen Billigkeitsregelung nicht mehr.

11. Sonderausgabenabzug bei Gebäuden in Sanierungsgebieten und städtebaulichen Entwicklungsbereichen sowie bei Baudenkmälern (§ 10 f EStG)

Die Ausdehnung der §§ 7 h und 7 i EStG auf Gebäude in der DDR einschließlich Berlin (Ost) wirkt sich wegen der Verweisung unmittelbar auf den Sonderausgabenabzug nach § 10 f EStG aus. Darüber hinaus ist die Regelung zur Objektbegrenzung in § 10 f Abs. 3 EStG an die Neufassung des § 52 Abs. 21 Sätze 6 und 7 EStG angepaßt worden. In zeitlicher Hinsicht ist § 10 f Abs. 1 EStG i. d. F. des StaatsVG erstmals auf Baumaßnahmen anzuwenden, die nach dem 31. 12. 1990 – bisher: 31. 12. 1991 – abgeschlossen worden sind. Dies entspricht der zeitlichen Neuregelung zu §§ 7 h und 7 i sowie § 52 Abs. 21 Satz 7 EStG. Durch die Aufhebung von § 7 h Abs. 4 und § 7 i Abs. 4 EStG mit Wirkung ab 1. 1. 1991 (s. o. Nr. 8) ist auch insoweit keine sachliche Änderung eingetreten.

12. Erhaltungsaufwendungen bei Gebäuden in Sanierungsgebieten und städtebaulichen Entwicklungsbereichen sowie bei Baudenkmälern (§§ 11 a und 11 b EStG)

Nach § 11 a Abs. 1 EStG können bei einem im Inland belegenen Gebäude in einem förmlich festgelegten Sanierungsgebiet oder städtebaulichen Entwicklungsbereich Erhaltungsaufwendungen auf 2 bis 5 Jahre gleichmäßig verteilt werden. Eine vergleichbare Regelung enthält § 11 b EStG für im Inland belegene Gebäude, die Baudenkmäler sind. Ebenso wie bei §§ 7 h und 7 i EStG ist diesen Vorschriften durch den StaatsVG jeweils ein weiterer Absatz angefügt worden, demzufolge die Vorschriften auch auf Gebäude u. ä. in der DDR einschließlich Berlin (Ost) sinngemäß anzuwenden sind. Diese eingefügten Vorschriften sind erstmals auf Erhaltungsaufwendungen anzuwenden, die nach dem 31. 12. 1990 entstanden sind (§ 52 Abs. 14 b Satz 2 EStG). Wegen der Einzelheiten siehe 5.10.4.2. Aufgrund des Beitritts der DDR sind § 11 a Abs. 5 und § 11 b Abs. 2 EStG mit Wirkung ab 1. 1. 1991 aufgehoben worden. Eine sachliche Änderung ist dadurch nicht erfolgt.

13. Berücksichtigung von Kindern (§ 32 EStG)

Nach § 32 Abs. 2 EStG kann ein Kind nur berücksichtigt werden, wenn es unbeschränkt einkommensteuerpflichtig ist. Hiervon abweichend ließ es die Finanzverwaltung allgemein aus Billigkeitsgründen zu, in der DDR einschließlich Berlin (Ost) lebende Kinder des Steuerpflichtigen unter bestimmten Voraussetzungen zu berücksichtigen (Abschn. 179 EStR 1987).

Im Hinblick auf den Wegfall der allgemeinen Ausreisebeschränkungen ist diese Regelung mit Wirkung ab 1991 aufgehoben worden (Abschn. 179 Abs. 1 Satz 7 EStR 1990). Siehe dazu im einzelnen 8.1.3.1.

14. Splittingtarif (§ 32 a EStG)

Nach § 32 a Abs. 5 EStG ist das Splittingverfahren nur bei Ehegatten anzuwenden, die zusammen zur Einkommensteuer veranlagt werden. Hiervon abweichend ließ es die Finanzverwaltung (Abschn. 184 Abs. 2 EStR 1987) aus Billigkeitsgründen zu, das Splittingverfahren auch bei nicht dauernd getrennt lebenden Ehegatten anzuwenden, wenn die Voraussetzungen der Zusammenveranlagung nur deshalb nicht vorliegen, weil einer der Ehegatten seinen Wohnsitz oder gewöhnlichen Aufenthalt in der DDR oder Berlin (Ost) hat.

Im Hinblick auf den generellen Wegfall der Ausreiseverbote ist die Regelung mit Wirkung ab 1991 aufgehoben worden (Abschn. 184 Abs. 2 EStR 1990). Siehe dazu im einzelnen 10.2.1.

15. Außergewöhnliche Belastungen (§ 33 EStG)

Nach bisheriger Rechtsauffassung sind Aufwendungen für die Wiederbeschaffung von Hausrat u. a. dann als außergewöhnliche Belastungen nach § 33 EStG zu berücksichtigen, wenn der Hausrat durch Aufgabe des Wohnsitzes in der DDR oder Berlin (Ost) verloren wurde und wiederbeschafft werden mußte (Abschn. 189 Abs. 1 EStR 1987).

Nachdem sich die tatsächlichen Verhältnisse in der DDR und Berlin (Ost) grundlegend verändert haben, erkennt die Finanzverwaltung (BMF, BStBl 1990 I S. 222) diese Aufwendungen bei Übersiedlung nach dem 31. 12. 1989 nicht mehr als außergewöhnliche Belastungen an.

16. Aufwendungen für den Unterhalt (§ 33 a Abs. 1 EStG)

In Übereinstimmung mit der Rechtsprechung (BFH, BStBl 1987 II S. 238) ist die Finanzverwaltung (BMF, BStBl 1985 I S. 202) bisher davon ausgegangen, daß die dem Lebensunterhalt dienende Unterstützung von Verwandten, die in der DDR oder Berlin (Ost) wohnhaft sind, stets zwangsläufig ist; siehe dazu 7.9.2.1. Bei Besuchsreisen zu Angehörigen in der DDR oder Berlin (Ost) ließ es die Finanzverwaltung aus Vereinfachungsgründen zu, für jeden Besuch 50 DM als außergewöhnliche Belastung zu berücksichtigen (BMF, BStBl 1985 I S. 202).

Im Hinblick auf die Änderung der tatsächlichen Verhältnisse in der DDR und Berlin (Ost) ist diese Vereinfachungsregelung nur noch anzuwenden, wenn die Reise vor dem 1. 4. 1990 angetreten worden ist (gleichlautende Erlasse, BStBl 1990 I S. 148). Es ist davon auszugehen, daß auch die allgemeine Annahme der Zwangsläufigkeit von Unterhaltsleistungen an Verwandte in der DDR überprüft werden wird.

17. Teilweiser Verzicht auf die beschränkte Steuerpflicht (§ 49 EStG)

Mit Wirkung ab 1. 7. 1990 ist im Rahmen der beschränkten Steuerpflicht im Verhältnis zur DDR teilweise auf die Besteuerung bestimmter Einkünfte aus

Bauausführungen und Montagen, aus Betriebsstätten, aus dem Betrieb von Schiffen oder Luftfahrzeugen, aus Dividenden und Zinsen, aus Lizenzgebühren, know-how-Vergütungen u. ä. sowie aus nichtselbständiger Arbeit verzichtet worden (BMF, BStBl 1990 I S. 314); dieser Verzicht ist auf der Basis der Gegenseitigkeit erfolgt (MdF, BStBl 1990 I S. 333). Wegen der Auslegungs- und Anwendungsregelungen im einzelnen s. BMF, BStBl 1990 I S. 417. Mit dem Beitritt der DDR ist die Regelung überholt.

18. Mindeststeuersatz (§ 50 Abs. 3 EStG)

Nach § 50 Abs. 3 Satz 3 EStG gilt der Mindeststeuersatz von 25. v. H. bei beschränkt Steuerpflichtigen nicht für natürliche Personen mit Wohnsitz oder gewöhnlichem Aufenthalt in der DDR. Aufgrund des Beitritts der DDR ist die Vorschrift mit Wirkung ab 1. 1. 1991 gestrichen worden.

19. Sondervorschriften für Steuerpflichtige in dem Gebiet der ehemaligen DDR (§ 56 EStG).

Bei Steuerpflichtigen, die am 31. 12. 1990 einen Wohnsitz oder ihren gewöhnlichen Aufenthalt in dem Gebiet der ehemaligen DDR haben, ist das EStG erst ab 1. 1. 1991 anzuwenden. Für Veranlagungszeiträume oder Wirtschaftsjahre vor 1991 ist das EStG bei diesen Personen nicht anzuwenden (§ 56 Nr. 2 EStG i. d. F. des EinigungsVG). Degressive Gebäude-AfA nach § 7 Abs. 5 EStG können diese Steuerpflichtigen nur bei Gebäuden in Anspruch nehmen, die in dem ehemaligen Gebiet der DDR nach dem 31. 12. 1990 angeschafft oder hergestellt worden sind.

20. Besondere Anwendungsregeln aus Anlaß der Herstellung der Einheit Deutschlands (§ 57 EStG)

Folgende Vorschriften, die in bestimmten Fällen erhöhte Absetzungen oder Bewertungsfreiheiten zulassen, sind **nicht** auf Tatbestände anzuwenden, die in dem Gebiet der ehemaligen DDR verwirklicht worden sind: §§ 7 b und 7 d EStG sowie §§ 81, 82 d, 82 g und 82 i EStDV.

Folgende Vorschriften, die in bestimmten Fällen erhöhte Absetzungen, Sonderabschreibungen, Bewertungsfreiheiten oder Steuerbegünstigungen zulassen, sind nur auf Tatbestände anzuwenden, die in dem Gebiet der ehemaligen DDR **nach dem 31. 12. 1990** verwirklicht worden sind: §§ 7 c, 7 f, 7 g, 7 k und 10 e EStG, §§ 76, 78, 82 a und 82 f EStDV sowie §§ 7 und 12 Abs. 3 SchutzbauG.

Bei der Anwendung von § 7 g Abs. 2 Nr. 1, § 13 a Abs. 4 und 8 sowie § 14 a Abs. 1 EStG ist anstatt vom maßgebenden Einheitswert vom Ersatzwirtschaftswert nach § 125 BewG auszugehen.

Ein Verlustrücktrag nach § 10 d Abs. 1 EStG ist nur dann zulässig, wenn auch der Gesamtbetrag der Einkünfte des Verlustabzugsjahres nach dem EStG ermittelt worden ist. Die Vorschriften über den Verlustvortrag und die gesonderte Feststellung des verbleibenden Verlustabzugs (§ 10 d Abs. 2 und 3 EStG) sind hingegen auch auf Verluste anzuwenden, die in dem Gebiet der ehemaligen DDR im VZ 1990 entstanden sind.

21. Weitere Anwendung von Rechtsvorschriften der ehemaligen DDR (§ 58 EStG)

Nach § 58 Abs. 1 EStG können bestimmte Vorschriften über Sonderabschreibungen auf Wirtschaftsgüter weiter angewendet werden, die im Kalenderjahr 1990 im Gebiet der ehemaligen DDR angeschafft oder hergestellt worden sind. Soweit bestimmte Rücklagen zum 31. 12. 1990 zulässigerweise gebildet worden sind, dürfen sie nach diesem Zeitpunkt fortgeführt werden; sie sind bei der Anschaffung oder Herstellung begünstigter Wirtschaftsgüter, spätestens jedoch im VZ 1995 gewinnerhöhend aufzulösen (§ 58 Abs. 2 EStG). Auch die Vorschrift über einen bestimmten Steuerabzugsbetrag ist unter den in § 58 Abs. 3 EStG im einzelnen genannten Voraussetzungen weiter anzuwenden.

22. Übergangsregelungen für den Lohnsteuerabzug im Gebiet der ehemaligen DDR (§ 59 EStG)

§ 59 Abs. 1 EStG enthält für Arbeitnehmer, die am 20. 9. 1990 einen Wohnsitz oder ihren gewöhnlichen Aufenthalt im Gebiet der ehemaligen DDR hatten, Sonderregelungen für die Ausstellung der Lohnsteuerkarten 1991, die Eintragung eines Freibetrags und die Durchführung des Lohnsteuerabzugs für Januar 1991 ohne Lohnsteuerkarte. Nach Absatz 2 der Vorschrift ist abweichend von § 41 a Abs. 2 EStG für Betriebsstätten im Gebiet der ehemaligen DDR Lohnanmeldungszeitraum für 1991 ausschließlich der Kalendermonat. Absatz 3 der Vorschrift enthält schließlich eine Sonderregelung für die Haftung nach § 42 d EStG.

23. Ermächtigungsnorm für §§ 82 h und 82 i EStDV (§ 51 Abs. 1 Nr. 2 Buchst. x und y EStG)

Durch das StaatsVG ist der zeitliche Anwendungsbereich der §§ 7 h und 7 i EStG um ein Jahr vorverlegt worden. Da diese Vorschriften an die Stelle der §§ 82 h und 82 i EStDV getreten sind, ist deren Ermächtigungsnorm in zeitlicher Hinsicht ebenfalls um 1 Jahr eingeschränkt worden. Wegen der Einzelheiten siehe 5.10.6 und 5.10.7.

15.2 Sonderregelungen des DDR-IG

15.2.1 Rücklage nach § 1 DDR-IG

Nach allgemeinen Grundsätzen führt die Überführung eines Wirtschaftsgutes aus dem Betriebsvermögen eines unbeschränkt Einkommensteuer- oder Körperschaftsteuerpflichtigen in eine Kapitalgesellschaft zu einer Entnahme. Zur Förderung des Aufbaus einer leistungsstarken und wachstumsfreundlichen Wirtschaftsstruktur auf dem Gebiet der DDR läßt § 1 DDR-IG nunmehr für den Fall, daß zum Anlagevermögen eines inländischen Betriebs gehörende abnutzbare Wirtschaftsgüter in eine Kapitalgesellschaft mit Sitz und Geschäftsleitung in der DDR einschließlich Berlin (Ost) gegen Gewährung neuer Anteile an der Gesellschaft überführt werden, bis zur Höhe des durch die Überführung entstandenen Entnahmegewinns eine den steuerlichen Gewinn mindernde Rücklage zu. Eine

- im Verlaufe des Gesetzgebungsverfahrens diskutierte (BR-Drucks. 377/90 S. 23) – Überführung des Wirtschaftsguts zu Buchwerten hat der Gesetzgeber nicht zugelassen.

Voraussetzung für die Bildung der Rücklage ist in persönlicher Hinsicht, daß der unbeschränkt Steuerpflichtige seinen Gewinn nach § 4 Abs. 1 oder § 5 EStG durch Bestandsvergleich ermittelt. Für Steuerpflichtige, die ihren Gewinn nach § 4 Abs. 3 EStG oder § 13 a EStG ermitteln, scheidet die Bildung einer Rücklage somit aus.

In sachlicher Hinsicht ist erforderlich, daß zum Anlagevermögen eines inländischen Betriebs gehörende abnutzbare Wirtschaftsgüter überführt werden. Die Rücklage kann daher nicht gebildet werden für die Überführung von

- Wirtschaftsgütern des Privatvermögens; die Einlage von Wirtschaftsgütern aus dem Privatvermögen ist damit nicht begünstigt;
- Wirtschaftsgütern des Umlaufvermögens;
- Wirtschaftsgütern des Anlage- oder Umlaufvermögens, die zu einem ausländischen Betrieb des Steuerpflichtigen gehören;
- nicht abnutzbaren Wirtschaftsgütern;
- immateriellen Wirtschaftsgütern.

Die Art der Überführung kann durch Einbringung oder durch verdeckte Einlage erfolgen.

Begünstigt ist die Einbringung in eine Kapitalgesellschaft (§ 1 Abs. 1 Satz 1 DDR-IG) oder eine Erwerbs- oder Wirtschaftsgenossenschaft (§ 1 Abs. 4 DDR-IG) mit Sitz und Geschäftsleitung in der DDR einschließlich Berlin (Ost). Die Überführung von Wirtschaftsgütern in einen Betrieb des Steuerpflichtigen in der DDR oder in eine Personengesellschaft in der DDR, an der der Steuerpflichtige beteiligt ist, ist in die Vergünstigung des § 1 DDR-IG nicht einbezogen worden. Es ist jedoch durch Verwaltungsanweisung eine Regelung geschaffen worden, die den Steuerpflichtigen in diesen Fällen genauso behandelt wie bei Überführung von Wirtschaftsgütern des Anlagevermögens in eine Kapitalgesellschaft oder Genossenschaft in der DDR (BMF, BStBl 1990 I S. 354); s. 15.1 Nr. 5.

Die Bildung der Rücklage setzt voraus, daß die Kapitalgesellschaft oder Genossenschaft Sitz und Geschäftsleitung in der DDR einschließlich Berlin (Ost) hat. Mit der Vollendung der deutschen Einheit wird diese Regelung somit hinfällig; sie stellt kein Dauerrecht dar. Wegen der Einzelheiten s. u.

Die Rücklage kann zum einen gebildet werden, wenn die Überführung gegen Gewährung neuer Anteile an der Kapitalgesellschaft oder Genossenschaft erfolgt (§ 1 Abs. 1 Satz 1 DDR-IG). Sie ist darüber hinaus auch dann zulässig, wenn bereits eine solche Beteiligung besteht und Wirtschaftsgüter im Wege der verdeckten Einlage, d. h. ohne Gewährung neuer Anteile und ohne eine sonstige Gegenleistung, die dem Wert der überführten Wirtschaftsgüter entspricht, überführt werden (§ 1 Abs. 1 Satz 2 DDR-IG); in diesem Fall kann die Rücklage bis zur Höhe des infolge der unentgeltlichen oder teilentgeltlichen Überführung entstandenen Gewinns gebildet werden.

Nach § 1 Abs. 2 Nr. 1 DDR-IG setzt die Bildung der Rücklage ferner voraus, daß die Kapitalgesellschaft oder Genossenschaft ausschließlich oder fast ausschließlich die folgenden Tätigkeiten in der DDR oder Berlin (Ost) zum Gegenstand hat:

- Herstellung oder Lieferung (einschließlich Ausfuhr) von Waren, außer Waffen anderer Art als Sport- oder Jagdwaffen;
- Gewinnung von Bodenschätzen;
- Bewirkung anderer gewerblicher Leistungen;
- Bewirkung land- und forstwirtschaftlicher Tätigkeiten;
- Bewirkung freiberuflicher Tätigkeiten und
- Halten einer Beteiligung von mindestens einem Viertel am Nennkapital einer Kapitalgesellschaft oder Genossenschaft mit Sitz oder Geschäftsleitung in der DDR einschließlich Berlin (Ost), die ausschließlich oder fast ausschließlich die vorgenannten Tätigkeiten dort zum Gegenstand hat (sog. Landesholding).

Damit enthält § 1 Abs. 2 Nr. 1 DDR-IG eine gegenüber § 2 a EStG erweiterte Aktivitätsklausel.

In formeller Hinsicht setzt die Bildung der Rücklage schließlich voraus, daß deren Bildung und Auflösung in der Buchführung des Steuerpflichtigen verfolgt werden können (§ 1 Abs. 2 Nr. 2 DDR-IG).

In zeitlicher Hinsicht ist aufgrund des Beitritts der DDR eine Einschränkung erfolgt. Die Rücklage kann nur gebildet werden, wenn die Wirtschaftsgüter vor dem 1. 1. 1992 überführt werden (§ 7 Abs. 2 DDR-IG i. d. F. des EinigungsVG).

Die Rücklage ist spätestens vom zehnten auf ihre Bildung folgenden Wirtschaftsjahr an jährlich mit mindestens einem Zehntel gewinnerhöhend aufzulösen. Der Zeitraum von der Bildung bis zur endgültigen Auflösung kann daher bis zu 20 Jahre betragen. Die Rücklage ist vorzeitig gewinnerhöhend aufzulösen, wenn die Voraussetzungen der Aktivitätsklausel (§ 1 Abs. 2 Nr. 1 DDR-IG) oder die formellen Verfolgungskriterien in der Buchführung des Steuerpflichtigen (§ 1 Abs. 2 Nr. 2 DDR-IG) nicht mehr gegeben sind. Sie ist ferner vorzeitig ganz oder teilweise aufzulösen, wenn die Beteiligung an der Kapitalgesellschaft oder Genossenschaft ganz oder teilweise veräußert oder in das Privatvermögen überführt wird (§ 1 Abs. 3 Satz 1 DDR-IG). Zur Vermeidung von Mißbräuchen gilt – nur – in den Fällen der verdeckten Einlage nach § 1 Abs. 1 Satz 2 DDR-IG Entsprechendes, soweit die überführten Wirtschaftsgüter aus dem Betriebsvermögen der Kapitalgesellschaft oder Genossenschaft ausscheiden (§ 1 Abs. 3 Satz 2 DDR-IG).

15.2.2 Rücklage für Anlaufverluste nach § 2 DDR-IG

Unterhält der Steuerpflichtige selbst oder unterhält eine Personengesellschaft, an der der Steuerpflichtige beteiligt ist, eine gewerbliche Betriebsstätte in der DDR einschließlich Berlin (Ost), können die Anlaufverluste nach § 2 a Abs. 5 und

6 EStG i. d. F. des DDR-IG verrechnet, ausgeglichen oder nach § 10 d EStG abgezogen werden; siehe dazu 2.2.10.

Um auch den Erwerb von Beteiligungen an Kapitalgesellschaften in der DDR zu fördern, läßt § 2 DDR-IG eine Rücklage für Verluste zu, die in zeitlichem Zusammenhang mit dem Anteilserwerb stehen. Im einzelnen setzt die Bildung der sog. Rücklage für Anlaufverluste folgendes voraus:

- der Steuerpflichtige ist unbeschränkt einkommensteuer- oder körperschaftsteuerpflichtig;
- der Steuerpflichtige ermittelt seinen Gewinn nach § 4 Abs. 1 oder § 5 EStG;
- der Steuerpflichtige ist mindestens zu 10 v. H. am Nennkapital der Kapitalgesellschaft oder der Erwerbs- oder Wirtschaftsgenossenschaft mit Sitz und Geschäftsleitung in der DDR einschließlich Berlin (Ost) beteiligt (Tochtergesellschaft);
- der Steuerpflichtige hat neue Anteile nach dem 31. 12. 1989 erworben;
- die Tochtergesellschaft hat ausschließlich oder fast ausschließlich sog. aktive Tätigkeiten in der DDR einschließlich Berlin (Ost) zum Gegenstand; der Katalog entspricht dem des § 1 Abs. 2 Nr. 1 DDR-IG;
- der Verlust der Tochtergesellschaft ist nicht einem Organträger zuzurechnen (§ 7 Abs. 3 Nr. 1 DDR-IG i. d. F. des EinigungsVG);
- der Verlust der Tochtergesellschaft ist bei der Einkommensermittlung der Tochtergesellschaft nicht nach § 10 d EStG i. V. m. § 8 Abs. 1 und 5 KStG abgezogen worden (§ 7 Abs. 3 Nr. 2 DDR-IG i. d. F. des EinigungsVG);
- die sog. aktiven Tätigkeiten der Tochtergesellschaft werden nach § 2 Abs. 2 Nr. 3 DDR-IG nachgewiesen;
- der Nachweis der sog. aktiven Tätigkeiten der Tochtergesellschaft ist auch für spätere Wirtschaftsjahre, in denen die Rücklage fortgeführt wird, nach § 2 Abs. 2 Nr. 4 und 5 DDR-IG sichergestellt;
- die Bildung und Auflösung der Rücklage kann in der Buchführung des Steuerpflichtigen verfolgt werden.

Die Bildung der Rücklage ist für das Wirtschaftsjahr, in dem der Steuerpflichtige Anteile an der Tochtergesellschaft erworben hat, und in den folgenden vier Wirtschaftsjahren zulässig. Diese zeitliche Bindung der Verlustberücksichtigung an den Anteilserwerb soll bewirken, daß die Vergünstigung nur sog. Anlaufverluste erfaßt (BR-Drucks. 377/90 S. 18).

Die Rücklage ist zum einen für Anteilserwerbe im Zusammenhang mit der Neugründung von Tochtergesellschaften zulässig. In diesen Fällen ist hinsichtlich der Beteiligungsquote nur erforderlich, daß die Beteiligungsgrenze von 10 v. H. erreicht wird.

Die Rücklage kann jedoch auch bei dem Hinzuerwerb weiterer Anteile an derselben Tochtergesellschaft gebildet werden. In diesen Fällen setzt die Bildung der Rücklage voraus, daß die in einem Wirtschaftsjahr neu erworbenen Anteile mindestens 5 v. H. des Nennkapitals der Tochtergesellschaft betragen (Mindesterwerb). Die Bildung der Rücklage ist dann für das Wirtschaftsjahr zulässig,

- in dem der Steuerpflichtige Anteile an der Tochtergesellschaft in einem Ausmaß erwirbt, das erstmals zu einer unmittelbaren Beteiligung des Steuerpflichtigen am Nennkapital von mindestens 10 v. H. führt oder

- wenn der Steuerpflichtige an dem Nennkapital der Tochtergesellschaft bereits zu mindestens 10 v. H. unmittelbar beteiligt war: in dem er weitere Anteile an dieser Gesellschaft erwirbt.

In zeitlicher Hinsicht ist aufgrund des Beitritts der DDR eine Einschränkung erfolgt. Die Rücklage kann nur gebildet werden, wenn der Erwerb neuer Anteile vor dem 1. 1. 1992 stattgefunden hat (§ 7 Abs. 3 Satz 1 DDR-IG i. d. F. des EinigungsVG).

Die zulässige Höhe der Rücklage ergibt sich aus § 2 Abs. 1 Satz 3 und 4 DDR-IG. Nach Satz 3 der Vorschrift darf die Rücklage für das Wirtschaftsjahr des Steuerpflichtigen, in dem der Verlust der Tochtergesellschaft entstanden ist, bis zur Höhe des Teils des Verlustes gebildet werden, der dem Verhältnis der neu erworbenen Anteile zum Nennkapital dieser Gesellschaft entspricht. Sie ist jedoch um den Betrag zu vermindern, in dessen Höhe der Steuerpflichtige im Wirtschaftsjahr ihrer Bildung auf die neu erworbenen Anteile an der Tochtergesellschaft eine Teilwertabschreibung vornimmt. Die Rücklage darf den Betrag nicht übersteigen, mit der die neu erworbenen Anteile in der Schlußbilanz angesetzt sind.

Die Rücklage ist spätestens am Schluß des fünften auf ihre Bildung folgenden Wirtschaftsjahres gewinnerhöhend aufzulösen (§ 2 Abs. 3 DDR-IG). Sie ist schon vor Ablauf dieser Fünfjahresfrist – ggf. nur teilweise – gewinnerhöhend aufzulösen, wenn

1. die Tochtergesellschaft in einem auf das Verlustjahr folgenden Wirtschaftsjahr einen Gewinn erzielt (§ 2 Abs. 3 Nr. 1 DDR-IG),

2. in einem auf ihre Bildung folgenden Wirtschaftsjahr auf die neu erworbenen Anteile eine Teilwertabschreibung vorgenommen wird (§ 2 Abs. 3 Nr. 2 DDR-IG),

3. vom Steuerpflichtigen Anteile an der Tochtergesellschaft veräußert oder in das Privatvermögen überführt werden (§ 2 Abs. 3 Nr. 3 DDR-IG),

4. die Nachweisverpflichtungen i. S. d. § 2 Abs. 2 Nr. 4 und 6 DDR-IG nicht erfüllt werden.

Abkürzungen

Abs.	Absatz	BKGG	Bundeskindergeldgesetz
Abschn.	Abschnitt	BMF	Bundesministerium für Finanzen
a. E.	am Ende	BMWF	Bundesministerium für Wirt-
a. F.	alter Fassung		schaft und Finanzen
AfA	Absetzung für Abnutzung	BR	Bundesrat
AG	Aktiengesellschaft	BStBl	Bundessteuerblatt
AIG	Auslandsinvestitionsgesetz	BT	Bundestag
AktG	Aktiengesetz	Buchst.	Buchstabe
Anm.	Anmerkung	BV	Betriebsvermögen
AO	Abgabenordnung	BVerfG	Bundesverfassungsgericht
Art.	Artikel	BVerfGE	Entscheidungen des Bundes-
Aufl.	Auflage		verfassungsgerichts
AuslInvestmG	Gesetz über den Vertrieb auslän-	bzw.	beziehungsweise
	discher Investmentanteile und	DB	Der Betrieb
	über die Besteuerung der Erträge	DBA	Doppelbesteuerungsabkommen
	aus ausländischen Investment-	DDR	Deutsche Demokratische
	anteilen vom 28. 7. 1969		Republik
AStG	Außensteuergesetz	DDR-IG	DDR-Investitionsgesetz
BAföG	Bundesausbildungs-		v. 26. 6. 1990 (BStBl I S. 331)
	förderungsgesetz	dgl.	dergleichen
BauGB	Baugesetzbuch	d. h.	das heißt
BB	Betriebsberater	d. J.	des Jahres
BBauG	Bundesbaugesetz	DMBEG	D-Mark-Bilanzergänzungsgesetz
Bd.	Band	DMBilG	D-Mark-Bilanzgesetz
BdF	Bundesminister der Finanzen	d. s.	das sind
BerlinFG	Berlinförderungsgesetz	DStR	Deutsches Steuerrecht
betr.	betreffend	DStZ	Deutsche Steuerzeitung
BetrAVG	Gesetz zur Verbesserung der	EAktG	Entwurf des Aktiengesetzes
	betrieblichen Altersversorgung	EFG	Entscheidungen der Finanz-
BetrVerfG	Betriebsverfassungsgesetz		gerichte
BewG	Bewertungsgesetz	EGBGB	Einführungsgesetz zum Bürger-
BewRGr	Richtlinien für die Bewertung des		lichen Gesetzbuch
	Grundvermögens	EGHGB	Einführungsgesetz zum Handels-
BFH	Bundesfinanzhof		gesetzbuch
BFHE	Sammlung der Entscheidungen	EheG	Ehegesetz
	des Bundesfinanzhofs	EinfHaus-VO	Verordnung über die Bemessung
BfF	Bundesamt für Finanzen		des Nutzungswerts der Wohnung
BFH/NV	Sammlung amtlich nicht ver-		im eigenen Einfamilienhaus vom
	öffentlichter Entscheidungen des		26. 1. 1937
	Bundesfinanzhofs	ErbStG	Erbschaftsteuergesetz
BGB	Bürgerliches Gesetzbuch	Erl.	Erlaß
BGBl	Bundesgesetzblatt	ESt	Einkommensteuer
BGH	Bundesgerichtshof	EStDV	Einkommensteuer-Durch-
BJagdG	Bundesjagdgesetz		führungsverordnung

EStG	Einkommensteuergesetz	KapErhStG	Gesetz über steuerrechtliche Maßnahmen bei Erhöhung des Nennkapitals aus Gesellschaftsmitteln und bei Überlassung von eigenen Aktien an Arbeitnehmer
ESt-Kartei	Einkommensteuer-Kartei		
EStR	Einkommensteuer-Richtlinien		
e.V.	eingetragener Verein		
evtl.	eventuell	KG	Kommanditgesellschaft
FA	Finanzamt	KG a. A.	Kommanditgesellschaft auf Aktien
ff.	folgende		
FG	Finanzgericht	Kj.	Kalenderjahr
FGO	Finanzgerichtsordnung	KSt	Körperschaftsteuer
FinMin NW	Finanzminister Nordrhein-Westfalen	KStDV	Körperschaftsteuer-Durchführungsverordnung
FinVerw	Finanzverwaltung	KStG	Körperschaftsteuergesetz
FR	Finanzrundschau	KStR	Körperschaftsteuer-Richtlinien
FV	Finanzverwaltung	LAG	Lastenausgleichsgesetz
GdB	Grad der Behinderung	Lkw	Lastkraftwagen
GDL	Gesetz über die Ermittlung des Gewinns aus Land- und Forstwirtschaft nach Durchschnittssätzen	LStDV	Lohnsteuer-Durchführungsverordnung
		LStR	Lohnsteuer-Richtlinien
gem.	gemäß	MdF	Ministerium der Finanzen (DDR)
GenG	Genossenschaftsgesetz	Mio.	Millionen
GewSt	Gewerbesteuer	m. w. N.	mit weiteren Nachweisen
GewStDV	Gewerbesteuer-Durchführungsverordnung	Nr.	Nummer
		NV-Bescheinigung	Bescheinigung über die Nichtveranlagung zur Einkommensteuer
GewStG	Gewerbesteuergesetz		
GewStR	Gewerbesteuer-Richtlinien	NW	Nordrhein-Westfalen
GG	Grundgesetz	NWB	Neue Wirtschaftsbriefe
ggf.	gegebenenfalls	o. a.	oben angegeben
GmbH	Gesellschaft mit beschränkter Haftung	OFD	Oberfinanzdirektion
		OHG	Offene Handelsgesellschaft
GmbHG	Gesetz betreffend die Gesellschaft mit beschränkter Haftung	OWiG	Gesetz über Ordnungswidrigkeiten
GrS	Großer Senat	PatG	Patentgesetz
GuV-Rechnung	Gewinn- und Verlustrechnung	Pkw	Personenkraftwagen
HFR	Höchstrichterliche Finanzrechtsprechung	PrBergG	Preußisches Berggesetz
		R	Rechtsspruch
HGB	Handelsgesetzbuch	Rev.	Revision
HStruktG	Haushaltsstrukturgesetz	RFH	Reichsfinanzhof
i. d. F.	in der Fassung	RGBl	Reichsgesetzblatt
i. H.	in Höhe	RStBl	Reichssteuerblatt
Inf.	Die Information über Steuer und Wirtschaft	RVO	Reichsversicherungsordnung
		s.	siehe
InvZulG	Investitionszulagengesetz	S.	Seite
i. S.	im Sinne	SchwbG	Schwerbehindertengesetz
i.V. m.	in Verbindung mit	sog.	sogenannte
KAGG	Gesetz über Kapitalanlagegesellschaften	SparPG	Spar-Prämiengesetz

StaatsVG	Gesetz zu dem Vertrag vom 18. 5. 1990 über die Schaffung einer Währungs-, Wirtschafts- und Sozialunion zwischen der BR Deutschland und der DDR v. 25. 6. 1990 (BStBl 1990 I S. 294)
StädtebauFG	Städtebauförderungsgesetz
StÄndG	Steueränderungsgesetz
StbJb	Steuerberater-Jahrbuch
StGB	Strafgesetzbuch
StLex	Steuer-Lexikon
Stpfl.	Steuerpflichtiger
stpfl.	steuerpflichtig
StRK	Steuerrechtskartei
s. u.	siehe unten
THG	Treuhandgesetz
Tz.	Textziffer
u. a.	unter anderem
u. ä.	und ähnliches
u. E.	unseres Erachtens
UmwStG	Gesetz über steuerliche Maßnahmen bei Änderung der Unternehmensform
USt	Umsatzsteuer
UStG	Umsatzsteuergesetz
usw.	und so weiter
u. U.	unter Umständen
VAK	Vollarbeitskraft
VE	Vieheinheiten
VDStjG	Veröffentlichungen der Deutschen Steuerjuristischen Gesellschaft
VermBG	Gesetz zur Förderung der Vermögensbildung der Arbeitnehmer
vgl.	vergleiche
v. H.	vom Hundert
VOL	Verordnung über die Aufstellung von Durchschnittsätzen für die Ermittlung des Gewinns aus Land- und Forstwirtschaft
v. T.	vom Tausend
VZ	Veranlagungszeitraum
WG	Wirtschaftsgut
Wistra	Zeitschrift für Wirtschaft, Steuer, Strafrecht
Wj.	Wirtschaftsjahr
WoBauG	Wohnungsbaugesetz
WoPG	Wohnungsbau-Prämiengesetz
z. B.	zum Beispiel
Ziff.	Ziffer
ZPO	Zivilprozeßordnung
z. Z.	zur Zeit
zzgl.	zuzüglich

Paragraphenschlüssel

Stichwortverzeichnis

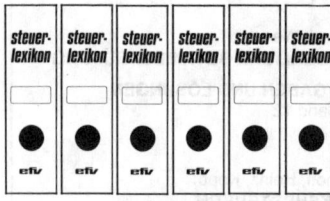
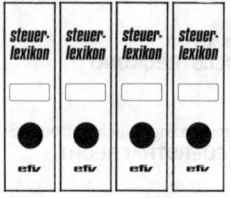